lonely planet

Mexiko

John Noble

Kate Armstrong, Ray Bartlett, Greg Benchwick, Tim Bewer, Beth Kohn, Tom Masters, Kevin Raub, Michael Read, Josephine Quinterao, Daniel C. Schecter, Adam Skolnick, César G. Soriano, Ellee Thalheimer

BARRANCA DEL COBRE
(Kupferschlucht; S. 370)
Mit dem Zug, Pferd, Fahrrad oder auch einfach per pedes eine atemberaubende Canyonlandschaft entdecken
ESPÍRITU SANTO (S. 327)
Zwischen Walflossen um diese Insel voller Seelöwen, azurblauer Buchten und pinker Klippen paddeln
MAZATLÁN (S. 467)
Ein umwerfender Kolonialbezirk, nur wenige Schritte von einem 20 km langen Sandstrand entfernt
GUANAJUATO (S. 674)
Eine malerische Stadt voller Leben mit bunter Studentenszene, großartigen Kulturangeboten und einer beeindruckenden Vergangenheit
MORELIA (S. 609)
Eine der unbekanntesten, aber schönsten Kolonialstädte Mexikos – Bars und Clubs auf Dächern, alles inmitten spanischen Erbes
LEGENDE
Mautstraße
Autobahn
Hauptstraße
Landstraße
Verbindungsstraße
Unbefestigte Straße
0
300 km
HÖHE
3000 m
2000 m
1500 m
1000 m
400 m
200 m
0
115°W
110°W
105°W
30°N
25°N
20°N
15°N
10°N
USA
PAZIFIK
Meer von Cortez
Nördlicher Wendekreis
PHOENIX
Tucson
San Diego
Tijuana
Calexico
MEXICALI
Ensenada
Desierto de Altar
Río Colorado
Nogales
Douglas
Agua Prieta
El Paso
Ciudad Juárez
Río Bravo del Norte
Río Grande
Paquimé
Sierra San Pedro Mártir
Isla Ángel de la Guarda
Isla Cedros
Isla Tiburón
HERMOSILLO
Río Bavispe
Presidio
Ojinaga
Del Rio
Presa Amistad
Ciudad Acuña
CHIHUAHUA
Guaymas
Río Yaqui
Ciudad Obregón
Ferrocarril Chihuahua Pacífico
Creel
Desierto de Vizcaíno
Santa Rosalía
Navojoa
Álamos
Sierra Madre Occidental
Hidalgo del Parral
Jiménez
Bolsón de Mapimí
Monclova
Loreto
Sierra de la Giganta
Río Fuerte
Los Mochis
Topolobampo
Gómez Palacio
Torreón
SALTILLO
Espíritu Santo
CULIACÁN
LA PAZ
DURANGO
Real de Catorce
Cabo San Lucas
San José del Cabo
Mazatlán
Fresnillo
ZACATECAS
La Quemada
SAN LUIS POTOSÍ
AGUASCALIENTES
San Blas
TEPIC
Islas Marías
San Miguel de Allende
León
GUANAJUATO
Celaya
Irapuato
GUADALAJARA
Río Verde
Puerto Vallarta
Lago de Chapala
MORELIA
Pátzcuaro
Uruapan
Barra de Navidad
COLIMA
Manzanillo
Lázaro Cárdenas
Presa Infiernillo
Ixtapa
Zihuatanejo

MATACANES (S. 450)
Sich kopfüber ins beste Canyoningabenteuer der Welt stürzen: 27 Klippensprünge!
TEOTIHUACÁN (S. 219)
Mysteriöse, majestätische Pyramiden – Relikte einer mächtigen Zivilisation – entdecken
MÉRIDA (S. 1010)
In der Kulturhauptstadt der Halbinsel Yucatán durch Straßen aus der Kolonialzeit streifen und eine der hier typischen Hängematten für die Reise kaufen
PLAYA DEL CARMEN (S. 974)
Im schicksten Ort an der Riviera Maya erwarten einen herrliche Tagestouren zu kristallklaren Cenoten, spektakuläre Tauchgänge und eine oder zwei 800 Jahre alte Ruinen
MEXICO CITY (S. 122)
Megalopolis des Hochlands, einstige Aztekenhauptstadt und kaleidoskopisches Kunstwerk aus fesselnden Museen, kulinarischen Abenteuern und vermummten Ringkämpfern
PICO DE ORIZABA (S. 770)
Der schlummernde Vulkan, Mexikos höchster Gipfel, stellt die Ausdauer auf die Probe, aber belohnt mit Hammerausblicken
RESERVA MARIPOSA MONARCA (S. 618)
Der Überwinterungstreffpunkt für Millionen kunterbunter, unglaublich zäher Wanderfalter
OAXACA (S. 786)
Großartige Kolonialstadt mit großartigem Kunsthandwerk, großartigen Ruinen und großartiger Küche
PALENQUE (S. 916)
Altehrwürdige Mayatempel erheben sich majestätisch vor einem dichten, nebelverhangenen Urwald
PUERTO ESCONDIDO (S. 828)
Super relaxte Küstenstadt, die für jeden etwas zu bieten hat: Surfen, Strände, Angeln, Natur, Nachtleben …
Golf von Mexiko
Karibisches Meer
Nördlicher Wendekreis
Sierra Madre Oriental
Sierra Madre del Sur
Fort Worth
Dallas
Jackson
MONTGOMERY
Mississippi
BATON ROUGE
New Orleans
Mobile
TALLAHASSEE
AUSTIN
Houston
San Antonio
Eagle Pass
Piedras Negras
Corpus Christi
Nuevo Laredo
Laredo
Padre Island
McAllen
Brownsville
MONTERREY
Reynosa
Matamoros
Matacanes
Presa Falcón
Presa Vicente Guerrero
CIUDAD VICTORIA
Tampico
Ciudad Valles
Tuxpan
Poza Rica
El Tajín
QUERÉTARO
PACHUCA
MEXICO CITY
Teotihuacán
XALAPA
Veracruz
Tlaxcala
Pico de Orizaba (5611 m)
Reserva Mariposa Monarca
TOLUCA
PUEBLA
Córdoba
Orizaba
Tehuacán
CUERNAVACA
Cuautla
Taxco
Río Balsas
CHILPANCINGO
Acapulco
Presa Miguel Alemán
OAXACA
Monte Albán
Mitla
Istmo de Tehuantepec
San Andrés Tuxtla
Minatitlán
Coatzacoalcos
VILLAHERMOSA
Ciudad del Carmen
Río Usumacinta
Palenque
TUXTLA GUTIÉRREZ
San Cristóbal de Las Casas
Yaxchilán
Juchitán
Tehuantepec
Bahías de Huatulco
Puerto Escondido
Puerto Ángel
Presa La Angostura
Tapachula
Progreso
MÉRIDA
Tizimín
Cancún
Chichén Itzá
Valladolid
Playa del Carmen
Isla Cozumel
Tulum
Uxmal
CAMPECHE
Calakmul
CHETUMAL
BELMOPAN
Belize
BELIZE
GUATEMALA
Quetzaltenango
GUATEMALA CITY
HONDURAS
TEGUCIGALPA
SAN SALVADOR
EL SALVADOR
NICARAGUA
100°W
95°W
90°W
85°W
30°N
25°N
20°N
15°N
10°N

DIE SCHÄTZE MEXIKOS

Im riesigen Mexiko ist Platz für Unmengen von Wundern. Nördliche Wüsten und südliche Urwälder, gewaltige urbane Zentren oder staubige Pueblos mit nur einer Straße – hier findet man nahezu alles, was an Landschaften und Milieus zu haben ist. Unendlich viele Erlebnisse sind damit vorprogrammiert: buntes Kunsthandwerk kaufen, am Strand liegen, auf Pyramiden klettern, in Riffen schnorcheln, bei einer Fiesta oder im Club feiern, feilschen, durch Nebelwälder irren, im Pazifik surfen… Am besten mixt man klassische Sehenswürdigkeiten mit Unbekannterem, Unentdecktem, das hier vorgestellt wird – und natürlich mit Plätzen und Orten, die auch wir noch nicht kennen!

Feste & Märkte

Fiestas in Mexiko sind wahre Explosionen von Farbe und Musik. Und die Mexikaner lieben es, sich zu treffen, um einzukaufen, zu verkaufen, zu handeln und auf zahllosen tollen Märkten in der Menge zu baden – auf großen in der Stadt, wo man alles bekommt, wie auch auf kleinen, die auf Kunst, Handwerk oder Biolebensmittel spezialisiert sind.

Tipp des Autors
Zu den Fiestas sind die Unterkünfte immer schnell ausgebucht. Man sollte also sein Zimmer (und auch sein Busticket) frühzeitig reservieren. Auf den Märkten ist Handeln normal, nicht aber in Geschäften.

1 Carnaval in Veracruz
Diese neuntägige Party (S. 758) legt den Schleudergang ein. Als jährliche Orgie vor der Fastenzeit protzt sie mit extravaganten Paraden, Feuerwerken, Folklore, Salsa und Samba. Am Ende ist man mit Federn geschmückt und riecht nach Rum.

2 Cervantino
In Guanajuato treten immer im Oktober bei einer der prächtigsten Galas Lateinamerikas internationale Musik-, Theater- und Tanzgruppen auf (S. 682) – die Gelegenheit für Studenten und Tausende Besucher der Stadt, eine Riesensause zu feiern.

3 Las Jornadas Villistas
Die anständige Stadt Hidalgo del Parral im Norden wirft für eine Woche im Juli (S. 412) alle Moral über Bord, wenn Hunderte Reiter und Tausende Radfahrer 'reinplatzen, um den Jahrestag des Mordes an dem legendären Revoluzzer Pancho Villa zu begehen.

4 Mercado San Juan de Dios
Einer der größten Stadtmärkte und Treffpunkte Mexikos. Der riesige San Juan de Dios (S. 591) in Guadalajara geht über drei Stockwerke und zwei Blöcke und verkauft von Cowboystiefeln bis DVDs alles – sogar das leckerste und günstigste Essen der Stadt.

5 Tianguis Cultural del Chopo
Samstags erlebt man auf diesem alternativen Straßenmarkt (S. 199) das Stadtvolk Mexico Citys hautnah. Hunderte Stände verhökern Musik, die Kids bezahlen mit Kisten voller CDs und junge, gierige Alternativ-, Metal- und Punkbands spielen wie um ihr Leben.

6 San Juan Chamula
Tausende Tzotzil Maya strömen sonntags von den Hügeln ins Hochland nach Chamula (S. 910), um zu handeln, zu shoppen und den Templo de San Juan zu besuchen, in dem sich der Katholizismus mit vorkolonialen Zeremoniellen vereinigt.

Schöpferische Genies

Bunte Farben faszinierten die kunstliebenden Mexikaner schon immer. Alte, herrliche Skulpturen und Fresken, großartige Wandmalereien im 20. Jh. und innovativer Experimentalismus heute – die Kunst ist eines der größten Geschenke Mexikos an die Welt.

Tipp des Autors

Fast jede Stadt Mexikos hat ein gutes Kunstmuseum. Zeitgenössisches gibt's vor allem in Verkaufsgalerien, auf Kunstmärkten oder in Künstlerheimen.

❶ Frida Kahlo & Diego Rivera

Kahlos und Riveras Weltsichten vermittelt das Museo Dolores Olmedo Patiño (S. 160), Mexico City. Mehr von Kahlo gibt's im Museo de Arte Moderno (S. 158) und natürlich im Museo Frida Kahlo (S. 164). Secretaría de Educación Pública (S. 148) und Palacio Nacional (S. 145) zeigen Riveras Wandmalereien zu Geschichte und Identität Mexikos.

❷ Die Kunst des Todes

Das tolle Museo de los Muertos (S. 657; Aguascalientes) spielt mit der Faszination, die der Tod ausübt: Es gibt Spielzeug, Skelette, alte und neue Gemälde, alles ist bunt und humorvoll – Sterben wird fast zur Kunstform.

❸ Felskünste in Baja

Schon vor Urzeiten waren die Mexikaner geniale Künstler. Die Felszeichnungen in Sierra de San Francisco (S. 317), die Land- und Meereskreaturen, Krieg und Rituale darstellen, gehören zu den schönsten der Welt.

❹ Oaxaca, Überfluss an Talent

Die Stadt Oaxaca ist einer der kreativen Schmelztiegel Mexikos. Ihre vielen Galerien (S. 794) zeigen beste zeitgenössische Kunst und im Museo Rufino Tamayo (S. 794) atmet man die Inspiration der alten Künstler.

❺ Capula

Der Besitz von Juan Torres (S. 631; Michoacán) strotzt nur so vor magischer, abwechslungsreicher Kunst, vor Skulpturen und Leinwänden – ganz zu schweigen von den hunderten *Catrina*-Tonskeletten …

Stadt & Städter

Mexikos Städte haben viele Gesichter: Juwelen kolonialer Architektur, glitzernde Küstenorte, hektische Businesszentren … Überall ist auf der Straße jede Menge los, es gibt Märkte, grüne Parks und meistens viel Kultur – nicht zuletzt Esskultur in den Restaurants. Und für Nachtschwärmer gibt's jede Menge Clubs. Kurzum: Langeweile ist in Mexikos Städten ein Fremdwort!

5

Tipp des Autors

Seinen Aufenthaltsort sollte man sorgfältig aussuchen: Von Unterkünften in Downtown aus erreicht man Sehenswürdigkeiten, Restaurants und Clubs in der Regel am besten. In größeren Städten aber kann es ratsam sein, sich in anderen Gegenden niederzulassen, wo es etwas ruhiger zugeht, die Atmosphäre authentischer ist oder spezielle Attraktionen sind.

1 Das Zentrum (der Macht)

Den riesigen Platz El Zócalo (S. 144) in Mexico City umgeben Regierungsgebäude, die Kathedrale und Überreste der bedeutendsten Aztekentempel. Alle Straßen aus der Stadt hinaus beginnen hier; im Glauben der Azteken war er das Zentrum des Universums.

2 Xalapa

Die Universitätsstadt Xalapa (S. 746) bricht mit Traditionen: Nach einem Tag im erstklassigen Museo de Antropología, tollen Parks und extravaganten Boutiquen kann man hier Falafel essen und mit Sojamilch nachspülen.

3 Monterrey

Die reichste und drittgrößte Stadt im Land (S. 433) protzt mit moderner Architektur, raffinierten Restaurants und klasse Museen. In glitzernden Clubs und hübschen Lounges kann man zu toller Livemusik feiern, und Berge und Canyons reizen Abenteurer.

4 Zacatecas

In der spektakulär gelegenen Stadt (S. 643) am Rand der Wüsten im Norden mit ihrer Wahnsinns-Architektur und den Silberminen glaubt man sich mitten in der kolonialen Geschichte. Moderne Museen, tolle Restaurants und eine super Infrastruktur für Touristen.

5 Campeche

Beim Entlangschlendern am Bollwerk des von Mauern umgebenen Campeche (S. 1046) spürt man noch die alte Angst vor plündernden Piraten. Die Bastionen wurden errichtet, nachdem die Stadt 1663 von Piraten in Schutt und Asche gelegt worden war.

Abenteuer an Land

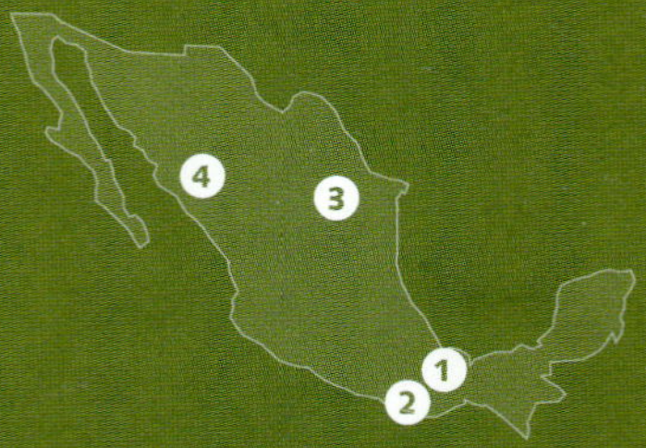

Wer Abenteuer liebt, wird Mexikos spektakulärer Landschaft kaum widerstehen können. Ob man in Felswänden klettern oder wandern will – die nötige Infrastruktur und entsprechende Ausrüster sind stets vor Ort und darauf spezialisiert, die Reise zu einem einzigen großen Abenteuer zu machen.

Tipp des Autors
Ein paar Abenteuer kann man auf eigene Faust erleben, aber häufig braucht es Spezialausrüstung, Hilfe beim Transport oder einen sachkundigen Führer. Gute Ausrüster und Tourveranstalter, von denen viele in diesem Buch empfohlen werden, wissen über die Bedingungen vor Ort Bescheid und vermitteln einem erfahrene, qualifizierte Führer, die die Unternehmung zu *dem* Erlebnis machen werden.

❶ Durch Nebelwälder
Die abgelegenen, als Kooperative organisierten Pueblos Mancomunados (S. 823) sind über Wege durch Nebelwälder miteinander verbunden. Eine Besucherinfo organisiert tolle, günstige Unterkünfte und Mahlzeiten für Übernachtungsgäste. An Traveller, die nicht wandern wollen, verleiht sie Pferde oder Räder.

❷ Mit Tempo abwärts
Mit Rädern von Bicicletas Pedro Martínez (S. 796) prescht man auf Nebenstraßen von der Kolonialstadt Oaxaca nach Puerto Escondido und die herrliche Pazifikküste entlang durch die wilde Sierra Madre del Sur.

❸ Felswände hoch & Klippen runter
Wer gern vertikal unterwegs ist, gehört in die Berge um Monterrey (S. 447): Canyoning in Matacanes (27 Klippensprünge), Weltklasseklettern in Potrero Chico (über 600 Routen) und sechs- bis achtstündige Klettertrips im Cañón de la Huasteca (inkl. Seilbrücken, überhängender Leitern & Abseilen)!

❹ Durch die Kupferschlucht
Beim Wandern in der atemberaubenden Barranca del Cobre (S. 370) von Urique (S. 377) nach Batopilas (S. 385) ist man zwei bis drei Tage den Canyons, Hohlwegen, Felstürmen und der vielfältigen Natur ganz nah.

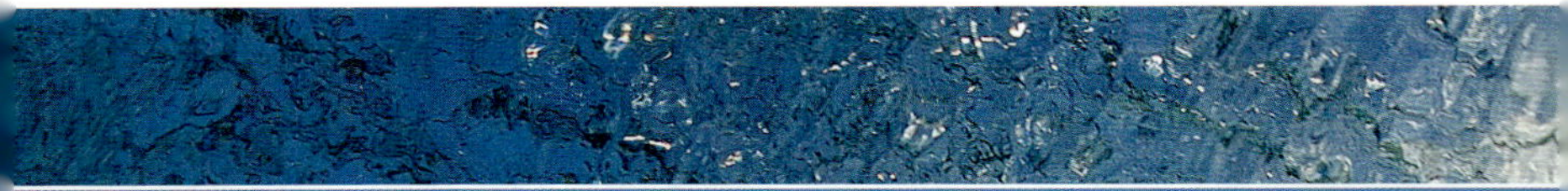

Abenteuer zu Wasser

Tausende Kilometer Küste machen aus dem bravsten Traveller einen Draufgänger. Runter vom Handtuch, rein in den Tauchanzug und los – ab in die warmen, klaren Tiefen, rauf auf die Wellen, runter in die Riffe. Wer's nicht ganz so nass mag, paddelt an der Felsküste und den Buchten entlang.

4

Tipp des Autors

Bevor man sich zu einem Tauch- oder Schnorcheltrip anmeldet, sollte man sich mit den lokalen Gesetzen, Regeln und Sitten für das Verhalten im Meer vertraut machen. Und immer schön vernünftig bleiben! Man sollte qualifizierte und sachkundige Führer und lokale Veranstalter in Anspruch nehmen – sie schützen sowohl die Menschen als auch das Meer.

❶ Tauchen in Cozumel

Die ganze karibische Küste Yucatáns ist perfekt zum Tauchen, aber die Isla Cozumel (S. 978) mit ihren 65 Riffen bleibt die Queen: das ganze Jahr klarste Sicht auf ein unglaublich vielfältiges Meeresleben – Adlerrochen, Barracudas, Schildkröten, Steinkorallen ...

❷ Durchs Meer von Cortez paddeln

Das Meer von Cortez mit seinen makellosen Stränden und felsigen Inseln ist ein echtes Wassersportparadies. Toll ist es z. B., die 200 km vom Río Mulegé-Delta nach Loreto (S. 322), Heimat des Bahía de Loreto Marine National Park, im Kajak zurückzulegen.

❸ Surfkurs in San Blas

Fast an der ganzen pazifischen Küste surft man super, aber Strände und Brandung machen San Blas (S. 482) zu *dem* Spot für ehrgeizige Newbies und Fortgeschrittene. Von sanften Wogen bis zu Riesenwellen, die in die Mantanchén Bay stürzen, ist alles drin.

❹ Vor der Isla Holbox zwischen Walen schnorcheln

Vor den Stränden der Isla Holbox trifft man zwischen Juli und September Wale, die gemeinsam Plankton tafeln. Man kann mit den bezaubernden, sanften Riesen schwimmen – aber nicht anfassen! (s. Kasten S. 972).

2

Strände für alle!

Viele Menschen denken bei Mexiko sofort an goldenen Sand, blaues Wasser und grüne Palmen. Hunderte von Stränden bestätigen dieses Bild. Einige sind nahezu verlassen – von wenigen Lokalen und Cabañas, natürlich unter Palmen, mal abgesehen –, andere sind betriebsame Stadtstrände. Die besten findet man an der Pazifik- oder der Karibikküste.

2

Tipp des Autors

Die Strandorte Mexikos haben weit mehr zu bieten als Sonnenbaden und Schwimmen: An vielen kann man schnorcheln, tauchen, surfen, Delphine beobachten, Kajak oder Bananenboot fahren … oder was immer sonst einem eben gerade so einfällt!

1 Playa del Carmen

Die trendigste Stadt Yucatáns. Der Sand auf Playa (S. 974) ist zwar nicht sooo pudrig wie an anderen Orten der Karibikküste und das Wasser nicht sooo blau, aber hier räkeln sich die gebräunten, blonden Schönen (oft oben ohne – eine Seltenheit in Mexiko).

2 Playa Maruata

Ein toller einsamer Strand für alle, denen Sand, klares Wasser und kühle Drinks genügen. Maruata (S. 525; Michoacán) ist ruhig, freundlich und der mexikanische Lieblingsplatz der Suppenschildkröte, die hier zwischen Juni und Dezember ihre Eier ablegt.

3 Puerto Escondido

Die „Mexican Pipeline" plus ein paar sanftere Strände und Küstenlandschaften plus das traditionelle Puerto, Fischereihafen und Marktstadt in einem – et voilà: ein Platz, den jeder liebt (S. 828)! Die Unterkünfte und das Essen sind die absolute Krönung des Ganzen.

4 Los Cerritos

Am Strand von Todos Santos (S. 341) gibt es mit die besten Surfwellen in Baja California – stark, aber auch von Anfängern zu meistern. Grandios: der Sonnenuntergang im Ozean und die Schildkröten. Schnell hin, bevor es zu stark erschlossen ist!

5 Playa de los Muertos

Dieser Strand in Puerto Vallarta (S. 495) ist prima zum Leute beobachten: Mariachis suchen Publikum, Kids lassen sich vom Fluss mit ins Meer reißen und in der glühenden Hitze jammen Schlagzeuger. Mit einer *coca fríia* hinsetzen und am Horizont Wale erspähen.

6 Zipolite

2 km heller Sand, an dem sich Pazifikwellen brechen – Zipo (S. 846) ist mit seinem weltoffenen Flair und einer Menge toller Unterkünfte und Restaurants eine Legende für Ruhe suchende Traveller. Vorsicht: Die Rückströmungen und der Sog hier sind lebensgefährlich!

Grüne Oasen

Viele der wunderschönen Gebiete Mexikos, die eine reiche Natur ihr Eigen nennen, stehen offiziell – wenn auch nicht immer sehr wirksam – unter Schutz. In manchen Gegenden werden die Einheimischen selbst aktiv, um ihre Umgebung zu schützen. Dies wird häufig mithilfe von Ökotourismusmodellen realisiert, die das Ziel haben, umweltschädigende Aktivitäten zu vermeiden.

2

Tipp des Autors

Wer Plätze in der Wildnis im Rahmen von lokalen Gemeinde- oder Ökotourismusprogrammen erkundet, trägt nicht nur zum Schutz der Umwelt bei, sondern profitiert nebenbei vom Insiderwissen der einheimischen Führer und Gastgeber und lernt neben den Tieren und Pflanzen auch die Menschen kennen.

1

1 Millionen Monarchen

Die Berge westlich von Mexico City werden jeden Winter zum Rastplatz der Monarchfalter auf ihrer Reise von den Großen Seen (Kanada) nach Mexiko und zurück. In der Reserva Mariposa Monarca (S. 618) kann man die Tiere sehen.

2 Wale beobachten

Guerrero Negro (S. 315; s. Bild) ist der Platz, um die tollen Grauwale Baja Californias zu sehen, die im Winter (Mitte Dez. – Mitte April) aus den Gewässern Sibiriens und Alaskas herwandern. Die Kinderstube der Walbabys ist in der Laguna Ojo de Liebre (S. 315).

3 Zuflucht für Aras

Der Lacandón-Urwald ist der wohl letzte Rückzugsort für den Hellroten Ara, ein auffälliges Mitglied der Papageienfamilie. In Reforma Agraria steht Las Guacamayas (S. 935), eine wunderschöne Ökolodge. Führer bringen die Gäste zu den Aras.

4 Schutz für Schildkröten

Sieben der weltweit acht Meeresschildkrötenarten nisten an den Stränden Mexikos. Da sie alle bedroht sind, gibt's dort viele Schutzgebiete. El Tortuguero (S. 522) in der Nähe von Cuyutlán hat seit seiner Gründung 1993 mehr als 500 000 Schildkrötenbabys ausgewildert.

5 Kaktuswald

Zapotitlán Salinas (S. 256) im Biosphärenreservat Tehuacán–Cuicatlán ist eine unerwartet hoch gelegene Wüste in der Nähe von Tehuacán und die Kulisse eines einzigartigen, außerirdisch erscheinenden Waldes aus turmhohen Kakteen. Reiche Vogelwelt.

6 Tufted Jay Preserve

Im Schutzgebiet in den Canyons der Sierra Madre Occidental (S. 480) sollte einst Holz gefällt werden. Ein toller Entwicklungsp an aber ermöglichte es, dass heute Naturfreunde hier wandern, Vögel beobachten, reiten und in rustikalen Hütten übernachten können.

Die Städte der Ahnen

Mexiko ist übersät mit Ruinen der Azteken, Maya, Tolteken, Zapoteken und unzähliger anderer alter Kulturen. Zu den bereits bekannten antiken Städten kommen ständig neu entdeckte hinzu. Einige kleinere Ruinen sind wunderschön und viele liegen spektakulär auf einem Berg oder in einem Wald.

Tipp des Autors

Abgelegene, noch in der Entdeckung begriffene archäologische Stätten können die eigene innere Lara Croft genauso schnell erwecken wie die viel besuchten bekannten Orte. Schon der Hinweg ist ein Abenteuer und erst halb ausgegrabene und erschlossene Stätten verleihen der Fantasie Flügel.

1 Palenque

Edelste Mayaarchitektur und Reliefkunst an Palästen, Tempeln und Gräbern vor smaragdgrünen Hügeln – Palenque (S. 916) hat in vielen Archäologen eine lebenslange Leidenschaft geweckt. Nicht verpassen …

2 Teotihuacán

Mit zwei Riesenpyramiden, der Straße der Toten und dem Tempel des Quetzalcóatls ist Teotihuacán (S. 219) die größte antike Stadt Mexikos. Ein Jahrtausend vor der Entdeckung der Azteken war es das Zentrum eines Reichs, das wohl bis El Salvador reichte.

3 Chichén Itzá

In Chichén Itzá (S. 1036) auf der Halbinsel Yucatán schlendert man über den großen Ballspielplatz und denkt über die Geheimnisse von El Castillo nach, um rauszukriegen, warum diese Stätte zu den „sieben Weltwundern der Moderne" gezählt wird.

4 Yaxchilán

In einer Barkasse durch den Urwald den Río Usumacinta runterdüsen zu dieser grandiosen Mayastätte (S. 932), die unter dem Geschrei der Brüllaffen erzittert. Vom Dach des Gebäudes 41 aus sieht man bis zu den Bergen von Guatemala.

5 Cobá

Man kämpft sich auf die Spitze von Nohoch Mul, der turmhohen Pyramide Cobás (S. 995) und des höchsten Mayabaus auf der Halbinsel Yucatán. Der Lohn: ein klasse Urwaldblick!

6 Cantona

Cantona (S. 253) ist abgelegen, fast unbekannt, aber super erhalten, hat keine Pyramiden, aber 24 Ballspielplätze – und es ist die wohl größte antike Stadt Mexikos und Zentralamerikas, verteilt auf über 12 km^2 Lavalandschaft voller Kakteen und Yuccas.

6

Von Zauberhand

Mexikaner sind unglaublich begabt bei der kunstvollen Verarbeitung von Holz, Textilien, Ton, Eisen, Leder, Silber, Zinn – kurz: von jedem Material mit praktischem und/oder schmückendem Nutzen. Die vielen tollen *artesanías* (Kunsthandwerkstücke) repräsentieren einen Mix aus präkolonialen, kolonialen und zeitgenössischen Einflüssen.

1

Tipp des Autors
Kunsthandwerk sollte man direkt bei den Künstlern oder bei Künstlerkooperativen kaufen: So wird garantiert, dass das Geld für die aufwendigen Werke auch tatsächlich bei deren Schöpfern ankommt.

1 Oaxaca – Künstlerstaat und -stadt

Im Staat leben viele indigene Künstler, in der Stadt (S. 786) bekommt man prächtige, lokal gefertigte Kunst; direkt vom Künstler gibt's die in San Antonio Arrazola (S. 821), Teotitlán del Valle (S. 815), San Bartolo Coyotepec (S. 819) oder Atzompa (S. 822).

2 Sna Jolobil

Die Kooperative, in der sich 800 Weberinnen zusammengeschlossen haben, pflegt die indigene Kunst des Webens und stellt prächtig bunte, kunstvolle *huipiles* (Tuniken), Blusen, Röcke und Teppiche her. Im Sna-Jolobil-Shop in San Cristóbal de Las Casas (S. 906) kann man die Produkte erwerben.

3 Die Kunst der Huichol

Die Huichol in Jalisco kreieren bunte Kunstwerke aus Leinen sowie perlenbesetzte Schalen und Masken, die meist Mythen oder Heiligenvisionen darstellen. Ihre Werke gibt's u. a. in Real de Catorce (S. 669) und im Museo Zacatecano (S. 646).

4 Tlaquepaque & Tonalá

In diesen Vororten Guadalajaras (S. 578) werden einige der schönsten Keramikarbeiten und Holzmöbel im Land hergestellt. Neben Werkstätten und Geschäften findet man Kunsthandwerksmuseen und -märkte – hervorragend, um einen Tag mit Herumstöbern zu verbringen…

5 Tócuaro

Die traditionellen Masken aus allen möglichen Materialien, z. B. aus Holz, Pappmaschee, Federn und Haaren, gehören zu den originellsten Werken Mexikos. Einige tolle Maskenmacher leben in Tócuaro (S. 631; Michoacán). Hier gibt's keine Läden, aber familieneigene Werkstätten mit Verkauf.

6 Die Silberschmiede von Taxco

Als die Minen im 20. Jh. unergiebiger wurden, verlegte sich die Silberbergbau-Stadt Taxco (S. 275) auf Kunst aus Silber. Heute produzieren ihre über 100 Künstler den Löwenanteil dieser Kunst in Mexiko – viele Wunderwerke, aber auch Kitsch.

3

Inhalt

Regionalkarten

Reiseziel Mexiko

Kreischende Papageien, lärmende Brüllaffen und eine 1300 Jahre alte Mayapyramide im schwülen, smaragdgrünen Urwald, die es zu erklimmen gilt: Das ist Mexiko. Sich an palmengesäumten Sandstränden in warme, türkisfarbene Pazifikwellen gleiten lassen: Auch das ist Mexiko. Sich in den Fusion-Restaurants von Mexico City an Enchilladas mit Lachs und Chrysanthemensalat laben, in den pulsierenden Nachtclubs von Guadalajara bis morgens das Tanzbein schwingen – oder bei Tagesanbruch an einer Seelöwenkolonie der Baja California vorbeipaddeln: All diese einzigartigen Erfahrungen stehen für Mexiko. Alle Besucher nehmen eigene, unvergessliche Eindrücke mit zurück in die Heimat. Das riesige Land umfasst gemäßigte Zonen genauso wie tropisches Terrain. Es ragt 5 km hoch in den Himmel, und seine Küstenlinie hat eine Gesamtlänge von 10 000 km. Sein Zentrum ist eine Metropole mit 19 Mio. Einwohnern. Gleichzeitig sprenkeln unzählige, winzige Pueblos das Land. Somit warten so gut wie sicher fast überall gigantische, vielfältige Abenteuer auf Besucher.

Je nach Gusto lässt sich Mexiko ganz individuell erleben. Seine milliardenschwere Tourismusindustrie zielt auf all jene ab, die es sich auf Reisen möglichst einfach machen möchten. Doch wer sich von den herkömmlichen Pauschalangeboten abseilt, kann sich zweifellos auf Abenteuer einstellen. In ländlichen Gebieten sind Aktiv- und Ethnotourismus schwer im Kommen – ebenso echter Ökotourismus. Letzterer schützt aktiv die regionale Umwelt. Noch nie standen die Chancen besser, Mexikos dramatische Naturlandschaften zu besuchen und in persönlichen Kontakt mit den dörflichen Gemeinschaften zu treten. Das Spektrum reicht vom erstklassigen Canyoning bei Monterrey bis zu Kochkursen in der Umgebung von Veracruz. Oder man wandert durch Oaxacas Nebelwälder oder erforscht bei Schnorcheltrips die Korallenriffe von Yucatán.

Obwohl mexikanische Städte bis heute von frisierten Pudeln und bettelnden Großmüttern geprägt sind, geben sie sich zunehmend mondäner. Neben vornehmen Restaurants und Kaffeehäusern ist dafür auch ein stetig wachsendes Kultur- und Unterhaltungsangebot verantwortlich. Parks und Fußgängerzonen bieten Zuflucht vor dem mörderischen Lärm und Schmutz des Straßenverkehrs. In den meisten Städten stößt man heutzutage auf eine einfallsreiche Studentengemeinde, deren hippe Bohemiens die blühende Musik- und Kunstszene Mexikos repräsentieren. Verdientermaßen stoßen Kunst, Küche, Kino, Design und Musik dieser kreativen Nation immer wieder auf Interesse in der ganzen Welt. Sogar Hotels und Gästehäuser sind mittlerweile auf den Style- und Designzug aufgesprungen: Landesweit warten charmante, geschmackvolle Unterkünfte auf Kundschaft. Deren reizvolle Designs kombinieren häufig zeitgenössische und traditionelle Stilelemente – nicht zu vergessen die kräftigen Farben, die seit Langem ein Markenzeichen Mexikos sind.

Nach der Stagnation im 20. Jh. hat Mexiko diverse politische Veränderungen erlebt. Ob diese jedoch für den aktuellen Kreativitätsschub verantwortlich sind, gibt Anlass zu intensiven Diskussionen, wie auch viele andere Dinge. Die „Einparteien-Demokratie" der PRI (Revolutionären Institutionellen Partei) fand im Jahr 2000 nach acht Jahrzehnten schließlich ihr Ende. Damals wurde Vicente Fox von der Mitte-Rechts-Partei PAN (Partei der Nationalen Aktion) mexikanischer Präsident. Dieses war die erste Präsidentschaftswahl seit der Reformierung des korrupten Wahlsystems durch die PRI im Jahr 1929.

KURZINFOS

Bevölkerung: 107 Mio.

Jährliches Bevölkerungswachstum: 1,15 %

Fläche: 1,9 Mio. km²

BIP pro Kopf: 7800 US$

US-Anteil an mexikanischen Exporten: 85 %

Alphabetisierungsrate bei Erwachsenen: 91 %

Geldanweisungen der in den USA lebenden Mexikaner nach Mexiko: 24 Mrd. US$ (2006)

Schleppergeld von Mexiko über die US-Grenze: 1000–5000 US$

Normales Schmiergeld an Verkehrspolizisten: 5 Mex$

Anzahl der gesprochenen Sprachen: 50

Während seiner Amtszeit enttäuschte Fox einen Großteil der Bevölkerung in den meisten Bereichen. Denn bis heute existiert kein Patentrezept, um die tiefe, wirtschaftliche Kluft innerhalb Mexikos und zwischen Mexiko und den USA zu überwinden. Auch andere Probleme wie die wachsende Macht der skrupellosen Drogenbanden bleiben weiterhin ungelöst. Nichtsdestotrotz verzeichnete die mexikanische Gesellschaft unter Fox eine zunehmende Öffnung und Vertrauensbildung. Ein Grund dafür waren neue Verordnungen, die für mehr Transparenz bei Wahlen und Regierungsgeschäften sorgten.

Vicente Fox wurde 2006 von einem PAN-Parteigenossen als Präsident abgelöst: Felipe Calderón. Der wird die Probleme lösen, an denen Fox und die PRI zuvor gescheitert waren – oder auch nicht. Eins ist jedenfalls gewiss: Die Bevölkerung hat sich ihren Charakter bewahrt, der den Besuch ihrer Heimat so angenehm macht. Die Kreativität, Warmherzigkeit und die erfrischende Gelassenheit der Mexikaner werden – wie ihr starker Familien- und Gemeinschaftssinn – die sechsjährige Amtszeit des aktuellen Präsidenten mit Sicherheit überdauern.

Bevor es losgeht

Mexiko eignet sich wunderbar für spontane Reisende. Einfach ein Ziel auswählen, den Pass einstecken, und schon kann's losgehen – per Flugzeug, Auto oder Bus. Über die konkreten Aktivitäten entscheidet man dann vor Ort. Eine Unterkunft zu finden, ist in der Regel kein Problem – egal in welcher Preisklasse. Zudem herrscht kein Mangel an günstigen Verkehrsmitteln. Wer jedoch bestimmte Ziele in relativ kurzer Zeit abklappern möchte, sollte Übernachtungen im Voraus buchen und sich eine detaillierte Reiseroute zurechtlegen. Allerdings könnte die sich nach der Ankunft auch leicht ändern: Mexiko hat so viel zu bieten, dass garantiert etwas dazukommt. Irgendwo steigt immer ein regionales Festival, vielleicht erfährt man von einem super Strand, tollen Ausritten, Bootsausflügen oder Wasserfalltouren. Dann empfiehlt es sich, den Plan beiseite zu legen und spontan loszuziehen.

Wer zum ersten Mal nach Mexiko reist, sollte sich auf Menschenmassen, Lärm, Hektik und Armut gefasst machen. Aber keine Angst – die meisten Mexikaner tun alles, damit man sich bei ihnen wie zu Hause fühlt. Ein wenig Spanischunterricht vor der Reise lohnt sich – jedes gelernte Wort macht den Trip ein bisschen einfacher und schöner.

Klimatabellen (S. 1073), „Festivals & Events" (S. 1065) und „Feiertage & Ferien" (S. 1064) liefern Infos zur besten Reisezeit.

REISEZEIT

An sich eignet sich jede Jahreszeit für einen Besuch in Mexiko. Allerdings sind die Küstengebiete und die höher gelegenen Regionen, besonders in der südlichen Landeshälfte, von Mai bis September ziemlich heiß und feucht: Das sind fast überall im Land die Monate mit dem meisten Regen und den höchsten Temperaturen. Das Landesinnere hat ein etwas gemäßigteres Klima als die Küstengebiete. Von November bis Februar kann es im Norden und im Zentrum unangenehm kühl werden.

Juli und August ist die Hauptreisezeit für Mexikaner und Ausländer. Außerdem kann es auch zwischen Mitte Dezember und Anfang Januar und vor und nach Ostern eng werden. Dann sind die Strandhotels überlaufen, in beliebten Urlaubsorten steigen die Preise, und Hotelzimmer und öffentliche Verkehrsmittel sind oft ausgebucht – also besser vorab reservieren.

AN ALLES GEDACHT?

- den abenteuerlustigen Gaumen (S. 93)
- alle notwendigen Papiere, wenn man mit dem Auto unterwegs ist (S. 1088)
- alle notwendigen Impfungen und Medikamente (S. 1103)
- eine umfassende Reiseversicherung (S. 1083)
- aktuelle Reiseinformationen zu Mexiko vom eigenen Außenministerium (S. 1063)
- passende Bekleidung, um mit den Klimaschwankungen in Mexiko und den Klimaanlagen in Hotelzimmern und Bussen fertig zu werden
- eine Taschenlampe für Stromausfälle und z. T. schlecht beleuchtete Straßen bzw. Treppen
- ein kleines Vorhängeschloss
- ein Moskitonetz, falls im Freien übernachtet werden soll
- möglichst gute Spanischkenntnisse und/oder entsprechende Hilfsliteratur
- die Begeisterung für das Unvorhersehbare

PREISE

US-Dollar, britisches Pfund und Euro besitzen in Mexiko eine hohe Kaufkraft. Die Reisekosten sind hier verhältnismäßig niedrig. Traveller mit durchschnittlichen Ansprüchen kommen im Großteil des Landes mit 75 bis 125 US$ pro Tag aus. Für 40 bis 70 US$ können zwei Personen ein angenehmes, sauberes und komfortables Zimmer mit eigenem Bad, Ventilator oder Klimaanlage beziehen. Das übrige Tagesbudget verbraucht man u. a. für Essen, Eintrittsgelder, Verkehrsmittel, Snacks und Getränke. Anständige Restaurants verlangen für ein komplettes Mittag- oder Abendessen in der Regel zwischen 15 und 25 US$. Reisende mit schmalem Geldbeutel kommen locker mit etwa 60 bis 80 US$ pro Person und Tag über die Runden. Neben einer Übernachtung im Hostel deckt dieser Betrag auch zwei Mahlzeiten in Restaurants und diverse Zusatzkosten ab. Hiervon ausgenommen sind allerdings die Karibikküste, Teile der Baja California und ein paar Ferienorte am Pazifik. Dort kosten Zimmer häufig 50 % mehr als anderswo.

Größere Posten wie Inlandsflüge, Mietwagen oder Einkaufsbummel treiben die Kosten natürlich nach oben. Wer allerdings zu zweit oder zu mehreren reist, kann die Fixkosten beträchtlich senken. Doppelzimmer kosten meist nur wenig mehr als Einzelzimmer, Dreibett- oder Familienzimmer wiederum kaum mehr als ein Doppelzimmer. Mietwagen kosten mindestens 50 US$ pro Tag (zzgl. Benzin) – Mitfahrer rechnen sich somit auf jeden Fall.

Am oberen Ende der Preisskala rangieren diverse Hotels und Resorts, die für ein Zimmer über 200 US$ verlangen, sowie Restaurants, die ihren Gästen 50 US$ für eine Mahlzeit abknöpfen. Alternativ kann man jedoch für 80 bis 120 US$ ein Doppelzimmer in einem kleineren Nobelhotel beziehen und für 40 bis 50 US$ pro Person und Tag ausgesprochen lecker speisen.

WAS KOSTET WIE VIEL?

Hängematte für eine Person ca. 200 Mex$

Silberringe ab ca. 100 Mex$

Tagesmietpreis mexikanischer Kleinwagen ca. 500–600 Mex$

Fahrten mit Stadttaxis (2 km) ca. 30–40 Mex$

Große Museen und archäologische Stätten ca. 30–35 Mex$

S. auch den Lonely Planet Index unter „Auf einen Blick" auf der Umschlaginnenseite.

VERANTWORTUNGSBEWUSST REISEN

Seit der Verlagsgründung im Jahr 1973 ermutigt Lonely Planet seine Leser, die Magie des unabhängigen Reisens möglichst verantwortungs- und umweltbewusst zu genießen. Der internationale Reiseverkehr wächst atemberaubend schnell und ist in unseren Augen immer noch ein großer Gewinn. Dennoch sollten sich Traveller stets des Einflusses bewusst sein, den sie auf die globale Umwelt bzw. örtliche Kultur-, Wirtschafts- und Ökosysteme ausüben.

Natur & Umwelt

Mexikos Landschaften sind unglaublich facettenreich und beherbergen zahllose Naturschätze. Leider schrumpfen die Waldgebiete immer weiter, während viele Städte und Flüsse unter furchtbarer Umweltverschmutzung leiden. Großangelegte Tourismusprojekte gefährden Marschgebiete an der Küste, sorgen für Wasserknappheit und überlasten die Kanalisation. Doch Traveller können durchaus etwas Positives bewirken – beispielsweise durch aktives Interesse an der örtlichen Umwelt. Zudem empfehlen sich Hotels, Führer und Tourveranstalter mit strikt ökologischer Ausrichtung. Ausfahrten mit Quads zerstören das Terrain und erschrecken sämtliche Lebewesen zu Tode. Stattdessen sollte man Mexikos Natur lieber bei Vogelbeobachtungen oder Kajakausflügen mit entsprechenden Führern auf sanfte Weise erkunden.

Der GreenDex (S. 1154) in diesem Buch ist als Referenzwerk zum Nachschlagen vorbildlicher Tourismusveranstalter, -programme und -einrichtungen gedacht.

Kultur

Dank ihrer folkloristischen Traditionen und Trachten, Fiestas, ihrem wunderschönen Kunsthandwerk und einem ausgeprägten Gemeinschaftssinn sind Mexikos facettenreiche regionale Kulturen bis heute relativ intakt. Dennoch überleben solche Gemeinden nur, wenn nicht alle Männer zur Arbeitssuche in Mexico City oder den USA gezwungen sind. Zugleich besteht die Gefahr einer übermäßigen Adaption fremder Einflüsse. Traveller können Mexikos Kultur stärken, indem sie z.B. Gemeindemuseen besuchen, einheimisches Kunsthandwerk kaufen oder kommunale Tourismusprogramme unterstützen. Ebenso sollte örtliches Brauchtum stets geschätzt und angemessen respektiert werden.

Anreise & Unterwegs vor Ort

Viele Mexikotouristen sind bei An- und Abreise aufs Flugzeug angewiesen. Dadurch tragen sie unweigerlich zum Klimawandel durch Treibhausgase (CO_2) bei. Über Ausgleichsprogramme zum Emissionsschutz (s. Kasten S. 1087) lassen sich die Folgen dieses Effekts zumindest abmildern. Wer kein leidenschaftlicher Radfahrer ist, wird auf jeden Fall mit Kraftfahrzeugen durch Mexiko rollen – das Passagierzugsystem des Landes hat während der 1990er-Jahre den Betrieb eingestellt. Bei mehrtägigen Aufenthalten am selben Ort kann man sich die Gegend jedoch per pedes, Fahrrad oder hoch zu Ross ansehen. Zudem besitzen alle drei mexikanischen Metropolen eigene U-Bahnnetze. Je mehr sich Erkundungstouren auf bestimmte Gebiete beschränken, desto weniger CO_2 wird freigesetzt.

„Unterkunft" (S. 1080) und „Unterwegs vor Ort" (S. 1092) geben Tipps zu den besten Übernachtungsoptionen bzw. regionalen Verkehrsmitteln und -wegen.

Tourismus in Mexiko

Der internationale Tourismus spült jeden Monat über 1 Mrd. US$ nach Mexiko. Ohne diese Einnahmen würden wohl noch mehr Mexikaner nach Norden wandern, um Arbeit in den USA zu suchen. Allerdings transferieren viele Großfirmen ihre Gewinne außer Landes. Zudem wird das soziale Gleichgewicht u. U. gestört, wenn Einheimische ihre Dörfer verlassen, um in Resorts zu arbeiten.

Am besten hält man sich daher an kleinere lokale Geschäftszweige wie Hotels und Restaurants in Familienbesitz, einzelne Kunsthandwerker oder kommunale Tourismusprogramme. Auf diese Weise fließt mehr Geld an Einheimische, die es am dringendsten benötigen. Gleichzeitig wird so der Entfremdungseffekt à la „die anderen und wir" gemindert, den der Massentourismus z.T. mit sich bringt.

Umgang mit Einheimischen

Diesbezüglich empfehlen sich stets individuelle Aktivitäten in kleinen Gruppen. Wer *zusammen* mit Mexikanern etwas unternimmt und sie nicht einfach nur bezahlt, fördert den gegenseitigen Austausch. Auf jeden Fall haben heimatverbundene Führer immer wesentlich mehr Interessantes zu erzählen.

Das Kapitel „Sprache" (S. 1113) enthält wichtige Wörter und Formulierungen auf Spanisch.

Auch Abstecher jenseits der ausgetretenen Pfade können zu einem positiven Verhältnis beitragen. Immer mehr mexikanische Kleingemeinden heißen Touristen mittlerweile herzlich willkommen. Durch den Verzicht auf herkömmliche Pauschalreisen lernt man das wahre Mexiko von einer weitaus spannenderen und spontaneren Seite kennen.

Traveler sollten Mexikanern demonstrieren, dass deren Werte und Charakterzüge vielerorts auf der Welt respektvoll geschätzt werden – schließlich sind starker Familien- und Gemeinschaftssinn, uralte Traditionen und Naturverbundenheit anderswo auf der Welt häufig recht rar.

Auch Freiwilligenarbeit kann eine tolle Option sein, um persönliche Kontakte mit Einheimischen zu knüpfen. An vielen Stellen in diesem Buch wird explizit auf entsprechende Möglichkeiten hingewiesen. Einen Gesamtüberblick gibt's auf S. 1066.

TOP 10

GRÜNES MEXIKO

Folgende Veranstalter, Gemeindeprogramme und Schutzgebiete sind Bereicherungen für jeden Reiseplan. Der GreenDex (S. 1154) informiert über Anbieter und Projekte mit ökologischer Orientierung.

1 Expediciones Sierra Norte (S. 796)

2 Servicios Ecoturísticos La Ventanilla (S. 853)

3 Área de Protección de Flora y Fauna Cuatrociénegas (S. 426)

4 Waldgebiete des südlichen Veracruz – z. B. Ruíz Cortines (S. 775), Las Margaritas (S. 780), Miguel Hidalgo (S. 780) oder Mateo López (S. 780)

5 Sierra Madre Oriental – Reservas da la Biosfera El Cielo (S. 462) und Sierra Gorda (s. Kasten S. 717)

6 Zentren für Schildkrötenschutz – z. B. La Pesca (S. 460), Grupo Ecologista Vida Milenaria (S. 742), El Tortuguero (S. 522), Campamento Tortuguero (S. 944) oder die Isla-Mujeres-Schildkrötenfarm (S. 969).

7 Las Guacamayas (S. 935)

8 Reserva de la Biosfera Sian Ka'an (S. 998)

9 Reserva de la Biosfera Ría Celestún (S. 1032)

10 Reserva de la Biosfera Calakmul – Ökotourismus zwischen den Mayaruinen und Urwäldern der geschützten Biosphäre (S. 1055)

FIESTAS

Hier lernt man die mexikanische Mentalität von einer besonderen Seite kennen (s. auch S. 1065).

1 Carnaval (Karneval) in Februar/März, am wildesten in Veracruz (S. 758), Mazatlán (S. 473) und La Paz (S. 327)

2 Semana Santa (Heilige Woche) in März/April, besonders bunt in San Miguel de Allende (S. 700) und Pátzcuaro (S. 624)

3 Noche de los Rábanos (Nacht der Rettiche), am 23. Dezember in Oaxaca (S. 798)

4 La Morisma, Ende August in Zacatecas (S. 648)

5 Festival Internacional Cervantino, Oktober in Guanajuato (S. 682)

6 Fiestas de Octubre, Oktober in Guadalajara (S. 580)

7 Día de Todos los Santos (Allerheiligen) und Día de los Muertos (Tag der Toten), am 1. bzw. 2. November in ganz Mexiko (S. 72)

8 Día de Nuestra Señora de Guadalupe (Tag der Jungfrau von Guadelupe), am 12. Dezember in Mexico City (S. 172) und Monterrey (S. 441)

9 Tagundnachtgleiche, Ende März (Frühling) bzw. September (Herbst) in Chichén Itzá (S. 1036)

10 Las Jornadas Villistas, am 20. Juli in Hidalgo del Parral (S. 412)

FILME

Mexikaner wie Nichtmexikaner haben sich von Mexiko zu großartigen Filmen inspirieren lassen.

1 *Traffic* (Traffic – Macht des Kartells) von Steven Soderbergh (2000)

2 *Amores Perros* (Was ist Liebe?) von Alejandro González Iñárritu (2000)

3 *El Violín* (Die Violine) von Francisco Vargas (2005)

4 *Y Tu Mamá También* (… mit deiner Mutter auch!) von Alfonso Cuarón (2002)

5 *El Crimen del Padre Amaro* (Die Versuchung des Padre Amaro) von Carlos Carrera (2002)

6 *Frida* von Julie Taymor (2002)

7 *7 Días* (Sieben Tage) von Fernando Kalife (2005)

8 *Los Olvidados* (Die Vergessenen) von Luis Buñuel (1950)

9 *El Mariachi* von Robert Rodriguez (1992), quasi Pilotfilm für *Desperado* (1995) und *Irgendwann in Mexiko* (2003)

10 *Apocalypto* von Mel Gibson (2006)

Mehr Informationen

Ecotravel.com (www.ecotravel.com) Umfasst u. a. ein umfangreiches Verzeichnis mit umweltbewussten Unterkünften und Tourveranstaltern in Mexiko.

International Ecotourism Society (www.ecotourism.org)

Mexican Adventure and Ecotourism Association (www.amtave.org) Vereint landesweit 60 Mitgliedsorganisationen und -firmen.

Mexiconservación (www.mexiconservacion.org) Mit Online-Umweltführer zur mexikanischen Karibik.

Planeta.com (www.planeta.com) Vielseitige Informationsquelle zu Ökotourismus und umweltbewusstem Reisen. Ein Schwerpunkt liegt auf Mexiko.

responsibletravel.com (www.responsibletravel.com) Betreibt Tourismusförderung zugunsten von Einheimischen, Besuchern und der Umwelt. Umweltverträgliche Tourismusoptionen in Mexiko sind ebenfalls aufgeführt.

TransitionsAbroad.com (www.transitionsabroad.com) Als „Gegenmittel zum Tourismus" helfen Zeitschrift und Internetportal dabei, weltweit persönliche Kontakte zu knüpfen.

REISELEKTÜRE

In the Sierra Madre (2006) Das amüsante und sachkundige Buch beschreibt Jeff Biggers einjährigen Aufenthalt bei den Rarámuri in der Kupferschlucht.

Into a Desert Place (1988) Der bekennende Stubenhocker Graham Mackintosh unternimmt eine rund 4800 km lange Küstenwanderung an der Baja California.

Gesetzlose Straßen (1939) Graham Greene marschierte quer durch Mexiko nach Chiapas, als es in den 1930er-Jahren zu Konflikten zwischen Katholiken und dem atheistischen Staat kam.

Narcocorrido (2001) Elijah Walds faszinierendes Buch ist zugleich Reisebericht und Studie jener populären Lieder, die von den Mühen gewöhnlicher Drogenschmuggler an der mexikanischen Nordgrenze handeln.

Sliced Iguana: Travels in Unknown Mexico (2001) Die britische Autorin Isabella Tree macht u. a. Pejote-Erfahrungen bei den Huicholes und trifft die Matriarchinnen von Juchitán – ein warmherziges, scharfsinniges Portrait Mexikos und seiner indigenen Kulturen.

Time Among the Maya (1989) Ronald Wright untersucht das Zeitkonzept der Maya und deren tragische Geschichte in der Moderne.

Zu Besuch bei Don Otavio (2002) Sybille Bedfords geistreiche, poetische Reise durch das mittlerweile verblichene Mexiko der 1950er-Jahre ist immer noch überraschend aktuell.

INFOS IM INTERNET

In diesem Buch sind viele spanischsprachige Webseiten aufgeführt. Zusätzlich liefern auch englisch- und deutschsprachige Portale aktuelle Informationen.

Lanic (http://lanic.utexas.edu/la/mexico) Beste und facettenreichste Linksammlung zu Mexiko von der University of Texas.

Lonely Planet (www.lonelyplanet.com, www.lonelyplanet.de) Kurze Zusammenfassungen von Mexiko-Trips, Reise-News und das beliebte „Thorn-Tree"-Forum werden durch Links zu den besten Reiseseiten im Internet ergänzt.

Mexican Wave (www.mexicanwave.com) Breites Spektrum zu den Bereichen Reise, Kultur und Umwelt.

Mexico (www.visitmexico.com) Die farbenfrohe, informative Webseite des mexikanischen Tourismusministeriums liefert einen guten ersten Überblick. Für die deutschsprachige Version „Deutschland" unter „EUROPA/Europe" auswählen.

Mexico Connect (www.mexconnect.com) Unzählige Artikel, Foren und Infos zum Leben unter mexikanischer Sonne.

Mexico Online (www.mexonline.com) Neuigkeiten, Schwarze Bretter und vieles mehr.

Mexico-Community (www.mexico-mexiko.com) Deutsches Forum mit vielen Insidertipps und Möglichkeiten zum Informationsaustausch.

Mexperience (www.mexperience.com) Umfangreiche praktische Informationen zu Mexikoreisen.

Planeta.com (www.planeta.com) Prima Artikel und Verzeichnisse für alle, die sich für Mexikotrips und die umweltpolitische Lage des Landes interessieren.

Reiserouten

KLASSISCHE ROUTEN

AUTOTRIP ENTLANG DER BAJA

Eine bis vier Wochen

Ein echter Mexiko-Klassiker: Der Transpeninsular Highway gibt die Route für diesen zeitlosen Autotrip vor. Er führt von der amerikanisch-mexikanischen Grenze hinunter nach Los Cabos. Zu Anfang verschafft man sich einen Eindruck vom berühmten Vibe der brummenden Grenzstadt **Tijuana** (S. 296). Dann geht's hinunter nach **Ensenada** (S. 304), um Brandung und Wein zu testen. Weiter südlich lassen sich die Wale der **Laguna Ojo de Liebre** (S. 314) aus nächster Nähe beobachten. Nun verläuft der Weg quer durch die Vizcaíno-Wüste zur grünen Oase **San Ignacio** (S. 316). Die uralte Felskunst in der nahen **Sierra de San Francisco** (S. 317) ist äußerst sehenswert. Anschließend empfehlen sich Tauch- bzw. Kajakausflüge am Meer von Cortez – entweder vor **Mulegé** (S. 320) oder vor **Loreto** (S. 322). Das weltoffene **La Paz** (S. 326) weiter im Süden punktet u. a. mit herrlichen Stränden und der spektakulären Unterwasserwelt von **La Ventana** (S. 331). Das Korallenriff des wenig besuchten **Cabo Pulmo** (S. 332) bietet Möglichkeiten zum Schnorcheln und Tauchen. Schließlich erreicht man Los Cabos an der Spitze der Halbinsel: Das ruhige **San José del Cabo** (S. 332) und das feierwütige **Cabo San Lucas** (S. 336). Der Trip endet ganz entspannt im künstlerisch geprägten **Todos Santos** (S. 340) mit einer der besten Brandungen an der Baja California.

Diese Route führt 1800 km weit über die zweitlängste Halbinsel der Welt. Vorbei an Surfständen und kolonialen Missionsstationen fährt man quer durch Kakteenwüsten und stößt auf Küstengewässer mit atemberaubendem Artenreichtum. Wer es eilig hat, benötigt dafür eine Woche – Genießer genehmigen sich einen ganzen Monat.

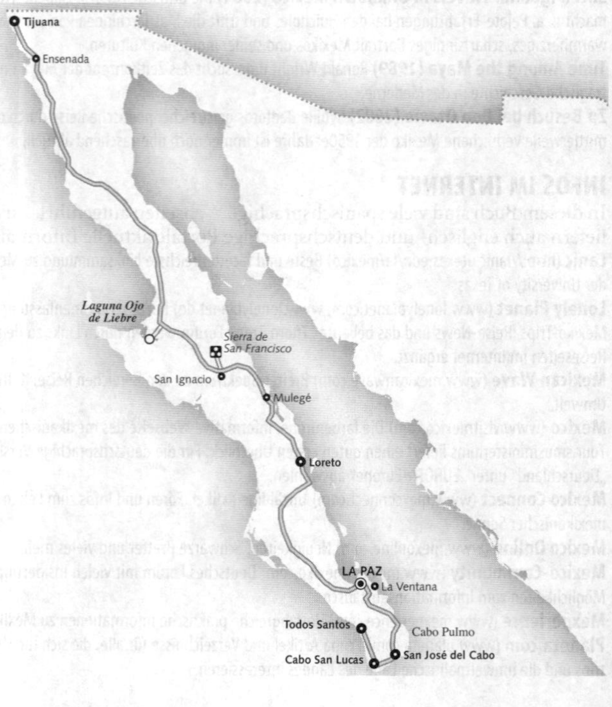

LAND DER MAYA

Drei Wochen

Gegenüber von **Cancún** (S. 957) erstrecken sich die Strände der **Isla Mujeres** (S. 965) mit tollen Tauch- und Schnorchelmöglichkeiten. Anschließend geht's hinauf zur **Isla Holbox** (S. 971), um in der Hängematte zu relaxen oder mit Walhaien zu schnorcheln. Auf dem Weg gen Westen empfiehlt sich ein Stopp in der Kolonialstadt **Valladolid** (S. 1041). Nächste Station sind die berühmten Maya- und Toltekenpyramiden von **Chichén Itzá** (S. 1036). Dann folgt das mondäne **Mérida** (S. 1010) mit seiner kolonialen Architektur. Es ist eine prima Basis für Abstecher nach **Uxmal** (S. 1023) und zu anderen Mayastätten an der **Ruta Puuc** (S. 1028). Weiter geht's zum Entspannen an die Golfküste ins verschlafene Fischerdorf **Celestún** (S. 1032), danach ins historische **Campeche** (S. 1046), bevor die Reise südwestwärts in den Bundesstaat Chiapas führt. Dort liegt neben den großartigen Mayastätten von **Palenque** (S. 916) und **Yaxchilán** (S. 932) auch die Bergstadt **San Cristóbal de Las Casas** (S. 893). Die modernen Mayadörfer im Umkreis sind traditionell geprägt. Auf dem Rückweg durch den Süden der Halbinsel Yucatán kann man mit **Calakmul** (S. 1056) und **Río Bec** (S. 1058) zwei der tollsten Ruinen in dieser Ecke besichtigen. Zurück an der Karibikküste kann man Kajak-, Angel- oder Mangroventrips in der **Reserva de la Biosfera Sian Ka'an** (S. 998) machen. Der Strand von **Tulum** (S. 989) zählt zu den schönsten Mexikos und begeistert mit Mayaruinen in herrlicher Lage. Tulum ist Ausgangspunkt für Abstecher nach **Cobá** (S. 995), das einst bedeutende religiöse Zentrum der Maya. Oder man erkundet die unglaublichen Unterwasserhöhlen von **Cenote dos Ojos** (S. 988). Am Ende der Reise sorgt ein Aufenthalt im feschen **Playa del Carmen** (S. 974) erneut für Abwechslung. Von hier aus lassen sich die phantastischen Tauch- und Schnorchelspots der Insel **Cozumel** (S. 978) optimal besuchen.

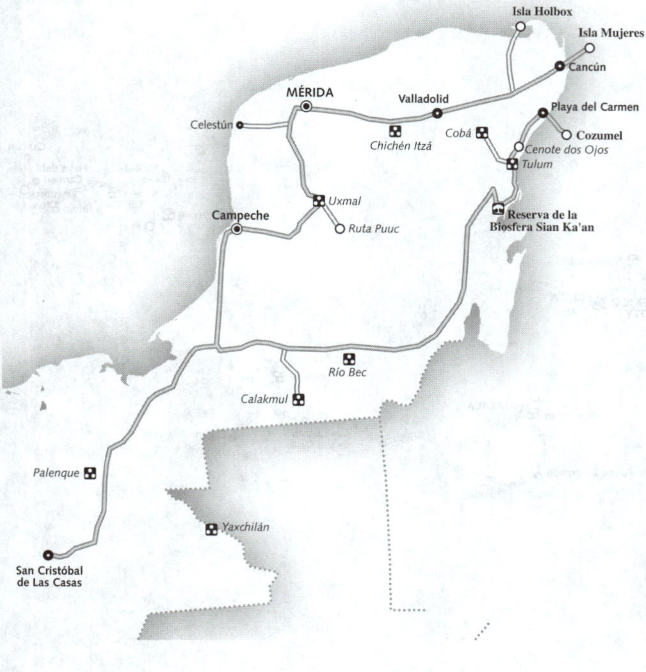

Das Land der alten und heutigen Maya erstreckt sich über Mexiko, Guatemala und Belize. Auf mexikanischer Seite hat es zahllose Naturwunder, tolle Strände, geschäftige Städte und Ferienorte sowie zeitlose Tempel zu bieten. Für die 3200 km lange Rundfahrt sind drei Wochen eine angemessene Reisezeit.

STRÄNDE, STÄDTE & TEMPEL

Ein Monat

In Richtung Süden führt dieser Klassiker vom kolonialen Kernland Mexikos zu seinen grandiosen Karibikstränden. Den Anfang machen Streifzüge durch das faszinierende **Mexico City** (S. 122) und ein Abstecher zu den grandiosen Pyramiden von **Teotihuacán** (S. 219). Dann geht's nach Osten ins koloniale **Puebla** (S. 228), bevor man die Berge südwärts in Richtung **Oaxaca** (S. 786) überquert. Die schmucke Kolonialstadt hat Mexikos bestes Kunsthandwerk. Sie liegt im Herzen einer Region mit hohem indigenem Bevölkerungsanteil und der zapotekischen Hauptstadt **Monte Albán** (S. 811).

Anschließend führt der Weg durch die Sierra Madre del Sur zu den sonnenverwöhnten Strandorten an Oaxacas Küste – z. B. nach **Puerto Escondido** (S. 828), **Mazunte** (S. 852) oder **Zipolite** (S. 846). Im Hochland weiter östlich liegt das wunderschöne **San Cristóbal de Las Casas** (S. 893). In dessen Umgebung stößt man auf indigene Dörfer und die reizende **Laguna Miramar** (S. 914) mitten im smaragdgrünen Urwald. Letzterer bildet die Hintergrundkulisse für **Palenque** (S. 916), die wahrscheinlich eindrucksvollste aller Mayastädte.

Wer nun nach Nordosten fährt, erreicht mit **Mérida** (S. 1010) das kulturelle Zentrum der Halbinsel Yucatán. Die Stadt dient als Ausgangspunkt für Ausflüge nach **Uxmal** (S. 1023) und zu den anderen Mayaruinen an der **Ruta Puuc** (S. 1028). Nächste Station ist **Chichén Itzá** (S. 1036), Yucatáns schönste historische Mayastätte. Von dort aus geht's direkt hinüber nach **Tulum** (S. 989) an der Karibikküste. Diese Mayastätte begeistert u. a. mit ihrer Strandlage. Dann folgt man der „Riviera Maya" in Richtung Norden, bis mit **Cancún** (S. 957) der glamouröseste Ferienort Mexikos in Sicht kommt. Unterwegs empfiehlt sich ein Zwischenstopp im hippen **Playa del Carmen** (S. 974) – oder ein Abstecher zu den erstklassigen Tauch- und Schnorchelspots von **Cozumel** (S. 978).

Diese 2800 km lange Abenteuertour dauert einen Monat und führt von Mexikos Zentrum durch die Staaten Oaxaca und Chiapas mit ihrer bunten indigenen Bevölkerung, vorkolonialen Ruinen und dramatischen Landschaften bis in die historischen Mayastädte und zu den karibischen Stränden der Halbinsel Yucatán.

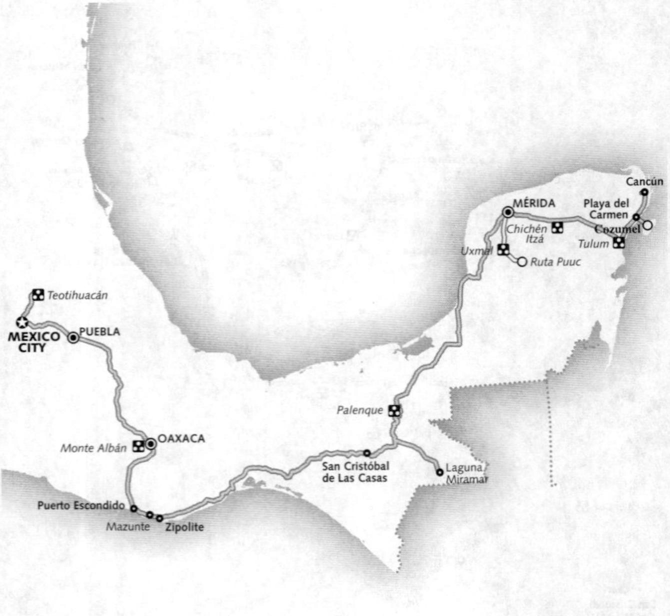

PAZIFISCHE TRÄUME

Vier bis sechs Wochen

An der Pazifikküste Mexikos wechseln sich geschäftige Urlaubsorte und unberührte, einsame, urwaldgesäumte Strände ab – hier werden alle Urlaubsträume wahr. Den besten Zugang zur Küste hat man von **Chihuahua** (S. 401) aus über die phantastische **Barranca del Cobre** (Kupferschlucht; S. 370), mit ihren dramatischen Bahnstrecken und spektakulären Wanderungen.

Ein paar Margaritas auf der lebendigen Plaza **Mazatláns** (S. 467), dann geht's zur altehrwürdigen Insel **Mexcaltitán** (S. 481) und zu den tierreichen Lagunen **San Blas** (S. 482). Und dann nicht wie ab ins Nachtleben von **Puerto Vallarta** (S. 493)!

An der Costalegre mit ihren erstklassigen Luxusresorts sind einsame Strände im Überfluss vorhanden. Hier kann man einen Tag lang an der **Playa Tenacatita** (S. 509) schnorcheln gehen und auch die Tacosstände an den Straßen von **San Patricio-Melaque** (S. 510) sind einen Besuch wert. An der relaxten Playa Maruata (S. 525), dem schönsten Strand in Michoacán, wird 'ne Runde gechillt oder man mietet sich in einem der Strandbungalows im idyllischen Surferparadies **Barra de Nexpa** (S. 526) ein. In **Troncones** (S. 528) kann geschnorchelt und gesurft werden und nach einem romantischen Sonnenuntergang leiht man sich ein Fischerboot in **Zihuatanejo** (S. 533).

Acapulco (S. 547) bietet Partymeilen und Klippenspringer, und man bekommt sogar etwas von der mexikanischen Geschichte mit. **Puerto Escondido** (S. 828) hat ein erstklassiges Surfgebiet und ein kleines, aber lebendiges Nachtleben. Zum Abschluss kann man preiswert an den paradiesischen Stränden von **Mazunte** (S. 852), **Zipolite** (S. 846) oder im Urlaubsort **Bahías de Huatulco** (S. 854) relaxen, das sich über eine Reihe schöner, geschützter Buchten zieht.

Der gesamte Trip von Chihuahua nach Huatulco umfasst eine Strecke von 3200 km, einschließlich der 670 km Bahnstrecke am Anfang, und kann bis zu sechs Wochen dauern, wenn man an allen empfohlenen Orten einen Stopp einlegt. Einige Reisende fahren bei Nogales und Hermosillo an die Küste. Viele der Städte haben Flughäfen, es ist also kein Problem, die Reisedauer abzukürzen.

UNBEKANNTE ROUTEN

ENTLANG DER GOLFKÜSTE Zwei Wochen

Vom industriell geprägten Tampico erstreckt sich die Region Huasteca landeinwärts. Dort gibt's u. a. eine eindrucksvolle, 376 m tiefe Doline namens **Sótano de las Golondrinas** (S. 731). Das surreale Phantasieland **Las Pozas** (S. 732) geht auf das Konto eines englischen Exzentrikers. Bei Papantla erheben sich mit den Pyramiden von **El Tajín** (S. 740) die großartigsten Bauwerke der „Veracruz-Klassik".

Außerhalb der Ferienzeit sind die Strände der **Costa Esmeralda** (S. 743) größtenteils menschenleer. Das benachbarte **Tlapacoyan** (S. 743) ist ein Zentrum für Raftingtrips auf Flüssen. Weiter landeinwärts liegt **Xalapa** (S. 746), eine Universitätsstadt mit einem der besten archäologischen Museen des Landes. Mit 5611 m ist der **Pico de Orizaba** (S. 770) Mexikos höchster Gipfel. Die Hänge des inaktiven Vulkans sind für Bergsteiger relativ leicht zu meistern.

Das historische **Veracruz** (S. 753), Mexikos wichtigster Atlantikhafen, ist die lebendigste Stadt an der Golfküste. Südöstlich davon liegt **Los Tuxtlas** (S. 779). In diesem Gebiet voller grüner Hügel, Strände, Regenwälder und Seen etabliert sich allmählich der Gemeinde-Ökotourismus. Außerdem schlug im südlichen Hinterland des Golfs von Mexiko einst das Herz der uralten Olmekenkultur. Deren Erbe bewundert man am besten im **Parque-Museo La Venta** (S. 872) von Villahermosa, der Hauptstadt des Bundesstaats Tabasco. Dieser besitzt auch ein paar wenig bekannte Strände an der Golfküste, die z. B. in und rund um **Paraíso** (S. 880) zu finden sind. Dazu kommen die gigantischen Feuchtgebiete der **Reserva de la Biosfera Pantanos de Centla** (S. 884).

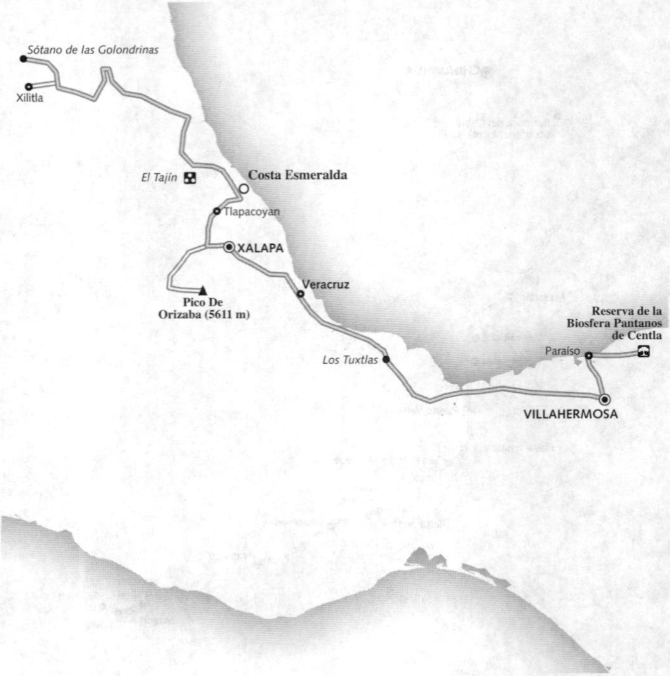

NÖRDLICHE WÜSTEN, SCHLUCHTEN UND WÄLDER **Drei Wochen**

Beeindruckende Naturformationen und bizarre Entdeckungen erwarten Traveller bei diesem Trip durch die einsamen Gegenden des mexikanischen Nordens. Erste Anlaufstelle ist der vorkoloniale Handelsposten **Paquimé** (S. 396) in der Wüste. Er dient als Ausgangspunkt für einen Kurztrip zum Töpferdorf **Mata Ortiz** (S. 398). Südlich davon erstrecken sich die Wälder der Sierra Madre Occidental. Bei **Cuarenta Casas** (S. 399) und im **Cañón de Huápoca** (S. 400) laden prähispanische Felsbehausungen zur Besichtigung ein.

Weiter südöstlich liegt **Cuauhtémoc** (S. 408), wo die **Ferrocarril Chihuahua Pacífico** (S. 371) zur spektakulären **Barranca del Cobre** (Kupferschlucht; S. 370) abfährt. Als nächstes folgt man auf der Strecke durch **Chihuahua** (S. 401), **Hidalgo del Parral** (S. 410), **Canutillo** (S. 413) und **Torreón** (S. 413) den Fußstapfen des Revolutionärs Pancho Villa.

Auf dem Weg nach Torreón lohnen Abstecher nach **Mapimí** (S. 415) und zur Geisterstadt **Ojuela** (S. 415). Von Torreón führt der Weg nordostwärts durch die Wüste zum Naturschutzgebiet **Cuatrociénegas** (S. 426), wo Schwimmen und Schnorcheln quasi Pflicht sind. Dann begibt man sich zurück nach Süden, um in **Parras** (S. 431) eine *copa* Wüstenwein zu schlürfen. Nächste Station ist das relaxte **Saltillo** (S. 427) mit seinem erstklassigen Wüstenmuseum. Wer mittlerweile etwas urbane Raffinesse vermisst, ist in **Monterrey** (S. 433) richtig. Der nahe **Cañón de la Huasteca** (S. 447) und **Potrero Chico** (S. 449) sind super Spots für Kletter-, Canyoning-, Abseil- und Seilrutschfans. Anschließend geht's gen Süden zum magischen **Real de Catorce** (S. 669). Das ehemalige Silberbergbauzentrum erwacht momentan zu neuem Leben. Östlich davon wartet bereits ein weiteres Naturwunder: In den Nebelwäldern der **Reserva de la Biosfera El Cielo** (S. 462) kann man wandern und Vögel beobachten.

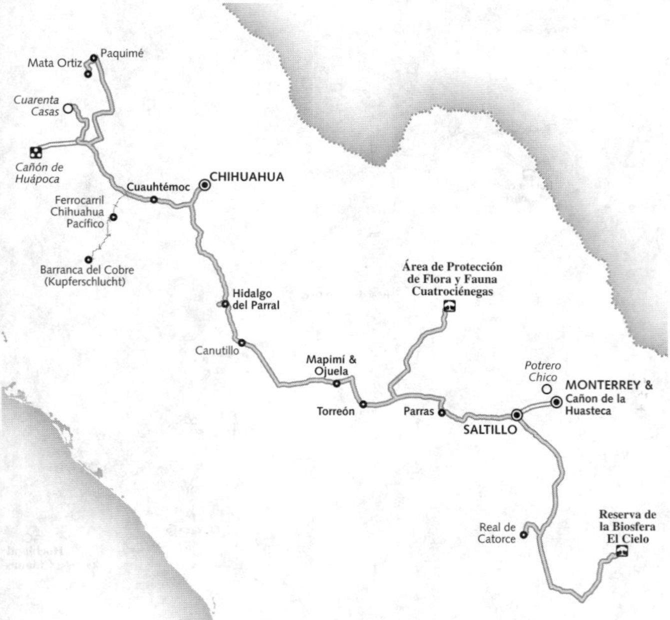

ERBEN ALTER TRADITIONEN Drei Wochen

In Mexiko gibt es einige der schillerndsten und ungewöhnlichsten Kulturen des amerikanischen Kontinents – Nachkommen der Menschen, die lange vor den Europäern hier lebten. Die zentralmexikanischen Nahua, Abkommen der Azteken, kann man im Bergdorf **Cuetzalan** (S. 253) nördlich von Puebla treffen. Die größten indigenen Bevölkerungsgruppen leben im Süden Mexikos, speziell in den Staaten Oaxaca und Chiapas. Die Zapoteken und Mixteken Oaxacas fertigen wunderbare Keramiken, Stoffe, Holzskulpturen und vieles mehr – zu kaufen gibt es ihre Waren auf den geschäftigen Märkten und in den Kaufhäusern. In **Oaxaca City** (S. 786) findet jährlich im Juli das Guelaguetza-Festival statt, das wohl aufregendste Fest für indigenen Tanz. Im abgelegenen **Chiapas-Hochland** (S. 885) halten Mayagruppen wie die Tzotziles und Tzeltales uralte religiöse, soziale und medizinische Rituale in Ehren; ihre farbenprächtigen traditionellen Kleider, die heute noch getragen werden, sind komplexe, symbolische Kunstwerke. Im Staat Veracruz, etwa in **El Tajín** (S. 740), praktizieren die Totonaken regelmäßig ihre alten Rituale, etwa den *voladores*-Ritus – „fliegende Tänzer" hängen an einem hohen Pfahl und drehen sich. Die Huicholes an den Grenzen von Jalisco, Nayarit und Zacatecas in Westmexiko unternehmen einmal im Jahr ihre Pilgerreise über Berge und Wüsten, um nahe der einsamen Stadt **Real de Catorce** (S. 669) nach dem Kaktus zu suchen, der das starke Halluzinogen Peyote hervorbringt – ein wichtiger Bestandteil ihrer Religion und ihrer kunterbunten Kunst.

Im Nordwesten leben die Rarámuri in den rauen Tälern der **Barranca del Cobre** (Kupferschlucht; S. 370). Sie sind berühmt für ihre erstaunlichen Laufleistungen über lange Strecken. Die Seris aus Sonora, die etwa in **Bahía de Kino** (S. 355) leben, werden wegen ihrer Eisenbaumholz-Schnitzereien gerühmt.

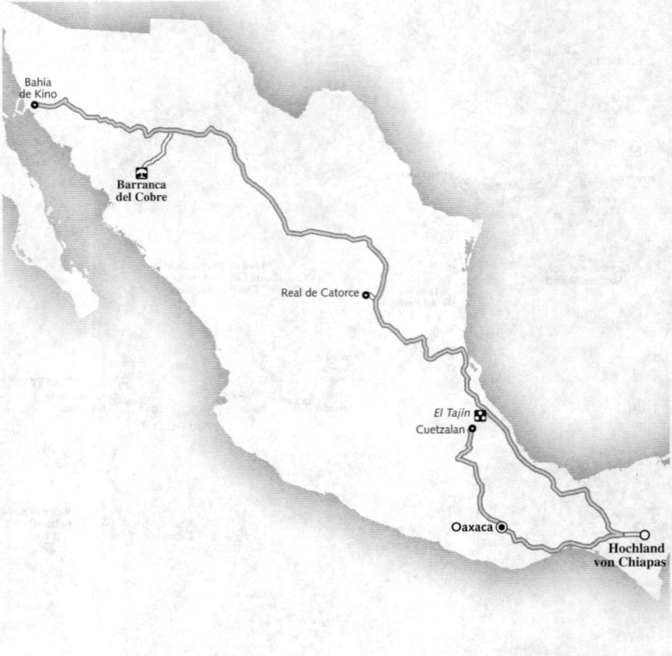

MASSGESCHNEIDERTE TOUREN

WELTERBESTÄTTEN

Zu Mexikos 27 UNESCO-Welterbestätten zählen drei Biosphärenreservate, darunter **El Vizcaíno** (S. 314) und **Sian Ka'an** (S. 998). Der Rest fällt in den kulturellen Bereich. Vorkoloniale Stätten sind u. a. die Pyramiden von **Teotihuacán** (S. 219) sowie die Mayabauten von **Palenque** (S. 916), **Uxmal** (S. 1023), **Chichén Itzá** (S. 1036) und **Calakmul** (S. 1056) – ebenso das Handelszentrum **Paquimé** (S. 396) im Norden und die alte Zapotekenhauptstadt **Monte Albán** (S. 811). Außerdem wären da noch die grandiose Felskunst der **Sierra de San Francisco** (S. 317) in Baja California und die seltsamen Nischenpyramiden von **El Tajín** (S. 740) nahe der Golfküste. In den historischen Stadtzentren von **Mexico City** (S. 122), **Oaxaca City** (S. 786), **Puebla** (S. 228), **Guanajuato** (S. 674), **Morelia** (S. 609), **Zacatecas** (S. 643), **Querétaro** (S. 709) und **Campeche** (S. 1046) repräsentieren Steingebäude die Architektur der Kolonialzeit. Mit **Jalpan** (S. 719) und den anderen **Franziskanermissionen** (S. 719) der Sierra Gorda bewahrt die Unesco das Erbe früher christlicher Missionare in Mexiko. Wie der **UNAM-Universitätscampus** (S.162) in Mexico City steht auch das **Instituto Cultural de Cabañas** (S. 572) in Guadalajara für Mexikos Beitrag zu Kunst und Kultur des 20. Jhs. Letzteres beherbergt die meisterhaften Wandgemälde José Clemente Orozcos.

NATUR PUR

Biosphärenreservate kombinieren Naturschutz mit umweltverträglichen Wirtschaftszweigen. Dort bieten ökologische Tourismusprogramme die Chance, einige der ursprünglichsten und spektakulärsten Gegenden des Landes zu erkunden. Mexikos rund 40 Biosphärenreservate *(reservas de la biosfera)* belegen mehr als 100 000 km² Fläche mit enormer ökologischer Vielfalt. Die nördlichen Wüstenregionen von **Bolsón de Mapimí** (S. 415) fallen genauso darunter wie die Wälder von **Montes Azules** (S. 914) und **Calakmul** (S. 1056) im Süden. **Sian Ka'an** (S. 998) am Rand der Karibik und **La Encrucijada** (S. 945) am Pazifik schützen küstennahe Feuchtgebiete – genauso wie **Ría Celestún** (S. 1032) bzw. **Río Lagartos** (S. 1045) am Golf von Mexiko. Das große Korallenatoll **Banco Chinchorro** (S. 1001) in der Nähe von Sian Ka'an steht ebenfalls unter Naturschutz. **El Vizcaíno** (S. 314) in Baja California umfasst gleichzeitig Wüstenterrain und Lagunen, in denen Grauwale ihre Kälber gebären. Beim **Volcán Tacaná** (S. 950) handelt es sich um einen bewaldeten Großvulkan auf der Grenze zwischen Mexiko und Guatemala. Viele tolle Vogelarten wie der farbenprächtige Quetzal bevölkern **El Triunfo** (S. 943) im Bergland von Chiapas. **Mariposa Monarca** (S. 618) in Zentralmexiko sorgt dafür, dass sich Millionen von Monarchfaltern ungestört vermehren können. **Sierra Gorda** (s. Kasten S. 717) und **El Cielo** (S. 462) sind Übergangszonen zwischen Golfebene und Sierra Madre Oriental. Auch diese Reservate begeistern mit reicher Tier- und Pflanzenwelt.

STRÄNDE

Mexikos tolle *playas* treffen jeden Geschmack. Was die Baja anbelangt, so begeistern **San Miguel** (S. 307), **Los Cerritos** (S. 341) und **Costa Azul** (S. 335) mit toller Brandung, **Mulegé** (S. 320) und **Espíritu Santo** (S. 327) mit klasse Kajaktrips, und **Cabo San Lucas** (S. 336) steht für Party pur. Drüben auf dem Festland geht's an die lagunenreichen Pazifikstrände von **San Blas** (S. 482) und nach **Puerto Vallarta** (S. 493) mit seinen Strandpartys. Die fast leeren Strände der **Costalegre** (S. 509) versprechen Erholung, während **San Patricio-Melaque** (S. 510) mit tollen Wellenbergen punktet. Bei **Barra de Nexpa** (S. 526), **Boca de Pascuales** (S. 523) und **Troncones** (S. 528) ist die Brandung ebenfalls vom Feinsten. Die Bucht von **Zihuatanejo** (S. 533) ist eine ruhige Station vor der Weiterreise ins pulsierende **Acapulco** (S. 547).

An der Küste Oaxacas fordert vor allem die „mexikanische Pipeline" vor **Puerto Escondido** (S. 828) Surfer heraus. Gemütlich geht's dagegen im Backpackerparadies **Zipolite** (S. 846) zu .

Zum Partymachen wechselt man auf die Karibikseite nach **Cancún** (S. 957). Im hippen **Playa del Carmen** (S. 974) ist hauptsächlich Abhängen angesagt. Vor der Küste bietet die **Isla Mujeres** (S. 965) Entspannung und Schnorchelmöglichkeiten und **Cozumel** (S. 978) hervorragende Tauchspots. In **Tulum** (S. 989) säumen Mayaruinen und Palmen einen der schönsten weißen Sandstrände Mexikos. Alternativ endet der Trip auf der 30 km langen **Isla Holbox** (S. 971). Dort kann man mit Walhaien schnorcheln, Strände erkunden oder einfach in der Hängematte liegen.

FÜR FEINSCHMECKER

Stadtviertel von Mexico City wie **Condesa** (S. 182) und **Roma** (S. 183) sind Mexikos Hotspots der Küchentrends Fusion und *nuevo mexicano* (neo-mexikanisch). Zudem hat die Metropole ein paar tolle **Lebensmittelmärkte** (S. 184).

Entlang der Pazifikküste gibt's überall geniale frische Meeresfrüchte. In größeren Ferienorten wie **Ensenada** (S. 304), **Mazatlán** (S. 467), **Puerto Vallarta** (S. 493), **Zihuatanejo** (S. 533) oder **Acapulco** (S. 547) gibt's meist mehrere gehobene Restaurants. Die schlichten Fischtacos von **Baja California** (s. Kasten S. 336) können auch göttlich sein. Sogar im Landesinneren werden tolle Snacks mit Meeresfrüchten serviert – z. B. in Guadalajaras legendärem **Mariscos El Social** (S. 587). Für *pescado a la veracruzana* (Fisch in einer Sauce aus Tomaten, Zwiebeln und Chili) empfiehlt sich die **Golfküste** (S. 761).

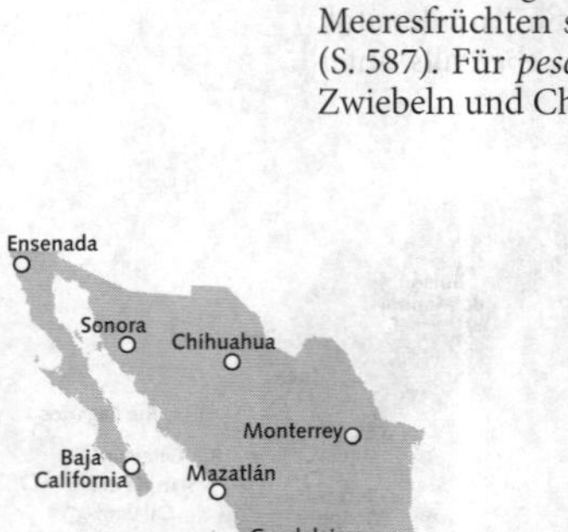

Fleischesser kommen fast überall in Mexiko auf ihre Kosten. **Chihuahua** (S. 401) punktet mit Riesensteaks, während in **Monterrey** (S. 433) *cabrito al pastor* (Ziege) auf dem Teller landet. Da wäre auch noch **Sonora** (S. 359) mit seinem *carne asada* (mariniertem Grillfleisch). Leckere *tacos al carbón* mit Fleisch oder Meeresfrüchten vom Holzkohlegrill sind praktisch überall erhältlich.

Aus **Puebla** (S. 228) stammt Mexikos berühmteste *mole* (Sauce) für Fleischgerichte: Die *mole poblano* auf Schokoladenbasis. Doch Saucenfans haben landesweit die Qual der Wahl. Die Stadt **Oaxaca** (S. 786) im Süden ist für sieben *mole*-Varianten bekannt (s. Kasten S. 799).

Geschichte

Mexikos Geschichte ist außergewöhnlich und manchmal sogar unglaublich. Wie konnte es geschehen, dass die 2700 Jahre alte Tradition der Zivilisationen von Olmeken, Maya und Azteken – alle intellektuell gebildet und von hohem ästhetischen Empfinden, aber auch immer wieder sehr blutrünstig – wegen einer Handvoll spanischer Abenteurer innerhalb von zwei Jahren so sang- und klanglos unterging? Wie konnte es geschehen, dass Mexikos elf Jahre andauernder Unabhängigkeitskrieg gegen Spanien zu drei Jahrzehnten Diktatur unter Porfirio Díaz führte? Wie konnte es geschehen, dass die Revolution gegen diese Diktatur eine 70-jährige Einparteienherrschaft brachte? Und wie wurde das Einparteiensystem im Jahr 2000 schließlich abgeschafft?

Mexiko fasziniert mit einem Mix aus einzigartiger Geschichte und Moderne. Die allgegenwärtige Vergangenheit des Landes bereichert jeden Trip mit großartigen uralten Städten, prächtigen Kolonialpalästen und tollen Museen – ganz zu schweigen vom Glauben und den tief verwurzelten Traditionen der Bevölkerung.

Von dem Historiker Alan Knight stammt eine der aktuellsten Gesamtdarstellungen der mexikanischen Geschichte, bestehend aus den Bänden *Mexico – From the Beginning to the Spanish Conquest*, *Mexico – The Colonial Era* und *Mexico – The Nineteenth & Twentieth Centuries*.

FRÜHE ZIVILISATIONEN

Als Jäger und Sammler entwickelten die frühen Mexikaner zuerst den Ackerbau. Daraufhin entstanden Dörfer, dann Städte mit fortschrittlichen Zivilisationen und schließlich ganze Reiche. Die politische Landkarte veränderte sich stetig. Nacheinander stiegen mehrere Reiche zu großer Macht auf und zerfielen dann wieder. Dennoch teilten Mexikos frühe Zivilisationen sehr viele Gemeinsamkeiten, da Religion, soziale Organisationsformen und Wirtschaftsgrundlagen von Herrschern auf Vasallen und von einer Generation auf die nächste übergingen. Viele praktizierten Menschenopfer, um grausame Götter zu beschwichtigen; mithilfe der Beobachtung des Himmels versuchte man, die Zukunft vorauszusagen und den günstigsten Zeitpunkt für wichtige Ereignisse wie Ernten zu bestimmen. Die streng hierarchisch gegliederten Gesellschaften wurden von mächtigen Priesterkasten beherrscht. Die Rolle der Frau beschränkte sich auf häusliche Tätigkeiten und das Gebären von Kindern. Beinahe überall fanden Formen eines rituellen Ballspiels (S. 74) auf eigens dafür angelegten Plätzen statt.

Die meisten heutigen Mexikaner stammen zumindest teilweise von den ursprünglichen Einwohnern ihres Landes ab, und in vielen Aspekten des modernen Mexiko, z. B. in der Spiritualität und dem Kunstsinn der Menschen und in der Tatsache, dass das Land immer noch von Eliten beherrscht wird, zeigt sich noch heute das vorkoloniale Erbe.

Präzise und umfassende Informationen über die alten Kulturen Mexikos und Guatemalas bieten die Bücher *Mexiko: Von den Olmeken zu den Azteken* in *Mythos Azteken* und *Die Maya*, beide von Michael D. Coe.

ZEITACHSE

7000–3000 v. Chr.

Beginn des Ackerbaus im Tal von Tehuacán – zunächst mit Chilisamen und Kürbispflanzen. Spätere Mais- und Bohnenkulturen gestatten den Menschen, halb sesshaft in Dörfern zu leben.

1200–900 v. Chr.

Mit San Lorenzo floriert das erste bedeutende Olmekenzentrum. Dort entdeckte Fundstücke aus Guatemala und dem mexikanischen Hochland lassen auf weitreichende Handelsbeziehungen schließen.

800–400 v. Chr.

Das zweite große Olmekenzentrum bei La Venta in Tabasco erlebt seine Blütezeit und wird dann gewaltsam zerstört. In einem Grab wird Jade gefunden – in vorkolonialen Tagen ein beliebtes Material für Ornamente.

Wissenschaftler teilen die vorkoloniale Zeit unterschiedlich ein. Ein weit verbreitetes, wenngleich vereinfachtes Modell unterscheidet die Hauptepochen Präklassik (bis 250 n. Chr.), Klassik (250–900 n. Chr.) und Postklassik (900–1521). Die klassische Periode ist die Zeit einiger der fortschrittlichsten Hochkulturen – darunter die Maya und das Großreich von Teotihuacán.

FRÜHGESCHICHTE

Hunderte von Museen zeigen landesweit fabelhafte Überbleibsel der uralten Hochkulturen Mexikos. Den besten gebündelten Gesamtüberblick liefert das Museo Nacional de Antropología in Mexico City. Virtuelle Besuche sind unter www.mna.inah.gob.mx möglich.

Es gilt als erwiesen, dass die prähispanischen Einwohner Amerikas aus Sibirien eingewandert sind – wenn man von den paar Wikingern im Norden und einigen denkbaren direkten transpazifischen Kontakten mit Südostasien absieht. Sie kamen in mehreren Migrationswellen während der letzten Eiszeit zwischen 60 000 und 8000 v. Chr. über eine Landbrücke, die heute im Wasser unter der Beringstraße liegt. Die frühen Mexikaner jagten große Tierherden auf dem Grasland der Hochlandtäler. Als die Temperaturen am Ende der Eiszeit stiegen, trockneten die Täler aus, die Lebensgrundlage der Tiere fiel weg und die Menschen waren gezwungen, sich verstärkt von Pflanzen zu ernähren. Im Tal von Tehuacán (S. 256) in Zentralmexiko entdeckten Archäologen erste Spuren landwirtschaftlicher Tätigkeit. Nach der Anfangsphase zwischen 7000 und 3000 v. Chr. entwickelte sich daraus eine verlässliche Nahrungsquelle, die zunehmend ein sesshaftes Leben in Dörfern gestattete. Die ersten Tonwaren entstanden um 2000 v. Chr.

OLMEKEN

Die geheimnisvolle Zivilisation der Olmeken war Mexikos „Urkultur". Sie entwickelte sich nahe der Golfküste im feuchten Tiefland des südlichen Veracruz und des benachbarten Tabasco. Ihr Name wurde in den 1920er-Jahren von Archäologen geprägt und bedeutet „Menschen aus der Kautschukregion". Die meisterhaften Steinmetzarbeiten der Olmeken deuten auf einen hohen sozialen Organisationsgrad hin. Am berühmtesten sind die großartigen „Olmekenköpfe" – bis zu 3 m hohe Steinskulpturen mit grimmigem Gesichtsausdruck, Boxernasen und seltsamen Helmen.

Die erstklassigen Sammlungen des Museo de Antropología in Xalapa und des Parque-Museo La Venta in Villahermosa umfassen neben Olmekenköpfen noch andere Artefakte dieser Volksgruppe.

Zehn Olmekenköpfe wurden in San Lorenzo (S. 782) entdeckt, mindestens sieben weitere entstanden in La Venta (S. 880). Die olmekische Gesellschaft war gut organisiert: Das Rohmaterial für die Köpfe und viele andere Steinmonumente stammt von 60 bis 100 km entfernten Hügeln. Die Olmeken pflegten weitreichende Handelsbeziehungen. Sogar im zentralen und westlichen Mexiko hat man Olmekenstätten freigelegt, die u. U. als Handels- oder Garnisonsposten dienten. Sie könnten den Nachschub an Jade, Obsidian und anderen Luxusgütern für die olmekische Elite gesichert haben.

Letztendlich wurden San Lorenzo und La Venta gewaltsam zerstört. Das Erbe der Olmeken hatte aber starken Einfluss auf spätere Zivilisationen in Mexiko. Neben der bekannten gefiederten Schlange existierten z. B. olmekische Mais- und Feuergottheiten während der gesamten vorkolonialen Periode.

0–150 n. Chr.

Mit Teotihuacán entsteht in Zentralmexiko eine Großstadt nach Rasterplan, inklusive der 70 m hohen Pirámide del Sol (Sonnenpyramide).

250–600 n. Chr.

Teotihuacáns Einwohnerzahl steigt auf etwa 125 000. Die Pirámide de la Luna (Mondpyramide) wird errichtet; die Metropole steigt zum Zentrum des größten vorkolonialen Reichs in Mexiko auf.

250–900 n. Chr.

Während ihrer klassischen Periode blüht die hoch entwickelte Mayazivilisation im Südosten Mexikos, in Guatemala und Belize – ebenso in Teilen von Honduras und El Salvador.

TEOTIHUACÁN

Zentralmexikos erste große Zivilisation entstand rund 50 km nordöstlich vom Zentrum des modernen Mexico City in einem Tal. Das regelmäßige Stadtraster des prunkvollen Teotihuacán (S. 219) wurde im 1. Jh. n. Chr. angelegt. Es diente als Grundlage für die berühmten Sonnen- und Mondpyramiden sowie diverse Prachtstraßen, Paläste und Tempel, die während der nächsten 600 Jahre hinzukamen. In ihrer Hochphase hatte die Stadt etwa 125 000 Einwohner und bildete das Zentrum des wahrscheinlich größten vorkolonialen Reichs in Mexiko. Dieses dehnte seinen Einflussbereich etwa ab 400 n. Chr. südwärts bis ins heutige Honduras und El Salvador aus. Vermutlich stützte sich das Reich auf Tributzahlungen und es sorgte dafür, dass seine fortschrittliche Zivilisation verbreitet wurde. Errungenschaften Teotihuacáns waren z. B. das Buch- und Schriftwesen sowie ein Zahlensystem, dessen Ziffern aus Punkten und Strichen bestanden. Außerdem wurde ein Kalendersystem verwendet, das ein „heiliges Jahr" mit 260 Tagen umfasste, welches sich wiederum in 13 Perioden zu je 20 Tagen gliederte.

Teotihuacán – The City of the Gods (http://archaeology.la.asu.edu/TEO) empfiehlt sich für Online-Infos zu dieser erhabenen Stadt.

Innerhalb der kulturellen Sphäre Teotihuacáns erhob sich die Pyramide von Cholula (S. 240), die selbst die Sonnenpyramide überragte. Teotihuacán herrschte wohl auch über die Zapoteken von Oaxaca. Deren Hauptstadt Monte Albán (S. 811) erlebte ihre Blütezeit zwischen 300 und 600 n. Chr.

Doch auch der Stern Teotihuacáns musste irgendwann sinken. Im 8. Jh. wurde die Stadt niedergebrannt, geplündert und aufgegeben. Wahrscheinlich war der Staat durch den Aufstieg rivalisierender Mächte in Zentralmexiko zu dieser Zeit bereits geschwächt. Der Einfluss Teotihuacáns auf spätere Kulturen war immens: Viele seiner Götter wie der gefiederte Schlangengott Quetzalcóatl (das von den Olmeken ererbte Symbol für Fruchtbarkeit und Leben) und Tláloc (der Regen- und Wassergott) wurden noch ein Jahrtausend später von den Azteken verehrt. Deren Adlige unternahmen Pilgerreisen zu den großen Pyramiden, da Teotihuacán als besonderer Ort galt: Ihrer Ansicht nach hatten sich dort die Götter selbst geopfert, um die Sonne in Bewegung zu setzen, und so den Anfang des Aztekenuniversums markiert.

Teotihuacáns Pirámide del Sol (Sonnenpyramide) ist die drittgrößte Pyramide der Welt. Die größte ist die ägyptische Cheops-Pyramide, die zweitgrößte die wenig bekannte mexikanische Gran Pirámide de Tepanapa, die große Pyramide von Cholula.

DIE KLASSISCHE MAYAZEIT

Die klassische Mayazeit gilt als herausragendste Kulturperiode im vorkolonialen Amerika. Die Mayazivilisation blühte in drei geografischen Regionen:

- der Nordregion auf der Halbinsel Yucatán (Mexiko),
- dem Zentralgebiet zwischen den Wäldern von Petén (nördliches Guatemala), dem Tiefland von Chiapas und Tabasco (Mexiko) und Belize,
- der Südregion mit dem Hochland Guatemalas und einem Teil von Honduras.

In der Nord- und der Zentralregion erreichten die Maya ihre höchste Zivilisationsblüte. Dem dortigen Niveau von Architektur, Kunst, Astronomie,

600–900

El Tajín erlebt seine Blütezeit als Hauptzentrum der klassischen Veracruz-Zivilisation. Nahe der Golfküste teilt dieser Kleinstaatenverbund dieselbe Kultur.

695

Die mächtige Mayastadt Tikal (Guatemala) erobert das konkurrierende Calakmul (Mexiko). Allerdings scheitert der Versuch, Calakmuls frühere Mayauntertanen vollständig zu kontrollieren.

700–900

Im Kernland der Maya (Chiapas, El Petén und Belize) bricht ihre Zivilisation vermutlich wegen mehrerer langer Extremdürren zusammen.

Mathematik und Astrologie konnte keine andere vorkoloniale Zivilisation das Wasser reichen. Die klassische Mayazivilisation gliederte sich in viele unabhängige Stadtstaaten, die oft Krieg gegeneinander führten. Es scheint aber, dass sich die meisten von ihnen zu zwei losen Militärbündnissen zusammenschlossen, die ihre Zentren in Tikal (Guatemala) und Calakmul (im Süden von Yucatán) hatten.

Chronicle of the Maya Kings & Queens (2000) von Simon Martin und Nikolai Grube widmet sich elf der wichtigsten Maya-Stadtstaaten und deren Herrschern. Erstklassige Abbildungen begleiten die detaillierten Erläuterungen zur jeweiligen Geschichte.

Städte

Die typische Mayastadt fungierte für umliegende Bauerndörfer als religiöser, politischer und wirtschaftlicher Mittelpunkt. Das zeremonielle Zentrum war die Plaza, die von hohen Tempelpyramiden (normalerweise Grabmäler für die heilig gesprochenen Regenten) und flacheren Gebäuden – sogenannten Palästen mit Labyrinthen aus kleinen Räumen – umgeben war. In Stelen und Altäre wurden Daten, Geschichten und kunstvolle menschliche und göttliche Figuren geschnitzt. Steinerne, erhöhte Wege, sogenannte *sacbeob,* führten von der Plaza weg und dienten wahrscheinlich zeremoniellen Zwecken.

Die Zentren der klassischen Mayazeit lagen in vier Zonen, eine in Chiapas im zentralen Mayagebiet und drei auf der Halbinsel Yucatán.

Handbook to Life in the Ancient Maya World heißt Lynn V. Fosters gut lesbare Einführung in alle wichtigen Aspekte der Mayakultur. Aktuelle Entdeckungen werden dabei ebenfalls berücksichtigt.

Die wichtigsten Mayastätten in Chiapas sind Yaxchilán (S. 932), Bonampak (S. 928), Toniná (S. 913) und Palenque (S. 916). Palenque ist für viele die schönste aller Mayastätten überhaupt. Sie erlangte unter dem Herrscher Pakal im 7. Jh. große Bedeutung; sein reich geschmücktes Grab wurde 1952 in den Tiefen des schönen Templo de las Inscripciones entdeckt.

Die Gebiete von Río Bec und Chenes in der Wildnis des südlichen Yucatán sind verhältnismäßig wenig erforscht. Aufwendige Reliefs mit Ungeheuern und Schlangen zieren ihre Gebäude. Die hiesigen Stätten Calakmul (S. 1056), Becán (S. 1057) und Xpujil (S. 1057) verzeichnen wie die Stätte Río Bec (s. Kasten S. 1058) bislang relativ niedrige Besucherzahlen.

Der dritte Schwerpunkt der nördlichen Mayazivilisation war die Puuc-Zone mit Uxmal (S. 1023) südlich von Mérida als ihrer wichtigsten Stadt. Die Puuc-Ornamente, die am besten am Gouverneurspalast in Uxmal zu sehen sind, zeigen Steinmosaike – oft wird das Gesicht des rüsselnasigen Gottes Chac, der für Regen und Ackerbau zuständig war, integriert. Der grandiose Codz Pop (Maskenpalast) in Kabah (S. 1027) südlich von Uxmal ist mit annähernd 300 Chac-Masken verziert. Chichén Itzá (S. 1036) östlich von Mérida ist eine andere Puuc-Stätte, auch wenn sie der späteren Toltekenära mehr verdankt.

Joyce Kelly's *Archaeological Guide to Central & Southern Mexico* gibt dem Besucher sowohl praktische als auch Hintergrundinformationen zu 70 Stätten an die Hand.

Kalender & Religion

Die Maya entwickelten ein komplexes Schreibsystem – halb piktografisch, halb phonetisch – mit 300 bis 500 Symbolen, deren Entschlüsselung in den 1980er-Jahren das Verständnis dieser Kultur gewaltig verbesserte. Zudem perfektionierten sie einen Kalender, den bereits andere vorkoloniale Zivilisationen zur exakten Bestimmung irdischer und himmlischer Ereignisse

900–1150

Von Tula aus herrschen die Tolteken über Zentralmexiko. Die Kriegerorden seiner militaristischen Kultur sind verschiedenen Tiergöttern geweiht: Kojote, Jaguar und Adler.

Um 1000

Eine toltekenartige Kultur übernimmt Chichén Itzá auf der Halbinsel Yucatán. Ein Mix aus Tolteken- und Mayastil macht es zu einer der prächtigsten vorkolonialen Städte Mexikos.

1325

Die Azteken gründen Tenochtitlán am Ort des heutigen Mexico City. Nach 100 Jahren sind sie der mächtigste Stamm im Valle de México. Anschließend wird das Reich auf fast ganz Zentralmexiko ausgedehnt.

benutzt hatten. Sie konnten etwa Sonnenfinsternisse und die Bewegungen von Mond und Venus vorhersagen. Ihre Zeitmessung basierte auf diversen überlappenden Zyklen. Diese reichten von 13-tägigen „Wochen“ bis zu den 1 872 000 Tagen des „Großen Zyklus“. Die Maya hielten ihre aktuelle Welt lediglich für eine in einer Weltenfolge, die in einer Katastrophe enden und von einer neuen Welt abgelöst werde. Die zyklische Natur der Dinge ermöglichte die Vorhersage der Zukunft mittels des Blicks in die Vergangenheit.

Die Religion durchdrang jeden Bereich des Lebens der Maya. Sie glaubten an die Vorherbestimmung und folgten einer komplexen Astrologie. Um die Götter gnädig zu stimmen, entwickelten sie komplizierte Rituale: Sie tranken das alkoholische Getränk *balche,* spendeten Blut aus Ohren, Zungen und Penissen, veranstalteten Tänze, Feste und Opfergaben. Die klassische Mayazivilisation scheint in kleinem Rahmen Menschen geopfert zu haben, die postklassischen Maya in größerem Stil.

Das Universum der Maya umfasste ein Zentrum und vier Himmelsrichtungen. Jeder Teil besaß eine eigene Farbe: Rot repräsentierte den Osten, Weiß den Norden, Schwarz den Westen und Gelb den Süden. Grün stand für das Zentrum. Der Mayahimmel hatte 13 Sphären, während die Toten zu den neun Schichten der Unterwelt Xibalbá hinabstiegen. Die Erde war der Rücken eines riesigen Reptils, das auf einem Teich trieb. Beim Blick über das Mayatiefland ist es gar nicht *so* abwegig, sich wie ein Floh auf dem Rücken dieses Wesens zu fühlen!

Den Götterhimmel der Maya bevölkerten Itzamná, der Feuergott und Erschaffer, der Regengott Chac, Yum Kaax, der Mais- und Pflanzengott und der Gott des Todes, Ah Puch. Die gefiederte Schlange, bei den Maya Kukulcán genannt, wurde in der postklassischen Periode aus Zentralmexiko eingeführt. Verehrt wurden auch die toten Vorfahren, besonders die Herrscher, von denen man annahm, dass sie von den Göttern abstammten.

Die modernen Maya sind direkte Nachfahren dieser uralten Zivilisation. Sie leben auf der Halbinsel Yucatán, in Chiapas, Guatemala und Belize, besonders traditionelle im Hochland von Chiapas und Guatemala. Neben dem Christentum praktizieren sie animistische Riten, manche tragen dort noch heute Bekleidung im vorkolonialen Stil.

DIE TOLTEKEN

Nach dem Fall Teotihuacáns konkurrierten mehrere Städte um die Vorherrschaft in Zentralmexiko. Eine der bedeutendsten war Xochicalco (S. 275) auf einem Hügel bei Cuernavaca. Dort wurden Zeugnisse für Maya-Einflüsse und einen eindrucksvollen Kult um eine gefiederte Schlange entdeckt. Aber es war das Reich der Tolteken, dessen Zentrum 65 km nördlich von Mexico City bei Tula (S. 217) lag, das den Verlauf der Geschichte Mexikos am stärksten beeinflusste. Ihren Namen verdankten die Tolteken (Erbauer) den Azteken, die sie ehrfürchtig als königliche Vorfahren betrachteten.

Die 1 872 000 Tage des ersten Großen Mayazyklus enden je nach Berechnungsart mit dem 23. bzw. 25. Dezember 2012. Laut der Mayakosmologie ist das Ende eines Zeitzyklus jeweils mit bedeutenden Ereignissen oder sogar Katastrophen verbunden. Somit darf Weihnachten 2012 gespannt erwartet werden.

Mesoweb (www.mesoweb.com), Maya Exploration Center (www.mayaexploration.org) und goMaya (www.gomaya.com) sind allesamt super Informationsquellen zu den alten und modernen Maya.

Mundo Maya Online (www.mayadiscovery.com) umfasst u. a. Artikel zu Kosmologie, Navigations- und Landwirtschaftstechniken dieser faszinierenden uralten Kultur.

1487

Bei der Einweihung des Großen Tempels von Tenochtitlán werden 20 000 Gefangene geopfert.

1492

Auf der Suche nach einem Seeweg in den Orient erreicht Christoph Kolumbus die Bahamas, Kuba und Hispaniola. In der Folgezeit erkunden auch andere Spanier die Karibik und gründen dort Siedlungen.

1517–1518

Spanische Expeditionstrupps verlassen Kuba, um das Land im Westen zu erkunden. Einheimische schlagen Francisco Hernández de Córdoba und Juan de Grijalva jedoch vor Mexikos Golfküste zurück.

DER UNTERGANG DER MAYAKULTUR

In der zweiten Hälfte des 8. Jhs. ließ die Handelstätigkeit zwischen den Stadtstaaten der Maya nach und es gab immer mehr Konflikte. Im frühen 10. Jh. waren dann all die Millionen Einwohner des florierenden zentralen Mayalandes praktisch verschwunden und die klassische Periode fand ein jähes Ende – eine Katastrophe, die als Untergang der Mayakultur bekannt wurde.

Über viele Jahre hinweg haben Mayaspezialisten und Hobbyforscher versucht, Erklärungen für dieses mysteriöse Phänomen zu finden. Überbevölkerung und ökologische und politische Krisen rangieren ganz oben in der Hitliste der Erklärungen. Im Landesinneren gab es zwischen 600 und 800 n. Chr. eine Bevölkerungsexplosion. Das scheint zwischen den Stadtstaaten zu heftigem Wettbewerb und Konflikten über die Kontrolle der örtlichen Ressourcen geführt zu haben. Gleichzeitig folgte auf intensive Waldrodung eine Kettenreaktion von Erosion, steigenden Temperaturen und schließlich Wassermangel – eine verheerende Situation für ein Volk, dessen Überleben von künstlichen Wasserspeichern und -becken abhing.

2003 analysierten Wissenschaftler Sedimente des Meeresbodens vor Venezuela. Ihre Daten vervollständigten das Puzzle zu großen Teilen: Die Ablagerungen bestanden aus hellen und dunklen Schichten, deren jeweilige Stärke nur etwa 1 mm betrug. Die dunklen Schichten enthielten Titan, das während der Regenzeiten ins Meer gespült worden war. Ungewöhnlich dünne dunkle Schichten ließen daher auf ungewöhnlich trockene Regenzeiten schließen. Die Forscher fanden heraus, dass die Region im 9. und 10. Jh. äußerst wasserarm war. Dies gipfelte wohl in drei bis vier besonders intensiven Dürreperioden, die jeweils mehrere Jahre anhielten. Genau zu dieser Zeit verschwand die klassische Mayazivilisation. Die Maya mussten ihr Stammland also vermutlich wegen des außergewöhnlich trockenen Klimas aufgeben.

Natürlich zerfielen die Einwohner dieser Gebiete nicht einfach zu Staub. Viele wanderten wahrscheinlich ins nördliche Mayaterritorium (Halbinsel Yucatán) oder das Hochland von Chiapas aus, wo ihre Nachkommen bis heute ansässig sind. Der Urwald eroberte die uralten Städte im Tiefland allmählich zurück – erst heute wird er erneut abgeholzt.

Einer weithin anerkannten Theorie zufolge zogen die Tolteken nach dem Ende Teotihuacáns als einer der vielen halbzivilisierten Stämme aus dem Norden nach Zentralmexiko. Wahrscheinlich im 10. Jh. wurde Tula zu ihrer Hauptstadt und wuchs auf etwa 35 000 Einwohner an. Tulas religiöses Zentrum war dem gefiederten Schlangengott Quetzalcóatl geweiht. Die Aufzeichnungen berichten jedoch, dass dieser von Tezcatlipoca (Rauchender Spiegel) verdrängt wurde. Diesen neuen Gott der Krieger und Zauberer gelüstete es regelmäßig nach den Herzen geopferter Krieger. König Topiltzin, der als Quetzalcóatl identifiziert wurde, floh an die Golfküste und segelte von dort auf einem Floß aus Schlangen gen Osten – mit dem Versprechen, eines Tages zurückzukehren. Als Jahrhunderte später die Spanier eintrafen, sollte diese Legende äußerst fatale Folgen haben.

Tula scheint die Hauptstadt eines militaristischen Königreichs geworden zu sein, das Zentralmexiko beherrschte. Hier nahmen u. U. auch massen-

1519–1520

Eine neue spanische Expedition unter Hernán Cortés erreicht die Aztekenhauptstadt Tenochtitlán. Während der „Noche Triste" werden die anfangs willkommenen Spanier am 30. Juni 1520 vertrieben.

1521

Die Spanier und 100 000 indigene Verbündete nehmen Tenochtitlán nach dreimonatigen Kämpfen ein. Die Stadt wird geschliffen und unter dem Namen „México" als Hauptstadt Neuspaniens wieder aufgebaut.

1524

Das Aztekenreich steht praktisch komplett unter spanischer Kontrolle – ebenso andere mexikanische Regionen wie Colima, Huasteca und der Istmo de Tehuantepec.

hafte Menschenopfer ihren Anfang. Der toltekische Einfluss reichte bis zur Golfküste und hinauf bis nach Paquimé (S. 396) im Norden. Sogar Tempelhügel und Fundstücke in den US-Bundesstaaten Tennessee und Illinois sollen davon zeugen. Doch auf der Halbinsel Yucatán hinterließen die Tolteken ihre weitaus berühmtesten Spuren. Mayachroniken besagen, dass ein Großteil der nördlichen Halbinsel ungefähr zu Ende des 10. Jhs. von einem gewissen Kukulcán erobert wurde. Dieser wiederum hatte vieles mit Quetzalcóatl gemeinsam, der aus Tula verbannt worden war. Chichén Itzá (S. 1036) auf der Halbinsel Yucatán weist starke Parallelen zu Tula auf, z. B. mit grausigen Chac-Mools – rücklings liegenden Steinfiguren, die Schüsseln für geopferte Menschenherzen halten. In eine gewaltige Steinplattform sind ganze Reihen grinsender Totenschädel eingemeißelt, die auf Opferungen im großen Stil hindeuten. Zudem kann die Ähnlichkeit zwischen Tulas Pyramide B und dem Kriegertempel in Chichén Itzá wohl kaum Zufall sein. Infolgedessen glauben viele Forscher, dass toltekische Verbannte die Halbinsel Yucatán eroberten und dort mit Chichén Itzá eine neue, noch prächtigere Version Tulas errichteten.

Tula selbst wurde ungefähr zu Anfang des 13. Jhs. aufgegeben. Für seine Zerstörung waren vermutlich Chichimeken verantwortlich, die als barbarische Reiterhorden immer wieder von Norden her einfielen. Spätere mexikanische Völker betrachteten die Ära der Tolteken als goldenes Zeitalter.

Zahlreiche Informationen zu den indigenen Mexikanern liefert die amerikanische Website www.mexica.net. Auf der Seite gibt's auch ein Náhuatl -Wörterbuch und Lektionen in dieser Sprache.

DIE AZTEKEN

Laut ihren Legenden sind die Azteken das auserwählte Volk Huizilopochtlis, ihres Stammesgottes in Kolibrigestalt. Das Nomadenvolk aus dem Westen oder Norden wurde von seinen Priestern ins Valle de México geführt. Dort ließ es sich auf den Inseln in den Seen nieder, die damals noch weite Teile des Tals bedeckten. Bis zum 15. Jh. waren die Azteken bzw. Mexica zur mächtigsten Volksgruppe des Tals aufgestiegen. Ihre Hauptstadt Tenochtitlán gründeten sie am Ort des modernen Mexico City. Der Legende zufolge wurde diese Stelle ausgewählt, da ein Adler auf einem dortigen Kaktus eine Schlange verspeiste. Die Azteken sahen darin ein Zeichen, ihre Wanderung zu beenden und eine Stadt anzulegen. Das Wappen mit Adler, Schlange und Kaktus ziert heute die mexikanische Nationalflagge.

Die Azteken gingen ein Dreierbündnis mit zwei anderen Staaten ein: Gemeinsam mit Texcoco und Tlacopan bekriegten sie Tlaxcala und Huejotzingo östlich des Tals. Bis auf Tlaxcala brachte die Dreierallianz den Großteil Zentralmexikos unter ihre Kontrolle – von der Golfküste bis zum Pazifik. In den 38 Reichsprovinzen lebten rund 5 Mio. Menschen. Sie mussten Tribute in Form von Rohstoffen zahlen, die im Kernland nicht vorhanden waren. Jade, Türkise, Baumwolle, Papier, Tabak, Kautschuk, Kakao und kostbare Federn dienten der Verherrlichung aztekischer Würdenträger und als Lohn für die vielen unproduktiven Diener des kriegerischen Staates.

Die vielseitige Webseite der Foundation for the Advancement of Mesoamerican Studies (www.famsi.org) erweitert das persönliche Wissen über Mexikos Frühgeschichte.

1534–1592

Nördlich von Mexico City entdecken die Spanier gewaltige Silbervorkommen bei Pachuca, Zacatecas, Guanajuato und San Luis Potosí.

1540er-Jahre

Drei Konquistadoren, die alle Francisco de Montejo heißen, erobern Yucatán. Neuspaniens Nordgrenze verläuft nun grob zwischen Tampico und Guadalajara. Jenseits davon leben kriegerische Halbnomaden.

1605

Mexikos indigene Bevölkerung ist seit der Ankunft der Spanier von geschätzten 25 Millionen auf etwas über 1 Million geschrumpft – vor allem aufgrund eingeschleppter Krankheiten.

Hanns J. Prems *Die Azteken* ist eine gute Einführung in Geschichte, Kultur und Religion dieses rätselhaften Reichs.

Wirtschaft & Gesellschaft

In Tenochtitlán und der angrenzenden Aztekenstadt Tlatelolco (S. 167) lebten mit der Zeit mehr als 200 000 Menschen, im gesamten Valle de México waren es über 1 Mio. Die Menschen bewässerten und terrassierten das Land und machten die Sümpfe nutzbar.

Den Kern der aztekischen Gesellschaft bildeten die *calpulli*: Sie bestanden aus einigen Dutzend bis einigen hundert Familien, die das Land besaßen. Der König hatte die absolute Macht. Doch er delegierte wichtige Posten wie das Amt des Priesters oder Steuereintreibers an die *pilli* (Adelige). Militärische Führer waren meistens *tecuhtli*, professionelle Elitesoldaten. Eine andere wichtige Gruppe waren die *pochteca*, bewaffnete Kaufleute, die halfen, das Reich auszudehnen. Sie brachten Waren in die Hauptstadt und organisierten die Märkte, die täglich in den großen Städten stattfanden. Ganz unten auf der gesellschaftlichen Leiter standen Tagelöhner (Arme, die sich für eine bestimmte Zeit verkauften), Leibeigene und Sklaven.

Kultur & Religion

Tenochtitlán-Tlatelolco beherbergte Hunderte von Tempelanlagen. Die größte von ihnen, der Templo Mayor (S. 146), auf und um Mexico Citys *zócalo* errichtet, war für die Azteken das Zentrum des Universums. Der Haupttempel hieß Huizilopochtli und war dem Regengott Tláloc geweiht.

Die meisten ihrer Errungenschaften übernahmen die Azteken von früheren Zivilisationen. Sie verfügten über Schrift, Bücher aus Rindenpapier und die Kalenderrunde (das Datierungssystem, das die Maya, Olmeken und Zapoteken verwendeten). Die Azteken beobachteten den Himmel und huldigten der Astrologie. Zölibatär lebende Priester vollführten große Zeremoniezyklen, inklusive Opferritualen, Maskentänzen und mythischen Prozessionen.

Unter http://aztlan.inah.gob.mx:8080/teopantli/index.html kann der aztekische Haupttempel virtuell besucht werden.

Die Azteken glaubten, dass sie in der „fünften Welt" lebten. Die vier Vorgängerwelten waren nach ihrer Ansicht jeweils durch den Tod der Sonne zerstört worden. Mit Menschenopfern wollten sie deshalb die Sonne am Leben erhalten. Wie die Maya gingen sie davon aus, dass die Welt vier Richtungen, 13 Himmel und neun Höllen habe. Wer durch Ertrinken, Blitzeinschlag, an Lepra, Gicht, Wassersucht oder Lungenkrankheit starb, kam in die paradiesischen Gärten des Tláloc. Krieger, die geopfert wurden oder in einer Schlacht fielen, Kaufleute, die in der Fremde getötet wurden, und Frauen, die bei der Geburt ihres ersten Kindes das Leben ließen, kamen in den Himmel. Alle anderen mussten vier Jahre lang durch das Reich des Totengottes Mictlantecuhtli reisen, ehe sie die neunte Hölle erreichten, in der sie verschwanden.

WEITERE POSTKLASSISCHE ZIVILISATIONEN

Am Vorabend der spanischen Eroberung hatten die meisten mexikanischen Zivilisationen allerlei gemeinsam: Alle besaßen Zentralregierungen und Klassengesellschaften mit vielen spezialisierten Berufsfeldern, darunter

1767	Sept. 1810	Okt.–Nov. 1810
Spanien verbannt die Jesuiten aus seinen Kolonien. Dadurch steigt die Unzufriedenheit der mexikanischen Criollos.	Der Priester Miguel Hidalgo y Costilla läutet den Mexikanischen Unabhängigkeitskrieg ein. Mit dem Grito de Dolores (Schrei von Dolores) ruft er in seiner Heimatgemeinde zur Rebellion auf.	Die Rebellen nehmen Zacatecas, San Luis Potosí und Morelia ein. Sie besiegen Königstreue vor Mexico City, greifen die Hauptstadt aber nicht an. Sie besetzen Guadalajara, werden aber nach Norden abgedrängt.

professionelle Priester. Obwohl das Rad noch unbekannt war und es an Zugtieren sowie Metallwerkzeugen mangelte, erwies sich die Landwirtschaft als höchst produktiv. Bohnen, Maistortillas und -grütze *(pozol)* dienten als Grundnahrungsmittel. In den verschiedenen Regionen gediehen zudem viele weitere Früchte wie Kürbisse, Tomaten, Chilis, Avocados, Erdnüsse, Papayas und Ananas. Zum Luxus der Elite zählten Truthahn, domestizierte haarlose Hunde, Spiele und Schokoladengetränke. Die zahlreichen Kriege zwischen Städten und Reichen entsprangen oft der Notwendigkeit, diversen Göttern Gefangene zu opfern.

In der Postklassik entstanden einige weitere Regionalkulturen:

Halbinsel Yucatán Nachdem die Toltekenära von Chichén Itzá um ca. 1200 geendet hatte, dominierte die Stadt Mayapán (S. 1029) den Großteil Yucatáns. Als ihre Macht ab ca. 1440 allmählich schwand, stritten zahlreiche Stadtstaaten um die Halbinsel. Deren Kulturen waren jedoch weit vom Glanz der klassischen Mayaperiode entfernt.

Oaxaca Ab 1200 standen immer mehr zapotekische Siedlungen wie Mitla (S. 818) und Yagul (S. 817) unter dem Einfluss der Mixteken. Dieses Volk kam ursprünglich aus dem Hochland an der Grenze zwischen Oaxaca und Puebla. Im 15. und 16. Jh. fiel Oaxaca zu weiten Teilen an die Azteken.

Michoacán Als gewiefte Kunst- und Schmuckhandwerker herrschten die Tarasco über Michoacán. Sie zählten zu den Volksgruppen, die nicht unter das aztekische Joch gerieten. Ihre Hauptstadt bei Tzintzuntzan (S. 629) lag ca. 200 km westlich von Mexico City.

Neben tollen Links zur mexikanischen Geschichte liefert das Mexiko-Lexikon (www.mexiko-lexikon.de) viele weitere Informationen.

DIE SPANISCHE EROBERUNG

In zwei kurzen Jahren (1519–1521) zerschlug eine winzige Gruppe von Invasoren die fast 3000 Jahre alte Zivilisation Mexikos. Die Spanier zerstörten das Aztekenreich, brachten eine neue Religion mit und degradierten die indigenen Einwohner zu Sklaven oder Menschen zweiter Klasse. Davor und danach hat kaum je eine andere blühende Zivilisation eine derart schnelle Transformation erlitten. Warum die Spanier Mexiko so leicht unterwerfen konnten und weshalb ihre Ankunft solch katastrophale Folgen hatte, das lässt sich z. T. mit den unterschiedlichen Mentalitäten der beteiligten Parteien begründen. Reiner Zufall und Glück spielten allerdings ebenso große Rollen. Von größter Bedeutung für das Ergebnis waren die Charaktere der beiden Hauptfiguren: Der skrupellose, machiavellistische Ehrgeiz des spanischen Anführers Hernán Cortés prallte auf die Unschlüssigkeit des abergläubischen Aztekenkaisers Moctezuma II. Xocoyotzin.

Neuankömmlinge und Indigene waren sich so fremd, dass sie jeweils die Menschlichkeit der Gegenseite bezweifelten. Aus diesem traumatischen Zusammenprall erwuchs das moderne Mexiko, dessen Einwohner größtenteils Mestizen mit indigenen und europäischen Wurzeln sind. Doch während der letzte Aztekenkaiser Cuauhtémoc heute als Volksheld verehrt wird, gelten der Eroberer Cortés und seine indigenen Verbündeten als Schurken und Verräter.

Bernal Díaz del Castillo berichtet in *Wahrhafte Geschichte der Entdeckung und Eroberung von Neuspanien* aus erster Hand über die Eroberung Mexikos, während *Rückkehr der Götter*, herausgegeben von Miguel Leon-Portilla, die seltenere Perspektive der Verlierer einnimmt.

1811

Die Reihen der Rebellen lichten sich. Ihre Anführer – darunter Hidalgo – werden gefangengenommen und hingerichtet. Neuer Rebellenführer wird der Priester José María Morelos y Pavón, ein Hidalgo-Schüler.

1813

Morelos lässt Mexico City monatelang belagern. Seine Bewegung bekennt sich zu den Prinzipien des allgemeinen Männerwahlrechts, der Volkssouveränität und zur Abschaffung der Sklaverei.

1815

Nach Morelos' Gefangennahme und Hinrichtung zerfallen seine Truppen in mehrere Guerillaverbände. Den erfolgreichsten führt Vicente Guerrero im Bundesstaat Oaxaca.

HINTERGRÜNDE DER SPANISCHEN POLITIK

Mit der Einnahme Granadas beendeten Spaniens christliche Truppen 1492 die Reconquista (Rückeroberung). In den vorangegangenen 700 Jahren hatten sie spanische Festlandsgebiete stückweise von der muslimischen Herrschaft befreit. Unter den Katholischen Königen Ferdinand II. und Isabella I. betrieb das Land eine aggressive Expansionspolitik, um Macht und Reichtum der Krone zu mehren. Eine seltsame Mischung aus Brutalität, Goldgier, Mut und Frömmigkeit machte die spanischen *conquistadores* in Amerika zu direkten Nachfolgern der Reconquista-Kreuzritter.

Neil Young schrieb den Titel „Cortez the Killer" auf seinem Album *Zuma* (1975) in Anlehnung an die Taten des Konquistadoren in Mexiko.

Im Europa dieser Zeit hielten viele die Erde bereits für eine Kugel. Dank seiner Lage am Atlantik stand Spanien an erster Stelle bei der Suche nach der Westpassage zum gewürzreichen Orient. Seine Entdecker, Soldaten und Kolonisten erreichten zuerst die Karibik, wo sie Außenposten auf Hispaniola und Kuba errichteten. Als die Spanier erkannten, dass sie nicht Indien erreicht hatten, begann die Suche nach einer Passage durch die Landmasse im Westen, doch ließen sie sich bald durch Geschichten von Gold, Silber und einem prunkvollen Königreich davon abbringen.

Frühe spanische Expeditionen waren von Kuba aus westwärts gesegelt, aber vor der mexikanischen Golfküste gewaltsam gestoppt worden. Daraufhin ernannte der spanische Inselgouverneur Diego Velázquez einen örtlichen Kolonisten namens Hernán Cortés zum Anführer einer weiteren Westexpedition. Als dieser aber Schiffe und Männer organisierte, wurde es Velázquez zu teuer. Zudem zweifelte er an Cortés' Loyalität und versuchte daher, die Expedition abzublasen. Doch Cortés ignorierte den Gouverneur. Am 15. Februar 1519 legten seine elf Schiffe mit 550 Mann und 16 Pferden an Bord ab.

DIE EROBERUNG

Cortés landete zuerst auf Cozumel und segelte dann entlang der Küste nach Tabasco. In der Schlacht von Centla errang er bei Frontera (S. 883) einen leichten Sieg über wenig gastfreundliche Einheimische. Diese flohen in Panik vor der spanischen Kavallerie, da sie Ross und Reiter für ein einziges fürchterliches Wesen hielten. Anschließend erteilte Cortés den Mexikanern die erste von vielen Lektionen, indem er die Bedeutung des Christentums und die Größe König Karls I. von Spanien predigte – eine gängige Praxis während der gesamten Eroberung. Die indigenen Einwohner übergaben dem Konquistadoren 20 Dienerinnen. Darunter war Doña Marina (La Malinche), die seine unentbehrliche Übersetzerin, Beraterin und Geliebte wurde.

Monterreys erstklassiges Museum of Mexican History lässt sich unter www.museohistoriamexicana.org.mx im Internet besuchen.

Die Spanier profitierten extrem von der Feindseligkeit, die andere mexikanische Völker gegenüber den Azteken hegten. Entlang der Golfküste wurden sie z. B. in Zempoala (S. 744) von deren hasserfüllten Untertanen willkommen geheißen. Dann rückte Cortés nach Tenochtitlán im Landesinneren vor. Unterwegs verbündete er sich mit den Tlaxcalan, weiteren langjährigen Feinden der Azteken.

1821

Der königstreue General Agustín de Iturbide wechselt die Fronten. Zusammen mit Guerrero verspricht er gleiche Rechte für Criollos und *peninsulares* in einem unabhängigen Mexiko mit der Staatsform der konstitutionellen Monarchie.

1821–1822

Der frisch eingesetzte Vizekönig trifft aus Spanien ein und entlässt Mexiko in die Unabhängigkeit. Armeechef Iturbide besteigt als Kaiser Agustín I den neuen mexikanischen Thron.

1824

Eine neue Verfassung macht Mexiko zu einer Republik mit 19 Bundesstaaten und vier Territorien. Erster Präsident wird Guadelupe Victoria, ein ehemaliger Unabhängigkeitskämpfer.

Auch aztekische Legenden, Aberglaube und die Unschlüssigkeit Moctezumas wirkten sich zum Vorteil der Spanier aus. Sobald deren Schiffe vor der Küste auftauchten, wurde Moctezuma von hellhäutigen Lebewesen auf „schwimmenden Türmen" berichtet. Nach dem Aztekenkalender sollte 1519 der legendäre toltekische Gottkönig Quetzalcóatl aus dem Osten zurückkehren. Doch war Cortés wirklich Quetzalcóatl? Genügend Vorzeichen dafür gab es jedenfalls: So schlug in einen Tempel der Blitz ein und ein Komet zog über den Nachthimmel. Zudem brachte man Moctezuma einen „Vogel mit einem Spiegel im Kopf", in dem er Krieger erblickte.

Am 8. November 1519 wurden die Spanier zusammen mit 6000 ihrer indigenen Verbündeten nach Tenochtitlán eingeladen, das größer als alle Städte Spaniens war. Moctezuma empfing Cortés in einer Sänfte mit goldenem Federbaldachin, die von Adligen getragen wurde. Wie es sich für Götter gehört, logierten die Spanier im Palast von Moctezumas Vater Axayácatl.

Tecuichpo war Moctezumas einzige überlebende Erbin. Im Alter von 17 Jahren gebar sie Doña Leonor Cortés y Moctezuma, Cortés' uneheliche Tochter.

Doch trotz aller luxuriösen Freuden saßen sie in der Falle. Aus Unsicherheit über Moctezumas Absichten nahmen sie ihn als Geisel. Im Glauben, Cortés sei ein Gott, erzählte er seinem Volk, dass er freiwillig mitginge. Dennoch verschärfte sich die Stimmung in der Stadt – nicht zuletzt, weil die Fremden aztekische Götterbilder zerstörten. Nach sechs oder sieben Monaten töteten einige Spanier aus Furcht vor einem Angriff rund 200 aztekische Adlige. Cortés überredete Moctezuma daraufhin, den Volkszorn zu beschwichtigen. Einer Schilderung der folgenden Ereignisse nach starb der Kaiser durch Steinwürfe, als er auf dem Dach von Axayácatls Palast zur Menge sprechen wollte. Anderen Versionen zufolge wurde er von den Spaniern ermordet.

In der sogenannten Noche Triste (Traurige Nacht) flohen die Spanier aus der Stadt. Dabei verloren sie mehrere Hundert ihrer Leute und Tausende von indigenen Verbündeten. Die Überlebenden zogen sich nach Tlaxcala zurück, wo sie zerlegbare Boote bauten. Diese wurden über die Berge getragen, um vom Wasser aus einen Angriff auf Tenochtitlán zu starten. Zusammen mit etwa 100 000 indigenen Verbündeten kehrten 900 Spanier im Mai 1521 ins Valle de México zurück – zum ersten Mal waren sie im Vorteil. Trotz des wütenden Widerstands ihrer Verteidiger war die Stadt nach drei Monaten völlig zerstört. Der neue Kaiser Cuauhtémoc geriet in Gefangenschaft.

Zu den lesenswertesten und nützlichsten Werken zur Gesamtgeschichte zählen *The Course of Mexican History* von Michael C. Meyer und William L. Sherman, Lynn V. Fosters *A Brief History of Mexico*, Kenneth Pearces *Traveller's History of Mexico* und *A Concise History of Mexico von* Brian R Hamnett.

MEXIKO ALS KOLONIE

Wie bei allen Eroberungen Spaniens in Amerika kann dessen Politik gegenüber Mexiko mit einem Wort zusammengefasst werden: Ausbeutung. Die spanische Krone sah die Neue Welt als Goldesel an, der die endlosen Kriege in Europa, das Luxusleben des spanischen Adels und den Bau zahlreicher Kirchen, Paläste und Klöster, die zwischen dem 16. und 17. Jh. in ganz Spanien entstanden, finanzieren sollte. Die Krone beanspruchte ein Fünftel

1836

US-Siedler in Texas, anfangs offiziell willkommen geheißen, erklären ihre Unabhängigkeit. Die Truppen des Präsidenten Santa Anna löschen die Verteidiger der Missionsstation Alamo aus, werden aber am San Jacinto River besiegt.

1838–1842

Während des Französisch-Mexikanischen Krieges verliert Santa Anna sein linkes Bein bei Veracruz. Vier Jahre später lässt er es exhumieren und zieht damit im Triumphzug durch Mexico City.

1845–1848

Der US-Kongress beschließt die Annexion von Texas. Im Ergebnis des Mexikanisch-Amerikanischen Krieges (1846–1848) tritt Mexiko neben Texas, Kalifornien, Utah und Colorado auch den Großteil New Mexicos und Arizonas an die USA ab.

DIE WIR LIEBEN UND DIE WIR HASSEN

Mexikaner haben eine klare Meinung über ihre historischen Persönlichkeiten. Einige werden zu leuchtenden Vorbildern für jeden Mexikaner verklärt – man stellt Statuen auf und benennt Straßen nach ihnen. Andere, genauso einflussreiche, sind Objekte von Schande und Spott.

Mexikos sechs Top-Helden

- **Cuauhtémoc** – Aztekenführer, der Widerstand gegen die spanischen Invasoren leistete
- **Benito Juárez** – reformerischer, liberaler, indigener Präsident, der gegen die französische Besatzung kämpfte
- **Miguel Hidalgo** – Priester, der den Unabhängigkeitskrieg initiierte
- **José María Morelos** – Priester, der nach Hidalgos Tod den Unabhängigkeitskampf weiterführte
- **Pancho Villa** – der größte Revolutionär aller Zeiten
- **Emiliano Zapata** – für Heimat und Freiheit!

Mexikos sechs Top-Bösewichte

- **Hernán Cortés** – die Ausgeburt des Bösen, spanischer Eroberer
- **Carlos Salinas de Gortari** – Präsident von 1988 bis 1994, der verantwortlich gemacht wird für die Peso-Krise, den Drogenhandel, Korruption, Nafta und überhaupt alles …
- **Santa Anna** – eroberte Alamo, verlor Texas, Kalifornien, Arizona, Utah, Colorado und New Mexico
- **Porfirio Díaz** – Diktator im 19. Jh.
- **Nuño de Guzmán** – Konquistador von legendärer Grausamkeit
- **La Malinche** – Doña Marina, Hernán Cortés' indigene Dolmetscherin und Geliebte

allen Edelmetalls, das aus der Neuen Welt herübergeschickt wurde, für sich: den *quinto real* (königliches Fünftel). Einzelne Spanier sahen im amerikanischen Reich eine Chance auf Reichtum. Zu Beginn des 18. Jhs. hatten manche von ihnen mittels Bergbau, Handel oder Landwirtschaft ein gewaltiges Vermögen angehäuft und besaßen riesige Landgüter *(haciendas)*.

Die indigene Bevölkerung der mexikanischen Kolonie mit dem Namen Nueva España (Neuspanien) wurde auf katastrophale Weise dezimiert. Vor allem tödliche Epidemien durch eingeschleppte Krankheiten waren dafür verantwortlich. Einzige echte Verbündete der indigenen Volksgruppen waren ein paar der Mönche, die ab 1523 eintrafen. Einerseits trug die Missionsarbeit dazu bei, Spaniens Kontrolle über das Land auszubauen – im Jahr 1560 waren Millionen Menschen bekehrt und über 100 Klöster errichtet. Andererseits waren viele Mönche mitfühlende und mutige Männer, die Einheimische vor den grausamsten Gräueln der Kolonialherren bewahrten. In den 1550er-

1847–1848

Im „Kastenkrieg" erheben sich Yucatáns Mayavölker gegen die Oberherrschaft der Criollos und scheitern nur knapp mit dem Versuch, diese von der Halbinsel zu vertreiben.

1858–1861

Ein Gesetz der liberalen Regierung zwingt die Kirche, große Teile ihres Besitzes zu verkaufen. Im darauf folgenden Krieg kämpfen die Liberalen von ihrer „Hauptstadt" Veracruz aus siegreich gegen die in Mexico City ansässigen Konservativen.

1861–1863

Benito Juárez wird erster indigener Präsident Mexikos. Kurz darauf beginnt die Französische Intervention: Frankreich marschiert ein und erleidet am 5. Mai 1862 eine Niederlage bei Puebla. Dennoch wird Mexico City 1863 erobert.

Jahren wurde die Versklavung indigener Volksgruppen abgeschafft, dann jedoch teilweise durch den Import afrikanischer Sklaven ersetzt.

Cortés bewilligte seinen Soldaten sogenannte *encomiendas* – das Recht, indigene Gruppen für sich arbeiten zu lassen oder Abgaben von ihnen zu erheben. 1527 richtete Spanien seine erste *audiencia* in Nueva España ein, einen Obersten Gerichtshof, der auch Regierungsfunktionen ausübte. Später vertraten Vizekönige die Autorität der spanischen Krone in Mexiko.

Nordmexiko verblieb außerhalb der spanischen Kontrolle, bis die Entdeckung gewaltiger Silbervorkommen (u. a. bei Zacatecas und Guanajuato) seine Eroberung beschleunigte. Anschließend verschoben Missionare und Siedler die Grenze immer weiter gen Norden. Im frühen 19. Jh. umfasste Nueva España einen Großteil der heutigen US-Bundesstaaten Texas, New Mexico, Arizona, Kalifornien, Utah und Colorado.

The New World of Martín Cortés von Anna Lanyon erzählt die faszinierende, ergreifende Geschichte des ersten *mestizo* – Sohn von Hernán Cortés und La Malinche.

Im Lauf der Jahrzehnte ließen sich viele Spanier dauerhaft in Mexiko nieder. Dort geborene und aufgewachsene Kolonisten entwickelten allmählich eine eigene Identität. Schließlich erreichte die mexikanische Geschichte mit dem Abschütteln des kolonialen Jochs ihren nächsten großen Wendepunkt. Dahinter steckten vor allem die Criollos – Nachkommen spanischer Einwanderer, die in Nueva España das Licht der Welt erblickt hatten.

Im Mexiko der Kolonialzeit hing die soziale Stellung von Hautfarbe, Herkunft und Geburtsort ab. Ganz oben rangierten in Spanien geborene Kolonisten. Obwohl sie nur einen winzigen Bevölkerungsanteil stellten, wurden diese *peninsulares* in Nueva España als neuer Adel betrachtet.

Ihnen folgten die Criollos, von denen einige extrem vermögend waren. Kein Wunder also, dass sie nach politischem Einfluss strebten und einen zunehmenden Groll gegen die spanischen Machthaber hegten.

Bei Mexico Connect (www.mexicoconnect.com) gibt's zahlreiche, wenn auch relativ oberflächliche, Infos zur mexikanischen Geschichte.

Unter den Criollos standen die *mestizos* (Mexikaner mit spanisch-indigenen Wurzeln), ganz unten indigene Einwohner und afrikanische Sklaven. Auch wenn die Armen im 18. Jh. für ihre Arbeit durchaus bezahlt wurden, war ihr Lohn doch äußerst gering. Viele waren *peones* – Arbeiter, die wegen ihrer Schulden an ihren Arbeitgeber gebunden waren. Auch die indigene Bevölkerung musste nach wie vor Abgaben an die Krone entrichten.

Das damalige Sozialgefüge ähnelte dem im modernen Mexiko: Allgemein bilden dort „reinblütige" Nachfahren spanischer Kolonisten die Gesellschaftsspitze, gefolgt von *mestizos* und indigenen Mexikanern.

Die Vertreibung der Jesuiten – viele davon Criollos – im Jahr 1767 aus den spanischen Kolonien förderte den Widerstand der Criollos gegen Spanien. Dann beschlagnahmte die Krone 1804 einen Teil des Kirchenvermögens. Infolgedessen musste der Klerus zahlreiche Kredite eintreiben, was die Criollos hart traf. Den Auslöser zur Rebellion brachte 1808 die Besetzung Spaniens durch Napoleon, womit sich die direkte Kontrolle Spaniens über Neuspanien zunehmend verflüchtigte. Die Rivalität zwischen *peninsulares* und Criollos wuchs.

1864–1867

Napoleon III. schickt Ferdinand Maximilian Joseph von Österreich 1864 als Kaiser nach Mexiko, zieht seine Truppen aber ab 1866 zurück. Maximilian wird 1867 von Juárez' Truppen hingerichtet.

1876–1911

Der Konservative Porfirio Díaz regiert. Er sorgt für politische Stabilität und einen gewissen Aufschwung. Bürgerrechte und Demokratie sind jedoch stark eingeschränkt, der Wohlstand ballt sich in den Händen einer kleinen Minderheit.

1910–1911

Am 20. November 1910 beginnt die Mexikanische Revolution gegen das Díaz-Regime. Díaz tritt zurück, als Pancho Villas Revolutionäre im Mai 1911 in Ciudad Juárez einrücken. Im November 1911 wird Francisco Madero zum Präsidenten gewählt.

DIE JUNGE REPUBLIK

Querétaro (S. 709) nördlich von Mexico City wurde zur Brutstätte der Rebellion: Dort planten desillusionierte Criollos den Aufstand gegen die spanischen Herrschaft. Schließlich rief der Priester Miguel Hidalgo (s. Kasten S. 693) in seiner Gemeinde Dolores am 16. September 1810 zur Rebellion auf. Bis heute ist dieses Datum ein mexikanischer Nationalfeiertag. Der Weg zur Unabhängigkeit war lang und steinig – Aufständische und Königstreue bekriegten sich fast elf Jahre lang. Dabei fanden Hidalgo und andere Rebellenführer den Tod. Doch 1821 traf sich Rebellengeneral Agustín de Iturbide in Córdoba (s. Ex-Hotel Zevallos, S. 763) mit dem neuen spanischen Vizekönig Juan O'Donojú. Dieser stimmte schließlich der mexikanischen Unabhängigkeit zu.

Als Warnung für andere Rebellen wurde Hidalgos Schädel zehn Jahre lang in Guanajuato ausgetellt. Heute befindet er sich im Monumento a la Independencia in Mexico City.

Mexikos erste neun Jahrzehnte als freie Nation standen im Zeichen politischer Instabilität. Sie endeten mit einem Regime, dessen Unterdrückungspolitik schließlich eine Revolution auslöste. Latent vorhanden war jedoch die Opposition zwischen Konservativen und Liberalen. Die Forderung Letzterer nach umfassenden Sozialreformen wurde von der Gegenseite strikt abgelehnt. Drei politische Figuren prägten diese Ära: einerseits der Liberale Benito Juárez, andererseits Antonio López de Santa Anna und Porfirio Díaz. Letztere hatten ihre Laufbahn als Liberale begonnen, ehe sie ins konservative Lager überliefen. Solche machtpolitisch motivierten Gesinnungswechsel sind bis heute keine Seltenheit. Auch der gesamte PRI machte diesen Wandel durch, nachdem er im 20. Jh. zur mexikanischen Regierungspartei wurde.

Zwischen 1821 und Mitte der 1860er-Jahre erlebte die junge Nation drei ausländische Invasionen und verlor große Teile ihres Territoriums an die USA. Gleichzeitig wurde die politische Führung beinahe 50 Mal ausgetauscht. Am Ruder standen meist Männer spanischer Herkunft. Auch mischten ehrgeizige Militärs wiederholt in der Politik mit. Antonio López de Santa Anna war eine Art Vorbild dieser militärischen Opportunisten. Seinen ersten großen Auftritt hatte er 1823, als er mit Kaiser Agustín I. das allererste Oberhaupt des nunmehr unabhängigen Landes absetzte. Bei Tampico siegte Santa Anna 1829 über eine kleine spanische Invasionsarmee und stürzte zwei Jahre später den konservativen Präsidenten Anastasio Bustamante. Im Jahr 1833 wurde er selbst zum Präsidenten gewählt und bekleidete dieses Amt insgesamt elf Mal in den folgenden 22 Jahren.

Wissenswertes zum Unabhängigkeitskämpfer José Morelos erfährt man mittels einiger Links auf der Webseite seines Heimatorts Morelia.

Doch Santa Anna's Name ist vor allem mit dem Verlust gewaltiger mexikanischer Gebiete an die USA verbunden. Nach einer militärischen Niederlage in Texas 1836 kamen im Mexikanisch-Amerikanischen Krieg (1846–1848) katastrophale Territorialverluste hinzu, ehe die Santa-Anna-Regierung 1853 im Rahmen des sogenannten Gadsden-Kaufs die verbliebenen Reste New Mexicos und Arizonas für 10 Mio. US$ an die USA verkaufte. Dies führte zur Revolution von Ayutla, die Santa Anna 1855 endgültig aus dem Amt jagte.

1913–1914

Der konservative Rebell Victoriano Huerta lässt Madero absetzen und hinrichten. Die Führer der nördlichen Bürgerkriegsparteien verbünden sich gegen Huerta, dessen Truppen die Landbevölkerung terrorisieren. Im Juli 1914 dankt Huerta ab.

1917

Die Reformer gewinnen den Bürgerkrieg gegen die Radikalen. In Querétaro verabschieden sie eine neue Verfassung, die größtenteils noch heute gilt.

1920–1924

Nach dem Bürgerkrieg baut Präsident Álvaro Obregón das zerstörte Mexiko wieder auf. Im ländlichen Raum entstehen über 1000 Schulen, und ein Teil des Großgrundbesitzes wird an Kleinbauern zurückgegeben.

In der folgenden Zeit bestimmte mit dem Rechtsanwalt Benito Juárez erstaunlicherweise ein indigener Zapoteke aus Oaxaca fast zwei Jahrzehnte lang die politischen Geschicke Mexikos. 1855 läutete die neue liberale Regierung, deren Mitglied Juárez war, eine Ära der Reformen ein. 1861 wurde Juárez zum Präsidenten gewählt. 1866 setzte Juárez eine Wirtschafts- und Bildungsreform in Kraft. Die Schulpflicht wurde eingeführt, zwischen Mexico City und Veracruz eine Eisenbahnstrecke gebaut und eine ländliche Polizei eingesetzt, die *rurales*, die den Warentransport innerhalb Mexikos sichern sollte. Juárez zählt zu den wenigen historischen Persönlichkeiten Mexikos, die bis heute einen tadellosen Ruf genießen. Dementsprechend wird sein weises Credo *„El respeto al derecho ajeno es la paz“* („Die Rücksicht auf das Recht des anderen – das ist der Frieden“) überall zitiert.

Nelson Reeds fesselndes Buch *The Caste War of Yucatán* handelt von Aufstand der modernen Maya gegen die Criollo-Elite und ihrem Kampf für einen autonomen Staat.

Nach Juárez' Tod wurde Porfirio Díaz 1876 zum Präsidenten gewählt. Er regierte 31 der folgenden 35 Jahre, die als *Porfiriato* in die Geschichte eingegangen sind. Díaz führte Mexiko ins Industriezeitalter, indem er u. a. Telefon- und Telegrafenleitungen verlegen ließ. Gleichzeitig erweiterte er das Eisenbahnnetz und führte flächendeckend öffentliche Bauprojekte durch. Díaz befreite das Land zudem von den Bürgerkriegen, die es über 60 Jahre lang heimgesucht hatten – allerdings zu einem hohen Preis: Die politische Opposition wurde verboten, Wahl- und Pressefreiheit abgeschafft. Neue Gesetze betrogen Bauern um ihr Land, und Arbeiter schufteten unter fürchterlichen Bedingungen. Zusammen mit der Armee sorgten die nunmehr gefürchteten *rurales* rücksichtslos für innenpolitische Ruhe. Grundbesitz und Reichtum konzentrierten sich schließlich in den Händen einer kleinen Minderheit. All dies führte 1910 zum Mexikanischen Bürgerkrieg.

Der beste Film über die mexikanische Revolution ist Elia Kazans *Viva Zapata!* (1952), mit Marlon Brando in der Hauptrolle. John Steinbecks Drehbuch basiert auf historischen Gegebenheiten und zeichnet den Weg von der ersten Phase der Revolution bis zum Treffen von Pancho Villa und Emiliano Zapata in Mexico City nach. Zum Schluss fällt Zapata einem Anschlag zum Opfer.

DIE MEXIKANISCHE REVOLUTION

Während der mexikanischen Revolution verschwammen die Grenzen zwischen Gut und Böse, rechts- und linksgerichtet oder sonstigen klaren Gegenpolen. Zehn Jahre lang gingen Streitmächte und Führungspersönlichkeiten jedweder Couleur wechselnde Bündnisse miteinander ein. Die Konservativen mussten relativ früh die Segel streichen. Doch ihre einstigen Gegner – Reformer und Revolutionäre – konnten sich nie auf eine gemeinsame Linie einigen. Infolgedessen scheiterten Versuche zur Bildung einer stabilen Regierung immer wieder an verheerenden Gewaltausbrüchen, jeder achte Mexikaner verlor sein Leben. Die konservative Diktatur des Porfirio Díaz wich einer radikalen Regierung, die ihren revolutionären Elan später zwar verlor, sich aber das ganze 20. Jh. über an der Macht hielt.

Francisco Madero, ein wohlhabender Liberaler aus Coahuila, hätte die Präsidentschaftswahl von 1910 wahrscheinlich gewonnen – wenn Díaz ihn nicht vorher ins Gefängnis geworfen hätte. Am Tag seiner Entlassung rief

1924–1936

Präsident Plutarco Elías Calles schließt zahlreiche kirchliche Einrichtungen. Dies gibt Anlass zur Cristeros-Rebellion, die 1929 endet. Im selben Jahr gründet Calles den Partido Nacional Revolucionario, einen Vorläufer des heutigen PRI.

1934–1940

Präsident Lázaro Cárdenas lässt beinahe 200 000 km^2 Landfläche neu verteilen. Er gründet die Confederación de Trabajadores Mexicanos (Vereinigung Mexikanischer Arbeiter) und reorganisiert den PNR als Partido de la Revolución Mexicana.

1938

Cárdenas konfisziert kühn den Besitz ausländischer Ölfirmen und etabliert mit Petróleos Mexicanos (Pemex) ein staatliches Erdölmonopol. Dies schreckt internationale Investoren ab, wodurch die Wirtschaft des Landes schwächelt.

Madero das Volk zur Revolution auf, die schnell das gesamte Land erfasste. Díaz trat im Mai 1911 zurück, woraufhin Madero zum Präsidenten gewählt wurde. Er war jedoch nicht in der Lage, die Machtkämpfe zwischen den verschiedenen Fraktionen einzudämmen. Die größte Kluft bestand zwischen liberalen Reformern wie Madero und radikaleren Führern wie Emiliano Zapata (s. Kasten S. 266). Letzterer kämpfte unter dem Ruf *„¡Tierra y libertad!"* („Land und Freiheit!") für die Rückgabe von Großgrundbesitz an die Bauern. Madero schickte Bundestruppen, um Zapatas Streitkräfte zu zerschlagen – die Zapatisten-Bewegung war geboren.

Der Economist listet Zahlen und Fakten zu Mexiko unter www.economist.com/countries/Mexico auf.

Für das Ende der Regierung Madero im Jahr 1913 war einer ihrer ranghöchsten Generäle verantwortlich: Victoriano Huerta lief zu den konservativen Rebellen über, ließ Madero hinrichten und übernahm selbst das Präsidentenamt. Doch die revolutionären Kräfte schlossen sich gegen ihn zusammen: Venustiano Carranza, ein Anhänger Maderos, in Coahuila; Francisco „Pancho" Villa (s. Kasten S. 410 f.) in Chihuahua und Álvaro Obregón in Sonora. Zapata kämpfte ebenfalls gegen Huerta.

Aber auch zwischen den Siegerparteien kam es zu Kämpfen. Von ihrer Hauptstadt Veracruz aus zogen die „Konstitutionalisten" Carranza und Obregón gegen den Radikalreformer Zapata und den Populisten Villa zu Felde. Letztere waren jedoch trotz ihres berühmten Treffens in Mexico City 1915 niemals ernsthafte Bündnispartner. Schließlich trug Carranza den Sieg davon. Im Bundesstaat Morelos, südlich von Mexico City, verlangten die Zapatisten weiterhin nach Reformen. Carranza ließ Zapata 1919 ermorden, wurde im Folgejahr aber selbst auf Befehl seines früheren Mitstreiters Obregón getötet. Pancho Villa fiel 1923 einem Attentat zum Opfer.

Dieses Jahrzehnt des blutigen Bürgerkriegs kostete beinahe 2 Mio. Menschen das Leben und zerrüttete die Wirtschaft vollständig.

DIE EINPARTEIEN-DEMOKRATIE DES PRI

Von 1920 bis 2000 waren in Mexiko die reformistischen Revolutionssieger und deren Nachfolger an der Macht. Die von ihnen gegründete Partei trägt seit den 1940er-Jahren den in sich widersprüchlichen Namen Partido Revolucionario Institucional (PRI). Obwohl sie die allgemeine soziale Situation anfänglich recht radikal veränderten, wurden die PRI-Regierungen im Lauf des 20. Jhs. immer konservativer, korrupter, dominanter und eigennütziger. Nach vielen wirtschaftlichen Auf- und Abschwüngen endete das Jahrhundert mit einer größeren mexikanischen Mittelschicht, aber auch einem großen Wohlstandsgefälle zwischen den wenigen Reichen und den zahlreichen Armen. Weiteres Konfliktpotenzial barg ein rapides Bevölkerungswachstum in der Mitte des 20. Jhs., das sich am Ende desselben jedoch wieder stark verlangsamte.

In den 1920er-Jahren dekorierten herausragende mexikanische Künstler wie Diego Rivera wichtige öffentliche Gebäude. Ihre lebhaften Großgemälde zu sozialen und geschichtlichen Themen zieren u. a. viele Wände in Mexico City.

1940er- & 1950er-Jahre

Im Zweiten Weltkrieg erlebt Mexiko einen Wirtschaftsaufschwung. Große Infrastrukturprojekte werden gestartet und der Tourismus keimt auf. Millionen ziehen in die Städte, die Bevölkerungszahl verdoppelt sich beinahe.

1958–1964

Der beliebte Präsident Adolfo López Mateos verstaatlicht ausländische Energielizenzen und verteilt 120 000 km² Land an Kleinbauern. Parallel starten neue Wohlfahrtsprojekte und Bildungsprogramme im ländlichen Raum.

1964–1970

Unter Präsident Gustavo Díaz Ordaz erreichen die Proteste gegen den Einparteienstaat vor den Olympischen Spielen 1968 ihren Höhepunkt. In Tlatelolco (Mexico City) sterben etwa 400 Demonstranten.

Die ungerechte Verteilung von Ländereien sorgt in Mexiko seit jeher für sozialen Sprengstoff. Um dieser Problematik zu begegnen, wurden zwischen den 1920er- und 1960er-Jahren mehr als 400 000 km² Großgrundbesitz an Kleinbauern zurückgegeben. Beinahe die Hälfte der Bevölkerung erhielt eigenes Land – oft in Form von *ejidos* (kommunalen Landwirtschaftskooper ativen). Am Ende des Jahrhunderts setzte jedoch das Nordamerikanische Freihandelsabkommens (Nafta) das Kleinbauerntum stark unter Druck. Diese Vereinbarung von 1994 erlaubt günstige Importe aus den USA und Kanada, mit denen mexikanische Bauern kaum konkurrieren können.

Am anderen Ende des Wirtschaftsspektrums entwickelte Mexiko eine Besorgnis erregende Abhängigkeit von seinen Ölreserven im Golf von Mexiko. Als der Ölpreis während der 1970er- und 1980er-Jahre innerhalb kürzester Zeit zunächst stark anstieg und dann wieder abfiel, driftete das Land vom Boom in die Krise. Mittlerweile konnte Mexiko seine Abhängigkeit vom Öl durch die Förderung anderer Industrien deutlich senken.

Die regierungseigene Ölgesellschaft Pemex war nur ein Teil des staatlichen Wirtschaftsimperiums, das entstand, indem der PRI sämtliche bedeutenden Bereiche des öffentlichen Lebens unter seine Kontrolle zu bringen versuchte. Das Parteiziel bestand darin, die einflussreichsten Faktoren in Gesellschaft und Politik zu bündeln: Arbeiter- und Bauernschaft, Militärs und politische Gruppierungen. Folgerichtig entwickelte sich der PRI zu einer monolithischen Staatspartei, die dem Anschein nach die Interessen des Volkes vertrat, tatsächlich aber die Korruption förderte und sich durch gewalttätige Intoleranz gegenüber der Opposition auszeichnete.

Der Mangel an bürgerlichen Freiheiten stieß während der 1960er-Jahre erstmals auf Widerstand, insbesondere bei den Studentenprotesten von 1968 in Mexico City, die im Massaker von Tlatelolco gipfelten, bei dem etwa 400 Demonstranten erschossen wurden (s. Kasten S. 125). Obwohl die Verantwortung für Tlatelolco nie restlos geklärt wurde, diskreditierte das Massaker den PRI in den Augen vieler Mexikaner für immer. In den folgenden Jahrzehnten konnte sich die Partei nur durch eine autoritäre Politik und Wahlbetrug an der Macht halten, während Oppositionsparteien wie der wirtschaftsorientierte Partido Acción Nacional (PAN; Partei der Nationalen Aktion) und der linksgerichtete Partido de la Revolución Democrática (PRD; Partei der Demokratischen Revolution) verstärkten Zulauf verzeichneten.

Mit Carlos Salinas de Gortari (1988–1994) erreichte der politische Zynismus einen neuen Höhepunkt. Salinas gewann die Präsidentschaftswahlen nur aufgrund eines mysteriösen Computerfehlers, der die Stimmauszählung im entscheidenden Moment blockierte. Während seiner Amtszeit nahm der illegale Drogenhandel in Mexiko gewaltig zu – viele glauben, dass der Präsident und andere hohe PRI-Funktionäre persönlich darin verstrickt waren. Salinas unternahm erste Schritte zur Privatisierung des staatlichen Wirtschaftsapparats. Der Kernpunkt seines Programms, Nafta, bedeutete

Ein Kontingent von 250 000 Mexikanern und mexikanischen Amerikanern kämpfte im Zweiten Weltkrieg. 1000 starben an der Front, 1500 erhielten den US-Orden Purple Heart und 17 die Ehrenmedaille des US-Kongresses.

Die Universidad Nacional Autónoma de México zählt zu den mexikanischen Großprojekten der 1950er-Jahre. Das Wandmosaik in der Bibliothek stammt von Juan O'Gorman. Dort sind Szenen aus der Landesgeschichte auf 4000 m2 dargestellt – Weltrekord!

1970er-Jahre

Der schlagartig gestiegene Ölpreis lässt Mexikos Wirtschaft boomen. Aufgrund seiner gigantischen Ölreserven erhält das Land Milliardenkredite von ausländischen Institutionen.

1980er-Jahre

Der abstürzende Ölpreis beschert Mexiko die schlimmste Rezession seit Jahrzehnten. Die Ohnmacht gegenüber der Krise und die grassierende Korruption sorgen für Proteste und Meinungsverschiedenheiten – sogar innerhalb des PRI.

1985

Am 19. September wird Mexico City von einem gewaltigen Erdbeben der Stärke 8,1 erschüttert. Mindestens 10 000 Menschen kommen ums Leben.

MEXIKOS SKRUPELLOSE DROGENBANDEN

Mexikos Marihuana- und Heroinproduktion blickt auf eine lange Tradition zurück. Während der 1980er-Jahre führte die US-Regierung jedoch radikale Razzien auf kolumbianischen Drogenschiffen in der Karibik durch, was den Aufstieg mexikanischer Banden stark begünstigte – von nun an erfolgten Drogentransporte in die USA verstärkt über Mexiko.

So entstanden drei Großkartelle, die jeweils einen anderen Abschnitt der mexikanisch-amerikanischen Grenze kontrollieren: das Pazifik- oder Tijuana-Kartell, das (Ciudad-) Juárez-Kartell und das Golfkartell mit Sitz in Matamoros. Zudem hat sich das Sinaloa-Kartell vor relativ kurzer Zeit seinen Platz in der Drogenszene erkämpft. Diese kriminellen Vereinigungen bestechen Politiker, ranghohe Drogenbeauftragte und ganze Polizeieinheiten. Nach Ansicht vieler Mexikaner wurde die organisierte Kriminalität während der frühen 1990er-Jahre in Wahrheit vom PRI kontrolliert.

Seit 1997 erreichen illegale Betäubungsmittel die USA größtenteils über Mexiko. 2007 fanden so über 90 % allen Kokains den Weg über die Grenze. Gleichzeitig produzierten mexikanische Labore immer mehr Methamphetamin, um Erfolge der US-Fahnder zu kompensieren.

Wie seine Vorgänger Zedillo (1994–2000) und Fox (2000–2006) setzt auch Präsident Calderón (seit 2006) das Militär gegen Drogenbanden ein. Doch trotz der Verhaftung einiger hochrangiger Mitglieder gehen die Kartelle ihren finsteren Geschäften weiter nach. Weiterhin werden Polizisten, Soldaten, Richter und Journalisten ermordet, während der milieuinterne Konkurrenzkrieg ebenfalls seinen Tribut fordert: In Verbindung mit Drogenkriminalität ließen 2005 schätzungsweise 1500 Menschen ihr Leben. 2006 stieg die Opferzahl auf 2100, 2007 auf 2500 an. Früher verzeichneten Grenzstädte wie Tijuana oder Nuevo Laredo die meisten Morde und Schießereien, seit 2006 sind aber auch Orte wie Monterrey, Michoacán und Acapulco betroffen.

2007 sanken die Besucherzahlen in Mexikos nördlichen Grenzregionen, die auf die Angst vor Drogendelikten zurückgeführt wurde. In Wirklichkeit besteht jedoch kein Anlass zu übermäßiger Sorge: Solche Verbrechen werden meist weitab der Touristenzonen verübt.

für Großindustrie und Export zweifellos einen Aufschwung. Bei Bauern und Kleinunternehmern stieß das Abkommen jedoch auf wenig Gegenliebe. Kurz vor dem Ende seiner Amtszeit verbrauchte Salinas nahezu alle mexikanischen Auslandsdevisen, um den Peso zu stützen. Dank dieser Politik stand sein Nachfolger Ernesto Zedillo vor einem finanziellen Scherbenhaufen.

Zedillo blieb es zudem vorbehalten, auf die mittlerweile unüberhörbaren Rufe nach demokratischem Wandel in Mexiko zu reagieren. Infolgedessen wurde ein neues Wahlsystem unter neutraler Kontrolle eingeführt. Am Ende seiner Amtszeit im Jahr 2000 ermöglichte er den allerersten friedlichen Regimewechsel der Landesgeschichte.

In der Mitte des 20. Jhs. stellte das starke Bevölkerungswachstum ein gewaltiges Problem dar. Von 20 Mio. (1940) war die Einwohnerzahl auf 67 Mio. (1980) gestiegen – in 40 Jahren hatte sie sich mehr als verdreifacht. Auf der Suche nach Arbeit zogen viele vom Land in städtische Ballungsräume, an deren Rändern sie oft in Elendssiedlungen hausten. Jedoch beruhigte sich

1988–1994

Carlos Salinas de Gortari vom PRI siegt bei der umstrittenen Präsidentschaftswahl 1988 knapp über den linken Gegenkandidaten Cuauhtémoc Cárdenas. Er privatisiert das staatliche Wirtschaftsmonopol und lässt den freien Handel zu.

1994

Nach dem Inkrafttreten des Nafta rebellieren linke Zapatisten in Chiapas. PRI-Präsidentschaftskandidat Luis Donaldo Colosio fällt einem Attentat zum Opfer. Wenige Tage nach Salinas' Ausscheiden aus dem Amt kollabiert der Peso.

1994–2000

Unter Präsident Ernesto Zedillo kommt die Konjunktur langsam wieder in Fahrt. Gleichzeitig nehmen Kriminalität und Auswanderung in die USA zu. Zedillo etabliert ein unabhängigeres und transparenteres Wahlsystem.

die Entwicklung u. a. aufgrund von öffentlichen Kampagnen, Bildungs- und Familienplanungsprogrammen. Wurde 1970 noch die Zahl von durchschnittlich sieben Kindern je Mexikanerin ermittelt, so liegt diese Zahl heute bei 2,4, während die Rate des Bevölkerungswachstums von 3,4 % auf 1,15 % pro Jahr gesunken ist. Als wichtiges „Sicherheitsventil" fungiert die massenhafte Auswanderung in die Vereinigten Staaten. Schätzungen zufolge leben momentan etwa 15 Mio. Mexikaner legal oder illegal in den USA – dort sind die Durchschnittslöhne bis zu sechsmal höher als in ihrer Heimat.

MEXIKO UNTER DEM PAN

Das von Zedillo eingeführte unabhängige Wahlsystem war verantwortlich dafür, dass der PRI seine Macht bei der Präsidentschaftswahl 2000 abgeben musste. Vicente Fox, ein ehemaliger Coca-Cola-Vorstand, gewann in diesem Jahr die Präsidentschaftswahlen im Namen des konservativen PAN.

Nach 80 Jahren der Einparteienherrschaft stellte Fox' Wahl das eigentliche Highlight seiner sechsjährigen Amtszeit dar. Der charismatische, fast 2 m große Rancher trat seinen Posten unter großem Wohlwollen der Bevölkerung an, die sich von einem Wechsel der Regierungspartei echte Veränderungen im Land versprach. Doch letztendlich wurde Fox' Präsidentschaft größtenteils als Enttäuschung gewertet: Auch er hatte keine Patentlösungen für die wirtschaftlichen und sozialen Probleme, mit denen bereits seine Vorgänger zu kämpfen hatten. Zudem hielt der PAN nicht die Mehrheit im mexikanischen Nationalkongress. Ohne dessen Unterstützung war es Fox unmöglich, seine Schlüsselreformen zum Ankurbeln der Wirtschaft durchzusetzen. Gleichzeitig mangelte es dem Präsidenten an Geld für Bildungs-, Straßenbau- und Sozialmaßnahmen. Zumindest war seine Regierung vergleichsweise ehrlich, transparent und verantwortungsbewusst – was die Mexikaner mit weniger Zynismus gegenüber dem politischen System honorierten.

Eine Vorstellung von der erschreckenden Brutalität und Korruption des grenzüberschreitenden Drogenhandels gibt Steven Soderberghs Film *Traffic* aus dem Jahr 2000.

Ende 2006 räumte Fox seinen Sitz für einen weiteren PAN-Präsidenten: Vicente Calderón. Auch Calderón siegte nur um Haaresbreite über seinen Gegenkandidaten Andrés Manuel López Obrador vom PRD. Dieser prangerte den „Wahlbetrug" nun lauthals an und seine Anhänger inszenierten wochenlang Massenproteste auf den Straßen von Mexico City. Doch es fehlten stichhaltige Beweise für ein falsches Spiel des PAN. Somit hatte der Wahlapparat die zweite Wahl mit anschließender strenger Überprüfung unbeschadet überstanden. Diese Tatsache ist für Mexikos Zukunft von größter Bedeutung: Eines zehnjährigen Unabhängigkeitskriegs hatte es bedurft, um das Land von der spanischen Kolonialherrschaft zu befreien. Die Revolution benötigte ebenfalls ein Jahrzehnt zur gewaltsamen Entmachtung der postkolonialen Elite. Die Herrschaft der elitären Partei, die sich danach etablierte, endete im Gegensatz dazu beinahe friedlich.

Unter www.presidencia.gob.mx findet man die offizielle Webseite der mexikanischen Regierung.

2000

Vicente Fox vom konservativen PAN (Partido Acción Nacional) gewinnt die Präsidentschaftswahl und beraubt den PRI endgültig seiner Macht. Damit erlebt Mexiko erstmals einen friedlichen Regimewechsel.

2000–2006

Während Fox' Amtszeit wächst die Wirtschaft passabel, doch es gelingt nicht, die Drogenkartelle effektiv zu bekämpfen und sich mit den Zapatisten zu einigen. Die Gesellschaft wird offener, die Korruption geht etwas zurück.

2006

Bei der Präsidentschaftswahl siegt Felipe Calderón vom PAN hauchdünn vor Andrés Manuel López Obrador vom linksgerichteten PRD. Die Anhänger López Obradors wittern Wahlbetrug und inszenieren Massenproteste.

Kultur

DAS LEBEN, DER TOD & DIE FAMILIE

Es ist völlig sinnlos, Mexikaner auf eine simple Formel reduzieren zu wollen. Sie lieben Spaß, Musik und Fiestas, sind aber in vielen Bereichen auch sehr ernsthaft. Sie arbeiten hart und nutzen trotzdem jede freie Minute, um das Leben zu genießen. Sie sind gastfreundlich und warmherzig – richtig offen geben sie sich aber nur im familiären Rahmen. Und sie lachen über den Tod, obwohl sie tief spirituell sind. Zwar liest man in den Medien gelegentlich, Mexikaner hätten eine gewisse Anti-Gringo-Haltung, aber Besucher des Landes werden normalerweise freundlich und höflich behandelt.

1990 erhielt der mexikanische Schriftsteller Octavio Paz den Nobelpreis für Literatur. In *Das Labyrinth der Einsamkeit* behauptet er, dass Mexikos Vorliebe für Lärm, Musik und Menschenmassen nur eine zeitweilige Flucht vor persönlicher Vereinsamung und Schwermut ist. Man urteile selbst!

Mexiko ist die Heimat des „Machismo", jener übertriebenen Zurschaustellung von Männlichkeit. Sie manifestiert sich z. B. in der liebevollen Pflege des Schnauzbarts, einem aggressiven Fahrstil, reichlich Alkoholkonsum – und auch im Tragen von Waffen. Die andere Seite der Medaille sind übertrieben weibliche Frauen. Und dennoch bahnt sich die Gleichberechtigung in den letzten Jahrzehnten ihren Weg: Heute findet man viele Mexikaner, vor allem in der gebildeteren und weltgewandteren jüngeren Generation, denen es zuerst um den Menschen und nicht um die Geschlechtszugehörigkeit geht.

Mexikos „Schutzheilige" – sie ist nicht wirklich eine Heilige, sondern eine Erscheinungsform der Jungfrau Maria – ist die dunkelhäutige Jungfrau von Guadalupe. 1531 soll sie einem aztekischen Töpfer auf einem Hügel bei Mexico City erschienen sein. Sie wird überall in Mexiko als Urmutter verehrt und ist der Mittelpunkt der mexikanischen Spiritualität, die ihre Wurzeln sowohl im spanischen Katholizismus als auch im komplexen Glaubenssystem der vorkolonialen Zivilisationen hat. Elemente der alten Religionen sind neben dem Katholizismus erhalten geblieben, und die meisten Mexikaner leben immer noch in einer Welt, in der guten und bösen Omen, Zufällen und seltsamen Ähnlichkeiten, Wiederholungen und Parallelen große Bedeutung beigemessen wird. Auch der Glaube an eine zyklische, sich wiederholende Natur der Zeit besteht noch, wenn auch meist nur unterbewusst.

Einer UN-Entwicklungsstudie zufolge erreichten die wohlhabendsten Viertel Mexico Citys und Monterreys 2004 den Standard reicher europäischer Städte. Dagegen ähnelten andere Hauptstadtbezirke und ländliche Gegenden im südlichen Mexiko eher manchen afrikanischen Regionen.

Im Alltag sind die Mexikaner vor allem damit beschäftigt, ihren Lebensunterhalt zu verdienen, für ihre Familie zu sorgen – und natürlich ihre Freizeit zu genießen, egal ob beim Feiern in Clubs und Bars, bei Fiestas oder beim Familienessen in einem ländlichen Gasthof oder einem Strandrestaurant.

In politischer Hinsicht ist Mexiko mittlerweile gerechter und pluralistischer geworden. Dennoch hat der Großteil der Bevölkerung immer noch wenig Hoffnung, dass seine Heimat jemals gut regiert wird. Die Mexikaner machen sich über die Defizite ihres Landes lustig, sind aber gleichzeitig ein stolzes Volk – sie sind stolz auf ihre Familien, Städte, Dörfer und ganz Mexiko. Millionen von ihnen leben jahrelang in den USA. So übernehmen viele Mexikaner einen gewissen Anteil der Kultur und des Bewusstseins der nördlichen Nachbarn. Gleichzeitig stehen alle positiven Aspekte des mexikanischen Lebens aber weiterhin hoch im Kurs. Dazu zählen z. B. das gemächlichere Alltagstempo und der starke Familien- und Gemeinschaftssinn, die unverwechselbare Küche und die einzigartige Geschichte der Mestizen (Mexikaner mit indigenen und spanischen Wurzeln) und nicht zuletzt die blühende, facettenreiche Kultur des Landes.

Das britische Magazin *Times Higher Education* wählte die Universidad Nacional Autónoma de México (UNAM) 2007 als eine von drei lateinamerikanischen Universitäten unter die 200 weltbesten Hochschulen. Auf Platz 192 rangierte die UNAM in Mexico City hinter zwei brasilianischen Unis.

LEBENSART

Rund drei Viertel aller Mexikaner leben heute in Groß- und Kleinstädten. Und dieser Anteil wächst, weil die Landbewohner auf der Suche nach Arbeit massenhaft in urbane Ballungsräume abwandern. Die meisten Städter leben

MANIEREN IN MEXIKO

In einem großen Teil Mexikos sind die Einheimischen an ausländische Besucher gewöhnt und tolerieren deren seltsames Verhalten. In Kleinstädten, Kirchen und an Orten abseits der bekannten Touristenrouten ist konservative Kleidung jedoch weiterhin angebracht.

Mexikaner schätzen es, wenn man ihre Heimat bewundert und Gespräche mit ein paar spanischen Worten beginnt. Allgemein argumentieren und kritisieren sie sehr indirekt. Andere Meinungen werden eher durch Zwischentöne statt durch unverhohlenen Widerspruch ausgedrückt. Einladungen in mexikanische Privathäuser sind für Ausländer eine große Ehre. Als Gast wird man sehr zuvorkommend behandelt und lernt ein Stück echtes Mexiko kennen, das vielen anderen verwehrt bleibt. Falls möglich, sollte man ein kleines Gastgeschenk mitbringen.

Manche indigenen Einwohner begegnen Besuchern mit einer gewissen Kälte. Nach fünf Jahrhunderten voller schlechter Erfahrungen ist ihr Misstrauen gegenüber Ausländern verständlicherweise groß. Sie lassen sich nur sehr ungern von Touristen anstarren und reagieren auf Kameras zuweilen allergisch – vor dem Fotografieren daher besser immer erst um Erlaubnis bitten!

mit ihren Großfamilien auf engstem Raum in überfüllten Wohnvierteln mit verstopften Straßen und nur wenigen Parks und Grünflächen. Wer Mexico City auf dem Hinflug aus der Vogelperspektive betrachtet, wird feststellen, dass nur ganz wenige Ecken noch nicht von Häusern oder Straßen bedeckt sind. Rund um die Metropole klettern neue Straßen die steilen Flanken erloschener Vulkane hinauf. Gleichzeitig hausen die ärmsten Neuankömmlinge am Stadtrand in elenden Hütten, die lediglich aus ein paar Betonblöcken, Holzbrettern und Wellblech bestehen. Im Rahmen der „Schattenwirtschaft" kommen viele dieser Slumbewohner als Heimarbeiter, Straßenhändler oder -musikanten mehr schlecht als recht über die Runden. Ihr Tagesverdienst liegt nur selten über 50 Mex$.

In wohlhabenderen Bezirken gibt es häufig relativ geräumige Apartments. In den reichsten Gegenden verstecken sich imposante Einzelhäuser mit gepflegten Gärten und Satellitenschüsseln hinter hohen Mauern mit stabilen Sicherheitstoren. Man sieht oft Hausangestellte, die Spaziergänge mit Hunden oder Kleinkindern machen.

Etwa 35 Mio. volljährige Mexikaner haben die neun Pflichtjahre der Grund- und weiterführenden Schule nicht komplett absolviert.

Draußen auf dem Land bewirtschaften Dorf- und Kleinstadtbewohner den Ackerboden. Rund um kleine Höfe bewohnen ihre Großfamilien meist mehrere kleine, separate Gebäude aus Lehmziegeln, Holz oder Beton, häufig mit blanken Lehmböden. Manchmal sind die Dächer mit Ziegeln gedeckt, häufiger aber mit billigerem Blech. In diesen Behausungen gibt es nur wenige Einrichtungsgegenstände, meist Betten, einen Kochbereich, einen Tisch mit wenigen Stühlen und ein paar verblichene Fotos von verstorbenen Angehörigen. Mexikanische Dörfer sind teilweise nicht über befestigte Straßen erreichbar. Dennoch fahren fast immer klapprige Busse, Pick-ups oder andere öffentliche Verkehrsmittel dorthin, da nur wenige Bewohner eigene Autos besitzen.

Die Kinder reicher Mexikaner fahren in aufgemotzten Autos, wenn sie ausgehen. Sie besuchen private Universitäten oder gehen in den USA zur Schule. Die armen Dorfbewohner tanzen dagegen nur bei Fiestas und brechen oft die Schule ab, bevor sie 15 sind. Millionen Kinder aus sozial schwächeren Familien schließen die neun Grundschuljahre wahrscheinlich nur ab, weil die Regierung den regelmäßigen Schulbesuch mit Bargeldzahlungen belohnt. In Mexikos staatlichen Schulen wird immer noch vorwiegend auswendig gelernt, während Kreativität und selbstständiges Denken eher zu kurz kommen. Deshalb hinkt Mexiko dem Bildungsniveau anderer lateinamerikanischer Großnationen weit hinterher.

Wenn sie krank sind, gehen viele Mexikaner zu einem traditionellen *curandero*. Diese Mischung aus Natur- und Geistheiler ziehen sie modernen *médicos* häufig vor.

Mexikaner fühlen sich stark mit Familie und Heimat verbunden. Selbst wenn sie nicht unter einem Dach leben, verbringen mexikanische

SINNVOLLE UNTERSTÜTZUNG

In ärmeren mexikanischen Regionen verspüren viele Traveller den Wunsch, irgendwie zu helfen. Eine Möglichkeit ist es, Geld vor Ort sinnvoll auszugeben – z. B. für Speisen und Getränke oder bei einem Besuch von lokalen Läden und Märkten. Falls geeignete Unterkünfte vorhanden sind, kann man dort übernachten. Kunsthandwerk und Gebrauchsgegenstände sollte man direkt in Dörfern oder bei den Produzenten kaufen, damit das Geld denjenigen zugute kommt, die es am meisten verdient haben. In manchen Regionen betreiben örtliche Gemeindeorganisationen diverse Tourismusprojekte wie Ökotourismus, Handwerkskooperativen oder Tourführerverbände. Wer die Angebote nutzt, fördert aktiv die nachhaltige Entwicklung potenzieller Einkommensquellen, sodass die Einheimischen nicht in die Städte gehen müssen, um Arbeit zu finden.

Wer sich besonders engagieren möchte, kann auch Freiwilligenarbeit leisten (s. S. 1066).

Großfamilien gern gemeinsam die Ferien oder die Sonntagsmahlzeiten. In den USA lebende Mexikaner schicken Geld nach Hause, um ihre Familien oder Schulen und Krankenhäuser in ihren Heimatorten zu unterstützen.

Mexiko steht sexuellen Themen weit offener gegenüber, als man vielleicht vermuten würde. Schwule und Lesben werden kaum offen diskriminiert oder angegriffen. Mexico City (das Schwulenverbände kürzlich legalisiert hat), Guadalajara, Monterrey und Puerto Vallarta haben große, selbstbewusste Schwulengemeinden, die ständig wachsen.

Auch die Tradition spielt eine wichtige Rolle. Zu den Festivals und Feiertagen zählen u. a. Semana Santa (Karwoche), Día de los Muertos (Tag der Toten am 2. Nov.), Día de la Virgen de Guadalupe (Tag der Jungfrau von Guadalupe am 12. Dez.) und Weihnachten. Sie sind für den Lebensrhythmus hier von großer Bedeutung – alle paar Wochen sorgen sie für eine allgemeine Arbeitspause. So können die Menschen Jahr für Jahr gemeinsam an den gleichen Prozessionen und Ritualen teilnehmen.

WIRTSCHAFT

Seit dem Inkrafttreten des North American Free Trade Agreements (Nafta) im Jahr 1994 hat der Handel mit den USA das Erdöl als wichtigsten mexikanischen Wirtschaftsfaktor abgelöst. Mit dem Nafta sind alle Handels- und Investitionsschranken zwischen den USA, Mexiko und Kanada gefallen, was zur Folge hat, dass sich Mexikos Handelsaktivität mit den USA mehr als verdoppelt hat. Mittlerweile gehen mehr als 85 % aller mexikanischen Exporte in die USA, die wiederum über 50 % aller mexikanischen Importe liefern.

Seit 1994 beträgt das Wirtschaftswachstum im nördlichen Landesteil über 4 %. In großen Teilen von Zentral- und Südmexiko liegt es dagegen unter 2 %.

Im ländlichen Raum und bei armen Mexikanern ist Nafta wenig beliebt. Besonders im südlichen Mexiko hat das Abkommen negative Auswirkungen für die Kleinbauern, die kaum mit subventionierten Importen aus den USA und Kanada konkurrieren können. Mais darf z. B. inzwischen zollfrei aus den USA eingeführt werden, wo die Maisproduzenten eine starke staatliche Förderung genießen.

Im 20. Jh. wandelte sich Mexiko von einem rückständigen Agrarstaat zu einer der am stärksten industrialisierten Regionen Lateinamerikas. Neben traditionellen Industrien wie Bergwerken, Zucker- und Kaffeeplantagen werden heute auch Autos, Fertiggerichte, Stahl, Chemikalien, Papier und Textilien produziert. Mittlerweile exportiert Mexiko größtenteils Fabrikwaren. Über die Hälfte davon stammt aus den sogenannten *maquiladoras.* Diese Fabriken gehören normalerweise Ausländern. Die mexikanischen Niedriglohnarbeiter verarbeiten oder montieren importierte Rohmaterialien bzw. Bauteile. Die fertigen Produkte werden anschließend vor allem in die USA exportiert.

Die meisten *maquiladoras* und der Großteil der übrigen Industrie sitzen in Mexico City und im Norden des Landes. Nafta vertieft also die soziale

Kluft zwischen Nordmexiko und den oft unterentwickelten Agrarregionen im Süden weiter. Wenn man auf der Karte eine Linie von Tampico nach Colima zieht, trennt man die Bundesstaaten, deren Produktion den nationalen Durchschnitt erreicht oder übertrifft, von denen, die weit darunter liegen. Ausnahmen sind nur Mexico City und die Halbinsel Yucatán.

Der Dienstleistungssektor macht rund 70 % des Bruttoinlandsprodukts aus und beschäftigt etwa 30 % der Berufstätigen. Der Tourismus spielt dabei eine der wichtigsten Rollen. Rund 20 Mio. ausländische Besucher – über die Hälfte davon sind amerikanische Tagesausflügler – bringen pro Jahr mehr als 12 Mrd. US$ Devisen ins Land. Das Tourismusgeschäft mit Einheimischen ist dreimal so groß. Fast ein Viertel aller mexikanischen Arbeiter ist in der Landwirtschaft tätig, die aber nur 4 % zum Bruttoinlandsprodukt beiträgt.

Während der Amtszeit von Präsident Vicente Fox (2000–20006) hatte Mexiko im Vergleich zur turbulenten Vergangenheit eine stabile Wirtschaftslage erreicht. Zuvor hatte es immer wieder Schuldenkrisen und extreme Inflationsschübe gegeben. 2006 konnte der Arbeitsmarkt die wachsende Zahl arbeitsfähiger Mexikaner fast kompensieren. Fox' Nachfolger, Felipe Calderón, gehört ebenfalls der wirtschaftsorientierten PAN (Partido Acción Nacional) an. Auch er musste sich großen Herausforderungen stellen, um das Rad am Laufen zu halten und Mexikos volles Wirtschaftspotenzial zu entfalten.

Mexikos Staatseinkünfte basieren zu 40 % auf der staatlichen Erdölindustrie, die sich mit fallenden Produktionsquoten und kleiner werdenden Reserven konfrontiert sieht, da nicht rechtzeitig in neue Raffinerien und in die Suche nach weiteren Ölvorkommen investiert worden ist.

Obwohl es weiterhin der sechstgrößte Erdölproduzent der Welt ist, importiert Mexiko heute 40 % seines Benzins aus den USA.

Etwa die Hälfte der Mexikaner arbeitet in der „Schattenwirtschaft“ (als fliegende Händler, Heimarbeiter, Kriminelle oder Feuerschlucker an Ampeln; dazu gehört alles, was nicht als offizielle Tätigkeit registriert ist). Sie verdienen kaum mehr als 50 Mex$ am Tag, zahlen keine Steuern und keine Beiträge zur staatlichen Sozialversicherung, die für Arztkosten und Renten aufkommt. Mexikos ölunabhängige Staatseinkünfte entsprechen nur 11 % seines Bruttoinlandsprodukts. Dieser Wert liegt weit unter dem der westlichen Industriestaaten und sogar noch unter dem lateinamerikanischen Durchschnitt.

Gleich zu Beginn reformierte die Regierung Calderón das Steuer- und Rentensystem, um die Staatseinnahmen zu steigern. So sollten die Abhängigkeit vom Öl verringert und Sozialversicherungsprogramme gestärkt werden. Calderón verfolgt aktuell noch zwei weitere Ziele: den Ausbau der Infrastruktur durch höhere Fördergelder und mehr Wettbewerb. Denn wie der Erdölsektor werden Telekommunikations- und Strombranche, Zementindustrie und Brauereiwesen bislang von ein paar wenigen Firmen in Staats- oder Privatbesitz dominiert, und deren Preise sind unnötig hoch. Außerdem sind die schnell wachsenden Wirtschaftssysteme Indiens und Chinas eine ernsthafte Konkurrenz für Mexiko. Das Lohnniveau dieser Länder ist deutlich niedriger, was zu günstigeren Produktpreisen führt, die für ausländische Investoren attraktiver sind.

In *México Profundo: Reclaiming a Civilization* zeigt der Anthropologe Guillermo Bonfil Batalla, dass die verarmten Mestizen und indigenen Einwohner von Mexikos Städten und ländlichen Gebieten eine einzigartige mesoamerikanische Kultur bilden. Diese unterscheidet sich deutlich von der europäisch und amerikanisch geprägten Mittelschicht.

BEVÖLKERUNG

2008 wurde die Bevölkerungszahl Mexikos auf 107 Mio. geschätzt. Etwa 75 % davon leben in den Städten, ein Drittel ist unter 15 Jahre alt. Die größten Städte sind Mexico City (mit rund 23 Mio. Einwohnern), der Großraum Guadalajara (mit ca. 4 Mio.) und der Großraum Monterrey (mit etwa 3,6 Mio.). Die Ballungsgebiete von Tijuana, Puebla, Ciudad Juárez, León und Torreón und San Luis Potosí haben alle eine Bevölkerungszahl von über 1 Mio. Der am dichtesten bevölkerte Staat ist mit fast 15 Mio. Einwohnern México. Er umfasst die rasant wachsenden Außenbezirke Mexico Citys, allerdings nicht den Distrito Federal (den Stadtkern).

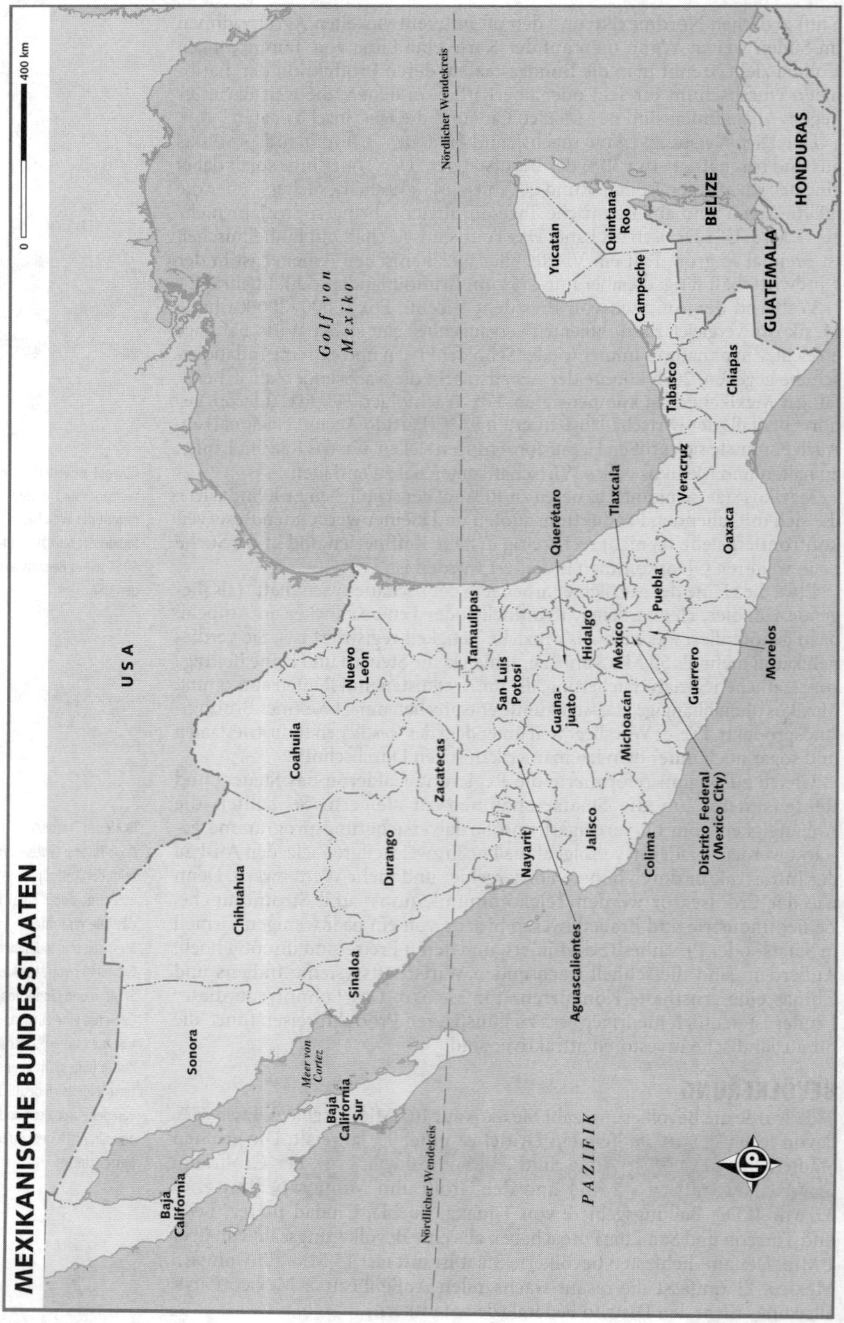
MEXIKANISCHE BUNDESSTAATEN
0
400 km
USA
Golf von Mexiko
Nördlicher Wendekreis
Nördlicher Wendekeis
PAZIFIK
Meer von Cortez
Baja California
Baja California Sur
Sonora
Chihuahua
Sinaloa
Durango
Coahuila
Nuevo León
Tamaulipas
Zacatecas
San Luis Potosí
Nayarit
Aguascalientes
Jalisco
Guana-juato
Querétaro
Hidalgo
Michoacán
Colima
México
Distrito Federal (Mexico City)
Tlaxcala
Morelos
Guerrero
Puebla
Veracruz
Oaxaca
Tabasco
Chiapas
Campeche
Yucatán
Quintana Roo
BELIZE
GUATEMALA
HONDURAS

IMMIGRATION & MULTIKULTURELLES

Es gibt nicht *den* Mexikaner, denn Mexikaner sind äußerst verschieden. Die ethnische Vielfalt ist sicherlich einer der spannendsten Aspekte bei einer Reise durchs Land. Der Hauptunterschied lässt sich zwischen Mestizen und *indígenas* ziehen. Mestizen sind Menschen mit gemischter Herkunft – meist mit spanischen und indigenen Wurzeln, aber auch mit Wurzeln anderer Europäer und afrikanischer Sklaven. *Indígenas* (indigene Menschen, weniger respektvoll *indios* genannt, was „Indianer" heißt) sind Nachfahren der vorkolonialen Einwohner Mexikos, der Maya, Zapoteken, Nahua, Mixteken und der anderen. Sie haben sich eine eigene ethnische Identität bewahren können. Den Großteil der Bevölkerung machen die Mestizen aus: Zusammen mit den Wenigen, die angeblich nur spanische Vorfahren haben, besetzen sie die meisten Machtpositionen und haben den größten Einfluss in der Gesellschaft.

Mary Jane Gagnier lebt seit vielen Jahren in Mexiko. Mit *Oaxaca Celebration* liefert sie ein wunderbar fotografiertes und geschriebenes Porträt des mexikanischen Dorfs Teotitlán del Valle in Oaxaca.

Weitere Ethnien in Mexiko sind u. a. kleine Gruppen von Südamerikanern, Juden, Deutschen, Italienern, Chinesen, Libanesen, Koreanern und Kubanern. Diese wanderten hauptsächlich im 20. Jh. ein und leben meist in größeren Städten. Dazu kommen zahllose (häufig illegal eingewanderte) Wanderarbeiter aus ganz Mittelamerika. Insbesondere im Umkreis des Lago de Chapala südlich von Guadalajara und in San Miguel de Allende sind außerdem viele US-amerikanische und kanadische Auswanderer ansässig.

Indigene Völker

Die Wissenschaft kennt mindestens 139 verschwundene indigene Sprachen – und damit ebenso viele verschwundene indigene Kulturen. Etwa 60 indigene Gruppen haben überlebt und verdanken das vor allem ihrer abgeschiedenen Existenz im ländlichen Raum. Sie haben jeweils eigene Sprachen und Traditionen und tragen häufig charakteristische Trachten. Die Identität kleinerer, schwächerer Ethnien fällt aber mehr und mehr der allgemeinen Homogenisierung zum Opfer. Leider gelten Mexikos *indígenas* weiterhin als Menschen zweiter Klasse. Oft bewirtschaften sie das schlechteste Ackerland oder sind gezwungen, zum Arbeiten in die USA oder städtische Elendsviertel zu gehen. Ihr größter Schatz sind Traditionen und Spiritualität, und ihre Lebensart ist von gemeinschaftlichen Bräuchen, Ansichten und Ritualen geprägt, die alle eine starke Naturverbundenheit aufweisen.

„Gringo" ist nicht wirklich ein Kompliment, aber auch keine Beleidigung. Häufig dient der Begriff einfach als neutrales Synonym für „Amerikaner".

In den 1990er-Jahren führten die Zapatisten von Chiapas eine Kampagne für indigene Rechte an. Das Abkommen von San Andrés Accords wurde 1996 zwischen ihnen und Unterhändlern der Regierung getroffen. Es gestand Mexikos indigenen Völkern etwas Autonomie zu, trat aber nie offiziell in Kraft.

Zumindest bedeutete das allgemeine Gesetz über die sprachlichen Rechte der indigenen Völker einen Fortschritt bezüglich des Erhalts indigener Sprachen. Dieses Gesetz von 2002 erkennt Letztere als Landessprachen an und soll Mexikos sprachliche Vielfalt über Unterrichtsprogramme fördern. Doch während 1,2 Mio. Grundschulkinder bereits in 54 verschiedenen Sprachen zweisprachig unterrichtet werden, sind zweisprachig aufgewachsene Lehrer weiterhin rar.

Bei der letzten Volkszählung (2000) gaben nur 7 % der Mexikaner an, eine indigene Sprache zu sprechen, der Anteil der Menschen überwiegend indigener Herkunft liegt aber tatsächlich bei 15 % – also etwa zwei- bis dreimal so hoch. Die größte indigene Gruppe sind die Nahua, Nachkommen der Azteken. Über 2 Mio. Nahua leben in Zentralmexiko. Der Südosten Mexikos hat einen besonders hohen indigenen Bevölkerungsanteil. Die etwa 1,5 Mio. Yucatec-Maya von der Halbinsel Yucatán sind direkte Nachfahren der alten Maya, und die Tzotziles und Tzeltales in Chiapas (je 400 000–500 000) sind wahrscheinlich Nachkommen derjenigen Maya, die am Ende der klassischen Mayaperiode dorthin ausgewandert sind.

Ebenfalls direkt von den vorkolonialen Völkern stammen ab: die schätzungsweise 800 000 Zapoteken, vorrangig in Oaxaca, die mehr als 700 000 Mixteken, hauptsächlich in Oaxaca, Guerrero und Puebla, die 400 000 Totonaken in Veracruz und Puebla und die 200 000 Purépecha in Michoacán (Nachfahren der prähispanischen Tarasken). Es gibt etwa 50 weitere indigene Kulturen, einige von ihnen haben nur ein paar hundert Mitglieder.

RELIGION

Katholizismus

Fast 90 % aller Mexikaner sind römisch-katholisch; Mexiko ist nach Brasilien das zweitgrößte katholische Land der Welt. Fast die Hälfte der Katholiken geht wöchentlich zur Kirche – die meisten sind zumindest irgendwie religiös. Die meisten mexikanischen Fiestas steigen an Heiligenfeiertagen. Normalerweise gehören dazu Prozessionen mit Heiligenbildern und weitere Feierlichkeiten. Wallfahrten zu bedeutenden Heiligtümern z. B. in Chalma (S. 291), Plateros (S. 653), Zapopan (S. 577), San Juan de los Lagos (S. 594) oder Real de Catorce (S. 669) sind ebenfalls wichtige Ereignisse im Veranstaltungskalender. Gebete an die Jungfrau Maria, Christus und andere Heilige lassen viele Mexikaner auf die Lösung aller möglichen Probleme hoffen.

Gael García Bernal spielt die Hauptrolle in *Die Versuchung des Padre Amado*. Der erfolgreiche mexikanische Film von 2002 zeichnet ein düsteres Bild des korrupten Klerus in einer mexikanischen Kleinstadt.

Das stärkste Symbol der mexikanischen Kirche ist die Nuestra Señora de Guadalupe. Diese dunkelhäutige Manifestation der Jungfrau Maria soll dem aztekischen Töpfer Juan Diego 1531 in der Nähe von Mexico City erschienen sein. Als entscheidendes Bindeglied zwischen katholischer und indigener Spiritualität ist die Jungfrau von Guadalupe heute Schutzheilige des gesamten Landes. Ihr blaugewandetes Abbild ist allgegenwärtig, und ihr Name wird bei religiösen Zeremonien, politischen Reden und in der Literatur erwähnt. Der Día de Nuestra Señora de Guadalupe am 12. Dezember wird landesweit mit gewaltigen Feierlichkeiten und Wallfahrten begangen. Die größten finden in Mexico City (S. 172) und Monterrey (S. 441) statt.

Mehr Informationen zur Nuestra Señora de Guadalupe bietet www.interlupe.com.mx.

Mexikos katholische Kirche ist eine der konservativsten Lateinamerikas. Nur im Süden des Landes haben Kleriker bereits aktuelle Themen wie Armut oder Menschenrechte aufgegriffen – allen voran Samuel Ruiz. Der langjährige Bischof von San Cristóbal de Las Casas trat 1999 zurück.

Indigene Religionen

Die Missionare des 16. und 17. Jhs. gewannen die indigenen Völker für den Katholizismus, indem sie ihn kurzerhand den vorkolonialen Religionen anpassten. Die alten Götter bekamen die Namen christlicher Heiliger, die Feste wurden so gefeiert wie immer – allerdings am nächstliegenden Heiligenfest. Dass die Leute die neue Religion akzeptierten, wurde durch das Erscheinen der Jungfrau von Guadalupe im Jahr 1531 entscheidend begünstigt.

Im Christentum der *indígenas* sind noch heute Reste des alten Glaubens vorhanden, und in abgelegenen Regionen ist das Christentum nur Fassade. Die Huicholes aus Jalisco (s. Kasten S. 675) verehren zwei Christi, aber keiner von beiden ist die Hauptgottheit. Viel wichtiger ist den Menschen die Fruchtbarkeitsgöttin Nakawé. Das Halluzinogen Peyote gilt in der Welt der Huicholes als wesentliche Quelle der Weisheit. Bei den Rarámuri aus der Barranca del Cobre (Kupferschlucht) und vielen Tzotzil im Hochland von Chiapas ist der Rauschzustand ein fast heiliges Element der Festzeiten. Und wer die Kirche im Tzotzil-Dorf San Juan Chamula (S. 909) besucht, kann singende *curanderos* (Heiler) bei ihren schamanischen Riten erleben.

In *Curandera* enthüllt Elena Ávila die Geheimnisse der körperlichen und spirituellen Gesundheit einer Nahua-Heilerin.

Die berühmte Darbietung fliegender *voladores* der Totonaken (S. 741) ist vermutlich eine Version eines alten Fuchtbarkeitsrituals.

In der traditionellen indigenen Welt hat fast alles eine spirituelle Bedeutung – Bäume, Flüsse, Pflanzen, Wind, Regen, Sonne, Tiere und Hügel haben ihre eigenen Götter oder Geister. Hexerei, Magie und traditionelle Medizin haben überlebt. Krankheiten können Folge eines „Verlusts der Seele" sein, bedingt durch Fehler, die der Kranke begangen hat. Oder sie können durch unheilvolle, magische Kräfte hervorgerufen werden. Die Seele kann „wiedererlangt" werden, wenn das richtige Ritual von einem *brujo* (Zauberdoktor) oder *curandero* ausgeführt wird.

Andere christliche Glaubensrichtungen

Etwa 7 % der Mexikaner praktizieren andere Arten des Christentums. Einige sind Mitglieder der methodistischen, baptistischen, presbyterianischen oder anglikanischen Kirchen, die im 19. Jh. von Missionaren aus den USA ins Land gebracht wurden. Andere sind seit den 1970er-Jahren zur amerikanischen Pfingstgemeinde, zu den Evangelikalen, Mormonen, den Adventisten vom Siebten Tage oder auch zu den Zeugen Jehovas übergetreten. Diese Kirchen haben inzwischen Millionen von Konvertierten, insbesondere unter der ländlichen und armen indigenen Bevölkerung im Südosten Mexikos. Einige dieser Menschen sehen im Katholizismus nur ein politisches Mittel zu ihrer jahrhundertelangen Unterdrückung. Das hat zu einigen ernsten Auseinandersetzungen mit den Katholiken geführt.

FRAUEN IN MEXIKO

Der Machismo ist innerhalb der jüngeren Generation mit höherer Bildung nicht mehr so ausgeprägt. Ausbildungs- und Arbeitsplätze sind für junge Mexikanerinnen jetzt leichter verfügbar: In sämtlichen Bildungsbereichen sind Frauen- und Männeranteil mittlerweile gleich hoch. Heute sind 42 % aller qualifizierten und technischen Jobs mit Frauen besetzt, genauso wie 29 % aller höheren Beamten-, Regierungs- und Managementposten. Dennoch ist der Lohn der Mexikanerinnen im Durchschnitt nicht einmal halb so hoch wie der ihrer männlichen Kollegen. In ärmeren Bevölkerungsschichten tendieren Frauen immer noch zur traditionellen Rolle der Hausfrau und Mutter. Teilweise geht dies auf vorkoloniale Kulturen zurück und darauf, dass es vom Katholizismus gefördert wurde. Viele ärmere Mexikanerinnen haben aber auch Halbtagsstellen oder verkaufen Lebensmittel auf Märkten.

Das Internetportal für die mexikanische Zivilgesellschaft LaNeta (www.laneta.apc.org) hat viele Links zu lokalen Frauenorganisationen.

Anzahl und Größe mexikanischer Frauenorganisationen wachsen ständig, doch die Anti-Gewalt-Kampagnen und Aktionen für bessere Löhne und medizinische Versorgung waren nur bedingt erfolgreich. Nichtsdestotrotz sind Schwangerschaftsabbrüche während der ersten drei Monate in Mexico City seit 2007 legal – ein Meilenstein in Bezug auf Frauenrechte in Lateinamerika. Manche radikale Gruppen wie die Zapatisten engagieren sich aktiv für Geschlechtergleichheit und Frauenpower. Ähnlich wie Frauen in hohen gesellschaftlichen Positionen sind sie jedoch in der Minderheit. Mit dem Außenministerium ist eines der höchsten politischen Ämter in der Hand einer Frau – Patricia Espinosa. Seit 2008 gehört sie als eine von nur drei Frauen dem Kabinett Calderón an. Parallel leitet Beatriz Paredes den oppositionellen PRI. Insbesondere unter Armen und sozial Benachteiligten stellt Gewalt gegen Frauen immer noch ein landesweites Problem dar. Das gilt besonders für städtische Elendsviertel, auch wenn man von dort am wenigsten hört. Aus Angst zeigen misshandelte Mexikanerinnen die Täter oft nicht an. In Vergewaltigungsfällen liegt die Beweislast beim Opfer. Dennoch darf man hoffen, dass sich weibliche Opfer häuslicher Gewalt in Zukunft verstärkt an die Polizei wenden: Der südliche Bundesstaat Chiapas zählt zu Mexikos ärmsten Regionen. Dort erhöhte sich die Anzahl der Anzeigen wegen häuslicher Gewalt zwischen 2006 und 2007 von 4000 auf 16 000.

Im 2005 gedrehten Film *Bordertown* geht es um die sogenannten Feminizide, eine Reihe brutaler Morde an Frauen in Ciudad Juárez, die eine US-Journalistin (Jennifer Lopez) aufzuklären versucht.

Seit 1947 dürfen Mexikanerinnen wählen und haben derzeit 21 % der Sitze im Nationalkongress inne.

GESPRÄCHE MIT TOTEN

Mexikos wichtigste und wahrscheinlich auch sonderbarste Fiesta ist der Día de los Muertos (Tag der Toten). Seinen Ursprung hat er im Glauben des vorkolonialen Volks der Tarasken aus Michoacán, dass die Toten an einem Tag im Jahr in ihre Heimat zurückkehren.

Der zugrundeliegenden Philosophie nach bedeutet der Tod nicht das Ende des Lebens – vielmehr wird es einfach in einer Parallelwelt fortgesetzt. Einen Monat nach dem Herbstäquinoktium (der Tag- und Nachtgleiche) kehren die Toten zurück. Dieser Anlass muss gut vorbereitet werden, damit die Geister ihren Weg nach Hause finden und sich willkommen fühlen. Jedes Haus wird mit einem Bogen aus leuchtend gelben Ringelblumen geschmückt, der das Tor zur Unterwelt symbolisieren soll. *Tamales,* Früchte, Mais und Salz werden auf den Altar vor dem Bogen gelegt, außerdem stellt man Wasserbehälter auf – denn die Geister sind nach ihrer langen Reise immer sehr durstig. Die Geister verstorbener Kinder besuchen ihr ehemaliges Zuhause in der ersten Nacht, die Geister der Erwachsenen in der darauffolgenden Nacht, wo sie ihren lebenden Verwandten beim Essen, Trinken, Reden und Singen Gesellschaft leisten.

Nach der spanischen Eroberung wurden die katholischen Feiertage Allerheiligen (1. Nov.) und Allerseelen (2. Nov.) mit dem „Tag der Toten" zusammengelegt – was nicht schwer war, da viele Symbole sich gleichen: Blumen, Kerzen und Opfer in Form von Speisen und Getränken. Allerseelen ist der katholische Tag der Gebete für die Seelen im Fegefeuer, Allerheiligen wurde so uminterpretiert, dass die Geister der Kinder, die nach ihrem Tod sofort zu *angelitos* (Engelchen) werden, den Lebenden einen Besuch abstatten. Die wachsende Gemeinde der Mestizen entwickelte die neue Tradition, die Friedhöfe zu besuchen und die Gräber der Familienmitglieder zu schmücken.

Der Día de los Muertos überstand unter dem Deckmantel des katholischen Brauchtums die koloniale Periode. Die Idee, dass die Menschen im Tod alle gleich sind und dass er sie von den Leiden der Welt befreit, war dem schrecklich armen Volk sicherlich ein großer Trost. Nach der mexikanischen Unabhängigkeit nutzten Dichter die Gelegenheit, sich in ihren Versen über die Mitglieder der besseren Gesellschaft lustig zu machen. Sie stellten sie tot dar, und da half ihnen weder ihr Reichtum noch ihre Position. Der bekannte mexikanische Grafiker José Guadalupe Posada (1852–1913) verfolgte in seinen berühmten *calaveras* ähnliche Ziele. Seine satirischen Skelette führen ein lustiges Alltagsleben, arbeiten, tanzen, werben, trinken und reiten in Schlachten. Die bekannteste seiner Figuren ist La Calavera Catrina, ein weibliches Skelett mit einem überladenen, blumengeschmückten Hut und einem raffinierten kurzen Kleid, das andeutungsweise ihr knochiges Bein und ihr üppiges Dekolleté zeigt, das nur aus Rippen besteht.

Für die indigenen Gemeinden, speziell für die Purépecha in Michoacán (Nachkommen der vorkolonialen Tarasken), ist der Día de los Muertos immer noch ein wichtiges religiöses und spirituelles Ereignis. Bei ihnen ist die Bezeichnung Noche de los Muertos (Nacht der Toten) angemessener, denn die Familien verbringen ganze Nächte auf dem Friedhof – die Nacht vom 31. Oktober zum 1. November mit den Geistern der Kinder, die folgende mit den Geistern der Erwachsenen.

Für die Mehrheit der mexikanischen Mestizen ist der Día de los Muertos heute aber eher ein Volksfest und eine gute Gelegenheit, die Familie zusammenzutrommeln. Die Leute reinigen und schmücken die Familiengräber, halten aber in der Regel keine Nachtwache ab. Dementsprechend beten sie zwar für die Seelen der Toten und errichten zu Hause Altäre, um sie willkommen zu heißen, aber der katholische Glaube geht davon aus, dass die Seelen entweder im Himmel oder in der Hölle sind und nicht wirklich auf die Erde zurückkommen. Totenköpfe aus Zucker, Schokoladensärge und Spielzeugskelette werden auf den Märkten als Geschenke für die Kinder und zur Grabdekoration verkauft. Sie orientieren sich an Posadas Arbeiten und an alten Totenkulten.

SPORT

Fußball

Keine Sportart entfacht die Leidenschaft der Mexikaner mehr als *fútbol*. Die Spiele der 18 Teams der nationalen Primera División (1. Liga) werden von einer riesigen Fangemeinde und Millionen von Fernsehzuschauern verfolgt. Im Estadio Azteca (Aztekenstadion) in Mexico City fanden 1970 und 1986 die Endspiele der Weltmeisterschaft statt. Ein Spiel anzuschauen macht Spaß, die Rivalitäten der gegnerischen Fans bleiben meist harmlos. Eintrittskarten werden am Stadioneingang verkauft und kosten zwischen 50 und 250 Mex$, je nach Platzkategorie.

Die beiden bekanntesten Teams des Landes sind América aus Mexico City, besser bekannt als die Águilas (Adler), und Guadalajara (Chivas – Ziegen). Sie haben eine riesige Fangemeinde, wo auch immer sie spielen. Spiele zwischen den beiden Mannschaften sind die größten Events des Jahres und werden „Los Clásicos" genannt. Andere wichtige Clubs sind: Cruz Azul (genannt La Máquina – die Maschine) und Unam (Universidad Autónoma de Mexico, genannt „Pumas") aus Mexico City, Universidad Autónoma de Guadalajara (Los Tecos) und Atlas aus Guadalajara, Monterrey und Universidad Autónoma de Nuevo León (Los Tigres – die Tiger) aus Monterrey, Toluca, Pachuca (der aktuelle Meister), Necaxa aus Aguascalientes, Atlante aus Cancún und Santos aus Torreón.

Die spanischsprachigen Websites Femexfut (www.femexfut.org.mx) und FutMex (www.futmex.com) informieren über mexikanische Fußballergebnisse, Tabellen, Spieltermine, und Neuigkeiten und haben Links zu einheimischen Clubs.

Zu den Spielen der Primera División kommen normalerweise zwischen ein paar Tausend und 70 000 Besucher. Spiele finden regelmäßig von freitags bis sonntags statt, Infos stehen in den Zeitungen. Die Saison der Primera División teilt sich in das Torneo de Apertura (Eröffnungsturnier, Aug.–Dez.) und das Torneo de Clausura (Schlussturnier, Jan.–Juni). Jedes endet mit Play-Offs mit acht Teams (La Liguilla) und schließlich mit dem Finale, in dem der mexikanische Meister ermittelt wird.

Mexikos Nationalteam El Tri (Kurzform für Tricolor, der Name der mexikanischen Flagge) kam bei den Weltmeisterschaften 1994, 1998 und 2002 unter die letzten 16. Auch 2006 konnte die Mannschaft den Fluch des Achtelfinales nicht besiegen – allerdings verlor sie in der Runde der letzten 16 immerhin gegen die Fußballnation Argentinien.

Die Wandgemälde am Palacio de Tepantitla von Teotihuacán (S. 222) zeigen ein Ballspiel, das stark an Pelota Purépecha erinnert.

Frauenfußball ist stark im Kommen; es gibt sogar eine Nationalliga, die Super Liga Femenil – obwohl das mexikanische Frauenteam bis jetzt noch schlechter spielt als das der Männer …

Stierkämpfe

Stierkämpfe sind die zweite Leidenschaft der Mexikaner, auch wenn der Sport weniger verbreitet ist als Fußball. Kämpfe finden vor allem in größeren Städten statt, gewöhnlich sonntagnachmittags und oft während lokaler Fiestas.

In den Augen vieler Gringos ist die *corrida de toros* (wörtlich: Stierlauf) allerdings gar kein Sport. Für Mexikaner ist er gleichzeitig ritualisierter Tanz und Kampf, und es heißt, dass sie nur bei zwei Anlässen pünktlich sind: bei Begräbnissen und bei Stierkämpfen.

Normalerweise wird gegen insgesamt sechs Stiere gekämpft, und zwar gegen jeden einzelnen drei *suertes* (Akte) oder *tercios* (Drittel) lang. Im ersten hetzen die *toreros* den Stier mit ihren Umhängen einige Minuten lang durch den Ring, um ihn zu ermüden. Dann kommen zwei *picadores* auf dick gepolsterten Pferden herein und stoßen lange *picas* (Lanzen) in die Schultern des Stiers, um ihn zu schwächen. Danach beginnt der *suerte de banderillas*: Die *toreros* stechen drei Paar verlängerte Pfeile in die Schultern des Stiers. Schließlich kommt es zum *suerte de muleta*, bei dem der Matador genau 16 Minuten Zeit hat, den Stier zu töten. Nachdem er das Tier mit raffinierten Bewegungen seines Umhangs ermüdet hat, greift der Matador zum Schwert, um dem Stier schließlich den tödlichen *estocada* zu versetzen. Dieser Stoß muss aus einer Position unmittelbar vor dem Tier in den Nacken treffen.

Neben Details zu Matadoren und kommenden Kämpfen liefert das Portal Taurino (www.portaltaurino.com) viele weitere Infos rund um den Stierkampf – auf Spanisch und (einer Art) Englisch.

Im Norden Mexikos geht die Stierkampfsaison normalerweise von März oder April bis August oder September. In der Monumental Plaza México in Mexico City, einer der größten Stierkampfarenen der Welt, oder in anderen Arenen in Zentral- und Südmexiko, läuft die Hauptsaison von Oktober oder November bis März. Veteran Eloy Cavasos aus Monterrey gilt als Mexikos

BRANDHEISSE BALLSPIELE

Wahrscheinlich pflegten alle vorkolonialen Kulturen Mexikos eine Variante des mesoamerikanischen rituellen Ballspiels, des allerersten Mannschaftssport der Welt. Über 500 erhaltene Ballspielplätze liegen in archäologischen Stätten in ganz Mexiko und Mittelamerika. Es gab Unterschiede in Spielzeit und -ort, aber es traten anscheinend immer zwei Mannschaften gegeneinander an. Sie versuchten, einen Kautschukball mittels verschiedener Körperteile vom Boden fernzuhalten. Zumindest in manchen Fällen hatte das Spiel eine tiefe religiöse Bedeutung, indem es als Orakel diente. Dabei bestimmte das Ergebnis, welche von zwei möglichen Problemlösungen zu wählen war. Anschließend wurden teilweise ein oder mehrere Spieler geopfert.

In mindestens drei mexikanischen Regionen haben leicht modifizierte Varianten des vorkolonialen Ballspiels bis heute überlebt – selbstverständlich ohne Menschenopfer. Bei allen handelt es sich um Mannschaftssportarten mit etwa fünf Spielern auf jeder Seite. Diese messen sich auf offenen Plätzen bzw. schmalen Spielfeldern von 50 bis 200 m Länge, gelegentlich auch auf Dorfstraßen. Das Pelota Mixteca (mixtekisches Ballspiel) wird regelmäßig in zahlreichen Städten und Dörfern des Bundesstaats Oaxaca praktiziert – darunter Ejutla, Nochixtlán und Bajos de Chila bei Puerto Escondido. Mithilfe von dicken, schweren Handschuhen schlagen die Teilnehmer den Ball auf einem langen, schmalen Platz hin und her. Die Punkteverteilung erfolgt etwa so wie beim Tennis. Migranten aus Oaxaca haben das Spiel in anderen Teilen Mexikos und sogar in Kalifornien bekannt gemacht.

Sinaloas *ulama* ähnelt dem modernen Volleyball und hat ein extrem kompliziertes Punktesystem. Beide Hauptvarianten sind sehr anspruchsvoll: Beim *Ulama de cadera,* das in Mazatlán und Escuinapa gespielt wird, treffen die Spieler den Ball mit ihren umwickelten Hüften, die zusätzlich durch Gürtel aus Leder und Hirschfell geschützt sind. Beim *ulama de antebrazo* in Culiacán, Angostura und ein paar weiteren Ortschaften wird der Ball jeweils mit dem Unterarm geschlagen.

Im Bundesstaat Michoacán liebt man Pelota Purépecha, das an Feldhockey erinnert. Frauen und Männer spielen es z. B. in Uruapan, Paracho, Angahuan und in den Dörfern rund um den Lago de Pátzcuaro. Beim faszinierenden Pelota Purépecha Encendida („Brennendes Purépecha-Ballspiel") kommt dagegen ein brennender Ball aus Kautschuk und Tuch zum Einsatz, der einen Kometen bzw. die Sonne symbolisiert.

Die spanischsprachige Website der **Federación Mexicana de Juegos y Deportes Autóctonos y Tradicionales** (www.codeme.org.mx/autoctonoytradicional) informiert über die genauen Austragungsorte aller genannten Ballspielvarianten, zeigt Fotos und erklärt sogar jeweils die offiziellen Spielregeln.

bester Matador. Eulalio „Zotoluco" López ist ein anderer wichtiger Name. Zu den Jungstars zwischen 20 und Anfang 30 zählen Ignacio Garibay und José Luis Angelino. Die Stierkämpfe, bei denen spanische Starmatadoren auftreten, haben es besonders in sich.

Baseball

Professioneller *béisbol* hat viele Anhänger. Der Sieger der von Oktober bis Januar laufenden Liga Mexicana del Pacífico mit Teams aus dem Nordwesten Mexikos vertritt das Land in der im Februar stattfindenden Serie del Caribe (dem größten Baseballereignis Lateinamerikas) in Spielen gegen die Champions aus Venezuela, Puerto Rico und der Dominikanischen Republik. Die stärksten Clubs sind traditionell die Tomateros aus Culiacán und die Naranjeros aus Hermosillo. Jüngere amerikanische Spieler auf ihrem Weg nach oben spielen häufig in der Pazifikliga. Die Liga Mexicana de Béisbol mit ihren 16 über das Zentrum und den Osten des Landes verteilten Teams spielt von März bis September.

Die Website www.ballgame.org ist interessant und lehrreich. Sie informiert über das indigene Ballspiel und hat einen Film, in dem ein Spiel zu sehen ist.

Andere Sportarten

Charreadas (Rodeos) finden während Fiestas und an Veranstaltungsorten namens *lienzos charros* vor allem in der Nordhälfte des Landes statt.

Beim sehr beliebten *lucha libre* (Wrestling) handelt es sich eher um Show als um Sport. Die Teilnehmer dieser pantomimeähnlichen Veranstaltung nennen sich Shocker, Tarzan Boy, Virus und Heavy Metal und hampeln in engen Trikots und grellen Masken herum. Für das Publikum sind die Kämpfe eine willkommene Gelegenheit, dem wirklichen Leben zu entfliehen – denn hier gewinnen immer die Guten. In den meisten Kämpfen treten *técnicos* (Techniker) gegen *rudos* (Brutalos) an. Die *rudos* sind generell schwarz gekleidet und haben zu Beginn die Oberhand – um am Ende nach einer erstaunlichen Wendung des Schicksals von den *técnicos* verhauen zu werden.

Mexiko hat eine Menge Weltmeister im Boxen hervorgebracht. Der legendäre Julio César Chávez gewann fünf Weltmeistertitel in drei unterschiedlichen Gewichtsklassen und erzielte nach Beginn seiner Profikarriere 1980 unglaubliche 90 Siege in Folge. Chávez war ein klassischer mexikanischer Boxer – taktisch gerissen, gut im Einstecken, aber noch besser im Austeilen.

Auch die Liga Nacional de Baloncesto Profesional hat viele Anhänger. Die Teams dieser Basketball-Profiliga stammen hauptsächlich aus Nord- und Zentralmexiko. In der Saison 2008/2009 spielen Mannschaften aus Monterrey, Tijuana und Gómez Palacio in der American Basketball Association.

Momentan feiert Lorena Ochoa aus Guadalajara großartige Erfolge im Frauengolf. Im Jahr 2007 führte sie die Weltrangliste der Ladies Professional Golf Association an und räumte über 4 Mio. US$ Preisgeld ab.

Bei Decharros (www.decharros.com; spanisch) gibt's einen Veranstaltungskalender und viele weitere Infos zu *charreadas*.

MEDIEN

Das mexikanische Fernsehen wird von der Televisa-Gruppe beherrscht. Als größter Medienkonzern der spanischsprachigen Welt hat sie vier nationale Sendernetze, viele regionale Tochtergesellschaften und enge Verbindungen zur PRI, die Mexiko bis 2000 70 Jahre lang quasi allein regierte. Seit die PRI weniger Einfluss hat, versucht die konkurrierende Azteca-Gruppe (zwei Netze), die Dominanz von Televisa zu untergraben. Das Fernsehprogramm besteht immer noch hauptsächlich aus *telenovelas*, Werbung, Spielshows, Comedysendungen, Fußball und etwas Reality-TV. Kabel- oder Satellitensysteme bringen jedoch mittlerweile internationale Kanäle in viele mexikanische Hotelzimmer. Obwohl auch viele Privatleute eigene Kabelanschlüsse haben, ist Televisa für Nachrichten und *telenovelas* weiterhin erste Wahl. Ein guter nichtkommerzieller Sender ist Once TV (11 TV), geleitet vom Instituto Politécnico Nacional in Mexico City. Im Auftrag von Conaculta (Nationaler Rat für Kunst und Kultur) sendet Canal 22 ebenfalls viele Kulturbeiträge und Dokumentationen.

Die Online-Ausgaben von etwa 300 mexikanischen Zeitungen und Zeitschriften sowie Links zu Hunderten von mexikanischen Radio- und Fernsehsendern und anderen Medienwebsites gibt es auf www.zonalatina.com.

Mexiko hat rund 1400 regionale und lokale Radiostationen mit guten Lokalnachrichten, flottem Talk und Musik.

Zeitungen und Zeitschriften spiegeln die politische und regionale Vielfalt des Landes wieder. Das Spektrum reicht von nationalen und lokalen Tageszeitungen bis hin zu seriösen Politmagazinen. Am meisten gelesen werden aber Blätter, die nur auf Verbrechen und Autounfälle setzen – inklusive grausiger Opferfotos. Oft unterwerfen sich Journalisten den wirtschaftlichen Vorgaben ihrer Verleger. Unerwünschte Enthüllungen verursachen politischen Druck oder Gewaltdrohungen. Internationale Beobachter von „Reporter ohne Grenzen" haben Mexiko zum gefährlichsten lateinamerikanischen Pflaster für Journalisten erklärt. Zwischen 2005 und 2007 wurden hier mindestens 20 von ihnen ermordet, wofür vor allem skrupellose Drogengangs verantwortlich sind. Inzwischen berichten manche lokale Medien deshalb nicht mehr über Bandenaktivitäten.

Das linksgerichtete Narco News Bulletin (www.narconews.com) betrachtet den Drogenhandel und die Menschenrechtssituation in Mexiko aus einem alternativen Blickwinkel.

Neue Formen wie Online-Nachrichten und Internetblogs bleiben von externem Einfluss oder Bedrohungen eher verschont. Links zu Nachrichtenportalen und neuen Medien in Mexiko liefern das **Latin America Network Information Center** (LANIC; http://lanic.utexas.edu/la/mexico/) und **Planeta** (www.planeta.com).

Kunst

Überall in Mexiko stößt man auf wunderbare Zeugnisse einer fabelhaften Kreativität. Kunst und Kunsthandwerk in strahlenden Farben gibt's nahezu an jeder Ecke, aztekische Tänzer tummeln sich mitten in Mexico City, Musikanten geben in Bars, Bussen und auf den Straßen etwas zum Besten. Zugleich sind viele mexikanische Gebäude bereits eigenständige Kunstwerke. Die Welt verdankt diesem Land ein paar der schönsten Kunstwerke – in Malerei, Musik, Film und Literatur. Allgemein spielt die Kunst eine wichtige Rolle im mexikanischen Alltag – warum, offenbart sich bei näherer Betrachtung recht schnell.

Mexico Connect (www.mexconnect.com) und Mexico Online (www.mexonline.com) haben viele Artikel und Links zur mexikanischen Kunstszene.

MALEREI & BILDHAUERKUNST

Seit vorkolonialer Zeit lieben die Mexikaner Formen und Farben. Hinzu kommt ein faszinierendes Talent für Malerei und Bildhauerkunst. Als echte Mexiko-Highlights zieren zahllose Malereien aus Vergangenheit und Gegenwart viele Wände und Galerien im ganzen Land. Zeitgenössische Künstler, Galerien und Mäzene haben Mexico City mittlerweile zu einem Zentrum der modernen internationalen Kunstszene gemacht.

VORKOLONIAL

Als Mexikos erste Zivilisation siedelten die Olmeken an der Golfküste. Sie schufen bemerkenswerte Steinskulpturen in Götter- und Tiergestalt – ebenso wunderbar lebensechte Menschenfiguren. Am schönsten sind die riesigen Olmekenköpfe, die aussehen wie eine Mischung aus Menschenbabys und Jaguaren.

Zwischen 250 und 800 n. Chr. erreichte die Klassische Mayaperiode im Südosten Mexikos ihren kulturellen Höhepunkt. Dort waren die vielleicht begabtesten Künstler der vorkolonialen Zeit zuhause. Sie hinterließen zahllose schmucke Steinskulpturen mit aufwendigen Mustern, die das Auge des Betrachters auf großartige Weise ergötzen. Zumeist sind Herrscher, Gottheiten und Zeremonien dargestellt. In der späteren Aztekenkunst spiegeln viele eingemeißelte Totenschädel und komplizierte symbolische Götterdarstellungen die brutale Weltsicht dieses Volkes wider.

KOLONIALZEIT

Während der Kolonialzeit war die mexikanische Kunst stark von den Spaniern beeinflusst. Sie widmete sich v. a. religiösen Themen, während die Portraitmalerei dank reicher Mäzene immer beliebter wurde. Vom Einfluss indigener Künstler zeugen ungemein detailverliebte Altarstücke, Wände und Decken in Kirchen und Klöstern, ebenso herrliche Fresken. Miguel Cabrera (1695–1768) aus Oaxaca war wahrscheinlich der talentierteste Maler dieser Ära. Seine Szenen und Figuren berühren den Betrachter unweigerlich,

MEXIKOS TOPSTÄTTEN: HISTORISCHE WANDMALEREIEN

- **Palacio de Tepantitla** (S. 222) in Teotihuacán
- **Cacaxtla** (S. 251)
- **Bonampak** (S. 928)

was den schwerfälligeren Arbeiten anderer Künstler weniger gelingt. Cabreras Werke können landesweit in Kirchen und Museen bewundert werden.

UNABHÄNGIGES MEXIKO

Die Landschaften José María Velascos (1840–1912) fangen die magische Atmosphäre der Umgebung Mexico Citys und weiter entfernter Gegenden wie Oaxaca ein.

In den prärevolutionären Jahren vor 1910 brachen Künstler mit europäischen Traditionen und wandten sich erstmals sozialkritischen Themen zu. So wurden immer mehr Elendssiedlungen, Bordelle und indigene Armut auf der Leinwand festgehalten. Mit ihrem charakteristischen *calavera*-(Totenschädel-)Motiv prangerten die Karikaturen und Radierungen José Guadalupe Posadas (1852–1913) die Ungerechtigkeiten des Porfiriato an. Sie begründeten eine lange Kunsttradition der politischen und sozialen Provokation in Mexiko. Gerardo Murillo (1875–1964) alias Dr. Atl stellte 1910 bei einer Vernissage einige skandalöse Orgienbilder aus – passend zum 100. Jubiläum der Unabhängigkeitsbewegung.

Das Museo Nacional de Arte (S. 150) in Mexico City und das Velasco-Museum (S. 286) in Toluca haben tolle Sammlungen mit Werken José María Velascos.

Den besten Überblick über das Werk José Guadalupe Posadas bietet das gleichnamige Museo (S. 657) in seinem Heimatort Aguascalientes.

DIE MURALISTEN

In den 1920er-Jahren beauftragte Bildungsminister José Vasconcelos führende junge Künstler, einige Wandgemälde an öffentlichen Gebäuden zu gestalten. Direkt nach der Mexikanischen Revolution sollten diese Bilder das Bewusstsein für mexikanische Geschichte, Kultur sowie die Notwenigkeit eines sozialen und technologischen Wandels wecken. Das Trio der großen Muralisten bestand aus Diego Rivera (1886–1957), José Clemente Orozco (1883–1949) und David Alfaro Siqueiros (1896–1974). Alle drei brillierten übrigens auch in kleineren Formaten.

Riveras Werk transportiert unmissverständlich eine linksgerichtete Botschaft, indem es die frühere Unterdrückung der Bauern und der indigenen Einwohner thematisiert. Seine Kunst verwebt Mexikos indigene und spanische Wurzeln zu farbenprächtigen, dichtgedrängten Tableaus mit einfachen moralischen Botschaften. Abgebildet sind u. a. historische Persönlichkeiten, Ereignisse und symbolische Szenen aus dem mexikanischen Leben. All dies können Traveller an vielen Stellen in und rund um Mexico City bewundern.

Zu den besten Büchern über Diego Rivera zählen seine Autobiografie *Bekenntnisse* und Patrick Marnhams Biografie *Träumer mit offenen Augen*.

Während Rivera in Europa weilte, kämpfte Siqueiros zusammen mit den revolutionären Konstitutionalisten und blieb auch anschließend politisch aktiv. Seinen Wandgemälden fehlt der Realismus Riveras, dafür verbreiten sie eine stärker marxistisch geprägte Botschaft – über dramatisch-symbolische Darstellungen der Geknechteten und groteske Karikaturen der Unterdrücker. Ein paar der besten Werke Siqueiros zieren den Palacio de Bellas Artes (S. 151), den Castillo de Chapultepec (S. 157) und die Ciudad Universitaria (S. 162) in Mexico City.

Der Schwerpunkt Orozcos aus Jalisco liegt eher auf den Bedingungen des Menschseins als auf historischen Details. Er vermittelt Gefühl, Charakter und Atmosphäre. In den 1930er-Jahren war Orozco von den Folgen der Revolution zunehmend enttäuscht. Zwischen 1936 und 1939 erreichte seine Schaffensperiode in Guadalajara ihren Höhepunkt. Hiervon zeugen v. a. die rund 50 Fresken im Instituto Cultural de Cabañas (S. 572).

Rufino Tamayo (1899–1991) aus Oaxaca zählt zu den bekanntesten Nachfolgern der Muralisten. Er ist u. a. am Palacio de Bellas Artes in Mexico City vertreten. Seine abstrakten und mythologischen Szenen zeichnen sich durch effektvolle Farben aus. Charakteristisches Markenzeichen vieler Tamayo-Werke ist die Wassermelone – der Vater des Künstlers war Obstverkäufer. Juan O'Gorman (1905–1982) malte noch realistischer und

Mexican Muralists von Desmond Rochfort behandelt die gesamte Muralistenbewegung.

detaillierter als Rivera. Der Mexikaner irischer Abstammung schuf u. a. das farbenfrohe Mosaik an der Biblioteca Central auf dem Campus der Ciudad Universitaria (S. 162) in Mexico City. Diese Interpretation der mexikanischen Kultur gilt als sein bekanntestes Werk.

ANDERE KÜNSTLER DES 20. JHS.

Frida Kahlo (1907–1954), durch einen Verkehrsunfall zum Krüppel geworden, litt zudem psychisch unter ihrer stürmischen Ehe mit Diego Rivera. Schmerzverzerrte Selbstportraits und groteske, surreale Bilder repräsentieren ihre linksgerichtete Position und ihre inneren Gefühlsstürme. In den 1980er-Jahren schien Kahlos Werk plötzlich dem internationalen Zeitgeist zu entsprechen und wurde quasi über Nacht so berühmt wie die Arbeiten Riveras. Die Hollywood-Filmbiografie *Frida* (2002) machte die Malerin mittlerweile bekannter als jeden anderen mexikanische Künstler. Ihr ehemaliges Wohnhaus in Mexico City – das Museo Frida Kahlo (S. 164) – ist ein absolutes Muss für Kunstliebhaber.

Für Frida-Fans sind zu empfehlen: *Frida Kahlo. Ein leidenschaftliches Leben* von Hayden Herrera und Malka Druckers *Frida Kahlo*.

Nach dem Zweiten Weltkrieg rebellierten die Vertreter der Gruppe La Ruptura (Der Bruch) gegen die Muralistenbewegung. Diese jungen einheimischen Künstlern fanden die Muralisten zu didaktisch und zu besessen von *mexicanidad* (Mexikanismus). Somit erforschten sie ihre urbane Identität und öffneten Mexiko für internationale Trends wie Popart oder den Abstrakten Expressionismus. An der Spitze von La Ruptura stand José Luis Cuevas (geb. 1934). Ein paar seiner Werke können in Mexico Citys Kunstmuseum (S. 148) besichtigt werden, das von ihm gegründet wurde.

Auch die tollen Arbeiten Juan Sorianos (1920–2006) sind immer einen Blick wert. Hierbei handelt es sich um kontroverse, oft sehr phantasievolle Gemälde und Skulpturen. Der traumhaften Qualität von María Izquierdos (1902–1955) Bildern eiferten viele spätere Künstler nach. Die zeitgenössischen Visionen Francisco Toledos (geb. 1940) und Rodolfo Morales' (1925 bis 2001) aus Oaxaca sind wiederum vom vorkolonialen Erbe inspiriert.

Sebastián (geb. 1947) aus Chihuahua zählt zu den renommiertesten mexikanischen Künstlern des späten 20. Jhs. Die mathematisch anmutenden Großskulpturen des berühmten Bildhauers zieren heute Städte in aller Welt.

ZEITGENÖSSISCHE KUNST

Ab den späten 1980er-Jahren fielen die Unruhe und die Ironie der Postmoderne bei den Intellektuellen Mexikos, die alles hinterfragten, auf fruchtbaren Boden. Zeitgenössische Kunst steht für zahllose Versuche, die urbanen und globalen Unwägbarkeiten des 21. Jhs. zu interpretieren. Viele Postmodernisten ließen sich von den aufregenden, verstörenden Werken Frida Kahlos inspirieren. Sie wurde für diese Kunstströmung zu einer Art Mutterfigur.

Dank dynamischer unabhängiger Galerien und Mäzene grassiert in Mexiko momentan das Kunstfieber. Die Globalisierung der Szenen ist hierfür ebenfalls verantwortlich. Während Galerien weltweit Werke mexikanischer Talente ausstellen, findet internationale Kunst ihren Weg nach Mexiko. Installationen sind schwer in Mode; neben öffentlichen und privaten Kulturzentren entstehen auch immer mehr Kunsthallen im ganzen Land. Sogar ein paar konservativere Museen widmen sich mittlerweile dem Zeitgeist – häufig mit Videokunst oder anderen Arbeiten jenseits des Mainstreams.

Das neue Museo de Arte Popular (S. 153) in Mexico City zeigt einheimische Folklorekunst. Unter www.map.org.mx sind virtuelle Besuche möglich.

Die abstrakten Bilder Francisco Castro Leñeros (geb. 1954) gelten als Fortsetzung von La Ruptura. Sie sind mit musikalischen Kompositionen verglichen worden. Anstelle von Abstraktion favorisiert der allgemeine Trend aktuell Hyper-Repräsentation, Fotorealismus und innovative Formen

TOPWEBSEITEN ZU ZEITGENÖSSISCHER & MODERNER MEXIKANISCHER KUNST

Arte de Oaxaca (www.artedeoaxaca.com) Gewährt Einblicke in Oaxacas Kunstszene.
Arte México (www.arte-mexico.com) Umfassender Online-Kunstführer zu Mexico City.
Artes Visuales (www.artesvisuales.com.mx) Stellt Galerien und Museen in Mexico City vor.
Galería Nina Menocal (www.ninamenocal.com) Galerie in Mexico City mit Fokus auf lateinamerikanischen Nachwuchstalenten.
Galería OMR (www.galeriaomr.com) Mexico Citys führende Galerie mit starker internationaler Präsenz.
Kurimanzutto (www.kurimanzutto.com) Trendgalerie in Mexico City mit Schwerpunkt auf Installationskunst.
Museo Andrés Blaisten (www.museoblaisten.com) Umfangreiche Online-Galerie mit mexikanischer Kunst des 19. und 20. Jhs.

wie Installationen oder Videokunst. Rocío Maldonado (geb. 1951), Rafael Cauduro (geb. 1950) und Roberto Cortázar (geb. 1962) malen klassische Figurendarstellungen vor formlosen, tristen Hintergründen. Cauduros fotorealistische Wandgemälde zur staatlich geförderten Kriminalität zieren den Obersten Gerichtshof (S. 148) in Mexico City.

Mexico Citys zeitgenössischer Kunstszene wird u. a. von Miguel Calderón (geb. 1971) und Gabriel Orozco (geb. 1962) angeführt. Sie und ihre vielfältig talentierten Kollegen betätigen sich als Bildhauer, Maler, Fotografen, Video- und Installationskünstler – und versuchen dabei ständig, vorgefasste Meinungen zu zerschmettern. Eine weitere Szenegröße ist kein Künstler, sondern Mäzen und Erbe des Fruchtsaftimperiums Grupo Jumex: Eugenio López besitzt die größte Sammlung zeitgenössischer mexikanischer Kunst. Mit Galerien in Mexico City bzw. Los Angeles betreibt er intensiv die Verbreitung mexikanischer Kunst weltweit.

Angesagte Vororte von Mexico City (z. B. Roma oder Polanco) strotzen nur so vor zeitgenössischen Galerien. Mit alternativen Galerien und Cafés hat die junge Speerspitze der örtlichen Kunstszene diversen Hauptstadtstraßen neues Leben eingehaucht. Dies gilt z.B. für die San Jerónimo im Centro Histórico, dem ältesten Teil der Metropole. Auch Monterrey mit dem Museo de Arte Contemporáneo (S. 435) besitzt eine blühende Kunstszene – ebenso viele weitere Städte wie Oaxaca, Tijuana, Hermosillo, Mazatlán, Chihuahua, Cuernavaca, Guadalajara und Morelia. Manch internationalen Spitzenkünstler zieht es gar selbst nach Mexiko: Beispielsweise lebt der Brite Damien Hirst zeitweilig in Troncones an der Pazifikküste.

Auf Webseiten zu zeitgenössischer Kunst (s. Kasten oben) kann man prima in die mexikanische Kunstszene eintauchen – anschließend heißt es, Galerien und Ausstellungen besuchen. Das tolle Feuilleton der Zeitung *La Jornada* informiert täglich über alle möglichen Ausstellungen und Kulturveranstaltungen.

ARCHITEKTUR

Mexikos herrliches und atemberaubendes Architekturerbe zählt zu den absoluten Highlights des Landes.

The Art of Mesoamerica von Mary Ellen Miller gibt einen gelungenen Gesamtüberblick über prähispanische Kunst und Architektur.

VORKOLONIAL

Die alten Zivilisationen hinterließen ein paar der spektakulärsten und attraktivsten Architekturwerke aller Zeiten. Die vorkolonialen Städte von Teotihuacán (S. 219), Monte Albán (S. 811), Chichén Itzá (S. 1036) und Uxmal (S. 1023) sind größtenteils noch intakt. Mit steinernen Riesenpyramiden, Palästen und Ballspielplätzen erfüllten ihre spektakulären Zeremonialzentren einen repräsentativen Zweck. Die meisten Pyramiden dienten als Sockel für die kleinen Schreine auf ihren Spitzen. Die Pirámides del Sol (S. 222) und de la Luna (S. 222) in Teotihuacán sowie Cholulas Pirámide Tepanapa (S. 241) bei Puebla sind landesweit die drei größten ihrer Art.

Zwischen den jeweiligen Architekturstilen der vorkolonialen Zivilisationen bestanden große Unterschiede: Die relativ schlichten Bauwerke Teotihuacáns, Monte Albáns und der Aztekenstätten sollten durch schiere Größe beeindrucken. Die Maya legten dagegen größeren Wert auf Ästhetik. Hiervon zeugen u. a. Fassaden mit komplizierten Mustern, kurvenreiche Reliefs und Tempeldächer mit zarten, durchbrochenen Gitterstrukturen. Die Mayastätten von Uxmal, Chichén Itzá und Palenque (S. 919) zählen zu den schönsten menschlichen Schöpfungen des amerikanischen Kontinents. Kraggewölbe sind typisch für die Architektur der Maya. Bei dieser Bogenvariante neigen sich zwei Steinmauern aufeinander zu, bis sie sich oben beinahe berühren. Diese Verjüngung endet in einem Deckstein.

KOLONIALZEIT

Herrliche Villen, Kirchen, Klöster und Plazas tragen ebenfalls zu Mexikos Schönheit bei. Ein Großteil entstand während der 300-jährigen Kolonialzeit – meist im spanischen Stil, doch stets bereichert durch individuelle lokale Einflüsse.

Gotik und Renaissance dominieren die mexikanische Architektur des 16. und frühen 17. Jhs. Gotische Gebäude sind u. a. von hoch aufragenden Strebepfeilern, Spitzbögen, Rippengewölben und Gruppen von Rundsäulen geprägt. Die Renaissance bedeutete eine Rückkehr zu den strengen Idealen der griechisch-römischen Antike. Das Streben nach Harmonie und Proportion äußerte sich v.a. in Formen wie Quadrat und Kreis. In Mexiko nahm die Architektur der Renaissance meist den sogenannten Plateresk-Stil an. Diese Bezeichnung ist von *platero* („Silberschmied") abgeleitet, da die Verzierungen ornamentalen Silberarbeiten gleichen. Der Plateresk-Stil ziert Gebäudefassaden und v. a. Kirchenportale. Deren Rundbögen werden von klassischen Säulen und Steinskulpturen gerahmt. Der spätere, strengere Herrera-Stil ist nach dem spanischen Renaissance-Architekten Juan de Herrera benannt. Die Catedral de San Ildefenso (S. 1011) und die Casa de Montejo (S. 1013) in Mérida sind Paradebeispiele für die Baukunst dieser Zeit. Bei den Kathedralen von Mexico City (S. 145) und Puebla (S. 230) treffen Renaissance und Barock aufeinander.

Der Barockstil erreichte Mexiko von Spanien aus im frühen 17. Jh. Er kombiniert Renaissance-Einflüsse mit anderen Elementen, die wunderbar dramatisierend wirken – z.B. geschwungene Formen, Farbenpracht, Hell-Dunkel-Kontraste und immer aufwendigere Ornamente. Malerei und Bildhauerei sind dabei in die Architektur integriert. Dies äußert sich v. a. in reich verzierten, oft riesigen *retablos* (Altarbildern; s S. 92). Eins der schönsten Beispiele für örtliche Barockarchitektur ist die herrliche Fassade der Kathedrale von Zacatecas (S. 644). Der Churrigueresk-Stil markiert die Endphase des mexikanischen Barocks zwischen 1730 und 1780. Deren charakteristische, überbordende Ornamentik kann u. a. am Sagrario Metropolitano (S. 146) in Mexico City bewundert werden – ebenso am Ocotlán-Heiligtum (S. 248) in Tlaxcala und an der Kirche Santa Prisca (S. 277) in Taxco.

Indigene Künstler versahen viele Barockbauten mit zahlreichen Steinskulpturen und farbigem Stuck. Beispiele sind die Capilla del Rosario in Pueblas Templo de Santo Domingo (S. 232) und die nahe gelegene Dorfkirche von Tonantzintla (S. 244).

Von etwa 1780 bis 1830 stand Mexiko im Zeichen des Neoklassizismus, der erneut auf die Nüchternheit griechisch-römischer Ideale zurückgriff.

Ein herausragendes Beispiel dafür ist die Alhóndiga de Granaditas (S. 678) in Guanajuato.

19. BIS 21. JH.

Im Mexiko des 19. und frühen 20. Jhs. lebten Gotik und Kolonialstil wieder auf. Hinzu kamen aus Frankreich oder Italien entlehnte zeitgenössische Strömungen. Der Palacio de Bellas Artes (S. 151) in Mexico City ist z. T. im Jugendstil errichtet und eines der besten Beispiele dieser Ära.

Nach der Revolution trat der Art-Déco-Stil in Erscheinung. Wesentlich wichtiger war es jedoch, zu den eigenen vorkolonialen Wurzeln zurückzukehren und sich auf die Suche nach der nationalen Identität zu begeben. Der sogenannte Toltekismus verlieh vielen öffentlichen Gebäuden das mächtige Erscheinungsbild aztekischer oder toltekischer Monumente. In den 1950er-Jahren gipfelte dieser Trend im Campus von Mexico Citys UNAM (S. 162), wo viele Gebäude mit farbenfrohen Wandgemälden verziert wurden.

In manchen Städten haben moderne Architekten neben zahllosen öden Betonblöcken auch ein paar gewagte Bauten als Blickfang errichtet. Von dem Modernisten Pedro Ramírez Vásquez (geb. 1919) stammen drei öffentliche Großbauten in Mexico City: Estadio Azteca (S. 196) und Museo Nacional de Antropología (S. 158) aus den 1960er-Jahren und die Basílica de Guadalupe (S. 168) aus den 1970er-Jahren. Sein Werk ignoriert mehr oder weniger die mexikanischen Traditionen. Ricardo Legorreta (geb. 1931) ist der Superstar der zeitgenössischen Architektur. Auf sein Konto gehen diverse mächtige Betongebäude in kühnen Formen und orange-braunen „Kolonialfarben“. Auf Legorettos Konto gehen u. a. Monterreys Museo de Arte Contemporáneo (S. 435) sowie das Centro Nacional de las Artes (S. 193) und die Türme der Plaza Juárez (S. 152) in Mexico City.

Die Kreativpioniere von Bacaanda (www.bacaanda.org.mx) fördern viele Medienbereiche – von visueller und bildender Kunst bis hin zu Design, Literatur und Multimedia.

Unter www.marco.org.mx geht's virtuell durch das tolle Museo de Arte Contemporáneo in Monterrey.

MUSIK

Musik ist in Mexiko allgegenwärtig. Sie dröhnt aus Soundanlagen in Märkten, Einkaufsstraßen und vorbeifahrenden Autos. Rund um die Uhr trifft man auf Livemusiker, die z. B. auf Plazas, in Bussen oder in Mexico Citys Metro ihren Lebensunterhalt verdienen. Das Spektrum reicht von Marimba-Gruppen mit hölzernen Xylophonen bis hin zu ganzen Mariachi-Bands – Trompeter, Geiger, Gitarristen und ein Sänger in feschen Wild-West-Kostümen. Aber auch einsame, zerlumpte Straßenmusikanten klimpern auf ihren verstimmten Gitarren. Wahrscheinlich sind keine anderen Klänge so „typisch“ mexikanisch wie die der Mariachis. Dieser Musikstil stammt ursprünglich aus der Region Guadalajara (s. S. 588), hat sich aber längst über das ganze Land ausgebreitet. Marimbas sind v. a. im Südosten und an der Golfküste populär.

All diese Künstler zählen zu den auffälligsten Vertretern der gigantischen, lebendigen Musikszene Mexikos. Die vielen stilistischen und regionalen Facetten genießt der Traveller live bei Fiestas, Konzerten oder in Nachtclubs. Sonst geht man halt in einen Musikshop.

Cervantino heißt Mexikos führendes Kunstfestival in Guanajuato. Aktuelle Programmhinweise gibt's unter www.festivalcervantino.gob.mx.

ROCK & HIP-HOP

So nahe am gewaltigen spanischsprachigen US-Markt kann Mexiko mit Fug und Recht behaupten, die Hochburg des *rock en español* zu sein. In den frühen 1990er-Jahren brachte Mexiko City talentierte Bands wie Café Tacuba und Maldita Vecindad hervor. Indem sie den mexikanischen Rock auf ein neues Level hoben, sprachen sie neue Fans auch weit außerhalb der Landesgrenzen an – dank einer abwechslungsreichen Mischung aus Rock, Hip-Hop,

Bis in die späten 1980er-Jahre durften ausländische Rockbands nicht in Mexiko auftreten.

Ska, traditionellem *son* (mexikanische Folkloremusik), Bolero und Mariachi. Café Tacuba kombinieren diese verschiedenen Stile auf höchst spannende Weise, besitzen aber gleichzeitig eine unverwechselbare musikalische Identität. Bis heute zählen sie zu Mexikos wichtigsten Rockbands. Die Alben *Re* (1994), *Avalancha de Éxitos* (1996), *Tiempo Transcurrido* (2001) und *Sino* (2007) haben allesamt Hitcharakter.

In den späten 1990er- und frühen 2000er-Jahren verlagerte sich das musikalische Zentrum nach Monterrey. Dort trat u. a. das Duo Plastilina Mosh als eine Art mexikanische Beastie Boys in Aktion – ebenso die Hip-Hopper Control Machete und die umstrittenen Rap-Metaller Molotov. Letztere stießen mit ihren aggressiven Texten nahezu jedermann vor den Kopf. Wie Zurdok im Britpop-Stil und die Raggamuffin-Band El Gran Silencio ist ein Großteil dieser Gruppen bis heute aktiv und angesagt. Auch Niña sind in Monterrey zuhause. Als Mexikos bekannteste Independent-Band mischen sie Punk und Metal mit Folklore und Glamrock. Monterrey ist immer noch ein musikalischer Schmelztiegel. Mittlerweile kommt der kreativste und experimentierfreudigste Rock jedoch v. a. aus Guadalajara. Dessen Independent-Bands wie No+Mas, Buró oder Pito Pérez sind stark von Punk und Elektro beeinflusst.

Auch Jaguares und ihr mystischer Def-Leppard-Stil werden landesweit nach wie vor stark umjubelt. Unter dem Namen Caifanes führten sie die aufkeimende mexikanische Rockszene der 1980er Jahre an.

Die international bekannteste Band Mexikos ist wahrscheinlich Maná aus Guadalajara. Diese durch und durch kommerzielle Angelegenheit mit britisch-karibischen Einflüssen klingt etwas nach The Police. Nicht zu vergessen El Tri, die Großväter des mexikanischen Rocks – auch nach 40 Jahren machen sie immer noch energiegeladenen Rock 'n' Roll.

POP

Die hagere Paulina Rubio, Mexikos Antwort auf Shakira, ist schon mehrmals in einheimischen Filmen und Fernsehserien aufgetreten. Aktuell erobert eine neue mexikanische Generation die Charts der spanischsprachigen Welt – allen voran Sängerin Belinda und die Boy-Girl-Group RBD, deren Karrieren jeweils als Stars in Seifenopern begonnen haben. Der Liedermacher Luis Miguel aus Veracruz (geb. 1970) feiert als Mexikos Julio Iglesias inzwischen unglaubliche Erfolge. Dasselbe gilt für Juan Gabriel, der Millionen eigener Platten verkauft und Dutzende Hits für andere Künstler komponiert hat.

ELEKTRO

Mexiko hat eine große *punchis-punchis*-Szene, wie sie von den Einheimischen sehr treffend genannt wird. Beinahe jedes Wochenende steigen Großevents in den Großstädten oder in ihrem Umkreis. Neben Mexikos angesagtesten DJs wie Vazik (Psychedelic/Progressive), Shove (Trance) oder Forza (Trance) legen auch internationale Gäste auf.

Kinetik.tv (www.kinetik.tv) informiert über anstehende Raves und Partys.

Das in Tijuana ansässige Nortec Collective schart sich um DJ Bostich und den Chemieingenieur Pepe Mogt. Zumindest 2008 ging die DJ-Gruppe vorübergehend getrennte Wege, nachdem sie jahrelang mexikanische Traditionsmusik und Elektro zu einem einzigartigen amüsanten Stil namens Nortec verbunden hatte. Anhörenswert sind *The Nortec Sampler* (2000), *Tijuana Sessions Vol. 1* (2001) und *Tijuana Sessions Vol. 3* (2005) – Vol. 2 gibt's nicht!

Die erfolgreichen Kinky aus Monterrey verbinden Latin-Rock mit Elektro und spielen großartige Liveshows. Das jüngste Album der Gruppe heißt *Reina* (2006).

REGIONALE & FOLKLOREMUSIK

Mexikos Folkloremusik, die am tiefsten verwurzelt ist, ist der *son* (wörtlich: „Klang"). Dieser weit gefasste Begriff bezeichnet verschiedene Stile, die auf indigenen, spanischen und afrikanischen Musiktraditionen basieren. Im Wesentlichen wird *son* mit Gitarren, Harfen oder Geigen, meist vor einem stampfenden, tanzenden Publikum, gespielt. Die geistreichen Texte sind oft improvisiert.

Die beliebtesten Varianten des mexikanischen *son* kommen aus vier Regionen. Landeinwärts von Tampico erklingt *son huasteco* rund um die Huasteca. Dabei treten jeweils ein Sologeiger und zwei Gitarristen auf, deren Falsettgesänge von hohen Violinpassagen unterbrochen werden. Besonders lohnen sich *son*-Festivals oder -Konzerte, bei denen die Topgruppe Camperos de Valles auf der Bühne steht. In Jalisco haben die *sones jaliscenses* das Repertoire vieler Mariachi-Bands stark geprägt. Aus dem glühend heißen Río-Balsas-Becken südwestlich von Mexico City stammt Juan Reynoso. Der Geiger gilt als vielleicht bester *son*-Musiker der letzten Jahrzehnte. Rund um Veracruz ist der aufregende, stark afrikanisch beeinflusste *son jarocho* zu Hause. Diese Variante basiert auf Harfe, Gitarren und der kleinen *jarana*, die einer Gitarre ähnelt. Bis heute ist die Harfenistin La Negra Graciana eine der Größten, während die Grupo Mono Blanco das Genre mit zeitgenössischen Texten neu belebte. Übrigens: Der Gassenhauer *La Bamba* ist ein *son jarocho*!

Die zeitgenössische Kunstmesse MACO (www.femaco.com) lockt alljährlich ein internationales Publikum nach Mexico City.

Bei moderner mexikanischer Regionalmusik sorgen mehrere Gitarren für einen kräftigen Rhythmus. Gleichzeitig fungieren Gesang, Geige, Akkordeon oder Blasinstrumente als Melodieträger. *Ranchera* ist Mexikos urbane „Countrymusik". Hierbei handelt es sich meist um melodramatische Lieder mit nostalgischem Faible fürs Landleben. Die Sänger werden von Backup-Bands und manchmal auch von Mariachis unterstützt. Ungemein beliebt sind z. B. Vicente Fernández, dessen Sohn Alejandro, Ana Bárbara und Juan Gabriel, heute die führenden *ranchera*-Künstler. Lola Beltrán, Lucha Reyes, Chavela Vargas und Pedro Infante, die Szeneikonen der Vergangenheit, sind mittlerweile verstorben oder haben sich zur Ruhe gesetzt.

Bei *norteño* handelt es sich um Balladen und Tanzmusik im ländlichen Stil. Sie stammen ursprünglich aus dem nördlichen Mexiko, sind aber inzwischen im ganzen Land verbreitet. Ihre Wurzeln liegen in den *corridos* – heroischen Balladen mit europäischen Tanzrhythmen wie Polka oder Walzer. Letztere waren im 19. Jh. von deutschen und tschechischen Einwanderern nach Südtexas gebracht worden. Ursprünglich handelten diese Lieder von mexikanisch-amerikanischen Grenzkonflikten oder der mexikanischen Revolution. Die modernen *narco-corridos* sind verwegene Balladen über Drogendealer, Kojoten (Menschenschmuggler) und andere Kleinkriminelle, die in einem Meer aus Korruption und Verbrechen ums Überleben kämpfen. Ebenfalls thematisiert werden Probleme und Ungerechtigkeiten, denen mexikanische Emigranten in den USA ausgesetzt sind. Die Superstars des *norteño*, Los Tigres del Norte, stammen ursprünglich aus Sinaloa. Mittlerweile leben sie in Kalifornien und beschallen auf beiden Seiten der Grenze ein großes Publikum. *Norteño*-Gruppen *(conjuntos)* stehen auf riesige Cowboyhüte. Ihre Musik basiert auf Akkordeon, Schlagzeug, Bass und dem *bajo sexto*, einer zwölfsaitigen Gitarre. Los Tigres del Norte spielen zusätzlich Saxophon und populäre *cumbia*-Rhythmen aus Kolumbien. Zu den anderen *norteño*-Größen zählen neben Los Tucanes de Tijuana und Los Huracanes del Norte auch die Akkordeonisten Ramón Ayala und Flaco Jiménez.

Die *narco-corridos* verherrlichen häufig den Drogenschmuggel. Daher schlagen viele mexikanische Staatsregierungen nun Alarm und drängen Radiosender, diese Lieder nicht mehr zu spielen.

Bei der mexikanischen Bigband-Musik *banda* ersetzen viele Bläser die Gitarren und Akkordeons des *norteño*. Banda el Recodo aus Sinaloa machte sie in den 1970er-Jahren bekannt. Doch erst in den 1990er-Jahren wurde *banda* in Mexiko und bei den Lateinamerikanern in den USA schlagartig äußerst populär.

Lila Downs wurde in Oaxaca geboren. Die außergewöhnlich talentierte Tochter eines amerikanischen Vaters und einer mixtekischen Mutter hegt eine Leidenschaft für mexikanische Folkloremusik. Ihre authentischen Interpretationen sind häufig vom Jazz beeinflusst. Zu Lilas wichtigsten Alben zählen *La Sandunga* (1997), *Border* (2001) und *La Cantina* (2006). Sie hat außerdem mehrere Lieder zum Soundtrack von *Frida (2002)* beigesteuert.

MÚSICA TROPICAL

Manche Formen der *música tropical* oder *música afroantillana* stammen ursprünglich aus der Karibik und Südamerika. Dennoch gehören sie heute fest zur mexikanischen Musikszene. *Danzón* und *cumbia* kommen eigentlich aus Kuba bzw. Kolumbien. Beide Arten von Tanzmusik sind mittlerweile tiefer in Mexiko verwurzelt als in ihren Heimatländern (s. S. 89). Diverse *banda*- und *norteño*-Gruppen bedienen sich gern beim *cumbia*. In Zentralmexiko und den USA haben sich manche DJs dem *cumbia sonidera* verschrieben. Sie erweitern den *cumbia* um eigene Mixes, Intros und Outros, während die Geschwindigkeit ebenfalls variiert.

TROVA

Diese Form der Folkloremusik hat ihre Wurzeln in den 1960er- und 1970er-Jahren. Sie ist bis heute sehr beliebt und wird von *cantautores* (Liedermachern) im Bänkelsänger-Stil dargeboten. In der Regel dient eine einzige Gitarre als Begleitung. Fernando Delgadillo und Nicho Hinojosa zählen zu den wichtigsten Vertretern dieses Genres.

Viele *trova*-Sänger sind stark von Silvio Rodríguez beeinflusst, einem politischen Liedermacher aus Kuba. Ausdrucksstarke und populäre Sängerinnen wie Eugenia León, Tania Libertad oder die satirische Kabarettkünstlerin Astrid Hadad werden manchmal ebenfalls unter *trova* eingeordnet. Sie sind allesamt äußerst hörenswert, gehen aber weit über mexikanische Musiktraditionen hinaus.

KINO

Eine Reihe toller, gewagter Filme junger Regisseure katapultierte das moderne mexikanische Kino ins internationale Rampenlicht. Nach jahrzehntelanger Flaute ließen sie nicht nur die Kassen klingeln, sondern heimsten auch das Lob der Kritiker ein. Neben der Hässlichkeit und Absurdität des mexikanischen Alltags zeigen diese Streifen auch schöne, komische und traurige Momente. Den Anfang machten *Bittersüße Schokolade (Como Agua para Chocolate,* 1992) von Alfonso Arau und Guillermo del Toros Horrorschocker *Cronos* (1993). Im Jahr 1999 sahen sich die Mexikaner dann scharenweise *Sexo, Pudor y Lágrimas (*Sex, Scham und Tränen) von Antonio Serrano an – eine komische und zugleich tragische Geschichte über die Beziehungen junger Paare.

> Der wahrscheinlich berühmteste aller mexikanischen Filmschauspieler war Anthony Quinn (1915–2001) alias Alexis Sorbas. Er wurde als Antonio Quiñones in Chihuahua geboren und zog im Alter von vier Monaten mit seiner Familie in die USA.

Doch erst *Von Hunden und Menschen* (*Amores Perros; 2002)* von Regisseur Alejandro González Iñárritu sorgte wirklich weltweit für Aufmerksamkeit: Gael García Bernal spielt die Hauptrolle in diesem schonungslos rohen Portrait des modernen Mexico City – ein Autounfall verbindet die drei Handlungsstränge, dazu gibt's jede Menge Blut, Gewalt und Sex.

Alfonso Cuaróns Film *... mit deiner Mutter auch! (Y tu Mamá tambien,* 2002) handelt von zwei Teenagern (Gael García Bernal und Diego Luna) aus den privilegierten Kreisen Mexico Citys. Das Roadmovie spielte über

25 Mio. US$ ein und war damals der erfolgreichste mexikanische Film aller Zeiten.

Im selben Jahr drehte Carlos Carrera seinen Kassenschlager *Die Versuchung des Padre Amaro* (*El Crimen del Padre Amaro*; 2002). Dieses Werk – wiederum mit Gael García Bernal in der Hauptrolle – zeichnet ein hässliches Bild der klerikalen Korruption in einer mexikanischen Kleinstadt.

Nach *Amores Perros* begab sich Alejandro González Iñárritu nach Hollywood, um zwei weitere tolle Filme mit vielschichtig verwobenen Handlungssträngen zu produzieren: *21 Gramm* (2003) mit Sean Penn, Benicio del Toro und Naomi Watts hat nichts mit Mexiko zu tun. Ein Teil des Dramas *Babel* (2006) mit Brad Pitt, Cate Blanchett und (erneut) Gael García Bernal spielt jedoch im Bereich der mexikanisch-amerikanischen Grenze. Parallel spielen andere Plots in Marokko und Japan. *Babel* wurde für sieben Oscars nominiert.

Nach *Y Tu Mamá También* und *Harry Potter und der Gefangene von Askaban* (2004) verfilmte Alfonso Cuarón *Children of Men* (2006) mit Clive Owen, Julianne Moore und Michael Caine. Diese düstere Science-Fiction-Geschichte im Großbritannien der Zukunft erntete begeisterte Kritiken und drei Oscar-Nominierungen. Als einer der erfolgreichsten internationalen Filme des Jahres 2006 gewann *Pans Labyrinth* von Guillermo del Toro insgesamt drei Academy Awards. Im Rahmen der beiden Handlungsstränge erlebt ein junges Mädchen märchenhafte Abenteuer in einer phantasti-

Trotz mäßiger Kritiken ist *Frida* (2002) von Julie Taymor eine sachliche, informative und sehenswerte Filmbiografie. Mit atmosphärischer Dichte beschreibt der Film die damalige Zeit in Mexiko, während Salma Hayek als Frida Kahlo überzeugt.

FLIEHT MEXIKO NACH HOLLYWOOD?

Es scheint, als kehrten die größten Talente des neuen mexikanischen Kinos ihrer Heimat immer mehr den Rücken, um von Hollywoods großem Geld und Glamour etwas abzubekommen. Doch in Wirklichkeit sind diese Topregisseure und -schauspieler immer noch extrem eng mit Mexiko verbunden. Neben Themen und Schauplätzen zeugen davon auch diverse Produktionsfirmen. Auf seinen mexikanischen Streifen *Von Hunden und Menschen (Amores Perros*, 2000) ließ Alejandro González Iñárritu die beiden Hollywoodfilme *21 Gramm* (2003) und *Babel* (2006) folgen. Der Film hält den Kontakt zu Mexiko: Einer der Handlungsstränge spielt im Bereich der amerikanisch-mexikanischen Grenze. Mit von der Partie ist außerdem Gael García Bernal. Die Drehbücher dieser drei erfolgreichen Produktionen schrieb allesamt der Mexikaner Guillermo Arriaga. Nach *Babel* beendete Letzterer leider seine Zusammenarbeit mit Iñárritu.

Nach mehreren Hollywoodstreifen wie *Die Traumprinzessin* (1995) und *Große Erwartungen* (1998) kehrte Alfonso Cuarón für *... mit deiner Mutter auch! (Y Tu Mamá También, 2001)* nach Mexiko zurück. Anschließend ging er erneut nach Hollywood, um bei *Harry Potter und der Gefangene von Askaban* (2004) sowie *Children of Men* (2006) mitzuwirken. Cuaróns nächstes Werk wird bereits gespannt erwartet und in jeder Hinsicht mexikanisch werden: *Mexico 68* handelt vom Tlatelolco-Massaker im Jahr 1968 und soll 2009 erscheinen.

Auch Guillermo del Toros erfolgreicher Schocker *Cronos* (1993) entstand in Mexiko. Nachdem sein Vater dort entführt worden war, zog der Regisseur 1998 nach Kalifornien um. Mittlerweile hat seine eigene Firma Tequila Gang u.a. *Das Rückgrat des Teufels (El espinazo del diablo,* 2001) und *Pans Labyrinth* (El laberinto del fauno, 2006) produziert, die beide in Spanien spielen. Bei *Der Hobbit* wird del Toro wohl erneut in Hollywood Regie führen.

Gael García Bernal spielt Hauptrollen in den drei erfolgreichsten Filmen aller Zeiten Mexikos: *Amores Perros, Y Tu Mamá También* und *Die Versuchung des Padre Amaro (El Crimen del Padre Amaro*, 2002). Zudem stand er beim mexikanischen Teil von *Babel* vor der Kamera. In *Die Reise des jungen Che (Diarios de motocicleta,* 2004) brilliert Bernal als Che Guevara – zwar kein mexikanisches Werk, doch zumindest mit Schwerpunkt auf Lateinamerika. In diesem Fall beauftragte die britische Produktionsfirma FilmFour den Brasilianer Walter Salles mit der Regie. Bei der kommenden Verfilmung des berühmtesten mexikanischen Romans – *Pedro Páramo* von Juan Rulfo – zählt Bernal zur Besetzung des spanischen Starregisseurs Mateo Gil.

DREI ÜBERRASCHENDE MEXIKO-DREHS

Titanic (1997) Für dieses oskargekrönte Epos errichtete Twentieth Century Fox extra ein 184 000 m^2 großes Studio bei Playas de Rosarito in Baja California. Seitdem entstanden dort u. a. Szenen von *Pearl Harbor (2001), Jackass (2002)* und *Master and Commander: Bis ans Ende der Welt (2003).*

Romeo & Julia (1996) Baz Luhrmann verpflanzte seine Version des italienischen Shakespeare-Dramas ins fiktionale Verona Beach in Florida. In Wahrheit standen Leonardo di Caprio und Claire Danes jedoch in Mexico City und Veracruz vor der Kamera.

Vermisst (1982) Constantin Costa-Gavras' spannender Politthriller mit Jack Lemmon und Sissy Spacek handelt vom chilenischen Militärputsch gegen Salvador Allende. Beim Dreh diente Mexico City als Ersatz für Santiago.

schen Welt. Den Hintergrund bilden die rauen Bürgerkriegsnachwehen im Spanien der 1940er-Jahre.

Auch die mexikanische Kinolandschaft blüht weiterhin. Plakativ schildert Carlos Reygadas *Eine Schlacht im Himmel (Batalla en el Cielo*; 2005) Entführungen, Prostitution und alltägliche Gewalt in Mexico City. Kassenschlager desselben Jahres war jedoch *7 Días* (7 Tage, 2005) von Fernando Kalife. Darin bringt ein bescheidener Musikpromoter die Band U2 auf wundersame Weise dazu, in seiner Heimatstadt Monterrey aufzutreten. Größter Erfolg des Jahres 2007 war *El Violín* (Die Violine) von Francisco Vargas. Dieser Film spielt im ländlichen Mexiko der 1970er-Jahre. Ángel Tavira hat einen großen Auftritt, während rundherum Guerillakämpfe toben.

Sein goldenes Zeitalter erlebte das mexikanische Kino mit bis zu 200 Produktionen pro Jahr während in Europa der Zweite Weltkrieg tobte. Damals entstanden v. a. epische Melodramen. Allerdings kam Hollywood nach dem Krieg wieder auf die Beine. Seitdem müssen mexikanische Filmemacher fortlaufend um Gelder kämpfen. Andererseits hat Mexiko das siebtgrößte Kinopublikum der Welt – etwa 10 % davon sehen sich regelmäßig einheimische Streifen an. Zudem besitzt das Land bis heute eine erstklassige Infrastruktur für Dreharbeiten – mit zahlreichen Technikexperten und topmodernem Equipment. Aktuell produziert Mexiko mehr als 50 Filme pro Jahr – ein kräftiger Zuwachs im Vergleich zum vergangenen Jahrzehnt. Städte wie Morelia (S. 614), Mexico City (S. 172) und Monterrey (S. 441) veranstalten jedes Jahr verschiedene Kinofestivals.

LITERATUR

Die Mexikaner Carlos Fuentes, Juan Rulfo und Octavio Paz gehören zu den größten spanischsprachigen Schriftstellern des 20. Jhs. Auch die moderne Literaturszene umfasst ein paar vielversprechende Talente aus Mexiko.

Der umtriebige Romanautor und Reporter Carlos Fuentes (geb. 1928) ist weltweit wahrscheinlich am bekanntesten. Sein Erstlingswerk *Landschaft im klaren Licht* (1958) zählt zu seinen besten Romanen. Dieser kritisiert die gescheiterte Revolution, indem er die Lebenswege verschiedener Hauptstadtbewohner in den folgenden Jahrzehnten begleitet. Auch *Der Tod des Artemio Cruz* (1962) betrachtet die postrevolutionäre Ära kritisch mit den Augen eines korrupten Medienmoguls und Großgrundbesitzers, der den Tod unmittelbar vor Augen hat. Fuentes' magisches Buch *Aura* (1962) endet so verblüffend wie kaum ein anderer Roman. *La Silla del Águila* (Der Adlerthron; 2003) handelt erneut von Zynismus und politischer Korruption: Im Jahr 2020 ist Condoleezza Rice die Präsidentin der allmächtigen USA, die Mexiko den Zugang zu Telekommunikationsmitteln und Computern gesperrt haben. Vor diesem Hintergrund entbrennt ein schmutziger Kampf um Mexikos nun auf Lebenszeit vergebene Präsidentschaft.

In Mexiko selbst gilt Juan Rulfo (1918–1986) weithin als größter Romanautor. In *Pedro Páramo* (1955) sucht ein junger Mann die Geisterdörfer Westmexikos nach seinem verschwundenen Vater ab. Seine verwirrenden Zeitebenen machen dieses beunruhigende, trostlose Werk zu einer Art mexikanischer *Sturmhöhe* (von Emily Brontë). Phantasie und Realität verschwimmen dabei auf unheimliche Weise. Manche halten dieses Buch für den ultimativen Ausdruck des lateinamerikanischen Lebensgefühls. Jedenfalls scheint Rulfo nie wieder das Bedürfnis gehabt zu haben, etwas Neues zu schreiben.

Der Dichter und Essayist Octavio Paz (1914–1998) erhielt 1990 den Nobelpreis für Literatur. Sein *Labyrinth der Einsamkeit* (1950) ist eine tiefgreifende, höchst intellektuelle Analyse der Mentalität und Mythen Mexikos. Letztendlich bleibt es einem selbst überlassen, ob man Paz' pessimistische Wahrnehmung seiner Landsleute teilen möchte. In *Sor Juana* (1982) rekonstruiert er das Leben der ersten mexikanischen Literaturgröße: Im 17. Jh. wandelte sich Schwester Juana Inés de la Cruz von der Kurtisane zur Nonne und Feministin. Nebenbei verfasste sie Theaterstücke, Essays, Liebesgedichte und -romane, die ihrer Zeit weit voraus waren.

Die in den 1960er-Jahren geborenen Autoren des *movimiento crack* (Crackbewegung) haben mit Drogen nichts am Hut. Der Name leitet sich vielmehr vom Bruchgeräusch eines fallenden Astes ab – ein Symbol für den Wunsch dieser Künstler, mit Mexikos literarischer Vergangenheit zu brechen. Ihre Werke widmen sich meist globalen Themen und internationalen Schauplätzen. Als bekanntester Vertreter schrieb Jorge Volpi mit *Klingsor-Paradox* (1999) einen internationalen Bestseller. Die spannende Handlung des Romans spielt nach dem Zweiten Weltkrieg und handelt vom Versuch, die Atomwissenschaftler der Nazis zu enttarnen. Dabei fordert eine kräftige Dosis wissenschaftlicher Theorie stets die grauen Zellen des Lesers. In seinem anspruchsvollen Buch *Amphytrion* (2000) thematisiert Ignacio Padilla ebenfalls den Nationalsozialismus.

In *Frida Kahlo und Diego Rivera* beleuchten Isabel Alcantara und Sandra Egnolff die Beziehung des berühmten Paars und auch die kulturellen Umschwünge der damaligen Zeit – mit zahlreichen Illustrationen.

Diverse Autoren aus Nordmexiko, die in den 1960er-Jahren geboren wurden, setzen sich bevorzugt mit Themen wie Gewalt, Korruption, Drogenschmuggel, Grenzkonflikten und Identitätsproblemen auseinander. Auf ihr Konto gehen ein paar der gradlinigsten und mutigsten Werke der mexikanischen Gegenwartsliteratur (noch nicht ins Deutsche übersetzt). Juan José Rodríguez (*Mi Nombre es Casablanca;* 2003), Raúl Manríquez (*La Vida a Tientas;* 2003) und Élmer Mendoza (*Un Asesino Solitario;* 1999) berichten darin von Gewaltausbrüchen in Verbindung mit Drogenkriminalität.

Die Mexikanische Revolution brachte gleich eine ganze Romanschule hervor: In Mariano Azuelas (1873–1952) Klassiker *Die Rechtlosen* wird ein Bauer zum General. Laura Esquivel (geb. 1950) machte sich mit *Bittersüße Schokolade* (1989) einen Namen. Diese Liebesgeschichte spielt zur Revolutionszeit im ländlichen Mexiko, sie ist gespickt mit Phantastischem ebenso wie mit Kochrezepten. Auch moderne Schriftsteller ließen sich von der Revolution und deren Folgen inspirieren: In *Mexikanischer Tango* (1985) von Ángeles Mastretta (geb. 1949) erinnert sich die Frau eines skrupellosen Politikers auf äußerst amüsante Weise. Von Mastretta stammen zwei weitere lesenswerte Bücher: *Emilia* (1996) handelt von einer Frau zwischen zwei grundverschiedenen Liebhabern; *Frauen mit großen Augen* (2004) stellt dagegen mehrere Frauen vor, die das Leben der Autorin nachhaltig geprägt haben.

Rosario Castellanos (1925–1974) aus Chiapas setzte sich schon früh für die Rechte der mexikanischen Frauen und der indigenen Bevölkerung ein.

MEXIKO MIT FREMDEN WORTEN

Viele ausländische Schriftsteller haben sich von Mexiko inspirieren lassen. In *Die Kraft und die Herrlichkeit* (1940) thematisiert Graham Greene den Konflikt zwischen Staat und Kirche nach der Mexikanischen Revolution. *Unter dem Vulkan* (1938) von Malcolm Lowry folgt einem alkoholsüchtigen britischen Diplomaten durch Mexiko, der sich am Tag der Toten zu Tode trinkt.

B. Traven ist v. a. für seine Abenteuergeschichte *Der Schatz der Sierra Madre* (1935) bekannt, die von Gold und Gier im nordwestlichen Mexiko handelt. Doch auch viele weitere Romane Travens spielen in Mexiko. Dies gilt insbesondere für seinen sechsteiligen Urwaldzyklus – dazu gehören u. a. *Die Rebellion der Gehenkten (1936), Ein General kommt aus dem Dschungel* (1940) und *Die Troza* (1936). Das Hauptthema ist die vorrevolutionäre Unterdrückung in Chiapas. Die wahre Identität des Autors ist eines der großen Geheimnisse der Literaturgeschichte. War er wirklich der bayerische Anarchist Ret Marut? Oder doch der norwegische Amerikaner Traven Torsvan, der zurückgezogen in Acapulco lebte? Wahrscheinlich beides.

Auch die Beat-Generation hielt sich lange in Mexiko auf. Zwischen 1951 und 1953 verfasste William Burroughs seinen frühen Roman *Queer*. Darin beschreibt er die Schuldkomplexe, Lust- und Drogenexzesse eines Amerikaners im Mexico City der 1940er-Jahre. Die Metropole dient zudem als zeitweilige Kulisse für Burroughs' *Junkie* (1953) und *Unterwegs* (1953) bzw. *Tristessa* (1960) von Jack Kerouac. Letzterer schrieb dort außerdem sein ellenlanges Jazzgedicht *Mexico City Blues* und zwei weitere Romane.

In den letzten Jahrzehnten entstanden noch ein paar weitere tolle Romane auf Englisch, die in Mexiko spielen – z. B. Cormac McCarthys großartiges Buch *All die schönen Pferde* (1992). Lakonisch, dicht und poetisch erzählt es die Geschichte dreier moderner Jungcowboys, die von der Grenze gen Süden reiten. *Grenzgänger* (1995) und *Land der Freien* (1998) komplettieren McCarthys Grenztrilogie. Das *Jahr des Jaguars* (1996) von James Maw fängt den Vibe eines Mexiko-Trips wunderbar ein. Das Werk begleitet seinen jungen englischen Protagonisten von der US-Grenze nach Chiapas – und damit dessen spannende Suche nach dem unbekannten Vater. Der Roman *In the Casa Azul* (2002) der Australierin Meaghan Delahunt rankt sich um eine Affäre zwischen Frida Kahlo und Leo Trotzki in Mexico City. Den Hintergrund bildet Trotzkis tödlicher Zwist mit seinem sowjetischen Widersacher Stalin.

Empfehlungen zu nichtfiktionaler Reiseliteratur über Mexiko stehen auf S. 34.

Bereits Jahrzehnte im Voraus prangerte sie Ungerechtigkeiten an, die 1994 zum Aufstand der Zapatisten führten. *Das dunkle Lächeln der Catalina Díaz* (1962) geht noch weiter in der Zeit zurück und handelt von einer Rebellion der indigenen Bevölkerung in den 1930er-Jahren.

Mexikos bedeutendste Lyriker sind Octavio Paz und Jaime Sabines (1925 bis 1999), die zurückgezogen in Chiapas lebte. Beide beschreiben Themen wie Liebe und Tod in einer nüchternen und doch lebendigen Metaphorik.

TANZ

INDIGENER TANZ

Indigene Traditionstänze gehören zu vielen mexikanischen Fiestas und machen sie so richtig farbenfroh. Hunderte Tänze werden im ganzen Land getanzt: Manche sind in mehreren Regionen verbreitet, während andere nur in einzelnen Städten oder Dörfern bekannt sind. Viele gehen auf vorkoloniale Rituale wie Fruchtbarkeitstänze oder andere uralte Praktiken zurück. Andere Tänze haben ihren Ursprung in der spanischen oder kolonialen Vergangenheit. Der Danza de las Plumas (Federtanz) in Oaxaca symbolisiert etwa die spanische Eroberung Mexikos, während der weitverbreitete Moros y Cristianos vom christlichen Sieg über den Islam im Spanien des 15. Jhs. handelt.

Farbenfrohe Kostüme und z. T. auch Masken sind typisch für fast alle traditionellen Tänze. Der Danza de las Plumas und der Danza de los Quetzales (Quetzaltanz) aus dem Bundesstaat Puebla werden jeweils mit einem riesigen Federkopfschmuck bzw. Schilden aufgeführt.

Mittlerweile sind manche dieser Tänze zu reinen Spektakeln ohne religiösen Hintergrund geworden. Die spektakuläre Bühnenshow des Ballet Folklórico (S. 193) in Mexico City vereint diverse traditionelle Tänze aus dem ganzen Land. In vielen Städten kann man sich weitere folkloristische Tanzvorführungen ansehen – ebenso bei Festivals wie dem Guelaguetza (S. 800), das jeden Juli in Oaxaca stattfindet.

LATEINAMERIKANISCHER TANZ

Karibische und lateinamerikanische Tänze sind in Mexiko äußerst populär. Diese tropischen Gesellschaftstänze sind charakterisiert durch energetische Rhythmen der stark schlagzeuglastigen Musik. Die Hauptstadt trägt dieser Szene mit zahlreichen Clubs und großen Tanzsälen Rechnung (s. S. 194). Dort sind oft Bands aus der Karibik oder Südamerika zu Gast. Der elegante *danzón* ist eine eher förmliche, altmodische Variante des lateinamerikanischen Tanzes. Diese stammt ursprünglich aus Kuba und wird v. a. mit der Hafenstadt Veracruz assoziiert. Der kolumbianische *cumbia* hat in Mexico City eine neue Heimat gefunden. Dort tanzt man ihn vergleichsweise lebendiger, koketter und freier. Zu seinen Markenzeichen zählen pumpende Basslinien, Bläser, Gitarren, Mandolinen und z. T. auch Marimbas.

Der Salsa entwickelte sich in New York. Dabei traf Jazz auf den *son*, vermischt mit Cha-Cha und Rumba aus Kuba bzw. Puerto Rico. Bläser (mit Trompetensolos), Klavier, Schlaginstrumente, Sänger und Chor spielen die Begleitmusik. Viele wilde Drehungen machen diesen Tanz ziemlich heiß. Merengue stammt in erster Linie aus der Dominikanischen Republik. Die mitreißende Mischung aus *cumbia* und Salsa tanzt man mit hüpfenden Schritten. Die Tänzer bewegen die Schultern und die Arme hoch und runter. Für den Rhythmus sorgen v. a. Maracas (Rumba-Rasseln) und die Musiker tragen Puffärmel.

VOLKSKUNST

Mexikaner sind talentierte Handwerker. Zugleich lieben sie Farben, Schönheit, Spaß und Tradition. Dies zeigt sich überall in zahllosen reizvollen *artesanías* (Kunsthandwerksprodukten). In Läden und auf Märkten fesseln dekorative Objekte das Auge des Betrachters. Sie sind würdige Pendants zu den prächtigen Kostümen, wunderschönen Keramiken und kunstvollen Schmuckstücken, die einst für den alten Maya- und Aztekenadel angefertigt wurden. In vielen modernen Handwerkstechniken, Designs und Materialien haben unzweifelhaft die vorkolonialen Arbeiten überlebt. Bereits vor dem Zweiten Weltkrieg haben mexikanische Handwerker vom Verkauf folkloristischer Kunstgegenstände an Touristen und Sammler profitiert.

Popularte (www.uv.mx/popularte) stellt Mexikos *artesanías* online vor. Leider ist die Navigation etwas verwirrend.

TEXTILIEN

Besuche in Mexikos indigenen Dörfern offenbaren die atemberaubende Vielfalt farbenprächtiger und aufwendig verzierter Kleidung, die sich regional und z. T. von Dorf zu Dorf unterscheidet. In erster Linie tragen Frauen die traditionellen Trachten. An den Trachten erkennt man die jeweilige Gemeinschaft. Manche Kleidungsstücke sind gewebt. Andere sind mit Netzwerken stilisierter Tiere, Pflanzen, Menschen oder mythischer Formen bestickt; die Arbeit dauert u. U. mehrere Monate.

Vier Haupttypen von Frauenkleidern waren bereits lange vor der spanischen Eroberung in Gebrauch: Die lange, ärmellose Tunika *(huipil)* sieht man hauptsächlich in der Südhälfte des Landes. Beim *enredo* handelt es sich um einen Wickelrock, der ggf. nahezu unsichtbar unter der *huipil* getragen wird. Eine *faja* (Hüftschärpe) hält den *enredo* in Position. Als Schulterumhang mit Kopföffnung ist der *quechquémitl* v. a. in Zentral- und Nordmexiko vertreten.

Diamantenformen auf ein paar *huipiles* aus dem Dorf San Andrés Larrainzar in Chiapas repräsentieren das Universum der alten Maya. Letztere glaubten an eine Erde in Form eines Würfels und an einen Himmel mit vier Ecken.

Spanische Missionare führten einst die Blusen ein. Diese werden heute genauso sorgfältig und detailverliebt bestickt wie traditionelle Kleidungsstücke. Ebenfalls aus spanischer Zeit stammt der *rebozo* – ein langer Damenschal, der als Kopf- und Schulterbedeckung oder Tragetuch dienen kann. Anstelle des *rebozo* tragen mexikanische Männer *sarapes* genannte Decken mit Kopföffnung.

Indigene Weber verwenden in erster Linie Wolle und Baumwolle. Heutzutage kommen jedoch verstärkt Synthetikfasern und künstliche Färbemittel zum Einsatz. Dennoch werden Naturfarben weiterhin benutzt oder erleben ein Revival. Darunter fallen z. B. das tiefe Blau der Indigopflanze oder die Rot- und Brauntöne verschiedener Baumarten. Vor allem im Bundesstaat Oaxaca werden aus der Koschenille (eine Insektenart) Rot-, Rosa- und Violettöne gewonnen.

Ausschließlich Frauen benutzen das wichtigste indigene Webwerkzeug: Auf dem *telar de cintura* (Gurtwebstuhl) werden lange Kettfäden zwischen zwei horizontalen Balken eingespannt. Einer der Balken wird an einem Pfahl oder Baum befestigt. Den anderen schnürt die Weberin mit einem Gurt an ihren Körper und webt anschließend die horizontalen Schussfäden hinein. Die Weberinnen beherrschen viele komplizierte Techniken und fertigen so wunderschöne Muster an. So zählen die *huipiles* der Südstaaten Oaxaca und Chiapas zu Mexikos aufwendigsten und attraktivsten Kleidungsstücken.

Der wunderbar illustrierte Riesenbildband *The Crafts of Mexico* stammt von Margarita de Orellana and Albertio Ruy Sánchez. Beide sind Redakteure der großartigen Zeitschrift *Artes de México*. Der Schwerpunkt liegt auf einheimischen Keramiken und Textilien.

Die mexikanischen Männer produzieren Textilien, indem sie Trittwebstühle über Fußpedale bedienen. Da diese Werkzeuge breitere Stoffbahnen als Gurtwebstühle erzeugen können, werden sie gern für die Herstellung von Decken, Teppichen, *rebozos, sarapes* und Röcken verwendet. Mit Trittwebstühlen lassen sich zudem extrem komplizierte Muster realisieren. Mexikos berühmtesten Teppichweber wohnen in dem Dorf Teotitlán del Valle in Oaxaca.

Die Huicholes fertigen ihre „Fadenbilder" an, indem sie Fasern von Woll- oder Acrylfäden auf wachsbezogene Bretter pressen. Die dargestellten Szenen erinnern an Visionen unter der Droge Peyote. Diese Droge ist für die Kultur der Huicholes von zentraler Bedeutung.

KERAMIK

Dank ihrer langen Lebensdauer können Keramiken allerlei über Mexikos alte Kulturen erzählen. Noch heute gibt's landesweit viele kleine Töpfereien mit großer Produktpalette. Letztere reicht von schlichten Kochgefäßen bis hin zu dekorativen, aufwendig gestalteten Kunstwerken.

Die attraktivsten *artesanías* stammen meist aus Regionen mit hohem indigenem Bevölkerungsanteil. Diese liegen u. a. in den Bundesstaaten Chiapas, Guerrero, México, Michoacán, Oaxaca, Puebla und Sonora.

Die ungemein attraktive Talavera-Keramik kommt v. a. aus Puebla und Dolores Hidalgo. Sie ist an Blumenmustern in strahlenden Farben (v. a. Gelb und Blau) zu erkennen. Die Guadalajara-Vororte Tonalá und Tlaquepaque sind die bekanntesten Töpferzentren des Landes – die Auswahl hier ist wirklich gigantisch! Die Einwohner des nordmexikanischen Dorfs Mata Ortiz produzieren wunderschöne Stücke aus Steingut. Deren Herstellungstechnik und Design geht auf das vorkoloniale Paquimé zurück und ähnelt damit indigenen Töpferwaren aus dem Südwesten der USA. Auch der *árbol de la vida* (Lebensbaum) ist eine typisch mexikanische Keramikform. Diese großen Objekte erinnern an Tafelleuchter. Sie werden von Hand geformt und aufwendig mit einer Vielzahl kleiner Menschen-, Tier- und Pflanzenfiguren o.ä. verziert. Ein beliebtes Motiv ist z. B. der Garten Eden. Ein paar der schönsten Lebensbäume werden in Acatlán de Osorio bzw. Izúcar de Matamoros (Puebla) und Metepec (México) produziert. In Metepec gibt's auch farbenfrohe Sonnen aus Ton.

MASKEN

Seit Jahrtausenden tragen die Mexikaner Masken bei Tänzen, Zeremonien und schamanischen Ritualen. Durch diese magische Handlung verwandelt sich der Maskenträger vorübergehend in die symbolisierte Kreatur, Person oder Gottheit. Heutzutage sind solche Tänze oft eine kuriose Mischung aus vorkolonialen, christlichen und spanischen Motiven. Mexikos Maskenvielfalt ist ungemein groß. Man kann die kunstvollen Objekte entweder im Museum bewundern (z. B. in San Luis Potosí, Zacatecas, Morelia und Colima) oder im ganzen Land in Geschäften und auf Märkten erwerben. Der südliche Bundesstaat Guerrero hat die wahrscheinlich beste Auswahl an schmucken Masken.

Chronicle Books veröffentlicht wunderschöne Fotoessays über Mexikos Kunst und Kunsthandwerk – z. B. *In a Mexican Garden* von Melba Levick und Gina Hyams. *Mexicolor* von Melba Levick, Tony Cohan und Masako Takahashi beleuchtet mexikanisches Design.

Die meisten Masken sind aus Holz. Man kann sie aber auch aus Pappmaché, Ton, Wachs und Leder herstellen. Viele Maskenmacher schmücken ihre Produkte mit echten Zähnen, Haaren, Federn … Sehr beliebt und weit verbreitet sind „Tiger", die eher Jaguaren ähneln – ebenso andere Tiere, Vögel, Christus- und Teufelsdarstellungen. Masken, die Europäer darstellen sollen, haben meist aufgerissene Augen, Schnauzbärte und sind seltsam bleich.

Heute werden mexikanische Masken auch als Wandschmuck gemacht.

LACK- & HOLZARBEITEN

Seit dem Altertum benutzen Mexikaner die harte Schale des Flaschenkürbisses (Kalebasse) als Schüssel, Tasse und kleine Vorratsbehälter. Heute dient sie zudem als Kinderrassel, Maraca oder sogar als Kopfbedeckung. Die attraktivsten Kalebassen sind lackiert. Bei dieser Technik wird die Außenhaut schichtweise mit Farbe oder Paste bepinselt. Vor der nächsten Lage muss der Anstrich jeweils gut durchtrocknen. Der Künstler verziert die letzte Schicht nun mit einem individuell gewählten Motiv. Anschließend versiegelt er das Ganze mit Ölfirnis, um alle Poren zu schließen und den Kürbis halbwegs hitzebeständig zu machen.

Die meisten mexikanischen Lackwaren bestehen heute aus Kiefernholz oder einem süßlich duftendem Holz aus der abgelegenen Stadt Olinalá in Guerrero. Dort werden Schachteln, Tabletts, Truhen und andere Möbelstücke mittels der *rayado*-Technik lackiert. Hierbei erzeugen Handwerker verschiedene Muster, indem sie Teile der Objektoberfläche gezielt abkratzen. So kommen die Farben der nächsten Schicht zum Vorschein.

Chloe Sayers faszinierendes Buch *Arts and Crafts of Mexico* verfolgt die Entwicklung mexikanischen Kunsthandwerks von der vorkolonialen Zeit bis heute – viele schöne Fotos inklusive.

In Sonora produzieren die Seri ein paar der schönsten Holzarbeiten des Landes. Sie schnitzen dramatische Menschenfiguren, Tiere und Meereslebewesen aus hartem Eisenholz (s. Kasten S. 356), das anschließend auf Hochglanz poliert wird. Aus den Dörfern rund um Oaxaca City kommen kunterbunte Kopaldrachen und andere phantastische Tierfiguren (*alebrijes*), die ebenfalls sehr reizvoll sind.

SCHMUCK & METALLARBEITEN

Die alten Mexikaner waren erfahrene Metallschmiede und Juweliere. Während der spanischen Kolonialzeit war es der indigenen Bevölkerung jedoch zeitweilig untersagt, Gold und Silber zu verarbeiten. Im 20. Jh. kam die indigene Schmiedekunst v. a. in Taxco zu neuen Ehren. Dort gründete der US-Amerikaner William Spratling eine industrielle Silberschmiede, die heute über 300 Läden in der ganzen Stadt beliefert. Im ganzen Land ist

Silber wesentlich weiter verbreitet als Gold. Es wird für alle möglichen Formen und Designs verwendet, wobei das Spektrum vom öden Imitat bis zum Meisterwerk reicht.

In Mexiko sind Edelsteine heute rarer als Edelmetalle. Dies gilt besonders für echte Jade, die im Altertum sehr geschätzt wurde. Der meiste moderne „Jadeschmuck" besteht in Wirklichkeit aus Jadeit, Serpentin oder Kalkspat.

Oaxaca City ist das blühende Zentrum der Weißblechverarbeitung. Das Material wird dort erst zu flachen Reliefs geprägt, dann mit zahllosen bunten Mustern bemalt.

RETABLOS

Mexikaner pflegen einen bezaubernden Brauch: Sie schmücken Heiligenschreine oder -bilder mit selbstgemalten *retablos* bzw. *exvotos*, um sich für erhörte Gebete zu bedanken. Die kleinen Gemälde befinden sich meist auf dünnen Blechen, werden aber auch auf Glas, Holz oder Karton gepinselt. Dabei stellen Gläubige die ihnen widerfahrenen Wunder sehr ergreifend und detailliert dar. Neben Bildern der jeweiligen Heiligen finden sich z. B. Radfahrer, die rasenden Bussen nur um Haaresbreite entgehen. In anderen Fällen bedanken sich Gastarbeiter mit zusätzlichen Zeilen wie „Danke, St. Miguel, für deine Fürsorge – José Suárez, 6. Juni 2006" für die glückliche Heimkehr aus den USA. Besonders eindrucksvolle *retablo*-Sammlungen besitzen die Basílica de Guadalupe (S. 168) in Mexico City, das Santuario de Plateros (S. 653) bei Fresnillo in Zacatecas und die Kirche von Real de Catorce (S. 670) im Bundesstaat San Luis Potosí.

In *Contemporary Mexican Votive Painting* präsentiert Alfredo Vilchis Roque eine tolle Sammlung moderner *retablos* und *exvotos*.

Essen & Trinken

Mauricio Velázquez de León

Wir Mexikaner lieben Essen – vor allem unser eigenes. Wer Mexiko besucht, wird schnell feststellen, welch wichtige Rolle das Essen in unserem Leben spielt. Wenn man eine Gruppe Mexikaner z. B. fragt, wo es die besten *carnitas* (geschmortes Schweinefleisch) in Mexico City oder Oaxacas beste *mole* gibt, beginnt sofort eine lange, leidenschaftliche und fundierte Diskussion, bei der zahllose Restaurants und Spezialitäten erwähnt werden, die unbedingt besucht bzw. probiert werden *müssen.* Interessanterweise lautet die Antwort auf die Frage nach dem besten bekannten Koch stets *mi madre* (meine Mutter). Zudem sind sich die meisten Mexikaner einig, dass Restaurants außerhalb ihrer Heimat kaum echtes mexikanisches Essen servieren. Viele Touristen werden von der landestypischen Traditionsküche zuerst überrascht sein: Von der Decke hängen weder Sombreros noch *piñatas* und das Menü kommt ganz ohne aromatisierte Margaritas, übergroße Burritos oder Käse-Nachos aus. Das Essen wird einfach, frisch und oft aus regionalen Produkten zubereitet sein – und höchstwahrscheinlich steht eine Mutter am Herd.

Mauricio wurde in Mexico City geboren. Als der Junge zahnte, milderte man seine Schmerzen mit gekochten Hühnerfüßen und gerösteten Maistortillas. Mittlerweile erwachsen hat er für diverse Zeitungen und Zeitschriften gearbeitet. Auch zahlreiche Gastro-Artikel gehen auf sein Konto. Momentan ist Mauricio als Autor und Redakteur in New York City tätig – und seinen Zwillingen erleichtert er das Zahnen ebenfalls mit gerösteten Maistortillas.

Besucher werden auch die ungemeine Vielfalt der Zutaten und Rezepte kennenlernen, die meist eng mit der Geschichte und den Ethnien der einzelnen Regionen verknüpft sind. Mais war bereits für die Maya von zentraler Bedeutung. Wer von den riesigen Märkten aztekischer Städte liest, wird das Erstaunen der spanischen Konquistadoren nachvollziehen können. Auch Diego Riveras Wandgemälde zeugen vom ungeheuren Facettenreichtum mexikanischer Lebensmittel. So ist es keine Überraschung, dass *Bittersüße Schokolade* (1992), einer der bekanntesten zeitgenössischen Filme Mexikos, die Macht der Kochkunst thematisiert. Wer das Land und die Menschen, die Geschichte und die Regionen wirklich verstehen möchte, sollte unbedingt einheimisches Essen probieren.

Als die Spanier 1519 in Mexiko eintrafen, fanden sie ein Agrarsystem vor, das Azteken, Maya, Mixteken und andere mesoamerikanische Zivilisationen entwickelt hatten. Angebaut wurden mehrere Sorten Bohnen, Kürbisse, Chilis, Süßkartoffeln, Tomaten und kleine, grüne Tomatillos. Außerdem gab es jede Menge Avocados, Papayas, Ananas und Fisch. Wachteln, Wildbret, Truthahn- und Entenfleisch köchelten in Saucen, die auf verschiedenen Getreide-, Nuss- und Chilisorten basierten, und die Konquistadoren stellten fest, dass eine einstige Wildpflanze, der Mais, kultiviert worden und zum Grundstein für eine landesweite Küche geworden war, die bis heute existiert. Die Spanier brachten Gewürze wie Zimt, schwarzen Pfeffer und Nelken ins Land und auch europäische Grundnahrungsmittel wie Weizen, Reis, Zwiebeln und Weintrauben. Zudem wurden Schweine, Rinder und Hühner auf dem neu entdeckten Kontinent eingeführt. Während der folgenden 500 Jahre nahm die mexikanische Küche allmählich ihre heutige

DIE DAMEN HINTER DEM COMAL (GRILLPFANNE)

Mexikos Küchen sind vom Matriarchat geprägt – seit Jahrhunderten haben dort Frauen das Sagen. Zurzeit stehen mehrere mexikanische Köchinnen im Rampenlicht: Das Restaurant El Bajío (S. 185) gehört Küchenchefin Carmen „Titita" Ramirez und die Kochbuchautorin Patricia Quintana führt das Restaurant Izote (S. 185). Die Gastronomin Alicia Gironella ist ebenfalls Autorin. Dies gilt auch für Diana Kennedy, die aus Großbritannien stammt und mehrere Bestseller verfasst hat. Doch es ist der Erfahrungsschatz zahlloser unbekannter Damen, der täglich dafür sorgt, dass die traditionelle Küche Mexikos nicht in Vergessenheit gerät.

Form an. Manche Gerichte haben sich seither nicht verändert, so z. B. *pipián*-Sauce, die mit Kürbissamen, Chilis und Tomaten angedickt wird. Andere mexikanische Klassiker sind dagegen eine Mischung aus spanischen und indigenen Zutaten und Rezepten. Hierzu zählt *huachinango a la veracruzana*: Roter Schnapper, gegart in einer Sauce aus Tomaten, Jalapeño-Chilis, Zimt, Kapern, Oliven und Weißwein.

Um 1864 wurde Mexikos kulinarisches Spektrum noch einmal erweitert, diesmal durch die Invasion der französischen Armee. Deren Auftrag nach der Revolution war, einen Teil der mexikanischen Auslandsschulden einzutreiben. Parallel sollte Erzherzog Ferdinand Maximilian Joseph von Österreich in Namen Napoleons III. als Kaiser über Mexiko herrschen. Mit Maximilian und seiner Frau Carlota kamen viele Dinge der französischen Kultur hierher, darunter Architektur, Mode und Küche. Privilegierte Mexikaner freundeten sich schnell mit diesem mondänen Kultureinfluss an, doch der Großteil der Bevölkerung wehrte sich gewaltsam gegen die Eindringlinge. Nach vier Jahren hatten sie Maximilian ins Jenseits befördert und Carlota nach Europa zurückgeschickt, wo sie dem Wahnsinn verfiel. Sie hatten die Kontrolle über ihre Heimat zurückgewonnen. Doch während Mexikos Patrioten rebellierten, waren die Köche entzückt, und nach dem Abzug der Franzosen bewahrte man deren Küchengeheimnisse. Ganz selbstverständlich benutzen mexikanische Köche heute ein *baño maría* (Bain-Marie) oder bereiten leckere *bolovanes* (Vol-au-Vent) im Blätterteigmantel zu. Bei den berühmten mexikanischen *tortas* findet eine Gebäcksorte Verwendung, die in Mexico City *bolillo* und in Guadalajara *birote* genannt wird, die ausländische Feinschmecker aber als eine Art Baguette ansehen würden.

In Teotihuacán (heute Mexico City) galt Schokolade als „Getränk der Götter". Auf Nahuátl *tlaquetzalli* („kostbares Gut") genannt, war sie für die Azteken von größtem Wert – von so großem, dass Kakaobohnen, der Grundstoff der Schokolade, mitunter als Währung benutzt wurde.

TYPISCHES & SPEZIALITÄTEN

Mexikanische Grundnahrungsmittel sind Mais, Bohnen und verschiedene Sorten von frischen bzw. getrockneten Chilis. Mais kommt hauptsächlich in Form von Tortillas auf den Tisch, doch dem Historiker Eusebio Dávalos Hurtado zufolge basieren darauf mehr als 700 einheimische Gerichte.

Entgegen allgemeiner Klischees ist mexikanisches Essen nicht unbedingt scharf – zumindest nicht für den normalen Gaumen. Als Gewürze verfeinern Chilis den Geschmack von Saucen, *moles* und *pipiáns*. Aroma spielt dabei häufig eine wichtigere Rolle als reine Schärfe. Doch Vorsicht: Viele mexikanische Gerichte sind tatsächlich pikant bis teuflisch scharf. Die *habanero*-Chilis der Halbinsel Yucatan gelten als schärfste Sorte der Welt. Auch der *chile de árbol* in Guadalajaras berühmten *tortas ahogadas* (*tortas* mit Sauce) kann fies brennen. Als Faustregel gilt: Gekocht oder als Bestandteil von Saucen sind Chilis meist eher mild. Werden jedoch Tacos oder andere Gerichte mit Chili-Salsa oder -Gewürz garniert, kann das richtig scharf werden.

Authentic Mexican von Starkoch Rick Bayless erschien erstmals vor 20 Jahren. Die Jubiläumsausgabe ist eine umfassende und unterhaltsame Infoquelle für alle Fans der mexikanischen Kochkunst.

Auch andere Standardzutaten verleihen dem einheimischen Essen sein typisches Aroma. Dazu zählen Gewürze wie Zimt, Nelken und Kreuzkümmel bzw. Kräuter wie Thymian und Oregano. Neben Koriander ist *epazote* (Weißer Gänsefuß) besonders bedeutend. Dieses streng riechende Kraut, der heimliche Held der mexikanischen Küche, dient zur Verfeinerung von Bohnen, Suppen, Eintöpfen und bestimmten *moles*. Allerdings wird es vor dem Servieren entfernt und landet deshalb meist nicht auf dem Teller.

Die regionalen Spezialitäten unterscheiden sich stark voneinander. Dennoch stehen *mole* (s. Kasten S. 96) und *antojitos* zweifellos im Zentrum der mexikanischen Kochkunst. Leider ist der Begriff *antojitos* sehr weit gefasst – *antojo* bedeutet „Laune" oder „spontane Begierde". Somit ist ein *antojito* ein kleines Verlangen, doch Mexikanern zufolge nicht nur ein Snack. Meiner Meinung nach sind *antojitos* mehr als spanische Tapas. Sie können eine komplette Mahlzeit sein oder als Vorspeisen genossen werden. Natürlich bieten sie sich auch als *tentempíe* (schneller Imbiss) an, wenn man vor einer Bar steht oder auf die U-Bahn wartet. Der preisgekrönte US-Starkoch und Autor Rick Bayless definiert *antojitos* wunderbar, indem er sie anhand eines gemeinsamen Hauptelements kategorisiert: Mais-*masa* (Teig). Demnach gibt es acht Arten von *antojitos*: Tacos, Quesadillas, Enchiladas, Tostadas, *sopes*, *gorditas*, *chilaquiles* und *tamales*.

Tacos Mexikos wichtigstes Standardgericht besteht aus gegartem Fleisch, Fisch oder Gemüse im Tortillamantel, garniert mit etwas Salsasauce, Zwiebeln und Koriander. Weiche Maistortillas umhüllen z. B. das Grillfleisch bei *tacos al carbón* und die verschiedenen Eintopffüllungen der *tacos de guisado*, ebenso die gegrillte Fleisch- und Gemüsemischung der *tacos a la plancha*. *Tacos dorados* sind kurz frittierte Tacos mit einer Füllung aus Hühnchen, Kartoffeln, Käse oder in einer Grube gegartem Fleisch. Im Norden Mexikos werden die Tacos teilweise aus Weizenmehl-Tortillas (*tortilla de harina*) hergestellt und sind eher fleischlastig.

Quesadillas Für eine simple Quesadilla klappe man eine Tortilla um ein Stück Käse (spanisch *queso*) und erhitze sie in einer Grillpfanne. Echte Quesadillas sind aber raffinierter: Restaurants und Straßenstände servieren sie in Form von gefüllten Teigtaschen, deren Mantel aus rohem *masa* durch kurzes Anbraten oder Frittieren knusprig wird. Drin sind z. B. *chorizo* und Käse, Kürbisblüten, Pilze mit Knoblauch, *chicharrón*, Bohnen oder geschmortes Fleisch bzw. Geflügel.

Enchiladas Der spanische Begriff *enchilar* bedeutet, ein Gericht mit Chilisauce zu garnieren. Enchiladas sind folglich drei bis vier kurz frittierte Tortillas, die mit Hühnchen, Käse oder Ei gefüllt und einer Salsasauce beträufelt werden, die auf *tomatillos* (*enchiladas verdes*) oder Tomaten (*enchiladas rojas*) basiert. Andere Varianten werden mit *mole* verfeinert oder gebacken – z. B. die berühmten *enchiladas suizas* (Enchiladas Schweizer Art). Enchiladas sind normalerweise ein Hauptgericht.

Tostadas Diese Tortillas werden knusprig gebacken bzw. frittiert und dann abgekühlt, damit sie verschieden garniert werden können. Die *Tostadas de pollo* bestehen aus Schichten von Bohnen, Hühnerfleisch, Sahne, geschnittenem Kopfsalat, Zwiebeln, Avocado und *queso fresco* (Frischkäse).

Sopes Die kleinen, handgeformten *masa*-Schalen messen etwa 5 bis 7 cm im Durchmesser und werden in einer Grillpfanne gegart. Belegt sind sie häufig mit *chorizo* oder einer dünnen Schicht Bohnen, Salsa und Käse.

Gorditas Die runden *masa*-Fladen werden gebacken, bis sie aufgehen. Manche *gorditas* sind mit einer dünnen Schicht aus gebackenen Schwarz-, Pinto- oder sogar Puffbohnen gefüllt. In manchen Regionen gibt's ovale Varianten namens *tlacoyos*.

Chilaquiles Sie dienten ursprünglich der Verwertung übrig gebliebener Tortillas und kommen meist morgens auf den Tisch. Zunächst werden Maistortillas in Dreiecke geschnitten und zu knusprigen Tortilla-Chips (*totopos*) frittiert. Durch Weichkochen in einer Salsa aus *tomatillos* (*chilaquiles verdes*) oder Tomaten (*chilaquiles rojos*) entstehen die eigentlichen Chilaquiles, die mit gehobeltem Käse, Zwiebelscheiben und Sauerrahm belegt werden. Wer gern herzhaft frühstückt, bestellt eine Variante mit Hühnchenstreifen (*chilaquiles con pollo*) oder zwei Spiegeleiern (*chilaquiles con huevo*).

Tamales Der Name beruht auf dem Náhuatl-Begriff *tamalli* und meint alle Gerichte, die in einem beliebigen Mantel gedünstet werden. Darunter befindet sich eine Hülle aus *masa* und Schweineschmalz, die eine Füllung aus geschmortem Fleisch, Fisch oder Gemüse umgibt. Alle mexikanischen Regionen haben eigene *tamales*-Varianten. Oaxaca ist z. B. für *mole*-Tamales im Bananenblatt bekannt. Mexico Citys Köche wickeln ihre Hühnchen-*tamales* dagegen in Maishüllen und verfeinern sie mit einer Sauce aus grünen *tomatillos*. Gleichermaßen berühmt sind die Bananenblatt-Tamales der Halbinsel Yucatán, deren Hühnchenfüllung zuvor in *achiote* (Annattopaste) mariniert wird.

Josefina Velázquez de León gilt als Mutter der mexikanischen Küche. Doña Josefina wurde 1899 in Aguascalientes geboren. Im Lauf der Jahre leitete sie eine erfolgreiche Kochschule in Mexico City und schrieb über 140 Kochbücher. Ihr ehrgeizigstes Projekt war das bahnbrechende Buch *Platillos Regionales de la Republica Mexicana* (Regionale Gerichte der Republik Mexiko). Weithin wird es als erstes Werk betrachtet, das die unzähligen Regionalgerichte des Landes in einem einzigen Band vereint. Infos zu Josefinas Lebenswerk gibt's im Internet unter www.josefina-food.com und http://josefina-food.blogspot.com/.

MÄRKTE

Märkte sind die perfekten Orte, um die mexikanische Lebensart kennenzulernen und ein paar prima *antojitos* zu mampfen. *Mercados* gibt's in jeder Stadt, doch das Angebot ist regional verschieden. Die meisten Märkte haben einen speziellen Bereich, in dem fertig zubereitete Gerichte an kleinen Theken oder großen Gemeinschaftstischen genossen werden können. Mit rund 46 ha ist Mexico Citys riesiger Mercado de la Merced (S. 197) der größte Markt Lateinamerikas. Seine besten *antojitos* sind wahrscheinlich *huaraches*, etwa 30 cm lange Tortillas, die den gleichnamigen Schuhen ähneln. Sie

MULLI (MOLE)

Die mexikanische Autorin Zarela Martinez ist Starköchin und Eigentümerin des gleichnamigen Restaurants in New York. Ihr zufolge ist die Sauce bei *mole* das eigentliche Gericht und steht im Mittelpunkt. Das Fleisch spielt dagegen eine untergeordnete Rolle – sei es vom Huhn, Truthahn oder Schwein. Der Begriff *mole* leitet sich vom Náhuatl-Wort *molli* oder *mulli* ab. Dieses komplexe Gemisch aus Nüssen, Chilis und Gewürzen ist ein Inbegriff der mexikanischen Küche. Fälschlicherweise wird *mole* oft mit Schokoladensauce gleichgesetzt, obwohl nur ganz wenige Rezepte auf dieser süßen Zutat basieren. Allerdings kommt die Verwirrung nicht von ungefähr: *Mole poblano* aus dem Bundesstaat Puebla enthält etwas Schokolade und ist die berühmteste *mole* Mexikos und der ganzen Welt. Dennoch sind sich die meisten Mexikaner einig, dass Oaxaca in puncto *mole* nicht zu toppen ist. Aus dem „Land der sieben *moles*" stammen u.a. die folgenden Varianten: *Mole negro* (schwarze *mole*) enthält eine Chilisorte namens *chilhuacate negro, mole almendrado* dagegen wird mit Mandeln und *chile ancho* (getrockneten Paprikas) angedickt. Mole *mancha manteles* (etwa „Tischtuch-Verschmutzer") beinhaltet *chile ancho,* Ananas- und Bananenstücke. Die leckere *mole verde* (grüne *mole*) erhält durch Mais-*masa* eine dickere Konsistenz. Neben weißen Bohnen, *tomatillos* und *epazote* umfasst das Rezept auch *hoja santa,* ein einheimisches Kraut aus Mexiko, das grüner *mole* eine herrliche Anisnote verleiht.

Der Genuss guter *mole* ist eine großartige Erfahrung. Die Nüsse, Samen und getrockneten Chilis in der Sauce werden zuvor geröstet und gemahlen, damit sie ihre volle Würze entfalten können. Frische Chilis, Tomaten, *tomatillos* und Knoblauchzehen rösten die Köche ebenfalls langsam an, um der *mole* einen tollen rauchigen Geschmack zu verpassen. Dann werden alle Zutaten püriert und mit kurz angeschwitzten frischen Kräutern vermengt. Anschließend köchelt die *mole* auf kleiner Flamme langsam vor sich hin, bis sie eindickt. Dieser Prozess sorgt für ein äußerst intensives und facettenreiches Aroma. Moles sind süß oder pikant – manche auch beides zugleich.

werden gegrillt und danach u.a. mit Salsa, Käse, Zwiebeln, Kürbisblüten, *chorizo* oder Steaks belegt. Die *tlayudas*, die man auf den Märkten der Stadt Oaxaca findet, können mit *huaraches* konkurrieren: Diese großen, flachen Tortillas werden mit Bohnenmus bestrichen und mit einheimischem Stangenkäse, Salsa und Streifen von Schweinefleisch belegt. An der Straße zwischen Mercado Juárez und Mercado 20 de Noviembre gibt's gebackene *chapulines* (Heuschrecken) mit Knoblauch, Limone und zwei verschiedenen Chilisorten. Der dreistöckige Mercado San Juan de Dios (S. 591) hat über 70 Eingänge. Auf etwa 4,6 ha findet man hier eins der vielfältigsten Lebensmittelangebote in ganz Mexiko. Viele Stände verkaufen hier Tacos, *tortas*, chinesische Gerichte und unglaublich leckere Meeresfrüchte. Absolutes Highlight dieses *mercado* sind jedoch *birria*-Stände, die Guadalajaras traditionellen Ziegeneintopf servieren. Unbedingt probieren – und ein paar Tacos dazu!

GETRÄNKE

Tequila

Wir Mexikaner lieben Tequila. Er wird landesweit getrunken, an großen und kleinen Feiertagen genauso wie bei Beerdigungen, Geburtstagsfeiern, lockeren Mittagsmahlzeiten oder einem Abendessen mit Freunden. In markenrechtlicher Hinsicht entspricht Tequila dem Champagner: Er muss grundsätzlich aus dem Bundesstaat Jalisco kommen und wird vom *Consejo Regulador del Tequila* (Tequila-Aufsichtsbehörde) per Gütesiegel geschützt. Der Tequila in den Läden der Welt stammt also garantiert aus diesem Bundesstaat im Süden Zentralmexikos, dessen trockener Hochlandboden perfekte Wachstumsbedingungen für die Blaue Agave schafft, aus deren Herz der Schnaps gewonnen wird. Daher keinen Tequila aus China oder anderen Ländern kaufen, *por favor*. Wir trinken ihn, weil wir stolz auf seine mexikanische Herkunft sind und seinen unverwechselbaren Geschmack schätzen.

Apropos Aroma: Man sollte das Klischee vom rüden Typen vergessen, der ein Glas nach dem anderen runterkippt. Leider wird Tequila oft nur mit einem schnellen Rausch gleichgesetzt, obwohl er mittlerweile sehr raffiniert geworden ist: Tequila gilt jetzt als edler Tropfen, der importierten Single-Malt-Whiskeys und Qualitätscognac ernsthaft Konkurrenz macht – nicht nur beim Preis, sondern auch mit seinem warmen, runden Geschmack. Die besten Tequilasorten sollten langsam und genussvoll aus kleinen Gläsern geschlürft werden.

Die *piña* (Herz) der Blauen Agave steht am Anfang des Herstellungsprozesses. Sie wird entnommen und bis zu 36 Stunden lang gekocht. Das weicht die Pflanzenfasern auf und setzt den *aguamiel* (Zuckersaft) frei, der anschließend in großen Tanks gärt. Je nach Gärungsgrad ist das Endergebnis *mixto* (gemischt) oder ein reines Agavenprodukt. Nach dem Gären wird der hochwertigste Tequila ausschließlich aus *aguamiel* und Wasser destilliert. Der *aguamiel* von *mixto*-Sorten wird dagegen mit Wasser und anderen Zuckersorten (normalerweise Rohrzucker) versetzt. Bei Tequilas aus 100 % Agave steht das auch auf dem Etikett – wenn es nicht draufsteht, ist es ein *mixto*.

Anschließend wird der *aguamiel* destilliert und in Reifefässer abgefüllt. Vor allem bei edleren Tequilas ist der Reifeprozess wichtig, da er über Farbe, Aroma, Qualität und Preis bestimmt. Tequila *blanco* (weiß) ist klar und reift maximal 60 Tage. Er wird hauptsächlich für Mixgetränke benutzt und eignet sich besonders für Drinks auf Fruchtsaftbasis. Eine zwei- bis neunmonatige Lagerung verleiht Tequila *reposado* (mittelalt) die milde Note und die hellgoldene Farbe. Tequila *añejo* (alt) verbringt mindestens zwölf Monate im Holzfass – die hochwertigsten *añejos* ruhen bis zu vier Jahre lang. Tequila *añejo* ist samtig im Abgang hat eine intensive, dunkle Farbe. Alle drei Sorten sind in Mexiko gleichermaßen angesagt. Welche man bevorzugt, hängt vom eigenen Gusto ab.

Agaven werden meist für Kakteen gehalten. Sie gehören jedoch einer eigenen Gattung (*agavaceae*) mit mehr als 120 Arten an. In Mexiko heißen diese Pflanzen *maguey*.

Bis heute wird Tequila meist pur und auf ex aus kleinen Gläsern getrunken. Obwohl die traditionelle Art mit Salz und Limone am beliebtesten ist, gibt's noch weitere Varianten: Viele Lokale servieren zum Tequila ein kleines Glas *sangrita* – nicht zu verwechseln mit dem spanischen Weingetränk Sangria. *Sangrita* ist ein grellroter Nachspüler aus Tomaten-, Orangen- oder Grapefruitsaft, verfeinert mit einem Schuss Worcester- und Tabascosauce, einer Prise Salz und etwas Grenadine oder Zucker. Der scharfe, herbe *sangrita* bringt das rauchige Aroma des Tequila optimal zur Geltung. Wer noch einen Schritt weiter gehen will, ordert eine *bandera* (Flagge). Diese grünweiß-rote Kombi besteht aus Limettensaft, Tequila und *sangrita* in einzelnen, kleinen Gläsern. Davon je einen Schluck hintereinander zu nehmen ist eine unvergleichliche Erfahrung. Auch gekühlter Tequila ist landesweit auf dem Vormarsch. Bars und Restaurants lagern die Flaschen im Kühlschrank und bringen sie direkt zum Tisch. Purer, kalter Tequila schmeckt sahnig-sanft und ist herrlich erfrischend, besonders an warmen Tagen zum Essen im Freien.

In erster Linie haben natürlich süß-saure Margaritas zur Popularität des Tequilas beigetragen. Sie sind in allen Touristenhochburgen erhältlich, aber beileibe nicht Mexikos einzige Tequila-Cocktails: Eine *paloma* (Taube) enthält Tequila, Limettensaft und Grapefruit-Limonade, und die Bloody María ist eine pikante Tequila-Version der Bloody Mary. Für ihre Martinis verwenden manche Trend-Bars ebenfalls gerne Tequila anstelle von Wodka oder Gin.

Die amerikanische Autorin und Bloggerin Cristina Potters lebt in Morelia (Bundesstaat Michoacán). Ihr Blog (www.mexicocooks.typepad.com) zur mexikanischen Küche und Kultur gilt als interessantester und sachkundigster im gesamten Netz. Dort schreibt Cristina wöchentlich über Speisen, Getränke, Kunst, Kultur und Reisethemen.

Mezcal

Wie sein Bruder Tequila basiert *mezcal* auf dem Herz der Agave. Allerdings muss er nicht zwangsläufig aus Blauen Agaven gewonnen und auch nicht in Jaliscos Tequila-Regionen produziert werden. Mit anderen Worten: Tequila ist immer *mezcal*, während *mezcal* nicht unbedingt Tequila ist. Da für *mezcal* sämtliche Agavenarten infrage kommen, ist die Herstellung landesweit gestattet. Das führt teilweise zu anderen Bezeichnungen wie *bacanora* (Bundesstaat Sonora) oder *sotol* (Chihuahua). Im Unterschied zum Tequila werden die *piñas* nicht ausgekocht, sondern in Feuergruben geröstet. Dies verleiht dem *mezcal* seine tolle rauchige Note.

Oaxaca gilt als „Welthauptstadt des *mezcal*". Dort wird der Schnaps traditionell in kleinen Steinguttassen serviert, zusammen mit Limettenscheiben und *sal de gusano*. Das Aroma dieses orangefarbenen Salzes rührt von geräucherten Agavenwürmern her, die eigentlich Mottenraupen sind und auf den Pflanzen leben. Die berühmten Insektenlarven schwimmen auch am Boden mancher *mezcal*-Flaschen. Warum? Darum ranken sich viele schillernde Legenden, die aber alle ein bisschen hinken. Wahr ist nur, dass der Wurm bedenkenlos geschluckt werden kann. In hochwertigen *mezcals* ist ohnehin keiner drin.

Pulque

Der Begriff „Cocktail" geht auf englische Seeleute zurück. Im Yucatán-Hafen Campeche wurden deren Drinks einst mit den dünnen, getrockneten Wurzeln der Pflanze *cola de gallo* („Hahnenschweif") umgerührt.

Wenn Tequila und *mezcal* Brüder sind, ist Pulque der Vater aller mexikanischen Spirituosen. Vor 2000 Jahren stellten die Azteken erstmals ein leicht alkoholisches Getränk aus Agavensaft her. Das milchige Gebräu namens *octli poliqhui* hatte eine religiöse Bedeutung und man trank es nur an bestimmten Feiertagen bzw. zu Ritualen, zu denen große Bottiche auf öffentlichen Plätzen aufgestellt wurden. Als die Spanier in Mexiko eintrafen, tauften sie den Pulque auf seinen heutigen Namen. Die direkte Destillation ergab aber nur einen scharfen Schnaps mit unangenehmem Geschmack. Bald darauf entdeckte man jedoch, dass gekochte Agavenherzen einen süßen Saft absondern. Durch Gärung und Destillation wird daraus bis heute *mezcal*.

Im Vergleich zu Tequila und *mezcal* enthält purer Pulque weniger Alkohol, brennt aber wesentlich stärker im Gaumen. Da das Getränk nicht destilliert wird, hat es außerdem ein herbes Pflanzenaroma. Auch seine dickflüssig-schaumige Konsistenz ist nicht jedermanns Sache. Manche Bars und Restaurants servieren daher *curados*, bei denen Fruchtzusätze wie Mango- oder Erdbeersaft für mehr Genießbarkeit sorgen.

Geschmacklich verändert sich Pulque schon nach kurzer Zeit, was Lagerung und Konservierung sehr schwierig macht. Versuche mit Dosen sind größtenteils gescheitert. Darum wird Pulque heute meist immer noch so ausgeschenkt wie seit Hunderten von Jahren: Frisch und direkt aus dem *tinacal* (großen Bottich) oder in speziellen Bars namens *pulquerías*.

Bier

Mexico Citys allererste Ausschanklizenz ging 1855 an die Cantina El Nivel. Bis heute sind Mexikos designierte Präsidenten inoffiziell verpflichtet, dort vor der Amtsübernahme kräftig zu bechern.

„Una cerveza por favor" ist einer der spanischen Sätze, die viele Touristen zuallererst lernen. Während ihres Aufenthalts in Mexiko beschränken sich manche Besucher sogar fast ausschließlich auf diese Phrase. Das ergibt durchaus Sinn: Mexikanische *cerveza* ist schwer angesagt und ein weltweiter Verkaufsschlager. Um sie zu probieren, muss man nicht nach Mexiko reisen, – aber sie vor Ort zu trinken, ist etwas ganz anderes, da mexikanisches Bier wunderbar zu echtem mexikanischem Essen passt. Die meisten mexikanischen Biere sind hell, das optimale Pendant zu scharfen Enchiladas und der perfekte Durstlöscher bei Tausenden von *fútbol*- (Fußball-) Spielen, die in diesem Land mit geradezu religiösem Eifer verfolgt werden.

Zwei Großbrauereien dominieren den mexikanischen Markt. Die Grupo Modelo ist in Mexico City und Guadalajara ansässig. Zu ihren zwölf Sorten gehören Corona, Victoria, Modelo Especial, Pacifico, Montejo und Negra Modelo. Obwohl Corona, was die Verkaufszahlen weltweit betrifft, auf Platz fünf liegt, betrachten Bierliebhaber das dunklere Negra Modelo als das Beste des Hauses. In der Industriestadt Monterrey im nördlichen Mexiko ist die Cervecería Cuauhtémoc Moctezuma zuhause, die u. a. Sol, Carta Blanca, Dos Equis, Superior, Tecate und Bohemia braut. Bohemia wird als bestes

MEIN KALTES BIER

Viele Mexikaner bezeichnen ihr einheimisches Bier als *chela*. Angeblich leiten sich die berühmten *micheladas* von diesem Spitznamen ab – *mi chela helada* bedeutet „mein kaltes Bier". Eine *michelada* ist ein gekühltes Bier, das mit verschiedenen Zutaten versetzt wird. Das Spektrum reicht da von schlichten Drinks bis zu komplexen Cocktails. Basis für eine einfache *michelada* ist ein vorgekühlter Krug mit mexikanischem Bier. Hinzu kommen eine Prise Salz, ein paar Eiswürfel und der Saft von ein bis zwei sauren Limetten. Viele Lokale würzen das Getränk zudem mit einem Schuss Maggi, Chili- oder Worcestersauce. Häufig enthalten *micheladas* auch Clamato oder Tomatensaft. Anderswo wird das Bier wiederum mit ein paar Zentilitern Rum oder Tequila aufgepeppt. Soll heißen: Bei *micheladas* sind der Phantasie kaum Grenzen gesetzt.

Bier des Landes vermarktet und ist in goldene Folien verpackt. Bohemia und Negra Modelo liefern sich ein Kopf-an-Kopf-Rennen um die Gunst der Experten. Dank ihrer Vielfalt deckt die mexikanische Bierpalette praktisch jede Situation ab: Ein Tag am Strand schreit nach Corona, Superior oder Pacifico. Victoria und Montejo passen prima zu Meeresfrüchten, Modelo Especial und Carta Blanca dagegen besonders gut zu Fleisch. Abends an der Bar braucht's in meinen Augen ein paar Dos Equis, während Bohemia oder Negra Modelo edlen Dinners den letzten Schliff verleihen.

Mexikanische Barkeeper servieren frisch geöffnete Bierflaschen seltener mit Limettenschnitzen im Flaschenhals als ihre ausländischen Kollegen. Falls überhaupt, bekommt man die Limette zum Bier meist separat auf kleinen Tellern. Um den Ursprung dieser Praxis ranken sich viele Legenden. Angeblich wurde sie erfunden, um Fliegen vom Flascheninhalt fernzuhalten. Nach anderen soll dadurch Rost entfernt worden sein, den alte Metallverschlüsse früher an Flaschenrändern hinterließen. Jedenfalls können ein paar hellere mexikanische Biersorten gut einen Schuss Limettensaft vertragen, aber bei den meisten Sorten ist das nicht nötig.

Wein

Nun soll das spanische Vokabular um „Una copa de vino por favor" erweitert werden. Obwohl Mexikos Weinindustrie immer noch wesentlich kleiner ist als die für Tequila und Bier, sind einheimische Weine schwer im Kommen.

Nachdem die Spanier 1524 Rebstöcke mitgebracht hatten, wurde Mexiko zur ersten Weinbauregion des amerikanischen Kontinents. Mitte des 16. Jhs. schränkte Spanien die mexikanische Weinproduktion jedoch zugunsten seiner europäischen Winzer ein. Das totale Verbot kam 1699 und schloss lediglich den katholischen Klerus aus, der seinen Messwein weiterhin selbst vor Ort anbauen durfte. Infolgedessen kelterte man in Mexiko nur noch für die Branntweinproduktion. Ab den 1990er-Jahren ließen sich mexikanische Winzer vom Erfolg kalifornischer, chilenischer und argentinischer Weine inspirieren. Seitdem produzieren sie gute Tropfen in insgesamt neun Regionen von Queretaro bis Sonora. Die besten Lesen stammen dabei aus dem nördlichen Baja California. Pedro Domeq und LA Cetto zählen zu Mexikos größeren Weinbaubetrieben. Neben anständigen Tafelweinen umfasst ihr Sortiment auch Spitzenmarken wie Chateu Domecq und Limited Reserve Nebbiolo. Viele „Nobelwinzereien" wie Monte Xanic, Casa de Piedra und Casa Valmar keltern ebenfalls super Sorten – wenn auch in kleineren Mengen.

Traveller sollten wissen, dass Wein in Mexiko bis heute größtenteils nur in teuren Restaurants getrunken wird. Dies gilt vor allem außerhalb der Großstädte und Weinbauregionen. Was Empfehlungen anbelangt, sind die meisten Kellner keine große Hilfe. Daher lässt man sich beim Entdecken neuer mexikanischer Weine am besten vom eigenen Gaumen leiten. Man sollte immer erst um eine kleine Probe bitten, bevor man ganze Gläser oder Flaschen bestellt. Dem wird fast immer gern entsprochen.

Alkoholfreie Getränke

Mexikos unzählige Obst-, Pflanzen und Kräutersorten sind eine ideale Basis für die alkoholfreien Getränke, die seine Einwohner bevorzugt trinken. Landesweit verkaufen klassische *juguerías* (Straßenstände oder kleine Lokale) frisch gepressten Orangen-, Mandarinen-, Erdbeer-, Papaya- oder Karottensaft in allen möglichen Varianten. Dazu kommen *licuados* (mexikanische Milchshakes), die normalerweise Milch, Honig, Bananen und weitere Früchte enthalten. Häufig werden ungemein kreative Kombinationen angeboten – beispielsweise aus *nopales* (Kaktusblättern), Ananas, Zitrone und Orange oder Vanille, Banane und Avocado.

Taquerías und *fondas* servieren *aguas frescas* („frische Wasser"), die teilweise an Eistees erinnern. Für *agua de tamarindo* wird das Fleisch von Tamarindenfrüchten gekocht, mit Zucker vermengt und anschließend abgekühlt. *Agua de jamaica* basiert dagegen auf getrockneten Hibiskusblättern. Weitere Varianten wie *horchata* enthalten Melonenkerne und/oder Reis. In Chiapas ist das typische Getränk in der Semana Santa *agua de chia*, dessen Hauptzutat eine Pflanze der Salbeifamilie ist. Die Bewohner der Halbinsel Yucatan bereiten *agua de chaya* zu, indem sie Blätter des einheimischen *chaya*-Strauchs (Baumspinat) mit Honig-, Limetten- und Ananassaft vermengen.

FESTESSEN

In Mexiko sind Festessen und Fiestas untrennbar miteinander verbunden. Zu den Fiestas zählen Nationalfeiertage, Privatpartys sowie religiöse und örtliche Feste. Traveller haben gute Chancen, wenigstens eine dieser Veranstaltungen mitzuerleben. An Nationalfeiertagen wird ordentlich aufgetischt und obligatorisch mit Tequila angestoßen. Dies gilt vor allem für den Día de la Independencia (16. Sept.), an dem die Unabhängigkeit von Spanien gefeiert wird. Als wichtigster religiöser Feiertag steht der Día de la Virgen de Guadalupe (12. Dez.) traditionell im Zeichen von *tamales*, *mole* und verschiedenen *antojitos*. In der Fastenzeit sind die meisten Menüs von vegetarischen Gerichten wie *romeritos* geprägt. Diese rosmarinähnliche Wildpflanze kommt zusammen mit getrockneten Garnelen, Kartoffeln und *mole* auf den Tisch. Am *Día de los Santos Reyes* (6. Jan.) brachten die Heiligen Drei Könige dem Christuskind einst ihre wertvollen Geschenke – ein Ereignis, das wir stets mit *roscas de reyes* feiern. Hierbei handelt es sich um große, ovale Süßbrote mit einer Deko aus kandierten Früchten. Zum *rosca* werden Mais-*tamales* und heiße Trinkschokolade serviert. Ein traditionelles mexikanisches Weihnachtsmahl besteht aus Truthahn, *romeritos* und *bacalao* (getrockneter Dorsch, zubereitet mit Oliven, Kapern, Zwiebeln und Tomaten). Familienfeste wie *bodas* (Hochzeiten), *cumpleaños* (Geburtstage) und *La Fiesta de Quince Años* (15. Geburtstag eines Mädchens) begehen Mexikaner ebenfalls im großen Stil. Dabei gibt's jede Menge Essen und Getränke, und manchmal dauern solche Feiern das ganze Wochenende. Allerdings ist keine mexikanische Fiesta so geheimnisvoll wie der Día de los Muertos (Tag der Toten). Er geht ursprünglich auf die Azteken zurück; man gedenkt dann verstorbenen Angehörigen oder Freunden. Indem wir den Tod feiern, huldigen wir dem Leben, wie üblich mit jeder Menge Musik, Speisen und Getränken. Zu Hause oder direkt auf dem Friedhof errichten Familien zu diesem Zweck spezielle Totenaltäre, die mit leuchtend bunten *cempasuchil*-Blumen (Tagetes), Tellern mit *tamales*, Schädeln aus Zuckerguss,

Unter der Jaguar-Sonne stammt aus der Feder des italienischen Schriftstellers Italo Calvino. In dieser fesselnden Erzählung erkundet ein Ehepaar die mexikanische Nation und deren Küche. Letztere fasziniert die beiden Hauptfiguren so sehr, dass sie ihre Leidenschaft vom Schlafzimmer an den Esstisch verlagern.

pan de muerto (Totenbrot) aus Eidotter, *mezcal* und Trockenfrüchten dekoriert werden. Parallel soll das jeweilige Lieblingsessen der Verblichenen für eine möglichst angenehme Rückkehr aus der Unterwelt sorgen.

WOHIN ZUM ESSEN?

Knurrende Mägen lassen sich in Mexiko jederzeit beruhigen, denn Essen scheint allgegenwärtig zu sein – morgendliche Snacks an kleinen *puestos* (Straßen- oder Marktständen) kriegt man genauso wie späte Abendmahlzeiten in schicken Restaurants. Allerdings wird in Mexiko wahrscheinlich zu anderen Zeiten gegessen als in der eigenen Heimat. Restaurants und *cafeterías* servieren ihr meist üppiges *desayuno* (Frühstück) in der Regel zwischen 8.30 und 11 Uhr. Wer lieber nur wenig oder gar nicht frühstückt, kann sich mit einem *almuerzo* (einer Art Brunch) in Form von *antojitos* und anderen Schnellgerichten stärken. Gut dafür sind *taquerías* (spezialisiert auf Tacos), *torterías* (kleine *torta*-Läden) und *loncherías* (Snackbars). Die Hauptmahlzeit, die *comida*, kommt in Mexiko normalerweise zwischen 14 und 15.30 auf den Tisch. *Fondas* sind kleine Lokale in Familienbesitz, die günstige *comidas corridas* (Festpreismenüs) servieren. Diese bestehen aus Suppe, Reis, Hauptgericht, Nachtisch und einem Getränk. Die Einwohner mancher Kleinstädte verzehren zwischen *comida* und *cena* (Abendessen) einen Snack namens *merienda*. In den meisten Großstädten essen Arbeiter, Angestellte und Berufspendler aus Zeitmangel jedoch erst abends wieder etwas – häufig frühestens ab 21 Uhr. Zu Hause wird dabei recht sparsam gegessen, aber mehrgängige Abendessen im Restaurant dauern auch schon mal bis Mitternacht.

Wenn wir Bars, Nachtclubs oder Spätvorstellungen im Kino besuchen, essen wir auf dem Heimweg oft noch schnell einen Taco. Viele berühmte *taquerías* versorgen hungrige Nachtschwärmer bis in die frühen Morgenstunden. Freitags und samstags finden sich dort so viele Gäste ein, dass man manchmal noch um 3 Uhr auf einen Tisch warten muss!

Bis vor Kurzem waren *cantinas* für Militärangehörige, Frauen und Kinder offiziell tabu. Mancherorts zeugen rostige Schilder noch von dieser überholten Regel. Mittlerweile ist in Mexikos Traditionskneipen jeder willkommen. Allerdings geht's in konservativer geprägten Läden immer noch recht machomäßig zu: Bei Bier, Tequila und *cubas* (Rum mit Cola) sitzen die Gäste an viereckigen Tischen, während sie eine Partie Domino spielen oder Fußball auf Großbildfernsehern schauen. *Cantinas* servieren außerdem so berühmte *botanas* (Snacks) wie Weinbergschnecken in *chipotle*-Sauce oder *quesadillas de papa con guacamole* (Kartoffel-Quesadillas mit Avocadocreme).

VEGETARIER & VEGANER

Auf Guadalajaras Markt gibt's ein Lokal namens *Restaurant Vegetariano* (vegetarisches Restaurant) mit einem großen Schild, auf dem ein paar Gerichte aufgelistet sind: Es gibt Salate, Reis- und Bohnengerichte, aber auch Grillhähnchen und Fisch in Knoblauchsauce. Das dürfte verdeutlichen, dass es Vegetarier und Veganer in Mexiko relativ schwer haben: Das Konzept der

TRINKGELDER UND STEUERN

Mexikanische Restaurants erheben immer die gesetzliche Mehrwertsteuer (IVA; *impuesto al valor agregado*) in Höhe von 15 % des Rechnungsbetrags. Das Trinkgeld (*propina*) kommt jedoch extra hinzu und beträgt im Durchschnitt 15 bis 20 %. Manchen Empfehlungen zufolge sollte es anhand des Nettobetrags (d. h. ohne IVA) berechnet werden. Allerdings ist es einfacher, sich beim Trinkgeld an der separat ausgewiesenen Mehrwertsteuer zu orientieren oder etwas mehr zu spendieren. So sind bei einer IVA-Summe von 82 Mex$ beispielsweise 80 bis 100 Mex$ Trinkgeld angemessen.

vegetarischen bzw. veganen Ernährung wird nicht immer ganz verstanden. Viele Mexikaner denken, dass Vegetarier lediglich kein rotes Fleisch essen. Der Begriff *veganista* (spanisch für „vegan") ist den meisten Einheimischen noch weniger geläufig. Die gute Nachricht: In beinahe allen Groß- und Kleinstädten findet man mittlerweile rein vegetarische Lokale, die immer beliebter werden. Außerdem kommen viele traditionelle mexikanische Gerichte ohne totes Tier aus. Dazu zählen u. a. *ensalada de nopales* (Salat aus Kaktusblättern) und Quesadillas mit Pilzen, verschiedenen Käsesorten oder sogar Blüten (z. B. von der Zucchini), *chiles rellenos de queso* (Poblano-Chilis mit Käsefüllung) und *arroz a la mexicana* (mexikanischer Reis). Achtung: Hühner- bzw. Rinderbrühe oder tierische Fette wie *manteca* (Schweineschmalz) wird auch für viele fleischlose Gerichte verwendet. Die meisten Kellner helfen gern bei der Auswahl vegetarischer und veganer Gerichte. Allerdings muss man dabei genauestens angeben, was man möchte.

FÜR KLEINE ESSER

In den meisten Lokalen sitzen ganze Familien gemeinsam mit ihren Kindern, besonders an Wochenenden. Mexikanische Kellner sind an kleine Esser gewöhnt und schleppen sofort Hochstühle (*silla para niños* oder *silla periquera*) für die kleinen Gäste ran, gelegentlich auch Malstifte oder Spielzeug zur Unterhaltung. Dass man auch mit Kindern noch spät in Restaurants einkehrt (nach 20 oder 21 Uhr), ist überall im Land an der Tagesordnung.

KOCHKURSE

Mexikanische Kochkurse sind sehr unterschiedlich, je nachdem, wo man einen macht. Die Kochschulen Oaxacas benutzen meist ganz andere Zutaten und Methoden als die in Monterrey oder Sonora.

Küchenchefin Rose Marie Plaschinski stammt selbst aus Mexiko. Ihre Schule **Xilonen** (www.cookinginmexico.com.mx) in Guadalajara bietet u. a. eintägige und einwöchige Kurse in traditioneller mexikanischer Kochkunst an. Einzelpersonen und Gruppen können sich auch privat unterrichten lassen. Zudem gibt's spezielle Seminare für Berufsköche.

Die Kochbuchautorin Susana Trilling betreibt das **Seasons of My Heart** (www.seasonsofmyheart.com) auf der Rancho Aurora Oaxaca. Neben eintägigen und einwöchigen Kursen leitet sie auch Kochwochenenden und kulinarische Touren durch den Bundesstaat Oaxaca und andere mexikanische Regionen.

In Tepotztlán nahe Mexico City ist die New Yorkerin Magda Bogin zu Hause. Die Wochenkurse und Kochwochenenden ihres **Cocinar Mexicano** (www.cocinarmexicano.com) sind teilweise speziell auf Touristen zugeschnitten.

SPRACHFÜHRER ESSEN

Ein paar Brocken Spanisch zeugen von Respekt den Einheimischen und ihrer Kultur gegenüber und von Mut zur Blamage – und beides an den Tag zu legen, macht schon Eindruck.

Was heißt … ?

Haben Sie geöffnet?
¿Está abierto? e·*sta* a·*bier*·to

Wann öffnen Sie?
¿Cuando está abierto? *kwan*·do e·*sta* a·*bier*·to

Servieren Sie jetzt Frühstück/Mittagessen/Abendessen?
¿Ahora, está sirviendo desayuno/ la comida/la cena? a·o·ra e·*sta* ser·*wien*·do de·sa·*yu*·no/ la ko·*mi*·da/la *se*·na

Ich möchte bitte die Karte sehen.
Quisiera ver la carta/el menu. ki·*sie*·ra wer la *kar*·*ta*/el me·*nu*

Haben Sie auch eine englische Karte?
¿Tienen un menú en inglés? — *tie*·nen un me·*nu* en in·*gles*

Können Sie etwas empfehlen?
¿Puede recomendar algo? — *pue*·de re·ko·men·*dar* al·*go*

Ich bin Vegetarier/in.
Soy vegetariano/a. (m./f.) — soi we·che·te·*ria*·no/a

Ich kann nichts mit Fleisch oder Geflügel essen, auch keine Fleischbrühe.
No puedo comer algo de carne o aves, incluendo caldo. — no *pue*·do ko·*mer* al·*go* de *kar*·ne o *a*·wes in·klu·*ien*·do *kal*·do

Ich möchte Mineralwasser/stilles Wasser.
Quiero agua mineral/agua purificada. — ki·*je*·ro *a*·gua mi·ne·*ral/a*·gua pu·ri·fi·*ka*·da

Ist es scharf?
¿Es picoso? — es pi·*ko*·so

Die Rechnung bitte.
La cuenta, por favor. — la *kuen*·ta por fa·*wor*

Essglossar

a la parilla	a la pa·*ri*·ja	gegrillt
a la plancha	a la *plan*·cha	in der Pfanne gebraten
adobada	a·do·*ba*·da	in *adobo* (Chilisauce) mariniert
agua mineral	*a*·gua mi·ne·*ral*	Mineralwasser
agua purificado	*a*·gua pu·ri·fi·*ka*·do	stilles Wasser
al albañil	al al·ba·*njil*	„nach Maurer Art" mit scharfer Chilisauce
al carbón	al kar·*bon*	auf Holzkohle gegrillt
al mojo de ajo	al *mo*·cho de *a*·cho	mit Knoblauchsauce
al pastor	al *pas*·tor	„nach Hirtenart", eine Art Döner
albóndigas	al·*bon*·di·gas	Fleischbällchen
antojitos	an·to·*chi*·tos	„kleine Launen", Snacks auf Tortillabasis wie Tacos und Gorditas
arroz mexicana	a·*rros* me·xi·*ka*·na	pilawartiger Reis auf Tomatenbasis
ate	*a*·te	Marmelade, Eingemachtes
atole	a·*to*·le	Brei aus Maismehl
avena	a·*we*·na	Haferbrei
aves	*a*·wes	Geflügel
azucar	a·ssu·*kar*	Zucker
barbacoa	bar·ba·*ko*·a	im Erdofen geräuchertes Barbecue
biftec	bif·*tek*	Steak
bolillo	bo·*li*·jo	Brötchen
brocheta	bro·*che*·ta	Bratspieß
buñuelos	bu·*ñue*·los	tortillagroße Krapfen
burrito	bu·*rri*·to	Füllung in einer großen Weizentortilla
cabra	*ka*·bra	Ziege
cabrito	ka·*bri*·to	Zicklein
café con crema/leche	ka·*fé* kon *kre*·ma/*le*·tche	Kaffee mit Sahne/Milch
cajeta	ka·*che*·ta	Ziegenmilch und Zucker, zu einer Creme verkocht
calabacita	ka·la·ba·*si*·ta	Kürbis
calamar	ka·la·*mar*	Tintenfisch
caldo	*kal*·do	Brühe oder Suppe
camarones	ka·ma·*ro*·nes	Shrimps
cangrejo	kan·*gre*·cho	Krabbe
carne de puerco	*kar*·ne de *puer*·ko	Schweinefleisch

carne de res	*kar*·ne de res	Rindfleisch
carne	*kar*·ne	Fleisch
carnero	kar·*ne*·ro	Hammel
carnitas	kar·*ni*·tas	in Schmalz gedünstetes Schwein
cebolla	se·*bo*·ja	Zwiebel
cecina	se·*si*·na	dünnes, mit Chili gewürztes Stück Fleisch, kurz angebraten oder gegrillt
cerdo	*ser*·do	Schwein
chalupas	cha·*lu*·pas	ovaler gebackener Maisteig, garniert mit Fleisch und Chilis
chicharrones	chi·cha·*rro*·nes	gebratene Schweineschwarten
chilaquiles	chi·la·*ki*·les	gebratene Tortillastreifen, mit roter oder grüner Chilisauce und gelegentlich Fleisch und Eiern
chile relleno	*chi*·le re·*je*·no	Chili, gefüllt mit Fleisch oder Käse, normalerweise in Ei ausgebacken
chiles en nogada	*chi*·les en no·*ga*·da	milde, grüne Chilis, gefüllt mit Fleisch und Früchten, in Teig ausgebacken und mit einer Sauce aus Sahne, gemahlenen Walnüssen und Käse
chorizo	cho·*ri*·so	mexikanische Wurst, mit Chili und Essig
chuleta de puerco	chu·*le*·ta de *puer*·ko	Schweinekotelett
churros	chu·*rros*	Krapfen (wie Donuts)
cochinita pibil	ko·tchi·*ni*·ta pi·*bil*	Schwein, mariniert in Chilis, eingewickelt in Bananenblätter und im Erdloch gegart
coco	*ko*·ko	Kokosnuss
coctel de frutas	kok·*tel* de *fru*·tas	Fruchtcocktail
cordero	kor·*de*·ro	Lamm
costillas de res	kos·*ti*·jas de res	Rinderrippchen
crema	*kre*·ma	Sahne
crepas	*kre*·pas	Crêpes oder dünne Pfannkuchen
elote	e·*lo*·te	frischer Mais
empanada	em·pa·*na*·da	Pastete mit Fleisch, Käse oder Früchten
empanizado	em·pa·ni·*sa*·do	kurz angebraten
enchilada	en·tchi·*la*·da	Maistortilla mit Chilisauce, Fleisch oder Geflügel und Käse
ensalada	en·sa·*la*·da	Salat
filete al la tampiqueña	fi·*le*·te al la tam·pi·*ke*·nja	Steak im Tampico-Stil, dünnes Filet, gegrillt und mit Chilistreifen und Zwiebeln serviert; eine *quesadilla* und *enchilada*
filete	fi·*le*·te	Filet
flor de calabaza	flor de ka·la·*ba*·sa	Kürbisblüten
fresa	*fre*·sa	Erdbeere
frijoles a la charra	fri·*cho*·les a la *cha*·rra	Bohnen, gekocht mit Tomaten, Chilis und Zwiebeln (auch *frijoles rancheros)*
frijoles negros	fri·*cho*·les *ne*·gros	schwarze Bohnen
frijoles refritos	fri·*cho*·les re·*fri*·tos	gekochte, pürierte und gebratene Bohnen
frito	*fri*·to	gebraten

(Fortsetzung auf S. 113)

Die regionalen Küchen Mexikos

Mauricio Velázquez de León

Lust, alle mexikanischen *tamales*-Sorten zu probieren? Dann viel Glück! Das *Diccionario Enciclopédico de Gastronomía Mexicana* kennt landesweit 170 Varianten. Das Gleiche in Grün gilt für *moles* oder *antojitos*. Mexikos Küche ist stark regional geprägt: Mais, Bohnen und Chilis sind die Basics, aber bei dem, was genau auf dem Teller landet, bestimmen Geografie, Klima und Geschichte mit.

DIE NÖRDLICHEN BUNDESSTAATEN: BAJA CALIFORNIA, BAJA CALIFORNIA SUR, SONORA, CHIHUAHUA, DURANGO, COAHUILA, NUEVO LEÓN & TAMAULIPAS

Rindfleisch, Meeresfrüchte und – anstelle von Mais – Weizenmehl prägen den weitläufigen Norden. Fünf der acht Bundesstaaten grenzen an US-Territorien, die einst zu Mexiko gehörten – da ist es keine Überraschung, dass einige regionale Spezialitäten denen Kaliforniens, Texas' und Arizonas entsprechen, etwa Burritos, Fajitas und Nachos. Dennoch hat das nördliche Mexiko eine ganz eigene Küche, die nur auf dieser Seite der Grenze serviert wird.

Vor allem im Zentrum ist der Norden knochentrocken. Die Landschaft dort wird dominiert von den zwei größten mexikanischen Wüsten Sonora und Chihuahua, und Rindfleisch ist das A und O in der Küche. Typisch sind z. B. *mochomos*, eine Spezialität aus Sonora und Chihuahua: getrocknetes Rindfleisch, das mit Zwiebeln und Knoblauch gekocht wird. Man füllt damit Tacos aus *tortillas de harina* (Weizenmehl-Tortillas).

Ein Hauptgericht im reichen Nuevo León und seiner Hauptstadt Monterrey *cabrito asado* (gegrilltes Zicklein). Dieses wird an großen Spießen über offenem Feuer gebraten und in Bergen serviert. Die optimale Beilage dazu sind *frijoles borrachos* (betrunkene Bohnen) – Bohnen mit Tomaten, Knoblauch, Koriander, Speck und Bier.

In Baja California dominiert die maritime Umgebung die Teller. *Mariscos* (Scha-

Fischtacos, Bier und Strand – perfekt

JOHN ELK III / ALAMY

top five
NÖRDLICHE BUNDESSTAATEN

Antojitos
Tacos de pescado in Baja California, *mochomos* in Sonora und Chihuahua.

Hauptgerichte
Cabrito asado in Monterrey, *jaiba rellena* in Tamaulipas

Getränke
Weine aus Baja California

Naturprodukte
Tortillas de harina

Restaurants
Fonda de la Tía Chona (S. 418) in Durango

lentiere) und *pescado* (Fisch) gibt's hier *al ajillo* (mit Knoblauchsauce mit *guajillo*-Chili), *a la plancha* (vom Grill) oder *a la diabla* (mit Knoblauch, Tomaten und *cascabel*-Chili). *Tacos de pescado* (Fischtacos) sind rund um die Uhr der Renner, ebenso Varianten mit Hummer und Tacos aus Schwarzbohnen. Auch der lange, schmale Bundesstaat Tamaulipas steht im Zeichen der Meeresfrüchte: Die erste Geige spielen hier z. B. *jaibas rellenas* (Blaukrabben gefüllt mit Krebsfleisch, Tomaten, Chilis, Kapern, Oliven und Rosinen) und Krebssuppe *al chilpachole* mit *epazote* (Weißer Gänsefuß), *chile chipotle* und Tomaten.

ZENTRALE PAZIFIKKÜSTE: SINALOA, NAYARIT, JALISCO & COLIMA

Die vier Bundesstaaten quetschen sich zwischen die Sierra Madre Oriental und den Pazifik und bergen u. a. die berühmten Urlaubsorte Puerto Vallarta, Manzanillo und Mazatlán.

Das Klima in Sinaloa, Nayarit und Colima ist gemäßigt mit kurzen, aber intensiven Regenzeiten. Diese Gegend prägen die vielfältige traditionelle Landwirtschaft und die noch abwechslungsreicheren Küsten. Typisch für Sinaloa sind *tamales de camarón*. Nayarit tischt dagegen klassischen *pescado zarandeado* auf: Dieser Fisch wird in *zarandas* oder Holzgrills direkt am Strand gegart. Auch Colima serviert Maritimes, aber charakteristischer ist das *tatemado de puerco* (Schweinerippchen mit einer Art *mole* aus Chili, Ingwer und Gewürzen).

Etwas Limette zur *birria*?

GREG ELMS

top five

ZENTRALE PAZIFIKKÜSTE

Antojitos
Tortas ahogadas in Guadalajara, *tamales de camarón* in Sinaloa

Hauptgerichte
Tatemado de puerco in Colima, *birria* in Guadalajara

Getränke
Tequila

Kulinarisches Mekka
Mercado Libertad in Guadalajara

Restaurants
Los Xitomates (S. 504) in Puerto Vallarta

Viele Traditionen in Jalisco (z. B. Mariachis und Tequila) gelten als typisch mexikanisch. Die staatseigenen Spezialitäten genießt man am besten in der Hauptstadt Guadalajara. Deren Einwohner, *Tapatios* genannt, sind ungemein stolz auf das leckerste *birria* (Ziegeneintopf in Agavenblättern mit *chile de árbol*) weit und breit. Dasselbe gilt für die traditionellsten *tortas ahogadas* (ertränkte Tortas) der Region, Sandwiches mit einer Füllung aus *carnitas* (gebratenem Schweinefleisch) und Bohnen in superscharfer Salsasauce.

SÜDLICHE PAZIFIKKÜSTE: OAXACA, GUERRERO & CHIAPAS

Die indigenen Kulturen haben mithilfe der zahllosen Zutaten dieser subtropischen Region einige der interessantesten Küchentraditionen Mexikos gezaubert.

Oaxaca ist das „Land der Sieben *moles*" und die „Welthauptstadt des *mezcal*". Zu den Sieben *moles* zählen u. a. die weltberühmte *mole negro* (schwarze *mole*), die Variante *almendrado* (angedickt mit *chile ancho* und Mandeln) und *mole verde* (grüne *mole*) aus Bohnen, *tomatillos, epazote* und dem einheimischen Kraut *hoja santa*. Beliebt sind auch diverse *tamales* und Suppen, z. B. *tamales oaxaqueños* mit *mole negro* oder *caldillo de nopales con camarón*, mit Garnelen und Kaktusblättern. Zudem ist der Staat Insektenspezialist: Gebratene oder gegrillte *chapulines* (Heuschrecken) mit Limettensaft und Salz werden überall als *botanas* (Snacks) gereicht.

In Guerrero kommen in Touristenhochburgen wie Acapulco und Ixtapa Zihuatanejo und in den kleinen Fischer- und Bergdörfern gleichermaßen tolle Meeresfrüchte auf den Tisch, z. B. *ceviches* mit Fisch aus der Sierra oder *pescado a la talla* (marinierter Fisch mit *chile*

top five SÜDLICHE PAZIFIKKÜSTE

Antojitos
Chapulines und Rote Agavenwürmer mit Salsa in Oaxaca

Hauptgerichte
Grüne *pozole* nach Guerrero-Art und *mole negro*, eine der Sieben *moles* von Oaxaca

Getränke
Margaritas in Acapulco, *mezcal* in Oaxaca

Kulinarisches Mekka
Mercado 20 de Noviembre (S. 803) in Oaxaca

Restaurants
La Biznaga (S. 804) in Oaxaca, Casas Viejas (S. 948) in Chiapas

Chapulines auf einem Markt in Oaxaca CHARLOTTE HINDLE

ancho und Gewürzen), gekocht über offener Flamme. Strandlokale und Nobelrestaurants servieren zudem *camarones Barra Vieja* (gekochte Garnelen in Fischsud mit *chile guajillo*, Gewürzen und *chipotle*). In Guerrero liegt die Durchschnittstemperatur bei 32 °C, und trotzdem verspeisen traditionsbewusste Einheimische jeden Donnerstag herzhaft-heiße *pozole*-Variationen mit *epazote*, gemahlenen Kürbissamen, *tomatillos* und Gewürzen.

Chiapas' großer indigener Bevölkerungsanteil pflegt bis heute uralte kulinarische Traditionen: *Armadillo* (Gürteltier) – *en adobo* (in dickflüssiger Chilisauce) oder *en escabeche* (sauer eingelegt) – ist seit Jahrhunderten bekannt und beliebt. Dasselbe gilt für *bazo relleno* (Rindfleisch mit einer Füllung aus Kochbananen, Kartoffeln, hartgekochtem Ei, Rosinen und Oliven) oder *bosto de sardina* (gegrillte Sardinen im Bananenblatt).

HALBINSEL YUCATÁN: YUCATÁN, CAMPECHE & QUINTANA ROO

Chile habanero, die schärfste Paprikasorte der Welt, gibt in dieser Region den Ton an. Davon sollte man sich die exzellente Küche der Halbinsel aber nicht versalzen lassen. Die Touristenziele sind Cancún oder Playa del Carmen, aber in historischen Siedlungen wie Mérida, Valladolid, Motul und Chetumal lässt sich die kulinarische Liaison zwischen Mayatradition und Karibik viel besser entdecken. *Recado* ist ein Universalbegriff für Marinaden aus getrockneten Chilis, Gewürzen, Kräutern und Essig. Damit werden z. B. Fleisch und Geflügel verfeinert. Weit verbreitet ist die Variante *recado rojo* mit *achiote* (Annattosamen), die dem berühmtesten Regionalgericht *cochinita pibil* (Schweinefleisch nach *pibil*-Art) sein Aroma und die intensive rote Farbe verleihen. *Pib* bezeichnet ein „Loch im Boden", und *al pibil* eine örtliche, seit Jahrunderten existierende Kochtechnik. Trotz des extremen *chile habanero* ist die Küche nicht per se höllenscharf: Das Chili ist meist nur in Salsasaucen, die man am Tisch selbst dazugeben kann. Lecker sind die Saucen z. B. mit *papadzules* (Tacos gefüllt mit hartgekochtem Ei und Kürbissamensauce) oder *panuchos*, kleinen Maismehltortillas. Sie werden mit Bohnen und hartgekochtem Ei gefüllt und dann leicht angebraten. Dazu isst man Fleisch oder gehacktes *cochinita pibil* und eingelegte rote Zwiebeln.

top five HALBINSEL YUCATÁN

Antojitos
Papadzules und *panuchos*

Hauptgerichte
Cochinita pibil und *sopa de lima*

Getränke
Xtabentún, der „Likör der Götter"

Naturprodukt
Habanero-Chili

Restaurants
Checándole (S. 963) in Cancún, Príncipe de Tutul-Xiu in Maní

Cochinita pibil GREG ELMS

MEXICO CITY

In puncto Essen ist Mexico City einfach unschlagbar. Seit jeher profitiert die Stadt von den Kochkünsten zahlloser Einwanderer. Im typischen Verkehrschaos sind die *capitalinos* (Einwohner der Hauptstadt) ständig in Bewegung und sorgen so für eine der lebendigsten Imbiss-Esskulturen des Planeten; sie betreiben zahllose Esslokale, von schlichten *loncherías* (Imbissbuden) bis zu Gourmettempeln. Angeblich findet man in Mexico City für jeden Tag eines ganzen Jahres einen anderen Ort für Frühstück, Mittag- und Abendessen.

Die Metropole gilt als Hauptstadt der *antojitos*, die nahezu an jeder Ecke zu haben sind – ob aus Körben an einem Fahrrad oder an *puestos* (Straßenständen) auf den Plazas. Dazu kommen Marktrestaurants und Tausende *taquerias* und *torterías*. Der Mercado de la

top five
MEXICO CITY

Antojitos
Huaraches, Tacos, Tortas und *esquites*

Hauptgerichte
Ensalada de nopales und *carnitas*

Getränke
Agua de jamaica oder *tamarindo*

Märkte
Mercado de la Merced

Restaurants
El Bajío (S. 185) und Pujol (S. 185)

Kürbisblüten auf einem Markt in der Stadt
GREG ELMS

Merced und andere Märkte quellen über vor klassischen *huaraches* (fußlangen Tortillas), Kürbisblüten und Quesadillas mit *huitlacoche. Esquites* (gekochter Mais mit *epazote*, Limettensaft und Chilipulver) zählen zu den traditionellen Leckereien auf den Plazas.

Die Restaurants und *fondas* der Stadt repräsentieren die ganze kulinarische Vielfalt Mexikos, unzählige Lokale sind auf bestimmte Regionen oder Küchen spezialisiert. Vegetarier können sich an *ensalada de nopales* (Salat aus Kaktusblättern) laben. *Carnitas* (geschmortes Schweinefleisch) gibt's überall. Noblere Lokale, z. B. das Los Danzantes (S. 186) haben sich Köstlichem aus Oaxaca verschrieben, andere wie das El Bajío (S. 185) tischen tolle Traditionsgerichte verschiedener Regionen auf. Vielerorts findet sich die *nueva cocina mexicana*, bei der Technik und Raffinesse der Haute Cuisine auf mexikanische Traditionsrezepte trifft. Im Restaurant Izote (S. 185) etwa zaubert Patricia Quintana Hummer-Enchiladas mit Kürbissamensauce und Chefkoch Enrique Olvera vom Pujol (S. 185) wird von den Gästen u. a. für seine *ravioles de aguacate, camarón y mayonesa picante* (Avocado-Ravioli mit Garnelen und würziger Mayonnaise) geliebt.

GOLFKÜSTE: VERACRUZ & TABASCO

La Villa Rica de la Vera Cruz (das heutige Veracruz) wurde von den Konquistadoren als erste Stadt auf dem amerikanischen Kontinent gegründet und entwickelte sich zur wichtigsten Schnittstelle zwischen Karibik und Europa. Dieser Multikulti-Mix brachte die reichhaltige, facettenreiche Küche der Region hervor: *Antojitos* wie *tostadas de jaiba* (Blaukrabben-*tostadas*), *gorditas infladas* (gefüllte dicke Maismehltortillas) und *tamales de frijol con polvo de aguacate* (Bohnen-*tamales* mit Avocadomark) sind eindeutig präkolonial, der *huachinango a la veracruzana* (roter Schnapper mit Tomaten, Oliven, Kapern und Zwiebeln) dagegen wirkt recht mediterran; *mondongo* (Kuttelsuppe) oder *molotes* (gestampfte Kochbananen) und Zutaten wie Zuckerrohr oder Yucca zeugen vom Einfluss karibischer bzw. afrikanischer Sklaven, die man einst hierher verschleppte.

Rund um Veracruz gibt's viele Zuckerrohr- und Kaffeeplantagen. Aus Zuckerrohr brauen die Einheimischen *aguardiente* (buchstäblich Feuerwasser), einen derben Schnaps, der definitiv nichts für Zartbesaitete ist! Mexikos erste Kaffeesträucher wurden 1800 bei Acayucan in Veracruz gepflanzt. In vielen Hochlandgebieten des Staates sind Nebel und dichte Wolken an der Tagesordnung – ideale Bedingungen für den Anbau von hochwertigem *coffea Arabica*. Aus Städten wie Coatepec, Huatusco und Coscomatepec kommen heute einige der

top five GOLFKÜSTE

Antojitos
Tostadas de jaiba und *gorditas infladas*

Hauptgerichte
Huachinango a la veracruzana

Getränke
Aguardiente und einheimischer Kaffee

Naturprodukt
Kakao und Vanille

Restaurants
La Fonda (S. 749) in Xalapa, Gran Café de la Parroquia (S. 761) in Veracruz

Kaffee ausschenken nach Veracruz-Art

GREG ELMS

weltbesten Kaffeesorten. Man kann sie z. B. im Gran Café de la Parroquia (S. 761) in Veracruz testen, das seit 1809 *café con leche* und andere köstliche Koffeingetränke serviert.

EL BAJÍO: QUERÉTARO, GUANAJUATO, MICHOACÁN, SAN LUIS POTOSÍ, AGUASCALIENTES & ZACATECAS

El Bajío zeichnet sich durch gemäßigtes Klima und fruchtbaren Boden aus. Die Region grenzt den rinderreichen Norden von den Ackerbaustaaten des mexikanischen Südens ab. Einst besiedelten die Purépecha den Großteil des modernen Michoacán. Ihre kulinarischen

Avocados, ein Grundnahrungsmittel in El Bajío

GREG ELMS

top five EL BAJÍO

Antojitos
Corundas und *uchepos (tamales)* in Michoacán

Hauptgerichte
Enchiladas queretanas in Queretaro, *churípo* und *carnitas* in Michoacán

Getränke
Pulque und *atoles*

Naturprodukt
Avocado

Restaurants
Los Dorados de Villa (S. 650) in Zacatecas

Einflüsse prägen die regionale Küche bis heute. *Gorditas* (dicke Maismehltortillas) werden hier u. a. als *ichúscutas* und *yururichustasas* zubereitet, unter die anderen *purépecha antojitos* fallen z. B. *uchepos* (Süßmais-*tamales*). *Churípo* ist Michoacáns traditioneller Eintopf aus Rindfleisch, Kohl, Kartoffeln, Kichererbsen, Karotten und *chile guajillo*. Uruapan verspeist bevorzugt *carnitas* mit Avocado. In San Luis Potosí landen *cabuches* (essbare Fasskaktusblüten) auf dem Teller; zusammen mit *el asado de la boda* (gekochtes Schweinefleisch mit

Pueblas leckeres *mole poblano*

GREG ELMS

top five
ZENTRALMEXIKO

Antojitos
Tacos de cecina de Yecapixtla in Morelos, *gusanos de maguey con salsa borracha* in Tlaxcala

Hauptgerichte
Mole poblano und *chiles en nogada* in Puebla

Getränke
Pulque

Naturprodukt
Nopales

Restaurants
Fonda Santa Clara in Puebla

chile ancho) halten sie als einzige lokale Leibspeisen mit den berühmten *enchiladas potosinas* mit. Das uralte Getränk *atole* ist vor Ort sehr beliebt. Dafür wird Mais in Wasser bzw. Milch aufgekocht – Zucker oder *piloncillo* sorgen für Süße, einheimisches Obst für Aroma. Aber *atoles* sind nicht immer süß.

ZENTRALMEXIKO: PUEBLA, TLAXCALA, HIDALGO & MORELOS

Mole poblano wurde einst von Nonnen in einem der zahlreichen Kloster Pueblas erfunden. Es repräsentiert einen perfekten Mix aus spanischer und indigener Kochkultur. Eine tolle vegetarische Version enthält *nopales* (essbare Kaktusblätter). Eine weitere Puebla-Spezialität, *chiles en nogada*, transportiert gar eine patriotische Botschaft. Man füllt eine grüne Paprika mit Hackfleisch und Trockenfrüchten und garniert sie mit weißer *nogada* (Walnuss-Sahnesauce) und roten Granatapfelkernen – *et voilá*: Auf dem Teller prangen die Farben der mexikanischen Nationalflagge. Die Delikatesse wurde angeblich 1821 zu Ehren Agustin de Iturbides erfunden, der Puebla besuchte, nachdem er im Namen der Neuen Republik den Unabhängigkeitsvertrag mit Spanien unterzeichnet hatte. Die Stadt veranstaltete ein üppiges Bankett, doch aus Angst vor einem gegnerischen Giftanschlag rührte Iturbide nichts an – bis man ihm *chiles en nogada* vorsetzte. Diese ließen den Unabhängigkeitsführer seine Vorsicht vergessen, und er griff zu.

(Fortsetzung von S. 104)

galleta	ga·*je*·ta	Keks
gelatina	che·la·*ti*·na	Sülze; auch Jello
gorditas	gor·*di*·tas	kleine Kreise aus Tortillateig, gebraten und mit Fleisch und/oder Käse garniert
guacamole	gua·ka·*mo*·le	pürierte Avocado, oft mit Limonensaft, Zwiebeln, Tomaten und Chili
helado	e·*la*·do	Eis
hígado	i·ga·do	Leber
horchata	hor·*cha*·ta	Getränk aus Melone
huachinango veracruzana	hua·chi·*nan*·go we·ra·kru·*sa*·na	*Red Snapper* im Veracruz-Stil, mit Tomaten, Oliven, Essig und Kapern
huevos fritos	*hue*·wos *fri*·tos	gebratene Eier
huevos motuleños	*hue*·wos mo·tu·*le*·njos	gebratene Eier in Maistortillas mit Erbsen, Tomaten, Schinken und Käse
huevos rancheros	*hue*·wos ran·*che*·ros	gebratene Eier auf einer Maistortilla, garniert mit Tomatensauce, Chilis und Zwiebeln, serviert mit pürierten und gebratenen Bohnen
huevos revueltos	*hue*·wos re·*vuel*·tos	Rühreier
huitlacoche	huit·la·*ko*·che	Maispilz – ein begehrter Schmarotzerpilz, der auf Mais wächst
jaiba	*chai*·ba	Krabbe
jamón	cha·*mon*	Schinken
jitomate	chi·to·*ma*·te	rote Tomate
jugo de manzano	*chu*·go de man·*sa*·na	Apfelsaft
jugo de naranja	*chu*·go de na·*ran*·cha	Orangensaft
jugo de piña	*chu*·go de *pi*·nja	Ananassaft
langosta	lan·*gos*·ta	Hummer
leche	*le*·che	Milch
lengua	*len*·gua	Zunge
licuado	li·*kua*·do	Shake
limón	li·*mon*	Limone (Zitronen gibt's in Mexiko selten)
lomo de cerdo	*lo*·mo de *ser*·do	Schweinelende
machacado	ma·cha·*ka*·do	pulverisiertes Dörrfleisch, oft mit Ei verrührt
mantequilla	man·te·*ki*·ja	Butter
mariscos	ma·*ris*·kos	Meeresfrüchte
menudo	me·*nu*·do	Eintopf mit Innereien
milanesa	mi·la·*ne*·sa	dünne Scheiben Rind oder Schwein, paniert und gebraten
mixiote	mi·*schio*·te	mit Chili gewürztes Lamm, in Agavenblättern oder Backpapier gegart
mole negro	*mo*·le *ne*·gro	Huhn oder Schwein in einer sehr dunklen Sauce mit Chilis, Früchten, Nüssen, Gewürzen und Schokolade
mole poblano	*mo*·le po·*bla*·no	Huhn oder Truthahn in einer Sauce aus Chilis, Früchten, Nüssen, Gewürzen und Schokolade
mole	*mo*·le	traditioneller Eintopf

mollejas	mo·*je*·chas	Bries (Thymus oder Pankreas)
nieve	*nie*·we	Sorbet
nopalitos	no·pa·*li*·tos	gebratene oder gegrillte Kaktussprossen
ostras/ostiones	*os*·tras/os·*tio*·nes	Austern
pan	pan	Brot
papas fritas	*pa*·pas *fri*·tas	Pommes Frites
papas	*pa*·pas	Kartoffeln
pastel	pas·*tel*	Kuchen
pato	*pa*·to	Ente
pay	*pa*·i	Pastete
pechuga	pe·*tchu*·ga	Brust
picadillo	pi·ka·*di*·jo	Rinderhackfüllung, oft mit Früchten und Nüssen
piña	*pi*·nja	Ananas
pipian verde	pi·*pian wer*·de	Eintopf aus Huhn, mit gemahlenen Kürbiskernen, Chilis und *tomatillos*
platano macho	*pla*·ta·no *ma*·cho	Kochbanane
platano	*pla*·ta·no	Banane
pollo	*po*·jo	Huhn
postre	*pos*·tre	Nachspeise
pozole	pa·*so*·le	Suppe oder dünner Eintopf aus Maisgrütze, Fleisch, Gemüse und Chilis
pulpo	*pul*·po	Oktopus
quesadilla	ke·sa·*di*·ja	Käsetortilla, gebraten oder gegrillt
queso fundido	*ke*·so fun·*di*·do	geschmolzener Käse, oft mit *chorizo* oder Pilzen, zusammen mit Tortillas als Vorspeise serviert
rajas	*ra*·chas	Streifen milder, grüner Chilis, mit Zwiebeln gebraten
sábana	*sa*·ba·na	Filet mignons, hauchdünn geklopft und getrocknet
sopa de ajo	*so*·pa de *a*·cho	Knoblauchsuppe
sopa de cebolla	*so*·pa de se·*bo*·ja	Zwiebelsuppe
sopa de pollo	*so*·pa de *po*·jo	Hühnersuppe
sopa	*so*·pa	Suppe
sope	*so*·pe	eine Art *gordita*
taco	*ta*·ko	Füllung aus Fleisch, Geflügel oder Gemüse, eingewickelt in eine Tortilla
té de manzanillo	te de man·sa·*ni*·jo	Kamillentee
té negro	te *ne*·gro	schwarzer Tee
tinga poblana	*tin*·ga po·*bla*·na	Eintopf aus Schwein, Gemüse und Chilis
tocino	to·*si*·no	Speck
tomates verdes	to·*ma*·tes *wer*·des	Tomatillos/grüne Tomaten
toronja	to·*ron*·cha	Grapefruit
tuna	*tu*·na	Kaktusfrucht
venado	we·*na*·do	Wild
verduras	wer·*du*·ras	Gemüse

Natur & Umwelt

Mexikos unendlich facettenreiche Umwelt macht Trips durch dieses Land zu einem spannenden Vergnügen. Ständig offenbaren sich dem Auge neue Reize – von schneebedeckten Vulkanen und weiten Kakteenwüsten bis hin zu üppigen Tropenwäldern und Küstenlagunen mit vielfältiger Unterwasserwelt. Dank seiner Lage zwischen gemäßigter und tropischer Zone besitzt dieses Naturparadies die vierthöchste Artenvielfalt des Planeten. Auf etwas über 1 % der Erdoberfläche tummeln sich hier mehr als 10 % aller Vögel, Säugetiere, Reptilien, Fische und Pflanzen der Welt. Viele von ihnen sind ausschließlich in Mexiko beheimatet – darunter über 150 Säugetierarten.

GEOGRAFIE

Mexikos eindrucksvolle Topografie ist sehr ursprünglich und vielfältig. Die Hälfte der beinahe 2 Mio. km² großen Landesfläche liegt über 1000 m hoch, während die Küstenlinie eine Gesamtlänge von 10 000 km erreicht.

Hochland & Sierras

Die Berge und das Hochland im Westen der USA setzen sich bis ins nördliche Mexiko fort. In der Landesmitte erhebt sich mit dem Altiplano Central eine Reihe breiter Plateaus. Diese wird von zwei langen Bergketten gesäumt: Der Sierra Madre Occidental im Westen und der Sierra Madre Oriental im Osten. Den Großteil des nördlichen Altiplano belegt der spärlich bewachsene Desierto Chihuahuense (Chihuahua-Wüste), der sich nordwärts bis Texas und New Mexico erstreckt. In den sanften Hügeln und breiten Tälern des südlichen Altiplano liegen beste Ackerbau- und Viehzuchtgebiete.

Die beiden *sierras madre* treffen an der Cordillera Neovolcánica aufeinander. Diese spektakuläre Vulkankette mit den aktiven Feuerbergen Popocatépetl (5452 m) und Volcán de Fuego (3820 m) verläuft von Osten nach Westen quer durch Zentralmexiko. Pico de Orizaba (5611 m) und Iztaccíhuatl (5220 m) sind die beiden anderen höchsten Gipfel des Landes.

Nur zwei Verkehrswege führen durch die schroffen Weiten der Sierra Madre Occidental: Der Ferrocarril Chihuahua Pacífico (Chihuahua-Pazifik-Eisenbahn) durch die Kupferschlucht und der dramatische Hwy 40 von Durango nach Mazatlán.

R. J. Secors *Mexico's Volcanoes: A Climbing Guide* ist Pflichtlektüre für alle, die den zentralmexikanischen Vulkangürtel bezwingen wollen.

Küstenebenen

Zwischen den *sierras madre* und dem Meer liegen die schmalen Küstenebenen. Durch die Ebene der Golfküste fließen viele Flüsse, die von der Sierra Madre Oriental herabkommen. Im Westen Mexikos erstreckt sich eine trockene Ebene von der Grenze der USA bis fast nach Tepic im Bundesstaat Nayarit. Ihr nördliches Ende ist Teil der zweitgrößten Wüste, des Desierto Sonorense (Sonora-Wüste) entlang der mexikanisch-amerikanischen Grenze.

Südlich von Puerto Vallarta verjüngt sich die pazifische Ebene zu einem dünnen Streifen. Eine andere Gebirgskette, die Sierra Madre del Sur, erstreckt sich durch die Staaten Guerrero und Oaxaca und endet an der Landenge von Tehuantepec – mit 220 km die schmalste Stelle Mexikos. Die nördliche Seite der Landenge ist eine sumpfige Ebene, die von Flüssen durchzogen wird.

Der tiefe Süden

Östlich des Isthmus von Tehuantepec, Chiapas, liegt der südlichste Staat Mexikos: Chiapas zieht sich von der fruchtbaren Ebene El Soconusco fast 3000 m zum Hochland hinauf und zu den Urwäldern im Tiefland wieder hinunter, die sich bis ins nördliche Guatemala erstrecken. Der Urwald geht auf der Halbinsel Yucatán in eine tropische Savanne über – ein flaches, tiefes Kalksteinplateau, das den Golf von Mexiko vom Karibischen Meer trennt.

Erst 1943 entstand der Paricutín (2800 m), Mexikos jüngster Vulkan in Michoacán.

TIERE & PFLANZEN

Mexikos Tier- und Pflanzenwelt ist exotisch und faszinierend: Sie reicht von den Walen, Seelöwen und Riesenkakteen der Baja California bis zu den Großkatzen, Brüllaffen, Quetzals und Nebelwäldern des Südostens. Immer mehr örtliche Veranstalter setzen auf Öko- und Aktivtourismus.

Tiere

Im Norden Mexikos hat das urbane Wachstum u. a. Pumas (Berglöwen), Rotluchse und Dickhornschafe in entlegene, oft gebirgige Gegenden verdrängt. Dasselbe gilt für Wölfe, Hirsche und Kojoten.

Tropical Mexico – The Ecotravellers' Wildlife Guide von Les Beletsky ist ein toll illustrierter, informativer Führer über die Artenvielfalt des südöstlichen Mexiko – zu Lande, zu Wasser und in der Luft.

Baja California ist für Walbeobachtungen in den ersten Monaten des Jahres bekannt. Dann schwimmen Grauwale 10 000 km von der Arktis hierher, um in den Küstengewässern ihren Nachwuchs aufzuziehen (s. Kasten S. 315). Im Meer von Cortez (Golfo de California) zwischen Baja und Festland lebt über ein Drittel aller Meeressäuger der Welt – darunter vier verschiedene Walarten, Pelzrobben, Seelöwen und -elefanten.

An den Küsten zwischen Baja und Chiapas bzw. Nordosten und Halbinsel Yucatán liegen mit die wichtigsten Brutgebiete für Meeresschildkröten. In mexikanischen Gewässern sind sieben der acht weltweit existierenden Spezies beheimatet. Manche Weibchen legen unglaubliche Distanzen zurück. So schwimmen z. B. unechte Karettschildkröten quer durch den Pazifik. Sie legen ihre Eier ab, wo sie selbst geschlüpft sind. Mexiko hat über 100 geschützte Brutstrände. Es ist verboten, die Tiere zu töten oder die Eier zu sammeln.

An Pazifik- und Golfküste tummeln sich Delphine, während Krokodile v. a. im Süden des Landes viele Feuchtgebiete an der Küste unsicher machen. Die vielfältigste Unterwasserwelt haben die karibischen Korallenriffe vor der Halbinsel Yucatán – weltweit einmalig zum Tauchen und Schnorcheln!

SWOT (www.seaturtlestatus.org) überwacht den aktuellen Weltbestand der Meeresschildkröten.

In den noch vorhandenen Tropenwäldern des südöstlichen Festlands leben fünf verschiedene Großkatzenarten – Jaguar, Puma, Ozelot, Jaguarundi (Wieselkatze) und Margay (Langschwanzkatze). Dazu kommen Klammer- und Brüllaffen, Tapire, Ameisenbären und einige tropische Raubreptilien wie die Boa Constrictor. Die Raubkatzen leben heute meist in entlegenen Gebieten in Chiapas, Tabasco und der Halbinsel Yucatán.

Mexikos Küsten sind Vogelparadiese. Dies gilt v. a. für Flussmündungen, Lagunen und Inseln. Alljährlich fliegen geschätzte 3 Mrd. Zugvögel zur oder über die Halbinsel Yucatán. Der Bundesstaat Veracruz ist Migrationskorridor für gewaltige Greifvogelschwärme. Sogar im trockeneren Inland stößt man auf viele Vogelarten. Südlich von Tampico im Osten bzw. rund um Mazatlán im Westen des Landes leben tropische Spezies wie Trogone, Kolibris, Papageien und Prachtmeisen. Die südöstlichen Ur- und Nebelwälder sind die Heimat von farbenprächtigen Aras, Tukanen, Guanen und Quetzals. Bei Celestún und Río Lagartos liegen Yucatáns eindrucksvolle Flamingokolonien.

Ein unvergleichliches Insektenschauspiel offenbart die Reserva Mariposa Monarca (S. 618) in Michoacán. Millionen von Monarchschmetterlingen tauchen dort Bäume und Boden jeden Winter in strahlendes Orange.

BEDROHTE TIERARTEN

Die Internationale Naturschutzunion (International Union for Conservation of Nature, www.iucn.org) informiert über bedrohte Arten.

Mexikos staatliches Klassifikationssystem unterscheidet sich von dem der Internationalen Naturschutzunion (IUCN). Letztere erstellt die bekannte Rote Liste mit gefährdeten und vom Aussterben bedrohten Arten. Auf beiden Listen sind die Zahlen gewaltig. Sie umfassen so wundervolle Geschöpfe wie Jaguar, Ozelot, Tamandua (Kleiner Ameisenbär), Mittelamerikanischer Tapir, Klammer- und Brüllaffe, Seeotter, sieben verschiedene Meeresschildkröten, Boa Constrictor, Quetzal, Fischertukan und Nördlicher Seeelefant. Margarita-Kängururatten und Oaxacas Taschenratten wirken

SPRACHROHR DER WELT

Der US-Amerikaner Ron Mader gründete 1994 **Planeta** (www.planeta.com) als „globales Journal des praktischen Ökotourismus". Die erste Webseite zum sanften Tourismus hat sich inzwischen zu einem einflussreichen Informations- und Diskussionsportal entwickelt. Obwohl Planeta die ganze Welt abdeckt, liegt ein Schwerpunkt auf Mexiko. Dort lebt Ron seit 1997.

Warum eine spezielle Webseite zum Ökotourismus? Während meiner Zeit in Austin, Texas, konnte ich auf innovative und günstige Technologien zurückgreifen. Ich konzentrierte mich auf den Ökotourismus, da dieser bei meinen Reisen immer zentral war. So fragte ich mich, ob das damals brandneue Internet regionale Natur- und Kulturschutzmaßnahmen präsentieren könnte. Bei einer Meditation nannte ich die Webseite „Planeta" – würden wir zuhören, wenn die Welt spräche?

Was bedeutet verantwortungsbewusster Tourismus? Andere so zu behandeln, wie sie behandelt werden möchten. Die Tourismusbranche spricht immer von „Zielen" – in Wahrheit betreten wir jedoch die jeweilige Heimat unserer Mitmenschen. Mehr Traveller wollen unterwegs weniger Spuren hinterlassen. Sie möchten die örtliche Gemeinschaft unterstützen und deren Kultur verstehen. So versuchen Touristen und Einheimische, einen verantwortungsbewussten Tourismus zu realisieren.

Wie wird dies momentan in Mexiko umgesetzt? Beim sanften Tourismus spielt Mexiko eine Vorreiterrolle. Allerdings muss man die Hochglanzbroschüren beiseitelegen. Renommierte Tourveranstalter schaffen Arbeitsplätze vor Ort, während sie Besucher erfolgreich informieren und unterhalten. Ich bin ein großer Fan kleiner Familienunternehmen, wie z.B. Pedro Martínez (S. 796) in Oaxaca. Einheimische und Traveller profitieren gleichermaßen von seinen Radtouren – Land und Leute werden dabei stets respektiert.

Ist die Situation in Mexiko optimal oder gibt's auch Schattenseiten? Auf nationaler Ebene gilt die Devise „klein, aber fein" leider noch nicht. Investitions- und Werbemaßnahmen fördern bevorzugt große Urlaubsorte anstelle kommunaler Einrichtungen. Neue Golfplätze in der Wüste und Yachthäfen am Meer zielen auf den Jetset ab. Seltsamerweise erweist sich die mexikanische Bürokratie als Haupthindernis für verantwortungsbewusste und nachhaltige Tourismusprojekte.

Der beste Tipp für umweltbewusste Mexiko-Traveller? Clever denken, langsam reisen – je länger der Trip, desto mehr werden Natur und Umwelt geschont. Das produzierte Kohlendioxid macht Wochenendtrips zu echten Umweltsünden. Bei ein- bis sechsmonatigen Reisen lässt sich Mexiko wesentlich intensiver und angenehmer erleben. Dies gilt besonders dann, wenn Traveller frühzeitig recherchieren, Kontakte knüpfen und Onlineforen wie Planeta oder den **Thorn Tree** (www.lonelyplanet.com/thorntree) nutzen. Zu guter Letzt bedeutet „langsames Reisen" v.a. eins: Nach der Heimkehr alle gemachten Erfahrungen reflektieren, Empfehlungen und Tipps mit anderen teilen.

weniger spektakulär. Dennoch würde sich ihr Verschwinden auf die umgebende Tier- und Pflanzenwelt auswirken. Zudem kommen diese Arten nur in Mexiko vor. Sterben sie hier aus, sind sie verloren.

2007 führte die IUCN für Mexiko folgende Zahlen: Von 2945 Tierarten waren 141 vom Aussterben bedroht, 215 stark gefährdet und weitere 223 gefährdet. In den USA und Mexiko ist die Gefährdung so hoch wie sonst nirgends auf dem amerikanischen Kontinent.

Keine einheimische Spezies Mexikos ist so bedroht wie der Vaquita (Kalifornischer Schweinswal). Das kleinste Meeressäugetier lebt nur im nördlichen Meer von Cortez: Es sind nur noch weniger als 600 Tiere.

Vogelfans haben am Besten *Mexican Birds* von Roger Tory Peterson und Edward L. Chalif in der Tasche – oder *Birds of Mexico & Adjacent Areas* von Ernest Preston Edwards.

Pflanzen

Im Norden Mexikos liegen die artenreichsten Wüsten des Planeten. Der Desierto Chihuahuense ist die Heimat von mehr als 400 verschiedenen Kakteen. Die Flora der isolierten Baja California ist speziell und vielfältig. Sie reicht von 20 m hohen Cardón-Kakteen – den größten der Welt – bis zum bizarren Boojum-Baum, der einer umgedrehten Karotte ähnelt.

Ein Viertel aller mexikanischen Pflanzenarten liegt in den mächtigen Bergketten des Landes. Diese sind bis heute von weitläufigen Kiefernwäldern bedeckt, die wiederum 50 % aller weltweiten Vertreter dieser Baumgattung umfassen. In tiefer gelegenen Gebieten wachsen insgesamt 135 verschiedene Eichenarten. Oft verwandeln Wolken die Kiefernwälder des südlichen Berglands in feuchte, üppige Nebelwälder. Dort überziehen Epiphyten die Äste, unter denen zahllose farbenprächtige Wildblumen sprießen.

Nahe den Mayaruinen von Palenque (S. 919) und Yaxchilán (S. 933) erblickt man wahrscheinlich Brüllaffen oder hört deren unheimliche Schreie.

In den tiefergelegenen Regionen des südöstlichen Mexiko findet man v. a. die immergrünen tropischen Wälder (z. T. Regenwälder). In den artenreichen, vielfältigen Wäldern wachsen Farne, Epiphyten, Palmen und tropische Harthölzer wie Mahagoni. Zudem gedeihen hier auch Obstbäume wie Mamey und Sapodilla. Der Selva Lacandona (Lacandón-Urwald) in Chiapas ist Teil des 24 000 km² großen Maya-Tropenwaldgebiets zwischen Guatemala, Belize und dem Süden der Halbinsel Yucatán. Trotz der anhaltenden Zerstörung finden sich in diesem mächtigsten Tropenwald des Landes ein Großteil von Chiapas' 10 000 Pflanzenarten. Mexiko besitzt außerdem die größten tropischen Trockenwälder der Nordhalbkugel. Mit ihren Dornenbüschen und kleinen Bäumen (viele Akazien) ähneln die wasserarmen Wälder des nördlichen Yucatán den trockeneren Teilen der pazifischen Küstenebenen.

BEDROHTE PFLANZENARTEN

Der IUCN zufolge sind 40 mexikanische Pflanzenarten vom Aussterben bedroht, 75 stark gefährdet und weitere 146 gefährdet.

Die Wildfinder-Datenbank (www.worldwildlife.org/wildfinder) des World Wildlife Fund (WWF) umfasst über 26 000 Tierarten. Sie kann nach einzelnen Spezies oder Gebieten durchforstet werden. Für alle 60 Ökoregionen Mexikos werden Hunderte von Arten angezeigt – inklusive englischer und lateinischer Bezeichnung. Hinzu kommen die jeweilige Gefährdungsstufe und oftmals auch Fotos.

NATIONALPARKS & NATURSCHUTZGEBIETE

Neben spektakulären Nationalparks hat Mexiko weitere Naturschutzgebiete. Etwa 11 % (über 200 000 km²) der Landesfläche stehen unter staatlichem, regionalem oder kommunalem Schutz. Leider fehlen der Regierung die finanziellen Mittel, um in diesen Gebieten effektiv gegen illegale Jäger, Holzfäller, Bauern, Viehzüchter und Sammler bedrohter Arten vorzugehen. Zum Glück verwandelt das Engagement mexikanischer und internationaler Naturschutzorganisationen immer mehr „Papierparks" in reale Reservate.

Nationalparks

Mexicos 68 *parques nacionales* (Nationalparks) belegen eine Gesamtfläche von 15 050 km². Viele sind nicht einmal 10 km² groß und damit geradezu winzig. Etwa die Hälfte der mexikanischen Nationalparks wurde in den 1930er Jahren eingerichtet – oft mehr wegen ihrer Archäologie, Geschichte oder dem jeweiligen Freizeitwert als wegen der Umwelt. In jüngerer Zeit entstanden u. a. die Nationalparks von Bahía de Loreto (1996) und Archipiélago Espíritu Santo (2007) in Baja California. Wie Arrecifes de Xcalak (2000) auf Yucatán bewahren sie Küstengebiete, Inseln und Korallenriffe vor der Zerstörung. Obwohl immer noch illegal abgeholzt, gejagt und Vieh dort geweidet wird, konnten die Nationalparks große Waldgebiete schützen. Dies gilt v. a. für die hohen Nadelwälder Zentralmexikos.

Biosphärenreservate

Infos zu den Biosphärenreservaten der UNESCO gibt's unter www.unesco.org/mab.

Reservas de la biosfera (Biosphärenreservate) basieren auf der Erkenntnis, dass die ökonomische Ausbeutung ökologisch bedeutsamer Gebiete unmöglich komplett gestoppt werden kann. Stattdessen fördern sie umweltverträgliche Einkommenszweige vor Ort. Lediglich die streng geschützten Kernzonen *(zonas núcleo)* sind hiervon ausgenommen. Heute besitzt Mexiko insgesamt 37 Biosphärenreservate mit einer Gesamtfläche von 115 813 km². Die meisten gehören zum Biosphärennetzwerk der Unesco. Auf diese Weise bleiben ein paar der schönsten und biologisch interessantesten Gebiete des Landes erhalten. Der Schwerpunkt liegt dabei stets auf dem natürlichen

Park/Schutzgebiet	Attraktionen	Aktivitäten	Beste Besuchszeit
Área de Protección de Flora y Fauna Cuatrociénegas (S. 426)	Wundervolle Wüstenoase; Hunderte klarer Teiche voller Schildkröten & Fische	Schwimmen, Schnorcheln	ganzjährig
Parque Marino Nacional Bahía de Loreto (S. 322)	Inseln, Küsten & Gewässer des Meers von Cortez	Schnorcheln, Kajakfahren, Tauchen	ganzjährig
Parque Nacional Cumbres de Monterrey (S. 450)	Berglandschaft rund um Mexikos drittgrößte Stadt	Canyoning, Klettern, Wandern, Mountainbiken, Abseilen	April–Sept. (Canyoning), Okt.–April (Klettern)
Parque Nacional Iztaccíhuatl -Popocatépetl (S. 245)	Vulkanriesen am Rand des Valle de México	Wandern, Klettern	Nov.–Feb.
Parque Nacional Pico de Orizaba (S. 770)	Mexikos höchster Gipfel (5611 m)	Vulkanwandern & Klettern	Okt.–März
Parque Nacional Volcán Nevado de Colima (S. 607)	Aktive & inaktive Vulkane; Pumas, Kojoten, Kiefernwälder	Vulkanwandern	Dez.–Mai
Reserva de la Biosfera Calakmul (S. 1055)	Regenwälder mit bedeutenden Mayaruinen	Ruinen besichtigen, Tierbeobachtungen	ganzjährig
Reserva de la Biosfera El Cielo (S. 462)	Bergige Übergangszone zw. tropischen & gemäßigten Ökosystemen; Vögel, Fledermäuse, Orchideen	Wandern, Vogelbeobachtungen, Angeln, Jeeptouren	ganzjährig
Reserva de la Biosfera El Triunfo (S. 943)	Nebelwälder; viele seltene Vogelarten wie der Quetzal	geführte Wanderungen, Vogel-& Tierbeobachtungen	Jan.–Mai
Reserva de la Biosfera El Vizcaíno (S. 314)	Wüsten & Küstenlagunen, in denen Grauwale kalben	Walbeobachtungen, Treks zu vorkolonialer Felskunst	Dez.–April
Reserva Mariposa Monarca (S. 618)	Wälder mit Millionen von Monarchschmetterlingen	Schmetterlingsbeobachtungen, Wandern	Dez.–Feb.
Reserva de la Biosfera Montes Azules (S. 914)	Tropischer Urwald, Seen, Flüsse	Urwaldwanderungen, Vogel- & Tierbeobachtungen, Rafting, Kanu- & Bootsausflüge	ganzjährig
Reserva de la Biosfera Ría Celestún (S. 1032)	Flussmündung mit versteinerten Wäldern & vielen Vogelarten wie Flamingos	Vogelbeobachtungen, Bootsausflüge	März–Sept.
Reserva de la Biosfera Sian Ka'an (S. 998)	Karibischer Küstenurwald, Feuchtgebiete & Inseln mit unglaublicher Artenvielfalt	Vogelbeobachtungen, Schnorcheln & Naturtrips, v. a. per Boot	ganzjährig

Artenreichtum kompletter Ökosysteme. In diversen Biosphärenreservaten ist umweltverträglicher Tourismus zu einer wichtigen Einkommensquelle geworden. Erfolgreiche Besucherprogramme werden beispielsweise in Calakmul, El Cielo, El Triunfo, El Vizcaíno, Mariposa Monarca und Sian Ka'an betrieben.

UMWELTPROBLEME

Mexiko hat gerade erst den Kampf gegen seine ziemlich ernsthaften Umweltprobleme aufgenommen. Die Regierungen des 20. Jhs. sahen den Weg zum Wohlstand größtenteils in industriellem Wachstum, in chemischer Landwirtschaft und in der Abholzung, um Baugrund- und Holz zu gewinnen. Heute zählt Mexiko weltweit zu den 15 größten Produzenten von Kohlendioxid. Im Jahr 2007 verabschiedete die Regierung Calderón einen nationalen Entwicklungsplan. Dieser verspricht die Wiederaufforstung der Wälder und die Förderung saubererer, effizienterer Technologien. Zudem soll die Menge der Treibhausgase reduziert werden. Somit geht endlich eine mexikanische Regierung erstmals gezielt das Problem der globalen Erwärmung an.

Mexico City

Die hochgelegene Metropole Mexico City breitet sich langsam über die bergigen Ränder des Valle de México aus und droht, sich die Städte Puebla und Toluca einzuverleiben. Die Kessellage hält die verschmutzte Luft über der Stadt und verursacht Gesundheitsprobleme bei den Bewohnern. Um die schlimmen Luftwerte zu reduzieren, werden Fahrzeuge einen Tag in der Woche von den Straßen verbannt (S. 207). Mexiko City verbraucht zwei Drittel von Mexikos Strombedarf, und obwohl so viel Grundwasser abgezapft wird, dass sich die Erde überall in der Stadt senkt, muss rund ein Viertel des benötigten Wassers zusätzlich von außerhalb des Valle de México in die Stadt gepumpt werden.

Mexikos Comisón Nacional de Áreas Naturales Protegidas (www.conanp.gob.mx, spanisch) stellt online verschiedene Naturschutzgebiete vor (auf „Que Hacemos" klicken).

Wasser

Mexiko kämpft gleichzeitig um und gegen das Wasser. Während der Süden 70 % des Wassers hat, leben 75 % aller Einwohner in Nord- und Zentralmexiko. Insgesamt besitzen 11 Mio. Mexikaner (10 % der Gesamtbevölkerung) keinen eigenen Trinkwasseranschluss, 15 Mio. müssen ohne Kanalisation auskommen. Städte, Industrie und Landwirtschaft machen den ober- und unterirdischen Wasserspeichern Nord- bzw. Zentralmexikos zunehmend zu schaffen. Während der letzten 20 Jahre hat die Landwirtschaft im Norden unter diversen Dürren gelitten. Nicht nur dort wird sich die Lage durch die globale Erwärmung weiter verschlimmern.

Ein großer Teil des vorhandenen Wassers wird verschwendet. Auf dem Weg zu den Städten lassen undichte Rohre das kühle Nass zur Hälfte ungebraucht versickern. Das gilt auch für 75 % der Wassermenge für die Landwirtschaft.

Rund vier Fünftel aller Abwässer bleiben ungeklärt, während landwirtschaftliche Chemikalien ausgeschwemmt werden. Zudem landen große Müllmengen einfach in Flüssen und Seen. All dies sorgt dafür, dass landesweit drei Viertel aller oberirdischen Gewässer einen gewissen Verschmutzungsgrad aufweisen. Mexico Citys meiste Abwässer fließen in den Río Pánuco, der bei Tampico wiederum in den Golf von Mexiko mündet. Der Río Lerma versorgt auch Mexico City mit Wasser. Auf dem Weg zum bedauernswerten Lago de Chapala – dem größten Natursee des Landes – nimmt er die Abwässer und Industrieeinleitungen vieler weiterer Städte auf.

BEITRÄGE ZUM UMWELTSCHUTZ

Traveller schützen aktiv Mexikos empfindliche Umwelt, indem sie u. a. folgende Hinweise beherzigen:

- Keine Produkte aus Schildpatt, Schwarzer Koralle, Leguan oder Krokodil kaufen.
- Korallenriffe und brütende Schildkröten meiden.
- Keine Wildkakteen, ihre Samen und keine Orchideen sammeln.
- Umweltorientierte Tourismusprojekte unterstützen, die bewusst Rücksicht auf natürliche Lebensräume nehmen. Der GreenDex (S. 1154) informiert über diesbezügliche Angebote.
- Tiere am besten in ihren natürlichen Lebensräumen zusammen mit einheimischen Führern beobachten. Letzteres erschließt örtlichen Gemeinden eine umweltverträgliche Einkommensquelle und steigert die Wertschätzung für Flora und Fauna.
- Den jeweiligen Ökotourismus-Veranstalter vorab befragen, inwiefern Tiere gestört und ob Verhaltensregeln in Parks bzw. Schutzgebieten eingehalten werden. Seriöse Anbieter geben so gut wie nie eine Sichtungsgarantie.
- Wasser sparsam verwenden – besonders in Gebieten mit entsprechenden Gebotsschildern.

Wälder

Der Schutz der Wälder spielt nicht nur in punkto Erderwärmung eine elementare Rolle: Wälder fungieren häufig als wichtige Wasserspender. Heutzutage bedecken sie lediglich noch 15 % (300 000 km^2) der gesamten Landesfläche. Pro Jahr werden davon etwa 7000 km^2 durch Holz-, Weide- und Landwirtschaft vernichtet. Seit 1980 haben die beiden Bundesstaaten Chiapas und Tabasco im Süden über die Hälfte ihres Tropenwalds eingebüßt. Nach dem Abholzen führt intensive Weide- oder Landwirtschaft auf ungeeignetem Terrain häufig dazu, dass der Boden erodiert. Dadurch verlanden Flüsse und Feuchtgebiete, während fruchtbares Land verloren geht.

Die Regierung Calderón ist seit 2006 im Amt. Sie hat die Wiederaufforstung zum Hauptziel erklärt und versprochen, rigoros gegen illegale Holzfäller vorzugehen. Häufig lassen sich Letztere jedoch nicht von staatlichen Schutzmaßnahmen beeindrucken. Die Holzindustrie behandelt ihre Gegner z. T. äußerst skrupellos. Der Aktivist Aldo Zamora wurde 2007 erschossen, als er für Greenpeace die illegale Holzwirtschaft im Bundesstaat México untersuchte. In den letzten Jahren waren derartige Vorfälle keine Seltenheit.

Die Webseiten von Nature Conservancy (www.nature.org), Conservation International (www.conservation.org) und World Wildlife Fund (WWF; www.panda.org) liefern jeweils umfangreiche Umweltdetails zu Mexiko und präsentieren örtliche Projekte.

Erschließung & Entwicklung

In Mexiko wachsen die Städte rasant. Dies zieht vielfältige Probleme nach sich wie mangelnde Wasserversorgung und Abwasserkanalisation, Überbevölkerung und verkehrsbedingte Luftverschmutzung.

Auch großangelegte Tourismusprojekte bringen gewaltige Probleme mit sich. Sie gefährden v. a. die empfindlichen Ökosysteme der Baja California und der Karibikküste. Der Los-Cabos-Korridor in Baja ist bereits ein Paradebeispiel für katastrophale, unkontrollierte Stadtentwicklung. Für weitere umfangreiche Erschließungsmaßnahmen ist der Startschuss bald zu erwarten – oft sollen sie mit Unterstützung US-amerikanischer oder kanadischer Investoren realisiert werden. Hiervon werden u. a. Loreto, Todos Santos und Puerto Peñasco auf der Festlandsseite des Meers von Cortez betroffen sein. Neue Hotels, Golfplätze, Yachthäfen und Villen bedrohen Mexikos Wasservorräte und Feuchtgebiete. Zudem begünstigen sie Umweltverschmutzung und dauerhafte Ansiedlung.

Entlang der Karibikküste hat die unkontrollierte Entwicklung mittlerweile natürliche Lebensräume zerstückelt. Sogar manche Schildkrötenstrände sind nicht verschont geblieben. Die Erweiterung der Riviera Maya Richtung Süden lässt Umweltschützer fürchten, dass Wasserverschmutzung oder -mangel das Biosphärenreservat Sian Ka'an heimsuchen könnten.

Zertifikationsprogramme für nachhaltige Forstwirtschaft greifen bereits – wenn auch nur in sehr kleinem Rahmen: Aktuell sind lediglich 5000 km^2 Waldfläche erfasst.

Umweltschutzbewegung

Angesichts der Alltagsprobleme, z. B. der verkehrsbedingten Luftverschmutzung, wächst das persönliche Umweltbewusstsein der Mexikaner. Obwohl eine durchgreifende Bewegung noch nicht existiert, nehmen sich diverse kleinere Organisationen lokaler Themen an. Sogar aus dem Ausland wurden erfolgreiche Kampagnen der letzten Jahre vermehrt unterstützt – wie z. B. 2000, als der Bau einer Großsaline an der Laguna San Ignacio in der Baja California im Vorfeld verhindert werden konnte. So können Grauwale dort weiterhin in Ruhe ihren Nachwuchs aufziehen. **Pronatura** (www.pronatura.org.mx) heißt Mexikos wahrscheinlich einflussreichste Umweltorganisation. Pro Jahr investiert sie etwa 100 Mio. Mex$, um das Klima, bedrohte Arten, Landschaften und Wassereinzugsgebiete zu schützen.

Mexico City

Pulsierende, weltoffene Hauptstadt oder im Smog versinkende, kriminelle Schande? Magischer Realismus (*Frida*) oder Betondschungel (*Amores Perros –Von Hunden und Menschen)*?

Nun ja … Vielleicht erst einmal so viel: Mexico City ist ein Ort mit vielen Gesichtern.

Da sind ruhige Parks und europäische Plazas, ein wuseliges Straßenleben und geschäftige Märkte, tobende Stierkampfarenen und gesittete Cantinas, glitzernde Bürotürme und alte Klöster, urige Tanzhallen und minimalistische Clubs. Über hundert Museen zeigen Kunst oder erzählen die lange Stadtgeschichte. Gourmets pendeln zwischen Tacoständen mit Herz und Spitzenrestaurants. Und überall ertönt Musik … In Mexico City, über 2000 m hoch, ist das ganze Jahr Frühlingswetter. Und die Chilangos oder *defeños* oder *capitalinos* – oder wie immer man die Einheimischen nennen will – sind bemerkenswert geduldig und hilfsbereit.

Dennoch sind die Probleme der Stadt nicht zu übersehen. Express-Kidnapping, Taxiüberfälle, gefährliche Ozon- und Feinstaubwerte, Mega-Verkehrsstaus, überfüllte öffentliche Verkehrsmittel, nahezu ungehemmtes städtisches Wachstum – an Schlechtem ist alles vertreten. Lichtblicke sind strenge Emissionskontrollen (bessere Luft) und eine sicherere Innenstadt.

Mexico City ist und bleibt die Sonne im Sonnensystem Mexiko. Wer das Land wirklich verstehen will, kommt an El Gran Tenochtitlán nicht vorbei.

HIGHLIGHTS

- Im **Palacio Nacional** (S. 145) Diego Riveras Gemälde zur mexikanischen Geschichte studieren
- In den **Probierstuben** (Kasten S. 192) von Roma und Condesa an milden und rauchigen *mezcals* nippen
- In der **Arena Coliseo** (S. 197) den „Good Guys" bei den *lucha libre*-Runden zujubeln
- Im **Museo Nacional de Antropología** (S. 158) den aztekischen Sonnenstein und andere sagenhafte Stücke aus der vorkolonialen Geschichte Mexikos bewundern
- In der Casa Azul, dem heutigen **Museo Frida Kahlo** und Fridas blauem Geburtshaus (S. 164) in Coyoacán die Leiden der Künstlerin teilen

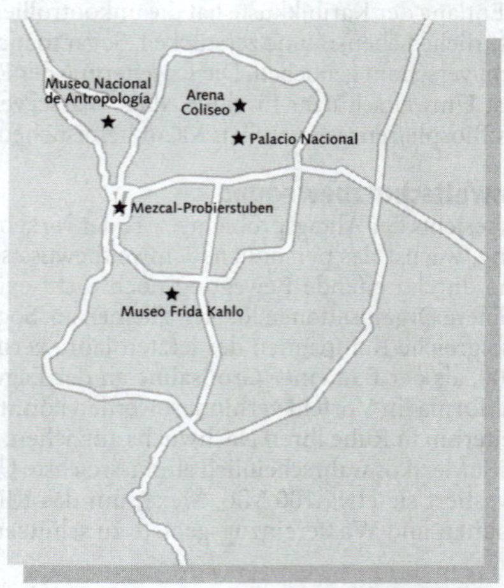

VORWAHL: 55	HÖHE: 2240 M	BEVÖLKERUNG: 19,2 MIO.

GESCHICHTE

Wer über das Asphaltmeer fährt, das heute diese Hochlandsenke bedeckt, kann sich nur sehr schwer vorstellen, dass hier vor gerade einmal fünfhundert Jahren eine Reihe von Seen war. Und dass die heutige Innenstadt einmal auf einer von Kanälen durchzogenen Insel gelegen haben soll, scheint einem beinahe unmöglich, genau wie die Vorstellung, dass die Gemeinschaften, die auf dieser Insel und an den Seeufern lebten, einen Mix aus Sprachen gesprochen haben, der mit Spanisch ebensowenig zu tun hatte wie mit Malaiisch oder Urdu. Auch die Spanier, die im frühen 16. Jh., als sich ihre Wege kreuzten, an den Ufern dieses Sees ankamen, waren von dem Bild, das sich bot, überwältigt.

Als bereits 30 000 v. Chr. zum ersten Mal Menschen diese Gegend besiedelten, bedeckte der See noch große Teile des Valle de México. Dann begann er zu schrumpfen und die Jagd wurde schwerer, weshalb sich die Einwohner auf die Landwirtschaft verlegten. Wohl um 200 v. Chr. hatte sich rund um den Lago de Texoco eine lose Gemeinschaft von Bauerndörfern entwickelt; das größte von ihnen, Cuicuilco, wurde dreihundert Jahre später bei einem Vulkanausbruch zerstört.

Fortschritte in der Bewässerungstechnik und die Entwicklung einer auf Mais basierenden Wirtschaft förderten die Entstehung einer Zivilisation in Teotihuacán, 40 km nordöstlich des Sees. Jahrhundertelang war Teotihuacán die Hauptstadt eines Reiches, dessen Einfluss bis nach Guatemala reichte. Dennoch war es nicht in der Lage, seine wachsende Bevölkerung zu ernähren. Im 8. Jh. zerfiel es schließlich. Die nächste Hochkultur stellten die Tolteken (möglicherweise Nachkommen der Nomaden), die Teotihuacán eroberten. Sie bauten ihre Hauptstadt bei Tula, 65 km nördlich vom heutigen Mexico City. Im 12. Jh. war das Reich um ihre Hauptstadt Tula ebenfalls zusammengebrochen und hinterließ eine Reihe von Kleinstaaten, die um die Kontrolle des Valle de México stritten. Die Azteken trugen schließlich den Sieg davon.

Das aztekische Mexico City

Die Azteken oder „Mexica" (meh-*shi*-kah) erreichten das Land ein Jahrhundert nach dem Untergang der Tolteken. Der Nomadenstamm behauptete, aus der mythischen Region Aztlán im Nordwesten Mexikos zu kommen. Seine Mitglieder kämpften als Söldner für die Tepaneca, die am Südufer des Sees siedelten. Man erlaubte ihnen, sich auf dem ungastlichen Gebiet von Chapultepec niederzulassen. Nachdem sie von den gegnerischen Kriegern aus Culhuacán gefangen genommen worden waren, spielten sie für ihre neuen Herren die gleiche Rolle. Cocoxtli, der Herrscher Culhuacáns, sandte sie gegen das nahe Xochimilco in die Schlacht. Als Beweis für ihren Sieg überreichten ihm die Azteken über 8000 menschliche Ohren. Später war eine Heiratsverbindung mit Culhuacán ihr Ziel, und Cocoxtli bot dem Aztekenhäuptling die Hand seiner Tochter. Beim Hochzeitsbankett aber wurde sein Stolz zu Horror: Einer der Tänzer trug die abgezogene Haut seiner Tochter, die dem Kolibrigott Huizilopochtli geopfert worden war.

Der Stamm floh vor der Rache Culhuacáns und zog durch die Sümpfe, die den See umgaben. Um 1325 gelangten sie auf eine Insel am Westufer, wo sie der Legende zufolge einen Adler sahen, der auf einem Kaktus saß und eine Schlange fraß. Sie deuteten dies als Zeichen, an dieser Stelle eine Stadt zu errichten: Tenochtitlán.

Die Stadt wuchs schnell zu einem ausgeklügelten Stadtstaat, dessen Reich zu Beginn des 16. Jhs. den größten Teil des heutigen Zentralmexikos vom Pazifik zum Golf bis in den äußersten Süden umfasste. Die Azteken erbauten ihre Stadt nach einem Schachbrettmuster, mit Kanälen als Hauptstraßen und Dämmen zum Seeufer. Im Stadtzentrum stand der wichtigste *teocalli* (heiliges Gebiet), dessen Tempel Huizilopochtli und dem Wassergott Tláloc geweiht war. In den Sumpfgebieten der Insel legten die Azteken Gärten an, indem sie Schlamm und Pflanzen aufschichteten und Weiden anpflanzten. Diese so genannten *chinampas* (von denen es im südmexikanischen Xochimilco bis heute noch einige gibt) warfen jährlich drei bis vier Ernten ab, die allerdings nicht ausreichten, um die wachsende Bevölkerung zu ernähren.

Um ihre Ressourcen zu vergrößern, forderten die Azteken Tribut von den eroberten Stämmen. Mitte des 15. Jhs. gingen sie mit den am Seeufer gelegenen Staaten Texcoco und Tlacopan ein Kriegsbündnis gegen Tlaxcala und Huejotzingo ein, die östlich des Tals lagen. Der Zweck bestand darin, einen stetigen Nachschub an Gefangenen zu sichern, um Huizilopochtlis enormen Hunger nach Menschenopfern zu stillen und so zu garantieren, dass jeden Tag die Sonne aufging.

Als die Spanier 1519 nach Tenochtitlán kamen, betrug seine Bevölkerungszahl geschätzte 200 000 bis 300 000; das gesamte Valle de México beherbergte zu dieser Zeit rund 1,5 Mio. Menschen und war damit bereits einer der am dichtesten besiedelten Ballungsräume der Welt. Ein Bericht über die spanische Eroberung von Tenochtitlán ist auf S. 53 zu lesen.

Hauptstadt von Nueva España

Die Spanier radierten Tenochtitlán so gründlich aus, dass heute nur noch eine Handvoll Gebäudereste aus der aztekischen Epoche erhalten ist. Nachdem sie die Aztekenhauptstadt zerstört hatten, bauten sie sie als ihre eigene wieder auf. Der Konquistador Hernán Cortés hoffte, weiterhin davon profitieren zu können, dass Tenochtitlán von den Vasallenstaaten die Mittel zur Sicherung seiner Existenz abziehen konnte.

Von Krankheiten gebeutelt, schrumpfte die Bevölkerung im Valle de México innerhalb eines Jahrhunderts nach der Eroberung dramatisch – von 1,5 Mio. auf unter 100 000. Die Stadt selbst aber entwickelte sich zur blühenden, eleganten Hauptstadt von Nueva España. Über die aztekischen Dämme und Kanäle wurden breite, gerade Straßen gelegt. Einheimische Arbeiter bauten Krankenhäuser, Paläste und eine Universität in spanischem Design und aus hiesigen Materialien wie *tezontle*, einem roten Vulkangestein, aus dem die Azteken ihre Tempel errichtet hatten. Die verschiedenen katholischen Orden ließen sich riesige Klosteranlagen bauen.

Das Bauen dauerte bis zum Ende des 17. Jhs., doch dann gab es Probleme: Die schwergewichtigen Gebäude der Kolonialzeit sanken langsam in das weiche, matschige Flussbett ein. Außerdem hatte die Zerstörung von Teilen aztekischer Kanäle in den 1520er-Jahren die natürliche Entwässerung unterbunden, sodass die Stadt unter Überflutungen zu leiden hatte. Der Lago de Texcoco trat häufig über die Ufer, beschädigte Gebäude, brachte Krankheiten mit sich und zwang Tausende zur Auswanderung. Nach einem sintflutartigen Regen im Jahr 1629 war die Stadt fünf Jahre lang überschwemmt!

Die Verhältnisse in der Stadt verbesserten sich im 18. Jh., nachdem neue Plazas und Avenidas angelegt und ein Abwasser- und Abfallentsorgungssystem eingerichtet worden waren – das war Mexico Citys goldenes Zeitalter. Aber die glänzende Hauptstadt war vor allem die Domäne einer spanischen und kreolischen Elite, die durch den Silberbergbau reich geworden war. Die Massen indianischer und gemischtrassiger Bauern, die ihr dienten, wurden in die Außenbezirke verbannt.

Unabhängigkeit

Am 30. Oktober 1810 überwältigten etwa 80 000 Unabhängigkeitskämpfer, gestärkt durch den Sieg bei Guanajuato, die Streitkräfte der spanischen Loyalisten westlich der Hauptstadt. Sie waren jedoch zu schlecht ausgerüstet, um aus diesem Triumph Kapital zu schlagen. Ihr Anführer Miguel Hidalgo entschied sich daher, nicht weiter Richtung Stadt vorzurücken – ein Entschluss, der Mexiko elf weitere Jahre Kampf bescherte, bevor die Unabhängigkeit endlich erreicht war.

Nach den Reformgesetzen, die Präsident Benito Juárez verabschiedete, nahm die Regierung die Klöster und Kirchen in Besitz, verkaufte sie oder teilte sie auf und gab ihnen andere Funktionen. Während seiner kurzen Herrschaft legte Kaiser Maximilian die Calzada del Emperador (heute Paseo de la Reforma) an, um Bosque de Chapultepec mit dem Zentrum zu verbinden.

Unter dem despotischen Porfirio Diáz trat Mexico City ins moderne Zeitalter ein. Díaz herrschte zwischen 1876 und 1911 fast durchgehend über Mexiko und brachte viel ausländisches Kapital ins Land. Er trat einen Bauboom los und ließ Villen und Theater im Pariser Stil bauen, während die wohlhabenderen Bewohner in die neuen Stadtviertel im Westen flohen. Etwa 150 km elektrische Straßenbahnschienen verbanden die Straßen miteinander, die Industrie wuchs und um 1910 hatte die Stadt mehr als eine halbe Million Einwohner. Mithilfe eines Entwässerungskanals und -tunnels konnte schließlich ein großer Teil des Lago de Texcoco trocken gelegt werden, was eine weitere Ausdehnung möglich machte.

Moderne Megalopolis

Nach dem Sturz Díaz' 1911 zogen mit der Mexikanischen Revolution (s. S. 59) Krieg, Hunger und Krankheiten in die Straßen von Mexico City ein. Der Großen Depression folgte ein Industrialisierungsschub und diesem mehr Geld und Menschen. 1940 lebten

ECHOS AUS TLATELOLCO

Das Jahr 1968 hat eine Schlüsselbedeutung für die mexikanische Demokratie. Unruhen waren in dieser Zeit, vielleicht aufgrund der umstürzlerischen Stimmung, die diese Ära auch andernorts prägte, an der Tagesordnung: Studenten gingen auf die Straße, um politische Korruption und das autoritäre Regierungssystem anzuprangern. Da Mexiko in diesem Jahr auch der Austragungsort der Olympischen Spiele war, strebte Präsident Gustavo Díaz Ordaz danach, der Welt ein Bild von Stabilität zu präsentieren. Díaz Ordaz war für seinen autoritären Stil bekannt. Mit Gewalt versuchte er, die Proteste zu stoppen, provozierte so aber nur erneute Unruhen, denn nun fühlte sich eine noch größere Masse der *capitalinos* aus dem Mittelstand aufgerufen, zu kämpfen.

Am Nachmittag des 2. Oktober, eine Woche vor Beginn der Olympischen Spiele, wurde auf der Plaza de las Tres Culturas in Tlatelolco eine Demonstration abgehalten. In der Luft kreisten Hubschrauber und ein riesiges Polizeiaufgebot hatte den Bereich abgesperrt. Plötzlich fiel aus einem der Helikopter eine Leuchtfackel und von dem Balkon, der als Rednertribüne reserviert war, fielen Schüsse. Die Polizei eröffnete sofort das Feuer auf die Demonstranten und ein völliges Chaos brach aus. Später gaben die von der Regierung autorisierten Berichte studentischen Scharfschützen die Schuld an diesem Vorfall. Hier war von 20 getöteten Protestlern die Rede, obwohl die tatsächliche Opferzahl bekanntermaßen eher bei 400 liegt. Die Nachrichten von dem Massaker wurden anschließend unter den Teppich gekehrt und die Olympischen Spiele fanden ohne Zwischenfälle statt.

Es gibt zahlreiche Theorien, was an diesem Oktobertag wirklich passiert ist; die allgemein akzeptierte Version lautet, dass das Massaker von der Regierung inszeniert wurde, die auf dem Balkon Scharfschützen platziert haben soll, um eine Provokation von Studentenseite vorzutäuschen. Viele Mexikaner sehen in den Tötungen eine vorsätzliche Taktik, um Widerstände zu unterdrücken. Das Massaker hat das postrevolutionäre Regime auf Dauer in Verruf gebracht.

Eine Generation von Mexikanern gedachte beinahe vier Jahrzehnte später noch immer bitter des Massakers von Tlatelolco: Eine Untersuchung, die der erste Präsident der Oppositionspartei in der neueren Geschichte, Vicente Fox, in Auftrag gegeben hatte, konnte keine neuen Erkenntnisse liefern. In der Zwischenzeit wurde neben dem Schauplatz des Blutbads ein neues Museum eingeweiht, das Centro Culturas Universitario Tlatelolco (S. 168). Es dient dazu, dieses Ereignis von zeitloser Bedeutung zu dokumentieren und daran zu erinnern.

1,7 Mio. Menschen hier. In den folgenden Jahrzehnten schossen Fabriken und Wolkenkratzer aus dem Boden, aber die Versorgung mit Wohnhäusern, Jobs und Dienstleistungen konnte nicht garantiert werden. In den 1960ern wuchs die Wirtschaft weiter, aber politische und soziale Reformen hinkten hinterher. Das wurde schmerzlich klar, als es im Vorfeld der Olympischen Spiele 1968 zu einem Massaker an Hunderten von Studenten kam (s. Kasten oben).

Auch noch in den 1970er-Jahren wuchs Mexico City rasend schnell, da die verarmte Landbevölkerung ihr wirtschaftliches Heil in der boomenden Industrie der Stadt suchte. Die Bevölkerungszahl stieg von 8,7 auf 14,5 Mio. Der Distrito Federal (DF) war nicht in der Lage, die Massen von Neuankömmlingen aufzunehmen, und dehnte sich in den benachbarten Staat México hinein aus. Das Ergebnis des derart ungezügelten Wachstums waren mit die schlimmsten Verkehrs- und Hygienesituationen weltweit. Das 1969 in Betrieb genommene Metrosystem und die Versuche in den 1990er-Jahren, den Verkehr zu begrenzen, konnten dies nur zum Teil auffangen. Am 19. September 1985 traf Mexico City ein Erdbeben mit einer Stärke von über acht auf der Richterskala. Mindestens 10 000 Menschen starben, Tausende wurden obdachlos. Dennoch strömten die Menschen weiter in die Stadt.

Heute beheimatet die Region der Metropolis schätzungsweise 22 Mio. Einwohner – etwa rund ein Fünftel der Landesbevölkerung. Obwohl sich das Wachstum im letzten Jahrzehnt verlangsamt hat, kommen jährlich noch immer 100 000 Neuankömmlinge und 150 000 Geburten dazu. Mexico City ist das Zentrum des Landes in Sachen Industrie, Finanzen und Kommunikation, seine Industrie erzeugt ein Viertel des Wohlstands von ganz Mexiko und die Bewohner verbrauchen zwei Drittel der Energien des Staates.

Die Lebenshaltungskosten sind hier am höchsten.

Siebzig Jahre herrschte die Bundesregierung direkt über den DF und die Präsidenten ernannten „Regenten“, die notorisch korrupten Verwaltungen vorstanden. 1997 erlangte der DF schließlich politische Unabhängigkeit. Im Jahr 2000 wurde Andrés Manuel López Obrador gewählt, ein Mitglied des linksgerichteten PRD (Partei der Demokratischen Revolution). Die *capitalinos* zeigten sich von „Amlo“ überschwänglich begeistert. Er initiierte u.a. eine ehrgeizige Renovierung des Centro Histórico (zum Teil finanziert von Carlos Slim Helú, im Jahr 2007 der reichste Mann der Welt) und den Bau einer Überführung über die Ringstraße der Stadt.

Während López Obrador in der Präsidentschaftswahl 2006 knapp geschlagen wurde (was er allerdings heftig bestritt), errang sein früherer Polizeichef Marcelo Ebrard in Mexico City einen glänzenden Sieg und festigte damit die Position des PRD in der Stadtregierung. Nachdem in der gesetzgebenden Versammlung im Distrito Federal ebenfalls eine überwältigende Übernahme stattgefunden hatte, setzte der PRD eine Flut von fortschrittlichen Initiativen in Gang, u.a. die Legalisierung von gleichgeschlechtlichen Partnerschaften und von Abtreibung und Sterbehilfe. Zwar entfacht Ebrard bei seinen Anhängern nicht die gleiche Glut wie einst Amlo, aber seine Maßnahmen haben vermutlich eine längere Wirkung.

ORIENTIERUNG

Der Distrito Federal (DF) besteht aus 16 *delegaciones* (Stadtgemeinden), die wiederum unterteilt sind in etwa 1800 *colonias* (Stadtteile, von denen jedes Jahr mit dem Wachstum der Stadt weitere hinzukommen). Auch wenn diese städtische Ausdehnung abschreckend wirkt, sind die sehenswerten Gebiete gut eingegrenzt und leicht zu besuchen.

Man sollte beachten, dass einige der Hauptstraßen, etwa die Av Insurgentes, viele Kilometer lang gleich heißen, während ein paar kleinere Straßen ihre Namen (und Nummern) alle paar Blocks wechseln.

Bei vollständigen Adressen wird normalerweise die *colonia* mit angegeben. Am einfachsten findet man eine Adresse, indem man nach der nächsten Metrostation fragt.

Neben ihren offiziellen Namen tragen viele Hauptstraßen auch die Bezeichnung „Eje“ (Achse). Das Eje-System bildet in der City ein Netz aus Vorfahrtsstraßen. Die Nord-Süd-Eje heißt Central Lázaro Cárdenas, verläuft von Coyoacán im Süden nach Tenayuca im Norden und kommt direkt östlich an der Alameda Central vorbei. Die wichtigsten Nord-Süd-Straßen westlich der Eje Central heißen Eje 1 Poniente, Eje 2 Poniente usw., die Straßen östlich der Eje Central werden Oriente genannt. Das Gleiche gilt für die wichtigsten Ost-West-Straßen nördlich und südlich der Alameda Central und des Zócalo: Rayón heißt Eje 1 Norte, Fray Servando Teresa de Mier ist Eje 1 Sur.

Karten

Die Touristeninformationen von Mexico City geben farbige Karten mit vergrößerten Ausschnitten des Centro Histórico, von Coyoacán und San Ángel heraus. Wer es detaillierter möchte, besorgt sich eine Guía-Roji-Faltkarte von Mexico City (80 Mex$) oder einen *Ciudad de México*-Straßenatlas, ebenfalls von Guía Roji (215 Mex$). Letzterer wird jährlich aktualisiert und hat ein umfangreiche Register. Beide Karten bekommt man in den Sanborns-Läden oder an größeren Zeitungskiosks.

Inegi (Karte S. 130 f.; ☎ 5512-1873; www.inegi.gob.mx; Balderas 71, Centro; 🕑 Mo–Fr 9–16 Uhr; Ⓜ Juárez), Mexikos staatliches geografisches Institut, gibt topografische Karten vom ganzen Land heraus (nicht immer alle erhältlich). Eine Filiale befindet sich am **Flughafen** (☎ 5786-0212; Sala C; 🕑 8–20 Uhr), die Zentrale ist in der **Colonia Mixcoac** (Karte S. 128 f.; ☎ 5278-1000, Durchwahl 1207; Patriotismo 711; 🕑 Mo–Fr 8.30–21 Uhr; Ⓜ Mixcoac).

Centro Histórico & Alameda Central

Das historische Herz der City bildet eine große Plaza, El Zócalo. Sie umgibt der Präsidentenpalast, die Metropolitankathedrale und die Ausgrabungsstätte des Haupttempels des aztekischen Tenochtitlán. Das 34 Blocks umfassende Gebiet rund um den Zócalo ist als Centro Histórico (historisches Stadtzentrum) bekannt. Hier tummeln sich bedeutende alte Gebäude, interessante Museen und sogar einige Hotels mit vernünftigen Preisen.

Die Av Madero und die Av 5 de Mayo (oder Cinco de Mayo) verbinden den Zócalo mit dem Alameda Central Park, acht Blocks Richtung Westen. Auf der Ostseite des Alameda steht der prächtige Palacio de Bellas Artes. Das Wahrzeichen ist der Torre Latinoamericana (lateinamerikanischer

Turm), einen Block südlich des Bellas Artes an der Efe Central Lázaro Cárdenas, einer der wichtigsten Nord-Süd-Arterien der Stadt.

Plaza de la República

Etwa 750 m westlich des Alameda liegt die Plaza de la República mit ihrem Markenzeichen, dem düsteren Monumento a la Revolución. In diesem Wohngebiet gibt's viele Budget- und Mittelklassehotels. San Rafael und Juárez liegen westlich bzw. südlich von hier.

Paseo de la Reforma

Der prächtigste Boulevard Mexico Citys läuft quer durchs Herz der Stadt und verbindet den Alameda mit dem Bosque de Chapultepec. Das Monumento a la Independencia („El Ángel") markiert die nördliche Grenze der Zona Rosa, eines glitzernden Bezirks mit Läden, Hotels und Clubs. Der Torre Mayor, das größte Gebäude der Stadt, steht am Eingang des Bosque de Chapultepec.

Bosque de Chapultepec

Die Gringos nennen die Ansammlung von Grünanlagen und Seen westlich der Zona Rosa Chapultepec Park. Hier sind viele wichtige Museen beheimatet, z. B. das bekannte Museo Nacional de Antropología. Im Norden liegt das elegante Palanco-Viertel mit vielen Botschaften, teuren Geschäften und Restaurants.

Nördlich des Centro

Sechs Kilometer nach Norden steht die Basílica de Guadalupe, das am meisten verehrte Heiligtum von Mexiko. Sie befindet sich 1 km jenseits des Terminal Norte, dem größten der vier Busbahnhöfe der Stadt.

Südlich des Centro

Die Av Insurgentes Sur verbindet den Paseo de la Reforma mit den meisten interessanten Plätzen im Süden. Gleich südlich der Zona Rosa liegt die Colonia Roma. Die malerische Gegend punktet mit Architektur aus der Porfiriato-Ära, Kunstgalerien und Plazas. Westlich von Roma findet sich die Colonia Condesa, ein angesagtes Stadtviertel mit schönen Parks und jeder Menge Restaurants und Cafés. Etwa 10 km gen Süden erreicht man die früheren Dörfer San Ángel und Coyoacán und den Campus der staatlichen Universität. Im Südwesten der Stadt liegen die Kanäle und Gärten von Xochimilco.

PRAKTISCHE INFORMATIONEN

Im **Instituto Nacional de Migración** (Karte S. 138 f.; ☎ 2581-0100; Av Ejército Nacional 862, Polanco; 🕑 Mo–Fr 9–13.30 Uhr) kann man seine Touristenkarte abstempeln lassen und fragen, welche Unterlagen sonst noch nötig sind.

Bibliotheken & Kulturzentren

Biblioteca Benjamín Franklin (Karte S. 134 f.; ☎ 5080-2733; Liverpool 31; 🕑 Mo–Fr 11–19 Uhr; Ⓜ Cuauhtémoc) Diese Bücherei im US Trade Center hat eine Reihe von Zeitschriften im Abo, von *Foreign Affairs* bis zu *Mad*. Am Eingang hinterlegt man den Personalausweis.

Canadian Embassy Library (Karte S. 138 f.; ☎ 5724-7960; Schiller 529, Polanco; 🕑 Mo–Fr 9–12.30 Uhr; Ⓜ Auditorio)

Casa de Francia (Karte S. 134 f.; ☎ 5511-3151; www.francia.org.mx; Havre 15, Zona Rosa; 🕑 Mo–Sa 10–20 Uhr; Ⓜ Insurgentes) Es gibt eine Kunstgalerie und ein Restaurant, dazu eine *mediateca* (Multimediacenter/Bibliothek). Französische Bücher, Zeitschriften, Videos und CDs.

Centro Cultural de España (Spanisches Kulturzentrum; Karte S. 130 f.; ☎ 5521-1925; www.ccemx.org; República de Guatemala 18; Eintritt frei; 🕑 Di & Mi 10–20, Do–Sa 10–23, So 10–16 Uhr; Ⓜ Zócalo) Details auf S. 147.

Instituto Goethe (Karte S. 134 f.; ☎ 5207-0487; www.goethe.de/mex; Liverpool 89, Colonia Juárez; 🕑 Di–Do 9–13.30 & 16–19.30, Sa 10–13.45 Uhr; Ⓜ Insurgentes) Hat *Die Zeit* und andere deutsche Zeitschriften abonniert.

Buchläden

Bücher auf Englisch oder in einigen anderen geläufigen Sprachen bekommt man in den Spitzenklassehotels, den wichtigsten Museen und auch in den meisten dieser Buchläden.

CENTRO HISTÓRICO

American Bookstore (Karte S. 130 f.; ☎ 5512-0306; Bolívar 23; 🕑 Mo–Sa 10–19 Uhr; Ⓜ Allende) Englischsprachige Romane und Bücher über Mexiko.

Gandhi (🕑 Mo–Fr 10–21, Sa & So 11–20 Uhr) Bellas Artes (Karte S. 130 f.; ☎ 5512-4360; Juárez 4; Ⓜ Bellas Artes); Madero (Karte S. 130 f.; ☎ 2625-0606; Madero 32; Ⓜ Zócalo) Die in der ganzen Stadt zu findende Kette hat eine riesige Auswahl von Geschriebenem über Mexiko und Mexico City und eine lohnende Musikabteilung.

Librería Alemana (Karte S. 130 f.; ☎ 5578-3074; Eje Central Lázaro Cárdenas 61, Piso 3; 🕑 Mo–Sa 10–16 & 17–19 Uhr; Ⓜ Doctores) Pop Fiction und Literatur auf Deutsch.

Librería Madero (Karte S. 130 f.; ☎ 5510-2068; Madero 12; 🕑 Mo–Fr 10–18.30, Sa 10–14 Uhr; Ⓜ Allende) Mexikanische Geschichte, Kunst, Architektur; viel Secondhand.

Palacio de Bellas Artes (Karte S. 130 f.; ☎ 5512-2593; Av Hidalgo & Eje Central Lázaro Cárdenas; 🕑 Mo–Sa

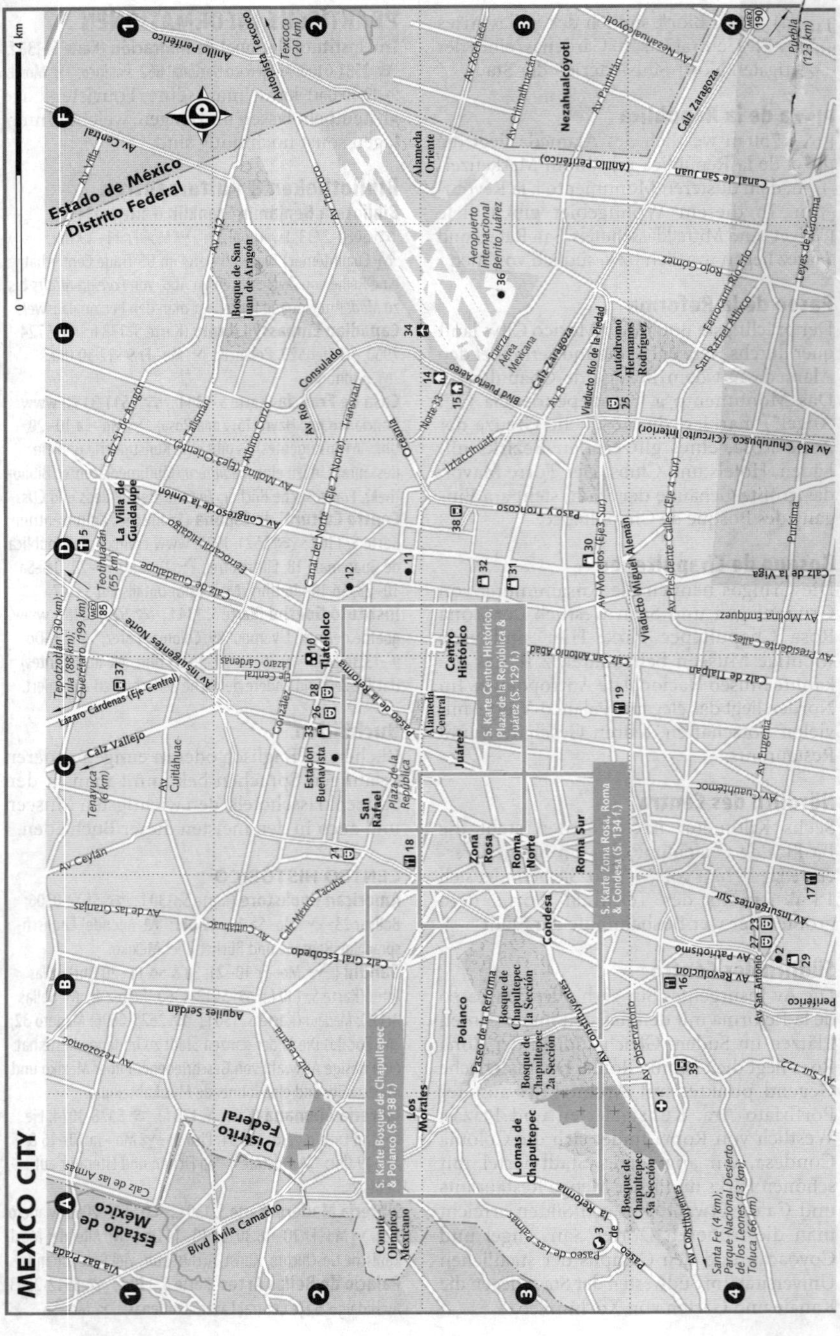
MEXICO CITY
0
4 km
Estado de México
Distrito Federal
Estado de México
Distrito Federal
Via Baz Prada
Blvd Ávila Camacho
Calz de las Armas
Av Tezozomoc
Aquiles Serdán
Calz Legaria
Calz Gral Escobedo
Av de las Granjas
Av Ceylán
Av Cuitláhuac
Calz México Tacuba
Tenayuca (6 km)
Calz Vallejo
Lázaro Cárdenas (Eje Central)
Tepotzotlán (30 km); Tula (88 km); Querétaro (199 km)
Teotihuacán (55 km)
La Villa de Guadalupe
Av Insurgentes Norte
Calz de Guadalupe
Ferrocarril Hidalgo
Av Congreso de la Unión
Av Molina (Eje3 Oriente)
Calz San de Aragón
Talismán
Albino Corzo
Av 412
Bosque de San Juan de Aragón
Av Villa
Av Central
Anillo Periférico
Autopista Texcoco
Texcoco (20 km)
Av Texcoco
Av Río Consulado
Canal del Norte (Eje 2 Norte)
Transvaal
Oceanía
Norte 33
Blvd Puerto Aéreo
Aeropuerto Internacional Benito Juárez
Fuerza Aérea Mexicana
Alameda Oriente
Av Xochiaca
Av Chimalhuacán
Nezahualcóyotl
Av Pantitlán
Av Nezahualcóyotl
(Anillo Periférico)
Calz Zaragoza
Canal de San Juan
Rojo Gómez
Ferrocarril Río Frío
San Rafael Atlixco
Leyes de Reforma
Puebla (123 km)
Iztacchuatl
Av 8
Viaducto Río de la Piedad
Autódromo Hermanos Rodríguez
Av Río Churubusco (Circuito Interior)
Paso y Troncoso
Av Morelos (Eje3 Sur)
Viaducto Miguel Alemán
Av Presidente Calles (Eje 4 Sur)
Purísima
Calz de la Viga
Av Molina Enríquez
Av Presidente Calles
Calz San Antonio Abad
Calz de Tlalpan
Av Eugenia
Av Cuauhtémoc
Av Insurgentes Sur
Av Patriotismo
Av Revolución
Av San Antonio
Periférico
Av Sur 122
Av Observatorio
Av Constituyentes
Santa Fe (4 km); Parque Nacional Desierto de los Leones (13 km); Toluca (66 km)
Paseo de la Reforma
Paseo de Las Palmas
Bosque de Chapultepec 3a Sección
Bosque de Chapultepec 2a Sección
Bosque de Chapultepec 1a Sección
Lomas de Chapultepec
Los Morales
Polanco
Comité Olímpico Mexicano
S. Karte Bosque de Chapultepec & Polanco (S. 138 f.)
Condesa
Roma Sur
Roma Norte
Zona Rosa
S. Karte Zona Rosa, Roma & Condesa (S. 134 f.)
Juárez
Alameda Central
Centro Histórico
S. Karte Centro Histórico, Plaza de la República & Juárez (S. 129 f.)
San Rafael
Plaza de la República
Estación Buenavista
González
Eje Central Lázaro Cárdenas
Tlatelolco
Paseo de la Reforma
Av Cuitláhuac

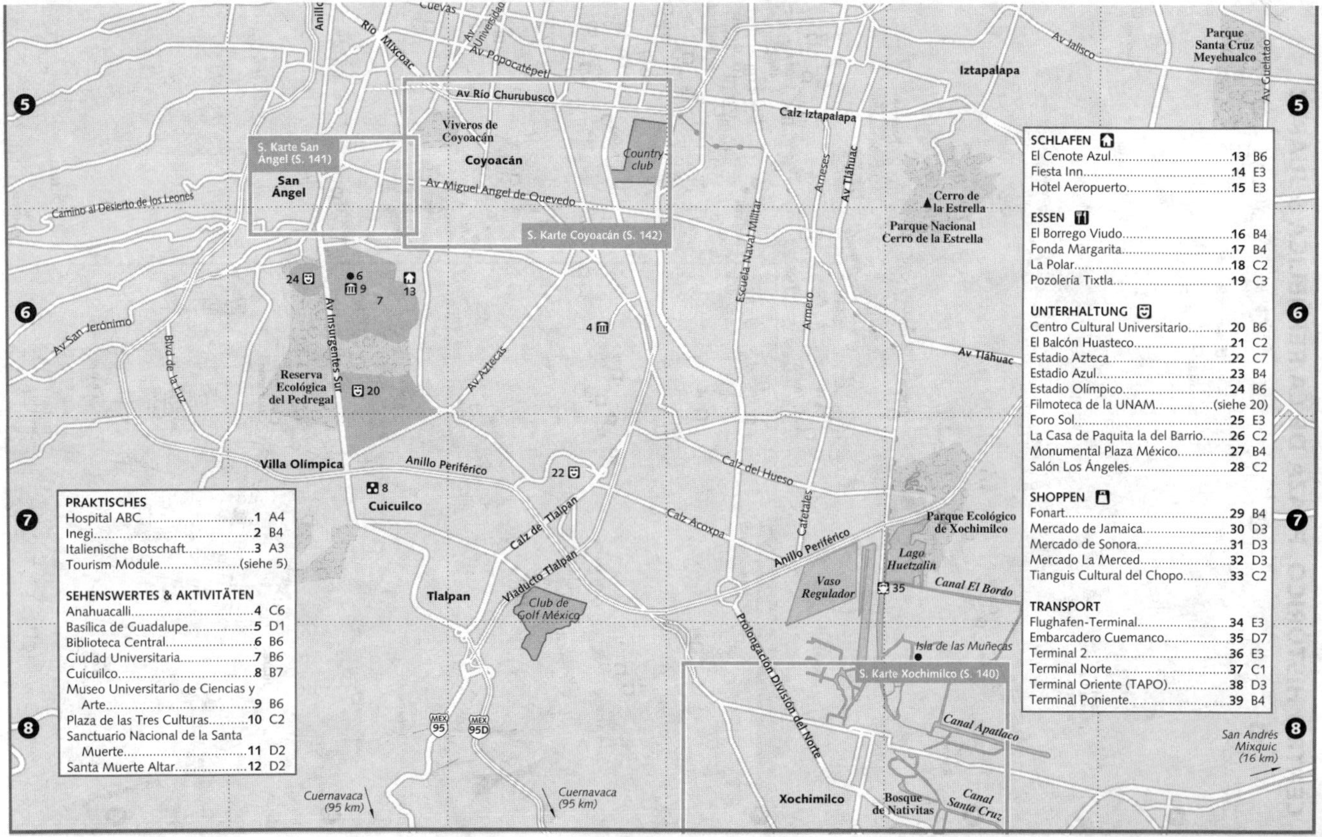

PRAKTISCHES
- Hospital ABC....1 A4
- Inegi....2 B4
- Italienische Botschaft....3 A3
- Tourism Module....(siehe 5)

SEHENSWERTES & AKTIVITÄTEN
- Anahuacalli....4 C6
- Basílica de Guadalupe....5 D1
- Biblioteca Central....6 B6
- Ciudad Universitaria....7 B6
- Cuicuilco....8 B7
- Museo Universitario de Ciencias y Arte....9 B6
- Plaza de las Tres Culturas....10 C2
- Sanctuario Nacional de la Santa Muerte....11 D2
- Santa Muerte Altar....12 D2

SCHLAFEN
- El Cenote Azul....13 B6
- Fiesta Inn....14 E3
- Hotel Aeropuerto....15 E3

ESSEN
- El Borrego Viudo....16 B4
- Fonda Margarita....17 B4
- La Polar....18 C2
- Pozolería Tixtla....19 C3

UNTERHALTUNG
- Centro Cultural Universitario....20 B6
- El Balcón Huasteco....21 C2
- Estadio Azteca....22 C7
- Estadio Azul....23 B4
- Estadio Olímpico....24 B6
- Filmoteca de la UNAM....(siehe 20)
- Foro Sol....25 E3
- La Casa de Paquita la del Barrio....26 C2
- Monumental Plaza México....27 B4
- Salón Los Ángeles....28 C2

SHOPPEN
- Fonart....29 B4
- Mercado de Jamaica....30 D3
- Mercado de Sonora....31 D3
- Mercado La Merced....32 D3
- Tianguis Cultural del Chopo....33 C2

TRANSPORT
- Flughafen-Terminal....34 E3
- Embarcadero Cuemanco....35 D7
- Terminal 2....36 E3
- Terminal Norte....37 C1
- Terminal Oriente (TAPO)....38 D3
- Terminal Poniente....39 B4

CENTRO HISTÓRICO, PLAZA DE LA REPÚBLICA & JUÁREZ

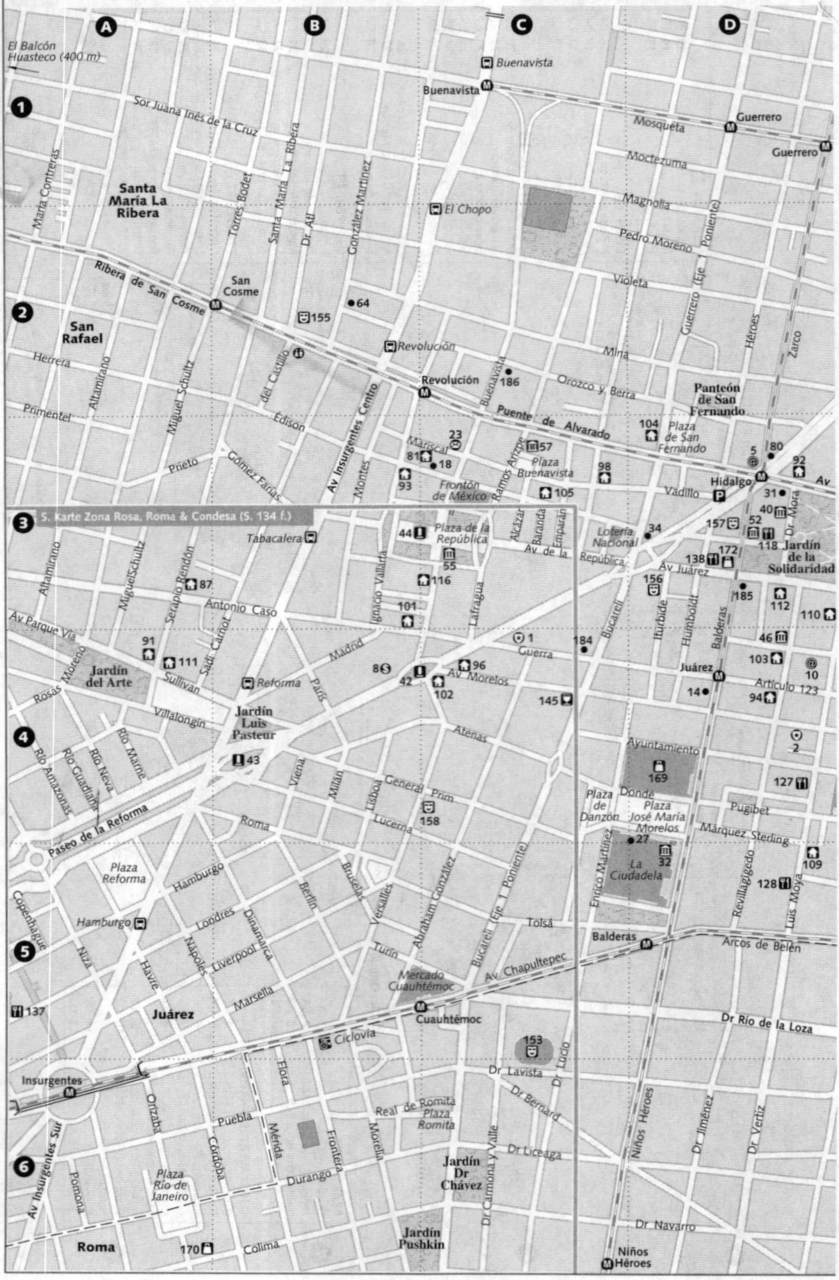

0
500 m
E
F
G
H
La Casa de Paquita la del Barrio (200 m)
Tlatelolco (500 m); Basilica de Guadalupe (4,5 km); Terminal Norte (4,5 km)
González Bocanegra
Degollado
Allende
Comonfort
Libertad
Garibaldi
Santa Muerte Altar (350 m)
Lagunilla
Héroe de Granaditas
Paseo de la Reforma
Rep de Ecuador
Rep de Costa Rica
Soto
Lerdo
Rep de Paraguay
Centro Histórico
Aztecas
Florida
Rep de Brasil
Rep de Honduras
Rep de Nicaragua
Plaza Garibaldi
Plaza Montero
Incas
Altuna
Rep de Perú
Rep de Bolivia
Plaza de la Concepción
Trujano
Pensador Mexicano
Belisario Domínguez
Plaza Santo Domingo
Rep de Colombia
Rep de Argentina
Santa Veracruz
Santuario Nacional de la Santa Muerte (500 m)
Hidalgo
Plaza de Santa Veracruz
Dos de Abril
Bellas Artes
Rep de Cuba
Rep de Venezuela
Donceles
San Ildefonso
Alameda Central
Plaza Tolsá
Xicoténcatl
Rep de Chile
Justo Sierra
Plaza de Loreto
Condesa
Mata
Allende
Tacuba
Plaza Juárez
Av 5 de Mayo
Plaza del Templo Mayor
Rep de Guatemala
Marroquí
Dolores
Av Madero
Independencia
Pasaje de Iturbide
Motolinía
Zócalo
Zócalo (Plaza de la Constitución)
Moneda
Academia
López
16 de Septiembre
La Palma
Barrio Chino
La Soledad
Jardín del Palacio Nacional
Victoria
San Juan de Letrán
Venustiano Carranza
Corregidora
Jesús María
Rep de Uruguay
Mercado San Juan
Plaza de San Juan
Manzanares
Roldán
Eje Central Lázaro Cárdenas
Rep de El Salvador
Centro Histórico
Plaza Alonso García Bravo
Meave
Aldaco
Cinco de Febrero
Plaza de Jesús
Candelaria
Vizcaínas
Mesones
Santo Tomás
Aranda
20 de Noviembre
Ciclovía
Talavera
Delicias
Correo Mayor
Las Cruces
Fuente Salto del Agua
Plaza de las Vizcaínas
Bolívar
Regina
Mercado de la Merced (350 m); Mercado de Sonora (350 m)
San Jerónimo
Salto del Agua
Ciclovía
Isabel la Católica
Pino Suárez
San Pablo
Izazaga
Nezahualcóyotl
Fray Servando Teresa de Mier (Eje 1 Sur)
Curtión
Fray Servando Teresa de Mier (Eje 1 Sur)
Chimalpopoca
Doctores
Isabel la Católica
5 de Febrero
Calz San Antonio Abad
Anillo de Circunvalación (Eje 1 Oriente)

PRAKTISCHES
Agencia del Ministerio Público.... **1** C4
Agencia del Ministerio Público.... **2** D4
American Bookstore.................... **3** F4
Bellas Artes Touristeninfo........... **4** E3
Café Internet 105....................... **5** D3
Cambios Centro Histórico........... **6** F4
Catedral Touristeninformation.... **7** G4
Centro Cultural de España...(siehe 30)
Centro de Cambios y Divisas....... **8** B4
Corazón de México Touristen-
information........................... **9** F4
Esperanto................................ **10** D4
Farmacia Paris.......................... **11** G5
Gandhi Belles Artes................... **12** E3
Gandhi Madero......................... **13** F4
Inegi....................................... **14** D4
Keep in Touch Gante................. **15** F4
Keep in Touch Pasaje América... **16** E3
La Torre de Papel..................... **17** F3
Lavandería Automática Édison.. **18** C3
Librería Alemana...................... **19** E6
Librería Madero........................ **20** F3
Mundo Joven........................(siehe 86)
Médicor............................(siehe 10)
Palacio Postal......................... **21** E3
Post (Plaza de la
República).......................... **22** G4
Post (Zócalo)........................... **23** C3
Templo Mayor Touristen-
information........................ **24** G4
Turismo Zócalo........................ **25** F4

SEHENSWERTES & AKTIVITÄTEN
Antiguo Colegio de San
Ildefonso............................ **26** G3
Biblioteca de México José
Vasconcelos........................ **27** D4
Casa de Azulejos..................... **28** E3
Catedral Metropolitana........... **29** G3
Centro Cultural de España...... **30** G3
Centro Cultural Tepeticpac
Tlahtolcalli......................... **31** D3
Centro de la Imágen.............. **32** D5
Distrito Federal Regierungs-
gebäude............................ **33** G4
El Caballito............................ **34** D3
Sekretariat für
Auslandsbeziehungen.......... **35** E4
Hemiciclo a Juárez.................. **36** E3
Iglesia de la Santa Veracuz...... **37** E3
Iglesia de Santo Domingo....... **38** G3
La Giganta............................. **39** H4
Laboratorio de Arte Alameda.. **40** D3
Mercado Abelardo Rodríguez.. **41** H3
Monumento a Cristóbal Colón.. **42** B4
Monumento a Cuauhtémoc.... **43** B4
Monumento a la Revolución.... **44** B3
Museo Archivo de la
Fotografía.......................... **45** G3
Museo de Arte Popular........... **46** D4
Museo de la Ciudad de México **47** G5
Museo de la Secretaría de Hacienda y
Crédito Público.................. **48** G4
Museo del Estanquillo............ **49** F4
Museo Franz Mayer................ **50** E3
Museo Interactivo de la
Economia.......................... **51** F3
Museo Mural Diego Rivera..... **52** D3
Museo Nacional de
Arquitectura..................(siehe 59)
Museo Nacional de Arte......... **53** F3
Museo Nacional de la Estampa.. **54** E3
Museo Nacional de la
Revolución........................ **55** C3
Museo Nacional de las
Culturas............................ **56** G4
Museo Nacional de San Carlos.. **57** C3
Nacional Monte de Piedad....... **58** G3
Palacio de Bellas Artes............ **59** E3
Palacio de Iturbide................. **60** F4
Palacio de la Inquisición.......... **61** G3
Palacio de Minería.................. **62** F3
Palacio Nacional..................... **63** G4
Pemex Kid............................. **64** B2
Portal de Evangelistas............. **65** G3
Sagrario Metropolitano........... **66** G4
Secretaría de Educación Pública.. **67** G3
Suprema Corte De Justicia....... **68** G4
Templo de Corpus Christi........ **69** E3
Templo de la Santísima
Trinidad............................ **70** H4
Templo de Nuestra Señora de
Loreto.............................. **71** H3
Templo de San Francisco......... **72** F4
Templo Mayor....................... **73** G3
Templo Mayor (Eingang)......... **74** H3
Torre Latinoamericana............ **75** E4
Tranvia Tour-Stop.................. **76** E3
Tribunales (Gerichtsgebäude).... **77** E4
Turibús Stop......................... **78** G3
Turibús Stop......................... **79** E3
Virgen del Metro.................... **80** D3

SCHLAFEN
Casa de los Amigos................ **81** C3
Gran Hotel Ciudad de México.. **82** G4
Holiday Inn Zócalo................ **83** G4
Hostal Moneda...................... **84** G4
Hostal Virreyes..................... **85** E5
Hostel Mundo Joven Catedral... **86** G3
Hotel Astor........................... **87** A3
Hotel Azores......................... **88** G3
Hotel Canadá........................ **89** F4
Hotel Catedral....................... **90** G3
Hotel Compostela.................. **91** A4
Hotel de Cortés..................... **92** D3

10–21, So 9–14 Uhr; Ⓜ Bellas Artes) Die Filiale des von der Regierung geförderten Conaculta-Buchladens hat eine große Auswahl von Postern, Karten und Kunstbüchern.

ANDERE STADTTEILE

Liebhaber von Seltenheiten werden in den Antiquariaten an der Av Álvaro Obregón in Colonia Roma fündig.

Cenca (Karte S. 138 f.; ☎ 5280-1666; Temístocles 73B, Polanco; 🕓 Mo–Fr 7.30–21, Sa & So 9–21 Uhr; Ⓜ Polanco) Ausländische Zeitschriften, Bestseller auf Englisch.

Gandhi (Karte S. 141; ☎ 5661-0911; Av Miguel Ángel de Quevedo 121; 🕓 Mo–Fr 9–22, Sa & So 10–22 Uhr; Ⓜ Miguel Ángel de Quevedo) Der große Ableger in San Ángel hat auf beiden Seiten der Metrostation Filialen.

Librería Pegaso (Karte S. 134 f.; ☎ 5208-0174; Álvaro Obregón 99; 🕓 Mo–Sa 11–20, So 10–19 Uhr; Ⓜ Insurgentes) Im Casa Lamm; spanische Titel, kleine Abteilung mit englischer Literatur, einige Lonely Planet Bände.

Geld

Die meisten Banken und *casas de cambio* (Wechselstuben) tauschen Geld und Reiseschecks, aber einige von ihnen handeln nur mit Euro und US- oder kanadischen Dollars. Die Kurse sind unterschiedlich, es lohnt sich also, ein paar abzuchecken. Die höchste Dichte von Bankautomaten und *casas de cambio* findet sich an der Paseo de la Reforma zwischen dem Monumento a Cristóbal Colón und dem Monumento a la Independencia.

American Express (Karte S. 134 f.; ☎ 5207-7049; Paseo de la Reforma 350; 🕓 Mo–Fr 9–18, Sa 9–13 Uhr) Pesero Richtung „La Villa" oder „Metro Chapultepec" nehmen.

Cambios Centro Histórico (Karte S. 130 f.; ☎ 5512-9536; Madero 13; 🕓 Mo–Sa 9.30–18.30, So 10–18 Uhr; Ⓜ Bellas Artes)

Centro de Cambios y Divisas (Karte S. 130 f.; ☎ 5705-5656; Paseo de la Reforma 87F; 🕓 Mo–Fr 8.30–19.30, Sa 9–17, So 9–14.30 Uhr; 🚌) Pesero Richtung „La Villa" oder „Metro Chapultepec" nehmen.

Infos im Internet

Hier gibt's Unmengen Infos über die Hauptstadt. Einige haben englische Versionen, die aber oft abgespeckt und unverständlich sind.

Hotel Édison 93 B3
Hotel Fleming 94 D4
Hotel Gillow 95 F4
Hotel Imperial 96 C4
Hotel Isabel 97 F4
Hotel Jena 98 C3
Hotel Majestic 99 G4
Hotel Marlowe 100 E4
Hotel Mayaland 101 B3
Hotel Missión Reforma 102 C4
Hotel Monte Real 103 D4
Hotel Mónaco 104 D3
Hotel New York 105 C3
Hotel Principal 106 F4
Hotel Rioja 107 F4
Hotel San Antonio 108 F4
Hotel San Diego 109 D5
Hotel San Francisco 110 D3
Hotel Sevilla 111 A4
Hotel Sheraton Centro Histórico 112 D3
Hotel Washington 113 F3
Mexico City Hostel 114 G3
NH Centro Histórico 115 F4
Palace Hotel 116 C3

ESSEN

Al Andalus 117 H5
Café Colón 118 D3
Café de Tacuba 119 F3
Café El Popular 120 F3
Casa de las Sirenas 121 G3
Casino Español 122 F4
Churrería El Moro 123 E4
Cloister Café (siehe 50)
Coox Hanal 124 F5
Costillas del Sitio 125 F4
El Cardenal 126 F4
El Cuadrilátero 127 D4
El Regiomontano 128 D5
Hostería de Santo Domingo 129 G3
La Terraza del Zócalo 130 G4
Los Girasoles 131 F3
Mercado San Camilito 132 F2
Mi Fonda 133 E4
Puro Corazón 134 G4
Restaurante Chon 135 H5
Restaurante Vegetariano 136 F3
Sanborns 137 A5
Sanborns 138 D3
Tacos de Canasta Chucho 139 F3
Taquería Los Paisás 140 H5
Vegetariano Madero 141 F4

AUSGEHEN

Bar Mancera 142 F4
Café Cordobés 143 E4
Café Jakemir 144 F5
Café La Habana 145 C4
Hostería La Bota 146 F5
La Faena 147 F4
La Gioconda 148 F3
La Selva Café (siehe 160)
La Ópera Bar 149 F3
Las Duelistas 150 E4
Salón Corona 151 F4

UNTERHALTUNG

Arena Coliseo 152 G2
Arena de México 153 C5
Bar Oasis 154 F3
Cinematógrafo del Chopo 155 B2
Cinemex Palacio 156 D3
Cinemex Real 157 D3
Cream 158 C4
Cultural Roots 159 F3
Dada X 160 F4
El Tenampa 161 F2
El Viena 162 F3
La Perla 163 F3
Mixup (siehe 49)
Palacio de Bellas Artes (siehe 59)
Pasagüero 164 F4
Pervert Lounge 165 F4
Salon Cinematográfico Fósforo (siehe 26)
Teatro Blanquita 166 E3
Teatro de la Ciudad 167 F3
Zinco Jazz Club 168 F4

SHOPPEN

Centro de Artesanías La Ciudadela 169 D4
Dulcería de Celaya 170 A6
El Palacio de Hierro 171 G4
Fonart 172 D3
La Bodeguita del Habano 173 F4
La Europea 174 E4
La Lagunilla Building 1 175 F2
La Lagunilla Building 2 176 G1
La Lagunilla Building 3 177 F2
Liverpool 178 G4
Palacio de las Máscaras 179 F2
Plaza de la Computación y Electrónica 180 E4
Tepito 181 H2
Tianguis Dominical de la Lagunilla 182 F1

TRANSPORT

Bicycle Loans 183 G3
Magnicharters 184 C4
Mexicana 185 D3
Ticketbus Buenavista 186 C2
Ticketbus Centro 187 F5
Ticketbus Zócalo (siehe 25)

Artes Visuales (www.artesvisuales.com.mx) Deckt die Galerien und Museen im DF ab.
Chilango (www.chilango.com) Online-Version des Hochglanzmagazins über alles, was geboten wird, mit einem umfangreichen Teil über Restaurants und Nachtclubs.
Consejo Nacional Para la Cultura y las Artes (www.cnca.gob.mx) Aktuelles zu Museen, Theatern, Kultur.
DFiesta en el DF (www.defiestaeneldf.com) Ausführliche Listen des Fremdenverkehrsamts, praktische Infos.
Secretaría de Cultura del Distrito Federal (www.cultura.df.gob.mx) Festivals und Museumsevents.
Sistema de Transporte Colectivo (www.metro.df.gob.mx) Alles zur Metro von Mexico City.

Internetzugang

Öffentliches Internet ist überall zu kriegen, die Stunde kostet zwischen 10 und 30 Mex$. Zudem bieten viele Cafés (inkl. Starbucks) WLAN.

CENTRO HISTÓRICO

Café Internet 105 (Karte S. 130 f.; Hidalgo 105; 8–21 Uhr; M Hidalgo)
Esperanto (Karte S. 130 f.; ☎ 5512-4123; Independencia 66; Mo–Sa 8–22, So 12–18 Uhr; M Juárez)
Keep in Touch (Mo–Fr 10–19, Sa 10–14 Uhr) Gante (Karte S. 130 f.; ☎ 5512-4186; Gante 6, Pasaje Iturbide; M Allende); Pasaje América (Karte S. 130 f.; Pasaje América; M Allende)

ZONA ROSA

Rund um Insurgentes sind viele Cybercafés.
Conecte Café (Karte S. 134 f.; Génova 71, Ecke Londres; Mo–Sa 10–23, So 10–21 Uhr; M Insurgentes)

CONDESA & ROMA

Cafenauta (Karte S. 134 f.; ☎ 5553-1517; Ensenada 6, Colonia Condesa; Mo–Sa 10–22, So 12–20 Uhr; M Patriotismo)
Ciber City (Karte S. 134 f.; ☎ 5207-2586; Jalapa 51, Colonia Roma; Mo–Fr 10.30–21 Uhr; M Insurgentes)

COYOACÁN

Papelería Dabo (Karte S. 142; ☎ 5659-5547; Allende 45, Ecke Cuauhtémoc & Coyoacán; Mo–Sa 9–20, So 10–19 Uhr; M Viveros)

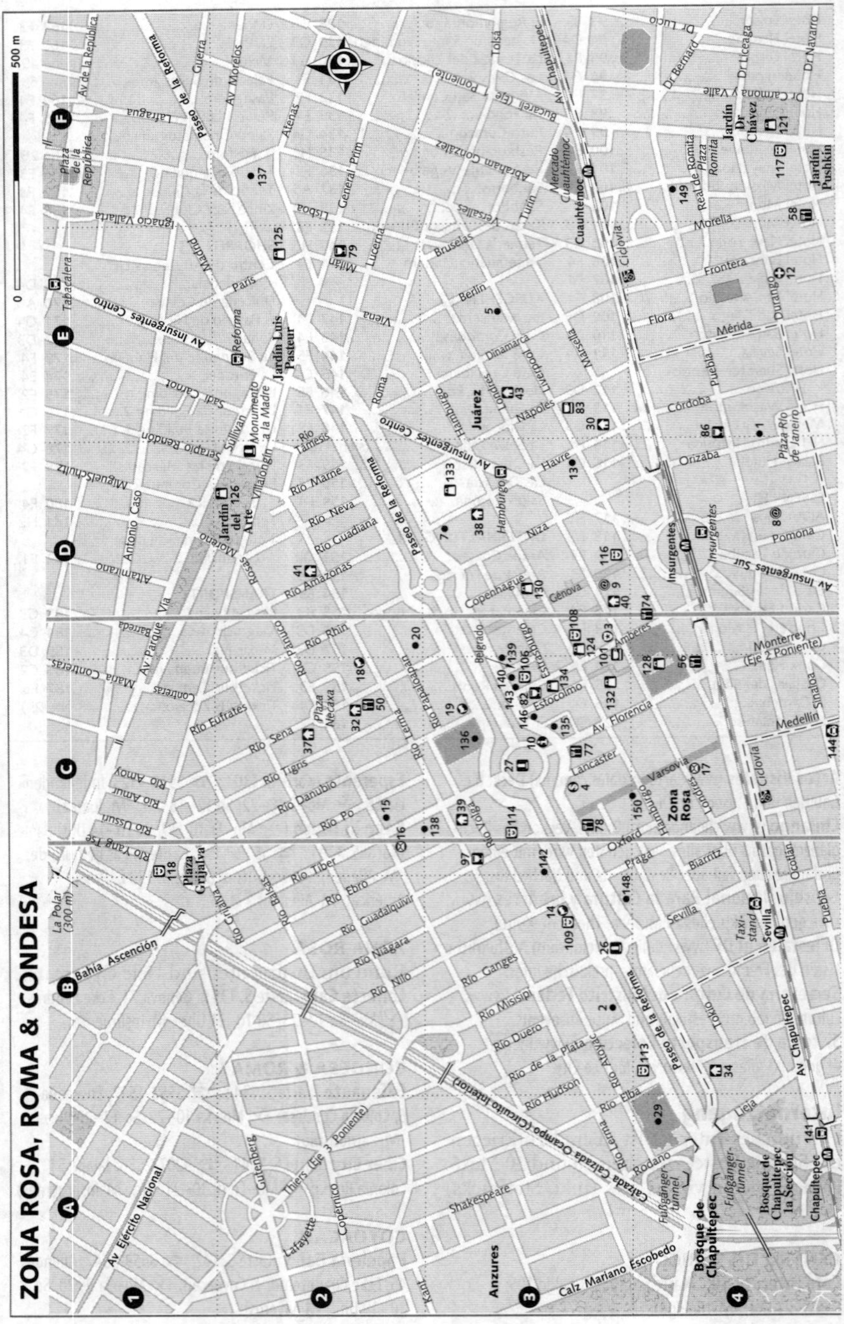
ZONA ROSA, ROMA & CONDESA
0
500 m
La Polar (300 m)
Plaza Grijalva
Plaza de la República
Jardín Luis Pasteur
Jardín del Arte
Monumento a la Madre
Juárez
Zona Rosa
Anzures
Bosque de Chapultepec
Bosque de Chapultepec la Sección
Jardín Dr Chávez
Jardín Pushkin
Plaza Necaxa
Plaza Río de Janeiro
Plaza Romita
Mercado Cuauhtémoc
Cuauhtémoc
Insurgentes
Sevilla
Chapultepec
Reforma
Hamburgo
Fußgänger-tunnel
Taxi-stand
Ciclovía
Av Ejército Nacional
Bahía Ascención
Calzada Calzada Ocampo (Circuito Interior)
Calz Mariano Escobedo
Paseo de la Reforma
Av Insurgentes Centro
Av Insurgentes Sur
Av Chapultepec
Thiers (Eje 3 Poniente)
Monterrey (Eje 2 Poniente)
Bucareli (Eje 1 Poniente)
Av Morelos
Av de la República
Av Parque Vía
Av Florencia
Gutenberg
Copérnico
Lafayette
Shakespeare
Kant
Rodano
Río Lerma
Río Elba
Río Atoyac
Río Hudson
Río de la Plata
Río Duero
Río Misisipi
Río Ganges
Río Nilo
Río Niágara
Río Guadalquivir
Río Ebro
Río Tíber
Río Balsas
Río Grijalva
Río Yang Tse
Río Ussuri
Río Amur
Río Amoy
Río Po
Río Danubio
Río Tigris
Río Sena
Río Eufrates
Río Pánuco
Río Rhin
Río Papaloapan
Río Amazonas
Río Guadiana
Río Neva
Río Marne
Río Támesis
Río Volga
Altamirano
Antonio Caso
Miguel Schultz
Serapio Rendón
Sadi Carnot
Sullivan
Villalongín
Roses
Moreno
Madrid
París
Atenas
Lisboa
General Prim
Lucerna
Milán
Viena
Roma
Berlín
Bruselas
Versalles
Turín
Abraham González
Tolsá
Dinamarca
Londres
Liverpool
Marsella
Nápoles
Havre
Niza
Génova
Copenhague
Belgrado
Estrasburgo
Estocolmo
Amberes
Lancaster
Oxford
Praga
Varsovia
Biarritz
Sevilla
Tokio
Lieja
Ocotlán
Puebla
Medellín
Sinaloa
Pomona
Orizaba
Córdoba
Mérida
Flora
Frontera
Durango
Morelia
Real de Romita
Dr Carmona y Valle
Dr Liceaga
Dr Navarro
Dr Bernard
Dr Lucio
Lafragua
Ignacio Vallarta
Tabacalera
Guerra
Contreras
María Contreras
Barreda

S. Karte Centro Histórico, Plaza de la República & Juárez (S. 130 f.)
S. Karte Bosque De Chapultepec & Polanco (S. 138 f.)
Hospital General
Centro Médico
Av Cuauhtémoc
Jardín Ramón López Velarde
Dr. Olvera
Dr. Balmis
Jalapa
Orizaba
Tonalá
Plaza Luis Cabrera
Roma
Durango
Colima
Chihuahua
Guanajuato
Zacatecas
Querétaro
Av Yucatán
Monterrey
Chiapas
Tapachula
Coahuila
Campeche
Aguascalientes
Tlaxcala
Medellín
San Luis Potosí
Parque Juan Rulfo
Álvaro Obregón
Calle de Oro
Plaza Villa de Madrid
Plaza Insurgentes
Manzanillo
Av Insurgentes Sur
Sonora
Amsterdam
Av Oaxaca
Valladolid
Tabasco
Plaza Popocatépetl
Popocatépetl
Celaya
Huichapan
Av Sonora
Parque México
Av Michoacán
Iztaccíhuatl
Chilpancingo
Tuxpán
Roma Sur
Av Baja California
Salamanca
Cozumel
Roma Norte
Parque España
Av México
Parras
Laredo
Cadereyta
Plaza Citlaltépetl
Citlaltépetl
Culiacán
Ozuluama
Av Nuevo León
Condesa
Guadalajara
Durango
Juan de la Barrera
Antonio Sola
Tenancingo
Parral
Atlixco
Amatlán
Jojutla
Montes de Oca
Av Tamaulipas
Saltillo
Cholula
Ensenada
Acapulco
Veracruz
Tampico
Juan Escutia (Eje 2 Sur)
Cuautla
Yautepec
Cuernavaca
Alfonso Reyes
Benjamín Hill
Campeche
Melgar
Pachuca
Zamora
Av Mazatlán
Tacubaya
Patriotismo
Altata

PRAKTISCHES
Acqualav........1 E4
Aeroméxico........2 B3
Agencia del Ministerio Público....3 D3
American Express........4 C3
Biblioteca Benjamín Franklin.......5 E3
Cafenauta........6 B7
Casa de Francia........7 D3
Ciber City........8 D4
Conecte Café........9 D3
Del Ángel Touristeninformation10 C3
Farmacia de Ahorros........11 D6
Hospital Ángeles Clínica Londres........12 E4
Instituto Goethe........13 D3
Japanische Botschaft........14 B3
Lavandería Lavamex........15 C2
Librería Pegaso........(siehe 22)
Post (Cuahtémoc)........16 C2
Post (Zona Rosa)........17 C4
Britische Botschaft........18 C2
US-amerikanische Botschaft......19 C3

SEHENSWERTES & AKTIVITÄTEN
Centro Bursátil (Bolsa)........20 D2
Centro Caba........21 D5
Centro de Cultura Casa Lamm..22 E5
Centro Qi........23 C6
Edificio Basurto........24 C6
Edificio Tehuacán........(siehe 35)
Galería Nina Menocal........25 E6
La Diana Cazadora........26 B3
Monumento a la Independencia El Ángel)........27 C3
MUCA Roma........28 D5
Torre Mayor........29 A4
Turibús Stop........(siehe 10)

SCHLAFEN
6M9 Guest House........30 E3
Casa de la Condesa........31 E5
Casa González........32 C2
Condesa df........33 B6
Four Seasons Hotel........34 B4
Hippodrome Hotel........35 C6
Hostel Home........36 C5
Hotel Bristol........37 C2
Hotel Cityexpress........38 D3
Hotel Del Ángel........39 C3
Hotel Geneve........40 D3
Hotel María Cristina........41 D2
Hotel Milán........42 E5
Hotel Principado........43 E3
Hotel Roosevelt........44 C6
Hotel Stanza........45 F5
La Casona........46 B5
Quality Inn........47 E5
Red Tree House........48 B7

ESSEN
Bariloche........(siehe 122)
Café La Gloria........49 A7
Café Mangia........50 C2
Contramar........51 C5
El Califa........52 B8
El Diez........53 A8
El Tizoncito........54 A7
El Tizoncito........55 B7
Fonda el Refugio........56 C4
Fonda Garufa........57 A7
Hamburgesas........58 F4
Hip Kitchen........(siehe 35)
Il Postino........59 C5
La Rauxa........60 B6
La Sábia Virtud........61 A7
Lampuga........62 B7
Los Bisquets Obregón........63 E5
María del Alma........64 A6
Mercado Medellín........65 D7
Nevería Roxy........66 A6
Nevería Roxy........67 A7
Non Solo Panino........68 E5
Orígenes Orgánicos........69 C6
Rojo Bistrot........70 B6
Tamales........71 D5
Taquería Hola........72 B7
Taquitos Frontera........73 F5
Tezka........74 D4
Tianguis de Pachuca........75 A5
Tierra de Vinos........76 C5
Young Bin Kwan........77 C3
Yug Vegetariano........78 C3

AUSGEHEN
Bar Milán........79 E2
Bengala........80 B5
Black Horse........81 A7
Black Out........82 C3
Cafetería Gabi's........83 E3
Café Bola de Oro........84 B8
Café Villa de Madrid........85 C5
Cantina Covadonga........86 E4
Condesa df........(siehe 33)
El Centenario........87 A7
Enanos de Tapanco........88 E6
Hookah Lounge........89 B7
La Bodeguita del Medio........90 B5
La Botica........91 E6
La Botica........92 A7
La Botica........93 A7
Malafama........94 B7
Meson de Thé Caravanserai....95 E5
Mestizo Lounge........96 E5
Papa Bill's Saloon........97 C3
Pastelería Maque........98 B7
Pata Negra........99 B6
Rexo........100 B7
Sanborns Café........101 D3
T-Gallery........102 B7
Taberna Red Fly........103 E6
Tiki Bar........104 D6
Travazares Taberna........105 E5

UNTERHALTUNG
BGay BProud Café México......106 C3
Cafebrería El Péndulo........107 B7
Cafebrería El Péndulo........108 D3
Cibeles........(siehe 85)
Cine Diana........109 B3
Contempo Cinema........(siehe 132)
El Bataclán........110 C6
El Gran León........111 D6
Foro Shakespeare........112 A5
Living........113 B4
Lumiere Reforma........114 C3
Mamá Rumba........115 D6
Mixup (Zona Rosa)........116 D3
Multiforo Alicia........117 F4
Papa Beto........118 C1
Ruta 61........119 B8
Tom's Leather Bar........120 C7

SHOPPEN
Bazar de la Roma........121 F4
Bazar del Oro........122 C5
Chic by Accident........123 D5
Dione........124 D3
Fonart........125 E2
Jardín del Arte........126 D2
Lemur........127 D5
Mercado Insurgentes........128 C4
Milagro........129 B6
Miniaturas Felguérez........130 D3
NaCo Miscelánea........131 A7
Plaza del Ángel........132 C3
Plaza Reforma 222........133 D3
Somas Plata........134 C3

TRANSPORT
Aero California........135 C3
Aeromar........136 C3
Aeroméxico........137 F2
Alitalia........138 C3
American Airlines........139 C3
Avis........140 C3
Chapultepec Bushaltestelle.....141 A4
Delta Airlines........142 C3
Japan Air Lines........(siehe 29)
Mexicana........143 C3
RET........144 C4
Sitio Parque México........145 B7
Thrifty........146 C3
Ticketbus Condesa........147 C7
Ticketbus Reforma........148 B3
Ticketbus Roma Norte........149 F4
United Airlines........150 C4

Medien

Nach einer fünfjährigen Pause ist die *News* wieder da. Sie wird in den Sanborns-Läden und den Zeitungsständen in der Zona Rosa verkauft. Die englischsprachige Tageszeitung hat Nachrichten und einige Kulturberichte aus der Gegend. *Inside México* (www.insidemex.com) ist eine kostenlose Monatszeitschrift auf Englisch, deren Zielgruppe die in Mexiko lebenden Ausländer sind. In den Cafés und Hotels der Stadt kann man sich ein Exemplar mitnehmen.

Tiempo Libre, die spanischsprachige Zeitschrift, bringt wöchentlich das Neueste aus der Stadt. Sie erscheint jeden Donnerstag und wird an allen Zeitungsständen verkauft.

Empfehlenswerte Zeitungen auf Spanisch sind u. a. *La Jornada* mit ihren ausgezeichneten Kulturreportagen, *El Universal* und *Reforma*. Letztere bekommt man in Mini-Märkten und einigen Metrostationen.

Zeitungen und Zeitschriften auf Englisch werden in den Sanborns-Läden und im **La Torre de Papel** (Karte S. 130 f.; ☎ 5512-9703; Filomena Mata 6A; ⌚ Mo–Fr 8–19, Sa 8.30–14.30 Uhr; Ⓜ Allende) verkauft. La Torre de Papel hat daneben auch Zeitungen aus ganz Mexiko auf Lager.

Medizinische Versorgung

Um einen Arzt, einen Zahnarzt oder ein Krankenhaus empfohlen zu bekommen, sollte man bei der eigenen Botschaft oder bei **Sectur** (☎ 800-987-82-24), dem Tourismusministerium, anrufen. Eine Liste mit Krankenhäusern in der Gegend und Englisch sprechenden Ärzten (inkl. deren Referenzen) gibt's auf der Website der US-amerikanischen Botschaft (www.usembassy-mexico.gov/medical_lists.html). Als Privatpatient kostet ein Arztbesuch in der Regel zwischen 500 und 1000 Mex$.

Hospital ABC (American British Cowdray Hospital; Karte S. 128 f.; ☎ 5230-8000, Notfall 5230-8161; www.abchospital.com; Sur 136 No 116, Colonia Las Américas; Ⓜ Observatorio) Englisch sprechendes Personal, super Krankenhaus.

Hospital Ángeles Clínica Londres (Karte S. 134 f.; ☎ 5229-8400, Notfall 5229-8445; www.hospitalangelesclinicalondres.com; Durango 64, Roma; Ⓜ Cuauhtémoc)

Die Apotheken in den Sanborns-Läden sind wie auch diese hier am zuverlässigsten.

Farmacia de Ahorros (Karte S. 134 f.; ☎ 5264-3128; Yucatán 40; ⌚ 24 Std.; 🚌 Álvaro Obregón)

Farmacia París (Karte S. 130 f.; ☎ 5709-5349; República de El Salvador 97, Centro; ⌚ Mo–Sa 8–22.30, So 10–21 Uhr; Ⓜ Isabel la Católica)

Médicor (Karte S. 130 f.; ☎ 5512-0431; Independencia 66; ⌚ Mo–Fr 10–20, Sa 10–18.30 Uhr; Ⓜ Juárez)

Notfall

Die Policía Turística ist an den hübschen blau-grauen Uniformen mit weißen Gürteln über der Brust erkennbar und patrouilliert am Paseo de la Reforma und im Centro Histórico; einige laufen auch in Segways herum. Die Jungs sollten Englisch können. Die mobilen Einheiten der GJDF (Hauptbüro des Bundesstaatsanwalts) leisten Opfern von Verbrechen Soforthilfe; ☎ 061 anrufen.

Agencias del Ministerio Público (⌚ 9–17 Uhr) Centro Histórico (Karte S. 130 f.; ☎ 5346-8720, Durchwahl 16520; Victoria 76; Ⓜ Juárez); Plaza de la República (Karte S. 130 f.; ☎ 5592-2677, Durchwahl 1114; Paseo de la Reforma 42; Ⓜ Hidalgo); Zona Rosa (Karte S. 134 f.; ☎ 5345-5382; Amberes 54; Ⓜ Insurgentes) Hier kann man Verbrechen melden und bekommt Rechtsberatung; in allen Büros gibt's Englisch sprechendes Personal. Es hilft dabei, Formulare auszufüllen, um einen Vorfall zu melden, und vergibt eine Nummer, mit deren Hilfe man die Sache online verfolgen kann.

Cruz Roja (Rotes Kreuz; ☎ 065, 5395-1111)

Feuerwehr (☎ 068)

Hospital ABC (Karte S. 128 f.; ☎ Notfall 5230-8161; Sur 136 No 116, Colonia Las Américas; Ⓜ Observatorio)

Hospital Ángeles Clínica Londres (Karte S. 134 f.; ☎ Notfall 5229-8445; Durango 64, Roma; Ⓜ Cuauhtémoc)

Post

Die Briefmarkenschalter mit der Aufschrift *estampillas* im **Palacio Postal** (Karte S. 130 f.; ☎ 5521-1408; Tacuba 1; Ⓜ Bellas Artes) sind länger geöffnet als die Post selbst (Mo–Fr & So bis 20 Uhr). Auch wenn man keine Briefmarken braucht, sollte man sich die luxuriöse Einrichtung mal anschauen (s. S. 152).

Andere Filialen in der ganzen Stadt sind, wenn nicht anders erwähnt, montags bis freitags von 9 bis 15 Uhr und samstags von 9 bis 13 Uhr geöffnet.

Cuauhtémoc (Karte S. 134 f.; ☎ 5207-7666; Río Tiber 87; Ⓜ Insurgentes)

Plaza de la República (Karte S. 130 f.; ☎ 5592-1783; Arriaga 11; Ⓜ Revolución)

Zócalo (Karte S. 130 f.; ☎ 5512-3661; Plaza de la Constitución 7; Ⓜ Zócalo) Auf der Westseite des Platzes in einem Arkadengang mit Schmuckläden.

Zona Rosa (Karte S. 134 f.; ☎ 5514-3029; Londres 208; ⌚ Mo–Fr 9–17, Sa 9–13 Uhr; Ⓜ Sevilla)

Reisebüros

Eine ganze Reihe der Mittel- und Spitzenklassehotels haben im Haus eine *agencia de viajes* oder können eine in der Nähe empfehlen.

Mundo Joven (www.mundojoven.com; ⌚ Mo–Fr 9–20, Sa 10–17 Uhr) Airport (Karte S. 128 f.; ☎ 2599-0155; Sala E3, internationale Ankunftshalle); Polanco (Karte S. 138 f.; ☎ 5250-7191; Eugenio Sue 342, Ecke Homero; Ⓜ Polanco); Zócalo (Karte S. 130 f.; ☎ 5518-1755; República de Guatemala 4; Ⓜ Zócalo) Hat ordentliche Flugpreise ab Mexico City, ist auf Studenten und Lehrer spezialisiert und führt Karten von ISIC, ITIC, IYTC und HI. Die Filiale am Flughafen hat auch sonntags von 10 bis 14 Uhr geöffnet.

BOSQUE DE CHAPULTEPEC & POLANCO
A
B
C
D
1
2
3
4
5
6
Comité Olímpico Mexicano
Blvd Ávila Camacho
Blvd Miguel de Cervantes Saavedra
Av Industria Militar
Polanco
Andrómaco
Zurich
Molière
Alemán
Av Ferrocarril de
Blvd Miguel de
Av Ejército Nacional
Racine
Pascal
Lagrange
Jaime Balmes
Vives
Pérez Galdós
Vázquez de Mella
Pabellón Polanco
Horacio
Los Morales
Av Ferrocarril de Cuernavaca
Ciclovía
Solón
Plinio
Sófocles
Sócrates
Platón
Cicerón
Séneca
Av Molière
Ibsen
Goldsmith
Edgar Allan Poe
Calderón de la Barca
Lafontaine
France
Musset
Parque América
Av Presidente Masaryk
Shaw
Dickens
Campos Elíseos
Monte Elbruz
Polanco
Verne
Paseo de las Palmas
Italienische Botschaft (2,5 km)
Montes Urales
Av Prado Norte
Paseo de las Reforma
Av Prado Sur
Pedregal
Blvd López Mateos
Toluca (64 km)
Aguiar y Seixas
Blv de los Virreyes
Bosque de Chapultepec 2a Sección
Panteón Civil de Dolores
Lago Mayor
Paseo de los Compositores
Lago Menor
PRAKTISCHES
Antropología Touristeninfo 1 F4
Australische Botschaft 2 F3
Belizische Botschaft 3 C4
Kanadische Botschaft & Bibliothek 4 F3
Cenca 5 E3
Kubanische Botschaft 6 C3
Französische Botschaft 7 D3
Deutsche Botschaft 8 C2
Guatemaltekische Botschaft 9 B4
Instituto Nacional de Migración 10 C2
Irische Botschaft 11 C3
Mundo Joven 12 E2
Neuseeländische Botschaft (siehe 55)
Sectur 13 F3
Spanische Botschaft 14 E2
SEHENSWERTES & AKTIVITÄTEN
Audiorama 15 G4
Castillo de Chapultepec (siehe 27)
Fuente de Tlaloc 16 D6
Fuente de Xochipilli 17 D5
Galería Abierta de las Rejas de Chapultepec 18 F4
Galería Alberto Misrachi 19 E3
Galería López Quiroga 20 E2
Jardín Botánico 21 G4
La Feria 22 E5
Los Pinos 23 E5
Monumento a los Niños Héroes 24 G4
Museo de Arte Moderno 25 G4
Museo Nacional de Antropología 26 F3
Museo Nacional de Historia 27 G4
Museo Rufino Tamayo 28 G4
Papalote Museo del Niño 29 E6
Ruderbootverleih 30 F4
Tribuna Monumental de las Águilas 31 G4
Zoológico de Chapultepec 32 F4
SCHLAFEN
Camino Real México 33 G3
Hotel Polanco 34 D3
Hábita Hotel 35 E3
W Mexico City Hotel 36 E3
ESSEN
Águila y Sol 37 D3
El Bajío 38 D3
Izote 39 C2
Pujol 40 F2
AUSGEHEN
Área (siehe 35)
Big Red 41 F3
Gogo Lounge 42 E3
UNTERHALTUNG
Auditorio Nacional 43 E4
Centro Cultural del Bosque 44 E4
Cinemex Casa de Arte 45 D3
Hard Rock Live 46 D3
Liverpool Polanco 47 G2
Momma 48 E3
Teatro de la Danza 49 E4
Vive Cuervo Salón 50 D1
SHOPPEN
Pasaje Polanco 51 D3
Plaza Molière 52 D2
TRANSPORT
Air Canada 53 C3
Air France (siehe 55)
Fahrradverleih 54 F4
British Airways 55 B2
Continental Airlines 56 E3
Cubana 57 E2
Iberia 58 F2
Interjet 59 D2
KLM/Northwest (siehe 56)
Lufthansa 60 B3
Mexicana 61 C2
Ticketbus Polanco 62 F3

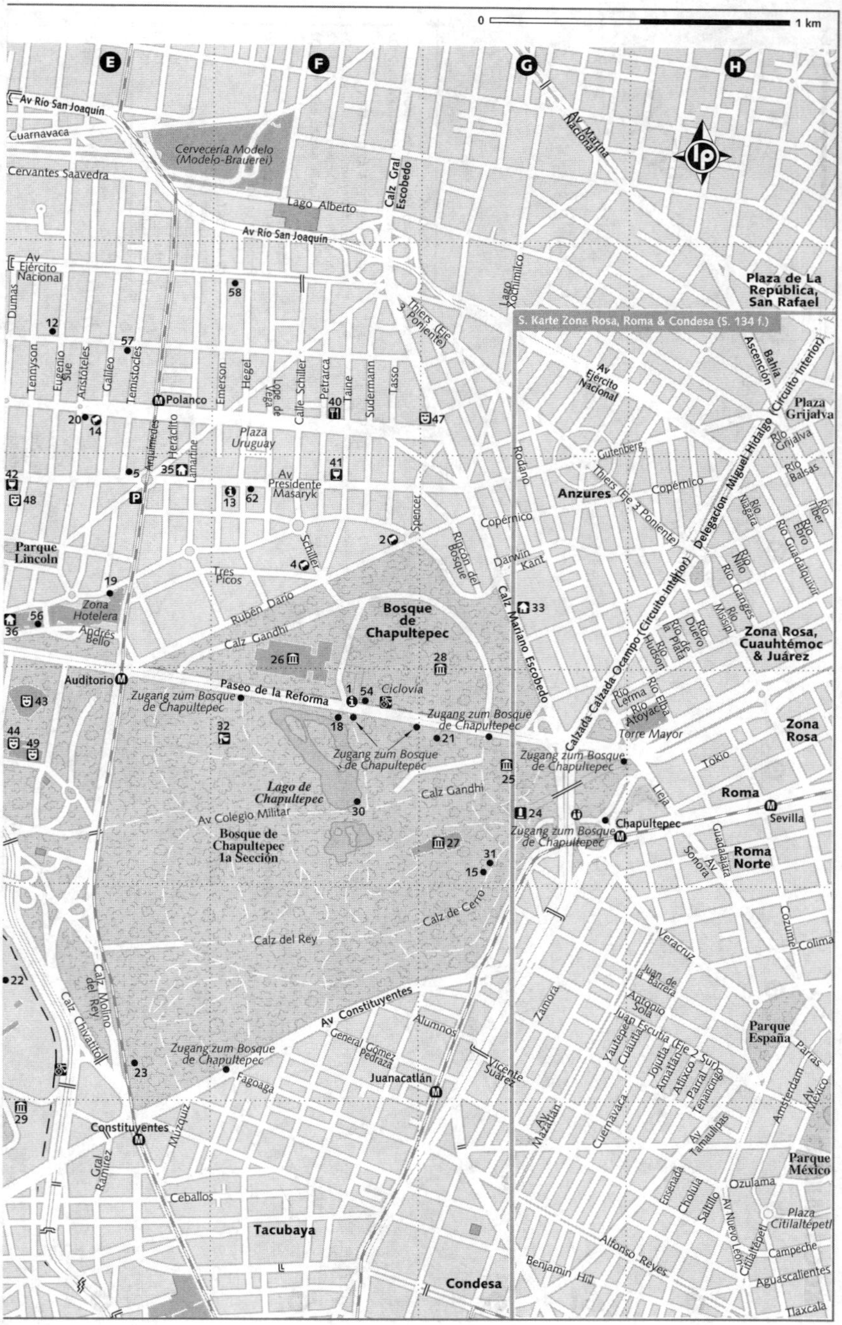
0 1 km
E
F
G
H
Av Río San Joaquín
Cuarnavaca
Cervecería Modelo (Modelo-Brauerei)
Cervantes Saavedra
Lago Alberto
Calz Gral Escobedo
Av Marina Nacional
Av Río San Joaquín
Av Ejército Nacional
Dumas
Lago Xochimilco
Plaza de La República, San Rafael
S. Karte Zona Rosa, Roma & Condesa (S. 134 f.)
Thiers (Eje 3 Poniente)
Tennyson
Eugenio Sue
Aristóteles
Galileo
Temistocles
Emerson
Hegel
Lope de Vega
Calle Schiller
Petrarca
Taine
Sudermann
Tasso
Polanco
Av Ejército Nacional
Bahía Ascención
Delegacion Miguel Hidalgo (Circuito Interior)
Plaza Grijalva
Río Grijalva
Río Balsas
Arquímedes
Heráclito
Lamartine
Plaza Uruguay
Av Presidente Masaryk
Rodano
Gutenberg
Anzures
Copérnico
Thiers (Eje 3 Poniente)
Río Niágara
Río Tíber
Río Ebro
Río Guadalquivir
Parque Lincoln
Schiller
Spencer
Rincón del Bosque
Copérnico
Darwin
Kant
Río Nilo
Río Ganges
Río Misisipi
Tres Picos
Rubén Darío
Zona Hotelera
Andrés Bello
Calz Gandhi
Bosque de Chapultepec
Calz Mariano Escobedo
Calzada Calzada Ocampo (Circuito Interior)
Río Duero
Río de la Plata
Río Hudson
Zona Rosa, Cuauhtémoc & Juárez
Auditorio
Paseo de la Reforma
Zugang zum Bosque de Chapultepec
Ciclovía
Río Lerma
Río Elba
Río Atoyac
Torre Mayor
Zona Rosa
Tokio
Lieja
Lago de Chapultepec
Calz Gandhi
Roma
Sevilla
Av Colegio Militar
Chapultepec
Bosque de Chapultepec 1a Sección
Guadalajara
Av Sonora
Roma Norte
Calz de Cerro
Calz del Rey
Veracruz
Cozumel
Colima
Calz Molino del Rey
Calz Chivatito
Av Constituyentes
Alumnos
General Gómez Pedraza
Juan de la Barrera
Antonio Sola
Juan Escutia (Eje 2 Sur)
Zamora
Yautepec
Cuautla
Jojutla
Amatlán
Atlixco
Parral
Tenancingo
Parque España
Parras
Juanacatlán
Vicente Suárez
Fagoaga
Amsterdam
Av México
Constituyentes
Mùzquiz
Av Mazatlán
Cuernavaca
Av Tamaulipas
Gral Ramírez
Ceballos
Ensenada
Cholula
Saltillo
Ozulama
Parque México
Av Nuevo León
Citlaltépetl
Plaza Citlaltépetl
Campeche
Tacubaya
Alfonso Reyes
Benjamin Hill
Aguascalientes
Condesa
Tlaxcala
1
2
4
5
12
13
14
15
18
19
20
21
22
23
25
26
27
28
29
30
31
32
33
35
36
40
41
42
43
44
47
48
49
54
56
57
58
62

XOCHIMILCO
0
1 km
A
B
C
D
E
F
1
2
3
4
PRAKTISCHES
Xochimilco Touristeninformation......1 E4
Xochimilco Touristeninformation......2 D2
SEHENSWERTES & AKTIVITÄTEN
Mercado de Xochimilco......3 D3
Museo Dolores Olmedo Patiño......4 A2
Parroquia de San Bernardino de Siena..5 D2
AUSGEHEN
Pulquería El Templo de Diana......6 D3
Pulquería La Botijona......7 C3
TRANSPORT
Embarcadero Caltongo......8 E3
Embarcadero Fernando Celada......9 C2
Embarcadero Nativitas......10 E4
Embarcadero Salitre......11 D3
Embarcadero San Cristóbal......12 D3
Canal Apatlaco
Canal Ampampilco
Canal Santa Cruz
Canal de Axomulco
Isla de Las Muñecas (800 m)
Embarcadero Cuemanco (1,5 km); Parque Ecológico de Xochimilco (2,5 km)
Laguna El Toro
Jardín Juárez
Jardín Morelos
Centro Deportivo Xochimilco
Bosque de Nativitas
Xochimilco
Prolongación División del Norte
Av 20 de Noviembre
Calzada San Bernardino
Carretera Xochimilco San Pablo Topilejo
Camino a Nativitas
Calz. Xochimilco Tulyehualco
Antiguo Camino a Xochimilco
Mártires del Río Blanco
Prolongación Acueducto
Av Guadalupe Ramírez
Ramírez del Castillo
Av Morelos
Netzahualcóyotl
Cuauhtémoc
Nuevo León
Madero
Hidalgo
Juárez
Domínguez
Pino
Guerrero
5 de Mayo
Violeta
Galeana
16 de Septiembre
Goitia
Cuitláhuac
Justo Sierra
Arcos Ote
Patios
Clavel
Ahuejotes
Embarcadero
Francisco Goitia
Huichapan
La Noria
Panteón Jilotepec

SAN ÁNGEL

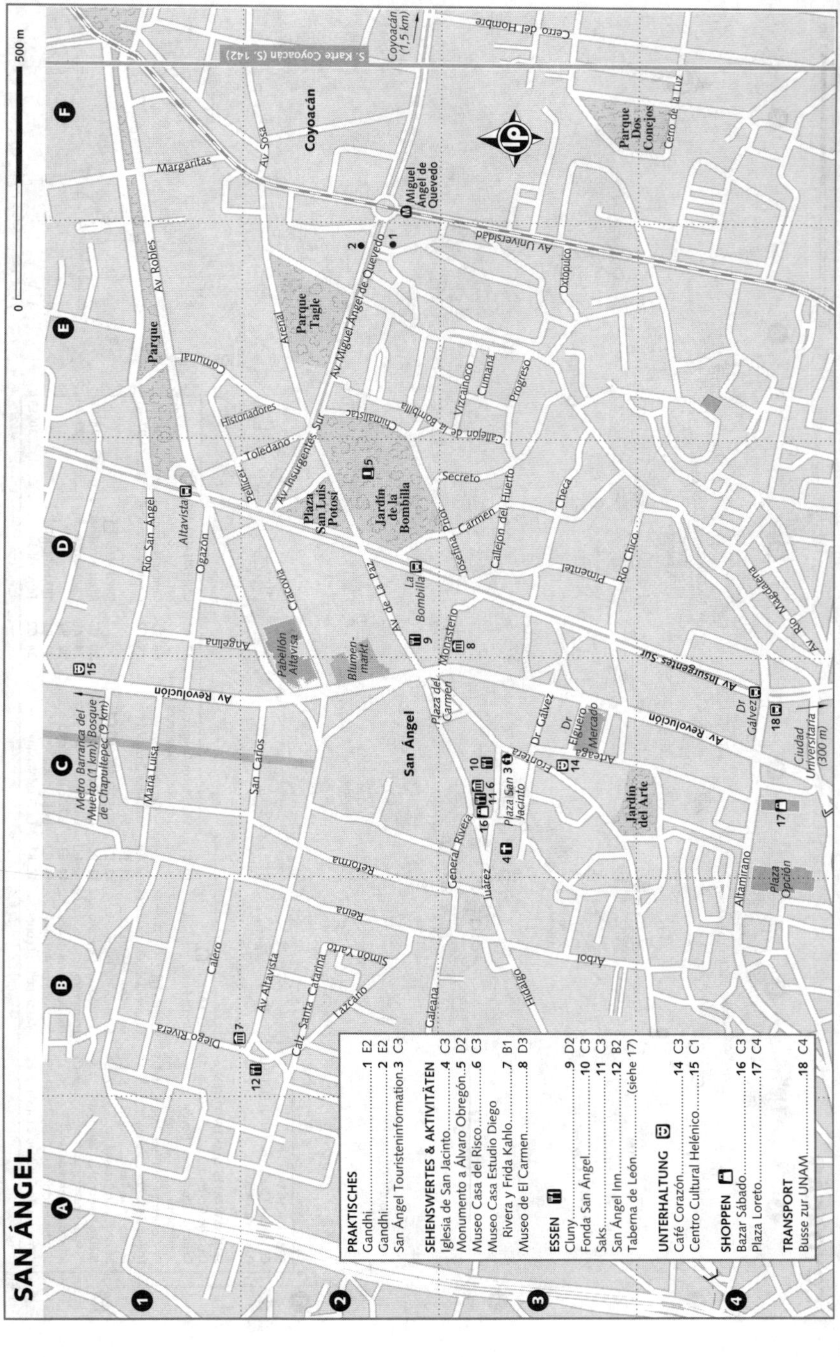
PRAKTISCHES
Gandhi 1 E2
Gandhi 2 E2
San Ángel Touristeninformation 3 C3
SEHENSWERTES & AKTIVITÄTEN
Iglesia de San Jacinto 4 C3
Monumento a Álvaro Obregón 5 D2
Museo Casa del Risco 6 C3
Museo Casa Estudio Diego Rivera y Frida Kahlo 7 B1
Museo de El Carmen 8 D3
ESSEN
Cluny 9 D2
Fonda San Ángel 10 C3
Saks 11 C3
San Ángel Inn 12 B2
Taberna de León (siehe 17)
UNTERHALTUNG
Café Corazón 14 C3
Centro Cultural Helénico 15 C1
SHOPPEN
Bazar Sábado 16 C3
Plaza Loreto 17 C4
TRANSPORT
Busse zur UNAM 18 C4
S. Karte Coyoacán (S. 142)
Coyoacán (1,5 km)
Metro Barranca del Muerto (1 km); Bosque de Chapultepec (9 km)
Ciudad Universitaria (300 m)
500 m

COYOACÁN

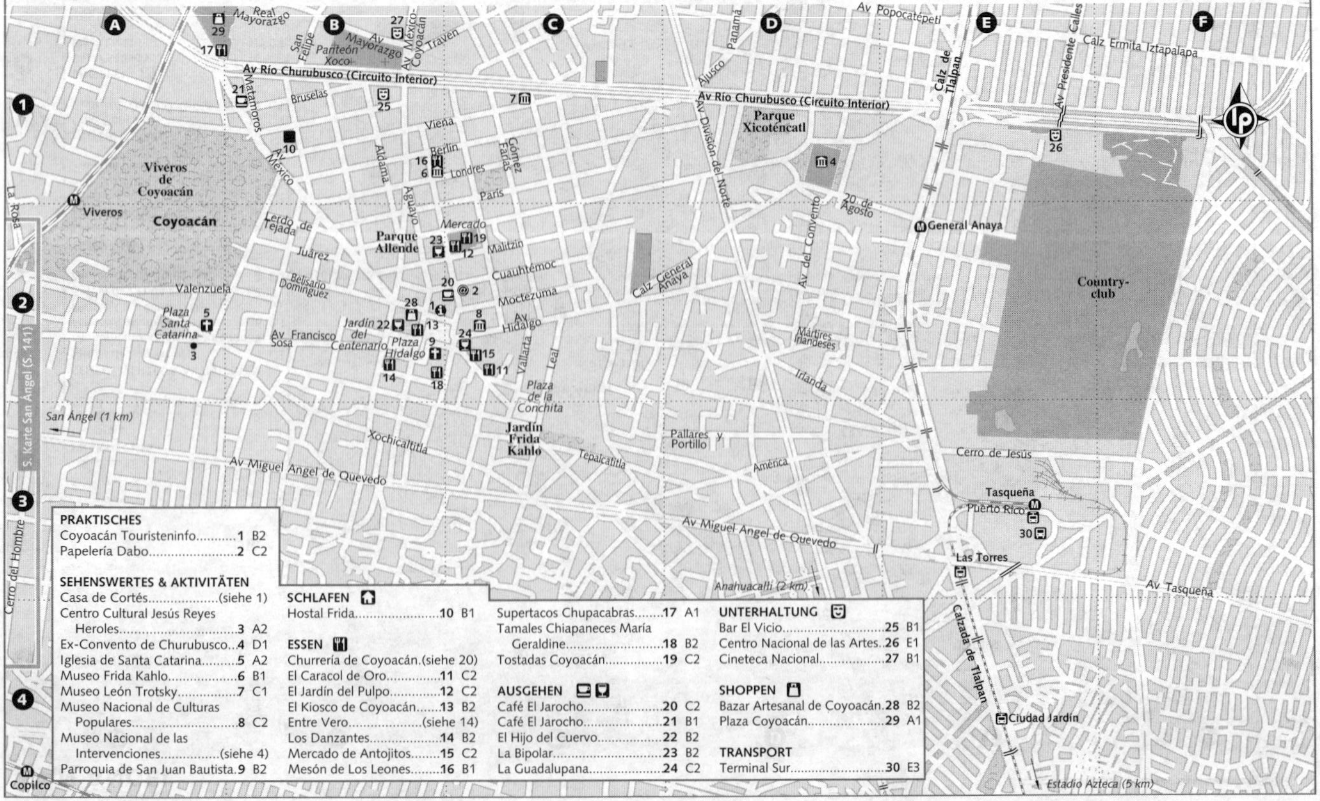

PRAKTISCHES
Coyoacán Touristeninfo..........1 B2
Papelería Dabo..........2 C2

SEHENSWERTES & AKTIVITÄTEN
Casa de Cortés..........(siehe 1)
Centro Cultural Jesús Reyes Heroles..........3 A2
Ex-Convento de Churubusco..4 D1
Iglesia de Santa Catarina..........5 A2
Museo Frida Kahlo..........6 B1
Museo León Trotsky..........7 C1
Museo Nacional de Culturas Populares..........8 C2
Museo Nacional de las Intervenciones..........(siehe 4)
Parroquia de San Juan Bautista.9 B2

SCHLAFEN
Hostal Frida..........10 B1

ESSEN
Churrería de Coyoacán.(siehe 20)
El Caracol de Oro..........11 C2
El Jardín del Pulpo..........12 C2
El Kiosco de Coyoacán..........13 B2
Entre Vero..........(siehe 14)
Los Danzantes..........14 B2
Mercado de Antojitos..........15 C2
Mesón de Los Leones..........16 B1
Supertacos Chupacabras..........17 A1
Tamales Chiapaneces María Geraldine..........18 B2
Tostadas Coyoacán..........19 C2

AUSGEHEN
Café El Jarocho..........20 C2
Café El Jarocho..........21 B1
El Hijo del Cuervo..........22 B2
La Bipolar..........23 B2
La Guadalupana..........24 C2

UNTERHALTUNG
Bar El Vicio..........25 B1
Centro Nacional de las Artes..26 E1
Cineteca Nacional..........27 B1

SHOPPEN
Bazar Artesanal de Coyoacán.28 B2
Plaza Coyoacán..........29 A1

TRANSPORT
Terminal Sur..........30 E3

Turismo Zócalo (Karte S. 130 f.; ☎ 8596-9649; www.turismozocalo.com; Palma 34, Centro; Ⓜ Zócalo) In der Einkaufsmeile Gran Plaza Ciudad de México; verkauft auch Fahrkarten für Ticketbus.

Telefon & Fax

In der ganzen Stadt gibt's Tausende von Telefonen für Telmex-Karten. Diese bekommt man in Läden oder Zeitungsständen mit dem blau-gelben „Ladatel"-Zeichen.

In einigen *papelerías* (Schreibwarengeschäften), Copyshops und Internetcafés kann man faxen – nach den *fax público*-Schildern Ausschau halten. Eine Seite in die USA oder nach Kanada zu faxen kostet etwa 10 Mex$; der Empfang kostet 5 Mex$.

Toiletten

In den Sanborns-Läden kann man die Toilette kostenlos benutzen. Die meisten Einkaufsmärkte haben öffentliche Toiletten; „WC"-Schilder weisen den Weg. Der Hygienestandard dieser Einrichtungen ist jedoch sehr unterschiedlich und in der Regel werden 3 bis 5 Mex$ verlangt. Toilettenpapier bekommt man auf Anfrage von einem Angestellten oder man nimmt es von einer Gemeinschaftsrolle außerhalb der Kabinen mit.

Touristeninformation

Das Tourismusministerium von Mexico City hat in den wichtigsten Gebieten Büros, auch am Flughafen und an den Busbahnhöfen. Das Personal beantwortet Fragen und verteilt kostenlos einen Stadtplan und einen praktischen Führer. Mindestens einer der Angestellten sollte Englisch können.

Soweit nicht anders erwähnt, sind diese Büros von 9 bis 18 Uhr geöffnet.

Antropología (Karte S. 138 f.; ☎ 5286-3850; Paseo de la Reforma; Ⓜ Auditorio) Am Eingang des Museo Nacional de Antropología.

Basílica de Guadalupe (Karte S. 128 f.; ☎ 5748-2085; Plaza de las Américas 1; Ⓜ La Villa-Basilica)

Bellas Artes (Karte S. 130 f.; ☎ 5518-2799; Ecke Juárez & Peralta; Ⓜ Bellas Artes)

Catedral (Karte S. 130 f.; ☎ 5518-1003; Monte de Piedad; Ⓜ Zócalo) Westlich der Catedral Metropolitana.

Del Ángel (Karte S. 134 f.; ☎ 5208-1030; Paseo de la Reforma & Florencia; Ⓜ Insurgentes) Auf der Zona-Rosa-Seite des Monumento a la Independencia.

San Ángel (Karte S. 141; Plaza San Jacinto; 🕑 Sa & So 10–18 Uhr; Ⓜ Miguel Ángel de Quevedo)

Templo Mayor (Karte S. 130 f.; ☎ 5512-8977; Seminario; Ⓜ Zócalo) Östlich der Catedral Metropolitana.

Xochimilco (Karte S. 140; ☎ 5653-5209; Mercado) Am Bootsanleger von Nativitas. An anderen Anlegern gibt's noch mehr Touristenbüros, die aber nur samstags und sonntags geöffnet sind.

Zusätzlich unterhalten diese *delegaciones* (Abteilungen der Stadtverwaltung) Touristeninformationen:

Coyoacán (Karte S. 142; ☎ 5658-0221; Jardín Hidalgo 1; 🕑 Mo–Fr 9–20, Sa & So 8–20 Uhr; Ⓜ Viveros) In der Casa de Cortés.

Xochimilco (Karte S. 140; ☎ 5676-0810; Pino 36; 🕑 Mo–Fr 9–21, Sa & So 8–20 Uhr) Gleich beim Jardín Juárez.

Das Büro von **Corazón de México** (Karte S. 130 f.; ☎ 5518-1869; www.elcorazondemexico.com.mx; Gante 15; 🕑 10–18 Uhr; Ⓜ San Juan de Letrán) bietet Informationen über Hidalgo, Morelos, Michoacán, Guerrero und den Estado de México.

Das Tourismusministerium des Landes ist **Sectur** (Karte S. 138 f.; ☎ 3002-6300, gebührenfrei 078; Av Presidente Masaryk 172; 🕑 Mo–Fr 8–18, Sa 10–15 Uhr; Ⓜ Polanco). Hier gibt's Broschüren übers ganze Land, aber für die neuesten Infos über die Hauptstadt sind die oben genannten Büros die bessere Adresse.

Waschsalon

Lavanderías berechnen 50 bis 90 Mex$ für eine 3-kg-Ladung – günstiger wird's, wenn man die Arbeit selbst macht.

Acqualav (Karte S. 134 f.; ☎ 5514-7348; Orizaba 42, Colonia Roma; 🕑 Mo–Fr 8.30–19, Sa 9–17, So 9–15 Uhr; Ⓜ Insurgentes)

Lavandería Automática Édison (Karte S. 130 f.; Édison 91; 🕑 Mo–Fr 10–19, Sa 10–18 Uhr; Ⓜ Revolución) In der Nähe der Plaza de la República.

Lavandería Lavamex (Karte S. 134 f.; Río Pánuco 122; 🕑 Mo–Fr 9–19, Sa 9–15 Uhr)

GEFAHREN & ÄRGERNISSE

Mexico City wird allgemein als eine extrem kriminelle Stadt dargestellt. Wer zum ersten Mal herkommt, wundert sich deshalb meistens, wie sicher und human es hier zugeht. Dass es Straftaten im Alltag gibt, kann zwar nicht abgestritten werden – 2006 gab es täglich vier Kurzentführungen, 70 Autodiebstähle und 55 Überfälle –, aber man braucht nicht bei jedem Schritt auf der Straße Angst zu haben. Einige Vorsichtsmaßnahmen verringern mögliche Gefahren und Risiken erheblich. Allgemeine Hinweise dazu finden sich auf S. 1067.

Die meisten Diebstähle ereignen sich in Gegenden mit einer hohen Ausländerquote, etwa im Bosque de Chapultepec, um das Museo Nacional de Antropología und in der Zona Rosa. Am Flughafen und auf den Busbahnhöfen sollte man wachsam sein, Unterführungen mit geringem oder gar keinem Fußgängerverkehr sind zu meiden. Überfüllte Metros und Busse sind die Lieblingsorte von Taschendieben. Wer aufmerksam ist und seinen Geldbeutel festhält, fällt ihnen nicht zum Opfer.

EC-Karten oder größere Mengen von Bargeld sollte man nur dabei haben, wenn es sich gar nicht vermeiden lässt. Am wichtigsten ist es, bei einem Überfall keinen Widerstand zu leisten – lieber die Wertsachen als die Gesundheit oder das Leben verlieren!

Ein weitaus größeres Risiko als von Überfällen geht vom Verkehr aus, durch den statistisch mehr Menschen ums Leben kommen als durch Verbrechen (auch wenn sich die Zahl der Unfälle durch Ampelanlagen an den Hauptkreuzungen mittlerweile etwas verringern ließ). Beim Überqueren der Straße sollte man auf jeden Fall in beide Richtungen schauen. In einigen Einbahnstraßen führt eine Busspur in die entgegengesetzte Richtung, und manche mehrspurigen Straßen sind nur in eine Richtung befahrbar. Eine grüne Ampel bedeutet nie, dass es sicher ist, die Straße zu überqueren, da plötzlich abbiegende Autos auftauchen können. Man sollte sich an anderen orientieren und die Straße mit anderen Fußgängern überqueren.

Taxiüberfälle

Überfälle im Taxi sind zwar nicht mehr so häufig wie in den 1990er-Jahren, kommen aber immer noch vor. Viele der Opfer haben vom Straßenrand aus ein Taxi herbeigerufen und wurden dann von bewaffneten Komplizen des Fahrers ausgeraubt. Insbesondere Taxis, die vor Nachtclubs oder Restaurants parken, sollte man meiden – außer sie werden vom Management empfohlen. Anstatt ein fahrendes Taxi anzuhalten, sollte man einen *sitio* (Taxiservice) anrufen. Auf S. 211 gibt es weitere Infos zu Taxis und eine Liste mit empfehlenswerten Unternehmen.

SEHENSWERTES

Man könnte Monate damit verbringen, die Museen, Denkmäler, Kolonialbauten, Plätze, Klöster, Wandmalerein, Gemälde, die archäologischen Funde, Statuen, Heiligtümer und religiösen Relikte dieser wahrhaft enzyklopädischen Stadt anzuschauen.

Centro Histórico

Das 34 Blocks umfassende Areal, das als Centro Histórico bezeichnet wird, bietet jede Menge sagenhafte Gebäude und fesselnde Museen. Das macht es zum besten Platz, um mit den Erkundungen zu beginnen. Mehr als 1500 Gebäude hier sind zu historischen oder künstlerischen Denkmälern erklärt worden und das Centro selbst steht auf der Liste des Weltkulturerbes. Außerdem findet hier das moderne Straßen- und Nachtleben statt und die ansässigen Hotels in allen Preisklassen lassen einen hier super übernachten.

Seit 2000 wurde Geld hineingepumpt, um das Image und die Infrastruktur des Centro zu verbessern. Straßen wurden neu asphaltiert, Gebäude renoviert, Beleuchtung und Verkehrsfluss verbessert und die Sicherheit erhöht. Neue Museen, Restaurants und Clubs sind in die renovierten Gebäude eingezogen und die Feste und Kulturevents auf den Plazas tun ihr Übriges zum Wiedererwachen des Centro.

ZÓCALO

Das Herz von Mexico City ist die Plaza de la Constitución, auch wenn die Anwohner diese bereits seit dem 19. Jh. Zócalo (Karte S. 130 f.) nennen, was soviel wie „Sockel" bedeutet. Damals konnten die ursprünglichen Pläne für ein riesiges Monument der Unabhängigkeit nicht realisiert werden und so blieb nur das Podest übrig. Mit einer Breite von 220 m von Nord nach Süd und einer Länge von 240 m von Ost nach West ist der Zócalo einer der größten Plätze der Stadt.

Teocalli, das Zentrum für Zeremonien im aztekischen Tenochtitlán, lag direkt nordöstlich des Zócalo. In den 1520er-Jahren pflasterte Cortés die Plaza mit Steinen aus der Ruine dieser Anlage. Im 18. Jh. glich sie einem Labyrinth aus Marktständen, bevor Santa Anna sie wieder leerte; dieser hinterließ auch das unbeendete Monument in der Mitte.

Heute ist der Zócalo die Heimat der Mächtigen. Auf der Ostseite steht der Palacio Nacional (der Präsidentenpalast), auf der Nordseite die Catedral Metropolitana und auf der Südseite befinden sich die Büros der Stadtverwaltung. Schmuckläden und extravagante Hotels säumen die Arkaden auf der

Westseite der Plaza, die als Portal de Mercaderes bekannt sind.

Durch seine unglaubliche Weite wird der Platz für ganz unterschiedliche Unternehmungen genutzt: Er diente bereits als Forum für Massenproteste, als Bühne für kostenlose Konzerte, als Brett für Menschenschach, als Galerie unheimlicher Altäre für den Día de Muertos (Tag der Toten) und als große Eislaufbahn. Der Fotokünstler Spencer Tunick nutzte ihn einmal sogar als Bildhintergrund: Tunick füllte den Platz im Mai 2007 mit 18 000 nackten Mexikanern (sein persönlicher Rekord unter allen ähnlichen Fotosessions, die er in Städten rund um die Welt veranstaltet hatte).

Die riesige mexikanische Flagge, die in der Mitte des Zócalo weht, wird von Soldaten der mexikanischen Armee in einer Zeremonie um 8 Uhr gehisst und um 18 Uhr wieder eingeholt.

PALACIO NACIONAL

Hier befinden sich die Büros des mexikanischen Präsidenten, der Staatschatz und die beeindruckenden Wandgemälde Diego Riveras. Der **Palast** (Karte S. 130 f.; ☎ 9158-1252; Plaza de la Constitución; Eintritt frei, Ausweis erforderlich; 🕑 9–17 Uhr; Ⓜ Zócalo) nimmt fast die gesamte Ostseite des Zócalo ein.

Der erste Palast, der sich an dieser Stelle befand, wurde vom aztekischen Herrscher Moctezuma II. im frühen 16. Jh. erbaut. Cortés zerstörte ihn 1521 und baute ihn zu einer Festung mit drei Innenhöfen um. Die spanische Krone kaufte der Familie Cortés das Gebäude im Jahr 1562 ab, um sie als Unterkunft für die Vizekönige von Nueva España zu nutzen. Diese Funktion erfüllte es bis zur mexikanischen Unabhängigkeit.

Vor dem Palast stehend blickt man auf drei Portale. Rechts (im Süden) befindet sich der bewachte Eingang für den Präsidenten. Hoch über der mittleren Tür hängt die **Campana de Dolores**. Die Glocke wurde 1810 von Padre Miguel Hidalgo in der Stadt Dolores Hidalgo zum Beginn des Unabhängigkeitskriegs geläutet. Vom Balkon darunter wendet sich der Präsident alljährlich am 15. September zum feierlichen Gedenken an die Unabhängigkeit mit dem *grito* (Ruf) *¡Viva México!* an das Volk.

Man betritt den Palast durch die mittlere Tür. Die **Wandgemälde Diego Riveras** am Haupttreppenaufgang entstanden zwischen 1929 und 1935 und beschreiben die mexikanische Kultur – von der Ankunft Quetzalcóatls (des aztekischen federgeschmückten Schlangengottes) bis zur postrevolutionären Periode. Die neun Wandmalereien, die die Nord- und Ostwände des ersten Stocks über dem Innenhof schmücken, zeigen das Leben der Einheimischen vor der spanischen Eroberung.

CATEDRAL METROPOLITANA

Eine wahre Ikone der Stadt ist die **Kathedrale** (Metropolitankathedrale; Karte S. 130 f.; ☎ 5510-0440; Eintritt frei; 🕑 7.30–20 Uhr; Ⓜ Zócalo). Dieses monumentale Gebäude misst 109 m in der Länge, 59 m in der Breite und 65 m in der Höhe. Der Bau begann 1573 und dauerte die gesamte Kolonialzeit über, weshalb das Ergebnis einen ganzen Katalog architektonischer Stile in sich vereint: Die aufeinander folgenden Generationen von Bauherren haben alle versucht, die jeweils aktuellen Neuheiten zu integrieren.

Der erste Architekt war Claudio Arciniega. Er hatte das Gebäude nach dem Vorbild der siebenschiffigen Kathedrale von Sevilla entworfen. Nachdem es aber Probleme mit dem schwammigen Untergrund gab, verkleinerte er seinen Entwurf auf fünfschiffige Gewölbe über halbrunden Bogen. Die barocken Portale auf den Zócalo hinaus wurden im 17. Jh. erbaut. Sie haben zwei übereinanderliegende Reihen von Säulen und Marmorpaneelen mit Flachreliefs. Das zentrale Paneel zeigt die Himmelfahrt der Jungfrau Maria, der die Kathedrale geweiht ist. Die oberen Stockwerke der Türme mit ihren einzigartigen Spitzen in Glockenform wurden Ende des 18. Jhs. hinzugefügt und das Äußere wurde 1813 vollendet, als der Architekt Manuel Tolsá neben dem Uhrenturm – mit Statuen von Personifizierungen des Glaubens, der Hoffnung und der Barmherzigkeit an der Spitze – eine große, zentrale Kuppel ergänzte.

Wenn man die Kathedrale betritt, fällt einem zuerst der kunstvoll geschnitzte und vergoldete Altar de Perdón (Altar der Vergebung) auf. Rechter Hand, am Fuße des Señor del Veneno (Herr des Gifts), einer düsteren Christusfigur, steht immer eine Schlange von Gläubigen. Nach der Legende hat die Figur ihre Farbe erhalten, als sie wunderbarerweise durch die Füße eine Dosis Gift aufsaugte, die sich auf den Lippen eines Priesters befand: Ein Feind hatte diesem die tödliche Substanz verabreicht.

ES GEHT ABWÄRTS

Wenn man durch das Centro Histórico bummelt, hat man ein beunruhigendes Thema immer vor Augen: Mexico City versinkt im Boden. Die Metropolitankathedrale, die sich leicht nach Westen neigt, ist dafür der auffälligste Beweis. Aber man kann sich auch einfach nur ansehen, wie sich die Fassade der Iglesia de la Santa Veracruz in der Nähe des Alameda Central Richtung Norden krümmt. Und der Palacio de Bellas Artes, ein Gebäude vom Anfang des 20. Jhs., ist auf der rechten Seite so weit eingesunken, dass man nun eine Treppe hinunter muss, um den Eingang zu erreichen, der sich früher auf Höhe der Straße befand.

Alles in allem ist das historische Stadtzentrum in den letzten 100 Jahren etwa 10 m abgesunken. Aber das Phänomen beschränkt sich nicht nur aufs Zentrum – seit der Kolonialzeit sackt die ganze Stadt ab. Damals hatten die Spanier die geniale Idee, den See, der dieses Hochlandbecken gefüllt hatte, trocken zu legen. Der zurückbleibende schwammige Untergrund war jedoch kaum geeignet, um darauf Kirchen und Paläste zu errichten, deren unglaubliches Gewicht mehr war, als das Bett des Sees verkraften konnte. Dieses Problem hat sich in den letzten Jahrzehnten noch erheblich verschärft. Eine immer durstiger werdende Stadt saugt das Grundwasser aus den wasserführenden Schichten im Boden schneller heraus, als sich diese wieder füllen können. Dadurch bekommt der sinkende Untergrund eine unglücklich nachgiebige Konsistenz.

Und um die Lage noch zu verschlimmern, sinken einige der historischen Gebäude nicht gleichmäßig. So entstehen Risse in den Strukturen und in einigen Fällen ist der totale Zusammenbruch die Folge. Dies kommt daher, weil die aztekischen Vorgänger die Erde unter den Gebäuden verdichtet hatten. Ein gutes Beispiel dafür ist das Sagrario Metropolitano, gleich neben der Kathedrale. Es wurde auf dem Grund errichtet, auf dem der aztekische Sonnentempel stand.

Bis zu einem gewissen Grad ist man dem Problem mit neuen Technologien zu Leibe gerückt. Ein ambitioniertes Projekt, das den Verfall der Kathedrale verhindern soll, beinhaltet etwa die Grabung von Schächten im Untergrund. So soll an bestimmten Schlüsselpunkten die Erde im Untergrund entfernt werden, um die höheren Teile auf das Level der niedrigeren absinken zu lassen, statt den Absinkprozess völlig zu stoppen. Damit wird wenigstens die strukturelle Integrität der Gebäude gesichert. Neu gebaute Ungetüme wie z. B. der Torre Mayor werden mithilfe von Zapfen verankert, die tief unter dem Untergrund in das darunter liegende Felsgestein geschraubt werden.

Der größte Kunstschatz der Kathedrale ist der vergoldete **Altar de los Reyes** (Altar der Könige) hinter dem Hauptaltar. Er stammt aus dem 18. Jh. Vierzehn reich geschmückte Kapellen säumen die beiden Seiten des Gebäudes, das Mittelschiff nehmen kompliziert geschnitzte Chorstühle aus Holz ein. Sie stammen aus dem späten 17. Jh. und wurden von Juan de Rojas geschaffen. Riesige Täfelungen aus der Kolonialzeit, die von den Meistern Juan Correa und Cristóbal de Villalpando bemalt wurden, bedecken die Wände der Sakristei. Sie war der Teil der Kathedrale, der zuerst gebaut wurde.

Besucher dürfen sich frei bewegen, werden aber gebeten, dies nicht während der Messe zu tun. Wer die **Sakristei** oder den **Chor** sehen möchte, wird um eine Spende von 10 Mex$ gebeten; Führer bieten sich hier für Erläuterungen an. Außerdem kann man den **Glockenturm** (Eintritt 12 Mex$; 🕒 10.30–12.30 & 15.30–18 Uhr) besteigen. An Sonntagen liest der Erzbischof von Mexiko hier die Messe.

An der Ostseite der Kathedrale schließt sich die **Sagrario Metropolitano** (🕒 7.30–19.30 Uhr) aus dem 18. Jh. an. Ursprünglich wurde sie als Aufbewahrungsort für das Archiv und die Gewänder des Erzbischofs gebaut, heute jedoch ist sie die Hauptpfarrkirche der Stadt. Der Haupteingang und sein Spiegelbild, das Ostportal, sind hervorragende Vertreter des überaus dekorativen Churriguerismus.

TEMPLO MAYOR

Bevor die Spanier ihn zerstörten, nahm der Teocalli von Tenochtitlán die Stelle ein, an der heute die Kathedrale steht, und dazu die Blocks nördlich und östlich. Erst 1978, nachdem Arbeiter der Elektrizitätswerke zufällig eine 8 t schwere Steinplatte mit Steinreliefs der aztekischen Gottheit Coyolxauhqui gefunden hatten, entschied man, die Gebäude aus der Kolonialzeit abzureißen und den **Templo Mayor** (Karte S. 130 f.; ☎ 5542-4943; www.conaculta.gob.mx/templomayor; Seminario 8; Eintritt 45 Mex$, So frei; 🕒 Di–So 9–17 Uhr; Ⓜ Zócalo) auszugraben.

Dieser soll genau auf dem Punkt stehen, an dem die Azteken ihren symbolischen Adler, der mit einer Schlange im Schnabel auf einem Kaktus sitzt, sahen – das heutige Symbol für Mexiko. Im Aztekenglauben war diese Stelle buchstäblich das Zentrum des Universums.

Der Tempel wurde, wie auch andere heilige Gebäude in Tenochtitlán, mehrere Male vergrößert und jede Erweiterung begleitete ein Opfer gefangener Krieger. Die Abschnitte der verschiedenen Bauphasen des Tempels kann man erkennen. In der Mitte befindet sich eine Plattform etwa aus dem Jahr 1400; auf der südlichen Hälfte steht ein Opferstein vor einer Figur des Huizilopochtli, des aztekischen Kriegsgottes. Auf der nördlichen Hälfte befindet sich ein *chac-mool* (eine liegende Mayafigur) vor einer Figur des Wassergottes Tláloc. Als die Spanier hier ankamen, ragte an diesem Punkt eine 40 m hohe Doppelpyramide mit steilen Zwillingstreppen auf, die zu den beiden Göttern hinaufführten.

Der Eingang zum Tempel und Museum befindet sich östlich der Kathedrale, auf der anderen Seite der hektischen **Plaza del Templo Mayor** mit einem Modell von Tenochtitlán. Zugelassene Tourguides (mit Ausweisen von Sectur) bieten am Eingang ihre Dienste an. Drinnen kann man aber auch einen englischsprachigen Audioguide bekommen (60 Mex$).

Das **Museo del Templo Mayor** beherbergt Fundstücke von der Anlage und gibt einen guten Überblick über die Zivilisation der Azteken. Einen Ehrenplatz hat der große, wagenradartige Stein für Coyolxauhqui („Goldene Glocken", Mondgöttin). Man sieht ihn am besten vom Aussichtspunkt im obersten Stockwerk. Die Göttin ist geköpft dargestellt, das Ergebnis ihrer Ermordung durch Huizilopochtli, ihren Bruder. Dieser tötete auf seinem Weg, Hauptgott zu werden, auch seine 400 Brüder.

Fortlaufende Ausgrabungen fördern immer wieder Bedeutendes zutage. Im Oktober 2006 wurde gleich westlich des Tempels ein monolithischer Stein gefunden, der ein Relief von Tlaltecuhtli, der Göttin der Fruchtbarkeit der Erde, zeigt. Die Archäologen nehmen an, dass der Stein das Grab von Ahuízotl markiert. Dieser aztekische Herrscher war der direkte Vorgänger Montezuma, II. und hat mit seinen militärischen Eroberungen das Herrschaftsgebiet der Azteken erheblich erweitert. Zur Zeit der Recherche war die Erforschung des Grabes gerade im Gange.

RUND UM DIE KATHEDRALE

Gegenüber der Westseite der Kathedrale befindet sich das staatliche Pfandhaus von Mexiko, der **Nacional Monte de Piedad** (Karte S. 130 f.; Monte de Piedad 7; ⌚ Mo–Fr 8.30–18, Sa 8.30–13 Uhr; Ⓜ Zócalo). Er wurde 1774 vom Silbermagnaten Pedro Romero de Terreros gegründet. In der mittleren Halle kann man seinen Schmuck und anderen Besitz zu einem Zinssatz von 12 % verpfänden. Die Läden am zentralen Durchgang verkaufen die nicht ausgelösten Stücke.

Im **Centro Cultural de España** (Spanisches Kulturzentrum; Karte S. 130 f.; ☎ 5521-1925; www.ccemx.org; República de Guatemala 18; Eintritt frei; ⌚ Di & Mi 10–20, Do–Sa 10–23, So 10–16 Uhr; Ⓜ Zócalo) an der Rückseite der Kathedrale sind eine Vielzahl von topaktuellen Ausstellungen im Gange. Das wunderbar restaurierte Gebäude vermachte der spanische Eroberer Hernán Cortés einst seinem Butler; heute gibt's hier eine Dachterrasse, auf der man Tapas essen und an den Wochenenden spät abends DJ-Sessions erleben kann.

Im kürzlich eröffneten **Museo Archivo de la Fotografía** (Museumsarchiv für Fotografie; Karte S. 130 f.; ☎ 2616-7057; www.maf.df.gob.mx; República de Guatemala 34; Eintritt frei; ⌚ Di–So 10–18 Uhr; Ⓜ Zócalo) sind Bilder aus einem ganzen Jahrhundert zu bewundern, die für das *Gaceta Oficial del Distrito Federal*, das Staatsarchiv des DF, gemacht wurden. Sie bewahren die Erinnerungen an Straßen, Plazas, Gebäude und Menschen.

CALLE MONEDA

Die Calle Moneda nördlich des Palacio Nacional wird von traumhaften Gebäuden aus *tezontle* flankiert. Sie ist eine merkwürdige Bühne für die unendlichen Katz-und-Maus-Spiele zwischen den *ambulantes* (mobilen Straßenverkäufern) und den Stoßtrupps der Stadt. Das **Museo de la Secretaría de Hacienda y Crédito Público** (Museum der Finanzbehörde; Karte S. 130 f.; ☎ 9158-1245; Moneda 4; Eintritt 8 Mex$, So frei; ⌚ Di–So 10–18 Uhr; Ⓜ Zócalo) zeigt Teile seiner riesigen Sammlung mexikanischer Kunst. Vieles davon stammt von Malern und Bildhauern, die damit ihre Steuern beglichen. In diesem früheren Palast des Erzbischofs findet auch ein volles Programm mit Kulturevents (oft kostenlos) statt, vom Puppentheater bis hin zu Kammermusik.

Das **Museo Nacional de las Culturas** (Nationalmuseum der Kulturen; Karte S. 130 f.; ☎ 5512-7452; Moneda 13; Eintritt frei; Di–Sa 9.30–18, So 10–17 Uhr; Ⓜ Zócalo) wurde 1567 als Münzprägestätte der Kolonie errichtet. Heute sind Kunst, Kleidung und Kunsthandwerk der Weltkulturen zu sehen. Einen Block weiter östlich und dann ein paar Treppenstufen gen Norden beherbergt ein früheres Kloster das **Museo José Luis Cuevas** (Karte S. 130 f.; ☎ 5522-0156; www.museojoseluiscuevas.com.mx; Academia 13; Eintritt 20 Mex$, So frei; Di–So 10–17.30 Uhr; Ⓜ Zócalo). Es zeigt die Arbeiten des Künstlers Cuevas, eines Führers der Ruptura-Bewegung in den 1950ern, die mit der politisierten Kunst des postrevolutionären Regimes gebrochen hatte. Den zentralen Innenhof dominiert Cuevas Statue **La Giganta**; die 8 m hohe Bronzefrau hat auch männliche Attribute.

Zwei Blocks weiter östlich steht der **Templo de la Santísima Trinidad** (Karte S. 130 f.). Er prunkt mit seiner super-barocken Fassade mit Cherubim und Aposteln, die mitten in herrlich filigranes Mauerwerk platziert wurden.

PLAZA SANTO DOMINGO

Die kleinere und weniger förmliche Plaza liegt zwei Blocks nördlich des Zócalo. An ihrer Westseite, unterhalb des **Portal de Evangelistas**, arbeiten heute Drucker. Sie sind die Nachkommen jener Schreiber, die den Papierkram der Händler erledigten, welche das Zollgebäude auf der anderen Seite des Platzes (das heutige Bildungsministerium) nutzten. Im Norden steht die schöne Barockkirche **Iglesia de Santo Domingo** (Karte S. 130 f.) von 1736 aus weinrotem Stein. Die dreistufige Fassade sollte man genauer anschauen: In den Nischen neben der Tür verbergen sich Statuen des Heiligen Franziskus und des Heiligen Augustinus, das mittlere Relief zeigt den Heiligen Dominikus de Guzmán, wie er gerade vom Heiligen Petrus den Stab bzw. vom Heiligen Paulus die Sendschreiben entgegennimmt, und an der Spitze befindet sich ein Flachrelief mit der Himmelfahrt der Jungfrau Maria.

Gegenüber der Kirche steht der **Palacio de la Inquisición** (Karte S. 130 f.) aus dem 18. Jh., ehemaliges Hauptquartier der Heiligen Inquisition in Mexiko, bis sie Spanien 1812 für beendet erklärte. An der Spitze der Fassade ist das offizielle Wappen zu sehen.

WANDGEMÄLDE

In den 1920er-Jahren gab der postrevolutionäre Bildungsminister José Vasconcelos talentierten jungen Künstlern wie Diego Rivera, David Alfaro Siqueiros und José Clemente Orozco den Auftrag, zahlreiche öffentliche Gebäude mit dramatischen großformatigen Wandgemälden zu versehen. Er wollte damit ein neues Bewusstsein für die Vergangenheit und Zukunft Mexikos schaffen.

Eines dieser Gebäude war ein früheres Kloster, das nun das neu geschaffene **Secretaría de Educación Pública** (Bildungsministerium; Karte S. 130 f.; ☎ 3003-1000; República de Brasil 31; Eintritt frei; Mo–Fr 9–18 Uhr; Ⓜ Zócalo) beherbergt. Die beiden vorderen Höfe (von der Plaza Santo Domingo aus auf der anderen Seite des Gebäudes) zieren ringsum 120 Freskobilder aus den 1920er-Jahren von Diego Rivera. Zusammen formen sie in den Worten des Künstlers ein Bildnis „vom eigentlichen Leben der Menschen". Jeder Hof hat ein eigenes Thema: Der im Osten handelt von Arbeit, Industrie und Landwirtschaft; der innere Hof stellt Traditionen und Feste dar und in seinem oberen Teil findet sich eine Reihe zur proletarischen und landwirtschaftlichen Revolution unter einem langen roten Banner mit einem mexikanischen *corrido* (Volkslied). Die erste Tafel zeigt Frida Kahlo als Arbeiterin in einer Waffenfabrik.

Einen Block zurück Richtung Zócalo und dann gen Osten steht das **Antiguo Colegio de San Ildefonso** (Karte S. 130 f.; ☎ 5702-6378; www.sanildefonso.org.mx; Justo Sierra 16; Eintritt 45 Mex$, Di frei; Di–So 10–17.30 Uhr; Ⓜ Zócalo). Es wurde im 16. Jh. als Jesuitenkolleg erbaut, in den 1920er-Jahren dann kamen Rivera, Orozco, Siqueiros und andere hierher, um die Wandmalerein anzufertigen. Die meisten Werke im Haupthof stammen von Orozco, dessen Porträt von Cortés und La Malinche unterhalb der Treppe man auf keinen Fall verpassen sollte. Im Amphitheater an der Lobby befindet sich Riveras erstes Wandgemälde: *La Creación*. Er malte es 1923 nach seiner Rückkehr aus Europa. Um 12 und um 16 Uhr werden Rundgänge zu den Gemälden (auf Spanisch) angeboten. Heute beherbergt das San Ildefonso herausragende zeitgenössische Ausstellungen und die Filmoteca der staatlichen Universität (S. 191).

Weitere Wandgemälde von Orozco sind im Innern des **Suprema Corte de Justicia** (Oberster Gerichtshof; Karte S. 130 f.; Pino Suárez 2; Eintritt frei, Personalausweis erforderlich; Mo–Fr 9–17 Uhr; Ⓜ Zócalo), südlich des Zócalo, zu finden. 1940 malte der Künstler um den ersten Absatz des zen-

MODERNER TANZ

Wer von der Metrostation Zócalo zur riesigen zentralen Plaza hinaufsteigt, hört unweigerlich aus der Richtung der Kathedrale das Schlagen von Trommeln – die aztekischen Tänzer sind bei ihrer Arbeit. Sie tragen Lendenschurze aus Schlangenhaut, kunstvollen Kopfschmuck aus Federn und Bänder mit Schellen an den Fußgelenken. Sie bewegen sich im Kreis und singen auf Náhuatl, was wie eine Darbietung von vorkolonialem Aerobic anmutet. Die Trommler in der Mitte sind eingehüllt von einer Wolke duftenden *copal*-Rauchs und schlagen auf die congaähnliche *huehuetl* (Trommel der Eingeborenen) und auf die tonnenförmigen, aufgeschlitzten *teponaztli*.

Dieses Ritual, genannt Danzantes Aztecas, Danza Chichimeca oder Concheros, wird jeden Tag in der Nähe des Templo Mayor abgehalten. Häufig geht das Trommeln ohne Pause über Stunden hinweg. Damit wird das aztekische *mitote* ausgerufen, eine wilde Zeremonie, die von den Mexikanern vor der Eroberung zur Erntezeit aufgeführt wurde. Es existieren allerdings kaum Belege dafür, dass die Körperbewegungen heute denen der Vorfahren auch nur im geringsten ähneln. Die spanischen Kolonisten hatten die Aufführung der Tänze oder die Verwendung des *huehuetl* verboten, daher mischten die indigenen Mexikaner Elemente der christlichen Verehrung in ihre Rituale, tanzten in den Höfen der Kirchen und spielten mandolinenähnliche Instrumente, unterstützt von einer Gürtelschelle oder einer *concha* (von der sich der Name Concheros ableitet).

Die heutigen Tänzer auf dem Zócalo lehnen jedoch jegliche Verbindung mit dem Christentum ab und suchen stattdessen eine direktere Verbindung mit ihren vorkolonialen Wurzeln. Ihre Kritiker machen sich über die Repräsentation einer heiligen, aber nicht erkennbaren Vergangenheit lustig und bezeichnen das Ritual als „New-Age-Unsinn". Dennoch scheint diese Zelebrierung des mexikanischen Erbes zu einer regelrechten Bewegung zu werden: Immer mehr junge Mexikaner übernehmen sie, um das Fortbestehen ihrer Vergangenheit zu sichern. Man kann beobachten, wie sie teilweise in ihren normalen Klamotten mitswingen. Noch seltsamer ist es allerdings, dass die Nachkommen der Konquistadoren diesen Tanzwahn ebenfalls aufnehmen und eine diesen Wurzeln verschriebene Jugend in Madrid einen auf Azteken macht.

tralen Treppenaufgangs herum vier Bilder. Zwei davon beschäftigen sich mit Gerechtigkeit, genau wie das etwas zeitgenössischere *Los Siete Crímenes Mayores* (Die sieben schlimmsten Verbrechen) von Rafael Cauduro. Es erstreckt sich über drei Ebenen des Treppenhauses im Südwesten des Gebäudes, ist im hyperrealistischen Stil Cauduros gehalten und bietet einen Streifzug durch die Straftaten des Staates gegen die Bevölkerung – u. a. das ewig heiße Eisen des durch Folter erpressten Geständnisses. Insgesamt haben vier Werke hier mit Gerechtigkeit zu tun, die der Oberste Gerichtshof für jedes Ecktreppenhaus des Gebäudes kürzlich in Auftrag gegeben hatte.

Der **Mercado Abelardo Rodríguez** (Karte S. 130 f.; República de Venezuela, Ecke Rodríguez Puebla; ⌚ 8–17 Uhr; Ⓜ Zócalo) östlich des Zócalo wurde unter der Führung Diego Riveras in den 1930ern zur Leinwand einer Gruppe junger internationaler Künstler. Einige der üppigsten (und besterhaltenen) Arbeiten, die die amerikanischen Greenwood-Schwestern geschaffen haben, zieren das Treppenhaus, das in der Nordostecke des Marktes zum Gemeindezentrum führt. Im Erdgeschoss ist die *Historia de México* des japanischen Künstlers Isama Noguchi zu sehen. Das lebhafte, dreidimensionale Wandgemälde aus Zement und Putz symbolisiert den Kampf gegen den Faschismus. Weitere Gemälde in den Eingangskorridoren des Marktes zollen den Arbeitern auf dem Land und ihren Traditionen Tribut. Einige davon leiden aber leider unter Vernachlässigung.

Einen Block weiter südlich erwartet einen der **Templo de Nuestra Señora de Loreto** (Karte S. 130 f.) mit seiner bemerkenswerten Kuppel. Sie ist im unteren Teil mit bunten Glasbildern versehen und krönt ein ungewöhnliches Kreuz aus vier Flügeln mit jeweils halbrunden Kapellen. Nach dem Erdbeben von 1985 wurde das Gebäude aller Schätze beraubt und die Wandgemälde an der Unterseite der Kuppel wurden dem Verfall preisgegeben.

PLAZA TOLSÁ

Ein paar Blocks westlich des Zócalo liegt dieser attraktive Platz, der nach dem bekannten Bildhauer und Architekten der Catedral Metropolitana aus der zweiten Hälfte des 18. Jhs. benannt ist.

Manuel Tolsá schuf auch das bronzene Reiterstandbild des spanischen Königs Karl IV. (der von 1788 bis 1808 regierte), das den Mittelpunkt des Platzes bildet. Ursprünglich stand es auf dem Zócalo, dann am Paseo de la Reforma, bevor es 1979 hierher kam („als ein Kunstwerk", wie eine Inschrift erklärt).

König Karl steht vor dem **Museo Nacional de Arte** (Nationales Kunstmuseum; Karte S. 130 f.; ☎ 5130-3400; www.munal.com.mx; Tacuba 8; Eintritt 30 Mex$, So Eintritt frei; ⌚ Di–So 10.30–17.30 Uhr; Ⓜ Bellas Artes). Es wurde um 1900 im Stil der italienischen Renaissance erbaut und verfügt über eine Sammlung, in der jede Schule mexikanischer Kunst bis ins frühe 20. Jh. vertreten ist. Ein Highlight sind die Werke von José María Velasco, die das Valle de México Ende des 19. Jhs. darstellen.

Gegenüber türmt sich der **Palacio de Minería** (Bergbaupalast; Karte S. 130 f.; ☎ 5623-2982; Tacuba 5; Eintritt 25 Mex$; ⌚ Führungen Sa & So 10–15 Uhr; Ⓜ Bellas Artes) auf, in dem im 19. Jh. Bergbauingenieure ausgebildet wurden. Heute ist hier ein Teil des Instituts für Ingenieurwissenschaften der nationalen Universität untergebracht. Der Palast ist ein Meisterwerk des Neoklassizismus, wurde von Tolsá entworfen und in den Jahren von 1797 bis 1813 errichtet. Hinein kommt man nur im Rahmen einer Führung. Im Palast befindet sich ein kleines **Museum** (Eintritt 10 Mex$; ⌚ Mi–So 10–18 Uhr) über Tolsás Leben und Schaffen.

Einen Block östlich der Plaza steht das frühere Krankenhaus der Bethlehemiten (des einzigen religiösen Ordens, der sich in den beiden Amerikas etabliert hat). Seit 2006 ist es die Heimat des **Museo Interactivo de la Economía** (Interaktives Museum der Wirtschaft; Karte S. 130 f.; ☎ 5130-4600; www.mide.org.mx; Tacuba 17; Erw./Kind 45/35 Mex$; ⌚ Di–So 9–18 Uhr; Ⓜ Allende). Eine Menge von Gegenständen zum Anfassen zielen darauf ab, ökonomische Konzepte zu erschüttern. Für Kenner ist die Münzsammlung der Banco de México ein echtes Highlight. Nur ein paar der Ausstellungsstücke sind auch auf Englisch beschriftet.

AVENIDA MADERO

Auf dieser stattlichen Avenida westlich des Zócalo kann man einen wahren Streifzug durch die Architekturstile machen. Dazwischen verstreut sitzen Optiker und Juweliere. Zwei Blocks vom Platz entfernt befindet sich in einem traumhaften neoklassizistischen Gebäude das **Museo del Estanquillo** (Karte S. 130 f.; ☎ 5521-3052; www.museodelestanquillo.com.mx; Isabel La Católica 26; Eintritt frei; ⌚ Mi–Mo 10–18 Uhr; Ⓜ Allende). Es nennt eine riesige Sammlung zur Popkultur sein Eigen, die der sammelwütige Essayist des DF, Carlos Monsivais, über Jahrzehnte zusammengetragen hat. Das kürzlich eingeweihte Museum illustriert mithilfe von zahlreichen Fotos, Gemälden, Brettspielen, Filmplakaten, Comicstreifen und anderen Dingen aus Monsivais' Sammlung verschiedene Entwicklungsphasen der Hauptstadt.

Ein paar Blocks Richtung Westen taucht die barocke Fassade des **Palacio de Iturbide** (Karte S. 130 f.; ☎ 1226-0011; Madero 17; Eintritt frei; ⌚ Mi–Mo 10–19 Uhr; Ⓜ Allende) aus dem späten 18. Jh. auf. Er wurde 1821 für den Adel der Kolonialzeit gebaut und später zur Residenz des Generals Agustín Iturbide. Dieser Held des Kampfes für die Unabhängigkeit wurde hier 1822 zum Kaiser ernannt. (Er dankte weniger als ein Jahr später ab, nachdem General Santa Anna die Geburt der Republik verkündet hatte.) Heute ist das Gebäude als Palacio de Cultura Banamex bekannt und beherbergt neben Ausstellungen aus der riesigen Sammlung mexikanischer Kunst dieser Bank auch zeitgenössisches mexikanisches Kunsthandwerk. Im oberen Stockwerk kann man einige der ursprünglichen Salons besichtigen.

Einen halben Block hinter der Fußgängerzone Gante steht die erstaunliche **Casa de Azulejos** (Haus der Fliesen; Karte S. 130 f.; ☎ 5512-9820; Madero 4; ⌚ 7–13 Uhr; Ⓜ Allende). Sie stammt aus dem Jahr 1596 und ist für die Condes (Grafen) del Valle de Orizaba erbaut worden. Die meisten der Fliesen, die die Außenwände schmücken, wurden in China hergestellt und auf mit Manila (Stoffart) belandenen *naos* (spanischen Galeonen, die bis zu Anfang des 19. Jh. benutzt wurden) nach Mexiko gebracht. In dem Gebäude befindet sich heute ein Restaurant von Sanborns in einem überdachten Innenhof rund um einen maurischen Brunnen. An der Treppe ist ein Wandgemälde von Orozco aus dem Jahr 1925 zu sehen.

Auf der anderen Straßenseite steht der **Templo de San Francisco** (Karte S. 130 f.; Madero 7), der letzte Überrest eines riesigen Franziskanerklosters, das im frühen 16. Jh. auf dem Gelände von Montezumas Privatzoo errichtet wurde. Zu seiner Blütezeit erstreckte es sich zwei Blocks Richtung Süden und Osten, aber die Reformgesetze der Nach-Unabhängigkeitsära teilten die Anlage auf. 1949 gab man sie dem Franziskanerorden zurück – in schrecklichem Zustand. Seitdem wird sie nach und nach restauriert. Den Eingang erreicht man über einen breiten Innenhof, in dem Kunstausstellungen veranstaltet werden. Der kunstvoll gearbeitete Eingang ist ein glänzendes Beispiel für den Barock des 18. Jhs.

Neben dem Kloster erhebt sich der **Torre Latinoamericana** (Lateinamerikanischer Turm; Karte S. 130 f.; ☎ 5518-7423; Eje Central Lázaro Cárdenas 2; Erw./Kind 50/40 Mex$; ⌚ 9–22 Uhr; Ⓜ Bellas Artes). Bei seinem Bau im Jahr 1956 war er das höchste Gebäude Lateinamerikas, heute ist er nur noch das fünfthöchste Mexikos. Dank der tief versenkten Pylonen, die das Gebäude verankern, hat es zahlreiche heftige Erdbeben überstanden. Der Blick von der Aussichtsplattform im 43. Stock ist sagenhaft (wenn der Smog mitspielt).

MUSEO DE LA CIUDAD DE MÉXICO

Ein Besuch in diesem **Museum** (Museum von Mexico City; Karte S. 130 f.; ☎ 5542-0083; Pino Suárez 30; Eintritt 20 Mex$, Mi frei; ⌚ Di–So 10–18 Uhr; Ⓜ Pino Suárez) bietet einen guten Überblick über die Riesenstadt. Die neuartige Dauerausstellung „Alles passt in ein Becken“ präsentiert mit Modellen und Karten eine Kurzfassung der Stadtgeschichte. Ein Raum ist ausschließlich dem Zócalo und seiner Rolle als Bühne für soziale Initiativen gewidmet. Im oberen Stock befindet sich das frühere Studio von Joaquín Clausell, der als führender Impressionist Mexikos gilt. Der Künstler hat die vier Wände des fensterlosen Raumes während der drei Jahrzehnte, in denen er hier bis zu seinem Tod 1935 arbeitete, ständig als Skizzenblock verwendet.

Alameda Central & Umgebung

Ein Sinnbild für das neue Leben der Innenstadt ist das grüne Rechteck gleich nordwestlich des Centro Histórico. Es nimmt im kulturellen Leben Mexico Citys einen wichtigen Platz ein. Im letzten Jahrzehnt stand die von bedeutenden historischen Gebäuden umgebene Alameda Central im Fokus der Renovierungsbemühungen. Vor allem die Türme der Hochhäuser an der Plaza Juárez haben die Zone südlich des Parks verwandelt. Bei dem Erdbeben 1985 war hier Vieles zerstört worden. Die Metrostationen Bellas Artes und Hidalgo befinden sich jeweils auf der Ost- bzw. Westseite der Alameda.

ALAMEDA CENTRAL

Die Alameda (Karte S. 130 f.) wurde Ende des 16. Jhs. auf Befehl des damaligen Vizekönigs Luis de Velasco angelegt. Ihr Name leitet sich von den *álamos* (Pappeln) ab, die für die rechteckige Begrenzung des Parks gepflanzt wurden. Ende des 19. Jhs. wurde der Park mit europäischen Statuen verschönert und mit Gaslaternen versehen. Er wurde zu dem Ort, an dem sich die städtische Elite traf; heute ist die Alameda ein beliebtes Ausflugsziel, besonders an Sonntagen, wenn Familien über die breiten Wege spazieren und Open-Air-Konzerte stattfinden.

PALACIO DE BELLAS ARTES

Dieser mit prächtigem weißen Marmor errichtete **Palast** (Palast der schönen Künste; Karte S. 130 f.; ☎ 5130-0900; Av Juárez & Eje Central Lázaro Cárdenas; Eintritt 35 Mex$; So Eintritt frei; ⌚ Di–So 10–18 Uhr; Ⓜ Bellas Artes), ein Konzert- und Kunsthaus, das von Präsident Porfirio Díaz in Auftrag gegeben wurde, beherrscht den Osten der Alameda. Der Bau wurde 1905 unter dem italienischen Architekten Adamo Boari begonnen, der für Neoklassizismus und Art Nouveau stand. Die ersten Probleme gab es, als der schwere Marmor im schwammigen Boden versank – und dann kam die Revolution dazwischen. Der Architekt Federico Mariscal stellte in den 1930er-Jahren die Innenräume im moderneren Art-déco-Stil fertig.

Riesige Wandgemälde beherrschen die oberen Geschosse. Im ersten Stock sind zwei Arbeiten von Rufino Tamayo aus den frühen 1950er-Jahren zu sehen: *México de Hoy* (Mexiko heute) und *Nacimiento de la Nacionalidad* (Geburt der Nationalität), eine symbolische Darstellung der Identitätsstiftung von Mestizen.

Auf der Westseite des dritten Stocks befindet sich Diego Riveras berühmter *El Hombre En El Cruce de Caminos* (Mann an der Kreuzung), der ursprünglich vom New Yorker Rockefeller Center in Auftrag gegeben wurde. Die Rockefellers ließen das Original wegen seiner antikapitalistischen Thematik zerstören, aber Rivera schuf es 1934 neu.

Auf der Nordseite befinden sich die dreiteilige *La Nueva Democracía* (Die neue Demokratie) von David Alfaro Siqueiros und der vierteilige *Carnaval de la Vida Mexicana* (Karneval des mexikanischen Lebens) von Rivera; östlich ist die auffällige *La Katharsis* von José Clemente Orozco zu sehen, die den

Konflikt zwischen „gesellschaftlichen" und „natürlichen" Aspekten des Menschen zum Thema hat.

Im 3. Stock ist das **Museo Nacional de Arquitectura** (☎ 5512-2593; Eintritt 30 Mex$, So Eintritt frei; ⏰ Di–So 10–18 Uhr) untergebracht, das wechselnde Ausstellungen über zeitgenössische Architektur zeigt.

Das Theater von Bellas Artes (das nur bei Aufführungen besichtigt werden kann) ist ein architektonisches Juwel. Der Vorhang aus Buntglas stellt das Valle de México dar. Nach einer Vorlage des mexikanischen Malers Gerardo Murillo (oder Dr. Atl) wurde er vom New Yorker Juwelier Tiffany & Co. aus fast einer Million farbiger Glasstücke zusammengesetzt.

Ferner beherbergt der Palast herausragende Kunstausstellungen und das Ballett Folclórico de México (s. S. 193), außerdem einen guten Buchladen und ein elegantes Café.

PALACIO POSTAL

Die Hauptpost Mexico Citys ist mehr als nur 'ne Post: Der **Palast** (Karte S. 130 f.; ☎ 5521-1408; Tacuba 1; Ⓜ Bellas Artes) aus dem frühen 20. Jh. ist ein italienisch beeinflusster Entwurf von Adamo Boari, dem Architekten des Palacio de Bellas Artes. Die beigefarbene Steinfassade hat barocke Säulen und filigrane Reliefs rund um die Fenster, die Bronzegeländer der gewaltigen Treppe innen wurden in Florenz gegossen. Im **Postmuseum** (Eintritt frei; ⏰ Mo–Fr 10–17.30, Sa 10–13.30 Uhr) im Erdgeschoss können Philatelisten die erste in Mexiko herausgegebene Briefmarke bestaunen.

PLAZA DE SANTA VERACRUZ

Der tiefer gelegene Platz nördlich der Alameda und auf der anderen Seite der Av Hidalgo ist benannt nach dem schiefen Gebäude auf seiner rechten Seite, der **Iglesia de la Santa Veracruz**. Säulen mit kunstvollen Reliefs flankieren den Eingang dieser Kirche aus dem 18. Jh.

Gegenüber befindet sich in einem alten Hospiz des Ordens von San Juan de Dios das **Museo Franz Mayer** (Karte S. 130 f.; ☎ 5518-2266; www.franzmayer.org.mx; Hidalgo 45; Eintritt 35 Mex$, Di frei; ⏰ Di & Do–So 10–17, Mi 10–19 Uhr; Ⓜ Bellas Artes). Unter der kurzen Herrschaft Maximilians war es eine Art Reintegrationshaus für Prostituierte. Das Museum ist das Ergebnis der Sammelleidenschaft Franz Mayers, der 1882 in Mannheim geboren wurde. Als Bankier in seiner Wahlheimat Mexiko zu Geld gekommen, trug er die Sammlung von mexikanischem Silber, Textilien, Keramiken und Möbeln zusammen, die heute hier zu sehen ist. Die Räume öffnen sich zu einer herrlichen Terrasse im Kolonialstil mit dem tollen Cloister Café.

Gleich neben dem Museum, über eine Gasse zu erreichen, ist das **Museo Nacional de la Estampa** (Karte S. 130 f.; ☎ 5521-2244; Av Hidalgo 39; Eintritt 10 Mex$, So frei; ⏰ Di–So 10–17.45 Uhr) den bildenden Künsten gewidmet. Es zeigt thematische Ausstellungen aus seiner Sammlung von mehr als 10 000 Drucken.

MUSEO MURAL DIEGO RIVERA

Zu Diego Riveras berühmtesten Arbeiten zählt der *Sueño de una Tarde Dominical en la Alameda* (Traum vom Sonntagnachmittag in der Alameda) von 1947. Die 15 m lange Wandmalerei stellt viele der Personen dar, die seit der Kolonialzeit durch die Stadt spaziert sind, darunter Cortés, Juárez, Porfirio Díaz und Francisco Madero. Sie sind alle um eine *Catrina* (Skelett in der Frauentracht der Vorrevolutionszeit) gruppiert, Rivera als rundliches Kind und Kahlo stehen neben dem Skelett. Eine Tafel bezeichnet alle Personen.

Unmittelbar westlich der Alameda wurde 1986 das **Museo Mural Diego Rivera** (Karte S. 130 f.; ☎ 5510-2329; Ecke Balderas & Colón; Eintritt 15 Mex$, So Eintritt frei; ⏰ Di–So 10–18 Uhr; Ⓜ Hidalgo) erbaut. Es beherbergt heute das Wandgemälde, nachdem dessen ursprünglicher Ausstellungsort, das Hotel del Prado, durch das Erdbeben von 1985 zerstört worden war.

LABORATORIO DE ARTE ALAMEDA

Wie viele Museen im Centro Histórico ist das Gebäude, in dem das **Laboratorio de Arte Alameda** (Karte S. 130 f.; ☎ 5510-2793; www.artealameda.inba.gob.mx; Dr. Mora 7; Eintritt 15 Mex$, So Eintritt frei; ⏰ Di–So 9–17 Uhr; Ⓜ Hidalgo) untergebracht ist, mindestens so interessant wie seine Exponate. Die ehemalige Kirche gehörte zum Convento de San Diego aus dem 17. Jh., das nach den Reformgesetzen nach der Unabhängigkeit abgerissen wurde. Wie der Name des Museums vermuten lässt, beherbergt es Installationen von führenden experimentellen Künstlern aus Mexiko und dem Ausland. Der Schwerpunkt liegt auf aktuellen elektronischen, virtuellen und interaktiven Medien.

PLAZA JUÁREZ

Diese moderne Plaza repräsentiert das neue Gesicht der Gegend. Sie liegt gegenüber von

Alamedas **Hemiciclo a Juárez**, einem Marmordenkmal des Präsidenten Benito Juárez aus der Nach-Unabhängigkeitsära, und hinter dem vollständig renovierten **Templo de Corpus Christi**, in dem sich heute die Archive des DF befinden. Das Herzstück der Plaza besteht aus zwei Türmen aus tetrisartigen Blöcken, die der führende mexikanische Architekt Ricardo Legorreta entworfen hat: dem 24 Stockwerke hohen **Sekretariat für Auslandsbeziehungen** und dem 23 Stockwerke hohen **Tribunales** (Gerichtsgebäude). Vor diesen Monolithen wird interessante Kunst ausgestellt, darunter auch eine Volière aus Bronze von Bildhauer Juan Soriano und, in der Nähe des westlichen Eingangs, ein Mosaik von David Siqueiros. Dieses war ursprünglich für eine Chrysler-Fabrik entworfen worden. Das wohl faszinierendste Werk aber stellt ein Arrangement von 1034 rötlichen Pyramiden in einem weiten Becken dar, ein Gemeinschaftswerk von Legorreta und dem spanischen Künstler Vicente Rojo. Auf der Plaza sind außerdem exzellente Fotoausstellungen zu sehen.

MUSEO DE ARTE POPULAR

Dieses **Museum** (Volkskundemuseum; Karte S. 130 f.; ☎ 5510-2201; www.map.org.mx; Revillagigedo 11; Eintritt frei; 🕑 Di–So 10–17, Do 10–21 Uhr; Ⓜ Juárez) wurde erst kürzlich eröffnet (2006) und ist ein Schaukasten für die Volkskunst und Traditionen von Mexiko. In den drei Stockwerken werden thematisch geordnet zeitgenössische Handwerksgegenstände aus ganz Mexiko ausgestellt, u. a. Töpferwaren aus Michoacán, Karnevalsmasken aus Chiapas, *alebrijes* (phantasievolle Tierfiguren) aus Oaxaca und Lebensbäume aus Puebla. Das Museum befindet sich im früheren Hauptquartier der Feuerwehr, das selbst als herausragendes Beispiel für den Art-déco-Stil des Architekten Vicente Mendiola aus den 1920er-Jahren dient. Es überrascht kaum, dass man in dem Shop im Erdgeschoss qualitativ hochwertige Handwerksgegenstände bekommt.

LA CIUDADELA

Der heute als „Zitadelle" bekannte, beeindruckende Komplex diente Ende des 18. Jhs. einmal als Tabakfabrik. Am bekanntesten aber

MEXICO CITY IN ...

zwei Tagen

Der erste Tag dämmert herauf und von einem der Dachrestaurants auf der Westseite der grandiosen Plaza aus überblickt man den Zócalo. Im **Templo Mayor** (S. 146) steigt man hinunter in die aztekische Untermauerung der Hauptstadt und bewundert dann im **Palacio Nacional** (S. 145) die ehrgeizig filmisch anmutenden Wandgemälde von Diego Rivera. Der **Turibús** (S. 172) verschafft einem einen Überblick über die Viertel der Stadt, in **Polanco** (S. 160) oder der **Zona Rosa** (S. 155) steigt man zum Mittagessen und Einkaufen aus. Am Abend wird in einem Café in der Nähe des Hotels entspannt oder, wenn einem danach ist, zusammen mit den Mariachis an der Plaza Garibaldi Tequila gekostet. Am zweiten Tag taucht man im **Museo Nacional de Antropología** (S. 158) und **Castillo de Chapultepec** (S. 157) in die Vergangenheit Mexikos ein.

vier Tagen

Wer ein paar Tage mehr Zeit hat, macht sich zu den Pyramiden von **Teotihuacán** (S. 219) auf. Einen Morgen verbringt man mit einem Bummel durch **Alameda Central** (S. 151) und nimmt sich Zeit, um sich mit dem **Palacio de Bellas Artes** (S. 151) und der neu gestalteten **Plaza Juárez** (s. gegenüber) bekannt zu machen. Nach einem perfekten mexikanischen *comida* (Mittagessen) in **El Cardenal** (S. 180) gibt's in **La Ciudadela** (s. oben) *artesanías* (Handwerksgegenstände) zu ergattern. Der Abend führt einen ins blühende Nachtleben in **Condesa** (S. 195).

einer Woche

Jetzt geht's in die südlichen Stadtteile: Einem Besuch des **Museo Frida Kahlo** (S. 164) in Coyoacán folgt eine Fahrt durch die antiken Kanäle von **Xochimilco** (S. 161), für die man eine *trajinera* (Gondola) mietet. Danach kauft man auf dem **Bazar Sábado** (S. 199) von San Ángel qualitativ hochwertiges Kunsthandwerk ein. Den Mittwoch- oder Samstagabend sollte man für das **Ballet Folclórico** (S. 193) im Palacio de Bellas Artes reservieren.

ist er als Schauplatz der Decena Trágica (Die tragischen zehn Tage), jenes politischen Coups, der 1913 zum Sturz der Madero-Regierung führte. Heute befindet sich hier die **Biblioteca de México José Vasconcelos** (Staatsbibliothek; Karte S. 130 f.; ☎ 9172-4730; Plaza de la Ciudadela 4; 🕑 8.30–19.30 Uhr; Ⓜ Balderas). Sie verfügt über mehr als 260 000 Bände und eine umfangreiche Kartensammlung. Die Säle im Zentrum sind für Kunstausstellungen zu haben.

Am Eingang in der Calle Balderas liegt das **Centro de la Imagen** (Karte S. 130 f.; ☎ 9172-4724; www.conaculta.gob.mx/cimagen; Eintritt frei; 🕑 Di–So 11–18 Uhr; Ⓜ Balderas), das Museum für Fotografie. Dieses einfallsreich entworfene Gebäude zeigt fesselnde Ausstellungen, die sich häufig auf eine dokumentarische Sicht des mexikanischen Lebens aus der Perspektive einiger der schärfsten Beobachter des Landes spezialisieren.

Plaza de la República & Umgebung

Das stalinistisch wirkende Monumento a la Revolución überragt diese Plaza westlich von Alameda Central. Das großartige Art-déco-Gebäude im Nordosten der Plaza ist der Frontón de México, eine Jai-Alai-Arena, die heute nicht mehr genutzt wird.

MONUMENTO A LA REVOLUCIÓN

Der Bau des Monuments (Karte S. 130 f.) wurde um 1900 unter Porfirio Díaz begonnen. Ursprünglich sollte es als Parlamentsgebäude dienen, aber die Revolution unterbrach das Vorhaben (und nicht zuletzt die Präsidentschaft Díaz'). Obwohl man überlegte, es ganz abzureißen, entschied sich das neue Regime dafür, das Gebäude umzubauen und ihm eine neue Funktion zu geben. 1938 wurde es enthüllt als Grabstätte von Helden der Revolution und der Zeit danach wie Pancho Villa, Francisco Madero, Venustiano Carranza, Plutarco Elías Calles und Lázaro Cárdenas.

Unter der Plaza liegt das **Museo Nacional de la Revolución** (Nationalmuseum zur Revolution; Karte S. 130 f.; ☎ 5546-2115; Plaza de la República; Eintritt 15 Mex$, So frei; 🕑 Di–So 9–17 Uhr; Ⓜ Revolución). Es deckt 63 Jahre ab, vom Inkrafttreten der Verfassung, die 1857 die Menschenrechte garantierte, bis zur Einsetzung der postrevolutionären Regierung 1920. Das Thema ist spannend, aber die Texte sind leider nicht übersetzt.

MUSEO NACIONAL DE SAN CARLOS

Dieses **Museum** (Karte S. 130 f.; ☎ 5566-8342; Puente de Alvarado 50; Eintritt 25 Mex$, Mo frei; 🕑 Mi–Mo 10–18 Uhr; Ⓜ Revolución) zeigt eine grandiose Sammlung europäischer Kunst vom 16. bis zum 20. Jh., u. a. Arbeiten von Rubens, Van Dyck und Goya. Es befindet sich in der früheren Villa des Conde de Buanavista. Die ungewöhnliche Rotundenarchitektur wurde Ende des 18. Jhs. von Manuel Tolsá entworfen.

Paseo de la Reforma

Die größte Durchgangsstraße von Mexico City zieht sich als breite Schneise Richtung Südwesten und verläuft von Tlatelolco bis zum Bosque de Chapultepec. Sie umgeht Alameda Central und die Zona Rosa, bevor sie genau Richtung Westen den Bosque de Chapultepec durchquert. Kaiser Maximilian von Habsburg ließ diesen Boulevard anlegen, um sein Schloss auf dem Chapultepec mit dem alten Stadtzentrum zu verbinden. Nach seiner Hinrichtung erhielt die Straße ihren heutigen Namen, um an die Reformgesetze zu erinnern, die Präsident Benito Juárez verabschiedet hatte. Unter der López-Obrador-Regierung wurde sie hübsch neu hergerichtet. Der breite, mit Statuen übersäte Mittelstreifen dient als Standort für Bücherverkaufsstände und Kunstausstellungen. Momentan erlebt er eine aggressive Entwicklung: Bürotürme und neue Hotels schießen auf der gesamten Länge aus dem Boden.

Der Paseo de la Reforma verbindet eine Reihe von gigantischen *glorietas* (Kreisverkehren). Ein paar Blocks westlich der Alameda Central findet man das **El Caballito** (Karte S. 130 f.), die hellgelbe Darstellung eines Pferdekopfs des Bildhauers Sebastián. Er erinnert an eine andere Reiterstatue, die hier 127 Jahre lang stand und sich heute vor dem Museo Nacional de Arte (S. 150) befindet. Einige Blocks weiter südwestlich erhebt sich das **Monumento a Cristóbal Colón** (Karte S. 130 f.) von 1977. Die Statue von Kolumbus weist zum Horizont.

Die verkehrsreiche Kreuzung der Reforma und der Av Insurgentes wird durch das **Monumento a Cuauhtémoc** (Karte S. 130 f.) markiert. Es erinnert an den letzten aztekischen Herrscher. Zwei Blocks Richtung Nordwesten ist der **Jardín del Arte** sonntags Schauplatz eines betriebsamen Kunstmarkts (S. 197).

Das **Centro Bursátil** (Karte S. 134 f.) besteht aus einem eckigen Turm mit Diskokugel, der die Börse des Landes (Bolsa) beherbergt und die Nordostecke der Zona Rosa markiert. Weiter Richtung Westen an der US-amerikanischen Botschaft vorbei erreicht man das Symbol von Mexico City, das **Monumento a la Independencia** (Karte S. 134 f.; Eintritt frei; 10–18 Uhr; M Insurgentes). Die vergoldete Nike ist auch als „El Ángel" bekannt und steht auf einer 45 m hohen Säule. Sie wurde 1910 zur Hundertjahrfeier der Unabhängigkeit geschaffen. Im Inneren des Monuments befinden sich die sterblichen Überreste von Miguel Hidalgo, José María Morelos, Ignacio Allende und neun anderen Prominenten.

An der Kreuzung von Reforma und Sevilla steht ein Denkmal, das allgemein als **La Diana Cazadora** (Diana, die Jägerin; Karte S. 134 f.) bekannt ist. Die 1942 geschaffene Bronzeskulptur sollte ursprünglich den Schützen des Nordsterns darstellen. Die Anstandswauwaus der Regierung von Ávila Camacho ließen den Bildhauer dem vollbusigen Geschöpf einen Lendenschurz anziehen, der erst 1966 wieder entfernt wurde.

2003 wurde der **Torre Mayor** (Karte S. 134 f.; Paseo de la Reforma 505) der Skyline von Mexico City hinzugefügt. Er steht wie ein Wachtposten am Eingang zum Bosque de Chapultepec. Der Turm aus grünem Glas ragt 225 m über der Hauptstadt in die Höhe und ist damit das höchste Gebäude Lateinamerikas. Das erdbebensichere Gebäude ist unten mit 98 seismischen Stoßdämpfern verankert. Leider wurde die Aussichtsplattform auf der Spitze des Turms im Jahr 2006 geschlossen.

Den besten Zugang zum Paseo de la Reforma bietet die Metrostation „Hidalgo" am Ende der Alameda. Der Zona Rosa nähert man sich dagegen am besten über die Stationen „Insurgentes" und „Sevilla". Mit dem Insurgentes Metrobus nimmt man die Stops „Reforma" oder „Hamburgo" Richtung Norden bzw. Süden der Avenida. Auf der Reforma selbst fährt jeder „Metro Auditorio"-Bus direkt durch den Bosque de Chapultepec; der „Metro Chapultepec"-Bus endet am Ostende des Parks. In der Gegenrichtung fahren die Busse zur Metro „Hidalgo" und „La Villa" die Reforma hinauf bis zur Alameda Central und noch weiter.

Zona Rosa

Die „rosa Zone" liegt eingezwängt zwischen dem Paseo de la Reforma und der Av Chapultepec. Sie entstand als internationaler Tummelplatz und Einkaufsgegend in den 1950ern, als sie gerade kosmopolitisch sehr angesagt war. Seit dem Bau der Metrostation „Insurgentes" an ihrem Südrand befindet sie sich im Niedergang und das heutige Bild zeigt einen Mischmasch aus Touristenshops, Striplokalen, Diskos und Fast-Food-Läden. Wenn man hier von den Cafés auf den Bürgersteigen aus die Leute beobachtet, bekommt man mehr Variationen zu sehen als irgendwo sonst: Die Zona Rosa ist der wichtigste Stadtteil für Schwule und Lesben und eine Zuflucht für hier lebende Ausländer, unter denen eine Menge Koreaner zu finden sind. Im Bemühen, die Zone wieder rosa werden zu lassen, hat die Regierung Mexico Citys unter Marcelo Ebrard kürzlich an der Fußgängerzone der Calle Génova Maßnahmen zur Aufhübschung ergriffen.

Condesa

Die Architektur der Colonia Condesa, die mit Palmen gesäumten Promenaden und die Parks erinnern an die Ursprünge zu Anfang des 20. Jhs., als „La Condesa" der Hafen einer neuen Elite war. Erst in letzter Zeit hat es sich mit lässigen Restaurants, angesagten Boutiquen und heißen Nachtclubs seinen Ruf als hippes Viertel verdient. Glücklicherweise blieb dennoch viel seines alten Charmes erhalten, vor allem für die Menschen, die gerne außerhalb der Gegenden, in denen Butler die Autos parken, herumwandern. Wenn man die Fußgängerzonen von Ámsterdam, Tamaulipas oder Mazatlán entlangschlendert, trifft man auf Gebäude im Art-déco- und im kalifornischen Kolonialstil. Ein Highlight ist der friedliche **Parque México** (Karte S. 134 f.). Seine ovale Form erinnert daran, dass er früher eine Rennbahn war. Er bietet sich für einen herrlichen Spaziergang an, besonders im Frühling, wenn lavendelfarbene Jacaranda-Blüten die Wege bedecken. Zwei Blocks weiter Richtung Nordwesten liegt der **Parque España** (Karte S. 134 f.), wo es einen Rummelplatz für Kinder gibt.

Direkt nordöstlich des Parque México steht das **Edificio Basurto** (México 187), ein aerodynamisch-stromlinienförmiges Gebäude aus der Mitte der 1940er-Jahre und ein Musterbeispiel des Art-déco-Stils. Man sollte den Pförtner bitten, einen kurzen Blick auf die erstaunliche, schneckenhausförmige Treppe werfen zu dürfen. Auf der anderen Straßenseite bietet das kürzlich zum gehobenen Hippodrome Hotel (S. 178) umgebaute **Edificio Tehuacán** (México 188) ein typisches Art-déco-Vordach sowie einen von der Mayakunst inspirierten Bogen am Eingang.

DAS NEUE GESICHT DES TODES

Die skelettartige Figur ist in eine paillettenbesetzte, weiße Robe gekleidet, trägt eine Perücke mit dunklen Locken und hält eine Sense in der knochigen Hand, was ihr eine unheimliche Ähnlichkeit mit Mrs. Bates aus dem Film *Psycho* verleiht. Santa Muerte (Heiliger Tod), wie man sie nennt, ist Ausdruck eines schnell immer bedeutender werdenden Kultes in Mexiko, vor allem im rauen Barrio Tepito. Dort steht der wichtigste **Altar** (Karte S. 128 f.; Ⓜ Tepito) an der Alfarería, nördlich von Mineros. Möglicherweise hat Santa Muerte ihre Wurzeln in einem vorkolonialen Ritual; jedenfalls wird sie verbunden mit Mictlantecuhtli, dem mexikanischen Gott der Toten.

An jedem ersten Tag des Monats stehen über 5000 Anhänger vor dem Altar in Tepito Schlange, um ihre Ergebenheit auszudrücken und Kerzen, Tequilaflaschen und andere Zeichen ihrer Zuneigung zu hinterlassen. Die Geschehnisse werden von der fröhlichen Enriqueta „Doña Queta" Romero beaufsichtigt. Sie hat das Heiligtum 2001 selbst errichtet.

Im offiziellen Heim der Heiligen, 1 km südlich vom Heiligtum, ist Doña Queta jedoch nirgendwo zu sehen. Stattdessen hat das **Santuario Nacional de la Santa Muerte** (Nationalheiligtum des Heiligen Todes; Karte S. 128 f.; ☎ 5702-8607; Bravo 35; 🕑 Di–Fr 10–18, So 11–18 Uhr; Ⓜ Morelos) zur Verehrung eine neue Figur, eine große Frau mit Flügeln und einer geisterhaft blassen Gesichtsfarbe (auch wenn sie wie ihre Vorgängerin Santa eine Sense trägt). Im August 2007 hat die Kirche diesen neuen „himmlischen" Engel des Heiligen Todes eingesetzt, weil Santa Muerte, wie der Bischof erklärte, mit Drogenschmugglern, Satanisten und anderen üblen Elementen assoziiert wurde. Dieses Image hat sie, wie er betont, ganz entgegen ihrer Natur.

Einige schreiben den Imagewechsel jedoch anderen Faktoren zu. Man befürchtete, dass die Beliebtheit der Heiligen, besonders in den unteren Schichten der Gesellschaft, derjenigen der Jungfrau von Guadalupe Konkurrenz machen könnte. Deshalb hat die Römisch-Katholische Kirche den Kult streng verurteilt. Die Traditional Catholic Mex-USA Church, so der grenzübergreifende Name der Sekte, hat erst kürzlich ihre Anerkennung (und die damit verbundenen Steuereinnahmen) durch Mexikos Versammlung der Religiösen Vereinigungen verloren und nun beantragt, ihren früheren Status wiederzubekommen. Aber auch wenn die neue Version der Santa Muerte wirklich ein Versuch der Kirche sein sollte, deren Reinheit zu bewahren, läuft sie damit doch Gefahr, die inbrünstigeren Verehrer der Bewahrer der Flamme wie etwa Doña Queta zu verlieren.

Zwar sind der Altar und das Heiligtum für die Öffentlichkeit zugänglich, aber Traveller sollten sich darüber im Klaren sein, dass das Stadtviertel von Tepito unter den Mexikanern als Schauplatz der Kriminalität berüchtigt ist – und dass sich die Kirchenmitglieder über neugierige Zuschauer nicht gerade freuen.

Roma

Nordöstlich von Condesa liegt Roma, eine unkonventionelle Schriftsteller- und Künstlerenklave. Selbstverständlich zog es auch die Bestsellerautoren William S. Burroughs und Jack Kerouac bei ihrem Aufenthalt in Mexico City in den 1950er-Jahren hierher. Das Stadtviertel wurde an der Wende zum 20. Jh. erbaut und ist ein hübsches Beispiel für die von Paris beeinflusste Architektur, die man unter dem Regime von Porfirio Díaz bevorzugte; einige der herausragendsten Objekte stehen an den Calles Colima und Tabasco. In Roma sollte man in Antiquariaten herumstöbern, in Cafés verweilen und bei ein paar Kunstgalerien vorbeischauen. Ein Spaziergang die Calle Orizaba hinunter führt an zwei herrlichen Plazas vorbei – die Río de Janeiro mit einer Statue des David und die Luis Cabrera mit Springbrunnen. An den Wochenenden lohnt ein Besuch des **Antiquitätenmarktes** an der Av Álvaro Obregón, der Hauptdurchgangsstraße.

GALERIEN

Kleine, unabhängige Kunstgalerien gibt's in Roma überall – einen Plan bekommt man auf www.arte-mexico.com (spanisch).

Centro de Cultura Casa Lamm (Karte S. 134 f.; ☎ 5511-0899; www.galeriascasalamm.com.mx; Álvaro Obregón 99; Eintritt frei; 🕑 Di–So 10–18 Uhr; Ⓜ Insurgentes) Dieser Kulturkomplex beheimatet eine Galerie für zeitgenössische mexikanische Malerei und Fotografie und eine ausgezeichnete Bibliothek.

Galería Nina Menocal (Karte S. 134 f.; ☎ 5564-7209; www.ninamenocal.com; Zacatecas 93; 🕑 Mo–Fr 9–19, Sa 10–13 Uhr; 🚇 Álvaro Obregón) Hat v. a. aufstrebende kubanische und lateinamerikanische Künstler im Angebot.

MUCA Roma (Karte S. 134 f.; ☎ 5511-0925; Tonalá 51; 🕑 10–18 Uhr; 🚌 Durango) Die Roma-Filiale des Universitätsmuseums (S. 163).

Bosque de Chapultepec

Der Chapultepec – Náhuatl für „Heuschreckenberg" – diente umherziehenden Azteken als Zuflucht, bevor er zur Sommerresidenz ihrer Oberschicht wurde. Er war der nächstgelegene Süßwasserspeicher von Tenochtitlán. Im 15. Jh. initiierte Nezahualcóyotl, der Herrscher des nahe gelegenen Texoco, den Bau eines Aquädukts, um das Wasser über den Lago de Texoco in die vorkoloniale Hauptstadt zu leiten.

Heute ist hier der größte Park von Mexico City. Der Bosque de Chapultepec bedeckt mehr als 4 km² und erwartet seine Gäste mit Seen, einem Zoo und zahlreichen ausgezeichneten Museen. Er ist außerdem der Wohnsitz vieler mächtiger Herrschaften und beherbergt die momentane Präsidentenresidenz, **Los Pinos** (Karte S. 138 f.), sowie einen früheren Kaiserpalast, den Castillo de Chapultepec.

Sonntags ist hier am meisten los: Straßenverkäufer säumen die Hauptwege und Unmengen von Familien kommen zum Picknicken her, fahren in Ruderbooten auf dem großen See oder bevölkern die Museen. Die meisten Hauptattraktionen befinden sich in oder in der Umgebung der östlichen **1a Sección** (1. Abschnitt; Karte S. 138 f.; 🕑 Di–So 5–17 Uhr). Die **2a Sección** (2. Abschnitt; Karte S. 138 f.; 🕑 24 Std.) dominieren ein großer Vergnügungspark und ein Museum für Kinder.

Ein Bronzelöwen-Paar wacht über den Haupteingang am Paseo de la Reforma und an der Lieja, gegenüber dem Torre Mayor. Andere Zugänge befinden sich gegenüber dem Museo Nacional de Antropología und bei der Metrostation „Chapultepec". Der Zaun entlang des Paseo de la Reforma dient als **Galería Abierta de las Rejas de Chapultepec**. Diese Freilicht-Fotoausstellung erstreckt sich vom Eingang des Zoos bis zum Museo Rufino Tamayo.

Die Metrostation „Chapultepec" befindet sich am östlichen Ende des Bosque de Chapultepec, in der Nähe des Monumento a los Niños Héroes und des Castillo de Chapultepec. Die Metrostation „Auditorio" liegt am Nordende des Parks, 500 m westlich des Museo Nacional de Antropología. Auf S. 155 gibt's Informationen über die Routen der Reformabusse.

Um von der Metrostation „Chapultepec" zur 2a Sección und La Feria zu kommen, nimmt man erst den „Paradero"-Ausgang und am oberen Ende der Treppe dann einen „Feria"-Bus. Diese Busse fahren ständig und nonstop bis zur 2a Sección und setzen die Fahrgäste am Papalote Museo del Niño, dem Museo Tecnológico und bei La Feria ab.

MONUMENTO A LOS NIÑOS HÉROES

Sechs Marmorsäulen markieren den Osteingang des Parks (Karte S. 138 f.) in der Nähe der Metro „Chapultepec" und erinnern an die sogenannten „Kinderhelden" – sechs tapfere Kadetten, die im Kampf fielen. Am 13. September 1847 stürmten mehr als 8000 amerikanische Soldaten das Schloss Chapultepec, in dem zu jener Zeit die Militärakademie untergebracht war. Der mexikanische General Santa Anna trat vor dem Angriff den Rückzug an, um seine Kadetten vor dem Kampf zu bewahren, doch die Jungen im Alter von 13 bis 20 Jahren wollten das Schloss unbedingt verteidigen. Der Legende nach wickelte sich einer von ihnen, Juan Escutia, in eine mexikanische Fahne und sprang lieber von den Felsen in den Tod, als sich zu ergeben.

CASTILLO DE CHAPULTEPEC

Das „Schloss" auf dem Chapultepec ist eine sichtbare Erinnerung an die verflossene Aristokratie von Mexiko. Mit dem Bau wurde 1785 begonnen, aber erst nach der Unabhängigkeit konnte das Gebäude fertiggestellt werden, als Militärakademie des Landes. Als Kaiser Maximilian und Kaiserin Charlotte 1864 hier ankamen, bauten sie es zu ihrer Residenz um. Von da beherbergte es bis 1939 die mexikanischen Präsidenten, dann verwandelte es Präsident Lázaro Cárdenas ins **Museo Nacional de Historia** (Nationalmuseum zur Geschichte; Karte S. 138 f.; ☎ 5061-9200; www.castillodechapultepec.inah.gob.mx; Erw./Kind unter 13 Jahren 45 Mex$/frei, So frei; 🕑 Di–So 9–17 Uhr; Ⓜ Chapultepec).

Historische Ausstellungsgegenstände zeichnen die Zeit vom Aufstieg des kolonialen Nueva España bis zur Mexikanischen Revolution nach. Zu sehen sind bedeutungsschwangere Exponate wie das Schwert, das José María Morelos bei der Belagerung von Cuautla trug, und das Banner mit der Jungfrau von Guadalupe, das von Miguel Hidalgo bei seinem Marsch für die Unabhängigkeit hochgehalten wurde. Außerdem gibt's eine Reihe dramatischer Interpretationen der mexikanischen Geschichte auf Wandgemälden von Spitzenmalern, u. a. das panoramaartige *Retablo de la Independencia* (Gemälde der Unabhängigkeit) von Juan O'Gorman in Raum 6. Die Erläuterungen sind nicht übersetzt.

Im Ostflügel des Schlosses befinden sich die Räumlichkeiten, die von Maximilian und Charlotte bewohnt wurde. Die prunkvoll eingerichteten Salons öffnen sich zu einer Außenterrasse hin, die einen weiten Blick über die Stadt eröffnet. Im oberen Stock umgeben die opulenten Räume von Porfirio Díaz einen Innenhof, in dem ein Turm die Spitze des Chapultepec markiert, 45 m über dem Straßenniveau.

Um das Schloss zu erreichen, folgt man der Straße, die sich hinter dem Monumento a los Niños Héroes den Hügel emporwindet. Man kann alternativ aber auch das zugähnliche Gefährt nehmen (10 Mex$ hin und zurück), welches alle 15 Minuten den Berg hinauffährt, so lange das Schloss geöffnet ist.

Zurück auf der Ebene geht man am Fuße des Hügels an der Südseite entlang und findet die grandiose **Tribuna Monumental de las Águilas** (Karte S. 138 f.), die Mexikos Veteranen aus dem Zweiten Weltkrieg gewidmet ist. Auf der linken Seite des Monuments ist der Eingang zum **Audiorama** (Karte S. 138 f.). Im kiesigen Garten mit den ergonomisch geformten Bänken lauscht man Opern und klassischer Musik.

JARDÍN BOTÁNICO

Gärtnern ist in Mexiko ein uralter Zeitvertreib – Nezahualcóyotl hat hier vor sechs Jahrhunderten aus ästhetischen Gründen Zypressen gepflanzt. Der kürzlich eröffnete **Jardín Botánico** (Botanischer Garten; Karte S. 138 f.; ☎ 5553-8114; Eintritt frei; 🕙 10–16 Uhr) liegt 300 m östlich des Anthropologiemuseums und führt die Tradition fort. Er demonstriert auf einem 4 ha großen Areal die Pflanzenvielfalt von Mexiko und ist in Abschnitte unterteilt, die die verschiedenen Klimazonen des Landes repräsentieren. Ein besonderer Schwerpunkt liegt auf den Pflanzen und Bäumen Zentralmexikos. Da der Park noch im Werden ist, sind v. a. ein wüstenartiger Ort mit winzigen Kakteen und ein Gewächshaus voller seltener Orchideen zu sehen.

MUSEO DE ARTE MODERNO

Dieses **Museum** (Museum für moderne Kunst; Karte S. 138 f.; ☎ 5211-8331; Ecke Paseo de la Reforma & Gandhi; Eintritt 2 Mex$, So Eintritt frei; 🕙 Di–So 10–18 Uhr; Ⓜ Chapultepec) zeigt Werke nennenswerter mexikanischer Künstler aus dem 20. Jh. Das Hauptgebäude besteht aus vier verglasten Rundbauten, in denen u. a. Ölgemälde von Dr. Atl, Rivera, Siqueiros, Orozco, Kahlo, Tamayo und O'Gorman ausgestellt sind. *Las Dos Fridas*, das wohl bekannteste Gemälde von Frida Kahlo, befindet sich im Sala Xavier Villarrutia. Das freundliche Museumscafé am Skulpturengarten liegt gleich nordwestlich des Monumento a los Niños Héroes (Zugang über den Paseo de la Reforma).

ZOÓLOGICO DE CHAPULTEPEC

In den riesigen Freiluftgehegen dieses **Zoos** (Karte S. 138 f.; ☎ 5553-6263; www.chapultepec.df.gob.mx; Eintritt frei; 🕙 Di–So 9–16.30 Uhr; Ⓜ Auditorio) tritt man einer großen Bandbreite von Kreaturen aus aller Welt gegenüber. Er ist der erste Ort außerhalb von China, an dem Pandas in Gefangenschaft geboren wurden. Der Zoo hat drei dieser seltenen Bären, alle Nachkommen des Originalpaares, das die Volksrepublik 1975 gespendet hatte. Zu den gefährdeten mexikanischen Spezies gehören der Mexikanische Wolf und der Nackthund Xoloitzuintle, der als einzige Hundeart der vorkolonialen Zeit überlebt hat. Papageien, Aras, Tukane, Flamingos und andere mexikanische Vogelarten schwirren im Aviario Moctezuma herum (es dürfen nur 20 Besucher auf einmal rein).

MUSEO NACIONAL DE ANTROPOLOGÍA

Dieses **Museum** (Nationalmuseum zur Anthropologie; Karte S. 138 f.; ☎ 5553-6381; www.mna.inah.gob.mx; Ecke Paseo de la Reforma & Gandhi; Eintritt 48 Mex$; 🕙 Di–So 9–19 Uhr; Ⓜ Auditorio) befindet sich in einem Ausläufer des Bosque de Chapultepec. Der umfangreiche Komplex wurde in den 1960er-Jahren errichtet und ist das Werk des mexikanischen Architekten Pedro Ramírez Vázquez. In der Mitte des Hofes steht ein riesiger, schirmartiger Steinbrunnen.

Der lange, rechteckige Hof ist an drei Seiten von zweistöckigen Ausstellungsräumen umgeben. Die 12 *salas* (Räume) im Erdgeschoss sind dem vorkolonialen Mexiko gewidmet, die in den oberen Stockwerken zeigen dagegen, wie die Nachkommen der indigenen Bevölkerung Mexikos heute leben. Die zeitgenössischen Kulturen sind dabei immer direkt über der jeweiligen Zivilisation ihrer Vorfahren untergebracht. Die Ausstellungen im Erdgeschoss breiten sich oft bis in die umgebenden Gärten aus, wo Nachbildungen von Tempeln stehen. Alles wird ausgezeichnet präsentiert und die Texte sind zum großen Teil ins Englische übersetzt. Englische Audioguides bekommt man am Eingang (60 Mex$).

Das riesige Museum hat mehr zu bieten, als man bei einem einzigen Besuch aufnehmen kann. Man sollte sich daher auf die Regionen konzentrieren, die man besuchen möchte oder besucht hat, und auf die anderen ins Auge springenden Stücke nur einen kurzen Blick werfen. Hier im Uhrzeigersinn um den Hof ein kurzer Rundgang durch die Räume im Erdgeschoss:

Culturas Indígenas de México Dient momentan als Ausstellungsort für zeitgenössische Kunst.

Introducción a la Antropología Führt die Besucher in die Anthropologie ein.

Poblamiento de América Zeigt, wie die ersten Siedler auf diese Seite der Erdkugel kamen und wie sie in ihrer neuen Umgebung überlebten.

Preclásico en el Altiplano Central Beschäftigt sich schwerpunktmäßig mit der vorklassischen Periode von etwa 2300 v. Chr. bis 100 n. Chr. und dem Übergang vom Jäger- und Nomadenleben zu einer sesshafteren, Ackerbau betreibenden Lebensweise in Mexikos zentralem Hochland.

Teotihuacán Zeigt Modelle und Objekte von Amerikas erstem großen und mächtigen Staat.

Los Toltecas y Su Época Beschäftigt sich mit den Kulturen Zentralmexikos zwischen 650 und 1250 n. Chr. Es ist auch eine der vier Kämpfersäulen aus Basalt aus dem Tula-Tempel von Tlahuizcalpantecuhtli ausgestellt.

Mexica Ist den Mexicas gewidmet, besser bekannt als Azteken. Man sollte sich hier den berühmten Sonnenstein ansehen, der 1790 neben dem Zócalo ausgegraben wurde, und die wunderbaren Skulpturen aus dem Pantheon der aztekischen Götter.

Culturas de Oaxaca Stellt das Erbe der Zapoteken Oaxacas und Siedlungen der Mixteken aus. Die Nachbildung eines Grabmals, das sich in Monte Albán befindet, ist in voller Größe unterhalb des Hauptausstellungsraums aufgebaut.

Culturas de la Costa del Golfo beleuchtet die wichtigen Kulturen entlang des Golfs von Mexiko einschließlich der Olmeken, der Totonaken und der Huasteken. Unter den Steinmetzarbeiten befinden sich zwei Olmeken-Köpfe, die fast 20 t wiegen.

Maya Zeigt Fundstücke aus dem Südosten Mexikos sowie aus Guatemala, Belize und Honduras. Die maßstabgetreue Replik des Grabes von König Pakal, die tief im Templo de las Inscripciones bei Palenque entdeckt wurde, ist atemberaubend.

Culturas del Occidente Beschäftigt sich mit Kulturen aus Westmexiko.

Culturas del Norte Deckt die Fundstellen von Casas Grandes (Paquimé) und anderen Kulturen Nordmexikos ab und zeichnet ihre Verbindungen mit Gruppen aus Südwestamerika nach.

Auf einer Lichtung etwa 100 m vor dem Museumseingang führen einheimische Totonaken mehrmals am Tag ihr eindrucksvolles *voladores*-Ritual auf, bei dem sie von einem 20 m hohen Pfahl hinunter „fliegen".

MUSEO RUFINO TAMAYO

Das **Tamayo Museum** (Karte S. 138 f.; ☎ 5286-6519; www.museotamayo.org; Ecke Paseo de la Reforma & Gandhi; Eintritt 15 Mex$, So Eintritt frei; Di–So 10–18 Uhr; Ⓜ Auditorio) östlich des Museo Nacional de Antropología, ein mehrstöckiger Beton-Glas-Bau, wurde für die internationalen modernen Kunstwerke gebaut, die der aus Oaxaca stammende Rufino Tamayo und seine Frau Olga dem mexikanischen Volk stifteten. Ausstellungen topaktueller moderner Kunst aus der ganzen Welt wechseln sich hier ab mit thematisch ausgerichteten Ausstellungen aus der Tamayo-Sammlung.

SEGUNDA (2A) SECCIÓN

Der zweite Abschnitt des Bosque de Chapultepec liegt westlich von Periférico. Zusätzlich zu den Familienattraktionen gibt's am Lago Mayor und am Lago Menor ein paar edlere Restaurants mit Seeblick.

Kinder werden **La Feria** (Karte S. 138 f.; ☎ 5230-2121; Pässe ab 50 Mex$; Di–Fr 10–18, Sa 10–19, So 10–20 Uhr; Ⓜ Constituyentes) lieben: Der altmodische Vergnügungspark besticht sie mit einigen haarsträubenden Karussells. Mit einem „Super Ecolín"-Pass (80 Mex$) darf man alles außer der Achterbahn fahren.

Es kann auch passieren, dass die Kids das **Papalote Museo del Niño** (Karte S. 138 f.; ☎ 5237-1773; www.papalote.org.mx; Erw./Kind 2–11 Jahre & Senioren 85/80 Mex$; Mo–Mi & Fr 9–18, Do 9–23, Sa & So 10–19 Uhr; Ⓜ Constituyentes) nicht mehr verlassen wollen. In diesem neuartigen Museum zum Anfassen können sie ein Radioprogramm zusammenstellen, sich auf ein Nagelbett legen, bei einer archäologischen Grabung mitmachen und alle möglichen technologischen Maschinenspiele ausprobieren. Außerdem gibt's ein 3D-IMAX-Kino.

Etwa 200 m westlich des Papalote biegt man rechts ab und erreicht den **Fuente de Tlaloc** (Karte S. 138 f.). Sein ovales Becken wird von einer riesigen, mit Mosaiken bedeckten Skulptur des Regengotts bewohnt, die von

Diego Rivera stammt. Hinter dem Brunnen, im Wasserwerk von Chapultepec, ist noch mehr Kunst von Rivera zu sehen. Zur Einweihung des Projekts schuf der Künstler eine Reihe von Wandgemälden mit Namen **El Agua, El Origen de la Vida** (Wasser, Ursprung des Lebens; Eintritt 10 Mex$; ⌚ Sa 10–18 Uhr). Das Wasserwerk wurde in den 1940ern gebaut, um das Wasser zur Versorgung des Río Lermo in gigantische Zisternen zu leiten. Rivera experimentierte hier mit wasserfesten Farben und versah den Sammeltank und einen Teil der Pipeline mit Abbildungen amphibischer Wesen. Auch wenn es eigentlich nur samstags geöffnet ist, kann man den Wächter mithilfe eines Trinkgelds zum Öffnen überreden.

Nördlich befindet sich der schöne **Fuente de Xochipilli** (Karte S. 138 f.). Er ist dem „Blumenprinz" der Azteken gewidmet. Terrassenförmige Brunnen umgeben eine Pyramide im *talud-tablero*-Stil (ein für Teotihuacán typischer Gebäudestil).

Polanco

Das wohlhabende Stadtviertel Polanco, nördlich des Bosque de Chapultepec, entstand in den 1940er-Jahren als Wohnalternative für eine wachsende Mittelschicht, die dem überfüllten Centro entfliehen wollte. Auf der Suche nach Inspiration schweifte der Blick nach Norden, und so errichteten die Bauherren viele Häuser im kalifornischen Kolonialstil, der Hollywood-Version andalusischen Prunks. Polanco ist bekannt für seine jüdische Bevölkerung, auch wenn sich diese Gemeinschaft größtenteils weiter gen Westen, nach Lomas de Chapultepec, bewegt hat.

Heute ist die Gegend für ihre exklusiven Hotels, schönen Restaurants, Designerläden und ihr Nachtleben berühmt. Die meisten Einzelhändler sitzen an der Av Presidente Masaryk. Ein paar der angesehensten Kunstgalerien befinden sich hier, etwa die **Galería López Quiroga** (Karte S. 138 f.; ☎ 5280-1710; Aristóteles 169) und die **Galería Alberto Misrachi** (Karte S. 138 f.; ☎ 5281-7456; Campos Elíseos 215) im Hotel Nikko. Über die Metrostation „Polanco" kommt man ins Zentrum des Stadtviertels, über „Auditorio" dagegen ans Südende.

Xochimilco & Umgebung

Das von Gärten flankierte Netzwerk aus Kanälen beinahe am Südrand des Distrito Federal ist eine lebendige Erinnerung an das vorkoloniale Erbe der Stadt. Dies sind die Überreste der *chinampas*, in denen die indigenen Einwohner ihre Nahrungsmittel anbauten. Die „schwimmenden Gärten" werden heute immer noch genutzt. Entspannend und erhebend zugleich ist es – sogar für den erschöpftesten Traveller –, auf einer phantasievoll geschmückten *trajinera* (Gondola) über diese Kanäle zu gleiten . Und wem das allein für einen Ausflug hierher nicht genügt, der lässt sich vielleicht locken mit dem öffentlichen Markt Xochimilcos, der zu endlosen Erkundungen einlädt, der Handvoll besucherfreundlicher *pulquerías* und einem der besten Kunstmuseen Mexico Citys.

Um nach Xochimilco zu kommen, steigt man an der Metrostation „Tasqueña" aus und fährt dann mit dem Tren Ligero (2 Mex$) bis zur letzten Haltestelle. Am Ausgang der Station links (nach Norden) abbiegen und der Av Morelos bis zum Markt, der Plaza und der Kirche folgen. Wem nicht nach Laufen ist, der kann sich von einem Fahrradtaxi (30–50 Mex$) zu den *embarcaderos* (Bootslandestegen) fahren lassen.

MUSEO DOLORES OLMEDO PATIÑO

Die möglicherweise wichtigste Sammlung Diego Riveras gehört diesem **Museum** (Karte S. 140; ☎ 5555-1221; Av México 5843; Eintritt 40 Mex$, Di frei; ⌚ Di–So 10–18 Uhr). Es liegt versteckt in einer friedlichen Hazienda aus dem 17. Jh., 2 km westlich vom Zentrum Xochimilcos.

Dolores Olmedo Patiño, die hier bis zu ihrem Tod im Jahr 2002 gelebt hat, war eine feine Dame und eine Mäzenin Riveras. Die 144 Arbeiten Riveras in diesem Museum, z. B. Ölgemälde, Aquarelle und Lithographien aus verschiedenen Perioden, werden neben vorkolonialen Statuetten und Volkskunst ausgestellt. Ein anderer Raum ist den Gemälden von Frida Kahlo vorbehalten. Außerhalb der Ausstellungsräume kann man Xoloitzuintles bewundern: Diese vorkolonialen Nackthunde streunen in den ausgedehnten Gärten des Anwesens herum.

Hierher nimmt man ab der Metrostation „Tasqueña" den Tren Ligero bis zur Haltestelle „La Noria". Beim Verlassen der Station biegt man am oberen Ende der Treppe links ab und geht zur Straße hinunter. Wenn man eine Kreuzung mit Fußgängerbrücke erreicht hat, geht's scharf links und fast wieder auf dem gleichen Weg zurück bis zur Antiguo Camino a Xochimilco. 300 m weiter in dieser Straße befindet sich das Museum.

KANÄLE

Xochimilco, Náhuatl für „der Platz, an dem Blumen wachsen", war schon früh eine Zielscheibe der aztekischen Vorherrschaft, wahrscheinlich wegen des Geschicks seiner Einwohner für Landwirtschaft. Die Xochimilcas häuften in den seichten Gewässern des Xochimilco-Sees, einem südlichen Arm des Lago de Texcoco, Pflanzen und Schlamm an. So erschufen sie fruchtbare Gärten, die *chinampas* genannt wurden und sich später zur wirtschaftlichen Grundlage des Aztekenreichs entwickelten. Die Ausdehnung der *chinampas* formte große Teile des Sees zu einer Reihe von Kanälen um. Schätzungsweise 180 km dieser Wasserwege sind heute noch vorhanden und ein beliebtes Wochenendziel der Chilangos. Die *chinampas* werden immer noch kultiviert, meist mit Gartenpflanzen und Blumen, z. B. Weihnachtssterne und Ringelblumen. Wegen seiner kulturellen und historischen Bedeutung erhielt Xochimilco 1987 den Status eines UNESCO-Weltkulturerbes.

An den Wochenenden bricht Partyfieber aus: Die Wasserwege sind voller Boote, die mit Familien und Cliquen beladen sind, und hiesige Straßenverkäufer und Musiker treiben sich zwischen den Partylöwen herum, servieren Essen und Getränke, spielen auf Marimbas und schießen Fotos mit alten Boxkameras. Unter der Woche herrscht eine viel gechilltere Stimmung.

An den neun *embarcaderos* des Dorfes erwarten hunderte farbenprächtiger *trajineras* die Passagiere. Dem Zentrum am nächsten sind „Salitre" und „San Cristóbal", je 400 m von der Plaza entfernt, sowie „Fernando Celada", 400 m westlich am Guadalupe Ramírez. Die Boote fassen 14 bis 20 Personen; die offiziellen Fahrpreise (140–160 Mex$/Std.) sind angeschrieben. An Samstagen, Sonn- und Feiertagen verkehren zwischen den *embarcaderos* „Salitre", „Caltongo" und „Nativitas" *lanchas colectivos* (Boottaxis) für 60 Personen (hin & zurück 20 Mex$/Pers.).

Man kann sich innerhalb einer Stunde einen groben Überblick über Xochimilco verschaffen, aber es lohnt sich, länger zu bleiben: Man bekommt mehr zu sehen und viele Gelegenheiten, sich zu entspannen. Wer möchte, kann den Führer der *trajinera* bitten, beim *embarcadero* „Nativitas" zu halten, und dort auf dem *artesanías*-Markt einkaufen.

Auch wenn die Kanäle mit Sicherheit die Hauptattraktion sind, gibt's in Xochimilco noch jede Menge mehr zu sehen: Östlich des Jardín Juárez steht beispielsweise die **Parroquia de San Bernardino de Siena** (Karte S. 140) aus dem 16. Jh. mit prunkvollen, mit Gold bemalten *retablos* (Altarbilder) und einem Innenhof mit Bäumen. Südlich der Plaza erstreckt sich der lebhafte **Mercado de Xochimilco** (Karte S. 140) über zwei große Gebäude. Das näher am Jardín Juárez gelegene hat bunte Blumenanlagen und einen Essbereich, in dem man Tamales und andere Fertiggerichte bekommt. In dem zum Bahnhof gelegenen Gebäude werden hauptsächlich Obst, Gemüse und Haushaltswaren verkauft; ein paar Stände mit Töpferwaren gibt's auch.

San Ángel

Obwohl es von einer Metropole umgeben ist, hat sich San Ángel, 12 km südwestlich vom Zentrum, seinen kolonialen Glanz bewahrt. Kurz nach der spanischen Eroberung wurde es von den Dominikanern besiedelt; heute bringt man es meist mit dem großen Kunsthandwerksmarkt in Verbindung, der samstags auf der Plaza San Jacinto abgehalten wird. Auf dem wichtigsten Anfahrtsweg über die Av Insurgentes geht's so hektisch zu wie überall, aber wer Richtung Westen wandert, gelangt in die kopfsteingepflasterte Seele des alten Dorfes. In dieser ruhigen Oase stehen Villen aus der Kolonialzeit mit massiven Holztüren, Geranientöpfen hinter Fenstergittern und über Steinmauern wuchernden Bougainvilleen.

Die Station „La Bombilla" des Av Insurgentes-Metrobus liegt ca. 500 m östlich der Plaza San Jacinto. Man kann auch einen Pesero von der Metrostation „Miguel Ángel de Quevedo", 1 km weiter östlich, nehmen oder von „Barranca del Muerto" aus, 1,5 km weiter Richtung Norden an der Av Revolución.

PLAZA SAN JACINTO

Jeden Samstag bringt der Bazar Sábado (S. 199) Unmengen von Farben und Massen von Menschen auf diesen Platz, einen halben Kilometer westlich der Av Insurgentes. In der Mitte seiner Nordseite sollte man nach dem kunstvollen Brunnen im Hof des **Museo Casa del Risco** (Karte S. 141; ☎ 5616-2711; Plaza San Jacinto 15; Eintritt frei; 🕑 Di–So 10–17 Uhr; Ⓜ Miguel Ángel de Quevedo) Ausschau halten. Er besteht aus einem verrückten Mosaik aus Talavera-Fliesen und chinesischem Porzellan. Im oberen Stock ist eine wahre Fundgrube von Gemälden aus dem mexikanischen Barock und dem europäischen Mittelalter untergebracht.

Etwa 50 m westlich der Plaza steht die **Iglesia de San Jacinto** (Karte S. 141) aus dem 16. Jh. mit ihren friedvollen Gärten.

MUSEO CASA ESTUDIO DIEGO RIVERA Y FRIDA KAHLO

Wer den Film *Frida* gesehen hat, wird dieses **Museum** (Studio Museum Diego Rivera & Frida Kahlo; Karte S. 141; ☎ 5550-1518; Diego Rivera 2, Av Altavista; Eintritt 10 Mex$, So frei; ⌚ Di–So 10–18 Uhr) wiedererkennen. Es liegt 1 km nordwestlich der Plaza San Jacinto. Das neuartige Domizil des Künstlerpaars, das hier von 1934 bis 1940 lebte, wurde von dem gemeinsamen Freund, dem Architekten und Maler Juan O'Gorman, entworfen; jedem der beiden stand darin ein eigenes Haus zu Verfügung. In Riveras Haus ist das Studio im oberen Stock erhalten, in Fridas (dem blauen) werden wechselnde Ausstellungen mit Erinnerungsstücken aus dem Archiv gezeigt.

Auf der anderen Straßenseite steht das San Ángel Inn (S. 186), heute ein Luxusrestaurant. Aber die frühere Pulque-Hazienda hat auch historische Bedeutung: 1914 einigten sich hier Pancho Villa und Emiliano Zapata darüber, die Kontrolle über das Land aufzuteilen.

MUSEO DE EL CARMEN

Eine Schatztruhe traumhafter Sakralkunst ist dieses **Museum** (Karte S. 141; ☎ 5616-2816; Av Revolución 4; Eintritt 39 Mex$, So frei; ⌚ Di–So 10–17 Uhr) in einer ehemaligen Schule, die vom Karmelitenorden geführt wurde. Sie grenzt an den Templo de El Carmen aus dem 17. Jh. (Das Dorf ist nach dem Schutzheiligen der Karmeliten, San Ángelo Mártir, benannt.) Zur Sammlung gehören acht tolle Ölgemälde des mexikanischen Meisters Cristóbal Villalpando; die bunten und goldenen Deckenbilder sind ebenso phantastisch. Der Publikumsmagnet jedoch ist die Sammlung von einem Dutzend Mumien in der Krypta. Dabei soll es sich um die sterblichen Überreste von Gönnern des Ordens aus dem 17. Jh. handeln. Man entdeckte sie während der Zapatistas-Revolution auf der Suche nach vergrabenen Schätzen.

JARDÍN DE LA BOMBILLA

In dem üppigen tropischen Park, der sich östlich der Av Insurgentes erstreckt, kann man auf Pfaden rund um das **Monumento a Álvaro Obregón** (Karte S. 141) spazieren. Der Monolith ist eine Art Schrein für den mexikanischen Präsidenten der Postrevolutionsära: Das Monument wurde eigentlich als Aufbewahrungsort für den Arm erbaut, den der Revolutionsgeneral in der Schlacht von Celaya 1915 verloren hatte, aber das Körperteil wurde 1989 eingeäschert. Im Restaurant „La Bombilla" wurde Obregón 1928 während eines Banketts ermordet; sein Mörder José de León Toral war in die Guerra Cristera gegen die antiklerikale Politik der Regierung verwickelt.

Im Juli explodiert der Park in allen Farben, denn dann ist er der Veranstaltungsort eines großen Blumenfests, der Feria de las Flores.

Ciudad Universitaria

2 km südlich von San Ángel liegt die **Ciudad Universitaria** (Universitätsstadt; Karte S. 128 f.; www.unam.mx), der Hauptcampus der Universidad Nacional Autónoma de México (UNAM). Mit über 280 000 Studenten und 31 000 Lehrenden ist sie die größte Universität Lateinamerikas. Unter ihren Absolventen sind fünf frühere mexikanische Präsidenten sowie Carlos Slim Helú, der 2007 als reichster Mann der Welt gehandelt wurde.

Die UNAM wurde 1551 als Königliche und Päpstliche Universität von Mexiko gegründet und ist damit die zweitälteste Universität beider Amerikas. Bevor der Campus in den 1950er-Jahren an seinen heutigen Platz verlegt wurde, war die Universität in mehreren Gebäuden im Stadtzentrum untergebracht. Auch wenn sie eine öffentliche und für alle zugängliche Institution ist, bleibt sie „autonom", d.h. die Regierung darf sich in die Hochschulpolitik nicht einmischen. Die UNAM war häufig das Zentrum politischer Opposition, v.a. 1968 vor den Olympischen Spielen in Mexico City (s. Kasten S. 125).

Wegen ihres Charakters eines architektonisches Vorzeigeobjekts wurde die UNAM im Jahr 2007 auf die Liste des UNESCO-Weltkulturerbes gesetzt. Die meisten Fakultätsgebäude liegen am nördlichen Ende verstreut. Wenn man von der Av Insurgentes kommt, ist die **Biblioteca Central** (Zentralbibliothek; Karte S. 128 f.) kaum zu übersehen. Sie ist zehn Stockwerke hoch und mit Mosaiken von Juan O'Gorman geschmückt. Die Südwand, die zwei auffällige Tierkreis-Räder zieren, beschäftigt sich mit der Kolonialzeit, die Nordwand dagegen mit der Aztekenkultur. **La Rectoría**, das Verwaltungsgebäude, liegt am Westrand des großen Rasens in der Mitte. Ein lebhaftes dreidimensionales Mosaik von Siqueiros auf seiner Südwand zeigt Studenten, die vom Volk angetrieben werden.

Südlich der Rectoría beherbergt das **Museo Universitario de Ciencias y Arte** (Karte S. 128 f.; ☎ 5622-0305; www.muca.unam.mx; Eintritt frei, Personalausweis notwendig; 🕑 Di–So 10–18 Uhr) abwechslungsreiche Ausstellungen aus der Sammlung der Universität.

Auf der anderen Seite der Av Insurgentes steht das Estadio Olímpico (S. 196). Es wurde für die Olympischen Spiele 1968 aus Vulkangestein erbaut und bietet 72 000 Menschen einen Sitzplatz. Heute ist es die Heimat der UNAM Pumas, die in der Primera División, der Ersten Fußballliga Mexikos, spielen. Über dem Haupteingang befindet sich das beeindruckende Wandgemälde Diego Riveras zum Thema Sport in der mexikanischen Geschichte.

Östlich von der Hauptpromenade der Universität liegt die **Facultad de Medicina** (medizinische Fakultät). An dem Gebäude prangt ein fesselndes Mosaikwandgemälde von Francisco Eppens, das sich mit dem *mestizaje* (Mesitzentum; Verschmelzung indigener und europäischer Elemente) in Mexiko beschäftigt.

Etwa 2 km weiter südlich umfasst ein weiterer Bereich, der zum Campus gehört, das **Centro Cultural Universitario** (s. S. 193) mit fünf Theatern und zwei Kinos und das **Museo Universitario de Ciencias** (Universum; ☎ 5622-7287; www.universum.unam.mx; Erw./Kind 40/35 Mex$; 🕑 Mo–Fr 9–18, Sa & So 10–18 Uhr), ein Wissenschaftsmuseum, in dem Kinder aktiv werden können. Außerdem befindet sich hier der Skulpturengarten der Universität. Ein Pfad führt einen durch ein vulkanisches Feld an etwa einem Dutzend einfallsreicher Werke vorbei. Die beeindruckendste Arbeit ist ein riesiger Ring aus Betonblöcken des Bildhauers Mathias Goeritz, gleich nördlich des Kulturzentrums.

Die Studentencafés stehen während des Semesters allen offen und befinden sich in den Architektur- und den Philosophiegebäuden am Westrand des Jardín Central und im Centro Cultural Universitario.

Zur Universitätsstadt nimmt man den Metrobus bis zu seiner südlichen Endstation. Dort steigt man in einen „Villa Coapa"-Pesero, der zur Westseite der Universität fährt. Wer in den nördlichen Teil des Campus möchte, steigt bei der ersten gelben Fußgängerbrücke aus, kurz vor dem Estadio Olímpico; in den Südteil gelangt man, wenn man an der zweiten gelben Fußgängerbrücke hinter dem Stadion aussteigt. Für den Rückweg eignet sich jeder Pesero mit der Aufschrift „San Ángel-Revolución". Kurz nachdem dieser links abgebogen ist, steigt man aus und nimmt den Metrobus.

Coyoacán

Coyoacán (Náhuatl für „Ort der Kojoten") liegt 10 km südlich von der Innenstadt und war nach dem Fall von Tenochtitlán die Basisstation von Cortés. Erst in den letzten Jahrzehnten hat die Ausdehnung der Stadt auch dieses abgelegene Dorf eingeholt. Mit seinen schmalen Straßen aus der Kolonialzeit, seinen Cafés und seinem Schwung hat sich Coyoacán eine erholsame Eigenart bewahrt. Einst war es das Heim von Leo Trotzkij und Frida Kahlo (deren Häuser heute faszinierende Museen beherbergen). Deutlich ist die Atmosphäre einer Gegenkultur zu spüren, besonders an den Wochenenden, wenn ein bunter Mix aus Musik, Pantomimedarbietungen und Handwerksmärkten eine große, entspannte Menschenmenge aus allen Gesellschaftsschichten auf die zentralen Plazas lockt.

Die nächstgelegenen Metrostationen zum Zentrum Coyoacáns sind 1,5 bis 2 km entfernt und heißen „Viveros", „Coyoacán" und „General Anaya". Wer nicht zu Fuß gehen mag, kann an der „Viveros" aussteigen, Richtung Süden zur Av Progreso gehen und einen „M(etro) Gral Anaya"-Pesero zu dem Markt im Osten nehmen. Zurück fahren an der Malatzin „Metro Viveros"-Peseros nach Westen. Die Peseros „Metro Coyoacán" und „Metro Gral Anaya" fahren an der Westseite der Plaza Hidalgo los.

Peseros nach San Ángel und Busse fahren auf der Av Miguel Ángel de Quevedo ab, südlich der Plaza Hidalgo fünf Blocks Richtung Westen.

VIVEROS DE COYOACÁN

Ein schöner Weg nach Coyoacán führt über die **Viveros de Coyoacán** (Karte S. 142; ☎ 5554-1851; Eintritt frei; 🕑 6–18 Uhr; Ⓜ Viveros), die wichtigste Baumschule für die Parks und Gärten von Mexico City. Die 390 000 m² Grünland liegen 1 km westlich von Coyoacáns Zentrum. Sie sind bei Joggern sehr beliebt und bieten sich für einen herrlichen Spaziergang an. Aber Vorsicht – hier gibt's streitlustige Eichhörnchen! Von der Metrostation „Viveros" geht's nach Süden (bzw. nach rechts, wenn man vor dem Zaun steht) die Av Universidad entlang und dann die erste, die Av Progreso, links.

Einen Block südlich der Viveros liegt die idyllische **Plaza Santa Catarina** mit ihrer bescheidenen, senffarbenen Kirche, die dem Platz seinen Namen gab. Das **Centro Cultural Jesús Reyes Heroles** (Karte S. 142; ☎ 5658-5281; Francisco Sosa 202; 8–20 Uhr; Ⓜ Viveros) auf der anderen Straßenseite ist ein Anwesen aus der Kolonialzeit. Hier finden Buchpräsentationen, Tanzkurse usw. statt. Ein Bummel über das Gelände lohnt sich, in den sorgsamst gepflegten Gärten sprießen Yuccas und Jakarandas. Auf dem 700 m langen Weg auf der Av Francisco Sosa, der zum Jardín del Centenario führt, kommt man an schönen Kolonialzeitgebäuden vorbei. In einigen sind Cafés untergebracht.

PLAZA HIDALGO & JARDÍN DEL CENTENARIO

Der Brennpunkt des Lebens in Coyoacán und der Schauplatz des meisten Amüsements am Wochenende ist die Plaza im Zentrum. Eigentlich handelt es sich um zwei nebeneinander liegende Plazas: den **Jardín del Centenario**, in dessen Brunnen in seiner Mitte die bereits kultigen Kojoten herumtollen, und die größere **Plaza Hidalgo** mit Kopfsteinpflaster und einer Statue des namensgebenden Unabhängigkeitshelden.

Die **Casa de Cortés** (Karte S. 142; ☎ 5484-4500; Jardín Centenario 16; Eintritt frei; ⏲ 8–20 Uhr; Ⓜ Viveros) befindet sich an der Nordseite der Plaza Hidalgo. Während der Belagerung von Tenochtitlán gründete der Konquistador Cortés hier das erste Municipio Mexikos, später ließ er den besiegten Kaiser Cuauhtémoc an diesem Ort foltern, um ihm das Versteck der aztekischen Schätze zu entlocken – diese Szene ist auf einem Wandgemälde im Innern der Kapelle dargestellt. Cortés residierte hier bis 1523, als die Kolonialregierung nach Mexico City verlegt wurde. Heute befinden sich in dem Gebäude die Verwaltungsbüros von Coyoacán.

Die **Parroquia de San Juan Bautista** (Karte S. 142) und das angrenzende ehemalige Kloster dominieren die Ostseite der Plaza Hidalgo. Beide wurden 1592 von den Franziskanern errichtet. Die einschiffige Kirche ist innen aufwendig geschmückt, Malereien bedecken die ganze gewölbte Decke. Unbedingt sehenswert ist auch der Kreuzgang mit den toskanischen Säulen und dem Schachbrett aus geschnitzten Reliefpaneelen in den Ecken der Decke.

Einen halben Block weiter östlich befindet sich das **Museo Nacional de Culturas Populares** (Karte S. 142; ☎ 9172-8840; www.culturaspopulareseindigenas.gob.mx; Hidalgo 289; Eintritt frei; ⏲ Di–Do 10–18, Fr–So 10–20 Uhr; Ⓜ Viveros). Es zeigt originelle Ausstellungen zu Volksbräuchen, dem (Kunst-)Handwerk der Einheimischen und veranstaltet in seinen Höfen und Galerien Festlichkeiten.

MUSEO FRIDA KAHLO

Die berühmte mexikanische Künstlerin Frida Kahlo wurde in dem „Blauen Haus" sechs Blocks nördlich der Plaza Hidalgo geboren und lebte und starb hier auch. Heute ist es ein **Museum** (Karte S. 142; ☎ 5554-5999; www.museofridakahlo.org; Londres 247; Eintritt 45 Mex$; ⏲ Di–So 10–18 Uhr; Ⓜ Coyoacán). Beinahe jeder Besucher Mexico Citys pilgert hierher, um die Malerin besser verstehen zu lernen (und vielleicht um eine Frida-Handtasche zu ergattern).

Ihr Vater Guillermo erbaute das Haus drei Jahre vor Fridas Geburt. Es ist vollgestopft mit Erinnerungsstücken und persönlichen Gegenständen, die ihre lange und oft stürmische Beziehung zu ihrem Ehemann Diego Rivera und der linksgerichteten, intellektuellen Gesellschaft, die hier oft zu Gast war, lebendig illustrieren. Küchengeräte, Schmuck, Kleider, Fotos und andere Dinge aus dem Alltag der Künstlerin werden kombiniert mit Kunst und einer Vielzahl vorkolonialer Stücke und mexikanischen Kunsthandwerks. Als man 2007 in einer Dachkammer ein Versteck mit bislang unentdeckten Sachen fand, konnte die Sammlung erheblich erweitert werden.

Kahlos Kunst stellt neben ihren Existenzängsten auch ihre Flirts mit sozialistischen Ikonen dar: Porträts von Lenin und Mao hängen rund um ihr Bett. In Fridas Studio im oberen Stock steht ein unvollendetes Porträt von Stalin vor einem dramatisch platzierten Rollstuhl. Das *Retrato de la Familia* (Familienporträt) thematisiert phantasievoll die ungarisch-oaxacanischen Wurzeln Kahlos.

MUSEO LÉON TROTSKY

Nachdem Trotzkij beim Machtkampf in der Sowjetunion Stalin gegenüber den Kürzeren gezogen hatte, wurde er 1929 ausgewiesen und in Abwesenheit zum Tode verurteilt. 1937 fand er in Mexiko Zuflucht. Zunächst wohnten Trotzkij und seine Frau Natalia im Blauen

Haus, aber nach einem Streit mit Kahlo und Rivera zogen sie ein paar Straßen weiter nach Nordosten in die Viena 45.

Auch dieses Haus ist nun ein **Museum** (Karte S. 142; ☎ 5658-8732; Río Churubusco 410; Eintritt 30 Mex$; ⌚ Di–So 10–17 Uhr; Ⓜ Coyoacán). Es ist fast noch im gleichen Zustand wie an dem Tag, an dem der Katalane Ramón Mercader, ein Agent Stalins, Trotzkij schließlich erwischte und ihm einen Eispickel in den Schädel rammte. In den Gebäuden um den Innenhof sind Erinnerungsstücke und biografische Notizen zu sehen; ein Grab mit Hammer- und Sichelgravur bewahrt die Asche des Revolutionärs.

Der Haupteingang liegt auf der Rückseite der früheren Residenz, am Circuito Interior.

EX-CONVENTO DE CHURUBUSCO

Das frühere Kloster von Churubusco war im 17. Jh. Schauplatz einer historischen militärischen Niederlage. Es steht inmitten eines baumbewachsenen Geländes, 1,5 km östlich von der Plaza Hidalgo. Am 20. August 1847 verteidigten mexikanische Truppen das Kloster gegen die US-amerikanischen Streitkräfte, die in einem Streit über die US-Annexion Texas' von Veracruz aus vorrückten. Die Mexikaner kämpften, bis ihnen die Munition ausging, und wurden erst im anschließenden Handgemenge geschlagen.

Die Invasion der Amerikaner war nur ein Beispiel für eine lange Reihe ausländischer Einmischungen, die das **Museo Nacional de las Intervenciones** (Nationales Interventionsmuseum; Karte S. 142; ☎ 5604-0699; Ecke Calle 20 de Agosto & General Anaya; Eintritt 39 Mex$, So frei; ⌚ Di–So 9–18 Uhr; Ⓜ General Anaya) fesselnd darstellt. Das Museum befindet sich in dem früheren *convento*. Unter den Exponaten sind eine Landkarte Amerikas mit den Operationen von 1847, Material zur französischen Besetzung der 1860er und zum Komplott des US-amerikanischen Botschafters Herny Lane Wilson, der 1913 die Madero-Regierung stürzen wollte. Nicht alle Erläuterungen sind übersetzt.

Die toll renovierten Ausstellungsräume mit zahlreichen Originalfresken umgeben einen kleinen Kreuzgang, in dem nummerierte Punkte die Mönche beim Meditieren anleiteten. Nach dem Verlassen des Museums kann man in dem wundervollen Garten herumwandern, der aus dem früheren Obstgarten des Klosters gestaltet wurde.

Churubusco erreicht man mit einem „M(etro) Gral Anaya"-Pesero Richtung Osten oder mit dem Bus von Xicoténcatl, ein paar Blocks nördlich der Plaza Hidalgo. Oder man legt die 500 m von der Metrostation „General Anaya" zu Fuß zurück.

ANAHUACALLI

Dieses **Museum** (Karte S. 128 f.; ☎ 5617-4310; www.anahuacallimuseo.org; Calle del Museo 150; Eintritt 45 Mex$; ⌚ Di–So 10–18 Uhr) wurde von Diego Rivera entworfen, um seine Sammlung vorkolonialer Kunst zu beherbergen. Das tempelartige Gebäude steht 3,5 km südlich von Coyoacán und ist aus dunklem Vulkangestein erbaut. Das „Haus von Anáhuac" (der aztekische Name des Valle de México) beeinhaltet auch eines von Riveras Studios und ein paar seiner Arbeiten, z. B. die Skizze für das Wandgemälde „Mann am Scheideweg", das 1934 für das Rockefeller Center in Auftrag gegeben wurde. Im November wird am Tag der Toten des Malers mit kunstvollen Gaben gedacht.

Die Eintrittskarte gilt auch für das Museo Frida Kahlo (s. gegenüber).

Nach Anahuacalli nimmt man den Tren Ligero (von der Metrostation „Tasqueña" aus) bis zum Halt „Xotepingo". Vom Ausgang nach Westen sind es 200 m bis zur División del Norte, die man überquert und dann 600 m lang der Calle del Museo folgt.

Cuicuilco

Cuicuilco (Karte S. 128 f.; ☎ 5606-9758; Insurgentes Sur; Eintritt frei; ⌚ 9–17 Uhr) zwischen San Fernando und Anillo Periférico ist eines der ältesten bedeutsamen Überbleibsel vorkolonialer Siedlungen in Mexico City. Es spiegelt die Kultur, die an den Ufern des Lago de Xochimilco siedelte und sich bis 800 v. Chr. zurückdatieren lässt. Während der Blütezeit im 2. Jh. v. Chr. zählte der „Ort des Gesangs und des Tanzes" mindestens 40 000 Einwohner und konkurrierte hinsichtlich seiner Größe mit Teotihuacán. Nach einem Ausbruch des nahe gelegenen Vulkans Xitle ein paar Jahrhunderte später, der den Großteil der Siedlung unter Lava begrub, wurde Cuicuilco aufgegeben.

Vermutlich als feierliche Kultstätte diente der Hauptbau, eine riesige, von Lavagestein umschlossene Rundpyramide. Sie besteht aus fünf runden, sich nach oben hin verjüngenden Baukörpern, die in einer Plattform enden. Die Pyramide steht mitten in einem Park mit Kakteen und Schatten spendenden Bäumen. Wer sie besteigt, hat von oben einen weiten Blick über die Bezirke im Süden, einschließ-

FRIDA & DIEGO

Ein Jahrhundert nach der Geburt von Frida Kahlo und 50 Jahre nach dem Tod Diego Riveras sind der Ruhm und die Anerkennung dieses Paares größer denn je. Im Jahr 2007 zog eine Retrospektive auf die Werke Kahlos im Palacio de Bellas Artes mehr als 440 000 Besucher an. Wenngleich die Aufmerksamkeit bei der darauf folgenden Rivera-Ausstellung nicht ganz so phänomenal war, erinnerte diese Veranstaltung die Besucher doch daran, dass der erfolgreiche Wandmaler zu seinen Lebzeiten ein internationaler Star war. Das Gedenken der beiden ist untrennbar miteinander verbunden, und jeder war ein häufiges Motiv in den Arbeiten des anderen.

Diego Rivera begegnete der 21 Jahre jüngeren Frida Kahlo zum ersten Mal, als er an der Escuela Nacional Preparatoria malte, wo Frida Anfang der 1920er-Jahre studierte. Rivera stand damals schon in der vordersten Reihe der mexikanischen Künstler. Sein Auftrag an der Schule war das erste der vielen halbpropagandistischen Wandgemälde in öffentlichen Gebäuden, die er im Lauf von mehr als drei Jahrzehnten anfertigte. Er hatte bereits mit zwei russischen Frauen in Europa Kinder und 1922 heiratete er Lupe Marín in Mexiko. Von ihr bekam er zwei weitere Kinder, bevor die Ehe 1928 auseinanderbrach.

Kahlo wurde 1907 in Coyoacán als Tochter eines ungarisch-jüdischen Vaters und einer Mutter aus Oaxaca geboren. Im Alter von sechs Jahren erkrankte sie an Polio, weshalb ihr rechtes Bein für immer dünner als das linke blieb. 1925 wurde sie bei einem Busunfall sehr schwer verletzt: Sie brach sich das rechte Bein, das Schlüsselbein, das Becken und mehrere Rippen. Wundersamerweise erholte sie sich wieder, hatte aber später oft Schmerzen und unterzog sich vielen Operationen, um diese zu lindern. Während ihrer Rekonvaleszenz begann sie zu malen. Der Schmerz – sowohl der physische als auch der emotionale – sollte das dominierende Thema ihrer Kunst werden.

Kahlo und Rivera verkehrten beide in linksgerichteten Künstlerkreisen. 1928 trafen sie sich wieder und heirateten im folgenden Jahr. Die Liaison wurde als „Beziehung zwischen Elefant und Taube" beschrieben und war immer eine Art leidenschaftlicher Hassliebe. Rivera schrieb: „Wann immer ich eine Frau liebte, wollte ich sie mehr verletzen, je mehr ich sie liebte. Frida war nur das offensichtlichste Opfer dieses scheußlichen Charakterzugs."

Nach einem kurzen Aufenthalt in den USA zog das Paar im Jahr 1934 in sein neues Domizil in San Ángel, das heutige Museo Casa Estudio Diego Rivera Y Frida Kahlo (S. 162). Die zwei getrennten Häuser waren durch eine Fußgängerbrücke verbunden. Nachdem Kahlo entdeckt hatte, dass Rivera eine Affäre mit ihrer Schwester Cristina hatte, ließ sie sich 1939 von ihm scheiden – nur um ihn im folgenden Jahr wieder zu heiraten. Sie zog zurück in ihr Elternhaus, die Casa Azul in Coyoacán, er blieb in San Ángel – und diesen Status behielten sie für den Rest ihres Lebens bei. Gleichwohl hielt ihre Beziehung. Kahlo war die Kritikerin, der Rivera am meisten vertraute, und Rivera war Kahlos größter Fan.

Auch wenn die erfolgreiche Filmbiografie *Frida* aus dem Jahr 2002 eine weltweite „Fridamania" auslöste, wurde Kahlo zu ihren Lebzeiten in Mexiko nur eine einzige Ausstellung gewidmet, und zwar 1953. Auf einer Krankenliege wurde sie zur Eröffnung getragen. Rivera sagte über die Ausstellung: „Jeder, der sie gesehen hat, muss ihr großes Talent bewundern". Kahlo starb im folgenden Jahr im Blauen Haus. Rivera nannte dies „den schrecklichsten Tag meines Lebens … Zu spät habe ich erkannt, dass das Schönste in meinem Leben die Liebe zu Frida gewesen ist."

lich des eindrucksvollen Xitle. Auf dem Gelände gibt's auch ein kleines Museum.

Nach Cuicuilco nimmt man den Insurgentes-Metrobus bis zur Endhaltestelle, überquert den Dr Gálvez und steigt in einen „Villa Coapa" Richtung Süden. Der Eingang liegt direkt südlich am Periférico Freeway.

Tlalpan

Tlalpan ist heute das, „was Coyoacán einst war": ein außerhalb gelegenes Dorf mit einer lockeren Atmosphäre plus einigen beeindruckenden Kolonialzeitgebäuden. Der Gemeindesitz der größten *delegación* von Mexico City liegt am Fuße des südlichen Ajusco-Gebirges und erfreut sich eines kühleren, feuchteren Klimas. In den Arkaden der niedlichen Plaza gibt's ein paar schöne Lokale und in der Nähe eine fröhliche Cantina namens **La Jalisciense** (☎ 5573-5586; Plaza de la Constitución 6).

Einen halben Block von der Plaza entfernt ist das **Museo de Historia de Tlalpán** (☎ 5485-9048;

Plaza de la Constitución 10; Eintritt frei; ⌚ Di–So 10–19 Uhr) die Heimat fesselnder historischer Ausstellungsstücke in Galerien mit Tageslicht, die rund um einen Hof gruppiert sind.

Die **Capilla de las Capuchinas Sacramentarias** (☎ 5573-2395; Hidalgo 43; Eintritt 50 Mex$; ⌚ Mo–Do 10–12 & 16–18 Uhr), Kapelle eines Kapuzinerkonvents für Nonnen, ist herrlich schlicht. Sie wurde 1952 von dem modernistischen Architekten Luis Barragán entworfen. Der nüchterne Altar ist unbelastet von der sonst üblichen Ikonografie – er besteht lediglich aus einem Trio Goldtafeln. Morgens ist es hier besonders schön, denn dann fällt das Licht durch das bunte Glasfenster von Mathias Goeritz.

Hierher gelangt man, wenn man den Insurgentes-Metrobus bis zur Endstation nimmt, dann den Dr Gálvez überquert und einen „Villa Coapa"-Pesero nach Süden besteigt. Nach dem Verlassen Cuicuilcos biegt der Bus links nach San Fernando ab. An der Calle Juárez steigt man aus und läuft die drei Blocks gen Süden zum Hauptplatz Tlalpans.

Parque Nacional Desierto de los Leones

Kühle, duftende Kiefern- und Eichenwälder beherrschen den 20 km² großen **Nationalpark** (außerhalb der Karte S. 128 f.; ⌚ 6–17 Uhr) in den Bergen um das Valle de México. In diesem Gebiet entkommt man dem Kohlenmonoxid und dem Beton in Mexico City: Es liegt zwar nur 23 km südwestlich der Metropole, aber volle 800 m höher.

Der Name des Nationalparks leitet sich vom **Ex-Convento del Santo Desierto de Nuestra Señora del Carmen** (Camino al Desierto de los Leones; ☎ 5814-1171; Eintritt 10 Mex$; ⌚ Di–So 10–17 Uhr) ab, dem ehemaligen Karmelitenkloster im Park aus dem 17. Jh.. Die Karmeliten nannten ihre abgelegenen Klöster „Wüsten", im Gedenken an Eliah, der als Einsiedler in der Wüste lebte, in der Nähe des Berges Karmel in Israel. „Leones" mag von den Wildkatzen herrühren, die hier leben. Aber es ist wahrscheinlicher, dass sich der Ausdruck auf José und Manuel de León bezieht, die einst die Klosterfinanzen verwalteten.

In dem restaurierten ehemaligen Konvent gibt's Ausstellungsräume und ein Restaurant. Geführte Touren auf Spanisch werden angeboten (nur werktags). Die Führer sind mit Soutane und Sandalen bekleidet und geleiten einen durch die Innenhöfe, die großflächigen Gartenanlagen außerhalb der Klostermauern und einige unterirdische Gänge.

Im übrigen Teil des Parks gibt es ausgedehnte Wanderwege (es soll hier schon Überfälle gegeben haben, also schön auf den Hauptwegen bleiben!).

An den Wochenenden fahren die Busse hierher von der Metro „Viveros" ab. Unter der Woche gibt es keine direkte Verbindung zum Kloster, aber man kann einen der häufig verkehrenden „Toluca Intermedio"-Busse von Flecha Rojas nehmen, die von der Bushaltestelle „Terminal Poniente" aus starten; am Zollhäuschen in La Venta aussteigen. Von hier aus überquert man über eine Brücke den Highway und folgt den Wegweisern zur „Desierto de los Leones"-Straße.

Tlatelolco & Guadalupe

PLAZA DE LAS TRES CULTURAS

Diese **Plaza** (Drei-Kulturen-Platz; Karte S. 128 f.; ☎ 5583-0295; Eje Central Lázaro Cárdenas, Ecke Flores Magón; Eintritt frei; ⌚ 8–17.30 Uhr) heißt so, weil sie die Verschmelzung vorkolonialer und spanischer Wurzeln in der mexikanischen *mestizo*-Identität symbolisiert. Sie illustriert das architektonische Erbe dreier kultureller Facetten: die Aztekenpyramiden des **Tlatelolco**, den spanischen **Templo de Santiago** aus dem 17. Jh. und das moderne Hochhaus, welches das **Centro Cultural Universitario** beherbergt – in dieser ruhigen Oase nördlich des Stadtzentrums klingt die turbulente Geschichte nach.

Erst kürzlich entdeckte archäologische Funde korrigierten die lang gehegten Ansichten über die Geschichte von Tlatelolco. Diese besagten, dass Tlatelolco im 14. Jh. von einer Sondergruppe der Azteken auf einer eigenen Insel im Lago de Texcoco gegründet und später von den Azteken von Tenochtitlán erobert wurde. Eine Ende 2007 auf dem Gelände ausgegrabene Pyramide datiert die Besiedlung durch Tenochtitlán jedoch um volle 200 Jahre zurück. Nach einhelliger Meinung aber war Tlatelolco der Schauplatz des größten öffentlichen Marktes im Valle de México und ein Damm verband es mit dem Zeremonialzentrum von Tenochtitlán.

Während der Belagerung der Aztekenhauptstadt besiegte Cortés Tlatelolcos Verteidiger, die von Cuauhtémoc angeführt wurden. Die Inschrift zu dieser Schlacht auf der Plaza lautet: „Es war weder Sieg noch Niederlage. Es war die traurige Geburt des Mestizen, der heute Mexiko verkörpert."

Tlatelolco steht aber auch als Symbol für neuzeitliche Konflikte und Katastrophen. Am

2. Oktober 1968 wurden hier Hunderte studentische Demonstranten am Vorabend der Olympischen Spiele in Mexico City von Regierungstruppen niedergemetzelt (s. Kasten, S. 125). Später litt das Gebiet unter schwersten Schäden durch das Erdbeben von 1985, als ganze Wohnviertel in sich zusammenfielen und Hunderte von Menschen starben.

Die Überreste der Hauptpyramide von Tlatelolco und anderer aztekischer Gebäude sind von einem Weg aus zu besichtigen, der um die Anlage herumführt. Tlatelolcos Haupttempel wurde – wie auch der Templo Mayor von Tenochtitlán – in mehreren Stufen erbaut, insgesamt sieben Tempel übereinander. Die zugängige Doppelpyramide stammt aus einer der frühesten Perioden und verfügt über Doppeltreppen. Sie führten wahrscheinlich zu den Tempeln, die Tlaloc und Huitzilopochtli gewidmet waren. In die Außenwänden sind zahlreiche kalendarische Bildzeichen eingeritzt.

Die Spanier, die sich der religiösen Bedeutung dieses Ortes bewusst waren, errichteten 1609 hier den **Templo de Santiago** mit Material aus aztekischen Bauwerken. Direkt vor dem Haupteingang dieser Kirche (im Westen) steht das **Taufbecken von Juan Diego** (s. rechte Spalte). Vor der Nordwand der Kirche befindet sich ein 1993 errichtetes Monument, das an die Opfer des Massakers von 1968 erinnert.

Das **Centro Cultural Universitario Tlatelolco** (☎ 5597-4061; www.tlatelolco.unam.mx; Flores Magón 1; Eintritt 20 Mex$; 🕑 Di–So 10–18 Uhr) wurde 2007 eingeweiht und befindet sich in dem Gebäude, in dem früher das Sekretariat für Auslandsbeziehungen untergebracht war. Als Teil der UNAM unterhält es zwei interessante Dauerausstellungen: Die erste, die **Colección Andrés Blaisten** im Erdgeschoss, stellt die größte Privatsammlung mexikanischer Kunst des 20. Jhs. dar. Die Gemälde, Drucke und Skulpturen stammen sowohl von unbekannten als auch von berühmten Künstlern wie María Izquierdo und Juan Soriano. Die zweite, das **Memorial del 68** unten, dient der Erinnerung an das Massaker an Studenten in Tlatelolco, das 1968 verübt wurde (s. Kasten S. 125). Mit Videoclips, Zeitungsartikeln, Fotos, Postern und zahlreichen aufgezeichneten Interviews mit führenden Intellektuellen (auf Spanisch) erweckt die Ausstellung die Stimmung der damaligen Zeit zum Leben und rekonstruiert die Geschehnisse in der Abfolge, wie sie zu dem am 2. Oktober von der Regierung unterstützten Gemetzel an protestierenden Studenten führten.

Auf der Eje Central Lázaro Cárdenas kommen die „Central Autobuses del Norte"-Omnibusse Richtung Norden direkt an der Plaza de las Tres Culturas vorbei.

BASÍLICA DE GUADALUPE

Im Dezember 1531, so die Legende, stand ein zum christlichen Glauben konvertierter Einheimischer namens Juan Diego auf dem Cerro del Tepeyac (Tepeyac-Berg), der Stätte eines alten aztekischen Tempels, und erblickte eine wunderschöne Frau in einem blauen, mit Goldfäden durchwebten Mantel. Sie trug ihm auf, dem Bischof Juan de Zumárraga mitzuteilen, dass ihm die Jungfrau Maria erschienen sei und ihr zu Ehren eine Kirche erbaut werden solle. Doch der Bischof glaubte diese Geschichte nicht. Jedesmal, wenn Juan Diego nun auf den Berg stieg, erschien ihm diese Frau. Nach der vierten Erscheinung schmückte ihr Bildnis auf wundersame Weise seinen Umhang – was die Kirche dazu bewog, ihm endlich Glauben zu schenken. So entwickelte sich der Ort mit der Zeit zu einer Kultstätte.

Im Lauf der Jahrhunderte wurden der Nuestra Señora de Guadalupe alle möglichen Wunder zugeschrieben. Das half der katholischen Kirche, ihren Glauben in der mexikanischen Bevölkerung zu verbreiten. Trotz des Protests einiger Geistlicher, die in der Verehrung eine Form des Götzendiensts mit der Jungfrau Maria als christianisierter Form der aztekischen Göttin Tonantzin sahen, wurde die Jungfrau 1737 offiziell zur Landespatronin Mexikos erklärt. Zwei Jahrhunderte später wurde sie zur himmlischen Patronin Lateinamerikas und zur Kaiserin Amerikas gemacht und im Jahr 2002 sprach Papst Johannes Paul II Juan Diego selig. Heute ist das Bild der Jungfrau überall im Land verbreitet, und ihre Schreine rund um den Cerro del Tepeyac gehören zu den am meisten verehrten in ganz Mexiko – tausende von Pilgern kommen täglich hierher, hunderttausende an den Tagen, die ihren Festtag am 12. Dezember einleiten (s. S. 172). Einige Pilger legen die letzten Meter auf dem Weg zum Heiligtum auf Knien zurück.

Die alte Basilika de Guadalupe mit den vier Türmen war um 1700 auf dem Platz errichtet worden, um die gläubigen Massen zu beherbergen. In den 1970er-Jahren jedoch zeigte sich, dass ihre Bausubstanz dieser Aufgabe nicht gewachsen war und man baute gleich nebenan die neue **Basílica de Nuestra Señora de Guadalupe** (Karte S. 128 f.; Ⓜ La Villa-Basilica). Entworfen wurde sie von Pedro Ramírez Vázquez. Der riesige, runde, großräumige Bau fasst mehr als 40 000 Menschen. Das Bildnis der Jungfrau hängt über und hinter dem Hauptaltar. Es gibt ein Rollband, das die Besucher so nah wie möglich am Marienbild vorbei transportiert.

Auf der Rückseite der Antigua Basílica befindet sich jetzt das **Museo de la Basílica de Guadalupe** (☎ 5577-6022; Eintritt 5 Mex$; 🕑 Di–So 10–18 Uhr; Ⓜ La Villa-Basilica), das eine schöne Kolonialkunstsammlung mit verschiedenen Interpretationen der übernatürlichen Erscheinung zeigt.

Die Treppen hinter der Antigua Basílica führen etwa 100 m hinauf zur **Capilla del Cerrito** (Hügelkapelle), die auf dem Hügel erbaut wurde, wo Juan Diego die Jungfrau erschien. An der Ostseite geht es dann hinunter zum Parque de la Ofrenda mit Gärten und Wasserfällen rund um eine Skulptur, die die Erscheinungsszene darstellt. Weiter geht es zum barocken **Templo del Pocito**, einem Rundbau mit drei ziegelgedeckten Kuppeln. Er wurde 1787 erbaut, um an das wundersame Entspringen einer Quelle an demjenigen Ort zu gedenken, an dem die Jungfrau gestanden hat. Von hier führt ein Weg zurück zur Hauptplaza, vorbei an der **Capilla de Indios** (Kapelle der Indios) aus dem 17. Jh.

Die Basílica de Guadalupe ist mit der Metro einfach zu erreichen. Man fährt bis zur Haltestelle La Villa-Basílica und läuft dann auf der Calz de Guadalupe zwei Blocks in Richtung Norden. Hierher kommt man auch mit jedem „Metro Hidalgo–La Villa"-Bus, der auf dem Paseo de la Reforma nach Nordosten fährt. Wer in die Innenstadt zurück will, muss bis zur Calz de los Misterios einen Block westlich der Calz de Guadalupe laufen und von dort einen „Metro Hidalgo"- oder „Metro Chapultepec"-Pesero in Richtung Süden nehmen.

AKTIVITÄTEN

Eislaufen

Als Teil der Initiative von Bürgermeister Marcelo Ebrard, den ärmeren Bewohnern der Stadt spaßige Erholungsaktivitäten zu ermöglichen, wird in den Weihnachtsferien auf dem Zócalo eine riesige Eislaufbahn aufgebaut. Wer bereit ist, bis zu zwei Stunden zu warten, kann sich umsonst Schlittschuhe leihen.

Joggen

Der Pfad um den ovalen Parque México (S. 155) ist beliebt für einen morgendlichen Lauf. Jogger nutzen außerdem die breiten und schmalen Wege, die die Viveros de Coyoacán (S. 163), den botanischen Garten der Stadt, durchkreuzen. Natürlich gibt's auch im Bosque de Chapultepec (s. S. 157) viele Kilometer lange, von Bäumen beschattete Pfade; die am südlichen Ende (Condesa) sind nicht ganz so überfüllt.

Radfahren

Sonntagmorgens ist der Paseo de la Reforma vom Bosque de Chapultepec bis zur Alameda Central für den Verkehr gesperrt. Dann kann man sich in Legionen von Chilangos einreihen, die auf der Avenida skaten oder radeln.

Für die etwas Ehrgeizigeren bietet die städtische Radlergruppe **Bicitekas** (www.bicitekas.org) jeden Mittwoch Touren an, die um 9 Uhr am Monumento a la Independencia starten. Bis zu 100 Radler düsen dann zu Zielen wie Coyoacán und Ciudad Satélite. Die Teilnehmer müssen fit genug sein, um Strecken von bis zu 40 km bewältigen zu können; Helme und Rücklichter sind ebenfalls Pflicht.

Informationen zu Fahrradverleih und zu Routen durch die Stadt gibt's auf S. 210.

Fitnessstudios

Einige Spitzenklassehotels, v. a. die mit Mineralbädern, haben Tagespreise für externe Gäste. Ansonsten gibt's zahlreiche Fitnessstudios in der Stadt, in denen man preisgünstig die Geräte nutzen und Kurse machen kann.

Centro Caba (Karte S. 134 f.; ☎ 5574-1976; Álvaro Obregón 160, Roma; 45 Mex$/Tag; 🕑 Mo–Fr 7–22, Sa 8–22, So 9–16 Uhr; 🚍 Álvaro Obregón)

Centro Qi (Karte S. 134 f.; ☎ 5584-4880; www.qi.com.mx; Amsterdam 317, Condesa; 185 Mex$/Tag; 🕑 Mo–Do 6–23, Sa 8–18, So 9–16 Uhr; 🚍 Sonora) Flottes Studio in Condesa mit Kletterwand, Solarium und Yogakursen.

STADTSPAZIERGANG

Den historischen Dreh- und Angelpunkt ganz Mexikos, das Centro Histórico, erkundet man am besten zu Fuß. Nachdem man sich vom Glockenturm der **Catedral Metropolitana** (**1**; S. 145) aus einen Überblick verschafft hat, geht man im **Nacional Monte de Piedad** (**2**; S. 147), der staatlichen Pfandleihe, auf der anderen Straßenseite auf Schnäppchenjagd. Dann folgt man der República de Brasil zwei Blocks nach Norden bis zur **Plaza Santo Domingo** (**3**; S. 148), wo unterhalb des Portal de Evangelistas die Drucker ihren Geschäften nachgehen. Rechts beherbergt das **Secretaria de Educación Pública** (**4**; S. 148) die beeindruckenden Wandgemälde Diego Riveras über das mexikanische Leben und seine Kultur. Wenn man das Gebäude auf der anderen Seite verlässt, wendet man sich nach links, an der Ecke dann nach rechts auf die República de Venezuela. Das Gebäude einen Block östlich auf der rechten Seite ist der **Templo de San Pedro y San Pablo (5)**, in dem heute das interaktive Museo de Luz (Museum des Lichts; Eingang 1 Block südlich) untergebracht ist. Der große Arkadengang gleich dahinter bildet die Front des **Teatro del Pueblo (6)** – innen ist es mit Art-déco- und indigenen Motiven geschmückt. Im angrenzenden **Mercado Abelardo Rodríguez** (**7**; S. 149) sind zahlreiche Wandgemälde zu bewundern, die Riveras Schüler in den 1920ern angefertigt haben. An der Ecke (Rodríguez Puebla) geht's nach rechts. Einen Block weiter südlich prunkt der **Templo de Nuestra Señora de Loreto** (**8**; S. 149) mit einer sagenhaften Kuppel, die man am besten von innen betrachtet. Auf der anderen Seite der gleichnamigen Plaza, an der Justo Sierra, steht die erste **Synagoge** (**9**) Mexico Citys. Sie wurde von den syrischen Juden erbaut, die früher hier lebten. Danach folgt man der Calle Loreto einen Block nach Süden, wendet sich nach links und biegt dann rechts auf die Santísima ab. Der unterhalb des Straßenniveaus gelegene Fußweg folgt einem frühren Wasserweg, der die südliche Gemeinde Xochimilco versorgte. An der nächsten Ecke steht der super-barocke **Templo de la Santísima Trinidad** (**10**; S. 148).

ROUTENINFOS
Start Catedral Metropolitana
Ziel Plaza del Templo Mayor
Länge 2,2 km
Dauer 2½ Std.

Auf der Calle Zapata, die dann zur Moneda wird, läuft man weiter gen Westen. Nach zwei Blocks findet sich auf der linken Seite die

STADTSPAZIERGANG

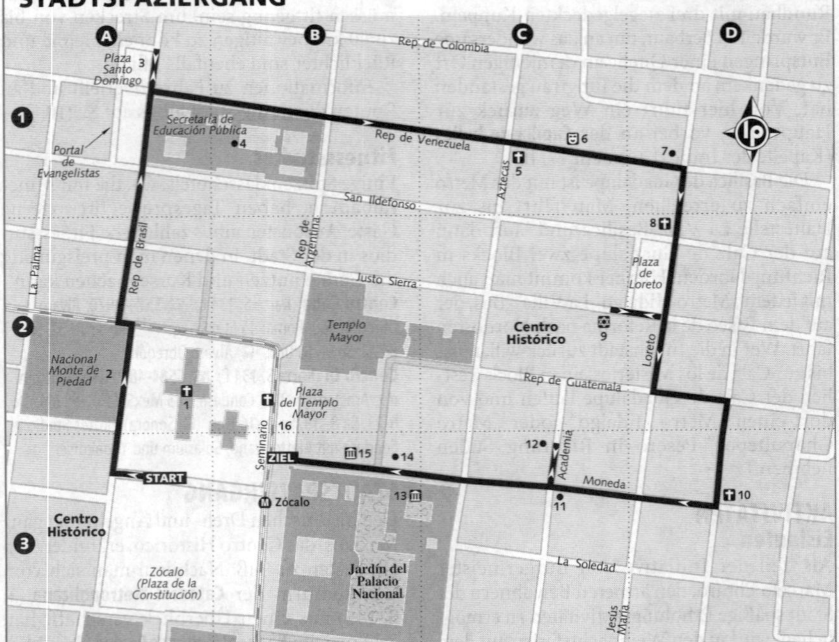

die mexikanischen Maler hier ihr Handwerk. Auf der Academia einen halben Block nördlich erreicht man direkt José Luis Cuevas 8 m hohe **La Giganta** (**12**; S. 148).

Zurück auf der Moneda geht's weiter westwärts. Gleich hinter der Correo Mayor auf der linken Seite steht das Gebäude, nach dem die Calle Moneda benannt wurde. Die frühere Münzprägestätte der Kolonialzeit ist heute das **Museo Nacional de las Culturas** (**13**; S. 148). Ein Stückchen weiter westlich beherbergte das Gebäude an der Ecke, der Licenciado Primo Verdad, Amerikas **erste Druckerpresse** (**14**). Auf der anderen Straßenseite steht der frühere Palast des Erzbischofs, heute das **Museo de la Secretaría de Hacienda y Crédito Público** (**15**; S. 147). Hier wird die riesige Kunstsammlung des Schatzamts präsentiert. Zum Abschluss des Spaziergangs gesellt man sich am besten zu den aztekischen Tänzern auf der **Plaza del Templo Mayor** (**16**; S. 147).

KURSE

Centro Cultural Tepeticpac Tlahtolcalli (Karte S. 130 f.; ☎ 5518-2020; www.tepeticpac.com; Dr Mora 5; Ⓜ Hidalgo) Wer sein Náhuatl – oder Mixtekisch oder Otomí – auffrischen möchte, besucht einen der Kurse für indigene Sprachen, die dieses Kulturzentrum anbietet. Samstags gibt's Workshops für aztekische Tänze, das Lesen von Kodexen oder *huehuetl*-Spielen (indigenes Trommeln).

Centro de Enseñanza Para Extranjeros (Lernzentrum für Ausländer; ☎ 5622-2467; www.cepe.unam.mx; Universidad 3002, Ciudad Universitaria) Die staatliche Universität (S. 162) bietet sechswöchige Intensivkurse mit je drei Stunden täglich (340 Mex$). Studenten, die schon Spanisch sprechen, können Kurse über mexikanische Kunst und Kultur belegen. Sie werden auf Spanisch gehalten und laufen zeitlich parallel zum Semester der UNAM.

MEXICO CITY MIT KINDERN

Wie auch anderswo in Mexiko sind Kinder hier die Stars. Viele Theater führen an den Wochenenden und während der Schulferien Stücke für Kinder und Puppentheater auf, u. a. das **Centro Cultural del Bosque** (S. 193). In den Kinos der Stadt laufen Unmengen Cartoons, im **Cineteca Nacional** (S. 192) und im Hotel **Condesa df** (S. 178) gibt's Wochenend-Matineen. Wichtig: Kinderfilme sind häufig spanisch synchronisiert. Der Niños-Teil der Zeitschrifen *Tiempo Libre* und *Donde Ir* enthält das aktuelle Programm.

In den Museen werden für Kinder oft Mitmach-Aktivitäten organisiert. Sowohl das **Museo Nacional de Arte** (S. 150) als auch das **Museo Nacional de Culturas Populares** (S. 164) bieten samstags und sonntags Kunstworkshops für Kinder an.

Die vielen Parks und Plazas in Mexico City hallen in der Regel von Kinderstimmen wider; der Bosque de Chapultepec ist dabei die erste Adresse, denn hier warten das **Papalote Museo del Niño** (S. 159), **La Feria** (S. 159) und er **Chapultepec-Zoo**(S. 158) – nicht zu vergessen die Seen mit Ruderbootverleih. Eine Alternative ist der **Parque México** (S. 155) in Condesa, in dem am Sonntag Familien-Aktionstag ist. Die **Plaza Hidalgo** (S. 164) in Coyoacán bietet ebenfalls 'ne Menge Spaß: Ballons, Straßenpantomimen und Zuckerwatte sind im Angebot.

In **Xochimilco** (S. 161) finden die Kinder die Sensation, mit einer Gondel durch die Kanäle zu fahren, sicher genauso aufregend wie jeden Themenpark. In diesem Stadtteil befindet sich auch das **Museo Dolores Olmedo Patiño** (S. 160), in dessen Gärten ein Rudel vorkolonialer Hunde umhertollt. Am Wochenende jeweils um 13 Uhr gibt's Kindershows im Innenhof.

KURIOSES MEXICO CITY

Wer etwas Zeit in Mexiko verbracht hat, wird verstehen, warum der französische Dichter André Breton es „das surrealistische Land par excellence" genannt hat: Unter der Oberfläche des Alltags verbirgt sich Seltsames …

Isla de las Muñecas (Karte S. 128 f.) Eine echt surreale Erfahrung macht man in Xochimilco (S. 160) mit einer *trajinera*-Fahrt zur Insel der Puppen: Tausende Puppen, von denen einige zerfallen sind oder denen Körperteile fehlen, hängen von Bäumen und Dachsparren. Ein Bewohner der Insel schuf die Installation. Angeblich fischte er die Spielzeuge aus dem Kanal, um den Geist eines Mädchens zu besänftigen, das in der Nähe ertrunken war. Der beste Ausgangspunkt für die vierstündige Rundtour ist der Anleger „Cuemanco", in der Nähe des Parque Ecológico de Xochimilco (Karte S. 128 f.).

La Faena (Karte S. 130 f.; ☎ 5520-4427; Venustiano Carranza Tacuba 49B; ⏲ 11–24 Uhr; Ⓜ San Juan de Letrán) Diese uralte Bar dient gleichzeitig als Stierkampfmuseum – Matadore in paillettenbesetzter Kluft starren aus staubigen Vitrinen, ländliche Gemälde zeigen grasende Bullen.

Mercado de Sonora (Karte S. 128 f.; Ecke Fray Servando & Rosales; Ⓜ Merced) Alles, was mit Hexerei zu tun hat. Die Gänge sind voller Stände für Tränke, Amulette, Voodoo-Puppen und anderes Esoterisches. Der Markt liegt südlich des Mercado de la Merced und ist zudem der Ort für die *limpia* (spirituelle Reinigung), die riesige Weihrauchwolken und eine Reinigung mit Kräutern beinhaltet.

Pemex Kid (Karte S. 130 f.; González Martínez, Ecke Orozco y Berra; Ⓜ San Cosme) Gegenüber vom Museo Universitario del Chopo (zur Zeit der Recherche geschlossen). Ein Jugendlicher in Sneakers starrt deprimiert auf die angrenzende Pemex-Tankstelle hinunter. Auch wenn man begriffen hat, dass es sich nur um eine Puppe handelt, die hier wohl als künstlerisches Statement platziert wurde, ist ihre Ausstrahlung unheimlich und wirkt lange nach.

Virgen del Metro (Karte S. 130 f.; Ecke Paseo de la Reforma & Zarco; Ⓜ Hidalgo) Der Beweis für ein kürzlich geschehenes Wunder befindet sich in einem gefliesten Schrein: Im Juni 1997 entdeckten Metrofahrer, dass ein Wasserleck an der Station „Hidalgo" einen Fleck geformt hatte, der wie die Jungfrau von Guadalupe aussah. Tausende kamen, um das wundersame Ding zu sehen, daher wurde der Mauerabschnitt herausgenommen und unter Glas am Zarco-Eingang der Metrostation ausgestellt.

GEFÜHRTE TOUREN

Journeys Beyond the Surface (☎ 5922-0123; www.travelmexicocity.com.mx) Individuelle Spaziergänge mit Fokus auf der Erkundung des DF und dem Hang, ausgetretene Pfade zu verlassen.

Mexico Soul and Essence (☎ 5564-8457; www.mexicosoulandessence.com) Kulinarisch-kulturelle Ausflüge mit gut verständlichen, zweisprachigen Führern, die für ihr Thema Feuer und Flamme sind. Die Touren kombinieren das Stöbern auf Märkten für die Zutaten, eine Kocheinführung von angesehenen Küchenchefs und ein Abendessen in einem der edelsten Restaurants der Stadt.

Tranvía (Karte S. 130 f.; ☎ 5491-1615; Erw./Kind 35/25 Mex$; ⏲ 10–17 Uhr) Die motorisierte Version einer altmodischen Straßenbahn beschreibt eine 45-minütige Rundtour durchs Centro Histórico, während Guides faszinierende Storys (auf Spanisch) zum Besten geben. Donnerstag abends gibt's eine spezielle Cantina-Tour (100 Mex$ inkl. Wein, Reservierung erforderlich). Die Touren starten an der Av Juárez bei Bellas Artes. Eine ähnliche Tour in Coyoacán beginnt vor dem Museo Nacional de Culturas Populares.

Turibús Circuito Turístico (Karte S. 130 f.; ☎ 5133-2488; www.turibus.com.mx; Erw./Kind 4–12 Jahre 100/50 Mex$, 2-Tages-Karte 140/70 Mex$; ⏲ 9–21 Uhr) Die wichtigsten Regionen aus Touri-Perspektive. Der ganze *recorrido* (Runde) dauert etwa drei Stunden, aber man kann den roten Doppeldeckerbus an jedem ausgeschilderten Stopp an der Strecke verlassen und wieder einsteigen. Die Busse kommen etwa alle 30 Min. vorbei und halten u. a. an der Westseite der Kathedrale. Kopfhörer für Erklärungen vom Band in sechs Sprachen sind inklusive.

FESTIVALS & EVENTS

Zusätzlich zu den landesweiten Festen (s. S. 1065), die in der Hauptstadt oft ein spezielles Flair haben, begeht man in Mexico City ein paar einzigartige Lokalevents.

Festival de México en el Centro Histórico (www.fchmexico.com) Ende März werden die Plazas, Tempel und Theater des Centro Histórico zu Treffpunkten für eine Menge internationaler Künstler und Interpreten.

Semana Santa Die aufrüttelndsten Darbietungen der Heiligen Woche (Ende März oder Anfang April), die schauerlich realistischen Passionsspiele, werden im Stadtteil Iztapalapa aufgeführt, 9 km südöstlich des Zócalo. Die bewegendsten Szenen gibt's am Karfreitag.

Fundación de México-Tenochtitlán Mit diesem absoluten Höhepunkt für die *conchero*-Tänzer auf der Plaza de las Tres Culturas (S. 167) wird am 13. August die Gründung der mexikanischen Hauptstadt gefeiert.

Grito de la Independencia Tausende versammeln sich am 15. September (dem Vorabend des Unabhängigkeitstags) zum Feiern auf dem Zócalo und hören sich den Grito de Dolores (Schrei von Dolores) des jeweiligen Präsidenten an. Der berühmte Aufruf von Hidalgo zur Rebellion gegen die Spanier von 1810 ertönt um 23 Uhr vom mittleren Balkon des Palacio Nacional, danach geht über der Kathedrale ein spektakuläres Feuerwerk in die Luft.

Día de los Muertos Im Vorfeld zum Tag der Toten (2. November) sind überall kunstvolle *ofrendas* (Altäre) zu sehen, auf öffentlichen Märkten ebenso wie in Metrostationen. Mit die schönsten gibt's in Anahuacalli (S. 165) und dem Museo Dolores Olmedo Patiño (S. 160). Auf dem Zócalo wird der Wettbewerb für den einfallsreichsten *ofrenda* abgehalten und die Haupt-Nachtwachen finden auf dem Panteón Civil de Dolores Friedhof in der 2a Sección des Bosque de Chapultepec sowie in San Andres Mixquic, im äußersten Südosten des Distrito Federal, statt.

Fiesta de Santa Cecilia Die Schutzpatronin der Musiker wird mit besonderem Eifer am 22. November auf der Plaza Garibaldi (Karte S. 130 f.) gefeiert.

Día de Nuestra Señora de Guadalupe An der Basílica de Guadalupe (S. 168) ist der Tag für Unsere Liebe Frau von Guadalupe die Krönung der zehntägigen Feierlichkeiten zu Ehren von Mexikos religiöser Schutzpatronin. Am 12. Dezember geht die Zahl der Pilger in die Millionen und auf der breiten Plaza vor der Basilika treten nonstop Gruppen einheimischer Tänzer auf. Gottesdienste finden fast rund um die Uhr statt.

SCHLAFEN

Der DF ist ein beliebtes Ziel für mexikanische wie auch für ausländische Besucher und daher auch vollgepackt mit Unterkünften – von einfachsten Gästehäusern bis zu erstklassigen Hotels ist alles zu haben. Ein paar günstige Optionen liegen im Centro Histórico, luxuriösere Unterkünfte, u. a. Filialen der wichtigsten internationalen Ketten, erwarten dagegen in Polanco und der Zona Rosa ihre Gäste. Mittelklassehotels, meist mit Restaurants und Bars, tummeln sich in der Gegend um die Alameda und die Plaza de la República; hier herrscht der Charme von neutralem, modernem Komfort. (Vorsicht: Als *garage* ausgewiesene Häuser sind in der Regel Stundenhotels). Wer einen schmalen Geldbeutel hat, findet vor allem im Stadtzentrum immer mehr Budgetunterkünfte.

Centro Histórico

Wer nicht auf Geschäftsreise ist, mietet sich am besten hier ein. Die fortlaufende Verbesserung der Infrastruktur und Renovierungen der vielen historischen Stätten haben den Stadtteil erheblich attraktiver gemacht, aber nach wie vor ist er einer der günstigeren.

BUDGETUNTERKÜNFTE

LP Tipp **Mexico City Hostel** (Karte S. 130 f.; ☎ 5512-3666; www.mexicocityhostel.com; República de Brasil 8; B inkl. Frühstück ab 100 Mex$, EZ/DZ 200/300 Mex$; Ⓜ Zócalo; 💻) Dieses Gebäude aus der Kolonialzeit, nur wenige Schritte vom Zócalo entfernt, wurde kunstvoll restauriert. Die Original-Holzbalken und -Steinmauern bilden nun die Bühne für eine moderne, energieeffiziente Ausstattung. So sind z. B. die Flure und Bäder mit einer Beleuchtung mit Bewegungsmeldern ausgestattet. In den geräumigen Schlafsälen stehen drei oder vier solide Stockbetten auf Terrakottaböden. Das Hotel mit seinen fleckenlos sauberen und mit *azulejo*-Fliesen verzierten Bädern fasst um die 100 Gäste.

Hostal Virreyes (Karte S. 130 f.; ☎ 5521-4180; www.hostalvirreyes.com.mx; Izazaga 8; B 120 Mex$, EZ/DZ 320/370 Mex$; Ⓜ Salto del Agua; 💻) Ursprünglich war das Virreyes ein renommiertes Hotel, aber wie von selbst hat es sich in eine Art Studenten-Hostel verwandelt. Die Schläfsäle sind geräumig, wenn auch sehr einfach. In der Retro-Lobby-Lounge steigen coole Events.

Hostal Moneda (Karte S. 130 f.; ☎ 5522-5803; www.hostalmoneda.com.mx; Moneda 8; B inkl. Frühstück & Abendessen 120–155 Mex$, DZ 355 Mex$; Ⓜ Zócalo; 💻) Insgesamt eine bescheidenere Unterkunft als das nahe Hostel Catedral. Das Moneda ist bei Backpackern auf internationalen Rundreisen ein beliebter Stop, seine Hauptvorzüge sind das gut informierte, zweisprachige Personal und die super Dachterrasse.

Hostel Mundo Joven Catedral (Karte S. 130 f.; ☎ 5518-1726; www.hostelcatedral.com; República de Guatemala 4; B inkl. Frühstück 140 Mex$, DZ mit Gemeinschaftsbad 380 Mex$; Ⓜ Zócalo; 💻) Dieses Backpackerziel ist die einzige HI-Filiale in der Hauptstadt und ist voll mit jungen Travellern aus aller Welt. Alle Einrichtungen, die man igendwie brauchen könnte, sind hier, die Lage ist superzentral und das Management herzlich. Die tolle Terrasse der Gästeküche blickt auf die Kathedrale.

Hotel Isabel (Karte S. 130 f.; ☎ 5518-1213; www.hotel-isabel.com.mx; Isabel la Católica 63; EZ/DZ mit Gemeinschaftsbad 150/220 Mex$, EZ/DZ/3BZ mit eigenem Bad 220/320/460 Mex$; Ⓜ Isabel la Católica; 💻) Das Isabel ist nur ein paar Blocks vom Zócalo entfernt und schon lange ein Liebling der Budget-Traveller. Die großen, sauberen Zimmer haben alte, aber robuste Möbel, hohe Decken und tolle Balkone, gratis dazu gibt's die Geselligkeit eines Hostels.

Hotel San Antonio (Karte S. 130 f.; ☎ 5518-1625; Fax 5512-9906; 2a Callejón 5 de Mayo 29; DZ mit Gemeinschaftsbad/eigenem Bad 200/220 Mex$, 3BZ 320 Mex$; Ⓜ Allende) In einer L-förmigen Passage, welche die Av 5 de Mayo mit der Palma verbindet. Das Hotel ragt etwas auf über den ganzen Rummel hier. Die eher kleinen Zimmer gehen auf die ruhige Gasse oder den weißgetünchten Innenhof hinaus.

Hotel Principal (Karte S. 130 f.; ☎ 5521-1333; www.hotelprincipal.com.mx; Bolívar 29; EZ/DZ/3BZ 225/315/410 Mex$; Ⓜ Allende) Dieser altbewährte Liebling anspruchsloser Traveller prahlt mit Riesenzimmern mit hohen Decken rund um eine mit Pflanzen bestückte zentrale Halle. In dem wiederbelebten Viertel des Centro sind überall Cafés und Clubs verteilt.

Hotel Azores (Karte S. 130 f.; ☎ 5521-5220; www.hotelazores.com; República de Brasil 25; EZ/DZ ab 300/360 Mex$; Ⓜ Zócalo; Ⓟ) Gleich an der faszinierenden Plaza Santo Domingo gelegen. Das moderne Azores ist fröhlich eingerichtet und wird gut gepflegt. Von acht der 65 Zimmer überblickt man aus Panoramafenstern die Straße.

Die folgenden Schnäppchen liegen mitten im Gewühl:

Hotel Rioja (Karte S. 130 f.; ☎ 5521-8333; Av 5 de Mayo 45; EZ/DZ ab 220/250 Mex$; Ⓜ Allende) Die (etwas teureren) Zimmer nach vorne raus haben Balkone mit Blick auf die Avenida.

Hotel Washington (Karte S. 130 f.; ☎ 5512-3502; Av 5 de Mayo 54; EZ/DZ/3BZ 240/300/340 Mex$; Ⓜ Allende) Man sollte versuchen, ein Zimmer mit Balkon zu erwischen und die stickigen innen zu meiden.

MITTELKLASSEHOTELS

Hotel Canadá (Karte S. 130 f.; ☎ 5518-2106; www.hotelcanada.com.mx; Av 5 de Mayo 47; EZ/DZ 420/500 Mex$; Ⓜ Allende; Ⓟ) Das Urgestein hat seine eher kleinen Zimmer renoviert – neue Teppiche, pfirsichfarbene Kopfbretter und Fotos vom alten Mexiko in Sepia sind das Ergebnis. Das freundliche Personal kümmert sich hauptsächlich um Geschäftsreisende, die vielleicht im TV-Raum unten relaxen oder nebenan frisch gepresste Säfte schlürfen.

Hotel Gillow (Karte S. 130 f.; ☎ 5518-1440; www.hotelgillow.com; Isabel la Católica 17; EZ/DZ 468/600 Mex$; Ⓜ Allende; Ⓟ 💻) Eine Standardeinrichtung der Mittelklasse, altmodischer Service, geräumige Zimmer mit Teppichen rund um einen sonnendurchfluteten, zentralen Innenhof. Wer eine Aussicht haben möchte, sollte ein Zimmer auf die Av 5 de Mayo oder die Isabel la Católina hinaus nehmen.

Hotel Catedral (Karte S. 130 f.; ☎ 5518-5232; www.hotelcatedral.com.mx; Donceles 95; EZ/DZ 475/660 Mex$; Ⓜ Zócalo; Ⓟ 💻) Auch wenn aus der Kolonialzeit kaum Charme übrig ist – die Lage direkt hinter der Kathedrale ist das eindeutig kalkulierte Plus dieser bequemen Unterkunft. Wer ein Zimmer nach innen hat, kann den beeindruckenden Blick über die Stadt von der Dachterrasse aus genießen.

SPITZENKLASSEHOTELS

Holiday Inn Zócalo (Karte S. 130 f.; ☎ 5130-5130, 800-5521-2122; www.hotelescortes.com; Av 5 de Mayo 61; Zi. ab 1 264 Mex$; Ⓜ Zócalo; Ⓟ ⊠ ✣ 💻) Das nördlichste der drei gehobenen Hotels am Zócalo erscheint als das am wenigsten überhebliche. Hier wird zeitgenössischer Komfort kolonialer Einrichtung vorgezogen und das Restaurant mit Dachterrasse hält mit denen seiner Nachbarn locker mit.

NH Centro Histórico (Karte S. 130 f.; ☎ 5130-1850; www.nh-hotels.com; Palma 42; Zi./Suite inkl. Frühstück 1 551/1 693 Mex$; Ⓜ Zócalo; Ⓟ ✣ 💻) Mit der Welle des Fortschritts in die Innenstadt gespült, hat die spanische NH-Kette hier eine Filiale eröffnet. Die Gesellschaftsräume und Zimmer sind in dem europäisch-minimalistischen Stil gehalten, den man eigentlich teureren Hotels zuschreibt. Die geräumigen Suiten sind in den runden Ecken des aerodynamisch designten Gebäudes aus den 1940er-Jahren platziert.

Gran Hotel Ciudad de México (Karte S. 130 f.; ☎ 1083-7700; www.granhotelciudaddemexico.com.mx; Av 16 de Septiembre 82; Zi./Suite 1636/2691 Mex$; Ⓜ Zócalo; Ⓟ ✣ 💻) Das Gran Hotel präsentiert das französische Art nouveau der vorrevolutionären Ära. Den Innenhof überspannt ein Baldachin aus buntem Glas, den Tiffany 1908 schuf – eine Fantasie des *fin de siècle* mit geschwungenen Balkonen, schmiedeeisernen Fahrstühlen und zirpenden Vögeln in riesigen Volieren. Die Zimmer erfüllen den hier gesetzten Maßstab mit Leichtigkeit.

Hotel Majestic (Karte S. 130 f.; ☎ 5521-8600; www.hotelmajestic.com.mx; Madero 73; Zi. 135 US$, Suite ab 172 US$; Ⓜ Zócalo; Ⓟ ⊠ 💻) Der Best-Western-Ableger punktet mit einem attraktiven Interieur aus der Kolonialzeit, einer unschlagbaren Lage und seiner Restaurantterrasse am Zócalo mit dem wohl schönsten Panoramablick weit und breit. Die Zimmer allerdings sind etwas weniger fabelhaft, als bei diesen Preisen zu erwarten wäre.

Alameda Central & Umgebung

Genau wie das Centro Histórico unterzieht sich dieses Viertel gerade erheblichen Schönheitsoperationen. Ein paar vernachlässigte Winkel erinnern aber noch an das Erdbeben von 1985, das die Gegend verwüstet hat. Tagsüber ist der Stadtteil voller Shoppender, aber nach Einbruch der Dunkelheit wird's deutlich ruhiger. Abgesehen von dem kleinen Chinatown-Viertel gibt's hier wenig, was zum Bummeln einlädt.

BUDGETUNTERKÜNFTE

Hotel San Diego (Karte S. 130 f.; ☎ 5510-3523; Luis Moya 98; EZ/DZ 250/400 Mex$; Ⓜ Balderas) Diese typische Unterkunft liegt zwei Blocks östlich von La Ciudadela und wird Peso-Fuchsern gefallen. Über der Lobby mit Sofas aus Lederimitat und Plastikpflanzen nächtigt man in hellen, ordentlich großen Zimmern mit neuen Vintagemöbeln und neu gefliesten Bädern.

MITTELKLASSEHOTELS

Hotel Marlowe (Karte S. 130 f.; ☎ 5521-9540; www.hotelmarlowe.com.mx; Independencia 17; EZ/DZ/3BZ 480/600/740 Mex$; Ⓜ San Juan de Letrán; Ⓟ ✣ 💻) Das pfirsichfarbene Marlowe steht direkt gegenüber dem pagodenförmigen Eingang von Chinatown. Über einer hellen, luftigen Lobby gibt's geräumige Zimmer mit anständigem Teppich, bunten Bettdecken, beruhigender Kunst und in die Wände integrierter Beleuchtung. Sportler werden das Fitnessstudio mit Aussicht zu schätzen wissen.

Hotel Mónaco (Karte S. 130 f.; ☎ 5566-8333; www.hotel-monaco.com.mx; Guerrero 12; EZ/DZ 485/520 Mex$; Ⓜ Hidalgo; Ⓟ ✣) Nur wenige Schritte von der Metro entfernt und gegenüber der niedlichen Plaza de San Fernando liegt dieses aufpolierte ältere Hotel zwischen der heruntergekommenen Colonia Guerrero und dem Reforma-Geschäftsviertel. Pagen in blauen Uniformen geleiten die Gäste stolz durch Hallen mit Marmorboden und leiser Musik in schön eingerichtete, farblich abgestimmte Zimmer.

Hotel San Francisco (Karte S. 130 f.; ☎ 5533-1032; sanfrancisco@hotelesdelangel.com; Luis Moya 11; EZ/DZ/3BZ 700/760/818 Mex$; Ⓜ Juárez; Ⓟ) Der 14 Stock hohe, abgestufte Turm ist bei europäischen Gruppen beliebt. Die großen Zimmer haben altmodische Möbel, die Lobby ist modern. Den besten Blick auf die Alameda bieten die nach Norden weisenden Zimmer im 10. Stock.

Wenig spektakuläre, aber äußerst bequeme Unterkünfte mit ordentlichen Restaurants gibt's in der Gegend en masse.

Hotel Fleming (Karte S. 130 f.; ☎ 5510-4530; www.hotelfleming.com.mx; Revillagigedo 35; EZ/DZ/3BZ 360/430/490 Mex$; Ⓜ Juárez; Ⓟ ▣)

Hotel Monte Real (Karte S. 130 f.; ☎ 5518-1150; www.hotelmontereal.com.mx; Revillagigedo 23; EZ/DZ/3BZ 650/700/800 Mex$; Ⓜ Juárez; Ⓟ ☒ ▣) Gegenüber dem neuen Museo de Artes Populares.

SPITZENKLASSEHOTELS

Hotel Sheraton Centro Histórico (Karte S. 130 f.; ☎ 5130-5300; www.sheraton.com.mx; Juárez 70; Zi. ab 220 US$; Ⓜ Hidalgo; Ⓟ ☒ ⁙ ▣ ▣) Einer der tragenden Pfeiler für die Wiederbelebung der Innenstadt. Das schicke Sheraton ragt über der malerischen Alameda Central auf. Die meisten Gäste hier sind Geschäftsreisende, aber jeder, der etwas Komfort und einen herrlichen Blick auf die Stadt sucht, ist hier richtig. Auf der Terrasse im 5. Stock kann man mit Sauna, Massagesalon und einem Luxusrestaurant unter freiem Himmel chillen.

Hotel de Cortés (Karte S. 130 f.; ☎ 5518-2181; www.hoteldecortes.com.mx; Hidalgo 85; Zi. 1385–2398 Mex$, Suite 1962–2992 Mex$; Ⓜ Hidalgo; ☒ ▣) Einst war es ein Hospiz für Augustinerpilger, heute pflegt die Filiale von World Hotels eine lange Tradition im Unterbringen von Travellern. Die Zimmer umgeben einen herrlichen Innenhof aus dem 18. Jh. Wer nicht aufs Geld achten muss, bekommt hier einen echten Eindruck vom kolonialzeitlichen Mexiko.

Plaza de la República & Umgebung

Die Gegend um das Denkmal der Revolution ist etwas weiter vom Zócalo entfernt, aber es wimmelt von Hotels. Zwischen Business-Unterkünften ist eine Reihe von Absteigen eingestreut. Das auch als Wohngebiet dienende Viertel ist von der Renovierungswut im Centro und der Reforma nicht betroffen – hier erlebt man mexikanischen Alltag.

BUDGETUNTERKÜNFTE

Casa de los Amigos (Karte S. 130 f.; ☎ 5705-0521; www.casadelosamigos.org; Mariscal 132; B 100 Mex$, Zi. mit Gemeinschaftsbad 290 Mex$; Ⓜ Revolución; ☒ ▣) Die von Quäkern geführte Casa ist vor allem etwas für Entwicklungshelfer, Wissenschaftler und alle, die die Gesellschaft verändern wollen. Vorbeikommende Traveller sind aber dennoch willkommen. Den Gästen werden Meditationssitzungen, Diskussionen mit Gemeindemitgliedern und Konversation auf Spanisch geboten; wer freiwillig hilft, wohnt billiger. Montags bis freitags gibt's im Speisesaal im Erdgeschoss ein herzhaftes Frühstück (15 Mex$). Man muss mindestens zwei Nächte bleiben.

Hotel Édison (Karte S. 130 f.; ☎ 5566-0933; Édison 106; EZ/DZ/3BZ 219/299/359 Mex$; Ⓜ Revolución; ▣) Die Zimmer hinter dem bunkerartigen Äußeren blicken auf einen rechteckigen Garten mit vorkolonialen Motiven. Die Tapeten sind zwar verblichen und die Möbel angestaubt, aber die Zimmer riesig und mit massiven Marmorwaschbecken und -toiletten ausgestattet. Auf der anderen Straßenseite sind eine Bäckerei und ein Waschsalon.

MITTELKLASSEHOTELS

All diese Hotels haben Restaurants, die „internationale" Speisen auf den Tisch bringen.

Hotel Sevilla (Karte S. 130 f.; ☎ 5566-1866; www.sevilla.com.mx; Serapio Rendón 124; EZ 276–495 Mex$, DZ 445–573 Mex$; ▣ Reforma; Ⓟ ⁙ ▣) Das häufig empfohlene Geschäftshotel gegenüber vom Jardín del Arte ist in einen „traditionellen" und einen „neuen" Abschnitt unterteilt. Die neuen Zimmer sind schicker und mit Klimaanlage und Fön ausgestattet.

Hotel New York (Karte S. 130 f.; ☎ 5566-9700; Édison 45; EZ/DZ 310/520 Mex$; Ⓜ Revolución; Ⓟ) Diese stilvolle Unterkunft befindet sich ein paar Blocks nordöstlich der Plaza de la República und ist von Schnäppchenhotels umzingelt. Frühstück und WLAN sind inklusive.

Palace Hotel (Karte S. 130 f.; ☎ 5566-2400; Fax 5535-7520; Ignacio Ramírez 7; EZ/DZ 351/409 Mex$; ▣ Revolución; Ⓟ) Das Palace wird von geselligen Asturiern geführt und hat große, schön gepflegte Zimmer in freundlichen Blautönen. Von den geräumigen Balkonen hat man eine herrliche Aussicht auf die von Palmen gesäumte Ramírez bis zur Kuppel des Denkmals. Wer bar bezahlt, bekommt ordentliche Rabatte.

Hotel Mayaland (Karte S. 130 f.; ☎ 5566-6066; www.hotelmayaland.com.mx; Antonio Caso 23; EZ/DZ 430/560 Mex$;

(M Juárez; P 💻) Das auf Geschäftsleute ausgerichtete Hotel liegt in einer unscheinbaren Straße und hat eine gepflegte Ausstattung mit Mayamotiven. An den pinkfarbenen Strukturwänden der neutral-modernen Zimmer hängen Blumengemälde, die Lampen sind integriert.

Hotel Jena (Karte S. 130 f.; ☎ 5097-0277; www.hotel-jena.com.mx; Jesús Terán 12; EZ/DZ/Suite 667/761/1 287 Mex$; M Hidalgo; P 💻) Es ist nicht so groß, wie es scheint (der schwarze Turm ist eine Attrappe), aber die gigantischen Zimmer gehören zu den luxuriösesten in dieser Preisklasse. 1½ Blocks von Reforma weg.

Die Häuser unten liegen gleich oberhalb des Jardín del Arte. Was ihnen an Charme fehlt, machen Bequemlichkeit und Komfort wett.

Hotel Compostela (Karte S. 130 f.; ☎ 5566-0733; Sullivan 35; EZ 299–410 Mex$, DZ 320–475 Mex$; Reforma; P) Die „modernen" Zimmer sind luxuriöser.

Hotel Astor (Karte S. 130 f.; ☎ 5148-2644; hotel.astor@mexico.com; Antonio Caso 83; EZ/DZ 440/580 Mex$; Reforma; P 💻) Schick und kühl, mit einer diskreten Rezeption; nahe dem klassischen Café Gran Premio.

SPITZENKLASSEHOTELS

Hotel Misión Reforma (Karte S. 130 f.; ☎ 5141-0442; www.hotelesmision.com.mx; Morelos 110; Zi./Suite 1300/2303 Mex$; Reforma; P 💻) Der Monolith aus Terrakotta ist eines von mehreren Geschäftshotels rund um den Columbusplatz und der Ableger einer mexikanischen Kette. Die geräumigen Zimmer sind großzügig, bunt und komfortabel ausgestattet und bieten eine schöne Aussicht auf den grandiosen, darunter verlaufenden Boulevard.

Hotel Imperial (Karte S. 130 f.; ☎ 5705-4911; www.hotelimperial.com.mx; Paseo de la Reforma 64; Zi./Suite 1521/2457 Mex$; Reforma; 💻) 1904 enthüllte Diktator Díaz diese Sahneschnitte von einem Gebäude. In den oberen Stockwerken befinden sich geräumige Suiten, 50 Standardzimmer säumen die Seiten an der Paseo de la Reforma und der Av Morelos. Leider hinkt die Zimmereinrichtung dem Porfiriato-Glanz des Gebäudes hinterher.

Zona Rosa & Umgebung

In dieser international angehauchten Shopping- und Nightlife-Gegend bevölkern ausländische Geschäftsleute und Touristen die glitzernden Hotels. An den ruhigeren Straßen der Colonia Cuauhtémoc, nördlich der Reforma, und von Juárez, östlich der Insurgentes, drängen sich weniger teure Unterkünfte.

MITTELKLASSEHOTELS

LP Tipp **Casa González** (Karte S. 134 f.; ☎ 5514-3302; casa.gonzalez@prodigy.net.mx; Río Sena 69; EZ/DZ ab 428/588 Mex$; M Insurgentes; 💻) Seit fast einem Jahrhundert ist die Casa ein Familienbetrieb und bei angejahrten Travellern ein Dauerhit. Sie hat mehrere blumenbepflanzte Innenhöfe und fast privat anmutende Terrassen – außerordentlich *tranquilo*. Die Zimmer schmücken Originale von Porträt- und Landschaftsgemälden, offensichtlich von einem Gast statt der Bezahlung angefertigt. Man trifft sich beim Frühstück im Speisesaal, das auf altem Chinaporzellan serviert wird.

Hotel Del Principado (Karte S. 134 f.; ☎ 5233-2944; www.hoteldelprincipado.com.mx; Londres 42; EZ/DZ/3BZ inkl. Frühstück 500/650/750 Mex$; M Insurgentes; P 💻) Dieses freundliche, kleine Plätzchen liegt praktisch zwischen der Zona Rosa und der Colonia Roma und bildet ein hübsches Nest. Die Teppiche wurden kürzlich durch Kunstholzböden ersetzt, es gibt gebeizte Möbel mit integrierter Beleuchtung und Karten statt Zimmerschlüssel. Zum Frühstück gibt's ein Buffet mit Früchten, *chilaquiles* usw. Nach Wochenendrabatten fragen.

Hotel Bristol (Karte S. 134 f.; ☎ 5533-6060; www.hotelbristol.com.mx; Plaza Necaxa 17; EZ/DZ 563/656 Mex$; P 💻) Preisgünstige Unterkunft im angenehmen, aber zentralen Viertel Cuauhtémoc. Das Bristol beherbergt überwiegend Geschäftsreisende und hat sich dafür mit tollen Teppichen, beruhigenden Farben und einem überdurchschnittlichen Restaurant gewappnet. Ein „La Villa"- oder „Metro Chapultepec"-Pesero fährt hierher.

6M9 Guest House (Karte S. 134 f.; ☎ 5208-8347; www.purpleroofs.com/6m9-mx.html; Marsella 69; EZ/DZ 640/950 Mex$; M Insurgentes) Das 6M9 ist auf ein schwules Publikum eingestellt. Es befindet sich in einem Gebäude aus der Porfiriato-Ära; die Bars in der Zona Rosa erreicht man zu Fuß. Zur Ausstattung, die der Unterhaltung dient, gehören ein kleiner Pool, eine Sonnenterrasse, ein gefliestes Dampfbad und eine Bar, an der man gratis trinken kann. Die neun Zimmer sind geräumig und gepflegt (nur Online-Reservierungen möglich).

Hotel María Cristina (Karte S. 134 f.; ☎ 5703-1212; www.hotelmariacristina.com.mx; Río Lerma 31; EZ/DZ ab 695/775 Mex$; M Insurgentes; P 💻) In dieser Kopie eines andalusischen Anwesens aus den 1930er-Jahren kann man sich herrlich zurückziehen. Besonders die angrenzende Bar mit Tischen auf der Veranda bietet sich dafür an.

Die Zimmer besitzen nicht so viel kolonialen Glanz wie die Lobby, aber sie sind in der Regel hell und bequem.

Hotel Del Ángel (Karte S. 134 f.; ☎ 5533-1032; www.hotelesdelangel.mexico-hoteles.com; Río Lerma 154; EZ/DZ/3BZ 761/878/995 Mex$; P ❄ 💻) Die Bauten in der Umgebung verstellen zwar den Blick auf das berühmte namensgebende Monument, aber statt zu schmollen, peppt das Hotel seine Einrichtung von oben bis unten auf und stattete die obersten Zimmer mit Inventar aus der Postmoderne aus. Her bringt einen ein „La Villa"- oder „Metro Chapultepec"-Pesero.

Hotel Cityexpress (Karte S. 134 f.; ☎ 5208-1717; www.cityexpress.com.mx; Havre 21; Zi. inkl. Frühstück 807 Mex$; 🚌 Hamburgo; P ⊠ ❄) Das neue Cityexpress setzt auf Komfort und Funktionalität – der richtige Platz, um zwischen zwei Deals durchzuatmen. Die Einrichtung aber hebt sich von dem Neutral-Modernen, das normalerweise in solchen Hotels dominiert, ab und außerdem bietet es eine spektakuläre Aussicht auf die Hochhäuser, die in dieser Übergangszone rundum aus dem Boden schießen.

SPITZENKLASSEHOTELS

Hotel Geneve (Karte S. 134 f.; ☎ 5080-0800; www.hotelgeneve.com.mx; Londres 130; Zi. ab 1355 Mex$; M Insurgentes; P ⊠ ❄ 💻) Diese Institution der Zona Rosa feiert bereits ihr hundertstes Jubiläum. Man bemüht sich, in dem globalisierten Mischmasch drumrum das Belle-Époque-Flair am Leben zu erhalten. Die im Kolonialstil eingerichteten Zimmer haben schöne Kommoden und Nachttische, die Betten kunstvoll verzierte Kopfenden. Die stilvolle Lobby ist mit einem Sanborns-Café verbunden.

Four Seasons Hotel (Karte S. 134 f.; ☎ 5230-1818; www.fourseasons.com/mexico; Paseo de la Reforma 500; Zi. 370 US$; M Sevilla; P ⊠ ❄ 💻 🏊 ♿) Das Four Seasons, eine der elegantesten Unterkünfte der Stadt, wurde im Stil eines französisch-mexikanischen Gebäudes vom Ende des 19. Jhs. entworfen. Die aristokratisch möblierten Zimmer gehen auf einen wunderschön gestalteten Innenhof hinaus.

Roma

BUDGETUNTERKÜNFTE

Versalles 104 (Karte S. 134 f.; ☎ 5705-3247; www.versalles104.com; Versalles 104; B/DZ ab 115/240 Mex$; M Cuauhtémoc; 💻) Dieses „Edel-Hostel", das von einem netten, aus zwei verschiedenen Ländern stammenden Paar geführt wird, ist bei jungen und v. a. bei europäischen Travellern ein Hit. Zwei Zimmer, die auf einen kleinen Innenhof hinausgehen, sind als gemischte Schlafsäle ausgestattet und teilen sich ein winziges Bad. Der größte Teil des Gemeinschaftslebens findet im Café/Theater vorne statt.

Hostel Home (Karte S. 134 f.; ☎ 5511-1683; www.hostelhome.com.mx; Tabasco 303; B 120 Mex$; 🚌 Ávaro Obregón; 💻) Dieses Hostel mit 20 Betten befindet sich in einem schönen Gebäude aus der Porfiriato-Ära. Es liegt in der schmalen, mit Bäumen gesäumten Calle Tabasco, einem Zugang zum Roma-Viertel, und wird von lässigem Personal geführt. Ein guter Ort, um andere Traveller zu treffen und herauszufinden, was wo los ist.

MITTELKLASSEHOTELS

Hotel Milán (Karte S. 134 f.; ☎ 5584-0222; www.hotelmilan.com.mx; Álvaro Obregón 94; EZ/DZ 390/500 Mex$; M Insurgentes; P 💻) Das Milán ist ein guter Landeplatz in Mexico City. Es fehlt zwar etwas Charme, aber es ist bequem und gepflegt und steht an der Hauptstraße des unkonventionellen Roma.

Hotel Stanza (Karte S. 134 f.; ☎ 5208-0052; www.stanzahotel.com; Álvaro Obregón 13; Zi. 564–702 Mex$; M Cuauhtémoc; P ❄ 💻) Das Stanza ist ein Komplex am Ostende der Àlvaro Obregón, der als angenehme, relativ preiswerte Bleibe professionell Traveller beherbergt. Das kürzlich renovierte Hotel bietet zwei Unterkunftskategorien: „VIP" (mit Klimaanlage) und „Standard" (billigere Möbel, kleineres Bad).

Casa de la Condesa (Karte S. 134 f.; ☎ 5574-3186; www.extendedstaymexico.com; Plaza Luis Cabrera 16; Suite ab 643 Mex$; M Insurgentes) Direkt an der herrlichen Plaza Luis Cabrera. Die Casa bringt als ruhige Basis Besucher, die länger bleiben wollen, in „Suiten" unter, die eigentlich kleine Apartments mit Küche sind.

SPITZENKLASSEHOTELS

Quality Inn (Karte S. 134 f.; ☎ 1085-9500; www.choicehotelsmexico.com; Álvaro Obregón 38; Zi. 1222 Mex$; M Cuauhtémoc; P ❄ 💻) Das neueste Hotel Romas steht am baumbeschatteten Mittelstreifen der Álvaro Obregón und ähnelt seinen teureren Artgenossen in der Innenstadt. Die 91 superkomfortablen Einheiten sind mit iPod-Anschlüssen und sanft beleuchteten Schreibtischecken ausgestattet. Sie umgeben ein zentrales Atrium mit Dachfenstern.

La Casona (Karte S. 134 f.; ☎ 5286-3001; www.hotellacasona.com.mx; Durango 280; Zi. inkl. Frühstück 217 US$; M Sevilla; ❄) Dieser herrschaftlichen Villa wurde ihr Glanz aus dem frühen 20. Jh. wiedergegeben und nun ist sie eines der charaktervollsten Spitzenhotels der Hauptstadt. Jedes ihrer 29 Zimmer ist einzigartig eingerichtet und trägt so zum originalen Charme des Hotels bei.

Condesa

Dank der kürzlichen Eröffnung einiger attraktiver Unterkünfte eignet sich dieses Stadtviertel südlich des Bosque de Chapultepec hervorragend als Ausgangspunkt. Obendrein gibt's hier jede Menge Restaurants und Cafés für die Abendgestaltung.

Hotel Roosevelt (Karte S. 134 f.; ☎ 5208-6813; www.hotelroosevelt.com.mx; Insurgentes Sur 287, Ecke Yucatán; EZ/DZ 450/630 Mex$; Álvaro Obregón;) Vom Roosevelt aus, das am Ostrand von Condesa liegt, ist das Viertel mit den kubanischen Clubs leicht zu erreichen. Das freundliche, wenn auch funktionalistische Hotel sollte nachtschwärmenden Travellern gefallen.

LP Tipp Red Tree House (Karte S. 134 f.; ☎ 5584-3829; www.theredtreehouse.com; Culiacán 6, Ecke Ámsterdam; EZ mit Gemeinschaftsbad/eigenem Bad 50/70 US$, zusätzliche Person 15 US$, Penthouse 150 US$; M Chilpancingo;) Das erste B&B dieser Gegend befindet sich direkt an der herrlichen Plaza Citlaltépetl. Es bietet einen Komfort wie zuhause – vorausgesetzt, das eigene Heim ist exquisit eingerichtet. Jedes der drei Schlafzimmer im mittleren Stockwerk ist einzigartig und das Apartment im obersten Stock hat seine eigene Terrasse. Im Erdgeschoss können die Gäste ein gemütliches Wohnzimmer mit Kamin nutzen sowie den traumhaften Garten hinterm Haus, das Revier des freundlichen Hündchens Abril.

Condesa df (Karte S. 134 f.; ☎ 5241-2600; www.condesadf.com; Veracruz 102; Zi. ab 182 US$; M Chapultepec;) Das Condesa bestimmt seit seiner Eröffnung 2005, was hip ist. Paris Hilton und U2 haben bei ihren letzten Aufenthalten hier genächtigt. Das Gebäude aus den 1920er-Jahren gegenüber dem Parque España wurde sehr hübsch renoviert und mit einer Reihe speziell entworfener Gegenstände ausgestattet; die Zimmer liegen um eine Bar im Innenhof, die abends Szeneleute anzieht.

Hippodrome Hotel (Karte S. 134 f.; ☎ 5512-2110; www.thehippodromehotel.com; Av Mexico 188; Zi. ab 230 US$; M Chilpancingo;) Dieses neue Edelhotel ist nördlich des Parque México in einem der Art-déco-Juwelen des Viertels untergebracht. Das Innere wurde zeitgenössischer mexikanischer Ästhetik angepasst. Originale moderner Kunst ergänzen die stilvollen Möbel, die alle im Haus entworfen wurden. Mit seinen 16 Zimmern ist es eine kleinere und geschäftsmäßigere Angelegenheit als das Condesa df; sein Restaurant (Hip Kitchen, S. 183) macht wie das des Condesa auf Understatement.

Polanco

Polanco liegt nördlich des Bosque de Chapultepec und hat neben einigen der besten Unterkünfte für Geschäftsleute ein exzellentes Luxushotel zu bieten.

Hotel Polanco (Karte S. 138 f.; ☎ 5280-8082; www.hotelpolanco.com; Edgar Allan Poe 8; EZ/DZ 1395/1455 Mex$; M Auditorio;) Dieses Hotel ähnelt einem europäischen Gästehaus von der Art, wie Basil Fawlty eines hatte, stilecht mit italienischem Bistro und schnippischem Portier. In den 71 Zimmern wurde ein nüchternes Ambientes der Hipness vorgezogen. Es liegt in einer ruhigen Gegend im Schatten von Bäumen und das National Auditorium ist von hier gut zu erreichen.

Camino Real México (Karte S. 138 f.; ☎ 5263-8888; www.caminoreal.com; Calz Mariano Escobedo 700; Zi./Suite 135/340 US$; M Chapultepec;) Über 700 Zimmer und ein Gelände von 33 000 m² machen das Camino Real zu einer monumentalen Angelegenheit. Zudem ist es ein nationales architektonisches Wahrzeichen: Der kühne Entwurf stammt von dem Mexikaner Ricardo Legorreta. Die geometrischen Konstruktionselemente, sein Markenzeichen, und die Farbführung wirken erfrischend schlicht. Hinter der großzügigen Rezeption liegen der Hauptgarten und ein Pool, umgeben von bienenwabenartigen Gebäuden mit Gästezimmern. Die Unterkünfte sind ohne Frage luxuriös und die kühnen Farben das Einzige, was das Camino von typischen Business-Class-Unterkünften (edles Design, edle Ausstattung) abhebt.

Hábita Hotel (Karte S. 138 f.; ☎ 5282-3100; www.hotelhabita.com; Av Presidente Masaryk 201; EZ/DZ 228/310 US$; M Polanco;) Der Architekt Enrique Norten verwandelte ein funktionales Apartmenthaus in ein schickes Edelhotel. Die 36 Zimmer sind erfrischend minimalistisch eingerichtet und die Bar auf dem Dach, Área (S. 190), ist ein angesagtes Nachtlokal.

W Mexico City Hotel (Karte S. 138 f.; ☎ 9138-1800; www.whotels.com; Campos Elíseos 252; Zi. 445 US$; M Auditorio;) Gegenüber dem Auditorio Nacional und einer von dessen vier Wächtern. Das erste W-Kettenhotel in

Lateinamerika mit seinen 25 Stockwerken ist ein Haus für Geschäftsleute – und fest entschlossen, sich von seinen ungenießbaren Nachbarn abzuheben.

Coyoacán & Ciudad Universitaria

Trotz der Attraktivität Coyoacáns hat die südliche Gemeinde nur ein Viertel mit Übernachtungsmöglichkeiten. Die Touristeninformation von Coyoacán (S. 143) gibt Auskunft zu Privatunterkünften für Kurzaufenthalte.

El Cenote Azul (Karte S. 128 f.; ☎ 5554-8730; www.elcenoteazul.com; Alfonso Pruneda 24; B 100 Mex$; Ⓜ Copilco) Ein lässiges Hostel in der Nähe des UNAM-Campus. Es gibt nur vier ordentliche Zimmer mit vier oder zwei Betten, die sich zwei Bäder mit Talavera-Fliesen teilen. Das Café unten ist ein Studententreffpunkt.

Hostal Frida (Karte S. 142; ☎ 5659-7005; www.hostalfridabyb.com.mx; Mina 54; DZ 500 Mex$; Ⓜ Viveros) Ein Englisch sprechendes Paar führt dieses Haus. Die eigenen Kinder sind ausgeflogen, aber das „leere Nest" füllt sich nun stets mit internationalen Reisenden. In den aneinander angrenzenden Türmen nimmt jedes der fünf Doppelzimmer mit Holzfußboden ein eigenes Stockwerk ein und fast alle haben eine Küche. Vier Blocks von Fridas Heim entfernt und bei einem El Jarocho-Café ums Eck.

Flughafen

Neben den zwei gehobenen Hotels, die zum Terminal gehören, gibt's auf der anderen Straßenseite folgende preisgünstigere Optionen. Vom Inlandsterminal aus links halten, an der Metro vorbei und links in den Blvd Puerto Aéro abbiegen; von hier geht's dann noch über eine Fußgängerbrücke.

Hotel Aeropuerto (Karte S. 128 f.; ☎ 5785-5851; Fax 5784-1329; Blvd Puerto Aéreo 380; EZ/DZ 500/600 Mex$; Ⓜ Terminal Aérea; Ⓟ) Es ist nicht so funktional-langweilig, wie die Alufassade vermuten lässt. Das einzige eigenständige Hotel in der Gegend hat hilfsbereites Personal an der Rezeption und neutrale, moderne Zimmer. Einige bieten durch schalldichte Fenster einen Blick auf die Startbahn.

Fiesta Inn (Karte S. 128 f.; ☎ 5133-6600; www.fiestainn.com; Blvd Puerto Aéreo 502; Zi. 1 538 Mex$; Ⓜ Terminal Aérea; Ⓟ) Die Zimmer dieser auf Sicherheit Wert legenden Filiale einer Businesshotelkette haben Balkone und sind um einen Pool angeordnet. Der Transfer zum oder vom Flughafen ist inklusive. Am Wochenende schläft man etwa 20 % billiger.

ESSEN

Die Hauptstadt hat Lokale für alle Geschmäcker und jeden Geldbeutel, von Tacoständen bis zu Nobelrestaurants. In den letzten Jahren wurde die Stadt zu einem wichtigen Ziel für reisende Gourmets, denn heute gewinnen die mexikanischen Starköche die Preise, die einst ihre Kollegen in New York und Paris absahnten. Die meisten der angesagtesten Treffpunkte mit zeitgenössischer Küche sind in Polanco und Condes zu finden.

Der Traveller mit schmalem Geldbeutel findet buchstäblich Tausende von Restaurants und Essensständen, die schon für 25 Mex$ eine *comida corrida* (Mittagsmenü) ausgeben. Diese günstigen Menüs werden vor allem in Markthallen angeboten, während es auf den *tianguis* (wöchentliche Straßenmärkte) meistens eine Fressmeile mit Tacos, *barbacoa* (gegrilltes Hammelfleisch) und Quesadillas (gebratene oder gegrillte Tortillas mit Käsefüllung) gibt. Mehr darüber steht im Kasten auf S. 184.

Manche Angebote gibt's in der ganzen Stadt. Am Abend teilen Verkäufer auf Fahrrädern *tamales* aus – schon von Weitem kündigen sie sich krächzend über schlechte Lautsprecher an. Der Mann mit *camote* (Süßkartoffeln) kommt, wenn ein gellender Pfiff ertönt, den man noch viele Blocks entfernt hört.

Außerdem ist die Stadt mit den üblichen Kettenrestaurants gepflastert – auf ihre langweiligen Speisekarten kann man sich zumindest verlassen. Filialen von VIPS, Sanborns, Wings und California servieren US-amerikanische und mexikanische Standardgerichte. Auch internationale Ketten sind ausreichend vertreten, von KFC bis Starbucks.

Centro Histórico

Das historische Zentrum ist perfekt, um in eleganter Umgebung traditionelle mexikanische Gerichte zu genießen, z. B. im El Cardenal oder im Café de Tacuba. Generell ist es aber eher etwas für tagsüber als abends: Viele Lokale haben nur morgens und mittags geöffnet und das Restaurantangebot schrumpft nach Einbruch der Dunkelheit ziemlich.

AUF DIE SCHNELLE

Tacos de Canasta Chucho (Karte S. 130 f.; ☎ 5521-0280; Av 5 de Mayo 17A; Tacos 5 Mex$; Mo–Fr 9–18, Sa 8–17 Uhr; Ⓜ Allende) Die mundgerechten Tacos sind mit Bohnenmus, *chicharrón* oder *mole* (nur

Sauce) gefüllt und werden in einem großen Korb angerichtet. Die Beilagen – würzige Guacamole, eingelegte Karotten und Chilies – erwarten in Töpfen ihren Einsatz.

Taquería Los Paisás (Karte S. 130 f.; ☎ 5542-8139; Jesús María 131; Tacos 10 Mex$; 🕑 8–24 Uhr; Ⓜ Pino Suárez) Drei Brüder mit Ziegenbärten führen diesen Tacostand an der Ecke, östlich des Zócalo. Man bekommt mit Steak, Würstchen und *pastor* vollgestopfte Tacos – oder *campechano*, einen Mix aus allem. Man kann sich von den überladenen Beilagenplatten mit Kartoffelbrei, *pico de gallo*, Kaktusfleisch, mit *habanero* gespickten Zwiebeln usw. eindecken.

GÜNSTIG

Café El Popular (Karte S. 130 f.; ☎ 5518-6081; Av 5 de Mayo 52; Gerichte 40–60 Mex$; 🕑 24 Std.; Ⓜ Allende) Dieses winzige, rund um die Uhr geöffnete Café war sehr beliebt und ständig so überfüllt, dass direkt nebenan ein weiteres, etwas großzügiger geschnittenes eröffnet wurde, um das gesamte Publikum bedienen zu können. Frisches Gebäck und das leckere Frühstück – Früchte, Eier, *frijoles* (Bohnen) und Kaffee – sind die Kassenschlager. Der *café con leche* (Kaffee mit Milch) wird im *chino*-Stil serviert, d.h. man kann die Stärke selbst bestimmen.

Costillas El Sitio (Karte S. 130 f.; ☎ 5521-1545; República de Uruguay 82D; Ribs 55 Mex$; 🕑 9–19.30 Uhr; Ⓜ Zócalo) Mittags quetschen sich die Massen in die Nischen oder an die winzigen roten Tische dieses umsatzorientierten Steakhauses. Die gegrillten Steaks mit Salsa Verde sind lecker, wenn auch nicht die zartesten der Stadt. Mit schwarzen Bohnen, gegrillten grünen Zwiebeln und *sopes* dazu wird man gut satt. Als Nachtisch gibt's hausgemachten Obstkuchen.

Vegetariano Madero (Karte S. 130 f.; ☎ 5521-6880; Madero 56; Tagesessen ab 63 Mex$; 🕑 8–19 Uhr; Ⓜ Allende; Ⓥ) Der schmucklose Eingang versteckt die Treppe rauf ein lebhaftes Restaurant, in dem ein Klavierspieler alte Schlager klimpert. Auf der vegetarischen Karte steht eine Reihe von leckeren Variationen mexikanischer Standardgerichte. Vom Balkon aus kann man den Trubel auf der Straße beobachten. Der nahe, auf Straßenniveau gelegene Ableger Restaurante Vegetariano (Filomena Mata 13) schreibt die Tagesangebote draußen an.

MITTELTEUER

Hostería de Santo Domingo (Karte S. 130 f.; ☎ 5526-5276; Domínguez 72; Gerichte 70–180 Mex$; 🕑 9–22 Uhr; Ⓜ Allende; Ⓟ) Seit 1860 tischt dieses unglaublich beliebte (und nicht touristische) Restaurant klassisch Mexikanisches auf. Kammermusik verstärkt die festliche Atmosphäre noch. Es ist berühmt für seine riesigen *chiles en nogada* (180 Mex$), die hier das ganze Jahr über serviert werden – ein Muss am Unabhängigkeitstag.

Café de Tacuba (Karte S. 130 f.; ☎ 5518-4950; Tacuba 28; Hauptgerichte 70–150 Mex$, Mittagessen mit 5 Gängen 180 Mex$; Ⓜ Allende) Vor der Band war das Restaurant. Lange davor. Umgeben von einem phantastischen Mix aus bunten Fliesen, Messinglampen und Ölgemälden serviert diese Stammkneipe seit 1912 *antojitos* (Snacks auf Tortillabasis, z. B. Tacos oder Gorditas). Ungeachtet der Touristen ist die Atmosphäre perfekt für einen Teller *pambazos* (in Chilisauce gebratene, gefüllte Brötchen) oder *tamales* mit heißer Schokolade.

Al Andalus (Karte S. 130 f.; ☎ 5522-2528; Mesones 171; Gerichte 90–125 Mex$; 🕑 8–18 Uhr; Ⓜ Pino Suárez) Das Al Andalus versorgt die große libanesische Gemeinde in der Hauptstadt mit Schawarma, Kebab, Kibbeh (gewürzte Lammbuletten), Falafel usw. Es befindet sich in einer herrlichen Villa aus der Kolonialzeit im Gebiet um den Mercado de la Merced.

Casino Español (Karte S. 130 f.; ☎ 5510-2967; Isabel la Católica 29; 4-Gänge-Mittagessen 93 Mex$; 🕑 Mo–Fr mittags; Ⓜ Allende) Das alte spanische Gemeindezentrum, untergebracht in einem traumhaften Gebäude aus der Porfiriato-Ära, beherbergt eine beliebte Kneipe im Cantina-Stil unten und ein elegantes Restaurant oben. Geruhsame Angestellte lockern hier bei einem gemütlichen Mittagessen ihre Krawatten – immer schön ein Gang nach dem anderen ... Natürlich dominiert Spanisches die Speisekarte, aber auch die *Tacos dorados* (gerollte und frittierte Hühnchentacos) und die *chiles en nogada* sind sehr zu empfehlen.

TEUER

LP Tipp El Cardenal (Karte S. 130 f.; ☎ 5521-8815; La Palma 23; Gerichte 90–280 Mex$; 🕑 Mo–Sa 8–19, So 9–19 Uhr; Ⓜ Zócalo; Ⓟ) Der wohl feinste Platz in der Stadt für ein traditionelles Gericht. Das El Cardenal nimmt drei Stockwerke einer Villa im Pariser Stil ein. Im Hintergrund spielt ein Pianist süße Melodien und das Frühstück ist ein Muss: Die Basis bilden ein Teller backfrischer süßer Brötchen und eine Kanne duftende, halbsüße Schokolade. Zum Mittagessen sollte man die im Ofen gebackene Kalbsbrust, *chiles rellenos* nach Oaxaca-Art oder *escamo-*

les (Ameisenlarven, eine im Sommer sehr geschätzte Spezialität) probieren.

Los Girasoles (Karte S. 130 f.; ☎ 5510-0630; Plaza Manuel Tolsá; Hauptgerichte 120–150 Mex$; ⏲ Di–Sa 13–24, So & Mo 13–21 Uhr; Ⓜ Allende; Ⓟ) Dieses edle Restaurant prahlt mit einer wahrhaft enzyklopädischen Auswahl mexikanischer Gerichte, von prähispanisch (Ameisenlarven) über kolonial (Truthahn in Tamarinden-*mole*) bis modern (Schnapperfilet in Hagebuttensauce). Um einen Tisch mit Blick auf die grandiose Plaza Tolsá oder auf der Terrasse bitten.

Restaurante Chon (Karte S. 130 f.; ☎ 5542-0873; Regina 160; Hauptgerichte 180 Mex$; ⏲ Mo–Sa mittags; Ⓜ Pino Suárez) Vorkoloniale Gerichte sind die Spezialität dieser Cantina, daher sollte man sich unbedingt an die „Agavenwürmer" (je nach Saison), die Grashüpfer, das Wildschwein und ähnlich Delikates wagen.

Alameda Central & Umgebung

Die Lokale direkt am Rand von Alameda sind auf gehobenere Kundschaft ausgerichtet. Wer das rustikale Erbe dieses Stadtviertels kennenlernen will, sucht am besten die Luis Moya oder die Ayuntamiento südlich von Alameda auf, denn dort gibt's *torta*-Stände und Hühnersuppe von Straßenverkäufern. Das bescheidene Chinatown von Mexico City nimmt einen einzigen, mit Papierlaternen behängten Block in der Calle Dolores ein, ein paar Blocks südlich des Parks.

Zwischen den Museumsbesuchen kann man sich im Cloister Café im Museo Franz Mayer (S. 152) oder im gehobeneren Café del Palacio im Bellas Artes (S. 151) bei Sandwiches, Salaten und Gebäck ausruhen.

Churrería El Moro (Karte S. 130 f.; ☎ 5512-0896; Eje Central Lázaro Cardenas 42; heiße Schokolade mit 4 Churros 25 Mex$; ⏲ 24 Std.; Ⓜ San Juan de Letrán) Eine angenehme Erholung von den Massen in Eje Central. Das El Moro macht lange, schlanke und frittierte *churros* (krapfenartige Bouletten), die buchstäblich dafür geschaffen sind, in dicke, heiße Schokolade gedippt zu werden. Der Platz ist v. a. spätabends und zum Relaxen nach Feierabend sehr beliebt.

Café Colón (Karte S. 130 f.; ☎ 5521-6343; Colón 1; Frühstückskombi 30–49 Mex$, 4-Gänge-Mittagessen 40 Mex$; Ⓜ Hidalgo) Das Café Colón tischt seit fast einem halben Jahrhundert an diesem Ort traditionelle Gerichte auf und ist bei den Büroangestellten dauerhaft beliebt – vormittags wegen des Kaffees, nachmittags wegen der sättigenden *comidas*.

Mi Fonda (Karte S. 130 f.; ☎ 5521-0002; López 101; Paella 35 Mex$; ⏲ mittags; Ⓜ San Juan de Letrán) Die Chilangos der Arbeiterklasse stehen hier Schlange für eine Portion *paella valenciana*, die von Frauen mit weißen Hauben mit der Kelle ausgegeben wird. Der Kantabrer Jesús trägt die Verantwortung. Das Lokal ist ziemlich klein, aber man teilt sich die Tische.

El Cuadrilátero (Karte S. 130 f.; ☎ 5521-3060; Luis Moya 73; Tortas 35–70 Mex$; ⏲ Mo–Sa 7–20 Uhr; Ⓜ Juárez) Dieser *lucha-libre*-Hotspot gehört dem *luchador* (Wrestler) „Super Astro". An einer Wand hängen Wrestling-Masken. Wegen seiner gigantischen Tortas besuchen diesen Treffpunkt neben Wrestlern auch normale Bewohner des Centro. Die verschiedenen Tortas sind am Eingang ausgestellt. Wer es schafft, in 15 Minuten eine 1,3 kg schwere, mit Cholesterin vollgepackte Torta Gladiador zu verdrücken, bekommt sie umsonst.

Zona Rosa & Umgebung

In der Zona Rosa gibt's zwar jede Menge Plätze zum Essen und Trinken, aber das sind hauptsächlich seelenlose Fast-Food-Filialen mit „internationalen" Speisen. Weiter außerhalb dieses Stroms sind zahlreiche Restaurants auf die wachsende Koreanergemeinde des Stadtviertels ausgerichtet.

GÜNSTIG

Café Mangia (Karte S. 134 f.; ☎ 5533-4503; Río Sena 85; Panini 65 Mex$, Salate 65 Mex$; ⏲ Mo–Fr 8–20 Uhr; Ⓜ Insurgentes) Die unkonventionelle Location aus weißen Backsteinen hat eine schlichte Speisekarte, die Panini mit Pesto und geräuchertem Käse, Roastbeef mit Kräutern oder geräucherten Lachs mit Frischkäse anbietet.

MITTELTEUER

Yug Vegetariano (Karte S. 134 f.; ☎ 5333-3872; Varsovia 3; Mittagsbuffet 75 Mex$, Gerichte 60–75 Mex$; ⏲ Mo–Fr 7–21, Sa & So 8.30–20 Uhr; Ⓜ Insurgentes; Ⓥ) Vegetarier fühlen sich angesichts dieses Angebots im Himmel. Es ist so üppig, dass sicher auch die meisten Fleischesser etwas Passendes finden – und wenn es ein Soja-Burger ist. Man wählt eine Spezialität wie Crêpes mit Kürbisblüten oder Chop-Suey mit braunem Reis, oder stürzt sich auf das Buffet.

LP Tipp **Young Bin Kwan** (Karte S. 134 f.; ☎ 5208-9399; Av Florencia 15; Suppen 80 Mex$, Hauptgerichte 120–150 Mex$; ⏲ 9.30–23 Uhr; Ⓜ Insurgentes; Ⓟ) Der Speisesaal über zwei Stockwerke scheint direkt aus Seoul zu kommen. Auf Groß-

DINIEREN AM ZÓCALO

Die absolute Mexico-City-Erfahrung ist sicher ein Abendessen oder ein Cocktail mit Blick über den riesigen Zócalo, wenn stolz die mexikanische *tricolor* weht. Die drei gehobenen Hotels auf der Westseite der Plaza bieten umfangreiche Frühstücksbuffets, wenngleich das Essen nicht so spektakulär ist wie die Aussicht. (Wenn es nicht zu voll ist, darf man den Blick auch dann genießen, wenn man nur etwas trinken möchte.) Kulinarische Höhenflüge kann man dagegen in zwei kürzlich eröffneten Restaurants auf der gleichen Seite und einem schon lange bestehenden nördlich der Kathedrale erleben.

Puro Corazón (Karte S. 130 f.; ☎ 5518-0300; Monte de Piedad 11; Frühstückskombi 65–95 Mex$; ⌚ 8–21 Uhr) An der Nordwestecke der Plaza. Vom 5. Stock hat man einen aufregenden Ausblick auf die Kathedrale und dazu zündende zeitgenössische mexikanische Gerichte aus einheimischen Zutaten wie Pulque (fermentiertes Getränk aus Agaven) oder *flor de calabaza* (zerdrückte Blüten).

La Terraza del Zócalo (Karte S. 130 f.; ☎ 5521-7934; Plaza de la Constitución 13, 5. Stock; Gerichte 110–150 Mex$; ⌚ So–Do 13–20, Fr & Sa 13–24 Uhr) Hier gibt's einen breiten Balkon gegenüber vom Nationalpalast. Die Tische sind entweder in die Brüstung eingebaut oder stehen erhöht auf Plattformen dahinter. Enchiladas á la Oaxaca und *cecina de Yecapixtla* (dünn geschnittenes, gesalzenes Fleisch) sind die Highlights der Speisekarte mit regionalen Klassikern. Man betritt das Gebäude im Erdgeschoss über die Arkade mit Schmuckläden und nimmt den Fahrstuhl.

Casa de las Sirenas (Karte S. 130 f.; ☎ 5704-3345; República de Guatemala 32; Hauptgerichte 160 Mex$; ⌚ Mo–Do 8–23, Fr & Sa 8–2, So 8–19 Uhr) Das Sirenos befindet sich in einem Relikt aus dem 17. Jh. und hat eine Dachterrasse, von der man über die Plaza del Templo Mayor Richtung Zócalo blickt. Dies ist der ideale Ort, um an gefüllten, mit Walnusssauce beträufelten Chilis oder anderen Leckereien im Oaxaca-Stil zu knabbern – zusammen mit einem Gläschen Tequila aus der umfangreichen Auswahl in der Cantina im unteren Stock.

bildschirmen werden ununterbrochen asiatische Programme gezeigt. Eine sagenhafte Auswahl an Beilagen – Sesamblätter, Bohnensprossen, Kimichi usw. – ergänzt die riesigen Portionen *bulgogi* (eingelegtes, am Tisch gegrilltes Rindfleisch).

Fonda El Refugio (Karte S. 134 f.; ☎ 5525-8128; Liverpool 166; Gerichte 110 Mex$; ⌚ Mo–Sa 13–23, So 13–22 Uhr; Ⓜ Insurgentes; Ⓟ) Zwischen farbigen Töpfen, Gemälden und ulkigen Keramikornamenten kommen in der familiengeführte *fonda* regionale Gerichte wie *mole poblano* (Hühnerbrust in einer üppigen Sauce auf Schokobasis) und *albondigas chipotle* (mit Chili umwickelte Fleischbällchen) auf den Tisch.

TEUER

Tezka (Karte S. 134 f.; ☎ 5228-9918; Amberes 78; Gerichte 195–275 Mex$; Ⓜ Insurgentes; Ⓟ) Die Spezialitäten entstammen der zeitgenössischen baskischen Küche: Barsch und Roter Schnapper in grüner Chilisauce, Kabeljau in einer Marinade aus Knoblauch und rotem Pfeffer.

Condesa

La Condesa ist zum absoluten Zentrum des Auswärtsessens geworden. Dutzende ungezwungene Bistros und Cafés, viele mit Tischen auf den Gehwegen, kämpfen um den Platz auf den zahlreichen Hauptstraßen. Das kulinarische Herz des Viertels ist die Kreuzung der Calles Michoacán, Vicente Suárez und Tamaulipas; weitere gute Restaurants und Cafés sind rund um den Parque México zu finden. Nach 20 Uhr füllen sich die folgenden Locations oft bis zum letzten Platz – auf einen Tisch wartet man also u. U. eine Weile.

AUF DIE SCHNELLE

El Tizoncito (Karte S. 134 f.; ☎ 5286-7321; Tamaulipas 122, Ecke Campeche; Tacos ab 8 Mex$; ⌚ So–Do 12–15.30, Fr & Sa 12–16.30 Uhr; Ⓜ Patriotismo) Diese erste Filiale der mittlerweile in der ganzen Stadt präsenten Kette gibt's seit fast 40 Jahren. Sie besteht darauf, die Tacos *al pastor* (am Spieß gebraten) erfunden zu haben. Es ist schon der halbe Spaß, dem Mann am Grill dabei zuzusehen, wie er sie zusammenbastelt. Wenn hier kein Platz mehr ist, kann man es auch beim großen Bruder, zwei Blocks Richtung Osten an der Campeche, versuchen.

LP Tipp **Taquería Hola** (Karte S. 134 f.; ☎ 5286-4495; Ámsterdam 135, Ecke Michoacán; Tacos 11 Mex$; ⌚ Mo–Fr 9–17.30, Sa 9–14 Uhr) Morgens verschlingen die Imbissgänger aus der Gegend an diesem netten Plätzchen einen Happen im Stehen. Man hat die Wahl aus einer bemerkenswerten Liste von Tacofüllungen, die alle verlockend in Tontöpfen ausgestellt sind. Die Tacos werden auf zwei Tortillas gereicht, die das Herausquellende auffangen. Wer mag, bekommt Guacamole oder weiße Käsekrümel drauf.

Nevería Roxy (Karte S. 134 f.; ☎ 5286-1258; Mazatlán 81, Ecke Montes de Oca; Kugel 12 Mex$, Bananensplit 45 Mex$; 11–20.30 Uhr; Ⓜ Chapultepec) Das altmodische Roxy stellt vor Ort eigene Eiscreme und Sorbets her. Es gibt so tropische Geschmacksrichtungen wie *zapote* (Breiapfel) und Guaven. Bei Tamaulipas 161 in Alfonso Reyes in der Nähe der Metrostation „Patriotismo" befindet sich eine Filiale.

El Califa (Karte S. 134 f.; ☎ 5271-7666; Altata 22, Ecke Alfonso Reyes; Tacos 30 Mex$; 13.30–3.30 Uhr; Ⓜ Chilpancingo; Ⓟ) Eine beliebte *taquería* am Südrand von Condesa, die dem klassischen Imbiss etwas eigenen Pep verleiht. Gegrillte Rindfleischstücke werden auf hausgemachte Tortillas geworfen und auf den Tischen stehen leckere Salsas in robusten Tonschalen.

GÜNSTIG

Orígenes Orgánicos (Karte S. 134 f.; ☎ 5208-6678; Plaza Popocatépetl 41A; Salate 40–85 Mex$, 3-Gänge-Mittagessen 120 Mex$; Mo–Fr 8–22, Sa 9–19, So 10–18 Uhr Ⓥ) Hier bekommt man mehr als nur Sojamilch und garantiert organische Produkte. Die Symbiose aus Laden und Café an einer der lieblichsten Plazas von Condesa kocht leckere Gerichte mit dem Schwerpunkt auf frischen und organischen Zutaten, je nach Jahreszeit.

La Rauxa (Karte S. 134 f.; ☎ 5211-2927; Parras 15; 4-Gänge-Mittagessen 70 Mex$; Mo–Sa 13–18 Uhr; Sonora; Ⓥ) Das La Rauxa bietet eine interessante Variante des *comida-corrida*-Konzepts. Küchenchef und Besitzer Quim Jardí offeriert einzigartig kreiertes und katalanisch inspiriertes Essen und statt einer gedruckten Speisekarte bekommt man von Quim erzählt, was serviert wird. Jeden Tag gibt's mindestens einen vegetarischen Hauptgang. Die schönen Plätze auf der Terrasse unter einem großen Baum sind meist um 14.30 Uhr schon voll.

MITTELTEUER

El Diez (Karte S. 134 f.; ☎ 5276-2616; Benjamín Hill 187; Steaks 88 Mex$, Pizzas ab 60 Mex$; Mo–So 13–24, Fr & Sa 13–1 Uhr; Ⓜ Patriotismo; Ⓟ) Die Beliebheit dieses schlichten Steakhauses ist wohl seinen Preisen geschuldet. Auf Küchenbrettern werden gute argentinische Steakscheiben mit pikant angemachtem Salat serviert, die im Schnitt unter 100 Mex$ kosten. Die Preise für die Malbec-Weine sind ähnlich vernünftig. Wem der Sinn weniger nach Fleisch steht, bestellt Pizza – in Quadratmetern!

Café La Gloria (Karte S. 134 f.; ☎ 5211-4180; Vicente Suárez 41; Gerichte 85–100 Mex$; Mo–Sa 13–24, So 13–23 Uhr; Ⓜ Patriotismo; Ⓟ) Dieses hippe Bistro im Herzen des Viertels bleibt sowohl für Chilangos als auch für Ausländer ein beliebter Treffpunkt. Das verdankt es seinen großzügigen Salaten, den pikanten Pastas und den überraschenden Specials an der Tafel – ganz zu schweigen von der skurrilen Kunst.

Fonda Garufa (Karte S. 134 f.; ☎ 5286-8295; Av Michoacán 93; Pasta 85 Mex$, Steaks 140–200 Mex$; Di & Mi 8–24, Do–Sa 8–1, So 8–23 Uhr; Ⓜ Patriotismo; Ⓟ) So ziemlich als erste stellte man hier Tische auf den Gehweg und schmiss den Grill an. Das La Garufa verdankt sein langes Bestehen der Qualität seiner argentinischen Steaks und den überdurchschnittlichen Pastas sowie dem romantischen Ambiente im Kerzenschein.

Rojo Bistrot (Karte S. 134 f.; ☎ 5211-3705; Ámsterdam 71; Hauptgerichte 90–150 Mex$; Mo–Sa 14–24, So 14–18 Uhr; Sonora) Dieses Lokal an einer grünen Ecke nahe dem Parque México ist wegen seiner lebhaften, geselligen Szene und seiner französisch inspirierten Küche beliebt. Die Stammgäste empfehlen Ente in Passionsfruchtsauce und Tintenfisch-Risotto.

TEUER

Hip Kitchen (Karte S. 134 f.; ☎ 5212-2110; Av México 188; Vorspeisen 85–120 Mex$, Hauptgerichte 165–270 Mex$; Mo–Sa 13–24 Uhr; Sonora; Ⓟ) In dem stilvollen Bistro in Condesas Hippodrome Hotel (S. 178) mixen die Starköche in aufregender Manier mexikanische und asiatische Zutaten: Mit Miso glasierter Lachs wird mit *chipotle* gewürzt, zu Gelbflossen-Thunfisch gibt's *pico de gallo*. Das Abendessen findet in einem kleinen, romantischen Raum statt, ausgestattet mit einem Sofa, das die ganze Wand einnimmt, und Art-déco. Reservieren.

Lampuga (Karte S. 134 f.; ☎ 5286-1525; Ometusco 1, Ecke Av Nuevo León; Hauptgerichte 135–160 Mex$; Mo–Sa 14–24, So 14–18 Uhr; Ⓜ Chilpancingo) Dieses Restaurant im französischen Bistro-Stil steht auf frische Meeresfrüchte; eine Tafel über der Bar verrät die täglichen Specials. Als Vorspeise wählt man Tintenfisch-*tostadas* oder griechisch zubereiteten Oktopus, als Hauptgang den über Kohlen gegrillten Fang des Tages. Mittags ist oft nur schwer ein Tisch zu bekommen.

Roma

AUF DIE SCHNELLE

Ein bescheidener Straßenstand namens **Hamburguesas** (Karte S. 134 f.; Ecke Morelia & Colima;

DIE SPITZENKOST AUF DEN MÄRKTEN MEXICO CITYS

Einige der besten Essensangebote von Mexiko City findet man nicht in irgendeinem Restaurant, sondern auf den gedeckten *mercados* und den *tianguis* (Wochenmärkten auf der Straße).

- **Mercado San Camilito** (Karte S. 130 f.; Plaza Garibaldi; Pozole 44 Mex$; 24 Std.; Garibaldi) In dem einen Block langen Gebäude sind über 70 Küchen, in denen *pozole* nach Jalisco-Art gekocht wird. In der Brühe sind Maiskörner und Schweinefleisch, serviert wird sie mit Radieschen und garniert mit Oregano. (Man sollte sich auf *maciza* verlegen, wenn Schweinsnasen und -ohren keine Begeisterung hervorrufen.)
- **Mercado Medellín** (Karte S. 134 f.; Coahuila, zw. Medellín & Monterrey; Campeche) Hier gibt's ein weitläufiges Areal zum Essen, wo man sättigende *comidas corridas* bekommt und außerdem in mehreren ausgezeichneten Restaurants Meeresfrüchte verspeisen kann.
- **Parrillada Bariloche** (Karte S. 134 f.; Bazar de Oro; Mi, Sa & So; Durango) Dieser Stand in einem südlichen Gang des etwas teureren Straßenmarkts grillt mit die günstigsten Steaks der Stadt und Würstchen nach Uruguay-Art. Dazu gibt's ausgezeichnete Salate.
- **Tianguis de Pachuca** (Karte S. 134 f.; Melgar; Di 10–16 Uhr; Chapultepec) Am nördlichen Ende des wöchentlichen Straßenmarkts in Condesa bietet die Essensabteilung viele verlockende Möglichkeiten – aber keine ist so köstlich wie *mixiotes*, gedämpfte Stücke würzigen Hammelfleisches, die manchmal in dicke Tortillas gerollt und mit feurigem *chiles de manzana* (sehr scharfem, gelbem Chilipfeffer) gewürzt werden.
- **Mercado de Antojitos** (Karte S. 142; Higuera, Ecke Plaza Hidalgo & Caballo Calco; Coyoacán) An diesem lebhaften Ort in der Nähe der Hauptplaza von Coyoacán werden alle Arten von Snacks angeboten, z. B. frittierte Quesadillas, *pozole, esquites* (gekochte, mit Mayonnaise servierte Maiskörner) und *flautas* (lange, dünn ausgerollte und dann frittierte Hühnchentacos).
- **Tostadas Coyoacán** (Karte S. 142; 5659-8774; Allende zw. Malitzin & Xicoténcatl; Tostadas 20–30 Mex$; 12–18 Uhr; Viveros) Im Innern von Coyoacáns Hauptmarkt bekommt man diese *tostadas*, dick belegt mit Ceviche, eingelegtem Oktopus und Schweinsfüßen, Pilzen und Hühnchen.

Burger 20 Mex$; Mo–Do 10–24, Fr–So 10–1.30 Uhr; Cuauhtémoc) betreibt blühenden Handel mit Hamburgern *al carbón* (über Holzkohle gegrillt), garniert mit Salat, Tomaten und Chili. An der Ecke von Álvaro Obregón und Tonalá kann man morgens sagenhafte *tamales oaxaqueños* ergattern.

GÜNSTIG

Taquitos Frontera (Karte S. 134 f.; 5207-4546; Frontera 120; Tacos 19 Mex$; Mo–So 13.30–4, Fr & Sa 13.30–6 Uhr; Insurgentes) Eine von mehreren Late-Night-*taquerías* an der Hauptstraße durch Roma. Die bescheidene Location hat fröhliches Personal, einen rauchenden offenen Grill und Tische und Stühle aus Leder. Zu den Attraktionen, die den Hauptgang bilden, gibt's herrliche Beilagen, z. B. *frijoles charros* (Cowboy Beans, US-amerikanisches Bohnengericht) und *cebollitas* (gegrillte grüne Zwiebeln).

Los Bisquets Obregón (Karte S. 134 f.; 5584-2802; Álvaro Obregón 60; Frühstück 45 Mex$, Antojitos 50 Mex$; Insurgentes; P) Das Flaggschiff der landesweit aktiven Kette ist morgens meist überfüllt. Zum Glück gibt's noch ein paar Filialen in der Nähe. Die Chilangos strömen hierher wegen *pan chino* (chinesisches Brot) und *café con leche*, der wie in Veracruz aus zwei Kannen ausgeschenkt wird.

Non Solo Panino (Karte S. 134 f.; 3096-5128; Plaza Luis Cabrera 10; Sandwiches 50–70 Mex$; Mo–Sa 13–24 Uhr; Insurgentes; P) Die Springbrunnen bilden die schöne Kulisse für italienische Sandwiches mit Mozzarella und Pesto oder geräuchertem Lachs in ofenfrischen Baguettes.

MITTELTEUER & TEUER

Contramar (Karte S. 134 f.; 5514-9217; Durango 200; Vorspeisen 60–100 Mex$, Hauptgerichte 130–150 Mex$; 13.30–18.30 Uhr; Durango; P) In diesem stilvollen Speisesaal mit Strand-Feeling sind frische Meeresfrüchte die Stars. Die Spezialität ist Thunfischfilet nach Art des Hauses – aufgeschnitten, mit einer Sauce aus rotem Chili und Petersilie beträufelt und perfekt gegrillt.

Il Postino (Karte S. 134 f.; 5208-3644; Plaza de la Villa de Madrid 6; Gerichte 100–165 Mex$; Durango; P)

Zwei Chefköche aus Rom und Mailand führen dieses italienische Edelrestaurant, in dem man sein Abendessen auf der Terrasse unter einem Arkadenbogen an der Plaza Cibeles (alias Plaza Villa de Madrid) einnehmen kann. Man beginnt etwa mit einem Tintenfisch-Carpaccio und lässt einen in einer Calzone servierten Seebarsch folgen. Oder man fragt Koch Claudio nach seiner Empfehlung des Tages.

Tierra de Vinos (Karte S. 134 f.; ☎ 5208-5133; Durango 197; Gerichte 120–240 Mex$; ⌚ Mo & Di 13–20, Mi–Sa 13–24 Uhr; Ⓑ Durango; Ⓟ) Hier zählt in erster Linie der Wein: Tausende Jahrgänge schmücken die kellerähnlichen Wände. Dazu gibt es leckere spanische Gerichte. Man kann vorne in der Bar sitzen und Tapas naschen, während man die Weine des Monats probiert, oder man sucht sich einen Tisch im lebhaften Speiseraum hinten. Die Kellner empfehlen einem gerne den passenden Wein, etwa zu einem Teller von in Paprika gewickelten *patatas bravas* (einen fruchtigen, z.B. Syrah) oder zu Meerbrassen auf schwarzem Reis (einen in Fässern gealterten *tempranillo*).

Polanco & Bosque de Chapultepec

Polanco ist die Heimat ausgezeichneter Restaurants, in denen mehrere der international angesagten Starköche von Mexico City die Kochlöffel schwingen. Beste regionale Zutaten werden in einzigartigen Kombinationen für Gerichte verwendet, die ihr Geld wert sind.

El Bajío (Karte S. 138 f.; ☎ 5281-8246; Alejandro Dumas 7; Gerichte 70–120 Mex$; Ⓜ Auditorio) Besitzerin Carmen „Titita" Ramirez ist dafür bekannt, in herzlicher Umgebung bodenständige Gerichte á la Veracruz neben ebenso köstlichen Gerichten aus ganz Mexiko auf den Tisch zu bringen. Fleischspeisen wie *barbacoa* (in Agavenblättern gekochter Hammel) sind die Spezialität des Hauses, aber auch der Seebarsch in Bananenblättern überzeugt.

Izote (Karte S. 138 f.; ☎ 5280-1671; Av Presidente Masaryk 513; Gerichte 230–300 Mex$; ⌚ Mo–Sa 13–23 Uhr Ⓜ Polanco; Ⓟ) Patricia Quintana ist die gefeierte Besitzerin dieses modischen, peppigen Restaurants mit einer einfallsreichen Speisekarte. Zu den einfachen, aber sagenhaft zubereiteten Gerichten gehören mit *huitlacoche* (Maisbeulenbrandpilz) oder Kürbisblüten gefüllte *tamales*. Die Shrimps in einer würzigen *adobo*-Sauce, eines der Hauptgerichte, bekommen Bestnoten.

Pujol (Karte S. 138 f.; ☎ 5545-4111; Petrarca 254; Gerichte 250–350 Mex$; ⌚ Mo–Sa 13–23 Uhr Ⓜ Polanco; Ⓟ) Klassische mexikanische Gerichte mit einem Hauch Europas und Asiens in schickem minimalistischem Ambiente. Unter den köstlichen saisonalen Angeboten finden sich Kaktussalat mit Oreganosorbet und Lammkeule mit deftiger *mole*-Sauce aus dem Bergdorf Xico in Veracruz. Unentschlossene können gleich sieben der preisgekrönten Gerichte von Küchenchef Enrique Olvera versuchen, wenn sie das *menu degustación* bestellen.

Águila y Sol (Karte S. 138 f.; ☎ 5281-8354; Castelar 127; Gerichte 250–375 Mex$; ⌚ Mo–Sa 13–23 Uhr; Ⓜ Polanco; Ⓟ) Die Besitzerin Martha Ortiz ist hier als Küchengöttin berühmt, die echt traditionelle Gerichte und Zutaten auf ein ganz neues Level bringt. Man beginnt mit einem Margarita aus tropischen Früchten und switcht dann zum dynamischen Geschmack von Schweinelendchen in gelber *mole* mit in Ingwer gewürzter Mango oder zu dem Lachs in Maismehlkruste.

San Ángel

MITTELTEUER

Cluny (Karte S. 141; ☎ 5550-7350; Av de la Paz 57; Gerichte 75 Mex$; ⌚ Mo–Sa 12.30–24, So 12.30–23 Uhr; Ⓑ La Bombilla; Ⓟ) In diesem Bistro in einer Einkaufspassage ist richtig, wer einfache französische Gerichte mag: Quiche, Salate, Crêpes, dekadent köstliche Desserts und üppige Portionen sind an der Tagesordnung.

Saks (Karte S. 141; ☎ 5616-1601; Plaza San Jacinto 9; Gerichte 75–120 Mex$; ⌚ So–Do 7.30–18, Fr & Sa 7.30–24 Uhr; Ⓑ La Bombilla; Ⓟ Ⓥ) Auf der sonnenüberfluteten Terrasse des Saks kann man zu Livemusik entspannen und fleischlose Spezialitäten genießen, z. B. *poblano*-Chili, gefüllt mit trüffligem Maisbeulenbrandpilz, Camembert-Soufflé, riesige Salate und Crêpes mit Kürbisblüten.

Fonda San Ángel (Karte S. 141; ☎ 5550-1641; Plaza San Jacinto 3; Gerichte 90 Mex$; Ⓑ La Bombilla; Ⓟ) An den Wochenenden wird in diesem Restaurant an der Plaza ein umfangreiches Brunchbuffet (120 Mex$) aufgebaut. Im Angebot sind alle Arten von Eiergerichten, Gebäck, frisch gepresste Säfte und herrliche Quesadillas.

TEUER

Taberna de León (Karte S. 141; ☎ 5616-2110; Plaza Loreto 173; Gerichte 155–270 Mex$; ⌚ Mo–Do 14–23, Sa 14–24, So 12–18 Uhr; Ⓑ Doctor Gálvez; Ⓟ) Die Küchenchefin Monica Patiño ist eine aus der neuen Generation weiblicher Stars, die die traditionelle Küche auf neuartige Weise aufmischen. Das Taberna ist ihr erstes und beliebtestes Restaurant. Meeresfrüchte sind die Spezialität des Hauses, etwa die „baja stone crab" (eine Steinkrabbenart) oder die Mais-*blinis* mit norwegischem Lachs und Kaviar.

San Ángel Inn (Karte S. 141; ☎ 5616-1402; Diego Rivera 50; Hauptgerichte 200–350 Mex$; ⌚ Mo–Sa 13–1, So 13–22 Uhr; Ⓟ) In den verschiedenen eleganten Speisesälen dieses historischen Anwesens werden klassische mexikanische Gerichte serviert. Es liegt gleich neben dem Museo Casa Estudio Diego Rivera y Frida Kahlo (s. S. 162). Auch wenn man sich hier kein Abendessen leistet, sollte man im Garten einen der berühmten Margaritas schlürfen. Her kommt man zu Fuß oder nimmt ein Taxi 1 km nordwestlich der Plaza San Jacinto.

Coyoacán

AUF DIE SCHNELLE

SuperTacos Chupacabras (Karte S. 142; Av Río Churubusco, Ecke Av México; Tacos 8 Mex$; ⌚ 7–3 Uhr; Ⓜ Coyoacán) Dieser Mega-Tacostand ist nach dem mythischen Chupacabra („Ziegensauger"; etwas Ähnliches wie Nessie) benannt. Echte Kenner werden sich von seinem Standort unter einer Schnellstraßenüberführung nicht abhalten lassen. Die Tacos mit Rindfleisch und Würsten (und einer „Geheimmischung aus 127 Gewürzen") kann man selbst noch aufpeppen mit gebratenen Zwiebeln, *nopales* und anderen leckeren Garnierungen in dem halben Dutzend Tontöpfen vor dem Stand.

Churrería de Coyoacán (Karte S. 142; Allende 38; 4 Churros 8 Mex$; Ⓜ Viveros) Die besten frittierten Snacks Coyoacáns. Man nimmt sich eine Tüte mit – mit oder ohne Eiscreme – und spaziert dann auf einen Kaffee hinüber ins Café El Jarocho (S. 191).

El Kiosko de Coyoacán (Karte S. 142; Plaza Hidalgo 6; 1 Kugel 15 Mex$; So–Mi 11–23, Do–Sa 13–1 Uhr; Ⓜ Viveros) An dem obligatorischen Wochenend-Rastplatz gibt's hausgemachte Eiscreme oder Eis am Stil in allen Geschmacksrichtungen, von Mango-Chili bis *tuna* (Kaktusfrucht).

GÜNSTIG

Mesón de Los Leones (Karte S. 142; ☎ 5554-5916; Allende 161; Gerichte 60 Mex$; ⌚ So–Fr 11–18 Uhr; Ⓜ Viveros) Dieses Restaurant wird schon lange von einer Familie geführt und verwöhnt seine Gäste abends mit einer unveränderlich authentischen Speisekarte und warmherziger Atmosphäre. Man schwelgt in Spezialitäten wie *carne asada estilo de Léon* (gegrilltem Fleisch mit *mole*-Sauce, Guacamole und Bohnen).

MITTELTEUER

El Caracol de Oro (Karte S. 142; ☎ 5658-9489; Higuera B16; Gerichte 65–80 Mex$; Ⓜ Viveros) Die alternative Szene von Coyoacán besetzt hier toll gestrichene Tische und verschlingt unbehandelte Naturkost, z. B. Apfelcurry mit Huhn und mit Ziegenkäse und Mango gefüllte Chilis.

El Jardín del Pulpo (Karte S. 142; Ecke Allende & Malitzin; Fischgerichte 75 Mex$; ⌚ 11–17 Uhr; Ⓜ Viveros) An den Wochenenden strömen die Gäste zu den Gemeinschaftstischen an diesem Treff an der Ecke des Marktes. Sie genießen Shrimp-Tacos, ganze frittierte Fische, Cocktails mit Shrimps und Austern, *caldos* (Suppen) und den Namensgeber *pulpo en su tinta* (in seiner Tinte gekochter Tintenfisch).

Los Danzantes (Karte S. 142; Jardín del Centenario 12; Gerichte 75–150 Mex$; Ⓜ Viveros) Los Danzantes gibt traditionell mexikanischen Gerichten wie Lachs-Enchiladas und Chrysanthemen-Salat einen modernen Touch. Daneben gibt's selbstgebrannten *mezcal* (s. Kasten S. 192) und Zigarren von San Andrés in Veracruz.

Entre Vero (Karte S. 142; ☎ 5659-0066; Jardín Centenario 14C; Pizza 80 Mex$, Gerichte 80–150 Mex$; Ⓜ Viveros) Ein weiterer netter Ort an der Plaza, an dem gegrilltes Fleisch aus der Southern-Cone-Region hoch im Kurs steht. Fleischlose Möglichkeiten sind u. a. Thunfischsteaks, Platten mit gegrilltem Gemüse und Pizzas mit dünner Kruste.

Andere Stadtteile

El Borrego Viudo (Karte S. 128 f.; Revolución 241, Tacubaya; Tacos 5–8 Mex$; ⌚ 12–3 Uhr) In dieser lebhaften *taquería* in der Nachbarschaft, gleich unterhalb der Autobahn Viaducto (den „San Ángel-M Barranca del Muerto"-Pesero nehmen) präsentiert die funkelnde Karte verschiedene Tacovarianten: *suadero* (Rind), *longaniza* (Würstchen), zarte Zunge und die Spezialität, *pastor*, Fleisch, das von einem riesigen Kegel am Eingang abgeschnitten wird. Die Tacos sind klein, aber gehaltvoll und in kräftiger Salsa Verde gebadet. Man spült sie am besten runter mit einem Krug *tepache*, einem in Holzfässern fermentierten Drink.

Fonda Margarita (Karte S. 128 f.; Adolfo Prieto 1364; Hauptgerichte halbe/ganze Portion 21/32 Mex$; ⌚ Mo–Sa 5.30–11.30 Uhr; 🚍 Parque Hundido) Der wohl beste Platz in der Hauptstadt, um seinen Kater zu kurieren – das deuten jedenfalls die Schlangen auf der Straße am Samstag morgen an. Die bescheidene Kneipe unter einem Blechdach tischt Berge von Essen für die Seele auf, genug für einen ganzen Tag. Aus riesigen Tongefäßen wird Seelenvolles wie Schweinerücken in *chile-guajillo*-Sauce geschöpft. Die *fonda* befindet sich neben der Plaza Tlacoquemécatl, sechs Blocks östlich der Av Insurgentes.

AUSGEHEN

Die Cafés, Bars und Cantinas sind wichtige Treffpunkte in der und um die Hauptstadt. Die traditionellen Kneipen sind natürlich die Cantinas, schnörkellose Orte mit einfachen Tischen, langen polierten Tresen und ernsten Kellnern in formellen weißen Jacketts. Eine bescheidenere Einrichtung zum Trinken, die *pulquería*, hat ihre Wurzeln in der antiken mexikanischen Tradition: Hier wird Pulque serviert, ein leicht alkoholisches vorkoloniales Getränk. Da die jungen Chilangos gerade die Freude daran wiederentdecken, sich einen Krug mit dem milchigen Gebräu zu teilen, leben diese Locations nun wieder auf. Ein anderer Drink, der bei der mexikanischen Jugend gerade wieder im Kommen ist, ist *mezcal*, die ländliche Version des Tequila.

Bier ist allgemein billig: Eine Flasche Corona oder Victoria kostet um die 20 Mex$ (in Condes oder Polanco 30 Mex$). Für einen Schuss besten Whiskey oder Tequila muss man 70 oder 80 Mex$ investieren.

Centro Histórico

CAFÉS

Café Jakemir (Karte S. 130 f.; ☎ 5709-7038; Isabel la Católica 88; 🕑 Mo–Sa 9–20 Uhr; Ⓜ Isabel la Católica) Eine libanesische Kaffeehändler-Familie aus Orizaba führt diese frühere Verkaufsstelle, die sie in ein beliebtes Café umgebaut hat. Hier gibt's ausgezeichneten und günstigen Cappuccino.

Café La Habana (Karte S. 130 f.; ☎ 5546-2555; Av Morelos 62; Ⓜ Juárez) Dieses grandiose Kaffeehaus ist der traditionelle Lieblingsplatz von Autoren und Journalisten, die hier stundenlang über einem *café americano* verweilen. Der Legende nach legten Fidel und Che hier vor der kubanischen Revolution ihre Strategie fest.

La Selva Café (Karte S. 130 f.; ☎ 5521-4111; Bolívar 31; Ⓜ Allende) Die Filiale eines Kaffeegroßhändlers aus Chiapas befindet sich im atemberaubenden Innenhof eines Gebäudes aus der Kolonialzeit.

Café Cordobés (Karte S. 130 f.; ☎ 5512-5545; Ayuntamiento 18; 🕑 Mo–Sa 8–20, So 10–18 Uhr; Ⓜ San Juan de Letrán) In dem lebhaften Einkaufsviertel ist dieses Café ein guter Stopp für einen *cortado* (Espresso mit etwas aufgeschäumter Milch) im Stehen. Man bekommt auch offenen Kaffee aus Veracruz zu vernünftigen Preisen.

BARS & CANTINAS

Bar Mancera (Karte S. 130 f.; ☎ 5521-9755; Venustiano Carranza Tacuba 49; Gedeck Fr & Sa abend 50 Mex$; 🕑 Mo–Do 12–22, Fr & Sa 12–2 Uhr; Ⓜ San Juan de Letrán) Dieser atmosphärische Salon für Gentlemen scheint mit der reich geschnitzten Täfelung, blumig gepolsterten Sesseln und den abgenutzten Dominotischen wie in Bernstein gegossen. Seit Kurzem haben ihn junge Clubber entdeckt, die freitagabends ab etwa 21 Uhr hier die Turntables anheizen.

Hostería La Bota (Karte S. 130 f.; ☎ 5709-1117; www.casavecina.com; Callejón de Mesones 7; 🕑 Di 11–20, Mi–Sa 11–1.30 Uhr; Ⓜ Isabel la Católica) Ein Teil des Kulturzentrums der Gemeinschaft Casa Vecina, lustig, unkonventionell und eine Art kultureller Brückenkopf am rauen Südrand des Centro. Zwischen Stierkampf-Krimskrams und nicht zusammenpassenden Möbeln werden hier Tapas und Tequilas serviert.

La Gioconda (Karte S. 130 f.; ☎ 5518-7823; Filomena Mata 18; 🕑 Mo–Do 16–23, Fr & Sa 16–2 Uhr; Ⓜ Allende) In diesem lebhaften kleinen Pub in einer Fußgängerzone fließt dunkles und helles Bier vom Fass.

La Ópera Bar (Karte S. 130 f.; ☎ 5512-8959; Av 5 de Mayo 10; 🕑 Mo–Sa 13–24, So 13–18 Uhr; Ⓜ Allende) Nischen in dunklem Walnussholz und eine ziselierte Zinndecke, die angeblich von einer Kugel Pancho Villas durchschlagen wurde, machen diese Kneipe vom Ende des 19. Jhs. zu einer bleibenden Festung der Tradition.

Las Duelistas (Karte S. 130 f.; Aranda 30; 🕑 9–21 Uhr; Ⓜ Salto del Agua) Vorkoloniale, psychedelische Graffitis sorgten dafür, dass die klassische *pulquería* am Mercado San Juan von den jungen Chilangos wiederentdeckt wurde. Trotz des neuen Looks wird der Pulque noch immer direkt vom Fass ausgeschenkt, in Geschmacksrichtungen von Mango bis Kokos.

Salón Corona (Karte S. 130 f.; ☎ 5512-5725; Bolívar 24; 🕑 So–Mi 8–24, Do–Sa 8–2 Uhr; Ⓜ Allende) Punks und Schlipsträger füllen diese laute, einfache Bierhalle, die es seit 1928 gibt. Freundlich werden *tarros* (Krüge) mit hellem oder dunklem *cerveza de barril* (Fassbier) und Flaschen mit fast jedem bekannten mexikanischen Bier serviert.

AN EINEM TAG DURCH GANZ MEXIKO

Die Hauptstadt hat lange Zeit Menschen aus der ganzen Republik angezogen, die ihr Glück suchten. Zum Glück waren diese ehemaligen Einwohner aus Oaxaca, Yucatan und Sinaloa bemüht, ihre Traditionen zu pflegen – und zwar zuerst und ganz besonders beim Essen. Mexico City ist damit der perfekte Ort für authentische, regionale Gerichte, wie sie an ihrem Heimatort nicht anders zubereitet würden.

Coox Hanal (Karte S. 130 f.; ☎ 5709-3613; Isabel La Católica 83, 1. Stock; Gerichte 40–60 Mex$; ⏲ 10.30–19 Uhr; Ⓜ Isabel la Católica) Die Einrichtung wurde 1953 von dem Boxer Raúl Salazar aus Mérida gegründet und befindet sich über einer Billardhalle. Das Essen aus Yucatan wird hier ganz genauso zubereitet wie in Don Raúls Heimatstadt. Das *poc chuc* (gegrilltes, in sauren Orangensaft eingelegtes Schweinefleisch), die *papadzules* (mit zerhackten, hartgekochten Eiern gefüllte Tacos in einer Sauce aus Kürbissamen) und das *cochinita pibil* (in einer Grube gegartes Schweinefleisch) sind von bester Qualität. Auf den Tischen steht die obligatorische, superscharfe *habanero*-Salsa.

El Regiomontano (Karte S. 130 f.; ☎ 5518-0196; Luis Moya 115; gegrillte Ziege 187 Mex$; ⏲ 11–22 Uhr; Ⓜ Balderas) Auf dem Fenster steht: BABY GOATS VERY YOUNG KIDS (Babyziegen, sehr junge Kinder), und da sind sie – auf Spießen ausgebreitet und über Kohlen gegrillt. Genau so werden sie in Monterrey oder Saltillo zubereitet. Ein Teller macht zwei Personen satt.

La Polar (Karte S. 128 f.; ☎ 5546-5066; Guillermo Prieto 129, San Rafael; Birria 85 Mex$; ⏲ 8–13 Uhr; Ⓜ San Cosme; Ⓟ) Diese lärmige Bierhalle wird von einer Familie aus Oxotlán, Jalisco, geführt und es gibt hauptsächlich ein Gericht zu essen: *birria,* einen traumhaft gewürzten Ziegeneintopf. Diese Version des Lieblingsgerichts von Guadalajara wird als die beste in der Stadt gepriesen. Die Mariachis und die *norteña*-Combos, die hier in einem halben Dutzend Sälen arbeiten, heizen die Stimmung noch mehr an.

La Sabia Virtud (Karte S. 134 f.; ☎ 5286-6480; Tamaulipas 134B, Condesa; Hauptgerichte 100 Mex$; ⏲ Mo–Sa 11–23, So 9–18 Uhr; Ⓜ Patriotismo; Ⓟ) Liebevoll präsentierte Nouvelle Cuisine aus Puebla. In dem gemütlichen Plätzchen in Condesa wird nach der klassischen Art des Konvents Santa Clara oder nach der restauranteigenen *verde*-Kreation *mole* zubereitet.

María del Alma (Karte S. 134 f.; ☎ 5553-0403; Cuernavaca 68, Condesa; Vorspeisen 60 Mex$, Hauptgerichte 100–165 Mex$; ⏲ Mo–Fr 13.30–23, Sa 13.30–1.30, So 13.30–18 Uhr; Ⓜ Patriotismo; Ⓟ) Die kulinarische Flucht nach Tabasodine führt auf einen grünen Innenhof mit zwitschernden Vögel und einem romantischen Pianisten. Bevor man sich über die Spezialitäten aus der Region hermacht – *tamales de chipilín* und *uliche*, ein mit Maismehl angedickter und mit feurigen *mashita*-Chilis gewürzter Hühnereintopf –, gibt's einen Guanabana Margarita.

Pozolería Tixtla (Karte S. 128 f.; ☎ 5233-2081; Hernández y Dávalos 35; Pozole 50 Mex$; ⏲ 11–21 Uhr; Ⓜ Lázaro Cárdenas) Östlich von Roma und in der Arbeiter-Colonia Algarín. Dieser altmodische Speisesaal hat sich auf grüne *pozole* nach Guerrero-Art spezialisiert, eine wunderbare Variation der klassischen Brühe aus Huhn und Maismehl, garniert mit knusprigen *chicharrón* und sämigen Avocadostücken.

Tamales Chiapanecos María Geraldine (Karte S. 142; ☎ 5608-8993; Plaza Hidalgo;Tamales 24 Mex$; ⏲ Sa 12–21, So 8–21 Uhr) Am Durchgang gleich neben dem gewölbten Flügel der Kirche San Juan Bautista findet man die unglaublichen *tamales* von Doña María Geraldine aus Chiapas. Sie sind in Bananenblätter eingewickelt, mit Zutaten wie Oliven, Pflaumen und Mandeln gefüllt und mit köstlichen Salsas gewürzt – eine vollwertige Mahlzeit.

Zona Rosa & Umgebung

Die rosa Zone, das internationale Partyzentrum der Hauptstadt, weist die größte Dichte von Bars und Clubs in der Stadt auf. Die Preise in den zahlreichen Treffpunkten an der Londres und Florencia spiegeln die Ausrichtung auf die Touristen wider. Die Calle Amberes hat sich zum Mittelpunkt der Barszene von Schwulen und Lesben enwickelt.

CAFÉS

Sanborns Café (Karte S. 134 f.; ☎ 5207-9760; Londres 149; ⏲ 24 Std.; Ⓜ Insurgentes) Tagsüber ist der rund um die Uhr geöffnete Kaffeeshop ein beliebter Ort zum Frühstücken, nach Feierabend wird ein praktischer Ankerpunkt zwischen zwei Clubs draus.

Cafetería Gabi's (Karte S. 134 f.; ☎ 5511-7637; Nápoles 55, Ecke Liverpool; ⏲ Mo–Sa; Ⓜ Insurgentes) Dieses Kaffeehaus in Familienbesitz ist vollgestellt mit allem möglichen Zubehör zum Thema Kaffee. Morgens summen hier die Unterhaltungen, am frühen Abend strömen dann die Angestellten der Büros aus dem Viertel herein, um sich bei einem starken *café con leche* oder einer knusprigen *banderilla* (stäbchenförmiges, glasiertes Gebäck) von der Arbeit zu erholen.

BARS

Bar Milán (Karte S. 134 f.; ☎ 5592-0031; Milán 18; ⌚ Di & Mi 21–24, Do–Sa 21–3 Uhr; Ⓜ Cuauhtémoc) Dieser höhlenartige Treffpunkt versteckt sich in einer ruhigen Nebenstraße und quillt an den meisten Wochenenden über vor Massen junger Leute aus allen Ländern. Man kauft eine Biermarke *(milagros)* und macht sich auf zur kaktusförmigen Bar. Der Sound reicht von klassischem Rock bis Café Tacuba.

Papa Bill's Saloon (Karte S. 134 f.; ☎ 5207-6669; Río Guadalquivir 88; ⌚ Mo–Sa 13–24 oder 1, So 13–20 Uhr; Ⓜ Insurgentes) Für diejenigen, die ihren Sport nicht verpassen wollen, stehen in dieser ausgedehnten, gringofreundlichen guten Stube jede Menge Flachbildschirme, auf denen die wichtigen Spiele laufen. Happy Hour (2 trinken, 1 bezahlen) ist von 14 bis 21 Uhr.

Condesa

CAFÉS

Café Bola de Oro (Karte S. 134 f.; ☎ 5286-5659; Av Nuevo León 192-B; ⌚ Mo–Fr 7–22, Sa 9–19 Uhr; Ⓜ Chilpancingo) Die abgeschiedene Filiale eines Kaffeehändlers aus Xalapa ist super, um eine Tüte mit Bohnen aus Coatepec zu erstehen oder einfach eine Tasse mit einer feinen, vollmundigen Mischung aus Veracruz zu genießen.

Pastelería Maque (Karte S. 134 f.; ☎ 2454-4662; Ozulama 4; 🚌 Campeche) Die Gelehrten aus Condesa treffen sich morgens und abends in dieser Mischung aus Café und Bäckerei im Pariser Stil nahe dem Südende des Parque México. Die Kellner gehen herum mit Tabletts voll frisch gebackener Croissants und *conchas* (runde, mit Zucker bestreute Gebäckstücke) – man zeigt auf das, was man möchte.

BARS

Die Barszene Condesas blüht immer weiter, ununterbrochen schießen neue Locations aus dem Boden (und andere werden geschlossen). Die folgenden sind ganz gut etabliert und von Donnerstag- bis Samstagabend proppevoll. Die Kreuzung von Tamaulipas und Nuevo León hat sich zu einer *der* Gegenden für Bars entwickelt und einen Ruf als Treffpunkt für *fresas* (wörtlich „Erdbeeren", abschätziger Begriff für die Jugend der Oberschicht) bekommen.

Black Horse (Karte S. 134 f.; ☎ 5211-8740; Mexicali 85, Ecke Tamaulipas; ⌚ Di–Sa 18–2 Uhr; Ⓜ Patriotismo) Neben den hausgemachten Würstchen mit Kartoffelbrei und der Übertragung von Fußballspielen kann dieses authentische britische Pub mit einem internationalen Publikum prahlen. Unter der Woche spielen im Hinterzimmer ausgezeichnete Bands.

El Centenario (Karte S. 134 f.; ☎ 5553-5451; Vicente Suárez 42; ⌚ Mo–Sa 12–24 Uhr; Ⓜ Patriotismo) Diese mit Stierkampfandenken überladene Cantina ist ein Zufluchtsort für die Tradition inmitten der modischen Restaurantgegend.

Malafama (Karte S. 134 f.; ☎ 5553-5138; Av Michoacán 78; Tisch 80 Mex$/Std.; Ⓜ Patriotismo) Die schicke Billardhalle von Condesa ist genauso poppig wie seine Bars und Cafés und dient gleichzeitig als Galerie für Fotokunst. Die gepflegten Tische werden sowohl von Profis als auch von Anfängern belagert.

Hookah Lounge (Karte S. 134 f.; ☎ 5264-6275; Campeche 284; ⌚ Mo–Mi 13–00.30, Do–Sa 13–2 Uhr; Ⓜ Chilpancingo) Der Spaß dreht sich hier v. a. um die Wasserpfeifen (ab 100 Mex$), die in erstaunlich vielen Geschmacksrichtungen zu haben sind. Von Mittwoch bis Samstag abends produzieren DJs auf nicht weniger als vier Turntables einen kunstvollen Mix aus elektronischen und arabischen Rhythmen.

Pata Negra (Karte S. 134 f.; ☎ 5211-5563; Av Tamaulipas 30; ⌚ 13.30–2 Uhr; Ⓜ Patriotismo) Eigentlich ist es eine Tapasbar. Der längliche Salon zieht ein freundliches, ordentliches Publikum von Chilangos und hier lebenden Ausländern ab 20 an. Livemusik gibt's auf beiden Stockwerken, im oberen Salón Pata Negra ist sie allerdings etwas künstlerischer.

T-Gallery (Karte S. 134 f.; ☎ 5211-1222; www.tgallerydesign.com; Saltillo 39; ⌚ Mo–Sa 17–2 Uhr; Ⓜ Patriotismo) Eine ungezwungene, abgeklärte Menge schaltet in den zahlreichen Salons dieses herrlichen alten Hauses in Condesa bei einem Cocktail ab. Alle Räume sind in einer wunderbaren Mischung aus kitschigen Sofas, Kaffeetischen und Spiegeln gehalten, abends jammen unten Jazz-, Blues- und Bossa-Nova-Bands.

Rexo (Karte S. 134 f.; ☎ 5553-5337; Saltillo 1; ⌚ So–Di 13.30–1, Mi–Sa 13.30–2 Uhr; Ⓜ Patriotismo) Der minimalistische Edelclub auf drei Stockwerken ist seit Langem beliebt. An den Wochenenden ist hier die Hölle los. Oben kann man zu Abend essen, aber das Gelage findet an der Bar unten statt, wo *mezcaltinis* und andere ungewöhnliche Cocktails serviert werden.

Die Bar im modischen Condesa df (S. 178) ist zu einem unverzichtbaren Stopp bei einem Streifzug durch Condesa geworden. Die Action spielt sich vor allem im dreieckigen Innenhof und den verrückt gestalteten Nischen drumherum ab. Auf dem Dach entspannen die Gäste in bonzigen Weidensofas, knabbern Sushi und genießen die Aussicht auf den grünen Parque España auf der anderen Straßenseite.

Roma

CAFÉS

Enanos de Tapanco (Karte S. 134 f.; ☎ 5564-2274; Orizaba 161, Ecke Querétaro; ⏲ Mo–Fr 8–23.30, Sa 9–23.30, So 15.30–22.30 Uhr; Ⓜ Centro Médico) Das wohl coolste Café in Mexico City. „Zwerge vom Dachboden" dient auch als Kunstgalerie und Ort zum Geschichtenerzählen (Di abend). Bei abwechslungsreicher Musik werden Cappuccinos und Quiches gereicht.

Maison de Thé Caravanserai (Karte S. 134 f.; ☎ 5511-2877; Orizaba 101; ⏲ Mo–Fr 10–21.30, Sa 12.30–21.30, So 15.30–21.30 Uhr; Ⓜ Insurgentes) In diesem von Franzosen geführten Teehaus gibt's über 100 Mischungen, unterteilt nach ihrer vorgesehenen Verwendung oder ihrer Wirkung – Tokyo Springtime etwa ist ein „feiner Tee für den Nachmittag". Die Besucher entspannen sich auf bequemen Sofas und genießen den Trank ihrer Wahl, der auf einem Silbertablett feierlich serviert wird.

Café Villa de Madrid (Karte S. 134 f.; Plaza Villa de Madrid; ⏲ Mo–Sa 8.15–18.30 Uhr; 🚌 Durango) Dieses Lokal an der Straße gibt's schon ewig. Es hat am oberen Ende der Plaza Villa de Madrid (alias Plaza Cibeles) ein paar Tische draußen stehen und röstet die Kaffeebohnen von der Familien-*finca* (Farm) in Chiapas (sie rollen auch ihre eigenen Zigarren).

BARS

La Bodeguita del Medio (Karte S. 134 f.; ☎ 5553-0246; Cozumel 37; ⏲ Di–Sa 14–2, So & Mo 14–24 Uhr; Ⓜ Sevilla) Die Wände in diesem lebhaften Ableger des berühmten Havanna-Treffpunkts sind mit Versen und Nachrichten übersät. Man nimmt einen *mojito* (kubanischer Cocktail mit Rum und Minzblättern) und genießt ausgezeichnete *son cubano*-Combos, die hier auftreten.

Cantina Covadonga (Karte S. 134 f.; ☎ 5533-2922; Puebla 121; ⏲ Mo–Fr 13–3 Uhr; Ⓜ Insurgentes) Die alte asturische Gemeindehalle hallt vom Klicken der Dominos wider. Eigentlich ist es eine traditionelle Männerenklave, aber seit Neuestem kommen immer mehr Jazzmusiker beider Geschlechter in die heiligen Hallen.

Travazares Taberna (Karte S. 134 f.; ☎ 5264-1142; Orizaba 127; ⏲ 13–2 Uhr; 🚌 Ávaro Obregón) Der Bestandteil eines Kulturzentrums im unteren Stock ist ein beliebter Treff in Roma und schlägt einen angemessen künstlerischen Ton an. Recycelte Objekte schmücken eine Reihe von gemütlichen Salons im Kerzenschein, in denen eine künstlerisch angehauchte Jugend an Wein oder Cerveza Cosaco (Bier einer mexikanischen Kleinbrauerei) nippt.

Tiki Bar (Karte S. 134 f.; ☎ 5584-2668; Querétaro 227; ⏲ Mi–Sa 18–3 Uhr; 🚌 Sonora) Von den Salsa-Tanzclubs drumherum hebt sich dieser südpazifische Spaß mit Kitsch ab: Bambus an den Wänden, Fußböden aus Teak. Die echte Attraktion sind die verrückten Cocktails: Neben stinknormalen Mai Tais locken *chocotikis, mojotikis* und andere Rumvariationen eine VIP-lastige Menge an.

Bengala (Karte S. 134 f.; ☎ 5211-4690; Sonora 34A; ⏲ Do–Sa 21–4 Uhr; Ⓜ Chapultepec) Die schummrige Konzeptbar gibt einem das Gefühl, sich auf einem Wüstenmarsch zu befinden: Ihre Einrichtung wurde von *Casablanca* und *Himmel über der Wüste* inspiriert. Die etwas abgeschiedene Lage fördert die verschwörerische Stimmung nur noch. Man nimmt einen „Module" (grüner Cocktail aus Gurke, Pernod und *mezcal*) und mischt sich unter die Persönlichkeiten aus Film und Fernsehen, die hier gewohnheitsmäßig auftauchen.

Polanco

Auch wenn das Viertel nicht ganz so topaktuell ist wie Condesa, lebt das gut betuchte Viertel nach Einbruch der Nacht richtig auf.

Área (Karte S. 138 f.; ☎ 5282-3100; Av Presidente Masaryk 201; ⏲ Mo–Mi 19–23, Do–Sa 19–2 Uhr; Ⓜ Polanco) Auf dem Dach des Hábita Hotels betreibt diese Open-Air-Lounge schwunghaften Handel mit exotischen Martinis. Die Kulisse bilden das herrliche Stadtpanorama und Videos, die auf die Wand eines nahen Gebäudes projiziert werden.

Big Red (Karte S. 138 f.; ☎ 5255-5277; Av Presidente Masaryk 101; ⏲ Mo–Sa 8.30–2 Uhr; Ⓜ Polanco) Dieser Großhändler berechnet die Drinks nach Unzen: 14 Mex$ für Bacardi, 18 Mex$ für Centenario Tequila, plus ein beliebiges Getränk zum Mischen. So lockt die Location ein breiter gefächertes Publikum an als eine normale *antro* (Bar) in Polanco. Und statt des dort bevorzugten Elektros lässt das Big Red mutig Banda erschallen.

Xochimilco

Pulquería El Templo de Diana (Karte S. 140; ☎ 5653-4657; Madero 17, Ecke Calle 5 de Mayo; ⏲ 9–21.30 Uhr; Ⓜ Xochimilco) Die klassische *pulquería* befindet sich einen Block östlich des Hauptmarkts. Die Atmosphäre ist fröhlich, auf dem Boden liegt Sägemehl und die Gäste gemischten Alters schütten hinter den Schwingtüren riesige Krüge des Agaven-Getränks in sich hinein. Manchmal schauen sogar ein paar Frauen vorbei. Der Pulque kommt täglich frisch aus dem Staat Hidalgo und wird hier meisterhaft gemixt mit dem Geschmack von Mango, Tomate oder Pinienkernen.

Pulquería La Botijona (Karte S. 140; Morelos 109; 9–21.30 Uhr; M Xochimilco) Der wohl sauberste Pulque-Ausschank der Stadt, in der Nähe des Bahnhofs. Eine freundliche Familie führt die dem Umweltschutz verschriebene Halle. Das traditionelle Gebräu wird in großen Plastikkübeln ausgegeben, die die Regale füllen.

Coyoacán

Café El Jarocho (Karte S. 142; ☎ 5658-5029; Cuauhtémoc 134, Ecke Allende; 6–1 Uhr; M Coyoacán) An diesem unglaublich beliebten Treffpunkt wird eine lange Schlange von Kaffeesüchtigen mit Cappucinos (8 Mex$) versorgt. Da es drinnen keine Sitzgelegenheiten gibt, trinkt man seinen Kaffee stehend auf der Straße oder sitzend auf den Bänken am Straßenrand. Eine weitere Filiale (Karte S. 142; ☎ 5659-9107; Av México 25-C) liegt günstig am Viveros Park.

La Guadalupana (Karte S. 142; ☎ 5554-6253; Higuera 2; Mo–Sa 12–0.30 Uhr; M Viveros) Die rustikale Taverne schenkt seit über sieben Jahrzehnten aus und atmet Tradition bis zu den blasierten Kellnern in weißen Jacken. Es gibt neben herzhafterer Kost *botanas* und *tortas*.

El Hijo del Cuervo (Karte S. 142; ☎ 5658-7824; www.elhijodelcuervo.com.mx; Jardín Centenario 17, Coyoacán; Mo–Mi 16–24, Do 13–1.30, Fr & Sa 13–2.30, So 13–23.30 Uhr; M Viveros) Die riesige Halle mit ihren Steinwänden ist eine Institution in Coyoacán und liegt am Jardín Centenario. Sie ist quasi der Lebensraum trinkender Intellektueller. In dem kleinen Theater hinten treten diverse Musikgruppen auf (Mi & Do abends).

La Bipolar (Karte S. 142; ☎ 5484-8230; Malintzin 155; 13–2 Uhr; M Viveros) Diese beliebte neue Cantina gehört dem mexikanischen Mädchenschwarm Diego Luna aus dem berühmten Film *Y Tu Mamá También – Lust for Life*. Hier werden die kitschigeren Elemente der mexikanischen Popkultur gepflegt: Die Wandtäfelung ist aus Plastikkisten hergestellt, aufgeschnittene Blecheimer dienen als Lampenschirme. Zu Corona und *mezcal* gibt's hier einige andersartige Versionen klassischer mexikanischer Snacks.

UNTERHALTUNG

In Mexico City ist jeden Abend so viel los, dass man leicht den Überblick verlieren kann, aber die umfassende Programmzeitung *Tiempo Libre* bewahrt einen davor. Sie erscheint donnerstags und informiert über Livemusik, Theater, Kino, Tanz, Kunst und das Nachtleben. Weitere nützliche Monatspublikationen sind *Donde Ir* und *Chilango*, Letztere mit der Beilage *Time Out*. *Primera Fila*, die Freitagsbeilage der Zeitung *Reforma*, hat ebenfalls einen guten Veranstaltungskalender.

Ticketmaster (☎ 5325-9000; www.ticketmaster.com.mx) verkauft Karten für alle großen Häuser über Internet, Telefon und die folgenden Verkaufsstellen:

Auditorio Nacional (Karte S. 138 f.; Paseo de la Reforma 50; 11–18 Uhr; M Auditorio)

Liverpool Centro (S. 199); Polanco (Karte S. 138 f.; Mariano Escobedo 425; 11–20 Uhr; M Polanco)

Mixup Centro (Karte S. 130 f.; Madero 51; Mo–Sa 10–21, So 11–20 Uhr; M Zócalo); Zona Rosa (Karte S. 134 f.; Génova 76; 9–21 Uhr; M Insurgentes)

Kinos

Für Kinogänger ist Mexico City eine Goldgrube. Hier kommt beinahe alles auf die große Leinwand. Die Karten kosten um die 40 Mex$; mittwochs bezahlt man in vielen Kinos weniger. Außer den Filmen für Kinder läuft hier alles in Originalsprache mit spanischen Untertiteln. Im *El Universal* und *La Jornada* hängt das Programm täglich aus.

Die Multiplexkinos wie **Cine Diana** (Karte S. 134 f.; ☎ 5511-3236; Paseo de la Reforma 423; M Sevilla), **Cinemex Palacio** (Karte S. 130 f.; ☎ 5512-0348; www.cinemex.com; Iturbide 25; M Juárez) und **Cinemex Real** (Karte S. 130 f.; ☎ 5512-7718; www.cinemex.com.mx; Colón 17; M Hidalgo) zeigen v. a. Hollywoodproduktionen und ab und zu mexikanische Hits.

Andere Kinos, die ein abwechslungsreicheres Programm bieten, sind etwa das **Cinemex Casa de Arte** (Karte S. 138 f.; ☎ 5280-9156; www.cinemex.com; France 120; M Polanco) und **Lumiere Reforma** (Karte S. 134 f.; ☎ 5514-0000; Río Guadalquivir 104; M Sevilla).

Daneben gibt es auch noch einige Programmkinos:

Filmoteca de la UNAM (Karte S. 128 f.; ☎ 5665-0709; Insurgentes Sur 3000; Karten 30 Mex$) Die beiden Kinos im Centro Cultural Universitario zeigen Filme aus einer Sammlung mit über 35 000 Titeln. Ihr Programm und das anderer

DIE WIEDERAUFERSTEHUNG DES MEZCAL

Der *Mezcal*, irrtümlicherweise bekannt als „das Getränk mit dem Wurm drin", bekommt nun endlich den Respekt, der ihm gebührt. (Der Wurm war lediglich ein Marketinggag für leichtgläubige amerikanische Konsumenten.) Viele halten die Spirituose für einen etwas rustikaleren Verwandten des feineren Tequila, dabei ist Tequila in Wirklichkeit umgekehrt nur eine Form des *mezcal*. Dieser wird aus einer speziellen Pflanze gewonnen, die im Staat Jalisco wächst: aus der blauen Agave. In ganz Mexiko aber stellt man *mezcals* aus einer Vielzahl von Agaven (oder Magueys) her, etwa in den Staaten Durango, Zacatecas, Michoacán, Guerrero und – am berühmtesten – Oaxaca. Man schätzt, dass es etwa 136 Arten der saftigen Pflanze gibt, von denen jede eine andere *mezcal*-Version ergibt. Nach den neuen Gesetzen müssen die *mezcals* aus den verschiedenen Regionen jetzt mit einer Herkunftskennzeichnung versehen werden, ähnlich den Weinbezeichnungen aus den Regionen in Spanien und Frankreich. Viele kleine *mezcal*-Hersteller produzieren das Getränk in limitierten, von Hand produzierten Auflagen.

In der Tat serviert man *mezcal* typischerweise mit Orangenstücken und einem orangefarbenen Salz, das mit Chili und Agavenwurm-Pulver gemischt wurde – alte Mythen sterben nur langsam ... Das Ganze wird mit einer kleinen Flasche Victoritabier runtergespült. Genau wie ein edler Single-Malt-Scotch sollte der *mezcal* langsam genossen und nicht gestürzt werden.

Eine Reihe von Treffpunkten in Mexico City hat den *mezcal* heute für eine neue Generation anspruchsvoller Aficionados wiederentdeckt:

Mestizo Lounge (Karte S. 134 f.; ☎ 2454-1662; Chihuahua 121, Roma; ⌚ Di–Sa 18–2 Uhr; Ⓜ Insurgentes) Diese äußerst gesellige Kneipe bildet das Herz der *mezcal*-Wiederauferstehung – einen rauchigen *cenizo* (eine Version aus Zacatecas) oder einen *mezcal*-Martini versuchen sowie eines der ausgezeichneten selbstgemachten Sandwiches.

La Botica (Karte S. 134 f.; ☎ 5212-1167; Alfonso Reyes 120; ⌚ Mo & Di 17–24, Mi–Sa 17–1.30 Uhr; Ⓜ Patriotismo) Wie in einer alten Apotheke werden im La Botica Elixiere aus gedrungenen Flaschen ausgeschenkt, die aufgereiht in einem Regal stehen. Was es gibt, ist passenderweise auf Pappe gekritzelt zu lesen. Man sollte das *cuesh* versuchen, das aus einer wilden Agave in Oaxaca destilliert wird. Das La Botica war ein so unglaublicher Erfolg, dass in der Campeche 396 in Condesa und in der Orizaba 161 in der Colonia Roma weitere Filialen mit ähnlichen Öffnungszeiten aufgemacht wurden.

Taberna Red Fly (Karte S. 134 f.; ☎ 1054-3616; Orizaba 143; ⌚ Mo–Mi 18–24, Do–Sa 18–2 Uhr; 🚌 Álvaro Obregón) Dieser elegant eingerichtete Ort ist in einer typischen Porfiriato-Residenz untergebracht. Das Red Fly organisiert monatlich Verkostungen, bei denen *mezcal*-Fans die feinen Grade im Geschmack abschätzen können, an denen sich die unterschiedlichen Herkunftsorte erkennen lassen.

Los Danzantes (Karte S. 142; ☎ 5658-6054; Jardín del Centenario 12; Ⓜ Viveros) Dieses zeitgenössische mexikanische Restaurant am Hauptplatz in Coyoacán serviert *tobalá*. Dieser weiße *mezcal* wird aus einer seltenen Bergagave gewonnen und in der eigenen Destillerie in Santiago Matatlán, Oaxaca, gebrannt.

zur UNAM gehörender Kinos steht auf www.filmoteca.unam.mx. Die Anfahrt ist auf S. 163 beschrieben.

Cinematógrafo del Chopo (Karte S. 130 f.; ☎ 5702-3494; Dr Atl 37, Colonia Santa María La Ribera; Karten 30 Mex$; Ⓜ San Cosme)

Cineteca Nacional (Karte S. 142; ☎ 1253-9390; www.cinetecanacional.net; Av México-Coyoacán 389; Karten 40 Mex$; Ⓜ Coyoacán) Über sechs Leinwände flimmern themenbezogene Filmreihen, die mindestens einen mexikanischen Streifen beinhalten. Im Zentrum des Komplexes 700 m östlich der Metrostation „Coyoacán" gibt's Cafés und Buchläden. Im November spielt das Cineteca den Gastgeber für die Muestra Internacional de Cine, das internationale Filmfestival Mexico Citys.

Contempo Cinema (Karte S. 134 f.; ☎ 5208-4044; Londres 161; www.contempocinema.com; Ⓜ Insurgentes) Im Mittelpunkt stehen homosexuelle und erotische Themen. Das Kino befindet sich im Shoppingcenter Plaza Ángel in der Zona Rosa.

Salon Cinematográfico Fósforo (Karte S. 130 f.; ☎ 5702-3494; San Ildefonso 43; Karten 30 Mex$; Ⓜ Zócalo) Im Antiguo Colegio de San Ildefonso (S. 148).

Tanz, Klassische Musik & Theater

Orchestermusik, Oper, Ballett, moderner Tanz und Theater gibt's in den zahlreichen Theatern der Hauptstadt in Hülle und Fülle. Die Museen sind ebenfalls Bühne für (oft kostenlose) Aufführungen, z. B. das **Museo de la Secretaría de Hacienda y Crédito Público** (S. 147) und das **Museo de la Ciudad de México** (S. 151). Der Nationalrat für Kunst (Conaculta) gibt auf www.cnca.gob.mx (spanisch) einen Überblick, genau wie die Freitagsausgabe von *La Jornada*.

Palacio de Bellas Artes (Karte S. 130 f.; ☎ 5512-2593; www.bellasartes.gob.mx; Av Hidalgo 1; ⏰ Kartenschalter 11–19 Uhr; Ⓜ Bellas Artes) In dem kunstvoll geschmückten Theater treten das Orquesta Sinfónica Nacional und angesehene Opern- und Tanzensembles auf, die Kammermusikgruppen in den Vortragshallen. Am berühmtesten ist der Palacio aber für sein **Ballet Folclórico de México** (Karten 360–600 Mex$; ⏰ Mi 20.30, So 9.30 & 20.30 Uhr), ein zweistündiges Fest mit Kostümen, Musik und Tanz aus ganz Mexiko. Karten gibt's am Veranstaltungstag im Palacio oder bei Ticketmaster (S. 191).

Centro Cultural Universitario (Karte S. 128 f.; ☎ 5665-0709; www.difusion.cultural.unam.mx; Av Insurgentes Sur 3000) Dieser Komplex, im bewaldeten Südteil des Campus der staatlichen Universität versteckt, beherbergt fünf Theater, u.a. das Sala Nezahualcóyotl, Heimat der UNAM Philharmonic, das Teatro Alarcón, eine Bühne für Dramen, und die Sala Miguel Covarrubias, einen Treff für modernen Tanz. Die Anfahrt ist auf S. 163 beschrieben.

Centro Nacional de las Artes (CNA; Karte S. 142; ☎ 4155-0000; www.cenart.gob.mx; Río Churubusco 79; Ⓜ General Anaya) Dieses ausgedehnte Kunstinstitut liegt in der Nähe von Coyoacán und veranstaltet Events aus dem ganzen künstlerischen Spektrum, viele sogar kostenlos. Man verlässt die Metrostation „General Anaya" (Línea 2) auf der Ostseite der Calz de Tlalpan, geht dann nördlich bis zur Ecke und biegt rechts ab.

Centro Cultural del Bosque Karte S. 138 f.; ☎ 5280-6228; Ecke Paseo de la Reforma & Campo Marte; ⏰ Kartenschalter Mo–Fr 12–15 & 17–19 Uhr & vor den Veranstaltungen; Ⓜ Auditorio) Hinter dem Auditorio Nacional erwarten einen sechs Theater, etwa das dem modernen Tanz verschriebene Teatro de la Danza. Am Wochenende werden nachmittags Kinderstücke und Puppenspiele aufgeführt.

Wer genug Spanisch kann, sollte die lebhafte Theaterszene von Mexico City nicht verpassen. Die spanischsprachige Website **MejorTeatro** (www.mejorteatro.com.mx) nennt die wichtigsten Orte. Die Veranstaltungen finden in der Regel donnerstag- bis sonntagabends statt, an den Wochenenden gibt's Matineen.

Weitere kulturelle Angebote:

Centro Cultural Helénico (Karte S. 141; ☎ 4155-0919; www.helenico.gob.mx; Av Revolución 1500, Guadalupe Inn; Karten 250 Mex$; 🚌 Altavista) Der Komplex ist die Heimat des Teatro Helénico mit 450 Plätzen für wichtige Produktionen und des kabarettartigen Theaters La Gruta.

Foro Shakespeare (Karte S. 134 f.; ☎ 5553-4642; Zamora 7, Condesa; Karten 120–250 Mex$; Ⓜ Chapultepec) Das kleine unabhängige Theater bietet ein abwechslungsreiches Programm.

Teatro Blanquita (Karte S. 130 f.; ☎ 5512-8264; Eje Central Lázaro Cardenas 16, Centro; Karten 100–175 Mex$; Ⓜ Bellas Artes) Das klassische Varietétheater liegt gegenüber der Plaza Garibaldi.

Livemusik

In Mexico City gibt es eine beeindruckende Musikvielfalt. Traditionell Mexikanisches, Kubanisches und Volksmusik sowie Jazz, Rock usw. werden in Konzertsälen, Clubs, Kneipen, Museen, Metros und auf der Straße zum Besten gegeben. In den Rubriken „Conciertos" und „Noche" im *Tiempo Libre* gibt's einen Konzertkalender.

Auf dem Zócalo finden an vielen Wochenenden Gratiskonzerte statt. Auch Coyoacán lohnt sich an den Abenden sowie samstags und sonntags den ganzen Tag über, wenn Musiker, Komiker und Pantomimekünstler die zentralen Plazas in Open-Air-Partylocations verwandeln.

Außerdem mutieren viele Kneipen und Restaurants in Roma und Condesa abends zu Bühnen für Livemusik (s. S. 189).

KONZERTE

Auditorio Nacional (Karte S. 138 f.; ☎ 5280-9250; www.auditorio.com.mx; Paseo de la Reforma 50; Ⓜ Auditorio) Die wichtigsten Gigs mexikanischer und ausländischer Rock- und Popkünstler kommen auf die Bühne des Auditorio Nacional (Staatliche Konzerthalle) mit seinen 10 000 Plätzen. Das angrenzende **Lunario del Auditorio** (www.lunario.com.mx) ist ein großer Club, in dem Jazz- und Folkkonzerte gegeben werden.

Vive Cuervo Salón (Karte S. 138 f.; ☎ 5255-5322; Andrómaco 17, Ecke Moliere) Der Saal in der Größe eines Lagerhauses ist *die* Adresse für Rock-, Welt- und Salsastars auf Tour. Ausgezeichneter Sound, eine die ganze Wand einnehmende Bar und eine Tanzfläche für Tausende machen es zu einem der innovativsten Clubs im Land. Eintrittspreise schwanken.

Teatro de la Ciudad (Karte S. 130 f.; ☎ 5510-2942; Donceles 36; Ⓜ Allende) Die Halle mit 1300 Plätzen, 1918 erbaut und aufwendig restauriert, nimmt einige interessante tourende Acts auf.

MARIACHI

Die Mariachigruppen versammeln sich fünf Blocks nördlich vom Palacio de Bellas Artes auf der Plaza Garibaldi (Karte S. 130 f.). Sie tragen ausgefallen Kostüme, dudeln auf ihren Trompeten, stimmen ihre Gitarren und vertreiben sich die Zeit mit einem Drink, bis sie jemand für einen Song bezahlt (rund 100 Mex$) oder auf eine Party mitnimmt.

Die Plaza Garibaldi füllt sich gegen 20 Uhr und bleibt bis Mitternacht voller Leben. Essen kann man im Mercado San Camilito nördlich der Plaza.

El Tenampa (Karte S. 130 f.; ☎ 5526-6176; ⌚ 13–3 Uhr; Ⓜ Garibaldi) In der stimmungsvollen Cantina an der Nordseite des Platzes, die mit Wandmalereien von Stars der mexikanischen Musikszene geschmückt ist, sorgen hauseigene Sänger für Stimmung. Ein Besuch ist ein Muss.

ROCK

Am Nordende des Straßenmarkts **Tianguis Cultural del Chopo** (S. 199) gibt es eine Bühne, auf der jeden Samstagnachmittag junge, hungrige Alternative-, Metal- und Punkbands auftreten.

Dada X (Karte S. 130 f.; ☎ 2454-4310; www.recia.org/dadax; Bolívar 31, Ecke Calle 16 de Septiembre; je nach Veranstaltung umsonst–200 Mex$; ⌚ Do–Sa ab 21 Uhr; Ⓜ San Juan de Letrán) Jugendliche in Schwarz strömen in das Obergeschoss eines prächtigen Kolonialgebäudes. Auf dem Programm steht alles mögliche, von Kultfilmen über Dichterlesungen bis hin zu Livemusik von Ska bis Elektro.

Multiforo Alicia (Karte S. 134 f.; ☎ 5511-2100; Av Cuauhtémoc 91; www.myspace.com/foroalicia; Eintritt 70 Mex$; ⌚ Fr & Sa 21–2 Uhr; Ⓜ Cuauhtémoc) Hinter der mit Graffiti besprühten Fassade befindet sich der beste Rockclub von Mexico City. Wie es sich gehört, hat das Alicia keine Sitzgelegenheiten und ist ziemlich verraucht. Hier spielen aufstrebende Punk-, Surf- und Ska-Bands, die ihre Musik im Laden unten verkaufen.

Pasagüero (Karte S. 130 f.; ☎ 5512-6624; www.pasaguero.com; Motolinia 33; Eintritt 100 Mex$; ⌚ Do–Sa 22–2.30 Uhr; Ⓜ Allende) Ein paar weitsichtige Stadtplaner haben das aus Stein gebaute Erdgeschoss des historischen Gebäudes in einen kulturellen Veranstaltungsort verwandelt, vor allem für Rock- und Elektromusik.

Hard Rock Live (Karte S. 138 f.; ☎ 5327-7101; Eintritt ab 220 Mex$; Campos Elíseos 290; Ⓜ Auditorio) In einer herrlichen alten Villa von Polanco und in der Nähe des Auditorio Nacional. In der Filiale des internationalen Clubs spielen die Stars des *rock en español*. Hier treten Gruppen auf wie La Cuca, Nortec Collective, La Gusana Ciega, Zoe und Molotov.

Cultural Roots (Karte S. 130 f.; ☎ 5521-6622; Tacuba 81; Eintritt 25 Mex$; ⌚ Fr & So 16–23, Sa 21–2 Uhr; Ⓜ Allende) Porträts von Marcus Garves, Haile Selassie und Emiliano Zapata wachen über das Gedränge der skankenden Jugendlichen, die den Saal von der Größe einer Lagerhalle füllen. Die DJs legen eine verwegene Mischung von zeitgenössischem Reggae auf.

JAZZ & BLUES

Papa Beto (Karte S. 134 f.; ☎ 5592-1638; www.papabeto.com; Villalongín 196, Colonia Cuauhtémoc; Eintritt 80–100 Mex$; ⌚ Di–Sa 1./2. Show 21.30/23 Uhr; Ⓜ Insurgentes) Ein japanischer Auswanderer führt diesen Club, um den beeindruckenden Reichtum an regionalen Talenten in Szene zu setzen. Das hier ist der wichtigste Ort für Jazz in der Stadt. Die Dienstagabende sind für Jam-Sessions mit Überraschungsgästen reserviert.

Zinco Jazz Club (Karte S. 130 f.; ☎ 5512-3369; www.zincojazz.com; Motolinía 20; Eintritt 100–200 Mex$; ⌚ Mi–Sa 21–2 Uhr; Ⓜ Allende) Der Edelclub unter der Erde spielt bei der Wiedergeburt des Centro eine große Rolle. Im Zinco treten regionale Jazz- und Funkgruppen und manchmal berühmte Künstler auf Tour auf. Der kleine Raum füllt sich schnell – vorher reservieren!

Ruta 61 (Karte S. 134 f.; ☎ 5511-7602; Baja California 281; Eintritt 60–200 Mex$; ⌚ Musik Do–Sa ab 22 Uhr; Ⓜ Chilpancingo) In diesem Treff für die in Jeans gekleideten Blues-Verehrer treten auf mehreren Stockwerken Künstler mit Elektroblues nach Art von Buddy Guy/Howlin' Wolf auf. Etwa einmal im Monat gibt's einen Act aus Chicago, aber meist bekommt man eine der vielen regionalen Coverbands zu sehen.

LATIN DANCE

Für die zahlreichen Tanzfans in der Stadt steht eine Reihe Clubs und *salones de baile* (Tanzsäle) zur Auswahl. Die hier aufgeführten Clubs besucht man üblicherweise in Gruppen und teilt sich eine Flasche Rum oder Tequila (ab etwa 600 Mex$, inkl. Mischgetränk).

Auf der Plaza de Danzón (Karte S. 130 f.), nordwestlich von La Ciudedela in der Nähe der Metrostation „Balderas“, kann man ein paar Schritte lernen. Jeden Samstagnachmittag füllen die Paare die Plaza, um *danzón* zu tanzen, einen eleganten, komplizierten Tanz aus Kuba, der im 19. Jh. nach Mexiko schwappte. Zwischen 15.30 und 17.30 Uhr etwa gibt's Unterricht in *danzón* und anderen Tänzen.

Kubanische Tanzclubs gibt's in Roma jede Menge, v.a. nahe der Kreuzung von Insurgentes und Medellín.

El Gran León (Karte S. 134 f.; ☎ 5564-7110; Querétaro 225, Roma; Eintritt 60 Mex$; ⌚ Do–Sa 21–3.30 Uhr; 🚌 Sonora) Zwei oder drei erstklassige kubanische *son*-Ensembles betreten abends die tropische Bühne dieses Clubs der alten Schule. Frauen ohne (und auch mit) Begleitung sollten damit rechnen, auf die vollgepackte Tanzfläche entführt zu werden.

Mamá Rumba (Karte S. 134 f. ☎ 5564-6920; Querétaro 230, Ecke Medellín, Roma; Eintritt 70–80 Mex$; ⌚ Mi–Sa 21–3.30 Uhr; 🚌 Sonora) Das Mamá Rumba wird von einem Einwanderer aus Havanna geführt. Hier wird zeitgenössische Salsa mit Musik von der Bigband des Hauses gezeigt. Tanzlehrer sorgen mittwoch- und donnerstagabends für Schwung, an den Samstagen beherbergt der grundsätzlich sehr volle Club abwechselnd Reggae-DJs und Kabarett.

Salón Los Ángeles (Karte S. 128 f.; ☎ 5597-5181; Lerdo 206; Eintritt 40 Mex$; ⌚ Di & So 18–23 Uhr; Ⓜ Tlatelolco) Fans von kubanischer Musik sollten weder die hervorragenden Orchester noch die anmutigen Tänzer verpassen, die die riesige Tanzfläche des atmosphärischen Ballsaals füllen. Vor allem dienstagabends, wenn Ältere zum *danzón*-Tanzen kommen, fühlt man sich wie in einem Kostümfilm. In der ruppigen Colonia Guerrero, daher besser ein Taxi nehmen.

VARIETÉ

La Casa de Paquita la del Barrio (Karte S. 128 f.; ☎ 5583-8131; Zarco 202; Eintritt 150 Mex$; ⌚ Fr & Sa 20.30 Uhr; Ⓜ Guerrero) Diese Bastion der Popkultur liegt im rauen Viertel Guerrero und ist häufig die Bühne für den Fernseh- und Plattenstar Paquita la del Barrio. Die korpulente Sängerin gibt stets eine großartige Reihe trauriger Balladen zum Besten, die fast alle Verachtung für ihre Verehrer ausdrücken – ihre Randbemerkungen sind herrlich beißend. Um herauszufinden, ob Paquita auftritt, sollte man vorher anrufen.

El Bataclán (Karte S. 134 f.; ☎ 5511-7390; www.labodega.com.mx; Popocatépetl 25, Ecke Amsterdam; Eintritt 100–200 Mex$; ⌚ Di–Sa 21 Uhr; 🚌 Álvaro Obregón) Diese intime Bühne ist im Club La Bodega untergebracht und präsentiert weniger bekannte Künstler aus Mexiko. Die wunderbar surreale Astrid Haddad z. B. tritt hier oft auf. Später lauscht man in den verschiedenen Clubräumen erstklassigen kubanischen *son*-Combos.

Bar El Vicio (Karte S. 142; ☎ 5659-1139; www.lasreinaschulas.com; Madrid 13; Gedeck 100–200 Mex$; Ⓜ Coyoacán) Mit politisch nicht korrekter und sexistischer Comedy und einem die Grenzen des Genres sprengenden Musikprogramm ist diese alternative Kleinkunstbühne passend im alten Stadtviertel Frida Kahlos untergebracht.

TROVA & TRADITIONELLES

Cafebrería El Péndulo (Karte S. 134 f.; www.pendulo.com; Eintrittspreise variieren; ⌚ Shows 21 Uhr) Condesa (☎ 5286-9493; Av Nuevo León 115; Ⓜ Chilpancingo); Zona Rosa (☎ 5208-2327; Hamburgo 126; Ⓜ Insurgentes) Führende mexikanische Liedermacher spielen in den Filialen des Cafés mit Buchladen.

El Balcón Huasteco (Karte S. 128 f.; ☎ 5341-6762; www.elbalconhuasteco.com; Sor Juana Inés de la Cruz 248, Colonia Agricultura; Eintritt 40 Mex$; ⌚ Do–Sa ab 18 Uhr; Ⓜ Normal) Dieses Zentrum für den Erhalt der Huaxtekenkultur von Hidalgo und Veracruz bringt feurige Trios auf die Bühne. Es gibt hölzerne Bühnen für das traditionelle *zapateando*-Tanzen und Snacks aus der Region.

Cafe Corazón (Karte S. 141; ☎ 5550-8854; Frontera 4; Eintritt 60–80 Mex$; ⌚ Fr & Sa 21.30 Uhr; 🚌 La Bombilla) In diesem *trova*-Tempel in der Nähe der Plaza San Jacinto in San Ángel treten Folksänger in der Tradition von Silvio Rodríguez auf.

Nachtclubs

Auf der Welttournee eines DJs ist die blühende Clubszene Mexico Citys ein obligatorischer Stopp geworden. In der Malafama-Billardhalle (S. 189) in Condesa gibt's Flyer zu allem, was geboten wird.

Cibeles (Karte S. 134 f.; ☎ 5208-2029; Plaza Villa de Madrid 17; ⌚ Di–Sa 19–2 Uhr; 🚌 Durango) Ein L-förmiges Wohnzimmer mit niedriger Decke und einer seltsam abwechslungsreichen Zusammenstellung nicht zusammenpassender Sofas, Sessel und Kaffeetische. Die Stimmung in diesem modischen neuen *antro* wechselt unter der Woche von ruhig und gesprächig (Di) zu laut und rau (Fr, wenn DJs die Hits der 1980er mit Lounge-Rythmen mixen). Am Wochenende sind Reservierungen Pflicht.

Cream (Karte S. 130 f.; ☎ 5292-6114; Versalles 52; Eintritt 120 Mex$; ⌚ Do–Sa ab 22 Uhr; Ⓜ Cuauhtémoc) Der alteingesessene El Colmillo Club wurde aufpoliert und gehört nun zu den besten Elektromusikadressen. Von dem schaurig roten Räumchen vorn führt eine Treppe zu der sinnestäuschenden Party-Lounge hinab. International bekannte DJs legen auf dem Steg über der laserbestrahlten Tanzfläche auf.

Gogo Lounge (Karte S. 138 f.; ☎ 5281-8974; Dumas 105; Eintritt 100 Mex$; ⏰ Do–Sa 22–5 Uhr; Ⓜ Polanco) Die Bienenstock-Deko in diesem *antro* über einer Sushi-Bar in Polanco scheint von dem Film *Kill Bill* inspiriert und die Discokugel ist wohl die größte in Lateinamerika. Merengue, Reggaeton und Pop bringen in ein paar proppevollen Sälen eine gerade der Pubertät entwachsene Meute zum Hüpfen.

Momma (Karte S. 138 f.; ☎ 5281-1537; Tennyson 102; ⏰ Mo–Sa 22–2 Uhr; Ⓜ Polanco) Momentan ist das Momma das heißeste *antro* von Polanco und zieht Horden von Partygängern an. Über einem schicken, minimalistischen Restaurant hallt die hell erleuchtete Spiegelhalle wider von Pop *en español* und Hits aus den vergangenen Jahrzehnten. Wie auch sonst in Polanco ist die Eintrittspolitik recht willkürlich. Die Eintrittspreise schwanken.

Pervert Lounge (Karte S. 130 f.; ☎ 5510-4457; República de Uruguay 70; Eintritt 100 Mex$; ⏰ Do–Sa 22.30–5 Uhr; Ⓜ Isabel la Católica) Das Pervert ist einer der Pioniere unter den Elektronikadressen und liegt im Herzen des Zentrums. In dem schmalen Raum zwischen Steinmauern legen regelmäßig DJs vom Kaliber eines Luca Ricci oder eines Satoshi Tomiie auf.

Junge Jazzmusiker füllen jedes Wochenende die Dachterrasse des Centro Cultural de España (S. 147) (freier Eintritt, geöffnet Do–Sa 22–2 Uhr) zu den ausgezeichenten DJ-Sessions. Das renovierte Gebäude aus der Kolonialzeit liegt direkt hinter der Kathedrale und bebt in der Regel gegen Mitternacht.

Sport

Die meisten Tageszeitungen wie die *News* haben umfangreiche Sportteile, die einem verraten, wer wo gegen welchen Ball tritt. Echte Fans sollten nach *La Afición* (www.laaficion.com) Ausschau halten: Die spanischsprachige Tageszeitung hat sich dem Sport verschrieben.

FUSSBALL

An fast jedem Wochenende im Jahr finden in der Hauptstadt zwei oder drei *fútbol*-Spiele der nationalen Primera División statt. Mexico City hat drei Teams: América mit dem Spitznamen Las Àguilas (die Adler), Las Pumas von der UNAM und Cruz Azul. Die Zeitschrift *Esto* bringt die besten Berichte. Es gibt zwei Saisons: von Januar bis Juni und von August bis Dezember. Diese enden jeweils in Playoffs mit acht Mannschaften und schließlich einem Finale mit Hin- und Rückspiel, in dem der Champion ermittelt wird.

Das wichtigste Match überhaupt ist El Clásico zwischen América und Guadalajara. Es füllt das Estadia Azteca mit 100 000 fahnenschwingenden Fans und ist so ziemlich das einzige Spiel im Jahr, für das man im Voraus Karten besorgen sollte.

Die Zeitungen *La Afición* und *Esto* drucken gute Fußballberichte; daneben gibt's jede Menge Webseiten zum mexikanischen Fußball, z. B. die umfangreichen www.futmex.com und www.femexfut.org.mx. Karten (80–450 Mex$ für Saisonspiele) sind normalerweise kurz vor Spielbeginn am Eingang oder bei Ticketmaster (s. S. 191) zu bekommen. Die Spiele finden in mehreren Stadien statt:

Estadio Azteca (Karte S. 128 f.; ☎ 5617-8080; www.esmas.com/estadioazteca; Calz de Tlalpan 3665) Das größte Stadion des Landes (114 000 Plätze) ist die Heimat des Clubs América. Die Spiele finden an den Wochenenden nachmittags statt; die Anstoßzeiten stehen auf der Website. Hin bringt einen der Tren Ligero von der Metrostation „Tasqueña" aus.

Estadio Azul (Karte S. 128 f.; ☎ 5563-9040; www.cruz-azul.com.mx; Indiana 260, Colonia Nápoles; 🚌 Ciudad de los Deportes) Gleich neben der Stierkampfarena an der Plaza México. Die Spiele von Cruz Azul beginnen samstags um 17 Uhr.

Estadio Olímpico (Karte S. 128 f.; ☎ 5522-0491; www.pumasunam.com.mx; Insurgentes Sur 3000, Ciudad Universitaria) Dies ist die Heimat der Pumas; die Spiele beginnen jeweils sonntags um 12 Uhr. Die Anfahrt ist auf S. 163 beschrieben.

BASEBALL

Mexico City hat einen Club, der in der Liga Mexicana de Béisbol spielt: die Diablos Rojos (www.diablos.com.mx). Während der Saison (März–Juli) spielen sie alle zwei Wochen im **Foro Sol** (Karte S. 128 f.; ☎ 5639-8722; Ecke Av Río Churubusco & Viaducto Río de la Piedad; Tickets 25–90 Mex$; ⏰ Mo–Fr 19, Sa 16, So 12 Uhr; Ⓜ Ciudad Deportiva). Von der Metro sind es fünf Minuten zu Fuß bis zum Stadion.

STIERKÄMPFE

Wer nichts gegen das Prinzip solcher Veranstaltungen einzuwenden hat, erlebt bei der *corrida de toros* ein echtes Spektakel – von den Menschenmassen und Händlern draußen bis zum Pomp und Drama in der Arena.

Die **Monumental Plaza México** (Karte S. 128 f.; ☎ 5563-3961; Rodin 241, Colonia Nápoles; 🚌 Ciudad de los Deportes) ist eine der größten Stierkampfarenen der Welt. Die tiefe Betonschüssel fasst 48 000 Zuschauer. Sie liegt ein paar Blocks westlich der Av Insurgentes.

Von November bis März finden sonntags ab 16 Uhr professionelle Kämpfe statt. Von Juni bis Oktober kämpfen Juniormatadoren gegen junge Stiere. An einem Nachmittag werden sechs Stiere getötet, jeweils zwei von drei Matadoren.

Die billigsten Plätze liegen in der Sektion Sol General – die obersten Reihen auf der Sonnenseite. Plätze in der Sektion Sombra General auf der schattigen Seite sind etwas teurer. Die besten Plätze sind in den Barreras, den ersten sieben Reihen, und kosten 175 bis 300 Mex$. Zwischen Barreras und General liegen die Sektionen Primer (1er) Tendido und Segundo (2o) Tendido.

Außer für die größten *corridas* werden solange Karten verkauft, bis der dritte Stier tot ist, aber die besten Plätze sind meistens früh weg. Samstags von 9.30 bis 13 und 15.30 bis 19 Uhr und sonntags ab 9.30 Uhr kann man Karten im Voraus kaufen.

Mehr zum Stierkampf gibt's auf S. 73.

LUCHA LIBRE (MEXICAN WRESTLING)

Mexico City hat zwei Wrestlingstadien, die **Arena de México** (Karte S. 130 f.; ☎ 5588-0266; www.arenamexico.com.mx; Dr Lavista 197, Colonia Doctores; Tickets 45–200 Mex$; Fr 20.30 Uhr; M Cuauhtémoc) mit 17 000 Plätzen und die kleinere **Arena Coliseo** (Karte S. 130 f.; ☎ 5526-1687; República de Perú 77; Di 19.30, So 17 Uhr; M Lagunilla). Jede Woche kommt hier Jahrmarktatmosphäre auf, wenn faszinierende *luchadores* (Wrestler) wie Shocker und Tarzan Boy als Mannschaften oder in Einzelkämpfen gegeneinander antreten. Es gibt drei oder vier Kämpfe, den besten natürlich zum Schluss.

SHOPPEN

Shoppen ist eine echte Freude in Mexico City. Straßenverkäufer für *artesanía*, ulkige Läden und Straßenmärkte konkurrieren um das entbehrliche Einkommen.

Märkte

Die Märkte von Mexico City lohnen einen Besuch, nicht nur wegen der großen Auswahl, sondern auch wegen der aufgeheizten Atmosphäre bei den Geschäften. Außer den hier aufgeführten großen Märkten sind auch die lokalen Märkte (am Schild „Mi Mercado" erkennbar) interessant.

Der **Mercado Insurgentes** (Karte S. 134 f.; Londres, Ecke Florencia, Zona Rosa; Mo–Sa 9.30–19.30, So 10–16 Uhr; M Insurgentes) bietet schönes Kunsthandwerk: Silber, Töpferwaren, Leder und Holzschnitzereien. Für einen guten Preis muss man handeln.

Centro de Artesanías La Ciudadela (Karte S. 130 f.; Balderas, Ecke Dondé; 10–18 Uhr; M Balderas) Einer der besten Orte für Hübsches aus ganz Mexiko. Toll sind die *alebrijes*, skurril bemalte Holztiere (Stand 6 im nördlichsten Gang, nahe dem Eingang Balderas), Gitarren aus Paracho (Stand 64 am Pasillo 4) und Perlenarbeiten aus Huichol (Stand 163 an der Dondé am Parkplatzeingang). Die Preise sind meistens fair, auch ohne Handeln.

La Lagunilla (Karte S. 130 f.; Ecke Rayón & Allende; Mo–Sa 9–20, So 10–19 Uhr; M Garibaldi) Der riesige Komplex besteht aus drei Gebäuden: In Gebäude Nr. 1 gibt es Kleider und Stoffe, in Nr. 2 Essen und in Nr. 3 Möbel.

Mercado de La Merced (Karte S. 128 f.; Anillo de Circunvalación, Ecke General Anaya; 8–19 Uhr; M Merced) Der Markt erstreckt sich über vier volle Blocks. Hier gibt es Alltagsgegenstände und ziemlich fotogene Lebensmittelstände.

Mercado de Jamaica (Karte S. 128 f.; Ecke Guillermo Prieto & Congreso de la Union, Colonia Jamaica; 8–19 Uhr; M Jamaica) Ein riesiger, farbenprächtiger Blumenmarkt, auf dem man sowohl verschnörkelte Blumenarrangements als auch exotische Blumen wie Orchideen und Hummerscheren bekommt.

Tianguis Dominical de la Lagunilla (Karte S. 130 f.; Ecke Gónzalez Bocanegra & Paseo de la Reforma; So; M Garibaldi) Hier kann man Jagd auf Antiquitäten, alte Souvenire und allerlei Krimskrams machen. Bücher und Zeitschriften gibt es entlang des La Lagunilla-Gebäudes.

STRASSENMÄRKTE

In den meisten Vierteln wird mindestens einmal in der Woche ein *tiangui* (vom Nahua-Wort *tianquiztli*) abgehalten, auf dem frisches Obst und Gemüse verkauft werden. Die Verkäufer rufen: „*¿Que le damos?* („Was können wir Ihnen geben?"). *Tianguis* dauern meist von 10 bis 17 Uhr.

Bazar Artesanal de Coyoacán (Karte S. 142; Plaza Hidalgo, Coyoacán; Sa & So; M Viveros) Hier gibt es selbstgemachten Hippieschmuck, Kunsthandwerk, Jongleure, Wahrsager und Räucherstäbchen.

Bazar de la Roma (Karte S. 134 f.; Jardín Dr Chávez & Álvaro Obregón, Roma; Sa & So; M Cuauhtémoc) Der

DIE LESBEN- & SCHWULENSZENE IN MEXICO CITY

Seit das Parlament des DF eine Initiative verabschiedet hat, nach der gleichgeschlechtliche Partnerschaften erlaubt sind, gilt Mexico City als Festung der Toleranz in dem sonst so konservativen Land. Die neue Offenheit hat der Hauptstadt eine besondere Energie verliehen: Das schon lange bestehende Zentrum der Schwulenszene ist die Zona Rosa – v.a. auf der Calle Amberes sind in letzter Zeit Bars, Discos, Nachtclubs, Restaurants und Cafés wie Pilze aus dem Boden geschossen –, aber es gibt noch weitere aktive Ecken, etwa in Roma und dem Centró Histórico. Die Zeitschrift *Homópolis* ist in einigen Clubs kostenlos erhältlich und versorgt einen genau wie www.zonagayonline.com.mx (spanisch) mit nützlichen Informationen.

BGay BProud Café México (Karte S. 134 f.; ☎ 5208-2547; www.bgaybproud.com; Amberes 12B; ⌚ 11–23 Uhr; Ⓜ Insurgentes) Das ist ein guter Ausgangspunkt für eine Entdeckungstour. Dieses lässige Café stellt quasi den Lebensnerv der Schwulenszene im DF dar, besonders für die Jüngeren.

Black Out (Karte S. 134 f.; ☎ 5511-9973; www.black-out.com.mx; Amberes 11; ⌚ 17–2 Uhr; Ⓜ Insurgentes) Der neue Hotspot in der heißesten Straße der Zona Rosa wird meist von Männern, aber auch von Clubfans anderer Neigungen frequentiert. Er wurde von Felipe Fernández del Paso, dem Art Director des Filmes *Frida*, entworfen, um die kosmopolitische New Yorker Theaterszene heraufzubeschwören. Der kleine Raum ist in schwarzen Samt gehüllt und hat eine beinahe himmelhohe Bar mit besten Spirituosen.

Bar Oasis (Karte S. 130 f.; ☎ 5521-9740; República de Cuba 2G; ⌚ So–Do 15–1, Fr & Sa 15–3 Uhr; Ⓜ Bellas Artes) Gleich neben El Viena. Diese volle Disko lässt Klassenunterschiede vergessen: Hier tanzen Cowboys mit Geschäftsleuten vor einer schimmernden Skyline, und nach Mitternacht gibt es Shows mit Playback singenden Transvestiten.

El Viena (Karte S. 130 f.; ☎ 5512-0929; República de Cuba 2E; ⌚ 13–3 Uhr; Ⓜ Bellas Artes) Die einzige Cantina für Homosexuelle in der Stadt ist ein freundlicher, wenn auch unauffälliger Ort. Sie zieht eine gemischte Kundschaft an, von Truckfahrern bis zu Journalisten, und die Jukebox ist super.

Living (Karte S. 134 f.; ☎ 5286-0671; www.living.com.mx; Paseo de la Reforma 483, Cuauhtémoc; Eintritt 150–170 Mex$; ⌚ Fr & Sa 22–4 Uhr; Ⓜ Sevilla) Das Living, untergebracht in einer sagenhaften Villa im italienischen Stil in der Nähe des Torre Mayor, ist ein Tempel für das ekstatische Nachtleben der über Zwanzigjährigen, sowohl der Homos als auch der Heteros. Auf der riesigen Haupttanzfläche legen Weltklasse-DJs großartige Housesessions auf, während auf dem erhobenen Laufsteg gestylte Performancekünstler oder exotische Tänzer kreisen. In anderen Sälen wird andere Unterhaltung geboten.

La Perla (Karte S. 130 f.; ☎ 1997-7695; República de Cuba 44; Eintritt 120 Mex$; ⌚ Shows Fr & Sa 23.30 & 1.30 Uhr; Ⓜ Bellas Artes) Das La Perla gehörte einst zum Rotlichtmilieu, dann war es eine Kleinkunstbühne und als Ironie eine ganz große Nummer war, verwandelte es sich in eine Wiege des Kitsch. In den fröhlichen Hauptnummern treten traditionelle, mexikanische Sängerinnen auf. Das Publikum ist gemischt, vielleicht sogar eher hetero als homo, aber auf jeden Fall in wilder Stimmung. Man sollte spätestens gegen 22.30 Uhr da sein, damit man reinkommt.

Tom's Leather Bar (Karte S. 134 f.; ☎ 5564-0728; www.toms-mexico.com; Insurgentes 357; Eintritt 120 Mex$; ⌚ Di–So 21–4 Uhr; 🚌 Sonora) Wer sich traut, mal mittelalterlich zu sein, findet im Tom's die Requisiten – Wappenschilde, gekreuzte Schwerter und Kronleuchter sind die Highlights einer echt dekadenten Einrichtung. Wenn die dicke Lady singt, beginnt die Show.

östlich der Av Cuauhtémoc gelegene Markt hat neue und gebrauchte, große und kleine Waren: Bücher, Tabletts, Poster und Möbel. An der Álvaro Obregón wird an denselben Tagen ein ähnlicher Antiquitäten- und Kunstmarkt abgehalten.

Bazar del Oro (Karte S. 134 f.; Calle de Oro, Roma; ⌚ Mi, Sa & So; Ⓜ Insurgentes) Auf dem schicken Markt zwischen Insurgentes und Plaza Cibeles bekommt man Kleider, Geschenke und hervorragendes Essen (s. Kasten S. 184).

Jardín del Arte (Karte S. 134 f.; zw. Sullivan & Villalongín; ⌚ So; 🚌 Reforma) Gemälde von Künstlern aus der Region und Künstlerbedarf, außerdem etwas Essen.

Plaza del Ángel (Karte S. 134 f.; Londres zw. Amberes & Florencia, Zona Rosa; ⌚ Sa & So; Ⓜ Insurgentes) Flohmarkt auf einer Einkaufsstraße mit Antiquitätenläden, auf dem man Silberschmuck, Gemälde, Dekoratives und Möbel bekommt.

Tepito (Karte S. 130 f.; Héroe de Granaditas; ⌚ Mi–Mo; Ⓜ Lagunilla) Die Mutter aller Straßenmärkte: ein Gewirr von teilweise festen Ständen, das sich ab La Lagunilla nach Osten und Westen ausdehnt. Hier gibt es Kilometer mit Kleidern, raubkopierten CDs und DVDs und Elektronik. Wegen der Schwarzmarktgüter und Taschendiebe ist der Tepito auch als Markt der Diebe bekannt.

Tianguis Cultural del Chopo (Karte S. 128 f.; Calle Juan Nepomuceno; Sa 10–16 Uhr; M Buenavista) Hier sammeln sich die verschiedenen Subkulturen der Stadtjugend. Die meisten der vielen Hundert Straßenverkäufer bieten Musik-CDs an und am äußersten Ende gibt's eine Konzertbühne für aufstrebende Bands sowie einen Platz, zu dem die Leute mit Kisten voller CDs kommen, um diese zu tauschen.

Läden

Die Chilangos besuchen immer häufiger die modernen Einkaufsmeilen, Designerläden, Kosmetiker und Starbucks-Filialen und ununterbrochen schießen weitere dieser Altäre des Konsums aus dem Boden. Zu den gut erreichbaren gehören die **Plaza Loreto** (Karte S. 141) in San Ángel, die futuristische **Plaza Molière** (Karte S. 138 f.) an der Molière und der Horacio in Polanco sowie das brandneue **Plaza Reforma 222** (Karte S. 134 f.) an der Insurgentes, am Ostende der Zona Rosa.

Fonart Alameda (Karte S. 130 f.; ☎ 5521-0171; Av Juárez 89; 10–19 Uhr; M Hidalgo); Mixcoac (Karte S. 128 f.; ☎ 5093-6000; Patriotismo 691; Mo–Sa 9–20, So 10–19 Uhr; M Mixcoac); Reforma (Karte S. 134 f.; ☎ 5328-5000; Paseo de la Reforma 116; Mo–Fr 10–19, Sa 10–18 Uhr; M Cuauhtémoc) Der staatlich geführte Kunsthandwerksladen verkauft Qualitätsware aus ganz Mexiko, von lackierten Schachteln aus Olinalá über Decken aus Teotitlán del Valle bis zu Töpferwaren und Glas. Die Filiale in Mixcoac hat die größte Auswahl. Die Preise sind fix und fair.

Bazar Sábado (Karte S. 141; Plaza San Jacinto 11, San Ángel; Sa 11–18 Uhr; La Bombilla) Auf dem Samstagsbasar bekommt man einige der besten handgearbeiteten Schmuckstücke, Holzarbeiten, Keramiken und Textilien aus Mexiko. Künstler und Kunsthandwerker stellen ihre Arbeiten auch auf der Plaza San Jacinto selbst und der angrenzenden Plaza Tenanitla aus.

CENTRO HISTÓRICO

Die schönsten Kaufhausketten von Mexico City sind **El Palacio de Hierro** (Karte S. 130 f.; ☎ 5728-9905; Av 20 de Noviembre 3; M Zócalo) und **Liverpool** (Karte S. 130 f.; ☎ 5133-2800; Venustiano Carranza 92). Beide betreiben noch ihre Originalläden aus den 1930er-Jahren in der Innenstadt.

Die Straßen rund um den Zócalo sind von Läden gesäumt, die sich auf Waren des täglichen Bedarfs spezialisiert haben. Man findet an einer Straße jede Menge Läden, die alle ähnliches verkaufen. Richtung Westen ersteht man an der Donceles Fotozubehör und gebrauchte Bücher, an der Venustiano Carranza Sportausrüstungen und an der Tacuba Parfüm. Läden für Schmuck und Gold sowie Münzen befinden sich an der La Palma und an der Madero sind Optiker zu Hause. Richtung Süden erhält man an der Pino Suárez und an der Av 20 de Noviembre Schuhe und elektrische Gitarren an der Bolívar. Im Norden gibt's an der Repúblicas de Colombia und Venezuela Modeschmuck und an der Calle del Carmen Schönheitsprodukte. Richtung Osten wartet die Corregidora mit Tonnen von Werkzeugen auf und an der San Pablo, westlich des Mercado La Merced kann man nach Fahrrädern Ausschau halten.

Hunderte von Computerläden drängeln sich an der **Plaza de la Computación y Electrónica** (Karte S. 130 f.; Eje Central Lázaro Cárdenas; M San Juan de Letrán), südlich der Uruguay.

In den Nebenstraßen verstecken sich ein paar besondere Dinge:

Dulcería de Celaya (Karte S. 130 f.; ☎ 5521-1787; Av 5 de Mayo 39; 10.30–19 Uhr; M Allende) Dieser Süßwarenladen besteht seit 1874 und verkauft kandierte Früchte und mit Kokosnuss gefüllte Zitronen. Schon der Blick auf das kunstvolle Gebäude lohnt sich.

La Bodeguita del Habano (Karte S. 130 f.; ☎ 5510-1750; Bolívar 43; M San Juan de Letrán) Dieser Zigarrenladen bietet kubanische Mischungen wie Montecristo und Quintero; eine *habano* kostet 70 Mex$, eine Box mit 25 macht um die 500 Mex$.

La Europea (Karte S. 130 f.; ☎ 5512-6005; Ayuntamiento 21; M San Juan de Letrán) Tequila und Weine zu anständigen Preisen.

Palacio de las Máscaras (Karte S. 130 f.; ☎ 5529-2849; Allende 84; Mo–Sa 11–18 Uhr; M Garibaldi) In der Gegend des Lagunilla-Marktes. Mehr als 5000 Masken aus dem ganzen Land sind hier zu sehen.

CONDESA & ROMA

Condesa bietet über das ganze Viertel verstreut eine verlockende Auswahl modischer Boutiquen und malerischer Läden. In Roma befinden sich dagegen die meisten Einzelhandelsgeschäfte an der Álvaro Obregón, auch einige riesige Secondhand-Buchläden.

Milagro (Karte S. 134 f.; ☎ 5286-5764; www.collection-milagro.com; Atlixco 38; M Patriotismo) Designerin Sandra Gutierrez arbeitet mit Kunsthandwerkern aus der Region zusammen und kreiert eine schicke Taschenkollektion aus ordentlich verarbeitetem Bast oder mit Stickereien in brillanten Farben und Designs und in allen Formen und Größen.

NaCo Miscelánea (Karte S. 134 f.; ☎ 5255-5286; Yautepec 126B; Ⓜ Patriotismo) Dieser freche kleine Laden für Straßenbekleidung liegt im Herzen von Condesa und verkauft die NaCo-Reihe der T-Shirts, auf denen krasse oder anschauliche Botschaften der mexikanischen Popkultur stehen.

Chic by Accident (Karte S. 134 f.; ☎ 5514-5723; Colima 180; ⌚ Mo–Fr 10–20, Sa 10–17 Uhr; Ⓜ Insurgentes) Der französische Besitzer Emmanuel Picault hat hier eine faszinierende Sammlung von Möbeln und Gegenständen aus dem 20. Jh. Das angrenzende Sex By Accident konzentriert sich auf Erotika in Kunst und Skulpturen.

Lemur (Karte S. 134 f.; ☎ 3547-2182; Jalapa 85; Ⓜ Insurgentes) Dieser flippige Laden verkauft Originalspielzeug, Kleidung und Accessoires sowie eine pfiffige Auswahl an T-Shirts mit Slogans, glänzenden Taschen und auffälligen Schuhen und Stiefeln.

POLANCO

Designerläden säumen die Av Presidente Masaryk in Polanco, die absolute Anonymität bietet, besonders im Vergleich zu dem Gewimmel auf den Straßenmärkten im Zentrum. Ein Abstecher ins **Pasaje Polanco** (Karte S. 138 f.) gleich westlich der Dumas lohnt sich: Der klassische Komplex mit Hof wird von gehobenen Boutiquen und einem Laden für Kunsthandwerk flankiert.

ZONA ROSA

Die Zona Rosa und die Stadtteile in ihrer Umgebung geben einer Mischung aus schäbigen, teuren und qualitativ wertvollen Läden eine Heimat. Am besten beginnt man seinen Einkaufsbummel an den mit Bäumen gesäumten Straßen westlich der Génova.

Dione (Karte S. 134 f.; ☎ 5514-5907; Hamburgo 124; Ⓜ Insurgentes) Der Designer aus Guadalajara erschafft aus zartestem Leder klassische Frauenschuhe. Auch die Taschen und Portemonnaies sind hervorragend.

Miniaturas Felguérez (Karte S. 134 f.; ☎ 5525-8145; Hamburgo 85; Ⓜ Insurgentes) Das ist ein Souvenir, das im Gepäck Platz findet: winzige Figürchen in amüsanten Szenen, die von einer Gruppe Mariachis bis zu einer fröhlichen Familie von Nudisten reichen!

Somos Plata (Karte S. 134 f.; ☎ 5511-8281; Amberes 24; Ⓜ Insurgentes) Der hier ausgestellte Silberschmuck stammt ausnahmslos von mexikanischen Designern. Es gibt eine gute Auswahl von zusammenpassenden Ohrringen und Halsketten.

AN- & WEITERREISE

Auto & Motorrad

VERMIETUNG

Die Autovermietungen haben ihre Büros am Flughafen, an den Busbahnhöfen und in der Zona Rosa. Die Preise beginnen bei etwa 500 Mex$ pro Tag, aber wer online bucht, kommt oft billiger weg. Auf www.mexicocity.gob.mx gibt's eine Liste mit Autovermietungen; einfach „Transporte" und dann „Renta de Autos" anklicken.

Avis (Karte S. 134 f.; ☎ 5511-2228; Paseo de la Reforma 308; Ⓜ Insurgentes)

Thrifty (Karte S. 134 f.; ☎ 5207-1100; Paseo de la Reforma 322; Ⓜ Insurgentes)

HILFE

Die *Ángeles Verdes* (Grünen Engel) leisten von 8 bis 20 Uhr technische Hilfe. ☎ 078 anrufen und den Standort durchgeben. Weitere Informationen stehen auf S. 1092.

STRECKEN IN DIE & AUS DER STADT

Ganz gleich, aus welcher Richtung man in die Stadt kommt, nach der letzten *caseta* (Mautstelle) kommt man in ein Niemandsland mit dürftiger Straßenmarkierung und chaotischem Verkehr. Hinter den *casetas* treten auch die „Hoy No Circula"-Regeln in Kraft (s. S. 207).

Osten

Aus Puebla kommend mündet die Autobahn irgendwann links in die Ignacio Zaragoza. Man fährt etwa 10 km auf dieser Straße, ordnet sich dann links ein, folgt den Schildern nach Río de la Piedad (oder Viaducto Miguel Alemán) und fährt nach der Metroüberführung links von der Autobahn ab. Alle wichtigen Gegenden sind vom Viaducto aus zu erreichen. Die Ausfahrt Viaducto Tlalpan führt zum Zócalo. Die Av Monterrey führt zur Colonia Roma und zur Zona Rosa.

Vom Flughafen aus hält man sich links auf dem Blvd Puerto Aéreo in Richtung Süden. Nachdem man die Zaragoza überquert hat, folgt man den Schildern nach Río de la Piedad und Viaducto Alemán.

Nach Puebla, Oaxaca oder Veracruz fährt man auf dem Viaducto Alemán in Richtung Osten. Ihn erreicht man am besten über die Av Cuauhtémoc (Eje 1 Poniente). Gleich nachdem man den Viaducto überquert hat – vor dem Kaufhaus Liverpool – links in die Auffahrt einbiegen. Dem Viaducto bis zur Av Zaragoza, dann den Schildern nach Oaxaca folgen, bis man auf die Autobahn nach Puebla gelangt.

Norden

Die letzte Mautstation, auf die man von Querétaro aus trifft, liegt bei Tepotzotlán. Man fährt in Richtung Süden weiter, den Schildern nach Cd Satélite und Toreo folgend. Nach den ersten Schildern, die die Ausfahrt „Río San Joaquín" ankündigen, ordnet man sich auf der Seite ein. Die Schilder tauchen nördlich des riesigen Dachs der Toreo-Arena auf. An dieser Ausfahrt fährt man raus. In der Linkskurve über den Periférico hält man sich rechts und folgt den Schildern zum „Circuito Interior". Hinter der Corona-Fabrik nimmt man die Ausfahrt Thiers. Links halten, den Schildern zur Reforma folgen, und man kommt am Río Misisipi heraus, der die Reforma am Kreisel La Diana kreuzt. Wenn man nach links in die Reforma einbiegt, kommt man zum Centro Histórico, geradeaus nach Roma.

Aus der Stadt heraus ist es am einfachsten, die Reforma bis zum westlichen Ende des Bosque de Chapultepec entlangzufahren und dann nach rechts auf den Periférico in Richtung Norden.

Von Pachuca, Hidalgo und dem Norden von Veracruz aus mündet die Autobahn in die Av Insurgentes; den Schildern zum Centro Histórico und zur Zona Rosa folgen. Aus der Stadt heraus fährt man die Insurgentes in Richtung Norden (das ist auch die Strecke nach Teotihuacán).

Süden

Nach der letzten *caseta* an der Autobahn von Cuernavaca fährt man geradeaus und nimmt die Ausfahrt Calz Tlalpan nach rechts (einige Schilder sind hinter Bäumen versteckt). Die Calz Tlalpan mündet irgendwann in die Av 20 de Noviembre, die am Zócalo endet. Aus der Stadt heraus biegt man am Zócalo nach rechts (Süden) in die Pino Suárez ein, die später Calz Tlalpan heißt. Der Tlalpan etwa 20 km in Richtung Süden folgen, dann weisen Schilder eine Ausfahrt links auf die cuota (Mautautobahn) nach Cuernavaca.

Westen

Wenn man von Toluca her kommt, also etwa 4 km an den Hochebenen von Santa Fe vorbei, hält man sich links und folgt dann den Schildern zum Paseo de la Reforma. In die Innenstadt geht's die Reforma entlang an der Fuente de Petróleos und dem Bosque de Chapultepec vorbei; aus der Stadt heraus und Richtung Westen bringt einen der Paseo de la Reforma, der direkt in die *cuota* nach Toluca mündet.

Bus

Mexico City hat vier Busterminals für Überlandbusse, die die vier Himmelsrichtungen bedienen: Terminal Norte (Norden), Terminal Oriente (genannt TAPO, Osten), Terminal Poniente (Westen) und Terminal Sur (Süden). In allen Terminals gibt's eine Gepäckaufbewahrung oder Schließfächer (5–12 Mex$/Std.), Touristeninformationsschalter, Zeitungsstände, Kartentelefone, Internet, Bankautomaten und Snackbars. Zur Lage der Busbahnhöfe s. S. 203.

Vom Flughafen aus fahren ebenfalls Busse in die nahe gelegenen Städte (s. Fahrplan S. 204).

Für Fahrten von bis zu fünf Stunden genügt es normalerweise, zum Busbahnhof zu gehen, eine Fahrkarte zu kaufen, und los geht's. Zu längeren Routen aber brechen viele Busse am Abend auf und sind oft schnell voll, daher sollte man dafür im Voraus buchen.

Einen Ticket-Vorverkauf betreibt **Ticketbus** (☎ 5133-2424, 800-702-80-00; www.ticketbus.com.mx), eine Buchungsagentur für über ein Dutzend Buslinien, die es an allen vier Bahnhöfen gibt (zum Ticketpreis kommt ein Aufpreis von 10 % dazu, max. aber 50 Mex$). Zusätzlich zu den hier aufgeführten Standorten von Ticketbus findet man noch einige weitere im Terminal für internationale Ankünfte am Flughafen. Die Filialen sind in der Regel montags bis freitags von 9 oder 10 bis 19 oder 20 Uhr geöffnet (1 Std. Mittagspause), samstags nur vormittags. Über Ticketbus bucht man auch per Telefon mit Visa oder Mastercard.

Buenavista (Karte S. 130 f.; Buenavista 9; Ⓜ Revolución)

Centro Histórico (Karte S. 130 f.; Isabel la Católica 83E; Ⓜ Isabel la Católica)

Condesa (Karte S. 134 f.; Iztaccíhuatl 6, Ecke Insurgentes; Ⓜ Chilpancingo)
Polanco (Karte S. 138 f.; Av Presidente Masaryk, Ecke Hegel; Ⓜ Polanco)
Reforma (Karte S. 134 f.; Paseo de la Reforma 412; Ⓜ Sevilla) Gegenüber der La Diana Cazadora.
Roma Norte (Karte S. 134 f.; Mérida 156; Ⓜ Hospital General)
Zócalo (Karte S. 130 f.; Turismo Zócalo, Palma 34; Ⓜ Zócalo)

Zu den täglichen Abfahrten ab Mexico City s. Fahrplan S. 204. Mehr Informationen gibt's in den anderen Kapiteln zu Städten und Gemeinden in diesem Buch. Aber natürlich kann sich immer etwas ändern.

Man sollte daher bei den Buslinien anrufen oder auf ihren Webseiten nachsehen, ob die Fahrpläne stimmen.

ADO Group (☎ 5133-2424, 800-702-80-00; www.ticketbus.com.mx) Dazu gehören ADO, ADO GL, UNO, OCC und AU.
Autovías, Herradura de Plata (☎ 5567-4550)
Estrella Blanca Group (☎ 5729-0707; www.estrellablanca.com.mx) U. a. Futura, Elite und Turistar.
Estrella de Oro (☎ 5649-8520; www.autobus.com.mx)
Estrella Roja (☎ 5130-1800, 800-712-22-84; www.estrellaroja.com.mx)
ETN (☎ 5089-9200, 800-800-0386; www.etn.com.mx)
Omnibus de México (☎ 800-765-66-36; www.odm.com.mx)
Primera Plus, Flecha Amarilla (☎ 800-375-7587; www.flecha-amarilla.com.mx)
Pullman de Morelos (www.pullman.com.mx)

TERMINAL NORTE

Der **Terminal Central de Autobuses del Norte** (Karte S. 128 f.; ☎ 5587-1552; www.centraldelnorte.com.mx; Av Cien Metros 4907, Colonia Magdalena de las Salinas) ist der größte der vier Busbahnhöfe und bedient den Norden, darunter Städte an der amerikanischen Grenze, und einige Orte im Westen (Guadalajara, Puerto Vallarta), Osten (Puebla, Veracruz) und Süden (Acapulco, Oaxaca). Schalter für Deluxe und 1. Klasse konzentrieren sich in der Südhälfte des Terminals. Eine Gepäckaufbewahrung gibt's am Südende und eine im Mittelgang (Letztere mit einer Buchungsstelle für Hotels).

TERMINAL ORIENTE

Terminal de Autobuses de Pasajeros de Oriente (Karte S. 128 f.; ☎ 5762-5894; Calz Ignacio Zaragoza 200, Colonia Diez de Mayo), meistens TAPO genannt, bedient den Osten und Südosten, darunter Puebla, Veracruz, Yucatán, Oaxaca und Chiapas. Die Fahrkartenschalter liegen um eine Rotunde, in deren Mitte sich ein Restaurant und ein Internetzugang befinden. Vor dem AU-Schalter ist ein Geldautomat, in Tunnel 3 neben Estrella Roja gibt's Schließfächer.

TERMINAL PONIENTE

Central de Autobuses del Poniente (Karte S. 128 f.; ☎ 5271-0149; Sur 122, Colonia Real del Monte) ist die Basis für Busse nach Michoacán und für Shuttlebusse zum nahe gelegenen Toluca. Außerdem unterhält ETN Busse nach Guadalajara.

TERMINAL SUR

Terminal Central del Sur (Karte S. 142; ☎ 5689-9745; Av Taxqueña 1320, Colonia Campestre Churubusco) bedient Tepoztlán, Cuernavaca, Taxco, Acapulco und andere Ziele im Süden, ferner Oaxaca, Huatulco und Ixtapa-Zihuatanejo. Die Schalter von Estrella de Oro (Acapulco, Taxco) und Pullman de Morelos (Cuernavaca) sind auf der rechten Seite des Terminals, die von OCC und Estrella Roja (Tepoztlán) auf der linken. In der Sala 1 befinden sich eine Gepäckaufbewahrung, Hotelagenturen für Acapulco und ein Geldautomat.

Flugzeug

Der **Aeropuerto Internacional Benito Juárez** (Karte S. 128 f.; ☎ 2482-2424; www.aicm.com.mx) liegt 6 km westlich des Zócalo und ist der einzige Passagierflughafen von Mexico City und der größte Lateinamerikas. Er fertigt jährlich etwa 24 Mio. Passagiere ab.

Ein neues Terminal soll die Kapazität des Flughafens noch erhöhen: Terminal 2 ist 3 km vom Hauptterminal entfernt und über eine Einschienenbahn angebunden. Die Fahrt soll etwa fünf Minuten dauern. Wenn dieses Terminal 2008 voll betriebsbereit ist, soll es von Delta, Aeroméxico, Continental, Lan Chile, Aeromar und Copa Aerlines genutzt werden und ein Hotel, ein Parkhaus und Läden beinhalten.

Zu Informationen über internationale Flüge und Fluglinien, die Mexiko bedienen, s. S. 1085. Infos über Inlandflüge gibt's im Kasten auf S. 1099.

Terminal 1 ist in acht *salas* (Hallen) unterteilt, die die folgenden Funktionen haben:

Sala A Inlandsankünfte
Sala B Check-in für Mexicana und Aero California; Zugang zum Hotel Camino Real

Sala C Check-in für Aviacsa
Sala D Check-in für Magnicharters
Sala E Internationale Ankünfte
Sala F & J Check-in für internationale Flüge
Sala G Internationale Abflüge

Zu den Läden und Einrichtungen im Terminal gehören auch ein Dutzend *casas de cambio*. **Tamibe** (☎ 5726-0578) in Sala E2 hat rund um die Uhr geöffnet. Bankautomaten für die Bargeldbezugskarten Cirrus und Plus, die Pesos ausgeben, sind leicht zu finden.

Kartentelefone und Internetzugänge gibt's jede Menge; Karten dafür erhält man in Läden und an Automaten. Autovermietungen und Gepäckfächer befinden sich in den Salas A und E2.

Direktbusse nach Cuernavaca, Querétaro, Toluca, Puebla und Córdoba fahren an den Haltestellen bei Sala E ab (s. Fahrplan S. 204). Ticketschalter finden sich im oberen Stock im Gastrobereich.

BÜROS DER FLUGLINIEN

Aero California (Karte S. 134 f.; ☎ 5785-1162; Paseo de la Reforma 332, Zona Rosa; Ⓜ Insurgentes)
Aeromar (Karte S. 134 f.; ☎ 5133-1111, 800-237-66-27; Torre Mayor, Paseo de la Reforma 505; Ⓜ Chapultepec)
Aeroméxico (☎ 5133-4010) Juárez (Karte S. 130 f.; Paseo de la Reforma 80; Reforma); Zona Rosa (Karte S. 134 f.; Paseo de la Reforma 445; Ⓜ Sevilla)
Air Canada (Karte S. 138 f.; ☎ 9138-0280, Durchwahl 2228, 800-719-28-27; 12. Stock, Blvd Ávila Camacho 1, Colonia Lomas de Chapultepec)
Air France (Karte S. 138 f.; ☎ 5571-6150, 800-123-46-60; 7. Stock, Jaime Balmes 8, Colonia Los Morales; Ⓜ Polanco)
Alitalia (Karte S. 134 f.; ☎ 5533-1240, 800-012-59-00; 5. Stock, Río Tíber 103, Colonia Cuauhtémoc; Ⓜ Insurgentes)
American Airlines (Karte S. 134 f.; ☎ 5209-1400; Paseo de la Reforma 300, Zona Rosa; Ⓜ Insurgentes)
Aviacsa (☎ 5716-9006, 800-011-43-57; Flughafen)
British Airways (Karte S. 138 f.; ☎ 5387-0300; 13. Stock, Jaime Balmes 8, Colonia Los Morales; Ⓜ Polanco)
Continental Airlines (Karte S. 138 f.; ☎ 5283-5500, 800-900-50-00; Andrés Bello 45, Polanco; Ⓜ Auditorio)
Cubana (Karte S. 138 f.; ☎ 5250-6355; Sol y Son Viajes, Homero 613, Polanco; Ⓜ Polanco)
Delta Airlines (Karte S. 134 f.; ☎ 5279-0909, 800-123-47-10; Paseo de la Reforma 381; Ⓜ Sevilla)
Iberia (Karte S. 138 f.; ☎ 1101-1515; Av Ejército Nacional 436, 8. Stock, Colonia Chapultepec Morales; Ⓜ Polanco)
Interjet (Karte S. 138 f.; ☎ 1102-5555, 800-011-23-45; Centro Comercial Antara, Av Ejército Nacional 843-B)
Japan Air Lines (Karte S. 134 f.; ☎ 5242-0150; 35. Stock, Torre Mayor, Paseo de la Reforma 505; Ⓜ Chapultepec)
KLM/Northwest (Karte S. 138 f.; ☎ 5279-5390; 10. Stock, Andrés Bello 45, Polanco; Ⓜ Auditorio)
Lufthansa (Karte S. 138 f.; 5230-0000; Paseo de las Palmas 239, Colonia Lomas de Chapultepec)
Magnicharters (Karte S. 130 f.; ☎ 5679-1212; Donato Guerra 9, Ecke Bucareli; Ⓜ Juárez)
Mexicana (☎ 5448-0990, 800-502-20-00) Juárez (Karte S. 130 f.; Av Juárez 82, Ecke Balderas; Ⓜ Juárez); Polanco (Karte S. 138 f.; ☎ 5395-1211; Ejército Nacional 980, Centro Comercial Pabellón Polanco; Ⓜ Polanco); Zona Rosa (Karte S. 134 f.; Paseo de la Reforma 312; Ⓜ Insurgentes)
United Airlines (Karte S. 134 f.; ☎ 5627-0222; Hamburgo 213, 9. Stock, Zona Rosa; Ⓜ Sevilla)
Volaris (☎ 1102-8000)

UNTERWEGS VOR ORT

Die Metro von Mexico City ist billig und benutzerfreundlich, ebenso das Bussystem, das alle wichtigen Strecken abdeckt. Es gibt reichlich Taxis, von denen einige allerdings gefährlich sind (s. S. 144).

Von/Zu den Busbahnhöfen

Mit der Metro kommt man am schnellsten und billigsten zu den Busbahnhöfen, aber man muss sich mühsam durch überfüllte Stationen und Züge kämpfen. Mit dem Taxi ist's einfacher: Es gibt in allen Busbahnhöfen Ticketschalter für sichere „Taxis autorizados", deren Preis sich nach Zonen richtet (20 Mex$ extra von 22 bis 6 Uhr). Ein Angestellter weist einem am Ausgang einen Wagen zu.

TERMINAL NORTE

Die Metro Línea 5 (gelb) hält direkt vor dem Busbahnhof Autobuses del Norte. Zum Zentrum folgt man den Schildern „Dirección Pantitlán" und steigt an La Raza in Línea 3 (grün) Richtung „Dirección Universidad" um. Beim Umsteigen läuft man sechs Minuten lang durch den „Tunnel der Wissenschaft".

Der Taxischalter befindet sich im Mittelgang; ein Taxi für bis zu vier Personen bis zur Alameda oder zum Zócalo kostet 85 Mex$.

TERMINAL ORIENTE (TAPO)

Der Busbahnhof befindet sich an der Metrostation San Lázaro. Zum Zentrum oder zur Zona Rosa die Línea 1 (rosa) „Dirección Observatorio" nehmen.

Der Schalter für autorisierte Taxis befindet sich am oberen Ende (zur Metro) des

BUSFAHRPLAN MEXICO CITY

Ziel	Preis	Dauer	Terminal in Mexico City	Busfirma	Abfahrten
Acapulco	Business 475 Mex$	5 Std.	Sur	Estrella de Oro	7 tgl.
	Deluxe 315 Mex$	5 Std.	Sur	Estrella de Oro	alle 30 Min.
	1. Klasse 315 Mex$	5 Std.	Sur	Futura	alle 30 Min. 5–20 Uhr
	1. Klasse 315 Mex$	5 Std.	Norte	Futura	stündl.
Bahías de Huatulco	Deluxe 678 Mex$	14–15 Std.	Oriente (TAPO)	ADO GL	1 tgl.
	1. Klasse 598 Mex$	14–15 Std.	Norte	OCC	1 tgl.
	1. Klasse 525 Mex$	14–15 Std.	Sur	Futura	2 tgl.
Campeche	Deluxe 1016 Mex$	17 Std.	Oriente (TAPO)	ADO GL	1 tgl.
	1. Klasse 892 Mex$	17 Std.	Oriente (TAPO)	ADO	5 tgl.
	1. Klasse 892 Mex$	17 Std.	Norte	ADO	5 tgl.
Cancún	Deluxe 1350 Mex$	24 Std.	Oriente (TAPO)	ADO GL	1 tgl.
	1. Klasse 1186 Mex$	24 Std.	Oriente (TAPO)	ADO	5 tgl.
	1. Klasse 1186 Mex$	24 Std.	Norte	ADO	5 tgl.
Chetumal	1. Klasse 916 Mex$	19 Std.	Oriente (TAPO)	ADO	4 tgl.
Chihuahua	1. Klasse 1052 Mex$	20 Std.	Norte	Ómnibus de México	8 tgl.
Ciudad Juárez	1. Klasse 1319 Mex$	24 Std.	Norte	Ómnibus de México	10 tgl.
Cuernavaca	Business 72 Mex$	1¼ Std.	Sur	Pullman de Morelos	alle 30 Min. bis 21.30 Uhr
	Deluxe 63 Mex$	1¼ Std.	Sur	Pullman de Morelos	alle 15 Min. bis 24 Uhr
	1. Klasse 125 Mex$	1¼ Std.	Flughafen	Pullman de Morelos	alle 30 oder 40 Min. bis 00.30 Uhr
Guadalajara	Deluxe 570 Mex$	7 Std.	Norte	ETN	20 tgl.
	Deluxe 570 Mex$	7 Std.	Poniente	ETN	7 tgl.
	1. Klasse 470 Mex$	7 Std.	Norte	Primera Plus	28 tgl.
Guanajuato	Deluxe 371 Mex$	5 Std.	Norte	ETN	10 tgl.
	1. Klasse 305 Mex$	5 Std.	Norte	Primera Plus	11 tgl.
Matamoros	1. Klasse 710 Mex$	14 Std.	Norte	Futura	5 tgl.
	Business 968 Mex$	14 Std.	Norte	Turistar	2 tgl.
Mazatlán	1. Klasse 808 Mex$	15½ Std.	Norte	Elite	stündl.
Mérida	Deluxe 1194 Mex$	20 Std.	Oriente (TAPO)	ADO GL	1 tgl.
	1. Klasse 1006 Mex$	20 Std.	Oriente (TAPO)	ADO	6 tgl.
	1. Klasse 1006 Mex$	20 Std.	Norte	ADO	5 tgl.
Monterrey	Deluxe 828 Mex$	11½ Std.	Norte	Turistar	7 tgl.
	1. Klasse 687 Mex$	11½ Std.	Norte	Futura	13 tgl.
Morelia	Deluxe 290 Mex$	4–5 Std.	Poniente	ETN	alle 30 Min.
	1. Klasse 255 Mex$	4–5 Std.	Norte	Primera Plus	stündl.
Nuevo Laredo	Deluxe 1060 Mex$	16 Std.	Norte	Turistar	5 tgl.
	1. Klasse 815 Mex$	16 Std.	Norte	Futura	10 tgl.
Oaxaca	Deluxe 614 Mex$	6½ Std.	Oriente (TAPO)	UNO	3+ tgl.
	Deluxe 432 Mex$	6½ Std.	Oriente (TAPO)	ADO GL	4+ tgl.
	Deluxe 432 Mex$	6½ Std.	Norte	ADO GL	1 tgl.
	Deluxe 432 Mex$	6½ Std.	Sur	ADO GL	1 tgl.
	1. Klasse 362 Mex$	6½ Std.	Oriente (TAPO)	ADO	17+ tgl.
	1. Klasse 362 Mex$	6½ Std.	Norte	ADO	5+ tgl.
Palenque	1. Klasse 706 Mex$	13½ Std.	Oriente (TAPO)	ADO	2 tgl.
	1. Klasse 706 Mex$	13½ Std.	Norte	ADO	1 tgl.

BUSFAHRPLAN MEXICO CITY (FORTSETZUNG)

Ziel	Preis	Dauer	Terminal in Mexico City	Busfirma	Abfahrten
Papantla	1. Klasse 220 Mex$	5 Std.	Norte	ADO	4 tgl.
Pátzcuaro	1. Klasse 286 Mex$	5 Std.	Norte	Primera Plus	2 tgl.
	1. Klasse 270 Mex$	5 Std.	Norte	Autovías	5 tgl.
	1. Klasse 270 Mex$	5 Std.	Poniente	Autovías	13 tgl.
Puebla	Deluxe 170 Mex$	2 Std.	Flughafen	Estrella Roja	stündl.
	Deluxe 112 Mex$	2 Std.	Oriente (TAPO)	Estrella Roja	alle 40 Min.
	1. Klasse 120 Mex$	2 Std.	Norte	ADO GL	alle 30 Min.
	1. Klasse 96 Mex$	2 Std.	Oriente (TAPO)	Estrella Roja	alle 20 Min.
Puerto Escondido	1. Klasse 604 Mex$	14 Std.	Norte	OCC	1 tgl.
	1. Klasse 568 Mex$	14 Std.	Sur	OCC	2 tgl.
	1. Klasse 514 Mex$	14 Std.	Sur	Futura	3 tgl.
Puerto Vallarta	1. Klasse 772 Mex$	12½ Std.	Norte	Futura	4 tgl.
Querétaro	Deluxe 225 Mex$	3 Std.	Norte	ETN	alle 20 oder 30 Min
	1. Klasse 235 Mex$	3 Std.	Airport	Primera Plus	stündl.
	1. Klasse 173 Mex$	3 Std.	Poniente	Primera Plus	5 tgl.
	1. Klasse 138 Mex$	3 Std.	Norte	Primera Plus	alle 20 Min.
San Cristóbal de Las Casas	Deluxe 896 Mex$	13 Std.	Oriente (TAPO)	ADO GL	2 tgl.
	Deluxe 896 Mex$	13 Std.	Norte	ADO GL	1 tgl.
	1. Klasse 770 Mex$	13 Std.	Norte	OCC	4 tgl.
San Luis Potosí	Deluxe 410 Mex$	5 Std.	Norte	ETN	stündl.
	1. Klasse 300 Mex$	5 Std.	Norte	Primera Plus	stündl.
San Miguel de Allende	Deluxe 276 Mex$	4 Std.	Norte	ETN	4 tgl.
	Deluxe 225 Mex$	4 Std.	Norte	Primera Plus	3 tgl.
Tapachula	Deluxe 1 144 Mex$	16–18 Std.	Oriente (TAPO)	UNO	1 tgl.
	Deluxe 916 Mex$	16–18 Std.	Oriente (TAPO)	ADO GL	1 tgl.
	1. Klasse 782 Mex$	16–18 Std.	Oriente (TAPO)	OCC	6 tgl.
Taxco	Deluxe 105 Mex$	2½ Std.	Sur	Estrella de Oro	8 tgl.
	1. Klasse 105 Mex$	2½ Std.	Sur	Estrella Blanca	stündl.
Teotihuacán	2. Klasse 28 Mex$	1 Std.	Norte	Autobuses Teotihuacán	alle 15 Min. 6–18 Uhr
Tepoztlán	1. Klasse 64 Mex$	1¼ Std.	Sur	OCC	alle 40 Min.
	1. Klasse 63 Mex$	1¼ Std.	Sur	Estrella Roja (nach Caseta)	alle 20 Min. 7.20–22 Uhr
Tijuana	1. Klasse 1400 Mex$	41 Std.	Norte	Elite	stündl.
Toluca	Deluxe 100 Mex$	1 Std.	Flughafen	TMT Caminante	stündl.
	Deluxe 49 Mex$	1 Std.	Poniente	ETN	alle 20 oder 30 Min.
	2. Klasse 34 Mex$	1 Std.	Poniente	Flecha Roja	alle 10 Min. bis 23.30 Uhr
Tuxtla Gutiérrez	Deluxe 1 090 Mex$	12 Std.	Oriente (TAPO)	UNO	1 tgl.
	Deluxe 876 Mex$	12 Std.	Oriente (TAPO)	ADO GL	2 tgl.
	1. Klasse 760 Mex$	12 Std.	Oriente (TAPO)	OCC	6 tgl.
	1. Klasse 760 Mex$	12 Std.	Norte	OCC	4 tgl.
Uruapan	Deluxe 430 Mex$	6 Std.	Poniente	ETN	7 tgl.
	1. Klasse 360 Mex$	6 Std.	Norte	Primera Plus	5 tgl.
	1. Klasse 335 Mex$	6 Std.	Poniente	Autovías	11 tgl.
Veracruz	Deluxe 526 Mex$	5½ Std.	Oriente (TAPO)	UNO	4+ tgl.
	Deluxe 372 Mex$	5½ Std.	Oriente (TAPO)	ADO GL	8 tgl.
	Deluxe 348 Mex$	5½ Std.	Sur	ADO GL	3+ tgl.
	1. Klasse 314 Mex$	5½ Std.	Sur	ADO	stündl.
	1. Klasse 314 Mex$	5½ Std.	Norte	ADO	6+ tgl.
	2. Klasse 244 Mex$	7 Std.	Sur	AU	stündl.

BUSFAHRPLAN MEXICO CITY (FORTSETZUNG)

Ziel	Preis	Dauer	Terminal in Mexico City	Busfirma	Abfahrten
Villahermosa	Business 998 Mex$	10½ Std.	Oriente (TAPO)	UNO	1 tgl.
	Deluxe 698 Mex$	10½ Std.	Oriente (TAPO)	ADO GL	3 tgl.
	Deluxe 698 Mex$	10½ Std.	Norte	ADO GL	1 tgl.
	Deluxe 698 Mex$	10½ Std.	Sur	ADO GL	1 tgl.
	1. Klasse 618 Mex$	10½ Std.	Oriente (TAPO)	ADO	6 tgl.
	1. Klasse 618 Mex$	10½ Std.	Norte	ADO	4 tgl.
Xalapa	Deluxe 380 Mex$	5 Std.	Oriente (TAPO)	UNO	5 tgl.
	Deluxe 264 Mex$	5 Std.	Oriente (TAPO)	ADO GL	6 tgl.
	1. Klasse 222 Mex$	5 Std.	Norte	ADO	4 tgl.
Zacatecas	1. Klasse 491 Mex$	8 Std.	Norte	Ómnibus de México	14 tgl.
Zihuatanejo	Business 550 Mex$	9 Std.	Sur	Estrella de Oro	1 tgl.
	Deluxe 440 Mex$	9 Std.	Sur	Estrella de Oro	3 tgl.
	1. Klasse 440 Mex$	9 Std.	Sur	Futura	5 tgl.
	1. Klasse 420 Mex$	9 Std.	Poniente	Autovías	6 tgl.

Hinweis: + steht für zusätzliche Fahrten am Wochenende

Hauptgangs von der Rotunde. Zum Zócalo zahlt man 60 Mex$, zur Zona Rosa 70 Mex$.

TERMINAL PONIENTE

Die Metrostation Observatorio, die östliche Endstation der Línea 1 (rosa), erreicht man in ein paar Minuten zu Fuß, wobei eine stark befahrene Straße zu überqueren ist (die Fußgängerbrücke ist bis auf Weiteres gesperrt). Ein Taxiticket zur Colonia Roma kostet 70 Mex$, zum Zócalo 98 Mex$.

TERMINAL SUR

Terminal Sur ist zwei Gehminuten von der Metrostation Tasqueña entfernt, der südlichen Endstation der Línea 2, die auch am Zócalo hält. Zur Zona Rosa muss man an der Station Pino Suárez in die Línea 1 bis Insurgentes (Dirección Observatorio) umsteigen. Zum Busbahnhof nimmt man den Ausgang „Autobuses del Sur", der hoch auf eine Fußgängerbrücke führt. Die letzte Treppe auf der linken Seite hinunter und über einen Straßenmarkt, dann ist man am Busbahnhof.

Autorisierte Taxis ab dem Terminal Sur kosten 95 Mex$ zur Zona Rosa oder zum Centro Histórico. Ticketschalter befinden sich in der Haupthalle und in Sala 3.

Vom/Zum Flughafen

Mit der Metro kommt man gut zum Flughafen, aber sein Gepäck durch den Berufsverkehr zu schleifen kann die persönlichen Kräfte leicht übersteigen. Autorisierte Taxis sind schmerzfreier und relativ günstig.

METRO

Die Metrostation am Flughafen heißt Terminal Aérea und wird von der Línea 5 (gelb) angefahren. Vom Terminal hierher sind es 200 m: Man nimmt den Ausgang am Ende von Sala A (Inlandsankunft) und geht am Taxistand vorbei zur Station.

Zur Innenstadt folgt man der „Dirección Politécnico"; an der Station La Raza (sieben Stationen) steigt man in die Línea 3 (grün) „Dirección Universidad" um. Die Station Hidalgo am westlichen Ende des Parks Alameda liegt drei Stationen in Richtung Süden; hier kann man auch in die Línea 2 (blau) zum Zócalo umsteigen.

Zur Zona Rosa nimmt man am Flughafen die Línea 5 Richtung „Pantitlán" bis zum Endhalt und von da einen Zug der Línea 1 (rosa) bis zur Station „Insurgentes".

Zur Zeit der Recherche gab's keine einfache Verbindung mit der Metro zum Terminal 2, von wo aus Delta, Aeroméxico und Contintal abfliegen. Wer hierhin muss, nimmt das Hauptterminal und von dort die Monorail, die alle fünf Minuten von Puerta 5, oben in der Ankunftshalle für Inlandsflüge, abfährt.

TAXI

Sicher und zuverlässig sind die Taxis „Transporte Terrestre", die an ihren gelben Türen und dem Flugzeug erkennbar sind und einen Fixpreis haben.

Taxitickets bekommt man an einem Stand mit der Aufschrift „Sitio 300" in Sala E1 (internationale Ankunftshalle), links nach der Zollkontrolle – oder am Ausgang der Sala A (Inlandsankunft). Der Preis richtet sich nach den jeweiligen Zonen, die man auf einer Karte neben dem Schalter nachvollziehen kann. Eine Fahrt zum Zócalo oder zur Alameda Central schlägt mit 127 Mex$ zu Buche, zur Zona Rosa oder zur Plaza de la República werden 152 Mex$ fällig. Ein Ticket gilt für bis zu vier Fahrgäste und alles Gepäck, das in den Kofferraum passt.

Die Sitio-300-Taxis stehen vor Sala A und ganz am anderen Ende des Terminals für internationale Flüge. Träger bieten sich an, Gepäck und Ticket die paar Schritte zum Taxi zu tragen, aber man sollte das Ticket nicht aus der Hand geben und es selbst dem Fahrer überreichen. Die Fahrer erwarten kein Trinkgeld, freuen sich aber natürlich trotzdem darüber.

Ein „Transporte Terrestre"-Taxi kann man unter ☎ 5571-9344 reservieren; bei dieser Variante ist der Preis etwas höher.

Auto & Motorrad

Vom Selberfahren in Mexico City wird entschieden abgeraten, es sei denn, man ist besonders geübt und äußerst nervenstark. Noch mehr als im Rest des Landes werden hier Verkehrsregeln lediglich als unverbindliche Ratschläge betrachtet – rote Ampeln werden überfahren, Abbiegeverbote ignoriert und aufs Blinken wird grundsätzlich verzichtet. Gelegentlich kassiert ein Verkehrspolizist eine willkürliche Gebühr, um sein spärliches Gehalt aufzubessern. Für Ausflüge außerhalb der Stadt kann ein Mietauto allerdings von Vorteil sein. Ein Tipp: nicht an der Straße parken. Die meisten Mittel- und Spitzenklassehotels haben einen Parkplatz.

FAHRBESCHRÄNKUNGEN

Im Kampf gegen die Luftverschmutzung hat Mexico City das Programm „Hoy No Circula" („heute nicht fahren") eingeführt, das vielen Autofahrern untersagt, wochentags zwischen 5 und 22 Uhr innerhalb der Stadt zu fahren. Autos, die über eine *calcomanía de verificación* (Emmissions-Bestätigungshologramm) verfügen, sind von dieser Regelung ausgenommen. Das Hologramm ist ein Aufkleber, der von den städtischen Behörden ausgegeben wird.

Für alle anderen Fahrzeuge (inkl. im Ausland zugelassene) bestimmt die letzte Zahl auf dem Nummernschild, an welchem Tag sie nicht fahren dürfen. Samstags und sonntags gilt kein Verbot.

Tag	Verbotene letzte Zahl
Montag	5, 6
Dienstag	7, 8
Mittwoch	3, 4
Donnerstag	1, 2
Freitag	9, 0

Bus, Pesero & Trolleybus

Tausende von Bussen und Peseros (auch Mikrobusse oder Combis genannt) fahren täglich von etwa 5 bis 20 oder 21 Uhr, elektrische Trolleybusse bis 23.30 Uhr. Nur auf ein paar Routen sind sie die ganze Nacht im Einsatz, vor allem auf dem Paseo de la Reforma, und auch der Metrobus auf der Av Insurgentes fährt nonstop. Tagsüber kommt man also mit einem Bus und/oder der Metro überallhin, nach Feierabend aber braucht man möglicherweise öfter mal ein Taxi.

Peseros sind in der Regel grau-grüne Minibusse, die von Privatfirmen betrieben werden. Sie haben feste Routen, starten oder enden häufig an Metrostationen und halten nahezu an jeder Straßenecke. Die Streckeninfos sind recht willkürlich auf Karten an den Windschutzscheiben angebracht. Die Preise liegen bei 2,50 Mex$ für Trips bis zu 5 km und bei 3 Mex$ für 5 bis 12 km. Zwischen 23 und 6 Uhr muss man auf alle Preise noch 20 % draufrechnen. Die großen orangefarbenen Stadtbusse (mit der Aufschrift „RTP") und die Trolleybusse halten nur an den Bushaltestellen. Ein Ticket kostet 2 Mex$, egal, wie weit man fährt.

Kürzlich wurde eine Alternative zu den Peseros eingerichtet: der Metrobus. Er folgt einer bestimmten Route entlang der Av Insurgentes, und zwar von der Metrostation „Indios Verdes" im Norden des DF bis hinunter zum südlichen Ende von San Ángel, in der Nähe der staatlichen Universität (zur Zeit der Recherche wurde die Linie gerade noch um 8,5 km weiter südlich bis nach Tlalpan verlängert). Diese 18 m langen, rollstuhlgerechten Volvo-Fahrzeuge stoppen an Haltestellen in der Mitte der Straße, die

METRO MEXICO CITY

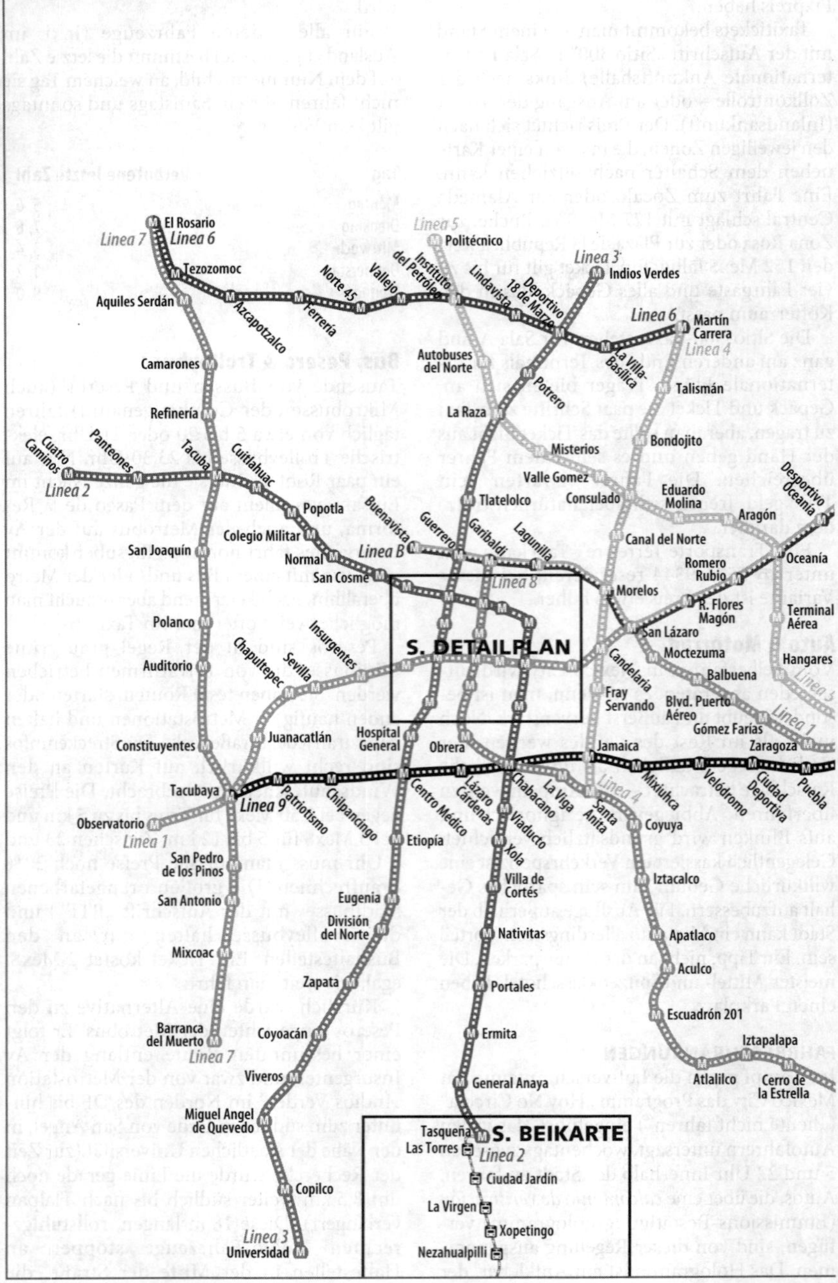

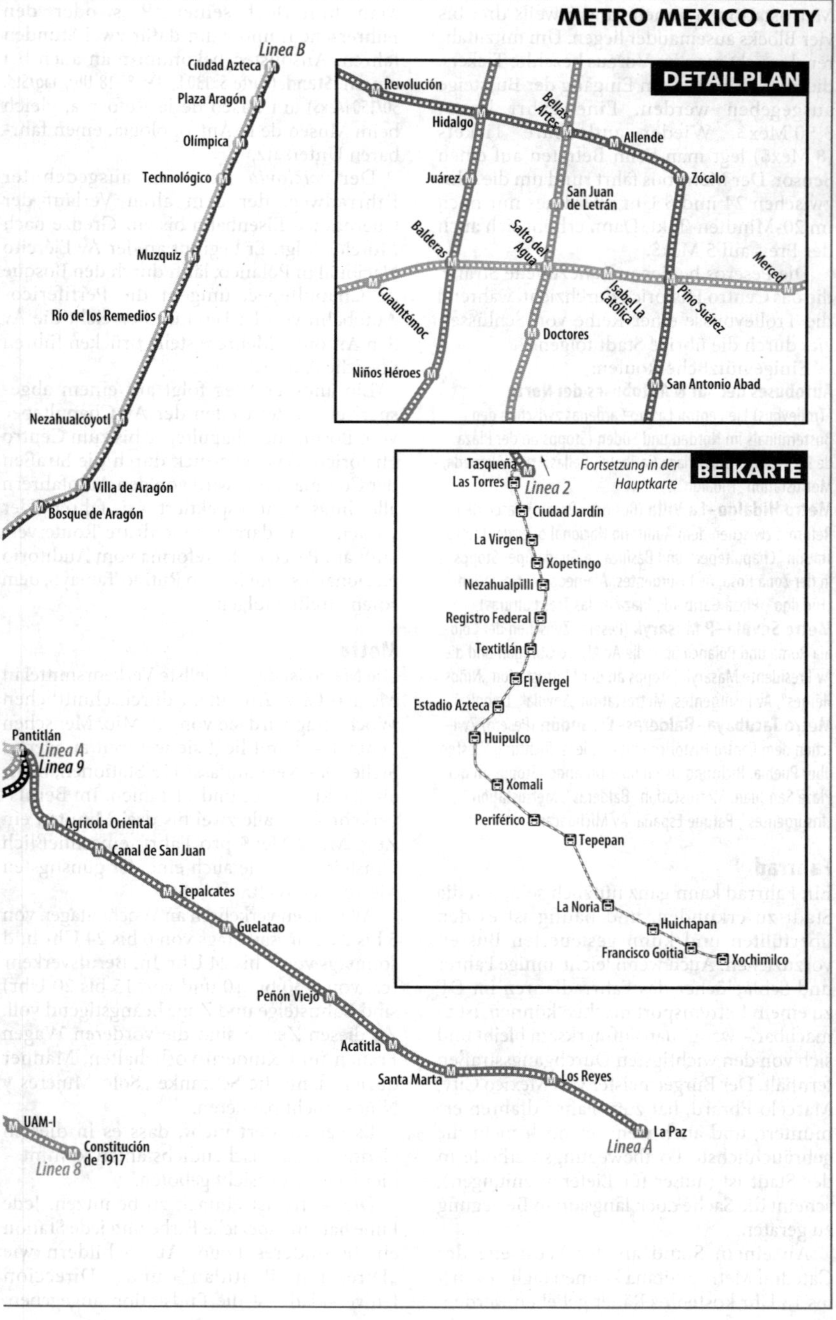
METRO MEXICO CITY
DETAILPLAN
Revolución
Hidalgo
Bellas Artes
Allende
Juárez
Zócalo
San Juan de Letrán
Balderas
Salto del Agua
Merced
Isabel La Católica
Pino Suárez
Cuauhtémoc
Doctores
Niños Héroes
San Antonio Abad
BEIKARTE
Tasqueña
Fortsetzung in der Hauptkarte
Las Torres
Línea 2
Ciudad Jardín
La Virgen
Xopetingo
Nezahualpilli
Registro Federal
Textitlán
El Vergel
Estadio Azteca
Huipulco
Xomali
Periférico
Tepepan
La Noria
Huichapan
Francisco Goitia
Xochimilco
Línea B
Ciudad Azteca
Plaza Aragón
Olímpica
Technológico
Muzquiz
Río de los Remedios
Nezahualcóyotl
Villa de Aragón
Bosque de Aragón
Pantitlán
Línea A
Línea 9
Agrícola Oriental
Canal de San Juan
Tepalcates
Guelatao
Peñón Viejo
Acatitla
Santa Marta
Los Reyes
La Paz
Línea A
UAM-I
Constitución de 1917
Línea 8

Metrostationen ähneln und jeweils drei bis vier Blocks auseinander liegen. Um mitzufahren, braucht man im Voraus bezahlte Tickets, die an Automaten am Eingang der Bussteige ausgegeben werden. Eine Fahrt kostet 3,50 Mex$. Wieder aufladbare Tickets (8 Mex$) legt man beim Betreten auf einen Sensor. Der Metrobus fährt rund um die Uhr, zwischen 24 und 5 Uhr allerdings nur noch im 20-Minuten-Takt. Dann erhöht sich auch der Preis auf 5 Mex$.

Die Peseros bedienen nahezu jede Straße, die das Centro Histórico durchzieht, während die Trolleybusse einer Reihe von Schlüssel-*ejes* durch die übrige Stadt folgen.

Einige nützliche Routen:

Autobuses del Sur & Autobuses del Norte (Trolleybus) Eje Central Lázaro Cardenas zwischen den Busterminals im Norden und Süden (Stopps an der Plaza de las Tres Culturas, Plaza Garibaldi, Bellas Artes/Alameda, Metrostation „Hidalgo").

Metro Hidalgo–La Villa (Bus oder Pesero) Paseo de la Reforma zwischen dem Auditorio Nacional oder der Metrostation „Chapultepec" und Basílica de Guadalupe (Stopps in der Zona Rosa, Av Insurgentes, Alameda/Metrostation „Hidalgo", Plaza Garibaldi, Plaza de las Tres Culturas).

Metro Sevilla–P Masaryk (Pesero) Zwischen der Colonia Roma und Polanco über die Av Álvaro Obregón und die Av Presidente Masaryk (Stopps an der Metrostation „Niños Héroes", Av Insurgentes, Metrostation „Sevilla", Leibnitz).

Metro Tacubaya–Balderas–Escandón (Pesero) Zwischen dem Centro Histórico und Condesa, Richtung Westen über Puebla, Richtung Osten über Durango (Stopps an der Plaza San Juan, Metrostation „Balderas", Metrostation „Insurgentes", Parque España, Av Michoacán).

Fahrrad

Ein Fahrrad kann ganz nützlich sein, um die Stadt zu erkunden, und häufig ist es den überfüllten und kühn gesteuerten Bussen vorzuziehen. Auch wenn leichtsinnige Fahrer und Schlaglöcher das Fahrradfahren im DF zu einem Extremsport machen können, ist es machbar – wenn man aufmerksam bleibt und sich von den wichtigsten Durchgangsstraßen fernhält. Der Bürgermeister von Mexico City, Marcelo Ebrard, hat zum Fahrradfahren ermuntert, und auch wenn es noch nicht die gebräuchlichste Fortbewegungsmethode in der Stadt ist (außer für Lieferantenjungen), scheint die Sache doch langsam in Bewegung zu geraten.

An einem Stand an der Westseite der Catedral Metropolitana können täglich von 9 bis 18 Uhr kostenlos Räder geliehen werden. Man hinterlegt seinen Pass oder den Führerschein und kann dafür zwei Stunden fahren. Ansonsten bekommt man auch bei einem **Stand** (Karte S. 130 f.; ⏲ 8–18 Uhr; Tag/Std. 50/150 Mex$) am Paseo de la Reforma, gleich beim Museo de la Antropología, einen fahrbaren Untersatz.

Der *ciclovía* ist ein ausgedehnter Fahrradweg, der dem alten Verlauf der Cuernavaca-Eisenbahn bis zur Grenze nach Morelos folgt. Er beginnt an der Av Ejército Nacional in Polanco, läuft durch den Bosque de Chapultepec, umgeht die Perfiférico-Autobahn von La Feria und erreicht die Av San Antonio. Mehrere steile Brücken führen über die Autobahnen.

Ein anderer Weg folgt auf einem abgesperrten Mittelstreifen der Av Chapultepec vom Bosque de Chapultepec bis zum Centro Histórico. Das Wegstück durch die Straßen der Colonia Roma wird von den Autofahrern allerdings nicht respektiert – sie fahren oder parken sogar darauf. Eine dritte Route verläuft am Paseo de la Reforma vom Auditorio Nacional bis zum Museo Rufino Tamayo; dem roten Streifen folgen.

Metro

Die Metro ist das schnellste Verkehrsmittel in Mexico City. An einem durchschnittlichen Wochentag wird sie von 4,6 Mio. Menschen benutzt – damit liegt sie weltweit an vierter Stelle. Das Netz umfasst 175 Stationen, mehr als 200 km Gleise und 11 Linien. Im Berufsverkehr fährt alle zwei bis drei Minuten ein Zug. Mit 2 Mex$ pro Fahrt, einschließlich Umsteigen, ist sie auch eine der günstigsten Metros der Welt.

Alle Linien verkehren an Wochentagen von 5 bis 24 Uhr, samstags von 6 bis 24 Uhr und sonntags von 7 bis 24 Uhr. Im Berufsverkehr (ca. von 7.30 bis 10 und von 15 bis 20 Uhr) sind Bahnsteige und Züge beängstigend voll. Zu diesen Zeiten sind die vorderen Wagen Frauen und Kindern vorbehalten; Männer dürfen dann die Schranke „Solo Mujeres y Niños" nicht passieren.

Es verwundert nicht, dass es in diesem Gedränge zu Taschendiebstählen kommt – hier ist also Vorsicht geboten.

Die Metro ist einfach zu benutzen. Jede Linie hat eine spezielle Farbe und jede Station ein besonderes Logo. Auf Schildern wie „Dirección Pantitlán" und „Dirección Universidad" ist die Endstation angegeben.

Aus einer Karte kann man entnehmen, in welche Richtung man fahren muss. An einer *taquilla* (Fahrkartenschalter) kauft man ein *boleto* (Ticket) – oder gleich mehrere –, steckt es in den Schlitz am Drehkreuz und los geht's. Beim Umsteigen dem Schild „Correspondencia" (Anschluss) folgen. An den Ausgängen jeder Station sind Karten der Umgebung angebracht.

Taxi

Mexico City hat mehrere Taxiklassen. Am günstigsten sind die Straßentaxis, aber wegen des Risikos, überfallen zu werden, sind diese nicht zu empfehlen (s. S. 144). Wenn man an einer Straße ein Taxi herbeiwinken muss, sollte man prüfen, ob es Taxi-Nummernschilder hat: Der Code beginnt mit dem Buchstaben L (*libre:* frei) und unten verläuft ein grüner Streifen. Dann checken, ob die Zahl auf dem Schild der Zahl auf dem Fahrzeug entspricht. Man sollte auch nach der *carta de identificación* (auch *tarjetón* genannt) Ausschau halten, einem Ausweis in Postkartengröße, der in jedem Taxi sichtbar angebracht sein sollte. Vergewissern, dass der Fahrer so aussieht wie auf dem Foto! Besteht das angehaltene Taxi diese Tests nicht, sollte man sich ein anderes suchen.

Der Fahrpreis in einem *libre*-Taxi wird durch ein *taxímetro* bestimmt, das bei 6 bis 7 Mex$ beginnen sollte. Der Gesamtpreis einer Fahrt von 2 bis 3 km in moderatem Verkehr – etwa vom Zócalo bis zur Zona Rosa – sollte um die 40 bis 45 Mex$ betragen. Zwischen 23 und 6 Uhr kostet es 20 % mehr.

Ein Ruftaxi kostet etwa zwei- bis dreimal so viel, aber der Extrabetrag bedeutet erheblich mehr Sicherheit – und das ist nicht das Schlechteste. Die Nummernschilder beginnen mit einem S – für *sitio* (Taxistand) – und haben einen orangefarbenen Streifen. Wer telefonisch ein Taxi bestellt, erfährt seine Nummer und die Automarke.

Hier sind einige verlässliche Taxiunternehmen aufgelistet, die rund um die Uhr erreichbar sind. Auf den Karten in diesem Kapitel sind wichtige *sitios* verzeichnet.

Radio Maxi Seguridad (☎ 5768-8557, 5552-1376)
RET (☎ 8590-6720, 8590-6721)
Servitaxis (☎ 5516-6020, 5516-6034)
Sitio Parque México (☎ 5286-7129, 5286-7164)
Taxi-Mex (☎ 9171-8888, 5634-9912)
Taxis Radio Unión (☎ 5514-8124)

Rund um Mexico City

Dem gewaltigen, scheinbar endlosen Stadtgebiet von Mexico City müssen die Chilangos (die Bewohner Mexico Citys) ab und zu mal entfliehen, und das tun sie zu Tausenden jedes Wochenende. Mautpflichtige Schnellstraßen führen zu vielen Städten, Orten und den sogenannten *pueblos mágicos* (magischen Dörfern) rund um den Distrito Federal. Im Handumdrehen ist man in einer Welt der altertümlichen Ruinen und gut erhaltenen Kolonialstädte. Auch traumhafte Berglandschaften sind leicht und schnell zu erreichen.

Selbst wer nur eine Woche in Mexico City ist, sollte nicht versäumen, einen Tagesausflug ins Umland zu machen, um so das „andere" Mexiko kennen zu lernen, denn Mexico City hat – wie viele andere Hauptstädte auch – nur wenig gemeinsam mit den umliegenden Provinzen. Die Gegend um Mexico City belohnt jeden reichlich, der sich die Zeit nimmt, ins Hinterland zu fahren, das Touristen auf dem Weg zur Küste oft links liegen lassen.

Fast alle Besucher machen einen Eintagestrip ins atemberaubende Teotihuacán. Und dies ist nur eine der vielen phantastischen Sehenswürdigkeiten in der Gegend: Die grandiosen Kolonialstädte Taxco, Puebla und Cuernavaca sind unbedingt einen Besuch wert. Wundervoll sind auch das Valle de Bravo und Tepoztlán, die Gipfel des Popocatépetl und des Iztaccíhuatl und die Ruinen von Xochicalco und Tula (um nur einige Attraktionen zu nennen). An Wochentagen wird man an diesen Orten bestimmt nicht auf Touristenmassen stoßen – sie sind also genau das Richtige, um die Hektik der Großstadt hinter sich zu lassen.

HIGHLIGHTS

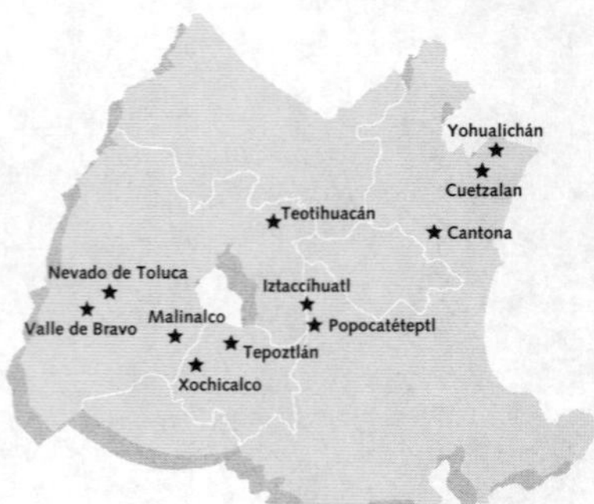

- Den phantastischen Anblick des **Popocatépetl** (S. 244) und des **Iztaccíhuatl** (S. 244) genießen und zu den schönen Vulkanseen von **Nevado de Toluca** (S. 287) hinuntersteigen
- Sich überwältigen lassen von der schieren Größe der beiden Pyramiden in **Teotihuacán** (S. 219)
- Am bezaubernden *zócalo* von **Cuetzalan** (S. 253) inmitten der Sierra Madre Oriental einen Sundowner genießen
- In **Xochicalco** (S. 275), **Yohualichán** (S. 255) und **Cantona** (S. 253) weniger bekannte, nicht von Touristen überlaufene archäologische Stätten Zentralmexikos entdecken
- In den Kopfsteinpflastergassen magischer Dörfer herumschlendern, z. B. im relaxten **Malinalco** (S. 289), im künstlerisch angehauchten **Tepoztlán** (S. 258) und im prächtigen **Valle de Bravo** (S. 288)

- MAX. TEMPERATUR PUEBLA, JAN.: 24° C
- MAX. TEMPERATUR PUEBLA, JULI: 27° C

Geschichte

Die Region rund um das heutige Mexico City war lange ein kultureller und wirtschaftlicher Knotenpunkt und Heimat einer Reihe wichtiger indigener Kulturen (vor allem der Teotihuacán, Tolteken und Azteken). Bis zum späten 15. Jh. beherrschten die Azteken fast alle Staaten Zentralmexikos, und viele archäologische Stätten und Museen bewahren heute das Erbe der vorkolonialen Geschichte; das Museo Amparo in Puebla vermittelt einen ausgezeichneten Überblick über die Geschichte und die Kulturen der Gegend.

Nach der Eroberung gestalteten die Spanier Zentralmexiko um. Sie richteten in Puebla Keramikindustrien und in Taxco und Pachuca Minen und Haziendas für Weizen- und Zuckerproduktion sowie für Rinderzucht ein. Die katholische Kirche nutzte die Region als Basis für ihre Missionstätigkeit und hinterließ eine Reihe von imposanten Kirchen und befestigten Klöstern. Heute haben die meisten Städte eine zentrale Plaza, die von Kolonialgebäuden umgeben ist.

Klima

Außerhalb von Mexico City sorgt die Höhe für ein sehr angenehmes Klima – es ist kühler und weniger feucht als im Tiefland. Der meiste Regen fällt in Form von kurzen Sommerschauern. Die höchsten Gipfel *(nevados)* sind mehrere Monate im Jahr schneebedeckt (Okt.–Ende März): In den bewohnten Gebieten an den Bergausläufern herrscht noch mildes Klima, wenn oben in den Wolken schon Langläufer unterwegs sind.

Parks & Naturschutzgebiete

Zahlreiche Nationalparks, die nur einen Tag Fahrt von Mexico City entfernt liegen, sind erstaunlich menschenleer und mit ein bisschen Mühe auch mit öffentlichen Verkehrsmitteln zu erreichen. Der beliebteste Park in dieser Gegend ist der Grutas de Cacahuamilpa (S. 283) mit seinem erstaunlichen Netz von riesigen Höhlen in wunderschöner Lage an den Ufern eines reißenden Flusses. Kletterer kommen wegen der Felsformationen, und Wanderer genießen die Kühle der Kiefernwälder im kleinen, bergigen Park El Chico (S. 227) außerhalb von Pachuca.

Die Ausläufer des Iztaccíhuatl-Popocatépetl (S. 245) rund um Amecameca bieten einige gute Wandermöglichkeiten. Der Popocatépetl darf wegen seiner vulkanischen Aktivität nicht bestiegen werden. Nur erfahrene Kletterer sollten den Gipfel des Iztaccíhuatl erklimmen. Unweit Pueblas ist der gewaltige, über La Malintzi (S. 252) erreichbare Gipfel des La Malinche ein anspruchsvolles Ziel für Tagesausflügler. Man kann auch direkt zum erloschenen Krater des Nevado de Toluca (S. 287) fahren oder in der Gegend drumherum skilanglaufen.

Anreise & Unterwegs vor Ort

Alle größeren Städte und – in geringerem Maße – auch kleinere Orte rund um Mexico City sind von der Hauptstadt aus leicht mit dem Bus zu erreichen. Auch die Verbindungen zwischen den einzelnen Orten sind recht gut. Selbst Ortschaften in der tiefsten Provinz werden mindestens einmal täglich von Mexico City und vom jeweils wichtigsten Verkehrsknotenpunkt aus angefahren. Puebla, Toluca, Cuernavaca und Pachuca sind zwar auch auf dem Luftweg zu erreichen, aber die meist günstigere und einfachere Variante ist es, nach Mexico City zu fliegen und von dort aus weiterzureisen. Die viel befahrenen Straßen in der Region gehören zu den besten und sichersten im ganzen Land. Deshalb ist es also keine schlechte Idee, sich ein Auto zu mieten und die Gegend mithilfe der eigenen vier Räder zu erkunden. Aber auch die abgelegensten Sehenswürdigkeiten und Orte sind problemlos mit dem Bus erreichbar.

NÖRDLICH VON MEXICO CITY

Eine der beiden Hauptattraktionen nördlich von Mexico City ist die ganz außergewöhnliche Anlage von Teotihućan, das einst die größte Stadt ganz Amerikas war und heute eine der eindrucksvollsten vorkolonialen Sehenswürdigkeiten Mexikos ist. Aber auch im kleineren, weniger bekannten Tula, der nordwestlich von Teotihuacán gelegenen toltekischen Hauptstadt, sind auf der kleinen zentralen Plaza einige wirklich phantastische, fast vollständig erhaltene Steinstatuen zu bewundern.

Weitaus unbekannter, aber nicht minder beeindruckend sind der Parque Nacional El Chico und das malerische Örtchen Mineral del Chico, wo man sich ganz wunderbar vom Großstadtgewusel erholen, mit den freund-

RUND UM MEXICO CITY

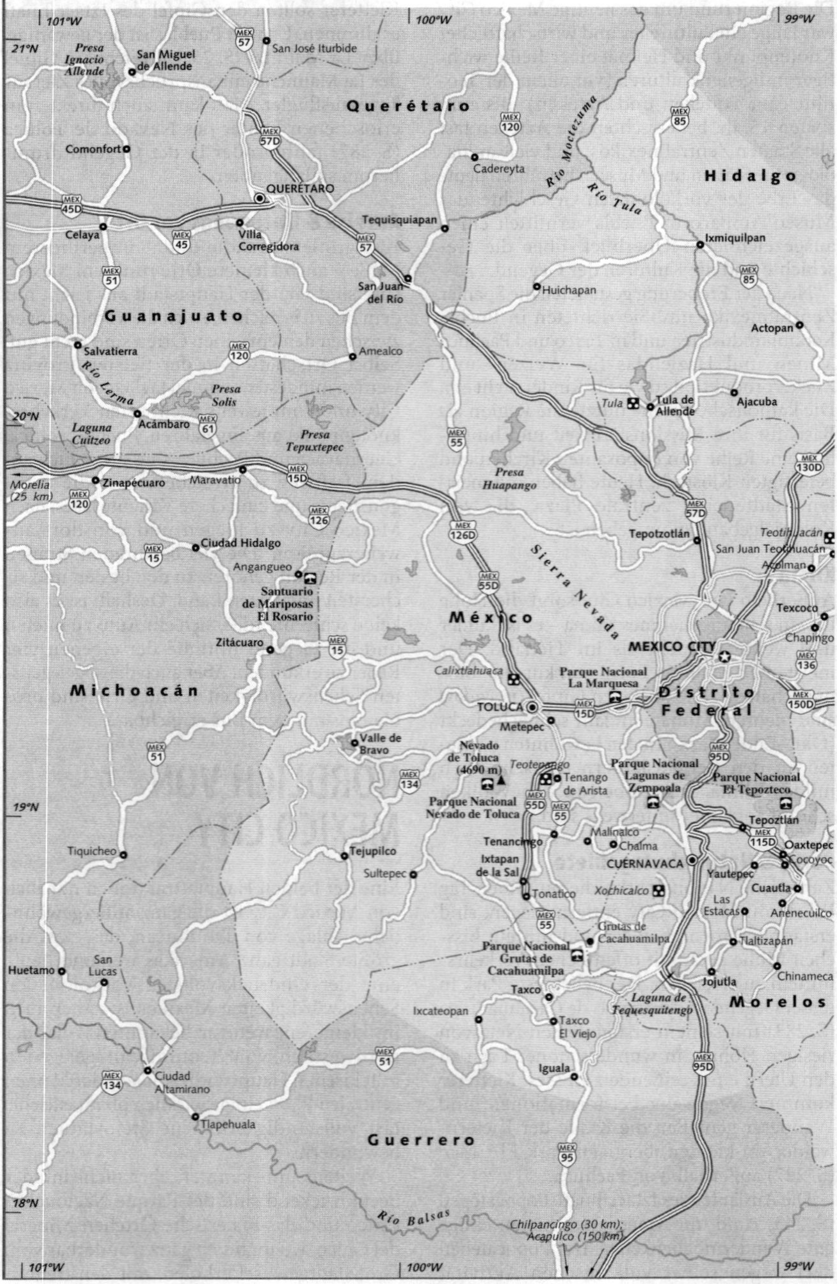

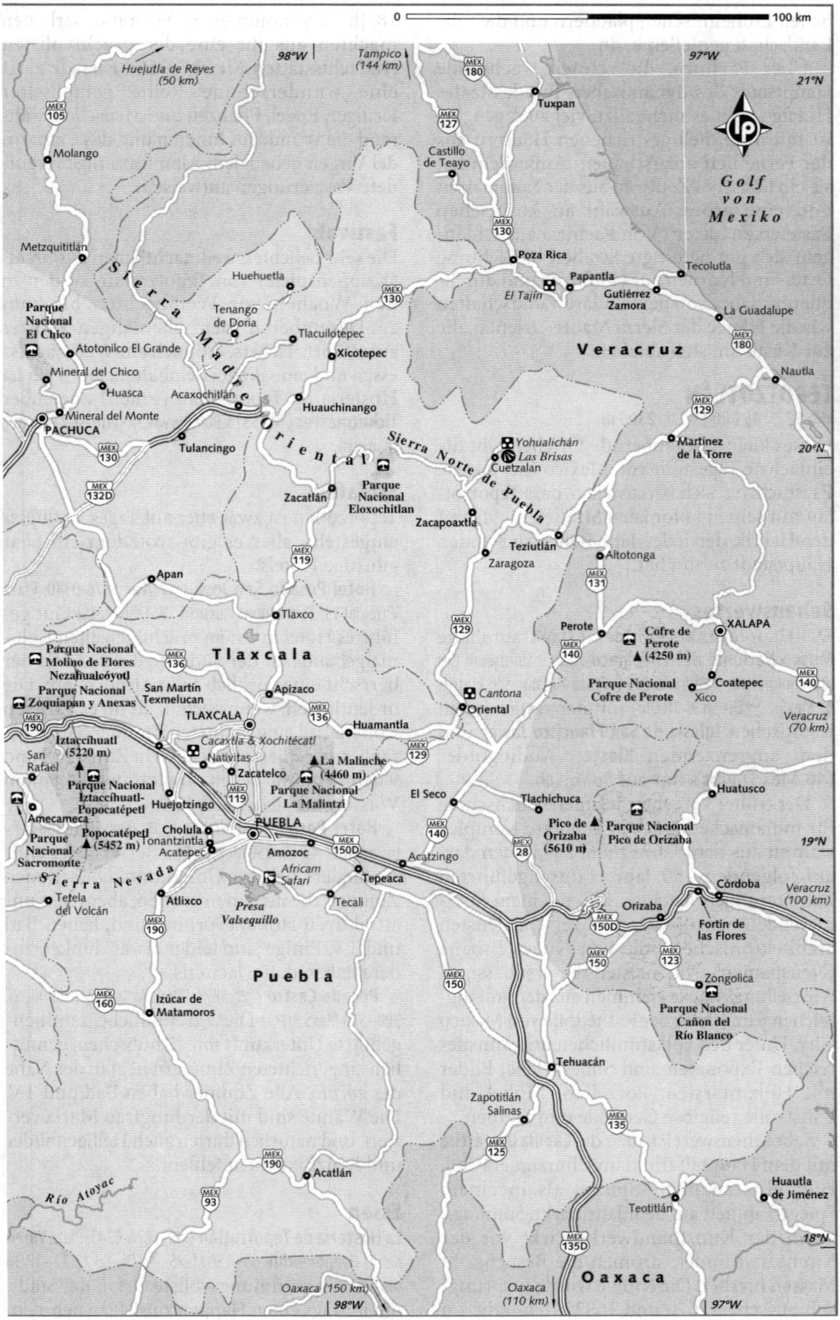

RUND UM MEXICO CITY

lichen Einheimischen plaudern und die tolle Landschaft genießen kann.

Über Pachuca, die schnell wachsende Hauptstadt des dynamischen Bundesstaates Hidalgo, gibt es nicht allzu viel zu sagen. Sie ist mit ihren hell gestrichenen Häusern aus der Ferne nett anzuschauen. Außerdem hat sie ein hübsches Zentrum aus der Kolonialzeit und eine große Auswahl an kornischen Pasteten zu bieten. Von Pachuca aus schlängeln sich gut befestigte Straßen in Richtung Osten und Norden zur Golfküste und durchqueren dabei so spektakuläre Landschaften wie die Hänge der Sierra Madre Oriental, die zur Küste hin steil abfallen.

TEPOTZOTLÁN

☎ 55 / 45 000 Ew. / 2300 m

Dieses kleine, bezaubernde Örtchen gibt die einfachste Tagestour von Mexico City aus ab. Es ist schwer, sich vorzustellen, dass Tepotzotlán mit seinen kolonialen Straßen nichts mit der Hektik der jedes Jahr näher rückenden Hauptstadt zu tun hat.

Sehenswertes

Die Hauptattraktion hier ist das traumhafte **Museo Nacional del Virreinato** (Nationalmuseum des Vizekönigreichs; ☎ 5876-2771; Plaza Hidalgo 99; Eintritt 43 Mex$; ⌚ Di–So 9–18 Uhr) mit der restaurierten jesuitischen **Iglesia de San Francisco Javier** und dem angrenzenden **Kloster**. Audioguides (40 Mex$) gibt's nur auf Spanisch.

Der früher von einer Jesuiten-Hochschule für indianische Sprachen benutzte Komplex stammt aus dem Jahre 1606. Die in den darauf folgenden 150 Jahren durchgeführten Erweiterungen machten ihn zu einem faszinierenden Schaukasten der verschiedensten architektonischen Stile von Nueva España (Neuspanien). Die meisten der erstklassigen Ausstellungsstücke stammen aus der umfangreichen Sammlung der Kathedrale von Mexico City. Unter den volkstümlichen und künstlerischen Exponaten sind Silberkelche, Bilder mit Holzintarsien, Porzellan, Möbel und kunstvolle religiöse Gemälde und Statuen.

Sehr sehenswert ist auch die **Capilla Doméstica** mit dem Hauptaltarbild im Churriguera-Stil. Hier glitzern mehr Spiegel als in einem Spiegelkabinett auf dem Jahrmarkt. Sonntags, wenn der Kunsthandwerksmarkt vor der Kirche stattfindet, strömen die Besucher in Massen hierher. Die Kirche wurde ursprünglich zwischen 1670 und 1682 erbaut; die im 18. Jh. vorgenommenen Dekorationsarbeiten machten aus ihr eine der prachtvollsten Andachtsstätten Mexikos. Die Fassade zeigt eine wunderschöne Reihe gemeißelter Heiliger, Engel, Pflanzen und Menschen, während die Wände im Inneren und das Camarín del Virgen neben dem Altar unzählige vergoldete Verzierungen aufweisen.

Festivals

Die sehr beliebten weihnachtlichen *pastorelas* (Krippenspiele) von Tepotzotlán werden in den Wochen vor Weihnachten bis zum 25. Dezember in dem ehemaligen Kloster aufgeführt. Tickets, die auch ein Weihnachtsessen und eine Piñata beinhalten, gibt's bei La Hostería de Tepotzotlán (unten) oder über **Ticketmaster** (☎ 5325-9000; www.ticketmaster.com.mx, spanisch).

Schlafen

Tepotzotlán ist zwar eher auf Tagesausflügler eingestellt, aber es gibt trotzdem ein paar günstige Hotels.

Hotel Posada San José (☎/Fax 5876-0340; Plaza Virreinal 13; Zi. mit/ohne Aussicht 185/250 Mex$) Gut geführtes Hotel in einem prächtigen alten Kolonialgebäude an der Südseite des *zócalo.* Hier herrscht eine wirklich tolle Atmosphäre. Die ordentlichen, wenn auch nicht im erwarteten Kolonialstil eingerichteten Zimmer haben bezaubernd geflieste Bäder. Nicht Zimmer 8 und 9 nehmen – sie liegen direkt unter der lauten Wasserpumpe des Gebäudes.

Hotel Posada del Virrey (☎/Fax 5876-1864; Av Insurgentes 13; Zi. 250 Mex$; P) Bei Wochenendausflüglern beliebte Unterkunft. Die schönen Zimmer, die um einen großen, aber recht unattraktiven Hof angeordnet sind, haben Bad und TV. Einige sind leider etwas dunkel, andere haben dafür Jacuzzis.

Posada Castro (☎ 5876-0964; Av Insurgentes 11; Zi. 300–500 Mex$; P) Diese freundliche, familiengeführte Unterkunft mit 17 hübschen, gemütlich eingerichteten Zimmern liegt in der Nähe des *zócalo.* Alle Zimmer haben Bad und TV. Die Wände sind mit der Jungfrau Maria verziert, und natürlich dürfen auch Heiligenbilder und Kruzifixe nicht fehlen.

Essen

La Hostería de Tepotzotlán (☎ 5876-0243; Plaza Virreinal 1; Hauptgerichte 60–150 Mex$; ⌚ Di–So 12.30–17.30 Uhr) ist der stimmungsvollste Ort in der Stadt, um mittags einen Happen zu sich zu nehmen.

Das Restaurant liegt in dem schönen, kleinen Innenhof des Klosters und serviert herzhafte Suppen und einheimische Hauptgerichte wie Crêpes mit *huitlacoche* (deftigen Maispilzen) zum Brunch und zum Mittagessen.

Restaurant-Bar Pepe (☎ 5876-0520; Plaza Virreinal; Hauptgerichte 80–140 Mex$; ⌚ 8–23 Uhr) Bezauberndes Restaurant gegenüber der Iglesia de San Francisco Javier am *zócalo*. Es hat eine tolle Terrasse, und innen herrscht eine freundliche, zurückhaltende und geschäftige Atmosphäre. Zu den angebotenen Spezialitäten gehören *camarones empanizados* (panierte Garnelen). Frühstück kriegt man für ca. 65 Mex$.

Die anderen Restaurants am *zócalo*, die sich kaum voneinander unterscheiden, meidet man am besten, denn dort kriegen Touristen nur mittelmäßige Gerichte zu überhöhten Preisen. Eine weitaus bessere Alternative sind die *taquerías* (Tacostände) westlich der Plaza oder auf dem Markt hinter dem Palacio Municipal, wo auch Einheimische den ganzen Tag die reichhaltigen *pozole* (dünner Eintopf mit Maismehl, Schweinefleisch oder Hühnchen), *gorditas* (gebratene, gefüllte Tacos in fettigen, hausgemachten Tortillas aus blauem Mais) und frisch gepresste Säfte genießen. Wer die leckeren Tacos *al pastor* probieren möchte, sollte das in der netten **Taquería la Dueña** (Tacos ab 16 Mex$) direkt hinter der Posada San José in der Arkade im Kolonialstil tun. In diesem hübsch dekorierten Restaurant werden köstliche Tacos und leckere Snacks serviert.

An- & Weiterreise

Tepotzotlán liegt auf dem Weg von Mexico City nach Querétaro, 1,5 km westlich der ersten Mautstelle auf dem Hwy 57D.

Busse von Autotransportes Valle del Mezquital (AVM) halten auf dem Weg vom Terminal Norte in Mexico City nach Tula alle 15 Minuten an der Mautstelle. Von dort nimmt man einen Regionalbus (4 Mex$) oder ein Taxi (30 Mex$) oder läuft etwa 20 Minuten in Richtung Westen auf der Av Insurgentes. Man kann auch ein *colectivo* von der Metrostation Rosario in Mexico City nach Tepotzotlán nehmen (15 Mex$). In Tepotzotlán fahren „Rosario"-Busse ab der Av Insurgentes gegenüber Posada San José wieder zurück.

TULA

☎ 773 / 27 000 Ew. / 2060 m

Die mutmaßliche Hauptstadt der alten toltekischen Kultur ist für ihre furchterregenden, 4,5 m hohen Kriegerfiguren aus Stein berühmt. Auch wenn Tula nicht so spektakulär und weitaus kleiner ist als Teotihuacán, lohnt sich ein Tagesauflug dorthin. Und obwohl die moderne Stadt Tula de Allende von einer Pemex-Raffinerie und einer übel riechenden petrochemischen Fabrik umgeben ist, ist das Zentrum doch hübsch genug, um eine Übernachtung zu rechtfertigen.

Geschichte

Tula war von 900 bis 1150 n. Chr. eine bedeutende Stadt mit bis zu 35 000 Einwohnern. Die aztekischen Annalen erzählen von einem König namens Topiltzin mit heller Haut, schwarzem Bart und langem Haar, der im 10. Jh. eine toltekische Hauptstadt gegründet haben soll – es wird allerdings darüber diskutiert, ob Tula diese Hauptstadt ist.

Die Tolteken schufen ein ausgedehntes Reich und wurden von den Azteken hoch geschätzt, denn die betrachteten sie sogar als ihre königlichen Vorfahren. Topiltzin war angeblich ein Priesterkönig, der den gefiederten Schlangengott Quetzalcóatl friedlich verehrte (was bedeutete, dass nur Tiere geopfert wurden). Tula ist bekannt dafür, dass hier Anhänger des deutlich weniger sympathischen Tezcatlipoca (Rauchender Spiegel) wohnten, des Gottes der Krieger, der Zauberei, des Lebens und Todes; um Tezcatlipoca zu huldigen, brauchte man Menschenopfer. Von Tezcatlipoca heißt es, dass er in verschiedenen Verkleidungen auftrat, um Topiltzin zu provozieren. Als nackter Chili-Verkäufer erregte er die Lust der Tochter Topiltzins – er heiratete sie schließlich –, und als alter Mann verführte er den enthaltsamen Topiltzin dazu, sich zu betrinken.

Der gedemütigte Führer verließ daraufhin die Stadt und fuhr zur Golfküste, von wo aus er auf einem Floß aus Schlangen in Richtung Osten segelte mit dem Versprechen, eines Tages wiederzukehren und den Thron zurückzugewinnen. (Als Hernán Cortés 1519 an der Golfküste auftauchte, war der aztekische Herrscher Moctezuma deshalb sehr bestürzt.) Nach alter Überzeugung gründete Topiltzin in Chichén Itzá in Yucatán einen neuen toltekischen Staat, während die Tolteken in Tula ein brutales, militaristisches Reich erschufen, das Zentralmexiko beherrschte.

Tula war ein prächtiger Ort; der Legende nach gab es Paläste aus Gold, Türkis, Jade, aus Quetzal-Federn, riesigen Maiskolben und farbiger Baumwolle, die immerfort wuchsen. Tulas Schätze wurden wahrscheinlich von den Azteken oder Chichimeken geplündert.

Mitte des 12. Jhs. verlegte der Herrscher Huémac die toltekische Hauptstadt nach internen Kämpfen in Tula wohl schließlich nach Chapultepec und beging anschließend Selbstmord. Tula wurde Anfang des 13. Jhs. verlassen, vermutlich nach der gewaltsamen Zerstörung durch Chichimeken.

Orientierung & Praktische Informationen

Die Zona Arqueológica (Archäologische Grabungsstätte) liegt 2 km nördlich vom Zentrum. Tulas Hauptstraße, die Av Zaragoza, verbindet den *zócalo* mit den Randgebieten. In einer anderen großen Straße, der Av Hidalgo, befinden sich lebenswichtige Dinge wie Internetcafés und Geldautomaten.

Sehenswertes

ZONA ARQUEOLÓGICA

Die **Ruinen** (Eintritt 37 Mex$; ⌚ 9–17 Uhr) des zeremoniellen Hauptzentrums von Tula thronen auf einer Bergspitze, von der man einen wunderschönen Blick über die hügelige Landschaft hat. Die Ruinen sind nur ein kleiner Teil der eigentlich 16 km² großen Anlage, aber hier gibt es die interessantesten Überreste zu sehen. Wer hier filmen will, muss dafür 35 Mex$ zahlen.

Von der Hauptstraße mit den stillgelegten Wachhäuschen erreicht man nach 300 m den Eingang mit dem Ticketkiosk und das hervorragende **Museum** (Eintritt im Eintrittspreis für die Ruinen inkl.), das Keramik- und Metallarbeiten, Schmuck und große Skulpturen zeigt.

Linker Hand erreicht man nach weiteren 800 m durch zahlreiche Souvenirstände hindurch das Zentrum der historischen Stadt. Hier befinden sich Infotafeln mit Erklärungen auf Englisch, Spanisch und Náhuatl.

Das erste große Bauwerk, auf das man vom Museum aus trifft, ist der **Juego de Pelota No 1** (Ballspielplatz Nr. 1). Archäologen glauben, dass seine Wände mit Reliefs verziert waren, die aber unter der aztekischen Herrschaft beseitigt wurden.

Die auch als Tempel des Quetzalcóatl oder Tlahuizcalpantecuhtli (Morgenstern) bekannte **Pirámide B** kann über Treppen an der Südseite erklommen werden. Am Ende der Treppe sind die Reste dreier Stützpfeiler erhalten geblieben – sie stellten einst gefiederte Schlangen dar, deren Köpfe in der Erde steckten und deren Schwänze in die Luft ragten. Die vier Kriegeratlanten aus Basalt oben auf der Pyramide und die vier Säulen dahinter stützten das Tempeldach. Die Krieger tragen Kopfschmuck, Brustplatten in Form von Schmetterlingen und kurze Röcke, die von Sonnenscheiben gehalten werden. In ihrer rechten Hand halten sie Speerschleudern und in ihrer linken Messer und Beutel mit Weihrauch. Der Atlant, der auf der linken Seite steht, ist eine Replik des Originals, das jetzt im Museo Nacional de Antropología in Mexico City (S. 158) steht. In die Säulen hinter den Atlanten sind Krokodilköpfe (die die Erde symbolisieren), Krieger, Symbole von Kriegerorden, Waffen und der Kopf von Quetzalcóatl gemeißelt.

An der Nordwand der Pyramide sind einige Reliefs zu sehen, die das Bauwerk früher ganz umgeben haben. Sie zeigen die Symbole der Kriegerorden: Jaguare, Kojoten und Adler, die Herzen verschlingen, und in Quetzalcóatls Mund steckt etwas, das ein menschlicher Kopf sein könnte.

Das heute dachlose **Gran Vestíbulo** (Großes Vestibül) breitet sich vor der Pyramide gegenüber der Plaza aus. Die steinerne, mit Kriegern verzierte Bank war ursprünglich so lang wie die Halle und diente wahrscheinlich bei Zeremonien auf der Plaza als Zuschauerbank für Priester und Adlige.

In der Nähe der Nordseite der Pirámide B steht die 40 m lange und 2,25 m hohe **Coatepantli** (Schlangenwand), die mit Reihen von gemeißelten geometrischen Mustern verziert ist und mit Schlangen, die menschliche Skelette verschlingen. Es sind Spuren der ursprünglichen leuchtenden Farben erhalten, mit denen die meisten Bauwerke in Tula bemalt waren.

Gleich westlich der Pirámide B befindet sich der **Palacio Quemado** (Verbrannter Palast), der aus einer Reihe von Hallen und Höfen mit weiteren niedrigen Bänken und gemeißelten Reliefs besteht. Eines davon zeigt eine Prozession von Adligen. Im Palast wurden wahrscheinlich Zeremonien abgehalten oder es fanden Zusammenkünfte statt.

Die Plaza vor der Pirámide B war wahrscheinlich Schauplatz religiöser und militärischer Darbietungen. In ihrer Mitte steht der *adoratorio* (die Zeremonienplattform). Die Ausgrabung des größten Bauwerks von Tula, der **Pirámide C** an der Ostseite der Plaza, war zum Zeitpunkt der Recherchen noch im Anfangsstadium. Im Westen liegt der **Juego de Pelota No 2**, mit über 100 m Länge der größte Ballspielplatz Zentralmexikos.

Am anderen Ende der Plaza führt ein Weg zum **Sala de Orientación Guadalupe Mastache** (Eintritt frei). Dieses kleine Museum ist nach einem der Archäologen benannt, die hier die ersten Ausgrabungsarbeiten vornahmen. Zu sehen gibt's große, in der Ruine gefundene Stücke, z.B. einige riesige Füße von Karyatiden, und eine Darstellung der Anlage, wie sie ursprünglich ausgesehen haben könnte.

STADTZENTRUM

Tulas festungsartige **Kathedrale** in der Av Zaragoza war Teil des Klosters San José aus dem 16. Jh. Die Gewölbebögen im Inneren sind mit Gold geschmückt. Die Wand der Bibliothek gegenüber dem *zócalo* zeigt ein farbenfrohes **Wandgemälde** zur Geschichte Tulas.

Schlafen & Essen

Hotel Casa Blanca (☎ 732-11-86; www.casablancatula.com; Pasaje Hidalgo 11; Zi. ab 330 Mex$; P 💻) Diese nette Unterkunft im Herzen Tulas, die nicht, wie der Name vermuten lässt, weiß, sondern eher rosa ist, befindet sich am Ende einer engen Fußgängerstraße gegenüber dem gleichnamigen Restaurant. Die 36 gemütlichen Zimmer sind alle mit TV, eigenem Bad und kostenlosem WLAN-Zugang ausgestattet. Den Parkplatz auf der Rückseite erreicht man über die Zaragoza Av.

Hotel Lizbeth (☎ 732-00-45; www.tulaonline.com/hotellizbeth; Ocampo 200; EZ/DZ 450/495 Mex$; P 💻) Im Lizbeth herrscht eine freundliche, entspannte Atmosphäre, die ein bisschen an die in einem Motel erinnert. Es liegt ganz in der Nähe des Busbahnhofs (am Hoteleingang nach rechts abbiegen). Geboten werden saubere, gemütliche Zimmer mit Gemeinschaftsbalkon und kostenlosem WLAN. Die Zimmer mit gefliestem Fußboden riechen um einiges besser als die mit Teppichboden.

LP Tipp **Hotel Real Catedral** (☎ 732-08-13; www.tulaonline.com/hotelcatedral; Zaragoza 106; EZ/DZ/Suite inkl. Frühstück 550/650/950 Mex$; P 💻) Das Real Catedral ist eine geschmackvoll eingerichtete, zentral gelegene, gemütliche Unterkunft der gehobenen Preisklasse. Vielen der nach innen liegenden Zimmer mangelt es an natürlichem Licht, deshalb sollte man sich in einer der hübschen Suiten mit kleinem Balkon und Blick auf die Straße einquartieren lassen. In der Empfangshalle hängen viele tolle Schwarz-Weiß-Fotos von Tula.

Best Western Tula (☎ 732-45-75; www.bestwesterntula.com; Zaragoza s/n; Zi. 822 Mex$; P ❄ 💻) Dieses auf Geschäftsleute eingerichtete Best Western im historischen Stadtzentrum wurde 2006 eröffnet und hat 18 elegante, komfortable Zimmer. Obwohl es eigentlich ziemlich farblos ist, gibt es einem nicht das Gefühl, in einem anonymen Kettenhotel untergebracht zu sein.

Restaurant Casablanca (☎ 732-22-74; Hidalgo 114; Hauptgerichte 40–110 Mex$; 🕙 10–22 Uhr; 💻) Dieses freundliche, zugegebenermaßen etwas sterile Restaurant gehört zu den besten der Stadt und befindet sich ganz in der Nähe der Kathedrale unweit des *zócalo*. Es gibt traditionelle mexikanische Gerichte und ein gutes Buffet.

An- & Weiterreise

Tulas Busbahnhof liegt in der Xicoténcatl Av, drei Blocks unterhalb der Kathedrale. Ins Stadtzentrum kommt man, indem man vom Hauptausgang nach rechts geht und dann sofort nach links in die Rojo del Río abbiegt. Nach dem Kirchturm auf dem Hügel Ausschau halten. 1.-Klasse-Busse von Ovnibus fahren zu/von Mexico Citys Terminal Norte (52 Mex$, 1¾ Std., alle 30–40 Min.) und nach/von Pachuca (52 Mex$, 1¾ Std., stündl.). 2.-Klasse-Busse von AVM (40 Mex$) fahren alle 15 Minuten dieselben Ziele an. Busse nach Mexico City setzen Fahrgäste, die ins Stadtzentrum wollen, an der Caseta Tepotzotlán (25 Mex$) ab.

Unterwegs vor Ort

Wer mit dem Bus in Tula ankommt, nimmt am Busbahnhof am besten ein Taxi (25 Mex$) zur Zona Arqueológica. In der Innenstadt fahren „Actopan"-Minibusse (6 Mex$) an der Ecke Calle 5 de Mayo und Zaragoza ab und halten 100 m vor dem Eingang zur historischen Stätte. Aber auch alle Busse nach Pachuca stoppen auf Wunsch dort.

TEOTIHUACÁN

☎ 594 / 2300 m

Dieser Komplex aus Ehrfurcht einflößenden Pyramiden mitten in Mesoamerikas größter Stadt liegt nur 50 km nordöstlich von Mexico City und ist die Hauptattraktion der ganzen Region. Die Bedeutung dieser riesigen Anlage ist mit der der Ruinen von Yucatán und Chiapas vergleichbar. Wer hierher kommt, wird von den verblüffenden technologischen Errungenschaften der Kultur von Teotihuacán (teh-oh-ti-wah-*kahn*) fasziniert sein.

Teotihuacán, der Komplex mit der riesigen Pirámide del Sol und der Pirámide de la Luna, die aus den Ruinen der ehemaligen Metropole herausragen, liegt in einem von Bergen eingerahmten Nebental des Valle de México. Teotihuacán war Mexikos größte altertümliche Stadt und die Hauptstadt von Mexikos wahrscheinlich größtem vorkolonialen Imperium. (Mehr zu seiner Bedeutung steht auf S. 47.) Die Erkundung dieser Stätte ist faszinierend, aber aufgepasst: Die unermüdlichen Händlern können einem schon die Laune vermiesen, und außerdem kann es um die Mittagszeit hier extrem voll sein. Wie immer zahlt es sich aus, wenn man früh da ist, vor allem weil die Hitze mittags unerträglich werden kann.

Das Schachbrettmuster der Stadt wurde im 1. Jh. n. Chr. angelegt, die Pirámide del Sol wurde (über einem früheren Heiligtum) 150 n. Chr. fertiggestellt. Die restliche Stadt entstand zwischen 250 und 600 n. Chr. Soziale, ökonomische und ökologische Faktoren beschleunigten den Niedergang und letztendlichen Zusammenbruch im 8. Jh. n. Chr.

Zwei große Alleen unterteilten die Stadt in vier Viertel, die in der Nähe von La Ciudadela (Zitadelle) zusammentrafen. Eine der Alleen, die grob von Norden nach Süden verläuft, ist die berühmte Calzada de los Muertos (Straße der Toten) – so benannt, weil die späteren Azteken glaubten, dass es sich bei den großen Bauten am Rand der Straße um riesige Gräber handelte, die von Riesen für Teotihuacáns ersten Herrscher gebaut wurden. Die Hauptbauten sind typisch für den *Talud-Tablero*-Stil: Die ansteigenden Elemente der stufigen, pyramidenartigen Gebäude bestehen aus schrägen *(talud)* und senkrechten *(tablero)* Abschnitten. Sie wurden oft mit Kalk verputzt und bunt angestrichen. Ein Großteil der Stadt bestand aus Wohnsiedlungen, manche von ihnen waren mit eleganten Fresken verziert.

Noch Jahrhunderte nach dem Niedergang blieb Teotihuacán Pilgerziel für das aztekische Königtum. Die Azteken glaubten, dass sich hier alle Götter geopfert hätten, um zu Beginn der „fünften Welt" – des Zeitalters der Azteken – die Sonne in Bewegung zu setzen. Und die Stätte ist immer noch ein bedeutender Pilgerort: Tausende von New-Age-Anhängern versammeln sich hier jedes Jahr, um das Frühlingsäquinoktium zu feiern und die mystische Energie aufzusaugen, die angeblich hier zusammenfließt.

Orientierung

Obwohl das alte Teotihuacán mehr als 20 km² groß war, liegen die meisten Sehenswürdigkeiten entlang der knapp 2 km langen Calzada de los Muertos. Die Busse kommen an einem Kreisverkehr am südwestlichen Eingang an (Tor 1); vier weitere Eingänge liegen entlang einer Ringstraße, die die historische Stätte umgibt. An jedem Eingang befinden sich Parkplätze und Ticketschalter. Das Ticket ist den ganzen Tag gültig, man kann es beim Wiedereintritt an jedem Eingang benutzen. Das Museum der Stätte befindet sich gleich innen am östlichen Haupteingang (Tor 5).

Praktische Informationen

Es gibt einen **Infostand** (☎ 956-02-76; ⌚ 9–16 Uhr) nahe des südwestlichen Eingangs (Tor 1). Wenn genügend Leute zusammenkommen, werden hier kostenlose Touren von autorisierten Führern (nur auf Spanisch) angeboten.

Die Menschenansammlungen an den **Ruinen** (Eintritt 45 Mex$; ⌚ 7–18 Uhr) sind zwischen 10 und 14 Uhr am größten, und am allervollsten wird es sonntags, an Feiertagen und um das Frühlingsäquinoktium herum (zwischen 19. und 21. März). Wegen der Höhe und der Hitze sollte man die Erkundungen der Ruinen sachte angehen sowie Hut und Wasser mitbringen – die meisten Besucher laufen mehrere Kilometer, und die Mittagsonne kann gnadenlos sein. Zwischen Juni und September sind Nachmittagsschauer üblich.

Sehenswertes

CALZADA DE LOS MUERTOS

Vor Jahrhunderten muss die „Straße der Toten" ihren Bewohnern ganz unglaublich vorgekommen sein, denn sie kannten die Gebäude ja ganz und neu. Tor 1 führt einen auf die Allee vor La Ciudadela. 2 km in Richtung Norden wird die Allee von den ehemaligen Palästen der vornehmen Gesellschaft Teotihuacáns und von anderen bedeutenden Bauten flankiert, etwa der Pirámide del Sol. Die Pirámide de la Luna zeichnet sich riesig am nördlichen Ende ab.

LA CIUDADELA

Man nimmt an, dass die ausgedehnte, quadratische Zitadelle einst die Residenz des obersten

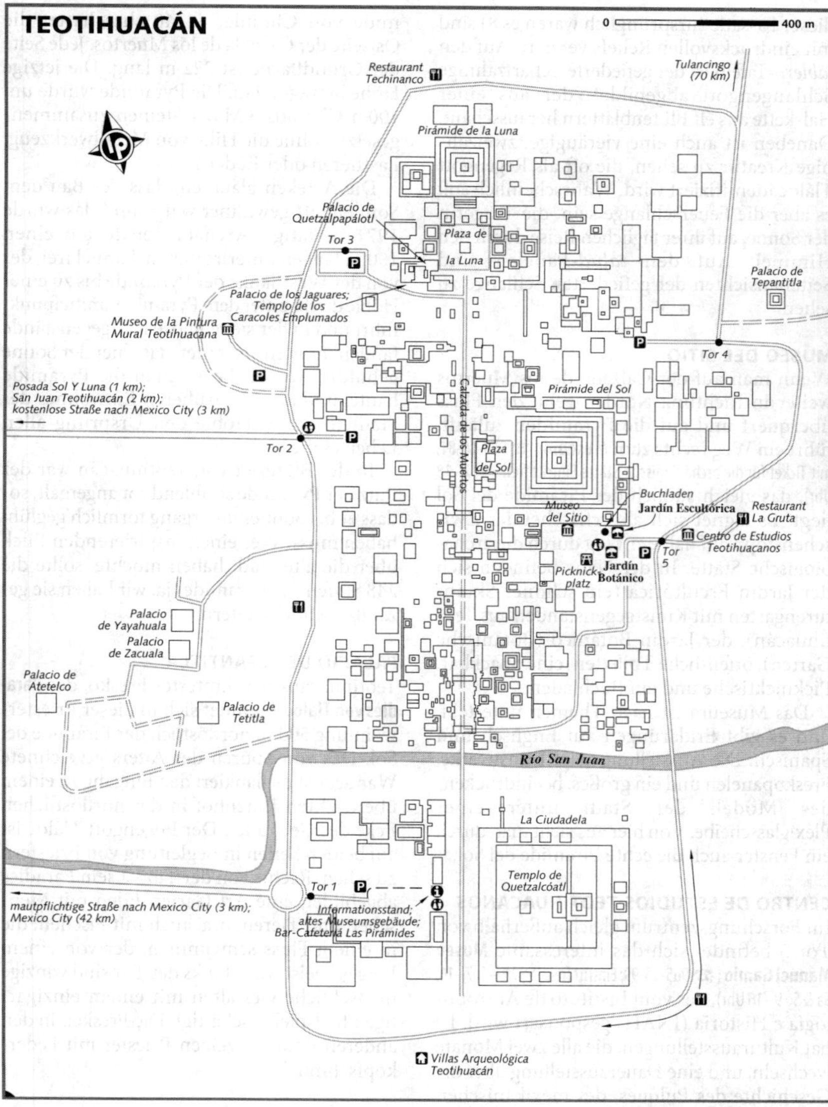

Herrschers der Stadt war. Vier breite, jeweils 390 m lange Mauern, die von 15 Pyramiden gekrönt werden, umschließen einen offenen Raum. Seine Hauptattraktion ist der pyramidenförmige **Templo de Quetzalcóatl** im Osten. Der Tempel wird von zwei Komplexen aus Zimmern und Innenhöfen flankiert, die das Verwaltungszentrum der Stadt waren.

Das faszinierendste Merkmal des Tempels ist die Fassade eines früheren Baus (von etwa 250–300 n. Chr.; der Tempel wurde irgendwann im darauffolgenden Jahrhundert gebaut), die im Rahmen von Ausgrabungsarbeiten an einer jüngeren Pyramide entdeckt wurde – sie war an derselben Stelle darüber gebaut worden. Die vier übrig gebliebenen Stufen dieser Fassade (ursprünglich waren es 8) sind mit eindrucksvollen Reliefs verziert. Auf den *tablero*-Tafeln ist der gefiederte, scharfzahnige Schlangengott abgebildet, der aus einer Halskette aus elf Blütenblättern herausschaut. Daneben ist auch eine vieräugige, zweizahnige Kreatur zu sehen, die oft als Regengott Tláloc identifiziert wird. Wahrscheinlich soll es aber die Feuerschlange sein, die Trägerin der Sonne, auf ihrer täglichen Reise durch den Himmel. Auf den *talud*-Panelen sind Seitenansichten der gefiederten Schlange zu sehen.

MUSEO DEL SITIO

Wenn man auf der Calzada de los Muertos weiter in Richtung Norden geht, den Fluss überquert und auf die Pyramiden zuläuft, führt ein Weg rechts zum **Museum** (☎ 958-20-81; mit Ticket für die archäologische Stätte Eintritt frei; ⌚ 7–18 Uhr), das gleich südlich der Pirámide del Sol liegt. Es eignet sich als erfrischender Zwischenstopp auf halbem Weg durch die archäologische Stätte. In der Nähe befinden sich der Jardín Escultórica (ein schöner Skulpturengarten mit Kunstgegenständen aus Teotihuacán), der Jardín Botánico (Botanische Garten), öffentliche Toiletten, eine Snackbar, Picknicktische und ein Buchladen.

Das Museum ist nach Themen unterteilt, und es gibt Erklärungen auf Englisch und Spanisch. Die Ausstellung zeigt Kunstwerke, Freskopanelen und ein großes, beeindruckendes Modell der Stadt unter einer Plexiglasscheibe. Von hier aus sieht man durch ein Fenster auch die echte Pirámide del Sol.

CENTRO DE ESTUDIOS TEOTIHUACANOS

Im Forschungszentrum gleich außerhalb von Tor 5 befindet sich das interessante **Museo Manuel Gamio** (☎ 965-15-99; Eintritt frei; ⌚ Mo–Fr 7–16, Sa & So 9–16 Uhr), das vom Instituto de Antropología e Historia (INAH) gesponsert wird. Es hat Kulturausstellungen, die alle zwei Monate wechseln, und eine Dauerausstellung über die Geschichte des Pulques, des mexikanischen Nationalgetränks. Eine originalgetreue Replik einer traditionellen *pulquería* rundet alles ab; in einem solchen Etablissement tranken die Adligen traditionell Pulque, das alkoholhaltige Getränk aus gärendem Agavensaft.

PIRÁMIDE DEL SOL

Die drittgrößte Pyramide der Welt (nach der ägyptischen Cheops-Pyramide und der Pyramide von Cholula, S. 240) beschattet die Ostseite der Calzada de los Muertos. Jede Seite der Grundfläche ist 222 m lang. Die jetzige Höhe beträgt 70 m. Die Pyramide wurde um 100 n. Chr. aus 3 Mio. t Steinen zusammengesetzt – ohne die Hilfe von Metallwerkzeug, Lasttieren oder Rädern.

Die Azteken glaubten, dass der Bau dem Sonnengott gewidmet war – und das wurde 1971 bestätigt: Archäologen legten einen 100 m langen unterirdischen Tunnel frei, der von der Westflanke der Pyramide bis zu einer Höhle direkt unter dem Pyramidenmittelpunkt führt und in der sie religiöse Kultgegenstände fanden. Es wird vermutet, dass hier der Sonne gehuldigt wurde, bevor man die Pyramide baute, und dass die früheren Einwohner der Stadt in dieser Höhle den Ursprung allen Lebens sahen.

In der Blütezeit von Teotihuacán war der Putz der Pyramide strahlend rot angemalt, sodass er bei Sonnenuntergang förmlich geglüht haben muss. Wer einen inspirierenden Blick über die alte Stadt haben möchte, sollte die 248 Stufen der Pyramide (ja, wir haben sie gezählt …) hochklettern.

PALACIO DE TEPANTITLA

Teotihuacáns berühmtestes Fresko, das **Paradies von Tláloc**, befindet sich in dieser Priesterwohnung 500 m nordöstlich der Pirámide del Sol. Das von Spuren des Alters gezeichnete Wandgemälde flankiert den Eingang zu einem überdachten Innenhof in der nordöstlichen Ecke des Gebäudes. Der Regengott Tláloc ist auf beiden Seiten in Begleitung von Priestern zu sehen. Rechts von der Tür ist sein Paradies abgebildet, eine Art Garten Eden mit Menschen und Tieren, u. a. auch mit Fischen, die in einem Fluss schwimmen, der von einem Berg gespeist wird. Links der Tür sind winzige menschliche Gestalten mit einem einzigartigen Ballspiel beschäftigt. Die Fresken in den anderen Räumen zeigen Priester mit Federkopfschmuck.

PIRÁMIDE DE LA LUNA

Die Mondpyramide am nördlichen Ende der Calzada de los Muertos ist kleiner als die Pirámide del Sol, hat aber elegantere Proportionen – sie ist ästhetisch viel wertvoller und nicht halb so klotzig. Fertiggestellt wurde sie um 300 n. Chr. Da sie auf höherem Untergrund gebaut wurde, ist sie fast genauso hoch wie die Sonnenpyramide.

Direkt vor der Mondpyramide liegt die Plaza de la Luna. Sie besteht aus zwölf harmonisch angeordneten Tempelplattformen. Einige Experten wollen in der Gesamtzahl 13 (zwölf Plattformen plus eine Pyramide) – einer Schlüsselzahl des mesoamerikanischen Ritualkalendersystems – ein astronomisches Symbol erkennen. Der Altar in der Mitte des Platzes spielte wahrscheinlich bei religiösen Tänzen eine Rolle.

PALACIO DE QUETZALPAPÁLOTL

An der Südwestecke der Plaza de la Luna steht der Palast des Quetzal-Schmetterlings, der vermutlich die Wohnstätte eines hohen Priesters war. Eine Treppenflucht führt zu einer überdachten Säulenhalle mit abstrakten Wandgemälden. Ganz in der Nähe befindet sich ein sehr gut restaurierter Innenhof, dessen Säulen mit Bildern des Quetzal-Vogels bzw. einer Kreuzung aus Quetzal-Schmetterling und -Vogel verziert sind.

Auf der Rückseite des Palacio de Quetzalpapálotl befinden sich der tiefer gelegene **Palacio de los Jaguares** (Jaguarpalast) und der **Templo de los Caracoles Emplumados** (Tempel der gefiederten Schneckenhörner). Die unteren Wände einiger Räume am Innenhof des Jaguarpalastes zieren Teile von Wandmalereien. Sie zeigen den Jaguargott mit gefiedertem Kopfschmuck, wie er in Muschelhörner bläst und wohl den Regengott Tláloc anbetet.

Der Tempel der gefiederten Schneckenhörner, der vom Innenhof des Palacio de los Jaguares aus betreten wird und aus dem 2. oder 3. Jh. n. Chr. stammt, ist heute ein unterirdisches Gebäude. Die Reliefs seiner einstigen Fassade zeigen große, mit Federn und vierblättrigen Blumen dekorierte Muscheln, die möglicherweise als Musikinstrumente dienten. Das Fundament, auf dem die Fassade steht, ist mit Wandmalereien in Regenbogenfarben verziert. Sie zeigen Vögel, aus deren Schnäbeln Wasser fließt.

MUSEO DE LA PINTURA MURAL TEOTIHUACANA

Das auf der Ringstraße zwischen Tor 2 und 3 gelegene, beindruckende **Museum** (☎ 958-20-81; mit Ticket für die historische Stätte Eintritt frei; 🕓 9–18 Uhr) zeigt Wandmalereien aus Teotihuacán und Rekonstruktionen von Wandmalereien, die man in den Ruinen zu sehen bekommt. Erklärungen zu den Exponanten gibt's nur auf Spanisch, trotzdem ist das Museum auf jeden Fall einen Besuch wert. Hier zu parken kostet einen 2 Mex$.

PALACIO DE TETITLA & PALACIO DE ATETELCO

Eine weitere Gruppe von Palästen liegt westlich des Hauptareals der historischen Stätte, ein paar hundert Meter nordwestlich von Tor 1. Viele der Wandmalereien, die in den 1940er-Jahren entdeckt wurden, sind gut erhalten oder restauriert und leicht zu deuten. Im weitläufigen Innern des Tetitla-Palastes gibt es nicht weniger als 120 Wände, die mit Wandgemälden verziert sind. Tláloc, Jaguare, Schlangen und Adler gehören zu den Figuren, die am leichtesten zu erkennen sind. Etwa 400 m westlich liegt der Atetelco-Palast, dessen lebendige Wandmalereien von Jaguaren und Kojoten – eine Mischung aus originalen und restaurierten Bildern – in der nordwestlichen Ecke des Patio Blanco (weißen Innenhofs) zu sehen sind. Die in Rottönen gezeichneten Prozessionen dieser Kreaturen symbolisieren möglicherweise Kriegerorden.

Etwa 100 m weiter in Richtung Nordosten liegen Zacuala und Yayahuala, zwei riesige, von Mauern umgebene Siedlungen, die der Gemeinde vermutlich als Wohngebiet dienten. Die beiden durch originale Gassen getrennten Gebäudekomplexe bestehen aus mehreren Zimmern und Innenhöfen, haben aber nur wenige Eingänge.

Schlafen

Die nicht weiter interessante Stadt San Juan Teotihuacán 2 km südlich der archäologischen Stätte bietet einige gute Übernachtungsmöglichkeiten. Dort zu schlafen, ist sinnvoll, besonders wenn man die archäologische Stätte besichtigen möchte, bevor die Massen eintreffen. Wer sich aber ein romantisches Wochenende machen möchte, ist mit den teureren Unterkünften direkt an den Ruinen besser bedient.

Teotihuacán Trailer Park (☎ 956-03-13; teotipark@prodigy.net.mx; López Mateos 17, San Juan Teotihuacán; Stellplatz 60 Mex$/Pers., Wohnmobil 75 Mex$/Pers.; Ⓟ 💻) Wer will, kann sein Zelt mitten in der Stadt in einer ruhigen Straße hinter der Jesuitenkirche aus dem 16. Jh. aufstellen. Der große Zeltplatz liegt einige Blocks südwestlich der Plaza und des Busbahnhofs und bietet rund um die Uhr schöne, warme Duschen. Die englisch sprechenden Betreiber sind äußerst hilfsbereit.

Hotel Posada Teotihuacán (☎ 956-04-60; Canteroco 5, San Juan Teotihuacán; EZ/DZ/3BZ 142/213/282 Mex$; P) Diese zentral gelegene Unterkunft sieht von außen zwar aus, als ob eine Bombe eingeschlagen hätte, aber die Zimmer sind hübsch und sauber, wenn auch etwas klein. Alle verfügen über TV und eigene Bäder. Eine billigere Bleibe gibt's in der Gegend nicht.

Hotel Posada Sol y Luna (☎ 956-23-68/71; www.posadasolyluna.com; Cantú 13, San Juan Teotihuacán; Zi./Suite ab 330/450 Mex$; P) Gut geführtes Hotel mit 16 schönen, aber unspektakulär eingerichteten, sterilen Zimmern mit TV und eigenem Bad. In den Junior-Suiten gibt es ziemlich alte Jacuzzis, die den Aufpreis nicht wert sind – es sei denn, man leidet an Rheuma. Die Unterkunft liegt am östlichen Ende der Stadt, auf dem Weg zu den Pyramiden. Es wird ein leckeres Frühstück für Gäste und Nichtgäste angeboten (ab 60 Mex$).

Hotel & Motel Quinto Sol (☎ 956-18-81; www.hotelquintosol.com.mx; Av Hidalgo 26, San Juan Teotihuacán; EZ/DZ/3BZ ab 670/815/949 Mex$; P) Das Quinto Sol ist zwar nicht gerade ein Boutiquehotel und sehr beliebt bei Reisegruppen, aber trotzdem die gemütlichste Option in der Stadt. Zu den Pluspunkten gehören ein kleiner Pool und große, gut ausgestattete Zimmer.

Villa Arqueológica Teotihuacán (☎ 55-5836-9020; www.teotihuacaninfo.com; Zi. So–Do/Fr & Sa 875/1000 Mex$; P) Bei weitem die beste Wahl in der Gegend ist der vom Club Med geführte Hotelkomplex unweit der Ausgrabungsstätte. Die Unterkunft ist zwar recht teuer, hat aber viel Atmosphäre und gemütliche, saubere, toll eingerichtete Zimmer. Es gibt einen beheizten Außenpool, einen beleuchteten Tennisplatz, einen Spielplatz, Billardtische, einen schönen Garten und ein gehobenes französisch-mexikanisches Restaurant mit Bar. Einige der Einzelzimmer-Suiten haben sogar einen Whirlpool.

Essen

In der Nähe der Ruinen essen zu gehen, ist eine ziemlich teure und nicht besonders gute Erfahrung, ein Picknick ist die weitaus bessere Idee. Es gibt aber auch einige recht ordentliche Restaurants. Der beste Ort, um sich zu stärken, ist der dritte Stock des alten Museumsgebäudes in der Nähe von Tor 1, wo die geschäftige Cafeteria mit der Bar Las Pirámides einen Panoramablick auf La Ciudadela bietet.

Restaurant Techinanco (☎ 958-23-06; Teotihuacán-Ringstraße; Hauptgerichte 30–70 Mex$; 🕓 10–17 Uhr) Der Innenraum des Restaurants ist nicht umwerfend, und es liegt auch recht weit von Tor 3 entfernt hinter der Pirámide de la Luna, aber die Hausmannskost, die hier serviert wird, ist ausgezeichnet und nicht zu teuer. Auf der kurzen Speisekarte stehen nicht nur die beliebten Leckereien der Gegend – von *tacos fritos* bis Enchiladas –, sondern auch authentische, hausgemachte *moles* und andere schmackhafte traditionelle Gerichte. Unbedingt die überschäumende Betreiberin Emma (Spitzname Maya) nach ihrer Heilmassage fragen (ab 30 Mex$). Ein *temascal* (mexikanisches Dampfbad) für bis zu 15 Personen (ca. 300–500 Mex$) muss 24 Stunden im Voraus arrangiert werden.

Restaurant La Gruta (☎ 956-01-04/27; Hauptgerichte 200 Mex$; 🕓 11–18 Uhr) Dieses extrem seltsame Restaurant befindet sich in den befremdlichsten Räumlichkeiten überhaupt: in einer riesigen, nasskalten, unterirdischen Grotte in der Nähe von Tor 5 (von dem Schild „in 500 m" darf man sich nicht beirren lassen, das ist ein Druckfehler). Es ist total auf Touristenpartys ausgerichtet. Das ausgesprochen leckere, aber auch teure Essen wird in der unterirdischen Grotte serviert. Samstag- und sonntagnachmittags gibt's Livemusik und folkloristisches Ballett (Eintritt 30 Mex$). Hier werden – wie nicht anders zu erwarten – alle gängigen Kreditkarten akzeptiert.

An- & Weiterreise

Vom Terminal Norte in Mexico City fahren tagsüber zwischen 7 und 18 Uhr alle 15 Minuten Busse von Autobuses México-San Juan Teotihuacán zu den Ruinen (28 Mex$, 1 Std.). Der Fahrkartenschalter ist der vorletzte im Terminal Norte, links vom Eingang. Man sollte sich vergewissern, dass der Bus Richtung „Los Pirámides" fährt und nicht in die nahe gelegene Stadt San Juan Teotihuacán.

Die Busse kommen in der Nähe von Tor 1 an und fahren dort auch wieder ab. Sie halten auch an Tor 2 und 3. Nach 13 Uhr fahren vermehrt Busse zurück nach Mexico City; der letzte geht um 18 Uhr in Richtung Stadt. Einige fahren nur bis zur Metrostation Indios Verdes, die meisten aber weiter bis zum Terminal Norte.

Unterwegs vor Ort

Von San Juan Teotihuacán kommt man entweder mit dem Taxi (1,50 Mex$) zu den Pyramiden oder mit jedem Combi (6 Mex$), das die Aufschrift „San Martín" trägt und in der Av Hidalgo in der Nähe der Zentralplaza abfährt. Combis, die nach San Juan zurückfahren, halten an den Toren 1, 2 und 3.

PACHUCA

☎ 771 / 320 000 Ew. / 2425 m

Pachuca, die unspektakuläre Hauptstadt des Bundesstaates Hidalgo, erstreckt sich über mehrere steile Hügel und wird gekrönt von einer riesigen mexikanischen Flagge und einer noch riesigeren Christusstatue. Das bezaubernde Zentrum mit seinen hell gestrichenen Häusern ist schon von weitem zu sehen. Rundherum hat sich in den letzten Jahren ein unansehnliches Ballungsgebiet entwickelt, das nicht viel mit den kleinen bunten Häuschen in der Altstadt gemeinsam hat.

Pachuca ist ein nettes Örtchen für einen kurzen Aufenthalt und ein idealer Ausgangspunkt für Ausflüge nach Norden und Osten in die phantastische Sierra Madre Oriental. Schon 1534 wurde in der Nähe Silber gefördert, und die Minen von Real del Monte produzieren noch heute eine ansehnliche Menge Erz. Über die Silberminen von Pachuca kam übrigens auch der *fútbol* (Fußball) nach Mexiko: Minenarbeiter aus dem englischen Cornwall führten ihn im 19. Jh. ein. Die kornische Bevölkerung ist auch für das typische Gericht der Stadt verantwortlich: Fleischpasteten, *pastes* genannt. (Jeder Brite wird sie als solche erkennen, selbst wenn sie auf mexikanische Art gefüllt sind).

Orientierung

Der 40 m hohe Reloj Monumental (Glockenturm) wurde zwischen 1904 und 1910 anlässlich der Hundertjahrfeier der Unabhängigkeit gebaut. Der Turm überschattet den nördlichen Zipfel von Pachucas Plaza de la Independencia *(zócalo)*, die von der Av Matamoros im Osten und der Av Allende im Westen flankiert wird. Die Guerrero verläuft parallel zur Av Allende, 100 m in Richtung Westen. Etwa 700 m weiter in Richtung Süden laufen die Guerrero und die Av Matamoros in der modernen Plaza Juárez zusammen.

Praktische Informationen

Rund um die Plaza de la Independencia gibt's zahlreiche Geldautomaten.

Internet (409 Matamoros; 10 Mex$/Std.; 9–22 Uhr) Gegenüber vom Revolutionsdenkmal in dem kleinen Park 100 m südlich des *zócalo*.

Touristeninformation (☎ 715-14-11; www.pachuca.gob.mx; Plaza de la Independencia; 10–18 Uhr) Im Glockenturm. Hier gibt's manchmal kostenlose Stadtpläne.

Sehenswertes

CENTRO CULTURAL DE HIDALGO

Das schöne, große **Kulturzentrum** (Ecke Hidalgo & Arista; Eintritt frei; Di–So 10–18 Uhr) ist eine Oase der Ruhe mitten im geschäftigen Zentrum von Pachuca. Der Komplex, der einst der Convento de San Francisco war, beherbergt zwei Museen, eine Galerie, ein Theater, eine Bibliothek und mehrere schöne Plazas. Auch die beeindruckende (noch genutzte) Parroquia de San Francisco ist einen Besuch wert. Der Komplex liegt zwei Blocks östlich und vier Blocks südlich der Plaza Juárez. Das Highlight des Ganzen aber ist das hervorragende **Museo Nacional de la Fotografía** (Eintritt frei; Di–So 10–18 Uhr), in dem frühe Aufnahmetechniken und eine Auswahl der 1,5 Mio. Fotos aus den INAH-Archiven zu sehen sind. Die Bilder, von denen einige von Europäern und Amerikanern und viele von dem mexikanischen Pionier und Fotojournalisten Agustín Victor Casasola stammen, geben einen faszinierenden Einblick in die Geschichte Mexikos vom Jahr 1873 bis in die Gegenwart.

MUSEO DE MINERÍA

Zwei Blocks südlich und einen halben Block östlich des *zócalo* liegt Pachucas **Bergbaumuseum** (Mina 110; Erw./Student 15/10 Mex$; Mi–So 10–14 & 15–18 Uhr). Hier kriegen Besucher einen guten Überblick über die Industrie, die dieses Gebiet prägte. Zu den Exponaten zählen Lampen, Heiligenschreine der Bergarbeiter und alte Bergbaukarten. Fotos zeigen die Bedingungen, die in den Schächten herrschten – von den ersten Jahren bis zur heutigen Zeit. Es gibt einen 20-minütigen Videofilm auf Englisch und engagierte ehemalige Kumpel, die jede Stunde auf Spanisch geführte Touren anbieten.

AUSSICHTSPUNKTE

Wer atemberaubende Aussichten genießen möchte, sollte mit dem „Mirador"-Bus (6 Mex$) von der Plaza de la Constitución ein paar Blocks nordöstlich des *zócalo* zum **Mirador** an der Straße nach Mineral del Monte fahren. Noch schönere Panoramasicht hat man vom **Cristo-Rey-Denkmal** auf dem Cerro de Santa Apolonia nördlich der Stadt. Mit einem Taxi (30 Mex$) kommt man aus der Stadt am besten her, oder man tut sich die 30 Minuten zu Fuß an.

Geführte Touren

Trolleytouren von **Tranvía Turistico** (☎ 718-71-20; 45 Mex$/Pers.) finden von Mittwoch bis Sonntag von 15 bis 18 Uhr stündlich statt. Treffpunkt ist an der Westseite der Plaza. Samstags und sonntags gibt's außerdem geführte 4½-stündige Touren nach Mineral del Monte. Abfahrt ist jeweils um 12 Uhr.

Schlafen

Hotel Noriega (☎ 715-15-55; Av Matamoros 305; EZ/DZ 200/245 Mex$; P) Das Noriega mit seiner Lobby in dem atmosphärischen Innenhof würde eine gute Kulisse für einen Agentenfilm abgeben. Die Zimmer sollte man sich vor dem Einchecken unbedingt ansehen – einige sind so winzig, dass man darin Platzangst bekommt, andere wiederum sind groß und luftig. TV kostet 20 Mex$ extra. Alternativ kann man sich aber auch im Hof zusammen mit dem Personal *lucha libre* (Wrestling) anschauen.

Hotel de los Baños (☎ 713-07-00, Fax 715-14-41; Av Matamoros 205; EZ/DZ 235/295 Mex$; P) Das Baños gehört mit seiner wunderschön gefliesten und mit Antiquitäten vollgestopften Lobby sicherlich zu den eindrucksvollsten Unterkünften Pachucas. Die 56 Zimmer sind sehr unterschiedlich. Einige sind ziemlich schäbig, die Einrichtung ist alt, und auch an Tageslicht fehlt es hier und da. Aber alle Zimmer haben Kabel-TV, Telefon und saubere Bäder. Die Benutzung des Parkplatzes kostet 30 Mex$. Das Hotel befindet sich einen Block südöstlich vom *zócalo*.

Das **Hotel America** (☎ 715-00-55; Victoria 203; Zi. 250 Mex$) ist die beste Budgetunterkunft in Pachuca. Das orangefarbene Haus liegt in einem bezaubernden, ruhigen Hof voller Pflanzen und Blumen. Die großen, sauberen Zimmer haben alle kleine Bäder und TV.

Gran Hotel Independencia (☎ 715-05-15, www.granhotelindpendencia.com; Plaza Independencia 116; EZ/DZ 420/460 Mex$; P) Das um einen hübschen, gelb gestrichenen Hof mit vielen Pflanzen- und Blumentöpfen gebaute Hotel liegt sehr zentral. Dennoch ist es erstaunlich ruhig hier. Die Zimmer zum Platz hinaus sind etwas lauter, bieten aber einen tollen Blick. Die großen Zimmer haben alle eigene Bäder und TV.

Hotel Emily (☎ 715-08-28, 800-501-63-39; www.hotelemily.com.mx; Plaza Independencia; EZ/DZ/Suite 500/550/720 Mex$; P ⊠ 💻) Das Emily an der Südseite des *zócalo* ist das schickste Hotel der Stadt (obwohl in der Lobby einige grauenvolle Möbelstücke rumstehen). Die ordentlichen Zimmer haben TV, launisches WLAN und Balkon. Außerdem gibt's ein Restaurant, Zimmerservice und englisch sprechendes Personal.

Essen

Pastes aus dem Pizzaofen werden überall in der Stadt und auch am Busbahnhof angeboten. Sie sind gefüllt mit Dingen, die sich die Bergarbeiter aus Cornwall wahrscheinlich niemals hätten vorstellen können, z.B. Bohnen, Ananas und Milchreis. Ganz besonders beliebt ist Pastes Kiko's. Die Hauptniederlassung ist in der Nähe des Gran Hotel Independencia und über die ganze Stadt verstreut finden sich Zweigstellen.

Mi Antiguo Café (Matamoros 115; Frühstück 45–80 Mex$) In diesem freundlichen, geschäftigen Café an der Ostseite des *zócalo* kann man zusammen mit Einheimischen wunderbare Crêpes und guten Espresso genießen. Auch zum Frühstück oder Mittagessen lohnt sich der Besuch (60 Mex$).

Reforma (Matamoros 111; Hauptgerichte 70–110 Mex$) Obwohl das Reforma von außen wie ein edles Restaurant aus der guten alten Zeit anmutet, herrscht innen doch eine relaxte Atmosphäre. Zum Frühstück werden leckere *huevos rancheros* serviert. Auf den entsetzlich schmeckenden Kaffee sollte man allerdings besser verzichten.

Mina La Blanca Restaurant Bar (☎ 715-19-64; Av Matamoros 201; Hauptgerichte 45–125 Mex$) Der *pastes*-Spezialist mit dem stimmungsvollen und freundlichen Ambiente ist eines der meistbesuchten Restaurants Pachucas. Die vielen verschiedenen Füllungen der hier servierten *pastes* sind ausgesprochen lecker. Auf der Speisekarte stehen außerdem Frühstücksvariationen, Salate und saisonabhängig regionale *antojitos*. Abends kann man sich hier ganz wunderbar einen Drink genehmigen.

An- & Weiterreise

Ein 1.-Klasse-Bus fährt einmal täglich vom/zum Terminal Norte in Mexico City (56 Mex$, 1¼ Std., alle 15 Min.) bzw. von/nach Poza Rica (112 Mex$, 5 Std., 6-mal tgl.) und Tampico (264 Mex$, 8 Std., 2-mal tgl.).

Drei malerische Straßen (Hwy 85, 105 und 130/132D) führen zur bewaldeten und oft nebligen Sierra Madre Oriental. Die Busse, die fast ausschließlich 2. Klasse sind, fahren regelmäßig von/nach Tula, Tulancingo und Tamazunchale. Außerdem gibt's mehrere Verbindungen von/nach Querétaro und Huejutla de Reyes.

Unterwegs vor Ort

Der Busbahnhof von Pachuca liegt 5 km südwestlich der Innenstadt, an der Straße nach Mexico City. Grün gestreifte *colectivos* mit der Kennzeichnung „Centro" fahren an der Plaza de la Constitución (6 Mex$) vorbei, die nur einen kurzen Fußweg vom *zócalo* entfernt liegt; für die entgegengesetzte Richtung nimmt man die Haltestelle an der Av Allende. Mit dem Taxi kostet der Trip ungefähr 30 Mex$.

RUND UM PACHUCA

Parque Nacional El Chico

☎ 771

Von Pachuca aus kann man leicht einen wunderschönen Tagestrip ins malerische, alte **Mineral del Chico** im Parque National El Chico, der seit 1898 Naturschutzgebiet ist, unternehmen. Hier genießt man eine wunderschöne Aussicht und jede Menge frische Luft. Die Berge mit den spektakulären Felsformationen und den traumhaften Wasserfällen bieten sich zum Wandern an und sind besonders an den Wochenenden beliebt bei Erholungssuchenden. In Hotels oder bei den Touristeninformationen vor Ort gibt's Infos über mögliche geführte Outdoor-Aktivitäten.

SCHLAFEN & ESSEN

An Wochenenden quillt Mineral del Chico über vor Ausflüglern, in der Woche hingegen herrscht hier fast eine Stimmung wie in einer Geisterstadt. Die Hotels, die an Wochentagen geöffnet haben, sind in der Regel relativ preiswert. Und den Park hat man fast ganz für sich allein.

Hospedaje El Chico (☎ 715-47-41; Corona del Rosal 1; Zi. 350 Mex$) Die kleine Privatunterkunft direkt oberhalb der Bushaltestelle verfügt über zehn Zimmer und ist die beste Budgetunterkunft im Ort. Die sauberen Zimmer sind nichts Besonderes, haben aber zumindest alle eigene Bäder. Die größeren Familienzimmer kosten 200 Mex$ mehr.

Hotel Posada del Amanecer (☎ 715-01-90; www.hotelesecoturisticos.com.mx; Morelos 3; Zi. So–Do 450 Mex$, Fr & Sa 600 Mex$) Lehmziegelhaus mit elf geräumigen Zimmern auf zwei Etagen an einem hübschen Innenhof – ein friedvolles Plätzchen, an dem es weder Telefon noch TV gibt. Die Zimmer mit Kamin kosten 100 Mex$ mehr. Angeboten wird auch ein komplettes mexikanisches Menü. Für Kinder unter zwölf ist die Übernachtung kostenlos. In der Nebensaison gibt's einen Rabatt von 25 %. Die Preise beinhalten geführte Wanderungen und Fahrradtouren. Massagen, Spa-Behandlungen und Abenteueraktivitäten wie Klettern werden auch angeboten, müssen aber extra bezahlt werden.

Hotel El Paraíso (☎ 715-56-56; www.hotelesecoturisticos.com.mx; Zi. So–Do ab 800 Mex$, Fr & Sa ab 950 Mex$; P 🖵) Das El Paraíso inmitten eines großen, sehr gepflegten Grundstücks am Fuß des Berges ganz in der Nähe eines Sturzbachs hat seinen Namen mit Sicherheit verdient. Den großen, modern eingerichteten Zimmern mangelt es zwar ein wenig an Individualität, aber dafür sind sie sehr komfortabel. Ein besseres Hotel gibt es hier nicht.

Auf der Straße nach Mineral del Chico gibt es zwischen Km 7 und Km 10 einige einfache **Campingplätze** (Auto/Stellplatz 30 Mex$) und einen **Wohnwagenplatz** (Wohnmobil 100 Mex$ inkl. Strom) im Park am Haupteingang.

AN- & WEITERREISE

Von Pachuca aus fahren blau-weiße *colectivos* zwischen 8 und 18 Uhr alle 20 Minuten nach Mineral del Chico (10 Mex$). Sie starten vor dem Mercado Juárez (Achtung: nicht mit dem Markt in Guerro verwechseln!) an der Ecke Calle Hidalgo und Avenida de la Raza.

Mineral del Monte

2 km nach der Ausfahrt vom Hwy 105 zum Parque Nacional El Chico erreicht man **Real del Monte** (auch bekannt als Mineral del Monte). Hier fand im Jahr 1776 der Bergarbeiterstreik statt, der erste Streik in der Geschichte ganz Amerikas. Der größte Teil der Stadt wurde im 19. Jh. erbaut, nachdem eine britische Gesellschaft die Minen in Beschlag genommen hatte. Hütten im kornischen Stil säumen viele der steilen Kopfsteinpflasterstraßen.

Auf **geführten Bergwerkstouren** (☎ 771-715-27-63; Erw./Kind 140/100 Mex$) geht's an den Wochenenden 250 m hinunter in stillgelegte Schächte. Auf dem Feld gegenüber der Dolores-Mine fand das erste Fußballspiel Mexikos statt. Ganz in der Nähe befindet sich auch ein englischer Friedhof.

Die beste Übernachtungsmöglichkeit ist das bezaubernde **Hotel Real del Monte** (☎ 717-797-12-02/03; www.hotelesecoturisticos.com.mx; Zi. So–Do ab 450 Mex$, Fr & Sa ab 600 Mex$; P) im traditionellen Stil. Es verfügt über 15 Zimmer und steht unter der gleichen erstklassigen Leitung wie die beiden Haupthotels in Mineral del Chico.

2.-Klasse-Busse fahren stündlich vom Busbahnhof in Pachuca nach Mineral del Monte (9 Mex$, 30 Min.). *Colectivos* (7 Mex$, 30 Min., alle 30 Min.) starten an der nordwestlichen Ecke der Plaza de la Constitutión, nördlich des *zócalo.*

ÖSTLICH VON MEXICO CITY

Wer von der Hauptstadt in Richtung Osten fährt, wird von der immer dramatischer werdenden Landschaft mit den unglaublichen Bergen Popocatépetl, Iztaccíhuatl und La Malinche fasziniert sein. Die schneebedeckten Vulkankegel sind meilenweit zu sehen. Die raue Sierra Nevada bietet einfach für jeden etwas, von erquicklichen Bergwanderungen bis hin zu technisch anspruchsvollen Klettertouren. Der launische Popocatépetl ist wegen seiner vulkanischen Aktivität jedoch tabu.

Die phantastische Kolonialstadt Puebla ist Mexikos fünftgrößte Stadt und als Verkehrsknotenpunkt das alles beherrschende Zentrum der Region. Traveller kommen vor allem wegen der Kathedrale, der kulinarischen Highlights und der gut erhaltenen historischen Sehenswürdigkeiten hierher. In dem vorwiegend ländlichen Bundesstaat Puebla leben etwa 500 000 Menschen indigener Abstammung. Ihnen verdankt Puebla das reiche kunsthandwerkliche Erbe, das sich in Produkten wie Töpferwaren, Onyxschnitzereien und schönen handgewebten und bestickten Textilien zeigt.

In dieser Region liegt auch Tlaxcala, die hübsche Hauptstadt des winzigen Bundesstaates gleichen Namens. Die Stadt ist berühmt für ihre reiche vorkoloniale und koloniale Vergangenheit. Das etwas abgelegene Cuetzalan ist für all diejenigen toll, die über einen eigenen fahrbaren Untersatz verfügen und diesen entzückenden, verschlafenen Ort mitten in einer grandiosen Landschaft entdecken möchten.

PUEBLA

☎ 222 / 1,5 Mio. Ew. / 2160 m

In Puebla, dieser konservativen, katholischen, traditionellen Bastion, könnten Besucher den Eindruck gewinnen, dass die Kolonialzeit in Mexiko noch nicht wirklich vorbei ist. In vielen Bereichen ist das etwas Positives, denn so kam Puebla zu seinem traumhaften kolonialen Zentrum, der überwältigenden Kathedrale und vielen wunderschönen Kirchen. Allerdings trägt all dies auch zu dem (etwas unfairen) mexikanischen Bild bei, das die Criollos *poblanos* als versnobt und distanziert darstellt.

Die Stadt mit ihren 70 Kirchen allein im historischen Zentrum ist unbedingt einen Besuch wert. Sie ist außerdem berühmt für ihre mehr als tausend mit *azulejos* (bemalten Keramikkacheln) verzierten Kolonialbauten und ihre lange kulinarische Tradition. Die leckeren Gerichte können hier in jedem Restaurant und an jedem Imbissstand probiert werden.

Nach dem Erdbeben der Stärke 6,9 auf der Richterskala, das die Stadt 1999 erschütterte, hat man im Centro Histórico jede Menge Schutz- und Restaurierungsmaßnahmen ergriffen. Für eine Stadt dieser Größe geht es in Puebla weitaus entspannter und lockerer zu als erwartet. Trotz der prächtigen Architektur und der gut erhaltenen Kolonialbauten hat man hier nie den Eindruck, in einem Museum zu sein, denn Puebla ist eine florierende Stadt, die mit Stolz auf ihre Vergangenheit blickt.

Geschichte

Ciudad de los Ángeles wurde 1531 von spanischen Siedlern mit dem Ziel gegründet, das in der Nähe liegende vorkoloniale religiöse Zentrum Cholula zu übertrumpfen. Acht Jahre später wurde die Stadt unter dem Namen Puebla de los Ángeles („La Angelópolis") bekannt und wuchs schnell zu einem bedeutenden katholischen Zentrum heran. Aus dem Lehm von hier wurden schon seit langer Zeit schöne Keramiken hergestellt. Nachdem die Kolonisten neue Materialien und Techniken eingeführt hatten, entwickelte sich die Keramikherstellung zu einem Kunst- und Industriezweig. Im späten 18. Jh. wurde die Stadt dann zum Hauptproduzenten für Glas und Textilien. Mit 50 000 Einwohnern war Puebla im Jahre 1811 die zweitgrößte Stadt Mexikos, bis Guadalajara sie schließlich Ende des 19. Jhs. überholte.

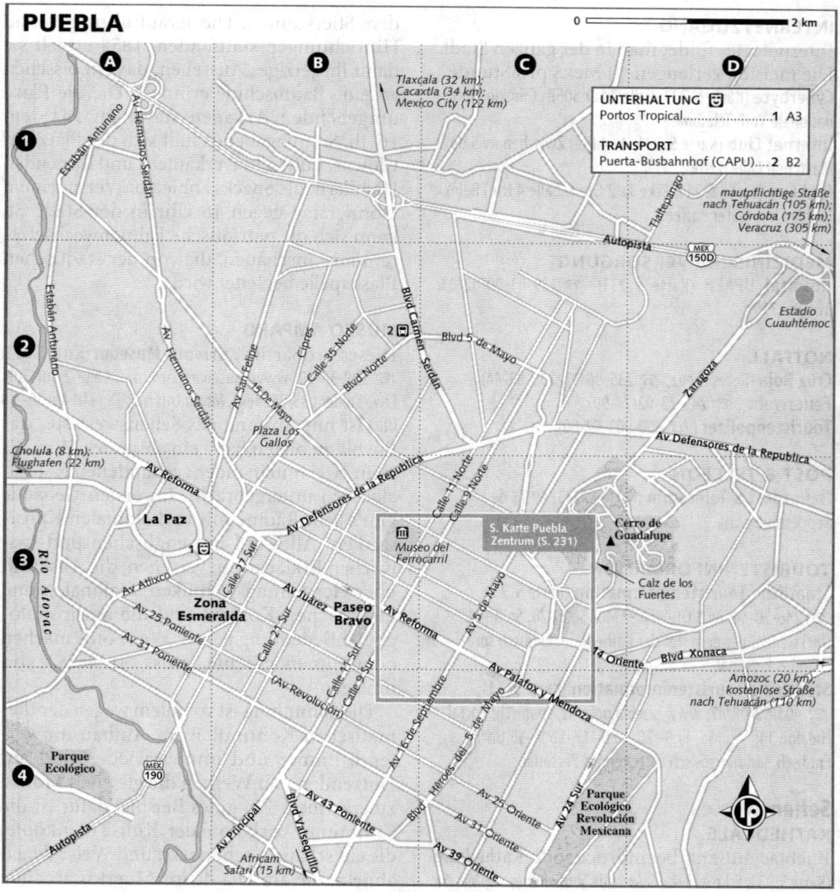

General Ignacio de Zaragoza kam Cerro de Guadalupe im Kampf gegen die französischen Angreifer zu Hilfe, und am 5. Mai 1862 wehrte er mit seinen 2000 Männern einen Frontalangriff von 6000 Franzosen ab, von denen viele aufgrund von Durchfallerkrankungen gehandicapt waren. Dieser seltene mexikanische Militärsieg dient als Anlass für die jährlich stattfindenden und zunehmend von Firmen unterstützten (und feucht-fröhlichen) nationalen Feierlichkeiten. Hunderte von Straßen tragen den Namen 5 de Mayo. Kaum einer scheint sich daran zu erinnern, dass die wieder zu Kräften gekommenen Franzosen im darauffolgenden Jahr Puebla einnahmen und die Stadt bis 1867 besetzt hielten. *Touché!*

Orientierung

Im modernen Puebla dreht sich immer noch alles um die Altstadt mit dem großen, schattigen *zócalo,* an dessen Südseite die Kathedrale steht. Die meisten Sehenswürdigkeiten, Hotels und Restaurants liegen im Umkreis von nur wenigen Blocks. Das vornehmere Viertel mit netten Geschäften und guten Restaurants erstreckt sich entlang der Av Juárez, 2 km westlich des *zócalo,* und wird Zona Esmeralda genannt.

Praktische Informationen

GELD

Geldautomaten gibt's überall. Die Banken am *zócalo* und in der Av Reforma wechseln Bargeld und lösen Reiseschecks ein.

INTERNETZUGANG

Internetcafés findet man in der ganzen Stadt. Die meisten verlangen 10 Mex$ pro Stunde.

Cyberbyte (Karte S. 231; Calle 2 Sur 505B) Günstige internationale VoIP-Telefonate.

Internet Club (Karte S. 231; Av 4 Pte) Zwischen Av 5 de Mayo und Calle 3 Nte.

Red Cup (Karte S. 231; Ecke Av 2 Ote & Calle 4 Nte) Beim Holiday Inn. Guter Kaffee.

MEDIZINISCHE VERSORGUNG

Hospital UPAEP (Karte S. 231; ☎ 229-81-00/02/03; Av 5 Pte 715)

NOTFALL

Cruz Roja (Rotes Kreuz; ☎ 235-86-31, 235-82-44)
Feuerwehr (☎ 245-73-92/77-99)
Touristenpolizei (☎ 800-903-92-00)

POST & TELEFON

Hauptpost & Telecomm (Karte S. 231; Av 16 de Septiembre s/n)

TOURISTENINFORMATION

Staatliche Touristeninformation (Karte S. 231; ☎ 246-20-44; Av 5 Ote 3; 🕑 Mo–Sa 8–20, So 8–14 Uhr) Gegenüber dem Hof der Kathedrale. Englisch sprechendes Personal.

Städtische Touristeninformation (Karte S. 231; ☎ 404-50-08/47; www.puebla.gob.mx, spanisch; Portal Hidalgo 14; 🕑 Mo–Fr 9–20, Sa 9–17, So 9–15 Uhr) Englisch und französisch sprechendes Personal.

Sehenswertes

KATHEDRALE

Pueblas äußerst beeindruckende **Kathedrale** (Karte S. 231; Ecke Av 3 Ote & Av 16 de Septiembre; 🕑 Mo–Sa 10.30–12.30 & 16–18 Uhr), die auf dem 500-Mex$-Schein abgebildet ist, nimmt den ganzen Block südlich des *zócalo* ein. Hier vermischt sich strenge Herreresque-Renaissance mit frühem Barock. Mit dem Bau der Kathedrale begann man 1550, doch der größte Teil wurde in den 1640er-Jahren unter Bischof Juan de Palafox errichtet. Die Glockentürme sind mit ihren 69 m die höchsten Mexikos. Das glanzvolle Innere, die Fresken und die kunstvoll geschmückten Seitenkapellen sind phantastisch. Ihre Geschichte und Bedeutung wird auf zweisprachigen Schildern erklärt.

ZÓCALO

Pueblas zentrale Plaza (Karte S. 231), die zum Zeitpunkt der Recherchen gerade renoviert wurde, war ursprünglich ein Marktplatz, auf dem Stierkämpfe, Theateraufführungen und Hinrichtungen stattfanden. 1854 erhielt sie dann ihr jetziges Aussehen, das ein bisschen an eine Baumschule erinnert. Die die Plaza umgebenden Arkaden stammen aus dem 16. Jh. Sonntagabends füllt sich der Platz mit Clowns, Luftballonverkäufern und fliegenden Händlern, die Snacks anbieten. Wer an einem Donnerstag gegen 18 Uhr in der Stadt ist, kann sich die patriotische Fahnenwechselzeremonie anschauen, die von der städtischen Blaskapelle begleitet wird.

MUSEO AMPARO

Dieses großartige, private **Museum** (Karte S. 231; ☎ 229-38-50; www.museoamparo.com; Calle 2 Sur 708; Erw./Student 35/25 Mex$, Mo Eintritt frei; 🕑 Mi–Mo 10–18 Uhr) ist mit Abstand das Sehenswerteste, was Puebla zu bieten hat – ein absolutes Muss. Es ist in zwei miteinander verbundenen Kolonialbauten untergebracht. Im ersten Gebäude gibt's acht Räume mit vorkolonialen Kunstwerken. Alle sind mit englischen und spanischen Erklärungen versehen, die Auskunft über Herstellungstechniken, regionalen und historischen Kontext und die anthropologische Bedeutung geben. Wer Fotos machen oder filmen möchte, muss 50 Mex$ extra hinlegen.

Die Sammlung ist vor allem wegen der thematischen Kontinuität im Aufbau umwerfend; immer und immer wieder sind auf Dutzenden von Werken die gleichen Motive zu erkennen. Ein gutes Beispiel dafür ist die Sammlung vorkolonialer Kult-Totenköpfe, die auf schaurig-schöne Art und Weise denen ähneln, die am Día de los Muertos als süße Leckereien verkauft werden.

Im zweiten Gebäude gibt's ein paar Räume mit feinster Kolonialkunst und Möbeln aus ganz Mexiko sowie viele religiöse Gegenstände aus dem alltäglichen Leben in der Kolonialzeit zu sehen – da darf die faszinierende Küche natürlich nicht fehlen.

Über einen Audioguide (Leihgebühr 10 Mex$, zzgl. 10 Mex$ Pfand) erfährt man auf Spanisch, Englisch, Französisch, Deutsch und Japanisch Einzelheiten über die vorkoloniale Zeit. Zweistündige Gruppenführungen auf Englisch werden auf Wunsch auch angeboten (180 Mex$); sonntags um 12 Uhr gibt's kostenlose zweistündige Führungen auf Spanisch. In dem Museum befinden sich ferner eine Bibliothek, ein guter Buchladen, ein Café mit Mittagstisch (45 Mex$) und ein net-

PUEBLA ZENTRUM

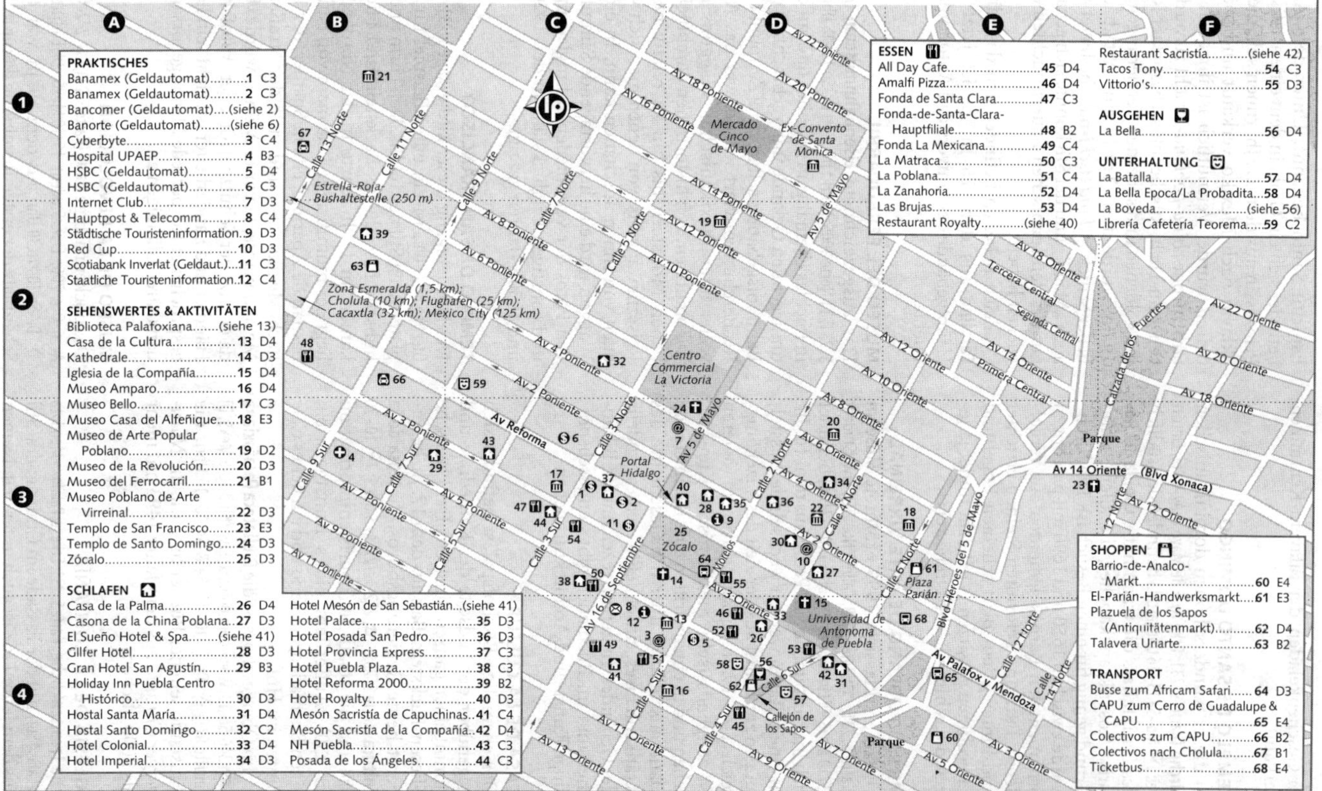

PRAKTISCHES
Banamex (Geldautomat) 1 C3
Banamex (Geldautomat) 2 C3
Bancomer (Geldautomat) (siehe 2)
Banorte (Geldautomat) (siehe 6)
Cyberbyte 3 C4
Hospital UPAEP 4 B3
HSBC (Geldautomat) 5 D4
HSBC (Geldautomat) 6 C3
Internet Club 7 D3
Hauptpost & Telecomm 8 C4
Städtische Touristeninformation 9 D3
Red Cup 10 D3
Scotiabank Inverlat (Geldaut.) 11 C3
Staatliche Touristeninformation 12 C4

SEHENSWERTES & AKTIVITÄTEN
Biblioteca Palafoxiana (siehe 13)
Casa de la Cultura 13 D4
Kathedrale 14 D3
Iglesia de la Compañía 15 D4
Museo Amparo 16 D4
Museo Bello 17 C3
Museo Casa del Alfeñique 18 E3
Museo de Arte Popular Poblano 19 D2
Museo de la Revolución 20 D3
Museo del Ferrocarril 21 B1
Museo Poblano de Arte Virreinal 22 D3
Templo de San Francisco 23 E3
Templo de Santo Domingo 24 D3
Zócalo 25 D3

SCHLAFEN
Casa de la Palma 26 D4
Casona de la China Poblana 27 D3
El Sueño Hotel & Spa (siehe 41)
Gilfer Hotel 28 D3
Gran Hotel San Agustín 29 B3
Holiday Inn Puebla Centro Histórico 30 D3
Hostal Santa María 31 D4
Hostal Santo Domingo 32 C2
Hotel Colonial 33 D4
Hotel Imperial 34 D3
Hotel Mesón de San Sebastián (siehe 41)
Hotel Palace 35 D3
Hotel Posada San Pedro 36 D3
Hotel Provincia Express 37 C3
Hotel Puebla Plaza 38 C3
Hotel Reforma 2000 39 B2
Hotel Royalty 40 D3
Mesón Sacristía de Capuchinas 41 C4
Mesón Sacristía de la Compañía 42 D4
NH Puebla 43 C3
Posada de los Ángeles 44 C3

ESSEN
All Day Cafe 45 D4
Amalfi Pizza 46 D4
Fonda de Santa Clara 47 C3
Fonda-de-Santa-Clara-Hauptfiliale 48 B2
Fonda La Mexicana 49 C4
La Matraca 50 C3
La Poblana 51 C4
La Zanahoria 52 D4
Las Brujas 53 D4
Restaurant Royalty (siehe 40)
Restaurant Sacristía (siehe 42)
Tacos Tony 54 C3
Vittorio's 55 D3

AUSGEHEN
La Bella 56 D4

UNTERHALTUNG
La Batalla 57 D4
La Bella Epoca/La Probadita 58 D4
La Boveda (siehe 56)
Librería Cafetería Teorema 59 C2

SHOPPEN
Barrio-de-Analco-Markt 60 E4
El-Parián-Handwerksmarkt 61 E3
Plazuela de los Sapos (Antiquitätenmarkt) 62 D4
Talavera Uriarte 63 B2

TRANSPORT
Busse zum Africam Safari 64 D3
CAPU zum Cerro de Guadalupe & CAPU 65 E4
Colectivos zum CAPU 66 B2
Colectivos nach Cholula 67 B1
Ticketbus 68 E4

ter Geschenkeladen, der Talavera-Keramiken verkauft.

TEMPLO DE SANTO DOMINGO

In dieser wunderschönen dominikanischen **Kirche** (Karte S. 231; Ecke Av 5 de Mayo & Av 4 Pte; Eintritt frei; Mo–Sa 13–16 Uhr geschl.) befindet sich südlich des Hauptaltars die traumhafte **Capilla del Rosario** (Rosenkranzkapelle), die allein schon Grund genug für einen Besuch ist. Die Kirche wurde zwischen 1650 und 1690 mit prächtigen ornamentalen Barockelementen aus vergoldetem Putz und geformten Steinen errichtet und hinter jedem Blatt scheinen Engel und Cherubinen zu sitzen. Vielleicht findet ja jemand das himmlische Orchester?

MUSEO POBLANO DE ARTE VIRREINAL

Dieses erstklassige, 1999 eröffnete **Museum** (Karte S. 231; ☎ 246-58-58; Calle 4 Nte 203; Erw./Student 15/10 Mex$, Di Eintritt frei; Di–So 10–17 Uhr) befindet sich im Hospital de San Pedro aus dem 16. Jh. In einem Raum werden wechselnde Ausstellungen zur Kunst aus der Zeit des Vizekönigreichs (16.–19. Jh.) gezeigt. In einem weiteren ist zeitgenössische mexikanische Kunst zu sehen und in einem dritten eine faszinierende Dauerausstellung über die Geschichte des Krankenhauses, einschließlich eines Modells des Gebäudes. In der ausgezeichneten Bibliothek und im Buchladen gibt's englischsprachige Kunst- und Architekturbücher.

CASA DE LA CULTURA

Der ehemalige Bischofspalast befindet sich gegenüber der Südseite der Kathedrale und nimmt einen ganzen Block ein. Der klassische Fliesen-Backstein-Bau aus dem 17. Jh. beherbergt heute Regierungsbüros, die **Casa de la Cultura** (Karte S. 231; ☎ 232-12-27; Av 5 Ote 5; 10–20 Uhr) und die staatliche Touristeninformation (S. 230). Außerdem gibt's Kunstgalerien, einen Buchladen, ein Kino und ein nettes Café hinten im Hof.

Im Obergeschoss ist die **Biblioteca Palafoxiana** (☎ 246-56-13; www.bpm.gob.mx; Erw./Kind 10/5 Mex$, Di Eintritt frei; Di–Fr 10–17, Sa & So 10–16 Uhr), die Tausende seltener Bücher hat, u. a. die *Nürnberger Chronik* aus dem Jahre 1493 mit mehr als 2000 Stichen.

IGLESIA DE LA COMPAÑÍA

Die **Jesuitenkirche** (Karte S. 231; Ecke Av Palafox y Mendoza & Calle 4 Sur) mit der Fassade im Churriguera-Stil aus dem Jahre 1767 ist auch unter dem Namen Espíritu Santo bekannt. Unter dem Altar befindet sich ein Grab, in dem eine asiatische Prinzessin aus dem 17. Jh. ruhen soll, die als Sklavin nach Mexiko verkauft und später befreit wurde. Vermutlich ist ihr auch die farbenfrohe *china-poblana*-Tracht zu verdanken – ein Tuch, Rüschenbluse, bestickter Rock mit goldenen und silbernen Verzierungen. Im 19. Jh. wurde diese Tracht eine Art „bäuerlicher Schick". *China* (*tschi*-nah) bedeutet aber auch „Magd", und der Stil könnte sich genauso gut aus den spanischen Bauerntrachten entwickelt haben.

Gleich nebenan befindet sich das **Edificio Carolino** aus dem 16. Jh. Es ist jetzt das Hauptgebäude der Universidad Autónoma de Puebla.

MUSEO DEL FERROCARRIL

Das ausgezeichnete **Eisenbahnmuseum** (Karte S. 231; 11 Norte 1005; Eintritt frei; Di–So 10–18 Uhr) ist in Pueblas ehemaligem Bahnhof und auf dem umliegenden Gelände untergebracht. Da das Bahnhofsgebäude selbst zum Zeitpunkt der Recherche renoviert wurde, war das Areal voller alter mexikanischer Waggons und Lokomotiven, von historischen dampfbetriebenen Monstern bis hin zu relativ neuen Reisezugwaggons, von denen man sich viele auch von innen anschauen kann. In einem Waggon wird eine hervorragende Sammlung von Fotos der verschiedenen Entgleisungen und sonstigen Unglücksfälle in den 1920er- und 1930er-Jahren gezeigt.

TEMPLO DE SAN FRANCISCO

Der Nordeingang dieser **Kirche** (Karte S. 231; Av 14 Ote; 8–20 Uhr) ist ein gutes Beispiel für den plateresken Stil des 16. Jhs. Der Turm und die hübsche Fassade aus Backstein und Fliesen kamen im 18. Jh. dazu. In der Nordkapelle liegt der mumifizierte Leichnam von San Sebastián de Aparicio, einem Spanier, der 1533 nach Mexiko kam und viele der Straßen in Mexiko plante, bevor er Mönch wurde. Und da er jetzt der Schutzpatron aller Autofahrer, Händler und Landarbeiter ist, zieht sein heilig gesprochener Körper jede Menge gehorsamer, dankbarer Gläubigen an.

MUSEO DE LA REVOLUCIÓN

Das pockennarbige **Haus** (Karte S. 231; ☎ 242-10-76; Av 6 Ote 206; Erw./Student 15/10 Mex$, Di Eintritt frei; Di–So 10–16.30 Uhr) aus dem 19. Jh. war 1910 Schauplatz der ersten Revolutionskämpfe. Nur zwei Tage vor dem geplanten Aufstand gegen den Diktator Porfirio Díaz wurde die Familie Serdán (Aquiles, Máximo, Carmen und Natalia) verraten und kämpfte mit 17 Sympathisanten gegen 500 Soldaten. Bald waren nur noch der Anführer Aquiles und Carmen am Leben. Aquiles, der sich unter den Dielen versteckt hielt, hätte wahrscheinlich überlebt, wenn es dort nicht so feucht gewesen wäre, dass er husten musste. Das Geräusch verriet ihn, und beide wurden umgebracht. Die Einschusslöcher im Haus sind noch zu sehen. Außerdem können einige Erinnerungsstücke aus der Zeit der Revolution bewundert werden, u. a. ein den weiblichen Rebellen gewidmetes Zimmer. Geführte Touren gibt's auf Englisch, Deutsch und Spanisch.

MUSEO DE ARTE POPULAR POBLANO

Das in dem ehemaligen Kloster Santa Rosa aus dem 17. Jh. untergebrachte **Museum** (Karte S. 231; ☎ 232-77-92; Eingang in der Calle 3 Norte 1203; Erw./Kind 15/10 Mex$, Di Eintritt frei; Di–So 10–17 Uhr) beherbergt eine große Sammlung von Kunsthandwerk aus dem Bundesstaat Puebla. Wer die schönen, traditionellen alten Trachten, Töpfer-, Onyx-, Glas- und Metallarbeiten bewundern möchte, muss an einer der stündlich stattfindenden Führungen teilnehmen (die letzte beginnt um 16 Uhr). Die Führungen sind zwar auf Spanisch, aber manchmal ist auch ein englisch sprechender Führer vor Ort. Angeblich wurde *mole poblano* in der Küche des Nonnenklosters kreiert.

MUSEO CASA DEL ALFEÑIQUE

Das **Kolonialhaus** (Karte S. 231; ☎ 232-42-96; Av 4 Ote 416; Erw./Student 15/10 Mex$, Di Eintritt frei; Di–So 10–17 Uhr) ist ein hervorragendes Beispiel für den übertrieben dekorativen *alfeñique*-Stil des 18. Jhs., der sich durch seine kunstvollen Stuckverzierungen auszeichnet. Er ist nach einer Süßigkeit aus Zucker und Eiweiß benannt. In der ersten Etage erfährt man alles über die spanische Eroberung, z. B. durch Zeichnungen und Wandgemälde der indigenen Bevölkerung. Im zweiten Stock befindet sich eine große Sammlung historischer und religiöser Gemälde, Möbel und Haushaltsgegenstände aus der Region. Leider sind die Erklärungen nur auf Spanisch.

MUSEO BELLO

Dieses **Haus** (Karte S. 231; ☎ 232-94-75; Av 3 Pte 302; Erw./Student 15/10 Mex$, Di Eintritt frei; Di–So 10–17 Uhr) ist vollgestopft mit verschiedenen Kunst- und Kunsthandwerkssammlungen der Industriellenfamilie Bello (19. Jh.): erlesenes französisches, englisches, japanisches und chinesisches Porzellan sowie eine große Sammlung Talavera-Keramiken aus Puebla. Wer will, kann an einer kostenlosen Führung auf Englisch oder Spanisch teilnehmen.

Geführte Touren

El Ángel (☎ 273-83-00, 800-712-22-84) bietet „Straßenbahn"-Touren (Tageskarte Erw./Kind 75/35 Mex$, 1 Fahrt 40/30 Mex$) in einem geschickt getarnten Bus an, der jeden Tag zwischen 10 und 18 Uhr stündlich um das Centro Histórico von Puebla herumfährt. Es sind auch separate Touren nach Cholula (Erw./Kind 75/45 Mex$) im Programm. Los geht's täglich gegen 11 Uhr an der südöstlichen Ecke des *zócalo*. Der Fahrkartenschalter befindet sich gegenüber der Kathedrale an der Südseite der Plaza. Ganztägige Bustouren nach Teotihuacán (250/150 Mex$) beginnen um 7.15 Uhr am CAPU-Busbahnhof in Puebla. Auf dem Rückweg fahren sie über das Exconvento San Agustín in Acolman und sind um 20.00 Uhr wieder in Puebla.

Turibus hat 90-minütige Touren in Doppeldeckerbussen durch Pueblas Centro Histórico (Tageskarte Erw./Kind 100/50 Mex$, 1 Fahrt 75/35 Mex$) im Programm. Abfahrt ist täglich zwischen 9 und 19 Uhr alle 40 Minuten vor der staatlichen Touristeninformation (S. 230). Mehrsprachige Erklärungen (auf Englisch, Französisch, Deutsch, Italienisch, Japanisch und Spanisch) kommen über Kopfhörer. Mit der Tageskarte kann man den ganzen Tag über ein- und aussteigen.

Festivals & Events

Die von Ende April bis Ende Mai stattfindende **Feria de Puebla** feiert die kulturellen und wirtschaftlichen Errungenschaften des Staates mit Kultur- und Musikveranstaltungen. Anfang Juni werden auf dem **Festival del Mole Poblano** in zahlreichen geschichtsträchtigen Restaurants kulinarische Highlights serviert. Die cleveren Restaurantbesitzer lassen wirklich keine Gelegenheit aus, ihre Leckereien unter die Leute zu bringen. Außerdem unterstützen sie tatkräftig das **Festival del Chile en Nogada** Ende August. Und natürlich wird in Puebla Ende Oktober mit einem viertägigen kulturellen Programm auch der **Día de los Muertos** gefeiert.

Schlafen

In Puebla gibt es jede Menge Hotels, und ständig kommen neue dazu. In den letzten Jahren wurden etliche Boutiquehotels mit drei und vier Sternen für anspruchsvolle Reisende eröffnet. Die meisten dieser Hotels haben einen hohen Standard.

Die Mehrheit der Unterkünfte in Puebla ist an dem beleuchteten roten „H" über dem Eingang zu erkennen. Die neueren Hotels sind diesbezüglich aber etwas diskreter und machen nicht so plakativ auf sich aufmerksam. Es lohnt sich, das Internet nach besonderen Last-Minute-Angeboten oder Saison- und Wochenendpaketen zu durchforsten.

In den meisten Kolonialgebäuden gibt's zwei Arten von Zimmern: nach innen und nach außen. Die nach innen liegenden haben oft kein Fenster, die nach außen verfügen mitunter über einen Balkon zu einer lauten Straße hinaus. Fast alle Hotels, die keinen eigenen Parkplatz besitzen, haben entsprechende Vereinbarungen mit Garagen in der Nähe.

BUDGETUNTERKÜNFTE

Gran Hotel San Agustín (Karte S. 231; ☎ 232-50-89, 800-849-27-93; Av 3 Pte 531; Zi. ohne/mit TV 170/210 Mex$; P) Ziemlich armselige Unterkunft mit recht guten Zimmern, in denen man sich aber eigentlich nur zum Schlafen aufhalten möchte. Die meisten haben weder Fenster noch sonstige Annehmlichkeiten. Auch das Personal macht eher einen gelangweilten Eindruck.

Hotel Reforma 2000 (Karte S. 231; ☎ 242-33-63; Av 4 Pte 916; EZ/DZ/3BZ 200/250/350 Mex$; P) Diese leider etwas außerhalb der Innenstadt gelegene Unterkunft im Kolonialstil ist ihr Geld wert. Die gemütlichen Zimmer haben TV, Telefon und Bad und sind um einen hübschen Innenhof herum angeordnet. Die Atmosphäre ist relaxt und angenehm. Leider sind einige Zimmer ausgesprochen dunkel. Die helleren im oberen Stockwerk haben Balkone – dafür ist es da aber laut.

Posada de los Ángeles (Karte S. 231; ☎ 232-50-06; Av 3 Pte 301; EZ/DZ/4BZ 200/250/350 Mex$) Dieses wunderhübsch gestrichene Kolonialgebäude hat nur sechs Gästezimmer. Und obwohl die Toiletten eher dürftig sind, ist es doch eine gute Unterkunft für diesen Preis. Die beiden Zimmer zur Straße haben bezaubernde Balkone. Die freundliche Familie betreibt außerdem noch ein Restaurant, das den ganzen Tag geöffnet ist.

Hostal Santo Domingo (Karte S. 231; ☎ 232-16-71; hostalstodomingo@yahoo.com.mx; Av 4 Pte 312; B/EZ/DZ/3BZ/4BZ 100/250/290/350/445 Mex$; P ⊠ 💻) Pueblas einziges echtes Hostel bietet saubere und sichere Schlafsäle für Männlein und Weiblein sowie viele unterschiedliche Zimmer. Die hellen, zur Straße hin liegenden Zimmer bieten Balkone; alle haben hohe Decken. Der Lärm von der Bar im Erdgeschoss und auch der Straßenlärm können zwar zu einem echten Problem werden, aber dennoch ist diese Unterkunft der ideale Ort, um andere Traveller zu treffen. Im Hof kann man für 8 Mex$ pro Stunde im Internet surfen.

Hotel Provincia Express (Karte S. 231; ☎ 246-35-57; Av Reforma 141; EZ/DZ 260/350 Mex$; P 💻) Kachel-Freaks sind hier genau richtig! In Puebla gibt es kaum eine Unterkunft mit einer derart tollen, traditionellen Innenausstattung – von den Preisen ganz zu schweigen. Die makellos sauberen Zimmer in dem 2007 renovierten Haus sind einfach, aber modern eingerichtet. Die Flure und die Fassade sind ein Traum.

MITTELKLASSEHOTELS

Hotel Imperial (Karte S. 231; ☎ 242-49-80, 800-874-49-80; www.hotelimperialpuebla.com; Av 4 Ote 212; EZ/DZ inkl. Frühstück 380/480 Mex$; P 💻) Das Imperial ist in einem etwas schäbigen Zustand, aber dafür herrscht hier eine freundliche Atmosphäre, und die Zimmer sind ihren Preis eigentlich trotzdem wert. Wer mit einem Lonely Planet unter dem Arm ankommt, bekommt einen Preisnachlass; das Doppelzimmer kostet dann nur noch 400 Mex$. Die Zimmer sind nichts Besonderes und schon leicht renovierungsbedürftig. Ins Internet kommt man über einen antiquierten PC in der Lobby. Kurzum: Es ist eine nette Unterkunft, und außerdem ist das Frühstück im Zimmerpreis enthalten.

Hotel Puebla Plaza (Karte S. 231; ☎ 246-31-75, 800-926-27-03; www.hotelpueblaplaza.com.mx; Av 5 Pte 111; EZ/DZ 382/499 Mex$; P 💻) Diese bezaubernde Unterkunft hat eine tolle Lage und bietet ihren Gästen sehr behagliche Zimmer und einen guten Service. Wie bei vielen Hotels, die in Kolonialhäusern untergebracht sind, haben auch hier die Zimmer nach hinten nur wenig oder gar kein Tageslicht. Es lohnt sich also, etwas mehr zu bezahlen für die mit Balkon zur Straße. Alle Quartiere sind mit TV, Telefon, Bad und kostenlosem WLAN ausgestattet.

Hotel Palace (Karte S. 231; ☎ 232-24-30; hotel_palace_puebla@hotmail.com; Av 2 Ote 13; EZ/DZ/3BZ

430/580/720 Mex$; (P) (□)) Recht ordentliche Unterkunft mit etwas zu optimistischer Namensgebung. In den gemütlichen (wenn auch teilweise recht dunklen) Zimmern übernachten hauptsächlich Geschäftsreisende. Parkplatz ohne Aufpreis, kostenloses WLAN in der Lobby. Das belebte Restaurant El Ranchito ist auch ziemlich gut.

Hostal Santa María (Karte S. 231; ☎ 405-98-90; www.suhostalsantamaria.com; Av 3 Ote 603; EZ/DZ inkl. Frühstück 450/650 Mex$; (P)) Die um einen kleinen, pinkfarben gestrichenen Hof herum gelegene Unterkunft hat nur fünf geräumige Zimmer. Sie haben alle einen gewissen Charme, auch wenn das eine oder andere darin zu wünschen übrig lässt, z. B. die knallbunten Steppdecken oder die billigen Duschen. Die gepflegten, rustikal eingerichteten Zimmer verfügen alle über Telefone, Kabel-TV, geflieste Bäder und Balkone mit Blick auf die darunter liegende Straße. (Freitag- und samstagabends kann es sehr laut werden.)

Gilfer Hotel (Karte S. 231; ☎ 309-98-00; www.gilferhotel.com.mx; Av 2 Ote 11; EZ/DZ/Suite 456/561/838 Mex$; (P) (□)) Das 1986 eröffnete Gilfer zieht noch immer zahlreiche Gäste an, die hier wegen der tollen Lage und der großen Zimmer einchecken. Von den Zimmern in den oberen Stockwerken hat man einen traumhaften Blick. Die 92 Zimmer sind einfach, aber gemütlich eingerichtet und verfügen über Safe, Telefon und Satelliten-TV.

Hotel Royalty (Karte S. 231; ☎ 242-02-02, 800-638-99-99; www.hotelr.com; Portal Hidalgo 8; EZ/DZ/3BZ 465/566/645 Mex$, Suite 670–840 Mex$; (P) (□)) Das freundliche, gepflegte Hotel im Kolonialstil hat 45 Zimmer und liegt an der Nordseite des *zócalo*. Der Eingang ist an den Arkaden. Die Lage allein rechtfertigt schon den hohen Preis, auch wenn die blitzblanken, gemütlichen Zimmer nichts Außergewöhnliches sind. Leider herrscht auch hier das allgegenwärtige Problem: kein oder nur wenig Tageslicht in den Zimmern. Die Junior-Suite mit Blick auf die Kathedrale ist den Aufpreis auf jeden Fall wert. Das Restaurant mit Café unter den Arkaden eignet sich perfekt, um Leute zu beobachten.

LP Tipp Hotel Colonial (Karte S. 231; ☎ 246-46-12, 800-013-00-00; www.colonial.com.mx; Calle 4 Sur 105; EZ/DZ/3BZ/4BZ 590/690/790/890 Mex$; (□)) Es ist schwer, dem Charme dieses Hotels zu widerstehen, auch wenn seine Größe und das gute Preis-Leistungs-Verhältnis ganze Reisegruppen anziehen. Das seit Mitte des 19. Jhs. in unterschiedlichen Gewändern bestehende Hotel war ursprünglich Teil eines Jesuitenklosters aus dem 17. Jh. Die Unterkunft mit den prachtvoll eingerichteten Zimmern strahlt noch immer viel Atmosphäre aus (die Hälfte der 67 Zimmer ist im Kolonialstil gehalten, die anderen sind modern eingerichtet). Es gibt außerdem ein gutes Restaurant, WLAN in der Lobby, einen phantastischen, goldfarbenen Aufzug und Portiers in Livree. Die Livemusik und der Straßenlärm können schon etwas nerven, trotzdem ist es eine hervorragende Wahl mit unschlagbarem Ambiente. Unbedingt im Voraus buchen.

Casa de la Palma (Karte S. 229; ☎ 246-14-37; www.casadelapalmapuebla.com; Av 3 Ote 217; Zi./Suite ab 825/1062 Mex$; (P) (□)) Die Umwandlung eines Stadthauses aus der Kolonialzeit in ein luxuriöses Boutiquehotel ist wirklich gelungen. Wer sich einmal wie ein aristokratischer *poblano* aus dem 18. Jh. fühlen möchte, ist in der riesigen, über und über mit Rokoko-Schnörkeln versehenen Porfiriana-Suite genau richtig. Das 2007 eröffnete Hotel war zum Zeitpunkt der Recherche noch nagelneu. Die kleineren Unannehmlichkeiten wie WLAN-Probleme und ein nur kleines Frühstücksangebot wurden zwischenzeitlich mit Sicherheit behoben.

SPITZENKLASSEHOTELS

Hotel Mesón de San Sebastián (Karte S. 231; ☎ 242-65-23; www.mesonsansebastian.com; Av 9 Ote 6; Zi. 950 Mex$, Suite 1300–1500 Mex$; (□) (♿)) Das Boutiquehotel punktet mit Familienfreundlichkeit, was in Hotels mit Designerbettwäsche und sorgfältig ausgewählten *objets d'art* eine wahre Rarität ist. Jedes der 18 individuell und schlicht gestalteten Zimmer ist nach einem Heiligen benannt. Die Suiten sind wirklich atemberaubend. Alle Zimmer sind mit TV, Telefon, Minibar und antiken Möbeln ausgestattet.

NH Puebla (Karte S. 229; ☎ 309-19-19, 800-726-05-28; www.nh-hotels.com; Calle 5 Sur 105; Zi. ab 990 Mex$; (P) (✕) (□) (□)) Ausgezeichneter, erstaunlich günstiger und freundlicher Newcomer in der Hotelszene Pueblas, der für Geschäftsleute und Urlauber gleichermaßen attraktiv ist. Das Haus ist eine gelungene Mischung aus Stil und Service, ohne dabei bieder zu wirken. Die großen, gepflegten Zimmer, die fast an die eines Boutiquehotels erinnern, haben extrem bequeme Betten und bieten einen schönen Ausblick. Auf dem Dach gibt's eine Bar und einen Pool.

Hotel Posada San Pedro (Karte S. 231; ☎ 891-57-00; Av 2 Ote 202; www.hotelposadasanpedro.com.mx; Zi./Suite 1200/1500 Mex$; P) Dieser Klassiker gehört seit 30 Jahren zu den verlässlichsten und besten Adressen Pueblas. Einige Zimmer sind zwar etwas klein oder könnten einen neuen Farbanstrich gebrauchen, aber dafür ist die Atmosphäre hier phantastisch. Im Hof gibt's einen Pool. Das Restaurant kann sich ebenfalls sehen lassen. Regelmäßig angebotene Aktionen lassen die Zimmerpreise um bis zu 50 % purzeln.

El Sueño Hotel & Spa (Karte S. 231; ☎ 232-64-23/89, 800-690-84-66; www.elsueno-hotel.com; Av 9 Ote 12; EZ/DZ 1400/1520 Mex$, Suite inkl. Frühstück 1875–2340 Mex$; P) Dieses beeindruckende Boutiquehotel ist eine Oase minimalistischen Schicks inmitten der Betriebsamkeit der Altstadt. Der ganze Stolz dieser Unterkunft beruht auf der Tatsache, dass sich die elf Suiten thematisch unterscheiden und berühmten mexikanischen Künstlerinnen huldigen. Die gepflegten, modernen Zimmer mit den hohen Decken hingegen haben nur wenig mit den Künstlerinnen zu tun – sie erinnern eher an ein Wohn- und Lifestyle-Magazin. Moderne Annehmlichkeiten wie riesige Duschen, Flachbildfernseher, WLAN und ein üppiges Unterhaltungsprogramm machen den Aufenthalt hier zu einem Genuss.

Mesón Sacristía de Capuchinas (Karte S. 231; ☎ 232-80-88, 800-712-40-28; www.mesones-sacristia.com; Av 9 Ote 16; Zi. inkl. Frühstück 1600 Mex$; P) Dieses wunderschöne Boutiquehotel mit vielen Antiquitäten hat nur sechs hübsch eingerichtete Zimmer mit traumhaften Himmelbetten und hier und da einigen sorgfältig ausgewählten *objets d'art*. Das romantische Restaurant El Santuario wird auf Wunsch für Gäste geöffnet und serviert kreative, moderne Gerichte, die auf der traditionellen mexikanischen Küche basieren. Das Frühstück im Bett ist einfach himmlisch. Romantik pur – eine der besten Unterkünfte in Puebla.

Mesón Sacristía de la Compañía (Karte S. 231; ☎ 242-35-54, 800-712-40-28; www.mesones-sacristia.com; Calle 6 Sur 304; Zi./Suite inkl. Frühstück 1600/2000 Mex$; P) Die acht Zimmer in diesem zum Mesón Sacristía gehörenden Hotel befinden sich rund um einen rosafarbenen, schön geschmückten Hof. Die Junior-Suiten sind eigentlich nur Zimmer., aber die beiden Master-Suiten sind groß und haben ihren Namen wirklich verdient. Zugegebenermaßen ist das Dekor hier und da Geschmackssache. Im Restaurant, das nur positive Kritiken bekommt, gibt's leckeres amerikanisches Frühstück und raffinierte *poblano*-Gerichte. Personal und Service sind ausgezeichnet.

Holiday Inn Puebla Centro Histórico (Karte S. 229; ☎ 223-66-00; www.holiday-inn.com/pueblacentro; Av 2 Ote 2; Zi./Suite ab 1750/2300 Mex$; P) Dieses Holiday Inn ist wohl das untypischste Hotel der Kette weltweit – und das allein schon durch die prächtige Lobby im Neokolonialstil, die gediegene Bar und die minimalistisch eingerichteten Zimmer. Auch seine phantastische Lage und die professionelle Führung machen das Haus zur Erfüllung für alle, die in einem modernen Hotel der gehobenen Preisklasse übernachten wollen.

Casona de la China Poblana (Karte S. 231; ☎ 242-56-21; www.casonadelachinapoblana.com; Ecke Calle 4 Nt & Palafox de Mendoza; Suite 2225–4000 Mex$; P) Pueblas neuestes Boutiquehotel hat weder Kosten noch Mühen gescheut – und das Ergebnis ist umwerfend. Das „exklusivste Hotel" der Stadt übertrifft sich selbst und ist mit Sicherheit auch das teuerste hier. Die traumhaften Suiten sind in den unterschiedlichsten Stilen eingerichtet. Es gibt einen entzückenden Hof und das Restaurant Ekos mit der superstylishen Bar El Aposentillo.

Essen

Pueblas kulinarisches Erbe, auf das die *poblanos* besonders stolz sind, kann man in zahlreichen Locations probieren: an einfachen Imbissständen ebenso wie in eleganten Restaurants im Kolonialstil. Weil Puebla eine gewisse Berühmtheit als kulinarisches Zentrum erlangt hat, ist es doch ziemlich verwunderlich, dass es hier nur wenige wirklich ausgezeichnete Restaurants gibt. Wer auf der Suche nach etwas wirklich Speziellem ist, sollte die Restaurant in den Spitzenklassehotels von Puebla aufsuchen.

RESTAURANTS

Las Brujas (Karte S. 231; ☎ 242-76-53; Av 3 Ote 407; Hauptgerichte 40–80 Mex$) Tolles, bei einheimischen Studenten beliebtes In-Café unweit der Callejón de los Sapos. Serviert werden durchschnittliche *tacos al pastor* und Unmengen eiskaltes Bier. In der coolen Location wird abends gute Livemusik gespielt.

Casa Puebla (Karte S. 231; ☎ 403-32-22; Portal Morelos 2; Hauptgerichte 40–90 Mex$) In dem ausgefallenen Café gibt's Bilder von Berühmtheiten wie Fidel Castro, Marilyn Monroe, Gandhi und

Napoleon – alle trinkend und rauchend –, die einträchtig an den Wänden herumhängen. Das beliebte Lokal am *zócalo* tischt für ca. 60 Mex$ ausgezeichnetes Frühstück auf.

All Day Cafe (Karte S. 231; ☎ 242-44-54; Ave 7 Ote; Sandwiches 45 Mex$) Schöner, kleiner Laden unweit der Plazuela de los Sapos, in dem verschiedene Sandwiches, Salate, Gebäckstücke, Kaffees und Cocktails serviert werden – und das, wie der Name schon sagt, den ganzen Tag über. Das Café befindet sich in einem kleinen, hellen Hof und ist ideal für alle, die sich kurz von der Jagd nach Antiquitäten und Kunsthandwerksgegenständen erholen wollen.

Fonda La Mexicana (Karte S. 231; ☎ 232-67-47; Av 16 de Septiembre 706; Hauptgerichte 45–100 Mex$; 🕑 11–20 Uhr) Das bescheidene Restaurant serviert großartige *mole poblano* und ein Mittagsmenü (47 Mex$), bei dem man etwas Auswahl hat. Außerdem kommen preiswerte Spezialitäten aus Puebla und Oaxaca auf den Tisch.

Restaurant Royalty (Karte S. 231; ☎ 242-47-40; Portal Hidalgo 8; Hauptgerichte 50–150 Mex$) Das schicke Restaurant-Café im Hotel Royalty (S. 235) bietet ein Frühstücksbuffet an. An den beliebten Tischen draußen vor dem Restaurant kann man zum Preis eines Cappuccinos die halbe Welt an sich vorbeiziehen sehen. Es gibt auch gut zubereitete Fleisch- und Fischgerichte und saisonabhängige *poblano*-Leckereien wie *gusanos de maguey* (Rote Agavenwürmer).

LP Tipp **Amalfi Pizzeria** (Karte S. 231; ☎ 403-77-97; Av 3 Ote 207B; Pizza 60–120 Mex$) Diese ausgezeichnete, bei einheimischen Studenten beliebte Pizzeria ist ein Newbie in Pueblas Restaurantszene und Welten vom Touristengewimmel am *zócalo* entfernt. Hier gibt's zweifellos die beste Pizza der Stadt, und auch die Weinauswahl kann sich sehen lassen. Außer Pizza kommen noch weitere traditionelle italienische Gerichte auf den Tisch. Wer will, kann sich sein Essen auch mitnehmen.

Vittorio's (Karte S. 231; ☎ 232-79-00; Morelos 106; Hauptgerichte 70–180 Mex$) Trotz der relativ hohen Preise ist in diesem italienischen Restaurant mit Bar am *zócalo* immer viel Betrieb. Sowohl Einheimische als auch Touristen treffen sich hier drinnen und draußen. Pizza und Stimmung sind gut, letztere vor allem freitags und samstags, wenn es Livemusik gibt.

Fonda de Santa Clara (Karte S. 231; ☎ 246-19-19; www.fondadesantaclara.com; Av 3 Pte 920; Hauptgerichte 75–130 Mex$) Dieses klassische, in den 1960er-Jahren von Alicia Torres de Araujo eröffnete *poblano*-Restaurant serviert hauptsächlich lokale, saisonale Spezialitäten wie Rote Agavenwürmer und Heuschrecken. Wer nicht so auf Insekten & Co. steht, kann sich aus dem reichhaltigen Angebot der *comida poblana* etwas aussuchen, z.B. Enchiladas und Hühnchen-*mole*. Die Hauptfiliale, die sich in einer restaurierten Kolonialvilla befindet, ist sehr festlich gestaltet, da die Einheimischen hier zu besonderen Gelegenheiten feiern. Außerdem gibt's einen Souvenirladen mit Talavera-Artikeln und typischen Süßigkeiten. Eine kleinere Filiale ist in der Av 3 Pte 307.

Restaurant Sacristía (Karte S. 231; ☎ 242-45-13; Calle 6 Sur 304; Hauptgerichte 85–110 Mex$; 🕑 Mo–Sa 8–23.30, So 8–18 Uhr) Das preisgekrönte Restaurant in dem wunderschönen kolonialen Innenhof des Mesón Sacristía de la Compañía (gegenüber) ist ein exquisiter Ort, um authentisch zubereitete *mole* und kreative Variationen der vielfältigen *poblano*-Küche zu genießen oder sich in der lauschigen Bar Confesionario einen Cocktail, einen Kaffee und ein Dessert zu gönnen. Ab ca. 21 Uhr verleihen Klavier- und Geigensolisten dem Ganzen einen romantischen Touch. Wem es geschmeckt hat, der kann sich danach nach den Kochkursen für Kleingruppen erkundigen.

GÜNSTIG ESSEN

Tacos Tony (Karte S. 231; ☎ 240-94-31; Av 3 Pte 149; Tacos 10–20 Mex$) Immer der Nase nach – oder per Telefon bestellen: Torta oder Taco *pan árabe* (mit Fladenbrot statt Tortilla), gefüllt mit gewürztem Schweinefleisch, das von drei riesigen Grillspießen abgeschabt wird.

La Poblana (Karte S. 231; ☎ 246-09-93; Av 7 Ote 17; Hauptgerichte 15–30 Mex$; 🕑 10–18 Uhr) In diesem kleinen, netten Restaurant beim Museo Amparo gleich um die Ecke gibt's ein Dutzend Varianten der echten *cemitas* (eine Art Sandwich mit Fleisch und Käse).

Super Tortas Puebla (Karte S. 231; ☎ 298-25-05; Av 3 Pte 311; Tortas 14–55 Mex$) Marinierte Chilies, Karotten und Zwiebeln peppen das einfache Frühstück und die köstlichen Sandwiches in diesem gemütlichen Lokal auf. Keine Lust auf Action? Einfach anrufen und das Frühstück kommt ans Bett.

La Zanahoria (Karte S. 231; ☎ 232-48-13; Av 5 Ote 206; Hauptgerichte 20–40 Mex$; ⊠ V) Ein fleischloses Himmelreich für Vegetarier und perfekt für ein Mittagessen: Das Restaurant, das ganz in der Nähe des *zócalo* und des Museo Amparo liegt, ist in zwei Bereiche unterteilt. Vorn ist ein Schnellrestaurant (mit Saftbar und Ge-

PUEBLAS UNVERGESSLICHE SAISONALE KÖSTLICHKEITEN

Puebla ist zu Recht berühmt für seine Gerichte (und ganz besonders für die *mole poblano,* die klassische scharfe Sauce, die man in einem der Top-Restaurants unbedingt probieren sollte, weil man Puebla nur so wirklich kennenlernen kann). Die Stadt hat aber noch andere Spezialitäten zu bieten, die es beim Mexikaner daheim nicht gibt. Sie sind alle nur in der jeweiligen Saison zu kriegen – jeder, der sich Feinschmecker nennt, sollte tapfer sein und sie mal probieren.

- **Escamoles** (März–Juni) Ameisenlarven, eine Delikatesse, die wie Reis aussieht und in Butter sautiert wird. Himmlisch!
- **Gusanos de maguey** (April–Mai) Würmer, die in Agaven leben, werden in einer alkoholischen Chili-Pulque-Sauce gebraten.
- **Huitlacoche** (Juni–Okt.) Maispilze sind eine tiefschwarze Pilzdelikatesse mit einem herrlich erdigen Geschmack. Manchmal werden sie auch *cuitlacoche* geschrieben.
- **Chiles en nogada** (Juli–Sept.) Große, grüne, mit getrockneten Früchten und Fleisch gefüllte Chilis, die mit einer cremigen Walnusssauce übergossen und mit rotem Granatapfelsamen bestreut werden.
- **Chapulines** (Okt.–Nov.) Heuschrecken, die ausgenommen, getrocknet, geräuchert oder mit Limetten und Chilipulver gebraten werden.

sundheitsladen), hinten in dem großen kolonialen Innenhof geht's etwas geruhsamer und relaxter zu. Hier gibt's von vegetarischen *hamburguesas* bis hin zu *nopales rellenos* (gefüllten Kaktusblättern) fast alles. Ein ganzes Menü kostet 50 Mex$.

La Matraca (Karte S. 231; ☎ 242-60-89; Av 5 Pte 105; Hauptgerichte 20–50 Mex$) Preiswertes Restaurant mit Live-Salsamusik im Hof einer hübschen Kolonialvilla. Hier frühstückt man ganz wunderbar (das All-you-can-eat-Buffet kostet 43 Mex$). Mittags und abends kann man traditionelle *poblana*-Klassiker probieren.

Ausgehen

Tagsüber bevölkern Studenten die Tische auf den Bürgersteigen entlang der Fußgängerzone in der Av 3 Ote in der Nähe der Uni. Nachts schleichen Mariachi-Machos am Callejón de los Sapos (Calle 6 Sur zwischen Av 3 und Av 7 Ote) herum. Bei den Bars an der Plazuela de los Sapos kann man sie aber abwimmeln. Die Kneipen, in denen es rauer zugeht, insbesondere das **La Bella** (Plazuela de los Sapos s/n), sind jeden Abend gerammelt voll. Nach Einbruch der Dunkelheit gibt's in vielen Kneipen Livemusik.

Unterhaltung

Infos über kulturelle Events bekommt man online auf der monatlich aktualisierten Website (spanisch) von **A dónde Puebla** (www.adondepuebla.com). Bei der Touristeninformation gibt's den kostenlosen, 14-tägig erscheinenden Kulturführer *Andanzas.* Das Wochenblatt *Los Subterráneos,* eine Beilage der Zeitung *Síntesis,* informiert über die alternative Musikszene in Puebla, Tlaxcala und Hidalgo.

LP Tipp **Librería Cafetería Teorema** (Karte S. 231; ☎ 242-10-14; Av Reforma 540; Eintritt 15 Mex$; ⏲ 10–14.30 & 16.30–3 Uhr) Dieser wunderschöne alte Buchladen mit Café füllt sich allabendlich mit einem künstlerisch angehauchten Publikum, das vorwiegend aus Studenten und Professoren besteht. Hier kommt man mit den einheimischen Bohemiens in Kontakt. Zwischen 21.30 und 1 Uhr gibt's ganz unterschiedliche Livemusik.

La Bella Epoca/La Probadita (Karte S. 231; Av 5 Ote 209; Eintritt 20–30 Mex$) In dieser Location trifft sich je nach Musikrichtung ein ganz unterschiedliches Publikum. Es gibt fast jeden Abend Livemusik – Dub, Reggae, Drum'n'Bass, Gothic und Heavy Metal.

Weitere Locations:

La Batalla (Karte S. 231; Calle 6 Sur 506) Vorwiegend Karaoke und eingängige Tanzmusik.

La Boveda (Karte S. 231; Calle 6 Sur 503) Rock und *rock en español.*

Pueblas Studenten bevölkern freitag- und samstagabends die Clubs in Cholula, was bedeutet, dass in Puebla selbst nicht viel los ist. Wer Salsa und Merengue liebt, ist in der In-Disko **Portos Tropical** (Karte S. 229; ☎ 284-06-11; Av Juárez 2923; ⏲ Mi–Sa 22–5 Uhr) richtig.

Shoppen

Westlich des Museo De Arte Popular Poblano verkaufen viele Geschäfte entlang der Av 18 Pte die farbenfrohen, handbemalten Keramiken, die als Talavera bekannt sind. Die Designs lassen asiatische, spanisch-arabische und indigen mexikanische Einflüsse erkennen. Die großen Stücke sind teuer, zerbrechlich und schwer zu transportieren. Kleinere Kacheln kosten bis zu 50 Mex$, hochwertige Platten über 100 Mex$. *Majolica*, das weiße Porzellan, ist die hochwertigste Keramik aus Puebla.

Viele Läden entlang der Av 6 Ote östlich der Av 5 de Mayo verkaufen traditionelle Süßigkeiten aus Puebla, z. B. *camotes* (kandierte Süßkartoffelsticks) und *jamoncillos* (Riegel aus Kürbiskernpaste). Wer gegen Bienengift allergisch ist, sollte die Finger davon lassen!

Eine wunderbare Auswahl skurriler Antiquitätenläden gibt's in der Callejón de los Sapos an der Ecke Av 5 Ote und Calle 6 Sur. Die meisten Geschäfte haben von 10 bis 19 Uhr geöffnet. Sonntags findet auf der **Plazuela de los Sapos** (Karte S. 231) unter freiem Himmel ein geschäftiger Antiquitätenmarkt statt, auf dem man super in alten Büchern stöbern kann. Zudem gibt's Möbel und Krimskrams.

Talavera Uriarte (Karte S. 231; ☎ 232-15-98; Av 4 Pte 911; www.uriartetalavera.com.mx; 🕒 Mo–Fr 9–19, Sa 10.30–17.30, So 11.30–16.30 Uhr) Anders als die meisten Talavera-Geschäfte Pueblas stellt Uriarte seine Keramik noch selbst in einer kleinen Fabrik vor Ort mit Ausstellungsraum her. Führungen durch die Fabrik (60 Mex$) werden montags bis freitags bis 13 Uhr auf Englisch und Französisch angeboten. Später, wenn die Reisegruppen eintreffen, gibt's auch spanische.

El-Parián-Handwerksmarkt (Karte S. 231; Plaza Parián) Hier sind Talavera aus Puebla, Onyx, Lebensbäume, Leder, Schmuck und Textilien zu haben, die man aber auch in anderen Städten bekommt. Einige der Arbeiten sind Schund, andere wiederum sind von ausgezeichneter Qualität. Die Preise sind o. k.

Barrio-de-Analco-Markt (Karte S. 231) Auf dem größten Markt der Stadt zwischen der Av 3 Ote und der Av 5 Ote gibt's jeden Sonntag Blumen, Süßes, Gemälde und anderes.

An- & Weiterreise

AUTO & MOTORRAD

Puebla liegt 123 km östlich von Mexico City am Hwy 150D (Maut insges. ca. 100 Mex$). Östlich von Puebla führt der 150D weiter nach Orizaba (eine neblige, windige, 22 km lange Fahrt den 2385 m hohen Cumbres de Maltrata hinunter), Córdoba und Veracruz.

BUS

Pueblas **Central de Autobuses de Puebla** (Karte S. 229; CAPU; ☎ 249-72-11; Blvd Norte 4222) liegt 4 km nördlich vom *zócalo* und 1,5 km von der Autobahn entfernt. Tickets für die meisten Strecken können aber auch in der Innenstadt über **Ticketbus** (Karte S. 231; ☎ 232-19-52; www.ticketbus.com.mx; Av Palafox y Mendoza 604; 🕒 9.30–17 Uhr) im Multipack-Büro gekauft werden.

Die meisten Busse fahren von Puebla zum TAPO in Mexico City und zusätzlich jede halbe Stunde auch zum Terminal Norte. Die Fahrt dauert etwa zwei Stunden. Drei Buslinien verkehren regelmäßig: die Luxuslinie **ADO GL** (☎ 800-702-80-00; www.ado.com.mx) fährt alle 40 Minuten (104 Mex$), **Estrella Roja** (ER; ☎ 800-712-22-84; www.estrellaroja.com.mx) alle 20 Minuten mit 1.-Klasse-Bussen (104 Mex$) und alle 10 Minuten mit 2.-Klasse-Bussen (96 Mex$) und **AU** (☎ 800-702-80-00; www.ticketbus.com.mx) alle 12 Minuten mit 2.-Klasse-Bussen (96 Mex$). Busse von **Estrella de Oro** (EDO; ☎ 55-5689-3955; www.estrelladeoro.com.mx) und **UNO** (☎ 800-702-80-00; www.ado.com.mx) starten ebenfalls hier.

Vom CAPU in Puebla gibt's tägliche Verbindungen in so ziemlich alle südlich oder östlich gelegenen Städte:

Ziel	Preis (Mex$)	Dauer (Std.)	Häufigkeit (tgl.)
Cuernavaca	Business 180	3½	stündl. (EDO)
	1. Klasse 140	3	stündl. (EDO)
Huamantla	20	1	stündl.
Oaxaca	Deluxe 212	4	4-mal (AU)
	1. Klasse 256	4¼	4-mal (ADO)
Cuautla	100	2¼	stündl.
Tlaxcala	16	½	alle 10 Min.
Cuetzalan	118	4	stündl.
Tehuacán	70	2	stündl.
Veracruz	184	3½	stündl.

Die regelmäßig verkehrenden „Cholula"-*colectivos* (6 Mex$, 30 Min.) halten in Puebla an der Ecke Av 6 Pte und Calle 13 Nte.

FLUGZEUG

Der **Aeropuerto Hermanos Serdán** (PBC; ☎ 232-00-32; www.aeropuerto.puebla.com) liegt 22 km westlich von Puebla am Hwy 190. Aero California fliegt täglich nach/von Guadalajara und Tijuana, Aeromar nach/von Mexico City (außer sonntags) und Monterrey (außer samstags) und Continental nach/von Houston. Außerdem gibt es regelmäßig Flüge von Avolar nach Acapulco und Tijuana.

Unterwegs vor Ort

Die meisten Hotels und Sehenswürdigkeiten Pueblas sind vom *zócalo* aus zu Fuß zu erreichen. Vom CAPU-Busbahnhof ins Stadtzentrum nimmt man am besten ein Taxi vom offiziellen Taxistand (Einheitspreis 50 Mex$). Das Ticket gibt's am Kiosk. Vorsicht: nicht auf Betrüger reinfallen, die überteuerte Fahrten anbieten! Alternativ kann man den Busbahnhof auch am „Autobuses Urbanos"-Schild verlassen und die Rampe hochlaufen, die zur Brücke über den Blvd Norte führt. Nach Überquerung der Brücke geht's weiter nach Westen (in Richtung VIPS-Coffeeshop) bis zum Chedraui-Supermarkt, von wo aus man mit Combi 40 in 15 bis 20 Minuten die Av 16 de Septiembre, vier Blocks südlich des *zócalo*, erreicht.

Vom Stadtzentrum zum Busbahnhof kann man jedes „CAPU"-*colectivo* nehmen, das in Richtung Norden fährt. Sie fahren am Blvd 5 de Mayo ganz in der Nähe der Av Palafox y Mendoza drei Blocks östlich des *zócalo* oder an der Ecke Calle 9 Sur und Av Reforma ab. Alle Stadtbusse und *colectivos* kosten 5 Mex$.

AFRICAM SAFARI

Eine der besten Möglichkeiten, Mexikos einheimische und exotische Tier- und Pflanzenwelt zu erkunden, ist dieser Drive-in-**Safaripark** (☎ 222-281-70-00, in Mexico City 55-5575-2731; www.africamsafari.com.mx; bei Km 16,5 auf der Straße nach Presa Valsequillo; Erw./Kind 150/140 Mex$; 10–17 Uhr;). Mehr als 3000 Tiere – darunter Nashörner, Bären und Tiger – leben hier in „natürlicher" Umgebung. Man kann sie ganz aus der Nähe vom eigenen Auto, vom Taxi oder aus einem Africam-Bus heraus beobachten. Am interessantesten ist es morgens, wenn die Tiere am aktivsten sind. **Estrella Roja** (☎ 222-273-83-00) fährt täglich vom CAPU zum Africam und zurück (Erw./Kind 185/175 Mex$, inkl. Eintritt und 4-stündiger Fahrt durch den Park). Estrella Roja bietet auch täglich um 11.30 Uhr Touren vom *zócalo* aus an. Der Preis ist ähnlich.

CHOLULA

☎ 222 / 152 000 Ew. / 2170 m

Cholula ist fast schon zu einem Vorort Pueblas geworden, auch wenn die beiden Städte, was Geschichte und Atmosphäre betrifft, nichts gemeinsam haben. Hier steht die größte jemals gebaute Pyramide, die Pirámide Tepanapa. Obwohl sie eigentlich wirklich berühmt sein müsste, wird sie ihren Altersgenossen in Teotihuacán oder Tula gegenüber ziemlich vernachlässigt. Über Jahrhunderte war buchstäblich nicht zu erkennen, dass es sich um ein von Menschenhand geschaffenes Bauwerk handelte. Als die Spanier hier ankamen, war die Pyramide so dicht mit Vegetation überwuchert, dass sie eine Kirche auf die Spitze bauten, ohne zu wissen, dass ihr „Hügel" eigentlich eine religiöse Stätte ist.

Cholula selbst wird von der Pyramide und der berühmten Kirche dominiert. Ihr brummendes Nachtleben verdankt die Stadt den vielen Studenten, die hier leben, und den zahlreichen guten Restaurants und Unterkünften rund um den riesigen *zócalo*.

Geschichte

Ungefähr zwischen 1 und 600 n. Chr. wuchs Cholula zu einem bedeutenden religiösen Zentrum heran. 100 km weiter nordwestlich blühte zur gleichen Zeit das mächtige Teotihuacán auf. Die Große Pyramide wurde mehrmals vergrößert. Um 600 n. Chr. fiel Cholula an die Olmeca-Xicallanca, die in der Nähe Cacaxtla erbaut hatten. Irgendwann zwischen 900 und 1300 n. Chr. übernahmen die Tolteken und/oder die Chichimeken die Herrschaft, später dann die Azteken. Außerdem hatten die Mixteken einen künstlerischen Einfluss im Süden.

1519 lebten in Cholula 100 000 Menschen. Die Große Pyramide war bereits zugewuchert. Cortés, der mit den benachbarten Tlaxcalteken Freundschaft geschlossen hatte, reiste auf Wunsch des Aztekenführers Moctezuma nach Cholula. Aztekenkrieger wollten ihn aus dem Hinterhalt überfallen, aber die Tlaxcalteken hatten Cortés über den geplanten Anschlag informiert, sodass die Spanier als erstes zuschlagen konnten. An einem Tag töteten sie 6000 Bewohner von Cholula, dann wurde die Stadt von den Tlaxcalteken geplündert. Cortés schwor, für jeden Tag im Jahr eine Kirche bauen zu lassen oder eine einzige auf dem Dach eines jeden heidnischen Tempels – je nachdem, welcher Legende man Glauben

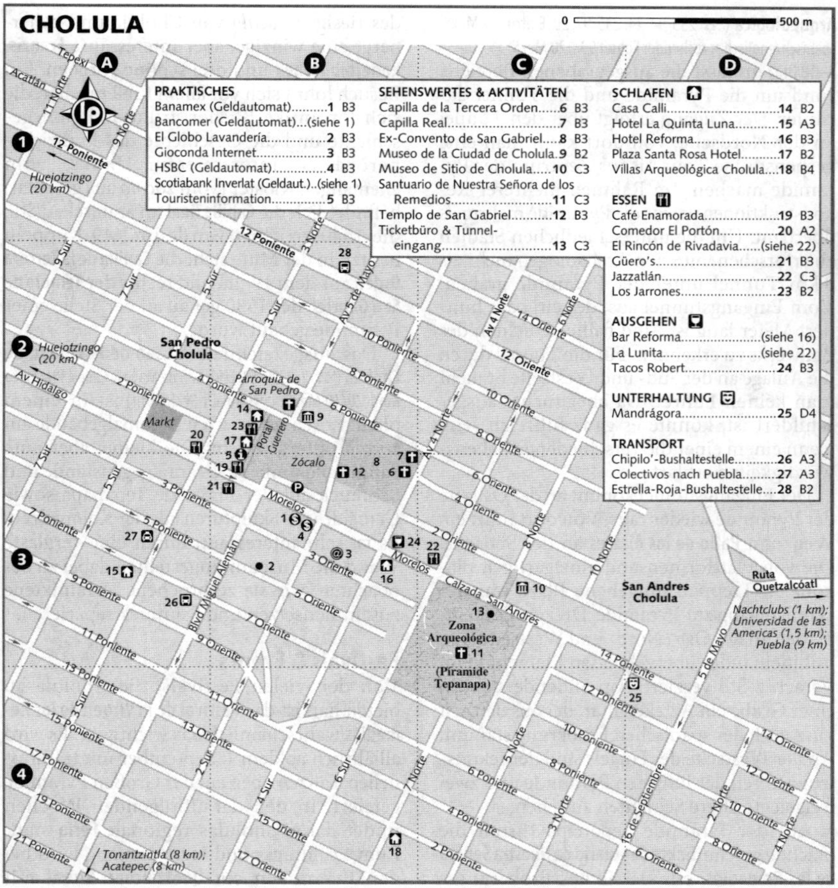

schenken mag. Heute gibt es hier nur 39 Kirchen, also viel weniger als 365, aber auch das sind viele für eine Kleinstadt.

Die Spanier errichteten das in der Nähe gelegene Puebla, um das alte heidnische Zentrum zu übertrumpfen. Cholula erlangte tatsächlich nie wieder seine frühere Bedeutung, erst recht nicht nach der schweren Pestepidemie in den 1540er-Jahren, der ein Großteil der indigenen Bevölkerung zum Opfer fiel.

Orientierung & Praktische Informationen

Busse und *colectivos* halten zwei oder drei Blocks nördlich des *zócalo*. Zwei Blocks südöstlich steht die Pyramide mit der Kirche auf ihrer Spitze. Man kann sie eigentlich nicht verfehlen. Banken mit Geldwechselschalter und Geldautomaten sind an der Südseite des *zócalo*.

Gioconda Internet (Calle 3 Ote; 15 Mex$/Std.) Westlich des *zócalo*.

El Globo Lavandería (Calle 5 Ote 9) 10 Mex$ pro kg – mindestens 3 kg – für Waschmaschine und Trockner.

Touristeninformation (☎ 261-23-93; Portal Guerrero s/n; 🕑 Mo–Fr 9–19, Sa & So 9–14 Uhr)

Sehenswertes

ZONA ARQUEOLÓGICA

Die sagenhafte **Pirámide Tepanapa** sieht zwar eher aus wie ein Hügel als wie eine Pyramide, ist aber trotzdem *die* Attraktion von Cholula. Die ellenlangen Tunnel, die sie durchziehen, faszinieren wahrscheinlich jeden. Die **Zona**

Arqueológica (☎ 235-94-24, 235-97-20; Eintritt 37 Mex$, spanisch/englisch sprechender Führer 90/120 Mex$; ⌚ Di–So 9–18 Uhr) umfasst die ausgegrabenen Bereiche rund um die Pyramide und die Tunnel darunter. Der Zugang erfolgt über den Tunnel an der Nordseite; von dort kann man eine gespenstische Tour bis ins Zentrum der Pyramide machen. Im Rahmen mehrerer Rekonstruktionen wurde die Pyramide mehrmals überbaut. Um die unterschiedlichen Stadien zu erforschen, mussten Archäologen mehr als 8 km Tunnel unter der Pyramide graben. Vom Eingangstunnel aus, der ein paar hundert Meter lang ist, sind frühe Schichten des Bauwerks zu erkennen. Für die Tunnel durch die Anlage an der Süd- und Westseite braucht man keinen Führer. Da aber nichts ausgeschildert ist, könnte es ganz hilfreich sein, wenn einem einer die verschiedenen Sehenswürdigkeiten erklärt.

Der Eingangstunnel kommt an der Ostseite der Pyramide wieder raus. Von dort führt ein Weg zum **Patio de los Altares** an der Südseite. Die von Plattformen und einzigartigen diagonalen Treppen umgebene Plaza war der Hauptzugang zur Pyramide. Drei große Steinplatten an der Ost-, Nord- und Westseite sind mit ineinander übergehenden Elementen im Veracruz-Stil verziert. Am Südende steht in einer Grube ein Aztekenaltar, der aus der Zeit kurz nach der spanischen Eroberung stammt. An der Westseite des Hügels sind der rekonstruierte Teil der jüngsten Pyramide und zwei freigelegte ältere Schichten zu sehen.

Auf der Pirámide Tepanapa thront die prächtig geschmückte **Santuario de Nuestra Señora de los Remedios**, ein klassisches Eroberungssymbol – hier allerdings möglicherweise unbeabsichtigt, da die Kirche vielleicht schon gebaut worden war, bevor die Spanier entdeckt haben, dass der Hügel ein heidnischer Tempel ist. Die Besichtigung der Kirche ist kostenlos. Hin kommt man über einen Weg, der an der Nordwestecke der Pyramide beginnt.

Das kleine **Museo de Sitio de Cholula** (Calz San Andrés; Eintritt im Ticket für die Zona inkl.) – gegenüber vom Ticketschalter und dann ein paar Stufen nach unten – bietet die beste Einführung zur Stätte. Ein Modell der Pyramide im Querschnitt zeigt die verschiedenen übereinander liegenden Strukturen.

ZÓCALO

Das **Ex-Convento de San Gabriel** (auch als Plaza de la Concordia bekannt) steht an der Ostseite des riesigen *zócalo* von Cholula und beherbergt eine winzige, aber interessante **Franziskanerbibliothek** und drei schöne Kirchen. Ein Besuch lohnt sich vor allem für Traveller, die sich für antike Bücher, frühe Religionsgeschichte und die Geschichte des Franziskanerordens interessieren. Links vom ehemaligen Kloster (vom *zócalo* aus gesehen) befindet sich die **Capilla Real** im arabischen Stil, die 1540 errichtet wurde und 49 Kuppeln besitzt. In der Mitte steht die **Capilla de la Tercera Orden** aus dem 19. Jh. und rechts der **Templo de San Gabriel**, der 1530 genau an der Stelle einer Pyramide gebaut wurde.

Das ausgezeichnete **Museo de la Ciudad de Cholula** (☎ 261-90-53; Ecke Av 5 de Mayo & Calle 4 Pte; Erw./Kind 20/10 Mex$; ⌚ Do–Di 9–15 Uhr) ist in einem phantastisch renovierten Kolonialgebäude am *zócalo* untergebracht. Die kleine, aber gute Sammlung umfasst Keramikgegenstände und Schmuck aus der Pirámide Tepanapa sowie Gemälde und Skulpturen aus der Kolonialzeit. Es ist sehr interessant, durch eine verglaste Wand die Museumsangestellten dabei zu beobachten, wie sie zerbrochene Keramikteile zusammensetzen und Schmuck reparieren.

Festivals & Events

Von den vielen Festivals, die Cholula zu bieten hat, ist das **Festival de la Virgen de los Remedios** wahrscheinlich das wichtigste. Es wird alljährlich ab dem 1. September mit traditionellen Tänzen oben auf der Großen Pyramide gefeiert. In den darauffolgenden Wochen findet dann Cholulas regionale **Feria** statt. Zum Frühlings- und Herbstanfang wird bei den Pyramiden ein **Quetzalcóatl-Ritual** mit Gedichten, Opfertänzen, Feuerwerk und Musikdarbietungen, die mit vorkolonialen Instrumenten gespielt werden, nachgestellt. Am **Faschingsdienstag** spielen maskierte Karnevalstänzer in Huejotzingo, 14 km nordwestlich von Cholula am Hwy 190, die Schlacht zwischen der französischen und der mexikanischen Armee nach.

Schlafen

In Cholula gibt's neben zahlreichen ordentlichen und erschwinglichen Hotels auch ein richtig gutes Boutiquehotel. Die Stadt ist für diejenigen eine angemessene Alternative zu Puebla, die es etwas entspannter mögen. Außerdem wird sie als Ausgangspunkt für Kletter- und Wandertouren in der östlichen Sierra Madre Oriental immer beliebter.

Hotel Reforma (☎ 247-01-49; Calle 4 Sur 101; EZ/DZ 180/200 Mex$; P) Man sollte sich nicht vom heruntergekommenen Äußeren abschrecken lassen – innen sieht es sehr viel besser aus. Die elf einfachen, sauberen Zimmer sind um einen bezaubernden, in Rosa und Weiß gehaltenen Innenhof angeordnet. Die charaktervollen Zimmer verfügen alle über Bäder. Der Parkplatz kostet 20 Mex$ extra.

Plaza Santa Rosa Hotel (☎ 247-03-41, 247-77-19; psrosa_reserv@yahoo.com.mx; Portal Guerrero 5; EZ & DZ 400 Mex$, 3BZ & 4BZ 500 Mex$; P) Das in einer Einkaufsarkade am *zócalo* gelegene Plaza Santa Rosa hat 27 ziemlich dunkle, dafür aber geräumige, gemütliche Zimmer mit Telefon und TV. Parkplatz und WLAN-Zugang sind gratis.

Casa Calli (☎ 261-5607; www.hotelcasacalli.com; Portal Guerrero 11; EZ/DZ 450/500 Mex$; P) Wer für wenig Geld wie in einem Boutiquehotel wohnen möchte, ist in dieser ausgezeichneten Unterkunft genau richtig. Das Hotel direkt am *zócalo* verfügt über 40 stylishe, minimalistisch eingerichtete Zimmer, einen tollen Pool, kostenloses WLAN, freundliches Personal und ein italienisches Restaurant.

Villa Arqueológica Cholula (☎ 273-79-00, 800-514-82-44; Calle 2 Pte 601; Zi. So–Mi 850 Mex$, Do–Sa 950 Mex$, Suite ab 1200 Mex$; P) Das Boutiquehotel mit 44 Zimmern steht unter der Leitung des Club Med. Es liegt nur einen kurzen Fußweg durch ein großes Blumenfeld von der Pyramide entfernt. Die Zimmer, von denen die meisten ein Doppel- und ein Einzelbett haben, sind schön eingerichtet. Es gibt einen üppigen Garten, Tennisplätze, gemütliche Gemeinschaftsbereiche mit Kamin und ein gutes Restaurant mit internationaler Küche.

LP Tipp Hotel La Quinta Luna (☎ 247-89-15; www.laquintaluna.com; Calle 3 Sur 702; Zi. inkl. Frühstück 1650 Mex$, Suite inkl. Frühstück 1900–3200 Mex$; P) Dieses traumhafte Hotel im Kolonialstil ist bei wohlhabenden Wochenendausflüglern sehr beliebt. Die sechs Zimmer in dem Herrenhaus aus dem 17. Jh., die rund um einen hübschen Garten liegen, sind mit einer Mischung aus Antiquitäten aus der Kolonialzeit, moderner Kunst und Plüsch eingerichtet. Natürlich fehlen auch neumodische Annehmlichkeiten wie Flachbild-TV, DVD-Player und WLAN nicht. Es gibt eine große Bibliothek und gelegentlich werden tolle Events mit Künstlern veranstaltet. Das ausgezeichnete Restaurant können auch Nichthotelgäste besuchen, wenn sie vorher reservieren.

Essen

Café Enamorada (Hauptgerichte 30–60 Mex$; 9–23 Uhr) Das Café am *zócalo* gehört zu den beliebtesten der Stadt, vor allem abends und für das sonntägliche Brunchbuffet. An den meisten Abenden gibt's Livemusik und immer ordentliche Portionen von Sandwiches, Tacos und Quesadillas.

Güero's (☎ 247-21-88; Av Hidalgo 101; Hauptgerichte 35–80 Mex$; 9–23 Uhr) Das lebendige, familienfreundliche Restaurant ist mit alten Fotos von Cholula dekoriert. Neben Pizza, Pasta und Burgern werden auch herzhafte mexikanische Gerichte serviert, z. B. *pozole, cemitas* und Quesadillas zusammen mit einer leckeren *salsa roja*.

Jazzatlán (☎ 304-26-43; Morelos 419; Hauptgerichte 40–60 Mex$; Mi–Sa 18–2 Uhr) Herzlich willkommen in Cholulas Hort des Jazz! Das Jazzatlán ist ein tolles Restaurant mit kleiner Bühne, auf der an vier Abenden der Woche Jazz dargeboten wird. Zu Essen gibt's u. a. schmackhafte Pizza, Lachs-Muffins und leckere *cazuelita* mit Knoblauch und Pilzen.

Los Jarrones (☎ 247-10-98; Portal Guerrero 7; Hauptgerichte 45–90 Mex$) Unter den schönen Arkaden der Plaza werden in diesem lässigen Restaurant drinnen und draußen Frühstück und eine Vielzahl regionaler Gerichte mit gutem Preis-Leistungs-Verhältnis serviert. Eine nette Terrasse mit Blick auf die Plaza gibt's auch. Beliebter Treffpunkt der Jugend Cholulas.

El Rincón de Rivadavia (☎ 247-79-63; Calzada San Andres 10; Hauptgerichte 45–120 Mex$; Di–So 11–22 Uhr) Freundliches, gutes Restaurant in einem hübschen Hof ganz in der Nähe der Pyramide. Es hat eine klassische Speisekarte mit *poblano*-Gerichten. Unbedingt die *mole* probieren, sie soll die Beste in ganz Cholula sein!

Comedor el Portón (☎ 247-02-73; Av Hidalgo 302; Hauptgerichte 60 Mex$; 9.30–12 & 13–18 Uhr) Das Portón ist für sein täglich wechselndes Menü (55 Mex$) bekannt – es stehen drei Suppen zur Wahl, ein Hauptgang (Huhn, Rind oder Gemüse), Kaffee und Nachtisch. Es befindet sich in einem prächtigen, verglasten Innenhof und ist bei Einheimischen und Touristen gleichermaßen beliebt.

Ausgehen

La Lunita (Ecke Calzada San Andrés & 6 Nte) ist eine phantastische, familiengeführte Bar. (Essen kann man hier auch ganz gut.) Die Deko besteht aus einer unglaublichen Sammlung von alten Werbepostern und sonstigem Schnickschnack. Ein wirklich nettes Plätzchen für einen Drink mit Blick auf die Pyramide.

Bar Reforma (Ecke Av 4 Nte & Calzada San Andrés) Direkt am Hotel Reforma befindet sich Cholulas älteste Kneipe, ein klassischer, rauchiger Schuppen mit Schwingtüren. Die Spezialitäten hier sind Margaritas ohne Eis und frisch zubereitete Sangria. Nach 21 Uhr schauen hier gerne Studenten rein, bevor sie sich ins Disko- und Clubgetümmel stürzen.

Tacos Robert (Ecke 14 Oriente & Av 5 de Mayo) liegt direkt gegenüber auf der anderen Straßenseite. Hier ist das Bier kalt und der Fernseher auf Dauer-*fútbol* eingestellt. Auch hier treffen sich die Studenten gern vor ihrer Diskotour.

Östlich der Pyramide auf der Calle 14 Pte, rund um die Kreuzung Av 5 de Mayo, wetteifern donnerstags bis samstags nach 22 Uhr die Bars und Diskos um die Aufmerksamkeit der Studenten (die direkt gegenüber in einem eingezäunten Gebäudekomplex wohnen). Die am beständigsten beliebte Location in dieser Gegend ist das **Mandrágora** (Ecke Calzada San Andrés & Calle 3 Sur; Eintritt frei), ein höhlenartiger Tanzschuppen mit allabendlich wechselnden Musikrichtungen. Der größte Teil des Nachtlebens von Cholula spielt sich jetzt aber in lagerhallenähnlichen *antros* und Diskos ab (durchschnittl. 50–150 Mex$ Eintritt), einige Kilometer östlich in der Nähe der Uni-Ausfahrt der „Recta", wie der Cholula-Puebla-Highway auch genannt wird. Am besten fragt man Studenten oder Taxifahrer, wo zurzeit die Post abgeht. Egal wo man hin will, man sollte sich schick anziehen und auf lange Warteschlangen gefasst sein.

An- & Weiterreise

Colectivos fahren regelmäßig nach Puebla (7 Mex$, 20–30 Min.). Sie starten an der Ecke Calle 5 Pte und Calle 3 Sur. Estrella Roja verkehrt stündlich zwischen Mexico Citys TAPO und Puebla und stoppt dabei in der Calle 12 Pte in Cholula (61 Mex$). Außerdem fahren von hier auch stündlich Busse zu Mexico Citys Flughafen Benito Juárez (155 Mex$).

TONANTZINTLA & ACATEPEC

Tonantzintla liegt einige Kilometer südlich von Cholula am Hwy 190. Der Innenraum von Tonantzintlas **Templo de Santa María** (🕒 7–14 & 16–20 Uhr) gehört zu den am üppigsten verzierten in ganz Mexikos. Unter der Kuppel sind unzählige bunte Stuckfiguren – Heilige, Teufel, Blumen, Früchte, Vögel und vieles mehr – ein phantastisches Beispiel für die Darstellung christlicher Themen in der indigenen Kunst. In Tonantzintla wird am 15. August das **Festival de la Asunción** (Mariä Himmelfahrt) mit einer Prozession und traditionellen Tänzen gefeiert.

In Acatepec, 1,5 km südöstlich von Tonantzintla, steht der **Templo de San Francisco** (🕒 7–14 & 16–20 Uhr) aus den 1730er-Jahren. Die traumhafte Fassade im Churriguera-Stil ist wunderschön mit blauen, grünen und gelben Talavera-Kacheln auf rotem Backstein geschmückt.

Autobuses Puebla–Cholula fährt mit „Chipilo"-Bussen (10 Mex$) vom CAPU-Busbahnhof in Puebla nach Tonantzintla und Acatepec. Sie starten in Cholula an der Ecke Calle 7 Pte und Blvd Miguel Alemán. Die beiden Orte liegen aber so dicht beieinander, dass man von einem zum anderen genauso gut laufen kann; Fußfaule werden natürlich lieber auf den nächsten Bus warten.

POPOCATÉPETL & IZTACCÍHUATL

Mexikos zweit- und dritthöchste Berggipfel – der Popocatépetl (po-po-ka-*teh*-pet-l; Náhuatl für „Rauchender Berg", auch Don Goyo und Popo genannt; 5452 m) und der Iztaccíhuatl (iss-ta-*sii*-wuat-l; 5220 m) – bilden den Ostrand des Valle de México, das 43 km westlich von Puebla und 72 km südöstlich von Mexico City liegt. Der kraterlose Iztaccíhuatl ruht, aber der „Popo" ist sehr aktiv; bei einer Explosion im Dezember 2005 wurde Asche 5 km hoch in den Himmel geschleudert. Zwischen 1994 und 2001 mussten wegen größerer Ausbrüche des Popo 16 Dörfer evakuiert und 30 Mio. Menschen in Alarmbereitschaft versetzt werden, weil sie so nah am Krater leben.

Mexikos **Centro Nacional de Prevención des Desastres** (Nationales Katastrophenschutzamt; Hotline 24 Std. ☎ 55-5205-1036; www.cenapred.unam.mx) überwacht die Vulkanaktivitäten anhand von Veränderungen der Gasemissionen und der seismischen Aktivität. Die Website ist fast ausschließlich auf Spanisch, doch es werden täglich Fotos von der Webcam und die aktuellen Bedingungen auf Englisch gepostet.

Eigentlich war der Popo über die Jahrhunderte immer relativ ruhig. Die meisten Vulkanaktivitäten fanden in den kälteren Wintermonaten statt, wenn das Eis sich ausdehnte und die erstarrte Lava entlang des Kraterrands sprengte. Der Vulkan hatte innerhalb der letzten 600 Jahre 20 eruptive Perioden, aber keine davon führte zu vielen Todesopfern oder ganz schlimmen Schäden. Der letzte große Ausbruch fand vor über tausend Jahren statt – und die Vulkanologen schätzen die Wahrscheinlichkeit eines ähnlichen Ausbruchs in naher Zukunft auf 10 %. Zur Zeit der Recherche für dieses Buch beobachtete ein Team führender Wissenschaftler die zunehmend besser vorhersagbaren Ausbrüche des Popo mit großem Interesse. Die gute Nachricht ist, dass man weiterhin auf den Iztaccíhuatl („Weiße Frau") klettern darf, dessen Gipfel 20 km nördlich von dem des Popo ist.

Amecameca

☎ 597 / 32 000 Ew. / 2480 m

Die verschlafene Stadt Amecameca liegt 60 km östlich von Mexico City. Sie ist die wichtigste Talstation für Klettertouren auf den Izta, gibt aber mit ihrer Kulisse aus Vulkanen und Kirchen aus dem 16. Jh. selbst schon ein hübsches Ausflugsziel ab. Neben der Kirche findet täglich ein lebhafter Markt statt, und rund um die Plaza gibt es Geldautomaten und Internetcafés.

Der 450 000 m² große **Parque Nacional Sacromonte** liegt 90 m oberhalb von Amecameca in Richtung Westen. Hier befindet sich eine wichtige Pilgerstätte, die über einer Höhle gebaut wurde: Der dominikanische Ordensbruder Martín de Valencia hatte sich im 16. Jh. hierher zurückgezogen. Der Park eignet sich für einen netten Akklimatisierungsspaziergang. Der Spazierweg bietet herrliche Aussichten auf die Stadt, die sich zu Füßen des Vulkans erstreckt. Am besten geht man von der südwestlichen Seite der Plaza durch den Bogen und läuft die Av Fray Martín zwei Blocks entlang bis zum Treppenaufgang zum Berg. Nach einem Gruß an die Jungfrau Maria kann man dann den Pilgerstationen bis zum Heiligtum auf dem Berg folgen.

Die meisten Kletterer übernachten im bescheidenen **Hotel San Carlos** (☎ 978-07-46; Plaza de la Constitución 10; Zi. 100 Mex$), das an der südwestlichen Ecke der Plaza liegt. Die Zimmer hier sind zwar spartanisch eingerichtet, aber sauber und gemütlich. TV kostet 50 Mex$ extra.

Vom TAPO in Mexico City lassen Volcanes und Sur 2.-Klasse-Busse nach/aus Amecameca (28 Mex$, 1½ Std., alle 15 Min.) fahren. Um von der Bushaltestelle in Amecameca zur Plaza zu gelangen, biegt man rechts ab und läuft zwei Blocks weit.

Wandern & Klettern

Iztas höchster Gipfel ist der **El Pecho** (5220 m). Egal, welche Strecke man nimmt – man muss auf jeden Fall auf dem Berg übernachten. Zwischen den Stationen La Joya und Las Rodillas gibt's eine Schutzhütte, die beim Aufstieg auf den El Pecho benutzt werden kann. Um von La Joya zur Hütte zu gelangen, dauert es im Durchschnitt mindestens fünf Stunden, noch einmal sechs Stunden ist man von der Hütte zum El Pecho unterwegs – und nochmal sechs Stunden zurück nach unten.

Vor dem Aufstieg sollten sich alle Kletterer beim **Parque Nacional Iztaccíhuatl-Popocatépetl** (☎/Fax 597-978-38-29/30; http://iztapopo.conanp.gob.mx; Plaza de la Constitución 9B; Eintritt 10 Mex$ 🕑 Mo–Fr 9–18, Sa 9–15 Uhr) an der südöstlichen Seite des *zócalo* in Amecameca melden. Um eine Genehmigung zu erhalten, muss man im Büro anrufen oder ein im Internet erhältliches Formular einreichen. Die 10 Mex$ Eintritt pro Tag bezahlt jeder Parkbesucher im Voraus an das Nationalparkbüro in Amecameca oder sonntags in Paso Cortés. Eigentlich ist keine Genehmigung zur Besteigung des Izta erforderlich, aber wer seine Tour in Amecameca beginnt, braucht eine, um den Militärstützpunkt in der Nähe vom Paso de Cortés passieren zu können. Er liegt etwa auf halber Strecke zwischen Popo und Izta auf einem Sattelpunkt. Die Alternative dazu wäre der längere und anstrengendere Aufstieg vom Dorf San Rafael, 8 km nördlich von Amecameca.

In der Nähe vom Paso de Cortés gibt's eine Vielzahl von Wanderwegen, die niedriger liegen und durch Kiefernwälder und grüne Wiesen führen. Einige der Wege bieten atemberaubende Aussichten auf die nahe gelegenen Gipfel. Die Wanderwege beginnen am Parkplatz in La Joya, 4 km vom Paso de Cortés. Auch hier ist eine Genehmigung erforderlich, die sonntags, wenn das Büro in der Stadt geschlossen hat, eventuell auch am Checkpoint erhältlich ist. *Colectivos* von der Plaza in Amecameca zum Paso de Cortés kosten etwa 35 Mex$. Vom Büro des Nationalparks bringen Taxis Gruppen für 250 bis 350 Mex$ zum La Joya (40 Min.). Der Preis ist Verhandlungssache.

Die **Altzomoni Lodge** (B 25 Mex$/Pers.) in der Nähe einer Sendestation, ungefähr auf halber Strecke zwischen Paso de Cortés und La Joya, bietet einfache Übernachtungsmöglichkeiten an. Die Schlüssel für die Lodge sind vor dem Aufstieg am Paso de Cortés abzuholen. Unbedingt warme Sachen und Trinkwasser mitnehmen!

KLIMA & BEDINGUNGEN

In den höheren Lagen Itzas kann es zu jeder Jahreszeit windig und unter 0° C kalt sein. Auf dem Gipfel fallen die Temperaturen nachts fast immer unter Null. Eis und Schnee sind hier nichts Besonderes, die durchschnittliche Schneegrenze liegt bei 4200 m. Die idealen Monate für einen Aufstieg sind November bis Februar, wenn die Schneedecke hart genug für Steigeisen ist. Die regnerische Jahreszeit (April–Okt.) bringt Gefahren wie Weißblendung, Unwetter und Lawinen mit sich.

Jeder kann Höhenprobleme kriegen, auch die lebensgefährliche Höhenkrankheit. Selbst Paso de Cortés liegt ordentlich hoch, und wer her kommt, sollte die Symptome dieser Krankheit kennen (s. S. 1109).

GEFÜHRTE TOUREN

Der Iztaccíhuatl sollte *wirklich* nur von erfahreneren Kletterern bestiegen werden. Und wegen der versteckten Spalten an den eisbedeckten oberen Hängen ist auch ein Führer ratsam. Das Büro des Nationalparks kann neben den folgenden Leserempfehlungen eventuell noch weitere Guides vermitteln.

José Luis Ariza (☎ Handy 597-9781335) aus Amecameca ist Mitglied einer Rettungsmannschaft, die Gipfel in ganz Lateinamerika bestiegen hat. Er führt Kletterer das ganze Jahr über hoch zum Izta und berechnet dafür 1200 Mex$ für eine Person plus 600 Mex$ für jede weitere Person (Transport und Ausrüstungsmiete kosten extra).

Der in Mexico City ansässige **Mario Andrade** (☎ 55-1038-4008, 55-1826-2146; mountainup@hotmail.com) ist ein autorisierter und Englisch sprechender Führer, der schon viele Aufstiege zum Izta geleitet hat. Seine Gebühr für einen Aufstieg zum Izta beträgt 3800 Mex$ für eine Person, bei mehreren Personen gibt's Rabatt. Im Preis sind die Transportkosten von und nach Mexico City, Unterkunft, Essen im Gebirge und die Seilbenutzung enthalten.

TLAXCALA

☎ 246 / 85 000 Ew. / 2250 m

Tlaxcala, die Hauptstadt von Mexikos kleinstem Bundesstaat, ist eine wundervolle Ausnahme in Mexiko, und dies obwohl sie kaum zwei Autostunden von Mexico City entfernt ist: Besonders an den Wochenenden herrscht in diesem bezaubernden, freundlichen, verkehrsberuhigten Ort nämlich eine traumhafte Ruhe. Es gibt einige Sehenswürdigkeiten, die man sich auf der Durchreise anschauen sollte. Extra wegen ihnen zu kommen, lohnt sich allerdings nicht. Viele Leute besuchen die Stadt fernab vom Touristenstrom wegen ihrer schönen Atmosphäre. Ansonsten ist sie eine der am wenigsten besuchten Satellitenstädte der Hauptstadt.

Geschichte

In den letzten Jahrhunderten vor der spanischen Conquista entstanden mehrere kleine Kriegerreiche *(señoríos)* in und um Tlaxcala. Einige davon bildeten einen lockeren Verband, der vom Aztekenreich unabhängig blieb, das sich im 15. Jh. vom Valle de México aus ausbreitete. Das bedeutendste der Reiche war wohl Tizatlán, das heute im Nordosten der Stadt Tlaxcala liegt.

Die Tlaxcalaner bekämpften die im Jahr 1519 anrückenden Spanier zuerst erbittert. Am Ende gehörten sie aber zu den treuesten Verbündeten von Cortés im Kampf gegen die Azteken (mit Ausnahme eines Häuptlings, Xicoténcatl dem Jüngeren, der versuchte, sein Volk gegen die Spanier aufzubringen und heute ein mexikanischer Held ist). Die Spanier dankten den Tlaxcalanern, indem sie ihnen Privilegien gewährten – und benutzten sie, um im Norden die Chichimeken zu befrieden und anzusiedeln. 1527 wurde Tlaxcala Sitz der ersten Diözese Nueva Españas, doch 1540 dezimierte eine Seuche die Bevölkerung. Seitdem spielte die Stadt nur noch eine untergeordnete Rolle.

Orientierung

Die zwei großen Zentralplazas der Stadt treffen an der Ecke Independencia und Muñoz zusammen. Die nördlichere, von Kolonialbauten umgebene ist der *zócalo* und wird auch Plaza de la Constitución genannt. Wer mit dem Bus unterwegs ist, kommt an der Bushaltestelle der Stadt oben auf dem Berg an, die zehn Minuten vom Stadtzentrum entfernt ist.

Praktische Informationen

Zahlreiche Banken um den *zócalo* tauschen Bares und haben Geldautomaten.

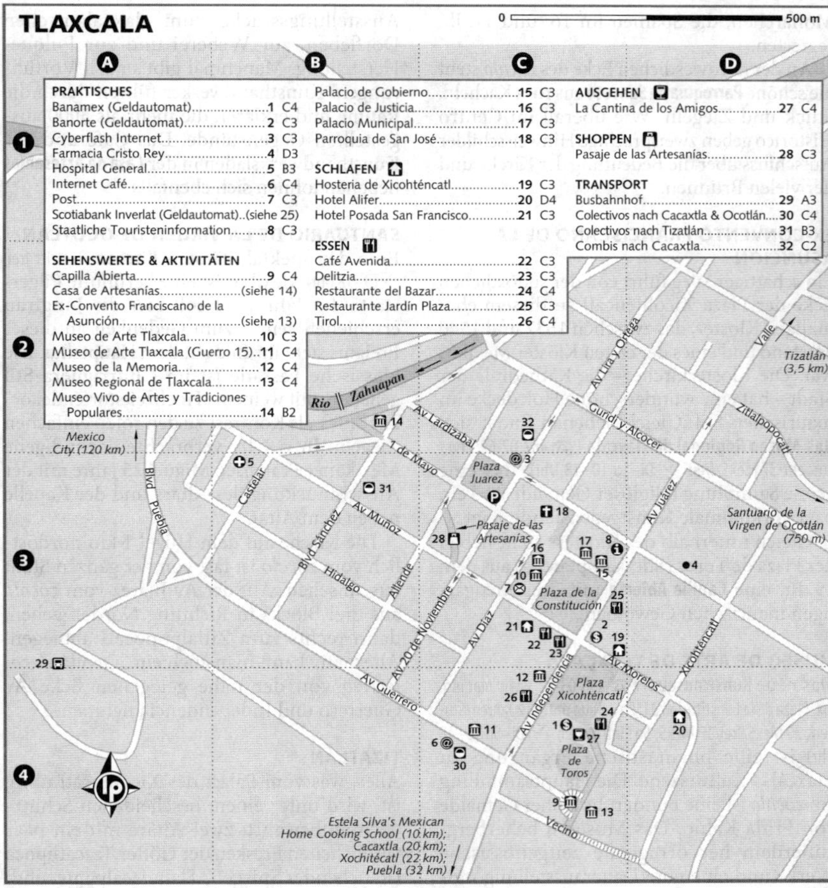

Cyberflash Internet (Av 20 Noviembre; 15 Mex$/Std.) Zwischen Lardizabal und Guridi y Alcocer.

Farmacia Cristo Rey (Lardizabal 15; 24 Std.) Städtische Apotheke.

Hospital General (462-00-30/34-00; Corregidora s/n)

Internet Café (Av Guerro; 7 Mex$/Std.) Zwischen Díaz und Independencia.

Polizei (464-52-56/57)

Post (Ecke Av Muñoz & Av Díaz)

Staatliche Touristeninformation (465-09-60 Durchwahl 1519, 800-509-65-57; www.tlaxcala.gob.mx/turismo; Ecke Av Juárez & Av Lardizabal; Mo–Fr 9–18, Sa & So 10–18 Uhr) Das englisch sprechende Personal ist ganz versessen darauf, Tickets für Stierkämpfe zu verkaufen, gute, kostenlose Stadtpläne zu verteilen und Straßenbahntouren durch die Stadt zu buchen (20 Mex$, Fr–So).

Sehenswertes

PLAZA DE LA CONSTITUCIÓN

Tlaxcalas schattiger, großer *zócalo* ist einer der schönsten in ganz Mexiko. Der **Palacio Municipal**, ein ehemaliger Kornspeicher aus dem 16. Jh., und der **Palacio de Gobierno** nehmen den größten Teil der Ostseite ein. Der Palacio de Gobierno ist innen mit lebendigen Wandmalereien von Desiderio Hernández Xochitiotzin geschmückt. Das Gebäude auf der Nordwestseite stammt ebenfalls aus dem 16. Jh.: der **Palacio de Justicia**. Früher hieß er Capilla Real de Indios, und er wurde für die indigenen Adligen gebaut. Die schönen Basreliefs rund um den Eingang zeigen u. a. ein Siegel von Castilla y León und einen zweiköpfigen Adler, das Symbol der habsburgischen

Monarchen, die Spanien im 16. und 17. Jh. regierten.

An der nordwestlichen Ecke des *zócalo* steht die schöne **Parroquia de San José** aus rosa Kacheln, Stuck und Ziegeln. Wie überall im Centro Histórico geben zweisprachige Hinweisschilder Aufschluss über die Bedeutung der Kirche und der vielen Brunnen.

EX-CONVENTO FRANCISCANO DE LA ASUNCIÓN

Ein schattiger Weg führt von der südöstlichen Ecke der Plaza Xicohténcatl zu diesem ehemaligen Kloster, das zwischen 1537 und 1540 entstand und eines der ersten Klöster Mexikos war. Die Klosterkirche – die Kathedrale der Stadt – hat eine wunderschöne Holzdecke im maurischen Stil. Gleich nebenan findet sich das **Museo Regional de Tlaxcala** (☎ 462-02-62; Erw./Student 37 Mex$/frei; ⌚ Di–So 10–18 Uhr), das eine große Sammlung religiöser Gemälde und ein paar vorkoloniale Kunstgegenstände zeigt.

Gleich unterhalb des Klosters steht neben der Plaza de Toros (Stierkampfarena) aus dem 19. Jh. eine **Capilla Abierta** mit drei einzigartigen maurischen Gewölben.

MUSEO DE ARTE DE TLAXCALA

Das neue **Kunstmuseum** (☎ 466-03-52; www.mat.org.mx; Plaza de la Constitución 21; Erw./Kind unter 12 Jahren/Student 20 Mex$/frei/10 Mex$, So Eintritt frei; ⌚ Di–So 10–18 Uhr) ist eine phantastische Ergänzung zu Tlaxcalas Kulturszene. Die Hauptsammlung am *zócalo* ist eine Fundgrube früher Gemälde von Frida Kahlo. Das Museum beherbergt außerdem hervorragende zeitgenössische Werke und eine gute Dauerausstellung moderner mexikanischer Kunst. Im kleineren Ableger in der Guerro 15 (Eintritt frei) kann man alles anfassen und ausprobieren. Es ist daher vor allem für Kinder interessant.

MUSEO DE LA MEMORIA

Das moderne **Geschichtsmuseum** (☎ 466-07-91; Av Independencia 3; Erw./Student 10/5 Mex$, Di Eintritt frei; ⌚ Di–So 10–17 Uhr) betrachtet das Volkstum mithilfe von modernen Medien. Es gibt tolle Exponate zur indigenen Regierung, Landwirtschaft und zu zeitgenössischen Festen. Die Erklärungen sind auf Spanisch.

MUSEO VIVO DE ARTES Y TRADICIONES POPULARES

Das beliebte **Kunstmuseum** (☎ 462-23-37; Blvd Sánchez 1; Erw./Student 6/4 Mex$; ⌚ Di–So 10–18 Uhr) hat Ausstellungsstücke zum tlaxcalanischen Dorfleben, zur Weberei und zur Pulque-Herstellung. Manchmal gibt's auch Vorführungen. Kunsthandwerker führen durch die Räume und erklären die mehr als 3000 ausgestellten Gegenstände. Das Café und der Kunsthandwerksladen in der **Casa de Artesanías** nebenan lohnen sich ebenfalls.

SANTUARIO DE LA VIRGEN DE OCOTLÁN

Eine der spektakulärsten **Kirchen** (Eintritt frei; ⌚ 9–18 Uhr) Mexikos ist eine berühmte Pilgerstätte. Im Jahr 1541 soll hier die Jungfrau erschienen sein – zum Gedenken an dieses Ereignis steht ihr Bild auf dem Hauptaltar. Die klassische Fassade ist im Churriguera-Stil gehalten, mit weißem „Hochzeitstortendekor" aus Stuck als Kontrast zu den roten einfachen Ziegeln. Im 18. Jh. verbrachte der indigene Mexikaner Francisco Miguel 25 Jahre mit der Ausschmückung des Altars und der Kapelle neben dem Altar.

Die Kirche auf dem Hügel 1 km nordöstlich vom *zócalo* ist fast von der ganzen Stadt aus zu sehen. Auf der Av Juárez vom *zócalo* aus drei Blocks in Richtung Norden gehen, dann rechts zum Zitlalpopocatl abbiegen. Alternativ kann man auch ein „Ocotlán"-*colectivo* von der nahe gelegenen Ecke Av Guerrero und Independencia nehmen.

TIZATLÁN

Alles, was vom Palast des Xicoténcatl übrig ist, wird unter einem bescheidenen Schutzdach aufbewahrt: zwei Altäre mit ein paar verblichenen Fresken der Götter Tezcatlipoca (Rauchender Spiegel), Tlahuizcalpantecuhtli (Morgenstern) und Mictlantecuhtli (Unterwelt). Neben den **Ruinen** (☎ 412-41-69; Eintritt frei; ⌚ Di–So 10–17 Uhr) liegt der Templo San Esteban mit einer aus dem 16. Jh. stammenden franziskanischen *capilla abierta* und Fresken von Engeln, die Musikinstrumente spielen. Die Stätte liegt hoch oben 4 km nördlich der Stadt; ein „Tizatlán Parroquia"-*colectivo* ab der Ecke Blvd Sánchez und Av Muñoz nehmen.

Kurse

Estela Silva's Mexican Home Cooking School (☎/Fax 468-09-78; www.mexicanhomecooking.com; Kurse inkl. Unterkunft 1200 Mex$) bietet einen fünftägigen Kochkurs in kleinem Kreis mit praktischen Anleitungen für die Zubereitung klassischer mexikanischer Gerichte. In der Unterrichtsgebühr sind alle Mahlzeiten, Getränke, Livemusik, der Transfer von Puebla und der Ausflug zu einem der lokalen Märkte plus sechs B&B-Übernachtungen in komfortablen Privatzimmern mit Kamin enthalten. Gäste der Kochschüler, die nicht am Kurs teilnehmen wollen, können für 600 Mex$ übernachten. Der zweisprachige Kochunterricht konzentriert sich auf die traditionelle, französisch beeinflusste Küche von Puebla und findet in der altmodischen Küche eines Landhauses statt, die im Hazienda-Stil gehalten und mit Talavera-Kacheln geschmückt ist. Das Landhaus liegt in Tlacochcalco, einem Dorf 10 km südlich von Tlaxcala, und gehört Estela, die immer für einen Spaß zu haben ist.

Festivals & Events

Am dritten Montag im Mai wird die Statue der **Virgen de Ocotlán** von ihrem Platz auf der Bergspitze (s. gegenüber) zu den benachbarten Kirchen getragen. Das Schauspiel lockt Gläubige und Schaulustige an. Während des ganzen Monats sind die Prozessionen zum Gedenken an das Wunder ein Magnet für Pilger aus der ganzen Republik.

Die Nachbarstadt Santa Ana Chiautempan feiert die **Feria Nacional del Sarape** (Nationale Sarape-Messe), die eine Woche vor und eine Woche nach dem 26. Juli, rund um den Namenstag ihres Schutzpatrons, stattfindet.

In Tlaxcalas Teatro Xicohténcatl sind während der lebhaften, einen Monat dauernden Feiern des **Nacional de Danza Folklórica** Tänzer aus dem ganzen Land zu Gast.

Tlaxcalas **Feria** (Messe) zieht von Ende Oktober bis Mitte November Teilnehmer aus dem ganzen Bundesstaat an. Hier stehen *charrería* (Reitkunst), Stierkampf und vom Rodeo inspirierte Festumzüge im Mittelpunkt. Das Festival beginnt mit einer *pamplonada* (Stierrennen) und beinhaltet außerdem Veranstaltungen zum Día de los Muertos.

Schlafen

Hotel Alifer (☎ 462-56-78; www.hotelalifer.com; Av Morelos 11; EZ/DZ 350/450 Mex$; Ⓟ 💻) Eine der besten Budgetunterkünfte ist das auf einem Hügel stehende, recht ordentliche Hotel Alifer ganz in der Nähe des *zócalo*. Einige Zimmer sind ein bisschen schmuddelig und dunkel. Die im Erdgeschoss sollte man nicht nehmen, denn sie liegen an hallenden Gängen und haben keine Fenster nach draußen. Die meisten Zimmer sind aber sauber und geräumig und haben TV, Telefon und kostenloses WLAN.

Hosteria de Xicohténcatl (☎ 466-47-16; Portal Hildalgo 10; EZ/DZ 350/450 Mex$, Suite 600–1100 Mex$; Ⓟ) Die Hälfte der 16 Zimmer in diesem fast neuen Hotel an der Plaza Xicohténcatl sind Suiten. Alle Quartiere sind sauber und recht groß, wenn auch etwas steril. Das Personal ist freundlich, und die Lage am *zócalo* könnte nicht besser sein. Unbedingt die vielen Kreuze in der Lobby anschauen!

Hotel Posada San Francisco (☎ 462-56-22; www.posadasanfrancisco.com; Plaza de la Constitución 17; EZ/DZ/Suite 980/1155/1700 Mex$; Ⓟ 💻 🏊) Die Posada San Francisco ist genau der Ort, an dem man erwarten würde, einen berühmten Schriftsteller anzutreffen, der gerade dabei ist, sich sinnlos zu besaufen. Die Lobby mit der hübschen Buntglasdecke, die tolle Bar mit Stierkampf-Deko, der große Pool und das luftige Restaurant sind den Besuch wert. Die Zimmer in diesem absolut besten Hotel der Stadt sind leider eine kleine Enttäuschung: Es gibt nichts an ihnen auszusetzen – außer dass sie überall und nirgends sein könnten. Von dem Charme des restlichen Hotels ist in ihnen rein gar nichts zu spüren.

Essen & Ausgehen

Essen kann man in Tlaxcala vielerorts ganz anständig. An der Ostseite des *zócalo* wimmelt es nur so von Restaurants. Die besseren sind aber an der Südseite und an der Plaza Xicohténcatl ganz in der Nähe.

Delitzia (☎ 466-38-88; Plaza de la Constitución 14; Sandwiches 40–60 Mex$; 🕑 Di–So 12–24 Uhr) Mittags genau das Richtige. Leckere Baguettes, Crêpes, Salate und *mole* werden in abgefahrenem Ambiente mit Blick auf den *zócalo* serviert (es gibt auch Tische draußen). Das Delitzia ist auch eine gute Adresse für einen Cocktail nach dem Sightseeing-Stress.

LP Tipp **Café Avenida** (☎ 466-36-69; Plaza de la Constitución 16; Hauptgerichte 48–110 Mex$) Wer keine Lust mehr auf das alltägliche Brunchangebot auf der Ostseite des Platzes hat, findet hier Abwechslung. Der hübsche, holzverkleidete Innenraum ist grün gestrichen und wird hauptsächlich von freundlichen Einheimischen besucht. Das hausgemachte Drei-Gänge-Menü (56 Mex$), das es mittags gibt, ist ein echtes Schnäppchen. Außerdem stehen Unmengen mexikanischer Spezialitäten und Cocktails auf der Speisekarte.

Restaurante Jardín Plaza (☎ 462-48-91; Av Independencia s/n; Hauptgerichte 55–90 Mex$) Dieses Restaurant mit Bar ist das Beste der mittelmäßigen Restaurants, die an der Ostseite des *zócalo* um die Aufmerksamkeit der Kunden buhlen. Hier gibt's regionale Spezialitäten wie mit Anis gewürzte *tamales* – und eine Espresso-Maschine.

Tirol (☎ 462-37-54; Av Independencia 7A; Menü 65–90 Mex$) Gepflegtes Restaurant mit Blick auf die Plaza Xicohténcatl. Gäste können sich über weiße Tischdecken, aufmerksames Personal und ausgezeichnete mexikanische Feinschmeckerküche freuen. Wem nicht nach einem ausgefallenen Menü ist, der kauft sich am Stand draußen einen Gourmet-Taco.

Restaurante del Bazar (Plaza Xicohténcatl 7B; Hauptgerichte 80–90 Mex$) Ein Newcomer in Tlaxcalas Restaurantszene: In dem vornehmen Restaurant kann man in gediegenem Ambiente und toller Einrichtung zu Abend essen. Der Service ist ausgezeichnet. Auf der großen Speisekarte stehen häufig wechselnde mexikanische Spezialitäten mit modernem Touch.

Die nette, ansprechende **La Cantina de los Amigos** an der Ecke der Plaza Xicohténcatl ist die lebhafteste Kneipe der Stadt, in der immer etwas los ist.

Shoppen

Vorsicht ist geboten auf dem **Kunsthandwerksmarkt** (🕐 Sa & So) auf der Plaza Xicohténcatl: Einige Sachen sind hier extremer Touristennepp. Es gibt aber auch Dinge, die ihr Geld wert sind. Bestickte *huipiles* (ärmellose Tuniken) aus Santa Ana Chiautempan, Rohrstockschnitzereien aus Tizatlán und Amaranth-Bonbons aus San Miguel del Milagro gibt's in der Fußgängerzone **Pasaje de las Artesanía**, die nordöstlich der Kreuzung Muñoz/Allende einen Bogen macht.

An- & Weiterreise

Tlaxcalas langgestreckter **Busbahnhof** (☎ 462-03-62) liegt knapp 1 km westlich der zentralen Plazas. Zum TAPO-Terminal in Mexico City fahren 1.-Klasse-„Expresso"-Busse (90 Mex$, 2 Std.) bis 21 Uhr alle 20 Minuten in beide Richtungen. 2.-Klasse-Busse von Flecha-Azul fahren häufig nach Puebla (15 Mex$) und Pachuca (79 Mex$).

Unterwegs vor Ort

Die meisten *colectivos* (4 Mex$), die am Busterminal vorbeikommen, fahren in die Stadt, obwohl die Strecke auch in null Komma nichts zu Fuß zurückgelegt werden kann. Um vom Zentrum zum Bahnhof zu gelangen, nimmt man an der Ostseite des Blvd Sánchez ein blau-weißes *colectivo*.

CACAXTLA & XOCHITÉCATL

Cacaxtla (ka-*kascht*-la) gehört zu Mexikos beeindruckendsten historischen Stätten. Der Grund liegt auf der Hand: Hier gibt's unzählige hochwertige, lebendig gemalte Darstellungen des alltäglichen Lebens, die nicht in ein Museum verbannt wurden. Auf den Fresken sind u. a. ein fast lebensgroßer Jaguar und kämpfende Adlerkrieger zu sehen. Die Ruinen auf einem mit Buschwerk bewachsenen Hügel wurden erst 1975 entdeckt, als ein paar Männer aus dem in der Nähe liegenden Dorf San Miguel del Milagro nach einem kostbaren Schatz mit Reliquien suchten, einen Tunnel gruben und dabei Wandmalereien entdeckten.

Die erheblich älteren Ruinen bei Xochitécatl (so-chi-*teh*-cat-l) liegen 2 km weit weg und sind von Cacaxtla aus gut zu Fuß zu erreichen. Zu den Ruinen gehören eine außergewöhnlich breite und eine runde Pyramide. Ein deutscher Archäologe leitete 1969 die erste systematische Ausgrabung der Stätte, doch erst 1994 wurden die Pyramiden der Öffentlichkeit zugänglich gemacht. Die beiden Stätten, 20 km südwestlich von Tlaxcala und 32 km nordwestlich von Puebla, gehören auf jeden Fall zu den faszinierendsten in Mexiko.

Beide Stätten können ohne Führer besucht werden, die zweisprachigen Hinweisschilder sind allerdings immer entweder zu oberflächlich oder zu fachspezifisch. Eine gute Alternative sind die geführten Sonntagstouren unter der Leitung der staatlichen Touristeninformation von Tlaxcala, allerdings herrscht dabei immer etwas Gedränge (S. 247). Donnerstags bis sonntags ist es auch möglich, an den Stätten einen Führer zu mieten.

Geschichte

Cacaxtla war die Hauptstadt einer Gruppe von Olmeca-Xicallancas, die auch Putún-Mayas genannt wurden und schon 450 n. Chr. nach Zentralmexiko kamen. Nach dem Niedergang von Cholula (an dem sie allem Anschein nach beteiligt waren) um 600 n. Chr. errangen sie die Vormachtstellung über den Süden Tlaxcalas und über das Tal von Puebla. Cacaxtla war zwischen 650 und 950 n. Chr. auf dem Höhepunkt seiner Macht. Um 1000 n. Chr. wurden die Einwohner schließlich von fremden Eindringlingen vertrieben, wahrscheinlich von Chichimeken.

2 km westlich von Cacaxtla liegen auf dem Gipfel eines höheren Hügels die Ruinen von Xochitécatl, die 1000 Jahre vor Christi Geburt errichtet wurden. Es herrscht Streit darüber, wer hier zuerst wohnte. Die Experten sind sich aber darüber einig, dass Cacaxtla in erster Linie der herrschenden Klasse als Wohnort diente, während in Xochitécatl hauptsächlich blutige Quecholli-Zeremonien zu Ehren von Mixcoatl, dem Gott der Jagd, stattfanden. Das bedeutet aber nicht, dass es in Cacaxtla keine solchen Zeremonien gab. Die Entdeckung mehrerer hundert skelettierter Überreste verstümmelter Kinder zeugt von der blutigen Vergangenheit Cacaxtlas.

Sehenswertes

CACAXTLA

Vom Parkplatz gegenüber dem Eingang zur Stätte sind es 200 m zum **Ticketschalter** (☎ 246-416-00-00; Eintritt inkl. Xochitécatl 46 Mex$; 🕑 Di–So 10–17 Uhr), zum Museum und zum Restaurant.

Vom Ticketschalter sind noch mal 600 m bis zur Hauptattraktion zu bewältigen, einer natürlichen, 200 m langen und 25 m hohen Plattform, die **Gran Basamento** (großes Fundament) genannt wird und zu ihrem Schutz unter einem großen Metalldach steht. Hier befanden sich die wichtigsten zivilen und religiösen Gebäude Cacaxtlas und die Wohnstätten der Priesterklassen. Am Ende der Eingangstreppe liegt die **Plaza Norte** – von hier führt ein Weg im Uhrzeigersinn rund um die Ruinen bis zu den **Wandmalereien**.

Die Archäologen haben die Identität der Wandmaler bislang noch nicht feststellen können. Viele der Symbole stammen eindeutig aus dem mexikanischen Hochland, und doch macht sich bei allen ein Einfluss der Maya aus dem südöstlichen Mexiko bemerkbar – diese Kombination von verschiedenen Stilrichtungen in einer Wandmalerei gibt's nur in Cacaxtla, und das sorgt für allerlei Spekulationen.

Bevor man zu den Wandmalereien gelangt, kommt man an einem kleinen Innenhof vorbei. Hier steht ein **Altar** mit einer kleinen, quadratischen Grube davor, in der zahlreiche menschliche Überreste gefunden wurden. Gleich neben dem Altar steht der **Templo de Venus**, in dem zwei antropomorphe Skulpturen zu sehen sind: ein Mann und eine Frau in Blau, bekleidet mit Röcken aus Jaguarfell. Der Name des Tempels leitet sich von den vielen halben Sternen ab, die auf der weiblichen Figur abgebildet sind und mit dem Schwesterplaneten der Erde, der Venus, in Verbindung gebracht wurden.

Auf der gegenüberliegenden Seite des Weges, abseits der Plaza Norte, steht der **Templo Rojo**, der vier Wandgemälde enthält, von denen allerdings im Moment nur eines zu sehen ist. Auf den lebendigen Bildern ist vor allem eine Reihe Mais- und Kakaofrüchte zu sehen, in deren Hülsen Menschenköpfe stecken.

Das **Mural de la Batalla** (Wandgemälde einer Schlacht) aus dem Jahr 700 n. Chr. befindet sich an der Nordseite der Plaza Norte. Es zeigt zwei Gruppen von Kriegern bei einer wilden Schlacht, wobei die eine Gruppe Jaguarfell trägt und die andere Vogelfedern. Die Olmeca-Xicallanca (die Jaguarkrieger mit dem runden Schild) schlagen die eindringenden Huasteken (die Vogelkrieger mit den Jade-Ornamenten und den deformierten Schädeln) eindeutig in die Flucht.

Hinter dem Mural de la Batalla sollte man nach links abbiegen und die Stufen bis zur zweiten **Gruppe von Wandmalereien** emporsteigen, die rechts hinter einem Zaun zu sehen sind. Die beiden wichtigsten Wandgemälde (ca. 750 n. Chr.) zeigen eine Figur im Jaguarkostüm und eine schwarz gemalte Figur in einem Vogelkostüm (das vermutlich den Olmeca-Xicallanca-Priesterkönig darstellt), die auf einer gefiederten Schlange steht.

XOCHITÉCATL

Vom Parkplatz am **Eingang zur historischen Stätte** (☎ 246-462-41-69; Eintritt inkl. Cacaxtla 46 Mex$; 🕑 Di–So 10–17 Uhr) führt ein Weg zur runden **Pirámide de la Espiral**. Wegen des Grundrisses und der benutzten Materialien nehmen die Archäologen an, dass die Pyramide zwischen 1000 und 800 v. Chr. gebaut wurde. Ihre Form und Lage auf einem Berg lassen vermuten, dass es sich um einen astronomischen Beobachtungsposten gehandelt hat oder um einen Tempel zu Ehren Ehecatls, des Windgottes. Von hier aus führt der Weg zu drei weiteren Pyramiden.

Basamento de los Volcanes ist alles, was von der ersten Pyramide, der Pirámide de los Volcanoes, übrig geblieben ist: ihre Basis und Materialreste aus zwei Perioden. Geschliffene, rechteckige Steine wurden über die originalen Steine gelegt und dann mit Stuck verkleidet. An manchen Stellen kann man das sehen.

Interessant ist, dass die farbigen Steine, die zum Bau von Tlaxcalas Stadtpalast verwendet wurden, von hier zu stammen scheinen.

Die **Pirámide de la Serpiente** hat ihren Namen von einem großen Stein mit eingemeißeltem Schlangenkopf. Das Beeindruckendste hier ist ein riesiges, aus einem einzigen Felsbrocken gemeißeltes Gefäß, das im Innern der Pyramide gefunden wurde. Der gesamte Felsbrocken wurde aus einer anderen Gegend hierhergeschleppt. Forscher glauben, dass das Gefäß als Wasserbehälter diente.

Weil mehrere Skulpturen und Überreste von 30 geopferten Kindern hier gefunden wurden, vermuten Experten, dass in der **Pirámide de las Flores** Rituale zu Ehren des Fruchtbarkeitsgottes abgehalten wurden. In der Nähe der Basis der Pyramide, die die viertbreiteste Lateinamerikas ist, befindet sich ein Becken. Es ist in den massiven Fels geschlagen, und man nimmt an, dass hier die Kinder gebadet wurden, bevor man sie umbrachte.

An- & Weiterreise

Cacaxtla liegt 1,5 km oberhalb einer Nebenstraße von San Martín Texmelucan (in der Nähe des Hwy 150D) zum Hwy 119, dem Schleichweg zwischen Tlaxcala und Puebla. Von Tlaxcala aus biegt man südlich der Stadt vom Hwy 119 nach Westen ab und achtet auf Schilder, die nach Cacaxtla weisen, das 1,5 km westlich des Dorfes Nativitas liegt.

Öffentliche Verkehrsmittel ab Tlaxcala sind „San Miguel del Milagro"-*colectivos*, die an der Nordwestecke der Av 20 de Noviembre und Av Lardizabal halten. Sie setzen einen etwa 500 m von Cacaxtla entfernt ab. Das „Nativitas–Texoloc–Tlaxcala"-*colectivo*, das an derselben Ecke hält, fährt zum Dorf Nativitas 3 km östlich von Cacaxtla; hier nimmt man ein „Zona Arqueológica"-*colectivo* direkt zur Grabungsstätte. Busse von Flecha Azul fahren vom Busbahnhof Central de Autobuses de Puebla (CAPU) in Puebla nach Nativitas. Von Cacaxtla nach Xochitécatl nimmt man ein Taxi (40 Mex$) oder läuft die 2 km.

LA MALINCHE

Nordöstlich von Puebla beherrschen die weitläufigen Hänge von La Malinche den Horizont. Der ruhende, 4460 m hohe Vulkan wurde nach Cortés' indigener Dolmetscherin und Geliebten benannt.

Der Hauptweg zum Vulkan führt über den Hwy 136; beim Hinweisschild „Centro Vacacional Malintzi" in Richtung Südwesten abbiegen. Vor Erreichen des Centro ist eine Registrierung am Eingang des **Parque Nacional La Malintzi** nötig. La Malinche, Mexikos fünfthöchster Gipfel, ist nur ein paar Wochen im Jahr schneebedeckt, normalerweise im Mai.

Das **Centro Vacacional IMSS Malintzi** (☎ 246-462-40-98, in Mexico City 55-5627-6900, 800-001-09-00; bis 6 Pers. 420–480 Mex$, bis 9 Pers. 600–770 Mex$; Ⓟ) wird vom mexikanischen Institut für Soziale Sicherheit geleitet und hat eine handvoll rustikaler Hütten auf frostigen 3333 m. Die familiengerechte Unterkunft liegt in einer bewaldeten Gegend und bietet eine schöne Aussicht auf den Gipfel. Die vor kurzem renovierten Hütten sind einfach eingerichtet, haben aber immerhin TV, Kamin, Warmwasser und eine Küche mit Kühlschrank. Von Freitag bis Sonntag wird es hier ziemlich voll, aber unter der Woche ist es ruhig. Wer hier übernachtet, kann gegen eine geringe Gebühr parken; Campen ist möglich.

Jenseits der Ferienanlage ist die Straße für Autos unpassierbar. Es führt ein 1 km langer Fußweg zu einem Grat, an dem ein beschwerlicher fünfstündiger Rundweg zum Gipfel beginnt. Wanderer sollten unbedingt Vorsichtsmaßnahmen gegen die Höhenkrankheit treffen (s. S. 1109).

Busse zum Centro Vacacional (12 Mex$, tgl. 8, 12 & 16 Uhr) fahren im 26 km weiter unten liegenden Apizaco (das regelmäßig von Puebla und Tlaxcala aus angefahren wird) von der Ecke Av Hidalgo und Aquiles Serdán ab.

HUAMANTLA

☎ 247 / 46 000 Ew. / 2500 m

Huamantla mit dem hübschen, alten *zócalo* und dem bezaubernden kolonialen Zentrum ist ein netter Ausgangspunkt, um La Malinche zu erkunden. Die sich ausbreitende Neustadt kann man aber ohne schlechtes Gewissen links liegen lassen.

Neben dem La Malinche, der über der Stadt thront, sind die bemerkenswertesten Sehenswürdigkeiten das **Ex-Convento de San Francisco** aus dem 16. Jh. und die barocke **Parroquia de San Luis Obispo de Tolosa** aus dem 17. Jh. Gegenüber der Kirche befindet sich das **Museo de Títere** (Nationales Puppenmuseum; ☎ 472-10-33; Parque Juárez 15; Erw./Kind 10/5 Mex$; Di–Sa 10–14 & 16–18, So 10–15 Uhr;) mit Puppen und Marionetten aus der ganzen Welt – ein witziges Museum, das jungen und jung gebliebenen Menschen bestimmt gefällt.

Während der alljährlich im August stattfindenden **Feria** erlebt Huamantla ein paar schlaflose Nächte. Einen Tag vor Mariä Himmelfahrt (15. August) bedecken die Einheimischen die Straßen mit wunderschönen Blumenteppichen und gefärbtem Sägemehl. Am darauffolgenden Samstag findet ein Stierrennen à la Pamplona statt – nur dass das Ganze hier noch gefährlicher ist, da die unkastrierten Stiere aus zwei Richtungen kommen!

Während der Feria verdoppeln sich die Preise, und die Hotels sind schon lange im Voraus ausgebucht. Wer hier dann kein Zimmer mehr bekommt, findet aber immer noch eins in Puebla oder Tlaxcala.

Hotel Mesón del Portal (☎ 472-26-26; Parque Juárez 9; Zi. ab 180 Mex$; P) Dieses Hotel an der zentralen Plaza war jahrelang die Standardunterkunft; jetzt sind die Zimmer ziemlich verwohnt und stinken nach Lufterfrischer, der irgendetwas vertuschen soll. Außerdem gibt's nun das neue Centenario, sodass das Mesón del Portal mit Sicherheit die letzte Wahl sein wird, auch wenn die etwas teureren Zimmer für 260 Mex$ deutlich besser sind.

Hotel Centenario (☎ 472-05-87; Juárez Norte 209; EZ/DZ 200/250 Mex$) Dieses nur wenige Schritte vom *zócalo* entfernt liegende Hotel ist die beste Unterkunft der Stadt. Die 33 geräumigen Zimmer haben funkelnagelneue Bäder und WLAN; das Personal ist hilfsbereit. Im Erdgeschoss ist ein guter Coffeeshop.

Oro- und Suriano-Busse fahren häufig nach Puebla und ATAH-Busse nach Tlaxcala.

CANTONA

Die riesige und unglaublich gut erhaltene mesoamerikanische Stadt **Cantona** (Eintritt 24 Mex$; 🕑 10–17 Uhr) liegt fernab von jeglicher größeren Stadt und ist bei Touristen fast unbekannt. Mit 24 Ballspielplätzen gelten die Ruinen heute als das größte einzelne städtische Zentrum Mesoamerikas; es erstreckt sich über 12 km² unwirkliche Lavalandschaft mit vereinzelten Kakteen und Yuccapalmen. Der Blick auf den im Süden gelegenen Pico de Orizba ist unschlagbar.

Die archäologische Stätte war von 600 bis 1000 n. Chr. bewohnt. Für einen Besuch gibt es zwei Gründe: Anders als in den meisten mesoamerikanischen Städten wurde hier zum Bauen kein Mörtel benutzt, was bedeutet, dass alle Steine allein durch ihr Gewicht an Ort und Stelle gehalten werden. Auch die ausgeklügelte Gestaltung ist einzigartig: Alle Teile der Stadt – das sind etwa 3000 Gebäude – sind durch ein großes Netz erhöhter Straßen miteinander verbunden. Es gibt etliche kleine Pyramiden und eine wohl durchdachte Akropolis im Zentrum. Mit Infotafeln auf Englisch und einer völlig neuen Zufahrtstraße soll Cantona jetzt zu einer Touristenattraktion werden. Aber es ist trotzdem nicht unwahrscheinlich, dass man diese Stätte noch allein und in aller Ruhe besichtigen kann.

Mit öffentlichen Verkehrsmitteln kommt man nicht nach Cantona. Aber von Oriental, der nächsten Stadt, ist es nur eine 30-minütige Autofahrt auf der gut ausgeschilderten Straße in Richtung Nordosten. Die Hin- und Rückfahrt im Taxi kostet etwa 150 Mex$. Wer einen fahrbaren Untersatz hat, kann auf der Fahrt nach Cuetzalan bequem einen Abstecher nach Cantona machen. Unbedingt etwas Essbares und Wasser mitbringen, denn hier gibt's rein gar nichts zu kaufen.

CUETZALAN

☎ 233 / 6000 Ew. / 980 m

Zu den aufregendsten Trips, die man in dieser Gegend unternehmen kann, gehört die grandiose Fahrt nach Cuetzalan. Hinter der Abzweigung in Zaragoza verläuft die Straße durch eine wahrhaft dramatische Landschaft. Sie schlängelt sich in Haarnadelkurven die Hügel hinauf und bietet spektakuläre Ausblicke. An ihrem Ende liegt dann der abgeschiedene Ort Cuetzalan („Ort der Quetzals"), eine der bezauberndsten und unberührtesten Städte ganz Mexikos. Cuetzalan wurde an einem steilen Hang errichtet und ist für seine lebhaften Feste und sonntäglichen *tianguis* bekannt, zu denen jede Menge indigene Einwohner in ihren traditionellen Trachten kommen. Die Luftfeuchtigkeit beträgt etwa 90 %, und an klaren Tagen kann man von den Berggipfeln bis zur Golfküste sehen – das sind 70 km Luftlinie!

Orientierung & Praktische Informationen

Von Süden führt die Hauptstraße in die Stadt und am Busbahnhof vorbei bis zum *zócalo*. Das Zentrum schmiegt sich an einen Hang, und die meisten Hotels und Restaurants liegen vom *zócalo* aus gesehen bergauf. Nicht gerade schüchterne Kinder bieten eine Führung durch die schicke, mit Marmor gepflasterte

Stadt an, gegen eine kleine Gebühr natürlich, das versteht sich von selbst.

In der **Touristeninformation** (☎ 331-05-27/62, 800-000-11-22; ⌚ Mi–So 9–16 Uhr) beim Palacio Municipal an der Ostseite des *zócalo* wird kein Englisch gesprochen, es gibt hier aber die dringend notwendigen (wenn auch nicht sehr detaillierten) Stadtpläne. Der **Infokiosk** (⌚ Do–Di) am Stadteingang hat etwas länger auf, aber auch unregelmäßige Öffnungszeiten. **Banamex** (Alvarado) gleich westlich vom *zócalo* hat einen Geldautomaten. Dort ist auch eine Cyberhöhle namens **Internet** (10 Mex$/Std.). An der Westseite des *zócalo* gibt es noch ein paar andere.

Sehenswertes & Aktivitäten

Drei Türme erheben sich über der Skyline Cuetzalans: der freistehende **Glockenturm** der Plaza, der gotische Kirchturm der **Parroquia de San Francisco** und im Westen der Turm der französisch-gotischen **Santuario de Guadalupe** mit ihren ungewöhnlichen Tonvasenreliefs *(los jarritos)*. Zwischen Banamex und Busbahnhof liegt die **Casa de Cultura** (Alvarado), in der ein kostenloses **Museum** (⌚ 10–17 Uhr) untergebracht ist.

Zwei wundervolle Wasserfälle, die allgemein **Las Brisas** genannt werden, befinden sich 4 bzw. 5 km nordöstlich der Stadt. Am besten hinter der Parroquia de San Francisco ein *colectivo* anhalten, das zum Dorf San Andrés Tzicuilan fährt, oder auf einer Schotterstraße vom Busbahnhof in Richtung Westen laufen und sich nach der Gabelung rechts halten, bis man San Andrés erreicht. Kinder bieten sich auch hier gegen ein paar Pesos als Führer an – ein Angebot, das man vielleicht annehmen sollte, da es hier jede Menge Waldwege und keine Wegweiser gibt. Die **natürlichen Schwimmbecken** unter den Wasserfällen sind verlockend, daher sollte man Schwimmzeug mitnehmen. Ein Teil der über 32 km langen Höhlensysteme ist in **Atepolihui** zu besichtigen. Man erreicht es über das Dorf San Miguel, 30 Gehminuten vom Ende der Hidalgo entfernt.

Festivals & Events

Rund um den 4. Oktober feiert Cuetzalan ein mehrere Tage dauerndes lebhaftes Fest, die **Feria del Café y del Huipil** (Fest des Kaffees und der Huipiles), und zwar zu Ehren seines Schutzpatrons, des hl. Franz von Assisi – und weil dann die Kaffeeernte beginnt. Es gibt Trinkgelage, traditionellen Quetzal-Tanz und fliegende *voladores* (wörtlich „Flieger“). Das ist ein totonakisches Ritual, bei dem sich an den Fußknöcheln aufgehängte Männer um einen großen Pfahl drehen.

Schlafen

Posada Jaqueline (☎ 331-03-54; Calle 2 de Abril 2; EZ/DZ 100/150 Mex$) Die 20 einfachen, sauberen Zimmer mit Blick auf den *zócalo* bieten das beste Preis-Leistungs-Verhältnis im Zentrum Cuetzalans. Einige der Quartiere im Obergeschoss haben Zugang zu einem Gemeinschaftsbalkon mit Blick über die Stadt.

Taselotzin (☎ /fax 331-04-80; www.laneta.apc.org/maseualsiua/hotel1.htm; Yoloxóchitl, Barrio Zacatipan; B/EZ/DZ 104/230/378 Mex$; Ⓟ ♿) Dieses Hostel liegt direkt vor den Toren Cuetzalans und wird von mehreren Nahua-Kunsthandwerkerinnen betrieben, die sich für eine wunderbare Initiative, den fairen Handel mit Kunsthandwerk, einsetzen. Außerdem bietet das Hostel traditionelle Massagen und Kräutermedizin. Es verfügt über fünf alte, aber gemütliche Zimmer mit schöner Aussicht mitten in einem ruhigen Garten und einige Mehrbetthütten. Im Restaurant kommen traditionelle Gerichte aus der Gegend auf den Tisch. Außerdem können Ausritte zu den Wasserfällen, zu den Höhlen und zu den Pyramiden organisiert werden. Hinter dem Infokiosk in Cuetzalan dem rechten Weg folgen, der von der Straße nach Puebla abzweigt, und nach einem unauffälligen Wegweiser auf der rechten Seite Ausschau halten, der auf dem Weg bergab nach etwa 300 m zu sehen ist.

Posada Quinto Palermo (☎ 331-04-52; Calle 2 de Abril 2; EZ/DZ 350/450 Mex$) Direkt neben der Posada Jaqueline gelegen, hat diese Unterkunft die beste Lage in der Stadt und eine tolle Terrasse mit grandioser Aussicht über den *zócalo* in Richtung Karibik. Wenn man sie etwas aufmöbeln würde, könnte sie eine der besten in Cuetzalan sein. Im Moment aber zeugen die 15 schlichten, stickigen Zimmer nur von misslungener Farbgebung und einem grauenhaften Kunstgeschmack.

Hotel Posada Cuetzalan (☎ 331-01-54; www.posadacuetzalan.com; Zaragoza 12; EZ/DZ 380/510 Mex$; Ⓟ 🏊) Das freundliche, gut geführte Hotel mit drei großen Höfen liegt oberhalb der Stadt. Zum Zeitpunkt der Recherche wurde es gerade erweitert. Gäste genießen die Annehmlichkeiten eines Swimmingpools, ein gutes Restaurant, das Obstweine und Liköre anbietet, und das Zwitschern der Vögel in zwei der hübschen Innenhöfe. Die 35 gepflegten Zimmer sind in tropischen Farben gehalten, haben geflieste Fußböden, jede Menge gebeiztes Holz und Kabel-TV. Das Hotel befindet sich vom *zócalo* 100 m hügelaufwärts.

Hotel La Casa de la Piedra (☎ 331-00-30, in Puebla 222-249-40-89; www.lacasadepiedra.com; García 11; EZ/DZ/Suite 480/530/580 Mex$; P) Zwei Blocks unterhalb des *zócalo* steht das „Haus des Steins", das zweifellos Cuetzalans atmosphärischste Unterkunft ist. Die 16 rustikal eingerichteten Zimmer in der renovierten ehemaligen Kaffeerösterei haben große Panoramafenster und schön aufbereitete Holzfußböden. Im oberen Stockwerk gibt's Suiten über zwei Ebenen, in denen bis zu vier Personen übernachten können. Sie bieten einen großartigen Blick über das Tal. Auch die Zimmer im Erdgeschoss sind ganz passabel eingerichtet. Sie haben geflieste Bäder, unverputzte Steinwände und ein oder zwei Betten.

Gran Hotel (☎ 331-00-19; www.granhotelcuetzalan.com; García 1; Zi./3BZ/4BZ 350/510/560 Mex$) Fast genau gegenüber der Casa de la Piedra befindet sich das zweckmäßig und ziemlich steril eingerichtete Gran Hotel. Die 33 Zimmer, von denen einige eine tolle Aussicht bieten, sind recht hübsch, und auch die Lage am *zócalo* ist nicht zu verachten. Ansonsten hat diese Unterkunft nichts Außergewöhnliches zu bieten.

Essen & Ausgehen

An den Ständen am Straßenrand werden jede Menge regionale Spezialitäten angeboten: Obstweine, geräucherte Wurst, Kräuterliköre und noch vieles mehr.

Restaurant Yoloxochitl (☎ 331-03-55; Calle 2 de Abril; Hauptgerichte 30–40 Mex$) Das Preis-Leistungs-Verhältnis in diesem wunderschön dekorierten Restaurant mit Blick auf die Kathedrale ist ausgezeichnet. Aus den beiden alten Jukeboxes mit unzähligen Singles dröhnt – unpassenderweise – Musik aus den 1950er-Jahren. Neben Salaten, *antojitos* und Fleischgerichten gibt es hier auch in *chile de chipotle* eingelegte Wildpilze.

La Terraza (☎ 331-02-62; Hidalgo 33; Hauptgerichte 30–80 Mex$) Das leuchtend exotische und mit indigener Deko geschmückte Restaurant in einem bezaubernden Haus im Kolonialstil ist äußerst beliebt. Es ist genau der richtige Ort, um das Beste der heimischen Küche zu probieren. Es gibt eine große Auswahl an Frühstück, *mariscos*, Quesadillas und *platillos de la región*. Die Spezialität des Hauses sind Langusten.

El Portal (☎ 331-00-48; Calle 2 de Abril; Hauptgerichte 35 Mex$) An einem kühlen Bier und einem Teller *antojitos* kommt man in diesem Restaurant in Toplage mit Blick über den *zócalo* nicht vorbei. Die Gäste genießen hier den familienfreundlichen Service. Auf der Speisekarte stehen sowohl einfache hausgemachte Gerichte als auch leckere lokale Spezialitäten. Unbedingt die ausgezeichnete *platillo especial El Portal* probieren!

El Zarzo (☎ 331-01-61; Morelos 3; Hauptgerichte 70–135 Mex$; Di–So 17–22 Uhr) Gute Pizzeria in einer steilen, engen Seitenstraße einen Block vom *zócalo* entfernt. Die nette Betreiberfamilie bietet eine große Palette von italienischen und einheimischen Gerichten. Die Auswahl an verschiedenen Pizzas ist enorm.

Bar El Calate (☎ 331-05-66; Morelos 9B; Schnaps ab 5 Mex$) Diese Bar an der Westseite des *zócalo* ist *der* Ort, um hausgemachte Schnäpse zu probieren. Die gibt es in absolut jeder Geschmacksrichtung, u. a. mit Kaffee-, Limetten- und Beerengeschmack. Erwähnt werden sollten auch der Orangenwein und das Allheilmittel *yolixpán*, ein medizinisches Kräutergebräu aus *aguardiente* (Feuerwasser) und Honig.

An- & Weiterreise

Vía-Busse verkehren von 5 bis 19.30 Uhr stündlich zwischen Puebla und Cuetzalan (110 Mex$, 4 Std.). An Sonntagen werden zusätzliche Busse eingesetzt; der letzte fährt um 17.30 Uhr nach Puebla. In der Regenzeit zahlt es sich aus, die Straßenverhältnisse genau zu checken und die Fahrkarte für die Rückfahrt im Voraus zu kaufen. Zwischen Cuetzalan und Mexico Citys Busbahnhof TAPO fahren täglich sechs Busse (218 Mex$, 6 Std.).

YOHUALICHÁN

Etwa 8 km nordöstlich von Cuetzalan (die letzten 2 km führen über eine steile Kopfsteinplasterstraße) liegt diese rituelle **vorkoloniale Stätte** (Eintritt 27 Mex$; Di–So 10–17 Uhr) mit Nischenpyramiden ähnlich wie in El Tajín. Der Besuch dieser beeindruckenden Anlage lohnt sich unbedingt – und das nicht nur wegen des tollen Blicks in Richtung Küste und zurück auf Cuetzalan von dieser Seite aus. Der Eingang befindet sich neben Yohualicháns Kirche und der Plaza. Von Cuetzalan fährt jedes *colectivo* (6 Mex$) hierher. Von der Haltestelle, an der ein blaues Schild mit einer Pyramide drauf angebracht ist, sind es dann noch 20 Minuten zu Fuß. Wem das zu viel ist, der kann am Busbahnhof nach einem *camión* (LKW) fragen, der an den Pyramiden vorbeifährt.

TEHUACÁN

☎ 238 / 265 000 Ew. / 1640 m

Diese belebte, etwas abgelegene Stadt 120 km südöstlich von Puebla ist für Traveller nicht wirklich interessant. Wer auf der Durchreise ist, kann hier übernachten oder auch nur eine kurze Mittagspause auf dem schönen, schattigen *zócalo* einlegen. Es lohnt sich, auf den samstags auf dem *zócalo* stattfindenden Markt zu gehen, auf dem man schöne Kunsthandwerksgegenstände kaufen kann. Wenn man sich ein wenig verwöhnen lassen will, sollte man ein Wochenende im vornehmen Casas Cantarranas Resort einplanen.

Orientierung & Praktische Informationen

Von Puebla aus kommend führt die Hauptstraße, die Av Independencia, in die Stadt und am ADO-Busbahnhof vorbei, bevor sie auf die Nordseite des *zócalo* (den Parque Juárez) trifft. Die wichtigste Nord-Süd-Verbindung ist die Av Reforma.

Rund um den *zócalo* liegt alles, was man auf Reisen so braucht. An seiner nordwestlichen Ecke befindet sich auch die verschlafene **Touristeninformation** (🕑 10–14 & 16–19 Uhr), die Stadtpläne hat.

Sehenswertes

Tehuacán ist hauptsächlich bekannt für sein Mineralwasser, das überall in Mexiko in Flaschen abgefüllt verkauft wird; es gibt kostenlose geführte Touren zur **Peñafiel-Fabrik** (Av José Garci-Crespo; 🕑 Sa–Do 9–12 & 16–18 Uhr), die etwa 100 m nördlich vom Hotel Casas Cantarranas liegt (s. gegenüber) und zu Cadbury-Schweppes gehört.

Das trockene Tehuacán-Tal war einst eines der ersten Anbaugebiete Mexikos. Von 7000 bis 5000 v. Chr. ernteten die Menschen hier Avocados, Chilis, Mais und Baumwolle. Töpferwaren, die Zeichen für ein wirklich sesshaftes Leben sind, gab es ab ca. 2000 v. Chr.

Das **Museo del Valle de Tehuacán** (Eintritt 35 Mex$; 🕑 Di–So 10–16.30 Uhr) drei Blocks nordwestlich vom *zócalo* ist im beeindruckenden Ex-Convento del Carmen untergebracht. Einige der wichtigsten archäologischen Funde werden hier gezeigt – die Erläuterungen sind leider nur auf Spanisch. Unter den Ausstellungsstücken sind noch erhaltene, winzige Maiskolben, die vermutlich von den frühesten Pflanzen stammen, die jemals angebaut wurden. Das **Museo de Mineralogía** (Erw./Kind 10/5 Mex$; 🕑 Di–So 10–17 Uhr) ist ein gut erhaltenes geologisches Museum in dem gleichen Komplex.

Von Tehuacán aus leicht zu erreichen sind die **Zapotitlán Salinas** in der **Reserva de la Biosfera de Tehuacán-Cuicatlán** unweit der Stadt Zapotitlán Salinas. Hier kommt man sich vor wie in einer völlig anderen Welt. Der kleine, äußerst ungewöhnliche Wüstenstreifen an der Grenze zwischen den Bundesstaaten Puebla und Oaxaca ist eine biologische Verrücktheit: Die feuchten Luftmassen, die vom Golf von Mexiko kommen, werden von der Sierra Madre Oriental zurückgehalten. Der hier vor-

AUSSERGEWÖHNLICHE HOTELZIMMER RUND UM MEXICO CITY

- **Mesón Sacristía de Capuchinas** (Puebla; S. 236) Die sehr individuell und mit vielen Antiquitäten eingerichteten Zimmer sind der Grund dafür, dass dieses Hotel der beste Ort in Puebla ist, um sein müdes Haupt stilvoll zu betten.
- **Hotel La Quinta Luna** (Cholula; S. 243) Phantasievoll eingerichtetes Boutiquehotel in einer Villa aus der Kolonialzeit – ein ausgesprochen mondänes Refugium.
- **Posada del Tepozteco** (Tepoztlán; S. 260) Wunderschöner Klassiker aus den 1930er-Jahren. Das beste Zimmer dieses Hotels ist die Nr. 18 mit Jacuzzi und einem phantastischen Balkon.
- **Las Mañanitas** (Cuernavaca; S. 272) Einmal sollte man sich eine der riesigen Suiten mit großer Veranda und Blick über den außergewöhnlichen Garten einfach gönnen.
- **Hotel Casanueva** (Valle de Bravo; S. 289) Dieses erschwingliche Hotel mit den clever designten Zimmern ist mit sorgfältig ausgewählten Kunst- und Kunsthandwerksgegenständen dekoriert. Der Blick aus der Suite über den *zócalo* ist phantastisch.

handene Kakteenwald ist wegen seiner Vielzahl einheimischer Kakteen und der bunten Vogelwelt einzigartig. In Mexikos unwirklichster Landschaft kann man in 1480 m Höhe turmhohe Kakteen bewundern. Nach Zapotitlán Salinas kommt man mit dem Bus von Tehuacáns Busbahnhof (12 Mex$, 30 Min., alle 20 Min.), weiter geht's dann im Taxi bis zur „zona de reserva" (50 Mex$). Mit dem Taxifahrer vereinbaren, dass man nach einer gewissen Zeit wieder abgeholt wird!

Festivals & Events

Am Sonntag vor dem 15. Oktober beginnt das zweiwöchige Fest **La Matanza**, an dem massenhaft Ziegen geschlachtet werden. *Mole de caderas* (Ziegeneintopf) ist die regionale Spezialität, die aus diesem Blutbad entsteht.

Schlafen & Essen

Hotel Iberia (☎ 383-15-00/11; Independencia Ote 211; EZ/DZ/3BZ 200/255/310 Mex$; P) Wenn man über die Hauptstraße in die Stadt kommt, stößt man direkt hinter dem *zócalo* auf diese stimmungsvolle Unterkunft mit toller Lobby, einer großen Bar im Innenhof und einem Restaurant. Die Zimmer sind allerdings nicht ganz so aufregend – sie sind zwar super, aber leider mangelt es ihnen ein wenig an Tageslicht und Charme.

Hotel Moniett (☎ 382-84-62; 2 Poniente 129; EZ/DZ/2BZ 260/290/330 Mex$; P) In diesem Hotel fühlt man sich wie in einem Motel. Es liegt aber zentral und ist seinen Preis wert. Die Zimmer sind sauber und gemütlich (wenn auch etwas steril), und die Angestellten sind freundlich. Die Kaution für die TV-Fernbedienung lässt aber auf die Art dieser Unterkunft schließen.

Hotel México (☎ 382-00-19; Ecke Reforma Nte & Independencia Pte; EZ/DZ 500/560 Mex$; P) Diese Unterkunft ist die beste Wahl im Stadtzentrum. Das México hat viel Atmosphäre, gemütliche Zimmer und Suiten, mehrere Innenhöfe, mineralwassergespeiste Pools und ein gutes Restaurant. Es liegt einen Block nordwestlich des *zócalo*.

Casas Cantarranas (☎ 383-49-22; www.cantarranas.com.mx; Av José Garci-Crespo 2215; EZ/DZ/Suite 714/795/983 Mex$; P) Bei weitem das vornehmste Hotel der Stadt. Da es aber fernab des Stadtzentrums liegt, eignet es sich nur für Traveller mit eigenem Auto. Das Resort liegt inmitten eines großen Gartens und verfügt über 55 sehr gute, geräumige, moderne Zimmer. Es gibt einen riesigen Pool, ein Spa, ein Fitnesszentrum, ein Restaurant und eine Bar. Das bezaubernde Personal spricht englisch. Wer über die Independencia in die Stadt kommt, muss links in die Calle 1 Nte abbiegen. Von dort geht's weiter bis zur Calle 18 Pte (hinter der dritten Ampel), wo man nach links abbiegen muss und danach rechts rum in die José Garci-Crespo.

Essen sollte man auf dem lebendigen *zócalo*. Das beste Restaurant ist hier das **Plaza del Portal** (☎ 382-96-63; Calle 1 Sur 106; Hauptgerichte 30–60 Mex$), in dem man auch ganz wunderbar frühstücken kann. Auf der Speisekarte stehen lokale Spezialitäten der Saison. Es ist sehr beliebt bei Einheimischen, die stets um die besten Plätze auf der Terrasse wetteifern.

An- & Weiterreise

ADO (☎ 800-702-80-00; www.ado.com.mx; Av Independencia 137) fährt mit 1.-Klasse-Bussen nach/von Puebla (70 Mex$, 2 Std., alle 30 Min.), stündlich nach/von Mexico City (140 Mex$, 4 Std.), einmal täglich um 18.30 Uhr nach Veracruz (128 Mex$, 4 Std.) und zweimal täglich nach Oaxaca (135 Mex$, 3 Std.).

SÜDLICH VON MEXICO CITY

Südlich der mexikanischen Hauptstadt liegen Unmengen phantastischer Ziele, u. a. das geheimnisvolle Städtchen Tepoztlán, das atemberaubende Taxco und der grandiose Höhlenkomplex Grutas de Cacahuamilpa. Die Hauptstraße südlich von Mexico City, der Hwy 95, führt aus dem in Abgasen erstickenden Valle de México hinauf in die in über 3000 m Höhe liegenden kühlen Kiefernwälder. Dann geht's wieder runter nach Cuernavaca, in „die Stadt des ewigen Frühlings", die seit langem ein beliebtes Naherholungsziel der Bewohner Mexico Citys und ein zweites Zuhause für viele Amerikaner und Chilangos ist, die hier ein Ferienhaus haben.

Der Bundesstaat Morelos mit den Städten Cuernavaca und Tepoztlán ist einer der kleinsten und am dichtesten besiedelten Mexikos. Die unterschiedlich hoch gelegenen Täler sind klimatisch sehr verschieden. Seit vorkolonialer Zeit werden hier Obst, Getreide und Gemüse angebaut. In den archäologischen Stätten in Tepoztlán und Xochicalco hat man Spuren der

Ackerbau betreibenden Tlahuica-Kultur und der Azteken gefunden, die erstere unterjocht hatten. Während der Kolonialzeit wurde der größte Teil der Region von einigen wenigen Familien beherrscht, z. B. von den Nachfahren von Cortés. Die Paläste und Haziendas sowie die Kirchen und Klöster aus dem 16. Jh. können besichtigt werden. Es ist nicht überraschend, dass die *campesinos* von Morelos eifrige Verfechter der mexikanischen Revolution waren und dass der hier geborene Emiliano Zapata (s. Kasten S. 266) ein Staatsheld ist. Wer mehr über Emiliano erfahren möchte, sollte Cuautla einen Besuch abstatten.

In dem bergigen Bundesstaat Guerrero befinden sich Juwelen wie die Silberstadt Taxco, die ein wahres Touristenmekka ist, und die unvergesslichen Grutas de Cacahuamilpa, die über einen Kilometer in den Hang hineinreichen und Kammern von unvorstellbarer Größe und Schönheit haben.

TEPOZTLÁN

☎ 739 / 15 000 Ew. / 1700 m

Wer einen Wochenendausflug von Mexikos Hauptstadt ins traumhafte Tepoztlán unternimmt, wird mit Sicherheit nicht enttäuscht sein. Diese wunderschön gelegene Kleinstadt mit ihrem gut erhaltenen Stadtzentrum ist von hohen, zerklüfteten Felsen umgeben und liegt nur 80 km südlich von Mexico City. Tepoztlán, nach einer 1200 Jahre alten mesoamerikanischen Legende der Geburtsort von Quetzalcóatl, dem allmächtigen Schlangengott der Azteken, ist noch immer ein Zentrum der Náhuatl-Sprache. Gleichzeitig ist die Stadt aber auch eine Art Mekka für New-Ager, die der festen Überzeugung sind, dass sie eine kreative Energie ausstrahlt. Unbestritten ist jedenfalls, dass dieses *pueblo mágico* die Stätte einer beeindruckenden Pyramide, eines großen Kunsthandwerksmarkts und unzähliger guter Restaurants und Hotels ist. Die Stadt hält an ihren indigenen Traditionen fest, einige der Älteren sprechen noch immer Náhuatl und die jüngere Generation lernt es in der Schule. Und so hat dieser Ort nicht viel mit den anderen Städten rund um die mexikanische Hauptstadt gemeinsam.

Orientierung & Praktische Informationen

Alles in Tepoztlán ist leicht zu Fuß zu erreichen, mit Ausnahme der Pirámide de Tepozteco, die 2,5 km entfernt auf einem Berg steht. Die Straßennamen ändern sich im Stadtzentrum, z. B. wird aus der Av 5 de Mayo nördlich des *zócalo* die Av Tepozteco. Bancomer und HSBC an der Westseite der Plaza haben Geldautomaten. Internetcafés gibt es überall in der Stadt.

Sehenswertes

PIRÁMIDE DE TEPOZTECO

Die absolute Hauptattraktion der Stadt ist die 10 m hohe **Pyramide** (Eintritt 34 Mex$, So Eintritt frei; 🕘 9–17.30 Uhr). Sie liegt etwa 400 m über der Stadt auf einem Felsen am Ende eines sehr steilen Wegs, der am hinteren Abschnitt der Av Tepozteco anfängt. Die Pyramide wurde zu Ehren von Tepoztécatl, des aztekischen Ernte-, Pulque- und Fruchtbarkeitsgottes, gebaut, und eigentlich ist ihre Lage beeindruckender als ihre Größe. Der Weg hinauf ist wirklich anstrengend, und es ist wegen der Mittagshitze auf jeden Fall das Beste, früh aufzubrechen (zum Zeitpunkt der Recherche ging der Ticketverkauf allerdings erst um 10 Uhr los). Wer körperlich nicht in Bestform ist, sollte eher nicht zur Pyramide raufklettern, doch wer nach dem 2 km langen Marsch oben angekommen ist, wird – abhängig von den Sichtverhältnissen – mit einer tollen Aussicht auf das Tal belohnt. Eine volle Wasserflasche und gute Schuhe sind ein Muss. Wer Videoaufnahmen machen will, muss dafür 35 Mex$ hinblättern.

EX-CONVENTO DOMÍNICO DE LA NATIVIDAD

Das **Kloster** (Eintritt frei; 🕘 Di–So 10–17 Uhr) und die daran angeschlossene Kirche wurden von Dominikanerpriestern zwischen 1560 und 1588 gebaut. Die platereske Kirchenfassade ist mit dominikanischen Siegeln und Einsprengseln indigener Symbole, floralem Dekor und verschiedenen Abbildungen geschmückt, etwa von Sonne, Mond und Sternen, Tieren, Engeln und der Jungfrau Maria.

Den gewölbten Eingang verzieren ein kunstvolles **Wandgemälde aus Samen und Körnern** mit Motiven aus der vorkolonialen Geschichte und verschiedene Symbole. In der ersten Septemberwoche säen Künstler jedes Jahr ein neues Gemälde aus 60 verschiedenen Samenarten.

Der 400 Jahre alte Komplex wurde zum Zeitpunkt der Recherche gerade generalüberholt. Viele Wandgemälde aus dem 16. und 17. Jh. wurden akribisch restauriert. Die ver-

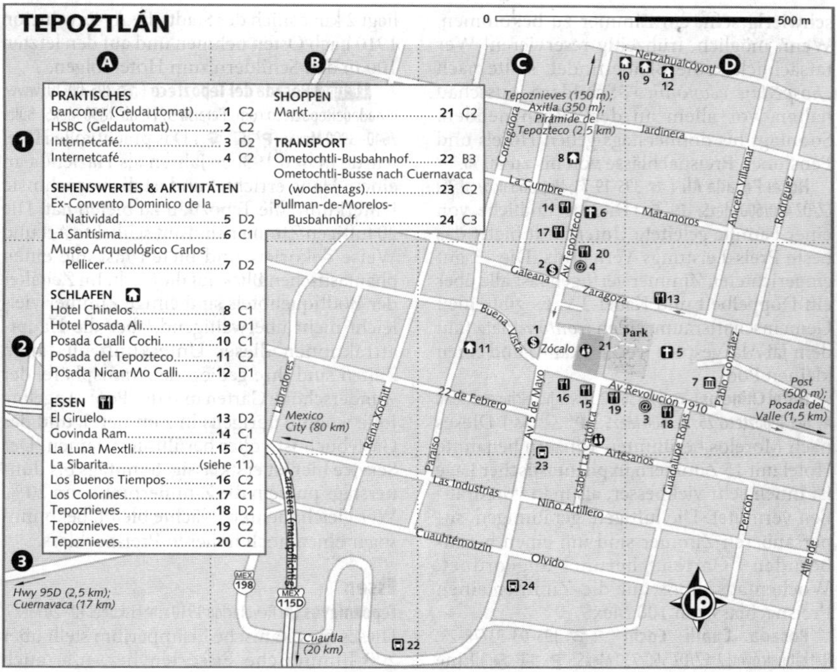

schiedenen Zellen im oberen Stockwerk beherbergen einen Buchladen, Galerien und ein **regionales Geschichtsmuseum**.

MUSEO ARQUEOLÓGICO CARLOS PELLICER

Das **Archäologiemuseum** (☎ 395-10-98; Pablo González 2; Eintritt 10 Mex$; 🕐 Di–So 10–18 Uhr) hinter der dominikanischen Kirche hat eine kleine, aber interessante Sammlung von Stücken aus dem ganzen Land. Gespendet hat sie der aus Tabasco stammende Dichter Carlos Pellicer Cámara. Die Exponate – größtenteils Darstellungen menschlicher Gestalten, aber auch Tierdarstellungen – wirken lebendig und munter. Die Steinfragmente stellen ein Kaninchenpaar dar, das Symbol für Ometochtli, den Führer der 400 Kaninchengötter der Trunkenheit. Man fand sie bei der Pyramide von Tepozteco.

Festivals & Events

Tepoztlán ist ein sehr feierfreudiger Ort. Es gibt jede Menge christlicher Feste, die auf heidnischen basieren, und bei acht *barrios* (Stadtvierteln) und derselben Zahl an Schutzheiligen gibt's auch immer einen Grund für ein Feuerwerk.

Der **Karneval** wird hier fünf Tage vor Aschermittwoch (46 Tage vor Ostersonntag) mit bunten Tänzen der Huehuenches und Chinelos gefeiert, die sich mit Federkopfschmuck und wunderschön bestickten Kostümen präsentieren. Am **7. September** findet auf dem Berg von Tepozteco in der Nähe der Pyramide ein die ganze Nacht dauerndes Fest statt. Zu Ehren Tepoztécatls wird jede Menge Pulque getrunken. Am folgenden Tag geht's rund bei der **Fiesta del Templo**, einem katholischen Fest mit Theateraufführungen in Náhuatl. Der Feiertag sollte eigentlich mit dem heidnischen Fest zusammenfallen und es vielleicht sogar verdrängen – doch die Pulque-Trinker schlagen diesem Plan ein Schnippchen, indem sie ihr Fest einfach schon die Nacht zuvor beginnen lassen.

Schlafen

In Tepoztlán gibt es zahlreiche gute Unterkünfte. Dennoch kann es in einer so kleinen Stadt mit Unmengen Besuchern während der Festivals und an Wochenenden mitunter schwierig sein, ein Zimmer zu bekommen. Wenn möglich, frühzeitig reservieren! Wer tatsächlich keine Bleibe findet, sollte nach „*hospedaje económico*"-Schildern Ausschau halten, vor allem an den Wochenenden. Sonntags bis donnerstags geben Hotels und Pensionen Preisnachlässe von bis zu 30 %.

Hotel Posada Ali (☎ 395-19-71; Netzahualcóyotl 2C; EZ/DZ 400/600 Mex$; P) Diese freundliche, von einer Familie geleitete Unterkunft bietet das beste Preis-Leistungs-Verhältnis. Die 13 gut eingerichteten Zimmer verfügen fast alle über ein Doppelbett und Kabel-TV. Es gibt einen Gemeinschaftsraum, einen *frontón*-Platz (auf dem Jai Alai gespielt werden kann) und einen kleinen Pool.

Hotel Chinelos (☎ 395-36-53, www.hotelchinelos.com; Av del Tepozteco 25; Zi. 500 Mex$; P) Dieses nach Morelos berühmten Tänzern benannte Hotel mit 15 Zimmern in phantastischer Lage ist innen sehr viel besser, als man von draußen vermutet. Die luftigen, geräumigen, supersauberen Zimmer sind um einen bezaubernden Garten herum angeordnet. Wochentags gibt's auf die Zimmer einen Preisnachlass von 100 Mex$.

Posada Cualli Cochi (☎ 395-03-93/78-28; Netzahualcóyotl 2; EZ/DZ 550/750 Mex$; P) Eine gute Notlösung, wenn bei Ali alles voll ist. Die zehn sauberen Zimmer dieser Unterkunft sind zwar relativ klein und langweilig, dafür aber mit TV und Ventilator ausgestattet. In einem gibt's sogar einen Jacuzzi – dennoch ist diese Unterkunft eigentlich unattraktiv. Sonntags bis donnerstags gibt's auf alle Zimmer einen Rabatt von 100 Mex$.

Posada Nican Mo Calli (☎ 395-31-52; Netzahualcóyotl 4A; EZ/DZ 850/1050 Mex$, Suite ab 1000 Mex$; P) Das nette Haus gehört zu den besten der Stadt und ist genau das Richtige für ein romantisches Wochenende. Die Gemeinschaftsbereiche sind farbenfroh gestrichen, und es gibt einen beheizten Pool und stilvoll eingerichtete Zimmer (einige mit Balkon und tollem Blick auf die Berge). Niedliche Haustiere tummeln sich auch überall.

Posada del Valle (☎ 395-05-21; www.posadadelvalle.com.mx; Camino a Mextitla 5; Zi. 1725 Mex$, Zi. mit Spa-Paket 4800 Mex$; P) Hotel mit ruhigen, romantischen Zimmern und einem guten argentinischen Restaurant. Die Spa-Pakete beinhalten zwei Übernachtungen, Frühstück, Massagen und einen Besuch im *temascal* (im mexikanischen Dampfbad). Kinder unter 16 Jahren sind nicht willkommen. Die Posada liegt 2 km östlich der Stadt: die Av Revolución 1910 nach Osten nehmen und auf den letzten 100 m den Schildern zum Hotel folgen.

LP Tipp Posada del Tepozteco (☎ 395-00-10; www.posadadeltepozteco.com; Paraíso 3; Zi. ab 1890 Mex$, Suite 2640–3900 Mex$; P) Das prachtvolle Hotel wurde in den 1930er-Jahren als Hazienda an einem Hang errichtet und ist die vornehmste Unterkunft, die Tepoztlán zu bieten hat. Die 20 luftigen Zimmer sind auf schlichte Art und Weise dekoriert und bieten fast alle einen phantastischen Blick auf die Stadt. Im Zeitalter der Boutiquehotels sind einige Zimmer vielleicht nicht überwältigend, aber die Hauptattraktionen dieser Unterkunft aus alten Zeiten sind ihre gediegene Atmosphäre, der wunderschöne Garten und der Pool. Angelina Jolie wohnte übrigens in Zimmer 5, und das Gästebuch ist voller berühmter Namen. Der Service hier ist erstklassig. Sonntags bis donnerstags purzeln die Zimmerpreise um 20 %. Wer gleich mehrere Nächte bleibt, bekommt sogar einen noch höheren Preisnachlass.

Essen

Tepoznieves (Av Revolución 1910 s/n; Eiskugel 10–20 Mex$) Dieses mexikanische Eisimperium stellt über 200 himmlische Eissorten her, u. a. auch Exoten wie Kaktus- und Ananas-Chili-Eis. Probieren ist ein absolutes Muss. Es gibt noch einige Filialen auf dem Weg zur Pyramide und jede Menge Nachahmer in der ganzen Stadt.

Los Buenos Tiempos (☎ 395-05-19; Av Revolución 1910 No 10; Gebäck 10–30 Mex$) Hier gibt's die besten Backwaren im ganzen Bundesstaat. Schon der Duft, der über dem *zócalo* schwebt, ist ein Wegweiser und zieht die Gäste wie magisch an. Es gibt köstlichen Kaffee und eine nette Atmosphäre. Tipp: Gebäck für's Frühstück kaufen und an der Pyramide verspeisen.

Govinda Ram (Ecke Av Tepozteco & La Cumbre; Snacks & Menüs 30–55 Mex$; V) Hier ist der Beweis: Tepoztlán ist wirklich der größte Hippie-Ort in ganz Zentralmexiko. Das hinduistisch angehauchte, vegetarische Café Govinda Ram hat eine Vielzahl von Snacks und Menüs im Angebot, z. B. ein exzellentes Ayurveda-Buffet, leckeren Kaffee und abends feurige Leckereien.

Los Colorines (☎ 395-01-98; Av Tepozteco 13; Hauptgerichte 60–90 Mex$; 9.30–21 Uhr) Dieser Newcomer hat sich auf *la comida sabrosa* (also „wohlschmeckendes Essen") spezialisiert. Das leuchtend bunt gestrichene Restaurant, das sich über zwei Ebenen ausbreitet, hat eine lange Speisekarte mit köstlichen, typisch mexikanischen Gerichten.

Axitla (☎ 395-05-19; Av Tepozteco; Hauptgerichte 60–100 Mex$; ⏲ Mi–So 10–19 Uhr) Es ist mit Sicherheit das seltsamste Restaurant der ganzen Stadt – fast schon eine Art Baumhaus à la Robinson, nur von einer Schweizer Familie geführt. Es liegt am Beginn des Wegs zu der archäologischen Stätte in einem dichten Wald und bietet eine große Frühstücksauswahl (50 Mex$) und viele mexikanische und internationale Gerichte. Aber Finger weg vom Kaffee!

LP Tipp **La Luna Mextli** (☎ 395-11-14; Av Revolución 1910 No 16; Hauptgerichte 50–190 Mex$) Hübsch eingerichtetes und mit einheimischer Kunst dekoriertes Restaurant mit eigener Galerie. Es serviert ausgezeichnete, preiswerte Speisen von mexikanischen Standardgerichten bis hin zu verschieden zubereiteten argentinischen Steaks und *parrillada* (gemischter Grillplatte).

La Sibarita (☎ 395-00-10; Posada del Tepozteco; Hauptgerichte 90–150 Mex$; ⏲ tgl. morgens, mittags & abends) Die beste Adresse für ein gediegenes Abendessen ist dieses Restaurant in Tepoztláns Tophotel, der Posada del Tepozteco. Der mexikanische Tourismusverband hat diesem Restaurant das prestigeträchtige „H" nicht ohne Grund verliehen. Zu den hervorragenden Gerichten gehören Köstlichkeiten wie gratinierte Muscheln, Hähnchen in Wein- und Thymiansauce und Rinderfilet in Tamarindensauce. Dass die angebotenen Weine ebenfalls hervorragend sind, versteht sich von selbst. Spitze ist auch der Brunch an Wochenenden. Unbedingt vorher einen Tisch reservieren!

El Ciruelo (☎ 395-12-03, www.elciruelo.com.mx; Zaragoza 17; Hauptgerichte 115–196 Mex$; ⏲ Mo–Do 13–18, Fr & Sa 13–23, So 13–19 Uhr) Schönes, superelegantes Restaurant in einem Innenhof, das immer wieder gern besucht wird. Zu den teuren Gerichten gehören *camarones al curry* und *salmón chileno a la mantequilla,* aber auch gute Pizzas, Salate und internationale Speisen. Eine Reservierung ist zu empfehlen, vor allem wenn man einen Tisch mit Blick auf die Pyramide haben möchte.

Shoppen

In Tepoztlán findet täglich ein phantastischer, stimmungsvoller **Markt** auf dem *zócalo* statt. Mittwochs und sonntags ist hier am meisten los. Neben dem Alltagsangebot – Obst, Gemüse, Kleidung und Handwerksartikel – sind hier samstags und sonntags auch Stände mit unzähligen Kunsthandwerksgegenständen zu finden, u. a. mit Sarapes (breiten Schals), Schnitzereien, Gewebtem, Körben und Keramik. Die Läden in den umliegenden Straßen haben ebenfalls interessante Waren (auch aus Bali und Indien), allerdings zu höheren Preisen. Beliebte handwerkliche Produkte aus der Gegend sind Miniaturdörfer, die aus den korkähnlichen Dornen des Pochote-Baums geschnitzt werden.

An- & Weiterreise

Pullman de Morelos/OCC (☎ 395-05-20; www.pullman.com.mx; Av 5 de Mayo 35) fährt mit 1.-Klasse-Bussen zu/von Mexico Citys Terminal Sur (63 Mex$, 1½ Std., 5–20 Uhr stündl.). An der Mautstelle auf dem Hwy 115D gleich vor der Stadt fahren regelmäßig Busse nach Cuautla (14 Mex$, 15 Min.) ab. Pullman de Morelos verkehrt mit kostenlosen Combis zwischen dem Terminal in der Av 5 de Mayo und der Tankstelle in der Nähe der Autobahnauffahrt; dort die linke Rampe (Ausgang) zur Mautstelle nehmen.

Direktbusse (18 Mex$, 45 Min.) und „ordinario"-Busse (12 Mex$, 1 Std.) von Ometochtli fahren zwischen 5 und 21 Uhr alle zehn Minuten nach Cuernavaca. Von Montag- bis Freitagvormittag kann man in der Innenstadt einsteigen.

Wer von Cuernavaca in Richtung Norden auf dem Hwy 95D unterwegs ist, sollte nicht die Ausfahrt nach Tepoztlán nehmen, denn die führt zur Bundesstraße, auf der man langsamer vorankommt. Die nächste Ausfahrt Cuautla/Oaxtepec ist besser. Von dort aus den Hinweisschildern folgen.

CUAUTLA

☎ 735 / 147 000 Ew. / 1300 m

Cuautla (*kwaut*-la) kann je nach persönlicher Neigung inspirierend oder betäubend wirken. Hier gibt's weder tolle Landschaften wie bei Tepoztlán noch architektonische Highlights wie in Cuernavaca, aber dafür Schwefelquellen, die seit Jahrhunderten Besucher anziehen. Auch Bedeutendes aus der Zeit der Revolution gibt's hier zu sehen. Cuautla war der Stützpunkt von José María Morelos y Pavón, einem von Mexikos ersten Anführern im Kampf um die Unabhängigkeit. Als dann im Jahre 1812 die königliche Armee die Stadt belagerte, musste er abziehen. Ein Jahrhundert später war Cuautla Zentrum der Anhänger von Emiliano Zapatas Revolutionsarmee. Wer sich nicht für moderne mexikanische Geschichte oder die *balnearios* interessiert, für den hat diese Stadt nichts zu bieten. Das moderne Cuautla ist ein netter Ort, in dem es aber eigentlich nur wenig Sehenswertes gibt.

Orientierung

Cuautla erstreckt sich von Norden nach Süden mehr oder weniger parallel zum Río Cuautla. Die beiden Hauptplazas – Plaza Fuerte de Galeana, besser unter dem Namen Alameda bekannt (an Wochenenden warten hier die Mariachis auf ein Engagement), und der *zócalo* – liegen an der von Nord nach Süd verlaufenden Hauptstraße. Deren Name ändert sich auf dem Weg durch die Stadt nach Süden von Av Insurgentes in Batalla 19 de Febrero, in Galeana, Los Bravos, Guerrero und Ordiera.

Praktische Informationen

Banken Rund um die Plazas gibt's jede Menge Geldautomaten.

Cyber Foster (neben Tony's Pizzas auf dem *zócalo;* 8 Mex$/Std.)

Touristeninformation (☎ 352-52-21; 🕑 9–20 Uhr) Auf dem Bahnsteig des alten Bahnhofs an der Batalla 19 de Febrero. Im Obergeschoss unterhält die Casa de Cultura ein Museum und bietet zahlreiche kulturelle Veranstaltungen an.

Sehenswertes

1911 schloss der Präsidentschaftskandidat Francisco Madero im alten **Bahnhof** (dem Ex-Convento de San Diego) Emiliano Zapata in die Arme. Dampflok-Freaks sollten den Samstag als Besuchstag wählen, da an diesem Tag zwischen 14 und 21 Uhr die einzige Dampflok Mexikos für kurze Fahrten unter Dampf gesetzt wird.

In der ehemaligen Residenz von José María Morelos ist das **Museo Histórico del Oriente** (☎ 352-83-31; Callejón del Castigo 3; Eintritt 27 Mex$, So frei; 🕑 Di–So 9–17 Uhr) untergebracht. Jeder Ausstellungsraum ist einer historischen Epoche gewidmet. Zu sehen sind vorkoloniale Keramik, gute Karten und frühe Fotos von Cuautla und Zapata.

Unter dem wuchtigen **Zapatadenkmal** in der Mitte der Plazuela Revolución del Sur ruhen die Gebeine des symbolträchtigen Helden.

Das bekannteste *balneario* von Cuautla ist das **Agua Hedionda** (Stinkendes Wasser; ☎ 352-00-44; am Ende der Av Progreso; Erw./Kind 45/35 Mex$; 🕑 6.30–17.30 Uhr; 👶) am Fluss. Wasserfälle versorgen zwei Becken, die so groß wie Seen sind, mit schwefeligem Wasser mit einer Temperatur von 27° C. Von der Plazuela Revolución del Sur nimmt man am besten einen der „Agua Hedionda"-Busse (4 Mex$).

Weitere tolle *balnearios* sind **El Almeal** (Hernández; Erw./Kind 60/40 Mex$; 🕑 10–18 Uhr; 👶) und das schönere **Los Limones** (Gabriel Teppa s/n; Erw./Kind 40/30 Mex$; 🕑 9–18 Uhr; 👶). Beide Bäder werden von derselben Quelle (ohne Schwefel) versorgt und verfügen über große, schattige Picknickplätze.

Schlafen

Hotel España (☎ 352-21-86; Calle 2 de Mayo 22; EZ/DZ/3BZ 130/170/230 Mex$; Ⓟ) Der äußere Schein trügt. Das España ist innen hübscher als erwartet und hat einen netten, orange-weiß gestrichenen Innenhof. Die 30 frisch renovierten Zimmer sind geräumig, haben Warmwasser, Ventilator und TV. An den Wochenenden schnellen die Preise in die Höhe.

Hotel Colón (☎ 352-29-90; Portal Guerrero 48; EZ/DZ/3BZ 140/180/260 Mex$) Die zentralste Unterkunft Cuautlas am *zócalo* gab's schon in den 1970er-Jahren. Sie ist absolut o. k., aber mehr auch nicht. Die 20 einfachen, kleinen Zimmer haben alle TV und Warmwasser. Einigen mangelt es aber ein wenig an Tageslicht und Atmosphäre.

Hotel Defensa del Agua (☎ 352-16-79; Defensa del Agua 34; EZ/DZ/3BZ/4BZ 150/220/290/360 Mex$; Ⓟ 🏊) Dieses moderne, saubere Hotel im Motelstil ist Cuautlas ansprechendste Unterkunft. Es gibt einen Pool, und die geräumigen Zimmer verfügen über TV, Telefon und Ventilator. Frühstücken kann man recht gut in der Filiale der Italian Coffee Company, die sich im gleichen Gebäude befindet. Die Zimmer mit Fenster zur lauten Straße sollte man besser nicht nehmen. Bei Wochenendspecials sind bis zu 100 Mex$ Preisnachlass drin.

Hotel & Spa Villasor (☎ 352-65-21/61; www.hotelvillasor.com.mx; Av Progreso; EZ/DZ 390/510 Mex$, Suite 618–990 Mex$; Ⓟ ❄ 🏊) Das moderne Hotel außerhalb der Stadt gegenüber dem Agua Hedionda hat einen großen Pool und gemütliche Zimmer mit Telefon, Ventilator und Kabel-TV. Wegen der angebotenen Spa-Behandlungen ist das Villasor die beste Wahl für alle, die relaxen wollen. Ohne eigenes Auto ist das Hotel jedoch nur schwer zu erreichen.

Essen & Ausgehen

Tepoznieves (Av Insurgentes; Eiskugel 10–20 Mex$; 🕑 10–18 Uhr) Hier gibt's himmlische Eiscremes

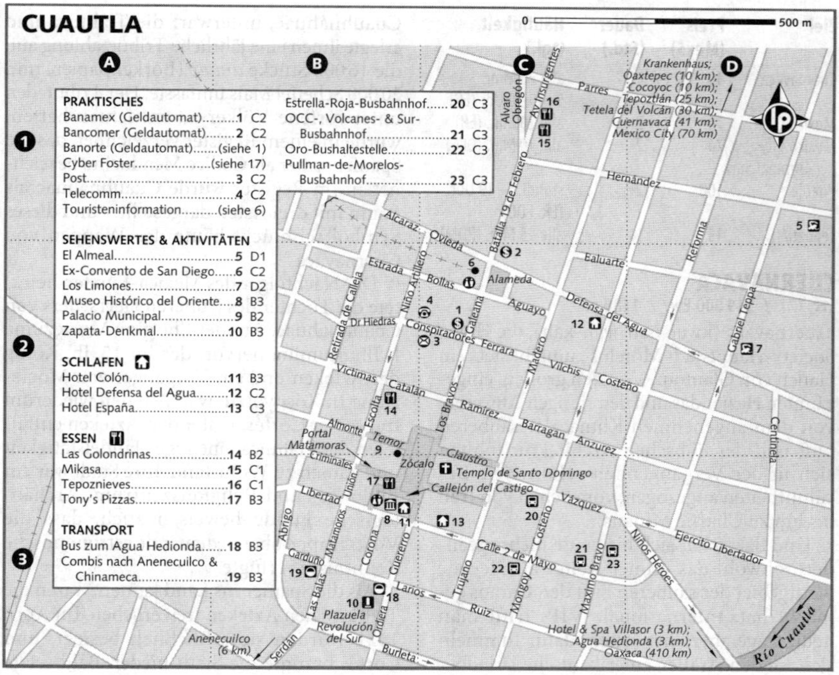

in unzähligen köstlichen Geschmacksrichtungen (manche sind nur was für Kenner). Unbedingt probieren sollte man eine Kugel mit Chili- oder Alkoholgeschmack.

Tony's Pizzas (☎ 352-67-30; Portal Matamoros 6, Pizza 60–200 Mex$; ⌚ 8–24 Uhr) Alteingesessene Pizzeria am *zócalo*, in der man mittags gut essen kann. Es gibt gute Pizzas in riesiger Auswahl. Die Burritos und Burger sind sogar noch preiswerter. Abends treffen sich hier auch viele Leute auf einen kleinen Drink.

Mikasa (☎ 352-51-02; Av Insurgentes; Sushi 60 Mex$) Cuautla gehört eigentlich nicht zu den Städten, in denen man ein Sushi-Restaurant erwartet. Aber das Mikasa ist eine angenehme Überraschung. Auf den Tisch kommt eine Vielfalt japanischer Gerichte, z. B. Sushi, Udon und Teriyaki. Man sollte die Auslagen mit dem rohen Fisch vor der Bestellung inspizieren. Das Essen hier ist nun nicht gerade *haute cuisine*, aber für eine kleine mexikanische Stadt nicht schlecht.

Las Golondrinas (☎ 354-13-50, www.lasgolondrinas.com.mx; Catalán 19A; Hauptgerichte 80 Mex$) Wenn die Betreiber etwas mehr Geld und Mühe aufbringen würden, wäre dieses Restaurant echt super. Aber auch so ist es das beste Lokal in der ganzen Stadt. Es befindet sich in einem Gebäude aus dem 17. Jh. mit Wasserbecken und viel Grün drumherum. Zu den Spezialitäten zählen *molcajetes* (scharfe, im Steintopf zubereitete Eintöpfe) und ausgezeichnete *platos fuertes* wie *lomo al mango* (Schweinelende mit Mangosauce). Das Golondrinas ist etwas schwierig zu finden – den Weg am gelben Fotoladen nehmen.

An- & Weiterreise

OCC (☎ 800-702-80-00; www.ado.com.mx), eine 1.-Klasse-Buslinie, sowie Sur und Volcanes, beides 2.-Klasse-Linien, teilen sich den Busbahnhof am östlichen Ende der Calle 2 de Mayo. **Pullman de Morelos** (PDM; ☎ 352-73-71/81; www.pullman.com.mx) ist auf der gegenüberliegenden Straßenseite und fährt mit 1.-Klasse-Bussen nach Tepoztlán (20 Mex$, alle 20 Min., 9–21.30 Uhr). **Estrella Roja** (ER; ☎ 800-712-22-84; www.estrellaroja.com.mx) startet mit 2.-Klasse-Bussen einen Block westlich, und die 1.-Klasse-Busse von **Estrella de Oro** (EDO; ☎ 55-5689-3955; www.estrelladeoro.com.mx) fahren einen Block südlich ab.

Ziel	Preis (Mex$)	Dauer (Std.)	Häufigkeit (tgl.)
Cuernavaca	40	1¼	alle 20 Min. 5–19.30 Uhr (ER)
Mexico City	74	2½	alle 20 Min. (ER)
Mexico City (Terminal Sur)	74	2	alle 10 Min. (OCC)
Puebla	100	2½	stündl. 5–19 Uhr (ER, EDO)
Tepoztlán	19	¼	alle 15 Min. (PDM)

CUERNAVACA

☎ 777 / 349 000 Ew. / 1480 m

Cuernavaca (kwer-nah-*wah*-kah), die High-Society-Hauptstadt Morelos', umgibt stets ein Hauch von Glamour. Von den großen, eingezäunten Haziendas und den riesigen Anwesen, von dem angenehmen Klima, der sauberen Luft und der hübschen Architektur fühlten sich in der Vergangenheit schon viele Berühmtheiten angezogen, vom Schah von Iran bis hin zu Charlie Mingus.

Und daran hat sich bis heute nichts geändert, obwohl das immer weiter ausufernde Stadtgebiet der sauberen Luft den Garaus gemacht hat. Internationale VIPs trifft man heutzutage aber eher selten, dafür tummeln sich auf den Straßen amerikanische Urlauber und Studenten, die monatelange Spanischkurse machen.

Es gibt viele Gründe, Cuernavaca zu besuchen: einige traumhafte Boutiquhotels, ein tolles Nachtleben und die ganz in der Nähe gelegenen vorkolonialen Stätten. Es muss aber auch gesagt werden, dass die Stadt für Leute, die nur auf der Durchreise sind, nicht gerade leicht zugänglich ist. Viele der schönsten Gebäude liegen versteckt hinter hohen Mauern auf Privatgrundstücken. Wer keine Verbindung zur High Society von Mexico City hat oder nicht mehrere Wochen bleiben kann, um die Stadt richtig kennenzulernen, wird eher weniger begeistert sein. Trotzdem ist die Atmosphäre phantastisch. Cuernavaca ist also definitiv einen Zwischenstopp wert.

Geschichte

Um 1200 n. Chr. entwickelten die ersten Siedler im Tal des heutigen Morelos eine äußerst produktive Landwirtschaft mit dem Zentrum in Cuauhnáhuac („Ort am Waldrand"). Später nannten die herrschenden Mexica (Azteken) diese Siedler „Tlahuica", was „Menschen, die den Boden bearbeiten" bedeutet. 1379 eroberte ein Mexica-Fürst Cuauhnáhuac, unterwarf die Tlahuica und erlegte ihnen eine jährliche Tributzahlung auf, die 16 000 Stücke *amate* (Borkenpapier) und 20 000 Scheffel Mais umfasste. Der Tribut, den unterworfene Völker zu entrichten hatten, wurde in einem Register verzeichnet, das die Spanier später als Códice Mendocino bezeichneten. Im Register wurde Cuauhnáhuac als Baum mit drei Ästen dargestellt – und dieses Symbol schmückt heute das Wappen von Cuernavaca.

Der Nachfolger des Mexica-Fürsten heiratete die Tochter des früheren Herrschers von Cuauhnáhuac. Aus der Ehe ging Moctezuma I. Ilhuicamina hervor, der im 15. Jh. König der Azteken und ein Vorgänger von Moctezuma II. Xocoyotzin war. Auf den wiederum traf später Cortés. Unter den Azteken entfalteten die Tlahuica eine rege Handelstätigkeit und kamen zu Wohlstand. Ihre Stadt war ein Bildungs- und Religionszentrum. Archäologische Funde beweisen auch, dass die Volksgruppe über bedeutende astronomische Kenntnisse verfügte.

Als die Spanier ins Land kamen, waren die Tlahuica den Azteken treu ergeben. Im April 1521 wurden sie schließlich besiegt, und Cortés brannte die Stadt nieder. Bald setzte sich eine andere Version des Stadtnamens durch, der den Spaniern leichter von der Zunge ging: Cuernavaca.

1529 erhielt Cortés relativ spät seine Belohnung von der spanischen Krone: Er wurde zum Marqués del Valle de Oaxaca ernannt. Ihm unterstanden 22 Städte, u. a. auch Cuernavaca, und 23 000 indigene Mexikaner. Nachdem er das Zuckerrohr und neue landwirtschaftliche Methoden eingeführt hatte, wurde Cuernavaca wie unter den Azteken zu einem Zentrum des Ackerbaus. Cortés' Nachkommen herrschten fast 300 Jahre über die Region.

Mit seinem angenehmen Klima, der ländlichen Umgebung und der kolonialen Elite zog Cuernavaca die Reichen und Mächtigen an, im 18. Jh. z. B. José de la Borda, den Silbermagnaten von Taxco. Bordas prächtiges Haus diente später Kaiser Maximilian und Kaiserin Charlotte als Unterkunft. Auch viele Künstler zogen nach Cuernavaca, das 1947 als Schauplatz von Malcom Lowrys Roman *Unter dem Vulkan* literarischen Ruhm erlangte.

Orientierung

Die meisten Sehenswürdigkeiten, Busbahnhöfe und preiswerten Hotels liegen nahe der

Plaza de Armas. Der Highway 95D, die mautpflichtige Straße von Mexico City nach Acapulco, führt im Osten an der Stadt vorbei. Wer von Norden kommt, nimmt die Ausfahrt Cuernavaca auf den Highway 95 (von dem aus man schon die Statue des berittenen Zapata erblickt). Hwy 95 wird zum Blvd Zapata, weiter südlich in der Stadt dann zur Av Morelos. Südlich der Av Matamoros verwandelt sich die Av Morelos in eine nur in Richtung Norden befahrbare Einbahnstraße. Zum Zentrum muss man links abbiegen und auf der Matamoros weiterfahren.

Praktische Informationen

BUCHLÄDEN

Sanborns (Ecke Juárez & Abasolo) Teures Kaufhaus mit zweisprachigem Zeitungskiosk, Bar und Café.

INTERNETZUGANG

Internetzugang gibt's an der Bushaltestelle von Futura & Estrella Blanca.

Copy@net (Av Morelos 178; 12 Mex$/Std.; Mo–Sa 8–21, So 11–17 Uhr;)

Cyber Gasso (7 Mex$/Std.; 8–22 Uhr;) Hidalgo (Hidalgo 40); Guternberg (Guternberg 198)

MEDIZINISCHE VERSORGUNG

Hospital INOVAMED (311-24-82/83/84; Cuauhtémoc 305) In der Colonia Lomas de la Selva, 1 km nördlich der Stadt.

NOTFALL

Krankenwagen (318-38-82)
Cruz Roja (Rotes Kreuz; 315-35-05/55)
Feuerwehr (317-14-89)
Touristenpolizei (800-903-92-00)

POST

Hauptpost (Plaza de Armas; Mo–Fr 8–18, Sa 9–13 Uhr)

TELEFON

Telecomm (Plaza de Armas; Mo–Fr 8–18, Sa 9–13 Uhr)

TOURISTENINFORMATION

In der Kathedrale und an anderen Stellen in der Stadt sowie an den meisten Busbahnhöfen gibt's Infostände. Dort sind auch Stadtpläne erhältlich.

Staatliche Touristeninformation (www.morelostravel.com; Mo–Fr 8–17, Sa 10–13 Uhr) Hauptfiliale (/Fax 314-38-72/81, 800-987-82-24; Av Morelos Sur 187); Stadtzentrum (314-39-20; Calle Hidalgo)

Städtische Touristeninformation (318-75-61; http://mac.cuernavaca.gob.mx/turismo; Av Morelos 278; 9–17 Uhr) Hier befindet sich auch ein Büro der Touristenpolizei.

WASCHSALONS

Nueva Tintorería Francesa (Juárez 2; Mo–Fr 9–19, Sa 9–14.30 Uhr) 10 Mex$ pro Kilo.

Sehenswertes & Aktivitäten

PLAZA DE ARMAS & JARDÍN JUÁREZ

An der Ostseite des *zócalo* von Cuernavaca, der Plaza de Armas, steht der **Palacio de Cortés**, im Westen der **Palacio de Gobierno** und im Nordosten und Süden versammeln sich Restaurants und umherschweifende Mariachigruppen. Auch wenn man den Palacio de Gobierno nicht betreten kann – seine tolle Architektur lässt sich mit musikalischer Begleitung wunderbar genießen. Dieser Hauptplatz ist übrigens der einzige in ganz Mexiko, an dem weder eine Kirche noch eine Kapelle, ein Kloster oder eine Kathedrale steht.

An der Nordwestecke beginnt der kleine **Jardín Juárez**. Rund um den Aussichtsturm in der Mitte (der vom Turmspezialisten Gustave Eiffel entworfen wurde) stehen Saft- und Sandwichstände, und donnerstag- und sonntagabends ab 18 Uhr spielen hier auch Livebands. Unter den Bäumen verkaufen fliegende Händler Ballons, Eis und Mais. Zur Dämmerung veranstalten Beo-ähnliche Vögel ein Konzert. Noch unterhaltsamer sind allerdings die Gitarrentrios, die hier ihre Stimmen und Instrumente anwärmen, bevor sie auf der anderen Straßenseite vor den Kunden der Cafés ihre Lieder zum Besten geben. Für rund 75 Mex$ spielen sie für jeden eine Ballade – oder auch zwei.

PALACIO DE CORTÉS

Cortés' mittelalterliche Festung thront an der Südostecke der Plaza de Armas. Der befestigte Palast wurde zwischen 1522 und 1532 auf dem Fundament der Stadtpyramide erbaut, die Cortés zerstörte, nachdem er Cuauhnáhuac eingenommen hatte. Das Fundament ist noch an mehreren Stellen des Erdgeschosses erkennbar. Cortés residierte hier, bis er 1541 nach Spanien zurückkehrte. Den größten Teil des folgenden Jahrhunderts blieb der Palast im Besitz der Familie, aber im 18. Jh. wurde er als Gefängnis benutzt. In der Ära Porfirio Díaz verwandelte sich der Palacio dann in ein Regierungsgebäude.

¡QUE VIVA ZAPATA!

Emiliano Zapata (1879–1919) war ein Bauernführer aus dem Bundesstaat Morelos, und sicherlich der radikalste unter den mexikanischen Revolutionären. Er kämpfte um die Rückgabe der Haziendaländereien an die Bauern, sein Schlachtruf war *„¡Tierra y Libertad!"* („Land und Freiheit!"). Die zapatistische Bewegung war in Konflikt mit den konservativen Anhängern des alten Regimes – und auch mit deren liberalen Gegnern. Im November 1911 verbreitete Zapata seinen *Plan de Ayala* und forderte die Rückgabe des ganzen Landes an die Bauern. Nachdem er mehrere Schlachten gegen Regierungstruppen in Zentralmexiko (einige im Verband mit Pancho Villa) gewonnen hatte, wurde er 1919 in einen Hinterhalt gelockt und getötet. Die folgende Route führt an einigen Schauplätzen vorbei, die für Zapatas Leben bedeutsam waren.

Ruta de Zapata

Zapata wurde am 8. August 1879 in einer Lehmziegelhütte in Anenecuilco 6 km südlich von Cuautla geboren. Was von diesem Gebäude übrig geblieben ist, beherbergt heute das **Museo de la Lucha para la Tierra** (Av Zapata; Spende erwünscht; 🕓 8–21 Uhr), das außerdem Fotos des Rebellenführers zeigt. An der Außenseite stellt eine Wandmalerei von Roberto Rodríguez Navarro Zapata dar, wie er mit der Gewalt eines Vulkans ins Zentrum der mexikanischen Geschichte vordringt und die Ketten sprengt, die seine Landsleute umschlossen hielten.

Etwa 20 km südlich von Anenecuilco liegt die ehemalige Hazienda de San Juan Chinameca (in einer Stadt mit demselben Namen), in der Zapata 1919 von Colonel Jesús Guajardo in die tödliche Falle gelockt wurde. Guajardo handelte auf Befehl des Präsidenten Venustiano Carranza, der den Rebellenführer beseitigen und sich mit der postrevolutionären Regierung zusammentun wollte. Guajardo gab vor, zu den Revolutionstruppen überlaufen zu wollen, und vereinbarte ein Treffen mit Zapata. Der Bauernführer traf in Chinameca in Begleitung einer Guerrilla-Eskorte ein – aber Guajardos Männer erschossen ihn, noch bevor er die Türschwelle der verlassenen Hazienda betreten hatte.

Die Hazienda mit dem kleinen **Museum** (Cárdenas; Spende erwünscht; 🕓 9.30–17 Uhr) liegt links am Ende der Hauptstraße der Stadt, wo eine Statue von Zapata steht – er sitzt auf dem Rücken eines sich aufbäumenden Pferdes. Die Ausstellung (Fotos und Reproduktionen von Zeitungen) ist etwas mager, aber man kann immer noch die Einschusslöcher in den Wänden sehen.

Von Chinameca führt der Hwy 9 20 km in Richtung Nordwesten nach Tlaltizapán, zum **Cuartel General de Zapata** (Guerrero 67; Spende erwünscht; 🕓 Di–So 9–17 Uhr), den wichtigsten Kasernengebäuden der revolutionären Kräfte. Es enthält Relikte aus der Zeit General Zapatas, z. B. das Bett, in dem er schlief, sein Gewehr (am Abzug sind noch seine Fingerabdrücke) und die Kleidung, die er zum Zeitpunkt seines Todes trug (von Einschusslöchern durchsiebt und mit getrocknetem Blut).

Von Cuautla aus fahren gelbe „Chinameca"-Combis von der Ecke Garduño und Matamoros alle zehn Minuten nach Anenecuilco und Chinameca (6 Mex$).

Heute ist das großartige **Museo Regional Cuauhnáhuac** (Salazar; Eintritt 37 Mex$; 🕓 Di–So 9–18 Uhr, letzter Einlass 17.30 Uhr) im Palast untergebracht. Auf zwei Stockwerken sind Exponate mit dem Schwerpunkt auf mexikanischer Kultur und Geschichte zu sehen. Die Räume im Erdgeschoss konzentrieren sich auf vorkoloniale Kulturen, z. B. auf die Tlahuica der Region und ihr Verhältnis zum Aztekenreich. Die meisten Erklärungen sind ausschließlich auf Spanisch, aber es gibt auch einige gut übersetzte englische Erläuterungen.

Die Räume im Obergeschoss beschäftigen sich mit der Zeit von der spanischen Eroberung bis zur Gegenwart. Am Balkon befindet sich eine faszinierende Wandmalerei von Diego Rivera, die Mitte der 1920er-Jahre von Dwight Morrow, dem amerikanischen Botschafter in Mexiko, in Auftrag gegeben wurde. Die Szenen beginnen rechts mit der Eroberung und enden links mit der Revolution von 1910. Sie bilden die Grausamkeit, Unterdrückung und Gewalt ab, die die Geschichte Mexikos in dieser Epoche bestimmt haben.

RECINTO DE LA CATEDRAL

Die Kathedrale von Cuernavaca steht in einem *recinto* (Komplex) mit hohen Mauern, dessen Eingang sich an der Hidalgo befindet. Wie der Palacio de Cortés wurde die Kathedrale im

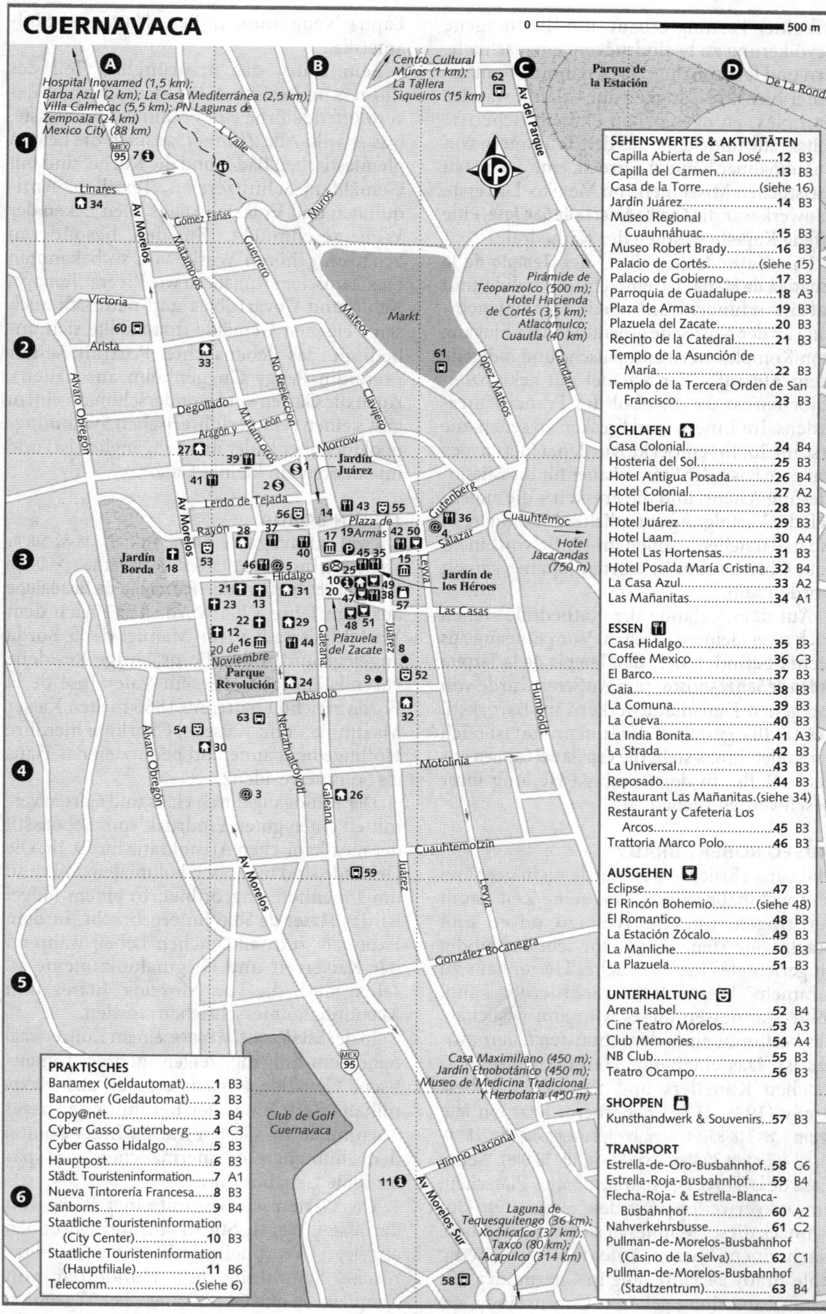
CUERNAVACA
0 500 m
Hospital Inovamed (1,5 km); Barba Azul (2 km); La Casa Mediterránea (2,5 km); Villa Calmecac (5,5 km); PN Lagunas de Zempoala (24 km) Mexico City (88 km)
Centro Cultural Muros (1 km); La Tallera Siqueiros (15 km)
Parque de la Estación
De La Ronda
Av del Parque
L Valle
Linares
Gómez Farías
Av Morelos
Matamoros
Guerrero
Muros
Mateos
Markt
Victoria
Arista
Alvaro Obregón
Degollado
No Reelección
Clavijero
López Mateos
Gandara
Pirámide de Teopanzolco (500 m); Hotel Hacienda de Cortés (3,5 km); Atlacomulco; Cuautla (40 km)
Arágon y León
Morrow
Jardín Juárez
Lerdo de Tejada
Gutenberg
Cuauhtémoc
Rayón
Plaza de Armas
Salazar
Hotel Jacarandas (750 m)
Jardín Borda
Hidalgo
Jardín de los Héroes
Leyva
Las Casas
20 de Noviembre
Plazuela del Zacate
Galeana
Juárez
Parque Revolución
Abasolo
Netzahualcóyotl
Humboldt
Motolinía
Cuauhtemotzin
González Bocanegra
Casa Maximiliano (450 m); Jardín Etnobotánico (450 m); Museo de Medicina Tradicional Y Herbolaria (450 m)
Club de Golf Cuernavaca
Himno Nacional
Av Morelos Sur
Laguna de Tequesquitengo (36 km); Xochicalco (37 km); Taxco (80 km); Acapulco (314 km)

SEHENSWERTES & AKTIVITÄTEN
Capilla Abierta de San José.....12 B3
Capilla del Carmen.....13 B3
Casa de la Torre.....(siehe 16)
Jardín Juárez.....14 B3
Museo Regional Cuauhnáhuac.....15 B3
Museo Robert Brady.....16 B3
Palacio de Cortés.....(siehe 15)
Palacio de Gobierno.....17 B3
Parroquia de Guadalupe.....18 A3
Plaza de Armas.....19 B3
Plazuela del Zacate.....20 B3
Recinto de la Catedral.....21 B3
Templo de la Asunción de María.....22 B3
Templo de la Tercera Orden de San Francisco.....23 B3

SCHLAFEN
Casa Colonial.....24 B4
Hosteria del Sol.....25 B3
Hotel Antigua Posada.....26 B4
Hotel Colonial.....27 A2
Hotel Iberia.....28 B3
Hotel Juárez.....29 B3
Hotel Laam.....30 A4
Hotel Las Hortensas.....31 B3
Hotel Posada María Cristina..32 B4
La Casa Azul.....33 A2
Las Mañanitas.....34 A1

ESSEN
Casa Hidalgo.....35 B3
Coffee Mexico.....36 C3
El Barco.....37 B3
Gaia.....38 B3
La Comuna.....39 B3
La Cueva.....40 B3
La India Bonita.....41 A3
La Strada.....42 B3
La Universal.....43 B3
Reposado.....44 B3
Restaurant Las Mañanitas.(siehe 34)
Restaurant y Cafeteria Los Arcos.....45 B3
Trattoria Marco Polo.....46 B3

AUSGEHEN
Eclipse.....47 B3
El Rincón Bohemio.....(siehe 48)
El Romantico.....48 B3
La Estación Zócalo.....49 B3
La Manliche.....50 B3
La Plazuela.....51 B3

UNTERHALTUNG
Arena Isabel.....52 B4
Cine Teatro Morelos.....53 A3
Club Memories.....54 A4
NB Club.....55 B3
Teatro Ocampo.....56 B3

SHOPPEN
Kunsthandwerk & Souvenirs...57 B3

TRANSPORT
Estrella-de-Oro-Busbahnhof..58 C6
Estrella-Roja-Busbahnhof.....59 B4
Flecha-Roja- & Estrella-Blanca-Busbahnhof.....60 A2
Nahverkehrsbusse.....61 C2
Pullman-de-Morelos-Busbahnhof (Casino de la Selva).....62 C1
Pullman-de-Morelos-Busbahnhof (Stadtzentrum).....63 B4

PRAKTISCHES
Banamex (Geldautomat).....1 B3
Bancomer (Geldautomat).....2 B3
Copy@net.....3 B4
Cyber Gasso Gutenberg.....4 C3
Cyber Gasso Hidalgo.....5 B3
Hauptpost.....6 B3
Städt. Touristeninformation.....7 A1
Nueva Tintorería Francesa.....8 B3
Sanborns.....9 B4
Staatliche Touristeninformation (City Center).....10 B3
Staatliche Touristeninformation (Hauptfiliale).....11 B6
Telecomm.....(siehe 6)

Stil einer Festung erbaut, um die indigene Bevölkerung zu beeindrucken, einzuschüchtern und fernzuhalten. 1526 nahmen Franziskaner hier ihre Tätigkeit auf – damit war der Komplex, zu dessen Bau einheimische Arbeitskräfte und Steine aus den Trümmern von Cuauhnáhuac benutzt wurden, eine der ersten christlichen Missionen von Mexiko. Das erste Bauwerk war die **Capilla Abierta de San José**, eine offene Kapelle westlich der Kathedrale.

Die Kathedrale selbst, der **Templo de la Asunción de María**, ist einfach und solide und hat eine schmucklose Fassade. Der Seiteneingang an der Nordseite gegenüber dem Eingang zum Komplex weist europäische und indigene Elemente auf – der Schädel mit gekreuzten Knochen ist das Symbol des Franziskanerordens. Im Innern sind Fresken zu sehen, die erst im 20. Jh. entdeckt wurden. Cuernavaca war eine Basis der Franziskaner für die Missionierung Asiens, und die Fresken – die angeblich die Verfolgung christlicher Missionare in Japan darstellen – sollen im 17. Jh. von einem zum Christentum bekehrten Japaner gemalt worden sein.

Auf dem Gelände der Kathedrale stehen auch zwei kleinere Kirchen. Vom Eingang aus rechts befindet sich der **Templo de la Tercera Orden de San Francisco**; sein Äußeres wurde von indigenen Kunsthandwerkern im Barockstil des 18. Jhs. gestaltet, der Innenraum ist reich vergoldet. Links steht die **Capilla del Carmen** aus dem 19. Jh., in der Gläubige Heilung ihrer Beschwerden suchen.

MUSEO ROBERT BRADY

Mal ganz ehrlich – wer würde nicht gern frei und wohlhabend sein und seine Zeit damit verbringen, um die Welt zu reisen und prachtvolle kleine Dinge für sein aufwändig eingerichtetes mexikanisches Herrenhaus zu sammeln? Wer sich das nicht leisten kann, sollte stattdessen dieses Museum besuchen, das bestimmt eines der schönsten Cuernavacas ist. Das ehemalige Heim des amerikanischen Künstlers und Sammlers Robert Brady (1928–1986) beherbergt jetzt ein **Museum** (☎ 318-85-54; www.bradymuseum.org; Netzahualcóyotl 4; Eintritt 30 Mex$; 🕒 Di–So 10–18 Uhr). Seine Casa de la Torre ist ein traumhaftes Plätzchen, um zu verweilen und den exquisiten Geschmack dieses Mannes in sich aufzunehmen. Nach einem kurzen Aufenthalt in Venedig lebte Brady 24 Jahre lang in Cuernavaca. Zu seiner Sammlung gehören Gegenstände aus Papua-Neuguinea, Indien, Haiti und Südamerika.

Sein Haus, das ursprünglich Teil des Klosters im Recinto de la Catedral war, ist das verblüffende Erbe eines Mannes, der wusste, was er will. Alle Zimmer, so auch die beiden phantastischen Bäder und die Küche, sind mit Gemälden, Schnitzereien, Textilien, Antiquitäten und Volkskunst aus allen Ecken der Welt geschmückt. Zu den besonderen Schätzen gehören Werke von so bekannten mexikanischen Künstlern wie Rivera, Tamayo, Kahlo und Covarrubias und natürlich auch seine eigenen Gemälde (man sollte sich unbedingt das lebensechte Portrait seiner Freundin Peggy Guggenheim anschauen). Auch die Gärten sind wunderschön. In einem gibt's einen sehr verführerischen Swimmingpool (der aber leider nicht zugänglich ist) und im anderen ein kleines Café.

JARDÍN BORDA

Dieses extravagante **Anwesen** (☎ 318-82-50; Av Morelos 271; Erw./Kind 30/15 Mex$, So Eintritt frei; 🕒 Di–So 10–17.30 Uhr) neben der **Parroquia de Guadalupe** aus dem Jahre 1784 wurde 1783 nach dem Vorbild Versailles' für Manuel de la Borda angelegt und sollte die prächtige Residenz vervollständigen, die sein Vater José de la Borda errichtet hatte. Ab 1866 hielten Kaiser Maximilian und Kaiserin Charlotte hier ihre Höflinge bei Laune und benutzten das Haus als Sommerresidenz.

Der Rundgang durch Haus und Gärten vermittelt einen guten Eindruck vom Lebensstil der mexikanischen Aristokratie im 19. Jh. Die Gebäude sind in typisch kolonialem Stil rund um Innenhöfe angeordnet. In einem Flügel ist das **Museo de Sitio** untergebracht, in dem Exponate zum alltäglichen Leben während der Kaiserzeit und Originaldokumente zu sehen sind, die von Morelos, Juárez und Maximilian unterschrieben wurden.

In der **Sala Manuel M Ponce**, einem Konzertsaal nahe dem Eingang, zeigen mehrere romantische Gemälde Gartenszenarien aus Maximilians Zeit. Eines der berühmtesten zeigt Maximilian im Garten mit La India Bonita, dem „hübschen Indianermädchen", das später seine Geliebte wurde.

Die Gärten wurden mit einer Reihe von Terrassen, Wegen, Stufen und Springbrunnen angelegt. Ursprünglich gab es hier eine botanische Sammlung mit Hunderten von Zierpflanzen und Obstbäumen. Die Vegetation mit den riesigen Bäumen und halbtropischen Büschen ist auch heute noch überwältigend, obwohl die Artenvielfalt nicht mehr so umfangreich ist. Wegen des Wassermangels werden die barocken Springbrunnen nur an den Wochenenden in Betrieb genommen. Für 30 Mex$ die Stunde kann man ein Ruderboot mieten. Im Restaurant (Hauptgerichte 50–95 Mex$) beim Eingang kann man einen Tee trinken, ohne Eintritt bezahlen zu müssen.

CENTRO CULTURAL MUROS

Die beste **Kunstgalerie** (☎ 310-38-48; www.muros.org.mx; Guerrero 205, Colonia Lomas de la Selva; Eintritt 30 Mex$, Di & So Eintritt frei; ⏲ Di–So 10–18 Uhr) der Stadt ist der zeitgenössischen mexikanischen Kunst und Kultur gewidmet. Sie beherbergt restaurierte Wandmalereien aus Cuernavacas Hotel Casino de la Selva und eine Privatsammlung mit mehr als 320 Gemälden, Skulpturen, Videos und Fotografien. Zu den Highlights zählen Frida Kahlos *Diego en mi Pensamiento* und Werke von Rivera, Siqueros, Orozco, Tamayo und aufstrebenden Künstlern unserer Zeit.

PIRÁMIDE DE TEOPANZOLCO

Die kleine **Grabungsstätte** (☎ 314-40-46/48; Ecke Río Balsas & Ixcateopan, Colonia Vista Hermosa; Eintritt 34 Mex$; ⏲ 9–17.30 Uhr) befindet sich 1 km nordöstlich vom Zentrum. Sie besteht aus zwei Pyramiden – wobei eine davon in der anderen versteckt ist. Man kann auf die Außenwände raufsteigen und sich dann die ältere Pyramide im Innern anschauen. Eine doppelte Treppe führt zu den Resten zweier Tempel. Tlahuica haben die ältere Pyramide vor über 800 Jahren errichtet. Bei Cortés' Ankunft arbeiteten Azteken an der Außenpyramide – sie wurde nie fertig. Der Name Teopanzolco bedeutet „Ort des alten Tempels" und bezieht sich vielleicht auf ein altes Bauwerk westlich der heutigen Pyramide, wo man Artefakte aus der Zeit um 7000 v. Chr. und Objekte mit olmekischen Einflüssen gefunden hat.

Mehrere kleine, gestufte Bauwerke umgeben die Pyramide. In der Nähe der rechteckigen Plattform im Westen wurde eine Grabstelle mit den sterblichen Überresten von 92 Männern, Frauen und Kindern sowie Keramik entdeckt. Vermutlich handelte es sich um eine Art Menschenopfer, bei dem Köpfe und Gliedmaßen abgeschlagen wurden.

Die Stätte ist mit dem Ruta-4-Bus „Barona" von der Ecke Degollado und Guerrero zu erreichen. Man fährt bis zur Haltestelle Río Balsas und läuft dann vier Blocks nach rechts, oder man nimmt ein Taxi.

FREIWILLIGENARBEIT

Por Un Mejor Hoy (www.hoycommunity.org) ist eine ausgezeichnete gemeinnützige Organisation unter amerikanischer Leitung mit Sitz in Cuernavaca. Ihr Ziel ist es, Traveller dazu zu bringen, Brücken zu bauen und durch begleitende Touren an der lokalen Entwicklung mitzuwirken. Weitere Infos dazu gibt's auf der Website.

Kurse

Nach Cuernavaca kommen viele Ausländer, um Spanisch zu lernen. Dutzende von Sprachschulen stehen hier zur Auswahl. Der Standard ist hoch, der Unterricht im Allgemeinen ziemlich anspruchsvoll, und die Preise sind relativ niedrig. In den besten Schulen wird der Unterricht auf jedem Niveau in kleinen Gruppen oder als Einzelunterricht abgehalten und beinhaltet vier bis fünf Stunden Intensivkurs und einige Stunden Konversation. Die Kurse beginnen an jedem Montag. Die meisten Schulen empfehlen Lehrgänge von mindestens vier Wochen Dauer.

Angesichts der vielen Lehrmethoden und Möglichkeiten sollte man sich vorher eingehend informieren. Die Touristeninformation (S. 265) hat eine umfangreiche Liste mit Schulen. Die folgenden werden besonders oft und nachdrücklich empfohlen:

Cemanahuac (☎ 318-64-07; www.cemanahuac.com) In dieser in den 1970er-Jahren gegründeten Schule liegt der Schwerpunkt auf dem Spracherwerb und dem Blick auf soziale Belange. Es werden jede Menge Kurse zu politischen und sozialen Themen im modernen Mexiko angeboten.

Center for Bilingual Multicultural Studies (☎ 317-10-87; www.bilingual-center.com) Das CBMS gehört zur Universidad Internacional, ist von der Universidad Autónoma del Estado de Morelos anerkannt und hat Verbindungen zu vielen ausländischen Universitäten.

Cetlalic (☎ /Fax 313-26-37; www.cetlalic.org.mx) konzentriert sich auf den Spracherwerb, die kulturellen Grundlagen und die soziale Verantwortung. Im Angebot sind auch spezielle Kurse zu sozialer Gerechtigkeit und auf Schwule und Lesben zugeschnittene Programme.

Cuauhnáhuac Spanish Language Institute (☎ 312-36-73; www.cuauhnahuac.edu.mx) Die älteste Sprachschule Cuernavacas hilft Studenten, die für die Unizulassung erforderlichen Punkte zu bekommen und unterstützt Geschäftsleute und Mediziner beim Spracherwerb.

Encuentros (☎ 312-50-88; www.learnspanishinmexico.com) bietet Kurse für Berufstätige und Reisende, die Spanisch lernen wollen.

Ideal Latinoamerica (☎ 311-75-51; www.ideal-school.com) Hier werden die Schüler in spanischer Sprache und mexikanischer Kultur unterrichtet, wobei auf die Lerngeschwindigkeit und -technik des Einzelnen Rücksicht genommen wird.

Spanish Language Institute (SLI; ☎ 311-00-63; www.asli.com.mx) Unterricht auf jedem Niveau, hauptsächlich für Berufstätige. Es gibt auch berufsbezogene Kurse, z. B. Spanisch für Angestellte von Fluggesellschaften, oder für Mediziner, und auch welche für Golfer.

TLALOC (☎ 317-52-78; www.tlaloc.com.mx) steht unter der Leitung des Lehrers Alfredo Martínez und wurde gegründet, um Lehrern und anderen mexikanischen Schulangestellten, die laut Alfredo in vielen der anderen Sprachschulen ausgenutzt werden, mehr bieten zu können. Hier werden höhere Gehälter und Krankengeld gezahlt, und bei Bedarf kommt man hier für die medizinische Versorgung auf. Freiwilligenarbeit wird hier gern gesehen. Außerdem ist diese Schule billiger als viele der größeren Schulen – also genau das Richtige, um etwas zurückzugeben und dabei auch noch Spanisch zu lernen.

Universal Centro de Lengua y Comunicación (☎ 318-29-04; www.universal-spanish.com) Breit gefächerte Kurse für jedes Niveau mit Schwerpunkt auf schnellem Lernen. Der Unterricht wird mit Ausflügen und Rollenspielen aus dem alltäglichen Leben verbunden.

Festivals & Events

In den fünf Tagen vor Aschermittwoch (Ende Feb. oder Anfang März) findet in Cuernavaca ein farbenfroher **Karneval** mit Paraden, Kunstausstellungen und Straßentheater der Chinelo-Tänzer aus Tepoztlán statt. Von Ende März bis Anfang April ist es dann Zeit für die **Feria de la Primavera** (Frühlingsfest) mit Kultur- und Kunstveranstaltungen, Konzerten und Ausstellungen der wunderschönen Frühlingsblumen.

Schlafen

In Cuernavaca gibt es ein paar echte Juwelen unter den vielen Hotels, und ständig kommen teure Boutiquehotels hinzu. Hier stehen die besten Hotels des ganzen Landes, und sie sind natürlich auf die Wochenendurlauber aus der Hauptstadt ausgerichtet. Budgetunterkünfte bieten (bis auf einige bemerkenswerte Ausnahmen) nur schlechte Qualität, Mittelklassehotels sind eher rar. Da sich die Stadt an Wochenenden und Feiertagen mit Besuchern aus Mexico City füllt, sollte man für diese Tage sein Zimmer im Voraus reservieren.

BUDGETUNTERKÜNFTE

Hotel Juárez (☎ 314-02-19; Netzahualcóyotl 19; EZ/DZ ohne Bad 200/250 Mex$, EZ/DZ 300/350 Mex$; Ⓟ 🏊) Diese Unterkunft ist zwar wahrscheinlich für niemanden die erste Wahl, schont aber das Portemonnaie. Vielen der schlichten und alten Zimmer fehlt es an Tageslicht, sie sind deshalb auch ziemlich ungemütlich. Aber die Lage des Hotels ist gut, und außerdem gibt's im Garten einen tollen Pool.

Hotel Colonial (☎ 318-64-14; Aragón y León 19; EZ/DZ/3BZ 220/250/350 Mex$) Eine weitere Backpackerunterkunft, die zwar ganz o. k., aber nicht wirklich empfehlenswert ist. Wenn sich zwei Personen ein Bett teilen, wird es noch etwas billiger als oben angegeben. Am besten sind die Zimmer im Obergeschoss: Sie haben Balkons und hohe Decken.

Hotel Las Hortensas (☎ 318-52-65; Hidalgo 13; EZ/DZ 250/290 Mex$) Mal abgesehen vom Preis und von der Lage ist das Las Hortensas nichts Besonderes. Eigentlich passt der bezaubernde Garten gar nicht zu diesem Hotel. Die Zimmer sind sehr einfach, klein und langweilig. Die Quartiere oben sind besser, deutlich heller und luftiger.

Hotel Iberia (☎ 312-60-40; www.hoteliberia.com.mx; Rayón 7; EZ/DZ 290/370 Mex$; Ⓟ) Die Zimmer in dieser bei Studenten beliebten Unterkunft sind zwar ein bisschen klein, dafür aber ihr Geld wert. Die Bettgestelle aus Eisen und das passende Zubehör verleihen den Zimmern wenigstens einen klitzekleinen Funken Stil. Das Personal in der Lobby mit den Talavera-Kacheln macht einen ziemlich gelangweilten Eindruck.

LP Tipp **Hosteria del Sol** (☎ 318-32-41; Callejón de la Bolsa del Diablo; Zi. ohne/mit Bad 300/400 Mex$; 🏊) Kaum hat man dieses kleine, perfekte Hotel betreten, weiß man, was den meisten anderen Budgethäusern in Cuernavaca fehlt. Die Preise sind wirklich super, alles ist picobello sauber und hübsch in traditionellen Blau- und Gelbtönen gehalten. Da es nur sechs Zimmer gibt (3 mit Gemeinschaftsbad), ist es ratsam, vorher anzurufen. Leider spricht niemand von der Belegschaft auch nur ein Wort Englisch.

MITTELKLASSEHOTELS

La Casa Mediterránea (☎ 317-11-53; www.lacasamediterranea.com; Acacias 207, Colonia La Pradera; EZ/DZ inkl. Frühstück 350/500 Mex$; Ⓟ 🏊) Hier bekommen Gäste wirklich etwas für ihr Geld: Läge die Unterkunft im Stadtzentrum, müsste man für die Zimmer in dieser kleinen abgeschlossenen

Welt mit Sicherheit das Doppelte hinblättern. Das La Casa ist bei ausländischen Sprachschülern sehr beliebt. Die sieben Zimmer in dem 3 km außerhalb der Stadt gelegenen, freundlichen Privathaus sind groß und gepflegt.

Villa Calmecac (☎ 313-29-18; www.villacalmecac.com; Zacatecas 114, Colonia Buenavista; B/DZ inkl. Frühstück 450/650 Mex$; P ♿) Dieses umweltfreundliche Hostel wurde aus Lehmziegeln gebaut und ist von Biogärten umgeben. Angeboten werden Yogakurse und zum Frühstück ein Biobuffet. Die Schlafsäle sind recht rustikal. Die Unterkunft liegt 7 km vom Stadtzentrum Cuernavacas entfernt und 800 m westlich des Hwy 95; sie ist mit Ruta-1-, Ruta-2- oder Ruta-3-Bussen (7 Mex$) ab der Ecke Morelos und Degollado in 20 Minuten zu erreichen. Die Zacatecas liegt zwei Blocks hinter dem Zapatadenkmal auf der linken Seite. Gäste müssen vor 21 Uhr einchecken.

Hotel Antigua Posada (☎ 310-21-79; www.hotelantiguaposada.com; Galeana 69; Zi./Suite inkl. Frühstück 800/950–1100 Mex$; P 💻 🏊) Dieses exklusive, kleine Refugium unweit des Stadtzentrums besitzt nur 11 Zimmer, die sich hinter einem nicht sehr vielversprechenden Äußeren verstecken. Wenn man aber erst mal drinnen ist, erkennt man, dass das Hotel einen wunderschönen Innenhof und einen phantastischen Service hat. Alle Zimmer sind sehr hochwertig und haben durch die Holzbalken an den Decken einen rustikalen Touch. Außerdem sind sie mit allen nur erdenklichen Annehmlichkeiten wie WLAN, Parkservice usw. ausgestattet.

Hotel Laam (☎ 314-44-11; www.laamhotel.com; Av Morelos 239; Zi. 850 Mex$; P 🏊) Dieser Neuling in Cuernavacas Hotelszene hat etwas von einem Motel. Einige der gemütlichen, wenn auch etwas sterilen Zimmer haben riesige Terrassen. Da das Hotel leicht abseits von der Hauptstraße steht, ist Lärm kein Problem. Dennoch ist die Location nicht wirklich die beste. Die Gäste werden aber durch den kleinen Pool und das nette Personal für die Defizite entschädigt.

SPITZENKLASSEHOTELS

La Casa Azul (☎ 314-21-41, 314-36-34; www.hotelcasaazul.com.mx; Arista 17; Zi./Suite 850/1880 Mex$; P 💻 🏊) Das bezaubernde Boutiquehotel mit 24 Zimmern liegt nur wenige Schritte vom Stadtzentrum entfernt. Die Preisdifferenz zwischen Zimmern und Suiten ist nicht wirklich gerechtfertigt, denn die Suiten sind nicht sehr viel größer. Das Haus, in dem das Hotel untergebracht ist, gehörte ursprünglich zum Kloster Guadalupe. Es gibt hier beruhigende Springbrunnen, zwei Pools, kostenloses WLAN und überall viele schöne lokale Kunst und Kunsthandwerksgegenstände. Das Personal ist ausgesprochen zuvorkommend, die Atmosphäre friedlich und das Dekor klassisch mexikanisch.

Casa Colonial (☎ 312-70-33, 800-623-08-43; www.casacolonial.com; Netzahualcóyotl 37; Zi./Suite ab 985/1215 Mex$; P 💻 🏊) Die Casa Colonial mit ihren 16 Zimmern gehört zu den besten Unterkünften Cuernavacas. Hier ist alles perfekt durchdacht und voller Stil. Das aus dem 19. Jh. stammende Herrenhaus mit dem entzückenden Garten und dem großen Pool wurde behutsam restauriert und clever mit allen modernen Annehmlichkeiten ausgestattet. Die Zimmer sind traumhaft eingerichtet, einige haben sogar eine Sauna und einen Kamin. Selbst die preiswerteren Bungalows hinten auf dem Grundstück haben einen ausgezeichneten Standard.

Hotel Jacarandas (☎ 315-77-77/76, in Mexico City 55-5544-3098; www.jacarandas.com.mx; Cuauhtémoc 133, Colonia Chapultepec; Zi. ab 1400 Mex$, Suite 2600–4400 Mex$; P 🏊) Dieses große Fünf-Sterne-Hotel ist genau das Richtige für die, die das Stadtleben um sich herum vergessen wollen. Auf der weitläufigen Anlage gibt es viele Bäume, üppige Gärten, ein gutes Restaurant und drei Pools mit unterschiedlichen Wassertemperaturen. Die phantastische, wenn auch teure Unterkunft liegt 2 km östlich vom Stadtzentrum.

Hotel Posada María Cristina (☎ 318-57-67, 800-713-74-07; reservaciones@maria-cristina.com; Juárez 300; Zi./Suite ab 1887/2900 Mex$; P 🏊) Das zentral gelegene Anwesen aus dem 16. Jh. ist schon seit langem eine der besten Unterkünfte Cuernavacas. Zu den Highlights hier gehören 20 geschmackvoll eingerichtete Zimmer, die in einem schön restaurierten Kolonialgebäude untergebracht sind, das hervorragende Restaurant mit *nueva cocina mexicana* sowie die Bar Calandria mit dem beliebten sonntäglichen Champagnerbuffet. Außerdem gibt es noch einen einladenden Pool und sogar einen Jacuzzi inmitten der prachtvollen, am Hang angelegten Gärten.

Hotel Hacienda de Cortés (☎ 316-08-67, 800-220-76-97; www.hotelhaciendadecortes.com; Plaza Kennedy 90; Zi./Suite ab 2350/3525 Mex$; P 🏊) Die ehemalige Zuckermühle wurde im 16. Jh. von Martín Cortés, der Hernán Cortés als Marqués del

Valle de Oaxaca folgte, errichtet und 1980 restauriert. Es gibt 23 luxuriöse Zimmer mit Garten und Terrasse. Um die alten Steinsäulen herum wurde ein Swimmingpool angelegt. Einige Leser, die dort übernachteten, haben berichtet, dass die Zimmer leider nicht im allerbesten Zustand sind. Dennoch kann man in diesem Hotel die eine oder andere unvergessliche Nacht verbringen.

Las Mañanitas (☎ 362-00-00, in Mexico City 800-221-52-99; www.lasmananitas.com.mx; Linares 107; Suite inkl. Frühstück So–Do 2260–4642 Mex$, Fr & Sa 2623–5061 Mex$; P) Diese absolut überwältigende Unterkunft ist genau das Richtige, wenn man jemanden beeindrucken will. In diesem Hotel nistet man sich ein und verbringt das ganze Wochenende dort, sodass es völlig gleichgültig ist, dass es nicht genau im Stadtzentrum liegt. Die großen Zimmer sind wunderschön und dezent eingerichtet. Einige haben große Terrassen mit Blick über die Privatgärten, in denen sich Pfauen tummeln, und natürlich gibt's auch einen beheizten Pool. Eins ist klar: Hier logiert die Hautevolee Mexikos.

Essen

In Cuernavaca kann man gut essen, aber wirklich hervorragend sind nur die teuren Restaurants.

GÜNSTIG

La Comuna (☎ 318-27-57; Morrow 6; Hauptgerichte 20–30 Mex$; Mo–Sa 8–21 Uhr) Das La Comuna gehört zu den besten Restaurants Cuernavacas. Es ist mit Kunsthandwerk geschmückt und serviert super Biokaffee, preiswertes Bier, Cocktails, Pasteten, *tamales* und Obstsalate mit Müsli. Täglich gibt es ein Frühstücksbuffet und ein großzügiges festes Mittagsmenü. Außerdem ist hier noch ein kleiner Souvenirladen.

La Cueva (kein Telefon; Galeana; Hauptgerichte 20–75 Mex$; 8–23 Uhr) In dieser schrägen Bar in der vor Menschen brummenden Galeana werden hervorragende *pozole* (Hackfleisch und Maisbrei in köstlicher Schweinefleischbrühe), zahlreiche leckere Snacks und leichte Gerichte angeboten. Hier isst man zusammen mit Einheimischen zu einheimischen Preisen. Das gute Frühstück kostet nur 25 Mex$.

Coffee Mexico (Gutenberg 206; 8–21 Uhr) Unabhängiger kleiner Coffeeshop, der sich super für einen Snack zwischendurch oder fürs Frühstück eignet. Die Backwaren sind einfach nur köstlich. Beliebter Treffpunkt ausländischer und einheimischer Studenten.

El Barco (☎ 313-21-31; Rayón 5F; Hauptgerichte 30–90 Mex$; 11–24 Uhr) Das beliebte, einfache Restaurant hat sich auf *pozole* im Guerrero-Stil (die mexikanische Variante der Matzensuppe) spezialisiert, serviert in kleinen oder riesigen Tonschalen. Dazu gibt's feinen Oregano, mittelscharfe rote Chilis, grünen Salat, Limetten und gehackte Zwiebeln. Wer keine Fettbrocken in der Suppe haben will, sollte *pollo* (Huhn) *maciza* bestellen. Wenn man *especial* ordert, gibt's Avocados dazu. Getrunken werden kaltes Bier, *agua de jamaica* (Hibiskuswasser) und erstklassiger Tequila.

MITTELTEUER

Restaurant y Cafetería Los Arcos (☎ 312-44-86; Jardín de los Héroes 4; Hauptgerichte 40–120 Mex$) Dieses Café im europäischen Stil mittendrin im Gewimmel auf der Plaza de Armas ist ein netter Treffpunkt mit einer riesigen Terrasse, die fast immer überfüllt ist. Egal ob man frühmorgens nur einen Kaffee trinkt oder abends einen Cocktail – immer wird man freundlich und schnell bedient. In der dazugehörigen *gelatería* gibt's himmlisches Eis. Happy Hour ist von 14 bis 16 und von 20 bis 22 Uhr.

Trattoria Marco Polo (☎ 318-40-32; Hidalgo 30; Hauptgerichte 60–120 Mex$, Pizza 45–200 Mex$; So–Do 13–22.30, Fr & Sa 13–24 Uhr) In dem kleinen Restaurant werden einfache italienische Gerichte in schöner Umgebung direkt gegenüber der Kathedrale serviert. Die Pizzakarte allein ist schon riesig, der Service ist freundlich und die Weinkarte kann sich auch sehen lassen. An den Tischen auf der Veranda sitzt man am besten.

La Universal (☎ 318-59-70; Ecke Gutenberg & Guerrero; Hauptgerichte 100 Mex$) Das Universal liegt strategisch günstig an der Ecke der beiden Hauptplätze und hat Tische unter einer Markise an der Plaza de Armas – toll, um Leute zu beobachten. Wer wirklich gediegen essen will, sollte das aber woanders tun.

La Strada (☎ 318-60-85; Salazar 38; Hauptgerichte 70–150 Mex$) Dieses einladende Stückchen Rom an der Ecke Salazar und der auch als Callejón del Cubo bekannten Fußgängerstraße serviert authentische, italienisch-mediterrane Gerichte in einem überdachten Innenhof. Hier gibt's Stoffservietten, einen gut sortierten Weinkeller, Biosalate und aufmerksame Kellner. Trotz der Nähe zum Palacio de Cortés geht es hier nicht übermäßig touristisch zu. Freitag- und samstagabends wird es bei Geigenmusik und Operngesang romantisch.

TEUER

Restaurant Las Mañanitas (☎ 314-14-66; Linares 107; Frühstück 60–160 Mex$, Hauptgerichte 400 Mex$; ⏰ 13–17 & 19–23 Uhr) Das Restaurant mit Bar im berühmtesten Hotel der Stadt (s. gegenüber) können auch Nicht-Gäste besuchen. Für alle, die ein unvergessliches, romantisches Abendessen in phantastischer Umgebung genießen möchten, ist das Las Mañanitas ein Muss. Auf der Speisekarte stehen vorwiegend französische Gerichte wie Entrecote Bourguignon und Magret Royal (Entenbrust). Und natürlich fehlen auch leckere Desserts nicht! Es gibt Tische im Herrenhaus und auf der Terrasse, von der aus man die Tiere im smaragdgrünen Garten beobachten kann, die sich zwischen schönen, modernen Skulpturen tummeln. Eine Reservierung ist empfehlenswert.

La India Bonita (☎ 318-69-67; Morrow 115; Hauptgerichte 75–150 Mex$; ⏰ Di–Sa 8–23, So & Mo 9–17 Uhr) Cuernavacas ältestes Restaurant ist zweifellos auch eines der bezauberndsten. Gespeist wird in einem hübschen Hof oder im Restaurant. Die freundliche Bedienung serviert traditionelle mexikanische Gerichte. Auf der Speisekarte stehen so verführerische Dinge wie *brocheta al mezcal* und *chile en nogada* (*poblano*-Paprika in Walnusssauce). Es gibt eine voll ausgestattete Bar, sonntags ein aufwändiges Brunchbuffet, und samstags tritt ab 19 Uhr ein Folkloreballett auf.

Reposado (☎ 169-72-32; www.reposado.com.mx; Netzahualcóyotl 33; Hauptgerichte 80–165 Mex$; ⏰ Di–Sa 19–1, So 16–23 Uhr) Das Reposado ist ein Synonym für seine berühmte Chefköchin Ana García. Die hier gebürtige junge Frau hat sich in Mexiko und den USA mit ihrer mexikanischen *nouvelle cuisine* einen Namen gemacht. Der Besuch ihres bezaubernden heimeligen Restaurants und der Genuss ihrer aufregenden, ständig wechselnden, traditionellen und dennoch innovativen mexikanischen Gerichte sind fast schon ein Muss. Die romantisch mit Kerzen gedeckten Tische sind über die ganze koloniale Anlage verteilt. In einem Loft über dem Pool befindet sich eine stilvolle Cocktaillounge. Wer will, kann auch in dem kleinen, dazugehörigen Hotel übernachten und an einem der von der Chefköchin persönlich gehaltenen Kochkurse teilnehmen. Einzelheiten hierzu finden sich auf ihrer Website.

LP Tipp **Casa Hidalgo** (☎ 312-27-49, www.casahidalgo.com; Hidalgo 6; Hauptgerichte 160 Mex$) Das direkt gegenüber vom Palacio de Cortés gelegene Restaurant mit toller Terrasse und einem noch tolleren Balkon im Obergeschoss gehört zu den beliebtesten von ganz Cuernavaca und zieht betuchte Einheimische und wohlhabende Besucher an. Die Speisen sind hier schon etwas Besonderes (z. B. Garnelen-Tacos mit Bohnen in Bananenschale, Roter Schnapper und Lachs in Orangen-Petersilien-Sauce). Der superfreundliche Service, die ausgesprochen gute Weinkarte und der Ausblick machen dieses Restaurant zu einem der besten der Stadt.

Gaia (☎ 312-36-56, www.gaiarest.com.mx; Juárez 102; Hauptgerichte 190 Mex$; ⏰ Mo–Sa 14–24, So 13–18 Uhr) Großartiges, stylishes Restaurant in einem schönen Kolonialgebäude, das früher dem „mexikanischen Charlie Chaplin", dem Schauspieler Mario Morenohas, gehörte. Auf der Speisekarte stehen internationale Gerichte wie Linguine mit Garnelen in Koriandersauce und eine „Fischtrilogie" mit Tamarinden und Chili. Man sollte sich einen Tisch mit Blick auf das Mosaik von Diego Rivera reservieren lassen, das den Boden des Swimmingpools ziert. Es ist auch möglich, sich das Essen bringen zu lassen oder es mitzunehmen.

Ausgehen

In Cuernavaca sorgen die Studenten das ganze Jahr über für ein aufregendes Nachtleben. Die am günstigsten gelegenen Bars befinden sich rund um die Plazuela del Zacate und in der angrenzenden Gasse Las Casas. Die meisten Kneipen bieten Livemusik oder Karaoke, sind also für ein ruhiges Bier wenig geeignet. Die Kneipen unten öffnen bei Sonnenuntergang und schließen meist nicht vor Sonnenaufgang. Eintritt wird nirgends verlangt.

El Rincón Bohemio (Plazuela del Zacate) Bei Travellern und einheimischen Studenten beliebte Kneipe. Jeden Abend gibt's Livemusik – normalerweise klimpert jemand auf der Gitarre, es gibt aber auch andere Unterhaltung. Niedrige Bierpreise ziehen die Massen an.

El Romántico (Plazuela del Zacate) Neben dem El Rincón Bohemio. Die Stimmung ist ähnlich.

Eclipse (Plazuela del Zacate) Das Eclipse erstreckt sich gegenüber dem El Rincón Bohemio und El Romántico über zwei Etagen. Unten wird Folk, oben Rock geboten.

La Plazuela (Las Casas) Wem nicht nach Gitarrengeklimper ist, der sollte ins La Plazuela gehen, denn hier gibt's House und Techno. Liegt um die Ecke.

La Estación Zócalo (Ecke Blvd Juárez & Hidalgo) Gegenüber dem Palacio de Cortés dröhnt

Rockmusik und zwei bunte, aber kaum beleuchtete Tanzflächen ziehen junge Leute an.

Unterhaltung

Ein allseits beliebter Zeitvertreib ist es, sonntags ab 18 Uhr auf den Plazas im Stadtzentrum abzuhängen und den häufig stattfindenden Open-Air-Konzerten zu lauschen. Im Jardín Borda (S. 268) gibt's an den meisten Donnerstagen um 19 Uhr Aufführungen.

NACHTCLUBS

Die besseren Diskos verlangen mindestens 50 Mex$ Eintritt; Frauen kommen oft umsonst rein. Manchmal ist ein strenger Dresscode vorgeschrieben. Hippe In-Diskos postieren sogar Kleiderpolizisten am Eingang. Richtig los geht's erst nach 23 Uhr. Im Folgenden die empfehlenswertesten Clubs:

Barba Azul (☎ 311-55-11/55; Prado 10, Colonia San Jerónimo; ⌚ Fr & Sa 22 Uhr–open end) Toller überdachter Garten.

NB Club (☎ 318-89-29; Plaza de Armas) Groß und zentral gelegen.

Club Memories (☎ 318-43-80; Av Morelos 241; ⌚ Mi, Fr & Sa 22 Uhr–open end) Recht teure Location.

THEATER

Wer ausreichend *español* kann, darf sich in Cuernavaca ins Theater wagen.

Cine Teatro Morelos (☎ 318-10-50; Av Morelos 188; Eintritt ab 20 Mex$) Das Theater von Morelos zeigt anspruchsvolle Filme, Theater- und Tanzvorführungen. Das Programm hängt aus. Innen warten ein Buchladen und ein Café.

Teatro Ocampo (☎ 318-63-85; Jardín Juárez 2) Am Jardín Juárez werden zeitgenössische Stücke aufgeführt; am Eingang hängt ein Veranstaltungskalender.

LUCHA LIBRE

Arena Isabel (☎ 318-59-16; Ecke Juárez & Abasolo; Erw./Kind 60/35 Mex$; 👪) Prügel, *amigo*? Im Ring wird weniger Kultur als *lucha libre* (eine Art Wrestling) geboten. Überall in der Stadt hängen Poster, die die Kämpfe der Guten gegen die Bösen ankündigen. Vor allem Kids lieben es.

Shoppen

In Cuernavaca gibt's kein typisches Kunsthandwerk. Wer aber einen Onyxaschenbecher, einen Ledergürtel oder auch zweitklassigen Silberschmuck kaufen will, kann die Souvenirstände am Palacio de Cortés oder an Wochenenden die Plaza de Armas aufsuchen.

An- & Weiterreise

AUTO & MOTORRAD

Cuernavaca liegt 89 km südlich von Mexico City, das sind 1½ Stunden auf dem Hwy 95 bzw. eine Stunde auf dem Hwy 95D. Beide Straßen führen südlich nach Acapulco – der Hwy 95 über Taxco, der Hwy 95D direkter und viel schneller.

BUS

Jede der großen Busgesellschaften Cuernavacas hat ihren eigenen Busbahnhof.

Estrella de Oro (EDO; ☎ 312-30-55; www.estrellade oro.com.mx; Av Morelos Sur 900)

Estrella Roja (ER; ☎ 318-59-34; www.estrellaroja.com.mx; Ecke Galeana & Cuauhtemotzin)

Flecha Roja & Estrella Blanca (FR & EB; ☎ 312-26-26; www.estrellablanca.com.mx; Av Morelos 503, zw. Arista & Victoria) Futura-Busse fahren hier ebenfalls ab.

Pullman de Morelos (PDM; ☎ 318-69-85; www.pullman.com.mx) Casino de la Selva (☎ 318-92-05; Av del Parque s/n); Innenstadt (Ecke Abasolo & Netzahualcóyotl)

Ab Cuernavaca fahren täglich die folgenden 1.-Klasse- und Deluxe-Busse:

Ziel	Preis (Mex$)	Dauer (Std.)	Häufigkeit (tgl.)
Acapulco	265	4	alle 2 Std. (Futura)
Cuautla	40	1¼	alle 15 Min. 6–20 Uhr (ER)
Grutas de Cacahuamilpa	38	2	6-mal tgl. (ER)
Mexico City	Business 75	1¼	alle 10 Min. (ab Casino de la Selva)
	65	4	alle 1–2 Std. (EB)
	Deluxe 63	1¼	alle 15 Min. 5–23.15 Uhr (PDM ab Casino de la Selva)
Mexico City Airport	125	2	alle 10 Min. (PDM ab Casino de la Selva)
Puebla	140	2¾	stündl. (ER & EDO via Autopista Siglo XXI)
Taxco	52	1½	stündl. (EB)
Tepoztlán	18	½	alle 15 Min. 6–20 Uhr (ER); Fährt vom örtl. Busbahnhof am Markt später ab.

Unterwegs vor Ort

Im Zentrum von Cuernavaca sind die meisten Sehenswürdigkeiten zu Fuß zu erreichen. Die Ziele der Stadtbusse (6 Mex$) sind an ihrer Windschutzscheibe angeschrieben. Viele der Stadt- und Vorortbusse fahren an der Südseite des unübersichtlichen Markts der Stadt ab. Taxis kosten zu den meisten Zielen in der Stadt um die 30 Mex$.

Zum Estrella-de-Oro-Busbahnhof, der 1 km südlich (bergab) vom Zentrum liegt, fährt der Ruta-20-Bus über Galeana; in die Gegenrichtung kann man jeden Bus nehmen, der die Av Morelos hinauffährt. Ruta-17-Busse fahren die Av Morelos hoch und halten an dem Block, wo sich der Pullman-de-Morelos-Busbahnhof (Casino de la Selva) befindet. Alle anderen Busbahnhöfe sind vom *zócalo* aus auch gut per pedes zu erreichen.

XOCHICALCO

Auf einer kahlen Hochebene, von der aus man kilometerweit über das Land blicken kann, liegt Xochicalco (☎ 777-379-74-16; Eintritt 45 Mex$; 🕒 9–17 Uhr), eine beeindruckende archäologische Stätte, die von Cuernavaca aus im Rahmen eines Tagesausflugs leicht zu erreichen ist. Eigentlich ist sie ein Muss. Die Anlage ist zwar nicht ganz so riesig, dafür aber auch nicht so bekannt und überlaufen. Wer hier Videoaufnahmen machen möchte, muss dafür 35 Mex$ berappen.

Xochicalco (so-tschi-*kal*-ko), ein UNESCO-Weltkulturerbe und eine der wichtigsten archäologischen Stätten Zentralmexikos, ist der Náhuatl-Begriff für „Ort des Blumenhauses".

Die Ansammlung weißer Steinruinen, von denen viele noch darauf warten, freigelegt zu werden, erstreckt sich über eine Fläche von ca. 10 km². Die Ruinen repräsentieren verschiedene Kulturen – Tolteken, Olmeken, Zapoteken, Mixteken und Azteken –, für die Xochicalco ein wirtschaftliches, kulturelles und religiöses Zentrum war. Als Teotihuacán zwischen 650 und 700 n. Chr. schwächer wurde, gewann Xochicalco an Bedeutung und hatte zwischen 650 und 900 n. Chr. seine Blütezeit. Zu dieser Zeit unterhielt der Ort weit reichende kulturelle und kommerzielle Beziehungen. Gegen 650 n. Chr. trafen sich hier die geistigen Führer der Zapoteken, Maya und der an der Golfküste lebenden Völker, um ihre Kalender aufeinander abzustimmen. Xochicalco blieb bis ca. 1200 ein bedeutendes Zentrum. Wie in Teotihuacán war aber auch hier ein übermäßiges Wachstum Vorbote des schnellen Niedergangs.

Das berühmteste Bauwerk der Stätte ist die **Pirámide de Quetzalcóatl**. Aufgrund der gut erhaltenen Flachreliefs vermuten Archäologen, dass sich Astronomen und Priester hier zu Beginn und am Ende eines jeden 52-Jahre-Zyklus des vorkolonialen Kalenders getroffen haben. Man sollte hier unbedingt auch das **Observatorium** besuchen (und den Aufpasser bitten, das Licht anzuschalten!), in dem man sich tief in einem unheimlichen, dunklen Raum wiederfindet, in den nur ein einzelner Sonnenstrahl fällt.

Die Schilder auf dem Gelände sind auf Englisch und Spanisch. Im ausgezeichneten, umweltfreundlichen **Museum**, 200 m von den Ruinen entfernt, gibt es aber leider nur welche auf Spanisch.

An- & Weiterreise

Vom Marktplatz in Cuernavaca aus fahren „Cuautepec"-Busse (12 Mex$) alle 30 Minuten zum Eingang der archäologischen Stätte. Der letzte Bus zurück fährt gegen 18 Uhr ab. Pullman de Morelos fährt stündlich (25 Mex$) und setzt seine Fahrgäste 4 km von der Stätte entfernt ab. Flecha Roja bringt einen alle zwei Stunden bis zur selben Stelle. Der Weg von hier bis zur Stätte ist lang, öde und führt obendrein bergauf. Ein Sammeltaxi (5 Mex$) ist die bessere Alternative – einfach eins anhalten. Wenn man an der archäologischen Stätte angekommen ist, muss man zum Ticketschalter um das Museum herum laufen. Direkt am Eingang gibt's keine Tickets.

TAXCO

☎ 762 / 90 000 Ew. / 1800 m

Wer über die kurvige Straße von Mexico City aus anreist und das erste Mal über das schroffe Tal auf Taxco (*tahss*-ko) blickt, dem wird es die Sprache verschlagen. Die am Hang liegende Stadt mit den beeindruckenden Bergen und Felsen rundherum sowie die wundervoll erhaltenen kolonialen Bauten und die beiden Glockentürme des barocken Meisterwerks, der Parroquia Santa Prisca, tragen dazu bei, dass dies der betörendste Anblick in der ganzen Gegend ist.

Das 160 km südwestlich von Mexico City gelegene Taxco hat Höhen und Tiefen durchlebt, z. B. im 16. Jh., als hier bedeutende Silbervorkommen entdeckt wurden, und dann erneut Anfang des 20. Jhs. Die Silberminen sind heute so gut wie leer, sodass die Stadt jetzt auf den Tourismus setzen muss. Einerseits ist Taxco ein Beispiel dafür, wie Fortschritt und Denkmalschutz unter einen Hut gebracht werden können, andererseits bekommt man manchmal den Eindruck, dass die Stadt nur noch den Touristen gehört. An Wochentagen strömen Besucher durch die schmalen Kopfsteinpflastergassen und bevölkern die zahllosen Silbergeschäfte und an den Wochenenden wird Taxco von Ausflüglern aus Mexico City förmlich überschwemmt. Auch der Lärm der unzähligen Käfer-Taxis, die Einheimische und Gäste durch die steilen Straßen kutschieren, kann zu einem Problem werden. Wer in dieser Stadt eine ruhige Nacht verbringen will, sollte seine Unterkunft sehr überlegt wählen.

Aber trotz alledem – Taxco ist ein phantastischer Ort, und einen besseren Wochenendausflug kann man von Mexico City aus kaum unternehmen. Im Gegensatz zu vielen anderen Städten aus der Kolonialzeit ist Taxco nicht von einem Industriegürtel eingeschlossen, und sein Status eines nationalen historischen Denkmals bringt es mit sich, dass sich selbst neue Gebäude in Größe, Stil und Material an die alten anpassen müssen.

Geschichte

Die Azteken, die die Region von 1440 bis zur Ankunft der Spanier beherrschten, nannten Taxco „Tlachco“ (Ballspielplatz). Die koloniale Stadt gründete Rodrigo de Castañeda 1529 mit einer Vollmacht von Hernán Cortés. Unter den ersten spanischen Einwohnern befanden sich drei Bergleute – Juan de Cabra, Juan Salcedo und Diego de Nava – und der Zimmermann Pedro Muriel. 1531 eröffneten sie die erste spanische Mine in Nordamerika.

Die Spanier suchten nach Zinn und fanden auch kleine Mengen. Vor allem aber fanden sie im Jahr 1534 riesige Silbervorkommen. Im selben Jahr wurde die Hazienda El Chorrillo mit Mühlrad, Schmelzer und Aquädukt errichtet. Ihre Überreste bilden heute die alten Bögen (Los Arcos) über den Hwy 95 nördlich der Stadt.

Schnell leerten die Schürfer die ersten Silberadern der Hazienda und verließen Taxco. Weitere Erzvorkommen wurden erst 1743 entdeckt. Don José de la Borda, der 1716 im Alter von 16 Jahren aus Frankreich gekommen war, um mit seinem Bruder als Bergmann zu arbeiten, stieß zufällig auf eine der reichsten Adern der Region. Der Legende zufolge ritt Borda gerade in der Nähe des heutigen Templo de Santa Prisca, als sein Pferd stolperte, einen Stein wegstieß und dadurch das Edelmetall zum Vorschein brachte.

Borda gelangte dreimal zu Reichtum und verlor ihn zweimal. Er führte neue Entwässerungs- und Reparaturtechniken ein. Angeblich behandelte er seine indigenen Arbeiter auch besser, als es zu der Zeit üblich war. Der Templo de Santa Prisca war das Geschenk des gläubigen Borda an die Stadt Taxco. Sein Erfolg zog weitere Schürfer an, die neue Silberadern entdeckten und ausbeuteten. Nachdem das Silber weg war, wurde Taxco zu einem ruhigen Ort mit sinkender Einwohnerzahl und Wirtschaftskraft.

1929 kam der amerikanische Architekt und Professor William (Guillermo) Spratling in die Stadt und gründete auf Vorschlag des amerikanischen Botschafters Dwight Morrow eine Silberschmiede, um den Ort wieder zum Leben zu erwecken. (Einer anderen Version zufolge arbeitete Spratling an einem Buch – und wandte sich dem Silbergeschäft zu, weil sein Verleger pleite ging. Nach einer dritten Version träumte er davon, Silberschmuck herzustellen, der vorkoloniale Motive mit Art-déco-Moderne verband.) Die Werkstatt wuchs zu einer Fabrik heran, und schließlich begannen Spratlings Lehrlinge, eigene Werkstätten zu eröffnen. Heute gibt es in Taxco Hunderte davon, und viele produzieren Waren für den Export.

Orientierung

Wer ziellos durch die hübschen Straßen Taxcos wandert, kann sich zwar auch mal verlaufen, aber eigentlich findet man sich recht schnell zurecht. Die beiden Glockentürme der Santa Prisca am *zócalo,* der Plaza Borda, sind die beste Orientierungshilfe. Fast alle Straßen in Taxco sind Einbahnstraßen, nur die Hauptstraße Av de los Plateros ist in beide Richtungen befahrbar. Hier befinden sich auch die beiden Busbahnhöfe. Nur über diese Straße kommt man in die Stadt und natürlich auch wieder raus. Die wichtigste Minibusstrecke ist eine Schleife gegen den Uhrzeigersinn in Richtung Norden auf der Av de los Plateros und dann südlich durch das Stadtzentrum.

Praktische Informationen

Etliche Banken an den wichtigsten Plazas und Busstationen haben Geldautomaten. Kartentelefone gibt's in der Nähe der Plaza Borda. Eine ruhigere Alternative sind aber die Kartentelefone in den Hotellobbys. Die Touristeninformation am Futura-Busbahnhof hat kostenlose Stadtpläne. Internetcafés gibt's in Taxco zuhauf.

Cruz Roja (Rotes Kreuz; ☎ 622-32-32)

Net X Internet (Ruíz de Alarcón 11; 10 Mex$/Std.) Eines der besseren Internetcafés.

Polizei (☎ 622-00-77)

Post (Palacio Municipal, Benito Juarez 10)

Secretaría de Fomento Turístico (☎ 622-50-73; Av de los Plateros; 🕑 9–15 & 16–18 Uhr) Am nördlichen Ende der Stadt. Die englisch und französisch sprechenden Angestellten organisieren geführte Touren durch Taxco.

Sehenswertes & Aktivitäten

TEMPLO DE SANTA PRISCA

Taxcos Wahrzeichen **Santa Prisca** (🕑 9–18 Uhr) ist eine Liebesgabe des Stadthelden José de la Borda. Die hiesigen katholischen Würdenträger erlaubten dem Silbermagnaten, der Stadt diese Kirche zu schenken, unter der Bedingung, dass er mit seiner Villa und seinen anderen Besitztümern für ihre Fertigstellung haftete. Das Projekt trieb Borda fast in den Ruin. Aber es war das Risiko wert, denn heraus kam eines der schönsten und eindrucksvollsten barocken Gebäude Mexikos. Die Kirche wurde von den spanischen Architekten Juan Caballero und Diego Durán entworfen und zwischen 1751 und 1758 erbaut.

Das beeindruckendste an der Santa Prisca ist vielleicht der Kontrast zwischen den Glockentürmen mit der sorgfältig gearbeiteten Fassade im Churriguera-Stil und dem sehr viel einfacheren, schmalen, eleganten Kirchenschiff (das Ganze ist am besten von der Seite aus zu sehen). Die rosafarbenen Steine, die für die Fassade benutzt wurden, sind besonders hübsch anzuschauen, wenn sie von der Sonne angestrahlt werden. Das Relief über dem Eingang zeigt die Taufe Christi. Die großartig verzierten, goldbedeckten Altarbilder im Innenraum sind weitere prächtige Beispiele für den Churriguera-Stil.

MUSEO GUILLERMO SPRATLING

Das übersichtliche, dreistöckige **Museum für Geschichte und Archäologie** (☎ 622-16-70; Delgado 1; Eintritt 27 Mex$; 🕑 Di–Sa 9–18, So 9–15 Uhr) befindet sich in einer Gasse hinter dem Templo de Santa Prisca. Es beherbergt eine kleine, aber ganz ausgezeichnete Sammlung an vorkolonialer Kunst, u. a. Schmuck, Keramiken und Skulpturen aus der Privatsammlung des amerikanischen Silberschmieds William Spratling. Die Phalluskultobjekte sind ein ganz besonderer Blickfang. Im Erdgeschoss können Beispiele von Spratlings Entwürfen mit vorkolonialen Motiven bewundert werden. Im obersten Stockwerk sind gelegentlich Sonderausstellungen zu sehen. Einen Minuspunkt bekommt dieses ausgesprochen gut geführte Museum aber dafür, dass die Erklärungen nur auf Spanisch sind.

MUSEO DE ARTE VIRREINAL

Das bezaubernde, ziemlich bunt gemischte **Museum für religiöse Kunst** (☎ 622-55-01; Ruiz de Alarcón 12; Erw./Student 20/15 Mex$; 🕑 Di–Sa 10–17.45, So 10–15.45 Uhr) befindet sich in einem wunderschönen alten Haus, das auch unter dem Namen Casa Humboldt bekannt ist, obwohl der berühmte deutsche Forscher und Naturkundler Friedrich Heinrich Alexander von Humboldt hier 1803 nur eine einzige Nacht verbracht hat. Die kleine, aber gut präsentierte Sammlung ist auf Englisch und Spanisch beschriftet. Die interessantesten Exponate beschreiben die Restaurierung der Santa Prisca, während der im Keller einige besondere Gegenstände (Wandteppiche, hölzerne Altarstücke, wunderschön verzierte Stoffe) gefunden wurden. Auch die Ausstellung über die Manila-Galeonen, die den Handel zwischen Amerika und Fernost begründeten, ist echt interessant.

CASA BORDA (CENTRO CULTURAL TAXCO)

Die 1759 von José de la Borda erbaute **Casa Borda** (☎ 622-66-34; Plaza Borda; Eintritt frei; 🕑 Di–So 10–17 Uhr) ist heute ein Kulturzentrum, in dem experimentelles Theater und Ausstellungen zeitgenössischer Guerrero-Bildhauer, Maler und Fotografen einen Platz haben. Die Hauptattraktion ist aber das Gebäude selbst. Das Gelände ist uneben, deshalb schaut man aus dem hinteren Fenster vier Stockwerke nach unten, obwohl sich der Eingang im Erdgeschoss befindet.

TELEFÉRICO

In der Nähe der Los Arcos im Norden von Taxco fährt eine in der Schweiz gebaute **freischwebende Seilbahn** (einfache Strecke/hin & zurück 20/30 Mex$; 🕑 7.45–19 Uhr) 173 m zum Hotel Monte Taxco hinauf (S. 281). Von dort hat man einen grandiosen Blick auf Taxco und

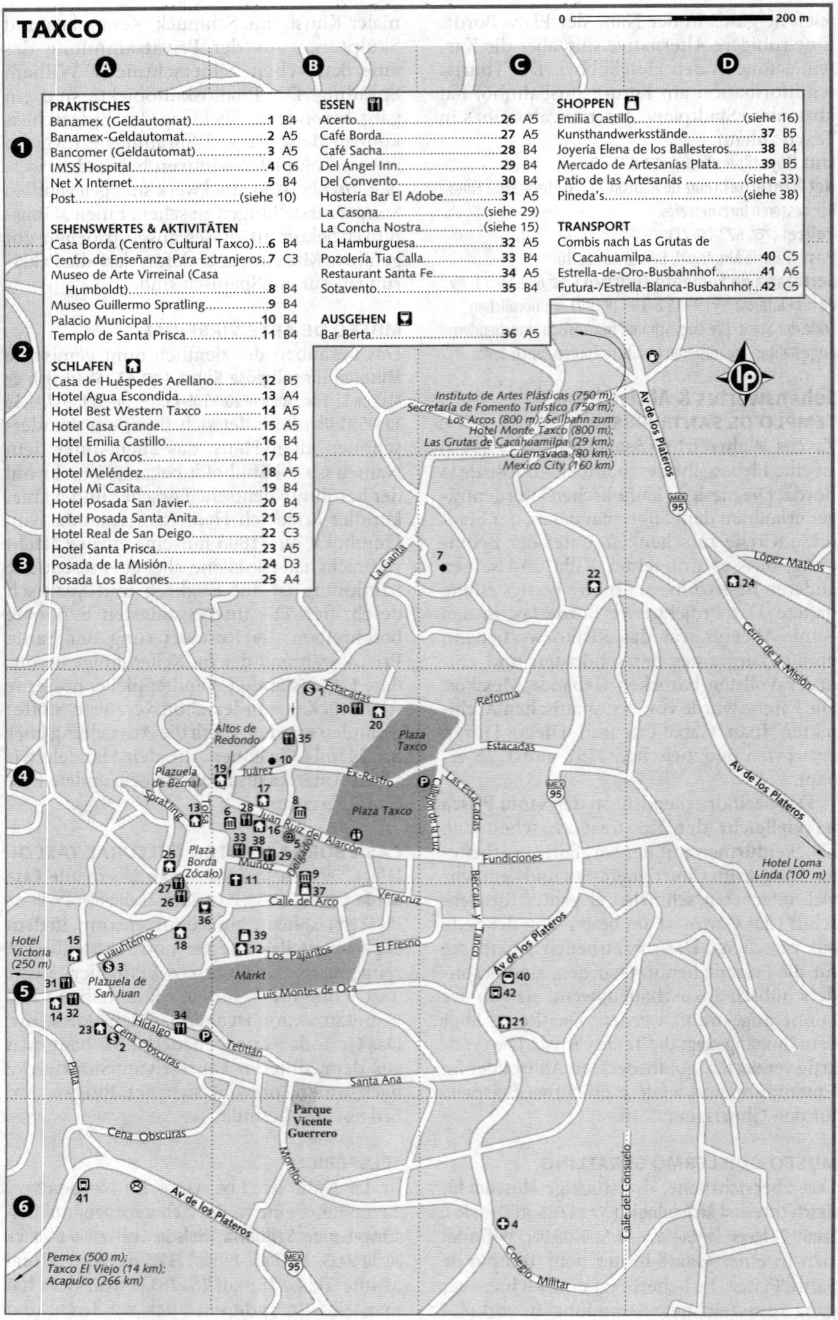
TAXCO
0 200 m
PRAKTISCHES
Banamex (Geldautomat)....1 B4
Banamex-Geldautomat....2 A5
Bancomer (Geldautomat)....3 A5
IMSS Hospital....4 C6
Net X Internet....5 B4
Post....(siehe 10)
SEHENSWERTES & AKTIVITÄTEN
Casa Borda (Centro Cultural Taxco)....6 B4
Centro de Enseñanza Para Extranjeros..7 C3
Museo de Arte Virreinal (Casa Humboldt)....8 B4
Museo Guillermo Spratling....9 B4
Palacio Municipal....10 B4
Templo de Santa Prisca....11 B4
SCHLAFEN
Casa de Huéspedes Arellano....12 B5
Hotel Agua Escondida....13 A4
Hotel Best Western Taxco....14 A5
Hotel Casa Grande....15 A5
Hotel Emilia Castillo....16 B4
Hotel Los Arcos....17 B4
Hotel Meléndez....18 A5
Hotel Mi Casita....19 B4
Hotel Posada San Javier....20 B4
Hotel Posada Santa Anita....21 C5
Hotel Real de San Deigo....22 C3
Hotel Santa Prisca....23 A5
Posada de la Misión....24 D3
Posada Los Balcones....25 A4
ESSEN
Acerto....26 A5
Café Borda....27 A5
Café Sacha....28 B4
Del Ángel Inn....29 B4
Del Convento....30 B4
Hostería Bar El Adobe....31 A5
La Casona....(siehe 29)
La Concha Nostra....(siehe 15)
La Hamburguesa....32 A5
Pozolería Tia Calla....33 B4
Restaurant Santa Fe....34 A5
Sotavento....35 B4
AUSGEHEN
Bar Berta....36 A5
SHOPPEN
Emilia Castillo....(siehe 16)
Kunsthandwerksstände....37 B5
Joyería Elena de los Ballesteros....38 B4
Mercado de Artesanías Plata....39 B5
Patio de las Artesanías....(siehe 33)
Pineda's....(siehe 38)
TRANSPORT
Combis nach Las Grutas de Cacahuamilpa....40 C5
Estrella-de-Oro-Busbahnhof....41 A6
Futura-/Estrella-Blanca-Busbahnhof..42 C5
Instituto de Artes Plásticas (750 m); Secretaría de Fomento Turístico (750 m); Los Arcos (800 m); Seilbahn zum Hotel Monte Taxco (800 m); Las Grutas de Cacahuamilpa (29 km); Cuernavaca (80 km); Mexico City (160 km)
Av de los Plateros
La Garita
López Mateos
Cerro de la Misión
Reforma
Estacadas
Plaza Taxco
Ex-Rastro
Las Estacadas
Callejón de la Luz
Altos de Redondo
Juárez
Plazuela de Bernal
Spratling
Tolsa
Juan Ruiz del Alarcón
Delgado
Muñoz
Plaza Borda (Zócalo)
Fundiciones
Hotel Loma Linda (100 m)
Calle del Arco
Veracruz
Beccara y Tanco
Cuauhtémoc
Los Pajaritos
El Fresno
Hotel Victoria (250 m)
Plazuela de San Juan
Markt
Luis Montes de Oca
Hidalgo
Cena Obscuras
Tetitlán
Santa Ana
Parque Vicente Guerrero
Pilita
Morelos
Calle del Consuelo
Colegio Militar
Pemex (500 m); Taxco El Viejo (14 km); Acapulco (266 km)

die Berge der Umgebung. Hin kommt man, indem man von der Südseite der Los Arcos aus ein Stück den Berg hoch läuft und dann rechts durch das Tor des Instituto de Artes Plásticas geht.

Kurse

Taxco ist beliebt bei Studenten, die ein Auslandssemester machen wollen.

Centro de Enseñanza Para Extranjeros (CEPE; ☎ 622-34-10; www.cepe.unam.mx; Kurse ab 4500 Mex$) Die Zweigstelle der Universidad Nacional Autónoma de México in Mexico City bietet in der tollen Atmosphäre der ehemaligen Hazienda El Chorrillo Intensivkurse in spanischer Sprache an. Fortgeschrittene können zusätzliche Kurse in mexikanischer Kunst, Geografie und Literatur belegen. Das CEPE organisiert auch Unterkünfte bei Gastfamilien für 1400 bis 2400 Mex$ pro Monat.

Escuela Nacional de Artes Plásticas (☎ 622-36-90; www.enap.unam.mx) Die Schule nebenan hat Kunstworkshops ab 1500 Mex$ pro Monat oder 8500 Mex$ pro Semester im Angebot.

Festivals & Events

Wer zu einem der jährlichen Festivals nach Taxco kommt, sollte seine Unterkunft auf jeden Fall im Voraus buchen. Die genauen Daten der zeitlich variierenden Feste kann man bei der Touristeninformation erfragen.

Fiestas de Santa Prisca & San Sebastián Die Stadtheiligen werden am 18. (Santa Prisca) und 20. Januar (San Sebastián) gefeiert. Die Einheimischen stellen sich dann mit ihren Haus- und Nutztieren am Templo de Santa Prisca auf, um die jährliche Segnung zu empfangen.

Jueves Santo Am Donnerstag vor Ostern gedenkt man des Abendmahls. Büßer mit Kapuzen machen Straßenprozessionen durch die Stadt und geißeln sich mit Dornen.

Jornadas Alarconianas Zum sommerlichen Kulturfest zu Ehren des in Taxco geborenen Dramatikers Juan Ruiz de Alarcón finden auf den Plätzen und in den Kirchen der Stadt Konzerte und Tanzvorführungen von international bekannten Künstlern statt.

Día del Jumil Am Montag nach dem Día de los Muertos (2. November) wird der *jumil* gefeiert – der essbare Käfer, der den Bewohnern von Taxco ein weiteres Jahr Leben und Energie spenden soll. Viele Familien campen am Wochenende zuvor auf dem Cerro de Huixteco, und die Leute suchen auf den Hügeln nach *jumiles*, um gemeinsam zu essen und zu feiern.

Feria de la Plata Die eine Woche dauernde landesweite Silbermesse findet Ende November oder Anfang Dezember statt. Es gibt Wettbewerbe in mehreren Kategorien, z. B. Schmuck und Skulpturen. Einige der besten Silberarbeiten Mexikos sind hier zu sehen. Parallel finden Rodeos, Konzerte, Tänze und *burro*-Rennen statt.

Las Posadas Vom 16. bis 24. Dezember ziehen jeden Abend Prozessionen mit Kerzen und Gesang durch die Straßen von Taxco. Die Kinder sind als biblische Figuren verkleidet. Später stürzen sie sich auf *piñatas*.

Schlafen

Unterkünfte gibt's in Taxco jede Menge – von großen Vier- und Fünf-Sterne-Hotels bis hin zu netten Posadas in Familienbesitz. Eigentlich sollte man sein Zimmer immer im Voraus reservieren, aber an Wochenenden geht es überhaupt nicht anders, denn dann strömen die Massen aus Mexico City in die Stadt.

BUDGETUNTERKÜNFTE

Casa de Huéspedes Arellano (☎ 622-0365; Los Pajaritos 23; B 100 Mex$, Zi. ohne/mit Bad 140/160 Mex$, DZ 180/220 Mex$) In dieser bei Backpackern beliebten Unterkunft gibt es viele verschiedene einfache und saubere Zimmer. Die im Erdgeschoss sind am günstigsten (EZ/DZ 100/150 Mex$), haben aber keine Balkone. In einigen anderen können bis zu sechs Personen übernachten (600 Mex$) und viele haben auch Balkone. Eine gut gepflegte Unterkunft mit vielen Blumen, Vogelkäfigen und großen Terrassen, auf denen man wunderbar relaxen kann.

Hotel Casa Grande (☎ 622-09-69; Plazuela de San Juan 7; EZ ohne/mit Bad 155/230 Mex$, DZ 230/355 Mex$; 💻) Das Casa Grande mit den einfachen, sehr sauberen Zimmern ist schon wegen der phantastischen Terrasse mit Blick über den Platz eine Übernachtung wert. Die Nachteile hier sind der Straßenlärm und die laute Musik aus dem La Concha Nostra (S. 282) im Erdgeschoss. Die Apartments hinten sind ruhiger, aber leider etwas heruntergekommen. Empfehlenswert ist das Dreizimmerapartment (530 Mex$).

Hotel Posada Santa Anita (☎ 622-07-52; hpsta54@hotmail.com; Av de los Plateros 320; EZ/DZ/3BZ 250/350/400 Mex$; Ⓟ) Es gibt hier nur zwei Quartiere mit Ausblick, die anderen 23 sind relativ dunkel. Die Zimmer nach hinten raus sind sehr viel ruhiger. Die nur wenige Schritte vom Futura-Busbahnhof entfernte Posada ist zwar nicht sehr charmant, aber dafür stimmt das Preis-Leistungs-Verhältnis. Alle Zimmer haben eigene Bäder und die meisten auch TV.

MITTELKLASSEHOTELS

Posada Los Balcones (☎ 622-02-50; posada_balcones@hotmail.com; Plazuela de los Gallos 5; EZ/DZ/3BZ 300/450/550 Mex$) Die erstaunlich bezaubernden Zimmer in dieser zentral gelegenen und nur wenige Schritte von der Santa Prisca entfernten Unterkunft sind ihr Geld wirklich wert. Und wie der Name schon vermuten lässt, haben viele von ihnen einen Balkon (mit Blick auf die laute Straße). Alle 15 Zimmer verfügen über TV und Bad.

Hotel Santa Prisca (☎ 622-00-80; htl_staprisca@yahoo.com; Cena Obscuras 1; EZ/DZ/3BZ 350/500/550 Mex$; P) Die 31 hübschen Zimmer im traditionellen mexikanischen Stil sind in einer schönen, alten Hazienda mit begrüntem Innenhof untergebracht. Auch die Lage ist super: Man ist mittendrin im Geschehen. Die etwas kleinen Zimmer haben fast alle einen Balkon mit traumhafter Aussicht. In den Zimmern stehen zwei Betten. Die neueren, sonnigeren sind etwas teurer. Der Parkplatz ist über einen Tunnel an der Hügelseite des Hotels zu erreichen.

Hotel Meléndez (☎ 622-00-06; Cuauhtémoc 6; EZ/DZ 395/480 Mex$) Die zur Straße hinausgehenden Zimmer des beliebten Familienunternehmens sind stark dem Straßenlärm ausgesetzt. Im oberen Stockwerk gibt's einen toll gefliesten Gemeinschaftsbereich, eine Sonnenterrasse und Zimmer mit traumhaftem Blick. Die zentrale Lage der Unterkunft ist einfach unschlagbar.

Hotel Emilia Castillo (☎/Fax 622-67-17; www.hotelemiliacastillo.com; Juan Ruiz de Alarcón 7; EZ/DZ/3BZ 400/450/500 Mex$) Die 14 makellos sauberen Zimmer haben phantastische, geflieste Bäder. Die intime Unterkunft gehört einer berühmten Familie von Silberschmieden und bietet kolonialen Charme zu annehmbaren Preisen. Da es hier leider ein bisschen laut ist, sollte man nach einem Zimmer nach hinten raus fragen. Den Blick von der Dachterrasse darf man sich keinesfalls entgehen lassen.

Hotel Los Arcos (☎ 622-18-36; www.hotellosarcos.net; Juan Ruiz de Alarcón 4; EZ/DZ/Suite 425/475/550 Mex$; 💻) Das rustikale, im traditionellen Stil eingerichtete Hotel ist in einem grandiosen ehemaligen Kloster aus dem 17. Jh. untergebracht. Die 26 Zimmer sind charmant, aber einfach, und die Lage ist einfach ideal.

Hotel Real de San Diego (☎ 627-23-30; realdesandiego@hotmail.com; Ave de los Plateros 169; EZ/DZ/3BZ 440/500/560 Mex$; P 🏊) Wer hier übernachten will, sollte versuchen, ein Zimmer im zweiten Stock zu bekommen, denn die sind größer, und einige haben sogar einen Balkon. Das Hotel befindet sich an der Hauptstraße nach Taxco nur einen kurzen Fußmarsch vom Stadtzentrum entfernt. Es gibt einen kleinen Pool, neu renovierte Bäder und Kabel-TV.

Hotel Posada San Javier (☎ 622-31-77; posadasanjavier@hotmail.com; Estacadas 32; EZ/DZ ab 460/490 Mex$, Suite 605–1405 Mex$; P 💻 🏊) Die große Anlage ist ein Hotel- und Apartmentkomplex, der um einen reizenden Garten mit Pool angeordnet ist. Es gibt 22 Zimmer und viele Ferienwohnungen. Die Zimmer sind gemütlich, wenn auch nichts Besonderes. Die eigentlichen Highlights sind die ausgezeichnete Lage und der Pool.

Hotel Loma Linda (☎ 622-02-06; www.hotellomalinda.com; Av de los Plateros 52; EZ/DZ 410/480 Mex$, Zi. Fr & Sa 650 Mex$; P 🏊) Die Zimmer dieses gut geführten Motels sind größer als die anderer Hotels, dafür ist seine Lage aber nicht so ideal, denn es befindet sich 1 km nördlich der Stadt am Rand einer riesigen Schlucht. Die Zimmer an der Rückseite des Hauses bieten einen tollen Blick übers Tal. Es gibt ein Restaurant, einen beheizten Pool, Parkplätze und in jedem der 71 Zimmer Kabel-TV. Einige haben auch eine Terrasse.

LP Tipp **Hotel Mi Casita** (☎ 627-17-77; www.hotelmicasita.com; Altos de Redondo 1; EZ/DZ/Suite/Apt. inkl. Frühstück ab 550/650/700/750 Mex$; ⊠) Dieses nur wenige Schritte vom *zócalo* entfernte Juwel hat zwölf wunderschöne, individuell gestaltete Zimmer mit grandiosem Blick auf die Kathedrale. Die in einem Kolonialhaus untergebrachte Unterkunft, die von einer Familie von Schmuckdesignern geführt wird, ist ihren Preis wirklich wert. Aber Achtung: unbedingt Ohrstöpsel mitbringen! Die gemütlichen Zimmer haben Bäder mit handbemalten Fliesen, Ventilatoren und Kabel-TV und einige auch eine eigene Terrasse. Drei Zimmer verfügen sogar über rustikale Talavera-Badewannen.

Hotel Agua Escondida (☎ 622-07-26, 800-504-03-11; www.aguaescondida.com; Plaza Borda 4; EZ/DZ 614/760 Mex$; P 💻 🏊) Das „versteckte Wasser" am *zócalo* hat mehrere Pools und ein Café mit Bar oben auf der Terrasse, von der aus man einen unvergleichlichen Blick auf die Santa Prisca hat. Die 60 komfortablen, wenn auch sterilen Zimmer (von denen einige renoviert wurden, andere nicht) sind mit mexikanischen Möbeln eingerichtet und haben Kabel-TV und Telefon. Die mit Balkon zur Straße sind ziemlich laut, daher unbedingt versuchen, eins nach hinten raus zu bekommen! An den Wochenenden steigen die Preise.

Hotel Victoria (☎ 622-00-04; www.victoriataxco.com; Nibbi 5-7; Zi./Suite ab 550/850 Mex$; P 💻) Bei unserem letzten Besuch haben wir in diesem seltsamen, völlig verlassenen Hotel nur den Pförtner angetroffen, der ziemlich erstaunt war, uns zu sehen. Die 50 Quartiere liegen verstreut an einem Hügel inmitten eines unangenehm feuchten, vollständig zugewucherten Gartens, in dem man sich ein bisschen wie in einem Urwald fühlt. Die Zimmer sind aber groß und gut, vor allem die Suiten mit den riesigen Balkonen. Die Bäder haben allerdings schon bessere Zeiten gesehen.

SPITZENKLASSEHOTELS

Hotel Best Western Taxco (☎ 627-61-94, 800-561-26-63; www.bestwesterntaxco.com; Nibbi 2; EZ/DZ 999/1100 Mex$, Suite 1315–1515 Mex$; P) Wer nicht unbedingt in kolonialer Atmosphäre übernachten muss, ist in diesem recht stylishen und gut geführten Best Western genau richtig. Die großen, im Stil eines Boutiquehotels eingerichteten Zimmer mit den kleinen Bädern sorgen für einen angenehmen Aufenthalt mitten in Taxco. Die Zimmer oben sind größer, haben allerdings keinen Balkon. Das macht aber nichts, denn von der Dachterrasse können alle Gäste den Rundumblick über die Stadt genießen.

Posada de la Misión (☎ 622-00-63, 800-008-29-20; www.posadamision.com; Cerro de la Misión 32; EZ/DZ inkl. Frühstück 1500/1650 Mex$; P) Die Posada de la Misión liegt auf einem großen, weitläufigen Grundstück oben auf einem steilen Hügel und dennoch nur wenige Schritte vom Stadtzentrum entfernt. Sie ist perfekt für ein entspanntes Wochenende. Die bezaubernden Zimmer (von denen einige große Balkons mit atemberaubendem Blick auf die Stadt haben) sind geräumig, luftig und hell. Unter einem schönen Mosaik von Cuauhtémoc befinden sich ein großer Pool und ein Jacuzzi. Außerdem gibt's noch ein ausgezeichnetes Restaurant mit umwerfender Aussicht. Das Hotel ist auch eine beliebte Bleibe für Reisegruppen, mit denen man aber angesichts der Größe der Anlage nicht zwingend in Kontakt kommen muss.

Hotel Monte Taxco (☎ 622-13-00, 800-980-0000; www.montetaxco.com.mx; Lomas de Taxco; EZ/DZ ab 1638/1735 Mex$; P) Dieser Countryclub in ungewöhnlicher Lage ist von Taxcos Stadtrand aus mit der Seilbahn (S. 277) zu erreichen und der Ort, an den man zum Golfen kommt. Eigentlich fragt man sich, was das ganze Aufheben soll, denn das Hotel ist – mal abgesehen von der Aussicht und der relaxten Atmosphäre – nichts Besonderes. Die Zimmer sind schlicht und irgendwie etwas vernachlässigt. Von hier nach Taxco runter zu kommen, ist ziemlich aufwändig; am besten besucht man das Monte Taxco nur auf einen Drink am Pool. Die Nutzung des Neun-Loch-Golfplatzes kostet extra.

Essen & Ausgehen

In vielen der besten Restaurants der Stadt kann man auch ganz prima einen Drink nehmen.

Café Sacha (☎ 628-51-50; Juan Ruiz de Alarcón 1A; Hauptgerichte 40–80 Mex$; V) Sehr hübsch eingerichtetes Lokal mit gedämpfter Beleuchtung, kleinen Bistrotischen, kostenlosem WLAN und einer Sammlung alter Lonely Planets über fast ganz Mittelamerika. Hierher kann man zu jeder Tageszeit kommen, abends kann es durchaus ziemlich voll werden. Es gibt gute vegetarische Gerichte sowie thailändische und indische Spezialitäten.

La Hamburguesa (☎ 622-09-41; Plazuela de San Juan 5; Burger ab 15 Mex$; Mi geschl.) Wer nur eine Kleinigkeit oder ein schnelles Mittagessen futtern möchte, ist in diesem beliebten Restaurant an der Westseite der Plazuela San Juan richtig. Auf den Tisch kommen Hamburger, Pommes und ausgezeichnete Enchiladas.

Pozolería Tia Calla (☎ 622-56-02; Plaza Borda 1; Hauptgerichte 20–40 Mex$; Mi–Mo 13.30–23 Uhr) Hier gibt es weder tolle *vistas* noch luftige *terrazas* – nur authentische *pozole*, die bei Tante Calla im Untergeschoß serviert wird. Man hat die Qual der Wahl zwischen Hühner- und Schweinefleisch. Letzteres kommt mit Unmengen *chicharrón* (gebratener Schweinehaut), Avocado und allen Extras auf den Tisch. Auch beim Hühncheneintopf ist die Brühe auf Basis von Schweinefleisch zubereitet. Das in Krügen servierte Bier ist eiskalt und im Fernsehen läuft ununterbrochen *fútbol*. Was will man mehr?

Café Borda (☎ 627-20-73; Plaza Borda 6; Hauptgerichte 40 Mex$) Von dem winzigen Lokal aus hat man einen einzigartigen Blick auf die Santa Prisca, und mit etwas Glück ergattert man vielleicht sogar den einzigen Tisch auf dem Balkon. Die netten Betreiber servieren leckeres Frühstück, starken Kaffee, Sandwiches und mexikanische *antojitos*.

Del Convento (☎ 622-32-72; Estacadas 32; Hauptgerichte 40–105 Mex$) Von der großen Terrasse des Restaurants der Posada San Javier hat man einen Ausblick, der kaum zu übertreffen ist, und man kriegt raffiniert zubereitetes

Frühstück und Abendessen. Man kann aber auch nur einen Cocktail schlürfen.

Hostería Bar El Adobe (☎ 622-14-16; Plazuela de San Juan 13; Hauptgerichte 45–110 Mex$) Der Blick von hier ist weniger spektakulär als der aus den benachbarten Touri-Restaurants, aber dafür sind die Innenräume schön gestaltet, und in der Bar gibt's unzählige verschiedene Cocktails. Zu den Spezialitäten zählen *cecina* (gesalzenes Rückensteak) im Taxco-Stil und Knoblauchsuppe mit Garnelen.

Sotavento (☎ 627-12-17; Juárez 12; Hauptgerichte 50–145 Mex$) Das direkt neben dem Palacio Municipal liegende Sotavento hat eine großartige Terrasse, einen ruhigen Garten und eine tolle Kunstgalerie. Auf den Tisch kommt hier fast alles: vom Frühstück bis zum Cocktail, von *enchiladas de mole* bis zum erstklassigen Steak.

Restaurant Santa Fe (☎ 622-11-70; Hidalgo 2; Hauptgerichte 55–90 Mex$) Das Santa Fe, das es schon seit mehr als 50 Jahren gibt, ist bei den Einheimischen sehr beliebt. Serviert werden nicht übermäßig teure traditionelle mexikanische Gerichte wie *conejo en chile ajo* (Hase mit Knoblauch und Chili) und frische Garnelen. Im Angebot sind auch ein Frühstücksmenü, eine herzhafte viergängige *comida corrida* (Menü 60 Mex$) und jeden Abend nach 18 Uhr drei Sorten *pozole*. An den Wänden hängen Fotos von Stammgästen und einige ausgezeichnete Schwarz-Weiß-Aufnahmen vom alten Taxco.

La Casona (☎ 622-10-71; Muñoz 4; Hauptgerichte 60 Mex$; ⏲ 8–20 Uhr) Das etwas preiswertere La Casona neben dem Del Ángel ist nicht ganz so furchtbar touristisch. Hier werden in lockerer Atmosphäre traditionelle Gerichte serviert. Von den Tischen hinten hat man einen grandiosen Ausblick. Am allerbesten ist aber der Tisch, den man sich mit einem eine Zigarre rauchenden Skelett teilen muss. Das *menu del día* für 80 Mex$ ist absolut zu empfehlen.

La Concha Nostra (☎ 622-79-44; Plazuela de San Juan 5; Pizza 60 Mex$) In dem beliebten Pizza-und-Pasta-Restaurant im zweiten Stock der Casa Grande (S. 279) kann man bis 1 Uhr nachts essen und trinken und vom Balkon das Treiben auf der Plazuela San Juan beobachten. Samstagabends bringen Rockbands Leben in die Bude.

Acerto (☎ 622-00-64; Plaza Borda 7; Hauptgerichte 90–190 Mex$) Diese verblüffend moderne, glitzernde (und ziemlich orangefarbene) Version des ehemaligen Lokals, das bei Einheimischen über viele Jahre hinweg äußerst beliebt war, ist jetzt Restaurant, Cocktailbar und Internetcafé in einem. Die Hauptattraktion ist der Blick über die Plaza Borda auf die Santa Prisca. Aber auch die leckeren Salate, Suppen, *antojitos* und *moles* sowie die super Cocktails sind ein guter Grund für einen Besuch.

Del Ángel Inn (☎ 622-55-25; Muñoz 4; Hauptgerichte 130–150 Mex$) Reisegruppen und Mariachi-Bands bevölkern dieses Restaurant, das seit langem zu Taxcos beliebtesten Adressen gehört. Der Blick von der Dachterrasse im zweiten Stock ist kaum zu schlagen, und auch das Essen ist lecker. Angeboten wird eine Vielzahl mexikanischer und internationaler Gerichte.

Bar Berta (Cuauhtémoc; ⏲ 11–20 Uhr) Eigentlich müsste das Berta von verloren dreinschauenden Touristen überlaufen sein – ist es aber nicht. Stattdessen treffen sich hier coole Einheimische, die einen ordentlichen Drink zu sich nehmen und sich *fútbol* anschauen. Wem die hübsche, grün gestrichene Bar unten nicht zusagt, der kann nach oben auf die kleine Terrasse mit Blick auf den *zócalo* gehen. Die Spezialität des Hauses ist *Berta* (Tequila, Honig, Limette und Mineralwasser).

Shoppen

SILBER

Im Gebäude **Patio de las Artesanías** (Plaza Borda) sind mehrere Silberläden untergebracht. **Pineda's** (☎ 622-32-33; Muñoz 1) ist zu Recht berühmt und auch in die **Joyería Elena de los Ballesteros** (☎ 622-37-67; Muñoz 4) kann man mal reinschauen.

Emilia Castillo (☎ 622-34-71; Ruiz de Alarcón 7) im Hotel Emilia Castillo verkauft Tischgeschirr aus einer einzigartigen Verbindung von Silber und Porzellan. Quantität statt Qualität gibt's auf dem **Mercado de Artesanías Plata** (⏲ 11–20 Uhr): schlecht präsentierte Ringe, Ketten und Anhänger.

KUNSTHANDWERK

Vor lauter Silber übersieht man es leicht, aber in Taxco gibt es tatsächlich noch mehr zu kaufen. Schön bemalte Holz- und Pappmachétabletts, -platten und -schachteln sowie Holzschnitzereien und Borkengemälde werden in der Calle del Arco südlich von Santa Prisca verkauft. Mehrere Läden bieten Halbedelsteine, Fossilien und Mineralkristalle an, andere haben eine gute Auswahl an Masken, Puppen und halbwegs alten Schnitzereien.

An- & Weiterreise

Der Futura-/Estrella-Blanca-Busbahnhof für 1.- und 2.-Klasse-Busse befindet sich unterhalb des Marktes; hier gibt's eine Gepäckaufbewahrung. Von diesem Terminal fahren auch die Touristenbusse ab. Der Estrella-de-Oro (EDO)-Busbahnhof für 1.-Klasse-Busse liegt am südlichen Ende der Stadt.

Einige 1.-Klasse-*directo*-Verbindungen:

Ziel	Preis (Mex$)	Dauer (Std.)	Häufigkeit (tgl.)
Acapulco	168	4–5	7-mal (Futura)
Chilpancingo	105	2–3	7-mal (EDO)
	105	2–3	6-mal (Futura)
Cuernavaca	50	1½	8-mal (EDO)
	52	1½	stündl. (Futura)
Mexico City (Terminal Sur)	105	3	stündl. (EDO)
	105	3	5-mal (Turistar)
	105	3	10-mal (Futura)

Unterwegs vor Ort

Neben Schusters Rappen sind die Combis (die weißen VW-Minibusse) und Taxis die besten Fortbewegungsmittel, um durch die steilen, schmalen Kopfsteinpflasterstraßen von Taxco zu kommen.

Combis (4 Mex$) verkehren regelmäßig zwischen 7 und 20 Uhr. Combis mit der Aufschrift „Zócalo" fahren ab der Plaza Borda Cuauhtémoc hinunter zur Plazuela de San Juan, dann bergauf über die Hidalgo. An der Morelos biegen sie rechts ab, an der Av de los Plateros links, und dann geht's Richtung Norden bis zur La Garita, wo sie links abbiegen und zum *zócalo* zurückkehren. Combis, an denen ein Schild mit der Aufschrift „Arcos/Zócalo" befestigt ist, folgen derselben Strecke, außer dass sie über La Garita hinaus bis Los Arcos fahren. Dort wenden sie und fahren wieder nach La Garita zurück. Combis mit der Aufschrift „PM" (Pedro Martín) fahren von der Plaza Borda bis zum Südrand der Stadt, am Estrella-de-Oro-Busbahnhof vorbei. Eine Taxifahrt kostet innerhalb der Stadt 15 bis 30 Mex$.

Das Einkaufszentrum an der Plaza Taxco hat ein großes Parkhaus (15 Mex$/Std., über die meisten Hotels kriegt man einen deutlich günstigeren 24-Stunden-Tarif). Die Zufahrt befindet sich in der Av de los Plateros, über Estacadas. Ein Fahrstuhl bringt einen hinauf ins Einkaufszentrum an der Ruiz de Alarcón direkt neben der Casa Humboldt.

PARQUE NACIONAL GRUTAS DE CACAHUAMILPA

Zu den atemberaubendsten Naturspektakeln Zentralmexikos gehören die **Cacahuamilpa-Höhlen** (☎ 104-01-55; www.cacahuamilpa.conanp.gob.mx; geführte Touren Erw./Kind 60/50 Mex$; 10–19 Uhr, Kassenschluss 17 Uhr). Sie sind ein absolutes Muss für jeden, der Taxco oder Cuernavaca einen Besuch abstattet. Allein die Größe der Höhlen ist unglaublich. Riesige, bis zu 82 m hohe Kammern führen 1,2 km in den Berg hinein. Die unzähligen Stalaktiten und Stalagmiten machen einen schier sprachlos vor Staunen.

Leider ist das Erlebnis für Besucher aber nicht so toll, denn der Zutritt auf eigene Faust zu dem (vollkommen sicheren) Fußweg ist nicht gestattet. Man muss sich einer geführten Tour anschließen, die zu jeder vollen Stunde losgeht. Die Führer weisen nur auf einige witzige Formationen hin (z. B. den Weihnachtsmann, das kniende Kind und den Gorilla). Höhlenerfahrene werden entsetzt sein und Leute, die kein Spanisch können, ziemlich verwirrt, denn die meisten Führer sprechen kein Englisch. Aber glücklicherweise darf man nach der einstündigen Tour allein zum Eingang zurückmarschieren, auch wenn es streckenweise stockdunkel ist.

Vom Höhlenausgang kann man hinunter zum reißenden **Río Dos Bocas** wandern, der sich seinen Weg durch die Berge bahnt und mit einigen ruhigen Becken zum Abkühlen einlädt. Allein der Blick ist hier schon spektakulär. Mückenspray nicht vergessen!

Samstags und sonntags kann es an den Höhlen sehr voll werden. In der Nähe des Eingangs gibt's Restaurants, Imbissbuden und Souvenirläden.

An- & Weiterreise

Am bequemsten kommt man mit einem der Busse, die in Taxco am Futura-Busbahnhof (21 Mex$, 45 Min.) in Richtung Toluca oder Ixtapan abfahren, zu den Höhlen. Man muss einfach nur eine Karte zu den „Las Grutas" kaufen und wird dann vom Fahrer an der Abzweigung nach Cuernavaca abgesetzt. Von dort geht's auf der Straße Richtung Cuernavaca zu Fuß 350 m bergab bis zur Touristeninformation auf der rechten Seite.

„Grutas"-Combis (15 Mex$, 45 Min.) fahren fast stündlich am Futura-Busbahnhof ab und halten an der Touristeninformation. In den Combis ist es im Vergleich zu den komfortablen Futura-Bussen recht eng. Die letzten Combis fahren an Wochentagen gegen 17 Uhr und samstags und sonntags gegen 18 Uhr in die Stadt zurück. Wer länger braucht, kann zu späterer Stunde immer noch einen Bus an der Abzweigung anhalten oder für 50 Mex$ mit dem Taxi nach Taxco zurückfahren. 1.-Klasse-Busse von **Estrella Blanca/Futura** (☎ 800-507-55-00; www.estrellablanca.com.mx) verkehren sechsmal täglich zwischen dem Nationalpark und Cuernavaca.

WESTLICH VON MEXICO CITY

Die Gegend westlich von Mexico City wird von dem großen Industrie- und Verwaltungszentrum Toluca beherrscht, der Hauptstadt des Bundesstaates México. Die recht hübsche Stadt hat für Besucher zwar nicht allzu viel zu bieten, doch wenn man schon mal in der Gegend ist, kann man hier gut eine Nacht verweilen.

Die Highlights der Region sind zwei wunderschöne, sehr unterschiedliche koloniale Schmuckstücke: Malinalco, ein verschlafenes, abgelegenes Örtchen mit vielen faszinierenden vorkolonialen Ruinen in einer unvorstellbar malerischen Lage, und das Valle de Bravo, einen kosmopolitischen Erholungsort der mexikanischen Elite am Ufer eines großen, künstlich angelegten Sees, nur zwei Stunden von Toluca entfernt. Die Umgebung von Toluca ist landschaftlich ausgesprochen reizvoll. Es gibt hier Nadelwälder, Flüsse und den riesigen, erloschenen Vulkan Nevado de Toluca, der allein schon wegen der beiden faszinierenden Kraterseen einen Abstecher in die Gegend wert ist.

TOLUCA

☎ 722 / 505 000 Ew. / 2660 m

Wie viele der einst bezaubernden mexikanischen Kolonialstädte ist auch die malerische Altstadt von Toluca von sich immer weiter ausbreitenden Vorstädten umgeben. Der Straßenverkehr allein reicht aus, um den Reiz der Altstadt zu schmälern. Aber trotzdem finden Besucher in dieser Stadt recht hübsche Fleckchen: tolle Plazas, lebendige Einkaufsstraßen sowie zahlreiche Kunstgalerien und Museen.

Toluca war mindestens seit dem 13. Jh. besiedelt. Die Spanier gründeten die moderne Stadt im 16. Jh., nachdem sie die Azteken und die Matlazincas besiegt hatten und die Stadt Teil des riesigen Besitzes von Hernán Cortés, des Marquesado del Valle de Oaxaca, wurde. Seit 1830 ist Toluca Hauptstadt des Bundesstaates México, der den Distrito Federal wie ein umgedrehtes U von drei Seiten umgibt.

Orientierung

Die Hauptstraße aus Mexico City verwandelt sich am Ostrand von Toluca in den Paseo Tollocan. Der biegt dann nach Südwesten ab und wird zu einer Ringstraße, die um den Süden der Stadt herumführt. Der Busbahnhof und der gigantische Mercado Juárez liegen 2 km südöstlich vom Zentrum am Paseo Tollocan.

Die große Plaza de los Mártires, an der die Kathedrale und der Palacio de Gobierno stehen, ist das Zentrum der Stadt. Das Leben konzentriert sich allerdings einen Block weiter südlich in der Fußgängerzone. Der schattige Parque Alameda liegt drei Blocks weiter westlich an der Hidalgo.

Praktische Informationen

Die kostenlose, monatlich auf Spanisch erscheinende *Agenda Cultural* enthält einen Veranstaltungskalender, in dem die Termine von Kunst-, Musik- und Theaterveranstaltungen veröffentlicht werden.

Banken In der Nähe des Portal Madero gibt's jede Menge Banken mit Geldautomaten.

Cruz Roja (Rotes Kreuz; ☎ 217-33-33)

Internetcafé (Hidalgo 406; 8 Mex$/Std.)

Red Internet (Galeana 209; 10 Mex$/Std.)

Staatliche Touristeninformation (☎ 212-59-98; http://turismo.edo mex.gob.mx; Ecke Urawa & Paseo Tollocan) Das Büro liegt etwas ungünstig 2 km südöstlich vom Zentrum. Die Angestellten sprechen Englisch und geben gute Karten aus.

Touristeninformationsstand (Palacio Municipal) Hilfsbereite Angestellte verteilen kostenlose Stadtpläne.

Sehenswertes

STADTZENTRUM

Das **Portal Madero** aus dem 19. Jh. verläuft über 250 m entlang der Av Hidalgo. Hier geht es ziemlich lebhaft zu, genauso wie unter den Arkaden mit Läden in der Fußgängerzone Richtung Osten, wo sich nach 21 Uhr die Mariachis versammeln. Einen Block weiter nördlich öffnet sich die große **Plaza de los Mártires**, die von schönen alten Regierungsgebäuden gesäumt ist. Die **Kathedrale** aus dem 19. Jh. und der **Templo de la Santa Veracruz** aus dem 18. Jh. stehen an der Südseite der Plaza.

Nordöstlich der Plaza de los Mártires liegt die **Plaza Garibay**. An ihrer Ostseite beginnt der einzigartige **Cosmo Vitral Jardín Botánico** (Buntglaskosmos; Botanischer Garten; ☎ 214-67-85; Ecke Juárez & Lerdo de Tejada; Eintritt 10 Mex$; ⌚ Di–So 10–18 Uhr). Das Gebäude hier wurde 1909 als Markthalle errichtet und beherbergt heute einen 3500 m² großen, schönen Garten. Das Licht fällt durch 48 Buntglasfenster herein, die der aus Toluca stammende Künstler Leopoldo Flores gestaltet hat. An der Nordseite der Plaza Garibay steht der **Templo del Carmen** aus dem 18. Jh.

MERCADO JUÁREZ & CASART

Den gigantischen, täglich stattfindenden **Mercado Juárez** (Ecke Fabela & Calle 5 de Mayo) findet man hinter dem Busbahnhof. Jeden Freitag kommt dort die Landbevölkerung zusammen, um Obst, Blumen, Gefäße, Kleider und Plastikwaren auszutauschen. Der Markt ist zwar sehr farbenfroh und lebendig, aber es geht meistens auch ziemlich chaotisch zu – Kunsthandwerk kauft man auf ihm besser nicht.

Im staatlichen Kunsthandwerksladen **Casart** (Casa de Artesanía; ⌚ 10–19 Uhr) ganz in der Nähe findet man dagegen hochwertige Kunst- und Handwerksprodukte in einer friedlicheren Atmosphäre. Die Auswahl ist groß, und es gibt oft das Beste aus den Dörfern, aus denen die jeweilige Kunstrichtung stammt. Die Preise sind festgelegt, und man zahlt auch etwas mehr, als wenn man auf den Märkten verhandelt. Aber man kann hier die Preise und die Qualität checken, bevor man anderswo einkauft. Regelmäßig arbeiten Handwerker im Laden, etwa Korbflechter aus San Pedro Actopan.

CENTRO CULTURAL MEXIQUENSE

Das große **Kulturzentrum** (Kulturzentrum des Bundesstaates México ☎ 274-1200; Blvd Reyes Heroles 302; Eintritt 10 Mex$, So Eintritt frei; ⌚ Mo–Sa 10–18, So 10–15 Uhr) 4,5 km westlich des Stadtzentrums beherbergt drei gute Museen (geöffnet zu denselben Zeiten). Dieses Zentrum ist zwar kein absolutes Muss, lohnt sich aber für alle, die an einheimischer Kunst und Kunsthandwerk,

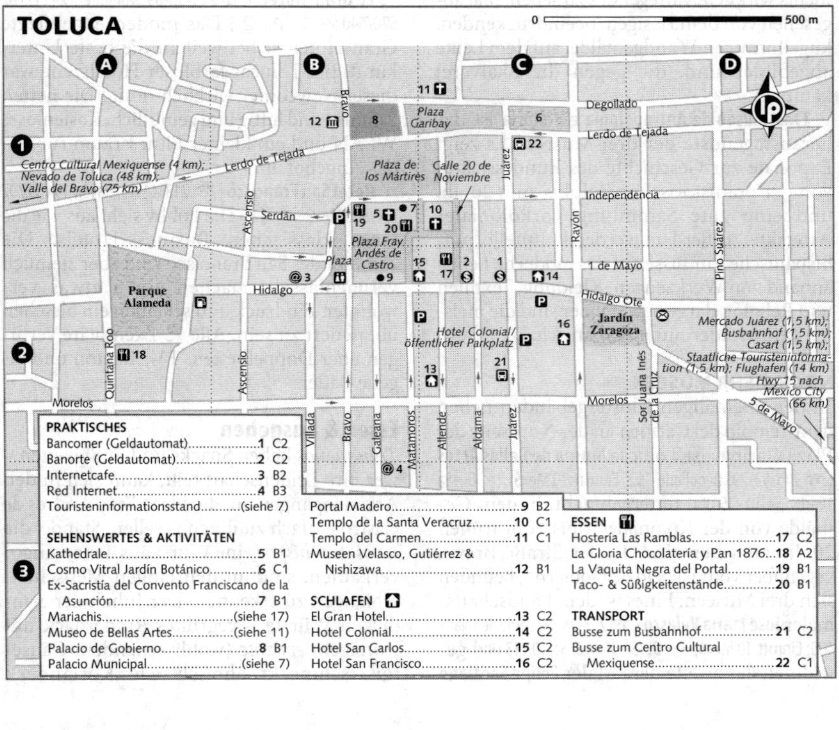

PRAKTISCHES
Bancomer (Geldautomat) 1 C2
Banorte (Geldautomat) 2 C2
Internetcafe 3 B2
Red Internet 4 B3
Touristeninformationsstand (siehe 7)

SEHENSWERTES & AKTIVITÄTEN
Kathedrale 5 B1
Cosmo Vitral Jardín Botánico 6 C1
Ex-Sacristía del Convento Franciscano de la Asunción 7 B1
Mariachis (siehe 17)
Museo de Bellas Artes (siehe 11)
Palacio de Gobierno 8 B1
Palacio Municipal (siehe 7)
Portal Madero 9 B2
Templo de la Santa Veracruz 10 C1
Templo del Carmen 11 C1
Museen Velasco, Gutiérrez & Nishizawa 12 B1

SCHLAFEN
El Gran Hotel 13 C2
Hotel Colonial 14 C2
Hotel San Carlos 15 C2
Hotel San Francisco 16 C2

ESSEN
Hostería Las Ramblas 17 C2
La Gloria Chocolatería y Pan 1876 18 A2
La Vaquita Negra del Portal 19 B1
Taco- & Süßigkeitenstände 20 B1

TRANSPORT
Busse zum Busbahnhof 21 C2
Busse zum Centro Cultural Mexiquense 22 C1

lokaler Archäologie und moderner Kunst interessiert sind. Hin kommt man am einfachsten mit einem der vielen Busse (5 Mex$), die vor dem Mercado Juárez abfahren. Nach dem Schild „Centro Cultural" Ausschau halten. Aussteigen muss man an dem großen, begrünten Kreisverkehr unweit des Campus der Monterrey University Toluca. Auf der gegenüberliegenden Seite erreicht man durch ein Tor den Museumskomplex, dann geht's weiter die Straße runter.

Im **Museo de Culturas Populares** ist eine wunderschöne Sammlung traditioneller Kunst- und Kunsthandwerksgegenstände zu sehen, darunter erstaunliche „Lebensbäume" aus Metepec, skurrile Día-de-los-Muertos-Figuren und bemerkenswerte *charro*-Ausrüstungen. Außerdem gibt's noch Mosaiken, traditionelle Teppiche, ein Loft und einen Souvenirshop.

Das **Museo de Arte Moderno** ist nicht so interessant wie die beiden anderen Museen. Es zeichnet die Entwicklung der mexikanischen Kunst von der Academia de San Carlos Ende des 19. Jhs. bis zur Nueva Plástica nach und zeigt Gemälde von Tamayo, Orozco und vielen anderen. Aber ehrlich gesagt gibt's hier nichts wirklich Aufregendes zu sehen, mal abgesehen von dem riesigen, beeindruckenden, kugelförmigen Wandgemälde, auf dem Leute abgebildet sind, die gegen die Skalverei kämpfen.

Das **Museo de Antropología e História** ist das herausragendste der drei Museen. Es zeigt Exponate zur Geschichte des Bundesstaates von der prähistorischen Zeit bis zum 20. Jh. und eine gute Sammlung vorkolonialer Artefakte. Außerdem werden kulturelle, prähispanische Einflüsse auf das moderne Leben anhand von Werkzeugen, Kleidung, Textilien und Religion dargestellt. Leider sind die meisten Infoschilder nur auf Spanisch.

NOCH MEHR MUSEEN

In den ehemaligen Klostergebäuden neben dem Templo del Carmen an der Nordseite der Plaza Garibay ist Tolucas **Museo de Bellas Artes** (☎ 215-53-29; Degollado 102; Eintritt 10 Mex$; ⌚ Di–Sa 10–18, So 10–15 Uhr) untergebracht, in dem Gemälde von der Kolonialzeit bis zum frühen 20. Jh. zu sehen sind. In der Straße Bravo, gegenüber vom Palacio de Gobierno, befinden sich drei Museen: Eines ist dem Landschaftsmaler **José María Velasco** (☎ 213-28-14; Lerdo de Tejada 400; Eintritt 10 Mex$; ⌚ Di–Sa 10–18, So 10–13 Uhr) gewidmet, das zweite dem Maler **Felipe Santiago Gutiérrez** (☎ 213-26-47; Bravo Nte 303; Eintritt 4 Mex$, So & Mi Eintritt frei; ⌚ Di–So 10–18 Uhr) und das dritte dem äußerst vielseitigen mexikanisch-japanischen Künstler **Luis Nishizawa** (☎ 215-74-65; Bravo Nte 305; Erw./Student 10/5 Mex$; ⌚ Di–Sa 10–18, So 10–15 Uhr).

Schlafen

Hotel San Carlos (☎ 21494-19, 214-43-36; www.hotelsancarlostoluca.com; Portal Madero 210; EZ/DZ 300/400 Mex$; Ⓟ) Wenn man die Lobby dieses direkt am Portal Madero gelegenen Hotels betritt, fühlt man sich wie in die 1970er-Jahre zurückversetzt. Die ebenfalls bereits in die Jahre gekommenen Zimmer mit Kabel-TV und Bad sind geräumig, sauber und gemütlich.

Hotel Colonial (☎ 215-97-00; Hidalgo Ote 103; EZ/DZ 350/400 Mex$; Ⓟ) Die Zimmer mit Blick auf die geschäftige Hauptstraße sind die besten, aber auch die lautesten in diesem gut geführten Hotel mit ausgezeichnetem Preis-Leistungs-Verhältnis. Auch die beeindruckende Lobby und das freundliche Personal sind gute Gründe, hier zu übernachten. Im Preis enthalten ist das Parken auf einem Parkplatz an der Juárez.

El Gran Hotel (☎ 213-98-89; Allende 124; EZ/DZ 570/640 Mex$; Ⓟ 💻) Das moderne, gepflegte Gran Hotel ist bei weitem die beste Unterkunft. Bei Tolucas farbloser Hotelszene war dieser Newcomer wirklich nötig. Die netten Zimmer sind luftig und gemütlich. Kostenloses WLAN und ein kleiner Fitnessraum runden das Angebot ab.

Hotel San Francisco (☎ 213-44-15; Rayón 104; EZ/DZ 700/900 Mex$; Ⓟ 💻) Die Lobby sieht aus wie die eines klassischen Business-Hotels. Die Zimmer des San Francisco sind aber ziemlich vernachlässigt, machen einen etwas verwohnten Eindruck und scheinen ein bisschen überteuert zu sein. Alle 75 Exemplare verfügen über Doppelbetten, TV, Telefon und eigene Bäder.

Essen & Ausgehen

Toluqueños lieben Snacks und Süßigkeiten – wer ihre Leidenschaft teilt, kann sich in den Arkadengängen um die Plaza Fray Andrés de Castro einfach zu ihnen gesellen. Stände, die *tacos de Obispo* (eine Wurst aus Tenancingo) verkaufen, sind an den langen Menschenschlangen zu erkennen. Der Inhalt der armdicken Würste – gegrilltes Rinderhack mit würzigem *epazote* (wohlriechendem Gänsefuß, schmeckt ähnlich wie Koriander),

Mandeln und Rosinen – wird in Tortillas gefüllt. Andere Stände bieten kandierte Früchte und *jamoncillos* (Sahnebonbons) sowie *mostachones* an. Die meisten Lokale in der Innenstadt sind von etwa 8 bis 21 Uhr geöffnet.

La Gloria Chocolatería y Pan 1876 (Quintana Roo; Snacks 10–50 Mex$; ⌚ Mo–Sa 10–23.30, So 10–22.30 Uhr) Sobald man hier ist, fühlt man sich wohl und zufrieden – und man ist wahrscheinlich der einzige nicht-einheimische Gast. Dieser wunderschöne, freundliche Imbiss mit Café, der von einer Familie geführt wird, hat verführerische, ständig wechselnde Speisen aus der heimischen Küche im Angebot: von *tacos al pastor* (scharfen Schweinefleisch-*tacos*) und *tortas* mit Schweinefleisch aus dem Backofen bis hin zu Hühnerhack in roter oder grüner *mole poblano*.

La Vaquita Negra del Portal (Sandwiches 15–35 Mex$) Geräucherter Schinken und riesige grüne und rote Würste über dem Tresen signalisieren, dass es hier, an der Nordwestecke der Arkaden, erstklassige *tortas* gibt. Empfehlenswert ist *toluqueña* (rote Schweine-Chorizo, weißer Käse, Sahne, Tomaten und *salsa verde*). Das Ganze sollte man dann noch mit eingelegten Peperoni und Zwiebeln garnieren.

Hostería Las Ramblas (☎ 215-54-88; Calle 20 de Noviembre 107D; Hauptgerichte 35–110 Mex$) Tolucas bestes und stimmungsvollstes Lokal zum Essen und Zusammensitzen (es hat auch eine Bar) befindet sich in der Fußgängerstraße und serviert Frühstück sowie eine Reihe *antojitos*, u. a. *sopes* (Suppe), *mole verde* und *conejo al ajillo* (Kaninchen mit reichlich Knoblauch).

An- & Weiterreise

Tolucas **Busbahnhof** (Berriozábal 101) liegt 2 km südöstlich des Zentrums. Die Ticketschalter sind meist am Bussteig oder an den Eingängen zu den Gates zu finden. Aber eines muss vorweg gesagt werden: Das Ganze ist ziemlich verwirrend.

Es gibt häufige Verbindungen nach Morelia (200 Mex$, stündl., Gate 5), Valle de Bravo (48 Mex$, alle 20 Min., Gate 6), Chalma (28 Mex$, alle 5 Min., Gate 1), Cuernavaca (64 Mex$, stündl., Gate 12), Taxco (76 Mex$, stündl., Gate 12) und Ixtapan de la Sal (36 Mex$, alle 20 Min., Gate 12). Alle 5 Minuten fahren Shuttlebusse (8 Mex$, Gate 9) nach Tenango, wo man in ein *colectivo* nach Malinalco umsteigen kann.

In Mexico City fahren viele Busse vom Terminal Poniente nach Toluca. 1.-Klasse-Busse von **TMT Caminante** (☎ 219-50-07; www.tmt-caminante.com.mx) verkehren zwischen 5.30 und 22.30 Uhr alle fünf Minuten zwischen diesen beiden Städten (38 Mex$, 1 Std.). Die noch vornehmeren ETN-Deluxe-Busse fahren alle 30 Minuten (49 Mex$, 1 Std.). Von Toluca aus fährt TMT zwischen 4 und 22 Uhr stündlich direkt zum Flughafen von Mexico City (100 Mex$, 1½ Std.).

Tolucas Aeropuerto Adolfo López Mateos (☎ 213-15-44; www.aeropuertointernacionaldetoluca.com) liegt günstig am Hwy 15 in der Nähe der Innenstadt, des Industriegebiets und einer Reihe von Hotels für Geschäftsreisende. Die Inlandsfluglinie **Interjet** (www.interjet.com.mx) hat in Toluca ihren Hauptsitz und bietet jede Menge innermexikanische Flüge an, was natürlich all denjenigen zugutekommt, die in die Hauptstadt reisen wollen, ohne dabei den Geldbeutel zu stark zu belasten.

Continental Express (☎ 800-900-50-00; www.continental.com) fliegt von hier nach Houston. Auch zahlreiche andere mexikanische Gesellschaften starten und landen in Toluca. Von der Hauptstadt und Mexico Citys Aeropuerto Internacional fahren regelmäßig Busse nach Toluca. Die Fahrt dauert je nach Verkehrsaufkommen eine bis zwei Stunden. Ein Taxi vom Flughafen ins Stadtzentrum von Toluca kostet etwa 12 Mex$.

Unterwegs vor Ort

„Centro"-Busse fahren vor dem Busbahnhof ab. Mit ihnen kommt man über die Lerdo de Tejada in die Innenstadt von Toluca. Die Busse mit der Aufschrift „Terminal" fahren von Juárez im Zentrum zum Busbahnhof (5 Mex$). Die Taxifahrt vom Busbahnhof ins Stadtzentrum kostet ungefähr 50 Mex$. Fahrten innerhalb der Stadt sind weitaus billiger.

NEVADO DE TOLUCA

Der schon lange erloschene Vulkan Nevado de Toluca (auch Xinantécatl) ist mit 4690 m der vierthöchste Berg Mexikos. Er beherrscht den Horizont südlich von Toluca. Eine 48 km lange Straße führt zu seinem Krater, in dem sich zwei Seen befinden: El Sol und La Luna. Je früher am Morgen man zum Gipfel kommt, desto besser sind die Chancen auf eine gute Sicht. Von November bis März kann hier Schnee liegen. Manchmal kann man skilanglaufen, aber der **Parque Nacional Nevado de Toluca** wird geschlossen, wenn starker Schneefall herrscht.

Vom Parkeingang schlängelt sich die Straße über 3,5 km zum Haupteingang des **Parque de los Venados** (Eintritt 20 Mex$/Fahrzeug; 8–17 Uhr, letzter Einlass um 15 Uhr). Von hier aus sind es weitere 17 km auf einer ungeteerten Straße bis zum Krater. 6 km unterhalb des Vulkankraters befinden sich ein Tor, ein Café und ein einfaches *refugio* (eine Hütte). Ab hier kann man auch den 2 km langen, sehr schönen Wanderweg über den **Paso del Quetzal** (Gebühr 2 Mex$) zum Gipfel nehmen. Warm anziehen: Oben ist es ganz schön kühl!

Schlafen & Essen

Albergue Ejidal (Stellplatz/B 50/80 Mex$) 2 km hinter dem Parque de los Venados befindet sich dieses von der Gemeinde geführte Hostel mit 64 Etagenbetten (Schlafsack mitbringen), Warmwasser, einem riesigen Kamin und einem Generator, der samstagabends eingeschaltet wird. Ein Angestellter des Parque de los Venados schließt die Unterkunft auf, wenn Bedarf besteht.

Posada Familiar (Stellplatz/B 50/100 Mex$) Die einfache, aber vielbesuchte Unterkunft direkt hinter dem Tor des Parque de los Venados bietet Warmwasser-Gemeinschaftsduschen, eine Küche (ohne Kochutensilien) und einen Aufenthaltsraum mit Kamin. Man sollte zusätzliche Decken mitbringen.

Direkt unterhalb des Gipfels (auf 4050 m) gibt's eine einfache **staatlich geführte Hütte** (B 60 Mex$), in der Schaumstoffmatratzen, aber keine Bäder zur Verfügung stehen.

Samstags und sonntags wird an den Ständen am Parque de los Venados und am Tor unterhalb des Gipfels Essbares verkauft. Wochentags muss man sich Essen und Wasser selbst mitbringen.

An- & Weiterreise

Die auf dem Hwy 134, der auch Toluca–Tejupilco-Straße genannt wird, verkehrenden Busse halten an der Abzweigung des Hwy 10 nach Sultepec. Von hier sind es bis zum Park noch 7 km in Richtung Süden. Samstags und sonntags müsste es eigentlich möglich sein, die 28 km von der Abzweigung (Hwy 134 & Hwy 10) bis zum Krater zu trampen. Von Toluca aus kann man auch mit einem Taxi (mind. 200 Mex$) zum Gipfel fahren. Die Hin- und Rückfahrt (samt ausreichend Zeit, um sich umzuschauen) kosten etwa 400 Mex$, wobei der Preis Verhandlungssache ist. Unbedingt darauf achten, dass man ein neueres Taxi bekommt, denn die Straße hinauf ist sehr holprig und staubig!

VALLE DE BRAVO

☎ 726 / 28 000 Ew. / 1800 m

Das *pueblo mágico* Valle de Bravo, einer der hübschesten Kolonialorte Zentralmexikos, ist ein wahres Schmuckstück, das sich ganz ausgezeichnet für einen Kurztrip von Mexico City aus eignet. Über die 85 km lange, kurvige, stellenweise atemberaubend schöne Bergstraße westlich von Toluca erreicht man das Ufer des (künstlich angelegten) Sees Avandaro, der durch den Bau eines Wasserkraftwerks entstanden ist.

Die Gegend erinnert ein wenig an die norditalienischen Seen: dichte Wälder, nebelverhangene Hügel und rote Terrakottadächer in der ganzen Stadt. Valle, wie der Ort auch genannt wird, ist an den Wochenenden ein äußerst beliebter Erholungsort der betuchten Hauptstädter. Der Blick über den See ist phantastisch. Die Hauptattraktion ist jedoch das wundervolle und noch weitgehend intakte koloniale Stadtzentrum. Bootsfahrten auf dem See sind hier genauso beliebt wie Wanderungen und Campen in den umliegenden Hügeln. Valle ist auf Touristen eingestellt; an einem Stand am Anleger bekommt man alle wichtigen Infos. Geldautomaten, Internetcafés usw. gibt es um die Hauptplaza herum. Sie liegt zehn Gehminuten oberhalb des Ufers.

Ende Oktober oder Anfang November lockt das einwöchige **Festival de las Almas** international bedeutende Künstler, Musiker und Tänzer aus Europa und Lateinamerika in die Stadt.

Schlafen

Die Unterkünfte in Valle haben meist ein gutes Preis-Leistungs-Verhältnis. Es gibt viele Budgethäuser und Mittelklassehotels.

Posada Anthurios (☎ 262-04-90; jugj39@hotmail.com; Calle 16 de Septiembre 419; EZ/DZ 250/350 Mex$; P) Dieses neue Hotel in Familienbesitz ist eine ausgezeichnete Budgetunterkunft, nur wenige Schritte vom Busbahnhof entfernt. Die hellen, sauberen Zimmer mit Blick auf einen kleinen Hof abseits der Straße haben funkelnagelneue Bäder.

Posada Los Girasoles (☎ 262-29-67; losgirasoles@valledebravo.com.mx; Plaza Independencia 1; EZ/DZ 400/500 Mex$)

Vom Girasoles hat man einen tollen Blick auf den bezaubernden *zócalo*. Den neun geräumigen, sauberen und modern eingerichteten Zimmern verleihen sichtbare Balken einen leicht rustikalen Touch. Das Haus hat eine beneidenswert gute Lage und zuvorkommendes Personal.

LP Tipp **Hotel Casanueva** (☎ 262-17-66; Villgrán 100; EZ/DZ/Suite 680/880/2300 Mex$) Zweifellos die beste Unterkunft in Valle: Das Hotel Casanueva am *zócalo*, wo auch noch viele andere Hotels stehen, ist mit seinen mit hübschen Kunsthandwerksgegenständen individuell gestalteten Zimmern etwas Besonderes. Es als Boutiquehotel zu bezeichnen, wäre zwar ein bisschen übertrieben, aber diese Unterkunft ist die schickste im ganzen Ort. In der wunderschönen Suite können vier Leute übernachten. Viele der Zimmer haben einen Balkon mit Blick auf den Platz.

Essen & Ausgehen

Am Anleger und am *zócalo* gibt's unzählige Restaurants und Cafés. Die meisten der teuren Restaurants sind nur von Freitag bis Sonntag geöffnet.

El Lobo (Salitre s/n; Hauptgerichte 35–120 Mex$; 🕑 10–20 Uhr) Dieses Restaurant mit Terrasse gegenüber dem Anleger ist ein beliebter Treffpunkt der Einheimischen. Wer hier einkehrt, sollte unbedingt die köstlichen Empanadas mit Garnelen probieren. Man kann zwischen drei Größen und bei der Sauce zwischen zehn Schärfestufen wählen und außerdem mehrere Zutaten mischen: Garnelen, Tintenfisch, Austern, Krebsfleisch und Seeschnecken. Zum kalten Bier werden auch frische Fischfilets gereicht, die auf ein Dutzend verschiedene Arten zubereitet werden.

Restaurante Paraiso (☎ 262-47-31; Fray Gregorio Jiménez de la Cuenca s/n; Hauptgerichte 75–160 Mex$; 🕑 8–23 Uhr) Eines der besten und teuersten Restaurants in Valle. Mit traumhaftem Blick auf den See kann man hier köstliche Meeresfrüchte von der riesigen Speisekarte bestellen. Außerdem gibt es eine breite Palette von kreativ zubereiteten Forellengerichten. Von der oberen Terrasse hat man den besten Blick. Vorher reservieren.

Wer in freundlicher, luftiger und entspannter Atmosphäre etwas essen oder trinken möchte, kann das auch in einem der beiden folgenden Lokale tun.

Los Pericos (☎ 262-05-58; Hauptgerichte 65–150 Mex$; 🕑 Do–Di 8–23 Uhr)

La Balsa (☎ 262-25-53; Hauptgerichte 75–160 Mex$; 🕑 Mi–Mo 8–22 Uhr) Schwimmendes Restaurant mit Bar.

An- & Weiterreise

Der erneuerte Busbahnhof von Valle liegt an der Calle 16 de Septiembre. Zinacantepec fährt bis 17.30 Uhr stündlich mit 2.-Klasse-*directos* zum Terminal Poniente in Mexico City (100 Mex$, 3 Std.), jeweils mit einem Zwischenhalt in der Nähe des Busbahnhofs von Toluca. Es gibt auch zweimal täglich eine Verbindung nach Zitácuaro (56 Mex$). Mit dem eigenen Auto ist die Südroute über den Hwy 134 von Toluca nach Valle de Bravo schneller und landschaftlich schöner als die Strecke über den Hwy 1.

MALINALCO

☎ 714 / 7500 Ew. / 1740 m

Es spricht sich langsam herum, wie schön dieses *pueblo mágico* ist. Wenn man aber bald hierher kommt, wird man die Ruinen noch ohne die allwochenendlichen Touristenmassen genießen können, die den Besuch der leichter zugänglichen Stätten bevorzugen. Es gibt zwar schon eine Handvoll Hippie-Läden mit Namen wie Gandhi und einige Boutiquehotels hier, aber ansonsten hat das Leben in Malinalco noch nicht viel mit dem in Tepoztlán zu tun.

Die Fahrt nach Malinalco gehört zu den schönsten, die man in dieser Gegend machen kann, und führt durch die phantastische Landschaft südlich von Toluca. Der Ortskern selbst ist ein bezauberndes Fleckchen aus der Kolonialzeit mit einem gut erhaltenen Kloster und zwei zentralen Plazas. Einen Geldautomaten gibt's in der Hidalgo an der Nordseite des Klosters. **Internet Quetzal** befindet sich auf der Progresso beim Palacio Municipal.

Nach einer kurzen, aber ziemlich anstrengenden Wanderung auf den über Malinalco hoch aufragenden Berg erreicht man einen der wenigen gut erhaltenen **Aztekentempel** (Eintritt 37 Mex$; 🕑 Di–So 9–18 Uhr, Kassenschluss 17 Uhr) des Landes. Von hier hat man einen spektakulären Blick über das Tal. Um hin zu kommen, folgt man vom Hauptplatz aus den Schildern zur *zona arqueológica*. Der gepflegte Fußweg hinauf ist mit Hinweistafeln auf Spanisch, Englisch und Náhuatl versehen. Die ganze Anlage ist wirklich faszinierend, vor allem das *El Paraíso de los Guerros*, ein Wandgemälde, das früher einmal die ganze Wand schmückte. Es zeigt gefallene Krieger, die nach ihrem Tod zu Göttern wurden und im Paradies leben.

Die Azteken eroberten diese Gegend 1476. Sie waren gerade dabei, hier ein rituelles Zentrum aufzubauen, als die Spanier kamen und sie überwältigten. **El Cuauhcalli**, der vermutlich der Tempel der Adler- und Jaguarkrieger war und in dem die Söhne des aztekischen Adels in die Kriegerorden aufgenommen wurden, ist erhalten geblieben, weil man ihn in den Berg gehauen hat. Sein Eingang hat eine Verzierung in Form einer Schlange mit großen Zähnen.

Der **Tempel IV** am anderen Ende der Stätte stellt die Archäologen noch heute vor ein Rätsel. Da der Raum so angelegt wurde, dass im Morgengrauen die ersten Sonnenstrahlen hineinfallen, wird vermutet, dass er Teil eines mexikanischen Sonnenkults war. Andere Wissenschaftler wiederum sind eher der Meinung, dass es sich um einen Sonnenkalender oder einen Platz, auf dem die Adligen sich versammelt haben, gehandelt haben könnte.

In der Nähe des Eingangs zu der archäologischen Stätte befindet sich das moderne **Museo Universitario Dr. Luis Mario Schneider** (☎ 147-12-88; Eintritt 10 Mex$; 🕑 Di–So 10–18 Uhr), in dem man alles Wichtige über die Geschichte und Archäologie der Gegend erfahren kann. Der große Publikumsmagnet hier ist eine Nachbildung des ganzen *El Paraíso de los Guerros* und ein Nachbau der Cuauhcalli-Kammer, die man im Tempel selbst nicht betreten darf.

An der Hauptplaza steht ein wunderschön restauriertes **Augustinerkloster** (Eintritt frei) aus dem 16. Jh. mit einem ruhigen, mit Bäumen bepflanzten Vorplatz. Es ist mit beeindruckenden Fresken aus Farben auf Kräuter- und Blumenbasis geschmückt. Die **Touristeninformation** (☎ 147-13-63; www.malinalco.net; 🕑 Mo–Sa 8.30–18 Uhr) befindet sich im zweiten Stockwerk des Palacio Municipal oberhalb der Plaza.

Schlafen

Genau wie andere Ziele in der Umgebung von Mexico City hat sich auch Malinalco hauptsächlich auf Wochenendgäste spezialisiert. Das bedeutet, dass man von Sonntag bis Donnerstag problemlos ein Zimmer, aber dafür kaum geöffnete Restaurants findet. Für freitags und samstags ist eine Zimmerreservierung sehr zu empfehlen.

Aus der Masse der Hotels heben sich zwei sehr schicke Boutiquehotels ab: das Mora und das Limón. Beide sind aber nicht einfach zu finden, da sie in den schlecht beschilderten, abgelegenen Seitenstraßen von Malinalco liegen. Ihre Location ist deshalb auch nicht wirklich günstig, sodass sie eigentlich hauptsächlich für Reisende mir fahrbarem Untersatz geeignet sind. Wer aber ein ruhiges Wochenende in edler Umgebung verbringen möchte, ist in einem dieser beiden Häuser genau richtig. Kinder sind hier nicht erlaubt.

El Asoleadero (☎ 147-01-84; Ecke Aldama & Comercio; EZ/DZ/4BZ ab 300/350/450 Mex$; P 🅂) Dieses alteingesessene Haus bietet ein ausgezeichnetes Preis-Leistungs-Verhältnis, ist aber kein Boutiquehotel. Einige der geräumigen, luftigen Zimmer haben einen Balkon zur ruhigen Straße hinaus. Der Blick vom Hof auf den Pool ist grandios.

Villa Hotel (☎ 147-00-01; Guerrero 101; EZ/DZ 300/600 Mex$) Das freundliche, aber nur wenig romantische Villa Hotel hat sechs Zimmer – einige davon mit Blick auf die Felsen, andere (die aber meist die besseren Betten besitzen) zur Plaza hinaus. Zum Zeitpunkt unseres Besuchs waren ein paar Zimmer etwas feucht. Wer keinen Wert auf einen eigenen Fernseher legt, bekommt einen Preisnachlass von 50 Mex$.

Hotel Santa Mónica (☎ 147-00-31; Hidalgo 109; Zi. 350 Mex$) Nur einige Schritte entfernt vom *zócalo* in Richtung archäologische Stätte liegt diese gute Budgetunterkunft. Die sauberen, mit eigenem Bad und TV ausgestatteten Zimmer sind um einen hübsch begrünten Hof angeordnet.

Casa Mora (☎ 147-05-72; www.casamora.net; Calle de la Cruz 18; Suite 1800–2000 Mex$; P 🅂) In dieser wunderschön angelegten Oase hat der Besucher das Gefühl, ein Hausgast und nicht bloß ein Tourist zu sein. Das von einem einheimischen Künstler mit viel Liebe zum Detail eingerichtete Hotel hat fünf traumhafte Zimmer mit persönlicher, romantischer Atmosphäre.

LP Tipp **Casa Limón** (☎ 147-02-56; www.casalimon.com; Río Lerma 103; Zi./Suite inkl. Frühstück ab 2100/2500 Mex$; P 💻 🅂) Malinalcos berühmtestes Hotel hat phantastisch designte, moderne, minimalistische, mit jeweils individuell ausgewählten Kunstgegenständen und skurrilen Antiquitäten eingerichtete Zimmer. Der elegante Swimmingpool, die klassische Bar und das ausgezeichnete Restaurant machen das rundum gute Angebot komplett.

Essen & Ausgehen

Für einen so kleinen Ort hat Malinalco einige ausgezeichnete Restaurants zu bieten, von denen die besseren aber nur am *fin de semana* (Do–So) geöffnet haben, wenn die Städter in die Stadt einfallen. An Wochentagen kann man in vielen Lokalen rund um den *zócalo* preiswert essen.

Café La Fé (☎ 147-01-77; Guerro; ⌚ Fr–So 11–20 Uhr) Dieser Coffeeshop mit Saftbar zwischen dem Museum und dem *zócalo* ist genau das richtige Plätzchen für einen Drink nach der anstrengenden Besichtigung der Aztekenruinen. Was hier angeboten wird – auch die vor Ort gerösteten Kaffeebohnen – ist zu 100 % biologisch erzeugt.

Restaurant El Puente (☎ 147-17-43; Hidalgo 104; Hauptgerichte 40–90 Mex$; ⌚ Mo–Do 9–22, Fr & Sa 9–24, So 9–19 Uhr) In dem stimmungsvollen Kolonialhaus direkt hinter der winzigen Brücke – es liegt vom *zócalo* aus in Richtung Ruinen – können Gäste in zwei hübschen Speisesälen und einem tollen Garten *antojitos,* Pastagerichte, Suppen und Steaks genießen.

Beto's (☎ 147-03-11; Morelos 8; Hauptgerichte 50–95 Mex$; ⌚ Di–So 12–20 Uhr) Im Beto's kommen die mit Abstand besten Meeresfrüchte der Stadt auf den Tisch (die frische Forelle ist einfach himmlisch). Das eiskalte Bier wird in Gläsern mit Salzrand serviert. Das freundliche Betreiberehepaar schwirrt um die Gäste herum, bis sie satt sind bis obenhin, und am Ende servieren sie dann zusammen mit der Rechnung noch einen *beso de ángel* (Kaffeelikör mit Kondensmilch auf Eis, überstäubt mit Zimt).

Ehécatl (Hidalgo 10; Hauptgerichte 55–70 Mex$; ⌚ 9–18 Uhr; Ⓥ) Das wunderschöne Restaurant Ehécatl mit dem üppig begrünten Hinterhof verdankt seinen Namen dem aztekischen Gott des Windes und des Regens. Es ist eines der besten Lokale in ganz Malinalco. Neben einem guten Frühstück (40–50 Mex$) und einer großen Auswahl an Gerichten mit frischem Fisch kann man hier auch fast alle traditionellen mexikanischen Gerichte serviert bekommen.

Koi (☎ 147-16-21; Morelos 18; Hauptgerichte 140–170 Mex$; ⌚ Fr–So 11–22 Uhr) Die Fusion-Küche hat jetzt auch in Malinalco Einzug gehalten: Die aufregenden Gerichte in diesem sehr trendigen, nicht gerade eben preiswerten Restaurant reichen von *camarones al coco* bis hin zu Pad Thai und Fisch-Tempura und werden in einer minimalistischen Umgebung serviert. Eigentlich rechnet man in einem so kleinen mexikanischen Ort nicht damit, ein solches Restaurant zu finden.

Casa Limón (☎ 147-02-56; Rio Lerma 103; Hauptgerichte 140–180 Mex$; ⌚ Do–So 12–22 Uhr) Das zu Malinalcos schickstem Hotel gehörende Restaurant ist einfach phantastisch. Man speist in freundlichem Ambiente drinnen oder draußen an Tischen mit weißen Tischdecken, und das Silberbesteck fehlt natürlich auch nicht. Serviert werden klassische internationale Gerichte von *coq au vin* bis hin zu Forelle mit Mandeln. Auch das Weinangebot ist hervorragend.

An- & Weiterreise

Die meisten öffentlichen Verkehrsmittel fahren über Tenancingo nach Malinalco. Vom Observatorio Terminal Poniente in Mexico City (52 Mex$, 2 Std.) gehen täglich drei Busse nach Malinalco. Von Toluca gibt es samstags und sonntags Direktverbindungen nach Malinalco (26 Mex$, 90 Min., 3/Tag). An den anderen Tagen kann man einen Bus nach Tenancingo nehmen und dem Fahrer sagen, dass man am *colectivo*-Stand (15 Mex$, 1 Std., alle 20 Min.) nach Malinalco aussteigen möchte. Wer von Mexico City aus mit dem eigenen Auto fährt, muss in La Marquesa nach Süden abbiegen und den Schildern nach Malinalco folgen.

CHALMA

Einer der wichtigsten Schreine ganz Mexikos befindet sich in Chalma, 10 km östlich von Malinalco. 1533 tauchte auf mysteriöse Weise in einer Höhle ein Christusbild auf: El Señor de Chalma. Es ersetzte das Bild des „einheimischen" Gottes Oxtéotl und hatte die Kraft, Raubtiere zu vertreiben und andere Wunder zu bewirken. Der Señor residiert nun in der Kirche von Chalma, die im 17. Jh. gebaut wurde. Das größte der jährlichen Pilgerfeste findet zu **Pfingsten** (also am 7. Sonntag nach Ostern) statt. Tausende Menschen campen hier dann im Freien und führen traditionelle Tänze auf.

Tres Estrellas del Centro schickt stündlich 2.-Klasse-Busse von Toluca nach Chalma (34 Mex$). Mehrere Unternehmen haben 2.-Klasse-Busse, die vom Terminal Poniente in Mexico City hierher fahren. Es bestehen auch regelmäßige Verbindungen von Malinalco nach Chalma.

IXTAPAN DE LA SAL

☎ 721 / 20 000 Ew. / 1880 m

Ixtapan ist in ganz Mexiko für sein heilendes Wasser bekannt, das schon seit der Entstehung des Orts vor Hunderten von Jahren Besucher anzieht. Ixtapan wurde von indigenen, von der Pazifikküste stammenden Reisenden gegründet, die sehr überrascht waren, auf ihrem Weg nach Tenochtitlan mitten auf dem Festland Salzwasser vorzufinden. Trotz der langen Geschichte gibt es hier nicht allzu viel zu sehen. Der einzige Grund für einen Zwischenstopp in der Stadt ist ein Besuch des **Spa y Parque Acuático** (☎ 143-30-00; Erw./Kind 150/80 Mex$; 🕑 Spa 8–19 Uhr, Wasserpark 9–18 Uhr; 👪), eines riesigen Wasserparks mit Heilthermen, Wasserfällen, Wasserrutschen, Wellenbad und Miniatureisenbahn. Die meisten ausländischen Besucher übernachten neben dem *balneario* im neu renovierten **Ixtapan Spa Hotel & Golf Resort** (☎ 143-24-40, 800-904-7200, in Mexico City 55-5264-2613; www.spamexico.com; EZ/DZ inkl. Mahlzeiten ab 1200/1500 Mex$). Diese Unterkunft ist ausgesprochen beliebt bei ausländischen Rentnern und mexikanischen Familien aus dem Distrito Federal.

Baja California

Die Baja ist die zweitlängste Halbinsel unseres Planeten – ein mehr als 1200 km langer Streifen Landschaft, mystisch, traumhaft, majestätisch, wild. Die einen wollen bloß an einem Sundowner nippen und die Sonne über dem Pazifik untergehen sehen, andere holen sich ihren Adrenalinschock beim Surfen auf perfekten Wellen, und wieder andere wandern durch die Ehrfurcht erregenden Cañons, kommen wegen der Strände oder der nächtlichen Partys. Immer mehr Menschen besuchen jedes Jahr die Baja – und bleiben am Ende einfach.

Und bloß keine Angst vor Bajas Straßen: Hier lohnt es sich, ein Auto zu mieten. Auf den Straßen ist nicht viel los, ein Geländewagen ist nicht nötig. Der Transpeninsular (Hwy 1) führt von Tijuana den ganzen Weg hinunter bis zu den Cabos. Hinter jeder Kurve warten atemberaubende *vistas;* hier, mitten in der Wildnis, ist es schöner, als man sich es je erträumt hätte. Nebenstraßen führen durch winzige Dörfer oder abgelegene Berglandschaften, ein Kondor zieht seine Kreise am strahlend blauen Himmel. Selbst ein kurzer Tagesausflug ist atemberaubend und macht süchtig nach mehr.

Aber die Uhr tickt: Bauprojekte verwandeln Wüstengebiete in Golfplätze, Hügel in Hotels, majestätische Cardón-Kakteen in Ferienwohnungsblocks … ohne die Hoffnung, dass dieser Trend in Kürze gestoppt wird. Ob Baja in zehn Jahren immer noch so begeistern kann? Schon Joni Mitchells sang: „They paved Paradise and put up a parking lot". Egal – nach Baja California sollte man *jetzt* reisen, solange es noch ein Paradies ist.

HIGHLIGHTS

- In **Espíritu Santo** (S. 327) zwischen Walhaien mit dem Kajak herumpaddeln und die herrliche Baja-Sonne ins Wasser eintauchen sehen
- Mit Jim Morrisons Geist auf den perfekten Wellen von **San Miguel** (S. 307) reiten
- Bei den geheimnisvollen **Las Sirenitas** (S. 332) im Cabo Pulmo National Marine Park, der Heimat des einzigen Korallenriffs im Meer von Cortez, schnorcheln oder tauchen
- Durch die majestätischen Cardón-Kakteen wandern und vielleicht für einen kurzen Moment einen Puma in der **Sierra de la Laguna** (S. 332) auftauchen sehen
- In **Tijuana** (S. 296), dem Grenzübergang auf der Welt, an dem am meisten los ist, rüber und rein ins Vergnügen: Leute beobachten, shoppen und feiern bis zum Umfallen

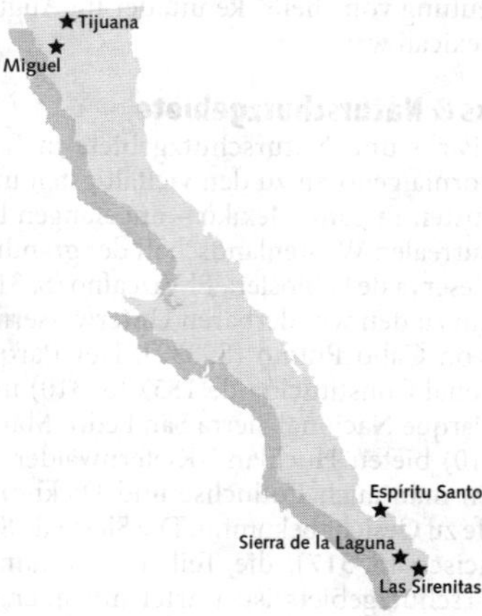

MAX. TEMPERATUR TIJUANA, JANUAR: 20 °C	MAX. TEMPERATUR TIJUANA, JULI: 29 °C

Geschichte

Bevor die ersten Europäer auf Baja eintrafen, lebten hier schätzungsweise 48 000 Jäger und Sammler, die umherzogen. Noch heute schmücken ihre Wandbilder Höhlen und Canyons. Bis zur Entstehung der Jesuitenmissionen im 17. und 18. Jh. gab es keine europäischen Siedlungen auf der Halbinsel. Die Missionen mussten aber ziemlich schnell aufgeben, denn die indigene Bevölkerung fiel den von den Europäern eingeschleppten Krankheiten zum Opfer. Nun war der Weg frei für Rancher, Bergarbeiter und Fischer. Während der US-Prohibition in den 1920er-Jahren war die Baja für Spieler, Trinker und andere „Sünder" ein beliebtes Ziel südlich der Grenze, und noch heute sind die Grenzstädte für solches Amusement berühmt. Baja California erfreut sich einer ständig wachsenden Wirtschaftskraft, Bevölkerung und Popularität. Die damit verbundenen ökologischen Probleme bleiben natürlich nicht aus.

Klima

Bei der Baja denkt man zuerst an Wärme. Aber die Temperaturen können von drückend heiß bis ausgesprochen kalt reichen. Der Pazifik sorgt für kühlere Luft an der Westküste, sodass es in der Kapregion das ganze Jahr über trotz einer gewissen Luftfeuchtigkeit sehr angenehm ist. Das ist aber nicht überall so. Die einheimischen Bewohner werden jedem gern bestätigen, dass nur derjenige die wahre Bedeutung von „heiß" kennt, der im August in Mexicali war.

Parks & Naturschutzgebiete

Die Parks und Naturschutzgebiete in Baja California gehören zu den vielfältigsten und schönsten in ganz Mexiko – angefangen bei der surrealen Wüstenlandschaft der grandiosen Reserva de la Biosfera El Vizcaíno (S. 314) bis hin zu den wunderbaren Unterwasserriffen von Cabo Pulmo (S. 332). Der Parque Nacional Constitución de 1857 (S. 310) und der Parque Nacional Sierra San Pedro Mártir (S. 310) bieten Hochland-Kiefernwälder, in denen man auch Rotluchse und Dickhornschafe zu Gesicht bekommt. Die Sierra de San Francisco (S. 317), die Teil des Vizcaíno-Naturschutzgebiets ist, wartet mit über 60 Höhlen mit Felsmalereien auf. Die Reserva de la Biosfera Sierra de la Laguna (S. 332) an Bajas südlichstem Zipfel eignet sich hervorragend zum Trekken durch die Cardón- und Palo-Verde-Wälder, vorbei an bezaubernden Quellen und Wasserfällen. Die weltweit einzigartige Flora und Fauna hier ist äußerst anfällig und bereits durch die zahlreichen Bauprojekte in der Gegend und die vielen Touristen bedroht. Jeder sollte zum Schutz dieser Landschaft beitragen und die Führer fragen, was man für die Umwelt tun kann. Man sollte die markierten Wege nicht verlassen und sich an die Schutzvorschriften halten. Viele Naturschutzgebiete verlangen zwischen 20 und 40 Mex$ Eintritt.

Gefahren & Ärgernisse

Normale Vorsichtsmaßnahmen und etwas Wachsamkeit verringern das Risiko auf ein Minimum. Also Wertsachen (auch Surfbretter) nicht einfach herumliegen lassen und die Türen abschließen. Ganz abgesehen davon haben die meisten Verbrechen nichts mit Touristen zu tun.

Die hygienischen Bedingungen sind hier im Allgemeinen besser als im übrigen Mexiko. Wasser – sogar aus dem Hahn – kann meistens ohne Bedenken getrunken werden. Und wie überall in Mexiko wird auch hier das Toilettenpapier nicht einfach hinuntergespült. Es kommt in den Abfalleimer.

Anreise & Unterwegs vor Ort

Es gibt sechs offizielle Grenzübergänge zwischen dem US-Bundesstaat Kalifornien und der Baja. An jedem geben die mexikanischen Behörden Touristenkarten aus und stempeln sie ab. Auch Genehmigungen für den Grenzübertritt mit einem Fahrzeug sind hier erhältlich.

Mexikanische, US-amerikanische und internationale Fluggesellschaften fliegen nach La Paz, Loreto und San José del Cabo. Fähren von Santa Rosalía und La Paz verbinden Baja California mit dem mexikanischen Festland. Wer sein Auto mit nach Baja nehmen will, benötigt keine Fahrzeuggenehmigung. Will man aber weiter mit der Fähre aufs Festland, so ist diese unbedingt erforderlich. Genehmigungen gibt's in La Paz, nicht jedoch in Santa Rosalía. Wer mit seinem Auto in Santa Rosalía auf die Fähre will, muss sich die entsprechende Genehmigung vorab besorgen.

Busse mit Klimaanlage (Nichtraucher) verkehren zu günstigen Preisen täglich zwischen den Städten auf der ganzen Halbinsel. Abgelegene Dörfer, Bergregionen und Strände

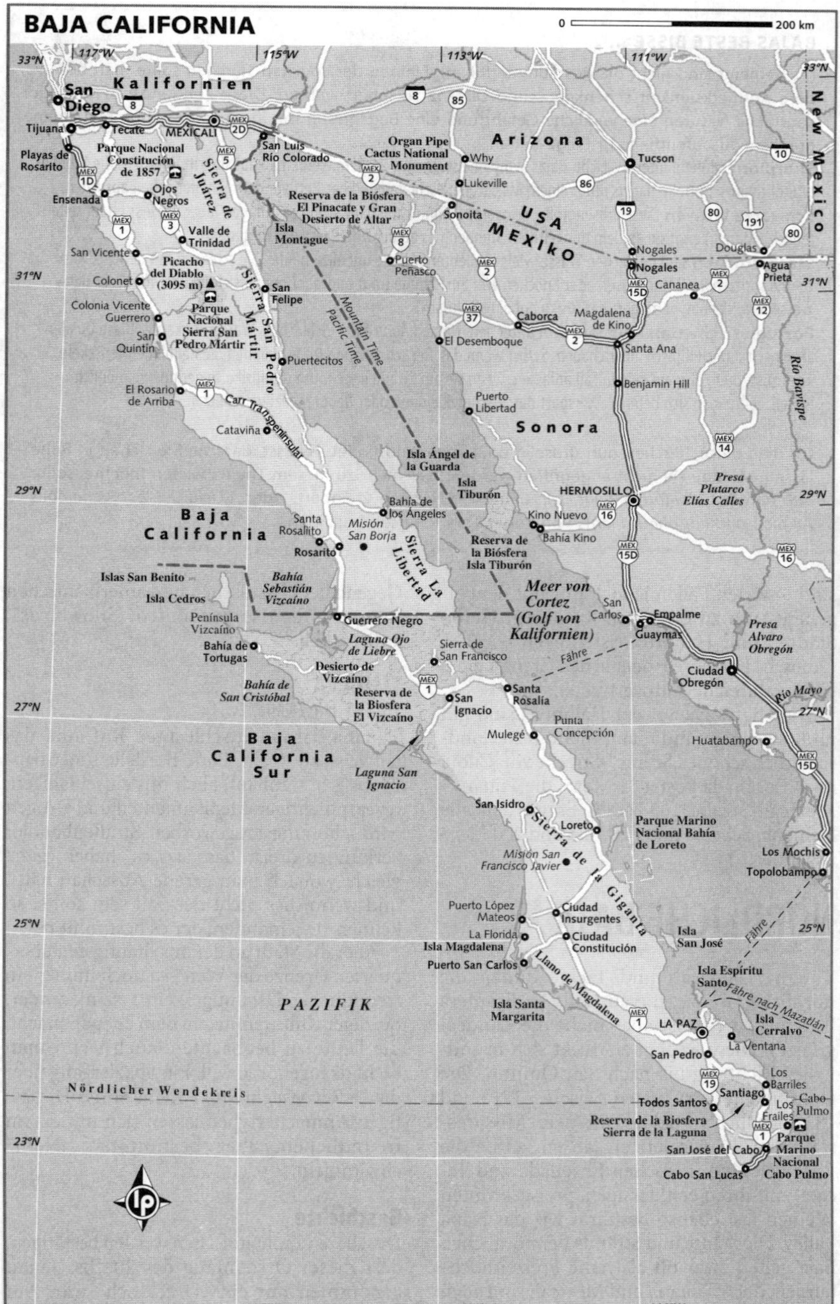
BAJA CALIFORNIA
0
200 km
117°W
115°W
113°W
111°W
33°N
31°N
29°N
27°N
25°N
23°N
Kalifornien
Arizona
New Mexico
USA
MEXIKO
Sonora
Baja California
Baja California Sur
PAZIFIK
Meer von Cortez (Golf von Kalifornien)
Nördlicher Wendekreis
Mountain Time
Pacific Time
San Diego
Tijuana
Tecate
MEXICALI
San Luis Río Colorado
Playas de Rosarito
Parque Nacional Constitución de 1857
Sierra de Juárez
Ensenada
Ojos Negros
Valle de Trinidad
San Vicente
Picacho del Diablo (3095 m)
Colonet
Parque Nacional Sierra San Pedro Mártir
Sierra San Pedro Mártir
San Felipe
Colonia Vicente Guerrero
San Quintín
Puertecitos
El Rosario de Arriba
Carr Transpeninsular
Cataviña
Reserva de la Biósfera El Pinacate y Gran Desierto de Altar
Isla Montague
Organ Pipe Cactus National Monument
Why
Lukeville
Sonoita
Tucson
Puerto Peñasco
Nogales
Douglas
Agua Prieta
Cananea
Caborca
Magdalena de Kino
Santa Ana
El Desemboque
Benjamin Hill
Río Bavispe
Puerto Libertad
Isla Ángel de la Guarda
Isla Tiburón
HERMOSILLO
Presa Plutarco Elías Calles
Bahía de los Ángeles
Santa Rosalillo
Rosarito
Misión San Borja
Sierra La Libertad
Kino Nuevo
Bahía Kino
Reserva de la Biósfera Isla Tiburón
Islas San Benito
Isla Cedros
Bahía Sebastián Vizcaíno
Península Vizcaíno
Guerrero Negro
San Carlos
Empalme
Guaymas
Presa Alvaro Obregón
Bahía de Tortugas
Laguna Ojo de Liebre
Sierra de San Francisco
Fähre
Desierto de Vizcaíno
Ciudad Obregón
Bahía de San Cristóbal
Reserva de la Biosfera El Vizcaíno
San Ignacio
Santa Rosalía
Río Mayo
Mulegé
Punta Concepción
Huatabampo
Laguna San Ignacio
San Isidro
Sierra de la Giganta
Loreto
Parque Marino Nacional Bahía de Loreto
Los Mochis
Misión San Francisco Javier
Topolobampo
Puerto López Mateos
Ciudad Insurgentes
La Florida
Ciudad Constitución
Isla Magdalena
Isla San José
Puerto San Carlos
Llano de Magdalena
Isla Espíritu Santo
Fähre nach Mazatlán
Isla Santa Margarita
LA PAZ
Isla Cerralvo
La Ventana
San Pedro
Los Barriles
Santiago
Todos Santos
Cabo Pulmo
Los Frailes
Reserva de la Biosfera Sierra de la Laguna
Parque Marino Nacional Cabo Pulmo
San José del Cabo
Cabo San Lucas
8
85
10
86
19
80
191
MEX 2D
MEX 5
MEX 1D
MEX 3
MEX 1
MEX 2
MEX 8
MEX 15D
MEX 37
MEX 12
MEX 14
MEX 16
MEX 19

BAJAS BESTE BISSE ...

(... gemeint sind nicht die Restaurantkritiken). Einigen der coolsten Tierchen sollte man besondere Aufmerksamkeit schenken – und Distanz zu ihnen wahren. Diese Zeitgenossen sind für sportliche Naturen eine wirkliche Gefahr und eine Begegnung mit ihnen kann schon mal einen Krankenhausaufenthalt zur Folge haben.

Skorpione glühen unter UV-Licht. Bajas Skorpione stechen, vor allem wenn man auf sie tritt. Morgens die Schuhe gründlich ausschütteln, nachts unter einem Moskitonetz schlafen und das Bett vor dem Schlafengehen absuchen.

Schwarze Witwen Diese erbsengroße, schwarze Spinne kann ganz schön zuschlagen (aber der Biss endet selten tödlich). Man erkennt sie an dem dunkelroten Stundenglas an der Unterseite des Hinterleibs.

Stachelrochen sind im flachen Wasser vieler beliebter Strände nur allzu häufig. Sie schlagen mit dem Schwanz zu und spritzen ihr Gift in Fersen oder Knöchel. Wer Surfschuhe trägt und/oder nur vorsichtig auftrifft, bis er tiefes Wasser erreicht hat, verringert das Risiko auf ein Minimum.

Portugiesische Galeeren sind auch unter dem Namen *Agua Mala* (Schlechtes Wasser) bekannt. Diese Quallenart ist erstaunlich hübsch anzuschauen. Selbst wenn das Tier schon lange tot ist, können die hellblauen Tentakeln noch zustechen, also auf keinen Fall anfassen, wenn sie am Strand liegen. Um das Risiko so gering wie möglich zu halten, sollte man sich beim Wassersport durch Schutzkleidung oder Neoprenanzüge schützen.

Ob man diese Tierchen nun gruselig oder spannend findet: Fakt ist, dass sie Menschen in Ruhe lassen, solange sie nicht angegriffen werden. Wer mehr zu diesem Thema wissen möchte, sollte sich den *Baja California Plant Field Guide* von Norman C. Roberts oder *A Field Guide to Venomous Animals and Poisonous Plants* von Roger Tory Peterson besorgen.

sind in vielen Fällen jedoch nur mit dem eigenen Auto zu erreichen. In den größeren Städten und Haupttouristenorten wie Los Cabos, La Paz, Loreto oder in den Grenzstädten gibt's zahlreiche Autovermieter.

Die Highways auf der Halbinsel sind gut und nur einige sind mautpflichtig. Die landschaftlich schöne „Scenic"-Strecke von Cuota nach Ensenada kostet 81 Mex$, die Tijuana–Mexicali-Straße 163 Mex$. Es werden alle kleineren Scheine unter 20 US$ und 200 Mex$ akzeptiert.

NÖRDLICHE BAJA

Tijuana, Mexicali und Tecate bilden die nördliche Grenze, die auch als La Frontera bekannt ist (sie ist aber nicht die Landesgrenze). Diese Region erstreckt sich in südlicher Richtung bis nach San Quintín. Die Dominikaner errichteten zwischen 1773 und 1821 nördlich von El Rosario neun Missionsstationen. In den letzten Jahren wurde die Ruta del Vino (zwischen Ensenada und Tecate) mit ihren erstklassigen, preisgekrönten Weinen fast ebenso berühmt wie das Napa Valley. Die Städte und Strände der nördlichen Baja gelten zwar oft als reine Freizeithochburgen, doch Tijuana und Mexicali sind auch große Industriezentren. Außerdem ist die Gegend bei kanadischen und amerikanischen Rentnern, den so genannten „Snowbirds", äußerst beliebt.

TIJUANA

☎ 664 / 1,28 Mio. Ew.

Tijuana hat einen schlechten Ruf, und das teilweise zu Recht. Bars, Bordelle und Strip-Clubs gibt's zuhauf, auch mit einschlägigen, rezeptpflichtigen Medikamenten und Drogen wird schonungslos geworben. Straßenhändler verkünden dreist, dass sie „es" haben (ganz gleich, wonach man gerade Ausschau hält), und wenn dies nicht der Fall sein sollte, so kennen sie jemanden, der es bestimmt hat.

Aber die Stadt an der am „häufigsten überquerten Grenze der Welt" ist noch immer ein freundlicher Dschungel, ein faszinierender, quirliger Kulturenmix, in dem es Spaß macht, die Leute zu beobachten, auch wenn man nicht dazugehören will. Ein Spaziergang über die La Revo ist ein Muss. Keine Sorge: Die lästigen Anmachertypen lassen sich mit einem freundlichen, aber bestimmten „Nein" abwimmeln.

Geschichte

Die älteren Einheimischen werden bestätigen, dass dieser Ort Anfang des 20. Jhs. genau genommen nur ein „Dreckloch" war. Am Ende des Ersten Weltkriegs hatte die Stadt weniger als 1000 Einwohner. Die Prohibition trieb aber viele US-amerikanische Touristen über die Grenze, denn hier waren Alkohol, Glücksspiel, Bordelle sowie Box- und Hahnenkämpfe erlaubt. Das führte dazu, dass die Einwohnerzahl Tijuanas explodierte: 1960 waren es 180 000. Mit dem ständigen Wachstum gingen allerdings ernsthafte soziale und ökologische Probleme einher. Im Gegenzug entstand aber auch eine größere Mittelschicht, die für mehr Stabilität und Sicherheit sorgt. Touristen müssen aufpassen, dass sie nicht beklaut werden; Gewaltverbrechen fallen Traveller aber nur selten zum Opfer.

Orientierung

Tijuana liegt direkt südlich vom US-Grenzposten San Ysidro, Kalifornien, und nur 19 km südlich von Downtown San Diego. Das Straßenraster im Zentrum besteht aus den in nord-südlicher Richtung verlaufenden *avenidas* und den von Osten nach Westen verlaufenden *calles*. Die Av Revolución (La Revo) südlich der Calle 1A ist die wichtigste Einkaufsmeile. Tijuanas Zona Río, das exklusive Handelszentrum, erstreckt sich auf beiden Seiten des Flusses. In Mesa de Otay weiter nordöstlich befinden sich noch ein Grenzübergang, der Flughafen, *maquiladoras* (Montagewerke in ausländischem Besitz) sowie Wohn- und Einkaufsbezirke.

Praktische Informationen

BUCHLÄDEN

Sanborns (☎ 688-14-62; Av Revolución 1102) Kaufhaus mit einer großen Auswahl amerikanischer und mexikanischer Zeitungen und Zeitschriften.

GELD

Vor allem nachts ist beim Geldwechseln Vorsicht geboten. US-Dollar sind überall gern gesehene Zahlungsmittel. Bei Busreisen in Richtung Süden oder Osten leistet die *casa de cambio* am Central Camionera gute Dienste. Am einfachsten und schnellsten kommt zu Cash, wer am Geldautomaten Geld holt. An Banken findet man in der Stadt u. a. Banamex, Banorte und HSBC.

Banjercito (☎ 683-62-44; www.banjercito.com.mx; Calle José María Larroque s/n) Die einzige Bank in der Stadt, in der man die Genehmigungen fürs Auto bezahlen kann.

INFOS IM INTERNET

See Tijuana (www.seetijuana.com) Eine Tourismus-Website zu Tijuana.

Tijuana Online (www.tijuanaonline.org) Von Cotuco betrieben.

INTERNETZUGANG

Entlang der Av Revolución und ihrer Seitenstraßen kann man sich einloggen.

World Net (☎ 685-65-14; Calle 2a No 8174; 15 Mex$/Std.; 🕑 7–23 Uhr) Günstig, mit vielen Computern und englischsprachigem Personal; wer einen Kaffee kauft, bekommt Brot umsonst dazu.

MEDIZINISCHE VERSORGUNG

Hospital General (☎ 684-00-78; Av Padre Kino, Zona Río) Liegt nördlich der Kreuzung mit der Av Rodríguez.

NOTFALL

Beratungshotline für Touristen (☎ 078)

POST

Hauptpost (☎ 684-00-78; Ecke Av Negrete & Calle 11a)

TOURISTENINFORMATION

Cotuco (Comité de Turismo y Convenciones, Komitee für Tourismus & Tagungen); Touristeninformation am Flughafen (☎ 683-82-44; Gepäckausgabe am Flughafen; 🕑 Mo–Sa 9–18 Uhr); Touristeninformation an der Av Revolución (☎ 685-31-17; Av Revolución zw. Calle 3a & Calle 4a; 🕑 Mo–Do 10–16, Fr–Sa 10–19 Uhr); Zentrale (☎ 684-05-37; Suite 201, Paseo de los Héroes 9365; 🕑 Mo–Fr 9–18 Uhr); Touristeninformation am Grenzübergang für Fußgänger (☎ 607-30-97; 🕑 Mo–Do 9–18, Fr & Sa 9–19, So 9–15 Uhr)

Staatliche Touristeninformation (Secretaría de Turismo del Estado; ☎ 682-33-67; Clle Juan Ruiz de Alarcón No 1572, Zona Río; 🕑 Mo–Fr 8–20, Sa & So 9–13 Uhr)

WASCHSALON

Lavamaticas „Danny" (☎ 638-50-69; Av Constitución 1821; 🕑 7–22 Uhr) Selbstbedienung; bietet aber auch einen Wasch-und-Zusammenleg-Service an.

Gefahren & Ärgernisse

Wer Ärger will, wird ihn auch bekommen. Ansonsten wird wahrscheinlich nichts passieren. Auf Angebote wie „fast umsonst", „billiger als im Wal-Mart" und Ähnliches sollte man mit „*no necesito*" (Das brauche ich nicht) reagieren.

Auf der Straße darf man keinen Alkohol trinken. Auch sollte man keine Medikamente ohne ärztliche Verordnung mit sich herumschleppen.

Coyotes und *polleros* (beides bedeutet „Schlepper") versammeln sich westlich vom Grenzübergang San Ysidro am Fluss. Nach

TIJUANA

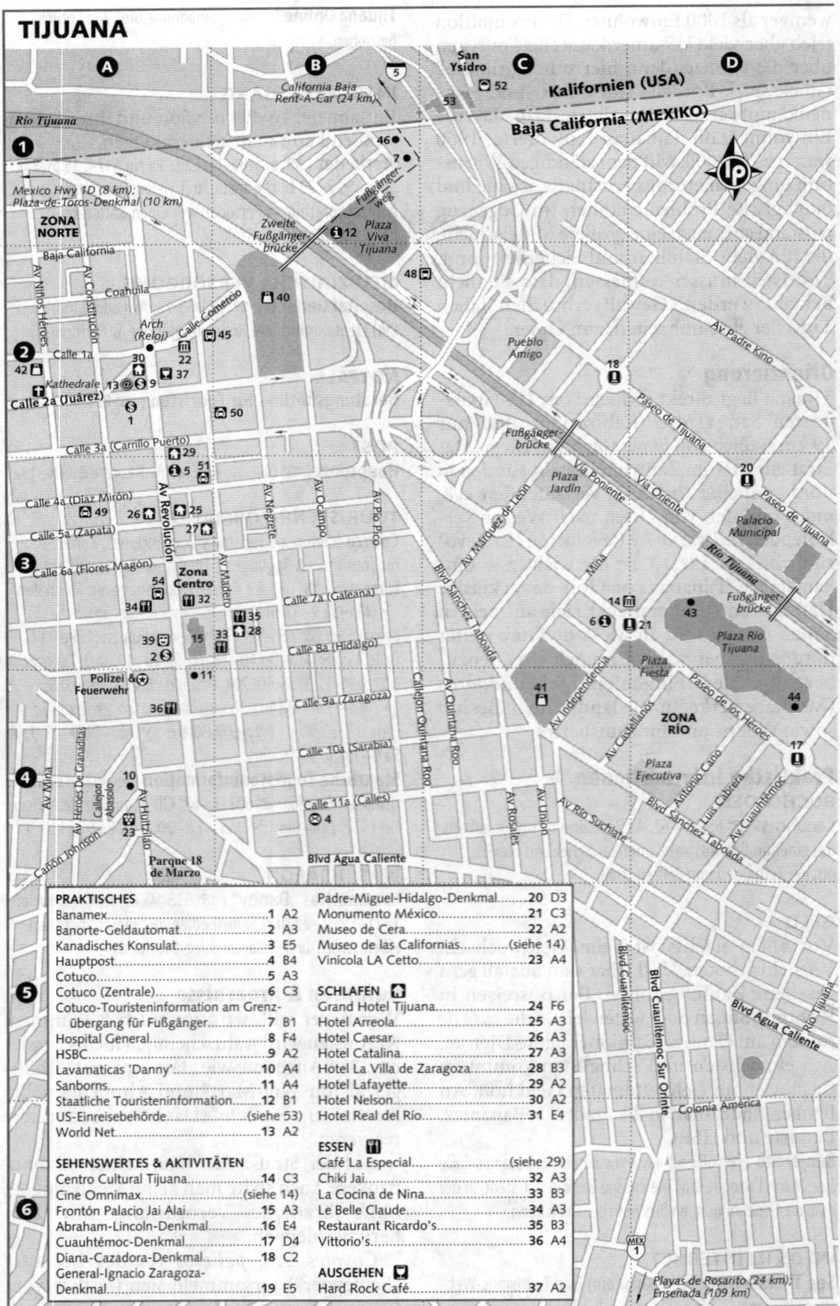

PRAKTISCHES
- Banamex ... 1 A2
- Banorte-Geldautomat ... 2 A3
- Kanadisches Konsulat ... 3 E5
- Hauptpost ... 4 B4
- Cotuco ... 5 A3
- Cotuco (Zentrale) ... 6 C3
- Cotuco-Touristeninformation am Grenzübergang für Fußgänger ... 7 B1
- Hospital General ... 8 F4
- HSBC ... 9 A2
- Lavamaticas 'Danny' ... 10 A4
- Sanborns ... 11 A4
- Staatliche Touristeninformation ... 12 B1
- US-Einreisebehörde ... (siehe 53)
- World Net ... 13 A2

SEHENSWERTES & AKTIVITÄTEN
- Centro Cultural Tijuana ... 14 C3
- Cine Omnimax ... (siehe 14)
- Frontón Palacio Jai Alai ... 15 A3
- Abraham-Lincoln-Denkmal ... 16 E4
- Cuauhtémoc-Denkmal ... 17 D4
- Diana-Cazadora-Denkmal ... 18 C2
- General-Ignacio Zaragoza-Denkmal ... 19 E5
- Padre-Miguel-Hidalgo-Denkmal ... 20 D3
- Monumento México ... 21 C3
- Museo de Cera ... 22 A2
- Museo de las Californias ... (siehe 14)
- Vinícola LA Cetto ... 23 A4

SCHLAFEN
- Grand Hotel Tijuana ... 24 F6
- Hotel Arreola ... 25 A3
- Hotel Caesar ... 26 A3
- Hotel Catalina ... 27 A3
- Hotel La Villa de Zaragoza ... 28 B3
- Hotel Lafayette ... 29 A2
- Hotel Nelson ... 30 A2
- Hotel Real del Río ... 31 E4

ESSEN
- Café La Especial ... (siehe 29)
- Chiki Jai ... 32 A3
- La Cocina de Nina ... 33 B3
- Le Belle Claude ... 34 A3
- Restaurant Ricardo's ... 35 B3
- Vittorio's ... 36 A4

AUSGEHEN
- Hard Rock Café ... 37 A2

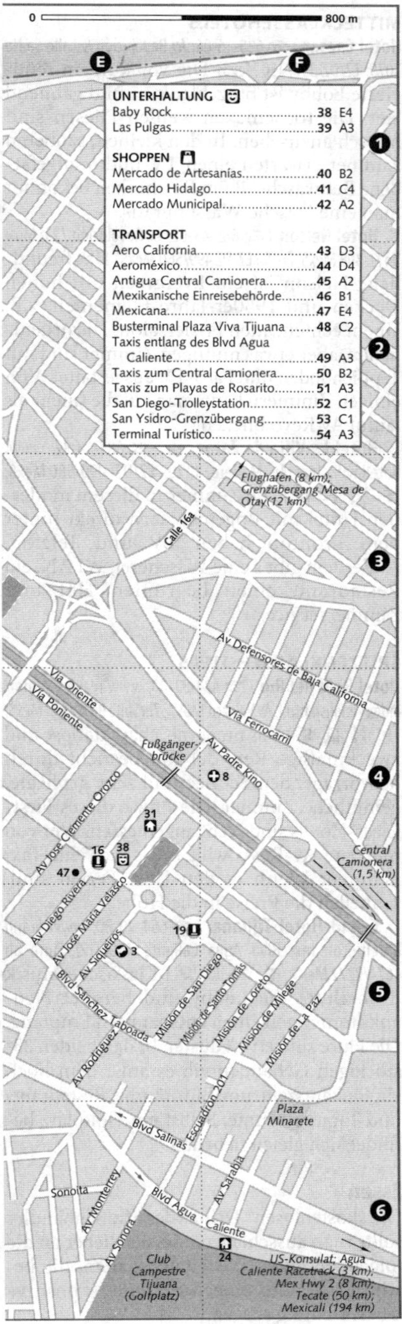

Einbruch der Dunkelheit sollte man diese Gegend und die Colonia Libertad östlich des Grenzübergangs unbedingt meiden.

Sehenswertes & Aktivitäten

La Revo (Av Revolución) südlich der Calle 1a ist das Herz von Tijuanas Touristenmeile. Die überfüllten Diskos, Restaurants, Bars, lauten Straßenhändler, schnodderigen Taxifahrer und Souvenirshops begegnen einem schon bei einem kurzen Spaziergang.

Auf Tijuanas unkonventionelles Kulturzentrum, das **Centro Cultural Tijuana** (Cecut; ☎ 687-96-50; www.cecut.gob.mx; Ecke Paseo de los Héroes & Av Independencia; ⌚ Mo–Fr 9–19, Sa & So 10–19 Uhr), wäre sicherlich auch jede andere Stadt vergleichbarer Größe nördlich der Grenze stolz. Das Zentrum beherbergt das **Museo de las Californias** (Eintritt 20 Mex$; ⌚ Di–So 10–18.30 Uhr), ein Theater und das kugelförmige **Cine Omnimax** (Karten ab 45 Mex$; ⌚ Di–So 13–21 Uhr). Bis 1998 fanden im **Frontón Palacio Jai Alai** *frontón*-Turniere (Jai Alai, eine Art Handball) statt. Der Bau des seltsam anmutenden Gebäudes dauerte gut zwei Jahrzehnte (1926–1947). Es ist noch heute das Wahrzeichen und Herzstück der La Revo.

Die **Vinícola LA Cetto** (Weingut LA Cetto; ☎ 685-30-31; Cañón Johnson 2108; ⌚ Mo–Fr 10–18.30, Sa 10–17 Uhr) südwestlich der Av Constitución veranstaltet geführte Touren und Weinproben (20 Mex$, 50 Mex$ mit Glas als Andenken). LA Cetto produziert neben guten Weinen aus verschiedenen Rebsorten auch Schaumweine und einen ordentlichen Brandy.

Der bunt zusammengewürfelte Haufen im **Museo de Cera** (Wachsfigurenkabinett; ☎ 688-24-78; Calle 1A No 8281; Eintritt 15 Mex$; ⌚ 10–18 Uhr) wirkt zwar etwas eigenartig, aber Spaß macht der Besuch allemal. Madonna sieht so aus, als habe sie gerade eine Herzoperation überstanden, Michael Jackson macht einen etwas gruseligen Eindruck und John Lennon – yeah! – kommt angekifft daher.

Überall in der Stadt verstreut stehen Denkmäler – von Abraham Lincoln bis Miguel Hidalgo.

Festivals & Events

Tijuanas Ansehen als kulturelles Zentrum wächst stetig und dementsprechend füllen Jahr für Jahr mehr Kulturevents den Veranstaltungskalender.

Muestra Internacional de Danza (Internationales Tanzfestival, April) Einheimische und internationale

Gruppen versuchen, sich beim Aufführen zeitgenössischer Tänze gegenseitig auszustechen.

Feria Del Platillo Mexicano (Mexikanisches Gastro-Festival, Sept.) Die Teller voller Köstlichkeiten finden reißenden Absatz.

Festival del Tequila (Tequila-Festival, Okt.) Hmmm ... Tequila!

Festival Hispano-Americano de Guitarra (Hispano-amerikanisches Gitarrenfestival, Nov.) Einheimische Könner und Profis aus aller Welt demonstrieren die ganze Vielfalt und Schönheit des Gitarrenspiels. Rockbands erinnern das Publikum mit aller Kraft daran, dass man mit diesem Instrument auch einfach nur Krach machen kann.

Día de los Muertos (Tag der Toten, Nov.) Dieses in ganz Mexiko gefeierte Fest vermischt Traditionelles mit Halloween à la USA.

International Craft Beer Festival (www.tjbeerfest.com) Wer auf dem Oktoberfest in Deutschland noch nicht genug gefeiert hat, kann hier in der ersten Novemberwoche weitermachen. Es werden die besten Biere angeboten, alte und neue Sorten. Wer's genau wissen will, sollte sein kühles Blondes mit Clamato mixen.

Schlafen

Die billigsten Unterkünfte in Tijuana teilt man sich oft mit einer Klientel, die stündlich wechselt. Auch sind die Zimmer häufig unerträglich schäbig. Die Häuser in der La Revo können sehr laut sein. In den Seitenstraßen schafft man es eher mal, ein Auge zuzubekommen.

BUDGETUNTERKÜNFTE

Hotel Catalina (☎ 685-97-48; Ecke Calle 5a & Madero 2039; EZ 220 Mex$, DZ 260–320 Mex$) Ein preiswertes, sauberes und sicheres Hotel, einen Block von der Av Revolución entfernt. Es ist mit dem Lafayette vergleichbar, liegt jedoch um einiges ruhiger.

Hotel Arreola (☎ 685-90-81; Ecke Av Revolución & Calle 5A 1080; EZ/DZ 270/330 Mex$) Die preiswerte, alles andere als originelle Unterkunft hat einen sauberen, gefliesten Fußboden und Plastikhüllen über den Möbeln. Die nach Chlor riechenden Zimmer haben TV. Die kürzlich renovierte Lobby ist mit interessanten Bildern des alten Tijuanas dekoriert und sieht viel besser aus als die Zimmer.

Hotel Lafayette (☎ 685-39-40; Av Revolución 926; Zi. 295 Mex$) Die beliebteste Budgetunterkunft in der Innenstadt befindet sich über dem Café La Especial. In den Zimmern mit Blick auf die laute Av Revolución schläft man nicht wirklich ruhig, daher besser nach einem Zimmer im hinteren Bereich des Gebäudes fragen.

MITTELKLASSEHOTELS

Hotel Caesar (☎ 685-16-06; Av Revolución & Calle 5a No 1079; EZ/DZ 390/450 Mex$) Die vor kurzem renovierte Lobby ist blitzeblank ... und gähnend leer. Die todschicken weißen Fliesen sind hübsch anzusehen. In den kleinen, sauberen Zimmer erwarten einen TV und orangefarbene Bettwäsche. Beim Einchecken bekommt man eine Flasche Wasser gratis.

Hotel Nelson (☎ 685-43-02; Av Revolución 721; Mo–Do Zi. 398 Mex$, Fr–So EZ/DZ 499/560 Mex$) Das freundliche Nelson ist ein Evergreen mit hohen Decken und 1950er-Jahre-Elementen, z.B. einem echten, alten Frisiersalon. Die ordentlichen, aber etwas muffigen Zimmer sind mit Teppichboden und Farb-TV ausgestattet. Von einigen Zimmern kann man auf die (mehr als laute) Av Revo blicken.

Hotel La Villa de Zaragoza (☎ 685-18-32; www.hotellavilla.biz; Av Madero 1120; EZ/DZ 490/580 Mex$; P ⊠ ⌘ 💻) Die Zimmer in diesem modernen Hotel mit Bogenfenstern direkt hinter dem Frontón haben TV und Telefon. Außerdem gibt's eine Wäscherei, WLAN, ein Restaurant, einen begrünten Hof und Zimmerservice.

SPITZENKLASSEHOTELS

Hotel Real del Río (☎ 634-31-00; www.realdelrio.com/index_english.html; Av Velazco 1409A; Zi./Suite 945/2595 Mex$; P ⌘ 💻 ♨) Das moderne, charakterlose und zweckmäßige Real del Río besticht durch hervorragenden Service und sehr gepflegte, gemütliche Zimmer. Die Preise dieses First-Class-Hotels sind recht angemessen. Wer von hier zur Av Revo will, muss sich ein Taxi nehmen. Wenn in den USA Ferien sind, schnellen die Preise in die Höhe.

Grand Hotel Tijuana (☎ 681-70-00; www.grandhoteltij.com.mx; Blvd Agua Caliente 4500; Zi./Suite ab 1674/2272 Mex$; P ⌘ 💻 ♨) Klassische Musik durchflutet die Lobby und bereitet Neuankömmlingen einen entspannten Empfang. Die Flure sind etwas düster. In den beiden 23-stöckigen Gebäuden gib es außerdem noch ein Einkaufszentrum, Büroräume, Restaurants und Tagungsräume. Selbst ein Golfplatz befindet sich gleich nebenan.

Essen

Die „kostenlosen" Drinks der Straßenhändler sollte man ausschlagen und sich lieber an die folgenden guten Lokalitäten halten, die bestimmt für die eine oder andere positive Überraschung sorgen.

La Belle Claude (☎ 685-07-44; Calle 7a 8186A; Gebäck 10–35 Mex$; ⌚ Mo–Do 7–22.30, Fr–So 7–23 Uhr) Köstliches Gebäck und ein sahniger Café Latte sind genau das Richtige vor dem Spaziergang am Morgen. Auch einen letzten Snack vor dem Schlafengehen kann man hier genießen. In den Krügen befinden sich hausgemachte, eingelegte Leckereien.

La Cocina de Nina (Ecke Av Madero & Hidalgo; Tacos 10 Mex$, Hauptgerichte 30–50 Mex$; ⌚ Mo–Sa 8–16 Uhr) Neben Tacos und Quesadillas mit allen nur erdenklichen Zutaten serviert dieser Familienbetrieb auch Fisch-, Rind- und Schweinefleischplatten – natürlich wie hier üblich mit Reis und Bohnen.

Restaurant Ricardo's (☎ 685-31-46; Av Madero 1410; Frühstück 41–67 Mex$, Tortas 34–55 Mex$; ⌚ 24 Std.) Dieses helle, fröhliche Restaurant im Diner-Stil hat eines der besten Preis-Leistungs-Verhältnisse in ganz Tijuana, und obendrein können die Gäste auch noch zwei Stunden kostenlos parken. Das prima Frühstück und die leckeren *tortas* (Sandwiches) – mit die besten der Stadt – gibt's rund um die Uhr. Fürs Ambiente sorgt ein Wasserfall.

Café La Especial (☎ 685-66-54; Av Revolución 325; Abendessen 41–121 Mex$) Dieses Restaurant (am unteren Ende der Treppe) ist seit 1952 eine Institution und serviert ordentliches mexikanisches Essen zu vernünftigen Preisen. Außerdem ist es hier wesentlich ruhiger als in den Durchschnittslokalen auf der La Revo.

Vittorio's (☎ 685-17-29; Av Revolución 1691; Pizza 95 Mex$, Pasta 120 Mex$; ⌚ 10–1 Uhr) In diesem lauschigen italienischen Restaurant kommen seit Jahren großzügig bemessene Pizzas und Pastas zu günstigen Preisen auf den Tisch. Die Ledersitzgruppen im hinteren Bereich mit der gedämpften Beleuchtung sorgen dafür, dass sich die Gäste wie „der Pate" persönlich fühlen. Die Tagesspecials kosten nur 66 Mex$.

Chiki Jai (☎ 685-49-55; Av Revolución 1388; Abendessen 150 Mex$; ⌚ 11.30–21 Uhr) Traumhaft geflieste Wände und ein spektakuläres Deckengemälde heben das kleine Lokal von der Konkurrenz auf der La Revo ab. Wenn man Appetit auf Fisch und Meeresfrüchte hat, sollte man Lachs oder Paella bestellen. Wer auf ein Abenteuer aus ist, entscheidet sich für Zunge oder *menudo* (Innereieneintopf). Man darf drei Stunden kostenlos parken.

Ausgehen

Es gibt unzählige Locations, in denen man sich einen genehmigen kann – wer die Wahl hat, hat die Qual. Das **Hard Rock Café** (☎ 685-02-06; Av Revolución 520) ist ein guter Start in einen feucht-fröhlichen Abend. Die örtliche Clubszene konzentriert sich auf die Plaza Fiesta in der Zona Río. In dieser Gegend gibt's auch Dutzende von Restaurants und Bars. Die Namen der einzelnen Lokalitäten ändern sich häufig, aber die Party endet nie.

Unterhaltung

Wer genug davon hat, die La Revo rauf und runter zu latschen, kann sich die verschiedenen Sport- und Kulturveranstaltungen reinziehen. Die Touristeninformationen machen gern Vorschläge. Ein Veranstaltungskalender ist unter www.seetijuana.com erhältlich. Die meisten hipperen Diskos sind in der Zona Río.

Baby Rock (☎ 634-24-04; Av Diego Rivera 1482; Eintritt Sa 100 Mex$) Das Baby Rock ist ein Evergreen unter den Nightclubs in der Zona Río; nach dem riesigen gefakten Felsen und den imitierten Felsmalereien Ausschau halten. Kitschig und witzig zugleich.

Las Pulgas (☎ 685-95-94; Av Revolución 1127) Genau der richtige Ort auf der Av Revo zum Abhängen, Tanzen und Trinken. Hier gibt's Spaß auf drei Etagen. Das Publikum ist ein gelungener Mix aus Einheimischen und Touristen. Die Eintrittspreise variieren.

Centro Cultural Tijuana (☎ 687-96-00; www.cecut.gob.mx; Ecke Paseo de los Héroes & Av Independencia; Filme 44 Mex$) Das hiesige Theater ist *die* Location in der Stadt für Theater-, Tanz- und Musicalvorstellungen. Monatlich stehen mehrere Events auf dem Spielplan. Das Zentrum kann sich auch mit der größten 3D-Filmleinwand der Welt rühmen.

Shoppen

Wer in Tijuana kein Mitbringsel findet, dem ist wirklich nicht mehr zu helfen. Aber Achtung beim Kauf von Gold- und Silberwaren: Die sind oft unecht (kein Wunder, bei dem Preis …). Schmuck, Decken, Möbel, Körbe, Silberarbeiten, Töpfer- und Lederwaren gibt's in den Geschäften in der Av Revolución und der Av Constitución, auf dem **Mercado Municipal** (Av Niños Héroes; ⌚ 8–18 Uhr) und auf dem weitläufigen **Mercado de Artesanías** (Av Ocampo) gleich südlich der Comercio (Calle 1a).

Auf dem **Mercado Hidalgo** (Blvd Taboada & Av Independencia) kaufen Einheimische Gewürze, getrocknete Chilis, exotische Zutaten, frische Tortillas und je nach Saison auch Spezialitäten aus aztekischem Getreide. Wer Obst oder Gemüse mit über die Grenze nehmen will, sollte sich vorher beim Zoll genau informieren. Aus getrockneten Hibiskusblüten kann man sich einen ausgezeichneten Tee aufbrühen.

An- & Weiterreise

Mexikanische Touristenkarten sind rund um die Uhr im **Einreisebüro** (☎ 682-64-39) am Grenzübergang San Ysidro–Tijuana erhältlich. Man bekommt sie aber ebenfalls – wenn auch weniger verlässlich – in einem kleinen Büro im Hauptbusterminal (Central Camionera, s. unten). Beim Überqueren der Grenze ist die Touristenkarte unbedingt erforderlich; nördlich von Ensenada wird da aber auch schon mal ein Auge zugedrückt.

AUTO & MOTORRAD

Der Grenzübergang San Ysidro liegt nur zehn Gehminuten von Tijuanas Innenstadt entfernt und ist Tag und Nacht geöffnet. Für Kraftfahrzeuge ist der ebenfalls rund um die Uhr offene Übergang Mesa de Otay möglicherweise viel besser geeignet, da er nicht so verstopft ist. Er liegt 8 km östlich von San Ysidro.

Die preiswertesten Autovermieter sind in San Diego zu finden, aber leider gestatten die meisten nur Fahrten bis nach Ensenada. **California Baja Rent-A-Car** (☎ 619-470-7368; www.cabaja.com) in Spring Valley, Kalifornien, 32 km von Downtown San Diego und 24 km von San Ysidro entfernt, ist zwar recht teuer, aber man darf dafür über Ensenada hinaus fahren.

BUS

Der Hauptbusbahnhof **Central Camionera** (☎ 621-29-82) befindet sich ca. 5 km südöstlich der Innenstadt. Hier fahren die mit Klimaanlage und Toilette ausgestatteten 1.-Klasse-Busse von **Elite** (☎ 621-29-58; www.estrellablanca.com.mx) und **Estrella** (☎ 621-29-55; www.estrellablanca.com.mx) ab. Zu den Zielen auf dem mexikanischen Festland gehören Guadalajara (1000 Mex$, 36 Std.) und Mexico City (1400 Mex$, 42 Std.). Alle Buslinien halten in den größeren Städten auf dem Festland. Autotransportes del Pacífico, Norte de Sonora und ABC starten ebenfalls am Central Camionera und fahren mit 2.-Klasse-Bussen zur Pazifikküste des mexikanischen Festlands und über die ganze Baja California. **ABC** (☎ 621-24-24 ext 7472) steuert die folgenden Ziele an:

Ziel	Preis (Mex$)	Dauer (Std.)
Ensenada	1. Klasse 121	1½
	2. Klasse 111	1½
Guerrero Negro	723	12
La Paz	1510	24
Loreto	1147	16
Mexicali	Deluxe 236	3
	1. Klasse 206	3
	2. Klasse 187	3
San Felipe	362	5–6
Tecate	60	¾–1

Suburbaja (☎ 688-00-45; ⏲ 6–21 Uhr) benutzt den in der Innenstadt gelegenen **Antigua Central Camionera** (☎ 686-06-95; Av Madero & Calle 1A) und fährt vor dort nach Tecate (45 Mex$, 1½ Std., alle 15 Min.) und Rosarito (14 Mex$, 1 Std.). Diese Regionalbusse halten an fast jeder Ecke.

Wer auf die andere Seite der Grenze will, fährt am besten mit **Mexicoach** (www.mexicoach.com) (5 US$) vom **San-Ysidro-Terminal** (☎ 619-428-95-17; 4570 Cam de la Plaza) zum **Terminal Turístico** (☎ 685-14-70; Av Revolución 1025) (zw. 8 & 21 Uhr). Diese Linie fährt auch nach Rosarito (90 Mex$, 1 Std., 9–19 Uhr).

Zwischen 5 und 23 Uhr verlassen Busse den **San Diego Greyhound Terminal** (☎ 619-239-32-66, in den USA 800-231-2222; 120 West Broadway, San Diego) und halten auf dem Weg zum Central Camionera oder zum Flughafen von Tijuana in **San Ysidro** (☎ in den USA 619-428-1194; 799 East San Ysidro Blvd). Die einfache Fahrt zu diesen Zielen kostet je 15 US$, die Hin- und Rückfahrt 29 US$.

FLUGZEUG

Der **Aeropuerto Internacional Abelardo L Rodríguez** (☎ 683-24-18) befindet sich in Mesa de Otay, östlich der Innenstadt.

Aero California (☎ 684-21-00; Plaza Río Tijuana) Fliegt nach La Paz und in zahlreiche Städte auf dem Festland nördlich von Mexico City.

Aeroméxico (☎ 683-84-44, 684-92-68; Local A 12-1, Plaza Río Tijuana) Bedient viele Ziele auf dem mexikanischen Festland und bietet Direktflüge nach La Paz sowie Flüge nach Tucson und Phoenix mit Zwischenstopp in Hermosillo an.

Mexicana & Click Mexicana (☎ 634-65-66; Av Diego Rivera 1511, Zona Río) fliegt täglich nach Los Angeles (jedoch nicht ab Los Angeles) und in viele Städte auf dem mexikanischen Festland.

STRASSENBAHN

San Diegos beliebte **Straßenbahn** (☎ 619-233-30-04) fährt von 5 bis 24 Uhr alle 15 Minuten von Downtown San Diego nach San Ysidro

(2,50 US$). Vom Flughafen Lindbergh Field in San Diego fährt der Stadtbus 992 (2,25 US$) zur Straßenbahnhaltestelle an der Plaza America in Downtown San Diego gegenüber vom Amtrak-Bahnhof.

Unterwegs vor Ort

BUS & TAXI

Für ca. 8 Mex$ kommt man mit den Regionalbussen überall hin, aber die etwas teureren Sammeltaxis bringen einen sehr viel schneller am Ziel. Alle Busse mit der Aufschrift „Buena Vista", „Centro" oder „Central Camionera" fahren von der Calle 2a, östlich der Av Constitución, zum Central Camionera. Alternativ kann man aber eine der gold-weißen „Mesa de Otay"-Sammeltaxis ab der Av Madero – zwischen Calle 2a und Calle 3a – (10 Mex$) nehmen. Normale Taxis zum Central Camionera kosten etwa 100 Mex$.

Zum Flughafen kommt man mit einem der blau-weißen „Aeropuerto"-Busse (5 Mex$), die in der Straße direkt südlich vom Taxistand in San Ysidro starten. Im Stadtzentrum befindet sich die Haltestelle auf der Calle 5a zwischen Av Constitución und Av Niños Héroes. Wer sich ein Taxi mit anderen teilt, kommt erheblich billiger weg, denn eines, das man auf der Straße anhält, schlägt immerhin mit ca. 150 Mex$ zu Buche.

Taxameter sind Mangelware in den Taxis von Tijuana. Die meisten Fahrten kosten um die 60 Mex$. Achtung vor schwarzen Schafen, und den Preis immer vorab aushandeln, um Missverständnissen vorzubeugen!

RUND UM TIJUANA

Playas de Rosarito

☎ 661 / 56 887 Ew.

Einst war es ein verlassener Sandstrand, der die Grenze zwischen Kalifornien und Mexiko markierte, dann eine Hollywood-Filmlocation, und jetzt endlich zeigt Playas de Rosarito sein wahres Gesicht: An jeder Ecke finden sich Bauvorhaben und Eigentumswohnungen, aber trotz des Gezeters um die Errichtung immer neuer Gebäude ist es hier relativ ruhig geblieben. Und außerdem ist Rosarito von Tijuana oder San Diego aus in einem Tagesausflug, eventuell mit einer Übernachtung, bequem zu erreichen. Das Hotel Rosarito (heute das bekannte Rosarito Beach Hotel) und der lange Sandstrand waren schon Ende der 1920er Vorreiter für den Tourismus der Region. 1996 wurden die Fox Studios Baja für die Dreharbeiten zu *Titanic* errichtet, später dienten sie als Set für *Pearl Harbor* und *Master & Commander – Bis ans Ende der Welt* wie auch für den großartigen Film *Jackass*.

Trotz des Einflusses der Filmstudios ist Playas de Rosarito in vielen Dingen noch immer provinziell geblieben. Im Amphitheater im **Parque Municipal Abelardo L Rodríguez** am Strand kann man das beeindruckende Wandgemälde *Tierra y Libertad* (Land und Freiheit) von Juan Zuñiga Padilla aus dem Jahr 1987 bewundern.

Am Blvd Juárez, Rosaritos einziger Hauptstraße (und Teil der Carretera Transpenínsular, Hwy 1), liegen zahlreiche Restaurants, Clubs und Unterkünfte, deren Preise in den Frühlingsferien in schwindelnde Höhen schnellen.

SCHLAFEN

Motel Sonia (☎ 612-12-60; Juárez 781; EZ/DZ 300/600 Mex$; Ⓟ) Die einfachen, schon fast schäbigen Zimmer ohne TV sind die billigsten, die man in Strand- und Clubnähe bekommen kann. Ein Plus ist der dazugehörige Parkplatz. Zusätzlich zum Zimmerpreis wird eine Kaution von 300 Mex$ verlangt.

Hotel del Sol Inn (☎ 612-25-52; Juárez 32; EZ/DZ 440/550 Mex$; Ⓟ ☒) Das Sol ist mit seinen sauberen Zimmern mit einfachen Möbeln mindestens eine Klasse besser als das Sonia. Hier gibt's Teppichboden, TV und in Flaschen abgefülltes Trinkwasser. In einigen Zimmern ist Rauchverbot. In den Frühlingsferien muss man den doppelten Preis löhnen.

Festival Plaza Hotel (☎ 612-29-50; www.hotelfestivalplaza.com; Juárez 1207; Zi. So–Do 850 Mex$, Fr & Sa 1096 Mex$; Ⓟ) Kleine, nichtssagende Zimmer mit so phantasievollen Namen wie „Rock & Roll Taco", in denen hauptsächlich partysüchtige College-Studenten nächtigen. Und wer's noch nicht gemerkt hat: Hier gibt es auch ein Riesenrad.

ESSEN & AUSGEHEN

Panadería La Espiga (☎ 612-14-59; Juárez 298; Mo–So 6.30–21 Uhr) Der Duft frisch gebackener Brötchen, Brote und Süßigkeiten lässt einem – lange bevor man die Panadería La Espiga überhaupt betritt – das Wasser im Munde zusammenlaufen. Einige Gebäckstücke sind ganz natürlich mit Baja-Honig aus La Paz gesüßt.

Tacos Manuel (8–14 Uhr; Tacos 11 Mex$) Beliebtes Lokal in der Nähe der nördlichen Zufahrt nach Rosarito. Es kommt hauptsächlich Rindfleisch in die Tacos.

Tacos El Yaqui (Ecke Palma & Mar del Norte; Tacos 23 Mex$; ⌚ Mo, Di & Do 10–16.30, Fr–So 8–21.30 Uhr) Dieser hervorragende Taco-Stand ist so beliebt, dass er oft schon früh schließen muss, weil ihm die Zutaten ausgegangen sind.

Capuchino's (☎ 612-29-79; Juárez 890; Gebäck 35 Mex$; ⌚ 8–21.30 Uhr) Wer genug gefeiert und (oder) einen Kater hat, kann sich hier bei einem heißen Kaffee und einem Stück hausgemachten Gebäcks erholen.

Los Arcos (☎ 612-04-91; Juárez 29; Hauptgerichte 55 Mex$; ⌚ Do–Di 8–19 Uhr, am Wochenende länger) Dieser Familienbetrieb mit dem freundlichen Personal ist genau das Richtige für Shrimps- oder Fischtacos. Außerdem sind verschiedene *antojitos* und ausgezeichnete Saucen zu haben.

Papas & Beer (⌚ 11–3 Uhr) Schaumpartys, ein mechanischer Bulle und Trinkgelage.

BAJA CALIFORNIA

ANREISE & UNTERWEGS VOR ORT

In Tijuanas Innenstadt fahren die *colectivos* nach Playas de Rosarito (15 Mex$) an der Av Madero zwischen Calle 3a und Calle 4a ab. Ausschau halten nach den gelben Kombis mit einem weißen Dreieck an der Tür. Der Mexicoach-Shuttlebus (90 Mex$) nach Tijuana fährt zwischen 10 und 20 Uhr alle zwei Stunden am Parkplatz des Rosarito Beach Hotel ab.

Tecate

☎ 665 / 59 124 Ew.

Tecate ist nicht nur ein leckeres Bier, sondern auch eine lebenslustige Stadt. Im Vergleich zu den anderen Grenzstädten wirkt es wie ein relaxtes Dorf auf dem mexikanischen Festland. Das Attentat auf den Polizeichef im Dezember 2007 und die Entdeckung eines Drogentunnels in die USA haben Tecate negative Schlagzeilen eingebracht. Touristen können sich aber dennoch sicher fühlen, sie sind nur selten Zielscheibe krimineller Handlungen.

Tecates Wahrzeichen ist die **Brauerei Cuauhtémoc Moctezuma** (☎ 654-94-78; Hidalgo & Obregón; kostenlose geführte Touren ⌚ Mo–Fr 11–16, Sa 10–14 Uhr), die zwei der bekanntesten Biere Mexikos produziert: Tecate und Carta Blanca. Der wahre Wirtschaftsmotor sind jedoch die *maquiladoras*.

Die Unterkunft mit dem besten Preis-Leistungs-Verhältnis ist das **Motel La Hacienda** (☎ 654-12-50; Av Juárez 861; EZ/DZ 400/500 Mex$; P ❄). Die sauberen Zimmer haben Teppichboden und TV, im wunderschönen Innenhof stehen unzählige Orangenbäume. Auf dem **Markt** an der Ecke Juárez und Hidalgo gibt's frisches Obst, Schuhe, Kleidung, Keramikgegenstände und *aguas* (wässrige Obstsäfte) in jeder nur erdenklichen Geschmacksrichtung.

Tecate liegt 55 km östlich von Tijuana am Hwy 2; diese Ost-West-Route verbindet Tijuana mit Mexicali. Der **Grenzübergang** (⌚ 6–22 Uhr) ist im Vergleich zu Tijuana oder Mesa de Otay weniger überlaufen.

ENSENADA

☎ 646 / 260 075 Ew.

Ensenada, 108 km südlich der Grenze, ist die weltoffene Schwester des vergnügungssüchtigen Tijuana. In der Stadt herrscht eine skurrile Mischung aus Menschen von Kreuzfahrtschiffen, Durchreisenden aus Kalifornien, Festlandtouristen und Einheimischen, die schon alles gesehen haben. Wer vor lauter US$ und englischen Speisekarten vergessen haben sollte, dass er in Mexiko ist, sollte seinen Blick nach oben richten: Hier weht eine riesige mexikanische Flagge, die man wahrscheinlich selbst aus dem Weltraum erkennen kann. In der Touristenmeile wird so ziemlich alles angeboten – von Keramik, Hängematten, Textilien und Schmuck bis hin zu geschmacklosen T-Shirts, schlüpfrigen Mitbringseln und Nippes, den man nicht einmal seinem schlimmsten Feind schenken würde. Einige der besten Weine Mexikos kommen aus dieser Gegend. Weinfans sollten unbedingt die Ruta del Vino mit ihren Weinkellereien und Museen abklappern. In den letzten Jahren sind Winzer aus der ganzen Welt auf dieses Weinanbaugebiet aufmerksam geworden.

Die schön gestaltete, fußgängerfreundliche Av López Mateos (Calle 1a) ist gesäumt von interessanten Geschäften, Cafés, Plätzen zum Ausruhen und vielen Hotels. Jenseits der Touristenmeile fallen die Preise – das Essen wird authentischer und die Hotels werden billiger. Sänger Jim Morrison von der berühmten Band The Doors genehmigte sich in San Miguel (S. 307) nördlich der Stadt gern mal einen Tequila und sah dabei den Surfern zu.

Die erste feste Siedlung Ensenadas entstand 1804. 1870 wurde in Real del Castillo, 35 km weiter landeinwärts, Gold gefunden, was einen kurzen Boom auslöste. Von 1882 bis 1915 war Ensenada Hauptstadt der Baja-Region, während der Revolution wurde sie von Mexicali abgelöst. Nach der Revolution siedelten sich diverse „sündige" Industriezweige an, bis die Bundesregierung in den 1930er-Jahren das Glücksspiel schließlich verbot. Schaut man sich aber all die Strip-Clubs, Peep-Shows und Bars an, so ist klar, dass hier noch immer die Sünde zuhause ist ...

Orientierung

Wer von Tijuana aus die Küste hinunterfährt, landet automatisch im Touristenbezirk, wo man sich gut eine Weile aufhalten kann. Hotels und Restaurants säumen den Blvd Costero (alias Blvd Cárdenas). Ein Stück weiter landeinwärts verläuft die Av López Mateos (Calle 1a) parallel zum Blvd Costero (gen Norden). Die Haupttouristenmeile liegt zwischen der Av Ryerson und der Av Castillo – und je weiter man sie hinter sich lässt, umso preiswerter, riskanter und authentischer wird der Ensenada-Trip. Hwy 3 führt in nordöstlicher Richtung nach Tecate. Am Südostrand der Stadt geht's gen Osten zunächst nach Ojos Negros und zum Parque Nacional Constitución de 1857 (Laguna Hanson) und danach in südlicher Richtung weiter zum Valle de Trinidad und nach San Felipe. Die Ruta del Vino liegt im Norden, kurz von San Miguel. In Richtung Süden führt der Hwy 1 weiter die ganze Strecke nach Los Cabos.

Praktische Informationen

BUCHLÄDEN

Librerías de Cristal (☎ 178-84-48; Av López Mateos 690; 🕑 Mo–Sa 10–20, So 10–18 Uhr) Gute Auswahl an spanisch- und englischsprachigen Büchern.

GELD

Die meisten Banken und *casas de cambio* befinden sich in der Nähe der Kreuzung Av Ruiz und Av Juárez. Quasi an jeder Ecke in Ensenada gibt's Geldautomaten. Banken wechseln Bargeld und erledigen die üblichen Bankgeschäfte.

INFOS IM INTERNET

Discover Baja California (www.discoverbajacalifornia.com) Website der Staatlichen Touristeninformation.

Enjoy Ensenada (www.enjoyensenada.com) Ensenadas Tourismus-Website.

INTERNETZUGANG

Internetcafés gibt's in der Touristengegend zuhauf. Die meisten verlangen 15 bis 25 Mex$ pro Stunde.

equinoxio c@fé (☎ 174-04-55; Av Cardeñas 267; 20 Mex$/Std.; 🕑 Mo–Sa 8–22, So 12–22 Uhr)

MEDIZINISCHE VERSORGUNG

Hospital Del Carmen (☎ 178-34-77; Ecke Av Obregón & Calle 11)

NOTFALL

Städtische Polizei (☎ 066, 176-45-96)

Staatliche Polizei (☎ 066, 177-05-51)

Touristennotruf (☎ 078)

POST

Hauptpost (Ecke Av López Mateos & Av Riviera)

TOURISTENINFORMATION

Proturismo-Touristeninformation (☎ 178-24-11, 078; cotucoe@telnor.net; Blvd Costero 540; 🕑 Mo–Fr 8–20, Sa & So 9–13 Uhr) Verteilt Stadtpläne und Broschüren und erteilt aktuelle Infos zu Unterkünften. An der Plaza Cívica gibt's eine kleine Zweigstelle.

Staatliche Touristeninformation (☎ 172-54-44; Blvd Costero 1477; 🕑 Mo–Fr 8–20, Sa & So 9–13 Uhr) Ähnliche Leistungen wie bei Proturismo.

WASCHSALON

Lavematica Blanco (☎ 176-25-48; Plaza Bahía Einkaufszentrum, Ecke Calz Cortez & Av Reforma)

Sehenswertes

Das extravagante **Riviera del Pacífico** wurde zu Beginn der 1930er-Jahre unter dem Namen Hotel Playa Ensenada am Blvd Costero eröffnet. In dem ehemaligen Kasino im spanischen Stil soll angeblich Al Capone regelmäßig abgestiegen sein. Heute sind hier das kleine **Museo de Historia de Ensenada** (☎ 177-05-94; Eintritt 20 Mex$; 🕑 9–17 Uhr) und die Bar Andaluz (S. 309) zu finden. Die Casa de Cultura bietet Kurse an, zeigt Retro-Filme und organisiert Kunstausstellungen.

Die Kellerführungen von **Bodegas de Santo Tomás** (☎ 178-33-33; Av Miramar 666; geführte Touren 50 Mex$; 🕑 Mo–Sa 10–17 Uhr) informieren wunderbar über die Weinindustrie der Baja. Führungen und Weinproben finden stündlich zwischen 10 und 13 Uhr sowie um 15 Uhr statt. Unbedingt probieren sollte man den einzigartigen Rotwein Cabernet 2000. Oder man schlendert die Ruta del Vino (S. 307) runter und entdeckt die Weine hier ganz unvoreingenommen auf eigene Faust.

1886 von der US-amerikanischen International Company of Mexico errichtet, ist die frühere Aduana Marítima de Ensenada

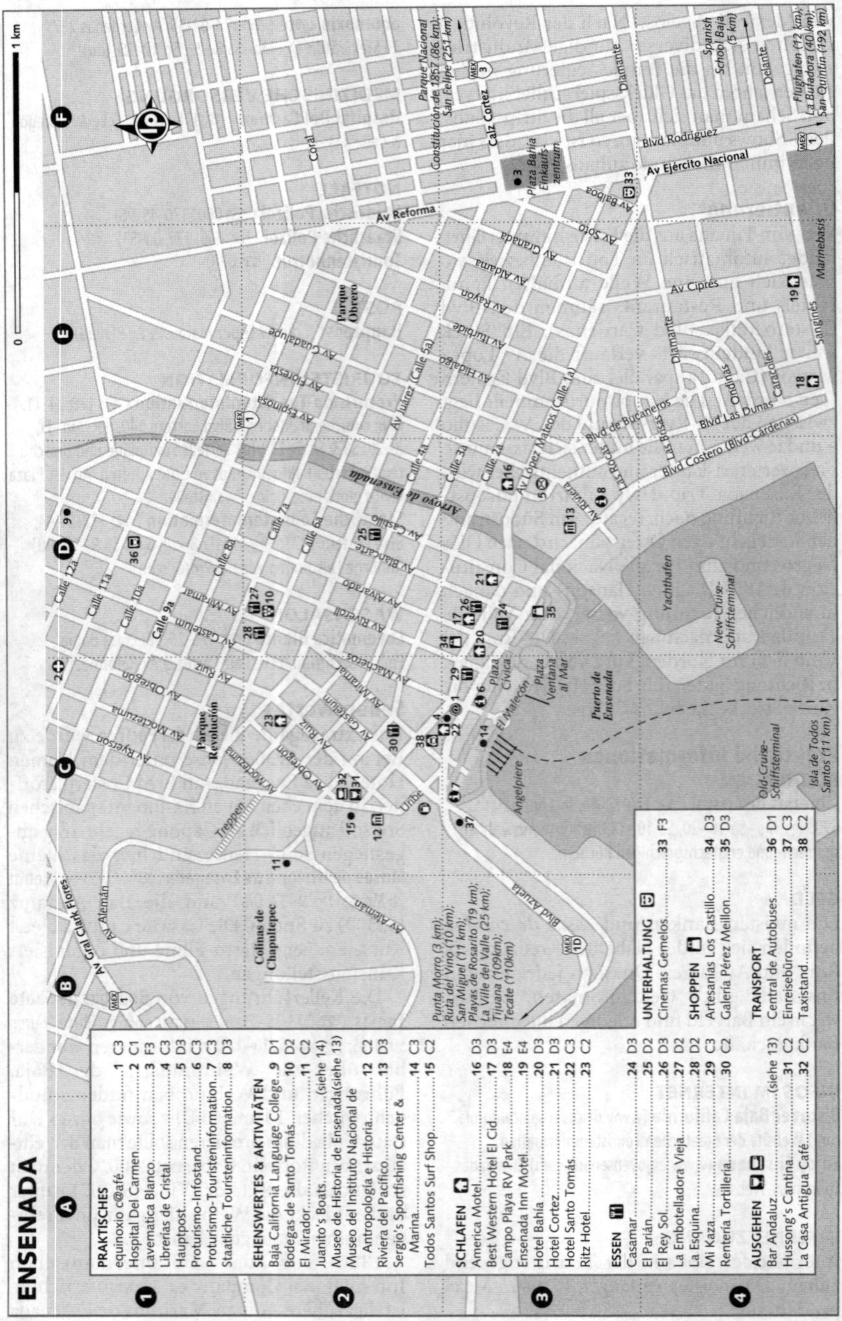
ENSENADA
0
1 km
PRAKTISCHES
equinoxio c@afé 1 C3
Hospital Del Carmen 2 C1
Lavematica Blanco 3 F3
Librerías de Cristal 4 C3
Hauptpost 5 D3
Proturismo-Infostand 6 C3
Proturismo-Touristeninformation 7 C3
Staatliche Touristeninformation 8 D3
SEHENSWERTES & AKTIVITÄTEN
Baja California Language College 9 D1
Bodegas de Santo Tomás 10 D2
El Mirador 11 C2
Juanito's Boats (siehe 14)
Museo de Historia de Ensenada (siehe 13)
Museo del Instituto Nacional de Antropología e Historia 12 C2
Riviera del Pacífico 13 D3
Sergio's Sportfishing Center & Marina 14 C3
Todos Santos Surf Shop 15 C2
SCHLAFEN
America Motel 16 D3
Best Western Hotel El Cid 17 D3
Campo Playa RV Park 18 E4
Ensenada Inn Motel 19 E4
Hotel Bahía 20 D3
Hotel Cortez 21 D3
Hotel Santo Tomás 22 C3
Ritz Hotel 23 C2
ESSEN
Casamar 24 D3
El Parián 25 D2
El Rey Sol 26 D3
La Embotelladora Vieja 27 D2
La Esquina 28 D2
Mi Kaza 29 C3
Rentería Tortillería 30 C2
AUSGEHEN
Bar Andaluz (siehe 13)
Hussong's Cantina 31 C2
La Casa Antigua Café 32 C2
UNTERHALTUNG
Cinemas Gemelos 33 F3
SHOPPEN
Artesanías Los Castillo 34 D3
Galería Pérez Meillon 35 D3
TRANSPORT
Central de Autobuses 36 D1
Einreisebüro 37 C3
Taxistand 38 C2
Punta Morro (3 km); Ruta del Vino (10 km); San Miguel (11 km); Playas de Rosarito (19 km); La Ville del Valle (25 km); Tijuana (109km); Tecate (110km)
Parque Nacional Constitución de 1857 (86 km); San Felipe (251 km)
Flughafen (12 km); La Bufadora (40 km); San Quintín (192 km)
Spanish School Baja (5 km)
Isla de Todos Santos (11 km)
Colinas de Chapultepec
Parque Revolución
Parque Obrero
Plaza Bahía Einkaufszentrum
Plaza Cívica
Plaza Ventana al Mar
Puerto de Ensenada
Yachthafen
New-Cruise-Schiffsterminal
Old-Cruise-Schiffsterminal
Marinebasis
Angelpiere
El Malecón
Arroyo de Ensenada
Treppen
Av Gral Clark Flores
Av Alemán
Blvd Azueta
Av Reforma
Calz Cortez
Av Ejército Nacional
Blvd Rodríguez
Blvd Costero (Blvd Cárdenas)
Blvd de Bucaneros
Blvd Las Dunas
Av López Mateos (Calle 1a)
Av Juárez (Calle 5a)
Av Riviera
Coral
Diamante
Delante
Sanginés
Caracoles
Ondinas
Las Brisas
Las Rocas
Av Ciprés
Uribe
Calle 2a
Calle 3a
Calle 4a
Calle 6a
Calle 7a
Calle 8a
Calle 9a
Calle 10a
Calle 11a
Calle 12a
Av Ryerson
Av Moctezuma
Av Obregón
Av Ruiz
Av Gastelum
Av Miramar
Av Macheros
Av Riveroll
Av Alvarado
Av Blancarte
Av Castillo
Av Espinosa
Av Floresta
Av Guadalupe
Av Hidalgo
Av Iturbide
Av Rayón
Av Aldama
Av Granada
Av Soto
Av Balboa

heute das älteste öffentliche Gebäude der Stadt. Aktuell ist es die Heimat des Geschichts- und Kulturmuseums **Museo del Instituto Nacional de Antropología e Historia** (Museo del INAH; ☎ 178-25-31; Av Ryerson 99; Eintritt frei; ⏲ Mo–Fr 9–16 Uhr). Es hat eine kleine, aber vielseitige Sammlung und erläutert (meist auf Spanisch) die Geschichte der Region von der Steinzeit bis heute.

El Mirador oben auf den Colinas de Chapultepec ist bekannt für einen super Panoramablick über die Stadt und die Bahía de Todos Santos. Der höchste Punkt der Stadt ist zu Fuß oder mit dem Auto über die Av Alemán zu erreichen; sie beginnt am Westende der Calle 2a im Zentrum von Ensenada.

Aktivitäten

Der 11 km nördlich der Stadt gelegene Strand von **San Miguel** mit seinen grandiosen Brechern war schon oft Austragungsort von Surfwettbewerben. Auch die Rocklegende Jim Morrison von The Doors hielt sich hier gern auf. Zelten (Auto/Wohnmobil 120/180 Mex$, Parkplatz 30 Mex$) ist hier möglich. Bei hohen Wellen kann man wirklich traumhaft surfen. Wer das Abenteuer liebt, sollte mit dem Boot zur westlich von Ensenada gelegenen **Isla de Todos Santos** fahren (eine Insel vor Ensenada, nicht zu verwechseln mit der Stadt unweit von Los Cabos). Hier befindet sich der legendäre Surfspot **El Martillo** (der Hammer) mit seinen 4 bis 5 m hohen Wellenkämmen. Es fahren täglich Boote zur Isla; am Hafen nachfragen. **Todos Santos Surf Shop** (☎ 175-71-79; Av Ryerson 59; ⏲ Mo–Sa 10–20, So 11–18 Uhr) an der Touristenmeile in der Innenstadt vermietet Boards (330 Mex$/Tag) und Surfanzüge (150 Mex$/Tag).

Weinliebhaber sollten sich schnell auf den Weg machen zur **Ruta del Vino,** nördlich von Ensenada und kurz vor San Miguel. Streckenpläne gibt's bei der Touristeninformation und in vielen Hotels. Es macht aber viel mehr Spaß, auf eigene Faust herumzuwandern und die Weinkeller zu entdecken. Die Weinberge erstrecken sich meilenweit über rotbraune und ockerfarbene Hügel mit einigen Dolomiten hier und da, die an eine Mondlandschaft denken lassen. **Jatay** (☎ 109-97-31; www.jataytours.com) organisiert geführte Halb- und Ganztagestouren.

Ensenada ist auf der ganzen Welt als exzellenter Ort für **Sportangeln** bekannt. Die meisten Agenturen bieten von Ende Dezember bis März auch **Walbeobachtungstouren** an. Folgende empfehlenswerte Anbieter sitzen am Anglerpier am El Malecón.

Juanito's Boats (☎ 174-09-53; www.sailorschoice.com/juanitos) Tagestouren beginnen bei 2700 Mex$ für vier Personen, plus Angelausrüstung und Eintritt zum Park. Auch Tauchtrips werden organisiert. Todos Santos gehört ebenfalls zu Juanito.

Sergio's Sportfishing Center & Marina (☎ 178-21-85; www.sergios-sportfishing.com) Eintägige Angeltrips kosten 660 Mex$ pro Person einschließlich Ausrüstung und mexikanischem Angelschein. Boote können für 3300 bis 33 000 Mex$ gechartet werden.

Kurse

Die folgenden Sprachschulen bieten vergleichbare Intensivkurse mit Übernachtungsmöglichkeiten bei Familien an.

Baja California Language College (☎ 174-17-21; www.bajacal.com; Av Riveroll 1287) Kurse ab 250 Mex$ pro Stunde oder 2790 Mex$ pro Woche.

Spanish School Baja (☎ 178-76-00; www.spanishschoolbaja.com; Calle Felipe Angeles 15) Einwöchige Kurse ab 2800 Mex$, plus 300 Mex$ für Lehrmittel.

Festivals & Events

Die hier aufgelisteten Events stellen nur einen Bruchteil der über 70 Sport-, Touristen- und Kulturveranstaltungen dar, die hier jedes Jahr stattfinden. Wegen der sich ständig ändernden Termine sollte man sich vorab bei den Touristeninformationen erkundigen.

Karneval Mitte Februar am Faschingsdienstag, das genaue Datum richtet sich nach Aschermittwoch und Ostern. In den Straßen wimmelt es dann nur so von Umzugswagen und Tänzern.

Rosarito-Ensenada Bike Ride Zweimal im Jahr (im April und im Sept.) stattfindendes Radrennen.

Fiesta de la Vendimia Weinlesefest im August. Na dann Prost!

International Seafood Fair Im September gibt's Fisch und Meeresfrüchte in allen Variationen.

Mexican Surf Fiesta Großes Finale der örtlichen Surfwettkämpfe Mitte Oktober. Coole, lockere Atmosphäre.

Fiesta del Tequila In der letzten Oktoberwoche heißt es: Leber, duck' dich!

Baja 1000 Bajas größtes Offroad-Autorennen findet Mitte November statt. Unter dem Gejohle des Publikums bringen „Truggies" (truck-buggies, Unimog-ähnliche Fahrzeuge) die Wüste zum Beben.

Schlafen

Obwohl es in Ensenada viele Hotels gibt, kann doch vor allem samstags, sonntags und im Sommer die Nachfrage das Angebot übersteigen. Die Preise variieren erheblich zwischen den Wochentagen (Mo–Fr) und den Wochenenden (Sa & So). Besonders während der Baja 1000, aber auch während anderer bedeutender Veranstaltungen schnellen die Preise in die Höhe.

BUDGETUNTERKÜNFTE

Campo Playa RV Park (☎ 176-29-18; Ecke Blvd Las Dunas & Sanginés; Auto/Stellplatz 198 Mex$, Wohnmobil 275 Mex$) Etwas spartanisch ausgestattetes Gelände, das an windigen Tagen im Staub versinkt. Der Campo Playa ist aber sicher und hat gut gepflegte Einrichtungen, ein Restaurant und einige Schatten spendende Palmen.

Ritz Hotel (☎ 174-05-01; explotur@prodigy.net.mx; Calle 4a 379; EZ/DZ/3BZ 295/320/460 Mex$) Nicht gerade ein typisches Ritz, aber dafür freundlich und bezahlbar. Das zuvorkommende Personal und die Nähe zur Touristenmeile, zu den Restaurants und zum Busbahnhof entschädigen für die kleinen, dunklen Zimmer mit Teppichboden.

America Motel (☎ 176-13-33; Av López Mateos 1309; EZ/DZ 320/400 Mex$; P) Das ruhige, saubere und freundliche America Motel liegt nur fünf Gehminuten von der Touristenmeile entfernt und gehört zu den besten Budgetunterkünften des Ortes. In zahlreichen Zimmern gibt's sogar eine Kochnische – ohne Aufpreis.

MITTELKLASSEHOTELS

Ensenada Inn Motel (☎ 182-98-91; www.sdro.com/ensenadainn/; Sanginés 237; EZ/DZ 650/850 Mex$; P) Diese etwas abseits der Touristenmeile gelegene Unterkunft hat saubere und ruhige Zimmer mit Kochecke sowie einen sicheren Parkplatz. Eine ausgezeichnete Wahl für alle, die am nächsten Morgen früh in Richtung Süden weiter wollen. Unter der Woche gibt's Preisnachlässe.

Hotel Bahía (☎ 178-21-01; www.hotelbahia.com.mx; Av López Mateos 850; EZ/DZ 699/935 Mex$; P) Margaritas als Willkommensgruß und ein netter Pool, und spätestens, wenn man auf einem der Balkone steht und über den Hafen blickt, weiß man, warum diese Unterkunft so gefragt ist. Psychedelische Fliesen in der Lobby sorgen für Ambiente.

SPITZENKLASSEHOTELS

Best Western Hotel El Cid (☎ 178-24-01; www.mexonline.com/elcid.htm; Av López Mateos 993; EZ/DZ 1062/1540 Mex$; P) Vier-Sterne-Hotel mit einzigartigen Zimmern, einem Spitzenrestaurant und einer meist vollen Bar. Im Preis enthalten sind Kontinentalfrühstück und frischer Saft. Harte Betten und freundliches, zweisprachiges Personal.

Hotel Santo Tomás (☎ 178-15-03; hst@bajainn.com; Blvd Costero 609; Zi. bis 3 Pers. 1072 Mex$; P) Schicke, blitzsaubere Zimmer mit Satelliten-TV. Wer in dem Fahrstuhl von der glitzernden Plattform in der Lobby nach oben fährt, fühlt sich teleportiert wie in Star Trek. Freitags und samstags widerfährt das auch den Zimmerpreisen. Beam me up, Scottie!

Hotel Cortez (☎ 178-23-07; Fax 178-39-04; Av López Mateos 1089; Zi. 1078 Mex$; P) Dieses große, familienfreundliche Hotel besticht mit einem Fitnessraum, einem Basketballplatz, einer beliebten Bar und einem Restaurant.

Punta Morro (☎ 178-35-07; www.punta-morro.com; Transpeninsular Km 106; EZ/DZ 1550/2850 Mex$; P) Ein toller Newcomer unter Ensenadas Resorts in unschlagbarer Lage mit Blick auf den Pazifik. Das Punta Morro liegt etwas nördlich der Stadt, offeriert piekfeine Suiten mit jedem nur erdenklichen Service, den man von einem Spitzenklassehotel erwartet. Das Restaurant lohnt einen Besuch, selbst wenn man im Stadtzentrum wohnt.

La Ville del Valle (☎ 183-92-49; www.lavilledelvalle.com; DZ 1750 Mex$; P) Ein wunderschönes B&B mit Blick über die hügelige Weingegend an der Ruta del Vino. Die Inhaber pflanzen Lavendel an, stellen Toilettenartikel her und servieren phantastisches Essen. Kinder und Haustiere sind nicht erlaubt.

Essen

In Ensenada reicht das Angebot von Tacoständen an der Ecke bis hin zu Spitzenrestaurants mit mexikanischer und internationaler Küche. Fans von Fisch und Meeresfrüchten kommen in dieser Stadt garantiert auf ihre Kosten.

Rentería Tortillería (☎ 178-35-79; Calle 2a No 558; ⏲ 5–16 Uhr) Der winzig kleine Lebensmittelladen verkauft frisch zubereitete Weizenmehltortillas für 10 Mex$ pro Kilo. Der angenehme Duft und die stets lächelnden Tortillabäcker sind weitere Gründe, gern herzukommen.

Mi Kaza (☎ 178-82-11; Av Riveroll 87-2; Frühstück 35–70 Mex$, Abendessen 59–129 Mex$; ⏲ 6.30–22 Uhr) In diesem gar nicht so üblen Schnellrestaurant kommen preiswerte mexikanische und amerikanische Gerichte auf den Tisch. Für Fans von Lady Di gibt's im hinteren Bereich eine Fotowand.

El Parián (☎ 178-82-32; Calle 4a & Castillo 401; Abendessen 40–85 Mex$; ⏲ Do–Di 12–24 Uhr) Köstliche

Enchiladas, Quesadillas, Burritos, *agua de jamaica* (Hibiskuswasser) und eine freundliche Bedienung. Dieser Ort ist genau das Richtige für alle, die auf ihre Pesos achten müssen. Die Flachbildfernseher in jeder Ecke sorgen dafür, dass kein Gast – und schon gar nicht die Bedienung – auch nur eine Sekunde einer mexikanischen Soap verpassen muss.

La Esquina (☎ 178-35-57; Av Miramar & Calle 6a 666; Hauptgerichte 80–140 Mex$) Versteckt in einer alten Destillerie diniert man in ruhiger, eleganter Umgebung, fernab vom Touristenrummel. Nicht versäumen, einen Blick auf die Kupferleitungen und die alten Destilliertanks zu werfen.

Casamar (☎ 174-04-17; Blvd Costero 987; Abendessen 114–455 Mex$, Hummergerichte 210–370 Mex$) In diesem Restaurant in Familienbesitz gibt's leckeren Fisch und Meeresfrüchte. Von der Bar aus hat man einen grandiosen Blick auf den Hafen. Unbedingt „Abalone Casamar" mit Krebsfleisch probieren – ein Genuss!

La Embotelladora Vieja (☎ 178-16-60; Ecke Av Miramar & Calle 7a; Abendessen 145–205 Mex$) Dieses elegante Restaurant war einst ein Lagerhaus, in dem Wein zum Gären gelagert wurde. Wunderschöne Backsteingewölbe, Kandelaber mit echten Kerzen und eine unglaubliche Weinkarte machen das Restaurant zum passenden Ort für besondere Anlässe. Der himmlische Thunfisch *Embotelladora* ist eine wahre Gaumenfreude.

El Rey Sol (☎ 178-17-33; Av López Mateos 1000; Abendessen 150–235 Mex$) Diese altehrwürdige, französisch-mexikanische Institution serviert elegante französische Gerichte und ungewöhnliche Fusion-Köstlichkeiten, aber erst sein Caesar's Salad und das Bananas Foster machen es zur Superlocation.

Ausgehen

Ensenada ist wie geschaffen, um das lang ersehnte Trinkgelage zu beginnen (oder fortzusetzen). An den Wochenenden sind die meisten Bars und Kneipen in der Av Ruiz von mittags bis in die frühen Morgenstunden proppenvoll. Wer nicht auf dieser Welle mitschwimmen will, sollte sich an die vielen hervorragenden Hotels und guten Restaurants halten. Hier findet sich mit Sicherheit ein ruhiges Plätzchen für einen erstklassigen Tequila.

Hussong's Cantina (☎ 178-32-10; Av Ruiz 113; ⏲ 10–2 Uhr) Die älteste und vielleicht lebendigste Cantina der Las Californias schenkt seit 1892 Tequila aus. Eine der wenigen Bars, in der nicht die Wir-um-die-20-Generation rumhängt und sich volllaufen lässt.

Bar Andaluz (☎ 177-17-30; Blvd Costero; ⏲ 11–23 Uhr) Ein Ambiente der ganz anderen Art zeichnet die kultivierte Bar im Riviera del Pacífico aus: Hier bedeutet ein Drink gleichzeitig einen Ausflug in die Vergangenheit. Ein ruhiges, perfektes Plätzchen für einen Schlummertrunk mit Freunden.

La Casa Antigua Café (☎ 175-73-20; lacasaantigua cafe@hotmail.com; Av Obregón 110; Kaffee 35 Mex$, Sandwiches 30–60 Mex$; ⏲ 8–23 Uhr) Alte Fotos und Schindeln unterscheiden dieses Café von den großen Kaffeehausketten. Köstliches Gebäck, gute Bagels, Sandwiches und ein starker Kaffee machen den Abstecher hierher äußerst lohnend.

Unterhaltung

Unter Unterhaltung versteht man in Ensenada hauptsächlich Ausgehen, Essen, Shoppen und diverses sündhaftes Amusement. **Cinemas Gemelos** (☎ 176-36-16; Ecke Av López Mateos & Av Balboa; Karten 44 Mex$) zeigt die neuesten Hollywoodstreifen, oft auf Spanisch.

Shoppen

Galería Pérez Meillon (☎ 171-61-27; Blvd Costero 1094; ⏲ 9–17 Uhr) Die Galerie im Centro Artesanal de Ensenada verkauft echte Töpferwaren der Paipai (eines indigenen Volkes Baja Californias, das für sein großartiges Kunsthandwerk, insbesondere für Keramik und Körbe bekannt ist). Neben Produkten aus Mata Ortiz (ein großes Töpfereizentrum in Nordmexiko) werden auch Kumai-Webarbeiten angeboten. Die Öffnungszeiten variieren.

Artesanías Los Castillo (☎ 178-29-62; Av López Mateos 815; ⏲ 10–19 Uhr) Hier gibt's Silber aus Taxco zu Apothekenpreisen. Aber so weiß man wenigstens, dass die Stücke echt sind.

An- & Weiterreise

Das **Einreisebüro** (☎ 174-01-64; Blvd Azueta 101; ⏲ Dokumentenstelle Mo–Fr 8–18 Uhr, Abholung der Dokumente 13–15 Uhr) verkauft Touristenkarten.

BUS

Ensenadas **Central de Autobuses** (☎ 178-66-80; Av Riveroll 1075) befindet sich zehn Blocks nördlich der Av López Mateos. **Elite** (☎ 178-67-70) fährt auf das mexikanische Festland bis nach Guadalajara (1100 Mex$, 38 Std.) und Mexico City (1553 Mex$, 48 Std.). **ABC** (☎ 178-66-80) ist das größte Busunternehmen auf der Halbinsel und fährt die folgenden Ziele an:

Ziel	Preis (Mex$)	Dauer (Std.)
Guerrero Negro	614	9
La Paz	1401	20
Mexicali	1. Klasse 301	4
	2. Klasse 278	4
Rosarito	76	1
San Felipe	248	4
Tecate	97	2
Tijuana	111	1½

FLUGZEUG

Der **Aeropuerto El Ciprés** (☎ 177-45-03; Carretera Transpeninsular Km 114,5) liegt genau südlich der Stadt am Transpeninsular und dient hauptsächlich als Militärflughafen. **Aerocedros** (☎ 177-35-34) ist die einzige Fluglinie, die Ensenada, Guerrero Negro und Isla Cedros regelmäßig anfliegt.

BAJA CALIFORNIA

Unterwegs vor Ort

Der Haupttaxistand befindet sich an der Ecke Av López Mateos und Av Miramar. Taxis stehen auch entlang der Av Juárez. Innerhalb des Stadtgebiets verlangen die Fahrer meist zwischen 50 und 80 Mex$.

Bei Fahrten zum Flughafen liegt der Preis für eine bis vier Personen bei 150 Mex$ (Verhandlungssache). Surfer können sich für 100 Mex$ (einfache Strecke) nach San Miguel bringen und dort auch wieder abholen lassen.

Auf Ensenadas Hauptstraßen verkehren zahlreiche Busse und Combis. Die meisten Linien sind durch die jeweiligen Straßennamen gekennzeichnet und verlangen für bis zu 5 km 7 Mex$.

RUND UM ENSENADA

La Bufadora ist eine beliebte Gezeitenwasser-Fontäne 40 km südlich von Ensenada. Im Grunde genommen handelt es sich schlicht um eine Felsritze, die zur Belustigung durchnässter, jubelnder Schaulustiger einen Wasserstrahl 30 m hoch in den Himmel schickt. Hin kommt man mit dem Taxi (hin & zurück 100 Mex$/Pers.) oder mit einer geführten Shuttle-Tour (150 Mex$). Mit dem eigenen Auto muss man auf der Transpeninsular zunächst in südlicher Richtung bis zum „Bufadora"-Schild fahren und dann der Straße bis zum Wasser folgen. Parken kostet 20 Mex$.

PARQUE NACIONAL CONSTITUCIÓN DE 1857

Hinter Ojos Negros (östlich von Ensenada, Hwy 3 bei Km 39) zweigt eine 43 km lange, unbefestigte Straße ab zum Parque Nacional Constitución de 1857. Dieser erwartet einen mit wunderschönen Nadelbäumen, Wiesen voller Wildblumen und der manchmal ausgetrockneten **Laguna Hanson** (auch Laguna Juárez genannt) in einer Höhe von 1200 m. Schlafen kann man in **cabañas** (700 Mex$) oder auf Campingplätzen. Die Gewässer sind durch Viehdung verunreinigt, also Wasser mitbringen!

Hier kann man prima mountainbiken, wandern und trekken, oder auch relaxen. In der Hochsaison kann es aber ziemlich voll werden. Der Park ist auch über eine steilere Straße östlich von Km 55,2 (16 km südöstlich der Kreuzung bei Ojos Negros) zu erreichen. Das **Restaurant y Hotel Ojos Negros** (☎ 646-153-30-06; Entrada principal; Zi. 250 Mex$) mit einfachen Zimmern und einem phantastischen Restaurant ist perfekt, wenn man am nächsten Morgen früh im Park sein will. Von einigen Zimmern blickt man auf den sonnigen Hof, von anderen nur auf eine Wand.

PARQUE NACIONAL SIERRA SAN PEDRO MÁRTIR

Rotluchse, Hirsche, Dickhornschafe und Kondore empfangen die Besucher des Nationalparks San Pedro Mártir, östlich von San Telmo de Abajo und westlich von San Felipe gelegen. Nadelbäume ragen in den Himmel, die saubere Luft duftet nach Kiefern und die Straße mit den unzähligen Kurven führt durch mit Felsbrocken gespickte, himmlische Landschaften, die aus einer anderen Welt zu stammen scheinen.

Das **Observatorio Astronómico Nacional** (☎ 646-174-45-80; 🕑 10–13 Uhr) ist Mexikos staatliches Observatorium. Von hier aus kann man sowohl den Pazifik als auch das Meer von Cortez sehen. An klaren Tagen reicht die Sicht gar bis zum mexikanischen Festland. Um den Park zu erreichen, muss man auf der Transpeninsular in Richtung Süden nach Colonet bei dem Hinweisschild unweit Km 140 links abbiegen. Von hier führt eine befestigte Straße 80 km nach Osten durch eine ungewöhnlich abwechslungsreiche Wüstenlandschaft. Hinter jeder Ecke wartet eine grandiose Aussicht. Wer auf ein Kletterabenteuer aus ist, wendet sich an **Baja Vertical** (☎ 646-178-23-83; bajax_treme@hotmail.com). Man kann an besonders gekenn-

ES GEHT DOCH NICHTS ÜBER EINE GUTE PISMO!

Das winzige San Quintín ist die Hauptstadt der Pismo-Muschel. Überall entlang des nördlichen Teils der Transpeninsular lohnt sich ein Zwischenstopp, um diese köstlich fleischigen Happen zu genießen. Einfach auf dem Weg gen Süden nach „Almeja Ahumada"-Schildern Ausschau halten oder – wenn es die Zeit erlaubt – bei **Palapas de Mariscos El Paraíso** (☎ 616-165-29-06) einkehren – und vor allem großen Hunger mitbringen. Hier werden Riesenportionen saftig geräucherter Muscheln mit Knoblauch, Tomaten und Brühe aufgetischt. Der mutige Selfmademan kann aber auch sein Muschelmesser schärfen, sich bei der Oficina de Pesca (Fischereibehörde) eine Genehmigung (250 Mex$/Woche) besorgen und selbst auf die Jagd gehen.

zeichneten Stellen campen (keine Toilette, kein Wasser), aber es gibt weder *cabañas* noch sonstige Einrichtungen.

MEXICALI

☎ 686 / 653 046 Ew.

So muss Tijuana vor dem Touristenboom ausgesehen haben – düster, ursprünglich und sogar etwas unheimlich. Mexicali hat einige einfache Restaurants und Outdooraktivitäten zu bieten. Nach Einbruch der Dunkelheit ist besonders in den Grenzgebieten Vorsicht geboten. Die Zona Hotelera, in der es nachts sehr viel sicherer ist als an der Grenze, erstreckt sich auf der Ostseite entlang der Calz Juárez vom Plaza Azteca bis zur Independencia und noch ein Stück weiter.

Praktische Informationen

Die zahlreichen *casas de cambio* haben lange Öffnungszeiten, Banken (so auch Banamex) wechseln Bargeld allerdings nur vormittags (Mo–Fr). Die meisten Banken in Mexicali und Calexico haben Geldautomaten. In der Av Reforma und der Av Obregón unweit der US-amerikanischen Grenze werden viele medizinische Leistungen angeboten. Hier bekommt man Qualität zu einem Bruchteil der Kosten in den USA.

Bancomer (Ecke Azueta & Av Madero)

Hospital Hispano-Americano (☎ 552-23-00; Fax 552-29-42; Av Reforma 1000)

Librería Packy (☎ 165-39-23; Av Madero 400; ⌚ Mo–Sa 10–17 Uhr) Gute Karten, ansonsten nichts Besonderes.

Hauptpost (☎ 552-25-08; Av Madero; ⌚ Mo–Fr 8–17, Sa 8–12 Uhr)

Mexican Tourism and Convention Bureau (☎ 551-98-00; Ecke Calz López Mateos & Camelias; ⌚ Mo–Fr 8–18 Uhr) Ähnliches Angebot wie die Staatliche Touristeninformation. Gegenüber vom Muséo Sol de Niño.

Staatliche Touristeninformation (☎ 566-12-77; Calz Juárez 1; ⌚ Mo–Fr 8–20, Sa 9–13 Uhr) Das geduldige, mehrsprachige Personal gibt Infos zu regionalen Attraktionen und Events.

Touristennotruf (☎ 078)

Sehenswertes & Aktivitäten

An der **Plaza Constitución** kann man am späten Nachmittag diversen *banda*-Gruppen beim Proben zuhören (daher der Spitzname „Plaza del Mariachi").

Die meisten historischen Gebäude stehen in Mexicali nordöstlich der Calz López Mateos. Die **Catedral de la Virgen de Guadalupe** (Ecke Av Reforma & Morelos) ist das größte religiöse Wahrzeichen der Stadt. Das Rektorat der **Universidad Autónoma de Baja California** unterbricht die Av Obregón gleich östlich der Calle E. Es ist im ehemaligen „Palacio de Gobierno" untergebracht, der zwischen 1919 und 1922 erbaut wurde.

Schlafen

Wer keinen Wert auf vergitterte Rezeptionen und Stundengäste legt, sollte sich eine Bleibe in der teureren Zona Hotelera suchen.

Hotel Cosmos Posada (☎ 568-97-44; Juárez 4257; EZ/DZ inkl. Frühstück 450/550 Mex$; P ❄) Drinnen dunkle, saubere Zimmer, draußen Ziersäulen und dunkelgrüne Fliesen. Gute Lage, wenn man weiter nach Süden will.

Hotel del Norte (☎ 552-81-01; hoteldelnorte@hotmail.com; Av Madero 205; EZ 500–600 Mex$, DZ 600–700 Mex$; P ❄ 💻) In der angenehmsten Unterkunft in Grenznähe, dem charakteristischen Hotel del Norte, haben alle Zimmer Teppichboden und einige Farbfernseher. Das freundliche Personal spricht Englisch.

Araiza (☎ 564-11-00; www.araizahoteles.com; Calz Juárez 2220; DZ 1560 Mex$; P ❄ 💻 🏊) Familienfreundliches Luxushotel mit gepflegten Zimmern, zwei ausgezeichneten Restaurants, Bar, Tennisplätzen, Springbrunnen und Konferenzsaal. Die Computer in der Lobby dürfen von den Gästen benutzt werden.

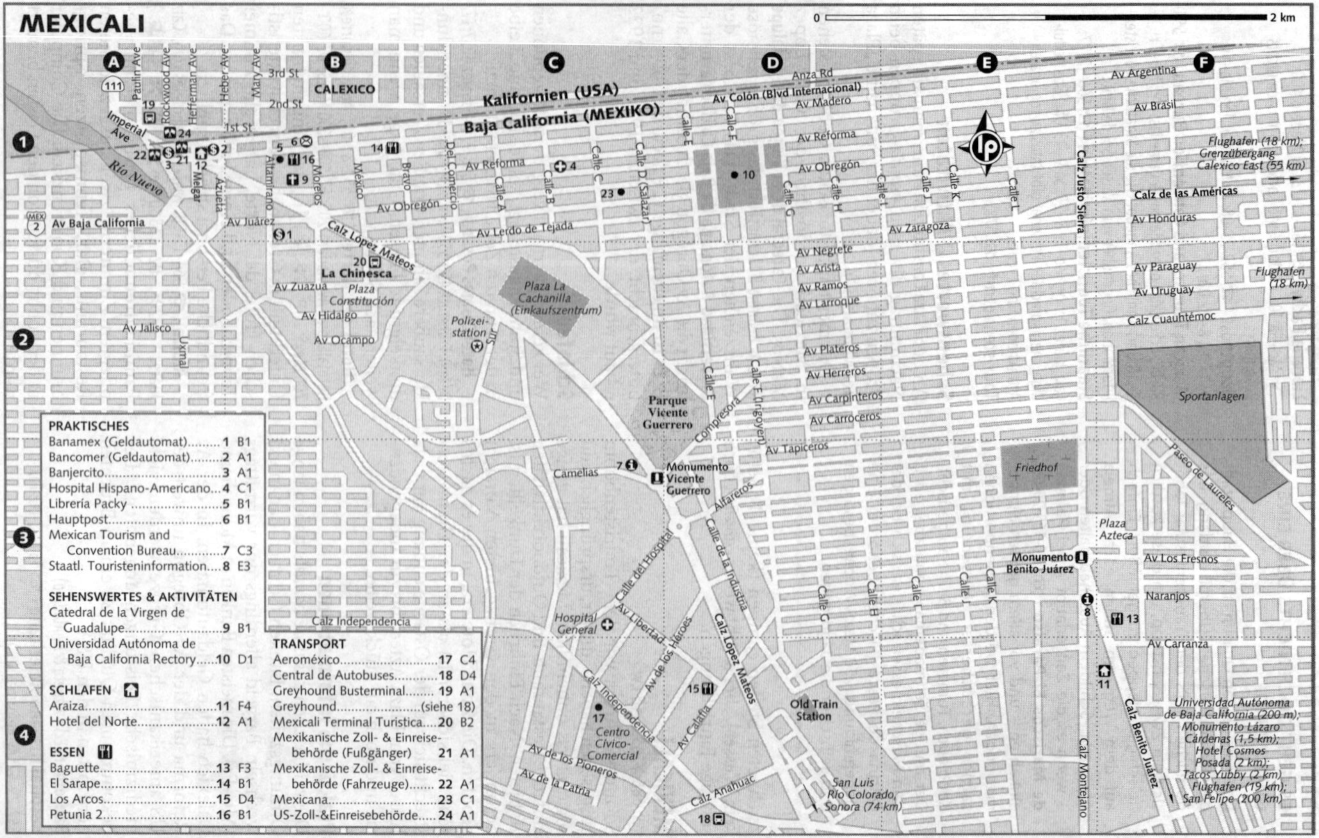

PRAKTISCHES

Banamex (Geldautomat)......... 1 B1
Bancomer (Geldautomat)......... 2 A1
Banjercito......... 3 A1
Hospital Hispano-Americano......... 4 C1
Librería Packy......... 5 B1
Hauptpost......... 6 B1
Mexican Tourism and Convention Bureau......... 7 C3
Staatl. Touristeninformation......... 8 E3

SEHENSWERTES & AKTIVITÄTEN

Catedral de la Virgen de Guadalupe......... 9 B1
Universidad Autónoma de Baja California Rectory......... 10 D1

SCHLAFEN

Araiza......... 11 F4
Hotel del Norte......... 12 A1

ESSEN

Baguette......... 13 F3
El Sarape......... 14 B1
Los Arcos......... 15 D4
Petunia 2......... 16 B1

TRANSPORT

Aeroméxico......... 17 C4
Central de Autobuses......... 18 D4
Greyhound Busterminal......... 19 A1
Greyhound......... (siehe 18)
Mexicali Terminal Turistica......... 20 B2
Mexikanische Zoll- & Einreisebehörde (Fußgänger)......... 21 A1
Mexikanische Zoll- & Einreisebehörde (Fahrzeuge)......... 22 A1
Mexicana......... 23 C1
US-Zoll-&Einreisebehörde......... 24 A1

Essen

Mexicalis größtes Plus sind die vielen verschiedenen Restaurants. Hier warten alle nur erdenklichen Leckereien auf die Traveller.

Baguette (☎ 568-32-73; Calz Juárez 1799-13; Sandwiches 5–10 Mex$, Kaffee 23 Mex$; 🕑 7–21 Uhr) Aus Kaffee, Eis und WLAN besteht das Angebot in diesem hellen, makellosen Café. Die preiswerten Sandwiches sind perfekt für unterwegs.

Tacos Yubby (Ecke Juárez & Churubusco; Tacos 12 Mex$; 🕑 Mo–Sa 8–24 Uhr) Sauber, schnell und nett – das ist das Motto dieses Lokals, in dem preiswerte Tacos mit Schweine-, Hähnchen- oder Rindfleisch serviert werden. Sie sind so gut wie ihr Preis. Mit etwas Glück trifft man hier ein paar angetrunkene Mariachi-Musiker, die ein Liedchen zum Besten geben.

Petunia 2 (☎ 552-69-51; Av Madero 436; Frühstück 59 Mex$, Mittagessen 60 Mex$) Großzügig bemessene *jugos natural* (frisch gepresste Säfte) und köstliche Quesadillas sorgen in diesem preiswerten Lokal in Grenznähe für einen prima Start in den Tag.

El Sarape (☎ 554-22-87; Bravo 140; Abendessen 75–140 Mex$; 🕑 10–3 Uhr) Traditionelles mexikanisches Restaurant mit Mariachi-Band und einer Speisekarte, die alle Fleischliebhaber in Verzückung geraten lässt. Die Margaritas sind zwar klein, haben es aber in sich.

Los Arcos (☎ 556-09-03; Av Calafia 454; Abendessen 123–230 Mex$) Mexicalis beliebtestes Fisch- und Meeresfrüchterestaurant. Die *shrimp culichi* (Shrimps in einer cremigen grünen Chilisauce) sind umwerfend. Donnerstags und freitags gibt's Livemusik.

An- & Weiterreise

AUTO & MOTORRAD

Der große Grenzübergang Calexico-Mexicali ist rund um die Uhr offen. Neben Fahrzeuggenehmigungen erteilen die Beamten auch Touristenvisa für Reisen über Ensenada oder San Felipe hinaus. Zur schnelleren Abwicklung des Grenzverkehrs haben die amerikanischen und mexikanischen Behörden östlich der Innenstadt einen zweiten Grenzkomplex eröffnet (6–22 Uhr).

BUS

Fernbusse fahren vom **Central de Autobuses** (☎ 557-24-15; Calz Independencia) in der Nähe der Calz López Mateos ab. Autotransportes del Pacífico, Norte de Sonora und Elite bedienen Ziele auf dem mexikanischen Festland, die ABC ist dagegen für die Baja-Halbinsel zuständig. Fahrtziele und Preise:

Ziel	Preis (Mex$)	Dauer (Std.)
Ensenada	278	3½
Guadalajara	1. Klasse 1030	30
	2. Klasse 870	30
Guerrero Negro	837	14
La Paz	1556	24
Loreto	1229	18
Mazatlán	745	18
Mexico City	1323	48
San Felipe	171	2½
Tijuana	1. Klasse 236	2½
	2. Klasse 163	2½

Greyhound (☎ Mexicali 558-79-95, Calexico 760-357-18-95; www.greyhound.com) unterhält Büros in Mexicali und direkt hinter der Grenze in Calexico. Es gibt mehrere Abfahrten täglich nach Los Angeles (einfache Strecke/hin & zurück 380/713 Mex$), mit San Diego (299/598 Mex$) und anderen Städten der USA verbindet Greyhound viermal täglich.

FLUGZEUG

Der **Aeropuerto Internacional General Rodolfo Sánchez Taboada** (☎ 553-67-42) liegt 18 km östlich der Stadt.

Aeroméxico (☎ 557-25-51; Pasaje Alamos 1008D, Centro Cívico-Comercial) Fliegt nach La Paz, Mexico City, Mazatlán und zu weiteren Zielen auf dem Festland.

Mexicana & Click Mexicana (☎ 553-59-20; Obregón 1170) Fliegen täglich nach Guadalajara, Mexico City und zu verschiedenen Städten dazwischen.

Unterwegs vor Ort

Ein Flughafentaxi, das man sich auch mit anderen teilen kann, kostet 160 Mex$.

Die meisten Stadtbusse starten an der Av Reforma gleich westlich der Calz López Mateos. Ein Aushang informiert über die Ziele. Für eine Stadtfahrt muss man ca. 10 Mex$ löhnen.

Ein Taxi von der Grenze zum Centro Cívico-Comercial oder zur Zona Hotelera kostet durchschnittlich etwa 50 Mex$. Unbedingt vorher den Preis aushandeln!

SAN FELIPE

☎ 686 / 14 831 Ew.

San Felipe, der ehemalige Fischerort am Meer von Cortez (Golf von Kalifornien), 200 km südlich von Mexicali, wurde in letzter Zeit zu einer Art amerikanischem Vorort: ruhig, friedvoll, aber immer weniger mexikanisch. Der Reiz dieser Stadt liegt in ihren Stränden: Die bei Ebbe auftauchenden, lang gezogenen Sandbänke versüßen den Strandurlaub. Und von der Straße nach Norden, Richtung Mexicali, hat man tolle Ausblicke.

Bancomer (Av Mar de Cortez 160; Mo–Fr 8.30–16, Sa 10–14 Uhr) löst Reiseschecks ein und hat einen Geldautomaten. Seine E-Mails kann man bei **La Taza** (☎ 577-05-72; Av Mar de Cortez 238; 20 Mex$/Std.; 7–22 Uhr) checken.

Die **Posada del Sol – Baja** (☎ 577-17-27; www.posadadelsolbaja.com; Av Mar de Cortez 238; EZ/DZ 500/800 Mex$; P) hat kleine, saubere Zimmer mit Terrakottafliesen, Kühlschrank und Mikrowelle. Hotelgäste können sich kostenlos Kaffee aus dem Automaten holen.

Das **Costa Azul Hotel** (☎ 577-15-48; Ecke Av Mar de Cortez & Ensenada; Zi. 770–1100 Mex$; P) ist ein familienfreundliches Mittelklassehotel, in dem bis zu zwei Kinder umsonst übernachten. Die in blauen und weißen Pastelltönen gehaltene, fröhliche Unterkunft liegt super nah am Strand. Die Preise variieren ziemlich je nach Wochentag und Saison.

Guten Fisch und Meeresfrüchte sowie Drinks gibt's in **La Hacienda de la Langosta Roja** (☎ 577-04-83; www.sanfelipelodging.com; Chetumal 125; Abendessen 136–260 Mex$, Hummer 420 Mex$; 7–23 Uhr), in der man auch übernachten kann. Fotos von Fischern verleihen der großen, blitzeblanken Bar ein gewisses Flair.

Doña Chuy (☎ 577-02-58; Ecke Mananillo & Mar Negro; Tortas 25–35 Mex$) serviert preiswertes Essen wie *tortas* und Quesadillas. Ganz in der Nähe des Busbahnhofs.

Zum Shoppen geht man auf den überlaufenen *malecón* (Uferstraße), wo es Stoffe, Bekleidung, Hüte, billigen Schmuck und Glasartikel gibt.

Auf dem Hwy 5 dauert die Fahrt vom Grenzübergang Mexicali bis nach San Felipe 2½ Stunden. **ABC** (www.abc.com.mx) fährt vom **Busbahnhof** (☎ 577-15-16; Av Mar Caribe) zu den folgenden Zielen:

Ensenada (248 Mex$, 4. Std., Abfahrt um 1 & 8 Uhr)
Mexicali (171 Mex$, 2½ Std., 5-mal tgl.)
Tijuana (362 Mex$, 5½ Std., 4-mal tgl.)

RUND UM SAN FELIPE

Die 85 km lange Straße zwischen San Felipe und dem idyllischen, ruhigen Dorf **Puertecitos** ist zwar befahrbar, man muss aber auf die vielen Schlaglöcher achten und entsprechend langsam fahren. Mit einem Allradwagen kommt man weiter bis zum Hwy 1 – eine langsame, aber wunderschöne Fahrt.

MISIÓN SAN BORJA

Die gut restaurierte Missionsstation liegt zwischen El Rosarito und Bahía de los Angeles in einer unberührten, spektakulären Wüste mit Cirio-Bäumen und Cardón-Kakteen. Eine Familie, die von den Einwohnern aus der Zeit vor der Eroberung abstammt, renoviert diese Mission und ist stolz, sie den Besuchern zu zeigen. Außerdem gibt's noch eine Süßwasserquelle, einen geheimen (jetzt zugemauerten) Tunnel und alte Jesuitenruinen zu bewundern. Von Bahía de los Angeles nach Westen fahren und etwa 21 km nach Verlassen der Küste links abbiegen.

SÜDLICHE BAJA

Teile der südlichen Baja scheinen eher den Comics von Dr. Seuss entsprungen als dem wahren Leben. Das beste Beispiel dafür ist der skurrile Cirio-Baum: Er sieht aus wie eine riesige umgedrehte Karotte mit gelbem Flaum an der Spitze – zum Totlachen! Diese Gegend sieht manchmal jahrelang keinen Tropfen Regen. Dennoch wachsen hier Cardón-Kakteen, Ocotillo, Cholla-Kakteen und sonstige Wüstenwunder. Der Weg nach Süden führt vorbei an zerfallenen Missionen, Dattel- und Kokosnusspalmen und Mangrovensümpfen.

Achtung: Die Mountain Time (südwärts) liegt eine Stunde vor der Pacific Time (nordwärts). Hier befindet sich auch die 25 000 km^2 große **Reserva de la Biosfera El Vizcaíno**, eines der größten zusammenhängenden Schutzgebiete Lateinamerikas. Es reicht von der Península Vizcaíno bis hinüber zum Meer von Cortez und umfasst die größten Kalbgebiete der Grauwale: die Laguna San Ignacio und die Laguna Ojo de Liebre;außerdem beherbergt sie die Sierra de San Francisco mit ihren großartigen prähispanischen Felsmalereien. Von den mehr als 60 Stätten, sind viele aber nur für Archäologen zugänglich.

In der riesigen, trostlosen, aber traumhaft schönen Desierto de Vizcaíno liegt die Oase San Ignacio. Die Sierra de la Giganta, die parallel zum Golf verläuft, spaltet die Region in einen subtropischen Osten und einen Westteil mit Hochplateaus und trockenen Tiefebenen. Die Orte Mulegé, Santa Rosalía und Loreto haben ihren eigenen Reiz.

BAJA CALIFORNIA

KALIFORNISCHE GRAUWALE

Die Wanderung der Grauwale von den Gewässern vor Sibirien und Alaska zu den Lagunen der Baja ist ein wirklich beeindruckendes Naturschauspiel. In den Kalbgebieten der **Laguna Ojo de Liebre** (Scammon's Lagoon, s. unten), südwestlich von Guerrero Negro, und der Laguna San Ignacio, südwestlich von San Ignacio, tun die 700 kg schweren Walbabys unter der Aufsicht ihrer besorgten Mütter ihre ersten Atemzüge und Flossenschläge im offenen Meer.

Wer die Mutter-Kind-Gemeinschaften in den Lagunen beobachten will, kommt am besten zwischen Februar und Anfang April. Die offizielle Walbeobachtungssaison geht vom 15. Dezember bis zum 15. April; nach zwei bis drei Monaten in den geschützten Gewässern haben die Kälber ihr Geburtsgewicht beinahe verdoppelt und schwimmen mit ihren Müttern hinaus ins offene Meer. Nun beginnt die dreimonatige Reise zurück zu den üppigen Futterplätzen im kalten Norden. Um im Jahr darauf kommen sie wieder ...

Bei akuter *ballena*-(Wal-)Sucht versprechen die folgenden Ziele Heilung:

- Laguna Ojo de Liebre (Scammon's Lagoon, s. unten)
- Laguna San Ignacio (S. 318)
- Puerto López Mateos (S. 325)
- Puerto San Carlos (S. 325)

An der Südspitze der Halbinsel liegen neben La Paz kleine Küstenstädte, Dörfer und die beliebten Ferienorte San José del Cabo und Cabo San Lucas alias „Los Cabos". Nach der Ruhe und Einsamkeit des Nordens werden Los Cabos entweder blankes Entsetzen oder willkommene Aufregung hervorrufen.

GUERRERO NEGRO

☎ 615 / 11 894 Ew.

Nach den schicken Touristenorten an der Grenze ist der bescheidene Ort Guerrero Negro, der durch seine Salzfabrik einen gewissen Bekanntheitsgrad erreichte, eine tolle Alternative. Hier sprechen die Menschen doch tatsächlich Spanisch und niemand lädt einen in zwielichtige Bars ein. Die Haupttouristenattraktion sind die Wale, die in den flachen Gewässern kalben, sowie nette Hotels und Restaurants. Auch die schneeweißen Flächen mit Salzkristallen sind hübsch anzuschauen. Das absolute Highlight aber ist die nahe Laguna Ojo de Liebre (Scammon's Lagoon), in der sich die kalifornischen Grauwale jedes Jahr paaren und ihren Nachwuchs großziehen.

Orientierung & Praktische Informationen

Die Stadt besteht aus zwei Teilen: einer Gebäudezeile entlang des Blvd Zapata, westlich vom Transpeninsular, und einem systematisch angeordneten, von Exportadora de Sal (ESSA) beherrschten Geschäftsviertel weiter westwärts. Fast alle Unterkünfte, Restaurants und sonstigen Einrichtungen befinden sich auf dem Blvd Zapata. In Guerrero Negro gibt es keine Hausnummern.

Am Ende des Gewerbebezirks, wo das Geschäftsviertel beginnt, gibt's auf dem Blvd Zapata eine Banamex mit Geldautomat. Hier sollte man sich mit Geld für einen Abstecher nach San Ignacio eindecken, denn diese Stadt hat keine Bank.

Ciber@migos (☎ 157-26-51; Internet 25 Mex$/Std.; ⌚ 10–21 Uhr), abseits des Blvd Zapata, liegt nur einige Straßen vom Motel Las Ballenas entfernt.

Die **Clínica Hospital IMSS** (☎ 157-04-33; Blvd Zapata) ist Guerrero Negros größte medizinische Einrichtung. Sie liegt an der Stelle, an der die Straße nach Südwesten abknickt.

Walbeobachtung

Mehrere Veranstalter organisieren Walbeobachtungstouren in den flachen Gewässer der **Laguna Ojo de Liebre**, wo die Besucher garantiert Wale in ihrem natürlichen Lebensraum sehen werden. **Malarrimo Eco Tours** (☎ 157-01-00; www.malarrimo.com; Blvd Zapata), am Anfang des Blvd Zapata, hat vierstündige geführte Touren (Erw./Kind 450/350 Mex$) im Angebot. Etwas weiter südlich nehmen *pangueros* (Bootsleute) von Ejido Benito Juárez ebenfalls Touristen mit hinaus zu den Walen (Erw./Kind 300/250 Mex$). Auch Baja Outpost (S. 323) bietet Walbeobachtungstouren außerhalb von Loreto an. Wenn gerade keine Walsaison ist, kann man Vögel beobachten, Felsmalereien anschauen oder die Salzfabrik besichtigen (1- bis 2-stündige Führungen kosten 200 Mex$/Pers.). Für Vogelfreunde ist der Old Pier genau das Richtige: Hier tummeln sich in einem 11 km langen Gebiet Enten, Blesshühner, Adler, Brachvögel, Seeschwalben, Reiher und andere Vogelarten.

Schlafen

Da in der Walsaison die Unterkünfte knapp werden können, sollte man von Januar bis März im Voraus buchen.

Malarrimo Trailer Park (☎ 157-01-00; www.malarrimo.com; Ecke Blvd Zapata & Guerrero; Zelt 140 Mex$, Wohnmobil 140–200 Mex$; Ⓟ) Dieser Park am Osteingang der Stadt hat 45 Stellplätze mit allen Anschlüssen, warmes Wasser und saubere Toiletten.

Motel Las Ballenas (☎ 157-01-16; Victoria Sánchez 10; Zi. 250 Mex$; Ⓟ) Die 14 sauberen, gemütlichen Zimmer mit Farbfernseher sind nicht wirklich schick, aber immerhin nimmt man sich hier die Zeit, die Handtücher zu küssenden Schwänen zu formen.

Hotel El Morro (☎ 157-04-14; Blvd Zapata; EZ/DZ 290/340 Mex$; Ⓟ) Liegt äußerst praktisch in der Nähe des Busbahnhofs auf der Nordseite des Blvd Zapata. Die 34 Zimmer sind einfach und gemütlich.

Cabañas Malarrimo (☎ 157-01-00; www.malarrimo.com; Ecke Blvd Zapata & Guerrero; DZ 400–450 Mex$; Ⓟ) Hurra – heiße Duschen mit ordentlichem Wasserdruck! In diesem Hotel herrscht sehr viel mehr Atmosphäre als bei der Konkurrenz. Es gehört dem Besitzer des Malarrimo Trailer Park. Das Kopfende der Betten mit Walmotiven und überhaupt das allgegenwärtige Waldekor erinnern jede Minute daran, warum man eigentlich hier ist.

Essen

Cafetería del Motel El Morro (☎ 157-04-14; Blvd Zapata; Abendessen 50–80 Mex$, Hummer 200 Mex$) Dieses Restaurant neben dem Hotel El Morro serviert bezahlbare mexikanische Gerichte, Fisch und Meeresfrüchte sowie ein gutes Frühstück und nahezu perfekte *chile relleno* (mit Fleisch oder Käse gefüllte Chilis).

Los Faroles (☎ 157-15-10; Blvd Zapata; Abendessen 50–80 Mex$) *Sopes* sind der Hit in diesem freundlichen Lokal mit mexikanischer Musik und weißen Tischdecken.

Etwa 8 km südlich von Guerrero Negro zweigt eine recht gute Straße nach Westen ab. Nach 25 km erreicht man den **Campo de Ballenas** (Walbeobachtungscamp) am Ufer der Lagune. Hat man die 50 Mex$ Parkgebühr gelöhnt, darf man hier auch campen. Auf dem Gelände betreibt die *ejido* (Landkooperative) ein einfaches Restaurant, das aber nur in der Walsaison geöffnet hat.

An- & Weiterreise

Der Flughafen von Guerrero Negro liegt 2 km nördlich der Staatsgrenze und westlich vom Transpeninsular.

Die Aeroméxico-Tochter **Aeroméxico Connect** (☎ 157-17-45; Blvd Zapata) hat ihr Büro an der nördlichen Seite des Blvd Zapata und fliegt dienstags, donnerstags und samstags nach Hermosillo mit Anschluss in zahlreiche Städte auf dem mexikanischen Festland.

Mit **Aerocedros** (☎ 157-16-26; Blvd Zapata) kommt man montags, mittwochs und freitags nach Isla Cedros und Ensenada.

Den **Busbahnhof** (☎ 157-06-11; Blvd Marcello Rubio; 🕒 24 Std.) fahren **ABC** (www.abc.com.mx) und das Tochterunternehmen Autotransportes Águila an. Ziele sind:

Ziel	Preis (Mex$; Águila/ABC)	Dauer (Std.)
Ensenada	569/614	9
La Paz	729/785	12
Loreto	392/423	5–6
Mulegé	262/285	4
Tijuana	671/723	12

SAN IGNACIO

☎ 615 / 719 Ew.

Nach der endlosen Desierto de Vizcaíno wirkt das verschlafene San Ignacio mit den üppigen, grünen Dattelpalmen und dem ruhigen See fast wie ein Schock. Geruhsame Morgenstunden, Bergwanderungen entlang des El Camino Real, Tagestouren zu den Walen und den spektakulären vorkolonialen Felsmalereien in der Sierra de San Francisco (s. S. 317) machen den Reiz San Ignacios aus.

Zwar gründeten die Jesuiten hier die **Misión San Ignacio de Kadakaamán**, aber die Dominikaner beaufsichtigten den Bau der beeindruckenden, 1786 vollendeten Kirche, die noch heute die kühle Plaza mit den Schatten spendenden Lorbeerbäumen beherrscht. Mit ihren fast 1,2 m dicken Mauern aus Lavastein und den unzähligen Bougainvilleas rundherum ist diese Kirche eine der schönsten der Baja. Ein kleines **Museum** (🕒 Mo–Sa 8–17 Uhr), durch das man sich allein durchschlagen muss, bringt einem die Naturgeschichte der Gegend näher.

Die meisten Einrichtungen, u. a. Telefonzellen, gibt's rund um die Plaza, aber leider fehlt eine Bank. Internationale Telefonate können im Hotel La Pinta geführt werden. Surfen kann man bei **Fischer Internet** (☎ 154-04-49; 25 Mex$/Std.; 9–22 Uhr); hier werden auch geführte Touren organisiert.

Schlafen & Essen

San Ignacio verfügt über ausgezeichnete Unterkünfte, versteckt unter leicht hin- und herschwankenden Palmen. Viele organisieren Ausflüge zu den diversen Attraktionen.

LP Tipp **Casa Lereé** (☎ 154-01-58; www.murrietawebdesign.com/test/leree/index.html; Morelos s/n; Zi. mit eigenem Bad/mit Gemeinschaftsbad 750/400 Mex$) Das wunderschöne alte Gebäude ist teils Gästehaus, teils Museum und steht mitten in einem grünen Garten voller tropischer Bäume. Die kleinen Zimmer sind äußerst geschmackvoll eingerichtet. Natürlich fehlt auch WLAN nicht. Der Inhaber weiß wirklich alles über San Ignacio und gibt besonders gern Infos zu Wandertouren und zur Geschichte.

Ricardo's Hotel & RV Park (☎ 154-02-83; DZ/3BZ 750/1250 Mex$, Wohnmobil 250 Mex$; P) Blitzsauberes Hotel mit Satelliten-TV und zwei französischen Betten pro Zimmer. In dem guten Restaurant gibt es eine Margarita, die wirklich aus frisch gepresstem Limonensaft gezaubert wird. Die Stellplätze für die Wohnmobile sind spartanisch, aber o. k.

Hotel La Pinta (☎ 154-03-00; Zi. 871 Mex$; P) Das serviceorientierte Hotel liegt ca. 1,6 km südlich vom Hwy 1 an der befestigten Straße nach San Ignacio. Die luxuriösen, geräumigen Zimmer haben große Spiegel. Im Restaurant werden einheimische Rindfleischgerichte, gute *antojitos* sowie Fisch und Meeresfrüchte (120 Mex$) serviert. Ein toller Pool und summende Kolibris im Hof vervollständigen den relaxten Aufenthalt.

El Padrino Restaurant & Bar (Flojos; Hauptgerichte 50–130 Mex$) Einfaches Schnellrestaurant und Campingplatz (Stellplatz mit/ohne Strom 140/80 Mex$) mit Billardtisch, TV und freundlichem Personal. Unbedingt den Fisch *mojo de ajo* (Knoblauchsauce) probieren, aber eigentlich ist alles lecker hier.

La Misión Kadakaaman (Hauptgerichte 80–120 Mex$) Hier auf der Plaza im Schatten der phantastischen Kirche genießt man Vorspeisen wie Fischfilet in Erdnuss- oder Koriandersauce und die üblichen Verdächtigen unter den mexikanischen Hauptgerichten.

Während der Saison kann man für 10 bis 20 Mex$ überall Tüten mit Datteln kaufen: ein super Snack für zwischendurch oder als Reiseproviant.

An- & Weiterreise

Busse sammeln ihre Fahrgäste zwischen 5 und 23 Uhr etwa alle zwei Stunden am Busbahnhof in der Nähe der Kreuzung San Lino außerhalb der Stadt ein.

RUND UM SAN IGNACIO

Sierra de San Francisco

Allein schon die vielen wundervollen Felsmalereien in dieser Gegend sind beeindruckend. Die in Ocker, Rot, Schwarz und Weiß gehaltenen Bilder sind bis heute ein echtes Geheimnis. Einige Forscher sind der Meinung, dass sie religiöse Riten, Jagdrituale oder Kriegshandlungen darstellen, andere wiederum glauben, dass es sich um Warnungen für die benachbarten Stämme oder auch um Mitteilungen handelt. Da auch Fische und Wale zu erkennen sind, wird angenommen, dass diese Völker Kontakt zum Meer gehabt haben müssen, obwohl sie weit weg davon lebten. Angesichts ihrer kulturellen Bedeutung wurde die Sierra de San Francisco zum UNESCO-Weltkulturerbe erklärt. Außerdem ist sie Teil der Reserva de la Biosfera El Vizcaíno.

Die **Cueva del Ratón** erhielt ihren Namen von den Einheimischen, die auf einer Felszeichnung eine Ratte (oder Maus) zu erkennen glaubten – tatsächlich ähnelt sie wohl eher einem Hirsch. Diese Malerei ist am einfachsten zu erreichen. Wer mit dem eigenen Auto hinfahren möchte, muss sich beim **Instituto Nacional de Antropología e Historia** (INAH; ☎ 154-02-22; Mo–Sa 8–15 Uhr) registrieren lassen und dort auch den Eintritt (34 Mex$) sowie die Gebühr für einen Führer (70 Mex$) bezahlen. Das Büro befindet sich neben der Misión San Ignacio auf der Plaza in San Ignacio. Den Führer holt man dann in dem Dorf ab, das am dichtesten bei den Ruinen liegt. Wer Fotos machen möchte, muss 35 Mex$ extra bezahlen. Geführte Touren kosten mindestens 1300 Mex$.

Die Stätten im spektakulären **Cañón San Pablo** sind besser erhalten. In der **Cueva Pintada** haben Cochimí-Maler und ihre Vorgänger 150 m hohe Felsüberhänge mit lebhaften rotschwarzen Darstellungen von Menschen, Dickhornschafen, Pumas und Hirschen sowie mit einigen abstrakten Bildern verziert. In der **Cueva de las Flechas** auf der anderen Seite des Cañón San Pablo sind ähnliche Zeichnungen zu sehen. Seltsamerweise sind hier ein paar der Figuren von Pfeilen durchbohrt.

Der wunderschöne Abstieg auf dem Rücken eines Maultiers hinunter in den Cañón San Pablo dauert mindestens zwei, wenn nicht gar drei Tage. Trips durch den Cañón San Pablo bucht man am besten bei einer Agentur: Kuyimá (s. unten) organisiert geführte Drei-/Sechstagestouren für 4686/10 197 Mex$ pro Person (mindestens 4 Pers.); oder man wendet sich an Fischer Internet (s. S. 315).

Laguna San Ignacio

Zusammen mit der Laguna Ojo de Liebre und der Bahía Magdalena ist die Laguna San Ignacio im Winter eine der bekanntesten Orte am Pazifik, um Wale zu beobachten. Eine dreistündige Tour kostet etwa 440 Mex$ pro Person. **Kuyimá** (☎ 154-00-70; www.kuyima.com; Morelos 23), eine Genossenschaft mit Sitz am östlichen Ende der Plaza in San Ignacio, organisiert Transport und Unterkünfte. Die 65 km lange Fahrt zum Campingplatz (mit Hütten) führt etwa zwei Stunden lang über holprige Straßen.

BAJA CALIFORNIA

SANTA ROSALÍA

☎ 615 / 9768 Ew.

In Santa Rosalía gibt's neben einer coolen Mischung aus Gebäuden in bedauernswertem Zustand und fröhlich gestrichenen Schindelhäusern eine Kirche aus Fertigelementen, einen Hafen, den *malecón* (Uferpromenade), schwarze Sandstrände, faule Pelikane und eine tolle Aussicht von den Hügeln der Umgebung. Wenn man Richtung Süden reist, bekommt man nach der endlos langen und trockenen Durchquerung der Desierto de Vizcaíno in Santa Rosalía erstmals das Meer von Cortez zu Gesicht.

Orientierung & Praktische Informationen

Santa Rosalía ist eine Ansammlung von dicht an dicht stehenden Häusern, Restaurants, Unterkünften und Läden. Die Plaza Benito Juárez, vier Blocks westlich vom Highway, bildet das Zentrum.

Die Post befindet sich in der Av Constitución an der Calle 2. Im Hotel del Real an der Straße, die aus der Stadt herausführt, gibt's *cabinas* (Telefonzellen) für Ferngespräche. Ins Internet kommt man im **Cafe Internet PC Vision** (☎ 152-28-75; Ecke 6th & Obregón; 20 Mex$/Std.; 🕑 10–22 Uhr).

Sehenswertes

Die Franzosen errichteten das **Museo Histórico Minero de Santa Rosalía** (Eintritt 20 Mex$; 🕑 Mo–Fr 8–14 Uhr) 1885 ursprünglich als Verwaltungsgebäude der Boleo Company. Auf dem Hügel in der Nähe des Hotels Francés wacht es über die Stadt, umgeben von coolen stillgelegten Loks und anderen Gerätschaften.

Die von Gustave Eiffel (ja, dem berühmten Eiffelturmkonstrukteur!) vorgefertigte **Iglesia Santa Bárbara** brachte vor ihrer Ankunft in Mexiko eine wahre Odyssee hinter sich: Ursprünglich wurde sie für die Pariser Weltausstellung entworfen und gebaut, dann jedoch zerlegt und in Brüssel zwischengelagert; endgültiger Bestimmungsort sollte Westafrika sein. Schließlich unterschrieb ein Direktor der Boleo Company 1895 die Bestellung, und die Kirche wurde nach Santa Rosalía verschifft. Viele sind weniger von ihrer Schönheit fasziniert als von ihrer Eigenschaft als Paradebeispiel für frühe Fertigelement-Architektur.

Schlafen & Essen

Von allen Städten in der zentralen Baja hat Santa Rosalía vielleicht die beste Auswahl an bezahlbaren Unterkünften – von „historisch" bis „malerisch" ist alles vertreten.

Motel San Victor (☎ 152-01-16; Ecke Progreso 36 & Calle 9a; Zi. 150 Mex$; P ❄) Die Zimmer sind zwar dunkel und einfach, dafür gibt's aber einen ruhigen, schattigen Hof und einen Parkplatz abseits der Straße. Der Betreiber spricht Englisch.

Hotel del Real (☎ 152-00-68; Av Montoya 7; Zi. 300–350 Mex$; ❄) Im neuen Flügel sind saubere Zimmer, in denen jeweils zwei Betten stehen, der ältere Teil ist etwas muffig. Alle Zimmer haben Kabel-TV.

Hotel Francés (☎ 152-20-52; Cousteau 15; Zi. 600 Mex$; P ⊠ ❄) Von dem bezaubernden, historischen Hotel Francés kann man den Blick über das Meer von Cortez und die langsam vor sich hin rostende Bergbaumaschinerie schweifen lassen. Das 1886 erbaute Gebäude diente ursprünglich als Schlafsaal für die „Angestellten" eines Bordells in der Nähe des Bergwerks. Das Hotel begeistert durch wunderschöne Zimmer mit hohen Decken, Stofftapeten und ein paar entzückenden Kleinigkeiten wie Holzintarsien. Im dazugehörigen Restaurant kann man von Montag bis Samstag frühstücken. Geführte Touren kosten 10 Mex$.

Panadería El Boleo (☎ 152-03-10; Obregón 30; Baguette 8–25 Mex$) Seit 1901 werden hier klasse Baguettes – eine Rarität in Baja – und Gebäck hergestellt. Der Laden befindet sich zwischen den Calles 3 und 4.

Restaurant Don Pedro (Calle 5 No 3; Antojitos 30–45 Mex$) Das Restaurant nördlich der Obregón serviert Tacos, *antojitos* und köstliches *machaca* (Rinderhack) zu vernünftigen Preisen.

Playas Negras (☎ 152-06-85; Frühstück 45 Mex$, Abendessen 85–130 Mex$) Restaurant direkt am Ufer südlich der Innenstadt mit phantastischem Ausblick und einer witzigen Landkarte der Baja auf einer Abalone-Muschelschale. Hier kommen lukullische Gerichte mit Fisch und Meeresfrüchten sowie Steaks, Hühnchen und Pizza auf den Tisch.

El Muelle (☎ 152-09-31; Ecke Constitución & Calle Plaza; Hauptgerichte 65–110 Mex$; 🕑 8–23 Uhr) Der Name des Lokals (Kai) passt wirklich zu dem Küstenörtchen Santa Rosalía. Den Einheimischen schmeckt hier alles, vom Eierfrühstück bis zu den beliebten roten Enchiladas.

Günstiges Essen und Obst für die Fahrt findet man auf dem kleinen **Obst- und Gemüsemarkt** (🕑 6–18 Uhr) an der Montoya zwischen dem Hotel del Real und dem Highway. Eine weitere Alternative sind auch die vielen guten Tacostände an der Av Obregón. Bei den meisten kostet ein Fischtaco 8 Mex$.

Anreise & Unterwegs vor Ort

BUS

In jeder Fahrtrichtung halten täglich mindestens fünf Busse am **Busbahnhof** (☎ 152-14-08; 🕑 24 Std.), der sich im gleichen Gebäude wie das Fährterminal am Highway gleich südlich vom Ausgang zur Stadt befindet. Fahrtziele sind:

Ziel	Preis (Mex$) (ABC/Águila)	Dauer (Std.)
Ensenada	835/774	12
Guerrero Negro	220/204	3
La Paz	566/524	8
Loreto	202/168	3
Mexicali	1097/1041	16
Mulegé	63/59	1
San Ignacio	75/70	1
San José del Cabo	717/679	12
Tijuana	944/875	14

FLUGZEUG

Aéreo Servicio Guerrero (☎ 615-152-31-81; 🕑 Mo–Sa 8–13 & 15–18 Uhr) fliegt nach Guaymas (870 Mex$, tgl.) und nach Hermosillo (1500 Mex$, Mo–Sa) auf dem mexikanischen Festland. Flugtickets kann man am Fähranleger kaufen.

SCHIFF/FÄHRE

Die Passagier-/Autofähre *Santa Rosalía* von Operadora Rotuaria del Noroeste läuft dienstags, mittwochs, freitags und sonntags um 9 Uhr nach Guaymas aus und kommt am nächsten Morgen um 7 Uhr an. In Guaymas geht's montags, donnerstags und samstags um 20 Uhr los, Ankunft ist um 6 Uhr. Im Winter kann es durch starken Wind zu Verspätungen kommen. Die Fahrten am Montag und Dienstag werden mangels Nachfrage oft gestrichen. Am besten erkundigt man sich einen Tag vor der geplanten Abfahrt. Achtung: In Sonora gibt es keine Sommerzeit, sodass Guaymas in bestimmten Jahreszeiten eine Stunde früher dran ist.

Tickets gibt's am **Fährterminal** (☎ 152-12-46; www.ferrysantarosalia.com; 🕑 Mo–Sa 10–19 Uhr) am Highway. Sitzplätze kosten 650 Mex$, Mehrbettkabinen nochmal 750 Mex$ (Kinder zahlen die Hälfte, sonntags gibt's im Allgemeinen einen Preisnachlass). Am besten im Voraus reservieren! Die Fahrzeugpreise richten sich nach der Streckenlänge (s. Tabelle). Das Ticketbüro öffnet an den Tagen, an denen die Fähren auslaufen, um 7 oder 8 Uhr.

Fahrzeugtyp	Preis (in Mex$)
Auto/Pickup bis 5 m	2480 plus 990 für jeden weiteren Meter
Auto mit Wohnwagen bis 15 m	9500
Wohnmobil	3500
Motorrad	1350

Bevor die Fahrzeuge zum Festland verschifft werden, lassen sich die Behörden die Fahrzeuggenehmigung zeigen (s. S. 1088). Diese bekommt man nur bei **Banjercito** (www.banjercito.com.mx). Sie ist die einzige Bank, die Zahlungen für Fahrzeuggenehmigungen entgegennimmt – in Tijuana, Mexicali oder La Paz. Sonst kann man sich die Genehmigung aber auch über die spanische Webseite der Bank besorgen.

MULEGÉ

☎ 615 / 3317 Ew.

Der Río Mulegé ist von Palmen und Mangroven gesäumt, sein Delta, die Vögel und andere Tieren und Pflanzen sind toll und man kann hier tauchen und schnorcheln. Kurz: Mulegé ist ein super Spot für alle Outdoorfreaks und Leute mit Kindern. Die alte Mission und der Dorfplatz verleihen dem Ort Ruhe und Charme, was in anderen Teilen Bajas immer seltener zu finden ist. Daran ändern auch weder der neue Schandfleck am Ortseingang noch die kürzlich eröffnete Bank mit Geldautomat etwas.

Die meisten Dienstleistungen sind am oder in der Nähe des Jardín Corona, des Dorfplatzes. Bancomer und der Geldautomat liegen in der Zaragoza zwischen Martinez und Madero. Surfen kann man bei **Carlos' Place** (30 Mex$/Std.; ⌚ Mo–Sa 9–13 & 16–20 Uhr) gegenüber vom Los Equipales (gegenüber) oder im Hotel Mulegé (gegenüber).

Sehenswertes & Aktivitäten

Die **Misión Santa Rosalía de Mulegé** (1705 gegründet, 1766 fertiggestellt, 1828 aufgegeben) oben auf dem Hügel ist super, um tolle Fotos von der Mission und dem Flusstal zu schießen.

Im ehemaligen Bezirksgefängnis ist jetzt das **Museo Mulegé** (Barrio Canenea; Spende 10 Mex$; ⌚ Mo–Sa 9–14 Uhr) untergebracht, das ausgewählte Gegenstände aus der Mission de Santa Rosalía und prähistorische Artefakte zeigt.

KAJAK

Der traumhafte Fluss, das Flussdelta und die südlichen Strände machen Mulegé zu einem der beliebtesten Orte für Kajaksport. Bei Baja Outpost (S. 323) in Loreto kann man die Ausrüstung auch für eine längere Zeit mieten. Wer mag, kann so mehrere Tage die Küste entlang in Richtung Süden paddeln. Das umweltfreundliche **NOLS Mexico** (☎ 307-332-5300; www.nols.edu/courses/locations/mexico/about_mexico.shtml) bietet Seekajak-Kurse in der Coyote Bay südlich von Mulegé an.

TAUCHEN

Die besten Tauchspots von Mulegé befinden sich rund um die Santa Inés Islands (nördlich der Stadt) und direkt nördlich von Punta Concepción (südlich der Stadt). **Cortez Explorers** (☎ 153-05-00; www.cortez-explorers.com; Moctezuma 75A; ⌚ 8.30–18 Uhr) wurde kürzlich von Engländern übernommen und organisiert Tauchkurse für alle Niveaus, von welchen für Anfänger bis zu Kusen für Tauchlehrer. Man kann hier auch lernen, nach Tintenfischen zu tauchen. Die Agentur vermietet zudem Schnorchelausrüstung, Kajaks und Fahrräder. Tauchgänge mit einer/zwei Flaschen kosten 990 Mex$ pro Person, Schnorcheltouren 550 Mex$.

IN GOTTES NAMEN ...

Die Missionsstationen in der Baja haben eine fragwürdige Geschichte. Sie wurden von Jesuiten und Dominikanern errichtet und sollten eigentlich das Seelenheil bringen, stattdessen aber brachten sie den Tod, weil die Europäer ihre Krankheiten einschleppten. Viele Missionen wurden aufgegeben, als ihre Bevölkerungszahlen unter ein vertretbares Niveau fielen. Heutzutage sind diese wunderschönen Gebäude – ob sie nun genutzt werden oder irgendwo im Niemandsland sind – faszinierende und vor allem fotogene Ausflugsziele. Sie gehören einfach zur bewegten Geschichte der Baja. Für den Besuch der folgenden Missionen ist kein Allradwagen nötig, aber dennoch können die Straßen streckenweise entsetzlich schlecht und gelegentlich sogar unpassierbar sein.

Misión San Francisco Javier de Viggé-Biaundó (S. 324) In dieser abgelegenen, wunderschön erhaltenen Mission fühlt man sich in alte Zeiten zurückversetzt. Auf der Fahrt dorthin kommt man in den Genuss grandioser *vistas* und sichtet sogar hier und da einige Felszeichnungen.

Misión Santa Rosalía de Mulegé (s. oben) Ausgesprochen fotogenes Gebäude. Wer hinter der Mission steht, bekommt einen wunderschönen Blick auf den von Palmen gesäumten Fluss geboten.

Misión San Borja (S. 314) Völlig ab vom Schuss, aber der Trip lohnt sich. Zu den Schätzen dieser Station gehören eine heiße Quelle und ein (jetzt leider zugemauerter) Geheimtunnel. Eine Familie, die von den Einwohnern aus der Zeit vor der Eroberung abstammt, renoviert dieses Gebäude Stein für Stein mit bloßen Händen.

Misión Nuestra Señora de Loreto (S. 322) Die älteste und beeindruckendste Mission wird noch genutzt.

Weitere Infos und phantastische Fotos dieser genialen Ruinen findet man in dem Buch *Las Misiones Antiguas* von Edward W. Vernon und im Internet unter www.vivabaja.com/bajamissions.

Schlafen

Casa de Huéspedes Manuelita (☎ 153-01-75; Moctezuma; Zi. 250 Mex$) Die einfachen, aber sauberen Zimmer mit warmen Duschen verbergen sich hinter einem prächtigen Rebstock. Papageien verleihen dem Ganzen einen netten Touch.

Hotel Las Casitas (☎ 153-00-19; www.historicolascasitas.com.mx; Madero 50; EZ/DZ 341/393 Mex$; P) In dem gut geführten Hotel bei Martínez wohnte einst der sehr geliebte mexikanische Dichter Alán Gorosave. Vielleicht ließ er sich von dem wunderschönen, schattigen Innenhof und dem gepflegten Garten mit den tropischen Pflanzen inspirieren. Das Restaurant serviert ein ganz ausgezeichnetes Frühstück und hat sogar einen offenen Grill. Gerüchten zufolge soll Drew Barrymore hier schon übernachtet haben.

Hotel Hacienda (☎ 153-00-21; hotelhacienda_mulege@hotmail.com; Madero 3; Zi. 350 Mex$;) Das atmosphärische, in Grün- und Weißtönen gehaltene Hacienda ist das älteste Hotel in der Stadt. Die Zimmer haben Doppelbetten und Kühlschrank. In dem alten Brunnen ist noch immer Wasser, obwohl er schon lange nicht mehr benutzt wird.

Hotel Mulegé (☎ 153-04-16; Moctezuma s/n; EZ/DZ 380/400 Mex$; P) Mulegés einziges Business-Hotel. Die makellosen Doppelzimmer haben Teppichboden, Wasserflaschen und Kabel-TV. Ein Plus ist der Internetzugang (25 Mex$/Std.) in der Lobby.

Hotel Cuesta Real (☎ 153-03-21; http://cuestarealhotel.tripod.com; Transpeninsular Km 132; EZ/DZ 390/490 Mex$, Wohnmobil mit Stromanschluss 200 Mex$; P) Dieses Hotel an der Mündung des Río Mulegé (sehr praktisch für Kajakfahrer) hat große, blitzblanke Zimmer und ein nettes Restaurant. Auf dem Weg in die Stadt sind malerische Mangrovensümpfe und ein paar Pelikane zu sehen. Internet kostet 25 Mex$ pro Stunde.

Essen & Ausgehen

In Mulegé werden die Bürgersteige ziemlich früh hochgeklappt – daher am besten rechtzeitig zu Abend essen und sich in aller Ruhe auf den nächsten tollen Tag vorbereiten.

Restaurante Doney (☎ 153-00-95; mulegedoney@hotmail.com; Moctezuma s/n; Tacos & Snacks 13–110 Mex$) Hier werden am Tresen oder an Tischen mit bunten Tischdecken gute *antojitos* und Tacos serviert.

Scott's El Candil (Zaragoza s/n; Hauptgerichte 60–120 Mex$; Mo–Sa 11–23, So 11–19 Uhr) Hübsches Backsteinhaus mit offenem Hof nach hinten und Bogenfenstern zur Zaragoza, um die Welt (oder das, was sich davon in Mulegé aufhält) zu beobachten.

Los Equipales (☎ 153-03-30; Moctezuma; Hauptgerichte 130–220 Mex$) In diesem Restaurant mit Bar direkt westlich der Zaragoza kommen riesige Portionen auf den Tisch. Auf dem luftigen Balkon kann man wunderbar am Nachmittag eine Margarita schlürfen oder am Abend mit Freunden plauschen. Die Shrimps sind, kaum da sie auf den Tisch gestellt wurden, auch schon verputzt.

An- & Weiterreise

Mulegés **Busbahnhof** (7–23 Uhr) liegt etwas unpraktisch nördlich der Stadt am Transpeninsular bei Km 136,5. ABC/Águila-Busse in Richtung Norden nach Santa Rosalía (63/59 Mex$, 1 Std.) kommen hier ungefähr alle zwei Stunden vorbei. Die Busse nach Süden fahren täglich nach Loreto (139/129 Mex$, 2½ Std.) und La Paz (503/466 Mex$, 7 Std.).

RUND UM MULEGÉ

Cañón La Trinidad

Im Cañón La Trinidad werden sich Vogelfans wohlfühlen. Mit etwas Glück bekommen sie hier sogar Rubintyrannen, Gilaspechte und eine Vielzahl von Greifvögeln und Bussarden zu sehen. Die engen, blassroten Canyonwände, die schimmernden Wasserbecken und die vorkolonialen Höhlenmalereien sind wahrhaft atemberaubend: In verblassten Ocker- und Rosttönen sind an den Höhlenwänden Schamanen, Mantarochen, Wale und das berühmte „Trinity Deer" zu erkennen, das ungeachtet der über seinen Kopf hinwegrauschenden Pfeile leichtfüßig zum Sprung anzusetzen scheint. Staudämme und der Klimawandel haben dafür gesorgt, dass der Canyon seit mehr als zehn Jahren ausgetrocknet ist. Der Zutritt ist leider nur mit Führer möglich. Der in Mulegé geborene Salvador Castro von **Mulegé Tours** (☎ 615-153-02-32; Tagestrips 400 Mex$/Pers.) weiß buchstäblich alles über Pflanzen und Tiere – sogar, wie man die beiden „bösen" Bienenstöcke austrickst, die die Malereien „bewachen".

Strände

Wer sich auf den Weg in Richtung Süden macht, kommt zu einigen der unberührtesten *playas* (Strände) der Baja. Hier relaxt man in einer Hängematte, kühlt sich mit einem Drink ab und beobachtet Pelikane, die sich auf ihre Beute stürzen. An einigen Stränden finden sich Bars, Restaurants und *cabañas*. Bahía Concepción ist die Heimat von Pelikankolonien, irren Felsgebilden und milchig blaugrünem Wasser. Ein Muss für Kajakfans, die auch gleich in den spartanisch eingerichteten Wohnmobilparks übernachten können. Ein Stopp lohnt sich unbedingt in **Playa Escondido** (Km 112), **Playa Santispac** (Km 113,5) und **Playa Perla** (Km 91) am Hwy 1, aber es gibt noch mehr tolle Strände. Unbedingt auf Wetterwarnungen achten: Wenn der Wind auffrischt, kann das Baden in dem glasklaren Wasser hier und in Loreto innerhalb kürzester Zeit sehr gefährlich werden.

LORETO

☎ 613 / 10 283 Ew.

Das Gebiet um Loreto ist nach Meinung von Anthropologen die älteste menschliche Siedlung auf der Baja-Halbinsel. Hier gab es eine Menge Wasser und Nahrung, sodass sich die indigenen Stämme stark vermehrten. 1697 gründete der Jesuit Juan María Salvatierra an diesem bescheidenen Hafen (ca. 135 km südlich von Mulegé) die erste dauerhafte Missionsstation der Halbinsel. Mittlerweile hat sich Loreto zum Wassersportparadies Nummer Eins der Baja entwickelt. Hier erstreckt sich auch der 2065 km² große Parque Marino Nacional Bahía de Loreto, der seine Ufer, den Ozean und die Inseln vor der Küste vor Umweltverschmutzung und Überfischung bewahrt. Nichtsdestotrotz hat die massive Bebauung der Küste bereits jetzt irreparable Schäden nach sich gezogen.

Orientierung

Die meisten Hotels und Einrichtungen befinden sich rund um die markante Missionskirche an der Salvatierra; der attraktive *malecón* eignet sich dagegen ideal für einen Abendspaziergang. Gleich nördlich der Salvatierra zwischen Madero und Davis liegt die Plaza Cívica.

Praktische Informationen

Bancomer (Ecke Salvatierra & Madero) Hat einen Geldautomaten, wechselt US$ und löst Reiseschecks ein (Mo–Fr).

Centro de Salud (☎ 133-00-39; Salvatierra 68; 🕑 24 Std.) Örtliches Gesundheitszentrum.

.com (☎ 135-18-46; Madero s/n; 20 Mex$/Std.; 🕑 Mo–Sa 8–16 Uhr) Direkt neben dem Café Olé, nicht allzu weit vom Stadtzentrum entfernt.

Städtische Touristeninformation (☎ 135-04-11; turismoloreto@hotmail.com; 🕑 Mo–Fr 8–15 Uhr) An der Westseite der Plaza Cívica. Gute Auswahl an Broschüren und Flyern.

Parque Nacional Bahía de Loreto (☎ 135-04-77; 🕑 Mo–Fr 8.30–14 Uhr) Die 21 Mex$ Eintritt für den Park müssen im Yachthafen bezahlt werden. Die Angestellten informieren über alle Wassersportmöglichkeiten in der Gegend.

Post (☎ 135-06-47; Deportiva; 🕑 Mo–Fr 8–14.30 Uhr)

Sehenswertes & Aktivitäten

Zusammen mit dem 2065 km² großen **Parque Marino Nacional Bahía de Loreto** zählt Loreto in Sachen Outdooraktivitäten zur absoluten Spitzenklasse. Die vielen Ausrüster bieten so ziemlich alles an – von Kajak- und Tauchausflügen zu den Riffen rund um die Isla del Carmen und Coronado bis hin zu Reit-, Wander-, Trekking- und Mountainbiketouren in der Sierra de la Giganta.

Baja Outpost (s. gegenüber) organisiert Tauch-, Schnorchel-, Rad- und Kajaktrips mit Übernachtungsmöglichkeiten. Bemerkenswert ist, dass die Walbeobachtungstouren (2035 Mex$/Pers.) ganze sieben Stunden dauern im Gegensatz zu denen vieler anderer Anbieter, die manchmal nur 1½ Stunden gehen . Dabei bekommen die Teilnehmer an den verschiedenen Stellen Blau- und Grauwale zu Gesicht.

Die **Misión Nuestra Señora de Loreto** aus dem Jahr 1697 war die erste dauerhafte Missionsstation in Baja California. Von hier aus begannen die Jesuiten, ihr Missionennetz über die ganze Baja-Halbinsel zu spinnen. In dem renovierten INAH-Museum **Museo de las Misiones** (☎ 135-04-41; Ecke Salvatierra & Misioneros; Eintritt 30 Mex$; 🕑 Di–Fr 9–13 & 13.45–18 Uhr) neben der Kirche erfährt man alles über die Besiedlungsgeschichte der Baja California.

Schlafen

Die meisten Unterkünfte in Loreto sind am oder in der Nähe des malerischen *malecón* zu finden.

BUDGETUNTERKÜNFTE

Hotel Posada San Martín (☎ 135-11-07; Juárez 4; Zi. 200–350 Mex$; ❄) Dieses Hotel hat das beste Preis-Leistungs-Verhältnis der Stadt und ist für 200 Mex$ wahrscheinlich die sauberste Unterkunft in ganz Baja California. Von den großen Zimmern haben einige sogar Kabel-TV. Klasse Lage in der Nähe der Plaza.

BAJA CALIFORNIA

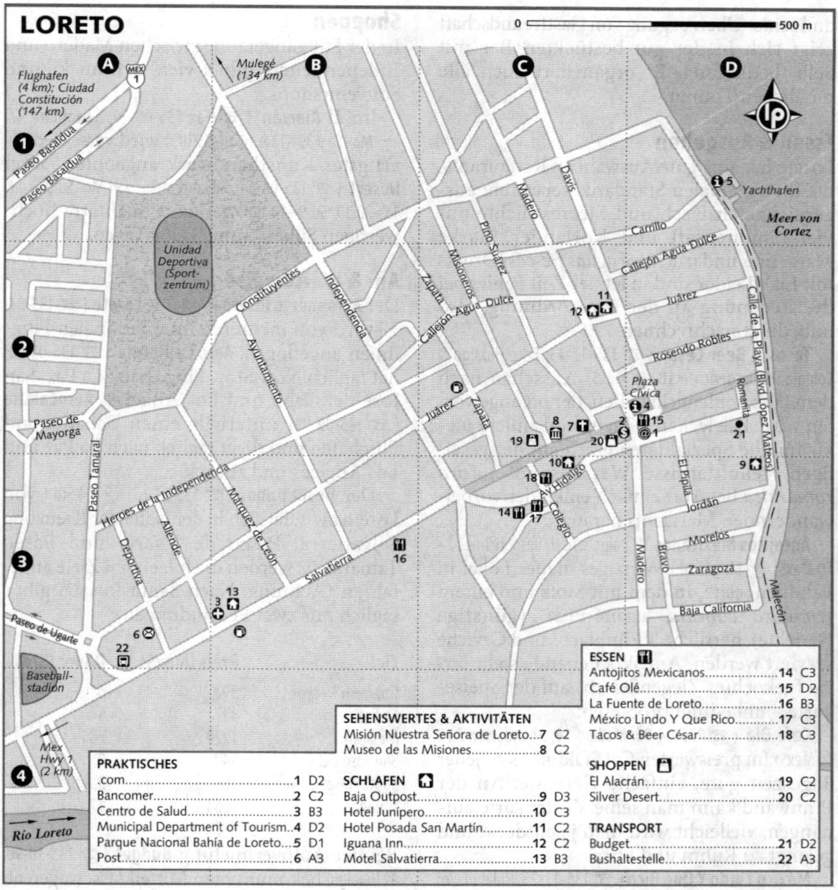

Motel Salvatierra (☎ 135-00-21; Salvatierra 123; EZ/DZ/3BZ/4BZ 270/300/350/420 Mex$) Das helle, ockerfarbene Motel unweit des Busbahnhofs bietet saubere, einfache Zimmer und ist eine der billigsten Unterkünfte in Loreto.

MITTEL- & SPITZENKLASSEHOTELS

Hotel Junípero (☎ 135-01-22; Av Hidalgo; EZ/DZ/3BZ 350/400/450 Mex$;) Das Hotel in Familienbesitz mit Blick auf die Mission und die Plaza hat zwar schon bessere Tage gesehen, aber dafür bieten die Zimmer im hinteren Bereich einen phantastischen Blick auf die Mission. Die Golfball-Schlüsselanhänger wirken etwas deplaziert, sind aber ganz witzig.

Iguana Inn (☎ 135-16-27; www.iguanainn.com; Juarez s/n; Bungalows 550–660 Mex$; Okt.–Aug.; P) Tolle Unterkunft mit Kochecken, Videothek und sauberen, bequemen Betten in unmittelbarer Nähe des Stadtzentrums und nur wenige Schritte vom *malecón* entfernt. In der neu errichteten Hütte finden für 935 Mex$ bis zu fünf Personen Platz.

LP Tipp Baja Outpost (☎ 135-11-34; www.bajaoutpost.com; Blvd López Mateos; Zi. inkl. Frühstück 760 Mex$, Palapa 935 Mex$; P) Dieses noble, geschmackvoll eingerichtete B&B hat normale Zimmer und wunderschöne *palapas.* Das Frühstück, das auf Wunsch zubereitet wird, ist köstlich und das Personal spricht viele Sprachen (Leon, der Chef, allein schon 6). Die Unterkunft liegt zwar etwas abseits vom trubeligen *malecón,* aber dennoch günstig für Stadtzentrum und Strand. Ein Beweis für Leons Gutgläubigkeit und seiner Überzeugung von Gastfreundschaft zeigt sich in der gut bestückten Bar mit Selbstbedienung. Er organisiert auch alle möglichen Touren.

Essen & Ausgehen

Loreto hat eine gute Auswahl an Restaurants, die die regionalen Standards servieren: ausgezeichneten Fisch und Meeresfrüchte mit viel Limonensaft und Koriander, starke Margaritas und fruchtige *aguas frescas* (Drinks mit Eis). Leider sind in letzter Zeit Fehler bei der Rechnung an der Tagesordnung, also unbedingt nachrechnen.

Tacos & Beer César (☎ 135-17-45; Ecke Hidalgo & Colegio; Hauptgerichte 10–66 Mex$) Ausschau nach dem Holzkohlengrill halten, der oft angeworfen wird. Die leckeren Tacos und andere mexikanische Spezialitäten gibt's auf der geselligen Freiluftterrasse. Wer Lust auf *música romántica* hat, ruft einfach einen der vorbeiwandernden Mariachis heran.

Antojitos Mexicanos (Hidalgo s/n; Hauptgerichte 12–50 Mex$; ⏲ Mi geschl.) Winziges, neues Lokal in Familienbesitz, in dem mit Stolz und einem Lächeln *comida económica* (günstige Gerichte), herrliche Shrimptacos und Ceviche serviert werden. Am Wochenende steht *birria* (gekochtes Ziegenfleisch) auf der Speisekarte – unbedingt probieren!

Café Olé (☎ 135-04-96; Madero 14; Abendessen 24–66 Mex$) Im preiswerten Café Olé gibt's zu jeder Tageszeit gute, einfache Gerichte. An der Pinnwand kann man seine Visitenkarte aufhängen, vielleicht wird man ja entdeckt und gelangt zu Ruhm und Ehre.

México Lindo Y Que Rico (☎ 135-11-75; Hidalgo s/n; Abendessen 37–120 Mex$, Hummergerichte 230 Mex$; ⏲ Mo geschl.) Der Springbrunnen und die schmiedeeiserne Einrichtung verleihen diesem Restaurant, in dem köstliche Gerichte gezaubert werden, ein wirklich nettes Flair. Besonders schmackhaft ist das Hähnchen in Pipian-Sauce. Und als Nachtisch sollte es dann einen sahnigen Flan geben. An den Wochenenden trägt Livemusik zur Atmosphäre bei. Das sonntägliche Frühstücksbuffet ist ebenfalls sehr beliebt.

La Fuente de Loreto (Salvatierra 88; Hauptgerichte 55–140 Mex$; ⏲ Mo–Sa 7–17 Uhr) Neben *antojitos* und anderen mexikanischen Gerichten kommt hier auch eine Reihe westlicher Speisen auf den Tisch. Die Hähnchen-*chilaquiles* (Maistortillas mit scharfer Chilipaste) sind wirklich himmlisch.

Shoppen

In der Fußgängerzone zwischen Madero und Independencia gibt's viele Schmuck- und Souvenirshops.

Im **El Alacrán** (☎/Fax 135-00-29; Salvatierra 47; ⏲ Mo–Sa 9.30–13 & 14.30–19 Uhr) wird verschiedenartigstes Kunsthandwerk angeboten. **Silver Desert** (☎ 135-06-84; Salvatierra 36; ⏲ Mo–Sa 9–14 & 15–20.30, So 9–14 Uhr) verkauft qualitativ hochwertigen Silberschmuck aus Taxco.

An- & Weiterreise

Der **Aeropuerto Internacional de Loreto** (☎ 135-04-54) wird von mehreren internationalen Fluglinien angeflogen. **Aero California** (☎ 135-05-00) hat täglich Non-Stop-Flüge nach La Paz, San José del Cabo und Los Angeles. **AeroCalafia** (☎ 135-09-99) unterhält einen Schalter am Flughafen und fliegt täglich nach La Paz und Los Angeles und zurück.

Der **Busbahnhof** (☎ 135-07-67; ⏲ 24 Std.) von Loreto befindet sich in der Nähe der Kreuzung Salvatierra, Paseo de Ugarte und Paseo Tamaral. Es werden die folgenden Ziele angefahren (Achtung: Nach Santa Rosalía gibt's täglich nur zwei Verbindungen):

Ziel	Preis (Mex$)	Dauer (Std.)
Guerrero Negro	392	6
La Paz	337	5
Mexicali	1229	20
San José del Cabo	540	8
Santa Rosalía	188	3
Tijuana	1063	17

Bei der Autovermietung **Budget** (☎ 135-10-90; Av Hidalgo) bekommt man Mittelklassewagen ab etwa 550 Mex$ pro Tag, inklusive Versicherung.

Unterwegs vor Ort

Ein Taxi vom 4 km südlich von Loreto gelegenen Flughafen kostet 160 Mex$, wenn man direkt vor dem Flughafengebäude einsteigt, oder 100 Mex$, wenn man etwas weiter läuft und das Flughafengelände verlässt. Gruppen zahlen 70 Mex$ pro Person.

RUND UM LORETO

Walbeobachtungstouren sind von Loreto bis La Paz zwar die Hauptattraktion, aber auch die wunderschöne **Misión San Francisco Javier de Viggé-Biaundó** (und die grandiose Fahrt dorthin!) ist einen Tagestrip wert. Die kurvenreiche Straße führt vorbei an kleineren

Felsmalereien und malerischen Wasserläufen. Hinter der Mission wartet ein 300 Jahre alter Olivenbaum auf Bewunderer. Mit seiner knorpeligen Rinde könnte er einem Tolkien-Fantasyroman entsprungen sein. Die Missionsstation selbst sieht noch so aus wie vor drei Jahrhunderten. Kurz hinter Loreto geht's auf dem Hwy 1 erst in Richtung Süden (nach dem Schild Ausschau halten) und dann rechts ab in die Berge. Die Fahrt dauert etwa eine Stunde und ist normalerweise mit jedem Fahrzeug zu bewältigen. Manchmal ist aber Allrad nötig.

Puerto López Mateos

☎ 613 / 2171 Ew.

Die Isla Magdalena schützt Puerto López Mateos vor dem offenen Pazifik. Damit ist das hier eine der besten Stellen der Baja zum Wale beobachten. Während der Saison passieren unzählige *ballenas* die schmale Wasserstraße vor dem Ort. Die Curva del Diablo (Teufelskurve), 27 km südlich der Stadt, gilt als bester Beobachtungsort. Dreistündige Touren mit einer *panga* (Sportmotorboot) von Puerto López Mateos (650 Mex$/Std. für bis zu 6 Pers., in der Hochsaison 8–17 Uhr) lassen sich problemlos arrangieren.

Am sauberen Playa Boca de la Soledad darf man wild zelten (Wasser nicht vergessen) – allerdings gibt's nur Plumpsklos. Der Strand liegt unweit der Playa El Faro, 1,6 km östlich der Stadt (am Wasserturm links abbiegen). Die einzige weitere Unterkunft in Puerto López Mateos ist das kleine, aber gute **El Camarón Feliz** (☎ 131-50-32; Zi. 300 Mex$). An der Wand des dazugehörigen netten Restaurants hängt „Big Mouth Billy Bass", ein singender Gummifisch. **Baja Mar** (☎ 131-51-96; Hauptgerichte 35–120 Mex$) tischt mexikanische Hausmannskost auf.

Puerto López Mateos liegt 34 km westlich von Ciudad Insurgentes. Der Bus nach Ciudad Constitución fährt um 6.30 und 14.30 Uhr.

Ciudad Constitución

☎ 613 / 37 221 Ew.

Die vorwiegend landwirtschaftlich und industriell geprägte Stadt Ciudad Constitución hat für Touristen nicht viel mehr als Hotels und Walbeobachtungstouren zu bieten. Es gibt leider nur wenige Verbindungen zu den Hafenstädten López Mateos und San Carlos, daher ist ein eigener fahrbarer Untersatz ziemlich hilfreich. Die nächsten Autovermietungen gibt's in Loreto (S. 322) oder La Paz (S. 326).

Die Übernachtungsmöglichkeiten in Ciudad Constitución sind recht beschränkt und wirklich tolle Unterkünfte Fehlanzeige. In der Hochsaison steigen die Preise.

Hotel Conchita (☎ 132-02-66; Olachea 180 an der Hidalgo; Zi. 270 Mex$; ❄) Einfache Zimmer mit gelben Tagesdecken auf den Betten, TV und Schutzverglasung, die jegliche Aussicht versperrt. Vorsicht – unebene Treppenstufen!

Die Zimmer im **Hotel Maribel** (☎ 132-01-55; Guadalupe Victoria 156; EZ 250–270 Mex$, DZ 320–330 Mex$; ❄) sind spartanisch eingerichtet, aber die kleinen Balkone werten sie etwas auf. Im Erdgeschoss befindet sich ein recht angenehmes Restaurant. In den teureren Zimmern steht ein Telefon.

Das tadellose, von oben bis unten pfirsichfarben angestrichene **Posadas del Ryal** (☎ 132-48-00; Victoria s/n; Zi. 360 Mex$; P ❄) in der Nähe des Olachea hat dunkle Zimmer mit Kabel-TV und einen netten Springbrunnen im Hof.

Vom **Busbahnhof** (☎ 132-03-76; Ecke Zapata & Pino Suárez) gibt es täglich zwei Verbindungen nach Puerto López Mateos (64 Mex$, 12.30 & 19.30 Uhr) und nach Puerto San Carlos (52 Mex$, 11 & 18 Uhr). Weitere Ziele sind La Paz (153 Mex$, regelmäßig) und Tijuana (1203 Mex$, 5-mal tgl., 10–23 Uhr).

Wer vor dem Busbahnhof in ein Taxi steigt, muss für die Hin- und Rückfahrt nach Puerto López Mateos 800 Mex$ und nach Puerto San Carlos und zurück 600 Mex$ einplanen.

Puerto San Carlos

☎ 613 / 4716 Ew.

Der Hochseehafen und Fischerort Puerto San Carlos liegt 56 km westlich von Ciudad Constitución an der Bahía Magdalena. Im Januar kommen *ballenas* zum Kalben in die warme Lagune; dann dreht sich alles in der Stadt nur noch um Wale und Touristen. Von Januar bis März nehmen *pangueros* bis zu sechs Personen mit hinaus zu den Walen (650 Mex$/Std. für 1–6 Pers.).

Mit mehreren Hotels und Restaurants ist San Carlos ein guter Ausgangspunkt für Walbeobachtungstouren. In der Hochsaison kann es mitunter schwierig werden, eine Bleibe zu finden. Glücklicherweise darf man aber nördlich der Stadt am öffentlichen Strand kostenlos campen (keine Toiletten). Das **Motel Las Brisas** (Puerto Madero; EZ/DZ 150/180 Mex$; P) hat dunkle, einfache, preiswerte Zimmer.

Im äußerst grünen **Hotel Brennan** (☎ 136-02-88; www.hotelbrennan.com.mx; Puerto La Paz; EZ/DZ 550/650 Mex$) nächtigt man in kleinen, aber heimeligen Zimmern. Es gibt auch eine große Terrasse. Das ähnlich angenehme **Hotel Alcatraz** (☎ 136-00-17; Puerto Acapulco; EZ/DZ 450/600 Mex$; P ❄) hat 25 Zimmer mit Satelliten-TV, einen Parkplatz und einen Wäscheservice.

Das **Restaurant Bar El Patio** (☎ 136-00-17; Buffet 120 Mex$) im Hotel Alcatraz ist das beste Restaurant des Ortes. Hier gibt's – wie könnte es anders sein – ein Buffet. Und dann ist da noch das **Mariscos Los Arcos** (☎ 136-03-47; Puerto La Paz 170; Tacos 30 Mex$, Abendessen 45–280 Mex$) mit gigantischen Shrimptacos, einer herrlichen Meeresfrüchtesuppe und einem reichhaltigen Frühstück. Eine kleine Bar fehlt auch nicht.

Von dem **Wartehäuschen** (☎ 136-04-53) in der Calle Puerto Morelos fährt Autotransportes Águilar täglich um 7.30 und 13.45 Uhr nach Ciudad Constitución (52 Mex$). Andere Verkehrsverbindungen von bzw. nach Puerto San Carlos gibt es nicht.

Einige Schotterstraßen verbinden Puerto San Carlos mit Puerto López Mateos. Die Fahrt führt durch die staubige, majestätische Monotonie der Wüste mit Cholla-Kakteen und anderen mannshohen stacheligen Kollegen. Nach **La Florida** an der sumpfigen Küste kommt man nur mit einem Allradwagen, ansonsten läuft man Gefahr, im weichen Sand steckenzubleiben. Wasser nicht vergessen und den Ersatzreifen checken – für den Fall der Fälle!

LA PAZ

☎ 612 / 189 176 Ew.

Das kosmopolitische La Paz ist eine Mischung aus lockerer Schönheit der alten Welt und teurer, trendiger Extravaganz. Es ist super international: Auf den Straßen hört man Französisch, Portugiesisch und Italienisch genau so wie Englisch und Spanisch. Zur turbulenten Geschichte der Stadt, die sich sogar für kurze Zeit zur Republik erklärte, gehört auch die Besetzung durch die Amerikaner. Hernán Cortés gründete zwar in der Nähe von La Paz den ersten europäischen Außenposten der Baja, die erste dauerhafte Siedlung entstand aber erst 1811. Die einst blühende Perlenindustrie fiel der Revolution (1910–1920) zum Opfer.

Der *malecón* (Uferpromenade), einzigartige Restaurants und coole Läden laden zum Flanieren ein. Überall und jederzeit wird man angequatscht und mit tollen Angeboten überschüttet. Die Stadt ist ein idealer Ausgangspunkt für Tagestouren nach Cabo Pulmo (S. 332) oder auch nach Todos Santos (S. 340).

Im Hafen Pichilingue laufen Fähren von den Festlandhäfen Topolobampo und Mazatlán ein. Auf dem Flughafen landen mehrere US-amerikanische Fluggesellschaften.

Orientierung

Dank des Straßenrasters von La Paz kann man sich leicht orientieren, doch im Stadtzentrum wechseln die verwinkelten Straßen und Gassen fast an jeder Ecke ihren Namen. Das Herz der Stadt ist der Jardín Velasco (Plaza Constitución), drei Blocks südöstlich vom Touristenpier.

Praktische Informationen

BUCHLÄDEN

Museo Regional de Antropología e Historia (☎ 122-01-62; Ecke Calle 5 de Mayo & Altamirano; 🕒 9–18 Uhr) Museumsshop mit einer guten Auswahl an spanischsprachigen Büchern über Baja California und das mexikanische Festland.

GELD

Die meisten Banken (meist auch mit Geldautomat) und *casas de cambio* sind an oder um die Calle 16 de Septiembre herum zu finden.

INFOS IM INTERNET

Viva La Paz (www.vivalapaz.com) Offizielle Tourismus-Website von La Paz.

INTERNETZUGANG

Cafe El Callejón (☎ 125-40-06; Callejón La Paz 51; 15 Mex$/Std.) Zugleich ein Restaurant; mehrere Computer, Livemusik und lange Öffnungszeiten.

Hotel Perla (Paseo Obregón 1570) Die zwei Computer in der Lobby dürfen auch Nicht-Hotelgäste benutzen.

MEDIZINISCHE VERSORGUNG

Hospital Salvatierra (☎ 122-14-96; Bravo; 🕒 24 Std.) Das Personal spricht Englisch.

NOTFALL

Touristenpolizei (☎ 122-59-39, 078; 🕒 8–22 Uhr) Kleiner Stand an der Obregón.

POST

Hauptpost (Ecke Constitución & Revolución; 🕒 Mo–Fr 8–15, Sa 9–13 Uhr)

BAJA CALIFORNIA

TOURISTENINFORMATION

Staatlicher Touristeninformationsstand (☎ 124-01-03; Obregón; ⌚ Mo–Sa 8–15 Uhr) Gibt englischsprachige Broschüren und Prospekte aus; auch ein paar der Angestellten sprechen Englisch.

WASCHSALON

La Paz Lava (☎ 122-31-12; Ecke Ocampo & Mutualismo) Hat SB-Waschautomaten und liefert frische Klamotten nach Hause oder in Hotels.

Sehenswertes

Das große **Museo Regional de Antropología e Historia** (☎ 122-01-62; Ecke Calle 5 de Mayo & Altamirano; Eintritt frei; ⌚ 9–18 Uhr) ist ein gut organisiertes Museum; es dokumentiert die Geschichte der Halbinsel von der Steinzeit bis zur Revolution von 1910 und deren Nachwehen.

Gegenüber vom Jardín Velasco beherbergt die ehemalige Casa de Gobierno heute die **Biblioteca de la Historia de las Californias** (Ecke Madero & Av Independencia; ⌚ Mo–Fr 8–15 Uhr), eine Geschichtsbibliothek.

Der riesige Betonklotz **Teatro de la Ciudad** ist der auffälligste Gebäudeteil des **Unidad Cultural Profesor Jesús Castro Agúndez** (☎ 125-02-07; ⌚ Mo–Fr 8–15 Uhr). Das Kulturzentrum nimmt den Großteil des Grundstücks ein, das von den Straßen Altamirano, Navarro, Héroes de la Independencia und Legaspi eingerahmt wird. Am Rand des Geländes befindet sich das kleine **Museo Comunitario de la Ballena** (Walmuseum; Ecke Navarro & Altamirano; Eintritt frei; ⌚ Di–Sa 9–13 Uhr) und ein paar Blocks weiter westlich erhebt sich mit der Kirche **Santuario de la Virgen de Guadalupe** (☎ 122-15-18; Ecke Calle 5 de Febrero & Aquiles Serdán) das größte religiöse Bauwerk von La Paz; ihr 12 m hoher Altar ist sehr beeindruckend.

Aktivitäten

La Paz ist der Dreh- und Angelpunkt für Outdooraktivitäten aller Art. Die in der Nähe gelegene Insel **Espíritu Santo** kann neben ihren vielen azurblauen Buchten und pinkfarbenen Klippen auch noch eine Seelöwenkolonie ihr Eigen nennen. Ob man Trekking in der Wüste machen oder mit Walhaien schwimmen, tauchen und schnorcheln will – hier ist einfach alles drin. Wer sich eine *panga* mieten möchte, um Walhaie zu beobachten, muss ungefähr 600 Mex$ für zwei Stunden hinblättern. Am Strand entlang des *malecón* heißt es dabei clever verhandeln, wenn man nicht den Preis für eine Hightechyacht bezahlen will.

Geführte Touren oder die geeignete Ausrüstung gibt's hier:

Baja Paradise (☎ 128-60-97; www.bajaparadiseoutdoors.com; Madero 23) Organisiert geführte Campingtouren auf Espíritu Santo und auch alle sonstigen Aktivitäten. Übernachtungen in hostelähnlichen Unterkünften sind möglich. Der Betreiber ist Professor an der Uni von La Paz und hat sich dem ökologischen Tourismus verschrieben. Seine Touren sind so „grün" und umweltfreundlich wie nur möglich.

Carey.com (☎ 128-40-48; www.carey.com.mx; Ecke Topete & Legaspi 3040) Das Unternehmen in Familienbesitz bietet neben eintägigen Tauch- und Schnorcheltouren nach Espíritu Santo andere Trips und geführte Touren an.

Mar y Aventuras (☎ 122-70-39; www.kayakbaja.com; Ecke Calle 5 de Febrero & Topete) Hier kann man Kajak-Expeditionen buchen oder sich mit der Ausrüstung für Unternehmungen auf eigene Faust eindecken.

Kurse

Centro de Idiomas, Cultura y Comunicación (☎ 125-75-54; www.cicclapaz.com; Madero 2460) Bietet Spanisch-Intensivkurse und „Weihnachten am Strand"-Kurse. Es ist auch bei der Suche von Unterkünften in Familien behilflich.

Se Habla…La Paz (☎ 122-7763; www.sehablalapaz.com; Madero 540) Kurse kosten 2750 Mex$ pro Woche, plus 700 Mex$ Aufnahmegebühr. Spanischunterricht für alle Niveaus sowie medizinisches und juristisches Spanisch.

Festivals & Events

Festivals und sonstige saisonal bedingte Events finden meistens an der Plaza Constitución zwischen Revolución und Madero in der Calle 5 de Mayo statt.

Der vor der Fastenzeit in La Paz stattfindende **Karneval** gehört zu den tollsten des Landes. Anfang Mai feiern die *paceños* (Bürger von La Paz) die **Fundación de la Ciudad** (Hernán Cortés' Landung im Jahr 1535).

Schlafen

Das Angebot in La Paz reicht von Budgetschnäppchen bis zu Luxushotels. Auch die Mittelklasse ist vielfältig und qualitativ hochwertig vertreten.

BUDGETUNTERKÜNFTE

Pensión California (☎ 122-28-96; pensioncalifornia@prodigy.net.mx; Degollado 209; EZ/DZ 170/200 Mex$) Diese schräge, vorwiegend in Blau und Hellgelb gehaltene Pension ist sehr beliebt und daher oft ausgebucht. Zementmöbel, eiskalte Duschen und Vorhängeschlösser verleihen dem Ganzen irgendwie das Ambiente einer Um-

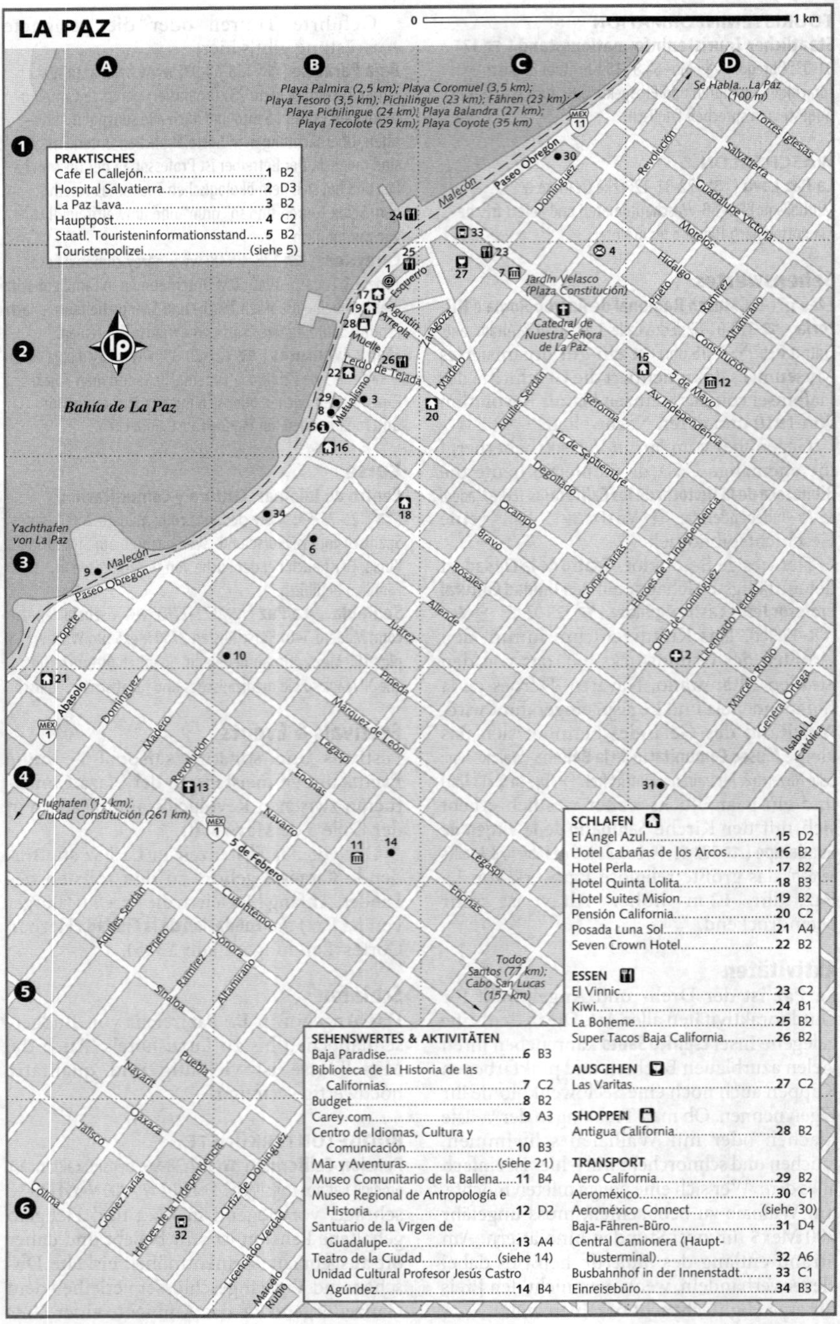

BAJA CALIFORNIA

kleidekabine. Die fröhliche Jugendherbergsatmosphäre und der begrünte Innenhof machen das aber wieder wett. Besonders der Hof mit seinen Plastikmöbeln eignet sich wunderbar für einen Plausch.

Hotel Quinta Lolita (☎ 125-30-31; Revolución 1501; DZ 300 Mex$;) Einfach, klein und sauber, kurz: eine gute Alternative, wenn in der Pensión California nichts mehr frei ist. Wer ein paar Pesos zu viel in der Tasche hat, kann sich auf den Stufen vor dem Haus an einem der gaunerischen Dominospiele beteiligen.

MITTELKLASSEHOTELS

Posada Luna Sol (☎ 120-70-39; Ecke Calle 5 de Febrero & Topete; Zi. 650 Mex$; P) Das ausgezeichnete Hotel gehört den gleichen Besitzern wie das Mar y Aventuras (S. 327). Nett eingerichtete Zimmer, toller Blick auf die Bucht von der traumhaften Dachterrasse.

Hotel Suites Misíon (☎ 128-77-67; Obregón 220; Zi. 750–900 Mex$) Die urigen, in Pastelltönen der 1970er gehaltenen Suiten über mehrere Etagen direkt am *malecón* haben alle Kochnischen.

Hotel Perla (☎ 122-07-77; www.hotelperlabaja.com; Obregón 1570; Zi. inkl. Frühstück 926 Mex$; P) Vermutlich das beste Hotel der Stadt. Neben sauberen Zimmern und einem beliebten Restaurant gehört auch ein Nachtclub dazu. Einige Zimmer haben einen hübschen Balkon – fragen lohnt sich. Nachtschwärmer bekommen auch spät noch einen Kaffee umsonst.

Hotel Cabañas de los Arcos (☎ 122-27-44; Fax 125-43-13; Obregón 487; DZ/Cabaña 967/1209 Mex$; P) Die rund um einen üppigen Garten angeordneten Zimmer haben Kamin, Schilfdächer, geflieste Böden, TV, Klimaanlage und Minibar. Wer Geld übrig hat, wird es hier auf äußerst angenehme Weise los.

SPITZENKLASSEHOTELS

Seven Crown Hotel (☎ 128-77-88; www.sevencrownhotels.com; Obregón 1710; Zi./Suite 1040/1465 Mex$; P) In einigen Standardzimmern – mit Tapeten in Grüntönen und Marmorimitationen – fühlt man sich wie in einer Suite. Viele Zimmer haben einen Balkon. Nach einem Bummel auf dem *malecón* kann man all seine Sorgen im Whirlpool (5. OG) hinter sich lassen. Was will man mehr?

El Ángel Azul (☎ 125-51-30; Ecke Av Independencia & Prieto; DZ inkl. Frühstück 1100–1870 Mex$;) Das El Ángel Azul ist wahrscheinlich die bezauberndste Unterkunft in ganz La Paz. Das historische Gebäude mit seinen eleganten Zimmern prunkt mitten auf einem wunderschön angelegten Grundstück.

Essen

In La Paz' Restaurantszene hat sich in den letzten zehn Jahren viel getan. Sie hat jetzt weit mehr zu bieten als die typischen *antojitos*, Fisch und Meeresfrüchte.

Super Tacos Baja California (Hermanos Gonsales; Lerdo de Tejada; Tacos 15–20 Mex$) Köstliche Tacos mit Fisch, Shrimps oder Mantarochen und frisch zubereiteten Saucen bekommt man an diesem beliebten Stand zwischen Constitución und Zaragoza. Wie bei Kartoffelchips kann man einfach nicht aufhören zu essen. Praktischerweise gibt's noch einen Ableger direkt vor der Pensión California.

El Vinnic (☎ 122-88-85; Ecke Calle 5 de Mayo & Dominguez; Menü 40 Mex$) Hier genießt man in zwangloser Atmosphäre ein ausgezeichnetes Menü – Suppe, Hauptgericht und Dessert. Auch die *agua de melón* (Melonensaft) ist hervorragend.

Kiwi (☎ 123-32-82; Abendessen 69–148 Mex$; Mo–Fr 8–24, Sa & So 8–3 Uhr) Das Kiwi ist das einzige Restaurant auf der Seeseite des *malecón* zwischen Calle 5 de Mayo und Constitución. Hier verspeist man einfache mexikanische und amerikanische Gerichte mit tollem Blick aufs Meer.

La Boheme (☎ 125-60-80; Esquerro 10; Abendessen 90–340 Mex$; 11–23.30 Uhr) Das recht preiswerte La Boheme, eines der nettesten Restaurants in La Paz, bietet freundlichen Service und ausgezeichnete Gerichte. Gespeist wird in dem mit Kerzen beleuchteten Hof eines historischen Gebäudes. Die Spargelcremesuppe ist ein Gedicht und die Shrimps mit einem Hauch von Whiskey lassen einem das Wasser im Munde zusammenlaufen.

Ausgehen & Unterhaltung

Die folgenden Kneipen liegen ganz in der Nähe des *malecón*. Viele sollen hier schon zu „Drunken Sailors" mutiert sein. Im La Boheme (oben) kann man das Vergnügen mit einem Rotwein oder Mojito einläuten.

Las Varitas (☎ 125-20-25; Av Independencia 111; Eintritt 50 Mex$) In diesem angesagten Club spielen oft Livebands vor vollem Haus. Ohrstöpsel und Tanzschuhe nicht vergessen!

Shoppen

Die Touristenläden in der Stadt verkaufen neben viel Schrott auch ein paar gute Sachen.

BAJA CALIFORNIA

Antigua California (☎ 125-52-30; Obregón 220) hat eine große Auswahl an Handwerksgegenständen aus ganz Mexiko.

An- & Weiterreise

BUS

ABC (☎ 122-78-98) und **Autotransportes Águila** (☎ 122-78-98) fahren beide am **Busbahnhof in der Innenstadt** (☎ 122-78-98; Ecke Malecón & Av Independencia) am *malecón* ab. Einmal in der Stunde zwischen 5 und 21 Uhr starten Busse zu folgenden Zielen:

Ziel	Preis (Mex$)	Dauer (Std.)
Cabo San Lucas	144	3
Ciudad Constitución	196–246	2
Ensenada	1401/1298	18
Guerrero Negro	724–786	11
Loreto	337–363	5
Mulegé	466–501	6
San Ignacio	596–642	9
San José del Cabo	170	3
Tijuana	1399–1510	22
Todos Santos	77	2

Autotransportes Águila fährt täglich zwischen 10 und 17 Uhr fünf Mal nach Playa Tecolote (20 Mex$, 30 Min.) und sechs Mal nach Playa Pichilingue (20 Mex$, 20 Min.).

FLUGZEUG

Der Flughafen **Manuel Márquez de León** (☎ 124-63-36; Transpeninsular Km 9) liegt ca. 9 km südwestlich der Stadt. Hier befindet sich auch ein **Einreisebüro** (☎ 124-63-49; 🕒 7–23 Uhr).

Aeroméxico (☎ 124-63-66; Obregón) fliegt täglich außer sonntags zwischen La Paz und Los Angeles hin und her. Tijuana und Städte auf dem mexikanischen Festland werden ebenfalls täglich angeflogen. Aeroméxico Connect (gleiche Anschrift & Telefonnummer) bedient täglich Loreto und Tucson.

Aero California (☎ 125-43-53; Obregón 55; 🕒 Mo–Fr 9–21, Sa 9–17 Uhr) unterhält täglich Non-Stop-Flüge nach Los Angeles und Tijuana sowie aufs mexikanische Festland, u. a. nach Los Mochis (wegen der Copper Canyon Railway), nach Mazatlán und nach Mexico City. Am Flughafen gibt's ebenfalls einen Schalter.

Delta, Alaska und Alma fliegen ebenfalls nach La Paz.

SCHIFF/FÄHRE

Die Fähren nach Mazatlán und Topolobampo legen am Fährterminal in Pichilingue, 23 km nördlich von La Paz, ab. **Baja Ferries** (☎ 123-66-00; www.bajaferries.com; 🕒 Mo–Fr 8–18, Sa 8–15 Uhr) hat ein kleines Büro am Hafen und ein imposantes, neues Büro in der Stadt. Die Fähre nach Mazatlán verlässt den Hafen montags, mittwochs und freitags um 15 Uhr und kommt am nächsten Morgen an; zurück geht's dienstags, donnerstags und samstags um 15 Uhr. Für 835 Mex$ (Kind 435 Mex$) reisen Erwachsene im *salón* (nummerierte Sitzplätze). Vierbettkabinen kosten 250 Mex$ und Zweibettkabinen mit Bad 400 Mex$ extra. Die Topolobampo-Fähre legt täglich um 15 Uhr ab. In Topolobampo fährt die Fähre nach La Paz täglich um 23.30 Uhr los und kommt um 5 Uhr in Pichilingue an. Die Fahrt im *salón* kostet 750 Mex$, für die Vierbettkabine kommen nochmal 760 Mex$ drauf.

Passagiere müssen unbedingt zwei volle Stunden vor der Abfahrt am Pier sein, sonst bekommen sie möglicherweise keinen Platz mehr. Die Gebühren für Autos sind zusätzlich zum Passagierpreis zu zahlen und richten sich nach der Fahrzeuglänge (s. Tabelle).

Strecke	Fahrzeug	Preis (Mex$)
La Paz-Mazatlán	Auto bis 5 m	2150
	Wohnmobil	13 100
	Motorrad	1600
La Paz-Topolobampo	Auto bis 5 m	1040
	Wohnmobil	6600
	Motorrad	760

Bevor Fahrzeuge aufs Festland verschifft werden können, lassen sich die Behörden von all denjenigen die Fahrzeuggenehmigungen zeigen, die weiter südlich als Sonora wollen. Die Genehmigung ist bei **Banjército** (www.banjercito.com.mx; 🕒 Mo–Sa 9–13.30, So 9–12 Uhr), am Fährterminal oder über die Website der Bank sowie bei den Zweigstellen in Mexicali und Tijuana erhältlich.

Ganz in der Nähe des Zentrums befindet sich ein **Einreisebüro** (☎ 122-04-29; Obregón; 🕒 Mo–Fr 8–20, Sa 9–15 Uhr).

Unterwegs vor Ort

Der staatliche Minivan-Service **Transporte Terrestre** (☎ 125-11-56) verlangt für Fahrten vom bzw. zum Flughafen 150 Mex$ pro Person. Privattaxis, die man sich u. U. mit anderen teilen muss, kosten etwa 250 Mex$.

Mietwagen kosten mindestens um die 500 Mex$ pro Tag. **Budget** (☎ 125-47-47; Ecke Obregón & Bravo) ist nur einer von vielen

Vermietern. Alle Autovermieter haben Büros am Flughafen und auf dem *malecón*.

RUND UM LA PAZ

Strände

Auf der Península Pichilingue liegen die folgenden Strände am dichtesten bei La Paz: **Playa Palmira** (mit dem Hotel Palmira und einem Yachthafen), **Playa Coromuel** und **Playa Caimancito** (beide mit Restaurant/Bar, Toiletten und *palapas*). Auch an der **Playa Tesoro**, dem nächsten Strand in Richtung Norden, gibt's ein Restaurant. Etwa 100 m nördlich des Fährterminals ist die schattige **Playa Pichilingue** mit einem Campingplatz, Restaurants, Bar und Toiletten. Die **Playa Balandra** liegt in einer schönen, abgeschlossenen Bucht mit flachem, azurblauem Wasser, in der man hervorragend schnorcheln kann. Aber die umliegenden Hügel werden bestimmt bald zugebaut. An der **Playa Tecolote** gibt's zahlreiche Campingmöglichkeiten und Parkplätze. Von hier gibt's Boote rüber zur Insel Espíritu Santo (S. 327). Sie wird meist als „bester" Strand genannt, nur leider werden hier oft Autos aufgebrochen. Also nichts Wertvolles im Wagen lassen.

LA VENTANA

☎ 612 / 183 Ew.

An diesem unberührten Küstenstreifen kann man abseits der Massen Walhaie, Seelöwen, Wale, Meeresschildkröten und unzählige Fische beobachten. Der Sommer ist die beste Zeit zum Tauchen, denn dann beträgt die Sicht unter Wasser 25 bis 30 m. Hier bläst dieselbe steife Brise, die Los Barriles (s. rechte Spalte) zu einem Windsurfer-Mekka macht.

Die ruhigen *cabañas* im *palapa*-Stil von **Palapas Ventana** (☎ 114-01-98; www.palapasventana.com; Cabañas 123–174 Mex$; P ⊠ ✲ 🖳) und das im Preis enthaltene herzhafte, hausgemachte Frühstück sind der Renner. Hier kann man auch die Ausrüstung zum Tauchen, Schnorcheln, Wind- und Kitesurfen sowie zum Sportangeln mieten. Ansonsten stehen u. a. Wanderungen zu Felsmalereien auf dem Programm.

Rafa's Tacos (☎ 114-01-82; 🕑 Nov.–März 9–21.30 Uhr) ist ein lässiger Taco-Straßenstand mit Plastikstühlen. Er serviert großartige *antojitos*.

LOS BARRILES

☎ 624 / 1056 Ew.

Südlich von La Paz bei Los Barriles streift der Transpeninsular den Golf. Der Westwind, der hier im Winter mit 20 bis 25 Knoten weht, hat diesen Ort zu Bajas Windsurf-Metropole gemacht. Weil die Wellen sich nicht brechen, ist der gesamte Küstenstreifen äußerst spektakulär. Von April bis August regt sich dagegen kaum ein Lüftchen – Windsurfen ist dann unmöglich.

Im **Office** (☎ 141-01-42; theoffice@prodigy.net.mx; 🕑 Mo–Sa 10–20 Uhr, So 10–18 Uhr) kommt man für unverschämte 45 Mex$/Std. ins Internet. Bei **Vela Windsurf** (www.velawindsurf.com) am Strand beispielsweise kann man Surfausrüstung mieten und Unterricht nehmen.

Das lockere **Hotel Los Barriles** (☎ 141-00-24; www.losbarrileshotel.com; EZ/DZ 663/800 Mex$) hat saubere, komfortable Zimmer. Um Weihnachten und Neujahr steigen die Preise. Es verleiht auch Ausrüstung zum Gerätetauchen, Schnorcheln und Windsurfen. Den allmorgendlichen Milchkaffee sollte man in **Caleb's Cafe** (☎ 141-03-30; Barriles s/n; Hauptgerichte 60–120 Mex$; 🕑 Di–So 7–14 Uhr) zu sich nehmen.

AUS LIEBE ZUM LAND

„Ich hätte auch nach Yucatán gehen können, denn von dort stammen meine Vorfahren", sagt die 21-jährige Ökotourismus-Studentin Mariana Ledesma. „Denn in ganz Mexiko bieten nur die Unis in Yucatán und hier in La Paz das Studienfach Ökotourismus und Umweltschutz an. Als ich hier ankam, war ich schon etwas verunsichert, denn La Paz schien so anders zu sein als Mexico City. Aber in der Zwischenzeit ist dies mein wahres Zuhause geworden. Neulich fuhr ich mit meinem Freund zum Wandern in die Desierto de la Laguna. Es war einfach phantastisch. Die Sterne schienen so hell, dass man fast meinte, sie anfassen zu können. Aber gleichzeitig war der Trip auch etwas Furcht einflößend. Einmal sind wir vom Weg abgekommen und plötzlich stand da ein Puma vor uns. Nach zwei Tagen sind wir daher schon wieder nach Hause gefahren. Trotzdem gehört dieses Erlebnis zu den besten Erfahrungen, die ich je gemacht habe. Zu meinem Geburtstag werde ich mit allen meinen Kommilitonen nach Espíritu Santo zum Zelten fahren. Ich kann's kaum erwarten."

Einige Traveller sind der Meinung, dass schon die klebrigen, mit viel Butter zubereiteten Brötchen allein Grund für einen Zwischenstopp in Barriles sind.

Tio's Tienda (☎ 141-03-30; Calle 20 de Noviembre; ⌚ 7.30–22 Uhr) verkauft diverse Bücher über die Baja und viele Souvenirs.

Mehrere recht gute, unbefestigte Straßen folgen der Küste in Richtung Süden nach San José del Cabo. Hinter Cabo Pulmo und Bahía Los Frailes wird's zwar etwas sandig, aber dennoch sind die Straßen für die meisten Fahrzeuge o. k. Für Wohnmobile sind sie aber nicht geeignet, und nach schweren Regenfällen kommen auch die meisten anderen Fahrzeuge kaum voran. Die Fahrt zeigt einem großartige Ausblicke über die Küste, den Shipwreck Point und die „grüne" Wüstenlandschaft. Aber es sind auch schon zahlreiche Bauprojekte geplant. Wer die Gegend noch genießen will, sollte sich beeilen, denn bald werden Apartmenthäuser, Villen und Ferienwohnungen den Blick versperren.

CABO PULMO

☎ 624 / 58 Ew.

Um einsam und allein zu schnorcheln oder zu tauchen, kehrt man den südlich gelegenen Nachbarn den Rücken und fährt zum Meerespark Cabo Pulmo. Hier liegt das einzige pazifische Korallenriff im Meer von Cortez. Für die tolle Fahrt entlang der spektakulären East-Cape-Küstenstraße (von Süden) oder durch die Sierra de la Laguna (nach Norden) ist kein Geländewagen nötig. Die geplante Bebauung der Gegend wird wahrscheinlich Bodenerosionen zur Folge haben, wodurch das Riff dann wohl zerstört oder zumindest auf Dauer beschädigt wird. Wer helfen will, diese fragile Welt zu schützen, wendet sich an **Pulmo Amigos** (www.pulmoamigos.org). Aber dalli, viel Zeit bleibt nicht mehr!

Cabo Pulmo ist sowohl der Name des Parks als auch des winzigen Dörfchens, in dem die folgenden Einrichtungen beheimatet sind.

In **Los Arbolitos** kann man vom Strand aus loschnorcheln oder über den Wanderweg entlang der Küste nach **Las Sirenitas** laufen, wo Wind und Wellen die Felsen zu skurrilen Skulpturen geformt haben. Die furchterregenden und zugleich wunderschönen Felsen sind auch per Boot zu erreichen.

Schnorchel- und Tauchausflüge vom Boot aus und Trips zur Seelöwenkolonie organisiert **Pepe's Dive Center** (⌚ 9–17 Uhr, Trips um 10 Uhr; Tauchgänge mit 2 Flaschen 850 Mex$, Schnorcheln 150 Mex$). Hier gibt's auch Internetzugang.

Die Zimmer in **Nancy's B&B** (☎ in den USA 617-524-4440; Cabañas mit eigenem Bad/mit Gemeinschaftsbad 50/40 Mex$; Ⓟ) sind schlicht eingerichtet, ruhig und haben traumhafte Matratzen.

Wenn **El Caballero** geöffnet hat, bekommt man ausgezeichnete mexikanische Gerichte zu sehr vernünftigen Preisen. Die Öffnungszeiten variieren: Mittags ist meistens, abends manchmal geöffnet.

RESERVA DE LA BIOSFERA SIERRA DE LA LAGUNA

Zähe Backpacker sollten ihre Wanderschuhe schnüren, die Wasserflaschen füllen und sich in die unberührte Wildnis der grünen, zerklüfteten Reserva de la Biosfera Sierra de la Laguna an der Kreuzung von Transpeninsular und Hwy 19 stürzen. Diese Gegend ist allerdings nichts für unerfahrene Wanderer oder jemanden, er die besonderen Herausforderungen von Wüstenwanderungen nicht kennt. **Baja Sierra Adventures** (☎ 612-161-45-01; http://bajasierradventures.com) im winzigen El Chorro bietet ein- und mehrtägige Rad- und Trekkingtouren durch diese einzigartige Landschaft an.

SAN JOSÉ DEL CABO

☎ 624 / 48 518 Ew.

Der ruhige und friedvolle Ort San José del Cabo ist die „sanfte" Schwester des „wilden" Cabo San Lucas. In San José kann man in aller Ruhe shoppen, sich auf der schönen Plaza ausruhen, eine phantastische Kirche besichtigen und abends ausgezeichnet speisen.

Orientierung

San José del Cabo besteht aus dem eigentlichen San José (1,5 km weiter landeinwärts) und einer Zona Hotelera mit großen Hotels am Strand, Eigentumswohnungen und Schandflecken … Verzeihung, wir meinten Ferienwohnungen. Südlich der schattigen Plaza Mijares verbindet der Blvd Mijares die beiden Stadtteile miteinander. Er hat sich zur Touristenmeile („Gringolandia") der Stadt gemausert – hier wimmelt es von Restaurants und Souvenirshops.

Praktische Informationen

Mehrere *casas de cambio* haben lange offen. Banken wechseln zu besseren Kursen, haben aber kürzere Öffnungszeiten.

BAJA ABSEITS AUSGETRETENER PFADE

Man ist auf sich allein gestellt. Die Straßen haben viele Abzweigungen oder enden im Nichts. Man muss sich einfach verfahren, das ist Ehrensache … und früher oder später wird man es lieben. Was man braucht? Wasser und einen intakten Ersatzreifen (und ein GPS!), falls doch einmal ein Notfall eintritt. Auch darf man nicht vergessen, dass man selbst im Geländewagen sitzt und nicht Teilnehmer der Baja 1000 ist. Die Straßen, die Menschen von hier und die Tiere sollte man mit Respekt behandeln, denn die Zeit lässt sich nicht mehr zurückdrehen.

Von Playa El Tecolote nach La Ventana (1 Std.) Hasen, einsame Strände und traumhaftes Schnorcheln. Die Straße endet gleich hinter der Kurve vor einer mit Felsbrocken übersäten Schlucht – der Rest ist Fußmarsch!

Von Los Frailes nach Las Casitas (2 Std.) Diese nur mit Geländewagen befahrbare Strecke bietet Blicke auf Canyons und Wüstengebiete. Mit etwas Glück bekommt man auch einen Silberfuchs zu Gesicht. Majestätische Cardón-Kakteen sind nichts Besonderes hier. Los Frailes liegt südlich von Cabo Pulmo, die Straße bildet zusammen mit der Los Naranjos die Ost-West-Verbindung von einer Seite des East Cape zur anderen.

Von Los Naranjos nach Pescadero (5 Std.) Ein hochgelegter Geländewagen ist erforderlich für diese Tour mit haarsträubenden Kurven und Flussdurchquerungen (je nach Jahreszeit). Von der mit Blumen übersäten Wüstenlandschaft blickt man auf den Pazifik. Pescadero liegt direkt südlich von Todos Santos.

Von San José del Cabo nach Cabo Pulmo (3 Std.) Sandpiste entlang der Küste mit traumhafter Sicht auf das Meer von Cortez. Surfbrett und Picknickkorb nicht vergessen!

Von Puerto López Mateos nach La Florida (3 Std.) Die Fahrt im Allradwagen führt bis zur Mündung durch eine majestätische Einöde mit Cholla-Kakteen und Akazien sowie Geiern, Nagetieren und Kühen am Wegesrand.

Für normale Autos eignet sich eine Tour über den Hwy 3 zwischen San Felipe und Ensenada, die Ruta del Vino (S. 307) in Richtung Tecate oder die Straße nach Punta Abreojos hinter der Laguna de San Ignacio. Wer auf dem Transpeninsular unterwegs ist, sollte an den „Felsbrocken" von Cataviña einen Stopp einlegen.

Bancomer (Ecke Zaragoza & Morelos) Löst Reiseschecks ein und hat einen Geldautomaten.

IMSS Hospital (☎ Terminvergabe 142-00-76, Notfall 142-01-80; Ecke Hidalgo & Coronado)

Librería de Cristal (☎ 142-44-33; Blvd Mijares 41) Kleiner Buchladen mit englischen und spanischen Büchern.

Post (Blvd Mijares 1924; Mo–Fr 8–18 Uhr)

Secretaria Municipal de Turismo (☎ 142-29-60 App. 150; Transpeninsular; Mo–Sa 8–17 Uhr) Gibt Broschüren und Karten aus.

Touristennotruf (☎ 078)

Trazzo Digital (☎ 142-03-03; www.trazzo-digital.com; Zaragoza; 43 Mex$/Std.; Mo–Sa) Internetzugang. Schnelle Verbindungen und große Monitore.

Sehenswertes & Aktivitäten

An der weitläufigen Plaza Mijares erhebt sich die **Iglesia San José** im Kolonialstil. Sie wurde an der Stelle der Misión San José Del Cabo von 1730 errichtet.

Zwischen ihren Überfällen auf spanische Galeonen suchten Piraten im 18. Jh. Unterschlupf in der **Arroyo San José**, heute ein Naturschutzgebiet; es wird von einer unterirdischen Quelle gespeist. Ein Uferweg, der **Paseo del Estero** (Sumpfweg) verläuft parallel zum Blvd Mijares und bis zur Zona Hotelera hinüber. Die besten Badestrände liegen an der Straße nach Cabo San Lucas; die **Playa Santa María** bei Kilometer 13 ist eine der schönsten in Los Cabos.

Mit der **Fiesta de San José** ehrt die Stadt am 19. März ihren Schutzheiligen.

Schlafen

Während der Hauptsaison im Winter sollte man besser vorher reservieren. Umsonst campen kann man am Pueblo La Playa, östlich vom Zentrum.

Hotel Nuevo San José (☎ 142-17-05; Ecke Obregón & Guerrero; Zi. 220–380 Mex$;) Trotz abblätternder Farbe und häufig fehlenden Toilettenbrillen ist diese Unterkunft oft ausgebucht. Billiger geht's in den Cabos nicht.

Hotel Diana (☎ 142-04-90; Zaragoza 30; DZ 350 Mex$;) Blaue Fliesen, dazu passende Bettbezüge und fensterlose Zimmer, die alles andere als gut sind. Aber dafür gibt's TV und einfache Holzschränke. Direkt neben der Bancomer.

Posada Terranova (☎ 142-05-34; Degollado s/n; DZ 700 Mex$; P) Von einigen der sauberen Zimmer mit Kunstwerken an den Wänden hat man einen tollen Blick auf das Pueblo. Es gibt zudem ein gutes Restaurant und freundliches, Englisch sprechendes Personal.

Tropicana Inn (☎ 142-15-80; www.tropicanacabo.com; Blvd Mijares 30; DZ/Suite 1166/1254 Mex$;) Geräumige Zimmer mit Satelliten-TV, Kühlschrank und Kaffeemaschine. In dem idyllisch angelegten Hof gibt's einen riesigen Pool und echte Papageien – Kekse für Polly nicht vergessen! Im Zimmerpreis ist ein Kontinentalfrühstück enthalten.

Hotel El Encanto Inn (☎ 142-03-88; www.elencantoinn.com; Morelos 133; DZ/Suite 1254/1636 Mex$;) Wunderschön angelegte Gärten, interessante Keramikgegenstände, ein Springbrunnen und saubere, gepflegt eingerichtete Zimmer zeichnen diese Unterkunft aus. Im Haus ist eine Autovermietung.

Casa Natalia (☎ 146-71-00; www.casanatalia.com; Suite ab 3894 Mex$;) Das vornehme Natalia steht direkt an der Plaza von San José. Es hat einen Pool und einen Shuttleservice zum dazugehörigen Club am Strand im Angebot. Die Bäder sind enorm groß. In der Ferienzeit steigen die Preise.

Essen

Mercado Municipal (Ibarra) Auf dem sauberen Markt zwischen Coronado und Castro verkaufen zahlreiche Stände für wenig Geld schlichte, aber gute Sattmacher.

San José Café (☎ 142-61-91; Ecke Zaragoza & Morelos; Frühstück ab 40 Mex$; Mo–Sa 8–22 Uhr) Der Inbegriff eines Coffeeshops mit dem gewissen Etwas. Mit einem Bagel und einem Kaffee in der Hand kann man auf der Dachterrasse wunderbar relaxen.

Damiana (☎ 142-04-99, www.damiana.com.mx; Plaza Mijares 8; Abendessen 190–360 Mex$) Das romantische Fisch- und Meeresfrüchterestaurant befindet sich in einem restaurierten Gebäude aus dem 18. Jh. Die Abalone-Muscheln in Knoblauchsauce sind ein Hochgenuss.

La Panga (☎ 142-40-41; www.lapanga.com; Zaragoza 20; Abendessen 230–465 Mex$) Gedämpftes Licht und ein Hof mit mehreren Ebenen tragen zur romantischen Stimmung bei. Und genau für dieses Ambiente zahlt man, denn das Essen selbst ist nur so lala.

Ausgehen

Das Nightlife spielt sich in Cabo San Lucas ab; in San José del Cabo ist im Vergleich dazu fast nichts los. Die noble Bar **Lasanta** (☎ 142-67-67; www.lasanta.com.mx; Obregón 1732) ist mit viel dunkelrotem Samt, Holz und Backsteinen ausstaffiert. Im **El Spicy Cooper's** (☎ 156-87-17) kann man Billard spielen. Donnerstags und freitags gibt's Livemusik.

Shoppen

Der Blvd Mijares ist ein guter Ausgangspunkt, um sich ins Einkaufsvergnügen zu stürzen. Obregón und Degollado bilden mit ihren vielen Galerien, Studios und Läden die selbsternannte „Kunstmeile".

Das **Copal** (☎ 142-30-70; Plaza Mijares 10) an der Ostseite der Plaza Mijares lockt mit einem interessanten Sortiment an Kunsthandwerk, Schmuck, Teppichen und Masken.

An- & Weiterreise

AUTO & MOTORRAD

Am Flughafen haben die üblichen Autovermieter ihre Büros. Die Preise beginnen bei ca. 600 Mex$ pro Tag. Billiger wird's, wenn man übers Internet bucht. Auch **National Car Rental** (☎ 142-24-24; Blvd Mijares) ist einen Versuch wert.

BUS

Vom **Hauptbusbahnhof** (☎ 130-73-39; González Conseco) östlich des Transpeninsular fahren Busse zu den folgenden Zielen:

Ziel	Preis (Mex$)	Dauer (Std.)	Häufigkeit (tgl.)
Barriles	72	1½	regelmäßig
Cabo San Lucas	30	1	stündl.
La Paz	175	3	stündl.
La Paz Flughafen	250	3	3-mal
Ensenada	1581	22	regelmäßig
Tijuana	1574–1690	24	regelmäßig

FLUGZEUG

Alle Fluglinien haben Büros am **Flughafen Los Cabos** (☎ 146-50-13) nördlich von San José del Cabo. Er ist für San José del Cabo und Cabo San Lucas zuständig.

Aero California (☎ 146-52-52) Fliegt täglich von bzw. nach Los Angeles und Guadalajara.

Aeroméxico (☎ 146-50-97) Tägliche Flüge von bzw. nach San Diego und zu vielen Zielen auf dem mexikanischen Festland, internationale Flüge über Mexico City.

Alaska Airlines (☎ 146-51-06) Bedient Los Angeles, Phoenix, San Diego, San Francisco und San Jose, Kalifornien.

American (☎ 146-53-00) Fliegt täglich nach Los Angeles und Dallas.

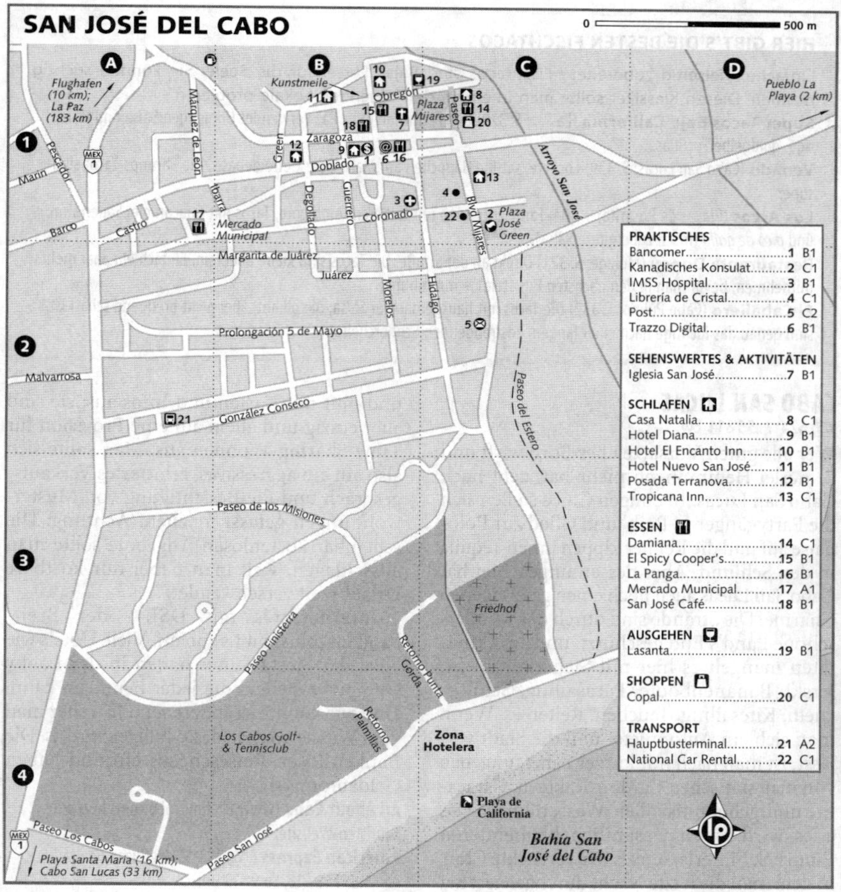

Continental Airlines (☎ 146-50-50, in den USA 800-900-5000) Flüge von bzw. nach Houston und in der Hochsaison auch nach Newark.

Mexicana & Click Mexicana (☎ 143-53-53) Tägliche Verbindungen nach Los Angeles und aufs mexikanische Festland, z. B. nach Mexico City, Guadalajara und Mazatlán.

Unterwegs vor Ort

Taxifahrer müssen die gesetzlich festgelegten Preise veranschlagen. Die offizielle staatliche Gesellschaft fährt mit hellgelben Taxis und Minibussen für ca. 150 Mex$ zum Flughafen. Regionale Busse vom Hauptbusbahnhof zur Flughafenkreuzung kosten zwar weniger als 25 MexS, dafür muss man dann aber noch eine halbe Stunde bis zum Flughafen laufen. Die Mautgebühr beträgt 27 Mex$.

LOS CABOS CORRIDOR

Nirgendwo sonst in der Baja verschwindet die Wüste schneller als im „Korridor" Los Cabos, dem Küstenstreifen zwischen San José del Cabo und Cabo San Lucas. Anstelle bizarrer Kakteen säumen jetzt Nullachtfünfzehn-Ferienresorts, Wasser verschwendende Golfanlagen und All-Inclusive-Hotels die einst spektakuläre Küste.

Erfahrenen Surfern zufolge brauchen die sommerlichen Riffs und die Brandung in **Costa Azul** (auch Zippers genannt) den Vergleich mit Hawaii nicht zu scheuen. Die Riffs vor der **Playa Chileno** sind ganz ausgezeichnete Tauchspots. Die **Playa Santa María** bei Km 13 gehört zu den schönsten Badestränden der Gegend.

HIER GIBT'S DIE BESTEN FISCHTACOS

Einfache, vielseitig zubereitete Fischtacos sind Bajas Futter für die Seele. Sie können süchtig machen. Diesen Klassiker sollte man in einem der folgenden Lokale probieren.

Super Tacos Baja California (La Paz; S. 329) Die Institution in La Paz verwendet Unmengen Salsa und knusprige, goldgelbe Tortillas.

Venado (Cabo San Lucas; S. 339) Lockere, saftige Häppchen auf Mais- oder Getreidebasis. Die Shrimps-Tacos sind super.

Los Arcos (Playas de Rosarito; S. 304) Familienbetrieb mit lockerem Ambiente, Tacos mit Guacamole, Sauerrahm und *pico de gallo* (frisch zubereitete Salsa).

Restaurante Doney (Mulegé; S. 321) Direkt an der Straße. Die Tacos sind klein, aber fein. Einfach ein paar mehr mitnehmen, bevor man in den nächsten Bus steigt – mmmhhh …

El Caballero (Cabo Pulmo; S. 332) Die Tacos mit hausgemachter Salsa, die pikant, aber nicht brennend scharf ist, sind genau das Richtige nach einer langen, anstrengenden Schnorcheltour.

BAJA CALIFORNIA

CABO SAN LUCAS

☎ 624 / 56 811 Ew.

Wer alle guten Vorsätze über Bord wirft und keinerlei Hemmungen mehr hat, geht nach Cabo San Lucas. In einigen Clubs stellen sich die Partygänger in Reih' und Glied zur Polonaise auf und die Kellner kippen ihnen Tequila in den Schlund. Aber dessen ungeachtet hat Cabo San Lucas auch noch einen ganz eigenen Charme. Die Strände sind durch das wunderschöne Land's End geschützt, und an Aktivitäten mangelt es hier mit Sicherheit nicht: Jetski, Bananenboote, Parasailing, Schnorcheln, Kitesailing, Tauchen, Reiten … Wenn man sich ein Auto mietet und die Stadt verlässt, ist man nach nur kurzer Fahrt umgeben von majestätischen Cardón-Kakteen, Caracaras und geheimnisvollen Wasserläufen. Das alles wird einen wesentlich bleibenderen Eindruck hinterlassen als der verrückte Club, in dem man die letzte Nacht durchgefeiert hat („Bitte *was* soll ich letzte Nacht gemacht haben???").

Orientierung

Nordwestlich vom Blvd Cárdenas hat Cabos Zentrum ein ziemlich regelmäßiges Straßenmuster. Südöstlich vom Cárdenas windet sich der Blvd Marina am Hafen von Cabo San Lucas in Richtung Land's End (Finisterra). Hier an der Spitze der Halbinsel treffen sich der Pazifik und das Meer von Cortez.

Praktische Informationen

Dass es in Cabo keine staatlichen Touristeninformationen gibt, ist ein klarer Hinweis darauf, wer hier das Sagen hat: Die „Info"-Stände werden von Immobilienagenturen und Hotels betrieben. Das Personal ist freundlich und hilft mit Karten und Infos aus; sie sind aber einzig und allein auf eine Provision für Time-Sharing-Wohnen aus. Man sollte sich also auf ein aggressives, erbittertes Verkaufsgespräch und die Besichtigung von Musterwohnungen gefasst machen. Achtung: Die scheinbar kostenlosen Angebote sollte man ausschlagen, weil man dabei nur kostbare Urlaubszeit verschwendet.

Internetcafés mit DSL- oder Breitbandanschluss gibt's zuhauf. Viele Hotels wie etwa das Siesta Suites haben in der Lobby Computer stehen, die jeder benutzen kann. Und wie könnte es anders sein: Je weiter man vom Wasser weg ist, desto billiger wird es. Die Banken lösen Reiseschecks ein und haben Geldautomaten.

All About Cabo (www.allaboutcabo.com) Nützliche Touristen-Website.

American Express (☎ 143-57-88; Plaza Bonita; 🕑 Mo–Fr 9–18, Sa 9–13 Uhr)

AmeriMed American Hospital (☎ 143-96-70; Blvd Cárdenas) Beim Paseo de la Marina.

Bancomer (Ecke Blvd Cárdenas & Paseo San José)

InternetPuntoCom (☎ 144-41-90; Ecke Leona Vicarío & Calle 20 de Noviembre; 25 Mex$/Std.)

Librerías de Cristal (☎ 143-31-73; Plaza de la Danza, Blvd Marina) Englische und spanische Titel.

Post (Blvd Cárdenas; 🕑 Mo–Fr 8–16 Uhr) Unweit der Calle 20 de Noviembre.

Touristennotruf (☎ 078)

Sehenswertes

Land's End ist bei weitem die beeindruckendste Attraktion, die Cabo zu bieten hat. Mit einer *panga* (10 Mex$) geht's hinaus zum **El Arco** (Bogen). Dieser zerklüftete Felsbogen verschwindet bei Flut teilweise im Wasser. Es sind noch immer die Pelikane, die Seelöwen, das Meer und der Himmel, die die Menschen nach Cabo locken – und trotz des gigantischen Kreuzfahrtschiffs, das hinter El Arco ankert, hat sich dieser Ort seine Magie bewahrt.

Mit ihrem ruhigen Wasser ist die **Playa Médano** vor dem ehemaligen Hacienda Beach Resort an der Bahía de Cabo San Lucas zum Sonnenbaden ideal. Die **Playa Solmar** am Pazifik ist dagegen berühmt-berüchtigt für ihre Brecher und starken Strömungen. Auch die fast unberührte **Playa del Amor** (Strand der Liebenden) sollte man nicht auslassen. Sie liegt in der Nähe von Land's End und ist mit dem Boot zu erreichen. Und wo es eine Playa del Amor gibt, darf auch eine **Playa del Divorcio** (Strand der Getrennten) nicht fehlen. Ist fast gegenüber auf der Pazifikseite.

Aktivitäten

Die besten **Tauchgebiete** sind Roca Pelícano, die Seelöwenkolonie von Land's End, und das Riff vor der Playa Chileno an der Bahía Chileno östlich der Stadt. Die meisten Anbieter verlangen für Tauchgänge mit zwei Flaschen ca. 700 Mex$, Kurse für den Tauchschein kosten zwischen 3750 und 4500 Mex$. **Cabo Acuadeportes** (☎ 143-01-17) am Strand ist der größte (aber nicht der einzige) Wassersportausrüster vor Ort. Überraschend gut **schnorcheln** kann man direkt an der Playa del Amor, man muss nur etwas nach links in Richtung Yachthafen schwimmen. Maske, Schnorchel und Flossen kosten so um die 150 Mex$ pro Tag. *Panga*-Fahrten schlagen mit ca. 120 Mex$ (hin & zurück) zu Buche, wenn man direkt

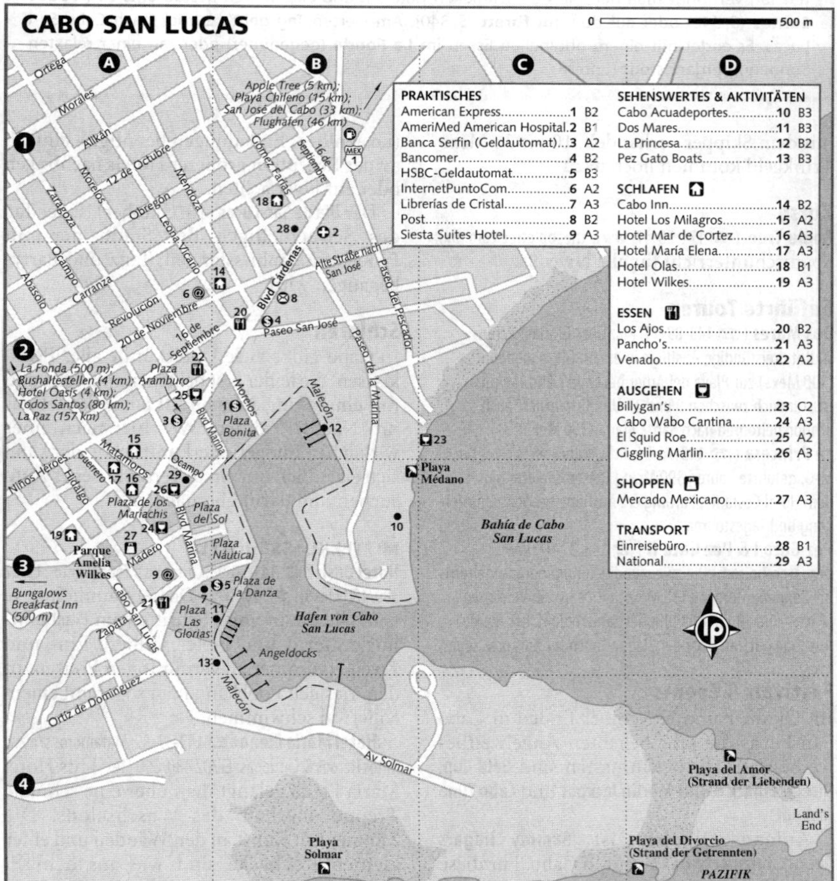

CABO IN ...

zwei Tagen

Erst mal in einer *panga* zur **Playa del Amor** (s. S. 337) und am **El Arco** (s. S. 336) vorbei. Nach einer kurzen Auszeit oder einer Schnorcheltour geht's dann zurück, um einen Happen zu essen oder eine Margarita zu schlürfen. Danach nimmt man mit einem Cocktail in der Hand an einer Sonnenuntergangstour (unten) teil und lässt den Abend im **El Squid Roe** (gegenüber) ausklingen. Am nächsten Tag hat man die Qual der Wahl: geruhsames Shoppen in **San José del Cabo** (S. 332) oder – etwas aktiver – Surfen in **Los Cerritos** (S. 341) oder Tauchen in **Cabo Pulmo** (S. 332)?

vier Tagen

Das Zwei-Tages-Programm kann man gut und gerne auf vier Tage ausdehnen. Oder aber man nimmt sich einen Leihwagen und fährt zum Southern Cape: Los geht's in Richtung Osten durch **San José del Cabo** (S. 332) und weiter über die traumhafte Strecke zum East Cape, eine der besten Routen Bajas abseits der Touriströme (s. Kasten S. 333). Schnorcheln, tauchen und übernachten lässt es sich in **Cabo Pulmo** (S. 332), bevor es am zweiten Tag weiter geht nach **La Paz** (S. 326). Wer gern wandert, sollte sich auf den Weg zur **Sierra de la Laguna** (S. 332) machen. Den dritten Tag verbringt man dann in den schnieken Galerien und exzellenten Restaurants von **Todos Santos** (S. 340) oder auf dem **Surfbrett** (S. 340). Am vierten Tag geht's zurück nach Cabo San Lucas. Er endet mit einem originellen Essen im **La Fonda** (gegenüber) oder mit einer relaxten Sonnenuntergangstour (unten).

mit dem Skipper verhandelt. 10 bis 30 Mex$ Trinkgeld kommen noch dazu.

Kurse

Apple Tree (☎ 174-28-47; www.theappletree.com.mx) Spanischunterricht für alle Niveaus.

Geführte Touren

Dos Mares (☎ 143-89-71; Plaza Las Glorias) Veranstaltet dreistündige Ausflüge in einem Glasbodenboot (100 Mex$) zur Playa del Amor bei Land's End. Abfahrt ist stündlich zwischen 9 und 17 Uhr. Organisiert auch Schnorcheltouren nach Santa María (350 Mex$).

La Princesa (☎ 143-76-76; info@cabosports.com; Dock M-0; geführte Touren 390 Mex$) Dieser Anbieter hinter dem Hotel Costa Real arrangiert Ausflüge bei Sonnenuntergang und Tagestouren.

Pez Gato I & Pez Gato II (☎ 143-37-97; www.pezgatocabo.com) Die zweistündigen Katamaransegeltörns bei Sonnenuntergang (35 Mex$) gibt's in den Versionen „Party" und „Romantik". Kinder zahlen die Hälfte. Beide Ausflüge dürften trotz der Slogans auch für Kids o. k. sein.

Festivals & Events

Im Oktober und November finden in Cabo San Lucas die sehr beliebten Angelwettbewerbe statt. Die bekanntesten sind **Gold Cup**, **Bisbee's Black & Blue Marlin Jackpot** und **Cabo Tuna Jackpot**.

Anfang Oktober ist **Sammy Hagars Geburtstagsparty** das Event in Cabo. Für diese sehr alkohollastige Angelegenheit werden (kostenlose) Einladungen benötigt – einfach an der Rezeption größerer Hotels nachfragen oder auf Flyer achten.

Der **Día de San Lucas** (18. Oktober) ist der Tag des Schutzheiligen der Stadt, der mit Feuerwerk, Imbissständen, Tanz und Partys begangen wird.

Schlafen

In Cabo gibt's viele Unterkünfte aller Preisklassen, die leider erst bei teuer anfangen und mit einem ungläubigen „*Wie viel* kostet das pro Nacht?!" enden. Wer hier nach einer wirklichen Budgetunterkunft sucht, der kann sich eigentlich nur ein unverschlossenes Auto suchen und darin übernachten.

MITTELKLASSEHOTELS

Hotel Oasis (☎ 143-20-98; Carretera a Todos Santos; EZ/DZ 380/480 Mex$; P ⛶ 🏊) Das erstaunlich gute Oasis liegt nur einige Schritte vom Busbahnhof entfernt und bietet saubere Ein- und Zweibettzimmer zu vernünftigen Preisen. In dem riesigen Pool kann man sogar mit einem Killerwal schwimmen.

Hotel María Elena (☎ 143-32-89; Matamoros s/n zw. Niños Heroes & Cardenas; EZ/DZ 480/650 Mex$) Ins Hotel María Elena gelangt man über eine schmale Treppe oberhalb des Waschsalons. Die Zimmer mit Kunst an den Wänden und einer kleinen Kochecke sind wie aus dem Ei gepellt.

Hotel Olas (☎ 143-17-80; Ecke Revolución & Gómez Farias; Zi. 550 Mex$; P) Das Olas hat saubere, einfache Zimmer. Der großväterliche Besitzer, der etwas Englisch spricht, weiß allerlei Interessantes über die Baja zu berichten. Riesige Muschelschalen und sonstige maritime Gegenstände schmücken den Hof.

Hotel Wilkes (☎ 105-07-11; Ecke Cabo San Lucas & Calle 5 de Mayo; EZ/DZ 550/700 Mex$) Süßes, gemütliches Hotel mit schmiedeeisernem Geländer und Zimmern, in denen man sich verlaufen kann. Die vielen grünen Topfpflanzen und die Nähe zu Cabos Partymeile sind ein weiteres Plus.

Hotel Mar de Cortez (☎ 143-00-32; www.mardecortez.com; Ecke Blvd Cárdenas & Guerrero; Zi. 610–670 Mex$, Suite 790 Mex$) Das ruhige Hotel im Kolonialstil hat eine Restaurant-Bar im Freien und einen großen familienfreundlichen Poolbereich. Die Zimmer sind geräumig, sauber und ruhig.

Cabo Inn (☎ 143-08-19; Ecke Calle 20 de Noviembre & Leona Vicario; Zi. 649–1320 Mex$) Das ehemalige Bordell verbreitet neben einem entspannten tropischen Feeling noch immer eine gewisse Aura der Leidenschaft. Seit kurzem gibt's einen neuen, modernen Whirlpool.

Hotel Los Milagros (☎ 143-45-66; www.losmilagros.com.mx; Matamoros 116; DZ 880–1400 Mex$; P) Der ruhige Innenhof und die elf individuell eingerichteten Zimmer sind perfekt für alle, die keine Lust mehr auf die ständigen Partys in Cabo haben. Ein Wüstengarten (mit Leguanen), ein traumhafter, tiefblauer Pool, freundlicher, höflicher Service und kein TV sorgen für einen unvergesslichen Aufenthalt. Das komplette Hotel kann man auch für Veranstaltungen wie Hochzeiten oder Geburtstagsfeiern mieten.

SPITZENKLASSEHOTELS

LP Tipp **Bungalows Breakfast Inn** (☎ 143-50-35; www.cabobungalows.com; Ecke Libertad & Herrera; Bungalows inkl. Frühstück ab 153 US$, Suite ab 186 US$; P) Extrem aufmerksamer Service, gutes Frühstück, geschmackvoll eingerichtete Zimmer, wohlriechende palmgedeckte *palapas*, Hängematten und ein Pool mit mildem, salzfreiem Wasser heben dieses B&B von den anderen Unterkünften ab. Frische Obst-Smoothies, Fruchtsäfte, ausgezeichneter Kaffee und das zuvorkommende, zweisprachige Personal tragen dazu bei, dass man sich in den Bungalows wie zu Hause fühlt. Die wunderbare handgemachte Seife ist nur eins von vielen winzigen Details, die einen großartigen Aufenthalt versprechen. Achtung: Bezahlung mit US$!

Essen

Cabos Restaurantszene ist äußerst vielseitig und reicht vom einfachen Tacostand bis zum Feinschmeckerrestaurant.

Venado (☎ 147-69-21; Niños Heroes zw. Zaragoza & Morelos; Abendessen 20–80 Mex$; 12–6 Uhr). Das Venado hat die ganze Nacht geöffnet und ist zwischen 3 Uhr und Sonnenaufgang rappelvoll. Hier gibt's leckere Fischtacos, frische Salsas und andere *antojitos*. Wenn nicht viel los ist, werfen die freundlichen Kellnerinnen manchmal eine Münze in die Jukebox und fordern die Gäste zum Tanzen auf.

Los Ajos (☎ 143-77-06; Blvd Cárdenas zw. Vicario & Mendoza; Frühstück 30–140 Mex$, Buffet 90 Mex$) In diesem zwanglosen, sauberen Lokal in Familienbesitz wird köstliches Frühstück serviert. Mittags und abends gibt's ein preiswertes Buffet. Ausschau halten nach dem großen Keramik-Chefkoch vor dem Eingang.

La Fonda (☎ 143-69-26; lafonda@solmar.com.mx; Ecke Hidalgo & 12 de Octubre; 140–230 Mex$) Phantastische mexikanische Küche, die nichts mit den typischen *antojitos* zu tun hat. Man sollte unbedingt die cremige Poblano-Suppe mit Kürbiskernen oder das mit *huitlacoche* (Maispilzen) gefüllte Hähnchen probieren. Die „Don Julio"-Margarita gehört zu den Besten in der Baja.

Pancho's (☎ 143-28-91; www.panchos.com; Ecke Hidalgo & Zapata; Abendessen 190–250 Mex$, mit Tequilaprobe 700 Mex$) „Was man schon immer über Tequila wissen wollte", erfährt man hier in festlicher Atmosphäre. Die Düfte vom offenen Grill vermischen sich mit den Klängen der Mariachis. Die Tequilaprobe ähnelt einem Intensivkurs, nur dass man anstelle eines Zeugnisses am Ende einen dicken Kopf bekommt.

Ausgehen

Cabo ist eine stolze Partystadt, in der der Alkohol rund um die Uhr fließt. Folgende Locations sind alle bis weit nach Mitternacht geöffnet:

Giggling Marlin (☎ 143-11-82; Ecke Matamoros & Blvd Marina) Äußerst beliebte Bar im Stadtzentrum.

El Squid Roe (☎ 143-12-69; Ecke Blvd Cárdenas & Zaragoza) Einfach nur durchgeknallt.

Cabo Wabo Cantina (☎ 143-11-88; Ecke Guerrero & Madero) Ähnelt einer Collegeparty, nur dass die Gäste älter und (noch) betrunkener sind.

DIE PERFEKTE WELLE

Mit ihren Pazifikwellen ist die Baja seit eh und je ein Paradies für Surfer. Selbst an schlechten Tagen gibt's hier noch genug Herausforderungen und Spaß. Bretter können in den Surfshops gemietet werden. Wer Wellen sucht, wird an den folgenden Spots fündig:

San Miguel (S. 307) Tolle Brandung am felsigen Strand. Phantastischer Ritt, wenn die Wellen hoch sind. Könner zieht es auch zur Insel Todos Santos.

Los Cerritos (gegenüber) Wunderbarer Sand, nette Wellen, gute Stimmung – genau der richtige Strand für Anfänger mit Pazifikdünung und Adlerrochen.

San Pedrito (gegenüber) Die Einheimischen sagen: „Sie haut einem die Finne weg", denn dieser Surfspot kann mit Hawaiis Wellen mithalten und ist daher nur etwas für gute bis sehr gute Surfer. Vorsicht vor Seeigeln, Korallen und Felsen.

Costa Azul (S. 335) An diesem Strand, der ein paar Wellen mehr gebrauchen könnte, fühlen sich vor allem mittelgute Surfer wohl. Die Stimmung ist toll und die Cabos sind auch nicht weit.

Weitere Infos ohne unnötigen Schnickschnack finden Surfer im *Surfer's Guide to Baja* mit dem braunschwarzen Cover von Mike Parise.

Billygan's (☎ 143-04-02; Playa Médano) Toll zum Sehen-und-Gesehen-Werden und für einen Sundowner in Form einer Margarita.

Shoppen

Mercado Mexicano (Ecke Madero & Hidalgo) Dieser große Markt ist Cabos vielseitigste Shoppingmeile mit Dutzenden von Ständen, die ihre Waren aus dem ganzen Land anbieten.

An- & Weiterreise

Das **Einwanderungsbüro** (☎ 143-01-35; Ecke Cárdenas & Gómez Farías; 🕐 Mo–Sa 9–13 Uhr) befindet sich in der Nähe des Stadtzentrums.

BUS & AUTO

Águila (☎ 143-78-80; Hwy 19) fährt von/nach Cabo. Die Haltestelle ist an der Todos-Santos-Kreuzung nördlich des Stadtzentrums.

Ziel	Preis (Mex$)	Dauer (Std.)
La Paz	144	2½–4
Loreto	481	8
San José del Cabo	30	1
Tijuana	1554	24
Todos Santos	67	1

Von der Haltestelle in der Nähe des Águila-Busbahnhofs fährt **Autotransportes de La Paz** (Ecke Calle 5 de Febrero & Hidalgo) acht Mal täglich nach La Paz (100 Mex$, 2½ Std.).

Zahlreiche Autovermietungen haben Stände entlang des Blvd Marina und an weiteren Stellen in der Stadt. **National** (☎ 143-14-14; Ecke Blvd Marina & Matamoros) vermietet Autos ab 60 Mex$ pro Tag.

FLUGZEUG

Der nächste Flughafen ist Los Cabos (S. 334) nördlich von San José del Cabo. Die Flughafenshuttlebusse (150 Mex$) setzen ihre Fahrgäste vor dem jeweiligen Hotel ab. Ein Taxi vom bzw. zum Flughafen kostet 600 Mex$.

Unterwegs vor Ort

Der **Flughafenshuttlebus** (☎ 146-53-93; 150 Mex$/Pers.) fährt zwischen 10 und 16 Uhr alle zwei Stunden an der Plaza Las Glorias ab. Taxifahrten innerhalb des Stadtgebiets kosten zwischen 50 und 70 Mex$.

TODOS SANTOS

☎ 612 / 4078 Ew.

In der ruhigen, staubigen Stadt ist nichts übrig von dem, was sie einmal war. In Todos Santos sind die Leute aus dem Norden eingefallen: Gut betuchte Künstler aus New Mexico, Biobauern und sogar einige Hollywoodsternchen haben Land gekauft und sich hier häuslich eingerichtet. Einheimische und Traveller sind sich einig, wenn sie sagen: „Zum Glück war ich schon vor zwei Jahren hier." Der Wandel vollzieht sich extrem schnell, und wenn es um so viel Geld geht, werden Umweltschutzgesetze natürlich außer Acht gelassen. Am Los-Cerritos-Strand tummeln sich zurzeit noch Meeresschildkröten und Surfer, aber bald stehen hier Hotels, Ferienhäuser, Ferienwohnungen und Bars, und es ist sehr unwahrscheinlich, dass im Frühjahr, wenn die Schildkröten ihre Eier am Strand legen wollen, die Lichter ausgeschaltet werden.

Der neue Wohlstand spiegelt allerdings nicht die Geschichte von Todos Santos wider. Die Misión Santa Rosa de Todos los Santos wurde 1723 gegründet und während des Pericú-Aufstands 1734 fast gänzlich zerstört. Bis zur endgültigen Aufgabe 1840 fristete sie ein kärgliches Dasein. Ende des 19. Jhs. war Todos Santos eine reiche Zuckerstadt mit mehreren *trapiches* (Mühlen) aus Backstein. Weil aber der Grundwasserspiegel gesunken ist, verschwand dieser „durstige" Industriezweig bis heute fast vollständig.

Orientierung & Praktische Informationen

Todos Santos hat zwar ein regelmäßiges Straßenmuster, doch wenn Einheimische einem den Weg erklären, beziehen sie sich eher auf Wahrzeichen als auf Straßennamen. Die Plaza wird von Márquez de León, Legaspi, Av Hidalgo und Centenario begrenzt.

Eine offizielle Touristeninformation gibt's in Todos Santos nicht. Im englischen Buchladen **El Tecolote** (☎ 145-02-95; Ecke Juárez & Av Hidalgo) sind aber Zeitschriften mit Stadtplänen und Lageskizzen der umliegenden Strände erhältlich. Wer bei **Multiservicios Miro** (☎ 145-07-02; Ecke Rangel & Márquez de León; Mo–Sa 9–21 Uhr; 25 Mex$/Std.) ins Internet geht, spart ein paar Pesos, denn in den Immobilienbüros ist der Internetzugang um einiges teurer.

Banorte (Ecke Juárez & Obregón) Wechselt Bargeld, löst Reiseschecks ein und hat einen Geldautomaten.

Post (Heróico Colegio Militar) Zwischen Av Hidalgo und Márquez de León.

Sehenswertes & Aktivitäten

Über die ganze Stadt verteilt befinden sich mehrere ehemalige *trapiches*, darunter die **Molino El Progreso** – die Ruinen des früheren Restaurants El Molino – und die **Molino de los Santana** in der Juárez gegenüber vom Krankenhaus. Das restaurierte **Teatro Cine General Manuel Márquez de León** liegt in der Legaspi gegenüber der Plaza.

In einer ehemaligen Schule in der Nähe der Topete ist das **Centro Cultural** (☎ 145-00-41; Juárez; Eintritt frei; Mo–Fr 8–19, Sa & So 10–15 Uhr) untergebracht. Hier sind einige interessante nationalistische und revolutionäre Wandgemälde aus dem Jahr 1933 zu sehen. Außerdem findet sich im Museum noch eine etwas chaotische Sammlung zur Geschichte der Region, viele alte Fotos und die Nachbildung eines Farmhauses.

Surfer finden hier einige der tollsten Wellen der ganzen Baja. **San Pedrito** braucht den Vergleich mit Hawaii nicht zu scheuen (selbst Seeigel wie auf Hawaii gibt's hier). Die perfekte Welle versüßen einem zudem Adlerrochen, die unter dem Brett über den Sand gleiten. Man kann aber auch zusammen mit anderen freundlichen Zeitgenossen einfach nur am **Los Cerritos** relaxen und zuschauen, wie die korallrote Sonne im Pazifik verschwindet. Surfbretter verleiht das Pescadero Surf Camp (s. unten) in Strandnähe für 150 Mex$ am Tag. Gleich hinter dem Pescadero Surf Camp die Straße hinunter befindet sich ein wettbewerbstauglicher Skatepark.

Festivals & Events

Anfang Februar findet in Todos Santos das zweitägige **Festival de Artes** (Kunstfestival) statt. Das ganze Jahr über können Besucher den einheimischen Künstlern in ihren Studios bei der Arbeit über die Schulter schauen. Außerdem gibt's Galerien in Hülle und Fülle.

Schlafen

Pescadero Surf Camp (☎ 134-04-80; www.pescaderosurf.com; Casita 300–400 Mex$, Stellplatz 100 Mex$/Pers.) Das freundliche und hilfsbereite Pescadero Surf Camp bietet alles, was das Surferherz begehrt: Ausrüstung, Kurse, Tipps, eine Gemeinschaftsküche und sogar eine Swim-up-Bar (seine Getränke bringt man selbst mit).

Motel Guluarte (☎ 145-00-06; Ecke Juárez & Morelos; EZ/DZ 350/450 Mex$; P) Diese luftige, weiß getünchte Budgetunterkunft mit Waschsalon hat kleine Zimmer mit Kühlschrank und Gemeinschaftsbalkon. Bitte keine Haustiere!

Hotel Ziranda (☎ 122-58-06; Pescadero s/n; Zi. 400 Mex$; P) Die Kochecken sind nicht der Bringer, aber dennoch ist die Lage dieses preiswerten Hotels für Surfer und Sonnenanbeter ideal. Daneben gibt's noch ein Restaurant und ein Internetcafé.

Todos Santos Inn (☎ 145-00-40; todossantosinn@yahoo.com; Legaspi 33; DZ 2085–2843 Mex$, Suite 4106 Mex$) Das Gebäude aus dem 19. Jh. beherbergt jetzt ein elegantes Hotel mit traumhafter Einrichtung und ein exzellentes Restaurant. Im Preis ist ein einfaches Frühstück enthalten.

LP Tipp **Posada La Posa** (☎ 145-04-00; www.lapoza.com; Suite 195–480 US$; P) Das hübsche Nobelhotel direkt am Pazifik kombiniert mexikanische Gastfreundschaft mit Schweizer Qualität. Das zeigt sich insbesondere in einem

BAJA CALIFORNIA

Salzwasserpool, einer Süßwasserlagune, einem üppigen Garten und einem ausgezeichneten Restaurant mit erstklassiger mexikanischer Weinkarte. Allen Stress vergisst man in der mexikanischen Sauna und im Whirlpool. In den Zimmern gibt's weder TV noch Telefon, dafür aber ein Fernglas und sogar ein Vogelbuch. Die Benutzung von Kajaks, Fahrrädern und Angelausrüstung ist im Preis enthalten. Hier wird generell mit US-Dollar bezahlt, aber manchmal akzeptieren sie auch Pesos.

Essen

An den Tacoständen entlang der Heróico Colegio Militar zwischen Márquez de León und Degollado kann man günstig essen.

Caffé Todos Santos (☎ 145-03-00; Centenario 33; Frühstück 55–90 Mex$, Abendessen 90–170 Mex$) Hier kommen Kaffeejunkies auf ihre Kosten. Es gibt leckeren Cappuccino mit schmackhaftem Gebäck, Riesenmuffins und verführerische Hauptgerichte.

Il Giardino (☎ 151-98-74; Degollado s/n; Hauptgerichte 90–280 Mex$, Pizza 190 Mex$) In diesem lockeren italienischen Restaurant mit den braunen Papiertischdecken werden großartige Pizzen und monströse Vorspeisen serviert. Die Birne in Rotweinsauce rundet ein hervorragendes Mahl ab.

LP Tipp **Café Santa Fe** (☎ 145-03-40; Centenario 4; Abendessen 180–440 Mex$; 🕒 Mi–Mo) Der *insalata Mediterranea* (gedämpfte Meeresfrüchte mit Zitronensaft und Öl) bekehrt selbst die größten Meeresfrüchtehasser. Der Besitzer hat die offene Küche selbst entworfen und so können die Gäste zusehen, wie ihre Gerichte zubereitet werden. Die Speisekarte ist eine einzige kulinarische, verführerische Offenbarung. Wem die Entscheidung schwerfällt, der sollte die Muscheln in Wein wählen oder eines der Gerichte mit selbstgemachten Ravioli, die mit Hummer, *carne* (Fleisch) oder aber auch nur mit Spinat und Ricotta gefüllt sind. Dies ist mit Sicherheit eines der besten Restaurants der Baja und jeden Peso wert.

El Gusto! (☎ 145-45-00; Posada La Poza; Hauptgerichte 190–340 Mex$; 🕒 Fr–Mi) Dieses wunderschöne Restaurant wurde kürzlich als Top-Location ausgezeichnet. Hier kann man mit einer Margarita in der Hand auf der Terrasse oder in dem bezaubernd eingerichteten Speisesaal verträumt den Sonnenuntergang über dem Pazifik genießen. In der Saison lässt sich manchmal auch der eine oder andere Wal blicken. Auf der gigantischen Weinkarte stehen nur die besten mexikanischen Tropfen, die der Inhaber mit großer Sorgfalt selbst auswählt.

Shoppen

Viele Galerien laden zum Stöbern ein, insbesondere rund um die Plaza. **El Tecolote** (☎ 145-02-95; Ecke Juárez & Av Hidalgo) verkauft hübsche Postkarten, Bücher und Andenken.

An- & Weiterreise

Von der **Bushaltestelle** (☎ 148-02-89) Heróico Colegio Militar zwischen Zaragoza und Morelos fahren zwischen 6.30 und 22.30 Uhr stündlich Busse nach La Paz (77 Mex$, 2 Std.) und Cabo San Lucas (67 Mex$, 1 Std.).

BAJA CALIFORNIA

Nordwestliches Mexiko

Blautöne bestimmen das Bild im nordwestlichen Mexiko, dieser vielfältigen Region, die für die Klarheit des azurblauen Meeres von Cortez und den kobaltblauen Himmel über der Sierra Madre bekannt ist. Und mittendrin liegen Canyons, Wüsten und kolonialzeitliche Dörfer.

Traveller kommen aus zwei Gründen in diese surreale Gegend: wegen der Barranca del Cobre mit den spektakulären Schluchten und Klippen, die ein Canyon-System bilden, das in Größe, Tiefe und Zugänglichkeit sogar den Grand Canyon übertrifft, und der Eisenbahnstrecke hindurch. Und wegen der Postkartenstrände am Meer von Cortez, die so viele Besucher aus dem Südwesten der USA anziehen, dass es in vielen Städten – z. B. in Puerto Peñasco und San Carlos – schon mehr Ferienwohnungen und Burger als Strandhütten und Burritos gibt.

Auch wenn diese Leute vielen Orten etwas Amerikanisches verleihen, mangelt es nicht an indigenen Überbleibseln. Die Gegend um Bahía de Kino ist z. B. für ihre blühende Serikultur bekannt, und in den Höhlen der Barranca del Cobre leben die Rarámuri, deren bunte Kleidung einen lebendigen Kontrast zu den warmen Erdtönen der Canyons bildet.

Hier gibt's mehrere größere Orte, u. a. das relaxte Hermosillo und die bezaubernden Orte Álamos und El Fuerte. Man ist auch nie weit weg vom 12 950 km² großen Desierto Sonorense, einer ökologischen Schatzkiste. Wo man auch geht oder steht, der ganze Nordwesten bietet traumhafte *vistas* – vom Goldglanz des Sonnenuntergangs über der Wüste bis zum tiefblauen Himmel über der grandiosen Barranca del Cobre.

HIGHLIGHTS

- Im reizenden **Bahía de Kino** (S. 355) einige Tage die Seele baumeln lassen
- Mit dem Bauch voller *enchiladas suizas* von Doña Lola durch die kolonialen Sträßchen von **Álamos** (S. 361) bummeln
- Die Nase aus dem Fenster halten und die frische Canyon-Luft einatmen, während man mit der **Ferrocarril Chihuahua Pacífico** (S. 371) durch die atemberaubende Barranca del Cobre fährt
- Beim atemberaubenden Abstieg in den Canyon bis zu den beiden schönen Städten **Urique** (S. 377) und **Batopilas** (S. 385) den Adrenalinspiegel hochjagen
- Sich in der Gischt der mächtigen **Cascada de Basaseachi** (S. 385), Mexikos höchstem, ständig Wasser führendem Wasserfall, abkühlen

- MAX. TEMPERATUR HERMOSILLO, JAN.: 15,5 °C
- MAX. TEMPERATUR HERMOSILLO, JULI: 31,6 °C

Geschichte

Das Land, das sich südlich von Nogales erstreckt, diente den ersten Entdeckern vor gut 30 000 Jahren als Zugangstor zu Mexiko. Die Pima – direkte Nachfahren dieser ersten Besucher – errichteten ein kunstvolles Bewässerungssystem, das die Wüste in Ackerland verwandelte. Die koloniale Geschichte setzt 1687 ein, als der italienische Jesuitenpater Eusebio Francisco Kino die ersten Missionen gründete, starken Einfluss auf die einheimischen Völker ausübte und so deren Schicksal unwiderruflich mit dem des Nueva España verband.

Im 19. Jh. war das Meer von Cortez (Golf von Kalifornien) Schauplatz vieler Seeschlachten, deren Zentrum Guaymas war. Verschiedene Großmächte forderten damals das in seiner Unabhängigkeit gerade flügge gewordene Mexiko heraus und gierten nach den wertvollen Mineralien. Zwischen Guaymas und Ciudad Obregón liegt die Heimat des erbittert um seine Unabhängigkeit kämpfenden Yaqui-Stammes, dem es bis zu seinem letzten Aufstand 1901 gelang, den Kolonialmächten Widerstand zu leisten. Die nomadischen Seri kämpften ihrerseits größtenteils vergebens für den Erhalt ihrer Lebensweise. Heute wächst ihre Zahl aber wieder stetig an.

In den letzten Jahren erlebte das nordwestliche Mexiko eine enorme Zunahme des Tourismus, was einen Wirtschaftsboom zur Folge hatte und Umweltschützer und Verfechter des Kulturerhalts aktiv werden ließ. Sie befürchten, dass Fonatur, Mexikos übereifrige Tourismusagentur, aus dieser Region ein zweites Cancún macht. Die Agentur forciert den Bau von Eigentumswohnungen, einer neuen malerischen Küstenstraße und hübschen Yachthäfen (s. S. 357), durch die Puerto Peñasco mit den Strandorten im Norden und Süden verbunden wäre, was einen drastischen Eingriff in die idyllische Natur des Küstenstreifens bedeuten und die Buchten und das Unterwasserleben empfindlich stören würde.

Klima

Im Desierto Sonorense sind die Sommer extrem heiß und die Winter mild. Frühling und Herbst ähneln den jeweils vorausgegangenen Jahreszeiten. Die beste Zeit zum Besuch der Region um die Barranca del Cobre (Kupferschlucht) ist nach den Sommerregenfällen im späten September und Oktober, wenn die Flüsse schnell fließen und die Blumen üppig sprießen. Der Frühling ist in allen Canyons angenehm.

Parks & Naturschutzgebiete

Im nördlichen Sonora befindet sich eine 7250 km² große Vulkanlandschaft, die Reserva de la Biosfera El Pinacate y Gran Desierto de Altar (s. Kasten S. 351) mit unzähligen Kratern und gigantischen Dünen.

Vor der Küste von Bahía de Kino liegt Mexikos größte Insel, die den Seri gehörende Isla del Tiburón (S. 355) – ein Paradies für Zugvögel und Naturliebhaber.

Der wunderschöne Parque Nacional Cascada de Basaseachi (S. 385) beherbergt den majestätischen Basaseachi-Wasserfall, den höchsten in ganz Mexiko, bei dem das Wasser das ganze Jahr über in die Tiefe stürzt.

Anreise & Unterwegs vor Ort

Der Hwy 15, Mexikos wichtigster Küstenhighway am nördlichen Pazifik, beginnt bei Nogales, Sonora, etwa 1½ Stunden (108 km) südlich von Tucson. Der Grenzübergang ist einer der bequemsten zwischen Westmexiko und den USA. Von Nogales führt der Hwy 15/15D vier Stunden (260 km) lang durch den Desierto Sonorense nach Hermosillo und dann hinüber zur Küste nach Guaymas. Von Guaymas verläuft er über 1000 km parallel zur wundervollen Pazifikküste und bei Tepic (s. S. 486) biegt er schließlich ins Inland ab und führt weiter nach Guadalajara und Mexico City. Entlang des Hwy 15 gibt's regelmäßig Mautstationen, inklusive der beiden zwischen Nogales und Hermosillo. Hier werden insgesamt um die 78 Mex$ fällig.

Der **Grenzübergang Lukeville–Sonoyta** (🕑 6–24 Uhr) liegt 357 km westlich von Nogales gegenüber der Stadt Lukeville, Arizona, und direkt südlich des Organ Pipe Cactus National Monument. Er ist der schnellste und einfachste Zugang zur Region, allerdings nur dann wirklich praktisch, wenn das westlich gelegene Puerto Peñasco das Ziel ist. Es gibt außerdem Übergänge bei **San Luis Río Colorado** (🕑 24 Std.), westlich von Sonoyta und 42 km südwestlich von Yuma, Arizona, bei **Naco** (🕑 24 Std.), 90 km östlich von Nogales und gegenüber von Naco, Arizona, und bei **Agua Prieta** (🕑 24 Std.), 130 km östlich von Nogales und gegenüber von Douglas, Arizona.

Auf S. 1088 stehen Infos für diejenigen, die ein Fahrzeug mit nach Mexiko nehmen

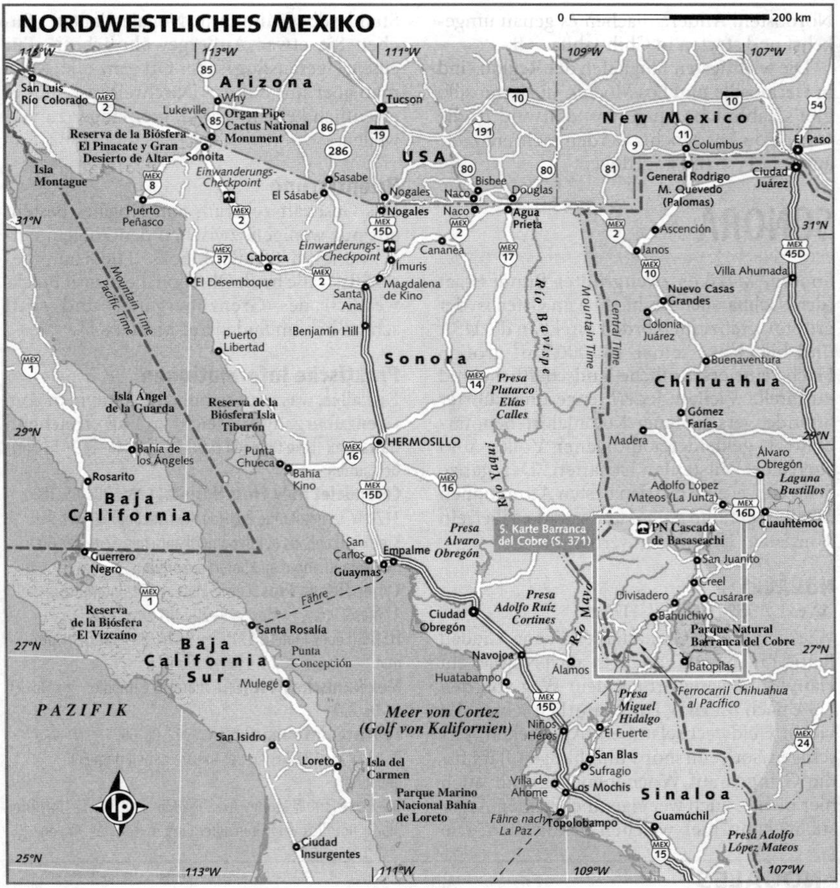

wollen. Im Bundesstaat Sonora gibt's das Programm **Only Sonora**, was bedeutet, dass Autofahrer keine besondere Genehmigung benötigen und keine Gebühr zahlen müssen, wenn sie nördlich des Hwy 2 zwischen Agua Prieta und Imuris oder westlich des Hwy 15/15D bis Empalme im Süden und bis Km 98 auf dem Hwy 15 westlich Guaymas bleiben. Wer aber weiter ins Land hinein will, muss an einer der Genehmigungsstationen in Empalme oder Cananea am Hwy 2 einen Zwischenstopp einlegen und sich für Pesos im Wert von 25,30 US$ die Only-Sonora-Fahrzeuggenehmigung besorgen. Mit dieser darf man dann im ganzen Bundesstaat Sonora herumfahren (z. B. bis nach Álamos). Wer in andere Bundesstaaten will, muss sich für 29,70 US$ eine Genehmigung für ganz Mexiko kaufen.

Auto- und Passagierfähren verbinden Guaymas dreimal pro Woche mit Santa Rosalía (Baja California) und Topolobampo (in der Nähe von Los Mochis) sowie täglich mit La Paz (Baja California).

Nogales, Hermosillo und Los Mochis sind die Dreh- und Angelpunkte für Busreisen. Busse aller Klassen fahren häufig die kleineren und größeren Städte am Hwy 15 an. Dadurch kann man vom nordwestlichen Mexiko bequem Ziele auf dem gesamten Festland und in den USA ansteuern. Viele Traveller beginnen ihre Reise durch die Kupferschlucht bei Los Mochis. Dann nehmen sie den Zug der Ferrocarril Chihuahua al Pacífico Richtung

Nordosten. Andere machen es genau umgekehrt und starten in Chihuahua.

Die wichtigsten Flughäfen der Region sind in Hermosillo und Los Mochis. In Hermosillo gibt's zahlreiche Flüge von den und in die USA. Von Los Mochis werden mehrere Ziele auf dem Festland angeflogen.

SONORA

Sonora, Mexikos zweitgrößter Bundesstaat (der Nachbarstaat Chihuahua im Osten ist der größte), grenzt im Norden direkt an die USA und bietet auf seiner 180 000 km² großen Fläche eine erstaunliche landschaftliche und kulturelle Vielfalt: jede Menge unberührter Strände, verschlafener Kolonialörtchen, farbenfroh gekleideter indigener Völker und surrealer Wüstenlandschaften. Der ganze Staat ist wie eine mit den besten Attraktionen Mexikos gefüllte *piñata* und gerade dabei, ein Touristenhighlight zu werden.

NOGALES

☎ 631 / 189 760 Ew. / 1170 m

Wie die anderen Grenzstädte Tijuana, Ciudad Juárez und Nuevo Laredo ist auch Nogales ein Hauptdurchgangsort auf dem Weg von den USA nach Mexiko. Und natürlich fehlen die vielen Geldwechselstuben, Apotheken, kitschigen Souvenirshops und billigen Bars für die Gringos auf Wochenendsauftour auch hier nicht – auch wer eigentlich keinen Ärger sucht, kann hier welchen bekommen. Die Standardbegrüßung in Nogales lautet: „Suchen Sie etwas Außergewöhnliches?“ Für einen Tagesausflug ist der Ort ganz o. k., wenn man aber nur auf der Durchreise ist, gibt es eigentlich keinen Grund, hier länger zu verweilen.

Orientierung

Das Geschäftszentrum von Nogales besteht aus nur wenigen, zwischen den Hügeln eingezwängten Straßenblocks. Die Hauptgeschäftsstraße heißt Obregón, liegt zwei Blocks westlich des Grenzübergangs und trifft schließlich im Süden auf Mexikos Hwy 15.

Praktische Informationen

Fast alles, was man so braucht, kann man vom Grenzübergang aus leicht zu Fuß erreichen.

Banamex (Ecke Obregón & Ochoa; ⌚ Mo–Fr 9–16 Uhr) Geldautomat.

Carondelet Holy Cross Hospital (☎ 520-285-3000; 1171 W Target Range Rd, Nogales, Arizona) Kleines Kreiskrankenhaus auf der amerikanischen Seite der Grenze mit Notaufnahme und Sofortversorgung.

Cyber Tienda Plus (López Mateos 291; Internetzugang 12 Mex$/Std.; ⌚ Mo–Sa 9–20 Uhr)

HSBC (López Mateos 171; ⌚ 9–16 Uhr) Mit Geldautomat.

Mexikanische Post (Ecke Juárez & Campillo; ⌚ Mo–Fr 8–16 Uhr)

Touristeninformation (☎ 312-06-66; ⌚ Mi–Mo 9–13 & 14–18 Uhr) An der Grenze neben dem Zollgebäude.

US-Post (300 N Morley Ave; ⌚ Mo–Fr 8.30–17 Uhr) Drei Blocks nördlich vom Grenzübergang in Nogales, Arizona.

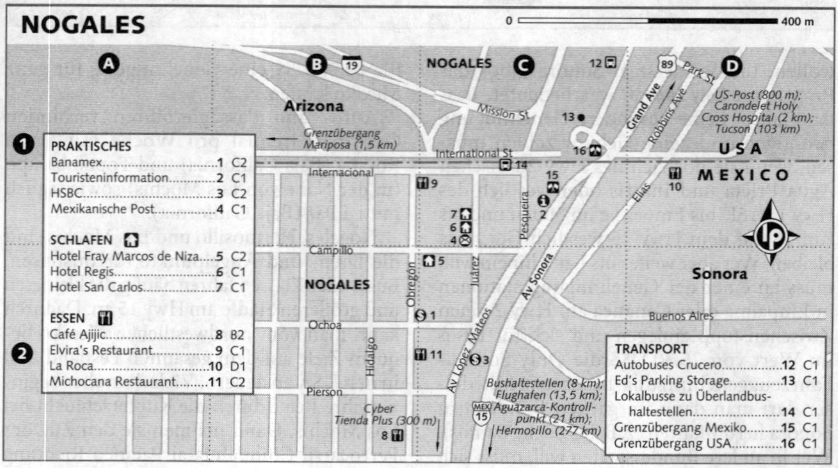

Schlafen

Sich freiwillig in Nogales aufzuhalten, ist zwar eher ungewöhnlich, aber nach einer langen Fahrt durch die USA braucht man vielleicht ja doch ein Bett. Unterkünfte gibt's in allen Preisklassen.

Hotel San Carlos (☎ 312-15-57; Juárez 22; EZ/DZ 357/429 Mex$; P) Diese nur einen Block von der Grenze entfernt gelegene Unterkunft mit sauberen und einfachen Zimmern hat ein ausgezeichnetes Preis-Leistungs-Verhältnis. Auf den Zimmern im oberen Stockwerk liegen hübsche Tagesdecken auf den Betten.

Das **Hotel Regis** (☎ 312-51-81; Juárez 34; EZ/DZ 407/438 Mex$;) ist die farbenfrohe Alternative zum benachbarten San Carlos mit bunten Tagesdecken und leuchtend grünen Wänden. Zum Hotel gehört außerdem ein historischer Saloon.

Hotel Fray Marcos de Niza (☎ 312-16-51; Campillo 91; EZ/DZ 560/622 Mex$; P) Die Zimmer in der nettesten Unterkunft Nogales' sind leider etwas dunkel. Die kühle Eingangshalle bietet eine willkommene Erfrischung von der Hitze draußen.

Essen

Michocana Restaurant (☎ 311-25-89; Obregón 123; Hauptgerichte 12–60 Mex$; 7–19 Uhr) In diesem tollen kleinen Lokal gibt's *comida corrida* (Tagesmenüs), frisch gepresste Obstsäfte und köstliche *chilaquiles verdes* (gebratene Tortillas mit Käse und grüner Salsa) zum Frühstück.

Café Ajijic (☎ 312-50-74; Obregón 182; Hauptgerichte 35–135 Mex$; So–Mi 8–24, Do–Sa 8–3 Uhr) Das Café Ajijic hat eine umfangreiche Speisekarte mit mexikanischen Gerichten, die bei amerikanischen Tagesausflüglern sehr beliebt sind. Gegessen wird auf der farbenfrohen Terrasse mit dem hübschen Springbrunnen. Die ständige Anmache der Straßenhändler und Mariachi einfach ignorieren!

Elvira's Restaurant (☎ 312-47-73; Obregón 1; Hauptgerichte 87–220 Mex$; 11–22 Uhr) In dieser seit langem bestehenden Institution trifft mexikanische Volkskunst auf *2001: Odyssee im Weltraum*. Auf den Tisch kommen ausgezeichnete mexikanische Klassiker (9 Arten *mole*). Ein Gläschen Tequila aufs Haus gibt's natürlich auch.

La Roca (☎ 312-07-60; Elias 91; Hauptgerichte 137–330 Mex$; 11–24 Uhr) Im gehobenen La Roca werden bei gedämpfter Beleuchtung zahlreiche Spezialitäten der Küchen Sonoras und anderer Regionen Mexikos serviert. Gegessen wird in romantischer Umgebung unter Arkaden aus der Kolonialzeit und höhlenartigen Steinmauern.

An- & Weiterreise

Wenn es von hier aus weiter in den Süden von Mexiko gehen soll, muss man sich im Einwanderungsbüro am Grenzübergang eine mexikanische Reisegenehmigung besorgen. Diese gibt's auch 21 km südlich der Grenze am Fahrzeugkontrollpunkt. Wer mit seinem eigenen Fahrzeug unterwegs ist (Busse halten dort nicht), kriegt an diesem Kontrollpunkt praktischerweise auch gleichzeitig seine Fahrzeugerlaubnis (s. S. 1088). Beide Büros sind rund um die Uhr geöffnet.

AUTO & MOTORRAD

Nähert man sich Nogales, Arizona, von Tucson aus, führen die linken Fahrspuren ins Zentrum von Nogales. Auf den rechten Spuren kommt man zum **Grenzübergang Mariposa** (6–24 Uhr) außerhalb der Stadt. Dies ist der schnellste Weg, um nach Mexiko einzureisen. Nur der Deconcini-Übergang ist rund um die Uhr geöffnet. Bei der Anfahrt auf Nogales gibt's jede Menge Hinweisschilder zu mexikanischen Autoversicherungen. Sie sind notwendig, wenn man ein eigenes Fahrzeug mit nach Mexiko bringen will.

Die Formalitäten für die zeitweilige Einführung eines Fahrzeugs, mit dem man nicht nur in Sonora, sondern auch in anderen mexikanischen Bundesstaaten herumfahren möchte, können am Kontrollpunkt in Aguazarca erledigt werden. Er liegt 21 km auf dem Highway von Nogales in Richtung Süden. Wer nicht vorhat, den Bundesstaat Sonora zu verlassen, braucht die Infos zum Only-Sonora-Programm auf S. 345.

Tagestouristen sollten für 8 US$ pro Tag die zahlreichen bewachten Parkplätze in der Nähe des Grenzübergangs auf der amerikanischen Seite benutzen. **Ed's Parking Storage** (☎ in den USA 520-287-2025; Ecke N Terrace & W Crawford; Mo–Sa 8–20, So 8–18 Uhr) hinter dem McDonald's ist am sichersten.

Da täglich mehr als 11 000 Fahrzeuge bei Nogales die Grenze zu den USA passieren, ist für einen schnellen Grenzübertritt viel Glück oder ein bisschen Weitsicht nötig. Das **US Department of Homeland Security** (http://apps.cbp.gov/bwt) stellt die voraussichtlichen Wartezeiten ins Internet.

BUS

Elite (☎ 313-16-03) fährt vom **Hauptbusbahnhof** in Nogales (Hwy 15), 8 km südlich des Stadtzentrums, nach Guadalajara (1043 Mex$, 25 Std.), Mexico City (1440 Mex$, 32 Std.), Chihuahua (590 Mex$, 12 Std.) und Hermosillo (140 Mex$, 3 Std.). Die Busse von **Autobuses Crucero** (☎ 319-42-65) starten ebenfalls am Hauptbusbahnhof und stoppen noch einmal hinter der Grenze in Arizona, bevor sie weiterfahren nach Tucson (143 Mex$, 2 Std.), Phoenix (341 Mex$, 4. Std.), Las Vegas (902 Mex$, 12 Std.) und Los Angeles (847 Mex$, 13 Std.). In Nogales, Arizona, ist **Autobuses Crucero** (☎ in den USA 520-287-5628; www.crucero-usa.com; 35 N Terrace Ave) einen Block vom Grenzübergang entfernt. Von hier verkehren regelmäßig Busse nach Tucson (9 US$, 1 Std.), Phoenix (26 US$, 3½ Std.) und Hermosillo (19 US$, 4 Std.).

Transportes y Autobuses del Pacífico (TAP; ☎ 319-41-54; www.tap.com.mx) hat brandneue Büros drei Blocks nördlich des Busbahnhofs. Von hier geht's in klimatisierten 1.-Klasse-Bussen auf dem Hwy 15 Richtung Süden nach Guadalajara (1045 Mex$, 28 Std.) und weiter nach Mexico City (1440 Mex$, 35 Std.). Weitere Ziele sind Guaymas (210 Mex$, 5½ Std.), Tijuana (455 Mex$, 25 Std.) und Los Mochis (400 Mex$, 13 Std.).

Transportes Baldomero Corral (☎ 313-28-80) bedient die wichtigsten Städte am Hwy 15. Die 1.-Klasse-Busse fahren ab 7.30 Uhr alle zwei Stunden an der Haltestelle zwei Blocks nördlich des Hauptbusbahnhofs ab. Ziele sind u. a. Hermosillo (167 Mex$, 3½ Std.) und Álamos (362 Mex$, 9 Std.). Direkt nebenan sitzt die Gesellschaft **Tufesa** (☎ 313-38-62; www.tufesa.com.mx), die mit 1.-Klasse-Bussen stündlich Richtung Süden bis nach Culiacán (588 Mex$) und Richtung Norden bis Phoenix (330 Mex$) und Los Angeles (653 Mex$) fährt.

Um vom Grenzübergang zum Hauptbusbahnhof (8 km) zu kommen, nimmt man ein Taxi oder die häufig verkehrenden Lokalbusse (4 Mex$) mit der Aufschrift „Central Camionera", die an der Ecke der Av López Mateos, nur ein paar Blocks von der Grenze entfernt, halten.

ABSTECHER: ASADERO LEO'S

Nach 90-minütiger Fahrt von Nogales auf dem Hwy 15 sieht man hinter dem Hügel bei Km 210 in gut 200 m Entfernung Rauch von einem Grill in die Lüfte steigen. *Carne asada!* **Asadero Leo's** (Carretera Internacional No 189, Ímuris), ein Imbiss am Straßenrand mit einigen Sitzplätzen drinnen, scheint in Flammen aufzugehen. Wer sich was Gutes tun will, sollte sofort anhalten. Zuerst wird ein buntes Tablett mit wohlriechenden, frischen Beilagen aufgetischt: Guacamole, drei verschiedene Salsas, eingelegte Karotten, Radieschen, Zwiebeln, Limonen, *pico de gallo* (kleingehackte Tomaten, Zwiebeln, Chilis) und Gurken. Danach kommen dann Tacos mit *carne asada* (mariniertem, gegrilltem Rindfleisch) satt, und das alles für 12 Mex$. Unvergesslich!

FLUGZEUG

Der internationale Flughafen von Nogales befindet sich 13,5 km südöstlich des Stadtzentrums. Er musste 2007 aber aus Kostengründen geschlossen werden. Der nächste Flughafen ist in Tucson, Arizona, ca. 100 km (1½ Std.) nördlich.

PUERTO PEÑASCO

☎ 638 / 44 875 Ew. / 48 m

Diese Stadt an der nordöstlichen Küste des Meeres von Cortez (Golf von Kalifornien) war jahrelang ein beliebtes Ziel der strandversessenen Bewohner der Wüstenstädte in Arizona. Aber Rocky Point, wie es von den amerikanischen Besuchern genannt wird, ist nicht mehr das malerische kleine Küstenstädtchen, das es einmal war. Es ist jetzt vielmehr zu einem Tummelplatz für Gringos geworden – eine Art Seniorensiedlung am Meer, wie sie so in Arizona nicht zu finden ist. Der Hauptabschnitt am Meer heißt Sandy Beach (auch Sandy Point genannt). Hier gibt es ein Dutzend Ferienanlagen, deren Luxushotelzimmer einen tollen Blick aufs Meer bieten. Außerdem gibt's Sportbars und teure Restaurants – aber nicht einen Funken mexikanischer Kultur. Fans nennen Puerto Peñasco gerne „das neue Cancún"; seine Gegner hingegen bezeichnen es als „Puerto Condo".

Über 300 Mio. US$ wurden allein in 2007 in diese Gegend gepumpt, ganz zu schweigen von den 1,2 Mrd. US$, die hier vorher schon reingesteckt wurden. Peñasco ist die am schnellsten wachsende Stadt Mexikos, und da sie von den USA aus mit dem Auto so leicht zu erreichen ist, ähnelt sie mehr und mehr den Urlaubsorten Acapulco, Cancún und Puerta Vallarta. Mit der Eröffnung des neuen internationalen Flughafens in 2009 ist der Wahnsinn dann perfekt.

Orientierung

Nur eine Stunde südlich der Grenze von Arizona (und dem Grenzübergang von Lukeville–Sonoyta) sitzt Puerto Peñasco am Ende von Mexikos Hwy 8. Nach einer Fahrt durch das Geschäftsviertel und die Wohnblocks erreicht man im Westen das Gebiet des alten Hafens. Noch weiter westlich davon beginnt der Sandy Beach, der mit Resorts vollgestopfte Abschnitt. Las Conchas und Cedo sind weiter östlich.

Praktische Informationen

Santander, Bancomer, Banamex und Banorte befinden sich alle auf dem Blvd Juárez und haben Geldautomaten.

CEDO (Freemont Blvd; Mo–Sa 9–17, So 10–14 Uhr) In diesem Naturzentrum (s. unten) gibt's einen kleinen Souvenirshop mit einigen guten englischen und spanischen Büchern über die Region.

Max's Café (La Marina Center; 8–22 Uhr) bietet kostenlosen Internetzugang an einem Computer.

Post (1285 Av Chiapas; Mo–Fr 8–14, Sa 8–15, So 8–11 Uhr)

Rocky Point Convention & Visitors Bureau (388-04-44, in den USA 877-843-3717; www.cometorockypoint.com; Blvd Juárez & Calle 11) Auf dem Parkplatz im Bereich K.

Santa Fe Clinic (383-24-47; Av Morua; 24 Std.)

Sehenswertes & Aktivitäten

Das **Acuario Cet-Mar** (382-00-10; Av Freeman, Las Conchas; Eintritt 30 Mex$; Mo–Fr 10–17 Uhr) ist ein etwas heruntergekommenes Aquarium, aber wegen der vielen verschiedenen grünen Meeresschildkröten und des freundlichen Seelöwens namens Arthur trotzdem einen kurzen Besuch wert.

In derselben Straße etwas weiter unten befindet sich das **CEDO** (Interkulturelles Zentrum für Wüsten- und Ozeanstudien; 382-01-13; www.cedointercultural.org; Freemont Blvd, Las Conchas; Eintritt frei; Mo–Sa 9–17, So 10–14 Uhr), eine wunderbare Quelle für Infos zum faszinierenden Ökosystem von Rocky Point, wo die Wüste bis ans Meer reicht. Es bietet ein Museum, eine Bibliothek, eine Walskelettausstellung und Exponate zur Geschichte. Dienstags um 14 und samstags um 16 Uhr gibt's kostenlose Vorträge über Naturgeschichte (auf Englisch). Es stehen auch geführte Touren zum lokalen Ökosystem auf dem Programm, darunter Ausflüge wie die zweistündige **Tidepool Tour** (Erw./Kind 165/110 Mex$) oder auch die sechsstündige **Kayak Caper** (935 Mex$, nur für Erw.). Sie müssen im Voraus gebucht werden (s. Website).

Festivals & Events

Spring Break Der März ist wahrscheinlich die beste Zeit, um nicht hierher zu kommen, denn dann ist die Stadt voll und ganz in den Händen Margaritas schlürfender College-Studenten aus den USA.

Badewannenrennen Bei dieser seltsamen Veranstaltung im Oktober rasen Ausländer in Badewannen auf Rädern die Straße runter.

Rocky Point Rally Anfang November treffen sich 10 000 Harley-Davidson-Fans mitsamt ihren Bikes in der Stadt.

Schlafen

Die sofort ins Auge springende Übernachtungsmöglichkeit sind die neuen Resorts – vom alten Hafen am Sandy Beach aus sieht man alle auf einen Blick. Es gibt aber auch noch ein paar bodenständigere Häuser. Mit schmalem Geldbeutel wird es nicht ganz einfach, eine preiswerte Bleibe zu finden.

BUDGETUNTERKÜNFTE & MITTELKLASSEHOTELS

Posada La Roca Hotel (383-31-99; Av Primero de Junio 2; EZ/DZ 440/490 Mex$; P) Dieses Gästehaus aus dem Jahre 1927 am alten Hafen war das erste Gebäude der Stadt und diente Al Capone während der amerikanischen Prohibition wahrscheinlich als Versteck. Das stattliche alte Steingebäude hat 20 einfache Zimmer (mit renovierten Bädern), die von einem mit Buntglas verzierten, lichtdurchfluteten Gang abgehen.

Hotel Viña Del Mar (383-01-00; www.vinadelmarhotel.com; Av Primero de Junio y Malecón Kino; EZ/DZ/Suite 670/770/1120 Mex$; P) Einfache, an ein Motel erinnernde Unterkunft am alten Hafen. Die schlichten Zimmer haben Holzbalken an den Decken. Die besten liegen rund um den farbenfrohen, mit Mosaiken verzierten Poolbereich.

Hacienda Del Mar Bed & Breakfast (383-08-00; www.haciendabnb.com; Freemont Blvd, Las Conchas; Zi. 825-990 Mex$, Suite 1210–1265 Mex$; P) Der Wasserdruck könnte eine Dosis Viagra gebrauchen, aber ansonsten ist diese Unterkunft mit den fünf Zimmern eine erholsame Abwechslung von den Resorts. Das B&B liegt in einem staubigen Wohngebiet nur einen Block vom Meer entfernt. Den

Gästen stehen eine Gemeinschaftsküche, der Grill im ruhigen Hof und eine Wet-Bar zur Verfügung. Im Zimmerpreis ist ein phantastisches Frühstück enthalten.

SPITZENKLASSEHOTELS

Playa Bonita Hotel (☎ 383-25-86, in den USA 888-232-8142; www.playabonitaresort.com; Paseo Balboa; Zi. 990–1210 Mex$, Suite 2090–3300 Mex$; P ⊠ ✱ 💻 🏊 ♿) Dieser große Zementklotz im traditionellen mexikanischen Stil hat 124 perfekte, schlichte Zimmer, einen Privatstrand und ein mexikanisches Restaurant, von dem aus man spektakuläre Sonnenuntergänge sehen kann. Es ist eine der wenigen Anlagen direkt am Strand, in der es keine Eigentumswohnungen gibt. Aber die lassen sicher nicht mehr lange auf sich warten.

Las Palomas Beach & Golf Resort (☎ 108-10-00, in den USA 866-360-2324; www.laspalomasresort.net; Sandy Beach; Apt. 1925–5500 Mex$; P ⊠ ✱ 💻 🏊) Ob man es nun liebt oder hasst – das ist das neue Gesicht von Rocky Point. Dieses riesige Resort mit 18-Loch-Golfplatz ist ein auffälliger Komplex aus modernen Türmen, mehreren Pools und einem träge dahinfließenden Fluss. Von den unzähligen gepflegten Ein- bis Dreizimmerwohnungen werden 320 als Ferienwohnungen vermietet. Die Anlage ist in jeder Beziehung ausgesprochen elegant, vom exzellenten La Maria Bistro bis hin zu den Toilettenartikeln von Gilchrist & Soames, London.

Essen & Ausgehen

Es ist mühevoll, zwischen all den Sportbars und Barbecue-Lokalen ein Restaurant mit authentischer mexikanischer Küche zu finden. Aber es gibt sie, sogar in verschiedenen Preisklassen, und sie sind erstaunlich gut. Wer Appetit auf echte Tacos hat, sollte in den mexikanischen Teil der Stadt gehen.

Tacos el Grillo (☎ 383-40-44; Av Ruiz Cortínez & Blvd Juárez; Hauptgerichte 12–36 Mex$; 🕑 Do–Di 8–15 Uhr) Die perfekten sonoranischen *carne asada*-Tacos sind der Renner in diesem Taco-Lokal direkt hinter dem Milchgeschäft La Buena (und weit und breit kein Gringo in Sicht!).

El Rey del Taco (Av Prieto & Juan Aldama; Hauptgerichte 12–36 Mex$; 🕑 Mo–Fr 8.30–13, Sa 8.30–14 Uhr) liegt versteckt hinter dem Burger King auf dem Blvd Juárez. Das Rey del Taco sieht weder von innen noch von außen nach etwas aus, serviert aber Tacos mit grüner und roter Salsa, die süchtig machen. Die Tacos mit *carnitas* (geschmortem Schweinefleisch) und *papas y carne* (gedämpftem Rindfleisch mit Kartoffeln) sind himmlisch.

Coffee's Haus (☎ 388-10-65; www.coffeeshaus.com; Blvd Juárez 216B; Hauptgerichte 55–70 Mex$; 🕑 Di–Sa 7.30–16, So 7.30–14 Uhr; V) Dieses neu renovierte Café in deutsch-mexikanischer Hand ist in der ganzen Stadt für seinen Apfelstrudel, den ausgezeichneten Kaffee und die große Salatauswahl bekannt.

El Rincón de Regina (☎ 383-89-66; Av Alcantar 20; Hauptgerichte 95–155 Mex$; 🕑 Mo–Sa 8–22 Uhr) In diesem festlich dekorierten Schlupfwinkel in einer ruhigen Straße am alten Hafen bekommt man köstliche mexikanische Spezialitäten zu erschwinglichen Preisen. Unbedingt *molcajete* (zubereitet im traditionellen Steintopf) probieren!

La Maria Bistro (☎ 108-10-00; Blvd Costero 150, Las Palomas Resort, Sandy Beach; Hauptgerichte 105–280 Mex$; 🕑 morgens 7–11, mittags 12–16, abends 17–22.30 Uhr) Ein mondäner Ort für ein ausgefallenes Mahl zu einem besonderen Anlass: Der französische Chefkoch verleiht der französisch-sonoranischen Fusion-Küche einen ganz speziellen Touch. Auf den Tisch kommen Köstlichkeiten wie gegrillte Shrimps auf Kochbananen und Süßkartoffelmus mit Maissauce – so lecker, dass man sich das sogar als Henkersmahlzeit wünschen würde.

Lapa Lapa (☎ 388-05-99; Malecón Kino & Zaragoza; Hauptgerichte 110–176 Mex$; 🕑 Mi–Mo 10–22 Uhr) Dieser strohgedeckte Speisesaal im Obergeschoss mit Blick aufs Meer ist besonders abends, im Licht der Korblampen aus Guadalajara, bezaubernd. Ein festlicher Barbereich und ausgewählte Gerichte wie Huhn mit Tamarindensauce sorgen für ein stets volles Haus.

Manny's Beach Club (☎ 383-36-05; www.mannysbeachclub.net; Blvd Matamoros, Playa Miramar; 🕑 7 Uhr–open end) Zum Essen kommt eigentlich keiner hierher. Die Hauptattraktion ist die megabeliebte, strohgedeckte Bar direkt am Strand, in der sich Einheimische und Touristen jeder Couleur auf ein Gläschen treffen.

Anreise & Unterwegs vor Ort

Von Arizona aus geht's in Richtung Süden bei **Lukeville–Sonoyta** über die Grenze (🕑 6–24 Uhr) und weiter auf dem Hwy 8 bis nach Puerto Peñasco. Obwohl die Eröffnung eines neuen internationalen Flughafens erst für 2009 geplant ist, hat **Aeroméxico Connect** (☎ in den USA 800-237-6639; www.aeromexico.com) dienstags, donnerstags und sonntags Flüge von Hermosillo

RESERVA DE LA BIOSFERA EL PINACATE Y GRAN DESIERTO DE ALTAR

Nordwestlich von Rocky Point liegt die **Reserva de la Biosfera El Pinacate y Gran Desierto de Altar** (Biosphärenreservat Pinacate; ☎ 638-384-90-07; Eintritt 40 Mex$; ⏰ 8–17 Uhr) mit den erloschenen Vulkankratern, einem großen Lavafluss, riesigen Sanddünen und anderen surrealen Landschaften. Wer sich dort in ein Trekking-Abenteuer stürzen möchte, fährt auf Hwy 8 45 km in Richtung Nordosten (nur mit höher gelegtem Allradwagen möglich) und lässt sich an der sandfarbenen Rangerstation bei Km 52 registrieren. Von da an ist man dann wirklich auf sich allein gestellt: Es gibt kein Essen, kein Wasser und auch kein Benzin.

und Los Angeles nach Puerto Peñasco. **Kona Shuttle** (☎ in den USA 602-956-5696; www.konashuttle.com) bietet einen Shuttleservice von und nach Tucson und Phoenix für 180 US$ (hin & zurück) an. Für Gruppen gibt es Rabatt. Mit **Albatros** (☎ 662-213-82-40) kommt man im Bus für ca. 180 Mex$ von Hermosillo nach Puerto Peñasco. **ABC** (www.abc.com.mx) fährt den ganzen Tag über alle wichtigen Orte in Baja California an (ab 350 Mex$). Wer um 6 Uhr im *ejecutivo* nach Tijuana fährt, genießt einen Hauch mehr Komfort.

Wenn man erst einmal in der Stadt ist, sollte man sich ein Auto mieten, denn es gibt keine praktischen öffentlichen Verkehrsmittel. Die vielen preiswerten Taxis nehmen für eine Fahrt quer durch die Stadt nicht mehr als 55 Mex$.

HERMOSILLO

☎ 662 / 641 741 Ew. / 238 m

Viele Reisende würdigen Hermosillo, das blühende Zentrum der Landwirtschaft und die Hauptstadt Sonoras, keines Blicks; sie kurbeln noch nicht einmal die Scheibe runter (denn es ist wirklich heiß draußen). Das ist aber eine Schande, denn die gepflegte, moderne Stadt mit ländlichem Ambiente ist ein guter Ort für einen Gang zum Friseur oder einen Besuch in einem der Restaurants, die leckere Gerichte servieren.

Es gibt aber keinen Grund, allzu lange hier herumzuhängen, denn schließlich ist Hermosillo ein Handels- und Regierungszentrum, und außerdem wird es nachmittags unerträglich heiß (deshalb trägt die Stadt auch den Spitznamen „Sun City"). Wer aber durch diese Gegend fährt, wird hier wahrscheinlich eine Pause einlegen müssen, und sei es nur für eine Nacht.

Hermosillo wurde 1700 von Juan Bautista Escalante gegründet, und viele Straßennamen erinnern daran, dass die Stadt in der Schuld zahlreicher lokaler Helden steht, so u. a. auch in der des Generals Álvaro Obregón.

Orientierung

Hwy 15 führt von Nordosten her nach Hermosillo und wird dann zum Blvd Francisco Eusebio Kino, einer breiten, von Orangen- und Lorbeerbäumen gesäumten Straße. Ein großer Teil des Blvd Kino ist als Zona Hotelera oder Hotelzone bekannt. Er verläuft weiter durch die Stadt Richtung Westen, biegt dann nach Südwesten ab und heißt nun Rodríguez. Während er das Stadtzentrum durchquert, ändert sich sein Name in Rosales und dann nochmal in Vildosola. Südlich der Stadt wird er dann wieder zum Hwy 15.

Praktische Informationen

Centro Médico Del Noroeste (☎ 217-45-21; Colosio 23 Ote; ⏰ 24 Std.) Medizinische Versorgung.

Librerías de Cristal (☎ 213-71-97; Serdán 178; ⏰ Mo–Sa 9–19.45, So 10–17.45 Uhr) Große Auswahl an spanischen Büchern.

Post (Ecke Blvd Rosales & Serdán; ⏰ Mo–Fr 8–16, Sa 9–13 Uhr)

Staatliche Touristeninformation von Sonora (☎ 289-58-00, in den USA 800-476-6672; www.gotosonora.com; Edificio Sonora Norte, 3. OG., Comonfort & Paseo del Río; ⏰ Mo–Fr 8–21 Uhr) Ausgezeichnete Pläne von Hermosillo und Sonora.

Touristennotruf (☎ 800-903-92-00)

Veta Papelería (☎ 212-79-87; Monterrey 86; 15 Mex$/Std.; ⏰ Mo–Fr 7–19.30, So 9–13 Uhr) Internetzugang.

Sehenswertes

PLAZA ZARAGOZA

Diese **Plaza** (zw. Blvd Hidalgo & Av Paliza), nicht zu verwechseln mit dem Jardín Juárez, wird von wunderschönen Orangenbäumen beschattet und ist in der Mittagszeit ein Anziehungspunkt für Regierungsangestellte, die hier ihre wohlverdiente Mittagspause verbringen – ein herrlich friedlicher Ort, der zum Entspannen einlädt. Die majestätische **Catedral de Nuestra Señora de la Asunción**, die auch Catedral Metropolitana genannt wird, wurde zwischen 1877 und 1908 in einem Mix aus Neoklassik und

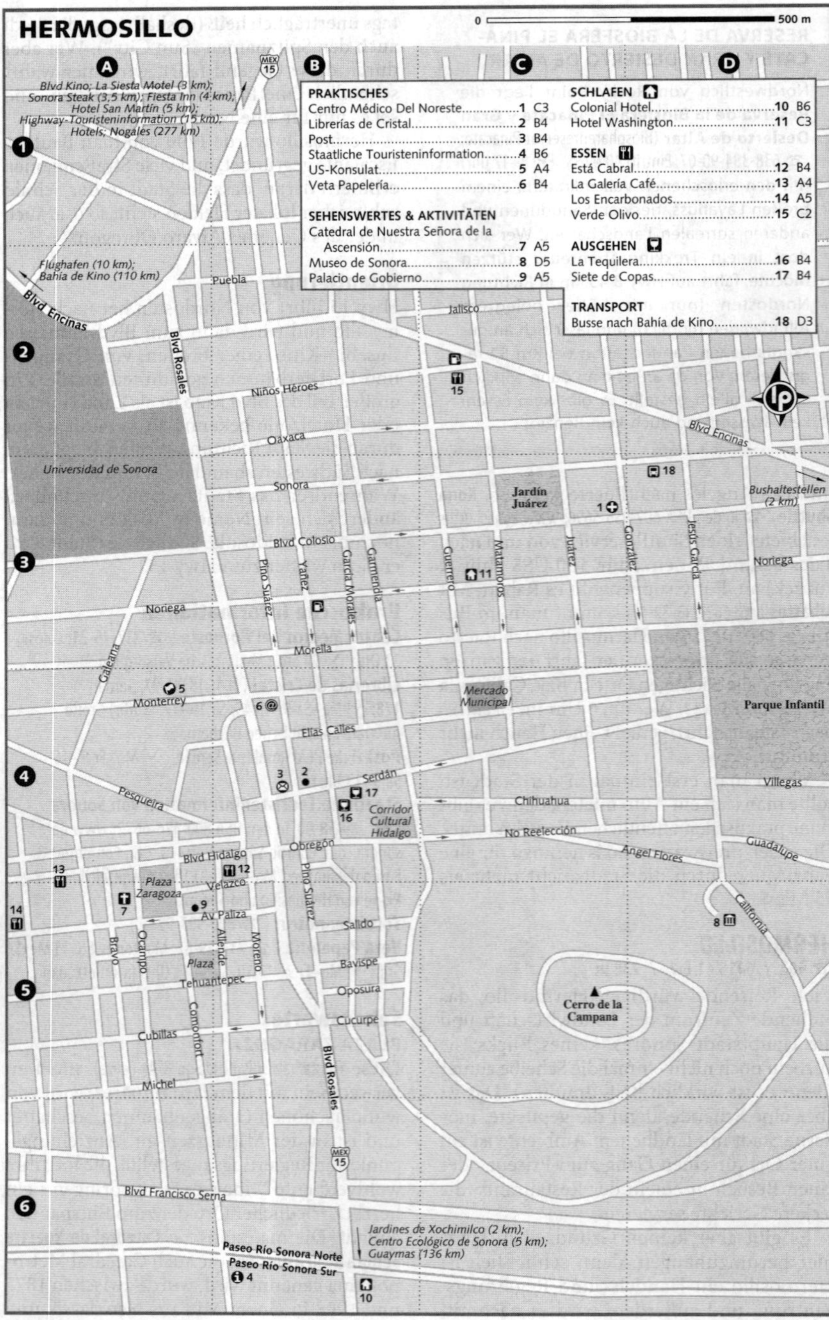

NORDWESTLICHES MEXIKO

Barock erbaut. Der **Palacio de Gobierno** (☎ 213-11-70; ⌚ Mo–Fr 8–20, Sa 8–16 Uhr) wurde 1906 fertig gestellt. Er befindet sich an der Ostseite der Plaza und hat einen luftigen, neomaurischen Innenhof mit farbenfrohen, interessanten Wandgemälden über die Geschichte Sonoras. Abends beginnt dann das Treiben auf der Plaza. Straßenhändler bieten sonoranische *tamales* und schmackhafte Maiskolben in vielen Varianten an, und urplötzlich fühlt man sich in dieser Stadt mit mehr als einer halben Million Einwohnern wie in einer Kleinstadt.

CERRO DE LA CAMPANA

Der „Glockenhügel" ist das markanteste Wahrzeichen der Gegend und bei Tag und Nacht ein idealer Orientierungspunkt. Der Name ist auf die Legende zurückzuführen, dass das Schlagen auf bestimmte Felsen einen Glockenton erzeugt. Der Panoramablick von der Spitze ist die Fahrt hinauf auf jeden Fall wert – auch wenn die vielen Funktürme die Aussicht verschandeln.

MUSEO DE SONORA

Dieses **Museum** (☎ 217-27-14; Jesús García s/n; Eintritt 34 Mex$, So & Feiertag frei; ⌚ Di–Sa 9–17, So 9–16 Uhr) an der Ostseite des Cerro de la Campana ist allein schon wegen seiner Location in 100 Jahre alten Gefängnismauern einen Besuch wert. Die interessanten Ausstellungsstücke zur Geschichte Sonoras sind in den ehemaligen Zellen untergebracht.

CENTRO ECOLÓGICO DE SONORA

Dieser **Zoo und botanische Garten** (☎ 250-67-68; Eintritt 30 Mex$; ⌚ 8–17 Uhr) liegt 5 km südlich vom Stadtzentrum Hermosillos entfernt. Auf dem riesigen Parkgelände gibt es Pflanzen und Tiere aus dem Desierto Sonorense. Außerdem steht hier noch ein **Observatorium** (Eintritt 30 Mex$), das Beobachtungssessions durchführt. Wer mit öffentlichen Verkehrsmitteln zum Zoo fahren möchte, muss an der Westseite des Jardín Juárez den „Luis Orcí"-Bus nehmen. Er fährt etwa alle 15 Minuten. Am besten den Fahrer fragen, wo man aussteigen muss, denn das ist nicht deutlich markiert.

Schlafen

Die meisten besseren Hotels von Hermosillo befinden sich in der Zona Hotelera, 15 Minuten vom Stadtzentrum entfernt. Budgetreisende werden sich aber eher an die Unterkünfte im Zentrum halten.

BUDGETUNTERKÜNFTE & MITTELKLASSEHOTELS

Hotel Washington (☎ 213-11-83; Noriega 68; EZ/DZ 200/220 Mex$; ❄) Hübsche mexikanische Fliesen im Kolonialstil und interessante Kunstwerke schmücken die Wände der Lobby. Außerdem gibt's kostenlosen Kaffee und Warenautomaten. Die Zimmer sind miefig wie Opiumhöhlen, aber für den Preis ein echtes Schnäppchen. Das Hotel liegt in einer geschäftigen Einkaufsstraße, ca. 15 Minuten zu Fuß von der Plaza Zaragoza entfernt.

Hotel San Martín (☎ 289-05-50, in den USA 877-225-2987; www.hotelsanmartin.net; Blvd Kino 498; EZ/DZ 480/530 Mex$; P ⊠ ❄ 🏊 ♿) Die vollständige Renovierung 2007 hatte dieses Hotel in der Zona Hotelera wirklich nötig. Es gibt einen tollen, neuen Pool mit Jacuzzi und Rutsche, ein 24-Stunden-Restaurant, große TVs und relativ geräumige, nett eingerichtete Zimmer mit WLAN und Minibar.

La Siesta Motel (☎ 289-19-50; Blvd Kino; Zi. 550 Mex$, Suite 700–1000 Mex$; P ⊠ ❄ ♿) Eine Unterkunft im Motelstil, die bei mexikanischen Touristen wegen der riesigen Zimmer mit Kühlschrank sehr beliebt ist. Auf Sauberkeit wird hier zwar nicht allzu viel Wert gelegt, aber man kann sich durchaus wohl fühlen.

SPITZENKLASSEHOTELS

Colonial Hotel (☎ 259-00-00; www.hotelescolonial.com; Vado del Río 9; Zi./Suite 1169/1593 Mex$; P ⊠ ❄ 💻 🏊) Dieses ist bestimmt das stylishste Motel, das man je gesehen hat – ein Haus voller moderner Kunst und in edlem Design inmitten eines üppig bewachsenen Grundstücks an der Straße nach Guaymas, südlich des Stadtzentrums. Frühstück ist im Zimmerpreis enthalten.

Fiesta Inn (☎ 289-22-00; www.fiestainn.com; Blvd Kino 375; Zi. 1989–2147 Mex$; P ❄ 💻 🏊) Ein phantastisches Luxusbusinesshotel mit hübschem Innenhof und erlesenen Gemälden mit volkstümlichen Motiven an den Wänden. Zu den Doppelzimmern gehört ein großes Wohnzimmer, was bedeutet, dass man hier eine Suite zum Preis eines Doppelzimmers bekommt.

Essen & Ausgehen

Los Encarbonadas (☎ 212-74-74; Ecke Av Paliza & Londros; Hauptgerichte 15–60 Mex$; ⌚ 5–24 Uhr) Diese ausgezeichnete *asadero*-Bar tischt hauptsächlich Spezialitäten aus Sonora auf, etwa *carne asada*. Ein mit köstlicher Salsa und Gewürzen beladener Wagen wird zwischen den Tischen hin und her geschoben. Ein Gericht reicht locker für zwei Personen, und die *frijoles* sind wahrscheinlich die besten in ganz Mexiko. Rundum ein wirklich empfehlenswertes Restaurant!

La Galería Café (☎ 212-15-16; Blvd Hidalgo 54A; Hauptgerichte 35–65 Mex$, Desserts 22–33 Mex$; 🕑 So–Fr 12–24 Uhr) Ein unkonventioneller Treffpunkt der einheimischen Kunstszene und genau der richtige Ort für einen Cappuccino und einen Bagel. Samstagabends gibt's Livemusik.

Verde Olivo (☎ 213-28-81; Niños Héroes 75D; Hauptgerichte 25–55 Mex$, Buffet 127 Mex$; 🕑 Mo–Sa 7.30–22, So 9–17 Uhr; V) Genug von Quesadillas und Tacos? Dann nichts wie ins Verde Olivo! Diese Perle mitten im Land der Rinder hat ganz ausgezeichnete Veggie-Burger, frische Obstsäfte und Smoothies auf der Speisekarte, und natürlich fehlen auch die vegetarischen Versionen der mexikanischen Klassiker nicht.

Está Cabral (☎ 213-74-74; Velazco 11; Hauptgerichte 45–60 Mex$; 🕑 19–1 Uhr) Das große Open-Air-Café logiert in einer prächtigen Ruine. Abends gibt's kubanische *Nueva Trova*, die viele hippe Leute in dieses Lokal lockt.

Sonora Steak (☎ 210-03-13; Blvd Kino 914; Hauptgerichte 65–187 Mex$; 🕑 12–1 Uhr) In diesem stattlichen Haus aus der Kolonialzeit inmitten der Hotelzone gibt's die berühmten Sonora-Steaks – 28 Tage abgehangene Rib-Eye-Steaks –, die direkt am Tisch gewogen werden (60 Mex$/100 g). Genau auf den Punkt gebraten werden sie zusammen mit Weizentortillas, gerösteten Zwiebeln und Jalapeños serviert.

Siete de Copas/La Tequilera (☎ 217-17-71; Serdán 171; 🕑 Mi–Sa 18–2 Uhr) In dem Komplex befinden sich die Cantina Siete de Copas, eine große, rustikale, moderne Bar (in etwa eine Neuauflage der Cantina in Robert Rodriguez' *From Dusk Till Dawn*), und die La Tequilera, eine Bar auf zwei Stockwerken mit Livemusik sowohl draußen auf der Dachterrasse als auch in der darunter liegenden Bar, die sich gegenseitig zu übertönen versucht. Viele junge, hippe Gäste.

An- & Weiterreise

BUS

Am **Hauptbusbahnhof** (☎ 213-44-55; Blvd Encinas) 2 km südöstlich vom Stadtzentrum fahren 1.-Klasse-Busse von Autobuses Crucero, Elite, Estrella Blanca (EB), Transportes del Pacífico (TP), Transportes y Autobuses del Pacífico (TAP), Transportes Norte de Sonora (TNS) und anderen Buslinien ab. Weitere Busgesellschaften haben eigene Haltestellen in der Nähe, Transportes Baldomero Corral (TBC) und Albratros sind direkt nebenan. Auf der anderen Straßenseite befindet sich Tufesa und einen Block westlich des Blvd Encinas sitzt Estrellas del Pacífico (EP). TAP hat ein paar Blocks weiter noch größere Büroräume. Viele Ziele werden rund um die Uhr angefahren.

Ziel	Preis (Mex$)	Dauer (Std.)
Guaymas	60	2
Guadalajara	848	24
Los Angeles	996	16
Mexico City	1295	30
Monterrey	900	26
Nogales	140	4
Phoenix	443	8
Puerto Peñasco	180	6

2.-Klasse-Busse nach Bahía de Kino (55 Mex$, 2 Std.) fahren am AMH- und TCH-Busbahnhof im Stadtzentrum von Hermosillo ab. Er befindet sich auf der Sonora zwischen der González und der Jesús García, eineinhalb Blocks östlich des Jardín Juárez. Die Busse fahren stündlich zwischen 5.30 und 11.30 Uhr sowie zwischen 15.30 und 18.30 Uhr.

FLUGZEUG

Der vor kurzem renovierte Flughafen liegt 10 km vom Stadtzentrum Hermosillos entfernt an der Straße nach Bahía de Kino. Er wird von Aerobus, Aero California, Aeroméxico, America West, Aviacsa, Avolar, Azteca, Volaris und Mexicana angeflogen. Tägliche Direktflüge gehen u. a. nach Chihuahua, Ciudad Juárez, Ciudad Obregón, Guadalajara, La Paz, Los Angeles, Los Mochis, Mexicali, Mexico City, Monterrey, Phoenix, Tijuana und nach Tucson. Überall gibt's Anschlussflüge in andere größere Städte.

Unterwegs vor Ort

Lokalbusse verkehren jeden Tag zwischen 5.30 und 22 Uhr (5 Mex$). Zum Hauptbusbahnhof gelangt man von der Haltestelle Juárez an der Ostseite des Jardín Juárez mit jedem Bus, auf dem „Central", „Central Camionera" oder „Ruta 1" steht. Ein Taxi zum Flughafen kostet ungefähr 11 Mex$. Taxis vom Hauptbusterminal zur Plaza Zaragoza kosten 50 Mex$, zur Zona Hotelera 60 Mex$, und vom Flughafen schlägt die Fahrt zu diesen beiden Zielen mit 150 Mex$ zu Buche.

BAHÍA DE KINO

☎ 740 / 5000 Ew.

Bahía de Kino ist das mexikanische Paradies, das man aus Filmen kennt, aber im wahren Leben nur selten findet. In dieser total relaxten Küstenstadt hat man wirklich das Gefühl, am Ziel angekommen zu sein, und man bekommt Lust, alles hinter sich zu lassen, hier zu bleiben und die Tage mit einem Sol in der Hand in der Sonne zu genießen.

Benannt wurde die Stadt nach Pater Eusebio Kino, einem jesuitischen Missionar, der hier Ende des 17. Jhs. eine kleine Mission für das indigene Volk der Seri gründete. Kino liegt 110 km westlich von Hermosillo und erstreckt sich über 10 km entlang der wunderschönen, friedlichen Küste des Meeres von Cortez. Anders als in Puerto Peñasco haben hier übereifrige Investoren und Bauherren noch nicht die Hände im Spiel.

Kino besteht aus einem alten und einem neuen Stadtteil. Kino Viejo, das alte Viertel, ist ein staubiges, heruntergekommenes Fischerdorf. Tagsüber wimmelt es hier nur so von Schulkindern und Shrimpsfischern, doch nach Sonnenuntergang wirkt die Stadt doch recht verschlafen. Die meisten Geschäfte schließen um 20 Uhr. Kino Nuevo weiter im Westen ist die Gegend, in der Traveller wahrscheinlich die meiste Zeit verbringen werden. Hier halten sich auch die „Snowbirds" (pensionierte Amerikaner, die vor dem kalten Winter in der Heimat fliehen) auf. Sie wohnen in der einzigen Straße, die am Strand entlangführt, entweder in schicken Eigentumswohnungen oder in klobigen Wohnmobilen. Der weiche, lange, fast paradiesische Hauptstrand ist von *palapas* gesäumt. Baden ist hier völlig ungefährlich. Die Hauptsaison dauert von November bis März. In der restlichen Zeit des Jahres ist man in allen Hotels und auf den Campingplätzen allein mit sich und der Welt. Nichts wie hin und relaxen!

Orientierung

Die Route 16 führt nach Westen in beide Teile der Stadt. Nach Viejo biegt man an der Pemex-Tankstelle links ab und fährt auf das Meer von Cortez zu. Hier beginnt sofort das engmaschige Straßennetz, das den alten Teil der Stadt ausmacht. Wer nach Nuevo hinein will, fährt um die Pemex herum und nach Norden. Schnell ist von dieser Straße aus das Meer zu sehen, und dann kommt auch der Streifen mit Hotels und Restaurants in Sicht.

Praktische Informationen

Centro de Salud Rural (☎ 242-02-97; Ecke Blvd Eusebio Kino & Tampico, Kino Viejo) Nur wenige medizinische Leistungen, aber für den Notfall besser als nichts.

Cruz Roja (Rotes Kreuz; ☎ 060, 242-00-32) Krankenwagen und Geldautomaten.

New Space Café (Ecke Yavarosa & Topolobampo, Kino Viejo; 10 Mex$/Std.; 🕑 8.30–22.30 Uhr) Internetzugang.

Pemex-Tankstelle (Ecke Carretera a Kino Viejo & Blvd Eusebio, Kino Viejo) Geldautomat. In Bahía de Kino gibt's weder Banken noch Wechselstuben.

Post (Ecke Blvd Eusebio & Salina Cruz)

Touristeninformation (Ecke Mar de Cortés & Santa Catarina, Kino Nuevo; 🕑 Do–Di 9–17 Uhr) Das Personal in dieser neuen Touristeninformation ist äußerst hilfsbereit und verteilt einen einfachen Stadtplan. Das Büro befindet sich direkt an der Bushaltestelle.

Sehenswertes & Aktivitäten

Das **Museo de los Seris** (Eintritt 6 Mex$; 🕑 Di–Fr 8–15 Uhr) auf halber Strecke an der Strandstraße von Kino Nuevo ist ein winziges Museum mit hervorragenden Exponaten (auf Spanisch beschriftet) über die Seri (s. Kasten S. 356). Leider war das Museum zum Zeitpunkt der Recherche wegen Renovierung für unbestimmte Zeit geschlossen.

Punta Chueca ist ein kleines Dorf 25 km nördlich von Bahía de Kino. Eigentlich ist es eher eine Art Freilichtmuseum, denn hier leben die meisten Angehörigen der Seri dieser Gegend. Ein robustes, höher gelegtes Fahrzeug mit Allradantrieb ist nötig, um die Fahrt auf der Schotterstraße zu bewältigen. Bei der Ankunft muss man darauf gefasst sein, sofort von mehreren Serifrauen überfallen zu werden, die handgefertigten Schmuck, Körbe und Schnitzereien aus Eisenbaumholz verkaufen wollen. Wer Interesse an einer Bootsfahrt zur **Isla del Tiburón** hat, einem friedlichen, unbewohnten ökologischen Reservat, das den Seri per Präsidialdekret gehört, ist hier genau richtig. Alfredo López, Ernesto Molina und David Morales sind in Punta Chueca wohnhafte Führer, die sich um die entsprechende Genehmigung kümmern und geführte Touren organisieren. (Die Leute vom Prescott College und vom **Kino Bay Center for Cultural and Ecological Studies** können einem zeigen, wo man hin muss.)

Schlafen

LP Tipp La Playa RV & Hotel (☎ 242-02-73; www.laplayarvhotel.com; Blvd Mar de Cortés 101, Kino Nuevo; Stellplatz/Zi. 220/1200 Mex$; P ✕ ♿) Dieses weiß gestrichene Paradies direkt am Strand ist die beste Unterkunft der Stadt. Man könnte fast denken, dass man sich auf einer griechischen Insel befindet. Die Zimmer mit dem perfekten Postkartenblick aufs Meer haben Steinfußböden, Betten mit festen Matratzen, eine Miniküche mit Spüle und Kühlschrank, ein großes Marmorbad und eine eigene Terrasse mit *palapas*. Achtung: An den Sommerwochenenden muss man mindestens zwei Nächte bleiben.

Hotel Posada del Mar (☎ 242-01-55; www.hotelposadadelmar.com; Ecke Blvd Mar de Cortés & Creta; EZ/DZ 440/520 Mex$, Suite 600–840 Mex$; P ⁙ ⊡ ♿) Dieses Hotel liegt vom Strand aus gesehen auf der anderen Seite der Straße auf einem hübsch angelegten, schattigen Gelände. Die Zimmer haben zwar schon bessere Tage gesehen, haben dafür aber schöne, unverputzte Backsteinwände. Pfennigfuchser sollten sich in ein Zimmer im Obergeschoss einquartieren lassen.

Hotel Hacienda (☎ 195-23-90; Ecke Blvd Guaymas & Manzanillo, Kino Viejo; Zi./Suite 600/1200 Mex$; P ⊠ ⊡) Dieser Newcomer in Kino Viejo ist ein wahres Schmuckstück: eine wunderschöne mexikanische Hazienda in dunklen Orangetönen. Die Zimmer sind um einen bezaubernden Innenhof mit Pool angeordnet.

Las Toninas Condominiums (☎ 242-08-92; Ecke Blvd Mar de Cortés & Singapur, Kino Nuevo; Ferienwohnung 850 Mex$; P ⊠ ⁙ ♿) Familienfreundliche Ferienwohnungen mit Küche und Schlafsofa im Wohnzimmer. Dekor und Einrichtung erinnern an die *Brady Family*.

Essen

La Palapa del Pescador (☎ 242-0210; Blvd Mar de Cortés & Wellinton; Hauptgerichte 40–300 Mex$; 🕑 9–22 Uhr) Ganze gebratene Fische, gefüllte Hummer und sonstige Meeresfrüchte stehen auf der Speisekarte dieses mit *palapa* gedeckten Outdoor-Lokals direkt am Wasser. Die Jukebox hat allerdings so ihre Macken. Beliebter Treffpunkt für das eine oder andere *cerveza* zu vorgerückter Stunde.

Restaurant Dorita (☎ 252-03-49; Ecke Blvd Kino & Salina Cruz, Kino Viejo; Hauptgerichte 45–60 Mex$; 🕑 Do–So 7–20 Uhr) Dorita und ihre Tochter haben vor 20 Jahren ihr Wohnzimmer in ein Restaurant

DIE SERI

Die Seri oder *Com caac*, wie sie sich selbst nennen, sind der kleinste indigene Stamm in Sonora. In den 1930er-Jahren hat sich seine Mitgliederzahl durch Hunger und aus dem Ausland eingeschleppte Krankheiten auf 300 dezimiert. Aber die Seri sind zäh und leben nun schon mehr als 500 Jahre in dieser Gegend. Traditionsgemäß sind sie Nomaden, die vom Jagen, Sammeln und vom Fischfang leben und nicht etwa von der Landwirtschaft – daran konnten auch die christlichen Missionare über die Jahrhunderte nichts ändern – sie konnten die Seri nicht dazu bekehren, Bauern zu werden. Die Seri durchstreiften das Gebiet am Meer von Cortez ungefähr von El Desemboque im Norden bis nach Bahía de Kino im Süden und kamen im Landesinneren bis nach Hermosillo. Man schätzt, dass es heute noch etwa 900 Seri gibt.

Die Seri gehören zu den wenigen indigenen Völkern, die nicht für Fremde arbeiten. Sie leben lieber vom Fischfang und von der Jagd und stellen Kunsthandwerksgegenstände her, z. B. Schnitzereien aus Eisenbaumholz (die auch als *palofierro* bekannt sind) in Form von Tieren, Menschen und anderen Figuren. Sie werden jedoch immer seltener, und besonders in der Gegend um Hermosillo und Bahía de Kino tummeln sich viele Betrüger, die sich als Seri ausgeben (einige kommen aus Oaxaca) und versuchen, mit diesen Schnitzereien ein paar schnelle Pesos zu machen. Hinzu kommt noch, dass seit Ende der 1970er-Jahre die Nachfrage nach Eisenholzschnitzereien und Holzkohle in den USA gestiegen ist, wodurch die einheimischen Eisenbaumwälder fast völlig verschwunden sind. Die Folgen für die Wirtschaft der Seri waren verheerend. Sie widmen sich deshalb jetzt der Steinschneidekunst (obwohl auch diese Gegenstände kaum angeboten werden), dem Ökotourismus und der Jagd auf Dickhornschafe, um überhaupt über die Runden zu kommen.

Heute sind die Seri zwar keine echten Nomaden mehr, ziehen aber immer noch häufig in Gruppen umher. Manchmal kann man viele von ihnen in einem Camp bei Bahía de Kino oder auf ihrer Reise die Küste hinauf und hinunter antreffen. Die meisten leben aber in Dörfern nördlich von Bahía de Kino, z. B. in Punta Chueca (s. S. 355) und im traditionelleren El Desemboque. Achtung: Nur in Punta Chueca gibt's authentische Schnitzereien, Halsketten und Körbe (die Händler vor dem El Pargo Rojo und dem Jorge's in Kino Nuevo sowie vor der Post in Hermosillo sind *keine* Seri!).

umgewandelt und servieren seitdem das beste Frühstück der Stadt. *Omelette ranchero* heißt das Zauberwort.

Jorge's Restaurant (☎ 242-00-49; Ecke Blvd Mar de Cortés & Alecantres; Hauptgerichte 45–140 Mex$; 🕑 8–22 Uhr) Dieses Restaurant liegt am Strand am äußersten Ende von Kino Nuevo. Die ausgezeichneten Shrimps und Fischgerichte sind sehr beliebt, insbesondere beim spektakulären Sonnenuntergang.

El Pargo Rojo (☎ 242-02-05; Blvd Mar de Cortés 1426; Hauptgerichte 50–295 Mex$; 🕑 7–22 Uhr) Die englische Speisekarte dieses Meeresfrüchterestaurants ist furchtbar schlecht übersetzt, aber was soll's – der Ort ist dennoch perfekt, um mitten in Kino Nuevo köstliche Fischgerichte und ein herzhaftes mexikanisches Frühstück zu genießen. Die *camarones rellenos* sind wirklich göttlich.

An- & Weiterreise

Mit dem eigenen Auto dauert die Fahrt von Hermosillo nach Bahía de Kino etwas mehr als eine Stunde. Von Hermosillos Stadtzentrum geht's in Richtung Nordwesten auf dem Blvd Encinas aus der Stadt raus und dann immer geradeaus bis zum tiefblauen Meer von Cortez.

Busse von Costa Espresso nach Hermosillo fahren zwischen 5 und 19.45 Uhr etwa alle 30 Minuten am neuen Busbahnhof in Kino Nuevo (bei der Touristeninformation) ab.

GUAYMAS

☎ 622 / 134 153 Ew.

Guaymas, Sonoras Haupthafen, hat eigentlich nichts Hübsches an sich. Hier legt man nur einen längeren Zwischenstopp ein, wenn man ein echtes Problem mit seinem Auto oder seiner Gesundheit hat. Die meisten Traveller passieren diese Stadt, die untrennbar mit dem Meer verbunden ist, nur auf dem Weg gen Süden. Wer hier landet, macht das Beste daraus, wenn er am Hafen spazieren geht und zuschaut, wie die Fischerboote mit den *camarones gigantes* (Riesenshrimps) heimkehren, für die Guaymas berühmt ist (Fangzeit Okt–Feb.).

Die Stadt wurde 1769 von den Spaniern in einem Gebiet gegründet, in dem die indigenen Yaqui und Guaymenas ihre Dörfer hatten. Später wurde die Bucht dann zum Mittelpunkt militärischer Aktivitäten von Möchtegern-Eroberern, angefangen bei der US-Marine bis hin zu französischen Piraten.

Heute ist Guaymas ein geschäftiger Hafen und ein Zentrum für Marineausrüstung. Der Yachthafen wird gerade einer mehrjährigen Schönheitskur für 5,7 Mio. Mex$ unterzogen. Wenn man den Plänen glauben darf, wird es hier dann eher wie in einem zweiten Miami aussehen und nicht mehr wie in Mexiko. Reisende, die auf der Suche nach einem netten Plätzchen sind, sollten in den 22 km weiter nordwestlich gelegenen Urlaubsort San Carlos fahren.

Orientierung

Wenn der Hwy 15 den Nordrand von Guaymas erreicht, wird daraus der Blvd García López. Das Zentrum von Guaymas und die Hafengegend liegen entlang der Av Serdán, der Hauptverkehrsstraße der Stadt, die parallel südlich der García López verläuft; alles, was man so braucht, ist in oder nahe der Av Serdán zu haben. García López und Serdán schneiden sich ein paar Blocks weiter im Westen, außerhalb der Karte von Guaymas.

Praktische Informationen

Banorte, Banamex, Bancomer und HSBC haben Geldautomaten auf der Av Serdán.

General Hospital Guaymas (☎ 224-01-38; Calle 12)
Mundo Internet (Ecke Calle 20 & Av 15; 10 Mex$/Std.; 🕑 Mo–Fr 9–21, Sa 9–19, So 10–19 Uhr)
Post (Av 10; 🕑 Mo–Fr 8–16 Uhr) Zwischen Calle 19 und 20.

Sehenswertes & Aktivitäten

Alles Sehenswerte befindet sich an der **Plaza de los Tres Presidentes** mit dem beeindruckenden Denkmal, das den drei aus Guaymas stammenden mexikanischen Präsidenten gewidmet ist. Ganz in der Nähe befinden sich auch die **Iglesia de San Fernando** aus dem 19. Jh., die Plaza 13 de Julio, der 1899 errichtete **Palacio Municipal** und die neoklassizistische **Banco de Sonora**, die eigentlich bald renoviert werden müsste. Das **alte Gefängnis** (1900) in der Nähe des Busbahnhofs in der Calle 15 vermittelt einen guten Eindruck vom damaligen Leben in diesem heruntergekommenen Bezirk. Es ist geplant, dass das derzeit geschlossene **Museo Histórico de Guaymas** hierher umzieht, aber zum Zeitpunkt der Recherche hatte man diesbezüglich noch nichts unternommen.

Schlafen

Die Unterkünfte in Guaymas sind etwas für Leute mit kleinem Geldbeutel. Wer ein biss-

chen mehr Atmosphäre sucht, sollte bis nach San Carlos weiterfahren.

BUDGETUNTERKÜNFTE

Hotel Ana (☎ 222-30-48; Calle 25 No 135; DZ/3BZ 250/300 Mex$; P) Zwar sind die Fußböden, Bäder und Wände hier neu gefliest, aber ansonsten ist alles beim Alten. Auch das altmodische, rot-weiß karierte Schachbrettmuster in der Eingangshalle ist noch da.

Hotel del Puerto (☎ 224-34-08; Yáñez 92; EZ/DZ 250/350 Mex$; P) Letztendlich gehört diese Unterkunft in zentraler Lage zu den besten der Stadt. Die dunklen, sauberen Zimmer haben hübsch geflieste Böden und Bäder.

MITTEL- & SPITZENKLASSEHOTELS

Hotel del Sol (☎ 224-94-11; Calz García López 995; Zi. 480 Mex$; P) Das neue Hotel del Sol ähnelt – abgesehen von den Suiten und der zentraleren Lage – seiner Schwesteranlage Suites del Sol. Die Unterkunft ist von den Busbahnhöfen der TAP und der Tufesa aus leicht zu Fuß zu erreichen.

Suites del Sol (☎ 221-29-00; Blvd Benito Juárez Norte 2A; Zi. 520 Mex$; P) Tolle, komfortable Unterkunft am Stadtrand. Mit etwas Glück bekommt man eine der zehn Suiten mit Kochecke und Wohnbereich zum Preis eines Doppelzimmers.

Armida Hotel (☎ 224-30-35; www.hotelarmida.com.mx; Carretera Internacional Salida Norte; Zi. 570–980 Mex$; P) Dieses schon etwas in die Jahre gekommene Hotel am nördlichen Stadtrand hat eine ausgesprochen schön eingerichtete Lobby. Die Zimmer haben Kühlschränke, Satelliten-TV, Balkon oder Terrasse und Badewannen. Außerdem gibt's noch ein Café und ein beliebtes Steakhaus.

Essen

Gott sei Dank – wenigstens kann man in dieser Stadt gut essen!

Las 1000 Tortas (Av Serdán zw. Calles 17 & 18; Tortas 20–75 Mex$; 8–23 Uhr) Ein guter Snackshop, in dem man *tortas* und Hamburger bekommt.

Sky Café (Calle 25, Edificio Guaymense; Dessert 25 Mex$; Mo–Fr 7–22.30, Sa & So 10–22.30 Uhr) Tolle Location an der Kathedrale. Es gibt guten Cappuccino und süße Leckereien.

SE Pizzas (Av Serdán in der Nähe der Calle 20; Buffet ab 35 Mex$; 12–22 Uhr) Hier genießen Gäste das

All-you-can-eat-Pizza- und Salatbuffet in quirliger Atmosphäre. Auch viele Einheimische kommen in dieses Restaurant.

Restaurant Los Barcos (☎ 222-76-50; Ecke Malecón & Calle 21; Hauptgerichte 78–135 Mex$; ⏰ 12–22 Uhr) In dem luftigen Lokal mit *palapa*-Dach sollte man die berühmten Riesenshrimps von Guayma probieren.

El Oeste Steak House (☎ 225-28-00; Hotel Armida; Hauptgerichte 190–235 Mex$; ⏰ 12–23 Uhr) Das beliebte Steakhaus gewinnt den Designpreis für innovativ präparierte Tiere. In dem an einen Saloon erinnernden Restaurant mit den vielen ausgestopften Viechern werden die hoch geschätzten sonoranischen Steaks vom Grill serviert.

Wie in den meisten mexikanischen Städten gibt's auch in Guaymas einen **Mercado Municipal** mit zahlreichen Imbissständen, an denen preiswertes Essen verkauft wird. Beliebte Stände sind El Rinconito – hier gibt's *machaca* (scharf gewürztes Dörrfleisch vom Rind) – und El Vaporcito, wo man *tacos al vapor* (gedünstetes Rindfleisch) und *birria* (scharfer Fleischeintopf) bekommt. Beide Stände sind in der südwestlichen Ecke des Markts, der sich einen Block südlich der Av Serdán an der Av Rodríguez zwischen Calle 19 und 20 befindet und gegen 6 Uhr morgens öffnet.

DAS BESTE SONORANISCHE CARNE ASADA

- **Tacos El Grillo** (S. 350)
- **Asadero Leo's** (Kasten S. 348)
- **Los Encarbonadas** (S. 353)

An- & Weiterreise

BUS

In Guaymas gibt's vier kleine Busbahnhöfe in der Calle 14, zwei Blocks südlich der Av Serdán (einer wirklich ziemlich heruntergekommenen Gegend).

Albatros (Ecke Calle 14 & Av 12) fährt dreimal täglich nach Puerto Peñasco (9.15, 17.15 & 22.15 Uhr).

Autobuses Crucero (Büro Estrellas del Pacífico, Ecke Calle 14 & Av 12) fährt rund um die Uhr stündlich in Richtung Norden und Süden.

Autobuses Los Mayitos (Calle 14, zw. Avs 10 & 12) Stündliche Abfahrten gen Norden nach Hermosillo und Nogales und gen Süden nach Navojoa.

Estrellas del Pacífico (Ecke Calle 14 & Av 12) fährt stündlich nach Guadalajara und Tijuana.

Transportes Baldomero Corral (Ecke Calle 14 & Av 12) fährt stündlich nach Hermosillo, ab 1 Uhr siebenmal täglich nach Nogales, ab 10.45 Uhr achtmal täglich nach Ciudad Obregón und ab 2.45 Uhr elfmal täglich nach Navojoa. Besonders erwähnenswert ist der Bus, der täglich um 15.45 Uhr direkt nach Álamos fährt.

Transportes Chihuahuenses (Büro Estrellas del Pacífico, Ecke Calle 14 & Av 12) fährt einmal pro Tag nach Ciudad Juárez (15.30 Uhr, 12 Std.).

Transportes del Pacífico (Ecke Calle 14 & Av 12) Verkauft auch Fahrkarten für Crucero, Transportes Norte de Sonora und Chihuahuense.

Transportes Norte de Sonora (Büro Estrellas del Pacífico, Ecke Calle 14 & Av 12) Stündlich Abfahrten nach Tijuana und Mexico City.

Transportes y Autobuses del Pacífico (García López) Fährt rund um die Uhr stündlich nach Norden und Süden.

Tufesa (García López) Fährt alle paar Stunden nach Hermosillo, Nogales, Ciudad Obregón und Navojoa und einmal täglich nach Los Mochis.

Zahlreiche Busgesellschaften fahren gen Norden und Süden zu den folgenden weiter entfernten Zielen:

Ziel	Preis (Mex$)	Dauer (Std.)
Álamos	245	4
Guadalajara	835	20
Hermosillo	84	1¾
Los Mochis	215	5
Mexico City	780	30
Tijuana	560	15

FLUGZEUG

Der Flughafen liegt 10 km nordwestlich von Guaymas am Highway nach San Carlos. **US Airways** (☎ 221-22-66) kommt hier einmal täglich direkt aus Phoenix an, im September allerdings nur von Donnerstag bis Sonntag. **Aereo Calafia** (☎ 222-55-96) fliegt nach La Paz, Loreto und Los Cabos. **Aéreo Servicio Guerrero** (☎ 221-28-00) landet in der Baja in Santa Rosalía. **Aeroméxico** (☎ 222-66-02; Av Serdán 236) unterhält ein Büro in der Stadt.

SCHIFF/FÄHRE

Nachtfähren verbinden Guaymas mit Santa Rosalía auf der Baja California. Die Passagier- und Autofähre *Santa Rosalía* von Operadora Rotuaria del Noroeste fährt montags, donnerstags und samstags und kommt gegen 6 Uhr an. Bei starken Winterwinden kann es allerdings zu Verspätungen kommen.

Das Fahrkartenbüro befindet sich am **Fährterminal** (☎ 222-02-04; www.ferrysantarosalia.com;

Av Serdán; Mo–Fr 10–20, Sa 10–14 Uhr) am Ostende der Stadt. Reservierungen für Fahrzeuge werden telefonisch eine Woche im Voraus angenommen. Passagiertickets kann man am Morgen der Abfahrt oder ein paar Tage vorher kaufen. Am besten reserviert man seine Tickets mindestens drei Tage im Voraus, und auch wenn man schon reserviert hat, sollte man zeitig im Ticketbüro ankommen. Die Fahrpreise für Sitzplätze betragen 550 Mex$ und für Kabinen 750 Mex$. Auf S. 319 stehen die Preise für Fahrzeuge.

Unterwegs vor Ort

Zum Flughafen kommt man von der Av Serdán mit dem Bus in Richtung Itson oder San José oder mit dem Taxi (ca. 80 Mex$). Stadtbusse verkehren zwischen 6 und 21 Uhr regelmäßig auf der Av Serdán (5 Mex$). Mehrere Busse in Richtung Osten halten am Fährterminal; nach dem *transbordador* (der Fähre) fragen.

SAN CARLOS

622 / 4500 Ew.

San Carlos liegt 22 km nordwestlich von Guaymas in einer wunderschönen Landschaft zwischen Wüste und Meer. Beherrscht wird die Szenerie hier von der majestätischen Doppelspitze des Cerro Tetakawi, der bei Sonnenuntergang in allen nur erdenklichen Rottönen aufleuchtet. Das sind solche Momente, in denen man sich fragt, ob man wirklich in Mexiko ist.

Von Oktober bis April strömen Unmengen *norteamericanos* nach San Carlos. In der restlichen Zeit des Jahres kann man hier aber die Ruhe und Schönheit genießen und sich von der Hitze der umliegenden Wüstenstädte erholen. Außer vielleicht für die Playa Algodones (hier wurden 1970 Szenen des Films *Catch 22 – Der böse Trick* gedreht, daher hat der Strand auch seinen Spitznamen Playa Catch 22) ist die Stadt nicht gerade für ihre Strände berühmt. Aber Outdoorfreaks kommen hier trotzdem allemal auf ihre Kosten.

Orientierung

San Carlos ist um zwei Yachthäfen herum angelegt, um die Marina San Carlos mitten in der Stadt und um die neue Marina Real bei Algodones weiter nördlich. Die meisten Hotels und Restaurants befinden sich am Blvd Beltrones, die größeren Resorts stehen in Richtung Algodones.

Praktische Informationen

Banamex (Blvd Manlio Beltrones) US-Dollars und Pesos werden überall akzeptiert. Die Banamex-Filiale in der Nähe der Pemex-Tankstelle hat zwei Geldautomaten.

Gary's Internet Connection (226-00-49; www.garysdiveshop.com; Blvd Manlio Beltrones Km 0; 30 Mex$/Std.; Mo–Sa 8–18 Uhr) In Gary's Dive Shop.

Guaymas San Carlos Convention & Visitor's Bureau (226-0202; Blvd Manlio Beltrones Km 9; Mo–Fr 9–13 & 14–17, Sa 9–14 Uhr) Gute Karten und Pläne, Hilfe bei Zimmersuche und -reservierung.

Post (Blvd Manlio Beltrones bei Calle H; Mo–Fr 8–16 Uhr)

Aktivitäten

In San Carlos kann man einer Menge Strand- und Abenteueraktivitäten nachgehen. Angeln steht ganz oben auf der Liste.

Catch 22 (226-21-62; www.catch22mexicofishing.com; Marinaterra 1; Di–Sa 7–16 Uhr) Angelausflüge.

El Mar Diving Center (226-04-04; www.elmar.com; 263 Creston; 7–18 Uhr) Tauchen, trekken, Kajak fahren und schnorcheln.

Gary's Dive Shop (226-00-49; www.garysdiveshop.com; Blvd Manlio Beltrones Km 10) Tauchen und Angeln.

Ocean Sports (226-06-96; www.desertdivers.com; Edificio Marina San Carlos; Mo, Mi & Do 8–17, Fr & Sa 7–19, So 7–17 Uhr) Fahrten in den Sonnenuntergang, Jetski-Verleih, Walbeobachtungstouren und Reitausflüge.

Schlafen

Departamentos Adlai (226-07-70; Calle H; EZ/DZ 450/500 Mex$; P) Kleines Hotel im Wohnviertel Las Ranchitas mit ausgezeichnetem Preis-Leistungs-Verhältnis und großen, gemütlichen Zimmern, die um einen XXL-Jacuzzi angeordnet sind. Bei Hipstern aus Ciudad Obregón ist diese Unterkunft besonders beliebt. Um hinzukommen, biegt man, wenn man in die Stadt kommt, beim ersten Extra-Geschäft rechts ab. Nach 1 km kommt dann auf der linken Seite das türkisfarbene Gebäude in Sicht.

Motel Creston (226-00-20; www.hotelcreston.com.mx; Blvd Manlio Beltrones Km 10; Zi. 550 Mex$; P) Gute, an ein durchschnittliches Motel erinnernde Budgetunterkunft mit großen Zimmern im Retrolook. Die lauwarmen Duschen sind eine interessante Erfahrung.

Hotel Fiesta Real San Carlos (226-13-14; Blvd Manlio Beltrones Km 8,5; EZ/DZ 748/1012 Mex$; P) Das weiß getünchte, familiengeführte Hotel bietet so ziemlich alles, was auch die teuren Resorts bieten, nur mit dem

Unterschied, dass man hier einen Bruchteil bezahlt und in den Genuss einer bodenständigeren Atmosphäre kommt. Die Zimmer haben weder TV noch Telefon.

Marinaterra (☎ 225-20-20; www.marinaterra.com; Gabriel Estrada s/n, Sector La Herradura; Zi. 1400–2100 Mex$; P) Spitzenklasseresort mit Blick über den Yachthafen San Carlos. Gäste dürfen sich über große Zimmer mit Kochecke freuen, von denen einige traumhafte Balkons mit breiten Hängematten haben. Am besten nach einem Standardzimmer mit Blick auf den majestätischen Cerro Tetakawi fragen.

Essen & Ausgehen

Rosa's Cantina (☎ 226-10-00; Blvd Manlio Beltrones Km 9,5; Hauptgerichte 32–120 Mex$; 6–21 Uhr) In diesem rosafarbenen Restaurant mit Pancho-Villa-Deko werden den ganzen Tag über mexikanische Leckerbissen und morgens reichhaltiges amerikanisches und mexikanisches Frühstück angeboten.

Marina Cantina & Deli (☎ 226-11-22; Edificio Marina San Carlos; Sandwiches 50 Mex$; Mo–Fr 11–1, Sa & So 11–2 Uhr) Bei Gringos und Einheimischen gleichermaßen beliebte Kneipe, in der eine Menge unterschiedlicher Sandwiches und Salate sowie bergeweise Nachos auf den Tisch kommen. Außerdem gibt's eine Happy Hour (16–19 Uhr), die sich wirklich lohnt.

El Bronco (☎ 226-11-30; Blvd Beltrones Km 10; Hauptgerichte 105–230 Mex$; Mo–Do 17–23, Fr & Sa 13–23, So 13–22 Uhr) In diesem Steakhaus werden die perfekt gewürzten Steaks, für die Sonora berühmt ist, serviert. Diese verspeist man in einem von außen leicht mysteriös aussehenden Raum.

LP Tipp The Hangout/Soggy Peso Bar (☎ 226-17-16; Playa Algodones Km 20; 11 Uhr–Sonnenuntergang) Ein wirklich besonderes, versteckt gelegenes Schmuckstück, für das sich der Weg zur Playa Algodones, dem schönsten Strand von San Carlos, lohnt. Hier wird schlicht und einfach eine der besten Margaritas von ganz Mexiko gemixt. Was kann schöner sein, als bei einer Margarita bei Sonnenuntergang am Strand zu sitzen?

1910 (☎ 226-15-13; Ecke Paseo de Los Yaquis & Av de los Seris; Eintritt 30 Mex$; Mi–Sa 17–3 Uhr) Dieser laute, schnodderige Club, der sich über zwei Stockwerke ausbreitet, ist ein echtes Muss, wenn man die heißblütigen, ausgelassenen Einheimischen kennen lernen will, die jedes Wochenende aus Guaymas kommen und hier einfallen. Richtig los geht's erst nach Mitternacht.

Anreise & Unterwegs vor Ort

Busse von Guaymas nach San Carlos fahren zwischen 5.30 und 22 Uhr in Richtung Westen entlang der Av Serdán (der Abfahrtspunkt ist zw. Calle 19 & 20). Zur Rückfahrt brechen die Busse in San Carlos zwischen 6.15 und 23 Uhr alle 15 Minuten auf (10 Mex$).

ÁLAMOS

☎ 647 / 8200 Ew. / 432 m

Auf dem Hwy 13 von Navojoa in Richtung Álamos weichen der erdrückende Dieselgeruch und der Staub der Desierto Sonorense auf einmal den üppig bewaldeten Ausläufern der Sierra Madre Occidental. Man kann spüren, dass man bald auf etwas ganz Besonderes stoßen wird. Die Luft wird kühler, die Bushaltestellen werden neuer und die Pemex-Tankstellen sehen schon fast historisch aus. Álamos wartet wie ein vergrabener Schatz, der von betuchten *norteamericanos* und anderen die Gelegenheit nutzenden Ausländern bisher nur zur Hälfte ausgegraben wurde.

Álamos ist eine kleine, verschlafene Oase, in der man sich wunderbar einige Tage lang aufhalten kann. Es ist eine Stadt mit einer bewegten Vergangenheit, Geistergeschichten, Legenden und ruhigen Kopfsteinpflasterstraßen – und hinter jeder Ecke lauert eine neue Überraschung. Der maurische Touch in der Architektur ist unverkennbar, denn im 17. Jh. haben andalusische Architekten hier ihren Einfluss geltend gemacht. So ist es kein Wunder, dass die Stadt nicht nur zu einem nationalen historischen Denkmal erklärt wurde, sondern auch eins von Mexikos 32 *pueblos mágicos* (magischen Dörfern) ist. Zurzeit werden im Rahmen eines Zweijahresprojekts alle Funkmasten abgerissen und die Stromkabel unterirdisch verlegt, damit der Ort auch noch von der UNESCO als Weltkulturerbe anerkannt wird.

Der Charme dieser Stadt hat sich als für amerikanische Rentner und eine Menge Kreativer unwiderstehlich erwiesen. Seit den 1950er-Jahren haben diese sich viele der verfallenen Gebäude aus der Kolonialzeit unter den Nagel gerissen, um sie zu renovieren und in Hotels, Restaurants und Zweitwohnsitze umzuwandeln (vom verstorbenen Schauspieler Carroll O'Connor bis hin zur Pabst-Blue-Ribbon-Erbin hat hier so ziemlich jeder schon mal ein Haus besessen). Die wohlhabenden Exilausländer machen heute einen kleinen, aber einflussreichen Teil der Stadtbevölkerung aus. 2007 betrug ihre Zahl 400, wenn man der Dame glaubt, die alljährlich eine Zählung durchführt. Sie vergnügen sich miteinander in ihren abgeschotteten Höfen und leben weitestgehend separat von ihren mexikanischen Nachbarn. Einige Leute beschreiben Álamos auch als ein San Miguel de Allende, das noch in den Kinderschuhen steckt.

Von Mitte Oktober bis Mitte April, wenn die Luft hier kühl und frisch ist, kommen die *norteamericanos* und quartieren sich in ihren Winterresidenzen ein. Dann wimmelt es in der Stadt nur so von Ausländern. Auch die Wachtel- und Taubenjagdzeit von November bis Februar zieht viele ausländische Touristen an. Die mexikanischen Urlauber kommen in den glühend heißen Sommermonaten Juli und August her, wenn Schulferien sind. In der restlichen Zeit ist kaum ein Besucher in Álamos, dafür belagern in den regnerischen Sommermonaten dann unzählige Moskitos und winzige Stechmücken die Stadt.

Geschichte

1540 hatte Francisco Vázquez de Coronado hier während der Kriege gegen die einheimischen Mayo und Yaqui sein Hauptquartier aufgeschlagen. Die Yaqui sollten noch bis 1928 allen Eindringlingen Widerstand leisten. Coronado hingegen war der spätere Gouverneur von Nueva Galicia, wie große Teile von Westmexiko in der Kolonialzeit genannt wurden. Hätte er von den riesigen Gold- und Silbervorkommen gewusst, die Prospektoren später entdeckten, wäre er sicher länger geblieben.

1683 wurde bei Promontorios in der Nähe von Álamos Silber gefunden, und man eröffnete die „Europa"-Mine. Weitere Minen folgten schnell. Álamos wurde zu einer boomenden Stadt mit mehr als 30 000 Einwohnern und einem von Mexikos wichtigsten Bergwerkszentren im 18. Jh. Villen, Haziendas, eine Kathedrale, Gerbereien, metallverarbeitende Betriebe und Hufschmieden, später sogar eine Münzprägestätte wurden gebaut. El Camino Real (der Königsweg), ein stark ausgetretener spanischer Maultierpfad durch die Gebirgsausläufer, verband Álamos mit Culiacán und El Fuerte im Süden.

Nach der Unabhängigkeit Mexikos war Álamos die Hauptstadt der neu eingerichteten Provinz Occidente, eines riesigen Gebiets, das damals die heutigen Staaten Sonora und Sinaloa umfasste. Der Besitzer der reichsten Silbermine von Álamos, Don José María Almada, wurde damals zum Gouverneur ernannt.

Während des Aufruhrs im 19. Jh. und bis zur Mexikanischen Revolution war Álamos immer wieder das Ziel von Angriffen. Einmal waren es die Rebellen, die auf der Suche nach Álamos' Silberreichtum hier einfielen, dann wieder die hartnäckig um ihre Unabhängigkeit kämpfenden Yaqui. In den Jahren der Revolution wurde über der Stadt eifrig die Totenglocke geläutet. In den 1920er-Jahren war dann schließlich ein großer Teil der Bevölkerung ausgewandert, und viele der einst schönen Haziendas waren baufällig geworden. Álamos war praktisch zu einer Geisterstadt verkommen.

Erst 1948 wurde Álamos durch die Ankunft eines Milchbauern aus Pennsylvania, William Levant Alcorn, wieder zum Leben erweckt. Er kaufte die Almada-Villa an der Plaza de Armas und restaurierte sie zum Hotel Los Portales. Alcorn brachte der Stadt Publicity und machte auf dem Immobilienmarkt ein Vermögen. Eine Anzahl von *norteamericanos* überquerte die Grenze und kaufte die zerfallenden alten Villen zu günstigen Preisen. Sie machten sich an die Aufgabe, sie so lange liebevoll zu restaurieren, bis sie ihren alten Glanz wiedergewonnen hatten. Viele dieser *norteamericanos* leben sogar jetzt noch in Álamos.

Mittlerweile wurde der Handel mit Kupfer und Silber wieder aufgenommen (2 neue Minen wurden eröffnet), und der Bergbau ist erneut das Zugpferd der Region.

Orientierung

Die befestigte Straße von Navojoa kommt aus Richtung Westen nach Álamos hinein und führt zur grünen und schattigen Plaza Alameda. Der Markt befindet sich am Ostende der Alameda; der andere wichtige Platz, die etwas schickere Plaza de Armas, liegt zwei Blocks südlich des Marktes. Der Arroyo La Aduana (der Fluss am Zollhaus, der normalerweise ausgetrocknet ist) führt am Nordende der Stadt entlang; der Arroyo Agua Escondida (der „Fluss des versteckten Wassers", ebenso im Normalfall trocken) verläuft am Südrand entlang. Beide treffen am Ostende der Stadt auf den Arroyo La Barranca („Fluss der

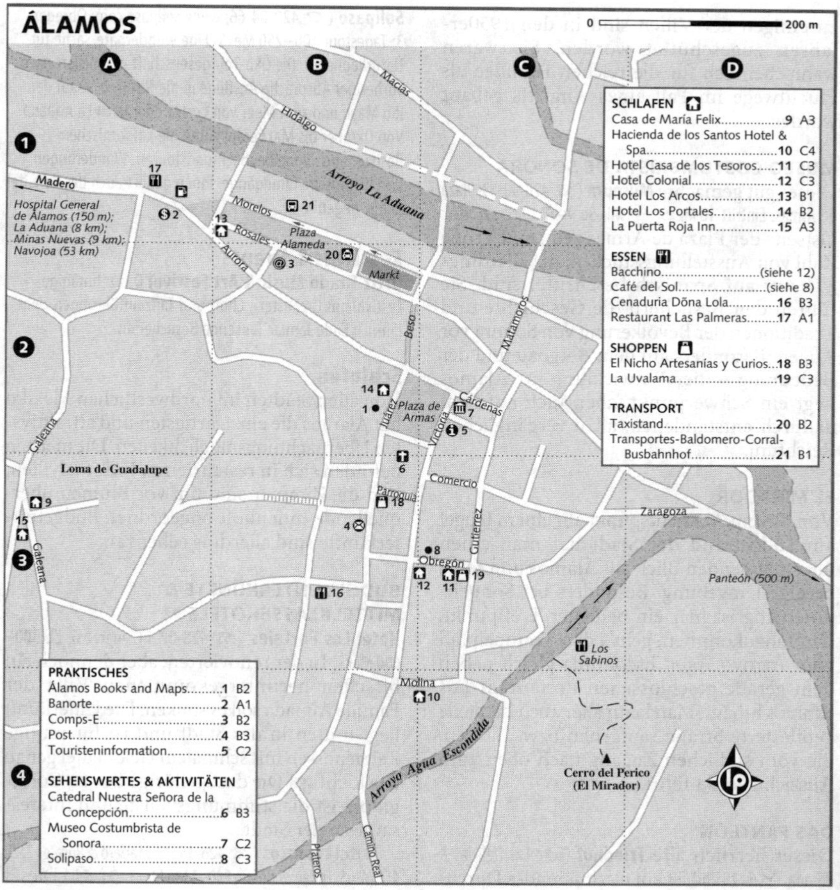

Schluchten"), der – natürlich ebenfalls ausgetrocknet – von Nordwesten kommt.

Praktische Informationen

Álamos Books and Maps (Juárez 8; 🕑 9–18 Uhr) Der beste Buchladen hier; hat auch Kunsthandwerk.

Banorte (Madero 37; 🕑 Mo–Fr 9–15 Uhr) Geldautomat und Geldwechsel.

Comps-E (Serdán 4; 10 Mex$/Std.; 🕑 Mo–Fr 8–22, Sa & So 8–13 Uhr) Internetzugang.

Hospital General de Álamos (☎ 428-02-25; Madero zw. Ramón Ortiz & Cocoteros; 🕑 24 Std.)

Post (Palacio de Gobierno, Juárez; 🕑 Mo–Fr 9–16 Uhr)

Touristeninformation (☎ 428-04-50; Victoria 3; 🕑 Mo–Sa 9–18, So 8–14 Uhr) Viel Infomaterial über Ziele in ganz Sonora. Zu Álamos selbst gibt's aber nur wenige Infos.

Sehenswertes

CATEDRAL NUESTRA SEÑORA DE LA CONCEPCIÓN

Das höchste Gebäude in Álamos ist diese **Kirche** (Kirche der unbefleckten Empfängnis; Plaza de Armas; 🕑 tgl. Gottesdienst 8 & 18 Uhr), die auch einfach „die Kathedrale" genannt wird. Sie wurde zwischen 1786 und 1804 als Kopie der Kirche von Tuscon, Arizona, gebaut, die als die „weiße Taube der Wüste" bekannt ist. Das Altargeländer, die Lampen, die Räuchergefäße und die Kandelaber im Innern waren früher einmal aus Silber. Im Jahr 1866 jedoch befahl General Ángel Martínez, sie einzuschmelzen, nachdem er die kaiserlichen Truppen Frankreichs aus Álamos hinausgeworfen hatte. Unterirdische Gänge (von 7 wird gemunkelt) von der Kirche zu einigen der Villen sind in den 1950er-Jahren zugeschüttet worden. Sie waren wahrscheinlich für die reichen Familien als Fluchtwege im Fall eines Angriffs gebaut worden.

MUSEO COSTUMBRISTA DE SONORA

Dieses gut gemachte **Museum** (☎ 428-00-53; Plaza de Armas; Eintritt 10 Mex$; ⌚ Mi–So 9–18 Uhr) an der Ostseite der Plaza de Armas zeigt eine große Zahl von Ausstellungsstücken, die allerdings alle nur auf Spanisch beschriftet sind. Sie führen den Besuchern die Geschichte und Traditionen der Bevölkerung von Sonora vor Augen. Besonders auf dem Bergbau und der Bedeutung seiner Entwicklung für Álamos liegt ein Schwerpunkt, aber auch auf dem dadurch entstandenen, allzu vergänglichen Reichtum.

EL MIRADOR

Von diesem Aussichtspunkt auf einem Hügel am Südostrand der Stadt hat man einen überwältigenden Blick auf Álamos und seine bergige Umgebung. Besonders bei Sonnenuntergang ist hier ein beliebter Treffpunkt. Um hinzukommen, geht's den Trampelpfad vom Arroyo Agua Escondida gleich neben dem gerade geschlossenen Restaurant Los Sabinos hinauf. Man kann aber auch die steile gepflasterte Straße raufgehen bzw. -fahren, die vom südlichen Zugang nach oben zum Aussichtspunkt führt.

DAS PANTEÓN

Dieser herrlich alte **Friedhof** (Ecke Las Delicias & Posada; ⌚ 6–18 Uhr) ist ein faszinierendes Durcheinander aus oberirdischen Grabstätten, hohen Palmen und kunstvollen Grabmalen mit pastellfarbenen Kreuzen und Engelsstatuen. Als man Beisetzungen in der Kirche 1751 abschaffte, wurden hier die ersten Verstorbenen reicher Familien beerdigt.

Geführte Touren

Tours of Distinction (☎ 428-13-68) Emiliano Grajeda, der sein ganzes Leben hier verbracht hat, bietet verschiedene geführte Spaziergänge an: einen historischen Rundgang, eine Geister- und Legendentour und eine Haus- und Gartentour zu den beeindruckendsten Haziendas der Stadt. Die Führungen dauern zwei bis drei Stunden und kosten 110 Mex$ pro Person. Neu hinzugekommen ist jetzt noch eine Tour in die frühere Silberminenstadt La Aduana ganz in der Nähe. Im Preis enthalten ist eine Tortilla-und-Käse-Mittagsmahlzeit bei Einheimischen.

Solipaso (☎ 428-04-66; www.solipaso.com; Obregón 3; Tagestour 100–250 Mex$) Eine wunderbare Sache für Naturliebhaber. Die Öko-Tourgesellschaft organisiert nach vorheriger Absprache Ausflüge in die Natur, u. a. auf den Río Mayo und zum Meer von Cortez oder nach La Aduana. Von Oktober bis Mai veranstalten die kalifornischen Besitzer auch Vogelbeobachtungstouren, Wanderungen und historische Rundgänge. Ihnen gehört auch das Café del Sol (s. gegenüber).

Festivals & Events

Ortíz Tirado Music & Art Festival Das zehntägige Festival mit Orchester-, Chor- und Tanzaufführungen zieht jährlich Ende Januar Tausende Besucher an.

Schlafen

Von allen Städten im nordwestlichen Mexiko hat Álamos die einzigartigsten und attraktivsten Übernachtungsmöglichkeiten. Die meisten befinden sich in restaurierten Kolonialvillen, und die Zimmer sind um vor Blumen überquellende Innenhöfe angeordnet. Budgetunterkünfte sind allerdings eher rar.

BUDGETUNTERKÜNFTE & MITTELKLASSEHOTELS

Hotel Los Portales (☎ 428-02-11; Juárez 6; Zi. 300–600 Mex$) In der renovierten, aber dennoch ein bisschen heruntergekommenen Villa der Familie Almada soll es spuken. Die Unterkunft liegt mitten in der Stadt und ist für mutige Zeitgenossen mit schmalem Geldbeutel genau das Richtige. Die dazugehörige Bar La Corregidora ist die stimmungsvollste und interessanteste der Stadt.

Hotel Los Arcos (☎ 428-15-28; Madero & Rosales 2; Zi. 450 Mex$, Ferienwohnung 800–1146 Mex$; ⊠ ❄) Dieses neue Hotel unter mexikanischer Leitung befindet sich über dem Supermarkt Super Tito's an der Plaza Alameda. Im Obergeschoss gibt es einen wunderschönen Bogengang mit Blick über den Platz. Die Budget-Zimmer für 450 Mex$ bieten das beste Preis-Leistungs-Verhältnis in ganz Álamos.

Casa de María Felix (☎ 428-09-29; www.casademariafelix.com; Galeana 41; Zi. 550–650 Mex$; ❄ 🏊 ♿) Ein klitzekleines bisschen weniger elegant als das La Puerta Roja. Diese großartige, gemütliche Unterkunft ist zugleich auch ein Museum mit unzähligen Kuriositäten, offenen Kaminen, Antiquitäten sowie mehreren Hunden und Katzen.

Hotel Casa de los Tesoros (☎ 428-00-10; www.tesoroshotel.com; Obregón 10; Zi. 700–1100 Mex$; Ⓟ ❄ 🏊 ♿) Das ehemalige Kloster aus dem 18. Jh. beherbergt ein nettes Hotel mit einem luftigen, von Orangenbäumen beschatteten Innenhof mit schönem Bogengang. Die Zimmer sind verglichen mit dem ganzen Anwesen etwas dunkel. In dem beliebten Restaurant soll es die besten Pommes und die beste Salsa der ganzen Stadt geben (und beides ist wirklich verdammt gut!).

La Puerta Roja Inn (☎ 428-01-41; www.lapuertarojainn.com; Galeana 46; Zi. inkl. Frühstück 990 Mex$; P) Dieses phantastische, 150 Jahre alte Haus kombiniert die Atmosphäre eines mexikanischen Trödelmarkts mit ausgewählten Kunstwerken und Möbeln. Außerdem gibt's einen hübschen Garten und einen Innenhof.

SPITZENKLASSEHOTELS

Hotel Colonial (☎ 428-13-71; www.alamoshotelcolonial.com; Obregón 8; Zi. 1458–1985 Mex$;) Das Herrenhaus wurde von Janet Anderson, einer Powerfrau aus Louisiana, sorgfältig renoviert und bietet zehn traumhafte, völlig unterschiedlich eingerichtete Zimmer, die um einen wunderschönen Hof herum angeordnet sind. Die Steinfußböden und die Bäder sind einfach zum Verlieben.

Hacienda de los Santos Hotel & Spa (☎ 428-02-17; www.haciendadelossantos.com; Molina 8; Zi. 2940–2970 Mex$, Suite 3190–15 400 Mex$;) Eine der schönsten Anlagen in ganz Nordamerika mit fünf restaurierten Kolonialhäusern, die untereinander durch Tunnel, Bogengänge und Brücken verbunden sind. Die Einrichtung ist das Ergebnis der 43 Jahre andauernden Antiquitätensammelleidenschaft der Inhaber. Die spektakuläre Anlage hat insgesamt 63 Kamine, vier Pools, drei Restaurants und eine 520 Sorten umfassende Tequilasammlung.

Essen & Ausgehen

Álamos ist in letzter Zeit so etwas wie ein Feinschmeckerparadies geworden. Egal ob an den Ständen mit preiswertem, schmackhaftem Essen an der Plaza Alameda (unbedingt noch Platz im Magen lassen für Rigobertos göttliche Chili-Mangos, die er gegenüber dem Busbahnhof verkauft) oder im Casa La Aduana (S. 366), zehn Fahrminuten außerhalb der Stadt – überall wird Wert auf gutes Essen gelegt. Aber aufgepasst: In der Nebensaison haben zahlreiche Restaurants nur verkürzte Öffnungszeiten, und montags sind die meisten sogar ganz geschlossen. Die hier angegebenen Öffnungszeiten beziehen sich auf die Hauptsaison.

LP Tipp **Cenaduria Dõna Lola** (☎ 428-11-09; Volantín s/n; Hauptgerichte 30–45 Mex$; 6–22 Uhr) Umwerfende hausgemachte mexikanische Gerichte zu unglaublichen Preisen. Dieses unter Einheimischen als Geheimtipp gehandelte Restaurant im Familienbetrieb ist die Reise nach Álamos schon wert. Die *enchiladas suizas* sind die besten weltweit. Wenn hier jemand von Koky's spricht, dann meint er die Cenaduria Dõna Lola.

Restaurant Las Palmeras (☎ 428-00-65; Madero 48; Hauptgerichte 35–120 Mex$; Mo–Do 6–22, Fr–So 6–14 Uhr) Auch in den neuen Räumen direkt nordwestlich der Plaza Alameda serviert dieser Klassiker wie eh und je exzellente *chiles rellenos* (mit Käse oder Huhn gefüllte Chilis) und unvergessliche hausgemachte Tortillas.

Café del Sol (☎ 428-04-66; Obregón 3; Gerichte 50–70 Mex$; Di–Sa 7.30–18 Uhr) Ein luftiges Café im Kolonialstil – genau das Richtige für einen Espresso und innovative Köstlichkeiten wie Crêpes mit *chipotle* in Apfel-Sahne-Sauce.

Bacchino (☎ 428-13-71; Hotel Colonial; Pizzas 90–120 Mex$, Hauptgerichte 70–140 Mex$; 11.30–14.30 & 17.30–22.30 Uhr; V) Dieses erst vor kurzem eröffnete italienische Restaurant mit einem Touch Louisiana (will jemand Shrimps-Remoulade?) produziert Unmengen Pizza aus dem Holzkohlenofen und weitere Köstlichkeiten wie Lasagne mit sechs verschiedenen Käsesorten. Serviert wird das Ganze in fröhlicher Atmosphäre im Hotel Colonial. Mittwoch- und samstagabends gibt's romantische Gitarrenmusik live dazu.

La Puerta Roja Inn (☎ 428-01-41; www.lapuertarojainn.com; Galeana 46; Probiermenü abends 200–275 Mex$; nur Mi) Jeden Mittwoch sind Nicht-Hotelgäste ebenso willkommen wie die Gäste des Hauses, um die köstlichen Gerichte zu probieren, die die Inhaberin Teri Arnold selbst herstellt. Sie verwendet nur Produkte aus der Region, z. B. Fisch und Geflügel (mit freundlicher Empfehlung des jagenden Ehemannes). Die einzigartigen Gerichte, z. B mit Schokolade eingeriebene Schweinerippchen, sind der Renner bei den in der Stadt lebenden Ausländern.

Shoppen

El Nicho Artesanías y Curios (Juárez 15; Mo–Sa 8.30–18 Uhr) Dieser faszinierende Laden in einer ehemaligen Seidenfabrik direkt hinter der Kirche ist vollgestopft mit Antiquitäten, Kuriositäten, Volkskunst und mexikanischen Kunsthandwerksgegenständen.

La Uvalama (☎ 428-01-80; Ecke Obregon & Gutierrez; ⏲ 8–18 Uhr) Es ist klein, aber die einzeln im Ofen gebrannten Töpferstücke sind es wert, mit nach Hause geschleppt zu werden. In der Hauptsaison kann man hier auch an Töpferkursen teilnehmen (40 Mex$/Pers., 2 Std.). Danach hat man dann sein selbst getöpfertes Andenken.

An- & Weiterreise

Álamos ist 194 km von Guaymas entfernt und von Navojoa aus über den Hwy 13 zu erreichen. Vom **Busbahnhof von Transportes Baldomero Corral (TBC)** (Ecke Guerrero & No Reelección) in Navojoa fahren zwischen 6 und 22 Uhr 2.-Klasse-Busse meist jede Stunde oder alle 30 Minuten nach Álamos (20 Mex$, 1 Std., 21-mal tgl.). Längere Strecken legt TBC mit 1.-Klasse-Bussen zurück, z. B. fahren täglich 15 Busse nach Hermosillo (137 Mex$, 5 Std.), einige auch nach Tucson (465 Mex$, 11 Std.) und Phoenix (595 Mex$, 13 Std.).

Der TBC-Busbahnhof befindet sich in Álamos an der Nordseite der Plaza Alameda. Busse nach Navojoa (20 Mex$, 1 Std.) starten zwischen 5.30 und 12.30 Uhr alle halbe Stunde, zwischen 13.15 und 14.15 Uhr stündlich und dann zwischen 15 und 18.30 Uhr wieder alle 30 Minuten. Der Bus nach Phoenix (549 Mex$, 12 Std.) fährt jeden Abend um 21.15 Uhr ab.

Der nächste Flughafen ist in Ciudad Obregón, ca. 90 Minuten entfernt.

LA ADUANA

In der Nähe von Álamos gibt es mehrere kleine, historische Dörfer, die einen interessanten Tagesausflug abgeben. Aber La Aduana, die Mine, die Álamos einst reich gemacht hat, ist ein Muss. Viele Besucher kommen im Rahmen von geführten Touren hierher. Es ist ein winziger Ort mit kleiner Plaza und idyllischem Flair.

Die eigentliche Attraktion hier ist das **Casa La Aduana Restaurant & Hotel** (☎ 647-404-34-73; www.casaladuana.com; Zi. inkl. Frühstück & Abendessen 1250 Mex$/2 Pers.; ⏲ Mai–Mitte Juni geschl.). Die Zimmer in diesem Hotel an der Plaza sind schlicht, aber das Tolle ist das viel gepriesene Restaurant (Prix-Fixe-Abendessen 180–320 Mex$). Der in Italien und Frankreich ausgebildete Besitzer und Chefkoch Sam Beardsley zaubert sonoranische Gourmetgerichte wie Shrimps in Tomaten-Knoblauch-Chili-Mousse. Zum Zeitpunkt der Recherche wurde die Schotterstraße gerade geteert, sodass die Anfahrt in Zukunft etwas angenehmer sein dürfte.

In La Aduana gibt's auch erste Anzeichen von Ökotourismus. Mit **Projecto Ecoturístico La Aduana** (☎ 110-44-79), einem Zusammenschluss von Frauen, können sich Mutige für 150 Mex$ in einen 35 m tiefen Minenschacht abseilen. Außerdem tummeln sich in dieser Gegend, in der man auch spektakuläre Trekkingtouren unternehmen kann, mehr als 350 Vogelarten am Himmel.

Ein Taxi von Álamos nach La Aduana kostet zwischen 150 und 200 Mex$.

NÖRDLICHES SINALOA

Außer mit dem hübschen El Fuerte (S. 373) kann sich das nördliche Sinaloa weder mit Straßen im Kolonialstil noch mit vielen Möglichkeiten für Aktivitäten rühmen. Dennoch wimmelt es hier von Touristen – und der Grund liegt auf der Hand: Es ist der westliche Zugang zu Mexikos atemberaubendster Naturattraktion, der Barranca del Cobre (Kupferschlucht). Das ebenfalls überwältigende südliche Sinaloa und Mazatlán sind Teil des Kapitels Zentrale Pazifikküste.

LOS MOCHIS

☎ 668 / 231 980 Ew.

Los Mochis, das 488 km südlich von Hermosillo liegt, hat es geschafft, die Balance zwischen modernem Stadtgetümmel und kleinstädtischer, freundlicher Atmosphäre zu finden. Obwohl die meisten Reisenden in der letzten Zeit ihre Fahrt mit der Kupferschluchtbahn lieber im pittoreskeren El Fuerte beginnen oder beenden, kommen noch immer viele Eisenbahnfans nach Los Mochis, das den westlichen Endpunkt dieser traumhaften Strecke bildet.

Orientierung

Die Hauptstraße der Stadt verläuft südwestlich vom Hwy 15D direkt bis in die Innenstadt. Am Rand des Zentrums ändert sie ihren Namen von Calz López Mateos in Leyva. Vom Fährterminal in Topolobampo kommend erreicht man das Stadtzentrum über den Blvd Castro, eine weitere Hauptverkehrsader. Einige Blocks in der Innenstadt sind noch einmal durch kleinere Straßen unterteilt (die auf dem Stadtplan von Los Mochis nicht angegeben sind), die parallel zu den Hauptstraßen verlaufen. Nur sehr wenige Straßen im Stadtzentrum sind keine Einbahnstraßen.

Praktische Informationen

Centro Médico (☎ 812-08-34; Blvd Castro 130)
Online Café Internet (Obregón; 12 Mex$/Std.; 🕒 Mo–Sa 9–20 Uhr)
Post (Ordoñez zw. Zaragoza & Prieto; 🕒 Mo–Fr 8–16, Sa 9–13 Uhr)
Touristeninformation (☎ 816-20-15; Ecke Cuauhtémoc & Allende) Es ist ein Umzug an einen neuen Ort außerhalb des Stadtzentrums geplant.

Sehenswertes & Aktivitäten

Die weiß gekalkte **Parroquia del Sagrado Corazón de Jesús** (Ecke Obregón & Mina), eine kleine Kirche mit einem grazilen Turm, steht an der wunderschönen **Plazuela 27 de Septiembre**, einem angenehmen, ruhigen, schattigen Platz mit einem klassischen Pavillon, der einer der schönsten im nordwestlichen Mexiko ist. Außerdem befindet sich dort auch noch das kleine **Museo Regional del Valle del Fuerte** (Ecke Blvd Rosales & Obregón; Eintritt 10 Mex$, So frei; 🕒 Mo–Sa 9–13 & 16–20 Uhr) mit irgendwie statisch wirkenden Ausstellungsstücken (nur auf Spanisch beschriftet) zur Geschichte und Kultur Nordwestmexikos. Die wechselnden Ausstellungen mit Werken von einheimischen und internationalen Künstlern sind interessanter. Der **Mercado Independencia** (Av Independencia) zwischen der Degollado und der Zapata ist ein lebhafter Markt, auf dem hauptsächlich mit Fleisch und Gemüse gehandelt wird. Die äußeren Stände entlang der Av Independencia bieten Cowboy-Klamotten an.

Schlafen

In Los Mochis gibt es Unterkünfte für jedes Portemonnaie. Wer auf dem Weg zur Kupferschlucht ist, bekommt dort wertvolle Infos und Tipps.

BUDGETUNTERKÜNFTE

Hotel Beltran (☎ 812-06-88; Ecke Hidalgo & Zaragoza; EZ/DZ 275/320 Mex$; ❄) Von hier schickt man sicher keine Postkarte an die Daheimgebliebenen, aber eine gemütlichere und preiswertere Unterkunft werden Budgettraveller wohl kaum finden.

Hotel Fénix (☎ 812-26-23; Flores 365 Sur; EZ/DZ 275/326 Mex$; ❄) Zwei Hotels in einem. Die 16 neu renovierten Zimmer sind ihren Preis wirklich wert, die alten Zimmer hingegen, die dasselbe kosten, sind die reinste Abzocke (auch wenn einige davon neue Bäder bekommen haben).

Hotel Montecarlo (☎ 812-18-18; Flores 322 Sur; EZ/DZ 290/350 Mex$; P ❄) Ein fröhlich blaues Gebäude aus der Kolonialzeit mit ziemlich verwohnten Zimmern um einen sonnigen, geschlossenen Innenhof. Die Anlage erinnert an längst vergangene Zeiten. Die Mehrausgabe von 40 Mex$ für ein modernisiertes Doppelzimmer lohnt sich, auch wenn man keine Wunder erwarten darf. Es gibt einen Langzeitparkplatz (für diejenigen, die zur Kupferschlucht wollen). Wer den aber nicht braucht, ist im Fénix besser aufgehoben.

MITTEL- & SPITZENKLASSEHOTELS

Corintios Hotel (☎ 818-22-24; www.hotelcorintios.com; Obregón 580 Pte; EZ/DZ 684/774 Mex$, Suite 855–1100 Mex$; P ❄) Mit dem luftigen Innenhof, den gemütlichen Zimmern und den mit Marmor gefliesten Badewannen ist das zentral gelegene, wenn auch allmählich marode werdende Corintios (die Minibar stammt aus den 1970er-Jahren, die Kaffeemaschinen sind kaputt) noch immer ein Mittelklassehotel mit gutem Preis-Leistungs-Verhältnis. Das Personal ist freundlich. Gäste können ihr Auto hier kostenlos auch für längere Zeit abstellen. (Nicht-Gäste zahlen 70 Mex$/Tag).

Hotel Santa Anita (☎ 818-70-46; www.santaanitahotel.com; Ecke Leyva & Hidalgo; EZ/DZ 978/1133 Mex$; P ⊠ ❄) Das Santa Anita ist der erste Ableger der Balderrama-Kette, zu der noch sechs weitere Hotels in der Region um die Kupferschlucht gehören. Zwei der vier Etagen wurden etwas fragwürdig renoviert (erbsengrüne Wände? Bitte nicht!). Das dazugehörige Reisebüro kümmert sich um alles, was mit der Kupferschlucht zu tun hat. Gäste, die diese Dienste in Anspruch nehmen, können ihr Auto hier umsonst stehen lassen, alle anderen zahlen 50 Mex$ pro Tag.

Best Western Los Mochis (☎ 816-30-30; www.bestwestern.com; Obregón 691 Pte; Zi. 1045 Mex$; P ⊠ ❄ 💻 🏊 👶) Die Zimmer in diesem Kettenhotel sind zwar nicht so modern und ausgefallen eingerichtet wie die Lobby und die Lifts, aber dennoch sind sie geschmackvoller und gemütlicher als die der anderen Hotels in Los Mochis. In den unteren Stockwerken herrscht Rauchverbot.

Essen & Ausgehen

In Los Mochis muss keiner Hunger leiden. Es gibt eine nette Mischung aus klassischen

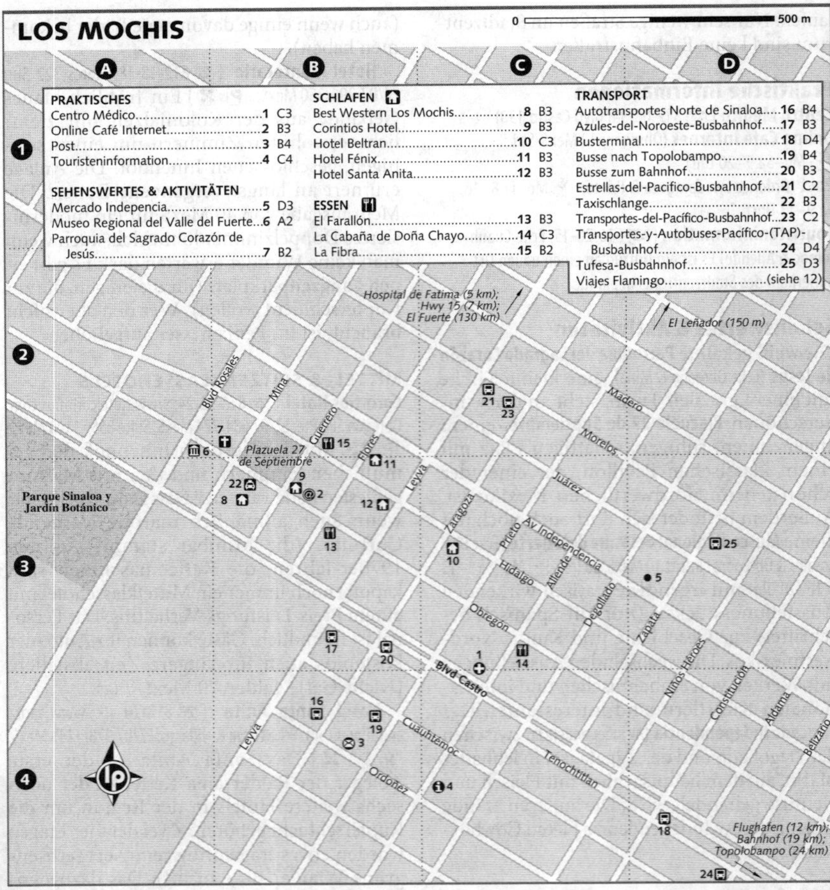

Lokalen und Feinschmeckerrestaurants, in denen man sich noch einmal satt essen sollte, bevor man sich in die essenstechnisch mager ausgestattete Schlucht begibt.

La Fibra (☎ 812-5674; Hidalgo 540 Pte; Sandwiches 12–17 Mex$; ⌚ Mo–Sa 7–15 Uhr; Ⓥ) Die Sojaburger und *tortas*, die Vollkorn-*quesadillas* und die vielen frischen Obstsäfte, die in diesem kleinen Lokal serviert werden, sind eine willkommene Abwechslung im Land der Rinderzucht.

La Cabaña de Doña Chayo (☎ 818-54-98; Obregón 99 Pte; Hauptgerichte 18–32 Mex$; ⌚ 9–1 Uhr) Phantastische *quesadillas* und Tacos mit *carne asada* und *machaca* (gewürztes, getrocknetes Rinderhack) kommen hier kochend heiß in hausgemachten Mais- oder Mehltortillas auf den Tisch. Ein Klassiker.

El Leñador (☎ 812-66-00; Prieto 301 Nte; Burger 33–38 Mex$, Steaks 92–169 Mex$; ⌚ 12–23 Uhr) Die Mittelklasse von Mochis speist in diesem ausgezeichneten Burger- und Steakrestaurant (unbedingt den Mexicanaburger probieren!), das komischerweise sowohl bei Familien als auch bei den Jungen und Schönen beliebt ist. Pommes werden mit drei erstklassigen Salsas serviert.

El Farallón (☎ 812-12-73; Ecke Flores & Obregón; Hauptgerichte 110–130 Mex$; ⌚ 9–24 Uhr) Die vornehme Atmosphäre erinnert zwar sehr an einen Club auf einem Kreuzfahrtschiff, aber *ceviche*, Sushi und die zahllosen verschiedenen Shrimps- und Fischgerichte sind ganz ausgezeichnet (die *chiletepin*-Sauce haut ganz schön rein – scharf!).

An- & Weiterreise

BUS

Los Mochis ist für Traveller sehr bequem, weil es so viele Busbahnhöfe hat, die über die ganze Stadt verteilt sind. Elite, Futura und Transportes Chihuahuenses (alle 1. Klasse) teilen sich ein großes **Busterminal** (☎ 812-57-49; Ecke Blvd Castro & Constitución), das sich einige Blocks östlich des Stadtzentrums befindet. Andere 1.-Klasse-Busunternehmen haben eigene Bahnhöfe. So fahren z. B. **Transportes Norte de Sonora** (☎ 812-17-57; Moreles) und **Transportes del Pacífico** (☎ 812-03-47) einen kleinen Bahnhof auf der Morelos zwischen der Zaragoza und der Leyva an. **Estrellas del Pacífico** (☎ 818-96-14) ist gleich nebenan. Alle bedienen mehr oder weniger dieselben größeren Städte in der Region. **Tufesa** (☎ 818-22-22; www.tufesa.com.mx), in der Zapata zwischen der Juárez und der Merlos, fährt sporadisch gen Norden nach Nogales und gen Süden nach Culiacán sowie einmal täglich nach Los Angeles (12.20 Uhr, 24 Std.). **TAP** (☎ 817-59-07; www.tap.com.mx; Ecke Blvd Castro & Belizario) befindet sich unweit des Hauptbusterminals und fährt u. a. Mexico City, Guadalajara und Mazatlán an. **Autotransportes Norte de Sinaloa** (☎ 818-03-57; www.nortedesinaloa.com.mx) an der Ecke Zaragoza und Ordoñez hat 2.-Klasse-Busse nach Culiacán und Mazatlán. **Azules del Noroeste** (☎ 812-34-94) startet an einem kleinen Bahnhof in der Callejón Juan Escutia und fährt fünf Mal nach El Fuerte und zum Flughafen.

Weitere Ziele (Preise für 1. Klasse):

Ziel	Preis (Mex$)	Dauer (Std.)
El Fuerte	55	2
Guadalajara	545	12
Guaymas	180	5
Hermosillo	250	7
Los Angeles	1215	24
Mazatlán	275	6
Nogales	400	12
Topolobampo	13	¾

FLUGZEUG

Der Flughafen von Los Mochis liegt 14 km südlich der Stadt an der Straße nach Topolobampo. **Aeroméxico/Aeroméxico Connect** (☎ 812-01-40) hat tägliche Direktflüge (mit Anschluss zu anderen Städten) nach Mexico City, Hermosillo und Guadalajara. **Aero California** (☎ 800-080-90-90) fliegt nach Guadalajara, La Paz, Mexico City und Tijuana. **Alma** (☎ 817-47-67; www.alma.com.mx) bedient täglich La Paz, Guadalajara, Tijuana und Puerto Vallarta.

SCHIFF/FÄHRE

Fähren fahren von Topolobampo, 24 km südwestlich von Los Mochis, nach La Paz in Baja California Sur. Sie legen täglich um 23 Uhr ab. Tickets gibt's bei **Baja Ferries** (www.bajaferries.com.mx) am Fährterminal in Topolobampo (s. S. 370). In Los Mochis verkauft **Viajes Flamingo** (☎ 812-818-16-13; www.mexicoscopper-canyon.com; Hotel Santa Anita, Ecke Leyva & Hidalgo) Tickets bis zu einem Monat im Voraus. Busse nach Topolobampo verkehren den ganzen Tag über regelmäßig (20 Mex$).

ZUG

Weitere Details zur Zugfahrt zwischen Los Mochis und Chihuahua gibt's auf S. 371.

Der Bahnhof befindet sich 8 km östlich des Zentrums in der Serrano. Der Fahrkartenschalter ist täglich von 5 bis 7 Uhr geöffnet. In dieser Zeit kann man die Fahrkarten für die morgendlichen Züge in Richtung Kupferschlucht und Chihuahua kaufen. Tickets gibt's aber auch im **Büro** (☎ 824-11-51; 🕑 Mo–Fr 9–17.30, Sa 10–12.30, So 8–10 Uhr).

Primera-express-Tickets (1. Klasse) sind bis zu einer Woche vor Reisebeginn erhältlich. Die für die *clase económica* (2. Klasse) werden eine Stunde vor Abfahrt des Zuges oder am Vortag verkauft. Einen Tag im Voraus kann man sich zum selben Preis *primera-express*-Tickets (gegen Barzahlung) und *clase-económica*-Tickets (gegen eine Gebühr von 8 %) auch in dem Reisebüro des Hotel Santa Anita, **Viajes Flamingo** (☎ 818-16-13; www.mexicoscoppercanyon.com; Ecke Leyva & Hidalgo), besorgen.

Der *primera-express*-Zug fährt um 6 Uhr in Los Mochis ab, der Zug der *clase económica* um 7 Uhr. Preise und Fahrpläne sind im Kasten auf S. 372 aufgelistet.

Unterwegs vor Ort

Fast alles, was für Reisende in Los Mochis interessant ist, kann vom Stadtzentrum aus zu Fuß erreicht werden. Taxis stehen aufgereiht am Obregón, direkt vor dem Best Western. Ein Taxi zum Flughafen kostet an die 140 Mex$.

Busse von „Estación" zum Bahnhof (4,50 Mex$, 20 Min.) starten zwischen 5.30 und 20.30 Uhr alle fünf Minuten vom Blvd Castro und verkehren zwischen Zaragoza und Prieta. Um den *clase-económica*-Zug zu erreichen, der um 7 Uhr abfährt, kann man mit dem Bus zum Bahnhof fahren. Aber bei der Abfahrt des *primera-express*-Zugs um 6 Uhr ist es vielleicht sicherer, die 50 Mex$ für ein Taxi zu investieren.

TOPOLOBAMPO

☎ 668

Der zweitgrößte natürliche Tiefseehafen der Welt, 24 km südwestlich von Los Mochis, erlangte für kurze Zeit eine gewisse Berühmtheit, als hier eine beliebte mexikanische *telenovela* gedreht wurde. (Ausschlaggebend dafür war bestimmt sein ausgesprochen witziger Name.) Ansonsten gibt es über dieses Örtchen nichts Weltbewegendes zu berichten, außer dass Topolobampo früher einmal der Endpunkt der Eisenbahnlinie durch die Kupferschlucht war. Heute fährt der Zug nur noch bis Los Mochis, sodass jetzt die Fähre zwischen dem Festland und La Paz in Baja die Touristen nach Topolobampo bringt.

Übernachten kann man eigentlich nur im **Hotel Marina** (☎ 862-01-00; Albert K Owen 33 Pte; Zi. 350 Mex$; Ⓟ), einem in die Jahre gekommenen Gasthaus mit Pool und Restaurant, das genau richtig ist, wenn man um 21 Uhr aus La Paz ankommt. Es ist leicht zu finden: einfach den Schildern bis ins Stadtzentrum folgen.

Für die fünfstündige Fahrt hinüber nach Baja gibt's Tickets für denselben Tag bei **Baja Ferries** (☎ 862-10-03; www.bajaferries.com; Terminal de Transbordadores; 9–22.30 Uhr). Im *salón* zahlen Fahrgäste 750 Mex$, Vierbettkabinen kosten 760 Mex$ zusätzlich. Die Passagierfähren legen täglich um 23.30 Uhr ab und kommen um 5 Uhr in La Paz an. Von La Paz geht's um 15 Uhr zurück, die Ankunft in Topolobampo ist am selben Tag um 21 Uhr. Zu den Preisen für Fahrzeuge s. S. 330.

BARRANCA DEL COBRE

Im ganzen Nordwesten Mexikos gibt's nichts, das mit der Größe und der Schönheit der dramatischen Barranca del Cobre (Kupferschlucht) vergleichbar wäre. Sie besteht aus mehr als 20 spektakulären Canyons und umfasst ein Gebiet, das viermal größer und an einigen Stellen sogar noch viel tiefer ist als der Grand Canyon in Arizona. Man stelle sich vor, dass jemand mit einem gezackten Schlüssel der Größe von Florida an einem Auto der Größe North Carolinas entlangkratzt – der entstehende Schaden entspräche den traumhaft schönen Schluchten der Barranca del Cobre.

Das Tollste ist hier aber, dass man mit der Ferrocarril Chihuahua Pacífico (Chihuahua-Pacific Railway, auch als Copper Canyon Railway bekannt) an einigen der schroffsten Stellen hinauf-, über sie drüber- oder mitten durch sie hindurchfahren kann. Die atemberaubende Fahrt geht über 655 km eindrucksvoller Schienenstrecke. Der Zug verkehrt zwischen Los Mochis am westlichen Endpunkt und Chihuahua im mittleren Westen. Diese Fahrt ist die beliebteste Art, die Canyons zu besichtigen. S. auch S. 372.

Der Name Kupferschlucht, den die Spanier diesem Canyon fälschlicherweise gaben (sie hielten den grünlichen Schimmer der Flechten für Kupfer), bezieht sich genau genommen auf die Furcht einflößende Barranca de Urique – sie liegt nur 500 m über dem Meeresspiegel, ist aber 1879 m tief und damit der tiefste Punkt des Canyons.

Die Barranca de Urique hat ein subtropisches Klima, aber die Spitzen hoch oben ragen bis zu 2300 m über dem Meeresspiegel auf und beheimaten Nadelholzgewächse und immergrüne Pflanzen. Die ganze Region ist außerdem die Heimat der größten Gruppen des einheimischen Volks der Tarahumara, auch als Rarámuri bekannt (s. Kasten S. 376).

Die meisten Leute fahren einfach die ganze Strecke bis zum Ende und bleiben dann vor der Rückfahrt über Nacht – zu Unrecht, denn es gibt eine viel bessere Methode, das Gebiet der Barranca del Cobre wirklich zu erleben: einfach unterwegs ein paar Stopps einlegen. Vor allem Backpacker wählen gern Creel (S. 379), etwa acht Stunden von Los Mochis entfernt, um ihre Reise zu unterbrechen. Viele der schönsten Orte sind hier zum Greifen nah. Außerdem ist die Stadt voller Annehmlichkeiten für Reisende. In Cerocahui, Urique, Posada Barrancas und Divisadero kann man ebenfalls gut eine Nacht verbringen. Man hat dann jeweils 24 Stunden, bevor der Zug wieder vorbeikommt – Zeit genug, um sich einiges näher anzusehen und die Canyons zu erkunden.

Viele Traveller ziehen es vor, die Gegend im Frühling oder Herbst zu besuchen. Dann sind die Temperaturen am Boden der Canyons nicht so hoch wie im Sommer, und ganz oben ist es nicht so kalt wie im Winter. Die absolut beste Zeit für einen Besuch ist im späten September und Oktober nach den Sommerregenfällen – dann ist die Vegetation immer noch grün. Von Februar bis Juni trocknet alles aus und man erhascht nur noch ab und an einen Blick auf ein paar wilde Blumen.

FERROCARRIL CHIHUAHUA PACÍFICO

Die Ferrocarril Chihuahua Pacífico (Copper Canyon Railway), eine Eisenbahnstrecke durch eine der tollsten Landschaften der Welt, ist zugleich eine bemerkenswerte Meisterleistung der Ingenieurskunst: Entlang der 653 km langen Eisenbahnlinie gibt's 37 Brücken und 86 Tunnel. Außerdem verbindet sie das gebirgige und trockene Innere von Nordmexiko mit einer Stadt, die gerade mal 24 km von der Pazifikküste entfernt ist. Die Strecke wurde 1961 nach vielen Jahrzehnten Bauzeit eröffnet. Heute ist sie die Hauptverbindung zwischen Chihuahua und der Küste. Sie wird nicht nur von Passagieren stark in Anspruch genommen, sondern auch für den Gütertransport genutzt. Die Schönheit der Landschaft, die an den Fenstern vorbeizieht, hat die Fahrt zu einem der beliebtesten Ausflüge Mexikos gemacht. Man hat weite Ausblicke auf die Berge, blanke Canyonwände, funkelnde Seen und Blumenfelder – und fast alles ist menschenleer und von Fortschritt und Technik unberührt.

Die Ferrocarril Chihuahua Pacífico (Chepe, gesprochen *che*-pe) hat zwei Züge. Erster Klasse fährt der *primera express*. Er kostet zwar das Doppelte, hält aber seltener und hat ein Restaurant und eine Bar. In der billigeren und langsameren *clase económica* gibt es eine Snackbar. Die Wagen beider Züge haben so-

BARRANCA DEL COBRE (KUPFERSCHLUCHT)

wohl eine Klimaanlage als auch eine Heizung. Die *clase económica* ist eigentlich schön genug für Touristen, daher wird das ausschlaggebende Kriterium wohl der Zeitfaktor sein – im *primera express* dauert die einfache Fahrt mindestens 14 Stunden, der *clase económica* braucht zwei Stunden länger, weil er häufiger anhält.

Wer von Chihuahua nach Los Mochis unterwegs ist, sollte lieber den *primera express*

EISENBAHNFAHRPLAN – FERROCARRIL CHIHUAHUA PACÍFICO

Sowohl der *primera express* als auch die Züge der *clase económica* fahren täglich. Da sie häufig Verspätung haben, sind die unten angegebenen Zeiten nur eine grobe Orientierung. Einige Leute kennen aufgrund ihrer jahrelangen Erfahrung mit verspäteten Zügen die „wahren" Zeiten. Auf sie zu hören, ist keine schlechte Idee. Ein Zug kann einmal pünktlich sein, ein anderes Mal aber auch zwei Stunden zu spät oder zu früh kommen. Am besten checkt man die aktuellen Fahrzeiten im Hotel, am Bahnhof oder beim Schaffner. Wer Chihuahua im *primera express* mit der Hoffnung verlässt, am gleichen Tag in Topolobampo die Fähre nach Baja zu erwischen, wird häufig enttäuscht. Das klappt fast nie. Die Züge der *clase económica* sind sehr viel langsamer und kommen oft erst gegen 1.30 Uhr an der Endstation an. Los Mochis und Chihuahua liegen in derselben Zeitzone.

RICHTUNG OSTEN – VON LOS MOCHIS NACH CHIHUAHUA

Primera Express Nr. 75			Clase Económica Nr. 75	
Bahnhof	Ankunft	Preis ab Los Mochis (Mex$)	Ankunft	Preis ab Los Mochis (Mex$)
Los Mochis	6 Uhr (Abfahrt)	–	7 Uhr (Abfahrt)	–
El Fuerte	8.30 Uhr	267	10.15 Uhr	133
Témoris	11.26 Uhr	475	13.55 Uhr	238
Bahuichivo	12.27 Uhr	562	15.10 Uhr	281
San Rafael	13.20 Uhr	633	16.25 Uhr	317
Posada Barrancas	13.40 Uhr	655	16.50 Uhr	328
Divisadero	13.45 Uhr	664	16.55 Uhr	332
Creel	15.24 Uhr	793	18 Uhr	397
Cuauhtémoc	18.23 Uhr	1155	22.35 Uhr	578
Chihuahua	20.45 Uhr	1451	1.30 Uhr	726

RICHTUNG WESTEN – VON CHIHUAHUA NACH LOS MOCHIS

Primera Express Nr. 74			Clase Económica Nr. 76	
Bahnhof	Ankunft	Preis ab Chihuahua (Mex$)	Ankunft	Preis ab Chihuahua (Mex$)
Chihuahua	6 Uhr (Abfahrt)	–	7 Uhr (Abfahrt)	–
Cuauhtémoc	8.15 Uhr	295	9.55 Uhr	148
Creel	11.15 Uhr	660	13.20 Uhr	330
Divisadero	12.34 Uhr	789	15.25 Uhr	399
Posada Barrancas	13 Uhr	820	15.30 Uhr	399
San Rafael	13.18 Uhr	875	16.45 Uhr	410
Bahuichivo	14.17 Uhr	891	17.10 Uhr	446
Témoris	15.15 Uhr	978	18.25 Uhr	489
El Fuerte	18.10 Uhr	1271	22.23 Uhr	636
Los Mochis	20.50 Uhr	1451	1.30 Uhr	726

in Erwägung ziehen: Die *clase económica* fährt nicht nur später, sie hinkt auch häufig dem Fahrplan hinterher und passiert große Teile der schönsten Szenerie zwischen Creel und El Fuerte erst nach Einbruch der Dunkelheit – vor allem im Winter, wenn die Sonne früher untergeht. In die andere Richtung kann man mit beiden Zügen die beste Aussicht genießen, außer wenn die *clase económica* wahnsinnig viel Verspätung hat.

Die meisten schönen Ausblicke hat man in Richtung Inland (Osten) von der rechten Seite des Waggons aus. Dagegen ist die linke Seite die beste für die Fahrt zur Küste (Westen). Wer im Voraus ein Ticket gekauft hat und dann feststellt, dass er auf der „falschen" Seite sitzt, kann einfach den Schaffner fragen, ob ein schneller Tausch möglich ist. Aber wo immer man sitzt: Es macht riesig Spaß, sich in den Vestibülen zwischen den Wagen zu versammeln. Da sind die Fenster offen und man kann ohne störende Hindernisse Fotos schießen und die frische Bergluft über das Gesicht zischen fühlen.

Zwischen Los Mochis und El Fuerte fährt der Zug durch flaches, graues Farmland. Kurz danach beginnt er, durch nebelverhangene Hügel zu kriechen, die mit dunklen Kaktussäulen gespickt sind. Dann überquert der Zug die lange Brücke über den Río Fuerte. Drei Stunden nach der Abfahrt in Los Mochis geht's durch den ersten der 87 Tunnel. Unterwegs quert der Zug kleine Canyons (wobei er sich drei ansteigende Schleifen entlang schlängelt, die wegen ihrer birnenähnlichen Form La Pera at Témoris genannt werden), zischt an den Seiten dramatischer Klippen entlang und schnauft immer höher durch die Berge der Sierra Tarahumara bis zum absoluten Höhepunkt: Wenn der Zug in Divisadero stoppt, bekommt man einen ersten und einzigen kurzen Blick auf die tatsächliche Barranca del Cobre. Der Zug beschreibt einen ganzen Kreis im Canyon bei El Lazo, bevor er nach Creel und Chihuaha weiterdampft.

Tickets

Primera-express-Tickets sind bis zu einer Woche vor Reisebeginn erhältlich. Tickets für die *clase económica* sind nur einen Tag im Voraus zu bekommen. Eigentlich ist es nicht nötig, sich die Fahrkarte vorher zu besorgen. Allerdings sollte man sich während der Semana Santa, im Juli und August sowie zu Weihnachten doch schon ein bisschen früher um die Tickets kümmern.

Wer ein *primera-express*-Ticket für denselben Tag haben möchte, sollte gegen 5 Uhr am Fahrkartenschalter sein, zumindest wenn er am **Bahnhof von Los Mochis** (☎ 668-824-11-51; Fahrkartenschalter Mo–Fr 5–7 & 9–17.30, Sa 5–7 & 10–12.30, So 5–7 & 8–10 Uhr) oder **Chihuahua** (☎ 614-439-72-12; Fahrkartenschalter Mo–Fr 5–7 & 10–17.30, Sa 5–7 & 9–12.30, So 5–7 Uhr) ist. Achtung: Einen öffentlichen Vorverkauf gibt's nur in Los Mochis, Creel (nur *primera express*, ab 11 Uhr) und Chihuahua. Wer an anderen Bahnhöfen einsteigt, muss sich sein Ticket gegen Bares im Zug kaufen. Dann besteht aber die Gefahr, dass sie bereits ausverkauft sind. Alternativ kann sicher auch eines der vielen **Balderrama Hotels** (☎ 668-712-16-23, www.mexicoscoppercanyon.com) behilflich sein. Hotelgäste bekommen bei Barzahlung ihre Tickets zum gleichen Preis wie am Bahnhof.

EL FUERTE

☎ 698 / 11 920 Ew. / 180 m

Das kleine, verschlafene, malerische El Fuerte ist zwar nicht so bezaubernd und wohlhabend wie Álamos, dafür aber von einem der letzten trockenen Tropenwälder Lateinamerikas umgeben. Außerdem wurde die Stadt bisher nicht Opfer unzähliger Ausländer. Das Ambiente der Kolonialzeit und die spanische Architektur sorgen für ein angenehmes Flair, ganz wie in alten Zeiten. Das Wichtigste ist aber, dass El Fuerte ein guter Ausgangs- und Endpunkt für einen Trip mit der Copper Canyon Railway ist.

Das 1564 von dem Spanier Francisco de Ibarra gegründete El Fuerte erhielt seinen Namen nach einem Fort, das die Spanier hier im 17. Jh. zum Schutz der Siedler vor den verschiedenen indigenen Völkern errichtet haben. Während der Kolonialzeit war El Fuerte eine wichtige spanische Siedlung, für über drei Jahrhunderte dann ein bedeutendes Landwirtschafts- und Handelszentrum sowie ein Umschlagplatz am El Camino Real, dem spanischen Maultierpfad zwischen Guadalajara und Álamos. 1824 wurde El Fuerte die Hauptstadt des Bundesstaates Sinaloa und blieb es auch für mehrere Jahre.

Meistens wimmelt es in El Fuerte nur so von Busreisegesellschaften, aber auch Traveller wählen den Ort als Ausgangspunkt. Viel zu tun gibt's in der Stadt nicht. Da aber immer mehr alternative Reiseveranstalter hier

Büros eröffnen und die Umgebung wirklich einiges zu bieten hat, werden wohl bald deutlich mehr Besucher einen Zwischenstopp hier einlegen.

Praktische Informationen

3Amigos Too (☎ 893-50-28; www.amigos3.com; Rosales 104; 🕑 9–19 Uhr) Hier bekommt man wirklich alles, was man für die Kupferschlucht braucht. Das 3Amigos Too ist eine in El Fuerte neu eröffnete Zweigstelle des hoch angesehenen Veranstalters in Creel. Im Angebot sind auch geführte Fluss- und Wandertouren rund um El Fuerte sowie der Verleih von Kajaks, Geländewagen, Motorrollern und Fahrrädern, falls man die Umgebung im Rahmen einer Tour auf eigene Faust erkunden will.

Amigo Trails (☎ 456-00-36; www.amigotrails.com; Rosales 104) Neues Reisebüro in den Räumen von 3Amigos Too. In Creel gibt's eine weitere Zweigstelle. Hier kann man Unterkünfte an der Strecke reservieren, und es ist geplant, dass künftig auch Zugtickets hier gebucht werden können. Dies ist das einzige Reisebüro an der Schlucht. Hier kann man auch nachfragen, wie weit das neue Boutiquehotel gediehen ist.

Bancomer (Ecke Constitución & Juárez; 🕑 Mo–Fr 8.30–16 Uhr) Wer in El Fuerte in den Zug steigt, sollte sich hier mit Barem eindecken, denn die nächste Bank ist erst wieder in Creel. Obendrein ist der Geldautomat in Creel oft pingelig, was die Karten angeht.

Hospital Rural IMSS Solidaridad (☎ 893-07-70; Rebeca Serna s/n)

Polizei (☎ 893-03-07)

Post (Calle 5 de Mayo s/n; 🕑 8–16 Uhr) Im Palacio Municipal.

Uri@s Ciber C@fé (☎ 893-06-15; Juárez 103; 10 Mex$/Std.; 🕑 Mo–Sa 8–20, So 9–15 Uhr) Internetzugang in der Nähe vom 3Amigos-Büro.

Sehenswertes & Aktivitäten

Die Hauptattraktionen von El Fuerte sind der Palacio Municipal, die Plaza und die Kirche (das Hotel Posada del Hidalgo ist eine Enttäuschung, auch wenn es historisch ist). Das **Museo de El Fuerte** (☎ 893-15-01; Eintritt 5 Mex$; 🕑 9–20 Uhr) kann man ebenfalls besuchen, es ist eine Nachbildung des Originalforts am kleinen *mirador* der Stadt, genannt Cerro de las Pilas. Dies ist ein günstiger Ausgangspunkt für Ausflüge in die Stadt, die Umgebung und zum breiten Río Fuerte. Bei Sonnenuntergang hat man von hier einen besonders spektakulären Blick.

Schlafen

Da El Fuerte eigentlich nicht auf Reisegruppen ausgerichtet ist, sind viele Hotels oft völlig ausgebucht. Frühzeitiges Reservieren ist hier wirklich notwendig. Die meisten Hotelbesitzer sind gern bereit, ein Auge auf das Fahrzeug zu haben, das man sicher in der Nähe der Unterkunft abstellen kann, während man mit dem Zug auf der Tour durch die Schlucht ist.

Hotel Real de Carapoa (☎ 893-17-96; Paseo de la Juventude 102; EZ/DZ 400/450 Mex$; ❄) Neues, preiswertes Hotel am Hauptplatz. Leider sind die geräumigen Zimmer mit Doppelbett nicht ganz so farbenfroh eingerichtet wie die Gemeinschaftsbereiche, aber sie sind ihren Preis trotzdem absolut wert. Außerdem gibt's Kaffee umsonst.

Río Vista Lodge (☎ 893-04-13; Junto Al Museo Mirador; Zi. 500 Mex$; P ❄ 🍴) Dieses rustikale Hotel am *mirador* bietet einen wirklich schönen Ausblick auf den Fluss, insbesondere von seinem friedlichen, höher gelegenen Hinterhof aus. Der Inhaber, ein Vogelnarr, hat das Hotel Raum für Raum aus dem Boden gestampft. Die drei neuen Zimmer mit exzellentem Blick auf den Fluss sind mit Schieferfußböden und Bad ausgestattet. Das Ganze ist eine kleine, ländliche Schatztruhe, gefüllt mit so schrulligen Dingen wie Winchester-Gewehren und Vogelhäuschen.

Hotel La Choza (☎ 893-12-74; www.hotellachoza.com; Calle 5 de Mayo 101; Zi. 575–690 Mex$; P ⊠ ❄ 🍴) Gutes, stilvolles Mittelklassehotel mit gewölbten Decken aus Ziegelstein (in den obersten Stockwerken), farbenfrohen Fliesen und stimmungsvoller Beleuchtung. Außerdem haben die Zimmer hell getupfte Wände, kühle Steinböden und bunte mexikanische Bäder. Das ausgezeichnete Restaurant und ein privater Parkplatz sind als weitere Pluspunkte zu verbuchen.

Hotel El Fuerte (☎ 893-02-26; Montesclaros 37; Zi. 750–900 Mex$; ❄) Das El Fuerte erweckt den Eindruck, als habe ein betrunkener Mariachi eine *piñata* zerschlagen und den Inhalt überall verstreut. Die klischeehafte Einrichtung hier ist leicht übertrieben. Nichtsdestotrotz verströmen die Zimmer in diesem Herrenhaus aus dem 17. Jh., die um einen großen, mit vielen Blumen bepflanzten Innenhof angeordnet sind, einen gewissen Charme.

LP Tipp **Torres del Fuerte** (☎ 893-19-74; www.hotelestorres.com; Robles 102; Zi. 1000–1500 Mex$; P ⊠ ❄) Francisco Torres hat die 400 Jahre alte Hazienda seiner Familie in ein wunderschönes Boutiquehotel umgebaut. Die neue Unterkunft ist eine großartige Ménage-à-trois aus kolonialen Überbleibseln, rustikaler

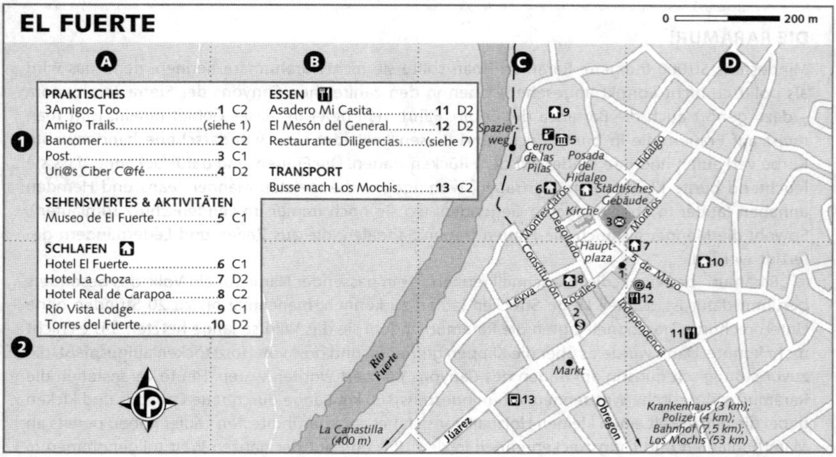

Eleganz und zeitgenössischer Kunst, angefangen bei den restaurierten alten Türen bis hin zu ausgegrabenen Originalsäulen, bearbeiteten Ziegelsteinen und Deckenbalken. Jedes der 25 Zimmer ist einem eigenen Thema gewidmet. Viele haben phantastische Schieferbäder und unverputzte Wände aus Ziegel und Stein. Die Bar und das Restaurant sind in dem früheren Haus eines Vorarbeiters und in einer ehemaligen, von Jesuiten errichteten Kapelle untergebracht. Es wäre ein echter Verlust, statt hier in der Posada del Hidalgo zu übernachten, denn preislich unterscheiden sich diese beiden Hotels nicht.

Essen

Rund um El Fuerte gibt's jede Menge Süßwasser, und man sollte die Stadt keinesfalls verlassen, ohne ihre Spezialitäten probiert zu haben: *cauques* (Süßwasserhummer) und *lobina* (Schwarzbarsch).

Asadero Mi Casita (Ecke Robles & Zaragoza; Hauptgerichte 10–55 Mex$; ⌚ Mi–Mo 18–1 Uhr) Die Spezialität dieses beliebten Lokals ist *papa asada:* Gegrilltes Rindfleisch, Unmengen zähflüssigen Käses, Kartoffeln und Butter werden in Tortillas gewickelt. Absolut legendär!

El Mesón del General (☎ 893-02-60; Juárez 202; Hauptgerichte 55–198 Mex$; ⌚ 8–23 Uhr) Das Traditionsrestaurant von El Fuerte ist eine echte Institution. Hier werden verschiedene Tintenfischsorten (*polpo*) und die besten *lobina* und *cauque* überhaupt serviert. Für 150 Mex$ gibt's eine gemischte Platte mit beiden Köstlichkeiten drauf.

La Canastilla (☎ 893-18-64; Juárez 510; Hauptgerichte 58–185 Mex$; ⌚ 9–21 Uhr) In den meisten größeren Restaurants der Stadt gibt's mehr oder weniger die gleichen Gerichte, aber dieses Lokal am Flussufer übertrumpft sie alle. Die gefüllten Shrimps (*camerónes rellenos*) und der flambierte Schwarzbarsch (*flameado*) sind ausgezeichnet und machen außerdem schön satt.

Restaurant Diligencias (☎ 893-12-74; Hotel La Choza, Calle 5 de Mayo 101; Hauptgerichte 78–178 Mex$; ⌚ 7–23 Uhr) Noch ein phantastisches Lokal, um *lobina* (paniert à la *zarandeado*) und knusprige *cauques* zu probieren. Die Gerichte sind teuer, aber gut. Die Frühstücks-*chilaquiles* sind ebenfalls phantastisch.

Anreise & Unterwegs vor Ort

Die Straßen nach El Fuerte wurden in den letzten Jahren einigen Reparaturen unterzogen, sodass man jetzt aus allen Richtungen über befestigte Straßen sicher in die Stadt kommt. Einzige Ausnahme ist die kleine Straße aus Álamos, für die man noch immer einen Geländewagen benötigt.

Busse nach Los Mochis (55 Mex$, 2 Std.) fahren halbstündlich zwischen 5 und 19 Uhr an der Ecke Juárez und 16 de Septiembre ab.

Der Bahnhof liegt ein paar Kilometer östlich der Stadt. Die Abfahrtzeit des *primera express* Richtung Osten ist eigentlich um 8.30 Uhr, aber er trifft nie vor 9 Uhr ein. Der Zug der *clase económica* kommt dann etwa eineinhalb Stunden später. Ein Taxi zum Bahnhof kostet ca. 100 Mex$.

DIE RARÁMURI

Mindestens 50 000 indigene Rarámuri (man sollte sie nicht Tarahumara nennen, denn das wird als politisch nicht korrekt angesehen) leben in den zahlreichen Canyons der Sierra Tarahumara – dazu gehört auch die Barranca del Cobre. Fährt man tiefer in dieses Gebiet hinein, trifft man meist auf Frauen, die in bunte Röcke und Blusen gekleidet sind, wunderschöne handgewebte Körbe verkaufen und ihre Kinder auf dem Rücken tragen. Die Frauen sind dafür bekannt, dass sie leuchtend bunte Kleidungsstücke tragen, wohingegen die meisten Männer Jeans und Hemden anhaben (außer in abgelegeneren Gegenden, wo sie noch immer im Lendenschurz rumlaufen). Sowohl die Männer als auch die Frauen tragen Sandalen, die aus Reifen und Lederbändern gefertigt werden.

„Rarámuri" bedeutet „die, die schnell rennen" – ein passender Name für ein Volk, das besonders berühmt dafür ist, schnell lange Strecken laufen zu können, manchmal bis zu 20 Stunden ohne Unterbrechung. Traditionell jagten die Rarámuri, indem sie das Wild so lange hetzten, bis es nicht mehr konnte. Dann wurde es über die Klippen getrieben und dort von Holzstöcken aufgespießt, die zuvor strategisch günstig am Boden des Canyons platziert worden waren. Heute veranstalten die Rarámuri mörderische Wettrennen von mindestens 160 km Länge durch raue Canyons und kicken dabei die ganze Zeit einen kleinen Holzball vor sich her. Ihre berühmtesten Läufer haben bereits an Marathonläufen und Langstreckenrennen in den USA und auf der ganzen Welt teilgenommen.

Eine weitere Tradition ist *tesquinada,* ein derbes, geselliges Treffen, bei dem die Rarámuri Unmengen *tesquino* trinken, ein stark alkoholisches Getränk aus fermentiertem Getreide.

Obwohl viele von ihnen entschlossen sind, weiterhin isoliert in dieser sagenhaften Gegend zu leben und die Traditionen zu wahren (z. B. in Höhlenwohnungen zu leben), so ist es doch offensichtlich, dass der Lebensstil der Rarámuri ernsthaft bedroht ist. Das fällt besonders auf, wenn man zum ersten Mal sieht, wie sich ein Tourist freut, weil es ihm gelungen ist, einen Korb um 10 Mex$ herunterzuhandeln. Die Rarámuri verlieren auch ihre Sprache immer mehr, und ihr Lebensraum wird durch Abholzung, Bergbau, Drogenanbau und Tourismusindustrie zerstört. So verwischt der Unterschied zwischen den Rarámuri und den anderen Mexikanern allmählich, und die große Armut (mehr als 40 % haben kein Einkommen) wird mehr und mehr zu einem Problem. Ähnlich sieht es im Bereich der Gesundheit aus: Die Säuglingssterblichkeit ist hoch, und dass Teenager schwanger werden, ist für Rarámuri etwas Alltägliches (es ist nicht ungewöhnlich, dass die Mädchen mit 14 Jahren aus der Schule genommen und verheiratet werden). Die einzige Hilfe kommt von katholischen Missionaren.

Wer helfen möchte, sollte Rarámuri-Handwerksgegenstände in der Artesanías Misión (S. 383) in Creel kaufen, denn die Einnahmen werden für die kostenlose medizinische Versorgung der Rarámuri verwendet. Auch sollte man die Ökotourismus-Angebote außerhalb von Creel im Complejo Ecoturístico Arareko (S. 384) wahrnehmen. Westliche Kleidung zu verschenken, ist unangemessen, aber man kann ihnen 10 m bunten Stoff schenken, sodass sie auch weiterhin Kleidung nach den alten Traditionen herstellen können. 3Amigos in Creel (s. S. 380) nimmt gern Spenden für die Rarámuri und andere glücklose Mexikaner entgegen.

CEROCAHUI

☎ 635 / 1550 Ew. / 1600 m

Cerocahui ist ein Knotenpunkt für mexikanische Reisende, andere Traveller machen hier aber eher selten Halt. Wer es dennoch tut, landet in einem winzig kleinen *pueblo* inmitten eines grünen, malerischen Tals. Cerocahui erreicht man vom Bahnhof Bahuichivo aus, es liegt zwei Haltestellen hinter El Fuerte und eine hinter Témoris. Hier sowie in und um Urique kann man den ersten flüchtigen Blick auf die Rarámuri (s. Kasten oben) erhaschen, da viele von ihnen in dieser Gegend leben. Ihre wunderschönen Waren bieten sie aber meist erst in San Rafael an.

Die hübsche Kirche **San Francisco Javier de Cerocahui** mit der gelben Kuppel wurde 1680 von dem Jesuitenpater Juan María de Salvatierra gegründet. Heute ist Cerocahui ein *ejido* (Landkooperative) und hat sich der Waldwirtschaft verschrieben. Es gibt einige ganz gute Unterkünfte und ein Internat für Rarámuri-Mädchen, und es herrscht eine friedliche Atmosphäre. Das Beste ist aber die Landschaft rundherum, die sich hervorragend zur Vogelbeobachtung (mehr als 225

Arten sind hier schon gesichtet worden), zum Wandern, Trekken und Reiten eignet.

Alle Hotels vor Ort können Ausflüge in den Canyon organisieren und ihre Gäste am Bahnhof abholen. Die 16 km lange Fahrt in die Stadt dauert 40 Minuten.

Schlafen & Essen

In Cerocahui gibt's eine Handvoll Unterkünfte für jeden Geldbeutel.

Hotel Paraíso del Oso (☎ in Chihuahua 614-421-33-72, in den USA 800-844-3107; www.mexicohorse.com; Stellplatz/B 50/100 Mex$, EZ/DZ inkl. Mahlzeiten & Transfers 1210/1870 Mex$; P ⊠ 💻) Das Paraíso del Oso befindet sich auf einem ruhigen Fleckchen Erde direkt nördlich des Dorfs Cerocahui. Die Atmosphäre hier ist urwüchsig, und Ökotourismus, Vogelbeobachtungstouren und Reitausflüge werden besonders gefördert. Vegetarische Gerichte, Zeltplätze am Flussufer und einen Schlafsaal mit fünf Betten gibt es auch. Das Hotel kann geführte Reitausflüge (20 Pferde tummeln sich auf dem Grundstück) und Wandertouren in die Umgebung organisieren.

Hotel Plaza (☎ 456-52-56; EZ/DZ 200/300 Mex$) Budgetunterkunft an der Hauptplaza mit ordentlichen, farbenfrohen Zimmern mit TV und Holzofen.

Cabañas San Isidro (☎ 456-52-57; www.coppercanyonamigos.com; EZ/DZ inkl. Mahlzeiten & Transfers 900/1300 Mex$) Diese neuere Unterkunft in Familienbesitz befindet sich in hügeliger Umgebung etwa 8 km außerhalb der Stadt. Gäste übernachten hier in bezaubernden Holzhütten auf einer idyllischen Ranch. Die Zimmer sind mit Holzöfen, Pinienholzmöbeln, Buntglasfenstern, Wandgemälden und gemütlichen Rarámuri-Decken ausgestattet; das Essen ist einfach, aber lecker.

Hotel Misión (☎ in Los Mochis 668-818-70-46; www.hotelmision.com; EZ/DZ inkl. Mahlzeiten & Transfers 1963,50/2572,50 Mex$; P 🍷) Das älteste und bekannteste Hotel in Cerocahui ist ein weiterer Ableger der wenig überzeugenden Balderrama-Kette. Das Hotel, das früher eine Hazienda war, hat rustikale Zimmer mit Holzöfen, eine Bar, ein Restaurant, Gärten und einen Billardtisch. Von den zehn neuen Zimmern hat man einen netten Blick auf einen kleinen Weinberg.

An- & Weiterreise

Alle Hotels mit Ausnahme des Hotel Plaza holen ihre Gäste am Bahnhof in Bahuichivo ab. Natürlich kann man sich aber auch von einem anderen Hotelbus mitnehmen lassen oder einfach den Daumen raushalten. Der täglich zwischen Bahuichivo und Urique verkehrende „Schulbus" (30 Mex$) setzt seine Fahrgäste in Cerocahui ab. Er nimmt aber nur dann Leute mit, wenn er gerade nicht voll ist.

URIQUE

☎ 635 / 1500 Ew. / 550 m

Dieses Dorf am Grund der beeindruckenden Barranca de Urique kann man ebenfalls vom Bahnhof in Bahuichivo aus erreichen. Es ist ein guter Ausgangspunkt für alle Arten von Touren durch den Canyon, egal ob eintägig oder mehrtägig. Die drei- bis viertägigen Wanderungen zwischen Batopilas und Urique sind besonders beliebte Trekkingtouren. Wer sie auf eigene Faust arrangieren will, muss mit 1000 Mex$ pro Person für einen Führer rechnen. Etwas bequemer ist es über **EcoTravel Mexico** (☎ in Chihuahua 614-179-03-92; www.ecotravelmexico.com; Wanderungen ab 1320 Mex$/Pers.), die Touren mit Führern organisieren, welche von der National Outdoor Leadership School und von Leave No Trace anerkannt sind.

Ein Minischulbus fährt einmal täglich vom Bahnhof in Bahuichivo nach Urique, nachdem der letzte Zug den Bahnhof verlassen hat (gegen 16 Uhr). Wenn genügend Leute aus dem *primera express* aussteigen, wird auch noch ein früherer Bus eingesetzt. Die holprige Fahrt (115 Mex$, 3 Std.) geht über eine atemberaubende Schotter- und Sandpiste 1050 m hinunter in den tiefsten aller Canyons, die Barranca de Urique. Am haarsträubendsten ist die Fahrt, wenn man auf der rechten Seite des Busses sitzt. Zurück geht's um 8 Uhr. (Der Bus fährt die Hauptstraße rauf und runter und hält auf Handzeichen an). Alternativ kann man den Transport mit seinem Hotel in Urique aushandeln. Die Hotels in Cerocahui arrangieren ebenfalls geführte Touren bis hinunter in die am tiefsten gelegene Stadt der Schlucht. Besucher sollten nicht vergessen, dass Urique noch ländlich ist – hier sind eher Tecates angesagt als Bildung – und dass Marihuana die lokale Wirtschaft antreibt (die Rarámuri-Körbe bringen mit Sicherheit nicht so viel ein, dass man sich dafür einen funkelnagelneuen Ford Truck leisten kann!). Im Ort ist also Vorsicht geboten.

In Urique gibt's nur einige wenige Unterkünfte. **Entre Amigos** (www.amongamigos.com; Stellplatz/B 50/75 Mex$, Zi. 250 Mex$) ist eine tolle

Bleibe für Backpacker. In dieser friedlichen, unter amerikanischer Leitung stehenden Unterkunft am Ortseingang kann man in netten Steinhütten, Schlafsälen oder auf dem Campingplatz übernachten. Außerdem gibt's eine große Gemeinschaftsküche. Aber Vorsicht vor Skorpionen! Das **Hotel Barrancas de Urique** (☎ 456-60-76; Principal 201; Zi. 250–300 Mex$; ❄) ist mit Abstand die schönste und sauberste Unterkunft. Es liegt an der Hauptstraße am Flussufer. Leider bringt die laute *cantina* unten im Haus die Gäste manchmal um ihre Nachtruhe.

Das **Hotel Estrella del Río** (☎ 456-60-03; Zi. 400 Mex$; ❄) bietet Zimmer (einige mit Klimaanlage) mit faszinierendem Blick auf den Río Urique und die umliegenden Berge. Auskünfte zu Übernachtungsmöglichkeiten gibt's im **Restaurant Plaza** (🕑 6–21 Uhr) auf der anderen Seite der Plaza. Das ist übrigens das einzige gute und saubere Restaurant im Ort. (Die Spezialität ist *aguachile*, eine Shrimp-Cocktail-Suppe mit Zwiebeln und Tomaten, gewürzt mit *chiletepin*-Paprika, serviert in einer *molcajete).*

POSADA BARRANCAS

☎ 635 / 350 Ew. / 2220 m

Der Bahnhof von Posada Barrancas – etwa 5 km südwestlich von Divisadero – liegt am dichtesten bei Areponápuchi, dem einzigen Dorf an der Bahnlinie, das direkt am Canyon-Rand steht. Dieser Ort, der oft auch als Arepo bezeichnet wird, besteht zwar nur aus ein paar Dutzend Häusern, einer winzigen Kirche und einer Handvoll Gasthäusern, aber hier hat man ihn zum ersten Mal: diesen spektakulären Blick über den Canyon, der gefährlich nahe an die Terrassen einiger Hotels heranreicht. Und genau das ist der Grund, hier einen Zwischenstopp einzulegen. Arepo ist auch ein guter Ausgangspunkt, um den Canyon zu Fuß, im Auto oder auf dem Pferderücken zu entdecken. Die meisten Hotels organisieren jede Art von Canyon-Trip, egal ob eine Wanderung zum Rand des Canyons oder ein Ritt hinunter zum Dorf Wakajípare gewünscht wird. Wer sich auf eigene Faust ins Abenteuer stürzen möchte, nimmt den Weg, der links vom Eingang des Hotels Mirador nach unten führt. Der Abstieg dauert ca. vier Stunden, der Aufstieg sechs (die Rarámuri schaffen ihn in drei Stunden!). Viel Ess- und Trinkbares mitnehmen und nach dem Zwiebelprinzip kleiden: in mehreren Schichten.

Schlafen & Essen

Cabañas Díaz (☎ 578-30-08; großes Zi. mit 8 B 100 Mex$, Cabaña für 1–3 Pers. mit Gemeinschaftsbad/eigenem Bad 250/400 Mex$, Cabaña für 3–5 Pers. mit eigenem Bad 600 Mex$; Ⓟ) Die Anlage der Familie Díaz ist bekannt für ihre Gastfreundschaft, köstliches Essen (70 Mex$) und eine entspannte Atmosphäre. Die verschiedenen Hütten und Zimmer sind einfach und gemütlich und haben Kamine und gute Betten. Die Familie hilft auch, besondere, von den Gästen gewünschte Ausflüge zu organisieren. Wenn keiner von der Familie am Bahnhof sein sollte, einfach die Hauptstraße in den Ort bis zum Hinweisschild an der rechten Seite runterlaufen (ca. 10 Min.).

Cabañas Arepo Barrancas (☎ 578-30-46; EZ/DZ inkl. Frühstück 300/400 Mex$; Ⓟ) Diese gute Budgetunterkunft hat geflieste Fußböden und bequeme Betten und befindet sich ein Stückchen vom Rand des Canyons entfernt. Mit ein wenig Glück kann man eine der sechs neuen Cabañas ergattern. Am Bahnhof nach María Dolores Ausschau halten – sie arbeitet am mittleren Imbissstand – oder einfach durch das Dorf und an dem Hinweisschild Cabañas Diaz vorbeilaufen; von dort sind es dann noch fünf Minuten. Die Unterkunft befindet sich auf der linken Seite. Mahlzeiten bekommt man hier für 35 bis 45 Mex$.

Hotel Mansión Rarámuri (☎ 800-777-46-68, in Chihuahua 614-415-47-21; inkl. Mahlzeiten & Tranfers EZ 1210–1600 Mex$, DZ 1716–2300 Mex$; Ⓟ 🍴 ♿) Dieses Hotel wird auch „El Castillo" genannt, da es an ein mittelalterliches Steinschloss erinnert. Es ist eine skurrile Ferienanlage mit einer Menge gemütlicher, rustikaler Hütten. Die wahren Schmuckstücke sind aber die 17 neuen Zimmer am Rand des Canyons mit den eleganten Betten und den Holzbalken an den Decken. Sie sind komfortabler als die Zimmer im Mirador und bieten mehr oder weniger denselben Blick, kosten aber 685 Mex$ weniger.

Hotel Posada Mirador (☎ in Los Mochis 668-812-16-13, in den USA 888-528-8401; www.mexicoscopper canyon.com/mirador; EZ/DZ inkl. Mahlzeiten & Tranfers 1985/2985 Mex$; Ⓟ) Eine Übernachtung in dieser Unterkunft kostet mehr als die ganze Zugfahrt in der 1. Klasse und oft nächtigen hier Reisegruppen, aber von den Balkonen der Zimmer in diesem einzigen guten Hotel der Balderrama-Kette hat man einen wahrlich spektakulären Blick. Das Essen verdient zwar keinen Michelin-Stern, ist aber trotzdem ganz passabel. Und da die Hauptattraktion hier ein

Drink mit Ausblick ist, ist die Happy Hour von 18 bis 19 Uhr echt willkommen.

An- & Weiterreise

Der Eisenbahnfahrplan auf S. 372 beinhaltet Infos, wie man mit dem Zug nach Posada Barrancas kommt. Die zwischen San Rafael und Creel verkehrenden Busse setzen ihre Fahrgäste in Areponápuchi an der Auffahrt zum Highway ab (s. S. 384). Der Bus ist viel schneller und billiger als die Bahn. Da es keine Taxis gibt, sollte man sich im Vorfeld um ein Transportmittel ins Stadtzentrum kümmern.

DIVISADERO

2240 m

Wer nicht in Posada Barrancas übernachtet, wird in Divisadero, dem Dorf, das eigentlich eher ein Bahnhof als ein Ort ist, die erste und einzige Chance haben, vom Zug aus direkt in den schon fast außerirdischen Canyon hineinzublicken. Glücklicherweise hält der Zug 15 Minuten, lange genug, um schnell herauszuspringen, zu gucken, vom Aussichtspunkt aus ein paar Fotos zu machen und wieder einzusteigen. Dabei sollte man sich die Zeit allerdings gut einteilen, denn hier gibt es auch noch einen Rarámuri-Markt und hervorragendes Essen. Die *gorditas*, Tacos und *chiles rellenos*, zubereitet in provisorischen Backöfen aus Ölfässern, sind allein schon Grund genug für einen Aufenthalt hier. Einfach nach Lucy González fragen – ihre Gerichte sind essbare Kunst. Leider muss man aber alles schnell runterschlingen, denn die Schaffner erlauben es nicht, Essbares mit in den Zug zu nehmen.

Wer sich zu einem Aufenthalt über die 15 Minuten hinaus entschließt, kann im **Hotel Divisadero Barrancas** (☎ in den USA 888-232-4219, in Chihuahua 614-415-11-99; EZ/DZ inkl. Mahlzeiten Juni–Aug. 1100/1600 Mex$, Sept.–Mai 1780/2150 Mex$) direkt am Bahnhof übernachten. Es hat 52 wunderschöne Zimmer mit Holzbalken an den Decken und Blick auf den Canyon. Das Restaurant mit Bar hat einen spektakulären Blick zu bieten und ist auch für Nicht-Gäste zugänglich. Vor allem aber ist dieses Hotel die bezauberndste Unterkunft zwischen Posada Barrancas und Divisadero. Von den neueren Zimmern (Nr. 35–52) aus hat man den besten Blick. Man kann auch mehr Zeit im Ort verbringen, ohne über Nacht bleiben zu müssen: wenn man vom *primera-express*-Zug in den Zug der *clase económica* umsteigt, der offiziell drei Stunden später, tatsächlich aber oft nur eine Stunde später ankommt. Dafür braucht man dann allerdings zwei verschiedene Tickets. Busse bringen einen sechsmal täglich nach Creel (37 Mex$, 1 Std.); sie sind die schnellere und etwas billigere Alternative zum Zug. Informationen zur Zugfahrt nach Divisadero gibt's im Eisenbahnfahrplan auf S. 372.

CREEL

☎ 635 / 5340 Ew. / 2338 m

Das von Pinienwäldern und interessanten Felsformationen umgebene Creel ist eine unerwartete Überraschung. Seltsamerweise erinnern seine Lage und die Blockhausarchitektur hier ein wenig an ein Alpendorf, wenn auch ein in Rot, Weiß und Grün gehaltenes. Mit all den bunt gekleideten Rarámuri ist Creel (zumindest im Moment noch) eine perfekte Mischung aus Travellern und Tradition und ein hervorragender Ausgangspunkt für Touren zu den vielen landschaftlichen Highlights in der Umgebung.

In den 1990er-Jahren wurde Creel zu einem Treffpunkt für Traveller. Jetzt ist die Hauptstraße gesäumt von Hotels und Pensionen sowie zahlreichen Tourveranstaltern. Nachdem der Zug hier durchgekommen ist, laufen Backpacker auf der Suche nach einem Schnäppchen die Straßen rauf und runter. Anders als in den meisten Städten entlang der Eisenbahnstrecke gibt's in Creel einige nette Kneipen, sagenhaft günstige Unterkünfte und zahlreiche Einkaufsmöglichkeiten, egal ob man nun Kunsthandwerk der Rarámuri oder Mata-Ortiz-Töpferware erstehen will. Außerdem kann man hier mal wieder etwas Zivilisation schnuppern. Eine hübsche Plaza oder bedeutende historische Bauwerke hat die Stadt zwar nicht zu bieten, aber dafür ist sie ein guter Ausgangspunkt für Touren in den Rest der Barranca del Cobre, ins Canyon-Dorf Batopilas oder zum nahen Lago Arareko.

Da es so hoch liegt, kann es in Creel im Winter sehr kalt werden und sogar schneien, und auch im Herbst ist es nachts nicht allzu warm. Im Sommer sind die kühle Luft und der Duft der Pinien aus den Wäldern rund um die Stadt eine willkommene Erholung von der Hitze des tropischen Flachlands an der Küste und in den Wüsten im nördlichen Mexiko. Auch wenn es im restlichen Land brütend heiß ist, braucht man hier einen Pulli.

Orientierung

Creel ist eine sehr kleine Stadt. Die meisten Dinge, die man so braucht, und viele der Hotels und Restaurants findet man an der Hauptstraße der Stadt, der Av López Mateos. Sie führt von der Hauptplaza der Stadt nach Süden. An der Plaza befinden sich zwei Kirchen, die Post, die Bank und der Artesanías-Misión-Laden. Der Bahnhof ist einen Block nördlich der Plaza zu finden. Auf der anderen Seite der Gleise gibt's noch ein paar Hotels und Restaurants sowie eine Bushaltestelle.

Die Av Gran Visión ist der Highway durch die Stadt. Er führt nordöstlich nach Chihuahua und südöstlich nach Guachochi. Dabei passiert er den Lago Arareko und Cusárare. Südwestlich von Creel gibt's eine befestigte Straße, die durch Divisadero hindurch bis nach San Rafael führt. Die Av López Mateos und die Av Gran Visión treffen sich ein paar Kilometer südlich vom Stadtzentrum.

Praktische Informationen

Informationen über die Attraktionen vor Ort bekommt man bei den Tourveranstaltern und in den meisten Unterkünften. Zwischen den Touranbietern herrscht ein erbitterter Wettbewerb, sodass es sich lohnt, die Preise zu vergleichen. In der Casa Margarita (S. 381) kann man seine Wäsche für 50 Mex$ pro Maschinenfüllung waschen lassen. Man darf aber nicht erwarten, dass sie danach zusammengelegt ist. Bei 3Amigos Canyon Expeditions (S. 380) gibt's Unmengen Infos über die Gegend.

Cascada.net (Av López Mateos 49; 20 Mex$/Std.; ⏲ 8–22 Uhr) Internetzugang.

Clínica Santa Teresa (☎ 456-01-05; ⏲ 24 Std.) Hinter der Casa Margarita.

CompuCenter (Av López Mateos 33; 20 Mex$/Std.; ⏲ Mo–Sa 9–22, So 9–17 Uhr) Internetzugang.

Divisas La Sierra (Av López Mateos 59) Wechselt US-Dollars und löst Reiseschecks ein.

Polizei (☎ 060) An der Plaza.

Post (⏲ Mo–Fr 9–15 Uhr) An der Plaza.

Santander (Av López Mateos 17; ⏲ Mo–Fr 9–16 Uhr) Geldautomat.

Sehenswertes & Aktivitäten

In der **Casa de las Artesanías del Estado de Chihuahua y Museo** (☎ 456-00-80; Eintritt 10 Mex$; ⏲ Mo–Sa 9–18, So 9–13 Uhr) an der Plaza kann man ganz wunderbar in die Rarámuri-Kultur eintauchen. Sie zeigt ausgezeichnete Ausstellungsstücke mit englischen Erklärungen zur Kultur der Rarámuri und deren Handwerk. Zu sehen sind phantastische gewebte Körbe, Trachten, Töpferwaren, Schwarzweißfotos und vieles mehr.

Geführte Touren

Die meisten Hotels von Creel bieten Touren in die Umgebung an: Trips in den Canyon, zu den Flüssen, Thermalquellen, Wasserfällen und zu anderen Plätzen. Es gibt siebenstündige Ausflüge hinunter in die Barranca de Urique, achtstündige Touren zu den Siedlungen der Mennoniten in Cuauhtémoc und Touren mit Übernachtung in Batopilas, einem großartigen Dorf im Canyon. Diese Tour führt vom 2338 m hoch gelegenen Creel über eine kurvige Schotterstraße hinunter auf 495 m. Die Gegend ist auch ideal zum Reiten. Viele der Attraktionen in der Nähe von Creel können vom Pferderücken aus genossen werden. Auch Fahrrad- oder Motorrollertouren auf eigene Faust sind eine gute Idee. Eigentlich ist die ganze Gegend ein Paradies für Mountainbiker, und wer erfahren und fit genug ist, sollte sich ein Rad mieten und die Gegend mit all ihren Attraktionen ohne Führer erkunden. Einen ersten Eindruck bekommt man auf den beliebten Mountainbike-Touren, die ins Tal der Frösche, ins Tal der Pilze und ins Tal der Affen (benannt nach den dicken, unförmigen, den dünnen, großköpfigen und den hohen, schlanken Felsformationen) und zu den Rarámuri am Lago Arareko führen. Bei 3Amigos (s. unten) gibt's Karten für diese Touren auf eigene Faust.

Für alle geführten Touren müssen genügend Teilnehmer zusammenkommen. Der beste Ort, um eine Gruppe zusammenzutrommeln, ist oft die Casa Margarita (s. gegenüber). Wer woanders übernachtet, sollte dort so gegen 9 Uhr vorbeischauen. Man kann auch einen privaten Führer anheuern. Das kostet dann etwa 300 Mex$ pro Person und Tag. Größere Trips, für die ein Fahrzeug mit Fahrer benötigt wird, kosten natürlich erheblich mehr. Ein eigener Fahrer mit Geländewagen nach Batopilas z. B. kostet ca. 3000 Mex$ pro Nacht.

3Amigos Canyon Expeditions (☎ 456-00-36; www.amigos3.com; Av López Mateos 46) Auch wenn sie jetzt auch geführte Privattouren anbieten, haben die 3Amigos ihren ausgezeichneten Ruf doch hautpsächlich deshalb, weil sie für all diejenigen da sind, die „ihr eigener Guide in der Kupferschlucht" sein wollen. Sie verkaufen ganze Tourpakete mit Nissan-Truck, Motorroller oder Mountainbike. Die Pakete kosten zwischen 150 und 3000 Mex$ pro Tag, manchmal sind Mittagessen, Landkarten und Reiseinformationen inklusive. Eine wirklich tolle Möglichkeit für alle, die unabhängig die Gegend erforschen wollen.

El Aventurero (☎ 456-05-57; www.ridemexico.com; Av López Mateos 68; Mo–Fr 9–18, Sa 9–15 Uhr) Mit El Aventurero können Traveller unter der Leitung eines englischsprachigen Führers die Landschaft auf dem Pferderücken erkunden. Die zwei- bis siebenstündigen Abenteuertouren kosten pro Nase zwischen 130 und 480 Mex$.

Tarahumara Tours (☎ 456-01-21) Das Büro befindet sich an der Plaza. Der Veranstalter organisiert dieselben Touren und Guides wie die Hotels, ist oft aber günstiger.

Umarike Expediciones (www.umarike.com.mx; contact@umarike.com.mx) Dieser übers Internet erreichbare Anbieter hat geführte Mountainbike-, Kletter- und Canyontouren sowie die entsprechenden Kurse dazu im Programm. Man kann auch Mountainbikes und Campingausrüstung mieten und Landkarten und Infos für Trips in Eigenregie bekommen. Ein Fahrrad kostet pro Woche 825 Mex$, ein achttägiger Mountainbike-Trip nach Batopilas 12 650 Mex$ und eine dreitägige Trekkingtour im Canyon 4620 Mex$.

Schlafen

Creel bietet alle Arten von Übernachtungsmöglichkeiten, vom Etagenbett im Schlafsaal bis hin zu Zimmern in Spitzenklasseresorts. Falls nicht anders angegeben, ist das Frühstück in den Zimmerpreisen enthalten.

BUDGETUNTERKÜNFTE

Casa Margarita (☎ 456-00-45; Av López Mateos 11; B 80–100 Mex$, EZ/DZ 200/300 Mex$) Das Margarita ist *die* Unterkunft für Backpacker. Alle treffen sich an einem großen Tisch, an dem zusammen gegessen wird, und tauschen Reiseerfahrungen aus. Hier kann man auch verschiedene Tagestouren arrangieren (aber Vorsicht: Es geht das Gerücht um, dass man ganz plötzlich kein Bett mehr hat, wenn man nicht an einer geführten Tour teilnimmt …). Die Zimmer sind schlicht, aber der Wasserdruck ist gut und die Handtücher sind kuschelig. Von den Zimmerpreisen kann man 50 Mex$ pro Tag abziehen, wenn man die Mahlzeiten nicht im Hotel einnehmen will. Traveller haben aber schon berichtet, dass die Vollpension hier die Beste in ganz Mexiko ist.

Casa de Huéspedes Pérez (☎ 456-03-91; Flores 257; B/Zi. 80/250 Mex$) Hier sind die Quartiere geräumiger und ansprechender als die Schlafsäle in der Casa Margarita. Diese Casa hat gemütliche Zimmer mit Wänden aus Baumstämmen für eine bis sechs Personen und Doppelzimmer (von denen einige im zweiten Stock einen schönen Blick über Creel bieten). Geheizt wird mit Holzöfen. Außerdem gibt's eine Gemeinschaftsküche und das Café Luly. Hier nimmt man das im Preis enthaltene Frühstück und Abendessen ein.

La Posada de Creel (Av Ferrocarril s/n; Zi. mit Gemeinschaftsbad 150 Mex$, EZ/DZ 250/400 Mex$; P) Dieser alteingesessene Veteran wurde unter neuem Management langsam auf Vordermann gebracht und ist jetzt ein besserer Deal als das Margarita, wenn man das Essen mitberücksichtigt: Zu jedem der einfachen Zimmer gibt es einen Gutschein für ein Frühstück oder Abendessen im Los Valles oder im Veronica – zwei der besten Lokale hier – und pro Tag ein Bier im Tío Molcas ist auch noch dabei.

MITTELKLASSEHOTELS

Villa Mexicana (☎ 456-06-65; www.vmcoppercanyon.com; Prolongación López Mateos s/n; Stellplatz/Pers. 75 Mex$,

AN BORD DES FERROCARRIL CHIHUAHUA PACÍFICO *Inocencio Reyes Rodríguez*

Mein Lieblingsteil der Strecke ist El Lazo, denn hier haben die Ingenieure wirklich eine Glanzleistung vollbracht, um ihre Vision, durch diesen Abschnitt fahren zu können, zu verwirklichen: Um den Anstieg von 2,5 % zu bewältigen, mussten sie im Canyon eine 360°-Schleife verlegen.

Meine schönsten Erinnerungen an meine Arbeit im Zug stammen von vor etwa 15 Jahren. Wir hatten damals Schlaf- und Panoramawagen, und der Service war exzellent. Das ist für mich eine ganz besondere Erinnerung.

Ich würde allen Fahrgästen raten, sich auf die Fahrt vorzubereiten und eigene Medikamente und Rezepte mitzubringen. Wer die mexikanische Küche nicht gewöhnt ist, kann leicht krank werden und braucht seine Medikamente. Für uns ist es schwierig, uns um die Kranken zu kümmern, wir können ihnen nicht helfen. Außerdem ist man nicht nur im Zug auf sich allein gestellt, auch einige Stellen im Canyon liegen weitab jeglicher Zivilisation, sodass man keine Medikamente kaufen kann.

Inocencio Reyes Rodríguez war 33 Jahre lang Schaffner im Ferrocarril Chihuahua Pacífico (S. 371). Er lebt in Chihuahua.

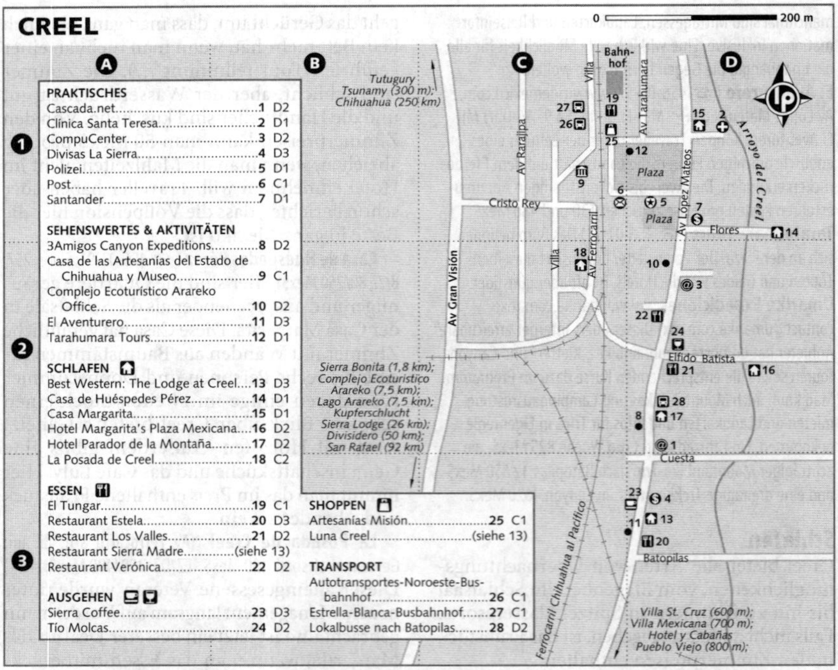

Wohnmobil mit Strom 200 Mex$, Hütte für 4 Pers. 1299 Mex$, Hütte für 6 Pers. 1750 Mex$; (P) (♿) Dieser gut ausgestattete Campingplatz im südlichen Teil von Creel bietet die gemütlichsten Holzhütten in der ganzen Stadt. Außerdem gibt es eine Gemeinschaftsküche, Bäder, ein Restaurant, eine Bar, einen kleinen Laden und Waschautomaten. Auch geführte Touren werden angeboten. Der Platz liegt etwa 15 Gehminuten außerhalb des Zentrums. Das Frühstück ist nicht inklusive.

Hotel Margarita's Plaza Mexicana (☎ 456-02-45; www.hoteles-margaritas.com; Elfido Batista s/n; EZ/DZ 450/550 Mex$; (P)) Wer der Hostel-Szene entwachsen ist und trotzdem zum Schnäppchenpreis entspannen will, für den ist dieses komfortable Hotel, das von derselben Familie geführt wird wie die Casa Margarita, genau das Richtige. Die etwas verwohnten Zimmer sind um einen bezaubernden Innenhof herum angeordnet. Im Preis sind die Mahlzeiten enthalten, aber weder Ruhe noch gastfreundlicher Service.

Villa St. Cruz (☎ 456-02-27; www.villastcruz.com; Zi. 550 Mex$, Cabaña 600–1200 Mex$; (P) (☒)) Der Charme vom Anfang lässt allmählich nach. Wen es nicht stört, etwas abgelegen am Stadtrand zu übernachten, findet hier riesige, familienfreundliche Cabañas mit vollständig eingerichteter Küche und Essecke. In der Nebensaison (Sept.–Nov. & Jan.–Mai) bekommt man das Doppelzimmer, das eigentlich 550 Mex$ kostet, für unschlagbare 150 Mex$. Einen besseren Deal findet man in der ganzen Stadt nicht.

Hotel y Cabañas Pueblo Viejo (☎ 456-05-38; www.puebloviejolodge.com; EZ/DZ 600/700 Mex$; (P)) Eine weitere Unterkunft außerhalb der Stadt, die wie der Drehort für einen Film über ein altes Dorf wirkt. Geschlafen wird im „Knast", in der „Kirche" oder in der „Apotheke". Kitschiger geht's nicht. Leider ist der Service gelegentlich fragwürdig.

Hotel Parador de la Montaña (☎ in Chihuahua 614-415-54-08; www.hotelparadorcreel.com; Av López Mateos 44; EZ/DZ 877/934 Mex$; (P)) Diese an ein Alpenhotel erinnernde Übernachtungsmöglichkeit in zentraler Lage hat gemütliche Zimmer, ein einfaches Restaurant und freundliches Personal. (Pluspunkte für guten Geschmack können die geblümten Bettdecken allerdings wirklich nicht einheimsen.)

SPITZENKLASSEHOTELS

Sierra Bonita (☎ 456-06-15; www.sierrabonita.com.mx; Gran Visión s/n; Zi. 1006 Mex$, Cabaña 3205–3354 Mex$; Ⓟ) Die Anlage ist vielleicht ein bisschen weit vom Stadtzentrum entfernt, dafür ist sie aber eine der schönsten. Das Sierra Bonita hat (abgesehen von den rosafarbenen Wänden) stylishe Cabañas an einem dramatischen Abhang gelegen, einen Nachtclub, eine Bar und ein Restaurant. Die Zimmer 101 bis 105 bieten den besten Blick über die Stadt. Frühstück ist nicht im Preis enthalten.

Best Western: The Lodge at Creel (☎ 456-00-71, in den USA 800-528-1234; www.thelodgeatcreel.com; Av López Mateos 61; Zi. ab 1025 Mex$; Ⓟ ⊠) Die klassischste Unterkunft von Creel ist im Jagdhausstil gestaltet. Die wie Holzhütten eingerichteten Zimmer haben gasbetriebene Kamine und wunderschöne Holzfußböden, -wände und -decken. Natürlich fehlen auch ein kleines Fitnesscenter, ein Spa und eine gemütliche Bar nicht.

Essen

Auf der Av López Mateos einige Blocks südlich der Plaza gibt's zahlreiche preiswerte Restaurants, die sich alle irgendwie ähneln.

El Tungar (Gerichte 30–60 Mex$; 🕒 8–17 Uhr) Hier muss man einfach gewesen sein. Das Lokal direkt an den Gleisen südlich des Bahnhofs ist auf Katergerichte spezialisiert (daher auch der Spitzname „Hospital Para Crudos"): *menudo* (Innereieneintopf) und *pozole* (Eintopf mit Maismehl). Drinnen sitzt man schöner als draußen.

Restaurant Los Valles (Av López Mateos 37; Hauptgerichte 30–85 Mex$; 🕒 6.30–23 Uhr) In diesem sauberen Lokal an der Ecke Batista werden leckere *carne asada,* Hamburger und andere mexikanische Spezialitäten in großzügigen Portionen aufgetischt.

Restaurant Estela (☎ 456-01-88; Av López Mateos s/n; Hauptgerichte 50 Mex$; 🕒 7–18 Uhr) Die selbstgemachten *comida corrida* kommen aus der Küche direkt auf den Tisch. Eine gute, preiswerte Option.

Restaurant Verónica (☎ 456-06-31; Av López Mateos 33; Hauptgerichte 57–110 Mex$; 🕒 7.30–22.30 Uhr) In diesem Restaurant, das für seine Steaks und Hähnchengerichte bekannt ist, sollte man unbedingt *el norteño* probieren, ein Käse-Fleisch-Gemisch, das in einer gusseisernen Kasserolle und zusammen mit Tortillas serviert wird. Außerdem gibt's hier eine absolut geniale Salsa.

Restaurant Sierra Madre (Av López Mateos 61; Hauptgerichte 68–155 Mex$) Wer gediegen zu Abend essen möchte, sollte diesen festlichen Ort im Best Western aufsuchen. In dem Restaurant mit den unverputzten Steinwänden und den sichtbaren Holzbalken stehen und hängen viele ausgestopfte Tierchen herum. Auf der kleinen Abendspeisekarte stehen Steaks, Meeresfrüchte und Pasta.

Ausgehen

Creels Ruf als Travellermekka hat sich noch nicht auf das Nachtleben ausgewirkt. Das Tío Molcas ist noch immer die einzige echte Kneipe – aber man kann nahezu überall feiernde Traveller antreffen.

Sierra Coffee (☎ 456-07-76; Av López Mateos 60; 🕒 8–22 Uhr) In diesem einfachen Café werden Kaffee und Espresso serviert, über die man sich zur Abwechslung mal nicht ärgern muss – eine Seltenheit in dieser Gegend. Außerdem gibt's selbst gebackenen Kuchen, Gebäck und kostenloses WLAN.

Tío Molcas (Av López Mateos 35; 🕒 So–Do 17–1, Fr & Sa 17–2 Uhr) Gemütliche, mit Holz geheizte Bar, die sich allabendlich mit freakigen Globetrottern füllt, die gerade mit dem Zug eingetrudelt und ganz wild darauf sind, bei einem Dos Equis ihre Reiseerlebnisse zu erzählen. Ein nettes Plätzchen, wo stets die neuesten *telenovelas* über den Bildschirm flimmern.

Tutugury Tsunamy (Ecke Gran Visión & Juárez; 🕒 Do–So 21–2 Uhr) Wer wissen will, was echter Lokalkolorit ist, geht in diese Disko-Bar etwas außerhalb des Touristengebiets. Vom Bahnhof in Richtung Norden laufen und an der ersten Kreuzung links in die Juárez abbiegen.

Shoppen

Viele Geschäfte in Creel verkaufen Handarbeiten der Rarámuri und unvergleichliche Mata-Ortiz-Töpferwaren.

Artesanías Misión (Plaza; 🕒 9.30–13 & 15–18 Uhr) Die gesamten Einnahmen dieses Ladens fließen an das katholische Missionskrankenhaus, das für die Rarámuri eine kostenlose medizinische Versorgung bereitstellt. Wer sich der indigenen Bevölkerung etwas anpassen möchte, kann sich hier ein Paar *huarache*-Sandalen zulegen.

Luna Creel (Av López Mateos 61; 🕒 9–13 & 15–21 Uhr) In diesem wunderschönen Schmuckladen mit Café werden kunstvoll gefertigte Silberringe und handgemachte Bioseifen verkauft. Die Betreiber Anna und Luis Pacheco haben in der Nähe von Paquimé Anthropologie und Goldschmiedekunst studiert. Das Geschäft ist an das Best Western: The Lodge at Creel (S. 383) angeschlossen.

Anreise & Unterwegs vor Ort

AUTO & MOTORRAD

Die Straße von Creel nach Divisadero und weiter nach San Rafael ist jetzt befestigt. Von San Rafael aus gibt's eine neue Straße, die von Bahuichivo über Cerocahui, Mesa de Arturo, Piedras Verdes, Tubares (hier wurde eine neue Brücke über den Río San Miguel gebaut) und Choix bis nach El Fuerte führt. Achtung: Zwischen Mesa Arturo und Tubares (ca. 70 km) ist ein Geländewagen erforderlich. Oder man fährt von San Rafael über Bahuichivo, Témoris und Chinipas nach Álamos und überquert dabei den Río Chinipas. Diese Straße ist allerdings ziemlich holprig, und Überfälle sollen auch schon vorgekommen sein, also aufgepasst!

BUS

Von Creel nach Chihuahua und auch nach Divisadero gelangt man deutlich bequemer mit dem Bus als mit dem Zug. Die Fahrten sind kürzer und die Fahrpläne flexibler. Der Busbahnhof von Autotransportes Noroeste liegt von der Plaza aus gesehen direkt auf der anderen Seite der Gleise. Von hier fahren um 10.30, 14.30 und 18.30 Uhr Busse nach San Rafael (48 Mex$, 1¼ Std.) über Divisadero (37 Mex$, 1 Std.) und um 6.45, 9, 11.30, 13 und 15 Uhr nach Chihuahua (190 Mex$, 4½ Std.). Diese Busgesellschaft ist die bessere der beiden Linien.

Der Busbahnhof von Estrella Blanca befindet sich direkt nördlich von Autotransportes Noroeste. Es fahren täglich neun Busse nach Chihuahua (190 Mex$, 4½ Std.); die Route geht über San Juanito (25 Mex$, 45 Min.), La Junta (90 Mex$, 2½ Std.) und Cuauhtémoc (124 Mex$, 3 Std.). Estrella Blanca fährt auch dreimal täglich nach San Rafael (47 Mex$, 1½ Std.) über Divisadero (4 Mex$, 1 Std.) und Posada Barrancas (Areponápuchi; 40 Mex$, 1 Std.). Los geht's in Creel täglich um 10.20, 14.20 und 18 Uhr.

Der Regionalbus nach Batopilas (180 Mex$, 5 Std.) startet auf der López Mateos vor Artesanías El Towi, zwei Blocks südlich der Plaza. Die Abfahrtzeiten sind dienstags, donnerstags und samstags um 7.30 Uhr und montags, mittwochs und freitags um 9.30 Uhr.

FAHRRAD

Zahlreiche Anbieter verleihen Fahrräder, mit denen man viele Orte in der Umgebung bequem erreichen kann.

3Amigos Canyon Expeditions (☎ 456-00-36; www.amigos3.com; Av López Mateos 46) Halber bzw. ganzer Tag für 90 bzw. 150 Mex$.

Casa Margarita (☎ 456-00-45; Av López Mateos 11) Halber bzw. ganzer Tag für 90 bzw. 150 Mex$.

Umarike Expediciones (www.umarike.com.mx;) Halber bzw. ganzer Tag für 120 bzw. 180 Mex$ inkl. Karte, Helm und Reparaturset.

ZUG

Creels Bahnhof liegt einen halben Block von der Hauptplaza entfernt. Der *primera express* Richtung Westen verlässt Creel gegen 11.15 Uhr, der Zug der *clase económica* gegen 13.20 Uhr (obwohl er manchmal schon gegen 12 Uhr ankommt). Die Züge in Richtung Osten fahren um 15.24 bzw. 18 Uhr ab. Die Zeiten variieren aber sehr stark, und die Züge haben eigentlich immer Verspätung. Infos über Fahrzeiten und Tickets gibt's auf S. 372.

RUND UM CREEL

Die Gegend um Creel ist voller Naturwunder, von Wasserfällen und Thermalquellen bis hin zu riesigen, gesprenkelten Felsbrocken und ausgedehnten Parklandschaften. Und das alles ist an einem Tag per pedes, mit dem Fahrrad oder dem Auto von der Stadt aus zu erreichen! Einheimische Führer bieten eine Vielzahl geführter Touren an. Man kann sich aber auch ein Fahrrad, Motorrad oder Auto mieten und sich auf eigene Faust ins Abenteuer stürzen.

Sehenswertes & Aktivitäten

Nur 2 km außerhalb der Stadt liegt das **Valle de los Monjes**, dessen vertikale Felsformationen die Rarámuri zu seinem traditionellen Namen inspirierten: Bisabírachi. Das bedeutet soviel wie „Tal der erigierten Penisse". Auf dem Pferderücken ist es ein netter Ganztagsausflug, der an einigen Tälern mit ebenfalls äußerst lebendigen Namen vorbeiführt, u. a. am **Valle de las Ranas** („Tal der Frösche") und am **Valle de los Hongos** („Tal der Pilze"). Auch die recht fotogene **Mission San Ignacio** befindet sich in dieser Gegend.

Ein beliebter Tagestrip ist der in der Nähe gelegene **Complejo Ecoturístico Arareko**, ein Rarámuri-*ejido.* Hier leben in einem 200 km² großen, dichten Pinienwald 7,5 km südlich von Creel etwa 400 Familien in Höhlen und kleinen Häusern zwischen Wasserfällen, Ackerland, tiefen Schluchten und phänomenalen Felsformationen. Ein traumhafter grüner See, der **Lago Arareko**, befindet sich ebenfalls in dem *ejido*. In ihm spiegeln sich die Pinien und Felsformationen besonders schön. Ein Tipp: Die im *ejido* liegenden **Rekowata Aguas Termales** (Thermalquellen von Rekowata) sind in Wirklichkeit nur lauwarm und mehr oder weniger so was wie ein Swimmingpool. Der landschaftlich sehr reizvolle Weg ist bergab wunderschön, bergauf aber eher Furcht einflößend. Man sollte keine medizinische Heilquelle erwarten.

Die 30 m hohe **Cascada Cusárare** ist ein Wasserfall und liegt 22 km südlich von Creel, unweit des Rarámuri-Dorfs **Cusárare** (Ort der Adler). In Cusárare steht das **Loyola Museum** (Eintritt 15 Mex$; ⌚ Mi–Mo 10–17 Uhr). Es ist der Erhaltung und Ausstellung einer Sammlung von jahrhundertealten Gemälden gewidmet, die in Kirchen und Missionen gefunden und vor dem Verderb gerettet wurden.

Noch faszinierender als der Wasserfall von Cusárare ist ein Besuch des **Parque Nacional Cascada de Basaseachi** mit dem höchsten ganzjährig Wasser führenden Wasserfall von Mexiko. Das Wasser stürzt hier aus einer Höhe von 246 m in die Tiefe. Basaseachi liegt 140 km nordwestlich von Creel. Der Ausflug dorthin nimmt einen ganzen Tag in Anspruch: Erst geht's drei Stunden über eine holprige Straße, dann kommt eine einstündige Wanderung bis zur Talsohle; wieder hinaufzulaufen dauert zwei Stunden, und zurückfahren muss man ja schließlich auch wieder. Der Aufwand lohnt sich aber auf jeden Fall. Von den drei Aussichtspunkten an der Kante genießt man einen schönen Blick auf den Wasserfall, aber erst von unten hat das Ganze etwas wirklich Magisches. In der Mittagszeit erzeugt die Sonne einen verblüffenden Regenbogen nach dem anderen. Man ist ihnen so nah, dass es scheint, als müsste man nur die Hand ausstrecken, um sie anfassen zu können.

Schlafen & Essen

Wer Creel für einen Tagesausflug in die Natur verlassen hat, möchte vielleicht auch außerhalb der Stadt übernachten. Zur Wahl stehen mehrere rustikale Unterkünfte. Manche haben Campingplätze, andere gemütliche Zimmer. In den meisten Unterkünften kann man auch seinen Hunger stillen.

Complejo Ecoturístico Arareko (☎ 635-456-01-26; Av López Mateos, Creel) hat ein Büro in Creel, wo die Übernachtung in einer der verschiedenen *ejido*-Unterkünfte gebucht (und der Transport dorthin organisiert) werden kann. Der *ejido* unterhält auch zwei Lodges. **Cabañas de Batosárachi** (Zi. 100–150 Mex$) verfügt über drei rustikale Hütten, die entweder mit Stockbetten oder mit einzelnen Zimmern, mit warmen Duschen und einer Gemeinschaftsküche ausgestattet sind. Außerdem gibt's noch fünf einzelne Hütten mit kleiner Kochecke (Campingkocher mitbringen). Die große **Cabaña de Segórachi** (DZ 250 Mex$) am Südufer des Lago Arareko ist komfortabler und wurde gerade etwas aufgemöbelt (neue Teppiche und Bäder). Außerdem ist im Preis die Benutzung eines Ruderbootes enthalten. Um beide Anlagen und rund um den See darf man für 15 Mex$ auch sein Zelt aufbauen.

Die **Copper Canyon Sierra Lodge** (☎ 635-456-00-36, in den USA 800-648-8488; www.coppercanyonlodge.com; EZ/DZ inkl. Mahlzeiten 800/1600 Mex$) ist eine idyllische Berghütte mit gemütlichen Zimmern mit rustikalen Holzbalken an den Decken, Petroleumlampen (Strom gibt's nicht), hübsch verzierten Möbeln aus Pinienholz, flauschigen weißen Bademänteln, Duschen, aus denen Unmengen heißes Wasser sprudelt, und Halleröfen (zwei Zimmer haben sogar einen funktionierenden Kamin). In dem schönen, alten Speisesaal werden ausgezeichnete Gerichte serviert. Im Preis sind Margaritas enthalten (ja, richtig gelesen, Margaritas – Plural!).

BATOPILAS

☎ 649 / 1200 Ew. / 495 m

Wer es unversehrt die steile, gewundene Schotterstraße hinunter nach Batopilas geschafft hat, kann stolz sein, denn er ist bis tief in das Canyon-Innere vorgedrungen. Batopilas ist ein heiteres Silberminendorf aus dem 19. Jh., 140 km südlich von Creel. Die Reise ist ein aufregender Trip, der in Creel in einer Höhe von 2338 m beginnt und in Batopilas auf 495 m endet. Bevor man den warmen, kleinen Ort aber erreicht, geht es rauf und runter durch verschiedene Schluchten und die unterschiedlichsten Klima- und Vegetationszonen.

Wenn man in Batopilas angekommen ist, sollte man das Tempo ein bisschen rausnehmen und die Ruhe dieses Ortes, in dem die Zeit stehen geblieben zu sein scheint, auf sich wirken lassen. Dieses Örtchen ist nichts für Nachtschwärmer, denn hier werden die Bürgersteige zeitig hochgeklappt, und selbst am Wochenende wird die letzte Runde um 22 Uhr eingeläutet. Aber es gibt auch viel Geschichtliches zu entdecken (beispielsweise die witzige Tatsache, dass Batopilas gleich nach Mexico City die zweite Stadt Mexikos war, die mit Strom versorgt wurde). Einer der beliebtesten Ausflüge führt zur **Catedral Perdida** (zur verlorenen Kathedrale) in Satevó. Diese kunstvoll gebaute Kathedrale wurde in einem abgelegenen, unbewohnten Canyon entdeckt. Entweder nimmt man den 8 km langen Fußmarsch am Fluss entlang auf sich, oder man schnappt sich ein Auto und ist in 20 Minuten da. Sämtliche Hotels helfen bei der Planung von Tagestrips. Auch die drei- bis viertägige Wanderung hinunter zur Canyonstadt Urique ist sehr beliebt und vor allem echt spektakulär.

Wie in Urique geht es auch in Batopilas an manchen Ecken zuweilen etwas derb zu. Das Militär hat vor kurzem die Marihuanaernte in der Umgebung platt gemacht, was dazu führte, dass die lokale Wirtschaft fast zum Stillstand gekommen ist und Raub und Kidnapping heute nichts Ungewöhnliches mehr sind. Traveller aus dem Ausland sind zwar nur selten das Ziel, aber man sollte trotzdem aufmerksam sein, wenn man durch die Straßen spaziert.

Schlafen

Casa Monse (☎ 456-90-27; Plaza Principal; Zi. 120 Mex$) Backpacker, die knapp bei Kasse sind, bevorzugen das schon ziemlich in die Jahre gekommene Hotel Batopilas unten an der Plaza. In der Casa Monse sind die billigen Zimmer aber sauberer und die Atmosphäre ist netter. Monse Alcaraz redet ununterbrochen, kocht Rarámuri-Gerichte, besorgt Führer und hält Unmengen an Infos bereit.

Hotel Juanita's (☎ 456-90-43; Plaza Principal; EZ/DZ 250/400 Mex$; ⊠ ❄) Die sauberen, einfachen Zimmer mit Kruzifix liegen an einem Innenhof mit Blick über den Fluss. Dies ist genau das richtige Plätzchen für einen abendlichen Plausch unter Freunden. Juanita ist der Meinung: „Wer Jesus nicht liebt, soll woanders übernachten."

Real de Minas (☎ 456-90-45; Donato Guerra 1; Zi. 526,50 Mex$; P ⊠ ❄) Eine kleine Sierra-Madre-Oase mit acht fröhlich dekorierten Zimmern, die um einen wunderhübschen Innenhof mit Springbrunnen angeordnet sind. Das dazugehörige Gebäude, das etwas weiter die Straße runter steht, hat sechs luftige, blitzblanke Zimmer mit orangefarbenen Türen. Hier herrscht eine ausgesprochen friedliche Atmosphäre. Die niedrig angebrachten Türklinken wurden höchstwahrscheinlich speziell für Oompa-Loompas und Ewoks entworfen.

La Hacienda Río Batopilas (☎ in Creel 635-456-02-45; EZ/DZ inkl. Mahlzeiten 600/1000 Mex$) Wem es zu unsicher ist, ob die Riverside Lodge nun gerade geschlossen ist oder nicht, der sollte sich für diese Unterkunft entscheiden. Die Hazienda aus dem Jahr 1760 wird von denselben Leuten geführt wie die Casa Margarita in Creel. Die recht geräumigen Zimmer haben wunderschöne unverputzte Steinwände, Holzbalken an den Decken, Buntglasfenster und phantastisch geflieste Bäder mit Badewannen. Das dazugehörige Restaurant serviert Frühstück und Abendessen. Der Nachteil ist allerdings, dass diese Unterkunft eine gute halbe Stunde zu Fuß von der Stadt entfernt ist.

Essen & Ausgehen

In Batopilas essen zu gehen, kann eine recht intime Angelegenheit sein, denn die meisten „Restaurants" bestehen nur aus ein paar Tischen auf der Veranda oder der Terrasse von Privatwohnungen.

Carolina (Plaza de la Constitución; Hauptgerichte 40–90 Mex$; ⌚ 8–19.30 Uhr) Zum Frühstück gibt's gute *huevos rancheros* und Pfannkuchen. Zu anderen Tageszeiten werden unterschiedlichste mexikanische Spezialitäten serviert.

Doña Mica (Plaza de la Constitución; Gerichte 50–60 Mex$; ⌚ 7.30–21 Uhr) Ein ausgezeichnetes Lokal, in dem hausgemachte mexikanische Gerichte auf einem wunderschönen antiken Herd zubereitet werden. Eine Speisekarte sucht man hier vergeblich, es gibt jeden Tag nur einige wenige Gerichte. Auch für Vegetarier ist immer was dabei.

El Puente Colgante (☎ 456-90-23; Hauptgerichte 50–130 Mex$; ⌚ So–Mi 11–21, Fr & Sa 11–22 Uhr) Hier kommen delikat gefüllte Forellen, gut gewürzte Steaks und Karaffen mit leckeren *micheladas* auf den Tisch. Die Terrasse eignet sich auch ganz wunderbar für einen frühen Schlummertrunk.

An- & Weiterreise

Es führt nur eine Straße in die Stadt, und die ist nichts für Zartbesaitete, denn sie führt steil im Zickzack die Canyon-Wand hinunter. Die billigste Möglichkeit ist die Fahrt im Linienbus (20 Sitzplätze) von Creel, der meistens überfüllt und mindestens fünf Stunden unterwegs ist (180 Mex$, Mo–Sa). Es ist nicht ratsam, dienstags, donnerstags oder samstags nach Creel zurückzufahren, denn an diesen Tagen bewältigt die Strecke nur ein kleiner Chevy Suburban mit sieben Sitzplätzen. Der Fahrer nimmt so viele Fahrgäste wie nur möglich mit (11 Erwachsene und 1 Baby sind keine Seltenheit). An diesen Tagen fährt der Bus zwar die ganze Strecke bis nach Chihuahua (370 Mex$, 8 Std.), aber die Fahrt ist ausgesprochen ungemütlich und entsetzlich gefährlich. Außerdem werden Fahrgäste nach Chihuahua bevorzugt mitgenommen und bekommen Sitzplätze zugewiesen. Wer nach Creel fährt, hat in dieser Beziehung Pech gehabt. Beide Busse fahren um 5 Uhr vor der Kirche ab. Man kann sich auch einen Truck mieten und selbst fahren. Das ist aber nicht zu empfehlen, denn die Straße ist wirklich sehr steil und eng. Man sollte sich lieber einer Tourgruppe anschließen oder in Creel einen erfahrenen Fahrer anheuern.

Zentrales Nordmexiko

Auf den Autokennzeichen Chihuahuas steht Tierra de Encuentro, „Land der Entdeckung". Das trifft den Nagel auf den Kopf – für Chihuahua, Mexikos größten Bundesstaat, wie auch für den landwirtschaftlich geprägten Nachbarn Durango im Süden, der ebenfalls Teil dieses Kapitels ist. Zu entdecken gibt's eine Menge: eine fast surreal schöne Natur mit Teppichen aus Wildblumen in der Regenzeit, spektakulären Gewittern und weitem, blauem Himmel, die Atmosphäre stiller Dörfer, der Ruf uralter, vergangener Kulturen und wichtige Geschichtsschauplätze.

Chihuahua ist Nahuatl und bedeutet „trockene, sandige Zone". In der Tat: Die Desierto Chihuahuense, die den größten Teil Chihuahuas einnimmt und noch darüber hinausgeht, ist die größte Wüste Nordamerikas. Ihre karge Schönheit ist unbeschreiblich.

Viele kennen die Gegend nur als endlose Sandwüste, doch im Westen erhebt sich die Sierra Madre Occidental mit fruchtbaren Tälern und rätselhaften archäologischen Fundstätten. In den Städten Chihuahua, Hidalgo del Parral und Durango lebt die koloniale Vergangenheit: Überall widmen sich Museen dem Helden der Mexikanischen Revolution, Pancho Villa.

Warum dennoch so wenige Besucher herkommen, bleibt ein Rätsel. Ciudad Juárez besuchen hauptsächlich Grenzgänger aus dem reichen Nachbarland, nach Chihuahua kommen die wenigen Ausländer nur, um mit dem Zug die berühmte Kupferschlucht zu entdecken. Ansonsten sind die ruhigen Städte im zentralen Norden nicht auf Touristen eingestellt.

Manche fahren durch und fragen sich, warum so viel Rummel um dieses Land gemacht wird. Für andere beginnt hier eine neue Reise – ein intimer Blick auf ein ganz anderes Mexiko.

HIGHLIGHTS

- In den Bergen bei Madera die **Cueva Grande** (S. 401) im Cañón de Huápoca und andere vorkoloniale Felsenwohnungen entdecken.
- In **Durango** (S. 415) dem Charme der Kolonialzeit erliegen.
- In **Mata Ortiz** (S. 398) Keramik bestaunen und kaufen.
- Tief in die **Mina La Prieta** (S. 412) in Hidalgo del Parral und in die **Mina Ojuela** (S. 415) bei Mapimí vordringen.
- Die rätselhaften Ruinen von **Paquimé** (S. 396) erkunden.

MAX. TEMPERATUR CHIHUAHUA, JAN.: 18° C	MAX. TEMPERATUR CHIHUAHUA, JULI: 32° C

Geschichte

Diese Region war während der Mexikanischen Revolution Schauplatz heftiger Kämpfe, und hier entstand die *División del Norte* des Revolutionärs Pancho Villa. Schnell wird einem klar, warum ebendieser hier bis heute als Held verehrt wird (s. Kasten S. 410 f.).

Genauso finden sich aber auch umfangreiche Beweise für den früheren Wohlstand der Region und ihre Bedeutung für die Machtzentren im Süden – für die Kolonialstädte Chihuahua und Durango, für die Jahrhunderte alten Minen rund um Hidalgo del Parral und Torreón und sogar für die ehemalige Bahnstation in Nuevo Casas Grandes. In der jüngeren Vergangenheit gab die weithin unberührte Landschaft die Kulisse für unzählige Hollywood-Western.

Die wesentlich interessantere Geschichte von Zentralnordmexiko reicht jedoch viel weiter zurück. Die Ruinenstadt Paquimé und ehemalige Felsenwohnungen wie die in Cueva Grande und Cuarenta Casas erinnern eindrucksvoll an blühende Siedlungen hochentwickelter Völker, die lange vor der Ankunft der Spanier hier lebten.

Klima

Die ganze Gegend ist heiß und trocken, im Sommer sind Temperaturen über 40° C keine Seltenheit. In Chihuahua ist es etwas feuchter und wärmer als in Durango. In den Bergen fällt im Winter sehr oft Schnee, besonders (aber nicht nur) rund um Madera. Die Wüstennächte sind selbst im Sommer bitterkalt.

Parks & Schutzgebiete

Trotz der atemberaubend schönen Natur gibt es nur wenige ausgewiesene Schutzgebiete. Am bekanntesten ist die raue, abgelegene Wüstenlandschaft der Reserva de la Biosfera Bolsón de Mapimí (s. S. 415). Da die meisten Besucher auf die berühmte Kupferschlucht fixiert sind, beachten sie den Parque Nacional Cumbres de Majalco (S. 406) bei Chihuahua kaum, aber seine wild zerklüfteten Felsen sind ein Paradies für Kletterer und Wanderer.

Rund um Madera (S. 399) und entlang des Hwy 40 (S. 419) westlich von Durango sind außerdem schöne Bergwälder zu entdecken.

Anreise & Unterwegs vor Ort

Ausgezeichnete Busverbindungen und gute Straßen machen das Reisen in dieser Gegend sehr einfach. Wer in der abgelegenen Region mit dem Auto unterwegs ist, sollte abseits der großen Fernstraßen immer genug Benzin im Tank haben.

Reisende aus den USA überqueren die Grenze zumeist bei Ciudad Juárez (Details s. Kasten S. 395). Wer nicht nach Juárez möchte, kann die Stadt (und die langen Warteschlangen) umgehen und über den von 6 bis 22 Uhr geöffneten, völlig unproblematischen Grenzübergang von Santa Teresa in New Mexico einreisen, knapp 20 km nordwestlich von El Paso.

AUF DEN SPUREN PANCHO VILLAS

Die Gegend wimmelt nur so von Orten, die der Revolutionsheld Pancho Villa weithin berühmt gemacht hat. In Hidalgo del Parral wird sein Todestag alljährlich mit dem derben Volksfest der **Las Jornadas Villistas** (S. 412) begangen. Auch an den folgenden Orten kann man auf seinen Spuren wandeln:

- **Quinta Luz** (Museo Histórico de la Revolución Mexicana, S. 402)
- **Canutillo** (S. 413)
- **Museo Francisco Villa** (S. 411)
- **La Casa de los Milagros** (S. 407)
- **Palacio Alvarado** (S. 411)

CIUDAD JUÁREZ

☎ 656 / 1,3 Mio. Ew. / 1145 m

Ciudad Juárez hat den Ruf, eine einzige Provokation zu sein. Aber so ganz schlimm ist es nun auch wieder nicht. Gut, die bescheidene Anzahl an Sehenswürdigkeiten ist wirklich nicht so toll, und der Charme anderer Städte im Norden fehlt ebenfalls – eigentlich hat die Stadt überhaupt keinen Charme … Aber dafür hat sie ungeheuer viel Energie.

Als zweitwichtigster Grenzübergang zwischen Mexiko und den USA lebt Juárez vom steten Strom von Waren und Reisenden nach und aus dem texanischen El Paso auf der anderen Flussseite. Lastwagen voller Rohstoffe und Fertigprodukte rollen in und aus den *maquiladoras* (ausländischen Produktionsbetrieben) der Stadt, Tagestouristen kommen aus Texas, um günstig einzukaufen, sich medizinisch behandeln zu lassen oder weil in den belebten Cantinas und Clubs hier auch an Minderjährige Alkohol ausgeschenkt wird.

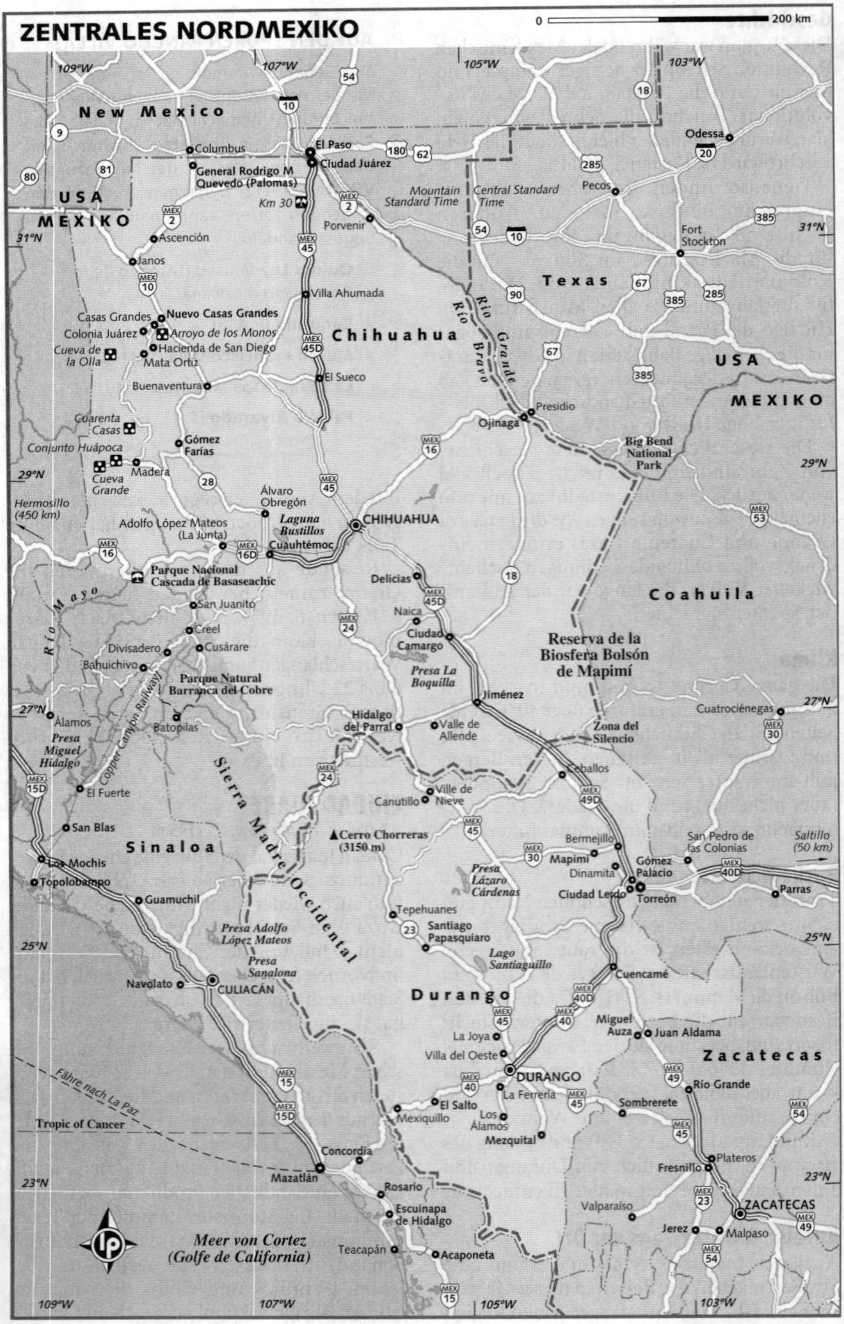
ZENTRALES NORDMEXIKO
0
200 km
109°W
107°W
105°W
103°W
New Mexico
USA
MEXIKO
Texas
Chihuahua
Coahuila
Sinaloa
Durango
Zacatecas
Columbus
El Paso
Ciudad Juárez
General Rodrigo M Quevedo (Palomas)
Km 30
Porvenir
Mountain Standard Time
Central Standard Time
Odessa
Pecos
Fort Stockton
Ascención
Janos
Villa Ahumada
Casas Grandes
Nuevo Casas Grandes
Colonia Juárez
Arroyo de los Monos
Hacienda de San Diego
Cueva de la Olla
Mata Ortiz
El Sueco
Buenaventura
Río Bravo
Río Grande
Presidio
Ojinaga
Big Bend National Park
Cuarenta Casas
Conjunto Huápoca
Gómez Farías
Cueva Grande
Madera
Hermosillo (450 km)
Álvaro Obregón
Laguna Bustillos
CHIHUAHUA
Adolfo López Mateos (La Junta)
Cuauhtémoc
Parque Nacional Cascada de Basaseachic
Delicias
Río Mayo
San Juanito
Creel
Divisadero
Cusárare
Bahuichivo
Naica
Ciudad Camargo
Presa La Boquilla
Reserva de la Biosfera Bolsón de Mapimí
Parque Natural Barranca del Cobre
Copper Canyon Railway
Jiménez
Álamos
Batopilas
Hidalgo del Parral
Valle de Allende
Zona del Silencio
Cuatrociénegas
Presa Miguel Hidalgo
Sierra Madre Occidental
Ceballos
El Fuerte
Ville de Nieve
Canutillo
San Blas
Cerro Chorreras (3150 m)
Bermejillo
San Pedro de las Colonias
Saltillo (50 km)
Los Mochis
Mapimí
Gómez Palacio
Topolobampo
Dinamita
Presa Lázaro Cárdenas
Ciudad Lerdo
Torreón
Parras
Guamuchil
Tepehuanes
Santiago Papasquiaro
Presa Adolfo López Mateos
Lago Santiaguillo
Presa Sanalona
Cuencamé
Navolato
CULIACÁN
Miguel Auza
Juan Aldama
La Joya
Villa del Oeste
DURANGO
Fähre nach La Paz
La Ferrería
Río Grande
El Salto
Mexiquillo
Los Álamos
Sombrerete
Tropic of Cancer
Mezquital
Concordia
Plateros
Mazatlán
Fresnillo
Rosario
Escuinapa de Hidalgo
Valparaíso
ZACATECAS
Jerez
Malpaso
Meer von Cortez (Golfe de California)
Teacapán
Acaponeta
31°N
29°N
27°N
25°N
23°N

Angesichts der herrlichen Sehenswürdigkeiten, die weiter südlich locken, lautet die übliche Devise: die Stadt so schnell wie möglich verlassen. Das ist durchaus verständlich, aber ein kurzer Aufenthalt kann auch ganz angenehm sein.

Geschichte

1598 überquerte der Konquistador Don Juan de Oñate, der berüchtigt war für seine Grausamkeit gegenüber der einheimischen Bevölkerung, hier den Río Bravo, um seinen offiziellen Auftrag der Kolonisierung Mexikos zu erfüllen. Der Grenzübergang wurde eine wichtige Zwischenstation auf dem Camino Real de Tierra Adentro, dem 2560 km langen Königlichen Handelsweg von Mexico City nach Santa Fe im US-amerikanischen New Mexico.

Nachdem 1659 in El Paso del Norte (wie Juárez damals noch hieß) die Missionsstation Guadalupe gegründet worden war, entstand daraus mit der Zeit eine blühende Wildwest-Stadt. Zu Ehren von Präsident Benito Juárez, der hier von 1865 bis 1866 gegen die französische Besatzung kämpfte, wurde die Stadt 1888 nach ihm benannt.

Während der Mexikanischen Revolution stürmte im Mai 1911 Pancho Villa (s. Kasten S. 410 f.) die Stadt, um den Rücktritt des Diktators Porfirio Díaz zu erzwingen. Nach dem Putsch gegen Präsident Francisco Madero 1913 suchte Villa Zuflucht in El Paso, bevor er mit einer Handvoll Anhänger den Fluss erneut überquerte, um Mexiko zurückzuerobern. Innerhalb weniger Monate hatte er Tausende von Mitstreitern um sich geschart. Mit seiner División del Norte eroberte er Juárez im November 1913 zum zweiten Mal.

Die Revolution ruinierte die mexikanische Wirtschaft insgesamt, doch Juárez erlebte in jenen Jahren (1920–1933) dank der Prohibition in den USA einen wirtschaftlichen Aufschwung: Von überall her kamen durstige Amerikaner, um dem gleichermaßen verbotenen wie feudalen Alkoholgenuss in Juárez zu frönen. Auch nach dem Ende der Prohibition tranken viele US-Amerikaner ihr Bier lieber jenseits der Grenze.

Nach Inkrafttreten des Nordamerikanischen Freihandelsabkommens (NAFTA) Mitte der 1990er-Jahre boomte die Wirtschaft hier zum zweiten Mal. US-Unternehmer nutzten die niedrigen Lohnkosten in Mexiko für ihre Produktion und die neuen Arbeitsplätze lockten Tausende von Mexikanern aus dem ganzen Land in die gut 400 *maquiladoras* der Stadt. Mittlerweile sind nur noch 40 % der heutigen Einwohner von Juárez auch hier geboren. Doch nicht alle profitieren vom wirtschaftlichen Erfolg: Am Stadtrand gibt es riesige Slums.

Die jüngere Geschichte Juárez' ist denn auch eher unrühmlich. Die Stadt ist ein Hauptumschlagplatz für Drogen, die in die USA geschmuggelt werden, und zwischen den rivalisierenden Banden kommt es immer wieder zu gewalttätigen Auseinandersetzungen. Noch beunruhigender aber sind der Tod und das Verschwinden von Hunderten von jungen Frauen seit 1993, von denen viele vergewaltigt und misshandelt worden sind. Den als „Feminizide" bezeichneten Morden wurde von den lokalen Behörden und Medien zunächst wenig Beachtung geschenkt; viele Kritiker werfen den lokalen und nationalen Behörden Gleichgültigkeit und oft sogar eine Mitschuld an den Verbrechen vor. Zum Glück ging die Zahl der Vorfälle in den letzten Jahren deutlich zurück. Reisende sollten hier einfach die gleiche Vorsicht walten lassen wie anderswo auch.

Orientierung

Ciudad Juárez liegt südlich des Río Bravo. Die interessantesten Orte beherbergt das Stadtzentrum nahe den beiden internationalen Brücken, die Juárez mit El Paso verbinden. Die Av Juárez ist die Hauptstraße, aber in den überwiegend als Fußgängerzone ausgewiesenen Straßen südlich der Plaza de Armas kann man wesentlich besser shoppen und Leute beobachten. Die Zona Pronaf östlich des Stadtzentrums ist die Adresse für reiche Einheimische und Touristen, vor allem Mexikaner aus Texas, die ihr Geld beim Glücksspiel loswerden wollen. Das Nachtleben spielt sich hauptsächlich in der Av Lincoln ab.

Praktische Informationen

Die Geschäfte in Juárez nehmen zwar gerne US-Dollar, doch es ist günstiger, mit Pesos zu zahlen. Wechselstuben (*casas de cambio*) gibt's überall in der Stadt, konzentriert aber in der Av Juárez. Banken finden sich zumeist in der Av 16 de Septiembre. In Notfällen: ☎ 060.

Comisiones San Luis (☎ 614-20-33; Ecke Av Juárez & Av 16 de Septiembre) Bietet nicht die besten Wechselkurse für Bargeld, löst aber Reiseschecks ein (allerdings nur im Wert von 50 & 100 US$).

Compu-Rent (15 Mex$/Std.) In der Hauptfiliale (Ecke Av 16 de Septiembre & Villa) gibt's schnelle Rechner und Einzelkabinen in hipper, junger Atmosphäre. Eine kleinere Filiale ist in der Av Juárez 243.

El Paso Tourist Information Center (☎ 915-534-0600; Ecke Santa Fe St & Main Dr; Mo–Fr 8–17, Sa & So 10–15 Uhr)

General Hospital (☎ 613-15-71; Paseo Triunfo de la República 2401) Rund um die Uhr geöffnete Notfallambulanz.

Juárez Tourist Information Center (☎ 611-31-74; www.visitajuarez.com; Av de las Américas 2551; Mo–Fr 9–21, Sa & So 10–18 Uhr) Zweisprachige Mitarbeiter halten Infomaterial zu Juárez und ganz Mexiko bereit.

Post (Ecke Av Lerdo & Peña)

Gefahren & Ärgernisse

Allgemeine Verhaltensregeln, wie sie überall ratsam sind, gelten auch in Ciudad Juárez. Die Stadt ist nicht ganz so schlimm wie ihr Ruf. Da die meisten Verbrechen im Zusammenhang mit dem Drogenhandel begangen werden, empfinden gesetzestreue Touristen Juárez durchaus als einladend und freundlich. Bis zur Kreuzung mit der Av 16 de Septiembre ist die Hauptstraße Av Juárez gut beleuchtet und dank regelmäßiger Polizeipatrouillen kann man sich dort bis spät in die Nacht gefahrlos aufhalten. Unbeleuchtete Nebenstraßen sollten Touristen aber ebenso meiden wie das heruntergekommene Rotlichtviertel, das sich östlich der Av Juárez befindet. Die Straßen im Süden und Westen der Stadt sind zwar schon früh am Abend gespenstisch verlassen, im Allgemeinen aber selbst in den ersten Stunden nach Einbruch der Dunkelheit noch sicher. Die Brücke von der Av Lerdo in die Stanton St in El Paso ist nachts für Fußgänger gesperrt.

„Kostenlose" Angebote (Fahrten, Getränke etc.) sollte man niemals annehmen, denn sie sind nie wirklich umsonst und manchmal sogar gefährlich.

Sehenswertes

Juárez' einzigartige **Kathedrale** (Ecke Av 16 de Septiembre & Mariscal; Mo–Fr 9–17, Sa & So 9–20 Uhr) an der zentralen Plaza de Armas wurde 1935 erbaut und 1976 restauriert. Neben den prächtigen Buntglasfenstern ist besonders ihre neoklassizistische Fassade beeindruckend. Direkt daneben befindet sich die 1668 vollendete **Misión de Guadalupe** (7.30–19, Do bis 15 Uhr) mit ihren äußerst kunstvoll geschnitzten Deckenbalken.

Das prachtvolle alte Zollgebäude der Stadt beherbergt nun das **Museo Histórico de Ciudad Juárez** (Museo Ex-Aduana; ☎ 612-4707; Ecke Av Juárez & Av 16 de Septiembre; Eintritt frei; Di–So 9–17 Uhr). Zu sehen gibt's außer ein paar ziemlich langweiligen Ausstellungsstücken (mit Erklärungen auf Spanisch) einige schöne alte Fotografien.

Das kegelförmige **Museo de Arte** (☎ 613-17-08; Av Lincoln s/n; Eintritt frei; Di–So 10–18 Uhr) in der Zona Pronaf ist eine architektonische Kuriosität. Das Kunstmuseum ist klein, aber seine wechselnden Ausstellungen sind oft sehr gut.

Schlafen

In Juárez darf man an Luxussuiten noch nicht mal denken, und die meisten günstigen Hotels sind zu 300 % belegt (d. h. die Gäste bezahlen stundenweise ...).

BUDGETUNTERKÜNFTE

Hotel Correo (☎ 615-08-75; Av Lerdo 250 Sur; Zi. ab 130 Mex$;) Das Gebäude beim Postamt ist recht marode, doch die liebevoll auf Hochglanz gebrachten Zimmer machen das Correo zu einer der besten Budgetoptionen der ganzen Stadt.

Gardner Hotel (☎ 915-532-3661; www.gardnerhotel.com; 311 E Franklin Av, El Paso; B 20 US$, Zi ohne/mit Bad ab 35/55 US$; P). Für alle, die auf ihrem Weg nach Süden nur einen Tag in Juárez weilen, ist dieses Hotel im texanischen El Paso eine gute Option. Die 1922 eröffnete Herberge strotzt vor Charakter und Charme und bietet neben Vierbett- auch Einzelzimmer. Während der Recherche waren außerdem Doppelzimmer in Planung. Die günstigsten Schlupfwinkel lassen ziemlich zu wünschen übrig, aber die anderen wurden gründlich renoviert, sind makellos sauber und originell eingerichtet. Unten gibt's eine große Küche und einen Gemeinschaftsraum mit kostenlosem Billard. Eigentümer Joe weiß so ziemlich alles über die Gegend und veranstaltet geführte Touren zu den Carlsbad Caverns (in New Mexico) und zu anderen Sehenswürdigkeiten.

Hotel Imperial (☎ 615-03-23; Vicente Guerrero 206; Zi 300 Mex$; P) Das ausgefallene Hotel mit der großen, orangefarbenen Fensterfront ist nicht gerade besonders toll, doch die gemütlichen Zimmer sind wesentlich freundlicher, als der erste Eindruck erwarten ließe, und allemal ihr Geld wert.

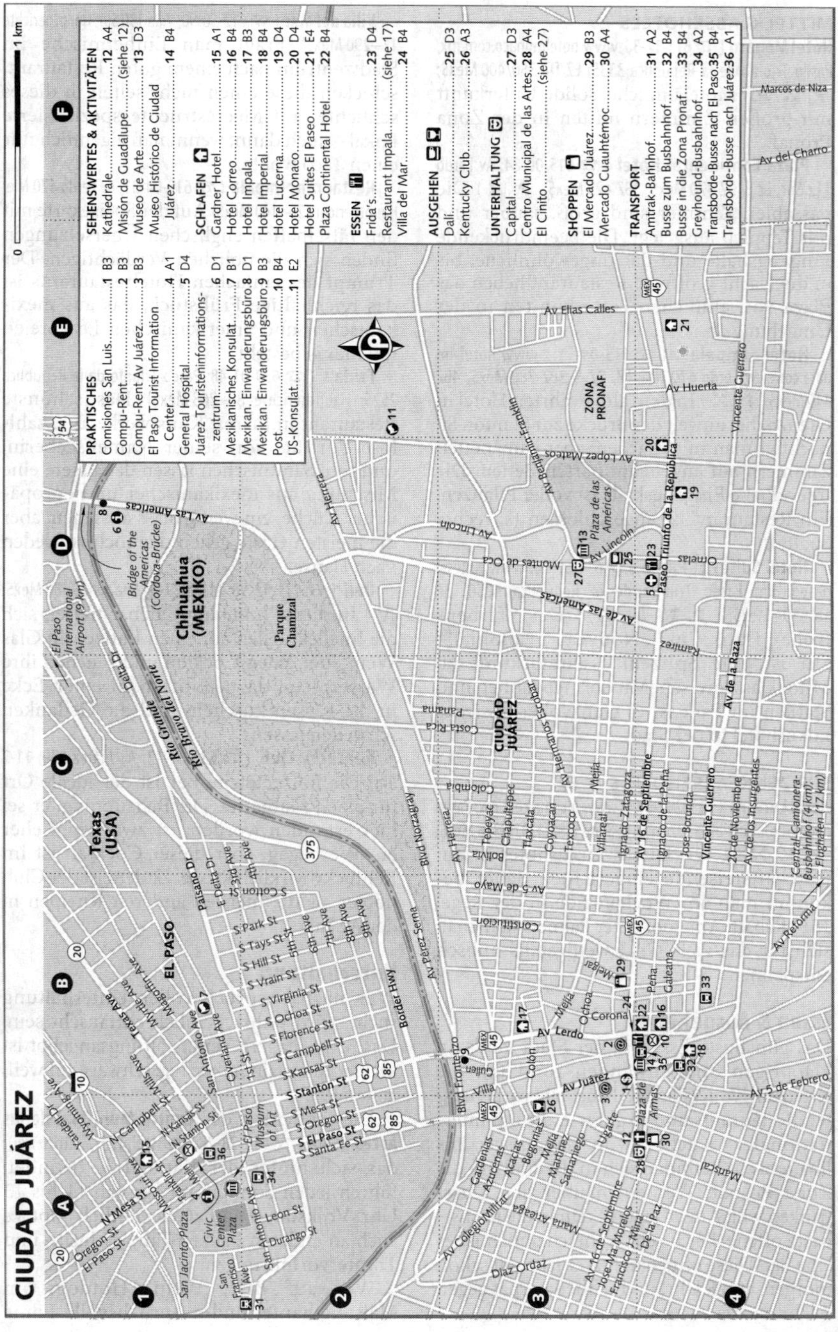
CIUDAD JUÁREZ
0 1 km
PRAKTISCHES
Comisiones San Luis 1 B3
Compu-Rent 2 B3
Compu-Rent Av Juárez 3 B3
El Paso Tourist Information Center 4 A1
General Hospital 5 D4
Juárez Touristeninformationszentrum 6 D1
Mexikanisches Konsulat 7 B1
Mexikan. Einwanderungsbüro 8 D1
Mexikan. Einwanderungsbüro 9 B3
Post 10 B4
US-Konsulat 11 E2
SEHENSWERTES & AKTIVITÄTEN
Kathedrale 12 A4
Misión de Guadalupe (siehe 12)
Museo de Arte 13 D3
Museo Histórico de Ciudad Juárez 14 B4
SCHLAFEN
Gardner Hotel 15 A1
Hotel Correo 16 B4
Hotel Impala 17 B3
Hotel Imperial 18 B4
Hotel Lucerna 19 D4
Hotel Monaco 20 D4
Hotel Suites El Paseo 21 E4
Plaza Continental Hotel 22 B4
ESSEN
Frida's 23 D4
Restaurant Impala (siehe 17)
Villa del Mar 24 B4
AUSGEHEN
Dalí 25 D3
Kentucky Club 26 A3
UNTERHALTUNG
Capital 27 D3
Centro Municipal de las Artes 28 A4
El Cinito (siehe 27)
SHOPPEN
El Mercado Juárez 29 B3
Mercado Cuauhtémoc 30 A4
TRANSPORT
Amtrak-Bahnhof 31 A2
Busse zum Busbahnhof 32 B4
Busse in die Zona Pronaf 33 B4
Greyhound-Busbahnhof 34 A2
Transborde-Busse nach El Paso 35 B4
Transborde-Busse nach Juárez 36 A1
Texas (USA)
Chihuahua (MEXIKO)
EL PASO
CIUDAD JUÁREZ
ZONA PRONAF
Parque Chamizal
Rio Grande
Rio Bravo del Norte
Bridge of the Americas (Cordova-Brücke)
El Paso International Airport (9 km)
Central Camionera-Busbahnhof (4 km); Flughafen (17 km)
Civic Center Plaza
El Paso Museum of Art
Plaza de las Américas
Plaza de Armas
Av de las Américas
Av 16 de Septiembre
Av Juárez
Av Lerdo
Paseo Triunfo de la República
Av Lincoln
Av de la Raza
Vincente Guerrero
Av 5 de Febrero
Border Hwy
Paisano Dr

MITTELKLASSEHOTELS

Hotel Monaco (☎ 617-17-30; www.hotelmonaco.com.mx; Paseo Triunfo de la República 3335; EZ/DZ 350/400 Mex$; P ❄) Motelähnliche, solide Unterkunft mit großen Zimmern mitten in der Zona Pronaf.

Plaza Continental Hotel (☎ 615-00-84; Av Lerdo 112 Sur; EZ & DZ 370 Mex$, 3BZ 425 Mex$; P ❄) Die passablen Zimmer sind groß, sauber und mit Teppich ausgelegt. Die beeindruckende Eingangshalle und das ungewöhnliche, bis in die Nacht geöffnete Restaurant heben das Plaza von ähnlichen Unterkünften in der Umgebung ab.

Hotel Impala (☎ 615-04-31; www.hotel-impala.com; Av Lerdo 670 Nte; EZ, DZ & 3BZ 380 Mex$, 4BZ 440 Mex$; P ❄) In dem altbewährten Hotel in Grenznähe, unweit der Brücke zur Stanton St, nächtigt man in einfachen, aber ganz netten Zimmern auf angenehm harten Betten. Die freundliche Eingangshalle ist voller Pflanzen. Ein Restaurant ist angeschlossen (s. rechte Spalte).

Hotel Suites El Paseo (☎ 611-50-00; www.suiteselpaseo.com; Paseo Triunfo de la República 4850; Zi. ab 594 Mex$; P ❄) Das farbenfrohe Haus im „Nouveau Colonial"-Stil ist eine Spitzenklasseunterkunft zu Mittelklassepreisen. Mit Springbrunnen und Statuen im Park ist es glanzvoller als jedes Luxushotel in der Stadt.

SPITZENKLASSEHOTELS

Hotel Lucerna (☎ 629-99-00; www.lucerna.com.mx; Paseo Triunfo de la República 3976; EZ/DZ/Suite 1480/1737/3318 Mex$; P ❄) Dieses Luxushotel ist auf Geschäftsreisende eingerichtet, daher bekommt man am Wochenende in der Regel 15 % Rabatt. Am Pool unter Palmen kann man sich für das viele Geld wenigstens hübsch entspannen.

Essen & Ausgehen

Das günstigste Essen in der Stadt gibt's an klapprigen Straßenständen rund um die Kreuzung von Villa und Peña. Die vornehmsten Restaurants und so gut wie alle mit internationaler Küche (von japanisch bis libanesisch) befinden sich in der und um die Zona Pronaf. Wer einen über den Durst trinken will: Augen zu und rein in die nächstbeste offene Tür – sehr wahrscheinlich ist es eine Bar. Diese öffnen in Juárez früh, oft schon morgens um 8 Uhr, und schließen spät gegen 2 Uhr nachts.

Villa del Mar (☎ 612-58-90; Villa 130 Sur; Hauptgerichte 17–290 Mex$) Fragt man Einheimische im Stadtzentrum nach einem guten Restaurant, schicken diese einen nicht selten in dieses schlichte, auf Meeresfrüchte spezialisierte Lokal – auch dann, wenn man eigentlich nur einen Taco wollte.

Restaurant Impala (☎ 615-04-31; Av Lerdo 670 Nte; Hauptgerichte 20–140 Mex$) Auf der Speisekarte mit den rätselhaften englischen Übersetzungen finden sich die üblichen Verdächtigen. Der Trumpf des einfachen Hotelrestaurants ist das reichhaltige Frühstück, das aus mexikanischen und amerikanischen Leckereien (59 Mex$) besteht.

Frida's (☎ 639-01-48; Paseo Triunfo de la República 2525; Hauptgerichte 80–268 Mex$) Das schönste Restaurant in Juárez: Kunstwerke, u. a. zahllose Porträts von seiner Namensgeberin, und rote Samtnischen lassen das Essen, eine Mischung aus mexikanischer und europäischer Küche, ein wenig blass aussehen, aber die meisten Gäste gehen dennoch zufrieden nach Hause.

Dalí (☎ 611-48-98; Mejía 3118; Snacks 25–80 Mex$; V) In dieser *tranquilo* Cafébar treffen sich die Intellektuellen auf einen Kaffee, ein Glas Wein oder einen Cocktail und rauchen ihre Wasserpfeife dazu. Einfach in einer Ecke in die Kissen kuscheln und die Gedanken schweifen lassen.

Kentucky Club (☎ 632-61-13; Av Juárez 629; 11-2 Uhr) Die holzgetäfelte Bar ist der ideale Ort für einen Margarita. Die Behauptung, er sei hier erfunden worden, ist zwar wohl eher ein Werbegag, aber dieser Cocktail ist im Kentucky wirklich klasse. Zudem ist der Club nobler als die meisten anderen Kneipen in der Av Juárez.

Unterhaltung

Wer nach anspruchsvoller Unterhaltung sucht, wird wahrscheinlich enttäuscht sein. Das recht magere Veranstaltungsangebot ist im Stadtmagazin *Juárez Life* schwarz auf weiß zu lesen.

Die Studenten des **Centro Municipal de las Artes** (CMA; ☎ 615-28-28; Mariscal 105; Eintritt frei), das sich hinter der Kathedrale befindet, führen jeden Sonntag mittag von 11 bis 13 Uhr Volkstänze auf. Gelegentlich gibt es auch an anderen Plätzen Tanz-, Musik- und Theatervorführungen.

Wer auf Bier, Wein, Hotdogs im Maisteigmantel und anspruchsvolle Filme steht, ist im **El Cinito** (Das kleine Kino; ☎ 616-04-73; Av Lincoln 445; Mindestverzehr 40 Mex$; Di–So 21 Uhr) richtig. Im gleichen Gebäude ist das **Capital** (☎ 616-20-89; Av Lincoln 445; ⌚ Do–So 21–2 Uhr) untergebracht, aktuell die angesagteste Tanzfläche der Stadt. Man tanzt zu Livemusik oder dem Sound von DJs, die manchmal auf der Terrasse draußen auflegen.

Shoppen

El Mercado Juárez (Av 16 de Septiembre 611; ⌚ Mo–Sa 9.30–18, So 9–17.30 Uhr) ist ein Souvenirladen der Superlative: In endlosen Reihen drängen sich Stände mit dem zu erwartenden Angebot an Decken, Schmuck, Käse, Keramik und Masken. Wer genau hinschaut, entdeckt dazwischen aber vielleicht auch mal hochwertiges Kunsthandwerk.

Ein richtiger Touristenladen für Kunsthandwerk befindet sich auf dem kleineren **Mercado Cuauhtémoc** (Ecke Guerrero & Mariscal; ⌚ 9–18 Uhr).

An- & Weiterreise

AUTO & MOTORRAD

Wer ins mexikanische Hinterland fahren will, braucht eine Genehmigung fürs Auto (s. S. 1088). Man bekommt sie in der Gegend um Ciudad Juárez nur an der Hauptzollkontrolle bei Km 30 des Hwy 45 in Fahrtrichtung Süden.

Der Highway nach Chihuahua ist in gutem Zustand, kostet aber 159 Mex$ Maut. Der Hwy 2 nach Nuevo Casas Grandes zweigt 20 km südlich von der Stadt an einem Kreisverkehr ab.

BUS

Der Busbahnhof **Central Camionera** (☎ 610-70-83; Teófilo Borunda) befindet sich 5 km südöstlich des Zentrums von Ciudad Juárez. Wie man hinkommt, steht in der rechten Spalte. Busse der 1. Klasse fahren häufig nach Chihuahua (264 Mex$, 5 Std.), zum Terminal Norte in Mexico City (1319 Mex$, 24 Std.) und nach Nuevo Casas Grandes (161 Mex$, 4 Std.).

Autobuses Americanos (☎ 610-81-75) bietet Direktverbindungen in verschiedene US-Städte (z. B. nach Albuquerque, Dallas & Denver) an, die etwa so viel kosten wie die Fahrten mit den Greyhound-Bussen ab El Paso.

FLUGZEUG

Wer aus den USA anreist, sollte den **El Paso International Airport** (ELP; ☎ 915-780-4749) in Betracht ziehen: Die Flüge aus vielen größeren US-Städten kosten nach El Paso nur halb so viel wie nach Ciudad Juárez.

Der internationale Flughafen von Ciudad Juárez, der **Aeropuerto Internacional Abraham González** (☎ 633-07-34) liegt 18 km südlich des Stadtzentrums und östlich des Hwy 45. Flüge nach Mexico City und Monterrey sind schon für 1700 bzw. 1400 Mex$ zu haben. Flugtickets kann man in den meisten Hotels kaufen.

ZUG

Vom **Amtrak-Bahnhof** (☎ 915-545-2247; 700 San Francisco Av, El Paso) in El Paso fährt dreimal wöchentlich ein Zug nach Los Angeles (97 US$, 17 Std.) und New Orleans (98 US$, 30 Std.). Nach Chicago (113 US$, 52 Std.) muss man mehrmals umsteigen.

ÜBER DIE GRENZE

Vom US-amerikanischen El Paso kann man über die beiden Brücken zwischen Stanton St und Av Lerdo bzw. zwischen Santa Fe St und Av Juárez nach Mexiko „einreisen" (0,35 US$). Zurück kann man zu Fuß nur die Av-Juárez-Brücke nutzen. Mit dem Auto geht's über die Stanton-Brücke gen Süden und über die Av-Juárez-Brücke gen Norden. Der Brückenzoll für's Auto beträgt 2,25 US$.

Der einfachste Weg nach Juárez führt über die gebührenfreie Bridge of the Americas (Cordova-Brücke), ca. 4 km östlich der Brücke zwischen Santa Fe St und Av Juárez. Touristenkarten gibt's bei den mexikanischen Einwanderungsbüros an den Enden der Av Lerdo- und der Cordova-Brücke, nicht aber an der Av-Juárez-Brücke. Alle drei Brücken sind rund um die Uhr geöffnet.

Transborde (2 US$; ⌚ Mo–Fr 7–19, Sa 8–18, So 9–17 Uhr) betreibt einen Shuttle-Service zwischen den beiden Städten. Die Busse ins jeweilige Stadtzentrum fahren alle 30 Minuten. In Juárez halten sie am Fuß der Av Lerdo-Brücke sowie in der Av 16 de Septiembre und Villa, in El Paso an der Plaza San Jacinto und entlang der Stanton St. Außerdem verkehrt von 6.30 bis 21.30 Uhr stündlich ein Bus zwischen den Busbahnhöfen von Juárez und El Paso. Eine Fahrt kostet 6 US$.

Ein Taxi vom Flughafen in El Paso über die Grenze nach Juarez in die Innenstadt oder die Zona Pronaf schlägt mit 40 US$ zu Buche, bis zum Busbahnhof mit 48 US$.

Unterwegs vor Ort

Die Stadtbusse zum Busbahnhof von Juárez (4,50 Mex$, 25 Min.) starten in der Guerrero, westlich der Villa. Man nimmt entweder einen der grün-weißen „Permisionarios Unidos"-Busse oder die Linien 1A oder 1B. Um vom Busbahnhof ins Stadtzentrum zu kommen, hält man am Highway einen „Centro"-Bus an. Ein Schalter im Busbahnhof verkauft Fahrscheine für zugelassene Taxis in die Stadt (85 Mex$). Ein Taxi vor dem Busbahnhof zu nehmen, ist nicht günstiger, und es ist sehr unwahrscheinlich, dass irgendjemand für diesen Preis *zum* Bahnhof fährt.

In die Zona Pronaf fahren die „Plaza de las Americas"-Stadtbusse auf der Guerrero oder der Corona. Von der Av Juárez aus kostet ein Taxi 70 bis 80 Mex$.

NUEVO CASAS GRANDES & CASAS GRANDES

☎ 636 / insges. 54 500 Ew. / 1463 m

Nuevo Casas Grandes, vier Busstunden südwestlich von Ciudad Juárez, ist ein wohlhabendes, verschlafenes Städtchen auf dem Land mit breiten Straßen und einer Atmosphäre wie in den staubigen Städtchen des amerikanischen Westens. Die Bevölkerung besteht aus Arbeitern, Farmern und Mormonen, die sich Ende des 19. Jhs. hier niedergelassen hatten.

Die Stadt selbst hat wenig zu bieten, aber die Sehenswürdigkeiten in ihrer Umgebung müssten sie eigentlich zu einer Touristenhochburg machen, vor allem die rätselhaften Ruinen von Paquimé im nahegelegenen Casas Grandes und die weltberühmte Keramik aus Mata Ortiz. Tatsächlich verirren sich aber nur wenige Touristen her, und die meisten auch nur im Rahmen geführter Touren.

Praktische Informationen

Banken mit Geldautomaten und einige *casas de cambio* befinden sich in der Calle 5 de Mayo auf beiden Seiten an der Kreuzung mit der Constitución (der Straße mit den Schienen in der Mitte). Zur **Post** (Calle 16 de Septiembre 602) ist es ein kurzer Fußmarsch nach Südosten. Die kleine **Touristeninformation** (☎ 694-00-50; Av Juárez s/n; 🕑 Di–Sa 10–13 & 15–18 Uhr) liegt recht ungünstig, zehn Häuserblocks nördlich des Hauptplatzes.

Copias Y Fax (Ecke Obregón & Calle 5 de Mayo; 20 Mex$/Std.; 🕑 8–21 Uhr) bietet Internetzugang und internationale Ferngespräche.

Sehenswertes

Die Ruinen von **Paquimé** (☎ 692-41-40; Ruinen & Museum 43 Mex$; 🕑 Di–So 10–17 Uhr) gaben Casas Grandes („große Häuser") seinen Namen. Die labyrinthartigen, verfallenen Lehmziegelruinen sind die Reste des größten Handelszentrums in Nordmexiko, das um 900 n. Chr. entstanden war und 1340 überfallen und geplündert wurde, vermutlich von Apachen. Die Ausgrabungen und Rekonstruktionen begannen Ende der 1950er-Jahre. Obwohl erst ein kleiner Teil ausgegraben war, erklärte die UNESCO Paquimé 1998 zum Weltkulturerbe. Große Tafeln erläutern auf Spanisch und Englisch, wozu die Bauten möglicherweise dienten, und erzählen von der Kultur von Paquimé. Noch sehr gut erhalten sind Papageienkäfige aus Lehm und die charakteristischen, T-förmigen Türöffnungen. Filmen kostet 30 Mex$.

Das angeschlossene **Museo de las Culturas del Norte** zeigt, ebenfalls mit zweisprachigen Erläuterungen, Exponate zu verschiedenen Kulturen aus der weiteren Wüstenregion, hauptsächlich aber solche zu Paquimé. Ein Modell der Siedlung zu ihrer Blütezeit ist ebenso zu sehen wie eine ausführliche Erläuterung der ausgeklügelten Zu- und Abwassersysteme – eine wahre Meisterleistung mitten in der Wüste – und Darstellungen zum Alltagsleben im Dorf.

Die Menschen von Paquimé waren hervorragende Kunsthandwerker und stellten neben schwarzer Keramik auch cremefarbene Tonwaren her, die sie mit leuchtend roten, braunen und schwarzen geometrischen Mustern verzierten. Einige wundervolle Fundstücke sind ebenfalls im Museum zu bewundern. Mit der Nachahmung dieses besonderen Stils werden heute in der Gegend gute Geschäfte gemacht. Man kann die Keramikarbeiten direkt im Museum und in vielen Läden rund um Casas Grandes erwerben sowie in Mata Ortiz (s. S. 398), wo die Wiederbelebung dieser Kunst ihren Anfang nahm.

Schlafen

Alojamientos Fátima (☎ 661-43-54; Gasse zw. Constitution & Obregón; Zi. 100 Mex$) Das billigste Hotel der Stadt befindet sich in einem blauen Gebäude nördlich der Calle 5 de Mayo, zwei Blocks vom Busbahnhof entfernt. Die zellenartigen Zimmer sind heruntergekommen, laut und ohne Ventilator, dafür aber sicher und relativ sauber. Und die Pflanzen in der Eingangshalle machen auch keinen vernachlässigen Eindruck.

Suites Victoria Casa Hotel (Gasse zw. Constitution & Juárez; Zi. ab 180 Mex$;) Auch wenn dieses Hotel schon bessere Tage gesehen hat, bekommt man hier wesentlich mehr für sein Geld als im Fátima, u. a. TV, Kühlschrank und Handtuch. Südlich der Calle 5 de Mayo.

Hotel Piñón (☎ 694-06-55; www.hotelpinon.com; Av Juárez 605; EZ/DZ 335/385 Mex$, 3BZ & 4BZ 400 Mex$;) Das superfreundliche Hotel an der Av Juárez am nördlichen Stadtrand bringt seine Gäste in gemütlichen Zimmern hinter einer Fassade im Paquimé-Stil unter. Im Restaurant gibt's herzhaftes Frühstück und draußen einen Pool. Es ist nur wenig schlechter als das Spitzenhotel der Stadt, aber etwa die Hälfte günstiger. Wer fragt, darf die Sammlung echter Paquimé-Keramik in einem extra Raum besichtigen (20 Mex$ für Nicht-Hotelgäste).

LP Tipp Las Guacamayas B&B (☎ 692-41-44; www.mataortizollas.com; EZ/DZ mit Frühstück 535/640 Mex$;) Das herrliche Hotel liegt nur einen Steinwurf entfernt vom Eingang zu den Ruinen von Paquimé. Das rosa Lehmziegelgebäude hat 15 bezaubernde Zimmer mit Fliesenböden, aber ohne TV. Das gibt's zusammen mit WLAN im Gemeinschaftsraum. Im hübschen Garten schaukelt eine Hängematte und eine Galerie verkauft hochwertige Keramik aus Mata Ortiz. Das Frühstück wird in der Küche des Besitzers eingenommen. Man kann mit US-Dollar bezahlen.

Weitere Übernachtungsmöglichkeiten finden sich im nahegelegenen Mata Ortiz (s. S. 398) und in Cueva de la Olla (s. S. 398).

Essen & Ausgehen

Tortas Chuchy (☎ 694-07-09; Constitución 202; *tortas* 20 Mex$; Mo–Sa 8.30–20 Uhr) Dieser klassische Mittagsimbiss ist ideal, um sich günstig mit *tortas* oder anderem die Wampe vollzuschlagen und ein Schwätzchen mit Chuchy zu halten - der freundliche, ältere Herr führt sein Lokal seit fast drei Jahrzehnten.

Constantino (☎ 694-10-05; Ecke Juárez & Minerva; Hauptgerichte 20–110 Mex$) Um die Ecke von der Hauptplaza bringt dieses beliebte Lokal schon seit 1954 frisches, schmackhaftes Essen auf den Tisch. Die *enchiladas verdes* sind nicht zu toppen.

Dinno's Pizza (☎ 694-02-04; Ecke Minerva & Constitución; Hauptgerichte 25–120 Mex$; 8–21 Uhr) Neben leckerer Pizza und tollem Frühstück serviert das beliebte Restaurant starken Kaffee, über den Männer mit Cowboyhüten ins Schwärmen geraten.

Restaurante Malmedy (☎ 112-72-46; Av Juárez; Hauptgerichte 80–115 Mex$; Di–So 13–21 Uhr) Die größte Überraschung in Nuevo Casas Grandes verbirgt sich in einem Backsteinbau von 1896, 3 km nördlich der Stadt. Der belgische Besitzer selbst kocht französische und mexikanische Gerichte sowie ein paar Kombinationen aus beiden, z. B. Rinderfilet mit Limettenbutter.

Chimenea's (☎ 694-06-55; Av Juárez 605) Die *cantinas* von Nuevo Casas Grandes sind zwar nicht ganz so derb und wüst wie die in den Großstädten, im Allgemeinen aber immer noch ziemlich anrüchig. Eine *tranquilo* Ausnahme bildet die dunkle, gemütliche Bar des Hotel Piñón. Am Wochenende gibt's Gitarrenmusik.

An- & Weiterreise

Nuevo Casas Grandes hat keinen Busbahnhof. Überlandbusse halten in der Obregón, auf Höhe der Calle 16 de Septiembre. Busse fahren regelmäßig von und nach Ciudad Juárez (161 Mex$, 4 Std.), Chihuahua (206 Mex$, 4 Std.) und Tijuana (880 Mex$, 18 Std.) sowie zweimal täglich nach Madera (174 Mex$, 4 Std.).

Mit Allradantrieb und guten Spanischkenntnissen kann man auch selber auf dem Hwy 11 durch die Berge nach Madera fahren: Die Strecke ist atemberaubend schön, doch kaum ausgeschildert, sodass man öfter mal anhalten und Bauern nach dem Weg fragen muss.

Unterwegs vor Ort

Nuevo Casas Grandes ist so klein, dass man fast alles zu Fuß erreicht. Eine Taxifahrt zum Stadtrand kostet aber auch nur 30 Mex$. „Casas Grandes"-Busse fahren zu den 7 km entfernten Paquimé-Ruinen (6 Mex$); sie starten in der Constitución im Stadtzentrum. Tagsüber fahren die Busse alle 45 Minuten. Endstation ist die malerische Hauptplaza von Casas Grandes. Von dort führt ein ausgeschilderter Fußweg in 15 Minuten zu den Ruinen. Die Taxis von Nuevo Casas Grandes stehen an der Ecke Calle 5 de Mayo und Constitución. Für eine Fahrt nach Paquimé mit einer halben Stunde Aufenthalt verlangen sie 100 Mex$. Für 500 Mex$ fahren sie über

Paquimé weiter nach Mata Ortiz, Hacienda de San Diego und Colonia Juárez.

RUND UM NUEVO CASAS GRANDES

Südwestlich von Nuevo Casas Grandes locken interessante, kleine Dörfer, schattige Wälder und eine Menge historischer Stätten. Ein Tag reicht aber eigentlich, um die wichtigsten zu besuchen.

Die uralten Petroglyphen entlang des zerklüfteten Einschnitts des **Arroyo de los Monos**, 20 km südlich der Stadt, sind nur mühsam zu erreichen. Bis zu dem Dorf Colonia Madero ist der Hwy 3 in gutem Zustand, doch die letzten 4 km sind praktisch nur mit Allradantrieb zu schaffen. Danach muss man noch 15 bis 20 Minuten laufen.

Am Hwy 4 hinter Paquimé liegt, umgeben von Apfelplantagen, das Mormonendorf **Colonia Juárez** mit seinem beeindruckenden Schulgebäude mitten im Ort. Sehenswert ist auch die **Hacienda de San Diego** (☎ 636-1036004), ein baufälliges Herrenhaus von 1902. Es gehörte einst der mächtigen Terrazas-Familie, die den größten Teil des vorrevolutionären Staates Chihuahua kontrollierte. Die Nachkommen eines Dieners der Terrazas leben noch auf dem Gelände und bieten gegen eine kleine Spende kurze Führungen an. Auf Vorbestellung servieren sie ihren Besuchern auch Frühstück und Mittagessen.

Mata Ortiz

Am Fuße einer kleinen Gebirgskette, 27 km südlich von Nuevo Casas Grandes, liegt Mata Ortiz. Das winzige Dorf mit den staubigen, ungepflasterten Straßen, freilaufenden Hühnern und den halbfertigen Lehmziegelhäusern hat sich zu einem bedeutenden Keramikzentrum entwickelt. Die hiesigen Töpfer greifen auf Materialien, Techniken und Dekorstile zurück, die denen der alten Paquimé-Kultur gleichen oder von dieser inspiriert sind. Ihre Kunst zieht mittlerweile Käufer aus der ganzen Welt an und für einzelne Stücke werden mehr als 10 000 US$ bezahlt.

Eine Vereinigung lokaler Töpfer hat im ehemaligen Eisenbahndepot am Ortseingang einen **Laden** (🕑 10–13 & 15–18 Uhr) aufgemacht. Es lohnt sich aber trotzdem, durch das ganze Dorf zu schlendern und den Töpfern beim Arbeiten zuzusehen. Sie formen den Ton, ohne dabei eine Töpferscheibe zu verwenden. Für die historisch authentische Bemalung werden Pinsel aus Kinderhaar benutzt. Dutzende Familien haben ihre Küchen, Wohn- und Schlafzimmer in Ausstellungsräume verwandelt, wo sich die Kunden zwischen Herd und Stereoanlage ihren Tontopf aussuchen können. Juan Quezada, der die uralte Töpfertradition wiederbelebt hat, ist natürlich der bekannteste der gut 300 Töpfer im Dorf. Seine auffällig gekennzeichnete Werkstatt ist nur einen Steinwurf vom Eisenbahndepot entfernt.

Übernachten kann man u. a. in der wundervollen **Casa de Marta** (☎ 636-661-71-32; inkl. 3 Mahlzeiten 375 Mex$/Pers.; ⊠) mitten im Dorf. (Die Straßen hier haben keine Namen.) In dieser Privatpension werden die Gäste ein richtiger Teil der Familie und Martas Kochkünste loben selbst die Einheimischen. Sie nimmt auch gerne US-Dollar. Rund um die Stadt gibt's noch ein paar Hotels.

Die Busverbindung von Nuevo Casas Grandes nach Mata Ortiz wurde eingestellt. Ein Taxi kostet inkl. einer Stunde Aufenthalt 280 Mex$.

Cueva de la Olla

In den Bergen westlich von Mata Ortiz versteckt sich eine einzigartige Ruinenstätte, die so heißt, wie sie aussieht: „riesiger Topf". Obwohl die Ruinen sehr gut erhalten sind, ist nur wenig über sie bekannt. Eindeutig ist aber, dass sie zur Paquimé-Kultur gehörten, wie die charakteristischen T-förmigen Türen beweisen. Gut 30 bis 40 Menschen lebten vermutlich einst hier, bewirtschafteten das fruchtbare Tal und lagerten ihr Getreide unter den Felsüberhängen.

Hierher zu kommen, ist schon die halbe Attraktion. Der schöne Weg ist nur sehr mühsam und mit einem Fahrzeug mit viel Bodenfreiheit zu bewältigen, aber die Strapazen werden mit phantastischen Blicken auf Wüste, Täler, Bergwälder und wilde Tiere belohnt. Die Fahrt von Nuevo Casas Grandes zu den Höhlen nimmt zweieinhalb Stunden in Anspruch (einfache Strecke). **Diana Acosta** (☎ 636-1036004), eine in der Hacienda de San Diego (linke Spalte) lebende College-Absolventin, bietet geführte Touren an und organisiert auch die Übernachtung in einer Hütte bei den Höhlen (35 US$/Pers. inkl. Frühstück & Abendessen).

MADERA

☎ 652 / 22 000 Ew. / 2092 m

Die Straße nach Madera führt aus der Wüste hinaus und an dichten Wäldern und fruchtbaren Tälern vorbei durch die Berge. Ihre Umgebung macht die Stadt so interessant: unzählige mächtige Kiefern, lachsfarbene Felsen, rauschende Wasserfälle, archäologische Stätten … Das Klima ist erfrischend kühl, im Winter schneit es regelmäßig.

Im Stadtzentrum gibt's ein paar Banken und *casas de cambio*. Ins Internet kommt man bei **Techno Ciber** (Ecke Calle 3 & Morelos; 10 Mex$/Std.; 10–21 Uhr).

Sehenswertes

Wer ein bisschen Zeit totzuschlagen hat, kann die drei „Museen" der Stadt besuchen. Im winzigen **Museo Real del Bosque** (Eintritt 5 Mex$) neben dem gleichnamigen Hotel kann man historische Keramiken, einige Steinwerkzeuge und eine gut 1000 Jahre alte Mumie besichtigen. Den Schlüssel gibt's an der Rezeption des Hotels. Im noch winzigeren **Museo Anasazi** (Ecke Calle 3 & Mina; Eintritt frei; Mo–Fr 9–15 Uhr) sind ein paar Steine und alte Fotos zu sehen. Abgesehen von der Mumie findet sich die interessanteste Sammlung historischer Dinge aber an den Wänden des **Restaurante/Museo Mariscos La Costa** (☎ 562-09-56; Ecke Calle 7 & Independencia; 8–22 Uhr).

Die steinerne **Kathedrale** Maderas (Ecke Calle 1 & Ojinaga; wechselnde Öffnungszeiten) lohnt ebenfalls einen kurzen Besuch.

Schlafen & Essen

Wer sich in der Stadt nach Unterkünften erkundigt, bekommt fast immer die Hütten außerhalb genannt. Diese sind aber meistens recht teuer.

Hotel El Prado (☎ 572-04-92; Calle 5 No 2204; Zi. ab 160 Mex$; P) Die Zimmer hinter einem kleinen Restaurant im Süden der Stadt waren früher wohl mal ganz nett. Mittlerweile sind sie zumindest noch immer eine gute Budgetoption. Die Besitzerinnen sind der Inbegriff der Freundlichkeit.

Hotel Alpino (☎ 572-03-29; Ecke Calle 3 & Ojinaga; EZ/DZ 200/250 Mex$;) Von außen sieht das hellgrüne Haus geschlossen aus, doch wenn man erst mal drin ist, nächtigt man zu einem guten Preis-Leistungs-Verhältnis in großen Zimmer.

Hotel Casa Grande Sierra (☎ 572-39-23; Ecke Calle 27 & Internacional; EZ/DZ/3BZ 300/400/450 Mex$; P) Das Haus in einem ruhigen Wohngebiet 800 m westlich des Kreisverkehrs ist so blitzsauber, wie man es vom neuesten Hotel Maderas erwartet, und es hat als einziges WLAN.

Hotel Real del Bosque (☎ 572-05-38; EZ & DZ/Suite 550/1100 Mex$; P) Die schönste Herberge der Stadt liegt am Highway in Richtung Chihuahua. Die Zimmer ohne Teppichboden sind großzügig und schlicht, aber wirkungsvoll dekoriert. Das Restaurant ist ganz ordentlich und die Bar *tranquilo*.

Cueva del Indio (☎ 572-07-11; Ecke Calle 1 & Gonzales; Hauptgerichte 20–210 Mex$) Die Einrichtung des netten, höhlenartigen Restaurants ist von den historischen Gebäuden der Umgebung inspiriert, u. a. auch die T-förmigen Türen. Die Spezialität des Hauses ist die Forelle, die hier auf neun verschiedene Arten zubereitet wird. Auch sehr zu empfehlen sind die *vestigios de la cueva* (s. Kasten S. 400).

An- & Weiterreise

Vom kleinen **Busbahnhof** (☎ 572-04-31; Ecke Calle 5 & Mina) in Madera fahren Busse nach Chihuahua (190 Mex$, 5 Std., stündl.), Ciudad Juárez (360 Mex$, 8 Std., 2-mal tgl.) und Nuevo Casas Grandes (174 Mex$, 4 Std., 2-mal tgl.).

Wer nachts nach Madera fährt, sollte besonders wachsam sein: Die Straße windet sich in engen Kurven über sehr steilen Abhängen nach oben.

RUND UM MADERA

Das landschaftliche Panorama und die Sehenswürdigkeiten der folgenden beiden Orte sind einander sehr ähnlich, doch wer genügend Zeit hat, sollte sie sich dennoch beide anschauen. Essen und Trinkwasser muss man selber mitbringen!

Cuarenta Casas

Von den Felsenwohnungen bei **Cuarenta Casas** (Vierzig Häuser; 9–15 Uhr) wussten schon die Spanier im 16. Jh. So schrieb der Seefahrer und Entdecker Álvar Núñez Cabeza de Vaca in seinen Chroniken: „… und hier an der Flanke des Berges kämpften wir uns mehr als 50 Wegstunden ins Landesinnere vor und stießen auf 40 Häuser."

Die zuletzt im 13. Jh. bewohnten Häuser von Cuarenta Casas waren eine Randsiedlung von Paquimé (S. 396) und vielleicht auch eine Garnison zur Verteidigung der Handelswege an die Pazifikküste. Heute erkennt man am Westhang des bizarren, tief eingeschnittenen Arroyo del Garabato noch gut zwei Dutzend Lehmbehausungen. Ein Fußweg führt hinunter in den Canyon und am westlichen Ufer

ESSEN WIE DIE HÖHLENMENSCHEN

Sehr viel weiß man über die Ureinwohner der Berge rund um Madera immer noch nicht, aber eines ist klar: Sie haben gut gegessen. Als Jäger und Sammler ernährten sie sich zunächst vom reichen Überfluss der Täler, nach der Kolonisierung durch das Volk der Paquimé dann wurden sie sesshaft und bauten Bohnen, Mais und Zwiebeln an.

Das Restaurant Cueva del Indio in Madera (S. 399) machte das Höhlenleben nicht nur bei der Gestaltung des Speiseraums, sondern auch in der Küche zum Motto: Den köstlichen Eintopf *vestigios de la cueva* könnten so ähnlich auch die Bewohner der Felsenwohnungen gegessen haben. Damals köchelte der Eintopf wohl in einem Lehmtopf, der in ein Erdloch mit glühenden Kohlen eingegraben war. Im Restaurant von heute wird er natürlich auf einem modernen Herd zubereitet. Wer will, kann das auch selber tun, und zwar so:

- Zunächst 120 g gefleckte Feldbohnen mit ein paar Zwiebeln und etwas Knoblauch bei schwacher Hitze kochen. Die Bohnen sind fertig, wenn das Kochwasser dick und trübe ist und die Farbe der Bohnen angenommen hat. Sie sollten jetzt weich, aber nicht matschig sein. Die ganze Prozedur dauert gut zwei Stunden.
- In der Zwischenzeit 100 g Schweinespeck mit einer Viertel Zwiebel mittlerer Größe in einer Pfanne auslassen; den Speck einige Minuten weiter braten, bis die Zwiebeln goldgelb sind.
- Zwei getrocknete, rote Chilischoten hinzufügen und gut vermischen, die Flüssigkeit mit etwas Mehl andicken.
- Danach 150 g gesalzenes und getrocknetes Fleisch – unsere Vorfahren hätten wohl Rotwild, Nabelschwein, Eidechse, Vögel oder anderes Wild genommen, das Restaurant verwendet Rindfleisch – klopfen, bis es weich ist, und dazugeben.
- Die Bohnen hinzufügen und vor dem Servieren einige Minuten lang durchrühren.
- Eine Prise Paprikapulver gibt dem Ganzen etwas Farbe, ist aber nicht zwingend notwendig.

hinauf zur größten Häusergruppe um **La Cueva de las Ventanas** (Höhle der Fenster), die sehr gut erhalten ist. Die 2 km lange Wanderung ist nicht ganz einfach und dauert hin und zurück ca. eine Stunde. Tafeln entlang des Weges erläutern den historischen Hintergrund. Überall im Canyon sind weitere Häuser zu sehen.

Nach Cuarenta Casas, 43 km nördlich von Madera, führt eine geteerte Straße (Hwy 11) durch Kiefernwälder. Nach der Abfahrt bringt einen eine ordentliche Schotterpiste weitere 1,5 km bis zum Eingang. Bei Cuarenta Casas hält auch der Bus (50 Mex$), der um 11.30 Uhr in Madera Richtung Largo abfährt. Auf der Rückfahrt kommt er dort um 16 Uhr vorbei, es bleibt also genügend Zeit für die Besichtigungstour.

4 km vor der Abfahrt nach Cuarenta Casas geht es in der Nähe des Sees durch ein Tor (das geöffnet werden darf) zu den Wasserfällen der **Cascada El Salto**. Diese sind in der Regenzeit (Juli–Sept.) besonders spektakulär. Für die Schotterpiste zu den Wasserfällen braucht man ein Fahrzeug mit viel Bodenfreiheit. Schon nach 1,5 km ist das Rauschen des Wassers zu hören.

Cañón de Huápoca

Das herrliche Tal westlich von Madera ist von August bis Oktober mit dicken Blumenteppichen ausgelegt und das ganze Jahr über von Vögeln bevölkert. Hier befinden sich noch mehr der uralten Lehmbauten. Am Kreisverkehr von Madera die namenlose, ungeteerte Straße nach Westen nehmen und bei der Gabelung dann weiter gen Norden fahren. Nach 33 km erreicht man **Conjunto Huápoca** (Eintritt frei; 9–15 Uhr); von hier kommt man zu einer Dreiergruppe von Felsenwohnungen, die vor etwa 800 Jahren gebaut und 250 Jahre später verlassen wurden. Die ersten beiden Höhlen, **Cueva Nido del Águila** und **Cueva Mirador**, sind nur von Weitem zu sehen; hautnah besichtigen kann man aber die restaurierten Lehmwohnungen in der **Cueva de la Serpiente**, die sich tatsächlich wie eine Schlange durch den Felsen hindurch schlängelt. Der Weg, der über Stufen in einen steilen, engen Canyon hinunterführt, ist recht mühsam. Ein 2,5 km langer Rundweg führt zu allen Wohnungen.

Fährt man die staubige Piste weiter, erreicht man bei Km 40 die familienfreundlichen, hübsch gestalteten Thermalquellen von

Balneario Huápoca (Eintritt 15 Mex$). (Jeder Führer kann einen aber auch zu anderen sprudelnden Thermalquellen rund um Madera bringen.) Von hier überquert man die Hängebrücke **Puente Colgante** über dem Río Huápoca.

Wenn man auf der anderen Seite des Canyons wieder hochfährt und beim Schild nach **Cueva Grande** (Eintritt frei; 9–15 Uhr) von der Hauptstraße abbiegt, gelangt man zu drei weiteren alten Behausungen. In traumhafter Lage verstecken sie sich hinter einem Wasserfall, der nur zur Regenzeit Wasser führt. Vom Parkplatz ist es ein leichter Fußmarsch von 600 m.

Die Straße ist sehr holperig – ideal zum Mountainbiken –, aber für Autos eigentlich kein Problem. Nur die letzten 3 km nach Cueva Grande sind extrem; in der Regen- und Winterzeit unbedingt vorher über den Straßenzustand informieren. Wildes Campen ist erlaubt, Lagerfeuer sind verboten. Der in Madera ansässige **José Domínguez** (☎ 652-5722211) spricht etwas Englisch und fährt seit Jahren Touristen in seinem Van durch die Gegend. Dafür nimmt er 300 Mex$ pro Person (mind. 2 Teilnehmer). Taxis, die zum Teil Geländewagen sind, kosten mindestens 900 Mex$.

CHIHUAHUA

☎ 614 / 749 000 Ew. / 1455 m

Im friedlichen Chihuahua hat der Tourismus bislang noch keine sichtbaren Spuren hinterlassen. Es gibt einige hübsche Parks und Plazas, ausgezeichnete Restaurants und ein gutes Kulturangebot. Die Hauptstadt des größten mexikanischen Bundesstaates ist schon seit Langem eine blühende Stadt, wie die restaurierten Kolonialgebäude im Zentrum und die Überreste des 5,5 km langen Aquädukts aus dem frühen 18. Jh. im Südwesten beweisen. Der wirtschaftliche Erfolg der jüngeren Zeit zeigt sich am deutlichsten in den protzigen Einkaufszentren am Stadtrand und in der üppigen Kunst im öffentlichen Raum.

Die meisten Besucher verbringen nur eine Nacht in der Metropole, bevor sie den Zug durch die Barranca del Cobre nehmen, daher begegnen einem fast nur Einheimische – ein netter Mix aus Gewerbetreibenden, Arbeitern, Studenten und schicken Rancheros in bunten Cowboystiefeln. Auch Mennoniten und prächtig gekleidete Taramuhara trifft man an.

Geschichte

Seit sich 1709 die ersten spanischen Siedler hier niederließen, hat sich Chihuahua zum Verwaltungszentrum für die umliegenden Gebiete und zu einem Zentrum für Viehzucht und Bergbau entwickelt. Die Stadt spielte auch in der mexikanischen Geschichte immer wieder eine entscheidende Rolle. Nachdem die Spanier während des Unabhängigkeitskrieges den Rebellenführer Miguel Hidalgo gefangengenommen hatten, wurde er hierher gebracht und erschossen. Chihuahua war außerdem von 1864 bis 1866 die Hauptstadt Mexikos, nachdem Präsident Benito Juárez vor den französischen Truppen des Kaisers Maximilian nach Norden fliehen musste.

Während der Diktatur von Porfirio Díaz bekam die Stadt einen Eisenbahnanschluss, der dazu beitrug, den Wohlstand der mächtigen Viehzüchter in der Umgebung zu mehren. Der Grundbesitz des ehemaligen Gouverneurs Luis Terrazas war fast so groß wie Belgien. „Ich komme nicht *aus* Chihuahua, Chihuahua gehört mir“, sagte er einmal.

Während der Mexikanischen Revolution übernahm im Jahr 1913 die Armee Pancho Villas die Stadt und Villa ernannte Chihuahua zu seinem Hauptquartier. Er ließ Schulen bauen und sorgte für zivile Einrichtungen, was seinen Status als Volksheld noch weiter festigte.

Orientierung

Die meisten Sehenswürdigkeiten in Chihuahua sind von der zentralen Plaza de Armas aus zu Fuß zu erreichen. Das Vergnügungsviertel Zona Dorada, in dem sich die meisten Nachtclubs befinden, erstreckt sich nordöstlich des Stadtzentrums entlang der Av Juárez, in Höhe der Av Colón.

Die Straßen von Chihuahua sind in (sehr unregelmäßigen) Planquadraten angeordnet, wobei die Av Independencia den „Nullpunkt“ für ihre Benennung darstellt. Parallelstraßen, die nördlich dieser Linie verlaufen, tragen fortlaufende ungerade Nummern (Calle 3, 5, 7 usw.), die Straßen südlich davon sind mit geraden versehen.

Praktische Informationen

Die meisten großen Banken befinden sich rund um die Plaza de Armas. In der Aldama, südwestlich der Kathedrale, befinden sich viele *casas de cambio*. Internetcafés gibt es massenweise in der Stadt, die meisten schließen allerdings ziemlich früh. Nachts surfen kann man im Mi Café (S. 407) und im Hotel San Juan (S. 406). Rettungsdienste,

CHIHUAHUAS

Was hat nun Chihuahua mit kleinen, nervösen, jaulenden Hunden zu tun? Die mickrigen Hündchen, die durchschnittlich nur 2 kg schwer sind, wurden um das Jahr 1850 in dieser Gegend Mexikos entdeckt. Woher sie genau kamen, ist nicht bekannt, aber es wird allgemein vermutet, dass sie aus Asien oder Ägypten stammen und von spanischen Siedlern nach Mexiko gebracht wurden. Früher glaubte man, die Hunde seien mexikanische „Eingeborene", da Forschungsreisende von Darstellungen ähnlicher Tiere in der Kunst der Tolteken und Azteken zu berichten wussten; archäologische Beweise für diese Theorie fehlen bislang jedoch. Nach Expertenmeinung handelt es sich bei den dargestellten Kreaturen um Nager, die kurz nach der Eroberung durch die Spanier im 16. Jh. aus Mexiko verschwanden.

In dem namengebenden Bundesstaat sind Chihuahuas beliebte Haustiere. In der Stadt Chihuahua findet seit Neuestem alljährlich von Juli bis September eine **Hundeparade** statt – gut drei Dutzend von einheimischen Künstlern geschaffene Glasfaserexemplare werden in den Straßen der Innenstadt ausgestellt.

Feuerwehr und Polizei sind unter ☎ 060 zu erreichen.

Clínica del Centro (☎ 439-81-00; Ojinaga 816) Hat eine rund um die Uhr geöffnete Notfallambulanz.

Post (Libertad 1700)

Rojo y Casavantes (☎ 439-58-58; www.rojoycasavantes.com; Guerrero 1207) Bucht Bus-, Zug- und Flugtickets und ist gleichzeitig ein Büro von American Express.

Staatliche Touristeninformation (☎ 429-35-96, 800-508-01-11; www.ah-chihuahua.com; Ecke Aldama & Guerrero; Mo–Fr 9–19, Sa & So 10–17 Uhr) Im Erdgeschoss des Palacio de Gobierno. Das Personal ist außerordentlich hilfsbereit und spricht Englisch.

Sehenswertes

MUSEO HISTÓRICO DE LA REVOLUCIÓN MEXICANA

Das **Museum** (☎ 416-29-58; Calle 10 No 3010; Eintritt 10 Mex$; Di–Sa 9–13 & 15–19, So 9-17 Uhr) ist in Quinta Luz, einem Herrenhaus mit 48 Zimmern und dem ehemaligen Hauptquartier von Pancho Villa untergebracht. Es gehört zum Pflichtprogramm, nicht nur für Geschichtsfreaks, sondern für alle, die eine filmreife Geschichte über Verbrechen, Polizeispitzel und sagenhaften Reichtum zu schätzen wissen.

Nachdem Pancho Villa 1923 erschossen worden war, erhoben 25 „Ehefrauen" Anspruch auf das Erbe. Die Ermittler der Regierung erklärten Luz Corral de Villa zur rechtmäßigen Ehefrau des *generalissimo* und sprachen ihr das Haus zu, das seitdem „Quinta Luz" heißt. Luz richtete das Museum ein; nach ihrem Tod 1981 wurde es von der Armee übernommen. Zu sehen sind neben vielen persönlichen Besitztümern Villas auch Waffen aus jener Zeit. Der makabre Hit bei den Besuchern jedoch steht im Hof hinter dem Haus: der von Kugeln durchsiebte schwarze Dodge, in dem Pancho Villa erschossen wurde.

Man erreicht das Museum vom Zentrum aus gut zu Fuß. Die Alternative ist ein Bus, der auf der Ocampo stadtauswärts fährt.

PLAZA DE ARMAS

Das historische Zentrum von Chihuahua ist schlicht, aber hübsch. Es gibt Unmengen von Tauben, Schuhputzjungen und Männern unter Cowboyhüten, die um den schmiedeeisernen Musikpavillon (hergestellt in Belgien) herumsitzen. Über das geschäftige Treiben wacht die majestätische **Kathedrale** (10–14 & 16–18 Uhr), die von 1725 bis 1826 erbaut wurde. Hinter der prachtvollen Barockfassade sind ein Altar aus italienischem Marmor und die Originalorgel von 1796 zu bewundern.

An der Südwestseite ist der Eingang zum kleinen **Museo de Arte Sacro** (Eintritt 15 Mex$; Mo–Fr 9–14 Uhr). Hier sind Dutzende von religiösen Gemälden der großen Meister des 18. Jhs., z. B. Miguel Cabrera, zu sehen sowie ein Stuhl, auf dem Papst Johannes Paul II. bei seinem Besuch im Jahr 1990 saß.

CASA CHIHUAHUA

Der ehemalige Palacio Federal von Chihuahua ist heute ein **Kulturzentrum** (☎ 429-33-00; Libertad 901; Erw./Kind & Student 40/20 Mex$, Do freier Eintritt; 10–17 Uhr) mit einigen historischen Galerien; jeden Donnerstagabend finden hier Veranstaltungen statt. Der berühmteste Raum ist der **Calabazo de Hidalgo**, die Zelle, in der Miguel Hidalgo bis zu seiner Hinrichtung eingesperrt war. Das Verlies gehörte einst zu einem Jesuitenkloster, dann war es Teil der neuen Münzprägeanstalt; nachdem diese Gebäude jeweils abgerissen worden waren, wurde es in den Regierungspalast integriert. In dem gruseligen Kerker sind Nachbildungen des Kruzifixes und anderer persönlicher Besitztümer von Hidalgo ausgestellt. Auf einer Tafel draußen sind die Verse verewigt, die der Revolutionär und Priester in seinen letzten Stunden mit Holzkohle an die Wand seiner Zelle schrieb, um seinen Häschern für ihre Freundlichkeit zu danken. Oben befinden sich mehrere Räume voller High-Tech-Exponate – von Videoaufzeichnungen von Tänzen der Taramuhara über Kopien prähistorischer Felsenmalereien bis hin zu Infos über den Bundesstaat Chihuahua –, die einen vermutlich überzeugen, noch etwas länger in diesem Staat zu verweilen.

Die Sound-and-Light-Show, die von Dienstag bis Sonntag jeweils von 19 bis 21.30 Uhr hinter dem Gebäude bei den **Fuentes Danzarinas** (Tanzenden Fontänen) stattfindet, lässt nicht nur Kinderaugen strahlen.

PALACIO DE GOBIERNO

In dem hübschen **Palast** (☎ 429-35-96; Ecke Aldama & Guerrero; Eintritt frei; 🕑 8–20 Uhr) aus dem 19. Jh. erzählen phantastische Wandgemälde von Aaron Piña Mora die Geschichte Chihuahuas. Für den Rundgang um den typischen Innenhof bekommt man bei der Touristeninformation eine Broschüre mit Erklärungen zu jedem Bild. In einem kleinen Raum auf der einen Seite des Innenhofs brennt ein Ewiges Licht, das die Stelle markiert, an der Pater Hidalgo (s. Kasten S. 693) erschossen wurde.

Dahinter befinden sich zwei kleine, interessante Museen: Das **Museo de Hidalgo** (Eintritt frei; 🕑 Di–So 9–17 Uhr) ist natürlich seinem Namensgeber gewidmet und die **Galería de Armas** (Eintritt frei; 🕑 Di–So 9–17 Uhr) stellt eine Vielzahl von Gewehren und Schwertern aus dem Kampf um die Unabhängigkeit aus.

PLAZA MAYOR

Auf dem großen Platz vor dem Palacio de Gobierno steht eine ganze Reihe von Monumenten, u. a. die Statue des **Ángel de la Libertad**, die die Freiheit des mexikanischen Volkes repräsentiert. Zu besonderen Anlässen schießt ein Laserstrahl aus dem Schwert des Engels.

Der einfache, weiße **Templo de San Francisco** (🕑 7.30–13 & 16.30–20 Uhr) am Ende des Platzes ist die älteste Kirche der Stadt. Mit dem Bau wurde 1715 begonnen. Bevor Hidalgos enthaupteter Leichnam 1827 nach Mexico City überführt wurde, war er hier begraben. Auch an dieser Stelle brennt ein Ewiges Licht.

KUNSTMUSEEN

Als Hochzeitsgeschenk für seine Verlobte begann Manuel Gameros 1907, die kühne Jugendstilvilla **Quinta Gameros** (☎ 416-66-84; Paseo Bolívar 401; Erw./Kind & Student 20/10 Mex$; 🕑 Di–So 11–14 & 16–19 Uhr) zu bauen. Doch als das Haus vier Jahre später fertig war, lebte die Braut schon nicht mehr, die Revolution hatte begonnen und die Familie Gameros war aus Mexiko geflohen. Pancho Villa sollte hier später sein Büro einrichten. Als wenn die Geschichte nicht schon tragisch genug wäre, behaupten manche Führer auch, dass sich Gameros Verlobte in den Architekten Julio Corredor aus Kolumbien verliebt und ihn geheiratet habe. Das Museumspersonal hält diese Geschichte aber für reine Erfindung. Das prachtvoll restaurierte Herrenhaus ist heute mit antiken Möbeln und Kunstwerken aus einer Dauerausstellung der Universität von Chihuahua ausgestattet.

Ein ehemaliger Lokschuppen beherbergt heute ein Museum für zeitgenössische Kunst. Die **Casa Redonda** (☎ 414-90-61; Ecke Escodero & Colón; Eintritt 15 Mex$; 🕑 Di–So 10–20 Uhr, Dez.–Jan. 10–18 Uhr) präsentiert Kunst aus ganz Mexiko; bei unserem letzten Besuch gab es gerade eine Diego-Rivera-Retrospektive. Auch ein paar Relikte aus der großen Eisenbahnzeit sind zu sehen.

Die restaurierte **Casa Siglo XIX** (☎ 439-80-80; Ecke Calle 6 & Juárez; Eintritt frei; 🕑 9–14 & 16–19 Uhr), ein Juwel aus der Kolonialzeit, ist weniger ehrgeizig. In ihrem vorderen Teil finden wechselnde Ausstellungen statt; Miniaturmodelle der riesigen Metallskulpturen des bekannten Künstlers Sebastián aus Chihuahua, die in den Großstädten der ganzen Welt zu finden sind, können hinten bestaunt werden. Auf dem Hügel des Parque el Palomar im Nordwesten und an vielen anderen Stellen der Stadt finden sich auch einige seiner Werke in Originalgröße.

MUSEO DE LA LEALTAD REPUBLICANA

Das **Museum** (☎ 410-42-58; Juárez 321; Erw./Kind & Student 10/5 Mex$; 🕑 Di–So 9–18 Uhr) befindet sich in der Casa de Juárez, dem Wohnhaus und Büro von Benito Juárez während der französischen Besatzung. Die Atmosphäre der 1860er ist noch überall zu spüren. Man bekommt einige vom großen Reformer unterzeichnete Dokumente sowie Nachbildungen seiner Möbel und der Kutsche zu Gesicht.

CHIHUAHUA

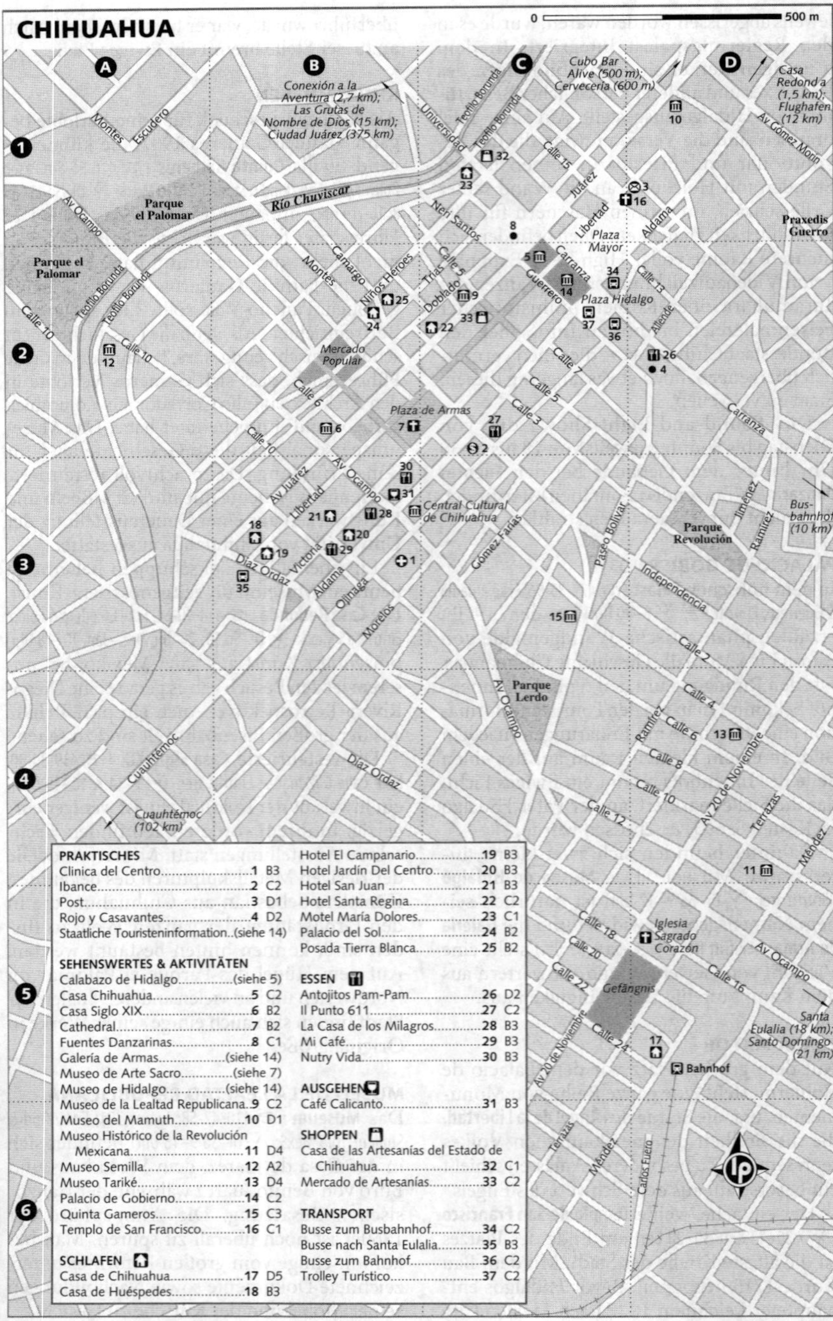

PRAKTISCHES
- Clinica del Centro ... 1 B3
- Ibance ... 2 C2
- Post ... 3 D1
- Rojo y Casavantes ... 4 D2
- Staatliche Touristeninformation ... (siehe 14)

SEHENSWERTES & AKTIVITÄTEN
- Calabazo de Hidalgo ... (siehe 5)
- Casa Chihuahua ... 5 C2
- Casa Siglo XIX ... 6 B2
- Cathedral ... 7 B2
- Fuentes Danzarinas ... 8 C1
- Galería de Armas ... (siehe 14)
- Museo de Arte Sacro ... (siehe 7)
- Museo de Hidalgo ... (siehe 14)
- Museo de la Lealtad Republicana ... 9 C2
- Museo del Mamuth ... 10 D1
- Museo Histórico de la Revolución Mexicana ... 11 D4
- Museo Semilla ... 12 A2
- Museo Tariké ... 13 D4
- Palacio de Gobierno ... 14 C2
- Quinta Gameros ... 15 C3
- Templo de San Francisco ... 16 C1

SCHLAFEN
- Casa de Chihuahua ... 17 D5
- Casa de Huéspedes ... 18 B3
- Hotel El Campanario ... 19 B3
- Hotel Jardín Del Centro ... 20 B3
- Hotel San Juan ... 21 B3
- Hotel Santa Regina ... 22 C2
- Motel María Dolores ... 23 C1
- Palacio del Sol ... 24 B2
- Posada Tierra Blanca ... 25 B2

ESSEN
- Antojitos Pam-Pam ... 26 D2
- Il Punto 611 ... 27 C2
- La Casa de los Milagros ... 28 B3
- Mi Café ... 29 B3
- Nutry Vida ... 30 B3

AUSGEHEN
- Café Calicanto ... 31 B3

SHOPPEN
- Casa de las Artesanías del Estado de Chihuahua ... 32 C1
- Mercado de Artesanías ... 33 C2

TRANSPORT
- Busse zum Busbahnhof ... 34 C2
- Busse nach Santa Eulalia ... 35 B3
- Busse zum Bahnhof ... 36 C2
- Trolley Turístico ... 37 C2

MUSEO TARIKÉ

Das wenig besuchte **Museum** (☎ 410-28-70; Calle 4 No 2610; Erw./Kind & Student 10/5 Mex$; 🕑 Mo–Fr 9–18, Sa & So 10–16 Uhr) in der Nähe der Quinta Luz widmet sich der Geschichte der Stadt Chihuahua. Die alten Fotos sind im Allgemeinen interessanter als die Exponate, die nur auf Spanisch erläutert sind, aber schon allein die von den Bergleuten benutzte Toilette auf Rädern ist den Besuch wert.

WISSENSCHAFTSMUSEEN

Kinder werden die beiden naturwissenschaftlichen Museen Chihuahuas lieben, auch wenn die Erläuterungen nur auf Spanisch sind. Das **Museo del Mamuth** (☎ 415-73-78; Juárez 2506; Erw./Kind & Student 15/10 Mex$; 🕑 Mo–Sa 9–17, So 9–16 Uhr) ist ein eher mäßiges Naturgeschichtsmuseum, in dem man neben Unmengen von Steinen und Fossilien ein 18 000 Jahre altes Mammut und das Skelett eines riesigen Grauwals bestaunen kann. In das ausgezeichnete interaktive Wissenschaftszentrum **Museo Semilla** (☎ 412-39-12; www.museosemilla.com.mx; Ecke Calle 10 & Teofilo Burunda; Erw./Kind 40/35 Mex$; 🕑 Di–Fr 9–17, Sa & So 12–19 Uhr) fallen oft Schulklassen ein.

LAS GRUTAS DE NOMBRE DE DIOS

Schwer beeindruckende Stalagmiten, Stalaktiten und andere Felsformationen in 17 Räumen machen die einstündige Führung durch die kühle **Höhle** (☎ 400-70-59; Erw./Kind 40/20 Mex$; 🕑 Di–Fr 9–16, Sa & So 10–17 Uhr) am Nordrand der Stadt nicht nur für Kinder zu einem spannenden Untergrunderlebnis. Hin bringt einen entweder ein Taxi (70 Mex$) oder man steigt an der Ecke Calle 4 und Niños Héroes in einen „Nombre de Dios Ojo"-Bus (4,50 Mex$) und fragt den Fahrer, wo man raus muss.

SANTA EULALIA & SANTO DOMINGO

Obwohl der historische Bergwerksort Santa Eulalia praktisch am Stadtrand von Chihuahua liegt, scheint er doch Welten davon entfernt zu sein. Im 17. Jh. wurde das erste Silber der Gegend aus diesen Bergen geholt. Die Minen sind immer noch in gutem Zustand. In der Bibliothek in dem neuen orangefarbenen Gebäude wurde ein kleines **Bergbaumuseum** (Av Zaragoza; Eintritt frei; 🕑 Mo–Fr 9–12 & 15–18 Uhr) eingerichtet. Viel interessanter ist aber Chinos **Rock Shop** (Av Juárez) unterhalb der Kirche.

3 km oberhalb von Santa Eulalia liegt Santo Domingo, eine interessante, aber hässliche Stadt voller alter Bergwerksgebäude. Señor Oaxaca, dessen Vater im Bergwerk arbeitete, macht fünfstündige **Führungen durch die Silbermine** (☎ 415-52-60, Mobil 614-1967689; 2 Pers. 150 Mex$). In seinem Bar-Restaurante Oaxaca hat er ein großes Museum eingerichtet. Helme und Laternen werden gestellt; die Führungen können bei der Touristeninformation in Chihuahua (S. 402) gebucht werden.

„Francisco Portillo"-Busse (9 Mex$, 45 Min.) zu beiden Städten fahren gegenüber dem Hotel El Campanario in der Díaz Ordaz in Chihuahua ab.

Geführte Touren

Conexión a la Avéntura (☎ 413-79-29; www.conexionalaaventura.com; Miguel Schultz 3701, Colonia Granjas; 🕑 Mo–Fr 9–18.30, Sa 10–14 Uhr) bietet verschiedene Touren in die Natur an, u. a. Klettern an den

ABSTECHER: CUEVA DE LOS CRISTALES

Tief in den Bergen um die Stadt Naica, 130 km südöstlich von Chihuahua, befindet sich die Cueva de los Cristales (Kristallhöhle), einer der unglaublichsten und surrealistischsten Orte der Welt. Die 30 m lange Höhle wurde im April 2000 bei routinemäßigen Grabungen in der Silber-, Zink- und Bleimine Naica-Peñoles entdeckt. Zu dieser Anhäufung unendlich vieler, durchsichtiger Blöcke aus Selenit (einer Gipsart), die bis zu 14 m lang sein und bis zu 3 m Durchmesser haben können, gehören die größten Kristallen, die jemals gefunden wurden.

Wer sie mit eigenen Augen sehen will, muss lange im Voraus planen: Das Unternehmen Industrias Peñoles hat die Höhle mit Licht ausgestattet und bietet kostenlose Führungen an, allerdings nur samstags, und bei unserem letzten Versuch waren die Führungen für die nächsten drei Monate ausgebucht. Manchmal sagen Leute ab, doch darauf sollte man sich nicht verlassen.

Der Besuch ist ohnehin nicht jedermanns Sache: Temperaturen von 50 °C und die vollständige Sättigung der Luft mit Magmagasen können schon nach weniger als zehn Minuten tödlich sein. Kinder unter 15 Jahren und Herzkranke haben keinen Zutritt. Buchungen und weitere Auskünfte gibt's unter ☎ 621-476-00-56 oder bei der Touristeninformation in Chihuahua (S. 402).

Felswänden des Parque Nacional Cumbres de Majalco (1 Tag, 1120 Mex$/Pers.), Kajaktouren auf dem Río Conchos (2 Tage, 2990 Mex$/Pers.) oder Sandboarden in den Dünen von Samalayuca (1 Tag, 1380 Mex$/Pers.). Die neuntägige Tour durch die Kupferschlucht, die auch vier Tage Eseltrekking einschließt, kostet 1135 US$ pro Person bei vier Teilnehmern.

Chihuahuas altehrwürdige Straßenbahn **Trolley Turístico** fährt 45 Minuten lang an den wichtigsten historischen Sehenswürdigkeiten der Stadt vorbei und erklärt sie auf Spanisch. Abfahrt ist dienstags bis sonntags von 9 bis 12 und von 15 bis 19 Uhr jeweils stündlich an der Plaza Hidalgo. Die Touristeninformation verkauft Tickets (Erw./Kind 30/15 Mex$).

Schlafen

Die günstigsten Unterkünfte in Chihuahua sind manchmal gewöhnungsbedürftig. Es lohnt sich, die Zimmer vor dem Einchecken anzuschauen. Die meisten Zimmer westlich der Av Juárez und südlich der Montes werden stundenweise vermietet. In allen Hotels der Mittel- und der Spitzenklasse gibt's WLAN.

BUDGETUNTERKÜNFTE

Casa de Huéspedes (☎ 410-53-61; Libertad 1209; EZ/DZ 80/100 Mex$) Die Zimmer dieses namenlosen Hotels (Casa de Huéspedes bedeutet einfach nur „Gästehaus") sind ziemlich alt, doch der blumengeschmückte Hof und die pragmatische Besitzerin machen dies mehr als wett. Wer gern früh ins Bett geht und keinen Fernseher braucht, ist hier genau richtig.

Hotel San Juan (☎ 410-00-35; Victoria 823; EZ/DZ/3BZ/4BZ 135/145/175/185 Mex$; ❄ 💻) Eine Topadresse in früheren Tagen. Der Verfall verleiht dem gefliesten Hof mit seinen vielen Bögen zwar einen gewissen Charme, aber die Zimmer sind einfach nur heruntergekommen. Für den Preis kann man jedoch nicht meckern. Von der lauten Bar ist in den Zimmern auf der Rückseite nichts zu hören. Internet gibt's rund um die Uhr für 10 Mex$ pro Stunde.

Casa de Chihuahua (☎ 410-08-43; www.casadechihuahua.com; Mendez 2203; B/DZ 140/260 Mex$; ❄ ⊠ 💻) Das neue, gut geführte Hostel gegenüber dem Bahnhof ist eine Hochburg für Rucksacktouristen, aber dennoch sehr ruhig. Es ist gedacht „für Leute, die gerne schlafen", wie das mexikanisch-französische Eigentümerpaar erklärt. Alkohol ist Fehlanzeige, aber dafür gibt's einen großen Gemeinschaftsbereich mit Kino, Fitnessraum und Bücherbörse sowie kostenlos WLAN im ganzen Haus. Homosexuelle Paare sollten ihre Zuneigung nicht öffentlich demonstrieren.

LP Tipp **Hotel Jardín del Centro** (☎ 415-18-32; Victoria 818; Zi. ab 230 Mex$; P ⊠ ❄) Gemütliche, moderne Zimmer rund um einen Hof voller Pflanzen und Vögel machen das Jardín zu einer der besten Optionen in der Stadt.

Motel María Dolores (☎ 410-47-70; motelmadol@hotmail.com; Calle 9 No 304; EZ/DZ/3BZ/4BZ 277/299/377/398 Mex$; P ❄ 💻) Tadellos geführtes Motel unweit der Plaza Mayor. Die einfachen, aber modernen Zimmer schaffen ein gutes Preis-Leistungs-Verhältnis und es gibt sogar WLAN.

MITTELKLASSEHOTELS

Hotel Santa Regina (☎ 415-38-89; www.hotelessantaregina.com; Calle 3 No 102; Zi. 310–520 Mex$; P ❄ 💻) Nette, dekorative Kleinigkeiten lassen über die etwas förmliche Atmosphäre in dem älteren, blitzsauberen Hotel hinwegsehen. Die billigsten Zimmer sind einen Tick zu düster, doch der Rest ist ziemlich schick. Das von mexikanischen Geschäftsreisenden bevorzugte Hotel funktioniert wie ein Uhrwerk und liegt mitten im Stadtzentrum.

Hotel El Campanario (☎ 415-45-45; Díaz Ordaz s/n; EZ/DZ 490/520 Mex$; ❄ 💻) Typisches Standardhotel ohne jeglichen Stil, aber völlig in Ordnung. Die Zimmer sind groß und gemütlich und die Eingangshalle ist hübsch.

Posada Tierra Blanca (☎ 415-00-00; www.posadatierrablanca.com.mx; Niños Héroes 102; EZ & DZ 690 Mex$, 3BZ/4BZ 725/760 Mex$; P ⊠ ❄ 💻 🏊 ♿) Trotz des Lärms der Großstadt ist dieses riesige Haus im Motel-Stil auf einem Grundstück voller Blumen und Bäume ein sehr entspannender Ort. Die Zimmer könnten zwar eine Renovierung vertragen, aber sie sind groß und gemütlich. Das Wandgemälde mit den Weltkulturen hinter dem Haus sollte man sich auf jeden Fall ansehen.

SPITZENKLASSEHOTELS

Palacio del Sol (☎ 412-34-56; www.hotelpalaciodelsol.com; Independencia 116; Zi. ab 1200 Mex$; P ⊠ ❄ 💻) Der weiße Betonklotz ragt weit über die normalen Häuser der Stadt hinaus. Die Zimmer sind ausgesprochen luxuriös, und nach einem langen, heißen Tag tut der liebevolle Service doppelt gut. Ein kleiner Fitnessraum, ein Ladenzentrum und abends Livemusik in der Bar sind die Extras.

Essen

Antojitos Pam-Pam (☎ 410-51-47; Carranza 1204; Hauptgerichte 15–83 Mex$; ⏰ Mo–Sa 8–22 Uhr) Nichts Ausgefallenes, doch dank der hervorragenden Hausmannskost kommen die Arbeiter aus der Innenstadt gerne zum Mittagessen hierher. Die Burritos mit *chile relleno* sind köstlich und machen satt.

Nutry Vida (☎ 410-96-64; Victoria 420; Hauptgerichte 19–30 Mex$; ⏰ 8.30–20.30 Uhr; ⊠ Ⓥ) Vegetariern, die keinen Käse mehr sehen können, bietet der kleine Bioladen mit Bäckerei und Café eine willkommene Abwechslung. Hier gibt's Salate, Joghurt, vegetarische Burger (die aber ehrlich gesagt nicht wirklich gut sind), frisch gepresste Säfte und ein vielfältiges Angebot an Vollkornbackwaren. Alles auch zum Mitnehmen.

Il Punto 611 (Independencia 611; Cappuccino 20 Mex$; ⏰ 8–21 Uhr) Kaffee und Tee sind hier sind schon super, aber die Backwaren übertreffen alles.

Mi Café (☎ 410-12-38; Victoria 1000; Hauptgerichte 25–120 Mex$; 💻) Der schmuddelige, klassisch amerikanische Schnellimbiss serviert Touristen und einheimischen Cowboys in großen, gemütlichen Nischen hervorragendes Frühstück und guten Kaffee. Die *chilaquiles montados con huevos* (Maistortillas mit Chili und Ei) sogen für einen guten Start in den Tag und sind ein ausgezeichnetes Mittel gegen Kater. Internet (bis 22.30 Uhr) gibt es für 15 Mex$ pro Stunde.

LP Tipp La Casa de los Milagros (☎ 437-06-93; Victoria 812; Hauptgerichte 40–98 Mex$; ⏰ 17 Uhr–open end) Pancho Villa und seine Kumpels liebten es – so sagt zumindest die Legende – und einem selbst wird es genau so gehen. In dem stilvollen Café stimmt einfach alles: die Location in einem schönen, 110 Jahre alten Herrenhaus mit hohen Decken, gefliesten Böden und balkenüberspanntem Innenhof, das Essen, die Cocktails, die koloniale Atmosphäre. Auf der Karte stehen leichte Kost, eine große Palette an Kaffeegetränken, frische Salate, *antojitos* wie *quesadillas* gefüllt mit *huitlacoche* und Steakgerichte für den großen Hunger. Am Wochenende wird Livemusik gespielt, meistens *trova*.

Ausgehen & Unterhaltung

Die hippen Menschen Chihuahuas treffen sich in der von 12 Uhr mittags bis 2 Uhr früh geöffneten Kellerbar im vorderen Innenhof des Hotel San Juan (s. gegenüber). Rock und Heavy Metal dröhnen aus der Jukebox, die Stimmung ist relaxt und Männlein wie Weiblein schütten sich gleichermaßen mit Whiskey und Bier zu.

LP Tipp Café Calicanto (☎ 410-44-52; Aldama 411; ⏰ 16 Uhr–open end) Im baumbestandenen Innenhof des lauschigen Cafés erwarten einen Livejazz und *-trova*, leckere Cocktails, riesige Sandwiches und kleine Snacks. Das Publikum ist sehr gemischt.

Cervecería (Ecke Juárez & Pacheco; ⏰ 11–24 Uhr) Während die anderen Nachtclubs der Zona Dorada versuchen, sich mit Prunk und Glamour hervorzutun, ist das Erfolgsrezept dieses parkähnlichen Drive-in-Lokals ganz einfach: preiswertes Bier. Ein Liter Gebräu kostet hier gerade mal 28 Pesos. Die *norteño-* und Country-Musiker beginnen um 21 Uhr zu spielen und die raubeinigen Gäste sind besser als Kino.

Cubo Bar Alive (☎ 410-68-65; Juárez 3114; Eintritt 50 Mex$; ⏰ Fr & Sa 22–2 Uhr) Trotz der großen Konkurrenz in der Zona Dorada ist dies schon seit Jahren *der* Club zum Abtanzen. Livemusik bringt die Massen zum Schwitzen – kein Stuhl, kein Tisch, keine Stange, auf und an denen nicht getanzt wird.

Shoppen

Wer Cowboystiefel sucht, begibt sich schnurstracks in die Libertad. Die Straße zwischen Independencía und Díaz Ordaz platzt vor Läden, die eine tolle Auswahl an Stiefeln aus Roh-, Straußen- und Eidechsenleder zu vernünftigen Preisen anbieten.

Casa de las Artesanías del Estado de Chihuahua (☎ 410-60-73; Niños Héroes 1101; ⏰ Mo–Fr 9–19, Sa 10–17 Uhr) In dem staatlichen Geschäft findet sich eine gute Auswahl an typischem Kunsthandwerk aus Chihuahua, u. a. auch Keramik aus Mata Ortiz, sowie an ebenso typischem Essen (Pekannüsse, *sotol*, Queso menonita). Die Preise können allerdings gesalzen sein.

Mercado de Artesanías (Aldama 511; ⏰ Mo–Sa 9–20, So 10–15 Uhr) So viel geschmacklosen Ramsch auf einem Haufen muss man einfach gesehen haben: in Leder gehüllte Schnapsgläser, Schlüsselanhänger mit dem Konterfei von Pancho Villa, Jesusfiguren in Tequilaflaschen und mehr.

An- & Weiterreise

AUTO & MOTORRAD

Die einfachste Art, nach Chihuahua hinein- und wieder hinauszufahren, ist von bzw.

nach Süden auf der Av Teofilo Borunda entlang des Kanals; dort herrscht weniger Verkehr als auf der Juárez oder der Aldama. Über die Av Periférico Lombardo Toledano gelangt man auf die Schnellstraße. In westlicher Richtung verlässt man die Stadt auf der Cuauhtémoc nach Zarco, die einen an vielen Herrenhäusern aus der Kolonialzeit vorbeiführt.

BUS

Autobuses Americanos (☎ 800-500-0707) fahren täglich nach Phoenix, Los Angeles, Albuquerque und Denver. Der **Busbahnhof** (☎ 420-22-86; Av Juan Pablo II) von Chihuahua befindet sich 10 km östlich des Stadtzentrums. Hier starten die meisten Busse zu den folgenden Zielen:

Ziel	Preis (Mex$)	Dauer (Std.)	Häufigkeit
Ciudad Juárez	264	5	alle 15 Min.
Creel	190	5	stündl.
Cuauhtémoc	64	1½	alle 30 Min.
Durango	421	9	häufig
Hidalgo del Parral	109	3	stündl.
Madera	190	5	stündl.
Mexico City (Terminal Norte)	1052	18	häufig
Monterrey	Deluxe 675	11	2-mal tgl.
	1. Klasse 546	11	12-mal tgl.
Nuevo Casas Grandes	206	4	11-mal tgl.
Zacatecas	596	13	häufig

FLUGZEUG

Vom Flughafen **General Fierro Villalobos Airport** (☎ 446-82-33) starten täglich Flüge nach Mexico City und in die Großstädte des Nordens (ab 1750 Mex$) sowie nach Los Angeles, Phoenix, Houston und Dallas in den USA.

ZUG

Chihuahua ist die nordöstliche Endstation der Zugstrecke durch die Barranca del Cobre. Fahrkarten gibt's im **Bahnhof** (☎ 439-72-12; Mendez s/n; ⌚ Kartenschalter Mo–Fr 5–7 & 10–17.30, Sa 5–7 & 9–12.30, So 5–7 Uhr). Weitere Infos gibt's auf S. 371.

Unterwegs vor Ort

Der Busbahnhof liegt eine halbe Stunde östlich der Stadt an der Av Pacheco. Hin kommt man mit einem „Circunvalación 2 Sur"- oder einem „Aeropuerto"-Bus (der allerdings gar nicht bis zum Flughafen fährt – kein öffentlicher Bus fährt dorthin), die in der Carranza gegenüber der Plaza Hidalgo abfahren (4,50 Mex$). Der „Aeropuerto"-Bus zurück ins Zentrum startet an der Haltestelle vor dem Busbahnhof.

Zum Bahnhof nimmt man entweder einen Bus, der die Ocampo entlang fährt, oder in der Carranza bei der Plaza Hidalgo einen „Cerro de la Cruz"-Bus, aus dem man aber bei der Iglesia Sagrado Corazón aussteigt. Von dort ist es nur noch ein kurzer Fußmarsch, der am mittelalterlich anmutenden Gefängnis vorbeiführt. Vom Bahnhof ins Stadtzentrum nimmt man in der Straße 20 de Noviembre einen „Circunvalación 2 Sur"-Bus in Richtung Norden bis zur Plaza Hidalgo.

Der Standardpreis für ein Taxi vom Zentrum zum Bahnhof liegt bei 35 Mex$, zum Busbahnhof bei 60 Mex$ und zum Flughafen bei 100 Mex$. Vom Bahnhof ins Zentrum muss man meistens mehr hinblättern.

CUAUHTÉMOC

☎ 652 / 99 000 Ew. / 2010 m

Das wohlhabende Cuauhtémoc westlich von Chihuahua ist das Zentrum für die mexikanischen Mennoniten (s. Kasten gegenüber). Die Stadt ist so betriebsam, dass sie weit größer wirkt, als sie tatsächlich ist. Wer auf der Suche nach Sehens- und Probierenswertem ist, wird hier schnell enttäuscht. Ein paar gute Restaurants, der schattige Hauptplatz und eine kleine, aber stattliche Kathedrale sorgen dennoch für einen angenehmen Aufenthalt.

Eine Reihe von Banken (mit Geldautomaten) und *casas de cambio* befinden sich rund um den Hauptplatz; die Touristeninformation **Módulo de Información Turistica** (☎ 581-34-88; Calle Morelos; ⌚ Mo–Fr 9–13 & 15–17, Sa 9–12 Uhr) ist mitten auf dem Platz. Surfen kann man bei **IQ Computación** (Av Allende 373; 10 Mex$/Std.; ⌚ Mo–Fr 9–22, Sa 9–20 Uhr).

Sehenswertes

Im großen **Museo y Centro Cultural Menonita** (☎ 586-18-95; Hwy 5 Km 10; Erw./Kind 25/15 Mex$; ⌚ Mo–Sa 9–18 Uhr) sind Hunderte von Haushaltsgegenständen und landwirtschaftlichen Geräten der Mennoniten zu bestaunen. Die Ausstellungsstücke sind den historischen Stücken in den Museen der kleinen Städte im Mittleren Westen der USA verblüffend ähnlich. Auch Kunsthandwerk, Käse und eingemachtes Obst werden verkauft. Für ein Taxi vom Stadtzentrum zum Museum, das eine Stunde auf seine Fahrgäste wartet, legt man 200 Mex$ hin.

Das neue Kulturzentrum **Centro Cultural San Antonio** (☎ 590-4871; Ecke Calle 5 & Juárez; Eintritt frei; 🕑 Mo–Fr 9–15 & 17–19, Sa & So 10–13 & 15–18 Uhr) auf der anderen Seite der Gleise ist der Gastgeber für verschiedene wechselnde Kunstausstellungen, genau wie auch das **Centro Cultural Cuauhtémoc** (Eintritt frei; 🕑 Mo–Fr 15–18, Sa 9–11 Uhr), das sich im **Parque Mirador** auf dem Hügel befindet.

Schlafen & Essen

Hotel San Francisco (☎ 582-31-52; Calle 3 No 132; EZ/DZ/3BZ/4BZ mit Frühstück ab 170/180/250/260 Mex$; P) Die Preise täuschen: Die modernen Zimmer in diesem Hotel mit dem klasse Preis-Leistungs-Verhältnis nur einen Block vom Einkaufszentrum entfernt sind blitzblank.

Motel Tarahumara Inn (☎ 581-19-19; www.tarahumarainn.com; Av Allende 373; DZ/3BZ 710/760 Mex$; P) Die Zimmer sind weniger originell, als man von außen erwarten könnte, aber sehr gemütlich. Es gibt ein Restaurant, eine Bar und einen kleinen Fitnessraum.

St. Cruz Cafe (☎ 582-10-61; Hidalgo 1137; Hauptgerichte 25–72 Mex$; 🕑 Mo–Sa 8–24, So 16–24 Uhr) So vornehm wie in Cuauhtémoc nur möglich: Das Café serviert *enchiladas* und Crêpes mit Cappuccino, Wodka-Tonic oder White Zinfandel, dazu von Donnerstag bis Samstag ab 21 Uhr Livemusik. Keinen so hohen künstlerischen Anspruch hat die zweite Filiale im Parque Mirador (geöffnet 16–24 Uhr).

Rancho Viejo (☎ 582-43-60; Av Guerrero 333; Hauptgerichte 44–165 Mex$) Das gemütliche Block-

DIE MENNONITEN

In Cuauhtémoc, Nuevo Casas Grandes und Chihuahua trauen Touristen oft ihren Augen und Ohren nicht: Männer in ausgebeulten Overalls und Frauen in altertümlichen Kleidern unter schwarzen Hauben sprechen mit blonden Kindern einen plattdeutschen Dialekt.

Die von dem Holländer Menno Simons im 16. Jh. gegründete Mennoniten-Sekte hält bis heute an einem Glaubenskodex fest, der viele Regierungen gegen sie aufbringt: Sie sind absolute Pazifisten und weigern sich, irgendjemandem außer Gott die Treue zu schwören. Als sie wegen ihres Glaubens in Europa heftig verfolgt wurden, wanderten viele Anhänger nach Nordamerika und ins nachrevolutionäre Mexiko aus, wo sich in den 1920er-Jahren Tausende von ihnen niederließen.

Bis zum heutigen Tag leben sie in völliger Abgeschiedenheit, sprechen, wenn überhaupt, nur ein wenig Spanisch und heiraten nur untereinander. Anders als die Amischen, mit denen sie oft verwechselt werden, lehnen die Mennoniten technische Neuerungen nicht ab: In ihren Fabriken produzieren sie Herde, landwirtschaftliche Maschinen und vieles mehr, und ihr Käse und die anderen Milchprodukte sind im ganzen Bundesstaat Chihuahua und darüber hinaus heiß begehrt.

Die Mennonitendörfer heißen *campos* und tragen Nummern anstelle von Namen. Die meisten (ca. 150) liegen rund um Cuauhtémoc. Wegen der riesigen Getreidefelder und der typischen Vorstadthäuser fühlt man sich hier wie im Mittleren Westen Amerikas.

In der Regel haben die Mennoniten keinerlei Interesse an knipsenden Touristen und auch eine freundliche Unterhaltung mit geselligen Mennoniten ist nicht zu erwarten. Die meisten betrachten Fremde mit Gleichgültigkeit oder gar Abscheu. Ihre *campos* kann man trotzdem besichtigen.

Der freundliche **John Friessen** (☎ 625-5821322; irene@pjtrailers.com) in Cuauhtémoc hat eine Fülle von Informationen über die Gegend und kann als einziger eine Führung auf Spanisch, Englisch oder Deutsch organisieren. Die Führungen werden individuell gestaltet, die Preise ebenfalls, aber eine Halbtagestour mit zwei Personen und John als Fahrer kostet etwa 500 Mex$. In der Regel besucht man auch eine Missionskirche, einen kleinen Bauernhof, eine Käserei und ein Restaurant, in dem Wurst und Backwaren der Mennoniten serviert werden. Friessens Verbindungen zu den Mennoniten reichen Generationen zurück: Sein Großvater wurde aus der Glaubensgemeinschaft ausgeschlossen, weil er seinen Kindern eine andere Ausbildung angedeihen ließ.

Wenn John Friessen ausgebucht ist, kann auch die Touristeninformation in Cuauhtémoc (Módulo de Información Turistica, gegenüber) oder das Motel Tarahumara Inn (oben) einen Führer zur Verfügung stellen. Sonntags finden grundsätzlich keine Führungen statt; bei den Touren samstags sieht man manches nicht, weil viele Geschäfte und Fabriken geschlossen sind.

PANCHO VILLA: VOM REVOLUTIONÄR ZUM RÄUBER

Der als Revolutionsheld bestens bekannte Francisco „Pancho" Villa widmete sich im Erwachsenenalter mehr der Räuberei und den Frauen als einer noblen Sache. Selbst seine Bewunderer müssen zugeben, dass er die meiste Zeit seines Lebens einfach nur böse war. Sein wahres Leben bleibt hinter widersprüchlichen Behauptungen, Halbwahrheiten und offensichtlichen Lügen verborgen, aber eines ist sicher: Villa hasste Alkohol. In seinen *Memorias* erzählt er schadenfroh, wie er einem Mann, der sich in einer Kneipe betrank, sein herrliches Pferd stahl.

Nach seiner Zeit als Gesetzloser kaufte sich Pancho Villa in Chihuahua ein Haus. In jenem Frühjahr begann Abraham González, der revolutionäre Gouverneur des Bundesstaates, Männer gegen die Schreckensherrschaft von Diktator Porfirio Díaz zu mobilisieren. Einer dieser Männer war Villa. González kannte Villas Vergangenheit nur zu gut, wusste aber auch, dass er Männer wie ihn – Kämpfer mit Führungsqualitäten – brauchte, um Díaz zu stürzen. So ermutigte González Pancho Villa, wieder zum Räuber zu werden, dieses Mal aber für die gute Sache: eine Landreform. Villa war begeistert und unterstützte mit seiner legendären *División del Norte* schon bald die Revolution.

Als die Rebellen unter seiner Führung im Mai 1911 die Stadt Juárez einnahmen, trat Díaz zurück. Im November 1911 wurde Francisco Madero, ein wohlhabender Liberaler aus dem Bundesstaat Coahuila, zum Präsidenten gewählt.

Doch Madero schaffte es nicht, die verschiedenen Gruppen, die im ganzen Land um Macht und Einfluss kämpften, hinter sich zu vereinen. Bereits Anfang 1913 wurde er von einem seiner eigenen Befehlshaber, General Victoriano Huerta, gestürzt und hingerichtet. Pancho Villa floh über die Grenze ins US-amerikanische El Paso, kehrte jedoch wenige Monate später zurück als einer von vier Revolutionsführern, die sich gegen Huerta auflehnten. In kürzester Zeit hob Villa eine mehrere tausend Mann starke Armee aus und konnte – mit Hilfe von Waffen aus den USA – bereits Ende 1913 Ciudad Juárez (zum zweiten Mal) und Chihuahua einnehmen. Sein Sieg bei Zacatecas im Jahr darauf gilt als einer seiner brillantesten. Huerta war nun endlich besiegt und wurde im Juli 1914 zum Rücktritt gezwungen. Der Sieg spaltete die vier revolutionären Parteien aber in zwei Lager: Den Liberalen Venustiano Carranza und Álvaro Obregón auf der einen Seite standen die Radikaleren Villa und Emiliano Zapata gegenüber; letztere schlossen sich jedoch nie wirklich zusammen. Villa wurde von Obregón in der Schlacht von Celaya (1915) vernichtend geschlagen und verlor seinen alten Einfluss für immer.

haus bringt gutes, klassisch mexikanisches Essen mit Shrimps, Rindfleisch und anderen traditionellen Zutaten auf den Tisch. Zu einem stilvollen Abschluss gehört ein Stück Apfelkuchen.

An- & Weiterreise

Von Chihuahua (64 Mex$, 1½ Std.) und Creel (124 Mex$, 3½ Std.) fahren häufig Busse nach Cuauhtémoc. Es gibt keinen Busbahnhof; die Busse halten vor dem Büro des jeweiligen Busunternehmens. **Estrella Blanca** (☎ 582-10-18; Ecke Calle 9 & Allende) ist der größte Betreiber, die anderen Büros sind ganz in der Nähe.

Der Bahnhof (Details s. S. 371) ist zu Fuß vom Ende der Calle 3 zu erreichen, doch mit dem Bus geht's schneller und bequemer.

Vom westlichen Stadtrand führt der Corredor Comercial Álvaro Obregón (Hwy 5) gen Norden durch das Hauptsiedlungsgebiet der Mennoniten. An der Straße befinden sich die Zufahrten zu den *campos* (Dörfern), die Nummern statt Namen tragen.

HIDALGO DEL PARRAL

☎ 652 / 101 000 Ew. / 1652 m

Parral ist eine angenehm liebenswürdige Kleinstadt, in der höfliche Autofahrer für Fußgänger sogar anhalten. Es gibt einige interessante Museen und einzigartige Kirchen, aber besondere Berühmtheit erlangte die Stadt, weil Pancho Villa (s. Kasten oben) hier am 20. Juli 1923 ermordet und von 30 000 Menschen zu Grabe getragen wurde. Kurz nach der Beerdigung enthaupteten unbekannte Grabschänder seinen Leichnam; im Jahr 1976 wurde dieser dann nach Mexico City überführt.

Die Bergbaustadt, die 1631 gegründet wurde, erhielt irgendwann einmal den Zusatz „Hidalgo", wird aber meist nur Parral genannt. Im 17. Jh. förderten eingeborene Sklaven im Bergwerk La Prieta die reichen Vorkommen an Silber, Kupfer, Quarz, Blei und anderen wertvollen Mineralien. Die Fördereinrichtungen überragen die Stadt noch heute.

Eigentlich hatte Villa von den USA Unterstützung für seine Bewerbung als neuer Präsident Mexikos erwartet, doch als US-Präsident Wilson die Regierung von Carranza anerkannte, beschloss er sofort, Carranza in Misskredit zu bringen und sich gleichzeitig an Wilson zu rächen. Als er sich mit seinen verbliebenen Männern anschickte, Amerika anzugreifen, hoffte er, Wilson dazu zu bringen, seinerseits Mexiko zu attackieren. In den frühen Morgenstunden des 9. März 1916 fielen Villas Männer in Columbus, New Mexico, ein. Dort befand sich nicht nur eine Garnison der US-Kavallerie, sondern auch Sam Ravel, der Villa einst bei einem Waffengeschäft übers Ohr gehauen hatte. (Villa selbst verfolgte das Geschehen aus sicherer Entfernung.) Obwohl an diesem Tag etwa die Hälfte der 500 Kämpfer von Villa (und 18 Amerikaner) starben und Ravel nicht aufzufinden war – er war in El Paso beim Zahnarzt –, wurde die Schlacht ein Erfolg für Pancho Villa: Die US-Armee marschierte auf der Suche nach dem Revolutionär tatsächlich in Mexiko ein. Dass sie ihn nie erwischten, förderte seine legendäre Verklärung nur noch mehr.

Nach einem Jahrzehnt des Kampfes für die Revolution unterzeichnete Villa im Juli 1920 einen Friedensvertrag mit Adolfo de la Huerta, der zwei Monate zuvor zum Übergangspräsidenten gewählt worden war. Pancho Villa gelobte, die Waffen niederzulegen und sich auf eine Hazienda in Canutillo (S. 413), 75 km südlich von Hidalgo del Parral, zurückzuziehen, die die Regierung von Präsident Huerta für 636 000 Mex$ gekauft hatte. Außerdem erhielt Villa 35 926 Mex$ zur Zahlung des ausstehenden Solds an seine Truppen und weiteres Geld für den Kauf von landwirtschaftlichen Geräten, die Unterhaltung einer Schutztruppe aus 50 seiner ehemaligen Soldaten und die Unterstützung für die Witwen und Waisen der Kämpfer seiner *División del Norte*.

Die folgenden drei Jahre lebte Villa relativ ruhig. Er kaufte ein Hotel in Parral und ging regelmäßig zu Hahnenkämpfen; er brachte Soledad Seañez, eine seiner zahlreichen „Ehefrauen", in einer Wohnung in Parral unter und lebte mit einer anderen in Canutillo. Als er eines Tages in seinem großen Dodge aus Parral hinausfuhr, prasselte plötzlich ein Kugelhagel nieder. Fünf der sieben Personen im Auto, darunter auch der legendäre Revolutionär, starben auf der Stelle. Die tödlichen Schüsse gab eine Gruppe von acht Attentätern ab, doch wer ihr Auftraggeber war, wurde nie geklärt. Die milden Urteile für die Täter ließen viele vermuten, dass der Befehl direkt von Präsident Obregón kam. Aber auch unter den vielen Feinden, die sich Villa im Laufe der Jahre gemacht hatte, gab es genügend Verdächtige.

Orientierung

Die Straßen von Parral sind nicht im üblichen rasterförmigen Grundriss angelegt, sondern bilden ein verwirrendes, aber spannendes Labyrinth. Die beiden Hauptplätze Plaza Principal (mit der Kirche Templo de San José) und Plaza Guillermo Baca (vor der Kathedrale) liegen nahezu auf einer Linie am Nordufer des Flusses und sind durch die geschäftige Av Mercaderes (auch Herrera genannt) miteinander verbunden. Zu Ehren der hiesigen Bergbautradition sind Templo und Kathedrale, wie auch die meisten Kirchen in Parral, mit Mineralien verziert. Die Av Independencia führt vom Zentrum zum Busbahnhof am Ostrand.

Praktische Informationen

Die **Cámara de Comercio** (☎ 522-00-18; Colegio 28; ⏲ Mo–Fr 9–17, Sa 10–13 Uhr), die auch als Touristeninformation dient, hat Stadtpläne und Broschüren. Rund um die Plaza Principal befinden sich Banken und *casas de cambio*; die HSBC-Filiale ist bis spätabends geöffnet. Internetzugang bietet **SMAC-Line** (Av Mercaderes; 10 Mex$/Std.; ⏲ Mo–Fr 9–14 & 16–19.30, Sa 9.30–19.30 Uhr) westlich der Plaza Baca.

Sehenswertes

Der von einem reichen Silberbaron errichtete **Palacio Alvarado** (☎ 522-02-90; Riva Palacio s/n; Erw./Kind 20/5 Mex$; ⏲ 10–17 Uhr) steht einen Block von der Plaza Baca entfernt. In dem wunderbar restaurierten Haus sind Aluminiumdecken und andere künstlerische Elemente sowie jede Menge Originalmöbel zu bewundern. Lady Alvarado starb kurz vor Vollendung ihres Hauses. Ihr Leichenwagen, in dem später auch Pancho Villa seine letzte Fahrt machte, ist ebenfalls zu sehen.

Das Gebäude, vor dem Pancho Villa 1923 erschossen wurde, liegt am anderen Flussufer, am Westrand der Stadt. Es beherbergt nun das **Museo Francisco Villa** (☎ 525-32-92; Ecke Juárez & Barreda; Eintritt 10 Mex$; ⏲ Di–So 10–17 Uhr), das einige Fotos, Waffen und Erinnerungsstücke zeigt. Die Erläuterungen sind ausschließlich auf Spanisch. Am interessantesten sind die oft dubiosen Storys, die die Museumsmitarbeiter zum Besten geben. An der Geschichte über die Vertauschung von Villas Leichnam nach der Enthauptung, der demzufolge gar nicht nach Mexico City überführt wurde, könnte etwas dran sein. Noch heute schmücken die Menschen sein Grab auf dem Friedhof in Parral mit Blumen.

In der **Mina La Prieta** (☎ 525-44-00; Erw./Kind 25/15 Mex$; ⌚ Di–So 11–16.30 Uhr) wurde von 1629 bis 1975 Silber gefördert. Heute können Besucher im Originalgrubenaufzug 100 m tief (auf die Höhe der heutigen Stadt) einfahren und durch einen von Hand gegrabenen Tunnel von 1820 laufen. Außer bei einzelnen historischen Exponaten, welche die schwierigen und gefährlichen Abbauverfahren von damals bis heute veranschaulichen, hat man das Gefühl, das Bergwerk sei immer noch in Betrieb. Einige der alten Gebäude über der Grube beherbergen ein Bergbaumuseum (10 Mex$). Ein Taxi dorthin kostet ca. 25 Mex$.

Die Kirche **Santuario de Fátima** (Calle Jesús García), auf einem Hügel unterhalb von La Prieta, wurde 1953 mit Abraum aus der Mine gebaut. In den dicken Mauern glitzern Spuren von Gold, Silber, Zink und Kupfer. Statt auf Kirchenbänken sitzt die Gemeinde auf kleinen, säulenartigen Hockern, die Grenzsteine zur Markierung von Claims symbolisieren. Die Kirche ist normalerweise geschlossen; man kann aber die Bewohner des grauen Hauses an ihrer Westseite bitten, einen reinzulassen.

Im Templo de San Juan de Dios, gegenüber der Kathedrale an der Plaza Baca, findet man ein kleines Museum für religiöse Kunst, das **Museo de Arte Sacro** (☎ 522-15-22; Mercaderes s/n; Erw./Kind 5/2 Mex$; ⌚ Mo–Sa 10–13 & 16–19 Uhr). Einige der verschiedenen Sakralgegenstände hier wurden in Parral aus dem in La Prieta geförderten Silber hergestellt.

Festivals

Vor dem Jahrestag der Ermordung von Pancho Villa am 20. Juli begeht die Stadt zusammen mit Tausenden von extra dafür angereisten Motorradfahrern eine ganze Woche lang ausgiebig **Las Jornadas Villistas**. Zur Erinnerung an Villas berühmte Marathonritte kommen Hunderte Reiter nach einem sechs Tage dauernden Ritt von Norden her in die Stadt, wo dann am 19. und 20. Juli der mörderische Kugelhagel nachgestellt wird. Die Hotels sind lange im Voraus komplett ausgebucht.

Schlafen & Essen

Hotel Chihuahua (☎ 522-15-13; Colón No 1; Zi. ab 150 Mex$) Einfache, aber blitzsaubere Zimmer. Zwischen der Santuario de Fátima und der Plaza Baca.

LP Tipp Hotel Acosta (☎ 522-02-21; Barbachano 3; EZ/DZ/3BZ/4BZ 235/295/365/455 Mex$; 💻) Von der uralten Telefonanlage in der Eingangshalle bis zum Mobiliar der Zimmer – es scheint, als wäre die Zeit in dem äußerst freundlichen Hotel in den 1950ern stehengeblieben. Es liegt unweit der Plaza Principal und bietet einen sagenhaften Blick vom Dach.

Nueva Vizcaya (☎ 525-56-36; Flores Magon 17; EZ/DZ 350/450 Mex$; P ❄ 💻) Das brandneue Hotel am Nordufer des Flusses ist das bei Weitem beste, aber nicht das teuerste der Stadt. Alle Zimmer haben eine Küche und WLAN. Ein richtig tolles Schnäppchen!

Restaurant La Fuente (☎ 522-30-88; Ecke 20 de Noviembre & Colegio; Hauptgerichte 20–90 Mex$) Fröhlich gelbe Wände, große Fenster und eine herzliche Atmosphäre zeichnen diesen Liebling der Einheimischen aus. Das Angebot an gutem Essen reicht von Steaks und Hühnchen über *enchiladas* bis hin zu einer hervorragenden Knoblauchsuppe.

Kaleos Café (☎ 523-68-18; Plazuela Independencia 8; Hauptgerichte 22–48 Mex$; ⌚ Di–So 16.30–22 Uhr) In diesem großartigen kleinen Lokals jenseits der Brücke an der Plaza Principal sind Einrichtung wie auch Inhaber jung und künstlerisch angehaucht. Hier gibt's richtigen Kaffee, gute Sandwiches und kostenlos WLAN.

Wer's süß mag, besorgt sich in einer der vielen *dulcerías* La Gota de Miel. Das Konfekt wird seit 1932 in Parral hergestellt (in der Regel *ohne* Honig).

Anreise & Unterwegs vor Ort

Zum Busbahnhof am südöstlichen Stadtrand, 2,5 km vom Stadtzentrum entfernt, kommt man am besten mit dem Taxi (25–30 Mex$). Busse fahren häufig nach Chihuahua (109 Mex$, 3 Std.), Torreón (212 Mex$, 4½ Std.) und Durango (257 Mex$, 6 Std.).

Der Hwy 45 nach Durango ist lang und einsam. Man sollte hier deshalb besser nicht nachts und grundsätzlich nur mit vollem Tank fahren.

RUND UM HIDALGO DEL PARRAL

Östlich von Parral bekommt man im üppig grünen Dorf **Valle de Allende** einen netten Einblick ins einfache Leben. Der frühere Wohlstand war vor allem den vielen Walnussbäumen zu verdanken. 2.-Klasse-Busse von Transportes Ballezanos (15 Mex$, 30 Min.) starten stündlich an der Av Flores Magón in der Nähe der 20 de Noviembre nördlich des Flusses.

Im staubigen Dorf **Canutillo**, 75 km südlich von Parral im Bundesstaat Durango, verbrachte der in Durango geborene Pancho Villa seine letzten drei Jahre. Seine verfallene Hazienda, die ihm die Regierung gegen das Versprechen, nie mehr zu den Waffen zu greifen, übereignete, ist heute ein **Museum** (Eintritt frei; Di–So 9–17 Uhr). Das Haus neben einer 200 Jahre alten Kirche beherbergt eine Sammlung von Fotos, Gewehren und persönlichen Gegenständen. Alle Busse von Parral in Richtung Durango halten bei Bedarf in Villa Las Nieves (50 Mex$, 75 Min.), von wo es dann noch 6 km mit dem Taxi (hin & zurück 50 Mex$) sind.

TORREÓN

☎ 871 / 549 000 Ew. / 1150 m

Torreón liegt auf halbem Weg zwischen Chihuahua und Zacatecas im Osten des Bundesstaates Durango. Das ist auch der einzige Grund, hier zu halten – und vielleicht noch, um das Bergwerk Mina Ojuela (S. 415) zu besichtigen. Trotz der hübschen Plaza de Armas mit mehreren Springbrunnen, unzähligen Bäumen und geschäftigem Treiben ist Torréon insgesamt einfach hässlich. Aber einige der Museen sind wirklich super und die Menschen sind hier genauso freundlich wie alle Leute im Norden.

Die Schlacht um Torreón im Jahr 1911 war der erste große Sieg der Mexikanischen Revolution für die División del Norte Pancho Villas, der ab diesem Zeitpunkt die Bahnstrecken kontrollierte, die strahlenförmig von der Stadt abgehen. In den folgenden Jahren führte Villa noch drei weitere Schlachten um Torreón. Dabei metzelten seine Truppen in revolutionärem Eifer 300 chinesische Einwanderer nieder.

Orientierung

Torreón liegt im Bundesstaat Coahuila und grenzt an die Städte Gómez Palacio und Ciudad Lerdo (Bundesstaat Durango). Die drei Städte zusammen werden La Laguna genannt; die namensgebenden Lagunen der Gegend führen aber nur in der Regenzeit Wasser. Torreón selbst erstreckt sich östlich des Río Nazas; die Plaza de Armas markiert den westlichen Rand der Stadt. Av Juárez und Av Morelos führen von der Plaza an den wichtigsten Regierungsgebäuden und sieben großen, schattigen Parks vorbei in Richtung Osten. Der Busbahnhof von Torreón befindet sich 7 km östlich des Stadtzentrums in der Av Juárez.

Praktische Informationen

Alles, was man als Tourist so braucht, etwa Banken mit Geldautomaten und Internetcafés, ist an oder in der Nähe der Plaza de Armas zu finden. Die Touristeninformation **Coahuila Turismo** (☎ 732-22-44; www.ocvlaguna.com; Paseo de la Rosita 308D; Mo–Fr 9–14 & 16–19, Sa 9–14 Uhr) befindet sich 5 km östlich der Stadtmitte. Ein Teil des Personals spricht Englisch.

Gefahren & Ärgernisse

Das Stadtzentrum und besonders die Plaza de Armas können nach Einbruch der Dunkelheit ziemlich unangenehm werden, deshalb beser nach 22 Uhr nur ausgesprochen vorsichtig unterwegs sein.

Sehenswertes

Das funkelnagelneue **Museo Arocena** (☎ 712-02-33; www.museoarocena.com; Cepeda 354 Sur; Erw./Kind & Student 30/10 Mex$, So 10 Mex$; Di–So 10–18, Do 10–20 Uhr) unweit der Plaza de Armas zeigt neben mexikanischer und spanischer Kunst auch eine kleine Ausstellung zur Geschichte Torreóns. Das interessanteste ist der Balkon im vierten Stock, wo einheimische Kunst, z. B. Olmeken-Masken oder Gedichte von Octavio Paz, die Geschichte Mexikos illustriert. Der Vortragssaal des Museums wird donnerstags, samstags und sonntags zum Programmkino (Anfangszeiten variieren; Kino im Eintritt inkl.). Vor dem Museum ist ein Zugang zum **Canal de la Perla**, einem kühlen, unterirdischen Aquädukt, das vor kurzem zufällig entdeckt wurde.

Das **Museo Regional de la Laguna** (☎ 713-95-45; Ecke Juárez & Cuauhtémoc; Erw./Kind 37 Mex$/frei; Di–So 10–18.30 Uhr) steht im „Wald" von El Bosque, dem beliebtesten Park von Torreón. Zu sehen sind hervorragende Ausstellungen über die alten Wüstenkulturen des Nordens und andere vorkoloniale Kulturen des ganzen Landes. Die wechselnden Kunstausstellungen sind nicht immer so toll.

Die wichtigsten Schlachten um Torreón und natürlich die abenteuerlichen Unternehmungen des Pancho Villa sind im **Museo de la Revolución** (☎ 722-69-22; Ecke Lerdo de Tejada & Calle 10; Eintritt frei; 🕑 Di–So 10–18 Uhr), nicht weit vom Laguna-Museum entfernt, ausführlich dokumentiert. Das Museum ist zwar gut gemacht, ohne Spanischkenntnisse kommt man hier aber nicht sehr weit.

Das städtische Kulturamt von Torreón unterhält drei weitere Museen. In einem alten Eisenbahndepot, drei Straßen von der Plaza entfernt, stellt das **Museo del Ferrocarril** (☎ 711-34-24; Revolución at Carrillo; Erw./Kind 10/3 Mex$, Kombiticket für alle 3 Museen 15 Mex$, Di Eintritt frei; 🕑 Di–So 10–17 Uhr) ein halbes Dutzend Waggons und Eisenbahnerwerkzeug aus. Sechs Straßen westlich davon befindet sich das **Casa del Cerro** (☎ 716-50-72; Calzada Industria; Erw./Kind 10/3 Mex$, Kombiticket für alle 3 Museen 15 Mex$, Di Eintritt frei; 🕑 Di–So 10–17 Uhr), das „Haus auf dem Hügel". Von den drei Museen ist dieses Pflicht, denn das Herrenhaus, das der Ingenieur Federico Wullf 1902 erbaute, und die Originalmöbel darin sind einfach großartig. Die Fotos im Bad (warum auch nicht?) zeigen, wieviel Arbeit die Renovierung gekostet hat. Umgeben von Palmen und üppig grünem Rasen ist das Haus eine sonderbare, kleine Oase in der grauen Industriestadt. Geradeaus über den Mercado Alianza und nach links in Richtung der Bäume erreicht man das **Museo El Torreón** (☎ 716-36-79; Ecke Juárez & Calle 5 de Mayo; Erw./Kind 10/3 Mex$, Kombiticket für alle 3 Museen 15 Mex$, Di Eintritt frei; 🕑 Di–So 10–17 Uhr), das einer Hazienda gleicht. Hier bekommt man nur ein paar historische Stadtfotos zu sehen sowie das Grab des Erbauers unter dem Turm, dem Torreón seinen Namen verdankt.

Die 20,8 m hohe Statue **Cristo de las Noas** gegenüber den Fernsehantennen im Süden der Stadt ist die zweithöchste Christusstatue in Amerika.

Schlafen & Essen

Den Weg in die Stadt säumen jede Menge Vier- und Fünf-Sterne-Hotels, die auf Geschäftsreisende warten.

Hotel Galicia (☎ 716-11-19; Cepeda 273 Sur; EZ/DZ 147/160 Mex$) Das Gästehaus aus den 1930er-Jahren ist mit seinen schön gefliesten Fluren, Buntglasfenstern und dem angeschlagenen Mobiliar ein Musterbeispiel für verblichene Eleganz. Die Inhaber sind sehr freundlich, und das Haus hat wirklich Charme. Bei den meisten Toiletten fehlen allerdings die Sitze.

Hotel Palacio Real (☎ 716-00-00; Morelos 1280 Pte; Zi. mit Frühstück 380–767 Mex$; P ❄ 💻) In der Innenstadt gibt es entlang der Av Morelos mehrere gute Mittelklassehotels, doch der Riesenkasten aus den 1950er-Jahren ist das einzige direkt an der Plaza. Es ist mittlerweile etwas heruntergekommen, aber die Zimmer sind ebenso groß wie die Aussicht weit.

Del Granero (☎ 712-91-44; Morelos 444 Pte; Hauptgerichte 20–48 Mex$; 🕑 8–21 Uhr; ⊠ V) Vegetarier und Fleischesser werden das freundliche Café gleichermaßen lieben. Die fleischlosen *gorditas, burritos* und *tortas* aus Vollkornmehl sind einfach köstlich. Die Bäckerei daneben setzt auch auf Vollkorn.

Fu-Hao (☎ 716-55-47; Cepeda 259 Sur; Hauptgerichte 25–150 Mex$, Buffet Erw./Kind 78/45 Mex$; 🕑 11.30–22.30 Uhr) Direkt an der Plaza. Neben dem für mexikanisch-chinesische Restaurants typischen Buffet bieten die chinesischen Besitzer auch Gerichte à la Carte an. Und was serviert wird, ist echt gut!

Anreise & Unterwegs vor Ort

Sowohl in Torreón als auch in Gómez Palacio gibt's einen Busbahnhof, an dem alle Überlandbusse in der Regel halten. Torreón ist zudem ein wichtiger Verkehrsknotenpunkt mit regelmäßigen Busverbindungen der 1. Klasse zu folgenden Zielen:

Ziel	Preis (Mex$)	Dauer (Std.)
Chihuahua	313	6
Cuatro Ciénegas	137	3½
Durango	182	3½
Mexico City	731	13
Saltillo	192	3½
Zacatecas	279	6

Die Maut auf dem Highway nach Durango liegt bei insgesamt 325 Mex$, daher nehmen die meisten Autofahrer die kaum langsamere gebührenfreie Straße, wenn die nicht gerade hoffnungslos überlastet ist.

Stadtbusse (4,50 Mex$) fahren in der Av Juárez regelmäßig zwischen der Plaza de Armas und dem Busbahnhof hin und her. „Centro"-Busse bringen einen in Richtung Innenstadt, „Central"-, „Campo Alianza"- und „División"-Busse fahren zum Busbahnhof. Taxifahrten zum Busbahnhof werden nach Taxameter abgerechnet (ca. 30 Mex$).

RUND UM TORREÓN

Mapimí & Ojuela

Die Wüsten nördlich von La Laguna sind äußerst beeindruckend und bergen Unmengen an Halbedelsteinen. Der 1585 gegründete Ort **Mapimí** war einst Zentrum eines unglaublich ertragreichen Bergbaugebietes und versorgte zwischen den regelmäßig wiederkehrenden Überfällen der Stämme aus Cocoyon und Toboso die nahegelegene Ojuela-Mine. Auf der Flucht vor den französischen Truppen kam Benito Juárez 1864 nach Mapimí. Das Haus an der nordwestlichen Ecke der Plaza, in dem er damals wohnte, beherbergt heute das unspektakuläre **Museo Juárez** (Eintritt frei; ⌚ 9–14 & 16–18 Uhr). 1811 wurde Miguel Hidalgo in dem Ort festgehalten. Die Einheimischen zeigen Besuchern gerne auch dieses Haus. Im Kirchturm sind noch die Einschusslöcher von den Revolutionskämpfen zu sehen.

Ende des 19. Jhs. entstand neben der **Mina Ojuela** eine gleichnamige Stadt, in der mehr als 5000 Menschen lebten. Heute erinnern die sich an den Hügel schmiegenden, längst verlassenen Steinhäuser an die goldenen Jahre Ojuelas. Um das Erz von der Mine zum Bahnhof zu transportieren, wurde eine 100 m tiefe Schlucht mit einer spektakulären, 315 m langen Hängebrücke, der **Puente Colgante de Ojuela** (Erw./Kind 15/5 Mex$; ⌚ 9–18 Uhr), überspannt; über diese kann man heute zu Fuß gehen. Ein Grubenführer (15 Mex$) leitet Besucher durch das Tunnellabyrinth der Mine. Im Licht von Petroleumhandlampen erläutert er die Überreste des früheren Bergbaus, z. B. ein mumifiziertes Maultier, und weist die Besucher am Ausgang auf der anderen Seite des Stollens auf den tollen Blick auf die Brücke hin. Für 100 Mex$ mehr kann man sich über eine Seilbrücke zurück über die Schlucht schwingen.

Von Torreón nach Mapimí geht's auf dem Hwy 49 (auf diesem bleiben, wenn der Hwy 49D abzweigt) 40 km gen Norden bis nach Bermejillo und von dort auf dem Hwy 30 weitere 25 km Richtung Westen. Vom Busbahnhof in Torreón fahren stündlich 2.-Klasse-Busse nach Mapimí (33 Mex$, 2 Std.). Die Abfahrt zur Puente de Ojuela 3 km vor Mapimí ist gut ausgeschildert. Die schmale, holperige, aber gut befahrbare Straße windet sich über 7 km einen schönen Berg namens La India hoch bis zur Brücke. Ein Taxi von Mapimí kostet mit Aufenthalt je nach Verhandlungsgeschick mindestens 100 Mex$ (hin & zurück).

Reserva de la Biosfera Bolsón de Mapimí

Gut 170 km nördlich von Torreón, am Dreiländereck der Staaten Durango, Chihuahua und Coahuila, erstreckt sich die abgelegene Wüstenregion **Zona del Silencio**. „Zone der Stille" heißt sie wegen des weitverbreiteten Glaubens, die topographischen Bedingungen verhinderten die Übertragung von Funksignalen. Manche Leute glauben auch, sie sei ein UFO-Landeplatz: 1970 stürzte hier eine NASA-Testrakete ab, die mit einem Riesenaufwand und viel Heimlichtuerei gesucht wurde. Anhänger des New Age vermuten hier derweil irgendwelche „Energiefelder". Tatsächlich ist die Zona ein kleiner Teil eines bemerkenswerten Biosphärenreservats, das dem Studium von Pflanzen und Tieren in Trockengebieten wie der äußerst seltenen Gelbbrand-Gopherschildkröte gewidmet ist. Die Schildkröte bekommt man kaum zu Gesicht, wohl aber Krötenechsen, Kojoten und Gabelantilopen. In dem Gebiet gibt's keine Hauptstraße, nur ein paar Sandpisten. Während der Recherche war der Zugang zum Schutz des Gebiets beschränkt. Aventura Pantera (S. 417) macht geführte Touren und unterstützt alle, die auf eigene Faust hin wollen.

DURANGO

☎ 618 / 464 000 Ew. / 1912 m

Durango ist eine freundliche, angenehme Cowboystadt mit einer wunderbaren Plaza de Armas, herrlicher Kolonialarchitektur und einer großen Auswahl an Hotels und Restaurants. Sie ist ein toller Ort, um sich einfach zu entspannen oder alles Mögliche zu unternehmen.

Die Stadt, die der Konquistador Don Francisco de Ibarra 1563 gründete und die nach seiner spanischen Geburtsstadt benannt wurde, liegt im Süden des Cerro del Mercado, eines der weltweit reichsten Eisenerzvorkommen; es bildete zusammen mit dem Gold und Silber aus der Sierra Madre den Grundstock für die frühe Bedeutsamkeit von Durango. Heute sind in dieser Gegend noch einige Industriezweige dazugekommen. Dazu zählen Ackerbau und Holzproduktion, aber am bekanntesten ist Durango für seine Filmindustrie (s. S. 419). Die politische

Grenze zwischen Chihuahua und Durango markiert gleichzeitig eine Zeitzonengrenze: Durango ist Chihuahua um eine Stunde voraus.

Orientierung

Durango eignet sich gut für Besichtigungstouren zu Fuß: Die meisten Sehenswürdigkeiten liegen im Umkreis weniger Blocks von den beiden Hauptplätzen, Plaza de Armas und Plaza IV Centenario, entfernt. Die Av 20 de Noviembre ist die Hauptstraße durch die Stadt.

Praktische Informationen

Banken mit Geldautomaten und *casas de cambio* befinden sich an der Westseite der Plaza de Armas. Die **HSBC**-Filiale (Constitución s/n; ⌚ Mo–Sa 8–19 Uhr) tauscht Reiseschecks.

Boletín Durango Turístico (www.durangoturistico.com) Interessante, nützliche Webseite des Bundesstaates Durango (spanisch).

Hospital General (☎ 811-91-15; Ecke Av 5 de Febrero & Fuentes) Für Notfälle und ambulante medizinische Versorgung.

Ofinet (Calle Victoria s/n; 10 Mex$/Std.; ⌚ Mo–Sa 9.30–21 Uhr) Schnelle Verbindungen und neue Computer.

Post (Av 20 de Noviembre Ote 500B; ⌚ Mo–Fr 8–18, Sa 9–12 Uhr)

Staatliche Touristeninformation (☎ 811-11-07; www.durangoturismo.com; Florida 1006; ⌚ 8–20 Uhr) Von den freundlichen Mitarbeitern sprechen einige Englisch. Hier weiß man auch, ob das Pancho-Villa-Museum endlich eröffnet wurde.

Sehenswertes

Die **Plaza de Armas** von Durango ist eine der schönsten in der Gegend. Statt moderner Gebäude gibt es hier Springbrunnen und Blumen. Unter der Bühne des großen Musikpavillons, in dem das städtische Orchester donnerstags ab 18 Uhr spielt, ist ein Kunsthandwerksgeschäft (*artesanía*) untergebracht. Einer der Gründe, warum es sich auf der Plaza so gut aushalten lässt, ist der Blick auf die beeindruckende Barockfassade der **Catedral Basílica Menor** (7.30–13.15 & 16–21 Uhr). Der byzantinische Innenraum der Kathedrale (erbaut 1695–1787) besticht durch herrliche Skulpturen und Deckengemälde.

Ebenso bemerkenswert sind die beiden Gebäude in unmittelbarer Nähe: Der **Palacio de Gobierno** (Av 5 de Febrero 97; Mo–Fr 8–15 Uhr) ist mit wundervollen Wandgemälden geschmückt. Er gehörte einem wohlhabenden spanischen Bergwerksbesitzer, bevor ihn die Regierung nach dem Unabhängigkeitskrieg enteignete. Im beeindruckenden, neoklassizistischen Gebäude des **Teatro Ricardo Castro** (☎ 811-46-94; Ecke Av 20 de Noviembre & Martínez; 9–15 Uhr) zieren die Eingangshalle kunstvolle Holzschnitzereien und das Innere kühne Wandgemälde.

Das **Museo de Arte Guillermo Ceniceros** (☎ 825-00-27; Independencia 135 Nte; Eintritt frei; Di–So 10–18 Uhr) ist ein Muss. Es zeigt die geheimnisvollen Landschaften und Frauenfiguren des in Durango geborenen Künstlers Ceniceros, dessen Arbeiten stark von seinem Lehrer, dem großen Wandmaler David Alfaro Siqueiros, beeinflusst sind. Die wechselnden Ausstellungen präsentieren internationale Künstler.

Im größeren **Museo de Arte Contemporáneo Ángel Zárraga** (☎ 825-55-30; Negrete 301 Pte; Eintritt frei; Di–Fr 9–18, Sa & So 11–17 Uhr) nehmen den meisten Platz wechselnde Ausstellungen junger Künstler aus der Region ein.

Das **Museo de Arqueología de Durango Ganot-Peschard** (☎ 813-10-47; Zaragoza 315 Sur; Eintritt 5 Mex$; Di–Fr 10–18, Sa & So 11–18 Uhr) ist ein innovativer Augenschmaus. Zu bestaunen sind archäologische Zeugnisse der indianischen Kulturen in der Gegend, von der prähistorischen Zeit bis zur Eroberung durch die Spanier. Unter den Fundstücken sind auch Schädel, die durch Einschnürung des Kopfes absichtlich deformiert wurden. Erläuterungen gibt's nur auf Spanisch.

Die Ausstellungsstücke im **Museo de las Culturas Populares** (☎ 825-88-27; Juárez 302 Nte; Eintritt 5 Mex$; Di-So 9-18 Uhr) sind miserabel präsentiert, ermöglichen aber dennoch einen interessanten Einblick in das Leben der alten indianischen Kulturen in Durango. Im Shop kann man Kunsthandwerk kaufen.

Außer einigen Gemälden von Miguel Cabrera hat das **Museo Regional de Durango** (☎ 813-10-94; Victoria 100 Sur; Eintritt 10 Mex$, So Eintritt frei; Di–Sa 9–16 Uhr, So 10–14.45 Uhr) nichts anderes zu bieten als die archäologischen und kunsthistorischen Museen der Stadt. Wesentlich interessanter ist das ehemalige Herrenhaus im französischen Stil, das das Museum beheimatet.

Die Ausstellung im **Museo de Cine** (☎ 837-11-11; Florida 1006; Eintritt 5 Mex$; 9–18, Sa & So 10–18 Uhr) ist recht bescheiden, aber wer es nicht zu den Drehorten (s. S. 419) außerhalb der Stadt schafft, kann hier wenigstens einen kurzen Blick hinter die Kulissen werfen.

Erholung im Grünen und jede Menge Spaß für Kids gibt's im weitläufigen **Parque Guadiana** westlich der Innenstadt.

Geführte Touren

Aventura Pantera (☎ 813-08-75; www.aventurapantera.com.mx; Pino Suárez 436 Ote; Mo–Fr 10–15 Uhr) wird von Walter Bishop geleitet, der als Vorreiter des Ökotourismus in Nordmexiko gilt. Mit englischsprachigen Führern geht's zum Wandern, Vögelbeobachten, Kanufahren und Mountainbiken in die Berge der Sierra Madre Occidental und anderswohin. Freiwillige können Umweltkurse geben oder Bäume pflanzen.

Schlafen

BUDGETUNTERKÜNFTE

Hotel Buenos Aires (☎ 812-31-28; Constitución 126 Nte; Zi. 140–220 Mex$) Die kleinen, sauberen Zimmer sind meist in ordentlichem Zustand, teilweise ist es aber sehr laut.

Hotel Durango (☎ 811-55-80; Av 5 de Febrero 103 Ote; EZ 199–285 Mex$, DZ 259–350 Mex$; P) Die Korridore haben das Flair von Krankenhausfluren (was die weißen Uniformen des Personals nicht unwesentlich unterstützen), doch besonders die renovierten Zimmer am oberen Ende der Preisskala sind sehr gemütlich und haben WLAN. Einige Zimmer sind mit Balkon ausgestattet, aber die Aussicht ist bescheiden.

Hotel Plaza Catedral (☎ 813-24-80; Constitución 216 Sur; EZ/DZ 250/350 Mex$; P) Das kühle, 200 Jahre alte, schlossartige Gebäude ist ein gefliestes

Labyrinth aus Treppen und Bögen. Mit etwas gutem Willen wäre es eines der besten Hotels der Stadt; so ist es zumindest die beste Budgetunterkunft.

MITTELKLASSEHOTELS

Hotel Posada Santa Elena (☎ 812-78-18; Negrete 1007 Pte; Zi. ab 420 Mex$; P) Klein, freundlich und ruhig – ein echter Schatz. Einige der 12 geschmackvoll eingerichteten Zimmer haben eigene kleine Höfe. Die schönen Waschbecken machen selbst die morgendliche Rasur zum sinnlichen Vergnügen.

LP Tipp **Hotel Posada San Agustín** (☎ 837-20-00; www.posadasanagustin.com; Av 20 de Noviembre 906 Pte; EZ 440–640 Mex$, DZ 490–690 Mex$; P ⊠ ✤ 🖳) Die meisten der 14 modernen, gut ausgestatteten Zimmer gehen hinaus auf den ruhigen Hof im Kolonialstil, der die Gäste zum Relaxen einlädt.

Hotel Posada San Jorge (☎ 813-32-57; www.hotelposadasanjorge.com.mx; Constitución 102 Sur; EZ/DZ 450/500 Mex$; P ⊠ 🖳) Die Zimmer im zweiten Stock des hübschen Gebäudes aus dem 19. Jh. liegen auch um einen Innenhof herum, sind aber größer als die im San Agustín. Einige sind mit Sofa und kleinem Balkon ausgestattet. Ein Minuspunkt bei dem Hotel, das zu den besten in Durango gehört, ist allenfalls der lebhafte Brasilianer im Hof: Hier gibt's tolle Steaks, aber der Lärm dröhnt bis in die Zimmer.

SPITZENKLASSEHOTELS

Hotel Gobernador (☎ 813-19-19; www.hotelgobernador.com; Av 20 de Noviembre 257 Ote; Zi. 1350 Mex$; P ✤ 🖳 🏊) Das beste Hotel der Stadt liegt in einer üppig grünen Landschaft und ist mit riesigen Lampen und Designermöbeln im Kolonialstil eingerichtet. Am Wochenende bezahlt man für das Zimmer nur 990 Mex$.

Essen & Ausgehen

In Durango gibt es jede Menge guter Restaurants, und wer Abwechslung liebt, wird hier sicher nicht enttäuscht. Die besten Jagdgründe befinden sich in der Constitución nördlich der Kathedrale und in der Av 20 de Noviembre (später Av Florida) westlich der Plaza de Armas.

Gorditas Gabino (☎ 813-01-21; Constitución 100A Nte; Gorditas 7 Mex$, Hauptgerichte 20–80 Mex$; 🕑 8–20 Uhr) Ein Eldorado, um günstig satt zu werden. Dementsprechend voll ist es. Die leckeren *gorditas* werden mit Avocado, Rindergeschnetzeltem in *salsa verde* und anderen Köstlichkeiten gefüllt. Den Abschluss bildet herrlich cremiger Käsekuchen.

Cremería Wallander (☎ 813-86-33; Independencia 128 Nte; Tortas 21–48 Mex$; 🕑 Mo–Sa 8.30–20.30, So 9–14.30 Uhr) Die hervorragenden *tortas* werden mit Lastwagen und Motorrädern in der ganzen Stadt verteilt. Wurst und Käse auf den frisch gebackenen Brötchen kommen direkt vom Bauernhof der Familie Wallander. Daneben sind Backwaren, Wein, Joghurt, Honig und Müsli zu haben.

Samadhi (☎ 811-62-27; Negrete 403 Pte; Hauptgerichte 25–50 Mex$; ⊠ V) Essen und Atmosphäre sind nicht gerade umwerfend, aber Pflanzenfressern bietet sich hier eine gute Gelegenheit, um z. B. *chorizos* zu probieren.

Restaurant La Gloria (☎ 825-27-77; Martinez 315 Sur; Hauptgerichte 25–85 Mex$; ⊠) Das schlichte, künstlerisch angehauchte Lokal ist ein netter Ort zum entspannten Verweilen. Serviert werden gutes Frühstück, *antojitos*, Kaffee, Salate und vieles mehr.

LP Tipp **Fonda de la Tía Chona** (☎ 812-77-48; Nogal 110; Hauptgerichte 52–135 Mex$; 🕑 Mo–Sa 17–23.30, So 13–17.30 Uhr) Unter den ganzen schicken Restaurants ist dieser Klassiker bei Weitem das nobelste. In einem prachtvoll ausgestatteten alten Gebäude mit Winkeln und Nischen kommt die klassische Küche des *durangueño* auf den Tisch, z. B. der typische Rindereintopf *caldillo*.

Pizzaly (☎ 812-13-81; Av 20 de Noviembre 1004; mittelgroße Pizza ab 95 Mex$; 🕑 Mo–Sa 11–23, So 12–22 Uhr) Diese Pizzeria ist nicht so romantisch wie manch anderes italienische Restaurant der Stadt, aber das Wesentliche ist vorhanden: leckere Pizza.

Da Vinci Café (Constitución 310 Sur; Cappuccino mit Tequila 22 Mex$; 🕑 Mo–Sa 9.30–24, So 17–24 Uhr) Unkonventionelles Künstlercafé im 2. Stock, mit gutem Kaffee und großartigem Blick auf die Plaza de Armas. Es gibt hier auch eine Kunstgalerie und kostenloses WLAN.

Au Pied de Chameau (☎ 825-05-50; Florida 1135-7; 🕑 Mo–Sa 14–1, So 13–20 Uhr) Das Essen – ein Mix aus *nueva cocina Mexicana* und internationaler Küche – ist ein Glücksspiel, doch für die Drinks danach eignet sich das prachtvoll mit afrikanischer und asiatischer Kunst dekorierte Lokal ganz hervorragend.

Shoppen

In dem labyrinthartigen Wirrwarr des **Mercado Gómez Palacio** (Av 20 de Noviembre; 🕑 8–20 Uhr) bekommt man nahezu alles: von Tacos und Keramik über Cowboyhüte und Sättel bis hin zu getrockneten Kräutern, Blumen und *Queso menonita*.

An- & Weiterreise

Vom **Aeropuerto Guadalupe Victoria** (☎ 11-870-12-13), 15 km östlich des Stadtrands von Durango, starten täglich sechs Flüge nach Mexico City und Maschinen nach Mazatlán, Torreón, Monterrey, Guadalajara und Tijuana sowie nach Houston, Chicago und Los Angeles in den USA.

Die Busverbindungen zu vielen für Traveller interessanten Orten sind gut und regelmäßig:

Ziel	Preis (Mex$)	Dauer (Std.)
Chihuahua	421	9
Hidalgo del Parral	257	6
Mazatlán	Deluxe 385	8
	1. Klasse 296	8
Mexico City	Deluxe 846	12
(Terminal Norte)	1. Klasse 652	12
Torreón	182	3½
Zacatecas	202	5

Die Maut auf dem Highway nach Torreón liegt insgesamt bei 325 Mex$, daher nehmen die meisten Autofahrer die kaum langsamere gebührenfreie Straße – sofern diese nicht gerade hoffnungslos überlastet ist.

Unterwegs vor Ort

Der Busbahnhof ist im Osten. „ISSSTE"- und „Centro"-Busse (5 Mex$) starten am anderen Ende des Parkplatzes und fahren bis zur Plaza de Armas. Taxis ins Zentrum rechnen in der Regel nach Taxameter ab und kosten ca. 25 Mex$.

Von der Innenstadt zum Busbahnhof kann man in der Av 20 de Noviembre nahe der Plaza einen „Camionera"-Bus nehmen. Vor der großen Kreuzung mit dem Denkmal von Pancho Villa steigt man aus und legt das letzte Stück in nordöstlicher Richtung zu Fuß zurück.

RUND UM DURANGO

Drehorte

Von den 1950er- bis in die 1990er-Jahre drehten Hollywood und mexikanische Regisseure Hunderte Filme in der ursprünglichen Wüsten- und Berglandschaft rund um Durango. John Wayne, Clark Gable und Robert Mitchum standen hier stundenlang vor der Kamera. Neuere Filme sind etwa *Eine gefährliche Affäre* (1990) mit Kevin Costner und *Die Maske des Zorro* (1998) mit Antonio Banderas. Der Niedergang des Westerns und Steuererleichterungen an US-Drehorten bedeuteten das Ende der Stadt als *La Tierra del Cine* (Land des Kinos). *Bandidas* (2006) mit Salma Hayek und Penelope Cruz in den Hauptrollen war der letzte Film, der hier gedreht wurde.

Im Laufe der Jahre polterten viele der alten Cowboyhelden durch die Westernfilmstadt **Villa del Oeste** (Hwy 45; Eintritt 10 Mex$, Sa & So Erw./Kind 25/15 Mex$; ⌚ Di–Fr 12–18, Sa & So 11–19 Uhr), 12 km nördlich von Durango. Heute ist der Wildwest-Schauplatz ein mit Souvenirs vollgestopfter Themenpark, in dem die Revolverhelden nur noch am Wochenende (Sa um 14.30 & 16.30 Uhr, So um 13.30, 15.30 & 17.30 Uhr) zu einem bleilastigen Showdown auflaufen; während der Woche ist die Geisterstadt wie ausgestorben. Spaß hat man hier aber so oder so. Am Wochenende fährt an der Plaza de Armas in Durango jeweils eine halbe Stunde vor Beginn der Show ein Bus ab (Erw./Kind 30/20 Mex$ inkl. Eintritt). Wer an Wochentagen hin will, nimmt einen Bus, der in Richtung Norden fährt (10 Mex$, alle 30 Min.), und bittet den Fahrer, einen bei der Westernstadt rauszulassen. Zurück nach Durango muss man versuchen, einen der vorbeifahrenden Busse anzuhalten. Da die meisten Fahrer aber nicht stoppen, sollte man mit einer längeren Wartezeit in der prallen Sonne rechnen.

Nach dem Abzug der Filmleute sind die früheren Einwohner des kleinen Dorfes **Chupaderos**, 3 km nördlich von Villa del Oeste, einfach wieder in ihre Häuser zurückgekehrt. Filmreife Cowboys reiten zwar auch hier am Saloon vorbei, aber das sind nun keine Schauspieler mehr.

Die Westernfilmstadt **La Joya**, 44 km nördlich von Durango, gehörte einst John Wayne. Auch wenn sie ziemlich verfallen ist, werden eingefleischte Westernfans begeistert sein. Wer mit dem Auto oder Motorrad hinfahren will, kann sich in der Touristeninformation den Weg erklären lassen. Die Fahrt mit dem Taxi kostet 375 Mex$. Busse fahren keine nach La Joya.

Von Durango nach Mazatlán

Vom Westrand Durangos führt der **Hwy 40** an dicht bewaldeten Berggipfeln und tief eingeschnittenen Canyons vorbei durch eine der schönsten Landschaften Mexikos bis zur Küstenstadt Mazatlán. Die Touristeninformation in Durango kann eine der Berghütten entlang der Strecke buchen. Hoch oben in den Bergen bietet sich die Holzfällerstadt **El Salto** als Zwischenstopp an. Rund um die Stadt gibt es tolle Strecken zum Mountainbiken und eine Menge Wasserfälle. 48 km weiter westlich lockt dann **Mexiquillo** mit seinem schönen Wasserfall, dem großen Canyon, bizarren Felsformationen und Eisenbahntunneln, durch die noch nie ein Zug gefahren ist. Ein besonders spektakulärer Streckenabschnitt, 165 km von Durango entfernt, wird **El Espinazo del Diablo** (Rückgrat des Teufels) genannt.

Wer die Staatsgrenze nach Sinaloa überquert, kommt in eine neue Zeitzone: Sinaloa liegt um eine Stunde hinter Durango zurück.

Nordöstliches Mexiko

Besserwisser behaupten, der Nordosten sei nicht das „wahre" Mexiko, was auch immer das nun heißen mag. Nichtsdestotrotz gibt es viele gute Gründe, herzukommen.

Viele Leute bleiben nach der Grenzüberquerung nur über Nacht und reisen schnellstmöglich weiter. Gut, echte Badeorte sucht man vergeblich (aber ist das schlimm?) und die Kolonialstädte und prähispanischen Stätten im Süden sind beeindruckender. Dafür aber wartet der Nordosten mit atemberaubender Natur und jeder Menge kulturell interessanter Orte auf, die eine Kursänderung weg von den hervorragenden Fernstraßen absolut wert sind.

Wirtschaftlich betrachtet bilden die Staaten Nuevo León, Tamaulipas und Coahuila eine der wohlhabendsten und unternehmerischsten Regionen Mexiko. Die größte Stadt, Monterrey, blickt optimistisch und fortschrittlich in die Zukunft – hier findet man berühmte moderne Architektur, großartige Museen und eine der besten Kneipenszenen des Landes. Der koloniale Charme Saltillos und Parras' angenehme Atmosphäre locken einen dagegen in die Berge.

Abseits der Städte, in den Wüstenpflanzen und in den nebligen Wäldern der Reserva de la Biosfera El Cielo, verstecken sich Vögel, und auch die grandiosen Gewässer von Cuatrociénegas mitten in der Wüste von Chihuahuan lohnen einen Besuch. An der Küste warten abgelegene Strände, Lagunen und Feuchtgebiete mit toller Flora und -fauna auf Besucher.

Zum Besten gehört der herzliche Empfang der *norteños* für diejenigen, die sich Zeit für eine Reise durch ihre Region nehmen – hier freut man sich noch über die (wenigen) Touris.

HIGHLIGHTS

- In **Matacanes** (s. Kasten S. 450) in den Bergen um Monterrey einen halsbrecherischen Sprung aus 12 m Höhe wagen
- In den erhabenen Wüstenbecken von **Cuatrociénegas** (S. 426) schnorcheln
- Die lebendige Künstlerszene in **Monterrey** (S. 433) erkunden
- Durch das Vogelparadies der **Reserva de la Biosfera El Cielo** (S. 462) wandern
- Sich nach dem Schwimmen im warmen Golf bei **Barra del Tordo** (S. 459) an frischem Fisch laben

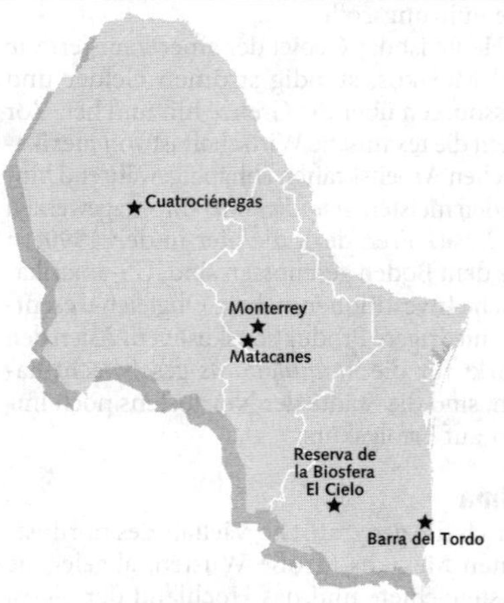

MAX. TEMPERATUR MONTERREY, JANUAR: 23 °C	MAX. TEMPERATUR MONTERREY, JULI: 34 °C

Geschichte

Die Spanier kamen in diese trockene Region, weil die Krone Silber und Sklaven wollte und die Kirche missionierungsbedürfende Seelen begehrte.

Die ersten Entdecker marschierten schon 1535 durch den Nordosten, aber die harten Bedingungen und die ständigen Angriffe der indigenen Chichimeken und später der Apachen hatten zur Folge, dass die Region nur langsam erschlossen und besiedelt wurde. Saltillo, die älteste Stadt im Nordosten Mexikos, wurde 1577 gegründet. Bis zum Ende des Jahrhunderts folgten weitere Stadtgründungen, aber eine großflächige Besiedlung begann erst zu Beginn des 19. Jhs., mit Viehzucht als wirtschaftlicher Grundlage. Die Geschäfte wurden von wenigen Großgrundbesitzern beherrscht, die teilweise sogar eigene Kavallerien hatten.

Der Nordosten spielte zwar in der Frühgeschichte Mexikos kaum eine Rolle, war aber der wichtigste Schauplatz des Konflikts mit den USA. Zahlreiche wichtige Schlachten des Mexikanisch-Amerikanischen Kriegs (1846–1848) – die alle mit einer Niederlage Mexikos endeten – wurden hier geschlagen. Der Vertrag von Guadalupe Hidalgo, der den Krieg beendete, legte den Río Bravo del Norte als Grenze zwischen den beiden Staaten fest.

Die Entdeckung von Öl, Kohle und Erdgas sowie die Einführung der Eisenbahn beschleunigten die Entwicklung und im 19. Jh. erlangte die Region schließlich eine industrielle Führungsrolle.

Heute ist das Gebiet der amerikanisierteste Teil Mexikos; ständig strömen Gelder und Ressourcen über die Grenze hin und her. Vor allem die texanische Wirtschaft ist von mexikanischen Arbeitskräften abhängig, während hinter den meisten *maquiladoras* (Montagewerken im Besitz Fremder), die hier in den 1990ern aus dem Boden geschossen sind, US-amerikanische Investitionen stehen. Obgleich wesentlich niedrigere Produktionskosten in Asien den Markt für die *maquiladoras* geschwächt haben, sind die Städte des Nordostens noch immer auf Erfolgskurs.

Klima

Durch die geografische Vielfalt des nordöstlichen Mexikos (große Wüsten, abgelegene Küstengebiete und das Hochland der Sierra Madre Oriental) ist das Klima auch ziemlich unterschiedlich.

Die stärksten Regenfälle in den Küstengebieten um den Golf von Mexiko gibt es zwischen Juni und Oktober, aber in diesen Gebieten ist es in der Regel das ganze Jahr über warm und feucht.

Der heißeste Monat ist der August; im Winter gibt's dafür gelegentliche Kälteeinbrüche und manchmal sogar Schneefälle.

Parks & Naturschutzgebiete

Die Área de Protección de Flora y Fauna Cuatrociénegas (S. 426) ist eine Wüstenoase mit Gewässern, die ein vielfältiges Ökosystem beherbergen. Weiter südlich erstrecken sich die artenreichen Wälder der Reserva de la Biosfera El Cielo (S. 462), in denen besonders viele Vogelarten leben. Für Natur- und Biofans sind beide Orte ein Highlight, außerdem erreicht man sie leicht.

In den Bergen rund um Monterrey, vor allem im Parque Nacional Cumbres de Monterrey (s. Kasten S. 450), kann man hervorragend bergsteigen, Canyoning betreiben, wandern, Mountainbike fahren und mehr.

Anreise & Unterwegs vor Ort

Die wichtigsten Fernstraßen, die von der Grenze zu Texas nach Süden verlaufen, sind: Hwy 57, der an den Bergregionen von Piedras Negras vorbei bis nach Saltillo führt und in Mexico City endet, Hwy 85, auch Panamericana genannt, der in Nuevo Laredo beginnt und durch Monterrey und Ciudad Victoria führt, und Hwy 40, der von Reynosa südwestlich nach Monterrey, Saltillo, Durango und am Ende nach Mazatlán an der Pazifikküste verläuft. Die kleineren Highways 101 und 180 führen von Matamoros die Golfküste hinunter über Tampico und Veracruz nach Süden. Hwy 2, die Carretera Ribereña, verläuft zwischen Ciudad Acuña und Matamoros parallel zum Río Bravo.

Sehr häufig verkehren Busse von den Städten auf der mexikanischen Seite der Grenze zu fast jedem Ort der Region und zu den meisten weiter entfernt liegenden Hauptzielen. Monterrey bedienen zahlreiche internationale Fluglinien.

COAHUILA

Coahuila ist groß, trocken und dünn besiedelt. Wer etwas mehr Zeit in diesem drittgrößten Staat Mexikos verbringt, wird sich einen

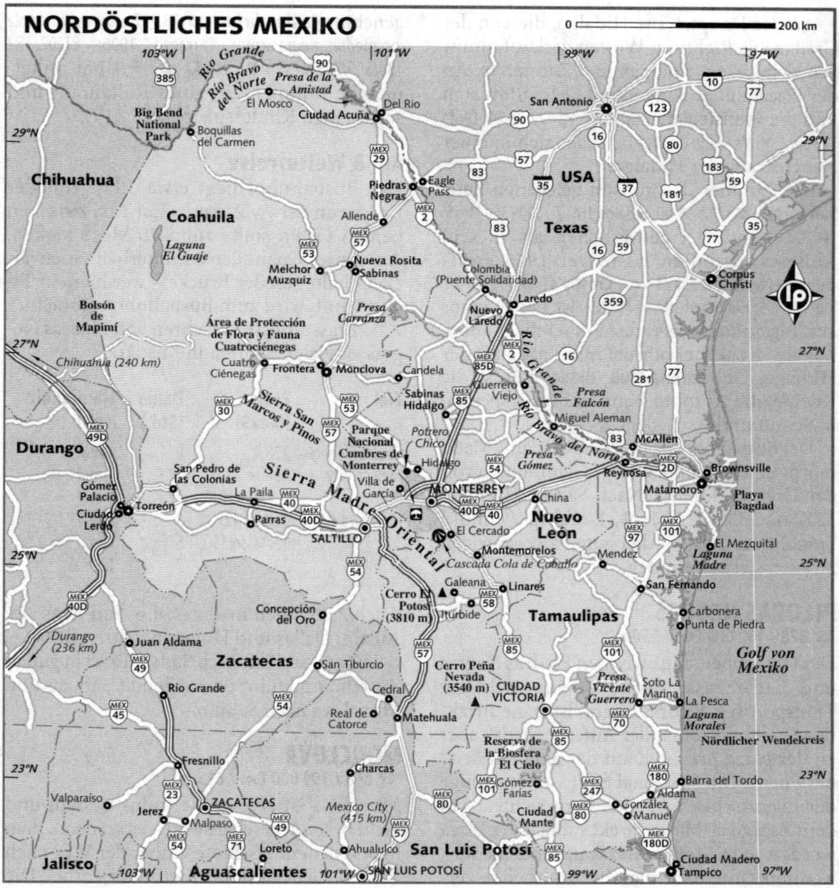

großen Teil davon auf dem Highway wiederfinden. Die Wüstenlandschaft ist aber oft so faszinierend, dass man keine Eile verspürt, sein Ziel zu erreichen.

Die Grenzübergänge von Texas nach Coahuila sind weniger frequentiert als die weiter südöstlich in Tamaulipas, weil die Straßen hier für die meisten Reisenden ungünstig verlaufen. Die Einsamkeit und die schroffe, karge Landschaft haben jedoch einen rauen Charme. Saltillo, die Hauptstadt des Staates, ist auf jeden Fall einen Besuch wert. Infos über den westlichen Teil Coahuilas, z. B. über Torreón und die Zona del Silencio, gibt's im Kapitel „Zentrales Nordmexiko".

Von 1821 bis 1836, nach der Unabhängigkeit, bildeten Coahuila und Texas gemeinsam einen Staat der jungen mexikanischen Republik, dessen Hauptstadt abwechselnd Monclova und Saltillo war. Im Januar 2007 folgte Coahuila als erster Staat dem Beispiel Mexico Citys und billigte die Ehe zwischen gleichgeschlechtlichen Partnern.

CIUDAD ACUÑA

☎ 877 / 126 000 Ew. / 290 m

Ciudad Acuña, eine kleine Grenzstadt gegenüber von Del Rio, Texas, ist ein geschäftiger, aber unproblematischer Grenzübergang, der rund um die Uhr geöffnet ist. Die Stadt ist hübsch und ein netter Aufenthaltsort für ein oder zwei Stunden. Bekannt ist sie in erster Linie als Drehort des Films *El Mariachi* und seiner Hollywoodversion *Desperado*.

An der Hauptstraße Hidalgo, die von der Grenze aus Richtung Westen verläuft, drängen sich Läden, Kneipen und Zahnärzte. An der Plaza gibt es Banken mit Geldautomaten und die **Touristeninformation** (☎ 772-16-00; Lerdo 110 Sur; ⏲ Mo–Fr 9–17 Uhr) befindet sich in einer Nebenstraße der Hidalgo.

Die Zimmer des günstig gelegenen **Hotel San Jorge** (☎ 772-54-40; Hidalgo 165; Zi. 300–350 Mex$; P ❄) sind viel gemütlicher, als es sein Äußeres vermuten lässt. Der 1923 eröffnete nette Speisesaal von **Crosby's** (☎ 772-20-20; Hidalgo 195; Hauptgerichte 4–18 US$) ist bei Gringos auf Tagesausflug geradezu ein Pflichtstopp. Lokale Kost bekommt man abseits der Hidalgo. Der **Corona Club** (Hidalgo 200) ist die Kneipe, die Antonio Banderas in *Desperado* in Schutt und Asche legt.

Der Busbahnhof liegt an der Kreuzung Matamoros und Ocampo, wenige Gehminuten von der Grenze entfernt. Nach Saltillo (Deluxe/1. Klasse 380/322 Mex$, 1-mal tgl./stündl.) braucht der Bus auf den guten zweispurigen Straßen sieben Stunden.

PIEDRAS NEGRAS

☎ 878 / 142 000 Ew. / 250 m

Der Grenzübergang zwischen Piedras Negras und Eagle Pass, Texas, ist ein wichtiger Transportweg. Piedras Negras ist keine attraktive Stadt und kein toller Aufenthaltsort, aber an der *plaza principal* auf der anderen Seite des Puente Internacional No 1 wurden einige der historischen Gebäude hergerichtet. Auf dem Zaragoza-Markt direkt südlich der Plaza werden jede Menge mexikanischer Leder-, Keramik- und Kunsthandwerksarbeiten verkauft. Die **Touristeninformation** (☎ 782-13-54; www.piedrasnegras.gob.mx; Ocampo s/n; ⏲ Mo–Fr 9–17, Sa 9–13 Uhr) befindet sich am Ende der Brücke.

Die jüngste Sehenswürdigkeit ist die **Plaza de las Culturas** (Av Fausto Martinez) mit Skulpturen, Wandmalereien und Pyramiden, die die drei alten Kulturen Mexikos darstellen: die Azteken, die Olmeken und die Maya. In der Pirámide del Sol befindet sich ein **naturgeschichtliches Museum** (⏲ Mo–Do 9–21, Fr– Sa 11–23 Uhr). Leider ist das Ganze nicht halb so toll, wie's klingt.

Der Legende nach soll Kneipier Ignacio („Nacho") Anaya 1943 in Piedras Negras den Nacho erfunden haben. Anfang Oktober findet hier das dreitägige **International Nacho Festival** statt.

An der Av Carranza südwestlich des Busbahnhofs stehen zahlreiche Hotels. Das angenehme **California Inn** (☎ 782-77-69; www.californiainn.piedras-negras.com; Carranza 1006; EZ/DZ/3BZ 430/509/755 Mex$; P ❄ 💻 🍽 ♿) hat anheimelnde Zimmer, ein gutes Restaurant und sogar einen Kinderspielplatz.

An- & Weiterreise

Der Busbahnhof liegt etwa 1 km von der Brücke an der Av Allende. Ein Taxi zwischen beiden Orten sollte rund 20 Mex$ kosten. Autobuses Coahuilenses unterhält einen Ticketschalter an der Brücke – wer hier ein Ticket kauft, wird zum Busbahnhof gebracht.

1.-Klasse-Busse verkehren von Piedras Negras zu vielen Städten in Mexiko:

Ziel	Preis (Mex$)	Dauer (Std.)	Häufigkeit (tgl.)
Cuatro Ciénegas	228	6	3-mal
Mexico City	Deluxe 1221	17	3-mal
	1. Klasse 940	17	4-mal
Monterrey	Deluxe 427	5	2-mal
	1. Klasse 350	5	7-mal
Saltillo	295	7	12-mal

Auch zu Städten in Texas, u. a. San Antonio, Austin, Dallas und Houston, fahren Busse.

Hwy 57 verläuft nach Süden. Er ist in gutem Zustand und führt über Allende, Sabinas und Monclova nach Saltillo.

MONCLOVA

☎ 866 / 199 000 Ew. / 615 m

Monclova ist eine große Industriestadt und nicht besonders sehenswert – es sei denn, man liebt rauchende Schlote –, aber der Weg nach Cuatro Ciénegas führt meist hier vorbei. Die hiesige Eisen- und Stahlfabrik Altos Hornos (Ahmsa) gehört zu den größten Mexikos. Die **Monclova Touristeninformation** (☎ 636-27-30; Blvd Harold Pape 455 Nte; ⏲ Mo–Fr 9–17, Sa 9–13 Uhr) hat Stadtpläne und eine nette Belegschaft.

So ziemlich das einzige, womit man sich die Wartezeit auf den nächsten Bus vertreiben kann, ist das **Museo El Polvorín** (☎ 633-17-45; Ecke Hidalgo & Ocampo; Eintritt frei; ⏲ 8.30–19 Uhr), vier Blocks westlich der Plaza. Ein Saal des Gebäudes von 1781, das das Schießpulverlager der Spanier war, ist voller alter Gegenstände aus Coahuila.

In der Nähe des Busbahnhofs gibt es mehrere günstige, ordentliche Hotels. Das **Hotel San Agustin** (☎ 633-11-04; Carranza 311; EZ/DZ 195/238 Mex$; P ❄ 💻) auf der anderen Straßenseite ist ziemlich verwohnt, aber sauber und freundlich. Die Zimmer haben Ventilatoren und Kabelfernsehen, und in der Lobby gibt's ein Internetcafé. In der Cuauhtémoc, um die Ecke vom Busbahnhof, liegen einige schönere Hotels, die kaum teurer sind. Mehr Luxus bietet das **Hotel Olimpia** (☎ 633-62-11; www.hotelolimpia.com.mx; Hidalgo 203 Nte; Zi. 577 Mex$; P ⌘ 💻) nahe der Plaza. Die Zimmer mit Fliesenböden und verspielt geschnitzten Holzmöbeln liegen um einen Innenhof voller Bäume und Blumen.

Der zentrale Busbahnhof liegt an der Carranza, zwei Blocks westlich der Plaza. 1.-Klasse-Busse verkehren nach/von:

Ziel	Preis (Mex$)	Dauer (Std.)	Häufigkeit
Ciudad Acuña	228	4½	stündl.
Monterrey	135	3	stündl.
Nuevo Laredo	169	4	5-mal tgl.
Piedras Negras	192	4½	stündl.
Saltillo	140	3	stündl.
Torreón	215	5	9-mal tgl

2.-Klasse-Busse nach Cuatro Ciénegas fahren stündlich bis 22.30 Uhr (46 Mex$, 2 Std.). Drei Luxusliner (875 Mex$, 12 Std.) und sechs 1.-Klasse-Busse (673 Mex$, 14 Std.) bedienen das Terminal Norte in Mexico City.

Der Hwy 57 führt gen Süden nach Saltillo (192 km) und gen Norden nach Piedras Negras (256 km). Rund 25 km südlich von Monclova zweigt der Hwy 53 Richtung Südosten nach Monterrey (195 km) ab. Der Hwy 30 erreicht nach 82 km Cuatro Ciénegas und führt dann weiter nach Torreón. An diesen Strecken gibt es kaum Tankstellen.

CUATRO CIÉNEGAS

☎ 869 / 9500 Ew. / 747 m

Das friedliche Städtchen Cuatro Ciénegas ist der perfekte Ausgangsort für die Erkundung der Área de Protección de Flora y Fauna Cuatrociénegas. In dem außergewöhnlichen Schutzgebiet inmitten der Wüste von Chihuahua gibt es Hunderte schimmernder himmelblauer *pozas* (Wasserbecken), einige bis zu 18 m tief, und viele Bäche. Die Gewässer werden von einem Netz aus über 500 unterirdischen Quellen gespeist. Die Oase ist atemberaubend schön und beherbergt eine große Artenvielfalt. Über 75 endemische Spezies, darunter drei Schildkröten- und elf Fischarten, leben in dem empfindlichen, 843 km² großen Ökosystem des Reservats.

Die glasklaren Gewässer der Wüstenaquarien bevölkern die unterschiedlichsten Fische (die vorsichtig an Schwimmern knabbern) und Organismen namens *estromatolitos* (Stromatolithen), die nur noch an zwei anderen Orten der Erde vorkommen und den ersten Sauerstoff produzierenden Lebensformen ähneln. Ein paar Becken sind zum Baden ausgewiesen, ideal für Schwimmer und Schnorchler (in der Stadt bekommt man günstig Ausrüstung).

Die Stadt Cuatro Ciénegas ist eine hübsche Ansammlung aus Lehmziegelbauten. Es sind ein paar Hotels und Restaurants zu finden, einen Block nördlich der Plaza an der Ecke Zaragoza und Escobedo eine Bank mit einem Geldautomaten und eineinhalb Blocks in südöstlicher Richtung an der Morelos ein Internetcafé. Die winzige **Touristeninformation** (☎ 696-09-02; Carranza 100 Sur; 🕑 Mo–Fr 9–15 Uhr) befindet sich in der Presidencia Municipal.

Sehenswertes & Aktivitäten

Einen Block östlich der Plaza befindet sich das interessante, kleine **Acuario y Herpetario Minckley** (☎ 100-53-52; Morelos 112 Sur; Erw./Kind 25/15 Mex$; 🕑 Di–So 10–13 & 16–20 Uhr), in dem viele der seltenen Schlangen, Echsen, Kröten, Fische, Spinnen und Skorpione, die nur in dieser Region vorkommen, aus der Nähe zu bewundern sind. Ein sehr fachkundiger Biologe kümmert sich um die Lebewesen in diesem Zentrum.

Die **Casa de la Cultura** (☎ 696-05-56; Hidalgo 401 Pte; Erw./Kind & Student 5/3 Mex$; 🕑 Mo 15–19, Di–Fr 9–13 & 15–19, Sa & So 10–18 Uhr) ist im ehemaligen Haus von Venustiano Carranza untergebracht. Er führte u. a. die Revolution an, die zum Sturz von Porfirio Díaz führte. Das kleine, aber feine Museum zeigt alte Dinge, die in der Gegend gefunden wurden, z. B. Sandalen, die aus der Agavenart Lechuguilla hergestellt wurden, und Schmuck aus Knochen. Carranzas Geburtshaus, direkt nördlich der Plaza, beherbergt heute das **Museo Casa Carranza** (Carranza 107 Nte; Eintritt frei; 🕑 Di–So 9–13 & 15–19 Uhr). Es feiert seine Heimatstadt mit Fotos und Dokumenten aus seinem Leben und einer typischen Küche aus dem frühen 20. Jh.

Wer möchte, kann auch ein Weingut besichtigen. In den **Bodegas Ferriño** (☎ 696-00-33; 🕑 8–12 & 14–18 Uhr), 1 km nördlich der Plaza an der Carranza, wurden 1860 die ersten Trauben gepresst. Die Belegschaft des benachbarten **Vinos Vitali** (☎ 696-00-32; 🕑 9–20 Uhr) führt einen gerne in dem kleinen Unternehmen herum.

ÁREA DE PROTECCIÓN DE FLORA Y FAUNA CUATROCIÉNEGAS
Die meisten leicht erreichbaren Sehenswürdigkeiten des Schutzgebiete sind am Hwy 30 südwestlich der Stadt ausgeschildert. Wer die Gegend auf eigene Faust erkunden will, sollte sich bewusst sein, dass nicht alle Wüstenpfade beschildert sind und die Wege schon durch ein paar Regentropfen zu Schlammpisten werden können. Im Sommer werden extreme Temperaturen erreicht – reichlich Wasser mitbringen und nicht in der Mittagszeit wandern. Wer in den Wasserbecken schwimmen will, darf keine Sonnencreme verwenden. Unter der Woche ist es viel ruhiger als am Wochenende. Den Eintritt (20 Mex$) bezahlt man am Besucherzentrum.

Es ist ratsam – und für einen Besuch der Dunas de Yeso sogar vorgeschrieben –, einen Führer zu nehmen. Die Guides haben nicht nur faszinierende Details über die riesige Oase zu erzählen, sondern ohne sie findet man auch die meisten (nicht ausgeschilderten) *pozas* und anderen naturbelassenen Sehenswürdigkeiten nicht. **Arturo Contreras** (☎ 100-53-52; acuario_minckley@yahoo.com.mx), Biologe und Leiter des Acuario y Herpetario Minckley, spricht Englisch, kennt die örtliche Natur und Tierwelt wie seine Westentasche und ist sehr zu empfehlen. Für eine vierstündige geführte Tour nimmt er 350 Mex$, plus 300 Mex$, wenn er selbst fährt. Die Touristeninformation und Hotels vermitteln Führer und Fahrer zu ähnlichen Preisen.

Im **Poza-Azul-Besucherzentrum** (Erw./Kind & Student 15/10 Mex$; Di–So 10–17 Uhr), 8 km auf dem Hwy 30 von der Stadt entfernt, illustrieren beschilderte Exponate (englisch und spanisch) die Ökologie des Schutzgebiets. Direkt dahinter ist die kleine **Poza Las Tortugas**, ein guter Ort, um Schildkröten zu beobachten. Noch weiter hinten liegt die treffend benannte **Poza Azul** (Blauer Teich), einer der am häufigsten fotografierten Plätze im Schutzgebiet.

Kurz vor dem Besucherzentrum zweigt eine Holperpiste nach links zum **Río Los Mezquites** (☎ 696-04-08; 9–19 Uhr) ab. Man folgt ihr 2 km an Salinen (*salinas*) vorbei, bis man ein Stück himmlisch blauen, langsam fließenden Wassers sieht. Hier mitten in der Wüste zwischen Fischen und Schildkröten zu schwimmen oder zu schnorcheln, ist ein unwirklich erscheinendes, erfrischendes Erlebnis. Es gibt jede Menge Schatten spendende *palapas* (die einen viele tolle Ausblicke kosten), Toiletten und Grillplätze. Das Gebiet ist während der Woche menschenleer, aber an Wochenenden ein beliebtes Ziel von Familienausflügen; dann muss man evtl. 35 Mex$ Eintritt bezahlen. **Sertuco** (☎ 696-05-85; www.sertuco.com; Carranza 305 Nte; Mo–Fr 9–18 Uhr) vermietet Zweierkajaks (Mo–Fr 100 Mex$/Std., Sa & So 150 Mex$).

Poza La Becerra (☎ 696-05-74; Erw./Kind 40/20 Mex$, Camping 40 Mex$/Erw.), weitere 7 km vom Besucherzentrum entfernt und direkt am Highway, ist die meist besuchte und am umfangreichsten ausgestattete Freizeiteinrichtung (Toiletten, Duschen, Imbissbude). Die Wassertemperatur beträgt konstant angenehme 32 °C, nur wo die Quellen in die Becken strömen, ist das Wasser kühler.

Drei Kilometer hinter La Becerra befindet sich die ruhigere **Poza del Churince**, wo man ebenfalls gut schnorcheln kann und das wunderbare, flache Becken an Wochentagen auf jeden Fall ganz für sich hat. Für Eintritt und Campen zahlt man 5 Mex$. Wenn das Tor zu ist, darf man einfach drüberklettern.

Etwas völlig anderes bekommt man an den **Dunas de Yeso** (10–18 Uhr; Auto 50 Mex$), auch Las Arenales genannt, zu sehen: Blendend weiße Dünen aus Gipssand bilden einen großartigen Kontrast zu den sechs Gebirgsketten, die das Tal umgeben. Die Dünen sind vom Hwy 30 aus zu sehen, aber um sie richtig zu besichtigen, muss man sich zuerst beim Besucherzentrum über sie informieren.

Nach Torreón fahrende Busse setzen einen an allen Sehenswürdigkeiten ab, halten aber normalerweise nicht an, um einen mitzunehmen. Trampen ist kein Problem, aber der Verkehr hier ist eher spärlich.

Schlafen & Essen

Campen ist an der Poza La Becerra, der Poza del Churince und dem Río Los Mezquites erlaubt. Der Platz am Fluss ist am weitesten vom Highway entfernt und daher der beste Ort, aber der Besitzer entscheidet nach Sympathie, ob man bleiben darf. Für eine Genehmigung sollte man vorher anrufen oder am Acuario y Herpetario Minckley (S. 425) halten.

Hotel Ciénegas (☎ 696-06-93; Hidalgo 205 Ote; EZ/DZ 150/200 Mex$; P) Das billigste Hotel der Stadt ist nicht gerade gut, aber besser als der Preis erwarten lässt. In den Zimmern gibt's kein warmes Wasser.

Hotel Ibarra (☎ 696-01-29; Zaragoza 200 Nte; Zi. 300 Mex$; P) Der einfache Schuppen nördlich der Plaza ist qualitativ eine Stufe besser. Er hat große, saubere Zimmer (mit 2 Doppelbetten und Kabel-TV), die aber etwas mehr Liebe vertragen würden.

Hotel Plaza (☎ 696-00-66; www.plazahotel.com.mx; Hidalgo 202 Ote; EZ/DZ inkl. Frühstück 430/615 Mex$; P ✈ 💻 ✈) Attraktives, gut geführtes Hotel im Kolonialstil, einen Block von der Plaza entfernt und sehr zu empfehlen. Alle Zimmer führen auf einen schmalen, grasbewachsenen Innenhof mit Pool. Sie sind in warmen Farben gehalten, haben hohe Decken, bequeme Betten und WLAN, sind aber sehr klein.

Hotel Misión Marielena (☎ 696-11-51; www.hotelmisionmarielena.com.mx; Hidalgo 200 Ote; EZ/DZ/3BZ inkl. Frühstück 485/615/715 Mex$, Suite inkl. Frühstück 950–1200 Mex$; P ✈ ✈) Die Konkurrenz für das Hotel Plaza lauert direkt gegenüber. Die größeren, aber weniger gemütlichen Zimmer mit zwei Doppelbetten und WLAN sind um zwei hinter dem Haus gelegene Höfe gruppiert.

Los Generales (☎ 696-01-40; Morelos 110 Sur; Frühstück 35 Mex$, Mittagessen inkl. Getränk 48 Mex$, Abendessen 38 Mex$; ⌚ Mo–Sa 7.30–22, So 9–16.30 Uhr; ☒) Es lohnt sich, seine Pesos für die Buffets und Menüs in diesem netten kleinen Café auszugeben.

La Casona (☎ 696-00-73; Zaragoza 109 Sur; Hauptgerichte 30–120 Mex$) Das Restaurant des Hotel Plaza serviert *antojitos*, Steaks, Salate, Pasta, Crêpes und Frühstück. Qualität und Atmosphäre sind wie im Hotel – ein guter Ort, um den Tag zu beginnen oder ausklingen zu lassen.

An- & Weiterreise

Der Busbahnhof nimmt die Südwestecke der Plaza ein. Stündlich verkehren 2.-Klasse-Busse von und nach Monclova (46 Mex$, 2 Std.); 1.-Klasse-Busse fahren Torreón (137 Mex$, 3½ Std., 6-mal tgl.), Saltillo (167 Mex$, 5 Std., 1-mal morgens) und Piedras Negras (228 Mex$, 6 Std., 3-mal tgl.) an.

SALTILLO

☎ 844 / 634 000 Ew. / 1600 m

Der Stadtrand Saltillos, hoch in der trockenen Sierra Madre Oriental gelegen, rückt sehr schnell weiter vor, aber das ruhige Zentrum hat immer noch etwas Kleinstädtisches. Die Stadt wartet mit zahlreichen tollen Kolonialzeitgebäuden, einem milden Klima und einigen guten Restaurants auf und die vielen Studenten sorgen für Leben. Die Mischung lockt an den Wochenenden zahlreiche Bewohner Monterreys hierher. Die Stadt befindet sich an den wichtigsten Verbindungsstraßen zwischen Nordosten und Zentral-Mexiko, was sie zum idealen Zwischenstopp macht.

Geschichte

Die Spanier gründeten Saltillo im Jahr 1577, das damit die älteste Stadt des Nordostens ist. 1591 siedelten sie die indigenen Tlaxcalteken aus dem nahen Mexico City hierher um, um die Gegend zu stabilisieren. Diese gründeten neben der spanischen eine neue Kolonie.

Ende des 17. Jhs. war Saltillo die Hauptstadt eines Gebiets, das Coahuila, Nuevo León, Tamaulipas und Texas umfasste. Während des Mexikanisch-Amerikanischen Kriegs 1846 wurde es unter Zachary Taylor von US-Soldaten besetzt, ein Jahr später schlug Taylors 5000 Mann starke Truppe die 15 000 Soldaten der Armee von General Santa Anna. Diese Schlacht brachte die Entscheidung im Kampf um die Kontrolle über den Nordosten.

In der Porfiriato-Ära blühten Landwirtschaft und Viehzucht in der Region. Der Bau der Eisenbahn führte zur Industrialisierung von Saltillo, das dennoch in Größe und Bedeutung schnell von Monterrey überholt wurde.

Orientierung

Das Stadtgebiet von Saltillo ist sehr groß, aber die meisten Sehenswürdigkeiten liegen in unmittelbarer Umgebung der Plazas. Die Kreuzung von Hidalgo und Juárez an der Südostecke der Plaza de Armas unterteilt das Straßennetz in südliche Straßen, die auf „Sur" enden, östliche auf „Ote" (Oriente) usw.

Der Busbahnhof befindet sich im Süden der Stadt (mit dem Bus 10 Min. von der Innenstadt) am Periférico Echeverría Sur, einer Ringstraße, die den Verkehr um die Innenstadt lenkt.

Praktische Informationen

BUCHLÄDEN

Libros y Arte (☎ 481-63-51; Instituto Coahuilense de Cultura, Juárez 109) Umwerfende Auswahl an Büchern zu Kunst, Geschichte und anderen mexikanischen Themen.

GELD

HSBC (Allende 203 Nte; ⌚ Mo–Sa 8–19 Uhr) Löst Reiseschecks ein.

INTERNETZUGANG

Conexción (Zaragoza 229; 12 Mex$/Std.; ⌚ Mo–Fr 9–20.30, Sa & So 10.30–20 Uhr)

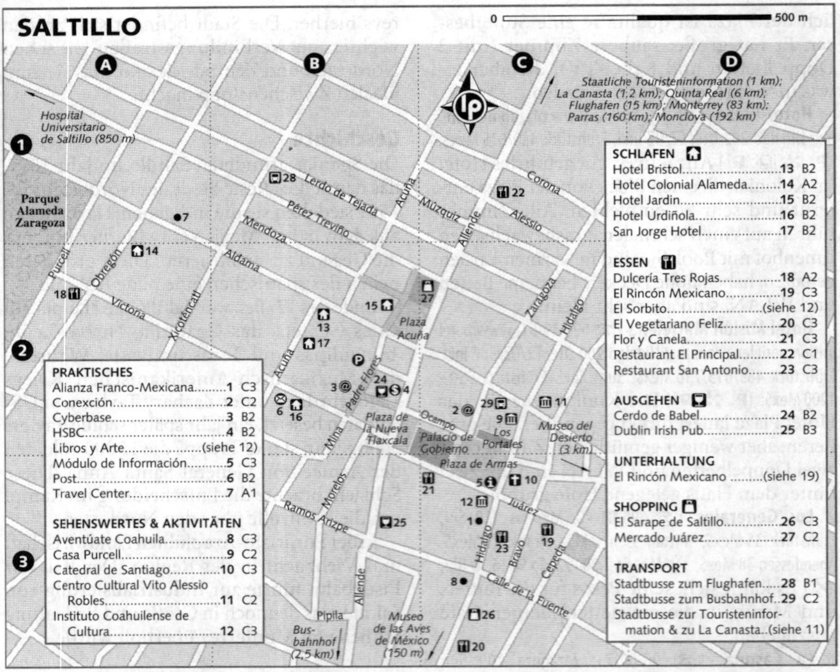

Cyberbase (Padre Flores 159; 8 Mex$/Std.; ⌚ Mo–Fr 8–22, Sa 10–22 Uhr)

KULTURZENTREN

Alianza Franco-Mexicana (☎ 414-91-05; Hidalgo 140) Französische Filme und gelegentlich Kulturausstellungen.

MEDIZINISCHE VERSORGUNG

Hospital Universitario de Saltillo (☎ 412-30-00; Madero 1291)

NOTFALL

Cruz Roja (Rotes Kreuz; ☎ 065)

POST

Post (Victoria 203 Pte)

REISEBÜROS

Travel Center (☎ 410-91-25; Aldama 666 Pte; ⌚ Mo–Fr 9–14 & 16–20, Sa 9–13 Uhr) Bucht Flüge, Busse und Hotels.

TOURISTENINFORMATION

Módulo de Información (Ecke Juárez & Hidalgo; ⌚ 10–20 Uhr) Die Information liegt günstig an der Plaza de Armas.

Staatl. Touristeninformation (☎ 416-48-80; Av Universidad 205; www.secturcoahuila.gob.mx; ⌚ Mo–Fr 8–18, Sa & So 10–18 Uhr) Gegenüber dem Instituto Technológico de Saltillo; Broschüren zu Coahuila und anderen Staaten.

Sehenswertes

CATEDRAL DE SANTIAGO

Saltillos **Kathedrale** (⌚ 9–13 & 16–19.30 Uhr), erbaut zwischen 1745 und 1800, beherrscht die Plaza de Armas. Sie ist die vielleicht schönste in ganz Nordmexiko und hat eine der tollsten churrigueresken Fassaden mit Säulen aus meisterhaft bearbeitetem, hellgrauem Stein. Den Hauptturm schmücken Schnitzereien von Quetzalcóatl, dem aztekischen Regengott; die verzierten Holztüren sind ebenso phantastisch. Die Querschiffe im Inneren sind voller vergoldeter Verzierungen. Besondere Beachtung verdient die Figur in der Kuppel oben, die auf einem Sims kauert. Am Infokiosk auf der Plaza de Armas erkundigen, ob man den Glockenturm besteigen kann.

MUSEO DEL DESIERTO

Die Hälfte von Mexiko ist von Wüsten bedeckt und das hervorragende **Museum** (☎ 986-90-00;

www.museodeldesierto.org; Pérez Treviño 3745; Erw./Kind & Student 65/35 Mex$; Di–So 10–18 Uhr, letzter Einlass 17 Uhr) bringt einem eine Menge über diesen Lebensraum bei, auch wenn man kein Spanisch spricht. Erhellende Exponate erklären, warum Meeresströmungen Wüsten hervorbringen können und wie Sanddünen entstehen. Kindern gefällt die Sammlung von Dinosaurierfossilien. Daneben gibt es ein Reptilienhaus, das Klapperschlangen und Echsen bewohnen, und einen botanischen Garten mit über 400 Kakteenarten. Bus 18 fährt auf der Aldama im Zentrum gen Osten und hält 1 km unterhalb des Eingangs.

MUSEO DE LAS AVES DE MÉXICO

Bei der Artenvielfalt an Vögeln steht Mexiko weltweit an zehnter Stelle. Das **Museum** (Museum mexikanischer Vögel; 414-01-67; www.museodelasaves.org; Ecke Hidalgo & Bolívar; Erw./Kind & Student 10/5 Mex$; Di–Sa 10–18, So 11–19 Uhr) ein paar Blocks südlich der Plaza stellt über 760 ausgestopfte und aufgehängte Arten aus (deren Namen auch auf Englisch angegeben sind). Einige befinden sich in plastischen Nachbildungen ihres Lebensraums. Es gibt eigene Abteilungen für Federn, Schnäbel, Wanderrouten und ähnliche Themen.

KUNSTMUSEEN

Das führende Kulturzentrum von Saltillo, das schöne **Instituto Coahuilense de Cultura** (410-20-33; Juárez 109; Eintritt frei; Di–So 10–19 Uhr) auf der Südseite der Plaza zeigt oft gute Ausstellungen von Künstlern aus Coahuila und anderen Regionen. Gelegentlich gibt's Konzerte. Es gibt einen tollen Buchladen und ein Café.

Die **Casa Purcell** (414-50-80; Hidalgo 231; Eintritt frei; Di–So 10–19 Uhr) befindet sich in einer wunderbaren Villa aus dem 19. Jh. Sie ist in englischer Neugotik aus hübschem, grauem Stein erbaut. Viele der Zimmer haben prächtige Kamine, Buntglasfenster und Parkettfußböden. Neben Ausstellungen finden in der Casa Purcell häufig Rockkonzerte statt und es werden anspruchsvolle Filme gezeigt.

Die Büchersammlung des Namensgebers, eines Historikers, mit 14000 Bänden aus dem 17. bis 19. Jh. ist das Herz des bescheidenen **Centro Cultural Vito Alessio Robles** (412-84-58; Ecke Hidalgo & Aldama; Eintritt frei; Di–So 10–18 Uhr). Im Innenhof ist ein erstaunliches Wandgemälde zur Stadtgeschichte zu sehen. Wenn man schon mal hier ist, sollte man sich die Kunstausstellungen auf der rechten Seite anschauen.

Geführte Touren

Aventúrate Coahuila (139-03-32; www.aventuratecoahuila.com; Hidalgo 268 Sur; 9–14 & 16–19 Uhr) Mónica Silva veranstaltet Touren zur Vogelbeobachtung in Coahuila. Warthen-Sperlinge und Maronenstirnsittiche sind nur zwei der seltenen Arten, die hier zu sehen sind.

Ruta Tranvía (Erw./Kind 30/25 Mex$; 10, 12.30, 15, 17.30 Uhr) Die eineinhalbstündige Tour in einer auf historisch getrimmten Bahn beginnt täglich an der Plaza de Armas und zeigt einem die Sehenswürdigkeiten der Stadt. Tickets gibt's bei der Touristeninformation.

Festivals & Events

Aniversario de Saltillo Das in der zweiten Juliwoche stattfindende Fest gedenkt der Stadtgründung.

Día del Santo Cristo de la Capilla Das Festival zu Ehren des Stadtheiligen Saltillos wird in der Woche vor dem 6. August begangen. Tanzgruppen aus Coahuila treten vor der Kathedrale auf.

Festival Internacional de las Artes (Festival der Künste in Coahuila) Im Oktober finden in den Städten im ganzen Staat Kunst- und Musikveranstaltungen statt. Die bekanntesten Künstler treten in Saltillo auf.

Schlafen

Im Zentrum von Saltillo gibt es nur wenige Budget- und Mittelklasseunterkünfte. Ein paar mehr findet man gegenüber vom Busbahnhof. Nördlich und östlich der Stadt säumen mehrere Vier- und Fünf-Sterne-Hotels die Highways.

BUDGETUNTERKÜNFTE & MITTELKLASSEHOTELS

Hotel Bristol (154-01-34; Aldama 405 Pte; EZ/DZ/3BZ/4BZ 150/180/240/260 Mex$) Das alte Gebäude mit dem zweistöckigen umbauten Innenhof ist in Würde ergraut: Die Zimmer sind keine Highlights – vor allem nicht die steinharten Matratzen –, aber recht sauber und mit Ventilatoren und Kabel-TV ausgestattet.

Hotel Jardin (412-59-16; Padre Flores 211; EZ/DZ/3BZ 150/200/250 Mex$) Das hässliche Gebäude liegt einen Block vom Bristol entfernt an der Plaza Acuña. Die grellgrünen Zimmer haben nicht den Charme derer des Bristol, sind aber ruhiger und bequemer.

LP Tipp **Hotel Urdiñola** (414-09-40; Victoria 251; EZ/DZ 354/387 Mex$; P) Das Urdiñola ist schon auf den ersten Blick einfach super: Die prächtige Lobby hat eine breite Marmortreppe und ein Buntglasfenster, die meisten Zimmer führen auf einen langen, schmalen Innenhof hinaus. Die oben bekommen mehr Tageslicht ab; die renovierten Zimmer bieten das beste

Preis-Leistungs-Verhältnis der Stadt, und die älteren haben wenigstens Charakter.

San Jorge Hotel (☎ 412-22-22; Acuña 240 Nte; EZ/DZ/3BZ 553/624/683 Mex$; P ❄ 💻 🏊) Das zentral gelegene Hotel ist ein großer Betonklotz, der 1972 wohl noch modern war. Die großen Zimmer haben Teppich, geblümte Bettwäsche und eine schrille Einrichtung, einige auch einen tollen Ausblick. Es gibt einen kleinen Pool auf dem Dach und ein Restaurant.

Hotel Colonial Alameda (☎ 410-00-88; www.hotelcolonialalameda.com; Obregón 222 Nte; EZ & DZ/3BZ/4BZ 620/679/739 Mex$; P ⊠ ❄ 💻) Das edle Hotel im spanischen Kolonialstil ist die einzige schicke Unterkunft im Zentrum. Es hat eine prachtvolle Lobby und elegante, geschmackvoll gestaltete Zimmer mit je zwei großen Betten, tollen Möbel und WLAN. An Wochenenden kann man manchmal Rabatt bekommen.

SPITZENKLASSEHOTELS

Quinta Real (☎ 438-84-50; www.quintareal.com; Blvd Sarmiento 1385; Suite inkl. Frühstück Mo–Fr ab 2100 Mex$, Sa & So ab 1290 Mex$; P ⊠ ❄ 💻 🏊) Das imposante Hotel im Kolonialstil ist die beste der Spitzenunterkünfte hier. Es liegt 15 Autominuten nördlich der Plaza nahe dem Highway nach Monterrey. Die geräumigen Zimmer können mit großartigen Möbeln und nahezu allen erdenklichen Extras protzen, z. B. Marmorbädern mit Badewanne. Das Hotel verfügt u. a. über ein Fitness- und ein Business-Zentrum sowie ein Restaurant.

Essen

Im Zentrum von Saltillo gibt es eine hervorragende Auswahl an Cafés und Restaurants, alle einen kurzen Fußweg von der Plaza de Armas entfernt. Um die Plaza Acuña gruppieren sich zahlreiche billige und beliebte *taquerías* und im 2. Stock des Mercado Juárez sind mehrere tolle *fondas* untergebracht.

Dulcería Tres Rojas (☎ 414-52-30; Victoria 701; 🕑 Mo–Sa 10–13 & 15–20 Uhr) Perfekt für eine Portion der Saltillo-Spezialität *pan de pulque* (22 Mex$), einer Art Bierbrot.

El Sorbito (Juárez 109; Snacks 10–32 Mex$; 🕑 10–21 Uhr) Das zivilisierte kleine Café im Instituto Coahuilense de Cultura mahlt seine eigenen Bohnen, macht exzellenten Kaffee daraus und reicht dazu Snacks wie Bagels und Kuchen.

El Rincón Mexicano (☎ 481-51-91; Juárez 314; Hauptgerichte 15–65 Mex$; 🕑 Mo–Mi, Fr & Sa 15–2, So 15–22 Uhr) Der sympathische, lässige Schuppen hat sich auf südmexikanische Gerichte wie *empanadas* und *salbutes yucatecos* (Maistortillas mit schwarzen Bohnen, Schweinefleisch, Käse, Chili und Zwiebeln) spezialisiert. Donnerstags und freitags gibt es Livemusik.

El Vegetariano Feliz (☎ 410-08-75; Hidalgo 423 Sur; Hauptgerichte 35–55 Mex$; 🕑 Mo–Sa 9–20, So 11–16 Uhr; ⊠ V) Das kleine Restaurant mit Bioladen und Internetcafé hat zwar nur drei Tische, dafür ist die Speisekarte ziemlich umfangreich.

Flor y Canela (☎ 414-31-43; Juárez 257; Hauptgerichte 40–50 Mex$; 🕑 Mo–Fr 8.30–21.30, Sa & So 16.30–21.30 Uhr) Das schicke Café ist ideal zum Frühstücken oder für Snacks, super Kaffee oder Tee.

Restaurant San Antonio (☎ 410-81-15; Hidalgo 167 Sur; Hauptgerichte 50–210 Mex$; 🕑 Mo–Sa 8–23, So 12–17 Uhr) Mehrere Anwärter konkurrieren in Saltillo um den Titel des nettesten Restaurants. Wir verleihen ihn diesem Bewerber, bei dem man in und rund um einen grell orangefarbenen, offenen Innenhof isst. Die Bedienung könnte einen Zahn zulegen, aber die Küche, die mexikanische und internationale Geschmacksrichtungen kombiniert, macht das wieder wett.

LP Tipp La Canasta (☎ 415-80-50; Carranza 2485; Hauptgerichte 65–320 Mex$; 🕑 12–24 Uhr; ⊠) Das berühmte Restaurant ist eines der gastronomischen Glanzlichter Mexikos. Kunstwerke und Antiquitäten zieren es und ein knisterndes Feuer sorgt für Wärme. Die Speisekarte ist international und bietet eine große Auswahl an Fleisch- und Fischgerichten. Die Spezialität ist *arroz huérfano* („Waisenreis“, ein spanisches Reisgericht mit Safran), das mit viel Schinken, Speck, Pekannüssen, Mandeln usw. zubereitet wird.

Restaurant El Principal (☎ 414-33-84; Allende 702 Nte; Hauptgerichte 85–315 Mex$) Der *Cabrito* (Zicklein) ist das Aushängeschild dieses Familienbetriebs: Verschiedene Teile davon, etwa die *cabecita* (der gedämpfte Kopf), kommen neben traditionellen Rindersteaks auf den Tisch. Es gibt noch zwei weitere, weniger zentral gelegene Principals.

Ausgehen & Unterhaltung

LP Tipp Dublin Irish Pub (Allende 324 Sur; 🕑 Di–Sa 19–2 Uhr) Das hier ist keines der standardisierten Irish Pubs, wie man sie überall auf der Welt findet. Das hübsche Haus von 1855 zeichnet sich durch echte Pubatmosphäre aus. Man kann einen halben Liter Guinness (70 Mex$) in sich hineinschütten oder eines der unzähligen anderen Getränke schlürfen. An den Wochenenden spielen Rockbands.

Das gesellige **Cerdo de Babel** (Ocampo 324; Di–Sa 19–2 Uhr), das mit Jazz und anderer softer Musik beschallt wird, ist eine trauliche Kneipe in der Fußgängerzone von Ocampo.

Im **El Rincón Mexicano** (☎ 481-51-91; Juárez 314; Mo–Mi, Fr & Sa 15–2, So 15–22 Uhr) gibt es von Donnerstag- bis Samstagabend Livemusik, hauptsächlich *música bohemia* und *trova*.

Shoppen

Saltillo ist so berühmt für seine Sarapes, dass das Baseballteam der Stadt den Namen Sarapero trägt. Die meisten Kleider sind in wilden Farbkombinationen gehalten, aber es gibt genauso auch Wollponchos und -decken in dezenteren Farbtönen.

El Sarape de Saltillo (☎ 414-96-34; Hidalgo 305 Sur; Mo–Sa 9–13 & 15–19 Uhr) Verkauft hochwertige Sarapes, Teppiche, Ponchos und Tischdecken und dazu eine gute Auswahl von *artesanía* aus ganz Mexiko. Die Wolle wird im Laden gefärbt und gewoben.

Mercado Juárez (7–20 Uhr) Auf dem Markt an der Plaza Acuña bekommt man alles von Sarapes und Hüten über Sättel bis hin zu Mitbringseln.

An- & Weiterreise

AUTO & MOTORRAD

In Saltillo kreuzen sich ein paar wichtige Straßen. Der nordöstlich nach Monterrey führende Hwy 40 ist eine gute vierspurige Straße, die bis zum Ring um Monterrey nichts kostet (in Kürze soll aber eine Maut eingeführt werden). Nach 30 km gen Westen in Richtung Torreón (262 km) zweigt der Hwy 40D ab und verwandelt sich in eine überteuerte Mautstraße. Der Hwy 40 ist weiterhin kostenlos und gut.

Der einsame Hwy 57 führt ins nördliche Monclova (192 km) durch die dramatische Sierra San Marcos y Pinos, während der Hwy 54 über trockene Hochebenen nach Zacatecas (380 km) verläuft.

BUS

Der betriebsame Busbahnhof von Saltillo befindet sich an der Ringstraße bei der Libertad, 2,5 km südlich des Stadtzentrums. Hier gibt es auch eine Gepäckaufbewahrung (5 Mex$/Std.).

Busse zu den folgenden Zielen fahren mindestens einmal pro Stunde, mit Ausnahme dessen nach Cuatro Ciénegas – er verkehrt nur einmal am Abend.

Ziel	Preis (Mex$)	Dauer (Std.)
Cuatro Ciénegas	167	5
Durango	346	7
Mexico City	Deluxe 748	10
(Terminal Norte)	1. Klasse 575	10
Monclova	140	3
Monterrey	Deluxe 71	1¾
	1. Klasse 55	1¾
Nuevo Laredo	238	5
Parras	85	2½
San Luis Potosí	27	5
Torreón	192	3½
Zacatecas	240	5

Es gibt auch Busverbindungen nach Ciudad Acuña, Ciudad Juárez, Guadalajara, Matamoros, Mazatlán, Morelia, Piedras Negras, Puerto Vallarta, Reynosa und Tijuana. **Autobuses Americanos** (☎ 417-04-96) fährt nach Chicago, Dallas, Houston und San Antonio.

FLUGZEUG

Mexicana (☎ 415-03-43) unterhält täglich drei Verbindungen zwischen Mexico City und Saltillo, die einfach normalerweise rund 1700 Mex$ kosten. **Continental Airlines** (☎ 488-13-14) fliegt täglich nach Houston, aber die meisten Leute fliegen von oder nach Monterrey. Es gibt Direktbusse zwischen Saltillos Busbahnhof und Monterreys Flughafen.

Unterwegs vor Ort

Der Flughafen liegt 15 km nordöstlich der Stadt am Hwy 40; hin kommt man mit dem Bus nach Ramos Arizpe (8 Mex$) oder man nimmt an der Xicoténcatl ein Taxi (100 Mex$). Um vom Busbahnhof in die Innenstadt zu gelangen, steigt man in den Minibus 9 (5 Mex$), der direkt davor abfährt. Bus 9 bringt einen ab der Aldama (zwischen Zaragoza und Hidalgo) vom Zentrum zum Busbahnhof. Ein Taxi zwischen Busbahnhof und Innenstadt kostet ca. 30 Mex$. Die Busse 5A und 10 fahren auf der Hidalgo nach Norden zur Touristeninfo und nach La Canasta.

PARRAS

☎ 842 / 33 000 Ew. / 1520 m

Die reizende Oasenstadt Parras liegt im Herzen der Coahuila-Wüste, rund 160 km westlich von Saltillo. Sie gehört zu den Orten, die einem ein zufriedenes Lächeln ins Gesicht zaubern. Das historische Zentrum Parras' verströmt echt kolonialen Charakter, das Klima ist mild, aber das Berühmteste ist der Wein, den man auch in einfachen Restaurants bekommt. Unterirdische Flüsse aus der Sierra treten hier als Quellen zutage, mit denen seit dem späten 16. Jh. die *parras* (Weinreben) bewässert werden. Parras ist auch ein wichtiges Zentrum der *mezclilla* (Leinen)-Herstellung. Deshalb verkaufen hier die seltsamsten Einrichtungen Jeans, z. B. Hotels und Süßwarenläden.

Orientierung & Praktische Informationen

Parras ist ziemlich klein, daher kann man sich fast alles zu Fuß ansehen. Der Busbahnhof liegt nur wenige Gehminuten vom Zentrum entfernt an der Arizpe, der wichtigsten Hauptstraße. Auch die meisten Hotels, Restaurants, Banken und Läden sind an oder nahe dieser Straße. Madero, die andere Hauptstraße, liegt einen Block weiter südlich. **Computo y Línea** (Allende 306; 8 Mex$/Std.; 9–21 Uhr) hat länger geöffnet als die meisten anderen Internetcafés.

Die **Touristeninformation** (☎ 422-02-59; www.parrascoahuila.com.mx; Mo–Fr 10–14 & 16–18, Sa 10–14 Uhr) befindet sich 3 km nördlich an der Straße in die Stadt.

Sehenswertes

Das erste Weingut Amerikas wurde 1597 hier gegründet, ein Jahr vor Parras selbst. Es heißt heute **Casa Madero** (☎ 422-01-11; www.madero.com.mx; Eintritt frei; 8–17.30 Uhr) und liegt 7 km nördlich des Zentrums in San Lorenzo an der Straße zum wichtigsten Highway. Das Gut ist ein Industriebetrieb, der seinen *vino* in die ganze Welt exportiert. Auf den kostenlosen halbstündigen Führungen bekommt man alte und neue Winzerwerkzeuge zu sehen, z. B. Holzfässer für über 70 000 Liter. Qualitätsweine und Brandys sind ebenfalls zu haben.

Das 1891 gegründete Weingut **El Vesubio** (Madero 36; Mo–Fr 9–13 & 14–19, Sa & So 9–19 Uhr) ist viel uriger als die Casa Madero: Hier gibt's nur ein paar Dutzend Holzweinfässer und einen kleinen Laden vor dem Haus der Familie.

Die größte Attraktion nach den Weingütern ist vermutlich das **Museo de los Monos** (☎ 422-09-38; Madero 37; Spende erwünscht; 8–23 Uhr), ein wahr gewordener bizarrer Traum von José Cruz Hernández. Er schuf mit geringen Mitteln ein Kabinett mit nicht einmal annähernd lebensechten Wachsfiguren seiner „Amigos", darunter Freddy Krueger, Bill Clinton und Favio Alejo, ein Univision-Reporter, der das Museum besucht hat. Das Ganze ist so schlecht, dass es schon wieder gut ist.

Die Kirche, die waghalsig auf einem Hügel am Südende der Stadt thront, ist die **Iglesia del Santo Madero** (Do–Di 10–18 Uhr). Die Einheimischen behaupten, der Hügel sei ein erloschener Vulkan. Geologen bestreiten das aber. Der Aufstieg ist steil, aber der weite Blick lohnt die Mühe.

In Parras finden sich außerdem Überreste eines alten **Aquädukts**, viele Kolonialbauten und drei **estanques** (große Becken, die das Quellwasser auffangen), in denen man super schwimmen kann.

Festivals & Events

Es dürfte kaum überraschen, dass die **Feria de la Uva** (Weintraubenfest) das größte Fest in der Stadt ist. Es dauert fast den ganzen August und beinhaltet Umzüge, Feuerwerke, Pferderennen, religiöse Feiern und traditionelle Tänze von den Nachkommen der ersten Tlaxcalteken der Region. Und natürlich gibt es jede Menge Wein. Am 9. und 10. August, den beiden wildesten Tagen, wird in der Casa Madero gefeiert.

Schlafen & Essen

Hotel Parras (☎ 422-06-44; Arizpe 105; Zi. 100 Mex$) Die billigste Unterkunft der Stadt – aus gutem Grund: Man bekommt zwei Betten und einen Haufen Beton für sein Geld. Der baumbestandene Innenhof entschädigt ein wenig.

Hotel La Siesta (☎ 422-03-74; Acuña 9; EZ/DZ 250/350 Mex$) Der anheimelnde, kleine Gasthof hinter dem Busbahnhof ist die beste Budgetunterkunft der Stadt. Die Zimmer sind klein, aber der Eigentümer ist charmant und die Lobby und der Innenhof sind einladend.

Hotel Posada Santa Isabel (☎ 422-04-00; Madero 514; Zi. 500–700 Mex$; P) Die Zimmer sind um einen friedlichen Innenhof voller Obstbäume angeordnet (Vorsicht: herunterfallende Avocados!). Das Hotel ist nicht so stimmungsvoll wie das Hostal El Farol, hat aber im Gegensatz zu diesem WLAN (momentan zumindest). Ein recht gutes Restaurant gehört dazu.

Hostal El Farol (☎ 422-11-13; www.hostalelfarol.com; Arizpe 301; Zi. 735–893 Mex$, Suite 1370 Mex$; P) In dem hervorragenden, auf kolonial getrimmten Hotel nächtigt man in charaktervollen, geräumigen Zimmern im Stil der Zeit. Die besten liegen an einem Innenhof mit Tausenden Blüten. Der Service ist so erstklassig wie das Restaurant. Von Sonntag bis Donnerstag bezahlt man nur 620 Mex$ fürs Zimmer.

El Tiburón (Reforma 29 Sur; Hauptgerichte 20–50 Mex$) Das freundliche Lokal bringt *antojitos* und mehr auf den Tisch.

La Paella (☎ 174-80-22; Madero 102; Hauptgerichte 25–75 Mex$; ⏰ Fr–So & feiertags 12–23 Uhr) Die Spezialität dieses bunten Lokals, das eine Familie aus Saltillo in ihrer Freizeit betreibt, ist leicht zu erraten. Daneben gibt es ein paar mexikanische und italienische Gerichte.

Restaurant-Bar La Noria (☎ 422-05-47; Hostal El Farol, Arizpe 30l; Hauptgerichte 45–159 Mex$) In diesem einladenden Hotelrestaurant sitzt man im Innenhof und verspeist tolles Frühstück, Steaks und Meeresfrüchte. Die Bedienung ist super.

In Parras gibt es unzählige *dulcerías,* die den berühmten regionalen *queso de higo* (zähe, cremige Süßspeise aus Feigen) verkaufen.

An- & Weiterreise

Parras wird nur von 2.-Klasse-Bussen angefahren, die aber meist den Komfort der 1. Klasse bieten. Täglich gibt es neun Verbindungen von/nach Saltillo (85 Mex$, 2½ Std.) und fünf von/nach Torreón (105 Mex$, 3 Std.). Wer nach Cuatro Ciénegas will, ohne Saltillo zu passieren, fährt erst nach San Pedro Las Colonias (75 Mex$, 1½ Std., 4-mal tgl.) und von dort dann weiter (119 Mex$, 2 Std., 9-mal tgl.). Parras ist mit dem Auto leicht zu erreichen: bei La Paila vom Highway ab- und dann 27 km nach Süden fahren.

NUEVO LEÓN

85 % der 4,2 Mio. Einwohner von Nuevo León leben in und um Monterrey. Der Staat ist einer der am dünnsten besiedelten von Mexiko, aber – da Monterreys Industrie für 7,4 % des mexikanischen BIP verantwortlich zeichnet – gleichzeitig eine tragende Säule der Volkswirtschaft im Land.

Die ersten Besiedlungsversuche der Spanier in dieser Gegend scheiterten an den Angriffen der Chichimeken aus dem Norden. 1596 leisteten die Gründerfamilien von Monterrey dann erfolgreich Widerstand, auch wenn es bis ins 18. Jh. immer wieder zu Angriffen kam.

Die Spanier fanden nie das Silber, das sie suchten, dafür aber gute Bedingungen zur Viehzucht. 1710 lebten in Nuevo León noch kaum Menschen, aber rund 1,5 Mio. Schafe; die Industrie kam mit der Eisenbahn im 19. Jh. und damit begann die Entwicklung, die noch heute andauert.

MONTERREY

☎ 81 / 3,6 Mio. Ew. (Großraum) / 543 m

Das selbstbewusste Monterrey ist die drittgrößte Stadt, das zweitgrößte Industriezentrum und die *numero uno* beim Pro-Kopf-Einkommen von Mexiko. Auch wenn niemand den Namen je gehört hat, war „La Sultana del Norte“ so mutig, sich um die Austragung der Olympischen Spiele 2016 zu bewerben.

Monterrey hat um sich eine Menge Vorstädte mit gigantischen klimatisierten Einkaufszentren, penibel gepflegten Siedlungen und den ersten Taco-Bell-Filialen im Land. Damit ist es eine der amerikanisiertesten Städte des Landes, aber wer es links liegenlässt, um das „echte“ Mexiko zu sehen, dem fehlt ein wichtiges Stück im Puzzle Mexiko.

Aber es lohnt sich auch unabhängig von Monterreys Bedeutung für das moderne Mexiko, sich ein paar Tage hier aufzuhalten. Das historische Zentrum, in dem sich die meisten wichtigen Sehenswürdigkeiten konzentrieren, hat reichlich Städtisches zu bieten: eine charakteristisch moderne Architektur, klasse Museen, weltgewandte Restaurants. Und hier ist gut Party machen: Es gibt eine lebendige Musikszene, schrille Technoclubs und angenehme Lounges. Die zerklüfteten Berge, darunter der markante sattelförmige Cerro de la Silla (1288 m), sind dramatische Kulisse und Paradies für Outdoor-Fans zugleich.

Geschichte

Nachdem mehrere Versuche einer Stadtgründung gescheitert waren, siedelten sich 1596 unter der Führung von Diego de Montemayor zwölf Familien an der Stelle an, an der heute das Museo de Historia Mexicana steht. Die Stadt begann aber erst nach der Unabhängigkeit Mexikos zu erblühen, als ihre Nähe zu den USA ihr Vorteile beim Handeln und Schmuggeln verschaffte.

1900 entstand hier die erste Schwerindustrie Lateinamerikas. Ein riesiges Eisen- und Stahlwerk (dort, wo sich heute der Parque Fundidora befindet) beherrschte damals die Stadtlandschaft, weitere Fabriken folgten, und Monterrey erhielt den Spitznamen „Pittsburgh Mexikos“. Auch wenn viele der Schornsteine heute erloschen sind, produziert Monterrey immer noch rund 25 % des mexikanischen Rohstahls und stellt 75 % der Glasbehälter, 60 % des Zements und die Hälfte des Biers von Mexiko her.

Die Stadt ist berühmt für ihren Unternehmergeist und auch sehr stolz auf diesen. Laut der Zeitschrift *Fortune* ist sie „die beste lateinamerikanische Stadt für Geschäfte", über 500 amerikanische und kanadische Unternehmen haben hier ihr regionales Hauptquartier. Der wirtschaftliche Erfolg und die große Entfernung von der Hauptstadt führten dazu, dass die *regiomontanos* oder *regios,* die Einwohner Monterreys, eine unabhängige Weltanschauung leben und es nicht gern sehen, wenn sich die Zentralregierung in ihre Angelegenheiten mischt. Die übrigen Mexikaner beklagen sich über die Arroganz der Stadt, und jeder, den man für *codo* (gemein) hält, wird verdächtigt, aus Monterrey zu stammen.

Monterrey hat international aber auch einen hervorragenden Ruf als Bildungszentrum: Zu seinen sechs bedeutenden Universitäten gehört das Instituto Tecnológico de Monterrey, eines der besten Lateinamerikas.

Orientierung

Das Zentrum Monterreys konzentriert sich auf die Zona Rosa, die größtenteils eine Fußgängerzone ist. Hier befinden sich die teureren Hotels, Läden und Restaurants. Im Osten grenzt die Zona Rosa an die Südseite der Gran Plaza, einer Reihe von Plazas und Gärten voller Monumente. Jenseits der Gran Plaza erstreckt sich der Barrio Antiguo, historisches Herzstück der Stadt und Nabel des Nachtlebens zugleich. Das 5 km südwestlich vom

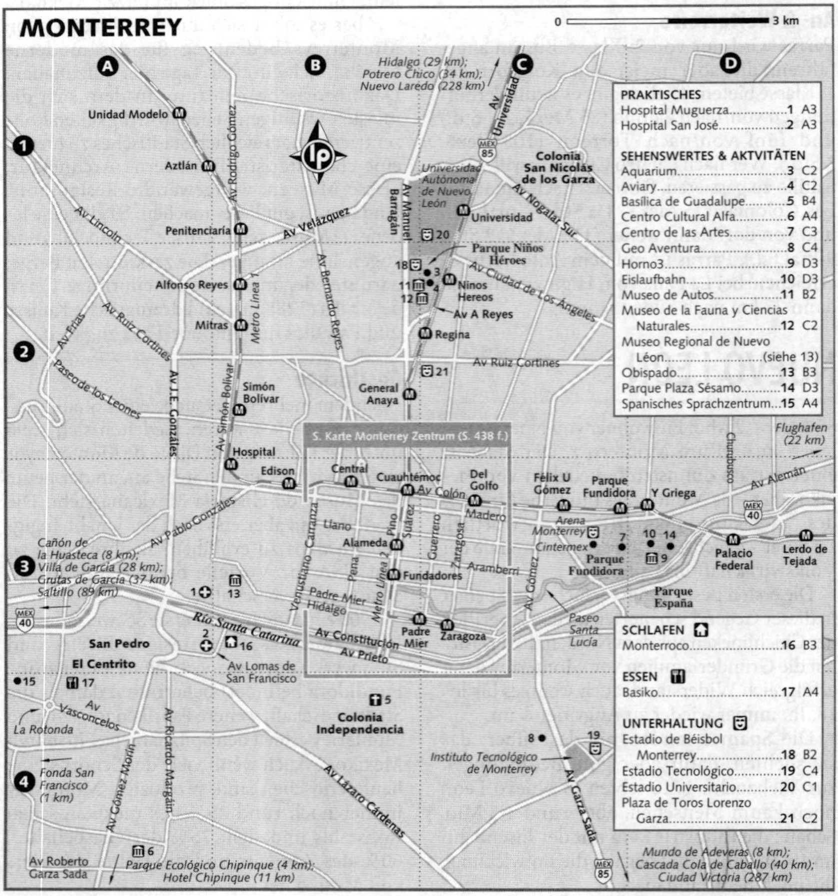

Stadtzentrum gelegene San Pedro ist der exklusivste Vorort. Überall kann man sich auch nachts sicher bewegen, wenn man den gesunden Menschenverstand nicht ausschaltet.

Der Busbahnhof liegt rund 2,5 km nordwestlich vom Stadtzentrum in einem schmuddeligen, im Verkehr erstickenden Viertel. In der Umgebung gibt's mehrere Budgetunterkünfte und hier befindet sich ein Rotlichtbezirk, dessen Verderbtheit allerdings größtenteils auf die Av Madero hinüberschwappt und weniger auf die Straßen östlich, wo viele Mittelklassehotels liegen. Es kommt hier zwar auch zu Raubüberfällen, aber man kann die Gegend nicht gänzlich als gefährlich bezeichnen. Die Colonia Independencia in der Umgebung der Basílica de Guadalupe ist da schon eher ein Viertel, durch das man weder bei Tag noch bei Nacht laufen sollte.

Die Straßen in der Innenstadt sind im Schachbrettmuster angelegt. Die Kreuzung Juárez und Aramberri, etwa auf halbem Weg zwischen Zona Rosa und Busbahnhof gelegen, bildet die Stadtmitte und den Nullpunkt für Adressen in beide Richtungen.

Praktische Informationen

GELD

Es gibt ohne Übertreibung an jedem Block in der Zona Rosa Banken und Geldautomaten und viele weitere befinden sich entlang der Av Madero Richtung Norden. Dem Barrio Antiguo am nächsten sind die Geldautomaten am Palacio Municipal. Die meisten Wechselstuben sind am Ocampo westlich der Plaza Zaragoza und rund um den Busbahnhof.

INTERNETZUGANG

Die folgenden Läden haben auch Telefone:

E Connection (Karte S. 438 f.; Escobedo 831; 20 Mex$/Std.; ⌚ 9–22 Uhr; Ⓜ Zaragoza)

SendeNet (Karte S. 438 f.; Av Colón; 20 Mex$/Std.; ⌚ 6–24 Uhr; Ⓜ Cuauhtémoc) Im Busbahnhof.

Web Time (Karte S. 438 f.; Ecke Morelos & Juárez; 15 Mex$/Std.; ⌚ 10–20.30 Uhr; Ⓜ Padre Mier) Im 2. Stock von Interplaza Shoptown.

MEDIZINISCHE VERSORGUNG

Hospital Muguerza (Karte S. 434; ☎ 8399-3400; Hidalgo 2525 Pte)

Hospital San José (Karte S. 434; ☎ 8347-1010; Av Prieto 3000 Pte)

NOTFALL

Cruz Roja (Rotes Kreuz; ☎ 065)

POST

Post (Karte S. 438 f.; Washington 648 Ote)

REISEBÜROS

Viajes Santa Rosa (Karte S. 438 f.; ☎ 8344-9202; Galeana 940 Sur; Ⓜ Zaragoza) Zuverlässiger Verkäufer von Flugtickets.

TOURISTENINFORMATION

Infotur (Karte S. 438 f.; ☎ 2020-6789; www.turismomonterrey.com; ⌚ Mo–Fr 9–18.30, Sa & So 9–17 Uhr) Die freundliche Belegschaft der Touristeninformation im Antiguo Palacio Federal an der Washington spricht Englisch und hat jede Menge Infos (viel auf Englisch, etwas auf Französisch) zu Sehenswertem und Veranstaltungen in ganz Nuevo León.

Infotur-Kiosk (Ecke Morelos & Zaragoza; ⌚ 10–20 Uhr; Ⓜ Zaragoza) In der Zona Rosa.

Sehenswertes & Aktivitäten

GRAN PLAZA

Diese Reihe miteinander verbundener Plätze, die sich über einen Block erstreckt, ist auch als **Macroplaza** (Karte S. 438 f.; Ⓜ Zaragoza) bekannt. Sie ist der sichtbare Beweis für die Ambitionen der Stadt. In den 1980er-Jahren wurden dafür zahlreiche wertvolle Immobilien abgerissen, eine umstrittene, aber letztlich erfolgreiche Maßnahme. Die Gegend wurde im Laufe der Zeit immer charmanter, da das nackte Stadtgebiet durch Parks, Bäume, Springbrunnen und Wasserbecken verschönert wurde. Man merkt jedoch immer noch, dass es sich um eine Kette von Parks handelt und nicht um einen einzigen. Zahlreiche bedeutende Gebäude säumen die Plaza, von denen viele zu ihrer Zeit sicherlich hochmodern waren.

Am äußersten Südende der Plaza steht auf einer Verkehrsinsel das auffällige **Monumento Homenaje al Sol**, eine von Rufino Tamayo entworfene Skulptur. Gegenüber steht auf Stelzen ein modernes Betonbauwerk, der **Palacio Municipal**. Unter dem Gebäude spielt an Sonn- (11–14 & 17–21 Uhr) und Donnerstagen (19–21 Uhr) auf einer Bühne die Stadtkapelle und ältere Paare tanzen dazu. Unmittelbar nördlich erstreckt sich ein Park, die **Plaza Zaragoza**, wo viele Konzerte und besondere Events stattfinden. Den Mittelpunkt der Plaza bildet eine schmucklose, 70 m hohe orangefarbene Betonsäule mit dem Namen **Faro del Comercio** (Leuchtturm des Handels). Nachts strahlt ein grüner Laser von seiner Spitze.

Gegenüber der Südostecke der Plaza Zaragoza liegt das großartige **Museo de Arte**

Contemporáneo (Marco; ☎ 8262-4500; www.marco.org.mx; Ecke Zuazua & Raymundo Jardón; Erw./Kind & Student 50/30 Mex$, Mi Eintritt frei; ⏲ Di & Do–So 10–18, Mi 10–20 Uhr). Den Eingang markiert Juan Sorianos gigantische Skulptur einer schwarzen Taube. Die eigentümlichen Innenräume sind von Wasser und Licht erfüllt und beherbergen große temporäre Ausstellungen. Die Sala México zeigt, wie zu erwarten ist, mexikanische Arbeiten, während in den anderen Räumen so ziemlich alles zu sehen sein kann. Wer im Voraus anruft, kann eine Führung auf Englisch buchen. Außerdem gibt es einen tollen Buchladen und ein Restaurant.

Direkt nördlich des Marco befindet sich die Barockfassade der **Kathedrale** (⏲ Mo–Fr 7.30–20, Sa 9–20, So 8–20 Uhr), die zwischen 1725 und den 1890er-Jahren in mehreren Etappen errichtet wurde. Das neonfarbige Kreuz auf der Spitze passt zu Monterrey. Auf der anderen Seite der Plaza, gegenüber der Kathedrale, liegt der Palacio Municipal aus dem 19. Jh. Heute beherbergt er das **Museo Metropolitano de Monterrey** (☎ 8344-1971; Zaragoza s/n Sur; Eintritt frei; ⏲ Di–So 10–18 Uhr). Im Erdgeschoss ist eine kurze Darstellung der Stadtgeschichte in spanischer Sprache zu sehen, während die schönen Räume oben Werke zeitgenössischer Maler und Bildhauer zeigen.

Nördlich von Padre Mier sitzt Neptun im **Fuente de la Vida** (Springbrunnen des Lebens) auf einem Streitwagen und wird von einer nackten Frau gejagt. Auf der anderen Seite von Zuazua Richtung Osten steht die kleinste und nach der Kathedrale die älteste Kirche Monterreys, die herrliche **Capilla de los Dulces Nombres** (Matamoros; ⏲ Do–So 15–17 Uhr) von 1830.

Oberhalb thront im Norden das bunkerähnliche **Teatro de la Ciudad** und gegenüber sein verrohter Bruder, der große **Congreso del Estado**. Dieser steht mit einem Fuß in einem schimmernden Wasserbecken, in dem an heißen Tagen Kinder plantschen. Noch weiter nördlich flankieren die **Biblioteca Central** (Staatliche Bibliothek) und der **Palacio de Justicia** (Gericht) den **Parque Hundido** (Versunkener Park), in dem sich Liebespaare gerne aufhalten.

Weiter nördlich führen ein paar Stufen hinunter auf die **Explanada de los Héroes** (Promenade der Helden), deren Ecken allesamt von Nationalhelden bewacht werden. Sie ist der förmlichste, traditionellste Platz der Gran Plaza. An ihrer Nordseite steht der neoklassizistische Palacio de Gobierno aus dem Jahr 1908, dessen Erdgeschoss das **Museo del Palacio de Gobierno** (☎ 2033-9900; Eintritt frei; ⏲ Di–Fr 10–19, Sa & So 10–20 Uhr) einnimmt. Das Museum ist der politischen Geschichte Nuevo Leóns gewidmet, aber schon das Gebäude allein ist einen Besuch wert.

TOP PLÄTZE, UM AUSSERHALB VON MUSEEN UND GALERIEN KUNST ZU BEWUNDERN

- **Centro Cultural Alfa** (S. 440)
- **Paseo Santa Lucía** (unten)
- **Corredor del Arte** (S. 445)

Hinter dem Palacio de Gobierno dominiert die prächtige Fassade des **Antiguo Palacio Federal** von 1928 die kleine Plaza Cinco de Mayo. Im Palacio sind heute die Post und die Touristeninformation untergebracht. Der 1903 vollendete **Templo del Sagrado Corozón** (Ecke Zaragoza & Calle 5 de Mayo; ⏲ Mo–Sa 8–13 & 15.30–20, So 9–15 & 16.30–20 Uhr) ist sowohl innen als auch außen toll und sehr beliebt für Hochzeiten.

PLAZA 400 AÑOS

Dieser weite, offene Platz erstreckt sich unmittelbar östlich der Macroplaza. Ihn zieren Springbrunnen und Wasserbecken und er dient als Eingang zum hippen, modernen **Museo de Historia Mexicana** (Karte S. 438 f.; ☎ 8345-9898; www.museohistoriamexicana.org.mx; Erw./Kind 40 Mex$/Eintritt frei, Di Eintritt frei; ⏲ Di–Fr 10–19, Sa & So 10–20 Uhr; Ⓜ Zaragoza), das die mexikanische Geschichte umfassend und gut verständlich präsentiert. Ein Bereich, der der Erde gewidmet ist, hat einen Hauptteil mit ausgestopften Tieren und echt aussehenden Pflanzen. Alle Beschriftungen sind nur auf Spanisch, aber man kann telefonisch im Voraus englischsprachige Führungen arrangieren.

Nebenan befindet sich das beeindruckende **Museo del Noreste**, das wie ein riesiges Jenga-Spiel aussieht und eigentlich eine eigenständige Institution ist. Tatsächlich aber bilden seine Videos und Artefakte zur Kultur und Geschichte von Nuevo León, Tamaulipas, Coahuila und Texas einen neuen Flügel des Geschichtsmuseums. Die Eintrittskarte gilt für beide Museen. Man sollte unten mit der Besichtigung beginnen, da die Exponate chronologisch angeordnet sind.

An der Plaza 400 Años endet der **Paseo Santa Lucía**, eine Promenade am Kanal mit Springbrunnen, Blumen und flanierenden

Familien. Sie erstreckt sich 2,4 km bis zum Parque Fundidora (S. 437). **Bootsfahrten** (hin & zurück Erw./Kind 40/20 Mex$; 10–20 Uhr) auf dem Kanal sind sehr beliebt.

BARRIO ANTIGUO

Der charaktervollste Teil der Stadt ist der Barrio Antiguo (Karte S. 438 f.) mit seinen Kopfsteinpflasterstraßen und den schönen Kolonialgebäuden, von denen viele in Cafés, Restaurants und Kunstgalerien verwandelt wurden. Seine historischen Grenzen bilden die Av Constitución im Süden und Osten, Dr Coss im Westen und Padre Mier im Norden (man achte auf die alten Straßenlaternen und das Fehlen von Stromleitungen). Die Atmosphäre greift allerdings auch noch auf die nächsten Blocks im Norden über. Donnerstag, Freitag und Samstag nachts wird der Barrio zur Partyzone mit einer hervorragenden Auswahl an Kneipen und Clubs.

Nicht auslassen sollte man **La Casa de los Títeres** (Karte S. 438 f.; ☎ 8343-0604; www.baulteatro.com; Raymundo Jardón 910; Eintritt 20 Mex$; So–Fr 14–18 Uhr; Ⓜ Zaragoza), wo eine Sammlung alter und neuer Puppen aus aller Welt, u. a. Marionetten aus Europa und vietnamesische Wasserpuppen, untergebracht ist. Sonntags um 16 Uhr gibt's ein super Puppentheater (50 Mex$).

Eines der ältesten Gebäude Monterreys ist die **Casa del Campesino**. Sie wurde 1750 als Haus des Gouverneurs erbaut und später als Krankenhaus, College und Büro des Bauernverbands genutzt; heute ist hier das **Museo Estatal de Culturas Populares** (Karte S. 438 f.; ☎ 8344-3030; Ecke Abasolo & Mina; Eintritt frei; Di–Fr 11–19, Sa & So 12–18 Uhr; Ⓜ Zaragoza) untergebracht, das wechselnde Ausstellungen, gelegentlich Sonderveranstaltungen und ein einfaches, aber nettes Café hat.

ZONA ROSA

In dieser gehobenen Gegend (Karte S. 438 f.) westlich der Plaza Zaragoza befinden sich die meisten Spitzenunterkünfte von Monterrey und sie ist auch die erste Adresse zum Shoppen. Die Zona erstreckt sich nördlich bis Padre Mier, östlich bis Zaragoza, südlich bis Ocampo und westlich bis Garibaldi. Viele Straßen sind Fußgängerzonen und sehr belebt. Hier zu bummeln, macht Spaß.

MUSEO DEL VIDRIO

Hinter der Flaschenfabrik Vitro (von Zaragoza aus zu erreichen), bei der man durch Glaswände den Produktionsprozess beobachten kann, liegt dieses wunderbare **Museum** (Karte S. 438 f.; ☎ 8863-1000; www.museodelvidrio.com; Magallanes 517; Erw./Kind & Student 15/10 Mex$, Di Eintritt frei; Di–So 9–18 Uhr; Ⓜ Del Golfo). Es widmet sich der Geschichte, Herstellung und insbesondere der künstlerischen Verwendung von Glas. Im Haupthaus kann man sich alte Haushaltsgegenstände und die Nachbildung eines Buntglasateliers aus dem 19. Jh anschauen. Im restaurierten Lagerhaus sind phänomenale Ausstellungen zu sehen. Künstlerateliers sind angeschlossen, deren Arbeiten man im Museumsladen kaufen kann. Eine Führung auf Englisch im Voraus telefonisch arrangieren!

PARQUE FUNDIDORA

Das ehemals heruntergekommene Industriegebiet, auf dem einst eine riesige Stahlfabrik stand, wurde in einen weitläufigen **Park** (Karte S. 434; ☎ 8345-4898; www.parquefundidora.org; 6–23 Uhr; Ⓜ Parque Fundidora) verwandelt. Es gibt verschiedene Attraktionen, von denen viele toll für Kinder sind. Die Planer haben klugerweise rostende Schornsteine und andere industrielle Überreste hier belassen, was einige Bereiche postmodern und apokalyptisch wirken lässt.

Bei den Ausstellungen und in den Galerien kann man gut einen ganzen Tag verbringen; mittags picknickt man am See, der Abend klingt mit einem Konzert aus. Viele besondere Events finden hier statt. Durch den Park fährt eine kostenlose Bahn und am Nordende kann man Fahrräder mieten (40 Mex$/Std.).

Der Hochofen Nr. 3 wirkt, als könne er jederzeit wieder in Betrieb genommen werden, beherbergt aber **Horno3** (☎ 8126-1100; www.horno3.org; Erw./Kind & Student 80/50 Mex$; Di–Fr 10–18, Sa & So 10–20 Uhr), ein interaktives High-Tech-Museum zum Thema Stahl und zur mexikanischen Stahlindustrie. Die extrem spektakuläre Feuershow darf man unter keinen Umständen verpassen. Letzter Einlass ist eine Stunde vor Schließung.

Drei ausgeschlachtete Fabriken aus rotem Backstein bilden das **Centro de las Artes** (☎ 8479-0015; www.cineteca.org.mx; Eintritt frei, Filme 40 Mex$; Di–So 10–21 Uhr), das wechselnde Ausstellungen moderner Kunst präsentiert. Das Centro de las Artes I wird Cineteca genannt, weil es unabhängige und ausländische Filme zeigt.

Im Park gibt's außerdem eine **Eislaufbahn** (pista de hielo; ☎ 8191-8000; inkl. Leihausrüstung 70 Mex$), ein Kongresszentrum mit zugehörigen Hotels, ein Amphitheater, eine Arena und den **Parque**

MONTERREY ZENTRUM

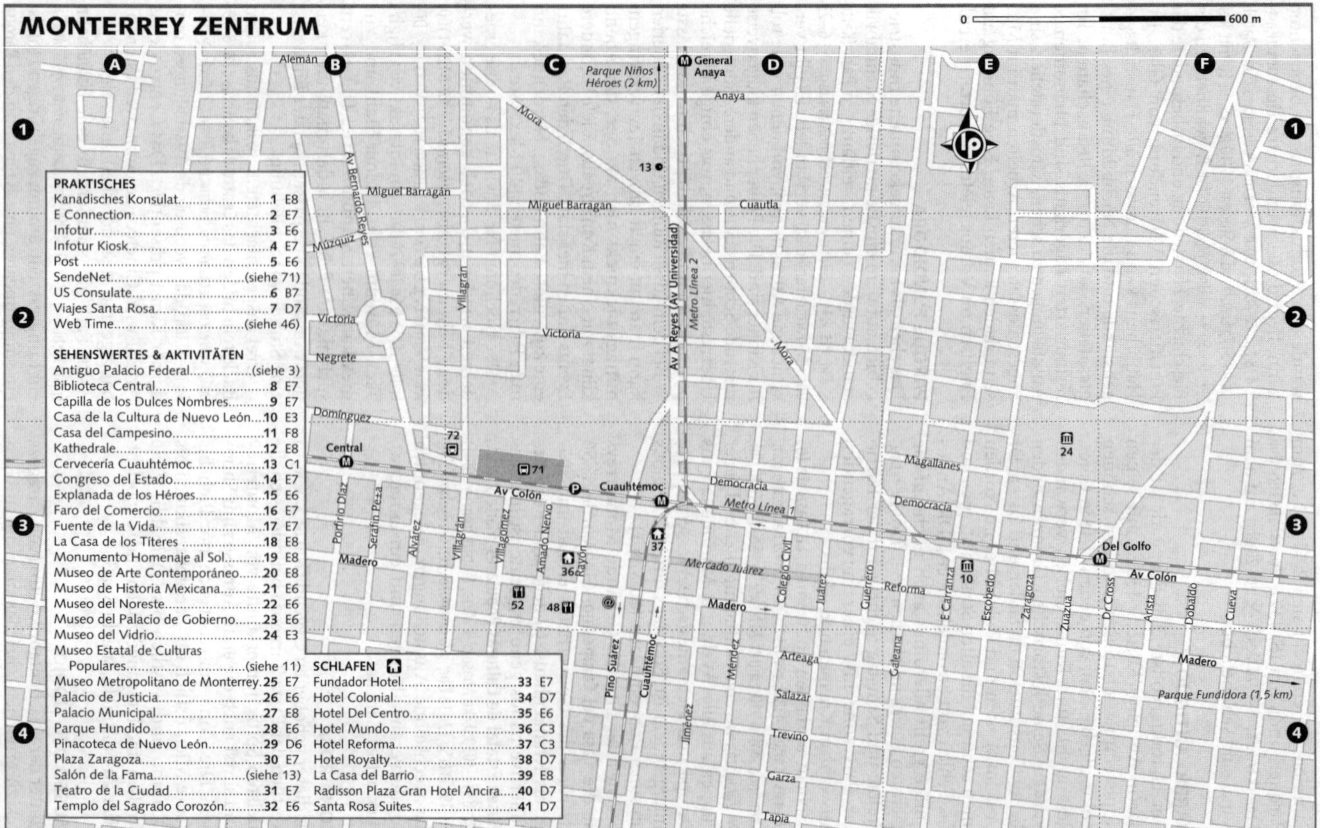

PRAKTISCHES
- Kanadisches Konsulat ... 1 E8
- E Connection ... 2 E7
- Infotur ... 3 E6
- Infotur Kiosk ... 4 E7
- Post ... 5 E6
- SendeNet ... (siehe 71)
- US Consulate ... 6 B7
- Viajes Santa Rosa ... 7 D7
- Web Time ... (siehe 46)

SEHENSWERTES & AKTIVITÄTEN
- Antiguo Palacio Federal ... (siehe 3)
- Biblioteca Central ... 8 E7
- Capilla de los Dulces Nombres ... 9 E7
- Casa de la Cultura de Nuevo León ... 10 E3
- Casa del Campesino ... 11 F8
- Kathedrale ... 12 E8
- Cervecería Cuauhtémoc ... 13 C1
- Congreso del Estado ... 14 E7
- Explanada de los Héroes ... 15 E6
- Faro del Comercio ... 16 E7
- Fuente de la Vida ... 17 E7
- La Casa de los Títeres ... 18 E8
- Monumento Homenaje al Sol ... 19 E8
- Museo de Arte Contemporáneo ... 20 E8
- Museo de Historia Mexicana ... 21 E6
- Museo del Noreste ... 22 E6
- Museo del Palacio de Gobierno ... 23 E6
- Museo del Vidrio ... 24 E3
- Museo Estatal de Culturas Populares ... (siehe 11)
- Museo Metropolitano de Monterrey ... 25 E7
- Palacio de Justicia ... 26 E6
- Palacio Municipal ... 27 E8
- Parque Hundido ... 28 E6
- Pinacoteca de Nuevo León ... 29 D6
- Plaza Zaragoza ... 30 E7
- Salón de la Fama ... (siehe 13)
- Teatro de la Ciudad ... 31 E7
- Templo del Sagrado Corozón ... 32 E6

SCHLAFEN
- Fundador Hotel ... 33 E7
- Hotel Colonial ... 34 D7
- Hotel Del Centro ... 35 E6
- Hotel Mundo ... 36 C3
- Hotel Reforma ... 37 C3
- Hotel Royalty ... 38 D7
- La Casa del Barrio ... 39 E8
- Radisson Plaza Gran Hotel Ancira ... 40 D7
- Santa Rosa Suites ... 41 D7

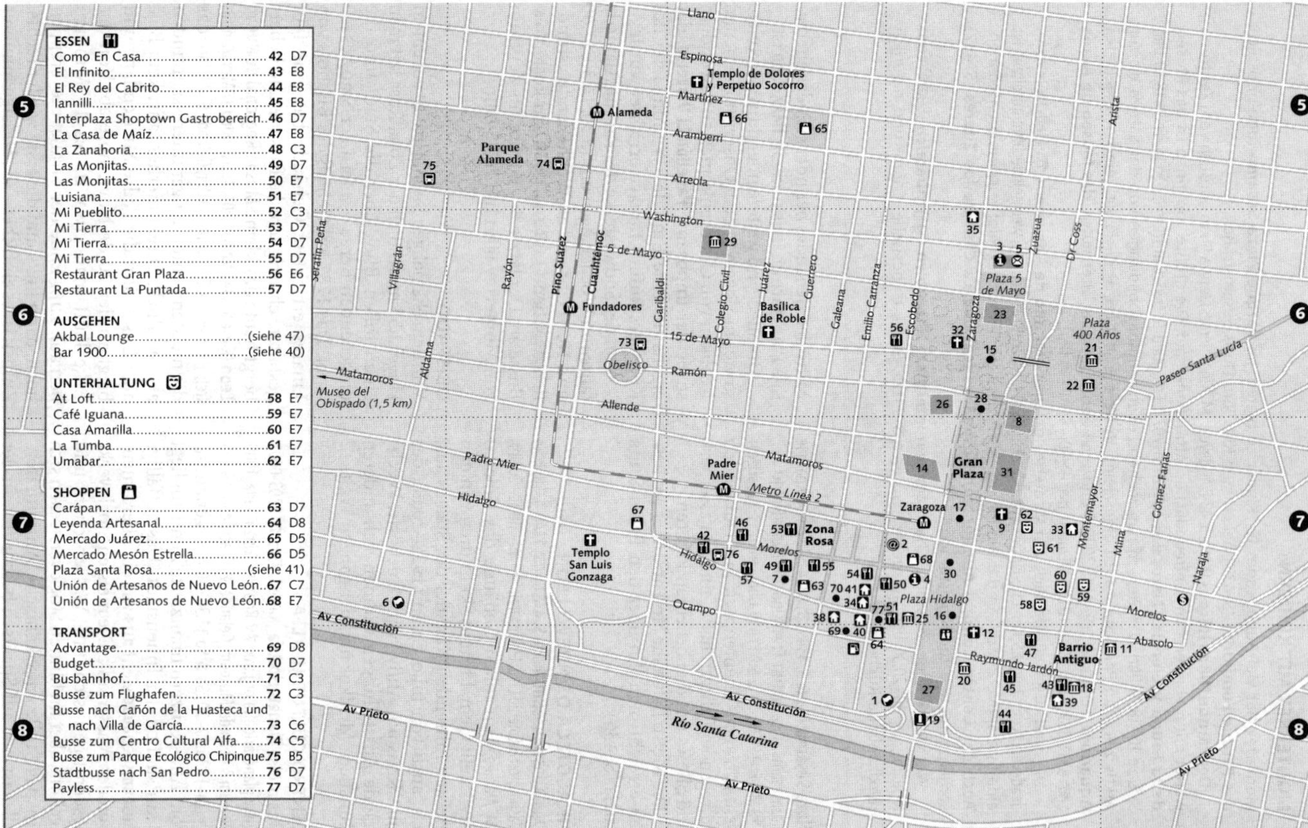
ESSEN
Como En Casa 42 D7
El Infinito 43 E8
El Rey del Cabrito 44 E8
Iannilli 45 E8
Interplaza Shoptown Gastrobereich 46 D7
La Casa de Maíz 47 E8
La Zanahoria 48 C3
Las Monjitas 49 D7
Las Monjitas 50 E7
Luisiana 51 E7
Mi Pueblito 52 C3
Mi Tierra 53 D7
Mi Tierra 54 D7
Mi Tierra 55 D7
Restaurant Gran Plaza 56 E6
Restaurant La Puntada 57 D7
AUSGEHEN
Akbal Lounge (siehe 47)
Bar 1900 (siehe 40)
UNTERHALTUNG
At Loft 58 E7
Café Iguana 59 E7
Casa Amarilla 60 E7
La Tumba 61 E7
Umabar 62 E7
SHOPPEN
Carápan 63 D7
Leyenda Artesanal 64 D8
Mercado Juárez 65 D5
Mercado Mesón Estrella 66 D5
Plaza Santa Rosa (siehe 41)
Unión de Artesanos de Nuevo León 67 C7
Unión de Artesanos de Nuevo León 68 E7
TRANSPORT
Advantage 69 D8
Budget 70 D7
Busbahnhof 71 C3
Busse zum Flughafen 72 C3
Busse nach Cañón de la Huasteca und nach Villa de García 73 C6
Busse zum Centro Cultural Alfa 74 C5
Busse zum Parque Ecológico Chipinque 75 B5
Stadtbusse nach San Pedro 76 D7
Payless 77 D7
Parque Alameda
Alameda
Fundadores
Padre Mier
Zaragoza
Metro Línea 2
Templo de Dolores y Perpetuo Socorro
Basílica de Roble
Templo San Luis Gonzaga
Obelisco
Plaza 5 de Mayo
Plaza 400 Años
Gran Plaza
Zona Rosa
Plaza Hidalgo
Barrio Antiguo
Río Santa Catarina
Museo del Obispado (1,5 km)
Paseo Santa Lucía
Av Constitución
Av Prieto

MONTERREY MIT KINDERN

Monterrey hat viel Aufregendes für Kinder zu bieten. Im **Parque Plaza Sésamo** (unten) östlich des **Parque Fundidora** (S. 437) bekommen Kids ihre Dosis Sesamstraße.

Der **Parque Niños Héroes** (Karte S. 434; Av Reyes; Ⓜ Niños Héroes), etwa 5 km nördlich vom Zentrum, wartet mit mehreren familienfreundlichen Attraktionen auf. Die größte von ihnen ist das **Museo de la Fauna y Ciencias Naturales** (☎ 8351-7077; Erw./Kind 5 Mex$/Eintritt frei; Di–Fr 9–18.30 Uhr, Sa & So 10–18.30 Uhr), das Tiere in naturnahen Lebensraumnachbildungen von der Sahara bis zur Arktis zeigt. Im Park gibt's auch eine kleine **Voliere** (Eintritt frei; 9–16 Uhr), ein noch kleineres **Aquarium** (Eintritt frei; 9–15.30 Uhr) und zwei Gebäude voller alter Autos, das **Museo de Autos** (☎ 8331-3890; Erw./Kind 10 Mex$/Eintritt frei; Di–So 10–19 Uhr).

Die rund 10 km südwestlich von Monterrey gelegene **Mundo de Adeveras** (☎ 1160-1160; www.deadeveras.com; Hwy 85 Km 262; Eintritt Erw./Kleinkind 120 Mex$/Eintritt frei; wechselnde Öffnungszeiten) ist eine interaktive „Stadt", in der Kinder sich als Feuerwehrmann oder Pilot ausprobieren können. Auch das **Centro Cultural Alfa** (unten), **Horno3** (unten) und **La Casa de los Títeres** (S. 437) sorgen garantiert für Begeisterung.

Wer viele Münder zu stopfen hat, kann den **Interplaza Shoptown Gastrobereich** (Ecke Morelos & Juárez; 10–20.30 Uhr) aufsuchen, wo es z.B. Pizza, Sushi, chinesische, Cajun- und natürlich mexikanische Küche gibt.

Plaza Sésamo (Karte S. 434; ☎ 8354-5400; www.parqueplazasesamo.com; Eintritt Erw./Kind 169 Mex$/Eintritt frei; Mi–Fr 15–19, Sa & So 11–19 Uhr), einen riesigen *Sesamstraßen*-Themenpark mit Dutzenden aufregender Fahrgeschäfte, einem Wasserpark und Shows mit den beliebten Figuren.

Die Metro hält nahe am Park, aber am besten erreicht man ihn über den Paseo Santa Lucía (S. 436).

PINACOTECA DE NUEVO LEÓN

Das **Kunstmuseum** (Karte S. 438 f.; ☎ 1340-4358; Ecke Washington & Colegio Civil; Eintritt frei; Mi–Mo 10–20 Uhr; Ⓜ Alameda) im tollen Gebäude des Colegio Civil stellt Gemälde und Skulpturen von den meisten führenden Künstler des Staates aus, u. a. auch von Julio Galán (1958–2006), der zum Kreis um Andy Warhol gehörte. Wechselnde Ausstellungen widmen sich anderen Künstlern Mexikos und der ganzen Welt.

CENTRO CULTURAL ALFA

Das meist **Planetario Alfa** (Karte S. 434; ☎ 8303-0001; www.planetarioalfa.org.mx; Av Roberto Garza Sada 1000; Museum & Gelände/Museum, Gelände & Theater 45/80 Mex$; Di–Fr 15.30–20, Sa & So 11.30–20 Uhr) genannte, vom Alfa-Konzern finanzierte Zentrum liegt 7 km südlich der Innenstadt. Das auffällige **Museumsgebäude** sieht aus wie ein überdimensionaler Wassertank. Die meisten Stockwerke beschäftigen sich mit Wissenschaft und Technik, aber im fünften Stock verstecken sich ein paar tolle mexikanische Antiquitäten. Alles ist nur auf Spanisch beschriftet. In der Mitte des Gebäudes befindet sich das ehemalige Planetarium, das nun ein **IMAX-Kino** ist.

Draußen sind weitere interaktive Exponate sowie ein Vogelhaus, ein Observatorium, und Repliken von Olmekenköpfen zu bewundern sowie der imposante **Pabellón El Universo**, der eigens für eine Buntglas-Wandmalerei des Künstlers Rufino Tamayo errichtet wurde.

Von der Südwestecke des Parque Alameda fahren an Wochentagen um 15.30, 16.30, 17.30 und 18.30 Uhr und an Wochenenden stündlich zwischen 11.30 und 19.30 Uhr kostenlose Busse ab. Der letzte Bus zurück ins Zentrum von Monterrey fährt um 20.45 Uhr.

OBISPADO

Von dem ehemaligen Bischofspalast auf einem Hügel 2,5 km westlich der Zona Rosa hat man einen tollen Blick über die Stadt und die umgebenden Berge – sofern der Smog es erlaubt. Das 1787 auf Geheiß des Bischofs von Linares errichtete Gebäude hat eine fein gestaltete churrigueresque Fassade und beherbergt heute das kleine **Museo Regional de Nuevo León** (Karte S. 434; ☎ 8346-0404; Erw./Kind 37 Mex$/Eintritt frei; Museum Di–So 10–19 Uhr, Gelände 6–23 Uhr), das die meisten Leute weniger interessant finden als den Blick. Direkt hierher fährt kein Bus, aber Bus 4 fährt die Padre Mier entlang und biegt an der 20 de Noviembre ab. Von der Ecke läuft man etwa 10 bis 15 Minuten bergauf: zum Ende der Straße, die Treppen hoch, dann links und die erste wieder rechts. Zurück ist es einfacher – die Hidalgo hinunter kann man jeden Bus Richtung „Centro" nehmen.

CERVECERÍA CUAUHTÉMOC

Die **Brauerei Cuauhtémoc** (Karte S. 438 f.; Alfonso Reyes 2202 Nte; Ⓜ General Anaya) wurde 1890 gegründet und ist damit die älteste Mexikos. Hier werden jeden Tag 6 Mio. Flaschen Bohemia, Dos Equis, Tecate und andere Biere abgefüllt. Kostenlose **Brauereiführungen** (☎ 8328-5355; ⌚ Mo–Fr 9–17, Sa 9–14 Uhr) finden mehr oder weniger stündlich statt. Eine Reservierung ist zu empfehlen (besonders wenn man die Führung auf Englisch haben will), aber man kann auch einfach auf gut Glück vorbeikommen. Die Führungen beginnen vor dem netten **Biergarten** (⌚ 10–18 Uhr), in dem Krüge mit Carta Blanca serviert werden – umsonst!

Auf dem Gelände befindet sich zudem der **Salón de la Fama** (☎ 8328-5815; www.salondelafama.com.mx; Eintritt frei; ⌚ Mo–Fr 9.30–18, Sa & So 10.30–18 Uhr), ein Museum über Baseball und die Helden der mexikanischen Ligen. Man kann hier seinen Wurfarm und seine Schlagtechnik testen.

CASA DE LA CULTURA DE NUEVO LEÓN

Der hübsche Bahnhof der Gulf-Line-Eisenbahn aus dem Jahr 1891 beherbergt heute zwei **Museen** (Karte S. 438 f.; ☎ 8374-1128; Colón 400 Ote; Eintritt frei; Ⓜ Del Golfo) und einen Saal, in dem regelmäßig Tanz, Theater und anspruchsvolle Filme aufgeführt werden. Die größte Fläche beansprucht natürlich das eher mittelmäßige **Eisenbahnmuseum** (⌚ Di–Fr 10–18, Sa & So 10–16 Uhr). Die temporären Ausstellungen im **Kunstmuseum** (⌚ Di–Fr 10–18, Sa & So 10–16 Uhr) sind meist gut genug, um auf dem Hin- oder Rückweg vom nahe gelegenen Museo Del Vidrio einen Zwischenstopp einzulegen.

PARQUE ECOLÓGICO CHIPINQUE

Der **Park** (☎ 8303-0000; www.chipinque.org.mx; Fußgänger/Radfahrer & Auto 20/30 Mex$; ⌚ 6–20 Uhr) erstreckt sich entlang einem messerscharfen Bergrücken im Süden der Stadt. Er ist der am einfachsten zu erreichende Teil des **Parque Nacional Cumbres de Monterrey** und bietet Städtern reichlich Gelegenheit, zu wandern und Mountainbike zu fahren. Das 36 km lange Wegenetz ist gut in Schuss und bringt einen rasch in dichten Nadel- und Eichenwald. Hier leben besonders viele Schmetterlinge – 174 Arten insgesamt. Im Angebot sind auch Abseilgelegenheiten und „Minibungee"-Sprünge.

Der Kiosk am Eingang hat Karten, Snacks, Weginfos und Genehmigungen für diejenigen, die zu einem der felsigen Gipfel im Park wandern wollen, z. B. zum **Copete de Águilas** (2200 m), dem höchsten. 7 km weiter kommt man nach La Meseta, wo das Vier-Sterne-Hotel Chipinque (S. 443) steht. Beim Essen im Hotelrestaurant wird die Eintrittskarte mit angerechnet. Mehrere Wege beginnen hier, u. a. auch ein einfacher Weg nach **El Empalme** mit tollen Ausblicken auf die Stadt und die Berge.

An Wochenenden und Feiertagen fahren um 8, 10 und 12 Uhr kostenlose Busse nach Chipinque von der Südostecke des Parque Alameda ab. Man sollte auf jeden Fall nachfragen, wann der letzte Bus zurück fährt.

Kurse

KOCHEN

Roccatti (außerhalb der Karte S. 434; ☎ 8335-8478; www.cecroccatti.com; Río Mississippi 116 Ote, Colonia del Valle, San Pedro) Die seriöse Kochschule bietet dreistündige (750 Mex$) und dreitägige Kurse (4200 Mex$) an.

SPANISCH

Posada El Potrero Chico (S. 449) Veranstaltet Sprach- und Kletterkurse.

Spanish Language Center (Karte S. 434; ☎ 8335-7546; www.swordvision.net/spanishcenter; Río Potomac 423, Colonia del Valle, San Pedro) Normalerweise gibt es hier Privatunterricht, aber man kann auch in kleinen Gruppen mit anderen lernen, wenn man das möchte.

Geführte Touren

Der **Paseo Cultural en Tranvía** (20 Mex$; ⌚ Frühjahr–Sommer Di–So 16–22 Uhr, Herbst–Winter Di–So 14–20 Uhr) fährt mit einer auf alt gemachten Touristenbahn über die Gran Plaza und durch die Zona Rosa. An mehreren ausgeschilderten Haltestellen kann man den 45 Minuten dauernden Touren zusteigen, etwa vor dem Kunstmuseum im Marco und an der Ecke Padre Mier und Garibaldi.

Festivals & Events

Festival Internacional de Cine en Monterrey Zwei Wochen lang im August werden anspruchsvolle Filme aus Mexiko und aller Welt gezeigt.

Aniversario de Independencia Die größten Feierlichkeiten Monterreys finden zum Unabhängigkeitstag am 16. September statt und werden mit Feuerwerken, *musica norteña* und einem Umzug begangen.

Nuestra Señora de Guadalupe Die zweitgrößte Feier dieses mexikanischen Ereignisses am 12. Dezember beginnt schon Mitte November. Tausende von Pilgern strömen dann zur Basilica de Guadalupe.

Schlafen

Im Barrio Antiguo, dem besten Viertel zum Übernachten, hat man nur die Wahl zwischen zwei Unterkünften. In der Zona Rosa gibt es mehrere Optionen der Mittel- und Spitzenklasse, darunter Hotels internationaler Ketten. Wer nördlich der Innenstadt nahe dem Busbahnhof übernachtet, tut das wahrscheinlich, um Geld zu sparen; manchen gefällt aber auch einfach der Trubel dort. In den Luxushotels südlich vom Zentrum übernachten hauptsächlich Geschäftsleute.

Auf S. 447 sind weitere Unterkünfte in der Umgebung Monterreys genannt.

BUDGETUNTERKÜNFTE

Die Budgetunterkünfte sind schnell ausgebucht, besonders an Wochenenden. Bei den Hostels sollte man reservieren, weil die Rezeption sonst manchmal nicht besetzt ist.

Monterroco (Karte S. 434; ☎ 1365-4690; www.monterroco.com; Av Lomas de San Francisco 205, Colonia Lomas de San Francisco; B 130 Mex$, Zi. 340 Mex$; ⊠ ⁂ 💻 🏊) Das Hostel ist zwar etwas abgelegen, aber sauber und gemütlich. Der gastfreundliche Besitzer Mauricio tut alles, um seine Gäste bei Laune zu halten. Zur Ausstattung gehören Tischfußball, Pool, Grillplätze im Garten, eine voll ausgestattete Küche und kostenloses WLAN. In allen Schlafsälen (mit vier, sechs und acht Betten) gibt's Schließfächer. Vom Busbahnhof einen Bus auf der Pino Suárez Richtung Süden zur Ruta 17 nehmen. Ein Taxi schlägt mit rund 30 Mex$ zu Buche.

Hotel Reforma (Karte S. 438 f.; ☎ 8375-3268; Cuauhtémoc 1132 Nte; EZ/DZ 180/220 Mex$; Ⓜ Cuauhtémoc) Diese Zimmer, mit die billigsten der Stadt, sind nicht gerade schick, aber sauber. Kein anderer Schuppen vermietet in dieser Gegend zu diesem Preis Zimmer für die ganze Nacht.

LP Tipp **La Casa del Barrio** (Karte S. 438 f.; ☎ 8344-1800; www.lacasadelbarrio.com.mx; Montemayor 1221 Sur; B 180 Mex$, Zi. mit Gemeinschaftsbad/eigenem Bad 310/415 Mex$; Ⓜ Zaragoza; ⊠ 💻) Das freundliche Hostel in Familienbesitz liegt perfekt: im Herzen des Barrio Antiguo. Es ist ruhig und ungezwungen, sodass die Gäste oft den ganzen Abend im Innenhof verbringen und sich unterhalten. Die Schlafsäle haben zwischen vier und sieben Betten, außerdem gibt's neun gemütliche private Zimmer, kostenloses WLAN und eine Küche. Sonntags sind alle Gäste zum ebenfalls kostenlosen Grillnachmittag eingeladen. Nach Kochkursen fragen!

Hotel Mundo (Karte S. 438 f.; ☎ 8374-6850; Reforma 736 Pte; EZ/DZ/3BZ/4BZ 340/386/433/457 Mex$; Ⓜ Cuauhtémoc; Ⓟ ⁂ 💻) Eine gepflegte, gut geführte Unterkunft direkt südlich vom Busbahnhof. Die tadellosen Zimmer sind schlicht, aber hübsch eingerichtet mit Leselampen, Schreibtischen, Kabel-TV (aber ohne Fernbedienung) und Telefon. Exzellentes Preis-Leistungs-Verhältnis für Monterrey.

MITTELKLASSEHOTELS

Nur wenige Mittelklassehotels in Monterrey sind ihr Geld wert, es sei denn, man nimmt in Kauf, dass sie weitab vom Schuss liegen.

Fundador Hotel (Karte S. 438 f.; ☎ 8343-0121; hotelfundador@prodigy.net.mx; Montemayor 802 Sur; EZ/DZ 351/409 Mex$; Ⓜ Zaragoza; Ⓟ ⁂) Das weitläufige, etwas abgetakelte historische Hotel im Barrio Antiguo hat wirklich Atmosphäre. Die eigentümlich getäfelten Zimmer liegen in einem Labyrinth von Treppen und Korridoren. Standard und Größe der Zimmer variieren stark, daher sollte man sich sein Quartier vor dem Bezahlen anschauen; einige haben sogar Kühlschrank, Mikrowelle und antike Möbel. Die nach vorne sind laut, sobald es in den Kneipen des Barrio rund geht.

Hotel Del Centro (Karte S. 438 f.; ☎ 8340-8754; Zaragoza 208 Sur; Zi. 450 Mex$; Ⓟ ⊠ ⁂) Eine mit Antiquitäten dekorierte Lobby führt zu einfachen, aber gemütlichen Zimmern mit einem guten Preis-Leistungs-Verhältnis für die Gegend. Es liegt unmittelbar nördlich der Gran Plaza und ist damit günstig fürs Sightseeing, aber ungünstig fürs Nachtleben.

Hotel Colonial (Karte S. 438 f.; ☎ 8380-6800; www.hotelcolonialmty.com; Hidalgo 475 Ote; Zi. inkl. Frühstück 550–650 Mex$; Ⓜ Zaragoza; Ⓟ ⊠ ⁂ 💻 🏊) Die Unterkunft, die sehr günstig in der Zona Rosa liegt, bemüht sich um einen edlen Touch –leider erfolglos. Die Zimmer sind dennoch nicht schlecht, vor allem die teureren, renovierten. In der Lobby gibt es kostenloses WLAN.

Hotel Royalty (Karte S. 438 f.; ☎ 8340-2800; www.hotelroyalty.com.mx; Hidalgo 402 Ote; Zi. inkl. Frühstück 731 Mex$; Ⓜ Zaragoza; Ⓟ ⁂ 💻 🏊) Königlich? Keineswegs … Aber wenn die Zimmer auch dringend renovierungsbedürftig sind, ist das Hotel noch eine Klasse besser als das Colonial am selben Block. Der Pool ist winzig.

Santa Rosa Suites (Karte S. 438 f.; ☎ 8342-4200; www.santarosa.com.mx; Escobedo 930 Sur; Suite inkl. Frühstück ab 819 Mex$; Ⓜ Zaragoza; Ⓟ ⊠ ⁂ 💻) Der Laden ist viel intimer als ein gewöhnliches teures Hotel in Monterrey. Die Suiten sind schick und ziemlich groß, jede hat einen abgetrennten Wohnbereich mit Bettsofa und DVD-Player sowie einen Essbereich für vier Personen. Im dritten Stock sind ein Restaurant und eine Pianobar und überall hat man WLAN.

SPITZENKLASSEHOTELS

Radisson Plaza Gran Hotel Ancira (Karte S. 438 f.; ☎ 8150-7000; www.hotel-ancira.com; Ecke Hidalgo & Escodeba; Zi./Suite 1200/1500 Mex$; Ⓜ Zaragoza; P ⊠ ⁙ 💻) Das stilvolle Hotel aus dem Jahr 1912 ist die beste Adresse in der Zona Rosa. Es verfügt über eine filigran gestaltete barocke Fassade und eine imposante Lobby mit breiter Freitreppe, Läden und einem großen Flügel. Die Atmosphäre greift auch auf das Restaurant und die angeschlossene Bar 1900 (S. 444) über, aber kaum auf die Zimmer – die haben den üblichen Business-Standard. Das Fitnesszentrum ist groß, aber der Pool sehr klein. Bei Werbeaktionen zahlt man manchmal unter 1000 Mex$ pro Nacht.

Hotel Chipinque (außerhalb der Karte S. 434; ☎ 8173-1777; www.hotelchipinque.com; Zi. 1250, Cabaña für 6/8 Pers. 2800/3000 Mex$; P ⊠ ⁙) Außer mit der tollen Lage hoch oben im Parque Ecológico Chipinque überzeugt das Hotel mit attraktiven Zimmern und *cabañas* mit Kamin, Massagen und Tennisplätzen. Wenn nur der Service ebenso gut wäre …!

Essen

Die Spezialität von Monterrey ist *cabrito al pastor* (Zicklein vom Rost), der mehreren Legenden zufolge hier erfunden wurde. Das Gras dieser Gegend, das die jungen Ziegen fressen, soll den besonders guten Geschmack des Gerichts hier ausmachen. Einer anderen, weit verbreiteten Überzeugung nach gibt's hier auch das beste *machacado* (zermahlenes Dörrfleisch) in ganz Mexiko.

Auf einem Spaziergang durch den Barrio Antiguo findet man leicht ein gutes Lokal, aber freitags und samstags sollte man besser im Voraus reservieren. Auch in der Zona Rosa gibt es viele gute Restaurants (die Hotelrestaurants ausgenommen), was überrascht, weil sich hier jede Menge internationaler und mexikanischer Fast-Food-Läden finden.

Der Spaß hat zwar seinen (ordentlichen) Preis, aber dafür isst man im Vorort San Pedro auch hervorragend. Die guten Restaurants liegen recht weit auseinander, aber in El Centrito, einem lebendigen Viertel direkt nordöstlich des Kreisverkehrs (La Rotonda), kann man sich auch zu Fuß zu einem passenden Plätzchen aufmachen. Hier sind viele internationale Cuisines vertreten, z. B. die japanische, die koreanische, die französische und die ägyptische Küche.

GÜNSTIG

Las Monjitas (Karte S. 438 f.; ☎ 8344-6713; Escobedo 903 Sur; Hauptgerichte 25–75 Mex$; Ⓜ Zaragoza) Die Kellnerinnen sind als Nonnen verkleidet und fast jeder Quadratzentimeter ist mit bunten Fliesen bedeckt. Das Essen dieses bizarren Restaurants ist durchschnittlich, aber es ist lustig hier – und es gibt Bier. An der Kreuzung Morelos und Galeana ist noch ein Monjitas.

Mi Tierra (Karte S. 438 f.; ☎ 8340-5611; Morelos 350 Ote; Hauptgerichte 27–62 Mex$, Menü 49 Mex$; Ⓜ Zaragoza) Wer *mole* mag, wird diesen nach vorne offenen Laden in der Fußgängerzone oder seine Zweigstellen in der Zona Rosa lieben.

Mi Pueblito (Karte S. 438 f.; ☎ 8375-3756; Madero 830 Pte; Hauptgerichte 30–75 Mex$; 🕒 24 Std.; Ⓜ Cuauhtémoc) In dem niedlichen, kleinen Lokal werden mexikanische Standardsattmacher serviert. Dazu gibt es kostenloses WLAN.

Restaurant La Puntada (Karte S. 438 f.; ☎ 8340-6985; Hidalgo 123 Ote; Hauptgerichte 30–89 Mex$; 🕒 Mo–Sa 7–22 Uhr; Ⓜ Padre Mier) Das große, schlichte Restaurant bietet jede Menge mexikanische Speisen und Steaks zu fairen Preisen und hat seit 1955 eine treue Fangemeinde. Das Essen ist phantastisch.

Como En Casa (Karte S. 438 f.; Hidalgo 137 Ote; Mittagsmenü 35 Mex$; 🕒 12.30–15.30 Uhr; Ⓜ Padre Mier) Der Laden ist natürlich wegen seiner Preise beliebt, aber das Essen ist auch nicht schlecht. Man wählt eines von acht Hauptgerichten und bekommt dazu Suppe, Salat, Bohnen, Reis und ein Getränk. Wenn nichts mehr da ist, schließt das Lokal auch schon mal früher.

Restaurant Gran Plaza (Karte S. 438 f.; ☎ 8342-0457; Escobedo 480 Sur; Hauptgerichte 36–95 Mex$; 🕒 11–22.30 Uhr; Ⓜ Zaragoza; ⊠) Wer beim Erkunden der Gran Plaza Hunger bekommt, wird bei diesem beliebten Chinesen schnell satt. Das Lokal in chinesischem Besitz befindet sich einen Block die Explanada de los Héroes hinunter.

LP Tipp **La Casa de Maíz** (Karte S. 438 f.; ☎ 8340-4332; Abasolo 870; Hauptgerichte 40–60 Mex$; 🕒 Mo 18–23.30, Di–Do 18–1, Fr & Sa 14–1, So 13–22.30 Uhr; Ⓜ Zaragoza; V) Das intellektuelle Restaurant hat sich auf südmexikanische Hausmannskost auf Maisbasis spezialisiert, z. B. *memelas* (dicke Tortillas mit schwarzen Bohnen, Käse etc.), Quesadillas und *tostadas*. Man speist an handbemalten Tischen.

La Zanahoria (Karte S. 438 f.; ☎ 8372-3258; Rayón 932 Nte; Menü 52–57 Mex$; ⏰ 8–18 Uhr; Ⓜ Cuauhtémoc; Ⓥ) Das einfache vegetarische Restaurant wird von Yogaverrückten geführt und hat Dinge wie *beregena gratinada* (in Semmelbröseln gebackene Aubergine mit Tomate und Käse) und den Fleischersatz *milanesa* im Angebot. Jedes Gericht wird mit Vollkornbrot, Suppe, Salat und einem Getränk serviert.

MITTELTEUER

LP Tipp El Infinito (Karte S. 438 f.; ☎ 8989-5252; Raymundo Jardón 904; Hauptgerichte 60–135 Mex$; ⏰ 9–1 Uhr; Ⓜ Zaragoza; Ⓥ) Das sehr schöne Kulturcafé befindet sich in einem Kolonialgebäude mit tollen Fliesenböden, hohen Decken und Wänden, an denen Kunst hängt. Der Musikstil ist ruhig, aus der Konserve kommen Hintergrundmusik und Klassik, Freitag abends gibt's Livejazz auf der Dachterrasse. Im Angebot sind teure Sandwiches, Käseplatten, Pizza, Fruchtfrappés, Mango-Martinis und perfekte Espressi. Man kann Bücher lesen und manchmal werden anspruchsvolle Filme gezeigt. Pepe, der freundliche Besitzer, veranstaltet auch Touren durch die Wüste.

El Rey del Cabrito (Karte S. 438 f.; ☎ 8345-3232; Ecke Dr Coss & Av Constitución; Hauptgerichte 60–185 Mex$; ⏰ 11–24 Uhr; Ⓜ Zaragoza) Ein Wahrzeichen: Auf dem Dach des riesigen Restaurants dreht sich eine Krone und das Innere ist im Stil einer kitschigen Jagdhütte gehalten. Die Ziege auf Zwiebelbett brutzelt noch, wenn sie mit einem großen Salat und Tortillas auf den Tisch kommt. Als Vorspeise sollte man *principio de fritada* (gebratene Blutwurst) probieren. Westlich des Zentrums an der Av Constitución gibt es eine Zweigstelle.

TEUER

LP Tipp Fonda San Francisco (außerhalb der Karte S. 434; ☎ 8336-6706; Los Aldama 123 Sur, Centro; Hauptgerichte 60–300 Mex$; ⏰ Mo–Sa 13–23.30 Uhr; Ⓥ) So was hat man vorher noch nie gegessen! Die meisten Rezepte des gemütlichen kleinen Bistros sind von der vorkolonialen Küche inspiriert. Koch Herrera spricht Englisch und erklärt einem die Speisekarte, die Leckereien wie *molito de hongos* (Pilz-*mole* mit Huhn) und *pavo en pipian de cacao* (Truthahn mit Kürbiskernen und Schokoladensoße) bereithält. Direkt südlich der Av Vasconcelos; aus dem Bus 130 steigt man am Super Roma aus. Entlang der Straße an der Plaza Express (zwischen De Gollado und Neil Armstrong) soll eine Filiale eröffnet werden, die dieselbe Philosophie verfolgt, aber schicker sein und passende Weine ausschenken will.

Basiko (Karte S. 434; ☎ 8128-9065; Río Colorado 226, Colonia del Valle; 180–220 Mex$; ⏰ Mo–Do 13–23, Fr & Sa 13–1 Uhr) Auch dieses Lokal wird vom Küchenchef geleitet. Es ist bekannt für seine Zutaten aus der Ensenada des Besitzers.

Iannilli (Karte S. 438 f.; ☎ 8342-7200; Dr Coss 1221 Sur; Hauptgerichte 85–198 Mex$; ⏰ Mo–Sa 13–23, So 13–22 Uhr; Ⓜ Zaragoza) Das sehr elegante und teure italienische Restaurant hat abgegrenzte Essnischen und einen formvollendeten Service. Auf der langen Speisekarte findet man Risotto mit Steinpilzen, Gnocchi, Krabbengerichte und Pizza. Der zugehörige Mexikaner, das Madre Oaxaca, ist auch sehr gut.

Luisiana (Karte S. 438 f.; ☎ 8343-3753; Hidalgo 530 Ote; Hauptgerichte 165–412 Mex$; ⏰ Mo–Sa 12–24, So 17–24 Uhr; Ⓜ Zaragoza) In dem Klassiker arbeiten Kellner im Frack und auch sonst werden alle Schikanen eines Luxusrestaurants geboten. Die Fleisch- und Fischmenüs kombinieren Altes und Neues, Mexikanisches und Europäisches. Es gibt Gerichte wie *cabrito*, Bœuf Stroganow, indische Currykrabben und *pato al hono al'orange* (Ente à l'Orange).

Ausgehen

Die beste Kneipenszene hat das Barrio Antiguo: Hier gibt es zahlreiche schicke Läden. Auch im El Infinito (s. linke Spalte) kann man sich gut ein paar Drinks genehmigen. Die *cantinas* in der Umgebung des Busbahnhofs sollte man sich erst einmal gründlich anschauen – das Publikum ist oft etwas raubeinig.

LP Tipp Akbal Lounge (Karte S. 438 f.; ☎ 1257-2986; Abasolo 870 Ote; ⏰ Di–Sa 9 Uhr–open end; Ⓜ Zaragoza) Diese Opiumhöhle mit rotem Samt, Kronleuchtern und riesigen antiken Spiegeln betritt man über La Casa de Maíz. Hier schlürft man Cocktails und verliert sich in der Musik – Ambient- und Lounge-Musik während der Woche, sexy Elektro und Deep House an den Wochenenden. Oder man betrachtet von der tollen Terrasse die Sterne. Sonntags ist Gay-Night, aber schwulenfreundlich ist man hier die ganze Woche.

Bar 1900 (Karte S. 438 f.; Ecke Hidalgo & Escobeda; ⏰ 12–1, Fr & Sa 12–2 Uhr; Ⓜ Zaragoza) Die elegante historische Bar des Radisson Plaza Gran Hotel Ancira in der Zona Rosa hat, abgesehen von einem Faux-pas (den Großbildschirmen), viel von seiner alten Atmosphäre bewahrt. Gitarristen singen an den meisten Abenden *norteño*-Lieder. Highlight: die Whisky-Auswahl.

Unterhaltung

In Monterrey gibt es zahllose Kinos und eine aktive kulturelle Szene, was sich in Konzerten, Theater und Kunstausstellungen niederschlägt. Die besten Veranstaltungskalender sind die täglich erscheinenden „Gente"- und „Vida"-Teile der Zeitung *El Norte* sowie die kostenlose *Agenda Cultura*, die man in der Touristeninformation und einigen Museen bekommt. Geheimtipps zu „Montegay" auf www.gaymonterrey.net.

LIVEMUSIK & CLUBS

Die Clubs im Barrio Antiguo, die von der wohlhabenden Jugend Monterreys frequentiert werden, laden zum Grooven ein. Unten sind ein paar gute Läden aufgeführt, aber am besten lässt man sich einfach treiben und vertraut auf seine Ohren. El Centrito in San Pedro hat auch ein paar gute Tanzschuppen.

Café Iguana (Karte S. 438 f.; ☎ 8343-0822; Montemayor 927 Sur; ⏲ Do–Sa 9–15.30 Uhr; Ⓜ Zaragoza) Im Zentrum des alternativen Monterrey sammeln sich die Scharen tätowierter Gepiercter drinnen und draußen auf der Straße. Aus der Anlage dröhnt Punk- und Metal von Bands, die oft auch hier auftreten, ansonsten drehen DJs die Regler etwas weiter runter. Eintritt bezahlt man nur bei Konzerten.

Umabar (Karte S. 438 f.; ☎ 8343-9372; Dr Coss 837 Sur; Eintritt 100 Mex$; ⏲ Do–Sa 10–16 Uhr; Ⓜ Zaragoza) Hier geht es mehr um Stil als um Mode. Der kleine Laden auf dem Dach ist asiatisch angehaucht und legt gemischte Musik auf, von Rancid über Maná bis zu den Village People. Wer mehr auf traditionelle Tanzmusik steht, sollte das Ostende von Padre Mier aufsuchen.

La Tumba (Karte S. 438 f.; ☎ 8345-6860; Padre Mier 827 Ote; Eintritt Fr & Sa 25–60 Mex$; ⏲ Mo–Sa 7–15 Uhr; Ⓜ Zaragoza) In dem netten Schuppen, der sich selbst Kulturbar nennt, gibt's Live-*trova* und Blues auf die Ohren und Liedermacher treten auf.

Casa Amarilla (Karte S. 438 f.; ☎ 8129-0545; Ecke Morelos & Montemayor; ⏲ Mi–So 8–14 Uhr; Ⓜ Zaragoza) Die Möchtegern-Trendsetter der Kunstszene Monterreys bevölkern die mit Kunst dekorierten Räume dieses umgebauten Hauses. Die Musik reicht von Blues am Mittwoch bis Jazz am Samstag mit allem Möglichen dazwischen. Nur bei (seltenen) Live-Auftritten muss man Eintritt bezahlen.

At Loft (Karte S. 438 f.; ☎ 8342-7031; Morelos 870 Ote; ⏲ Do–Sa 8–14 Uhr; Ⓜ Zaragoza) Der dalieske Hirschkopf und die zuckenden Lichter fesseln den Blick in dieser todschicken Loungebar. Das Wochenende beginnt mit einer Auswahl grooviger Sounds und endet samstags mit Disko unten und Hip-Hop (Eintritt Männer/Frauen 80/30 Mex$) oben.

SPORT

An den meisten Wochenenden des Jahres finden Profifußballspiele statt. Die Universidad de Nuevo León Tigres spielen im **Estadio Universitario** (Karte S. 434; ☎ 8158-6450; Universidad de Nuevo León; Ⓜ Universidad), die Monterrey Rayados sind im **Estadio Tecnológico** (Karte S. 434; ☎ 8358-2000; Instituto Tecnológico de Monterrey) zu Hause. Die Spiele zwischen den beiden Mannschaften sind Großereignisse in der Stadt.

Die Sultanes, Monterreys Baseballteam, spielen von März bis August im **Estadio de Béisbol Monterrey** (Karte S. 434; ☎ 8351-0209; Parque Niños Héroes; Ⓜ Niños Héroes).

In der Stierkampfsaison (Mai–Nov.) finden sonntags um 16 Uhr *corridas* in der **Plaza de Toros Lorenzo Garza** (Karte S. 434; ☎ 8374-0450; www.monumentallorenzogarza.com; Av Reyes 2401 Nte, Colonia del Prado; Mex$140–1000; Ⓜ General Anaya) statt.

Shoppen

Die winzigen Einkaufszentren der **Unión de Artesanos de Nuevo León** (Karte S. 438 f.) an beiden Enden der Zona Rosa (Hidalgo 223 Pte, geöffnet 10–20 Uhr & Morelos 547 Ote, geöffnet 10–20.30 Uhr) bieten die üblichen Verdächtigen in Sachen Kunsthandwerk und Kitsch, ebenso die Einkaufsarkade der **Plaza Santa Rosa** (Karte S. 438 f.; Escobedo 930 Sur; ⏲ 10–20 Uhr; Ⓜ Zaragoza). **Leyenda Artisanal** (Karte S. 438 f.; ☎ 8343-7490; Escobedo 1013 Sur; ⏲ Mo–Sa 10–20, So 9–15 Uhr; Ⓜ Zaragoza) verkauft qualitativ Besseres.

LP Tipp Das **Carápan** (Karte S. 438 f.; ☎ 8345-4422; www.carapangaleria.com; Hidalgo 305 Ote; ⏲ Mo–Sa 9–19 Uhr; Ⓜ Padre Mier) spielt in einer ganz anderen Liga: Es ist Monterreys beste Adresse für *artesanía*. Der geniale Besitzer, der unzählige Tipps zu Sehenswertem und Aktivitäten in Monterrey auf Lager hat, führt Arbeiten von Museumsqualität aus ganz Mexiko.

Die Mina St im Barrio Antiguo verwandelt sich an Sonntagen in den **Corredor del Arte** (Kunstkorridor; ⏲ 10–18 Uhr), einen Mix aus Floh- und Kunsthandwerksmarkt. Es spielen auch

INTERVIEW MIT DEM CHEF: ADRIAN HERRERA

Wie haben Sie Ihren eigenen kulinarischen Weg gefunden? Ich habe mich immer für Ursprüngliches interessiert. Mein Land ist mysteriös, exotisch und rätselhaft, viele ethnische Gruppen leben hier, die Landschaft ist abwechslungsreich und es gibt viele verschiedene indigene Elemente, die unsere Küche zu einem universalen kulturellen Erbe machen. Ganz gleich, wie modern wir werden oder wie stark der ausländische Einfluss ist – die Identität der Gesellschaft wird immer lebendig bleiben. Und nach dieser lebenswichtigen Essenz suche ich.

Ich war Bildhauer und habe mich mit Steininschriften, Fossilien und primitiver Malerei beschäftigt. Ich habe unsere Ursprünge in der alten Kunst und der Biologie gesucht; als ich zu kochen begann, habe ich lediglich mein Labor gegen ein anderes getauscht, in dem die benutzten Materialien gegessen und psychologisch verarbeitet werden können und gleichzeitig eine kulturelle Reaktion auslösen. Kochen ist ein mächtiges Hilfsmittel, um zu verstehen, wer die Menschen sind: ihre Identitäten und Ursprünge, ihre Sicht von sich selbst und anderen und in gewisser Weise auch ihre Zukunft. Diese radikale Vorstellung fesselte mich.

Woher bekommen Sie Ihre Rezepte und Ideen? Direkt vom Ursprung. Ich reise in kleine Städte und ländliche Orte, ich esse, rieche, beobachte, stelle viele Fragen und wenn es geht, koche ich mit den Leuten vor Ort. Ich interessiere mich auch dafür, was zuhause auf den Herd kommt. Das ist genauso wichtig wie indigenes Kochen.

Einige Rezepte übernehme ich, wie sie sind, führe sie aber professionell aus. Andere interpretiere ich neu, verwende andere Materialien und moderne Techniken. Einige Rezepte erfinde ich auch einfach auf der Basis regionaler Produkte, der Menschen, die ich porträtieren, oder der Regionen, die ich verstehen will. Ich lese auch viel. Ein Teil meiner Leidenschaft ist es, die konzeptuelle Grundlage des Kochens zu verstehen, das Verhältnis von Materialien, Traditionen, Evolution usw. Ich recherchiere viel.

Ein Restaurant sollte kein kulinarisches Museum sein. Das Essen verändert sich mit der Gesellschaft, denn das Kochen ändert sich ständig, und das ist direkt mit der Kultur verknüpft. Aber es gibt grundlegende Rezepte und Prinzipien, die man beachten muss, weil sie fundamental für den Aufbau der Gesellschaft sind.

Wer genau hinschaut, versteht schnell, wie Basisrezepte, die die kulturelle Identität eines Landes oder einer Religion bestimmen, in neuere Versionen eingehen. Diese wirken zu modern, um eine Beziehung zu ländlichen Gerichten zu haben, aber im Kern enthalten die neuen Gerichte die alten, sie transportieren und schützen sie.

Wie reagieren Gäste normalerweise beim ersten Besuch in Ihrem Restaurant? Sie sind zuerst zurückhaltend, weil sie die meisten Rezepte nicht kennen. Sobald sie das Essen aber probieren, lösen die vielen bekannten Geschmäcker und Aromen bekannte Gefühle aus – Basis sind alte Rezepte und Orte, die sie aus der Vergangenheit kennen. Viele führt mein Essen vorübergehend von sich selbst weg auf eine spannende, erfüllende kleine Reise.

Adrian Herrera ist Besitzer und Chefkoch der Fonda San Francisco (S. 444).

Bands. Sonntags verkaufen Maler ihre Werke an der Plaza Hidalgo in der Zona Rosa.

Der **Mercado Juárez** (Karte S. 438 f.; Av Juárez; ⌚ Mo–Sa 8–19, So 8–15 Uhr; Ⓜ Alameda), der wichtigste Markt der Innenstadt, verkauft Dinge des täglichen Gebrauchs. Einen Block westlich liegt der große Lebensmittelmarkt **Mercado Mesón Estrella** (Ecke Martínez & Méndez; ⌚ Mo–Sa 6–20, So 6–16.30 Uhr). Auf beiden Märkten kann man herrlich flanieren. Auf dem Juárez gibt's außerdem viele *fondas* mit guter Hausmannskost.

Wer große Einkaufszentren, kleine Boutiquen und trendige Markenklamotten sucht, findet sie im Vorort San Pedro.

An- & Weiterreise

BUS

Der Busbahnhof **Central de Autobuses** (Karte S. 438 f.; Av Colón; Ⓜ Cuauhtémoc) ist ein eigenes Städtchen mit Restaurants, Apotheken, Telefonen, einem Internetcafé und einer **Gepäckaufbewahrung** (5 Mex$/Std.). Das Büro an der Westseite ist rund um die Uhr geöffnet. Hier ist Tag und Nacht Trubel, denn nonstop kommen Busse aus Mexiko und Texas an (s. Tabelle S. 448).

FLUGZEUG

Es gibt Direktflüge – meist täglich – in alle Städte Mexikos sowie internationale Flüge nach Houston, Dallas, San Antonio, Los Angeles, Las Vegas, Atlanta, Chicago, Madrid und Barcelona. Die meisten internationalen Ziele erreicht man am besten über Mexico City, Houston oder Dallas.

Die Telefonnummern einiger Fluggesellschaften:

Aerobus (☎ 81-8215-0150)
Aero California (☎ 8345-9700)
Aerocaribe (☎ 8356-7201)
Aeroméxico (☎ 8343-5503)
Aeroméxico Connect (☎ 8369-8537)
Air France (☎ 8343-1129)
American Airlines (☎ 8369-0941)
Aviacsa (☎ 8153-4305)
Continental Airlines (☎ 8345-2402)
Delta Airlines (☎ 8335-0912)
Lineas Azteca (☎ 8387-9249)
Mexicana (☎ 8340-5311)
United Airlines (☎ 8335-6117)

Unterwegs vor Ort

AUTO & MOTORRAD

Unter der Gran Plaza befinden sich große Tiefgaragen, die 15 Mex$ pro Stunde kosten. Ein anderes Parkhaus, östlich des Busbahnhofs an der Av Colón, hat einen Tagestarif (64 Mex$/24 Std).

Lokale und internationale Autovermietungen versammeln sich um die Kreuzung Ocampo und Carranza. Zu ihnen gehören die folgenden, die auch Büros am Flughafen unterhalten:

Advantage (Karte S. 438 f.; ☎ 8345-7334; Ocampo 429 Ote)
Budget (Karte S. 438 f.; ☎ 8369-4100; Hidalgo 433 Ote)
Payless (Karte S. 438 f.; ☎ 8344-6363; Escobedo 1011 Sur)

Wer lieber ein Auto mit Fahrer hat, sollte mit einem Taxifahrer verhandeln oder **Marcelino Hernández** (☎ 1218-3671) anrufen, der pro Stunde rund 80 Mex$ in der Stadt und 100 Mex$ außerhalb verlangt.

BUS

Häufig verkehrende Busse (6–9 Mex$) fahren fast jedes Ziel an, das man mit der Metro nicht erreicht, allerdings oft auf kreisförmigen Routen. Ein wichtiger Bus ist Bus 130, der von der Kreuzung Juárez und Hidalgo in der Zona Rosa durch San Pedro über La Rotonda (den Kreisverkehr) und dann weiter auf der Av Vasconcelos fährt. Weitere Infos gibt's im entsprechenden Kapitel zum jeweiligen Ort.

ZUM/VOM FLUGHAFEN

Der Flughafen von Monterrey liegt rund 30 km nordöstlich vom Stadtzentrum am Hwy 54. Ein Taxi von der Innenstadt kostet um die 200 bis 250 Mex$, je nach Verkehr. Es ist üblich, einen Festpreis zu vereinbaren, anstatt das Taxameter zu verwenden. An einem Schalter in der Ankunftshalle des Flughafens gibt's Tickets für ein lizenziertes Taxi, aber man kann (vielleicht!) sparen, wenn man ein Stück weitergeht und eines anhält.

Öffentliche Verkehrsmittel fahren den Flughafen nicht an. Wer jedoch ganz knapp bei Kasse ist, kann einen 2.-Klasse-Bus von Autobuses Amarillos (7,50 Mex$, 2-mal stündl. 5–20.45 Uhr) vom Busbahnhof nehmen, der etwa 1,5 km entfernt hält, und von hier aus einfach mit dem Taxi fahren.

METRO

Die **Metrorrey** (1/5 Fahrten 4,50/20 Mex$; 🕑 5–24 Uhr), Monterreys moderne, effiziente U-Bahn, hat zwei Linien. Die Hochbahn Línea 1 fährt vom Nordwesten der Stadt in die östlichen Vororte, am Parque Fundidora vorbei. Línea 2 beginnt unterirdisch an der Gran Plaza und verläuft in nördlicher Richtung am Parque Niños Héroes vorbei in die nördlichen Vororte. Die beiden Linien kreuzen sich beim Busbahnhof an der Station Cuauhtémoc.

TAXI

Taxis (alle mit Taxameter) sind überall in Monterrey zu finden und nicht überteuert. Von der Zona Rosa zum Busbahnhof oder zum Parque Fundidora bezahlt man normalerweise weniger als 30 Mex$, nach San Pedro rund 50 Mex$. Unter ☎ 8372-8800 oder ☎ 8130-0600 kann man eins bestellen.

RUND UM MONTERREY

Monterrey ist auch deshalb wunderbar, weil seine grenzenlose Energie in den friedlichen Dörfern und der atemberaubenden Natur der Umgebung ein Gegengewicht findet.

Cañón de la Huasteca

In der tiefen **Schlucht** (☎ 8191-0664; Fahrzeug 10 Mex$; 🕑 9–18 Uhr), rund 10 km von Monterreys Innenstadt entfernt, warten dramatische, 300 m hohe Felsformationen und Kletterrouten bis zu Schwierigkeitsgrad 5.13c. Der Picknickplatz und das Schwimmbecken in der Mitte sind an Wochenenden ziemlich überlaufen, was die Wildniserfahrung etwas

BUSFAHRPLAN MONTERREY

Ziel	Preis (Mex$)	Dauer (Std.)	Häufigkeit (tgl.)
Chihuahua	Deluxe 675	10	2
	1. Klasse 546	10	12
Ciudad Acuña	Deluxe 445	6½	1
	1. Klasse 385	6½	6
Ciudad Victoria	194	4	regelm.
Dallas	550	12	8
Durango	Deluxe 516	8	5
	1. Klasse 419	8	15
Houston	440	10	7
Matamoros	Deluxe 310	5	1
	1. Klasse 239	5	regelm.
Mazatlán	Deluxe 857	16	1
	1. Klasse 659	16	2
Mexico City (Terminal Norte)	Deluxe 829	11	8
	1. Klasse 638	11	regelm.
Nuevo Laredo	Deluxe 230	3	9
	1. Klasse 186	3	regelm.
Piedras Negras	Deluxe 427	5	2
	1. Klasse 350	5	7
Reynosa	Deluxe 218	3	3
	1. Klasse 178	3	regelm.
Saltillo	Deluxe 71	1¾	10
	1. Klasse 55	1¾	regelm.
San Luis Potosí	Deluxe 438	6½	3
	1. Klasse 337	6½	regelm.
Tampico	Deluxe 465	7	3
	1. Klasse 358	7	stündl.
Zacatecas	293	6½	regelm.

schmälert, aber ein Stück weiter findet man meist auch dann noch Frieden und Einsamkeit. Rund um Monterrey gibt's nur noch wenige Huicholes (s. Kasten S. 675). Sie glauben, das Leben begann in einer Ecke der Schlucht, die sie Guitarritas („Kleine Gitarren"; 15 km vom Picknickplatz) nennen. In der Semana Santa kommen sie aus ganz Mexiko her, um heilige Rituale zu vollziehen.

In Huasteca befindet sich die erste *via ferrata* Mexikos, **La Ruta Vértigo**, eine sechs bis acht Stunden in Anspruch nehmende Kletterroute mit Seilrutschen, überhängenden Leitern und Abseilmöglichkeiten. Erfahrung ist nicht nötig. Vértigo-Touren bieten z. B. Geo Aventura und Mexplore (s. Kasten S. 450) an.

Den Anfang der Schlucht erreicht man mit dem Bus Ruta 126 nach Santa Catarina (7 Mex$, 45 Min.) vom Obelisco in Monterrey.

Cascada Cola de Caballo

6 km oberhalb von El Cercado, einem 35 km südlich von Monterrey am Hwy 85 gelegenen Dorf, stößt man auf die passend benannte, schöne **Cascada Cola de Caballo** (Pferdeschwanzfall ☎ 8347-1533; Erw./Kind 30/20 Mex$; 🕒 Mai–Okt. 9–19, Nov.–April 9–18 Uhr). Das Wasser stürzt an einer breiten Wand auf schmaler Fläche 25 m in die Tiefe. Der Wasserfall ist im August und September am schönsten, aber das Wasser fließt das ganze Jahr über. Für die letzten 750 m bis zum Wasserfall kann man sich ein Pferd (30 Mex$) leihen oder eine Pferdekutsche (20 Mex$) nehmen.

In der Nähe des Zugangs zum Wasserfall werden vom selben Unternehmen der höchste **Bungeesprung** (☎ 8376-7623; www.bungee.com.mx; 330 Mex$; 🕒 Fr 15–20, Sa & So 11–20 Uhr) in ganz Mexiko (70 m) und eine **Baumkronentour** in 60 m Höhe angeboten, bei der man vier Seilrutschen und drei Abseilstrecken bewältigen muss. Hier befindet sich auch das **Hotel Hacienda Cola de Caballo** (☎ 2285-0260; www.coladecaballo.com; Zi. So–Mi 750 Mex$, Do–Sa 1325 Mex$; P ❄ ♨), eine nette Luxuslodge mit erstklassiger Ausstattung.

2.-Klasse-Busse von Autobuses Amarillos verkehren regelmäßig vom Busbahnhof in Monterrey nach El Cercado (20 Mex$, 1 Std., alle 20 Min.), wo von der Plaza aus Minibusse (15 Mex$, 20 Min., alle 15 Min.) zum Wasserfall verkehren.

Wer mit einem eigenen fahrbaren Untersatz zum Wasserfall fährt, kann einen Umweg zur nahe gelegenen Stadt **Santiago** machen, die vom Stausee La Boca aus gesehen auf der anderen Seite des Hwy 85 liegt. Hier gibt es eine hübsche *plaza principal* zu sehen, und man kann im **Las Palomas** (☎ 2285-3105; Abasolo 101; Hauptgerichte 65-215 Mex$; ⌚ So–Do 8–23, Fr & Sa 8–1 Uhr), einem der bekanntesten Restaurants Nordmexikos, *tacos de cabrito* essen. Das Luxushotel daneben hat dieselben Besitzer und dieselbe koloniale Atmosphäre.

Grutas de García

Ein beleuchteter, 2,5 km langer Weg führt durch die 16 Kammern der **Grutas de Garcia** (☎ 8347-1533; Erw./Kind 60/45 Mex$; ⌚ 9–17 Uhr), die in 1100 m Höhe in der Sierra El Fraile liegen. Die Höhlen sind durch eine spektakuläre Fahrt mit dem *teleférico* (Seilbahn) zu erreichen. Sie sind 50 Mio. Jahre alt und beherbergen eine Menge Stalaktiten, Stalagmiten und versteinerte Muscheln. Im Preis sind die Fahrt mit der Seilbahn und eine 50-minütige Führung inbegriffen.

Von Monterrey aus fahren Bus 601 vom Obelisco nahe der Zona Rosa und Bus 107 von der Villagrán in der Nähe des Busbahnhofs regelmäßig nach Villa de García (10,50 Mex$, 1 Std.), das 9 km von den Höhlen entfernt liegt. Den Rest der Strecke kann man mit dem Taxi (60 Mex$) zurücklegen. Die Leute am Ticketschalter rufen einem ein Taxi für die Rückfahrt, falls keines bereitsteht. An Wochenenden sind die Höhlen ein beliebtes Ausflugsziel, sodass man leicht jemanden findet, mit dem man sich ein Taxi teilen kann. Wer mit dem eigenen Fahrzeug kommt, nimmt von Monterrey aus Hwy 40 Richtung Saltillo; 12 km außerhalb der Stadt weist ein Schild zu den Höhlen, die 25 km weiter nördlich liegen.

Die Stadt **Villa de García** wurde vor Monterrey gegründet (die Altstadt hat man während der Arbeit an diesem Buch gerade restauriert). Sie hat zwei interessante Museen zu moderner *artesanía*, die sich traditioneller Stile und Techniken bedient oder sich von ihnen inspirieren lässt. Das **Museo El Ojo** (☎ 8363-5515; Hidalgo s/n; Eintritt frei; ⌚ Di–So 10–18 Uhr) in der Nähe der Plaza hat eine hervorragend aufbereitete Sammlung von Töpferwaren, die größtenteils massiv und ganz anders sind, als man es kennt. Sie wurden bei führenden Künstlern aus den Staaten Oaxaca, Jalisco, Puebla, Mexico und Michoacán in Auftrag gegeben. Die Sammlung der **Casa Roja** (☎ 8283-4662; Hidalgo 507; Eintritt frei; ⌚ Di– So 10–18 Uhr) weist eine größere Bandbreite an Stilen und Medien auf. In García gibt es ein paar gute Budget- und Mittelklasseunterkünfte, falls man tiefer in die Atmosphäre hier eintauchen möchte.

Potrero Chico

Die hohen Kalksteinwände von Potrero Chico, 45 Minuten nordwestlich von Monterrey und gleich westlich der Stadt Hidalgo, schüchtern schon aus der Ferne ein, aber die meisten Leute, die hierher kommen, wollen sie aus der Nähe sehen. Sie gehören zu den besten Kletterwänden der Welt. Derzeit führen 600 Routen (die größtenteils in *The Whole Enchilada,* einem Kletterführer von Dane Bass, beschrieben werden) zwischen Schwierigkeitsgrad 5.7 und 5.13d nach oben. Vor Ort stehen einem auf jedem Niveau für 80 US$ pro Person und Tag während der Hauptsaison (Okt.–April) Experten zur Seite. In der Nebensaison kann es deutlich billiger werden.

Die Gegend eignet sich auch prima zum Mountainbiken und Wandern. Beispielsweise führt ein zweieinhalbstündiger Weg auf den Gipfel des El Toro, der die Schlucht überragt.

An mehreren Stellen in der Nähe der Kalksteinfelsen werden Zimmer und Zeltplätze vermietet. Die moderne und gemütliche **Posada El Potrero Chico** (☎ 8362-6672; www.elpotrerochico.com.mx; Stellplatz 55 Mex$/Pers., Zeltmiete ab 30 Mex$, Zi. 290 Mex$, Cabaña 620–940 Mex$; P ✖ 💻 🏊) ist die beste Übernachtungsmöglichkeit. Zur Ausstattung zählen Bäder mit Warmwasseranschluss, kostenloses WLAN, Waschmaschine und ein Restaurant, das während der Hauptsaison geöffnet hat. Auch wenn man nicht hier übernachtet, kann man Spanisch lernen (107 Mex$/Std.), Mountainbikes (43 Mex$/Std.) und Kletterausrüstung mieten oder an einer Schwitzhüttenzeremonie der Nahua teilnehmen. US-Dollars sind gefragter als Pesos.

Von Monterrey unterhält Autobuses Mina einen stündlichen *directo* nach Hidalgo (22 Mex$, 1½ Std.). Dort angekommen muss

MATACANES & MEHR

Die Berge um Monterrey, von denen viele zum **Parque Nacional Cumbres de Monterrey** gehören, bieten jede Menge Gelegenheiten zu verschiedensten Aktivitäten, aber die tollen Canyoning-Möglichkeiten sind für Abenteuerlustige das Größte. Zwischen April und September, wenn die Flüsse voll sind, ist **Matacanes**, durch dessen Canyon ein mittelschwerer Canyon-Trip (6–8 Std.) mit zwei Klettertouren und Sprüngen von 27 Klippen (bis 12 m) führt, das bedeutendste Reiseziel.

Die unten aufgelisteten Ökotourismusagenturen haben einen guten Ruf, Englisch sprechende Führer und regelmäßige Wochenendtouren (also muss man nicht selbst eine Gruppe auf die Beine stellen, um den Preis zu drücken) ab 750 Mex$ pro Nase. Im Angebot sind auch weniger anspruchsvolle Ziele als Matacanes sowie Klettern, Mountainbike-Fahrten und Trekkingtouren. Auf den Websites gibt es Kalender mit den Terminen. Individuelle Touren zu denselben Zielen können jederzeit organisiert werden. Die Broschüre *Aire Libre*, die man kostenlos bei der Touristeninformation kriegt, kann bei der Entscheidung für eine Aktivität und die richtige Zeit helfen.

Geo Aventura (Karte S. 434; ☎ 8989-4301; www.geoaventura.com; Río Amazonas 9, Colonia Roma) Hat die größte Auswahl an Touren und ist der einzige Anbieter, der an jedem Wochenende des Jahres Touren macht.
Matacanes.Net (☎ 8338-5211; www.matacanes.net)
Mexplore (außerhalb der Karte S. 434; ☎ 8115-1328; www.mexplore.com.mx; Río Madeira 435, Colonia Del Valle, San Pedro)

man einem Taxifahrer den unverschämten Fixpreis von 50 Mex$ bezahlen, um ans Ziel zu kommen. Wer selber fährt, steuert am besten die Zementfabrik im Zentrum von Hidalgo an und folgt dann den Schildern.

TAMAULIPAS

Tamaulipas bietet viel Abwechslung. Die Region erstreckt sich von der Golfküste mit mehreren ruhigen, aber immer weiter aufstrebenden Badeorten über die Berge der Sierra Madre, wo man erstklassig Vögel beobachten kann, bis hin zum Río Bravo, an dem die wichtigen Grenzstädte des Nordostens liegen. Tamaulipas erfreut sich bei mexikanischen Touristen immer größerer Beliebtheit, aber die meisten Ausländer, von ein paar gut informierten Texanern mal abgesehen, übersehen es.

NUEVO LAREDO

☎ 867 / 348 000 / 148 m

Nuevo Laredo ist Mexikos geschäftigste Grenzstadt: 36 % des internationalen Handels werden über diese Stadt abgewickelt. Am bekanntesten ist es als „Narco" Laredo, eine Anspielung auf die gewaltsamen Auseinandersetzungen zwischen rivalisierenden Drogenkartellen, die den Ruf der Stadt beschmutzt haben. Man sollte so schnell wie möglich nach Süden reisen – nicht aus Angst vor einer Schussverletzung (Nuevo Laredo ist recht sicher, und die Polizei am Guerrero zeigt bis in die Nacht massive Präsenz), sondern weil die Stadt kaum mehr als zu bieten hat als billigen Schmuck, billigen Tequila und billige Tricks, wie die meisten Grenzstädte.

Ursprünglich gab es nur ein Laredo nördlich des Río Bravo, aber 1848 nach dem Mexikanisch-Amerikanischen Krieg schloss sich die Stadt den USA an. Über 100 Familien, die ihre mexikanische Staatsbürgerschaft behielten, zogen mit all ihrem Hab und Gut nach Süden: Der Legende zufolge nahmen sie auch die Särge ihrer begrabenen Verwandten mit, die sie ausgegraben hatten. Bis heute pflegen „Los Dos Laredos" sehr enge Beziehungen.

Orientierung

Zwei internationale Brücken verbinden die Laredos. Die Puente Internacional No 1 können Fußgänger für 3 Mex$ (od. 0,30 US$) und Autos für 30 Mex$ (od. 3 US$) überqueren. Die Brücke führt zum Nordende der Av Guerrero, der Hauptdurchgangsstraße von Nuevo Laredo. Puente Internacional No 2 (24 Mex$) ist Fahrzeugen vorbehalten und ermöglicht es, die Stadt über den Blvd Luis Colosio östlich zu umfahren. Jeweils am Südende beider Brücken befinden sich mexikanische Einreisestellen.

Ein dritte internationale Brücke, Puente Colombia-Solidaridad, überquert die Grenze 32 km weiter nordwestlich, sodass man beide Städte vollständig umfahren kann.

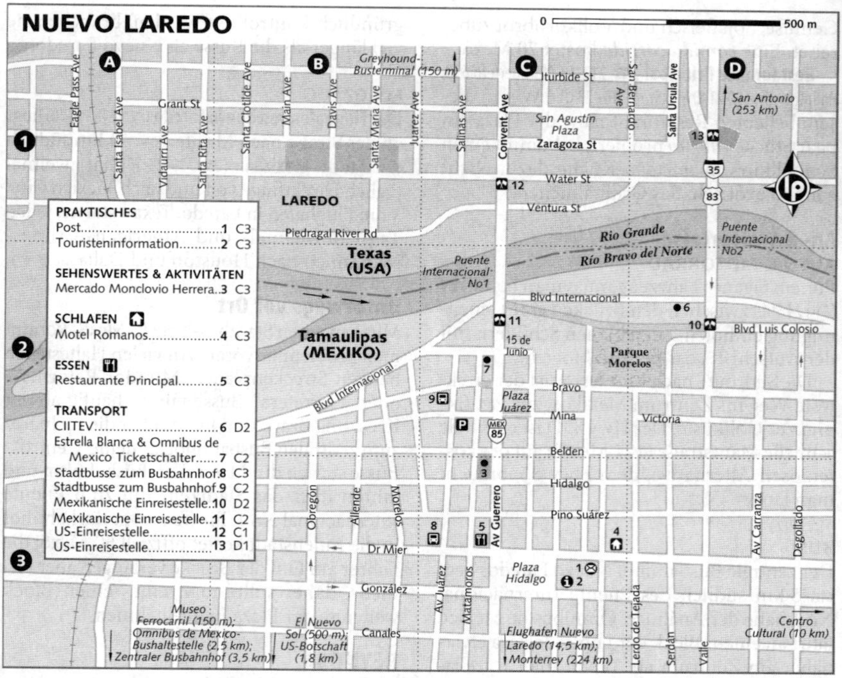

Die Av Guerrero mündet sieben Blocks weiter südlich in die Plaza Hidalgo, einen schönen gepflegten Platz mit Bühne, Uhrenturm und dem Palacio Federal. Die meisten Texaner, die auf eine Kneipentour herkommen, gehen in die großen Clubs an und östlich der Av Guerrero; in die westlich gelegenen Kneipen strömen eher raubeinige Einheimische.

Praktische Informationen

Was man braucht, gibt's größtenteils an der Av Guerrero und der Plaza Hidalgo, z. B. *casas de cambio*, Banken mit Geldautomaten, Internetcafés, Telefonläden, die **Post** (Plaza Hidalgo) und die **Touristeninformation** (☎ 712-73-97; Palacio Federal; www.nuevolaredo.gob.mx; Mo–Fr 9–17 Uhr).

Sehenswertes

Der farbenfrohe, offene **Mercado Monclovio Herrera** (El Mercado; Av Guerrero; Mo–Fr 8–20, Sa 8–21, So 9–19 Uhr) mit der üblichen Auswahl an T-Shirts, Silber, Sarapes, Schnaps und Leder, ist der wichtigste Touristenmagnet.

Wer unbedingt etwas anderes sehen will, kann sich das **Museo Ferrocarril** (☎ 713-7228; López de Lara 1106; Eintritt frei; Mo–Fr 9–17, Sa 9–13 Uhr) vornehmen. Hier im alten Bahnhof der Stadt gibt's ein paar Eisenbahnreliquien und Kunstwerke zu sehen. Oder man checkt, ob im strahlend neuen **Centro Cultural** (☎ 717-59-59; Blvd Luis Colosio) am Stadtrand was geboten ist.

Schlafen & Essen

An der Av Reforma südlich der Av Guerrero befinden sich ein paar überteuerte Hotels für Geschäftsleute und einige Mittelklassehotels, die ihr Geld wert sind. Gegenüber vom Busbahnhof gibt es sehr billige Zimmer, interessant insbesondere für Alleinreisende.

Motel Romanos (☎ 712-23-91; Dr Mier 2420; EZ & DZ ab 289 Mex$; P) Das auffällige Hotel hat Rom zum Thema, und es gibt eine Säulenfassade mit goldenen Details. Die 29 gepflegten Zimmer sind besser – und das nicht nur im Preis – als die meisten teureren Hotels im Zentrum.

El Nuevo Sol (☎ 712-39-20; Obregón 1416; Hauptgerichte 9–54 Mex$; Mo–Sa 7–21 Uhr;) In dem hellen, fröhlichen Bioladen-Café setzt man sich in eine Nische und fühlt sich, als hätte man die Stadt verlassen. Frühstück, Salate und *antojitos* werden mit frischem

Gemüse, Sojafleisch und Vollkornbrot zubereitet. Eine *comida corrida* kostet 70 Mex$.

Restaurante Principal (☎ 712-13-01; Guerrero 630; Hauptgerichte 50–140 Mex$; ⌚ 10–23 Uhr) Wer in diesem beliebten Restaurant nahe der Plaza ein paar Stücke *cabrito* probiert, bekommt einen Schnellkurs in *norteño*-Küche dazu. Nicht ganz so exotisch: das Grillhähnchen.

An- & Weiterreise

AUTO & MOTORRAD

Für ein eigenes Fahrzeug muss man bei **CIITEV** (⌚ 24 Std.) zwischen den Brücken eine Genehmigung einholen – den blauen Schildern mit der Aufschrift „car permits" folgen.

Die Südroute nach Monterrey ist der direkteste Weg ins Zentrum Mexikos, zur Pazifik- und zur Golfküste. Der Hwy 85D ist eine tolle schnelle Mautstraße (177 Mex$); auf der kostenlosen Alternative, dem Hwy 85, braucht man länger.

BUS

Der zentrale Busbahnhof Nuevo Laredos liegt ca. 5 km südlich des Puente Internacional No 1 nahe der Anáhuac. Ómnibus de México fährt an einem Block der López de Lara etwas näher am Zentrum ab. Wenn man Estrella-Blanca- und Ómnibus-de-México-Tickets an ihren Schaltern am Fuß der Brücke kauft, bezahlen die Firmen das Taxi zum Busbahnhof.

Täglich gibt es Verbindungen zu den größeren Städten Nordmexikos, darunter Ciudad Victoria, Durango, Guadalajara, Mazatlán, Reynosa, Saltillo und den folgenden Orten:

Ziel	Preis (Mex$)	Dauer (Std.)	Häufigkeit
Mexico City (Terminal Norte)	Deluxe 1061	14	3-mal tgl.
	1. Klasse 816	14	16-mal tgl.
Monclova	169	4	5-mal tgl.
Monterrey	Deluxe 230	3	9-mal tgl.
	1. Klasse 186	3	alle 20 Min.
	2. Klasse 151	6	13-mal tgl.
Tampico	518	10	5-mal tgl.
Zacatecas	475	10	9-mal tgl.

Zu ähnlichen Preisen verkehren auch ab dem **Greyhound-Busterminal** (☎ 956-723-4324; 610 Salinas Ave) in Laredo Busse in zahlreiche mexikanische Städte, aber weil sie an der Grenze oft gründlich kontrolliert werden, brauchen sie viel länger als die Busse ab Nuevo Laredo.

FLUGZEUG

Der **Flughafen von Nuevo Laredo** (☎ 718-12-70) liegt an der Straße nach Monterrey, 14 km südlich der Stadt. **Mexicana** (☎ 719-28-15) hat zweimal täglich Direktflüge von und nach Mexico City. Vom Flughafen in Laredo, Texas, starten jeden Tag Continental- und American-Airlines-Maschinen nach Houston und Dallas.

Unterwegs vor Ort

Mit dem guten Stadtbus-Netz (5 Mex$) kommt man problemlos voran. An vielen Haltestellen hängen Streckenpläne. „Mirador-Reforma"- oder „Carretera"-Busse fahren häufig ab der Kreuzung Bravo und Juárez über die Av Juárez zum zentralen Busbahnhof. „Puente-Centro"-Busse starten direkt vor dem Busbahnhof und fahren über das Stadtzentrum zum Puente Internacional No 1. Ein Taxi vom Busbahnhof in die Innenstadt kostet offiziell 50 Mex$; die Fahrer am Fuß der Brücke verlangen aber viel mehr, daher sollte man eines einen Block weiter an der Plaza Juárez nehmen.

REYNOSA

☎ 899 / 508 000 Ew. / 36 m

Reynosa, eine wichtige Grenzstadt für den Handel, ist eines der bedeutendsten Industriezentren im Nordosten von Mexiko: Hier sitzen Ölraffinerien, Petrochemie, Baumwollfabriken und *maquiladoras*. Die Stadt ist attraktiver und netter als Nuevo Laredo, aber nicht so charmant wie Matamoros. Die Tourismusbranche ist auf texanische Kurzbesucher eingestellt, die großteils die unzähligen Zahnärzte, Ärzte und Apotheker in der Stadt konsultieren. Jenseits des Río Bravo del Norte liegt der Ort McAllen. Die Stadt ist gut an das Straßennetz von Texas und Mexiko angeschlossen.

Reynosa wurde 1749 als Villa de Nuestra Señora de Guadalupe de Reynosa gegründet, 20 km vom heutigen Standort entfernt. Im Jahr 1802 musste sie aufgrund von Hochwasser verlegt werden. Reynosa war eine der ersten Städte, die sich 1810 der Unabhängigkeitsbewegung anschlossen, aber nur wenig historisch Interessantes ist erhalten geblieben.

Orientierung & Praktische Informationen

Die Straßen der Innenstadt von Reynosa sind zwischen dem Río Bravo del Norte und dem

Canal Anzalduas schachbrettartig angelegt. In der Gegend unterhalb des Puente Internacional bekommt man einen schlechten ersten Eindruck, aber ein Stück weiter sieht alles gleich besser aus. Auf der Plaza Principal, ein paar Blocks südwestlich der Brücke, sind das Rathaus, Banken, Hotels und eine Kathedrale. Die Hidalgo südlich der Plaza ist eine Fußgängerzone. Im Stadtzentrum gibt's viele *casas de cambio,* Parkplätze und einige Internetcafés.

Im Einwanderungsgebäude an der Brücke ist eine kleine **Touristeninformation** (☎ 922-51-86; Mo–Fr 8–17 Uhr), eine zweite befindet sich im dritten Stock der **Presidencia Municipal** (☎ 932-32-73; Morelos 645; Mo–Fr 8–16 Uhr).

In der Zona Rosa zwischen Brücke und Zentrum, machen am Wochenende die Texaner Party, die das daheim noch nicht dürfen. Die Kneipen um Ocampo sind nicht gerade lieblich, aber auch nicht verrucht – exotischen Tanz und Prostitution gibt's weiter westlich in Reynosas berühmter „Boys' Town".

Sehenswertes

Das kleine, bescheidene **Museo Histórico** (☎ 922-15-12; Ecke Allende & Ortega; Eintritt frei; Di–Fr 9–14 & 16–20, Sa 10–14 & 16–20, So 10–14 Uhr) von Reynosa bietet statt hipper interaktiver Exponate eine eigentümliche Kombination von alten Töpferwaren, Schreibmaschinen und historischen Stadtansichten. Im Hinterzimmer gibt's oft Ausstellungen von Arbeiten lokaler Künstler.

Viele Stände auf dem **Mercado Zaragoza** (Hidalgo; 9–18 Uhr) verkaufen westliche Kleidung und *artesanía*.

Schlafen

Reynosa hat gute Hotels aller Kategorien, sowohl im Zentrum als auch an den Straßen in die Stadt. Die billigen Häuser am Busbahnhof sind o.k., die am Puente Internacional aber sind eher nicht für Übernachtungen gedacht.

Hotel Nuevo León (☎ 922-13-10; Díaz 580; EZ & DZ 190–240 Mex$, 3BZ 215–265 Mex$, 4BZ 240–290 Mex$) Der Schuppen könnte einen neuen Anstrich vertragen, aber die Zimmer sind sauber, gemütlich und gut eingerichtet. Sie haben schon fast Charakter. Alle sind mit TV ausgestattet, die teureren haben eine Klimaanlage.

Hotel Isel (☎ 922-10-59; Chapa 1005; EZ/DZ/3BZ/4BZ ab 330/470/580/680 Mex$; P) Die geräumigen Zimmer an den gewundenen Gängen

des makellosen, gut geführten Hotels sind mit unechten Pflanzen und fröhlichen Bildern geschmückt. Es gibt ein kleines Fitnesszentrum und ein 24 Stunden geöffnetes Restaurant.

Hotel La Estancia (☎ 922-99-77; Guerrero 735; EZ/DZ/3BZ 400/450/600 Mex$; P) Das bescheidene La Estancia bietet ein optimales Preis-Leistungs-Verhältnis, wenn auch nicht alle Extras einer Luxusunterkunft. Die zwölf freundlich gestalteten Zimmer haben tolle Möbel und moderne Bäder. Man fühlt sich eher wie in einem privaten Gästezimmer als wie im Hotel.

Essen

In der Umgebung der Hidalgo gibt es jede Menge Taco- und Fast-Food-Läden; besonders gut sind die auf dem Mercado Zaragoza. Die Calle Juárez südlich der Madero scheint das Monopol für Fischrestaurants zu haben.

Cafetería y Panadería La Superior (☎ 922-96-06; Guerrero 728; Hauptgerichte 25–60 Mex$; 6–22 Uhr;) Hier gibt's keine Extras, aber jede Menge Charme – von den Toreroporträts bis zu den Kaffee trinkenden Einheimischen. Die Menschen strömen in diesen Klassiker wegen seiner *huevos con machacado*, Hühnchenfajitas, Quesadillas und Steak-Sandwiches.

Café Sánchez (☎ 922-57-22; Morelos 575; Hauptgerichte 25–145 Mex$; 7–20 Uhr) Schicke Kellner, *huevos rancheros, enchiladas suizas,* aber vor allem: Fleisch (*parrillada* mit *cabrito* & Steak 250 Mex$)!

Capellini (☎ 922-09-00; Ejército Nacional 250; Hauptgerichte 49–157 Mex$; Mo–Sa 12–24, So 12–21 Uhr) Der authentische Italiener verwendet viele importierte Zutaten. Lohnt sich!

An- & Weiterreise

AUTO & MOTORRAD

Pro Fahrzeug bezahlt man an der Brücke 2,50 US$/25 Mex$. Südöstlich der Brücke liegt das **CIITEV-Büro** (24 Std.), wo es Kfz-Genehmigungen gibt (den Schildern folgen). Über die östlich von Reynosa gelegene Pharr Bridge kann man die Stadt vollständig umfahren.

Der exzellente Hwy 40D führt ins westlich gelegene Monterrey (220 km), ist aber teuer: 194 Mex$. Der weniger gerade Hwy 40 folgt fast derselben Strecke und macht die Fahrt 30 bis 60 Minuten länger. Die guten Hwys 97 und 101 bringen einen schnell nach Tampico.

BUS

Zum an der Av Colón hinter dem Gigante-Supermarkt gelegenen Busbahnhof kann man vom Zentrum aus laufen. Busse verkehren häufig zu folgenden Zielen:

Ziel	Preis (Mex$)	Dauer (Std.)
Ciudad Victoria	192	4½
Mexico City	Deluxe 929	13
(Terminal Norte)	1. Klasse 715	13
Monterrey	Deluxe 218	3
	1. Klasse 178	3
Saltillo	207	5
Tampico	308	8
Zacatecas	489	10

1.-Klasse-Busse verkehren auch nach Chihuahua, Durango, Matamoros, Nuevo Laredo, San Luis Potosí und Veracruz in Mexiko sowie nach Houston (25 US$), San Antonio (25 US$), Austin (34 US$) und Dallas (46 US$) in Texas.

McAllen, 9 km von der Grenze entfernt, ist der nächst gelegene Busbahnhof in Texas. Die **Valley Transit Company** (in McAllen ☎ 956-686-5479) betreibt eine regelmäßige Busverbindung zwischen beiden Städten (30 Mex$, 5–21.45 Uhr). In Reynosa am Greyhound-Schalter gibt's Fahrkarten.

Die amerikanischen und die mexikanischen Einreisestellen sind jeweils am Ende der Brücke. Im Busbahnhof von Reynosa ist noch eine mexikanische Stelle, die aber nur Montag bis Freitag von 8 bis 16 Uhr geöffnet ist.

FLUGZEUG

Der **Aeropuerto General Lucio Blanco** (☎ 958-00-04) liegt 8 km südöstlich der Stadt an der Straße nach Matamoros. **Aeroméxico** (☎ 922-52-37) hat täglich drei Direktflüge von und nach Mexico City, **Mexicana** (☎ 129 69 89) zwei.

Unterwegs vor Ort

Peseros (wie die Busse hier heißen) fahren überall in Reynosa. Um in die Stadt zu kommen, geht man vor dem Busbahnhof nach links über den Gigante-Parkplatz zur Av Colón. Fast alle Stadtbusse (5 Mex$), die hier halten, fahren zur Plaza.

Die meisten Taxis haben ein Taxameter und nehmen für die Fahrt zwischen Busbahnhof und Zentrum rund 20 Mex$.

MATAMOROS

☎ 868 / 423 000 Ew. / 8 m

Matamoros ist nicht gerade ein kulturelles Highlight, hat aber mehr zu bieten als jede andere mexikanische Stadt an der Grenze zu

Texas. Es gibt eine Reihe historischer Gebäude, ein ordentliches Museum für moderne Kunst und einige schicke Restaurants. Hier lässt es sich aushalten, trotz der vielen Tagesausflügler von *el otro lado* (der anderen Seite).

Auf der schattigen Plaza der Stadt gibt es eine schöne, blau geflieste Bühne im Mudéjar-Stil und mehrere Springbrunnen. An ihrer Westseite steht eine Kathedrale im gotischen Stil mit zwei Glockentürmen und einer verstaubten rosa Fassade. Westlich und südlich der Stadt sitzen rund 150 *maquiladoras*.

Kapitän Juan José de Hinojosa, der die Gegend 1706 erkundete, nannte sie Los Esteros Hermosos („die schönen Flussmündungen"). 1765 siedelten sich 13 Familien am Südufer des Flusses an. Später wurde die Stadt nach Padre Mariano Matamoros benannt, der bei Mexikos Unabhängigkeitskampf starb.

1846 griffen mexikanische Truppen von Matamoros die amerikanischen Soldaten an, die in Fort Texas (später Fort Brown) auf der anderen Seite des Río Bravo del Norte stationiert waren. Die Truppen unter General Zachary Taylor machten kurzen Prozess mit den Mexikanern, nahmen Matamoros ein und rückten südwärts nach Mexico City vor.

Orientierung

Matamoros liegt am Río Bravo gegenüber Brownsville, Texas. Der günstigste Grenzübergang ist der **Puente Nuevo** (Internationale Durchgangsbrücke; ⌚ 24 Std.), aber über den 3 km östlich gelegenen **Puente Zaragoza** (Veteranenbrücke; ⌚ 6–24 Uhr) erreicht man den Süden Mexikos schneller. An beiden gibt's Einreisestellen (24 Std. bzw. 6–22 Uhr), eine weitere ist am zentralen Busbahnhof (6–22 Uhr).

Vom Südende des Puente Nuevo führt die Av Obregón in die Innenstadt, 1,5 km südwestlich. Im Stadtzentrum sind die Fußgängerzone Abasolo und die Plaza Hidalgo.

Praktische Informationen

In der Umgebung der Plaza Hidalgo gibt es zahlreiche Internetcafés und Banken mit Geldautomaten. Die **Scotiabank** (Ecke Morelos & Calle 6; ⌚ Mo–Fr 9–17, Sa 10–15 Uhr) tauscht Reiseschecks und über die Stadt verteilen sich viele *casas de cambio*. Die **Post** (Ecke Calle 11 & Río Bravo; ⌚ Mo–Fr 9–15 Uhr) liegt südlich vom Zentrum, die nette **Touristeninformation** (☎ 812-02-12; www.ocvmatamoros.com.mx; Obregón s/n; ⌚ Mo–Sa 9–17 Uhr) unmittelbar südlich vom Puente Nuevo. Einige der Angestellten sprechen Englisch.

Matamoros ist nicht besonders gefährlich, aber nach Ladenschluss, der meist sehr früh am Abend ist, sollte man außerhalb der Abasolo-Fußgängerzone und der Plaza Hidalgo nicht mehr durch die Innenstadt laufen. Nach Einbruch der Dunkelheit wird es an der Plaza Allende zwielichtig.

Sehenswertes

Das hervorragende **Museo de Arte Contemporáneo de Tamaulipas** (MACT; ☎ 813-14-99; www.macttamaulipas.com; Ecke Calle 5 & Constitución; Erw./Kind 15/10 Mex$, Mi Eintritt frei; ⌚ Di–Sa 9.30–18, So 12–17 Uhr) stellt erstklassige Fotos, Skulpturen und Gemälde aus. Das Gebäude selbst ist ein Denkmal moderner Architektur mit einem labyrinthischen Innern und schrägen Wänden über polierten Betonfußböden. Im Foyer kann man sehr gute *artesanía* aus der Region kaufen.

Das **Museo Casamata** (☎ 813-59-29; Ecke Guatemala & Degollado; Eintritt frei; ⌚ Di–Fr 8.30–16.30, Sa & So 9–14 Uhr) befindet sich in den Überresten einer Festung von 1845, die von den ursprünglichen Verteidigungsanlagen der Stadt als einzige erhalten geblieben sind, und in ein paar neueren Gebäuden. Es erläutert die Stadtgeschichte anhand alter Fotos, Artefakte und einiger englischsprachiger Tafeln.

Eine faszinierende Geschichte hat die **Casa Cross** (☎ 812-23-25; Ecke Calle 7 & Herrera; Eintritt frei; ⌚ Mo–Fr 9–14 Uhr), eine teilrestaurierte Backsteinvilla mit schicken Veranden und Dachfenstern, die aus New Orleans stammen könnten: Sie wurde 1885 als Haus von Meliton Cross fertiggestellt, dessen Vater aus South Carolina floh, als seine Familie entdeckte, dass er in eine schwarze Sklavin verliebt war, die ihn während einer schweren Krankheit gepflegt hatte. Das Paar heiratete und ließ sich in Matamoros nieder. Die Möbel sind zwar neu, zerstören die Atmosphäre aber nicht.

Das **Museo del Agrarismo Mexicano** (☎ 837-05-27; Hwy Playa Bagdad Km 6,5; Eintritt frei; ⌚ Di–Fr 9–17, Sa & So 9–14 Uhr), ein Gebäude in Knallorange, 200 m nördlich vom Highway, ist der *ejido*-Bewegung (Kampagne, die im 20. Jh. privates Ackerland in Gemeinbesitz umwandelte) und der mexikanischen Revolution in Tamaulipas gewidmet. Wer kein Spanisch kann, versteht nix, aber die alten Gewehre und Geräte sind trotzdem schön. Man nimmt einen Bus zur Playa Bagdad ab der Plaza Allende oder einen der häufigeren Busse östlich nach Technológico-Esperanza (meist „Tec-Esp" abgekürzt) über die Independencia oder Lauro Villar.

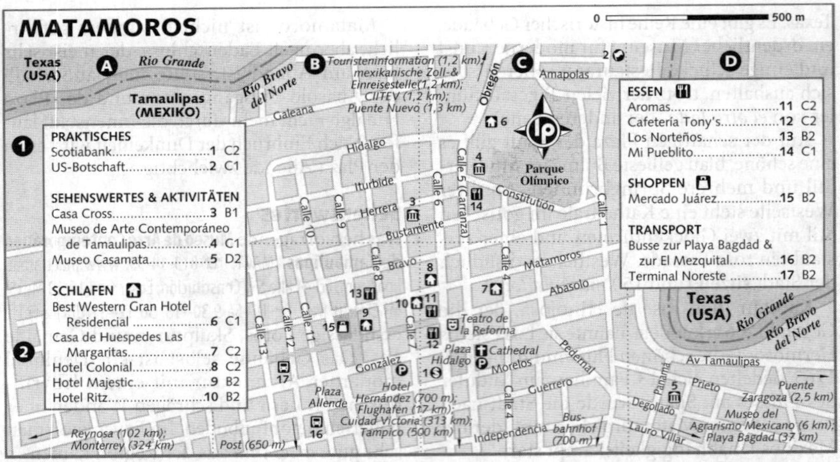

PLAYA BAGDAD

Der Badeort, der Matamoros am nächsten ist, ist recht heruntergekommen, liegt aber an einem langen, relativ sauberen Sandstreifen 37 km östlich der Stadt. Der Hafen am mexikanischen Ufer des Río Bravo nördlich von Matamoros war einst reich und der Legende nach tauften ihn Texaner „Bagdad", die über seinen Wohlstand (größtenteils durch Schmuggel) staunten. 1889 zerstörte ein Wirbelsturm die Siedlung und heute scheint sich niemand mehr zu fragen, wie der Name auf den Badeort überging. Playa Bagdad ist nun ein kleiner Fischerort mit einigen alternden *cabañas* und einer schier endlosen Reihe von Strandrestaurants aus sturmfesten Bretterverschlägen. In der heißen Jahreszeit (Juni–Sept.) und während der Semana Santa parken Massen von Autos am Strand, aber im restlichen Jahr findet man schon ein paar Schritte vom Busbahnhof ein ruhiges Plätzchen am Strand. Große Luxusresorts sollen in Planung sein, aber vielleicht ist das eher ein Traum. Moderne Minibusse (25 Mex$, 1 Std.) fahren von der Calle 10 an der Westseite der Plaza Allende hin, meist stündlich, zu Stoßzeiten aber auch öfter. Der letzte Bus nach Matamoros fährt normalerweise um 20 Uhr.

Shoppen

Auf dem neuen Markt, dem **Mercado Juárez** (Mo–Sa 9–18, So 9–16 Uhr), gibt's den üblichen Schnickschnack – mexikanisches Kunsthandwerk und Mitbringsel –, aber auch ein paar außergewöhnliche Kunsthandwerksläden.

Schlafen

Wie in den meisten Grenzstädten Mexikos bekommt man in Matamoros nicht besonders viel für sein Geld. Die billigen Unterkünfte sind sehr einfach, aber die Mittelklasse bietet ein paar ordentliche Optionen.

Hotel Majestic (☎ 813-36-80; Abasolo 131; EZ/DZ 170/240 Mex$) Die sauberen, wenn auch etwas düsteren Zimmer haben Warmwasser und Kabel-TV und an der Rezeption stehen sogar Süßigkeiten. Weniger deprimierend als das Hotel México in derselben Straße.

Casa de Huespedes Las Margaritas (☎ 813-40-24; Calle 4 No 179; EZ & DZ/3BZ 200/250 Mex$;) Die verwohnte, aber fröhlich-freundliche Unterkunft hat 10 Zimmer (mit Warmwasser und Kabel-TV), die um einen bunten Innenhof mit vielen Pflanzen liegen.

Hotel Hernández (☎ 812-55-45; www.hotelhernandez.com; Ecke Calle 6 & Laguna Madre; EZ/DZ ab 395/505 Mex$; P) Vier Stockwerke mit altmodischen, aber gemütlichen Zimmern (mit WLAN) um einen Hof mit riesigen Palmen. Es sieht fast aus wie aus einem Hollywood-Film. Das Hotel liegt nahe dem Zentrum und ist mit dem Auto leicht zu erreichen.

Hotel Ritz (☎ 812-11-90; www.ritzhotel.org; Matamoros 612; EZ/DZ/3BZ 500/600/700 Mex$; P) Das Ritz hat eine schrille purpurne Fassade und nüchterne Zimmer, die mit schönen Holzbetten, Schreibtisch, Safe und WLAN aufwarten. Es gibt ein Geschäfts- und ein kleines Fitnesszentrum sowie eine Pianobar.

Hotel Colonial (☎ 816-66-06; www.hcolonial.com; Matamoros 603; EZ/DZ inkl. Frühstück 553/598 Mex$;

(P) Von den gusseisernen Lampen der Lobby bis zu den tollen Spiegeln und Holzmöbeln der Zimmer atmet das schönste Hotel Matamoros den Charme der Alten Welt, ergänzt um moderne Extras wie WLAN.

Best Western Gran Hotel Residencial (813-94-40; www.bestwestern.com; Obregón 249; EZ & DZ/3BZ inkl. Frühstück 997/1164 Mex$; P) Langweilig – wie alle amerikanischen Kettenhotels eben. Die 115 Zimmer des flachen Hotels mit allen Extras gruppieren sich um ein weitläufiges, grünes Gelände mit zwei Pools. Dazu gehören ein beliebtes Restaurant und eine Cocktailbar.

Essen & Ausgehen

Es gibt viele schicke Restaurants und einige einfache, denen mehr an Leiblichem als an Stil liegt. Die billigen Stände an der Plaza Allende sind gut, um Lokales zu probieren. An der Obregón sind Kneipen, die von jungen, durstigen Texanern am Laufen gehalten werden.

Cafetería Tony's (Calle 6 No 171; Hauptgerichte 20–46 Mex$;) Wegen der Kombination von gutem Essen (Frühstück, *antojitos*, Tacos und Sandwiches) mit niedrigen Preisen ist der schlichte Laden meist voll. Man muss also vielleicht auf einen Platz warten, aber das ist auch schon das einzige Negative hier.

Los Norteños (813-00-37; Matamoros 109; Hauptgerichte 30–95 Mex$) Der Himmel für Fleischfans: Das einfache, aber hervorragende Lokal serviert *cabrito*, Steak und Huhn, alles über einer riesigen Holzkohlefeuerstelle zubereitet.

Mi Pueblito (816-05-86; Ecke Calle 5 & Constitución; Hauptgerichte 50–125 Mex$; 7–24 Uhr, Fr & Sa bis 1 Uhr) Das tolle Restaurant gegenüber vom MACT hat ein hohes Strohdach und bunte Stofftischdecken. Die Speisekarte hält mexikanische Klassiker bereit, aber das beste Preis-Leistungs-Verhältnis bietet das sättigende Mittagsmenü (77 Mex$, 12–16 Uhr) inklusive Getränk und Suppe. 200 Tequilas stehen zur Auswahl.

LP Tipp **Aromas** (812-62-32; Calle 6 No 181; Hauptgerichte 62–180 Mex$; So–Do 7–24, Fr & Sa 7–2 Uhr od. länger) Der hippste Laden von Matamoros ist für viele Künstler und Intellektuelle die zweite Heimat. Im Erdgeschoss befindet sich ein Restaurant mit Avantgarde-Gemälden an nackten Backsteinwänden und einer intimen Gartenterrasse. Hier genießt man Frühstück (14–58 Mex$), sättigende Salate, Crêpes mit Obst und gekonnte Hauptspeisen wie Pasta und Meeresfrüchte. Es ist etwas teuer, aber die *comida corrida* (49 Mex$) mit Suppe, Getränk und Nachspeise ist ein guter Deal. Die Bar oben mit ihren modernen Nischen eignet sich perfekt für ein paar Cocktails. An Wochenenden gibt's Live-*trova*, sonst Jazz und anderes Entspannendes vom Band.

An- & Weiterreise

AUTO & MOTORRAD

Von und nach Brownsville zahlt man 24 Mex$ (2,25 US$). Auf der mexikanischen Seite im **CIITEV-Büro** (Puente Nuevo 24 Std., Puente Zaragoza 6–21 Uhr) eine Genehmigung fürs Auto holen.

Die Hauptstraße ins Landesinnere ist der Hwy 101 Richtung Südwesten nach Ciudad Victoria und in die Bajío-Region. Hwy 180 zweigt südlich nach Tampico ab. Die zweispurigen Straßen sind gut und kostenlos. Hwy 2D führt ins westliche Reynosa, von wo man mit Hwy 40 oder 40D nach Monterrey gelangt.

BUS

Im zentralen **Busbahnhof** (Canales) ist ein Einwanderungsbüro und eine Gepäckaufbewahrung (5 Mex$/Std.). Täglich gelangt man von Matamoros u. a. in folgende Städte:

Ziel	Preis (Mex$)	Dauer (Std.)	Häufigkeit
Ciudad Victoria	197	4	alle 30 Min.
Mexico City (Terminal Norte)	Deluxe 969	13	2-mal tgl.
	1. Klasse 710	14	14-mal tgl.
Monterrey	Deluxe 310	5	1-mal tgl.
	1. Klasse 239	5	alle 20 Min.
Tampico	Deluxe 486	7	2-mal tgl.
	1. Klasse 305	7	stündl.
Veracruz	Deluxe 986	16	1-mal tgl.
	1. Klasse 740	18	4-mal tgl.
Zacatecas	498	12	13-mal tgl.

Es verkehren auch Busse zu zahlreichen anderen Zielen, u. a. nach Chihuahua, Durango, Guadalajara, Reynosa, Saltillo und San Luis Potosí. Tägliche Verbindungen gibt's außerdem in alle Ecken der USA, z. B. nach Houston (25 Mex$), Dallas (46 Mex$) und Chicago (120 Mex$). Greyhound, das hier ein Büro unterhält, hat ähnliche Preise wie die mexikanischen Unternehmen.

Wer nach Monterrey, Reynosa oder San Luis Potosí will, kann vom **Terminal Noreste**

(☎ 813-40-50; Ecke Abasolo & Calle 12) abfahren, das näher am Stadtzentrum liegt, von dem aber auch weniger Verbindungen abgehen.

Auch vom **Busbahnhof in Brownsville** (☎ 956-546-7171; 1134 E St Charles), Texas, fahren zu vielen Orten Mexikos Busse, aber wegen der Grenzformalitäten geht es meist schneller, wenn man über die Brücke läuft und dort ein Transportmittel zum Busbahnhof von Matamoros nimmt.

FLUGZEUG

Der **Matamoros International Airport** (☎ 812-24-67) liegt 17 km von der Stadt entfernt an der Straße nach Ciudad Victoria. **Aeroméxico Connect** (☎ 922-52-37) fliegt zweimal täglich direkt nach Mexico City. Continental Airlines starten von Houston nach Brownsville.

Unterwegs vor Ort

Stadtbusse in Matamoros heißen *peseros* und kosten 5 Mex$. Direkt östlich des Busbahnhofs an der Ecke Louis Aguilar hält der „Juárez"-Bus ins Zentrum. Zurück zum Busbahnhof nimmt man denselben Bus Richtung Süden von der Calle 8 aus. „Puente"-Busse fahren auf der Calle 1 direkt westlich vom Busbahnhof zur Grenze. In die Gegenrichtung nimmt man hinter der Touristeninformation einen „Colonia 20 de Noviembre"- (meist kurz „Col 20"-) oder „Central de Autobuses"-Bus.

„Centro"-Stadtbusse, die ebenfalls hinter der Touristeninformation abfahren, bringen einen zur Plaza Hidalgo, aber am besten steigt man vor García's Kunsthandwerksladen, südlich der Brücke an der Av Obregón, in einen der kostenlosen Busse (9–17 Uhr, ca. alle 15 Min.), die am Mercado Juárez halten.

Viele Taxifahrer wollen überzogene 100 Mex$ (oder noch mehr) von der Grenze oder dem Busbahnhof ins Zentrum, obwohl der offizielle Preis zur Zeit der Recherche bei 50 Mex$ lag.

Die Stadt unterhält für Tagesausflügler eine Art **Straßenbahn** (40 Mex$) zwischen Grenze, Mercado Juárez, Plaza Hidalgo, Museo Casamata und Kunstmuseum. Diese fährt zwischen 9.40 und 16.40 Uhr stündlich an der Touristeninformation ab. Man kann den ganzen Tag überall ein- und aussteigen.

NÖRDLICHE GOLFKÜSTE

Auf den Hwy 101 und 180 sind es 500 km von Matamoros bis Tampico. Anfangs fährt man durch topfebene Maisfelder, gelangt dann aber ins Vorgebirge der Sierra Madre Oriental. Aus Acker- wird Weideland, und die Landschaft wird schöner. Die wichtigsten Orte an der Strecke sind **San Fernando** (137 km von Matamoros), **Soto La Marina** (267 km) und **Aldama** (380 km); hier gibt es Budget- und Mittelklassehäuser, falls man die Fahrt unterbrechen will, und man kann sich mit Bargeld versorgen – in den Küstenorten finden sich nämlich weder Banken noch Geldautomaten.

Von den genannten Städten und zwischen diesen zweigen Straßen nach Osten in die Fischerdörfer an der Küste ab, die meist aus Lagunen und vorgelagerten Sandstreifen besteht. Die längste Lagune ist mit 225 km die ehemalige Mündung des Río Bravo del Norte, die **Laguna Madre**. (Sie ist Mitte des 20. Jhs. ausgetrocknet und zwang die Menschen so, abzuwandern. Als ein Wirbelsturm sie 1967 wieder auffüllte, siedelten sich hier Leute aus Veracruz an.) Die Lagunen, Sanddünen und Feuchtgebiete der Küste bilden ein einzigartiges Ökosystem mit zahlreichen Vogelarten, wo man toll angeln kann. Mit etwas Glück sieht man sogar Wale aus dem Meer auftauchen.

Alle Hotels an der Küste sind überteuert, aber man kann meist handeln, vor allem an Wochentagen. An den Grillplätzen, die fast alle Hotels haben, kann man seinen Fang zubereiten. Man darf meist am Strand zelten, fragt aber besser vorher nochmal die Einheimischen.

El Mezquital

Rund 20 km südlich von Matamoros zweigt kurz hinter dem Flughafen eine Straße ab, die 60 km durch Marschland führt, bevor sie dieses kleine Fischerdorf auf dem langen schmalen Landstreifen erreicht, der die Laguna Madre vom Golf trennt. Das Dorf hat einen Leuchtturm und einen Strand, aber man kommt vor allem her, um eine andere Seite Mexikos zu sehen: Die Holzbuden und -häuser sind der Inbegriff der Baufälligkeit.

Es gibt mehrere Lokale, aber nur eine Unterkunft, das **Hotel La Isla** (Zi. 200 Mex$; P), einen derben Schuppen, der kaum noch Gäste hat, seit die Kneipe geschlossen hat, die für den größten Teil der Kundschaft sorgte.

Busse (30 Mex$, 2½ Std.) nach El Mezquital fahren um 6.30 und um 15 Uhr ab der Plaza Allende in Matamoros, oder man nimmt einen Bus nach Pereño (9,50 Mex$, 1 Std.), der dort alle sechs Minuten wegfährt. Am Endhalt raus und eines der Sammeltaxis vor dem Super T nehmen (50 Mex$, 1 Std.), die losfahren, wenn sie voll sind (was meist rasch geht).

Carbonera & Punta de Piedra

Von San Fernando führt eine recht gute Straße in ein weiteres Fischerdörfchen an der Laguna Madre: **Carbonera**. Sein kleiner Leuchtturm ähnelt der Olympischen Fackel. Bei der vorgelagerten Insel bekommt man zwischen April und Oktober fast sicher Delphine zu sehen. Fischer bringen einen gerne hin; der Preis hängt von der Entfernung ab, die man zurücklegt (man bezahlt vor allem das Benzin, weniger die Zeit), und dürfte um die 400 Mex$ liegen. Zwischen dem Ortseingang und dem mittelmäßigen Strand La Playita liegen ein paar einfache Lokale und das spartanische **Hotel Delfín** (Zi. 350 Mex$; P), die einzige Unterkunft in Carbonera.

16 km weiter liegt an der Lagune das noch kleinere Fischerdorf **Punta de Piedra.** Die acht Zimmer seines **Hotels Playa Bonita** (☎ 841-846-99-49; Zi. 400 Mex$; P ✕) sind nicht luxuriös, aber neuer und schöner, als man von außen erwartet. Die Besitzer organisieren Boote fürs Angeln und zur Delphinbeobachtung und sie machen einem auch ein Abendessen – das ist super, denn der einzige *comedor* des Dorfes hat abends zu. Das Hotel hat kein Schild; einfach so weit nach Süden fahren wie möglich.

Um von San Fernando aus nach Carbonera und Punta de Piedra zu kommen, geht man vom Busbahnhof aus nach links zur Ampel, biegt links in die Allende ein und läuft einen halben Block zu der kleinen gelben Station, an der etwa alle zwei Stunden Minibusse (Carbonera 30 Mex$, 1 Std.; Punta de Piedra 40 Mex$, 90 Min.) abfahren.

La Pesca

Hwy 52 bringt einen von Soto La Marina ins 50 km östlich gelegene La Pesca, einst Fischerdorf, heute Badeort. Familien aus Ciudad Victoria und Monterrey sowie einige Texaner kommen an Wochenenden zum Sonnenbaden und Angeln hierher. Im Río Soto La Marina und in der Laguna Morales gibt es viele Glas-, Rot- und Schwarzbarsche sowie Königsfische, und vor der Küste tummeln sich u. a. Königsmakrelen und Rote Schnapper. Viele Hotels organisieren Boote mit Angelführer für 800 Mex$ pro Tag, und einige haben sogar beleuchtete Stege zum Nachtangeln.

Der lange, breite Sandstrand **Playa La Pesca**, 5 km östlich der Stadt, liegt im Schatten vieler *palapas*; man muss sehr weit laufen, bis man an einen einigermaßen sauberen Abschnitt kommt. Den größten Teil des Jahres ist er beinahe menschenleer, aber während der Semana Santa und im Sommer wird's rappelvoll.

Die Unterkünfte von La Pesca befinden sich fast alle in der Stadt oder am Fluss weiter westlich, aber selten am Strand. Das einfache **Hotel Titanic** (☎ 835-327-06-04; EZ & DZ 250 Mex$, 3BZ & 4BZ 300 Mex$; P ✕) ist eines der typischen Billighotels in der Stadt; ein Zimmer mit Ventilator kostet 200 Mex$. Das etwas gehobenere **Rivera del Río** (☎ 835-327-06-58; EZ/DZ 400/800 Mex$; P ✕) ist da schon besser. Die 37 Zimmer sind geräumig und etwas kahl, aber die gepflegte Anlage ist toll. Es gibt einen Pool oberhalb des Flusses und ein gutes Restaurants. Unter der Woche und in der Nebensaison kann man Rabatte aushandeln.

Die Restaurants von La Pesca sind kaum der Rede wert. Das einzige Besondere ist hier, im **Restaurant Posada** (☎ 835-327-80-00; Hauptgerichte 30–70 Mex$; So–Do 8–20, Fr & Sa 8–22 Uhr), neben dem Leuchtturm an der Playa la Pesca, bei Meeresfrüchten und ein paar Drinks unter dem großen Strohdach oder hinten am Fluss zu entspannen.

Zehn 2.-Klasse-Busse von Transportes Tamaulipecos de la Costa verbinden täglich den Busbahnhof von Ciudad Victoria und die Playa La Pesca (105 Mex$, 3 Std.). Sie halten auch an der Hauptplaza von Soto La Marina, eine Stunde von La Pesca (28 Mex$) entfernt.

Barra del Tordo

Im schön am Río Carrizal gelegenen Dörfchen Barra del Tordo gibt's vermutlich mehr Boote als Einwohner. Außerhalb des vielleicht charmantesten Ortes an diesem Küstenstreifen ist ein großes Golfresort in Planung, aber das dürfte das Dorf selbst kaum verändern.

Wenn man die Brücke am östlichen Ende des Dorfes überquert, sind es nur noch zehn Minuten bis zu einem breiten, sauberen und fast immer menschenleeren Sandstrand. Etwas entfernt erstreckt sich die Playa No 2 (die Straße zweigt 4 km vor dem Ort ab) mit *palapas*, ein paar *comedores* und einem Schildkrötenschutzzentrum (s. Kasten S. 460).

Das freundliche, funktionale **Hotel La Esperanza** (☎ 833-192-95-29; Zi. 300–500 Mex$; P ✕) ist super als Ausgangspunkt. Einige der Zimmer sind eher Bananenkisten, andere groß und gemütlich. Vom Restaurant oben blickt man auf die flache Lagune. Auf der anderen Straßenseite am Fluss liegt das ebenfalls ordentliche **Hotel Jarocho** (☎ 836-274-18-58; Zi. 350–500 Mex$; P ✕). Die nicht gerade billigen **Villas**

del Tordo (☎ 834-314-14-99; www.villasdeltordo.com; EZ & DZ/3BZ & 4BZ 1000/1200 Mex$; P), an der Zufahrtsstraße zählen zu den wenigen Unterkünften an der nördlichen Golfküste mit angemessenem Preis-Leistungs-Verhältnis. Die modernen, gelben Gebäude verteilen sich über ein grünes Gelände an einem kleinen See. Hier kann man relaxen oder sich mit Reiten, Angeln, Basketball oder dergleichen fit halten. An Wochentagen bezahlt man 200 Mex$; für 200 Mex$ mehr hat man auch eine Küche.

Ächzende, alte Minibusse (25 Mex$, 1 Std., 6 tägl.) verbinden den Ort mit der 43 km westlich gelegenen Stadt Aldama. Dort fahren sie vor dem Supermercado Wendy's südwestlich der Plaza an der Kreuzung Constitución und Matamoros ab. Ein Taxi vom Highway zu Wendy's sollte nicht über 30 Mex$ kosten.

CIUDAD VICTORIA

☎ 834 / 278 500 Ew. / 230 m

Die 1750 gegründete Ciudad Victoria wurde später nach dem ersten Präsidenten Mexikos benannt. Sie ist zwar Staatshauptstadt, wirkt aber provinziell und nicht gerade aufregend. Allerdings ist es ganz nett, in der friedlichen Atmosphäre hier zwischen den historischen Gebäuden umherzuschlendern.

Orientierung

Das Stadtzentrum ist im Schachbrettmuster angelegt. Die in Nord-Süd-Richtung verlaufenden Straßen haben sowohl eine Nummer (Calle 7, Calle 8 usw.) als auch einen Namen (Díaz, Tijerina usw.). Die Hauptgeschäftsstraße ist die Hidalgo zwischen Plaza Hidalgo, der alten *plaza de armas* und Plaza Juárez (auch Plaza de Gobierno oder Plaza Hidalgo 15); die Kids hängen nach der Schule hier ab.

Praktische Informationen

F@xitel (Calle 9 No 226; 7 Mex$/Std.) Schneller Internetzugang.

HSBC (Ecke Hidalgo & Calle 10; Mo–Fr 8–19, Sa 9–15 Uhr) Löst Reiseschecks ein.

Post (Ecke Calle 8 & Morelos; Mo–Fr 8–15 Uhr) Im Rathaus.

Touristeninformation (☎ 315-60-97; http://turismo.tamaulipas.gob.mx; Hernán Cortes 129; Mo–Fr 8–21, Sa & So 9–15 Uhr) Im El Peñón-Gebäude.

Xaman Tours (☎ 316-35-65; www.xaman.com.mx; Calle 14 No 1868; 9.30–13.30 & 16–20 Uhr) Veranstaltet an den Wochenenden regelmäßig Kanu-, Kajak- und Abseiltrips und vermittelt Führer für alle anderen Aktivitäten in den Bergen um die Stadt und anderswo.

Sehenswertes & Aktivitäten

Das **Museo Tamux** (☎ 315-12-15; www.tamux.gob.mx; Blvd Fidel Velázquez; Erw./Kind & Student 30/15 Mex$; Di–Sa 10–18 Uhr, letzter Einlass 17 Uhr) ist ein exzellentes interaktives Museum für Naturgeschichte. Von Asteroiden über Klonen bis zu Dinosauriern wird alles thematisiert. Es gibt auch ein paar coole Fossilienmodelle. Die große orangefarbene Kugel ist ein Planetarium. Unter ihr befindet sich ein **botanischer Garten** (Eintritt frei; 8–16 Uhr). Es gibt keine Busse hierher oder auch nur in die Nähe.

Das tolle **Museo Regional de Historia de Tamaulipas** (☎ 315-14-56; Ecke Calle 22 & Allende; Eintritt frei; Di–Fr 10–18, Sa & So 10–16 Uhr) ist in einem schönen, gelben Gebäude untergebracht, das

RETTET DIE MEERESSCHILDKRÖTEN

Eine der bedrohtesten Meeresschildkrötenarten der Welt, die Atlantik-Bastardschildkröte, brütet zwischen März und August an diesem Küstenstreifen. Wegen ihrer schnabelähnlichen Nase wird sie hier *tortuga lora* (Papageienschildkröte) genannt. Fast alle weltweit noch lebenden Tiere legen ihre Eier zwischen La Pesca und Tampico ab; 2007 zählte man rund 6000 brütende Weibchen, 1985 waren es nur 283. Die nicht ganz so stark bedrohte Suppenschildkröte brütet hier zwischen Juni und Oktober.

Die Umweltbehörden von Tamaulipas unterhalten 1 km nördlich des Hauptstrands von La Pesca ein **Schildkrötenschutzzentrum** (Eintritt frei; 12–16 Uhr) sowie fünf weitere im Süden. Zum Zentrum in La Pesca gehört ein kleines Museum mit Fotos und Repliken der im Golf lebenden Schildkröten. Die Angestellten aller Zentren erklären bereitwillig die Schutzprogramme und nehmen einen sogar zu den Schildkröten mit, wenn sie Zeit haben. Sie sind auch oft außerhalb der offiziellen Öffnungszeiten da und lassen Besucher rein.

Freiwillige, die mindestens eine Woche opfern wollen, können Bastardschildkröten-Eier einsammeln und dabei sein, wenn die Jungen freigelassen werden. Unterkunft und etwas Verpflegung werden gestellt. Weitere Infos gibt's unter ☎ 834-318-9474 oder ilara_tam@hotmail.com.

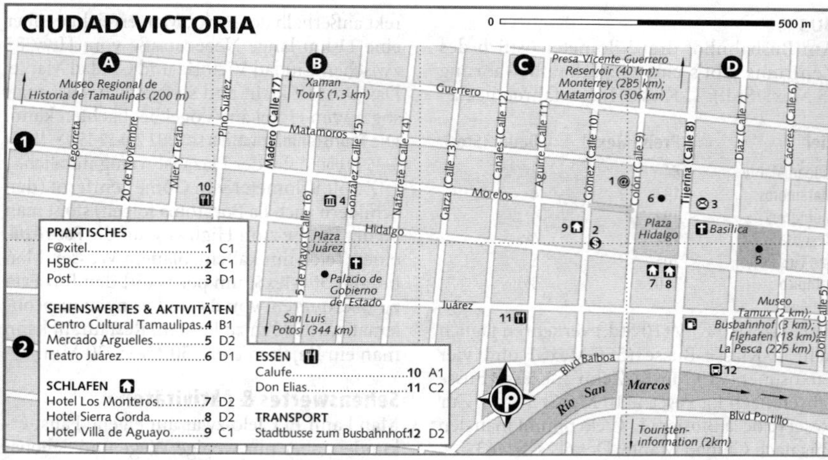

früher von Nonnen und Soldaten bewohnt war. Es widmet sich der Staatsgeschichte. Auch wer kein Spanisch kann, sollte die große Sammlung von Huaxteken-Figuren bestaunen.

Die Kunstgalerie des **Centro Cultural Tamaulipas** (☎ 318-83-30; Calle 15; Eintritt frei; 🕑 Mo–Sa 11–19, So 9–13 Uhr) beherbergt Wanderausstellungen zeitgenössischer mexikanischer Künstler. Rein künstlerisch betrachtet lohnt sich auch ein Blick auf das große Wandgemälde zur Geschichte von Tamaulipas in der Lobby des **Teatro Juárez** (Plaza Hidalgo; 🕑 8–14 Uhr).

Kunsthandwerk kauft man hier vielleicht lieber nicht, aber ein Besuch des **Mercado Arguelles** (🕑 Mo–Sa 7–20, So 7–16 Uhr) ist trotzdem lustig.

Schlafen & Essen

Victorias Unterkünfte bieten in allen Kategorien ein gutes Preis-Leistungs-Verhältnis. Wer nur hier nur rastet, bekommt rund um den Busbahnhof gutes, günstiges Essen.

Hotel Villa de Aguayo (☎ 312-78-18; Ecke Calle 10 & Morelos; EZ/DZ 200/240 Mex$, Zi. mit Klimaanlage 250–290 Mex$; P) Eine gastfreundliche Unterkunft mit schmucklosen, aber supersauberen, neuen Zimmern, die feste Matratzen und Kabel-TV haben.

Hotel Los Monteros (☎ 312-03-00; Hidalgo 962; EZ & DZ 200–300 Mex$, 3BZ & 4BZ 350–400 Mex$; P) Die Zimmer eines der ältesten Hotels von Victoria haben ihre besten Tage hinter sich, aber dafür den Charakter, der der Villa de Aguaryo fehlt, sowie kostenloses WLAN. Die gefllieste Lobby und der hohe Innenhof verleihen allem einen charmanten historischen Touch.

Hotel Sierra Gorda (☎ 312-20-10; Hidalgo 8; EZ/DZ/3BZ 520/580/640 Mex$; P) Die (in positivem Sinne) schrille Gestaltung der Lobby ist auch im Restaurant und auf den Gängen zu sehen, aber nicht auf den Zimmern. Diese verfügen zwar nicht über alle Extras wie Zimmer in internationalen Kettenhotels, sind aber genauso gemütlich. Man bekommt häufig einen Rabatt.

Calufe (☎ 134-09-17; Ecke Calle 18 & Hidalgo; Kaffee & Milchshakes 15–35 Mex$; 🕑 Mo–Sa 7–23, So 15–23 Uhr) Der stilvolle Laden – nackte Steinwände, Retro-Vinylstühle – röstet seine Kaffeebohnen selbst. Donnerstags bis Samstags gibt's um 20 Uhr Livemusik.

Don Elias (☎ 315-51-56; Ecke Calle 11 & Juárez; Hauptgerichte 35–185 Mex$; 🕑 Mo–Sa 7–20 Uhr) Der Mix aus leckerem Essen, gutem Service und schönem Dekor (vorne ausgefallen, hinten im Blockhütten-Stil) macht dieses Restaurant so beliebt. Auf der Karte stehen hauptsächlich Steak und Fisch, aber man bekommt auch was Leichteres, z. B. enchiladas *rojas* (Enchiladas mit roter Soße) oder Salate. Von 14.30 bis 16.30 Uhr spielt ein Gitarrentrio.

An- & Weiterreise

AUTO & MOTORRAD

Hwy 85 trifft bei Ciudad Victoria auf den Hwy 101. So erreicht man leicht Tampico, Monterrey und San Luis Potosí (bzw. von dort aus Victoria); der Hwy 101 ist eine landschaftlich besonders schöne Strecke durch die Berge. Nach Mexico City gelangt man am schnellsten über San Luis Potosí.

BUS

Am Busbahnhof drei Kilometer östlich des Zentrums gibt's eine Gepäckaufbewahrung (5 Mex$/Std.). 1.-Klasse-Busse fahren nach:

Ziel	Preis (Mex$)	Dauer (Std.)
Ciudad Mante	84	2
Matamoros	197	4
Monterrey	194	4
Reynosa	192	4½
San Luis Potosí	205	5
Tampico	150	3½

Nach Mexico City (10 Std.) verkehren täglich acht 1.-Klasse-Busse (555 Mex$) und vier Luxusliner (719 Mex$). Zehn 2.-Klasse-Busse fahren nach La Pesca (110 Mex$, 3 Std.). Zur Reserva de la Biosfera El Cielo nimmt man den Bus nach Ciudad Mante; Details s. S. 463.

FLUGZEUG

Der **Aeropuerto Nacional General Pedro Méndez** (☎ 316-46-48) liegt 18 km östlich der Stadt an der Straße nach Soto La Marina. Täglich fliegt **Aeromar** (☎ 316-96-96) dreimal und **Click Mexicana** (☎ 800-122-54-25) einmal nach Mexico City.

Unterwegs vor Ort

Vom Busbahnhof in die Innenstadt nimmt man direkt vor der Tür einen „Centro"-Bus (4,50 Mex$). In der Gegenrichtung fahren „Central"-Minibusse den Blvd Balboa am Fluss entlang. Ein Taxi kostet für diese Strecke und für die Fahrt vom Stadtzentrum zur Touristeninformation 30 Mex$.

RESERVA DE LA BIOSFERA EL CIELO

Das El Cielo ist ein unglaublich vielfältiges UN-Biosphärenreservat, das 1445 km² bewaldete steile Berge (200–2320 m hoch) schützt. Tropische, gemäßigte und Halbwüstenzonen, die ineinander übergehen, verleihen dem Ökosystem ein äußerst mannigfaltiges Gesicht. Hier leben 97 Reptilien- und Amphibienarten sowie 430 Vogelspezies (davon 255 heimische und 175 Zugvögel), u. a. der Tamaulipas-Sperlingskauz und die Gelbkopfamazone. Auch Schwarzbären und Jaguare leben im Park, sind aber selten zu sehen. Dutzende Orchideenarten wachsen hier, vor allem in der Nebelwaldzone (800–1400 m). Abpflücken ist natürlich verboten – in den letzten zehn Jahren sind in Mexiko 22 Orchideenarten ausgestorben.

Das Haupttor zu El Cielo ist **Gómez Farías**, ein Dorf mit nur einer Straße an einer Klippe direkt außerhalb des Parks. Man erreicht es über eine 11 km lange Nebenstraße vom Hwy 85 zwischen Ciudad Victoria und Ciudad Mante. Das Dorf ist klein und so friedlich, dass man sogar vom Hotel aus Vögel beobachten kann. Die **Touristeninformation** (☎ 832-236-22-15; ⏲ Mo–Fr 9–15.30 Uhr) nahe der Plaza ist wenig nützlich.

Zwölf Kilometer von Gómez entfernt (den Schildern nach La Bocatoma folgen) stößt man an der Straße zum Highway auf die **Poza Azul**, einen Teich mit kaltem, blauem Wasser. Man bezahlt 30 Mex$, um per Schiff den Río Frío zu überqueren; von da sind es noch unproblematische 500 m zu Fuß. Im Restaurant kann man ein Kajak mieten (50 Mex$/30 Min.).

Sehenswertes & Aktivitäten

Man kann El Cielo zwar auf eigene Faust erkunden, aber nur wenige Wege und Sehenswürdigkeiten sind ausgeschildert. Daher sollte man besser einen ortskundigen Führer oder zumindest einen Fahrer mitnehmen. Wer selbständig aufbricht, sollte das im Polizeibüro hinter der Touristeninformation in Gómez Farías melden: Die Region ist sehr abgelegen.

Die Straße durch das Schutzgebiet ist sehr holprig und nur für Allradfahrzeuge mit viel Bodenfreiheit geeignet; Motorräder sind nicht zugelassen. Die meisten Leute sind in überdachten, an den Seiten offenen Lkws unterwegs, die überall in der Stadt stehen. Sie bieten 10 Fahrgästen bequem Platz (1000–1600 Mex$/Tag). Die Preise steigen und fallen mit der Nachfrage. Lkws müssen von Gómez aus eine Gebühr von 100 Mex$ (Privatfahrzeuge 20 Mex$) entrichten, wenn sie durch Alta Cima und San José fahren wollen. Man sollte sich erkundigen, ob die Gebühr im Preis inbegriffen ist. In San José sammelt die Gebühr meist niemand ein.

Die Hauptattraktion ist der Wald: Die hohen Bäume sind mit Dschungelmoos und von Juni bis November größtenteils mit Blüten bedeckt und das ganze Jahre über ist der Wald voller Vögel und Schmetterlinge. Viele kommen zur Vogelbeobachtung nach El Cielo. Hotels vermitteln Führer mit entsprechenden Kenntnissen. Außerdem gibt es viele Höhlen und zur Regenzeit aktive Wasserfälle.

Das Dorf **Alta Cima** (900 m) liegt nur 12 km von Gómez Farías entfernt, aber die Fahrt dauert 90 Minuten. So viel zum Zustand der Straße durch das Schutzgebiet … Hinter dem La Fe in Alta Cima beginnt ein steiler Naturpfad zum **Cerro de la Cruz** (5 Mex$), vorbei an Orchideen im Nebelwald. 40 Gehminuten entfernt liegt die **Cueva del Pino** mit tollen Stalaktiten, aber der Zugang ist sehr schwierig. Man braucht einen Führer (120 Mex$) aus dem Dorf.

6 km hinter Alta Cima erhebt sich der große Fels **Casa de Piedra**, der irgendwie an ein Haus erinnert. Der 70 m hohe Wasserfall **El Salto** stürzt ca. 800 m darunter hinab. Für 25 Mex$ darf man hier campen, zu zahlen im Restaurant La Fe in Alta Cima.

Die besten Wege, die in einem Tagesausflug von Gómez Farías zu erreichen sind, gibt's um **San José** (1470 m), sieben Kilometer bzw. eine Stunde von Alta Cima entfernt. Die Spitze des **Cerro de Compana**, kurz vor dem Ortseingang, besteht aus bizarren Felsformationen. Hoch braucht man etwa 30 Minuten. Die große, dreistöckige **Cueva del Agua** und die breite **Cascada de Bellas Fuentes**, einer der schönsten Wasserfälle hier, sind je 1 km entfernt. Ein Führer aus dem Dorf nimmt rund 15 Mex$ pro Person zu jedem der Ziele. Die **Cascada de Canindo**, ein kleinerer, aber ebenso schöner Wasserfall, liegt direkt vor San José hinter den Cabañas Canindo.

Jenseits von San José gibt's weitere Wasserfälle, Höhlen und Dörfer. Zwei der beliebtesten Fotomotive sind die **Piedra del Pollo** (4 km entfernt) und die **Piedra El Elefante** (8,7 km entfernt), Felsen, die wie ein Huhn bzw. ein Elefant aussehen. Man schafft es in einem Tag von Gómez Farías zum El Elefante und zurück, aber kann dann unterwegs fast nichts anschauen. Die meisten Tagesausflügler kommen nicht über San José hinaus.

Schlafen & Essen

In Gómez Farías gibt es nur drei Hotels. Keines ist billig, aber alle sind gut.

Das Familienunternehmen **Hotel Posada Campestre** (☎ 832-236-22-00; www.posadaenelcielo.com.mx; EZ & DZ 390 Mex$, zusätzl. Pers. 100 Mex$; Ⓟ ⊠), knapp zwei Kilometer nördlich der Plaza, hat saubere, ordentliche Zimmer mit Pritschen und Schummerbeleuchtung. Im grünen Garten gibt's Hängematten, Stellplätze (50 Mex$/Pers. inkl. Duschenbenutzung) und viele Vögel.

Nur 150 m jenseits der Plaza liegt das erholsame **Hostal Casa de Piedra** (☎ 832-236-21-96; EZ & DZ/3BZ inkl. Frühstück 500/600 Mex$; Ⓟ ⊠). Es hat sieben schöne Zimmer aus Stein und Holz (zu empfehlen: „Magnolia“ mit Talblick vom Balkon), eine kleine Freiluftlounge und ein Restaurant. Klimaanlage kostet 100 Mex$ zusätzlich.

Das **Cumbres Inn & Suites** (☎ 832-236-22-18; www.hotelcumbres.com.mx; Zi./Suite 780/1229 Mex$; Ⓟ ⊠ 💻 🏊 👶) am Ortseingang ist das neueste und schickste Hotel der Stadt. Es hat stilvolle Zimmer (mit WLAN) und liegt toll am Rand des Tals. Man schwimmt im Pool, bezwingt die Abseilwand oder testet die dreifache Seilbrücke, die einen zum Start zurückbringt. Im Angebot sind auch Kajaktouren und Mountainbikeverleih (50 Mex$/Std., Tagespreis nach Verhandlung). Während der Woche sind die Zimmer 15 % billiger.

Man isst in allen Hotels gut, aber im **Cumbres Inn** (Hauptgerichte 45–120 Mex$; ⊠) hat man Talblick und eine große Auswahl, von Salaten bis *fajitas de pollo a la plancha* (gegrillte Hühnchenfajitas). An der Plaza sind einige *comedores*.

Um die Einsamkeit des Schutzgebiets richtig zu erleben, sollte man mindestens eine Nacht in den Bergen verbringen. Es gibt keine Unterkünfte, die so schick wie die von Gómez sind, aber eine beträchtliche Auswahl:

Das zweistöckige **Hotel Alta Cima** (☎ 831-254-84-04; EZ/DZ 250/300 Mex$, bis zu 6 Pers. 600 Mex$) hat einfache, aber nette Zimmer mit Warmwasser – die beste Wahl hier. Gegenüber liegt das **La Fe** (Gorditas & Tacos 4 Mex$, Hauptgerichte 25–40 Mex$; 🕘 9–17 Uhr). Die Speisekarte ist lang, aber oft ist nur wenig davon zu haben. Möglichst die *tortas de napalitos* (Kaktussandwiches) probieren! Man kann Stickarbeiten und Marmelade kaufen.

Vor San José stehen zwei Holzhäuser an der Straße. **Cabañas Canindo 'Hugo Lara'** (☎ 831-254-59-30; 200 Mex$/Pers.) liegt von Alta Cima kommend links, **Cabañas Canindo 'Javier Villegas'** (☎ 833-187-00-66; 250 Mex$/Pers.) gegenüber. Beide haben Warmwasser und Solarstrom; einziger Unterschied ist der Preis. Man kann sein Essen mitbringen oder im Voraus bestellen.

Rund die Hälfte der Gebäude San Josés sind Touristen-*cabañas*. Viele liegen auf Hügeln am Ortsrand und kosten ca. 100 Mex$ pro Nase. Es gibt keine Lokale, aber einige Hütten haben Küchen und die Familien verpflegen einen gern. Auch in La Gloria (1700 m) und Joya de Manantiales (1600 m), 3,2 bzw. 10,4 km von San Jóse, gibt's *cabañas* zu ähnlichen Preisen.

An- & Weiterreise

Sechs LUMX-Busse verbinden täglich Ciudad Mante und Gómez Farías (30 Mex$, 1 Std.). Von Ciudad Victoria aus am Weg nach Gómez (genannt „La Y de Gómez Farías“) auf dem Hwy 85 aussteigen und den Bus von Mante oder einen Minibus (9 Mex$) nehmen, der ca. alle zwei Stunden verkehrt. Auf der Straße nach Gómez ist es leicht, zu trampen.

Zentrale Pazifikküste

Seit Urzeiten branden riesige, aquamarinblaue Wellen an Mexikos zentrale Pazifikküste. Jeder Besuch in diesem Land der einsamen Strände und tollen Sonnenuntergänge ist von ihrem Rhythmus geprägt. Wer einen Nachmittag oder eine Woche am Strand verbringt, erspäht mit etwas Glück eine Schule Delphine oder Buckelwale am Horizont. Jenseits der Strände gibt's in mangrovengesäumten Lagunen, unberührten Buchten und urigen Fischerdörfern Natur satt. Zwischendurch kann man es sich in kosmopolitischen Ferienorten gut gehen lassen.

Doch das ist noch nicht alles: Weiter landeinwärts ragt die blaue Silhouette der erhabenen Sierras Madre empor. Die Touristenwege werden dort zu kaum erkennbaren Pfaden und verschwinden manchmal ganz. Über den Küsten-Highway kann man mit 2.-Klasse-Bussen für wenig Geld monatelang die Küste erkunden. Oder aber man fährt auf Pick-ups voller Einheimischer mit zu Fischerdörfern, in denen bis heute von Hand Netze geknüpft werden.

Als eines der gefragtesten Urlaubsziele der Welt ist die zentrale Pazifikküste auch das Gebiet der Mega-Resorts und der Kreuzfahrtschiffe. Zwischen kameraschwingenden Touristen feiern Studenten feucht-fröhlich den Springbreak – entweder trinkt man mit oder man ignoriert es. An Aktivitäten sind Ausritte, Segeltörns, Surfen, Schnorcheltrips und Tauchausflüge im Angebot. Außerdem kann man die Lagunen und Klippen per Boot oder Mountainbike erkunden. Einfach für eine Woche in einem Gästehaus am Strand einmieten, das Speis und Trank täglich frisch zubereitet, oder in ein Luxushotel gehen, sich mit einem Buch in die Sonne legen und mit wunderbaren Wellness-Behandlungen verwöhnen lassen. Lebensfreude heißt hier, seinen eigenen Rhythmus zu finden.

HIGHLIGHTS

- In Mazatlán (S. 468) die Atmosphäre der großartig restaurierten Altstadt aufsaugen
- Lebendige Geschichte erleben in **Mexcaltitán** (S. 481), das manche für die uralte Wiege der Azteken halten
- Bei Spaziergängen auf **Puerto Vallartas** (S. 493) wunderschönem *malecón* das Treiben am Strand beobachten
- Die Furchtlosigkeit der eleganten La-Quebrada-Klippenspringer **Acapulcos** (S. 549) bewundern
- Durch die kraftvollen Tunnelwellen von **Boca de Pascuales** (S. 523) surfen

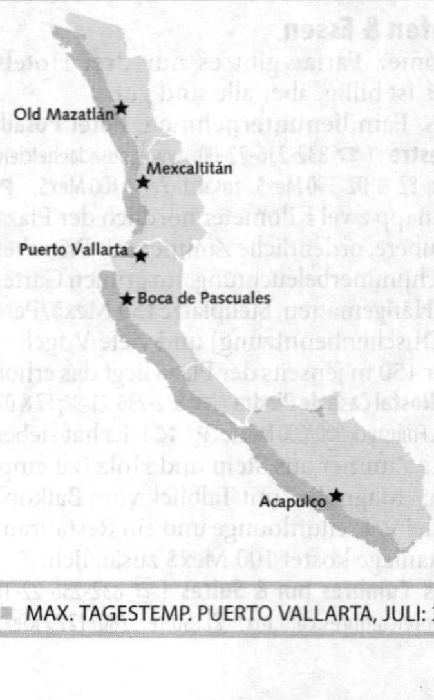

- MAX. TAGESTEMP. PUERTO VALLARTA, JAN.: 26° C
- MAX. TAGESTEMP. PUERTO VALLARTA, JULI: 33° C

Geschichte

Archäologen betrachten die vorkoloniale mexikanische Pazifikküste als einheitliche Region, die sich durch Schacht- und Kammergräber auszeichnet (unterirdische Grabkammern am Ende eines tiefen Schachtes). Die Zeremonienzentren rund um die Gräber sprechen für ein hoch entwickeltes spirituell-religiöses Leben.

Die Spanier landeten 1519 in Mexiko und machten sich bald auf nach Acapulco, Zihuatanejo, Puerto Vallarta und Manzanillo. 1564 segelte der Konquistador Miguel López de Legazpi zusammen mit Pater André de Urdaneta von Barra de Navidad zu den Philippinen, kurz darauf nahmen sie sie für Spanien in Besitz. Wenig später wurde Acapulco zu einem wichtigen Zwischenhafen auf der Handelsroute zwischen Asien und Europa.

Mitte der 1950er-Jahre war an der Küste von Tourismus noch nicht viel zu sehen; er etablierte sich zuerst in Acapulco und Mazatlán, bald darauf auch in Puerto Vallarta. In den letzten Jahren kauften und erschlossen immer mehr Ausländer Land entlang der Küste, vor allem in dem Gebiet rund um Puerto Vallarta.

Klima

Von Mai bis Anfang November ist es hier mörderisch heiß und feucht. Im September und Oktober suchen manchmal Hurrikane als ungebetene Gäste die Region heim. Verständlicherweise fällt die Tourismus-Hauptsaison in die kühleren Monate von Ende November bis Ende April.

Gefahren & Ärgernisse

Mexikos zentrale Pazifikküste ist größtenteils *tranquilo* (friedlich), hat also eine niedrige Kriminalitätsrate. Dank der starken Polizeipräsenz kommt es in den großen Ferienorten am Meer nur selten zu Gewalt gegen Gäste.

Unter den Resorts ist Acapulco das gefährlichste Pflaster. In den letzten Jahren haben mehrere grausige Morde die örtliche Tourismusindustrie erschüttert. Die Gewalt beschränkt sich aber vor allem auf die Drogenszene. Sofern man die landeinwärts gelegenen Stadtbezirke meidet, besteht kaum Grund zur Sorge. Der Küsten-Hwy 200 war früher mal gefährlicher, mal weniger gefährlich, gilt aber mittlerweile größtenteils als sicher. Dennoch ist der Abschnitt zwischen Michoacán und Guerrero immer noch als übel bei Nacht verrufen, obwohl verstärkte Sicherheitsmaßnahmen die Lage dort inzwischen deutlich verbessert haben. Starke Unterströmungen bedrohen Leib und Leben wahrscheinlich am allermeisten. Schwimmer sollten örtliche Warnhinweise daher unbedingt beachten und immer gut aufpassen. Ansonsten einfach erholen – dazu ist ein Urlaub schließlich da!

An- & Weiterreise

In den USA und Kanada starten zahlreiche Nonstop-Flüge nach Mazatlán, Puerto Vallarta, Zihuatanejo und Acapulco. Durch die mautpflichtigen Straßen zwischen der US-Grenze und Tepic ist die Anreise per Auto einfach, wenn auch nicht ganz billig. Wie überall in Mexiko können mautfreie Straßen entweder glatt asphaltiert oder mörderische Schlaglochpisten sein. Zuverlässige Busunternehmen verbinden die Ferienorte an der Küste mit dem Landesinneren.

Unterwegs vor Ort

Busreisen in dieser Region gehen meist problemlos vonstatten und sind überraschend komfortabel. Unabhängig von deren Größe werden nahezu alle Gemeinden bedient. Die besseren Busse steuern jedoch nur größere Städte an. Sie sind u. a. mit Klimaanlage, komfortablen Sitzen, sauberen Bordtoiletten, TV und weiteren noblen Extras ausgestattet.

Wichtiger Hinweis für Autofahrer: Fast alle Einrichtungen (z. B. Tankstellen, Lebensmittel- und Reifenläden) am Hwy 200 schließen bei Sonnenuntergang.

CULIACÁN

☎ 667 / 605 000 Ew.

Sinaloas blühende Hauptstadt ist wunderschön in einem fruchtbaren Flusstal gelegen. Als Verwaltungs- und Landwirtschaftszentrum ist sie größtenteils von der Mittelschicht geprägt. Viele Traveller legen hier nur einen Zwischenstopp ein. Wer länger bleibt, wird den speziellen Rhythmus dieser typisch mexikanischen Metropole schätzen lernen. Im geschäftigen historischen Zentrum ragt Culiacáns imposante Kathedrale aus dem 19. Jh. auf. Man kann gemütlich über die atmosphärische Plazuela Álvaro Obregón und am stattlichen Palacio Municipal vorbeispazieren. Der schmucke *malecón* (Uferpromenade) zwischen Río Tamazula und Humaya ist in der Abenddämmerung besonders hübsch.

ZENTRALE PAZIFIKKÜSTE

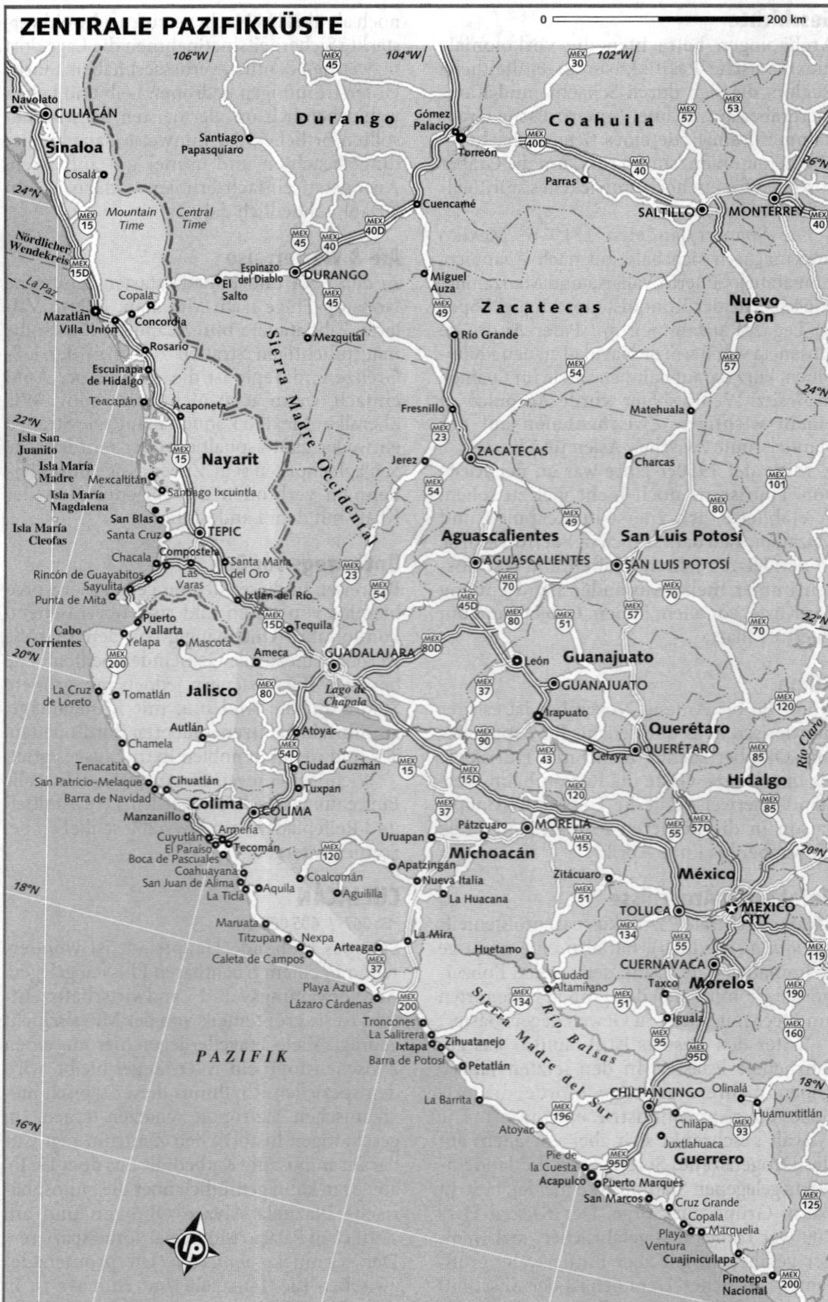

Unterwegs findet man mehrere empfehlenswerte Restaurants und gut geführte Hotels.

In Culiacán bestehen regelmäßig Busverbindungen nach Mazatlán im Süden und Los Mochis (S. 366) im Norden. Beide Städte liegen etwa 210 km (3 Std.) entfernt.

MAZATLÁN

☎ 669 / 380 000 Ew.

Mittlerweile ist Mazatlán sein Image als Billigferienziel der 1950er-Jahre wieder losgeworden. Heute gehört es zu den attraktivsten und einladendsten Strandorten Mexikos. Während der letzten zehn Jahre hat die „Perle des Pazifiks" ihrem historischen Zentrum neues Leben eingehaucht. Das erfolgreiche Erneuerungsprogramm wird weiterhin vorangetrieben – mit wirklich einzigartigem Ergebnis: Hier liegt eine historische Stadt mit einem prächtigen Kolonialviertel nur wenige Gehminuten von einem halbmondförmigen, 20 km langen Sandstrand entfernt.

Um Mazatláns Puls richtig zu spüren, hält man sich am besten nicht allzu lange in der Zona Dorada (Goldenen Zone) auf: Außer Kitschläden, überfüllten Restaurants und dominosteinartig angeordneten Hotels hält dieser traditionelle Touristen-Tummelplatz kaum Überraschendes bereit. Stattdessen geht man besser direkt in Mazatláns großartiges *pueblo viejo* (die Altstadt). Kopfsteinpflasterstraßen, verfallende Bauten und immer mehr neu restaurierte Juwelen der Geschichte bilden dort die Kulisse für eine kulturelle Renaissance. Nach einer Vorstellung im wunderbar renovierten Teatro Ángela Peralta bietet sich ein später Imbiss auf der atmosphärischen Plazuela Machado an. Alternativ kann man Mazatláns exzellente, kleine Museen besuchen oder viele neue Miniboutiquen nach Schätzen durchstöbern. Eine Hauptattraktion ist für alle kostenlos: die dramatische Silhouette felsiger Inseln vor einem tropischen Sonnenuntergang. Wenn der glühende Ball allabendlich im Meer versinkt, beginnt eine weitere sternenklare Nacht.

Geschichte

In vorkolonialer Zeit siedelten in Mazatlán (der Name ist Nahuatl und bedeutet „Ort der Hirsche") die Totorames – Jäger und Sammler, die auch Fischfang und Ackerbau betrieben. Das traditionelle Stadtzentrum „Old Mazatlán" stammt aus dem 19. Jh. In den 1930er-Jahren kamen die ersten Urlauber. Während der 1950er-Jahre entstanden die ersten Hotels an der Playa Olas Altas, Mazatláns erstem Touristenstrand. Ab den 1970ern breitete sich ein langer Streifen von Hotels und Tourismuseinrichtungen entlang der Küste immer weiter gen Norden aus. Noch einschneidender war jedoch, dass man in den frühen 1990er-Jahren begonnen hat, markante Gebäude im Zentrum wie das Theater und andere stattliche Bauwerke an der Plazuela Machado zu restaurieren. Die Arbeiten an der malerischen Plaza wurden 2005 abgeschlossen. Ein Jahr später erstrahlten auch die Uferpromenade und die Monumente entlang der Av Olas Altas in neuem Glanz.

Orientierung

Das Zentrum Old Mazatlán liegt nahe beim Südende einer Halbinsel, die im Westen vom Pazifik und im Osten vom Bahía-Dársena-Kanal umspült wird. Mittelpunkt ist die Kathedrale an der Plaza Principal; außen herum folgen die Straßen einem rechteckigen Muster. An der Südspitze der Halbinsel steht El Faro („der Leuchtturm") auf einem Felsvorsprung und wacht über Mazatláns Sportfischerflotte und das Fährterminal von La Paz.

Der Strandboulevard ändert seinen Namen ständig, während er an der Pazifikseite der Halbinsel nördlich der Playa Olas Altas entlangläuft. Er führt an ein paar Klippen vorbei und dann im weiten Bogen um die Playa Norte herum bis zur Zona Dorada. Diese Ansammlung von Hotels, Bars und Geschäften zielt hauptsächlich auf Pauschaltouristen ab. Weiter nördlich gibt's noch mehr Hotels, einen Yachthafen und ein paar Ferienwohnanlagen.

Praktische Informationen

Banamex Altstadt (Karte S. 470; Juarez); Zona Dorada (Karte S. 469; Av Camarón Sábalo) Mit Filialen nahe der Plaza Principal und in der Zona Dorada.

Clínica Balboa (Karte S. 469; ☎ 916-79-33; Av Camarón Sábalo 4480; 🕑 24 Std.) Empfehlenswerte Klinik mit englischsprachigem Personal und Behandlungen ohne Voranmeldung.

Coordinación General de Turismo (Karte S. 470; ☎ 981-88-86/87; www.sinaloa-travel.com; Carnaval 1317; 🕑 Mo–Fr 9–17 Uhr) Informiert über günstige Hotelzimmer, Sehenswürdigkeiten und Aktivitäten in Mazatlán bzw. dem Bundesstaat Sinaloa.

Cyber Café Mazatlán (Karte S. 469; Av Camarón Sábalo 204; 35 Mex$/Std.) Teuer, dafür schnell und komfortabel.

Feuerwehr (☎ 981-27-69)
Hauptpost (Karte S. 470; Juárez s/n) Am Ostrand der Plaza Principal.
Lavandería La Blanca (Karte S. 469; Camarón Sábalo 357; 65 Mex$/3 kg)
Notruf (☎ 060)
Touristenpolizei (☎ 914-84-44)

Sehenswertes

ALTSTADT

Obwohl man hier fortschrittlich denkt, ist die Altstadt tief in der Vergangenheit verwurzelt. Im Zentrum ragen die gelben Zwillingstürme der **Kathedrale** (Karte S. 470; Ecke Juárez & Calle 21 de Marzo) aus dem 19. Jh. auf, die innen wunderschön ist. Zwei Blocks weiter nördlich stößt man an der Ecke Juaréz/Valle auf einen brummenden **Markt** mit Bekleidung, Haushaltswaren, Lebensmittel, Saftständen und Shoppenden.

Ein kurzer Spaziergang Richtung Südwesten führt zur baumgesäumten **Plazuela Machado** (Karte S. 470; Ecke Av Carnaval & Constitución). Der Platz und die Straßen der Umgebung sind von allerlei Kunstgalerien, Cafés und Restaurants geprägt. Hauptanziehungspunkt ist das **Teatro Ángela Peralta** (Karte S. 470), einen halben Block südlich der Plaza. Hier finden alle möglichen Kultur-Events statt.

Westlich vom Zentrum erstreckt sich die kleine **Playa Olas Altas** entlang einer kleinen Bucht. Am Paseo Olas Altas weht immer eine frische Brise. Mit ein paar verblichenen, alten Hotels erinnert die Küstenstraße stark an das Mazatlán der 1950er-Jahre.

Von einer nahen Plattform stürzen sich zur Freude des Publikums todesmutige **clavadistas** (Klippenspringer; Karte S. 470) in den tückischen Ozean – allerdings erst, wenn sich genügend Zuschauer versammelt haben. Die Springer kommen meist samstags und sonntags zur Mittagszeit. Ein angemessenes Trinkgeld ist eine nette Geste.

Am Südende der Halbinsel steht **El Faro** (Karte S. 469) 135 m über dem Meer auf einem markanten Felsvorsprung. Nach dem von Gibraltar gilt dieser Leuchtturm als zweithöchster der Welt. Der Aufstieg wird mit herrlicher Aussicht auf Stadt und Küste belohnt.

MUSEEN

Das kleine, aber interessante **Museo Arqueológico** (Karte S. 470; ☎ 981-14-55; Sixto Osuna 76; Eintritt 25 Mex$; ⏲ Di–So 10–13 & 16–19 Uhr) widmet sich Sinaloas Geschichte und Kultur. Seine wechselnden Ausstellungen mit vorkolonialen Felsbildern und verschiedenen Skulpturen sind teilweise auf Englisch beschriftet. Das kleine **Museo de Arte** (Karte S. 470; ☎ 985-35-02; Ecke Sixto Osuna & Carranza; Eintritt 20 Mex$; ⏲ Di–Sa 10–14 & 16–19, So 10–14 Uhr) gegenüber ist ein Musterbeispiel für die Vitalität und Innovationsfreude zeitgenössischer Künstler aus Mexiko. Die wechselnden Ausstellungen mit spanischen und englischen Infotexten umfassen Bildhauerei, Gemälde, Drucke und digitale Installationen.

Einen Besuch wert ist auch die **Casa Machado** (Karte S. 470; Constitución 79; Erw./Student 20/10 Mex$; ⏲ 10–18 Uhr). Neben französischen und österreichischen Antikmöbeln beherbergt das restaurierte Haus aus dem 19. Jh. noch weitere Objekte, z. B. Kleidungsstücke.

STRÄNDE & ZONA DORADA

Bei über 16 km Strand ist es in Mazatlán leicht, ein Plätzchen ganz für sich alleine zu finden. Die Strände sind von Norden nach Süden in geografischer Reihenfolge aufgelistet.

An der halbmondförmigen **Playa Olas Altas** (Karte S. 470) in Old Mazatlán machte sich in den 1950er-Jahren der Tourismus zuerst breit. Der steinige Strand eignet sich zwar nicht gerade besonders gut zum Schwimmen, dafür aber, um eine Portion Regionalgeschichte in sich aufzunehmen.

Bei Joggern und Spaziergängern beliebt ist der breite *malecón* entlang des goldenen Sandes der **Playa Norte** (Karte S. 470); sie beginnt gleich nördlich von Mazatláns Altstadt. Der Strand führt hinaus zum Felsvorsprung **Punta Camarón** (Karte S. 469), der vom markanten, schlossartigen Nachtclubkomplex „Fiesta Land" dominiert wird.

Die luxuriösesten Hotels stehen an den herrlichen, menschenleeren Stränden **Playa Las Gaviotas** (Karte S. 469) und **Playa Sábalo** (Karte S. 469). Letzterer erstreckt sich nördlich der Zona Dorada. Die hiesigen Gewässer im Schutz malerischer Inseln sind normalerweise ruhig und daher toll zum Baden und für diverse Wassersportarten. Weiter nördlich liegen hinter der stets im Ausbau begriffenen **Marina Mazatlán** (Karte S. 469) die ruhige **Playa Bruja** (Hexenstrand; außerhalb der Karte S. 469) und die **Playa Cerritos** (außerhalb der Karte S. 469). Beide haben ein paar hervorragende Meeresfrüchterestaurants und sind Surferparadiese. Vom Fiesta-Land-Komplex und von Haltestellen entlang des Camarón Sábalo (in der Zona Dorada) fahren die „Cerritos-Juárez"-Busse hierher. Wer ein biss-

MAZATLÁN

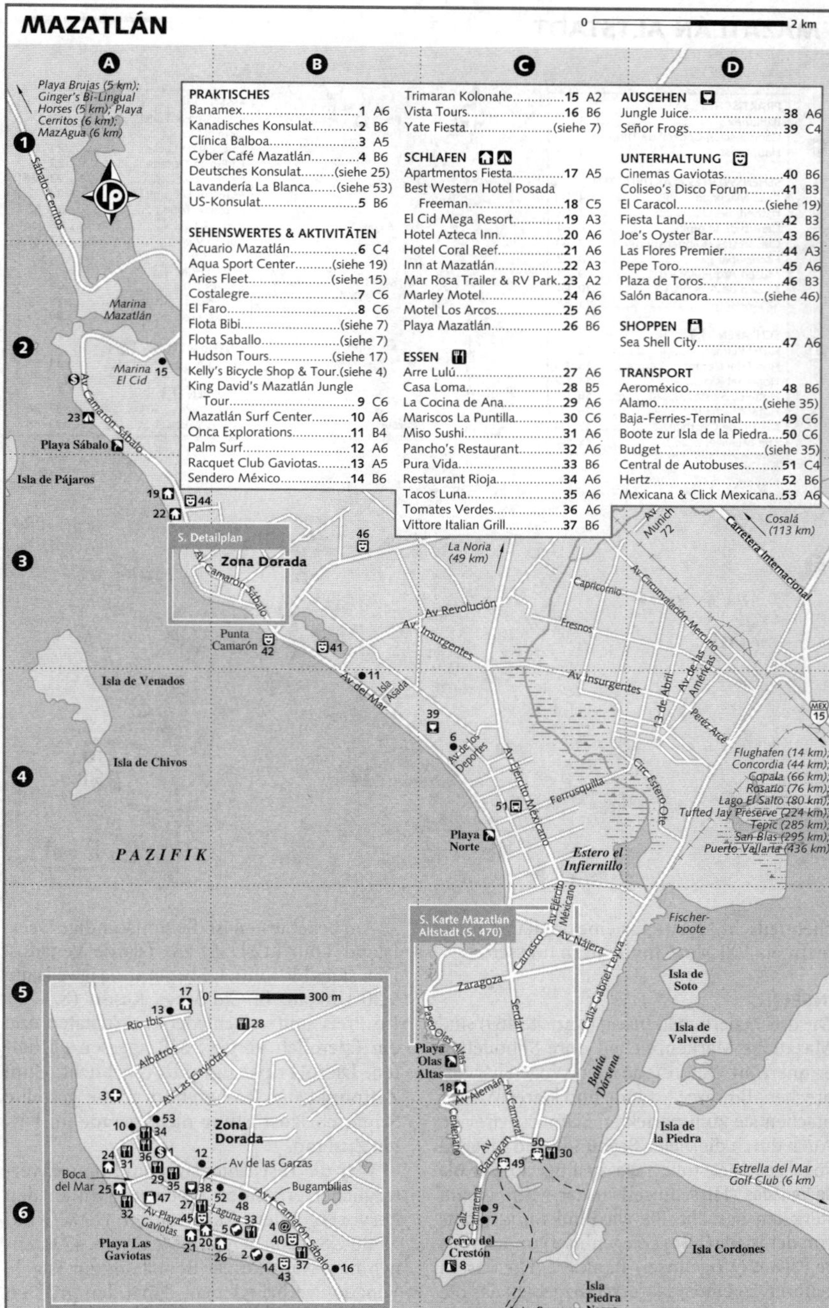
0 2 km
A B C D
1 2 3 4 5 6
PRAKTISCHES
Banamex 1 A6
Kanadisches Konsulat 2 B6
Clínica Balboa 3 A5
Cyber Café Mazatlán 4 B6
Deutsches Konsulat (siehe 25)
Lavandería La Blanca (siehe 53)
US-Konsulat 5 B6
SEHENSWERTES & AKTIVITÄTEN
Acuario Mazatlán 6 C4
Aqua Sport Center (siehe 19)
Aries Fleet (siehe 15)
Costalegre 7 C6
El Faro 8 C6
Flota Bibi (siehe 7)
Flota Saballo (siehe 7)
Hudson Tours (siehe 17)
Kelly's Bicycle Shop & Tour (siehe 4)
King David's Mazatlán Jungle Tour 9 C6
Mazatlán Surf Center 10 A6
Onca Explorations 11 B4
Palm Surf 12 A6
Racquet Club Gaviotas 13 A5
Sendero México 14 B6
Trimaran Kolonahe 15 A2
Vista Tours 16 B6
Yate Fiesta (siehe 7)
SCHLAFEN
Apartmentos Fiesta 17 A5
Best Western Hotel Posada Freeman 18 C5
El Cid Mega Resort 19 A3
Hotel Azteca Inn 20 A6
Hotel Coral Reef 21 A6
Inn at Mazatlán 22 A3
Mar Rosa Trailer & RV Park 23 A2
Marley Motel 24 A6
Motel Los Arcos 25 A6
Playa Mazatlán 26 B6
ESSEN
Arre Lulú 27 A6
Casa Loma 28 B5
La Cocina de Ana 29 A6
Mariscos La Puntilla 30 C6
Miso Sushi 31 A6
Pancho's Restaurant 32 A6
Pura Vida 33 B6
Restaurant Rioja 34 A6
Tacos Luna 35 A6
Tomates Verdes 36 A6
Vittore Italian Grill 37 B6
AUSGEHEN
Jungle Juice 38 A6
Señor Frogs 39 C4
UNTERHALTUNG
Cinemas Gaviotas 40 B6
Coliseo's Disco Forum 41 B3
El Caracol (siehe 19)
Fiesta Land 42 B3
Joe's Oyster Bar 43 B6
Las Flores Premier 44 A3
Pepe Toro 45 A6
Plaza de Toros 46 B3
Salón Bacanora (siehe 46)
SHOPPEN
Sea Shell City 47 A6
TRANSPORT
Aeroméxico 48 B6
Alamo (siehe 35)
Baja-Ferries-Terminal 49 C6
Boote zur Isla de la Piedra 50 C6
Budget (siehe 35)
Central de Autobuses 51 C4
Hertz 52 B6
Mexicana & Click Mexicana 53 A6
Playa Brujas (5 km); Ginger's Bi-Lingual Horses (5 km); Playa Cerritos (6 km); MazAgua (6 km)
Sábalo-Cerritos
Marina Mazatlán
Marina El Cid
Av Camarón Sábalo
Playa Sábalo
Isla de Pájaros
S. Detailplan
Zona Dorada
Punta Camarón
Isla de Venados
Isla de Chivos
PAZIFIK
Av del Mar
Isla Asada
La Noria (49 km)
Av Revolución
Av Insurgentes
Av de los Deportes
Av Ejército Mexicano
Ferrusquilla
Playa Norte
Estero el Infiernillo
Capricornio
Fresnos
Av Circunvalación Mercurio
Av de las Américas
13 de Abril
Pérez Arce
Circ Estero Ote
Av Munich
Carretera Internacional
Cosalá (113 km)
MEX 15
Flughafen (14 km); Concordia (44 km); Copala (66 km); Rosario (76 km); Lago El Salto (80 km); Tufted Jay Preserve (224 km); Tepic (285 km); San Blas (295 km); Puerto Vallarta (436 km)
S. Karte Mazatlán Altstadt (S. 470)
Av Nájera
Carrasco
Zaragoza
Paseo Olas Altas
Serdán
Calz Gabriel Leyva
Fischerboote
Isla de Soto
Isla de Valverde
Bahía Dársena
Playa Olas Altas
Av Alemán
Av Camaval
Centenario
Av Barragán
Calz Camarena
Cerro del Crestón
Isla de la Piedra
Estrella del Mar Golf Club (6 km)
Isla Cordones
Isla Piedra Negra
La Paz
0 300 m
Rio Ibis
Albatros
Av Las Gaviotas
Av de las Garzas
Bugambilias
Boca del Mar
Av Playa Gaviotas
Laguna
Playa Las Gaviotas

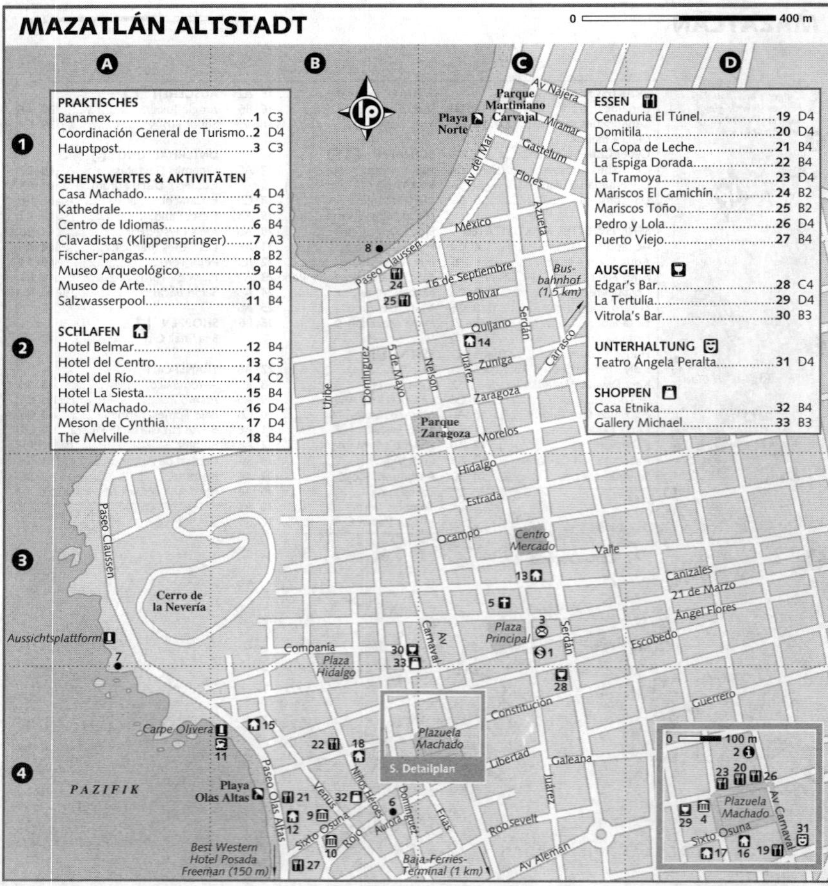

chen feilscht, dürfte für eine Taxifahrt nicht mehr als 100 Mex$ hinblättern müssen.

INSELN

Die drei malerischen Inseln (Karte S. 469) sind Mazatláns Markenzeichen. Ihre Silhouetten erinnern an Wale, die aus den Wogen hervorbrechen. Einsame Strände und klares Wasser machen sie zum perfekten Schnorchelrevier. Auch durch die vielen Seehunde und Meeresvögel geben sie tolle Tagesausflüge ab. Die **Isla de Venados** (Hirschinsel) in der Mitte ist am stärksten besucht. Sie wird links und rechts von der **Isla de Chivos** (Ziegeninsel) und der **Isla de Pájaros** (Vogelinsel) flankiert. Die Inseln gehören zu einem Naturschutzgebiet, das die hiesige Unterwasser- und Vogelwelt schützt.

Am beliebtesten ist die fünfstündige Deer-Island-Tour (42 US$) zur Isla de Venados. Dienstags bis sonntags beginnt sie jeweils um 9.30 Uhr am El Cid Mega Resort (S. 475). Im Preis sind verschiedene Aktivitäten und ein (ziemlich karges) Mittagessen enthalten. Diese Trips sind oft ausgebucht. Zum Zeitpunkt der Recherche war die gestellte Schnorchelausrüstung nicht gerade im besten Zustand.

Wer die Insel intensiver und umweltverträglicher erkunden möchte, kann an den hervorragenden Kajaktouren (Erw./Kind 55/30 US$) von Sendero México (S. 473) teilnehmen. Nach kurzer Bootsfahrt zur Isla de Venados verbringt man dabei den größten Teil des Tages mit Kajakfahren, Schnorcheln,

Wandern und Sonnenbaden. Die zweisprachigen Führer sind gewiefte Seekanuten und erklären den Tourteilnehmern gern ausführlich die örtliche Tier- und Pflanzenwelt.

Isla de la Piedra

Die Isla de la Piedra (Steininsel; Karte S. 469) ist eigentlich eine Halbinsel und liegt südöstlich von Mazatláns Altstadt. Wer die Einsamkeit mag, wird ihren wunderschönen, langen, von Kokoshainen gesäumten Sandstrand lieben. Wahre Genießer singen Loblieder auf die einfachen *palapa*-Restaurants (schilfgedeckten Hütten), und Surfer schätzen die Wellen. An Sonntagnachmittagen und Feiertagen füllen sich die Lokale mit mexikanischen Familien. Ansonsten hat man den Strand meist für sich allein.

Mehrere Veranstalter bieten relaxte All-Inclusive-Trips zur Isla de la Piedra an. Neben der offenen Bar und dem Mittagessen beinhaltet der Preis auch verschiedene Aktivitäten wie Wassersport und Ausritte auf bedauernswert mageren Pferden. Besser ist die **King David's Mazatlán Jungle Tour** (Karte S. 469; ☎ 914-14-44; Calz Joel Montes Camarena s/n; Erw./Kind 45/30 US$; ⌚ Di–Do & Sa). Diese fünfstündige Ökotour führt durch die Mangrovenhaine eines ausgewiesenen Naturschutzgebiets. Unterwegs sieht man die großartige Vogelwelt, eine riesige Kokosplantage und einen einsamen Strand voller Sanddollar-Seeigel – außerdem kann man in ein rustikales Restaurant einkehren, das ein herzhaftes Mittagsmahl mit frisch geräuchertem Fisch serviert. Auf speziellen fünfstündigen Vogeltouren (Erw./Kind 50/30 US$) dringt man noch tiefer in die geschützen Wasserwege der Isla de Piedra vor.

Auf eigene Faust ist die Halbinsel auch ganz einfach erreichbar – einfach eins der kleinen Wassertaxis (hin & zurück 10 Mex$, 7–18 Uhr alle 10 Min.) nehmen, die vom *embarcadero* (Bootsanleger) an der Playa Sur nahe des Baja-Ferries-Terminals starten. Auf der Isla de la Piedra setzen sie Passagiere nur wenige Gehminuten vom Strand entfernt an einem Landungssteg ab. Vom Nordrand der Plaza Principal (Karte S. 470) fahren die „Playa-Sur"-Busse zum Bootsanleger.

Aktivitäten

SURFEN

Mazatláns Surfsaison geht von Ende März bis November. Zur Auswahl stehen verschiedene tolle Spots und Ausrüster. Das renommierte **Mazatlán Surf Center** (Karte S. 469; ☎ 913-18-21; www.mazatlansurfcenter.com; Av Camarón Sábalo 500–4; Brett 200–250 Mex$/Tag, 1000 Mex$/Woche, 2-stünd. Kurs 500 Mex$; ⌚ Mo–Sa 10–21, So 13–21 Uhr) ist am längsten im Geschäft. Es punktet mit beliebten Kursen und einer ansteckenden Leidenschaft für diesen Sport. Von Juni bis September sind hier einwöchige Spontantrips (ab 750 US$) zu berühmten, entlegenen Stellen wie Patolé, Celestinos oder Mármol im Angebot.

Auch **Palm Surf** (Karte S. 469; ☎ 914-06-87; palmsurf.com.mx; Av Camarón Sábalo 333; Brett 250 Mex$/Tag, 2-stünd. Kurs 300–400 Mex$; ⌚ Mo–Sa 9.30–18 Uhr) hat prima Leihbretter und Kurse.

NOCH MEHR WASSERSPORT

Das **Aqua Sport Center** (Karte S. 469; ☎ 913-33-33; El Cid Mega Resort, Av Camarón Sábalo s/n) ist die beste Adresse für andere Wassersportarten wie Gerätetauchen (Tauchgang mit 1 Flasche 600 Mex$), Schnorcheln (Leihgebühr 110 Mex$/Tag), Jetskifahren (500 Mex$/30 Min.), Bananenboot-Ritte (88 Mex$), Parasailing (330 Mex$) und Kajakfahren (Leihgebühr 165–275 Mex$/Std.). Mietausrüstung ist auch an den Hausstränden der meisten anderen großen Uferhotels erhältlich.

REITEN

Wer gern am Meer entlanggaloppiert oder schon immer davon geträumt hat, ist bei **Ginger's Bi-Lingual Horses** (☎ 988-12-54; www.mazinfo.com/gingershorses; Playa Bruja; 1-stünd. Ausritte 250 Mex$; ⌚ Mo–Sa 10, 11.30, 13 & 14.30 Uhr) genau richtig. Die Pferde sind glücklich und gesund und freuen sich, sich bei Ausflügen durch die Kokosplantagen und an der zauberhaften Playa Bruja die Beine vertreten zu können. Zu Ginger's kommt man per Taxi oder mit dem „Cerritos-Juárez"-Bus ab der Zona Dorada.

ANGELN

Mazatlán liegt zwischen dem Pazifik und dem Meer von Cortez. Die hiesigen Angelmöglichkeiten sind weltberühmt. Neben *dorados* (Goldmakrelen) gehen auch Thun-, Schwert-, Speer- und Segelfische an den Haken. Allerdings kann das teuer werden: Ein 11 m langes Boot für vier bis sechs Personen kostet 300 bis 450 US$ pro Tag. Auf 7 m langen *super pangas* lassen sich etwas günstiger kleinere Flossenträger erbeuten. Diese Fiberglasskiffs für maximal sechs Angler kosten 210 bis 260 US$.

Die Boote legen vom Landungssteg des El Cid Mega Resorts oder von der Marina

Mazatlán ab. Manche Veranstalter auf der Halbinsel an der Calz Camarena (Karte S. 469) gewähren jedoch bis zu 20 % Rabatt.

Wer lieber direkt verhandeln und auch noch sparen möchte, wendet sich am besten an unabhängige Anbieter. Deren halbtägige *panga*-Trips (saisonabhängig 75–125 US$) können entlang des Paseo Claussen (Karte S. 470) an der Playa Norte gebucht werden.

Aries Fleet (Karte S. 469; ☎ 916-34-68; ariesfleet.elcid.com; Marina El Cid) Setzt den Fang lebendig zurück.

Flota Bibi (Karte S. 469; ☎ 981-36-40; www.bibifleet.com; Calz Camarena s/n) Betreibt ein stolzes Boot für sechs Personen. Starke Preissenkungen in der Nebensaison.

Flota Saballo (Karte S. 469; ☎ 981-27-61; Calz Camarena s/n)

GOLF & TENNIS

Mazatlán besitzt zwei renommierte, turniertaugliche Golfplätze. Am eindrucksvollsten ist der **Estrella del Mar Golf Club** (außerhalb der Karte S. 469; ☎ 800-727-4653; www.estrelladelmar.com; Isla de la Piedra; Platzgebühr 9/18 Löcher 69/110 US$, Leihausrüstung 35–50 US$) an der Küste gleich südlich vom Flughafen. Das El Cid Mega Resort (S. 475; 9/18 Löcher 60/75 US$) nördlich der Zona Dorada ist eine anspruchsvolle Alternative. Achtung: Während der Hauptsaison dürfen hier manchmal nur Gäste den Schläger schwingen.

Der **Racquet Club Gaviotas** (Karte S. 469; ☎ 913-59-39; Rio Ibis s/n; 120 Mex$/Std.) in der Zona Dorada und das El Cid Resort haben eigene Tennisplätze – ebenso wie fast alle anderen großen Hotels nördlich vom Stadtzentrum.

Kurse

Montags bis freitags veranstaltet das **Centro de Idiomas** (Karte S. 470; ☎ 985-56-06; www.spanishlink.org; Aurora 203; ohne Unterkunft 250–285 US$/Woche, mit Unterkunft 435–470 US$/Woche) seine drei- bzw. fünfstündigen Spanischkurse. Die Teilnehmerzahl ist jeweils auf sechs Schüler begrenzt. Interessenten können sich am Samstagmorgen zwischen 9 und 12 Uhr anmelden. Die Schule bietet auch Einzelunterricht (3/5 Wochenstunden 320/540 US$), Freiwilligenarbeit und Aufenthalte bei ortsansässigen Familien inklusive aller Mahlzeiten an. Die angeführten Preise gelten jeweils für die erste Unterrichtswoche, danach gibt's Ermäßigungen.

Mazatlán mit Kindern

Kinder lieben diese Stadt – schon wegen der vielen Möglichkeiten, nass zu werden und zu plantschen.

Der kleine natürliche **Salzwasserpool** (Karte S. 470; Duschen & Umkleide 30 Mex$; 🚸) unterhalb der Carpe-Olivera-Statue am Paseo Olas Altas zählt zu Mazatláns günstigsten und schönsten Bademöglichkeiten. Hier tollen Familien im Wasser herum, während Wellen über die Seeseite des Beckens hereinbrechen.

MazAgua (außerhalb der Karte S. 469; ☎ 988-00-41; Entronque Habal-Cerritos s/n; Eintritt 120 Mex$; 🕒 März–Dez. 10–18 Uhr; 🚸) Auch hier dreht sich alles ums Badevergnügen. Auf Wasserrutschen, in Wellenbecken und mit weiteren Attraktionen können sich Kinder ausgiebig austoben – Kids unter drei Jahren dürfen sogar umsonst mit rein. Um hierher zu kommen, irgendwo an der Küstenstraße in den „Cerritos-Juárez"-Bus steigen.

Acuario Mazatlán (Karte S. 469; ☎ 981-78-15; www.acuariomazatlan.gob.mx; Av de los Deportes 111; Erw./Kind 60/40 Mex$; 🕒 9.30–18 Uhr; 🚸) Eins von Mexikos größten Aquarien mit 52 Süß- und Salzwasserbecken. Darin tummeln sich 250 Fischarten und weitere Lebewesen. Zudem gibt's täglich Seelöwen-, Tauch- und Vogelshows (10.30, 12 & 15 Uhr).

Geführte Touren

BOOTSAUSFLÜGE

Neben Trips zur Isla de Venados (s. S. 470) unternehmen diverse Boote auch dreistündige **Sightseeing-Touren** (150 Mex$). Die meisten starten um 11 Uhr am Yachthafen bei El Faro. Auf zweistündigen Fahrten in den Sonnenuntergang (alias „Sauftouren") gibt's Häppchen und Alkohol (250–350 Mex$). Infos kriegt man durch ausliegende Flyer, in Reisebüros und über Bootsbetreiber wie **Costalegre** (Karte S. 469; ☎ 982-31-30; Calz Camarena s/n) oder **Yate Fiesta** (Karte S. 469; ☎ 981-71-54; Calz Camarena s/n).

Der schnelle **Trimaran Kolonahe** (Karte S. 469; ☎ 916-34-68; Marina El Cid) segelt jeden Morgen um 9 Uhr zur Isla de Venados. Um 14.30 Uhr sticht er erneut in See, um den Sonnenuntergang mit einer Menge Alkohol zu begrüßen. Beide Optionen kosten jeweils 35 US$.

BUSTOUREN

Mehrere Busunternehmen veranstalten verschiedene Ausflüge in und rund um Mazatlán. Preise und Angebot sind größtenteils identisch. Es gibt u. a. dreistündige Stadtrundfahrten (25 US$) und Kolonialtouren (42–50 US$) zu den Hügelstädten El Quelite, Concordia und Copala. Zudem werden eine Tequilafabrik und das Dorf La Noria besichtigt

(35 US$). Teilnehmer können sich am Hotel abholen lassen.

Empfehlenswerte Veranstalter:

Hudson Tours (Karte S. 469; ☎ 913-17-64; www.hudsontours.com; Apartamentos Fiesta, Ibis 502) Kleinere, individuell zugeschnittene Touren, u. a. zum Schnorcheln (30 US$), Stadtspaziergang (25 US$), Speerfischen (35 US$), Wandern (25 US$) und Shoppen (25 US$).

Vista Tours (Karte S. 469; ☎ 986-83-83; www.vistatours.com.mx; Av Camarón Sábalo 51) Verschiedene Touren nach El Quelite (35 US$), Cosalá (75 US$) und zu den Missionsstationen von San Ignacio (75 US$).

RADTOUREN

In den Hügeln veranstaltet **Kelly's Bicycle Shop and Tours** (Karte S. 469; ☎ 914-11-87; www.kellys-bikes.com; Av Camarón Sábalo 204; ⏰ Mo–Sa 10–14 & 16.30–20 Uhr) ein- bis vierstündige Mountainbiketouren (295 Mex$) über Stock und Stein. Man fährt über malerische, befestigte Wege und ein paar anspruchsvolle einspurige Trails runter. Verleiht auch Mountainbikes (150 Mex$/Tag).

TIER- & WALBEOBACHTUNGSTOUREN

Mazatláns tropische Umgebung umfasst mangrovengesäumte Flussmündungen genauso wie sommergrüne Tropen- und dornige Trockenwälder. Diese stadtnahen Ökosysteme ermöglichen ein abwechslungs- und lehrreiches Naturerlebnis. In und rund um Mazatlán lassen sich z. B. über 400 verschiedene Vogelarten beobachten. Das beeindruckende Angebot von **Sendero México** (Karte S. 469; ☎ 940-86-87; www.senderomexico.com; Av Playa Las Gaviotas s/n) ist ausgesprochen umweltbewusst. Geführte Vogelbeobachtungstouren (35–145 US$) gibt's z. B. in Form von Kajaktrips zu Küstenlagunen oder von Exkursionen in die Bergausläufer östlich der Stadt.

Wer stattdessen lieber Wale sehen will, wendet sich am besten an **Onca Explorations** (Karte S. 469; ☎ 990-16-32; www.oncaexplorations.com; Av del Mar 1022). Die vierstündigen Wal- und Delphinbeobachtungen (85 US$; Dez.–Mai) werden von dem Biologen Oscar Guzón geleitet. Dessen Team analysiert das Verhalten der Tiere und fotografiert sie zu Identifikationszwecken. So erfahren die Tourteilnehmer etwas über die Methodik der Walforschung. Bei vierstündigen Schnorchelausflügen zu verschiedenen Inseln (65 US$; ganzjährig) steht dagegen die Meeresökologie im Mittelpunkt. Faszinierend sind auch die fünfstündigen Trips zur archäologischen Stätte Las Labradas (55 US$): Als einzige auf dem amerikanischen Kontinent liegen die dortigen Felsbilder direkt am Strand.

Festivals & Events

Carnaval In Mazatlán steigt die bunteste Karnevalsparty des Landes. Während der Woche vor Aschermittwoch (dem Mittwoch 46 Tage vor Ostern) lässt die ganze Stadt nonstop die Puppen tanzen – bis zum Morgen des Aschermittwochs: Am ersten Tag der Fastenzeit gehen gläubige Katholiken brav zur Kirche, um sich das Aschezeichen auf die Stirn machen zu lassen. Hotelzimmer unbedingt rechtzeitig reservieren!

Sinaloa Festival de los Artes Kulturliebhaber besuchen die Stadt am besten zwischen November und Dezember, wenn dieses Kunst- und Theaterfestival im Peralta-Theater stattfindet.

Virgen de Guadalupe Der Jungfrau von Guadalupe wird am 12. Dezember in der Kathedrale gehuldigt. Kinder tragen dabei farbenfrohe Kostüme.

Schlafen

Wie es sich für einen altgedienten Ferienort gehört, hat Mazatlán zahlreiche Übernachtungsmöglichkeiten für jeden Geldbeutel. Zu Luxusresorts und altmodischen Traditionshotels kommen immer mehr charmante B&Bs, die von Auswanderern geführt werden.

BUDGETUNTERKÜNFTE

Hotel del Río (Karte S. 470; ☎ 982-44-30; Juárez 2410; DZ/4BZ 200/350 Mex$; ❄) Das saubere Hotel in Strandnähe gehört einer Familie. Es steht in einem Arbeiterviertel und ist bei Travellern schon seit langem beliebt. Die Zimmer sind jeweils mit TV ausgestattet, aber teilweise etwas düster – deshalb am besten eins der wenigen hellen auf der Seeseite beziehen. Die siebte Übernachtung ist kostenlos.

Hotel del Centro (Karte S. 470; ☎ 981-26-73; Canizales 717; EZ/DZ 200/300 Mex$; ❄) Günstiges, gepflegtes Hotel nahe der Plaza Principal und des belebten öffentlichen Markts. Das Centro ist also die perfekte Option für Budgetreisende, die statt auf ewig gleiches Strandleben auf innerstädtischen Trubel stehen. Die Betten in den 24 schlichten Zimmern sind etwas durchgelegen, doch ansonsten ist es ordentlich und sauber.

Hotel Belmar (Karte S. 470; ☎ 985-11-12/13; Paseo Olas Altas 166 Sur; EZ/DZ 280–330 Mex$; P ❄ ☒) Der schon total ausgebleichte Klassiker aus den 1950er-Jahren erinnert an Mazatláns fesche Frühzeit als Touristenmekka. Bei den über 200 Zimmern reicht das Spektrum von abgenutzt-schäbig bis einwandfrei – daher vor dem Bezahlen unbedingt ein paar anschauen. Die besten Quartiere (darunter John Waynes einstiges Lieblingszimmer) sind klimatisiert. Sie befinden sich am oberen Ende einer Treppe und haben eine tolle Lage. Umweht von salziger Meeresluft hat man auf ihren Balkonen stets eine herrliche Aussicht auf die Playa Norte und den Ozean.

Hotel Coral Reef (Karte S. 469; ☎ 913-29-41; Av Playa Gaviotas 4; DZ 400–450 Mex$;) Das betagte, aber beliebte Ferienhotel steht gleich nördlich vom Hotel Playa Mazatlán in der Zona Dorada, oberhalb eines netten Streifens Sand. Man übernachtet in verwohnten Zimmern mit Blick auf Meer und Pool.

Mazatláns Wohnmobilparks sind in Strandnähe am nördlichen Ende der Stadt zu finden. Für Übernachtungen im Zelt sind die meisten allerdings nicht besonders geeignet. Der **Mar Rosa Trailer & RV Park** (Karte S. 469; ☎ 913-61-87; mar_rosarv@mzt.megared.net.mx; Av Camarón Sábalo 702; Stellplatz für Wohnmobil 300–390 Mex$) gleich nördlich der Zona Dorada überzeugt jedoch mit seiner super Lage an der Playa Sábalo.

ZENTRALE PAZIFIKKÜSTE

MITTELKLASSEHOTELS

Hotel La Siesta (Karte S. 470; ☎ 981-26-40 od. 800-711-52-29; www.lasiesta.com.mx; Paseo Olas Altas 11 Sur; Zi. mit/ohne Aussicht 450/350 Mex$; P) Das La Siesta liegt wunderschön über der Playa Norte. Ein paar seiner 51 geräumigen und sauberen Zimmer zählen zu den reizvollsten Optionen mit Meerblick in der Altstadt. Alle sind mit Kabel-TV ausgestattet und haben einen gewissen Charakter. Durch den Hof mit zahlreichen Grünpflanzen und den kürzlich angelegten Minipool hat das Haus das beste Preis-Leistungs-Verhältnis in der Stadt.

Hotel Machado (Karte S. 470; ☎ 982-14-63 oder 987-22-17; ernestorubio@hotmail.com; Av Sixto Osuno 510; EZ 500–600 Mex$, DZ 620–850 Mex$;) Das einzige Hotel an der herrlichen Plazuela Machado, das jüngst eröffnete Machado, kombiniert koloniales Ambiente perfekt mit modernem Komfort. In den sechs geräumigen Wohneinheiten mit hohen Decken gibt's luxuriöse Bäder, Originalkunstwerke, Kühlschränke und Mikrowellen. Ein schlichtes Frühstück ist inklusive. Von Montag bis Mittwoch sind die Preise etwas niedriger.

Meson de Cynthia (Karte S. 470; ☎ 136-02-84, aus den USA 310-633-8739; www.elmesondecynthia.com; Av Sixto Osuno 408; Zi. 500 Mex$, Suite 650–700 Mex$;) Stylisher Newcomer in unmittelbarer Nähe der Plazuela Machado. Er hat sechs behagliche Zimmer mit Kabel-TV und eine große Dachterrasse mit Blubberbecken.

Apartamentos Fiesta (Karte S. 469; www.mazatlanapartments.com; Rio Ibis 502; Apt. mit 1/2 Schlafzi. 520/680 Mex$; P) Die 13 ruhigen, ausgesprochen reizvollen Apartments verteilen sich in bzw. rund um einen aufwändig gestalteten Tropengarten. Größe und Grundriss variieren, aber alle haben eine Küche und hübsche Deko.

Hotel Azteca Inn (Karte S. 469; ☎ 913-44-77; www.aztecainn.com.mx; Av Playa Gaviotas 307; DZ 760 Mex$; P) Von dem zweckmäßigen Motel im Herzen der Zona Dorada ist es nicht weit bis zum Strand. Die 74 Zimmer haben wenig Charakter, dafür aber gute, feste Matratzen. Das anständige Restaurant des Hauses übernimmt den Zimmerservice.

The Melville (Karte S. 470; ☎ 982-84-74 od. gebührenfrei 866-395-2881 aus den USA; www.themelville.com; Av Constitución 99; Suite mit 1 Schlafzi. 800–900 Mex$, mit 2 Schlafzi. 1000 Mex$;) Das neoklassizistische Gebäude beherbergte bereits ein Telegrafenamt und einen Karmeliterinnenkonvent. Die geschmackvolle Restaurierung und der große, ruhige Innenhof schaffen das perfekte Ambiente für Mazatláns neuestes und bestes Boutiquehotel. Die individuell gestalteten Suiten sind mit Küchen, tollen Kunstwerken, kostbaren Antiquitäten und vielen zeitgenössischen Deko-Elementen ausgestattet.

Marley Motel (Karte S. 469; ☎ 913-55-33; motmarley@mzt.megared.net.mx; Av Playa Gaviotas 226; Apt. mit 1 Schlafzi. 850–900 Mex$, mit 2 Schlafzi. 930–1030 Mex$; P) Kleines Zona-Dorada-Motel mit ausgesprochen komfortablen Apartments am Meer. Die haben klasse Küchen und – als besonderes Schmankerl – Zugang zum Privatstrand.

SPITZENKLASSEHOTELS

Im Rahmen von Pauschalreisen sind Zimmer in Mazatláns Spitzenhotels relativ günstig – am besten fragt man bei Reisebüros nach oder recherchiert selbst im Internet danach.

Motel Los Arcos (Karte S. 469; ☎ 913-50-66; www.motellosarcos.com; Av Playa Gaviotas 214; EZ/DZ 900/1050 Mex$, Suite 1030–1180 Mex$; P) Auch dieses attraktive Motel steht direkt am Strand. Seine hellen, geräumigen Suiten mit Kochmöglichkeiten und Essecken sind sauber und ausgesprochen komfortabel. Weitere Pluspunkte sind der kleine Pool und die herrliche Aussicht auf die Inseln vor der Küste.

Best Western Hotel Posada Freeman (Karte S. 470; ☎ 985-60-60, aus den USA 866-638-88-06; www.posadafreeman.com; Paseo Olas Altas 79; Zi. inkl. Frühstücksbuffet 932–1168 Mex$, Suite 1534 Mex$; P ⊠ ❄ 💻 🏊) Frisch renoviertes Hotel über Mazatláns historischer Uferpromenade. Hier gehen Charakter und Komfort mit toller Aussicht auf Stadt und Meer einher. Exzellentes Preis-Leistungs-Verhältnis dank prima Fitnessraum, Dachterrasse und Pool.

Playa Mazatlán (Karte S. 469; ☎ 989-05-55; www.hotelplaya.net; Av Playa Gaviotas 202; Zi. 1315–1641 Mex$, Suite 2198–2632 Mex$; P ⊠ ❄ 💻 🏊) Das dienstälteste der großen Resorts in der Zona Dorada ist bis heute tadellos. Die Ausstattung der 425 Zimmer (meist mit Meerblick) umfasst Satelliten-TV, eigene Terrassen und alle komfortablen Extras einer echten Luxusherberge. Gepflegte Tropengärten und ein luftiges Uferrestaurant machen das Playa Mazatlán zum besten Großhotel vor Ort.

Inn at Mazatlán (Karte S. 469; ☎ 913-55-00; www.innatmaz.com; Camarón Sábalo 6291; Zi. 1480 Mex$, Suite 2115–4830 Mex$; P ⊠ ❄ 🏊) Das tolle Hochhaushotel mit aufmerksamem Service steht direkt am Strand. Seine 208 Zimmer und Suiten sind hell und fröhlich. Alle haben eigene Balkone oder Terrassen mit Meerblick.

El Cid Mega Resort (Karte S. 469; ☎ 913-33-33; www.elcid.com.mx; Av Camarón Sábalo s/n; Zi. 2124–2360 Mex$, Suite 4484–6254 Mex$; P ⊠ ❄ 💻 🏊) Diese Miniaturstadt im Luxusstil der 1980er-Jahre besitzt 1068 Zimmer. Auf gigantischen 2,9 km² gibt's hier alles, was das Herz begehrt – z. B. sieben Pools, mehrere Tauchshops, Restaurants, Reisebüros, Kinderbereiche und Fitnessräume.

Essen

Jeden Morgen fahren zahlreiche Boote aufs Meer hinaus und fangen Fische und Shrimps – kein Wunder, dass Mazatlán für seine frischen Meeresfrüchte berühmt ist. Besonders schmackhaft ist z. B. der *pescado zarandeado* (Fisch vom Holzkohlegrill, gefüllt mit Zwiebeln, Tomaten, Paprika und Gewürzen); ein ganzes Kilo reicht dicke für zwei Personen und kostet normalerweise rund 100 Mex$.

Die Restaurants in der Zona Dorada verköstigen hauptsächlich Pauschaltouristen. Bessere Lokale findet man an der Plazuela Machado. Mit Musik im Hintergrund wirkt die Plaza abends sehr erhaben; auch die herumtollenden Kinder und die sanfte Beleuchtung tragen zur romantischen Atmosphäre bei.

ALTSTADT

Günstig

La Espiga Dorada (Karte S. 470; ☎ 985-18-43; Constitución 217; Gebäck 5 Mex$; ⌚ 8–18 Uhr) Doña Betty Pompa bewohnt ein prächtiges altes Gebäude von 1837. Seit fast 50 Jahren betreibt sie dort ihre Bäckerei. Empfehlenswert sind u. a. das leckere *concheta* (fluffiges Süßbrot) oder die perfekten Baisers. Ein Schild gibt's nicht – einfach immer der Nase nach!

Mariscos Toño (Karte S. 470; Av 16 de Septiembre s/n; Hauptgerichte 30–60 Mex$; ⌚ 12–20 Uhr) Das unscheinbare Meeresfrüchterestaurant in der Altstadt ist zu recht beliebt. Einfache Meeresfrüchte-Cocktails, *ceviches* und Tostadas werden hier superfrisch an Straßentischen serviert. Nur ganz wenige Traveller bestellen sich die *caracol* (Meeresschnecke).

Puerto Viejo (Karte S. 469; ☎ 982-18-86; Paseo Olas Altas 25; Hauptgerichte 30–80 Mex$; ⌚ 10–18 Uhr) Eine gutgelaunte Schar ortsansässiger Auswanderer genehmigt sich hier regelmäßig zu Sonnenuntergang einen Drink. Viele Gäste kommen am nächsten Tag wieder wegen der frischen Meeresfrüchte, die direkt vom Hafen angeliefert werden. Neben anderen Gerichten gibt's regelmäßig *mole* und *ceviche* mit Thunfisch als günstige *comida corrida* (Tagesmenü zum Festpreis; 38 Mex$)

Cenaduria El Túnel (Karte S. 470; Av Carnaval 1207; Hauptgerichte 45–55 Mex$; ⌚ 12–24 Uhr) Seit über 50 Jahren serviert das charaktervolle Billiglokal einheimische Spezialitäten wie *pozole* (Schweinehackfleisch in Brühe) und Enchiladas mit geräuchertem Marlin.

Mittelteuer

Mariscos El Camichín (Karte S. 470; ☎ 985-01-97; Paseo Claussen 97; Hauptgerichte 50–120 Mex$; ⌚ 11–22 Uhr) In dem beliebten Terrassenrestaurant an der Playa Norte kann man unter einem schattigen *palapa*-Dach leckere Meeresfrüchte verspeisen. Im Hinterzimmer spielen manchmal nette ältere Mariachi auf.

Pedro y Lola (Karte S. 470; ☎ 982-25-89; Av Carnaval 1303; Hauptgerichte 50–170 Mex$; ⌚ 10–2 Uhr) Das äußerst gefragte Straßenlokal mit Bar ist nach den mexikanischen Sängern Pedro Infante und Lola Beltrán benannt. Auf den Tisch kommen gediegene mexikanische Spezialitäten und Meeresfrüchte wie Tintenfisch mit Knoblauch (90 Mex$) oder in Weißwein gegarter Fisch in der Folie (110 Mex$).

La Copa de Leche (Karte S. 470; ☎ 982-57-53; Paseo Olas Altas 122; Hauptgerichte 60–160 Mex$; ⌚ 8–19 Uhr)

Dieser Oldtimer versetzt seine Gäste zurück ins Mazatlán früherer Zeiten. Er wird von den Einheimischen für seine traditionellen Gerichte geschätzt und serviert den ganzen Tag über günstige *comida corrida*. Wer jedoch eine echte Köstlichkeit genießen möchte, bestellt sich am besten die herzhafte *sopa de mariscos* (Suppe mit Tintenfisch, Garnelen, Fisch und einer Limettenscheibe).

La Tramoya (Karte S. 470; ☎ 985-50-33; Constitución 509; Hauptgerichte 70–125 Mex$; 🕒 11–2 Uhr) Hier kommen deftige mexikanische Fleischgerichte auf die großen Straßentische. Wer so richtig Hunger hat, bestellt das *carne azteca*. Dieses Steak wird mit *huitlacoche* (Maispilzen) gefüllt und auf einem Bett aus *nopales* (stachligen Feigenkakteen) angerichtet.

Mariscos La Puntilla (Karte S. 469; ☎ 982-88-77; Flota Playa Sur s/n; Hauptgerichte 75–130 Mex$; 🕒 8–19 Uhr) Das Freiluftlokal steht auf einer schmalen Landzunge in der Nähe der Fähren zur Isla de la Piedra. Es bietet Meerblick, eine relaxte Atmosphäre und großartigen *pescado zarandeado*. Das Wochenendfrühstücksbuffet (85 Mex$) steht bei mexikanischen Familien hoch im Kurs.

Domitila (Karte S. 470; ☎ 136-04-36; Constitución 515; Hauptgerichte 75–155 Mex$; 🕒 11–22 Uhr) Diese romantische Neueröffnung trägt seinen Teil zum Feinschmeckerniveau an der Plazuela Machado bei. Ausgetrunkene *tamarindo*-(Tamarinden-)Margaritas werden von den Kellnern fix durch neue ersetzt. Das leckere Essen ist hübsch angerichtet. Darf's etwas dekadenter sein? Dann empfiehlt sich der gefüllte Baby-Tintenfisch mit Krebsfleisch und Salsa-Käsesauce.

ZONA DORADA & UMGEBUNG

Günstig

Tomates Verdes (Karte S. 469; ☎ 913-21-36; Laguna 42; Hauptgerichte 35–50 Mex$; 🕒 Mo–Sa 9–17 Uhr) Das schnuckelig-schlichte Mittagslokal serviert u. a. *pechuga rellena* (gefüllte Hähnchenbrust) und aromatische Suppen wie *nopales con chipotle* mit scharfem Kaktus.

La Cocina de Ana (Karte S. 469; ☎ 916-31-19; Laguna 49; Hauptgerichte 35–70 Mex$; 🕒 Mo–Sa 12–16 Uhr) Freundliches Restaurant mit kleinem, gemütlichem Essbereich. Zum appetitlichen Mittagsbuffet gehören z. B. Fleischklößchensuppe, Chili con carne und Paella.

Arre Lulú (Karte S. 469; ☎ 916-71-31; Av de las Garzas 18; Hauptgerichte 55–180 Mex$; 🕒 7–23 Uhr) Kurz nach Sonnenaufgang beginnt das kunterbunt gestrichene, kleine Lokal mit dem Alkoholausschank. Hummer, Garnelen oder traditionelle mexikanische Gerichte kann man hier mit erfrischendem *michelada* hinunterspülen – einem Mix aus Bier und Limettensaft, gewürzt mit Chili- und Worcestersauce.

Ebenso empfehlenswert:

Pura Vida (Karte S. 469; ☎ 916-58-15; Ecke Bugambilias & Laguna; Säfte 20–35 Mex$, Snacks 20–60 Mex$; 🕒 8–22.30 Uhr) Frisch gepresste Säfte und Vegetarisches.

Tacos Luna (Karte S. 469; Av Camarón Sábalo 400; Tacos 10 Mex$; 🕒 12–24 Uhr) Tacos nach einheimischen Rezepten.

Mittelteuer

Miso Sushi (Karte S. 469; ☎ 913-02-99; Av Las Gaviotas 17; Sushi 50–120 Mex$; 🕒 13–23 Uhr) Von Mazatláns Sushirestaurants ist keines so kosmopolitisch wie dieser angesagte Trendladen. Hippes Dekor und tolle Musik bilden die Kulisse für superfrisches, lecker angerichtetes Essen.

Pancho's Restaurant (Karte S. 469; ☎ 914-09-11; Av Las Gaviotas 408; Hauptgerichte 86–200 Mex$; 🕒 7–23 Uhr) Mit Blick auf die Playa Gaviotas kann man hier prima eine Monster-Margarita zu Sonnenuntergang schlürfen oder eine gewaltige Meeresfrüchteplatte vertilgen. Auf Letzterer befinden sich u. a. Hummer, Tintenfisch, ein ganzer Roter Schnapper und obendrein ein Paar Froschschenkel.

Restaurant Rioja (Karte S. 469; ☎ 916-61-80; Av Camarón Sábalo; Hauptgerichte 100–120 Mex$; 🕒 7–23 Uhr) Auch die Kellner dieses altmodischen Lokals sind nicht mehr die jüngsten. Auf der Karte stehen authentische Paella, diverse appetitliche *tapas* und europäische Spezialitäten wie *coq au vin* (Hühnereintopf mit Wein).

Teuer

Vittore Italian Grill (Karte S. 469; ☎ 986-24-24; Av Las Gaviotas 100; Hauptgerichte 130–250 Mex$; 🕒 12–24 Uhr) Elegantes Restaurant mit romantischer Terrasse und recht förmlichem Service. Neben kalorienreichen Nudelgerichten wird auch Leckeres mit Meeresfrüchten oder Fleisch aufgetischt, z. B. schmackhaftes Rinderfilet mit Brombeersauce, geschmolzenem Gruyère-Käse und Wildpilzen.

Casa Loma (Karte S. 469; ☎ 913-53-98; Av Las Gaviotas 104; Hauptgerichte 150–320 Mex$; 🕒 13.30–22.30 Uhr; ❄) Wer dem Touristentrubel entkommen möchte, genehmigt sich ein edles Mahl in diesem vornehmen Lokal. Gäste können im schicken Innenraum oder auf der Terrasse mit dem blubbernden Springbrunnen speisen. Zu empfehlen sind die gebratene Ente *à l'orange* oder pochierter Fisch *blanca rosa* (174 Mex$), ein echter Mazatlán-Klassiker.

Ausgehen

Edgar's Bar (Karte S. 470; ☎ 982-72-18; Ecke Serdán & Escobedo; ⏲ 9–24 Uhr) Wer das Altstadtflair kennenlernen möchte, kippt ein paar Tequilas in dieser rustikalen, beliebten alten Bar aus dem Jahre 1949. Freundliche alte Herren singen hier Karaoke inmitten von ebenso betagten Fotos. Riesengarnelen kommen gleich eimerweise auf den Tisch. Dem Türschild zufolge sind auch Damen willkommen.

La Tertulía (Karte S. 470; ☎ 983-16-44; Constitución 1406; ⏲ Mo–Sa) Der belebte Laden ist ideal zum gediegenen Tequilaschlürfen. Die Dekoration besteht ausschließlich aus Stierkampfpostern und den ausgestopften Köpfen verblichener *toros* (Stiere).

Vitrolas's Bar (Karte S. 470; www.vitrolasbar.com; Frias 1608; ⏲ Di–So 17–1 Uhr) Kultivierte, romantisch beleuchtete Schwulenbar in einem wunderschön restaurierten Gebäude. Anstelle netzhemdbewehrter Muskeln sieht man hier größtenteils gepflegte Kragen.

Perfekt für junge Partymiezen:

Jungle Juice (Karte S. 469; ☎ 913-33-15; Av de las Garzas 101) Eine Art Cantina mit lauschiger Ecke im Obergeschoss. Zu trinken gibt's exotische Fruchtdrinks.

Señor Frogs (Karte S. 469; ☎ 982-19-25; Calz Camarón Sábalo s/n) In diesem feucht-fröhlichen Gute-Laune-Laden geht's am Wochenende hoch her.

Unterhaltung

Was gibt es Schöneres als einen sonnigen Tag am Strand, auf den eine Nacht in einer so feierwütigen Stadt folgt? Das Spektrum reicht von Diskos und Schwulentreffs bis hin zu einem beliebten Theater. *Pacific Pearl* und *Viejo Mazatlán* haben jeweils einen Veranstaltungskalender. Beide Magazine sind in Hotellobbys in der ganzen Stadt erhältlich.

NACHTCLUBS

Dank der vielen pulsierenden Nachtclubs gilt Mazatlán als Partyhochburg. Inklusive Freigetränk kostet der Eintritt meist 100 bis 200 Mex$. Los geht's um ca. 22 Uhr; der Höhepunkt ist um Mitternacht erreicht. Manche Clubs schließen um 2 Uhr, während anderswo bis um 5 Uhr gefeiert wird.

Fiesta Land (Karte S. 469; ☎ 984-16-66; Av del Mar s/n) Das pompöse, weiße Schloss steht auf dem Punta Camarón am Südende der Zona Dorada. Es beherbergt zwei von Mazatláns angesagtesten Nightspots: Auf den drei Tanzflächen vom Valentino's bewegt sich ein gemischtes Publikum zu Hip-Hop und Latin. Wenn der DJ nervt, geht's hinüber ins Bora Bora. Dort kann man direkt am Strand oder ungestraft auf dem Tresen tanzen – optimal nach 2 Uhr, wenn andere Bars schon zu sind.

Joe's Oyster Bar (Karte S. 469; ☎ 983-53-33; Av Loaiza 100; ⏲ 16–2 Uhr) Beliebte Bar an einem Sträßchen zwischen der Av Playa Gaviotas und dem Strand, die immer gut für einen Sunset-Drink am frühen Abend ist. Nach 23 Uhr ist aber die Hölle los. Dann tanzen zahllose Studenten auf Tischen, Stühlen und ihren Kommilitonen herum.

El Caracol (Karte S. 469; ☎ 913-33-33; El Cid Mega Resort, Av Camarón Sábalo s/n; ⏲ Di–Sa) Beliebte Afterhour-Location mit Mazatláns bester Lightshow. Eine Rampe verbindet die beiden Ebenen der riesigen Tanzfläche. Das schicke Publikum schwelgt bis zum frühen Morgen in Techno, Hiphop, Salsa und *cumbia*.

Coliseo's Disco Forum (Karte S. 469; ☎ 984-16-66; Av del Mar 1223; ⏲ 11–2 Uhr) Feiern wie im alten Rom: Das topmoderne Soundsystem des Großraumclubs begeistert talentierte DJs und tanzwütige Gäste.

Pepe Toro (Karte S. 469; ☎ 914-41-76; www.pepetoro.com; Av de las Garzas 18; ⏲ Do–So) Das gutgelaunte Publikum des kunterbunten Clubs ist größtenteils schwul. Jeden Samstagabend um 1 Uhr gibt's eine Travestieshow mit Stripeinlage.

THEATER

Teatro Ángela Peralta (Karte S. 470; ☎ 982-44-46; www.teatroangelaperalta.com; Av Carnaval 47) Wenn man in Mazatláns aufkeimende Kulturszene eintauchen will, ist ein Abend im Peralta ein Muss. Das Theater von 1860 wurde fünf Jahre lang restauriert und 1990 wieder eröffnet. Im Zuschauerraum stapeln sich drei schmale Ränge übereinander. Das Programm besteht aus allen möglichen Events wie Filmen, Konzerten, Oper- und Theateraufführungen. Am Kiosk beim Zugang auf der Vorderseite hängen Infos zu aktuellen Veranstaltungen und Vorschauen. Am vollsten ist der Veranstaltungskalender im Oktober und November, wenn die Sinaloa Fiesta de los Artes stattfindet.

LIVEMUSIK

Wer die Gelegenheit hat, sollte unbedingt mal einer mitreißenden *banda sinaloense* zuhören.

Die lauten Bläser sind typisch für den Bundesstaat. Auftrittstermine werden entweder in der Stadt angeschlagen oder von langsam fahrenden Autos per Dachlautsprecher angekündigt. Diese und weitere Großkonzerte steigen im Coliseo's Disco Forum (S. 477) und im kürzlich eröffneten Liveclub **Las Flores Premier** (Karte S. 469; ☎ 990-05-05; Av Camarón Sábalo s/n).

STIERKÄMPFE

Tickets für Stierkämpfe gibt's in Reisebüros, großen Hotels und im **Salón Bacanora** (Karte S. 469; ☎ 986-91-55) neben der Plaza de Toros.

Plaza de Toros (Karte S. 469; Av Buelna) Mazatláns einzige Stierkampfarena liegt gleich landeinwärts hinter dem Kreisverkehr in der Zona Dorada. Von Mitte Dezember bis Ostern finden hier *corridas de toros* (Stierkämpfe) statt, jeweils sonntags um 16 Uhr.

KINO

Cinemas Gaviotas (Karte S. 469; ☎ 983-75-45; Av Camarón Sábalo 218; Eintritt Do–Di 38 Mex$, Mi 22 Mex$) Auf sechs Leinwänden laufen aktuelle Filme (teilweise auf Englisch).

Shoppen

Die zahllosen Läden der Zona Dorada verkaufen Bekleidung, Schmuck, Keramik und Kunsthandwerk. Empfehlenswert ist z. B. **Sea Shell City** (Karte S. 469; ☎ 913-13-01; Av Loaiza 407; 🕑 9–19 Uhr) mit der unglaublichen Auswahl an Muschelschalen. Wer etwas Exklusiveres sucht, ist im Einkaufskomplex im Hotel Playa Mazatlán richtig. Die dortigen Nobelboutiquen bieten wunderschönes Kunsthandwerk wie Masken aus Guerrero oder Blechwaren aus Oaxaca feil.

Auf dem **Centro Mercado** (Zentralmarkt; Karte S. 470) in der Altstadt erlebt man zwischen Schnäppchenläden, Gemüse-, Gewürz- und Imbissständen ein Stück mexikanischer Markttradition.

Wer auf etwas Besonderes aus ist, durchstöbert am besten die Straßen im Umkreis der Plazuela Machado. Dort laden immer mehr Galerien und Boutiquen zu einem kleinen Bummel ein.

Die **Gallery Michael** (Karte S. 470; ☎ 69-167-816; Ángel Flores 601) hat viele hochwertige Kuriositäten, Keramiken, Schmuck- und Haushaltswaren auf Lager. Die familiengeführte **Casa Etnika** (Karte S. 470; ☎ 116-84-71; Av Sixto Osuno 50) bietet ein kleines, aber feines Sortiment an einzigartigen Objekten aus Mexiko und der ganzen Welt.

An- & Weiterreise

AUTO & MOTORRAD

In der Hauptsaison beginnen die Preise für Mietwagen bei etwa 40 US$ pro Tag. Daher lohnt es sich, ein wenig zu vergleichen. Mehrere Autovermieter unterhalten Filialen vor Ort:

Alamo (Karte S. 469; ☎ 913-10-10; Av Camarón Sábalo 410)

Budget (Karte S. 469; ☎ 913-20-00; Av Camarón Sábalo 402)

Hertz (Karte S. 469; ☎ 913-60-60; Av Camarón Sábalo 314)

BUS

Der **Central de Autobuses** (Hauptbusbahnhof; Karte S. 469; ☎ 982-83-51; Ferrusquilla s/n) mit Rundumservice liegt drei Blocks landeinwärts vom Nordende der Playa Norte. In dem Hauptterminal an der Av Ejército Mexicano fahren alle Busse von separaten Hallen ab.

Regionalbusse zu Kleinstädten wie Concordia, Copala oder Rosario benutzen ein kleineres Terminal hinter dem Hauptterminal.

Täglich kann man auch die folgenden diversen Fernbusverbindungen in Anspruch nehmen:

Ziel	Preis (Mex$)	Dauer (Std.)	Häufigkeit (tgl.)
Culiacán	130	2½	24
Durango	357	7	6
Guadalajara	1. Klasse 355	8	8
	2. Klasse 310	9	12
Manzanillo	563	12	1
Mexico City (Terminal Norte)	1. Klasse 808–950	18	6
	2. Klasse 703	20	12
Monterrey	856	16	2
Puerto Vallarta	1. Klasse 327	7	5
	2. Klasse 280	8	2
Tepic	170	4½	1
Tijuana	1. Klasse 900	26	3
	2. Klasse 759	28	16

Eine Alternative sind Busse nach Tepic, wo regelmäßig Anschluss nach Puerto Vallarta besteht.

Um nach San Blas zu kommen, fährt man zuerst nach Tepic und steigt dort in einen 2.-Klasse-Bus um (42 Mex$, 1 Std.).

FLUGZEUG

Der **Rafael Buelna International Airport** (MZT; ☎ 928-04-38) 27 km südöstlich der Zona Dorada wird u. a. von folgenden Fluglinien bedient:

Aero California (☎ 985-25-87; Flughafen) Direktverbindung nach Guadalajara, La Paz, Mexico City und Tijuana.

Aeroméxico (Karte S. 469; ☎ 914-11-11; Av Camarón Sábalo 310) Fliegt über Mexico City nach Atlanta, Los Angeles, Chicago und San Francisco. Nonstop geht's nach San Diego, Phoenix, La Paz, Guadalajara und in die Hauptstadt.

Alaska Airlines (☎ 985-27-30; Flughafen) Nonstop nach Los Angeles, San Francisco und Seattle.

Continental (☎ 800-900-5000; Flughafen) Ohne Zwischenlandung nach Houston.

US Airways (☎ 981-11-84; Flughafen) Direktverbindung nach Phoenix.

Mexicana (Karte S. 469; ☎ 913-07-72; Av Camarón Sábalo) Steuert Denver, Los Angeles und Los Cabos über Mexico City an. Letzteres wird wie Guadalajara auch direkt angeflogen.

SCHIFF/FÄHRE

Baja Ferries (Karte S. 469; ☎ 985-04-70; www.bajaferries.com; Tickets Erw./Kind 800/400 Mex$; Ticketbüro Mo–Sa 8–15, So 9–13 Uhr) hat ein Terminal am südlichen Stadtrand. Dort legen die Fähren zwischen Mazatlán und La Paz bzw. dem 23 km entfernten Hafen Pichilingue in Baja California Sur an. Die 17-stündige Passage beginnt immer dienstags, donnerstags und samstags um 15 Uhr. Passagiere sollten sich (mit Tickets) bereits um 13 Uhr einfinden. Starke Winde können das Auslaufen verzögern. Tickets sind bereits zwei Tage vor dem Morgen des Abfahrtstags erhältlich. Für Details zu Kabinen- und Fahrzeugpreisen s. S. 330.

Unterwegs vor Ort

BUS

Regionalbusse fahren zwischen 6 und 22.30 Uhr. Die Fahrt mit den weißen Standardbussen kostet 5 Mex$, mit den grünen, klimatisierten 10 Mex$. Die Linie „Sábalo-Centro" fährt zunächst vom Centro Mercado über die Juárez zur Playa Norte. Von dort aus geht's in Richtung Norden über die Av del Mar zur Zona Dorada und danach weiter auf der Av Camarón Sabálo. Die Linie „Playa Sur" bewegt sich in Richtung Süden entlang der Av Ejército Méxicano und am Busbahnhof vorbei ins Stadtzentrum. Nach dem Markt steuert der Bus zunächst das Fährterminal und dann El Faro an.

Um Mazatláns Zentrum vom Busbahnhof aus zu erreichen, einfach ab der Av Ejército Mexicano einen Bus in Richtung Süden nehmen. Alternativ kann man auch die 500 m vom Busbahnhof zum Strand laufen und einen „Sábalo-Centro"-Bus zum südlich gelegenen Zentrum besteigen (S. 479).

FAHRRAD

Kelly's Bicycle Shop and Tours (S. 473) verleiht Mountainbikes für 150 Mex$ pro Tag.

VOM/ZUM FLUGHAFEN

Zwischen Flughafen und Stadt (27 km) sind neben Taxis auch *colectivo*-Minibusse unterwegs. Diese Fahrzeuge lassen Passagiere entlang fester Routen ein- und aussteigen. Tickets für beide (*colectivo*/Taxi 60/250 Mex$) sind bei einem speziellen Schalter in der Ankunftshalle erhältlich. In Gegenrichtung verkehren keine öffentlichen Busse.

TAXI

In Mazatlán gibt's spezielle Taxis namens *pulmonía*: Die kleinen, offenen Fahrzeuge ähneln einem Golfmobil. Zusätzlich fahren die normalen rot- oder grün-weißen „Eco-Taxis" herum; für Fahrten im Stadtgebiet verlangen die Fahrer zwischen 80 und 100 Mex$. Je nach Verhandlungsgeschick sind die *pulmonías* etwas günstiger (oder wesentlich teurer); die Preise variieren außerdem je nach Tageszeit und eventuellen Kreuzfahrtschiffen im Hafen.

RUND UM MAZATLÁN

In den hügeligen Ausläufern der Sierra Madre gibt's mehrere malerische Kolonialnester. Sie eignen sich prima für einen Tagesausflug von Mazatlán aus. **Concordia** beispielsweise wurde 1565 gegründet; hier steht eine Kirche aus dem 18. Jh. mit einer Barockfassade und aufwändig verzierten Säulen. Das Dorf ist für seine in Handarbeit hergestellten Tonwaren und für handgeschnitzte Möbel von hoher Qualität bekannt. Es liegt ca. 45 Autominuten östlich von Mazatlán; um hin zu kommen, zunächst den Hwy 15 20 km südostwärts bis nach Villa Unión entlangfahren, danach dem Hwy 40 (Highway nach Durango) weitere 20 km landeinwärts folgen.

Auch **Copala** wurde 1565 gegründet; es liegt 40 km hinter Concordia am Hwy 40. Copala war eine der ersten Bergbaustädte in Mexiko. Hier gibt's noch eine Kirche (von 1748) und Häuser aus der Kolonialzeit, die an den gepflasterten Straßen stehen. Die Ortschaft liegt eineinhalb Autostunden von Mazatlán entfernt.

Rosario befindet sich 76 km südöstlich von Mazatlán am Hwy 15; der Grundstein für die Bergbaustadt wurde 1655 während der Kolonialzeit gelegt. Die Hauptattraktion ist der goldbeschlagene Hochaltar in der Kirche Nuestra Señora del Rosario. Auch das Heim der gefeierten Sängerin Lola Beltrán lädt zur Besichtigung ein – ihre Lieder machten *ranchera* (Mexikos städtische „Countrymusik") Mitte des 20. Jhs. bekannt.

Cosalá von 1550 ist ebenfalls eine wunderschöne koloniale Bergbaustadt in den Bergen nördlich von Mazatlán. Hier stößt man außer auf eine Kirche aus dem 17. Jh. auch auf ein Geschichts- und Bergbaumuseum in einem kolonialen Anwesen an der Plaza. Außerdem gibt's zwei einfache, aber saubere Hotels. Um nach Cosala zu kommen, dem Hwy 15 in nördlicher Richtung 113 km bis zur Abzweigung (gegenüber der Abzweigung nach La Cruz de Alota an der Küste) folgen; danach geht's weitere 45 km hoch in die Berge.

Busse nach Concordia (20 Mex$, 1 Std., alle 15 Min. zw. 6 & 18 Uhr), Copala (30 Mex$, 1½ Std., 3-mal tgl.) und Cosalá (90 Mex$, 3 Std., 2-mal tgl.) fahren von dem kleinen Busterminal auf der Rückseite von Mazatláns Hauptbusbahnhof ab. Nach Rosario nimmt man am besten einen Bus mit der Aufschrift „Escuinapa" oder einen von denen, die auf dem Hwy 15 nach Süden fahren (30 Mex$, 1½ Std. stündl. zw. 6 &18 Uhr). Zu jeder dieser Ortschaften werden auch geführte Touren angeboten (s. S. 472).

TEACAPÁN

☎ 695 / 3000 Ew.

Immer mehr Traveller sind der städtischen Lichter überdrüssig und pilgern zu diesem

ABSTECHER: TUFTED JAY PRESERVE

Wie manche Traveller bevorzugt auch der Schopf-Blaurabe (engl. tufted jay) etwas höhere Gebirgslagen. Dies gilt besonders für die kühlen Waldschluchten der Sierra Madre Occidental. Der großartige Vogel hat einen weißen Körper mit langem Schwanz – Brustgefieder und Flügel sind schwarz, ebenso der auffällige Schopf auf dem Kopf. Seinetwegen pilgern Vogelfreunde aus nah und fern zum **Tufted Jay Preserve** (☎ 669-940-8687; www.tufted-jay-preserve.org; info@senderomexico.com; Hütte 800–900 Mex$, Zelt für 2/6 Pers. 400/600 Mex$), einem Naturschutzgebiet südöstlich von Mazatlán im Hochgebirge. Man muss aber kein Vogelfreak sein, um an der wunderschönen Enklave Gefallen zu finden. Die ökologische Wirtschaftszone wurde 2005 von Pronatura eingerichtet, einer nichtstaatlichen Organisation aus Mexiko. Seitdem schützt sie den üppigen Lebensraum ihres gleichnamigen Bewohners. Das Projekt nimmt Ländereien ein, die kürzlich noch gezielt vom *ejido* (Landkooperative) der nahen Gemeinde Palmito abgeholzt wurden. Dieses Musterbeispiel für nachhaltige Gemeindeentwicklung konnte mithilfe des mexikanischen Forstministeriums realisiert werden: Im Rahmen eines regionalen Ökotourismus-Förderprojekts erhielt der *ejido* finanzielle Mittel zum Bau von Unterkünften. So entstand gleichzeitig eine alternative Einkommensquelle für die Gemeinde. Heute kommen Freunde von Natur und Einsamkeit zum Wandern, Ausreiten oder Vögel beobachten hierher. Unter den einfachen Quartieren sind zwei reizvolle Holzhütten mit Petroleumlampen, Kochecken und Warmwasser. Sie besitzen jeweils zwei Schlafzimmer, aber weder Stromanschluss noch Kühlschrank. Alternativ kann in holzbeheizten Safarizelten übernachtet werden, in denen Flanell- und Gänsedaunendecken zusätzlich Wärme spenden. Für Gruppen ab vier Personen bereiten die Frauen des *ejido* in einer Freiluftküche herzhafte Mahlzeiten (90 Mex$/Pers.) zu. Ansonsten schwingt man in seiner Hütte einfach selbst den Kochlöffel. Unterkünfte und Mahlzeiten unbedingt rechtzeitig buchen!

Wer von Mazatlán aus mit dem Auto anreist, ist etwa drei Stunden unterwegs. Zunächst geht's von der Villa-Unión-Kreuzung am Hwy 15 ostwärts über den Hwy 40. Dann bei Km 202 nach links abbiegen und der unbefestigten Holperpiste für ca. 20 Minuten folgen. Busse zwischen Mazatlán und Durango halten unterwegs in Palmito (1. Klasse 82 Mex$, 3 Std., 5-mal tgl.; 2. Klasse 70 Mex$, 3½ Std., 4-mal tgl.). Reservierungen schließen den Shuttleservice ab dem Dorf mit ein. Geführte Vogelbeobachtungstouren im Tufted Jay Preserve (1- oder mehrtägig) können auch über Sendero México (S. 473) gebucht werden.

kleinen Fischerdorf an der Spitze einer einsamen Halbinsel. Teacapán liegt 126 km südlich von Mazatlán an der Grenze zwischen Nayarit und Sinaloa. Artenreiche Mangrovenhaine und die Nähe zu unberührten Stränden machen es zu einem Topziel für Fans von Natur und Einsamkeit. An den Flussmündungen der Umgebung tummeln sich Enten, Silber- und Graureiher. Ortsansässige Fischer organisieren Trips in die Mangrovensümpfe. Die Boote starten an der Boca de Teacapán, dem natürlichen Anlegesteg. Zusammen mit einheimischen Führern kann man auch nahe archäologische Stätten oder die riesige Vogelwelt der Isla de Pájaros besuchen. Dabei wird jeweils einmal übernachtet.

Villas María Fernanda (☎ 954-53-93; www.villasmariafernanda.com; Zi. 450–550 Mex$, Suite 550 Mex$, Ferienhaus 1000–2200 Mex$;) Die hübsche kleine Ferienanlage hat komfortable und geräumige Zimmer, Suiten mit eigenen Küchen und ein Haus für bis zu zehn Personen. Kinder mögen vor allem den coolen Pool mit Wasserrutsche.

Restaurant & Bungalows Señor Wayne (☎ 954-56-95; Zi./Cabaña 250/350 Mex$;) Die Besitzerfamilie hält ihre sieben Zimmer super in Schuss. Dasselbe gilt für die beiden günstigen *cabañas* mit *palapa*-Dach. Auf dem Gelände befindet sich auch Teacapáns bestes Restaurant (Hauptgerichte 60–120 Mex$). Es serviert u.a. Steaks, Meeresfrüchte und ein üppiges Frühstück.

Um von Mazatláns 2.-Klasse-Busbahnhof hierher zu kommen, steigt man zunächst in einen Linienbus nach Escuinapa (20 Mex$, 2½ Std.). Von dort geht's mit Transportes Esquinapa weiter nach Teacapán (30 Mex$, 1 Std.). Autofahrer folgen dem Hwy 15 bis Escuinapa und nehmen dort Hwy 5-23.

SANTIAGO IXCUINTLA

☎ 323 / 17 000 Ew.

Santiago Ixcuintla besitzt eine charmante Plaza und einen eindrucksvollen Pavillon, der von acht vollbusigen Musen aus Eisen gestützt wird. Dennoch ist die Stadt hauptsächlich ein Ausgangspunkt für Trips nach Mexcaltitán. Sie ist keine Touristenhochburg, hat aber neben ein paar Hotels auch etwas interessante Kultur zu bieten. Im **Centro Huichol** (☎ 235-11-71; Calle 20 de Noviembre 452; Mo–Sa 9–14 & 16–18 Uhr) erlernen indigene Huicholes ihr charakteristisches Kunsthandwerk und wie sie es am besten vermarkten, um sich ein Einkommen zu sichern. Das Zentrum liegt zehn Blocks nordöstlich der Innenstadt an der Straße nach Mexcaltitán.

Das **Hotel Casino Plaza** (☎ 235-08-50; Ocampo & Rayón; EZ/DZ 275/320 Mex$;) ist modern und angenehm, und sein gutes **Restaurant** (Hauptgerichte 30–80 Mex$) bietet täglich ein Frühstücksbuffet (60 Mex$). Die sauberen und modernen Zimmer des kürzlich eröffneten **Hotel Plaza Los Reyes Santiago** (☎ 235-42-57; 20 Noviembre Ote 89; EZ/DZ 280/300 Mex$, Suite 300–400 Mex$;) sind ebenfalls empfehlenswert.

Um Santiago mit dem Auto zu erreichen, biegt man 63 km nordwestlich von Tepic vom Hwy 15 ab und fährt 7 km westwärts. Zudem gibt es eine regelmäßige Busverbindung ab Tepic. Von Mazatlán aus gehen 2.-Klasse-Busse nach Penas. Dort fahren Regionalbusse regelmäßig bis Ixcuintla.

Um 7, 10, 12 und 14 Uhr rollen Combis von Santiago Ixcuintla nach La Batanga (20 Mex$), wo die Boote nach Mexcaltitán ablegen. Die Fahrzeuge fahren am Terminal de Taxis Foráneos (73 Juárez Oriente) ab, einen Block nördlich der Plaza. Außerdem geht täglich um 7 Uhr ein 2.-Klasse-Bus von Transportes del Pacífico nach La Batanga (20 Mex$, 1 Std., 37 km). Taxifahrer verlangen für die einfache Strecke ca. 150 Mex$.

MEXCALTITÁN

☎ 323 / 900 Ew.

Hier siedelten sich um 500 n. Chr. die ersten Menschen an. Einige Wissenschaftler halten die Gegend um das uralte Inseldorf für Aztlán, das legendäre Stammland der Azteken. Heute lebt der Ort vor allem von der Garnelenfischerei. Am frühen Abend fahren die Männer mit kleinen Booten in das umgebende Marschland und kehren kurz vor Sonnenuntergang mit gefüllten Netzen zurück. Den ganzen Tag über trocknen Shrimps auf jeder verfügbaren Freifläche in der Stadt – ein Nachmittagsspaziergang ist daher eine malerische, allerdings auch streng riechende Angelegenheit.

Der Tourismus hat hier kaum Spuren hinterlassen. In Mexcaltitán gibt's neben einem Hotel ein paar nette Restaurants am Ufer und ein kleines Museum – der Ort eignet sich also prima für einen angenehmen Aufenthalt mit Übernachtung.

Sehenswertes & Aktivitäten

Das **Museo Aztlán del Origen** (Eintritt 5 Mex$; Di–So 9–14 & 16–18.30 Uhr) an der Nordseite der Plaza ist klein, aber unterhaltsam. Unter den Ausstellungsstücken sind viele interessante Uraltfunde und die Nachbildung einer faszinierenden langen Schriftrolle, der *Códice Ruturini*. Sie erzählt von der Reise der Azteken, auf Spanisch sind Kommentare eingefügt.

Man kann **Bootsausflüge** (300 Mex$/Std.) in die Lagune arrangieren, um dort Vögel zu beobachten, zu angeln und sich alles anzuschauen – jede Familie besitzt mindestens ein Boot.

Festivals & Events

Semana Santa Die Karwoche wird groß gefeiert. Am Karfreitag wird in der Kirche eine Christusstatue ans Kreuz geschlagen, dann abgenommen und durch die Straßen getragen.

Fiesta de San Pedro Apóstol Das lärmende Festival am 29. Juni ist dem Schutzpatron der Fischer gewidmet. Statuen vom hl. Petrus und hl. Paulus werden in geschmückten *lanchas* auf die Lagune hinausgebracht, um das Wasser zu segnen. Die Feierlichkeiten beginnen um den 20. Juni herum, Höhe- und Endpunkt ist der 29. Juni.

Schlafen & Essen

Hotel Ruta Azteca (☏ 232-02-11, Durchwahl 128; Venecia 98; EZ 150–300 Mex$, DZ 300–350 Mex$, 3BZ 400–450 Mex$) Das einzige und damit gleichzeitig beste und schlechteste Hotel vor Ort. Die Zimmer sind einfach und relativ sauber – um eins im hinteren Bereich mit Lagunenblick bitten.

Morgens werden an einem Karren auf der Straße Shrimp-*tamales* verkauft; sie sind das hiesige kulinarische Highlight. Das **Restaurant Alberca** (Hauptgerichte 40–60 Mex$; 🕑 7–18 Uhr) liegt am Ostufer und ist über einen wackligen Holzsteg erreichbar. Es bietet eine tolle Aussicht auf die Lagune. Die Speisekarte huldigt den Shrimps. Unbedingt die einheimische Spezialität *albóndigas de camarón* (frittierte Bällchen aus gestampften Shrimps in pikanter Brühe), einen reichhaltigen *jugo de camarón* (Shrimps-Saft) oder *paté de camarón* probieren.

An- & Weiterreise

Von Santiago Ixcuintla aus fahren Busse, Taxis oder *colectivos* nach La Batanga. Von dem kleinen Landungssteg legen die *lanchas* nach Mexcaltitán ab. Die Ankunfts- und Abfahrtszeiten sind auf den Busfahrplan abgestimmt. Die Überfahrt dauert 15 Minuten und kostet 10 Mex$ pro Nase. Wer die offiziellen *lanchas* verpasst, kann zwischen 8 und 19 Uhr für 70 Mex$ auch ein privates mieten (zzgl. 15 Mex$ für jede weitere Pers.).

SAN BLAS

☎ 323 / 12 000 Ew.

San Blas liegt 70 km nordwestlich von Tepic. Hier plant die staatliche Tourismusbehörde

DAS STAMMLAND DER AZTEKEN?

Ein Besuch im uralten Mexcaltitán beschwört unweigerlich eine weit zurückliegende Vergangenheit herauf. War dies einst wirklich Aztlán, das sagenhafte Stammland der Azteken?

Nach der einheimischen Variante des Originalmythos begannen die Azteken hier im Jahr 1091 ihre Reise, die mehrere Generationen dauern sollte. Um 1325 erreichten sie schließlich Tenochtitlán (das heutige Mexico City). Befürworter dieser Theorie weisen auf die frappierende Ähnlichkeit zwischen den kreuzförmig angelegten Straßen von Mexcaltitán und dem Grundriss des frühen Tenochtitlán hin. Als weiterer Beweis gilt ein vorkoloniales Basrelief aus Stein; es wurde in der Gegend gefunden und zeigt den berühmten Reiher mit der Schlange. Das kann als Anspielung auf das Zeichen gewertet werden, das die Azteken im gelobten Land zu finden hofften. Außerdem hielten spanische Missionare aztekische Berichte fest; einem zufolge lebten die Vorfahren glücklich im wunderschönen Aztlán, wo alle möglichen Enten, Reiher und andere Wasservögel zu finden waren. Genau genommen bedeutet Aztlán nämlich „Ort der Silberreiher", und davon flattern hier ganze Schwärme durch die Luft.

Es gibt aber auch andere Stimmen: Gegnerische Theorien besagen, dass sich Aztlán in den „Four Corners" der USA, in Wisconsin oder sogar in Alaska befand. Jesus Jauregui ist Experte für Westmexiko am National Institute of Anthropology and History in Mexico City: „In Mexcaltitán wurden bis jetzt keine ernstzunehmenden archäologischen Studien durchgeführt. Aztlán ist ein mythischer Ort, kein historischer."

Die Einheimischen sind geteilter Meinung. Angesichts der Ausstellungsstücke im Stadtmuseum zweifelte ein Fischer an der Geschichte vom Auszug der Azteken, denn: „Warum sollte jemand von hier fortgehen?"

seit Jahrzehnten einen großen Ferienort. Dennoch hat sich das beschauliche Fischerdorf nicht sonderlich verändert und schöpft seinen Charme weiterhin aus friedlicher Verschlafenheit. Besucher erfreuen sich an einsamen Stränden, tollen Surfspots und einer bunten Vogelwelt. Größtenteils unberührte Tropenwälder sind per Flussboot erreichbar, und unterhaltsame Bars und Restaurants runden die Mischung ab. Zusammen mit der wundervollen Strandszene versprechen sie einen angenehmen Aufenthalt.

Vom späten 16. Jh. bis ins 19. Jh. hinein war San Blas ein wichtiger Hafen der Spanier. Diese errichteten hier eine Festung, um ihre Handelsgaleonen vor Überfällen britischer und französischer Piraten zu schützen. Auch Junipero Serra schipperte einst von San Blas aus gen Norden, wo er zum „Vater" der kalifornischen Missionsstationen wurde.

Praktische Informationen

Banamex (Av Juárez s/n) Mit Geldautomat.
Caseta Telefónica (☎ 285-41-40; Av Juárez 665; ⏲ 7–22 Uhr)
Cibernet la Web (Canalizo 155; 10 Mex$/Std.; ⏲ Mo–Sa 9–23, So 12–23 Uhr) Schnelle Internetverbindungen.
Klinik (☎ 285-12-07; Ecke Azueta & Campeche; ⏲ 24 Std.)
Post (Ecke Sonora & Echeverría)
Touristeninformation (☎ 285-02-21; ⏲ Mo–Fr 9–15 Uhr) Kleine Touristeninformation an der Playa El Borrego, gegenüber vom Stoner's Surf Camp. Hier gibt's ein paar Karten und Broschüren zur Umgebung sowie zum Bundesstaat Nayarit.

Sehenswertes & Aktivitäten

Auch wenn eigentlich die Strände im Mittelpunkt stehen, wird die Bootsausflüge durch die vielfältige Flora und Fauna der Flussmündungen jeder lieben.

BOOTSAUSFLÜGE

Bootsausflüge zur Süßwasserquelle **La Tovara** sind ein echtes San-Blas-Highlight. Vom *embarcadero* fahren kleine Kähne zu dieser offiziell geschützten Flussmündung. Durch dichten Urwald und Mangrovenhaine folgen die dreistündigen Trips dem Estuario San Cristóbal bis hinauf zu dessen Quelle. Badehose nicht vergessen, denn La Tovara lädt zum Schwimmen ein. Ein Restaurant gibt's auch dort. Ein paar Pesos mehr verlängern den Trip zum **Cocodrilario** (der Krokodilstation). Dort werden die Panzerechsen in Gefangenschaft aufgezogen und später ausgewildert. Gruppen bis vier Personen können Trips nach La Tovara (360 Mex$, 3½ Std.) und zum Cocodrilario (440 Mex$, 4 Std.) unternehmen. Weitere Teilnehmer bezahlen dafür jeweils 90 bzw. 110 Mex$.

Ein Landungssteg am Estuario El Pozo ist der Ausgangspunkt für weitere Bootsausflüge. Diese führen z. B. zur Marienstatue von **Piedra Blanca** (300 Mex$, 2 Std.) oder zur **Isla del Rey** (10 Mex$, 5 Min.) direkt gegenüber von San Blas. Alternativ geht's rüber zur **Playa del Rey**, einem 20 km langen Strand auf der Gegenseite der Halbinsel Isla del Rey. Dort lassen sich auch Bootsleute für Vogelbeobachtungstouren anheuern (ca. 250 Mex$/Std.).

Etwas weiter hinaus führen vierstündige Bootsfahrten zur **Isla Isabel** nordwestlich von San Blas. Eigentlich braucht man mehrere Tage, um die geschützte Natur dieses interessanten Nationalparks in vollem Umfang zu genießen. Besucher müssen sich beim Hafenmeister eine Genehmigung holen. Rund um den vulkanischen Kratersee des Eilands erstreckt sich ein artenreiches Vogelparadies mit zahlreichen Kolonien. Es gibt keine Serviceeinrichtungen, also müssen Vorräte und Campingausrüstung selbst mitgebracht werden. Die Anreise (max. 5 Pers.) kostet offiziell 5000 Mex$, doch bei entsprechendem Verhandlungsgeschick sind kräftige Rabatte drin. Am Anleger am Estuario El Pozo kann man sich nach Trips zur Isla Isabel erkundigen – ansonsten bei Diving Beyond Adventures (S. 485) nachfragen.

STRÄNDE

Am nächsten zur Stadt liegt die **Playa El Borrego** am Ende der Azueta. Hier donnern breite Wellenkämme herein. An manchen Stellen ist Schwimmen lebensgefährlich – man sollte sich vor Unterströmungen hüten und die Warnungen vor Ort beachten.

Die besten Strände sind die östlich der Stadt, rund um die Bahía de Matanchén; der erste davon heißt **Playa Las Islitas** (7 km von San Blas entfernt). Um hierher zu kommen, zunächst die Straße Richtung Hwy 15 nehmen, dann nach ungefähr 4 km rechts abbiegen. Eine befestigte Straße führt ostwärts am Dorf Matanchén vorbei. Von dort aus verläuft eine unbefestigte Straße in Richtung Süden zur Playa Las Islitas. Hier geht's dann herrliche 8 km einen abgelegenen Strand entlang. Wenn man auf der befestigten Straße weiter-

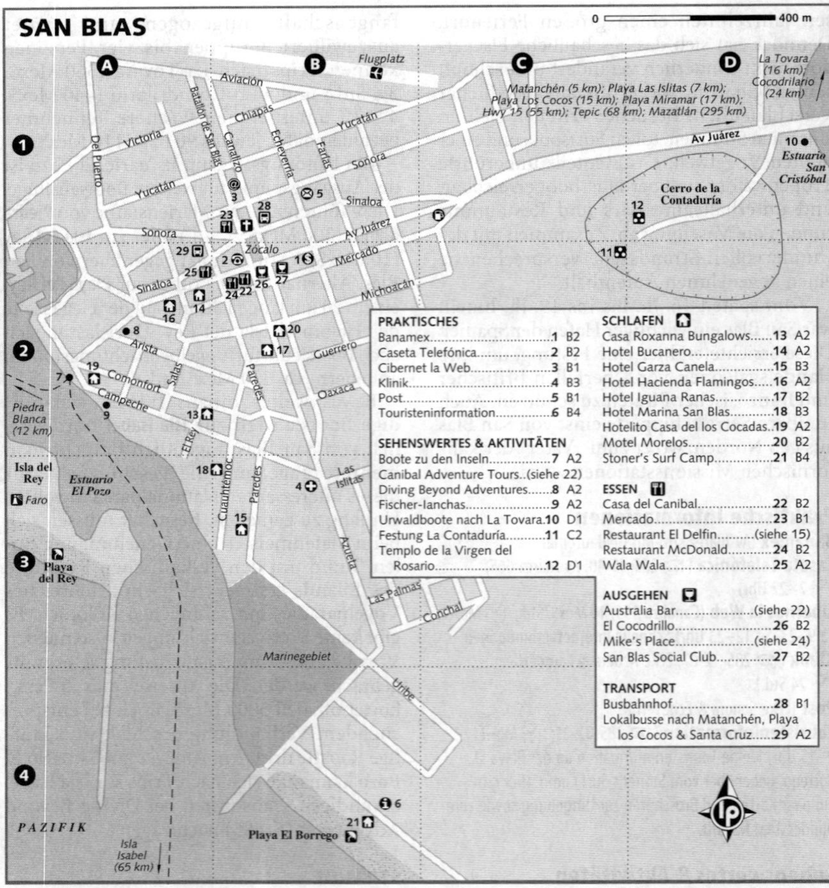

fährt, kommt man zu den *palapas* an der **Playa Los Cocos** und der **Playa Miramar**, die auch beliebte Surfspots sind. Hier kann man relaxen und dabei frische Kokosmilch schlürfen.

SURFEN

Surfanfänger und Fortgeschrittene können in San Blas ihre Fähigkeiten verbessern. Die Saison beginnt zwar im Mai, aber die Wellen sind noch bis September oder Oktober recht sanft, wenn der South Swell herrlich lange Wellenkämme in die Mantanchén Bay wirft. Beliebte Surfspots sind El Borrego, Second Jetty, La Puntilla, Stoner's, Las Islitas und El Mosco.

Im **Stoner's Surf Camp** (☎ 285-04-44; www.stonerssurfcamp.com; Brett 30–50 Mex$/Std., 100–150 Mex$/Tag, Kurse 150 Mex$/Std.) an der Playa El Borrego trifft sich die Szene. Hier veranstaltet der mexikanische Longboard-Champion „Pompis" Cano seine Kurse und hält unter dem *palapa* Hof; Unterkünfte gibt's auch.

CERRO DE LA CONTADURÍA

Der Aufstieg zum geschichtsträchtigen Gipfel des Cerro de la Contaduría wird mit herrlicher Aussicht und einer Menge spürbarer Geschichte belohnt, denn hier können die Ruinen der spanischen **Festung La Contaduría** aus dem 18. Jh. erkundet werden. Das Bollwerk diente einst zur Lagerung und Verwaltung kolonialer Reichtümer, die dann nach Mexico City oder auf die Philippinen verschifft wurden. Bis heute stehen hier ein paar verrostete Kanonen.

Direkt daneben befinden sich die tollen Ruinen des **Templo de la Virgen del Rosario** (Eintritt 10 Mex$) von 1769. Die Straße zum Gipfel beginnt gleich westlich der Brücke über den Estuario San Cristóbal.

Geführte Touren

Von Dezember bis Mai veranstaltet **Diving Beyond Adventures** (☎ 285-12-81; www.divingbeyond.com; Av Juárez 187) erschwingliche Aktivabenteuer wie Tauchen, Kajakfahren, Wandern, Vogel- und Walbeobachtungen. Die auf Umweltschutz ausgelegten Trips leiten einheimische Führer. Sehr beliebt sind dreitägige Campingausflüge zur Isla Isabel (300 US$/Pers. inkl. Tauchen & Angeln). Zudem können Kajaks ausgeliehen werden (20 US$/4 Std.).

Canibal Adventure Tours (☎ 285-14-21; www.casadelcanibal.com; Av Juárez 53) organisiert dagegen individuell zugeschnittene Touren (75 US$/Pers., 4–6 Std.). Das tolle Programm mit klasse Service umfasst z. B. „heimliche" Strandpartys, Ausritte, Wanderungen zu Wasserfällen und Seilrutschabenteuer in den Bergen.

Schlafen

In San Blas gibt's viele sehr günstige Hotels und eine besonders erwähnenswerte Nobelherberge. Ein „Bungalow" im örtlichen Sprachgebrauch nimmt mehr als zwei Gäste auf und ist mit einer Küche ausgestattet.

BUDGETUNTERKÜNFTE

Stoner's Surf Camp (☎ 285-04-44; Stellplatz für Zelt 30 Mex$, Hütte 100–400 Mex$) Das freundliche Surfcenter ist ein beliebter Traveller-Treff. Es gibt fünf rustikale Strandhütten mit Strom, Moskitonetzen und Ventilatoren, Zeltplätze, Leihzelte (20 Mex$), eine Gemeinschaftsküche und zahlreiche Hängematten. Das Restaurant serviert Leckeres mit und ohne Fleisch.

Hotel Bucanero (☎ 285-01-01; Av Juárez 75; EZ/DZ/3BZ 150/250/350 Mex$; P) Hat schon bessere Tage gesehen, verströmt aber immer noch den guten, alten Küstencharakter. Von den dunklen, rustikalen Zimmern blickt man auf die verrostete Kanone im großen, grünen Hof.

Motel Morelos (☎ 285-13-45; Batallón 108; Zi. 200 Mex$) Die schlichten, aber gemütlichen Zimmer mit Ventilatoren umgeben einen zentralen Hof. Seit über zehn Jahren ist hier ein alter Pelikan zuhause, den die Eigentümer nach einer Verletzung wieder aufpäppelten. Er ist zwar niedlich, aber definitiv nicht verschmust.

Hotel Iguana Ranas (☎ 285-08-95; Batallón 165; DZ/3BZ 350/500 Mex$; ❄) Das freundliche Hotel mit angenehmen Zimmern und neuer Einrichtung wird von einer stolzen Familie geleitet. Es hat eine Klimaanlage und ist in dieser Hinsicht der beste Deal in der Stadt.

MITTEL- & SPITZENKLASSEHOTELS

Hotelito Casa de los Cocadas (☎ 285-09-60; Av Juárez 145 Pte; EZ/DZ 500/700 Mex$; P ❄) Schön in der Nähe der Flussmündung gelegenes kleines Hotel. Das geschmackvoll restaurierte Gebäude verspricht einen komfortablen, sorgenfreien Aufenthalt. Alle sieben Zimmer mit Kabel-TV sind blitzsauber. Die Besitzerfamilie verleiht auch Fahrräder (30–50 Mex$/Std.).

Casa Roxanna Bungalows (☎ 285-05-73; www.casaroxanna.com; El Rey 1; Bungalow 550–650 Mex$; P ❄ 🏊) Die sieben geräumigen Bungalows sind frisch renoviert und stehen auf einem gepflegten Gelände, zu dem auch ein langgestreckter Pool gehört. Wer länger bleibt, kriegt Rabatt. Das Personal spricht Englisch.

Hotel Hacienda Flamingos (☎ 285-09-30; www.sanblas.com.mx; Av Juárez 105; Zi. 690–850 Mex$, Suite 800–1060 Mex$; P ❄ 🏊) Vornehmste Unterkunft der Stadt in einem toll restaurierten Kolonialgebäude. Ohne den geringsten Anflug von Kitsch erinnern die geräumigen Zimmer und der Innenhof an das alte Mexiko. In der feschen Lounge werden leckere Cocktails und *botanas* (Snacks) serviert.

Hotel Marina San Blas (☎ 285-14-37; www.sanblas.com.mx; Cuauhtémoc 197; EZ/DZ 770/960 Mex$; P ❄ 🏊) Die zehn hellen Zimmer dieses guten, neuen Hotels haben eigene Terrassen mit herrlicher Aussicht. Gäste können nicht nur über die friedvolle Flussmündung zur Isla del Rey hinüberblicken, sondern sogar mit einem kostenlosen Leihkajak dorthin paddeln.

Hotel Garza Canela (☎ 285-01-12; www.garzacanela.com; Paredes 106 Sur; EZ/DZ 912/1152 Mex$, Suite 1344–2357 Mex$; P ❄ 🏊) Das moderne, kompetent geführte und komfortable Garza Canela ist eine verlässliche Spitzenklasseoption. Die geräumigen Standardzimmer sind im Kolonialstil dekoriert. In den gewaltigen Suiten sorgen dagegen Marmorböden für zeitgenössisches Ambiente. Das Restaurant El Delfín (S. 486) mit seinem Geschenkladen ist das beste Lokal der Stadt.

Essen

Das relaxte San Blas hat ebenso relaxte Restaurants, die allesamt Meeresfrüchte servieren.

Die *palapa*-Strandrestaurants sind für leckere Fischgerichte im *campechano*-Stil bekannt (d. h. mit Tomaten, Zwiebeln, Tintenfisch, Garnelen und Austern). Das günstigste Essen gibt's auf dem örtlichen *mercado* an der Ecke Sonora/Batallón.

Wala Wala (☎ 285-08-63; Av Juárez 183; Hauptgerichte 45–200 Mex$; 🕑 Mo–Sa) Günstiges Restaurant mit fröhlichem Dekor, in dem schmackhafte Hausmannskost auf den Tisch kommt. Es gibt hauptsächlich Nudeln und einfache mexikanische Gerichte, aber auch ein paar Spezialitäten wie Hummer (200 Mex$) oder *pollo con naranja* (Orangenhühnchen, 80 Mex$).

Restaurant McDonald (☎ 285-04-32; Av Juárez 36; Hauptgerichte 50–100 Mex$) Dieser renommierte Treffpunkt ist seit 50 Jahren im Geschäft und wurde kürzlich renoviert. Serviert werden einfache *antojitos* (Snacks), Meeresfrüchte und toll angerichtetes *carne asada* (85 Mex$).

Casa del Canibal (☎ 285-14-12; Av Juárez 53; Hauptgerichte 75–125 Mex$; 🕑 Mi–Sa 17.30–21.30, So 9–12 & 17.30–21.30 Uhr) Das freundliche Lokal steht bei den ortsansässigen Auswanderern hoch im Kurs. Auf den Tisch kommen leckere Scampi, gehaltvolles Rindfleisch Stroganoff und perfekte Steaks. Der redselige Eigentümer ist bekennender Feinschmecker.

Restaurant El Delfín (☎ 285-01-12; Hotel Garza Canela, Paredes 106 Sur; Hauptgerichte 70–180 Mex$) Bestes Nobelrestaurant vor Ort mit einem beeindruckenden Angebot an gehaltvollen Gourmetgerichten, herrlichen Desserts und internationalen Weinen – und all das zu erschwinglichen Preisen.

Ausgehen & Unterhaltung

Das hiesige Nachtleben ist nicht sonderlich aufregend, aber dank mehrerer schlichter Kneipen trotzdem ganz annehmbar. Die meisten öffnen zu Sonnenuntergang und schließen spät – in San Blas heißt das: um Mitternacht.

San Blas Social Club (Ecke Av Juárez & Canalizo) Von den Jazzplatten an den Wänden kann man sich eine aussuchen und vom höflichen Barkeeper auflegen lassen. Freitags und samstags gibt's Livemusik, mittwochs laufen Filme. Guter, kräftiger Kaffee läutet den Tag ein.

Australia House Bar (Av Juárez 34) Die Billardbar oben huldigt dem australischen Chic. An der langen Bar kippen coole Jugendliche und abgerissen aussehende Fremde ihre Drinks. Die Jukebox ist legendär.

Mike's Place (Av Juárez 36) Die belebte Bar beschallt ihre Tanzfläche mit einem guten Mix aus Blues und Rock. Freitags bis sonntags spielen Livebands.

El Cocodrilo (Av Juárez 6) Bis heute ködert dieser Klassiker allabendlich die Gringos mit günstigen Cocktails.

Anreise & Unterwegs vor Ort

Am kleinen **Busbahnhof** (Ecke Sinaloa & Canalizo) halten die 2.-Klasse-Busse von Norte de Sonora und Estrella Blanca. Viele Ziele im Süden und Osten sind jedoch wahrscheinlich schneller über Tepic erreichbar. Dort kann man auch Richtung Mazatlán umsteigen. Täglich gibt es u. a. folgende Verbindungen:

Guadalajara (180 Mex$, 5 Std., 1-mal tgl., 7 Uhr)
Puerto Vallarta (106 Mex$, 3½ Std., 4-mal tgl., 7.30, 10, 13.30 & 16.30 Uhr)
Santiago Ixcuintla (35 Mex$, 1 Std., 2-mal tgl., 12 & 17 Uhr)
Tepic (42 Mex$, 1 Std., 6–20 Uhr, stündl.)

An der Ecke Sinaloa/Paredes starten auch mehrmals täglich 2.-Klasse-Busse zu allen Dörfern und Stränden an der Bahía de Matanchén.

Taxis fahren durch die Stadt und zu nahen Stränden – gut für Gruppen ab zwei Personen. Leihfahrräder gibt's bei Wala Wala (s. linke Spalte; pro Std./Tag 15/70 Mex$) und dem Stoner's Surf Camp (S. 485; 70 Mex$/Tag).

TEPIC

☎ 311 / 295 000 Ew. / 920 m

Wie andere mexikanische Städte ab einer gewissen Größe kann auch die Hauptstadt des Bundesstaats Nayarit in der starken Nachmittagshitze recht trostlos wirken. Doch in der Dämmerung singen Amseln auf dem Glockentrum der herrlichen Kathedrale, und die historischen Gebäude scheinen dank kunstvoller Beleuchtung ganz andere zu sein. Dann begeistert diese alte Stadt auch die abgestumpftesten Reisenden.

Hernán Cortes' Neffen gründete Tepic 1524. Heute ist es eine fortschrittlich denkende Stadt, die größtenteils von Menschen der Mittelschicht bewohnt wird und deren enge Straßen vor provinziellem, geschäftigem Treiben nur so brummen. Hier lassen sich oft eingeborene Huicholes in farbenfroher traditioneller Tracht blicken, und Kunstgegenstände dieses Volkes werden auf der Straße und in mehreren Läden verkauft.

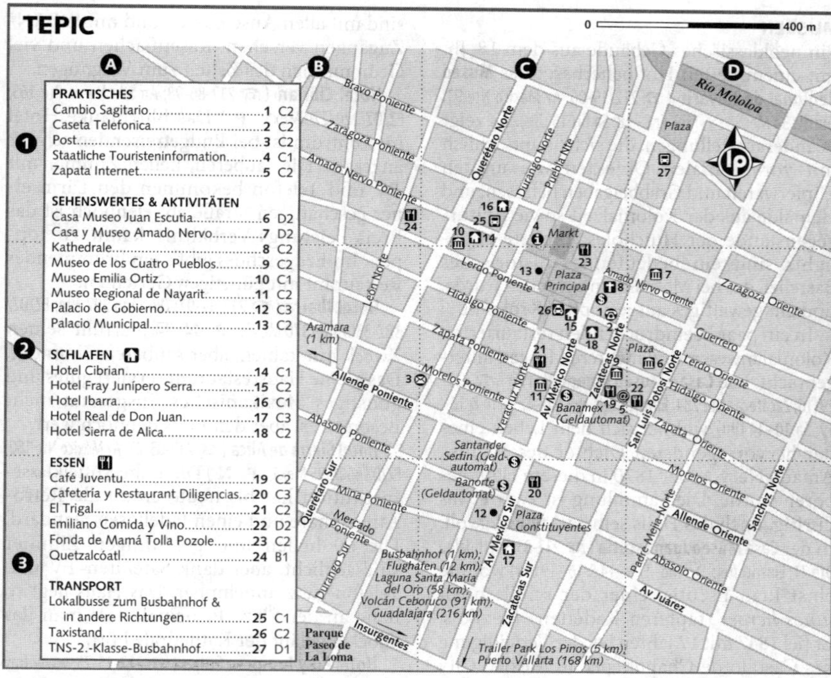

Weitere Sehenswürdigkeiten sind eine imposante neogotische Kathedrale und mehrere fesselnde Museen.

Orientierung

Die Plaza Principal ist das Herz der Stadt; an ihrem Ostende erhebt sich die riesige Kathedrale. Die Hauptstraße Av México verläuft von der Kirche südwärts zur Plaza Constituyentes und wird dabei von Banken, Restaurants, dem Staatsmuseum und weiteren Attraktionen gesäumt. Der Hauptbusbahnhof liegt auf der Südostseite der Stadt; zahlreiche Buslinien fahren von dort ins Zentrum.

Praktische Informationen

Banken und *casas de cambio* stehen entlang der Av México Nte zwischen den beiden Plazas. Eine Post gibt's an der Ecke Durango Sur/Morelos.

Cambio Sagitario (Av México Nte 220; 9–14 Uhr) Mäßige Konditionen, aber günstige Lage.

Caseta Telefonica (☎ 212016-74; Lerdo 13 Ote; 8–23 Uhr)

Staatliche Touristeninformation (☎ 216-56-61, 212-80-36; www.turismonayarit.gob.mx; Ecke Puebla Nte & Amado Nervo Pte; 9–20 Uhr) Exzellente Einrichtung mit kostenlosen Karten und umfangreichen Infos zu Tepic und Nayarit.

Zapata Internet (Zapata s/n, 10 Mex$/Std.) Schnelle Verbindungen, dazu prima Monitore und Webcams.

Sehenswertes

Tepics prachtvolle **Kathedrale** wurde im Jahr 1804 geweiht. Sie wacht erhaben über die Plaza Principal und beherbergt einen wunderbaren Altar. Darüber wird eine geschmückte Marienfigur von großen und kleinen Engeln gen Himmel gehoben. Unter den Bogengängen des **Palacio Municipal** (Rathaus) gegenüber der Kathedrale verkaufen Huicholes häufig ihr Kunsthandwerk zu Schnäppchenpreisen. Den Innenraum des **Palacio de Gobierno** (Av México; 8–18 Uhr) südlich der Plaza schmücken ein paar eindrucksvolle farbenfrohe Wandgemälde von José Luis Soto. Seit ihrer Vollendung im Jahr 1999 zeichnen sie ein zeitgenössisches Bild der mexikanischen Geschichte. Unterhalb der Kuppel befindet sich Sotos frenetische Höllen- und Kriegsvision, die wirklich Furcht einflößend wirkt.

MUSEEN

Ein neoklassisches Gebäude aus dem 18. Jh. mit einem netten Hof beherbergt das **Museo Regional de Nayarit** (☎ 212-19-00; Av México Nte 91; Eintritt 34 Mex$; ⌚ Mo–Fr 9–18, Sa bis 15 Uhr). Es zeigt Wanderausstellungen, die sich hauptsächlich mit vorkolonialen Objekten wie uralten Töpferwaren und Grabbeigaben befassen, und Gemälde aus der Kolonialzeit sowie Kulturgegenstände der Huicholes. Weitere Highlights sind ein bedeutendes historisches Basrelief, das bei Mexcaltitán gefunden wurde, und ein gewaltiges ausgestopftes Krokodil.

In ein paar beeindruckenden restaurierten Kolonialanwesen sind mehrere Museen untergebracht. Die **Casa y Museo Amado Nervo** (☎ 212-29-16; Zacatecas Nte 284; Eintritt frei; ⌚ Mo–Fr 9–14 & 16–19, Sa 10–14 Uhr) widmet sich dem Leben eines der hervorragendsten Dichter des 19. Jhs., Amado Nervos, der 1870 in diesem Haus geboren wurde. Die Sammlung ist zwar etwas dürftig, doch das Haus selbst ist wundervoll. In der **Casa Museo Juan Escutia** (☎ 212-33-90; Hidalgo Ote 71; Eintritt frei; ⌚ Mo–Fr 9–14 & 16–19 Uhr) wohnte einst Juan Escutia, einer der schillernden *niños héroes* (tapferen Kadetten) Mexikos. Er fiel 1847 mit 17 Jahren bei der Verteidigung des Castillo de Chapultepec in Mexico City gegen amerikanische Truppen. Das Haus ist einfach möbliert und vermittelt einen guten Eindruck vom Mexiko des frühen 19. Jhs.

Im **Museo de los Cuatro Pueblos** (Viervölkermuseum ☎ 212-17-05; Hidalgo Ote 60; Eintritt frei; ⌚ Mo–Fr 9–14 & 16–19, Sa 10–14 Uhr) ist zeitgenössische Stammeskunst aus Nayarit ausgestellt, darunter auch Werke der Huicholes, Cora, Nahua und Tepehuano. Bewundert werden können hier beispielsweise Kleidung, Garnkunst, Webstoffe, Musikinstrumente, Keramik und Perlenstickereien.

Das kleine **Aramara** (☎ 216-42-46; Allende Pte 329; Eintritt frei; ⌚ Mo–Sa 9–14 & 16–19, So 10–15 Uhr) ist ein Museum der bildenden Künste. Das **Museo Emilia Ortiz** (☎ 212-26-52; Lerdo Pte 192; Eintritt frei; ⌚ Mo–Fr 9–19, Sa bis 12 Uhr) ehrt die Malerin Emilia Ortiz (1917–1996) und ihr Werk.

Schlafen

In Tepics historischem Zentrum gibt es eine gute Auswahl an komfortablen, eigenständigen, preiswerten Hotels.

Trailer Park Los Pinos (☎ 210-27-28; Blvd Tepic-Xalisco 150; Stellplatz für Zelt/Wohnmobil 50/150 Mex$; 💻) Weitläufiger Campingplatz etwa 5 km südlich der Stadt. Die 24 Wohnmobilstellplätze sind mit allen Anschlüssen und mit WLAN-Zugängen versehen. Rasenflächen und viel Grün machen das Zelten zum Vergnügen.

Hotel Cibrian (☎ 212-86-98; Amado Nervo Pte 163; EZ/DZ 220/270 Mex$; P) Das blitzblanke Hotel im Zentrum ist bei Budgetreisenden schwer angesagt. Die sauberen, hellen Zimmer mit TV und Telefon bekommen den Lärm einer geschäftigen Straße ab. Dennoch ist das Preis-Leistungs-Verhältnis kaum zu toppen. Im Erdgeschoss gibt's ein brummendes Restaurant mit günstigen Gerichten.

Hotel Ibarra (☎ 212-32-97; Durango 297 Nte; EZ/DZ/3BZ 330/350/370 Mex$; P ❄ 💻) Erfüllt seinen Zweck mit kahlen, aber sauberen Zimmern. Das kleine Hausrestaurant serviert gutes und günstiges Mexikanisches. Insgesamt nicht Besonderes, aber den Preis dennoch wert.

Hotel Sierra de Alica (☎ 212-03-22; Av México Nte 180; EZ/DZ 460/595 Mex$; P ❄) Diese alte Mittelklasse-Institution hat bis heute eine tolle Retro-Atmosphäre und einen tadellosen Standard. Die 60 hellen und geräumigen Zimmer sind schlicht, aber dank Satelliten-TV und Telefon ganz annehmbar. Das Haus liegt so nahe an der Plaza Principal, dass man das Glockengeläut der Kathedrale hört.

Hotel Fray Junípero Serra (☎ 212-25-25; www.frayjunipero.com.mx; Lerdo Pte 23; EZ/DZ 849/944 Mex$; P ❄) Gut geführtes Hotel mit 90 modernen, geschmackvoll dekorierten und luxuriösen Zimmern. Viele bieten Ausblick auf die Plaza.

Hotel Real de Don Juan (☎/Fax 216-18-88; Av México Sur 105; Zi./Suite 1150/1850 Mex$; P ❄ 💻) Der wunderbar restaurierte Oldie an der Plaza Constituyentes kombiniert kolonialen Charakter perfekt mit urbanem Stil. Die imposanten Statuen zweier Engelskrieger wachen über die ruhige Lobby. Die 48 Zimmer oben sind in reizvollen Pastelltönen gestrichen. Luxuriöse Kingsize-Betten und Bäder mit Marmorakzenten sorgen für Komfort. Ein gutes Restaurant und eine vornehme Bar nehmen den ersten Stock ein. Ganz oben gibt's eine Club-Lounge mit toller Aussicht.

Essen & Ausgehen

In Tepics Gastroszene sind gute vegetarische Lokale vertreten. Die meisten örtlichen Spezialitäten basieren auf Garnelen.

Cafetería y Restaurant Diligencias (☎ 212-15-35; Av México Sur 29; Hauptgerichte 20–60 Mex$) Es gibt wohl kaum einen besseren Platz, um stundenlang bei Kaffee und Butterkeksen in einem Reiseführer zu blättern. Im betagten Speiseraum trifft man stets auf redselige Männergruppen, die Snacks oder die *comida corrida* (60 Mex$) bestellen.

Fonda de Mamá Tolla Pozole (☎ 212-41-19; Andador Merida s/n; Hauptgerichte 30–45 Mex$; Mo–Sa 8–17 Uhr;) Die Eigentümerin des mustergültigen Frühstücks- und Mittagslokals hat die Ruhe weg. Zudem versteht sie etwas von herzhaften mexikanischen Schnellgerichten. Ein üppiges Frühstück kostet gerade mal 30 Mex$.

Café Juventu (☎ 216-41-72; Zacatecas 120 Nte; Hauptgerichte 45–80 Mex$) Hier treffen sich junge Leute bei Snacks, Getränken und einer Partie Poolbillard. Das Erdgeschoss ist eher ein vertrauliches Café, das Obergeschoss erinnert dagegen an einen Nachtclub.

LP Tipp **Emiliano Comida y Vino** (☎ 216-20-10; Zapata 91 Ote; Hauptgerichte 97–220 Mex$) Das schicke Restaurant mit der gemütlichen Bar ist ein Gewinn für Tepics kulinarische Szene. Es hat ein paar der besten Weine Mexikos auf Lager, die elegant entkorkt werden. Hauptgrund für einen Besuch sind aber die raffinierten Gerichte aus dem ganzen Land.

Lust auf Soja? Vegetarier freuen sich über die folgenden Klassiker. Beide servieren in hübschen Höfen erschwingliches Essen.

El Trigal (☎ 216-40-04; Veracruz Nte 112; Gerichte 20–46 Mex$; V) Tischt u. a. Vollkorn-Quesadillas, vegetarische Burger und ein tolles *menú del día* (Tagesmenü zum Festpreis) für 60 Mex$ auf.

Quetzalcóatl (☎ 212-99-66; León Nte 224; Hauptgerichte bis 40 Mex$; Mo–Sa 8.30–17, So bis 13 Uhr; V) Die besten günstigen Veggie-Burger (15 Mex$) der Stadt.

An- & Weiterreise

BUS

Der Hauptbusbahnhof befindet sich am südöstlichen Ende der Stadt. „Estación"-Stadtbusse pendeln regelmäßig zwischen Busbahnhof und Zentrum. Dort halten sie an der Ecke Amado Nervo/Durango.

Die größten Busunternehmen sind Elite, Ómnibus de México (jeweils 1. Klasse) und Transportes del Pacífico (1. & 2. Klasse). Täglicher Fahrplan ab Tepic:

Guadalajara (1. Klasse 194 Mex$, 3½ Std., regelm.; 2. Klasse 169 Mex$, 3½ Std., regelm.)
Mazatlán (1. Klasse 170 Mex$, 4½ Std., stündl.; 2. Klasse 147 Mex$, 4½ Std., stündl.)
Mexico City (1. Klasse 600 Mex$, 10 Std., stündl.; 2. Klasse 525 Mex$, 11 Std., 6-mal tgl.)
Puerto Vallarta (1. Klasse 150 Mex$, 3½ Std., 3–21 Uhr stündl.; 2. Klasse 115 Mex$, 3½ Std., zw. 1 & 22 Uhr stündl.)

Nördlich der Kathedrale betreibt TNS ein kleines Terminal nahe dem Río Mololoa. Dort starten 2.-Klasse-Busse nach San Blas (42 Mex$, 1 Std., stündl. zw. 5 & 19 Uhr) und Santiago Ixcuintla (40 Mex$, 1½ Std., alle 30 Min. zw. 6 & 19 Uhr).

FLUGZEUG

Tepics **Flughafen** (TPQ; ☎ 214-21-95) liegt in Pantanal (15 km Richtung Guadalajara). Zwischen Stadtzentrum und Flughafen verkehren keine öffentlichen Verkehrsmittel, Taxis kosten ca. 120 Mex$. **Aero California** (☎ 214-23-20; Flughafen) fliegt nonstop nach Mexico City und Tijuana. Dort besteht Verbindung zu anderen Großstädten. **Aeromar** (☎ 800-237-66-27) schickt dreimal täglich Maschinen in die Hauptstadt.

Unterwegs vor Ort

Tepics Stadtbusse (4 Mex$) fahren etwa von 6 bis 21 Uhr. Von 6 bis 24 Uhr sind Combis (4 Mex$) entlang der Av México unterwegs. Zusätzlich gibt's viele Taxis, die teilweise am Stand gegenüber der Kathedrale warten.

RUND UM TEPIC

Laguna Santa María del Oro

Die idyllische, 730 m über dem Meeresspiegel gelegene Laguna Santa María del Oro ist von steilen, bewaldeten Berghängen umgeben. Der Vulkankrater mit ca. 2 km Umfang soll über 100 m tief sein. Sein klares, sauberes Wasser schillert türkis bis schieferfarben. Der See und seine bergige Umgebung laden zu herrlichen Wanderungen ein, auf denen man bis zu 250 Vogelarten und verschiedene Schmetterlinge erspäht. Zudem kann man Radtouren unternehmen, zu einer verlassenen Goldmine hinaufklettern, schwimmen und den See per Kajak oder Ruderboot erkunden. An den Angelhaken gehen Schwarz- und Flussbarsche. Es gibt immer mehr kleine Restaurants, die Meeresfrüchte und frischen Fisch aus dem See servieren.

Der ruhige **Koala Bungalows & RV Park** (☎ 311-264-36-98; koala@nayarit.com; Stellplatz für Zelt Erw./Kind 40/25 Mex$, Zi. 250 Mex$, Bungalow 450–750 Mex$) hat ein Restaurant, Stellplätze und gepflegte Bungalows für bis zu zehn Personen. Um ihn zu erreichen, am Ende der abschüssigen Straße zum See nach links abbiegen.

Das idyllische **Santa María Resort** (☎ 311-214-68-34; www.santamariaresort.com; Suite 1521 Mex$, Bungalow 3325–4171 Mex$; P) ermöglicht

Aufenthalte der nobleren Art. Die elegant-rustikalen Zimmer und Bungalows haben das Ambiente eines stattlichen Jagdhauses aus vergangenen Tagen und bieten herrliche Aussicht. Hier wird Erholung großgeschrieben. Luxuriöse Einrichtungen, Wellness-Anwendungen und ein spektakulärer Pool machen den Aufenthalt luxuriös.

Um hierher zu kommen, fährt man von Tepic aus erst gen Guadalajara und biegt nach 40 km in Richtung Santa María del Oro ab. Nun sind es noch etwa 10 km bis zum Dorf und weitere 8 km bis zum See. In Tepic fahren tagsüber an der Ecke Amado Nervo/Durango und vor dem Busbahnhof ein paar „Laguna"-Busse (40 Mex$, 1 Std.) ab.

Volcán Ceboruco

Der aktive Vulkan besteht aus zwei Kratern und drei Schlackekegeln. Im Jahr 1870 brach er zum letzten Mal aus, daher sind Kurzwanderungen zum Gipfel ungefährlich. Hin führt eine 15 km lange Straße, die von Lavafeldern und Fumarolen (Dampfaustrittsstellen) gesäumt ist. Die Kopfsteinpflasterstraße zu den dicht bewachsenen Hängen beginnt im Dorf Jala. Es liegt 7 km jenseits des Highways von Tepic nach Guadalajara. Die Abzweigung kommt 76 km hinter Tepic bzw. 12 km vor Ixtlán del Río in Sicht. Der Vulkan kann auch im Rahmen geführter Touren besucht werden. In Puerto Vallarta gibt's mehrere Veranstalter, deren Tequila-Touren hier einen Zwischenstopp einlegen.

CHACALA

☎ 327 / 300 Ew.

Wie andere kleine Siedlungen entlang dieses Küstenstreifens wird auch das Fischernest Chacala mehr und mehr zu einem beliebten Reiseziel. Der Ort, der mal ein Geheimtipp war, verändert sich deshalb relativ schnell, ist aber momentan noch paradiesisch. Chacala liegt 96 km nördlich von Puerto Vallarta bzw. 10 km westlich von Las Varas am Hwy 200. Vor einer Kulisse aus grünen Hügeln breitet es sich am Rand einer reizenden kleinen Bucht aus, die an beiden Enden von zerklüfteten schwarzen Felsen begrenzt wird. Hier gibt's nur eine einzige sandige Hauptstraße mit ein paar gepflasterten Nebenstraßen – ideal, um ganz entspannt den Horizont zu betrachten.

Chacala hat keine Geldautomaten; Banken etc. gibt's in Las Varas. Deposito Jorge am Strand bietet einen Telefon- und Faxservice.

Als eigentlicher Ortsmittelpunkt vermittelt die **Casa Pacífica** (☎ 219-40-67; www.casapacificachacala.com; Islas Marias s/n) verschiedene Unterkünfte (35–100 US$/Nacht). Das beliebte Frühstückscafé hat von Montag bis Samstag zwischen 8 und 10 Uhr geöffnet.

Aktivitäten

Das örtliche Aktivitätenangebot ist größtenteils vom Meer geprägt. Beim Fischerhafen am nördlichen Ende der Bucht kann man sich nach Ausflügen auf kleinen Booten nach Federico, Cundo oder Beto erkundigen. Neben Walbeobachtungen und Angeltrips (ca. 200 Mex$/Pers.) sind auch Surfausflüge zur abgelegenen La Caleta (ca. 700 Mex$/Pers.) im Programm. Der fiese Left-Point-Break dort droht Surfer an den felsigen Strand zu drücken. Nach La Caleta können auch anstrengende, aber schöne Wanderungen unternommen werden (einfache Strecke 2 Std.). Die Casa Pacífica (s. oben) gibt Kopien ihrer handgezeichneten Wanderkarte aus.

Schlafen & Essen

Neben Campingmöglichkeiten am Strand stehen mehrere einzigartige Unterkünfte zur Auswahl.

LP Tipp **Techos de Mexico** (☎ 275-02-82; www.playachacala.com/techos.htm; Zi. 180–400 Mex$) Wer sich mit den Einheimischen anfreunden möchte, arrangiert seinen Aufenthalt am besten über dieses Wohnungsbauprogramm. In Kooperation mit Habitat for Humanity hilft es Einheimischen bei der Errichtung solider Wohnhäuser mit separaten Gästezimmern mit eigenem Bad. Bis jetzt gibt's neun solcher Häuser; meist finden bis zu vier Personen Platz. Die Zimmer sind modernisiert, aber schlicht, und besitzen z. T. Küchen. Im Ort weisen auffällige Techos-Schilder den Weg.

Das superschicke **Majahua** (☎ 219-40-54; www.majahua.com; Playa Chacala s/n; Zi. inkl. Frühstück 1586–2028 Mex$, Suite 3360 Mex$) versteckt sich am Rand der Bucht in unberührtem Urwald. Die fünf Zimmer der urigen Öko-Lodge sind wunderschön dekoriert, zudem gibt's Wellness-Behandlungen und ein Freiluftrestaurant. Die Anlage liegt in fünf Gehminuten Entfernung vom Parkplatz gleich oberhalb vom Mar de Jade an der Straße.

Wer an den Strand will, übernachtet im reizenden **Hotel las Brisas** (☎ 219-40-15; www.lasbrisaschacala.com; Zi. 450 Mex$; ⌘ 🖳). Es teilt sich ein Gebäude am Meer mit Chacalas bestem

Meeresfrüchterestaurant. Die neun sauberen Wohneinheiten im oberen Stock sind mit TV und WLAN-Zugängen ausgestattet. Unten werden Garnelen und Bier serviert.

Eine junge amerikanisch-mexikanische Familie betreibt die **Bungalows Casa Monarca** (☎ 219-4125; Oceano Atlantico s/n; Bungalow 650 Mex$;) gleich oberhalb vom Fischerhafen. Die beiden flotten, sehr einladenden Bungalows haben je zwei übergroße Betten und sind dank dem kleinen Pool familienfreundlich.

Fürs leibliche Wohl sorgt ein gutes Dutzend *palapa*-Strandrestaurants. Am Fischerhafen kriegt man fangfrische Meeresfrüchte. Die Boote laufen täglich etwa um 7 Uhr ein. Ein paar Strandlokale bereiten den Kauf anschließend preisgünstig zu.

An- & Weiterreise

Um her zu kommen, einen Vallarta-Tepic-Bus nehmen und in Las Varas aussteigen. Von dort geht's per *colectivo* (20 Mex$) weiter nach Chacala. Autofahrer verlassen den Hwy 200 an der Ausfahrt 1 km südlich von Las Varas.

RINCÓN DE GUAYABITOS

☎ 327 / 2000 Ew.

„Guayabitos" liegt ca. 60 km nördlich von Puerto Vallarta. Dieser auf dem Reißbrett entworfene Ferienort steht bei mexikanischen Strandurlaubern hoch im Kurs. Außerdem überwintern hier Touris aus Kanada und anderen kalten Ländern. Guayabitos ist nicht sonderlich aufregend und mittlerweile ziemlich altmodisch. Außerhalb der betriebsamen Wochenenden hat man den wunderschönen Strand praktisch für sich allein.

Zu den Aktivitäten gehören Schwimmen, Angeln und Ausritte. Wanderungen zum Gipfelkreuz des Hügels werden mit toller Aussicht belohnt. Von November bis März sind Walbeobachtungen per Boot möglich.

Entlang der Hauptstraße gibt's viele günstige Restaurants. Die meisten Hotels hier fallen in den Mittelklassebereich. Ihre Bungalows für zwei, vier oder mehr Personen haben eigene Küchen. Zu den besten Optionen zählen:

Hotel Posada la Misión (☎ 274-03-57; posadamision@prodigy.net.mx; Retorno Tabachines 6; DZ 400 Mex$, Bungalow 650–800 Mex$; P) Gepflegtes Hotel mit kolonialen Akzenten. Besitzt schmucke Zimmer und Bungalows mit Meerblick.

Posada Real (☎ 274-07-07; Ecke Av Sol Nuevo & Huanacaxtle; DZ/4BZ 650/850 Mex$, Bungalow 850–1000 Mex$; P) Das in gewagten Farben gehaltene Haus hat ein gutes Restaurant und einen riesigen Whirlpool. Bungalows gibt's auch.

Villas Buena Vida (☎ 274-02-31; www.villasbuenavida.com; Retorno Laureles s/n; Zi. 847 Mex$, Suite 1105–1373 Mex$; P) Luxuriöse Option am Strand mit Ferienhäusern und einer geräumigen Suite. Veranstaltet außerdem diverse Outdoor-Aktivitäten.

Auf der Fahrt von Puerto Vallarta (80 Mex$, 1½ Std.) oder Tepic (60 Mex$, 2 Std.) setzen einige 2.-Klasse-Busse Fahrgäste am Highway bei Rincón de Guayabitos ab, manche fahren allerdings auch einfach weiter. An der Haltestelle La Peñita (ein paar Kilometer Richtung Tepic) kann man aber auf jeden Fall aussteigen. *Colectivo*-Vans pendeln regelmäßig zwischen La Peñita und Guayabitos (5 Mex$, 10 Min.); außerdem gibt es Taxis (30 Mex$).

RUND UM RINCÓN DE GUAYABITOS

Südlich von Rincón de Guayabitos liegen viele hübsche Strandorte; sie eignen sich prima für Tagesausflüge ab Guayabitos oder Puerto Vallarta. Jeder Ort hat Unterkünfte und Restaurants. Einen Besuch wert sind z. B. **Playa Los Ayala** (Km 96) ca. 3 km südlich von Guayabitos, **Lo del Marco** (Km 108) und **San Francisco** (Km 118). Entlang des Hwy 200 lassen 1.- und 2.-Klasse-Busse Fahrgäste jeweils 1 km entfernt von den Ortsrändern raus.

SAYULITA

☎ 329 / 2300 Ew.

Einst – o. k., es war Ende der 1990er-Jahre – war Sayulita wirklich noch eine verschlafene Fischergemeinde. So wird es von vielen ortsansässigen *norteamericanos* jedenfalls bis heute beschrieben. In Wahrheit ist das bescheidene Dorf längst von zahllosen Gringos „entdeckt" worden und z. T. ziemlich überlaufen. Vor ein paar Jahren, als Probleme mit der Abwasserklärung bekannt wurden, ebbte die Touristenwelle stark ab. Seit 2006 scheint dank einer neuen, modernen Kläranlage wieder Ruhe eingekehrt zu sein. Trotz allem schwärmen zahllose Fans weiter von Sayulitas wunderschönem Sandstrand und seiner sympathischen Surferszene, den tollen Restaurants, geschmackvollen B&Bs und natürlich den weltberühmten Tacos. Achtung: Sayulita (Bundesstaat Nayarit) gehört zu einer anderen Zeitzone als Puerto Vallarta (Jalisco) und liegt verglichen damit eine Stunde zurück. Außerdem haben viele Touristeneinrichtungen von Mai bis November geschlossen.

Praktische Informationen

Die nächste richtige Bank ist in Bucerías, das 12 km weiter südlich am Hwy 200 liegt. Einer der drei Geldautomaten vor Ort befindet sich an der Plaza. Eine offizielle Touristeninformation gibt es nicht, aber viele Ferienagenturen vermieten nicht nur Wohnungen, sondern verteilen auch bereitwillig Karten und Broschüren.

Galería Internet (Mariscal 43; 20 Mex$/Std.; 🕑 9–14 & 17–22 Uhr) Prima Rechner und schnelle Verbindungen.

Sayulita Caja de Cambio (☎ 291-30-05; Delfín 44; 🕑 Mo–Sa 7–19 Uhr) Mäßige Konditionen in Plazanähe.

Sehenswertes & Aktivitäten

Die Anbieter an der Hauptstraße haben neben Leihfahrrädern auch Ausritte, Wanderungen, Boots- und Kajakausflüge im Programm. Ein beliebtes Ziel ist die nahe gelegene **Playa Los Muertos**, wo man toll picknicken und bodyboarden kann. Der Strand liegt nur 15 Gehminuten entfernt – einfach der Küstenstraße nach Süden folgen. Charterboote transportieren Besuchergruppen zu den unbewohnten **Islas Marietas**, einem ausgewiesenen Nationalpark. Klasse zum Picknicken, Schwimmen und Schnorcheln!

Als renommiertester örtlicher Tourveranstalter organisiert **Rancho Mi Chaparrita** (☎ 291-31-12; www.michaparrita.com; Sánchez 14; 🕑 9–16 Uhr) u. a. Ausritte zu den Stränden von Los Muertos und Carrisitos (25 US$/Pers., 1½ Std.). Etwas länger geht's hoch zu Ross durch die Berge (85 US$/Pers.). Dank eines Seilrutschen-Systems können sich Adrenalinjunkies hoch über dem Waldboden an 13 Drahtseilen von Baum zu Baum schwingen (Erw./Kind 75/55 US$). Drei- bis vierstündige Bootsausflüge zu den Islas Marietas (180 US$, max. 6 Pers.) sind auch im Angebot.

SURFEN

Im Surferort Sayulita ist der Einstieg ins Wellenvergnügen nicht schwer. Mittelgroße Wellen rollen ständig von rechts und links. So kann man super trainieren oder sich sogar zum allerersten Mal auf ein Brett wagen.

Für Leihboards und Kurse empfiehlt sich der angesehene Anbieter **Lunazul** (☎ 291-20-09; Marlin 4; Surfbrett/Bodyboard pro Tag 300/200 Mex$, Kurse 400 Mex$/90 Min.).

Schlafen

Sayulita Life (www.sayulitalife.com) stellt online diverse private Ferienhäuser vor. Alle aufgeführten Preise gelten für die Hauptsaison im Winter.

El Camarón Camping (Del Palmar s/n; Stellplatz für Zelt 40 Mex$/Pers., Hütte 250 Mex$) Grüner, relaxter Campingplatz am Strand nördlich der Stadt. Hier schlägt das Herz der jungen Surfer- und Hippieszene.

Sayulita Trailer Park & Bungalows (☎ 390-27-50; www.pacificbungalow.com; Miramar s/n; Stellplatz für Zelt & Wohnmobil mit Anschlüssen 160–240 Mex$, Bungalow mit 1 Schlafzi. 550–850 Mex$, mit 2 Schlafzi. 850 Mex$) Attraktive Anlage am Strand mit Restaurant und Snackbar. Alles wird von Palmen beschattet. Wer länger bleibt, kriegt Rabatt.

Hotel Diamante (☎ 291-31-91; www.hoteldiamantesayulita.com; Miramar 40; EZ/DZ/4BZ 375/425/650 Mex$; 🅿 ❄) Günstiges, gepflegtes und beliebtes Hotel mit prima Service, das neben kleinen, einfachen, hellen Zimmern auch zwei luftige Gemeinschaftsküchen besitzt.

Fiambaláa Hotel (☎ 291-30-86; Las Gaviotas 10; Zi. mit Gemeinschaftsbad/eigenem Bad 450/700 Mex$) Deckenventilatoren kühlen die schlichten, schnörkellosen Zimmer in diesem anständigen Hotel. Es hat eine Terrasse mit Aussicht auf die Straße, aber keine richtige Rezeption. Man muss sich in dem brummenden argentinischen Restaurant unten anmelden.

LP Tipp **Petit Hotel d'Hafa** (☎ 291-38-06; Revolución 55; www.sayulitalife.com/hafa; Zi. 550–850 Mex$) Attraktive Neueröffnung in unmittelbarer Nähe zur Plaza. In den sechs Zimmern mit Ventilatoren stehen je zwei oder drei hochwertige Betten. Die charismatische Eigentümerin hat den ganzen Planeten bereist und ist ungemein kreativ. Maurische Schnörkelmuster, helle Farben und einladende Gemeinschaftsbereiche zeugen von erlesenem Geschmack. Dieses kleine Hotel scheint die ganze Welt unter einem Dach zu vereinen und ist bereits jetzt der Renner.

Bungalows Aurinko (☎ 291-31-50; www.sayulitavacations.com; Ecke Marlin & Revolución; Bungalow mit 1/2 Schlafzi. 889/1389 Mex$, Suite 1166 Mex$; ❄) Glänzt u. a. mit glatten Böden aus Flussgestein, Freiluftküchen und freiliegenden, unbehauenen Dachbalken. Geschmackvolle Deko und Huicholes-Kunst an den Wänden versprechen einen unvergesslichen Aufenthalt. Die Betten sind mit Leinen aus Oaxaca bezogen. In allen Wohneinheiten gibt's eine Küche und aufbereitetes Wasser.

Bungalows Los Arbolitos (☎ 291-31-11, in den USA 888-453-0501; sayulitabungalow@earthlink.net; Marlin 20; EZ/DZ/Apt. 950/1250/1960 Mex$; ❄ 💻) Zwei der neun

Luxussuiten haben eigene Küchen. Inmitten von Kunsthandwerk, kreativem Design und üppigen Gärten ruhen Gäste stilvoll.

Essen & Ausgehen

Sayulita hat den Ruf, ein Feinschmeckerparadies zu sein – zu Recht. Es hat viele kleine Cafés im Bistrostil, die eine angenehme Alternative zu den belebten, günstigen *palapas* am Strand sind.

Sayulita Fish Taco (☎ 291-32-72; José Mariscal 13; Tacos ab 20 Mex$; ⌚ Mo–Sa 12–15 & 17.30–21 Uhr) Versorgt Gringos seit Jahren mit authentischen Tacos, die manche für Mexikos beste halten. Das ist vielleicht übertrieben, aber sie schmecken wirklich phantastisch. Dasselbe gilt für die erstklassigen Margaritas.

Rollie's (Revolución 58; Frühstück 45–65 Mex$; ⌚ 7–12 Uhr) Dies ist *das* Frühstückslokal. Rollie und seine Freunde bereiten liebevoll westliche Morgenmahlzeiten mit mexikanischem Einschlag zu. Dazu gibt's exzellenten Espresso und Frühstückscocktails. Gäste können sich Musik aus Rollies Plattensammlung wünschen oder selbst ein Liedchen mit ihm trällern.

Sayulita Café (☎ 291-35-11; Revolución 37; Hauptgerichte 75–135 Mex$; ⌚ 17–23 Uhr) Das alteingesessene Lokal hat einen Speiseraum voller Atmosphäre und Tische mit Kerzenlicht auf dem Bürgersteig. Hier kriegt man einen Crashkurs in traditionell mexikanischer Küche aus Puebla, Oaxaca, Chiapas und Jalisco. Familien mit Kindern sind willkommen.

Café Caminito (☎ 291-35-64; Marlín 12; Hauptgerichte 90–120 Mex$; ⌚ Do–Di 16.30–22 Uhr) Das schicke Café an der Plaza serviert südamerikanisches Essen. In der Kneipe oben kann man argentinische Empanadas mit Fischfüllung und gleichzeitig die Umgebung genießen.

La Bicyclette (☎ 291-36-35; Navarette 9; Hauptgerichte 170–195 Mex$; ⌚ Mo–Fr 18–24 Uhr) Der aktuelle Erfolg des Lokals basiert auf seinem intimen, abgeschotteten Innenhof und der ständig wechselnden kreativen Karte. Auf den Teller kommen z. B. mit mexikanischem Absinth flambierte Garnelen mit Brot und Pastete. Samstagabends sorgt eine Reggaeband für Unterhaltung.

Anreise & Unterwegs vor Ort

Sayulita liegt etwa 35 km nördlich von Puerto Vallarta gleich westlich des Hwy 200. Täglich verkehren zehn Busse zwischen Sayulita und Vallartas Busbahnhof (20 Mex$, 1 Std.). Alle 2.-Klasse-Busse in Richtung Norden setzen Passagiere an der Abzweigung ab. In Puerto Vallarta kann man auch an der Haltestelle vor Sam's Club einsteigen. Taxifahrten von Vallarta nach Sayulita kosten je nach Verhandlungsgeschick ca. 450 bis 600 Mex$.

PUERTO VALLARTA

☎ 322 / 151 000 Ew.

Puerto Vallarta wird von seinen vielen *aficionados* schlicht „Vallarta" genannt. Es ist einer von Mexikos lebendigsten und nobelsten Ferienorten und erstreckt sich rund um die strahlend blaue Bahía de Banderas („Flaggenbucht"). Nicht zuletzt wegen der Hintergrundkulisse aus Bergen mit dichtem Palmenbewuchs gibt es keinen besseren Ort für einen kosmopolitischen Urlaub. Jedes Jahr aalen sich Millionen Besucher faul an den glitzernden Sandstränden oder stöbern in den schmucken Läden herum. Weitere Highlights sind die stylishen Restaurants und die Spaziergänge durch die malerischen Kopfsteinpflasterstraßen oder entlang des herrlichen *malecón*. Wem die Strände der Stadt nicht ausreichen, der kann auch an Bootstouren, Ausritten, Tauchtrips und Tagesausflügen teilnehmen. Rechtzeitig zu einem späten Abendessen ist man wieder vor Ort; zu weiter vorgerückter Stunde locken dann die vielen Nightlife-Locations.

Purto Vallarta ist Mexikos Schwulenhauptstadt (s. Kasten S. 506 f.).

Geschichte

Bis 1954 war Vallarta nur ein bescheidenes Dörfchen, doch dann kamen die ersten Touristen mit Flugzeugen, die damals noch auf einer unbefestigten Piste in Emiliano Zapata, dem heutigen Stadtzentrum, landeten. Ein Jahrzehnt später wählte John Huston die verlassene Bucht Mismaloya in der Nähe als Drehort für seinen Film *Die Nacht des Leguan* nach einer Vorlage von Tennessee Williams. Hollywood-Paparazzi fielen wie Heuschrecken über die Stadt her, um über die stürmische Romanze zwischen Richard Burton und Elizabeth Taylor zu berichten. Vallartas heißblütig-romantische Tropenaura wurde so über Nacht weltbekannt. Und seitdem strömen die Traveller hierher.

Orientierung

Das „alte" Stadtzentrum Zona Centro liegt nördlich vom Río Cuale. Mitten im Fluss erhebt sich die kleine Isla Cuale. Die Morelos

PUERTO VALLARTA IN VIER TAGEN

Auf geht's! Der erste Tag beginnt mit einem Bad in der glitzernden Bahía de Banderas. Es folgt ein Spaziergang an einem der vielen **Strände** (S. 495). Dann empfiehlt sich z.B. ein Abstecher zum **Museo del Cuale** (S. 495), oder man entspannt auf der **Isla Río Cuale** (S. 495) unter den schattigen Gummibäumen entlang der Flusspromenade. Anschließend kann man sein Handtuch am persönlich bevorzugten Strand ausbreiten und den Horizont nach **Walen** (S. 500) absuchen. Inmitten der fröhlichen Massen auf dem **malecón** (S. 495) lassen sich nun diverse **öffentliche Skulpturen** am Ufer bewundern. Abends sorgen Vallartas großartige **Restaurants** (S. 503) für Behagen im Magen. Danach steht eine lange Partynacht in den brodelnden **Danceclubs** (S. 505) auf dem Programm.

Der frühe (!) Morgen des zweiten Tages offenbart beim **Shoppen** (S. 507) weitere Vorzüge der Stadt. Außerdem warten **Outdoor-Aktivitäten** (S. 497) wie Tauchen, Angeln oder Reiten.

Am dritten Tag werden die herrlichen **Jardines Botánicos de Vallarta** (S. 497) besucht. Alternativ geht's mit dem Boot hinaus zu den entlegenen Stränden von **Las Ánimas** (gegenüber), **Quimixto** (S. 495) oder **Yelapa** (S. 495).

Nach einer Busfahrt ins entspannte **Sayulita** (S. 491) steht der vierte Tag im Zeichen von Wellenritten oder Surfkursen.

und die Juárez rund um die Plaza Principal sind die beiden Hauptverkehrsadern. Viele großartige Häuser (ein paar davon in ausländischem Besitz) stehen weiter oben im Río-Cuale-Tal (auch „Gringo Gulch" genannt).

Die Zona Romántica südlich vom Fluss ist eine weitere Touristenmeile mit kleineren Hotels, Restaurants und Bars. Die Playa Olas Altas und die Playa de los Muertos sind die einzigen Strände im Herzen der Stadt.

Nördlich der Stadt bildet eine Reihe riesiger Luxushotels die Zona Hotelera. Im Norden liegen auch ein großer Yachthafen (Marina Vallarta; 9 km bis zum Zentrum), der Flughafen (10 km), der Busbahnhof (12 km) und Nuevo Vallarta (18 km), ein neues Urlaubsdomizil mit Hotels und Ferienwohnungen. Südlich der Stadt stößt man auf weitere riesige Resorts und auf ein paar der schönsten Strände der Umgebung.

Details zur An- und Weiterreise vom/zum Flughafen bzw. Busbahnhof stehen auf S. 486.

Praktische Informationen

BUCHLÄDEN

Libros Libros Books Books (Karte S. 498 f.; ☎ 222-71-05; Calle 31 de Octubre 127) Gute Auswahl an englischsprachigen Zeitschriften und Büchern (u. a. Lonely Planet Reiseführer).

GELD

Die meisten Geschäfte in Vallarta akzeptieren neben Pesos auch bereitwillig US-Dollar, aber ihre Wechselkurse sind mehr als mies. Rund um die Plaza Principal gibt es mehrere Banken; die meisten haben Geldautomaten.

Vallarta hat viele *casas de cambio* (vor allem in Insurgentes, Vallarta und am *malecón*), deren Konditionen zwar variieren, aber im Allgemeinen etwas günstiger sind als die der Banken.

INTERNETZUGANG

Aquarius Internet (Karte S. 498 f.; 523 Juárez; 15 Mex$/Std.; ⌚ 24 Std.) Bestes örtliches Internetcafé mit Flachbildschirmen, schnellen Verbindungen und einer Menge Terminals.

MEDIEN

Die englischsprachige Zeitung **Daily Vallarta Today** (www.vallartatoday.com) ist besser als das wöchentlich erscheinende lokale Konkurrenzblatt *Vallarta Tribune*. Beide liegen kostenlos aus. Der Führer *Bay Vallarta* kommt einmal im Monat ebenfalls kostenlos heraus und enthält nützliche Verzeichnisse zum Kulturangebot und zu Einkaufsmöglichkeiten.

MEDIZINISCHE VERSORGUNG

San Javier Marina Hospital (Karte S. 496; ☎ 226-10-10; Av Ascencio 2760) Vallartas am besten ausgerüstete Klinik.

NOTFALL

Feuerwehr (☎ 223-94-76)
Krankenwagen (☎ 222-15-33)
Polizei (☎ 060, 223-25-00)

POST

Hauptpost (Karte S. 498 f.; Mina 188)

TELEFON & FAX

In der Stadt gibt's zahlreiche Telefonzellen (nur mit Karte). Auch in vielen Internetcafés sind Ferngespräche möglich.

Telecomm (Karte S. 498 f.; Hidalgo 582) Fax- und Telefonservice.

TOURISTENINFORMATION

Städtische Touristeninformation (Karte S. 498 f.; ☎ 223-25-00, Durchwahl 230; Juárez s/n; 🕑 Mo–Fr 8–21 Uhr) Das Rathaus am nordöstlichen Rand der Plaza Principal beherbergt Vallartas geschäftige, aber kompetente Touristeninformation. Das zweisprachige Personal verteilt hier kostenlose Stadtpläne und mehrsprachigen Lesestoff an Traveller.

WASCHSALON

In der Stadt gibt's eine Menge Waschsalons. Alle haben sonntags geschlossen und verlangen pro Maschine um die 40 Mex$.

Lavandería Blanquita (Karte S. 498 f.; Madero 407A)

Lavandería Elsa (Karte S. 498 f.; Olas Altas 385)

Sehenswertes

Nach wie vor sind die perfekten Strände Puerto Vallartas Hauptattraktion. Doch die Stadt hat auch herrliche Natur und immer mehr kulturelle Highlights zu bieten.

Das Herz der Zona Centro bildet die **Plaza Principal** (Karte S. 498 f.) alias Plaza de Armas. Sie liegt in Ufernähe zwischen Morelos und Juárez. Hinter dem Freiluft-Amphitheater auf ihrer Seeseite erheben sich die **Los Arcos** (Karte S. 498 f.). Diese Felsbögen sind ein Wahrzeichen der Stadt. Nördlich des Theaters erstreckt sich der breite **malecón** über etwa zehn Blocks. An seinem Rand befinden sich Bars, Restaurants, Nachtclubs und viele öffentliche Skulpturen. Oberhalb der Plaza steht der **Templo de Guadalupe** (Karte S. 498 f.) auf einem Hügel. Die Krone auf seiner Spitze macht auch ihn zu einem Stadtsymbol.

Bei Trips nach Vallarta sind Abstecher zur **Isla Río Cuale** (Karte S. 498 f.) Pflicht. Dort errichteten die ersten Siedler ihre bescheidenen Häuser. Flussaufwärts verbinden zwei wacklige Drahtseilbrücken die Insel mit der Zona Romántica.

STRÄNDE

Die Strände der Bahía de Banderas haben viele Gesichter: Manche beben vor fröhlicher Aktivität, andere locken mit Ruhe und Privatsphäre. Die meisten aufgeführten Strände sind auf der Karte S. 496 vermerkt.

Nur die **Playa Olas Altas** (Karte S. 498 f.) und die **Playa de los Muertos** (Strand der Toten; Karte S. 498 f.) liegen nahe dem Stadtzentrum. Beide befinden sich südlich des Río Cuale. Sonntags verbringen mexikanische Familien dort scharenweise ihre Freizeit. Das Südende der Playa de los Muertos heißt **Blue Chairs** und zählt zu Mexikos berühmtesten Schwulenstränden.

Playa Camarones, **Playa Las Glorias**, **Playa Los Tules**, **Playa Las Palmas** und **Playa de Oro** gehören zur Zona Hotelera nördlich der Stadt. Nuevo Vallarta hat ebenfalls ein paar Strände. Weitere weniger erschlossene Sandstreifen umgeben die Bucht bis hinüber nach Punta de Mita.

Die Nacht des Leguan spielt in **Mismaloya** (Karte S. 496) rund 12 km südlich der Stadt. Die malerische, kleine Bucht wird von einer gigantischen Ferienanlage dominiert. Wer südwestwärts am Meer entlangfährt, stößt 4 km hinter Mismaloya auf das friedliche **Boca de Tomatlán**. Dieses Küstendorf ist weitaus weniger kommerziell geprägt als Puerto Vallarta. Die „Boca"-Busse halten in beiden Ortschaften, die „Mismaloya"-Linie endet dagegen in Mismaloya.

Weiter an der Südseite der Bucht liegen noch mehr Strände. Las Ánimas, Quimixto und Yelapa reihen sich in Ost-West-Richtung aneinander. Alle sind nur per Boot erreichbar (S. 508). An der reizenden **Playa de las Ánimas** (Strand der Geister; Karte S. 496) gibt's ein kleines Fischerdorf und diverse *palapa*-Restaurants, die frische Meeresfrüchte servieren. Zu **Quimixtos** (Karte S. 496) Wasserfall in der Nähe von Las Ánimas gelangt man in einer halbstündigen Wanderung. Alternativ kann man am Strand Ponys dafür mieten.

Yelapa liegt am weitesten draußen und zählt zu Vallartas beliebtesten Ausflugszielen. Tagsüber ist die hübsche Bucht fest in der Hand von Urlaubern, Restaurantgästen und Parasailing-Anbietern. Nach dem Ablegen der Touristenboote am Spätnachmittag kehrt allmählich wieder Ruhe ein. Hier warten auch ein paar komfortable Unterkünfte auf Gäste.

MUSEO DEL CUALE

Das winzige **Museum** (Karte S. 498 f.; Paseo Isla Cuale s/n; Eintritt frei; 🕑 Di–Sa 10–15 & 16–19 Uhr) steht nahe des Westzipfels der Isla Cuale. Seine kleine Sammlung ist auf Englisch und Spanisch beschriftet. Zu sehen gibt's wunderschöne Töpferwaren, Mahlsteine, Tonfiguren und andere uralte Objekte.

PUERTO VALLARTA

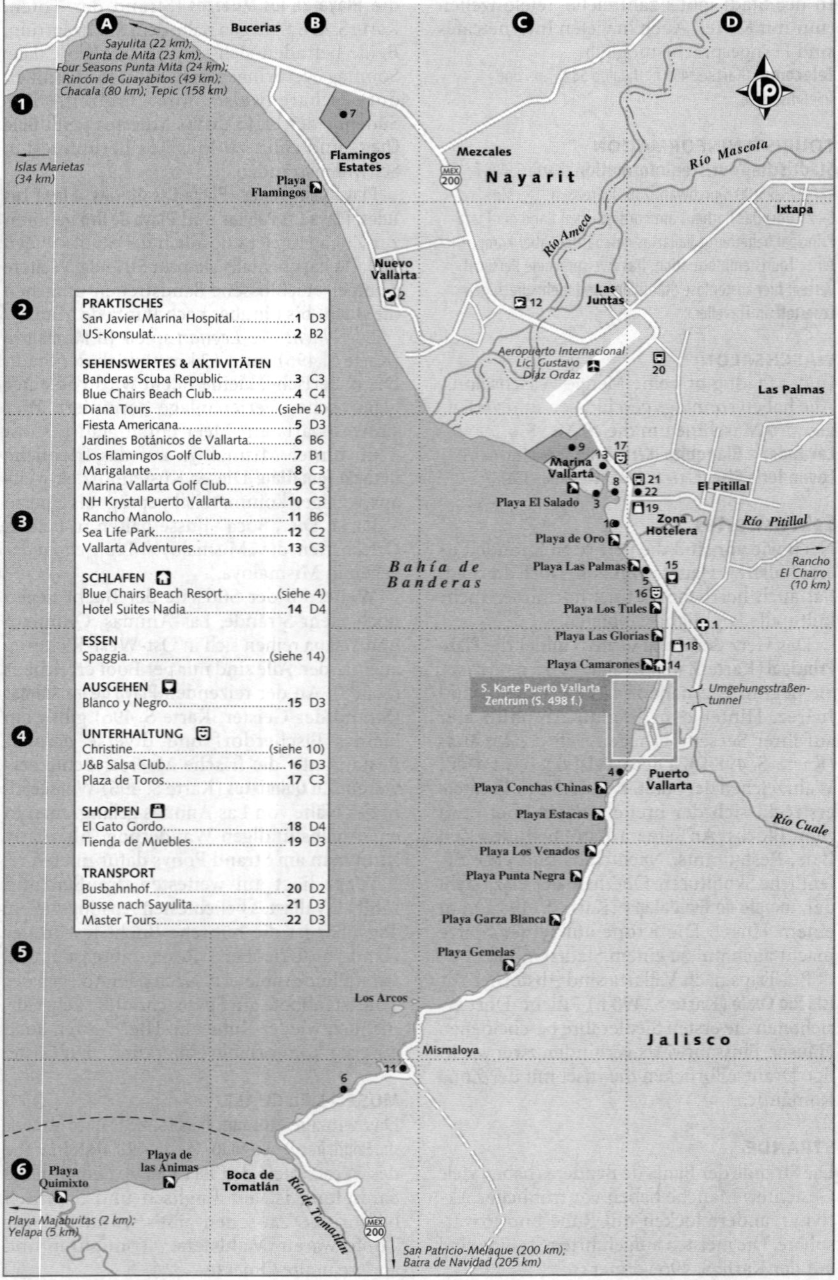

JARDINES BOTÁNICOS DE VALLARTA

Dieser tolle **Naturpark** (Karte S. 496; ☎ 205-72-17; Hwy 200, Km 24; Eintritt 30 Mex$; ⏰ Di–So 9–18 Uhr) eine halbe Autostunde südlich von Vallarta wurde kürzlich eröffnet. An seinen Wegen wachsen u. a. Orchideen, Bromelien, Agaven und Wildpalmen. Während man im Open-Air-Restaurant isst, flattern Schmetterlinge vorbei. Es ist toll, den Kolibris über die Pfade und durch farnbewachsene Grotten zu folgen. Also: Ein süßes Getränk einpacken und den Tag genießen! Hierher gelangt man mit dem „El-Tuito"-Bus (15 Mex$) ab der Ecke Carranza/Aguacate in Vallarta oder mit dem Taxi (ca. 200 Mex$).

Aktivitäten

Auf Rastlose warten direkt vor der Haustür Aktivitäten wie Schwimmen mit Delphinen, Bungeejumping, Mountainbiketouren oder Walbeobachtung. Anbieter an den Stränden vor den großen Hotels und die Touristeninformation organisieren außerdem Schnorcheln, Gerätetauchen, Tiefseeangeln und Wasserskilaufen, Windsurfen, Segeln und Parasailing.

TAUCHEN & SCHNORCHELN

Die warmen, ruhigen Gewässer vor der Bahía de Banderas sind eine Welt voller Stachelrochen, tropischer Fische und leuchtend bunter Korallen. In Vallarta gibt's mehrere Tauch- und Schnorchelanbieter (Preise meistens inkl. Transport, Ausrüstung & Snacks). Viele Tauchfirmen haben auch Schnorchelausflüge im Programm, bei denen die Teilnehmer normalerweise von erfahrenen Froschmännern begleitet werden.

Das professionelle **Banderas Scuba Republic** (Karte S. 496; ☎ 135-78-84; www.bs-republic.com; Av Marina Sur Ecke Vela; Schnorcheln 25 US$, Tauchgänge mit 2 Flaschen 85–150 US$, PADI-Freiwasserschein 350 US$) führt Kleingruppen hinaus zu bekannten oder weniger bekannten Spots. Individuelle Tauchtrips (ab 400 US$) sind ebenfalls möglich.

Vallarta Adventures (S. 500) beschäftigt Tauchlehrer mit PADI-Zulassung und bietet einwandfreien Service. Das Angebot umfasst u. a. Schnorcheln (35–60 US$), Tauchgänge mit zwei Tanks (80–125 US$) und den PADI-Freiwasserschein (330 US$).

ANGELN

Hochseeangeln ist in Vallarta das ganze Jahr über angesagt. Mitte November findet hier immer ein großes internationales Anglerturnier statt. Neben Roten Schnappern und Zackenbarschen gehen in erster Linie Segel-, Thun- und Speerfische an den Haken. Angelausflüge lassen sich an den Docks der Marina Vallarta oder über die Kooperative am *malecón* arrangieren.

Am *malecón* unterhält **Fishing and Tours PV** (Karte S. 498 f.; ☎ 222-12-02; www.fishingandtourspv.com; Charterboot für 1–8 Pers. 200–450 US$; ⏰ Mo–Sa 8–22 Uhr) ein Büro in der Nähe vom Hotel Rosita. Das Unternehmen spielt Vermittlungsagentur für zahlreiche Sportfischerboote. Während der Nebensaison sind manchmal Rabatte drin.

Master Baiter's (Karte S. 498 f.; ☎ 222-40-43; www.mbsportfishing.com; Calle 31 de Octubre 107; Charterboot für 1–8 Pers. 250–900 US$) Seltsamer Name, doch die eindrucksvolle Fangliste beweist es: Beide Inhaber sind gewiefte Meister der Großfischjagd. Falls Kunden keinen geschuppten Riesen fangen, wird ein Drittel des Preises zurückerstattet.

REITEN

Vallartas dichter Bergurwald lässt sich super zu Pferd erkunden. Die meisten Ställe berechnen 15 US$ pro Stunde bzw. 100 US$ für einen Tagesausflug.

Rancho El Charro (außerhalb der Karte S. 496; ☎ 224-01-14; www.ranchoelcharro.com; Ausritte 56–100 US$) hat gesunde Pferde und bietet drei- bis achtstündige Treks durch die malerische Sierra Madre an. Mehrere Optionen sind speziell auf Kinder abgestimmt. Der Stall veranstaltet im Gegensatz zur Konkurrenz auch mehrtägige Ausflüge wie den reizvollen „Overnight Lost in the Jungle Ride" (350 US$). Die Teilnehmer werden von den Hotels in Vallarta abgeholt.

Die fröhliche **Rancho Manolo** (Karte S. 496; ☎ 228-00-18 od. 222-36-94; Ausritte 35 US$) ist in Mismaloya – genauer gesagt unter der Highwaybrücke gegenüber des Resorts. Hier fühlen sich 25 Pferde und Ponys pudelwohl. Am beliebtesten sind die dreistündigen Ritte durch den Urwald. Sie enden an einem einsamen, rustikalen Restaurant mit tollem Naturpool.

GOLF & TENNIS

In den letzten Jahren brachten gleich vier neue Plätze frischen Wind in Vallartas Golfszene. Die meisten Lorbeeren erntet der **Four Seasons Punta Mita** (außerhalb der Karte S. 496; ☎ 291-60-00; Four Seasons Resort Punta Mita; Platzgebühr 175 US$) nach einem Entwurf von Jack Nicklaus. Dort lenkt ein herrlicher Meerblick die Golfer äußerst angenehm vom anspruchsvollen Kurs ab. Ein

PUERTO VALLARTA ZENTRUM

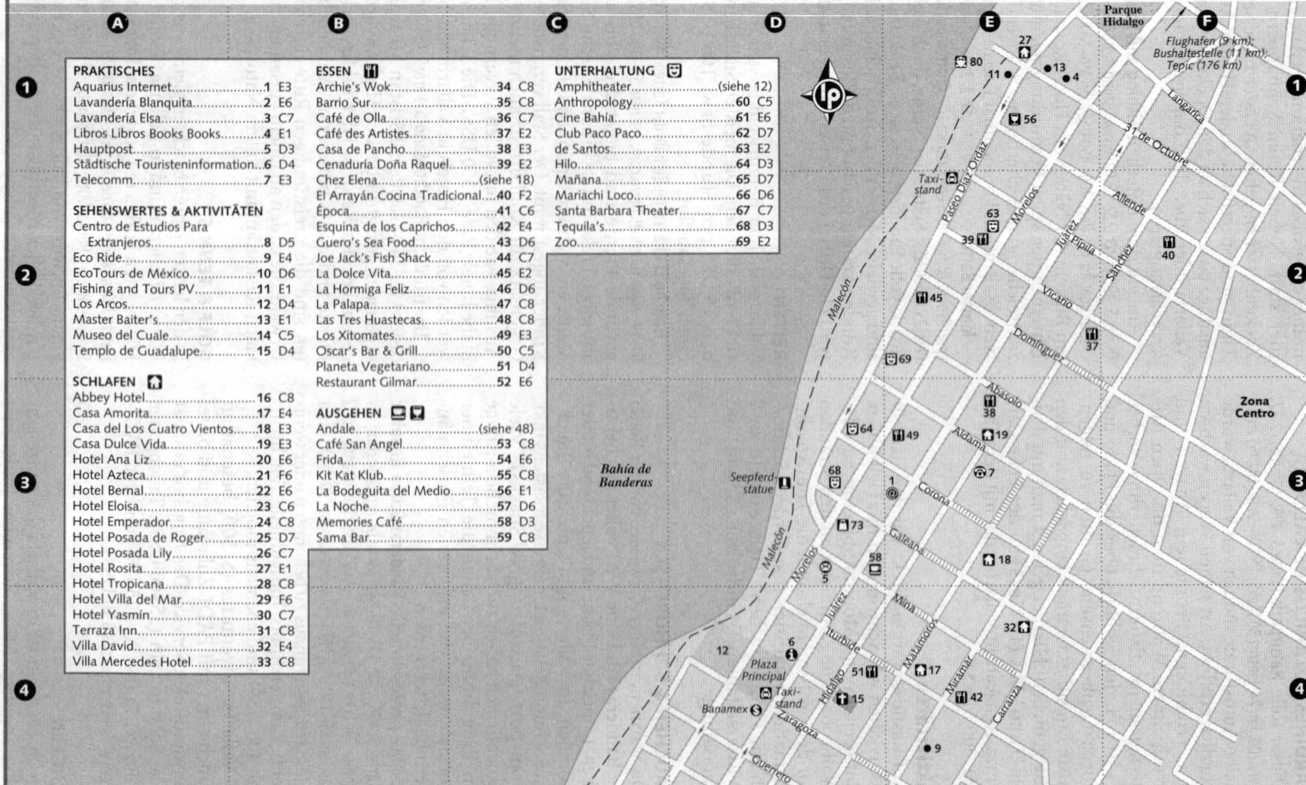

SHOPPEN
Artesanías Flores....70 D6
Bazaar Artes Indias....71 E6
Huarachería Fabiola....72 D6
Huichol Collection....73 D3
Mercado de Artesanías....74 D5
TRANSPORT
Lokalbusse nach Norden....75 C7
Lokalbusse nach Norden....(siehe 61)
Primera-Plus-/ETN-Busticket-büro....76 E7
Primera-Plus-/ETN-Busticket-büro....77 D6
Priv. Yacht-/Lancha-Vermietung....78 C8
Haltestelle f. Busse nach Süden....79 E6
Wassertaxi nach Yelapa....80 E1
Wassertaxis....81 B8
Río Cuale
Isla Río Cuale
Park
Plaza Serdán
Zona Romántica
Plaza Lázaro Cárdenas
Taxistand
Playa Olas Altas
Playa de los Muertos
Bahía de Banderas
Uncommon Grounds Buddha Lounge (300 m); Red Cabbage Cafe (500 m)
Oasis Hostel (100 m)
Mismaloya (12 km); Jardines Botánicos de Vallarta (24 km)
Blue Chairs Beach (500 m); Diana Tours (500 m); Blue Chairs Beach Resort (500 m)
Cuauhtémoc
Libertad
A Rodríguez
Encino
Naranjo
Jacarandas
Aguacate
Serdán
Madero
Cárdenas
Insurgentes
Carranza
Badillo
Diéguez
Constitución
Vallarta
Suárez
Olas Altas
Rodríguez
Gómez
Amapas
Púlpito
MEX 200

Loch trägt den Spitznamen „Walschwanz". Es befindet sich auf einer natürlichen Insel und ist nur mit schwimmfähigen Golfcarts erreichbar.

Weitere örtliche Golfplätze:

Los Flamingos Golf Club (Karte S. 496; ☎ 298-06-06; Hwy 200 s/n; Platzgebühr 130 US$) Kürzlich renovierte Anlage 13 km nördlich der Stadt.

Marina Vallarta Golf Club (Karte S. 496; ☎ 221-05-45; Paseo de la Marina s/n; Platzgebühr 128 US$) Exklusiver Platz mit 18 Löchern/Par 74 gleich nördlich der Marina Vallarta.

Die meisten großen Ferienhotels haben hauseigene Tennisplätze. Hier können auch Nicht-Hotelgäste den Schläger schwingen:

NH Krystal Puerto Vallarta (Karte S. 496; ☎ 224-02-02; Av Las Garzas s/n, Zona Hotelera; 13 US$/Std.)

Fiesta Americana (Karte S. 496; ☎ 224-20-10; Paseo de Las Palmas s/n, Zona Hotelera; 18 US$/Std.)

BOOTSAUSFLÜGE

In Vallarta können Touristen tagsüber, abends oder zu Sonnenuntergang in See stechen. Am beliebtesten sind Ausflüge zu den Stränden von Yelapa und Las Ánimas, man kann aber auch zu den Islas Marietas weiter draußen schippern. Über den Preis lässt sich meist reden. Strandausflüge und Trips bei Sonnenuntergang kosten mindestens 45 US$. Für längere Varianten (4–6 Std.) berappt man inklusive Essen und beliebig vielen Drinks ca. 80 bis 100 US$. Werbeflyer für Schiffsausflüge liegen in der ganzen Stadt aus.

Donnerstags und freitags veranstaltet **Diana Tours** (☎ 222-15-10) ganztägige Fahrten für Schwule und Lesben (75 US$). Im Preis sind Essen, Getränke und Schnorcheln enthalten. Los geht's am Blue Chairs Beach Resort.

Kurse

Von Mai bis Juli veranstaltet das El Arrayán Cocina Tradicional (S. 505) jeden Monat eintägige Kurse in traditioneller mexikanischer Kochkunst (850 Mex$). Neben Frühstück und Unterricht in der Restaurantküche sind auch Rezepte für zuhause und eine komplette Mahlzeit inklusive. Weitere Infos gibt's telefonisch unter ☎ 222-71-95.

Das Angebot des **Centro de Estudios Para Extranjeros** (CEPE; Karte S. 498 f.; ☎ 223-20-82; www.cepe.udg.mx; Libertad 105–1) umfasst eine Woche einfaches Touristenspanisch (151 US$) ebenso wie einmonatige Spanischkurse auf Universitätsniveau (533 US$). Eine Stunde Privatunterricht kostet 25 US$. Das Zentrum arbeitet mit der Universidad de Guadalajara zusammen und vermittelt auch Aufenthalte bei Familien (437–469 U$/Woche).

Puerto Vallarta mit Kindern

Falls die Kids gerade auf Piraten stehen, werden sie todsicher einen Themenausflug mit der **Marigalante** (Karte S. 496; ☎ 223-03-09; www.marigalante.com.mx; 👶) machen wollen. Dieser Nachbau einer spanischen Galeone schippert jeden Tag von 9 bis 17 Uhr übers Meer (Erw./Kind 85/42 US$). Abends geht's von 18 bis 23 Uhr hinaus; der Höhepunkt der Fahrt ist der „Piratenüberfall" auf den *malecón*. Abgelegt wird vom Terminal Maritima der Marina Vallarta abseits des Blvd Francisco Ascencio. Sam's Club ist gegenüber.

Auch der **Sea Life Park** (Karte S. 496; ☎ 297-07-24; Carr Tepic, Km 155; Eintritt Erw./Kind 18/14 US$; 🕘 10–18 Uhr; 👶) lässt Kinderherzen höher schlagen. Hierfür sorgen u. a. zwölf Wasserrutschen, eine tägliche Delphinshow und ein Pool mit einem künstlichen, langsam fließenden Fluss.

Geführte Touren

Geführte Touren durch Natur und Wildnis zählen zu Vallartas schönsten Highlights. Dank ihrer umweltorientierten Geschäftspraktiken hinterlassen die folgenden Anbieter wenig Spuren.

Eco Ride (Karte S. 498 f.; ☎ 222-79-12; www.ecoridemex.com; Miramar 382; Touren 500–1400 Mex$) Berge, Urwald und Meer machen Vallarta zu einem tollen Ziel für Mountainbiker. Die geführten Tagestouren dieses Veranstalters eignen sich für Anfänger und Cracks. Am anspruchsvollsten ist der 50 km lange Trip ab dem Bergdorf El Tuito (Höhe 1100 m). Über Chacala führt er hinunter zum Strand bei Yelapa. Unterwegs hat man eine super Aussicht.

Vallarta Adventures (Karte S. 496; ☎ 297-12-12; www.vallarta-adventures.com; Av Las Palmas 39, Marina Vallarta) Dieses humorvolle Team ist stets mit Begeisterung und Professionalität am Werk – ob beim Walebeobachten (Erw./Kind 70/35 US$), bei Kulturausflügen (75–210 US$) oder bei Trips nach San Sebastian (75 US$) oder zu anderen historischen Siedlungen. Es gibt auch Seilrutschentouren in den Baumwipfeln (Erw./Kind 79/69 US$) und vieles mehr.

EcoTours de México (Karte S. 498 f.; ☎ 222-65-06; www.ecotoursvallarta.com; Vallarta 243) Wird von einem Paar passionierter Biologen geleitet und ist die beste örtliche Adresse für Walbeobachtungen (Erw./Kind 85/65 US$), geführte Wanderungen (Erw./Kind 45/57 US$), Vogelbeobachtungstouren (Erw./Kind 52/73 US$) und nächtliche Begegnungen mit Meeresschildkröten (Erw./Kind 35/46 US$).

Festivals & Events

Segelfisch- und Marlin-Turnier (www.fishvallarta.com) Großes internationales Sportfischerturnier im November.

Festival Gourmet International (www.festivalgourmet.com) Seit 1995 ist Vallartas Gastroszene für das Festival Mitte November verantwortlich.

Día de Santa Cecilia Am 22. November wird der Schutzpatron der Mariachi geehrt. Dann marschieren alle Mariachi der Stadt am frühen Abend in einer Prozession mit Musik zum Templo de Guadelupe. Unterwegs wird musiziert und gesungen; danach stimmen die Musiker in der Kirche ein Loblied auf den Heiligen an und feiern anschließend draußen auf der Plaza weiter.

Virgen de Guadalupe Am 12. Dezember gedenkt ganz Mexiko seines Schutzheiligen. Puerto Vallarta feiert etwas länger: Vom 30. November bis zum Finale (12. Dezember) gibt's rund um die Uhr Wallfahrten und Prozessionen.

Schlafen

In puncto Unterkünfte haben Besucher in Puerto Vallarta die Qual der Wahl. Hier gibt's günstige Quartiere am Fluss, aber auch kleine, einsam gelegene, stylishe Gästehäuser und Villen, feucht-fröhliche Strandhotels und luxuriöse Mega-Resorts.

Die angeführten Preise gelten für die Hauptsaison von Dezember bis April (in der Nebensaison wird's 20–50 % günstiger). Wer eine Woche oder länger bleiben möchte, sollte einen Rabatt aushandeln. Ein ganzer Monat halbiert die Miete oft.

BUDGETUNTERKÜNFTE

Vallartas günstigste Unterkünfte liegen südlich vom Río Cuale (besonders entlang der Madero). Alle Zimmer sind mit Ventilatoren ausgestattet.

Oasis Hostel (außerhalb der Karte S. 498 f.; ☎ 222-26-36; www.oasishostel.com; Libramiento 222; B 140 Mex$; 💻) Die gut geführte Jugendherberge liegt nicht gerade günstig, ist aber die billigste Unterkunft der Stadt. In den beiden Schlafsälen (einer für Frauen, einer gemischt) stehen insgesamt 16 Stockbetten. Kontinentalfrühstück, Küchenbenutzung und Internetzugang sind im Preis enthalten. Das Allerbeste: Nachts wird man hier weder aus- noch eingesperrt. Die Website erklärt den Weg ab dem Busbahnhof.

Hotel Azteca (Karte S. 498 f.; ☎ 222-27-50; Madero 473; EZ/DZ/3BZ 200/300/400 Mex$, Apt. 600–650 Mex$) Die guten Zimmer des würdevollen Oldtimers umgeben einen vertraulichen, schattigen Innenhof voller Topfpflanzen. Obwohl die Quartiere auf der Straßenseite etwas heller sind, haben alle ein prima Preis-Leistungs-Verhältnis. Im Dachgeschoss gibt es ein Apartment mit super Aussicht auf Stadt und Berge.

Hotel Villa del Mar (Karte S. 498 f.; ☎ 222-07-85; www.hvilladelmar.com; Madero 440; EZ 250–280 Mex$, DZ 300–330 Mex$, 3BZ 350 Mex$) Das saubere, weitläufige Budgethotel ist seit den 1970er-Jahren im Geschäft und hat sich bis heute nicht großartig verändert. Die günstigsten Zimmer sind winzig und düster, die mit eigener Terrasse dagegen überraschend schön.

Ebenfalls eine Überlegung wert:

Hotel Bernal (Karte S. 498 f.; ☎ 222-36-05; Madero 423; EZ/DZ 180/220 Mex$) Alteingesessener Klassiker mit dunklen, einfachen, sauberen Zimmern rund um einen Hof.

Hotel Ana Liz (Karte S. 498 f.; ☎ 222-17-57; Madero 429; EZ/DZ/3BZ 190/250/300 Mex$) Angenehme, schlichte Zimmer mit Ventilatoren.

MITTELKLASSEHOTELS

Hotel Posada Lily (Karte S. 498 f.; ☎ 222-00-32; hotel-lily@hotmail.com; Badillo 109; EZ 300–350 Mex$, DZ 500–550 Mex$, Klimaanlage zzgl. 50 Mex$; ❄) Supergünstige Mittelklasseoption in unmittelbarer Nähe zum Strand. Die 18 sauberen, schönen Zimmer

WALE IM URLAUB

Wie viele unserer Leser suchen Buckelwale im Winter die Bahía de Banderas auf, um mit Artgenossen anzubandeln. Nachdem sie ihre Futtergebiete vor Alaska verlassen haben, halten sich die Tiere etwa von November bis Ende März vor Mexiko auf. Direkt nach ihrer Ankunft bilden sie Werbungsgruppen oder gebären Kälber, die im Vorjahr gezeugt wurden. Ende März treten die Meeressäuger wieder ihre lange Rückreise gen Norden an. Die Tiere können von Dezember bis März beobachtet werden.

Die Biologen von EcoTours de México (gegenüber) und Vallarta Adventures (gegenüber) leiten Vallartas beste Walbeobachtungen: Bildungsanspruch und vorbildliche Richtlinien heben die beiden Veranstalter von der Konkurrenz ab.

haben Kühlschränke, TV und viel Tageslicht. In den größeren Zimmern mit eigenen Balkonen zur Straße stehen jeweils drei Betten.

Hotel Yasmín (Karte S. 498 f.; ☎ 222-00-87; Badillo 168; EZ/DZ 433/481 Mex$;) Trotz des barschen Managements und der durchweg kleinen Zimmer punktet das alte Hotel durch seine klasse Lage – es steht einen Block vom Strand entfernt zwischen zahllosen Bars, Cafés und Restaurants. Tipp: Die helleren Zimmer im oberen Stock sind auch ruhiger.

Hotel Eloisa (Karte S. 498 f.; ☎ 222-64-65; www.hoteleloisa.com; Cárdenas 179; EZ 602–732 Mex$, DZ 659–789 Mex$, 3BZ 745–875 Mex$, Suite 1193 Mex$;) Das frisch renovierte und toll in der Nähe des Strandes gelegene Hotel überzeugt mit ungewöhnlich gutem Preis-Leistungs-Verhältnis. Es bietet hübsche Standardzimmer mit rustikalen Möbeln, Fliesenböden und je zwei Doppelbetten. Manche bieten sogar Aussicht und möblierte Balkone. Die dunkleren Quartiere zum Hof lieber meiden!

Casa de Los Cuatro Vientos (Karte S. 498 f.; ☎ 222-01-61; www.cuatrovientos.com; Matamoros 520; Zi./Suite 725/847 Mex$;) Handbemalte Deko-Elemente zieren die gemütlichen Zimmer mit weißen Backsteinwänden und glänzend roten Fliesenböden. Hochwertige Antikmöbel sorgen zusätzlich für Stil und Klasse. In der Zweizimmer-Suite gibt es ein großes Schlafzimmer und zwei Schlafsofas. Die Aussicht auf die Kathedrale und die gesamte Bucht ist super und die Dachbar bereits ein Highlight für sich. Ein todschickes Restaurant mit Kerzenlicht rundet das Ganze ab.

Hotel Emperador (Karte S. 498 f.; ☎ 222-17-67; www.hotelemperadorpv.com; Amapas 114; DZ 640 Mex$, Suite 940–2100 Mex$;) Modernes Hotel an einem perfekten Badestrand. Die Zimmer zum Meer huldigen dem Ozean mit riesigen Balkonen mit Esstischen und Kochecken – man kann sein Mahl also im Freien zubereiten und genießen. Die Zimmerausstattung umfasst Kühlschrank, Kabel-TV, Telefon, Kingsize-Betten und ein Schlafsofa.

Hotel Tropicana (Karte S. 498 f.; ☎ 222-09-12; www.htropicanapv.com; Amapas 214; DZ 720–920 Mex$, Suite 1000–1320 Mex$;) Ehrwürdiges Strandhotel mit hohem Romantikfaktor. In den 160 behaglichen Standardzimmern gibt's weiße Backsteinwände, hübsche geschnitzte Kopfbretter an den Betten, handbemalte Holzarbeiten und rustikale Möbel.

Terraza Inn (Karte S. 498 f.; ☎ 223-54-31; www.terrazainn.com; Amapas 299; Zi. 900–950 Mex$) Das kleine Juwel gegenüber der Playa de los Muertos breitet sich über mehrere Terrassen aus – ideal für Paare, die nach romantischer Einsamkeit suchen. Die gerade mal zehn Wohneinheiten (teilweise mit Miniküche) sind hübsch und individuell eingerichtet. Dafür sorgen interessante Architekturelemente wie Türbögen, Säulen und unverputzte Backsteindecken.

Villa Mercedes Hotel (Karte S. 498 f.; ☎ 222-21-48; www.villamercedes.com.mx; Amapas 175; DZ 950–1050 Mex$, Suite 1150–1300 Mex$, Apt. 1300–1600 Mex$;) Eine Aura der Ruhe umweht das geschmackvoll renovierte kleine Hotel im Viertel Los Muertos. Die 15 blitzblanken Wohneinheiten mit Kochecken oder kompletten Küchen sind sehr komfortabel. Im stilvollen Penthouse-Apartment mit eigener Terrasse und seitlichem Meerblick kommen bis zu sechs Personen unter.

Auch eine gute Wahl:

Hotel Rosita (Karte S. 498 f.; ☎ 222-10-33; www.hotelrosita.com; Paseo Díaz Ordaz 901; DZ/3BZ 570–750 Mex$;) Betagtes Strandhotel mit schlichten Zimmern.

Hotel Posada de Roger (Karte S. 498 f.; ☎ 222-08-36; www.posadaroger.com; Badillo 237; EZ/DZ/3BZ/4BZ 580/660/770/880 Mex$;) Annehmbarer Traveller-Treffpunkt in zentraler Lage.

SPITZENKLASSEHOTELS

Puerto Vallartas Spitzenklassehotels sind meist einförmige, riesige Anlagen. Die folgenden stilvollen Optionen sind klein, aber sehr individuell – eine tolle Alternative für alle, die Privatsphäre schätzen.

Casa Dulce Vita (Karte S. 498 f.; ☎ 222-10-08; www.dulcevida.com; Aldama 295; Suite 766–2188 Mex$;) Erscheinungsbild und Ambiente der sieben geräumigen Suiten erinnern an eine italienische Villa. Sie sind edel eingerichtet und bieten jede Menge Privatsphäre. Die meisten haben eigene Terrassen, hohe Decken und viele Fenster. Sonnige Wohnbereiche und Zusatzbetten für größere Gruppen gibt's auch. Dank des schön gelegenen Pools und der gepflegten Tropengärten ist die Atmosphäre immer ruhig und persönlich, selbst wenn das Haus voll belegt ist.

Hotel Suites Nadia (Karte S. 496; ☎ 222-52-52; www.hotelsuitesnadia.com; Uruguay 127; EZ 875–1200 Mex$, DZ 1000–1500 Mex$, 3BZ 1125–1650 Mex$;) Fesches Boutique-Hotel mit gerade mal zehn Wohneinheiten. Hier wohnt man äußerst vornehm mit Blick auf die Playa Camarones. Die schicken, luftigen Zimmer sind mit Flachbild-TV und schönen, großen Bädern ausgestattet. Zugunsten stilvoller Urbanität verzichten Einrichtung und Dekor auf typisch mexikanischen Tand. Vom Dach mit dem Minipool und dem Blubberbecken hat man eine tolle Aussicht auf die Bucht und die Strände.

Casa Amorita (Karte S. 498 f.; ☎ 222-49-26; www.casaamorita.com; Iturbide 309; Zi. 2190 Mex$;) Romantischer Schlupfwinkel an einer ruhigen Straße oberhalb des belebten *malecón*. In vier einzigartigen Zimmern können insgesamt acht Gäste luxuriöse Nächte verbringen. Manchen mag das Amorita überteuert erscheinen, andere schwärmen davon. Ein herzhaftes, frisches und gesundes Frühstück ist im Preis enthalten.

Essen

In Puerto Vallarta kommen Feinschmecker voll auf ihre Kosten. Besucher, die regelmäßig herkommen, betrachten die Gastroszene als eines der hiesigen Highlights. Mittlerweile haben sich hier viele internationale Spitzenköche niedergelassen, deren Menüs mit unglaublicher Vielfalt begeistern. Dazu kommen zahlreiche günstige Lokale in Familienbesitz, die leckere traditionelle mexikanische Gerichte servieren. Für einen schnellen (und leckeren) Happen zwischendurch sind die Tacostände an den Straßen der Zona Romántica zu empfehlen.

ISLA RÍO CUALE & SÜDEN

Günstig

Die Tacostände entlang der Madero verkaufen am frühen Abend ein paar der leckersten und günstigsten Gerichte der Stadt. Zu Sonnenuntergang bereiten Frauen am Rand der Insurgentes leckere *tamales* und *flan* zu.

La Hormiga Feliz (Karte S. 498 f.; Ecke Madero & Vallarta; Tacos & Quesadillas 5–8 Mex$; Mo–Sa 8–17 & 19–1 Uhr) Mehrere Tacostände an der Madero haben bis spät in die Nacht geöffnet. Jeder rühmt sich seiner frisch angerührten Salsa. Seit 1998 stellt Miguel seine persönliche Mischung her, die so gut ist, dass sie schlicht für sich spricht. Deshalb einen *adobado*-Taco (mit mariniertem Schweinefleisch) damit garnieren und den Vorgang schleunigst wiederholen.

Guero's Sea Food (Karte S. 498 f.; 298 Madero; Fischtacos/Tostadas 10/26 Mex$; Do–Di 12–19 Uhr) Das unscheinbare, kleine Lokal serviert schmackhafte Schalentiere für wenig Geld.

Las Tres Huastecas (Karte S. 498 f.; ☎ 222-30-17; Ecke Olas Altas & Rodríguez; Hauptgerichte 50–95 Mex$; 7–19 Uhr) In heimeliger Atmosphäre kommen hier tolle mexikanische Gerichte zu moderaten Preisen auf den Tisch. Der charmante Eigentümer alias „El Querreque" rezitiert seine Dichterverse genauso fix wie die Spezialitäten des Hauses.

Mittelteuer

Restaurant Gilmar (Karte S. 498 f.; ☎ 222-39-23; Madero 418; Frühstück 25–60 Mex$, Hauptgerichte 60–135 Mex$; Mo–Sa 7–23 Uhr) Mit leckerem mexikanischem Essen und Meeresfrüchten zum vernünftigen Preis bringt der junge Besitzer jede Menge Schwung in den Laden.

Café de Olla (Karte S. 498 f.; ☎ 223-16-26; Badillo 168; Hauptgerichte 65–210 Mex$; Mi–Mo 9–23 Uhr) Beliebtes mexikanisches Traditionsrestaurant mit lebendiger Atmosphäre. Für die sorgen u. a. eine offene Küche, ein Grill auf dem Bürgersteig und vorbeiziehende Mariachi. Der Eigentümer begrüßt alle Neuankömmlinge wie Familienmitglieder.

Uncommon Grounds Buddha Lounge (außerhalb der Karte S. 498 f.; ☎ 223-38-34; Cardenas 625; Hauptgerichte 75–195 Mex$; Mi–So 12 Uhr–open end) Das Café ist ein Mix aus Restaurant und Frauentreffpunkt und toll, um einen Abend zu verbringen. Die sympathischen Chefinnen Lydia und Anne schleppen hübsch angerichtete Speisen aus der Küche heran, die so reizvolle Namen wie „Planet Utopia Salad" haben. Auch Vegetarier und Cocktailfans kommen auf ihre Kosten. Wer will, kriegt hier auch eine Massage und kann die kleine Boutique durchstöbern.

Época (Karte S. 498 f.; ☎ 222-25-10; Serdán 174; Hauptgerichte 80–185 Mex$; Mi–Mo 8–22.30 Uhr) Das kultivierte Lokal an der Playa Los Muertos hat sich schnell einen Spitzenplatz unter Vallartas Strandrestaurants erkämpft. Serviert werden u. a. Tostadas mit Entenbrust, Oaxaca-Schweinefleisch mit *mole*, gebackene Bananen und Salat mit gegrillten *nopales*.

Joe Jack's Fish Shack (Karte S. 498 f.; ☎ 222-20-99; Badillo 212; Hauptgerichte 95–150 Mex$; 12–23 Uhr) Scharenweise Meeresfrüchteliebhaber genehmigen sich hier Fish & Chips, Knoblauchgarnelen, ganze Wolfsbarsche und gewaltige Goldmakrelenfilets. Die hübsche Dachterrasse eignet sich prima für große Gästegruppen. Der Service ist freundlich und schnell; im Hintergrund läuft Rock.

Teuer

Red Cabbage Café (außerhalb der Karte S. 498 f.; ☎ 223-04-11; Rivera del Río 204A; Hauptgerichte 80–175 Mex$; 17–23 Uhr;) Eine Menge herrlich abgefahrener

Kunstwerke erzeugt hier einen lockeren Vibe. Das erlesene Menü basiert auf uralten Rezepten und einheimischen Spezialsaucen. Die Suppen, z. B. die mit Erdnusssahne oder mit pikanten Tortillas, sind ein Traum. Von der Zona Romántica gelangt man in zehn Gehminuten hierher. Wer an der Cardenas losläuft, biegt an der Brücke über den Fluss nach rechts in den Rivero del Río ein.

Barrio Sur (Karte S. 498 f.; ☎ 223-03-73; Pulpíto 122; Hauptgerichte 90–190 Mex$; 🕑 Mo–Sa 8–14 & 18–23 Uhr) Das weitläufige, ruhige Open-Air-Restaurant ist abends toll beleuchtet. Es kombiniert internationale Latinoküche mit cooler Weltmusik und schafft ein Ambiente, in dem sich Sympathie schnell in Leidenschaft verwandeln kann. Das Menü legt verschiedene südamerikanische Klassiker neu auf und verfeinert sie mit Asiatischem und Europäischem.

Oscar's Bar & Grill (Karte S. 498 f.; ☎ 223-07-89; Isla Rio Cuale 1; Hauptgerichte 90–225 Mex$; 🕑 11–23 Uhr) Das Oscar's nimmt ein herrliches Plätzchen auf der friedlichen Seeseite der Isla Cuale ein. Hier lässt sich wunderbar romantisch zu Abend essen. Auf der Karte stehen Gerichte wie Fisch-Carpaccio mit Soja-Koriander-Sauce oder Käsefondue nach Chihuahua-Art.

La Palapa (Karte S. 498 f.; ☎ 222-52-25; Púlpito 103; Hauptgerichte 110–295 Mex$; 🕑 8–23 Uhr) Nirgendwo sonst am Strand speist man so elegant. Dank den Tischen mit ultimativem Meerblick ist das Lokal eine besonders attraktive Adresse für ein Frühstück oder ein Essen bei Sonnenuntergang. Das Menü umfasst Köstlichkeiten wie chilenischen Seebarsch mit hellem Miso und eingelegtem Ingwer.

Archie's Wok (Karte S. 498 f.; ☎ 222-04-11; Rodríguez 130; Hauptgerichte 130–210 Mex$; 🕑 Mo–Sa 14–23 Uhr) Seit vielen Jahren demonstriert das elegant-urbane Restaurant, was Spitzenküche in Vallarta bedeutet. Das wechselnde Menü basiert stets auf asiatischer Fusion-Küche. Das Highlight ist saftiger Fisch in gehaltvollen tropischen Saucen. Von Donnerstag bis Samstag gibt's Livemusik.

NÖRDLICH DES RÍO CUALE

Günstig

Cenaduría Doña Raquel (Karte S. 498 f.; ☎ 222-30-25; Vicario 131; Hauptgerichte 30–60 Mex$; 🕑 Mo & Mi–Fr 18–23.30, Sa & So 14–23 Uhr) Der leckere Duft der traditionellen mexikanischen Standardgerichte liegt bereits einen Block entfernt in der Luft. Atmosphäre und Preise sind gleichermaßen freundlich.

Casa de Pancho (Karte S. 498 f.; ☎ 222-00-21; Abasolo 236; Hauptgerichte 40–50 Mex$; 🕑 18–23 Uhr) Schlichter geht's kaum: ein paar Plastiktische in einem größtenteils kahlen Raum. Die schlichten Standardgerichte wie Enchiladas oder *pozole* sind jedoch überragend und kosten nicht die Welt. Der gesellige Eigentümer Carlos – gleichzeitig Koch und Kellner – ist zudem ein Salsa-Fan und -Könner.

Esquina de los Caprichos (Karte S. 498 f.; ☎ 222-09-11; Miramar 402; Tapas 40–75 Mex$; 🕑 Mo–Sa 13–22 Uhr) Winziges Lokal mit nur sechs Tischen, aber jeder Menge Klasse. Die meisten Gerichte sind eher typisch für eine Tapasbar in Barcelona. Knoblauchlastiges Gazpacho, zarte Jakobsmuscheln vom Grill oder Puffbohnen-Eintopf werden hier auf reizenden, handgefertigten Tellern serviert.

Planeta Vegetariano (Karte S. 498 f.; ☎ 222-30-73; Iturbide 270; Tacos & Quesadillas 45–65 Mex$; 🕑 8–22 Uhr; Ⓥ) Dieses Juwel mit gerade mal zehn Tischen verzichtet auf sämtliche Milchprodukte. Stattdessen kommen z. B. Soja-Enchiladas, Bananen-Lasagne (wirklich!) und eine Reihe einfallsreicher Salate auf den Tisch. Das günstige Buffet und die heimelige Atmosphäre lassen einen den ganzen Gastrotrubel vergessen. Viele Vallarta-Besucher werden deshalb zu Stammgästen.

Mittelteuer

Los Xitomates (Karte S. 498 f.; ☎ 222-16-95; Morelos 610; Hauptgerichte 70–180 Mex$; 🕑 18–24 Uhr) Das innovative Restaurant ködert jüngere Gäste mit aufgepeppter *alta cocina Mexicana* (mexikanischer Gourmetküche). Dabei werden vorkoloniale oder mexikanische Rezepte mit mediterranen, asiatischen oder karibischen Elementen abgerundet. Wenn Hochbetrieb ist, kann es ziemlich laut sein, doch der Service ist immer vom Feinsten.

La Dolce Vita (Karte S. 498 f.; ☎ 222-38-52; Paseo Díaz Ordaz 674; Hauptgerichte 70–105 Mex$; 🕑 12–2 Uhr) Das fröhliche Lokal ist super, um Leute zu beobachten, und meist gut besucht. Auf den Tisch kommen günstige Nudelgerichte und Pizzas aus dem Holzofen. Häufig sorgt Live-Jazz für Unterhaltung. Für tolle Aussicht einen Tisch am Fenster im Obergeschoss nehmen.

Teuer

Café des Artistes (Karte S. 498 f.; ☎ 222-32-28; Sánchez 740; Hauptgerichte 115–240 Mex$; 🕑 Mo–Sa 18–23.30 Uhr) Wird von vielen als Vallartas bestes Restaurant bezeichnet. Selbst wer keine Superlative braucht, wird die herrliche französische Küche in romantischem Ambiente zweifellos genießen. Der Service ist förmlich, aber unaufdringlich. Vorher reservieren!

Chez Elena (Karte S. 498 f.; ☎ 222-01-61; Matamoros 520; Hauptgerichte 140–210 Mex$; 🕒 18–23 Uhr) In der Martini-Ära trafen sich einst hungrige Stars wie Liz Taylor, Richard Burton oder Peter O'Toole in diesem stimmungsvollen Lokal. Der kleine Laden hat sich seinen kulinarischen Standard bewahrt und steht bis heute für kultivierte Verführung. Am besten das pikante Maya-Schweinefleisch *cochinita pibil* mit Achiote-Chilisauce probieren – und unbedingt die Aussicht in der Lounge auf dem Dach genießen.

LP Tipp **El Arrayán Cocina Tradicional** (Karte S. 498 f.; ☎ 222-71-95; Allende 344; Hauptgerichte 155–230 Mex$; 🕒 Mi–Mo 18–23 Uhr) Eigentümerin Carmen Porras gräbt bevorzugt alte Familienrezepte aus und bekehrt neue Gäste mit echter mexikanischer Traditionsküche. Ihr Restaurant hat eine offene Küche und einen romantischen Hof. Hier stehen einheimische Zutaten im Mittelpunkt: Eine kleine Molkerei südlich von Vallarta liefert den leckeren *panela*-Käse, und der Mais für die Tortillas kommt direkt aus der Mühle. Zu den Spezialitäten des Hauses zählen z. B. knusprige Enten-*carnitas* mit Orangensauce – herrlich! Auch toll ist das marinierte Ribeye-Steak mit mexikanischen Kräutern in Blutorangen-Tequila-Sauce. Derart denkwürdige Mahlzeiten müssen auf jeden Fall mit feurigem *raicilla* begossen werden, einem seltenen Agavenschnaps aus Jalisco.

Spaggia (Karte S. 496; ☎ 223-94-17; Uruguay 109; Hauptgerichte 159–275 Mex$; 🕒 8–1 Uhr) Das kosmopolitische Strandrestaurant an der Playa Camarones weiß, wie man Gäste beeindruckt. Sogar in der Nachmittagshitze wirkt das Ambiente luftig und modern. Auf der Karte stehen u. a. Lammkeule, *pozole* mit Meeresfrüchten, Thunfisch-Sashimi, gebackene Austern und gebratene Ente. Sprünge ins kühle Nass empfehlen sich jedoch frühestens 20 Minuten nach dem Essen.

Ausgehen

Vallarta hat viele Locations, wo man einen starken Kaffee oder ein Schlückchen in Ehren zu sich nehmen kann. Es ist kein Problem, sich vollaufen zu lassen – schließlich finden Happy Hours mit „Two for One" hier genauso verlässlich statt wie der Sonnenuntergang. Die Margarita-Gläser sehen meist aus wie übergroße Kognakschwenker. Cafés haben etwa von 7 bis 24 Uhr geöffnet, und in den meisten Bars werden die Limettenpressen noch lange danach betätigt.

La Bodeguita del Medio (Karte S. 498 f.; ☎ 223-15-85; Paseo Díaz Ordaz 858) Kubanische Kneipe mit vielen Graffiti, Livemusik, starken Mojitos und super Strandatmosphäre.

Blanco y Negro (Karte S. 496; ☎ 293-25-56; Ecke Lucerna & Niza, Zona Hotelera; 🕒 Mo–Sa) Die nette Café-Bar zieht vor allem Einheimische an. Super, um neue Leute kennenzulernen und *trova* (akustische Latinopop-Balladen) zu hören.

Café San Angel (Karte S. 498 f.; ☎ 223-21-60; Olas Altas 449) Das künstlerisch angehauchte Café verspricht einen entspannten Start in den Tag. Die vielen schicken Gringos an den Tischen draußen nehmen hierzu starken Kaffee, Snacks und Süßes.

Weitere Ausgehtipps:

Memories Café (Karte S. 498 f.; Ecke Mina & Juárez; 🕒 19–24 Uhr) In dem gediegenen, ruhigen Laden steht Konversation an erster Stelle. Bei Einheimischen und Touristen gleichermaßen beliebt.

Andale (Karte S. 498 f.; ☎ 222-10-54; Olas Altas 425) Scharen junger Urlauber feiern hier kräftig zu dröhnenden Rockklassikern.

Unterhaltung

Beim Nachtleben dreht sich in Vallarta alles um Tanzen, Trinken und Essen gehen. Abends schlendern Hinz und Kunz den *malecón* entlang; hier stehen tolle Restaurants, Bars und super Nightspots zur Auswahl. Im Amphitheater am Meer (gegenüber der Plaza Principal) finden oft Events statt. Im sanften Licht des frühen Abends ist die Isla Cuale ein perfekter, ruhiger Ort für einen romantischen Spaziergang.

NACHTCLUBS & DISKOS

Am *malecón* gibt es mehrere Locations, in denen es Teens und Twens auf Reisen ordentlich krachen lassen und auf den Tischen tanzen. In guten Nächten haben alle Läden bis 5 Uhr geöffnet. Schon von der Straße aus ist offensichtlich, wo die beste Party steigt. In den ersten Tagen der Woche fällt der Eintritt normalerweise weg; am Wochenende sind darin oft ein bis zwei Getränke enthalten.

de Santos (Karte S. 498 f.; ☎ 223-30-52; Morelos 771; Eintritt Wochenende 100 Mex$; 🕒 Mi–So) Vallartas angesagtester Nightspot macht mit Top-DJs und einer Open-Air-Dachbar (mit übergroßen Betten) von sich reden. Auf dem Dancefloor

SCHWULEN- UND LESBENSZENE IN VALLARTA

Sich outen ist in – stolz flattert die Regenbogenflagge über den vielen schwulenfreundlichen Bars, Nachtclubs, Restaurants und Hotels der Stadt. International gilt Puerto Vallarta immer mehr als lohnendes Ziel für schwule Reisende und verzeichnet steigende Besucherzahlen. Obwohl die meisten Nachtclubs vor allem auf Männer abzielen, gibt's auch mehrere kleine Bars für die Damen der Schöpfung. Die Broschüre **Gay Guide Vallarta** (www.gayguidevallarta.com) liefert tonnenweise Infos und enthält einen nützlichen Stadtplan mit schwulenfreundlichen Locations.

Der **Blue Chairs Beach Club** (Karte S. 496; Playa de los Muertos) ermöglicht einen prima Einstieg in die Szene. Vallartas beliebteste und offensichtlichste Schwulen-Strandbar liegt am Südende der Playa de los Muertos. Dort genießen zahllose Paare in der Sonne ihre kühlen Drinks.

Nachtclubs & Nightspots

Die meisten Danceclubs haben mindestens bis 4 Uhr geöffnet oder schließen sogar erst lange nach Sonnenaufgang.

Mañana (Karte S. 498 f.; Carranza 290; Eintritt 100–200 Mex$) Der fröhliche Newcomer mit Innen- und Außenbereichen hat das schwule Vallarta im Sturm erobert.

Club Paco Paco (Karte S. 498 f.; ☎ 222-18-99; Vallarta 278; Eintritt 50 Mex$) Die neuen Eigentümer haben den ursprünglichen Geist der ehrwürdigen Disko-Cantina wiederbelebt. Der Laden hat bis 6 Uhr geöffnet und inszeniert tolle Transvestiten-Revues (Fr–So 0.30 & 1 Uhr).

Anthropology (Karte S. 498 f.; Morelos 101; Eintritt 50 Mex$) Der brodelnde Tanztempel mit der dunklen, intimen Dachterrasse ist fest in männlicher Hand. Absoluter Minuspunkt: Frauen haben keinen Zutritt.

In den folgenden Schwulenbars geht's eher relaxt zu. Der ultra hippe **Kit Kat Klub** (Karte S. 498 f.; ☎ 223-00-93; Púlpito 120) veranstaltet Dinnershows und serviert abgefahrene Martinis. Das angesagte **La Noche** (Karte S. 498 f.; Cárdenas 257; 🕑 16–2 Uhr) hat eine gesellige Atmosphäre – und muskulöse

pulsieren mitreißende Rhythmen; eine ruhige Lounge lädt dagegen zum Chillen ein.

Christine (Karte S. 496; ☎ 224-69-90; Av Las Garzas s/n; Eintritt 100–200 Mex$; 🕑 Mi–So) Flashiger Danceclub im NH Krystal Puerto Vallarta. Hier ist öfter ordentlich was los. Super Sound- und Lichtsystem!

J&B Salsa Club (Karte S. 496; ☎ 224-69-90; Av Ascencio 2043; Eintritt 100 Mex$) Vallartas führender Latin-Danceclub, das J&B (ausgesprochen „chota-bej"), veranstaltet von Mittwoch bis Freitag sehr beliebte Salsakurse (20 Mex$, 21.30–22.30 Uhr). Donnerstags bis samstags spielen Livebands, an den übrigen Tagen legen DJs auf. Ebenfalls empfehlenswert sind:

Hilo (Karte S. 498 f.; ☎ 223-53-61; Paseo Díaz Ordaz 588; Eintritt Wochenende 70–100 Mex$) Cooles Design mit riesigen Statuen von Revolutionshelden. Prima, um mal so richtig abzutanzen.

Zoo (Karte S. 498 f.; ☎ 222-49-45; Paseo Díaz Ordaz 638; Eintritt Wochenende 100 Mex$) Super Soundsystem und Tanzkäfige.

THEATER

Santa Barbara Theater (Karte S. 498 f.; ☎ 223-20-48; Olas Altas 351; Eintritt ohne Abendessen 120–220 Mex$, mit Abendessen 250–350 Mex$; 🕑 Nov.–April Mi–Sa 20 Uhr) Kabarettartiges Schauspielhaus, in dem Konzerte, Musical-, Kino- und Theatervorstellungen stattfinden. Das luftige Restaurant oben serviert bereits ab 18 Uhr Abendessen.

STIERKÄMPFE

Von November bis April finden jeden Mittwoch um 17 Uhr in der **Plaza de Toros** (Karte S. 496) gegenüber vom Yachthafen **Stierkämpfe** (Eintritt 250 Mex$) statt.

KINO

Cine Bahía (Karte S. 498 f.; ☎ 222-17-17; Ecke Insurgentes & Madero; Eintritt Erw./Kind 38/25 Mex$) Zeigt häufig aktuelle englischsprachige Filme mit spanischen Untertiteln.

MARIACHI

Zwei örtliche Läden präsentieren regelmäßig Mariachi-Musik. Einer zieht Touristen, der andere hauptsächlich Mexikaner an.

Tequila's (Karte S. 498 f.; ☎ 222-57-25; Galeana 104) Restaurant-Bar im Obergeschoss, in der täglich Mariachi-Livemusik (20–22.30 Uhr, außer Mo) gespielt wird. Der Eintritt ist kostenlos, aber für Ständchen am Tisch wird ein kräftiges Trinkgeld erwartet.

Barkeeper. Die sympathische **Sama Bar** (Karte S. 498 f.; ☎ 223-31-82; Olas Altas 510; 17–2 Uhr) ist eine kleine Kneipe, in der es kräftige Martinis gibt. Damen, Herren, Gringos und Einheimische freunden sich im **Frida** (Karte S. 498 f.; Cárdenas 361) miteinander an. Die gemütliche und gastliche Cantina hat verlockende Getränke-Specials im Programm. In der Uncommon Grounds Buddha Lounge (S. 503) sind Frauen unter sich.

Ferienanlagen & Gästehäuser

Blue Chairs Beach Resort (Karte S. 496; ☎ 222-50-40; www.hotelbluechairs.com; Almendro 4; DZ/Suite 1082/1950 Mex$, Apt. 1202–1366 Mex$;) Diese Ferienanlage liegt an einem von Mexikos berühmtesten Schwulenstränden. Hier kann man prima ganz relaxt „abhängen" – auch wenn die Hüllen am Strand offiziell nicht fallen dürfen. Restaurants und Bars säumen den Strand, und das Dach ist ein pulsierender Nightspot mit Live-Entertainment. In den luftigen, hübschen Zimmern gibt's Kabel-TV. Die Apartments haben jeweils eine Kochecke.

Villa David (Karte S. 498 f.; ☎ 223-03-15 od. gebührenfrei 877-832-3315 aus den USA; www.villadavidpv.com; Galleana 348; Zi. 1169–1622 Mex$;) Nobler Schwulen-Laden in einem schnuckeligen Herrenhaus. Im Gegensatz zu Reservierungen sind Kleider hier nicht unbedingt vonnöten. Das B&B im Hazienda-Stil ist das einzige seiner Art in der historischen Altstadt. Ein herrlich gestaltetes Gelände und geschmackvolle Zimmer machen es zur perfekten Adresse für ruhige, romantische Ferien mit gleichgeschlechtlichen Freunden.

Abbey Hotel (Karte S. 498 f.; ☎ 222-44-88; www.abbeyhotelvallarta.com; Púlpito 138; Zi. 1290–1936 Mex$, Suite 1740–2450 Mex$;) Das mittelgroße Schwulenhotel mitten im Herzen der Vallarta-Action ist für seinen großen, geselligen Whirlpool berühmt und besitzt 55 helle Wohneinheiten. Die begeistern u.a. durch geräumige Luxusduschen in super Bädern und häufig auch durch Balkone mit toller Aussicht.

Mariachi Loco (Karte S. 498 f.; ☎ 223-22-05; Ecke Cárdenas & Vallarta; Eintritt 50 Mex$, Abendessen 80–145 Mex$) Meist lockt die Restaurant-Bar vor allem feierwütige Mexikaner an. Mit Musik, Mariachi und Comedy verabreicht die unterhaltsame, wenn auch leicht unprofessionelle Show ihren Gästen allabendlich eine tolle Dosis Lokalkolorit. Sie steigt montags und dienstags um 22.30 Uhr, von Mittwoch bis Samstag erst um 23.30 Uhr.

Shoppen

Zahlreiche Läden und Boutiquen machen Vallarta zu einem wahren Shoppingparadies. Sie verkaufen z.B. modische Klamotten, Beachwear und Kunsthandwerk aus ganz Mexiko. Die folgenden empfehlenswerten Adressen schicken Erworbenes sicher verpackt in die Heimat:

Mercado de Artesanías (Karte S. 498 f.; ☎ 223-09-25; A Rodríguez 260) Das gigantische Angebot umfasst u.a. Silber aus Taxco, wollene Wandvorhänge, mundgeblasenes Glas, *huaraches* (geflochtene Ledersandalen) und kuttenartige *sarapes* (Decken mit Kopföffnung).

Tienda de Muebles (Karte S. 496; ☎ 224-08-47; Av Ascensio 2556) Der riesige Verkaufsraum ist die beste Adresse für extrem günstige Möbel, Deko- und Haushaltsartikel aus mexikanischer Produktion.

Bazaar Artes Indias (Karte S. 498 f.; ☎ 222-12-43; Insurgentes 194) Super Sortiment an Bekleidung, Schmuck, Masken und Dekorationselementen. Ist häufig günstiger als vergleichbare Läden.

El Gato Gordo (Karte S. 496; ☎ 223-03-00; Av de México 1083) Der kleine Laden wirkt recht unscheinbar, hortet aber tonnenweise Masken fürs *lucha libre* (mexikanisches Wrestling) und kubanische Zigarren. Beides kommt besser nicht gleichzeitig zur Anwendung.

Huaracheria Fabiola (Karte S. 498 f.; ☎ 293-46-57; Vallarta 145) Innerhalb eines Tages fertigt die Schusterei einem individuelle Sandalen im Vallarta-Stil an.

Artesanías Flores (Karte S. 498 f.; ☎ 223-07-73; Cardenas 282) und **Huichol Collection** (Karte S. 498 f.; ☎ 223-21-41; Morelos 490) verkaufen Perlenstickereien, Fadenbilder und Schmuck der Huicholes.

An- & Weiterreise

AUTO & MOTORRAD

Mit Startpreisen von 40 bis 50 US$ pro Tag kosten Mietwagen während der Hauptsaison relativ viel, zu anderen Zeiten bekommt man jedoch schon mal kräftig Rabatt. Online-Buchungen sind wärmstens zu empfehlen. Auf S. 1092 stehen weitere Details zu Autovermietern in Mexiko.

Autovermieter mit Filialen am Flughafen:

Advantage (☎ 221-14-49)
Avis (☎ 221-11-12)
Budget (☎ 221-17-30)
Dollar (☎ 223-13-54)
Hertz (☎ 221-14-73)
National (☎ 209-03-56)

Master Tours (Karte S. 496; ☎ 209-05-29; Av Ascencio 2740) gegenüber vom Hacienda Hotel & Spa verleiht Geländemotorräder und Motorroller (150 Mex$/Std.).

BUS

Vallartas **Fernbusbahnhof** (Karte S. 496) liegt rund 10 km nördlich vom Zentrum bzw. 2 km nordwestlich des Flughafens am Hwy 200.

Südlich des Río Cuale unterhalten die Fernbusunternehmen Primera Plus und ETN örtliche Filialen (Karte S. 498 f.) an der Cárdenas 268 und der Insurgentes 276.

Die Tabelle gegenüber informiert über Abfahrtszeiten am Hauptbusbahnhof.

FLUGZEUG

Der **Gustavo Díaz Ordaz International Airport** (Karte S. 496; PVR; ☎ 221-12-98; Carr Tepic, Km 7,5, Zona Aeropuerto) 10 km nördlich der Stadt wird von folgenden Fluglinien angeflogen:

Aeroméxico (☎ 221-12-04) Direktflüge nach Acapulco, Los Angeles, León, Mexico City, Monterrey und Tijuana.
Alaska Airlines (☎ 221-13-50) Nonstop nach Los Angeles, Portland, San Francisco und Seattle.
American Airlines (☎ 221-17-99) Ohne Zwischenlandung nach Chicago, Dallas, Mexico City und St. Louis.
Continental (☎ 221-22-12) Fliegt direkt nach Houston und Newark.
Frontier (☎ 800-432-1359 aus den USA) Nonstop nach Denver und Kansas City.
Mexicana (☎ 221-18-23) Ohne Zwischenlandung nach Chicago, Los Angeles und Mexico City.
Ted (☎ 800-225-58-33 aus den USA) Die United-Billigtochter fliegt direkt nach Denver und San Francisco.
US Airways/America West (☎ 221-13-33) Nonstop nach Las Vegas, Los Angeles, Phoenix und San Diego.

Unterwegs vor Ort

BUS

Zwischen 5 und 23 Uhr bedienen die Lokalbusse die meisten Strecken im Fünfminutentakt (5 Mex$). Die Plaza Lázaro Cárdenas an der Playa Olas Altas ist ein wichtiger Verkehrsknotenpunkt. Lokalbusse in Richtung Norden halten auch vor dem Cine Bahía (in der Nähe der Ecke Insurgentes/Madero).

Busse Richtung Norden tragen die Aufschriften „Hoteles", „Aeropuerto", „Ixtapa", „Pitillal" sowie „Juntas" und fahren quer durch die Stadt nach Norden zum Flughafen, zur Zona Hotelera und zur Marina Vallarta. Mit den Linien „Hoteles", „Pitillal" und „Ixtapa" hat man auch eine direkte Verbindung zu allen großen Hotels nördlich der Stadt.

Busse mit der Kennzeichnung „Boca de Tomatlán" rollen auf dem Küstenhighway in Richtung Süden über Mismaloya (5,50 Mex$, 20 Min.) nach Boca de Tomatlán (5,50 Mex$, 30 Min.). Los geht's zwischen 5.30 und 23 Uhr an der Carranza in der Nähe der Ecke Aguacate (alle 15 Min.).

FAHRRAD

Wer gern selbst in die Pedale tritt, leiht sich bei Eco Ride (s. S. 500) ein Mountainbike (ab 250 Mex$/Tag) aus. Damit sind geführte Touren und auch Trips auf eigene Faust möglich.

VOM/ZUM FLUGHAFEN

Die günstigste Art, vom bzw. zum Flughafen zu kommen, sind Fahrten mit den Lokalbussen für jeweils 5 Mex$. Die Busse mit den Bezeichnungen „Aeropuerto", „Juntas" und „Ixtapa" fahren bis direkt vor den Flughafeneingang. Von einer Haltestelle neben dem Eingang geht's mit den „Centro"- und „Olas Altas"-Bussen zurück in die Stadt. Ein Taxi vom Zentrum zum Flughafen kostet rund 75 Mex$; in der Gegenrichtung werden bis zu 150 Mex$ fällig. Für Taxifahrten in die meisten Stadtteile berappen Fahrgäste in der Regel nicht mehr als 100 Mex$.

SCHIFF/FÄHRE

Mit Vallartas Wassertaxis kommt man zu den wunderbaren Stränden auf der Südseite der Bucht, die nur per Boot erreichbar sind. Wassertaxis legen vom Pier an der Playa de los Muertos ab. Sie schippern die Bucht in Richtung Süden entlang; Zwischenstopps sind dabei die Playa Las Ánimas (25 Min.), Quimixto (30 Min.) und Yelapa (45 Min.). Zu jedem dieser Ziele kommt man für 220 Mex$ (hin & zurück). Los geht's um 10, 11, 11.30,

BUSFAHRPLAN PUERTO VALLARTA

Ziel	Preis (Mex$)	Dauer (Std.)	Häufigkeit (tgl.)
Barra de Navidad	1. Klasse 173	3½	4-mal
(auch mit Bussen nach Manzanillo)	2. Klasse 145	3½–4	6-mal
Guadalajara	250–270	5½	regelm.
Manzanillo	1. Klasse 218	5	3-mal
	2. Klasse 184	5	5-mal
Mazatlán	1. Klasse 285	8	2-mal, 18 & 21 Uhr od. Bus nach Tepic nehmen; dort gibt's regelm. Anschluss nach Mazatlán
Mexico City	Deluxe 990	13	1-mal
(Terminal Norte)	1. Klasse 752	14	8-mal
Rincón de Guayabitos	1. Klasse 70	1½	regelm.
(mit Anschluss nach Tepic)	2. Klasse 55	2½	regelm.
San Blas	2. Klasse 106	3½	4-mal, 7, 10, 12 & 15 Uhr od. in Tepic umsteigen
San Patricio-Melaque	1. Klasse 172	3½	4-mal
	2. Klasse 140	4	3-mal
Tepic	1. Klasse 115	3½	regelm.
	2. Klasse 95	4	regelm.

12.30, 16 und 16.30 Uhr; gegen Mitte des Nachmittags sind die Boote wieder im Heimathafen (Achtung: Die letzten beiden Boote ab Puerto Vallarta laufen erst wieder am Morgen ein).

Mit einem Wassertaxi besteht auch Verbindung nach Yelapa – von Montag bis Samstag legt es um 11.30 Uhr vom Strand gleich südlich des Hotels Rosita ab (am Nordende des *malecón*). Hin und zurück kostet das 250 Mex$ (30 Min.).

Privatyachten und *lanchas* können auf der Südseite des Piers an der Playa de los Muertos für um die 140 Mex$ für vier Stunden gemietet werden. Sie transportieren Fahrgäste zu sämtlichen einsamen Stränden rund um die ganze Bucht. Die meisten haben außerdem noch Schnorchel- und Angelausrüstung an Bord.

TAXI

Die festgelegten Taxipreise berechnen sich nach der Anzahl durchquerter Fahrtzonen. Typische Trips vom Zentrum zur Zona Hotelera kosten 30 bis 80 Mex$. Nach Mismaloya wird man ca. 100 Mex$ los. Im Stadtzentrum lassen sich entlang dem *malecón* leicht Taxis heranwinken. Taxistände gibt's z.B. an der Paseo Diáz Ordaz (Papila), der Plaza Principal (Juárez) und der Plaza Lázaro Cárdenas (Carranza). Vor dem Einsteigen immer zuerst den Fahrpreis aushandeln!

STRÄNDE AN DER COSTALEGRE

Südlich von Puerto Vallarta säumen viele herrliche Strände die mexikanische Pazifikküste zwischen Chamela und Barra de Navidad. Tourismusindustrie und Stadtplaner bezeichnen diese Gegend als Costalegre („fröhliche Küste") oder „mexikanische Riviera".

Im Folgenden sind Strände von Nord nach Süd aufgeführt. Die Kilometerangaben gelten ab der Kreuzung Hwy 80/200 direkt außerhalb von San Patricio-Melaque.

Die **Playa Pérula** (Km 76) liegt am Nordende der ruhigen, 11 km langen Bahía de Chamela. Der geschützte Strand eignet sich super zum Schwimmen oder für einen ausgedehnten Spaziergang. Es gibt auch *palapa*-Restaurants und günstige Unterkünfte.

Ebenfalls an der Bahía de Chamela erstrecken sich die einsamen **Playa Chamela** (Km 72) und **Playa La Negrita** (Km 64). Beide haben Möglichkeiten zum Relaxen und ein paar Restaurants zu bieten, aber keine Hotels. Die Silhouetten der neun Inseln in der Bucht sind bei Sonnenuntergang besonders schön.

Dank einheimischen Umweltschützern ist die bedrohte Karettschildkröte an die **Playa Careyes** (Km 52) zurückgekehrt. Die einzige Unterkunft vor Ort ist das romantische, aber teure **El Careyes Beach Resort and Spa** (☎ 315-351-00-00; www.elcareyesresort.com; Carretera Barra de Navidad bei Km 53,5; DZ 315 US$, Suite 399–625 US$, Ferienhaus 895–1055 US$; P ⊠ ✱ 💻 🏊).

ZENTRALE PAZIFIKKÜSTE

Wer die Einsamkeit sucht, wird die lange **Playa Tecuán** (Km 33) mit dem weißen Sand und dem menschenleeren, leicht gruseligen verlassenen Resort schätzen. Am Ende einer holperigen Schotterpiste lässt es sich hier in 10 km Entfernung vom Highway prima campen.

Die **Playa Tenacatita** (Km 30) an der palmengesäumten Bahía Tenacatita lockt Schnorchler mit klarem Wasser. In ihrer gigantischen Mangrovenlagune kann man toll Vögel beobachten. Ein paar nette Restaurants und ordentliche „Hotels" gibt's auch. **Playa Boca de Iguanas** (Km 19) und **Playa La Manzanilla** (Km 13) an derselben Bucht begeistern mit sanfter Brandung und wunderbarem, heißem Sand. Das Wasser ist vor den Stränden lange flach, sodass man hier herrlich baden kann. Beide Dörfer haben Restaurants und Unterkünfte.

BAHÍA DE NAVIDAD

Der enge Bogen der Bahía de Navidad ist praktisch vollständig von tiefem honigfarbenem Sand umgeben. Die beiden Ferienorte an ihren Enden winken einander fröhlich zu. Barra de Navidad und San Patricio-Melaque liegen 5 km auseinander. Die Schwesternorte haben jeweils ihr eigenes Erscheinungsbild: Barra hat hübsche Kopfsteinpflasterstraßen und die Aura hoher Lebensqualität. San Patricio-Melaque ist dagegen etwas schäbiger; der Ort widersetzt sich jeglichem Chic und zieht vor allem sparsame Reisende an, die das Prätentiöse meiden möchten.

San Patricio-Melaque

☎ 315 / 7500 Ew.

Der entspannte Strandort wird meist nur „Melaque" (ausgesprochen mej-*lah*-kej) genannt und hat sich seinen alten mexikanischen Charme bewahrt. Er ist ein beliebtes Ferienziel mexikanischer Familien; vielen „Snowbirds" (vor allem Kanadiern) dient er als schlichtes Winterquartier. Außerdem wird hier im März eine Woche lang die berühmte Fiesta de San Patricio (Feierlichkeiten zum St. Patrick's Day) veranstaltet.

PRAKTISCHE INFORMATIONEN

Barra de Navidads Touristeninformation (s. S. 513) hat ein paar Infos zu Melaque.

Banamex (Gómez Farías s/n) Wechselt US-Dollar und hat auch einen Geldautomaten. Reiseschecks können nur zwischen 9 und 12 Uhr eingelöst werden.

Casa de Cambio Melaque (Gómez Farías s/n, Pasaje Comercial 11) Wechselt Bargeld und löst Reiseschecks ein.

Caseta Blanquita (Morelos 52) Bietet einen Fax- und Telefonservice an.

El Navegante (Gómez Farías 48; 20 Mex$/Std.) Internetzugang.

Post (Orozco 13) In der Nähe der Corona.

Total Laundry Service (Gómez Farías 26; 10 Mex$/kg)

SEHENSWERTES & AKTIVITÄTEN

„Take it easy" – hier ist Relaxen angesagt. Die bevorzugten Hauptaktivitäten sind daher Schwimmen oder Sonnenbäder am Strand. Zu Sonnenauf- und -untergang kann man den Pelikanen beim Jagen zusehen. Der Aufstieg zum *mirador* (Aussichtspunkt) am Westende der Bucht ist auch toll. Die Plaza und der öffentliche Markt laden zum Stöbern ein; ein weiteres Highlight sind Strandspaziergänge hinüber nach Barra de Navidad.

Viajes Fesa (☎ 355-9124; fesaviajes@yahoo.com; Gómez Farías 15C) bucht Tagestouren nach Colima (300 Mex$) und Guadalajara (305 Mex$) und verkauft Tickets für die Bootsfahrt nach Tenacatita (180 Mex$) und für ETN-Busse.

The Only Tours (☎ 355-67-77; raystoursmelaque@yahoo.com; Las Cabañas 26) veranstaltet beliebte ganztägige Schnorchelausflüge (250 Mex$) und geführte Touren nach Colima (500 Mex$) und verleiht außerdem Mountainbikes (halber/ganzer Tag 60/100 Mex$), Schnorchelausrüstung und Bodyboards (je 100 Mex$/Tag).

FESTIVALS & EVENTS

Fiesta de San Patricio Mit diesem Festival gedenkt Melaque seines Schutzheiligen. Das größte jährliche Fest der Stadt findet im März statt. Eine Woche lang wird bis zum St. Patrick's Day rund um die Uhr gefeiert. Es gibt Rodeos, Karneval, Musik, Tänze und nächtliches Feuerwerk.

St. Patrick's Day Der 17. März wird mit einer Messe und dem Segnen der Fischerflotte begangen. Nach Einbruch der Dunkelheit sollte man sich von den *borrachos* (Betrunkenen) fernhalten.

SCHLAFEN

Die Preise sind stark saisonabhängig. Die angeführten Beträge gelten für die Hauptsaison (Nov.–Mai). Wer länger bleibt, kriegt normalerweise Rabatt.

Budgetunterkünfte

Campingplatz Ejidal (Stellplatz pro Woche/Monat 30/1000 Mex$) Campingplatz am Strand am Westende der Av La Primavera, der keinerlei Einrichtungen oder Anschlüsse hat, dafür aber wunderschön liegt. Zum Zeitpunkt der Recherche wurden gerade Duschen und Toi-

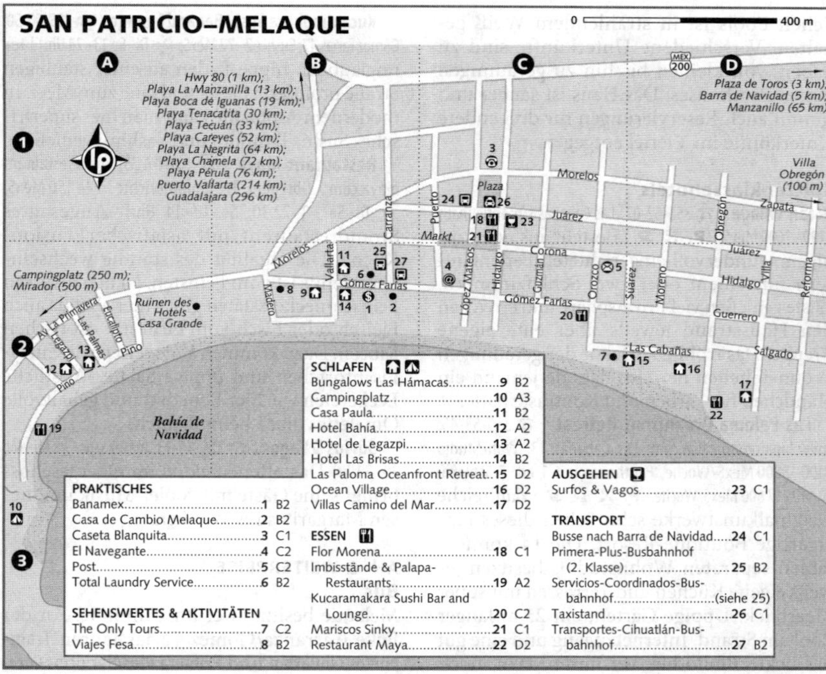

letten gebaut. Bis zu ihrer Fertigstellung können gegen geringe Gebühr die Einrichtungen der nahen *enramadas* (*palapa*-Restaurants) genutzt werden.

Casa Paula (☎ 355-50-93; Vallarta 6; EZ/DZ 150/200 Mex$) Einfaches, ruhiges Wohnhaus mit angenehm familiärer Atmosphäre. Die vier schlichten Zimmer mit TV, Kühlschränken und Betonböden liegen rund um einen Hof. Leider sind die Matratzen durchgelegen.

Hotel de Legazpi (☎ 355-53-97; hotel@delegazpi.com; Pino 8; DZ/3BZ 350/400 Mex$, mit Küche 550 Mex$; P) Das Haus steht direkt am Strand und hat vier helle, wenn auch leicht verwohnte Zimmer mit Meerblick. Ein gepflegter Pool und die schattige Rundterrasse mit Aussicht auf den Strand tragen dazu bei, dass das Legazpi sehr beliebt ist. Die Terrasse ist ein perfektes Plätzchen für Leseratten, Yoga- und Wellenfans.

Bungalows Las Hámacas (☎ 355-51-13; Gómez Farías 13; DZ/4BZ/Suite 350/700/900 Mex$; P) Die großen Zimmer mit kompletten Küchen sind ideal für größere Reisegruppen. Wie das gute Hausrestaurant liegen sie direkt am Strand und wirken trotz bröckelnder Farbe relativ gepflegt. Die komfortable Suite nimmt bis zu sechs Personen auf. Es gibt jede Menge Leseecken und einen nierenförmigen Pool.

Mittelklassehotels

Hotel Bahía (☎ 355-68-94; Legazpi 5; DZ/4BZ 350–450 Mex$, Bungalow 600 Mex$;) Saubere und super gepflegte Anlage in Familienbesitz, nur einen halben Block vom Strand entfernt. Sie besitzt eine Gemeinschaftsküche im Freien, aber vier der 23 Wohneinheiten haben auch eigene Küchen. Obwohl die Quartiere teilweise recht düster sind, bieten sie mit das beste Preis-Leistungs-Verhältnis in der Stadt.

Hotel Las Brisas (☎ 355-51-08; Gómez Farías 9; EZ/DZ 350/500 Mex$, Bungalow 800–1800 Mex$;) Das Las Brisas direkt am Strand hat einen der schönsten Pools des Viertels, Gemeinschaftsküchen im Freien, fröhliche Angestellte und eine kleine Bibliothek. Alle Zimmer sind mit Kühlschränken und TV ausgestattet. Der größte Bungalow nimmt bis zu neun Personen auf.

Villas Camino del Mar (☎ 355-52-07; www.villascaminodelmar.com.mx; Villa 6; DZ 560 Mex$, Suite 980–1360 Mex$, Penthouse 1900–2250 Mex$; P) Das tolle Strandhotel mit den beiden herrlichen Pools ist in strahlendem Weiß gehalten. Verschiedene Unterkünfte sind zu haben, von kleinen bis hin zu geräumigen Luxus-Penthouses. Das Haus ist sauber und nimmt auch Reservierungen für drei andere Unterkünfte im Viertel entgegen.

Spitzenklassehotels

Ocean Village (☎ 355-52-07; Las Cabañas s/n; Ferienhaus 1100–1600 Mex$; P) Besteht aus neun ruhigen, wundervoll eingerichteten Ferienhäusern mit einem oder zwei Schlafzimmern. Gäste genießen viel Privatsphäre und erreichen den Hausstrand jeweils über eine eigene Treppe. Das fröhliche Dekor der geräumigen Wohneinheiten beweist, dass da jemand ein Händchen für Farben und Kontraste hatte.

Las Paloma Oceanfront Retreat (☎ 355-53-45; www.lapalomamexico.com; Las Cabañas 13; Wohnstudio 7400–8800 Mex$/Woche, Penthouse mit 1 od. 2 Schlafzi. 10 440–17 600 Mex$/Woche; P) Zahlreiche Originalkunstwerke schmücken dieses einzigartige Boutique-Resort. Die 14 komfortablen separaten Wohnstudios besitzen jeweils eigene Küchen und Terrassen mit super Meerblick. Üppige Gärten, ein 25 m langer Pool am Strand, Internetzugang und eine gut bestückte Bibliothek verführen dazu, noch ein bisschen länger zu bleiben. Hier werden auch Kurse in Maskenherstellung, Zeichnen und Malen veranstaltet (Nov.–April). Von Oktober bis April müssen die Wohneinheiten wochenweise gemietet werden. Den Sommer über kann man nach Einzelübernachtungen fragen und bekommt kräftig Rabatt.

ESSEN & AUSGEHEN

Einen Block östlich der Plaza säumen Imbissstände die Juárez, die zwischen 18 und 24 Uhr günstige mexikanische Gerichte verkaufen. Eine Reihe hübscher *palapa*-Restaurants liegt entlang dem Strand am Westende der Stadt.

Flor Morena (Juárez s/n; Hauptgerichte 20–40 Mex$; Mi–So 18–23 Uhr) Das winzige Lokal wird von einem Frauenteam geleitet. Ihr frisches Essen macht eventuelle Wartezeiten wieder wett. Spezialität des Hauses ist super günstige *pozole* (40 Mex$). Es gibt auch viel Vegetarisches.

Mariscos Sinky (Ecke Hidalgo & Corona; Hauptgerichte 50–75 Mex$; 9–20 Uhr) Schlichtes, alteingesessenes Restaurant mit schattigen Tischen draußen. Die Karte bevölkern einheimische Meeresfrüchte. Die leckere Meeresfrüchtesuppe kommt mit einem ganzen Fisch.

Kucaramakara Sushi Bar and Lounge (☎ 355-50-50; Gómez Farías 47; Sushi 62–72 Mex$; Di–So 13–24 Uhr) Der unglaublich hippe Laden an einer staubigen Straße profitiert von seiner Nähe zum Meer. In modernem Ambiente kann man hier superfrisches Sushi, Tempura und Sashimi genießen.

Restaurant Maya (☎ 102-07-75; www.restaurantmaya.com; Obregón 1; Hauptgerichte 74–150 Mex$; Di–Sa 18–22.30, So 10–14 Uhr) Angesagtes Strandrestaurant mit asiatischer Fusion-Küche. Die Qualität des ständig wechselnden Menüs ist vom Feinsten. Neben diversen Feinschmeckersalaten gibt's hier abends auch Fleisch oder Fisch vom Grill mit exotischen Saucen. Dazu kommen Vorspeisen wie Curry-Fischtörtchen und üppige Salate. Westliche Leckereien wie Eier Benedikt und gehaltvolle Omelettes gibt's beim Brunch.

Surfos & Vagos (☎ 355-64-13; Juárez s/n; Mi–Mo 20–2 Uhr) Das offene *palapa* im Obergeschoss bringt seine Gäste mit cooler Musik und fiesen Margaritas ins Wanken.

AN- & WEITERREISE

Bus

Melaque besitzt zwei Busbahnhöfe. An der Ecke Carranza/Gómez Farías fahren **Transportes Cihuatlán** und **Primera Plus/Servicios Coordinados** gegenüber voneinander ab. Beide Unternehmen haben Busse 1. und 2. Klasse; auch Preise und Routen sind identisch.

Tägliche gibt es folgende Verbindungen:

Barra de Navidad (4 Mex$, 10 Min., alle 15 Min. zw. 6 & 21 Uhr)

Guadalajara (1. Klasse 242 Mex$, 5 Std., 14-mal tgl.; 2. Klasse 205 Mex$, 7 Std., 20-mal tgl.)

Manzanillo (1. Klasse 50 Mex$, 1–1½ Std., 14-mal tgl.; 2. Klasse 40 Mex$, 1–1½ Std., 28-mal tgl., zw. 5 & 23.30 Uhr stündl.)

Puerto Vallarta (1. Klasse 170 Mex$, 4–5 Std., 4-mal tgl.; 2. Klasse 90–140 Mex$, 5 Std., 18-mal tgl.)

Flugzeug

Informationen zum nächstgelegenen Flughafen gibt's auf S. 516.

Taxi

Taxifahrten zwischen Melaque und Barra kosten maximal 50 Mex$. Die Fahrzeuge versammeln sich an der Plaza.

Barra de Navidad

☎ 315 / 4000 Ew.

Das charmante Barra de Navidad (das meist einfach Barra genannt wird) liegt auf einer

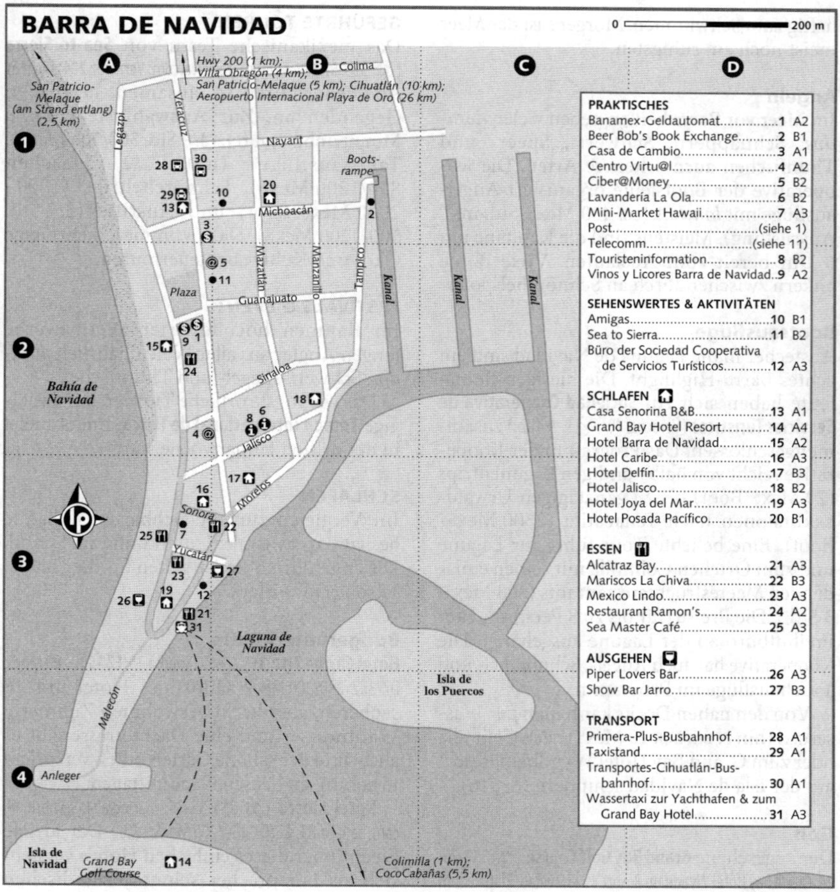

Sandbank zwischen Bahía und Laguna de Navidad. 1564 erlangte der Ort erstmals Bedeutung: Seine Werften bauten die Galeonen für Konquistador Miguel López de Legazpi und Pater André de Urdaneta. Mithilfe dieser Schiffe wurden die Philippinen an König Philip von Spanien übergeben. Ab 1600 gingen die meisten Eroberungsfahrten jedoch von Acapulco aus und Barra fiel in eine Art Dämmerschlaf, aus dem es bis heute nicht ganz erwacht ist.

PRAKTISCHE INFORMATIONEN

Banamex (Veracruz s/n) Klimatisierter(!) Geldautomat.
Ciber@Money (Veracruz 212C; 25 Mex$/Std.; ⌚ Mo–Sa 9–15 Uhr) Hat prima Internetverbindungen und löst auch Reiseschecks ein.
Lavandería La Ola (Jalisco 69, 33 Mex$/3 kg) Waschsalon mit Abholung am selben Tag.
Post (Veracruz s/n)
Telecomm (Veracruz 212B; ⌚ Mo–Fr 9–15 Uhr) Telefon- und Faxservice.
Touristeninformation (☎ 355-51-00; www.costalegre.com; Jalisco 67; ⌚ Mo–Fr 9–17, Sa & So 10–18 Uhr) Regionale Touristeninformation, die Infos zu Barra und anderen Orten der Costa Alegre liefert. Betreibt in der Hauptsaison noch einen Infostand am Anleger.
Vinos y Licores Barra de Navidad (Legazpi s/n; ⌚ 8.30–23 Uhr) Verkauft Alkohol und TelMex-Karten. Außerdem kann man Bargeld umtauschen.

AKTIVITÄTEN

Barras steiler, schmaler Strand ist zwar hübsch anzuschauen, aber der Seegang ist oft zu heftig zum Schwimmen. Morgens ist das Meer meist noch am ruhigsten.

Angeln

Im Meer vor Barra beißen neben vielen *dorados,* Schnappern, Schwert-, Speer- und Thunfischen auch seltenere Arten. Die Kooperative der Bootsleute organisiert Angelausflüge mit *lanchas* (ca. 400 Mex$/Std. inkl. Ausrüstung). Meistens sind die Kapitäne um 6 Uhr bereit zum Auslaufen. Viele Boote ankern zwischendurch an Schnorchelspots.

Bootsausflüge

Abstecher in die Laguna de Navidad sind ein echtes Barra-Highlight. Die hiesigen Bootsleute haben sich zur **Sociedad Cooperativa de Servicios Turísticos** (Veracruz 40; ⌚ 9–17 Uhr) zusammengeschlossen. Das Programm der Kooperative reicht von halbstündigen Lagunentrips (20 Mex$/Boot) bis zu ganztägigen Urwaldexkursionen nach Tenacatita (2500 Mex$/Boot). Eine beliebte Tour führt zur Lagune und zum Örtchen Colimilla mit seinen einladenden Meeresfrüchterestaurants (200 Mex$, 3 Std.). Die Preise (für bis zu 8 Pers.) sind am Freiluftbüro an der Lagune ausgehängt. Die Kooperative hat auch Angel-, Schnorchel- und Tauchausflüge im Programm.

Von den nahen Docks kann man per Wassertaxi (hin & zurück 20 Mex$) nach Colimilla oder zum Grand Bay Hotel Wyndham Resort auf der Isla de Navidad schippern (S. 516).

Golf

Der angesehene **Grand Bay Golf Course** (☎ 337-90-24; Grand Bay Hotel Wyndham Resort, Isla Navidad; Platzgebühr 9/18/27 Löcher 160/180/200 US$) hat 27 Löcher und bietet herrliche Aussicht. Die Greens liegen in den Dünen vor einer Bergkulisse. Golfer können sich Schläger ausleihen und Caddys anheuern.

KURSE

Dank der relaxten Atmosphäre eignet sich Barra prima für einen Bildungsurlaub. Die freundliche Spanischschule **Amigas** (☎ 104-1670; www.easyspanish.net; Michoacan 58; Einzel-/Gruppenunterricht pro Std. 15/11,50 US$) ist zwar klein, gibt aber sehr unterhaltsamen und praxisnahen Unterricht. Viele Kurseinheiten finden mitten im Ort in Alltagssituationen statt. Neben grammatischen Grundlagen lernt man so auch Besonderheiten der mexikanischen Umgangssprache kennen.

GEFÜHRTE TOUREN

Das mexikanische Team von **Sea to Sierra** (☎ 355-57-90; www.seatosierra.com; Veracruz 204) bietet Abenteuertouren in einsamen, herrlichen Gegenden an. Zur Auswahl stehen u. a. Mountainbiketouren (4/8 Std. 300/700 Mex$), Tauchausflüge (mit 1/2 Flaschen 850/1200 Mex$), Schnorcheltrips (1500–2000 Mex$/Boot) und Ausritte (2/7 Std. 500/1200 Mex$). Dazu kommen mehrtägige Öko- und Kulturabenteuertouren.

FESTIVALS & EVENTS

Im Rahmen hochdotierter Wettbewerbe fangen Angler aus aller Welt alljährlich *dorados*, Schwert-, Segel- und Thunfische.

Das wichtigste örtliche Turnier, das dreitägige **Torneo Internacional de Pesca**, findet meist in der dritten Januarwoche statt.

SCHLAFEN

Im Vergleich zum benachbarten Melaque besitzt Barra weniger Unterkünfte am Strand. Die angeführten Preise gelten für die Hauptsaison (Nov.–Mai).

Budgetunterkünfte

Hotel Caribe (☎ 355-59-52; Sonora 15; EZ 150–200 Mex$, DZ/3BZ 200/300 Mex$) Günstiges Hotel mit 18 sauberen, aber leicht verwohnten Zimmern. Warmwasser und eine Dachterrasse gibt es auch, und der schöne Garten unten verspricht Erholung an heißen Nachmittagen.

Hotel Jalisco (☎ 355-85-05; mariodiaz468@hotmail.com; Jalisco 81; EZ/DZ 150/200 Mex$; 💻) Der joviale Eigentümer dieses einfachen Hotels versteht sich als Fürsprecher seiner ausländischen Gäste. An drei Tagen pro Woche gibt er sogar persönlich kostenlosen Spanischunterricht. Da manche der 13 Zimmer recht düster sind, sollte man eines der fröhlichen Quartiere zur Straße hin nehmen. Gäste können Fahrräder umsonst ausleihen.

Hotel Posada Pacífico (☎ 355-53-59; Mazatlán 136; EZ/DZ 180/280 Mex$, Bungalow 400–500 Mex$; Ⓟ) Die freundliche und komfortable Posada ist Barras beste Budgetoption. Die 25 geräumigen Zimmer sind sauber und mit TV ausgestattet. Außerdem gibt es vier Bungalows für je bis zu vier Personen.

Mittelklassehotels

Hotel Delfín (☎ 355-50-68; www.hoteldelfinmx.com; Morelos 23; DZ/3BZ/Apt. 495/595/1200 Mex$; Ⓟ 💻 🏊) Das heimelige Delfín zählt zu Barras besten

Hotels. Die 24 geräumigen, schönen Zimmer teilen sich Gemeinschaftsbalkone. Einen grünen Poolbereich und einen Fitnessraum gibt es auch. Bei längeren Aufenthalten werden Rabatte gewährt, aber im Winter ist das Haus komplett mit Stammgästen belegt.

Hotel Joya del Mar (☎ 355-69-67; hoteljoyadelmar@yahoo.com.mx; Veracruz 209; EZ 450–550 Mex$, DZ 500–600 Mex$, 3BZ 550–650 Mex$, Suite 900–950 Mex$;) Gut geführtes Hotel direkt an der Hauptstraße. Die Quartiere im ersten Stock sind mehr als mäßig, aber weiter oben sieht's deutlich besser aus: Dort befinden sich komfortabel eingerichtete Zimmer und Suiten. Zwei der Suiten sind luftig und bieten einen prima Blick auf die Lagune.

LP Tipp **Casa Senorina B&B** (☎ 355-53-15; www.casasenorina.com; Ecke Michoacan & Veracruz; EZ/DZ/Suite 600/790/1200 Mex$;) Kürzlich war es noch in Privatbesitz, heute beherbergt das tolle Anwesen eine der stilvollsten Unterkünfte Barras. Maurische Akzente, Buntglas und Holzelemente machen die acht romantischen Zimmer einzigartig attraktiv. Gäste können im herrlichen Pool relaxen oder sich verschiedene Massagen gönnen. Auf der hübschen Terrasse werden neben einem plätschernden Springbrunnen Leckereien serviert.

Hotel Barra de Navidad (☎ 355-51-22; www.hotelbarradenavidad.com; Legazpi 250; EZ/DZ/3BZ/Bungalow 820/860/900/1300 Mex$;) In ganz Barra bietet dieses strahlend weiße und moderne Hotel den besten direkten Zugang zum Strand. Neben einem schattigen, vertraulichen Hof besitzt es auch einen kleinen einladenden Pool. Die besten Zimmer haben Klimaanlagen und Meerblick.

Spitzenklassehotels

Auf der Isla de Navidad kann man den Alltag prima hinter sich lassen. Von Barra de Navidad aus schippern Wassertaxis das kurze Stück über die Lagune.

Grand Bay Hotel Resort (☎ 355-50-50; www.islanavidad.com.mx; Rinconada del Capitán s/n, Isla Navidad; DZ 500–560 US$, Suite 593–941 US$;) Das superluxuriöse, riesige Resort mit eigenem Yachthafen ist prachtvoll. Ähnlich groß und schön sind auch die Zimmer mit Marmorböden und handgetischlerten Möbeln. In die Bäder würde locker eine ganze Schafherde passen. Zu den zahlreichen Extras zählen drei Rasentennisplätze, Golfpakete und flauschige Bademäntel. Ein „Kids' Club" übernimmt tagsüber die Kinderbetreuung.

LP Tipp **CocoCabañas** (☎ Handy 315-1000441 od. 281-205-4100 aus den USA; www.ecocabanas.com; Isla de Navidad; DZ/3BZ/4BZ 1000/1150/1300 Mex$;) Wer gern ausgetretene Pfade verlässt, kann hier in schicken Strandhütten wohnen. Ein Feuchtgebiet klärt die Abwässer des Resorts auf ökologische Weise und eine eindrucksvolle Solaranlage stellt den gesamten Strom. Solch wegweisenden Öko-Optionen sind in Mexiko bislang sehr selten – da gibt man seine Pesos doch gerne aus. Die vier zweistöckigen Cabañas bestehen aus Holz und Adobeziegeln, jeweils vier Personen können darin komfortabel übernachten. Durch die großen Fenster hat man eine herrliche Aussicht aufs Meer. Das gute Restaurant des Hauses serviert Meeresfrüchte und mexikanische Gerichte. Das üppige, frische Frühstück ist im Preis enthalten. Für Gäste gibt's auch günstige Leihfahrräder. Die Anlage liegt 4,5 km vom Dorf Colimilla entfernt auf der Isla de Navidad. Vom Bootsanleger in Barra fahren Wassertaxis (10 Mex$) über die Lagune hierher. Wer sich abholen lassen möchte, ruft vorab vom Restaurant Mary's aus an oder handelt einen Wassertaxi-Preis für die ganze Strecke aus (ca. 150 Mex$).

ESSEN & AUSGEHEN

Manche der vielen guten Restaurants am Strand bieten einen tollen Blick auf den Sonnenuntergang, andere liegen am Ufer der Lagune. An der Veracruz im Zentrum befinden sich schlichte, kleine Lokale mit Innen- und Außenbereichen. Sie sind günstig, haben aber nur während der Hauptsaison geöffnet.

Mexico Lindo (Legazpi 138; Hauptgerichte 40–95 Mex$; 8.30–24 Uhr) Hier stehen einfache Plastiktische unter einem Wellblechdach. Dennoch schafft es der Laden irgendwie, bei Dunkelheit romantisch und intim zu wirken. Auf der Karte stehen regionale Spezialitäten wie pikante und saure Tortillasuppe, Quesadillas, Fischtacos mit Knoblauch und *ceviche* mit Garnelen. Prima Cocktails gibt's obendrein.

Restaurant Ramon's (☎ 355-64-35; Legazpi 260; Hauptgerichte 45–121 Mex$; 7–23 Uhr) Das lässige und freundliche Restaurant ist zu Recht beliebt. Neben ausgezeichneten Fischtacos und *chili rellenos* kommen auch internationale Klassiker wie Fish & Chips auf den Tisch. Üppige Portionen und kostenlose Salsas.

Mariscos La Chiva (Sonora 22; Hauptgerichte 50–90 Mex$; Mi–Mo 12–18 Uhr) Vollkommen unscheinbares, schlichtes Restaurant, das jedoch superfrische Meeresfrüchte wie *rollo de mar* (Fischfilet mit Tintenfisch-Krebsfleisch-Füllung) oder Garnelen mit Poblano-Chili-Salsa und Käse serviert. Hier kann man prima verweilen und sich beim Mittagessen mit einheimischen Fischern anfreunden.

Alcatraz Bay (☎ 355-70-41; Veracruz 12; Hauptgerichte 80–200 Mex$; ⌚ 12–22 Uhr) Der romantische Laden am Lagunenufer ist ein toller Ort, um an heißen Nachmittagen die *lanchas* beim Ein- und Auslaufen zu beobachten und sich währenddessen mit Suppen, Salaten oder *molcajetes camarón* (Garnelen in Brühe mit Käse) zu stärken. Diese Spezialität des Hauses kommt in Schüsseln aus Vulkangestein auf den Tisch.

Sea Master Café (☎ 355-51-19; Legazpi 146; Hauptgerichte 85–160 Mex$; ⌚ mittags & abends) Hip dekoriertes Restaurant mit Livemusik, tollem Meerblick und Happy Hour zu Sonnenuntergang. Seine Experimente mit Meeresfrüchten liefern äußerst überzeugende Resultate.

Piper Lovers Bar (☎ 355-67-47; www.piperlover.com; Legazpi 154A; ⌚ 10–2 Uhr) In dem Laden mit dem harten Look einer Bikerbar stehen von Mittwoch bis Samstag laute Livebands auf der Bühne (ab 21 Uhr). Rockt!

Show Bar Jarro (Veracruz; ☎ 21–4 Uhr) Die schlichte, schwulenfreundliche Disko mit Billardtischen und Aussicht auf die Lagune ist ganz nahe bei Yucatán zu finden.

ANREISE & UNTERWEGS VOR ORT

Bus

Überlandbusse mit Ziel San Patricio-Melaque (s. S. 512) halten auch in Barra de Navidad (je 15 Min. früher od. später). Die Haltestelle von Transportes Cihuatlán liegt an der Veracruz 228. Primera Plus und ETN fahren von kleinen Terminals in der Nähe (auf der anderen Seite der Veracruz) aus.

Zusätzlich zu den Fernbussen verbinden quietschbunte Regionalbusse Barra mit Melaque (5 Mex$; alle 15 Min. zw. 6 & 21 Uhr). Sie halten in Barra an den Überland-Busbahnhöfen. Manche von ihnen stoppen auch an der Südseite des Verkehrsrings rund um die Legazpi; danach geht's zurück nach Melaque.

Flugzeug

Barra de Navidad und Melaque werden vom Aeropuerto Internacional Playa de Oro (ZLO) bedient. Er liegt etwa 26 km südöstlich von Barra am Hwy 200 und ist auch für Manzanillo zuständig. Zum Flughafen entweder ein Taxi (300 Mex$, 30 Min.) oder den Bus ins 15 km entfernte Chihuatlán nehmen. Taxis sind von dort aus wesentlich günstiger. Weitere Informationen zu Flügen stehen auf S. 522.

Schiff/Fähre

Auf Abruf fahren Wassertaxis rund um die Uhr vom Dock am Südende der Veracruz ab. Sie schippern zum Grand Bay Wyndham Resort, zum Yachthafen, zum Golfplatz und nach Colimilla. Details zu Bootstrips stehen auf S. 514.

Taxi

Die Taxis am offiziellen **Stand** (Ecke Veracruz & Michoacán) sind am günstigsten. Eine Fahrt nach San Patricio-Melaque sollte nicht mehr als 50 Mex$ kosten.

MANZANILLO

☎ 314 / 110 700 Ew.

Momentan hat Manzanillo eine kleine Identitätskrise. Als Mexikos geschäftigster Handelshafen fertigt es Fracht-, Kreuzfahrt- und Marineschiffe aus aller Welt ab, als beliebtes Touristenziel zieht die selbsternannte „Welthauptstadt des Segelfischs" neben Petrijüngern auch zahllose Strandliebhaber an. Manzanillos feiner, goldener Sand ist auch im Film *10 – Die Traumfrau* von Blake Edwards zu sehen, wenn Bo Derek in der berühmten Zeitlupenszene am Strand entlangrennt.

Doch so verschiedene Charakterzüge passen nicht immer zusammen: Die Strände sind oft mit Öl aus dem hoch frequentierten Hafen verseucht; für jede ehrgeizige Neueröffnung machen andere Nachtclubs oder Restaurants zu – offenbar kann der Tourismus nicht mit der Stadtentwicklung mithalten. Die Regierung hat Millionen von Pesos in Renovierungsprojekte investiert. Doch obwohl der *malecón*, die Skulpturengärten und der *zócalo* am Ufer die Besucher mit neuem Glanz locken, hinkt Manzanillos Tourismusindustrie bis heute hinterher. Trotzdem steht ein paar relaxten Tagen nichts im Weg, oder man nutzt die Stadt einfach als Ausgangspunkt für Trips zu den attraktiveren Stränden im Süden.

Orientierung

Manzanillo hat von Nordwesten nach Südosten eine Gesamtlänge von 16 km. Die Hotels und schönsten Strände beginnen an der Playa Azul. Sie liegt am anderen Ufer der Bucht gegenüber der Playa San Pedrito, dem Strand, der dem Stadtzentrum am nächsten ist. Wenn man weiter die Bucht entlanggeht, stößt man auf die Península de Santiago; auf der felsigen Landzunge liegen die Feriensiedlung Brisas Las Hadas und die Playa La Audiencia. Gleich westlich der Halbinsel säumen wunderbare Strände die Bahía de Santiago.

Das Zentrum Manzanillos wird im Norden von der Bahía de Manzanillo, im Westen vom Pazifik und im Süden von der Laguna de Cuyutlán umrahmt. Die Hauptstraße Av Morelos verläuft am Nordrand des Stadtzentrums entlang der Küste; an ihrem Ostende trifft sie auf die Av Niños Héroes. Letztere dient auch als Highway-Zubringer.

Weitere Informationen zur Anreise vom Flughafen/Busbahnhof ins Stadtzentrum stehen auf S. 521.

Praktische Informationen

Mehrere Banken mit Geldautomaten sind über das ganze Stadtzentrum verteilt.

Caseta Telefónica (Karte S. 519; Av Morelos 144; ⌚ 9–22 Uhr) Ferngespräche und Faxservice. In der Innenstadt gibt's außerdem zahlreiche Telefonzellen.

HSBC (Karte S. 519; Av México s/n) Wechselt ausländische Währungen.

Lavandería Lavimatic (Karte S. 519; Madero; 125 Mex$/kg; ⌚ Mo–Sa) Liegt ein paar Gehminuten vom Zentrum entfernt an der Dominguez.

Members.com (Karte S. 519; Juárez 116; Internetzugang 15 Mex$/Std.) Schnelle Verbindungen und angenehme Atmosphäre.

Post (Karte S. 519; Galindo 30)

Staatliche Touristeninformation (Karte S. 517; ☎ 333-22-64; www.visitacolima.com.mx; Blvd Miguel de la Madrid 4960, Km 8,5; ⌚ Mo–Do 9–15 & 17–19, Fr 9–15, Sa 10–14 Uhr) Hat Infos zu Manzanillo und zum Bundesstaat Colima.

Touristenpolizei (Karte S. 519; Av 21 de Marzo; ☎ 332-10-04; Ecke Av 21 de Marzo & Madero) Station hinter der Presidencia Municipal.

Sehenswertes & Aktivitäten

MUSEO UNIVERSITARIO DE ARQUEOLOGÍA

Zur Universität von Colima gehört ein **archäologisches Museum** (Karte S. 519; ☎ 332-22-56; Ecke Niños Héroes & Glorieta San Pedrito). Es zeigt interessante Objekte aus dem Colima vergangener Zeiten, aber auch wechselnde Ausstellungen

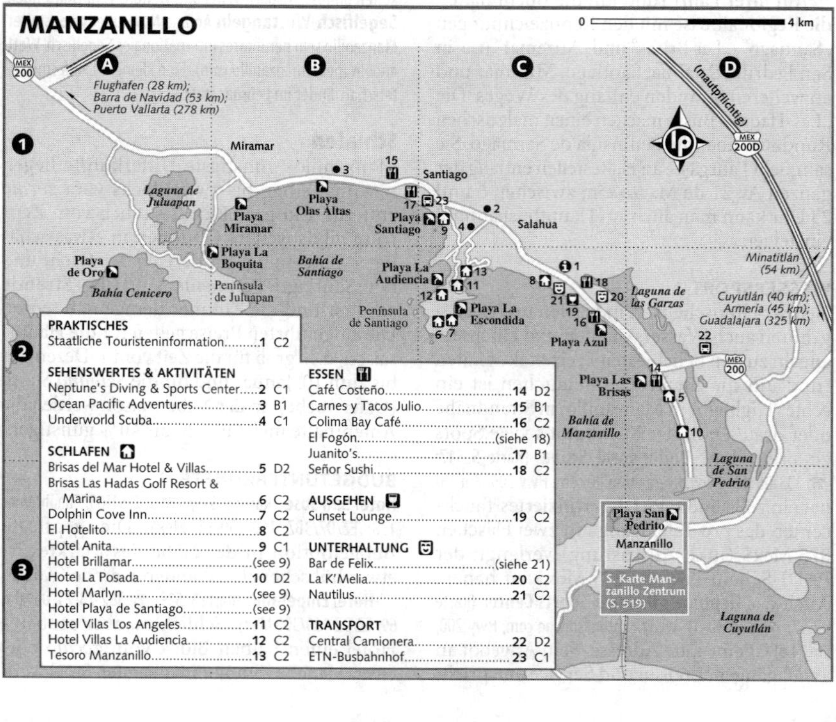

mit zeitgenössischer Kunst aus Mexiko. Zum Zeitpunkt der Recherche war das Museum aber wegen eines Renovierungsprojekts geschlossen – und die Wiedereröffnung noch nicht in Sicht.

STRÄNDE

Die **Playa San Pedrito** (Karte S. 519) 1 km nordöstlich des *zócalo* liegt am nächsten zur Stadt – und ist der schmutzigste Strand. Ihr folgt der breite Sandstreifen der **Playa Las Brisas** (Karte S. 517) mit ein paar Hotels. Die **Playa Azul** (Karte S. 517) erstreckt sich nordwestlich ab Las Brisas; sie beschreibt dabei einen Bogen zum Las-Hadas-Resort und zu den besten Stränden der Gegend: **La Audiencia**, **Santiago**, **Olas Altas** und **Miramar** (alle Karte S. 517). An Miramar und Olas Altas gibt's die besten Wellen zum Surfen und Bodysurfen; Bretter können am Miramar ausgeliehen werden. Die Playa La Audiencia liegt an einer ruhigen Bucht an der Westseite der Peninsula de Santiago. Das Wasser ist hier „ruhiger", deshalb pflügen darauf oft Wasserskifahrer und andere Anhänger lautstarker (weil motorisiert betriebener) Wassersportarten herum.

Auf ihrer Fahrt rund um die Bucht halten die Regionalbusse mit den Kennzeichnungen „Santiago", „Las Brisas" und „Miramar" u. a. in San Pedrito, Salahua, Santiago, Miramar und an weiteren Stränden entlang des Weges. Die „Las-Hadas"-Busse machen einen malerischen Rundkurs über die Peninsula de Santiago. Sie sammeln Fahrgäste an Haltestellen entlang der ganzen Av 21 de Marzo ein; zwischen 6 und 23 Uhr kann man auch am Hauptbusbahnhof einsteigen.

WASSERSPORT

Neben Schnorcheln, Windsurfen und Segeln gehören auch Wasserskilaufen und Hochseeangeln zu den beliebtesten Freizeitaktivitäten rund um die Bucht. Gerätetauchen ist ein echtes Highlight in Manzanillo; in Strandnähe oder draußen in der Bucht gibt's viele Spots zu erkunden. **Underworld Scuba** (Karte S. 517; ☎ 333-06-42; www.divemanzanillo.com; Hwy 200, Km 15) hat ein vollständig PADI-zertifiziertes Tauchcenter, das pro Tauchgang mit zwei Flaschen 873 Mex$ (inkl. Ausrüstung) verlangt; der PADI-Schein ist für 3275 Mex$ zu haben. Auch das **Neptune's Diving & Sports Center** (Karte S. 517; ☎ 334-30-01; www.neptunesdiving.com; Hwy 200, Km 14,8) ist eine gute Adresse. Sein Angebot an Tauchgängen, Preisen und Service entspricht in etwa dem von Underworld Scuba, aber es organisiert zudem Nachttauchen und Schnorchelausflüge.

ANGELN

Das ganze Jahr über bevölkern Segelfische und *dorados* die Gewässer vor Manzanillo. Marline und Thunfische lassen sich dagegen nur zwischen November und März blicken. Der gut organisierte Veranstalter **Ocean Pacific Adventures** (Karte S. 517; ☎ 335-06-05; www.gomanzanillo.com/fishing) hat sich Manzanillos einzigem „Catch-and-Release"-Programm angeschlossen (er bietet aber auch normale Angeltouren an). Im Angebot sind Angeltrips mit knapp 8 m (2730 Mex$) oder gut 12 m (3275 Mex$) langen Pötten. Die Preise gelten jeweils für das ganze Boot; außerdem sind darin Ausrüstung, Getränke und die Zubereitung des Fangs zum Abendessen enthalten – natürlich nur, wenn man sich gegen die „Fangen-und-wieder-Freilassen"-Variante entscheidet.

Festivals & Events

Fiestas de Mayo Die ersten zehn Tage im Mai sind Manzanillos Gründung im Jahr 1873 gewidmet. Die Feierlichkeiten umfassen Sportevents und weitere Veranstaltungen.

Segelfisch-Wettangeln Anfang November veranstaltet Manzanillo sein berühmtes internationales Segelfisch-Wettangeln (pescamanzanillo.com). Eine kleinere Landesmeisterschaft findet im Februar statt.

Schlafen

Manzanillos günstigste Unterkünfte liegen maximal einen bis zwei Blocks vom *zócalo* entfernt. Ein paar Blocks südlich vom Zentrum gibt's weitere Optionen in etwas schäbiger Umgebung. Im Bereich der Bucht und der Santiago Peninsula sind die Strände schöner und die Zimmer demgemäß teurer. Die aufgeführten Preise gelten für die Hauptsaison, d. h. grob für die Zeit vom 1. Dezember bis zum 10. Januar und für die *Semana Santa* (Osterwoche). In der Nebensaison werden die Aufenthalte meist um 20 bis 40 % günstiger.

BUDGETUNTERKÜNFTE

Hotel San José (Karte S. 519; ☎ 332-51-05; Cuauhtémoc 138; EZ/DZ/3BZ 150/250/350 Mex$) Die gepflegte Budgetoption in der Nähe des Marktes ist etwas hübscher als die anderen an der Küste.

Hotel Emperador (Karte S. 519; ☎ 332-23-74; Dávalos 69; EZ/DZ 150/300 Mex$) Schlichtes, aber sauberes Hotel einen halben Block vom *zócalo* entfernt. Manche Zimmer im obersten Stockwerk

sind einen Tick heller als der Rest. Das gute Restaurant des Hauses zählt zu den günstigsten der Stadt.

Hotel Flamingos (Karte S. 519; ☎ 332-10-37; Madero 72; EZ/DZ 200/250 Mex$) Das günstige, alteingesessene Hotel an einer ruhigen Nebenstraße hat 30 einfache, saubere Zimmer, die z. T. etwas muffig sind. Am besten nach einem mit zwei Betten und Fenster nach draußen fragen.

MITTELKLASSEHOTELS

Hotel San Pedrito (Karte S. 519; ☎ 332-05-35; hotelsanpedrito@hotmail.com; Teniente Azueta 3; EZ/DZ 300/400 Mex$; P ❄ 🏊) Hotel an der Playa San Pedrito, dem dem Zentrum am nächsten gelegenen Strand. Die betagten Zimmer sind gefliest und geräumig, aber auch feucht und verwohnt – vor dem Einchecken unbedingt ein paar besichtigen! Vom *zócalo* aus ist das Hotel in einem lockeren, 15-minütigen Spaziergang (ca. 1 km) erreichbar, wenn man dem *malecón* nach Osten folgt; sonst per Regionalbus bis zum archäologischen Museum fahren.

Hotel Colonial (Karte S. 519; ☎ 332-10-80 od. 332-06-68; Bocanegra 100; EZ/DZ 320/480 Mex$; P ❄) Der atmosphärische Oldtimer im Herzen des Zentrums hat sich den Charakter einer Hazienda bewahrt. Große Zimmer, geflieste Freiluftgänge und viel koloniales Ambiente sorgen dafür, dass das Colonial das beste Preis-Leistungs-Verhältnis der Stadt hat.

Hotel Anita (Karte S. 517; ☎ 333-01-61; EZ/DZ 280/560 Mex$) Das günstigste Hotel an der Playa Santiago wird ununterbrochen renoviert. Seine 36 Zimmer sind geräumig, aber abgenutzt.

Hotel Villas La Audiencia (Karte S. 517; ☎ 333-08-61; Península de Santiago; Zi./Ferienhaus ab 613 Mex$; P ❄ 🏊) Dieses Mittelklassehotel auf der Halbinsel Santiago liegt leider etwas weit von der Playa Audiencia entfernt, ist seinen Preis aber dennoch wert und eignet sich vor allem für Familien. In allen Ferienhäusern gibt's Küchen und Satelliten-TV.

LP Tipp **Hotel La Posada** (Karte S. 517; ☎ 333-18-99; www.hotel-la-posada.info; Cárdenas 201; EZ/DZ 580/780 Mex$; P ❄ 💻 🏊) Das charmante B&B am Strand ist ein Juwel in Manzanillo. Jedes Jahr wird die knallig pinkfarbene Posada von treuen Stammgästen aufgesucht. Neben individuellem Service bietet sie Extras wie eine Bibliothek und eine stilvolle Bar. Die geräumigen, hellen Zimmer sind mit mexikanischem Kunsthandwerk dekoriert. Gäste können im Freien speisen und vom kleinen Strandpool die Schiffe (oder Wale) im Hafen beobachten.

El Hotelito (Karte S. 517; ☎ 333-61-20; www.manzanilloinn-hotelito.com; Blvd Miguel de la Madrid 3181; Zi. inkl. Frühstück 750 Mex$) Das süße, vertrauliche Gästehaus hat erstklassige Einrichtungen und moderate Preise. Es liegt unschlagbar gut am Strand und bietet seinen Gästen einen Infinity-Pool (mit Jacuzzi), eine Bar, WLAN und TV. Die acht Zimmer und das Gebäude sind geschmackvoll und minimalistisch im mexikanischen Stil dekoriert.

Brisas del Mar Hotel & Villas (Karte S. 517; ☎ 334-11-97; www.brisasdelmarmanzanillo.com; Playa Las Brisas; DZ/Suite/Ferienhaus 800/1700/2400 Mex$) Wunderschöne Suiten und Ferienhäuser mit jeder Menge Platz. Alle Wohneinheiten sind modern und bunt dekoriert und liegen am Strand. Ein Teil des örtlichen Unterhaltungsangebots befindet sich in Laufweite. Der Pool ist groß genug, um darin Bahnen ziehen zu können.

Auch folgende Hotels kommen in Frage:

Hotel Brillamar (Karte S. 517; ☎ 334-11-88; Zi. ab 400 Mex$, Bungalow ab 900 Mex$) In allen luftigen Zimmern gibt's TV; die Bungalows haben jeweils eigene Küchen.

Hotel Marlyn (Karte S. 517; ☎ 333-01-07; DZ/Suite ab 600/650 Mex$) Älteres Anwesen mit gutem Preis-Leistungs-Verhältnis, das hübsche Zimmer mit TV und Ventilatoren besitzt. Die teureren Varianten bieten zusätzlich Balkon und Meerblick.

Hotel Playa de Santiago (Karte S. 517; ☎ 333-02-70; hoplasan@prodigy.net.mx; DZ/3BZ 748/871 Mex$, Suite ab 1300 Mex$) Dank des tollen Familientarifs können zwei Kinder unter 10 Jahren kostenlos übernachten. Ebenfalls super: die privaten Balkone mit Meerblick.

SPITZENKLASSEHOTELS

Hotel Villas Los Angeles (Karte S. 517; ☎ 333-17-02; www.villaslosangeles.com; Av La Cima s/n, Península de Santiago; EZ & DZ/3BZ 1000/1500 Mex$) Das hervorragende Spitzenklassehotel auf der Halbinsel Santiago Peninsula wird von einer Familie geführt. Hoch über dem städtischen Trubel versteckt es sich in einem einsamen Waldstück. Geräumige, komfortable Zimmer liegen um einen Garten mit tollem Pool herum. Die teureren haben eigene Küchen.

Dolphin Cove Inn (Karte S. 517; ☎ 333-20-00 od. 334-15-15; www.dolphincoveinn.com; Av Vista Hermosa s/n, Península de Santiago; EZ/DZ 1270 Mex$, Suite 1600 Mex$) Klebt direkt neben dem Las Hadas auf den Klippen und punktet mit atemberaubender Aussicht. In den blau-weiß gestrichenen, riesigen Zimmern gibt's große Marmorbäder, Kochecken und Kabel-TV.

Tesoro Manzanillo (Karte S. 517; ☎ 333-20-00; Av de la Audiencia 1, Playa Audiencia; DZ ab 2750 Mex$) Das weiße, ziemlich sterile Hotel über der Playa Audiencia mit seinen unzähligen Einrichtungen und Aktivitäten ist vor allem auf Reisegruppen ausgerichtet und auf Traveller, die ihren Urlaub gern an einem einzigen Ort verbringen.

Brisas Las Hadas Golf Resort & Marina (Karte S. 517; ☎ 331-01-01; www.brisas.com.mx; Av Vistahermosa s/n, Playa Audiencia; Zi. inkl. Frühstück 3000 Mex$, Suite 4214 Mex$) Manzanillos exklusivstes Hotel thront wie ein maurischer Palast über der Bucht. Turmspitzen und Kuppeln zieren den gewaltigen Gebäudekomplex aus weißem Marmor, die beinahe 300 Zimmer und Suiten haben Marmorböden und sind komplett weiß eingerichtet. Es gibt alle möglichen Extras, z. T. sogar Privatpools. Hier wurde *10 – Die Traumfrau* mit Bo Derek gedreht.

Essen

Am *zócalo* gibt's mehrere schlichte, aber ordentliche Optionen. Kettenrestaurants und ähnliche Lokale säumen den Hwy 200 im Bereich der Bucht.

ZENTRUM VON MANZANILLO

Restaurante Chantilly (Karte S. 519; ☎ 332-01-94; Juárez 44; Hauptgerichte 18–90 Mex$) Gut besuchte Cafeteria und *nevería* (Eisdiele). Serviert neben günstigen Gerichten bzw. Snacks auch üppige *comida corrida*, Espresso und prima Speiseeis.

Mercado Francisco Madero (Karte S. 519; Ecke Madero & Cuauhtémoc; Hauptgerichte 20–50 Mex$; 7–18 Uhr) Auf dem Markt finden sich diverse günstige Imbissstände.

Restaurant Emperador (Karte S. 519; ☎ 332-23-74; Hotel Emperador, Dávalos 69; Hauptgerichte 20–50 Mex$) Einfach, gut und günstig: Das intime Hotelrestaurant im Erdgeschoss zieht Einheimische und Budgetreisende gleichermaßen an. Die Highlights hier sind das Frühstück zum Festpreis sowie *comida corrida* mit Fleisch und Meeresfrüchten.

Los Candiles (Karte S. 519; ☎ 332-10-80; Hotel Colonial, Bocanegra 100; Hauptgerichte 40–110 Mex$) Der Gastraum öffnet sich zu einer netten Terrasse und hat eine voll ausgestattete Bar mit Satelliten-TV. Es gibt vor allem Fleisch und Meeresfrüchte („Surf and Turf").

AUSSERHALB DES ZENTRUMS

Señor Sushi (Karte S. 517; ☎ 334-53-87; Carretera 200, Km 9,5; Sushi ab 10 Mex$, Rollen 28–60 Mex$; ⏲ 12–24 Uhr) Die Nase voll von Tacos? Dann ab zu diesem Japaner in einem Schilfdachhaus, der super Sushi, tolles Teppanyaki und leckeres Tempura zubereitet.

Juanito's (Karte S. 517; ☎ 333-94-40/41; www.juanitos.com; Carretera 200, Km 13,5; Hauptgerichte 20–120 Mex$; ⏲ 8–23 Uhr) Seit 1976 serviert diese Institution US-amerikanische Schnellgerichte. Hier gibt's Frühstück mit Pfannkuchen, Hamburger, Grillhühnchen und Milchshakes. Internet, Satelliten-TV und ein Bücherregal sorgen für Unterhaltung.

Café Costeño (Karte S. 517; ☎ 333-94-60; Lázaro Cárdenas 1613, Playa Las Brisas; Frühstück 30–60 Mex$; ⏲ Mo–Sa 9–22.30, So 9–13 Uhr) So kann der Tag beginnen: Fröhliche Angestellte servieren French Toast, Pfannkuchen und Omelettes zum Cappuccino oder Espresso. Am besten im schattigen Garten hinter dem Haus futtern!

Carnes y Tacos Julio (Karte S. 517; ☎ 334-00-36; Carretera 200, Km 14,3; Hauptgerichte 39–55 Mex$; ⏲ 8–24 Uhr) Die Spezialität ist leckeres Grillfleisch. Auch das Frühstück und die typischen Touristenklassiker (z. B. Pasta) überzeugen.

El Fogón (Karte S. 517; ☎ 333-30-94; Carretera 200, Km 9,5; Hauptgerichte 75–110 Mex$) Das angesagte Open-Air-Steakhaus ist toll für ein romantisches Abendessen. Die Spezialität ist Rind in Form von Prime Rib, Fajitas oder *molcajetes* (ein herzhafter Mix aus Fleisch und Gemüse).

Colima Bay Café (Karte S. 517; ☎ 333-11-50; Carretera 200, Km 6,5, Playa Azul; Hauptgerichte 98–170 Mex$; ⏲ 14–1 Uhr) Super unterhaltsamer Mexikaner. Hier geht's rund – dank pulsierenden DJ-Sounds und großzügigen Portionen.

Ausgehen

In der treffend benannten **Sunset Lounge** (Karte S. 517; ☎ 333-68-74 www.sunsetlounge.com.mx; Carretera 200; ⏲ Sonnenaufgang–Sonnenuntergang) lässt sich in herrlicher Atmosphäre ein perfekter Sonnenuntergang genießen. Happy Hour ist von 18 bis 20 Uhr – nicht zu spät kommen!

In der **Bar Social** (Karte S. 519; Ecke Av 21 de Marzo & Juárez; ⏲ Mo–Sa 12–24 Uhr) ist die Zeit offenbar stehen geblieben: Sympathische, ältere Barkeeper kümmern sich um die Gäste, während die Jukebox verkratzte Uralt-Singles spielt.

Unterhaltung

Sonntagabends, wenn mehrere Generationen in der warmen Abendluft gemeinsam ihr Eis genießen, ist der **zócalo** (Karte S. 519) besonders reizvoll. An manchen Abenden geben Livebands im Pavillon traditionelle Musik zum Besten. Allabendlich erinnert eine gruselige Szene zu Sonnenuntergang an den Hitchcock-Klassiker *Die Vögel*: Zwitschernde Schwalben und Amseln quetschen sich dann scharenweise auf die Oberleitungen – besser nicht allzu lange drunter stehen bleiben …

Obwohl Manzanillo nicht unbedingt eine Party-Hochburg ist, finden Nachtschwärmer hier ein paar Diskos. Im Industrial-Design des **Nautilus** (Karte S. 517; ☎ 334-33-31; Carretera 200, Km 9,5; Eintritt 50–150 Mex$; ⏲ Fr & Sa abends) fühlt man sich wie auf einem der Frachtschiffe, die in der nahen Bucht ankern. Der Laden bringt Feierwütige mit Laserlicht, Nebelmaschinen, starken Drinks und super Soundsystem in Bewegung. Die **Bar de Felix** (Karte S. 517; ☎ 333-1875) nebenan ist dagegen eine ruhige Lounge mit bequemen Sofas und relaxter Latino-Musik.

Das **La K'Melia** (Karte S. 517; ☎ 333-74-87; Carretera 200, Km 9,5; Eintritt 20 Mex$; ⏲ 12–24 Uhr) unterhält mexikanische Familien täglich mit Livemusik und Tanzshows.

An- & Weiterreise

BUS

Manzanillos Central Camionera (Karte S. 517) erinnert an einen Flughafen. Nahe der Playa Las Brisas findet man ihn nordöstlich vom Zentrum gleich am Blvd Miguel de la Madrid (Hwy 200). Zwei Touristeninformationen, Telefonzellen, Restaurants und eine Gepäckaufbewahrung sorgen für Rundumservice. Der tägliche Busfahrplan umfasst folgende Verbindungen:

Ziel	Preis (Mex$)	Dauer (Std.)
Armería	28	¾
Barra de Navidad	50–60	1–1½
Colima	60	1½–2
Guadalajara	140–210	4½–8
Lázaro Cárdenas	170–210	6
Mexico City	500–620	12
Puerto Vallarta	180–210	5–6½
San Patricio	60	1–1½
Melaque	50	1–1½

Nahe Santiago hat **ETN** (☎ 334-10-50) ein eigenes Terminal an der Carretera 200 (Km 13,5). Dort starten Deluxe- bzw. 1.-Klasse-Busse nach Barra de Navidad (60 Mex$, 1–1½ Std., 3-mal tgl.), Colima (80 Mex$, 1½–2 Std., 7-mal tgl.) und Guadalajara (280 Mex$, 5 Std.,

7-mal tgl.). Zudem bedient ETN täglich den Flughafen in Guadalajara (280 Mex$)

FLUGZEUG

Der Aeropuerto Internacional Playa de Oro liegt 35 km nordwestlich von Manzanillos Zona Hotelera am Hwy 200. Er ist zwischen tropischen Bananen- bzw. Kokoshainen und einem langen, einsamen Strand mit weißem Sand eingequetscht.

Alaska Airlines (☎ 334-22-11; Flughafen) Direktverbindung nach Los Angeles.

America West (☎ 800-235-92-92 aus den USA) Nonstopflüge ab Phoenix.

Continental (☎ 800-231-08-56 aus den USA) Ohne Zwischenlandung nach Houston.

Direktverbindung nach Mexico City besteht mit folgenden Linien:

Aeroméxico (☎ 800-237-66-39 aus den USA, 334-12-26 Flughafen)

Mexicana (☎ 800-531-79-21 aus den USA, 555-998-5998 innerhalb Mexikos)

Unterwegs vor Ort

Zwischen Stadt und Flughafen verkehren keine öffentlichen Busse. Die meisten Resorts haben daher eigene Shuttles. **Transportes Turísticos Benito Juárez** (☎ 334-15-55) holt Passagiere direkt am Flughafen bzw. Hotel ab. Der Service kostet 390 Mex$ pro Fahrgast (1–2 Pers.), beim Sharing (ab 3 Pers.) werden nur 100 Mex$ pro Nase fällig. Für Taxifahrten vom Zentrum zum Flughafen zahlt man 250 bis 350 Mex$.

Auf dem Weg nach San Pedrito, Salahua, Santiago und Miramar stoppen Regionalbusse an den Stränden der Bucht. Zwischen 6 und 23 Uhr starten sie alle zehn Minuten an der Ecke Madero/Domínguez, am Hauptbusbahnhof und an der Ecke Juárez/Calle 21 de Marzo beim *zócalo*. Der Fahrpreis ist streckenabhängig (5–6 Mex$) und muss nach dem Einsteigen beim Fahrer entrichtet werden.

In Manzanillo sind viele Taxis unterwegs – z. B. zwischen Busbahnhof und *zócalo* bzw. den Playas Azul (jeweils 20 Mex$), Santiago (60 Mex$) und Miramar (90 Mex$). Vor dem Einsteigen immer zuerst den Preis aushandeln!

CUYUTLÁN & EL PARAÍSO

☎ 313

Die entspannten Zwillings-Ferienorte Cuyutlán (926 Ew.) und El Paraíso (189 Ew.) haben Strände mit schwarzem Sand und sanften Wellen. Hier kann man wunderbar einen Gang zurückschalten. Die ruhigen Strandorte werden von vielen mexikanischen Familien besucht – *gringos* lassen sich dagegen kaum blicken. Cuyutlán hat ein besseres Hotel- und Serviceangebot, El Paraíso ist aber ruhiger und weniger überlaufen. Badelatschen einpacken – der schwarze Sand wird glühend heiß!

Orientierung & Praktische Informationen

Cuyutlán liegt 40 km südöstlich von Manzanillo am südöstlichen Ende der Laguna de Cuyutlán. Zum verschlafenen El Paraíso sind es von hier aus 6 km in Richtung Südosten an der Küste entlang (bzw. 12 km auf der Straße). In beiden Ortschaften gibt's öffentliche Telefone, *mini supers* (Gemischtwarenläden) und Geschäfte mit Strandartikeln. In Cuyutláns **Jacana Ciber Cafe** (☎ 326-40-41; 96A Hidalgo; 15 Mex$/Std.) kann man seine E-Mails checken. Andere wichtige Einrichtungen (z. B. Banken, Post) findet man aber nur in Armería. Diese regionale Marktstadt liegt 12 km östlich von Cuyutlán.

Sehenswertes & Aktivitäten

Cuyutlán ist bekannt für seine **ola verde** – eine gigantische, grüne Welle, die im April und im Mai in der Dämmerung vor der Küste erscheint. Angeblich sind grün leuchtende Mikroorganismen die Ursache für dieses Phänomen, aber das wird noch heiß diskutiert. Einen Block hinter dem *zócalo* steht das **Museo de Sal** (Salzmuseum; Eintritt gegen Spende von 10 Mex$; 🕘 9–18 Uhr). In einem alten Salzschuppen untergebracht beleuchtet es die Geschichte der hiesigen Salzgewinnung und -wirtschaft.

In Richtung Paraíso stößt man 4 km östlich von Cuyutlán auf das **El Tortuguero** (☎ 328-86-76; tortugacuyutlan@hotmail.com; Eintritt 20 Mex$; 🕘 9–17 Uhr). Das Schildkröten-Schutzzentrum wurde 1993 am Strand eröffnet. Seitdem haben Naturschützer hier über 500 000 kleine Suppen-, Schwarz- und Lederschildkröten ausgewildert. Außerdem gibt's hier ein Infozentrum, Pools, einen Picknickplatz und kleine Schutzeinrichtungen für Leguane und Krokodile. Die **Lagunentrips** auf der **Mündung des Palo Verde** (40 Mex$, 45 Min.) sind ein absolutes Muss. Unter den 1007 Vogelarten dieses Naturschutzgebiets sind allein 257 verschiedene Zugvögel. Durch Mangroventunnel schippern die *lanchas* an sonnenbadenden Krokodilen vorbei.

Abhängig von den Wasserbedingungen veranstaltet El Tortuguero auch zweistündige Rundfahrten nach El Paraíso (65 Mex$).

Schlafen & Essen

Strandunterkünfte sind hier günstiger als in anderen Ferienorten an der Küste. Achtung: Am Strand darf nicht mehr gecampt werden! Während der Hauptsaison über Weihnachten und die Semana Santa sind Cuyutláns Hotels immer ausgebucht. An beiden Stränden servieren Dutzende von *enramada*-Restaurants fangfrische Meeresfrüchte. Abends erwacht Cuyutláns *zócalo* zum Leben, dann verkaufen Straßenhändler dort günstige Tacos, Hotdogs und andere fettige Köstlichkeiten.

CUYUTLÁN

Hotel San Miguel (☎ 326-40-62; Hidalgo s/n; EZ 140 Mex$, DZ ohne/mit Frühstück 280/360 Mex$;) Günstigste Option im Ort. Geboten werden einfache Zimmer, ein Dachpool und eine Veranda mit Blick auf die Umgebung.

Hotel Fenix (☎ 326-40-82; www.cuyutlandirectory.com; hotelfenixcuyutlan@yahoo.com; Hidalgo 201; EZ 150 Mex$, DZ mit Klimaanlage & TV 300–550 Mex$;) Der US-Amerikaner Geoff und seine mexikanische Frau Olivia betreiben Cuyutláns freundlichstes Hotel. Die renovierten Zimmer im oberen Stock sind mit Klimaanlage und TV ausgestattet. Im Hausrestaurant Fenix kommt das beste *huevos-rancheros*-Frühstück des Ortes auf den Tisch. Die Immobilienmaklerin Olivia vermittelt auch längere Aufenthalte in anderen Unterkünften.

Hotel San Rafael (☎ 326-40-15; www.hotelsanrafael.com; Veracruz 46; EZ/DZ 400/600 Mex$;) Das hübscheste örtliche Hotel hat 28 Zimmer mit Meerblick, einen großen Pool und ein weitläufiges Freiluftrestaurant mit Schilfdach.

Hotel María Victoria (☎ 326-40-04; Veracruz 10; Zi. 500–680 Mex$; P) Das Victoria am Strand mit seiner *Jetsons*-artigen Architektur war einst Cuyutláns exklusivstes Hotel. Mittlerweile aber wirkt es leicht baufällig und ist seinen Preis deshalb auch nicht mehr wert.

EL PARAÍSO

Die meisten Hotels in El Paraíso sind bröckelnde, schäbige Betonbunker. Am besten ist man mit dem **Hotel Paraíso** (☎ 322-10-32; Zi. mit Klimaanlage & TV 315–385 Mex$; P) beraten. Der zweiteilige Gebäudekomplex beherbergt ein nettes Restaurant und 60 anständige Zimmer. Die besseren Quartiere befinden sich im neuen Flügel direkt gegenüber vom Strand. Das Hotel steht links von der T-Kreuzung am Ortseingang.

An- & Weiterreise

Cuyutlán und Paraíso sind über Armería mit dem Rest der Welt verbunden. Das staubige, aber freundliche kleine Servicezentrum am Hwy 200 liegt 46 km südöstlich von Manzanillo bzw. 55 km südwestlich von Colima. Von hier aus führt eine befestigte Straße (12 km) westwärts durch die Kokosplantagen nach Cuyutlán. Eine ähnliche Straße (8 km) erstreckt sich in Richtung Südwesten nach El Paraíso.

Wer mit dem Bus zu einem der beiden Orte fahren möchte, muss in Armería umsteigen. Fernreisebusse steuern das kleine Depot am Hwy 200 in Armerías Zentrum an. Zwischen 6 und 24 Uhr pendeln 2.-Klasse-Busse alle 15 Minuten zwischen Manzanillo und Armería (25 Mex$, 45 Min.). Von 5.45 bis 22.30 Uhr geht's alle halbe Stunde nach Colima (25 Mex$, 45 Min.). Alle 20 Minuten besteht zudem Verbindung nach Tecomán (70 Mex$, 15 Min.). Dort machen sich wiederum Fahrzeuge auf den Weg, die über den Hwy 200 südostwärts u. a. nach Lázaro Cárdenas rollen. Alle genannten Busse halten in Armerías Zentrum am Hwy 200.

Armerías Markt liegt zwei Blocks nördlich und einen Block östlich der Fernbus-Haltestelle. Dort starten die Busse nach Cuyutlán und El Paraíso. Zwischen 6 und 19.30 Uhr fahren sie alle halbe Stunde nach Cuyutlán (8,50 Mex$, 20 Min.). Im selben Zeitraum geht's alle 45 Minuten nach El Paraíso (60 Mex$, 15 Min.).

Da zwischen Cuyutlán und El Paraíso keine direkte Verbindung besteht, bleibt nur das erneute Umsteigen in Armería. Alternativ kann man auch eine etwa zweistündige Strandwanderung zwischen beiden Orten machen – aber bitte nur tagsüber und mit ausreichend Trinkwasser. Der komplett menschenleere Strand zwischen El Tortuguero und Paraíso eignet sich übrigens hervorragend zum Nacktbaden!

BOCA DE PASCUALES

☎ 313 / 60 Ew.

Boca de Pascuales ist ein legendärer Surfspot, der die besten Boarder aus der ganzen Welt anzieht. Im Sommer sind die kräftigen Tunnelwellen zwischen 2 und 5 m hoch. Manche

EDGAR ÁLVAREZ

Der 30-jährige Surfbrettbauer und Hotelbesitzer lebt in Boca de Pascuales.

Wann haben Sie mit dem Surfen angefangen? Seit ich es vor etwa 15 Jahren gelernt habe, stehe ich ständig auf dem Brett. Beim Strandfußball habe ich damals die kalifornischen Surfer beobachtet. Die Jungs hatten offensichtlich eine Menge Spaß – so habe ich mich selbst Schritt für Schritt an die großen Wellen herangetastet. Boca de Pascuales zählt zu den besten internationalen Surfspots. Hier trifft man Amateure und Profis aus der ganzen Welt; teilweise kommen sie sogar aus Tasmanien.

Was macht Ihre Surfbrettfirma? Nachdem ich eine Zeit lang beschädigte Bretter repariert hatte, habe ich vor ein paar Jahren meine eigene Firma gegründet. Bei Pascuales Surfboards kostet ein neues, handgemachtes Board zwischen 2500 und 3000 Mex$.

Was reizt Sie so am Surfen? Für mich gibt's keine tollere Sportart. Man ist da draußen ganz alleine und niemand sagt einem, was man tun und lassen soll. Da bist nur du – und die Welle.

Sturmbrecher erreichen bis zu 10 m Höhe. Dazu kommt ein heftiger *beach break*. Aber Achtung: Die schnellen Wellen von Pascuales sind für Anfänger und Unerfahrene nicht geeignet!

Schlafen & Essen

Hotel Real de Pascuales (☎ 329-4229 oder 108-3253; www.pascualessurf.com.mx; Zelt & Hängematte 30 Mex$/Pers., Zi. ohne/mit Klimaanlage 250/350 Mex$) Der hiesige Surfertreffpunkt ist auch als Edgar's Place bekannt. Edgar Álvarez heißt Boarder aus der ganzen Welt willkommen und repariert beschädigte Bretter. Die Zimmer sind absolut spartanisch, aber scheinbar ist es das, was die Jungs wollen.

Paco's Hotel (☎ 200-1247362 Handy; magofra_15_38@hotmail.com; Zi. ohne/mit Klimaanlage 350/400 Mex$) Das ehemalige Estrella del Surf ist das hübschere der beiden örtlichen Hotels. Pacos Tochter Lulu hat die komfortablen Zimmer liebevoll dekoriert und jeweils mit verschiedenen Blumenmotiven versehen. Gutes Hausrestaurant.

LP Tipp **Las Hamacas del Mayor** (☎ 324-0074; www.lashamacasdelmayor.com.mx; Hauptgerichte 70–180 Mex$; ⏲ 10–18 Uhr; P 👪) Dieser Klassiker ist seit 1953 im Geschäft. Obwohl es so weitab vom Schuss liegt, zählt das Las Hamacas zu den berühmtesten Restaurants im Bundesstaat Colima. Das zweistöckige Lokal hat an allen Tagen des Jahres geöffnet. Es fasst bis zu 1000 Gäste, die von vorbeiziehenden Mariachi unterhalten werden. Die Kids können sich derweil im Pool vergnügen. Auf den Tisch kommen exzellente Meeresfrüchte-Spezialitäten wie mariniertes Knoblauch-Fischfilet mit Tintenfisch-Garnelen-Füllung. Absolut göttlich!

An- & Weiterreise

Nach Pascuales kommt man über die Ortschaft Tecomán, die 12 km östlich von Armería liegt. Von 7 bis 20 Uhr pendeln Combi-Vans einmal pro Stunde zwischen Tecománs zentralem Busbahnhof und Pascuales (6 Mex$, 20 Min.). Taxis in beide Richtungen kosten 70 Mex$. Im Ortszentrum steht ein Schild, das denen, die mit dem eigenen Auto unterwegs sind, den 10 km langen Weg zum Strand weist.

DIE KÜSTE VON MICHOACÁN

Entlang der malerischen 250 Küstenkilometer von Michoacán verläuft der Hwy 200 größtenteils parallel zum Ufer. Michoacán ist einer der schönsten Bundesstaaten Mexikos: Unterwegs winken Dutzende unberührter Strände; manche davon bestehen aus breiten, goldfarbenen Sandstreifen, andere verstecken sich in winzigen felsigen Buchten. Ein paar schmiegen sich auch an Flussmündungen, an denen unzählige Vogelarten zu Hause sind. An mehreren Stellen lädt eine sanfte Brandung zum Baden ein, anderswo brechen sich dagegen Wellenungetüme, die perfekt sind zum Surfen. Die meisten Strände sind unbewohnt, nur manche haben ein paar kleine Gemeinden. Mango-, Kokos-, Papaya- und Bananenplantagen säumen den Highway. Weiter landeinwärts bilden die grünen Gipfel der Sierra Madre del Sur eine üppige Hintergrundkulisse. Blaue Tafeln entlang des Hwy 200 markieren die Abzweigungen zu den meisten Stränden.

Boca de Apiza

Der Río Coahuayana markiert die Grenze zwischen Michoacán und Colima. An seiner

Mündung breitet sich der heiße, schwarze Sand von Boca de Apiza aus. Den Strand säumen Mangroven und eine 300 m lange Reihe von *enramadas*, die um die besten Meeresfrüchtegerichte wetteifern. Sonntagnachmittags ist hier einiges los, denn dann plantschen einheimische Kinder im Fluss herum. Um her zu kommen, biegt man bei Coahuayana (Km 228) vom Hwy 200 ab und fährt 4 km weiter in Richtung Strand. Drüben in Michoacán haben mexikanische Familien viele *palapa*-Hütten für ihre Sonntagspicknicks errichtet. Dort verläuft ein langer Strand in Richtung Norden. Er ist über eine 6,5 km lange Sandpiste mit dem Hwy 200 verbunden. Die Kilometerangaben werden von der Staatsgrenze (Km 231) rückwärts gezählt.

San Juan de Alima

Etwa 20 km südlich von Boca de Apiza trifft der Highway auf die Küste. In der Nähe liegt der Ort **San Juan de Alima** (Km 211). Die mittelgroßen Wellen und die schaumigen Brecher direkt vor der Küste ziehen eine Menge Surfer an. Die Strandrestaurants und die modernen Hotels am Rand des Kopfsteinpflasters sind *alle* blau gestrichen.

Hotel Parador (☎ 327-90-38 oder 327-90-21; EZ 250 Mex$, DZ ohne/mit Klimaanlage 400/450 Mex$; P) Unter den vielen verschiedenen Zimmern gibt es auch welche mit eigenen Balkonen und Aussicht. Zur Anlage gehört zudem das beliebteste Restaurant vor Ort.

Hotel San Juan (☎ 327-90-11; Zi. ohne/mit Klimaanlage 300/450 Mex$; P) Hellblaues Hotel mit San Juans einzigem Internetcafé und einfachen, aber sauberen Zimmern.

Las Brisas

Südlich von San Juan führt die Straße hoch über der Küste an den Klippen entlang. Dort hat man eine tolle Aussicht auf die einsamen Sandstrände unten. An den kleinen, weißen Stränden von **Las Brisas** (Km 207) stehen nur ein paar *palapa* -Restaurants und ein einziges Hotel: das weiß verputzte **Hotel Paraíso** (☎ 327-90-55; www.paraisolasbrisasmichoacan.com; EZ/DZ 600/800 Mex$; P). Auf Vogelliebhaber wartet etwa 1 km südlich des Dorfs eine nette Mangrovenlagune.

Playa La Ticla

Auch die **Playa La Ticla** (Km 183) steht bei Surfern hoch im Kurs. Sie ist für ihren langen *left point break* bekannt. Meist sieht man hier ausländische Boarder mit eigenen Fahrzeugen. Der Süßwasserfluss, der den langen Strand in zwei Abschnitte teilt, ist toll zum Baden. Mehrere *enramadas* servieren Meeresfrüchte; manche vermieten auch einfache Zimmer.

Faro de Bucerías

Faro de Bucerías (Km 173) ist eine geschützte Bucht in Form eines Halbmonds. Dank dem klaren, hellblauen Wasser und dem tollen, gelben Sand ist der „Leuchtturm der Taucher" ein perfektes Plätzchen zum Schnorcheln, Schwimmen oder Sonnenbaden. Die örtliche Nahua-Gemeinde betreibt eine lange Reihe von *palapa*-Restaurants, die eine Menge dicke Hummer servieren und Möglichkeiten zum Zelten bieten – andere Unterkünfte gibt's hier nicht. Alternativ kann man im eigenen Wohnmobil übernachten.

Playa Maruata

Kristallklares, türkisfarbenes Wasser und goldene Sandstrände machen die **Playa Maruata** (Km 150) zu Michoacáns schönstem Strand. Das Nahua-Fischerdorf hat einen gewissen Ruf als Hippie-Hochburg und begeistert Strandfans aus der ganzen Welt. An diesem freundlichen, friedlichen Ort kann man wunderbar abhängen – mit seinem Liebsten oder einem Bücherstapel.

Maruatas drei Strände haben alle ihren eigenen Charakter. Mit 3 km ist der linke (östliche) Strand am längsten. Die unberührte, halbmondförmige Bucht hat weichen, gelben Sand und eine sanfte Brandung – ideal zum Baden und Schnorcheln. Erfahrene Schwimmer können sich an den kleinen Mittelbogen wagen, der von erkletterbaren Felsen voller Höhlen, Tunnel und Spritzlöcher geschützt wird. Außerdem ragt hier eine außergewöhnliche Felsformation namens **Dedo de Dios** (Gottes Finger) aus dem Meer. Der (westliche) Strand ganz rechts trägt seinen Namen nicht ohne Grund: An der **Playa de los Muertos** (Strand der Toten) treten gefährliche Strömungen und wilde Wogen auf. Bei Ebbe werden ganz rechts ein paar Felsen sichtbar. Wer dann hinüberklettert, kann an einer abgeschotteten Bucht ungestört hüllenlos in der Sonne brutzeln. Doch Vorsicht: Wenn die Flut kommt, sitzt man hier fest. Mit einem schlichten Kruzifix an den Felsen wird denen gedacht, die das Meer verschlungen hat.

Die Playa Maruata ist auch Mexikos wichtigste Brutstelle für Schwarze Suppenschildkröten, die von Juni bis Dezember jede Nacht ihre Eier ablegen. Zudem werden hier von Umweltschützern Jungtiere ausgesetzt.

In der Nähe des tristen Dorfplatzes gibt's einen kleinen Lebensmittelladen und ein Restaurant. Größere Betongebäude oder Hotels sind jedoch nicht vorhanden. Die *enramadas* am linken Strand tischen frische Köstlichkeiten aus dem Meer auf und sind die beste Option für Camper: Die meisten bieten Stellplätze für Zelte an oder vermieten Hängematten (jeweils 25 Mex$/Pers.), manche verleihen auch Zelte (zzgl. 50 Mex$). Wer halbwegs stabile Wände um sich haben möchte, nimmt eine der rustikalen *cabañas* (120–250 Mex$). Wohnmobile können an mehreren einsamen Stellen geparkt werden.

Barra de Nexpa

☎ 753 / 110 Ew.

Die kleine Gemeinde Nexpa (Km 55,75) liegt gleich nördlich der Brücke von Puente Nexpa. Vom Highway führt eine holperige, 1 km lange Kopfsteinpflasterstraße hierher. Dank der Sandbank mit schwarzem und weißem Sand und der tollen Brandung galt Nexpa lange Zeit als Surfermekka – morgens bauen sich hier kräftige Wellen auf. Doch seit sich die Szene woanders trifft, wird das malerische Nest auch von immer mehr Nichtsurfern entdeckt. In relaxter, schöner Atmosphäre finden Besucher hier einen reizenden, leeren Strand und klasse Restaurants vor.

SCHLAFEN & ESSEN

Águilas del Mar (☎ 531-52-55; Stellplatz 25 Mex$/Pers., EZ/DZ 150/180 Mex$ Ⓟ) Hat mehrere einfache Zimmer mit Gemeinschaftsbad und -balkonen mit Hängematten. Das Restaurant ist von Donnerstag bis Dienstag geöffnet und serviert köstlichen *Pulpo al Diablo* (marinierten Tintenfisch in süß-scharfer Sauce).

Río Nexpa Rooms (☎ 531-52-55; www.surf-mexico.com/sites/nexpa; Zi. 300 Mex$; Ⓟ) Die wunderschön gestaltete *palapa* im Stil Südostasiens steht etwa 200 m landeinwärts am Fluss. In den vier Zimmern gibt's jeweils drei große Betten und ein Dachgeschoss. Allen Gästen stehen eine Gemeinschaftsküche, ein Garten an der Lagune und ein ruhiges Wohnzimmer zur Verfügung.

Villas Cheyo's (☎ 110-30-93; cheyo_nexpa@hotmail.com; Cabaña 400–800 Mex$) Das ehemalige Gilberto's wurde als Nexpas erstes „Hotel" von Don Gilberto erbaut, dem Vater der örtlichen Surfszene. Die *cabañas* unterscheiden sich in puncto Rustikalität. Teilweise haben sie eigene Küchen, und die meisten sind mit Hängematten ausgestattet. Ebenso vorhanden sind eine Gemeinschaftsküche und sanitäre Anlagen für Camper und Wohnmobil-Urlauber. Gilberto Jr. bietet einen Taxiservice nach Caleta an (50 Mex$). Das Schild rechts vom Ortseingang weist den Weg.

Mar De Noche (☎ 531-50-37 od. 118-39-31; www.nexpasurf.com; Zi./Cabaña 1000 Mex$, Suite 1500 Mex$) Die zweistöckigen *cabañas* beherbergen Nexpas luxuriöseste Zimmer. Sie haben bequeme Betten, Küchen und eigene Bäder. Das Hotel nebenan besitzt sechs modern eingerichtete Zimmer. Im Vergleich zu Spitzenzeiten sind die Preise während der Nebensaison etwa zwei Drittel niedriger. Im Strandrestaurant (9–21 Uhr) zeigen handgeschnitzte Holzsäulen verschiedene Szenen aus dem mexikanischen Leben. Dort kriegt man wundervolles Frühstück (10–35 Mex$) und Abendessen (70–100 Mex$).

La Isla Restaurant (Hauptgerichte 25–99 Mex$) Hier genehmigen sich Gringos ihren morgendlichen SB-Kaffee.

Restaurant Chicho's (Cabaña für 1/2 Pers. 150/250 Mex$, Hauptgerichte 30–65 Mex$) Prima Essen, tolle Aussicht und einfache *cabañas*: All das gibt's gleich südlich vom gut ausgeschilderten und immer gut besuchten La Isla Restaurant.

Zum **Surf Shop** (☎ 106-8553, ⌚ 9–21 Uhr; Bretter pro Std./Tag 40/150 Mex$) hinter dem La Isla gehören ein Internetcafé und ein kleiner Lebensmittelladen.

Caleta de Campos

☎ 753 / 2000 Ew.

Caleta (Km 50) ist ein regionales Servicezentrum mit allen wichtigen Einrichtungen. Hier findet man u. a. eine Tankstelle, eine *caseta* und *taquerías* (Tacostände), die bis spät in die Nacht geöffnet haben – ebenso *torta*- (Sandwich-)Shops, eine Apotheke und diverse Lebensmittelläden. Der größte Teil des Orts liegt auf dem Steilufer über einer azurblauen Bucht. Der Strand darunter ist nicht ganz so charmant wie sein Pendant in Nexpa, eignet sich wegen seiner geschützten Lage jedoch besser für Surfanfänger. Außerdem stehen dort ein paar nette Meeresfrüchte-*palapas*. Der beste Surferladen in dieser Ecke heißt **Surf y Espuma** (☎ 531-52-55; Bretter 100 Mex$/Tag). Neben einer kleineren Filiale am Strand unterhält er eine zweite beim Hotel Yuritzi an der Hauptstraße.

Das **Hotel Los Arcos** (☎ 531-50-38; EZ/DZ 200/250 Mex$, mit Klimaanlage & Warmwasser 400/500 Mex$; P ❄) steht am Meerende der Hauptstraße. Es ist ein bisschen heruntergekommen, hat aber freundliche Eigentümer. Aus der Vogelperspektive hat man hier eine atemberaubende Sicht auf das Wasser, das an der Bahía de Bufadero aus dem Felsen spritzt.

Das **Hotel Yuritzi** (www.hotelyuritzi.com; Corregidora 10; EZ/DZ 350/400 Mex$, mit Klimaanlage & TV 450/550 Mex$; P ❄ 🏊) ist modern und gepflegt. Seine komfortablen Zimmer sind vor allem bei Geschäftsreisenden und Familien beliebt.

Zwischen 5 und 19 Uhr fahren Busse stündlich von Caletas *zócalo* nach Lázaro Cárdenas (40 Mex$, 1½ Std.). Taxitrips zwischen Caleta de Campos und Barra de Nexpa kosten rund 50 Mex$.

Playa Azul

☎ 753 / 3100 Ew.

Von allen Ferienorten an Michoacáns Küste ist Playa Azul am größten und am stärksten erschlossen – und dazu ein echtes Badeparadies. Sein breiter Sandstrand hat die Farbe von Milchkaffee. Daran brechen sich sanfte Wellen sauberen, aquamarinblauen Wassers. Auf dem flachen, sandigen Meeresboden kann man 100 m weit in den Ozean hineinlaufen und steht dabei maximal bis zur Hüfte im Wasser. Von zahlreichen *palapa*-Strandrestaurants dringen Mariachi-Musik und das Geräusch klirrender Bierflaschen herüber. Leider ist das Stadtzentrum nicht annähernd so einladend. Seine staubigen Straßen sind von Müll und Schlaglöchern übersät, und am verfallenden *zócalo* treiben sich finstere Gestalten herum. Die palmgesäumte Laguna Pichi stellt eine nette Alternative dar. Dieser Süßwassersee liegt nur 2,5 km östlich der Stadt und ist von *enramadas* umgeben, die Meeresfrüchte servieren. Auf Bootsausflügen können Besucher die Flora und Fauna der umliegenden Mangrovenwälder erkunden. Insektenspray nicht vergessen!

SCHLAFEN & ESSEN

Hotel Playa Azul (☎ 536-00-24/91; Carranza s/n; Stellplatz für Zelt/Wohnmobil 150/180 Mex$, Zi. ohne/mit Klimaanlage & TV 550/820 Mex$; P ❄ 🏊) Haus der gehobenen Kategorie mit 73 schönen Zimmern und kleinem Wohnmobilpark. Kinder können sich auf der langen Wasserrutsche des riesigen Pools vergnügen, und für Erwachsene gibt's eine Bar im Pool. Die Restaurantbar Las Gaviotas am Rand des Schwimmbeckens serviert Leckeres von Pizza bis *pozole*.

Hotel María Isabel (☎ 536-00-16; Madero s/n; EZ/DZ 200/300 Mex$, mit Klimaanlage & TV 250/400 Mex$; P ❄ 🏊) Hier am Ostrand der Plaza werden Gäste von freundlichem Personal empfangen. Die Zimmer sind schlicht, aber sauber.

Hotel Andrea (☎ 536-02-51; Emiliano Zapata 879; EZ/DZ 250 Mex$, 3BZ/4BZ 550 Mex$; P) Das neue Hotel bietet große, moderne Zimmer mit ebenso geräumigen Bädern. Super Budgetoption, nur einen Block vom Strand entfernt!

Hotel María Teresa (☎ 536-00-05; Independencia 626; EZ/DZ 250/450 Mex$, mit Klimaanlage & TV 300/550 Mex$; ❄ 🏊) Zwei Blocks nördlich der Plaza übernachten Traveller in 42 fröhlichen, heimeligen Zimmern. Alle sind modern, groß und haben eigene Balkone. Eine *palapa*-Restaurant-Bar am Pool, eine hübsche Terrasse und einen kleinen Nachtclub gibt's auch.

Mehrere *cocina-económica*-Restaurants säumen die Av Aguiles Serdan gleich um die Ecke vom Hotel Playa Azul. Empfehlenswert sind z. B. das **Restaurant Galdy** und die **Cocina Económica Doña Tere**. Beide verlangen für ihre leckeren Gerichte maximal 40 Mex$.

Zwischen 5 und 21 Uhr pendeln *colectivo*-Minivans alle zehn Minuten zwischen Playa Azul und Lázaro Cárdenas (12 Mex$, 30 Min., 24 km). Taxifahrer nehmen für diese Strecke etwa 100 Mex$. Wer mit dem Fernbus anreist, lässt sich bei La Mira (Kreuzung Hwy 200/37) absetzen. Dort fahren *colectivos* nach Playa Azul ab (6 Mex$, 15 Min.).

LÁZARO CÁRDENAS

☎ 753 / 74 900 Ew.

Der Industriehafen Lázaro ist für Traveller nicht wirklich interessant. Die meisten kommen nur hier durch, weil er der Knotenpunkt mehrerer Buslinien ist. Außerdem ist die Stadt ein regionales Servicezentrum – hier gibt's u. a. Banken, Apotheken, eine Post und eine Pemex-Tankstelle.

Schlafen & Essen

Rund um die Busterminals befinden sich mehrere günstige Hotels und Restaurants.

Hotel Reyna Pio (☎ 532-06-20; Corregidora 78; EZ/DZ 264/319 Mex$; ❄) Gute, freundliche Budgetoption bei den Busterminals, Ecke Av 8 de Mayo einen Block westlich der Av Lázaro Cárdenas. Die Zimmer sind sauber und geräumig.

Hotel Casablanca (☎ 537-34-81; www.hcasablanca.com.mx; Nicolás Bravo 475; EZ/DZ 480/760 Mex$;

P) In den 56 modernen Zimmern mit eigenen Balkonen und TV wohnen hauptsächlich Geschäftsreisende. Die großen Fenster bieten Aussicht auf Stadt oder Berge. Einen Pool (mit Jacuzzi) und bewachte Parkmöglichkeiten gibt's auch. Das Hochhaus steht einen Block östlich der Av Lázaro Cárdenas.

NH Krystal Express (☎ 533-290-00; www.nh-hotels.com; Circuito de las Universidades 60; Zi./Suite 1657/1842 Mex$; P) Modernes Vier-Sterne-Kettenhotel mit vornehmen Zimmern und Extras wie Fitnessraum, Pool und Restaurant. Es befindet sich etwa 1,6 km nördlich der Busterminals neben dem Kreisverkehr an der Av Lázaro Cárdenas.

An- & Weiterreise

Lázaros vier Busterminals liegen jeweils einige Blocks voneinander entfernt. Von einem gemeinsamen **Terminal** (Lázaro Cárdenas 1810) fahren **Galeana** (☎ 532-02-62) und **Parhikuni** (☎ 532-30-06) nach Manzanillo im Nordwesten bzw. landeinwärts nach Uruapan und Morelia. Gegenüber teilen sich La Línea, Vía Plus, Sur de Jalisco, Autovias und Ómnibus de Mexico ein **Terminal** (☎ 537-18-50; Lázaro Cárdenas 1791). Sie bedienen dieselben Ziele, steuern aber zusätzlich Colima, Guadalajara und Mexico City an.

Das **Estrella-Blanca-Terminal** (☎ 532-11-71; Francisco Villa 65) ist zwei Blocks weiter westlich hinter dem von Galeana zu finden. Dort machen sich auch Busse von TuriStar Sur und Elite in südöstliche Richtung auf den Weg nach Zihuatanejo, Acapulco und Oaxaca. Die Küste hinauf geht's nach Manzanillo, Mazatlán und Tijuana, landeinwärts nach Uruapan, Morelia und Mexico City. Das **Estrella-de-Oro-Terminal** (☎ 532-02-75; Corregidora 318) liegt einen Block nördlich bzw. zwei Blocks westlich seines Estrella-Blanca-Pendants. Hier bestehen Busverbindungen nach Zihuatanejo, Acapulco und Mexico City.

Täglicher Fahrplan ab Lázaro Cárdenas:

Ziel	Preis (Mex$)	Dauer (Std.)
Acapulco	144–183	6–7
Caleta de Campos	44	1½
Colima	174	4–6½
Guadalajara	400	9–11
Manzanillo	175–225	6–7
Mexico City	450	8–12
Morelia	300–360	4–8
Puerto Vallarta	355	12
Uruapan	160–210	3–6
Zihuatanejo	61	2–3

Zwischen 5 und 21 Uhr rollen Combis alle zehn Minuten die Av Lázaro Cárdenas entlang. Sie fahren über La Mira zur Playa Azul (12 Mex$, 30 Min., 24 km). Für dieselbe Strecke verlangen Taxifahrer 100 bis 120 Mex$.

TRONCONES & MAJAHUA

☎ 755 / 600 Ew.

Vor nicht allzu langer Zeit war Troncones noch ein armes Fischer- und Bauerndorf. Das änderte sich Mitte der 1990er-Jahre, als reiche Nordamerikaner in dem verschlafenen Nest mit dem Bau von B&Bs und luxuriösen Ferienhäusern am Strand begannen. Bald darauf lernten Touristen die relaxte Atmosphäre, die unberührten Strände und die erstklassigen Surfmöglichkeiten zu schätzen. Die kontinuierliche Stadtentwicklung hat mittlerweile das benachbarte Majahua erreicht. Nichtsdestotrotz pflegen die Einwohner bis heute ihr beschauliches Dorfleben: Hühner und Esel laufen frei herum, und die einzige Durchgangsstraße ist immer noch unbefestigt. Abgesehen von entspanntem Sonnenbaden in der Hängematte hat man hier erfreulich wenig zu tun.

Orientierung & Praktische Informationen

Troncones liegt etwa 25 km nordwestlich von Ixtapa am Ende einer 3 km langen befestigten Straße, die vom Hwy 200 abzweigt. Die Straße endet an einer T-Kreuzung. Dort beginnt eine staubige Piste, die am Strand von Troncones entlangführt.

Troncones besteht aus vier Strandgemeinden – Troncones, Troncones Point, Manzanillo Bay und Majahua. Die meisten Touristenattraktionen befinden sich rechts (nordwestlich) der T-Kreuzung. Etwa 4 km hinter Troncones Point führt die unbefestigte Straße zum ruhigeren Wasser der Manzanillo Bay. Wer weiterfährt, erreicht nach kurzer Zeit das kleine Dorf Majahua. Von dort geht eine weitere unbefestigte Straße (Vorsicht während der Regenzeit!) zurück zum Hwy 200.

Von den vier Gemeinden ist Troncones am stärksten entwickelt. An der T-Kreuzung gibt's ein paar kleine Lebensmittelläden, günstige Imbissstände und einen Waschsalon. Die Brandung vor Troncones und Troncones Point ist rau und eher was für Surfer. Manzanillo Bay lädt dagegen zum Schwimmen und Schnorcheln ein – entweder in der geschützten

Bucht oder in den reizenden Gezeitenbecken an der felsigen Küste. Majahua ist ein traditionelles Fischerdorf mit ein paar *enramada*-Restaurants. An seinem sanften Strand kann man prima Muschelschalen sammeln.

Aktivitäten

SURFEN

Troncones hat mehrere Weltklasse-Surfspots. Die *beach breaks* im Sommer sind klasse, aber noch toller ist der *left hand break* am **Troncones Point**. Wenn wenig Seegang herrscht, ist der Take-off genau über den Felsen mit den Seeigeln, aber bei ordentlichem Wellengang gleitet man herrlich hoch durch die halbe Bucht.

Der **Surfshop** des Inn at Manzanillo Bay (S. 530) verleiht neben hervorragenden Short- und Longboards auch Bodyboards (halber/ganzer Tag 120/240 Mex$). Außerdem werden 90-minütige Surfkurse (500 Mex$) und geführte Bootstrips zu vielen guten örtlichen Surfspots angeboten. Die **Mexcalli Surf School** (☎ 101-39-04; Bretter 200 Mex$/Tag) liegt etwa 100 m landeinwärts hinter der T-Kreuzung. Ihr Serviceangebot umfasst Kurse, Leihbretter und Reparaturen.

NOCH MEHR AKTIVITÄTEN

Die geschützte Bucht vor der Playa Manzanillo bietet prima Möglichkeiten zum **Schnorcheln** und **Schwimmen**. Auch **Ausritte** sind recht beliebt – am Strand schauen sich Einheimische mit Pferden nach Kundschaft um. Angeboten werden zudem **Mountainbiken**, **Kajak fahren**, **Wandern** und **Angeln**, und man kann **Vögel** und **Meeresschildkröten** beobachten. Nahe Majahua lassen sich außerdem **Höhlenwanderungen** im Kalkstein unternehmen. Diese und viele weitere Aktivitäten können über **Costa Nativa Eco Tours** (☎ 755-5563616 Handy) oder das eigene Hotel organisiert werden.

Schlafen & Essen

Während der Hauptsaison (Nov.–April) müssen Zimmer fast immer reserviert werden. Zudem bestehen viele Hotelbesitzer auf einem Mindestaufenthalt von mehreren Tagen. In der Nebensaison bezahlt man oft nur die Hälfte. Achtung: Viele Unterkünfte haben den Sommer über geschlossen.

TRONCONES

Mar y Sol (☎ 553-28-40; Zi. mit Ventilator/Klimaanlage 250/300 Mex$) Befindet sich über dem Lebensmittelladen Miscelánea Jasmín an der T-Kreuzung. Manche der einfachen Zimmer teilen sich einen großen Gemeinschaftsbalkon.

LP Tipp **Quinta d'Liz** (☎ 553-29-14; www.playatroncones.com; DZ inkl. Frühstück 400 Mex$) Der Eigentümer Luis ist freundlich und entspannt. Seine sechs farbenfrohen, runden Bungalows liegen nur wenige Schritte vom Strand entfernt. In den einfachen Zimmern mit Ventilatoren und eigenen Bädern steht jeweils ein gutes Doppelbett. Ihre Getränke für gemeinsame Abende auf der Veranda können Gäste in der Gemeinschaftsküche lagern. Das Quinta d'Liz ist links (südöstlich) vom „T" zu finden.

El Burro Borracho (☎ 553-28-34; www.burroborracho.com; Hauptgerichte 20–250 Mex$; 🕑 11.30–22 Uhr) Das relaxte Burro Borracho („betrunkener Esel") ist sehr beliebt. Es gehört Dewey McMillin, dem Vater des modernen Troncones. Zu den Spezialitäten des Hauses zählen frische Meeresfrüchte und US-Klassiker. Sonntagabends steigt eine Folklore-Tanzshow. Es werden auch einfache Bungalows (500 Mex$) vermietet.

Casa Ki (☎ 553-28-15; www.casa-ki.com; Bungalow 950–1200 Mex$, Ferienhaus 2000 Mex$) Charmanter Schlupfwinkel auf einem grünen Anwesen am Strand. Im geschmackvoll eingerichteten Hauptgebäude können bis zu sechs Personen übernachten, zusätzlich gibt es vier bunte, freistehende Bungalows mit Zugang zu einer Gemeinschaftsküche.

Present Moment Retreat (☎ 103-00-11; www.presentmomentretreat.com; EZ 2060 Mex$, DZ 1215 Mex$/Pers.; Hauptgerichte Restaurant 160–220 Mex$; P V) Das Present Moment ist ein herrliches Wellness-Resort, das auch All-Inclusive-Wochen zum Pauschalpreis anbietet. Das Wohlfühlparadies für Körper und Seele hat sich auf Yoga, Meditation und Massagen spezialisiert. Die zehn separaten, mit Schilf gedeckten Bungalows sind minimalistisch, aber luxuriös eingerichtet. Sie umgeben Gärten und einen wunderschönen Pool. Als bestes (und teuerstes) Lokal vor Ort serviert das Bio-Hausrestaurant verschiedene Gerichte mit und ohne Fleisch.

MANZANILLO BAY

Hacienda Edén (☎ 553-28-02; www.edenmex.com; Zi. 920 Mex$, Bungalow 920–1030 Mex$, Suite 1300 Mex$; P) Ruhiges Strandjuwel an der Playa Manzanillo mit toll dekorierten Bungalows, Hotelzimmern und klimatisierten Suiten 4 km nördlich der T-Kreuzung. Tropische Harthölzer, Talavera-Fliesen, hohe Decken mit Balken und weitere Elemente setzen hier wundervolle Akzente. Das Edén beherbergt außerdem die Gourmet-Restaurant-Bar Cocina del Sol und einen noblen Geschenkeladen namens Fruity Keiko.

Inn at Manzanillo Bay (☎ 553-28-84; www.manzanillobay.com; Playa Manzanillo; Bungalow 1500 Mex$, Hauptgerichte Restaurant 80–300 Mex$; P 💻 🏊) Das reizende Gästehaus hat zehn schilfgedeckte Bungalows, die mit Kingsize-Betten mit Moskitonetzen, Deckenventilatoren, traditionellen mexikanischen Möbeln und Terrassen mit Hängematten ausgestattet sind. Eine Restaurantbar und einen Surfshop gibt's auch. Von hier hat man leichten Zugang zum super *break* am Troncones Point.

Casa Manzanillo (☎ 553-28-31; www.innmexico.com; Zi. 1625–2166 Mex$; P ✱ 🏊) Die raffinierte Architektur basiert auf einem offenen Grundriss. Es gibt drei Stockwerke und ein Schilfdach, hölzerne Laufstege und Treppen verbinden die Zimmer miteinander. Diese sind zwar etwas in die Jahre gekommen, dafür aber geräumig und gemütlich. Der große Pool mit Strandblick ist ein dicker Pluspunkt.

MAJAHUA

The Resort at Majahua Palms (☎ 556-08-51; www.majahuapalms.com; DZ/4BZ 1500/2000 Mex$, Apt. für 8 Pers. 3000 Mex$, Hauptgerichte Restaurant 65–220 Mex$; P 🏊) Abgeschiedene Ferienanlage 6 km nordwestlich der T-Kreuzung. Ihre geräumigen und schön dekorierten Bungalows mit Schilfdächern eignen sich prima für Familien. Auch der Pool und die Terrasse bieten jede Menge Platz. Auf der umfangreichen Speisekarte im Restaurant stehen mexikanische und amerikanische Gerichte.

An- & Weiterreise

Von Ixtapa bzw. Zihuatanejo aus führt der Hwy 200 nordwestwärts in Richtung Lázaro Cárdenas. Gleich nördlich von Km 30 markiert ein Schild die befestigte Straße nach Troncones – dieser kurvigen Strecke dann 3 km gen Westen bis zum Strand folgen.

Von Zihuas Fernbusbahnhöfen fahren 2.-Klasse-Busse nordwestwärts nach Lázaro Cárdenas und La Unión. Auf Wunsch setzen sie Passagiere an der Abzweigung nach Troncones ab (20 Mex$, 45 Min.). Ein paar Blocks östlich von Zihuas Markt starten an einer weiteren Haltestelle Busse nach La Unión (12 Mex$).

Etwa jede halbe Stunde pendeln weiße *colectivo*-Vans zwischen Hwy 200 und Troncones (6 Mex$). Manche rollen weiter nach Majahua. Im Notfall kann man auch problemlos trampen.

Taxifahrten von Zihuas Flughafen nach Troncones kosten beinahe 700 Mex$. Ab Zihuatanejo oder Ixtapa wird man etwa 350 Mex$ los.

IXTAPA

☎ 755 / 6400 Ew.

Die Bilderbuchstrände und der Glanz der modernen Luxushotels lassen Ixtapa auf den ersten Blick absolut perfekt wirken. Sogar die Palmen und Grashalme scheinen an genau der richtigen Stelle zu wachsen. Doch wenn man genauer hinschaut, entpuppt sich das Ganze als Illusion: Bis in die 1970er-Jahre hinein war hier lediglich eine riesige Kokosplantage, dann stellte die mexikanische Tourismusbehörde Fonatur fest, dass auch die Pazifikküste einen Ferienort wie Cancún vertragen könnte. Daraufhin enstand Ixtapa, eine seelenlose Ansammlung steriler Betonburgen und Kettenrestaurants. Um dieses Image wieder loszuwerden, haben Ortsansässige inzwischen ein paar traditionelle Restaurants eröffnet und betonen die natürliche Schönheit der Umgebung. Trotz all dieser Bemühungen ist Ixtapa aber weiterhin ein Ferienort im Disney-Stil, der niemals den charmanten Charakter seiner Schwesterstadt Zihuatanejo erreichen wird.

Praktische Informationen

Telecomm (🕑 Mo–Fr 9–15 Uhr) Hinter der Touristeninformation.

Touristeninformation (Sefotur; ☎ 553-19-67; 🕑 Mo–Fr 8–20.30, Sa bis 15 Uhr) Staatliche Touristeninformation an der Plaza Los Patios gegenüber vom Señor Frogs. Achtung: Die zahlreichen inoffiziellen „Informationskioske" am Bürgersteig sind vielmehr Werbestände für Ferienwohnungen.

Touristenpolizei (☎ 553-20-08; Centro Comercial La Puerta) In der Nähe der Touristeninformation.

Das *centro commercial* (Einkaufszentrum) am Blvd Ixtapa beherbergt u.a. die Filialen mehrerer Banken, Geldautomaten, Wechselstuben, ein Kino, einen Lebensmittelladen und ein ziemlich überteuertes Internetcafé. Die Apotheke hat rund um die Uhr geöffnet. In Zihuatanejo befindet sich die nächstgelegene Post.

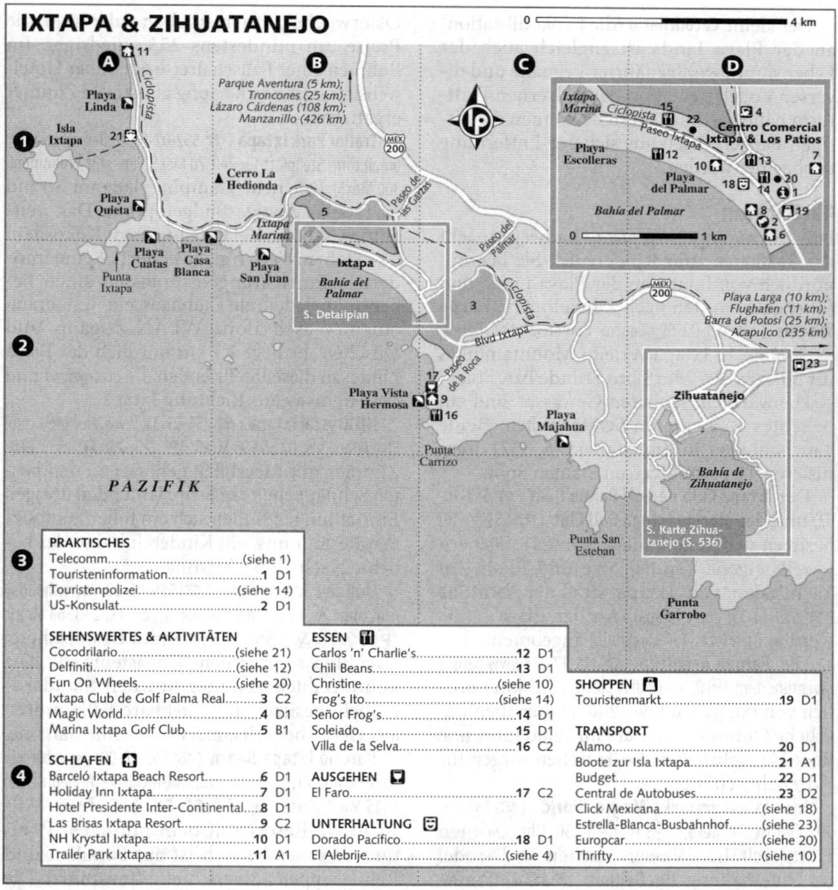

Sehenswertes

STRÄNDE

Ixtapas große Hotels säumen die lange **Playa del Palmar**. Auf dem breiten, weißen Sandstreifen stehen oft zahllose Parasailing- und Jetskianbieter. Vorsicht beim Schwimmen: Es gibt hier starke Unterströmungen, und außerdem brechen die großen Wellen nahezu senkrecht. Wer kein Hotelgast ist, kommt nur sehr schwer zum Strand – es gibt nur wenige öffentliche Zugänge. Die einzige andere Möglichkeit ist, sich an dem arroganten Türpersonal einer Hotellobby vorbeizumogeln.

Die **Playa Escolleras** erstreckt sich am Westende der Playa del Palmar nahe der Einfahrt zum Yachthafen. Ihre kräftige Brandung steht bei Surfern hoch im Kurs. Einheimische bevorzugen allerdings die **Playas Quieta** und **Linda**, die beide weiter westlich, jenseits der Punta Ixtapa, liegen.

Die tolle **Isla Ixtapa** bietet Erholung vom touristischen Betondschungel. Ihr ruhiges, türkisblaues Wasser ist kristallklar und super zum Schnorcheln (Leihausrüstung 50 Mex$/Tag). Von den vier Stränden ist die weiße **Playa Corales** auf der Rückseite am schönsten und ruhigsten. Neben weichem Sand und einem Korallenriff vor der Küste gibt es kleine Gezeitenbecken voller Seesterne und Seeigel. Die Isla Ixtapa hat mehrere Meeresfrüchterestaurants (*enramadas*) und Massagestudios. Zwischen 9 und 17 Uhr legen Boote zur Isla Ixtapa vom Pier an der Playa Linda ab (hin & zurück 45 Mex$, einfache Strecke 5 Min.).

Der kleine **Cocodrilario** (die Krokodilstation) an der Playa Linda ist zugleich auch der Lebensraum wohlgenährter Leguane und diverser Vogelarten. Von der hölzernen Plattform nahe der Bushaltestelle können die bissigen Panzerechsen aus sicherer Entfernung beobachtet werden.

Aktivitäten

Die 15 km lange *ciclopista* (Radweg) macht das **Radfahren** zum Kinderspiel. Sie beginnt nördlich von Ixtapa an der Playa Linda und führt quasi mitten nach Zihua hinein. **Fun on Wheels** (☎ 553-02-59; Centro Comercial Los Patios; ⌚ 9–20 Uhr) in Ixtapa verleiht Mountainbikes für 50 bzw. 200 Mex$ pro Stunde bzw. Tag.

Die warmen, sauberen Gewässer sind ein beliebtes Revier zum **Gerätetauchen**. Beide Tauchanbieter in Zihuatanejo (S. 537) organisieren Trips zu diversen lokalen Spots.

Der **Ixtapa Club de Golf Palma Real** (☎ 553-10-62) und der **Marina Ixtapa Golf Club** (☎ 553-14-10) besitzen neben Golfanlagen mit 18 Löchern jeweils eigene Tennisplätze und Pools. Im Yachthafen von Ixtapa sitzt der **Yachtclub** (☎ 553-11-31; Porto Ixtapa). An der Playa Linda werden **Ausritte** (150 Mex$/Std.) angeboten.

Der **Parque Aventura** (☎ 115-17-33; www.parque-aventura.com; ⌚ 8.30–18 Uhr) liegt ca. 5 km nördlich von Ixtapa am Hwy 200. Dieser abenteuerliche Outdoor-Parcours im Wald führt u. a. über Hängebrücken. Seilrutschen sorgen für Adrenalinschübe.

Im Wasserpark **Magic World** (☎ 553-13-59; Eintritt 70 Mex$; ⌚ 10.30–17.30 Uhr) sorgen Fahrgeschäfte, Wasserrutschen und -rodel für Unterhaltung. Bei **Delfiniti** (☎ 553-27-07; www.delfiniti.com; ⌚ 10–16 Uhr) kann man supergünstig mit Delphinen schwimmen (860 Mex$/20 Min.) oder die Tiere kostenlos von unten durch die Glasscheiben ihres Beckens bewundern.

Adventours (☎ 553-10-69 oder 553-19-46; www.ixtapa-adventours.com) veranstaltet verschiedene geführte „Ökotouren" in Ixtapa and Zihuatanejo. Sehr beliebt sind z. B. kombinierte **Schnorchel-** und **Kajaktouren** zur Isla Ixtapa oder Spaziergänge mit **Vogel-** und **Krokodilbeobachtung**.

Schlafen

Bis auf den Campingplatz fallen sämtliche Ferienanlagen unter die Spitzenklassekategorie. Die aufgeführten Standardpreise gelten für die Hauptsaison (Mitte Dez.–Mitte Jan. & Osterwoche). Im restlichen Jahr sind die Preise um mindestens 25 % niedriger. Im Rahmen einer Pauschalreise oder über Hotelwebsites lassen sich häufig günstigere Zimmer ergattern.

Trailer Park Ixtapa (☎ 552-02-95; trailerparkixtapa@gmail.com; Stellplatz für Zelt 70 Mex$/Pers., für Wohnmobil 300 Mex$) Der neue Campingplatz am Strand ist Ixtapas einzige Budgetoption. Das weitläufige, schöne Gelände in einem Kokoshain ist nach außen hin gesichert. Seine modernen Einrichtungen umfassen einen Lebensmittelladen, ein Clubhaus, ein Restaurant, einen Waschsalon, WLAN-Zugang und Duschen. Er liegt 1,7 km nördlich der Playa Linda; an dieser Stelle enden die *ciclopista* und der Highway aus Richtung Ixtapa.

NH Krystal Ixtapa (☎ 553-03-33; www.nh-hotels.com; Blvd Ixtapa s/n; DZ ab 998 Mex$; P ⊠ ❄ 🏊 ♿) Die Zimmer mit Meerblick gehören zu den besten Schnäppchen am Strip. Unter den übrigen Einrichtungen finden sich ein toller Pool, sieben Restaurants, ein Kinderclub und der beliebte Nachtclub Christine.

Holiday Inn Ixtapa (☎ 555-05-00; www.holiday-inn.com; Av Paseo del Palmar 1; Zi. 1302–3363 Mex$; P ⊠ ❄ 🏊) Steril wirkendes Businesshotel zwei Blocks hinter dem Touristenmarkt. Die komfortablen Zimmer mit den Standardmöbeln besitzen aufschiebbare Balkontüren aus Glas, aber seltsamerweise keine Balkone.

Barceló Ixtapa Beach (☎ 555-20-00; www.barceloixtapa.com; Blvd Ixtapa s/n; All-Inclusive-Angebote ab 1515 Mex$/Pers.; P ⊠ ❄ 🏊 ♿) Das All-Inclusive-Resort mit dem hübschen Pool- und Terrassenbereich ist auf Familien und Reisegruppen ausgerichtet. Minuspunkt: Die überlaute Diskomusik nervt.

Las Brisas Ixtapa Resort (☎ 553-21-21; www.brisas.com.mx; Zi. ab 2400 Mex$; P ⊠ ❄ 💻 🏊 ♿) Der riesige, orangefarbene Keil erhebt sich südlich vom Hotelstrip an einem gesonderten Teil der Playa Vista Hermosa. Die zweijährige Renovierungsphase wurde kürzlich beendet. Ergebnis ist ein zeitgenössisches mexikanisches Dekor mit jeder Menge Farbe und Holz. Alle 416 Zimmer haben supergroße Terrassen mit Hängematten und erstklassigem Meerblick. Die Bar in der Lobby zählt zu den besten Locations der Stadt.

Hotel Presidente Inter-Continental (☎ 553-00-18 od. 888-424-6835 in den USA; http://ixtapa.interconti.com; Blvd Ixtapa s/n; DZ inkl. Frühstück 2560–4920 Mex$; P ⊠ ❄ 💻 🏊 ♿) Eines der beliebtesten Strandhotels und durchweg vom Feinsten.

Dafür sorgen u.a. ein Fitnessraum, eine Sauna, Tennisplätze, sieben Restaurants und ein Kinderclub mit Spanischkursen für die kleinen Gäste.

Essen

Chili Beans (☎ 553-33-13; www.chilibeansixtapa.com; Ixtapa Plaza; Hauptgerichte 30–120 Mex$; ⏰ 7.30–23 Uhr) Dies ist eine klasse Adresse für leckere mexikanische Traditionsgerichte wie *chile rellenos* oder *mole* mit Hühnchen.Das beliebte Frühstück besteht aus nordamerikanischen Klassikern wie Blaubeerpfannkuchen und kopfgroßen Omelettes.

Señor Frog's (☎ 553-22-82; Blvd Ixtapa s/n; Hauptgerichte 56–215 Mex$) Inmitten skurriler Antiquitäten serviert „der Frosch" mexikanische Standardgerichte, Burger und Leguan.

Frog's Ito (☎ 553-22-82; Blvd Ixtapa s/n; Sushi 15–25 Mex$, Rollen 25–95 Mex$) Hier kommen Sushi, Nudeln und asiatische Salate auf den Tisch.

Soleiado (☎ 553-21-01; Blvd Ixtapa; Hauptgerichte 75–250 Mex$; ⏰ 8–23 Uhr) Exzellentes Straßencafé gegenüber vom Hotel Park Royal. Auf der langen internationalen Speisekarte steht alles Mögliche – von Frühstückseiern Benedikt bis zu Sichuan-Huhn und Linguine. Das Soleiado hat moderate Preise und ist stets gut besucht.

Villa de la Selva (☎ 553-03-62; hwww.villadelaselva.com; Paseo de la Roca Lote D; Hauptgerichte 160–475 Mex$; ⏰ 19 Uhr–open end) Das zeitgenössische Restaurant im eleganten mediterranen Stil war einst das Wohnhaus von Mexikos Ex-Präsident Luis Echeverría. Von der Villa an den Klippen hat man einen herrlichen Blick auf den Sonnenuntergang und den Ozean, während man z.B. Krabbentacos, Lachs mit Kuskus, Entenbrust oder Filet Mignon verspeist. Auch die Weinkarte kann sich sehen lassen. Reservierung erforderlich.

Unterhaltung

Alle großen Hotels besitzen Bars und Nachtclubs, manche auch eigene Diskos. In der Nebensaison sind letztere an weniger Tagen geöffnet und verlangen weniger Eintritt.

Christine (☎ 553-04-56; Blvd Ixtapa s/n; Eintritt Frauen/Männer 100/200 Mex$; ⏰ 22.30 Uhr–Sonnenaufgang) Das Christine hat ein exzellentes Sound- und Lichtsystem – wie man es von einer der angesagtesten Diskos vor Ort erwartet.

El Alebrije (☎ 553-27-10; Paseo de las Garzas s/n; Eintritt 190 Mex$) Eine Nebelmaschine, zahllose computergesteuerte Scheinwerfer, eine Bar, an der man sich bedienen kann – dazu Pop, Rock, House, Salsa und Merengue: Was will man mehr?

Carlos 'n' Charlie's (☎ 553-00-85; Blvd Ixtapa s/n) Kettenrestaurant oberhalb vom Strand. Auf der Tanzfläche geht's häufig hoch her. Am Wochenende tummeln sich hier junge Feierwütige aus der Region und dem Ausland.

El Faro (☎ 555-25-00; www.pacifica.com.mx; Ixtapa Marina; ⏰ 18–23 Uhr) Liegt am höchsten Punkt des Pacifica Resorts und ist per Seilbahn erreichbar. Gäste genießen Livejazz bei grandioser Aussicht. Reservierung erforderlich.

Mehrere große Hotels wie das **Dorado Pacífico** (☎ 553-20-25) veranstalten abendliche „Fiesta Mexicanas" (Eintritt 320–420 Mex$) mit Folkloretänzen, Mariachi, Buffet, Bar und Spielen. Manchmal gibt's ein Feuerwerk. Auch wenn man nicht dort übernachtet, kann man direkt beim jeweiligen Hotel reservieren.

Shoppen

Touristenmarkt (Paseo Ixtapa s/n; ⏰ 9–22 Uhr) Das Angebot ist kitschig und reicht von T-Shirts und Schnapsgläsern bis hin zu Silberschmuck und Tonwaren. Zihuas Shoppingmöglichkeiten sind wesentlich besser.

Anreise & Unterwegs vor Ort

Der Weg nach Ixtapa führt zwangsläufig über Zihuatanejo (Details gibt's auf S. 543). Private *colectivo*-Vans (100 Mex$/Pers.) fahren vom Flughafen nach Ixtapa, verkehren aber nicht in die Gegenrichtung. Das übernehmen Taxis (120–140 Mex$).

Ixtapa hat keinen eigenen Busbahnhof. Der **Central de Autobuses** nordwestlich von Zihuatanejo bedient beide Städte. Von 5.30 bis 23 Uhr pendeln Lokalbusse regelmäßig zwischen Ixtapa und Zihua (7 Mex$, 15 Min.). In Zihua starten sie an der Ecke Juárez/Morelos, in Ixtapa dagegen vor allen Hotels an der Hauptstraße. „Zihua-Ixtapa-Playa-Linda"-Busse fahren weiter zur Playa Linda. Innerhalb Ixtapas beträgt der Fahrpreis 4,50 Mex$.

Taxifahrten von Zihua nach Ixtapa kosten etwa 50 Mex$ – den Betrag grundsätzlich vor dem Einsteigen aushandeln!

ZIHUATANEJO

☎ 755 / 62 400 Ew.

Die Schwesterstädte Zihuatanejo (ausgesprochen sie-wah-tah-*nech*-ho) und Ixtapa könnten unterschiedlicher nicht sein: Ixtapa präsentiert seinen Besuchern eine künstliche Idylle, Zihuatanejo, das zärtlich Zihua genannt wird, steht dagegen für das echte Mexiko: Es ist ein pazifisches Paradies mit wunderschönen Stränden, freundlichen Menschen und lockerer Lebensart. Bis in die 1970er-Jahre war Zihua bestenfalls als Hippie- und Piratenschlupfwinkel bekannt – im Film *Die Verurteilten* begeben sich Tim Robbins und Morgan Freeman in das verschlafene Fischerdorf, um dort als Ex-Häftlinge ein einfaches Leben in Freiheit zu genießen. Mit dem Bau des benachbarten Ixtapa explodierten Zihuas Bevölkerungszahl und die Tourismusindustrie praktisch über Nacht.

Besonders wenn Kreuzfahrtschiffe eintreffen, werden manche Stadtteile mittlerweile geradezu von Touristen überschwemmt, und allmählich treten Luxushotels an die Stelle alter Gästehäuser in Familienbesitz. Doch zum Glück hat sich Zihua seinen reizvollen historischen Charme größtenteils bis heute bewahrt. An den schmalen Kopfsteinpflasterstraßen im Zentrum liegen wunderbare Restaurants, Bars, Boutiquen und Kunsthandwerkstätten. Einheimische Fischer verkaufen ihren Tagesfang immer noch jeden Morgen auf dem Paseo de Pescador (der Fischerpromenade) am Strand und bei Dunkelheit spazieren junge Liebespaare und Familien weiterhin unbekümmert über die romantische Uferpromenade. Zihua vereint gewissermaßen zwei Welten.

Orientierung

Zihuas Vororte wachsen stetig; sie breiten sich langsam über die Bucht hinaus aus bis in die Hügel. Im Zentrum ist aber alles Wesentliche auf ein paar Blocks konzentriert. In den wenigen, gut beschilderten Straßen findet man sich leicht zurecht. Das 8 km nordwestlich gelegene Ixtapa ist problemlos mit den regelmäßig verkehrenden Regionalbussen oder einem Taxi zu erreichen. Der Flughafen liegt rund 13 km südöstlich der Stadt; die Terminals der Überlandbusse sind dagegen 2 km weiter im Nordosten zu finden.

Praktische Informationen

GELD

Die vielen Banken und *casas de cambio* in Zihuatanejo wechseln US-Dollar und lösen auch Reiseschecks ein. Die folgenden Banken haben Geldautomaten:

Banamex (Ecke Ejido & Guerrero)
Bancomer (Ecke Juárez & Bravo; ⌚ Mo–Fr 8.30–16, Sa 10–14 Uhr)
Banorte (Ecke Juárez & Ejido; ⌚ Mo–Fr 9–16, Sa 10–14 Uhr)

INTERNETZUGANG

Zihuatanejo hat zahlreiche Internetcafés.
Infinitum Internet (Bravo 12; 10 Mex$/Std.) Dazu gehört auch ein Reisebüro.

MEDIZINISCHE VERSORGUNG

Dr. Rogelio Grayeb (☎ 554-33-34, 553-17-11) Hat an sieben Tagen die Woche 24 Stunden Dienst, spricht Englisch und macht sogar Hausbesuche!

NOTFALL

Krankenhaus (☎ 554-36-50; Av Morelos) Auf der Morales und der Mar Egeo.
Notruf (☎ 060; ⌚ 24 Std.)
Touristenpolizei (☎ 554-20-40; Alvarez) Neben dem Basketballfeld.

POST

Post (⌚ Mo–Fr 8–18, Sa 9–13 Uhr) Die Post ist im selben Gebäude wie Telecomm, hinter dem großen, gelben Coppel-Kaufhaus abseits der Morales.

REISEBÜROS

Mehrere Reisebüros haben neben dem üblichen Reiseservice auch Touren in die Umgebung im Angebot:
Turismo Internacional del Pacífico (TIP; ☎ 554-75-10/11; Ecke Juárez & Álvarez; ⌚ Mo–Sa 9–14 & 16–19, So 17–19 Uhr)

TELEFON & FAX

Mehrere *casetas* (beispielsweise die beiden an der Ecke Galeana/Ascencio) bieten Ferngespräche und Faxservice an. Telmex-Kartentelefone verteilen sich über das gesamte Stadtgebiet.
Telecomm (⌚ Mo–Fr 8–18, Sa 9–13 Uhr) Filiale in der Post; Faxservice.

TOURISTENINFORMATION

Touristeninformation Zentrale im Rathaus (☎ /Fax 554-20-01; www.ixtapa-zihuatanejo.com; Zihuatanejo Pte s/n, Colonia La Deportiva; ⌚ Mo–Fr 8–16 Uhr); Filiale (an der Paseo de la Bahia; ⌚ Mo–Fr 8–16 Uhr) Die städtische Touristeninformation befindet sich im Obergeschoss des *ayuntamiento* (Rathauses) 2 km nordöstlich vom Zentrum. Hier halten Regionalbusse auf der Fahrt von Ixtapa nach Zihuatanejo. Die Filiale ist dagegen beim Südende der Playa La Ropa zu finden.

Touristenkiosk (Álvarez s/n; Hauptsaison 9–20 Uhr) Kostenlose Informationen, Karten und Prospekte im Herzen der Stadt.

WASCHSALON

Lavandería del Centro (☎ 554-97-91; Guerrero 17; 15 Mex$/3 kg; Mo–Sa 8–20, So 10–16 Uhr) Bietet auch Selbstbedienung an.

Gefahren & Ärgernisse

Nach einer Studie der mexikanischen Umweltbehörde Profepa waren 2003 16 Strände des Landes untragbar stark mit Bakterien kontaminiert. Ganz oben rangierten die Playas La Ropa, Las Gatas und Municipal an der Bahía Zihuatanejo. Ursache des Problems waren unzureichend geklärte Abwässer und verseuchte Abflüsse. Um die Bucht wieder zu säubern, investierte Mexiko mehrere Millionen Peso in die Modernisierung der Kanalisation und der Fischereiflotte. Als sich die Lage gerade etwas gebessert hatte, kündigte die Regierung 2007 den Bau eines gigantischen Kreuzfahrtterminals in der Mitte der Bucht an. Darum entbrannte eine hitzige Debatte zwischen Stadtentwicklern und Umweltschützern. Zum Zeitpunkt der Recherche war über dieses umstrittene Projekt noch nicht endgültig entschieden worden.

Sehenswertes

MUSEO ARQUEOLÓGICO DE LA COSTA GRANDE

Das kleine **archäologische Museum** (☎ 554-75-52; Ecke Plaza Olof Palme & Paseo del Pescador; Eintritt 10 Mex$; Di–So 10–18 Uhr) widmet sich der Geschichte, Archäologie und Kultur der Guerrero-Küste. Die meisten Infotafeln sind auf Englisch und Spanisch beschriftet.

STRÄNDE

An allen Stränden entlang der Bahía de Zihuatanejo ist die Dünung sanft. Wer auf große Brecher steht, macht sich besser auf in Richtung Westen nach Ixtapa.

Die **Playa Municipal** direkt vor der Stadt ist der unattraktivste Badestrand an der Bucht. Die **Playa Madera** („Holzstrand") liegt nur einen netten, fünfminütigen Spaziergang östlich der Playa Municipal; hierher führt eine Betonpromenade, die rund um die felsige Landzunge geht (abends turteln hier viele junge Paare).

Ab der Playa Madera hinter dem *mirador* geht's auf der steilen Carretera Escénica für weitere 15 bis 20 Minuten (weniger als 1 km) über den Hügel hinunter zur breiten **Playa La Ropa** („Stoffstrand"), die so heißt, weil hier einst eine spanische Galeone auf Grund lief und deren Ladung Seide an den Strand gespült wurde. Am Strand stehen Palmen und Meeresfrüchterestaurants. Ein hübscher Spaziergang führt hoch auf die Klippen, die eine tolle Aussicht aufs Wasser ermöglichen. La Ropa ist einer von Zihuas herrlichsten Stränden; er eignet sich prima zum Schwimmen, Parasailing, Wasserskifahren und Kicken im Sand. Außerdem können Bretter zum Windsurfen und Segelboote ausgeliehen werden.

Die abgeschiedene **Playa Las Gatas** („Katzenstrand") wurde nach den „schnurrbärtigen" Ammenhaien benannt, die hier einst herumschwammen. Liegestühle und Restaurants

ZIHUATANEJOS PARTHENON

Hoch über der Playa Ropa auf dem Gipfel eines Hügels steht ein bröckelndes Marmorgebäude. Es wird teilweise vom wuchernden Wald verdeckt und ähnelt einem bestimmten berühmten Tempel in Griechenland. „El Parthenon" wurde 1982 von Arturo „El Negro" Durazo Moreno errichtet. Mexico Citys Ex-Polizeichef verdiente offiziell magere 400 US$ im Monat, lebte aber dennoch in Saus und Braus. Er sammelte u. a. Oldtimer-Autos und baute protzige Häuser im ganzen Land. Mit italienischem Marmor, Statuen und Fresken konnte ihm auch das Parthenon nicht teuer genug sein. Zusätzlich bekam das Gebäude eine Open-Air-Disko und einen riesigen Pool mit unschlagbarer Aussicht auf die Bucht. Doch Durazo konnte diesen Prunk nicht mehr genießen: Kurz nach der Fertigstellung geriet er in Verdacht, seine Polizeibeamten um Millionen Peso erpresst zu haben. Er flüchtete ins Ausland, wurde nach langer Hetzjagd verhaftet und bekam schließlich sechs Jahre Gefängnis. Im Jahr 2000 starb Durazo, doch sein Parthenon steht bis heute. Wie eine antike Ruine wittert es vor sich hin, während die Regierung über seine Zukunft debattiert. Offiziell ist Mexikos unfreiwilliges Korruptionsdenkmal nicht öffentlich zugänglich – wer aber höflich bei den Wachen nachfragt, darf vielleicht einen Blick hineinwerfen.

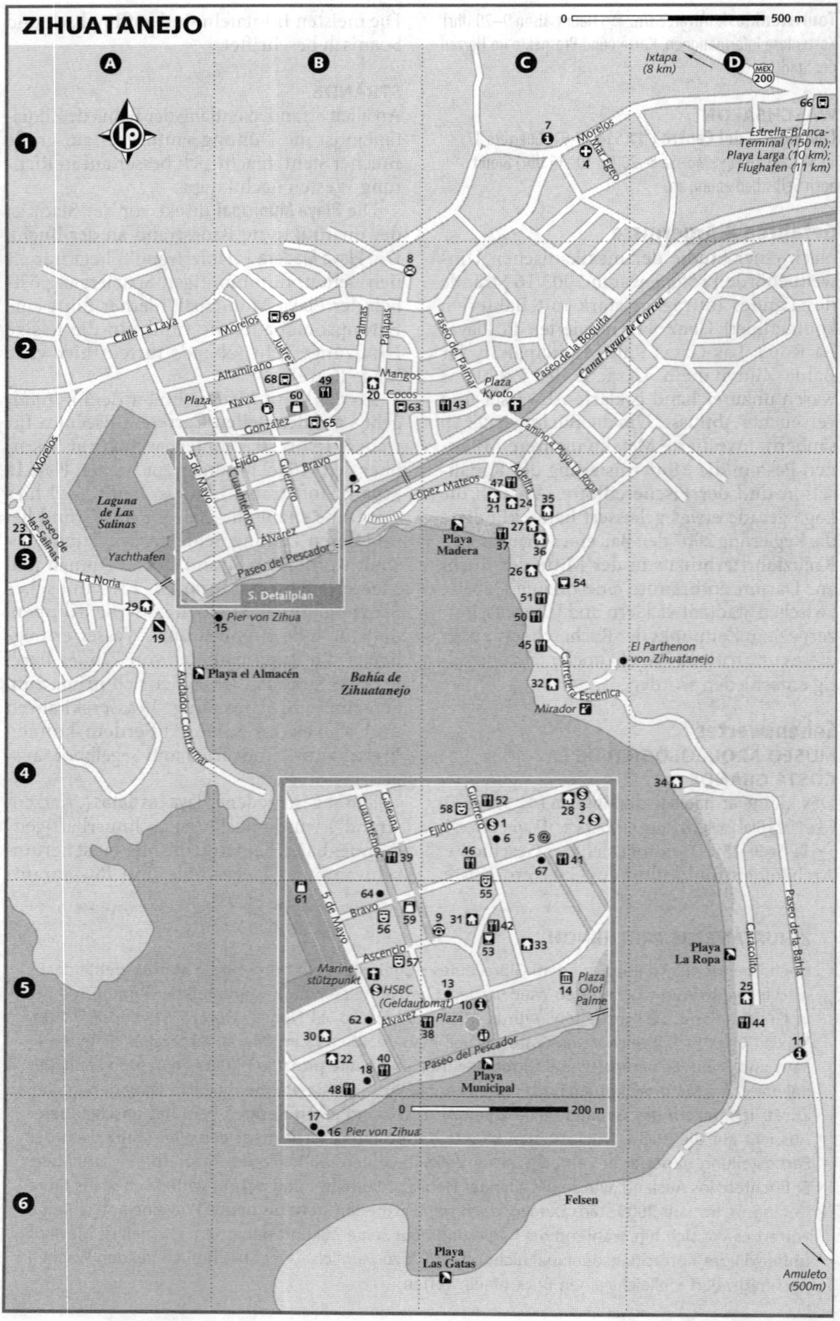
ZIHUATANEJO
0 500 m
A
B
C
D
1
2
3
4
5
6
Ixtapa (8 km)
MEX 200
Estrella-Blanca-Terminal (150 m); Playa Larga (10 km); Flughafen (11 km)
Morelos
Mar Egeo
Calle La Laya
Juárez
Altamirano
Palmas
Palapas
Mangos
Cocos
Paseo del Palmar
Plaza Kyoto
Paseo de la Boquita
Canal Agua de Correa
Camino a Playa La Ropa
Plaza
Nava
González
5 de Mayo
Ejido
Cuauhtémoc
Guerrero
Bravo
Álvarez
Paseo del Pescador
López Mateos
Adelita
S. Detailplan
Laguna de Las Salinas
Yachthafen
Paseo de las Salinas
La Noria
Pier von Zihua
Playa el Almacén
Andador Contramar
Bahía de Zihuatanejo
Playa Madera
El Parthenon von Zihuatanejo
Carretera Escénica
Mirador
Galeana
Ascencio
Marine-stützpunkt
HSBC (Geldautomat)
Plaza Olof Palme
Playa Municipal
0 200 m
Playa La Ropa
Caracolito
Paseo de la Bahía
Felsen
Playa Las Gatas
Amuleto (500m)

PRAKTISCHES
Banamex........1 C4
Bancomer........2 C4
Banorte........3 C4
Krankenhaus........4 C1
Infinitum Internet........5 C4
Lavandería del Centro........6 C4
Städtische Touristeninformation..7 C1
Post........8 B2
Telecomm........(siehe 8)
Telefon-casetas........9 C5
Touristenkiosk (nur in der Hauptsaison)........10 C5
Touristeninformation (Filiale)....11 D5
Touristenpolizei........(siehe 10)
Turismo Internacional del Pacífico........12 B3

SEHENSWERTES & AKTIVITÄTEN
Buceo Nautilus Divers........13 C5
Museo Arqueológico de la Costa Grande........14 C5
Picante........15 B3
Sociedad Cooperativa José Azueta........16 B6
Sociedad de Servicios Turísticos........(siehe 18)
Ticketbüro für die Boote zur Playa Las Gatas & Isla Ixtapa........17 B6
Whisky Water World........18 B5
Zihua Dive Center........19 A3

SCHLAFEN
Angela's Hotel & Hostel........20 B2
Bungalows Ley........21 C3
Casa de Huéspedes Elvira........22 B5
Hostal Rincón del Viajero........23 A3
Hotel Brisas del Mar........24 C3
Hotel Casa del Mar........25 D5
Hotel Irma........26 C3
Hotel Palacios........27 C3
Hotel Posada Michel........28 C4
Hotel Raúl Tres Marías........29 A3
Hotel Raúl Tres Marías Centro..30 B5
Hotel Zihuatanejo Centro........31 C5
La Casa Que Canta........32 C4
Posada Citlali........33 C5
Villa Mexicana........34 D4
Villas Miramar........35 C3
Villas Miramar........36 C3

ESSEN
Bistro Del Mar........37 C3
Café Marina........38 C5
Cafetería Nueva Zelanda........39 B4
Casa Elvira........40 B5
Cenaduría Antelia........41 C4
Coconuts........42 C5
Doña Licha........43 C2
El Manglar........44 D5
Il Mare........45 C3
Il Paccolo........46 C4
La Casa Vieja........47 C3
La Sirena Gorda........48 B5
Market........49 B2
Puerta del Sol........50 C3
Restaurant Kau-Kan........51 C3
Tamales y Atoles Any........52 C4
Zihua Pancake House........(siehe 39)

AUSGEHEN
Jungle Bar........53 C5
Zihuablue........54 C3

UNTERHALTUNG
Black Bull Rodeo........55 C4
Cine Paraíso........56 B5
Rick's........57 B5
Sacbé........58 C4

SHOPPEN
Alberto's........59 B5
El Jumil........(siehe 38)
Mercado Municipal de las Artesanías........60 B2
Mercado Turístico La Marina.....61 B5
Pancho's........(siehe 56)

TRANSPORT
Aeroméxico........62 B5
Busse nach Petatlán, La Unión..63 B2
Click Mexicana & Mexicana......64 B5
Coacoyul-Bushaltestelle (zur Playa Larga & zum Flughafen).......65 B2
Estrella-de-Oro-Terminal........66 D1
Hertz........67 C4
La-Correa-Bushaltestelle (zu den Fernbusbahnhöfen).......68 B2
Lokalbusse nach Ixtapa........69 B2

nehmen den geschützten Strand ein. Er bietet hervorragende Möglichkeiten zum Schnorcheln (hier gibt's ein paar Korallen) und Plantschen für die Kleinen – Vorsicht aber wegen der Seeigel! Neben ein paar Buden am Strand verleihen auch die Restaurants Schnorchelausrüstung (ca. 50 Mex$/Tag). Zwischen 9 und 17 Uhr laufen regelmäßig Boote vom Pier in Zihuatanejo zur Playa Las Gatas aus. Fahrkarten (hin & zurück 35 Mex$) sind beim Stand am Ende des Piers erhältlich; Tickets für die einfache Strecke können Passagiere auch direkt an Bord kaufen.

Die **Playa Larga** liegt rund 10 km südlich von Zihua direkt vor dem Flughafen. Hier gibt's mächtige Wellen, Strandrestaurants und Reitmöglichkeiten. Der abgelegene, weiße Sandstrand der **Playa Manzanillo** gleich nebenan ist von Zihua aus per Boot erreichbar; angeblich bietet sie die besten Schnorchel-Spots der Gegend. Um die Playa Larga zu erreichen, zunächst einen „Coyacoyul"-Combi (6 Mex$, 10 Min.) ab der Juárez gegenüber vom Markt nehmen und dann an der Abzweigung zur Playa Larga aussteigen. Von dort aus geht's mit einem weiteren Combi zum Strand.

Aktivitäten

ANGELN

Im Anglerparadies Zihuatanejo gehen das ganze Jahr über Segelfische an den Haken. Ansonsten beißen auch Blau- bzw. Schwarzmarline (März–Mai), Papageienfische (Sept.–Okt.), Wahoos (Okt.), Goldmakrelen (Nov.–Dez.) und Spanische Makrelen (Dez.). Hochseeangeltrips können bis zu sieben Stunden dauern und kosten je nach Bootsgröße 1950 bis 4335 Mex$. Die Ausrüstung ist normalerweise im Preis enthalten.

Sociedad Cooperativa José Azueta (☎ 554-20-56; Muelle Municipal) und **Sociedad de Servicios Turísticos** (☎ 554-37-58; Paseo del Pescador 20) zählen zu den Angelanbietern beim Pier von Zihuas. Die Angestellten von **Whisky Water World** (☎ 554-01-47 od. 800-214-9003 in den USA; www.ixtapa-sportfishing.com; Paseo del Pescador 38) sprechen auch Englisch.

SCHNORCHELN & GERÄTETAUCHEN

An der Playa Las Gatas und vor allem an der Playa Manzanillo kann man einwandfrei schnorcheln. Das gilt vor allem für die Trockenperiode, denn dann ist die Sicht unter Wasser am besten, bis zu 35 m weit. Weil hier verschiedene Strömungen zusammen treffen, herrscht unter Wasser eine große Artenvielfalt. Zwischen Dezember und Februar kommen Buckelwale auf Wanderschaft hier durch. Mantarochen lassen sich das ganze Jahr über blicken, am häufigsten sind sie aber im Sommer zu sehen. Das blaue Wasser ist dann am saubersten und am wärmsten. An der Playa Las Gatas gibt's auch Schnorchelausrüstung zum Leihen (ca. 50 Mex$/Tag).

Buseo Nautilus Divers (☎ 554-91-91; www.nautilus-divers.com; Álvarez 33; Mo–Sa 8–16 Uhr; 1-/2-Flaschen-Tauchgänge 542/813 Mex$) hat verschiedene Tauchausflüge sowie NAUI-Kurse und -Zertifikate im Programm. Das **Zihua Dive Center** (☎ 554-85-54; www.zihuatanejodivecenter.com; Av La Noria 1; 1-/2-Flaschen-Tauchgänge 705/921 Mex$) bietet neben PADI-Kursen und -Scheinen auch Schnorchel-, Tauch- und Kajaktrips an. Das Personal spricht Englisch, Spanisch und Französisch.

Geführte Touren

Mit dem 23 m langen Katamaran **Picante** (☎ 554-26-94 od. 554-82-70; www.picantecruises.com), der in der Bahía de Zihuatanejo vor Anker liegt, können Traveller verschiedene Ausflüge machen. Die Tour „Sail and Snorkel" (813 Mex$, 10–14.30 Uhr) Richtung Süden führt zu den erstklassigen Schnorchelspots am Korallenriff vor der Playa Manzanillo. Beim „Magical Sunset Cruise" (542 Mex$, 17–19.30 Uhr) segelt man zuerst rund um die Bucht, dann hinaus zur Küste von Ixtapa. Die aufgeführten Preise beinhalten Getränke, Verpflegung und den Shuttleservice vom bzw. zum Hotel. Bitte reservieren!

Schlafen

Zihuatanejo hat eine gute Auswahl an Unterkünften für jeden Geldbeutel. Die aufgeführten Standardpreise gelten für die Hauptsaison. Neben der Zeit von Anfang Dezember bis Anfang Januar fällt darunter auch die Semana Santa. In der Nebensaison gibt's manchmal bis zu 20 % Rabatt. Zu Zeiten, zu denen nicht viel los ist, und wenn man länger als ein paar Tage bleiben will, ist Feilschen aussichtsreicher.

BUDGETUNTERKÜNFTE

LP Tipp **Hostel Rincón del Viajero** (☎ 105-43-98; www.rinconviajerozihua.4t.com; rinconviajerozihua@gmail.com; Paseo las Salinas 50, La Noria; B 110 Mex$/Pers., DZ ohne/mit eigenem Bad 210/280 Mex$) Das Rincón del Viajero („Ecke der Reisenden") ist teils Künstlerkolonie, teils botanischer Garten. Die ehemalige Weinschenke gehört der Surferin und Künstlerin Malinalli, die das einst heruntergekommene Haus sehr kreativ restauriert hat. Neben Malis eigenen Werken ziert auch mexikanisches Kunsthandwerk die farbenfrohen, komfortablen Zimmer und Aufenthaltsräume. Gemeinschaftsküche, Wäscheplatz, Planschbecken, Dachterrasse, Hängematten und Leihfahrräder sind ebenfalls vorhanden. Ein wunderbares Café serviert frisches Obst aus dem eigenen Hof. Mali spricht Spanisch, Englisch, Französisch, Italienisch und etwas Portugiesisch.

Angela's Hotel & Hostel (☎ 112-2191; www.zihuatanejo.com.mx/angelas; Mangos 25; B/DZ 150/250 Mex$) Freundliches Hostel mit hilfsbereiten Angestellten, Gästezimmern, Schlafsälen, Gemeinschaftsküche, Spinden und Gepäckaufbewahrung. Liegt 15 Gehminuten vom *zócalo* entfernt hinter dem Gemeindemarkt.

Casa de Huéspedes Elvira (☎ 554-20-61; Álvarez s/n; Zi. ohne/mit Klimaanlage 250/350 Mex$) Anständige zweistöckige Budgetoption mit acht Zimmern rund um einen offenen Hof. Mehr Tageslicht und Privatsphäre machen die Quartiere im Obergeschoss deutlich angenehmer.

Posada Citlali (☎ 554-20-43; Guerrero 4; EZ/DZ 300/400 Mex$) Diese hübsche, schon ältere Posada hat schlichte, aber saubere Zimmer, die rund um einen düsteren, grünen, zentralen Hof angeordnet sind. Man sollte besser ein Zimmer vorne nehmen – direkt hinter dem Hotel befindet sich eine Grundschule, und da wird man von den lärmenden Schülern frühmorgens aus dem Bett geschmissen.

MITTELKLASSEHOTELS

Hotel Raúl Tres Marías (☎ 554-21-91; r3mariasnoria@yahoo.com; La Noria 4; EZ/DZ 400/580 Mex$) Beliebte Option jenseits der Fußgängerbrücke über die Lagune. Die günstigen Zimmer sind sauber und geräumig. Das Highlight hier sind jedoch die großen, terrassenartigen Veranden mit Stühlen und Hängematten. Dort ist die Aussicht auf den Pier ganz hervorragend.

Hotel Raúl Tres Marías Centro (☎ 554-67-06; www.ixtapa-zihuatanejo.net/r3marias; Álvarez 52; Zi. 680 Mex$; P) Viele der schlichten, aber guten Zimmer haben eigene Balkone. Unten ist ein beliebtes Restaurant. Während der Hauptsaison ist das Frühstück inklusive.

Hotel Zihuatanejo Centro (☎ 554-26-69; www.ixtapa-zihuatanejo.net/zihuacenter; Ramírez 2; EZ/DZ 850 Mex$; P) Großartige Adresse im

Herzen des Stadtzentrums. Das melonenfarbene Hotel besitzt 74 fröhliche und sonnige Zimmer und seine Gäste kommen in den Genuss von Einrichtungen, die normalerweise nur teurere Resorts bieten, z. B. eine beliebte Bar und ein Internetcafé vor Ort.

Hotel Palacios (☎/Fax 554-20-55; hotelpalacios@prodigy.net.mx; Adelita s/n; DZ 850–950 Mex$; P) Das familienfreundliche Hotel am östlichen Ende der Playa Madera hat einen kleinen Pool, eine Terrasse zum Strand hinaus und renovierte Zimmer. Manche davon sind klein und ohne Aussicht, dafür aber mit komfortablen Betten ausgestattet.

Hotel Irma (☎ 554-84-72; www.hotelirma.com.mx; hotelreserv@prodigy.net.mx; Playa de La Madera s/n; EZ/DZ 924/1041 Mex$; P) Das Hotel Irma steht gleich oberhalb der Playa Madera und wird wie ein lieber Verwandter alljährlich von denselben Stammgästen besucht, denn Service und Atmosphäre sind sehr familiär. Manche der renovierten Zimmer bieten eine prima Aussicht auf die Bucht, den Pool und die Terrasse unten. Die moderaten Preise machen es zu einer tollen Option in der Nebensaison.

Villas Miramar (☎ 554-2106; www.hotelvillasmiramar.com; Zi. mit Garten-/Meerblick 950/1050 Mex$, Suite 1800 Mex$; P) Der relaxte Komplex in fröhlichem Orange besteht aus zwei Gebäuden: einem großen Strandhotel direkt an der Playa Madera und einem kleineren „Gartenhaus“ genau gegenüber. Beide haben geräumige, komfortable Zimmer und eigene Pools.

Bungalows Ley (☎ 554-40-87; www.zihua.net/bungalosley; López Mateos s/n; Bungalow mit 1/2 Schlafzi. 975/1842 Mex$; P) Die Bungalows in nächster Nähe zur Playa Madera sind nichts Besonderes, aber gepflegt und geräumig. Alle haben Tresore und schilfgedeckte Terrassen mit Hängematten, Küchen oder Kochstellen (teilweise im Freien), eine unschlagbare Aussicht und direkten Zugang zum Strand.

SPITZENKLASSEHOTELS

Villa Mexicana (☎ 553-36-36; www.hotelvillamexicana.com.mx; Playa La Ropa s/n; EZ/DZ ab 1158 Mex$; P) Das neue Hotel in Orange- und Blautönen zählt zu den wenigen Adressen direkt am Strand von Zihua. In den geräumigen Zimmern mit Fliesen und Stuckelementen gibt's Kabel-TV, Telefon und Tresore. Dazu gehören auch ein beliebter Pool und eine Restaurant-Bar am Strand.

Hotel Brisas del Mar (☎ 554-21-42; www.hotelbrisasdelmar.com; López Mateos s/n; DZ ab 1312 Mex$;) Das weitläufige Feriendorf aus roten Adobeziegeln klebt oberhalb der Playa Madera an den Klippen. Die geräumigen Zimmer sind perfekt für einen ruhigen Romantikurlaub. Alle besitzen eigene Balkone mit Hängematte und Mega-Meerblick. Eingerichtet sind die Zimmer mit traditionell mexikanischen Möbeln, Kunsthandwerk und Fliesen. Eine steile Treppe führt hinunter zum hauseigenen Bistro del Mar am Strand, das zu Zihuas besten Restaurants gehört.

Amuleto (☎ 544-6222 od. 213-280-1037 in den USA; www.amuleto.net; Escenica 9; Zi. ab 3951 Mex$; P) Das noble Amuleto in den hohen Hügeln über der Playa La Ropa ist Zihuas neuestes Luxushotel. Alle urigen Zimmer sind mit Stein-, Keramik- und Holzelementen dekoriert. Die Suiten haben eigene Pools mit fabelhafter Aussicht. Das Hausrestaurant zählt zu den heißesten Newcomern der Stadt.

La Casa Que Canta (☎ 554-70-30 od. 800-710-93-45; www.lacasaquecanta.com; Carretera Escénica s/n; Zi. 5039 Mex$, Suite 5961–9104 Mex$; P) La Casa Que Canta („das singende Haus“) wird regelmäßig unter die weltbesten Hotels gewählt. Dieser Inbegriff von Luxus, Exklusivität und Kundenservice liegt zwischen der Playa Madera und der Playa La Ropa auf den Klippen. Neben exquisit dekorierten Zimmern beherbergt das schilfgedeckte Hotel auch ein Restaurant, ein Fitnesszentrum, einen Wellnessbereich und zwei Pools. Sein weitaus größter Vorzug könnte jedoch die Ruhe sein: Fernseher und Gäste unter 16 Jahren sucht man hier vergebens.

Essen

Guerrero ist für seine *pozole* bekannt. Diesen herzhaften Fleisch- und Gemüseeintopf servieren die meisten örtlichen Restaurants donnerstags. Zihuas Spezialität sind *tiritas* – rohe Fischfilets in einer Marinade aus roten Zwiebeln, Chilis und Zitronen- oder Limonensaft. Dazu gibt's Salzcracker und eine scharfe Sauce. Dieses Gericht steht nicht überall auf der Karte, man bekommt es meist an Imbissständen im Umkreis der Busbahnhöfe und an den *enramadas* am Strand.

PASEO DEL PESCADOR

Die Meeresfrüchte hier sind frisch und schmackhaft. Viele beliebte (wenn auch touristisch geprägte) Fischrestaurants säumen die Playa Municipal. Empfehlenswerte Lokale von West nach Ost sind:

Café Marina (☎ 554-23-73; Paseo Pescador; Hauptgerichte 50–125 Mex$; ⌚ 8–21 Uhr) Das Minicafé am Westrand der Plaza serviert prima Pizza, Spaghetti und Sandwiches.

Casa Elvira (☎ 554-20-61; Paseo del Pescador 8; Hauptgerichte 60–160 Mex$; ⌚ 13–22.30 Uhr) Dieses alteingesessene Lokal bringt Köstlichkeiten wie Austern Rockefeller, gedämpfte Riesengarnelen und gegrillten Tintenfisch mit Knoblauch auf den Tisch. Veggies freuen sich über Suppen, Salate und Pasta. Zum Nachtisch den Kokospudding probieren!

La Sirena Gorda (Die dicke Meerjungfrau; ☎ 554-26-87; Paseo del Pescador 90; Hauptgerichte 60–230 Mex$; ⌚ Do–Di 8.30–22.30 Uhr) Das lässige und beliebte Open-Air-Lokal in der Nähe des Piers serviert neben tollen Knoblauchgarnelen, Thunfischcurry und Fischtacos auch Burger und traditionell Mexikanisches.

ZIHUATANEJOS ZENTRUM – LANDEINWÄRTS

Auf dem **Markt** (Juárez; ⌚ 7–18 Uhr) an der Ecke Juarez/Gonzalez bekommt man herzhafte Morgen- und Mittagsmahlzeiten für wenig Geld. Im ganzen Stadtgebiet haben Tacostände bis spät in die Nacht geöffnet.

Tamales y Atoles Any (☎ 554-73-73; Guerrero 38; Hauptgerichte 20–90 Mex$) Freundliches Restaurant unter einem großen *palapa*-Dach, das sich auf mexikanische Spitzen-Traditionsküche spezialisiert hat und seinen Kunden mit *caldo de mi patrón* ungewöhnliche Geschmackserlebnisse beschert. Die „Suppe meines Herrn" besteht v. a. aus Hühnerleber, -füßen und -magen. Der Renner sind aber die *tamales* und *atoles*. Bei Letzteren handelt es sich um süße Heißgetränke, die mit Maismehl angedickt und unterschiedlich verfeinert werden.

Cafetería Nueva Zelanda (☎ 554-23-40; Cuauhtémoc 23–30; Hauptgerichte 20–60 Mex$) Das makellos saubere Diner versetzt Gäste zurück in die gute alte Zeit. Neben Shrimptacos und Fajitas mit Hühnchen kann man hier z. B. Bananensplit ordern. Alle Gerichte gibt's auch *para llevar* (zum Mitnehmen). Serviert werden außerdem ein super Frühstück und den ganzen Tag lang klasse Cappuccini. Es gibt Eingänge an der Cuauhtémoc und an der Galeana.

Zihua Pancake House (☎ 554-20-87 od. 100-59-56; zihuapancake@yahoo.com.mx; Ecke Galeana & Ejido; Frühstück 30–50 Mex$; ⌚ Di–So 7–14 Uhr) Das beliebte Freiluftrestaurant ist die beste Frühstückslocation der Stadt. Hier kann man prima Leute beobachten und nebenbei amerikanische Klassiker vertilgen. Auf der Karte stehen z. B. Eier Benedikt, French Toast, Waffeln und natürlich verschiedene Pfannkuchen. Das Lokal hat auch eine Cocktailbar, die Mimosas, Bloody Marys und andere starke Drinks zubereitet.

Cenaduría Antelia (☎ 554-30-91; Bravo 14; Gerichte unter 50 Mex$; ⌚ 9–14.30 & 18–24 Uhr) Das beliebte, freundliche Lokal verköstigt Gäste seit 1975 täglich mit schmackhaften *antojitos mexicanos* und Desserts. Nach dem *tamal de chile verde* oder einer randvollen Schüssel *pozole* bietet sich *calabaza con leche* (Kürbis in Milch) zum Nachtisch an.

Doña Licha (☎ 554-39-33; Cocos 8; Hauptgerichte 50–85 Mex$; ⌚ 8–18 Uhr) Das Licha ist für seine mexikanische Hausmannskost, die lockere Atmosphäre, das üppige Frühstück und prima Preise bekannt. Täglich stehen verschiedene *comidas corridas* zur Auswahl – u. a. eine leckere Spezialität namens *pollo en cacahuete* (Huhn in Erdnusssauce). Dazu gibt's Reis, Bohnen und hausgemachte Tortillas.

Il Paccolo (☎ 559-08-38; Bravo 38; Hauptgerichte 60–110 Mex$; ⌚ 16–24 Uhr) Lust auf Italienisch? Das ruhige Il Paccolo tischt leckere Pizza, Pasta, Fleisch und Meeresfrüchte auf. Das Ambiente ist düster und entspannt und die Bar nett.

Coconuts (☎ 554-79-80; Ramírez 1; Hauptgerichte 90–265 Mex$; ⌚ 12–23 Uhr) Wenn es ein romantisches Abendessen sein soll, ist das gehobene Lokal mit dem aufmerksamen Service kaum zu toppen: Im Hof voller zauberhafter Lichter werden z. B. Schnapper mit Knoblauch, Entenschlegel, *chiles rellenos*, Kräuterhuhn oder Gemüsekuchen serviert.

RUND UM DIE BUCHT

El Manglar (☎ 554-3752; Playa La Ropa s/n; Hauptgerichte 45–148 Mex$; ⌚ Do–Di 12–21 Uhr) Das El Manglar („die Mangrove") ist eines von mehreren Meeresfrüchterestaurants an der Playa La Ropa, aber einzigartig, weil es in einem Naturschutzgebiet liegt, in dem Krokodile, Leguane, Vögel und Schildkröten leben. Auf der Karte stehen z. B. stark gebratener Thunfisch mit 27 Gewürzen, Goldmakrele und Filet Mignon. Hinter dem Haus befindet sich ein Wohnmobilpark mit Duschen und sanitären Anlagen (200 Mex$/Tag).

LP Tipp **La Casa Vieja** (☎ 557-08-37; www.restaurantcasavieja.com.mx; Josefa Ortiz de Domínguez 7; Hauptgerichte 45–155 Mex$; ⌚ Mo–Sa 11–23, So 9–

Tulum
Chicanna (Laguna de Bacalar)
Calakmul
Palenque
San Cristobal de las Casas
(Agua Azul)
Zinacantan
San Juan Chamula
campeche
Uxmal
Merida
Cancun
Izamal
Chichen Itza

22 Uhr) Dieses Juwel versteckt sich in einem Wohngebiet nahe der Playa Madera. Die tolle traditionelle mexikanische Küche wird von Einheimischen und ortskundigen Travellern gleichermaßen geschätzt. Tipp: Donnerstags gibt's Livemusik und zwei *pozoles* zum Preis von einer.

Puerta del Sol (☎ 554-83-42; Carretera Escénica s/n; Hauptgerichte 75–200 Mex$; 🕑 17–24 Uhr) Das romantische Lokal klebt zwischen der Playa Madera und der Playa La Ropa auf den Klippen. Sein internationales Menü ist buchstäblich brandheiß: Hier werden nicht nur Steaks flambiert, sondern auch Obstdesserts und Kaffee. Ähnlich spektakulär ist die Aussicht auf Bucht und Sonnenuntergang. In der Hauptsaison geht ohne Reservierung gar nichts.

Il Mare (☎ 554-90-67; Escénica a la Ropa 105; www.ilmareristorante.com; Hauptgerichte 80–225 Mex$; 🕑 12–22 Uhr) Der romantische Italiener ist für Spezialitäten aus dem Mittelmeerraum bekannt. Serviert werden z. B. Linguine ai Frutti di Mare in würziger Marinara-Sauce oder Farfalle mit Räucherlachs.

Bistro del Mar (☎ 554-2142; www.hotelbrisasdelmar.com; Playa Madera s/n; Hauptgerichte 80–380 Mex$; 🕑 7–23 Uhr) Das wunderschöne Strandbistro gehört zum Hotel Brisas del Mar. Seine moderne mexikanische Küche mischt lateinamerikanische Elemente wundervoll mit Einflüssen aus Asien und Europa. Zu den verschiedenen Spezialitäten zählen Eigenkreationen wie süß-sauer marinierte Riesengarnelen, die mit Tequila flambiert und auf einem Maiskuchen serviert werden. Unter dem markanten Segeltuchdach flackert Kerzenlicht auf den romantischen Tischen am Strand – ein Fest für Seele, Herz und Magen.

Restaurant Kau-Kan (☎ 554-84-46; Carretera Escénica 7; Hauptgerichte 160–325 Mex$; 🕑 17–24 Uhr) In dem renommierten Restaurant hoch oben auf den Klippen haben Gourmets eine herrliche Aussicht – und die Qual der Wahl: Stachelrochen in Beurre Noir? Marinierte Seeohren? Oder doch lieber gegrillte Lammkeule mit Kuskus?

Ausgehen

Jungle Bar (Ecke Ascencio & Ramírez; 🕑 19–2 Uhr) Relaxte Straßenbar mit witzigen Angestellten und günstigen Getränken. Bei pulsierenden Bässen kann man hier abshaken oder sich mit Einheimischen und anderen Travellern anfreunden. Die Urwaldbilder an den Wänden gehen auf das Konto der Künstlerin Malinallis, die das bekannte Hostel Rincón del Viajero betreibt.

Unterhaltung

Brodelndes Nachtleben gibt's in Ixtapa (S. 533). In Zihua geht es dagegen deutlich relaxter zu.

LP Tipp **Zihuablue** (☎ 554-48-44; www.zihuablue.com; Carretera Escénica La Ropa s/n; 🕑 17–3 Uhr) Nachdem das Zihuablue Ende 2006 eröffnet wurde, ist es schnell zu *dem* In-Laden geworden. Hier lassen sich häufig sogar mexikanische Promis blicken. Neben einer Wasserpfeifenbar besitzt der große, dreistöckige Club auch eine Terrasse mit Himmelbetten und gemütlichen Sofas. Das überragende Hausrestaurant führt Edmond Benloulou. Der französische Spitzenkoch hat Zihuas Gastroszene nachhaltig geprägt. Ansonsten: starke Drinks und atemberaubende Aussicht.

Sacbé (Ecke Ejido & Guerrero; Eintritt 50 Mex$; 🕑 Do–So 20 Uhr–open end) Die einzige echte Disko der Stadt zieht vor allem junge mexikanische Studenten an. Hier laufen Dance, Salsa, *reggaeton* sowie englisch- und spanischsprachiger Pop.

Splash (Guerrero s/n; 🕑 Mo–So 19 Uhr–open end) Im Splash hinter dem Schwesterclub Sacbé wird Karaoke gesungen und zu Videos getanzt.

Black Bull Rodeo (☎ 554-11-29; Ecke Bravo & Guerrero; 🕑 ab 21 Uhr) In der ländlich dekorierten Eckhaus-Disko spielt angeblich Zihuas beste *norteño*-Band. Ansonsten schallen *cumbia*, Merengue, Salsa, Elektro und Reggae aus den Boxen.

Rick's (☎ 554-2535; Cuauhtémoc 5; 🕑 10–22 Uhr) Beliebte Kneipe im Stadtzentrum. Es gibt kalte Margaritas und allabendlich Livemusik.

Cine Paraíso (☎ 554-23-18; Cuauhtémoc; Eintritt 25 Mex$) Zeigt in der Nähe der Bravo jeden Abend zwei Filme (normalerweise auf Englisch mit spanischen Untertiteln).

Shoppen

In Zihua wird überall mexikanisches Kunsthandwerk angeboten, darunter Keramik, *típica* Kleidung (charakteristisch für diese Region), Lederwaren, Taxco-Silber und Holzschnitzereien. Außerdem warten Masken aus dem ganzen Bundesstaat Guerrero auf Interessenten.

El Jumil (☎ 554-61-91; Paseo del Pescador 9; 🕑 Mo–Sa 9–14 & 17–21 Uhr) Spezialist für *guerrerense*-Masken. Guerrero ist für seine Vielfalt bekannt und El Jumil verkauft wahre „Museumsstücke".

Viele davon kosten rund 160 Mex$, aber es gibt auch billigere (und trotzdem schöne) Masken aus Kokosnussschalen.

Mercado Turístico La Marina (Calle 5 de Mayo; ⌚ 8–21 Uhr) Zahlreiche Stände bringen hier u. a. Bekleidung, Taschen und Krimskrams an den Mann.

Mercado Municipal de las Artesanías (González; ⌚ 9–20 Uhr) Ähnelt dem La Marina, ist aber kleiner; in der Nähe der Juárez.

Ein paar Läden entlang der Cuauhtémoc verkaufen Taxco-Silber. **Alberto's** (☎ 554-21-61; Cuauhtémoc 12 & 15; ⌚ Mo–Sa 9–22, So 10–15 Uhr) und **Pancho's** (☎ 554-52-30; Cuauhtémoc 11; ⌚ Mo–Sa 9–21 Uhr) haben das beste Angebot an qualitativ hochwertigen Stücken.

An- & Weiterreise

AUTO & MOTORRAD

In Ixtapa und Zihuatanejo sind mehrere Autovermieter vertreten:

Alamo Flughafen (☎ 554-84-29); Ixtapa (☎ 553-02-06; Centro Comercial Los Patios)

Budget Flughafen (☎ 554-48-37); Ixtapa (☎ 553-03-97; Centro Comercial Ambiente, Blvd Ixtapa)

Europcar (☎ 553-10-32; Centro Comercial Los Patios, Ixtapa)

Hertz Flughafen (☎ 554-29-52); Zihuatanejo (☎ 554-22-55; Bravo 29)

Thrifty Flughafen (☎ 553-70-20); Ixtapa (☎ 553-30-19; NH Krystal Ixtapa, Blvd Ixtapa)

Bei Fahrten ins Hochland von Michoacán (z. B. nach Uruapan oder Pátzcuaro) spart der malerische Hwy 37D eine Menge Zeit (Mautgebühr rund 220 Mex$). Bevor man die Stadt verlässt, sollte der Spritvorrat aufgestockt werden – auf der langen Strecke bis Nueva Italia sind Pemex-Tankstellen Mangelware.

BUS

Beide Fernbusbahnhöfe liegen in Richtung Flughafen, 2 km nordöstlich vom Zentrum am Hwy 200. Das **Estrella-Blanca-Terminal** (EB; Karte S. 531; ☎ 554-34-76/77; Central de Autobuses) ist einen Block östlich des kleineren **Estrella-de-Oro-Terminals** (EDO; Karte S. 536; ☎ 554-21-75). Das benutzen auch kleinere Firmen wie Autovías, La Línea, Via Plus oder Parkihuni. Die Tabelle unten informiert über tägliche Verbindungen.

FLUGZEUG

Der **Aeropuerto Internacional Ixtapa-Zihuatanejo** (☎ 554-20-70) liegt 13 km südöstlich von Zihua (ein paar Kilometer abseits des Hwy 200 in Richtung Acapulco).

Hier geben sich folgende Fluglinien ein Stelldichein:

Aeroméxico Flughafen (☎ 554-22-37, 554-26-34); Zihuatanejo (☎ 554-20-18; Álvarez 34) Flüge nach Mexico City; von dort aus geht's weiter zu vielen anderen Zielen.

Alaska Airlines (☎ 554-84-57, 001-800-252-75-22, Flughafen) Flugverbindung nach Los Angeles und San Francisco.

American (☎ 800-904-60-00; Flughafen) Startet in Richtung Dallas.

America West (☎ 800-235-92-92; Flughafen) Schickt Maschinen nach Phoenix und Las Vegas.

Continental (☎ 554-42-19; Flughafen) Setzt in Houston und Minneapolis auf.

BUSFAHRPLAN ZIHUATANEJO

Ziel	Preis (Mex$)	Dauer (Std.)	Häufigkeit (tgl.)
Acapulco	1. Klasse 119	4	stündl. zw. 5 & 19.30 Uhr (EB)
	2. Klasse 86	4	stündl. (EB)
	1. Klasse 119	4	5-mal (EDO)
	2. Klasse 99	4	18-mal zw. 5.30 & 20 Uhr (EDO)
Lázaro Cárdenas	1. Klasse 65	1½	stündl. zw. 5 & 19.30 Uhr (EB)
	2. Klasse 54	2	stündl. zw. 9 & 22 Uhr (EB)
	2. Klasse 47	2	15-mal (EDO)
Manzanillo	1. Klasse 324	8	3-mal, 10, 10.50 & 20 Uhr (EB)
Mexico City (Terminal Sur)	Premiere 550	8–9	1-mal, 21.15 Uhr (EDO)
	Deluxe 541	8–9	1-mal, 22.30 Uhr (EB)
	Deluxe 440	8–9	3-mal, 21.55, 22 & 23 Uhr (EDO)
	1. Klasse 454	8–9	5-mal (EB)
	1. Klasse 425	8–9	8-mal (EDO)
Morelia	328	5	3-mal (EDO)
Puerto Escondido	260	12	1-mal, 19.20 Uhr (EB)

Click Mexicana & Mexicana Flughafen (☎ 554-22-27); Zihuatanejo (☎ 554-22-08; Ecke Bravo & Cuauhtémoc); Ixtapa (☎ 553-22-09; Dorado Pacífico, Blvd Ixtapa) Landen in Mexico City.

Northwest (☎ 800-907-47-00; Flughafen) Ab nach Houston und Los Angeles.

Unterwegs vor Ort

BUS

Details zu Busverbindungen nach Ixtapa stehen auf S. 533.

Zwischen 5.30 und 21.30 Uhr fährt die Linie „Correa" zum Central de Autobuses (4 Mex$, 10 Min.). Einsteigen darf man an der Ecke Juárez/Nava.

Von 7 bis 20 Uhr rollen die „Playa-La-Ropa"-Busse alle 30 Minuten die Juárez gen Süden entlang zur Playa La Ropa (4 Mex$).

Zwischen 5 und 22 Uhr machen sich „Coacoyul"-*colectivos* alle fünf Minuten von der Ecke Juárez/González auf den Weg zur Playa Larga (7 Mex$).

VOM/ZUM FLUGHAFEN

Am günstigsten kommt man mit den öffentlichen „Aeropuerto"-*colectivos* (70 Mex$) zum Flughafen. Zwischen 6.20 und 22 Uhr fahren sie von der Juárez in der Nähe der González ab. Private *colectivo*-Vans transportieren Fahrgäste zwar vom Flughafen nach Ixtapa oder Zihua (10 Mex$/Pers.), aber nicht in die Gegenrichtung. Ein Taxi von Zihua zum Flughafen kostet 80 Mex$.

TAXI

In Zihua gibt's jede Menge Taxis – den Fahrpreis unbedingt vor dem Einsteigen aushandeln! Ziele und Durchschnittspreise ab Zentrum: Ixtapa (50 Mex$), Playa La Ropa (25 Mex$), Playa Larga (50 Mex$), Central de Autobuses (15 Mex$). Bei **Radio Taxi UTAAZ** (☎ 554-33-11) können Taxis telefonisch bestellt werden.

SÜDLICH VON IXTAPA & ZIHUATANEJO

Barra de Potosí

☎ 755 / 400 Ew.

Barra de Potosí liegt eine 40-minütige Fahrt südlich von Zihuatanejo. Vor dem kleinen Fischerdorf breitet sich ein schier endloser weißer, palmengesäumter Sandstrand aus. Das blaugrüne Wasser ist ruhig und eignet sich gut zum Baden; Schnorchelfans dagegen fischen hier eher im Trüben. Mehrere *enramadas* stehen am Strand. Die besten Meeresfrüchte gibt es im **La Condesa**. Zu empfehlen sind lokale Leckereien wie *pescado a la talla* (gegrillte Fischfilets) oder *tiritas*. Unbedingt auch die würzigen selbstgemachten Tortillas probieren!

Auf der Südseite geht der Sand in die **Laguna de Potosí** über, eine etwa 6,5 km lange Salzwasserlagune, in der sich Hunderte von Vogelarten tummeln. **Zoe Kayak Tours** (☎ 553-04-96; www.zoekayatours.com; 850 Mex$) veranstaltet geführte Paddeltouren für Kajakfahrer und Vogelfreunde. Auch Ausritte und Kanutrips sind hier sehr beliebt.

SCHLAFEN

Am Strand gibt es eine Handvoll Gästehäuser. In der Nebensaison (Mai–Okt.) fallen die hier angegebenen Preise um 20 bis 40 %.

Casa del Encanto (☎ 104-67-09; www.casadelencanto.com; DZ inkl. Frühstück 974–1245 Mex$) Dieses wundervolle B&B liegt etwa 300 m vom Strand landeinwärts. Die Zimmer sind zwar zu den Seiten hin offen, bieten aber dennoch genügend Privatsphäre. Durch die gelungenen Übergänge zwischen innen und außen wirkt die Anlage cool und relaxt. Die vielen Hängematten und Springbrunnen unterstützen diesen Eindruck noch.

LP Tipp **Bernie's Bed & Breakfast** (☎ 556-63-33; www.zihuatanejo.net/playacalli; Playa Calli; DZ inkl. Frühstück 1300 Mex$;) Das rote Backsteinhaus im spanischen Stil steht etwa 2 km nördlich vom Dorf. Neben einem einladenden Pool hat das B&B auch vier fabelhafte Zimmer mit Meerblick. Alle sind mit Deckenventilatoren und Kingsize-Betten ausgestattet. Der freundliche Gastgeber Bernie spricht Englisch, Deutsch, Spanisch und Französisch. Seine Gelassenheit ist überall zu spüren.

Solecito (☎ 100-59-76; www.bungalows-solecito.com; Zi. 1245–1732 Mex$; P) Heiterer Komplex am Strand aus weißen Lehmziegelgebäuden mit roten Dächern. Drinnen verbergen sich neun moderne Zimmer und Suiten – nur teilweise mit eigener Küche, aber immer mit jeder Menge Platz und eigener Terrasse. Wenn man da sitzt, kann man in den Hof mit den hohen Palmen und tropischen Blumen schauen.

AN- & WEITERREISE

Um das Dorf von Zihuatanejo aus zu erreichen, folgt man zunächst dem Hwy 200 südostwärts gen Acapulco. Nahe Km 225 kommt die klar gekennzeichnete Abzweigung gleich südlich der Los-Achotes-Brücke in Sicht. Nun sind es noch einmal 9 km bis Barra de Potosí. Alternativ kann man alle Busse in Richtung Petatlán nehmen. In Zihua fahren sie an beiden Hauptbusbahnhöfen und einer Haltestelle ein paar Blocks östlich vom Markt ab. Auf Wunsch werden Passagiere an der Abzweigung (*crucero*) nach Barra de Potosí abgesetzt. Von dort fahren *camionetas* (Pick-ups) zum Dorf. Die komplette Tour mit dem Bus (ca. 30 Mex$) dauert rund 90 Minuten. Je nach Verhandlungsgeschick kosten Taxis ab Zihua etwa 400 bzw. 500 Mex$ (einfache Strecke bzw. hin & zurück).

Soledad de Maciel

☎ 755 / 350 Ew.

Soledad de Maciel (im Volksmund „La Chole" genannt) hat sich seit 3000 Jahren kaum verändert. Man könnte das winzige Fischer- und Bauerndorf problemlos links liegen lassen – wäre nicht kürzlich sein Geheimnis gelüftet worden: Archäologen haben hier die wahrscheinlich größte und bedeutendste Ruinenstätte im Bundesstaat Guerrero entdeckt. Die Anlage von La Chole ist seit den 1930er-Jahren bekannt, blieb aber weitgehend unberührt. Das Staatliche Institut für Anthropologie und Geschichte begann 2007 offiziell mit der Freilegung des 10 km² großen Geländes. Neben einer Plaza und einem Ballspielplatz wurden bislang drei Pyramiden entdeckt. Eine davon trägt fünf Tempel auf ihrer Spitze. Seit mittlerweile drei Jahrtausenden siedeln dauerhaft verschiedene Kulturen wie Tepozteken und Cuitlateken in dieser Gegend.

Ein Privathaus im Dorfzentrum beherbergt ein kleines **Museum** mit ein paar Ausstellungsstücken. Das wichtigste lokale Fundstück ist der sogenannte „Chole-König". Die 1,5 m hohe Skulptur stellt Gottheiten des Lebens und des Todes dar. Sie kann im Hof der Dorfkirche besichtigt werden. Das Museum und die Ausgrabungsarbeiten sind auf finanzielle Unterstützung angewiesen – bitte großzügig spenden!

Soledad de Maciel liegt rund 40 Fahrminuten südlich von Zihuatanejo abseits des Hwy 200. Die deutlich markierte Abzweigung kommt bei Km 214 gleich südlich der Kleinstadt San Jeronimito in Sicht. Von hier aus führt eine 9 km lange Schotterpiste erst zur Ausgrabungsstätte (8 km) und dann zum eigentlichen Dorf. Alle Busse in Richtung Petatlán oder Acapulco halten auf Wunsch an der Abzweigung nach „La Chole". Dort warten bereits *camionetas* (Pick-ups) mit längs auf der Ladefläche montierten Passagiersitzen.

La Barrita

☎ 758 / 60 Ew.

La Barrita (Km 187) liegt eine Stunde Fahrt südöstlich von Zihua abseits des Hwy 200. In das winzige Dörfchen an dem hübschen, felsigen Strand kommen nur wenige Besucher. Allerdings dürften sich erfahrene Surfer für die hiesigen *beach breaks* interessieren – oder für die bei **Loma Bonita** 3 km weiter im Norden. Ein paar Restaurants vermieten spartanische Zimmer. Auf dem Weg nach Zihua (in nördlicher Richtung) oder Acapulco (gen Süden) halten 2.-Klasse-Busse auch in La Barrita.

Ungefähr 4 km südlich von La Barrita beginnt einer der dramatischeren Highwayabschnitte in Guerrero. Am Rand der Steilküste verläuft die Fahrbahn hoch über den Stränden und der tosenden Brandung. Am Straßenrand gibt es mehrere Restaurants mit super Aussicht.

PIE DE LA CUESTA

☎ 744 / 200 Ew.

Pie de la Cuesta liegt nur 10 km, aber gefühlte 100 Jahre von Acapulco entfernt. Der ruhige, urige Küstenort wartet mit ein paar großartigen Gästehäusern und Meeresfrüchterestaurants auf. Berühmt geworden ist Pie de la Cuesta aber wegen seiner dramatischen Sonnenuntergänge, die man auf dem breiten, nach Westen verlaufenden Strand phantastisch genießen kann. Das Dorf nimmt einen schmalen, 2 km langen Landstreifen zwischen dem Ozean und der Laguna de Coyuca ein. An der gewaltigen Süßwasserlagune kämpfte bereits Sylvester Stallone in Rambo II. Zu ihr gehören mehrere Inseln, u. a. das Vogelschutzgebiet Pájaros. Im Vergleich zu Acapulco ist Pie de la Cuesta wesentlich ruhiger, günstiger und naturnaher, und die Sehenswürdigkeiten und Nightspots der Großstadt liegen trotzdem in angenehmer Reichweite.

Praktische Informationen

Die einzige Durchgangsstraße trägt zwei verschiedene Namen: Av de la Fuerza Aérea Mexicana und Calzada Pie de la Cuesta. Die lange Straße führt zuerst quer durch den Ort, dann an einem Luftwaffenstützpunkt vorbei und schließlich hinaus zur Playa Luces. Ein

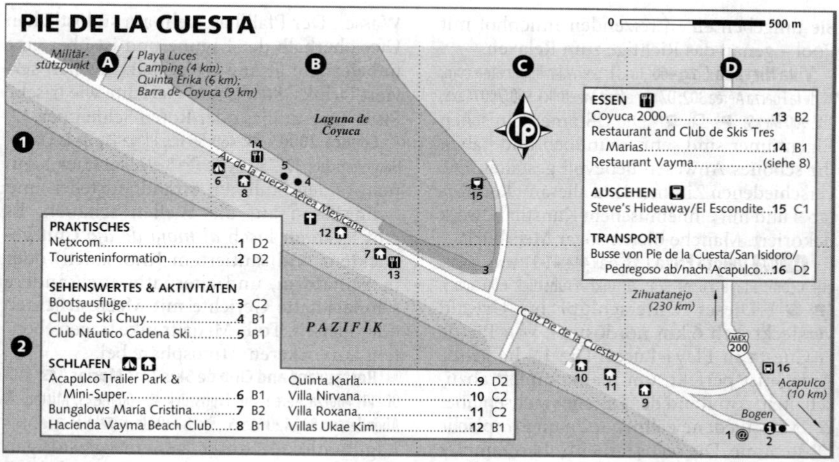

Bogen markiert die Kreuzung zwischen Hauptstraße und Hwy 200. In der Nähe verteilt eine kleine Touristeninformation verschiedene Karten und Broschüren. Gleich oberhalb befindet sich **Netxcom** (10 Mex$/Std.; 9–22 Uhr); hier gibt's schnelle und günstige Internetverbindungen. Pie de la Cuesta hat außerdem eine Apotheke, Telefonzellen und mehrere *mini-supers* (Lebensmittelläden). Wer andere Dienstleistungen braucht, muss sich nach Acapulco begeben.

Aktivitäten

Starke Unterströmungen und die Wellen machen das Schwimmen im Meer lebensgefährlich. Zum Baden ist die Lagune daher weitaus besser geeignet. Dort zählt **Wasserskilaufen** zu den beliebtesten Freizeitaktivitäten. Am Ufer sind mehrere Wasserskiclubs wie der **Club de Ski Chuy** (460-11-04; Calzada Pie de la Cuesta 74; 600 Mex$/Std.) ansässig. In puncto **Wakeboarden** ist der **Club Náutico Cadena Ski** (460-22-83; cadenax@yahoo.com; Calzada Pie de la Cuesta s/n; 600 Mex$/Std.) eine gute Anlaufstelle. Mehrere Veranstalter bieten **Bootsausflüge** auf der Lagune an (ca. 80 Mex$/Pers. inkl. Verpflegung) – eifrige Kapitäne warten an den Bootsstegen in der südöstlichen Ecke der Lagune auf Kundschaft. **Ausritte** am Strand (ca. 150 Mex$/Std.) kann man über die Hotels oder direkt bei vorbeigaloppierenden Küstencowboys buchen.

Schlafen

Hauptsaison ist von Mitte Dezember bis Anfang Januar, ebenso während der Osterwoche. Außerhalb dieser Zeiten sind die aufgeführten Unterkünfte oft deutlich günstiger.

BUDGETUNTERKÜNFTE

Acapulco Trailer Park & Mini-Super (460-00-10; acatrailerpark@yahoo.com.mx; Calz Pie de la Cuesta s/n; Stellplatz für Zelt/Wohnmobil 216/270 Mex$; P) Der angenehmste Campingplatz im Umkreis von Acapulco. Palmen beschatten die Stellplätze am Strand, und ein kleiner Laden verkauft Lebensmittel und Campingausrüstung. Einen Pool und saubere sanitäre Anlagen mit Duschen gibt es ebenfalls.

Quinta Karla (460-12-55; quintakarla@hotmail.com; Calz Pie de la Cuesta 288; Zi. 250–500 Mex$; P) Freundliches Hotel mit 18 sauberen und komfortablen Zimmern. Die teureren sind mit TV und Kühlschrank ausgestattet. Das gute Strandrestaurant serviert frische Meeresfrüchte für weniger als 80 Mex$.

MITTELKLASSEHOTELS

Bungalows María Cristina (460-02-62; Av de la Fuerza Aérea s/n; EZ/DZ/Bungalow 300/400/900 Mex$; P) Enrique spricht Englisch und betreibt die Anlage zusammen mit seiner netten Familie. Die geräumigen Bungalows für vier bis fünf Personen sind sauber und gepflegt. Sie haben eigene Küchen und Balkone mit Meerblick. Von der Hängematte aus kann man entspannt auf den Strand schauen.

Villa Roxana (460-32-52; Calz Pie de la Cuesta 302; DZ ohne/mit Terrasse 300/400 Mex$; P) Das kürzlich renovierte Hotel besitzt 15 komfortable Zimmer mit Ventilatoren und Warmwasser.

Sie umgeben einen reizenden Innenhof mit Pool – genau das Richtige zum Relaxen.

Villa Nirvana (☎ 460-16-31; www.lavillanirvana.com; Av de la Fuerza Aérea 302; DZ ohne/mit Meerblick 500/700 Mex$, 4BZ 900 Mex$; P) Die US-amerikanischen Eigentümer sind sehr freundlich und haben ihr schönes Anwesen liebevoll gestaltet. Die verschiedenen Zimmer sind allesamt komfortabel und mit einheimischem Kunsthandwerk dekoriert. Manche bieten sogar Meerblick.

LP Tipp Quinta Erika (☎ /Fax 444-41-31; www.quintaerika.com; Playa Luces s/n; Zi. inkl. Frühstück 600 Mex$; P) Dieser Unterschlupf im Urwald versteckt sich 6 km nordöstlich von Pie de la Cuesta in Playa Luces. Die 1,2 ha große Anlage ist perfekt, um mal komplett abzuschalten. Am Rand der Lagune wachsen über 200 verschiedene Palmenarten und tropische Obstbäume. Die sechs farbenfrohen Zimmer und der einzelne Bungalow sind schlicht, aber geschmackvoll mit traditionellem mexikanischem Kunsthandwerk dekoriert. Eigentümer Helmut spricht Deutsch, Spanisch und Englisch. Er stammt aus Stuttgart und ist mächtig stolz auf sein Werk.

Villas Ukae Kim (☎ 460-21-87; Av de la Fuerza Aérea 356; Zi. 600–1000 Mex$, Ferienhaus 1200 Mex$; P) Kleines Boutiquehotel mit ruhiger, freundlicher Atmosphäre. Der sandfarbene Komplex besitzt reizende Zimmer und einen Strandpool. Dank eines hölzernen Piers ragt die Open-Air-Restaurant-Bar halb ins Meer hinein. Die teureren Zimmer mit Meerblick sind teilweise klimatisiert. Das Haus hat zudem eine eigene Terrasse, TV und einen Whirlpool.

Hacienda Vayma Beach Club (☎ 460-28-82; www.vayma.com.mx; Calz Pie de La Cuesta 378; Zi. mit Ventilator/Klimaanlage 750/850 Mex$, Suite 2000 Mex$; P) Diese coole, aber entspannte Ferienanlage im mediterranen Stil bietet etwas für jeden Geschmack – von separaten Hütten mit Doppelliegestühlen direkt am herrlichen Strand bis hin zu einem riesigen Pool mit Insellandschaft und Bar zum Hinschwimmen. Das weiß getünchte Hotel hat 25 charmante, moderne Zimmer, in denen z. T. Himmelbetten stehen. Die Suiten mit Jacuzzi und Warmwasser sind den Aufpreis wert.

Essen & Ausgehen

Steve's Hideaway/El Escondite (Laguna de Coyuca; Hauptgerichte 25–90 Mex$; 9–24 Uhr) Seit 1968 begeistert das kleine Lokal seine einheimischen Stammgäste mit toller Aussicht aufs Wasser. Der Pfahlbau steht am südöstlichen Ufer oberhalb der Lagune und ist über eine unbefestigte Straße erreichbar. Esteban serviert Drinks, Steaks und Gerichte wie frische Fisch-Quesadillas oder Roten Schnapper.

Coyuca 2000 (☎ 460-56-09; Playa Pie de la Cuesta; Hauptgerichte 30–130 Mex$; 8–22 Uhr) Hier kann man seinen Stuhl am Strand aufstellen und beim Essen auf die Wellen schauen. Es gibt leckeren Fisch *al mojo de ajo* (mit gehacktem und sautiertem Knoblauch) oder in Fajitaform, und alternativ auch andere schmackhafte Gerichte mit Meeresfrüchten oder Fleisch. Tolle Mixgetränke tragen ebenfalls zur lockeren Atmosphäre bei.

Restaurant and Club de Skis Tres Marías (☎ 460-00-11; Fuerza Aérea s/n; Frühstück 40–60 Mex$, Mittag- & Abendessen 80–120 Mex$; 8–19 Uhr) Beliebtes Lagunenlokal unter einem gewaltigen Schilfdach. Das amerikanische Frühstück wird besonders oft bestellt.

LP Tipp Restaurant Vayma (☎ 460-28-82; www.vayma.com.mx; Calz Pie de La Cuesta 378; Hauptgerichte 80–180 Mex$) Das Strandrestaurant der Hacienda Vayma hat eine lange internationale Karte. Zu den Highlights darauf zählen z. B. Tintenfischtacos, Thai-Garnelen, Hühnchen mit *mole poblano* und verschiedene leckere Pizzas. Abends sind das Hotelgelände und das Restaurant in den Schein von Kerzen und Tiki-Fackeln getaucht– ein perfektes Plätzchen für ein romantisches Abendessen.

An- & Weiterreise

Von Acapulco aus kommt man mit Bussen mit der Kennzeichnung „Pie de la Cuesta" (6–20 Uhr, alle 15 Min.) hierher. Sie fahren in der Nähe des *zócalo*, gegenüber vom Sanborns, an der La Costera ab. Die Fahrt kostet 4,50 Mex$ und dauert je nach Verkehr etwa 30 bis 60 Minuten. Busse mit der Aufschrift „Pie de la Cuesta–San Isidro" oder „Pie de la Cuesta–Pedregoso" nehmen den Hwy 200 und halten nahe des Bogens am Ortseingang. Mit „Zona Turistica: Pie de la Cuesta–Playa Luces" sind Busse beschriftet, die bis zur 6 km entfernten Playa Luces fahren. Dort halten sie kurz vor dem Quinta Erika.

Colectivos (15 Mex$) nach Pie de la Cuesta brechen rund um die Uhr an der La Costera und Orten in der ganzen Altstadt auf. Ab Acapulco berechnen Taxifahrer 70 bis 125 Mex$ für die einfache Strecke – abhängig von Tageszeit, genauem Ausgangspunkt und individuellem Verhandlungsgeschick.

ACAPULCO

☎ 744 / 616 400 Ew.

Bevor Cancún und Ixtapa es wurden, war Acapulco die Partyhochburg des Landes. Die wunderbaren, goldenen Strände und Feierbetrieb rund um die Uhr machten es zur „Perle des Pazifiks". Während seiner Blütezeit vergnügten sich reiche Prominente wie Frank Sinatra, Elvis Presley, Elizabeth Taylor und Judy Garland in Acapulco. Auch John F. und Jacqueline Kennedy verbrachten ihre Flitterwochen in der Stadt, die u.a. im Elvis-Film *Acapulco* und in der Fernsehserie *Love Boat* verewigt wurde.

Acapulcos herrliche Strände liegen in einem weiten Bogen rund um die Bahía de Acapulco herum. Sie sind toll zum Sonnenbaden und Relaxen – falls man es schafft, die penetranten Händler zu ignorieren. Wer den Strand aber verlässt, wird sofort mit der harten Realität konfrontiert: Verkehrschaos, Abgaswolken, überfüllte Gehwege und aggressive Werber, Armut, Obdachlosigkeit und eine hohe Kriminalitätsrate.

Im brodelnden Acapulco gibt es aber durchaus auch ein paar ruhige Ecken. Dazu zählen u.a. die romantischen Restaurants an den Klippen und das eindrucksvolle Fort aus dem 17. Jh, die herrlichen botanischen Gärten und der schattige, charmante *zócalo* in der Altstadt. Wer die Menschenmassen leid ist, flieht an abgeschiedene Strände und in Küstendörfer wie Pie de la Cuesta oder Barra Vieja, die in kurzer Zeit per Auto erreichbar sind.

Geschichte

Der Name Acapulco leitet sich von einem uralten Náhuatl-Begriff ab, der „Ort der riesigen Schilfrohre" bedeutet. Archäologischen Funden zufolge siedelten bereits 2000 Jahre vor dem Eintreffen der Spanier (1512) Menschen an der Bahía de Acapulco.

Die Spanier wollten neue Handelsrouten nach Asien schaffen und machten sich beim Bau der Hafen- und Werftanlagen den natürlichen Schutz von Acapulcos Tiefwasserhafen zunutze. Im Jahr 1556 entdeckte Pater Andrés de Urdante, dass Schiffe den Orient dank pazifischer Passatwinde schnell und sicher erreichen konnten. Infolgedessen segelten *naos* (spanische Handelsgaleonen) über 250 Jahre lang alljährlich von Acapulco zu den Philippinen. Gold, Seidenstoffe und Gewürze wurden in Acapulco gelöscht und auf dem Landweg nach Veracruz gebracht. Dort lagen weitere Schiffe bereit, um die Waren über den Atlantik nach Spanien zu transportieren. Unterdessen setzten holländische und englische Piraten wie Sir Francis Drake alles daran, die Galeonen um ihre wertvolle Fracht zu erleichtern. Um ihre Schätze zu schützen, errichteten die Spanier das Fuerte de San Diego. Doch nicht die Piraten, sondern Mexikos Unabhängigkeitskrieg (1810–1822) machte der Handelsroute jäh den Garaus.

Während der nächsten 100 Jahre dämmerte Acapulco relativ isoliert vom Rest der Welt vor sich hin. Doch als 1927 eine befestigte Straße nach Mexico City angelegt wurde, verbrachten die ersten wohlhabenden Mexikaner hier ihren Urlaub. Dann kam Hollywood – und bis zu den 1950er-Jahren hatte sich Acapulco in eine schillernde Spielwiese des Jetsets verwandelt. Zu Beginn der 1970er-Jahre aber forderten Überentwicklung und -bevölkerung ihren Tribut: Ungeklärte Abwässer verschmutzten die Bucht, und die Ausländer gaben ihr Geld lieber in den neuen Ferienorten Cancún und Ixtapa aus. Wieder einmal war Acapulcos Blütezeit vorbei.

Ende der 1990er-Jahre startete die Stadt ein ehrgeiziges Sanierungsprogramm und zahlte Millionen für die Reinigung der Bucht. Die große Wende trat 2002 ein, als US-amerikanische Collegestudenten die günstigen Zimmer der einladenden Hotels für sich entdeckten. Seitdem strömen sie scharenweise nach Acapulco, das Cancún mittlerweile als Mexikos beliebteste Springbreak-Location abgelöst hat. Aktuell erlebt die Stadt eine Art Renaissance. Sie investiert kräftig in luxuriöse Resorts, Ferienwohnungen, Wellnesseinrichtungen und Nobelhotels und -restaurants – in der Hoffnung, dass betuchtere Gäste der „Perle des Pazifiks" zu neuem Glanz verhelfen.

Orientierung

Acapulco liegt am Rand der 11 km langen Bahía de Acapulco („The Bay"). Verkehrsschilder sind hier genauso rar wie sichere Fußgängerüberwege. Die Hausnummern stiften Verwirrung – sie sind oft verborgen oder „tot"; bei Passanten nachzufragen, führt aber eventuell zum Ziel. Wie bei den meisten Städten aus der spanischen Kolonialzeit dominieren die Kathedrale und der daran angrenzende *zócalo* das Herz des alten Handelsbezirks im Zentrum.

Die Altstadt von Acapulco (manchmal Acapulco Náutico, maritimes Acapulco, genannt) nimmt den Westteil der Stadt ein. Acapulco Dorado erstreckt sich ab der Playa Hornos entlang der Bucht Richtung Osten. Eine luxuriöse Feriensiedlung neueren Datums heißt Acapulco Diamante – sie liegt südöstlich vom eigentlichen Acapulco zwischen der Bahía de Acapulco und dem Flughafen.

Am Westende der Bucht ragt die Península de las Playas südlich und östlich der Altstadt ins Meer. Südlich der Halbinsel liegt die Isla de la Roqueta. Von der Playa Caleta am Südrand der Halbinsel führt die Av López Mateos zunächst west- und dann nordwärts hinauf zu den Playas La Angosta und La Quebrada. Danach geht's kurvig in Richtung Osten zurück zum Stadtzentrum.

Die Playa Caleta markiert auch den Anfang von Acapulcos Uferpromenade Nummer Eins, der Av Costera Miguel Alemán (auch schlicht La Costera oder Miguel Alemán genannt). Sie führt zunächst quer über die Halbinsel und verläuft dann entlang der ganzen Bucht direkt am Ufer bis hinüber zur Playa Icacos an deren Ostende; hier befindet sich auch ein Marinestützpunkt. Der Großteil von Acapulcos Hotels, Restaurants, Diskos und Sehenswürdigkeiten ist an oder im Umkreis der La Costera zu finden, besonders in der Nähe des Kreisverkehrs „La Diana". Gleich hinter dem Marinestützpunkt wird aus der La Costera die Carretera Escénica; nach 9 km mündet sie an der Abzweigung nach Puerto Marqués in die Hauptader des Hwy 200. Der verläuft dann weiter in Richtung Südosten, vorbei an der schillernden Playa Revolcadero, dem Flughafen und Barra Vieja.

Praktische Informationen

BUCHLÄDEN

Sanborns verkauft englischsprachige Bücher, Zeitschriften und Zeitungen. Entlang der La Costera unterhält die Kette mehrere Filialen – beispielsweise nahe dem *zócalo* (☎ 482-61-67; Ecke Escudero/La Costera) und an der Playa Condesa (☎ 484-20-44; La Costera 3111).

GELD

Die überall vertretenen Banken (viele mit Geldautomaten) bieten die besten Kurse; ein Großteil löst auch Reiseschecks in US-Dollar ein und wechselt Euroscheine. Die *casas de cambio* gewähren zwar etwas schlechtere Konditionen, haben aber länger offen. Außerdem ist hier weniger los als bei den Banken; wegen der verschiedenen Kurse ist ein Vergleich ratsam. Banken und *casas de cambio* tummeln sich rund um den *zócalo* und La Costera. Auch die Hotels wechseln Bargeld, aber ihre Konditionen sind normalerweise der reinste Wucher.

INTERNETZUGANG

Acapulco hat Hunderte von Internetcafés. Der Wettbewerb sorgt für niedrige Preise; die meisten verlangen rund 10 Mex$ pro Stunde.

Big M@sternet (Hidalgo 6; ⌚ 9–24 Uhr; ❄) Klimatisiert und in Familienbesitz.

Internet (Galeana 13; ⌚ 10–23 Uhr) 15 Rechner und laute Musik.

Vig@net (Hidalgo 8; ⌚ 8–24 Uhr) Deutlich verlässlichere Öffnungszeiten als bei vielen anderen Internetcafés.

MEDIZINISCHE VERSORGUNG

Hospital Magallanes (☎ 485-61-94; Massieu 2) Eine angesehene Privatklinik mit Englisch sprechenden Ärzten und Personal. Hier werden alle möglichen Wehwehchen kuriert.

NOTFALL

Cruz Roja (Rotes Kreuz; ☎ 445-59-12) Schickt im Ernstfall einen Krankenwagen.

Locatel (☎ 481-11-00) Die Hotline nimmt rund um die Uhr Notrufe jeder Art entgegen.

Touristenpolizei (☎ 440-70-22)

POST

Hauptpost (☎ 483-53-63; La Costera 125, Palacio Federal; ⌚ Mo–Fr 8–17.30, Sa 9–13 Uhr)

TELEFON & FAX

In der ganzen Stadt können an Telmex-Kartentelefonen und Münzfernsprechern Ferngespräche geführt werden. Denselben Zweck erfüllen private *casetas*, wenn sie mit *„larga distancia"* gekennzeichnet sind.

Caseta Alameda Telefon- und Faxservice am Westrand des *zócalo*.

Telecomm (☎ 484-69-76; Hauptpost, La Costera 125, Palacio Federal) Fax, Telefon und begrenzter Internetservice.

TOURISTENINFORMATION

Achtung: Bei vielen „Informationskiosken" im Stadtgebiet handelt es sich in Wirklichkeit um Werbestände für Ferienwohnungen.

Städtischer Touristenkiosk (⌚ 8.30–22 Uhr) Am Yachthafen gegenüber dem *zócalo*. Verteilt hauptsächlich Prospekte.
Casa Consular (☎/Fax 481-25-33; La Costera 4455, Centro de Convenciones; ⌚ Mo–Fr 9–15 Uhr) Leistet konsularische Hilfe für Touristen aus aller Welt.
Procuraduría del Turista (☎/Fax 484-45-83; La Costera 4455, Centro de Convenciones; ⌚ 8–23 Uhr) Diese staatliche Einrichtung widmet sich Beschwerden und Problemen mit Dokumenten.
Staatliche Touristeninformation (Sefotur; ☎ 484-24-23; sefotur@yahoo.com; La Costera 4455, Centro de Convenciones; ⌚ Mo–Fr 9–21 Uhr)

WASCHSALON

Lavandería Azueta (Azueta 14A; 12 Mex$/kg; ⌚ Mo–Fr 9–19 Uhr)
Lavandería Lavadín (☎ 482-28-90; Ecke La Paz & Iglesias; 12 Mex$/kg; ⌚ Mo–Sa 8–22 Uhr) Mindestens 3 kg pro Waschgang.

Gefahren & Ärgernisse

In den letzten Jahren verzeichnet Acapulco so viele Gewaltverbrechen pro Einwohner wie niemals zuvor, die meisten aufgrund des illegalen Drogenhandels. Die Stadt liegt heute landesweit auf Platz fünf, was die Kriminalitätsrate betrifft, und hat damit Mexico City überflügelt. Rivalisierende Kartelle kämpfen um den lukrativen Drogenkorridor der Region. Über Guerreros Küste führen Schmuggler kolumbianisches Kokain ein, das über Acapulco in die USA gelangt.

Im Jahr 2006 eskalierte die Situation endgültig, als das Sinaloa- und das Golfkartell ihren Konkurrenzkampf in Acapulco austrugen. Beide Syndikate sorgten mit grausigen Morden für Schlagzeilen. Dazu zählte u. a. die Enthauptung mehrerer Polizisten; einer der Köpfe wurde schrecklicherweise an der Playa Condesa angespült. Die Gewaltwelle schwappte 2007 ins Touristenviertel hinüber: Querschläger verletzten zwei kanadische Urlauber, die vor der Lobby ihres Hotels ins Kreuzfeuer geraten waren. Im Frühling desselben Jahres eröffnete Mexikos neuer Präsident Calderón den Krieg gegen die Drogenkartelle, indem er über 7000 Soldaten in die Verbrechenshochburgen entsandte – so auch nach Acapulco. Momentan scheint der Militäreinsatz Wirkung zu zeigen: Seit schwer bewaffnete Soldaten und Polizisten die Stadt regelmäßig zu Fuß bzw. in Humvee-Fahrzeugen durchkämmen, hat die Gewalt abgenommen.

Kleinkriminalität ist vergleichsweise weiter verbreitet. Bei der Casa Consular melden sich immer wieder Urlauber, die in ihrem eigenen Hotelzimmer bestohlen wurden, gleichzeitig suchen Langfinger am Strand nach unbeaufsichtigten Gegenständen. Also immer alle Wertsachen sicher verwahren!

Trotz allem: Wer die landeinwärts gelegenen Viertel meidet, hat relativ wenig zu befürchten. Die größte Gefahr geht wahrscheinlich von durchgeknallten Autofahrern und der rauen Brandung an der Playa Revolcadero aus. Auch Menschenmassen können zum Problem werden: Die über 1 Mio. Einwohner der Region scheinen sich manchmal alle gleichzeitig am Strand zu tummeln. Wegen der dröhnenden Jetskis kann man an den Stadtstränden eigentlich nie entspannt im Sand liegen. Außerdem wollen einem dort zahllose Händler Muschelschalen, Zöpfe, *tamales* oder entfernbare Tattoos andrehen. Ein schlichtes „no, gracias" („Nein, danke") und ein Lächeln können da aber Wunder wirken.

Sehenswertes

Außer Stränden und Trinkgelagen in Bars hat Acapulco noch einiges mehr zu bieten.

LA QUEBRADA CLAVADISTAS

Die berühmten Klippenspringer von **La Quebrada** (Erw./Kind 35/10 Mex$; ⌚ Shows 13, 19.30, 20.30, 21.30 & 22.30 Uhr) sind Acapulcos beliebteste Touristenattraktion. Seit 1934 begeistern sie ihr Publikum, indem sie sich todesmutig aus 25 bis 35 m Höhe in die schmale Meeresbucht stürzen. Der letzte Sprung des Tages wird normalerweise mit Fackeln in den Händen absolviert. Man sollte den Männern ein Trinkgeld zustecken, wenn sie durch die Menge schreiten. In der Restaurantbar La Perla (S. 559) hat man von oben einen tollen, aber teuren Blick auf die Springer. Auf der magischen **Sinfonía del Mar** („Meeressinfonie") finden gelegentlich Freiluftkonzerte statt. Ansonsten ist die Plaza mit den Stufen auch ein reizender Ort, um den Sonnenuntergang zu genießen.

FUERTE DE SAN DIEGO

Auf einem Hügel östlich des *zócalo* steht seit 1616 eine fünfeckige Festung. Einst schützte sie spanische *naos* auf der Handelsroute zwischen den Philippinen und Mexiko vor holländischen und englischen Piraten. Das

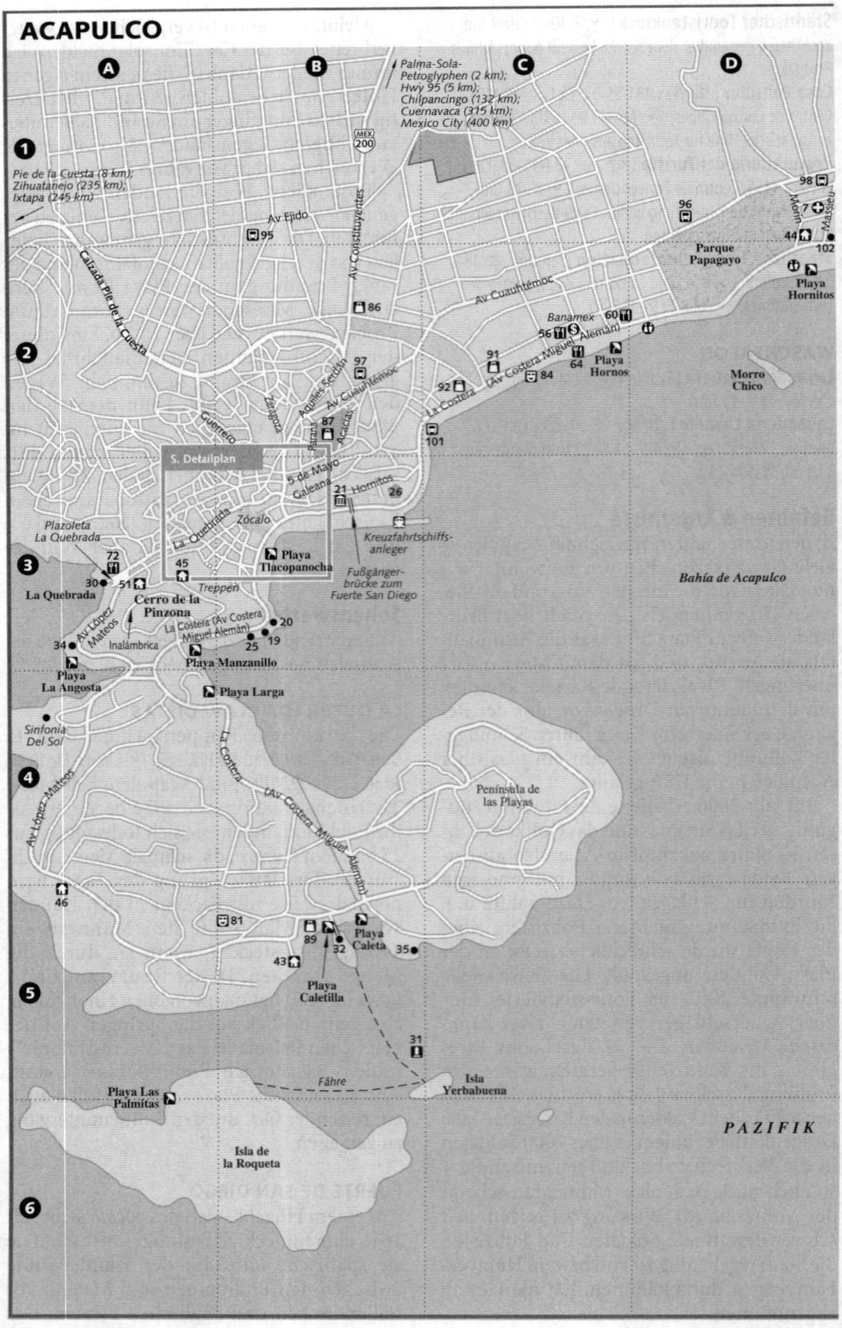
ACAPULCO
A
B
C
D
1
2
3
4
5
6
Palma-Sola-Petroglyphen (2 km); Hwy 95 (5 km); Chilpancingo (132 km); Cuernavaca (315 km); Mexico City (400 km)
MEX 200
Pie de la Cuesta (8 km); Zihuatanejo (235 km); Ixtapa (245 km)
Av Ejido
95
Av Constituyentes
Calzada Pie de la Cuesta
86
Av Cuauhtémoc
Banamex
60
56
91
64
Playa Hornos
84
(Av Costera Miguel Alemán)
La Costera
92
101
97
Aquiles Serdán
Zaragoza
Guerrero
87
Paraná
Acacias
S. Detailplan
5 de Mayo
Galeana
21
Hornitos
26
Zócalo
La Quebrada
Kreuzfahrtschiffs-anleger
Plazoleta La Quebrada
72
30
51
45
Playa Tlacopanocha
Fußgänger-brücke zum Fuerte San Diego
Treppen
La Quebrada
Cerro de la Pinzona
Av López Mateos
Inalámbrica
La Costera (Av Costera Miguel Alemán)
20
19
25
34
Playa Manzanillo
Playa La Angosta
Playa Larga
Sinfonía Del Sol
La Costera
(Av Costera Miguel Alemán)
Av López Mateos
Península de las Playas
46
81
89
32
Playa Caleta
35
43
Playa Caletilla
31
Fähre
Isla Yerbabuena
Playa Las Palmitas
Isla de la Roqueta
PAZIFIK
Bahía de Acapulco
96
98
7
Morín
Massieu
44
102
Parque Papagayo
Playa Hornitos
Morro Chico

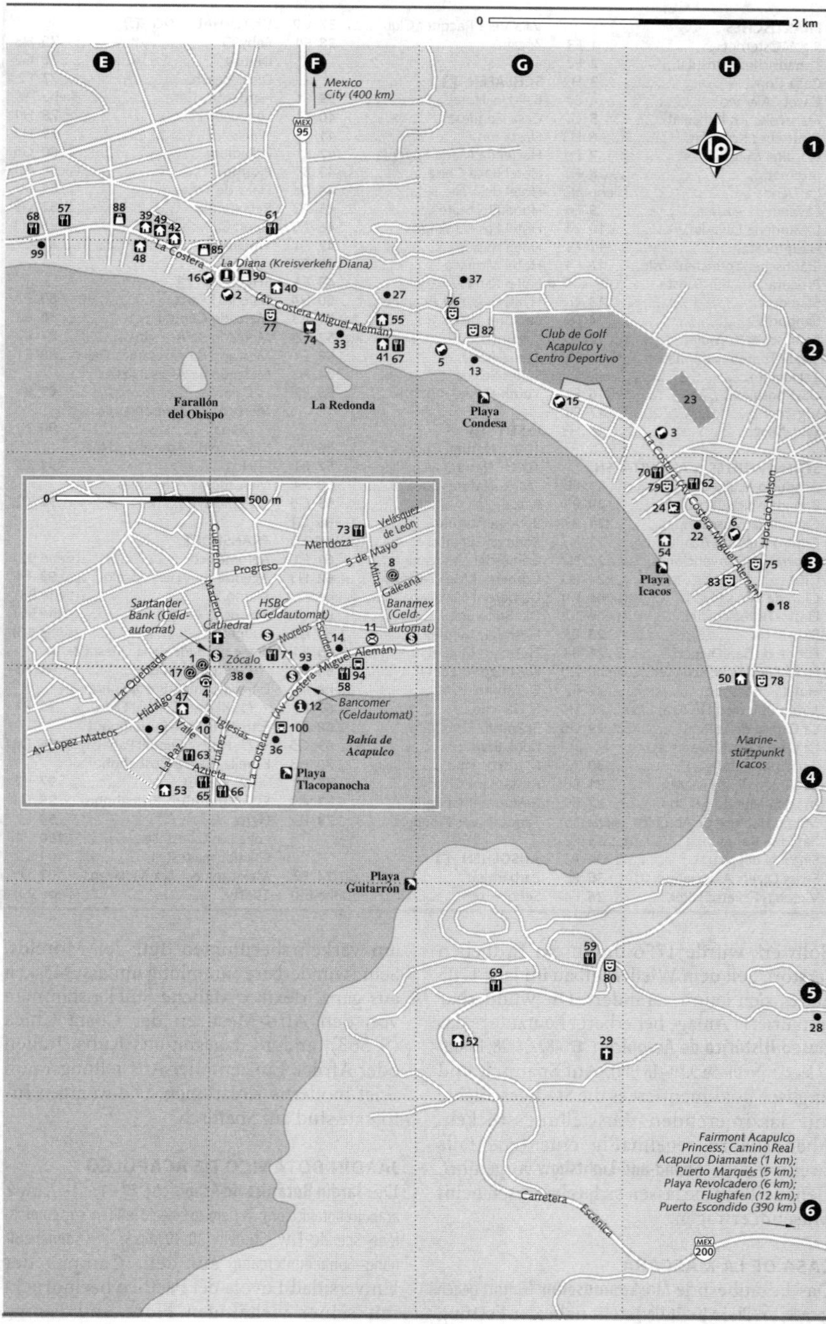
0 2 km
E
F
G
H
Mexico City (400 km)
MEX 95
La Costera
La Diana (Kreisverkehr Diana)
(Av Costera Miguel Alemán)
Club de Golf Acapulco y Centro Deportivo
Farallón del Obispo
La Redonda
Playa Condesa
La Costera (Av Costera Miguel Alemán)
Horacio Nelson
Playa Icacos
Marine-stützpunkt Icacos
0 500 m
Guerrero
Velásquez de León
Mendoza
5 de Mayo
Progreso
Madero
Mina
Galeana
Santander Bank (Geld-automat)
HSBC (Geldautomat)
Banamex (Geld-automat)
Cathedral
Morelos
Escudero
Zócalo
La Quebrada
Hidalgo
Valle
Iglesias
Juárez
La Paz
Azueta
La Costera
Av López Mateos
Bancomer (Geldautomat)
Bahía de Acapulco
Playa Tlacopanocha
Playa Guitarrón
Carretera Escénica
MEX 200
Fairmont Acapulco Princess; Camino Real Acapulco Diamante (1 km); Puerto Marqués (5 km); Playa Revolcadero (6 km); Flughafen (12 km); Puerto Escondido (390 km)

PRAKTISCHES
Big M@sternet....1 E3
Kanadisches Konsulat....2 F2
Casa Consular....3 H2
Caseta Alameda....4 E4
Französisches Konsulat....5 G2
Deutsches Konsulat....6 H3
Hospital Magallanes....7 D1
Internet....8 F3
La Tienda....(siehe 26)
Lavandería Azueta....9 E4
Lavandería Lavadín....10 E4
Hauptpost....11 F3
Städtischer Touristenkiosk....12 F4
Procuraduría del Turista....(siehe 3)
Sanborns....13 G2
Sanborns....14 F3
Spanisches Konsulat....15 G2
Staatl. Touristeninformation....(siehe 23)
Telecomm....(siehe 11)
US-Konsulat....16 E2
Vig@net....17 E4
Wal-Mart....18 H3

SEHENSWERTES & AKTIVITÄTEN
Acapulco Scuba Center....19 B3
Bonanza-Ticketschalter....20 B3
Casa de la Máscara....21 B3
Centro Cultural Acapulco....22 H3
Centro de Convenciones....23 H2
CICI....24 H3
Club de Tenis Hyatt....(siehe 50)
Fiesta-Ticketschalter....(siehe 20)
Fish-R-Us....25 B3
Fuerte de San Diego....26 B3
Hawaiano-Ticketschalter....(siehe 12)
Hotel Panoramic....27 F2
Jardín Botánico De Acapulco....28 H5
La Capilla de la Paz....29 G5
La Quebrada Clavadistas (Klippenspringer)....30 A3
La Virgen de los Mares....31 B5
Mágico Mundo Marino....32 B5
Museo Histórico de Acapulco....(siehe 26)
Paradise Bungy....33 F2
Sinfonía del Mar....34 A3
Swiss Divers Association....35 B5
Victoria-Ticketschalter....36 F4
Villa Vera Racquet Club....37 G2
Zócalo....38 F4

SCHLAFEN
Bali-Hai Hotel....39 E1
Casa Condesa....40 F2
Fiesta Inn....41 F2
Hacíenda Maria Eugenia....42 E1
Hotel Boca Chica....43 B5
Hotel del Valle....44 D1
Hotel Etel Suites....45 A3
Hotel Los Flamingos....46 A5
Hotel Misión....47 E4
Hotel Monaco....48 E2
Hotel Sands Acapulco....49 E1
Hyatt Regency Acapulco....50 H4
La Torre Eiffel....51 A3
Las Brisas....52 G5
Maria Acela....53 E4
Suites Selene....54 H3
Youth Hostel K3....55 F2

ESSEN
100% Natural Condesa....56 C2
100% Natural Magallanes....57 E1
100% Natural Zócalo....58 F4
Baikal....59 G5
Bodega Aurrera....60 C2
Bodega Gigante....(siehe 102)
Comercial Mexicana....61 F1
Comercial Mexicana....62 H3
Comercial Mexicana....(siehe 92)
Die Bratwurst....63 E4
El Amigo Miguel....64 C2
El Amigo Miguel I....65 E4
El Amigo Miguel II....66 F4
El Cabrito....(siehe 70)
El Gaucho....67 F2
El Zorrito....68 E1
Kookaburra....69 G5
Mariscos Pipo's....70 H3
Restaurant Charly....71 F3
Restaurant La Perla....72 A3
Taquería Los Pioneros....73 F3

AUSGEHEN
Barbarroja....74 F2
Señor Frogs....(siehe 59)

UNTERHALTUNG
Baby'O....75 H3
Demas....76 G2
Disco Beach....77 F2
Hard Rock Cafe....(siehe 79)
Los Alebrijes....78 H4
Nina's....79 H3
Palladium....80 G5
Picante....(siehe 76)
Plaza de Toros....81 B5
Relax....82 G2
Salon Q....83 H3
Tropicana....84 C2

SHOPPEN
Galerias Diana....85 E2
Mercado Central....86 B2
Mercado de Artesanías....87 B2
Mercado de Artesanías Dalia....88 E1
Mercado de Artesanías La Caletilla....89 B5
Mercado de Artesanías La Diana....90 F2
Mercado de Artesanías Noa Noa....91 C2
Mercado de Artesanías Papagayo....92 C2

TRANSPORT
Aeroméxico....(siehe 92)
Agencia de Viajes Zócalo....93 F4
Alamo....(siehe 83)
American Airlines....(siehe 55)
Budget....(siehe 16)
Busse nach Pie de la Cuesta & Puerto Marqués....94 F3
Estrella-Blanca-Busbahnhof (1. Klasse; Central Ejido)....95 B1
Estrella-Blanca-Busbahnhof (1. Klasse; Central Papagayo)....96 D1
Estrella-Blanca-Busbahnhof (2. Klasse)....97 B2
Estrella-de-Oro-Busbahnhof....98 D1
Hertz....99 E2
Lokalbushaltestelle....100 F4
Lokalbushaltestelle....101 C2
Mexicana & Click Mexicana....102 D1
Thrifty....(siehe 99)

Bollwerk wurde 1776 durch ein Erdbeben zerstört. Seit dem Wiederaufbau im Jahr 1783 hat es sich kaum verändert. Die wunderbar restaurierte Anlage beherbergt heutzutage das **Museo Histórico de Acapulco** (☎ 482-38-28; Eintritt 37 Mex$; ⌚ Di–So 9.30–18 Uhr). Auf Spanisch und Englisch dokumentiert es die Stadtgeschichte mit faszinierenden Ausstellungsstücken. Abends wird regelmäßig eine (ebenfalls zweisprachige) **Sound-and-Lightshow** vorgeführt. Genaue Termine lassen sich telefonisch beim Museum erfragen.

CASA DE LA MÁSCARA

Das bezaubernde **Maskenmuseum** (Eintritt gegen Spende; ⌚ Di–So 10–16 Uhr) steht nahe der Festung am verkehrsberuhigten Teil der Morelos. Seine wunderbare Sammlung umfasst Masken aus ganz Mexiko. Manche Stücke stammen von den Afro-Mestizen der Costa Chica (S. 563), andere dagegen aus Kuba, Italien oder Afrika. Ein zentraler Ausstellungsraum zeigt moderne Kreationen. Die wenigen Infotexte sind auf Spanisch.

JARDÍN BOTÁNICO DE ACAPULCO

Der **Jardín Botánico de Acapulco** (☎ 446-52-52; www.acapulcobotanico.org; Av Heroico Colegio Military s/n; empfohlene Spende Erw./Student 30/10 Mex$; ⌚ Sonnenaufgang–Sonnenuntergang) auf dem Campus der Universidad Loyola del Pacífico beeindruckt mit seiner vielfältigen Flora und Fauna.

Zwischen 204 und 411 m über dem Meeresspiegel verläuft ein gut ausgeschilderter Pfad durch einen schattigen Tropenwald. Unterwegs kann man auf zahlreichen Bänken rasten und den Blumenduft genießen. Ganz oben befinden sich ein Informationszentrum und ein Abenteuerbereich, der Besucher dazu einlädt, im unberührten Dickicht ihre Grenzen auszuloten. Traveller mit grünem Daumen können Freiwilligenjobs annehmen – das Personal freut sich über jeden Anruf und teilt einem gleich eine Arbeit zu.

FELSBILDER VON PALMA SOLA

Hoch über Acapulco verbergen sich die Felsbilder von **Palma Sola** (☎ 486-15-14; Eintritt frei; ⌚ 8–16 Uhr) in den Tiefen des Waldes. Die Region besitzt insgesamt zwölf von diesen archäologischen Stätten. Palma Sola ist am leichtesten zugänglich; die hiesigen Zeichnungen entstanden zwischen 200 v. Chr. und 600 n. Chr. Sie zeigen sowohl einfache Strichmännchen als auch aufwändig gestaltete Alltagsszenen aus dem alten Acapulco. Alle Zeichnungen sind auf Englisch und Spanisch beschriftet. Ein steiler Pfad schlängelt sich bergauf an den Felsbildern vorbei. Nach 400 m wird man an dessen Ende mit einer herrlichen Aussicht auf die Acapulco Bay belohnt. Wanderschuhe und Wasser mitbringen!

ZÓCALO

Abends erwecken Straßenkünstler, Mariachi und Straßencafés den **zócalo** (die Plaza) in Acapulcos Altstadt zum Leben. Gelegentlich finden dort auch Festivals statt. Sonntagabends ist der Platz vor allem von mexikanischen Großfamilien bevölkert. Er liegt im Schatten der ungewöhnlichen **Kathedrale Nuestra Señora de la Soledad** von 1930. Ihre Architektur ist byzantinisch, und sie hat mehrere blaue Kuppeln.

LA CAPILLA DE LA PAZ

Die wunderschöne **La Capilla de la Paz** (Vientos Galernos s/n; Eintritt frei; ⌚ 10–13 & 14–18 Uhr) oder

ACAPULCO IN ...

zwei Tagen

Acapulco kann ein etwas unübersichtliches Reiseziel sein. Doch wenn man nicht so viel Zeit hat, kann man seine Highlights leicht in einigen wenigen Tagen abklappern.

Los geht's am **zócalo** (s. oben), dem sozialen und kulturellen Mittelpunkt der Stadt. Mittags kann man sich hier prima einen traditionellen Snack für wenig Geld genehmigen. Nun besichtigt man am besten die **Fuerte de San Diego** (S. 549) und genießt die fabelhafte Aussicht auf die Acapulco Bay. Falls möglich, sollte man sich auch die benachbarte **Casa de la Máscara** (S. 552) anschauen. Was wäre ein Acapulco-Trip wohl ohne die Klippenspringer von **La Quebrada** (S. 549)? Dieses Spektakel ist abends besonders reizvoll und kann im **Restaurant La Perla** (S. 559) direkt vom Tisch aus beobachtet werden.

Am zweiten Tag stehen die Sehenswürdigkeiten und Klänge der La Costera auf dem Programm. Dabei heißt es früh aufstehen, um den Menschenmassen an der **Playa Condesa** (S. 554) oder der **Playa Icacos** (S. 554) möglichst zu entgehen. Mittagessen gibt's am Strand. Nach Sonnenuntergang folgt ein 2,5 km langer Stadtspaziergang. Er beginnt am La-Diana-Kreisverkehr und führt Richtung Osten an den Bars unter dem Bungee-Turm vorbei. Ziel ist das denkwürdige **El Cabrito** (S. 559), wo man ein Abendessen einnimmt. In bekannten Diskos wie dem **Palladium** (S. 559) können Feierwütige anschließend die Nacht zum Tag machen.

vier Tagen

Zunächst dem Zweitagesplan folgen. Am dritten Tag verspricht ein Ausflug nach **Pie de la Cuesta** (S. 544) eine wohltuende Erholung von den Menschenmassen. Das urige Fischerdorf begeistert bis heute mit leeren Stränden, romantischen Restaurants und unschlagbarer Aussicht auf den Sonnenuntergang.

Der vierte Tag beginnt mit einem Besuch im **Jardín Botánico de Acapulco** (S. 552), einem botanischen Garten im Tropenwald. Anschließend geht man zur herrlichen **Isla de la Roqueta** (S. 554) am anderen Ende der Stadt und genießt dort ein spätes Mittagessen am Strand. Bei einem Sunset-Dinner und Drinks im **Hotel Los Flamingos** (S. 557) klingt der Trip dann gediegen aus.

DIE SCHÖNSTEN SONNENUNTERGÄNGE

Weil sie nach Süden ausgerichtet ist, kann man von der Acapulco Bay aus nur schwer einen tollen Sonnenuntergang sehen. In der Stadt und der Umgebung gibt es aber ein paar günstige Aussichtspunkte:

- Bar des Hotel Los Flamingos (S. 557)
- Sinfonía del Mar (S. 549)
- La Capilla de la Paz (S. 553)
- Playa La Angosta (s. rechte Spalte)
- Pie de la Cuesta (S. 544)

Friedenskapelle steht hoch über Acapulco auf dem Gipfel eines Hügels. Sie lädt zum Nachdenken und Meditieren ein – dies ist ein Ort des Schweigens. An der minimalistischen Open-Air-Kapelle ist auch ein kleiner Wasserfall. Ihr riesiges, weißes Kreuz sieht man schon aus kilometerweiter Entfernung und von der anderen Seite der Bucht. Von den Bänken des Gartengeländes hat man einen wundervollen Panoramablick auf die Umgebung Acapulcos. Am besten kommt man zu Sonnenuntergang hierher. Dann versuchen die vielen Touristen immer, die versinkende Sonne in den gebogenen Händen der Skulptur zu fotografieren.

STRÄNDE

Bei den meisten Besuchern stehen Acapulcos Strände ganz oben auf der To-do-Liste. Am beliebtesten sind die Sandstreifen, die ab dem *zócalo* in Richtung Osten um die Bucht führen – die **Playa Hornos**, die **Playa Hornitos**, die **Playa Condesa** und die **Playa Icacos** –, obwohl es am Westende der Hornos zeitweise streng nach Fisch riecht. Der Bezirk mit den Hochhaushotels beginnt an der Playa Hornitos am Parque Papagayo und zieht sich Richtung Osten. Stadtbusse fahren regelmäßig die La Costera entlang; so kann man sich ganz einfach am Strandbogen entlangbewegen.

Die beiden kleinen, geschützten **Playas Caleta** und **Caletilla** gehen in einer Bucht auf der Südseite der Península de Las Playas ineinander über. An beiden serviert eine größere Zahl von *palapa*-Restaurants frische Meeresfrüchte. Da das Wasser sehr ruhig ist, kommen besonders Familien mit Kleinkindern gern hierher. Auf ihrer Fahrt die La Costera hinunter halten alle „Caleta"-Busse an dieser Stelle. Das Aquarium Mágico Mundo Marino (s. S. 556) steht auf einem Inselchen direkt vor der Küste und bildet die imaginäre Trennlinie zwischen beiden Stränden. Von der kleinen Insel fahren Boote regelmäßig hinüber zur Isla de la Roqueta.

Die **Playa La Angosta** liegt in einer winzigen geschützten Bucht auf der Westseite der Halbinsel. Vom *zócalo* bis hierher ist es ein rund 20-minütiger Fußmarsch. Man kann aber auch einen der „Caleta"-Busse nehmen und in der Nähe des Hotels Avenida an der La Costera aussteigen; es steht gerade mal einen Block vom Strand entfernt.

Die wirklich angesagten Strände rund um die **Bahía Puerto Marqués** erstrecken sich rund 18 km südlich des *zócalo*. Ihr ruhiges Wasser eignet sich prima zum Wasserskilaufen und Segeln. Die Carretera Escénica führt in Richtung Süden bergauf aus der Stadt hinaus und ermöglicht eine tolle Aussicht auf die Bahía de Acapulco. Zwischen 5 und 21 Uhr rollen „Puerto-Marqués"-Busse alle zehn Minuten die La Costera entlang.

Zwischen der Abzweigung nach Puerto Marqués und dem Flughafen befindet sich die **Playa Revolcadero**. An dem langen, geraden Streifen Sand haben sich in den letzten Jahren zahlreiche Luxusunterkünfte und Wohnanwesen breitgemacht. Wegen der mächtigen Wellen wird hier vor allem im Sommer gesurft, was das Zeug hält. Aber eine starke Unterströmung macht das Schwimmen lebensgefährlich – die Anweisungen der Rettungsschwimmer unbedingt strikt befolgen! Ausritte am Strand sind hier sehr gefragt.

ISLA DE LA ROQUETA

Die Insel hat einen beliebten (und daher oft überfüllten) Strand und bietet Möglichkeiten zum Schnorcheln und Tauchen. Schnorchelausrüstung, Kajaks und anderes Wassersportzubehör können am Strand ausgeliehen werden.

Von den Playas Caleta und Caletilla tuckern Boote ca. alle 20 Minuten hierher (einfache Fahrt 8 Min., hin & zurück 40 Mex$). Alternativ machen auch Glasbodenboote eine Rundfahrt zur Insel (60 Mex$); sie legen an denselben Stränden ab, machen aber einen Abstecher über **La Virgen de los Mares** („die Jungfrau der Meere"). Unter Wasser steht hier eine Bronzestatue der Virgen de

Guadelupe – ob man sie sieht, hängt von der Wasserqualität ab. Je nachdem, wie viele schwimmende Händler unterwegs sind (sie paddeln an die Bordwand heran), dauert der Trip etwa 45 Minuten.

Aktivitäten

Wie nicht anders zu erwarten, haben in Acapulco die meisten Aktivitäten irgendetwas mit den Stränden zu tun. Natürlich gibt es auch Aktivitäten abseits vom Sand – aber normalerweise versprechen sich Touristen hier *den* Mega-Urlaub in Verbindung mit einmaligen Abenteuern und/oder Adrenalinkicks.

WASSERSPORT

In Acapulco ist fast jede erdenkliche Sportart auf dem oder unter Wasser möglich. Auf der Bahía de Acapulco sind u. a. Wasserskilaufen, Bootsausflüge, Fahrten mit dem Bananenboot und Parasailing in aller Munde. Um daran teilzunehmen, einfach die Strände der Zona Dorada abklappern und nach den (normalerweise) orangefarbenen Kiosken Ausschau halten. Im Angebot sind: Schnorchelausrüstung (70 Mex$), fünfminütige Parasailing-Flüge (300 Mex$), Jetski-Ritte (350 Mex$) und einstündige Wasserskitrips (650 Mex$). An den kleineren Playas Caleta und Caletilla stehen Segel-, Angel- und Motorboote sowie Tretboote, Kanus und Schnorchelausrüstung zur Verfügung. Außerdem kann man mit Autoschläuchen und Wasserfahrrädern eine Menge Spaß haben.

Obwohl Acapulco kein Topziel für Gerätetaucher ist, gibt's in der Nähe ein paar ganz gute Spots. Das **Acapulco Scuba Center** (☎ 482-94-74; www.acapulcoscuba.com; Paseo del Pescador 13 & 14) und die **Swiss Divers Association** (☎ 482-13-57; www.swissdivers.com; La Costera 100) verlangen für Tauchgänge mit zwei Flaschen jeweils etwa 750 Mex$.

Die besten **Schnorchelmöglichkeiten** finden sich vor der kleinen Playa Las Palmitas auf der Isla de la Roqueta (s. gegenüber). Um die Insel außerhalb geführter Touren zu besuchen, muss man wohl oder übel über ein paar Felsen klettern. Schnorchelausrüstung kann man auf der Insel direkt oder an den Playas Caleta und Caletilla ausleihen. Letztere haben ebenfalls ein paar nette Schnorchelplätze zu bieten. Die beiden aufgeführten Gerätetauchunternehmen bieten auch halbtägige Schnorchelausflüge an (ca. 350 Mex$/Pers. inkl. Boot, Führer, Ausrüstung, Essen, Getränken und Hotelshuttle).

Angeln ist in Acapulco schwer angesagt. Das Acapulco Scuba Center (s. linke Spalte) und **Fish-R-Us** (☎ 487-87-87, 482-82-82; www.fish-r-us.com; La Costera 100) veranstalten halbtägige Angeltrips in achtsitzigen Booten (ab 2700 Mex$ inkl. Ausrüstung und Köder). Die Kapitäne fassen Einzelteilnehmer häufig in Gruppen zusammen. Wenn genügend Interessenten zusammenkommen, werden so die Bootskosten gesenkt – pro Nase werden dann 750 bis 850 Mex$ fällig.

NOCH MEHR SPORT

Der **Club de Golf Acapulco** (☎ 484-07-81; Costera Miguel Alemán s/n; Platzgebühr 9/18 Löcher 500/800 Mex$) betreibt im Stadtzentrum einen Platz mit neun Löchern. **Fairmont Acapulco Princess** und **Fairmont Pierre Marques** teilen sich zwei turniertaugliche Anlagen (s. S. 558).

Eigene Tennisplätze haben u. a. der **Club de Golf Acapulco** (☎ 484-07-81; Costera Miguel Alemán s/n), der **Club de Tenis Hyatt** (☎ 469-12-34; www.acapulco.hyatt.com; La Costera 1), der **Villa Vera Racquet Club** (☎ 484-03-34; Lomas del Mar 35) und das **Hotel Panoramic** (☎ 481-01-32; Av Condesa 1).

Der 50 m hohe Bungee-Turm von **Paradise Bungy** (☎ 484-75-29; www.paradisebungy.com; La Costera 107; Mo–Do 12–24, Fr–So bis 2 Uhr) an der Costera ist nicht zu übersehen. Für 600 Mex$ kann man sich an einem Seil in die Tiefe stürzen, während die Zuschauerscharen auf der Straße applaudieren.

BOOTSAUSFLÜGE

Verschiedene Boote und Yachten bieten Bootsausflüge bei Tag und Nacht an. Die meisten Ausflüge beginnen im Bereich der Playa Tlacopanocha oder der Playa Manzanillo in der Nähe des *zócalo*. Das Angebot reicht von 90-minütigen Kurztrips (ab 120 Mex$) bis zu vierstündigen Törns (ab 250 Mex$). Zur örtlichen Flotte gehören u. a. Boote mit Glasboden, mehrstöckige Kähne (inkl. Bar und plärrender Salsa-Musik) und Yachten für ruhige Trips zum Sonnenuntergang durch die ganze Bucht. **Victoria** (☎ 744-5162494 Handy), **Hawaiano** (☎ 482-21-99), **Fiesta** (☎ 482-20-55) und **Bonanza** (☎ 482-20-55) sind allesamt sehr gefragte Ausflugsboote. Die eifrigen Kapitäne nehmen Reservierungen direkt am Yachthafen entgegen. Alternativ kann über Reisebüros und die meisten Hotels gebucht werden.

Acapulco mit Kindern

Acapulco ist ausgesprochen familienfreundlich. Viele unterhaltsame Attraktionen sind speziell auf Kinder zugeschnitten.

PARQUE PAPAGAYO

Der weitläufige, schattige **Park für Kinder** (La Costera; Eintritt frei; 🕑 8–20 Uhr) liegt zwischen Morín und El Cano in der Nähe der Playa Hornitos. Attraktionen wie ein See mit Paddelbooten und ein Kinderzug machen ihn zu einem beliebten Ziel für mexikanische Familien. Außerdem gibt's ein Restaurant mit Bar, eine Vogelvoliere, Tiergehege und einen Streichelzoo. Der 1,2 km lange Rundweg eignet sich prima für morgendliche Joggingtouren. Leider wurde der benachbarte Vergnügungspark 2006 geschlossen und rostet seitdem menschenleer vor sich hin.

CICI

Der familienorientierte Wasserpark **CICI** (☎ 484-19-60; www.cici.com.mx; La Costera 101; Erw. & Kind über 3 Jahren 100 Mex$; 🕑 10–18 Uhr) liegt im Osten Acapulcos. Mehrmals täglich findet eine Delphinshow statt, und auch Menschen demonstrieren gelegentlich ihre Tauchkünste. Für Unterhaltung sorgen eine 80 m lange Waserrodelbahn, ein Wellenpool und die himmelhohe Schaukel **Sky Coaster** (150 Mex$/Pers.). Hier halten sämtliche Stadtbusse mit der Kennzeichnung „CICI", „Base" oder „Puerto Marqués".

MÁGICO MUNDO MARINO

Das **Aquarium** (☎ 483-12-15; Erw./Kind 60/30 Mex$; 🕑 9–18 Uhr) steht auf einem kleinen Inselchen vor den Playas Caleta und Caletilla. Zu seinen Highlights zählen u. a. Seelöwenshows, Pools und Wasserrutschen. Man kann auch bei der Fütterung der Krokodile, Schildkröten und Piranhas zuschauen.

Festivals & Events

Semana Santa Zieht jedes Jahr wohl die meisten Touristen nach Acapulco; in Diskos, am Strand und im ganzen Stadtgebiet geht's dann hoch her.

Festival Francés (Französisches Festival) Seit 2004 findet dieses Festival jedes Jahr im März/April statt. Es huldigt Frankreichs Essen, Kino, Musik und Literatur.

Festivales de Acapulco (Acafest) Während dieser Maiwoche treten überall in der Stadt mexikanische und internationale Musikgrößen auf.

Acapulco Fair Touristenrummel mit festlicher Deko, Verkaufsständen, Fahrgeschäften und Spielen. Steigt von Mitte Dezember bis Anfang Januar beim Kongresszentrum.

Schlafen

Acapulco hat über 30 000 Hotelzimmer. Die Preise sind stark saisonabhängig: Die Hauptsaison geht grob von Mitte Dezember bis Mitte Januar. In der Osterwoche und den Sommerferien (Juli–Aug.) gibt es weitere Besucherhochs. Außerhalb der Spitzenzeiten lassen sich vor allem bei längeren Aufenthalten oft Rabatte aushandeln. Während der Semana Santa sowie zwischen Weihnachten und Neujahr ist, was die Zimmerpreise betrifft, so gut wie alles möglich – ohne Reservierung geht dann meist gar nichts. Die im Folgenden aufgeführten Beträge gelten für die Hauptsaison.

BUDGETUNTERKÜNFTE

Die meisten örtlichen Budgetunterkünfte gibt es an der La Quebrada und im Umkreis des *zócalo*.

María Acela (☎ 481-06-61; La Paz 20; Zi. 100 Mex$/Pers.) Vertrauenswürdige Option an einer ruhigen Straße nur drei Blocks westlich des *zócalo*. In den einfachen und sauberen Zimmern des blau-weißen Gästehauses gibt's kein warmes Wasser, dafür aber TV und Ventilatoren.

Youth Hostel K3 (☎ 481-31-11; www.k3acapulco.com; La Costera 116; B/Zi. inkl. kontinentalem Frühstück 150/400 Mex$; ❄ 💻) Hier gibt's nur Gemeinschaftsbäder, und die Größe der Zimmer erinnert beinahe an ein japanisches Kapselhotel. Dafür bieten Terrasse, Bar und Spielzimmer jede Menge Platz für soziales Miteinander. Auch Klimaanlage und Gemeinschaftsküche sind vorhanden. Am allerwichtigsten: Es ist direkt gegenüber vom Strand am Highway.

LP Tipp **La Torre Eiffel** (☎ 482-16-83; hoteltorreeiffel@hotmail.com; Inalámbrica 110; EZ 150 Mex$, DZ ab 250 Mex$; P ❄ 🏊) Das populäre Eiffel steht auf einem Hügel oberhalb von La Quebrada. Gäste dürfen sich über den kleinen Pool, große Gemeinschaftsbalkone und einen super Sonnenuntergang freuen. Das Haus liegt etwas weit ab vom Schuss – doch das freundliche, hilfsbereite Personal und die bequemen Betten sind den Aufstieg allemal wert.

Hotel Misión (☎ 482-36-43; hotelmision@hotmail.com; Valle 12; Zi. 250 Mex$/Pers.; P) Acapulcos ältestes Hotel ist in einem charmanten Kolonialgebäude untergebracht. Seine 28 einfachen Zimmer liegen rund um einen ruhigen Hof mit viel Grün. Sie bieten Gästen farbenfrohe Fliesen, komfortable Betten und wuchtige Möbel im spanischen Stil. Bei manchen Toiletten fehlen die Sitze.

MITTELKLASSEHOTELS

Hotel Etel Suites (☎ 482-22-40/41; etelsuites@terra.com.mx; Av La Pinzona 92; Zi./Suite/Apt. ab 450/600/900 Mex$;) Steht hoch über der Altstadt auf einem Hügel und ist für sein prima Preis-Leistungs-Verhältnis und den freundlichen Service bekannt. In den makellos sauberen Suiten und Apartments können mindestens drei Personen übernachten. Die meisten Quartiere haben große Terrassen – von dort blickt man auf der einen Seite über La Quebrada und den Pazifik, auf der anderen Seite über die Bucht. Zum Etel gehören außerdem komplett ausgestattete Küchen, gepflegte Gärten, ein Pool und ein Kinderspielplatz.

Hotel Monaco (☎ 485-64-67; La Costera 137; Zi. 491 Mex$;) Auf der Strandseite von La Costera liegt dieses Motel – mitten im Herzen der Action. Die betagten, aber sauberen Zimmer sind ihr Geld absolut wert. Rund um einen Pool und eine Veranda im Hof gelegen warten sie mit TV, Klimaanlage, Kühlschrank und Telefon auf. Vor allem am Wochenende kann es wegen des Highways und des Hofs zuweilen ziemlich laut werden.

Hotel Sands Acapulco (☎ 484-22-60; www.sands.com.mx; La Costera 178; Bungalow/Zi. 650/875 Mex$;) Eine hervorragende Option für Familien: Die kleinen, aber gemütlichen Bungalows stehen gegenüber vom Strand am Highway. Alle sind mit Kabel-TV, Klimaanlage. Kühlschrank und Tresor ausgestattet. In den größeren Zimmern können bis zu vier Personen übernachten. Für Unterhaltung sorgen ein großer Kinderspielplatz, Minigolf, mehrere Pools und eine Wasserrutsche.

Suites Selene (☎ 484-29-77; suitesselene@hotmail.com; Colón 175; DZ ohne Küche 702 Mex$, DZ/4BZ mit Küche 819/1287 Mex$;) Diese tolle Unterkunft unmittelbar an der Playa Icacos ist vor allem Selbstversorgern zu empfehlen, die länger bleiben wollen. Alles ist etwas abgenutzt, aber es gibt gute, feste Betten, einen schönen, tiefen Pool und eine anständige Klimaanlage. Die Esszimmer bzw. Küchen sind nur mit Ventilatoren ausgestattet. In allen Zimmern gibt's Kabel-TV.

Hotel del Valle (☎ 485-83-36/88; Ecke Morín & Espinoza; Zi. mit Ventilator/Klimaanlage 702/877 Mex$;) Auf der Ostseite des Parque Papagayo in der Nähe von La Costera und der beliebten Playa Hornitos; besitzt relativ komfortable Zimmer, einen kleinen Pool und Gemeinschaftsküchen (zzgl. 60 Mex$/Tag).

LP Tipp **Hotel Los Flamingos** (☎ 482-06-90; www.hotellosflamingos.com; Av López Mateos s/n; Zi. ab 703 Mex$;) Das Los Flamingos gehörte einst John Wayne, Johnny „Tarzan" Weißmüller und ihren Freunden und ist somit ein lebendiges Museum für die Blütezeit der Stadt. Der Klassiker sitzt 135 m über dem Meer auf einer Klippe und bietet einen der schönsten Ausblicke auf Acapulcos Sonnenuntergänge. Es gibt eine beliebte Restaurantbar und vernünftige, komfortable Zimmer mit klasse Bädern. Bilder aus goldenen Hollywood-Tagen zieren die Wände.

Bali-Hai Hotel (☎ 485-6622; www.balihai.com.mx; La Costera 186; Zi. ab 800 Mex$;) Das polynesisch angehauchte Motel im Zentrum der Acapulco Bay steht gegenüber vom Strand an der Straße und ist eine anständige Option, wenn auch in der Hauptsaison ziemlich überteuert. Die Zimmer sind mit jeder Menge Marmor und Bambus dekoriert. Das Hausrestaurant hat ein Frühstücksbuffet, das recht beliebt ist.

Hotel Boca Chica (☎ 483-67-41; www.bocachicahotel.com; Playa Caletilla, Zi. ab 811 Mex$;) Das berühmte Hotel versteckt sich zwischen den Felsen am Ende der Playa Caletilla. Deshalb besitzt es praktisch eine eigene Bucht zum Schnorcheln, Tauchen und Bootfahren. Zum Zeitpunkt der Recherche war eine umfassende Renovierung im Gang, die aber abgeschlossen sein müsste, wenn das Buch in den Druck geht.

Fiesta Inn (☎ 435-05-00; www.fiestainn.com; La Costera 2311; Zi. ab 830 Mex$;) Die 220 Zimmer des zentral gelegenen Hochhaushotels wurden kürzlich renoviert. Sie sind mit modernen Möbeln, Flachbild-TVs und eigenen Balkonen mit Meerblick ausgestattet. Zusätzlich werden Einrichtungen wie Fitnessraum, Kinderbetreuung und ein großer Pool geboten.

Hacíenda María Eugenia (☎ 511-15-97; www.haciendamariaeugenia.com; La Costera 176; EZ/DZ/Suite 850/950/1250 Mex$;) Modernes Hotel im Kolonialstil. Seine 65 geräumigen Zimmer sind nett dekoriert und mit Klimaanlage, Kochecken, Kabel-TV und Tresoren ausgestattet. Das Hausrestaurant Maria Bonita serviert traditionelle Gerichte aus Chiapas und einheimische Spezialitäten mit Meeresfrüchten.

SPITZENKLASSEHOTELS

Acapulcos ursprüngliche Hochhauszone erstreckt sich vom Ostrand des Parque Papagayo entlang der Bucht gen Osten. Momentan entsteht ein neuer „Luxusstrip" an der Playa Revolcadero östlich von Puerto Marqués. Die aufgeführten Preise gelten für die Hauptsaison; im Rahmen von Pauschalangeboten und bei Online-Buchungen kriegt man die Zimmer manchmal günstiger.

Hyatt Regency Acapulco (☎ 469-12-34 od. 800-005-00-00 in Mexiko, 800-233-1234 in den USA; www.acapulco.hyatt.com; La Costera 1; Zi. ab 1894 Mex$; P) Das Hyatt steht am Strand und besitzt 640 vornehme Zimmer und Suiten mit Marmorbädern. Meist haben sie auch eigene Balkone. An Extras gibt es zwei einladende Pools, ein Fitnesszentrum, einen neuen Wellnessbereich sowie diverse Bars und Restaurants. Es ist das einzige koschere Hotel der Stadt, bietet koschere Küche und hat eine eigene Synagoge.

Camino Real Acapulco Diamante (☎/Fax 435-10-10 od. 800-722-6466 in den USA; www.caminoreal.com/acapulco; Carretera Escénica, Km 14; Zi. ab 2450 Mex$; P) Dieses abgeschiedene Resort liegt an der ruhigen Bucht von Puerto Marqués. Die 157 luxuriösen Zimmer befinden sich direkt oberhalb eines kleinen, felsigen, privaten Abschnitts der Playa Pichilingüe. Alle haben eigene Terrassen oder Balkone mit Blick auf die Bucht. Das mehrstöckige Hotel mit dem ansprechenden Design beherbergt auch einen Wellnessbereich und einen Fitnessraum und hat drei flache Pools und mehrere Bars und Restaurants.

LP Tipp Las Brisas (☎ 469-69-00 od. 800-223-6800 in den USA; www.brisas.com.mx; Carretera Escénica 5255; Casita inkl. Frühstück 2850 Mex$; P) Das romantische Las Brisas stammt aus den späten 1950er-Jahren. Dank seiner erstklassigen Lage hoch über der Bucht bietet es eine atemberaubende Aussicht. Es ist wunderschön gebaut und hat Fliesenböden und jede Menge hübsches Mauerwerk. Alle 236 Casitas besitzen Terrassen oder Balkone, manche sogar eigene Pools. Die meisten teilen sich aber einen mit zwei anderen Hütten. Der Service erntet begeisterte Kritiken (Zimmerpreise inkl. Trinkgeld). Der angeschlossene Strandclub versteckt sich tief unten an einer felsigen Bucht.

Fairmont Acapulco Princess (☎ 469-10-00 od. 800-441-1414 in den USA; www.fairmont.com; Playa Revolcadero s/n; Zi. ab 2900 Mex$; P) Das berühmte Hotel von 1971 ragt in Form einer gigantischen Aztekenpyramide über der Playa Revolcadero auf. Die 1017 geräumigen Luxuszimmer wurden kürzlich renoviert und verteilen sich auf drei Türme. Sie sind u. a. mit Marmorelementen und zeitgenössischen Möbeln eingerichtet. Auf dem beinahe 70 ha großen, üppig bewachsenen Gartengelände gibt's neben fünf Süß- und Salzwasserpools auch Wasserfälle, ein Fitnesszentrum, einen Wellnessbereich, einen Golfplatz, einen Nachtclub und elf Tennisplätze. Sieben Restaurants und vier Bars sorgen fürs leibliche Wohl.

Essen

Entlang der La Costera kann man sich mit Lebensmitteln, Fertiggerichten und sonstigen Vorräten eindecken. Dort sind große Kaufhausketten wie Comercial Mexicana, Bodega Aurrera, Bodega Gigante und Wal-Mart vertreten.

ALTSTADT

LP Tipp Taquería Los Pioneros (☎ 482-23-45; Ecke Mendoza & Mina; 5 Tacos 20 Mex$, Hauptgerichte 35–45 Mex$; 9–15 Uhr) Die Tacos sind winzig, dafür aber mit verschiedenen Leckereien gefüllt. Dazu gibt's z. B. Jalapeños, eingelegte Karotten, Zwiebeln oder Koriander.

Restaurant Charly (Carranza s/n; 4 Tacos 20 Mex$, Hauptgerichte 35–50 Mex$) Das günstige Charly liegt nur wenige Schritte östlich vom *zócalo*. Seine beschatteten Außentische stehen am verkehrsberuhigten Teil der Carranza. Auf der Karte steht *barbacoa de chivo* als Hauptgericht oder in Tacoform: Dieses würzige Ziegenfleisch wird langsam in einem Mantel aus gerösteten Agavenblättern gegart.

El Amigo Miguel (☎ 483-69-81; Hauptgerichte 40–90 Mex$) Juárez 16 (10–21 Uhr); Juárez 31 (10–21 Uhr); La Costera s/n (11–20 Uhr) Die brummenden Open-Air-Filialen dieser fröhlichen Restaurantkette servieren leckere Meeresfrüchte für wenig Geld. An einer Ecke stehen sich gleich zwei „Miguels" gegenüber, weitere Ableger verteilen sich über die ganze Stadt.

Die Bratwurst (☎ 127-15-23; José Azueta 10; Hauptgerichte 50–75 Mex$; Mo–Sa 12–20 Uhr). Wer keine Lust mehr auf Tacos hat, kann hier teutonische Traditionsküche genießen. Die „Wilde Hilde" aus Garmisch-Partenkirchen machte vor 35 Jahren Urlaub in Acapulco und blieb einfach da. Bis heute serviert sie „echtes deutsches Essen auf mexikanisch" – z. B. wunderbare Würstchen mit Sauerkraut, Kartoffeln, Salat, Brot und Kuchen (zusammen 60 Mex$).

Restaurant La Perla (☎ 483-11-55; Hotel El Mirador, Plazoleta La Quebrada 74; Abendessen 117 Mex$; ⌚ 19–23 Uhr) Wegen des erstklassigen Blicks auf die todesmutigen *clavadistas* sind die hohen Preise dieser Restaurant-Bar fast schon gerechtfertigt. Obendrein gibt's Terrassen mit Kerzenlicht und eine frische Meeresbrise. Das dreigängige Menü ist stark fleischlastig, aber man findet auch diverse Gerichte mit Fisch, Hühnchen oder Nudeln.

LA COSTERA

El Zorrito (☎ 485-79-14; La Costera s/n; Hauptgerichte 30–150 Mex$; ⌚ 24 Std.) Das populäre Lokal ist stets gut besucht. Auf den Tisch kommt mexikanisches Soul-Food wie leckere Tacos, *pozole*, Garnelen oder Fisch. Tolle Dessertauswahl!

LP Tipp **El Cabrito** (☎ 484-77-11; www.elcabrito-acapulco.com; La Costera 1480; Gerichte 60–170 Mex$; ⌚ 14–24 Uhr) Unsere Leser schwärmen von dieser lokalen Institution. Seit 1963 serviert das Restaurant ein paar der besten mexikanischen Traditionsgerichte der Stadt. Seine schwarze *mole* nach Oaxaca-Art enthält 32 verschiedene Zutaten. Wagemutige bestellen sich mit *Cabecita de Cabrito* (geröstetem Zickleinkopf) die Spezialität des Hauses. Von den Tischen draußen kann man prima Leute beobachten – aber immer schön genügend Abstand zum glühend heißen Grill halten!

El Gaucho (☎ 484-17-00; Hotel Presidente, La Costera 8; Hauptgerichte 60–200 Mex$; ⌚ 17–24 Uhr) Das gehobene, aber keinesfalls abgehobene Gaucho zählt zu Acapulcos besten Steakhäusern. Das Fleisch wird auf original argentische Art gegrillt und zu gesalzenen Preisen serviert. Weniger fleischsüchtig oder extravagant veranlagte Gäste ordern stattdessen eines der verschiedenen Nudelgerichte. Auf der kleinen, aber ordentlichen Weinkarte stehen u. a. Tropfen aus Mexiko, Chile, Spanien und Argentinien.

LP Tipp **100% Natural** (☎ 485-52-79; www.100natural.com.mx; Hauptgerichte 60–275 Mex$; Ⓥ) Zócalo (La Costera s/n); Condesa (La Costera 112); Magallanes (La Costera 200) Diese gesundheitsbewusste Restaurantkette unterhält mehrere Filialen an der La Costera und im ganzen Stadtgebiet. Alle überzeugen mit entspanntem Ambiente und gutem, freundlichen Service. Das durchweg schmackhafte Essen ist größtenteils vegetarisch. Im Angebot sind z. B. Vollkornbrote und -brötchen, ergänzt durch eine prima Auswahl von Obst- und Gemüsesäften bzw. -shakes. Manche Filialen haben rund um die Uhr geöffnet

Mariscos Pipo's (☎ 484-17-00; Ecke La Costera & Nao Victoria; Hauptgerichte 75–205 Mex$; ⌚ 13–21 Uhr) Das vielfältige Menü umfasst u. a. Quesadillas mit Babyhai, Süßwasserbarsch, gegrillte Languste und Jakobsmuschel-Cocktails. All dies wird in einem großen Essbereich mit schlichter maritimer Deko serviert.

Kookaburra (☎ 446-60-20, 446-60-39; Carretera Escénica s/n; Hauptgerichte 140–315 Mex$) Das schilfgedeckte Kookaburra zählt zu Acapulcos besten und exklusivsten Restaurants. Dafür sorgen u. a. die traumhafte Aussicht und noch traumhaftere Spezialitäten. Auf der Karte stehen Spaghetti mit Kaviar oder Filet Mignon mit *chipotle* – perfekt für ein romantisches Abendessen. Reservierung erforderlich.

Baikal (☎ 446-6845; www.baikal.com.mx; Carretera Escénica 22; Hauptgerichte 200–500 Mex$) Nicht nur ein Restaurant, sondern vielmehr eine Erfahrung für alle fünf Sinne: Wer die außergewöhnliche Wendeltreppe am Eingang hinuntersteigt, betritt ein wahres Wunderland an den Klippen. Bei Spitzenaussicht auf die Acapulco Bay genießt man hier Fusion-Küche mit französischen, asiatischen und mediterranen Elementen. Das Essen wird meisterhaft angerichtet; im Hintergrund erklingt Live-Jazz. Acapulcos angesagteste Location zum Sehen-und-Gesehen-Werden – deshalb muss unbedingt im Voraus reserviert werden.

Unterhaltung

NACHTCLUBS

Die meisten Nachtclubs öffnen um ca. 22.30 Uhr, doch bis Mitternacht oder noch später ist relativ wenig los. Die Saison, der Wochentag und die Laune der Türsteher bestimmen den Eintrittspreis. Schicke Klamotten sind angebracht – Shorts- und Turnschuhträger müssen draußen bleiben.

Palladium (☎ 446-54-90; www.palladium.com.mx; Carretera Escénica s/n; Eintritt inkl. Getränke Frauen/Männer 350/450 Mex$) Das Palladium wird als beste Disko der Stadt gepriesen und hat Fenster vom Boden bis zur Decke mit toller Aussicht. Ein exquisites Soundsystem beschallt das 20- bis 30-jährige Publikum mit Hip-Hop, House, Trance und Techno. Etwa um 3 Uhr unterhält der „Silberne Azteke" die Menge mit seiner berühmten Tanz- und Feuershow. Hier heißt's aufbrezeln und Schlange stehen.

Baby'O (☎ 484-74-74; La Costera 22; Eintritt 100–400 Mex$) Der kellerartige Club mit Laser-

Lightshow steht bei betuchteren Gästen hoch im Kurs. Mittwochs finden Mottopartys statt. Die DJs legen Rock, Pop und House auf, schlicht „alles außer Electronica". Getränke sind nicht im Preis enthalten.

Los Alebrijes (☎ 484-59-02; La Costera 3308; Eintritt inkl. Getränke Frauen/Männer 250/350 Mex$) In dem riesigen Laden tanzen für gewöhnlich scharenweise junge Mexikaner. Meist läuft ein Querschnitt aus Latino-Rock und -Pop. Die Bar hat von 1 bis 5 Uhr geöffnet.

Disco Beach (☎ 484-82-30; La Costera s/n; Eintritt inkl. Getränke Damen/Herren 250/300 Mex$; 🕑 Mi–Sa) Das Disco Beach lockt ein relativ junges Publikum ins Zentrum der Playa Condesa. Dresscode und Atmosphäre sind hier entspannter als anderswo. In puncto Musik sind House, Disco, Techno, Hip-Hop und Hits der 1970er- und 1980er-Jahre geboten. Mittwochs haben Frauen freien Eintritt und bekommen die Getränke kostenlos. Bei den Schaumpartys am Freitag geht's oft hoch her. Auch die Ibiza Lounge und die Thai Bar nebenan sind immer einen Besuch wert.

ZENTRALE PAZIFIKKÜSTE

LIVEMUSIK & BARS

Barbarroja (☎ 484-59-32; La Costera s/n; 🕑 12–5 Uhr) Ahoi Matey! Die alberne „Freibeuterkneipe" ist eine der Strandbars in der Nähe des Bungee-Turms. Vor der bootsförmigen Bar stehen Tänzerinnen in aufreizenden Piratenkostümen auf den Tischen. Doch nur hier kann man als 30-Jähriger in Acapulco noch feiern, ohne sich dabei uralt zu fühlen.

Nina's (☎ 484-24-00; La Costera 41; Eintritt inkl. Getränke 200–250 Mex$; 🕑 22–4 Uhr) Eine der besten Adressen vor Ort für live dargebotene *música tropical* (Salsa, *cumbia*, Cha-Cha, Merengue usw.). Hier bebt die Tanzfläche! Es gibt auch Varietéshows, und zuweilen treten Imitatoren auf.

Salon Q (☎ 484-32-52 oder 481-01-14; La Costera 23; Eintritt 180 Mex$, inkl. Getränke 240 Mex$; 🕑 22.30–6 Uhr) Neben erstklassigen Salsabands und -sängern engagiert diese *catedral de la salsa* auch verschiedene Promi-Imitatoren. Hier ist immer *carnaval*.

Tropicana (La Costera s/n, Playa Hornos; Eintritt 50 Mex$; 🕑 22–4 Uhr) Präsentiert wie das Nina's ein breites Spektrum von Live-*música tropical*, nur ohne Glocken und Pfiffe.

Hotel Los Flamingos (☎ 482-06-90; López Mateos s/n) Die Bar des Hotel Los Flamingos am Rand der Steilküste ist der einzige ruhige Laden in dieser wilden Ecke. Zweifellos ist dies Acapulcos beste Location, um bei ein paar Drinks gediegen den Sonnenuntergang zu genießen. Keinerlei Autos oder Straßenhändler lassen sich blicken, während man nach Herzenslust *cocos locos* (Cocktails aus Rum, Tequila, Ananassaft und Kokoscreme) schlürft.

Hard Rock Cafe (☎ 484-00-47; La Costera 37; 🕑 12–2 Uhr) Die Acapulco-Filiale der Cafékette ist kaum zu übersehen. Das Hard Rock Café befindet sich gleich nordwestlich vom CICI. Zwischen 22 und 2 Uhr treten hier verschiedene Livebands auf.

Señor Frogs (☎ 446-57-34; www.senorfrogs.com; Carretera Escénica 28; 🕑 10–1 Uhr) Ja, es ist ein Kettenlokal. Und ja, es ist kitschig und eine typische Touristenfalle. Trotzdem ist hier Fun pur garantiert! Die schrägen Antiquitäten ziehen tagsüber mexikanische Familien an, abends lockt das günstige Bier scharenweise feierwütige Collegestudenten an.

SCHWULENTREFFS

Acapulco hat eine lebendige Schwulenszene, die sich in diversen Bars und Clubs trifft. Die meisten Locations sind etwa von 22 bis 4 Uhr geöffnet.

Das **Demas** (☎ 484-13-70; Piedra Picuda 17) ist den Herren der Schöpfung vorbehalten. Am Freitag- und Samstagabend steigen hier Shows. Auf der winzigen Tanzfläche vom **Picante** (Piedra Picuda 16) direkt dahinter tummeln sich auch hauptsächlich Männer und gelegentlich finden Drag- oder Stripshows statt. Im **Relax** (☎ 484-04-21; Lomas del Mar 4; 🕑 Do–Sa) sind Männer und Frauen gleichermaßen willkommen. Acapulcos inoffizieller **Schwulenstrand** nimmt den felsigen Teil der Playa Condesa am Hotel Fiesta Americana ein. Die **Casa Condesa** (☎ 484-1616; www.casacondesa.com; Bella Vista 125; Zi. ab 960 Mex$) ist ein B&B für männliche Homosexuelle.

SPORT

Die Plaza de Toros liegt südöstlich der La Quebrada und nordwestlich der Playas Caleta bzw. Caletilla. Hier finden sonntags um 17.30 Uhr Stierkämpfe statt (Jan.–März). Tickets sind bei Hotels, Reisebüros und dem **Ticketschalter der Stierkampfarena** (☎ 482-11-81; Plaza de Toros; 🕑 10–14 Uhr) erhältlich. Die „Caleta"-Busse halten in der Nähe

Shoppen

Mercado de Artesanías (Ecke Parana & Velasquez de Leon) Auf dem *mercado* mit seinen 400 Ständen ist gnadenloses Feilschen angesagt: Die hiesigen Händler sind an naive Kreuzfahrtpassagiere gewöhnt. Acapulcos größter Handwerksmarkt wird zwischen der Av Cuauhtémoc und der Vicente de León abgehalten. Das hübsche Gelände ist asphaltiert und im Vergleich zu den Hotelshops ein günstigeres Jagdrevier – Hängematten, Schmuck, Bekleidung, T-Shirts etc. bekommt man auch hier.

Kunsthandwerk gibt's zudem auf dem **Mercado de Artesanías Papagayo**, dem **Mercado Noa Noa**, dem **Mercado Dalia** und dem **Mercado La Diana** an der La Costera sowie dem **Mercado de Artesanías La Caletilla** am Westende der Playa Caletilla.

Mercado Central (Diego H de Mendoza s/n) Wie ein Bazar verteilt sich dieser traditionell mexikanische Markt auf verschiedene Innen- und Außenbereiche. Das riesige Angebot umfasst *atole* und *zapatos* (Schuhe) genauso wie Lebensmittel, warme Speisen und Souvenirs. Auf der Fahrt nach Osten halten hier alle Busse mit der Kennzeichnung „Pie de la Cuesta" oder „Pedregoso". Da aussteigen, wo sich der Gehweg langsam mit Ständen füllt.

Galerías Diana (☎ 481-40-21; La Costera 1926; ⌚ So–Do 7.30–24, Fr & Sa bis 2 Uhr) In dieser monumentalen Mall kann man Shoppen bis zum Umfallen. Sie beherbergt Outlets von US-amerikanischen und europäischen Marken wie Zara, Nine West oder Puma, dazu ein Starbucks, ein Kasino, eine Halle mit Videospielen und das Cinepolis VIP. Dieses Kino hat einen Barservice und bequeme Ledersessel. Es zeigt meist englischsprachige Filme mit spanischen Untertiteln.

An- & Weiterreise

Acapulco liegt 400 km südlich von Mexico City bzw. 235 km südöstlich von Zihuatanejo. Von Osten und Westen her ist die Stadt über den Hwy 200 erreichbar. Die Hwys 95 und 95D führen aus Richtung Norden nach Acapulco hinein.

AUTO & MOTORRAD

Neben normalen Autos haben viele Autovermieter auch Geländewagen im Programm. Manche Firmen unterhalten Filialen am Flughafen und in der Stadt, andere liefern Mietwagen kostenlos direkt beim Kunden ab. Ein Preisvergleich lohnt sich!

Autovermieter in Acapulco:

Alamo (☎ 484-33-05 od. 466-94-44; La Costera 2148)
Avis (☎ 462-00-75; Flughafen)
Budget (☎ 481-24-33 od. 466-90-03; La Costera 93, Local 2)
Hertz (☎ 485-89-47; La Costera 137)
Thrifty Flughafen (☎ 466-92-86); La Costera 139 (☎ 486-19-40)

Wer über den Hwy 95D landeinwärts fährt, sollte Bargeld zur Hand haben. Nach Chilpancingo im Norden (ca. 130 km) bezahlt man insgesamt 279 Mex$ Mautgebühren.

BUS

Mit Estrella de Oro und Estrella Blanca sind in Acapulco zwei große 1.-Klasse-Fernbusunternehmen vertreten. Der moderne, klimatisierte **Estrella-de-Oro-Busbahnhof** (EDO; ☎ 800-900-01-05; Av Cuauhtémoc 1490) liegt gleich östlich der Massieu. Dort gibt es kostenlose Toiletten, einen Banamex-Geldautomaten und eine Gepäckaufbewahrung (2 Mex$ pro Std. & Stück). Der Ticketautomat akzeptiert Kundenkarten. **Estrella Blanca** (EB; ☎ 469-20-80) hat zwei 1.-Klasse-Busbahnhöfe – **Central Papagayo** (Av Cuauhtémoc 1605) gleich nördlich vom Parque Papagayo und **Central Ejido** (☎ 469-20-28/30; Av Ejido 47). Der **2.-Klasse-Busbahnhof von Estrella Blanca** (☎ 482-21-84; Av Cuauhtémoc 97) verkauft Fahrkarten für alle Linien; die Busse ab hier steuern jedoch nur relativ nahe Ziele an. Ein paar Agenturen wie die **Agencia de Viajes Zócalo** (☎ 482-49-76; La Costera 207, Local 2) verkaufen Estrella-Blanca-Tickets in der Stadt.

Beide Unternehmen schicken regelmäßig Fernbusse unterschiedlicher Klassen nach Mexico City. Der Fahrplan auf S. 562 listet tägliche Verbindungen ab Vallarta auf.

FLUGZEUG

Acapulcos kleinen, aber geschäftigen **Aeropuerto Internacional General Juan N. Álvarez** (☎ 466-94-34) nutzen viele Maschinen aus aller Welt. Die meisten legen eine Zwischenlandung im nahen Mexico City oder Guadalajara ein. Bei allen aufgeführten Flügen handelt es sich um (z. T. saisonabhängige) Direktverbindungen.

Aeroméxico (☎ 485-16-25/00; La Costera 286) Nach Guadalajara, Mexico City und Tijuana.
America West (☎ 466-92-75; Flughafen) Fliegt Los Angeles und Phoenix an.
American Airlines (☎ 481-01-61; La Costera 116, Plaza Condesa, Local 109) Nach Dallas und Chicago.
Aviacsa (☎ 466-92-09; Flughafen) Regelmäßig nach Oaxaca, Mexico City und Tijuana.
Azteca (☎ 466-90-29; Flughafen) Bringt einen nach Ciudad Juárez, Guadalajara und Tijuana.

Continental Airlines (☎ 466-90-46; Flughafen) Nach Houston, Minneapolis und Newark.

Delta Airlines (☎ 800-902-2100; Flughafen) Ziele sind Atlanta und Los Angeles.

Mexicana & Click Mexicana (☎ 486-75-70; La Costera 1632, La Gran Plaza) Nach Mexico City und Guadalajara.

Northwest (☎ 800-900-08-00; Flughafen) Landet in Houston.

Unterwegs vor Ort

AUTO & MOTORRAD

Besucher sollten möglichst gar nicht in Acapulco herumfahren – die Straßen sind in schlechtem Zustand, und im anarchisch geprägten Verkehr geht's zu allem Überfluss oft nur zentimeterweise voran.

BUS

Acapulco hat ein prima Stadtbusnetz (besonders toll, wenn man in eine der angesprühten „Schönheiten" mit dröhnendem Soundsystem einsteigt). Betriebszeit ist von 5 bis 23 Uhr (mit/ohne Klimaanlage 5,50/4,50 Mex$). Ein super Plätzchen, um einen Bus zu erwischen, ist die Haltestelle zwei Blocks östlich des *zócalo,* gegenüber vom Kaufhaus Sanborns (an der La Costera). Hier beginnen gleich mehrere Routen (u. a. nach Pie de la Cuesta) – Sitze lassen sich deshalb eigentlich fast immer problemlos ergattern.

Praktische Stadtbuslinien sind folgende:

Base–Caleta Vom Marinestützpunkt Icacos an Acapulcos Südostende geht's zunächst die La Costera entlang und dann am *zócalo* vorbei hinaus zur Playa Caleta.

Base–Cine Río–Caleta Beginnt ebenfalls am Marinestützpunkt Icacos und führt dann von der La Costera landeinwärts über die Av Wilfrido Massieu zur Av Cuauhtémoc. Dieser folgt der Bus quer durch den Geschäftsbezirk und biegt dann wieder in die La Costera ein. Ab dem *zócalo* geht die Fahrt westwärts zur Playa Caleta.

Puerto Marqués–Centro Startet an der Haltestelle gegenüber von Sanborns und rollt dann die La Costera entlang nach Puerto Marqués.

Zócalo–Playa Pie de la Cuesta Gegenüber von Sanborns geht's los in Richtung Pie de la Cuesta.

VOM/ZUM FLUGHAFEN

Acapulcos Flughafen liegt 23 km südöstlich des *zócalo* jenseits der Abzweigung nach Puerto Marqués. Neuankömmlinge können sich beim *colectivo*-Schalter am Ende des Inlandsterminals Tickets für den Transport in die Stadt holen (Shuttles zum Hotel ca.

BUSFAHRPLAN ACAPULCO

Ziel	Preis (Mex$)	Dauer (Std.)	Häufigkeit (tgl.)
Chilpancingo	1. Klasse 76	1¾	mehrere ab Central Ejido (EB)
	1. Klasse 76	1¾	regelm. (EDO)
	2. Klasse 59	3	ab 2.-Klasse-Terminal (EB) (alle 30 Min. zw. 5 & 19 Uhr)
Cuernavaca	1. Klasse 261	4–5	3-mal ab Central Papagayo (EB)
	1. Klasse 220	4–5	7-mal
	206	5	sehr regelm. „semi-directo" (EDO)
Mexico City (Terminal Norte)	Deluxe 450	6	1-mal ab Central Papagayo (EB)
	1. Klasse 315	6	mehrere ab Central Papagayo (EB)
	1. Klasse 315	6	7-mal (EDO)
	1. Klasse 272	6	2-mal ab Central Ejido (EB)
Mexico City (Terminal Sur)	Deluxe 467	5	4-mal ab Central Papagayo (EB)
	Deluxe 456	5	6-mal (EDO)
	1. Klasse 315	5	regelm. ab Central Papagayo (EB)
	1. Klasse 315	5	8-mal ab Central Ejido (EB)
	1. Klasse 315	5	regelm. (EDO)
Puerto Escondido	1. Klasse 239	7	5-mal ab Central Ejido (EB)
	2. Klasse 195	9½	5-mal ab Central Ejido (EB)
Taxco	1. Klasse 163	4	3-mal ab Central Ejido (EB)
	1. Klasse 163	4	2-mal (EDO)
Zihuatanejo	1. Klasse 125	4–5	10-mal ab Central Ejido (EB)
	Primera Plus 125	4–5	13-mal ab Central Ejido (EB)
	1. Klasse 125	4–5	3-mal (EDO)
	2. Klasse 92	4–5	12-mal, stündl. zw. 5 & 17.30 Uhr (EDO)

75 Mex$/Pers., etwas mehr bei Hotels westlich des *zócalo*).

Bei der Abreise aus Acapulco sollte der Rücktransport zum Flughafen bereits einen Tag im Voraus bei **Móvil Aca** (☎ 462-10-95) angemeldet werden. Der Preis variiert je nach Abholort (150–400 Mex$/Pers.; 300–400 Mex$ für das ganze Fahrzeug bei max. 5 Pers.). Abhängig von der Gepäckmenge kostet ein Taxi zum Flughafen zwischen 230 und 330 Mex$.

TAXI

Keck wie Küchenschaben wuseln Hunderte blauweißer VW-Taxis durch Acapulco. Die Dreistigkeit der Fahrer im Verkehr hat beinahe schon komische Züge. Viele Chauffeure verlangen Preise über den offiziellen Sätzen. Je nach Fahrtziel bezahlen Ortsansässige meist ca. 20 bis 50 Mex$. Vor dem Einsteigen am besten immer zuerst den Fahrpreis aushandeln!

BARRA VIEJA

Das Fischerdorf Barra Vieja liegt etwa 40 km südöstlich von Acapulcos Zentrum. An seinem rauen Strand trifft der Ozean auf die Tres-Palos-Lagune. Außerdem gibt's ein paar Meeresfrüchte-*enramadas*. Zu bestimmten Jahreszeiten wird hier eine Schildkröten-Schutzstation eingerichtet. Ansonsten kann man Aktivitäten wie Massagen, Bootsausflügen und Ausritten nachgehen. Die Hauptattraktion ist jedoch der unberührte Strand. Anders als an dem in Acapulco sind hier überhaupt keine Menschenmassen und lästigen Händler.

Autofahrer nehmen zunächst die Straße zum Flughafen; nach weiteren 20 km kommt Barra Vieja in Sicht. Alternativ fahren Busse von Acapulco zur Playa Marques, wo *combis* ins Dorf starten. Taxifahrten ab Acapulco kosten inklusive Rückfahrt etwa 500 Mex$.

COSTA CHICA

Ab Acapulco erstreckt sich Guerreros „Kleine Küste" südostwärts bis zur Grenze mit Oaxaca. Sie verzeichnet wesentlich weniger Besucher als ihr großes Pendant im Nordwesten. Dennoch findet man hier zumindest einen großartigen Strand.

Sogenannte Afro-Mestizen mit afrikanischen, indigenen und europäischen Wurzeln machen den Großteil der Bevölkerung aus. Einst war die Region ein sicherer Zufluchtsort für Sklaven; manche entflohen im Landesinneren, andere sollen von einem Schiff entkommen sein, das direkt vor der Küste sank.

Ab Acapulco führt der Hwy 200 landeinwärts an kleinen Dörfern und Feldern vorbei. **San Marcos** und **Cruz Grande** liegen 60 bzw. 100 km östlich der Stadt. Bis **Cuajinicuilapa** nahe der Grenze zu Oaxaca gibt's ansonsten keine größeren Siedlungen. Beide Ortschaften besitzen einfache Serviceeinrichtungen wie Banken, Tankstellen und schlichte Hotels.

Playa Ventura & Umgebung

☎ 741 / 420 Ew.

Rund drei Stunden Fahrt südöstlich von Acapulco erstreckt sich die unberührte **Playa Ventura** („Juan Álvarez" auf den meisten Karten). Sauberes Wasser schwappt ruhig auf ihren weichen, weißgoldenen Sand. Eine Ortschaft mit kleinem **Dorfmuseum**, einfachen Meeresfrüchterestaurants und Strandhotels erstreckt sich etwa drei Blocks weit ins Landesinnere.

Das fröhlich rosafarbene **Hotel Doña Celsa** (☎ 101-30-69; DZ/4BZ 200/350 Mex$; P) hat 20 einfache und saubere Zimmer, einen netten Pool, ein Meeresfrüchterestaurant und einen Lebensmittelladen.

LP Tipp La Caracola (☎ 101-30-47; www.playaventura.com; Zi. 400–650 Mex$; P) Die angenehmste Unterkunft vor Ort steht 1,5 km nördlich (rechts) der Kirche. Neben einer Gemeinschaftsküche beherbergt der schilfgedeckte Pfahlbau mehrere Zimmer mit schlichten Betten, Moskitonetzen, Hängematten und Ventilatoren. Die günstigeren Quartiere am Strand sind in pyramidenförmigen Minihütten aus Adobeziegeln untergebracht.

Autofahrer nehmen den Hwy 200 bis zum Dorf Copala (Km 124) und folgen dann den Schildern zur Playa Ventura. Von Acapulco aus rollen Busse Richtung Südosten nach Copala (120 km, 60 Mex$, 2½ Std.). Gleich östlich der dortigen Haltestelle machen sich *camionetas* und Minibusse etwa jede halbe Stunde auf den Weg zur Playa Ventura (13 km, 15 Mex$, 30 Min.).

Ca. 13 km südöstlich von Copala liegt die Marktstadt **Marquelia** (Km 137) am Hwy 200. Von hier hat man Zugang zu einem gewaltigen Stück Strand, das von Kokospalmen gesäumt wird und der Küstenlinie in beide Richtungen kilometerweit folgt. Vom Stadtzentrum fahren *camionetas* zu einem Abschnitt namens

Playa La Bocana. An dieser Stelle mündet der Río Marquelia ins Meer und bildet eine Lagune. Wer an der La Bocana übernachten möchte, kann *cabañas* und *comedores* (kleine Imbissstände) mit Hängematten in Anspruch nehmen. Ein weiterer Strandabschnitt namens **Playa Las Peñitas** ist über eine 5 km lange Straße erreichbar, die von Marquelias Ostende Richtung Ozean führt. Dort gibt's zwei kleine Hotels und diverse *cabañas* mit Zeltplätzen.

Ometepec

☎ 741 / 20 800 Ew. / 600 m

Ometepecs blau-weiße **Catedral de Santiago Apóstol** ist den Abstecher in die Berge der Sierra Madre wert. An der imposanten Kirche im wunderbaren Kolonialstil wird seit 1981 ununterbrochen gebaut. Auf dem belebten Sonntagsmarkt verkaufen indigene Einwohner ihre handgefertigten Lederwaren. Ometepec liegt ca. 50 km nordöstlich von Marquelia und 175 km südöstlich von Acapulco. Eine kurvige, 15 km lange Straße führt hierher. Die deutlich markierte Ausfahrt zweigt in der Nähe von Km 174 vom Hwy 200 ab.

Cuajinicuilapa

☎ 741 / 9400 Ew.

Cuajinicuilapa liegt rund 200 km südöstlich von Acapulco. Cuaji (*kwach*-hie) ist das kulturelle Zentrum der Afro-Mestizen an der Costa Chica. Das **Museo de las Culturas Afromestizas** (Museum der afro-mestizischen Kulturen; ☎ 741-414-03-10; Ecke Manuel Zárate & Cuauhtémoc; Eintritt 10 Mex$; 🕑 Di–So 10–14 & 16–19 Uhr) ist der Geschichte afrikanischer Sklaven in Mexiko gewidmet. Der Schwerpunkt liegt dabei vor allem auf der einheimischen Kultur der Afro-Mestizen. Hinter dem Museum befinden sich drei *casas redondas;* diese für Westafrika typischen Rundhäuser wurden erst in den 1960er-Jahren rund um Cuaji errichtet. Das Museum liegt einen Block landeinwärts von der Banamex-Filiale, die gleich westlich der Hauptplaza zu finden ist.

Ab 5 Uhr morgens verlassen Busse den Central-Ejido-Busbahnhof von Estrella Blanca in Acapulco stündlich in Richtung Cuaji (119 Mex$, 5 Std.). Außerdem fahren mehrmals täglich Estrella-Blanca-Busse von der Pinotepa Nacional (in Oaxaca; 30 Mex$, 1½ Std.) aus hierher.

Die **Punta Maldonado** (oder El Faro) ist der letzte erwähnenswerte Strand vor der Grenze zu Oaxaca. Die Möglichkeiten zum Schwimmen und (gelegentlichen) Surfen sind hervorragend: Der *break* ist ein Reef/Point mit Schwerpunkt auf Lefts. Im Dorf (1100 Ew.) gibt's neben ein paar Meeresfrüchterestaurants am Strand auch ein nicht gerade hübsches, winzig kleines Hotel. Punta Maldonado ist von Cuajinicuilapa aus per *camioneta* zu erreichen (20 Mex$, 45 Min.); die Fahrzeuge machen sich gleich hinter der Plaza alle 30 Minuten auf den Weg.

CHILPANCINGO

☎ 747 / 165 000 Ew. / 1360 m

Als Hauptstadt des Bundesstaates Guerrero ist Chilpancingo auch eine Universitätsstadt und das landwirtschaftliches Zentrum. Es liegt an den Hwys 95 und 95D, 130 km nördlich von Acapulco und 270 km südlich von Mexico City. Das Verwaltungszentrum Chilpancingo zwischen den beiden wesentlich interessanteren Zielen Taxco und Acapulco ist relativ nichtssagend.

Der ehemalige **Palacio Municipal** steht am *zócalo;* hier weisen Wandbilder auf die Bedeutung der Stadt in Mexikos Geschichte hin. Im Frühling 1813 umzingelte der Rebellenführer José María Morelos y Pavón Mexico City mit seiner Guerilla-Armee und forderte eine Nationalversammlung in Chilpancingo. Die Nationalversammlung verfasste eine Unabhängigkeitserklärung und begann dann mit dem Ausarbeiten einer neuen Verfassung. Schließlich durchbrachen die Spanier aber den Belagerungsring um Mexico City und Morelos wurde wegen Hochverrats angeklagt und hingerichtet.

Schlafen & Essen

Die besten Restaurants und Unterkünfte befinden sich rund um den Busbahnhof und den *zócalo*.

Hotel El Presidente (☎ 472-97-31; Ecke Calle 30 de Agosto & Insurgentes; EZ 330–380 Mex$, DZ 400–480 Mex$; 🅿) Dies ist trotz des altmodischen Kitschdekors eine prima Notfalllösung – der Busbahnhof ist nur einen Block entfernt. Das Green Café unten serviert feines Frühstück.

Del Parque Hotel (☎ 472-30-12; Colón 5; Zi. 470 Mex$) Modernes Hotel, das einen Block vom *zócalo* entfernt liegt. Die sauberen Zimmer sind geräumig und mit Teppichböden ausgelegt. Fenster mit Doppelverglasung reduzieren den Straßenlärm und auch Betten und Bäder überzeugen vollauf. Im Erdgeschoss serviert das beliebte Restaurant Taco Rock ordentliche Pizzas und Sandwiches.

An- & Weiterreise

Chilpancingos Busbahnhof liegt 1,5 km vom *zócalo* entfernt. Von dort aus fahren Busse von **Estrella Blanca** (☎ 472-06-34) und **Estrella de Oro** (☎ 472-21-30) u. a. regelmäßig nach Acapulco (70 Mex$, 1½ Std.), Mexico City (180–230 Mex, 3½ Std.) und Taxco (100 Mex$, 3 Std., mind. 2-mal tgl.).

OLINALÁ

☎ 756 / 5200 Ew. / 1350 m

Die Holzgegenstände aus dem abgelegenen Dorf Olinalá sind in ganz Mexiko bekannt. Die hiesigen Handwerker produzieren z. B. wunderschön lackierte Schachteln und Truhen. Letztere bestehen traditionell aus einheimischem Linaloe-Holz. Allerdings ist dieses wohlriechende Holz so rar geworden, dass es heute häufig durch Kiefernholz ersetzt wird. Mehrere Handwerksläden säumen die Av Ramon Ibarra hinter dem *zócalo*; der Laden Artesanías Ayala zählt zu den besten Adressen unter ihnen. Mit der **Iglesia de San Francisco de Asís** am *zócalo* und dem prächtigen **Sanatorio de la Virgen Guadalupe** auf dem Gipfel des Hügels ragen zwei reizende Kirchen über dem Kopfsteinpflaster auf. Beide sind mit Wandgemälden und lackierten Holzornamenten im traditionellen Olinalá-Stil dekoriert. Wer eine Weile hier bleiben möchte, kann im **Hotel Coral** (☎ 473-06-69; Ramon Ibarra 4; EZ/DZ 150/170 Mex$) übernachten. Die Ausstattung der 35 einfachen Zimmer umfasst jeweils TV und ein eigenes Bad.

Zwischen Chilpancingo und Tlapa halten 2.-Klasse-Busse an der Abzweigung nach Olinalá (4½ Std.). Dorthin bringt einen dann ein 3.-Klasse-Bus (1 Std.). Für Autofahrer ist die kurvige Bergstrecke ab Chilpancingo (3½ Std.) kein so großes Vergnügen – bitte auf gar keinen Fall versuchen, die Strecke bei Dunkelheit zu fahren!

Westliches zentrales Hochland

Das westliche zentrale Hochland ist eine Region wie aus dem Märchen: Sie bietet prächtige Kolonialbauten, leckeres Essen, super Tequila, Schmetterlinge, entlegene *pueblos*, lebendige Städte, wetteifernde Mariachibands und Vulkankrater. Trotz Highlights wie Guadalajara, Colima, Morelia, Pátzcuaro und Uruapan kommen nicht sehr viele Touristen her – ein weiterer Pluspunkt. Die Einheimischen sind nett und großzügig, auf den Straßen kann man sich sicher fühlen, und die Wirtschaft ist stark. Traditionen werden hier noch gepflegt, vor allem auf dem Land. Das Klima ist angenehm (tagsüber sonnig, aber nicht zu heiß, und nachts kühl, aber selten richtig kalt), und die Natur ist vielseitig und atemberaubend. Neben Bergen, Seen, Flüssen und Wasserfällen können die Traveller den fast endlosen Teppich aus Maisfeldern, Avocadohainen und Agavenplantagen und zahllose Rinderfarmen bestaunen. Dies ist das Herz Mexikos.

Guadalajara, die Hauptstadt des Bundesstaats Jalisco, ist groß, kann aber leicht zu Fuß erkundet werden und hat ein gutes öffentliches Verkehrsnetz. Morelia ist die Hauptstadt von Michoacán und schlicht umwerfend, vielleicht die schönste aller unbekannten Städte weltweit. Sie besticht durch tolle Kolonialbauten, eine junge Bevölkerung und eine wachsende Hipster-Szene. In der Nähe liegt ein unvergessliches Schmetterlingsreservat, das Reserva Mariposa Monarca. Die hübsche Kolonialstadt Pátzcuaro ist das Zentrum der indigenen Purépechakultur von Michoacán und *der* Ort für Feierlichkeiten zum mexikanischen Día de los Muertos. Uruapan und Colima haben einen subtropischen Touch. In ihrer Nähe ragen der Vulkan Paricutín (er entstand quasi über Nacht), der Volcán de Fuego und der spektakuläre, schneebedeckte Kegel des Volcán Nevado de Colima auf – nirgendwo in Mexiko ist es schöner!

HIGHLIGHTS

- Sonntags durch **Guadalajara** (S. 568) bummeln, wenn die Straßen brummen, der Eintritt zu den Museen frei ist, Gläubige in die Kirchen strömen und die Cafés voll sind
- Das hübsche **Morelia** (S. 609) mit der prächtigen Kathedrale erkunden und Dachbars und Clubs in Kolonialbauten entdecken
- Sich von der Schönheit der **Reserva Mariposa Monarca** (S. 618) bezaubern lassen, wo Millionen von Schmetterlingen überwintern
- Im beschaulichen **Pátzcuaro** (S. 621) die Purépecha hautnah erleben
- Den erloschenen **Volcán Nevado de Colima** (S. 607) und den „jungen Wilden", den **Volcán Paricutín** (S. 638), besuchen

- MAX. TEMPERATUR GUADALAJARA, JAN: 11 °C
- MAX. TEMPERATUR GUADALAJARA, JULI: 26 °C

GESCHICHTE

Das westliche zentrale Hochland lag außerhalb des Einflussbereichs der Maya und der Azteken, doch zwischen dem 14. und 16. Jh. entwickelten die Tarasken eine vorkoloniale Zivilisation im Norden Michoacáns. Der Volksstamm hatte Klingen aus Kupfer und konnte sich so gegenüber den Azteken behaupten, als diese sie angriffen. Teile der heutigen Bundesstaaten Jalisco, Colima und Nayarit gehörten einst zu ihren Rivalen, der Chimalhuacán-Konföderation. Sie erstreckte sich westlich des Taraskengebiets und bestand aus vier indigenen Königreichen. Im Norden lebten die Chichimeken.

Das wichtigste Chimalhuacán-Königreich Colima wurde 1523 von den Spaniern erobert, der Rest der Region wurde jedoch erst im Rahmen der berüchtigten Feldzüge unter der Führung von Nuño de Guzmán unterworfen. Zwischen 1529 und 1536 folterte, tötete und versklavte der spanische Konquistador die indigene Bevölkerung von Michoacán bis Sinaloa. Seine blutigen Siege verhalfen ihm zu Reichtum und Ruhm, und er wurde zum Gouverneur der von ihm eroberten Ländereien ernannt. Als die Öffentlichkeit jedoch von seinen Schandtaten erfuhr, wurde er nach Spanien zurückgeschickt und saß ab 1538 hinter Gittern.

Das westliche zentrale Hochland ist eine fruchtbare Region, die sich schrittweise entwickelt hat und sowohl für die Viehzucht als auch für die Landwirtschaft geeignet ist.

Guadalajara (seit der Gründung 1542 stets eine der größten Städte Mexikos) wurde zur „Hauptstadt des Westens". Mit Unterstützung des aufgeklärten Bischofs Vasco de Quiroga förderte die Kirche kleine Betriebe und das traditionelle Kunsthandwerk rund um die Dörfer am Lago Pátzcuaro, um die Armut der indigenen Bevölkerung zu mildern.

In den 1920er-Jahren kam es zur Guerra Cristera; die Katholiken begehrten gegen die antiklerikale Politik der Regierung auf. Der Widerstand ging von den beiden wichtigsten Staaten der Region, Michoacán und Jalisco, aus. Lázaro Cárdenas aus Michoacán war erst Gouverneur (1928–1932) und wurde dann zum mexikanischen Präsidenten gewählt (1934–1940). Die von ihm eingeführten Reformen trugen dazu bei, die regierungsfeindliche Stimmung zu mildern.

Heutzutage liegt in Jalisco und Michoacán ein großer Teil der natürlichen Ressourcen Mexikos. Es gibt viel Nutzholz, Viehzucht sowie jede Menge Bergbau- und landwirtschaftliche Betriebe. Jalisco hat zudem eine florierende technische Industrie. In der Vergangenheit sind sehr viele Bewohner der beiden Staaten auf der Suche nach Arbeit in die USA abgewandert. Berichten zufolge ist die Bevölkerung von Michoacán um fast die Hälfte geschrumpft, und die Summe der Gelder, die aus dem Ausland nach Mexiko geschickt wurden, beträgt beinahe 2 Mrd. US$! Jetzt, da die Wirtschaft wächst, zieht es weniger Arbeitnehmer nach Norden, und viele Emigranten sind nach Mexiko zurückgekehrt.

Klima

Das Klima ist fast das ganze Jahres über angenehm warm und trocken. Die Regenzeit dauert von Juni bis September; dann fallen monatlich ca. 200 mm Regen. In tiefer gelegenen Gebieten steigen die Temperaturen und die Luftfeuchtigkeit. Dort herrschen ideale Bedingungen für tropische Pflanzen. Die Winternächte in höher gelegenen Städten wie Pátzcuaro sind kalt.

Parks & Naturschutzgebiete

Im westlichen zentralen Hochland gibt es wohl die vielseitigste Mischung unberührter Grünflächen in ganz Mexiko. Im Parque Nacional Volcán Nevado de Colima (S. 607) im Binnenland ragen zwei Vulkane auf (3820 m & 4240 m hoch). Der höhere von beiden ist mit Schnee bedeckt, der niedrigere schwelt noch immer. Am anderen Ende des Binnenlands von Colima befindet sich das urtümliche Biosphärenreservat Sierra de Manantlán (S. 608). Auf dem 1396 km² großen Gelände gibt es bewaldete Kalksteinformationen, Flüsse, Wasserfälle und acht verschiedene Waldökosysteme. Außerdem sind dort jede Menge abenteuerliche Aktivitäten möglich. Im unvergleichlichen Reserva Mariposa Monarca (S. 618) kann man Zeuge der harmonischen Zusammenkunft von Millionen von Schmetterlingen werden, die von den Großen Seen in den USA nach Mexiko ziehen. Der Parque Nacional Barranca del Cupatitzio (S. 633) von Uruapan hingegen ist ein städtischer, tropischer Park erster Güte. Dort entspringt der majestätische Rio Cupatitzio.

Anreise & Unterwegs vor Ort

Zwischen den größeren Städten im westlichen zentralen Hochland (Guadalajara, Colima, Morelia und Uruapan) gibt es sehr gute Busverbindungen. Die Flughäfen von Guadalajara und Morelia werden zudem regelmäßig von Maschinen aus anderen mexikanischen Städten und aus den USA angesteuert.

GUADALAJARA

☎ 33 / 4,1 Mio. Ew. (Großraum) / 1540 m

Die zahllosen Attraktionen von Guadalajara sind gleichmäßig und großzügig auf die verschiedenen Viertel verteilt. Im Centro Histórico (historischen Zentrum) stehen einige stolze Gebäude aus der Kolonialzeit, in denen heute Museen, Regierungsbüros, Bars oder auch Hotels untergebracht sind. Auf den begrünten Plazas triff man auf sprudelnde Springbrunnen, Familien beim Spaziergang und umherflitzende Skater. In der moderneren, weitläufigeren Zona Rosa befinden sich elegante Restaurants, Cafés und Nachtclubs. Die netten Vororte Tlaquepaque (teuer) und Tonalá (bodenständig) sind ein Traum für Liebhaber volkstümlicher Kunst, während in Zapopan ein paar interessante Stätten aus der Kolonialzeit liegen. Dieses Viertel ist allerdings vor allem als das „Beverly Hills von Guadalajara" bekannt: Hier wohnen die Reichen und Schönen auf schattigen Grundstücken mit kopfsteingepflasterten Zufahrtsstraßen. Die Bewohner von Guadalajara (und jeder, der in Jalisco geboren wurde) werden *tapatíos* genannt und sind warmherzig und stets bereit, die Schätze ihrer Stadt zu teilen.

Vieles, was „typisch mexikanisch" ist, stammt aus Guadalajara und Umgebung, z. B. Tequila, Mariachimusik, die breitkrempigen Sombreros, die *charreadas* (Rodeos) und der mexikanische Huttanz. Mittlerweile ist Guadalajara auch für die hervorragende regionale Küche bekannt. In dieser wunderbaren Stadt ist man nie weit von einer köstlichen Mahlzeit entfernt – egal ob man einen Taco oder eine *torta ahogada* an einem Straßenstand bestellt, in einem gemütlichen Café einkehrt oder ein elegantes Restaurant in einer restaurierten Kolonialvilla aufsucht.

GESCHICHTE

Guadalajara musste zunächst einige Startschwierigkeiten überwinden. 1532 gründeten Nuño de Guzmán und ein paar Dutzend spanische Familien eine neue Siedlung in der Nähe von Nochistlán und benannten sie nach Guzmáns Heimatstadt in Spanien. Das Wasser war knapp und das Land trocken und schwer zu bestellen. Darüber hinaus legte die indigene Bevölkerung verständlicherweise ein feindseliges Verhalten an den Tag. Deshalb zogen die Siedler 1533 nach Tonalá um (heute ein Stadtteil von Guadalajara), doch Guzmán gefiel dieses vorkoloniale Dorf nicht. So kam es, dass die Siedlung zwei Jahre später in Tlacotán neu aufgebaut wurde. Dieser Standort wurde jedoch 1541 von einem Verbund indigener Stämme unter der Führung von Tenamaxtli angegriffen, und die Zahl der Siedler wurde dezimiert. Die Überlebenden ließen sich dann im Atemajac-Tal neben dem Bach San Juan de Dios nieder, der dort verlief, wo heute die Calzada Independencia ist. Unweit des heutigen Teatro Degollado wurde am 14. Februar 1542 das heutige Guadalajara gegründet.

Endlich erblühte und wuchs Guadalajara und wurde 1560 zur Hauptstadt der Provinz Nueva Galicia ernannt. Schnell entwickelte sich die Stadt im Herzen einer fruchtbaren Agrarregion zu einem der wichtigsten Bevölkerungszentren des kolonialen Mexiko. Darüber hinaus war sie Ausgangspunkt für Expeditionen und Missionierungsprojekte im Westen und Norden Nueva Españas, aber auch in weiterer Entfernung wie auf den Philippinen. Miguel Hidalgo, einer der führenden mexikanischen Unabhängigkeitskämpfer, bildete 1810 eine revolutionäre Regierung in Guadalajara; seine Truppen wurden jedoch 1811 unweit der Stadt von den Spaniern geschlagen. Hidalgo wurde kurz darauf gefangen genommen und in Chihuahua hingerichtet. Auch während des Reformkriegs (1858–1961) und während der mexikanischen Revolution (1910–1929) war die Stadt Schauplatz schwerer Gefechte.

Im späten 19. Jh. hat Guadalajara Puebla den Rang als zweitgrößte Stadt Mexikos abgelaufen, und seit dem Zweiten Weltkrieg ist die Einwohnerzahl stark gestiegen. Heute ist Guadalajara ein wichtiges Handels-, Industrie- und Kulturzentrum und zudem der wichtigste Technologie- und Kommunikationsstandort des nördlichen Teils von Mexiko.

ORIENTIERUNG

Die prächtige Kathedrale von Guadalajara ist von vier hübschen Plazas umgeben. Die Plaza de la Liberación an der Ostseite erstreckt sich bis zum Teatro Degollado, einem weiteren Wahrzeichen der Stadt. Diese Sehenswürdigkeiten und die umliegenden Häuserblöcke gehören zum Centro Histórico.

Östlich des Teatro Degollado befindet sich die Plaza Tapatía. Ihre Fußgängerpromenade führt zum Instituto Cultural de Cabañas (500 m). Südlich der Plaza Tapatía liegt der dreistöckige Mercado San Juan de Dios. Das Marktgebäude nimmt zwei Häuserblöcke ein – es ist kaum zu verfehlen.

Die Calz Independencia ist die wichtigste Verkehrsader von Norden nach Süden. Sie führt vom Mercado San Juan de Dios Richtung Süden zum Parque Agua Azul und zum alten Busbahnhof Antigua Central Camionera, der heute noch von Kurzstreckenbussen angesteuert wird. Wer auf der Calz Independencia nach Norden fährt, gelangt zum Zoo und zu weiteren Sehenswürdigkeiten. Achtung: Diese Straße nicht mit der Av Independencia verwechseln, die einen Block nördlich der Kathedrale von Osten nach Westen führt!

Im Zentrum tragen die von Norden nach Süden verlaufenden Straßen jeweils ab der Av Hidalgo (die Straße unmittelbar nördlich der Kathedrale) einen anderen Namen.

Etwa 20 Blocks westlich der Kathedrale führt die Av Chapultepec von Norden nach Süden durch das Zentrum des moderneren und vornehmeren Viertels Zona Rosa. Die Fernbusse halten am neuen Busbahnhof Nueva Central Camionera; er befindet sich ca. 9 km südöstlich des Stadtzentrums.

GUADALAJARA

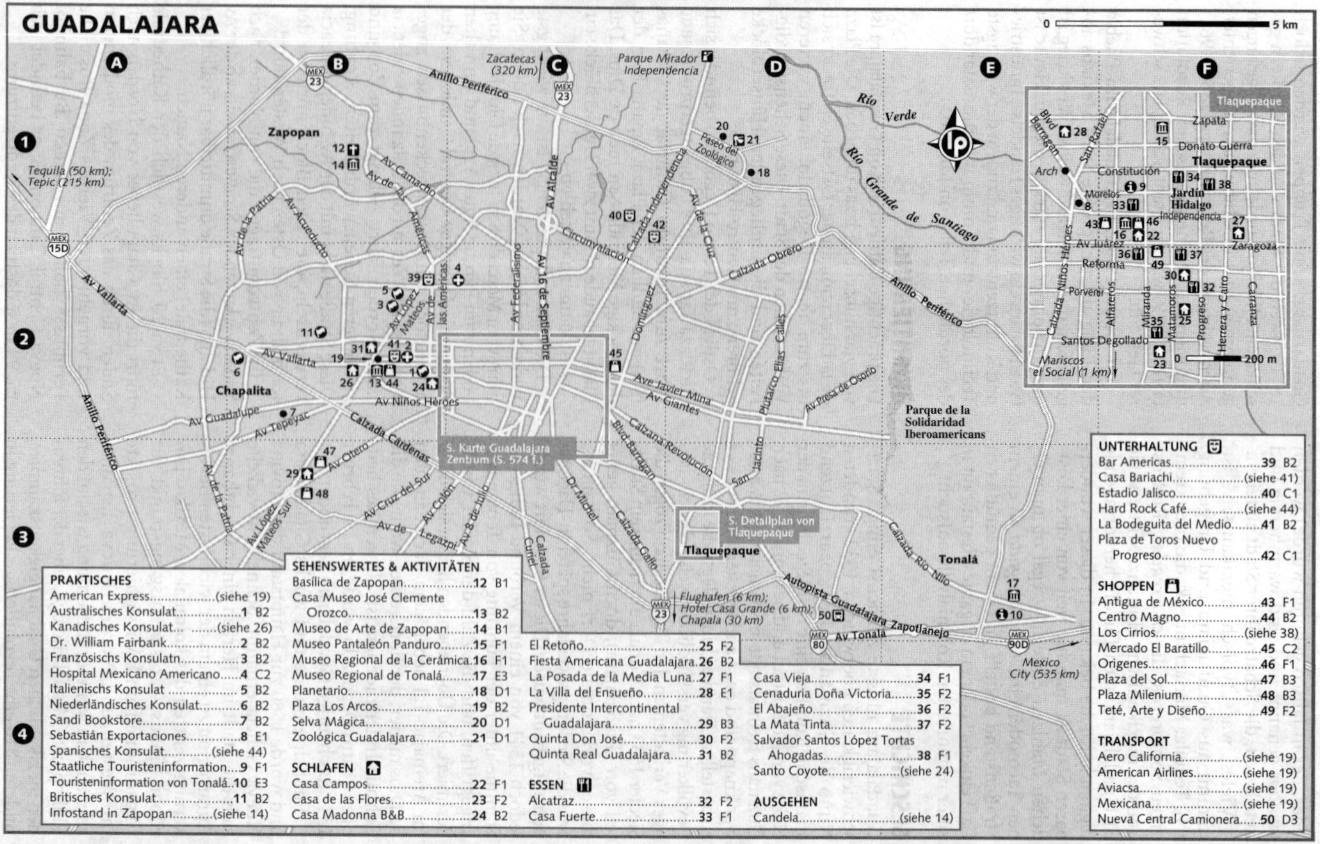

PRAKTISCHES
- American Express ... (siehe 19)
- Australisches Konsulat ... 1 B2
- Kanadisches Konsulat ... (siehe 26)
- Dr. William Fairbank ... 2 B2
- Französischs Konsulatn ... 3 B2
- Hospital Mexicano Americano ... 4 C2
- Italienischs Konsulat ... 5 B2
- Niederländisches Konsulat ... 6 B2
- Sandi Bookstore ... 7 B2
- Sebastián Exportaciones ... 8 E1
- Spanisches Konsulat ... (siehe 44)
- Staatliche Touristeninformation ... 9 F1
- Touristeninformation von Tonalá ... 10 E3
- Britisches Konsulat ... 11 B2
- Infostand in Zapopan ... (siehe 14)

SEHENSWERTES & AKTIVITÄTEN
- Basílica de Zapopan ... 12 B1
- Casa Museo José Clemente Orozco ... 13 B2
- Museo de Arte de Zapopan ... 14 B1
- Museo Pantaleón Panduro ... 15 F1
- Museo Regional de la Cerámica ... 16 F1
- Museo Regional de Tonalá ... 17 E3
- Planetario ... 18 D1
- Plaza Los Arcos ... 19 B2
- Selva Mágica ... 20 D1
- Zoológica Guadalajara ... 21 D1

SCHLAFEN
- Casa Campos ... 22 F1
- Casa de las Flores ... 23 F2
- Casa Madonna B&B ... 24 B2
- El Retoño ... 25 F2
- Fiesta Americana Guadalajara ... 26 B2
- La Posada de la Media Luna ... 27 F1
- La Villa del Ensueño ... 28 E1
- Presidente Intercontinental Guadalajara ... 29 B3
- Quinta Don José ... 30 F2
- Quinta Real Guadalajara ... 31 B2

ESSEN
- Alcatraz ... 32 F2
- Casa Fuerte ... 33 F1
- Casa Vieja ... 34 F1
- Cenaduria Doña Victoria ... 35 F2
- El Abajeño ... 36 F2
- La Mata Tinta ... 37 F2
- Salvador Santos López Tortas Ahogadas ... 38 F1
- Santo Coyote ... (siehe 24)

AUSGEHEN
- Candela ... (siehe 14)

UNTERHALTUNG
- Bar Americas ... 39 B2
- Casa Bariachi ... (siehe 41)
- Estadio Jalisco ... 40 C1
- Hard Rock Café ... (siehe 44)
- La Bodeguita del Medio ... 41 B2
- Plaza de Toros Nuevo Progreso ... 42 C1

SHOPPEN
- Antigua de México ... 43 F1
- Centro Magno ... 44 B2
- Los Cirrios ... (siehe 38)
- Mercado El Baratillo ... 45 C2
- Origenes ... 46 F1
- Plaza del Sol ... 47 B3
- Plaza Milenium ... 48 B3
- Teté, Arte y Diseño ... 49 F2

TRANSPORT
- Aero California ... (siehe 19)
- American Airlines ... (siehe 19)
- Aviacsa ... (siehe 19)
- Mexicana ... (siehe 19)
- Nueva Central Camionera ... 50 D3

PRAKTISCHE INFORMATIONEN

Buchläden

In Guadalajara gibt es nur wenige Läden, die eine gute Auswahl an englischsprachigen Büchern führen.

Libros y Arte (Karte S. 574 f.; ☎ 3617-8207; Cabañas; ⌚ Di–Sa 10–17, So 10–14.30 Uhr) In diesem Buchladen im Instituto Cultural de Cabañas sind Kunst- und Kinderbücher auf Spanisch und Englisch erhältlich.

Sanborns (Karte S. 574 f.; ☎ 3613-6264; Ecke Av 16 de Septiembre & Juárez; ⌚ 7.30–1 Uhr) Hat ein Regal mit englischsprachigen Zeitschriften, Karten und Büchern. Oben befindet sich der Speisesaal.

Sandi Bookstore (Karte S. 570; ☎ 3121-4210; Av Tepeyac 718; ⌚ Mo–Fr 9.30–19, Sa 9.30–14 Uhr) Der beste Buchladen für englischsprachige Titel besitzt eine umfangreiche Reiseabteilung und befindet sich ca. 1 km westlich der Av López Mateos.

Geld

In Guadalajara gibt's sehr viele Banken. Viele von ihnen haben auch Geldautomaten (*cajeros*). Die **HSBC** (Karte S. 574 f.; Ecke Av Juarez & Molina; ⌚ Mo–Fr 8–19, Sa 8–15 Uhr) hat am längsten offen.

Außerhalb der Öffnungszeiten können Bargeld und häufig auch Reiseschecks bei einer der *casas de cambio* (Wechselstuben) an der López Cotilla (östlich der Av 16 de Septiembre) getauscht werden. Die Kurse sind günstig.

American Express (Karte S. 570; ☎ 3818-2319; Av Vallarta 2440; ⌚ Mo–Fr 9–18, Sa 9–13 Uhr) Im Einkaufszentrum Plaza Los Arcos.

Infos im Internet

http://visita.jalisco.gob.mx Die offizielle Website von Jalisco (spanisch).

http://vive.guadalajara.gob.mx Die offizielle Website von Guadalajara (spanisch & englisch).

www.zapopan.gob.mx Die offizielle Internetpräsenz von Zapopan (spanisch).

www.tlaquepaque.gob.mx Die offizielle Seite von Tlaquepaque (spanisch).

www.tonala.gob.mx Die offizielle Website von Tonalá (spanisch).

Internetzugang

In den Internetcafés zahlt man zwischen 10 und 15 Mex$ pro Stunde fürs Surfen. In vielen Cafés und Hotels kann das WLAN kostenlos genutzt werden.

CB Internet (Karte S. 574 f.; Sanchez 321; ⌚ 8–22.30 Uhr)

XS Internet (Karte S. 574 f.; Guerra 16; ⌚ Mo–Sa 9–20 Uhr)

Medien

In Guadalajara konkurrieren die Zeitungen *El Informador* und der bedeutendere *Público* miteinander. Die Freitagsausgabe des *Público* enthält einen umfassenden Veranstaltungskalender. Der **Guadalajara Reporter** (www.guadalajarareporter.com) ist die englischsprachige Zeitung für die ausländische Gemeinde vor Ort.

Medizinische Versorgung

Dr. William Fairbank (Karte S. 570; ☎ 3616-4851; Justo Serra 2515-1; ⌚ Mo–Fr 9–14 Uhr) Amerikanischer Arzt 3 km westlich des Zentrums.

Farmacia Guadalajara (Karte S. 574 f.; ☎ 3613-7509; Moreno 170; ⌚ 7–22 Uhr) Führt Erste-Hilfe-Utensilien, verschreibungspflichtige Medikamente und vieles mehr.

Hospital Mexicano Americano (Karte S. 570; ☎ 3641-3141; Colomos 2110) Ca. 3 km nordwestlich des Zentrums. Einige Ärzte sprechen Englisch.

Notfall

Wer Opfer eines Verbrechens geworden ist, kann zunächst die Botschaft oder ein Konsulat (S. 1063) und/oder die staatliche Touristeninformation (s. unten) kontaktieren.

Feuerwehr (☎ 3619-5155)

Krankenwagen (☎ 080)

Notarzt (☎ 065, 3616-9616)

Polizei (☎ 060, 3668-0800)

Post

Hauptpost (Karte S. 574 f.; Ecke Carranza & Av Independencia, ⌚ Mo–Fr 8–19, Sa 9–13 Uhr)

Telefon

Es gibt nicht sehr viele Telefonzentren in der Stadt. Am günstigsten ist es, eine Telmex-Telefonkarte zu kaufen (man kriegt sie in Oxxo-Läden) und dann von einem öffentlichen Telefon aus daheim anzurufen.

Toiletten

Im Zentrum von Guadalajara wird man problemlos ein stilles Örtchen finden können. Interessanterweise sind die kostenlosen Toiletten am saubersten, die gebührenpflichtigen (normalerweise 3 Mex$) sind hingegen ziemlich widerlich. Im Allgemeinen nimmt auch niemand Anstoß daran, wenn man in Fast-Food-Läden, Hotels oder Regierungsgebäuden kurz die Toiletten aufsucht.

Touristeninformation

Staatliche Touristeninformation (Karte S. 574 f.; ☎ 3668-1600; Morelos 102 oder Paseo Degollado 105;

Mo–Fr 9–20, Sa & So 10–14 Uhr) Kann von den Straßen Morelos oder Paseo Degollado aus betreten werden. Die Angestellten sprechen Englisch und haben Infos zu Guadalajara, dem Staat Jalisco und den anstehenden Veranstaltungen parat.

Touristinformation (Karte S. 574 f.; Mo–Fr 9.30–14.30 & 17–19.30, Sa & So 10–12.30 Uhr) Der Infostand befindet sich im Palacio de Gobierno, und zwar am Eingang gegenüber der Plaza de Armas. Wenn Kulturveranstaltungen oder Festivals anstehen, werden überall im Stadtzentrum weitere Infostände aufgebaut.

Waschsalons

Lavandería Aldama (Karte S. 574 f.; 3617-6427; Aldama 125; Mo–Fr 9–20, Sa 9–19 Uhr) Nur wenige Häuserblöcke vom Zentrum entfernt. Für 4 kg Schmutzwäsche inklusive Service zahlt man 42 Mex$.

SEHENSWERTES

Catedral

Die **Kathedrale** (Karte S. 574 f.; Av 16 de Septiembre zw. Morelos & Av Hidalgo; 8–20 Uhr, während der Messen kein Zutritt) mit den zwei Türmen ist das beliebteste und auffälligste Wahrzeichen der Stadt. Hier drängen sich wahrscheinlich mehr Besucher als Gläubige. Puristen werden vielleicht das eine oder andere zu bemängeln haben. Die Kathedrale vereint nämlich, wie auch der Palacio de Gobierno, verschiedene Baustile: Es sind churriguereske, barocke und neoklassizistische Elemente zu erkennen. Außerdem sind die heutigen Türme (erb. 1848) weit höher als die Originaltürme, die 1818 bei einem Erdbeben zerstört wurden. Der Bau der Kirche begann 1558, geweiht wurde sie 1618. Somit ist das Bauwerk beinahe so alt wie Guadalajara und prachtvoll noch dazu: Wer zur richtigen Tageszeit kommt, kann dem Klang der Orgel lauschen oder beobachten, wie das Licht durch die mit Darstellungen des Letzten Abendmahls versehenen Buntglasfenster fällt. Darüber hinaus besticht das Gotteshaus durch gotische Gewölbe, massive Säulen im toskanischen Stil und elf reich verzierte Altäre, ein Geschenk von König Ferdinand VII. von Spanien (1814–1833) an Guadalajara. Das Kreuz ist eins der feinsten und geschmackvollsten von ganz Mexiko (die Jesusfigur ist nicht weiß!), und in einem Glaskasten werden berühmte Reliquien aufbewahrt: die Hände und das Blut der Märtyrerin Santa Inocencia. Auch die Sakristei kann auf Wunsch besichtigt werden. Dort hängt Bartolomé Murillos Gemälde *La Asunción de la Virgen* aus dem Jahr 1650.

Plaza Tapatía

Die Plaza Tapatía (Karte S. 574 f.) ist eine mehr als 500 m lange Fußgängerzone und erstreckt sich östlich des Teatro Degollado. Sonntags wimmelt es hier von Einheimischen, die auf günstigen Handwerkermärkten einkaufen, in den Cafés oder an den Straßenständen eine Kleinigkeit essen, den Straßenkünstlern zusehen oder an den Springbrunnen eine Pause einlegen. Am Ostende der Plaza befindet sich das Instituto Cultural de Cabañas.

Instituto Cultural de Cabañas

Stolz ragt dieser neoklassizistische Prachtbau am östlichen Ende der Plaza Tapatía auf. Er wurde von der UNESCO zum Weltkulturerbe erklärt und ist Schule, Kultureinrichtung und **Museum** (Karte S. 574 f.; 3818-2800 Durchwahl 31014; Cabañas 8; Eintritt 10 Mex$, So Eintritt frei; Di–Sa 10–18, So 10–15 Uhr) in einem. Bischof Don Juan Cruz Ruiz de Cabañas beauftragte den spanischen Architekten Manuel Tolsá mit dem Bau des Gebäudes, der 1805 begann und 1810 abgeschlossen wurde. Die ersten 150 Jahre diente es als Waisen- und Invalidenhaus (zeitweise waren hier 450 Kinder untergebracht!). In den 23 Innenhöfen wachsen Zitrusbäume und Rosen. Außerdem finden Wanderausstellungen von Fotos, Gemälden und Skulpturen statt und ab und an werden Videoinstallationen gezeigt. Das eigentliche Highlight sind jedoch die Wandmalereien im Rundbau.

Sie entstanden zwischen 1938 und 1939 und gelten gemeinhin als José Clemente Orozcos Meisterwerk; der Künstler schaffte es, den archetypischen Kampf um die Freiheit in 57 Bilder zu fassen, die sich durch dunkle, beunruhigende und deutlich moderne Darstellungen von Feuer, Rüstungen, zerbrochenen Ketten und Blut auszeichnen. Angesichts der geschichtlichen Entwicklungen zur Entstehungszeit der Wandbilder ist anzunehmen, dass sie als Warnung vor dem Faschismus und jeglicher Institution dienen sollten, die die Prinzipien der Menschlichkeit zum Zwecke des Machtgewinns untergraben. Die Dauerausstellung des Museums enthält mehr als 100 Werke von Orozco (vor allem Skizzen der Wandgemälde). Es werden kostenlose Führungen angeboten (auf Englisch und Spanisch).

Kirchen aus der Kolonialzeit

Außer der bereits erwähnten Kathedrale gibt es noch einige andere Kirchen im Stadtzent-

WESTLICHES ZENTRALES HOCHLAND

rum von Guadalajara. Manche sind wirklich beeindruckend.

Das hübsche **Santuario de Nuestra Señora del Carmen** (Karte S. 574 f.) mit Blick auf den kleinen Platz an der Ecke Av Juárez und 8 de Julio besticht durch Unmengen von Blattgold, alte Gemälde und Deckenmalereien. Der **Templo Nuestra Señora de las Mercedes** (Karte S. 574 f.) liegt näher am Stadtzentrum (Ecke Loza & Av Hidalgo) und wurde 1650 erbaut. Im Inneren kann man einige große Gemälde, Kristallkronleuchter und Blattgoldverzierungen bestaunen. Sechs Häuserblöcke weiter östlich steht der ziemlich unspektakuläre **Templo de Santa María de Gracia** (Karte S. 574 f.), die erste Kathedrale der Stadt (1549–1618). Der **Templo Santa Eduviges** (Karte S. 574 f.) stammt aus dem Jahr 1726 und befindet sich südlich des Marktgebäudes. Hier wimmelt es für gewöhnlich von Gläubigen, und während der Messe ist die Luft schwer von Sandelholzduft.

An der Ecke Av 16 de Septiembre und Blanco steht die wahrscheinlich schönste Kirche der Stadt, der **Templo de Aranzazú** (Karte S. 574 f.). Er entstand zwischen 1749 und 1752 und hat drei churrigueresken Goldaltäre und hübsche Deckenverzierungen. Nebenan befindet sich der größere, aber weniger glanzvolle **Templo de San Francisco** (Karte S. 574 f.). Er wurde zwei Jahrhunderte früher errichtet. Im Licht der untergehenden Sonne kommen die Buntglasfenster besonders schön zur Geltung.

Plaza de Armas & Palacio de Gobierno

Die Plaza de Armas (Karte S. 574 f.) befindet sich südlich der Kathedrale und ist toll für eine kleine Pause in historischem Ambiente. In dem hübschen Jugendstilpavillon finden häufig kostenlose Konzerte statt (s. S. 588).

In dem imposanten **Palacio de Gobierno** (Karte S. 574 f.; Av Corona zw. Morelos & Moreno; ⌚ 9–20 Uhr) sind die Büros der Staatsregierung untergebracht. Das neoklassizistische Gebäude wurde 1774 fertig gestellt und hat eine ganze Reihe von churrigueresken Verzierungen und ein riesiges Wandgemälde aus dem Jahr 1937. Auf dem Bild schwenkt Miguel Hidalgo eine Fackel und zu seinen Füßen erkennt man kämpfende Menschenmassen. Mit der Darstellung des mexikanischen Helden wollte der Maler José Clemente Orozco das Augenmerk auf die einander gegenüberstehenden Systeme Faschismus und Kommunismus lenken. Darüber hinaus spielt auch die Religion eine wichtige Rolle. Ein weiteres Wandbild von Orozco befindet sich im früheren Kongresssaal (oberes Stockwerk). Es zeigt Hidalgo, Benito Juárez und andere bedeutende Persönlichkeiten.

Museo Regional de Guadalajara

Dieses **Museum** (Karte S. 574 f.; ☎ 3614-9957; Liceo 60; Eintritt 37 Mex$, So Eintritt frei; ⌚ Di–Sa 9–17.30, So 9–16.30 Uhr) befindet sich östlich der Rotonda de los Jaliscenses Ilustres. Es zeigt eine vielfältige Sammlung von altertümlichen Kanonen, Fuhrwerken und verschlissenen Sätteln, die grauhaarigen Revolutionären gehörten. Die vorkolonialen Keramikwaren stammen aus der zeit um 600 v. Chr. und geben Aufschluss über die Geschichte und Frühgeschichte des westlichen Mexikos. Das Highlight des naturgeschichtlichen Flügels im Erdgeschoss ist die Nachbildung eines Mammutskeletts. In der Archäologieabteilung sind gut erhaltene Figürchen, Keramikwaren und Artefakte aus Silber und Gold untergebracht. Oben können zudem Malereien aus der Kolonialzeit besichtigt werden, auf denen die spanische Conquista thematisiert wird. In der Ethnografieabteilung dreht sich alles um das Leben der Ureinwohner von Jalisco und im „Revolutionsflügel" sind die Pistolen, Uniformen und Schreibtische der großen, mexikanischen Rebellen ausgestellt. Interessant ist auch die Darstellung eines Schlachtfelds: Das Motiv ist die Rückeroberung Guadalajaras durch die Mexikaner im Jahr 1862.

Universidad de Guadalajara & Templo Expiatorio

Westlich des Stadtkerns – dort, wo die Av Juárez auf die Av Federalismo trifft – befindet sich der schattige **Parque Revolución** (Karte S. 574 f.). Er ist das Lieblingsrevier gepiercter Skater. Drei Blocks weiter westlich stößt man auf das **Paraninfo** (ein Theater; Av Juárez 975). Es ist eins der Hauptgebäude der **Universidad de Guadalajara** (UDG; Karte S. 574 f.). Auch hier sind große, eindrucksvolle Wandgemälde von Orozco zu sehen (hinter der Bühne und in der Kuppel). Im hinteren Teil desselben Gebäudes ist das **Museo de las Artes** (Karte S. 574 f.; ☎ 3134-1664; Eintritt frei; ⌚ Di–Fr 10–18, Sa & So 10–16 Uhr) untergebracht. Dort werden im Rahmen wechselnder Ausstellungen moderne Arbeiten gezeigt. Die **Galería Jorge Martínez** (☎ 3613-2362; Belén 120; Eintritt frei; ⌚ 9–18 Uhr) im historischen

GUADALAJARA ZENTRUM

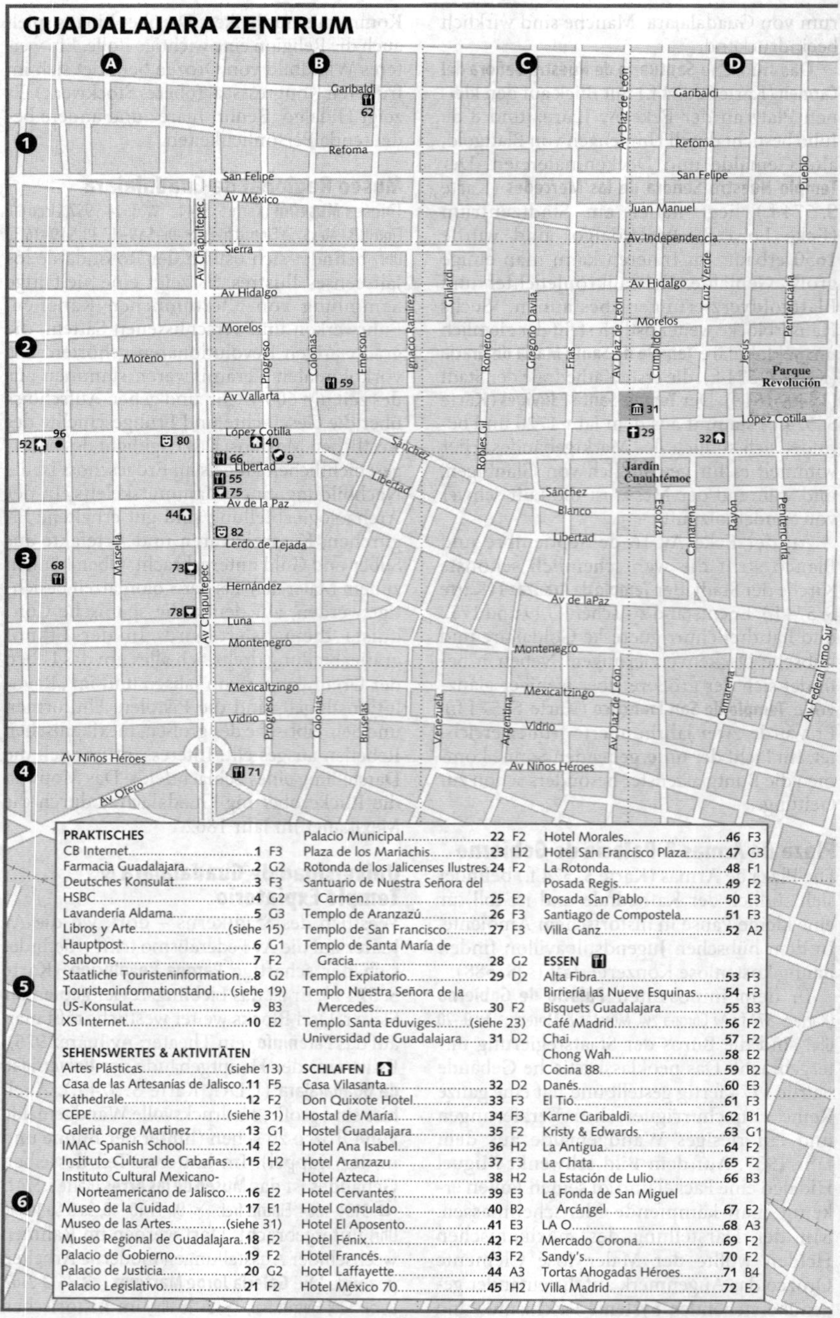

PRAKTISCHES
CB Internet.......1 F3
Farmacia Guadalajara.......2 G2
Deutsches Konsulat.......3 F3
HSBC.......4 G2
Lavandería Aldama.......5 G3
Libros y Arte.......(siehe 15)
Hauptpost.......6 G1
Sanborns.......7 F2
Staatliche Touristeninformation.......8 G2
Touristeninformationstand.......(siehe 19)
US-Konsulat.......9 B3
XS Internet.......10 E2

SEHENSWERTES & AKTIVITÄTEN
Artes Plásticas.......(siehe 13)
Casa de las Artesanías de Jalisco.......11 F5
Kathedrale.......12 F2
CEPE.......(siehe 31)
Galeria Jorge Martinez.......13 G1
IMAC Spanish School.......14 E2
Instituto Cultural de Cabañas.......15 H2
Instituto Cultural Mexicano-Norteamericano de Jalisco.......16 E2
Museo de la Cuidad.......17 E1
Museo de las Artes.......(siehe 31)
Museo Regional de Guadalajara.......18 F2
Palacio de Gobierno.......19 F2
Palacio de Justicia.......20 G2
Palacio Legislativo.......21 F2
Palacio Municipal.......22 F2
Plaza de los Mariachis.......23 H2
Rotonda de los Jalicenses Ilustres.......24 F2
Santuario de Nuestra Señora del Carmen.......25 E2
Templo de Aranzazú.......26 F3
Templo de San Francisco.......27 F3
Templo de Santa María de Gracia.......28 G2
Templo Expiatorio.......29 D2
Templo Nuestra Señora de la Mercedes.......30 F2
Templo Santa Eduviges.......(siehe 23)
Universidad de Guadalajara.......31 D2

SCHLAFEN
Casa Vilasanta.......32 D2
Don Quixote Hotel.......33 F3
Hostal de María.......34 F3
Hostel Guadalajara.......35 F2
Hotel Ana Isabel.......36 H2
Hotel Aranzazu.......37 F3
Hotel Azteca.......38 H2
Hotel Cervantes.......39 E3
Hotel Consulado.......40 B2
Hotel El Aposento.......41 E3
Hotel Fénix.......42 F2
Hotel Francés.......43 F2
Hotel Laffayette.......44 A3
Hotel México 70.......45 H2
Hotel Morales.......46 F3
Hotel San Francisco Plaza.......47 G3
La Rotonda.......48 F1
Posada Regis.......49 F2
Posada San Pablo.......50 E3
Santiago de Compostela.......51 F3
Villa Ganz.......52 A2

ESSEN
Alta Fibra.......53 F3
Birriería las Nueve Esquinas.......54 F3
Bisquets Guadalajara.......55 B3
Café Madrid.......56 F2
Chai.......57 F2
Chong Wah.......58 E2
Cocina 88.......59 B2
Danés.......60 E3
El Tió.......61 F3
Karne Garibaldi.......62 B1
Kristy & Edwards.......63 G1
La Antigua.......64 F2
La Chata.......65 F2
La Estación de Lulio.......66 B3
La Fonda de San Miguel Arcángel.......67 E2
LA O.......68 A3
Mercado Corona.......69 F2
Sandy's.......70 F2
Tortas Ahogadas Héroes.......71 B4
Villa Madrid.......72 E2

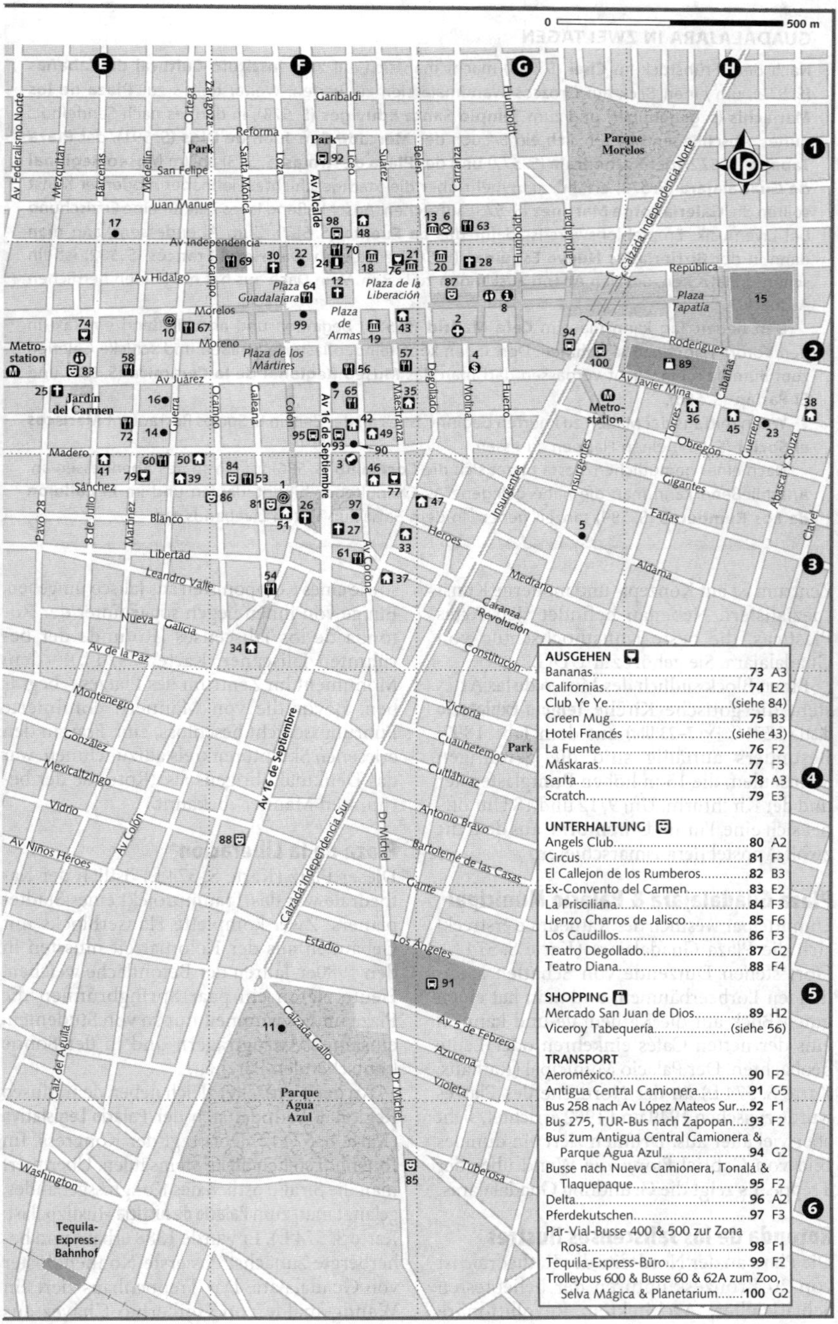

AUSGEHEN

Bananas	73	A3
Californias	74	E2
Club Ye Ye	(siehe 84)	
Green Mug	75	B3
Hotel Francés	(siehe 43)	
La Fuente	76	F2
Máskaras	77	F3
Santa	78	A3
Scratch	79	E3

UNTERHALTUNG

Angels Club	80	A2
Circus	81	F3
El Callejon de los Rumberos	82	B3
Ex-Convento del Carmen	83	E2
La Prisciliana	84	F3
Lienzo Charros de Jalisco	85	F6
Los Caudillos	86	F3
Teatro Degollado	87	G2
Teatro Diana	88	F4

SHOPPING

Mercado San Juan de Dios	89	H2
Viceroy Tabequería	(siehe 56)	

TRANSPORT

Aeroméxico	90	F2
Antigua Central Camionera	91	G5
Bus 258 nach Av López Mateos Sur	92	F1
Bus 275, TUR-Bus nach Zapopan	93	F2
Bus zum Antigua Central Camionera & Parque Agua Azul	94	G2
Busse nach Nueva Camionera, Tonalá & Tlaquepaque	95	F2
Delta	96	A2
Pferdekutschen	97	F3
Par-Vial-Busse 400 & 500 zur Zona Rosa	98	F1
Tequila-Express-Büro	99	F2
Trolleybus 600 & Busse 60 & 62A zum Zoo, Selva Mágica & Planetarium	100	G2

GUADALAJARA IN ZWEI TAGEN

Nach dem Frühstück im **Chai** (S. 585) macht man sich auf zum **Instituto Cultural de Cabañas** (S. 572), um einen Blick auf Orozcos Wandmalereien zu werfen. Weiter geht's zur **Plaza de los Mariachis** (s. gegenüber) und zum **Templo Santa Eduviges** (S. 573), in dem es nach Sandelholz duftet. Anschließend bieten sich ein Besuch des **Mercado San Juan de Dios** (S. 591), der **Plaza Tapatía** (S. 572), der **Kathedrale** (S. 572) und der **Plaza de Armas** (S. 573) an. Im **Museo Regional de Guadalajara** (S. 573) erfährt man mehr über die Stadtgeschichte. Liebhaber moderner Kunst sollten die **Galería Jorge Martínez** (S. 573) aufsuchen. Anschließend ist es Zeit für eine Erfrischung bei Livemusik. Empfehlenswert ist dafür das **La Fuente** (S. 587). Zum Abendessen kann man dann in der **Birriería las Nueve Esquinas** (S. 585) einkehren. Das **Hotel Francés** (S. 582) ist ein schönes Plätzchen, um den Abend ausklingen zu lassen. Vom Dach aus hat man einen herrlichen Ausblick.

Den neuen Tag kann man im **Café Madrid** (S. 585) beginnen und anschließend ein Taxi in den Vorort Tlaquepaque nehmen. Dort laden kopfsteingepflasterte Straßen und schicke Galerien zum Bummeln ein. Nicht verpassen darf man das **Museo Regional de la Cerámica** (S. 578) und **El Parián** (S. 586).

Wenn mittags der Magen zu knurren beginnt, ist es an der Zeit, in El Socios Restaurant **Mariscos el Social** (S. 587) einen Happen zu essen.

Nach einer gemütlichen Siesta bietet sich die **Cocina 88** (S. 586) für ein spätes Abendessen an. Anschließend kann man die nahe gelegene Av Chapultepec hinunterlaufen und im **El Callejón de Los Rumberos** (S. 589) tanzen gehen. In dem Salsaclub treten Livebands auf.

Zentrum ist auf Konzept- und moderne Kunst spezialisiert. Nebenan befindet sich Artes Plásticas, die beste Kunsthochschule von Guadalajara. Sie gehört zur UDG.

Einen Block südlich des Museo de las Artes steht die gotische Kirche **Templo Expiatorio** (Karte S. 574 f.; 🕑 7–23 Uhr) aus dem Jahr 1897. Besonders auffällig sind die gewaltigen Steinsäulen, die 15 m hohen Buntglasfenster und der Kirchturm. Um 9, 12 und 18 Uhr öffnet sich eine Tür im Uhrenturm, aus dem die zwölf Apostel herausmarschieren.

Plaza Guadalajara & Palacio Municipal

Unmittelbar westlich der Kathedrale erstreckt sich die Plaza Guadalajara (Karte S. 574 f.). Dort stehen Dutzende von Schatten spendenden Lorbeerbäumen, und man hat einen guten Blick auf die Kathedrale und kann in eins der netten Cafés einkehren oder Leute beobachten. Der Palacio Municipal (Rathaus; Karte S. 574 f.) an der Nordseite des Platzes wurde zwischen 1949 und 1952 errichtet, sieht aber viel älter aus. Drinnen ziert ein dunkles Bild von Gabriel Flores die Wand über der Treppe. Es zeigt die Gründung Guadalajaras.

Rotonda de los Jaliscenses Ilustres

Die Plaza an der Nordseite der Kathedrale ist von 20 Bronzeskulpturen der beliebtesten Schriftsteller, Architekten, Revolutionäre sowie eines Komponisten aus Jalisco umgeben. Einige von ihnen liegen sogar unter der Rotonda de los Jaliscenses (Rotunde der berühmten Jaliscaner; Karte S. 574 f.) – dem Monument im Zentrum des Platzes – begraben. Bevor die von Männern dominierte Führungsschicht beschloss, eine Frau in den erlesenen Skulpturenkreis aufzunehmen, war das Denkmal übrigens als „Rotunde der berühmten Männer" bekannt.

Plaza de la Liberación

Dieser Platz (Karte S. 574 f.) östlich der Kathedrale war das Traumprojekt eines Städteplaners. Zwei komplette Häuserblocks mit Gebäuden aus der Kolonialzeit mussten in den 1980er-Jahren der Betonfläche weichen. Heute zieren ein paar Springbrunnen die Plaza und es wimmelt nur so von Studenten, einsamen Anzugträgern und in der Sonne knutschenden Pärchen.

An der Nordseite, gleich neben dem Museo Regional, befindet sich der **Palacio Legislativo** (Karte S. 574 f.). Dort tagt der Kongress. Im Innenhof stehen dicke Steinsäulen. Überquert man die Straße östlich des Kongressgebäudes, gelangt man zum **Palacio de Justicia** (Justizpalast; Karte S. 574 f.). Er wurde 1588 erbaut und beherbergte zunächst das erste Nonnenkloster von Guadalajara. Das Treppenhaus ziert ein Wandgemälde von Guillermo Chávez aus dem Jahr 1965, das legendäre mexikanische Reformer wie Benito Juárez ehrt.

Teatro Degollado

Das **Teatro Degollado** (Karte S. 574 f.; ☎ 3614-4773; Degollado; Eintritt frei; ⌚ Besichtigungen Mo–Fr 12.30–14.30 Uhr) ist Sitz der Philharmonie von Guadalajara. Der Bau des neoklassizistischen Gebäudes begann 1856 und dauerte 30 Jahre. Das Innere mit den fünf Balkonebenen ist in roten Samt und Gold gekleidet. Die Krönung des Ganzen ist das Wandgemälde von Gerardo Suárez, das auf dem vierten Gesang von Dantes *Göttlicher Komödie* basiert. Der Fries über den Säulen vor dem Eingang zeigt Apollo mit den neun Musen. Das Theater wurde 2005 renoviert, und es gibt ein neues Café vor Ort.

Plaza de los Mariachis

Der Geburtsort der Mariachimusik liegt versteckt hinter dem Templo Santa Eduviges (in der Nähe der Kreuzung zwischen der Av Juarez und der Calz Insurgentes, südöstlich des Mercado San Juan de Dios). Auf dem von hübschen, alten Gebäuden flankierten Platz stehen ein paar Plastiktische und -stühle, und tagsüber wird man den einen oder anderen Mann im typischen Mariachi-Outfit erspähen können. Abends kann es hier lebhaft zugehen; dann fließt das Bier in Strömen und die Stammgäste lauschen der Musik (Musikwünsche: ca. 100 Mex$/Lied).

Museo de la Ciudad

In dem **Museum** (Karte S. 574 f.; ☎ 3658-3706; Av Independencia 684; Eintritt 7,50 Mex$, So Eintritt frei; ⌚ Di–Sa 10–17.30, So 10–14.30 Uhr) können ein paar interessante historische Gegenstände besichtigt werden, z. B. Rüstungen aus der Kolonialzeit, Speere, Schwerter und Mandolinen.

Casa-Museo José Clemente Orozco

In den 1940er-Jahren lebte und arbeitete der große *tapatío*-Maler José Clemente Orozco (1883–1949) in diesem **Haus** (Karte S. 570; ☎ 3616-8329; Aurelio Aceves 27; Eintritt frei; ⌚ Di–Sa 10–18 Uhr). Bislang kann hier nur eins von Orozcos Wandbildern bestaunt werden. Als wir für diesen Band recherchierten, hieß es aber, dass das angrenzende Orozco-Museum 2008 eröffnet werden soll.

Parque Agua Azul

Wer genug vom Stadttrubel hat, könnte dem **Parque Agua Azul** (Karte S. 574 f.; Calz Independencia Sur; Erw./Kind 4/2 Mex$; ⌚ Di–So 10–18 Uhr) einen Besuch abstatten. Diese grüne Oase breitet sich etwa 20 Häuserblocks südlich des Zentrums aus. Man kann sich auf einer der Sitzbänke oder auf den Wiesen mit einem guten Buch niederlassen oder Sport treiben (es gibt jede Menge Joggingstrecken). Sehenswert ist auch das Orchideenhaus. Am schönsten ist es dort in Oktober, November, April und Mai. Die Buslinie 60 fährt auf der Calz Independencia vom Stadtzentrum aus Richtung Süden bis zum Park. Alternativ kann man alle Busse mit der Aufschrift „Agua Azul" nehmen.

In der **Casa de las Artesanías de Jalisco** (Karte S. 574 f.; Calz Gallo 20; ⌚ Mo–Fr 10–18, Sa 10–17, So 10–15 Uhr) wird qualitativ hochwertiges Kunsthandwerk aus Jalisco verkauft, darunter Töpfer- und Glaswaren, Schmuck, Textilien und Möbel. Die Preise sind in Ordnung. Der große Laden beherbergt außerdem ein kleines Keramikmuseum (Eintritt frei).

Zoológico Guadalajara, Selva Mágica & Planetario

Der Zoo, der Vergnügungspark Selva Mágica und das Planetarium befinden sich am Nordrand der Stadt und liegen nah beieinander. In der Nähe halten der Trolleybus R600 sowie die Buslinien 60 und 62A (Aufschrift „Zoológico"), die auf der Calz Independencia Richtung Norden fahren.

Der **Zoológico Guadalajara** (Karte S. 570; ☎ 3674-4488; www.zooguadalajara.com.mx; Paseo del Zoológico 600; Erw./Kind 45/25 Mex$; ⌚ Mi–So 10–17 Uhr) ist ein ganz hübscher Ort. Auf dem großen Gelände gibt es Volieren, ein Reptilienhaus und einen Streichelzoo für Kinder, und man bekommt Löwen, Tiger, Nilpferde und Flamingos zu sehen. Von der Nordseite hat man eine prima Aussicht auf die Barranca de Oblatos, eine beeindruckende, 670 m tiefe Schlucht. Übrigens: Der Zoo verleiht Kinderwagen und Rollstühle.

Neben dem Zoo befindet sich der Vergnügungspark **Selva Mágica** (Karte S. 570; ☎ 3674-1290; Paseo Zoológica 600; Eintritt 150 Mex$; ⌚ 10–20 Uhr). Dort finden täglich fünf Tiershows statt (mit Delphinen, Seehunden und Vögeln), und es gibt vier große Achterbahnen.

Zapopan

Der elegante und vornehme Vorort Zapopan (1 022 600 Ew.) liegt im Nordwesten Guadalajaras und ist ca. 8 km vom Zentrum entfernt. Rund um den wichtigsten Platz gibt es ein paar interessante historische Stätten zu entdecken.

Der ganze Stolz der Einwohner ist die **Basílica de Zapopan** (Karte S. 570) aus dem Jahr 1730. Das ganze Jahr über strömen Pilger herbei, um einen Blick auf die kleine Statue der Jungfrau Nuestra Señora de Zapopan zu werfen. Während der Fiestas de Octubre wird die Figur – gefolgt von einer großen Prozession kniender, alter Frauen – von der Kathedrale in Guadalajara in die Basilika von Zapopan getragen. Zuletzt kriechen die Pilger auf den Knien bis zum Altar, um die Gunst der Jungfrau zu erbitten. Sie kriegt übrigens jedes Jahr ein neues Auto extra für die Prozession, aber der Motor wird nie angelassen – so bleibt das Gefährt genauso jungfräulich wie die Statue. Es wird stattdessen mit Seilen gezogen.

Das **Museo de Arte de Zapopan** (MAZ; Karte S. 570; ☎ 3818-2575; www.mazmuseo.com; Ecke Paseo Tepitzintli & Andador 23 de Enero; Eintritt 24 Mex$; 🕑 Di–So 10–18 Uhr) ist Guadalajaras Topadresse für moderne Kunst und befindet sich einen Häuserblock östlich der Plaza de las Américas. Die Dauerausstellung umfasst Arbeiten der besten Künstler Mexikos, z. B. von Manuel Álvarez Bravo, Juan Soriano und Luis Barragán, und im Rahmen von Wechselausstellungen wurden u. a. Werke von Diego Rivera, Frida Kahlo und Anthony Browne gezeigt. Brownes Drucke waren skurril in Szene gesetzt: Der Boden im Obergeschoss war mit Stöcken, Steinen und Sand übersät.

Die Straße **Los Arcos** verläuft in der Nähe der Plaza und wird von Dutzenden von Bars gesäumt, die jeweils auf eine bestimmte Musikrichtung spezialisiert sind (z. B. Elektro, Reggae). Vor dem Museo de Arte de Zapopan, am Paseo Tepitzintli, steht normalerweise ein **Infostand für Touristen** (🕑 Di–So). Der Paseo Tepitzintli ist eine nette Fußgängerzone vor dem Haupttor der Basilika.

Bus 275 Diagonal und der türkisfarbene TUR-Bus mit der Aufschrift „Zapopan" fahren auf den Avenidas 16 de Septiembre oder Alcalde Richtung Norden und halten neben der Basilika. Die Fahrt dauert 20 Minuten.

Tlaquepaque

Gerade mal 7 km südöstlich des Stadtzentrums befindet sich die Kunsthandwerkergemeinde Tlaquepaque (tla-ke-*pa*-ke; 510 500 Ew.). Die Arbeiten der Künstler (z. B. Holzschnitzereien, Skulpturen, Möbel, Keramik- und Lederwaren, Schmuck und Kerzen) werden in den mondänen Boutiquen verkauft, die die schmalen Kopfsteinpflasterstraßen säumen.

Im 19. Jh. war Tlaquepaque ein nobler Vorort von Guadalajara. Heute gehören die alten Herrenhäuser mit den pastellfarbenen Wänden Kunsthandwerkern, Restaurantbetreibern und Besitzern niedlicher Pensionen mit Garten. Die Plaza ist begrünt und mit Blumen bepflanzt, und die Sitzbänke rund um den Springbrunnen sind immer voll besetzt. In Tlaquepaque kann man prima essen und wunderschöne Spaziergänge unternehmen. Bei Sonnenuntergang erstrahlt der Himmel hinter der phantastischen Basilika mit der weißen Kuppel in leuchtendem Orange, und die einheimischen Familien strömen hinaus auf die Straßen, um das letzte bisschen Tageslicht zu genießen.

Die **Touristeninformation** (Karte S. 570; ☎ 3562-7050 Durchwahl 2319; www.tlaquepaque.gob.mx; Morelos 88; 🕑 Mo–Fr 9–15 Uhr) befindet sich im Obergeschoss der Casa del Artesano. Dort werden zwei- bis dreistündige geführte **Spaziergänge** (gegen Spende; nach Voranmeldung) auf Englisch oder Spanisch angeboten. Wer sie mitmacht, besucht dabei auch Werkstätten und Museen.

Das **Museo Regional de la Cerámica** (Karte S. 570; ☎ 3635-5404; Independencia 237; Eintritt frei; 🕑 Di–Sa 10–18, So 10–15 Uhr) ist in einem prächtigen, alten Ziegelbau mit steinernen Bögen untergebracht. Betagte Bäume zieren den Hof. Schwerpunkt der netten Sammlung sind stilistisch verschiedene Keramiken aus Jalisco und Michoacán (mit englischen und spanischen Beschriftungen).

Weitere Keramikarbeiten aus ganz Mexiko, z. B. kleine Figuren und riesige Urnen, können im **Museo Pantaleón Panduro** (Karte S. 570; ☎ 3639-5646; Sánchez 191; Eintritt frei; 🕑 Di–Sa 10–18, So 10–15 Uhr) besichtigt werden.

Man kann sowohl mit den Buslinien 275 Diagonal, 275B oder 647 (4 Mex$) als auch mit dem türkisfarbenen TUR-Bus mit der Aufschrift „Tonalá" nach Tlaquepaque fahren; Letzterer ist klimatisiert und bietet mehr Komfort (10 Mex$). Alle diese Busse halten an der Av 16 de Septiembre (zw. Cotilla & Madero) im Zentrum von Guadalajara. Die Fahrt dauert etwa 20 Minuten; kurz vor Tlaquepaque passiert man einen Bogen aus Ziegelsteinen und dann einen Kreisverkehr. An der nächsten Haltestelle muss man aussteigen. Folgt man der Straße ein Stück, sieht man linker Hand die Independencia. Sie führt ins Zentrum von Tlaquepaque.

Tonalá

Tonalá (444 500 Ew.) liegt ca. 13 km südöstlich des Zentrums und wird ebenfalls von vielen Kunsthandwerkern bewohnt. Ein paar neu eröffnete einladende Verkaufsräume und Cafés lassen darauf schließen, dass dieser quirlige Vorort Tlaquepaque immer mehr den Rang abläuft, doch bislang hat er sich seinen etwas spröden Charme bewahren können. Durch die dunklen, staubigen Geschäfte und Werkstätten zu schlendern ist ein echtes Erlebnis. Alle Waren, die in Tlaquepaque erhältlich sind, werden hier zu wesentlich günstigeren Preisen angeboten. Deshalb zieht es Großhändler aus der ganzen Welt nach Tonalá.

Donnerstags und sonntags findet in Tonalá ein riesiger Basar statt. Von der Av Tonaltecas ausgehend erstreckt er sich in Dutzende von Straßen und Gässchen, und man braucht Stunden, um das gesamte Gelände zu erkunden. Hier treffen Groß- und Einzelhandel aufeinander: An den Ständen werden Masken, Glas- und Keramikwaren, Möbel, Spielzeug, Schmuck, selbstgemachte Seife und DVDs feilgeboten, und man kann sich mit *tortas* oder Tacos stärken. Außerdem gibt es einen *michelada*-Verkäufer. Auf der Suche nach tollen Schnäppchen wird man sich durch eine Menge Schrott wühlen müssen (meist sind die günstigsten Waren in den Werkstätten und Lagerhäusern zu kriegen), aber die Atmosphäre ist phantastisch.

Die **Touristeninformation** (Karte S. 570; ☎ 3284-3092; Tonaltecas 140; ⏰ Mo–Fr 9–15 Uhr) befindet sich in der Casa de Artesanos an der Hauptstraße von Tonalá. Dort bekommt man Karten und Infos. Wer sich ein paar Tage im Voraus anmeldet, kann an einem zwei- bis dreistündigen geführten **Spaziergang** (gegen Spende) teilnehmen, der auf Englisch oder Spanisch abgehalten wird. Besichtigungen lokaler Werkstätten sind inklusive.

Die geschnitzten Holz- und die Keramikmasken im **Museo Regional de Tonalá** (Karte S. 570; Ramón Corona 73; Eintritt frei; ⏰ Mo–Fr 9–15 Uhr) sind klasse – viele sind mit echten Tierzähnen und Pferdehaar versehen.

Die Buslinien 275 Diagonal und 275D fahren nach Tonalá (beide 4 Mex$). Alternativ kann man auch den türkisfarbenen TUR-Bus mit der Aufschrift „Tonalá" nehmen; er ist klimatisiert und komfortabler (10 Mex$). All diese Buslinien fahren an der Av 16 de Septiembre in Guadalajara ab. Die Fahrt nach Tonalá dauert ca. 45 Minuten. Am besten steigt man an der Ecke Av Tonalá und Av Tonaltecas aus und geht dann auf der Av Tonaltecas etwa drei Häuserblöcke in nördlicher Richtung bis zur Touristeninformation in der Casa de Artesanos. Spaziert man von

SHOPPEN IN TLAQUEPAQUE

In Tlaquepaque kann man hervorragend einkaufen, denn hier sind die besten Einrichtungsdesigner von ganz Guadalajara ansässig. In großen Boutiquen werden Keramikwaren, exquisite Leuchten und von Hand gefertigte Holzmöbel verkauft, und mit etwas Glück kann man eine seltene und ausgefallene Kostbarkeit aufstöbern.

Antigua de México (Karte S. 570; ☎ 3635-2402; Independencia 255; ⏰ Mo–Fr 10–14 & 15–19, Sa 10–18 Uhr) In den weitläufigen, alten Höfen sind wunderschöne Möbel ausgestellt, z. B. Bänke, die aus einem einzigen Baum geschnitzt wurden.

Orígenes (Karte S. 570; ☎ 3563-1041; Independencia 211; ⏰ Mo–Fr 10–19, Sa 11–19, So 11–18 Uhr) Dieses Geschäft ist kleiner als das Antigua de México, verfügt aber über eine herausragende Beleuchtungsabteilung. Außerdem gibt es ein paar geniale Sofas mit Kuhfellbezügen. Im Hof findet man schicke Hängematten.

Teté, Arte y Diseño (Karte S. 570; ☎ 3635-7965; Juárez 173; ⏰ Mo–Sa 10–19.30 Uhr) Ausladende Kronleuchter, Nachbildungen antiker Gegenstände und einzigartige Holzschnitzereien.

Los Cirios (☎ 3635-2426; www.loscirios.com.mx; Madero 70; ⏰ Mo–Sa 10–19 Uhr) In dieser Kerzenfabrik mit angeschlossenem Verkaufsraum werden hochwertige Kerzen aller Formen, Größen, Farben und Aromen hergestellt. Manche sind fast 2 m hoch!

Wer die Einkäufe nach Hause schicken möchte, kann sich an **Sebastián Exportaciones** (Karte S. 570; ☎ 3124-6560; sebastianexp@prodigy.net.mx; Ejército 45; ⏰ Mo–Fr 9–14 & 16–18 Uhr) wenden, die Transportcontainer von mindestens 1 m² Größe international verschiffen.

dort drei Häuserblocks nach Osten und zwei in Richtung Norden, gelangt man zur Plaza Principal.

KURSE

Traveller aller Altersgruppen, die unbedingt etwas Neues lernen wollen, können aus einem umfangreichen Angebot an Sprach-, Sport- und Kunstkursen wählen; die Preise und Lerninhalte sind sehr unterschiedlich.

CEPE (Karte S. 574 f.; ☎ 3616-4399; www.cepe.udg.mx; Universidad de Guadalajara, Apartado Postal 1-2130, Guadalajara, Jalisco 44100) Das Centro de Estudios para Extranjeros (Studienzentrum für ausländische Studierende, kurz CEPE) der Universität von Guadalajara bietet zwei- bis fünfwöchige Intensivkurse für Schüler mit unterschiedlich guten Spanischkenntnissen an. Darüber hinaus werden Tagestouren und längere Ausflüge in andere Teile Mexikos organisiert. Wer mag, kann bei einer mexikanischen Gastfamilie wohnen.

IMAC Spanish School (Karte S. 574 f.; ☎ 3613-1080; www.spanish-school.com.mx; Guerra 180) Das Instituto Mexicano-Americano de Cultura (IMAC) hat einwöchige bis einjährige Sprachkurse im Angebot, bei denen man zwischen einer und vier Stunden Spanisch pro Tag hat. Auf der Website steht mehr zu den Kursgebühren und zu Aufenthalten in mexikanischen Gastfamilien. Es werden auch Musik- und Tanzkurse angeboten.

Artes Plásticas (Karte S. 574 f.; ☎ 3613-2362; www.cuaad.udg.mx/artes; Belén 120) Guadalajaras beste Kunsthochschule bietet Musik-, Tanz-, Fotografie-, Design- und Theaterkurse an (Anmeldung über die Universität von Guadalajara). Der Unterricht findet in einem mit Graffiti übersäten Überbleibsel der Kolonialzeit im Stadtzentrum statt. Teilnehmen dürfen Interessenten aller Altersgruppen, die Kurse sind auf Spanisch.

Yogare (☎ 3170-3912; www.yogare.com; Madero 5850, Zapopan) In diesem netten Studio in der Nähe der Plaza von Zapopan können Yogis am täglichen Vinyasa-Yoga teilnehmen (100 Mex$/Std.). Vier Yogastunden kosten 240 Mex$, eine Monatskarte 480 Mex$. Unterrichtet wird auf Spanisch.

GEFÜHRTE TOUREN

Panoramex (☎ 3810-5057; www.panoramex.com.mx; Federalismo Sur 944) bietet Touren mit englisch-, französisch- und spanischsprachigen Guides an. Treffpunkt ist um 9.30 Uhr am Jardín San Francisco. Man kann Guadalajaras Highlights besichtigen (Mo–Sa, 136 Mex$, 5 Std.), nach Chapala und Ajijic fahren (Di, Do & So, 174 Mex$, 6 Std.) oder sich die Agavenfelder und die Sauza-Destillerie in Tequila ansehen und anschließend von dem Tequila kosten (Mo, Fr, Sa & So, 207 Mex$, 6½ Std.).

Spirits of El Panteón de Belén (Belén 684; www.explore-guadalajara.com/panteondebelen.html; 33 Mex$/Pers.; Touren Mi–Fr 20.30, 22 & 24, Sa 1.30 Uhr) Im Rahmen dieser gruseligen nächtlichen Tour kann man die verwitterten Grabsteine auf einem der ältesten Friedhöfe von Guadalajara bestaunen. Je später die Stunde, desto höher der Gänsehautfaktor – viel Spaß beim Gruseln!

FESTIVALS & EVENTS

Zu den wichtigsten Festivals in Guadalajara und Umgebung zählen die folgenden:

Feria de Tonalá Die alljährliche Handwerkermesse mit Schwerpunkt Keramikwaren findet vor, während und nach der Semana Santa (Karwoche) in Tonalá statt.

Fiestas de Tlaquepaque Jedes Jahr von Mitte Juni bis zur ersten Juliwoche wird in Tlaquepaque gefeiert, und es wird u. a. eine Handwerkermesse abgehalten.

Fiesta Internacional del Mariachi (www.mariachi-jalisco.com.mx) Zwischen Ende August und Anfang September strömen Mariachimusiker von überallher herbei, um gemeinsam zu spielen, gegeneinander anzutreten und sich zu amüsieren.

Fiestas de Octubre (www.fiestasdeoctubre.com.mx) Eine Parade am ersten Sonntag im Oktober bildet den Auftakt zu den Feierlichkeiten, die einen vollen Monat andauern. Dies ist der wichtigste Jahrmarkt von Guadalajara. Jeden Tag findet im Benito-Juárez-Auditorium auf dem Messegelände (5 km nördlich des Zentrums) von 12 bis 22 Uhr ein kostenloses Unterhaltungsprogramm statt. In der Stadt kann man Viehmärkte, Kunstausstellungen und Sport- und Kulturveranstaltungen besuchen. Am 12. Oktober zieht dann eine Prozession von der Kathedrale nach Zapopan.

Die **Feria Internacional del Libro** (www.fil.com.mx) ist eine der größten Buchmessen Lateinamerikas und findet in der letzten November- und ersten Dezemberwoche statt. Sie wird von prominenten spanischsprachigen Autoren wie Gabriel García Márquez veranstaltet. Zum Abschluss gibt eine bekannte Musikband ein kostenloses Konzert im Tagungszentrum.

Weinfest von Guadalajara (☎ 3812-3614; www.gdlwinefest.com) 20 der besten Restaurants von Guadalajara waren am ersten Weinfest im November 2007 beteiligt. Eine Woche lang wurden Weinkurse, Konferenzen und von Winzern gesponserte Diners angeboten, und der Baja-Rotwein floss in Strömen.

SCHLAFEN

Während der Ferien (Weihnachten und Ostern) und wenn besondere Feste anstehen, muss man unbedingt reservieren. Wer in der Nebensaison anreist oder länger als ein paar Tage bleiben möchte, kann sich nach einem Preisnachlass erkundigen.

WESTLICHES ZENTRALES HOCHLAND

Stadtzentrum

BUDGETUNTERKÜNFTE

Hostel Guadalajara (Karte S. 574 f.; ☎ 3562-7520; www.hostelguadalajara.com; Maestranza 147; B mit/ohne ISIC-Ausweis 115/145 Mex$; 💻) Wer gern feiert und es günstig mag, kann sich in dieser ausgezeichneten HI-Jugendherberge einquartieren. Sie ist mit altmodischen Steinsäulen und modernen Gemälden dekoriert und wird von Travellern aus der ganzen Welt frequentiert. ES gibt zwei separate Zimmer (EZ/DZ 300/320 Mex$) und vier Schlafsäle. Häufig finden Partys und andere Aktivitäten statt (z. B. Besichtigungen von Tequilafabriken, Salsaunterricht). Das Frühstück ist gratis.

Hostal de María (Karte S. 574 f.; ☎ 3614-6230; Nueva Galicia 924; B/Zi. 160/320 Mex$) Dieses niedliche Hostel ist nicht ganz so modern, erinnert dafür aber mehr an das Mexiko der guten, alten Zeit. Es befindet sich in einer schmalen Straße unweit des Viertels Nueve Esquinas. Frühstück und WLAN-Zugang sind kostenlos. Am besten wohnt man im zweiten Stock im Puerto-Vallarta-Zimmer.

Casa Vilasanta (Karte S. 574 f.; ☎ 3124-1277; www.vilasanta.com; Rayón 170; EZ/DZ 180/390 Mex$) Die Casa Vilasanta bietet das beste Preis-Leistungs-Verhältnis der ganzen Stadt und ist oft ausgebucht (frühzeitig reservieren!). Die elf hellen, pastellfarbenen Zimmer sind um einen Innenhof angeordnet, den Töpferwaren und Blumen zieren. Im zweiten Stock befindet sich eine Sonnenterrasse. Die Einzelzimmer sind recht klein, die Doppelzimmer dagegen geräumig, und alle Unterkünfte sind mit Plasma-TV, Klimaanlage und WLAN ausgestattet. Es gibt eine Gemeinschaftsküche und viel Platz zum Chillen. Die Angestellten sprechen Englisch.

Posada San Pablo (Karte S. 574 f.; ☎ 3614-2811; http://sanpablo1.tripod.com; Madero 429; EZ/DZ 280/350 Mex$) Eine nette Budgetunterkunft mit einem Garten und einer Sonnenterrasse. Die Zimmer mit Balkon im Obergeschoss sind am schönsten.

Südöstlich des Mercado San Juan de Dios befinden sich ein paar günstige Hotels. Dies ist zwar nicht der beste Stadtteil von Guadalajara, aber wenn die übrigen Unterkünfte belegt sind, kriegt man hier normalerweise ein billiges Zimmer.

Hotel México 70 (Karte S. 574 f.; ☎ 3617-9978; Av Javier Mina 230; EZ/DZ/2BZ 170/190/270 Mex$) Sehr beliebt bei mexikanischen Familien, die aufs Geld schauen. Zwar sind die Flure kahl und düster, aber man wird dort keinen Angehörigen des horizontalen Gewerbes begegnen (deren Revier ist einen Häuserblock weiter). Tipp: Die Zimmer an der Außenseite sind größer und heller.

Hotel Ana Isabel (Karte S. 574 f.; ☎ 3617-7920; Av Javier Mina 164; EZ/DZ 185/240 Mex$) Dieses saubere, überraschend ruhige Budgethotel hat weiche Betten und in der Lobby duftet es ständig nach frisch aufgebrühtem Kaffee (gratis!). Die Kombination aus Metalltüren und dunklen Zimmern verleiht dem Ganzen allerdings einen gewissen Zellencharakter.

Hotel Azteca (Karte S. 574 f.; ☎ 3617-7465; www.hotelazteca.com; Av Javier Mina 311; Zi. ab 350 Mex$; 🅿) Das sauberste Hotel in diesem Teil der Stadt. Selbst die Zimmer, die zur Straße hinausgehen, sind bemerkenswert ruhig. Kabel-TV, Ventilatoren und straffe Matratzen gehören zur Standardausstattung.

Auch in dem quirligen Viertel rund um den alten Busbahnhof (Antigua Central Camionera), etwa zehn Häuserblocks südlich des Stadtzentrums, befinden sich einige günstige Unterkünfte.

MITTELKLASSEHOTELS

Posada Regis (Karte S. 574 f.; ☎ 3614-8633; http://posadaregis.tripod.com; Av Corona 171; EZ/DZ 365/430 Mex$) Diese Posada bietet geräumige Zimmer mit hohen, verzierten Decken, die jedoch teilweise nicht hundertprozentig sauber sind. In den Unterkünften, die zur Straße hin liegen, ist es ziemlich laut.

Hotel Consulado (Karte S. 574 f.; ☎ 3563-2287, Fax 3827-2287; Lopez Cotilla 1405; EZ/DZ/2BZ 470/540/610 Mex$; 🅿 💻) Auf den ersten Blick wirkt dieses Hotel wie eine moderne Oase. In Wirklichkeit sind die sauberen, modernen Zimmer zwar nicht umwerfend, aber nirgendwo in Zona Rosa findet man ein besseres Preis-Leistungs-Verhältnis (frühzeitig reservieren!). Kabel-TV und WLAN sind Standard, und man kommt gut zu Fuß zu den unzähligen Cafés, Bars und Restaurants in der Nähe. Tipp: Vor dem Duschen unbedingt das Personal daran erinnern, das heiße Wasser im Zimmer anzustellen!

Don Quixote Hotel (Karte S. 574 f.; ☎ 3658-1299, Fax 3614-2845; Héroes 91; EZ/DZ 490/655 Mex$; 🅿) Die Zimmer sind schlicht und recht klein, aber dafür sauber und geschmackvoll eingerichtet. Darüber hinaus gibt es ein Restaurant vor Ort und eine ansprechende Lobby. Besondere Beachtung verdient die erstaunliche Tequilasammlung.

Hotel El Aposento (Karte S. 574 f.; ☎ 3614-1612; Madero 545; Zi. ab 500 Mex$; P) In diesem ehemaligen Krankenhaus aus dem 19. Jh. übernachtet man in großen Zimmern, die einen altmodischen Charme ausstrahlen und mit hübschen, gefliesten Bädern ausgestattet sind, aber etwas sauberer sein dürften. In dem sonnigen Innenhof wachsen jede Menge Pflanzen, es gibt einen kleinen Springbrunnen, und an den Tischen kann man das kostenlose American Breakfast zu sich nehmen.

La Rotonda (Karte S. 574 f.; ☎ 3614-1017; www.hotelesselectos.com; Liceo 130; Zi. ab 550 Mex$; P) Verfügt über zwei Etagen mit schön gefliesten Zimmern inklusive Hartholzmobiliar, die um einen hellen Innenhof im Kolonialstil angeordnet sind. Dort stehen Glastische und Topfpflanzen – ein prima Ort für das morgendliche Tässchen Kaffee. Tipp: Die Zimmer im Obergeschoss bieten mehr Privatsphäre und sind heller.

Hotel San Francisco Plaza (Karte S. 574 f.; ☎ 3613-8954; www.sanfranciscohotel.com.mx; Degollado 267; EZ/DZ 600/650 Mex$; P) Dieses Hotel hat eine prächtige Fassade, und in dem hellen, begrünten Hof tschilpen die Sittiche. Schade nur, dass die großen Zimmer so dunkel und die Bäder so winzig sind.

Hotel Francés (Karte S. 574 f.; ☎ 3613-1190; www.hotelfrances.com, Maestranza 35; Zi. ab 643 Mex$; P) Dieses Überbleibsel aus der Barockzeit ist schon seit 1610 in Betrieb, und man spürt das Alter: Die Zimmer sind alles andere als luxuriös, aber sauber, und wer im dritten Stock unterkommt, hat Zugang zum Dach. Dort hat man einen atemberaubenden Blick auf die historischen Gebäude von Guadalajara – ein Traum!

Hotel Cervantes (Karte S. 574 f.; ☎ 3613-6816; www.hotelcervantes.com.mx; Sánchez 442; EZ/DZ 665/710 Mex$; P) Diesem modernen, hohen Gebäude mit der protzigen Lobby und den hellen Zimmern fehlt es an Charme und Persönlichkeit. Dennoch bietet das Cervantes Komfort und diverse Wohlfühleinrichtungen, z. B. ein Schwimmbad.

Hotel Laffayette (Karte S. 574 f.; ☎ 3615-0252, Fax 3630-1112; www.laffayette.com.mx; Av de la Paz 2055; Zi. ab 755 Mex$; P) Dieses 17-stöckige Hochhaus aus den 1980er-Jahren liegt an einer Seitenstraße der Av Chapultepec. Die Zimmer sind komfortabel und bieten Marmorbäder und 40-Zoll-Plasma-TV. Wer in einem der oberen Stockwerken übernachtet, kann von seinem Zimmer aus den Ausblick auf die Stadt genießen.

Santiago de Compostela (Karte S. 574 f.; ☎ 3613-8880, Fax 3658-1925; Colón 272; Zi. ab 840 Mex$; P) Wie in vielen anderen Hotels in Guadalajara verspricht auch hier die Fassade mehr als die Innenausstattung hält. Immerhin ist das saubere Drei-Sterne-Hotel günstig gelegen – aber dennoch eine Spur zu teuer.

Hotel Morales (Karte S. 574 f.; ☎ 3658-5232; www.hotelmorales.com.mx; Av Corona 243; Zi. ab 850 Mex$; P) Hier sprudelt ein hübscher Springbrunnen und Geschäftsleute und Familien treffen in der wunderhübsch gefliesten Lobby aufeinander. Die Zimmer sind ein wenig dunkel, aber recht groß und mit guten Betten ausgestattet. Von den Balkonen hat man einen tollen Blick auf die Stadt. Dieses schöne Hotel im Kolonialstil ist häufig ausgebucht; man sollte frühzeitig reservieren.

Hotel Fénix (Karte S. 574 f.; ☎ 3614-5714; www.fenixguadalajara.com.mx; Av Corona 160; Zi. ab 890 Mex$; P) Eins der vielen modernes Hochhäuser in zentraler Lage. Die Angestellten sprechen Englisch. Leider sind die Wände dünn und einige Zimmer muffig-feucht. Der tolle Ausblick, den man von den oberen Stockwerken aus hat, entschädigt allerdings für diese Mängel.

SPITZENKLASSEHOTELS

Hotel Aranzazu (Karte S. 574 f.; ☎ 3942-4042, Fax 3942-4035; www.aranzazu.com.mx; Zi. ab 990 Mex$; P) Dieses nichtssagende Businesshotel verfügt über alle typischen Einrichtungen und komfortable Zimmer mit extragroßen Betten. Im neunten Stock hat man eine phantastische Aussicht.

Casa Madonna B&B (Karte S. 570; ☎ 3615-6554; www.casamadonna.com.mx; Lerdo de Tejada 2308; DZ/Suite 1200/1400 Mex$;) Dieses Boutiquehotel mit heimeliger Atmosphäre ist in einer mexikanischen Hazienda aus den 1920er-Jahren untergebracht. Es gibt fünf gemütliche Zimmer. Der Tag beginnt hier mit einem Frühstück auf der Gartenterrasse und endet mit einem Gläschen Rotwein am Kamin. Die Casa Madonna befindet sich ein paar Kilometer westlich des Zentrums.

Presidente Intercontinental Guadalajara (Karte S. 570; ☎ 3678-1234, Fax 3678-1222; www.ichotelsgroup.com; Ecke Lopez Mateos Sur & Moctezuma; Zi. ab 1400 Mex$; P) Ein riesiger, moderner Glaspalast mit mehr als 400 Zimmern, 40 Suiten, zwei Restaurants und einer Bar, die meist von Schlipsträgern mit dicken Spesenkonten frequentiert wird. Der Concierge organisiert Touren, Mietwagen oder Massagen im Wellnesscenter und nimmt auf Wunsch Reservierungen fürs Abendessen entgegen. Die Zimmer (mit Teppichboden) sind neu und komfortabel. Für ein Quartier mit Balkon und Aussicht zahlt man einen Aufpreis von nur etwa 100 Mex$.

Fiesta Americana Guadalajara (Karte S. 570; ☎ 3818-1400; www.fiestamericana.com.mx; Aceves 225; Zi. ab 1443 Mex$;) Die Lage an der Av Lopéz Mateos Norte ist nicht gerade umwerfend, aber dafür bietet dieses tolle Hotel mit insgesamt 390 Zimmern auf 22 Etagen jeglichen Service, den man sich wünschen kann. Die Aussicht von den oberen Stockwerken ist einmalig (es gibt einen Fahrstuhl aus Glas).

Villa Ganz (Karte S. 574 f.; ☎ 3120-1416; www.villaganz.com; López Cotilla 1739; Zi. ab 2000 Mex$;) Dies ist ohne Zweifel das beste Hotel der Stadt. Die zehn einzigartigen Suiten sind in einem umfunktionierten Herrenhaus in der Zona Rosa untergebracht und bieten Kamine, große Hängematten, Kosmetiktische, Ziegeldecken, rustikale Holzmöbel und geflieste Böden. Auf der Gartenterrasse mit der riesigen Feuerstelle stehen jede Menge Kerzen – genau das Richtige für hoffnungslose Romantiker!

Quinta Real Guadalajara (Karte S. 570; ☎ 3669-0600; www.quintareal.com; Av México 2727; Zi. ab 2506 Mex$;) Keine Frage: Die mit Efeu überwucherte Fassade dieses Fünf-Sterne-Hotels ist bildschön. Das Haus befindet sich auf einem gepflegten Grundstück und hat einen erstklassigen Service. Die Lobby und die Bar sind stilvoll und einladend, die Preise für die etwas klein geratenen Zimmer jedoch überzogen.

Tlaquepaque

Mit dem Bus oder Taxi braucht man nur 15 Minuten, um vom Zentrum Guadalajaras nach Tlaquepaque zu kommen. Es ist die richtige Anlaufstelle für all diejenigen, die sich nach Kleinstadtflair sehnen, aber trotzdem in Reichweite der Sehenswürdigkeiten wohnen wollen. Die Einkaufsmöglichkeiten vor Ort sind ebenfalls ausgezeichnet.

La Posada de la Media Luna (Karte S. 570; ☎ 3635-6054; http://lamedialuna.tripod.com; Juárez 36; Zi. ab 290 Mex$) Eine bezahlbare, einfache Unterkunft in zentraler Lage. Die Zimmer sind nicht makellos sauber, aber in Ordnung, oben befindet sich eine Sonnenterrasse, und an den Wochenenden ist die Luft vom Klang zahlloser Mariachi-Instrumente erfüllt.

El Retoño (Karte S. 570; ☎ 3587-3989; www.lacasadelretono.com.mx; Matamoros 182; EZ/DZ 600/750 Mex$) Süße Frühstückspension an einer ruhigen Straße. Die Zimmer haben gewölbte Ziegeldecken, unverputzte Wände und zum Teil Balkone mit Blick auf den Hinterhof. Die hübschen Bäder sind gefliest. Ein erstklassiges Schnäppchen!

Casa Campos (Karte S. 570; ☎ 3838-5296; www.hotelcasacampos.com; Miranda 30A; EZ/DZ 850/1000 Mex$;) Dieses alte Herrenhaus vereint Alt und Neu auf stilvolle Weise: Neben Steinsäulen und schmiedeeisernen Elementen gibt es glatte und glänzende Holzmöbel. In den Käfigen im Hof leben seltene Zwergseidenäffchen. Außerdem gibt's eine schicke Tequilabar.

La Villa del Ensueño (Karte S. 570; ☎ 3635-8792, Fax 3659-6152; www.villadelensueno.com; Florida 305; Zi. ab 950 Mex$;) Hinter der grellvioletten Fassade verbergen sich 20 moderne Zimmer. Sie sind relativ neu und komfortabel. Die Pension hat weniger Charme und Stil als viele der kleineren Konkurrenzbetriebe in der Umgebung, bietet aber alle typischen Einrichtungen, u. a. zwei Schwimmbecken. Das Frühstück ist im Preis inbegriffen.

Quinta Don José (Karte S. 570; ☎ 3635-7522, Fax 3838-4641; www.quintadonjose.com; Zi. ab 975 Mex$;) Der gemütliche, abgesenkte Lobby-/Loungebereich ist wundervoll. Im Obergeschoss befinden sich helle Zimmer, deren Wände in Pastelltönen gehalten sind, aber es gibt auch größere, dunklere, die vom Pool aus zu erreichen sind. Frühstück ist inklusive.

LP Tipp **Casa de las Flores** (Karte S. 570; ☎ 3659-3186; www.casadelasflores.com; Santos Degollado 175; Zi. ab 1030 Mex$;) Von außen sieht diese Pension aus wie ein ganz normales Gebäude, innen ist sie jedoch bunt und mit einer phantastischen Sammlung mexikanischer Volkskunst ausgestattet, die sogar ein paar seltene vorkoloniale Stücke enthält. Hinten befinden sich eine Terrasse und ein blühender Garten, in dem man Kolibris beobachten kann, und im Wohnzimmer sind eine gut ausgestattete Bar und ein Kamin untergebracht. Die Zimmer sind ziemlich groß und im selben folkloristischen Stil eingerichtet wie das Hauptgebäude. Das Frühstück ist fast Feinschmeckerkost, besonders wenn Miteigentümer Stan Dienst hat. Er hat im renommierten Chez Panisse in Berkeley eine Ausbildung zum Koch gemacht.

ESSEN

Ob im Zentrum, in der Zona Rosa oder in den Vororten – überall in Guadalajara kann man sehr gut essen. Wer hier nicht zumindest einmal eine herausragende Mahlzeit an einem Straßenstand oder in einem der zahlreichen Restaurants und Cafés genießt, ist selbst Schuld – oder Vegetarier. In der Stadt gibt es erstklassige Steaks und Lammgerichte, leckere *carnitas* und *birria*, köstliches, gebratenes Hühnchen und *ceviche* sowie unzählige *taquerías* und *torta*-Stände.

Centro Histórico & Umgebung

Alle schicken Hotels haben noble Restaurants: Im Hotel Francés und im Hotel de Mendoza gibt es z. B. großartige alte Speisesäle. Traveller mit widerstandsfähigen Mägen können sich hingegen zum Mercado San Juan de Dios (Karte S. 574 f.) begeben; an den unzähligen Essensständen wird das günstigste und oft auch leckerste Essen der Stadt verkauft.

El Tío (Ecke Corona & Ferrocarril; Hauptgerichte 3,50–6 Mex$; 🕒 7.30–13.30 Uhr) Ist einem erst einmal der phantastische, würzige Essensduft in die Nase gestiegen, wird man diesen unauffälligen Tacostand nicht länger ignorieren können. Hier werden ausschließlich Tacos mit Bohnen, Rinderhackfleisch, gegrillten Chilischoten und feuriger, roter Salsa zubereitet – einfach in die Schlange der Einheimischen einreihen!

Danés (☎ 3613-4401; Madero 451; Gebäck 5–25 Mex$; 🕒 8–18 Uhr) Naschkatzen frequentieren diese Bäckerei, in der eine große Auswahl an me-

DIE FÜNF BESTEN KULINARISCHEN SPEZIALITÄTEN AUS JALISCO

- Man nehme Zutaten von den besten Lebensmittelhändlern Jaliscos sowie ein altes, umgebautes Herrenhaus in der Zona Rosa und führe dieses mit dem Grundsatz, erschwingliche Haute Cuisine zuzubereiten – das ist die **Cocina 88** (S. 586), das beste Restaurant von Guadalajara. Man zahlt eine kleine Küchengebühr, wählt ein Steak oder Meeresfrüchte aus der Auslage und sucht sich einen Wein aus. Toll für ein Date!
- Wer es lieber traditionell als modern mag, sollte der **Birriería las Nueve Esquinas** (S. 585) einen Besuch abstatten. Dort wird Essen serviert, das als *comida típica* bezeichnet werden kann und dennoch alles andere als typisch ist! In der offenen Küche werden die besten Lammgerichte der Region zubereitet, aber auch die *birria de chivo* (gedünstete Ziege) ist phantastisch. Außerdem sind die Preise o. k. und die Portionen riesig, und die Atmosphäre ist traditionell mexikanisch.
- Ceviche im Hochland, 300 km vom Meer entfernt? Klingt komisch, aber keine Bange: Der Besitzer des **Mariscos el Social** (S. 587), der als El Socio bekannt ist, bereitet an einer Straßenecke in Tlaquepaque schon seit 20 Jahren frische Ceviche und riesige Krabben- und Tintenfischcocktails zu. Sein Restaurant ist so beliebt, dass man es schwer haben wird, einen Sitzplatz zu finden. El Socio und seine Angestellten puhlen und kochen schon vor 7 Uhr die ersten Krabben und verarbeiten 350 kg Meeresfrüchte pro Woche! Die Speisen sind frisch und unverschämt lecker.
- Eins der leckersten und schärfsten Gerichte, das uns je untergekommen ist, wird in einem Restaurant im Herzen des „Tequilalands" zubereitet: *Aguachile* (zwei Dutzend rohe Krabben, die in einer Mischung aus kaltem Limettensaft und Chilibrühe serviert werden) ist der Renner im **Real Campestre** (S. 596), das an eine Ranch erinnert. Die zarten Krabben schmecken wunderbar scharf-säuerlich und machen augenblicklich süchtig. Auch die anderen Gerichte auf der Karte sind empfehlenswert, und an der Bar gibt es 50 verschiedene Sorten Tequila aus dem Hochland.
- Ein richtig guter Taco hat etwas Unverfälschtes und Ehrliches. Das schlichte Gericht kann ohne Besteck gegessen werden und besteht aus nur wenigen Zutaten, befriedigt aber selbst die anspruchsvollsten Gourmets. Ein weiteres Plus: Nach dem Genuss eines Tacos fühlt man sich nicht übersättigt. Ob reich oder arm, jung oder alt, alle lieben Tacos! Und die besten Tacos von Jalisco – die damit gleichzeitig Anwärter auf den Titel „Beste Tacos der Welt" sind – gibt's bei dem bescheidenen Imbiss **Rica Birria** (S. 601) in einem verschlafenen Bergörtchen. Viel Spaß beim Suchen!

xikanischem und europäischem Gebäck verkauft wird. Die *cuernos de chocolate* (Schokohörnchen) sind mit einer dicken Schicht dunkler Schokolade überzogen und das *sorbete de crema* (ein trichterförmiges, mit Pudding gefülltes Teilchen) ist mit Zimt bestäubt und mit kandierten Pekannüssen überzogen.

Kristy & Edwards (Carranza 70; Hauptgerichte ab 21 Mex$; 8–18 Uhr) Dieser Stand befindet sich gegenüber der Post. Hier kann man Burritos, frisch gepresste und gemixte *jugos* (Säfte; 10 Mex$) sowie Burger bestellen.

Alta Fibra (Karte S. 574 f.; ☎ 3424-1510; Sánchez 370B; Hauptgerichte 25 Mex$; Mo–Fr 11–19, Sa bis 18 Uhr; V) Obwohl es nicht viel Atmosphäre hat, lockt das Alta Fibra ein junges, körperbewusstes Publikum an, das sich über die Karottenshrimps, den Schinken aus Soja und Spinat und die Vollkorntacos hermacht. Freut euch, ihr Veganer!

La Chata (Karte S. 574 f.; ☎ 3613-0588; Av Corona 126; Hauptgerichte 31–54 Mex$) Die qualitativ hochwertige *comida típica* (authentische Küche), die erschwinglichen Preise und die großzügigen Portionen sorgen dafür, dass dieser Familienbetrieb immer gerammelt voll ist. Die Spezialität ist *platillo jaliscense* (gebratenes Hühnchen mit fünf Beilagen). Beliebt ist auch der *pozole* (Maiseintopf).

Café Madrid (Karte S. 574 f.; ☎ 3614-9504; Av Juárez 264; Hauptgerichte 35–50 Mex$) Ein klassisches Diner, wie es nicht besser sein könnte: Die Kellner tragen weiße Jacketts, und die Kasse und die Espressomaschinen sind zwar Antiquitäten, sehen aber aus wie neu. Toll ist vor allem das Frühstück: Die *huevos rancheros* und *chilaquiles* hier sind schon seit 50 Jahren die absoluten Renner.

Chai (☎ 3613-0001; Juárez 200; Hauptgerichte 41–65 Mex$) Dieses Café hat einen gewissen Hippie-Charme. Die dominierenden Dekomotive sind Blumen, und man sitzt auf Sofas für zwei Personen. Die Frühstückskarte ist ausgezeichnet. Es gibt z. B. Eiweißomelettes und Waffeln mit frischen Erdbeeren.

Chong Wah (Karte S. 574 f.; ☎ 3613-9950; Juárez 558; Hauptgerichte 45 Mex$; 12–23 Uhr) Genug von der *comida típica*? Dies ist das beliebteste chinesische Restaurant von Guadalajara. Hier können alle typischen Gerichte bestellt werden, von Krabben nach Sichuan-Art über Mandelhühnchen bis *lo mein*. Auch das Wochenendbuffet steht bei den Stadtbewohnern hoch im Kurs.

Villa Madrid (Karte S. 574 f.; ☎ 3613-4250; López Cotilla 553; Hauptgerichte 45–70 Mex$; Mo–Sa 11.30–21 Uhr) Eine erstklassige Anlaufstelle, wenn einem der Sinn nach *licuados*, Säften, Früchtecocktails oder Joghurt steht. Übrigens: Samstags um 19 Uhr wird Livemusik gespielt.

Sandy's (Karte S. 574 f.; ☎ 3345-4636; Alcalde 130, 2. Stock; Gerichte ab 65 Mex$; Mo–So 13–18 Uhr; V) Der richtige Ort für die Mittagspause: Dieses helle Restaurant mit Blick auf die Rotonda de los Jaliscenses Ilustres und die Kathedrale hat eine gute Salatbar und ist deshalb sehr beliebt bei Vegetariern.

La Antigua (Plaza Guadalajara; Hauptgerichte ab 80 Mex$; 11–21 Uhr) Die Lage und das Ambiente dieses schönen Terrassenrestaurants mit Blick auf die Plaza übertreffen die Qualität des Essens. Dennoch kann man in Erwägung ziehen, die frisch zubereiteten Salsas und Tortillas oder den brutzelnd heißen *molcajete de arrachera* (traditioneller Eintopf mit Rindfleisch, Käse und scharfer Chilisauce) zu kosten.

La Fonda de San Miguel Arcángel (Karte S. 574 f.; ☎ 3613-0809; Guerra 25; Hauptgerichte ab 95 Mex$; Di–Sa 8.30–24, So 8.30–21, Mo 8.30–18 Uhr) Wer der Sonne entkommen möchte, kann sich in den Hof dieses wunderbaren Restaurants flüchten. Dort sprudeln Springbrunnen, ein alter Mann klimpert auf dem Klavier herum, und es wimmelt von alten Skulpturen und Vogelkäfigen. Die Spezialität ist der *molcajete* mit Fisch. Am besten besucht man das La Fonda abends und speist unter dem tollen Kronleuchter aus schmiedeeisernen Sternen.

Plaza de las Nueve Esquinas

Etwa sechs Blocks südlich des Stadtzentrums befindet sich dieser nicht allzusehr von Touristen überlaufene, dreieckige Block, wo sich mehrere kleine Straßen kreuzen. In dem Areal gibt es viele Lokale, die auf *birria* spezialisiert sind – Fleisch, das im eigenen Saft gedünstet wird, bis es so zart ist, dass es förmlich auf der Zunge zergeht.

Birriería las Nueve Esquinas (Karte S. 574 f.; ☎ 3613-6260; Colón 384; Hauptgerichte 59–79 Mex$; Mo–Sa 8.30–22, So 8.30–19.30 Uhr) Dieses Restaurant mit der offenen Küche und der hauseigenen Tortillería muss man unbedingt besucht haben. Das leckere und umwerfend zarte *barbacoa de borrego* (gebackenes Lamm) und die *birria de chivo* (gedünstetes Ziegenfleisch) werden in traditionellen Keramikkasserolen serviert. Dazu kann man frische Tortillas und ein paar Schüsselchen mit Guacamole, eingelegten Zwiebeln und *salsa verde* mit viel *cilantro* (Koriander) und Avocadostückchen bestellen.

Zona Rosa & Umgebung

Die Zona Rosa umfasst die Blocks rund um die Av Chapultepec, nördlich und südlich der Av Vallarta. In diesem Viertel haben sich einige der besten Restaurants von Guadalajara angesiedelt. Wer mit öffentlichen Verkehrsmitteln dorthin gelangen will, muss an der Ecke Av Independencia und Av Alcalde in den Par-Vial-Bus 400 oder 500 Richtung Westen einsteigen. Eine Taxifahrt dürfte um die 40 Mex$ kosten.

Tortas Ahogadas Héroes (Karte S. 570; Francia 20; Tortas 25 Mex$) Die Speisekarte ist simpel: Darauf stehen nur die beliebten *tortas ahogadas,* das perfekte Katerfrühstück. Die knusprigen Baguettes sind mit Schweinefleischstückchen gefüllt und mit einer scharfen Chilisauce getränkt; das Ganze wird mit einem Spritzer Limone abgerundet. Ein Bissen reicht, und schon fängt die Zunge Feuer, der Magen entkrampft sich, und der Kopf ist wieder frei!

Bisquets Guadalajara (Karte S. 574 f.; ☎ 3827-1616; Libertad 1985; Hauptgerichte 35–65 Mex$) Der richtige Ort für ein geniales Frühstück. Hier gibt's Körbe voller frischer Backwaren wie *pan chocolate*, zuckerig-zitronige *astorgas* etc. Außerdem werden Eier, Omelettes, Tacos und Enchiladas serviert.

La Estación de Lulio (Karte S. 574 f.; Libertad 1982; Frühstück 55 Mex$; 🕒 8–22 Uhr) Morgens bekommt man in diesem schönen Café nur schwer einen Sitzplatz, denn zum Frühstück gibt es Eier *al gusto*, pikante Bohnen, *chilaquiles*, Kaffee und frisch gepressten Orangen-, Grapefruit- oder Mandarinensaft. Im Hintergrund läuft Jazzmusik.

Karne Garibaldi (Karte S. 570; ☎ 3826-1286; Garibaldi 1306; Hauptgerichte 61–90 Mex$; 🕒 12–24 Uhr) Die beiden hiesigen Spezialitäten sind *carne en su jugo* (Fleisch, das im eigenen Saft gekocht und mit Bohnen, Speck und grünen Tomaten verfeinert wird) und die „schnelle Küche" – Der Service ist tatsächlich so schnell, dass er 1996 ins *Guinness Buch der Rekorde* aufgenommen wurde!

LP Tipp **Cocina 88** (Karte S. 574 f.; ☎ 3827-5996; Vallarta 1342; Hauptgerichte 100–200 Mex$; 🕒 Mo–Sa 13.30–19 & 20.30–1, So 14–22 Uhr) In jeder Hinsicht ist dies das beste Restaurant von Guadalajara. Es ist in einem renovierten Herrenhaus (erb. um 1900) untergebracht, und sowohl der Geschmack, als auch die Kreativität, der Service, der Stil und die Qualität der Speisen überzeugen. Die Gäste können ein Stück Rindfleisch oder frische Meeresfrüchte aus der Auslage wählen und im Weinkeller einen dazu passenden Wein aussuchen. Ein typisches Hauptgericht sind z. B. scharf angebratene Muscheln oder *filet mignon carpaccio.* Die Cocina 88 ist weder günstig noch hoffnungslos überteuert: Die Meeresfrüchte und das Rindfleisch gibt's zum Einkaufspreis, und pro Person wird eine „Küchengebühr" von 58 Mex$ erhoben. Zu trinken gibt es nur zwei Cocktailklassiker, Martinis und Margaritas.

Santo Coyote (Karte S. 574 f.; ☎ 3343-2265; Tejada 2379; Hauptgerichte ab 130 Mex$; 🕒 13–2 Uhr) Häufig empfehlen Einheimische Travellern dieses Restaurant, zum einen wegen des Dekors und der *palapa*-Dächer, zum anderen wegen der mexikanischen Huttänze (hm, weniger toll). Die scharfe Drei-Chili-Salsa wird direkt am Tisch zubereitet. Die fast vollständig aus Glas bestehende Bar ist phantastisch. Wer dort sitzt, entgeht dem „Unterhaltungsprogramm".

LA O (Karte S. 574 f.; ☎ 3630-2250; www.laorestaurante.com; Zuno 2152; Hauptgerichte 130 Mex$; 🕒 Mo–Sa 13.30–1, So 14–18 Uhr) Die Besitzer der Cocina 88 haben noch ein weiteres Herrenhaus zu einem coolen, neuen Restaurant umfunktioniert. Hier werden spanische, italienische und mexikanische Tapas zubereitet, und es gibt eine umfangreiche Salat- und Antipastibar. Wir empfehlen die saure Mango-*ceviche* und die krümeligen Krabbenküchlein mit *cilantro*.

Tlaquepaque

Südöstlich der Hauptplaza befindet sich **El Parián**, ein Block mit Dutzenden Restaurants und Bars. Der üppig grüne Innenhof ist voller Tische und Stühle. Dies ist vor allem an den Wochenenden die richtige Adresse, wenn man sich mit einem Drink in der Hand entspannt zurücklehnen und Mariachimusik hören möchte. Die Kellner sind eifrig, aber das Essen ist eher durchschnittlich. Deshalb empfehlen wir, hier nur ein Appetithäppchen zu bestellen und anschließend eins der folgenden Restaurants aufzusuchen:

Cenaduria Doña Victoria (Karte S. 570; Degollado 182; Hauptgerichte ab 9 Mex$; 🕒 19–23 Uhr, Do geschl.) Im Victoria bekommt man qualitativ hochwertiges, mexikanisches Soul Food wie *toquitos, tacos, tortas, pozole,* Wachteln, Hühnchen und Kartoffeln. Das beliebteste Gericht hier ist das *pollo dorado* (25 Mex$). Es wird mit

Kartoffeln, Salat, Tortillas und drei Sorten Salsa gereicht.

Salvador Santos López Tortas Ahogadas (Karte S. 570; Madero 74; Tortas 18 Mex$, T-Bone-Steaks 65 Mex$; Mo–Sa 10–19 Uhr) Dieses kleine Restaurant hat einen Straßengrill, an dem Señor Lopez T-Bone-Steaks zubereitet. Das Fleisch wird mit Olivenöl eingerieben und dann mit Sojasauce besprenkelt. Als Beilagen gibt es griechischen Salat und Knoblauchbrot. Ein kaltes Bier ist phantastisch dazu!

Alcatraz (Karte S. 570; Progreso 124; Desserts ab 20 Mex$; 10–20 Uhr) Man muss nach einer Fassade aus Lavagestein Ausschau halten, denn es gibt kein Schild. Im Alcatraz werden die leckersten Desserts der Stadt zubereitet, z. B. federleichte *jericalla*-Creme, Blaubeerkäsekuchen und allerlei andere Kuchen. Entsprechend hat der Familienbetrieb eine große Stammkundschaft.

La Mata Tinta (Karte S. 570; ☎ 3659-0207; Juárez 145-13 Plaza de Artesanías; Sandwiches 40 Mex$; Di–So 11–23 Uhr) ist Weinbar, Galerie und Café in einem. Wer mag, kann an den Tischen auf der Plaza Platz nehmen. Es gibt eine gute Weinkarte (u. a. mit alten mexikanischen Weinen) und eine tolle Auswahl an Baguettes und Brötchen. An fünf Abenden pro Woche wird Livemusik gespielt, und an den Wänden hängen immer andere Werke lokaler Künstler. Dienstagabends werden alternative Filme gezeigt.

LP Tipp **Mariscos el Social** (Karte S. 570, s. Detailplan Tlaquepaque; ☎ 3838-5754; Calz Delicias 117; ceviche tostadas 13 Mex$, cocteles 52–128 Mex$; Mo–Sa 9–18 Uhr) Der Koch, „El Socio", begann vor 20 Jahren mit dem Verkauf von *ceviche* und sensationell guten Krabben- und Oktopuscocktails; damals stand er mit seinem Wagen an der Ecke Glendale und Delizias. Dort kann man noch heute Essen kaufen, es gibt jedoch mittlerweile auch ein „richtiges" Lokal ein Stück die Straße runter, das genauso gut ist. Jede Woche verarbeiten El Socio und sein Team 350 kg Krabben und Tintenfisch; die Meeresfrüchte sind immer frisch. Wer nicht auf die suppenartigen Cocktails steht, ordert stattdessen die Shrimps- und Tintenfischgerichte.

El Abajeño (Karte S. 570; ☎ 3635-9015; Juárez 231; Hauptgerichte ab 70 Mex$; Mo–So 12–22 Uhr) Auf der hübschen Ziegelsteinterrasse wird Geschäftsleuten und gut betuchten Familien feine *comida tipica* serviert. Das Ambiente wird durch Springbrunnen, Lüster und Mariachimusiker abgerundet. Tipp: Das gegrillte Lamm ist köstlich (92 Mex$).

Casa Vieja (Karte S. 570; ☎ 3657-6250; Prieto 99; Hauptgerichte 96–117 Mex$; Mo–Do 8–22.30, Fr & Sa 8–24, So 8–22 Uhr) In dem Hof mit dem verblassten pastellfarbenen Anstrich werden die Gäste mit in Tequila mariniertem Hühnchen und *arrachera mitla*, einem zarten Flankensteak, das in *achiote* und Limettensaft eingelegt wird, verwöhnt. Das Essen ist gut und das Ambiente toll, nur die Musik lässt zu wünschen übrig.

Casa Fuerte (Karte S. 570; ☎ 3639-6481; Independencia 224; Hauptgerichte 100–200 Mex$; 12.30–20 Uhr) Die Casa Fuerte geht schon in Richtung Nobelrestaurant. Es gibt eine elegante Bar und eine schöne Gartenterrasse. Die Preise sind ziemlich deftig, dennoch zählt die Casa Fuerte zu den beliebteren Lokalen der Stadt.

AUSGEHEN

La Fuente (Karte S. 574 f.; Suárez 78; Mo–Do 8.30–23, Fr & Sa 8.30–24 Uhr) Das nette La Fuente ist eine echte Institution. Es besteht seit 1921 und hat in erster Linie Stammgäste: ältere Herren, die eindeutig zu früh am Tag anfangen zu trinken. Neuankömmlinge werden herzlich willkommen geheißen und Frauen wie Königinnen behandelt. Ein weiteres Plus: Von Sonnenuntergang bis zum Zapfenstreich spielt ein Musikertrio (Bass, Klavier und Violine).

Scratch (Karte S. 574 f.; ☎ 3614-7433; Guerra 226; Mo–Do 12–23, Fr & Sa 12–0 Uhr) Der In-Drink in dieser neuen Hipsterbar im Centro Histórico ist die *michelada* (eine Art Bloody Mary mit Bier), es gibt aber auch zwölf gute Tequilasorten. Musikalisch wird hier dem Grunge gehuldigt.

Hotel Francés (Karte S. 574 f.; ☎ 3613-1190; Maestranza 35; 12–24 Uhr) Die dunkle Marmorbar im Hof des Hotels versetzt einen in eine andere Zeit: Die Kellner tragen Fliegen und begrüßen die Gäste wie alte Bekannte, Happy Hour ist bis 20 Uhr und Musiker geben herrliche, rührselige Balladen zum Besten.

Außerhalb des historischen Zentrums befinden sich ein paar der angesagtesten Kneipen und Nachtlokale der Stadt:

Green Mug (Karte S. 574 f.; ☎ 3825-7872; Chapultepec 223A; Mo–Fr 9–23, Sa 10–23, So 18–23 Uhr; Espressogetränke ab 15 Mex$) Dieses schicke, unabhängige Kaffeehaus ist die größte Konkurrenz für Starbucks an der Av Chapultepec. Es ist mit Ledersofas und Flachbildfernsehern ausgestattet, es gibt kostenloses WLAN und die Klientel ist jung und stylish.

Bananas (Karte S. 574 f.; ☎ 3615-4191; Chapultepec 330; 16–2 Uhr) Das Bier ist günstig, das Publikum

TORTAS AHOGADAS

Wer zu viel Tequila, aber vorm Einschlafen nicht genug Wasser getrunken hat und am nächsten Morgen mit grauenhaften Kopfschmerzen und einer verwegenen Frisur aufwacht und die Augen nur halb aufkriegt, braucht ein deftiges Katerfrühstück. Dann ist es Zeit für Guadalajaras Katerkiller Nummer Eins: die *torta ahogada* (das „ertrunkene Sandwich").

In der Stadt gibt es zahllose Stände, an denen diese Spezialität verkauft wird. Sie besteht aus drei grundlegenden Zutaten: Ein *birote*-Baguette wird mit zarten, gebratenen Schweinefleischstücken belegt und mit einer superscharfen Sauce serviert (Letztere besteht hauptsächlich aus getrockneten Chilischoten, die als *de árbol* bezeichnet werden, Essig, Knoblauch und Oregano). Das knusprige, säuerliche *birote* ist das Wichtigste – die Höhe und das Klima von Guadalajara tragen zu dem unvergleichlichen Geschmack bei. Die Baguettes sind außen kross und innen weich und verlieren auch dann nicht ihre Form, wenn sie in die Sauce getunkt werden. Endlich mal ein stabiles Sandwich, auf das man sich verlassen kann! Das werden insbesondere Leute mit Tunnelblick zu schätzen wissen, die nach einer durchzechten Nacht alle motorischen Fähigkeiten verloren haben.

Das triefende Katerfrühstück wird vor dem Verzehr noch mit einem Spritzer Limette verfeinert, dann heißt es ab in den Mund. Die Chili-Essig-Kombi brennt einem fast die Zunge weg, Schweißtropfen bilden sich auf der Stirn und die Augen tränen – aber das ist eine willkommene „Spülung". Das Schweinefleisch ist herrlich zart, und das Brot beruhigt den übersäuerten Magen. Bei den nächsten Bissen schmeckt man einen Hauch Limette und ein wenig Avocado heraus – und natürlich noch mehr Feuer! Nach nur wenigen Minuten verflüchtigen sich die Kopfschmerzen, man kriegt die Augen wieder vollständig auf, und die Schultern entspannen sich – jetzt kann der Tag beginnen!

jung und die Musik schwankt zwischen Hip-Hop und Rock. Hier ist auch an Wochentagen abends immer etwas los.

LP Tipp **Candela** (Karte S. 570; ☎ 3616-9676; Mina 83, Zapopan; ⏲ Di–So 13–2 Uhr) Ein ehemaliges Wohnhaus mit einem Loungebereich im Hof. Hier kann man mit jungen, schönen und begüterten Bohemiens aus Zapopan feiern, Cocktails schlürfen und der Jazzmusik lauschen. Wer mag, kann sogar eine Holzofenpizza bestellen. Die besten Partys gibt's dienstags.

Das **Santa** (Karte S. 574 f.; Luna 2042; ⏲ 20–2 Uhr) hat eine exzentrisch-glamouröse Deko mit roten Teppichen und Bildern der Señora de Guadalupe. An den Wochenenden, wenn DJs Elektrobeats auflegen, ist hier eine Menge los. Wochentags wird das Lokal von gut gekleideten Yuppies besucht, die Martinis schlürfen (donnerstags gibt's zwei zum Preis von einem) und der Loungemusik lauschen.

UNTERHALTUNG

In Guadalajara spielt Musik eine wichtige Rolle. Jeden Abend treten an verschiedenen Orten überall in der Stadt Livemusiker auf, z. B. in den zahlreichen Diskos und Bars, aber auch in einigen Restaurants. Am besten erkundigt man sich gezielt nach den neuesten und besten Locations.

Die Freitagsausgabe des *Público* enthält einen Unterhaltungsteil (*Ocio*). In ihm sind aktuelle Infos zu Restaurants, Filmen, Ausstellungen und der lokalen Clubszene zu finden. Auch in den spanischsprachigen Tageszeitungen *Occidental* und *Informador* und in dem wöchentlich erscheinenden Heft *Ciento Uno* sind Veranstaltungshinweise abgedruckt. Natürlich kann man auch ein paar junge Einheimische um Insidertipps bitten – die Bewohner von Guadalajara demonstrieren gern, wie viel ihre Stadt zu bieten hat.

Es gibt ein paar beliebte Locations, wo Theaterstücke, Tänze und musikalische Darbietungen stattfinden. Der neuste und angesagteste Ort ist das **Teatro Diana** (Karte S. 574 f.; ☎ 3818-3800 über Ticketmaster; www.teatrodiana.com; Av 16 de Septiembre 710). Dort werden ständig wechselnde Broadwayshows, Konzerte nationaler und internationaler Interpreten und Kunstinstallationen gezeigt. Weitere gute Adressen sind das **Teatro Degollado** (Karte S. 574 f.; ☎ 3613-1115) und das **Instituto Cultural de Cabañas** (Karte S. 574 f.; ☎ 3668-1640) im Stadtzentrum, aber auch das **Ex-Convento del Carmen** (Karte S. 574 f.; ☎ 3030-1390; Av Juárez 638).

Nachtclubs

Die heißesten Clubs befinden sich außerhalb des historischen Zentrums. Dort trifft man ein junges, schönes und gut gekleidetes Publikum. Entsprechend sollten Traveller die miefigen Reiseklamotten gegen die Sonntagskleidung eintauschen und versuchen, die Türsteher durch ihren ausländischen Akzent zu bezirzen. Die besten Partys und die heißesten *chicas* sind übrigens oft in den Schwulenclubs (s. Kasten S. 590) – Heteros sind dort natürlich auch willkommen.

El Callejón de los Rumberos (Karte S. 574 f.; ☎ 3827-7490; Chapultepec 287; Eintritt Männer/Frauen ab 150/30 Mex$; ⏲ Mi–So 19–1 Uhr) In der besten Salsabar von Guadalajara schwingen schick herausgeputzte Einheimische die Hüften. Es gibt zwei Bühnen und drei Bars. Am besten kommt man an einem Mittwochabend.

Bar Américas (Karte S. 570; ☎ 3389-8211; Américas 959; www.baramericas.com; ⏲ Do–So 21–4 Uhr) In diesem alten Bunker beschallen mexikanische und internationale DJs die Massen mit wummernden Elektrosounds. Die Partygänger befeuchten derweil ihre Kehlen mit Jägermeister. Da es kein Schild gibt, ist die Bar Américas nicht ganz leicht zu finden – am besten der lauten Musik folgen!

Angels Club (Karte S. 574 f.; ☎ 3615-2525; López Cotilla 1495B; ⏲ Mi–Sa 21.30–5, So 6–11 Uhr) Willkommen in Guadalajaras größtem Club! Ja, es ist ein Schwulentreffpunkt, aber auch Frauen kommen hierher. Neben modernen Acryltischen, einer coolen Lounge und einem Raum voller Sitzsäcke bietet das Angels drei Tanzflächen, auf denen Elektrobeats, Hip-Hop und Progressive Rock gespielt werden. All dies sind Gründe, weshalb heterosexuelle Männer ihre Vorurteile über Bord werfen und sich unters Partyvolk mischen sollten. Samstags geht die Post ab. Dann verlassen die Hartgesottenen den Club oft gegen 5 Uhr, um zu frühstücken, und kommen anschließend zurück, um weiterzufeiern.

Mariachi

Guadalajara ist die Heimatstadt der Mariachimusik. Die Plaza de los Mariachis östlich des historischen Zentrums ist eine ganz gute Anlaufstelle, wenn man gemütlich ein Bier trinken und dabei den Serenaden leidenschaftlicher, mexikanischer Musiker lauschen will.

Noch um einiges besser ist aber El Parián (S. 586). Dieser Gartenkomplex in Tlaquepaque besteht aus Dutzenden kleiner *cantinas*. Der zentrale Platz wird von Horden von Mariachi bevölkert. An den Wochenenden liefern sich die verschiedenen Gruppen musikalische Gefechte, um die Herzen der Zuhörer zu erobern, Applaus zu ernten und – natürlich – etwas Kleingeld abzugreifen.

Casa Bariachi (Karte S. 570; ☎ 3616-9900; Av Vallarta 2221; ⏲ Mo–Sa 13–3 Uhr) Diese Restaurantbar erinnert an eine Scheune und hat eine romantische Beleuchtung und Sitzgelegenheiten aus Leder. Piñatas und buntes *papel picado* (Scherenschnitte) hängen von der Decke herab. Die Casa Bariachi ist zwar nicht besonders schick oder hip, aber dafür sind die Margaritas eimergroß und die Mariachi spielen täglich von 16 bis 23 Uhr. Die Taxifahrt dauert vom Zentrum aus ca. 10 Minuten.

Noch mehr Livemusik

Fast jeden Dienstag, Donnerstag und Sonntag finden um 18.30 Uhr kostenlose Konzerte auf der Plaza de Armas statt. Dann spielen Ensembles aus der Region und dem gesamten Bundesstaat traditionelle *música tapatía*. Sie treten aber auch in den Ferien und bei speziellen Festen wie der Fiestas de Octubre (S. 580) auf.

La Bodeguita del Medio (Karte S. 570; ☎ 3630-1620; Av Vallarta 2320; ⏲ Mo–Sa 13.30–2.30, So 13.30–1 Uhr) Diese pseudokubanische Bodeguita mit Graffiti-Dekor besteht aus einem Restaurant (oben) und einer Bar (unten). Montags bis samstags wird kubanische Livemusik gespielt (14.30–16.30 & 21.30–2.30 Uhr; Eintritt frei). Wer mag, kann auch kubanische Tänze lernen (Mi & Do, 18–21 Uhr).

Hard Rock Café (Karte S. 570; ☎ 3616-4564; Av Vallarta 2425; ⏲ 11–2 Uhr) Ein typisches Hard Rock Café im Einkaufszentrum Centro Magno. Gitarren zieren die Wände, und man kann Tex-Mex-Burger bestellen. Aber mittendrin liegt ein Konzertsaal (1000 Sitzplätze). Dort treten internationale Bands auf (Infos zu den Gruppen und ihren Auftritten über Ticketmaster).

Sport

STIERKÄMPFE & CHARREADAS

Plaza de Toros Nuevo Progreso (Karte S. 570; ☎ 3637-9982; www.plazanuevoprogreso.com; am nördl. Ende der Calz Independencia; Sitzplätze 100–850 Mex$) Stierkämpfe finden im Oktober und November sowie in den Monaten Februar und März statt, und zwar immer sonntags ab 16.30 Uhr. Normalerweise werden auch im Rahmen der Fiestas de Octubre ein paar solcher Kämpfe gezeigt. Genauere Infos lassen sich auf der Website oder bei der Touristeninformation in Erfahrung bringen.

SCHWULEN- & LESBENSZENE IN GUADALAJARA

Guadalajara hat eine der größten Schwulen- und Lesbenszenen des Landes; manche sprechen sogar vom „San Francisco Mexikos". Leider geht es hier nicht ganz so offen zu wie in San Fran, und insbesondere Transsexuelle werden nach wie vor diskriminiert. Wer die richtigen Anlaufstellen kennt, wird sich hier trotzdem wohl fühlen.

Das Schwulenviertel von Guadalajara befindet sich rund um die Kreuzung zwischen der Ocampo und der Sánchez (im Stadtzentrum), aber auch in der Zona Rosa (Av Chapultepec, westlich des Zentrums) entstehen immer mehr gediegene Bars und Lokale für Schwule und Lesben.

Im Juni finden **Paraden** (www.marchadiversidadgdl.org) statt, und es gibt sogar einen **Radiosender** (www.gdlgayradio.com) speziell für Homosexuelle. Infos zu **Schwulenbars** (inkl. Karten und Telefonnummern), aber auch zu Hotels, Fitnessclubs und anderen Einrichtungen, die für Schwule und Lesben interessant sind, findet man unter http://gaybar.com/directory/mexico/guadalajara, www.conciergegdl.com und www.angelfire.com.

La Prisciliana (Karte S. 574 f.; ☎ 3562-0725; Sánchez 394; 🕑 17–1.30 Uhr) Entspannt und stilvoll: Mit Bogenfenstern, burgunderroten Wänden, abgenutzten Fliesenböden und einer alten Holzbar präsentiert sich La Prisciliana. In dem alten Kolonialgebäude kann es zu fortgeschrittener Stunde ganz schön wild zugehen, und manchmal finden sogar Dragshows statt, normalerweise ist aber chillen angesagt. Der Club Ye Ye unten ist kleiner, aber dafür lauter und ausgeflippter.

Los Caudillos (Karte S. 574 f.; ☎ 3613-5445; Ecke Sánchez 407; 🕑 So, Di & Do 17–3, Mi, Fr & Sa 17–5 Uhr) Liegt dem La Prisciliana schräg gegenüber. Die beliebte, zweistöckige Disko hat drei Tanzflächen und zahlreiche Lounges und Bars. Hier geht man hin, um Leute kennenzulernen – ganz einfach. Freitags und samstags muss Eintritt gezahlt werden.

Circus (Karte S. 574 f.; ☎ 3616-0299; Galeana 277; 🕑 Mo & Do 22–4, Mi 22–5, Fr & Sa 22–6 Uhr) Spät abends wimmelt es hier von attraktiven jungen Männern, die auf herzförmigen Stühlen Platz nehmen und die Varietéshows mit Begeisterung (also: johlend) verfolgen. Auch Lesben kommen gern ins Circus.

Máskaras (☎ 3614-8103; Maestranza 238; 🕑 Mo–Do 15–24, Fr–So 12–2 Uhr) Die kleine, gelbe Tür links führt zu einer Tanzfläche mit Bar im Obergeschoss und zu einer noch beliebteren Bar unten; dort sind sowohl Schwule als auch Lesben anzutreffen. Der Laden brummt besonders nachmittags.

Californias (Karte S. 574 f.; Moreno 652; 🕑 Mo–Sa 20–3 Uhr) Dieser angesagte Schuppen zieht ein buntes, attraktives Publikum an – Es sind sowohl Cowboys als auch Börsenmaklertypen vertreten. Gegen 22 Uhr wird's hier richtig voll, und an den Wochenenden ist im wahrsten Sinne der Teufel los. Es gibt allerdings keine Tanzfläche.

Freitags und samstags finden im Angels Club (S. 589) um Mitternacht Dragshows statt (Eintritt 50 Mex$).

Lienzo Charros de Jalisco (Karte S. 574 f.; ☎ 3619-0515; Dr. Michel 572; Eintritt 30–40 Mex$) Fast jeden Sonntag finden in dieser Arena hinter dem Parque Agua Azul *charreadas* statt (12 Uhr). Hier zeigen *charros* (Cowboys) aus Jalisco und aus ganz Mexiko ihr Können und fangen Kühe mit dem Lasso ein, während die *escaramuzas* (Cowgirls) waghalsige Kunststücke im Damensattel vorführen; sie stellen sich oft viel geschickter an als ihre männlichen Kollegen.

FUSSBALL

Die Bewohner von Guadalajara lieben diese Sportart. Insgesamt drei lokale *fútbol*-Vereine spielen in der mexikanischen Nationalliga, der *primera división:* **Atlas** (Los Zorros; www.atlas.com.mx), **Universidad Autónoma de Guadalajara** (Los Tecos; www.tecos.com.mx) und **Guadalajara** (Las Chivas; www.chivas.com.mx), die zweitbeliebteste Mannschaft des Landes. Die Fußballsaison geht von Juli bis Dezember und von Januar bis Juni. Die Begegnungen finden in verschiedenen Stadien in Guadalajara statt. Fußballfans können sich unter www.femexfut.org.mx über den aktuellen Spielplan informieren.

In dem größten Stadion, dem **Estadio Jalisco** (Karte S. 570; ☎ 3637-0563; Siete Colinas 1772; Eintritt 35–100 Mex$), finden etwa 60 000 Fans Platz. Hier wurden 1970 und 1986 ein paar WM-Spiele ausgetragen. Infos zum Spielplan bekommt man im Stadion selbst oder bei der Touristeninformation. Wichtige Spiele kosten eine ordentliche Stange Eintrittsgeld.

Kinos

Große Einkaufszentren wie die **Plaza del Sol** (Karte S. 570; ☎ 3121-5750; Av López Mateos Sur), die **Plaza Milenium** (Karte S. 570; ☎ 3634-0509; Av López Mateos Sur) oder das **Centro Magno** (Karte S. 570; ☎ 3630-1113; Av Vallarta 2425) beherbergen moderne Multiplex-Kinos, in denen spanischsprachige Filme und aktuelle Hollywoodstreifen gezeigt werden. Achtung: Letztere sind entweder mit spanischen Untertiteln versehen oder synchronisiert (am besten an der Kasse nachfragen).

SHOPPEN

In den Marktgebäuden und auf Straßenmärkten ist Kunsthandwerk aus Jalisco, Michoacán und anderen mexikanischen Bundesstaaten erhältlich, die beste Auswahl qualitativ hochwertiger Waren hat jedoch die Casa de las Artesanías de Jalisco (S. 577) beim Parque Agua Azul auf Lager.

Auch in Tlaquepaque und Tonalá, zwei Vororten von Guadalajara (beide weniger als 15 km vom Zentrum entfernt; s. S. 578), werden massenweise Kunsthandwerk und Möbel hergestellt. Die besten Schnäppchen – sprich: Großhandelspreise – gibt's in Tonalá.

Mercado San Juan de Dios (Karte S. 574 f.; Mercado Libertad; Ecke Av Javier Mina & Calz Independencia; 🕒 10–21 Uhr) Ein riesiges Marktgebäude mit drei Stockwerken, auf denen so ziemlich alles feilgeboten wird, von Cowboystiefeln über DVDs bis hin zu Küchenwaren. Außerdem kann man hier hervorragend essen.

Der **Mercado Corona** (Karte S. 574 f.; Ecke Av Hidalgo & Santa Mónica; 🕒 9–20 Uhr) erstreckt sich in der Nähe der Innenstadt über die Länge eines Häuserblocks. Man kann hier günstige Elektro- und Haushaltswaren, Kleidung, allerlei Krimskrams und Essen kaufen.

Viceroy Tabaquería (Karte S. 574 f.; Corona 72; 🕒 9–19 Uhr) Dieser zentral gelegene Tabakwarenladen ist zugleich der beste Tequilahandel in der Innenstadt. Man hat die Wahl zwischen mehr als 100 Marken, und die Preise sind vernünftig. Der Alkohol darf sogar verkostet werden.

Die betuchteren Stadtbewohner kaufen am liebsten in den großen Einkaufszentren ein, z. B. im **Centro Magno** (Karte S. 570; Av Vallarta 2425) 2 km westlich der Innenstadt, in der **Plaza del Sol** (Karte S. 570; Av López Mateos Sur) 7 km südwestlich des Zentrums oder in der **Plaza Milenium** (Karte S. 570; Av López Mateos Sur), die sich 7,5 km südwestlich des Stadtkerns befindet. Die Einkaufszentren sind von etwa 10 bis 21 Uhr geöffnet. Sie können entweder mit der Buslinie 258 (Haltestelle Ecke San Felipe und Av Alcalde) oder der TUR-Buslinie 707 (fährt auf der Av Juárez in westlicher Richtung) erreicht werden.

AN- & WEITERREISE

Auto

Guadalajara liegt 535 km nordwestlich von Mexico City und 344 km östlich von Puerto Vallarta. Am Periférico (dem Autobahnring, der die Stadt umgibt) treffen die Highways 15, 15D, 23, 54, 54D, 80, 80D und 90 zusammen.

Mautgebühren und Fahrzeiten zu den größeren Zielen sind: Manzanillo (24 US$, 3 Std.), Puerto Vallarta (26 US$, 3¾ Std.) und Mexico City (52 US$, 5½ Std.).

In Guadalajara gibt es eine Reihe Autovermietungen. Es sind einige der großen US-amerikanischen Unternehmen vertreten; die lokalen Anbieter sind aber mitunter günstiger. Im Schnitt müssen 600 bis 700 Mex$ pro Tag einkalkuliert werden. Wer das Auto in einer anderen Stadt abgeben will, zahlt ca. 3000 Mex$. Folgende Firmen sind gut:

Alamo (☎ 3613-5560)
Budget (☎ 3613-0027, 800-700-17-00)
Dollar (☎ 3826-7959, 3688-5659)
Hertz (☎ 3688-5633, 800-654-30-30)
National (☎ 3614-7994, 800-227-73-68)
Thrifty (☎ 3688-6318)

Bus

Es gibt zwei Busbahnhöfe in Guadalajara. Die Fernbusse fahren am neuen Busterminal **Nueva Central Camionera** (Karte S. 570; ☎ 3600-0495) ab. Es liegt hinter Tlaquepaque, 9 km südöstlich der Stadt. Der moderne, wie ein „V" geformte Busbahnhof besteht aus sieben *módulos* (Miniterminals) inklusive Toiletten und Cafeterias. In den *módulos* werden jeweils Fahrkarten für eine ganze Reihe von Buslinien verkauft.

Die Busse steuern fast alle Ziele im Westen, Inland und Norden Mexikos an, und man hat die Wahl zwischen diversen Busunternehmen, die jedoch jeweils in unterschiedlichen *módulos* ansässig sind; das erschwert den Preisvergleich. Wer flexibel ist, kann sich aber über kurze Wartezeiten freuen.

Die folgenden Reiseziele werden regelmäßig angefahren; die Preisangaben beziehen sich auf Fahrten mit 1.-Klasse-Bussen.

Ziel	Preis (Mex$)	Dauer (Std.)
Barra de Navidad	305	5½.
Colima	168	3
Guanajuato	300	4
Manzanillo	230	4
Mexico City (Terminal Norte)	460	7–8
Morelia	242	4
Puerto Vallarta	405	5
Querétaro	345	5½
San Juan de los Lagos	155	3
San Miguel de Allende	405	5
Tepic	195	3
Uruapan	210	4½
Zacatecas	345	5
Zamora	128	2¼
Zapotlanejo	25	½

ETN (Módulo 2) bietet direkte Verbindungen zu vielen dieser Ziele an. Die Tickets sind zwar 20 % teurer, aber dafür reist man komfortabler und schneller. Ein weiteres Plus: In dem edlen Wartesaal gibt's WLAN.

Das zweite Busterminal in Guadalajara heißt **Antigua Central Camionera** (Altes Busterminal; Karte S. 574 f.; ☎ 3619-3312) und befindet sich ca. 1,5 km südlich der Kathedrale in der Nähe des Parque Agua Azul. Dort steuern 2.-Klasse-Busse Fahrziele in der Umgebung von Guadalajara an (bis zu einer Entfernung von 75 km). Wer in den Osten oder Nordosten fahren will, muss sich zur Sala A begeben, liegt das Reiseziel im Nordwesten, Südwesten oder Süden, muss man die Sala B aufsuchen. Beim Betreten des Terminals ist eine Gebühr von 1 Mex$ zu entrichten. In der Sala B gibt es übrigens auch eine **Gepäckaufbewahrung** (🕒 7.30–20 Uhr).

Ziel	Preis (Mex$)	Dauer (Std.)	Häufigkeit
Ajijic	40	1	alle 30 Min. 6–21 Uhr, Sala A
Chapala	37	¾	alle 30 Min. 6–21 Uhr, Sala A
Ciudad Guzmán	100	3	stündl., Sala B
San Juan	40	1¼	alle 30 Min. 6–21 Uhr, Sala A
Tequila	40	1¾	alle 15 Min. bis 21.15 Uhr, Sala B
Tapalpa	75	3	stündl., Sala B

Flugzeug

Der internationale Flughafen **Aeropuerto Internacional Miguel Hidalgo** (☎ 3688-5504) befindet sich 17 km südlich der Innenstadt, nahe der Autobahn nach Chapala. Im Flughafengebäude gibt es Geldautomaten, Cafés, Wechselstuben, Autovermietungen und eine **Touristeninformation** (🕒 8–18 Uhr).

Viele Airlines bieten Direktflüge in die USA und nach Kanada an, es werden aber auch nationale Ziele angesteuert:

Aero California (Karte S. 570; ☎ 800-237-62-25; www.areocalifornia.com)
Aeroméxico (Karte S. 574 f.; ☎ 3658-0799; www.aeromexico.com; Av Corona 196)
American Airlines (Karte S. 570; ☎ 3616-4402, 800-904-60-00; www.aa.com; Av Vallarta 2440, Colonia Arcos Vallarta)
Aviacsa (Karte S. 570; ☎ 800-713-57-44; www.aviacsa.com; Av Vallarta 2440, Colonia Arcos Vallarta)
Delta (Karte S. 574 f.; ☎ 3630-3530; www.delta.com; López Cotilla 1701, Colonia Americana)
Mexicana (Karte S. 570; ☎ 800-502-20-00; www.mexicana.com; Av Vallarta 2440, Colonia Arcos Vallarta)

Zug

Nur ein Zug fährt nach Guadalajara, der *Tequila Express* (s. S. 596) – mit ihm kann man einen Ausflug in die nahe gelegene Stadt Amatitán unternehmen.

UNTERWEGS VOR ORT

Bus

Guadalajaras Busnetz funktioniert meistens reibungslos, aber leider sind die Busse oft ziemlich vollgestopft und die Fahrten holprig. Auf den Hauptverbindungen verkehren die Busse zwischen 6 und 22 Uhr etwa alle fünf Minuten, der Fahrpreis beträgt 5 Mex$. Viele Routen führen durch den Stadtkern, hier hat man also oft die Auswahl zwischen den Haltestellen. Stadtauswärts verzweigen sich die Buslinien, hier sollte man die Busnummer kennen, die zum Zielort gehört. Einige Busnummern haben zusätzlich einen Buchstaben. Er zeigt an, auf welcher Route die Busse durch die Vororte fahren.

Die TUR-Busse in hübschem Türkis sind um einiges komfortabler (10 Mex$). Sie sind mit Klimaanlagen und mit kuschelig-gemütlichen Sitzen ausgestattet und brausen, wenn sie voll sind, einfach vorbei. Während des Berufsverkehrs kann das schon mal öfter hintereinander vorkommen – oft genug jedenfalls, um einen wahnsinnig zu machen.

Die Touristeninformation hat Fahrpläne der längeren Busrouten in Guadalajara und hilft gern weiter. Im Folgenden sind einige Standardrouten mit den entsprechenden Bussen und einer Haltestelle im Zentrum aufgeführt.

Antigua Central Camionera Bus 174 fährt südlich auf der Calz Independencia.

Av López Mateos Sur Bus 258 bei San Felipe und Av Alcalde, oder TUR 707 westlich auf der Av Juárez.

Nueva Central Camionera Busse 275B, 275 Diagonal oder TUR mit der Bezeichnung „Tonalá"; halten alle auf der Av 16 de Septiembre und Madero.

Parque Agua Azul Alle mit Bezeichnung „Agua Azul", die südlich auf der Calz Independencia fahren.

Planetarium, Zoo und Selva Mágica Busse 60 oder 62A oder Kleinbus R600 nördlich auf der Calz Independencia.

Tlaquepaque Busse 275B, 275 Diagonal oder TUR mit der Bezeichnung „Tlaquepaque" auf der Av 16 de Septiembre und Madero.

Tonalá Bus 275D, 275 Diagonal oder TUR bezeichnet mit „Tonalá" auf der Av 16 de Septiembre und Madero.

Zapopan Busse 275 und TUR bezeichnet mit „Zapopan" nördlich auf der Av 16 de Septiembre oder der Av Alcalde.

Zona Rosa Par-Vial-Busse 400 und 500 bei der Av (nicht Calz!) Independencia und Av Alcalde.

Von/Zu den Busterminals

Von der Nueva Central Camionera fahren Busse mit der Aufschrift „Centro"(5 Mex$) ins Zentrum. Die bequemeren türkisfarbenen TUR-Busse (10 Mex$) fahren auch zum Stadtzentrum. Sie sollten die Bezeichnung „Zapopan" tragen – nicht in die mit der Aufschrift „Tonalá" einsteigen, die fahren vom Zentrum weg. Taxis in die Innenstadt kosten etwa 180 Mex$, vorausgesetzt, der Fahrer benutzt das Taxameter (nicht alle machen das).

Um vom Stadtzentrum zur Nueva Central Camionera zu kommen, in einen Bus mit der Bezeichnung „Nueva Central" steigen – sie fahren häufig von der Kreuzung Av 16 Septiembre und von der Av Madero ab.

Wer von der Antigua Central Camionera zum Zentrum will, kann jeden Bus nehmen, der auf der Calz Independencia nach Norden fährt. Zurück zur Antigua Central Camionera fährt Bus 174 südlich auf der Calz Independencia. Taxis kosten 40 Mex$.

Bus 616 (5 Mex$) pendelt zwischen den beiden Busterminals hin und her.

Vom/Zum Flughafen

Der Flughafen befindet sich ca. 17 km südlich von Guadalajara, unweit der Autobahn nach Chapala. Wer mit öffentlichen Verkehrsmitteln ins Zentrum fahren möchte, hält sich nach Verlassen des Flughafengebäudes rechts. Nach etwa 50 m kommt man zu einer Bushaltestelle vor dem Hotel Casa Grande. Die Busse mit der Aufschrift „Zapote" (6 Mex$) bzw. „Atasa" (10 Mex$) fahren ungefähr von 5 bis 22 Uhr alle 15 Minuten zum Busterminal Antigua Central Camionera (40 Min.). Dort kann man in einen der Busse umsteigen, die ins Zentrum fahren.

Eine Taxifahrt in die City kostet 200 Mex$, zum Busterminal Nueva Central Camionera 180 Mex$ und nach Tlaquepaque 160 Mex$; Taxitickets zum Festpreis sind im Flughafengebäude erhältlich.

Wer vom Stadtzentrum aus zum Flughafen fahren will, kann z. B. vor dem Gran Hotel Canada in den Bus 174 einsteigen, bis zur Antigua Central Camionera fahren und dort in einen „Aeropuerto"-Bus umsteigen (alle 20 Min.; 6–21 Uhr). Eine Taxifahrt (reguläres Taxi mit Taxameter) kostet 180 Mex$.

Metro

Das U-Bahn-Netz besteht aus zwei Linien, die sich unter der ganzen Stadt durchziehen. Haltestellen sind an einem „T" zu erkennen. Die U-Bahn ist für Traveller aber nicht wirklich interessant: Die meisten Stopps befinden sich weit weg von den Sehenswürdigkeiten. Línea 1 fährt auf einer Länge von 15 km zwischen dem Periférico Nte bis zum Periférico Sur in Nord-Süd-Richtung. Sie verläuft dabei unter der Federalismo (sieben Häuserblocks westlich vom Zentrum) und der Av Colón. Am besten erwischt man sie am Parque Revolución, wo der Park an die Av Juárez stößt. Línea 2 bedient die 10 km lange Ost-West-Verbindung unter der Av Juárez und der Av Mina.

Pferdekutschen

Wer es romantisch mag, kann sich für 150 Mex$ pro halbe Stunde oder 200 Mex$ pro Stunde durch die Stadt kutschieren lassen. Einsteigen kann man beim Jardín San Francisco oder vor dem Museo Regional de Guadalajara.

Taxi

Taxis gibt's überall im Zentrum. Alle sind mit einem Taxameter ausgestattet, aber nicht alle Fahrer benutzen es, sondern handeln lieber einen Festpreis aus – vor allem nachts. Mit dem Taxameter ist man allerdings oft besser bedient – wer den Eindruck hat, der Preis sei zu hoch, kann auch mal versuchen zu feilschen. Wichtig: Zwischen 22 und 6 Uhr ist Taxi-Nachtschicht, dann liegen die Preise 25 % höher.

RUND UM GUADALAJARA

Das Guadalajara des 21. Jhs. ist bezaubernd, aber auch seine Umgebung ist wirklich sehenswert. Die einsamen Berg-*pueblos* und die an Seeufern gelegenen, verschlafenen Städtchen vermitteln einen Eindruck vom alten Mexiko. San Juan de los Lagos ist z. B. ein wichtiger Wallfahrtsort 150 km nordöstlich von Guadalajara. Außerdem können zwei bedeutende Stätten der Tequilaproduktion besichtigt werden. Die meisten Besucher zieht es nach Tequila (50 km nordwestlich von Guadalajara), obwohl rund um Atotonilco El Alto im Hochland noch besserer Alkohol hergestellt wird. Am Lago de Chapala (45 km südlich von Guadalajara) gibt es eine phantastische Landschaft, traditionelle Arbeiterstädte und sonderbare „Rentnerviertel" für Gringos im Ruhestand. Weiter südlich und westlich erstreckt sich die Zona de Montaña. Dort befinden sich einige Bergsiedlungen, in denen Pferde auf den staubigen Straßen frei herumlaufen und man mit etwas Glück den perfekten Taco genießen kann.

SAN JUAN DE LOS LAGOS

☎ 395 / 47 000 Ew. / 1950 m

San Juan de los Lagos liegt in der nordöstlichen Ecke von Jalisco. In diesem bedeutenden Wallfahrtsort wird die Jungfrau von San Juan de los Lagos verehrt. Die kleine Skulptur der heiligen Jungfrau Maria stammt aus dem 16. Jh. und gehört zu den Drei Schwestern von Jalisco. Der Legende zufolge erweckte sie 1623 ein totes 7-jähriges Mädchen wieder zum Leben. Die Kunde von dem Wunder verbreitete sich schnell, und seitdem zieht ein stetiger Pilgerstrom nach San Juan. Besonders viele Besucher werden zu Weihnachten, Ostern, im Monat Mai und anlässlich der Fiestas de la Virgen de la Candelaria (20. Jan.–2. Feb.), der Fiestas de la Virgen de la Asunción (1.–15. Aug.) und der Fiestas de la Virgen de la Inmaculada Concepción (1.–8. Dez.) verzeichnet. Die Chancen, Pilger in der wunderschönen, roséfarbenen Basilika anzutreffen, stehen jedoch das ganze Jahr über gut; auf Knien nähern sie sich der *virgencita* und beten zu der kleinen Figur. Man sollte es sich nicht nehmen lassen, den unzähligen Marktständen in den Straßen rund um die Kirche einen Besuch abzustatten und mit den Verkäufern Preise für religiöse Anhänger, Jungfraustatuen, Rosenkränze, Schmuck, Kleidung, Decken und Töpferwaren auszuhandeln oder herrlich süße Kokosbonbons und *rompope* (eine Art Eierpunsch) zu probieren. Keine Frage, der Kapitalismus und der katholische Glauben ergänzen sich prächtig!

Achtung: In den Ferien und während religiöser Feiertage sind die Hotels schnell ausgebucht. Einen Block hinter der Kathedrale befindet sich eine **Touristeninformation** (☎ 785-09-79; Segovia 10; ⌚ Mo–Fr 9–17, Sa & So 10–13 Uhr).

Am Busterminal Nueva Central Camionera in Guadalajara fahren häufig Busse nach San Juan ab (155 Mex$, 3 Std.). Man ist lange unterwegs, die Besichtigung der Stadt nimmt aber nur ein paar Stunden in Anspruch. Sobald man in San Juan angekommen ist, geht man nach links (etwa drei Blocks weit), überquert die Fußgängerbrücke und orientiert sich dann an den Marktständen, um zur Kathedrale zu gelangen.

TEQUILA

☎ 374 / 27 600 Ew. / 1219 m

Die Kleinstadt liegt in einem Tal etwa 50 km nordwestlich von Guadalajara und ist von großen Agavenfeldern umgeben. Aus diesen Sukkulenten, genau genommen aus dem Herzen der blauen Agave, wird Tequila gewonnen. Im Jahr 1758 ließ sich die Familie Cuervo hier nieder, um Agaven anzubauen und *mezcal* zu brennen. 1795 präsentierte José Cuervo schließlich die erste Flasche Tequila. Heute strömen Touristen herbei, um die Destillerien zu besichtigen (man darf natürlich auch vom Alkohol kosten) und in den Kopfsteinpflastersträßchen günstigen Tequila zu erstehen.

Wer mit dem Bus fährt, wird wahrscheinlich an der Haltestelle auf der Gorjón aussteigen. Weiter geht es dann zu Fuß von der Autobahn weg, bis man nach ca. 10 Minuten die Kirche erreicht. Dahinter befindet sich die Plaza. Besonders sehenswert ist die Feria Nacional de Tequila; anlässlich dieser Tequilamesse (30. Nov.–12. Dez.) finden *charreadas*, Paraden und Tequilaausstellungen statt.

Die größte Destillerie der Stadt ist **Mundo Cuervo** (☎ 742-00-50; Ecke Corona & José Cuervo; 🕑 9–18 Uhr). Dort gibt es José-Cuervo-Tequila in rauen Mengen und jede Stunde finden Führungen statt (inkl. Tequilaprobe und einer Margarita). Man kann zwischen vier unterschiedlichen Führungen wählen (100–250 Mex$). Das Destilleriegebäude gegenüber der Plaza ist nicht zu verfehlen. Wenn es ans Probieren geht, ist der *Tradicional*, Cuervos Meisterstück, zu empfehlen. Auch in der **Perseverancia-Destillerie** (☎ 742-02-43; Francisco Javier Sauza Mora 80; Eintritt 35 Mex$; 🕑 Mo–Sa 11–16, 22. Dez.–2. Jan. geschl.), viereinhalb Häuserblocks weiter südlich, werden Führungen angeboten. Dort wird der *Sauza*-Tequila produziert.

Das **Museo Nacional del Tequila** (Corona 34; Erw./Kind unter 11 Jahren 15/8 Mex$; 🕑 Di–So 10–16 Uhr) befindet sich einen halben Block südlich des Cuervo-Komplexes. Dieses tolle Museum zeigt Fotos, Apparate zur Tequilaherstellung und hat gute Infos zu den technischen Abläufen und zur Geschichte dieses relativ jungen Industriezweigs.

TEQUILA

Obwohl spanische *conquistadores* schon in den 1550er-Jahren erstmals blaue Agaven *(Agave tequilana weber)* in Jalisco anbauten, ist die gewerbliche Tequilaproduktion ein relativ junger Industriezweig. Das mexikanische Nationalgetränk, das ausschließlich in Jalisco produziert wird, wurde erst nach der mexikanischen Revolution populär – genau genommen, als José Cuervo die erste Flasche Tequila präsentierte.

Die Agaven reifen acht bis zwölf Jahre, bevor sich die *jimadores* daran machen, die stacheligen Blätter der Pflanzen mit geschickten Fingern zu entfernen, um das „Herz", die sogenannte *piña*, freizulegen. Die größten Exemplare können bis zu 150 kg wiegen. Sie werden von *burros* (Eseln) vom Feld gezogen und mit Transportern in die Destillerien transportiert, wo sie bis zu drei Tage lang in Ziegel- oder Lehmöfen „gebacken" werden. Anschließend kann das nun weiche Fruchtfleisch klein geschnitten und zu Saft verarbeitet werden, der in Gärbehälter gefüllt wird – normalerweise unter Zugabe von Hefe. Wer Premiumtequila herstellt und mit einem „100 % Agave"-Etikett verkaufen will, darf der Mischung keine weiteren Zutaten hinzufügen; das wäre strafbar. Minderwertigere Tequilasorten enthalten häufig Zucker und manchmal auch Aromen und/oder Farbstoffe. Dem Gesetz zufolge muss der Agavenanteil bei mindestens 51 % liegen, damit das Getränk als Tequila bezeichnet werden darf.

Es gibt vier Arten von Tequila: Der weiße bzw. silberne (*blanco* bzw. *plata*) wird nicht gelagert, und es werden weder Farb- noch Aromastoffe zugesetzt (höchstens etwas Zucker). Er hat einen ausgeprägten Agavengeschmack und wird am besten als Aperitif getrunken oder in einer Margarita genossen. Auch die goldene Variante *(oro)* ist ein „junger" Tequila, der allerdings Farbstoffe und Aromen (meist Karamell) enthält – man sollte lieber die Finger davon lassen, das goldene Zeug ist eher Motoröl.

Der gereifte Tequila ist eher eine Neuerscheinung, die am besten pur getrunken wird. Der Tequila *reposado* (abgelagert) ruht zwei bis elf Monate in Eichenfässern und hat gewöhnlich einen intensiven, scharfen Geschmack. Der *añejo* (alt) reift mindestens ein Jahr in den Fässern. Er ist süß und weich, eignet sich gut als Digestif und schmeckt hervorragend zu Schokolade.

Don Julio, der Stammvater der exquisiten Marke Don Julio, erfand den *añejo* zufällig: Jahrelang hatte er ein Eichenfass voll Tequila in seinem Büro aufbewahrt. Nachdem er 1988 von einer schweren Erkrankung genesen war, feierte seine Familie ihm zu Ehren ein Fest – dabei wurde auch der gereifte Tequila ausgeschenkt, und das schlug ein wie eine Bombe. Ein Jahr später kam der Tequila *añejo* erstmalig auf den Markt.

In Mexiko bekommt man eine vernünftige Flasche Tequila für 150 Mex$, wenn es etwas Besonderes sein soll, müssen allerdings mehr als 300 Mex$ einkalkuliert werden. Guten Tequila sollte man behandeln wie einen guten Whisky und vor dem ersten Schluck ein paar Mal an der Flüssigkeit riechen, um den Gaumen auf den intensiven Geschmack vorzubereiten.

Ach ja, und wer nach einem Wurm *(gusano)* Ausschau gehalten hat und nun enttäuscht ist, sollte wissen, dass diese im *mezcal* (ein enger Verwandter des Tequilas) herumschwimmen und nichts anderes als ein Werbegag sind. Es bringt nichts, ihn zu essen. Aber der Alkohol aus der blauen Agave verleiht einem auf jeden Fall Flügel – Wurm hin oder her.

Wer mag, kann seinen Rausch vor Ort im **Hotel Posada del Agave** (☎ 742-07-74; Gorjon 83; EZ/DZ 210/300 Mex$) ausschlafen. Die günstigen Zimmer sind sauber, gemütlich und mit TV und Ventilatoren ausgestattet. Eine elegantere Unterkunft ist die **Casa Dulce María Hotel** (☎ 742-32-40; hotelcasadulcemaria@yahoo.com.mx; Abasolo 20; EZ/DZ 320/450 Mex$). Das schöne Hotel mit Hof verfügt über wunderbar geräumige Zimmer.

Die stilvollste Art zu reisen ist eine Fahrt mit dem **Tequila Express** (☎ in Guadalajara 33-3880-9099; www.tequilaexpress.com.mx; Erw./Kind 6–11 Jahre 72/38 Mex$), der am Bahnhof in Guadalajara (ein paar Blocks südlich des Parque Agua Azul) abfährt. Los geht es samstags (manchmal auch sonntags) um 11 Uhr. Die Diesellok schnauft zur 39 km von Guadalajara entfernten Herradura-Brennerei in Amatitán. Diese Destillerie ist wahrscheinlich die Beste in der Ebene. Nur dort werden die Agavenherzen noch auf traditionelle Weise verarbeitet. Man kann die Brennerei besichtigen, sich einen Mariachiauftritt ansehen, und Snacks, das Mittagessen und *mucho* Tequila gehören auch zum Programm. Tickets sollten ein paar Tage im Voraus bei **Ticketmaster** (☎ 3818-3800) besorgt werden.

Infos zu den Busverbindungen stehen auf S. 591.

WESTLICHES ZENTRALES HOCHLAND

ATOTONILCO EL ALTO

☎ 391 / 27 276 Ew. / 1596 m

Folgt man der Straße, die ins Hochland östlich von Guadalajara führt, fällt einem neben den blühenden blauen Agaven auch die rote Erde auf – der Boden enthält mehr Eisen und andere Nährstoffe. Diese verleihen den hiesigen Agaven einen süßeren Geschmack, der aus ihnen gewonnene Tequila ist entsprechend weicher als der, der in der Ebene (z. B. in Tequila) abgefüllt wird. Der bekannteste Produzent ist Don Julio, der Erfinder des „alten" Tequilas (*añejo*), aber in den Hügeln rund um die urtümliche Kolonialstadt Atotonilco sind weitere 50 Tequilahersteller ansässig (z. B. 7 Leguas). Das Tolle: Man sieht die Produktion von Nahem, und die Calle Independencia säumen viele Geschäfte, in denen der beste Tequila Mexikos zu erstklassigen Preisen verkauft wird. Der Nachteil: Atotonilco ist touristisch kaum erschlossen und es werden nur wenige Touren angeboten. **Don Julio** (Díaz 24; 🕘 9–17 Uhr) hat ein Geschäft gegenüber der Don-Julio-Destillerie; dort sind super Schnäppchen erhältlich. Am besten kombiniert man *añejo* mit Trüffeln aus zartbitterer Schokolade. Göttlich! Auch **Siete Leguas** (☎ 917-09-96; www.tequilasieteleguas.com.mx; Independencia 360; 🕘 9–17 Uhr) produziert exzellenten Tequila und hat ein Besucherzentrum. Angeblich werden dort bald Führungen stattfinden.

Ein weiteres Highlight ist das Restaurant **Real Campestre** (☎ 917-2838; Carretera Atotonilco-Ayotlán KM 3; Hauptgerichte 90 Mex$; 🕘 12–20 Uhr). Empfehlenswert ist *aguachile* (rohe Krabben in einer pikanten Brühe aus frischem Limettensaft und Chili). Den brennenden Gaumen kann man anschließend mit einem zarten *arrachera*-Steak beruhigen. Das Real Campestre hat übrigens auch eine erstklassige Tequilabar und bietet eine tolle Aussicht auf die Berge. Wer in Atotonilco übernachten möchte, kann sich im **Real Cervantes** (☎ 917-4814; Espinoza 26; DZ/Suite 400/550 Mex$) einquartieren. Dieses neue Hotel hat spanische Fliesen, Treppen aus Granit und helle, makellos saubere Zimmer mit großen Betten. Das Preis-Leistungs-Verhältnis ist super!

Am Busbahnhof Nueva Central Camionera in Guadalajara fahren regelmäßig Busse nach Atotonilco El Alto ab (75 Mex$, 2 Std.).

CHAPALA

☎ 376 / 20 700 Ew. / 1550 m

45 km südlich von Guadalajara erstreckt sich der Lago de Chapala. Der größte natürliche See Mexikos ist von Bergen umgeben und wunderschön, doch der Anblick trügt: Die Pegelstände wechseln ständig, einerseits, weil Guadalajara und Mexico City mit Trinkwasser versorgt werden müssen, andererseits, weil immer wieder Dürreperioden auftreten. Hinzu kommt, dass Dünger in das Seewasser gelangt ist und das Wachstum von Wasserhyazinthen begünstigt hat. Die wuchernden Pflanzen bedecken die Wasseroberfläche und hindern das Sonnenlicht daran, bis in die Tiefen des Sees vorzudringen, sodass es im Lago de Chapala stellenweise bereits kein Leben mehr gibt. Dennoch lassen sich US-amerikanische und kanadische Rentner wegen des reizvollen Klimas (tagsüber warm und nachts angenehm kühl) nach wie vor in der Umgebung nieder. Entsprechend hoch sind die Immobilienpreise, insbesondere in Ajijic.

Die Stadt Chapala mauserte sich zu einem bekannten Ferienort, nachdem Präsident Porfirio Díaz hier zwischen 1904 und 1909 regelmäßig seinen Urlaub verbracht hatte. In dem Haus Zaragoza Nr. 307, das mittlerweile eine prächtige Villa ist (s. Quinta Quetzalcóatl, rechts), verfasste D. H. Lawrence einen Großteil seines Romans *Die gefiederte Schlange*. Heute ist Chapala eine einfache, aber authentische mexikanische Arbeiterstadt und ein beliebtes Wochenendziel für Großstädter. All jene, die mit Ajijic nichts anfangen können, werden sich über dieses quirlige, urtümliche Stück Mexiko freuen.

Praktische Informationen

In Chapala gibt's eine **Touristeninformation** (☎ 765-31-41; Madero 407, OG; Mo–Fr 9–19, Sa & So 9–13 Uhr), und bei **Libros de Chapala** (☎ 765-69-90; Madero 230; Mo–Sa 9–17, So 9–14 Uhr) gegenüber der Plaza sind ein paar Romane, Reiseführer und Zeitschriften in englischer Sprache erhältlich.

Sehenswertes

Der **Pier** erstreckt sich vom Ende der Av Madero über Marschland bis in den himmelblauen See. Weiße, schmiedeeiserne Bänke laden zum Relaxen und Sonnen ein. Am Aufgang zum Pier werden Tickets für Bootsfahrten zur **Isla de los Alacranes** („Skorpioninsel") verkauft. Sie ist 6 km von Chapala entfernt und hat ein paar Restaurants und Souvenirstände, ist insgesamt aber eher unspektakulär. Ein Ausflug inklusive Hin- und Rückfahrt und 30-minütigem Aufenthalt kostet 420 Mex$ pro Boot, eine einstündige Tour kostet 480 Mex$.

Besser, aber auch teurer, ist die Fahrt zur **Isla de Mezcala**, die 15 km von Chapala entfernt ist. Dort befinden sich die Ruinen einer Festung, die zwischen 1812 und 1816 von mexikanischen Unabhängigkeitskämpfern gehalten wurde. Sie schlugen einige Angriffe spanischer Truppen nieder und erwarben schließlich nicht nur den Respekt ihrer Feinde, sondern wurden sogar begnadigt. Eine dreistündige Bootsfahrt kostet 1500 Mex$ (bis 8 Pers.; hin & zurück).

In der Nähe des Piers befindet sich ein kleiner Handwerkermarkt. Die Stände stehen auf den Wiesen, die sich parallel zum *malecón* (Uferpromenade) erstrecken.

Schlafen

Rincón de los Sueños (☎ 765-60-00, Fax 765-60-01; www.rincondelossuenos.com.mx; Niños Héroes 59; Zi. ab 450 Mex$; P) Diese neue Unterkunft ist stilvoll, aber unaufdringlich und bietet 17 moderne, sonnige Zimmer im Obergeschoss, einen gemütlichen Lobby-/Loungebereich und eine Gemeinschaftsküche. Wenn man länger bleibt, wird's billiger

Lake Chapala Inn (☎ 765-47-86; www.mexonline.com/chapalainn.htm; Paseo Ramon Corona 23; Zi. 700 Mex$; P) Die Lage am See mit Blick auf die Berge, Palmen und die auf und ab schaukelnden Fischerboote ist phantastisch, allerdings hat man nur aus zweien der vier Zimmer Aussicht aufs Wasser (rechtzeitig reservieren). Das Frühstück ist inklusive. Ein weiteres Plus: Es gibt ein großes Schwimmbecken zum Bahnenschwimmen.

LP Tipp **Quinta Quetzalcóatl** (☎ 765-36-53; www.accommodationslakechapala.com; Zaragoza 307; Zi. ab 800 Mex$; P) Jenseits der majestätischen Steinmauern befinden sich ein Schwimmbecken, ein großer, üppig grüner Garten, eine bunt geflieste Sonnenterrasse sowie fünf Suiten und zwei Häuser, die jeweils mit Kabel-TV, einem Kamin, einer Terrasse und einem eigenen Eingang ausgestattet sind. Man kann hier sogar das Wasser aus dem Hahn trinken! Ein mexikanisches Gourmetfrühstück ist inklusive. Hier verfasste D. H. Lawrence 1923 *Die gefiederte Schlange*. Die australischen Besitzer haben versucht, den Roman zu lesen. Ihr mit einem Grinsen vorgebrachter Kommentar: „Echter Schund." Im Voraus reservieren (nur Erw.)!

Essen

Den Paseo Corona säumen Fischrestaurants mit vernünftigen Preisen. Die Auswanderergemeinde von Chapala schwört auf das Restaurant Cozumel.

Coffee Break (☎ 765-59-31; Madero 413; Desserts 25 Mex$; 8–22.30 Uhr) Ein junges Publikum, gute Musik, eine sehr schnelle WLAN-Verbindung und leckerer Kaffee – kurzum, das perfekte Café.

Café Paris (☎ 765-53-53; Madero 421; Hauptgerichte 40 Mex$) Dieses altmodische Café mit den Sitzplätzen an der Theke ist so etwas wie eine Institution in Chapala. Hier kann man so ziemlich alles bestellen, serviert werden Omelettes, Tacos und auf Wunsch sogar T-Bone-Steaks.

Blue Agave (☎ 765-77-70; Hidalgo 242; Burger 55 Mex$, Hauptgerichte ab 95 Mex$; Mo–Sa 8–15 Uhr) Diese *cantina* liegt am Highway nach Ajijic und bietet ordentliche, wenn auch nicht umwerfende Tex-Mex-Küche. Oben hat man einen tollen Ausblick auf den See. Die Burger sind gut.

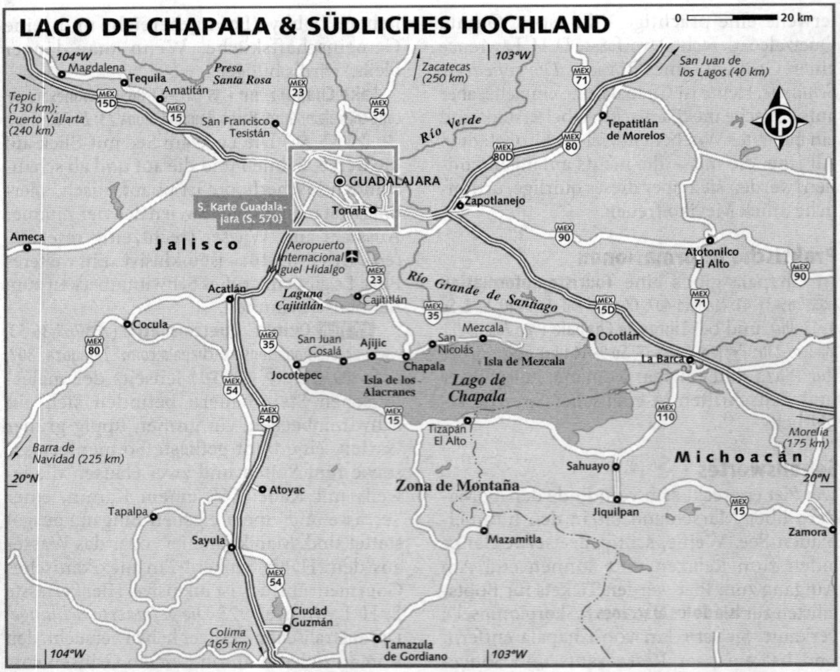

An- & Weiterreise

Infos zu Busverbindungen ab Guadalajara gibt's auf S. 591. Am Busbahnhof in Chapala angekommen, muss man der Av Madero folgen und erreicht nach zehn Minuten den Pier. Es werden nur zwei Langstreckenziele von Chapala aus angesteuert, Puerto Vallarta (425 Mex$) und Mexico City (490 Mex$). Wer in eine andere Stadt möchte, muss über Guadalajara fahren.

Zwischen Chapala und Ajijic pendeln Busse (8 Mex$, 15 Min., alle 20 Min.).

AJIJIC

☎ 376 / 14 000 Ew. / 1550 m

Meist wird der 7 km westlich von Chapala gelegene Ort Ajijic (a-hi-*hiek*) geradezu angepriesen, und die kleine Enklave am Seeufer hat tatsächlich einen gewissen Charme: Einige Straßen sind schon 400 Jahre alt, und im Hintergrund ragen ein paar sandige Gipfel auf. Man hüte sich jedoch vor den nordamerikanischen Rentnern, die sich hier niedergelassen haben! Sie haben die Kleinstadt bekannt gemacht und den hiesigen Immobilienmarkt angekurbelt, und sie überschwemmen die Boutiquen, Galerien und Restaurants. Obwohl die Geschäfte teilweise im Besitz Einheimischer sind, wirkt Ajijic irgendwie gar nicht mexikanisch.

Die Busse halten am Highway am oberen Ende der Hauptstraße Colón. Nach zwei Blocks gelangt man zur Hauptplaza. Bis zum See sind es von hier noch einmal vier Blocks. Die Kapelle an der Nordseite der Plaza stammt aus dem 18. Jh.

Praktische Information

Bancomer (🕒 Mo–Fr 8.30–16 Uhr) An der Plaza; hat einen Geldautomaten.

Ciber Café (🕒 10–20.30 Uhr) Ebenfalls an der Hauptplaza. Man kann im Internet surfen (15 Mex$/Std.) und Auslandsgespräche führen.

Lavandería (Morelos 24A; 30 Mex$/Ladung; 🕒 Mo–Sa 9.30–14 & 15–19 Uhr) Dieser Waschsalon ist nicht weit von der Nordwestseite der Plaza entfernt.

Schlafen

In Ajijic gibt es eine ganze Reihe von B&Bs, und wer im Internet nach einem sucht, wird sehr viele Angebote finden. In manchen Unterkünften fühlt man sich allerdings wie bei Oma und ist umgeben von lauter älteren Herrschaften. So die perfekte Unterkunft zu finden, kann mitunter etwas dauern.

Hotel Italo (☎ 766-22-21; marianabrandi60@hotmail.com; Guadalupe Victoria 8; EZ/DZ 240/310 Mex$) In diesem unfreundlichen Hotel, das einen auf Italien macht, gibt's die günstigsten Zimmer in ganz Ajijic. Die Quartiere sind sauber, die Dachterrasse bietet einen schönen Ausblick auf den See, und wer länger bleibt, kann eins der Appartements beziehen.

Hotel Casablanca (☎ 766-44-40; www.casablancaajijic.com; 16 de Septiembre 29; Zi. 690 Mex$; P 💻) Der Stil dieses komfortablen neuen Hotels ist eindeutig marokkanisch: Es hat spitz zulaufende Fenster, mit Mosaiken verzierte Bäder und eine Dachterrasse, und im Hintergrund läuft marokkanische Musik. Das Haus liegt zentral; WLAN und Frühstück sind inklusive.

La Nueva Posada (☎ 766-14-44; nuevaposada@prodigy.net.mx; Donato Guerra 9; EZ/DZ 900 Mex$; P 🏊) Die Deko in der Lobby und im Restaurants ist ein bisschen zu üppig, wenn man nicht auf bunte Wände und grelle Blumenmuster steht. Die 19 geräumigen Zimmer sind aber irgendwie farblos. Positiv ist, dass einem hier der B&B-typische Frühstückssmalltalk erspart bleibt. Das Frühstück selbst ist übrigens super! Auch der Blick auf die Berge ist klasse.

Essen & Ausgehen

Café Grano (☎ 766-56-84; Castellanos 15D; Kaffee ab 19 Mex$; 🕑 9–21 Uhr) Der Duft von frischem Kaffee hat etwas Beruhigendes – auch weil hier ausschließlich fair gehandelte Biobohnen aus Chiapas geröstet und gemahlen werden.

La Tasca (☎ 766-52-69; Guerra 22; Hauptgerichte 100 Mex$; 🕑 Di–So 16–22.30 Uhr) Dieses Restaurant mit Bar steht auf einem hübschen Fleckchen Erde am Seeufer. Die Einheimischen loben das Essen sehr, man kann aber auch einfach etwas trinken und der live gespielten Flamencomusik lauschen.

LP Tipp **Ajijic Tango** (☎ 766-24-58; Morelos 5; Hauptgerichte 70–105 Mex$; 🕑 Mo & Mi–Sa 12.30–22, So bis 18.30 Uhr) Das beliebteste Restaurant der Stadt. Hier wird ausgezeichnetes argentinisches Essen serviert und die Preise sind unschlagbar. Die schön beleuchteten Sitzbereiche drinnen und im Freien, die kuscheligen Nischen und die modernen Kunstwerke, die die Wände zieren, lassen Ajijic beinahe hip wirken (aber auch nur beinahe). Die Holzofenpizza sieht zwar auch nicht ganz schlecht aus, aber man sollte sich davon nicht ablenken lassen: Unbedingt eins der wunderbar zarten Steaks bestellen!

Tom's Bar (☎ 766-03-55; Constitución 32; 🕑 So–Do 10–24, Fr & Sa 10–1 Uhr) Wer Ajijic grauenvoll findet und sich einfach nur noch betrinken möchte, kann das in dieser schönen Bar tun. Die Besitzer sind Kanadier. Im Hof werden Filme und Sportübertragungen gezeigt. Die Burger sind auch verdammt gut.

Anreise & Unterwegs vor Ort

Infos zu den Busverbindungen ab Guadalajara gibt's auf S. 591. Die Guadalajara–Chapala-Busse von Autotransportes halten am Highway auf der Höhe der Straße Colón. Zwischen Chapala und Ajijic pendeln Busse im 20-Minutentakt (8 Mex$, 15 Min.).

Lust auf eine Radtour? Bei **Bicicletas Rayo** (☎ 766-53-46; Carretera Ote 11; 🕑 Mo–Sa 10–20 Uhr) können Drahtesel ausgeliehen werden (20 Mex$/Std., 100 Mex$/Tag). Parallel zum Highway nach Chapala verläuft ein 5 km langer Radweg.

SAN JUAN COSALÁ

☎ 387 / 3000 Ew. / 1560 m

In San Juan Cosalá (10 km westlich von Ajijic) befindet sich ein beliebtes **Thermalbad** (Erw./Kind 100/50 Mex$; 🕑 8.30–19 Uhr) mit sieben dampfenden Wasserbecken. Es liegt am See zwischen den Hotels Balneario San Juan Cosalá und Villa Bordeaux; für die Gäste dieser beiden Hotels ist der Eintritt kostenlos. An den Wochenenden strömen mexikanische Familien hierher und lassen sich von der lauten Musik beschallen.

Hotel Balneario San Juan Cosalá (☎ 761-02-22; www.hotelspacosala.com; La Paz 420; EZ/DZ 708/763 Mex$; P) Die 34 großen, gefliesten Zimmer (teilweise mit Seeblick) wirken ein bisschen kahl. Wer mag, kann das Wellness-Angebot in Anspruch nehmen und z. B. Massagen mit Algen oder heißen Steinen genießen.

In **Jocotepec** ein paar Kilometer weiter westlich befindet sich das **El Chante Spa Resort** (☎ 763-26-08; Ribera del Lago 170; Zi. ab 2574 Mex$). Das Vier-Sterne-Hotel am See ist vielversprechend konzipiert, aber noch nicht voll durchgestartet. Dennoch überzeugen das umfangreiche Wellness-Angebot und die Sauna, eine Art Disney-Version einer indianischen Schwitzhütte.

Mit den Guadalajara-Chapala-Bussen von Autotransportes kommt man zwischen 6 und 21 Uhr nach San Juan Cosalá (40 Mex$,

1¼ Std., alle 30 Min.). Abfahrt ist an der Sala A. In Ajijic fährt alle 20 Minuten ein Bus los (8 Mex$, 15 Min.).

ZONA DE MONTAÑA

Südlich des Lago de Chapala erstreckt sich die Zona de Montaña. Dieser scheinbar endlose Gebirgszug, der aus vielen Schichten besteht, wird immer mehr zu einem beliebten Ausflugsziel der Städter. An den Wochenenden reisen sie aus Guadalajara an, um sich inmitten des Weidelands, der Kiefern und der zeitlos schönen *pueblos* im Kolonialstil zu erholen und die lokale Küche und das kühlere Klima zu genießen.

Tapalpa

☎ 343 / 16 000 Ew. / 2100 m

Es ist nicht weiter verwunderlich, dass sich diese alte Bergbaustadt 130 km südwestlich von Guadalajara zu einer Touristenattraktion gemausert hat: Rund um die beiden Kirchen aus dem 16. Jh. erstreckt sich ein Labyrinth aus Kopfsteinpflasterstraßen, Ziegelmauern und mit roten Schindeln gedeckten Dächern. Die Häuser von Tapalpa schmiegen sich an die Hänge der Sierra Tapalpa und sind von Weideland, Kiefernwäldern und Bächen umgeben. Wer gern wandert, wird hier voll auf seine Kosten kommen. Unbedingt anschauen sollte man Las Piedrotas: Diese Felsformationen erheben sich 5 km nördlich der Stadt inmitten der Viehweiden. Eine Landstraße führt an einer alten Papiermühle vorbei zu den beeindruckenden Megalithen. Eine Taxifahrt kostet 60 Mex$. Der 105 m hohe Wasserfall El Salto befindet sich ca. 13 km südlich der Stadt. Fürs Taxi dorthin blecht man 120 Mex$.

Sehenswert ist auch das **Centro de Integración** (CITAC; ☎ 432-05-70; citac96@hotmail.com; Salto de Nogal 100; ⌚ Mo–Do 9–14 & 15–19, Fr 9.30–16 Uhr), eine Sonderschule. Dort werden das Selbstvertrauen und die künstlerischen Fähigkeiten der Kinder gefördert, und sie lernen, mit dem Computer umzugehen. Aus *papel malhecho,* einer Art Pappmaché, fertigen die Schüler wunderbare Recyclingkunstwerke, die man entweder in der Schule selbst oder an dem kleinen Stand im Mercado del Artesano an der Plaza kaufen kann. Freiwillige, die Arbeit suchen, sind willkommen; wer Interesse hat, ruft einfach an und fragt nach Héctor Aguirre. Um zu der Schule zu gelangen, muss man von der Ignacio López kommend die Calle Pastores hinuntergehen (200 m) und sich an der Weggabelung nach etwa 100 m rechts halten.

An der Plaza gibt es eine Bank (Banorte) mit Geldautomat. Obwohl es in Tapalpa Dutzende Hotels und Pensionen gibt, sollte man an den Wochenenden und an Feiertagen seine Unterkunft besser reservieren, um den Städtern zuvorzukommen. Am günstigsten ist das einfache und etwas muffige, aber ansonsten annehmbare **Hotel Tapalpa** (Matamoros 35; EZ/DZ 150/200 Mex$) an der Plaza. Beinahe nebenan steht die beliebte **Casa de Maty** (☎ 432-01-89; Matamoros 69; Zi. 800 Mex$). Die Zimmer sind geradezu luxuriös groß und mit Kaminen ausgestattet; einige bieten auch Gartenblick. Eine weitere Option und ein Zwischending, was Qualität und Komfort betrifft, ist das **Hostal Posada Las Margaritas** (☎ 432-07-99; 16 de Septiembre 81; EZ/DZ 500/900 Mex$). Es befindet sich ein Stück oberhalb der Plaza und verfügt über rustikale Zimmer und Appartements mit Küchenzeilen.

In Tapalpa kann man prima essen. An den Ständen in der Nähe der Kirche gibt's z. B. günstige *tamales de acelga* (mit Mangold gefüllte *tamales*), und im **El Puente** (☎ 432-04-35; Hidalgo 324; ⌚ Do–Di 10–18 Uhr; Hauptgerichte 80 Mex$) wird leckeres *borrego al pastor* (gegrilltes Lamm) serviert. Dieses Restaurant mit der entspannten Atmosphäre findet man drei Häuserblocks von der Kirche entfernt gleich hinter der Brücke. Zu den regionaltypischen Spezialitäten zählen außerdem hausgemachte Süßigkeiten, *rompope* (Eierpunsch), *ponche* (Granatapfelwein) und der *Barranca*, ein Tequila, der aus wilder Agave gewonnen wird.

Stündlich fährt in Guadalajara ein Bus nach Tapalpa ab (Antigua Central Camionera; 75 Mex$, 3½ Std.). Außerdem verkehren Busse auf der Route Tapalpa–Ciudad Guzmán (50 Mex$, 2 Std.). Die Bushaltestelle, **Sur de Jalisco** (Ignacio López 10), ist einen Block von der Plaza entfernt.

Mazamitla

☎ 382 / 12 500 Ew. / 2200 m

Mazamitla liegt südlich des Lago de Chapala und ist 132 km von Guadalajara entfernt. In diesem verschlafenen hübschen Bergstädtchen mit den weiß getünchten Häusern schließen die Geschäfte bereits um 17 Uhr, und um 18 Uhr öffnen die Restaurants ihre Pforten. Die Autofahrer müssen auf die ganz in Schwarz gekleideten *abuelas* (Großmütter) achten, die urplötzlich auf den sich windenden Straßen auftauchen. In kleinen Läden rund um den Platz werden eingemachtes Obst, Käse, *rompope* und *cajeta* (Creme aus karamellisierter Ziegenmilch) verkauft, und jeden Montag findet auf der Juárez ein kleiner, aber gut besucher **Markt** (⌚ 8–15 Uhr) statt. In dem üppig grünen Park **Los Cazos** (Eintritt 10 Mex$; ⌚ 9–17 Uhr) ca. 5 km südlich der Stadt kann man den 30 m hohen Wasserfall El Salto besichtigen, picknicken oder reiten gehen. Eine Taxifahrt dorthin kostet 50 Mex$.

Die **Touristeninformation** (☎ 538-02-30; Portal Degollado 4; ⌚ Mo–Fr 9–15 Uhr) ist neben der Kirche, und wer eine Bank sucht, wird an der Plaza fündig. Internetzugang bietet **Compuclick** (Galeana 4; ⌚ 10–22 Uhr; 12 Mex$/Std.) gegenüber den Essensständen.

Es gibt ein paar Unterkünfte in der Stadt. Die Preise steigen während der Ferienzeit. In der Nähe der Plaza befindet sich das **Hotel Fiesta Mazamitla** (☎ 538-00-50; Reforma 2; EZ/DZ Mo–Do 95/150 Mex$, Fr–So 190/240 Mex$). Pluspunkte gibt's für die lackierte Holztreppe und die großen, sauberen, komfortablen Zimmer, die Besitzerin wirkt aber zuweilen mürrisch. Das einzigartige **Hotel Cabañas Colina de los Ruiseñores** (☎ Handy 33-34941210, in Guadalajara 33-361-56-45; www.mazamitlahotelcabana.com.mx; Allende 50; Zi. 300 Mex$) ist wunderbar rustikal und quasi die mexikanische Version eines Schweizer Chalets – überall sind kreativ Holzelemente verarbeitet. Die **Posada Alpina** (☎ 538-01-04; posada_alpina@yahoo.com.mx; Reforma 8; Zi. 400 Mex$) liegt direkt an der Plaza und bietet einen schön begrünten Innenhof, niedliche Zimmer mit viel Holz und eine tolle Aussicht. Außerdem gibt es hier ein sehr gutes Restaurant, in dem die besten *molcajete*-Gerichte der Stadt zubereitet werden (75 Mex$).

In Mazamitla hat man die Wahl zwischen einer Handvoll Restaurants, aber wer hier nur Zeit für eine einzige Mahlzeit hat, darf sich die weltbesten Tacos nicht entgehen lassen: An der Kreuzung zwischen der Galeana und der Allende stehen ein paar Essensstände, und dahinter befindet sich das bescheidene, saubere **Rica Birria** (Tacos 10 Mex$; ⌚ 8–22 Uhr). Wer das Lokal betritt, bemerkt als erstes Dampf, dann die Rinderbruststücke und, falls er früh genug kommt, das Ziegenfleisch. Das Fleisch (*carne*) ist so zart, dass es auf der Zunge zergeht. Es wird auf eine Tortilla gehäuft, mit Zwiebeln und *cilantro* bestreut und mit einer ordentlichen Portion *salsa verde* abgerundet. Dieses Gericht ist so einfach wie genial. An den angrenzenden Ständen werden frisch gepresste Säfte zubereitet. Eine weitere gute Adresse ist **El Rinconcito** (Cárdenas 5; Hauptgerichte 44–48 Mex$; ⌚ 8.30–20 Uhr). Der Inhaber ist sehr nett und versteht sich auf seine Hühnchen-*mole*.

An der Nueva Central Camionera in Guadalajara fahren regelmäßig Busse nach Mazamitla ab (7 US$, 3 Std.); sie halten drei Blocks nördlich der Plaza. Von Colima gibt's täglich sieben Verbindungen nach Mazamitla (105 Mex$, 2¾ Std.); diese Busse halten am Markt, nur einen Häuserblock westlich der Plaza. Weitere Fahrtziele sind u. a. Zamora (72 Mex$), Morelia (140 Mex$) und Manzanillo (165 Mex$).

Ciudad Guzmán

☎ 341 / 90 300 Ew. / 1500 m

Ciudad Guzmán (Zapotlán el Grande) ist keine Touristenattraktion in diesem Sinne, aber die dem Volcán Nevado de Colima (S. 607) am nächsten gelegene Stadt: Der majestätische Vulkan erhebt sich nur 25 km weiter südwestlich.

Auf der Plaza von Guzmán herrscht geschäftiges Treiben. Sie ist von Marktständen und Einkaufspassagen umgeben und wird von zwei Kirchen dominiert, der **Sagrado Corazón** aus dem 17. Jh. und der neoklassizistischen **Kathedrale**. Der steinerne Pavillon im Zentrum ist eine Hommage an den berühmten, mexikanischen Maler José Clemente Orozco. Er hat eine Deckenmalerei mit dem Titel *Hombre del Fuego* (das Original befindet sich im Instituto Cultural de Cabañas in Guadalajara, s. S. 572). Ciudad Guzmán ist Orozcos Geburtsstadt, und ein paar seiner Kohlezeichnungen und Lithografien sind in dem kleinen **Museo Regional de las Culturas de Occidente** (Dr. Ángel González 21; Eintritt 25 Mex$; ⌚ Di–Sa 9.30–17.30 Uhr) ausgestellt.

Die **Touristeninformation** (☎ 413-53-13 Durchwahl 107; Lázaro Cárdenas 80; ⌚ Mo–Fr 8.30–15 Uhr) ist im Verwaltungsgebäude ein paar Blocks östlich der Plaza untergebracht.

Wer in den Hotels rund um die Plaza übernachtet, muss auf Lärm gefasst sein. Eine gute Option ist das **Reforma Hotel** (☎ 412-44-54; Reforma 77; EZ/DZ 235/270 Mex$; P 💻). Es befindet sich auf halber Strecke zwischen der Bushaltestelle und der Plaza. Auch das **Tlayolan Hotel** (☎ 412-33-17; Javier Mina 35; EZ/DZ 250/360 Mex$) ein paar Häuserblocks südöstlich der Plaza ist ganz nett. Die Zimmer sind sauber, klein und modern.

Auf dem Marktgelände hinter der Kathedrale gibt es das günstigste Essen.

Das Busterminal liegt etwa vier Blocks westlich der Plaza. Von hier werden Guadalajara (100 Mex$, 2 Std.), Colima (65 Mex$, 1 Std.), Tapalpa (50 Mex$, 2 Std.) und Mazamitla (50 Mex$, 2 Std.) angefahren. An der Plaza fahren Busse nach El Fresnito ab (18 Mex$, 15 Min.); dieses Dorf liegt dem Volcán Nevado de Colima am nächsten.

COLIMAS BINNENLAND

Der winzige, aber vielfältige Bundesstaat Colima (5191 km²) besticht durch seinen großen ökologischen Reichtum: Während im trockenen Hochland im Norden hohe Vulkane aufragen, gibt es in der Region in der Nähe der heißen, feuchten Pazifikküste malerische, türkisfarbene Lagunen. In diesem Kapitel wird das Binnenland des Bundesstaats behandelt. Infos zum schmalen Küstenstreifen, der zu Colima gehört, sind im Kapitel Zentrale Pazifikküste zu finden.

Colimas Binnenland sollte eine Topadresse für Abenteuertouren werden. Die beiden berühmten Vulkane im Norden – der schwelende, aber leider unzugängliche Volcán de Fuego (3820 m) und der erloschende, schneebedeckte Volcán Nevado de Colima (4240 m) – sind nach wie vor die Hauptattraktionen in der Region, aber auch das Biosphärenreservat Sierra de Manantlán wird beliebter. Dieses Urwald- und Kalksteinparadies bietet hervorragende Bedingungen für Mountainbiker und Wanderer. Man kann die Schluchten auf einer Abseiltour erkunden, in kristallklare Bäche springen oder im Wasser der atemberaubenden El-Salto-Wasserfälle plantschen. Die Stadt Colima ist eine stetig wachsende grüne Oase mit einem hervorragenden Klima, und Comala ist genau der richtige Ort, um sich an einem ruhigen Sonntagnachmittag die Zeit mit ein paar *micheladas* und leckeren Tapas zu vertreiben. Die Infrastruktur kann mit dem Potenzial der Region noch nicht mithalten – wer unberührte Gebiete liebt, sollte Colima jetzt bereisen.

Geschichte

Vor der Kolonialzeit lag Colima außerhalb des Einflussbereichs der Hochkulturen Mexikos. Deshalb spielte vermutlich der Seehandel mit weit entfernten Ländern eine bedeutende Rolle – einer Legende zufolge empfing König Ix, ein Herrscher Colimas, regelmäßig Besucher aus China mit wertvollen Waren. Schließlich ließen sich Stämme aus dem Norden in Colima nieder, zuerst die Otomi (ca. 250–750), dann die Tolteken (ihre Blütezeit war zwischen 900 und 1154) und schließlich die Chichimeken (1154–1428).

Die verschiedenen Völker hinterließen Spuren in Form von wundervollen Tonwaren. Es gibt mehr als 250 Fundstätten, insbesondere Gräber, die aus der Zeit zwischen 200 v. und 800 n. Chr. stammen. Man stieß u. a. auf Figuren mit ausdrucksstarken und komischen Gesichtszügen. Am bekanntesten sind die plumpen Nackthunde, die sogenannten Xoloitzcuintli.

Die Bewohner Colimas konnten den Spaniern zweimal Einhalt gebieten, mussten sich jedoch im Jahr 1523 Gonzalo de Sandoval, einem Leutnant von Cortés, und seinen Mannen geschlagen geben. De Sandoval gründete noch im selben Jahr die Stadt Colima, nach Veracruz und Mexico City die dritte spanische Siedlung in Nueva España. Ursprünglich lag Colima in der Ebene in der Nähe von Tecomán. 1527 wurde die Stadt an ihren heutigen Standort verlegt.

COLIMA

☎ 312 / 129 900 Ew. / 550 m

Colima ist eine entspannte Stadt mit subtropischen Gärten, vier schönen öffentlichen Plätzen und einem angenehmen Klima. Nirgendwo im westlichen zentralen Hochland ist es so wunderbar warm, und die Luft ist immer ein wenig feucht, aber nie schwül. Da Colima ideal ist, um Kinder großzuziehen, nimmt die Einwohnerzahl rasch zu. Die relativ konservative Stadt ist zudem sehr sicher, ohne langweilig zu sein. Die Universität zieht viele Intellektuelle an und hat einen Touch globale Kultur. Das Einzige, was fehlt, ist der Touristenstrom aus dem Ausland. Das wird sich jedoch vermutlich bald ändern, da in den Schluchten, Wäldern und Bergen rund um die Stadt zahllose Abenteuertouren angeboten werden.

Bei gutem Wetter kann man den Volcán de Fuego (30 km weiter nördlich) erspähen. Er ist nach wie vor aktiv und hat der Stadt in den vergangenen Jahrhunderten immer wieder schwere Erdbeben beschert, zuletzt im Januar 2003. Deshalb stehen in Colima kaum noch Gebäude aus der Kolonialzeit – und das, obwohl es die erste spanische Siedlung im Westen Mexikos war.

Orientierung

Colimas Plaza Principal ist das Herz der Stadt. Die Torbogen am nördlichen und südlichen Ende sind die Portal Medellín (im Norden) und die Portal Morelos (im Süden). Der Jardín Quintero liegt direkt hinter der Kathedrale, der Jardín Núñez etwa drei Blocks weiter östlich. An der Plaza Principal (auch bekannt als Jardín Libertad) wechseln die Straßen ihre Namen. Fernbusse fahren das Terminal Foránea an, das sich 2 km östlich vom Stadtzentrum an der Straße von Guadalajara nach Manzanillo befindet. Es gibt auch ein Terminal für Kurzstreckenbusse, das Terminal Rojos, 7 km westlich vom Zentrum.

Praktische Informationen

Geld kann in vielen Banken und den *casas de cambios* in der Innenstadt gewechselt werden; die meisten Banken haben Geldautomaten.

Centro Médico (☎ 312-40-45; Herrera 140; 🕑 24 Std.)

Cl@Internet (Degollado 62; Internet 15 Mex$/Std.; 🕑 9–21 Uhr)

Hauptpost (Madero 247; 14 Mex$/kg; 🕑 Mo–Fr 8–17.30 Uhr)

Touristeninformation (☎ 312-43-60; www.visitacolima.com.mx; Palacio de Gobierno; 🕑 Mo–Fr 8.30–20, Sa 10–14 Uhr) Während der Ferien geöffnet.

Sehenswertes

PLAZA PRINCIPAL & UMGEBUNG

Die lichtdurchflutete **Kathedrale** steht an der Ostseite der Plaza Principal (auch als Jardín Libertad bekannt). Das Originalbauwerk wurde 1527 von den Spaniern errichtet, musste jedoch mehrmals neu aufgebaut werden, zuletzt nach einem Erdbeben im Jahr 1941. Damit ist die Kathedrale zu jung, um den Charme der alten Welt zu verkörpern, ist aber dennoch eine zentrale Anlaufstelle für die Gemeinde.

Nebenan befindet sich der **Palacio de Gobierno** (erbaut 1884–1904). Jorge Chávez Carrillo, ein einheimischer Künstler, malte die Wandgemälde an der Treppe anlässlich des 200. Geburtstags des berühmten Miguel Hidalgo, der einst Pfarrer in Colima war. Die Bilder sind eine Hommage an die Unabhängigkeitskämpfer, an das Weibliche, die indigenen Wurzeln und das wunderschöne Mexiko. Das **Museum** (Eintritt frei; 🕑 Di–So 10–18 Uhr) im ersten Stock beherbergt eine schöne Sammlung von Töpferwaren. Einige stammen aus der Zeit um 1500 v. Chr. Die zehn Keramikfrösche entstanden wahrscheinlich um 600 n. Chr.

Auch im **Museo Regional de Historia de Colima** (☎ 312-92-28; Portal Morelos 1; Eintritt 37 Mex$; 🕑 Di–Sa 9–18, So 18–20 Uhr, Mo geschl.) gab es früher eine große Keramiksammlung. Als wir in Colima waren, hat man aber gerade die Ausstellung gewechselt: Die archäologischen Fundstücke mussten Ölmalereien weichen, die dem menschlichen Körper huldigen (soll heißen: Männer und Frauen nackt von vorn zeigen). Neben dem Werk eines Konzeptkünstlers, bei dem es um Vogelnester ging, waren auch Werke zum Thema Föten ausgestellt. Äh, ja.

Das **Teatro Hidalgo** (Ecke Degollado & Independencia) wurde zwischen 1871 und 1883 im neoklassizistischen Stil erbaut. Stifter des Bauplatzes war Miguel Hidalgo. Bei zwei Erdbeben (1932 & 1941) wurde das Gebäude stark beschädigt, 1942 erfolgte der Wiederaufbau. Das Theater ist nur geöffnet, wenn spezielle Veranstaltungen stattfinden.

MUSEO UNIVERSITARIO DE ARTES POPULARES

Liebhaber volkstümlicher Kunst werden in diesem **Museum** (Universitätsmuseum für Volkskunst; ☎ 312-68-69; Ecke Barreda & Gallardo; Eintritt 10 Mex$, So Eintritt frei; 🕑 Di–Sa 10–14 & 17–20, So 10–13 Uhr) auf ihre Kosten kommen: Die phantastische Sammlung umfasst Masken, *mojigangas* (große Puppen, die bei Paraden zum Einsatz kommen), Musikinstrumente, Körbe und Skulpturen aus Holz und Keramik.

PINACOTECA UNIVERSITARIA ALFONSO MICHEL

Dieses wunderschöne **Museum** (☎ 312-22-28; Ecke Guerrero & Constitución; Eintritt 10 Mex$; 🕑 Di–Sa 10–14 & 17–20, So 10–13 Uhr) ist in einem Gebäude aus dem 19. Jh. untergebracht. In vier Sälen werden Werke des Surrealismus gezeigt. Die Dauerausstellung umfasst Bilder von Alfonso Michel aus Colima (sein Stil ist eine Mischung aus Picasso und Dalí) und Arbeiten anderer mexikanischer Künstler wie z. B. Alfonso Cabrera und Richard Rocha.

PARKS

Der **Parque Regional Metropolitano** liegt an der Degollado, ein paar Blocks südwestlich des Stadtzentrums. Auf dem Gelände gibt es einen

deprimierenden Zoo, ein Schwimmbad (10 Mex$) und Snackbuden, und im Wald befindet sich ein künstlich angelegter See. Wer mag, kann die Wege mit einem Quadbike erkunden (25 Mex$/30 Min.) oder sich am See ein Tretboot leihen (25 Mex$/30 Min.).

Östlich des Zentrums, an der Calz Galván, erstreckt sich der **Parque Piedra Lisa**. Er ist nach einem sagenumwobenen Stein benannt: Wer diesen als Rutsche benutzt, wird eines Tages nach Colima zurückkehren – um zu heiraten oder um zu sterben!

LA CAMPANA

Diese **Ausgrabungsstätte** (☎ 313-49-46; Av Tecnológico s/n; Eintritt 34 Mex$; 🕒 Di–So 9–17 Uhr) hat Strukturen, die an niedrige Pyramiden erinnern und um das Jahr 1500 v. Chr. entstanden sind. Die Ruinen, eine kleine Grabstätte und ein Ballspielplatz (der für diesen Teil Mexikos eher untypisch ist) wurden freigelegt und restauriert. Interessanterweise sind sie nach Norden ausgerichtet, zum Volcán de Fuego hin. Bei klarem Wetter bildet der eine eindrucksvolle Kulisse. Das Gelände befindet sich etwa 5 km nördlich der Stadt und kann mit den Bussen 7 und 22 erreicht werden. Eine Taxifahrt kostet 30 Mex$.

Festivals & Events

Folgende Feste finden in oder in der Nähe von Colima statt:

Fiestas Charro Taurinas Sie finden Anfang Februar in Villa de Álvarez, 5 km nördlich von Colima, statt und dauern zwei Wochen. Vor der Kathedrale in Colima kommen riesige *mojigangas* zusammen, und dann findet ein Festumzug nach Villa de Álvarez statt. Dort wird weitergefeiert – mit Essen, Musik, Rodeos und Stierkämpfen.

Feria de Todos los Santos Im Rahmen dieser Messe (Ende Okt. & Anfang Nov.) finden Landwirtschafts- und Kunsthandwerksausstellungen sowie kulturelle Veranstaltungen statt. Außerdem werden Fahrgeschäfte aufgebaut.

Día de la Virgen de Guadalupe Vom 1. bis zum 12. Dezember (dem eigentlichen Feiertag) kleiden sich Frauen und Kinder in traditionelle Kostüme und gehen in die Kathedrale, um der heiligen Jungfrau zu huldigen.

Schlafen

Hotel Flamingos (☎ 312-25-25; Av Rey Colimán 18; EZ/DZ/2BZ 220/270/300 Mex$; P) Diese vierstöckige Budgetoption ist ein Familienbetrieb, aber nicht gerade freundlich, sauber, aber nicht makellos. Trotzdem ist das Hotel beliebt bei mexikanischen Familien und oft ausgebucht.

LP Tipp **Hotel Buena Aventura** (☎ 136-12-46; Juarez 70; DZ ab 350 Mex$; P) Das funkelnagelneue Hotel am Jardín Núñez ist schon jetzt der beste Deal in der Stadt. Die geräumigen, pastellfarbenen, gefliesten Zimmer sind makellos sauber, klimatisiert und mit großen Betten und Satelliten-TV ausgestattet. Ein weiterer Pluspunkt ist die extrem schnelle Internetverbindung. Angela, die Besitzerin, verleiht sogar ihren Transporter an die Gäste (nur 300 Mex$/Tag) – der hat allerdings schon bessere Tage erlebt.

Hotel Plaza Madero (☎ 330-28-95; Madero 165; EZ & DZ 400 Mex$; P) Manche Hotels haben eine Ladenzeile im oberen Stockwerk, dieses hier beherbergt ein komplettes Einkaufszentrum! Hätte man bloß auch den Zimmern so viel Liebe und Aufmerksamkeit angedeihen lassen wie dem schönen Rezeptions- und Lobbybereich … Immerhin dürfen sich Gäste über Satelliten-TV und WLAN freuen und können von hier aus nach Herzenslust Leute beobachten. Eine gute Wahl!

Hospedajes del Rey (☎/Fax 313-36-83; Av Rey Colimán 125; EZ/DZ/2BZ 350/450/600 Mex$; P) Dieser moderne Appartementkomplex könnte wunderbar die Kulisse für eine Folge von Miami Vice sein. Die Zimmer sind schlicht, aber sauber und mit WLAN, Kabel-TV und Klimaanlage ausgestattet. Die Zweibettzimmer sind sehr viel geräumiger. Frühzeitig buchen, sonst kriegt man nichts mehr!

Hotel América (☎ 312-74-88; hamerica@hotelamerica.com.mx; Morelos 162; EZ & DZ ab 702 Mex$, Suite ab 1053 Mex$; P) Die Zimmer sind nicht übel, halten aber nicht, was die edle Fassade und das gepflegte Grundstück versprechen. Am schönsten sind die Quartiere zum Innenhof hin. Die älteren Business-Suiten bieten einen Blick auf die schattige Terrasse mit Springbrunnen, sind aber echt altmodisch.

Hotel Ceballos (☎ 312-44-44; www.hotelceballos.com; Portal Medellín 12; Zi. ab 950 Mex$; P) Wer über das „Best Western"-Schild hinwegsehen kann, wird das Hotel mit den geräumigen Zimmern lieben. Die Unterkünfte sind mit Antiquitäten ausgestattet, haben hohe Decken mit hübschen Zierleisten und teilweise Balkons mit Blick auf die Plaza Principal. Hier spürt man den Charme vergangener Zeiten: Rundbogen und alte volkstümliche Kunstwerke zieren die Flure.

Essen & Ausgehen

In vielen kleinen Restaurants an der Plaza Principal wird gutes Essen zubereitet und an den Wochenenden kann man von dort wunderbar das bunte Treiben auf dem Platz beobachten. Der **Mercado Constitución** (Mo–Sa 7–18, So 7–14 Uhr) liegt ein paar Blocks südlich der Plaza und hat günstige Imbissstände, an denen man Säfte, *pozole* und andere Snacks bekommt. Lust auf etwas Süßes? Die *churros rellenos* von **Pichichi Silvon** (Churros 5 Mex$; 12–22 Uhr) machen süchtig. Das mit Zucker überzogene, krapfenartige Gebäck wird heiß serviert und ist mit Schoko-, Karamell- oder Erdbeersauce gefüllt. Es wird an einem kleinen Fenster in der Fußgängerzone neben dem Hotel Ceballos verkauft.

El Subito (☎ 314-70-01; Barreda 4; Kaffee 10–12 Mex$; Mo–Sa 8–22 Uhr) Dieses gemütliche, schicke

Café zieren sehr alte Aufnahmen von Colima. Man nimmt auf Barhockern Platz (es gibt keine Tische) und schlürft günstigen und verdammt guten Kaffee.

LP Tipp **El Trebol** (☎ 312-29-00; Degollado 59; Hauptgerichte ab 25 Mex$; ⏰ So–Fr 8–22 Uhr, Sa geschl.) Im beliebtesten Familienrestaurant von Colima gibt's das beste Frühstück der Stadt. Der Duft von frisch gepresstem Orangensaft zieht durch den Speisesaal, und die Gäste verdrücken *huevos a la Mexicana* und Rührei mit Schinken, Speck und Chorizo.

Pizza Koket (☎ 314-41-41; Ecke Berreda & Matamoros; Pizzas 35–70 Mex$; ⏰ 11–22 Uhr) Man nehme eine unbebaute Fläche, schaffe sich einen Holzofen und ein paar Plastiktische an, und fertig ist die Pizzeria. Gäste können eine Calzone bestellen oder mit den vielen frischen Zutaten eine eigene Pizza kreieren. Geliefert wird auch.

Los Naranjos (☎ 312-00-29; Barreda 34; Hauptgerichte 39–75 Mex$) Das Zusammenspiel der violett- und burgunderfarbenen Wände und der mundgeblasenen Gläser gibt diesem Restaurant etwas Elegantes. Auf der Speisekarte stehen einfache, sehr leckere und noch dazu preiswerte Gerichte. Fünf Tacos kosten nur 39 Mex$ – unbedingt die *cilantro*-lastige Guacamole dazubestellen. Sie schmeckt hervorragend, genauso wie die Bohnen. Außerdem gibt's zwei *micheladas* zum Preis von einer und günstigen Tequila.

¡Ah Qué Nanishe! (☎ 314-21-97; 5 de Mayo 267; Hauptgerichte 45–75 Mex$; ⏰ Mi–Mo 13–24 Uhr) Der Name dieses Restaurants bedeutet „Wie köstlich!" und die schokoladige, aber nicht zu schwere *mole* ist tatsächlich phantastisch. Man kann noch andere Oaxaca-Spezialitäten bestellen, z. B. *chile rellenos* (gefüllte Chilis) und *chapulines* (knusprig gebratene Grashüpfer), und sonntags steht *barbacoa de borrego* (zartes Lamm) auf der Karte. Perfekt auch für den kleinen Hunger: Von vielen Gerichten können halbe Portionen bestellt werden.

1800 (5 de Mayo 15; Hauptgerichte ab 60 Mex$; ⏰ Mo–Sa 19–2 Uhr) Diese neue, hippe Restaurant-Lounge ist sehr beliebt bei Studenten, die sich am späten Abend noch ein paar Snacks und Drinks genehmigen. Auf der Speisekarte stehen u. a. Pizzas, Sushi und Burritos. Donnerstagabends wird zu Elektrobeats getanzt.

Anreise & Unterwegs vor Ort

In der Stadt gibt es zwei Busbahnhöfe. Die Fernbusse fahren 2 km östlich des Zentrums am Terminal Foránea ab, dort wo die Av Niños Héroes auf die Umgehungsstraße im Osten trifft. Es gibt eine **Gepäckaufbewahrung** (⏰ 6–22 Uhr). Die Busse der Ruta 4 und 5 fahren ins Stadtzentrum (Taxi 18 Mex$). Wer von Colima aus zum Flughafen will, kann an der 5 de Mayo oder der Zaragoza in eine der zuvor genannten Buslinien einsteigen. Folgende Ziele werden häufig angefahren:

Ziel	Preis (Mex$)	Dauer (Std.)
Ciudad Guzmán	65	1–2
Guadalajara	168	3
Manzanillo	60	2
Mexico City (Terminal Norte)	610	10

Die Regionalbusse fahren ca. 7 km westlich der Plaza Principal am Terminal Rojos ab. Von dort aus kommt man mit den Bussen der Ruta 4 oder 6 ins Zentrum (Taxi 20 Mex$). Ist der Busbahnhof das Ziel, nimmt man einen der Busse mit der Aufschrift „Rojos", die auf der Morelos nach Norden fahren. Es gibt Verbindungen nach Comala (7 Mex$, 15 Min., alle 15 Min.), Manzanillo (60 Mex$, 1¾ Std., alle 30 Min.), Tecomán (30 Mex$, 45 Min., alle 20 Min.) und Armería (35 Mex$, 45 Min., alle 30 Min.).

Der Flughafen befindet sich in der Nähe von Cuauhtémoc, 12 km nordöstlich von Colima am Highway nach Guadalajara (Taxi 100 Mex$). **Aeromar** (☎ 313-55-88) bietet täglich Flüge nach Mexico City an.

Taxifahrten innerhalb der Stadt kosten zwischen 10 und 18 Mex$. **Super Autos** (☎ 312-07-52; Av Rey Colimán 382) vermietet Autos. Die billigsten Fahrzeuge bekommt man für etwa 600 Mex$ pro Tag. Im Hotel Buena Aventura (S. 605) kann man für nur 300 Mex$ pro Tag eine alte Klapperkiste ohne Versicherung mieten – auf eigene Gefahr!

RUND UM COLIMA

Die Dörfer und die Landschaft rund um Colima sind sehr hübsch und sehenswert. Die meisten Attraktionen können im Rahmen von Tagestouren besichtigt werden und sind mit öffentlichen Verkehrsmitteln zu erreichen. Mit einem Leihwagen hat man es natürlich leichter.

Comala

☎ 312 / 9500 Ew. / 600 m

Dieses grüne, ländliche Städtchen liegt 9 km nördlich von Colima. Es gibt wahrlich Schlimmeres, als dort einen ruhigen Nachmittag

damit zu verbringen, in *centros botaneros* (Tapasbars) *micheladas* zu schlürfen und kostenlose Hühnchen-Taquitos, Guacamole und *ceviche*-Tostadas zu verspeisen. Die beliebteste Terrassenbar ist das **Don Camalón**, die besseren Tapas hat allerdings die **Comala Bar** zu bieten. Alle Lokale befinden sich unter den Bogengängen an der Hauptplaza und sind von 12 bis 18 Uhr geöffnet. Bei klarem Wetter kann man den Blick auf die beiden nahe gelegenen Vulkane Fuego und Nevado genießen, und an sonnigen Wochenenden flanieren Besucher aus Colima und Manzanillo durch die ruhigen Kopfsteinpflastergassen der Stadt.

Absolut sehenswert ist das **Museo Alejandro Rangel Hidalgo** (☎ 315-60-28; Eintritt 25 Mex$; ⏲ Di–So 10–18 Uhr); es ist in der prächtigen ehemaligen Hazienda Nogueras untergebracht. Mit seinen unglaublich detaillierten Arbeiten definierte der Designer, Maler und Illustrator Hidalgo (1923–2000) den indigenen und religiösen Symbolismus neu. Der Stil der Werke erinnert an den magischen Realismus. Interessant ist z. B. der *Engel von Kenia* von 1962, die Darstellung einer Massaigöttin. Außergewöhnliche vorkoloniale Keramikwaren und eine geniale Zeichnung von Frida Kahlo sind auch ausgestellt. Hinter der Kirche fahren Busse zum Museum ab (5 Mex$); eine Taxifahrt kostet 20 Mex$. Wer zu Fuß gehen möchte, muss der Calle Degollado (links von der Kirche) 400 m folgen, an der T-Kreuzung links abbiegen, 1 km geradeaus gehen, an der nächsten T-Kreuzung rechts abbiegen und noch einmal 1 km zurücklegen (insges. 30 Min.).

Fuego Bike (☎ 315-54-14; fuegobike@gmail.com; Juárez 25) verleiht Mountainbikes und organisiert Fahrrad-, Kajak- und Campingtouren in der Umgebung – einfach anrufen oder eine E-Mail schreiben, um mehr über das aktuelle Programm und die Preise zu erfahren oder zu buchen.

Am Terminal Rojos in Colima fahren Busse nach Comala ab (7 Mex$, 15 Min., alle 15 Min.). Wer von Comala aus nach Colima möchte, muss an der Plaza in den Bus einsteigen.

Suchitlán

☎ 318 / 3850 Ew. / 1200 m

Auf den Straßen dieses winzigen, hügeligen *pueblo* 7 km nordöstlich von Comala scheinen die Hühner die Chefs zu sein. Suchitlán ist für die Tiermasken bekannt, die anlässlich der *Danza de los Morenos* von den Tänzern getragen werden. Der traditionelle Tanz wird während der Semana Santa (Karwoche) aufgeführt. Mit den in Heimwerkstätten gefertigten Masken wird an die tanzenden Tiere erinnert, die die römischen Wächter ablenkten, woraufhin Maria und Maria Magdalena den Leichnam Jesu bergen konnten.

Essen gehen kann man z. B. im **Restaurant El Balcón de Don José** (☎ 312-76-75; Ecke Galeana & Azucena; Hauptgerichte ab 72 Mex$; ⏲ Di–So 8.30–18.30 Uhr). Es liegt an der Straße, die in die Stadt führt, und besticht durch eine hübsche Aussicht. Im beliebten **Restaurant Portales Suchitlán** (☎ 395-44-52; Tapas unter 50 Mex$; ⏲ Di–So 8.30–18.30 Uhr) werden hausgemachte Tortillas und wunderbare Tapas serviert. Hier kehren die Tagesausflügler aus Colima ein.

Alle 30 Minuten fahren am Terminal Rojos in Colima Busse nach Suchitlán ab (12 Mex$, 45 Min.).

Parque Nacional Volcán Nevado de Colima

Dieser Nationalpark erstreckt sich zu beiden Seiten der Staatsgrenze zwischen Colima und

Jalisco. Auf dem Gelände gibt es gleich zwei beeindruckende Vulkane: Der Volcán de Fuego ist immer noch aktiv, der Volcán Nevado de Colima hingegen ist erloschen. Ciudad Guzmán (S. 601) liegt zwar näher am Park, aber Colima ist ohne Zweifel die bessere Basis für Erkundungstouren. **Colima Magic** (☎ 312-310-74-83, www.colimamagic.com) und **Returi** (☎ 312-311-35-26; www.returi.com) organisieren die besten Abenteuertouren in die Umgebung. Sie bieten Tagesausflüge von Colima zum Gipfel des Volcán Nevado de Colima an (818–1308 Mex$ inkl. Transport, Verpflegung und Park- bzw. Eintrittsgebühren). Die Führer sprechen Englisch. Man muss aber frühzeitig buchen, denn es ist manchmal nicht so einfach, sofort einen Führer aufzutreiben.

VOLCÁN DE FUEGO

30 km nördlich von Colima erhebt sich der aktivste Vulkan Mexikos, der Volcán de Fuego (3820 m). Er ist in den vergangenen vier Jahrhunderten Dutzende Male ausgebrochen, und etwa alle 70 Jahre gibt es eine sehr starke Eruption. Der Rülpser von 1913 beendete einen Aktivitätszyklus, doch in den 1960er-Jahren begann bereits der nächste. 1998 meldete sich der Vulkan mit einigem Gepolter, pyroklastischen Strömen und wachsenden Lavadomen zurück. Im Juni 2005 kam es zur Explosion und es bildete sich eine 4,8 km hohe Rauchsäule über dem Feuerberg. Auch über Colima ging ein Ascheregen nieder. Aktuelle Infos zum Vulkan findet man auf der Website der **Universidad de Colima** (www.ucol.mx/volcan).

VOLCÁN NEVADO DE COLIMA

Der höhere Nevado de Colima (4240 m) liegt weiter nördlich und kann fast das gesamte Jahr über erklommen werden. Während die Schultern des Nevado noch von Kiefern bedeckt sind, erstreckt sich unterhalb des Gipfels eine alpine Wüstenlandschaft. In dieser Gegend sind Rehe und Hirsche, Wildschweine, Kojoten und sogar ein paar Pumas heimisch.

Am besten besteigt man den Vulkan während der trockenen Monate (Dez.–Mai); zwischen Dezember und Februar liegen die Temperaturen jedoch häufig unter 0 °C, und in den Höhenlagen sind Schneefälle keine Seltenheit – *nevado* bedeutet „mit Schnee bedeckt". Das Wetter kann sich urplötzlich ändern, und bei Gewittern schlägt manchmal der Blitz in den Gipfel ein – man sollte unbedingt ein Auge aufs Wetter haben. Im Winter ist der Park von 7 bis 18 Uhr geöffnet (nach 14 Uhr werden keine Autos mehr reingelassen), in der Regenzeit im Sommer (Juli–Sept.) länger.

Wer mit dem Leihwagen zum Nevado fahren möchte (in trockenen Wintern schaffen Autos mit Hinterradantrieb die Straße problemlos), muss sich früh auf den Weg machen. Auf dem Highway 54D (der gebührenpflichtigen *cuota*, 90 Mex$) geht's von Colima aus Richtung Norden bis zur Ausfahrt Tuxpan. Man folgt den „Guadalajara libre"-Schildern und biegt kurz vor Ciudad Guzmán links in die Straße El Grullo ab. Auf dieser fährt man 8,5 km bis zu der Schotterstraße mit der Bezeichnung „Nevado de Colima" (linker Hand). Nach 20 km kommt man nach La Joya/Puerto Las Cruces (3500 m). Dort kann man sich anmelden und die Parkgebühr zahlen (5 Mex$ zzgl. 10 Mex$/Fahrzeug). Die anstrengende Wanderung vom Ende der Straße bis zu den *micro-ondas* (dem Funkturm) dauert 90 Minuten. Wer den Gipfel erklimmen will, muss weitere 90 Minuten einplanen, sollte diese Tour allerdings nicht allein unternehmen. Man kann sich auf den zahlreichen Pfaden nämlich schnell verlaufen und landet plötzlich auf unwegsamem, gefährlichem Terrain. Am besten macht man sich in Begleitung eines Führers oder mit guten Wanderkarten und GPS (in Colima schwer zu bekommen) auf den Weg. Ausreichend Wasser mitnehmen!

Wer die unbefestigte, aber recht gute Straße auf den Vulkan mit dem Auto rauffährt, überwindet in kurzer Zeit viele Höhenmeter – sollte einem der Insassen plötzlich schwindlig werden, leidet er oder sie eventuell an der Höhenkrankheit. In diesem Fall sollte man schnellstmöglich wieder ins Tal fahren, da diese Krankheit unter Umständen tödlich verlaufen kann. Mehr Infos zur *mal de montaña* gibt's auf S. 1109.

Reserva de la Biosfera Sierra de Manantlán

Dieses 1396 km² große Gebiet in den Bergen nordwestlich von Colima steht unter dem Schutz der UN. Die traumhaft schöne Landschaft umfasst viele unterschiedliche Lebensräume in Höhenlagen zwischen 400 und 2960 m und acht verschiedene Waldökosysteme (darunter Tropen-, Wolken-, Eichen- und Alpinwälder), verkarstete Kalksteinformationen, enge Schluchten und beeindruckende Wasserfälle. Hier sind fast 2000 Pflanzen, 160 Orchideenarten, Raubkatzen (Pumas und Jaguare) sowie 60 verschiedene Reptilienarten heimisch. Außerdem kann man 336 unterschiedliche Vogelarten antreffen – das ist ein Drittel aller endemischen Arten.

Abenteuerlustigen wird hier nicht langweilig: Sie können Schluchten erkunden, 50 km Mountainbikewege hinuntersausen (der Adrenalinausstoß ist garantiert) oder wandern gehen. Returi (s. gegenüber) bietet Canyoning-Ausflüge inklusive Abseilen, Klippensprüngen und einem Besuch des **El Salto** (☎ 314-336-00-92; Eintritt 10 Mex$) an. Dieser Wasserfall befindet sich außerhalb des Naturschutzgebiets und stürzt über Granitfelsen 10 m tief in ein Becken mit kristallklarem Wasser. Es gibt sogar einen Kieselstrand. Andere Anbieter von Abenteuerausflügen sind Fuego Bike (S. 607) und Colima Magic (s. gegenüber).

Wer das Biosphärenreservat allein erkunden will, sollte wissen, dass es so gut wie keine Einrichtungen für Besucher gibt. Wer gern auf jungfräulichen Pfaden wandelt, wird jedoch voll auf seine Kosten kommen. Um hinzukommen, die Straße nach Manzanillo nehmen, die aus Colima hinausführt (der Niños Héroes folgen), und an der Abzweigung nach El Terero (ca. 30 Min.) nach rechts fahren. Von dort führt eine unbefestigte, aber gute Straße in einer Sunde zum Eingang des Naturschutzgebiets. In der Trockenzeit ist die Strecke mit jedem Wagen zu bewältigen. Die Parkaufseher am Tor informieren über Wanderwege und empfehlenswerte Campingplätze. Wer nur den El Salto besichtigen möchte, fährt auf der Straße nach Manzanillo weiter, passiert Minatitlán-Stadt und folgt den Schildern zum El Salto.

MICHOACÁNS BINNENLAND

Michoacán ist eine Schatztruhe, in der die schönsten Dinge Mexikos aufbewahrt werden. Ein Highlight sind z. B. die Schmetterlingsschwärme. Die Insekten legen tausende Kilometer bis zur Reserva Mariposa Monarca (zum Monarchfalterreservat) zurück, um sich dort zu paaren. Ein 200 km langer Streifen der insgesamt 600 km langen Cordillera Neovolcánica, einer Kette von Vulkanen und Hochtälern, liegt innerhalb von Michoacáns Grenzen. Dort befinden sich einige *pueblos* der Purépecha. Nirgendwo in Mexiko wird der Tag der Toten schöner gefeiert als dort. Außerdem stellen die Purépecha wunderschöne Masken, Töpfereien und Gitarren her. Sehenswert ist aber auch das nette, geschichtsträchtige Kolonialstädtchen Pátzcuaro mit seiner geradezu mystischen Energie. Uruapan ist größer und wirkt eher wie eine typische mexikanische Stadt. In ihrer Nähe ragt der Volcán Paricutín auf. Morelia hat eine der bedeutendsten Universitäten des Landes, Unmengen von Festivals und Kunstinstallationen und eine junge, feierfreudige Bevölkerung. Die Altstadt mit den klassischen Kolonialbauten ist eine Welterbestätte der UNESCO.

MORELIA

☎ 443 / 611 147 Ew. / 1920 m

Morelia ist die coolste aller unbekannten Städte. Ihr Kolonialviertel ist so gut erhalten, dass es von der UNESCO 1991 zur Welterbestätte erklärt wurde, und ihre Kathedrale ist nicht nur schön, sondern geradezu inspirierend. Samstagabends wird klassische Musik gespielt, und Feuerwerkskörper lassen den schwarzen Himmel über den beleuchteten Kirchtürmen in bunten Farben erstrahlen – und das ist noch längst nicht alles!

Morelia wurde 1541 gegründet und war damit eine der ersten spanischen Siedlungen in Nueva España. Der erste Vizekönig, Antonio de Mendoza, benannte sie nach der spanischen Stadt Valladolid und forderte spanische Adelsfamilien auf, sich hier niederzulassen. 1828 – damals hatte sich Nueva España bereits zur Republik Mexiko gemausert – erhielt die Stadt den Namen Morelia zum Gedenken an den Unabhängigkeitskämpfer José María Morelos y Pavón, einen Sohn der Stadt.

In den schmalen Straßen im Zentrum kann man Steingebäude aus dem 16. und 17. Jh., Barockfassaden und Arkaden bestaunen. Heute beherbergen die historischen Bauwerke Museen, Hotels, Restaurants, elegante Bars und Dach-Lounges, *chocolaterías*, Straßencafés, eine berühmte Universität sowie günstige und gute *taquerías*. Rund um die Kathedrale herrscht ziemlich viel Verkehr, aber nicht einmal das kann Morelias Charme etwas anhaben. Toll sind auch die kostenlosen Konzerte und regelmäßigen Kunstveranstaltungen, und

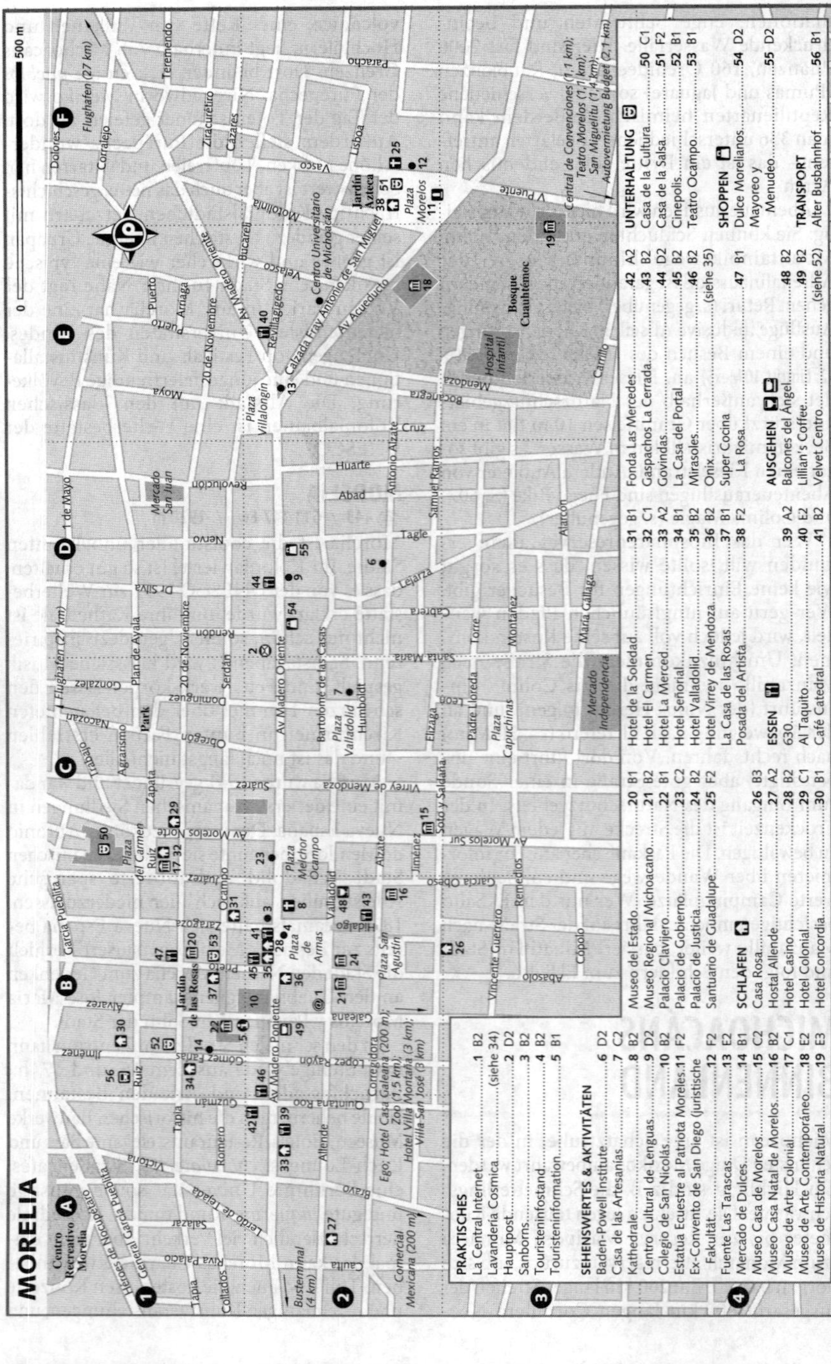
MORELIA
PRAKTISCHES
La Central Internet 1 B2
Lavandería Cosmica (siehe 34)
Hauptpost 2 D2
Sanborns 3 B2
Touristeninfostand 4 B2
Touristeninformation 5 B1
SEHENSWERTES & AKTIVITÄTEN
Baden-Powell Institute 6 D2
Casa de las Artesanías 7 C2
Kathedrale 8 B2
Centro Cultural de Lenguas 9 D2
Colegio de San Nicolás 10 B2
Estatua Ecuestre al Patriota Moreles 11 F2
Ex-Convento de San Diego (juristische Fakultät) 12 F2
Fuente Las Tarascas 13 E2
Mercado de Dulces 14 B1
Museo Casa de Morelos 15 C2
Museo Casa Natal de Morelos 16 B2
Museo de Arte Colonial 17 C1
Museo de Arte Contemporáneo 18 E2
Museo de Historia Natural 19 E3
Museo del Estado 20 B1
Museo Regional Michoacano 21 B2
Palacio Clavijero 22 B1
Palacio de Gobierno 23 C2
Palacio de Justicia 24 B2
Santuario de Guadalupe 25 F2
SCHLAFEN
Casa Rosa 26 B3
Hostal Allende 27 A2
Hotel Casino 28 B2
Hotel Colonial 29 C1
Hotel Concordia 30 B1
Hotel de la Soledad 31 B1
Hotel El Carmen 32 C1
Hotel La Merced 33 A2
Hotel Señorial 34 B1
Hotel Valladolid 35 B2
Hotel Virrey de Mendoza 36 B2
La Casa de las Rosas 37 B1
Posada del Artista 38 F2
ESSEN
630 39 A2
Al Taquito 40 E2
Café Catedral 41 B2
Fonda Las Mercedes 42 A2
Gaspachos La Cerrada 43 B2
Govindas 44 D2
La Casa del Portal 45 B2
Mirasoles 46 B2
Onix (siehe 35)
Super Cocina La Rosa 47 B1
AUSGEHEN
Balcones del Ángel 48 B2
Lillian's Coffee 49 B2
Velvet Centro (siehe 52)
UNTERHALTUNG
Casa de la Cultura 50 C1
Casa de la Salsa 51 F2
Cinepolis 52 B1
Teatro Ocampo 53 B1
SHOPPEN
Dulce Morelianos 54 D2
Mayoreo y Menudeo 55 D2
TRANSPORT
Alter Busbahnhof 56 B1

trotz allem verirren sich bislang nur wenige ausländische Touristen hierher. Diejenigen, die es nach Morelia verschlägt, bleiben oft länger als geplant und nehmen Sprach- oder Kochunterricht. Nach und nach wird durchsickern, wie phantastisch diese Stadt ist – wer dem großen Touristenansturm zuvorkommen möchte, sollte sich möglichst bald auf den Weg machen.

Orientierung

Das historische Zentrum breitet sich auf einem Plateau aus, und die neueren Gebiete liegen an den Hängen nördlich und südlich davon. Die Kathedrale ist die Seele der Stadt und zugleich ein guter Orientierungspunkt. Die Straßen, die von Westen nach Osten führen, tragen ab der Kathedrale einen anderen Namen, die Namen der Nord-Süd-Straßen wechseln an der Av Madero.

Die eleganten Bogengänge mit Blick auf die Plaza de Armas werden allgemein als Portal Hidalgo bezeichnet, die Bogengänge an der Abasolo (an der Westseite der Plaza) nennt man Portal Matamoros.

Das Busterminal liegt ca. 4 km nordwestlich des Stadtzentrums.

Praktische Informationen

Rund um die Plaza befinden sich zahlreiche Banken und Geldautomaten, insbesondere entlang und in der Nähe der Av Madero.

La Central Internet (Matamoros 72A; 8 Mex$/Std.; ⌚ Mo–Sa 9–22, So 12–22 Uhr)

Lavandería Cósmica (☎ 317-19-38; Tapia 543; Waschsalon (30 Mex$/3 kg) und chemische Reinigung; ⌚ Mo–Sa 8–20 Uhr)

Post (Av Madero Ote 369)

Sanborns (☎ 317-84-72; Ecke Av Madero Pte & Zaragoza; ⌚ 7.30–24 Uhr) Englischsprachige Zeitschriften, Romane und Karten.

Touristeninformation (☎ 317-23-71; www.visitmorelia.com; Ecke Av Madero Pte & Nigromante; ⌚ 9–19 Uhr)

Sehenswertes

KATHEDRALE

Die wunderschöne Kathedrale ist vor allem abends, wenn sie beleuchtet ist, ein unvergesslicher Anblick. Bis zu ihrer Fertigstellung verging mehr als ein Jahrhundert (1640–1744); das erklärt, weshalb sie mehrere Baustile vereint. Die unteren Abschnitte der beiden 70 m hohen Türme sind typisch für den Herrera-Stil, die mittleren Abschnitte sind barock und die Spitzen mit den vielen Säulen neoklassizistisch. Ein Großteil der barocken Reliefs im Inneren des Bauwerks wurde im 19. Jh. durch neoklassizistische Arbeiten ersetzt. Glücklicherweise blieb ein Highlight unverändert: Die Figur des Señor de la Sacristía besteht aus getrockneter Maispaste und trägt eine goldene Krone des spanischen Königs Felipe II, der im 16. Jh. regierte, auf dem Kopf. Beeindruckend ist auch die Orgel mit ihren 4600 Pfeifen.

PALACIO DE GOBIERNO

Der **Palacio de Gobierno** (Av Madero Oriente) wurde im 17. Jh. erbaut und war ursprünglich ein Priesterseminar. Heute beherbergt das Gebäude mit der schlichten Barockfassade die Büros der Staatsregierung. Die historischen Wandmalereien drinnen wurden 1961 bei dem Künstler Alfredo Zalce in Auftrag gegeben und sind wirklich sehenswert.

MUSEO REGIONAL MICHOACANO

Dieses **Museum** (☎ 312-04-07; Allende 305 & Abasolo; Eintritt 30 Mex$, So Eintritt frei; ⌚ Di–Sa 9–19, So 9–16 Uhr) befindet sich in der Nähe der Plaza und ist in einem Barockpalast aus dem späten 18. Jh. untergebracht. Die Sammlung umfasst schöne, vorkoloniale Artefakte sowie Stücke aus der Kolonialzeit. An der Treppe kann ein prachtvolles Wandgemälde (*Cuauhtémoc y la Historia*) von Alfredo Zalce bestaunt werden. Es gewährt einen Einblick in die mexikanische Geschichte und zeigt sowohl die Guten als auch die bösen Buben.

PALACIO DE JUSTICIA

Der Justizpalast befindet sich gegenüber vom Museo Regional Michoacano. Er wurde zwischen 1682 und 1695 erbaut und diente zunächst als Rathaus. Die Fassade weist sowohl französische als auch barocke Elemente auf. Sehenswert ist auch die Wandmalerei von Agustín Cárdenas; sie zeigt den Unabhängigkeitskämpfer Morelos in Aktion. In einem kleinen **Museum** (Eintritt frei; ⌚ 10–14 & 17–20 Uhr) wird mit alten Fotos und Schriftstücken die Geschichte des Rechtssystems von Michoacán dokumentiert (man beachte die grausigen Aufnahmen von Leichnamen).

MUSEO DEL ESTADO

In diesem **Museum** (☎ 313-06-29; Prieto 176; Eintritt frei; ⌚ Mo–Fr 9–20, Sa & So 9–14 & 16–19 Uhr) wird die Geschichte des Staates Michoacán von den

Anfängen bis hin zum ersten Kontakt mit den spanischen Eroberern beleuchtet. Unten sind vorkoloniale Pfeilspitzen, Keramikfiguren, Schmuck aus Knochen und ein glänzender Schädel aus Quartz ausgestellt, oben geben Augenzeugenberichte darüber Aufschluss, wie die indigene Bevölkerung durch unfreiwillige Missionierung und die systematische landwirtschaftliche und ökonomische Entwicklung gefügig gemacht wurde.

MORELOS-GEDENKSTÄTTEN

José María Morelos y Pavón war eine der wichtigsten Figuren des mexikanischen Unabhängigkeitskriegs und scheint ein absoluter Held zu sein – darauf lassen zumindest die vielen Denkmäler, Statuen, Plazas und Wandgemälde schließen, die ihm zu Ehren errichtet, aufgestellt, gemalt bzw. nach ihm benannt wurden. Er erblickte am 30. September 1765 in einem Haus an der Ecke Corregidora und García Obeso das Licht der Welt. Dort ist heute das **Museo Casa Natal de Morelos** (Morelos Geburtshaus & Museum; ☎ 312-27-93; Corregidora 113; Eintritt frei; ⏲ Mo–Fr 9–20, Sa & So 9–19 Uhr) untergebracht. Ausgestellt sind alte Fotos und Dokumente. Manchmal werden hier internationale Filme gezeigt, und hin und wieder finden Kulturveranstaltungen statt. Neben dem Vorführraum brennt übrigens eine ewige Flamme.

1801 kaufte Morelos ein Haus an der Ecke Av Morelos und Soto y Saldaña. Das Gebäude im spanischen Stil ist heute ebenfalls ein Museum. Im **Museo Casa de Morelos** (☎ 313-26-51; Av Morelos Sur 323; Eintritt 25 Mex$, So Eintritt frei; ⏲ 9–19 Uhr) wird erklärt, welche Rolle Morelos während des Unabhängigkeitskampfs spielte. Neben Fotografien und Büchern können auch einige antike Möbel besichtigt werden.

Morelos studierte am **Colegio de San Nicolás** (Ecke Av Madero Pte & Nigromante), einen Block westlich der Plaza de Armas. Keine Bange, das hier ist nicht noch ein Museum. Das Colegio gehört zur Universidad Michoacana. Die Sala de Melchor Ocampo (im oberen Stockwerk) ist einem ehemaligen Gouverneur von Michoacán gewidmet. Ocampo war ein bedeutender Reformer. Der Saal beherbergt seine Privatbibliothek und eine Kopie des Dokuments, das die Schenkung der Bücher an das Colegio belegt. Die Schenkungsurkunde unterzeichnete Ocampo kurz bevor er am 3. Juni 1861 von einem Exekutionskommando der Konservativen erschossen wurde.

PALACIO CLAVIJERO & MERCADO DE DULCES

Zwischen 1660 und 1767 beherbergte der **Palacio Clavijero** die Jesuitenschule des hl. Franz Xaver. Das Gebäude hat einen wunderschönen Haupthof, beeindruckende Säulengänge und rosafarbenes Mauerwerk. Nachdem die Jesuiten vertrieben worden waren, diente der Palacio erst als Warenlager, dann als Gefängnis. 1970 wurde er vollständig renoviert und restauriert, und heute hat die Staatsregierung hier Büros. Wer wollte da behaupten, Politik und Kriminalität würden nicht zusammenpassen?

Auf dem verführerischen **Mercado de Dulces** (Süßigkeitenmarkt; ⏲ 9–22 Uhr) an der Westseite des Palacio werden die berühmten Süßigkeiten aus der Region (s. Kasten S. 616) feilgeboten.

MUSEO DE ARTE COLONIAL

Mel Gibson würde dieses **Museum** (☎ 313-92-60; Juárez 240; Eintritt frei; ⏲ Mo–Fr 9–20, Sa & So 9–19 Uhr) südlich der Plaza del Carmen lieben. Schwerpunkt der Sammlung sind um die 100 Kruzifixe; einige sind ziemlich schaurig! Auf den Gemälden aus dem 18. Jh. sieht Jesus noch um einiges gesünder aus. Sie zeigen ihn als kleines Baby, als Prediger oder als Heiler.

CASA DE LAS ARTESANÍAS

Wer nicht genug Zeit hat, um in den *pueblos* der Purépecha nach dem perfekten Souvenir zu suchen, kann dem **Haus des Kunsthandwerks** (☎ 312-12-48; Plaza Valladolid; ⏲ Mo–Sa 10–20, So 10–15 Uhr) einen Besuch abstatten. Es gehört einer Genossenschaft, die gegründet wurde, um indigene Kunsthandwerker zu fördern. Sie verkauft Arbeiten aus ganz Michoacán. Die Preise sind deftig, aber die Qualität ist entsprechend hochwertig, und das Geld landet garantiert in den Taschen der Künstler. Im Obergeschoss demonstrieren diese ihr Können in kleinen Läden, die jeweils eine bestimmte Stadt in Michoacán repräsentieren. Man kann Gitarren aus Paracho, Kupfer aus Santa Clara del Cobre, Lack- und Töpferarbeiten und Vieles mehr entdecken. Gleich nebenan steht der Templo de San Francisco, eine Kirche im Renaissance-Stil.

FUENTE LAS TARASCAS & EL ACUEDUCTO

Diesen *fuente* (Springbrunnen) am östlichen Ende der Madero Oriente zieren drei barbusige, taraskische Frauen, die eine große Obstschale über ihre Köpfe halten. Das Original verschwand mysteriöserweise 1940. Die Nachbildung stammt aus den 1960er-Jahren.

Das **Acueducto** (Aquädukt) verläuft einige Kilometer an der Av Acueducto entlang und beschreibt einen Bogen um die Plaza Villalongín. Es wurde zwischen 1785 und 1788 gebaut, um den steigenden Wasserbedarf in der Stadt zu decken. Abends sind die 253 Bogen des Aquädukts beleuchtet und bieten einen phantastischen Anblick.

PLAZA MORELOS & UMGEBUNG

Die schattige, kopfsteingepflasterte Calz Fray Antonio de San Miguel verläuft von der Fuente Las Tarascas nach Osten. Diese breite, romantische Fußgängerpromenade ist von herrlichen, alten Gebäuden gesäumt. Nach 500 m gelangt man zur Plaza Morelos, einem asymmetrischen, auffällig leeren Platz, in dessen Mitte die **Estatua Ecuestre al Patriota Morelos** aufragt. Das eindrucksvolle Reiterstandbild zeigt – Überraschung – den Helden Morelos und wurde zwischen 1910 und 1913 von dem italienischen Künstler Giuseppe Ingillieri geschaffen.

An der Nordostseite der Plaza steht das **Santuario de Guadalupe**. Die Barockkirche mit den rosaroten Wänden, die zwischen 1708 und 1716 gebaut wurde, ist reich mit Blattgold und weißen Blumen verziert. Das psychedelisch-bunte Dekor innen stammt aus dem Jahr 1915 und erinnert an einen Hindutempel. Nebenan befindet sich der weit unspektakulärere ehemalige Konvent **San Diego** von 1761. Mittlerweile ist dort die juristische Fakultät der Universidad Michoacana untergebracht.

Der große **Bosque Cuauhtémoc** ist wegen der Schatten spendenden Bäume, des Vergnügungsparks und der Museen sehr beliebt bei Familien. Eigentlich sollte es in einer so genialen Stadt wie Morelia eine besser gepflegte und irgendwie dynamischere Grünanlage geben. Liebhaber moderner Kunst kommen im **Museo de Arte Contemporáneo** (☎ 312-54-04; Acueducto 18; Eintritt frei; ⏲ Mo–Fr 10–20, Sa & So 10–18 Uhr) auf ihre Kosten. In dem Gebäude aus dem 19. Jh. finden Wanderausstellungen statt. Die Sammlung des merkwürdigen **Museo de Historia Natural** (☎ 312-00-44; Ventura Puente 23; Eintritt frei; ⏲ 9–18 Uhr) an der Ostseite des Parks umfasst ausgestopfte, sezierte und skelettierte Tiere und menschliche Föten.

PLANETARIO & ORQUIDARIO

Das **Planetarium** (Parque 150; Eintritt 40 Mex$; ⏲ Vorführungen Fr & Sa 19, So 18.30 Uhr) befindet sich in der Nähe des Kongresszentrums, etwa 1,5 km südlich des Stadtkerns. 164 Projektoren machen die Sternenhimmelsimulation auf der Kuppel mit einem Durchmesser von 20 m möglich. Interessant ist auch das **Orchideenhaus** (☎ 314-62-29; Eintritt 5 Mex$; ⏲ Mo–Fr 9–18, Sa & So 10.30–15 & 16–18 Uhr). Dort wachsen fast 3000 Arten von wilden Orchideen und Hybriden. Am schönsten ist es hier während der Blütemonate April, Mai und Oktober.

PARQUE ZOOLÓGICO BENITO JUÁREZ

Der **Zoo** (☎ 314-04-88; Calz Juárez s/n; Erw./Kind 18/10 Mex$; ⏲ Mo–Fr 10–17, Sa & So 10–18 Uhr) befindet sich 3 km südlich der Plaza de Armas und ist gar nicht so furchtbar deprimierend, wie man annehmen könnte: Die meisten Tiere (darunter Seelöwen, Giraffen, Elefanten, jede Menge Vögel und Reptilien) leben in vernünftigen Gehegen. Die Schotterwege sind ein Graus für Besucher mit Kinderwagen, aber die Sprösslinge werden die kleine Eisenbahn und den Spielplatz lieben.

Mit den Ruta-Guinda- und den Ruta-Rosa-Combis und dem Santa-María-Bus (weiß mit blaugrauen Streifen) kann man bis zum Eingang fahren. Die Combis bzw. Busse fahren auf der Nigromante nach Süden.

Kurse

Morelia hat in puncto Kultur einiges zu bieten, ist aber trotzdem nicht überlaufen und somit der ideale Ort, um einen Koch-, Tanz- oder Spanischkurs zu belegen. Wer mehr als zwei Wochen Unterricht nehmen will, kann versuchen, einen Preisnachlass auszuhandeln.

Baden-Powell Institute (☎ 312-40-70; www.baden-powell.com; Antonio Alzate 565; Einzelunterricht 175 Mex$/Std., Gruppenunterricht 1908 Mex$/Woche) Diese kleine und recht günstige Schule ist gut durchorganisiert und bietet neben Spanisch-, Koch-, Gitarren- und Salsakursen auch Unterricht zu Themen wie mexikanische Politik und Kultur an. Die Schüler können bei Gastfamilien unterkommen (262 Mex$/Tag).

Centro Cultural de Lenguas (☎ 312-05-89; www.ccl.com.mx; Av Madero Ote 560; Einzelunterricht 3053 Mex$/Woche; Gruppenunterricht 1963 Mex$/Woche) Hier werden 1- bis 4-wöchige Spanischkurse sowie Musik-, Tanz- und Kochunterricht angeboten. Wer mag, kann bei einer Gastfamilie übernachten (ab 218 Mex$/Tag, inkl. Mahlzeiten).

Geführte Touren

Wer einen Ausflug in die Umgebung unternehmen möchte, sollte sich an die Touristeninformation wenden.

Leyendas de Morelia (☎ 312-02-34) Eine interessante, zweieinhalbstündige Nachttour (spanisch; 70 Mex$). Die Führer erklären, welche Legenden hinter den wichtigsten Sehenswürdigkeiten im Stadtzentrum stecken. Der Besuch einer Krypta steht ebenfalls auf dem Programm.

Mex Mich Guías (☎ 390-47-34, 340-46-32; www.mmg.com.mx) Hier werden individuelle Touren zu vielen Zielen in der Umgebung organisiert, u. a. zum Santuario Mariposa Monarca (469 Mex$/Pers.).

Festivals & Events

Neben den üblichen mexikanischen Feiertagen werden in Morelia noch folgende Feste gefeiert:

Feria de Morelia Der größte Jahrmarkt der Stadt findet Mitte Mai statt und dauert drei Wochen. Er umfasst Handwerksausstellungen, landwirtschaftliche Leistungsschauen, Aufführungen regionaltypischer Tänze, Stierkämpfe etc. Am 18. Mai 1541 wurde Morelia gegründet; dieses Datum wird alljährlich mit einem Feuerwerk gefeiert.

Cumpleaños de Morelos Der Geburtstag von Morelos (30. September) wird mit einer Parade und einem Feuerwerk begangen.

Festival Internacional de Cine de Morelia (www.moreliafilmfest.com) Diese bedeutende internationale Plattform für Mexikos dynamische Filmindustrie lockt jeden Oktober eine ganze Reihe von Berühmtheiten nach Morelia. Das Festival dauert eine Woche.

Día de los Muertos Um den 1. November sind vor allem die abgelegeneren Dörfer und Städtchen in Michoacán einen Besuch wert, doch auch in Morelia wird einiges geboten, z. B. kostenlose Flamencokonzerte und Kunstinstallationen auf und in der Nähe der Plaza de Armas.

Festival Internacional de Música (www.festivalmorelia.com) Das internationale Festival für klassische Musik findet Mitte November statt, dauert zwei Wochen und wird mit Orchester-, Chor- und Quartettkonzerten in Kirchen und Theatern und auf öffentlichen Plätzen begangen.

Día de la Virgen de Guadalupe Der 12. Dezember ist der Tag der Jungfrau von Guadalupe. Die Feierlichkeiten finden in dem ehemaligen Kloster Convento de San Diego statt. Bereits in den Wochen davor wird ein Jahrmarkt auf der Calz Fray Antonio de San Miguel aufgebaut.

Feria Navideña Auf dem Weihnachtsmarkt (Dez.) werden traditionelle weihnachtliche Waren, Essen und Kunsthandwerk aus Michoacán feilgeboten.

Schlafen

In der Hauptsaison steigen die Preise um etwa 20 %. In der Nebensaison kann man versuchen, Rabatte auszuhandeln.

BUDGETUNTERKÜNFTE

Hotel Señorial (Tapia 507; EZ/DZ 55/80 Mex$) Die günstigste Unterkunft der Stadt, die noch dazu sehr zentral gelegen ist. Die Zimmer sind einfach, aber sehr sauber und geräumig. Die Angestellten sind nicht besonders nett, aber für's nett sein zahlt man auch nicht genug. Praktisch: Internetzugang und Waschsalon sind vor der Haustür.

Hotel Colonial (☎ 312-18-97; 20 de Noviembre 15; EZ/DZ ab 160/250 Mex$) Eine steinerne Wendeltreppe führt zu 25 sauberen, schlichten Zimmern im Kolonialstil; einige haben hohe Balkendecken. Fürs Kabelfernsehen zahlt man extra.

Hostal Allende (☎ 312-22-46; Allende 843; EZ/DZ 250/360 Mex$) Die beste Budgetunterkunft der Stadt: Die süßen, einfachen Zimmer sind individuell gestaltet und um einen begrünten Hof angeordnet, der mit Zitrusbäumen und Palmen bewachsen ist. Vom Dach hat man einen schönen Ausblick. WLAN gibt's auch.

Hotel El Carmen (☎ 312-17-25; hotel_elcarmen@yahoo.com.mx; Ruíz 63; EZ/DZ 275/350 Mex$; P) Dieses geschmackvoll eingerichtete, erschwingliche Hotel in zentraler Lage besticht durch unverputzte Steinmauern und Pastellfarben. Die sauberen Zimmer sind teilweise sehr klein, aber trotzdem gemütlich.

MITTELKLASSEHOTELS

Hotel La Merced (☎ 312-40-95; reservas_lamerced@hotmail.com; Madero Pte 670; EZ/DZ 351/450 Mex$; P) Die schlichten, sauberen Zimmer sind mit Kabel-TV ausgestattet, und die Angestellten sind sehr liebenswert und freundlich.

Hotel Concordia (☎ 312-30-52; www.hotelconcordiamorelia.com.mx; Gómez Farías 328; EZ/DZ 450/530 Mex$; P 💻) Dieses Businesshotel mit der modernen gepflegten Fassade hat ordentliche Zimmer, wirkt aber steril. Das Concordia ist eine gute Unterkunft, aber es gibt bessere.

LP Tipp **Casa Rosa** (☎ Vonage VoIP +1-773-696-5771; www.casadelarosa.info; Calle Aldama; Zi. 450 Mex$; 💻) Diese Posada macht nicht öffentlich Werbung, aber wer Interesse hat, kann einen Termin vereinbaren, um einen Blick in die Zimmer und Apartments zu werfen. Sie sind in Pastellfarben gehalten und mit volkstümlicher Kunst und gerahmten Postern dekoriert. Die Apartments, insbesondere die „Love Shack", sind echte Schnäppchen und genau das Richtige für längere Aufenthalte.

Hotel Valladolid (☎ 312-00-27; Portal Hidalgo 245; Zi. 800 Mex$) Das beste Mittelklassehotel von Morelia bietet eine schöne Mischung aus Alt und Neu. Die Zimmer haben unverputzte Steinwände, in die Flurböden wurden Leuchtkästen eingebaut, und der ganze Rest

– von den Türen über die Kopfenden der Betten bis hin zu den Flachbildschirmen – strotzt nur so von hochwertigem Design.

Hotel Casino (☎ 313-13-28; www.hotelcasino.com.mx; Portal Hidalgo 229; Zi. ab 970 Mex$; P 💻) Dieses Best-Western-Hotel liegt direkt an der Plaza de Armas und verwöhnt seine Gäste mit vielen kleinen Extras: In den großen Zimmern mit den hohen Decken stehen uralte Schränke, und man kann das WLAN und die brandneuen Waschmaschinen umsonst benutzen (sogar das Waschmittel wird gestellt).

SPITZENKLASSEHOTELS

Hotel de la Soledad (☎ 312-18-88; www.hsoledad.com; Zaragoza 90; DZ ab 1000 Mex$; P) Diese hübsche, weitläufige Steinhazienda diente einst als Unterstand für Kutschen (man beachte die Sammlung historischer Fuhrwerke). Die geräumigen Zimmer sind nichts Besonderes, aber die Bäder aus Stein sind wundervoll. Von manchen Quartieren aus kann man die Vulkane sehen.

Posada Del Artista (☎ 317-94-20; www.posadadelartista.com; San Miguel 324; Zi. ab 1500 Mex$; P ⊠ 💻) Diese Posada in der Nähe der Fußgängerzone Calz Fray Antonio de San Miguel ist ein echtes Schmuckstück: Vier luxuriöse Zimmer, ein nettes Café und eine Kunstgalerie sind um einen gepflegten Skulpturengarten im Hof angeordnet.

Hotel Virrey de Mendoza (☎ 312-06-33; www.hotelvirrey.com; Av Madero Pte 310; Zi. ab 1900 Mex$; P ❄ 💻) Die Lobby mit dem Atrium aus Buntglas ist umwerfend schön, und die Zimmer sind voller altmodischen Charmes. Sie haben alte Holzböden und hohe Decken, sind aber ein wenig dunkel und muffig und angesichts dessen etwas zu teuer. Eine Ausnahme ist natürlich die edle Virreinal-Suite (3900 Mex$) mit ihren drei Zimmern und der großartigen Veranda mit Blick auf die Kathedrale.

La Casa de las Rosas (☎ 312-45-45; www.lacasadelasrosas.com; Prieto 125; Suite 2180–3200 Mex$; P 💻) Die Casa de las Rosas galt lange Zeit als bestes Hotel der Stadt. Badewannen aus Stein mit hauchdünnen Vorhängen, vergoldete Spiegel und Antiquitäten zieren die vier wunderschönen Suiten, und der Garten ist ein kleines Paradies. Frühstück ist im Preis inbegriffen.

Hotel Villa Montaña (☎ 314-02-31; www.villamontana.com.mx; Patzimba 201; Zi. ab 2300 Mex$; P ⊠ ❄ 💻 🏊) Dieses Luxushotel erinnert an eine Hazienda und liegt 3 km südlich vom Stadtzentrum. Die großen, eleganten Suiten sind mit Antiquitäten und Kaminen ausgestattet, verfügen über Veranden aus Stein und gewähren schöne Ausblicke auf die Stadt und die Berge. Auf dem Gelände gibt es ein beheiztes Schwimmbecken, einen Tennisplatz, ein Business- und ein Wellness-Center. An der Bar sind auch Nicht-Gäste willkommen.

Essen

Al Taquito (Calz Madero Ote 993; Tacos 7 Mex$; 🕑 9–23.30 Uhr) In dieser winzigen *taquería* in der Nähe des Aquädukts und der „Knutschpromenade" Callejón Romántica gibt es köstliche Tacos und Burritos mit *nopales* (Kaktus), Chorizo und Schweine- und Rindfleischstreifen. Die hiesige Spezialität ist *alambre* (eine Mischung aus gewürfelten Zwiebeln, Paprika, Rindfleisch und Chorizo mit viel Käse, die mit Tortillas aus der Pfanne serviert wird); sie ist ganz besonders beliebt bei der Studentengemeinde von Morelia.

Gazpachos La Cerrada (Hidalgo 67; Gazpachos 22 Mex$) *Gazpachos* – ein Salat mit gewürfelter Mango, Ananas und *jicama* und einem Dressing aus Orangen- und Limettensaft, der mit einer Prise Pfeffer, etwas Chilisauce und Käse abgerundet wird – bekommt man überall in der Stadt; den Einheimischen zufolge schmeckt diese lokale Spezialität aber nirgendwo besser als hier.

Govinda's (☎ 313-13-68; Av Madero Ote 549; Hauptgerichte 41–52 Mex$; 🕑 10.30–17.15 Uhr; P V) Ein Paradies für Vegetarier und Veganer (Fleisch und Milchprodukte sind in der Küche tabu). Von diesem Lokal aus hat man Aussicht auf die Vulkane und den Madero-Boulevard. Die Wände zieren hinduistische Kunstwerke. Zu den leckeren Menüs gehört z. B. ein Curry mit Reis und Gemüse.

Café Catedral (☎ 313-04-06; www.hotelcatedralmorelia.com; Zaragoza 37; Hauptgerichte ab 45 Mex$; P) Dies ist das wahrscheinlich beliebteste Straßencafé unter den Arkaden gegenüber der Kathedrale – hier ist von morgens bis abends der Teufel los. Es gibt leckeren Kaffee und heiße Schokolade, und auch die Pizza und das Frühstück sind super (die Eier unbedingt in Kombination mit der *chipotle*-Sauce genießen!).

Super Cocina La Rosa (Ecke Tapia & Prieto; Hauptgerichte unter 50 Mex$; 🕑 8.30–16.30 Uhr) Ein Familienbetrieb. In diesem steinernen Relikt aus der Kolonialzeit wird phantastisches mexikanisches Soul Food zubereitet – einfach klasse!

630 (☎ 313-97-79; Tapia 363; Hauptgerichte 65–95 Mex$; ⌚ 14–24 Uhr) Im 630 sind altmodische Architektur und moderne Elemente kombiniert, was zuweilen etwas seltsam wirkt. Auch die Gerichte auf der Speisekarte sind zusammengewürfelt (italienische, mexikanische und thailändische Küche), aber durchaus lecker. Empfehlenswert ist das Tintenfischcarpaccio (fünf dünne Scheiben Oktopus, die mit Meersalz, Petersilie und geschmacksintensivem Olivenöl angerichtet werden). Phantastisch!

Onix (☎ 317-82-90; Portal Hidalgo 261; Hauptgerichte 95–150 Mex$; ⌚ 8–13 Uhr) Dieses ungewöhnliche Restaurant ist schick dekoriert und hat eine exotische Speisekarte – man kann z. B. Skorpion und Steak mit Sternfrüchten und Kokosmilchsauce bestellen. Die Hintergrundmusik ist etwas schräg, aber das Essen schmeckt sehr gut. Freitags und samstags ist in der Bar oben der Teufel los.

Mirasoles (☎ 317-57-75; Av Madero Pte 549; Hauptgerichte ab 105 Mex$; ⌚ Mo–Sa 13–23, So 13–18 Uhr) In diesem wunderbaren, historischen Gebäude können Gäste aus mehr als 100 Weinsorten und typischen regionalen Gerichten wie traditioneller Bohnensuppe, Hühnchen-*mole* und *chamarro* (mit Chili eingeriebener Schweinshaxe im Tontopf) wählen.

La Casa del Portal (☎ 317-42-17; Prieto 125; Hauptgerichte 115–150 Mex$; ⌚ Mo–So 8–23 Uhr) Die Casa del Portal ist geschichtsträchtig: Im 16. Jh. lebte Don Juan Villaseñor hier, und Lázaro Cárdenas nutzte das dreistöckige Herrenhaus während seiner Amtszeit als Präsident von Mexiko (1934–1940) als Rückzugsort. Oben befindet sich eine tolle Bar, La Terraza, mit Blick auf die Plaza de Armas, und es gibt einen hauseigenen Weinhandel. Ach ja, Essen wird ebenfalls serviert. Zu den Spezialitäten zählt die Forelle nach Purépecha-Art. Sie kommt mit roter Chilisauce und Käse aus der Region auf den Tisch.

Fonda Las Mercedes (☎ 312-61-13; Guzmán 47; Hauptgerichte 145–185 Mex$; ⌚ Mo–Sa 13.30–24, So 13.30–18 Uhr) Ein angesagtes Restaurant der gehobeneren Preisklasse. In die Decke sind 200 Tontöpfe eingelassen, den Sitzbereich im Hof mit der privaten Atmosphäre zieren alte Steinsäulen, und die Köche bereiten vier verschiedene Sorten Steak auf zehn verschiedene Arten zu.

Villa San José (☎ 324-45-45; Patzimba 77; Hauptgerichte 145 Mex$) Dieses luxuriöse Hotelrestaurant befindet sich 3 km südlich der Stadt. Sobald man auf der Terrasse Platz genommen hat, kann man sich genüsslich über *huitlacoche*-Quesadillas und Tacos mit marinierten, gegrillten Krabben hermachen und dabei den Blick auf die funkelnden Lichter der Stadt genießen.

SÜSSES MORELIA

Dulces morelianos – leckere Süßigkeiten, die aus Früchten, Nüssen, Milch und Zucker hergestellt werden – sind die Spezialität dieser Gegend. Man findet sie überall auf Morelias Mercado de Dulces (s. S. 632). Zu den besten Leckereien gehören die mit Zimt verfeinerten Schokoriegel und die *ates* („Fruchtleder"), die aus Tamarinde, Guyaba, Mangos, Chili, Zucker und Salz hergestellt werden. Eine weitere Spezialität – und wahrscheinlich die gesündeste – ist *gazpachos*, ein Snack aus gehackten Jicama, Mango und Ananas oder Papaya mit Käse, Chili, Limetten und etwas Salz obendrauf.

Hotel Virrey de Mendoza (☎ 312-06-33; Av Madero Pte 310; Brunch Erw./Kind 150/65 Mex$; ⌚ 9–14 Uhr) In diesem eleganten Speisesaal werden auch andere Mahlzeiten serviert, aber am besten ist der Brunch. Das Buffet bietet Obst, Joghurt, frische Säfte, Omelettes und Rühreier, jede Menge *chilaquiles*, Chorizo, *tamales* und Enchiladas. Auf dem Tisch mit den Nachspeisen steht ein Schokoladenbrunnen; die braune Sauce ergießt sich über herrlich dicke Erdbeeren. Hm ...

Günstiges Essen bekommt man an den Ständen unter den Arkaden an der **Plaza San Agustín** (Ecke Abasolo & Corregidora; ⌚ 13–23 Uhr).

Ausgehen

LP Tipp **Balcones del Ángel** (Valladolid; ⌚ Mo–Sa 17–1 Uhr) Diese Lounge liegt südlich der Kathedrale und nimmt das oberste Stockwerk eines Gebäudes aus dem 17 Jh. ein. Sie besticht durch ein makelloses Design und zieht ein stylishes, attraktives Publikum an. Die Musik schwankt zwischen Pop und Elektro, und durch das offene Dach kann man die angeleuchtete Kathedrale erspähen – einfach umwerfend schön!

Velvet Centro (Ecke Gómez Farías & Tapia; ⌚ Di–Do 17–24, Fr & Sa 17–1 Uhr) Während des Filmfestivals treffen sich die Produzenten, Regisseure und Stars in dieser neuen Bar auf dem Dach des Cinépolis-Gebäudes. Die Location ist superschick und blendend weiß: Sowohl die Markisen als auch die Samtsofas und Leuchten sind in dieser Farbe gehalten. Der Blick auf die Kathedrale ist erstklassig, und samstagabends geht's hier ordentlich zur Sache.

Lillian's Coffee (☎ 312-72-52; Madero Pte 388; www.lillianscoffee.com; Kaffee ab 12 Mex$; ⌚ Mo–Sa 9–21.30, So 11–22 Uhr) Dieses historische Gebäude ist nur einen Häuserblock von der Plaza de Armas entfernt. Morgens wimmelt es hier von Studenten.

Unterhaltung

Morelia ist eine Universitätsstadt und die Hauptstadt eines der interessantesten Bundesstaaten des Landes und hat entsprechend ein breites kulturelles Angebot. Bei der Touristeninformation und in der **Casa de la Cultura** (☎ 313-12-68; Av Morelos Nte 485) ist die *Cartelera Cultural* erhältlich, ein wöchentlich erscheinender kostenloser Veranstaltungskalender mit Infos zu Filmen und Kulturveranstaltungen. Auch in den Tageszeitungen *El Sol de Morelia*, *La Voz de Michoacán* und *El Cambio de Michoacán* erfährt man alles über aktuelle Events.

Wer sich für internationale Filme, Tanz, Musik und Kunstausstellungen interessiert, sollte dem Museo Regional Michoacano (S. 611), dem Museo Casa Natal de Morelos (S. 612) und der Casa de la Cultura einen Besuch abstatten; Letztere ist in einem alten Kolonialbau untergebracht und summt nur so vor kreativer Energie. Hier werden Musik- und Tanzkurse angeboten, und es gibt ein tolles Café. In der Kathedrale finden von Zeit zu Zeit beeindruckende Orgelkonzerte statt.

Theaterstücke werden im **Teatro Ocampo** (☎ 312-37-34; Ecke Ocampo & Prieto) und im **Teatro Morelos** (☎ 314-62-02; www.ceconexpo.com.mx; Ecke Camelinas & Ventura Puente) gegeben. Das Teatro Morelos befindet sich auf dem Gelände des Centro de Convenciones (Kongresszentrum), 1,5 km südlich des Stadtzentrums. Im **Cinepolis** (☎ 312-12-88; Ecke Gómez Farías & Tapia) werden die aktuellen Blockbuster gezeigt. Manchmal handelt es sich um Originale mit spanischen Untertiteln, manchmal um synchronisierte Fassungen – besser an der Kasse nachfragen.

Casa de la Salsa (Plaza Morelos 121; Eintritt frei ⌚ Mo–Fr 19–21, Live-Salsamusik & Tanz ⌚ Mi–Sa 21.30–2.30 Uhr) In diesem dunklen, höhlenartigen Salsaclub schwingen die Einheimischen die Hüften zur Musik einer erstklassigen Vier-Mann-Band. Man braucht sich keine Sorgen machen, von eingebildeten „Profitänzern" schief angeguckt zu werden – einfach rauf auf die Fläche! Wer sich erst Mut antrinken muss, kann sich über günstige Tequila- und Bierpreise freuen.

Ego (☎ 333-48-32; Camiono Jesús del Monte; Eintritt Männer/Frauen 100/50 Mex$; ⌚ Mi–Sa 22–3 Uhr) Der angesagteste Club Morelias liegt an dem Hang 3 km südlich der Stadt. Die Wände erbeben förmlich unter den Bässen der House- und Elektrobeats. Das attraktive, junge Publikum trägt legere Kleidung und tanzt und tanzt … bis zum Zapfenstreich.

Shoppen

Dulce Morelianos (Madero Ote 440; Süßigkeiten ab 5 Mex$) Frauen in gestärkter grüner Kleidung arbeiten in dieser altmodischen *chocolatería*, die bis unter die Decke mit Trüffeln, Konserven und kandierten Nüssen, Pfirsichen und Kürbissen vollgestopft ist.

Mayoreo y Menudeo (☎ 312-37-73; Madero Ote 620) Markenklamottenalarm! Hier gibt's supergünstige Diesel- und Furor-Jeans und die passenden Accessoires.

Anreise & Unterwegs vor Ort

AUTO & MOTORRAD

Wer einen Wagen mieten möchte, wendet sich an **Hertz** (☎ 313-53-28) am Flughafen oder an **Budget** (☎ 315-99-42; Av Camelinas 2315).

BUS & COMBI

Morelias Busterminal liegt etwa 4 km nordwestlich der Innenstadt. Es ist in drei *módulos* entsprechend den 1.-, 2.- und 3.-Klasse-Bussen aufgeteilt. Um von hier aus in die Stadt zu kommen, unter der Fußgängerbrücke ein rotes Roja-1-Combi nehmen oder in ein Taxi (30 Mex$) steigen. 1.-Klasse-Busse fahren regelmäßig zu folgenden Zielen:

Ziel	Preis (Mex$)	Dauer (Std.)
Guadalajara	242	4
Lázaro Cárdenas	310	5
Mexico City (Terminal Norte)	240	4¾
Mexico City (Terminal Poniente)	240	4
Pátzcuaro	35	1
Querétaro	131	3–4
Uruapan	100	2
Zamora	112	2½
Zitácuaro	89	3

Von 6 bis 22 Uhr sind täglich Combis und Busse im gesamten Stadtgebiet unterwegs (5 Mex$). Die Combi-Linien erkennt man anhand der unterschiedlichen Farben ihrer Streifen: Es gibt z. B. die Ruta Roja (rot), die Ruta Amarilla (gelb), die Ruta Guinda (rosa), die Ruta Azul (blau), die Ruta Verde (grün), die Ruta Café (braun) usw. Die Touristeninformation hilft bei Fragen zu den öffentlichen Verkehrsmitteln gern weiter.

FLUGZEUG

Der **Aeropuerto Internacional General Francisco J. Mújica** (☎ 317-47-11) ist 27 km nördlich von Morelia und über den Morelia–Zinapécuaro Hwy zu erreichen. Es gibt keine öffentlichen Nahverkehrsverbindungen dorthin, aber für 180 Mex$ kann man mit dem Taxi fahren. Von hier starten viele Flieger zu Zielen in Mexiko und ein bisschen weniger zu Zielen im restlichen Nordamerika.

Morelia wird u. a. von folgenden Airlines bedient:

Aeromar (☎ 324-67-77; Hotel Fiesta Inn, Pirindas 435)
Mexicana (☎ 313-94-30; Av Acueducto 60, Plaza Rebullones)

TAXI

Im Stadtzentrum wimmelt es von Taxis. Eine Fahrt kostet im Schnitt um die 30 Mex$.

RESERVA MARIPOSA MONARCA

Das phänomenale, 563 km² große **Monarchfalterreservat** (Eintritt 30 Mex$; ⌚ Mitte Nov.–März 9–18 Uhr) befindet sich im östlichsten Winkel von Michoacán und erstreckt sich auf beiden Seiten der Grenze zwischen Michoacán und México. Jedes Jahr im Herbst, von Ende Oktober bis Anfang November, kommen Millionen von Monarchfaltern zum Überwintern in dieses bewaldete Gebiet im mexikanischen Hochland. Auf ihrem Weg von den Großen Seen in Nordamerika bis nach Mexiko legen sie ungefähr 4500 km zurück. Ihre Reise beginnt um die Tagundnachtgleiche herum. Die Falter sind zunächst allein unterwegs und fliegen mit einer Geschwindigkeit von 12 km/h nicht höher als 150 m über dem Boden. Wenn sie sich ihrem Ziel nähern, bilden sich langsam kleine Schwärme. Die Tiere flattern über Autobahnen und hohe Berge hinweg, lassen sich in großen Trauben auf den dicken Zweigen der *oyenales* (Tannen) nieder, steigen morgens, wenn die aufgehende Sonne die Wälder erwärmt, wie goldene Wolken in den Himmel auf und suchen Schutz auf dem feuchten Waldboden, wenn die Hitze am größten ist – nachmittags bedecken sie die Erde manchmal wie ein lebendiger Teppich. An warmen, sonnigen Februarnachmittagen bekommt man die Schmetterlinge am ehesten zu Gesicht (wenn es kalt ist, sind sie weniger aktiv).

Wenn im März frühlingshafte Temperaturen herrschen, geht die Post ab: Dann werden die Falter geschlechtsreif und paaren sich im Flug, Unterleib an Unterleib (die Männchen tragen die Weibchen). Um auf Nummer sicher zu gehen, gibt sich das Weibchen mehreren Partnern hin; diese segnen übrigens gleich nach dem Akt das Zeitliche. Pünktlich zur Tagundnachtgleiche im Frühling fliegen die schwangeren Weibchen in den Südosten der USA, legen auf Seidenpflanzen ihre Eier ab und sterben ebenfalls. Aus den Eiern schlüpfen Raupen, die sich von den Seidenpflanzen ernähren. Nach dem anschließenden Verpuppungsstadium schlüpfen Ende Mai die fertigen Schmetterlinge. Die jungen Falter fliegen zurück zu den Großen Seen, und ein neuer Fortpflanzungszyklus beginnt, sodass Mitte August die nächste Generation Monarchfalter die lange Reise gen Süden antreten kann. Nach drei bis fünf Schmetterlingsgenerationen (die Insekten leben einen bis acht Monate) ist ein kompletter Migrationszyklus (von Kanada nach Mexiko und wieder zurück) abgeschlossen. Die Wanderung der Monarchfalter ist eins der komplexesten Migrationssysteme der Tierwelt und gibt den Wissenschaftlern nach wie vor Rätsel auf.

Die Monarchfalter zählen eigentlich nicht zu den bedrohten Tierarten, denn auch in anderen Teilen der Welt sind große Kolonien heimisch. Die zuvor beschriebene Population ist allerdings gefährdet, da die Seidenpflanzen, auf denen die Falter ihre Eier ablegen, fast im gesamten Südosten der USA als invasive Neophyten (eingeschleppte Pflanzen) gelten und deshalb gespritzt werden. Auch die Zerstörung des natürlichen Lebensraums der Monarchfalter schreitet voran. Das Biosphärenreservat ist zwar ein geschütztes Gebiet, aber nach wie vor wird auf bis zu 60 % des Geländes illegal Holz geschlagen. Die Übeltäter sind einheimische Bauern, die meist aus Geldnot handeln. Sie bauen Nutzpflanzen auf den gerodeten Flächen an oder lassen dort ihr Vieh weiden. Ein paar Organisationen versuchen, diese Muster zu durchbrechen, und schaffen Anreize für die Einheimischen, die noch intakte Waldfläche zu schützen und im Rahmen spezieller Projekte wiederauf-

OBEN IST WAS LOS

Monarchfalter lieben die hohe Lagen. Um sie zu besuchen, muss man schon ein Stückchen wandern (oder reiten), und zwar auf bis zu 3000 m Höhe, ehe man sie schließlich findet. Man sollte unbedingt langsam aufsteigen, viele Pausen machen und viel trinken. Die Symptome der Höhenkrankheit sind auf jeden Fall ernst zu nehmen (s. S. 1109).

zuforsten. Mehr Infos hierzu gibt's auf den Websites www.michoacanmonarchs.org und www.monarchwatch.org.

Ausflüge ins Schutzgebiet

Das Reservat ist in fünf einzelne Bereiche unterteilt. Vier davon können von Mitte November bis März besichtigt werden, der genaue Öffnungszeitraum hängt allerdings vom Wetter, der Temperatur und der Ankunft der Schmetterlinge ab. Bei Besuchern besonders beliebt sind die Schutzgebiete El Rosario und Sierra Chincua. Beide können von der kleinen Stadt Angangueo aus erreicht werden, die nur 8 km von Sierra Chincua entfernt ist und sich gut als Basis für Ausflüge in diesen Teil des Naturschutzgebiets eignet. El Rosario befindet sich unweit des gleichnamigen *pueblo* und kann von Angangueo her über Ocampo erreicht werden. Zum neuesten und intaktesten Schutzgebiet Cerro Pellón kommt man am besten von Zitácuaro aus. Manche Traveller besuchen das Reservat im Rahmen eines Tagesausflugs von Morelia (s. Mex Mich Guías, S. 614) oder Mexico City aus; dafür verbringt man allerdings mehr als acht Stunden im Auto. Es empfiehlt sich, zu Beginn bzw. am Ende der Saison genaue Infos über die Aktivitäten der Schmetterlingspopulation einzuholen, damit man die lange Reise nicht umsonst unternimmt. Noch besser ist es natürlich, sich mehr Zeit für die Erkundung dieser einzigartigen Region zu nehmen.

Da die vier Schutzgebiete weit verstreut liegen, muss man sich wahrscheinlich auf ein Einziges beschränken. Glücklicherweise sind die Schmetterlinge überall gleich schön.

Das beliebteste Schutzgebiet **El Rosario** kann von Angangueo aus problemlos mit öffentlichen Verkehrsmitteln erreicht werden. In der Hauptsaison (Feb.–März) zieht es allerdings täglich bis zu 8000 Besucher dorthin, und am Hang stehen viele Souvenirstände. Außerdem sind überall Spuren illegaler Abholzungen zu erkennen. Eine gute Schotterstraße führt von Ocampo in das etwa 12 km entfernt gelegene Dorf El Rosario und zum Eingang des gleichnamigen Schutzgebiets. Wer die Schmetterlinge sehen möchte, muss vom Parkplatz aus eine anstrengende Wanderung bzw. einen Ritt bergauf unternehmen (2–4 km). Es gibt ein paar Hotels in Ocampo, aber die Unterkünfte in dem niedlichen Städtchen Angangueo, das nur 45 Minuten von Ocampo entfernt liegt, sind besser.

Sierra Chincua ist 8 km von Angangueo entfernt und liegt hoch oben in den Bergen. Auch hier wurden Waldflächen gerodet, allerdings nicht ganz so viele wie in El Rosario. Die Wanderung ist weniger beschwerlich und somit für all jene geeignet, die es gern etwas ruhiger angehen lassen. Man kann entweder in Angangueo in den „Tlalpujahua"-Bus einsteigen (1 US$) oder ein Taxi nehmen (5 US$), um dorthin zu gelangen.

Cerro Pellón, die neueste Schutzzone, befindet sich auf dem Gebiet des Bundesstaats México und ist mit Abstand die beste Option. Der Wald ist in einem sehr guten Zustand, die Berge haben eine stattliche Höhe (über 3000 m), und es verschlägt nur wenige Touristen hierher (80 Besucher pro Tag sind schon viele; als wir den Cerro Pellón besuchten, waren wir die einzigen). Illegale Rodungen kommen überhaupt nicht mehr vor, und die Parkführer haben viele Bäume gepflanzt, um neue Lebensräume zu schaffen. Es gibt riesige Tannen, mit Moos bedeckte Stämme, Wildblumen und wunderschöne Schluchten zu sehen. Wer mag, kann auf einer naturbelassenen Wiese direkt unterhalb des Gipfels des Cerro Pellón campen; ganz in der Nähe versammeln sich die Schmetterlinge zu Beginn der Saison (zu Fuß 1 Std. entfernt). Die Guides organisieren *burros* (Packesel), die das schwere Gepäck auf den Berg hinaufschleppen.

Das Schutzgebiet Cerro Pellón liegt etwa 40 Fahrminuten südöstlich von Zitácuaro, der drittgrößten Stadt Michoacáns. Dort kann man sich mit Vorräten eindecken. Campingausrüstung sollte man aber selbst mitbringen. Gute Ausgangspunkte für Erkundungstouren sind Macheros und El Capulín. Sie liegen nur 1,5 km auseinander und sind mit dem öffentlichen Nahverkehr zu erreichen. Vor dem Busbahnhof von Zitácuaro fahren Busse mit der Aufschrift „Aputzio" ab (10 Mex$). Die Endstation ist an der Grenze zum Bundesstaat México. Von dort aus geht's mit dem Taxi weiter (10–20 Mex$). Wer die komplette Strecke mit dem Taxi zurücklegen will, muss 180 bis 250 Mex$ einkalkulieren. Die anstrengenden Wanderungen von den Reservatseingängen bis zum Aufenthaltsort der Schmetterlinge können – je nach persönlicher Fitness – zwischen 90 Minuten und 2 Stunden in Anspruch nehmen.

Der Eintritt kostet in allen Schutzgebieten jeweils 30 Mex$ pro Tag. Führer sind Pflicht und im gesamten Biosphärenreservat im Einsatz. Wer lieber reitet, zahlt um die 150 Mex$ pro Pferd und 150 Mex$ für den Führer. Gegen Ende der Schmetterlingssaison muss man übrigens nicht so weit wandern oder reiten, denn sobald die Temperaturen steigen, verlassen die Monarchfalter die Höhenlagen. Sein Auto kann man für 20 Mex$ parken.

ANGANGUEO

☎ 715 / 5000 Ew. / 2980 m

Die meisten Schmetterlingsfans nutzen dieses niedliche, verschlafene Bergbaustädtchen als Basis, da die beiden Schutzgebiete Sierra Chincua und El Rosario nicht allzu weit entfernt sind. Angangueo liegt in den Hügeln und ist von Kiefernwäldern, Weideland und Maisfeldern umgeben. Die wichtigsten Service-Einrichtungen sind an der Hauptstraße zu finden, die zwei Namen hat: Nacional und Morelos. Die **Touristeninformation** (☎ 156-00-44; 🕑 Nov.–April 8–20 Uhr) befindet sich ein Stück unterhalb der Plaza.

Günstige Übernachtungsmöglichkeiten und gutes Essen bieten das schlichte, aber ganz ordentliche **Hotel Real Monarca** (☎ 156-03-24; Nacional 21; Zi. ab 150 Mex$) und das **Hotel Juárez** (☎ 156-00-23; Nacional 15; Zi. 320 Mex$). Letzteres hat einfache Zimmer, die um einen prächtigen blühenden Garten angeordnet sind. Hier muss man an der Rezeption eventuell lautstark auf sich aufmerksam machen. Zimmer der gehobeneren Kategorie (z. T. mit Kamin) gibt's in der **Albergue Don Bruno** (☎ 156-00-26; Morelos 92; EZ/DZ ab 595/865 Mex$), dem besten Hotel der Stadt.

Gegenüber der Plaza befindet sich **Simon's Restaurant** (Obregón 24; Hauptgerichte 35 Mex$). Im **Fonda Villacorzo** auf dem zentralen Markt kriegt man abends Hühnchen mit Kartoffeln.

Auf der Strecke Morelia–Zitácuaro verkehren häufig Busse (89 Mex$, 3 Std.). In Zitácuaro angekommen, steigt man in einen Bus nach Angangueo um (14 Mex$, 1¼ Std.). Autobuses MTZ bietet eine Direktverbindung zwischen dem Terminal Poniente in Mexico City und Angangueo (120 Mex$, 4 Std., 4-mal tgl.); die meisten Bussen fahren allerdings über Zitácuaro.

Um von Angangueo nach El Rosario zu kommen, muss man mit einem Combi bis Ocampo fahren (4 Mex$, 15 Min., regelm.) und an der Ecke Independencia und Ocampo ein Combi nach El Rosario nehmen (14 Mex$, 30 Min., regelm.). Während der Schmetterlingssaison sind *camionetas* (Transporter mit offener Ladefläche) im Einsatz; sie fahren am *auditorio* in Angangueo bzw. vor den Hotels ab, brauchen 45 holprige Minuten und kosten um die 300 Mex$ für zehn Personen.

ZITÁCUARO

☎ 715 / 79 800 Ew. / 1940 m

Zitácuaro ist die drittgrößte Stadt Michoacáns, wirkt aber wie eine provinzielle Arbeiterstadt. Bekannt ist sie für leckeres Brot und Forellenfarmen, aber sie eignet sich auch hervorragend als Basis für Ausflüge in das Schutzgebiet Cerro Pellón. Eine weitere Attraktion ist die **Iglesia de San Pancho** (🕑 9–14 & 16–19 Uhr) im Dorf San Pancho südlich der Stadt. Das restaurierte Bauwerk aus dem 16. Jh. war in John Hustons großartigem Film *Der Schatz der Sierra Madre* mit Humphrey Bogart zu sehen und hatte 2002 einen weiteren prominenten Besucher: Prince Charles. Am besten besichtigt man die Kirche gegen Abend, wenn das Licht der untergehenden Sonne durch die Buntglasfenster fällt. Etwa 16 km nördlich von Zitácuaro können Ruinen der Matlazinca besichtigt werden, die **Pirámides Los Alzati** (🕑 10–17 Uhr). Sie reißen einen vielleicht nicht unbedingt vom Hocker, aber die Aussicht ist nett und der Platz gut für ein Picknick.

Entlang der Hauptstraße, der Av Revolución, stehen die meisten Hotels und Restaurants, darunter auch die beste Unterkunft im Zentrum: Das **Hotel America** (☎ 153-11-16; Revolución Sur 8; 190/250 Mex$) verfügt über geräumige Zimmer mit Balkons. Im modernen **Hotel California** (☎ 153-97-98; Revolución Nte 3; EZ/DZ 250/350 Mex$) schläft man in großen Betten, und auch das saubere **Hotel Nefer** (☎ 156-79-27; Revolución Nte 4; Zi. ab 260 Mex$; 🅿) ist eine gute Option. Das mit Abstand beste Hotel in der Umgebung liegt ein paar

Kilometer südlich der Stadt (Taxi 20 Mex$).

LP Tipp Rancho San Cayetano (☎ 153-19-26; www.ranchosancayetano.com; Carretera a Huetamo KM 2,3; EZ/DZ inkl. Service ab 900 Mex$; P) wird von einem Rentnerpärchen aus Mexico City geführt. Pablo und Lisette sprechen Englisch und Französisch, und Pablo liebt die Schmetterlinge heiß und innig. Er gibt detaillierte Karten aus, kann Wege beschreiben und zeigt interessierten Gästen gern ein paar Infovideos. Außerdem kann er den Transport ins Rerservat organisieren. Auf dem weitläufigen Hotelgrundstück stehen Kiefern und Obstbäume, und die Zimmer mit den Steinwänden, Balkendecken und Marmorbädern haben einen rustikalen Charme. Die mehrgängigen Gourmetmahlzeiten (Frühstück/Abendessen 150/300 Mex$; Anmeldung einen Tag im Voraus) sind erstklassig. Ein Taxi hierher kostet 20 Mex$.

Das beste Restaurant im Zentrum heißt **La Trucha Alegre** (☎ 153-98-09; Av Revolución Nte 2; Hauptgerichte 75–90 Mex$). Die Tische zieren Tischdecken und Blumen, und man kann 35 unterschiedliche Forellengerichte bestellen. Der Fisch ist so frisch, dass er auch ohne Pilzsauce oder Krabbenfüllung phantastisch schmeckt – einfach die Grillvariante ordern und das Ganze mit einem Spritzer Limette und *salsa verde* genießen. Göttlich!

Das Busterminal von Zitácuaro ist 1 km vom Zentrum entfernt. Regelmäßig fahren u. a. Busse von und nach Morelia (89 Mex$, 3 Std.) und Angangueo (14 Mex$, 1¼ Std.).

PÁTZCUARO

☎ 434 / 49 424 Ew. / 2175 m

Diese gut erhaltene, geschichtsträchtige Kolonialstadt im Hochland von Michoacán ist das pulsierende kommerzielle Zentrum des Lands der Purépecha (Tarasken). Angehörige dieses indigenen Volkes strömen aus den umliegenden Dörfern herbei, um in Pátzcuaro ihr selbstgemachtes Kunsthandwerk zu verkaufen. Durch sie hat die Stadt eine fast greifbare mystische Atmosphäre.

Im Zentrum ragen beeindruckende alte Kirchen auf, z. B. die Basilika am Hügel, staubige Kopfsteinpflasterstraßen führen an weiß und rötlichbraun gestrichenen Lehmgebäuden vorbei, und es gibt zwei belebte Plazas: die Plaza Vasco de Quiroga (auch Plaza Grande) und die kleinere Plaza Gertrudis Bocanegra (auch als Plaza Chica bekannt). Nachts ist es hier so ruhig, dass man das Pfeifen des Windes in den engen Gassen hören kann (oder sind es die Geister längst Verstorbener?).

3 km weiter nördlich breitet sich der malerische Lago de Pátzcuaro aus. Er ist von traditionellen Purépechadörfern umgeben und von ein paar Inseln gesprenkelt. Anfang November, wenn der Día de los Muertos gefeiert wird, ist die Isla Janitzio der wichtigste Touristenmagnet des ganzen Landes, aber auch an Weihnachten, Neujahr und in der Semana Santa wimmelt es in Pátzcuaro von mexikanischen Besuchern. Wer an einem Feiertag oder in den Ferien anreist, sollte sich im Voraus um eine Unterkunft kümmern. Nicht vergessen: Im Winter wird es hier empfindlich kalt – warme Kleidung mitbringen!

Geschichte

Pátzcuaro war von 1325 bis 1400 die Hauptstadt der Tarasken. Nach dem Tod von König Tariácuri zerfiel das Reich in drei Teile. Pátzcuaro, Tzintzuntzan und Ihuatzio schlossen sich zusammen, um die wiederholten Angriffe der Azteken abzuwehren. Vielleicht waren diese Angriffe der Grund dafür, dass das Bündnis die Ankunft der Spanier im Jahr 1522 begrüßte. Die Spanier entpuppten sich jedoch als noch schlimmer, denn sie kehrten 1529 unter der Führung des brutalen Eroberers Nuño de Guzmán zurück.

Selbst für die damalige Zeit war Guzmáns Verhalten gegenüber der indigenen Bevölkerung außerordentlich unmenschlich. Deshalb ordnete die Kolonialregierung seine Rückkehr nach Spanien an; den Rest seines Lebens verbrachte er im Gefängnis. Bischof Vasco de Quiroga, ein angesehener Richter und Geistlicher aus Mexico City, wurde 1536 entsandt, um hinter Guzmán aufzuräumen. Quiroga war ein aufgeklärter Mann. Er gründete Dorfgemeinschaften nach dem Vorbild der humanitären Prinzipien aus Thomas Morus' Werk Utopia.

Um Unabhängigkeit von den spanischen Bergbauherren und Landbesitzern zu erreichen, förerte Quiroga die Bildungs- und Landwirtschaftsautarkie der Purépechadörfer rund um den Lago de Pátzcuaro; dabei steuerten alle gleichmäßig ihren Beitrag zur Gemeinschaft bei, wobei Quiroga jedem Dorf half, sich in einem Handwerk zu spezialisieren – von Masken- und Keramikherstellung bis zu Gitarren- und Violinenbau. Nach seinem Tod 1565 ging es mit der Utopiagemeinschaft bergab, aber bis heute leben die Handwerkstraditionen in den einzelnen Dörfern fort. Es wundert einen kaum, dass Tata Vascu, wie die Tarasken Quiroga nannten, nie vergessen wurde. Sein Name ist in den Bezeichnungen für Straßen, Plazas, Restaurants und Hotels in ganz Michoacán allgegenwärtig.

Orientierung

Das Leben in Pátzcuaro findet auf seinen beiden Plazas statt. Die Ahumada führt in nördlicher Richtung nach 2 km zum alten Morelia-Uruapan-Highway (Hwy 14). Der Lago de Pátzcuaro liegt 500 m davon entfernt. Das Busterminal befindet sich etwa 2 km südwestlich vom Stadtzentrum.

Praktische Informationen

Einige Banken im Zentrum wechseln Geld; alle haben Geldautomaten.

Consultorio Médicos del Centro (☎ 342-45-33; Navarrete 44A; 🕑 Mo–Fr 9–14 & 16–20, Sa 10–13 Uhr)
Icser Internet (Portal Morelos 64; 12 Mex$/Std.; 🕑 9–22 Uhr)
Lavandería San Francisco (☎ 342-39-39; Terán 16; 40 Mex$/3 kg; 🕑 Mo–Sa 9–21 Uhr)
Meganet (Mendoza 8; 12 Mex$/ Std.; 🕑 9–21.30 Uhr)
Post (Obregón 13; 🕑 Mo–Fr 9–16, Sa 9–13 Uhr)
Staatliche Touristeninformation (☎ 342-12-14; Calle Buena Vista 7; 🕑 Mo–Fr 10–14 & 17–19, Sa & So 10–14 Uhr)
Städtische Touristeninformation (☎ 342-02-15; Portal Hidalgo 1; 🕑 10–20 Uhr)

Sehenswertes

PLAZA VASCO DE QUIROGA (PLAZA GRANDE)

Die **Plaza Grande** von Pátzcuaro ist eine der schönsten von ganz Mexiko. Sie wird von alten Herrenhäusern aus dem 17. Jh. gesäumt, die mittlerweile zu Hotels, Geschäften und Restaurants umfunktioniert wurden. Den Brunnen in der Mitte der Plaza ziert eine Statue von Vasco de Quiroga. Im Westen befindet sich das Portal Hidalgo, im Süden das Portal Aldama und im Osten das Portal Matamoros. An der Nordseite liegen das Portal Allende (östlich der Iturbe) und das Portal Morelos (westlich der Iturbe).

PLAZA GERTRUDIS BOCANEGRA (PLAZA CHICA)

Die örtliche Heldin Gertrudis Bocanegra war eine Befürworterin der Unabhängigkeitsbewegung und wurde deshalb 1818 von einem Exekutionskommando erschossen. Eine Statue der toughen Frau steht in der Mitte der Plaza.

Auf dem Markt an der Westseite des Platzes bekommt man Obst, Gemüse und frische Forellen, aber auch Kräutermedizin, Kunsthandwerk und Kleidung wie die regionaltypischen gestreiften Tücher und *sarapes*. Außerdem gibt's leckeres, günstiges Essen.

An der Nordseite der Plaza befindet sich eine der coolsten Bibliotheken aller Zeiten. Die **Biblioteca Gertrudis Bocanegra** (☎ 342-54-41; Ecke Padre Lloreda & Títere; 🕑 Mo–Fr 9–19, Sa 10–13 Uhr) ist in der Kirche San Agustín aus dem 16. Jh. untergebracht. Die hintere Wand ziert eine große, farbenprächtige Malerei von Juan O'Gorman. Dargestellt sind Szenen aus der Geschichte Michoacáns von der vorkolonialen Zeit bis zur Revolution 1910. Ein weiteres Plus: Für 5 Mex$ pro Stunde kann man die Highspeed-Internetverbindung nutzen.

In der Straße neben der Bibliothek befindet sich der alte **Mercado de Artesanías** (🕑 8–18 Uhr). Dort werden z. B. Holzmasken und pastellfarbene Kruzifixe verkauft. Die Qualität der Waren ist sehr unterschiedlich, aber die Preise sind niedrig.

Das **Teatro Emperador Caltzontzin,** ein ehemaliger Konvent, liegt westlich der Bibliothek und dient seit 1936 als Theater. Dort finden gelegentlich Filmvorführungen und andere Veranstaltungen statt.

BASÍLICA DE NUESTRA SEÑORA DE LA SALUD

Diese wunderschöne Basilika wurde auf dem Hügel auf einer vorkolonialen Zeremonienstätte errichtet und sollte als Zentrum der utopischen Gemeinde dienen, die Vasco de Quiroga vorgeschwebt hatte. Das Gebäude wurde erst im 19. Jh. fertiggestellt, und nur das Hauptschiff der Kirche entspricht seiner ursprünglichen Vision. Sein Grab, das Mausoleo de Don Vasco, befindet sich links neben dem Hauptportal.

Hinter dem Altar am östlichen Ende des Gebäudes steht eine Statue der Jungfrau Nuestra Señora de la Salud (Unserer Lieben Frau der Gesundheit), die ganz besonders verehrt wird. Tarasken stellten die Figur im 16. Jh. aus *tatzingue*, einer Paste aus Mais und Honig, her. Kurz darauf wurden mehrere Kranke wie durch ein Wunder gesund, woraufhin Quiroga die Statue mit der Inschrift

WESTLICHES ZENTRALES HOCHLAND

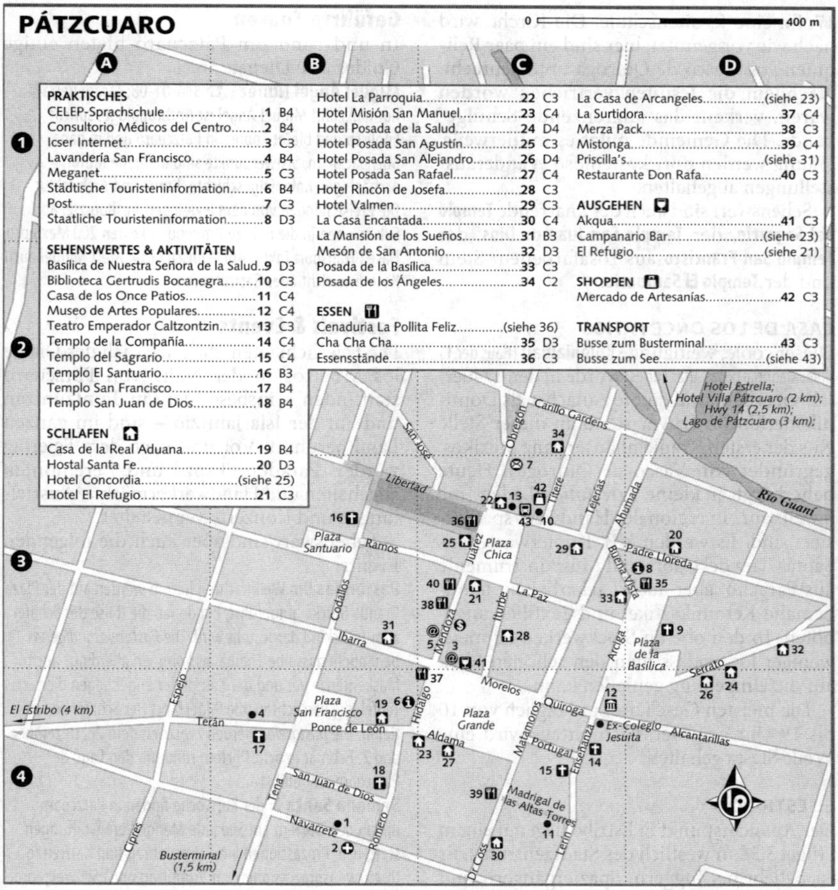

„Salus Infirmorum" (Heiler der Kranken) versehen ließ. Seither strömen Pilger aus ganz Mexiko herbei, um Wunder zu erbitten. Auf den Knien rutschen sie über die Plaza und dann durch das Hauptschiff. Hinter der Statue kann man Zinnabdrücke von Händen, Füßen und Beinen sehen, die die Pilger der Jungfrau gebracht haben.

MUSEO DE ARTES POPULARES

Als wir für diesen Band recherchierten, wurde das **Museum für volkstümliche Kunst** (☎ 342-10-29; Ecke Enseñanza & Alcantarillas; Eintritt 34 Mex$; 🕑 Di–Sa 9–19, So 9–16.30 Uhr), das in einem alten Kolonialbau untergebracht ist, gerade renoviert. Es sollte allerdings inzwischen wieder geöffnet und um ein paar zusätzliche Wanderausstellungen ergänzt worden sein. Hier gründete Bischof Quiroga 1540 das Colegio de San Nicolás, die wahrscheinlich erste Universität auf dem amerikanischen Kontinent. Das Gebäude wurde auf vorkolonialen Steinfundamenten errichtet; Teile davon sind hinter den Museumshöfen zu sehen.

In der Vergangenheit waren beeindruckende Masken, religiöse Artefakte, Schmuck und schöne Lackarbeiten ausgestellt. Ein Raum ist übrigens einer typischen Michoacán-Küche nachempfunden (man beachte den großen Ziegelofen).

ANDERE KIRCHEN

Der **Templo de la Compañía** (Ecke Lerín & Alcantarillas) wurde im 16. Jh. erbaut und beherbergte im

17. Jh. eine Jesuitenschule. Die Kirche wird nach wie vor genutzt; hier sind ein paar Reliquien von Vasco de Quiroga untergebracht. Nachdem die Jesuiten vertrieben worden waren, verkam das angrenzende Schulgebäude. Die Gemeinde nutzt es mittlerweile. Häufig werden dort kostenlose Wanderausstellungen abgehalten.

Sehenswert sind auch der knarrende **Templo del Sagrario**, der **Templo San Juan de Dios**, der **Templo San Francisco** aus rosafarbenem Stein und der **Templo El Santuario**.

CASA DE LOS ONCE PATIOS

Dieser coole, weitläufige **Kolonialbau** (Haus der 11 Höfe; Madrigal de las Altas Torres) wurde in den 1740er-Jahren erbaut und diente zunächst als Dominikanerkloster (zuvor stand an dieser Stelle eins der ersten Krankenhäuser ganz Mexikos, gegründet von Vasco de Quiroga). Heute beherbergt er kleine *artesanías*-Läden, die jeweils auf ein regionales Handwerk spezialisiert sind. Es werden z. B. Kupferwaren aus Santa Clara del Cobre und Musikinstrumente aus Paracho, aber auch Lackarbeiten, handbemalte Keramikartikel und Textilien angeboten. In den oberen Stockwerken ist meist weniger los, sodass man den schönen Blick auf die Umgebung genießen kann.

Die meisten Geschäfte sind täglich von 10 bis 19 Uhr geöffnet; nachmittags wird eine Weile Siesta gehalten.

EL ESTRIBO

Der Aussichtspunkt El Estribo liegt auf einem Hügel 3,5 km westlich des Stadtzentrums. Er ist beliebt bei Joggern, Spaziergängern und verliebten Pärchen und gewährt einen schönen Ausblick auf den Lago de Pátzcuaro. Man braucht eine Stunde, um auf der von Zypressen gesäumten Kopfsteinpflasterstraße zum Aussichtspavillon zu gehen. Einfach der Ponce de León an der Südwestseite der Plaza Grande folgen; El Estribo ist ausgeschildert.

Kurse

Centro de Lenguas y Ecoturismo de Pátzcuaro (CELEP; ☎ 342-47-64; www.celep.com.mx; Navarrete 50; 2-wöchiger Sprachkurs 3816 Mex$; Sprach- & Kulturprogramm 5888 Mex$) Montags bis freitags finden jeweils vier bis sechs Unterrichtsstunden statt. Das Kulturangebot umfasst Seminare zur mexikanischen Literatur sowie Ausflüge in Dörfer in der Umgebung und (in der Saison) in das Monarchfalterschutzgebiet. Übernachtungen in Gastfamilien kosten 273 Mex$ pro Tag (Vollpension).

Geführte Touren

In und rund um Pátzcuaro bieten einige Guides ihre Dienste an:

Miguel Ángel Núñez (☎ 344-01-08; casadetierra@hotmail.com) Miguel Ángel ist Anthropologe, spricht Englisch und bietet Touren in Pátzcuaro und in ganz Michoacán an. Schwerpunkte sind indigene Kultur, Archäologie, Kolonialgeschichte, Kunst und Architektur. Die Preise hängen von dem jeweiligen Ausflugsziel ab; Exkursionen in die nähere Umgebung kosten 200 Mex$ pro Nase (Transport inkl.). Auf Wunsch organisiert Miguel auch Kochunterricht oder Gastrotouren.

Festivals & Events

Die Feierlichkeiten, die anlässlich des Día de los Muertos in der Nähe von Pátzcuaro stattfinden – insbesondere in Tzintzuntzan und auf der Isla Janitzio – sind im ganzen Land berühmt. Vor und nach dem Feiertag werden Paraden, Tänze und Zeremonien abgehalten und Handwerkermärkte, Ausstellungen und Konzerte veranstaltet.

Sehenswert sind aber auch die folgenden Events:

Pastorelas Um Weihnachten herum werden auf der Plaza Grande Stücke aufgeführt, bei denen die Reise der Schäfer zum Jesuskind dargestellt wird. Die *Pastorelas indígenas* behandeln dasselbe Thema, es kommen allerdings auch Maskentänze vor und der Kampf der Engel gegen die Teufel, die versuchten, die Pilgerfahrt der Schäfer zu sabotieren. Die *pastorelas* werden zwischen dem 26. Dezember und 2. Februar in acht Dörfern rund um den Lago de Pátzcuaro aufgeführt.

Semana Santa In der Karwoche finden in Pátzcuaro und in den Dörfern am See jede Menge Veranstaltungen statt, u. a. Prozessionen am Palmsonntag und Karfreitag (Kreuzwegsprozessionen am Vormittag und „Schweigeprozessionen" mit Kerzenlicht am Abend), und am Abend des Ostersonntags kann man einer zeremoniellen Verbrennung des Verräters Judas auf der Plaza Grande beiwohnen.

Nuestra Señora de la Salud Am 8. Dezember wird die Liebe Frau der Gesundheit mit einer bunten Prozession zur Basilika geehrt. Die Einheimischen führen traditionelle Tänze auf, z. B. Los Reboceros, Los Moros, Los Viejitos und Los Panaderos.

Schlafen

In Pátzcuaro gibt es die unterschiedlichsten Unterkünfte. Wer aber in den Ferien bzw. zu besonderen Feiertagen kommen möchte (z. B. wegen des Día de los Muertos), sollte sich Monate im Voraus um eine Schlafgelegenheit kümmern – sonst steht er am Ende ohne Dach überm Kopf da! Am besten nimmt man eins der Hotels in der Nähe der Basilika.

BUDGETUNTERKÜNFTE

Hotel Valmen (☎ 342-11-61; Padre Lloreda 34; EZ/DZ/2BZ 200/250/300 Mex$) Eine gute Option: Durch die Dachfenster fällt helles Sonnenlicht in das begrünte Atrium. Die Flure sind mit schönen Fliesen dekoriert, die Zimmer makellos sauber. Leider sind die Matratzen zu dünn, und spät abends bzw. früh morgens kann es hier ziemlich laut zugehen.

Hotel Estrella (☎ 342-56-99; Lázaro Cárdenas 2; EZ/DZ 220/400 Mex$) Dieser kleine, Familienbetrieb liegt an der Straße zum Pier und hat saubere Zimmer. Die Angestellten sprechen Englisch und helfen bei der Organisation von Bootsausflügen zu den Inseln. Das Estrella ist das beste Hotel am See.

Hotel Posada San Agustín (☎ 342-04-42; Portal Juárez 27; EZ/DZ 250/350 Mex$) Die Zimmer sind ziemlich klein und nicht annähernd so sauber, wie sie sein sollten, aber manche bieten einen phantastischen Ausblick auf die Vulkane. Notfalls hält man es hier ein oder zwei Nächte aus.

Hotel Concordia (☎ 342-00-03; Portal Juárez 31; EZ/DZ 320/450 Mex$; P) Die beste Budgetunterkunft von Pátzcuaro wird von einer liebenswerten *abuelita* geführt. Wer an ein und demselben Tag reserviert und anreist, zahlt weniger (280 Mex$). Investiert man ein paar Pesos zusätzlich, kann man in einem pastellfarbenen Zimmer übernachten – die Farbe lässt den Raum größer erscheinen, als er ist. Die Duschen sind übrigens nicht unbedingt für Basketballer gemacht.

MITTELKLASSEHOTELS

Posada de los Ángeles (☎ 342-24-40; posadaangeles@hotmail.com; Títere 16; EZ/DZ 300/420 Mex$) Die geräumigen, sauberen Zimmer haben das gewisse Etwas (beispielsweise Rundbogen und hohe Decken), dazu gibt's einen sonnigen Garten, und der Preis stimmt. Die Industrieteppiche hauen einen zwar nicht vom Hocker, wirken aber immerhin wärmeisolierend und sind nicht muffig.

Hotel Posada San Rafael (☎ 342-07-70; Portal Aldama 13; EZ/DZ 300/420 Mex$) Eine Mischung aus Kolonialmission und amerikanischem Motel direkt an der Plaza Grande: Die Zimmer gehen zu großen Terrassen mit Blick auf die Auffahrt und den Parkplatz hinaus. Es wurde Wert auf hübsche Details wie Säulen, Balkendecken und Topfpflanzen gelegt. Die Zimmer im ersten Stock sind dunkel, die oben sind dagegen klasse.

Hotel Posada de la Salud (☎ 342-00-58; posadadelasalud@hotmail.com; Serrato 9; DZ/2BZ 350/420 Mex$) Ein sehr hübsches, weitläufiges Hotel mit einem pastellgelben Anstrich, das typisch mexikanisch anmutet. Die einfachen, sauberen Zimmer sind mit Kabel-TV und ziemlich schmalen Betten ausgestattet. Es gibt einen großen Garten.

Hotel Posada San Alejandro (☎ 342-61-33; Serrato 5A; hpsalejandro@yahoo.com.mx; DZ ab 480 Mex$) Diese Posada befindet sich in einem ruhigen Viertel und bietet schlichte, aber saubere, geflieste Zimmer mit weichen Doppelbetten und Kabel-TV. Das Personal ist freundlich und entgegenkommend.

LP Tipp **Mesón de San Antonio** (☎ 342-25-01; www.mesondesanantonio.com; Serrato 33; EZ/DZ 500/600 Mex$; 💻) Diese betagte Unterkunft im Hazienda-Stil ist das mit Abstand beste Mittelklassehotel der Stadt. Die extrem gemütlichen Zimmer sind mit schönen Töpfereien der Purépecha,

WESTLICHES ZENTRALES HOCHLAND

ACHTUNG: DÍA DE LOS MUERTOS!

Pátzcuaro ist normalerweise ein wunderbar ruhiges, kleines Städtchen, aber während des Día de los Muertos scheint es, als würde die gesamte mexikanische Bevölkerung auf einmal hier einfallen. Wer während der ersten beiden Tage im November herkommen möchte, sollte sein Hotel am besten schon Monate im Voraus reservieren. Mit Menschenmassen muss man auf jeden Fall rechnen, und man sollte unbedingt eine Kamera mitbringen, denn die Märkte und die Friedhöfe drumherum sind wunderschön.

Auf der Isla Janitzio finden viele farbenprächtige Feierlichkeiten statt, aber das eigentliche Epizentrum ist ihr kleiner Friedhof, der dann vor jugendlichen Partylöwen aus allen Nähten platzt. Dem Trubel kann entgehen, wer stattdessen auf einen der Friedhöfe anderer Dörfer geht (z. B. Ihuatzio, Jarácuaro oder Capula). Eine weitere Möglichkeit ist es, nach 3 Uhr morgens hinzugehen (funktioniert auf Janitzio nicht, hier sind rund um die Uhr Menschenmassen). Tzintzuntzans Friedhof ist zwar einer der schönsten, aber leider auch sehr beliebt und schnell überfüllt. Es ist toll, früh am Tag zu kommen und zuzusehen, wie die Angehörigen die Gräber schmücken.

Kaminen und Kabel-TV ausgestattet und grenzen an einen Hof. Die Vordächer werden von alten Balken getragen.

Hostal Santa Fe (☎ 342-05-12; www.hostaldelvalle.com; Padre Lloreda 27; DZ/2BZ 500/700 Mex$; Ⓟ) Die ungewöhnliche, abgesenkte Lobby mit den gefliesten Böden, den Töpferwaren und den Eisenverzierungen an den Wänden wirkt sehr einladend, und die Zimmer sind im Großen und Ganzen bequem und sauber, auch wenn einige besser sind als andere. Zimmer Nr. 9 hat eine romantische Terrasse.

Hotel Rincón de Josefa (☎ 342-11-43; www.hotelrincondejosefa.com.mx; Iturbe 29; EZ/DZ 538/644 Mex$) Eines der besseren Hotels der Stadt. Die Lage zwischen den beiden Plazas ist ausgezeichnet, und die 60 Zimmer sind alle einzigartig. Manche haben gewölbte Backsteindecken und sind mit Antiquitäten ausgestattet. In der Lobby gibt es fast 2000 Pflanzen. Tolle Atmosphäre, toller Preis!

Hotel El Refugio (☎ 342-55-05; hotelcasadelrefugio@hotmail.com; Portal Régules 9; EZ/DZ 750/880 Mex$) In der gemütlichen, eleganten Unterkunft übernachtet man in geräumigen Zimmern, die Terrakottafliesen und hohe Decken mit Balken haben. Das Personal ist liebenswert und freundlich. Hier lässt es sich auch ein bisschen länger aushalten.

SPITZENKLASSEHOTELS

Hotel Misión San Manuel (☎ 342-10-50; www.misionsanmanuel.com; Portal Aldama 12; EZ/DZ 702/1053 Mex$; Ⓟ 💻) Die Gemeinschaftsbereiche dieses ehemaligen Klosters haben ein besonderes Flair: Den Hof zieren hölzerne Pfeiler, ein Kamin und wunderschöne Töpferwaren aus der Umgebung. Die großen Zimmer mit den hohen Decken sind allerdings eher durchschnittlich.

Hotel La Parroquia (☎ 342-25-16; reserva_laparroquia@hotmail.com; Plaza Gertrudis Bocanegra 24; Zi. 963 Mex$; Ⓟ 💻) Dieses palastartige dreistöckige Hotel erinnert an eine Hazienda und wurde erst kürzlich renoviert – man hat die Balken und Säulen erneuert und die Zimmer mit Granitbädern und Tempurpedic-Matratzen ausgestattet. Auch die Lage an der Plaza Chica überzeugt.

La Casa Encantada (☎ 342-34-92; www.lacasaencantada.com; Dr Coss 15; Zi. ab 974–1461 Mex$; Ⓟ 💻) Wer sich nach erschwinglichem Luxus sehnt, wird dieses B&B mit der intimen Atmosphäre unter amerikanischer Leitung lieben. In der Villa aus dem Jahr 1784 gibt es zehn elegante Zimmer mit Teppichen aus der Region und schönen Bädern. Gäste können von hier günstige Auslandsgespräche führen, das WLAN nutzen und sich vom Flughafen abholen bzw. hinbringen lassen. Das Gourmetfrühstück ist hervorragend.

Posada de la Basílica (☎ 342-11-08; www.posadalabasilica.com; Arciga 6; Zi. ab 1350 Mex$; Ⓟ 💻) Wer's gern rustikal und zugleich luxuriös mag, kann sich in eines der zwölf großen Zimmer mit Holzböden und offenen Kaminen einquartieren. Das Boutiquehotel hat ein Terrakottadach, einen schlichten Hof und eine unglaublich gute Lage mit Seeblick.

La Mansión de los Sueños (☎ 342-57-08; www.prismas.com.mx; Ibarra 15; Zi. ab 2230 Mex$) Dieses restaurierte Herrenhaus mit den drei aneinander angrenzenden Höfen hat ein paar der besten Übernachtungsmöglichkeiten der Stadt (teilweise sogar mit Kamin). Auch die Sammlung volkstümlicher Kunstwerke kann sich sehen lassen. Das Frühstück und ein Willkommenstrunk sind im Preis inbegriffen; beide werden im hauseigenen Restaurant Priscilla's serviert.

Casa de la Real Aduana (☎ 342-02-65; www.lafoliamx.com; Ponce de León 16; Zi. 2400–2750 Mex$) Dieser Kolonialbau aus dem 16. Jh. hat die elegantesten Zimmer von ganz Pátzcuaro. Gäste übernachten in feiner Bettwäsche und inmitten schöner Kunstwerke. Der historische Hof ist Museum und Garten zugleich und der perfekte Aufenthaltsort an einem sonnigen Morgen. Das Frühstück ist inklusive; Kinder sind nicht erwünscht.

Essen

In Pátzcuaro gibt es gutes, wenn auch nicht unbedingt hervorragendes Essen. Zu den hiesigen Spezialitäten zählen *sopa tarasca* (eine Suppe auf Tomatenbasis mit Sahne, getrockneten Chilischoten und knusprigen Tortillastückchen) und *corundas* (*tamales* mit einer cremigen Schweinefleisch- und Bohnenfüllung).

LP Tipp **Cenaduria La Pollita Feliz** (Ecke Obregón & Plaza Chica; Hauptgerichte 35 Mex$; ⏲ 17–22 Uhr) Unter der rosa Markise dieses gut besuchten Imbisses brutzeln herrlich krosses und zartes Hühnchenfleisch, Kartoffeln und Karotten in riesigen Bratpfannen und werden mit Enchilada-Sauce verfeinert. Von dem „Super Orden"-Menü (140 Mex$) werden vier Personen satt; es beinhaltet Salat, Enchiladas, zwei ganze Hühnchen und eine große Portion dampfender *papas* (Kartoffeln). Einfach köstlich!

La Surtidora (☎ 342-28-35; Portal Hidalgo 71; Hauptgerichte 35–120 Mex$; ⏰ 8–22 Uhr) Dieses altmodische Café an der Plaza Grande ist seit 1916 in Betrieb. Hier duftet es nach frischem Kaffee und die Kellner tragen weiße Kochjacken (aber Feinschmeckergerichte darf man nicht erwarten). Sie servieren Salate aller Art und Hühnchen-Enchiladas mit Butternusskürbissen.

La Casa de Arcangeles (☎ 342-10-50; Portal Aldama 12; Hauptgerichte 50–85 Mex$; ⏰ 8–22 Uhr) Dieses helle Hofcafé ist an das Hotel Mision San Manuel angeschlossen. Hier kriegt man alle mexikanischen Klassiker, und an den Wochenenden sorgt die jüngste Mariachiband Pátzcuaros für gute Unterhaltung.

Restaurante Don Rafa (☎ 342-04-98; Mendoza 30; Hauptgerichte ab 60 Mex$; ⏰ 8.30–21 Uhr) Im Don Rafa mit der intimen Atmosphäre tragen die Kellner Fliegen und verwöhnen die Gäste mit dreigängigen, durch und durch mexikanischen Menüs (z. B. mit Hühnchen-*mole*). Tischdecken und Kerzen runden das Bild ab, nur die grelle Beleuchtung stört ein bisschen. Trotzdem – eine gute Wahl!

Cha Cha Cha (☎ 342-16-27; www.restaurantchachacha.com; Buena Vista 7; Hauptgerichte 75–95 Mex$; ⏰ 8.30–21.30 Uhr) Dieses unkonventionelle Hofcafé befindet sich ganz in der Nähe der Plaza Basilica. Schöne Purépecha-Kunstwerke und Fotografien dienen als Deko, und die Burger und Fritten werden in den höchsten Tönen gelobt. Lecker ist auch der Lachs mit *chipotle*-Sauce. Es gibt sogar einen hauseigenen Kräutergarten.

Mistonga (☎ 342-64-50; Dr Coss 4; Hauptgerichte 85–115 Mex$; ⏰ Di–So 13–22 Uhr) Lust auf argentinisches Essen? In dem wunderschönen Innenhof des Mistonga werden Steaks auf ganz unterschiedliche Arten zubereitet, z. B. *à la milanesa* (dünn geklopft und paniert) oder mit *chimichurri* (einer Marinade aus Knoblauch, Petersilie und Olivenöl). Die Auswahl an argentinischen Weinen ist phantastisch.

Priscilla's (☎ 342-57-08; Ibarra 15; Hauptgerichte 95–150 Mex$; ⏰ 7.30–22.30 Uhr) In diesem vornehmen Restaurant werden internationale Gerichte zubereitet, z. B. *lasagna al prosciutto*, *nopales* (Feigenkaktus) mit Fischfüllung oder Käsefondue. Bei schönem Wetter kann man im Hof sitzen, und an Samstagabenden wird Livemusik gespielt.

An den günstigen **Imbissständen** (⏰ 8–19 Uhr) auf dem Markt an der Plaza Chica werden Fruchtsäfte, aber auch Tacos und *tortas* verkauft. Wer einen Supermarkt braucht, ist bei **Merza Pack** (Mendoza 24; ⏰ 7–21.45 Uhr) an der richtigen Adresse.

Ausgehen

Pátzcuaro ist keine Partyhochburg, aber wer mag, kann in einem der Straßencafés sein Glas auf den großen Quiroga erheben oder in der engen, mit Schwarzlicht beleuchteten **Campanario Bar** (Plaza Grande 14; ⏰ 15–23 Uhr) einkehren, wo manchmal Livebands auftreten. Wenn in Pátzcuaro nachts was los ist, dann hier.

El Refugio (☎ 342-55-05; Portal Régules 9; ⏰ 12–24 Uhr) Gleich zwei Highlights machen diese elegante Hotelbar zu etwas Besonderem: Den hübschen Kamin, der ein stimmungsvoller Hintergrund für interessante Gespräche ist, lieben Pärchen, und die ausländische Gemeinde von Pátzcuaro starrt wie gebannt auf den Flachbildschirm und verfolgt die Footballspiele.

Akqua (☎ 342-11-11; Plaza Grande 66; ⏰ 14–22 Uhr) In der brandneuen Loungebar werden moderne Elektrobeats gespielt, die das beschauliche Pátzcuaro erzittern lassen. Als wir für diesen Band recherchierten, tummelten sich noch kaum Besucher auf dem alten, steinernen Hof, das dürfte sich jedoch bald ändern.

Shoppen

Wer Kunsthandwerk aus Michoacán kaufen möchte, sollte der Casa de los Once Patios einen Besuch abstatten. Ähnliche Waren gibt's im Marktgebäude und im Mercado de Artesanías (beide in unmittelbarer Nähe der Plaza Chica) zu günstigeren Preisen. Auf dem Markt auf der Plaza San Francisco (jeden Freitagmorgen) kann man Töpferwaren kaufen, die in den umliegenden Dörfern hergestellt werden. Der kleine Handwerkermarkt vor der Basilika findet jeden Tag statt.

Wer auf der Suche nach schönen Souvenirs ist, wird rund um Pátzcuaro sicher fündig werden. Die unzähligen Dörfer sind für unterschiedliche Handwerkssparten bekannt – Shoppingsüchtige werden sie lieben!

Anreise & Unterwegs vor Ort

Das Busterminal von Pátzcuaro liegt 1,5 km südwestlich des Stadtzentrums. Dort gibt's auch eine Cafeteria und eine Gepäckaufbewahrung.

Die Busse ins Zentrum erkennt man an der Aufschrift „Centro"(5 Mex$). Nach Verlassen des Bahnhofs rechts halten und bis zur Ecke gehen. Eine Taxifahrt in die Stadt kostet 20 Mex$ (zzgl. eines kleinen Aufschlags ab 23 Uhr).

Wer von der Stadt aus zurück zum Terminal möchte, muss an der Nordostseite der Plaza Chica in einen Bus mit der Aufschrift „Central" steigen. Dort fahren auch die Busse zum Pier ab (Aufschrift „Lago"; tgl. 6 bis 22 Uhr).

Die folgenden Ziele werden häufig angesteuert (die Preisangaben beziehen sich auf Fahrten in 1.-Klasse-Bussen):

Ziel	Preis (Mex$)	Dauer (Std.)
Erongarícuaro	10	½
Guadalajara	200	4½
Mexico City (Terminal Poniente)	270	5½
Mexico City (Terminal Norte)	270	5½
Morelia	35	1
Quiroga	16	½
Santa Clara del Cobre	8	½
Tzintzuntzan	9	knapp ½
Uruapan	37	1
Zirahuén	14	knapp 1

WESTLICHES ZENTRALES HOCHLAND

RUND UM PÁTZCUARO

Lago de Pátzcuaro

Etwa 3 km nördlich des Stadtzentrums liegt ein natürlicher, durch einen Fluss gespeister See, der so strahlend blau ist, dass er direkt in den Himmel überzugehen scheint. Mittendrin gibt es ein paar bewohnte Inseln. Die zunehmende Umweltverschmutzung ist zwar ein Problem, aber der Lago de Pátzcuaro ist trotzdem nach wie vor ein wunderschönes Fleckchen Erde.

Um zum *muelle* (Dock) zu gelangen, steigt man an der Plaza Chica in einen Bus mit der Aufschrift „Lago". Die Anlegestelle ist eine ziemlich touristische Angelegenheit, neben billigen Fischbuden finden sich diverse Andenkenläden. Der Fahrkartenschalter befindet sich ca. 50 m weiter unten auf der rechten Seite.

Die **Isla Janitzio** ist ein beliebtes Wochenendausflugs- und Ferienziel. Entsprechend gibt es jede Menge Stände mit billigen Souvenirs und Fischrestaurants, und dazwischen torkeln betrunkene Studenten herum. Immerhin dürfen auf der Insel keine Autos fahren. Wer den gewundenen Pfaden folgt, kommt zu der 40 m hohen **Statue** (Eintritt 6 Mex$) des Unabhängigkeitskämpfers José María Morelos y Pavón. Im Inneren des weithin sichtbaren Monuments sind Wandgemälde, die Szenen aus Morelos Leben zeigen. Man kann übrigens bis zum Handgelenk der Statue hinaufklettern; dort eröffnet sich ein umwerfender Panoramablick. Das **Hotel Terhunukua** (Zi. 220 Mex$; 💻) verfügt über kleine, bescheidene Zimmer (von manchen hat man eine nette Aussicht) und ist nur 50 m von der Anlegestelle entfernt.

Eine Bootsfahrt zur Isla Janitzio kostet 40 Mex$ (hin & zurück) und dauert 25 Minuten pro Strecke. Die Boote legen ab, sobald alle Plätze besetzt sind (etwa alle 30 Min., an den Wochenenden kürzere Intervalle).

Die winzige **Isla Yunuén** ist ein grünes, ruhiges Fleckchen Erde. Hier lebt eine Purépecha-Gemeinde. Übernachten kann man in einer der romantischen Holz-*cabañas* von **Cabañas de Yunuén** (☎ 434-342-44-73; Cabañas ab 400 Mex$). In den Hütten, die alle mit TV und Kitchenette ausgestattet sind, können bis zu 16 Personen schlafen.

Eine Bootsfahrt zur Isla Yunuén kostet ebenfalls 40 Mex$ pro Person (hin & zurück). Los geht's, wenn das Boot voll ist – manchmal muss man sich etwas gedulden.

Dörfer am See

Die Dörfer am Lago de Pátzcuaro eignen sich hervorragend als Tagesausflugsziele. Fast alle sind vom Busterminal in Pátzcuaro aus mit öffentlichen Verkehrsmitteln zu erreichen. Wer nicht zurück zur Bushaltestelle möchte, kann an der Plaza Chica in einen Bus nach Ihuatzio steigen (Direktverbindung) bzw. einen Bus mit der Aufschrift „Lago" nehmen und irgendwo zwischen der Posada de Don Vasco und dem Highway 14 aussteigen. Dann einfach am Straßenrand auf einen Bus warten, der das gewünschte Dorf ansteuert.

Regelmäßig pendeln Combis zwischen den Dörfern hin und her, sodass man mehrere an einem Tag besichtigen kann. Die Verbindung zwischen Quiroga und Erongarícuaro ist allerdings weniger gut ausgebaut; wer über Pátzcuaro fährt, kommt wahrscheinlich schneller ans Ziel.

IHUATZIO

Ihuatzio ist 14 km von Pátzcuaro entfernt und war nach Pátzcuaro (und vor Tzintzuntzan) die Hauptstadt des Taraskenreichs. Heute ist es einer jener staubigen, beschaulichen Orte,

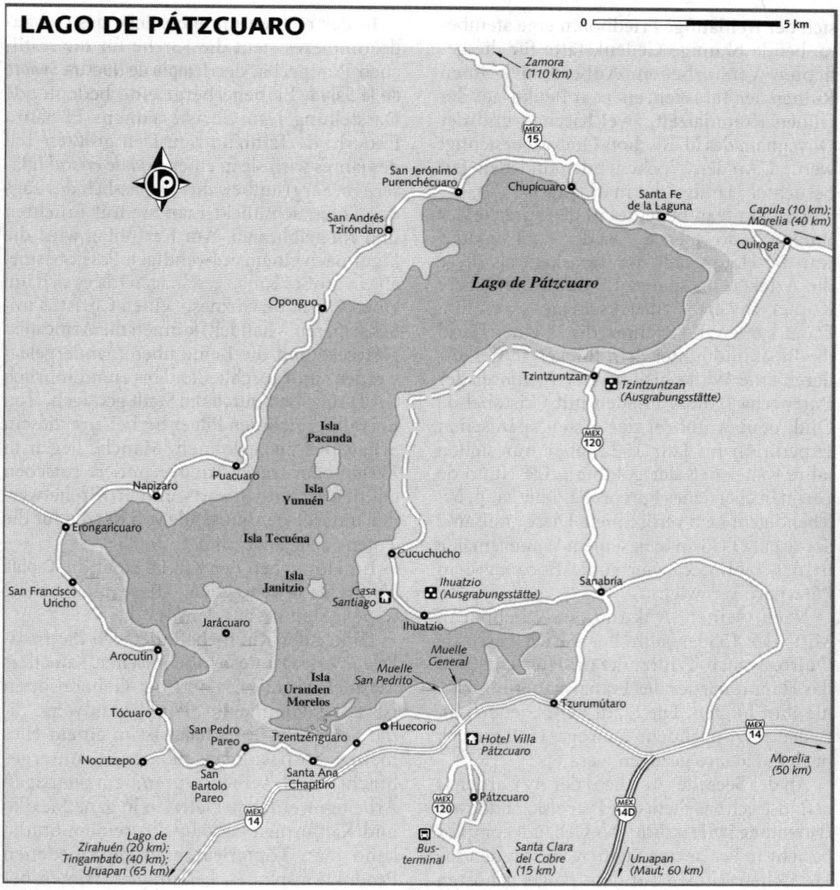

LAGO DE PÁTZCUARO

in denen jeder jeden kennt – bis die Touristen einfallen.

Von der kleinen Plaza aus führt eine Kopfsteinpflasterstraße zu der etwa 1 km entfernten **Ausgrabungsstätte von Ihuatzio** (Eintritt 25 Mex$; ⌚ 10–18 Uhr). Auf dem großen Gelände wurden zwei in Stein gemeißelte Kojoten gefunden (einer befindet sich im nationalen Anthropologiemuseum in Mexico City, der andere schmückt den Glockenturm der Kirche von Ihuatzio). Außerdem erstreckt sich dort ein 200 m langer Zeremonienplatz, an dessen Westseite zwei pyramidenähnliche Bauten aufragen. Es ist verboten, auf die Pyramiden hinaufzuklettern, aber von dem restaurierten Wall zur Linken (an der Südseite) hat man einen guten Blick.

Wer schon immer davon geträumt hat, einmal in einem authentischen, indigenen *pueblo* zu übernachten, kann das in der **Casa Santiago** (☎ 342-59-62; www.geocities.com/theothermexico; Übernachtung & Frühstück 436 Mex$, Vollpension 545 Mex$) verwirklichen. Sie liegt 1,5 km westlich von Ihuatzio an der Straße nach Cucuchucho und wird von einem netten amerikanisch-purépechanischen Paar betrieben. Günstige Shoppingtouren werden auch angeboten.

TZINTZUNTZAN

Dieses winzige, alte Städtchen (tzin-*tzun*-tzan ausgesprochen) liegt etwa 15 km nördlich von Pátzcuaro und hat eine belebende Atmosphäre. Während der zweitägigen Feierlichkeiten zum Día de los Muertos verwandelt sich der weitläufige Friedhof in eine atemberaubende blumige Gedenkstätte für die geliebten Verstorbenen. Außerdem können Ruinen der Tarasken, ein paar Relikte aus der frühen Kolonialzeit, zwei Kirchen und der Olivenhain des hl. Bischofs Quiroga besichtigt werden. An den Wochenenden findet ein gut besuchter Handwerkermarkt statt.

Tzintzuntzan bedeutet in der Sprache der Purépecha so viel wie „Ort der Kolibris" und war die Hauptstadt der Tarasken, als diese die Azteken im späten 15. Jh. mithilfe ihrer Kupferschwerter zurückschlagen konnten. Dann kamen die Spanier, die in einer Hand die Bibel und hinter dem Rücken in der anderen eine Waffe hielten. Der Anführer der Purépecha schloss Frieden mit Cristóbal de Olid, dem Anführer der ersten spanischen Expedition im Jahr 1522, aber nur sieben Jahre später ließ der goldhungrige Nuño de Guzmán eben jenes Purépecha-Oberhaupt bei lebendigem Leib verbrennen. Diese grausame Szene hat O'Gorman in seinem Wandgemälde in der Biblioteca Gertrudis Bocanegra in Pátzcuaro verewigt.

Nach seiner Ankunft in Michoacán Mitte der 1530er-Jahre begab sich Vasco de Quiroga nach Tzintzuntzan. Hier entstand das Hauptquartier der Franziskanermönche, die ihm folgten. Die Stadt verlor jedoch an Bedeutung, nachdem Quiroga 1540 zurück nach Pátzcuaro gezogen war.

An der Seeseite (westlich) der Av Cárdenas befindet sich das ehemalige Franziskanerkloster **Convento de San Francisco**. Der Gebäudekomplex besteht teilweise aus Steinen, die zu den taraskischen Ruinen auf dem Hügel gehörten und von den Spaniern zerstört wurden). Von hier gingen im 16. Jh. die ersten spanischen Missionierungsbemühungen in Michoacán aus. Die knorrigen Olivenbäume auf dem Kirchhof hat übrigens Vasco de Quiroga gepflanzt; man sagt, dass es sich dabei um die ältesten Olivenbäume auf dem amerikanischen Kontinent handelt. Einen besseren Ort für eine kleine *siesta* gibt es eigentlich nicht!

Wenn man den Kirchhof betritt, läuft man geradewegs auf den baufälligen, aber immer noch gut besuchten **Templo de San Francisco** zu. Er wurde ausschließlich für die Mönche errichtet. Grünzeug wuchert an seiner Fassade. Zur Linken des *templo* befindet sich ein wunderschöner Kreuzgang mit verblassten Wandgemälden und hölzernen Deckenornamenten im Mudéjar-Stil.

In der rechten hinteren Ecke des Gebäudekomplexes steht die Kirche für die restlichen Purépecha, der **Templo de Nuestra Señora de la Salud**. Er beherbergt eine bedeutende Darstellung Jesu Christi namens El Santo Entierro de Tzintzuntzan. Den größten Teil des Jahres wird sie in einer *caja de cristal* (gläsernem Sarg) aufbewahrt. Anlässlich des Tags der Toten schmückt man sie mit Früchten und Ringelblumen. Am Karfreitag wird die Figur nach einem aufwendigen Passionsspiel an ein großes Kreuz geschlagen (da es sich um einen Cristo de Goznes – einen Christus mit Scharnieren – handelt, können die Arme ausgestreckt und die Beine übereinandergelegt werden) und anschließend bis zum Einbruch der Dunkelheit durch die Stadt getragen. Von überallher strömen Pilger herbei, um diesem Schauspiel beizuwohnen. Manche liegen in Ketten oder tragen Kreuze, andere rutschen auf den Knien vorwärts. In der Kirche werden unterdessen Tausende von Kerzen für die Totenwache angezündet.

Im Hof neben der Kirche steht die **Capilla Abierta de la Concepción**. Diese alte, offene Kapelle stammt aus dem 16. Jh.

Hinter der Kirche befindet sich die rustikale Werkstatt des einheimischen Künstlers Manuel Morales; seit fünf Generationen ist seine Familie im Töpferhandwerk tätig. Sein **Taller De Cerámica** ist in einem ehemaligen Missionskrankenhaus untergebracht, und seine bunten, einzigartigen Arbeiten werden in Galerien in ganz Mexiko und Kalifornien verkauft. In seinem Studio kann man Töpferwaren in verschiedenen Produktionsphasen besichtigen. Hinten befindet sich ein Ausstellungsraum. Die Preise sind saftig – Morales ist eben ein Meister seines Fachs. Er gibt übrigens auch Unterricht und stellt Azubis ein. Wer die Töpferlaufbahn einschlagen will, wird kaum eine kreativere Lernumgebung und einen qualifizierteren Lehrer finden können. Manuel Morales hat kein Telefon – man muss persönlich bei ihm vorbeischauen.

Wenn man das Kloster durch den Haupteingang verlassen, den Highway überquert und den Hügel erklommen hat, erreicht man die **Ausgrabungsstätte von Tzintzuntzan** (Las Yácatas; 34 Mex$; 🕑 10–17 Uhr). Dort befinden sich fünf runde, mittlerweile rekonstruierte Tempel, die als *yácatas* bekannt sind. Sie sind alles, was von dem einst so mächtigen Taraskenreich noch übrig ist. Auf dem Hügel hat man einen schönen Blick auf die Stadt, den See und die Berge.

QUIROGA

Quiroga befindet sich 7 km nordöstlich von Tzintzuntzan. Das lebendige Städtchen ist nach jenem Mann benannt, der viele der hiesigen Gebäude errichten ließ und für die Etablierung verschiedener Handwerke verantwortlich ist. Jeden Tag findet ein gut besuchter Handwerkermarkt statt, und in Hunderten von Läden werden Waren aus Holz, Ton und Leder, aber auch bunte Wollpullis und *sarapes* verkauft. Da die Stadt an der Verbindungsstelle zwischen den Highways 15 und 120 liegt, kann sich hier niemand über einen Mangel an kaufwütigen Besuchern beklagen.

Legendär sind aber auch die hiesigen *carnitas* (langsam gegarte Schweinefleischstücke). Es gibt Dutzende von *carnitas*-Ständen und Imbissen – aber das leckerste Essen bekommt man in der kleinen **Taquería Los Compadres** an der Hauptstraße. Die Spezialität sind nicht Tacos, sondern *molcajetes* (50 Mex$/Pers.), die vielleicht die besten in ganz Mexiko sind. Gegrillte Steaks werden in feine Streifen geschnitten, auf Zwiebelwürfel gelegt und dann in einer blubbernd heißen Sauce im *molcajete* (einer Mahlschüssel aus Lavagestein) gekocht. Die Mischung wird anschließend mit Chorizo, *carnitas*, jeder Menge Käse und gegrillten *nopales* abgerundet und mit Tortillas aus der Pfanne serviert. Noch ein paar Servietten, bitte!

Am ersten Sonntag im Juli findet die **Fiesta de la Preciosa Sangre de Cristo** (Fest des kostbaren Bluts Jesu Christi) statt. Sie wird mit einer langen Fackelprozession begangen. Vornweg marschiert eine Gruppe von Gläubigen mit einer Jesusfigur, die aus einer Mais-Honig-Paste besteht.

ERONGARÍCUARO

Erongarícuaro (oder „Eronga") liegt 18 km westlich von Pátzcuaro und ist eine der ältesten Siedlungen am See. Hier lebte in den 1950er-Jahren der französische Künstler André Breton (1896–1966), der manchmal Besuch von Diego Rivera und Frida Kahlo bekam. Breton schuf das ungewöhnliche, schmiedeeiserne Kreuz auf dem Kirchenvorplatz. Den schönen Garten hinter dem alten Priesterseminar und das traditionelle *troje*-Haus der Purépecha anschauen!

Am 6. Januar wird die **Fiesta de los Reyes Magos** (Fest der Heiligen Drei Könige) mit Musik und Tanz gefeiert.

TÓCUARO

Tócuaro befindet sich 10 km westlich von Pátzcuaro und ist umgeben von Feldern. In dem Städtchen mit den Kopfsteinpflasterstraßen leben einige der besten Maskenhersteller von ganz Mexiko. Statt der traditionellen Ladenfronten sieht man hie und da ein Schild, das den Weg in den Hof eines Familienhauses weist, in dem sich Werkstätten und Ausstellungsräume befinden.

Der beste Maskenmacher von Tócuaro war Juan Horta; er verstarb erst vor Kurzem. Sein Sohn **Orlando Horta** (☎ 443-349-72-31; maskorta@hotline.com; ⌚ 10–18 Uhr) und dessen Brüder führen das Geschäft weiter. Sie fertigen unheimliche Schädel-, Fledermaus- und Stiermasken an, die mit Echthaar und echten Zähnen versehen sind. Um zu der Werkstatt zu kommen, von der Bushaltestelle aus die Straße (Morelos) hinaufgehen; wenn man die Hidalgo passiert hat, ist es das erste Haus auf der linken Seite. Die besten Holzskulpturen der Stadt gibt's im **Taller de Don Salvador Tera e Hijos** (☎ 443-303-37-82; ⌚ 9–18 Uhr) am Highway.

Man sollte schon ein bisschen Geld mitnehmen. Die Masken werden aus einem einzigen Stück Holz geschnitzt, und bis zur Fertigstellung vergeht ein Monat oder mehr. Die schönsten Exemplare sind sehr ausdrucksstark und wirken surreal. Dank der steigenden Nachfrage von Sammlern aus aller Welt kosten sie mitunter Hunderte von US-Dollar.

Capula

Diese kleine Stadt liegt am Hwy 15 zwischen Pátzcuaro und Morelia. Dort wird der Día de los Muertos auf besonders farbenprächtige und stimmungsvolle Weise, aber ohne die üblichen Touristenmassen gefeiert. Den **Friedhof** kann man bereits vom Highway aus sehen. Kreuze aus Ringelblumen schmücken die Grabstellen und rote Rosen und purpurfarbene Orchideen winden sich um die moosbedeckten Grabsteine. Nirgendwo stören laute, betrunkene Menschenmengen die andächtige Stimmung. Stattdessen kann man Familien beobachten, die im Feuerschein an den Gräbern sitzen und gemäß der Tradition die ganze Nacht lang Wache halten.

Neben dem Friedhof erstreckt sich ein phantastisches Grundstück. Es gehört dem bedeutenden mexikanischen Künstler Juan Torres. Sein weitläufiges Wohnhaus aus Lehmziegeln und die Kapelle, die gleichzeitig als Kunstgalerie fungiert, sind von Skulpturen, Bäumen und einem Kaktusgarten umgeben. Die Malereien in der Kapelle deuten darauf hin, dass Torres ein Liebhaber des Weiblichen ist. Vor dem heidnischen Altar – einem Felsblock vulkanischen Ursprungs – liegt eine große Jesusfigur aus Terrakotta. Die Gemälde stehen zum Verkauf; Torres wickelt jedoch mehr Geschäfte in seinem Ausstellungsraum **La Candelaria** (443-320-56-37; juantorrescapula@hotmail.com) ab. Dieser bunte und zugleich düstere Ort ist genau das Richtige für morbide veranlagte Charaktere – unbedingt angucken! In den Regalen stehen lächelnde *catrinas* (Tonskelette). Manche sind in katholische Roben oder schicke Abendkleider gehüllt und tragen ausladende Hüte, andere sind ganz offensichtlich schwanger und rauchen trotzdem. Ehemalige Schüler von Torres verkaufen *catrina*-Imitate für ein Drittel des Originalpreises (nach dem **Mercado de Artesanías** an der Hauptstraße Ausschau halten).

WESTLICHES ZENTRALES HOCHLAND

URUAPAN

☎ 452 / 242 100 Ew. / 1620 m

Ohne den stolzen, donnernden Río Cupatitzio gäbe es diese Stadt nicht. Der Strom verläuft zunächst unterirdisch und tritt im Parque Nacional Barranca del Cupatitzio an die Oberfläche. Dort hat er eine Oase mit subtropischen Palmen, Orchideen und Schatten spendenden Bäumen geschaffen. Als der spanische Mönch Fray Juan de San Miguel 1533 erstmals einen Fuß auf dieses Gelände setzte, war er hellauf begeistert, und taufte es auf den Namen Uruapan (u-ru-*a*-pan). Das Purépecha-Wort bedeutet in etwa so viel wie „ewiger Frühling“. Fray Juan ließ ein Krankenhaus, eine Kapelle und einen großen Marktplatz bauen und sorgte dafür, dass die Straßen der Stadt schachbrettartig angelegt wurden.

Uruapan mauserte sich bald zu einem bedeutenden landwirtschaftlichen Zentrum. Besonders bekannt ist es für die qualitativ hochwertigen *aguacates* (Avocados). Nach wie vor gilt die Stadt als „Capital Mundial del Aguacate“ (s. Kasten gegenüber), und im November findet eine Avocadomesse statt.

Avocados spielen in Uruapan zwar eine wichtige Rolle, aber der eigentliche König der Stadt ist der Fluss. Die schönsten Viertel findet man entlang seiner Ufer. Der Nationalpark ist zu Fuß nur 15 Minuten vom Stadtzentrum entfernt und besticht durch rauschende Wasserfälle und plätschernde Flüsschen, die sich einen Weg durch den dichten Pflanzendschungel bahnen. Einer der coolsten Clubs von ganz Mexiko, die Bar Rio, ist in einem alten, unterirdischen Wasserwerk in der Nähe des donnernden Cupatitzio untergebracht.

Uruapan liegt nicht so hoch wie Pátzcuaro. Dementsprechend ist es hier um einiges wärmer. Besonders sehenswert ist der 35 km entfernte Vulkan Paricutín.

Orientierung

Eine lange, schmale Plaza bildet das Zentrum von Uruapan. Alle Einrichtungen, die für Traveller von Bedeutung sind, können von dort aus bequem zu Fuß erreicht werden.

In Uruapan ändern sich die Straßennamen sehr häufig – und zwar sowohl an der zentralen Plaza als auch an anderen Stellen. Die *portales* an der Plaza tragen andere Namen als die jeweiligen Straßen, die an ihnen vorbeiführen. An der Ostseite befindet sich das Portal Degollado, an der Südseite erstrecken sich das Portal Carrillo und das Portal Matamoros. Das Portal im Norden heißt Mercado.

Praktische Informationen

In der Nähe der Plaza befinden sich einige Banken mit Geldautomaten und eine Handvoll *cambios*.

Casa del Turista (☎ 524-06-67; www.uruapan.gob.mx; Carranza 20; 🕒 9–19.30 Uhr) Die städtische Touristeninformation.

Lavandería (☎ 523-26-69; Ecke Carranza & Garcia; 15 Mex$/kg; 🕒 Mo–Sa 9–14 & 16–20 Uhr) Waschsalon.

Mi Cafe JG.Net (Independencia 35; 5 Mex$/Std.; 🕒 Mo–Sa 10.30–22, So 10.30–16 Uhr)

Post (Jalisco 81; 🕒 Mo–Fr 9–15, Sa 9–13 Uhr)

Secretaría de Turismo (☎ 524-71-99; Ayala 16; 🕒 Mo–Fr 8.30–15 & 16–19, Sa 9–14 & 16–19, So 9–14 Uhr) Die staatliche Touristeninformation.

Sehenswertes

MUSEO DE LOS CUATRO PUEBLOS INDIOS

Dieses **Museum** (☎ 524-34-34; Eintritt frei; 🕒 Di–So 9.30–13.30 & 15.30–18 Uhr) besteht aus drei Zimmern, in denen *artesanías* aus der Region ausgestellt sind (z. B. Töpferwaren aus Capula oder Lackarbeiten aus Quiroga). Es ist in der Huatápera untergebracht, einem alten Kolonialgebäude an der Nordostseite des Haupt-

DIE AVOCADO – EIN FASZINIERENDES FRÜCHTCHEN

Avocados sind eine ganz große Nummer in Uruapan. Mexiko ist der weltgrößte Avocadoproduzent, und der Großteil der Früchte stammt aus den alten Hainen am Stadtrand Uruapans. Jedes Jahr werden hier mehr als 1 Mrd. kg Avocados geerntet, davon sind etwa 5 % – u.a. die qualitativ hochwertigsten – für den Export bestimmt. Das ergibt eine ganze Menge Guacamole!

Die Avocado stammt ursprünglich aus Mexiko, Mittelamerika und der Andenregion. Das Wort leitet sich von dem spanischen Begriff *aguacate* ab, das wiederum auf das Náhuatl-Wort *ahuacatl* – Hoden – zurückgeht. Und tatsächlich: Die Früchte hängen paarweise von den Ästen. Die Azteken betrachteten sie sogar als Aphrodisiakum; während der Erntezeit hatten die jungen Frauen Ausgehverbot!

Heutzutage gibt es mehr als hundert verschiedene Avocadosorten. Mit Abstand am beliebtesten ist die Sorte „Hass". Sie macht ca. 80 % der weltweiten Produktion aus. Beim kommerziellen Anbau werden keine Bäume gepflanzt, sondern es wird auf bereits vorhandene aufgepfropft; das beschleunigt die Produktion und verbessert die Qualität. Mittlerweile werden die Früchte in vielen gemäßigten Zonen angebaut, z. B. in Kalifornien, Südafrika, Spanien, Israel, Brasilien und, natürlich, in Mexiko. Ausgewachsene Avocadobäume produzieren bis zu 400 Früchte pro Jahr und können mehr als 200 Jahre alt werden. Rund um Uruapan wird zweimal pro Jahr geerntet.

Die außergewöhnliche Frucht wird auf ganz unterschiedliche Arten zubereitet. In Ecuador wird sie in Suppenform verzehrt, in Südostasien wird sie als Smoothie genossen, in Kalifornien taucht sie in pürierter Form im Sushi auf, und in Brasilien wird sogar Eis aus ihr gemacht! Avocados können gefüllt oder zu Dips verarbeitet werden, und oft enthalten Pflegeprodukte für Gesicht, Haut und Haar Avocados. Das Antioxidans senkt den Cholesterinspiegel und hat viele Ballaststoffe, ist allerdings auch eine kleine Kalorienbombe (Früchte können mehr als 300 Kalorien haben)! Wer an einem Avocadobaum vorbeischlendert, sollte zudem daran denken, dass die steinharten Früchte erst *nach* dem Ernten weich werden.

platzes, das in den 1530er-Jahren von Vasco de Quiroga erbaut wurde. Einst beherbergte es das erste Krankenhaus auf dem amerikanischen Kontinent. Purépecha-Künstler schufen die Mudéjar-Verzierungen an den Türen und Fenstern.

PARQUE NACIONAL BARRANCA DEL CUPATITZIO

Dieser unvergleichliche **Stadtpark** (Independencia; Erw./Kind 12/5 Mex$; 8–18 Uhr) ist nur 1 km von der Plaza entfernt und scheint dennoch zu einer völlig anderen Welt zu gehören. Hier präsentiert sich Mutter Natur in ihrer ganzen Größe: Zwischen tropischen und subtropischen Pflanzen (z. B. stattlichen Bananenpalmen) tummeln sich bunte Vögel und Schmetterlinge. Der Fluss rauscht über Felsbrocken hinweg und stürzt meterweit in die Tiefe, bevor das Wasser sich in großen, kristallklaren Becken sammelt. Gespeist wird er von dem Becken Rodilla del Diablo am nördlichen Ende des Parks. Gepflasterte Wege säumen seine Ufer. Auch für das leibliche Wohl der Besucher ist gesorgt: Es gibt ein paar Obststände und *taquerías* und sogar eine Forellenfarm vor Ort.

FÁBRICA SAN PEDRO

Diese phantastische alte **Textilfabrik** (☎ 524-06-77; telaresurua pan@prodigy.com.mx; Treviño s/n; Führungen Mo–Sa 9–18 Uhr) aus dem 19. Jh. ist ein lebendes Museum. Hier werden von Hand gewebte und gefärbte Tages- und Tischdecken sowie Vorhänge hergestellt und verkauft. Sie bestehen aus reiner Baumwolle. Die Originalmaschinen sind mehr als 100 Jahre alt und noch immer in Betrieb. Führungen, im Rahmen derer man sich den ganzen Produktionsprozess anschauen kann, gibt's nach vorheriger telefonischer Anmeldung.

Festivals & Events

Semana Santa Am Palmsonntag finden eine Prozession und ein wichtiger Handwerkswettbewerb statt. Zwei Wochen später wird auf der Plaza für eine Woche (Kunst-)Handwerk aus Michoacán ausgestellt.

Día de San Francisco Der hl. Franziskus ist der Schutzpatron von Uruapan. Ihm zu Ehren wird am 4. Oktober ein großes Volksfest gefeiert.

Festival del Cristo Rey Am letzten Sonntag im Oktober wird ein Abbild von Jesus Christus bei einer abendlichen Prozession durch die Stadt getragen. Die Straßen werden mit Bildern aus Blütenblättern und bunten Sägespänen geschmückt.

Feria del Aguacate Im Rahmen der dreiwöchigen Avocadomesse im November und Dezember werden Landwirtschafts-, Industrie- und Handwerksausstellungen abgehalten. In den vergangenen Jahren hat man dabei wiederholt versucht, die größte Guacamole der Welt herzustellen.

Festival de Coros y Danzas Ein Tanz- und Chorwettbewerb der Purépecha am 22. Dezember.

Schlafen

Wer zum Día de los Muertos (Anfang Nov.) oder in der Semana Santa (März/April) anreisen möchte, sollte sich bereits lange im Voraus um ein Zimmer kümmern.

BUDGETUNTERKÜNFTE

Campamento de Área de Montaña (☎ 523-23-09; Lenin s/n; Camping 54 Mex$/Pers.) Wer mag, kann sein Zelt in diesem 182 ha großen Naturschutzgebiet 4 km westlich des Zentrums aufschlagen. Man muss sich im Parque Nacional Barranca del Cupatitzio anmelden; einfach nach der „Oficina Área de Montaña" fragen, dann kommt man in den Nationalpark, ohne Eintritt zahlen zu müssen. Am besten nimmt man ein Taxi, um zum Reservat zu kommen.

Hotel Oseguera (☎ 523-98-56; Portal Degollado 2; EZ/DZ 100/200 Mex$) Von den drei supergünstigen Unterkünften an der Ostseite der Plaza ist dies die Beste – das heißt allerdings nichts. Von den oberen Stockwerken aus hat man eine schöne Aussicht auf die Berge.

Hotel del Parque (☎ 524-38-45; Independencia 124; EZ/DZ 190/265 Mex$; Ⓟ) Dieses schon ziemlich alte günstige Hotel ist nicht weit vom Nationalpark entfernt. Die Zimmer sind dunkel, aber eigentlich sauber. Achtung: Der Geräuschpegel in den Zimmern zur Straße hin ist ziemlich hoch.

Posada Morelos (☎ 523-23-02; Morelos 30; EZ/DZ mit eigenem Bad 200/300 Mex$) Dieses Hotel mit dem auffälligen Anstrich hat seltsam erhöhte Bäder und Balkendecken. Die schönsten Unterkünfte der Budgetkategorie sind die zum Hof hin. Am besten gleich die Betten testen – bei manchen spürt man den Federkern!

MITTELKLASSEHOTELS

Hotel Villa de Flores (☎ 524-28-00; Carranza 15; EZ/DZ 350/480 Mex$) Je weiter man in dieses Gartenhotel vordringt, desto mehr verflüchtigen sich der Straßenlärm und der eher negative erste Eindruck. Mit den rosa getünchten Wänden, den Bettkopfenden aus dunklem Holz, den gefliesten Bädern und den gewölbten Balkendecken ist die Villa de Flores ein wahres Kleinod.

Nuevo Hotel Alameda (☎ 523-41-00; hotelalameda@vel.com; 5 de Febrero 11; EZ/DZ 360/440 Mex$; Ⓟ ✲ 💻) Austin Powers würde dieses betagte Geschäftshotel mit der Retro-Telefonanlage und dem abgefahrenen, modern-kitschigen Flair lieben. Die Zimmer sind hell und sauber, und von den oberen Etagen hat man eine geniale Aussicht. Ein weiteres Plus: Es gibt WLAN. Groovy, Baby!

Hotel Regis (☎ 523-58-44; hotelregis@intermatsa.com.mx; Portal Carrillo 12; EZ/DZ 365/540 Mex$; Ⓟ) In puncto Preis-Leistungs-Verhältnis ist dies die beste Option an der Plaza. Gäste werden freundlich empfangen und sind von dem ausladenden Kronleuchter mit den herunterhängenden Sternen meist begeistert. Die Zimmer haben Persönlichkeit – und Wandmalereien.

Hotel Concordia (☎ 523-04-00; www.hotelconcordia.com.mx; Portal Carillo 8; EZ/DZ 365/540 Mex$) Saubere, einfache Zimmer mit Kabel-TV in sehr guter Lage (direkt an der Plaza). Eine gute Option.

Casa Chikita (☎ 524-41-74; www.casachikita.com; Carranza 32; EZ/DZ 380/707 Mex$) In diesem Gebäude aus dem 19. Jh. gibt es nur fünf Quartiere. Sie sind um einen Garten angeordnet, den in der Umgebung hergestellte Töpferwaren zieren. Die Zimmer hauen einen zwar nicht vom Hocker, sind aber komfortabel und warten mit netten Details auf, z. B. mit Holz- oder Granitflächen im Bad, Bodenfliesen und hübschen Arbeiten hiesiger Künstler.

Hotel El Tarasco (☎ 524-15-00; contacto_hoteleltarasco@hotmail.com; Independencia 2; EZ/DZ 755/872 Mex$; Ⓟ ✲ 💻) Ein recht betagtes Hotel an der Plaza. Die Telefonanlage stammt noch aus den 1970er-Jahren, aber die hübschen Stuckelemente, die Mosaikflächen im Bad und die tollen Aussichten verleihen den Räumlichkeiten eine frische Note.

LP Tipp **Mi Solar Bed & Breakfast** (☎ 524-09-01; www.hotelmisolaruruapan.com; Delgado 10; Zi. ab 795 Mex$; Ⓟ ☒ ✲ 💻) Als wir in Uruapan unterwegs waren, hatte man das Mi Solar gerade erst eröffnet. Es war aber schon zur besten Unterkunft der Stadt avanciert. Das Boutiquehotel verfügt über 17 geräumige Zimmer, die auf drei Stockwerke verteilt und um ein Atrium mit Bar angelegt sind. Die Zimmer haben hohe Decken und sind mit großen Betten ausgestattet. Gäste können hier das WLAN und das kleine Fitnessstudio nutzen oder die Sauna aufsuchen. Morgens wird ein opulentes Frühstück serviert.

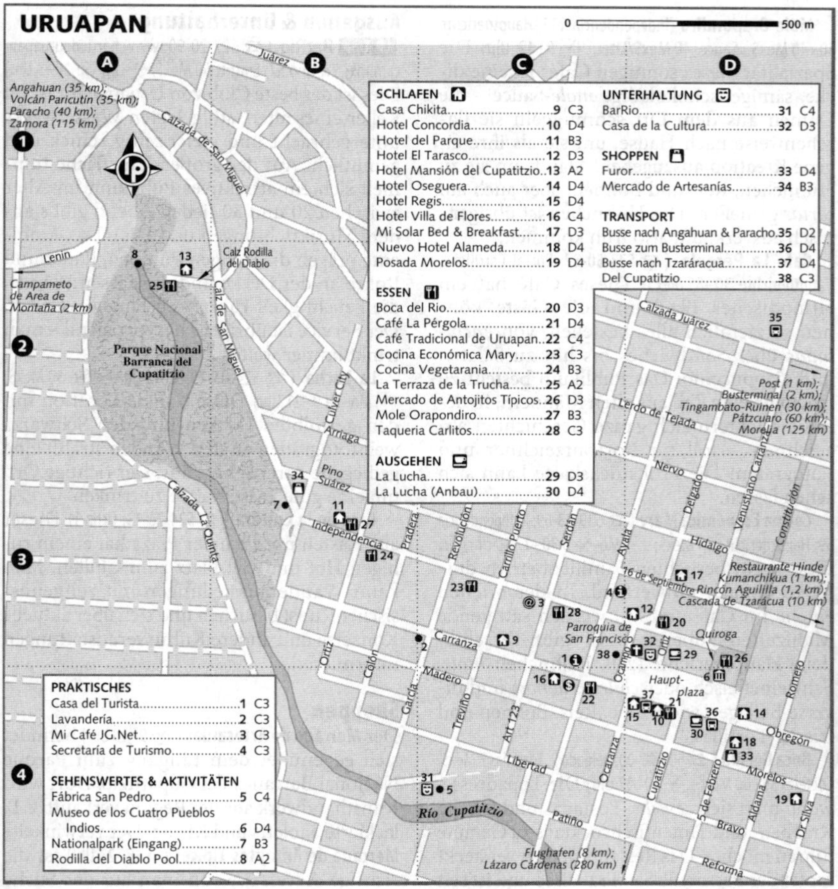

SPITZENKLASSEHOTELS

Hotel Mansión del Cupatitzio (☎ 523-21-00; www.mansiondelcupatzio.com; Calz Rodilla del Diablo 20; Zi. ab 1242 Mex$; P ⊠ 🖳 🏊) Dieses wunderschöne, weitläufige Grundstück im Hazienda-Stil befindet sich am nördlichen Ende des Parque Nacional Barranca del Cupatitzio. Die betagten Zimmer haben den Charme der kalifornischen Bungalows der 1940er-Jahre. Die Fahrstuhlmusik ist aber nervig. Wer bar zahlt, kann einen Preisnachlass aushandeln.

Essen

Hinde Kumanchikua (☎ 524-84-96; Chiapas 4; Tacos 8 Mex$; 🕒 Mi–Mo 10–3 Uhr) Wer nach dem Besuch der Bar Rio ordentlich einen sitzen hat, wird dem Himmel für diese *taquería* danken, die bis spät in die Nacht geöffnet ist. Empfehlenswert sind die Rindfleischchorizo und die Tacos *al pastor*, die mit drei feurig scharfen Saucen serviert werden.

Taquería Carlitos (Ecke Serdán & Independencia; 6 Tacos 11 Mex$; 🕒 9.30–21 Uhr) Die Einheimischen lieben Carlitos krosse Tacos mit Rindfleisch-, Kartoffel-, Bohnen- und Käsefüllung. Pro Bestellung gibt's sechs Tacos in der Tüte (mit roter oder grüner Salsa). Rindfleisch ist schnell ausverkauft.

Cocina Vegetarania (Independencia 113; Hauptgerichte 25–45 Mex$; 🕒 9–19 Uhr; Ⓥ) Die Besitzerin dieses kleinen Cafés ist extrem mürrisch, bereitet aber Pasta mit Sojachorizo oder vegetarische Burger zu. Das wird vielleicht nicht die fröhlichste Mahlzeit, aber eine garantiert fleischlose.

Mole Orapondiro (Independencia 112; Hauptgerichte 30–40 Mex$, Sauce 40 Mex$/Liter; ⌚ 9–17 Uhr) Die Spezialität dieses sonnigen Cafés ist eine dicke, sämige, schokoladige *mole*-Sauce – die Damen aus dem Ort schmuggeln sie flaschenweise nach Hause, um sie als ihre eigene Kreation auszugeben! Man kann sie zu Hühnchen, Reis und Bohnen, aber auch auf *tortas* genießen. Das Hühnchen ist übrigens rasch ausverkauft, also früh kommen!

Café La Pérgola (☎ 523-50-87; Portal Carrillo 4; Hauptgerichte 30–85 Mex$) Dieses Café hat ein altmodisches Flair und die Gäste können so ziemlich alles bestellen, von *enchiladas* über Sandwiches bis hin zu Salaten und Cappuccino. Das Publikum besteht zu einem großen Teil aus alten Männern, in deren Gesichtern sich ganze Geschichten abzeichnen – toll für Portraitzeichner und Fotografen! Die Frühstückskarte kann sich sehen lassen.

Cocina Económica Mary (☎ 519-48-69; Independencia 59; Hauptgerichte 35 Mex$; ⌚ Mo–Sa 8.30–17.30 Uhr) In diesem gut besuchten Familienbetrieb duftet es einfach umwerfend. In der offenen Küche im Cafeteria-Stil werden sättigende Mahlzeiten zubereitet. Es gibt verschiedene Hauptgerichte (z. B. Hühnchen-*mole*, Schweinefleisch oder *chiles rellenos*) und diverse Beilagen wie Suppe, Reis, Bohnen und frische Tortillas.

Boca Del Río (☎ 600-00-00; Delgado 2; Tostadas 7 Mex$, Cocteles 35–60 Mex$; ⌚ 10–17 Uhr) Die Topadresse, wenn man sich *ceviche*-Tostadas und frische Krabben- und Tintenfischcocktails zu Gemüte führen möchte. Das Restaurant liegt versteckt hinter der Parroquia San Francisco und ist seit 1974 in Betrieb.

Café Tradicional de Uruapan (☎ 523-56-80; Carranza 5B; Snacks & Frühstück 35–65 Mex$; ⌚ 8–23 Uhr) Hier gibt's Burger, Hotdogs und Quesadillas und außerdem alle möglichen Arten Kaffee, Shakes und Kuchen. Das hübsche Café ist fast immer brechend voll.

LP Tipp **La Terraza de la Trucha** (☎ 524-86-98; Calz Rodilla del Diablo 13; Hauptgerichte 70–80 Mex$; ⌚ 9–18 Uhr; Ⓟ) Die Lage dieses Restaurants am Nordeingang des Nationalparks ist unwiderstehlich gut. Die Gäste speisen an hübschen Tischen mit Blick auf den Fluss. Bestellen sollte man – natürlich – ein Forellengericht. Der Fisch wird z. B. gegrillt oder mit einer Kruste aus Macadamianüssen bzw. *à la tampiqueña* (mit Guacamole und Bohnen) zubereitet und mit einer scharfen Sauce serviert.

Ausgehen & Unterhaltung

LP Tipp **BarRio** (☎ 527-20-90; www.barriodeuruapan.com.mx; Treviño 57; Eintritt 50 Mex$; ⌚ Mi–So 20–3 Uhr) Dies ist der beste Club von Uruapan. Er ist im Keller eines alten, stillgelegten Wasserwerks untergebracht und gleichzeitig schick und gemütlich. Auf der großen Tanzfläche tummelt sich ein attraktives Publikum im Alter zwischen 20 und 30 (jeden Abend gibt's andere Musikrichtungen und DJs). Das Ambiente prägen die riesigen Pumpen, Räder und Rohre an der Decke und die nassen Wände; die Feuchtigkeit rührt vom Flusswasser her. Der Service ist übrigens hervorragend – man trinkt immer weiter …

La Lucha (☎ 524-03-75; Ortiz 20; Kaffee 30 Mex$; ⌚ Mo–Sa 9–21 Uhr) Diese dunkle Location mit den gewölbten Decken und den Schwarzweißfotografien an den Wänden strahlt eine gediegene Atmosphäre aus. Der richtige Ort, um eine gute Tasse Kaffee zu trinken.

Casa de la Cultura (☎ 524-76-13; Ortiz 1) Dieser alte Kasten nördlich der Plaza hat einem ruhigen Hof und viel Platz zum Chillen. Man kann Wanderausstellungen mit zeitgenössischer Kunst besuchen und sich über aktuelle Konzerte und andere Kulturveranstaltungen informieren.

Shoppen

Der **Mercado de Artesanías** (⌚ 9–18 Uhr) befindet sich gegenüber dem Eingang zum Parque Nacional Barranca del Cupatitzio. Dort wird Kunsthandwerk aus der Region verkauft, z. B. lackierte Tabletts und Kisten. Der verwinkelte **Mercado de Antojitos Típicos** (⌚ 8–23 Uhr) ist die richtige Adresse, wenn man auf der Suche nach Süßigkeiten, DVDs, Erdbeeren, BHs, Cowboyhüten etc. ist oder einfach nur einen Taco essen möchte. Tolle Textilien sind u. a. in der Fábrica San Pedro (S. 633) erhältlich. Wer italienische Designerjeans zum Schnäppchenpreis erstehen will, sollte sein Glück bei **Furor** (☎ 523-85-34; 5 de Febrero 31) zwei Häuserblocks südlich der Plaza versuchen.

Anreise & Unterwegs vor Ort

Die Autovermietung **Del Cupatitzio** (☎ 523-11-81; autorent@prodigy.net.mx; 700–850 Mex$/Tag) ist im Hotel Plaza Uruapan untergebracht.

Der Busbahnhof befindet sich 2 km nordöstlich des Stadtzentrums am Highway nach Pátzcuaro und Morelia. Dort gibt es eine Telefonstation (*caseta de teléfono*), eine Cafeteria und eine **Gepäckaufbewahrung** (⌚ 7–23

Uhr). Folgende Ziele werden häufig angesteuert (die Preisangaben beziehen sich, soweit verfügbar, auf Fahrten mit 1.-Klasse-Bussen).

Ziel	Preis (Mex$)	Dauer (Std.)	Häufigkeit
Angahuan	16	1	ständl.
Colima	252	6–8	4-mal tgl.
Guadalajara	210	4½	ständl.
Lázaro Cárdenas	252	4	tgl.
Mexico City (Terminal Norte)	335	7	alle 2 Std.
Mexico City (Terminal Poniente)	335	5½	alle 2 Std.
Morelia	74	2	ständl.
Paracho	16	1	ständl.
Pátzcuaro	37	1	ständl.
Tingambato	10	½	Dieselben Busse wie nach Pátzcuaro od. Morelia.
Zamora	65	2	ständl.

Direkt vor dem Terminal fahren Busse mit der Aufschrift „Centro" (5 Mex$) ab zur Plaza. Wer mit dem Taxi fahren möchte, muss im Busterminal ein Ticket kaufen (20 Mex$). Um vom Zentrum zum Busterminal zu kommen, einfach an der Südseite der Plaza in einen Bus mit der Aufschrift „Central Camionera" steigen.

RUND UM URUAPAN

Cascada de Tzaráracua

10 km südlich des Stadtzentrums stürzt der Rio Cupatitzio über rote, mit Wein bewachsene Felsen hinunter in ein türkisfarbenes Becken. Auf dem Weg zu diesem 30 m hohen **Wasserfall** (☎ 106-04-41; www.tzararcua.com.mx; Eintritt 10 Mex$, Autos zzgl. 5 Mex$; ⏲ 10–18 Uhr) heißt es 557 rutschige Stufen hinunterzusteigen. Dabei sieht man, dass der wilde Cupatitzio ein paar Kilometer flussabwärts gestaut und gezähmt wurde. Vor dem Panorama sanft geschwungener grüner Hügel erstreckt sich ein See. Er ist ganz hübsch, aber nichts gegen die immense Energie des Flusses. Doch das vergisst man, sobald man den Fuß der Cascada de Tzaráracua erreicht hat. Wer mag, kann an der 96 m langen **Tirolesa** (50 Mex$) übers Wasser hinweg sausen – dieser „Drahtseilakt" wurde vom Autor erprobt und für gut befunden!

Von Tzaráracua aus etwa 20 Gehminuten flussaufwärts befindet sich der kleinere, aber ähnlich schöne Wasserfall Tzararacuita. Der Wanderweg dorthin ist nicht so gut in Schuss (wasserfeste Schuhe mitbringen!). Dem steilen, matschigen Pfad hinter der Tzaráracua-Brücke folgen und nach etwa zehn Minuten an der Felsnase rechts abbiegen.

Wer keine Lust zum Laufen hat, kann den Weg vom Parkplatz aus auch hoch zu Ross zurücklegen (hin & zurück 70 Mex$).

Vor dem Hotel Regis (an der Südseite der Hauptplaza in Uruapan) fahren stündlich Busse nach Tzaráracua ab (5 Mex$). Eine Taxifahrt kostet 80 Mex$.

Tingambato

Durch üppig grüne Avocadohaine gelangt man zu den wunderschönen **Ruinen** (Eintritt 34 Mex$; ⏲ 9–18 Uhr) dieser Zeremonienstätte, die von ca. 450 bis 900 genutzt wurde (also noch vor der Entstehung des Taraskenreichs). Das Gelände erinnert an Teotihuacán und befindet sich außerhalb des Dorfs Tingambato (ca. 30 km von Uruapan entfernt an der Straße nach Pátzcuaro). Zu den Ruinen gehören zwei Plazas, drei Altäre und ein Ballspielplatz (eine Rarität in Westmexiko). Interessant sind auch die 8 m hohe Pyramide mit den Treppenstufen und die unterirdische Grabstätte, in der ein Skelett und 32 Schädel gefunden wurden. Sie lassen darauf schließen, dass hier in vergangener Zeit Menschen geköpft wurden oder Schädel als Trophäen dienten.

Alle 20 Minuten fahren vom Busterminal in Uruapan Busse nach Morelia ab. Sie halten unterwegs in Tingambato (10 Mex$, 30 Min.). Um zu den Ruinen zu gelangen, muss man der Calle Juárez (nach dem Ortseingang die erste Straße rechts) bergab folgen. Nach 1,4 km ist man am Ziel.

Paracho

☎ 423 / 16 100 Ew. / 2220 m

Paracho liegt 40 km nördlich von Uruapan am Highway 37. Dieses nette Purépecha-Städtchen ist berühmt für die hochwertigen Saiteninstrumente, die hier von Hand hergestellt werden. Wer also eine preiswerte Gitarre oder Geige, ein Cello oder einen traditionellen, mexikanischen *guitarrón* sucht, ist im richtigen *pueblo* gelandet. Rund um die belebte Plaza befinden sich Dutzende von Verkaufsräumen und Werkstätten, in denen Gitarren ausgestellt sind bzw. hergestellt werden. Wer mag, kann kostenlose Gitarrenkonzerte erstklassiger Musiker besuchen und einigen der besten Gitarrenbauer des Landes bei der Arbeit zusehen. Während der alljährlich stattfindenden **Feria Nacional de la Guitarra** (Nationale Gitarrenmesse) Anfang August ist in Paracho besonders viel los. Eine Woche lang stehen Musik, Tanz und Ausstellungen auf dem Programm.

Etwa zwei Häuserblocks südöstlich der Plaza befindet sich das **Centro para la Investigación y el Desarrollo de la Guitarra** (CIDEG; ☎ 525-01-90; www.cideg.org; Ecke Nicolás Bravo & Hidalgo; Eintritt frei; ⏲ Mo–Fr 9–13 & 16–19, Sa 9–13 Uhr). Dieses Museum beherbergt kunstvoll verzierte klassische und hawaiianische Gitarren, aber auch Flamencoinstrumente und Exemplare mit stählernen Saiten. Es gibt auch eine Gitarre mit großen Brüsten und einem Schallloch, das die Form eines Frauenmundes hat. Freud lässt grüßen! Am letzten Freitag jeden Monats werden im CIDEG kostenlose Gitarrenkonzerte veranstaltet.

Wer eine Nacht in diesem Paradies für Gitarrenfans verbringen möchte, kann sich im neuen, sauberen **Hotel Melinda** (☎ 525-00-80; 20 de Noviembre; EZ/DZ 300/360 Mex$; Ⓟ) einquartieren. Falls zur Zeit des geplanten Besuchs gerade Musikmesse ist, sollte man besser im Voraus reservieren. Wenn der Magen knurrt, ist der *mercado* gegenüber der Hauptplaza eine gute Anlaufstelle. Dort gibt's *torta, tacos* und herrliche karamellisierte Grillhähnchen. Unbedingt auch am wunderbaren *carnitas*- und *birria*-Stand **El Pony** vorbeigehen. Dort werden ausschließlich Fleischgerichte zubereitet (ein opulentes Mahl kostet weniger als 30 Mex$!). Die Lamm-*birria* wird langsam gegart und im eigenen Saft gedünstet. Der Preis richtet sich nach dem Gewicht des Fleischstücks. Man sitzt auf Barhockern, und das Essen wird auf Fleischerpapier serviert. Eine alte Dame bringt warme Tortillas, aus denen man sich ein paar unvergesslich gute Tacos machen und diese in die köstliche, hausgemachte, *cilantro*-lastige *tomatillo salsa* tunken kann.

Alle 15 Minuten fahren am Busterminal in Uruapan Galeana-Ruta-Paraíso-Busse ab (16 Mex$, 1 Std.); wer sich den Weg zum Terminal sparen möchte, kann an der Haltestelle an der Ecke Venustiano Carranza und Calz Juárez, nahe der Juárez-Statue, zusteigen.

WESTLICHES ZENTRALES HOCHLAND

Zamora

☎ 351 / 125 700 Ew. / 1560 m

Zamora liegt ca. 115 km nordwestlich von Uruapan und 190 km südöstlich von Guadalajara. Das landwirtschaftlich geprägte Städtchen ist für seine Erdbeeren bekannt. Einige Fußgängerpromenaden verlaufen rund um die Plaza, auf der sonntagabends Livemusik gespielt wird. Auf dem gut besuchten Marktgelände werden die berühmten köstlichen *dulces* (Süßwaren) der Stadt verkauft.

Wer ein paar Infos braucht, sollte der **Touristeninformation** (☎ 512-40-15; Morelos Sur 76; ⏲ Mo–Sa 9–14 & 16–19, So 10–14 Uhr) einen Besuch abstatten. Rund um die Plaza gibt es viele Banken mit Geldautomaten.

Zamora wurde 1574 gegründet und besticht durch seine zahlreichen Kirchen. Der Bau der großen, neugotischen **Catedral Inconclusa** (5 de Mayo Sur & Cazares Ote) begann 1898 und ist noch immer nicht ganz abgeschlossen. Bei Tangancícuaro, 15 km südöstlich der Stadt, befindet sich die **Laguna de Camécuaro**. Sie wird von einer Quelle gespeist und ist ein hübsches, schattiges Plätzchen, das sich wunderbar für ein Picknick eignet.

Vom Busterminal aus hat man es nicht weit bis in die Innenstadt (Bus 5 Mex$, Taxi 20 Mex$). Dort gibt es ein paar Hotels. Eine preiswerte Option ist das ruhige **Hotel Ana Isabel** (☎ 515-17-33; hanaisabel_01@hotmail.com; Guerrero 108 Pte; EZ/DZ 250/350 Mex$; Ⓟ). Auch das **Hotel Ram Val** (☎ 512-02-28; www.hotelramval.com.mx; Amado Nervo 40; EZ/DZ 356/616 Mex$; Ⓟ) ist in Ordnung, die Billigabsteigen sind hingegen grauenhaft.

Am Busterminal fahren regelmäßig Busse nach Guadalajara (128 Mex$, 2¼ Std.), Colima (210 Mex$, 5 Std.), Uruapan (105 Mex$, 2 Std.), Pátzcuaro (91 Mex$, 2 Std.), Morelia (112 Mex$, 2½ Std.) und Mexico City (392 Mex$, 6 Std.) ab.

VOLCÁN PARICUTÍN

Am 20. Februar 1943 war der Purépecha-Bauer Dionisio Pulido gerade damit beschäftigt, sein Maisfeld etwa 35 km westlich von Uruapan zu pflügen, als der Boden unter seinen Füßen zu zittern begann und urplötzlich Dampf, Funken und heiße Asche aus einigen Erdspalten austraten. Der Landwirt versuchte noch, die Ritzen abzudecken, begriff aber schnell, wie sinnlos dieses Unterfangen war, und rannte davon. Glück für ihn! Kurze Zeit später erhob sich nämlich ein polternder, donnernder Vulkan aus dem sanft geschwungenen Ackerland – wie in einer billigen Hollywoodproduktion. Nach einem Jahr hatte der Feuerberg bereits eine Höhe von 410 m erreicht, und die Lava hatte die Purépecha-Dörfer San Salvador Paricutín und San Juan Parangaricutiro unter sich begraben. Glücklicherweise floss das Magma sehr langsam, sodass die Bewohner genug Zeiten hatten, sich in Sicherheit zu bringen.

Bis 1952 wuchs der Paricutín stetig weiter. Zurzeit steigt vereinzelt warmer Dampf aus dem großen schwarzen Kegel auf, davon abgesehen wirkt der Vulkan jedoch friedlich. An den Ausläufern des 20 km² großen Lavafelds ragt ein Teil des **Templo San Juan Parangaricutiro** aus einem Meer aus schwarzem Vulkangestein heraus. Der Turm und der Altar der ehemaligen Steinkirche von San Juan sind das Einzige, was von den beiden verschütteten Dörfern noch zu sehen ist. Von der Bushaltestelle in Angahuan aus benötigt man zu Fuß etwa eine Stunde bis zu den Ruinen. Dazu den Highway überqueren und die Straße mit dem Draht hinuntergehen. Nach zehn Minuten erreicht man die Hauptplaza, hält sich dort rechts und biegt an der Gabelung 200 m weiter nach links ab. Diese Straße führt irgendwann aus der Stadt hinaus zum Centro Turístico de Angahuan (s. S. 640). Dort beginnt der Wanderweg zu dem Lavafeld, der von Weidezäunen gesäumt ist. Wer mag, kann sich auch ein Pferd leihen und einen Führer engagieren (250–300 Mex$/Pers.). Achtung: Das Terrain rund um die Kirchenruine ist unwegsam, und die Felsen aus schwarzem Vulkangestein sind ziemlich scharfkantig.

Sowohl der Vulkankrater als auch die Ruinen können von Uruapan aus im Rahmen eines langen, ungewöhnlichen und wunderschönen Tagesausflugs erkundet werden.

Wer den Paricutín erklimmen möchte, sollte vor 10 Uhr in Angahuan (35 km von Uruapan entfernt) ankommen. Gleich nachdem man aus dem Bus gestiegen ist, begegnet man den ersten berittenen Führern, die Touren zu der Kirche, zum Vulkan oder zu beidem anbieten. Eine Tour sollte nicht mehr als 400 bis 500 Mex$ pro Person und Tag kosten (inkl. Pferd & Guide). Sollte der Mann, den man für den Führer hält, urplötzlich absteigen und von seinem 12-jährigen Sohn abgelöst werden, ist das kein Grund zur Beunruhigung – das ist hier ganz normal. Die Tour zum Vulkan (hin & zurück 14 km) kann bis zu acht Stunden in Anspruch nehmen, fast sechs davon wird man in einem bösartig unbequemen Holzsattel verbringen. Krämpfe, Blutergüsse am Allerwertesten und Rückenschmerzen kommen entsprechend häufig vor. Das letzte Stück bis zum Gipfel auf 2800 m ist Kraxeln angesagt. Oben angekommen, wird man mit einem atemberaubenden Blick auf den erstarrten Lavastrom belohnt und kann den Dampf spüren, der aus dem Boden aufsteigt. Der Weg nach oben ist ziemlich anstrengend, aber den Rückweg durch den tiefen Vulkansand kann man dafür rennend, hüpfend und rutschend zurücklegen. Anschließend geht's weiter zur Kirche von San Juan. Fast immer zieren bunte Opfergaben in Form von Kerzen und Blumen den Altar. Am Eingang befindet sich **Maria's Café**. María ist eine Purépecha. Sie trägt die traditionelle bunte Kleidung der Purépecha und bereitet frische Quesadillas in einer alten Spezialpfanne zu. Um einen wundervollen Tag zu erleben, sollte man viel Wasser dabeihaben und vernünftige Schuhe tragen (Turnschuhe sind o. k.). Ach ja, ein Kissen für den Hintern wäre auch nicht schlecht.

Wer zu viel Respekt vor Holzsätteln hat (und der ist gerechtfertigt), kann den Weg zum Vulkan auch zu Fuß zurücklegen. Einen Führer (300 Mex$) braucht man aber trotzdem, da der Pfad teilweise nur schwer auszumachen ist. Die Wanderung führt durch Avocadohaine, Agavenpflanzungen und Wildblumenfelder und dauert ca. acht Stunden.

ANGAHUAN

☎ 333 / 3000 Ew. / 2693 m

Angahuan ist der dem Volcán Paricutín am nächsten gelegene Ort und eine typische Purépecha-Stadt. Es gibt Holzhäuser und staubige Straßen, mehr Pferde als Autos, die Frauen haben geflochtenes Haar und tragen knöchellange Röcke und bunte Tücher und aus den Lautsprechern ertönen Ankündigungen in der Sprache der Purépecha. Man begrüßt die Einheimischen hier mit „*nar erandisti*" (guten Morgen) oder „*nar chuscu*" (guten Tag).

Sehenswertes

Auf der Hauptplaza erhebt sich die wunderschöne **Iglesia de Santiago Apóstol** aus dem 16. Jh. Im Inneren brennen Kerzen und Räucherstäbchen, und auf dem Altar stehen frische Blumen. Das reich verzierte Eingangsportal wurde von dem maurischen Steinmetz angefertigt, der die ersten spanischen Missionare nach Angahuan begleitet hatte.

Schlafen

Centro Turístico de Angahuan (☎ 203-85-27; in Uruapan 523-39-34; angeles1946@hotmail.com; Camino al Paricutín s/n; Stellplatz 40 Mex$/Pers., Cabaña 600 Mex$/Nacht; P) Dieser „Touristenkomplex" erinnert mehr an eine alte Grundschule oder ein Sommercamp. Es gibt eine Cafeteria, in der man sich ein Video über den Vulkan anschauen kann. In den einfachen Beton-*cabañas* können bis zu fünf Personen übernachten. Sie sind ziemlich überteuert.

Cuartos Familiares (☎ 203-85-27; Camino al Paricutín s/n; EZ/DZ 180/250 Mex$; P) Es gibt nicht viele Unterkünfte in Angahuan. Diese hier ist die beste. Die rustikalen Hütten verfügen über Kamine aus Lehmziegeln und wunderschöne, geflieste Bäder. Das Café sieht aus wie ein Saloon und hat eine voll ausgestatte Bar. Frühstück, Mittag- und Abendessen werden hier außerdem serviert. Wenn man der Straße von der Bushaltestelle zur Kirche folgt, wird man nach ca. 1 km das orangefarbene Schild entdecken, auf dem „Cuartos Familiares" steht.

An- & Weiterreise

Angahuan ist 35 km von Uruapan entfernt. Zwischen 5 und 19 Uhr fahren am Busterminal in Uruapan alle 30 Minuten Galeana-Busse nach Angahuan ab (2. Klasse, 16 Mex$, 1 Std.). Alternativ kann man sich an der Ecke Calz Juárez und Venustiano Carranza (unweit der Juárez-Statue) postieren und einen der Busse mit der Aufschrift „Los Reyes" anhalten (auf diese Weise spart man sich den Weg zum Terminal). Eine Fahrt mit dem Taxi kostet 220 Mex$.

Bis ca. 19 Uhr gibt es in Angahuan alle 15 Minuten eine Busverbindung zurück nach Uruapan. Achtung: In der Stadt sind nur wenige Taxis unterwegs. Man ist also wahrscheinlich auf die Busse angewiesen – es sei denn, man kümmert sich im Vorhinein um eine andere Transportmöglichkeit.

Nördliches zentrales Hochland

Von kargen Wüsten bis zu tropischen Wäldern, von traditionell bis zu „amerikanisiert" modern, von Mais bis zu Pasta: Die Region des nördlichen zentralen Hochlands ist so vielfältig und bunt wie ihre Menschen, Landschaften, Rezepte und Kulturen. Hier schuf der frühere Reichtum an Mineralien Kolonialstädte, die Revolution hinterließ Geisterstädte, Traditionen überdauerten die Jahrhunderte.

Die Region wird liebevoll *Cuna de la Independencia* (Wiege der Unabhängigkeit) genannt – viele haben sich hier im Kampf um die Autonomie des Landes einen Namen gemacht. Unter den Kolonialstädten gibt es ein paar faszinierende Exemplare: Guanajuato und Zacatecas, die das Silber antrieb, San Luis Potosí, das voller Plazas ist, San Miguel de Allende mit seinem künstlerischen Flair und Dolores Hidalgo und Querétaro, die Zentren einstiger „Aktivisten".

Wer genug kopfsteingepflasterte Straßen und Plazas gesehen hat, durchquert die Wüsten und widmet sich den „Geisterstädten" Pozos und Real de Catorce, und den Nationalparks, z. B. dem Parque de Órganos und (unbedingt!) dem Reserva de la Biosfera Sierra Gorda. Die Gegend protzt mit über 15 Vegetationsarten, brandneuen Attraktionen und tollen Wanderungen.

Alle paar Kilometer findet man neue Varianten einer Tortilla oder eines lokalen Gerichts und auch Kulturfans kommen auf ihre Kosten: vorkoloniale Stätten, Kunstmuseen, Konzerte, Festivals *callejoneadas* … – hier liebt man Pomp, Zeremonien und gute (laute!) Partys.

HIGHLIGHTS

- Durch die gewundenen, kopfsteingepflasterten Gassen und sagenhaften Museen in **Guanajuato** (S. 674) schlendern und den Tag mit einer Studentenparty krönen
- Mit Kunst, Essen und Fiestas im beliebten **San Miguel de Allende** (S. 694) die Sinne betören
- In Mexikos geschütztem Juwel, der **Reserva de la Biosfera Sierra Gorda** (s. Kasten S. 717), über die Missionen staunen und durch fast unberührte Wildnis wandern
- In der malerischen, wiedererwachenden „Geisterstadt" **Real de Catorce** (S. 669) die Geister der Bergarbeiter spüren
- Durch die Gassen von **Zacatecas** (S. 643) bummeln, die Architektur der Kolonialstadt betrachten und mit der Seilbahn abheben

- MAX. TEMPERATUR SAN MIGUEL DE ALLENDE JANUAR: 21 °C
- MAX. TEMPERATUR SAN MIGUEL DE ALLENDE JULI: 28 °C

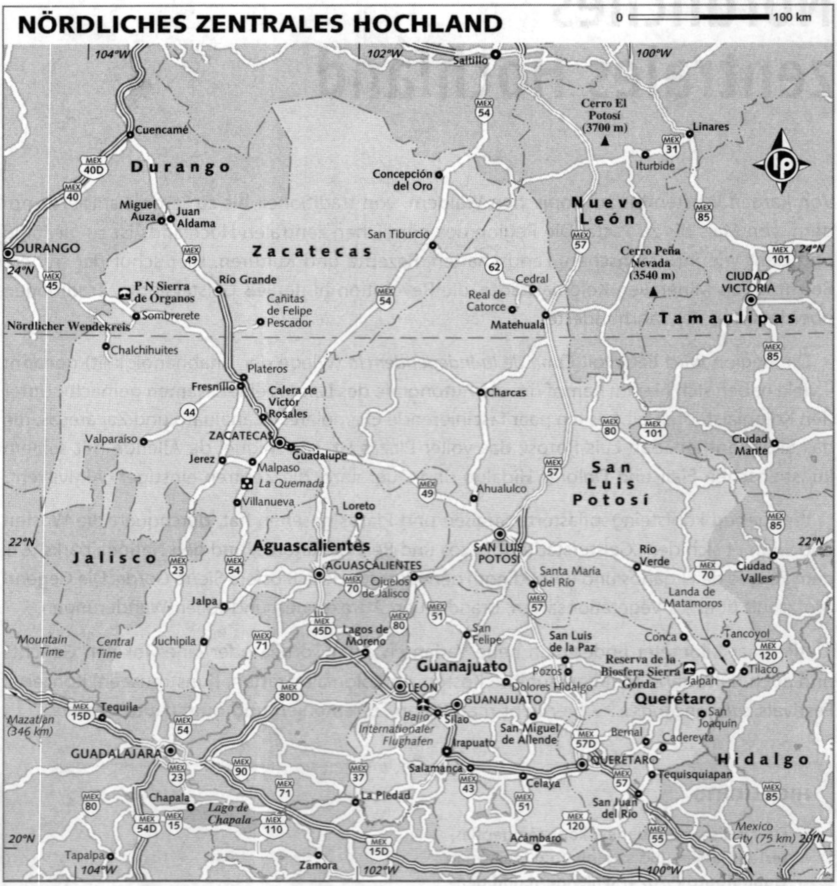

Geschichte

Bis zur spanischen Eroberung bewohnten wilde, halbnomadische Stämme das nördliche, zentrale Hochland, die den Azteken als Chichimeken bekannt waren. Sie leisteten der spanischen Expansion länger Widerstand als jedes andere mexikanische Volk, wurden aber Ende des 16. Jhs. schließlich befriedet. Der Reichtum, den die Spanier in der Zeit danach anhäuften, ging auf Kosten vieler Chichimeken: Sie wurden als Sklavenarbeiter in den Minen eingesetzt.

In dieser historisch so unruhigen Region wurde der Funke zum Kampf der Criollos für die Unabhängigkeit von Spanien gezündet. Die Planungen fanden in Querétaro und San Miguel de Allende statt, und 1810 begann Dolores Hidalgo zu kämpfen (s. Kasten S. 693). Ein Jahrhundert später veröffentlichte der Revolutionär Francisco Madero hier seinen „Plan von San Luis Potosí". Die Unterzeichnung der mexikanischen Verfassung 1917 in Querétaro zementierte die Führungsrolle der Region in den politischen Angelegenheiten von Mexiko.

Klima

Den Großteil der Region bedeckt eine Halbwüste im Hochland, die nördlichen höheren Ausläufer sind trockener und kühler. In den wärmeren Täler der südlichen Breiten gibt's Hügel voller Eichenwälder und Kreosotbüsche und in der Sierra Gorda im Osten der Region liegen feuchte, halbtropische Nebelwälder.

Parks & Schutzgebiete

Die charakteristischen Felsformationen der Sierra de Órganos (S. 655) bilden eine Landschaft aus phantastischen, hoch aufragenden und mit der Zeit versteinerten Sandschlössern. Hier sind u. a. Orgelpfeifen-Formen zu entdecken. In dem Wüsten-Nationalpark kann man gut campen und auf versteckten Wegen wandern. Er diente Hollywood häufig als Kulisse für seine Western.

Die verschiedenen ökologischen Zonen in der Reserva de la Biosfera Sierra Gorda (S. 717) im östlichen Teil des Bundesstaates Querétaro beherbergen nahezu unerforschte Schätze. Wer die Mühen auf sich nimmt, sie zu erreichen, wird reich belohnt: In den Nebelwäldern auf der windgeschützten Seite der Sierra Madre Oriental warten Wasserfälle, Höhlen und großartige Wanderwege, an denen neue Öko-Lodges stehen, und dazwischen liegen bewohnte Missionsstädte.

Anreise & Unterwegs vor Ort

Der Aeropuerto International del Bajío, auf halber Strecke zwischen León und Guanajuato, ist der Verkehrsknotenpunkt für die südlichen Städte der Region. Andere Flughäfen, alle mit Direktflügen in die USA (manche über Mexico City), gibt's in Aguascalientes, San Luis Potosí und Zacatecas. Auf den Mautstraßen pendeln nonstop Busse zwischen Mexico City, Guadalajara, Querétaro und San Luis Potosí. Die größeren Knotenpunkte wie Zacatecas und Aguascalientes bieten außerdem Verbindungen ins nördliche Mexiko, zur US-Grenze und darüber hinaus. Zahlreiche Stadtbusse verbinden perfekt die wichtigsten Städte mit allen Punkten dazwischen.

ZACATECAS (BUNDESSTAAT)

Der Bundesstaat Zacatecas (zak-a-*tek*-as) erstreckt sich am Rande der Halbwüsten des nördlichen Mexiko über eine trockene, zerklüftete und mit Kakteen übersäte Fläche. Am bekanntesten ist der Staat für seine wohlhabende Silberstadt gleichen Namens. Besucher erfreuen sich an Monumenten aus Geschichte und Natur: Die geheimnisvollen Ruinen von La Quemada legen Zeugnis ab von Jahrhunderten voller Kultur. Und die malerischen Felsformationen des Parque Nacional Sierra de Órganos bieten eine faszinierende, abgelegene Rückzugsmöglichkeit. Der Staat ist flächenmäßig einer der größten Mexikos (73 252 km²), hat aber die kleinste Bevölkerungszahl (1,37 Mio.). Man nimmt an, dass derzeit noch einmal genauso viele Staatsbürger (1,5 Mio.) in den Vereinigten Staaten leben.

ZACATECAS

☎ 492 / 123 000 Ew. / 2445 m

Die nördlichste der legendenumrankten Silberstädte Mexikos ist das faszinierende Zacatecas, eine UNESCO-Weltkulturerbestätte, das in einem schmalen Tal mitten in einer trockenen Landschaft liegt. Das große historische Zentrum ist voller opulenter Gebäude aus der Kolonialzeit, hat eine gewaltige Kathedrale, ausgezeichnete Museen und steile, sich windende Straßen und Gassen. Exzellente Restaurants und schöne Hotels machen es für Traveller zu einer komfortablen Bleibe.

Die Stadt hat viele historische Höhe- und Tiefpunkte erlebt: Pancho Villa hat hier ein Bastion voller Soldaten besiegt (noch heute feiern ihn die Einheimischen euphorisch), aber auch Tausende indigener Sklaven wurden von den Spaniern hier unter schrecklichen Bedingungen zur Arbeit in den Minen gezwungen. Heute können Besucher in einem *teleférico* (Schwebeseilbahn) auf dem Weg zu der beeindruckenden Felsnase des Cerro de la Bufa eine erhebende Erfahrung machen und die herrliche Aussicht über eine Collage aus Kirchenkuppeln und Häuserdächern genießen. Oder man taucht ab und macht eine Tour durch die berüchtigte Edén-Mine oder feiert in der dortigen Untergrund-Disko.

Geschichte

Die indigenen Zacatecos gehörten zu den Chichimeken. Sie bauten die vorhandenen Minerallagerstätten ab, und zwar schon Jahrhunderte vor den Spaniern. Der Silberrausch in dieser Gegend soll ausgebrochen sein, nachdem ein Chichimeke einem Konquistador ein Stück des sagenumwobenen Metalls gegeben hatte. Die Spanier gründeten 1548 hier eine Siedlung und begannen mit den Bergbauaktivitäten. Wagenzug um Wagenzug voller Silber sandten sie von nun an Richtung Mexico City und machten so aus ein paar Menschen in Zacatecas fabelhaft reiche Silberbarone.

Im frühen 18. Jh. produzierten die Minen von Zacatecas 20 % des gesamten Silbers von Nueva España. In dieser Zeit wurde die Stadt auch eine wichtige Basis für katholische Missionare.

Im 19. Jh. beeinträchtigte die politische Instabilität den Silberfluss. Auch wenn sich die Silberproduktion unter Porfirio Díaz wieder etwas erholte – durch die Revolution wurde sie unterbrochen. Hier in Zacatecas siegte 1914 der legendäre Pancho Villa über eine Armee von 12 000 Soldaten, die treu zu Präsident Victoriano Huerta standen. Nach der Revolution brachte das Silber erneut den Aufschwund für Zacatecas; die 200 Jahre alte El-Bote-Mine ist immer noch in Betrieb.

Orientierung

Das Stadtzentrum liegt in einem Tal zwischen Cerro de la Bufa Richtung Nordosten und dem kleineren Cerro del Grillo im Nordwesten. Die meisten Sehenswürdigkeiten können vom Zentrum aus zu Fuß erreicht werden; die Kathedrale eignet sich hervorragend zur Orientierung. Die zwei betriebsamsten Straßen sind die Av Hidalgo, die grob in Nord-Süd-Richtung verläuft, und die Av Juárez, die sich etwa von Westen nach Osten zieht. Sie schneidet die Av Hidalgo an deren Südende. Aus der Av Hidalgo wird die Av González Ortega, direkt südlich der Kreuzung mit der Av Juárez.

Praktische Informationen

Die Banken im Zentrum haben Bankautomaten und wechseln Geld und Reiseschecks. Telefon-*casetas* gibt's am Busbahnhof und in der ganzen Stadt, z.B. im Calljón de las Cuevas an der Av Hidalgo. Die meisten Internetcafés verlangen 7 bis 15 Mex$ für eine Stunde Surfen.

Fast Clean Lavandería (Villalpando 203) Waschen, Trocknen und Liefern für 14 Mex$/kg.

Hospital Santa Elena (☎ 924-29-28; www.hospitalsantaelena.com.mx; Guerrero 143)

Lavandería El Indio Triste (Tolosa 826) Waschen, Trocknen und Zusammenlegen für 15 Mex$/kg.

Post (☎ 922-01-96; Allende 111; ⏲ Mo–Fr 9–16, Sa 9–14 Uhr)

Sanborns (Ecke Hidalgo & Allende) Hat die beste internationale Zeitschriften- und Bücherauswahl.

Staatliche Touristeninformation (☎ 924-05-52, 800-712-40-78; www.turismozacatecas.gob.mx; Av Hidalgo 403; ⏲ Mo–Sa 8–20, So 10–19 Uhr) Hilfsbereites Personal (manche können Englisch) und einfache Stadtpläne.

Vonex (Av Hidalgo 737) Surfen und billige Ferngespräche übers Internet.

Sehenswertes

Die historische Altstadt, vor allem das als UNESCO-Weltkulturerbe ausgezeichnete Zentrum, bietet fesselnde Unterhaltung für mehrere Tage – von Ausflügen in eine alte Silbermine bis zu exzellenten Museen und einer Tour mit dem *teleférico* zum La Bufa.

CATEDRAL

Die **Kathedrale** (Eintritt frei) aus rosa Steinen wurde 1729 bis 1752 erbaut. Sie steht an der Südseite der Plaza de Armas und ist das ultimative Beispiel für mexikanischen Barock.

Auf der beeindruckenden Hauptfassade befinden sich detaillierte Reliefs, die als gigantisches Sinnbild des Tabernakels interpretiert worden sind. In der Mitte der Fassade befindet sich die winzige Figur eines Engels, der ein Tabernakel hält – es ist der Schlussstein über dem runden, zentralen Fenster. Darüber, auf der dritten Ebene, ist Christus zu sehen, und über ihm Gott. Die zwölf Apostel sind dargestellt und direkt über der Tür befindet sich eine kleinere Jungfrauenfigur.

Die dominierende Figur in der Südfassade zeigt La Virgen de los Zacatecanos, die Schutzpatronin der Stadt. Auf der Nordfassade ist der gekreuzigte Christus zu sehen, flankiert von der Jungfrau Maria und dem heiligen Johannes.

PLAZA DE ARMAS

Die Plaza ist der offene Platz nördlich der Kathedrale. Der **Palacio de Gobierno** an der Ostseite der Plaza wurde im 18. Jh. für eine Kolonistenfamilie gebaut. Im Rundturm der Haupttreppe findet sich ein Wandgemälde mit der Geschichte des Staates Zacatecas, gemalt von Antonio Rodríguez.

Auf der anderen Straßenseite liegt der **Palacio de la Mala Noche**, der im späten 18. Jh. für einen Minenbesitzer erbaut wurde und heute die Büros der Regierung des Bundesstaates beherbergt.

PLAZUELA FRANCISCO GOITIA

Einen Block südlich der Kathedrale führt eine breite Freitreppe von der Av Hidalgo zur Tacuba hinunter, wo sich ein bezaubernder offener Platz öffnet. Die Terrassen der *plazuela* werden oft von Straßenkünstlern als „Amphitheater" genutzt.

Nördlich der *plazuela* liegt der **Mercado González Ortega**, ein eindrucksvolles Gebäude mit Eisensäulen. Es wurde 1880 gebaut

ZACATECAS
0 400 m
PRAKTISCHES
Banamex (ATM) 1 C5
Bancomer (ATM) 2 C5
Fast Clean Lavanderia 3 B5
Hospital Santa Elena 4 D5
HSBC (Geldautomat) 5 B5
IMSS Hospital 6 A4
Lavandería El Indio Triste 7 C3
Telefonzellen 8 C5
Post 9 C5
Sanborns 10 C5
Staatliche Touristeninformation 11 C4
Vonex 12 C4
SEHENSWERTES & AKTIVITÄTEN
Casa de Moneda 13 C4
Catedral 14 C4
Ex-Templo de San Agustín 15 C4
Mercado González Ortega 16 C4
Mina El Edén (Osteingang) 17 B3
Mina El Edén (Westeingang) 18 A4
Museo del Arte Abstracto Manuel Felguérez 19 C3
Museo Francisco Goitia 20 B6
Museo Pedro Coronel 21 C4
Museo Rafael Coronel 22 D2
Museo Zacatecano 23 C4
Operadora Zacatecas 24 C4
Palacio de Gobierno 25 C4
Palacio de la Mala Noche 26 C4
Recepturz 27 C4
Rectoría 28 B5
Templo de Santo Domingo 29 C4
SCHLAFEN
Casa Torres 30 C5
Casona de Los Vitrales 31 B5
Hostal del Río 32 C5
Hostal Las Margaritas 33 C2
Hostal Villa Colonial 34 D4
Hotel Condesa 35 C5
Hotel Emporio Zacatecas 36 C4
Hotel La Finca 37 D2
Hotel Mesón de Jobito 38 B5
Hotel Reyna Soledad 39 C4
Posada de la Moneda 40 C4
Quinta Real Zacatecas 41 B6
Santa Rita Hotel 42 C4
ESSEN
Café y Nevería Acrópolis 43 C4
Cantina del Refugio 44 C4
El Pastor 45 C6
El Recoveco 46 B5
La Cuija (siehe 16)
Los Dorados de Villa 47 D2
Mercado Arroyo de la Plata 48 C5
Mercado El Laberinto 49 C5
Restaurant Fonda El Jacalito 50 C5
Restaurant La Plaza (siehe 41)
San Patrizio Caffé (siehe 11)
Trattoria Il Goloso 51 C4
AUSGEHEN
Cactus 52 C4
Cantina 15 Letras 53 B4
El Paraíso (siehe 16)
Huracán 54 C3
Todos Santos 55 C4
UNTERHALTUNG
Barekay 56 C3
Mina Club (siehe 18)
Teatro Calderón 57 C4
SHOPPEN
Galerie Centro Platero 58 C4
TRANSPORT
Budget Rent-a-Car 59 D6
Bushaltestelle Route 7 60 C5
Centro Comercial Zacatecas (Ex-Centro) 61 C6
Stadtbusse nach Guadalupe 62 C6
Mexicana (siehe 16)
Flughafen (20 km)
Avis (1,5 km)
Cerro de la Bufa (1 km)
Fußweg nach Cerro de la Bufa (1 km)
Cerro del Grillo Teleférico-Station
Plazuela de García
Statue of Miner
Plazuela de Santo Domingo
Plaza de Armas
Plazuela Francisco Goitia
Plazuela Genaro Codina
Parque Alameda
Jardín Juárez
Jardín Independencia
Parque Enrique Estrada
El Cubo Aqueduct
Carretera a la Bufa (1 km)
Busbahnhof (3 km); Fresnillo (65 km)
Centro Platero (5 km); Guadalupe (10 km)

und beherbergte früher den Hauptmarkt von Zacatecas. In den 1980er-Jahren wurde das oberste Stockwerk in ein gehobenes Einkaufszentrum umgebaut. Im unteren Stockwerk waren früher *bodegas* (Lagerräume) – heute beherbergt es mehrere Bars und Restaurants.

Gegenüber der *plazuela* an der Av Hidalgo steht das reizende **Teatro Calderón** (☎ 922-81-20) aus dem Jahr 1890, also aus der Porfiriato-Periode. Hier werden so eifrig wie eh und je Theaterstücke, Konzerte, Filme und Kunstaustellungen geboten.

PLAZUELA DE SANTO DOMINGO

Von der Kathedrale einen Block Richtung Westen liegt diese kleine *plazuela*. Sie wird vom **Templo de Santo Domingo** dominiert. Obwohl der Barockstil der Kirche ein wenig nüchterner ist als der der Kathedrale, gibt's auch hier ein paar schöne vergoldete Altäre und einen eleganten Treppenaufgang in Hufeisenform. 1740 hatten die Jesuiten die Kirche gebaut, aber nachdem diese 1767 vertrieben worden waren, übernahmen dominikanische Mönche das Gotteshaus.

In der Nähe ist das außergewöhnliche **Museo Pedro Coronel** (☎ 922-80-21; Plaza de Santo Domingo s/n; Eintritt 20 Mex$; Fr–Mi 10–17 Uhr) in einem früheren Jesuitenkolleg aus dem 17. Jh. untergebracht. Es ist eines des besten kleinstädtischen Kunstmuseen in Mexiko. Pedro Coronel (1923–1985) war ein wohlhabender Künstler aus Zacatecas. Er hinterließ eine Sammlung von Kunstgegenständen und anderen Stücken aus aller Welt sowie seine eigenen Arbeiten. Die Sammlung umfasst Werke des 20. Jhs. von Picasso, Rouault, Chagall, Kandinsky und Miró, einige hübsche Lithographien von Hogarth und feine Tuschzeichnungen von Francisco de Goya. Außerdem sind vorkoloniale mexikanische Kunstgegenstände, Masken und andere antike Stücke aus der ganzen Welt zu sehen, einschließlich einiger bedeutender japanischer Wandschirme.

CALLES DR HIERRO & AUZA

Etwa 100 m südlich der Plazuela de Santo Domingo steht die **Casa de Moneda**. Sie beherbergte im 19. Jh. die zweitgrößte Münzprägestätte Mexikos. In der Nähe steht das herrliche **Museo Zacatecano** (☎ 922-65-80; Dr Hierro 301; Erw./erm. 15/7,50 Mex$; Mi–Mo 10–17 Uhr), das sich vor allem der Kunst der Huicholen widmet. Im Innenhof sind wunderbare Fotografien von Stammesmitgliedern (einschließlich derer, die die ersten Forschern machten, als sie 1934 die Huicholen kontaktierten), von ihren Zeremonien und ihrem Alltagsleben ausgestellt (die Beschriftungen sind auf Englisch). Eine Abteilung zeigt großartige und farbenfrohe Stickerei- und ein paar Perlarbeiten. In einem kleinen Laden am Eingang kann man kunsthandwerkliche Gegenstände der Huicholen kaufen.

100 m weiter Richtung Süden steht der ehemalige **Templo de San Agustín**, der im 17. Jh. für Augustinermönche errichtet wurde. Während der antiklerikalen Bewegung im 19. Jh. wurde die Kirche in ein Kasino umgewandelt. Dann, 1882, erwarben es amerikanische Missionare der Presbyterianer. Sie zerstörten die Hauptfassade, die ihnen „zu katholische" war, und ersetzten sie durch eine kahle, weiße Wand. Im 20. Jh. ging die Kirche wieder in Staatsbesitz über. Heute beherbergt sie Kunst- und Kulturausstellungen. Das angrenzende frühere Kloster ist jetzt der Sitz des Bischofs von Zacatecas. Das schönste Stück der Kirche ist das Relief im plateresken Stil über dem Nordeingang. Es stellt die Bekehrung des heiligen Augustinus dar.

Die Straße endet am **Jardín Juárez**, einem winzigen, aber bezauberndem Park. Das Verwaltungszentrum der Universidad Autónoma de Zacatecas ist im neoklassischen **Rectoría**-Gebäude an seiner Westseite untergebracht.

MINA EL EDÉN

Die **Mine** (☎ 922-30-02; Touren Erw./Kind 60/30 Mex$; geführte Touren alle 15 Min. 10–18 Uhr) war einmal eine der reichsten Mexikos. Sie ist ein absolutes Muss, denn hier bekommt man nicht nur einen spannenden Einblick in die Quelle des Reichtums der Region, sondern sieht auch den schrecklichen Preis, der dafür gezahlt werden musste. Die versklavten einheimischen Völker, darunter viele Kinder, arbeiteten unter grauenhaften Bedingungen, um die märchenhaften Schätze aus Silber, Gold, Eisen, Kupfer und Zink auszugraben. Manchmal starben fünf Menschen pro Tag, entweder durch Unfälle oder Krankheiten wie Tuberkulose oder Silikose.

El Edén befindet sich im Cerro del Grillo. Die Mine war von 1586 bis in die 1960er-Jahre in Betrieb. Heute ist die vierte von sieben Ebenen für Besucher geöffnet. Die unteren Ebenen sind geflutet. Mit einem Fahrstuhl oder einer Miniatureisenbahn wird man bis tief ins Innere transportiert. Dann führen einen Guides (einige von ihnen sprechen auch Englisch) durch lange, in Flutlicht getauchte Gänge an tiefen Schächten und unterirdische Wasserbecken vorbei.

Die Mine hat zwei Eingänge. Um den höheren, den Osteingang zu erreichen, von der *teleférico*-Station des Cerro de Grillo 100 m Richtung Südwesten laufen. Von diesem Eingang aus beginnen die Touren durch einen Schacht mit dem Fahrstuhl. Um vom Zentrum aus zum Westeingang zu kommen, die Av Juárez Richtung Westen laufen und auch weiter auf ihr bleiben, wenn sie ihren Namen an der Alameda zu Torreón wechselt. Direkt nach dem IMSS-Krankenhaus nach rechts abbiegen. Bus 7 fährt von der Ecke Av Hidalgo die Av Juárez hinauf am Krankenhaus vorbei. Danach ist es nur noch ein kurzes Stück zu Fuß bis zum Mineneingang. Hier fangen die Touren mit der Abfahrt auf der Schmalspurbahn (540 m) an, danach marschiert man noch etwa 350 m weiter.

Die Mine hat ein nächtliches Alter Ego: eine Disko, die Mina Club heißt (s. S. 651).

TELEFÉRICO (SCHWEBESEILBAHN)

Die großartigste Fahrt in Zacatecas und gleichzeitig der einfachste Weg, um den Gipfel des Cerro de la Bufa zu erreichen, ist die von Schweizern erbaute **Schwebeseilbahn** (☎ 922-01-70; Erw./Kind/Senioren 24/11/18 Mex$; ⌚ 10–16.30 Uhr). Sie führt vom Cerro de Grillo hoch über die Stadt. Vom Osteingang der Mina El Edén ist es nur einer kurzer Weg bis zur Cerro del Grillo-Station des *teleférico*. Oder die steilen Stufen der Callejón de García Rojas hochschnaufen, die von Genaro Codina direkt zum *teleférico* führen. Die Gondeln fahren alle 15 Minuten, außer wenn es regnet oder die Windgeschwindigkeit 65 km/h übersteigt. Der Trip dauert sieben Minuten.

CERRO DE LA BUFA

Die beste der vielen Erklärungen für den Namen des Hügels, der Zacatecas dominiert, ist folgende: „bufa" ist ein altes baskisches Wort für Weinschlauch, und genauso sieht die Felsformation auch aus. Der Ausblick von oben ist großartig. Außerdem gibt's dort eine interessante Gruppe von Denkmälern, eine Kapelle und ein Museum.

Das kleine **Museo de la Toma de Zacatecas** (☎ 922-80-66; Eintritt Erw./Erlaubnis 12/6 Mex$; ⌚ Di–So 10–16.30 Uhr) erinnert an die Schlacht, die 1914 auf den Hängen des Hügels stattgefunden hat. Damals besiegte hier die von Pancho Villa und Felipe Ángeles geführte revolutionäre División del Norte die Truppen des Präsidenten Victoriano Huerta. So erlangten die Revolutionäre die Kontrolle über Zacatecas, das Einfallstor nach Mexico City.

La Capilla de la Virgen del Patrocinio grenzt an das Museum und wurde nach dem Schutzpatron der Bergleute benannt. Über dem Altar der Kapelle aus dem 18. Jh. befindet sich ein Bild der Jungfrau, von dem gesagt wird, dass es Kranke heilen kann. Tausende Pilger strömen jedes Jahr um den 8. September herum hierher, wenn das Bild zur Kathedrale getragen wird.

Vor der Kapelle stehen drei imponierende Reiter-**Statuen** von den Siegern der Schlacht von Zacatecas – Villa, Ángeles und Pánfilo Natera.

Rechts davon führt am Fuß der felsigen Bergspitze ein befestigter Weg zum **Mausoleo de los Hombres Ilustres de Zacatecas.** Hier befinden sich die Gräber der Helden Zacatecas' von 1841 bis heute.

Aufregend und praktisch zugleich ist es, mit dem *teleférico* (s. linke Spalte) auf La Bufa (zur Kirche und zum Museum) zu gondeln. Alternativ kann man auch hinauflaufen; dann startet man in der Calle del Ángel am Ostende der Kathedrale. Mit dem Auto nimmt man die Carretera al Bufa, die an der Av López Velarde, ein paar Kilometer östlich vom Zentrum, beginnt. Ein Taxi kostet um die 40 Mex$. Zurück in die Stadt kommt man entweder mit dem *teleférico* oder über den Fußweg, der von den Statuen aus hinunterführt.

MUSEO DE ARTE ABSTRACTO MANUEL FELGUÉREZ

Dieses **Kunstmuseum** (☎ 924-37-05; Ex-Seminario de la Purísima Concepción; Erw./erm. 20/10 Mex$; ⌚ Mi–Mo 10–17 Uhr) lohnt schon allein wegen seines Gebäudes einen Besuch. Ursprünglich war es ein Seminar, dann wurde es als Gefängnis genutzt und nun ist es renoviert. Durch die Umwandlung der früher dunklen und deprimierenden Zellen und stählernen Laufstege sind ein paar bemerkenswerte Ausstellungsräume entstanden.

Zu sehen ist eine beeindruckende und abwechslungsreiche Sammlung von abstrakter Kunst, die vor allem aus den Arbeiten des Künstlers Manuel Felguérez aus Zacatecas besteht.

MUSEO RAFAEL CORONEL

Das außergewöhnliche **Museo Rafael Coronel** (☎ 922-81-16; Ecke Abasolo & Matamoros; Erw./Senior 20/10 Mex$; ⌚ Do–Di 10–17 Uhr) darf man keinesfalls versäumen. Sehr inspirierend in den Ruinen des herrlichen ehemaligen Convento de San Francisco aus dem 16. Jh. untergebracht, beherbergt es die mexikanische Volkskunst, die der aus Zacatecas stammende Künstler Rafael Coronel gesammelt hat. Er war der Bruder von Pedro Coronel und der Schwiegersohn Diego Riveras. Das Highlight ist die erstaunliche, farbenfrohe Ausstellung von mehr als 3000 Masken (weitere 7000 sind eingelagert), die bei traditionellen Tänzen und Ritualen verwendet wurden. Daneben sind Töpferwaren, Puppen, Geräte, Gegenstände aus vorkolonialer Zeit und Skizzen von Rivera zu sehen.

MUSEO FRANCISCO GOITIA

Das **Museo Francisco Goitia** (☎ 922-02-11; Estrada 101; Erw./erm. 20/10 Mex$; ⌚ Di–So 10–16.45 Uhr) zeigt Arbeiten zahlreicher Künstler des 20. Jhs. aus Zacatecas, u. a. einige ausdrucksstarke Gemälde von Einheimischen aus Goitia (1882–1960) selbst. Außerdem sind die Künstler Pedro Coronel, Rafael Coronel und Manuel Felguérez vertreten. Das Museum befindet sich in einer früheren Gouverneursvilla oberhalb des Parque Enrique Estrada. Der kurze Fußmarsch lohnt sich.

Geführte Touren

Einige Agenturen bieten Stadttouren und Ausflüge zu interessanten Orten in der Umgebung an, etwa eine Stadttour zur Mine und dem *teleférico* (4 Std., 220 Mex$), nach Guadalupe (4 Std., 200 Mex$), zur archäologischen Stätte von La Quemada (6 Std., 250 Mex$) und nach Fresnillo/Plateros (4 Std., 200 Mex$). Tradition und Professionalität machen folgende Agenturen empfehlenswert:

Operadora Zacatecas (☎ 924-00-50; opzac@prodigy.net.mx; Av Hidalgo 630)

Recepturz (☎ 925-24-03; www.recepturz.com; Hidalgo 326-1) Hier gibt's auch Führer, die Englisch sprechen.

Festivals & Events

La Morisma Normalerweise am letzten Wochenende im August. Es wird eine Schlacht nachgestellt, die an den Triumph der Christen über die Muslime (Mauren) in Spanien erinnern soll. Morgens paradieren zwei rivalisierende „Armeen" – mit über 2000 Teilnehmern – durch die Straßen, die dann unter der Begleitung von Musikantengruppen zwischen Lomas de Bracho und Cerro de la Bufa zwei Kampfsequenzen nachspielen.

Feria de Zacatecas Dieser Jahrmarkt findet jedes Jahr während der ersten drei Wochen im September statt. Bekannte Matadoren kämpfen gegen berühmte Stiere aus der Region. Außerdem gibt's *charreadas* (Rodeos), Konzerte, Theateraufführungen, Filmfestivals und Vorführungen aus Landwirtschaft und Handwerk. Am 8. September wird das Abbild der Virgen del Patrocinio von ihrer Kapelle auf dem Cerro de la Bufa in die Kathedrale getragen.

Festival Internacional de Teatro de Calle Mitte Oktober wird in dieser lebhaften einwöchigen Feier jede Menge Straßentheater geboten.

Schlafen

Die Preise für Mittel- und Spitzenklassehotels in Zacatecas variieren im Laufe des Jahres erheblich: Während der Hochsaison in Zacatecas – d. h. im September zu den vielen Festen, an Weihnachten und zur Semana Santa – steigen sie steil nach oben.

BUDGETUNTERKÜNFTE

Hostal Las Margaritas (☎ 925-17-11; lasmargaritashostal@hotmail.com; Calle Segunda de las Margaritas 105; B/Zi. 80/110 Mex$; 💻) In dem ausgezeichneten Hostel hat man die Wahl zwischen hellen Schlafsälen und privaten Zimmern (alle mit Gemeinschaftsbad); guten Service gibt's immer dazu. Man kann hier wunderbar entspannen – im großen Aufenthaltsraum unten oder auf der riesigen, sonnigen Dachterrasse. Dort ist auch eine geräumige Küche zu finden. In einem ruhigen Teil der Stadt hinter dem Museo el Arte Abstracto Manuel Felguérez gelegen.

Hostal Villa Colonial (☎ /Fax 922-19-80; hostalvillacolonial@hotmail.com; Ecke Calle 1 de Mayo & Callejón Mono Prieto; B/DZ 90/190 Mex$, DZ mit Bad 250–350 Mex$; 💻) Diese lebhafte HI-Filiale bietet eine Reihe von Unterkünften und ist *der* Treffpunkt für Traveller. Die Schlafsäle haben Stockbetten und winzige Gemeinschaftsbäder, die neueren Doppelzimmer eigene Bäder und TV; die neuesten und komfortablen Doppelzimmer sowie die mit Kochnischen liegen in der Nähe. Zu den Annehmlichkeiten gehören zwei Küchen, Kabel-TV und DVD-Player, ein Aufenthaltsraum, eine Bar, eine Dachterrasse und ein Buchverleih. Der freundliche, mehrsprachige Besitzer Ernest und sein Team scheuen keine Mühen für ihre Gäste und arrangieren auch Touren in die nähere Umgebung.

Hostal del Río (☎ 924-00-35; Av Hidalgo 116; Zi./3BZ 275/400 Mex$) Wenn man ehrlich ist, kann man eigentlich nur sagen, dass diese freundliche, weitläufige und zentral gelegene alte Unterkunft durchaus Potential hat. Die geräumigen, abgenutzten Zimmer im oberen Stock haben Charakter, aber die unten (ehemalige Ställe) sind ohne Fenster.

MITTELKLASSEHOTELS

Die Zimmer aller hier aufgeführten Häuser sind mit Telefon und TV ausgestattet.

Hotel Condesa (☎ 922-11-60; www.hotelcondesa.com.mx; Av Juárez 102; EZ/DZ/3BZ 400/490/530 Mex$) Die 60 modernen Zimmer des Condesa umgeben einen riesigen, überdachten Innenhof. Sie sind nett und günstig, die meisten haben Fenster nach draußen, aber nur die wenigsten eine Aussicht. Im dazugehörigen Restaurant gibt's Frühstück (44–66 Mex$) und andere Mahlzeiten.

Posada de la Moneda (☎ 922-08-81; Av Hidalgo 413; EZ/DZ/Suite 500/660/950 Mex$) Das beeindruckende alte Gebäude hat was von einem Lieblingshut: ein bisschen abgetragen, aber gemütlich und noch nicht so verschlissen, dass man ihn ablegen müsste. Den Zimmern selbst geht der altmodische Charme ab, aber die Lage des Hotels in der Nähe der Kathedrale ist perfekt.

Hotel Reyna Soledad (☎ /Fax 922-07-90; www.hostalreynasoledad.com.mx; Tacuba 170; Zi. 820 Mex$; P) Das Hotel befindet sich in einem umgebauten Kloster aus dem 17. Jh. Die kolonialen Innenhöfe dieses perfekt gelegenen Platzes sind bezaubernd und ruhig, die Zimmer mit ihren Kiefernmöbeln rustikal.

SPITZENKLASSEHOTELS

Casona de los Vitrales (☎ 92-500-96; www.lacasonadelosvitrales.com; Callejón del Espejo; EZ/DZ/Suite 1170/1520/2106 Mex$) Traveller haben mit diesem bequemen Hotel gute Erfahrungen gemacht – erstklassig ist aber nur die Lage mit Blick über den Alameda. Einige Zimmer sind klein (die Suiten sind besser) und haben Fenster nach innen. Die aufgeführten (Höchst-) Preise gelten für die Semana Santa; zu anderen Zeiten wird's hier erheblich günstiger.

Hotel La Finca (☎ 925-03-10; www.lafincadelminero.zac.com.mx; Matamoros s/n; Zi. 1240 Mex$) Vom Preis sollte man sich nicht abschrecken lassen – er ist außerhalb der Saison nur halb so hoch. Die 48 Zimmer des La Finca gehen auf offene Innenhöfe hinaus (hurra!) und sind schlicht, aber bequem und hell. Für die kühleren Wintermonate gibt's sogar eine Heizung.

Hotel Mesón de Jobito (☎ /Fax 924-17-22, 800-021-00-40; www.mesondejobito.com; Jardín Juárez 143; Zi./Suite ab 1674/1755 Mex$; P ❄ 💻) Die Gäste kommen hierher, um altmodischen Charme, Service und Geschichtsbewusstsein zu erleben. Das große Hotel hat 53 schön eingerichtete, luxuriöse Zimmer, zwei hervorragende Restaurants, eine Bar und eine Lobby (hinzu kommt – weil es vor 200 Jahren erbaut wurde – einen schrägen Balkon). Das Frühstücksbuffet ist auch bei Nicht-Gästen beliebt.

Quinta Real Zacatecas (☎ 922-91-04, 800-500-40-00; www.quintareal.com; Rayón 434; Suite ab 300 US$; P ⊠ ❄) Für dieses luxuriöse Vergnügen lohnt es sich, rot zu sehen, zumindest auf dem Bankkonto. Die Lage des Hotels ist spektakulär: Es wurde um die älteste, mittlerweile geschlossene Stierkampfarena des Landes herumgebaut und liegt in der Nähe des El-Cubo-Aquädukts. Mit seinen 49 Zimmern ist es eine der modernsten und ansprechendsten Unterkünfte Mexikos. Die geräumigen, bequemen Master-Suiten sind am günstigsten. Das elegante Restaurant La Plaza (s. S. 650) ist in den früheren Ställen untergebracht.

Auch zu empfehlen:

Casa Torres (☎ 925-32-66; www.hotelcasatorres.com; 1 de Mayo; Zi. 900 Mex$, Suite ab 1380 Mex$) Kleines, neues, schickes Luxushotel mit originaler Kunst und Restaurant im obersten Stock.

Hotel Emporio Zacatecas (☎ 925-65-00, 01-800-800-61-61; www.hotelesemporio.com; Av Hidalgo 703; EZ/DZ/Suite 1930/2050/3276 Mex$; P ⊠ ❄) Super Lage, luxuriöse Zimmer und herrliche Terrassen.

Santa Rita Hotel (☎ 925-41-41, 800-560-81-15; www.hotelsantarita.com; Av Hidalgo 507A; Zi. 1751–2462 Mex$, Suite 2570 Mex$; P ❄ 💻) Dies ist eine stilvolle, moderne und kosmopolitische Wahl, nur leider haben einige der 35 Suiten Fenster nach innen.

Essen

Es gibt ein paar ausgezeichnete mexikanische und internationale Restaurants, die unterschiedlichste Kost servieren. Für die regionalen Spezialitäten werden Zutaten wie *nopal* und Kürbissamen verwendet.

Morgens sollte man an der Av Tacuba nach *burros* (Eseln) Ausschau halten. Sie tragen Tonkrüge mit *aguamiel* (Honigwasser), ein nahrhaftes Getränk aus Agaven. Die zwei wichtigsten Lebensmittelmärkte sind der Mercado El Laberinto und der Mercado Arroyo de la Plata.

San Patrizio Caffé (☎ 922-43-99; Av Hidalgo 403C; Getränke & Snacks 18–60 Mex$; 🕒 Mo–Sa 10–22, So 17–22 Uhr) Das netteste Café in der Stadt macht auch den besten Capuccino. Man sitzt in einem entspannenden Innenhof und wählt aus leichten Snacks, italienischem Markenkaffee und italienischen Sodas. Und es gibt WLAN.

El Pastor (☎ 922-16-35; Independencia 214; Hauptgerichte 22–50 Mex$; ⏰ 8–21 Uhr) Dieses einfache Lokal in Familienbesitz besucht man eindeutig wegen des Essens, nicht wegen der Einrichtung. Über Holzkohle gegrillte Hühnchen und beliebte mexikanische Gerichte kommen auf den Tisch.

LP Tipp **Los Dorados de Villa** (☎ 922-57-22; Plazuela de García 1314; Hauptgerichte 30–65 Mex$; ⏰ Mo–Sa 15–1, So 15–23 Uhr) Man muss vielleicht kämpfen, um in dieses beliebte Restaurant hineinzukommen, dessen Motto die Revolution ist. Anklopfen – die Tür ist immer abgeschlossen. Es hat viel Atmosphäre, viele Andenken und bietet ein tolles Spektrum von allem – außer Pancho Villa selbst. Man muss unbedingt die *enchiladas valentinas* (60 Mex$) probieren. Oh, und nicht vergessen: Ein Blitzbesuch auf der Toilette ist umwerfend! (Ihr Vorraum ist voller Vögel und der Weg zu den Kabinen führt durch die Voliere.)

Café y Nevería Acrópolis (☎ 922-12-84; Ecke Av Hidalgo & Plazuela Candelario Huizar; Hauptgerichte 31–100 Mex$) Das einem Griechen gehörende Café in der Nähe der Kathedrale lieben Einheimische und Gäste mehr wegen seiner Lage als wegen des Essens (es gibt nur leichte Snacks und Kaffee).

Restaurant Fonda El Jacalito (☎ 922-07-71; Av Juárez 18; Hauptgerichte 42–80 Mex$; ⏰ 8–22.30 Uhr) In heller, luftiger und sehr lokaler Atmosphäre gibt's täglich Frühstück ab 42 Mex$, eine gute *comida corrida* (69 Mex$) und leckere Varianten traditioneller Lieblingsgerichte.

Cantina del Refugio (☎ 925-3771; Dr Hierro 409; Hauptgerichte 45–120 Mex$; ⏰ Mo–Sa 12–3 Uhr) Dieser überaus festliche Mexikaner tischt ordentliche Portionen leckerer mexikanischer Speisen zu vernünftigen Preisen, Grillfleisch und Bier vom Fass auf. Dazu gibt's alle möglichen Getränkespecials, je nach Tag.

El Recoveco (☎ 924-20-13; Torreón 513; Buffets 55–65 Mex$; ⏰ 8.30–19 Uhr) Das freundlich-lässige Restaurant in Familienbesitz veranstaltet beliebte „All-you-can-eat"-Frühstücks- und Mittagsbuffets mit mexikanischen Leckereien.

Trattoria Il Goloso (☎ 123-53-99; Dr Hierro 400; Hauptgerichte 65–120 Mex$; ⏰ Di–Sa 14–21.30, So 13–18 Uhr) In diesem gemütlichen Restaurant mit dem Thema Sizilien hinter dem San Patrizio Caffé tauscht man gern Tacos gegen köstliche italienische Pasta. Der Küchenchef Stefano kreiert *squisito* italienische Gerichte mit allem, was so dazu gehört: frisch gemahlener Pfeffer, italienische Öle und Balsamico-Essig.

La Cuija (☎ 922-82-75; Tacuba 5; Hauptgerichte 100–150 Mex$; ⏰ Mo–Sa 13–22 Uhr) Der romantische Ort unterhalb des Mercado González Ortega ist etwas für besondere Anlässe. Es gibt weiße Tischdecken und Profi-Kellner mit Fliege.

Restaurant La Plaza (☎ 922-91-04; Quinta Real Zacatecas, Rayón 434; Hauptgerichte 140–300 Mex$) Der elegante Speisesaal im Quinta Real wird einem in Erinnerung bleiben – wegen seines Ausblicks auf den Aquädukt und die Stierkampfarena, aber auch wegen des edlen Ambientes und der sagenhaften internationalen Küche. Am besten reservieren und zu einem Sonntagsbrunch (180 Mex$) oder einem Cocktail am Abend in den früheren Ställen der Stiere vorbeischauen.

Ausgehen

Das Nachtleben in Zacatecas ist besonders toll. Die Bars kommen ab 21 Uhr in Schwung, die Clubs ab 23 Uhr.

Cantina 15 Letras (☎ 922-01-78; Martires de Chicago 309; ⏰ Mo–Fr 14–3 Uhr) In diesem verrauchten und oft überfüllten Klassiker kommt man auf einen Drink vorbei. Es ist voller Künstler, Betrunkener und Dichter. Fotos zeigen das frühere Zacatecas; das Ausgestellte stammt von bekannten Künstlern aus der Region.

El Paraíso (☎ 922-61-64; Ecke Hidalgo & Plazuela Goitia; ⏰ Mo–Fr 14–1 Uhr) Diese schicke Bar in der Südwestecke des Mercado González Ortega zieht eine freundliche, gemischte Kundschaft (meist über 30) an. Freitags und samstags wird's am vollsten.

Todos Santos (☎ 925-46-83; Aguascalientes 235; ⏰ Di–Sa 14–3 Uhr) Die ausländerfreundliche, lustige Bar mit der gechillten Atmosphäre und den langen Öffnungszeiten ist ein herrlicher Platz, um mit ein paar Tequilas und der ausgezeichneten Mariachi-Band auszuspannen.

Huracán (☎ 925-22-11; Genaro Codina 752; ⏰ 18–3 Uhr) Eine ulkige Hommage sowohl an den Kitsch als auch an Huracán, den beliebtesten mexikanischen Champion im *lucha libre* (Wrestling). Die Wände sind mit kuriosen Blumenbildern im Stil der 1960er-Jahre bedeckt und über allem thront die originale Wrestling-Maske von Huracán. Man selbst stellt sich seinem persönlichen Gegner, dem *misil* – ein großer, mit 3½ l Bier gefüllter Zylinder (90 Mex$).

Cactus (☎ 922-05-09; Av Hidalgo 634; 🕑 Mo–Sa 22.30–3 Uhr) Die Action geht laut und unterhaltsam in mehreren Räumen ab – Billard, Karaoke, Salsa und natürlich etwas zu Trinken.

Unterhaltung

Bei der Touristeninformation gibt's die monatlich erscheinende *Agenda Cultural*.

Mina Club (☎ 922-30-02; Dovali s/n; www.minaeleden.com.mx; Eintritt 100 Mex$; 🕑 Do–Sa 22–3 Uhr) Dieser einzigartige Nachtclub ist ein Glückstreffer. Im Stollen der Mina El Edén ist ein Mix aus Elektro und spanischem Pop der Soundtrack zu einer einzigartigen Erfahrung in Zacatecas' Nachtleben. In der Hauptsaison sollte man vor 22 Uhr da sein, um noch reinzukommen.

Teatro Calderón (☎ 922-81-20; Av Hidalgo s/n; 🕑 10–21 Uhr) Eine Reihe kultureller Events wie Theater, Tanz- und Musikereignisse finden in diesem Top-Veranstaltungsort statt. Die Touristeninformation (S. 644) weiß, was gerade läuft.

Barekay (☎ 923-80-02; Grillo s/n, Bar/Disko Fr & Sa 22–3 Uhr) Das absolute Gegenstück zum Mina Club. Die abwechslungsreiche Disko am anderen Mineneingang bietet einen Ausblick über die Stadt und einen Mix aus Techno und Pop.

Shoppen

Zacatecas ist für seine Silber- und Lederprodukte und farbenfrohe Sarapes bekannt. Am besten lässt es sich an der Arroyo de la Plata (und auf dem Markt innen) oder auf dem teureren Mercado González Ortega (S. 644) shoppen.

Im **Centro Platero** (☎ 899-09-94; 🕑 Mo–Fr 9–18, Sa 10–15 Uhr) lebt in einer Reihe von Werkstätten die Silberschmiedekunst von Zacatecas. Es liegt ein paar Kilometer östlich der Stadt in der ehemaligen Hacienda de Bernardez aus dem 18. Jh. an der Straße nach Guadalupe. Man kann es mit einem Tourveranstalter (S. 648) besuchen oder selbst mit dem Taxi hinfahren (ca. 30–40 Mex$). Oder man kauft in der **Galerie** (☎ 925-35-50; Villalpando 406; 🕑 10–19 Uhr) in der Stadt ein.

An- & Weiterreise

AUTO & MOTORRAD

Die Mietpreise beginnen bei 600 oder 700 Mex$ pro Tag. Für eine Woche gibt's Rabatt.

Avis (☎ 922-30-03; López Mateos 103)

Budget Rent-a-Car (☎ 922-94-58; Blvd López Mateos 202)

BUS

Der zentrale Busbahnhof von Zacatecas liegt am Südwestrand der Stadt, etwa 3 km vom Zentrum entfernt. Viele Busse sind *de paso* (d. h. sie halten hier auf dem Weg von einer Stadt in eine andere). Im Busbahnhof gibt's eine Gepäckaufbewahrung, eine Apotheke und Telefon-*casetas*. Der frühere Busbahnhof, der Centro Comercial Zacatecas („Ex-Centro") liegt am Blvd López Mateos. Von hier aus fahren Busse zu Zielen in der Region, z. B. nach Fresnillo und Villanueva (um nach La Quemada zu kommen).

Zu den täglichen Abfahrten s. den Fahrplan auf S. 652. Es fahren auch regelmäßig Busse nach Jerez und Torreón sowie mehrere pro Tag nach Chihuahua, Ciudad Juárez, Saltillo und Nuevo Laredo. Die Busse Richtung Durango halten in Sombrerete und fahren stündlich am zentralen Busbahnhof ab (120 Mex$).

FLUGZEUG

Der Flughafen von Zacatecas liegt 20 km nördlich der Stadt. Mexicana und Click Mexicana fliegen täglich nach und von Mexico City und Tijuana und wöchentlich nach und von Chicago und Los Angeles.

Mexicana und **Click Mexicana** (☎ 922-74-29; Av Hidalgo 406-408)

Unterwegs vor Ort

Am einfachsten nimmt man für den Weg zum/vom Flughafen ein Taxi (200 Mex$).

Mit den Bussen 7 und 8 kann man eine gute Tour durchs Zentrum machen. Bus 8 fährt vom Busbahnhof (4 Mex$) direkt zur Kathedrale. Aus dem Zentrum hinaus fahren sie auf der Villalpando gen Süden. Bus 7 verkehrt vom Busbahnhof zur Ecke González Ortega und Juárez. Taxis vom Busbahnhof ins Zentrum kosten 30 bis 40 Mex$.

GUADALUPE

☎ 492 / 99 572 Ew.

Etwa 10 km östlich von Zacatecas liegt Guadalupe. Sein historisches, ehemaliges Kloster ist faszinierend und präsentiert eine der besten mexikanischen Sammlungen von Kunst aus der Kolonialzeit. Die beeindruckende Kirche des Klosters zieht Pilger an, die hier die landesweit beliebte Jungfrau verehren. Um das Kloster zu erforschen, braucht man einige Stunden. Die malerische Plaza Jardín Juarez wird von Läden für Antiquitäten und Kunsthandwerk gesäumt.

BUSFAHRPLAN ZACATECAS

Ziel	Preis	Dauer	Häufigkeit
Aguascalientes	1. Klasse 91 Mex$	2 Std.	häufig (Futura)
	2. Klasse 77–64 Mex$	3 Std.	stündl. (Estrella Blanca, Transportes de Guadalupe)
Durango	1. Klasse 202 Mex$	4½–6 Std.	13 tgl. (Ómnibus de México, Transportes del Norte)
	2. Klasse 170 Mex$	7 Std.	6 tgl. (Estrella Blanca)
Fresnillo	1. Klasse 35 Mex$	1–1½ Std.	stündl. (Transportes del Norte)
	2. Klasse 35 Mex$	1–1½ Std.	stündl. vom Hauptbusbahnhof (Estrella Blanca, Camiones de los Altos)
Guadalajara	1. Klasse 261 Mex$	4–5 Std.	stündl. (Ómnibus de México, Chihuahuenses, Transportes del Norte)
	2. Klasse 230 Mex$	7 Std.	stündl. (Estrella Blanca, Rojo de los Altos)
Guanajuato	–	–	einen Bus nach León nehmen und dort nach Guanajuato umsteigen
León	167 Mex$	3–4 Std.	häufig (Ómnibus de México, Futura, Transportes del Norte)
Mexico City (Terminal Norte)	Deluxe 610 Mex$	8 Std.	4 tgl. (ETN)
	1. Klasse 459 Mex$	6–8 Std.	17 tgl. (Futura, Chihuahuenses, Ómnibus de México)
Monterrey	1. Klasse 293 Mex$	7 Std.	9 tgl. (Transportes del Norte)
	2. Klasse 250 Mex$	8 Std.	4 tgl. (Estrella Blanca, Rojo de los Altos)
Querétaro	1. Klasse 303 Mex$	6 Std.	stündl. (Futura, Chihuahuenses)
San Luis Potosí	1. Klasse 120 Mex$	3 Std.	stündl. (Futura, Ómnibus de México, Chihuahuenses)
	2. Klasse 110 Mex$	3½ Std.	5 tgl. (Estrella Blanca)

Busse von Omnibus de México und Estrella Blanca fahren auch nach Sombrerete.

Das **Convento de Guadalupe** wurde Anfang des 18. Jhs. von Franziskanermönchen als apostolisches Seminar gegründet. Es entwickelte eine starke akademische Tradition und war bis in die 1850er-Jahre eine wichtige Basis für die Missionsarbeit im nördlichen Nueva España. Heute ist in dem Konvent das **Museo Virreinal de Guadalupe** (☎ 923-23-86; Jardín Juárez s/n; Eintritt 37 Mex$, So frei; 🕓 9–18 Uhr) untergebracht. Im Gebäude sind viele religiöse Originalgemälde von Miguel Cabrera, Juan Correa, Antonio Tores und Cristóbal Villalpando erhalten. Ein Spaziergang durch das Gebäude ist herrlich, vor allem wegen der außergewöhnlichen Ansichten der Gemälde in den Kreuzgängen, die vom jeweiligen Standort abhängen. Die Besucher können einen Teil der Bibliothek und ihrer 9000 Originalbände besichtigen (der älteste Band stammt von 1529, und Tausende Bücher sind noch eingelagert). Außerdem lohnt ein Blick in den Chor des oberen Stocks der Kirche. Er hat wunderschöne geschnitzte und bemalte Stühle (zur Zeit der Recherche wurden sie allerdings restauriert und waren nicht zugänglich). Die schön dekorierte **Capilla de Nápoles** aus dem 19. Jh. befindet sich an der Nordseite der Kirche. Sie ist nur zu besonderen Anlässen geöffnet.

Das **Museo Regional de Historia** (☎ 923-20-89; Eintritt frei; 🕓 Di–So 9–18 Uhr), neben dem Museo Virreinal gelegen, präsentiert wechselnde Ausstellungen.

Ende September ist in dem Museum ein Kulturfestival zu Gast, und die Stadt veranstaltet jedes Jahr in den ersten beiden Dezemberwochen einen Jahrmarkt, dessen Höhepunkt der **Día de la Virgen de Guadalupe** (12. Dezember) ist.

Busse von Transportes de Guadalupe verkehren alle paar Minuten zwischen Zacatecas und Guadalupe (4 Mex$, 20 Min.). Die Bushaltestelle liegt am Blvd López Mateos gegenüber dem alten Busbahnhof. Man steigt an der kleinen Plaza im Zentrum von Guadalupe aus und läuft die Madero etwa 250 m hinunter bis zum Jardín Juárez, einer größeren Plaza. Die Museen befinden sich auf der anderen Seite dieser Plaza.

PLATEROS & FRESNILLO

☎ 493 / Plateros 4540 Ew.; Fresnillo 110 892 Ew.

Plateros liegt 63 km nördlich von Zacatecas und ist die Heimat des **Santuario de Plateros**, eines der meistbesuchten Schreine Mexikos. Grund dafür sind die Wunder, die *El Santo Niño de Atocha* zugeschrieben werden; das Abbild des Jesuskindes, das den Federhut eines Pilgers aus der Kolonialzeit trägt, steht auf dem Altar der Kirche aus dem 18. Jh. Fresnillo, 5 km südwestlich von Plateros, ist eine lebhafte, wenn auch nicht sehr interessante Stadt; aber es ist das Transportdrehkreuz für Pilger Richtung Plateros. Wen mexikanischer Katholizismus fasziniert, der sollte den Schrein besuchen; ansonsten kann man getrost beide Orte links liegen lassen.

Die Kreuzgänge des Santuario de Plateros sind mit Tausenden alter *retablos* (Votivgemälde) bedeckt, aber auch mit jüngerem Krimskrams – der Dank an Santo Niño für seine Antwort auf Bittgebete, die vom Überleben bei Verkehrsunfällen bis zu Erfolgen in geschäftlichen Dingen reichen. Die Straßen um die Kirche sind voller Stände, die bunte religiöse Andenken verkaufen.

Die wenigen Hotels in Plateros sind etwas für Pilger, die die Messe um 7 Uhr besuchen möchten, und nicht gerade ruhig. Fresnillo hat die besseren Hotels.

Hotel Lirmar (☎ 932-45-98; Durango 400, Fresnillo; EZ/DZ/3BZ 200/250/310 Mex$; Ⓟ) Das einigermaßen moderne Haus liegt gegenüber dem Busbahnhof in Fresnillo. Die Zimmer sind sauber und bequem.

Hotel Casa Blanca (☎ 932-00-14; García Salinas 503, Fresnillo; EZ/DZ/3BZ 396/459/522 Mex$) Dieses Hotel befindet sich drei Blocks östlich vom Jardín Hidalgo und beherbergt meist Geschäftsreisende.

Veranstalter in Zacatecas bieten organisierte Touren nach Plateros (s. S. 648) an. Um nach Plateros und wieder weg zu kommen, nimmt man Bus 3 über Fresnillo. Der Busbahnhof von Fresnillo befindet sich an der Ébano, 1 km nordöstlich des Stadtzentrums. Die Fahrkarte für einen 2.-Klasse-Bus nach Plateros (7 Mex$, 1 Std.) kann man am Schalter im Parques Industriales kaufen. Der Regionalbus 6 (7 Mex$) fährt ab der Emiliano Zapata, 2½ Blocks östlich der Jardín Madero, ebenfalls nach Plateros.

Von Fresnillo aus bedienen 1.-Klasse-Busse regelmäßig Durango (152 Mex$, 3½ Std.), Torreón (234 Mex$, 5 Std.) und Zacatecas (31 Mex$, 1 Std.); Busse 2. Klasse fahren sogar noch häufiger.

JEREZ

☎ 494 / 38 624 Ew.

Die herrliche Provinzstadt Jerez liegt 30 km südwestlich von Zacatecas und ist so mexikanisch wie ein Tortilla. Hier kann man wunderbar den Alltag der Einheimischen erleben, vor allem sonntags, am Marktag, wenn die *rancheros* aus dem Sattel springen und vor den Saloons ihre Drinks einnehmen. Es gibt ein paar schöne Gebäude aus dem 18. und 19. Jh. Um Ostern findet in Jerez ein lebhafter, zehn Tage langer Jahrmarkt statt, auf dem auch *charreadas* und Hahnenkämpfe gezeigt werden.

Orientierung & Praktische Informationen

Auf der hübschen Hauptplaza, dem Jardín Páez, stehen ein altmodischer Pavillon, Bäume und Bänke. Die **Touristeninformation** (☎ 945-51-66; Hospicio 73) hat auch einen **Stand** (🕑 Mo–So 10–16 Uhr) an der Plaza. Das **Compu-Centro** (Bizarra Capital 44; 10 Mex$/Std.; 🕑 10–21 Uhr) liegt ein paar Blocks südlich der Plaza. Banken (mit Geldautomaten) und Telefone findet man rund um die Plaza.

Sehenswertes

An der **Parroquia de la Inmaculada Concepción** aus dem 18. Jh. und am **Santuario de la Soledad** aus dem 19. Jh. sind schöne Reliefs zu entdecken. Von der Südostecke der Jardín Páez geht man einen Block nach Süden und dann einen gen Westen, um zum Schrein zu gelangen, oder einen Richtung Osten zur Kirche. Gleich jenseits des Schreins, an der Nordseite der Jardín Hidalgo, steht das herrliche **Teatro Hinojosa** aus dem 19. Jh.

Schlafen & Essen

Die Preise für die Unterkünfte können sich während des Osterfestivals verdreifachen.

Hostal del Santuario (☎ 945-61-94; Santuario 27; EZ/DZ/3BZ 150/200/250 Mex$) Die beste Budgetoption der Stadt befindet sich ein paar Blocks südlich der Plaza und hat ausgefallene Möbel (alles in Schwanendekor) sowie Kabel-TV.

Posada Santa Cecilia (☎ 945-24-12; Constitución 4; EZ/DZ 200/250/300 Mex$) Das Posada liegt einen halben Block nördlich der Plaza. Die preiswerten Zimmer sind einer Marilyn Monroe würdig eingerichtet: geräumig, mit großen Möbeln, Spiegeln und Kabel-TV.

Leo Hotel (☎ 945-20-01; Calzada La Suave Patria s/n; Zi. ab 350 Mex$; 🅿) Östlich der Stadt an der Straße nach Zacatecas. Das moderne Leo ist die schickste, aber auch die langweiligste Unterkunft. Man sollte ein eigenes Fahrzeug haben, denn sonntags fahren keine Busse.

Gut essen kann man im **La Cofradía** (☎ 945-42-86; Constitución 19; Hauptgerichte 78–100 Mex$; 9.30–22.30 Uhr), das lange offen ist und eine sogar noch längere Speisekarte mit mexikanischen Gerichten hat, und im **Hotel Jardín** (☎ 945-20-26) an der Plaza.

Anreise & Unterwegs vor Ort

Die Abzweigung nach Jerez ist in der Nähe von Malpaso, 29 km südlich von Zacatecas an der Straße von Zacatecas nach Guadalajara. Die Zacatecas–Jerez-Linien von Ómnibus de México und Estrelle Blanca/Rojo de los Altos fahren regelmäßig vom Busbahnhof in Zacatecas nach Jerez (28 Mex$). Der Busbahnhof von Jerez liegt auf der Ostseite der Stadt, 1 km vom Zentrum entfernt, an der Calzada La Suave Patria. „Centro-Central"-Busse (5 Mex$) pendeln zum und vom Zentrum. Täglich gibt's mehrere Busse nach und von Fresnillo (25 Mex$).

LA QUEMADA

Die beeindruckenden **Ruinen** (Eintritt 37 Mex$; 9–17.30 Uhr) von La Quemada erheben sich auf einem Hügel mit Blick über das weite Tal. Sie liegen von Zacatecas aus 45 km Richtung Süden und 2 km östlich der Straße von Zacatecas nach Guadalajara. Die abgeschiedene und malerische Lage ist der Lohn für den Tagestrip vom hektischen Zacatecas aus. Die Gegend ist für ihre Klapperschlangen bekannt; man sollte die Augen – und Ohren! – offen halten (bis jetzt ist ihnen aber noch niemand zum Opfer gefallen.)

Die genaue Geschichte und der Grund für den Bau der Stätte sind so gut wie unbekannt. Es gibt viele Vermutungen über die Gegend; eine besagt, dass hier Azteken auf ihrer legendären Wanderung Richtung Valle de México Halt gemacht haben. Sicher ist aber nur, dass ein Feuer die Gebäude zerstört hat, daher der Name La Quemada (die Verbrannte).

Das moderne **Ausgrabungsmuseum** (Erw./erm. 8/4 Mex$; 10–16 Uhr) zeigt interessante archäologische Stücke und ein ausgezeichnetes Video (mit englischen Untertiteln). Bevor man auf Erkundung geht, ist es ratsam, das Museum zu besuchen, um die Region einordnen zu können und sich die Miniaturstätte hier anzuschauen. So weiß man, wo man hin muss.

La Quemada war zwischen 300 und 1200 n. Chr. bewohnt. Seinen Höhepunkt vermutet man zwischen 500 und 900 mit bis zu 3000 (geschätzten) Einwohner. Ab etwa 400 war es Teil des Handelsnetzwerkes in der Region, das mit Teotihuacán verbunden war (s. S. 219). Die Festungsanlagen lassen aber vermuten, dass La Quemada später den Handel in der Gegend zu beherrschen versuchte.

Zu den wichtigsten Gebäuden gehört der dem Eingang am nächsten liegende **Salón de las Columnas** (Halle der Säulen). Möglicherweise war es eine Halle für Zeremonien. Ein wenig weiter den Hügel hinauf befindet sich ein **Ballspielplatz**, eine steile **Pyramide** für Opferungen und eine ebenso steile Treppe, die zu den höheren Ebenen der Stätte führt. Von den oberen Ebenen des Haupthügels führt ein Pfad etwa 800 m nach Westen zu einem Felsvorsprung (dem höchsten Punkt). Die Überreste der Gebäudeansammlung hier heißen **La Ciudadela** (die Zitadelle). Zurück zum Museum folgt man dem Verteidigungswall und dem Pfad. Man braucht Wasser und einen Hut – es ist hier recht ungeschützt.

An- & Weiterreise

Am „Ex-Central de Autobus" (dem „früheren" Busbahnhof) besteigt man einen 2.-Klasse-Bus nach Villanueva (30 Mex$) und bittet darum, an *las ruinas* abgesetzt zu werden; man steigt an der Kreuzung aus und marschiert noch 2,5 km bis zum Eingang. Auf dem Rückweg nach Zacatecas kann es sein, dass man eine Weile auf einen Bus warten muss – man sollte die Ruinen daher nicht zu spät verlassen. Ómnibus de México und Rojo de los Altos fahren regelmäßig vom 1.-Klasse-Busbahnhof in Zacatecas nach Villanueva und nach Guadalajara. Von Zacatecas aus (s. S. 648) gibt's auch eine geführte Tour (250 Mex$).

SOMBRERETE

☎ 433 / 19 000 Ew.

Sombrerete ist eine attraktive, urige und lebhafte alte mexikanische Stadt. Die abgenutzten Gebäude aus der Kolonialzeit und die traditionellen Straßen spiegeln ihre Geschichte: Die ersten Siedlungen wurden hier in den 1550er-Jahren errichtet. Dann begannen die Minen jene Bodenschätze hervorzubringen, die das reiche Erbe an Kirchen, Villen und öffentlichen Gebäuden finanzierten. Die Einheimischen beharren darauf, dass Thomas Edison hier geboren wurde. Mehr Infos gibt's auf www.sombrerete.com.mx.

Die **städtische Touristeninformation** (☎ 935-14-38; Hidalgo 207) liegt der Kathedrale gegenüber. Sie bekommt nicht viele Touristen zu sehen, aber wenn, dann beantwortet das Personal ihre Fragen (auf Spanisch). Wer Führer oder Transportmittel in der Gegend braucht, campen will oder im Parque Nacional de Órganos ein *cabaña* (mit zwei Schlafzimmern, Bad und Küche) mieten möchte, sollte das hier arrangieren. Wenn man zum Park unterwegs ist, sollte man auf jeden Fall vorher in **La Casa de Usted** (☎ 935-01-81; Hidalgo 321) in Somberete vorbeischauen und mit dem begeisterten Luis Martínez reden. Er hat die Sierra 50 Jahre lang erforscht und viele der berühmten Formationen getauft. Im Oktober bei Vollmond führt er noch immer Touren. Das kleine **Museo Municipal** (Hidalgo 207; Eintritt frei; Mo–Fr 8–20, Sa & So 10–15 Uhr) nebenan zeigt volkstümliche, aber schön präsentierte geschichtliche Stücke.

Hotel Avenida Real (☎ 935-02-66; Aldama 345; EZ/DZ/Suite 230/260/290 Mex$) Dieses praktisch gelegene Hotel hat schon etwas ältere, aber geräumige und ganz ordentliche Zimmer. Im Restaurant bekommt man Frühstück und andere Mahlzeiten.

Die Busse (Ómnibus de México und Estrella Blanca) halten vor ihren jeweiligen Büros im Zentrum von Sombrerete. Wer selbst fährt, erreicht gleich südlich des Hwy 45 die Hauptstraße.

PARQUE NACIONAL SIERRA DE ÓRGANOS

Hoch oben am Westrand des Bundesstaates Zacatecas befindet sich der im Jahr 2000 zum Nationalpark erklärte, abgelegene **Sierra de Órganos** („Orgel-Gebiet"; Eintritt 10 Mex$). Ein Besuch macht Spaß. Die Region ist nach ihren einzigartigen Felsformationen benannt, von denen einige Orgelpfeifen ähneln. Andere erhielten ihre Namen wegen ihrer Ähnlichkeit mit E.T., Jesus Christus und Los Frailes. Diese archetypische Szenerie – Wüste, Opuntien und zerklüftete Felsen – schuf die ideale Kulisse für Hunderte von Western mit John Wayne und seinen Kollegen. Eifrige Camper und Wanderer genießen vielleicht einen Aufenthalt auf einem der zahlreichen **Campingplätze** (Campen 20 Mex$/Pers.). Man kann aber auch über die städtische Touristeninformation (s. linke Spalte) in Sombrerete ein **Cabaña** (500 Mex$) mieten. Es gibt außerdem viele Picknickplätze, aber keine anderen Einrichtungen und nicht das ganze Jahr über Wasser. Der Park ist relativ klein (rund 11 km²) und man kann hier ein paar faszinierende Tage verbringen. Aber Vorsicht: Es gibt weder Karten noch ausgeschilderte Wege und auch erfahrene Wanderer brauchen einen Kompass. Keinesfalls darf man vergessen, einen Hut mitzubringen und Essen und Wasser muss man auch dabei haben.

Vom Hwy 45 biegt man 20 km westlich von Sombrerete nach San Francisco de los Órganos Richtung Norden ab und folgt dann der Straße (bzw. den Schildern) 10 km bis zum Parkeingang.

AGUASCALIENTES (BUNDESSTAAT)

Der Bundesstaat Aguascalientes (1,1 Mio. Einwohner) ist einer der kleinsten Mexikos. Sein Zentrum ist die gleichnamige Stadt. Der Legende nach hat ein Kuss der Ehefrau eines prominenten Politikers der Region auf den Mund des Diktators Santa Anna dafür gesorgt, dass aus Aguascalientes ein eigener, von Zacatecas unabhängiger Bundesstaat wurde.

Abgesehen von der museenreichen Stadt sind echte Touristenziele selten, aber die Fahrt von oder nach Zacatecas ist sehr schön; sie führt einen durch fruchtbares Land, auf dem Mais, Bohnen, Chili, Früchte und Getreide angebaut werden. Die Ranches des Staates sind sowohl für das Vieh für den Fleischbedarf zuständig als auch für die Bullen, die im ganzen Land den Stierkämpfen geopfert werden.

AGUASCALIENTES

☎ 449 / 663 671 Ew. / 1800 m

In dieser blühenden Industriestadt lebt mehr als die Hälfte der Bevölkerung des Staates. Das verwahrloste Äußere verbirgt im Herzen eine schöne Plaza und stattliche Gebäude aus der Kolonialzeit. Der größte Trumpf sind jedoch die Museen: Das Museo de los Muertos ist einen Besuch mehr als wert, und toll sind auch die, die sich mit José Guadalupe Posada und Saturnino Herrán beschäftigen.

Geschichte

Vor der Ankunft der Spanier hat man hier ein Labyrinth von Katakomben gebaut. Die ersten

Spanier nannten Aguascalientes deshalb La Ciudad Perforada (die durchlöcherte Stadt). Den Archäologen sind die Tunnel noch immer ein Rätsel; Besuchern sind sie allerdings nicht zugänglich.

Der Konquistador Pedro de Alvardo kam 1522 an, aber die Chichimeken schlugen ihn zurück. 1575 wurde hier eine kleine Garnison gegründet, um die Silberkonvois von Zacatecas nach Mexico City zu beschützen. Nachdem die Chichimeken bezwungen worden waren, förderten die heißen Quellen das Wachstum der Stadt. Ein großer Tank neben der Ojo-Caliente-Quelle half bei der Bewässerung der Farmen in der Region, die die nahen hungrigen Bergbaugebiete ernährten.

Heute beschäftigt sich die Industrie der Stadt u. a. mit Textilien, Wein, Brandy, Leder, Obstkonserven und Autos.

Orientierung

Aguascalientes ist so platt wie ein Pfannkuchen, die Orientierung ist deshalb sehr einfach. Das Zentrum der Stadt bildet die Plaza de la Patria, die von einigen netten Fußgängerzonen umgeben ist. Av Chávez/Calle 5 de Mayo ist die Nord-Süd-Achse der Stadt. Unter der Plaza de la Patria verschwindet sie in einem Tunnel. Die Av López Mateos, die wichtigste Ost-West-Verbindung, befindet sich ein paar Blocks südlich der Plaza. In den Gebieten am Stadtrand wurden *anillos* (Ringstraßen) angelegt.

Praktische Informationen

BUCHLÄDEN

Casa Terán (☎ 994-10-09; Rivero y Gutiérrez 110; ⌚ Mo–Sa 9–21 Uhr) Guter Buchladen; im Komplex befinden sich auch ein mexikanisches Kulturzentrum und ein Café im Innenhof.

GELD

Rund um die Plaza de la Patria und die Expoplaza sind viele Banken mit Bankautomaten zu finden. *Casas de cambio* gruppieren sich an der Hospitalidad, gegenüber der Post.

Money Tron (Juan de Montoro s/n; ⌚ Mo–Fr 9–16 Uhr) Die Wechselstube liegt einen halben Block östlich der Plaza und hat einen Drive-In.

INTERNETZUGANG

Die meisten Plätze verlangen um die 15 Mex$ pro Stunde.

Internet 3W (Centro Parián; ⌚ Mo–Sa 9–21, So 11–18 Uhr)

MEDIZINISCHE VERSORGUNG

Im Zentrum haben mehrere Apotheken rund um die Uhr geöffnet.

Hospital Hidalgo (☎ 918-50-54, 915-31-42; Galeana 465)

NOTFALL

Polizei (☎ 910-28-81)

POST & TELEFON

Im Stadtzentrum gibt's jede Menge Kartentelefone.

Post (☎ 915-21-18; Hospitalidad 108; ⌚ Mo–Fr 8–18, Sa 9–13 Uhr)

REISEBÜROS

Turismo Vania (☎ 918-76-16; Juan de Montoro 204)

Viajes Gomzo (☎ 915-41-24; Juan de Montoro 114)

TOURISTENINFORMATION

Staatliche Touristeninformation (☎ 915-95-04, 800-949-49-49; www.aguascalientes.gob.mx; Palacio de Gobierno, Plaza de la Patria; ⌚ Di–Fr 9–20, Sa & So 10–18 Uhr) Kostenlose Stadtpläne.

WASCHSALON

Lavandería (224 Carranza; 16 Mex$/kg; ⌚ Mo–Fr 10–14 & 16–20, Sa 10–16.30 Uhr)

Sehenswertes & Aktivitäten

PLAZA DE LA PATRIA

Die schön restaurierte **Barockkathedrale** aus dem 18. Jh. an der Westseite der Plaza ist von innen prächtiger als von außen. Über dem Altar am Ostende des Südgangs hängt ein Gemälde der Jungfrau von Guadalupe von Miguel Cabrera. In der *pinacoteca* (Bildergalerie) der Kathedrale gibt's noch mehr Arbeiten von Cabrera, dem größten Künstler aus Mexikos Kolonialzeit. Einen Priester bitten, einen hineinzulassen!

Gegenüber der Südfassade der Kathedrale steht das **Teatro Morelos**. Hier fand 1914 die Zusammenkunft von Aguascalientes statt – dabei versuchten die verschiedenen revolutionären Fraktionen unter Pancho Villa, Venustiano Carranza und Emiliano Zapata erfolglos, ihre Differenzen beizulegen. Büsten von allen Dreien plus einer von Álvaro Obregón stehen im Foyer. Oben gibt's noch ein paar Ausstellungsstücke.

An der Südseite der Plaza befindet sich der **Palacio de Gobierno** aus roten und rosa Steinen – das bemerkenswerteste Gebäude aus der Kolonialzeit in Aguascalientes. Es war ein-

NÖRDLICHES ZENTRALES HOCHLAND

mal die Villa des Kolonialbarons Marqués de Guadalupe und geht auf das Jahr 1665 zurück. Der Palacio hat einen herrlichen Innenhof mit einem **Wandgemälde** des chilenischen Künstlers Osvaldo Barra. Hier wird die Zusammenkunft von 1914 dargestellt. Barra, Schüler von Diego Rivera, malte auch das Wandbild an der Südwand, eine Zusammenstellung der wirtschaftlichen und geschichtlichen Kräfte, die Aguascalientes geformt haben. Unbedingt nach der Darstellung suchen, die zeigt, wie zwischen Mexiko und den USA die Grenze gezogen wurde!

JARDÍN EL ENCINO

Das faszinierende **Museo José Guadalupe Posada** (☎ 915-45-56; Jardín El Encino s/n; Eintritt Erw./Erlaubnis 10/5 M$, So frei; ⌚ Di–So 11–18 Uhr) liegt an der Nordseite des Jardín El Encino. Der aus Aguascalientes stammende Posada (1852–1913) war in vielerlei Hinsicht der Begründer der modernen mexikanischen Kunst. Seine Stiche und satirischen Illustrationen aus der Zeit der Diktatur von Porfiriato sorgten dafür, dass sich mehr Menschen in Mexiko für Kunst interessierten. Themen waren vor allem soziale Probleme. In seiner späteren Phase, in der er sich mit Wandgemälden beschäftigte, beeinflusste Posada zudem Künstler wie Diego Rivera, José Clemente Orozco und Alfaro David Siqueiros. Seine Markenzeichen sind die *calavera* (Totenkopf oder Skelett). Viele seiner *calavera*-Stiche wurden reproduziert und verbreiteten sich. Es gibt auch eine ständige Ausstellung zu Posadas Vorgänger Manuel Manilla (1830–1890)

Im **Templo del Encino** (Jardín El Encino; ⌚ 7–13 & 17–19 Uhr) neben dem Posada-Museum steht eine schwarze Jesusstatue, von der manche glauben, dass sie wächst. Es wird erwartet, dass eine weltweite Katastrophe eintritt, sobald sie die Säule daneben erreicht. Die riesigen *Kreuzweg*-Wandgemälde sind ebenfalls bemerkenswert.

MUSEO DE AGUASCALIENTES

Dieses **Museum** (☎ 915-90-43; Zaragoza 507; Erw./erm. 10/5 Mex$, So frei; ⌚ Di–So 11–18 Uhr) sollte man nicht verpassen, und wenn der Grund nur das erhabene neoklassizistische Gebäude sein sollte. Es beherbergt neben wechselnden Ausstellungen eine ständige Ausstellung des brillanten mexikanischen Künstlers Saturnino Herrán (1887–1918) aus Aguascalientes. Seine Arbeiten gehörten zu den ersten, die das mexikanische Volk ungeschönt darstellen. Die sehr gefühlsbetonte Skulptur *Malgretout* im Hof ist eine Fiberglaskopie des Marmororiginals von Jesús Contreras.

MUSEO DE LOS MUERTOS

Diese „Nahtoderfahrung" sollte man sich nicht entgehen lassen. Das kürzlich eröffnete **Museo de los Muertos** (☎ 139-32-58; Jardín del Estudiante s/n; Erw./erm. 20/10 Mex$, Mi frei; ⌚ Di–So 10.30–18.30 Uhr) zeigt alle Dinge, die mit dem Lieblingsthema der Mexikaner, dem Tod, zu tun haben, von La Catrina-Skeletten bis zu historischen Stücken. Der Sammler Octavio Bajonero Gil der Universidad Autónoma de Aguascalientes stiftete die Gegenstände: über 1200 Artefakte, Zeichnungen, literarische Werke, Textilien, Spielzeug und Miniaturen. Sie stammen aus mehreren Jahrhunderten, von mesoamerikanischen bis zu zeitgenössischen künstlerischen Interpretationen, und verteilen sich auf sieben Räume. Es ist überhaupt nicht makaber, sondern eine farbenfrohe, humorvolle und Einsichten bringende Begegnung, die einen ein, zwei Stunden sehr gut unterhält.

TEMPLO DE SAN ANTONIO

Gegenüber dem Museo de los Muertos liegt der **Templo de San Antonio**. Diese verrückte Collage architektonischer Stile wurde um 1900 herum von dem Selfmade-Architekt Refugio Reyes gebaut. Das Innere ist mit großen, runden Gemälden und komplizierten Verzierungen überladen, in erster Linie aus Gold.

MUSEO REGIONAL DE HISTORIA

Refugio Reyes entwarf dieses **Heimatmuseum** (☎ 916-52-28; Av Carranza 118; Erw./Student 33 Mex$ /frei, So frei; ⌚ Di–So 10–19 Uhr) als Einfamilienhaus, inklusive kleiner Kapelle. In mehreren Räumen werden Ausstellungsstücke gezeigt, die vom Urknall bis zur Revolution reichen. Wer sich für mexikanische Geschichte interessiert, wird diese Abteilung lieben. Andere faszinieren wohl eher die wechselnden Ausstellungen; am besten vorher vorbeigehen und abchecken, was zu sehen ist.

ZEITGENÖSSISCHE KUNSTMUSEEN

Das kleine **Museo de Arte Contemporáneo** (☎ 915-79-53; Ecke Morelos & Primo Verdad; Erw./erm. 10/5 Mex$, So frei; ⌚ Di–So 11–17.30 Uhr) ist ein modernes Museum, das die Arbeiten von Enrique Guzmán (1952–1986) und wechselnde Ausstellungen zeigt. Es lohnt sich! In der Nähe liegt das

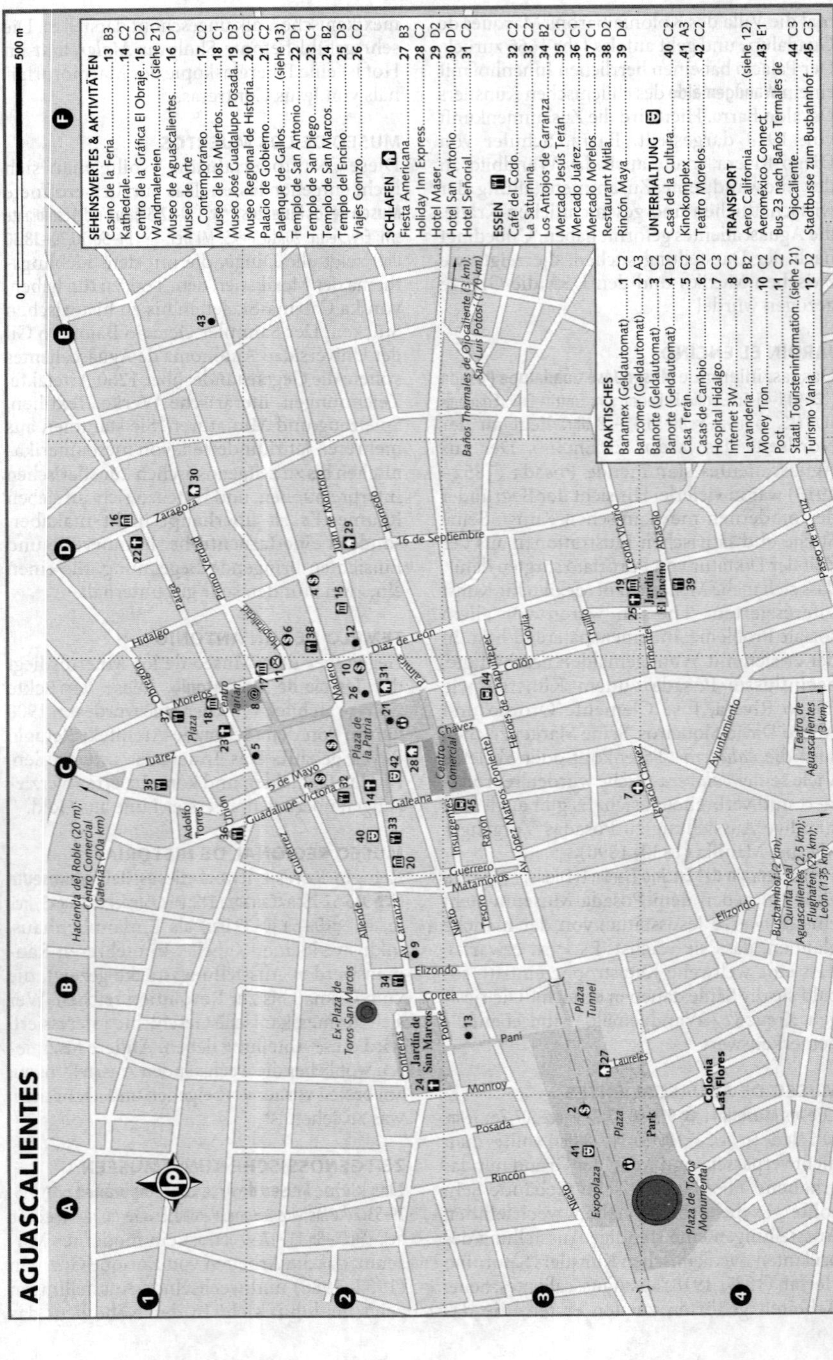
AGUASCALIENTES
SEHENSWERTES & AKTIVITÄTEN
Casino de la Feria ... 13 B3
Kathedrale ... 14 C2
Centro de la Gráfica El Obraje ... 15 D2
Wandmalereien ... (siehe 21)
Museo de Aguascalientes ... 16 D1
Museo de Arte Contemporáneo ... 17 C2
Museo de los Muertos ... 18 C1
Museo José Guadalupe Posada ... 19 D3
Museo Regional de Historia ... 20 C2
Palacio de Gobierno ... 21 C2
Palenque de Gallos ... (siehe 13)
Templo de San Antonio ... 22 D1
Templo de San Diego ... 23 C1
Templo de San Marcos ... 24 B2
Templo del Encino ... 25 D3
Viajes Gomzo ... 26 C2
SCHLAFEN
Fiesta Americana ... 27 B3
Holiday Inn Express ... 28 C2
Hotel Maser ... 29 D2
Hotel San Antonio ... 30 D1
Hotel Señorial ... 31 C2
ESSEN
Café del Codo ... 32 C2
La Saturnina ... 33 C2
Los Antojos de Carranza ... 34 B2
Mercado Jesús Terán ... 35 C1
Mercado Juárez ... 36 C1
Mercado Morelos ... 37 C1
Restaurant Mitla ... 38 D2
Rincón Maya ... 39 D4
UNTERHALTUNG
Casa de la Cultura ... 40 C2
Kinokomplex ... 41 A3
Teatro Morelos ... 42 C2
TRANSPORT
Aero California ... (siehe 12)
Aeroméxico Connect ... 43 E1
Bus 23 nach Baños Termales de Ojocaliente ... 44 C3
Stadtbusse zum Busbahnhof ... 45 C3
PRAKTISCHES
Banamex (Geldautomat) ... 1 C2
Bancomer (Geldautomat) ... 2 A3
Banorte (Geldautomat) ... 3 C2
Banorte (Geldautomat) ... 4 D2
Casa Terán ... 5 C2
Casas de Cambio ... 6 D2
Hospital Hidalgo ... 7 C3
Internet 3W ... 8 C2
Lavandería ... 9 B2
Money Tron ... 10 C2
Post ... 11 C2
Staatl. Touristeninformation ... (siehe 21)
Turismo Vania ... 12 D2
500 m
Hacienda del Roble (20 m); Centro Comercial Galerías (20 km)
Baños Thermales de Ojocaliente (3 km); San Luis Potosí (170 km)
Busbahnhof (2 km); Quinta Real Aguascalientes (2,5 km); Flughafen (22 km); León (135 km)
Teatro de Aguascalientes (3 km)
Ex-Plaza de Toros San Marcos
Jardín de San Marcos
Plaza de la Patria
Centro Comercial
Centro Parián
Plaza
Jardín El Encino
Plaza Tunnel
Expoplaza
Plaza de Toros Monumental
Colonia Las Flores
Park
Hidalgo
Zaragoza
Juan de Montoro
Hornedo
16 de Septiembre
Madero
Díaz de León
Colón
Av López Mateos (Poniente)
Héroes de Chapultepec
5 de Mayo
Guadalupe Victoria
Av Carranza
Elizondo
Nieto
Rincón
Posada
Monroy
Pani
Ayuntamiento
Paseo de la Cruz
Ignacio Chávez
Pimentel
Trujillo
Leona Vicario
Abasolo

Centro de la Gráfica El Obraje (☎ 994-00-74; Juan de Montoro 222; Mo–Fr 10–14 & 16–20 Uhr), eine Werkstatt/Studio/Galerie für Reproduktionen. Sie zeigt alle zwei Monate kostenlose Ausstellungen.

EXPOPLAZA & UMGEBUNG

Rund 500 m von der Plaza de la Patria Richtung Westen über die Av López Mateos oder Nieto steht ein modernes Shopping-Center. Die Mall auf der Südseite ist eine breite und etwas seelenlose Fußgängerpromenade, die während der jährlichen Feria de San Marcos (s. unten) zum Leben erweckt wird. An der Westseite liegt die riesige **Plaza de Toros Monumental**. Sie fällt wegen ihrer modern-kolonialen Abwandlung der traditionellen Stierkampfarena-Architektur auf.

Von der Oststeite der Expoplaza verläuft die Pani-Fußgängerzone zwei Blocks nach Norden zum **Templo de San Marcos** aus dem 18. Jh. und zum schattigen **Jardín de San Marcos**. Die **Palenque de Gallos** im **Casino de la Feria**-Gebäude an der Pani ist die Hahnenkampfarena der Stadt (während der Feria). Die **Ex–Plaza de Toros San Marcos** in der Nähe der Nordostecke des Jardín de San Marcos ist die ehemalige Stierkampfarena. Heute beherbergt sie eine Schule für werdende Matadore.

THERMALBÄDER

Trotz des Namens der Stadt (heiße Wasser) sind die einzigen heißen Bäder nahe dem Zentrum die bezaubernden, wenn auch etwas heruntergekommenen **Baños Termales de Ojocaliente** (☎ 970-07-21; Tecnológico 102; privates Bad ab 120 Mex$/Std.; 7–19 Uhr). Das restaurierte Gebäude von 1808 dreht wirklich die Zeit zurück. Die größeren Bäder sind ansprechender. Bus 23 von Mateos fährt hierher.

Geführte Touren

El Tranvía (Erw./Kind 26/16 Mex$), ein nachgemachter Straßenbahnwagen, gondelt auf drei verschiedenen Routen durch die Stadt (3-mal tgl., Di–So 10–18 Uhr). Tickets dafür und Infos zu Spaziergängen bekommt man in der staatlichen Touristeninformation (S. 656).

Festivals & Events

Mitte April findet jährlich der **Feria de San Marcos,** der größte staatliche Jahrmarkt von Mexiko, statt. Er dauert einen Monat und konzentriert sich auf der Expoplaza. Die Ausstellungen, Stier- und Hahnenkämpfe, Rodeos, Konzerte und kulturelle Events, einschließlich eines internationalen Filmfestivals, locken 1 Mio. Besucher an. Die große Parade findet am 25. April, dem Tag des Heiligen, statt.

Während des zweiwöchigen **Festival de las Calaveras** (die genauen Daten variieren, liegen aber immer um den 1. & 2. November) feiert Aguascalientes den Día de los Muertos (Tag der Toten). Der Schwerpunkt liegt dabei auf dem Symbolismus der *calavera*–Skelette.

Schlafen

Während der Feria de San Marcos schießen die Preise in den Himmel. Am letzten Wochenende des Festes sind die Unterkünfte komplett ausgebucht. Die Anwohner verdienen sich in der Zeit mit der Vermietung von Privatzimmern einiges dazu.

BUDGETUNTERKÜNFTE

Hotel San Antonio (☎ 915-93-41, 916-33-20; Zaragoza 305; EZ/DZ/3BZ 180/212 Mex$; Ⓟ) Ein Schild in diesem preiswerten und sehr zu empfehlenden Hotel verbietet „Paaren ohne Gepäck", hier zu übernachten. Es gibt einen Drive-in-Schalter, der 24 Stunden geöffnet ist. Das Management ist höflich, die Zimmer sind einfach, aber makellos (sie werden täglich geputzt), und es gibt Kabel-TV. Man sollte um ein Zimmer nach hinten raus bitten, um dem Verkehrslärm zu entgehen. Der zentrale Parkplatz kann ein wenig laut sein. Die Zimmer nach hinten sind wunderbar.

Hotel Maser (☎ 915-35-62; fax 915-96-62; Juan de Montoro 303; EZ/DZ 180/250/270 Mex$; Ⓟ) Freundlich, aber auch ziemliche primitiv. Die abgenutzten, von der Zeit gezeichneten Zimmer liegen rund um einen überdachten Innenhof. Überraschenderweise haben einige von ihnen TV (das kostet allerdings extra ...).

Hotel Señorial (☎ 915-16-30; Ecke Colón & Juan de Montoro; EZ/DZ 220/330 Mex$) Dieses nette, etwas ausgebleichte Haus hat sehr unterschiedliche Zimmer – klein, dunkel und deprimierend die Einzelzimmer, hell und luftig dagegen die Doppelzimmer mit Balkonen (cool für Alleinreisende: Die größeren Zimmer sind nicht teurer). Alle Zimmer haben Kabel-TV, aber insgesamt sind sie nicht so gut wie die im Hotel San Antonio.

MITTELKLASSEHOTELS

Hacienda del Roble (☎ 915-39-94; hotelhaciendadelroble@prodigy.net.mx; 5 de May 540; EZ/DZ/3BZ

350/450/550 Mex$) Dies ist die mit Abstand beste Mittelklasseoption. Die Zimmer sind klein, aber haben moderne Teppiche, Fenster nach draußen und ordentliche Bäder. Im unteren Stock ist's etwas laut – gleich an der 5 de Mayo –, dafür ist man aber auch in zehn Minuten zu Fuß an der Plaza.

Holiday Inn Express (☎ 916-16-66, 800-009-99-00; holidayinnags@prodigy.net.mx; Nieto 102; Zi. ab 80 US$;) Die 106 Zimmer der gemütlichsten Unterkunft im historischen Zentrum haben alle modernen Annehmlichkeiten und es gibt alles was Geschäftsreisende brauchen. An manchen Wochenenden gibt's 25 % Rabatt. Man muss nur beachten, dass die Preise hier in US-Dollar angegeben werden.

SPITZENKLASSEHOTELS

Fiesta Americana (☎ 918-60-10; www.fiestaamericana.com; Laureles s/n, Colonia Las Flores; Zi. ab 1350 Mex$; P) Dieses Luxus-Kettenhotel ist eine angenehme, wenn auch vorhersehbare Fünf-Sterne-Erfahrung. Die 192 Zimmer bieten alle Annehmlichkeiten, es gibt ein Fitnesscenter und einen einladenden Pool. Wochenendangebote für zwei Personen liegen um die 1190 Mex$, inklusive Frühstück.

Quinta Real Aguascalientes (☎ 978-58-18; www.quintareal.com; Av Aguascalientes Sur 601; Suite 150–250 US$; P) Unter den luxuriösen Hotels im Resort-Stil, die in der Nähe des Industriegebiets in den Außenbezirken der Stadt liegen, ist das hier die schickste. Auch hier werden US-Dollar vorgezogen.

Essen

Vier Blocks nördlich der Plaza de la Patria findet man Frisches und günstige Imbisse auf drei Märkten: Mercado Juárez, Mercado Jesús Terán und Mercado Morelos. In der Av Carranza westlich der Plaza gibt's ein paar wunderbare modische Cafés, in denen abends Snacks und Drinks zu haben sind.

Los Antojos de Carranza (☎ 994-19-77; Carranza 301; Hauptgerichte 35–109 Mex$; So–Di 8.30–18, Mi–Sa 8.30–23 Uhr) Der bunte, lebhafte Ort lockt u. a. mit einer freundlichen Atmosphäre, mexikanischer Musik (vom Band) und preiswerten mexikanischen Gerichte, alle großzügig ausgegeben. Die Einheimischen lieben das Mittagessen am Sonntag; Kinder kriegen halbe Portionen.

Café del Codo (☎ 994-15-87; Callejón del Codo; Snacks Mex$40-80; Mo–Sa 9–24, So 13–22 Uhr;) Hübsch unter Bäumen liegt das kosmopolitischste Café in der Stadt mit den grünen Sonnenschirmen. Man serviert italienische Sodas, Smoothies, eine Reihe von Chais und dazu gute Baguettes. Es gibt Computer und mit dem Laptop hat man hier WLAN.

Restaurant Mitla (☎ 916-61-57; Madero 220; Hauptgerichte 50–140 Mex$; 7–22 Uhr) Dieses große, nette und beliebte Restaurant ist im Jahr 1938, seinem Eröffnungsjahr, hängengeblieben: Es gibt Kellner mit weißen Jacketts, ausgezeichneten Service und eine sagenhafte Speisekarte mit einer Auswahl mexikanischer Spezialitäten, Frühstückskombis (65 Mex$) und einem 3-Gang-Tagesmenü (70 Mex$).

Rincón Maya (☎ 916-75-74; Abasolo 113; Hauptgerichte 56–100 Mex$; Mo–Sa 14–24, So 14–22.30 Uhr) Tagsüber (8–14 Uhr) serviert das Rincón seine köstlichen Spezialitäten aus Yucatan in seinem Alter Ego nebenan, La Mestiza Yucatena. Die *sopa de lima* (Limettensuppe; 41 Mex$) sollte man sich nicht entgehen lassen.

La Saturnina (☎ 994-04-49; Carranza 110; Hauptgerichte 60–65 Mex$; 8.30–22.30 Uhr) Die Einheimischen mögen das Lokal in einer früheren Villa aus dem 18. Jh. wegen seines romantischen Ambientes und seiner tollen Speisekarte. Der Name wurde zu Ehren der Frauen gewählt, die Saturnino Herrán so wunderschön gemalt hat. Aber nicht von den Geschichten über tragische Liebe und den gequälten Geist der Tochter des reichen Haciendabesitzers den Appetit verderben lassen!

Unterhaltung

Die Fußgängerzone Pani zwischen der Expoplaza und dem Jardín de San Marcos, ist abends meist sehr belebt. Es gibt eine gute Auswahl an Bars und Restaurants.

Die angesagten Nachtlokale befinden sich in den Vororten; das **Centro Comercial Galerías** (☎ 912-66-12; Independencia 2351) ist eine Shopping-Mall mit mehreren Bars und Diskos, z. B. die beliebte El Reloj. Die meisten Diskos findet man jedoch nördlich der Stadt an der Av Colosio.

In einem schönen Gebäude aus dem 17. Jh. beherbergt die **Casa de la Cultura** (☎ 910-20-10; Carranza 101) Kunstaustellungen, Konzerte, Theater und Tanz. Das **Teatro Morelos** (☎ 915-19-41; Nieto 113 Plaza de la Patria) und das **Teatro de Aguascalientes** (☎ 978-54-14; Ecke Chávez & Aguascalientes), südlich vom Zentrum gelegen, bringen beide jede Menge Kulturelles auf die Bühne.

An der Expoplaza gibt's einen **Kinokomplex** (Tickets 45 Mex$).

An- & Weiterreise

BUS

Im Busbahnhof (Central Camionera) 2 km südlich vom Zentrum an der Av Convención gibt's eine Post, Kartentelefone, eine Cafeteria und Gepäckaufbewahrung. Zu den täglichen Abfahrten s. Kasten unten.

Daneben fahren oft Busse nach Ciudad Juárez, Monterrey, Morelia und Torreón; nach San Miguel de Allende (154 Mex$) verkehren zwei täglich.

FLUGZEUG

Der **Aéropuerto Jesús Terán** (☎ 915-28-06) befindet sich 26 km südlich von Aguascalientes an der Straße nach Mexico City. Aeroméxico Connect schickt täglich Direktflüge nach Guadalajara, Mexico City, Monterrey und Tijuana sowie Direktflüge nach und von Los Angeles und New York. Volaris bedient Cancun und Tijuana. Continental bietet täglich Flüge nach Houston und Los Angeles, und American fliegt jeden Tag nach Dallas.

Aeroméxico Connect (☎ 918-21-27; Madero 474) unterhält ein Büro.

Unterwegs vor Ort

Die meisten Plätze kann man problemlos zu Fuß erreichen. Stadtbusse (5 Mex$) fahren regelmäßig zwischen 6 und 22.30 Uhr. „Centro"- oder „5 de Mayo"-Busse pendeln vom Busbahnhof ins Zentrum. Man steigt beim ersten Halt nach dem Tunnel unter der Plaza de la Patria an der 5 de Mayo oder der Rivero y Gutiérrez aus. Vom Zentrum zum Busbahnhof nimmt man einen „Central"-Bus von der Ecke Galeana (nahe der Insurgentes).

Taxis berechnen die Preise nach Taxameter. Vom Busbahnhof zum Zentrum kostet ein Taxi zwischen 20 und 25 Mex$.

SAN LUIS POTOSÍ (BUNDESSTAAT)

Die historische Hauptstadt von San Luis Potosí und die faszinierende „Geisterstadt" Real de Catorce liegen in den verlassenen Ausläufern im Norden und Westen des Bundesstaates. Sie sind der Hauptgrund für Besucher, in diese Region zu reisen. Die schöne, tropische, grüne Region Huasteca im Osten ist bei den einheimischen Urlaubern beliebt.

Dieser Bundesstaat ertrinkt geradezu in Geschichte. Vor der spanischen Eroberung bewohnten kriegerische Jäger, die Guachichilen, das westliche San Luis Potosí. Im 18. Jh. bekam die Region den Ruf, indigene Völker zu misshandeln, teilweise deshalb, weil der Klerus die barmherzigeren Franziskaner ersetzt hatte.

Heute ruht die Wirtschaft des wohlhabenden Staates mit 2,4 Mio. Einwohnern auf dem Bergbau, der Landwirtschaft, der Viehzucht und der Industrie.

TÄGLICHE BUSSE AB AGUASCALIENTES

Ziel	Preis	Dauer	Häufigkeit
Guadalajara	Deluxe 242 Mex$	2¾ Std.	4 tgl. (ETN)
	1. Klasse 186 Mex$	2¾ Std.	8 tgl. (Primera Plus)
	1. Klasse 172 Mex$	3 Std.	stündl. (México & Futura)
Guanajuato	1. Klasse 147 Mex$	3 Std.	1 tgl. (Primera Plus; 20 Uhr)
León	1. Klasse 104 Mex$	2 Std.	alle 30 Min. (Primera Plus)
	1. Klasse 82 Mex$	3½ Std.	alle 45 Min. (Flecha Amarilla)
Mexico City (Terminal Norte)	Deluxe 510 Mex$	6 Std.	9 tgl. (ETN)
	1. Klasse 333–433 Mex$	6 Std.	häufig (Primera Plus, Futura, Ómnibus de México)
	2. Klasse 333 Mex$	8½ Std.	2 tgl. (Flecha Amarilla)
San Luis Potosí	1. Klasse 131 Mex$	3 Std.	8 tgl.
	2. Klasse 101 Mex$	3½ Std.	stündl. (Estrella Blanca)
Zacatecas	Deluxe 130 Mex$	2 Std.	8 tgl. (ETN)
	1. Klasse 90 Mex$	2 Std.	9 tgl. (Transporte del Norte)
	1. Klasse 91 Mex$	2 Std.	stündl. (Ómnibus de México & Futura)
	2. Klasse 91 Mex$	2 Std.	stündlich (Estrella Blanca)

SAN LUIS POTOSÍ

☎ 444 / 685 934 Ew. / 1860 m

Die Grand Dame unter den Städten aus der Kolonialzeit, San Luis Potosí, war einst Brutstätte der Revolution, wichtige Bergbaustadt und Sitz der Regierung. Als blühende Hauptstadt des Staates, ordentliches Industriezentrum und Sitz einer Universität hat sie bis heute Haltung bewahrt. Man kann hier herrlich umherspazieren. Das koloniale Herz der Stadt besteht aus zahlreichen schönen Plazas und gepflegten Parks, alle durch attraktive Fußgängerzonen miteinander verbunden. Der lebhafte Ort ist nicht so atemberaubend wie Zacatecas oder Guanajuato, aber in den herrlichen Kolonialzeitgebäuden, dem beeindruckenden Theater und den vielen ausgezeichneten Museen spiegelt sich kulturelle Eleganz.

Geschichte

San Luis Potosí wurde 1592 gegründet, 20 km westlich der Silbervorkommen von Cerro de San Pedro. Benannt wurde die Stadt nach der unglaublich reichen bolivianischen Silberstadt Potosí – die Spanier hofften, dass ihr Potosí ihr einmal Konkurrenz machen könnte.

In den 1620er-Jahren begannen die Minen zu versiegen. Doch San Luis hatte sich zu dieser Zeit als Zentrum der Viehzucht schon so gut etabliert, dass es die wichtigste Stadt im Nordosten Mexikos blieb, bis Moneterrey zu Beginn des 20. Jhs. vorbeizog.

Im 19. Jh. war San Luis für seine prächtigen Häuser und seine importierten Luxusgüter bekannt. Zweimal war es der Sitz des Präsidenten Benito Juárez und seiner Regierung, als in den 1860er-Jahren die Franzosen das Land besetzt hielten. 1910 sperrte der diktatorische Präsident Profirio Díaz seinen liberalen Konkurrenten Francisco Madero während der Wahlkampagne in San Luis ein. Nachdem er nach der Wahl befreit worden war, brütete Madero seinen „Plan von San Luis Potosí" aus, eine Strategie, um Díaz abzusetzen. Im Oktober 1910 gab er ihn in San Antonio, Texas bekannt. Der Plan erkärte die Wahl für illegal, ernannte Madero selbst zum provisorischen Präsidenten und bestimmte den 20. November als den Tag, an dem Mexiko sich in einer Revolte erheben sollte – der Beginn der Mexikanischen Revolution.

Orientierung

Das Zentrum von San Luis erstreckt sich westlich vom Alameda Park (im Osten) bis zur Calle Independencia (im Westen). Die Gegend besteht aus nebeneinander liegenden Plazas: Plaza del Carmen, Plaza de Armas, Plaza de San Francisco und Plaza de los Fundadores. Es gibt einige Hotels und Restaurants im Zentrum; die billigeren Unterkünfte liegen in der Nähe des alten Bahnhofs. Eine Reihe gehobenerer Geschäfte findet man westlich der Plaza de los Fundadores an der Av Carranza.

Praktische Informationen

GELD

Banken mit Geldautomaten sind in der ganzen Stadt verteilt, z. B. an der Plaza de Armas und der Plaza de los Fundadores. An der Morelos befinden sich mehrere *casas de cambio*.

Banamex (Ecke Obregón & Allende) Wechselt wie andere Banken auch Bargeld und Reiseschecks.

INTERNETZUGANG

Die meisten Cafés verlangen für die Stunde 10 bis 15 Mex$.

Café Cibernetico (Av Carranza 416) Ordentliche Verbindungen und Kaffee.

Ciber Café de la Paz (Guerrero 269)

MEDIZINISCHE VERSORGUNG

Rotes Kreuz (☎ 815-3635; Calzada de Guadalupe 540)

POST

Post (☎ 812-72-86; Universidad 526; 🕑 Mo–Fr 8–15 Uhr)

REISBÜROS & TOURVERANSTALTER

Operatour Potosina (☎ 151-22-01; www.operatourpotosina.com; Juan Sarabia 120) Diese freundliche und sachkundige Einrichtung, in der Englisch gesprochen wird, bietet Touren rund um die Stadt sowie Trips zu den Haciendas, nach Real de Catorce und in die Region Huasteca Potosina. Sie befindet sich im Hotel Napoles.

2001 Viajes (☎ 812-29-53; Obregón 604)

TELEFON

Im Zentrum sind jede Menge Kartentelefone.

TOURISTENINFORMATION

Städtische Touristeninformation (☎ 812-27-70; Palacio Municipal, Ostseite der Plaza de Armas; ☎ Mo–Fr 8–20.30, Sa 10–18 Uhr)

Staatliche Touristeninformation (☎ 812-99-39, 800 3433887; www.sanluispotosi.gob.mx; Obregón 520; ☎ Mo–Fr 8–21, Sa 9–17 Uhr) Hier bekommt man Pläne und Broschüren zu einigen weniger bekannten Sehenswürdigkeiten im Bundesstaat San Luis Potosí.

WASCHSALON

Lavandería (5 de Mayo 870)

Sehenswertes

Am besten lernt man San Luis Potosí kennen, wenn man zu Fuß von Plaza zu Plaza schlendert: Die Plazas liegen alle dicht beieinander und jede bietet tolle geschichtliche und kulturelle Eindrücke. Meistens gibt's außerdem eine große Auswahl an Kulinarischem.

PLAZA DE ARMAS & UMGEBUNG

Die verkehrsberuhigte Plaza, auch bekannt als Jardín Hidalgo, ist der zentrale Platz der Stadt.

Die dreischiffige barocke **Kathedrale** wurde zwischen 1660 und 1730 erbaut und steht an der Ostseite der Plaza. Ursprünglich hatte sie nur einen Turm; der Nordturm wurde im 20. Jh. hinzugefügt. Die marmornen Apostel an der Fassade sind den Statuen der Basilika San Juan de Letrán in Rom nachgebildet.

Neben der Kathedrale steht der **Palacio Municipal** aus dem 19. Jh. mit seinen mächtigen Arkaden. Fertiggestellt wurde er 1838 und beherbergte von 1892 bis 1915 den Bischof Ignacio Montes de Oca. In einem Innenhof im hinteren Teil des Gebäudes ist ein Steinbrunnen mit drei Löwenköpfen. Das aus buntem Glas gefertigte Wappen der Stadt thront über einer Flügeltreppe.

Hinter der Kathedrale befindet sich das **Museo Othoniano** (☎ 812-74-12; Av Othón 225; Eintritt 5 Mex$; 🕒 Di–Fr 10–14 & 16–18, Sa & So 10–14 Uhr), der Geburtsort des viel gefeierten mexikanischen Dichters Manuel José Othón (1858–1906). Das Wohnhaus aus dem 19. Jh. ist mit Möbeln aus derselben Epoche eingerichtet. Manuskripte und persönliche Dinge von Othón sind ausgestellt.

Der neoklassizistische **Palacio de Gobierno** wurde zwischen 1770 und 1816 erbaut und nimmt die Westseite der Plaza ein. Sein berühmtester Bewohner war Benito Juárez. Das erste Mal wohnte er 1863 hier, als er vor den einfallenden französischen Streitkräften auf der Flucht war, das zweite Mal dann 1867, als er die Todesstrafe über den Marionettenkaiser Maximilian bestätigte.

PLAZA DE LOS FUNDADORES & UMGEBUNG

Die am wenigsten ansprechende Plaza, die Plaza de los Fundadores (Plaza der Gründer) liegt dort, wo die Stadt „geboren" wurde. An der Nordseite steht ein großes Gebäude, das 1653 als Jesuitenkolleg errichtet wurde. Heute sind hier die Büros der Universidad Autónoma de San Luis Potosí untergebracht. Wahrscheinlich gründete der Franziskanermönch Diego de la Magdalena um 1585 an dieser Stelle eine kleine Guachichilen-Siedlung.

Westlich der Büros steht der **Templo de la Compañía** mit seiner Barockfassade; er wurde 1675 von Jesuiten erbaut. Etwas weiter westlich befindet sich die **Capilla de Loreto**. Diese Jesuitenkapelle von 1700 hat ungewöhnliche, gedrehte Säulen.

JARDÍN DE SAN FRANCISCO & UMGEBUNG

Diesen ruhigen Platz dominieren die gleichnamige Kirche und das massige Kloster. Er ist einer der attraktivsten Orte der Stadt.

Der Altar im **Templo de San Francisco** stammt aus dem 17. und 18. Jh., wurde aber im 20. Jh. umgebaut. Die Sakristei befindet sich jedoch noch im Originalzustand; man erreicht sie durch eine Tür rechts vom Altar. Sie hat eine schöne Kuppel und rosa Reliefs. In der **Sala de Profundis**, die jenseits eines Bogens am südlichen Ende der Sakristei liegt, finden sich noch mehr Malereien und ein Steinbrunnen, der ebenfalls mit Reliefs verziert ist. Unter der Hauptkuppel hängt ein schönes Schiff aus Kristall.

Das **Museo Regional Potosino** (☎ 814-35-72; Galeana 450; Eintritt 34 Mex$, So frei; 🕒 Di–Sa 10–19, So 10.30–19 Uhr) befindet sich an der Galeana, westlich des Templo de San Francisco. Ursprünglich gehörte es zum 1590 gegründeten Franziskanerkloster. Im Erdgeschoss sind Stücke aus dem vorkolonialen Mexiko ausgestellt, vor allem von den indigenen Huaxteken. Im oberen Stockwerk findet man die prächtige **Capilla de Aranzazú**, eine kunstvolle Privatkapelle im Churrigueresque-Stil aus der Mitte des 18. Jhs. Hier wurden die neuen Mönche ordiniert.

Der kleine **Templo de la Tercera Orden** von 1694 (1960 restauriert) und der **Templo del Sagrado Corazón** (1728–1731) stehen gemeinsam am Südende der Plaza. Sie waren früher beide Teil des Franziskanerklosters.

Das **Museo Mariano Jiménez** (Museo de las Revoluciónes; ☎ 814-73-93; 5 de Mayo 610; Eintritt 5 Mex$; 🕒 Di–Fr 9–17, Sa 9–12, So 10–14 Uhr) erstreckt sich über ein paar Blocks südlich und westlich der Plaza und behandelt einige der spannendsten

Ereignisse der mexikanischen Geschichte. Ein großes Thema ist die Rebellion, und auch der Widerstand der indigenen Völker gegen die spanische Eroberung ist gut dargestellt.

PLAZA DEL CARMEN

Die Plaza del Carmen wird vom spektakulärsten Gebäude von San Luis dominiert, dem im Churrigueresque-Stil erbauten **Templo del Carmen** (1749–1764). Auf der lebhaft verzierten Steinfassade verraten schwebende Engel, dass indigene Künstler hier Hand anlegten. Drinnen, links vom Hauptaltar, befindet sich die Camarín de la Virgen mit einem herrlichen Goldaltar. An Eingang und Dach dieser Kapelle sind zahllose kleine Gipsfiguren zu sehen.

Neben dem Templo de Carmen ist das **Museo del Virreinato** (☎ 816-09-94; Villerías 155; Eintritt 10 Mex$; ⌚ Di–Fr 10–19, Sa & So 10–17 Uhr). Hier gibt es eine große Sammlung von Gemälden und Kunstgegenständen aus der Zeit der spanischen Vizekönige. Interessanter sind vielleicht die wechselnden Ausstellungen – am besten vorher fragen, was gezeigt wird.

Das neoklassizistische **Teatro de la Paz** (1889–1894) befindet sich neben der Kirche. Darin sind eine Konzerthalle, eine Galerie für Ausstellungen und ein Theater untergebracht. Poster kündigen kommende Events an.

Wenn es geöffnet ist (zum Zeitpunkt der Recherche war es wegen Renovierungsarbeiten geschlossen), zeigt das **Museo Nacional de la Máscara** (Nationales Maskenmuseum; ☎ 812-30-25; Plaza del Carmen; Eintritt 5 Mex$) Zeremonialmasken aus ganz Mexiko und liefert dazu Erklärungen der Tänze und Rituale, bei denen sie verwendet werden.

JARDÍN DE SAN JUAN DE DIOS

Das **Museo Federico Silva** (☎ 812-38-48; Obregón 80; Erw./erm. 30/15 Mex$; ⌚ Mi–Mo 9–18, So 10–14 Uhr) sollte man nicht verpassen. Das Originalgebäude aus dem 17. Jh. an der Nordseite des Jardín de San Juan de Dios war einst ein Krankenhaus und später unter *el porfiriato* (in der Porfiriato-Ära) eine Schule. Es wurde hervorragend umgebaut in ein Museum für zeitgenössische Kunst, wobei man die frühere neoklassizistische Ausführung einfallsreich mit den monolithischen Skulpturen Silvas verwob. Es gibt zudem einen Buchladen und wechselnde Ausstellungen international bekannter zeitgenössischer Bildhauer.

ALAMEDA & UMGEBUNG

Die **Alameda Juan Sarabia** markiert die Ostgrenze der Innenstadt. Sie war einst der Gemüsegarten des Klosters, das zum Templo del Carmen gehörte. Heute ist es ein großer, attraktiver Park mit schattigen Wegen.

Im Innern des **Templo de San José**, an der Südfront der Alameda, steht das Abbild von El Señor de los Trabajos. Die Christusfigur zieht Pilger von nah und fern an. Zahlreiche *retablos* rund um die Statue belegen die Erhörung von Hilfesuchenden, die für einen neuen Job, ihre Genesung oder das Bestehen einer Prüfung gebetet hatten.

Das interessante Design des **Centro de Difusión Cultural Raul Gamboa** (☎ 816-05-25; Ecke Av Universidad & Negrete; ⌚ Galerien Mo–Sa 10–14 & 17–20 Uhr) ist von einer spiralförmigen Muschel inspiriert. Innen zeigen Kunstgalerien wechselnde, zeitgenössische Ausstellungen.

Gleich über der Eisenbahnbrücke, östlich der Alameda, liegt das **Centro Taurino Potosino** mit der 7000 Plätze großen Plaza de Toros (Stierkampfarena) und einem Restaurant. Die Dekoration besteht aus allem möglichem Krimskrams der Matadoren (nur offen, wenn Stierkämpfe stattfinden).

Geführte Touren

Die **Tranvía** (☎ 814-22-26; 1-stündiger Trip 50 Mex$) ist die Nachbildung einer antiken Straßenbahn. Sie fährt eine Schleife durch das historische Zentrum und startet am Hotel Panorama (S. 666). Die Abfahrtszeiten ändern sich je nach Jahreszeit.

Festivals & Events

Semana Santa Die Heilige Woche feiert San Luis mit Konzerten, Ausstellungen und anderen Aktivitäten; am Karfreitag wird um 15 Uhr im Barrio San Juan de Guadalupe der Leidensweg Christi nachgestellt. Um 20 Uhr wandert eine stille Prozession durch die Stadt.

Feria Nacional Potosina San Luis' nationales Festival findet normalerweise in den letzten drei Augustwochen statt – Konzerte, Stierkämpfe, Rodeos, Hahnenkämpfe und Landwirtschaftsausstellungen.

Día de San Luis Rey de Francia Am 25. August wird als Höhepunkt der Feria Nacional der Schutzpatron der Stadt, Ludwig IX. (König von Frankreich), geehrt, u. a. mit einer großen Parade von Umzugswagen und *gigantes*.

Festival Internacional de Danza Dieses nationale Festival des zeitgenössischen Tanzes wird in den letzten zwei Wochen im September abgehalten.

Schlafen

Man hat mehr von San Luis, wenn man ein Hotel in der stimmungsvollen Fußgängerzone im Zentrum wählt.

BUDGETUNTERKÜNFTE

Hotel Guadalajara (☎ 128-64-51; Jiménez 253; EZ 300 Mex$, DZ 315–390 Mex$; P) Die Umgebung der *zona roja* (Rotlichtviertel) ist vielleicht nicht jedermanns Geschmack, aber das Guadalajara ist preiswert. Das moderne Hotel im Stil der 1970er-Jahre bietet kleine Aufenthaltsräume und ordentliche Zimmer.

Hotel de Gante (☎ 812-14-92/93; hotel_degante@hotmail.com; 5 de Mayo 140; EZ/DZ/3BZ 330/380/450 Mex$; 💻) Unschlagbar gelegen in der Nähe der Ecke der Plaza de Armas. Das Gante hat äußerst preiswerte, helle und geräumige Zimmer mit

Kabel-TV. Der einzige Haken ist das heiße Wasser – mal fließt es, mal nicht …

MITTELKLASSEHOTELS

Hotel María Cristina (☎ 812-94-08, 800-087-07-95; www.mariacristina.com.mx; Sarabia 110; EZ/DZ/3BZ 515/560/625 Mex$; P) Das Restaurant und die kleinen, aber bequemen Zimmer des zentralen modernen María Cristina beherbergen meist Geschäftsreisende. Zur Ausstattung gehören Teppiche, Kabel-TV, Ventilator und Telefon. Unbedingt richtige Fenster verlangen; einige sind mehr Gucklöcher.

Hotel Concordia (☎ 812-06-66, 800-711-13-18; concordia@prodigy.net.mx; Ecke Othón & Morelos; EZ/DZ 561/644 Mex$; P) Das zuverlässige Concordia im Stil der 1970er-Jahre ist in einem alten Gebäude untergebracht. Es hat weiße, helle Gänge und 96 Zimmer mit Teppich, Kabel-TV und anderen Annehmlichkeiten. Die Zimmer nach außen sind schöner als die nach innen.

Hotel Panorama (☎ 812-17-77, 800-480-01-00; www.hotelpanorama.com.mx; Av Carranza 315; Zi. ohne/mit Klimaanlage 730/860 Mex$; P) Das schicke Hotel liegt gegenüber der Plaza de los Fundadores. Alle 126 gemütlichen Zimmer haben Fenster vom Fußboden bis zur Decke und die besseren auf der Südseite sogar Balkone mit Blick auf den Pool. Geschäftsreisende lieben das Panorama für die marmorverkleidete Lobby, das Restaurant und die Pianobar.

SPITZENKLASSEHOTELS

Östlich der Stadt, am Highway in der Nähe des Busbahnhofs gibt's mehrere gehobene Unterkünfte.

Camino Real (☎ 102-50-00; www.caminoreal.com/sanluis_i/main.php; Carretera a Guadalajara 1100, Fracc. La Loma; Zi. ab 100 US$; P) Die Anlage ist in mehr als nur einer Hinsicht einzigartig. Sie liegt am Westrand der Stadt gleich beim La-Loma-Sportclub und bietet in vornehmer Umgebung alles, was man von einem Fünf-Sterne-Kettenhotel erwartet. Gäste dürfen die umfangreichen Einrichtungen des Sportclubs mitbenutzen.

LP Tipp **Hotel Museo Palacio de San Agustín** (☎ 811-77-77; Galeana, esq 5 de Mayo; Zi. 200–300 US$) Achtung: Dieses großartige, vornehme Hotel führt die Snobskala quasi an. Das außergewöhnliche Haus ist mehr als nur ein Luxushotel – es ist ein „Museum". Früher war es ein Teil des San-Augustín-Klosters, nun ist es in seinen ursprünglichen Zustand zurückversetzt worden (Blattgoldverzierungen, Kristalllüster, 700 echte europäische Antiquitäten …). Das Hotelpersonal, das in zur Epoche passender Uniform gekleidet ist, dreht die Zeit zurück. Die Glanzlichter sind die hoteleigene Nachbildung der San-Augustín-Fassade und die *capilla* (wir wollen die Überraschung nicht verderben). Für Spitzfindigkeiten bleibt hier keine Zeit: Dieser Platz steht nur „angemessener" Klientel offen und das Management nimmt sich das Recht, den Zutritt zu verwehren.

Essen

Eine Spezialität der Region sind die *tacos potosinos*: mit Käse oder Huhn gefüllte rote, in Chili getränkte Tacos und dazu gehackte Kartoffeln, Karotten, Salat und jede Menge *queso blanco* (weißer Käse). Die besten, abwechslungsreichsten und teuersten Restaurants liegen westlich vom Zentrum an der Av Carranza („La Avenida").

Chaires (☎ 811-32-91; Plaza de Armas; Snacks 12–35 Mex$; 8–22 Uhr) Im besten Mix aus Eisdiele und Café verzehrt man tolle Snacks und beobachtet die Leute.

Café Pacífico (☎ 812-30-50; Constitución 200; Snacks 15–70 Mex$) Allein die Öffnungszeiten – rund um die Uhr – sind der Rede wert. Das Café tischt seiner treuen Kundschaft Snacks und Frühstückskombis auf. Es ist hell, freundlich und kommt einem US-Diner ziemlich nahe.

El Pozole (☎ 814-99-00; Ecke Carmona & Arista; Hauptgerichte 25–60 Mex$; 12–15 Uhr) Der richtige Ort für einen ersten *enchiladas-potosinas*-Versuch – der Tortillateig ist rot vom milden Chili. Das Lokal wurde in den 1980er-Jahren von einer Frau gegründet, die hier Antojitos verkaufte. Der Andrang war so groß, dass sie mittlerweile drei Restaurants eröffnete, die auf das spezialisiert sind, was sie am besten kann: Tacos, Rojos, Pozole, *quesadillas de papa* … Und ja, sie sind wirklich so gut!

Café Tokio (☎ 814-61-89; Ecke Zaragoza & Guerrero; Hauptgerichte 30–50 Mex$;) Das helle und geräumige Café, dem Pacífico ähnlich, hat japanische Besitzer, serviert aber mexikanische Fastfood-Standards. Beliebt wegen seines günstigen Tagesessens zu Mittag.

Fonda Orizatlán (☎ 814-67-86; Hernández 240; Hauptgerichte 36–90 Mex$; Mo–Sa 8.30–23, So 8.30–19 Uhr) Das ältere, aber farbenfrohe Fonda Orizatlán, acht Blocks südlich vom Zentrum, ist in der Region wegen seiner erstklassigen huaxtekischen Gerichte berühmt. Sonntags von 16 bis 17 Uhr werden Volkstänze aufgeführt; das Mittagsbuffet kostet dann 120 Mex$.

Frida Mexicana (☎ 811-46-03; www.elmexicodefrida.com; Valentin Gama 646; Hauptgerichte 45–190 Mex$; Mo–Sa 13–24, So 13–18 Uhr) Obwohl die Farben im Kahlostil gehalten sind, ist das Restaurant kein Frida-Kitsch. Stattdessen gibt's eine geschmackvolle, leckere Speisekarte köstlicher mexikanischer Speisen. Man sollte die *chiles ventilla* (58 Mex$) probieren – Chili mit Käse und verlockenden Cremesaucen. 3 km Richtung (und genauso weit südlich von) Carranza.

Shiroi ie (☎ 128-24-44; Av Carranza 1335; Hauptgerichte 47–70 Mex$; Mo–Sa 14–1, So 14–18 Uhr) Ungewöhnlicher Name, ungewöhnliches Essen. Die herrliche japanische Mischung kreiert Sushi, Sashimi und California Rolls mit dem gewissen Etwas (man sollte die „Matador Roll" mit Rinderfilet versuchen; 70 Mex$). Die Atmosphäre ist modern und fröhlich und alles ist in Rot und Schwarz gehalten. Es liegt 2 km westlich Richtung Carranza.

Apikus (☎ 128-69-91; Mariana Escobedo 305; Hauptgerichte 90–185 Mex$) Schick, stilvoll und *a la moda*. Die minimalistische Terrasse des Apikus bietet einen wunderbaren Ausblick auf die koloniale Architektur der Gebäude in der Umgebung. Seine internationale Küche hat Sushi, Pasta und Fleisch im Angebot. Diese Ausgabe lohnt sich garantiert.

La Virreina (☎ 812-37-50; Av Carranza 830; Hauptgerichte 100–200 Mex$; Di–Sa 13–24, So 13–18 Uhr) Das charmante, altmodische Virreina, ein etablierter Liebling der Gourmets mit einem sagenhaften Ruf, hat eine klassische Speisekarte mit internationalen aber auch mexikanischen Gerichten sowie köstlichen Desserts. Der gerüchteweise schon über 90 Jahre alte Besitzer prüft immer noch selbst die Qualität.

Unterhaltung

Die kulturelle Szene San Luis' ist ziemlich aktiv; in der Touristeninformation erfährt man, was gerade los ist. Außerdem sollte man auf Plakate achten. Das kostenlose, monatlich erscheinende *Guiarte*-Büchlein und Poster liefern die Details zu den kulturellen Attraktionen. Mit den lateinamerikanischen Rhythmen in San Luis kann man super die Nacht durchtanzen; wer Salsa liebt, ist hier goldrichtig. Weitere beliebte Diskos, Bars und Musiktreffs findet man weiter westlich an der Av Carranza und Jiménez.

Play Club (☎ 812-56-92; Av Carranza 333; 23–3 Uhr) Der Play Club liegt an der Av Carranza, ist vom Zentrum aus zu Fuß zu erreichen und der absolute Hit.

El Ultimo Barrio (☎ 812-38-73; Jiménez 380A; 21–3 Uhr) Hier ist Liverock und -pop zu hören.

Teatro de la Paz (☎ 812-52-09; Villerias 2) An diesem neoklassizistischen Veranstaltungsort mit 1500 Plätzen treten an den meisten Abenden viele Tanz-, Theater- und Musikgruppen aus der Region und von weiter weg auf.

Orquestra Sinfónica (☎ 814-36-01; Tickets ab 30 Mex$) Von September bis November erklingen die Symphonien im Teatro de la Paz.

Möglichkeiten, zu karibischer Livemusik zu tanzen, bekommt man hier:

El Gallinero (☎ 812-15-32; Hernández 210; 22–2 Uhr)

La Corriente (Av Carranza 700)

Konzerte, Theater, Ausstellungen und Kulturevents gibt's darüber hinaus z. B. im Open-Air-Theater **Teatro de la Ciudad** im Parque Tangamanga I. und im **Museo Francisco Cossio** (☎ 813-22-47; Carranza 1815), 2½ km westlich der Plaza de los Fundadores.

Shoppen

Die wichtigste Einkaufsgegend liegt zwischen der Plaza de Armas und dem Mercado Hidalgo. Ein paar Blocks weiter Richtung Nordosten befindet sich der größere und interessante Mercado República. Man sollte nach der Spezialität der Region, den Süßigkeiten aus Milch, Ausschau halten.

Fonart (☎ 812-39-98; Jardín Guerrero 5) Wie die anderen Läden dieser von der Regierung geführten Kette hat auch diese Filiale eine gute Auswahl an qualitativ hochwertigem Kunsthandwerk aus ganz Mexiko.

La Casa del Artesano (☎ 814-89-90; Jardín Colon 23) Wer was von San Luis mitbringen möchte, sollte diesen Laden voller *potosino*-Töpferwaren, Masken, Holzarbeiten und Glasbläsereien besuchen.

An- & Weiterreise

AUTO & MOTORRAD

Die Preise für ein Mietauto reichen von 50 bis 85 Mex$ pro Tag. Man bekommt auch Lieferwagen und Wochenpakete.

Alamo (☎ 822-83-20; Av Carranza 1415)

Hertz (☎ 812-32-29; Obregón 670)

BUS

Der **Terminal Terrestre Potosina** (TTP; ☎ 816-45-96; Carretera 57) liegt 2½ km östlich vom Zentrum.

TÄGLICHE BUSSE AB SAN LUIS POTOSÍ

Ziel	Preis	Dauer	Häufigkeit
Guadalajara	Deluxe 335 Mex$	5–6 Std.	12 tgl. (ETN)
	1. Klasse 257 Mex$	6 Std.	stündl. (Transportes del Norte)
	2. Klasse 229 Mex$	6 Std.	2 tgl. (Estrella Blanca)
Guanajuato	142 Mex$	5 Std.	4 tgl. (Flecha Amarilla)
Matehuala	1. Klasse 121 Mex$	2½ Std.	stündl. (Sendor)
	2. Klasse 105 Mex$	2½ Std.	2 tgl. (Estrella Blanca)
Mexico City (Terminal Norte)	Deluxe 385 Mex$	5–6 Std.	12 tgl. (ETN)
	1. Klasse 308 Mex$	5–6 Std.	stündl. (Primera Plus)
	2. Klasse 265 Mex$	6½ Std.	7 tgl. (Flecha Amarilla)
Monterrey	Deluxe 440 Mex$	6 Std.	2 tgl. (ETN)
	1. Klasse 336 Mex$	7 Std.	stündl. (Transporte del Norte & Futura)
	2. Klasse 336 Mex$	7 Std.	3 tgl. (Estrella Blanca)
Querétaro	Deluxe 290 Mex$	2½ Std.	3 tgl. (ETN)
	1. Klasse 154 Mex$	3½ Std.	häufig (Primera Plus, Futura & Ómnibus de México)
	2. Klasse 120 Mex$	4 Std.	16 tgl. (Flecha Amarilla)
San Miguel de Allende	126 Mex$	5 Std.	7 tgl. (Flecha Amarilla)
Tampico	1. Klasse 316 Mex$	7 Std.	regelmäßig (Oriente Ómnibus de México oder Futura)
	2. Klasse 316 Mex$	7–8 Std.	14 tgl. (Vencedor)
Zacatecas	1. Klasse 120 Mex$	3 Std.	12 tgl. (Ómnibus de México)
	2. Klasse 120 Mex$	3 Std.	stündl. (Estrella Blanca)

Es fahren auch täglich Busse nach Aguascalientes, Ciudad Juárez, Ciudad Valles, Ciudad Victoria, Chihuahua, Dolores Hidalgo, León, Morelia, Nuevo Laredo, Saltillo und Torreón.

Dieses lebhafte Transportzentrum passieren Deluxe-, 1.-Klasse- und einige 2.-Klasse-Linien. Es gibt u. a. Kartentelefone, eine 24 Std.-Gepäckaufbewahrung und zwei Cafés.

FLUGZEUG

Der **Aeropuerto Ponciano Arriaga** (☎ 822-00-95) liegt 10 km nördlich der Stadt am Hwy 57. Aeroméxico bietet Direktflüge nach und von Monterrey mit Anschluss nach San Antonio, Texas und Mexico City. Aeromar, Mexicana und Click Mexicana bedienen mehrmals täglich Mexico City.

Büros der Fluglinien:

Aeroméxico Connect (☎ 822-22-29; Flughafen)
Aeromar (☎ 817-50-62; Carranza 1030)
Click Mexicana (☎ 833-04-31; Carranza 1115-1)

Unterwegs vor Ort

Taxis verlangen für den halbstündigen Trip zum bzw. vom Flughafen 150 bis 210 Mex$.

Vom Busbahnhof aus bringt einen der „Centro"-Bus ins Zentrum. Ein praktischer Platz zum Aussteigen befindet sich an der Alameda, vor dem Bahnhof. Fahrkarten (25–35 Mex$) für Taxis ins Zentrum kann man an einem Schalter im Busbahnhof kaufen.

Von der Westseite der Alameda fährt jeder „Central TTP"-Bus Richtung Süden auf der Av Constitución vom Zentrum zum Busbahnhof.

Stadtbusse fahren von 6.30 bis 22.30 Uhr (5 Mex$); in Richtung Av Carranza kann man vor dem Bahnhof jeden „Morales"- oder „Carranza"-Bus nehmen.

MATEHUALA

☎ 488 / 70 150 Ew. / 1600 m

Matehuala ist die einzige Stadt von nennenswerter Größe, die zwischen Saltillo und San Luis Potosí am Hwy 57 liegt – ein angenehmer, aber wenig aufregender Ort. Auf dem Weg nach Real de Catorce muss man hier gezwungenermaßen den Bus wechseln.

Wenn man aber doch länger hängenbleibt, findet man den Busbahnhof gleich westlich des Highways, 2 km südlich vom Zentrum. Um zu Fuß ins Zentrum zu gelangen, verlässt man den Busbahnhof und hält sich links. Dann geht's 1½ km auf der Av 5 de Mayo weiter, bevor man links auf die Insurgentes abbiegt und ihr ein paar Blocks bis zur Plaza de Armas folgt. Oder man nimmt einen „Centro"-Mikrobus; die

„Central"-Mikrobusse dagegen fahren zum Busbahnhof (beide kosten 4,50 Mex$). Ein Taxi kostet um die 25 Mex$.

Alle unentbehrlichen Dienstleistungen (Geldautomaten, Telefon, Internet usw.) befinden sich an den Hauptplazas: der schattigen Plaza de Armas und der lebhaften Placita del Rey. Sie liegt 300 m nördlich der Plaza de Armas und hat eine neogotisch-neoklassizistische **Kathedrale** zu bieten. In dieser Gegend befinden sich auch die günstigeren Hotels und die Restaurants der Stadt.

Die Zimmer des **Hotel María Esther** (☎ 882-07-14; Madero 111; EZ/DZ 250/290 Mex$; P), eines Familienbetriebs, gehen auf einen grünen Innenhof hinter dem Restaurant hinaus. Es befindet sich einen Block nördlich und einen Block östlich der Placita del Rey. Das **Las Palmas Midway Inn** (☎ 882-00-01/02; www.laspalmas.netfirms.com; Carretera 57 Km 617; Wohnmobil-Stellplätze 270 Mex$, EZ 610–816 Mex$, DZ 760–940 Mex$; P) liegt außerhalb, am Highway. Es ist auf Familien eingestellt und hat nette Zimmer in angelegten Gärten. Geboten werden ein Pool und Minigolf. Für Wohnwagen gibt's einen ebenen Platz mit allen Anschlüssen. In der **Touristeninformation** (☎ 882-50-05) arbeitet englisch sprechendes Personal.

Seinen knurrenden Magen kann man im **Restaurant Santa Fe** (☎ 882-07-53; Morelos 709; Hauptgerichte 32–70 Mex$) besänftigen. Das lebhafte und bei den Einheimischen schon seit langem beliebte Lokal liegt an der Plaza de Armas. Kellner mit Fliege servieren hier viele mexikanische Standardgerichte oder Frühstücksangebote (55–69 Mex$).

Von Matehuala fahren täglich drei Busse zu Mexico Citys Terminal Norte (420 Mex$, 7½–8 Std., 13 1.-Klasse-Direktbusse), nach Monterrey stündlich ein 1.-Klasse- (213 Mex$, 4½ Std.) oder zwei 2.-Klasse-Busse (173 Mex$, 5 Std.), nach Saltillo 6 Busse 1. Klasse (173 Mex$, 3¼ Std.), nach San Luis Potosí stündlich 1.-Klasse-Busse (121 Mex$, 2 Std.) sowie drei Busse 2. Klasse (105 Mex$, 2¾ Std.), und sieben Linien nach Querétaro (121 Mex$). Fahrpläne für Busse nach bzw. von Real de Catorce stehen auf S. 673.

REAL DE CATORCE

☎ 488 / 1105 Ew. / 2756 m

Energie – im spirituellen Sinne – ist ein Wort, das das anziehende Dorf Real de Catorce ziemlich genau beschreibt. Die schlichte, kompakte und funktionale „Geisterstadt" liegt hoch oben auf dem Rand der magischen Sierra Madre Oriental. Bis zum Beginn des vorigen Jahrhunderts war sie eine wohlhabende Silberminenstadt mit 40 000 Einwohnern. Vor gar nicht langer Zeit war sie noch so gut wie verlassen, die Straßen gesäumt von zerfallenden Gebäuden und die Mine eine Ruine. Nur ein paar hundert Menschen schlugen sich mit Erträgen aus dem jährlichen Pilgerstrom und Resten aus der Mine mühsam durch.

In den letzten Jahrzehnten erlebte Real eine Art Wiederbelebung. Reiche Mexikaner und Ausländer (vor allem Europäer) wurden angelockt und führen nun einige Geschäfte und Hotels in der Stadt, und viele Einheimische haben sich Wohnhäuser in den Außenbezirken gebaut. Real erlebt nach und nach ein Comeback, so dass die Bezeichnung „Geisterstadt" eigentlich nicht mehr zutrifft. Dennoch quietschen in den verlassenen Gebäuden noch immer Türen im Wind, enden staubige Kopfsteinpflasterstraßen urplötzlich und sind viele Gebäude weiterhin zerfallen.

Wenn man die Magie und die einzigartige Atmosphäre wirklich aufsaugen möchte, muss man über Nacht bleiben – und um die Hügel in der Umgebung zu Fuß oder mit dem Pferd zu erforschen, sogar noch länger.

Geschichte

Real de Catorce bedeutet „König der 14", vermutlich bezieht sich dies auf 14 spanische Soldaten, die hier von indigenen Widerstandskämpfern um 1700 getötet wurden. Die Stadt wurde Mitte des 18. Jhs. gegründet und die Kirche zwischen 1790 und 1817 erbaut.

Seinen Höhepunkt erreichte Real Ende des 19. Jhs., als es drauf und dran war, die berühmte Valenciana-Mine in Guanajuato zu übertrumpfen. Damals gab's hier prächtige Häuser, eine Stierkampfarena und Läden, die europäische Luxusgüter verkauften.

Warum genau Real innerhalb von drei Jahrzehnten zu einer Geisterstadt wurde, bleibt ein Geheimnis. Einige Einheimische behaupten, dass sich während der Revolution (1910–1920) *bandidos* hier draußen versteckt und die Einwohner vertrieben hätten (wie es in vielen Geisterstädten der Fall war). Wahrscheinlicher ist aber, dass der Silberpreis nach 1900 eingebrochen ist.

Orientierung

Man erreicht Real am westlichen Ende des 2,3 km langen Ogarrio-Tunnels. Vom Parkplatz folgt man der Straße rechts bis zur Lanzagorta, einer staubigen, steinigen Straße gen Westen an der Kirche vorbei zum Stadtzentrum. In Real findet man sich leicht zurecht – die Stadtgrenzen sind von jedem Ort aus zu sehen. Die Straßen sind gitterartig angelegt; Lanzagorta und Constitución sind die Hauptstraßen. Die städtischen Gebäude liegen an der Constitución und an der Plaza, dazwischen befindet sich die Casa de la Moneda. Die Libertad führt aus der Stadt heraus zum Friedhof und der früheren Stierkampfarena.

Praktische Informationen

Einen guten Überblick liefert www.realdecatorce.net. Kartentelefone gibt's rund um die Plaza Hidalgo, im Gemeindehaus ist ein Geldautomat. Wenn an den Wochenenden viel los ist, kann hier aber schon mal das Geld ausgehen; man bringt also besser Cash mit.

Café El Quemado (Libertad 5; Mo–Fr 10–14 & 16–18, Sa & So 14–20 Uhr; Mi geschl.) Internetcafé, das gelegentlich Filme zeigt (kostenlos).

Mesón de la Abundancia (887-50-44; Lanzagorta 11) In diesem Hotel kann man US-Dollar, Reiseschecks und Euro wechseln.

Super La Nueva Sorpresa (Lanzagorta 2; 8–20 Uhr) Wenn sie Pesos dahaben, tauschen sie US-Dollar ein.

Telefon-Caseta (Ostseite der Plaza Hidalgo)

Touristeninformation (887-50-71; Palacio Municipal, Constitución s/n; 9–20 Uhr) Die Öffnungszeiten sind etwas wechselhaft. Man bekommt einen einfachen Flyer und eine gute Karte der Region.

Sehenswertes & Aktivitäten

Die Wüstenlage macht den Mangel an echten Sehenswürdigkeiten in der Stadt wett. Wer gern wandert oder reitet, kann sich hier locker mehrere Tage beschäftigen.

TEMPLO DE LA PURÍSIMA CONCEPCIÓN

Diese zauberhafte *parroquia* (Pfarrkirche) ist ein beeindruckendes neoklassizistisches Gebäude. Für Tausende mexikanischer Pilger ist das angeblich wundertätige Abbild des heiligen Franz von Assisi auf einem der Seitenaltäre die Hauptattraktion. Um die Statue hat sich ein Kult gebildet: Sie wird um Hilfe ersucht, um Probleme zu lösen und sich von Sünden zu reinigen.

Wenn man links vom Altar durch die Tür geht, kommt man in einen Raum voller *retablos*. Die kleinen Bilder zeigen, jeweils mit einer kurzen Beschreibung des Vorfalls, bedrohliche Situationen, bei denen der heilige Franz den Opfern beigestanden hat – z. B. Autounfälle und Operationen; dazu kommen ein paar Worte des Dankes. *Retablos* werden bei Sammlern immer beliebter und können ab und zu in Antiquitätenläden erworben werden – leider sind diese meist aus den Kirchen gestohlen worden.

Gegenüber der Kirche steht die **Casa de la Moneda** (Eintritt 10 Mex$; Mi–So 10–16 Uhr). Diese alte Münzprägestätte war in den 1860er-Jahren einige wenige Jahre lang in Betrieb. In den letzten paar Jahren wurde das klassische Monument hervorragend renoviert und heute beherbergt es eine Mischung aus Kulturzentrum und Galerie mit mehreren Stockwerken, in denen Wechselausstellungen stattfinden, häufig mit Leihgaben aus den Museen in Mexico City. Es gibt Pläne, das frühere Museum der Stadt (das momentan geschlossen ist) in das Gebäude mit einzubeziehen.

Gleich von der *parroquia* die Straße rauf an der Juárez findet man eine Werkstatt für Silber aus der Region, **Taller de Platería**.

GALERÍA VEGA M57

Die einzige **Kunstgalerie** (Zaragoza 3; Sa 11–16, So 11–15 Uhr) von Real ist in einem restaurierten Gebäude aus der Kolonialzeit untergebracht. Sie zeigt mit den unterschiedlichsten Medien zeitgenössische Kunst im Rahmen von Ausstellungen und Installationen.

PALENQUE DE GALLOS & PLAZA DE TOROS

Einen Block nordwestlich der Plaza befindet sich ein Monument aus der Blütezeit der Stadt – der **Palenque de Gallos** (Xicotencatl s/n; Eintritt frei; 9–18 Uhr). Diese Arena für Hahnenkämpfe ist wie ein römisches Amphitheater gestaltet. Sie ist in den 1970er-Jahren restauriert worden und beheimatet manchmal Theater- und Tanzaufführungen. Wenn man der Zaragoza-Libertad nach Norden bis zum Stadtrand folgt, gelangt man zu den Überresten der früheren Stierkampfarena, der **Plaza de Toros**. Die **Capilla de Guadalupe** (8–17 Uhr) und der *panteón* (Friedhof) auf der anderen Straßenseite sind jederzeit zugänglich und einen Besuch wert.

WANDERN

Wer sich gerne seine eigenen Wanderwege sucht, kann von Real aus praktisch in jeder Richtung loslaufen. Zu den nächstgelegenen

NÖRDLICHES ZENTRALES HOCHLAND

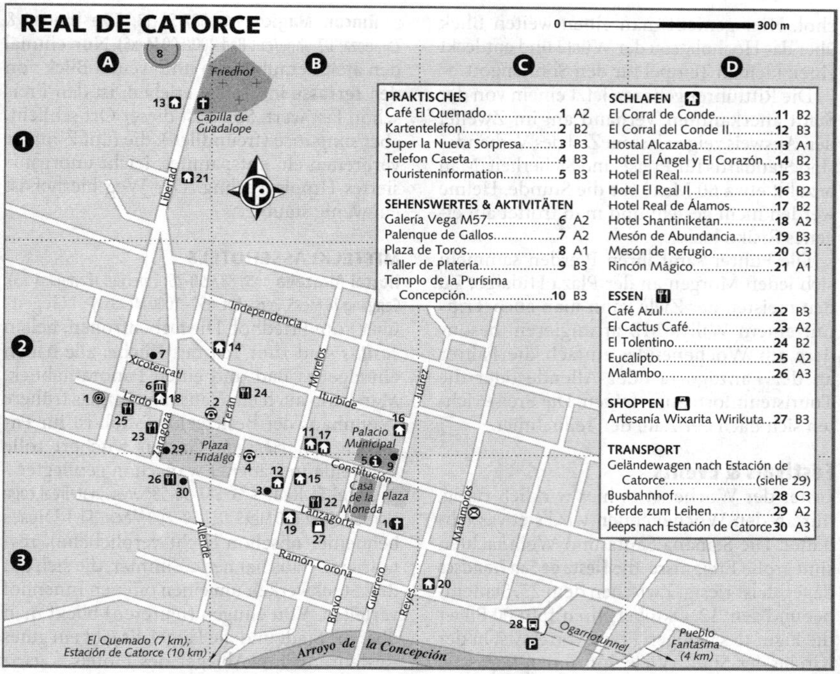

Routen gehört die Wanderung den Hügel hinauf zum **Pueblo Fantasmo** (Geisterstadt). Er liegt auf dem Hügel hinter dem Stadtzentrum und ist von unten deutlich zu sehen. Man geht die Lanzagorta entlang und hält sich links (nicht die Straße nehmen, die rechts Richtung Parkplatz abzweigt). Der Pfad, dem man folgt, war der Weg in die Stadt, bevor der Tunnel gebaut wurde. Der Marsch bis zur Spitze dauert mindestens eine Stunde – ein Teilstück des Weges hinter den Ruinen, die man von der Stadt aus sehen kann, führt noch einmal 100 m weiter. Vorsicht: Innerhalb der Ruinen gibt's zwei große, ca. 50 m tiefe Schächte.

Man kann die Wanderung verlängern, indem man auf dem Grat nach Nordwesten zu den Antennen und dem Kreuz über der Stadt läuft (man sollte sich von der Stadt aus auf jeden Fall die Richtung einprägen, denn auf dem Grat kann man die Antennen nicht mehr sehen). Dort angekommen, folgt man dem Pfad *hinter* dem Kreuz, bevor man sich auf den Weg hinunter zum Friedhof macht (das dauert 3–4 Std.).

Eine weitere, kürzere Wanderung führt zum **Socavón de Purísima**, dem großen Schornstein einer ehemaligen Mine. Man geht die Allende hinunter und wendet sich an ihrem Ende nach rechts. Dann ist man auf der Straße nach Estación de Catorce, der man folgt, bis man den Schornstein erreicht (einfache Strecke ca. 45 Min.); sie führt durch den Cerro Trocado, einen Einschnitt im Felsen. Wer die Mine betreten möchte, kann mit der Hausmeisterfamilie sprechen (ein Trinkgeld wird gerne genommen). Der Rückweg ist eine etwas längere und härtere Schinderei den Berg hinauf (einfache Strecke 1 Std.; am Wochenende hat man vielleicht Glück und ein Willys MB nimmt einen mit). Es ist sehr wichtig, dass man sich gut vorbereitet und anderen sagt, wohin man möchte. Außerdem braucht man Wasser, einen Hut und festes Schuhwerk – das Land ist trocken und gnadenlos.

REITEN

In den Sattel, Cowboy! Zahlreiche Pfade führen hinaus in die trockene, kahle und faszinierende Wüstenlandschaft – mal hügelig, mal flach – rund um Real. Die beliebteste geführte Reittour ist der dreistündige Trip zum **El Quemado**, dem heiligen Berg der Huichol. Hier genießt man einen weiten Blick über das Hochplateau der Wüste und entdeckt einen kleinen Tempel für den Sonnengott.

Die Rittführer gehören jetzt einem von der Stadt anerkannten Verband an; im Zweifel den Ausweis zeigen lassen. Ziel des Verbandes sind Standards für Preise und Sicherheit. Man bezahlt etwa 60 Mex$ für die Stunde. Helme werden nicht gestellt und man trottet auf eigenes Risiko los.

Die Führer samt ihren Pferden sammeln sich jeden Morgen an der Plaza Hidalgo. Zu den meisten der Ziele kann man auch Trips mit einem Willys MB arrangieren, besonders am Wochenende; einfach die Fahrer an der Lanzagorta oder Allende oder die Touristeninformation fragen. Die Preise richten sich nach der Zahl der Teilnehmer.

Festivals & Events

Unter der Woche ist es hier wirklich ruhig, nur an den Wochenenden wird's etwas lebhafter. Die Semana Santa und Weihnachten sind große Ereignisse, die **Fiesta de San Francisco** dagegen ist riesig. Zwischen dem 25. September und dem 12. Oktober ehren 150 000 Pilger die Figur des heiligen Franz von Assisi in der Kirche der Stadt. Viele von ihnen kommen nur für einen Tag in die Stadt, aber Tausende bleiben länger, besetzen jeden nur mietbaren Raum oder schlafen gar draußen auf den Plazas. Die Straßen sind von Ständen gesäumt, die religiöse Souvenirs und Essen verkaufen. Viele der besseren Restaurants der Stadt schließen dagegen für diesen Monat. Wer in erster Linie eine friedliche „Geisterstadt-Erfahrung" machen möchte, sollte sich in dieser Zeit von hier fern halten. Das kulturelle **Festival del Desierto** beginnt in der zweiten Septemberwoche und bietet in allen Städten der Region folkloristische Musik- und Tanzdarbietungen.

Schlafen

BUDGETUNTERKÜNFTE

In den billigsten Buden kann es hier im Winter sehr kalt sein; man sollte einen Schlafsack mitbringen oder um Extradecken bitten.

Hotel Real de Álamos (Hospedaje Familiar; ☎ 887-50-09; Constitución 21; EZ/DZ 150/250 Mex$) Die freundliche Besitzerin Antonia führt ihr Hotel auch selbst. Es gibt kleine, einfache, aber saubere Zimmer mit Betonwänden und eigenem Bad. Von der Terrasse hat man eine herrliche Sicht über die Stadt.

Rincón Mágico (☎ 887-51-13; Ecke Libertad & Zaragoza; DZ ohne/mit Bad 400/500 Mex$) Nur einmal den atemberaubenden und weiten Blick von der Terrasse ins Tal zu erleben, ist den Preis schon fast wert. Sonst ist dieser Ort schlicht, aber *simpático* (freundlich); die fünf Zimmer verbreiten ein entspanntes, leicht unorganisiertes Hippie-Feeling. Der Weg hierher ist ein wenig staubig.

MITTELKLASSEHOTELS

Hostal Alcazaba (☎ 887-50-75; Libertad (Zaragoza 33); Camping 20 Mex$/Pers., Apt. 650–1000 Mex$; Ⓟ) Gegenüber vom Friedhof. Die farbenfrohen, hellen *casitas* sind zum Teil mit Küche, alle haben ein eigenes Bad und einen Panoramablick. Man kann auch ein Haus mieten (das frühere Wohnhaus der Besitzer), was toll ist für Familien. Im riesigen Garten wuchert tolle Wüstenfauna, aber er war schon gepflegter.

Hotel El Real (☎ 887-50-58; www.hotelreal.com; Morelos 20; EZ 650 Mex$, DZ 750–800 Mex$; 💻) Dieses bequeme (obschon leicht verblichene), restaurierte Haus hat nette Zimmer, die sich auf drei Stockwerken um einen offenen Innenhof verteilen. Von einigen (teureren) blickt man über die Stadt und die Hügel. Es gibt ein gutes Restaurant. Ein Ableger des Hotels – ganz ähnlich, aber vorne mit einer Bar – liegt an der Juaréz und der Iturbide.

El Corral del Conde (☎ 887-50-48; Constitución 17; Zi./Suite ab 650/850 Mex$) Die elf ursprünglichen, geräumigen Zimmer mit Steinwänden werden der Edelfront des Hotels irgendwie nicht ganz gerecht – ein paar Rohre sind sichtbar und manche Stufen sind beschädigt ... Aber sie haben Charakter. Das zweite Hotel, El Corral del Conde II, hat 13 neuere Zimmer. Es liegt gleich den Hügel runter an der Morelos und der Lanzagorta.

SPITZENKLASSEHOTELS

Real erlebte kürzlich einen wahren Restaurierungsboom, der alte Gebäude in einladende, gehobene Unterkünfte verwandelte.

Hotel Shantiniketan (Morada de Paz; ☎ 887-50-98; moradadepaz@realdecatorce.net; Ecke Zaragoza & Lerdo; Zi. 550–1500 Mex$) Dieser kürzlich renovierte Ort hat definitiv Karma: Seine neun Zimmer sind nach geistigen Führern Indiens benannt; jedes ist minimalistisch und schlicht und sie liegen um einen herrlichen Innenhof mit Garten.

Mesón de Abundancia (☎ 887-50-44; Lanzagorta 11; DZ 650–950 Mex$, 3BZ 1000 Mex$, Suite 1000–1200 Mex$, FZ 1500 Mex$) In dieser Steinzitadelle auf dem

Wüstenhochplateau lebt die Blütezeit der Stadt wieder auf. Das ehemalige Schatzhaus *(teserоría)* aus dem 19. Jh. wurde zu einem Hotel mit Restaurant umgebaut. Alle elf Zimmer sind mit regionalem Kunsthandwerk (und ohne TV) einfach und geschmackvoll eingerichtet. Unter der Woche sind die Preise niedriger (außer an Feiertagen). Trotz seiner bargeldlastigen Vergangenheit akzeptiert das Hotel einige Kreditkarten (nicht American Express).

Weitere Empfehlungen:

Hotel El Ángel y El Corazón (☎ 887-50-77; elangel@realdecatorce.net; Iturbide 3; Zi. 750–1300 Mex$) Sehr ruhig gelegen; neben einigen stilvollen, hellen Zimmern gibt's zwei Apartments.

Mesón de Refugio (☎ 887-50-68; Ramón Corona s/n; Zi. 850–1150 Mex$) Das Mesón ist ein wenig moderner designt als die anderen renovierten Häuser, aber ein paar der Zimmer sind etwas überladen.

Essen & Ausgehen

Am Anfang der Lanzagorta gibt's ein paar günstige Buden für die allgegenwärtigen mexikanischen Snacks. Mehrere Restaurants konkurrieren – untereinander und mit den besseren Hotels – darum, wer die besten italienischen und mexikanischen Gerichte kreiert. Wenn nicht viel los ist, schließen manche unter der Woche.

Café Azul (Lanzagorta 27; Snacks 20–50 Mex$; 🕑 Do–Di 9–21 Uhr) Dieses von Schweizern geführte Café, das den ganzen Tag geöffnet hat, ist ideal zum Frühstücken, für Snacks und für leichte Gerichte, z. B. ausgezeichnete Crêpes und Biosalate.

El Cactus Café (☎ 887-50-56; Plaza Hidalgo; Hauptgerichte 40–90 Mex$; ☒) Ein italienischer Koch und seine mexikanische Frau führen diese fröhliche Kneipe. Das Ambiente ist freundlich, die langen Tische und Bänke sind aus Holz. Die Speisekarte bietet hausgemachtes Brot und Pasta (natürlich!), dazu gute mexikanische und vegetarische Alternativen.

El Tolentino (☎ 887-50-81; Terán 7; Hauptgerichte 60–130 Mex$; 🕑 9–21.30 Uhr) Das durch und durch mexikanische Lokal bringt leckere Spezialitäten vom Land und ein ordentliches Frühstück auf den Tisch. Livemusik an den Wochenenden verstärkt die Kneipenatmosphäre noch. Tagsüber sollte man oben auf der Terrasse sitzen.

Malambo (Lanzagorta 2; Hauptgerichte 65–140 Mex$; 🕑 Mo–Fr 14.30–21.30, Sa & So 12–23 Uhr) Man kann malerisch an einem Brunnen draußen oder auch schlichter drinnen sitzen. In dem angenehmen Lokal wird eine Reihe von Herrlichkeiten serviert, einschließlich mexikanischer Gerichte und italienischer Pasta. Die Salate – mit *cabuche* (Kaktusblüten) – sind besonders lecker (40 Mex$).

Eucalipto (☎ 887-50-51; Ecke Lerdo & Libertad; Hauptgerichte 80–160 Mex$; 🕑 Mi–So 13–22 Uhr) Der Eukalyptusbaum mit seinen tief hängenden Zweigen im Hof gab dem Restaurant seinen Namen. Hier zaubern sie eine freche Auswahl an Pastas und einige Fleischgerichte – von Rib-Eye bis zu T-Bone (und zum Glück nicht Koala). Dazu gibt's verschiedene Weine, deren Herkunft von Chile bis Frankreich reicht. Das Haus ist eines der teuersten in der Stadt, aber die Qualität ist ausgezeichnet.

Im Restaurant des Mesón de Abundancia (S. 672) gibt's zahlreiche gemütliche Plätze zum Essen, u. a. einen mit Bar und Kamin. Die herzhaften (und riesigen) Portionen italienischer und mexikanischer Gerichte sind *muy rico* (köstlich). Es hat den ganzen Tag über geöffnet, auch zum Frühstück (25–50 Mex$).

Shoppen

Über die ganze Stadt verteilt findet man zahlreiche Läden mit *artesanías*, Schmuck, Silber und Lederprodukten, von denen viele den Inhabern der Restaurants oder Hotels gehören. Angebot und Qualität sind sehr unterschiedlich. Ein Blick auf die Huichol-Stücke im **Artesanal Wixarita Wirikuta** (Lanzagorta s/n) lohnt sich.

An- & Weiterreise

Sendor hat 1.-Klasse-Busse, die um 7.45, 9.45, 11.45, 13.45 und 17.45 Uhr am Busbahnhof in Matehuala nach Real de Catorce abfahren (47 Mex$, 2 Std.). Man kann auch jeweils 15 Minuten später in der Stadt einsteigen, vor dem Büro von Sendor an der Guerrero, ein wenig östlich und auf der anderen Straßenseite des Hotel Álamo on Méndez. Bei der Ankunft in Matehuala sollte man sich erkundigen, ob man für die Fahrt nach Real im Voraus eine Fahrkarte kaufen muss. Rückfahrkarten kann man in Matehuala nur erwerben, wenn man am gleichen Tag zurückkommt.

Bei der Ankunft in Real parken die Busse am Ostende des Ogarrio-Tunnels. Um durch den Tunnel zu kommen, steigt man in einen kleineren Bus um. Die Fahrgäste steigen in Real, am Westende des Tunnels, aus (oder ein, wenn sie nach Matehuala zurück möchten). Bei der Ankunft sollte man die Zeiten für die Rückfahrt abchecken.

Busse von Real zurück nach Matehuala fahren um 7.45, 11.45, 13.45 und 17.45 Uhr (47 Mex$, 2 Std.). Fahrkarten gibt's im Bus am Westende des Tunnels in Real.

Wer vom Hwy 57 nördlich von Matehuala kommt, biegt 20 km westlich Richtung Cedral ab. Hinter Cedral wendet man sich nach Süden und erreicht auf einer der (scheinbar) längsten Kopfsteinpflasterstraßen der Welt Catorce – langsam, aber spektakulär geht's im Zickzack einen steilen Berg hinauf. Der Ogarrio-Tunnel (20 Mex$/Fahrzeug) ist nur breit genug für ein Fahrzeug. Zwischen 8 und 23 Uhr sind an beiden Enden Arbeiter mit Telefonen postiert, die den Verkehrsfluss regeln. Wenn wirklich viel los ist, muss man sein Auto am Ostende des Tunnels lassen und per Anhalter oder mit einem Karren weiterfahren. Wenn man durchfährt, bleibt das Auto auf dem staubigen Parkplatz links vom Markt.

Jeep-Oldtimer verlassen Real gegen Mittag (und auf Anfrage). Sie fahren von der Plaza aus auf der Allende den Berg hinunter zu einer rauen, spektakulären Abfahrt in das kleine Dörfchen Estación de Catorce (30 Mex$, 1 Std.). Von dort bringen Busse einen nach San Tiburcio. Von dort hat man zudem Anschluss nach Saltillo und Zacatecas.

GUANAJUATO (BUNDESSTAAT)

Der Bundesstaat Guanajuato liegt im felsigen Hochland (4,9 Mio. Einwohner) und wartet mit Reichtümern aller Art auf. In der Kolonialzeit haben die Mineralressourcen spanische Schürfer angezogen, um Silber, Gold, Eisen, Blei, Zink und Zinn zu suchen. Zwei Jahrhunderte lang produzierte der Staat enormen Reichtum: 40 % des gesamten Silbers der Welt wurden hier gewonnen. Die Silberbarone der Stadt Guanajuato konnten einen opulenten Lebensstil führen – auf Kosten der indigenen Völker. Diese arbeiteten in den Minen zunächst als Arbeits- und dann als Lohnsklaven. Schließlich war die wohlhabende Criollo-Klasse in den Bundesstaaten Guanajuato und Querétaro die Herrschaft der in Spanien geborenen Kolonisten leid, und sie beteiligte sich an den Rebellionsplänen (s. Kasten S. 693).

Heute sind die malerischen Städte aus der Kolonialzeit die Reichtümer des Staates, z. B. Guanajuato und San Miguel de Allende. Als Zentrum der Lederproduktion ist die Industriestadt León wirtschaftlich von Bedeutung. Die Besucher der Region erfreuen sich eines kostbaren Erbes: atemberaubende Architektur aus der Kolonialzeit, eine gut etablierte Kulturszene und ein Strom nie enden wollender Feste – ganz zu schweigen von den freundlichen, stolzen Einheimischen und einer lebhaften Studentenszene.

GUANAJUATO

☎ 473 / 70 798 Ew. / 2017 m

Die außergewöhnliche Stadt Guanajuato ist eine Weltkulturerbestätte der UNESCO. Sie wurde 1559 wegen der reichen Silber- und Goldvorkommen in dieser Gegend gegründet. Prächtige Gebäude aus der Kolonialzeit, atemberaubende Plazas voller Bäume und farbenfrohe Häuser drängeln sich auf den steilen Abhängen eines Kammes; hervorragende Museen, stattliche Theater und ein schöner Marktplatz sprenkeln die Kopfsteinpflasterstraßen; die „Hauptstraßen" der Stadt winden sich um Hügel und verschwinden in Tunneln, die einst Flüsse waren.

Die Stadt ist weltweit am bekanntesten für ihr umjubeltes, jährlich stattfindendes internationales Kunstfestival, das Festival Cervantino. Doch in dem farbenfrohen, lebhaften Ort wird das ganze Jahr über gefeiert. Viel von der jugendlichen Ausstrahlung und den reichen Kulturangeboten – *callejoneadas*, Filme, Theater, Orchester – ist den 20 000 Studenten der stadteigenen Universität von Guanajuato zu verdanken.

Tagsüber wartet die Stadt normalerweise mit schönem Wetter auf, aber im Winter kann es hier nachts kalt und windig sein.

Geschichte

1558 wurde eine der reichsten Silberadern der Hemisphäre entdeckt: die La-Valenciana-Mine. 250 Jahre lang produzierte sie 20 % des Silbers der Welt. Von diesem Schatz profitierten die Kolonialbarone – und sie waren äußerst verärgert, als König Karl III. von Spanien ihren Anteil am Reichtum 1765 einfach zerschmetterte. Ein Dekret des Königs verbannte 1767 die Jesuiten aus den spanischen Herrschaftsgebieten und entfremdete die reichen Barone und die armen Minenarbeiter von den Spaniern – beide waren den Jesuiten treu.

Der Konflikt entlud sich im Unabhängigkeitskrieg. 1810 startete der Führer der Re-

HUICHOLES-VISIONEN

Die abgelegene Sierra Madre Occidental in und um Jalisco im fernen Norden ist die Heimat der Huicholes. Sie gehören zu Mexikos charakteristischsten und beständigsten indigenen Gruppen. Das Volk, das hartnäckig um seine Unabhängigkeit kämpfte, wurde nicht wie viele andere von den Azteken unterjocht. Traditionell lebten die Huicholes von der Jagd auf Wild und von über die hoch gelegenen Täler verstreuten Maisfeldern.

Die Ankunft der Spanier hatte erst einmal kaum Auswirkungen auf die Huicholes. Erst im 17. Jh. erreichten die ersten katholischen Missionare ihre Heimatgebiete. Doch anstatt zum Christentum überzutreten übernahmen sie verschiedene Elemente der christlichen Lehre in ihr traditionelles animistisches Glaubenssystem. In der Mythologie der Huicholes sind die Götter in den Pflanzen personalisiert, in Totems von Tierarten oder in anderen Naturdingen. Die übernatürliche Form wird dagegen in religiösen Ritualen erfahren.

Jedes Jahr verlassen die Huicholes ihre isolierte Heimat und begeben sich auf eine Pilgerfahrt. Sie durchqueren dabei auf 400 km das zentrale Hochland Mexikos, bis sie das Gebiet erreichen, das heute den Norden des Bundesstaats San Luis Potosí umfasst. In dieser rauen Wüstenregion suchen sie nach dem *mescal*-Kaktus (*Lophophora williamsii*), auch als Peyotekaktus bekannt. Die runden „Knöpfe" des Peyote enthalten eine starke halluzinogene Droge mit dem Hauptbestandteil Mescalin. Die Droge ist elementar für die Rituale der Huicholes und ihr komplexes spirituelles Leben. Die meisten der Knöpfe werden gesammelt, getrocknet und mit zurück in das Heimatgebiet des Stammes genommen. Aber ein kleines Stück wird sofort gegessen, als Geste für die Pflanze. Kleine Mengen von Peyote helfen außerdem, den Hunger zu vertreiben, ebenso wie Kälte und Müdigkeit. Größere Mengen werden bei den Ritualen genommen, z. B. bei der Rückkehr von der jährlichen Pilgerfahrt. Insbesondere wird Peyote von den Schamanen verwendet. Ihre Visionen geben ihnen Aufschluss darüber, wann der Mais gepflanzt und geerntet werden muss, wo Wild gejagt werden kann und wie man Krankheiten behandelt.

Peyote ist in Mexiko illegal. Nach mexikanischem Gesetz dürfen die Huicholes ihn für ihre spirituellen Rituale aber verwenden. Für sie hat er große kulturelle und spirituelle Bedeutung; die willkürliche Verwendung wird als anstößig, ja sogar als Sakrileg angesehen.

Traditionell gehört zu den wichtigsten Kunstformen der Huicholes das Erzählen von Geschichten, die Herstellung von Masken, eine detailreiche, geometrische Art zu stricken oder auch „Leinengemälde". Seit ein paar Jahrzehnten stellen die Huicholes ihre Mythen und Visionen auch grafisch dar. Dafür benutzen sie leuchtend bunte Perlen, die sie in eine mit Bienenwachs bedeckte Unterlage pressen. Die Kunstgegenstände der Huicholes werden auf Handwerksmärkten und in den Läden und Galerien der meisten großen Städte und der Touristenresorts verkauft. Die Preise stehen normalerweise fest, und die Huicholes feilschen nicht gern. Verglichen mit einigen anderen (kitschigeren) Souvenirs scheint die Kunst der Huicholes vielleicht teuer, aber die Herstellung der Arbeiten dauert sehr lang, und jede ist ein Einzelstück. Um die besten Arbeiten zu sehen, sollte man eines der speziellen Museen oder die Läden in Zapopan (Guadalajara), Tepic, Puerto Vallarta oder Zacatecas aufsuchen.

bellen, Miguel Hidalgo, mit seinem Grito de Independencia (Schrei nach Unabhängigkeit) die Unabhängigkeitsbewegung im nahen Dolores (s. Kasten S. 693). Guanajuatos Bürger schlossen sich den Unabhängigkeitskämpfern an und schlugen die Spanier und deren Getreue. Im ersten militärischen Sieg der Rebellion eroberten sie die Stadt. Als die Spanier sie schließlich zurückeroberten, rächten sie sich mit der berüchtigten „Todeslotterie": Wahllos wurden Namen von Bürgern aus Guanajuato gezogen, und die „Gewinner" wurden gefoltert und gehängt.

Am Ende wurde die Unabhängigkeit aber erreicht, und nun hatten die Silberbarone die Freiheit, weiteren Reichtum anzuhäufen. Aus diesem Reichtum entstanden viele der Villen, Kirchen und Theater.

In den späten 1990er-Jahren erlebte der Staat unter seinem Gouverneur der PAN (Nationale Aktionspartei) Vicente Fox Quesada einen Aufschwung. Die Arbeitslosenquote sank und wurde die niedrigste in ganz Mexiko, die Exportrate überstieg den nationalen Durchschnitt um das Dreifache. Fox wurde zum PAN-Kandidat für die Präsidentschaftswahlen im Jahr 2000 bestimmt. Und seine Popularität besiegelte den Sieg (2006 ging er in den Ruhestand).

Orientierung

Das Zentrum Guanajuatos ist recht dicht bebaut, es gibt ein paar größere Straßen und jede Menge winzige *callejones*. Zum Herumlaufen ist es ideal, zum Herumfahren aber etwas tückisch. Die Hauptstraße verläuft grob von Ost nach West und heißt Juárez. Sie beginnt am Mercado Hidalgo und geht bis zur Basilika an der Plaza de la Paz. Östlich der Basilika wird die Straße zu einer Fußgängerzone, die in den Jardín de la Unión (die Hauptplaza der Stadt) mündet und Obregón heißt. Noch weiter östlich geht sie als Sopeña weiter.

Ungefähr parallel zur Juárez/Obregón gibt's noch eine lange Straße, die von der Alhóndiga zur Universität führt und die Strecke entlang die verschiedenen Namen 28 de Septiembre, Pocitos und Lascuraín de Retana trägt. Die Hidalgo (alias Cantarranas) verläuft parallel zur Sopeña und ist eine weitere wichtige Straße. Wer einmal diese Straßen kennt, kann sich nicht verlaufen. Einfach den Berg runter gehen, bis man auf eine von ihnen stößt. Man kann allerdings großartig in dem Irrgarten der krummen *callejones* verloren gehen, die sich vom Zentrum den Hügel hinaufschlängeln – und dabei wirklich viel Freude haben!

Der Verkehr auf den Hauptstraßen verläuft nur in einer Richtung: von Ost nach West. Wer von Westen nach Osten will (auch die öffentlichen Busse), muss die Hauptstraße im Untergrund nehmen. Die Subterránea Padre Miguel Hidalgo ist eine Einbahnstraße, die dem ausgetrockneten Bett des Río Guanajuato folgt. Der Fluss war umgeleitet worden, nachdem er die Stadt 1905 überflutet hatte. Mindestens acht weitere Tunnel wurden gebaut, um den wachsenden Verkehr zu bändigen. Die Tunnel Noreste Ingeniero Ponciano Aguilar und Santa Fe sind Einbahnstraßen von Ost nach West und ermöglichen es den Fahrzeugen sogar, das Stadtzentrum ganz zu umgehen.

Rund um das Zentrum von Guanajuato führt die gewundene Carretera Panorámica. Von ihr hat man herrliche Ausblicke auf die Stadt und die Hügel der Umgebung.

Praktische Informationen

GELD

Die Banken an der Av Juárez wechseln Bargeld und Reiseschecks (manche aber nur bis 14 Uhr) und haben Bankautomaten. Banorte liegt der Touristeninformation schräg gegenüber.

Divisas Dimas (Juárez 33A; ⏲ Mo–Sa 10–20 Uhr) Praktische *casa de cambio*.

Viajes Georama (☎ 732-51-01; Plaza de la Paz 34) Vertreter von American Express. Man kann Tickets buchen oder bestätigen lassen, aber keine Reiseschecks wechseln.

INTERNETZUGANG

An der Plaza Mexiamora gibt's zahlreiche Internetzugänge und noch viele weitere in der ganzen Stadt. Die meisten verlangen 10 Mex$ pro Stunde.

Internet Mexiquito (Independencia 6; ⏲ 10–22 Uhr) Gechillte Atmosphäre und Kaffee.

MEDIZINISCHE VERSORGUNG

Hospital General (☎ 733-15-73, 733-15-76; Carretera a Silao, Km 6,5)

POST

Post (☎ 732-03-85; Ayuntamiento 25)

TELEFON & FAX

Kartentelefone befinden sich an der Pasaje de los Arcos, einer Gasse an der Südseite der Obregón, und nahe der Touristeninformation.

Computel (Ayuntamiento 25) Gegenüber von der Post, hat Fax und Internet.

TOURISTENINFORMATION

Staatliche Touristeninformation (☎ 732-19-82; www.guanajuato-travel.com, www.guanajuato.gob.mx; Plaza de la Paz 14; ⏲ Mo–Fr 9–19, Sa 10–16, So 10–14 Uhr) Freundliches Personal gibt kostenlose Stadtpläne und Broschüren aus (auf Spanisch & Englisch).

WASCHSALON

Lavandería Automática Internacional (Doblado 28; ⏲ Mo–Fr 9.30–20, Sa 10–17 Uhr) 50 Mex$/3 kg.

Lavandería del Centro (Sopeña 26; ⏲ Mo–Fr 9–20.30, Sa 9–16 Uhr) 30 Mex$/1–3 kg bzw. 50 Mex$/3–5 kg.

Sehenswertes

DIE PLAZAS IM ZENTRUM

Ein Spaziergang über die schönen Hauptplazas, die wuseligen Zentren des Gesellschaftslebens von Guanajuato, ist ein guter Start, ehe es in das historische Zentrum der Stadt geht. Der hübsche **Jardín de la Unión** liegt, umgeben von Restaurants, unter Lorbeerfeigenbäumen; er ist das gesellige Herz der Stadt. Am späten Nachmittag mischen sich hier Touristen und

GUANAJUATO

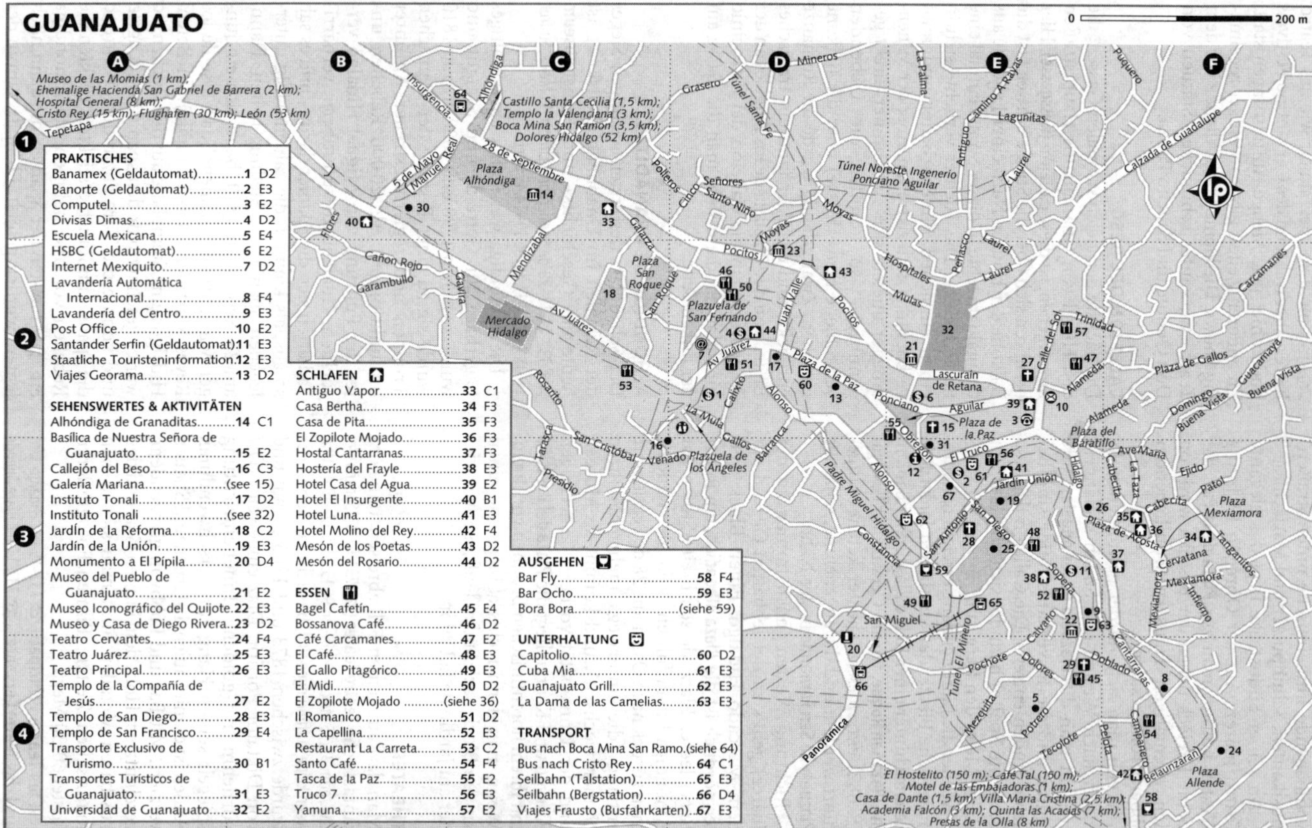

PRAKTISCHES
Banamex (Geldautomat) ... 1 D2
Banorte (Geldautomat) ... 2 E3
Computel ... 3 E2
Divisas Dimas ... 4 D2
Escuela Mexicana ... 5 E4
HSBC (Geldautomat) ... 6 E2
Internet Mexiquito ... 7 D2
Lavandería Automática Internacional ... 8 F4
Lavandería del Centro ... 9 E3
Post Office ... 10 E2
Santander Serfín (Geldautomat) ... 11 E3
Staatliche Touristeninformation ... 12 E3
Viajes Georama ... 13 D2

SEHENSWERTES & AKTIVITÄTEN
Alhóndiga de Granaditas ... 14 C1
Basílica de Nuestra Señora de Guanajuato ... 15 E2
Callejón del Beso ... 16 C3
Galería Mariana ... (see 15)
Instituto Tonali ... 17 D2
Instituto Tonali ... (see 32)
Jardín de la Reforma ... 18 C2
Jardín de la Unión ... 19 E3
Monumento a El Pípila ... 20 D4
Museo del Pueblo de Guanajuato ... 21 E2
Museo Iconográfico del Quijote ... 22 E3
Museo y Casa de Diego Rivera ... 23 D2
Teatro Cervantes ... 24 F4
Teatro Juárez ... 25 E3
Teatro Principal ... 26 E3
Templo de la Compañía de Jesús ... 27 E2
Templo de San Diego ... 28 E3
Templo de San Francisco ... 29 E4
Transporte Exclusivo de Turismo ... 30 B1
Transportes Turísticos de Guanajuato ... 31 E3
Universidad de Guanajuato ... 32 E2

SCHLAFEN
Antiguo Vapor ... 33 C1
Casa Bertha ... 34 F3
Casa de Pita ... 35 F3
El Zopilote Mojado ... 36 F3
Hostal Cantarranas ... 37 F3
Hostería del Frayle ... 38 E3
Hotel Casa del Agua ... 39 E2
Hotel El Insurgente ... 40 B1
Hotel Luna ... 41 E3
Hotel Molino del Rey ... 42 F4
Mesón de los Poetas ... 43 D2
Mesón del Rosario ... 44 D2

ESSEN
Bagel Cafetín ... 45 E4
Bossanova Café ... 46 D2
Café Carcamanes ... 47 E2
El Café ... 48 E3
El Gallo Pitagórico ... 49 E3
El Midi ... 50 D2
El Zopilote Mojado ... (siehe 36)
Il Romanico ... 51 D2
La Capellina ... 52 E3
Restaurant La Carreta ... 53 C2
Santo Café ... 54 F4
Tasca de la Paz ... 55 E2
Truco 7 ... 56 E3
Yamuna ... 57 E2

AUSGEHEN
Bar Fly ... 58 F4
Bar Ocho ... 59 E3
Bora Bora ... (siehe 59)

UNTERHALTUNG
Capitolio ... 60 D2
Cuba Mia ... 61 E3
Guanajuato Grill ... 62 E3
La Dama de las Camelias ... 63 E3

TRANSPORT
Bus nach Boca Mina San Ramo ... (siehe 64)
Bus nach Cristo Rey ... 64 C1
Seilbahn (Talstation) ... 65 E3
Seilbahn (Bergstation) ... 66 D4
Viajes Frausto (Busfahrkarten) ... 67 E3

NÖRDLICHES ZENTRALES HOCHLAND

wohlhabende Einheimische unter Straßenmusikanten, Schuhputzer und Mariachi.

An seiner Südostecke liegt das elegante Teatro Juárez. Auf der Obregón Richtung Westen kommt man zur **Plaza de la Paz**; das kleine Dreieck neben der Basilika wird von den ehemaligen Häusern wohlhabender Silberbarone gesäumt.

Wenn man sich auf der gewundenen Av Juárez nach Westen und Süden schlängelt, erreicht man die **Plazuela de los Ángeles**. Ihre Stufen und die Eisverkaufsstände sind beliebte Studententreffs. Die Callejón del Beso (s. rechte Spalte) befindet sich von hier nur einige Meter den Berg rauf.

Weiter die Juárez entlang erreicht man drei malerische Plätze: den stattlichen **Jardín de la Reforma** hinter einer Reihe klassischer Säulen, die **Plaza San Roque**, wo am Cervantino Festival (S. 682) *entremeses* (Theatersketche) aufgeführt werden, und die angenehme, schattige **Plazuela de San Fernando** in der Nähe.

Richtung Westen (noch immer auf der Juárez) geht's zu der lebhaften Gegend vor dem Mercado Hidalgo. Einen Block weiter nördlich ist die **Plaza Alhóndiga**, ein in der Regel leerer Platz, dessen breite Stufen zur Alhóndiga hinaufführen. Von hier wandert man zurück nach Osten, die 28 de Septiembre entlang (die unterwegs mehrmals ihren Namen wechselt), und kommt an Museen und der Universität vorbei. Nach einigen Kurven und Kehren liegt die **Plaza del Baratillo** mit ihrem florentinischen Brunnen vor einem. Wenn man dann rechts abbiegt und einen kurzen Block nach Süden läuft, ist man wieder am Jardín de la Unión.

THEATER

Man darf auf keinen Fall abreisen, ohne das fantastische **Teatro Juárez** (☎ 732-01-83; Sopeña s/n; Erw./erm. 35/15 Mex$; ⌚ Di–So 9–13.34 & 17–19.45 Uhr, wenn keine Aufführungen sind) besucht zu haben. Es wurde zwischen 1873 und 1903 erbaut und von Diktator Porfirio Díaz eingeweiht. Die vornehm rot-goldene Inneneinrichtung spiegelt seinen Hang zur Verschwendung. Außen ist es mit Säulen, Laternen und Statuen verziert. Mit Bar und Lobby in glänzendem, geschnitztem Holz, dem bunten Glas und den kostbaren Metallen fühlt man sich wie in maurischen Zeiten. Filmen/Fotografieren kostet 60/30 Mex$.

Das **Teatro Principal** (☎ 732-15-23; Hidalgo s/n) und das **Teatro Cervantes** (☎ 732-11-69; Plaza Allende s/n) sind nicht so spektakulär wie das Teatro Juárez, aber während des Cervantino Festivals finden hier jede Menge Aufführungen statt. Zu anderen Zeiten gibt es weniger regelmäßig Shows. Die kleine Plaza Allende vor dem Teatro Cervantes schmücken Statuen von Don Quijote und Sancho Panza.

CALLEJÓN DEL BESO

Die nächste der vielen schmalen Gassen, die den Hügel von Guanajuatos Hauptstraßen hinaufgehen, ist diese callejón **(Kussgasse)**. Hier berühren sich über die Straße hinweg fast die Balkone der Häuser. Nach einer Legende aus Guanajuato lebte in dieser Straße einmal eine noble Familie. Die Tochter verliebte sich in einen einfachen Minenarbeiter und man verbot ihnen, sich zu treffen. Aber der Minenarbeiter mietete sich ein Zimmer direkt gegenüber – so konnten die Liebenden verstohlene *besos* (Küsse) über die Balkone tauschen. Zwangsläufig wurde die Romanze entdeckt, und das Paar fand ein tragisches Ende. Von der Plazuela de los Ángeles an der Av Juárez 40 m die Callejón del Patrocinio hinauflaufen, dann sieht man die Gasse auf der linken Seite.

ALHÓNDIGA DE GRANADITAS

Der Schauplatz des ersten wichtigen Sieges der Rebellen im Unabhängigkeitskrieg ist heute ein Geschichts- und Kunst**museum** (☎ 732-11-12; 28 de Septiembre; Eintritt 43 Mex$, So frei; ⌚ Di–Sa 10–17.45, So 10–14.45 Uhr).

Die Alhóndiga war früher ein gewaltiges Lagerhaus für Getreide und Saatgut und wurde zwischen 1798 und 1808 erbaut. 1810 wurde sie zu einer Festung der spanischen Truppen und regierungstreuer Anführer umfunktioniert: Als 20 000 Rebellen unter der Führung von Miguel Hidalgo versuchten, Guanajuato zu erobern, verbarrikadierten sich die Spanier darin – und es sah so aus, als könnten die zahlenmäßig unterlegenen Spanier die Stellung halten. Dann, am 28. September 1810, band sich ein junger Minenarbeiter namens Juan José de los Reyes Martínez (alias El Pípila) auf Befehl Hidalgos eine Steinplatte auf den Rücken. So war er geschützt vor den spanischen Kugeln und konnte die Tore anzünden. Während die Spanier im Rauch erstickten, rückten die Rebellen vor und nahmen die Alhóndiga ein. Die meisten der Spanier, die dann noch lebten, wurden getötet. El Pípila kam in der

Schlacht vermutlich ebenfalls um – aber andere Versionen der Geschichte behaupten, er habe noch bis ins hohe Alter gelebt.

Ab 1864 wurde die Alhóndiga ein Jahrhundert lang als Gefängnis benutzt, 1967 wurde sie schließlich ein Museum. Auf keinen Fall die dramatischen Wandgemälde von José Chávez Morado an den Treppenaufgängen verpassen! Sie erzählen die Geschichte Guanajuatos. Wer Videos oder Fotos machen will, bezahlt 60 Mex$.

MUSEO Y CASA DE DIEGO RIVERA

Das Geburtshaus von Diego Rivera ist heute ein ausgezeichnetes **Museum** (☎ 732-11-97; Pocitos 47; Erw./Student 15/5 Mex$; 🕑 Di–Sa 10–18.30, So 10–14.30 Uhr). Es ehrt den Maler, der als Marxist jahrelang eine *persona non grata* war. Es lohnt sich, hier ein oder zwei Stunden zu verbringen, erst recht, wenn man ein Fan von Rivera ist.

Rivera und sein Zwillingsbruder wurden 1886 in diesem Haus geboren (der Bruder starb im Alter von 2 Jahren) und die Familie lebte hier, bis sie sechs Jahre später nach Mexico City zog. Das Erdgeschoss zeigt das Heim der Rivera-Familie mit Antiquitäten und schönen Möbeln aus dem 19. Jh.

Im ersten und zweiten Stock ist eine Dauerausstellung seiner Originalwerke und Skizzen (die in einigen seiner berühmten Wandgemälde in Mexico City vollendet wurden). Außerdem gibt's einen Akt von Frida Kahlo. Die neueren und renovierten oberen Stockwerke beherbergen wechselnde Präsentationen von Arbeiten mexikanischer und internationaler Künstler. In einem Kammertheater im oberen Stock sind manchmal Filme zu sehen, außerdem hängen hier Schwarzweißfotos von Kahlo und Rivera.

MUSEO ICONOGRÁFICO DEL QUIJOTE

Dieses **Museum** (☎ 732-33-76; Doblado 1; Eintritt 20 Mex$; 🕑 Di–Sa 10–18.30, So 10–14.30 Uhr) ist überraschenderweise wirklich interessant; man kann hier getrost eine halbe Stunde opfern. Es geht auf die winzige Plaza vor dem Templo de San Francisco hinaus. Jedes Exponat bezieht sich auf Don Quijote de la Mancha, den berüchtigten spanischen Literaturhelden. Zahlreiche Medien von verschiedenen Künstlern stellen ihn in unterschiedlichen Stilen dar. Gemälde, Statuen, Wandteppiche, sogar Schachfiguren, Uhren und Briefmarken – alle tragen das Zeichen von Quijote und seines linkischen Begleiters Sancho Pansa.

UNIVERSIDAD DE GUANAJUATO

Das Hauptgebäude dieser **Universität** (UGTO; ☎ 732-00-06, Durchwahl 8001; www.ugto.mx; Lascuraín de Retana 5), deren Mauern von weiten Teilen der Stadt aus zu sehen sind, liegt an der Lascuraín de Retana, von der Basilika aus einen Block den Berg hinauf. Das markante weiß-blaue Gebäude mit seinen vielen Stockwerken und den Zinnen an den Giebeln stammt aus den 1950er-Jahren. Sein Design war sehr umstritten (und einige würden sagen, das ist es immer noch) – das dominierende Gebäude beeinträchtigt das charakteristische historische Stadtbild.

MUSEO DEL PUEBLO DE GUANAJUATO

Dieses **Kunstmuseum** (☎ 732-29-90; Pocitos 7; Erw./Student 15/5 Mex$; 🕑 Di–Sa 10–18.30, So 10–15 Uhr) neben der Universität zeigt eine Sammlung mexikanischer Miniaturen und Kunst aus dem 18. und 19. Jh. Ein Raum ist den Arbeiten Hermenegildo Bustos' gewidmet, eines Malers aus Guanajuato. Die ehemalige Villa der früheren Besitzer der San-Juan-Rayas-Mine, der Marqueses de San Juan de Rayas, beherbergt das Museum. In der Privatkirche im Innenhof oben ist ein ausdrucksstarkes Wandgemälde von José Chávez Morado zu sehen.

KIRCHEN

Die **Basílica de Nuestra Señora de Guanajuato** (Plaza de la Paz s/n) liegt einen Block westlich des Jardín de la Unión. Hier sieht man ein mit Juwelen verziertes Abbild der Jungfrau, Guanajuatos Schutzpatronin. Angeblich war die hölzerne Statue 800 Jahre lang in einer Höhle vor den Mauren versteckt worden. Philipp II. von Spanien schenkte sie Guanajuato als Dank für den Reichtum, den die Stadt seiner Krone einbrachte. Die kleine **Galería Mariana** (Plaza de la Paz s/n; Eintritt 20 Mex$ 🕑 Mo & Do–So 10–18 Uhr) präsentiert Bildnisse von Maria und andere katholische Relikte.

Weitere schöne Kirchen aus der Kolonialzeit sind der **Templo de San Diego** (Jardín de la Union s/n), gegenüber dem Jardín de la Unión, der **Templo de San Francisco** (Doblado s/n) und der große **Templo de la Compañía de Jesús** (Lascuraín de Retana s/n). Er wurde 1747 für das Jesuitenseminar vollendet, dessen Gebäude heute zur Universität von Guanajuato gehören.

FUNICULAR

Diese **Seilbahn** (Plaza Constancia s/n; einfache Strecke/hin & zurück 12/24 Mex$; 🕑 8–21.45 Uhr) kriecht den Hang hinter dem Teatro Juárez hinauf zu einer Station in der Nähe des El-Pípila-Monuments (und wieder hinunter). Die Fahrt nach oben macht Spaß, aber für den Rückweg kann man sich das Geld sparen und zu Fuß gehen (es gibt zwei unübersehbare, gut befestigte Strecken).

MONUMENTO A EL PÍPILA

Das El-Pípila-Monument ehrt den Helden, der am 28. September 1810 die Tore der Alhóndiga angezündet hat. Das brachte den Truppen von Hidalgo den ersten Sieg für die Unabhängigkeitsbewegung. Die Statue zeigt El Pípila, der die Fackel hoch über die Stadt hält. Auf dem Sockel steht die Inschrift *Aún hay otras Alhóndigas por incendiar* („Es gibt immer noch weitere Alhóndigas zum Anzünden").

Vom Stadtzentrum aus führen über steile, malerische Wege zwei Routen hinauf. Eine verläuft vom Jardín de la Unión östlich auf der Sopeña und biegt dann nach rechts auf die Callejón del Calvario (aus ihr wird die Pochote; an der Subida San Miguel rechts abbiegen). Ein anderer, nicht ausgeschilderter Weg den Berg hinauf beginnt an der kleinen Plaza an der Alonso. Man kann sich alternativ auch vom „Pípila-ISSSTE"-Bus, der auf der Juárez Richtung Westen fährt, direkt bei der Statue absetzen lassen. Oder man nimmt die Seilbahn.

TEMPLO LA VALENCIANA & BOCA MINA SAN RAMÓN

Auf einem Hügel über Guanajuato und fünf Kilometer nördlich vom Zentrum steht der sagenhafte **Templo La Valenciana** (Iglesia de San Cayetano). Seine Fassade ist spektakulär und innen blendet er mit üppigen goldenen Kronleuchtern, filigraner Reliefkunst und gigantischen Gemälden. Eine Legende besagt, dass der Spanier, der in der Nähe die San-Ramón-Mine eröffnete, San Cayetano versprach, er würde zu Ehren des Heiligen eine Kirche bauen, wenn die Mine ihn reich machen sollte. Einer anderen Sage zufolge wollte Conde de Rul, der Silberbaron von La Valenciana, für die Ausbeutung der Bergarbeiter Sühne leisten, indem er die tollste aller churrigueresken Kirchen baute. Was auch immer das Motiv war – 1765 wurde der Grundstein gelegt, 1788 war die Kirche fertig.

Die **Boca Mina San Ramón** (Erw./erm. 20/10 Mex$; ⌚ 10–19 Uhr) ist Teil des berühmten Bergbaugebietes von Valenciana (die bekannteste Mine, die Boca Mina Valenciana, war zur Zeit der Recherche für Besucher geschlossen). 1548 wurde hier Silber gefunden. In dem kleinen Besucherzentrum verbringt man eine nette halbe Stunde: Es gibt ein paar staubige Schaukästen und Stücke alter Bergbauausrüstung zu sehen. Aufregender ist es aber, die Stufen in den Minenschacht bis zu einer Tiefe von 60 m hinabzusteigen (Vorsicht: Das ist nichts für klaustrophobisch Veranlagte!).

Zur Boca Mina San Ramón fahren die regulären „Cristo Rey"- und „Valenciana"-Busse ab der Haltestelle an der Ecke Alhóndiga und 28 de Septiembre. Man steigt beim Templo La Valenciana aus und läuft an der Kirche vorbei bis zum Mineneingang.

DIE EHEMALIGE HAZIENDA SAN GABRIEL DE BARRERA

Wer dem Gewusel Guanajuatos entkommen möchte, macht sich 2,5 km gen Westen auf zu diesem prächtigen Wohnhaus aus der Kolonialzeit. Heute ist es ein **Museum** (☎ 732-06-19; Camino Antiguo a Marfil Km 2,5; Erw./erm. 22/15 Mex$; ⌚ 9–18 Uhr) mit atemberaubenden Gärten und ein ruhiger Rückzugsort, an dem man gut ein paar Stunden verbringen kann. Filmen/Fotografieren kostet 25/29 Mex$.

Die prunkvolle Hazienda wurde Ende des 17. Jhs. erbaut und gehörte dem Kapitän Gabriel de Barrera. Seine Familie stammte ab vom ersten Conde de Rul der berühmten La-Valenciana-Mine. 1979 wurde das Museum hier eröffnet. Die Hazienda illustriert mit ihren opulenten Möbeln aus Europa das Leben der Reichen dieser Zeit.

Das große, schattige Gelände diente ursprünglich der Veredelung des Goldes aus der La Valenciana-Mine. 1945 wurde es gemäß internationaler Entwürfe umgewandelt in eine Reihe terrassierter Gärten mit Pavillons, Wasserbecken, Brunnen und Fußwegen.

Man nimmt einen der vielen „Marfil"-Busse, die durch den Tunnel unter der Juárez gen Westen fahren, und bittet den Fahrer, am Hotel Misión Guanajuato zu halten.

MUSEO DE LAS MOMIAS

Dieses berühmte **Museum** (Mumienmuseum; ☎ 732-06-39; Explanada del Pantéon Municipal s/n; Erw./Kind 50/30 Mex$; ⌚ 9–18 Uhr) ist eines der skurrilsten (manche mögen sagen: abartigsten) im *panteón*: Der beliebte Ort ist ein absolut klassisches Beispiel für die Todesbesessenheit der Mexikaner. Von überall her kommen die

Leute, um die exhumierten Körper zu sehen. Ein wenig Sinn für Humor kann nicht schaden, nicht zuletzt, weil ein paar Beschreibungen von unglücklichen Einzelschicksalen erzählen.

Auch wenn es sich hier tatsächlich um mumifizierte Überreste handelt (entstanden durch den hohen Anteil an Kalk und Ton im Boden, der die Verwesung hemmt), sind die Körper nicht Tausende Jahre alt: Die ersten Überreste wurden 1865 ausgegraben, um auf den Friedhöfen Platz für neue Körper zu schaffen. Was die Behörden dabei entdeckten, waren keine Skelette, sondern mumifiziertes Fleisch (einige haben groteske Formen und Gesichtsausdrücke). Im Museum sind heute über 100 Mumien zu sehen.

Die Anlage befindet sich am Westrand der Stadt; ein „Momias"-Bus von der Av Juárez bringt einen in zehn Minuten hin.

CRISTO REY

Cristo Rey (Christus, der König) ist eine 20 m hohe Jesusstatue aus Bronze. Sie wurde 1950 auf der Spitze des Cerro de Cubilete, 15 km westlich von Guanajuato, errichtet. Diese Stelle soll das exakte geografische Zentrum Mexikos sein. Die Statue ist bei mexikanischen Touristen eine beliebte Attraktion. Dass Jesus im Herzen des Landes steht, hat eine besondere Bedeutung.

Tourveranstalter bieten 3½ Stunden dauernde Trips zur Statue (s. rechte Spalte). Man kommt vom Zentrum aber auch auf eigene Faust hin. „Cubilete"- oder „Cristo Rey"-Busse fahren etwa jede Stunde vor der Alhóndiga an der Calle Alhóndiga ab (15 Mex$).

Kurse

Guanajuato ist eine Universitätsstadt und eignet sich hervorragend, um Spanisch zu lernen. Die Stunde Gruppenunterricht kostet im Schnitt 6,50 US$, Privatunterricht 15 US$. Die Schulen können eine Unterbringung in einer Familie mit Verpflegung für ca. 20 US$ pro Tag vermitteln; für Einschreibung und/oder Gebühren für Einstufungstests, Ausflüge und außerschulische Aktivitäten entstehen weitere Kosten.

Die Universidad de Guanajuato (S. 679) bietet Spanischkurse mit Unterricht in mexikanischer und lateinamerikanischer Kultur. Man kann Sommerkurse (Juni und Juli), semesterlange Kurse (beginnend im Januar und im August) und einmonatige Kurse belegen.

Academia Falcón (☎/Fax 731-07-45, 731-10-84; www.academiafalcon.com; Paseo de la Presa 80) Bekanntes Spracheninstitut 3 km südlich vom Zentrum. Die Spanischklassen bestehen aus nicht mehr als fünf Teilnehmern; es gibt auch Privatunterricht.

Escuela Mexicana (☎ 732-50-05; www.escuelamexicana.com; Potrero 12) Die kleine Schule bietet Spanischunterricht (Grammatik, Konversation, Literatur) und andere Kurse, z. B. für vorhispanische Kultur und Tanz oder für Kochen. Man kann sich in Familien oder auf dem Campus unterbringen lassen. Unterstützt regionale Waisenhäuser und Altenheime (Besuche für Studenten möglich).

Instituto Tonali (☎ 732-73-52; Juárez 4) Spanischunterricht auf allen Niveaus; für etwa 20 US$ pro Tag wird eine Unterbringung in Familien arrangiert.

Geführte Touren

Mehrere Veranstalter bieten ähnliche Touren zu den wichtigsten Sehenswürdigkeiten von Guanajuato (meist auf Spanisch). Man kommt auch mit den Stadtbussen hin, aber wenn man nur wenig Zeit hat, ist eine Tour praktisch.

Transporte Exclusivo de Turismo (☎ 732-59-68; Ecke Av Juárez & Calle 5 de Mayo) befindet sich in einem Kiosk, **Transportes Turísticos de Guanajuato** (☎ 732-21-34; Ecke Obregón & El Truco) unterhalb des Vorderhofs der Basilika. Beide veranstalten täglich Touren mit Kolonialmotto nach Guanajuato. Dabei werden die Mumien, die La-Valenciana-Mine und die Kirche dort, das El-Pípila-Denkmal und die Carretera Panorámica besucht. Die Trips starten dreimal täglich, dauern 3½ Stunden und kosten 100 Mex$. Eine dreistündige Tour bringt einen zum Cristo Rey hinauf (100 Mex$; s. linke Spalte), die achtstündige „Unabhängigkeits-Rundtour" führt durch Dolores Hidalgo und San Miguel de Allende (200 Mex$). Fünf Stunden lange Nachttouren (90 Mex$) besuchen die Aussichtspunkte von Guanajuato, die abendlichen Treffpunkte und die *callejoneadas* genannten (s. S. 687) Straßenparties.

Festivals & Events

Auf www.disfruteguanajuato.com findet man unter „Noticias" die kommenden Events.

Baile de las Flores Der Blumentanz findet an dem Donnerstag vor der Semana Santa statt. Am nächsten Tag sind die Minen der Öffentlichkeit für Besichtigungen und Feiern zugänglich. Die Bergarbeiter schmücken Altäre für La Virgen de los Dolores, eine Manifestation der Jungfrau Maria, die auf die Bergleute aufpasst.

Fiestas de San Juan y Presa de la Olla Das Festival von San Juan wird Ende Juni im Presa de la Olla Park gefeiert. Das meiste ist am Tag des Heiligen selbst los, am 24.; dann gibt's Tänze, Musik, Feuerwerk und Picknicks. Am ersten Montag im Juli kommen alle noch einmal zurück, um in einer weiteren großen Party die Öffnung der Fluttore in den Dämmen zu feiern.

Día de la Cueva Der Höhlentag ist eine Kirchweih, die am 31. Juli stattfindet: Die Einheimischen begeben sich zu einer Höhle in den nahe gelegenen Hügeln, ehren San Ignacio de Loyola und genießen ein festliches Picknick.

Fiesta de la Virgen de Guanajuato Dieses Fest am 9. August erinnert an das Datum, an dem Philipp II. den Einwohnern von Guanajuato die mit Juwelen verzierte hölzerne Jungfrau geschenkt hat, die jetzt die Basilika schmückt.

Festival Internacional Cervantino (www.festivalcervantino.gob.mx) In den 1950ern bestand das Kunstfestival nur aus *entremeses* aus dem Werk Miguel Cervantes', die von Studenten aufgeführt wurden. Mittlerweile ist es eine der wichtigsten Kunstgalas von Lateinamerika. Musik-, Tanz- und Theatergruppen aus aller Welt führen verschiedene Werke auf (die meist nichts mit Cervantes zu tun haben). Das Festival dauert zwei bis drei Wochen und beginnt etwa in der zweiten Oktoberwoche; Tickets für Einzelevents kosten zwischen 10 und 50 US$. Tickets und Hotels sollte man im Voraus buchen. Tickets im Voraus erhält man auf der **Webseite von Ticketmaster** (www.ticketmaster.com.mx). In Guanajuato bekommt man welche im Kartenbüro an der Südostseite des Teatro Juárez.

Schlafen

Die nobelste Adresse der Stadt ist der Jardín de la Unión: Eine Reihe opulenter Hotels im Kolonialstil haben hier Zimmer, Bars und Restaurants mit Blick auf die lebhafte, verkehrsberuhigte Plaza. Viele der Budget- und Mittelklasseunterkünfte im Zentrum sind in früheren Wohnhäusern untergebracht. Während des Cervantino-Festivals steigen die Preise u. U. noch über die hier angegebenen der Hochsaison, die für Weihnachten, die Semana Santa und die Sommerferien gelten; sonst können sie erheblich niedriger liegen.

BUDGETUNTERKÜNFTE

Casa Bertha (☎/Fax 732-13-16; www.paginasprodigy.com/casabertha; Tamboras 9; Zi. pro Person ohne/mit eigenem Bad ab 150/180 Mex$, Apt. 200–250 Mex$/Pers.) Diese familiengeführte *casa de huéspedes* ist ein Labyrinth von Zimmern unterschiedlicher Größe, von denen einige Fenster nach innen haben, und drei Apartments für Familien mit Kabelfernsehen. Die Traveller rühmen den freundlichen Besitzer Juan für seine Gastfreundschaft und für seine heimelige und saubere Casa mit der herrlichen Dachterrasse, Blick auf die Stadt und WLAN. Der Weg hierher führt am Teatro Principal vorbei zur

LEBEN MIT DEN MOJIGANGAS

Mojigangas (häufig auch *gigantes*, *marmotas*, *monos*, *papa güevos* und – nicht ganz korrekt – Riesenpuppen genannt) sind massive, 3,5 bis 4 m hohe Witzfiguren. Sie wurden um 1600 von den spanischen Eroberern nach Mexiko gebracht, um angesehene öffentliche Personen zu repräsentieren und bei lokalen religiösen Festen mitzujubeln.

Die Tradition der qualitativ äußerst hochwertigen *mojigangas* wurde gemäß den beiden Künstlern aus Guanajuato, dem 41-jährigen Felipe Olmos und der 35 Jahre alten, in Japan geborenen Mika Matsuishi, zwar in Spanien weitergeführt, war in Mexiko mit den Jahren aber stark verblasst. Felipe beschloss, das zu ändern. Er erinnerte sich daran, wie in seiner Kindheit *mojigangas* bei den Festen in seinem Dorf San Juan de los Lagos in Jalisco tanzten. 2002 studierte Felipe gerade selbst als Bildhauer an der Schule der Bellas Artes in San Miguel de Allende und entschied, seiner Heimatstadt 20 selbst gefertigte *mojigangas* für die Frühlingsparade 2003 zu stiften. Ein Team von 130 Leuten half ihm dabei. „Ziel war es, qualitativ hochwertige *mojigangas* wieder zum Leben zu erwecken."

Langsam entspann sich zwischen Mika und ihm eine Romanze – wegen einer *mojiganga* natürlich. Mika studierte wie Felipe in San Miguel Töpferkunst, wusste aber nicht, dass er der Schöpfer der wundervollen Figuren war, die bei einem Fest in der Stadt ihr Herz erobert hatten. „Ich sah zum ersten Mal eine *mojiganga* und dachte *WOW*!" Später lud Felipe sie ein, *mojigangas* zu entwerfen und herzustellen – eine berufliche und private Partnerschaft entstand. Ihre Schöpfungen erreichen heute Frankreich, Japan und die USA. Eine *mojiganga* zu erschaffen ist ein komplizierter, zeitraubender Prozess: Jede Figur nimmt bis zu ihrer Fertigstellung bis zu einen Monat in Anspruch. Die Künstler skizzieren ihre Idee und machen zunächst eine Figur aus Knetmasse. Danach wird ein riesiges Modell aus Bambus, Metall, Polyurethanen und Ton hergestellt (bis zu 200 kg Ton werden benötigt), aus dem die Form gemacht wird. Diese wird mit Schichten aus Pappmaché bedeckt, nach dem Trocknen bemalt und schließlich angezogen.

Plaza Mexiamora; dort hält man nach dem an die Wand gemalten „Casa Bertha"-Schriftzug mit Pfeil Ausschau. In der Nebensaison wird's hier etwa 20 Mex$ günstiger.

El Hostelito (☎ 732-54-83; hostalitogto@hotmail.com; Sangre de Cristo 9; B 200 Mex$, Zi. 250–300 Mex$; 💻) Man muss nur in das Gästebuch mit den Einträgen der Traveller sehen, um zu erkennen, dass es sich bei diesem zentral gelegenen, gut geführten Hostel um „eines der nettesten in Mexiko" handelt. Die HI-Filiale hat hilfsbereites Personal, eine Küche, Privatzimmer mit Bad, geschlechterspezifische Schläfsäle, Kabelfernsehen und Frühstück, und (man darf es getrost erwähnen) sogar die Betten werden gemacht. Die Preise sind in der Nebensaison deutlich niedriger; für HI-Mitglieder und zwei oder drei Übernachtungen gibt's Rabatt.

Casa de Dante (☎ 731-09-09; www.hospedajedante.com; Callejón de Zaragoza 25; B & EZ/DZ inkl. Frühstück 250/500 Mex$) „Mein Heim ist Ihr Heim" – so begrüßt der Besitzer dieses ultra-freundlichen Hostels in Familienbesitz die Gäste. Man kann zwischen einem Schlafsaal und einem der acht gepflegten Zimmer (einige mit eigenem Bad) wählen. Zudem gibt's eine Küche, einen DVD-Raum, Barbecue auf der Terrasse und Gastfreundlichkeit (man hört von Abschiedspartys für länger gebliebene Gäste, die von diesem Ort schwärmen). Es liegt ein wenig außerhalb und 156 Stufen hoch – puh! –, aber die Mühe lohnt sich. Die *callejón* neben dem Hotel Independencia an der Paseo de la Presa rauf.

Casa de Pita (☎ 732-15-32; www.casadepita.com; Cabecita 26; B 180 Mex$, Zi. & Apt. 350–450 Mex$) Ein wahres Labyrinth stimmungsvoller Gästezimmer erwartet einen in diesem zentral gelegenen, umgebauten Wohnhaus. Zum Schlafsaal gehört ein eigenes Bad und das Frühstück ist inklusive (bei den Privatzimmern zzgl. 25 Mex$). Es gibt WLAN.

MITTELKLASSEHOTELS

Hotel Molino del Rey (☎ 732-22-23; mach1@avantel.net; Ecke Campanero & Belauzaran; EZ/DZ/3BZ 400/570/730 Mex$) Die „Mühle des Königs" ist nur einen kurzen Spaziergang vom Zentrum entfernt und wegen ihrer ruhigen und praktischen Lage toll. Von den 40 Zimmern um einen Innenhof sind einige allerdings netter als andere; manche gehen auf den Hof hinaus. Das kleine Restaurant im Erdgeschoss serviert leckere und preiswerte Gerichte.

Hostal Cantarranas (☎ 732-51-41; www.hostalcantarranasgtocapital.com; Cantarranas 50; Zi. 450 Mex$, mit

Glaubt man Felipe, so entwickeln sich die Figuren trotz der Vorplanung schrittweise. Er sagt, dass sie erst dann ein Herz haben – und somit zum Leben erweckt werden –, wenn sie vollkommen fertig sind. Und *mojigangas* sterben nie: „Sie sind sehr zerbrechlich; sie können z.B. beschädigt werden, wenn sie auf die Straße fallen. Aber dennoch leben sie im Gedächtnis der Menschen weiter, die sie sehen und mit ihnen umgehen", sagt Felipe.

Zu den Menschen, von denen man sagen kann, dass sie mit den *mojigangas* „vertraut" umgehen, gehören z.B. die, die in ihnen auftreten. „Gleichgültig, welche Rolle man annimmt – ob nun Frida Kahlo, Diego Rivera, La Catrina (das Skelett, das bei den Feiern zum Tag der Toten in Mexiko den Tod repräsentiert) – das Wichtigste ist, dass die Leute in ihnen Spaß haben. Denn wenn sie Spaß haben, hat auch der dargestellte Charakter Spaß." Und Mika fügt hinzu: „Dadurch, dass man in der Figur anonym ist, bekommt man viel mehr Energie. Männer übernehmen oft lieber eine weibliche Rolle, weil sie anonym sind und so ungehindert ihre feminine Seite ausleben können."

Felipe und Mika sind stolz darauf, dass die *mojigangas* als wichtige Arbeit und als eine Form von Kunst Anerkennung finden und nicht einfach nur als seltsames Hobby abgetan werden. „Der Prozess ist der gleiche wie bei der Bildhauerei. Wir übertragen die Figuren zwar auf Pappe, sodass sie funktional sind und die Menschen damit tanzen können, aber letztendlich sind es immer noch Skulpturen." Obwohl sie auch mit anderen Stoffen, etwa mit Bronze, arbeiten, sind sich Felipe und Mika einig: Sie lieben *mojigangas*, weil diese lebendiger wirken. „Bronzestatuen können nicht tanzen und Bronzebüsten können [in öffentlichen Anlagen] von den Vögeln beschmutzt werden. Mit den *mojigangas* ist das anders: Die Leute tanzen mit ihnen und alle – sowohl die Tänzer als auch die Zuschauer – haben Spaß dabei. Das Publikum spricht mit den Rollen; Diego z.B. wird oft dafür getadelt, wie er Frida behandelt hat! Oder sie küssen sie und sympathisieren mit Don Quijote."

Kochnische 590 Mex$) Dieses alte Gebäude hat angenehme Zimmer (meist Apartments) und eine sonnige Dachterrasse.

Motel de las Embajadoras (☎ 731-01-05; Ecke Embajadoras & Paseo Madero; EZ/DZ/3BZ 450/750/850 Mex$; Ⓟ) Die solide motelartige Unterkunft um einen Hof voller Pflanzen ähnelt einer Hazienda aus den 1970er-Jahren. Die einfachen, aber sauberen Zimmer liegen unter einer Veranda. Wer mit dem Auto unterwegs ist und die Tunnel und die Innenstadt meiden möchte, ist hier genau richtig. Mit den „Emajadoras"- oder „Presa"-Bussen ist man in nur fünf Minuten im Zentrum. Die Restaurant-Bar bringt preiswertes Essen auf den Tisch. Während des Cervantino-Festivals sind die Preise 100 Mex$ höher; Einzelzimmer gibt's nicht.

Hotel El Insurgente (☎ 732-31-92; www.hotelinsurgente.com/; Juárez 226; EZ/DZ/3BZ 475/620/710 Mex$) Praktisch und bequem, gleich westlich vom Zentrum. Während der Ferien und des Festivals sind die 80 Zimmer schnell voll (zu Ostern und zum Cervantino-Festival gibt's Paketangebote). Es ist im Großen und Ganzen eine gute Wahl, und von den oberen Zimmern hat man einen schönen Blick über die Stadt.

Mesón del Rosario (☎/Fax 732-32-84; Av Juárez 31; DZ/3BZ 540/630 Mex$) Die Ritter, die an diesem stimmungsvollen, mittelalterlich wirkenden Ort in schimmernder Rüstung am Eingang stehen (nein, nicht die Hotelpagen), versprechen Großartiges. Dennoch gehen die Meinungen der Traveller über dieses Haus sehr auseinander. Es liegt zentral, aber einige der 34 Zimmer sind klein und dunkel; es gibt aber auch größere und helle. Das sollte man lieber prüfen, bevor man sich mit dem freundlichen Personal anlegt.

El Zopilote Mojado (☎ 732-53-11; www.elzopilotemojado.com; Plaza Mexiamora 51 & 53; Zi./Apt. 550/900 Mex$) Die vielen Schlafmöglichkeiten sehen aus wie die eines stilvollen B&B, nur die Preise sind weniger deftig. Acht geschmackvoll eingerichtete Zimmer sind über dem Café Zopilote Mojado und in einem Haus in der Nähe. Alle sind gemütlich und komfortabel; die im Haus teilen sich eine herrlich moderne, geräumige Gemeinschaftsküche, einen Aufenthalts-/Speiseraum und Terrassen. Der Löwenkopf über dem Kamin passt eigentlich nicht rein; aber sonst gefällt dieser bequeme Ort garantiert. Zwei schicke (wenn auch dunkle) Apartments und ein Haus für Familien gibt's in der Nähe der Plaza ebenfalls.

Hostería del Frayle (☎/Fax 732-11-79; www.hosteriadelfrayle.com; Sopeña 3; EZ/DZ/3BZ 800/1000/1400 Mex$; Ⓟ) Einen Block vom Jardín entfernt steht dieses historische Hotel, das 1673 als Casa de Moneda erbaut wurde. 37 attraktive, aber dunkle Zimmer haben hohe gewölbte oder mit Holzbalken versehene Decken und Satellitenfernsehen. Die Einrichtung ist etwas abgenutzt, aber der Service ist freundlich und dicke Lehmziegelwände sorgen für Ruhe.

Mesón de los Poetas (☎ 732-07-05; www.mexonline.com/poetas.htm; Positos 35; DZ/Suite 950/1500 Mex$) Dieses Zimmerlabyrinth am Hang ist insgesamt bequem und sauber. Jedes Zimmer ist nach einem Dichter benannt. Vom Licht wird man hier nicht gerade verwöhnt – einige Zimmer sind dunkel –, aber eine Kochnische und die helle Einrichtung machen diese Unterkunft zu einem guten Deal in ihrer Preisklasse.

SPITZENKLASSEHOTELS

In verschiedenen Teilen der Stadt wurden einige malerische alte Gebäude zu kleinen Luxushotels umgebaut. An der Straße nach La Valenciana gibt's mehrere schicke Optionen in luftiger Höhe, andere gehobene Plätze finden sich in Marfil, 15 Minuten mit Bus oder Auto in den Westen der Stadt. Die angegebenen Preise können in der Nebensaison erheblich niedriger ausfallen.

Hotel Casa del Agua (☎ 734-19-74; Plaza de la Compañair 4; Zi. ab 1155 Mex$, Suite 1287–2715 Mex$; Ⓟ) Dieses umgestaltete Gebäude aus der Kolonialzeit wurde mit einem modernen Touch vollendet. Den Boden im Innenhof bildet das Glas eines raffinierten Pools (bei unserem Besuch war er leer). Die 16 Suiten sind einfach, elegant und bieten allen modernen Komfort. Es liegt zentral, nahe der Uni und ist für seine Preisklasse eine gute Wahl.

Hotel Luna (☎ 732-97-25; www.hotelluna.com.mx; Jardín de la Unión 6; Zi. nach innen ab 1505 Mex$, Zi. nach außen ab 1820 Mex$, Suite ab 2306 Mex$) Das elegante, 100 Jahre alte Hotel steht an der Plaza und protzt mit einem atemberaubenden Foyer. Abgesehen davon sind die Zimmer im alten Stil gehalten, aber mit modernen Einrichtungen unterschiedlichen Standards. Die Zimmer nach innen sind weniger attraktiv. Frühstück ist inklusive. Wer bar bezahlt, bekommt 10 % Rabatt.

LP Tipp **Villa María Cristina** (☎ 731-21-82; www.villamariacristina.com.mx; Paseo de la Presa de La Olla 76; Suite 1850–4100 Mex$) Die atemberaubende umgebaute Villa wurde erst kürzlich eröffnet und duftet nach teurem Parfüm. Die Einrichtung in den geräumigen Zimmern besteht aus neoklassizistischen französischen Designer-Möbeln und Originalgemälden des hiesigen Künstlers Jesús Gallardo. Die Betten und Bäder sind luxuriös ausgestattet (es gibt Toilettenartikel von Bulgari). Draußen findet man auf zahlreichen Höfen und Terrassen alles von Brunnen und Korbmöbeln bis zu Whirlpools und dazu Blick auf La Bufa. Die Haupthöfe sind mit originalen und exquisiten Fliesen bedeckt. Man schwelgt in diesem Luxus in La Presa, 15 Fußminuten vom Zentrum.

Antiguo Vapor (☎ 732-32-11; www.hotelavapor.com; Galarza 5; Zi. 1900 Mex$) Wer mehr ausgeben und dafür ein exklusives Feeling bekommen möchte, ist mit den Zimmern in diesem neu erbauten Nest (jeder Raum hat einen Vogelnamen) bestens bedient. Die einzigartige Unterkunft ist zeitgenössisch mexikanisch mit hellen, farbenfrohen Bettdecken, Fliesen und gewölbten Decken. Von einigen hat man eine wesentlich bessere Aussicht als von anderen; die nach hinten haben hohe, blickdichte Fenster.

Quinta Las Acacias (☎ 731-15-17, in Mexico 800-710-89-38; www.quintalasacacias.com.mx; Paseo de la Presa 168; Suite mit Frühstück 2800–4830 Mex$; P ⌘ 💻 ☒) Dieses Versteck verbindet aufmerksamen Service mit intimem Luxus. Es liegt in einer ehemaligen Sommerresidenz aus der französischen Kolonialzeit im 19. Jh. Die altmodischeren Zimmer im ursprünglichen Haus haben Messingbetten (und sind mehr oder weniger charmant), die neueren „Mastersuiten" hinter dem Haus sind mit Wannen mit Massageköpfen ausgestattet. Um einen tollen, geschützten Kakteengarten herum wurden kürzlich sehr friedliche, moderne Suiten (einige mit LCD-TV und alle mit einer kleinen Terrasse) errichtet.

Essen

Frischwaren, Snacks und Mittagstische gibt's auf dem Mercado Hidalgo, fünf Minuten zu Fuß westlich der Hauptplaza an der Juárez. Zwei Blocks weiter unten ist rechts das Central Comercio mit einem großen Supermarkt.

JARDÍN DE LA UNIÓN & UMGEBUNG

Am Jardín de la Unión befinden sich tolle gehobene Restaurants, in denen man die Atmosphäre der Plaza genießen kann. Daneben gibt's noch ein paar verstecktere Schätze.

LP Tipp **Truco 7** (☎ 732-83-74; Truco 7; Hauptgerichte 25–80 Mex$; ⏲ 8.30–23.30 Uhr) Dieses intime Café-Restaurant mit Kunstambiente bietet Kunstschätze, Gemälde und eine Sammlung alter Radios. Was Öffnungszeiten und Qualität angeht, ist es eines der zuverlässigsten in der Umgebung. Von Studenten bis Travellern lädt es jeden ein. In toller Atmosphäre wird mexikanisches Essen aufgetischt und das Tagesessen ist preiswert (37–42 Mex$).

Bagel Cafetín (☎ 733-97-33; Potrero 2; Bagels 30 Mex$; ⏲ Mo–Sa 9 Uhr–open end) Dieses farbige Fleckchen liegt gleich neben dem Templo de San Francisco. Es serviert Bagels mit einer riesigen Auswahl an Füllungen und ordentlichen Kaffee und es gibt WLAN (sowie einen Mindestverzehr: 20 Mex$).

Santo Café (Puente de Campanero; Hauptgerichte 30–40 Mex$; ⏲ Mo–Sa 10–24, So 12–20 Uhr) In dem gemütlichen, etwas flippigen Lokal sollte man einbremsen und die heißesten Unitrends abchecken. An einer malerischen Brücke im Venedig-Stil werden gute, günstige Snacks und Drinks serviert. Zum Blick über die Gasse darunter gibt's Musik aller Stilrichtungen; am Wochenende spielen manchmal Musiker.

El Café (☎ 732-25-66; Sopeña 10; Hauptgerichte 30–80 Mex$; ⏲ 8–24 Uhr) An diesem beliebten Treffpunkt im Freien hat sich bei einem Cocktail oder einem leichten Essen schon so manches spätere Pärchen kennengelernt. Von den unter Sonnenschirmen stehenden Tischen auf der anderen Straßenseite kann man perfekt Leute beobachten. Das Café liegt am Teatro Juárez.

El Gallo Pitagórico (☎ 732-94-89; Constancia 10; Hauptgerichte 70–140 Mex$; ⏲ 14–23 Uhr) Südlich vom Jardín, einen Pfad (und dann die Stufen) hinter dem Templo San Diego hinauf. Das romantische Restaurant ist vollgestopft mit folkloristischen Stücken, die Atmosphäre ist freundlich und man hat einen schönen Blick über die Stadt. Die italienische Küche kreiert gemischte Antipasti, verschiedene Pastasorten und herrliche Fleischgerichte. Die lange Weinkarte kann die Ausgaben in die Höhe treiben, aber der Service ist gut und man erlebt einen sehr schönen Abend.

La Capellina (☎ 732-72-24; Sopeña 3; Hauptgerichte 90–130 Mex$; ⏲ Mo–Do 13.30–23, Fr & Sa 13.30–24, So 13.30–19 Uhr) Der französische Küchenchef dieses schicken Lokals für „besondere Anlässe" zaubert internationale (meist französische, italienische & mexikanische) Gerichte. Auf der Speisekarte sind Pizzas, Pasta und andere

„Spezialitäten" vertreten – gekennzeichnet mit dem Wort „Capellina" im Namen.

AV JUÁREZ & UMGEBUNG

Restaurant La Carreta (☎ 732-43-58; Av Juárez 96; Hauptgerichte 25–50 Mex$; ⌚ 8–22 Uhr) Zum La Carreta folgt man seiner Nase. Das schlichte Café hat einen Straßengrill, auf dem super leckeres *pollo al pastor* (gegrilltes Huhn) und *carne asada* (gegrilltes Rindfleisch) brutzelt. Zu allem werden großen Portionen Reis und Salat gereicht.

Tasca de La Paz (☎ 734-22-25; Plaza de la Paz 28; Hauptgerichte 60–110 Mex$; ⌚ 8–22 Uhr) Die Tische des Lokals gegenüber der Basilika stehen draußen auf der malerischen Plaza de la Paz. Es gibt Tapas, Paella und andere spanische Spezialitäten. Das Ganze ist ein wenig kostspielig, aber wegen des originalen Geschmacks und des europäischen Ambientes lohnt es sich.

Il Romanico (☎ 732-27-72; Av Juárez 24; Hauptgerichte 70–160 Mex$; ⌚ Mo–Do 8–23, Fr & Sa 8–24, So 8–22 Uhr) Dieser auf italienisch getrimmte Platz bietet alles in einem: morgens Saft, mittags Crêpes und Eis, abends Pizza oder Pasta. Danach geht's in die hippe Bar oben, La Juanita (18 Uhr–open end).

PLAZUELA SAN FERNANDO

Diese kleine Plaza ist die Heimat einer ständigem Wandel unterworfenen Reihe angesagter Lokale. Abends kann man sich hier herrlich einen Drink, einen Snack oder ein Essen genehmigen.

LP Tipp **El Midi** (Plazuela San Fernando; Snacks 11 Mex$/100 g; ⌚ So–Mi 10.30–18, Do–Fr 10.30–23.30 Uhr) Wegen seiner frischen Köstlichkeiten kommt man an diesem von Franzosen geführten Café-Restaurant nur schwer vorbei. *Tartes*, Salate und eine riesige Auswahl an täglichen Specials werden unter Sonnenschirmen auf der traumhaften Plaza verzehrt. Morgens bekommt man Croissants; die Salatbar öffnet um 13 Uhr.

Bossanova Café (☎ 732-56-74; Plazuela San Fernando 24; Hauptgerichte 25–60 Mex$; ⌚ 10–23 Uhr) Dieses freundliche Lokal liegt malerisch an der Plaza; drinnen herrscht eine vertrauliche Atmosphäre. Unbedingt die Teeauswahl und die vielen verschiedenen Kaffeesorten mit einem Crêpe nach Art des Hauses testen.

Clave Azul (⌚ 15–22 Uhr) Stimmungsvolle, mit Kunstwerken vollgepackte *cantina*. Hier erfährt man, was Trinken für Mexikaner wirklich heißt. Dazu isst man *botanas* (tapasähnliche Snacks, die – hier zwischen 13 und 17 Uhr – kostenlos zu den Getränken gereicht werden). Die Cantina liegt in einer kleinen Gasse, neben dem Bossanova Café hinauf.

NOCH MEHR ESSEN

Café Tal (☎ 732-62-12; www.cafetal.com.mx; Temezcuitate 4; Snacks 15–30 Mex$) Dieser leicht schäbige Ort für einen Kaffee gehört Amerikanern. Sein WLAN macht es zur Studierstube der Studenten; hier wird ausgezeichneter Kaffee geröstet, gemahlen und serviert (*barista* ist hier das Zauberwort!). Man sollte auf keinen Fall den *beso negro* (schwarzer Kuss) versäumen – ultrakonzentrierte heiße Schoki (12 Mex$).

Café Carcamanes (☎ 732-51-72; Plazuela Carcamanes 8; Snacks 22–30 Mex$; ⌚ 8–23 Uhr) Der gemütliche Platz befindet sich nahe der Uni und serviert köstliche Snacks (Baguettes, Feinschmeckertees, Kaffee und Frühstück, alles sehr zu empfehlen). Wegen des WLAN ist es bei Studenten beliebt.

El Zopilote Mojado (☎ 732-53-11; Plaza Mexiamora 51; Snacks 30–40 Mex$; ⌚ Mo–Sa 9–22 Uhr) Der stilvolle, intime Ort ist rustikal mit Holz eingerichtet und überblickt die ruhige Plaza Mexiamora. Klassische Musik, Ausgaben der *New York Times* und guter Kaffee bereiten einem einen angenehmen Aufenthalt.

Yamuna (☎ 732-18-73; Calle del Sol 10; Hauptgerichte 50–70 Mex$; ⌚ Mo–Sa 12–19 Uhr; Ⓥ) Das tolle, qualitativ hochwertige vegetarische Essen ist meist stark indisch variiert, so z. B. die großzügige *comida corrida* (40–50 Mex$). Es gibt super Baguettes für 35 Mex$.

Ausgehen & Unterhaltung

Jeden Abend erwacht der Jardín de la Unión zum Leben. Dann füllen sich die Tische im Freien, man geht bummeln und lauscht den Straßenmusikanten. Internationale Filme sind an mehreren Orten zu sehen, etwa im Teatro Prinicpal, im Teatro Cervantes und im Museo y Casa de Diego Rivera.

BARS

Bar Ocho (☎ 732-71-79; Constancia 8; ⌚ 15–3 Uhr) Einheimische, hier lebende Ausländer und auch Besucher lieben diesen freundlichen, bescheidenen Ort. Man kann drinnen und draußen sitzen, es gibt gute Musik und Snacks und im oberen Stock einen Pooltisch.

Bar Fly (Sostenes Rocha 30; ⌚ Mi–Sa 19–2 Uhr) In der schäbigen Kneipe gibt's Reggae, Ska, Rap, Elektro und ein super Hippiefeeling.

Bora Bora (Constancia 6; Mo–Sa 12–24 Uhr) Diese angesagte Location zieht junge Studenten an, die auf die bezahlbaren Mixgetränke (das „TNT" frittiert einem das Hirn) und *micheladas* (Bier, Chili-Salsa & Limettensaft) abfahren. Neben der Bar Ocho.

DISKOS & NACHTCLUBS

Getrunken und getanzt wird in Guanajuato in der Regel erst spät, dafür aber bis in die frühen Morgenstunden.

Cuba Mia (Truco; Fr 25 Mex$; 21–5 Uhr) *Der* Ort in der Stadt für Salsa. Hier lässt die Menge zu Dirty Dancing und lauter Salsamusik wie wild die Hüften kreisen.

Guanajuato Grill (☎ 732-02-85; Alonso 4) Die etwas wählerische Disco und Kneipe lässt ein wohlhabendes, dynamisches Studentenvolk rein, das laute Tanzmusik liebt. Freitags und samstags nach Mitternacht ist's proppenvoll.

Capitolio (Juàrez 71; Eintritt 50 Mex$; Mi–Sa 22.30–3 Uhr) Ähnlich wie das Guanajuato Grill.

La Dama de las Camelias (☎ 732-75-87; Sopeña 32; Mo–Sa 20–4 Uhr) Latin-Sounds live oder vom Band und eine Dosis verführerischer Salsa- oder Merengue-Bewegungen in künstlerischer, schwulenfreundlicher Atmosphäre.

Freitag-, samstag- und sonntagabends gegen 20 Uhr (oder während der Festivals täglich) steigen wunderbar spaßige *callejoneadas* (oder *estudiantinas*) vor der San Diego Kirche am Jardín de la Unión (s. Kasten unten).

DARSTELLENDE KÜNSTE

Von März bis Dezember findet eine ganze Serie von Events mit Theater, Musik, Oper und Tanz statt. Fürs Marketing trägt sie den Namen „La Viva La Magia", aber nicht jedem sagt das was. Man kann auch beim Teatro Juaréz fragen, wenn die Touristeninformation keine Ahnung hat.

In Guanajuato gibt's drei tolle, zentral gelegene Theater: das 100 Jahre alte Teatro Juárez (S. 678), das Teatro Prinicpal (S. 678) und das Teatro Cervantes (S. 678). Auf Plakaten vor Ort steht, was gerade geboten ist.

An- & Weiterreise

BUS

Guanajuatos Central de Autobuses liegt etwa 5 km südwestlich der Stadt. Hier gibt's Kartentelefone, eine Gepäckaufbewahrung (im Café) und einen Touristenschalter. Fahrkarten für die Deluxe- und 1.-Klasse-Busse kann man in der Stadt im **Viajes Frausto** (☎ 732-35-80; Obregón 10) kaufen. Zu den täglichen Abfahrten s. Kasten S. 688.

FLUGHAFEN

Guanajuato wird durch den Aeropuerto Internacional del Bajío bedient. Er liegt etwa 30 km westlich der Stadt, auf halber Strecke zwischen Léon und Silao. Auf S. 690 gibt's detaillierte Fluginformationen.

Unterwegs vor Ort

Ein Taxi zum Flughafen Bajío International kostet 300 bis 350 Mex$. Billiger ist es, den oft fahrenden Bus nach Silao (20 Mex$) und von dort ein Taxi (150 Mex$) zu nehmen.

Zwischen Busbahnhof und Stadtzentrum fahren rund um die Uhr ständig Busse von „Central de Autobuses". Vom Zentrum kann man sie auf ihrem Weg Richtung Westen zu

CALLEJONEADAS – PARTY, PARTY, PARTY, ABER MIT TRADITION!

Die Tradition der *callejoneadas* kommt angeblich aus Spanien: Eine Gruppe professioneller Sänger und Musiker zieht sich traditionelle Kostüme an und beginnt an einem zentralen Ort, etwa auf einer Plaza, zu spielen. Es sammelt sich eine Menge an und schließlich zieht die ganze Truppe durch die Gassen und Straßen und über die Plazas und spielt, tanzt und singt aus vollem Herzen. In Guanajuato werden solche Aktionen auch *estudiantinas* genannt. Zwischen den Liedern werden Geschichten und Witze erzählt (auf Spanisch), die sich oft auf die Legenden über die einzelnen Gassen beziehen. In Zacatecas gibt's keine solchen Geschichten; hier führen gemietete Bands (in Uniform statt in traditionellen Kostümen) die tanzenden Partymacher an. Zu besonderen Anlässen wird ein mit Wein beladener *burro* mitgebracht. Von Fremden erwartet man einfach nur, dass sie bei der Party mitmachen, damit die Menge noch weiter wächst. Manchmal bezahlen die Organisatoren die Zeche, ab und zu gibt man einen kleinen Beitrag für den Wein, den man trinkt (oder man bringt seinen eigenen mit). Karten (ca. 90 Mex$) für die *callejoneadas* bekommt man in Guanajuato bei den Gruppen direkt oder bei Tourveranstaltern. Außerdem gibt's Saft (und keinen Alkohol). Das Ganze ist ein herrlicher Spaß und eine traditionelle Art, richtig Party zu machen!

TÄGLICHE BUSSE AB GUANAJUATO

Ziel	Preis	Dauer	Häufigkeit
Dolores Hidalgo	41 Mex$	1½ Std.	alle 20 Min., 5.30–22.30 Uhr (Flecha Amarilla)
Guadalajara	Deluxe 320 Mex$	4 Std.	6 tgl. (ETN)
	1. Klasse 246 Mex$	4 Std.	10 tgl. (Primera Plus)
	2. Klasse 205 Mex$	4 Std.	5 tgl. (Flecha Amarilla)
León	Deluxe 50 Mex$	1 Std.	6 tgl. (ETN)
	1. Klasse 36 Mex$	1 Std.	9 tgl. (Primera Plus)
	2. Klasse 30 Mex$	1¼ Std.	alle 15 Min., 5.30–22 Uhr (Flecha Amarilla oder Flecha de Oro)
Mexico City (Terminal Norte)	Deluxe 371 Mex$	4½ Std.	9 tgl. (ETN)
	1. Klasse 287 Mex$	4½ Std.	11 tgl. (Primera Plus)
San Luis Potosí	142 Mex$	5 Std.	2 tgl. (Flecha Amarilla)
San Miguel de Allende	Deluxe 106 Mex$	1½ Std.	3 tgl. (ETN)
	1. Klasse 81 Mex$	1½ Std.	7 tgl. (Primera Plus)
	2. Klasse 61 Mex$	2 Std.	8 tgl. (Flecha Amarilla)

Es gibt außerdem stündlich 2.-Klasse-Busse von Flecha Amarilla nach Celaya sowie zwei nach Querétaro. Um nach Morelia zu kommen, nimmt man einen Bus Richtung Irapuato und steigt dann dort um.

den Tunnels unter der Juárez erwischen (es gibt mehrere Einfahrten: El Jardín, Mercado Hidalgo und Plaza Baratillo). Ein Taxi zum Busbahnhof kostet 30 bis 40 Mex$.

Die Stadtbusse (4 Mex$) fahren zwischen 7 und 22 Uhr. Taxis gibt's im Zentrum jede Menge. Für kurze Fahrten durch die Stadt verlangen sie etwa 25 bis 30 Mex$.

LEÓN

☎ 477 / 1,14 Mio. Ew. / 1854 m

Wer gerne auf Schnäppchenjagd geht, glaubt sich in León im Paradies. Die Industriestadt 56 km westlich von Guanajuato genießt in Mexiko hohes Ansehen wegen ihrer riesigen Lederindustrie: Hier werden Schuhe, Sättel und alles Mögliche dazwischen produziert. Leóns Beschäftigung mit Versorgungsgütern hat eine lange Geschichte: Im 16. Jh. war es das Zentrum der Viehzucht von Mexiko – es versorgte die Bergbaustädte mit Fleisch, und die Häute wurden hier verarbeitet. Das historische Zentrum ist klein, aber attraktiv und hat eine schöne Plaza.

Orientierung & Praktische Informationen

Das Herz der Stadt ist die weitläufige zentrale Plaza de los Mártires del 2 de Enero (oder auch schlichter die Plaza Principal). An der Westseite der schön gepflegten Fußgängerzone liegt der Palacio Municipal. Die angrenzende Plaza de los Fundadores und viele Straßen drum herum sind ebenfalls Fußgängerzonen mit Läden, Cafés und Restaurants.

Wenn man auf Schusters Rappen vom Busbahnhof ins Zentrum unterwegs ist, kann man in die **regionale Touristeninformation** (☎ 763-44-00/01, 800-716-53-66; www.leon-mexico.com; Lopez Mateo Ote 1511; 🕑 8–15 & 17–19 Uhr) reinschauen und Karten und andere (das Shoppen betreffende) Informationen bekommen. Ansonsten erhält man auf der Plaza am **Touristeninformationsstand** (🕑 10–20 Uhr) einen kostenlosen Stadtplan. Andere wichtige Einrichtungen – Banken, Bankautomaten und Kartentelefone – befinden sich an der Plaza; die Webseite der Touristeninformation (www.leon-mexico.com) ist eine nützliche Quelle.

Sehenswertes

Zu den Hauptattraktionen der Stadt gehören das Einkaufen und Bummeln im hübschen historischen Herzen Leóns. Dort gibt's jede Menge Gebäude mit schöner Architektur.

Die neoklassizistische **Casa de Cultura** (☎ 714-43-01; www.leon.gob.aix/icl) steht an der Plaza de los Fundadores, die große, barocke **Catedral Basílica** (Ecke Obregón & Hidalgo) mit ihren Zwillingstürmen einen Block nordöstlich der Casa. Das neoklassizistische **Teatro Doblado** (☎ 716-43-01; Ecke Aldama & Moreno) von 1869 bringt immer noch

Konzerte, Tanz und Dramen auf die Bühne. Das **Museo de la Ciudad** (☎ 714-50-22; Aldama 134; Eintritt 2 Mex$; ⌚ Di–Fr 9.30–14.30 & 17–19.30, Sa & So 9.30–14 Uhr) zeigt Arbeiten zeitgenössischer mexikanischer und internationaler Künstler.

Festivals & Events

In Januar und Februar zieht die **Guanajuato State Fair** jedes Jahr mit landwirtschaftlichen Ausstellungen, Musik, Tanz, Karnevalsumzügen und Stierkämpfen Millionen Besucher an. Während des Festes präsentieren Hunderte von Schuhmachern im **Centro de Exposiciones** (Conexpo; ☎ 771-25-00; Ecke López Mateos & Francisco Villa) ihre Produkte.

Wie Guanajuato begeht auch León ein kulturelles Cervantino-Festival, das Mitte Oktober beginnt. Wer gerade zufällig in der Nähe ist, hat beim **Festival del Globo** sicher eine Menge (nackenverrenkenden) Spaß: Im November und Dezember starten hier Heißluftballons.

Schlafen & Essen

Rund um den Busbahnhof gibt's viele Hotels. Sie versorgen die Lederwaren-Großhändler, die die Messe besuchen. Im Centro Histórico findet man ebenfalls zahlreiche Unterkünfte.

Hotel Fundadores (☎ 716-17-27; Fax 713-37-01; Ortiz de Domínguez 218; Zi. 195–290 Mex$) Die Zimmer des Zweisternehotels haben kaum Extras (außer TV).

Hotel Montreal (☎ 716-37-86; www.hotel-montreal.com.mx Reforma 215; EZ/DZ/3BZ 400/460/530 Mex$) Das Hotel Montreal hat 54 saubere, modische (wenn auch schlichte) Zimmer mit Kabelfernsehen. Die Suiten mit Klimaanlage sind 160 Mex$ teurer.

Howard Johnson Hotel Condesa (☎ 788-39-29, 800-710-39-64; www.hjleon.com; Portal Bravo 14; Zi./Suite 995/1500 Mex$; Ⓟ 💻) Super Preis. Die Unterkunft liegt an der Hauptplaza und hat bequeme Zimmer, ihr Restaurant bietet Tische im Freien und tischt ein beliebtes Mittagsbuffet (100 Mex$) auf. Häufig gibt's Angebote, die 50 % günstiger sind, und wer im Voraus reserviert, wird umsonst vom Flughafen abgeholt.

Hotel Fiesta Americana (☎ 719-80-00; www.fiestaamericana.com.mx; López Mateos Ote 1102; Zi. ab 2135 Mex$; Ⓟ ❄ 🏊) Das luxuriös-opulente Hotel erinnert eher an ein Einkaufszentrum als an ein Hotel. Es befindet sich an der López Mateos, die vom Zentrum Richtung Osten verläuft und auf dem Weg zum Flughafen zum Hwy 45 wird.

Restaurant Cadillac (☎ 713-87-30; Hidalgo 107; Hauptgerichte 35–100 Mex$; ⌚ 8–22 Uhr) An diesem ulkigen Ort in einer Fußgängerzone nördlich der Plaza gibt's Filmposter und grell-pinke Stühle. Das Tagesessen (60–80 Mex$) aus mexikanischen Leckereien ist preiswert.

Panteón Taurino (☎ 713-49-69; Calz de los Héroes 408; Hauptgerichte 70–100 Mex$). Olé! In dem Restaurant-Bar-Museum speist man zwischen den „Kryptas" (gemeint sind Huldigungen) früherer berühmter *toreros* (Stierkämpfer). Dennoch, keine Heldentaten bitte – abends nimmt man besser ein Taxi.

NÖRDLICHES ZENTRALES HOCHLAND

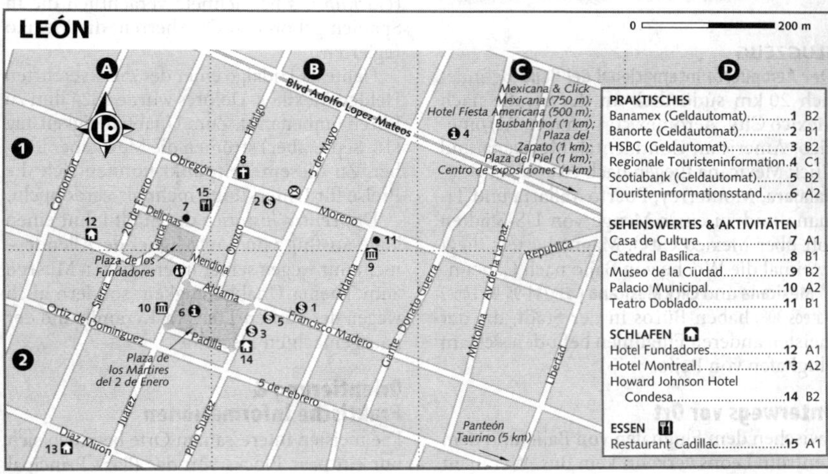

Shoppen

Tolle Qualitätsprodukte, u. a. natürlich auch Schuhe, findet man im Zentrum für Lederwaren, nahe dem Busbahnhof beim Blvd Hilario Medina. Alternativen sind die Einkaufszentren **Plaza del Zapato** und **Plaza Piel** (Ecke López Mateos & Hilario Medina).

An- & Weiterreise

BUS

Der **Central de Autobuses** (Blvd Hilario Medina s/n) liegt gleich nördlich des Blvd López Mateos, 2½ km östlich vom Stadtzentrum. Hier gibt's eine Cafeteria, Gepäckaufbewahrung, Geldwechsel und Kartentelefone. Regelmäßig fahren Busse ins nördliche und westliche Mexiko.

Tägliche Abfahrten:

Ziel	Preis	Dauer	Häufigkeit
Guanajuato	Deluxe 45 Mex$	1 Std.	6 tgl. (ETN)
	1. Klasse 36 Mex$	1 Std.	stündl. (Primera Plus)
	2. Klasse 30 Mex$	1 Std.	alle 15 Min. (Flecha Amarilla)
Mexico City (Terminal Norte)	Deluxe 375 Mex$	5 Std.	15 tgl. (ETN)
	1. Klasse 310 Mex$	5 Std.	stündl. (Primera Plus), 11 tgl. (Futura)
	2. Klasse 254 Mex$	8 Std.	alle 2 Std. (Flecha Amarilla)
San Miguel de Allende	Deluxe 145 Mex$	2¼ Std.	2 tgl. (ETN)
	1. Klasse 119 Mex$	2¼ Std.	6 tgl. (Primera Plus)

FLUGZEUG

Der **Aeropuerto Internacional del Bajío** befindet sich 20 km südöstlich an der Straße nach Mexico City. Aeroméxico Connect, Aeroméxico, American, Continental, Mexicana und Click Mexicana fliegen nach Acapulco, Guadalajara, Monterrey, Puerto Vallarta und Tijuana und zu einer Menge von US-Städten (oft über Mexico City). Magnicharters fliegt zweimal die Woche von Bajío nach Cancún.

Mexicana und **Click Mexicana** (☎ 714-95-00; López Mateos 308) haben Büros in der Stadt; die der meisten anderen Fluglinien befinden sich am Flughafen von Bajío.

Unterwegs vor Ort

Zwischen dem Flughafen von Bajío und dem Zentrum Leóns verkehrt kein Bus. Wer nicht zu viel Gepäck hat, kann zu Fuß bis zur Kreuzung von Haupt- und Flughafenstraße laufen (10 Min.). Von dort fährt ein Stadtbus (ca. 25 Mex$) in die Stadt. Ein Taxi vom Flughafen nach Léon kostet etwa 250 Mex$. Der nächste Bahnhof für Langstreckenbusse vom Flughafen aus ist in Silao; ein Taxi dorthin kostet ca. 150 Mex$.

Vom Busbahnhof wendet man sich nach links (Süden) und läuft 150 m die López Mateos hinunter. Von da fahren „Centro"-Busse gen Westen ins Zentrum (4 Mex$). Für den Rückweg zum Busbahnhof nimmt man einen „Central"-Bus in Richtung Osten auf der López Mateos, zwei Blocks nördlich der Plaza Principal. Ein Taxi vom Zentrum zum Busbahnhof kostet 35 Mex$.

DOLORES HIDALGO

☎ 418 / 57 089 Ew. / 1955 m

Dolores Hidalgo ist eine kompakte Stadt mit einer hübschen Plaza, extrem authentischem Flair und einer bedeutenden Geschichte. Bei den Mexikanern hat es den Status einer Pilgerstätte erreicht: In dem kleinen Ort nahm die mexikanische Unabhängigkeitsbewegung ernsthafte Formen an. Am 16. September 1810 läutete der Pfarrer Miguel Hidalgo um 5 Uhr morgens – früher als gewöhnlich – die Glocken, um die Menschen in die Kirche zu rufen, und er stieß den Grito de Dolores (auch als Grito de Independencia bekannt) aus. Seine genauen Worte verloren sich im Lauf der Zeit, aber die Botschaft lautete: „Tod der schlechten Regierung und den *gachupines!*" (*Gachupines* bezeichnete verächtlich die in Spanien geborenen Oberherren, die Mexiko regierten.)

Heute ist Hidalgo einer der meistverehrten Helden Mexikos. Dolores wurde 1824 ihm zu Ehren umbenannt. Zum Unabhängigkeitstag (16. September) strömen die Mexikaner hierher. Zu diesem Zeitpunkt können sich die Preise für Unterkünfte mehr als verdoppeln.

Das *centro histórico* der Stadt lohnt einen Tagesausflug von San Miguel de Allende – nicht nur wegen seiner interessanten Museen zum Thema Unabhängigkeit, sondern auch wegen der bunten Talavera-Keramik und der hausgemachten Eiscreme.

Orientierung & Praktische Informationen

Die meisten interessanten Orte befinden sich nur ein paar Blocks von der Plaza Principal entfernt, im sogenannten *centro histórico*. Die Keramikwerkstätten liegen ein paar Blocks weiter weg, sind aber noch zu Fuß erreichbar.

Die **Touristeninformation** (☎ 182-11-64; ⌚ 10–16 Uhr) ist an der Nordseite der Plaza Principal, in der Presidencia Municipal. Das hilfsbereite Personal hat Karten und gibt Auskünfte.

Bargeld und Reiseschecks kann man an zahlreichen Banken (mit Geldautomaten) rund um die Plaza wechseln. Es gibt auch ein paar *casas de cambio*. Bei **Ciber Antique** (Mexico 7) surft man im Internet für 8 Mex$ die Stunde; in der ganzen Stadt und am Busbahnhof Flecha Amarilla findet man Kartentelefone. Die **Post** (☎ 182-08-07; ⌚ Mo–Sa 9–14 Uhr) liegt an der Ecke Puebla und Veracruz.

Sehenswertes

PLAZA PRINCIPAL & UMGEBUNG

Die Kirche **Parroquia de Nuestra Señora de Dolores** steht an der Nordseite der Plaza. Hier hat Hidalgo den Grito ausgerufen. Die Kirche hat eine schöne Fassade aus dem 18. Jh. im Churriguera-Stil. Seine „Klagerede" ist von Legenden umrankt: Manche sagen, dass Hidalgo seine berühmten Worte von der Kanzel gesprochen hat. Andere behaupten, dass er von der Kirchentür aus zur Menge draußen geredet hat – Geschichtsfreaks haben in dieser Hinsicht also die Qual der Wahl.

Gleich neben der Kirche steht die **Presidencia Municipal** mit zwei farbigen Wandgemälden zur Unabhängigkeit. Auf der Plaza steht eine **Statue von Hildalgo**: Hidalgo in römischem Gewand und auf einer hohen Säule. Außerdem gibt es hier einen Baum, der laut der Tafel darunter ein Ableger des Baumes der Noche Triste (Traurigen Nacht) ist: Unter jenem soll Cortés geweint haben, als seine Leute 1520 aus Tenochtitlán vertrieben wurden.

Die **Casa de Visitas** an der Westseite der Plaza war die Residenz von Don Nicolás Fernández del Rincón und Don Ignacio Díaz de la Cortina. Beide waren die Vertreter der spanischen Krone in Dolores. Am 16. September 1810 wurden sie – folgerichtig, könnte man sagen – die ersten Gefangenen der Unabhängigkeitsbewegung. Heute übernachten hier die mexikanischen Präsidenten und andere hohe Würdenträger, wenn sie zu feierlichen Anlässen nach Dolores kommen.

MUSEO DE LA INDEPENDENCIA NACIONAL

Dieses **Museum** (Nationales Unabhängigkeitsmuseum; ☎ 182-77-50, Durchwahl 150; Zacatecas 6; Erw./Erlaubnis Mo–Sa 15/7,50 M$, So frei; ⌚ 9–16.45 Uhr) hat zwar wenige Ausstellungsstücke, aber jede Menge Informationen zur Unabhängigkeitsbewegung zu bieten. Die Ausstellung erstreckt sich über acht Räume und stellt den erschreckenden Rückgang der einheimischen Bevölkerung von Nueva España zwischen 1519 (schätzungsweise 25 Mio.) und 1605 (1 Mio.) dar. Vor 1800 werden bereits 23 Rebellionen der Einheimischen gezählt, und mehrere Verschwörungen der Criollos in den Jahren vor 1810. Im Museum gibt es leuchtende Gemälde, Zitate und viele Details über die letzten zehn heroischen Monate in Hidalgos Leben zu erkunden.

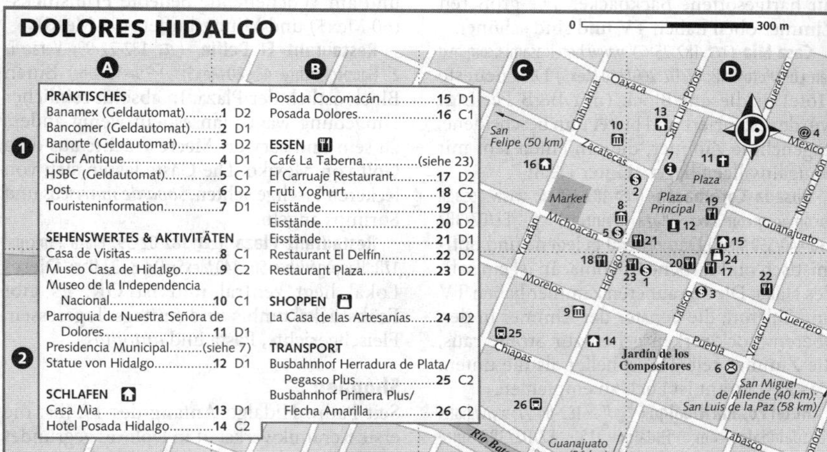

MUSEO CASA DE HIDALGO

Miguel Hidalgo lebte in diesem **Haus** (☎ 182-01-71; Ecke Hidalgo & Morelos; Di–Sa 27 Mex$/frei, So frei; ⌚ Di–Sa 10–17.45, So 10–16.45 Uhr), solange er Pfarrer von Dolores war. Hier planten Hidalgo, Ignacio Allende und Juan de Aldama in den frühen Stunden des 16. September 1810 den Beginn des Aufstands gegen die Kolonialherrschaft. Heute ist das Haus so etwas wie ein nationales Heiligtum. Ein großer Raum ist einer Sammlung von Andenken an Hidalgo gewidmet. Andere Zimmer enthalten Nachbildungen von Hidalgos Möbeln und Dokumente zur Unabhängigkeit, z.B. den Befehl zu Hidalgos Exkommunikation.

Festivals & Events

Dolores ist der Schauplatz der wichtigsten Feiern zum **Día de la Independencia** (16. September). Traditionsgemäß nimmt der amtierende mexikanische Präsident in seinem fünften Amtsjahr daran teil. Die Daten der **Fiestas Patrias** ändern sich jedes Jahr, aber stets dauern die Festlichkeiten um den 16. September herum zehn Tage.

Schlafen

Während der Feiern zur Unabhängigkeit im September und an Ostern können sich die Preise verdoppeln (oder gar verdreifachen).

Posada Dolores (☎ 182-06-42; Yucatán 8; EZ/DZ ohne Bad 60/130 Mex$, EZ/DZ 130/220 Mex$) In dieser *casa de huéspedes* schläft man am billigsten in der ganzen Stadt. Die zellenartigen, feuchten Zimmer im unteren Stock sind aber nur was für hartgesottene Backpacker. Die größeren Zimmer oben haben TV und sind schöner.

Casa Mia (☎ 182-25-60; www.hotelcasamia.com.mx; San Luis Potosí 9B; EZ/DZ 260/340 Mex$) Das neueste Hotel in diesem Block (mit B&B-Feeling) wurde restauriert und bietet nun bescheidene, angenehme Zimmer, die um einen Hof mit Bougainvilleen liegen. Guter Deal!

Posada Cocomacán (☎ 182-60-86; www.posadacocomacan.com.mx; Plaza Principal 4; EZ/DZ/3BZ 330/440/550 Mex$) Das zentral gelegene und optimistisch pinkfarbene Cocomacán ist ein solides Haus. Die 36 sauberen Zimmer haben TV und Telefon; die Fenster der Zimmer in den oberen Stockwerken gehen zur Straße raus, die Zimmer selbst sind heller als die unten. Das Restaurant ist auch zu empfehlen.

Hotel Posada Hidalgo (☎ /Fax 182-04-77; www.hotelposadahidalgo.com; Hidalgo 15; EZ/DZ/3BZ/Suite 348/398/448/900 Mex$; P 💻) Die Rezeption wirkt ein wenig wie in einer Arztpraxis, aber in diesem super sauberen und gut geführten Hotel nächtigt man bequem im Stil der 1980er-Jahre. Die Lage zwischen dem Busbahnhof und der Plaza Principal ist praktisch. Mit im Preis ist die Benutzung des Fitnessraums und des Dampfbades unten, die auch der Öffentlichkeit zugänglich sind (50 Mex$).

Essen

Man darf hier auf keinen Fall weg, ohne an der Plaza oder in der Stadt eine hausgemachte Leckerei von einem der **Eis**-Straßenverkäufer (15 Mex$) probiert zu haben. Man kann seine Geschmacksnerven mit folgenden Aromen schocken: *mole, chicharrón* (frittierte Schweinehaut), Avocado, Mais, Käse, Honig, Shrimps, Bier, Tequila, tropische Früchte. Auf dem Markt an der Ecke Chihuahua und Michoacan gibt's ordentliche Snacks auf Maisbasis.

Fruti Yoghurt (Hidalgo 2; Snacks 12–22 Mex$; ⌚ 8–22 Uhr) In diesem kleinen Café verdrückt man preiswerte, gesunde Joghurts, frische Säfte und Sandwiches.

Café La Taberna (☎ 182-00-55; Plaza Principal 18; Hauptgerichte 15 Mex$; ⌚ So–Fr 12–24, Sa 17–24 Uhr) Die Jüngeren werden das superbillige Café lieben. In dem künstlerischen Treffpunkt demonstrieren junge Talente der Region ihr Können.

El Carruaje Restaurant (☎ 182-04-74; Plaza Principal 8; Hauptgerichte 30–105 Mex$) Dieses bunte Lokal an der Plaza versorgt Familien auf Tagesausflügen mit Tagesessen für 70 Mex$. Von Mittwoch bis Samstag (Do–Sa abends) gibt's Livemusik und am Wochenende beliebte Frühstücks- (60 Mex$) und Mittagsbuffets (90 Mex$).

Restaurant El Delfín (☎ 182-22-99; Veracruz 2; Hauptgerichte 48–80 Mex$; ⌚ 9–19 Uhr) Einen Block östlich der Plaza. In absolut reinlicher Umgebung wagt man es, ein wenig anders zu sein und serviert Meeresfrüchte aus dem Golf von Mexiko. Die Gäste lassen sich von leckeren Fischgerichten, *sopa de mariscos* und Shrimps angeln.

Restaurant Plaza (☎ 182-02-59; Plaza Principal 17B; Hauptgerichte 50–140 Mex$; ⌚ 8–22 Uhr) Dieses Lokal liegt zentral und ist OK. Es gibt Frühstückskombis und mittags Tagesessen, Fleischgerichte, Pasta und *antojitos*.

Shoppen

Seit Padre Hidalgo Anfang des 19. Jhs. die erste Keramikwerkstatt in Dolores gegründet hat, ist die Talavera-Keramik charakteristisch

MIGUEL HIDALGO: ¡VIVA MEXICO!

Den kahl werdenden Kopf des visionären Priesters Miguel Hidalgo y Costilla kennt jeder, der je mit mexikanischen Statuen oder Wandgemälden geliebäugelt hat. Als echter Rebell und Idealist opferte Hidalgo am 16. September 1810 seine Karriere und riskierte sein Leben, als er die Unabhängigkeitsbewegung startete.

Als Sohn eines Criollo-Haziendaverwalters wurde er am 8. Mai 1753 in Guanajuato geboren. Er erlangte einen akademischen Grad und wurde 1778 zum Priester geweiht. Um an seiner Alma Mater in Morelia zu lehren, kehrte er zurück und wurde schließlich ihr Rektor. Aber Hidalgo war kein konventioneller Kleriker und stellte viele katholische Traditionen in Frage, las verbotene Bücher, spielte, tanzte und hatte eine Geliebte.

Im Jahr 1800 brachte man ihn vor die Inquisition. Es konnte ihm zwar nichts bewiesen werden, aber ein paar Jahre später, 1804, versetzte man ihn als Priester ins Kaff Dolores.

In den Jahren in Dolores zeigte sich, dass Hidalgo sich immer mehr für das wirtschaftliche und kulturelle Wohlergehen des Volkes interessierte. Er begründete einige neue Produktionszweige: Seide wurde hergestellt, Olivenhaine wurden gepflanzt und Weinberge eingerichtet, alles entgegen der Vorgaben der spanischen Kolonialbehörden. Baumaterialien aus Erde begründeten die Keramikproduktion, und noch heute werden schön glasierte Töpfe und Fliesen hergestellt.

Hidalgo traf auf Ignacio Allende aus San Miguel, und beide teilten die Unzufriedenheit mit dem Würgegriff, in dem die Spanier Mexiko hielten. Es war entscheidend, welche gute Stellung Hidalgo unter den Mestizen und indigenen Völkern seiner Pfarrei hatte: Denn dadurch verbreiterte sich die Basis für die nun folgende Rebellion.

Kurz nach seinem Grito de Independencia wurde Hidalgo in aller Form wegen „Häresie, Abtrünnigkeit und Aufwiegelung" exkommuniziert. Er verteidigte seinen Ruf nach mexikanischer Unabhängigkeit und stellte zudem noch fest, dass die Spanier keine wirklichen Katholiken im religiösen Sinn seien, sondern nur aus politischen Gründen. Vor allem würden sie Mexiko vergewaltigen, ausrauben und ausplündern. Ein paar Tage später, am 19. Oktober, diktierte Hidalgo sein erstes Edikt, in dem er die Abschaffung der Sklaverei in Mexiko verlangte.

Hidalgo führte seine wachsenden Truppen von Dolores nach San Miguel, Celaya und Guanajuato, in den Norden bis Zacatecas, in den Süden bis fast nach Mexico City und in den Westen nach Guadalajara. Aber dann wurden sie nordwärts getrieben, und ihre Zahl verringerte sich. Am 30. Juli 1811 wurde Hidalgo von den Spaniern gefangengenommen und von einem Erschießungskommando in Chihuahua hingerichtet. Seinen Kopf brachte man nach Guanajuato zurück und hängte ihn für zehn Jahre in einem Käfig auf. Dort hing er in einer äußeren Ecke der Alhóndiga de Granaditas neben den Köpfen anderer Führer der Unabhängigkeitsbewegung, wie Allende, Aldama und Jiménez. Aber statt die Leute abzuschrecken bewahrte diese grausame Ausstellung eher die Erinnerung, hielt das Ziel und das Vorbild der heldenhaften Märtyrer wach. Nachdem die Unabhängigkeit erreicht war, wurden die Käfige entfernt. Die Schädel der Helden befinden sich heute im Monumento a la Independencia in Mexico City.

für die Stadt. An der Plaza findet man in **La Casa de las Artesanías** (☎ 182-22-66) eine Auswahl. Bessere Preise und ein größeres Angebot haben die Werkstätten an der Av Jiminez, fünf Blocks westlich der Plaza. Oder man fährt (mit dem Auto) zur Calzada de los Heroes, der Ausfallstraße nach San Miguel de Allende: Einige Werkstätten stellen hier „antike" Möbel im Stil der Kolonialzeit her.

An- & Weiterreise

Fast alle Busse nach und von Dolores sind 2. Klasse. Der Bahnhof von Primera Plus/Flecha Amarilla befindet sich an der Hidalgo, 2½ Blocks südlich der Plaza. Der Bahnhof von Herradura de Plata/Pegasso Plus liegt an der Chiapas in Yucatán.

Täglich fahren Busse nach Guanajuato (41 Mex$, 1¼Std., 5.20–21 Uhr alle 20 Min., Flecha Amarilla), zum Terminal Norte in Mexico City (1. Klasse 242 Mex$, 5 Std., 12 Uhr, Pegasso Plus; 2. Klasse 200 Mex$, 5–6 Std., alle 40 Min., Herradura de Plata oder Flecha Amarilla) und nach San Miguel de Allende (26 Mex$, 45 Min., häufig, Flecha Amarilla oder Herradura de Plata).

Außerdem gibt's regelmäßige Verbindungen mit 2.-Klasse-Bussen nach

Querétaro (66 Mex$), León (71 Mex$) und San Luis Potosí (96 Mex$).

SAN MIGUEL DE ALLENDE

☎ 415 / 62 034 Ew. / 1840 m

Viele Leute sagen, San Miguel sei so ein bisschen das mexikanische Disneyland für ausländische (meist amerikanische) Rentner. Tatsächlich aber ist es eine atemberaubende, saubere Stadt mit Kolonialarchitektur, zauberhaften Kopfsteinpflaster-Straßen und einem eindrucksvollen Licht. Das gesellschaftliche Leben beherrschen regelmäßige Feste, Feuerwerke und Paraden.

Der weltoffene Stil der Stadt spiegelt sich in ausgezeichneten Restaurants und erstklassigen Unterkünften im Kolonialstil wider. Zahlreiche Galerien zeigen beste mexikanische *artesanías* und Einheimische wie Besucher bekommen jede Menge Kultur geboten. Es gibt nicht viele Sehenswürdigkeiten – das ganze, vom Staat Mexiko zum Nationaldenkmal erklärte San Miguel *insgesamt*, ist die Sehenswürdigkeit.

Finanztechnisch gesprochen ist das hier kein Budgetziel und es hat sich von den 1940er-Jahren weit entfernt, als Beatniks und arme Künstler hier zusammenlebten, um ihre kreativen Pläne zu verwirklichen. Noch immer strömen die Menschen hierher, um an den Kunsteinrichtungen Bellas Artes und Instituto Allende zu studieren. Der Einfluss der Fremden ist groß (über 10 000 Ausländer sollen hier leben oder Häuser besitzen), aber man lebt recht harmonisch zusammen.

Abseits schicker B&Bs und toller Läden aber existiert das echte (und manchmal von Armut gebeutelte) Mexiko – man muss nur mal auf der Hauptplaza faulenzen, den Lebensmittel-Markt besuchen oder mit Einheimischen Kontakt aufnehmen. Schon spürt man das rein Mexikanische in Ambiente, Farbigkeit und Feeling.

Das Klima ist angenehm: im Winter kühl und klar, im Sommer warm und klar, gelegentlich gibt's Gewitter und starken Regen.

Geschichte

Die Stadt verdankt ihre Gründung, wie es heißt, ein paar überhitzten Hunden, den Lieblingen des Franziskanermönchs Juan de San Miguel. Er hatte im Jahr 1542 5 km von der heutigen Stadt entfernt an einem häufig ausgetrockneten Fluss eine Mission aufgebaut. Eines Tages liefen die Hunde von der Mission fort; man fand sie beim Ausruhen an der El Chorro genannten Quelle, und die Mission wurde an diese bessere Stelle verlegt.

San Miguel war damals die nördlichste spanische Siedlung Zentralmexikos. Die Purépecha und die Tlaxcalteken waren Verbündete der Spanier und wurden hierher gebracht, um die einheimischen Otomí und Chichimeken zu befrieden. Beinahe hätte San Miguel den heftigen Widerstand der Chichimeken nicht überstanden; 1555 aber richtete man zum Schutz der neuen Straße von Mexico City ins Silberzentrum Zacatecas eine spanische Garnison ein. Spanische Viehzüchter siedelten sich in der Region an und sie wurde zu einem blühenden Wirtschaftszentrum und zur Heimat einiger wohlhabender Silberbarone aus Guanajuato.

Der Lieblingssohn von San Miguel, Ignacio Allende, kam hier 1779 zur Welt. Er wurde zu einem glühenden Befürworter der mexikanischen Unabhängigkeit und Führer einer Verschwörung, die am 8. Dezember 1810 in Querétaro einen bewaffneten Aufstand starten sollte. Als die Obrigkeit in Querétaro am 13. September hinter den Plan kam, eilte ein Bote nach San Miguel und informierte Juan de Aldama, einen weiteren Verschwörer. Aldama raste gen Norden nach Dolores, wo er in den frühen Morgenstunden des 16. Septembers Allende im Haus des Priesters Miguel Hidalgo fand, der ebenfalls zum Zirkel gehörte. Ein paar Stunden später rief Hidalgo von seiner Kirche aus zur Rebellion auf. Nach anfänglichen Erfolgen wurden Allende, Hidalgo und weitere Rebellenführer 1811 in Chihuahua gefangen und Allende wurde hingerichtet. Nach der Unabhängigkeit 1821 aber erklärte man ihn zum Märtyrer und benannte die Stadt 1826 in San Miguel de Allende um.

1938 wurde die Escuela de Bellas Artes gegründet. Die Stadt entwickelte allmählich ihren heutigen Charakter, als David Alfaro Siqueiros damit begann, Kurse in Wandmalerei zu geben, die Künstler aller Stilrichtungen anlockte. Das Instituto Allende wurde 1951 eröffnet und zieht genauso ausländische Studenten an. Viele waren amerikanische Veteranen (denen die G.I. Bill of Rights dies ermöglichte); der Zustrom an Künstlern ist seitdem nicht abgerissen.

Orientierung

Das *centro histórico* ist kompakt und übersichtlich. Der Brennpunkt der Stadt ist die

Plaza Principal, auch El Jardín genannt. Viele interessante Plätze erreicht man von hier bequem zu Fuß. An den neugotischen Spitzen der *parroquia* neben dem Jardín kann man sich perfekt orientieren. Die meisten Straßen wechseln am Jardín ihren Namen; Canal/San Francisco auf der Nordseite und Umarán/Correo auf der Südseite gehören zu den Hauptstraßen.

Praktische Informationen

BÜCHEREIEN & BIBLIOTHEKEN

Biblioteca Pública (☎ 152-02-93; Insurgentes 25; ⌚ Mo–Fr 10–19, Sa 10–14 Uhr) Die öffentliche Bibliothek beherbergt nicht nur eine der größten Sammlungen englischsprachiger Bücher und Zeitschriften in Lateinamerika, sondern fungiert auch noch als Kulturzentrum. Die Profite der Unternehmen hier (die Zeitung *Atención San Miguel*, Führungen durch Haus und Garten und das Café im Haus) fließen in Bildungsstipendien.

El Colibrí-Buchladen (☎ 152-07-51; Diez de Sollano 30; ⌚ 10–14 & 16–19 Uhr) Taschenbücher, Zeitschriften und Kunstbücher auf Englisch und Spanisch.

El Tecolote-Buchladen (☎ 152-73-95; Jesús 11; ⌚ Di–Sa 10–18, So 10–16 Uhr) Hier bekommt man Titel auf Englisch und Spanisch.

GELD

Die meisten Banken haben eigene Geldautomaten. Sie liegen am Jardín oder innerhalb von zwei Blocks Richtung Osten. An der Correo gibt's außerdem *casas de cambio*.

INFOS IM INTERNET

Atención San Miguel (www.atencionsanmiguel.org) Zweisprachige Wochenzeitschrift mit klasse Website.

Portal San Miguel (www.portalsanmiguel.com) Kommerzielle Website mit gutem Überblick über die Stadt.

INTERNETZUGANG

Border Crossings (☎ 152-24-97; www.bordercrossingsma.com; Mesones 57A; 15 Mex$/Std.; ⌚ Mo–Fr 9–18.30, Sa 10–15 Uhr) Guter Internetzugang, Postweiterleitung, Telefonauftragsdienste.

Internet Café Punto G (☎ 152-16-19; Hidalgo 23; 20 Mex$/Std.; ⌚ Mo–Sa 9.30–24, So 11–24 Uhr) Auch als Shisha-Bar bekannt (wegen der riesigen Wasserpfeifen); eine Pfeifenladung gibt's für 65 Mex$ – die Internetgeschwindigkeit ist da unwichtig.

Internet Tranvi_net (Ecke Umarán & El Jardín, Erdgeschoss) Guter Internetservice mit Scannen und Drucken.

MEDIZINISCHE VERSORGUNG

Hospital de la Fe (☎ 152-22-33; Libramiento a Dolores Hidalgo 43)

MEDIEN

Man sollte auf keinen Fall Zeit in der Stadt verbringen, ohne sich die zweisprachige (englisch/spanisch) Wochenzeitschrift **Atención San Miguel** (8 Mex$) zu kaufen. Sie kommt jeden Freitag heraus und ist vollgestopft mit allem, was die kommende Woche bietet. u. a. Touren, Konzerte und Galerieeröffnungen. Außerdem sind die Zeiten für Yoga-, Spanisch, Kunst- und Tanzunterricht aufgelistet (neben Werbung für hiesige Geschäfte, Galerien und Immobilien). Man erwirbt sie in der öffentlichen Bibliothek, in vielen Cafés oder bei Straßenverkäufern.

NOTFALL

Allgemeine Notfälle (☎ Krankenwagen, Feuerwehr & Polizei 152-09-11)

POST

Post (Ecke Correo & Corregidora) Der Expressversand Mexpost befindet sich gleich nebenan, DHL in der Nähe an der Correo.

REISEBÜROS

Viajes San Miguel (☎ 152-25-37; www.viajessanmiguel.com; Diez de Sollano 4-Interior 3; ⌚ Mo–Fr 9–19, Sa 10–14 Uhr) Gute Angebote, z. B. Shuttleservice zum Flughafen.

Viajes Vertiz (☎ 152-18-56; www.viajesvertiz.com; Hidalgo 1A; ⌚ Mo–Fr 9–14 & 16–18.30, Sa 10–14 Uhr) Die American-Express-Agentur (die aber keine Reiseschecks wechselt) verkauft Flugtickets für In- und Auslandsflüge.

TELEFON & FAX

Im Zentrum gibt's jede Menge Kartentelefone. Faxen kann man bei Border Crossings (s. linke Spalte). SIM-Karten („Chips") für Handys sind in allen Telcel-Filialen erhältlich.

TOURISTENINFORMATION

Touristeninformation (☎ 152-09-00; www.turismosanmiguel.com.mx; Plaza Principal s/n; ⌚ Mo–Fr 8.30–20, Sa 10–20, So 10–17.30 Uhr) Auf der Nordseite des El Jardín; hier bekommt man gute Stadtpläne und Werbeflyer.

WASCHSALON

Waschsalons verlangen für bis zu 4 kg Waschen und Trocknen etwa 45 Mex$.

Lavandería Arco Iris (☎ 152-53-86; Pasaje Allende, local N; ⌚ Mo–Fr 9–14 &16–19, Sa 9–14 Uhr) In der Arkade an der Mesones.

Lavandería El Reloj (☎ 152-38-43; Reloj 34A; ⌚ Mo–Fr 8–20, Sa 8–17 Uhr)

PRAKTISCHES
- Banamex (Geldautomat) 1 B2
- Bancomer (Geldautomat) 2 C2
- Banorte (Geldautomat) 3 B2
- Biblioteca Pública 4 B1
- Border Crossings 5 B1
- Casas de Cambio (siehe 6)
- Deserve Casa de Moneda (siehe 58)
- DHL 6 C2
- El Colibrí-Buchladen 7 C3
- El Tecolote-Buchladen 8 B2
- Internet Café Punto G 9 B1
- Internet Tranvi_net 10 B2
- Lavandería Arco Iris 11 C1
- Lavandería El Reloj 12 B1
- Post 13 C2
- Remax 14 B2
- Touristeninformation 15 B2
- US-Konsulat 16 B2
- Viajes San Miguel 17 C2
- Viajes Vertiz (American Express) 18 B2

SEHENSWERTES & AKTIVITÄTEN
- Academia Hispano Americana 19 C2
- Aventuras San Miguel 20 C2
- Bici-Burro 21 C2
- Capilla de la Tercera Orden 22 C2
- Casa del Mayorazgo de Canal 23 B2
- Centro Bilingüe 24 C2
- Colegio de Sales 25 C1
- El Chorro 26 C3
- Escuela de Bellas Artes (El Nigromante) 27 B2
- Iglesia de San Rafael 28 B2
- Instituto Allende 29 A3
- Museo Histórico de San Miguel de Allende 30 B2
- Oratorio de San Felipe Neri 31 C1
- Parroquia de San Miguel Arcángel 32 B2
- Templo de La Concepción 33 A2
- Templo de la Salud 34 C1
- Templo de San Francisco 35 C2
- Tranvía Turístico (siehe 90)
- Warren Hardy Spanish 36 A2

SCHLAFEN
- Casa Carmen 37 C2
- Casa de Huéspedes 38 C1
- Casa de la Cuesta 39 D1
- Casa de Sierra Nevada 40 C2
- Casa de Sierra Nevada en el Parque 41 C3
- Casa Luna Pila Seca B&B 42 A2
- Casa Luna Quebrada B&B 43 A2
- Casa Quetzal 44 C2
- Casa Schuck 45 C2
- Corazón 46 B3
- Dos Casas 47 A2
- El Mayorazgo 48 B2
- Hostal Alcatraz 49 B1
- Hotel Quinta Loreto 50 C1
- Hotel Sautto 51 B1
- Huéspedes Feliz 52 A3
- La Mansión del Bosque 53 B3
- La Puertecita 54 D2
- Parador de San Sebastián 55 C1
- Posada Carmina 56 B2
- Posada de las Monjas 57 A2
- Posada San Francisco 58 B2

ESSEN
- Bagel Cafe (siehe 6)
- Berlin 59 A2
- C@fé Internet Etc 60 B1
- Café Colón 61 C1
- Café de la Parroquia (siehe 8)
- Café Olé Olé 62 B1
- Café Santa Ana (siehe 4)
- Chamonix 63 B2
- El Buen Café 64 B2
- El Ten Ten Pie 65 B2
- El Tomato 66 B2
- Gute Essenstände 67 A3
- Saft- & Snackstände 68 B1
- La Buena Vida (siehe 16)
- La Capilla 69 B2
- La Colmena Bakery 70 B2
- La Posadita 71 B2
- Las Musas (siehe 27)
- Tacostand (bis spät geöffnet) 72 C1
- Los Burritos 73 B1
- Nirvana 74 B1
- Petit Four 75 B1
- Planta Baja 76 B2
- Rincón de Don Tomás 77 B2
- San Agustín 78 C2
- Tao 79 A2
- Tío Lucas 80 B1

AUSGEHEN
- Café 81 C2
- La Azotea (siehe 86)
- La Ventana 82 B2
- Limerick Pub 83 A2
- Liquid Zoo Lounge (siehe 75)

UNTERHALTUNG
- Chocolate Lounge (siehe 75)
- El Grito 84 B2
- El Ring 85 B1
- Mama Mía 86 B2
- Teatro Ángela Peralta 87 B2
- Teatro Santa Ana (siehe 4)
- Villa Jacaranda 88 B3

SHOPPEN
- Casa Maxwell 89 B2
- FAI (siehe 9)
- Galería San Miguel 90 B2
- Mercado de Artesanías 91 C1
- Mercado El Nigromante & Taboada 92 C1

TRANSPORT
- Busse nach Nigromante 93 A1
- Hola Rent-A-Car (siehe 58)
- Haltestelle für Stadtbusse 94 B1

Sehenswertes

PARROQUIA DE SAN MIGUEL ARCÁNGEL

Die pinkfarbenen „Hochzeitstorten"-Kirchtürme der Pfarrkirche beherrschen den Jardín. Die merkwürdigen Spitztürme waren von dem einheimischen Steinmetz Zerferino Gutiérrez im späten 19. Jh. entworfen worden. Angeblich ließ er sich von einer Postkarte mit einer belgischen Kirche inspirieren und teilte den Bauarbeitern seine Pläne mit, indem er sie mit einem Stock in den Sand zeichnete. Der Rest der Kirche stammt aus dem späten 17. Jh. In der Kapelle links vom Hauptaltar befindet sich die hochverehrte Figur des *Cristo de la Conquista* (Christus der Eroberung). Sie wurde wahrscheinlich im 16. Jh. in Pátzcuaro aus Getreidehalmen und Orchideenknollen hergestellt. Und immer wieder sind Iren anzutreffen, die sich über die St.-Patrick-Statue freuen, eine Hommage an die Iren, die die Seiten gewechselt und im Bürgerkrieg mit den Einheimischen gekämpft haben. Der Grundstein für die angrenzende **Iglesia de San Rafael** ist 1742 gelegt worden.

MUSEO HISTÓRICO DE SAN MIGUEL DE ALLENDE

In der Nähe der *parroquia* steht das Haus, in dem Ignacio Allende geboren wurde. Es ist heute ein **Geschichtsmuseum** (☎ 152-24-99; Cuna de Allende 1; Eintritt 34 M$; ⏲ Di–So 9–17 Uhr). Die Ausstellungsstücke erzählen die interessante Geschichte aus der Ära von San Miguel. Spezielle Displays beschäftigen sich mit Allende und der Unabhängigkeitsbewegung. An der Fassade steht eine lateinische Inschrift: *Hic natus ubique notus.* Das bedeutet: „Hier geboren, überall bekannt".

CASA DEL MAYORAZGO DE CANAL

Das geschichtsträchtige **Haus** (Ecke Hidalgo & Canal) ist eine von San Miguels eindrucksvollsten Residenzen. Heute beherbergt es die Büros der Banamex. Der neoklassizistische Bau lässt einen spätbarocken Touch erkennen. Der frühere Eingang war am Canal 4 und hat seine schön geschnitzten Holztüren behalten, deren Dekor einem Wandteppich nachgebildet ist.

TEMPLO DE SAN FRANCISCO

Diese **Kirche** (Ecke San Francisco & Juárez; Eintritt frei; ⏲ wechselnde Öffnungszeiten) hat eine prunkvolle churriguereske Fassade vom Ende des 18. Jhs. Auf der Spitze steht ein Abbild des heiligen Franz von Assissi.

CAPILLA DE LA TERCERA ORDEN

Die **Kapelle** (Kapelle des Dritten Ordens; Ecke San Francisco & Juárez; Eintritt frei), die Anfang des 18. Jhs. erbaut wurde, war wie der Templo de San Francisco früher Teil des Franziskanerklosters. Ihre Hauptfassade zeigt den heiligen Franz und Symbole des Franziskanerordens.

ORATORIO DE SAN FELIPE NERI

Die **Kirche** (Plaza Civica) mit ihren vielen Türmen und Kuppeln ist nahe dem Ostende der Insurgentes. Sie stammt aus dem 18. Jh. Die blassrosa Hauptfassade ist barock und zeigt indigene Einflüsse. Ein Durchgang rechts der Fassade führt zur Ostwand, wo in einer Türöffnung eine Statue von *Nuestra Señora de la Soledad* (Unsere liebe Frau der Einsamkeit) steht. Von dieser Seite der Kirche aus kann man ins Kloster hineinsehen.

Innen sind 33 Ölgemälde mit Szenen aus dem Leben des San Felipe Neri zu finden. Der Florentiner hatte im 16. Jh. den katholischen Oratoriumsorden gegründet. Im östlichen Querschiff hängt ein Gemälde der Jungfrau von Guadalupe, wie sie Miguel Cabrera, führender Maler der Kolonialzeit, dargestellt hat. Im Westflügel liegt die prächtige Kapelle **Santa Casa de Loreto** von 1735, der Nachbau einer Kapelle in Loreto, Italien, der legendären Heimat der Jungfrau Maria. Ist die Tür offen (was nur sehr selten der Fall ist), sind Fliesen aus Puebla, Valencia und China auf dem Boden und an den Wänden und vergoldete Tuchvorhänge zu bestaunen. Hinter dem Altar, in der *camerán* (der Kapelle hinter der Hauptkirche), stehen sechs kunstvoll vergoldete Barockaltäre. In einem ruht die Wachsfigur des Heiligen San Columbano mit dessen Knochen im Innern (wird zumindest behauptet).

TEMPLO DE LA SALUD

Diese **Kirche** (Plaza Civica) hat eine blau und gelb geflieste Kuppel und eine große Steinrelief-Muschel über dem Eingang. Sie steht direkt im Osten San Felipe Neris. Die Fassade ist im frühen Churriguera-Stil gestaltet. Zu den Gemälden innen gehört auch eines von San Javier, gemalt von Miguel Cabrera. San Javier (hl. Franz Xaver, 1506–52) war ein Gründungsmitglied der Jesuiten. Die Kirche war einst Teil des Colegio de Sales (s. unten).

COLEGIO DE SALES

Das **Colegio de Sales** (Plaza Civica; ⏲ 8–14 & 17–20 Uhr) war einmal ein Seminar, gegründet in der

Mitte des 18. Jhs. durch den Orden von San Felipe Neri. Es dient heute wieder als Ausbildungsstätte – es berherbergt derzeit einen Teil der Universität von León. Viele der Revolutionäre von 1810 sind hier unterrichtet worden. Nachdem die Rebellen San Miguel eingenommen hatten, hat man die Spanier hier eingesperrt.

TEMPLO DE LA CONCEPCIÓN

Diese wunderbare **Kirche** (Kirche der Empfängnis; Ecke Zacateros & Canal) hat einen schönen Altar mit mehreren traumhaften alten Ölgemälden. Auf die Innenseite des Eingangs sind ein paar weise Sprüche gemalt – wer das Heiligtum betritt, soll kurz innehalten und in sich gehen. Der Bau der Kirche wurde in der Mitte des 18. Jhs. begonnen, ihre Kuppel wurde im späten 19. Jh. hinzugefügt. Der vielseitige Zeferino Gutiérrez ließ sich beim Entwurf möglicherweise durch Bilder des Invalidendoms in Paris inspirieren.

ESCUELA DE BELLAS ARTES

Diese **Schule** (Schule der Schönen Künste; Centro Cultural Nigromante; ☎ 152-02-89; Hernández Macías 75; Eintritt frei; ⌚ 9–19 Uhr) ist im schönen früheren Kloster der Kirche La Concepción untergebracht. 1938 hat man es in eine Schule der Schönen Künste umgewandelt. Der offizielle Name lautet anders, nämlich „Centro Cultural Ignacio Ramírez", nach einem führenden Denker der Liberalen im 19. Jh. Und es gibt noch einen Namen: Ramirez' Spitzname war El Nigromante (der Zauberer) – deshalb wird das Zentrum allgemein auch so genannt.

INSTITUTO ALLENDE

Der große **Komplex** (Ancha de San Antonio 20 & 22) aus dem Jahr 1736 ist vor Kurzem aufgeteilt worden: Die eine Hälfte dient nun der höheren Bildung, die andere konzentriert sich auf die mexikanische Kultur und den Tourismus. Mehrere Innenhöfe, Gärten und eine alte Kapelle befinden sich ebenfalls im früheren Haus des Conde Manuel de la Canal. Später wurde es als Karmeliterkloster benutzt und schließlich 1951 in eine Kunst- und Sprachenschule umgewandelt. Über dem Eingang prangt eine Statue der Jungfrau von Loreto, der Patronin der Canal-Familie.

MIRADOR & PARQUE BENITO JUÁREZ

Einer der besten Blicke über die Stadt und die umgebende Landschaft bietet sich vom **mirador** (Ausblick) südöstlich der Stadt. Den Callejón del Chorro, den Weg direkt von hier den Hügel runter nehmen und unten links abbiegen. Dann kommt man zu **El Chorro**, der Quelle, an der San Miguel gegründet wurde. Heute strömt sie aus einem 1960 erbauten Brunnen. Es gibt öffentliche Becken zum Waschen. Ein Pfad – der Paseo del Chorro – läuft zickzack den Hügel hinunter zum schattigen **Parque Benito Juárez**, einem hübschen Platz zum Entspannen und Spazierengehen.

JARDÍN BOTÁNICO EL CHARCO DEL INGENIO

Der 90 ha große **Botanische Garten** (☎ 154-47-15; www.elcharco.org.mx; an der Antiguo Camino Real a Querétaro; Eintritt 30 Mex$; ⌚ Sonnenauf- bis Sonnenuntergang) liegt auf der Kuppe eines Hügels, 1,5 km nordöstlich der Stadt. Dieses Schutzgebiet für wilde Tiere und Vögel gibt es dank der freiwilligen Hilfe der Einheimischen schon lange. Es wurde geschaffen, um die Natur rund um die Stadt zu erhalten und der Gemeinschaft ein Gebiet zur Erholung und für Feierlichkeiten zu bieten. Die Wege führen durch sagenhafte Gegenden mit Kakteen und einheimischen Pflanzen, durch Feuchtgebiete und über einen Canyon, in dem sich die namensgebende Süßwasserquelle befindet, die **Charco del Ingenio**. Am Eingang bekommt man eine Karte mit Wegen und Erklärungen. Zur Route gehört auch ein **Gewächshaus mit mexikanischen Pflanzen**. Es beherbergt eine wunderbare Kollektion von Kakteen und Sukkulenten, von denen einige gefährdet sind. Jeden Dienstag um 9 Uhr starten ausgezeichnete zweistündige Touren (auf Englisch).

Der Weg zum Garten kann etwas schwierig sein, denn am Stadtrand sind neue Wohnviertel entstanden, die den alten Weg versperren. Das Durchkämpfen lohnt sich aber. Vom Mercado El Nigromante geht's den Hügel rauf die Homobono und Cuesta de San José entlang. An der Gabelung biegt man links ab auf die Montitlan, vorbei an einem Wohngebiet (als Los Balcones bekannt). Diesem Weg folgt man 15 Minuten bis zum Haupteingang. Man sollte darauf achten, dass der Begrenzungszaun des Gartens so weit wie möglich zur Linken liegt. (Gelegentlich muss man die neuen Häuser auf Seitenwegen umgehen, bevor man wieder zum Zaun zurückkommt.)

Alternativ führt ein 2 km langer Weg für Autos vom Gigante-Einkaufszentrum nach Norden. Es liegt 2,5 km östlich vom Zentrum an der Straße nach Querétaro. Von der Bushaltestelle auf der Ostseite des Jardín de San Francisco fahren „Gigante"-Busse zum Einkaufszentrum. Ein Taxi vom Zentrum zu den Gärten kostet um die 25 Mex$.

Aktivitäten

Der Abschnitt zu den geführten Touren (rechte Spalte) nennt Agenturen, die Fahrräder vermieten und andere tolle Action bieten.

Die Posada de la Aldea hat ihren **Swimmingpool** (☎ 152-10-22; Ancha de San Antonio 15; Eintritt 50 Mex$; ⌚ 9–18 Uhr) an den meisten Tagen auch für diejenigen geöffnet, die nicht dort wohnen. Es ist aber schöner, die *balnearios* (Badeplätze) in der Umgebung zu besuchen (s. S. 707).

Rancho La Loma (☎ 152-21-21; rancholaloma@hotmail.com; Carretera Dolores Hidalgo s/n; 200 Mex$/Std.) verleiht Pferde (an Fortgeschrittene) und arrangiert Unterricht und Führer.

Kurse

Mehrere Einrichtungen bieten Spanischkurse in Gruppen- oder Einzelunterricht an, neben Stunden zur mexikanischen Kultur und Geschichte. Die meisten Privatkurse beginnen bei ca. 15 Mex$ pro Stunde; für Gruppenunterricht und längere Kurse bezahlt man viel weniger. Außerdem gibt's viele Kurse in Malerei, Bildhauerei, Töpfern, Musik und Tanz. Die meisten Kurse finden außer im Dezember das ganze Jahr über statt. An der Escuela de Bellas Artes kann man Kurse in Kunst, Tanz, Handwerk und Musik auf Spanisch und Englisch belegen. Sie kosten etwa 1000 Mex$ im Monat, plus Material. Die Einschreibung erfolgt Anfang jeden Monats. Einige Kurse finden im Juli nicht statt, im August gibt's überhaupt keine.

Academia Hispano Americana (☎ 152-03-49; www.ahaspeakspanish.com; Mesones 4) Hier findet man qualitativ gute Kurse für Spanisch und lateinamerikanische Kultur (auch in einfachem Spanisch); für Sprachen gibt's auch Privatunterricht. Die Unterbringung in einer mexikanischen Familie – mit eigenem Zimmer und drei Mahlzeiten täglich– kostet pro Tag ca. 23 US$.

Centro Bilingüe (☎ 152-54-00; www.centrobilingue.com; Correo 46) Bietet eine Einführung ins Spanische; einige Kurse legen den Schwerpunkt auf die mexikanische Kultur.

Habla Hispana (☎ 152-1535; Calzada de la Luz 25) Sprachkurse und manchmal auch Wanderungen und Kochkurse.

Instituto Allende (☎ 152-01-90; www.instituto-allende.edu.mx; Ancha de San Antonio 22) Bietet Kurse für die schönen Künste, Kunsthandwerk und Spanisch. Beim Kunstunterricht kann man jederzeit einsteigen, muss aber neun Stunden in der Woche teilnehmen. Gruppenkurse für Spanisch starten alle vier Wochen und reichen von Konversations- bis zu Intensivkursen. Privatunterricht (sehr anspruchsvoll) kostet 14 US$ pro Stunde.

Warren Hardy Spanish (☎ 154-40-17; www.warrenhardy.com; San Rafael 6) Gibt Einführungen ins Spanische und verwendet Illustrationstafeln.

Geführte Touren

Die Touristeninformation hat Werbeflyer von privaten, englisch sprechenden Fremdenführern.

Aventuras San Miguel (☎ 415 152 6406; aventurasma@yahoo.com; Recreo 9) Touren in die Region, einschließlich Reiten, Wandern und Campen; mindestens zwei Teilnehmer.

Bici-Burro (☎ 152-15-26; www.bici-burro.com; Hospicio 1; Ausflüge 700–1350 Mex$) Der freundliche, professionelle und des Englischen mächtige Besitzer Alberto veranstaltet ausgezeichnete geführte Mountainbike-Touren für Gruppen von zwei Personen und mehr. Beliebte Touren sind z. B. die sechs bis sieben Stunden dauernde Fahrt nach Atotonilco oder Pozos. Man kann auch Fahrräder mieten (500 Mex$/Tag).

House and Garden Tour Diese zweistündige englischsprachige Tour führt zu den herrlichsten Privathäusern und Gärten San Miguels (die meisten gehören hier lebenden Ausländern). Sie startet jeden Sonntag um 12 Uhr an der Biblioteca Pública (Insurgentes 25) und kostet 150 Mex$. Jede Woche werden drei andere Häuser besucht. Die Gewinne unterstützen die Unternehmungen der Bibliothek.

Centro de Crecimiento (☎ 152-03-18; www.centrodecrecimiento.org) Veranstaltet jeden Samstag um 10.30 Uhr „Samstags-Abenteuer" zu Ranches, Haciendas, Weingütern, Klöstern und Talavera-Fabriken. Tickets bekommt man freitags von 10.30–12.30 Uhr und samstags um 9.30 Uhr im El Jardín. Der Erlös geht an das Centro, ein Rehabilitationszentrum für Kinder mit Behinderungen.

Tranvía Turistico (Touristenzug; Transportadora Turística Imperial; ☎ 154-54-08; www.transtur-imperial.com; Plaza Principal 18, Erdgeschoss; Erw./Kind 60/40 Mex$) Man bekommt in 1½ Stunden die wichtigsten Sehenswürdigkeiten gezeigt, so komfortabel wie in einer echten Straßenbahn. Von den sechs Fahrten wird die um 16 Uhr zweisprachig gehalten.

Spaziergang Diese ausgezeichnete Tour, die jeden Montag, Mittwoch und Freitag um 10 Uhr stattfindet, startet am Jardín (die Tickets für 100 Mex$ werden um 9.45 Uhr im Jardín verkauft). Die englischsprachigen, ehrenamtlichen Guides geben einen faszinierenden geschichtlichen und kulturellen Kommentar zu den wichtigsten Sehenswürdigkeiten der Stadt. Der Erlös geht an das Patronato Pro Niños (www.patronatoproninos.org), eine Stiftung für Kinder.

Festivals & Events

San Miguel ist gut versorgt mit Kirchen und Schutzpatronen (es hat sechs davon) und feiert eine Menge Feste, von denen manche sehr spirituell sind. Mit der Zeit erkennt man das Thema des Festes am Feuerwerk. Programme gibt's in der Touristeninformation und auf www.turismosanmiguel.com.mx.

Señor de la Conquista Unmengen Tänzer mit prächtigen vorkolonialen Kostümen und Federschmuck auf den Köpfen feiern am ersten Freitag im März das Christusbild in der *parroquia*.

Semana Santa Eine Woche lang finden religiöse Aktivitäten statt. Zwei Sonntage vor Ostern tragen Pilger das Abbild des Señor de la Columna (Herr der Säulen) von Atotonilco, 11 km weiter nördlich, zur Kirche von San Juan de Dios in San Miguel; am Samstag um Mitternacht geht's los. Zu den zahlreichen Aktivitäten während der Semana Santa gehören die ernste Procesión del Santo Entrierro am Karfreitag und das Verbrennen oder In-die-Luft-Jagen von Judasbildern am Ostersonntag.

Fiesta de la Santa Cruz Dieses tiefreligiöse Frühlingsfest hat seine Wurzeln im 16. Jh. Es findet gegen Ende Mai im Valle del Maíz statt, 2 km vom Stadtzentrum entfernt. Die Ochsen tragen Halsbänder aus Zitronen und bemalten Tortillas und ihr Joch wird mit Blumen und Früchten geschmückt. Es gibt ein Scheingefecht zwischen „Indianern" und den „Federales", *mojigangas* (s. Kasten S. 682), Tänzer und Musiker und – nicht zu vergessen – 96 Stunden Feuerwerk.

Fiesta de los Locos Teil des Festividad de San Antonio de Padua, das Mitte Juni stattfindet. Das Fest der Verrückten ist ein farbenfroher, karnevalsähnlicher Umzug durch die Stadt mit Festwagen, Blasmusik und kostümierten Tänzern, die Süßigkeiten in die Menge werfen – manchmal *be*werfen sie sie auch!.

Expresión en Corto Dieses kurze Filmfestival wird gemeinsam mit der Stadt Guanajuato veranstaltet. Es findet im Juli statt und ist international anerkannt.

Chamber Music Festival Jährlich in den ersten zwei Augustwochen und von der Escuela de Bellas Artes finanziert.

Fiestas Patrias Die zwei Monate mit Kulturprogramm starten Mitte August. Zur Halbzeit wird der Unabhängigkeitstag gefeiert. Bei der Touristeninformation gibt's einen Terminplan mit allen Events.

San Miguel Arcángel Die Feiern für den wichtigsten Schutzpatron der Stadt werden an dem Wochenende abgehalten, das dem 29. September am nächsten liegt. Die Party wird mit einer *alborada* begangen, einer durch Tausende Feuerwerkskörper künstlich geschaffenen Morgendämmerung rund um die Kathedrale. Diese geht über in ein Fest mit sagenhaften vorkolonialen Tänzen, das die ganze Nacht dauert.

Festival of Jazz and Blues Der November erlebt das kürzlich wiederbelebte Jazz- und Blues-Festival. Es finden Konzerte mit Stars aus den USA und Jamsessions in Restaurants statt.

San Miguel Music Festival Dieses Festival mit meist klassischer Musik präsentiert Ende Dezember im Teatro Ángela Peralta ein tägliches Programm mit mexikanischen und internationalen Künstlern (s. S. 705).

Schlafen

Die Unterkünfte sind oft ausgebucht, vor allem während der Feste und in der Hochsaison. Man sollte daher im Voraus reservieren. Viele Hotels geben Gästen, die länger bleiben, Rabatte. Wer etwas mehr Zeit hier verbringen möchte, findet jede Menge Häuser, Apartments oder Zimmer zur Miete (s. S. 702). Wenn man sich mal was gönnen will, hat man hier die Gelegenheit dazu.

BUDGETUNTERKÜNFTE

Hostal Alcatraz (☎ 152-85-43; Reloj 54; B ab 100 Mex$, Zi. 280 Mex$; 💻) Das einzige HI-Hostel in San Miguel liegt sehr zentral. Es hat einfache Schlafsäle und eine Gemeinschaftsküche. Traveller schwärmen von dem freundlichen Personal. Der Besitzer hat kürzlich ein neues zugehöriges Hostel (Hostel Inn) in der Calzada de La Luz 31A aufgemacht, das gleiche Preise hat.

Casa de Huéspedes (☎ 152-13-78; Mesones 27; EZ/DZ 200/300 Mex$) Dieses die Treppe rauf gelegene Gästehaus hat sieben einfache Zimmer, zwei Apartments und eine Dachterrasse mit herrlicher Aussicht. Wer einen leichten Schlaf hat, sollte ein Zimmer nach hinten wählen; die Straße ist laut. Zwei Zimmer haben eine einfache Kochnische (gleicher Preis).

MITTELKLASSEHOTELS

Parador de San Sebastián (☎ 152-70-84; Mesones 7; EZ/DZ/3BZ 300/400/520 Mex$; P) Hier und da lässt es zu wünschen übrig, aber die Atmosphäre ist herrlich. Die älteren Zimmer um einen grünen Innenhof sind geräumiger als die neueren (und dunkleren). Man sucht sich das Zimmer besser selbst vor Ort aus statt per Telefon.

Hotel Sautto (☎ 152-00-52; hotelsautto@yahoo.com.mx; Hernández Macíac 59; EZ/DZ/3BZ 300/500/600 Mex$) Diese herrliche ehemalige Hacienda ist vielleicht schon etwas heruntergekommen, aber das auf dem Boden gebliebene, mexikanische

Lebensgefühl hier machen die Mängel in den einfachen, aber annehmbaren Zimmer wieder wett: Der Garten im Hof ist wunderschön mit Bougainvilleen und Papageien.

El Mayorazgo (☎ 152-13-09; posadamayorazgo@hotmail.com; Hidalgo 8; Zi. 400 Mex$; P) Man sollte sich von dem eigenwilligen Eingang nicht abschrecken lassen – er ähnelt einem scheußlichen Betonbunker. Dieses Hotel im Stil der 1980er-Jahre liegt zentral, die Zimmer sind einfach, aber modern und hell. Montag bis Donnerstag bezahlt man etwa 50 Mex$ weniger.

Huéspedes Feliz (152-08-54; Codo 30; EZ/DZ 400/500 Mex$) Wer gerne Zimmerservice gegen Unabhängigkeit, einen Taco an der Straße gegen hausgemachtes Essen und Architektur aus der Kolonialzeit gegen moderneres Design tauscht, ist hier richtig. Man hat die Wahl zwischen vier extrem sicheren und absolut sauberen (wenn auch etwas dunklen) Zimmern. Alle haben voll ausgestattete Küchen und liegen geschickt hinter dem Haus des Besitzers.

Posada de las Monjas (☎ 152-01-71; www.posadalasmonjas.com; Canal 37; EZ ab 420 Mex$, DZ 500–600 Mex$; P) Dieses skurrile und weitläufige Kloster, das in ein Motel umgestaltet wurde, bleibt eines der besten von San Miguel. Die 65 Zimmer mit Teppich sind bequem und einfach eingerichtet; diejenigen im „neueren" Teil nach hinten sind den anderen überlegen. Von zahlreichen Terrassen blickt man herrlich ins Tal. Gegen einen Aufpreis bekommt man Mahlzeiten, aber vor dem Frühstück wurde gewarnt.

Hotel Quinta Loreto (☎ 152-00-42; www.quintaloreto.com; Loreto 15; EZ/DZ/3BZ 450/550/650 Mex$; P) Hier nächtigt man im Motel-Stil auf der Rückseite des Künstlermarkts auf einem großen Gelände unter Bäumen. Einige der 40 schönen Zimmer haben eine eigene kleine Terrasse; TV kostet extra. Außerdem gibt's ein Restaurant (Frühstück und Mittagessen, 8–11 & 13–17.30 Uhr). Wer eine Woche oder länger bleibt, bekommt 10 % Rabatt.

La Mansión del Bosque (☎ 152-02-77; www.infosma.com/mansion; Aldama 65; EZ 47–65 US$, DZ 91–95 US$, 3BZ 152 US$) Dieses schon lange bestehende Gästehaus liegt gegenüber vom Parque Benito Juárez und wird von der in Würde alternden Matriarchin Ruth geführt. Seine 23 einzigartigen Zimmer sehen immer noch aus wie 1968 – und niemand wird sie ändern wollen. Jedes Zimmer ist dezent, manchmal auch skurril und mit originaler Kunst versehen. Im Winter (Dez.–März) sind die Preise höher und man muss Frühstück und Abendessen mitbuchen (20 Mex$).

Casa Carmen (☎ 152-08-44; www.infosma.com/casacarmen; Correo 31; EZ/DZ 700/950 Mex$) Wie der Name schon andeutet, ist dieses Haus aus der Kolonialzeit mehr traditionelles Gästehaus als gehobenes B&B. Es liegt sehr zentral. Die zauberhaften Zimmer sind abwechslungsreich im mexikanischen Stil eingerichtet und scheinen sich in den vergangenen Jahrzehnten nicht groß verändert zu haben. Es gibt einen schönen Hof mit Brunnen, Blumen und Orangenbäumen. Frühstück und Mittagessen sind inklusive.

Hotel Casa Bonita (☎ 152-06-46; El Cardo 10; www.casabonitasma.com; DZ 850 Mex$; P) Die sechs Zimmer in dieser von Mexikanern geführten Unterkunft im B&B-Stil sind hell, luftig und bunt. Die geräumigen Bäder, das großzügige Frühstück (kontinental oder American breakfast) und die ruhige Lage – leicht außerhalb des Zentrums, zwischen Anche e San Antonio und dem Parque Benito Juárez – sind die Trümpfe. Die Zimmer kosten pro Nacht 50 Mex$ weniger, wenn man eine Woche bleibt oder bar bezahlt.

SPITZENKLASSEHOTELS

Posada Carmina (☎ 152-88-88; www.posadacarmina.com; Cuna de Allende 7; EZ/DZ/Suite ab 890/1110/1290 Mex$) Diese weitläufige Villa aus der Kolonialzeit hat zwölf neuere und zwölf ältere Zimmer nach hinten raus zu bieten. Alle haben geflieste Bäder, Telefon und TV. Das Haus ist nicht luxuriös, aber attraktiv und komfortabel und verströmt den Charme der alten Welt.

Casa Quetzal (☎ 152-05-01; www.casaquetzalhotel.com; Hospicio 34; DZ 175–351 US$) Dieses Edelhotel in amerikanischem Besitz drängt sich auf engem Raum, strahlt aber Eleganz aus. Es ist eine gute Alternative zur B&B-Szene bei ähnlicher Ausstattung. Alle Zimmer haben ein Motto (von der allgegenwärtigen Frida bis zu einem Zihua-Zimmer) und ein paar sind mit einer Kochnische, Mikrowelle, Minikühlschrank und Kaffeemaschine ausgestattet. Am Wochenende muss man mindestens zwei Tage bleiben; für zusätzliche Personen werden 35 Mex$ fällig.

La Puertecita (☎ 152-50-11; www.lapuertecita.com; Santo Domingo 75; Zi. ab 227 US$) Ein abgeschiedenes Anwesen, das sich gleich oberhalb der Stadt vorbei an den *los pocitos* (Springbrunnen) das bewaldete Tal entlang erstreckt. Die klassischen Räume, die sich im

Garten verteilen, reichen von luxuriös „einfach" mit Kamin und Balkon bis zu Suiten mit richtiger Küche. Die Öffentlichkeit kann sich sonntags an einem Frühstücksbuffet (120 Mex$; 8–11 Uhr) oder einem Mittagessen (165 Mex$; 13–16 Uhr) im Restaurant mit Blick über die Grünanlagen gütlich tun.

Casa de Sierra Nevada (☎ 152-70-40; www.casadesierranevada.com; Hospicio 35; Zi. ab 3175 Mex$; P) Das luxuriöseste Hotel der Stadt hat 32 Zimmer und Suiten, untergebracht in fünf umgebauten Villen aus der Kolonialzeit, u. a. in der Casa Parque am Parque Benito Juárez. Beheizter Pool im Freien, zwei feine Restaurants, Blick über die Stadt, sagenhaft ausgestattete Zimmer, tadelloser Service.

BOUTIQUE-B&BS

San Miguel ist das Mekka der Luxus-B&Bs. Die vornehmen Häuser verströmen mit stilvoller Einrichtung und prächtigen Gärten oder Höfen modern-koloniale Erhabenheit. Der Preis entspricht ihrem großartigen Stil (Spitzenklasse also) und sie unterscheiden sich in Opulenz, Komfort und Service kaum – höchstens beim Frühstück oder der themenbezogenen Einrichtung, z. B. asiatisches Zen und stilvolles, folkloristisches Mexiko. Zu haben sind u. a. die folgenden:

Casa Luna (☎ 152-11-11; www.casaluna.com; Pila Seca 11 & Quebrada 117; Zi. 135–176 US$) An diesem üppigen, abwechslungsreichen Ort ist mehr themenbezogenes Dekor zu finden als in einem Musterhaus: Neben Frida Kahlo wurden auch Stars und Heiligen eigene Zimmer gewidmet

Casa de la Cuesta (☎ 154-43-24; www.casadelacuesta.com; Cuesta de San José 32; Zi. 145 US$) Oben auf dem Hügel gleich neben dem Markt. Dieser unglaublich prächtige und elegante Ort mit themenbezogenen Zimmern hat kein Detail übersehen. Schon das üppige Frühstück ist ein Erlebnis für sich. Im „Anderen Gesicht von Mexiko", einem nahen Museum, stellen die Besitzer ihre große Sammlung von Masken aus (geöffnet nur nach Vereinbarung); die Eintrittsgelder fließen wohltätigen Zwecken zu.

Casa Schuck (☎ /Fax 152-06-57; www.casaschuck.com; Garita 3; Zi. ab 169–249 US$) Stilvolle und latent verschwenderische Zimmer mit herrlichem Flair, riesige Gärten und eine fantastische Aussicht.

Corazón (☎ 152-01-82; www.posadacorazon.com.mx; Aldama 9; DZ 150–170 US$, 3BZ 170–200 US$) Dieses Haus liegt hinter einer unauffälligen Mauer in einem herrlichen Garten mit Pflanzen und Skulpturen. Den offenen, geräumigen Wohnbereich des Hauses, komplett mit Bibliothek, können sich die Gäste teilen. Die Zimmer entlang der Terrasse sind schlicht, aber stilvoll.

Dos Casas (☎ 154-40-73; Quebrada 101; DZ 270–390 US$;) Dieses B&B, eines der neuesten und schicksten der Stadt, atmet zeitgenössischen Stil. Es ist in creme und schwarz gehalten, dazu gibt's Whirlpools und eigene Terrassen.

LANGZEITUNTERKÜNFTE

Für längere Aufenthalte ist es sinnvoll, ein Haus oder Apartment zu mieten. Für ein schickes Haus mit zwei Schlafzimmern beginnen die Mieten etwa bei 600 US$ für den Monat, ein Zimmer in einem mexikanischen Haus ist viel billiger. Auskunft geben Anschlagbretter und Flyer in der Stadt, die kostenlosen Zeitungen oder die Immobilienbüros vor Ort. **Remax** (☎ 152-73-63; www.realestate-sma.com; Portal Guadalupe 12) eignet sich, um erste Erkundigungen einzuziehen.

Essen

Die zahlreichen Lokale von San Miguel bringen eine erstaunliche Vielfalt qualitativ hochwertiger mexikanischer und internationale Gerichte auf den Tisch. Sparsame Traveller werden sich über traditionelle Lokale freuen, die ein Stammpublikum aus einheimischen Familien versorgen. Der neueste Trend in San Miguel sind Cafés: Viele servieren gute einheimische Gerichte zu ordentlichen Preisen (20–110 Mex$). Gute und günstige Lokale findet man auch im *centro*.

GÜNSTIG

Los Burritos (Mesones 69A; 4–25 Mex$; Mo–Sa 10.30–18 Uhr) Hierher kommt man sicher nicht wegen der Einrichtung, auch wenn die geschnitzten Affenköpfe an den Stühlen Hingucker sind. Anziehender sind aber die riesige Auswahl von billigen *antojitos* und die superleckeren, gaaanz frisch gemachten *guisados*. Dazu gibt's einen Haufen köstlicher Füllungen, von *mole* bis *chipotle* und Kartoffeln.

El Ten Ten Pie (☎ 152-71-89; Cuna de Allende 21; Hauptgerichte 15–52 Mex$; 9–24 Uhr) Diese schlichte Kneipe ist die beste Option für hausgemachtes mexikanisches Essen mit sagenhaften Chilisoßen – zu einem kaum gepfefferten Preis. Mittags sollte man das günstige Tagesessen (80 Mex$) probieren oder die frischen Tortillas, die bis zum Rand mit köstlichen Füllungen vollgestopft sind. Außerdem gibt's ausgezeichnetes Frühstück und Vegetarisches.

Café Colón (Mesones 25; Tagesgericht 30–50 Mex$; 8–17 Uhr) Das lokale Urgestein Irma führt dieses Café. Die Einheimischen lieben es für seine günstigen Frühstücksangebote und seine Tagesessen zu Mittag.

Café Olé Olé (☎ 152-08-96; Loreto 66; Hauptgerichte 40–120 Mex$; ⌚ 13–21 Uhr) In dieses bunt eingerichtete Restaurant sollte man mal reinschauen: Stierkampfposter, Matadorenjacken und ein riesiger Stierkopf zieren die Wände. Es ist seit Ewigkeiten berühmt für gegrilltes Huhn und Rinder-Fajitas, seine Spezialität.

El Tomato (☎ 154-60-57; Mesones 62; Hauptgerichte 55–80 Mex$; ⌚ Mo–Sa 9–21 Uhr; Ⓥ) Das Tomato ist eines der wenigen rein vegetarischen Lokale und zaubert leichte Mahlzeiten wie Pasta, Vollkornsandwiches und Salate. Es werden nur frische, leckere Biozutaten verwendet. Zudem gibt's frischgepresste Säfte und mittags günstiges Tagesessen (80 Mex$).

MITTELTEUER

Am Jardín gibt's lebhafte Plätze, wo man für die Mariachi und die Spitzenlage ein Maximum bezahlt. Aber man sollte sich nicht für dumm verkaufen lassen: Das beste Essen findet man an versteckteren Orten.

Rincón de Don Tomás (☎ 152-37-80; Portal de Guadalupe 2; Hauptgerichte 50–130 Mex$; ⌚ 20.30–22 Uhr) Oldie but Goldie. Diesen Treffpunkt gibt's schon lange und er hat eine treue Fangemeinde. Auf der Speisekarte steht klassisches Mexikanisches wie Huhn mit *moles*. Trotz seiner Lage am Jardín ist es kein schlechter Griff.

La Posadita (☎ 154-88-62; Cuna de Allende 13; 65–120 Mex$; ⌚ Do–Di 12–22 Uhr) Fünf Sterne für den exzellenten Service, die mexikanischen Speisen, die vernünftigen Preise und die Lage in der Nähe der *parroquia*. Zu dem herrlichen Restaurant oder der wunderbaren Dachterrasse mit sagenhafter Aussicht muss man ein paar steile Stufen rauf. Es gibt köstliche Margaritas, Enchiladas und *filete a la tampiqueña* (um nur ein paar zu nennen).

Tao (☎ 152-29-49; Pila Seca 16; 70–90 Mex$; ⌚ Di–So 12–21 Uhr) Wer mal eine Pause von Tortillas und Tacos braucht, sollte sich zu diesem koreanisch-japanischen Lokal aufmachen. Hier kommen verlockendes Tofu, Tempura und Sushi auf den Tisch.

Berlin (☎ 152-94-32; Umarán 19; Hauptgerichte 60–160 Mex$; ⌚ 13–1 Uhr) Wer an diesem coolen, künstlerischen Fleckchen rastet, bekommt eine leckere Mischung aus deutschen und mexikanischen Gerichten. Die Bar ist sehr europäisch. Wenn man die Ohren offen hält, bekommt man vielleicht mit, wo die nächste angesagte Kunst zu sehen ist.

Planta Baja (☎ 154-65-55; Canal 28; Hauptgerichte 80–165 Mex$; ⌚ 13–24 Uhr) Hier kommt man nicht her, um speziell Mexikanisches zu genießen. Das im zeitgenössischen Stil gehaltene Haus serviert in flippiger Umgebung mexikanische-mediterrane Fusion-Küche. Die Kellner sind super. Die experimentellen Gerichte (z. B. karamellisierter Schwertfisch) sind leckerer als der eher unspektakuläre gegrillte Fisch.

TEUER

Wenn Geld keine Rolle spielt, ist San Miguel einer der besten Orte im Land, um mal eine Pause vom Ordinären einzulegen und die gehobene Küche zu versuchen.

Bella Italia (☎ 152-49-89; Canal 21; Hauptgerichte 85–280 Mex$) An diesem schicken, wenn auch leicht altmodischen Ort in einem attraktiven Innenhof trifft San Miguel auf Rom: hausgemachte Pasta, Muscheln in Weißwein und gegrilltes Lammkotelett – ganz wie Zuhause … Abends treten ausgezeichnete Musiker auf.

Chamonix (☎ 154-83-63; Diez de Sollano 17; Gerichte 90–215 Mex$; ⌚ Di–Sa 13–22 Uhr) Durch rosa- und orangefarbene Organza-Vorhänge betritt man einen hübschen Garten. Die ungewöhnliche, aber qualitativ exzellente Speisekarte preist einen mexikanischen, französischen und asiatischen Mix an. Eine schöne Terrasse an der Straße gehört dazu.

Tío Lucas (☎ 152-49-96; Mesones 103; Hauptgerichte 100–260 Mex$; ⌚ 12–23.30 Uhr) Dieses Restaurant ist in etwa so mexikanisch wie George W. Bush. Der Hof der stilvollen Location ist mit silbernen Sternen bedeckt und man kommt hierher wegen des Rindfleischs, vor allem wegen des Filetsteaks, und weil alles hier verlässlich ist. An den Wochentagen ist von 18–20 Uhr Happy Hour. Abends gibt's Liveblues oder -jazz.

Nirvana (☎ 150-00-67; Mesones 101; Gerichte 120–180 Mex$; ⌚ Mi–Mo 8.30–23 Uhr) In zwei verschiedenen Umgebungen (eine etwas moderner als die andere) wird eine kunstvoll zubereitete internationale Mischung präsentiert. Man denke an Wild in einer Würze aus schwarzem Chili und Lachs mit Mango-Chutney. Auf der Speisekarte weist ein rotes Chilisymbol auf scharfe Gerichte hin; ein Herzsymbol steht für fettarme Gerichte.

La Capilla (☎ 152-06-98; Cuna de Allende 10; Hauptgerichte 150–300 Mex$; ⌚ Mi–Mo 13–23 Uhr) Die elegante Atmosphäre und die Lage – in einer ehemaligen Kapelle der *parroquia* – ist unschlagbar. Von der märchenhaft beleuchteten Dachterrasse beobachtet man romantisch-spektakuläre Sonnenuntergänge. Die Speisekarte mit echt internationalen Gerichten wird den Höhenflügen dieses Ortes nicht immer gerecht; für sie gibt's unterschiedliche Noten. Unten sind eine klassische Café-Bar und eine Theke, an der Qualitätsschokolade verkauft wird.

CAFÉS

Café de La Parroquia (☎ 152-31-61; Jesús 11; ⌚ Di–Sa 8–16, So 8–14 Uhr) Die hier lebenden Ausländer lieben den Ort wegen seines ruhigen und schattigen Hofs mit Brunnen und wegen des zuverlässigen Essens. Abends verwandelt es sich in La Brasserie (Di–Sa 17–22 Uhr).

El Buen Café (☎ 152-58-07; Jesús 23; ⌚ Mo–Sa 9–16 Uhr) Dieses einfache Café zaubert ausgezeichnetes und gesundes Frühstück, mexikanische Spezialitäten und süße, hausgemachte Gourmet-Leckereien nach Feinschmeckerart. Es gibt z.B. Arme Ritter mit Brombeersoße (60 Mex$), angedickte Haferflocken mit Brombeeren oder Crème Brûlée.

LP Tipp **San Agustín** (☎ 154-91-02; San Francisco 21; ⌚ 8–23 Uhr) Auf keinen Fall San Miguel verlassen, ohne hier gewesen zu sein! Hier ist das Paradies für Naschkatzen und der beste Ort in Mexiko für Schokolade und Churros (33 Mex$).

Petit Four (☎ 154-40-10; Mesones 99-1; ⌚ Di–So 10–20.30 Uhr) Ein weiterer Ort für einen potenziellen Zuckerschock. In gemütlicher Umgebung mampft man gefülltes Gebäck. Der Kaffee kostet 15 Mex$.

Las Musas (Hernández Macías 75; ⌚ Mo–Sa 9–18, So 10–14 Uhr) Die Lage in einem Hof von Bellas Artes ist eine der schönsten der Stadt – und zugleich die Entschädigung für das eher durchschnittliche Essen.

Bagel Cafe (☎ 154-65-24; Correo; ⌚ Mo–Fr 8–15, Sa 8–14 Uhr) Dies ist ein unterschätztes Plätzchen und ein Liebling der hier lebenden Ausländer. Auf den Tisch kommen günstige Bagels (10 Mex$) und Frühstück mit Eiern (55 Mex$).

Café Santa Ana (Reloj 50-A; ⌚ Mo–Fr 8–20, Sa 8.30–14, So 8.30–12 Uhr) Kulturanhänger lieben diesen Ort im Anbau der Bibliothek. Es gibt gute Frühstückkombis (50 Mex$) und man sollte das *pan árabe* versuchen.

C@fe Internet Etc (☎ 154-86-36; Reloj 37; ⌚ Mo–Sa 9.30–18 Uhr) Die hier lebenden Ausländer schätzen dieses Café wegen seiner lässigen Atmosphäre, der guten Snacks und Juans umfangreicher Musik- und Filmesammlung.

SELBSTVERSORGER & AUF DIE SCHNELLE

Auf dem Jardín bieten Stände mit Snacks günstiges, leckeres mexikanisches Essen an, z.B. *elutes* (gedämpfte Maiskolben), Hot Dogs, frische Fruchtsalate, *tamales* und Hamburger (die Einheimischen und die Ausländer hier schwärmen davon). Ordentlichen Saft gibt's an der kleinen Plaza an der Insurgentes.

Den Berg Richtung Instituto Allende hinunter, an der Ecke von Ancha San Antonio und der grünen Calle Nueva, findet man mehrere zuverlässige Essensstände, die sich morgens und abends abwechseln. Hier bekommt man super Säfte, *gorditas*, Burritos und Tacos.

Ausgezeichnete Bäckereien sind u.a. **La Buena Vida** (Hernández Macías 72-5; ⌚ Mo–Sa 8–17 Uhr) und **La Colmena Bakery** (Reloj 21; ⌚ Mo–Sa).

Auf dem **Mercado El Nigromante** (Colegio s/n) sind gute Lebensmittelstände und Marktlokale. Er liegt zentral, aber Lichtjahre von der Gringo-Szene entfernt.

Ausgehen & Unterhaltung

In San Miguel fallen Ausgehen und Unterhaltung oft zusammen: In vielen Bars (und Restaurants) wird Livemusik geboten. Die meiste Action ist donnerstag-, freitag- und samstagabends geboten, aber an einigen Orten wird jeden Abend Livemusik gespielt.

CAFÉS

Café (154-72-91; Correo 37; Cappuccino 20 Mex$; ⌚ Mo–Sa 8.30–21 Uhr) Hier wird Kaffee ernst genommen. Man kommt her wegen des besten Kaffees der Stadt und wegen dem WLAN.

La Ventana (Diez de Sollano 11) Hier holt man sich einen Kaffee zum Mitnehmen (oder trinkt ihn drinnen) oder stockt seine Bestände an biologisch gerösteten Bohnen aus Chiapas auf.

BARS

La Azotea (☎ 152-82-75; Umarán 6) Die Terrasse befindet sich über dem Restaurant Pueblo Viejo und ist eher eine lässige Lounge mit Tapasbar mit nicht allzu touristischem Feeling. Schickes, schwulenfreundliches Publikum.

Limerick Pub (☎ 154-86-42; Umarán 24) In diesem traditionellen, irischen Pub haben junge Mexikaner viel Spaß. Es hat alles, was man dazu braucht: Pooltisch, Darts, Musik aus den 1980ern und Guinness. Und hey, habt ihr schon von der Bauchtänzerin gehört? (Sie taucht hier manchmal auf.)

Mama Mía (☎ 152-20-63; Umarán 8) Das wöchentliche Programm unterschiedlicher Gigs findet in mehreren Bereichen statt: Für Liverock/-funk geht's in Mama's Bar (Fr & Sa), für Folk gesellt man sich zu der anspruchsvolleren Menge im Hof des Restaurants. Hier gibt's südamerikanische Musik (Di–So), Salsa (Fr & Sa) und Jazz (So). Vorne in der Bar Leonardo läuft auf Großbildschirmen Sport und La Terrazza, die Bar mit Terrasse, reizt mit einem schönen Blick über die Stadt. Ernsthaft los geht's gegen 23 Uhr.

NACHTCLUBS

El Ring (☎ 152-19-98; Hidalgo 25; 🕑 Mi–Sa 22–5 Uhr, in der Hochsaison jeden Abend) Die jungen Einheimischen beehren diesen echten Club wegen einer Dosis Latin und US-amerikanischer und europäischer Tanzmusik. Mittwochs ist von 20.30 Uhr bis Mitternacht geöffnet; dann swingt ein kultivierteres Publikum zu Salsa.

El Grito (☎ 152-00-48; Umarán 15; 🕑 Fr & Sa 22–4 Uhr) Ein übergroßes Gesicht über dem Eingang dieser gehobenen Disko ruft den jungen, modisch gekleideten Mexikanern in der Schlange „hohe Preise" zu.

Chocolate Lounge (Mesones 99-1; 🕑 Mi–Sa 22–3 Uhr) Die Chocolate Lounge ist 'was für echte Diskomäuse; ab 23 Uhr geht's zur Sache. Die Treppe rauf versorgt die davon getrennte **Liquid Zoo Lounge** (60 Mex$; 🕑 23–5 Uhr) coole Hip-Hop- und Martini-Fans. Die Sitze sind mit flippigen Leopardenfellen bezogen. Beide sind schwulenfreundlich.

THEATER & KULTUR

San Miguel ist eine einzige große Kulturparty. In der Stadt scheint fast sogar mehr zu gehen als in New York; im *Atención San Miguel* steht, was. Die Escuela de Bellas Artes (S. 698) und die Biblioteca (in der Sala Quetzal) beherbergen eine Menge Kulturevents, viele davon auf Englisch. Auf den Anschlagbrettern steht ihr Programm.

Teatro Ángela Peralta (☎ 152-63-85; Ecke Mesones & Hernández Macías) Dieser elegante Treffpunkt wurde 1910 erbaut und bringt Werke aus der Region auf die Bühne. Der Kartenschalter ist um die Ecke an der Hernández Macías 62 (Mo–Sa 8.30–16 Uhr). Je nach Produktion rangieren die Preise von 0 bis 200 Mex$.

La Carpa (☎ 154-69-81; Aurora s/n; 🕑 10–14 Uhr) In dem lebhaften Zirkuszelt finden manchmal Aktivitäten wie alternative Tanzkurse und monatliche Premieren mit Livemusik, Theater, Kunst- und Zirkusacts statt.

KINO

Teatro Santa Ana (☎ 152-02-93; Reloj 50A; Tickets 50–150 Mex$) Dieses kleine Kino in der Biblioteca Pública gibt den Gastgeber für eine gute Auswahl unabhängiger und internationaler Filme sowie für lokale Werke.

Villa Jacaranda (☎ 152-10-15; Aldama 53; Tickets 75 Mex$) Zeigt täglich um 19.30 Uhr auf einer Großbildleinwand in einer Art Ballsaal die neuesten Filme aus den USA und Bollywood. Der Eintrittspreis enthält ein Getränk und Popcorn.

Shoppen

GALERIEN

Einen Teil des Spaßes beim Bummeln durch San Miguel macht es aus, über eine der vielen Galerien zu stolpern, die in der ganzen Stadt in den Gassen versteckt sind. In San Miguel gibt's mehr kommerzielle Galerien als Cafés (und vielleicht sogar als Immobilienmakler). Die meisten zeitgenössischen Kunstgalerien und Designstudios (meist von hier lebenden Ausländern) konzentrieren sich in der trendigen **Fábrica La Aurora** (☎ 152-13-12; Aurora s/n; 🕑 10–18 Uhr); die ehemalige Fabrik für Rohbaumwolle liegt am Nordrand der Stadt. Eine der ersten kommerziellen Galerien der Stadt ist die **Galería San Miguel** (☎ 152-04-54; Plaza Principal 14; 🕑 Mo–Sa 9–14 & 16–19 Uhr). Viele Galerien werben in den Lokalzeitungen, aber ansonsten sollte man sich einfach treiben lassen.

KUNSTHANDWERK

San Miguel hat unglaublich viele Kunsthandwerksläden, die Volkskunst und Handarbeiten aus dem ganzen Land verkaufen. Die Stücke aus der Region sind aus Zinn, Schmiedeeisen, Silber, Messing, Leder und Glas und es gibt Töpferwaren und Textilien. Viele Läden liegen an der Canal, San Francisco und Zacateros. Preise und Qualität können stark variieren.

Casa Maxwell (☎ 152-02-47; www.maxwell.freeservers.com; Canal 14; 🕑 Mo–Fr 9–14 & 16–19, Sa 10–14 & 16–20, So 11–15 Uhr) Dieser Laden zum Bummeln (eine Institution in San Miguel) bietet eine riesige Auswahl an Deko und Haushaltswaren.

FAI (Save the Children; ☎ 152-36-86; faisavethechildren.com; Hidalgo 13; 🕑 10.30–18 Uhr) hat viele verschiedene Kunsthandwerksgegenstände, von denen Vieles vor Ort hergestellt wurde. Die

Gewinne aus den Verkäufen fließen wohltätigen Zwecken zu.

Mujeres Productoras (Weibliche Produzenten; ☎ 150-00-25; www.globaljusticecenter.org/mujeres_productoras; Calzada de la Luz 42) ist eine Kooperative von Landfrauen der umgebenden Gemeinden. Sie verkaufen als (häufig einzige) Einkommensquelle für ihre Familien Handgefertigtes.

Der **Mercado de Artesanías** (Colegio s/n) in den Gassen zwischen Colegio und Loreto versammeln Stände mit Kunsthandwerk unterschiedlicher Qualität. Die Preise können denen in den Läden in der Stadt entsprechen, und die Qualität schwankt stark. Auf dem Lokalmarkt **Mercado El Nigromante** (Colegio s/n) gibt's Früchte, Gemüse und Gemischtwaren.

Man sollte keinesfalls den **Tianguis** (Dienstagsmarkt) verpassen, die größte wöchentliche, fantastische Veranstaltung draußen neben dem Gigante-Einkaufszentrum. Das Ganze befindet sich 2,5 km östlich vom Zentrum an der Straße nach Querétaro. Von der Mesones nahe der Plaza Civica fahren „Gigante"- und „Placita"-Busse (10 Min.) hin.

An- & Weiterreise

AUTO

Wenn man für mehr als nur ein paar Tage ein Auto braucht, kann es sich lohnen, eines bei einer Autovermietung in Querétaro zu organisieren. Die einzige Agentur in San Miguel ist **Hola Rent-a-Car** (☎ 152-01-98; www.holarentacar.com; Hotel San Francisco; 🕒 9–14 & 16–19 Uhr) in der Posada San Francisco. Die Preise starten bei 620 Mex$ am Tag, inklusive Versicherungen. Besonders in der Hochsaison sollte man mindestens eine Woche im Voraus reservieren.

BUS

Der kleine Central de Autobuses liegt an der Canal (Calzada de la Estación), 3 km westlich des Zentrums; Fahrkarten bekommt man im Busbahnhof. Für Primera Plus (und Flecha Amarilla) gibt's welche im **Transportadora Turística Imperial** (☎ 154 5408; www.transtur-imperial.com; Plaza Principal 18, Erdgeschoss; 🕒 9–20 Uhr). Fahrkarten für ETN und Primera Plus verkaufen auch die größeren Hotels.

FLUGZEUG

Die nächste Landebahn gehört zum Aeropuerto Internacional del Bajío (S. 690) zwischen León und Silao (mit dem Auto ca. 1½ Std.).

Unterwegs vor Ort

ZUM/VOM FLUGHAFEN

Ein paar Agenturen bieten einen Shuttle-Service zum und vom Bajío-Flughafen, u. a.

TÄGLICHE BUSSE AB SAN MIGUEL DE ALLENDE

Ziel	Preis	Dauer	Häufigkeit
Celaya	42 Mex$	1¾ Std.	alle 15 Min. (Flecha Amarilla)
Dolores	26 Mex$	1 Std.	alle 40 Min. 7–20 Uhr (Flecha Amarilla Hidalgo oder Herradura de Plata)
Guadalajara	Deluxe 405 Mex$	5¼ Std.	3 tgl. (ETN)
	1. Klasse 336 Mex$	5½ Std.	6 tgl. (Primera Plus)
Guanajuato	Deluxe 100 Mex$	1–1¼ Std.	3 tgl. (ETN)
	1. Klasse 81 Mex$	1–1½ Std.	7 tgl. (Primera Plus)
	1. Klasse 78 Mex$	1–1½ Std.	1 tgl. (Ómnibus de México)
	2. Klasse 61 Mex$	1–1½ Std.	10 tgl. (Flecha Amarilla)
León	Deluxe 145 Mex$	2¼ Std.	3 tgl. (ETN)
	1. Klasse 119 Mex$	2¼ Std.	7 tgl. (Primera Plus)
Mexico City (Terminal Norte)	Deluxe 260 Mex$	3½–4 Std.	4 tgl. (ETN)
	1. Klasse 212 Mex$	3½ Std.	2 tgl. (Primera Plus), 1 tgl. (Herradura de Plata)
	2. Klasse 173 Mex$	4¼ Std.	alle 40 Min. 7–20 Uhr (Herradura de Plata)
Querétaro	Deluxe 75 Mex$	1 Std.	3 tgl. (ETN)
	2. Klasse 42 Mex$	1¼ Std.	alle 40 Min. 7–20 Uhr (Flecha Amarilla oder Herradura de Plata)

Weitere 1.-Klasse-Busse bedienen Aguascalientes, Monterrey und San Luis Potosí. Busse von Americanos fahren täglich um 18 Uhr nach Texas (70–130 US$).

Viajes Vertiz (☎ 152-18-56), **Viajes San Miguel** (☎ 152-25-37) und **Transportadora Turística Imperial** (☎ 154-54-08). Oder man nimmt den Bus nach Silao und von dort ein Taxi weiter. Zum Flughafen von Mexico City steigt man in einen Bus nach Querétaro und von dort direkt in einen zum Flughafen.

Zwischen dem Flughafen von Bajío und dem Zentrum von León gibt's keine Buslinie. Wer nicht zu viel Gepäck hat, kann vom Flughafen zur Kreuzung der Hauptstraße mit der Straße zum Flughafen laufen (10 Min.) und dort einen Stadtbus stoppen (ca. 25 Mex$). Ein Taxi nach León kostet um die 250 Mex$; nach San Miguel steigt man in León um.

ZUM/VOM ZENTRUM

Die Stadtbusse (4 Mex$) fahren täglich von 7 bis 21 Uhr. Die „Central"-Busse pendeln regelmäßig zwischen Busbahnhof und Stadtzentrum. Die Endstation der Fahrt in die Stadt ist am östlichen Ende der Insurgentes, nachdem sie sich durch die Straßen geschlängelt haben. Wer aus der Stadt raus möchte, kann einen Bus an der Canal erwischen. Ein Taxi vom Zentrum zum Busbahnhof oder umgekehrt kostet etwas 25 Mex$, genauso auch die meisten Trips durch die Stadt.

RUND UM SAN MIGUEL DE ALLENDE

Heiße Quellen

Die Umgebung San Miguels ist mit heißen Mineralquellen gesegnet. Wenn sie je eine spirituelle Bedeutung hatten, so ist die heute verloren; sie haben sich zu kommerziellen *balnearios* (Badeplätzen) entwickelt. Hier taucht man in schöner Umgebung mit angelegten Gärten und Picknickbereichen unter. Am Wochenende sind die meisten Plätze von einheimischen Familien überfüllt, aber unter der Woche sind sie *muy tranquilo* (sehr friedlich).

Über den Highway nördlich von San Miguel erreicht man die *balnearios*. Sie sind gut ausgeschildert. Am praktischsten, aber teuersten ist ein Taxi (einfache Strecke ca. 100 Mex$; man kann mit dem Fahrer eine Zeit zum Abholen ausmachen). Alternativ nimmt man am Busbahnhof von San Miguel einen „Dolores Hidalgo"-Bus oder von der Calzada de la Luz einen „Santuario"-Stadtbus (stündl.); sie halten direkt vor den wichtigsten *balnearios* oder an den Abzweigungen dorthin. Zurück in die Stadt stoppt man einfach am Highway einen dieser Busse.

Taboada (☎ 152-08-50; Eintritt 50 Mex$; ⌚ Mi–Mo 9–18 Uhr) liegt 8 km nördlich und dann 3,25 km Richtung Westen. Es ist wegen seines Swimmingpools von olympischer Größe (und mit sehr warmem Wasser) beliebt, daneben gibt's noch ein kleineres Becken für Kinder und ein heißes Thermalbad. Ein Kiosk mit Snacks und eine Bar sorgen für Erfrischungen. Von der Calzada de la Luz fahren stündlich „Nigromante"-Minibusse bis auf 1,5 km an Taboada heran. Alternativ steigt man einfach da aus, wo der Bus nach Nigromante abbiegt und läuft die restlichen 1,5 km.

In der Nähe liegt der auf Familien eingestellte Wasserpark **Balneario Xote** (☎ 155-81-87; www.xoteparqueacuatico.com.mx; Erw./Kind 70/35 Mex$; ⌚ 9–18 Uhr). Er ist vom Highway 3,5 km entfernt und befindet sich an der kopfsteingepflasterten Straße, die nach Taboada führt.

2 km weiter und dann 1 km auf einer Schotterstraße gen Westen kommt man zum **Escondido Place** (☎ 185-20-22; www.escondidoplace.com; Eintritt 80 Mex$; ⌚ 8–17.30 Uhr). Hier gibt's sieben kleine Becken im Freien und drei miteinander verbundene drinnen, eines wärmer als das andere. Das malerische Gelände bietet jede Menge Platz zum Picknicken und einen Kiosk mit Getränken und Snacks.

Das **La Gruta** (☎ 185-20-99; Eintritt 6,50 Mex$; ⌚ 8–17 Uhr) liegt gleich hinter Parador del Cortijo bei Km 9,5 und wird von Einheimischen und Touristen sehr geliebt. In drei kleine Becken wird das Wasser einer Thermalquelle geleitet; das heißeste befindet sich in einer Höhle, die man durch einen 27 m langen Tunnel betritt, in dem das Wasser von der Decke kommt. Beleuchtet wird sie durch einen einzelnen Schacht, durch den die Sonne einfällt.

Santuario de Atotonilco

Das Dörfchen Atotonilco liegt 11 km nördlich von San Miguel und 3 km westlich vom Highway nach Dolores Hidalgo. Ein – zumindest in den Augen der Mexikaner äußerst bedeutendes – Heiligtum dominiert es. Dieses Heiligtum wurde 1740 als spiritueller Rückzugsort gegründet; 1802 heiratete hier Ignacio Allende. Acht Jahre später kehrte er gemeinsam mit Miguel Hidalgo und einer Gruppe Unabhängigkeitskämpfer auf dem Weg von Dolores nach San Miguel hierher zurück. Sie holten sich das Banner der Jungfrau von Guadalupe vom Heiligtum als Flagge.

Eine Reise nach Atotonilco ist für Pilger und Büßer aus ganz Mexiko ein beliebtes

Ziel. Außerdem startet zwei Wochenenden vor Ostern hier eine wichtige und feierliche Prozession, bei der ein Bildnis des Señor de la Columna zur Kirche San Juan de Dios in San Miguel getragen wird. Das Heiligtum besteht im Innern aus sechs Kapellen und ist voller Statuen, folkloristischer Wandmalereien und Gemälde. Am dritten Sonntag im Juli finden hier traditionelle Tänze statt.

Von San Miguel aus verlangen Taxis für die einfache Strecke 100–120 Mex$ (manche warten 1 Std. bis zur Rückfahrt). An der Calzada de La Luz fahren stündlich Stadtbusse ab (7 Mex$, 45 Min.).

Pozos

☎ 412 / 2261 Ew. / 2305 m

Vor weniger als 100 Jahren war Mineral de Pozos ein blühendes Zentrum des Silberbergbaus mit etwa 70 000 Einwohnern. Die Revolution 1910 und die Überflutung der Minen jedoch dezimierten die Bevölkerung – leerstehende Häuser, eine große, unvollendete Kirche (auf die Kuppel achten!) sowie aufgegebene Minenbetriebe und -schächte sind das Erbe dieser Entwicklung. Heute versucht der winzige Ort tapfer, wieder Bedeutung zu erlangen. Besucher können mit dem Mountainbike oder einem Pferd die zerfallenden Gebäude besichtigen und die faszinierende Umgebung erkunden, einschließlich einiger Minenruinen (Vorsicht: Viele der Schächte sind nicht mit einem Zaun gesichert, 150 m tief und extrem gefährlich). Mehrere Künstler aus dem Ausland haben hier Galerien.

Zu den Bemühungen der Stadt, Touristen anzuziehen, zählt das Angebot eines „Kunstspaziergangs". Er führt durch Galerien und Werkstätten von Kunsthandwerkern (von denen einige zwar eher unbedeutend sind, aber unterprivilegierte Mitglieder der Gemeinschaft unterstützen); einen Plan für den Spaziergang bekommt man in Hotels und Geschäften. Einige Werkstätten stellen Musikinstrumente her, deren Ursprünge in vorkolonialer Zeit liegen. Weitere Informationen über die Region, ihre Geschichte und eine Liste der Feste und der Führer vor Ort gibt's auf www.mineraldepozos.com.

Das **Casa Mexicana Hotel** (☎ 293-00-14; www.casamexicanahotel.com; Jardín Principal 2; Zi. ab 862 Mex$; Ⓟ) steht an der Plaza. Die 100 Jahre alte, einladende Hazienda hat einen üppigen Garten und einzigartige, künstlerische Zimmer. In einigen von ihnen hängen echte Picasso-Lithografien – der Besitzer war früher Kunsthändler. Die Zimmer sind elegant und geräumig; in einem wächst sogar ein Baum. In der Hochsaison beherbergt das Hotel das Café des Artistes. Nebenan steht das atemberaubende, antike Steingebäude der **Casa Montana** (☎ 293-00-32; www.casamontanahotel.com.mx; Jardín Principal 4A; Zi./Suite 850/1150 Mex$). Es beherbergt ein vornehmes, stilvolles B&B, einen Innenhof und ein Restaurant. Man sollte sich keinesfalls die *molcajete* (120 Mex$) entgehen lassen.

Die **Posada de las Minas** (☎ 293-02-13; www.posadadelasminas.com; Doblado 1; Zi./Apt. 1100/1300 Mex$) ist eine renovierte Hazienda aus dem 19. Jh. Sie bietet kunstvolle Zimmer oder Apartments vor kolonialer Kulisse. Es gibt eine Bar, ein Restaurant mit verschließbarem Dach (Hauptgerichte 70–110 Mex$) und einen kleinen, aber beeindruckenden Kakteengarten.

Los Famosos de Pozos (☎ 293-01-12; www.mineraldepozos.com; Hidalgo 10B; Hauptgerichte 48–118 Mex$; 🕑 11–20 Uhr) ist eine ausgezeichnete Alternative zur angesagten B&B-Restaurantszene. Hier entspannt man auf der Terrasse und genießt die Aussicht und preiswerte mexikanische Kost.

Pozos liegt 14 km südlich von San Luis de la Paz, ein kleiner Abstecher vom Hwy 57. Um mit dem Bus von San Miguel herzukommen, fährt man zunächst nach Dolores Hidalgo, dann nach San Luis de la Paz und mit einem dritten Bus schließlich nach Pozos. Mit dem Auto braucht man von San Miguel etwa 45 Min. Bici-Burro (s. S. 699) bietet Fahrradtouren zur Stadt und den Minen an.

QUERÉTARO BUNDESSTAAT

Der Bundesstaat Querétaro (1,6 Mio. Ew.) steckt voller Überraschungen. In erster Linie zeichnet er sich als ein Staat der Landwirtschaft und Viehzucht aus – mit dem stattlichen Querétaro als Hauptstadt. Aber er ist auch voller abwechslungsreicher Geografie, malerischer Sehenswürdigkeiten und historischer Schätze. Innerhalb seiner 11 770 km² befinden sich solche Naturphänomene wie der drittgrößte Monolith der Welt, La Peña de Bernal, dazu gibt's vorkoloniale Ruinen und ein wahres Juwel Mexikos, das atemberaubende Sierra Gorda Biosphärenreservat. Das Reservat schützt mehrere Missionsstädte, in denen die Einheimischen im Namen der neuen

Gemeinschaft einige ausgezeichnete touristische Aktivitäten veranstalten – für den kühnen Traveller ein absolutes Muss.

QUERÉTARO

☎ 442 / 596 450 Ew. / 1762 m

Was die Silberstädte angeht, wird Querétaro als hässliches Schwesterlein angesehen. Tatsächlich bekommt man dank der hektischen Vororte und ihrer verkehrsreichen Schnellstraßen schnell einen falschen ersten Eindruck. Das große historische Herz der Stadt aber besticht mit zauberhaften Fußgängerzonen, schönen Plazas und interessanten Kirchen. In der anspruchsvollen Restaurantszene kommt Qualitätsessen auf den Tisch und städtische Museen illustrieren Querétaros tragende Rolle in der mexikanischen Geschichte.

Geschichte

Die Otomí gründeten hier im 15. Jh. eine Siedlung, die sich schnell zuerst die Azteken und dann, 1531, die Spanier einverleibten. Franziskanische Missionare nutzen sie als Missionsbasis, nicht nur für Mexiko, sondern auch für den Südwesten der heutigen USA. Im frühen 19. Jh. war Querétaro das Zentrum der Ränkespiele der unzufriedenen Criollos. Hier planten sie, Mexiko von den Spaniern zu befreien. Verschwörer wie Miguel Hidalgo trafen sich heimlich im Haus der Doña Josefa Ortiz (La Corregidora), der Ehefrau von Querétaros früherem *corregidor* (Distriktsverwalter).

Nachdem die Verschwörung aufgedeckt worden war, wurde Doña Josefa in ihrem Haus eingesperrt, dem heutigen Palacio de Gobierno. Aber sie schaffte es – so will es zumindest die Legende –, durch das Schlüsselloch dem Mitverschwörer Ignacio Pérez zuzuflüstern, dass ihre Verbündeten in Gefahr seien. Und das war der Auslöser für Padre Hidalgos Ruf zu den Waffen (s. Kasten S. 693).

1917 wurde die mexikanische Verfassung von den Konstitutionalisten in Querétaro unterzeichnet. Der PNR (später der PRI, die Institutionelle Revolutionäre Partei) organisierte sich 1929 hier in der Stadt und beherrschte die mexikanische Politik für den Rest des 20. Jhs.

Orientierung

Das historische Zentrum besteht aus *andadores* (Fußgängerzonen), die eine Reihe lebhafter Plazas verbinden und sich herrlich zum Bummeln eignen. Alle Plazas sind geschäftige Mittelpunkte: An der Ostseite des Jardín Zenea, der Hauptplaza, verläuft die größte Straße der Innenstadt, die Av Corregidora; die Plaza de Armas (oder auch Plaza de la Independencia) liegt zwei Blocks Richtung Osten, der kleine Jardín de la Corregidora einen Block nach Norden. Die große und schattige Alameda befindet sich mehrere Blocks südlich.

Praktische Informationen

Kartentelefone findet man am Jardín Zenea, der Plaza de Armas und anderswo im Zentrum. An der Libertad 32 und der Carranza 9 befinden sich zwei praktische No-Name-Internetzugänge; beide berechnen für die Stunde etwa 10 Mex$. Rund um den Jardín Zenea gibt's mehrere Banken mit Geldautomaten; *casas de cambio* liegen an der Juárez und Colón.

Hospital Luis Martín (☎ 214-25-71; Zaragoza Pte 88)

Lava Express (☎ 212-27-48; Gutiérrez Nájera; 14 Mex$/kg) Versteckt in einer Einkaufsplaza, östlich der Gutiérrez Nájera, nördlich des Mercado la Cruz

Librería Cultural del Centro (☎ 224-24-61; Ecke 16 de Septiembre & Corregidora; 🕑 Mo–Fr 9–20.30, Sa 9.30–17 Uhr) Dieser zentral gelegene Buchladen hat eine super Auswahl an anspruchsvollen Titeln, einige davon auf Englisch.

Post (☎ 212-01-12; Arteaga 5)

Touristeninformation(☎ 212-12-41, 238-50-67, 800-715-17-42; www.queretaro.travel; Pasteur Nte 4; 🕑 9–20 Uhr) Stadtpläne und Broschüren.

Turismo Beverly (☎ 216-15-00; Tecnológico 118) Die American-Express-Agentur bucht auch Flugtickets.

Sehenswertes

TEMPLO DE SAN FRANCISCO

Die beeindruckende **Kirche** (Ecke Ave Corregidora & Andador 5 de Mayo; 🕑 8–10 & 16–21 Uhr) liegt direkt am Jardín Zenea. Die hübschen farbigen Fliesen an der Kuppel wurden 1540 aus Spanien hierher gebracht, etwa zu der Zeit, als man mit dem Bau der Kirche begonnen hat. Innen sind einige schöne religiöse Gemälde aus dem 17., 18. und 19. Jh. zu sehen.

MUSEO REGIONAL

Dieses **Museum** (☎ 212-20-31; Ecke Ave Corregidora & Jardín Zenea; Eintritt 30 Mex$; 🕑 Di–So 10–18 Uhr) befindet sich neben dem Templo de San Francisco. Im Erdgeschoss sind interessante Stücke aus der vorkolonialen Zeit Mexikos ausgestellt,

Funde aus archäologischen Ausgrabungsstätten, Zeugnisse aus der Phase der spanischen Eroberung und von den verschiedenen indigenen Gruppen und Völkern dieses Staates.

Oben enthüllen Ausstellungsstücke die Rolle Querétaros in der Unabhängigkeitsbewegung und in der Geschichte seit der Unabhängigkeit, außerdem gibt es religiöse Gemälde. Hier ist z. B. der Tisch zu sehen, an dem 1848 der Vertrag von Guadalupe Hidalgo unterzeichnet wurde. Dadurch fand der Krieg zwischen Mexiko und den USA ein Ende. Außerdem steht hier der Tisch, an dem das Tribunal Kaiser Maximilian zum Tode verurteilt hat. Dazu kommen noch viele religiöse Gemälde.

Das Museum ist in einem Teil eines Gebäudes untergebracht, das früher ein riesiges Kloster und Seminar war. Der Baubeginn war 1540. Das Seminar wurde 1567 zum Regierungssitz der Franziskanerprovinz San Pedro y San Pablo de Michoacán. Der Bau ging mindestens bis ins Jahr 1727 weiter. Dank seines hohen Turms wurde das Kloster 1860 sowohl von den Imperialisten, die Maximilian unterstützten, als auch von den Truppen als Festung benutzt, die ihn 1867 schließlich besiegten.

MUSEO DE ARTE DE QUERÉTARO

Angrenzend an den Templo de San Agustín steht **Querétaros Kunstmuseum** (☎ 212-23-57; Allende Sur 14; 30 Mex$, Di frei; ⏲ Di–So 10–18 Uhr) in einem herrlichen barocken Kloster, das zwischen 1731 und 1748 erbaut wurde. Der Besuch lohnt sich schon allein, um das Gebäude zu sehen: Man sieht Engel, skurrile Wasserspeier, Statuen und Unmegen anderer schmückender Details überall im gesamten Gebäude, besonders rund um den atemberaubenden Hof.

Im Erdgeschoss verfolgt die Ausstellung europäischer Gemälde aus dem 16. und 17. Jh. die Einflüsse, die von der flämischen Kunst ausgingen und über die spanische schließlich die mexikanische Kunst befruchteten. Im gleichen Stockwerk findet man mexikanische Bilder aus dem 19. und 20 Jh. Im obersten Stock gibt's Werke, die vom Manierismus des 16. Jhs. bis zum Barock des 18. Jhs. reichen. Ein guter Buchladen und ein Andenkenshop komplettieren das Angebot des Museums.

MUSEO DE LA CIUDAD

In dem früheren Kloster und alten Gefängnis, in dem Maximilian festgehalten wurde, finden in den elf Räumen des **Museo de la Ciudad** (☎ 212-47-02; Guerrero Nte 27; Eintritt 5 Mex$, Studenten frei; ⏲ Di–So 11–18.30 Uhr) gute Wechselausstellungen zeitgenössischer Kunst statt. Wer Spanisch kann oder ein echter Geschichtsfreak ist, sollte im **Museo de la Restauración de la República** (☎ 224-30-04; Guerrero Nte 23; Eintritt frei; ⏲ Di–So 9–17 Uhr) nebenan vorbeischauen. Es beschäftigt sich mit der Rolle Querétaros in der mexikanischen Geschichte, v. a. mit der französischen Besatzung und der letztendlichen Vertreibung von Kaiser Maximilian.

TEATRO DE LA REPÚBLICA

Das wunderbare alte und noch immer genutzte **Theater** (☎ 212-03-39; Ecke Juárez & Peralta; ⏲ 10–15 & 17–20 Uhr) mit seinen beeindruckenden Kronleuchtern steht an der Stelle, wo sich 1867 ein Tribunal traf und über das Schicksal Kaiser Maximilians entschied. Zudem wurde hier am 31. Januar 1917 die Verfassung Mexikos unterzeichnet. Hinter der Bühne sind die Namen der Unterzeichner und der Staaten, die sie vertraten, aufgelistet. 1929 trafen sich in diesem Theater Politiker, um die regierende Partei Mexikos zu gründen, den PNR (heute PRI).

CONVENTO DE LA SANTA CRUZ

Zu Fuß fünf Minuten östlich vom Zentrum entfernt befindet sich eine der interessantesten Sehenswürdigkeiten der Stadt. Das **Kloster** (☎ 212-03-35; Ecke Acuña & Independencia; Eintritt gegen Spende; ⏲ 9–14, Di–Sa 16–18, So 9–16.30 Uhr) wurde zwischen 1654 und 1815 an jener Stelle errichtet, an der in einer Schlacht zwischen Otomí und Konquistadoren wunderbarerweise Santiago (der heilige Jakob) erschien und die Otomí veranlasste, sich den Eroberern und dem Christentum zu unterwerfen. Kaiser Maximilian hatte hier sein Hauptquartier, als er von März bis Mai 1867 in Querétaro belagert wurde. Nach seiner Entmachtung und der darauffolgenden Verhängung der Todesstrafe war er hier eingesperrt, um das Erschießungskommando zu erwarten. Heute ist das Gebäude eine Religionsschule.

Man kann einen Führer bekommen (am Eingang fragen), aber Touren auf Englisch sind im Voraus zu arrangieren; dafür wird eine Spende erwartet. Die wichtigste Legende über die Stätte rankt um den **Árbol de la Cruz**. Der alte Baum im Klostergarten hat Dornen in Form von Kreuzen. Dieses Wunder ist das Ergebnis eines Spazierstocks, den ein frommer Mönch 1697 in die Erde gesteckt hatte.

QUERÉTARO

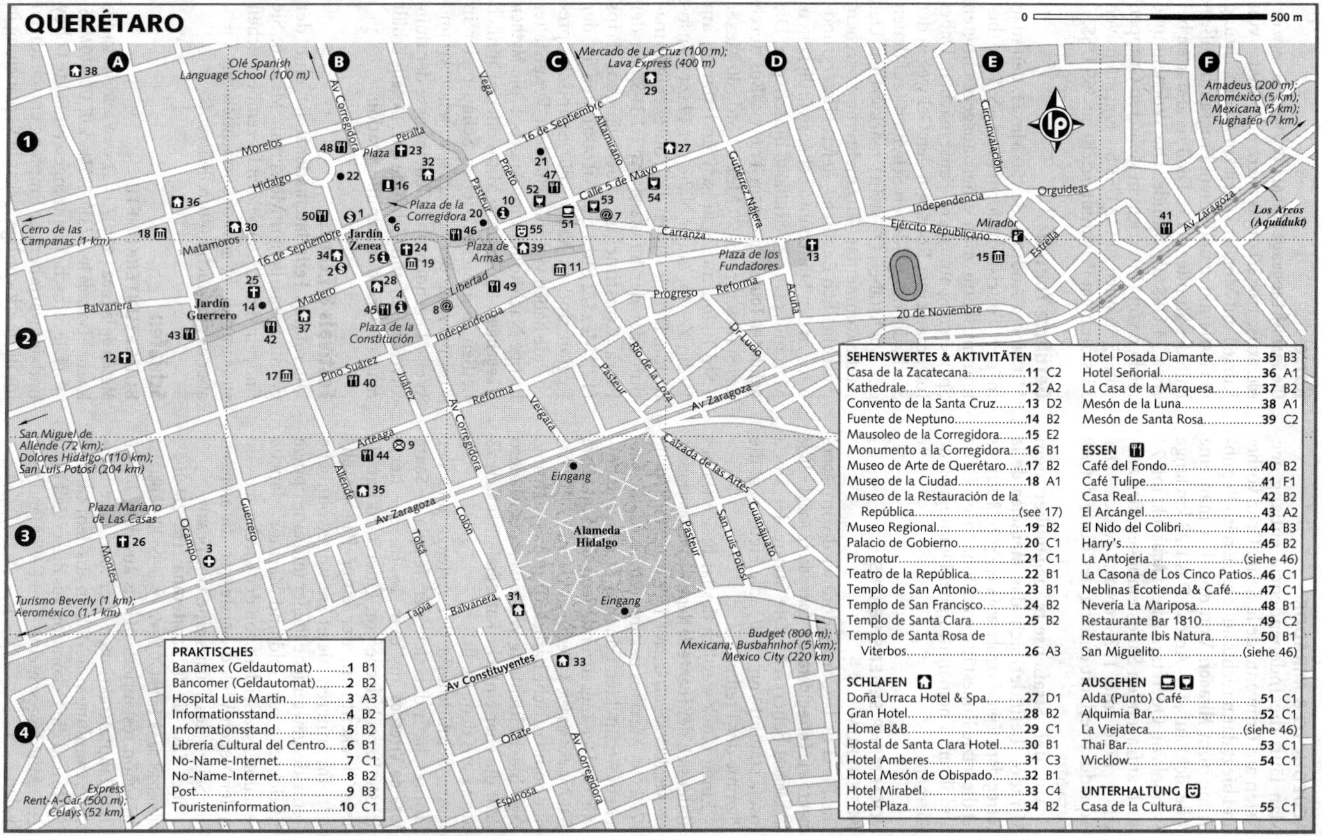

PRAKTISCHES
- Banamex (Geldautomat) 1 B1
- Bancomer (Geldautomat) 2 B2
- Hospital Luis Martin 3 A3
- Informationsstand 4 B2
- Informationsstand 5 B2
- Librería Cultural del Centro 6 B1
- No-Name-Internet 7 C1
- No-Name-Internet 8 B2
- Post 9 B3
- Touristeninformation 10 C1

SEHENSWERTES & AKTIVITÄTEN
- Casa de la Zacatecana 11 C2
- Kathedrale 12 A2
- Convento de la Santa Cruz 13 D2
- Fuente de Neptuno 14 B2
- Mausoleo de la Corregidora 15 E2
- Monumento a la Corregidora 16 B1
- Museo de Arte de Querétaro 17 B2
- Museo de la Ciudad 18 A1
- Museo de la Restauración de la República (see 17)
- Museo Regional 19 B2
- Palacio de Gobierno 20 C1
- Promotur 21 C1
- Teatro de la República 22 B1
- Templo de San Antonio 23 B1
- Templo de San Francisco 24 B2
- Templo de Santa Clara 25 B2
- Templo de Santa Rosa de Viterbos 26 A3

SCHLAFEN
- Doña Urraca Hotel & Spa 27 D1
- Gran Hotel 28 B2
- Home B&B 29 C1
- Hostal de Santa Clara Hotel 30 B1
- Hotel Amberes 31 C3
- Hotel Mesón de Obispado 32 B1
- Hotel Mirabel 33 C4
- Hotel Plaza 34 B2
- Hotel Posada Diamante 35 B3
- Hotel Señorial 36 A1
- La Casa de la Marquesa 37 B2
- Mesón de la Luna 38 A1
- Mesón de Santa Rosa 39 C2

ESSEN
- Café del Fondo 40 B2
- Café Tulipe 41 F1
- Casa Real 42 B2
- El Arcángel 43 A2
- El Nido del Colibri 44 B3
- Harry's 45 B2
- La Antojeria (siehe 46)
- La Casona de Los Cinco Patios 46 C1
- Neblinas Ecotienda & Café 47 C1
- Nevería La Mariposa 48 B1
- Restaurante Bar 1810 49 C2
- Restaurante Ibis Natura 50 B1
- San Miguelito (siehe 46)

AUSGEHEN
- Alda (Punto) Café 51 C1
- Alquimia Bar 52 C1
- La Viejateca (siehe 46)
- Thai Bar 53 C1
- Wicklow 54 C1

UNTERHALTUNG
- Casa de la Cultura 55 C1

ACUEDUCTO & MIRADOR

Man läuft die Independencia entlang gen Osten am Conventa de la Santa Cruz vorbei und biegt dann rechts auf die Ejército Republicano zum **Mirador**. Von dort hat man eine tolle Sicht auf „Los Arcos". Das 1,28 km lange Symbol von Querétaro ist ein **Aquädukt** mit 74 hoch aufragenden Sandsteinbogen, der zwischen 1726 und 1738 erbaut wurde. Der Aquädukt verläuft entlang der Mitte der Av Zaragoza.

Auf der Straßenseite gegenüber dem Mirador befindet sich das **Mausoleo de la Corregidora** (Ejército Republicano s/n; 🕑 9–18 Uhr). Es ist die letzte Ruhestätte von Doña Josefa Ortiz und ihrem Ehemann Miguel Domínguez de Alemán.

NOCH MEHR SEHENSWERTES IM ZENTRUM

Die Plaza de la Corregidora wird vom **Monumento a la Corregidora** (Ecke Corregidora & Andador 16 de Septiembre) beherrscht. Die Statue der Doña Josefa stammt von 1910 – die Figur trägt die Flamme der Freiheit.

Einen Block westlich des Jardín Zenea befindet sich der **Fuente de Neptuno** (Neptunsbrunnen; Ecke Andador Madero & Allende). Der Brunnen wurde 1797 von Mexikos bekanntem neoklassizistischem Architekten Eduardo Tresguerras entworfen. Der angrenzende **Templo de Santa Clara** (Ecke Andador Madero & Allende) aus dem 17. Jh. hat eine bombastische barocke Innenausstattung. Zwei Blocks Richtung Westen an der Madero steht die eher einfache **Kathedrale** (Ecke Madero & Ocampo) aus dem 18. Jh.

Am Schnittpunkt der Arteaga und der Montes befindet sich der **Templo de Santa Rosa de Viterbos** aus dem 18. Jh. Die herrlichste Barockkirche von Querétaro hat einen Glockenturm, der einer Pagode ähnelt. Im Inneren bietet sie ungewöhnliche Gemälde, gewundene Pfeiler und eine üppige Einrichtung aus Gold und Marmor. Manche behaupten außerdem von der Kirche, dass sie in der Neuen Welt die erste war, die an allen vier Seiten des Turms eine Uhr besaß.

Die **Casa de la Zacatecana** (☎ 224-07-58; Independencia 59; Eintritt 20 Mex$; 🕑 Di–So 10–18 Uhr) ist ein schön restauriertes Haus aus dem 17. Jh. Die Hauptattraktionen hier sind eine hübsche Sammlung von Möbeln aus dem 18. und 19. Jh. und die Dekoration aus dieser Zeit (und seine Mördergeschichte – im Keller fand man Skelette …).

Kurse

Olé Spanish Language School (☎ 214-40-23; www.ole.edu.mx; Escobedo 32) organisiert eine Reihe von Kursen mit Möglichkeiten zur Übernachtung in Gastfamilien und einem Programm außerhalb des Stundenplans. Die Preise starten bei etwa 14 US$ die Stunde. Die Wochenkurse reichen von Unterricht in kleineren Gruppen von 15 Stunden zu 142 US$ bis zum intensiven 35-stündigen Privatunterricht zu 365 US$.

Geführte Touren

Mit einem Audioguide (50 Mex$), den man in der Touristeninformation (S. 709) bekommt, kann man einen ausgezeichneten Spaziergang auf eigene Faust machen. Dabei folgt man einer Route auf den Gehwegen der Stadt, die mit goldenen Scheiben (auf denen der Buchstabe „Q" steht) markiert ist. Der Audiokommentar – in mehreren Sprachen, einschließlich Englisch – liefert Hintergrundinfos zu den Stätten und Sehenswürdigkeiten. Man muss eine Kreditkarte hinterlegen. Die **geführten Touren** in einem Tranvía-Bus durch das Stadtzentrum (70 Mex$/1 Std., 80 Mex$/2 Std.) sind auf Spanisch und starten am Jardín Zenea, in der Nähe der Plaza Constitución. Details wissen die Touristeninformation oder der **Infostand** (☎ 212-34-52) an der Plaza Constitución. Auch längere Trips (120 Mex$/2 Std.) zu Attraktionen in der Region sind zu haben. Für Spanisch Sprechende haben viele verschiedene Veranstalter lustige Nachttouren im Angebot, die **Mythen & Legenden**, Leyendas & Mitos oder so ähnlich heißen. Bei diesen stellen Schauspieler in Kostümen aus der Zeit auf spannende Art und Weise Legenden und Geheimnisse der dunklen Straßen und Gebäude dar. Details erhält man an der Touristeninformation.

Festivals & Events

Querétaros **Feria Internacional** ist eine der größten staatlichen Messen in Mexiko. Sie findet in den ersten beiden Dezemberwochen statt und dreht sich hauptsächlich um Vieh, aber es gibt auch kulturelle Events.

Schlafen

BUDGETUNTERKÜNFTE

Mesón de la Luna (☎ 212-14-39; www.hotelelmesondelaluna.com; Escobedo 104; EZ 310–330 Mex$, DZ 370–400 Mex$; Ⓟ) Die hübsche pflanzengeschmückte Lobby und der warmherzige Empfang entschädigen für die merkwürdige, riskante Verkabelung in den einfachen, sauberen Zimmern. Es gibt Kabelfernsehen. Guter Deal.

Home B&B (☎ 183-91-39; www.queretarobandb.com; 16 de Septiembre 104; Zi. inkl. Frühstück ab 350 Mex$ ⊠ 💻) Dieses freundliche, von Kanadiern geführte B&B liegt zentral und ist sehr gesellig. Das Frühstück ist in zweierlei Hinsicht ein Vergnügen: Erstens ist es inklusive und zweitens ein wahres Festmahl, bereitet vom Besitzer selbst, einem ehemaligen Profikoch. Man frühstückt gemeinsam um 9 Uhr. Die Zimmer sind in Form und Größe unterschiedlich, aber alle hell und luftig; einige haben ein eigenes Bad. Man muss vorher reservieren.

Weitere Empfehlungen:

Hostal de Santa Clara Hotel (☎ 212-03-90; Allende 13 Norte; B 120 Mex$, EZ/DZ ab 250/450 Mex$) Diese einfache, aber blitzsaubere Mischung aus Hotel und Hostel ähnelt einem Kloster. Man hat die Wahl zwischen Gemeinschafts- und eigenen Bädern.

Hotel Posada Diamante (☎ 212-66-37; Allende Sur 45; EZ 260 Mex$, DZ 315–345 Mex$, 3BZ 365–415 Mex$) Einfach, sauber, ordentlich und nur einen kurzen Fußweg von den verkehrsberuhigten Plazas und der Alameda weg.

Hotel Plaza (☎ 212-11-38; www.travelbymexico.com/quer/hotelplaza; Juárez Nte 23; EZ ab 320 Mex$, DZ 350–380 Mex$ 3BZ ab 530 Mex$) Die glorreichen Tage des Hotel Plaza sind vorrüber, aber die 29 Zimmer sind noch immer ordentlich, wenn ihnen auch etwas Charme fehlt. Für ein paar Pesos mehr bekommt man eines, das auf den Jardín hinausgeht und Glastüren mit Balkon (und jede Menge Licht, Luft und Lärm) hat.

MITTELKLASSEHOTELS

Hotel Mesón de Obispado (☎ 224-24-64; Andador 16 de Septiembre 13; EZ/DZ/3BZ 450/570/690 Mex$) Der Beschif, der einst in diesem alten, heute an einer lebhaften Fußgängerzone gelegenen Hause zuhause war, würde sich hier immer noch wohlfühlen. Die Zimmer haben einen zeremoniellen Touch, z.B. unechte Kopfenden der Betten im Stil Louis XV. Auf dem Weg zu den Zimmern muss man durchs Restaurant – und könnte dort hängenbleiben: Das Brunchbuffet ist verführerisch …

Hotel Amberes (☎ 212-86-04; hamberes@prodigy.net.mx; Corregidora Sur 188; EZ/DZ/3BZ 495/620/720 Mex$; P ❄ 💻) Dieses umgebaute Viersternehotel liegt gegenüber der Alameda Hidalgo und ist ein Liebling der Geschäftsreisenden. Überall ist Marmor, es riecht nach Putzmittel und die Zimmer haben Teppich, Klimaanlage, Kabelfernsehen und Telefon. Einige Zimmer blicken zum Park.

Hotel Señorial (☎ 214-37-00; www.senorial-hotel.com; Guerrero Nte 10A; EZ 540–560 Mex$, DZ 585–700 Mex$; P) Von außen sieht es wie ein Gefängnis aus, aber innen vergisst man das wegen der sauberen, schönen modernen Zimmer, dem Kabelfernsehen und dem superfreundlichen Personal. Das Señorial ist ein Schlupfwinkel des US-Friedenskorps.

Hotel Mirabel (☎ 214-35-35, 800-401-39-00; www.hotelmirabel.com.mx; Av Constituyentes Ote 2; EZ/DZ/Suite 645/830/950 Mex$; P ❄ 💻) Anspruchsvollere Geschäftsreisende ziehen das schicke Mirabel vor. Die bequemen Standardzimmer (einige mit Blick auf den Park) haben Teppich und Klimaanlage. Mit Zimmerservice.

SPITZENKLASSEHOTELS

La Casa de la Marquesa (☎ 212-00-92; www.lacasadelamarquesa.com; Madero 41; Suite ab 2100 Mex$ P ❄) Liebhaber von schönen Antiquitäten und Geschichtsfans sollten an dieser sagenhaften barocken Mudéjar-Villa von 1756 nicht vorbeigehen. Sie ist (natürlich!) von Legenden umrankt und dazu voller üppiger Möbel aus der Epoche, Steinreliefs, Fliesen und Freskos. Die 25 einzigartigen Suiten tragen Namen wie Alhambra und Maximiliano y Carlota, jeweils passend eingerichtet. Im Preis inbegriffen sind ein kontinentales Frühstück und ein Willkommenscocktail.

Doña Urraca Hotel & Spa (☎ 238-54-00, in Mexiko 800-021-71-16; www.donaurraca.com.mx; Calle 5 de Mayo 117; Suite inkl. Frühstück ab 2940 Mex$; P ❄ 💻 🏊) Wer sich verwöhnen lassen möchte, ist hier richtig. Die 23 geräumigen Suiten sind verschwenderisch mit „duften" Annehmlichkeiten ausgestattet: Bademäntel, handgemachte Seife aus Kräutern, dazu ein Soundsystem und Kabelfernsehen. Es gibt einen Fitnessraum, einen beheizten Pool und einen Whirlpool im Freien. Der Weinkeller des Restaurants verwandelt sich bei Bedarf in einen romantischen privaten Speiseraum für zwei. Extra Luxuspakete umfassen ganzheitliche Wellnessbehandlungen.

Weitere Empfehlungen:

Mesón de Santa Rosa (☎ 224-26-23; Pasteur Sur 17; Zi./Suite ab 119/168 US$; P 💻 🏊) Das schöne renovierte Gebäude an der Plaza de Armas stammt aus dem 17. Jh. und umgibt drei Innenhöfe. Die Berichte der Traveller sind unterschiedlich, unsere Erfahrungen waren positiv. Man zieht hier US-Dollar vor.

Gran Hotel (☎ 251-80-50; www.granhoteldequeretaro.com.mx; Juárez Sur 5; Zi./Suite ab 1410/2000 Mex$) Das neueste Luxusangebot von Querétaro präsentiert mexikanischen Schick in einem schön renovierten Gebäude.

Essen

Die Plazas im Zentrum und die Fußgängerzonen in der Umgebung, vor allem rund um die Plaza de Armas, sind von Restaurants gesäumt. Für jeden Geschmack und Geldbeutel ist was dabei. Die Tische stehen draußen und am Abend herrscht eine lebhafte Atmosphäre mit Livemusik (manchmal übertönen sich die Musiker gegenseitig). Nach 17 Uhr isst man am günstigsten und authentischsten im **Mercado de la Cruz** (Gutierrez Nájera).

RUND UM DIE PLAZA DE ARMAS

An der Plaza de Armas findet man einige ausgezeichnete, gehobenere Restaurants und Cafés mit Tischen drinnen und draußen.

Restaurante Bar 1810 (☎ 214-33-24; Andador Libertad 62; Hauptgerichte 85–175 Mex$; ⌚ Mo–Do 8–23, Fr & Sa 8–24, So 8–22.30 Uhr) Dieser überdachte Ort wird von Lichterketten erhellt und überblickt die hübsche Plaza. Es ist *das* Lokal für ausgezeichnete Steaks und eine Vielzahl von Pasta- und Meeresfrüchtegerichten. Schlagersänger ergänzen das Essen (oder umgekehrt).

LP Tipp **La Casona de los Cinco Patios** (☎ 224-27-60; www.lacasona.com.mx; Andador 5 de Mayo 39) Es fällt schwer, hier nicht zumindest eine der vielen Gelegenheiten zum Essen und Trinken zu testen, die sich unter der Schirmherrschaft (und im Gebäude) einer Villa mit fünf Innenhöfen befinden.

La Antojeria (Hauptgerichte 25–75 Mex$) Am Eingang zum Cinco Patios und unten auf der Preisskala. Das familienfreundliche, lustige Lokal mit mexikanischem Motto serviert sämtliche Arten von *antojitos*, die Mexiko kennt.

San Miguelito (Hauptgerichte 100–150 Mex$; ⌚ Di–Sa 13–24, So 13–18 Uhr) Die Einheimischen schwärmen von dem Essen, dem altmodischen Service, dem Ambiente – und von der Einrichtung: Jeder Tisch hat andere Stühle und ist mit handgemalten, thematischen Holzplatten dekoriert. Zu den beliebten Gerichten gehört *filete de res en salsa de mezquite* (mit einer Sauce aus der Mesquite-Pflanze gefülltes Rinderfilet, 110 Mex$).

IN DER NÄHE DES ACUEDUCTO

Nach den Strapazen der Wanderung entlang des Aquädukts (und der belebten Straße) kann man z. B. hier eine Pause einlegen:

Café Tulipe (☎ 213-63-91; Calzada de los Arcos 3; 50–80 Mex$; ⌚ 8–22 Uhr) Der mexikanische Teeladen serviert Französisches, etwa Quiche, Crêpes und Käsefondue. Zwischen 16 und 19 Uhr gibt's ein super Angebot zum Nachmittagstee – Tee oder Kaffee mit einem riesigen Kuchenstück nach Wahl (37–42 Mex$).

Amadeus (☎ 213-64-03; Zaragoza 306; Hauptgerichte 65–110 Mex$; ⌚ Mo–Fr 8–22, So 9–22 Uhr) Eine kurzzeitige Zuflucht vom Lärm der Zaragoza. Das deutsch-mexikanische Café zaubert einheimische und deutsche Köstlichkeiten. Es liegt auf halber Strecke vom Aquädukt.

ANDERSWO

Nevería La Mariposa (☎ 212-11-66; Ángela Peralta 7; Snacks 17–55 Mex$; ⌚ 8–21.30 Uhr) Diese Institution von Querétaro hat sich seit 1940 nicht verändert – die Fotos beweisen es. Wichtiger als das Essen ist die malerische Atmosphäre. Man darf nicht gehen, ohne den köstlichen *mantecado* (Vanilleeis, 30 Mex$) versucht zu haben.

Restaurante Ibis Natura (☎ 214-22-12; Juárez 47 Nte; Hauptgerichte 25–50 Mex$; ⌚ 8–21.30 Uhr; V) Vegetarier und Fans von Naturkost werden das wunderbar frische und preiswerte vegetarische Essen lieben. Ein besonders guter Fang sind die *comida corrida* (45 Mex$) oder die Sojaburger mit Pilzen und Käse.

El Nido del Colibrí (☎ 214-43-36; Arteaga 21-9; Hauptgerichte 30–45 Mex$; ⌚ Mo–Fr 13–17, Sa & So 10–17 Uhr) Ein leuchtend gelb eingerichtetes, fröhliches Nest (*nido*) für's Mittagessen oder eine einfache, aber sättigende *comida corrida* (35 Mex$).

Neblinas Ecotienda & Café (☎ 156-90-25; Río de la Loza 1; Snacks 35–55 Mex$; ⌚ Mo–Sa ab 10, So 17–22 Uhr; V) Diese außergewöhnliche Mischung aus Läden, Cafés, Galerien und Kulturzentrum unterstützt Gemeinden in der Sierra Gorda. Hier hat alles eine umweltfreundliche und nachhaltige Bedeutung: Das Café bringt köstliche Snacks auf den Tisch (unbedingt die Hamburger aus hausgemachten Brötchen in Form gefährdeter Tiere oder das Kaktusgericht, *penca de nopal*, probieren), die nette Einrichtung erinnert an eine Halbwüste und der Laden verkauft biologische Produkte. Kulturell werden Livejazz und Tanz geboten.

Café del Fondo (☎ 212-09-05; Pino Suárez 9; alles unter 40 Mex$; ⌚ 8–22 Uhr) Dieser entspannte, weitläufige alternative Treffpunkt ist bei älteren, Zeitung lesenden Staatsmännern, Schachspielern und Klatschbasen beliebt. Die ordentlichen Frühstückskombis kosten nur 27 Mex$. Die Speisekarte wartet zudem mit Snacks und 4-Gänge-*comida-corrida* auf.

Casa Real (☎ 212-00-92; Ecke Madero & Allende; Hauptgerichte 60–160 Mex$; ⌚ 9–17 Uhr) Reifere Mexikaner mögen das attraktive Bistro im Innenhof des La Casa de la Marquesa (vom

Hotel aus die Straße rauf). Es protzt mit einem plätschernden Brunnen, feinem Essen, super Service und einer guten, etwas teureren *comida corrida* (110 Mex$).

El Arcángel (☎ 212-65-42; Guerrero Norte 1; Hauptgerichte 60–115 Mex$; ⏰ 8–22 Uhr) An diesem altmodischen Ort gesellt man sich zu hiesigen Geschäftsleuten, Familien und allen anderen dazwischen. Bei einem guten Frühstück oder einem superpreisgünstigen 4-Gänge-Mittagessen lauscht man Ergüssen von Mozart (wochentags 89 Mex$, Wochenende 110–119 Mex$).

Harry's (☎ 214-26-20; Hidalgo 12; Plaza Constitución s/n; Hauptgerichte 60–250 Mex$; ⏰ Mo–Fr 12.30–24, Sa & So 10–24 Uhr) In dieser Café-Bar im Stil von New Orleans bewegt sich alles zum Groove. Bei einem Jambalaya oder einem Cocktail an einem Tisch auf der Terrasse kann man der Menge beim Bummeln zusehen.

Das **Alda (Punto) Café** (☎ 224-40-77; Río de la Loza 4; Hauptgerichte 75–100 Mex$; ⏰ 14.30–22.30 Uhr) scheint in einer Identitätskrise zu stecken: Vom Personal wird es Alda genannt, auf dem Schild steht Punto. Sein modernes Essen ist beständiger: sagenhafte Focaccias, Salate, gesunde Sandwiches (zu heftigen Preisen).

Ausgehen

Die Barszene in Querétaro blüht. Im historischen Stadtzentrum und darüber hinaus schießen Bars und Clubs nur so aus dem Boden (oder gehen wieder ein). Die Calle 5 de Mayo ist die elegante Ausgehmeile im Zentrum; trendige Kneipengänger tauchen nach 22 Uhr hier auf. Eine Menge angesagter Bars und Nachtclubs findet man außerdem an der Av Constituyentes und am Blvd Bernardo Quintana, den östlichen und westlichen Ringstraßen der Stadt – man braucht ein Taxi. Schwulenbars für den späten Abend säumen die Bernardo Quintano.

La Viejateca (La Casona de los Cinco Patios, Andador 5 de Mayo 39) Was man auch tut – in dieser ehemaligen Apotheke sollte man einen Teil seiner abendlichen flüssigen Dosis abholen. Schon wegen der Einrichtung – Apothekerflaschen, früherer Haushalts-Krimskrams und vieles mehr – lohnt sich ein Besuch der „Alkotheke". Ein herrlicher, altmodischer Spaß.

Weitere gute Möglichkeiten an der Calle 5 de Mayo sind:

Wicklow (☎ 307-60-63; Calle 5 de Mayo 86) Dieser irische Pub erfreut sich beständiger Beliebtheit.
Thai Bar (☎ 214-61-25; Calle 5 de Mayo 56)
Alquimia Bar (☎ 212-1791; Calle 5 de Mayo 71A) Hat ein paar herrliche Räume zum Faulenzen.

Unterhaltung

In Querétaro kann man sich mit Kulturaktivitäten austoben. Poster und Anschlagbretter in der Stadt verkünden, was gerade los ist. Man kann auch an der Touristeninformation fragen. Sonntags finden um 13 Uhr kostenlose Konzerte auf der Plaza de Armas und abends im Jardín Zenea statt.

Casa de la Cultura (☎ 212-56-14; 5 de Mayo 40) Hier werden Konzerte, Tanz-, Theater- und Kunstevents gefördert. Während der Öffnungszeiten kann man einen Blick auf's Schwarze Brett werfen. An den meisten Freitagen gibt's im Teatro Principal Sinfoniekonzerte (6–12 Mex$).

An- & Weiterreise

AUTO & MOTORRAD

Wer die Sierra Gorda mit dem Auto erkunden möchte, bekommt im englischsprachigen **Express Rent-a-Car** (☎ 242-90-28; Hotel Real de Minas, Av Constituyentes Pte 124) preisgünstige Angebote. **Budget** (☎ 213-44-98; Av Constituyentes Ote 73) ist ebenfalls einen Versuch wert.

BUS

Querétaro ist ein Knotenpunkt für Busse in alle Richtungen; der moderne Central Camionera liegt 5 km südöstlich vom Zentrum. Es gibt ein Gebäude für Deluxe- und 1.-Klasse-Busse (mit der Aufschrift A), eines für Busse 2. Klasse (B) und ein weiteres für Stadtbusse (C). Zu den Einrichtungen gehören ein Café, Telefon-*casetas*, Läden und Gepäckaufbewahrung.

In der Übersicht auf S. 716 stehen die täglichen Abfahrten von Querétaro.

FLUGZEUG

Der **Aeropuerto Internacional** (☎ 192-55-00) liegt 8 km nordöstlich vom Zentrum, für 250–280 Mex$ bringt einen ein Taxi hin. Primera Plus fährt vom Busterminal zum Flughafen von Mexico City (235 Mex$; 3 Std.). Aero California startet regelmäßig Inlandsflüge nach und von Mexico City, Guadalajara und Monterrey; Continental bedient Los Angeles, San Antonio und Houston in den USA.

In der Stadt findet man Büros von den Fluglinien **Aeroméxico Connect** (Av Tecnológico 100, San Ángel), **Mexicana** und **Click Mexicana** (☎ 215-3907; Av Tecnológico 102, San Ángel).

Unterwegs vor Ort

Wenn man erst einmal im Stadtzentrum ist, erreicht man die meisten Sehenswürdigkeiten bequem zu Fuß. Die Stadtbusse (5 Mex$) fahren von 6 bis 21 oder 22 Uhr. Sie sammeln sich in einem Gebiet beim Busbahnhof; vom 2.-Klasse-Steig rechts oder von dem für die 1. Klasse links. Es fahren mehrere Linien ins Zentrum. Bus 8 und 19 gehen beide zur Alameda Hidalgo und dann die Ocampo hinauf. Für ein Taxi braucht man zuerst ein Ticket vom Stand im Busbahnhof (für bis zu 4 Pers. 35 Mex$).

Vom Zentrum zum Busbahnhof nimmt man von der Zaragoza aus die Stadtbusse 19, 25 oder 36. Eine weitere Möglichkeit ist ein „Terminal de Autobuses"-Bus, der an der Ostseite der Alameda Hidalgo Richtung Süden fährt.

RUND UM QUERÉTARO

El Cerrito

Wer sich für Archäologie interessiert, sollte **El Cerrito** (Kleiner Hügel; Eintritt frei; ⌚ Di–So 9–14.30 Uhr) besuchen. Das 30 m hohe pyramidenartige Gebäude liegt auf der Spitze eines kleinen Hügels in El Pueblito. Es befindet sich 7 km vom Zentrum Querétaros entfernt. Die Archäologen, die hier immer noch am Graben sind, glauben, dass die Stätte zwischen 600 und 1600 von den Kulturen aus Teotihuacán, den Tolteken, Chichimeken, Otomí und den Tarasca bewohnt wurde. Neben der Pyramide sind auch noch die Überreste eines möglichen Ballspielplatzes und einige Außengebäude zu sehen. Die spätere burgartige Konstruktion auf der Spitze stammt von 1876.

Hiesige Legenden verbinden El Cerrito mit der Geschichte der Jungfrau von El Pueblito, der Schutzpatronin von Querétaro.

In der Stätte gibt's kostenlose Führer (auf Spanisch; ein kleines Trinkgeld wird gerne genommen) und ein kleines Museum. Bus 64 (5 Mex$, 25 Min.) fährt von der Avenida Constituyentes auf der Südseite der Alameda hierher; er durchquert das Dorf und lässt seine Passagiere am Eingang aussteigen. Ein Taxi kostet um die 45 Mex$.

Bernal

☎ 441 / 3750 Ew. / 2080 m

Die Stadt Bernal ist reizend, aber von Touristen überlaufen. Ihre Hauptattraktion ist die 350 m hohe Felsnadel **Peña de Bernal**. Dieser drittgrößte Monolith der Welt wird von vielen Mexikanern für magisch gehalten. Während der Tagundnachtgleiche im Frühling steigen Tausende Pilger den Felsen hinab, um seine positive Energie in sich aufzunehmen. Besucher können bis zur Hälfte klettern (hin &

TÄGLICHE BUSSE AB QUERÉTARO

Ziel	Preis	Dauer	Häufigkeit
Guadalajara	Deluxe 345 Mex$	4½ Std.	9 tgl. (ETN)
	1. Klasse 284 Mex$	5½ Std.	stündl. (Primera Plus)
	2. Klasse 284 Mex$	5½ Std.	häufig (Flecha Amarilla), 10 tgl. (Oriente)
Guanajuato	1. Klasse 137 Mex$	2½–3 Std.	3 tgl. (Primera Plus)
	2. Klasse 91 Mex$	2½–3 Std.	6 tgl. (Flecha Amarilla)
Mexico City (Terminal Norte)	Deluxe 210 Mex$	3 Std.	alle 30 Min. 5–22 Uhr (ETN)
	1. Klasse 173 Mex$	3 Std.	alle 20 Min. 4.45–23.30 Uhr (Primera Plus)
	1. Klasse 160 Mex$	3½ Std.	stündl. (Ómnibus de México)
	2. Klasse 138 Mex$	4½ Std.	alle 40 Min. (Herradura de Plata)
	2. Klasse 135 Mex$	3–4 Std.	(Flecha Amarilla)
Mexico City Airport	135 Mex$	3½ Std.	25 tgl. (Aeroplus)
Morelia	131 Mex$	3–4 Std.	stündl. (Primera Plus/Servicios Coordinados)
San Luis Potosí	Deluxe 190 Mex$	2½ Std.	3 tgl. (ETN)
	1. Klasse 154 Mex$	2½ Std.	21 tgl. (Primera Plus/Servicios Coordinados)
	2. Klasse 154 Mex$	2¾ Std.	stündl. (Flecha Amarilla)
San Miguel de Allende	Deluxe 75 Mex$	1 Std.	4 tgl. (ETN)
	2. Klasse 42 Mex$	1½ Std.	alle 40 Min. 6–23 Uhr (Herradura de Plata oder Flecha Amarilla)
Tequisquiapan	34 Mex$	1 Std.	alle 30 Min. 6.30–21 Uhr (Flecha Azul)

GRÜNES JUWEL IM ZENTRUM MEXIKOS

Biosphärenreservate sind einzigartige Schutzmaßnahmen, bei denen versucht wird, eine nachhaltige Nutzung durch den Menschen mit natürlichem Umweltschutz (s. S. 118) zu verbinden. 90 % der 3836 km² großen **Reserva de la Biosfera Sierra Gorda** sind Privatbesitz, 95 000 Menschen leben in den Missionsstädten und den verstreuten Bergdörfern. Sie nimmt das nordöstliche Drittel des Bundesstaates Querétaro ein.

Trotz der gemischten Landnutzung beheimatet der felsige Arm der Sierra Madre Oriental ausgedehnte Wildnisgebiete, z. B. uralte, in Orchideen badende Nebelwälder, Halbwüsten mit endemischen Kakteen und wildem Oregano und tropische Wälder, in denen Jaguare und unzählige Vögel zu Hause sind. Daneben existieren hier 15 verschiedene Vegetationsarten. Insgesamt ist die Reserva so das Schutzgebiet mit dem größten Spektrum von Ökosystemen in Mexiko.

Der Erhalt der Sierra Gorda war schon immer eine Gemeinschaftsaufgabe. Bemühungen um die Bodenoberfläche durch hier lebende Bürger führten 1997 zur Gründung des Reservats. Heute engagieren sich zahlreiche Gemeinschaften in Aktivitäten für eine nachhaltige Lebensweise. Dazu gehört auch eine Infrastruktur für den Ökotourismus mit Hütten, Campingplätzen und Führern, die von den Anwohnern entwickelt und auch von ihnen unterhalten wird.

Besucher können eine Wanderung in die **Sótano del Barro** unternehmen. In den 410 m tiefen Schachthöhlen sind Aras zu sehen. Man kann auf dem Grat des Cuatro Palos campen und die herrliche Aussicht genießen, sich den Río Escanela hinaufkämpfen bis zu dem Wasserfall und der Höhle Puente de Dios und das traditionelle Leben einer ländlichen Berggemeinschaft kennenlernen.

Buffy und Ben Lenth

Touren in die Reserva de la Biosfera Sierra Gorda

Wer Zeit dafür hat, kann die oben genannten Aktivitäten in dieser faszinierenden Region mit **Sierra Gorda Ecotours** (☎ 441-296-0242; www.sierragorda.net) von Jalpan oder anderen Orten aus erleben (Voranmeldungen sind in jedem Fall zwingend). Dieser Veranstalter ist Teil der Grupo Ecológico Sierra Gorda, einer Nonprofit-Organisation, die an der Leitung des Reservats beteiligt ist. Alternativ kann man Tagestouren von Querétaro zu den Missionen oder längere geführte Trips bei dem privaten Tourenanbieter **Promotur** (☎ 442-212-89-40; www.promoturqueretaro.com.mx; Río de la Loza 21 Norte, Querétaro) buchen.

zurück sollte man jeweils 30 Min. einplanen); auf die Spitze gelangt man aber nur als professioneller Bergsteiger.

Abgesehen davon kann man Bernal in rund einer Stunde besichtigen. Mehrere **Kirchen** und das **El Castillo**, ein Gebäude der Vizekönige aus dem 16. Jh., sind zu sehen. Etwas tiefer gehende Erklärungen zur Region liefern die ausgezeichneten, Spanisch sprechenden einheimischen Führer, die die kleine **Touristeninformation** (☎ 296-41-26; Hidalgo 2; ⌚ Do–Di 10–17 Uhr) vermitteln kann. **La Aurora** (Jardín Principal 1; www.bernalmagico.com; ⌚ 10–20 Uhr) ist ein interessanter *artesanías*-Laden; man sollte darum bitten, den Webern bei der Arbeit an ihren Webstühlen in der Werkstatt hinter dem Laden zuschauen zu dürfen.

An den Wochenenden erwacht die Stadt zum Leben; unter der Woche ist dagegen vieles geschlossen. Wer hier hängenbleibt, kann in der einfachen, aber freundlichen **Posada Peña** (☎ 296-41-49; Iturbide 3; EZ/DZ 250/350 Mex$) unterkriechen.

„Flecha Amarilla"-Busse (22 Mex$, 1 Std.) verbinden regelmäßig mit Querétaro. Der letzte Bus zurück nach Querétaro fährt um 18 Uhr an der Hauptstraße ab. Wer nach Tequisquiapan möchte, muss zur Esquivel Montes (12 Mex$, 30 Min.).

TEQUISQUIAPAN

☎ 414 / 26 858 Ew. / 1880 m

Diese kleine Stadt („teh-kis-ki-*ap*-an" gesprochen) liegt 70 km südöstlich von Querétaro. Von Mexico City oder Querétaro aus kann man sich hier idyllisch für ein Wochenende zurückziehen. Tequisquiapan war einst für seine Thermalquellen berühmt – die mexikanischen Präsidenten kamen hierher, um ihre Schmerzen und Verspannungen zu lindern. Heute gibt's zwar noch kühle Wasserbecken in den Hotelgärten, aber die Stadt ist eher wegen ihrer hübschen, mit Bougainvilleen gesäumten Straßen, ihrer farbenfrohen Gebäude aus der Kolonialzeit und ihrer ausgezeichneten Märkte bekannt. Im März findet hier die **Feria del Toro de Lidia** statt: eine Woche Stierkämpfe und Action.

Orientierung & Praktische Informationen

Der Busbahnhof befindet sich etwa 2 km nördlich vom Zentrum im neuen Teil der Stadt. Von der hilfreichen **Touristeninformation** (☎ 273-02-95; www.tequis.info; Ostseite der Plaza Principal; 🕑 9–19 Uhr) bekommt man Stadtpläne und Informationen über den Bundesstaat Querétaro. An der Südostseite der Plaza befindet sich ein Bancomer-Geldautomat.

Sehenswertes & Aktivitäten

Portales (Arkaden) umgeben die weitläufige, hübsche Plaza Miguel Hidalgo. Überragt wird sie von der neoklassizistischen **La Parroquia de Santa María de la Asunción** (Plaza Miguel Hidalgo; 🕑 7–20.30 Uhr) mit ihrer rosa Fassade und dem reich verzierten Turm. Diese stammt aus dem 19. Jh.

An der Carrizal, einen Block nördlich und nordöstlich der Plaza, liegen drei interessante Märkte – der **Mercado de Artesanías** (Kunsthandwerksmarkt; 🕑 8–19 Uhr), der **Barra y Mumbre** (Haushaltswaren) und der **Guadalupana** (Lebensmittel). Der große und grüne **Parque La Pila** liegt nur ein Stück hinter dem Mercado de Artesanías an der Ezequiel Montes.

Viele Hotels haben Swimmingpools. Das beliebte öffentliche Bad 1,4 km nördlich der Stadt heißt **La Vega** (Eintritt 30 Mex$; 🕑 8–18 Uhr) und bietet weite Wiesen, ein großes Schwimmbecken und Wasserrutschen für Kinder. Vom Buswartehäuschen vor den Märkten an der Carrizal fährt ein Mikro hierher.

Am Wochenende kann man mit geführten Reittouren die Landschaft der Umgebung erkunden (100 Mex$/Std.). Die Führer sammeln sich mit ihren Kleppern am Fray Jinípero, gleich nördlich des Parque La Pila.

Festivals & Events

Feria del Toro de Lidia (Stierkämpfe) Eine Woche im März finden Stierkämpfe statt.

Feria Internacional del Queso y del Vino (Internationale Wein- und Käsemesse) Von Ende Mai bis Anfang Juni; Wein- und Käseproben und Musik.

Fiesta de la Asunción Erinnert am 15. August an die Schutzpatronin der Stadt.

Schlafen & Essen

Die besten Budgetunterkünfte sind die Posadas an der Moctezuma. Da von Montag bis Donnerstag die Nachfrage gering ist, kann man vielleicht einen Rabatt aushandeln. In vielen Restaurants rund um die Plaza bekommt man *comida corridas*. Einen Block östlich der Plaza auf dem **Mercado Guadalupana** gibt's *fondas* (Imbissstände).

Posada Tequisquiapan (☎ 273-00-10; Moctezuma 6; EZ/DZ 250/500 Mex$; 🏊 P) Ein preisgünstiges Haus mit einfachen, aber geräumigen und sauberen Zimmern mit TV. In den ausgedehnten Gärten befindet sich ein grottenartiger Pool, der toll ist für Familien.

Hotel La Plaza (☎ 273-00-56; www.tequisquiapan.com.mx/la_plaza; Juárez 10; Zi. 620–928 Mex$, Suite 1030–1300 Mex$; P 🏊) Dieses leicht abgenutzte, aber angenehme Hotel geht auf die Plaza hinaus. Es hat 15 Zimmer verschiedener Größe und ein edleres Restaurant.

Hotel Hacienda Las Delicias (☎ 273-00-17; www.tequisquiapan.com.mx/lasdelicias; 5 de Mayo 1; EZ/DZ 1500/1600 Mex$; P 🏊) Das stilvolle Las Delicias einen Block südlich der Plaza Principal wurde um einen gepflegten Garten mit Pool herum angelegt. Auch Wochenendangebote mit zwei Mahlzeiten sind zu haben.

K'puchinos (☎ 273-10-46; Morelos 4; Hauptgerichte 50–90 Mex$) An der Ostseite der Plaza. Die lebhafte Location lockt mit Happy Hour, Salsanächten, Livemusik und guten Snacks und Gerichten (meist mexikanische Standardkost).

MEXIKANISCHE BISSEN – DIE TOP FIVE DER AUTHENTISCHEN LOKALE

- **El Pozole** (S. 666) Sich einige der besten *antojitos* Mexikos munden lassen
- **Cinco Patios** (S. 714) Zwischen einem feinen Abendessen, regionalen *antojitos* oder einem ulkigen Barerlebnis wählen
- **Los Dorados de Villa** (S. 650) Sich an ein paar der besten mexikanischen Enchiladas im Staat erfreuen
- **Clave Azul** (S. 686) Eine echte *botana*-(Tapas-)Erfahrung machen und einen herrlichen Margarita kippen
- **San Agustín** (S. 704) Der süßesten Versuchung erliegen: Churros und Schokolade

Anreise & Unterwegs vor Ort

Tequisquiapan liegt am Hwy 120, 20 km nordöstlich von der größeren Stadt San Juan del Río entfernt. Die Stadtbusse 1, 2 und 5 (4 Mex$) fahren außerhalb des Busbahnhofs ab zu den Märkten an der Carrizal, einen Block nordöstlich der Plaza Principal.

Flecha Azul verbindet von 6.30 bis 20 Uhr (34 Mex$, 1 Std.) alle 30 Minuten mit Querétaro. Zudem fahren Busse nach Esquivel Montes (hier nach Bernal umsteigen, 12 Mex$, 20 Min.). ETN-Deluxe-Busse fahren zu und von Mexico Citys Terminal Norte (165 Mex$, 3 Std., 8-mal tgl.). Flecha Amarilla und Flecha Roja schicken 2.-Klasse-Busse zu denselben Zielen (121 Mex$, 3 Std., regelmäßig).

DER NORDOSTEN DES BUNDESSTAATES QUERÉTARO

Wer den Hang verspürt, ausgetretene Pfade zu verlassen – oder wer unterwegs ins bzw. vom nordöstlichen Mexiko oder zur üppigen Huasteca (s. S. 723) ist – sollte sich über den Hwy 120, nordöstlich von Tequisquiapan, zur malerischen Sierra Gorda aufmachen. Man kann alle Ziele auf dem Weg mit dem Bus erreichen, aber mit einem eigenen fahrbaren Untersatz ist es viel einfacher.

Highway 120

Von Tequisquiapan Richtung Norden kommt man durch die staubige landwirtschaftlich geprägte Stadt Ezequiel Montes. Interessanter ist ein Halt an der Sektkellerei **Cavas de Freixenet** (☎ 441-277-01-47; www.freixenetmexico.com.mx; 🕐 Touren 11–15 Uhr). Auf einer 40 Minuten langen Tour kann man hier sehen, wie mit der *método champenoise* Sekt hergestellt wird.

Die nächste große Stadt ist Cadereyta, 38 km entfernt von Tequisquiapan. Am Ostrand der Stadt weisen Schilder zur **Quinta Fernando Schmoll** (🕐 10–17 Uhr), einem botanischen Garten mit über 4400 Kakteenarten.

Auf dem Hwy 120 noch einmal 38 km weiter führt eine Abzweigung nach Osten, in das reizende **San Joaquín**. Der guten, aber sehr kurvigen Straße ab der Kreuzung 32 km lang folgen. Es geht durch zerklüftete Berge. Dann auf der Straße bleiben, durch San Joaquín hindurch und ein paar steil ansteigende Kilometer weiter bis zu der wenig besuchten archäologischen Ausgrabungsstätte **Ranas** (Eintritt 2,50 Mex$; 🕐 9–17 Uhr) fahren. Hier sind schön gemauerte Wände und gewundene Treppen zu sehen, die in den steilen Hang hineingebaut wurden. Es gibt außerdem altertümliche Ballspielplätze und eine kleine Pyramide auf der Hügelspitze. Die Stätte stammt aus dem 8. Jh. und ist besonders wegen ihrer Lage in den rauen Wäldern so anziehend. In San Joaquín gibt es einfache Unterkünfte und Lokale.

JALPAN

Innerhalb des sagenhaften Biosphärenreservats Sierra Gorda windet sich der Hwy 120 bei **Pinal de Amoles** bis auf 2300 m. Bevor er bei **Jalpan** 760 m erreicht, überwindet er dramatische Höhen und Tiefen (und 860 Kurven!). Das Zentrum der attraktiven Stadt ist die **Missionskirche**. Sie wurde von Franziskanermönchen und indigenen Konvertiten in den 1750er-Jahren errichtet (s. unten). Das ausgezeichnete **Museo de la Sierra Gorda** (☎ 441-296-01-65; Fray Junípero Serra 1; Erw./Kind 10/5 Mex$; 🕐 10–15 & 17–19 Uhr) beleuchtet die vorkolonialen Kulturen der Region und die Zeit, in der die Mission gebaut wurde. Außerdem gibt's tolle Mininachbildungen der Missionskirchen.

Das **Hotel María del Carmen** (☎ 441-296-03-28; Independencia 8; Zi. 290 Mex$; P ❄ 🏊) liegt an der Plaza, gegenüber der Kirche. Es hat saubere, bequeme Zimmer; die mit Klimaanlage im neueren Teil kosten etwa 140 Mex$ mehr. An der Westseite der Plaza steht das attraktive **Hotel Misión Jalpan** (☎ 441-296-02-55; www.hotelesmision.com.mx; Fray Junípero Serra s/n; Zi. ab 855 Mex$; P ❄ 🏊). Es hat ein gutes Restaurant und angenehme Zimmer. Vor der Karaokebar innerhalb des Gebäudes sei gewarnt: Es kann recht laut werden. An der Hauptstraße serviert das **Restaurante Carretas** (☎ 296-03-68; Hauptgerichte 40–150 Mex$; 🕐 8–22 Uhr) feines Essen.

MISSIONEN VON SIERRA GORDA

Mitte des 18. Jhs. gründeten Franziskaner in der abgelegenen Region, u. a. in Jalpan, fünf schöne Missionen, die die UNESCO 2003 zum Weltkulturerbe erklärte. Der Gründer Fray Junípero Serra zog weiter und gründete eine Reihe Missionen in Kalifornien. Die restaurierten Kirchen sind vor allem wegen ihrer bunten Fassaden bemerkenswert, die mit Symbolfiguren verziert sind. Östlich von Jalpan liegen am Hwy 120 Missionen bei **Landa de Matamoros** (1760–68), **Tilaco** (1754–62), 10 km südlich vom Highway, und **Tancoyol** (1753–60), 20 km nördlich vom Highway. Die Mission von **Concá** (1754–58) liegt 35 km nördlich von Japlan am Hwy 69.

Zentrale Golfküste

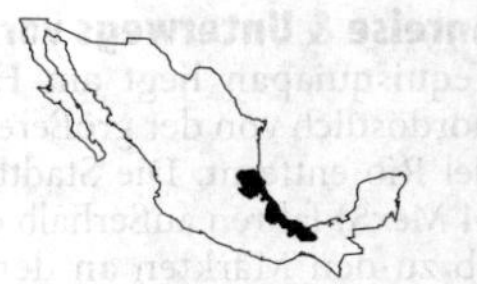

Die zentrale Golfküste liegt in der Mitte der Krümmung, die Mexiko beschreibt, und wird von Touristen auf ihrer Suche nach einer großen Piña Colada und dem besten Platz zum Sonnen oft links liegen gelassen. Und doch bietet sie tolle Möglichkeiten für Abenteuerlustige – wenn die Einheimischen von ihrem „Reichtum" sprechen, ist damit kein Geld gemeint.

Vielmehr beziehen sie sich auf die Landschaft: ruhige, einsame Küstenlinien, Waldgebiete voller Höhlen, hohe Vulkane, Flüsse und Wasserfälle. Außerdem gibt es lebhafte, laute Städte wie Xalapa mit seinem anthropologischen Museum und dem urbanen Vibe. Wie ein heißer lateinamerikanischer Tanz bringt das schwüle Veracruz seine Besucher mit Marimbas, Mariachis und *danzón* in Wallung. Die Region ist auch eine architektonische Schatztruhe: Neben geschichtsträchtigen Kolonialbauten und Pyramiden ragen surrealistische Wendeltreppen zum Himmel. Und es gibt hier eine gigantische ethnische Vielfalt. Nach Cortés' Eroberungsfeldzug entstand ein wunderbarer Mix aus Europäern, Afrikanern und *indígenas*.

Die großzügigen, heiteren Menschen sind sehr offen: Sie grüßen jeden Fremden und nehmen einen einfach so auf dem Moped mit. Mexikos höchster Gipfel wartet hier auf seine Erkundung, aber die intensivsten Erfahrungen kann man oft mitten im Marktgewühl machen, z. B. wenn alte Damen einem *mole* nach 100 Jahre alten Familienrezepten anbieten oder man zufällig in eine Dorffiesta mit traditionellen Kostümtänzen gerät.

Was auch immer man plant: Die Vielfalt der Gegend erschließt sich über Begegnungen und wird nicht einfach wie ein eisgekühltes Getränk serviert. Reizvoll ist sie trotzdem.

HIGHLIGHTS

- In Xalapas **Museo de Antropología** (S. 746) eine Zeitreise durch Mexikos Zivilisationsgeschichte machen
- In den riesigen, surrealistischen Konstruktionen **Xilitlas** (S. 732) umherklettern und in den tollen Teichen von Las Pozas baden
- In **Veracruz** (S. 753) frühmorgens die romantische Küstenstraße entlangspazieren und zu später Stunde Salsa tanzen
- Die riesigen Ruinenanlagen von **El Tajín** (S. 740) bestaunen
- Die Regenwälder, Vulkane, Wasserfälle und einsamen Küsten der **Reserva de la Biosfera Los Tuxtlas** (S. 779) erkunden

- MAX. TAGESTEMPERATUR VERACRUZ, JAN.: 25,6 °C
- MAX. TAGESTEMPERATUR VERACRUZ, JULI: 30,6 °C

Geschichte

Die älteste bekannte Zivilisation Mesoamerikas, die Olmeken, errichteten um 1200 v. Chr. ihr erstes großes Zentrum bei San Lorenzo im südlichen Veracruz. Obwohl die Stadt 900 v. Chr. gewaltsam zerstört wurde, hielt sich die Olmekenkultur mehrere Jahrhunderte lang in Tres Zapotes. Während der klassischen Periode (250–900) entwickelte sich an der Golfküste die klassische Veracruz-Zivilisation. Ihr wichtigstes Zentrum war El Tajín, das seine Blütezeit zwischen 600 und 900 n. Chr. erlebte. Die Menschen der klassischen Veracruz-Periode scheinen vom Ballspiel (s. Kasten S. 74) geradezu besessen gewesen zu sein. Architektonisches Markenzeichen ist ein abstrakter Reliefstil mit parallelen, kurvig und verschlungen verlaufenden Linien. In der nachklassischen Periode siedelten sich die Totonaken südlich von Tuxpan an. Nördlich davon florierte die huaxtekische Zivilisation zwischen 800 und 1200 n. Chr. Gleichzeitig hielten auch die kriegerischen Tolteken an der Golfküste Einzug. Zur Mitte des 15. Jhs. übernahmen die Azteken einen Großteil des totonakischen und huaxtekischen Territoriums. Ihre Tributforderungen an Gütern und Menschen für rituelle Opferungen führten immer wieder zu Aufständen.

Als Cortés im April 1519 eintraf, machte er die Totonaken von Zempoala zu seinen ersten Verbündeten gegen die Azteken. Der Konquistador versprach ihnen Schutz vor Vergeltungsmaßnahmen und gründete mit Villa Rica de la Vera Cruz („Reiche Stadt des Wahren Kreuzes") seine erste Siedlung. Im Jahr 1523 war die gesamte Golfküste in spanischer Hand. Die indigene Bevölkerung wurde durch Sklaverei, eingeschleppte Krankheiten und Kriegsfolgen stark dezimiert.

Der Hafen von Veracruz entwickelte sich zu einem bedeutenden Knotenpunkt für den Handel und den Informationsaustausch mit Spanien – das war wichtig für die erfolgreiche Herrschaft über Mexiko. Dennoch hemmten Klima, Tropenkrankheiten und drohende Piratenüberfälle das Wachstum der spanischen Siedlungen.

Der Diktator Porfirio Díaz kurbelte die industrielle Entwicklung an, indem er 1872 die erste mexikanische Bahnstrecke zwischen Veracruz und Mexico City bauen ließ. Im Jahr 1901 wurden bei Tampico Ölvorkommen entdeckt. Bis zu den 1920er-Jahren wurde dort ein Viertel der weltweiten Erdölmenge gefördert. In den 1980er-Jahren barg die Golfküste immer noch über die Hälfte der landesweiten Reserven und Raffineriekapazitäten. Obwohl mittlerweile nicht mehr ganz so groß im Geschäft, ist die Region bis heute ein wichtiges Standbein der mexikanischen Ölindustrie.

Klima

Ihr feuchtwarmes Klima macht die zentrale Golfküste zu einer der schwülsten Regionen im südöstlichen Mexiko. In Meeresnähe sind die Temperaturen höher, im Vorgebirge fallen dagegen mehr Niederschläge. Mindestens zwei Drittel der gesamten Regenmenge fallen zwischen Juni und September. In der Stadt Veracruz beträgt die jährliche Niederschlagsmenge etwa 1650 mm. Zwischen April und Oktober klettert die Quecksilbersäule bis weit über 30° C. Nur von Dezember bis Februar kann die Temperatur nachts unter 10° C fallen. Tuxpan und Tampico an der Nordküste sind etwas trockener. In den Bergregionen weiter landeinwärts liegen die Temperaturen im Winter zwischen 4 und 15° C.

Parks & Naturschutzgebiete

Der Parque National Pico de Orizaba (S. 770) schützt Mexikos höchsten Berg (5611 m), einen schlafenden Vulkan, der sich 25 km nordwestlich von Orizaba erhebt. Nördlich davon liegt der Parque Nacional Cofre de Perote (S. 752) mit einem weiteren Feuerberg. Die 155 km² der Reserva de la Biosfera Los Tuxtlas (S. 779) im Süden umfassen mehrere Vulkane und elf verschiedene Ökosysteme.

Gefahren & Ärgernisse

Trotz der allgemein niedrigen Kriminalitätsrate besteht in günstigen Unterkünften und auf belebten Märkten ein gewisses Diebstahlrisiko. Wirbelstürme sind jedoch weitaus bedrohlicher – die Website des Nationalen Hurrikanzentrums (www.nhc.noaa.gov) informiert über die aktuelle Situation. Achtung: In Küstenregionen übertragen Moskitos das gefährliche Denguefieber. Hiervon sind vor allem das zentrale und südöstliche Veracruz betroffen.

Anreise & Unterwegs vor Ort

Der Hafen Veracruz besitzt einen modernen internationalen Flughafen, von dem nationale Flüge nach Mexico City, Monterrey, Reynosa, Villahermosa, Tampico und Poza Rica starten. Aus den USA fliegt Continental direkt von

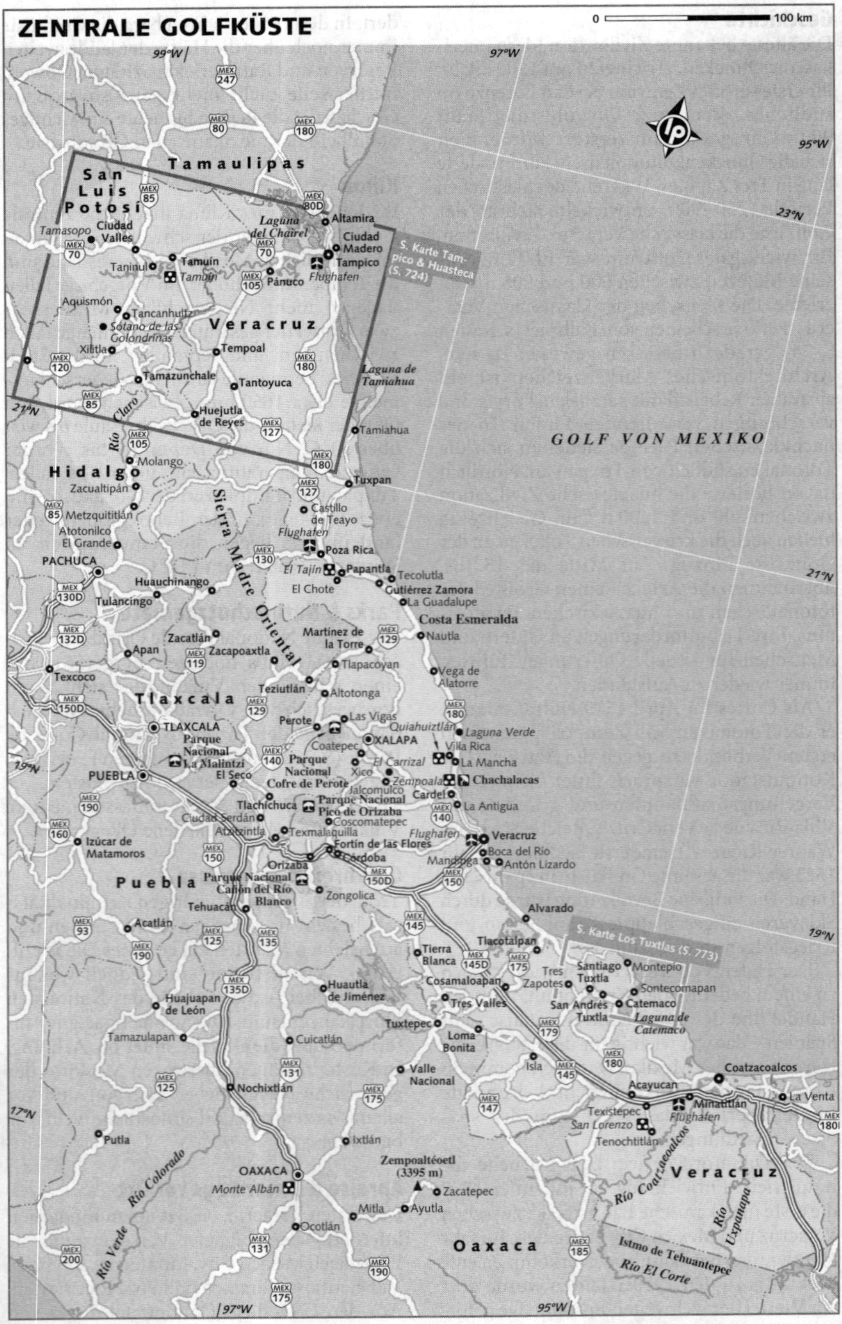
ZENTRALE GOLFKÜSTE
0
100 km
99°W
97°W
95°W
23°N
21°N
19°N
17°N
GOLF VON MEXIKO
Tamaulipas
San Luis Potosí
Veracruz
Hidalgo
Tlaxcala
Puebla
Oaxaca
Sierra Madre Oriental
S. Karte Tampico & Huasteca (S. 724)
S. Karte Los Tuxtlas (S. 773)
Altamira
Laguna del Chairel
Ciudad Madero
Tampico
Flughafen
Tamasopo
Ciudad Valles
Taninul
Tamuín
Pánuco
Aquismón
Tancanhuitz
Sótano de las Golondrinas
Xilitla
Tempoal
Tamazunchale
Tantoyuca
Laguna de Tamiahua
Huejutla de Reyes
Río Claro
Tamiahua
Molango
Zacualtipán
Tuxpan
Castillo de Teayo
Metzquititlán
Atotonilco El Grande
Poza Rica
PACHUCA
El Tajín
Papantla
Tecolutla
El Chote
Gutiérrez Zamora
Huauchinango
Tulancingo
La Guadalupe
Costa Esmeralda
Nautla
Martínez de la Torre
Zacatlán
Apan
Zacapoaxtla
Tlapacoyan
Texcoco
Vega de Alatorre
Teziutlán
Altotonga
TLAXCALA
Perote
Las Vigas
Quiahuiztlán
Laguna Verde
Parque Nacional La Malintzi
Coatepec
XALAPA
Villa Rica
Parque Nacional Cofre de Perote
El Carrizal
La Mancha
PUEBLA
El Seco
Xico
Zempoala
Chachalacas
Jalcomulco
Cardel
Tlachichuca
Parque Nacional Pico de Orizaba
La Antigua
Ciudad Serdán
Coscomatepec
Atzitzintla
Texmalaquilla
Flughafen
Veracruz
Izúcar de Matamoros
Fortín de las Flores
Boca del Río
Córdoba
Mandinga
Antón Lizardo
Orizaba
Parque Nacional Cañón del Río Blanco
Zongolica
Tehuacán
Alvarado
Acatlán
Tierra Blanca
Tlacotalpan
Tres Zapotes
Santiago Tuxtla
Montepío
Cosamaloapan
Sontecomapan
Huautla de Jiménez
Tres Valles
San Andrés Tuxtla
Catemaco
Laguna de Catemaco
Huajuapan de León
Tuxtepec
Loma Bonita
Tamazulapan
Cuicatlán
Isla
Valle Nacional
Coatzacoalcos
Nochixtlán
Acayucan
La Venta
Minatitlán
Texistepec
San Lorenzo
Tenochtitlán
Putla
Ixtlán
Río Coatzacoalcos
Zempoaltéoetl (3395 m)
OAXACA
Zacatepec
Río Colorado
Monte Albán
Mitla
Ayutla
Río Uxpanapa
Ocotlán
Río Verde
Istmo de Tehuantepec
Río El Corte
MEX 247
MEX 80
MEX 180
MEX 85
MEX 80D
MEX 70
MEX 105
MEX 120
MEX 127
MEX 130
MEX 130D
MEX 132D
MEX 119
MEX 129
MEX 150D
MEX 140
MEX 190
MEX 160
MEX 150
MEX 93
MEX 125
MEX 135
MEX 145
MEX 145D
MEX 175
MEX 135D
MEX 179
MEX 131
MEX 147
MEX 200
MEX 185

seiner Zentrale in Houston, Texas, nach Tampico und Veracruz.

Es sind ziemlich viele 1.-Klasse-Busse unterwegs, die innerhalb der Region fast überallhin fahren. Sie verbinden die wichtigsten Städte hier mit Monterrey, Mexico City, Puebla und Oaxaca. Die wichtigste Gesellschaft in der Region ist ADO, die hier mit einer Super-Deluxeflotte (UNO), einer Deluxeflotte (ADO GL) und mit normalen 1.-Klasse-Bussen ihren Dienst tut. Greyhound fährt mit mexikanischen Tochtergesellschaften zwischen den USA und Mexiko u.a. auf der Strecke zwischen Brownsville, Texas, und Tampico.

Die Highways in der zentralen Golfküstenregion sind generell in einem super Zustand, aber statt mit Höchstgeschwindigkeit durch die Gegend zu brausen, kann man dank der ewigen *topes* (Temposchwellen) sogar die Blumen am Wegrand riechen.

TAMPICO & HUASTECA

Das industrielle, fortschrittlich entwickelte Tampico bildet einen scharfen Kontrast zu der grünen Huasteca, dem Binnenland, wo die Küstenebene mit den Ausläufern der Sierra Madre Oriental zusammentrifft. Die Huasteca erstreckt sich über den südlichen Teil des Bundesstaats Tamaulipas, den östlichen des Bundesstaats San Luis Potosí, den nördlichen des Bundesstaats Veracruz und kleine Gebiete der Bundesstaaten Querétaro und Hidalgo. Sie ist nach dem indigenen Volk der Region benannt.

Von der Huasteca ins Hinterland führen vier steile, kurvige Straßen durch die Sierra: der Hwy 70 von Ciudad Valles nach San Luis Potosí; der Hwy 120 von Xilitla nach Querétaro; der Hwy 85 von Tamazunchale nach Ixmiquilpan (in der Nähe gibt es eine Abzweigung nach Querétaro, Pachuca und Mexico City), und der Hwy 105 von Huejutla nach Pachuca und weiter nach Mexico City über den Hwy 85.

TAMPICO & PLAYA MIRAMAR

☎ 833

Mexikos geschäftigster Hafen Tampico (316 000 Ew.) liegt ein paar Kilometer oberhalb der Mündung des Río Pánuco an der Südspitze des Bundesstaats Tamaulipas. Hier siedeln sich zunehmend US-amerikanische Fastfood-, Hotel- und Ladenketten an, die auch diese Ecke leider immer mehr in einen Allerweltsort verwandeln.

Dennoch stehen an der Plaza de Libertad ein paar hübsche Gebäude im französischen Stil. Sie wurden kürzlich renoviert – wenn auch nur, um die Touristen zu beeindrucken. Dasselbe gilt auch für den nagelneuen, rosafar-

TIPPS ZU OUTDOOR-AKTIVITÄTEN

An der zentralen Golfküste sind unter *deportes extremos* keinesfalls Extremsportarten zu verstehen. Bei Letzteren denkt man wahrscheinlich an Kanuten, die 20 m hohe Wasserfälle hinabstürzen, oder an Sportkletterer, die steile Überhänge bezwingen. Vielmehr handelt es sich in dieser Region bei den intensiv beworbenen *deportes extremos* im Prinzip um alle naturnahen Aktivitäten, die mit irgendeiner Art von Outdoor-Ausrüstung unternommen werden – sei es Abseilen, Radfahren auf abschüssigen Feuerschneisen oder eine Paddeltour durchs Flachwasser im aufblasbaren Kajak.

Die Benennung ist aber sinnvoll. Viele Mexikaner haben für Outdoor-Sportarten weder Zeit noch Geld übrig. Zudem ist das Interesse diesbezüglich *extrem* gering. Dennoch sind Huasteca, das Biosphärenreservat Los Tuxtlas und die Region Pico de Orizaba–Cofre de Perote echte Outdoor-Spielwiesen. Dort findet man u.a. herrliche Wasserfälle, schimmernde Naturpools, begrünte Nebenstraßen, gezackte Berge, Hunderte von Höhlen, Paragliding-Reviere und zahllose Wildwasserflüsse. Ein Großteil dieser Möglichkeiten wird kaum zu Erholungszwecken genutzt. Bei Abenteuern auf eigene Faust gibt nur die individuelle Vorsicht das Limit vor.

Als nützlich können sich die Büros des **INEGI** (www.inegi.gob.mx) in Veracruz (☎ 935-43-99; Victimas del 5 y 6 de Julio 1045) und Xalapa (☎ 814-64-59; Av Camacho 236) erweisen. Dort sind topografische Karten zu ganz Mexiko erhältlich. Unter www.bicimapas.com.mx finden Radfahrer diverse Tourvorschläge mit passablen Karten und Wegbeschreibungen. Manche Touristeninformationen geben ebenfalls *extreme* Tipps.

Viele Veranstalter bewerben alle möglichen *deportes extremos*, die sich z.T. als Mogelpackung entpuppen. Wer direkt nachfragt, erfährt eher, was gerade im Angebot ist.

benen Kiosk auf der Plaza de Armas. Das städtische Kulturzentrum Metro ist dagegen ein echtes Juwel. An der Playa Miramar (gehört offiziell zu Ciudad Madero) steigt an Feiertagen und in den Ferien eine wilde Fiesta. Sonst hat man den Strand ganz für sich allein.

Geschichte

Während der 1530er-Jahre wurde in Tampico eine Missionsstation eingerichtet, um die Huaxteken zu bekehren. 1648 wurde die Stadt durch einen Piratenangriff zerstört, aber 1823 von Familien aus Altamira neu gegründet. Nach der Entdeckung regionaler Erdölvorkommen 1901 stieg Tampico zum größten Ölhafen der Welt auf. Rau, hart und aktiv erlebte es in den 1920er-Jahren eine Blütezeit. Ausländische Investoren schöpften den Profit ab, bis Präsident Lázaro Cárdenas die Ölindustrie 1938 verstaatlichte. Bis heute sind die Raffinerie- und Hafenanlagen im Großraum Tampico–Ciudad Madero von Bedeutung.

Orientierung

Tampico ist von ausgedehnten Sumpfgebieten, mehreren Seen und zahlreichen Flussmündungen umgeben. Südlich führt die spektakuläre Puente Tampico (Tampico-Brücke) über den Río Pánuco rüber nach Veracruz.

Zwei Plätze bilden das Herz von Tampicos Innenstadt: Der *zócalo* (oder Plaza de Armas) und die Plaza de la Libertad. Südlich der Plaza de la Libertad befinden sich Märkte, Docks, anrüchige Rotlichtkneipen und ein Gastrozentrum (Centro de Gastrónomia), in dem man hervorragend isst. Dieses Viertel erkundet man am besten nur bei Tageslicht.

Auf der lauten Av Hidalgo fließt der Verkehr von Norden nach Süden, und große Hotels und Kaufhausketten säumen den Straßenrand. Ciudad Madero liegt 8 km nordöstlich von Tampicos Zentrum. Von dort aus sind es noch einmal 7 km bis zur Playa Miramar an der Golfküste. Das 17 km entfernte Altamira nordwestlich von Tampico ist die dritte Stadt in diesem stark industrialisierten Ballungsraum, in der über 1 Mio. Menschen leben.

Praktische Informationen

Zahlreiche Bankfilialen umgeben die zentralen Plazas. Ihre Geldautomaten sind rund um

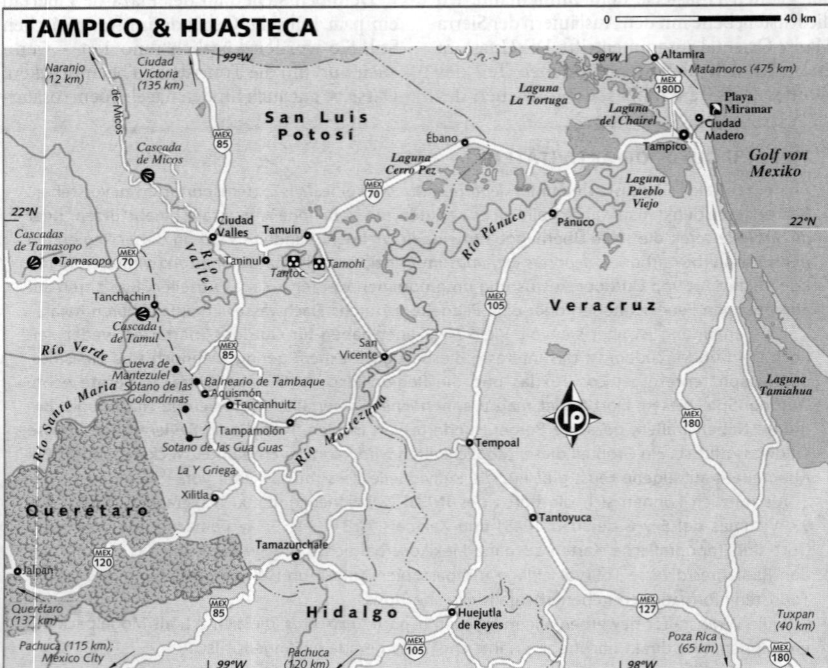

die Uhr in Betrieb. Die Gepäckschließfächer des Busbahnhofs stehen ebenfalls durchgängig zur Verfügung. An beiden Plazas gibt's mehrere Telefonzellen.

Beneficencia Española, AC (☎ 241-23-63; www.bene.com.mx; Hidalgo 3909) Gute medizinische Versorgung.

Canarias Cybercafé (Carranza 214; 10 Mex$/Std.)

Post (☎ 212-19-27; Madero 309)

Touristeninformation (☎ 217-89-40; www.tampico.gov.mx; Ave Hidalgo 2703; Mo–Fr 9–17.30 Uhr) Liegt ungünstig nordwestlich vom Stadtzentrum in der Nähe des Holiday Inn Express. Etwas ahnungslose Angestellte verteilen hier recht gute Stadtpläne.

Tampico Cultural (www.tampicocultural.com.mx) Informiert über örtliche Kulturevents.

Sehenswertes

An beiden zentralen Plazas stehen elegante Gebäude, die mit ihren aufwändigen, schmiedeeisernen Balkonen an New Orleans erinnern. Von Süden her erstreckt sich ein belebter Markt bis zur Plaza de la Libertad und zerteilt die Häuserreihe in mehrere Stücke.

Beim modernen Espacio Cultural Metropolitano oder **Metro** (☎ 126-08-88; www.metro.tamaulipas.gob.mx; Blvd Adolfo López Mateos s/n; 10–18 Uhr) handelt es sich um ein sehr hübsches Kulturzentrum. Das blitzblanke Gebäude beherbergt mehrere Kunstgalerien mit Dauerausstellungen, die teilweise etwas Eintritt kosten, und zwei Theater: Während der eine Saal eines Sinfonieorchesters würdig ist, finden in dem anderen lässigere, experimentelle Vorstellungen und Literaturlesungen statt.

Zum Metro gehört außerdem das **Museo de la Cultura Huasteca** (☎ 210-22-17; Eintritt 37 Mex$; Di–Sa 10–16.45 Uhr) mit gut gemachten Ausstellungen. Neben Religion und Kultur der Huaxteken beleuchten die Exponate auch den mesoamerikanischen Fruchtbarkeitskult. Das Museum steht 2 km außerhalb von Tampico am Lago Carpintero. Um es zu erreichen, nimmt man einen „Central-Camionera"-Bus von der Olmos zur Haltestelle Parque Metropolitano. Anschließend geht's auf einer Fußgängerbrücke die Topiltzin entlang. Für die Taxifahrt bezahlt man 30 Mex$.

Im einzigen Ausstellungsraum des **Museo Exposición** (Edificio de la Aduana; www.tampico1829.org; Eintritt 10 Mex$; 9–12 & 15–18 Uhr) finden sich informative Ausstellungen in geballter Form. Zusätzlich berichtet ein Videofilm von Tampicos glorreichem Sieg über die Spanier im Jahr 1829. Falls man jemanden vom Personal

BESTE STÄDTISCHE GRÜNFLÄCHEN

- **Parque Ecológico Macuiltépetl** (Xalapa, S. 748) Naherholungsgebiet und Joggerparadies auf einem grünen Hügel nördlich der Stadt. Super Aussicht auf den Vulkan.
- **Lago Chairel** (Tampico, unten) Im Gray Andrés Olmos Park mit prima Picknickmöglichkeiten am Seeufer. Liegt 5 km vom Zentrum entfernt.
- **Parque Alameda** (Orizaba, S. 768) Weitläufiger, grüner Stadtpark mit vielen Statuen. Sozialer Treffpunkt mit Möglichkeiten zum Joggen und zu einem spontanen Fußballspiel.

erwischt, wird man durch das Museum und das **Edificio de la Aduana Tampico** geführt. Diese alte Zollstation vereint Architekturstile aus aller Welt. Der siegreiche Diktator Porfirio Díaz ließ sie 1902 aus einer Laune heraus errichten. Zu diesem Zweck wurden Baumaterialien aus Frankreich, England, New Orleans und den übrigen USA importiert. Um ab der Plaza de la Libertad per pedes hierher zu gelangen, folgt man der Aduana in Richtung Fluss. Von der Fußgängerbrücke über die Bahngleise sieht man links das Gebäude.

Der **Jardín Del Arte** (☎ 229-27-46; Plaza Morelos zw. Obregón & Morelos) findet jeden Sonntag statt. Bei diesem kunterbunten Kulturevent verkaufen Maler und Bildhauer aus der ganzen Stadt ihre Werke.

Aktivitäten

El Parque Metropolitano im Zentrum grenzt an den Carpintero-See. Seine Uferwege laden zum Spazierengehen oder Joggen ein. Eine kleine Holzbarkasse schippert mit Besuchern über den See (35 Mex$). Wer Glück hat, bekommt dabei ein paar Krokodile zu Gesicht, die sich hier ausruhen.

Etwa 5 km nordwestlich vom Stadtzentrum grenzt der **Lago Chairel** an den hübschen Parque Gray Andrés de Olmos. Umberto Salinas organisiert dort dreistündige Surfkurse (150 Mex$). **Safaris Tamesí** (☎ 140-12-04; www.wakecamp.com.mx; Parque Gray Andrés de Olmos) bringt Anfängern das Wakeboarden bei und trainiert Fortgeschrittene auf Wettkampfniveau. Tourveranstalter verlangen für beide Aktivitäten wesentlich mehr und greifen wahrscheinlich ohnehin auf die genannten Anbieter zurück. Eine Taxitour zum See kostet 25 Mex$.

Das Programm von **Tampico Adventures** (☎ 217-81-02; www.tampicoadventures.com) umfasst Wellnessbehandlungen und geführte Aktivitäten wie Wasserskilaufen, Rafting, Stadtspaziergänge oder Angelausflüge. **Interxplora** (☎ 229-35-65; www.interxplora.com; Av Hidalgo 2000), der neue Ableger eines Reisebüros, organisiert u. a. Trips nach El Tajín (S. 740) und zum Biosphärenreservat El Cielo (S. 462). Raftingfans können einen Trip auf dem Río Filobobos oder dem Río Micos hinter Ciudad Valles (Huasteca) machen. Zu beiden Flüssen geht's häufig über Tlapacoyan.

Die 10 km lange **Playa Miramar** liegt ca. 15 km von Tampicos Zentrum entfernt. Der breite Sandstreifen ist recht sauber und das kobaltblaue Wasser beinahe kristallklar. Die Strandrestaurants servieren vor allem *mariscos* (Meeresfrüchte) und Margaritas. Zudem vermieten sie schattige *palapas*. An Wochenenden und Feiertagen bevölkern zahllose Familien und Händler den Strand, der sonst praktisch menschenleer ist. Vom Zentrum aus erreicht man ihn entweder mit „Playa"-Bussen ab der Olmos (4,50 Mex$), Taxis (40 Mex$) oder *colectivos* (4,50 Mex$). Letztere fahren an der Alfaro im Norden ab.

Festivals & Events

Semana Santa (Woche vor Ostersonntag) An und vor der Playa Miramar finden u. a. Segel-, Angel-, Surf- und Sandskulpturenwettbewerbe statt. Parallel gibt's Musik, Tanz und Freudenfeuer. Achtung: Während dieser Zeit nimmt die Kleinkriminalität deutlich zu!

Aniversario de la Repoblación de Tampico (12. April) Die Neugründung der Stadt im Jahr 1823 wird u. a. mit einer Prozession von Altamira nach Tampico gefeiert, die am dortigen *zócalo* vorbeiführt.

Schlafen

Während der Urlaubsperioden sind die Unterkünfte im Stadtzentrum schnell ausgebucht. Gleichzeitig steigen die Preise um 10 bis 30 %. Vorsicht: Manche Hotels zahlen Taxifahrern für jeden angeschleppten Gast Provision – es gibt hier ein paar zweifelhafte Adressen!

BUDGETUNTERKÜNFTE

Hotel Plaza (☎ 214-17-84; Madero 204 Ote; Zi. ab 275 Mex$; ❄) Diese sauberen, super gelegenen Zimmer

schonen den Geldbeutel. Im Untergeschoss befindet sich eine prima Pizzeria. In der Nähe kann man kostenpflichtig parken.

Posada del Rey (☎ 214-10-24; www.hotelposadadelrey.com.mx; Madero 218; Zi. 275–470 Mex$;) Sauberes Hotel direkt am *zócalo*. Die Zimmer sind nicht renoviert und daher etwas verwohnt. Es gibt welche ohne Fenster, aber auch größere, von denen man auf die Plaza blickt.

MITTELKLASSEHOTELS

Best Western Gran Hotel Sevilla (☎ 214-38-33 od. 800-570-39-11; www.bwgranhotelsevilla.com; Héroes del Cañonero 304 Pte; Zi. 550–680 Mex$;) Kettenhotels sind oft wenig romantisch, doch dieses ist unleugbar charmant. Dafür sorgen u. a. eine geschwungene, moderne Fassade und ein Café mit Aussicht auf die Plaza de la Libertad, auf die man auch von einem Großteil der gemütlichen und sauberen Zimmer blickt. Die Preise sind fair, denn das Frühstück ist kostenlos.

Hotel Miramar (☎ 269-00-87; www.hotelmiramarinn.com; Av Álvaro Obregón 202 Nte; Zi. 500 Mex$; P) Steht ein paar Blocks von der Playa Miramar entfernt und ist eine annehmbare Alternative zu den protzigen Strandhotels. Es ist gut geführt, aber die Zimmer sind unspektakulär.

Providencia Express (Emilio Carranza 320-A; EZ/DZ 550/590 Mex$; P) In einer Stadt voller alter Absteigen ist das brandneue Hotel eine willkommene Abwechslung. Modernes Dekor, penible Sauberkeit und straffe Organisation sorgen für ein prima Preis-Leistungs-Verhältnis. Die Zimmer in den oberen Stockwerken bieten Aussicht auf die Stadt.

Hotel Marsella (☎ 229-38-14; www.hotelmarsella.com.mx; Altamira 220 Pte; Zi. ab 680 Mex$; P) Das Masella schafft es auf wundersame Weise, europäische Renaissance und mexikanischen Kitsch erfolgreich zu kombinieren. Seine frisch renovierten Zimmer sind geräumig und blitzblank. Heißer Tipp: die Eckzimmer mit den zwei Balkonen!

SPITZENKLASSEHOTELS

Hotel Inglaterra (☎ 230-44-44 od. 800-715-71-23; www.hotelinglaterra.com.mx; Díaz Mirón 116 Ote; Zi. 850–1300 Mex$; P) Dank schicker Asiendeko wirken die frisch renovierten Zimmer nobel. Unrenovierte Quartiere für weit weniger Geld gibt's auch; sie sind geräumig, haben große Fenster und ebenfalls eine tolle Lage am Rand des *zócalo*. Preise inklusive Frühstück.

Club Maeva Miramar (☎ 230-02-02 od. 800-849-19-87; www.maevamiramar.com.mx; Blvd Costero s/n, Playa Miramar; All-Inclusive-Zi. 1300–2200 Mex$; P) Das All-Inclusive-Touristenresort ist die schickste Adresse am Strand. Zu diesem abgeschlossenen Genießerparadies gehören mehrere Pools, große Zimmer mit allen Schikanen, Live-Unterhaltung und Zugang zum Privatstrand. Die zahllosen Aktivitäten reißen auch den gelangweiltesten Gast mit.

Essen

Die Av Hidalgo wird von vielen teureren Restaurants gesäumt, erstickt als stark befahrene Durchgangsstraße aber in dichten Abgaswolken. Im Zentrum gibt's ein paar gute Optionen. Die hiesige Spezialität ist *carne asada a la tampiqueña*, ein Steak, mariniert in Knoblauch, Öl und Oregano und meist mit Guacamole, Chili und Maischips serviert.

El Globito (☎ 212-86-27; Plaza de Armas; Hauptgerichte 10–30 Mex$; 24 Std.) Hier in der Mitte der Plaza kann man rund um die Uhr frisch gepresste Säfte und Sandwiches genießen.

Naturaleza Internacional (☎ 212-49-79; Aduana 107 Nte; Hauptgerichte 25–55 Mex$; 8–20 Uhr; V) Befindet sich im hinteren Bereich eines „Naturkostladens" und serviert neben Frühstück auch komplette Menüs zum Festpreis (45 Mex$). Dazu wird Vollkorngebäck gereicht. Obwohl diese Region nicht gerade für fleischlose Köstlichkeiten bekannt ist, könnte das hier was für Veggies sein.

La Troya (☎ 214-10-24; Madero 218; Hauptgerichte 40–100 Mex$) Von den luftigen Tischen auf dem Balkon der Restaurantbar schaut man auf die Plaza. Super Adresse für kalte Margaritas und mexikanische Leckereien.

Restaurant Elite (☎ 212-03-64; Díaz Mirón 211; Hauptgerichte 50–110 Mex$; 7.30–23 Uhr) Die eifrigen Kellnerinnen des beliebten Lokals schleppen mexikanisches Essen in üppigen Portionen heran. Auf der langen Karte steht u. a. exzellentes *carne asada a la tampiqueña*.

Centro Gastronomía (zw. Calle Juárez & Aduana) Hier schwelgen *tampiqueños* in fabelhaften Meeresfrüchten aus der Region. Es gibt z. B. *cocteles de camarón* (Garnelen-Cocktails) mit Avocado-Dressing. Die *tortas de barda* sind nach der schützenden Hafenmauer (*barda*) benannt. Diese Sandwiches werden in der (sauberen) Spüle mit Bohnen, Fleisch und Käse belegt. Die Kellner sind sehr eifrig. Man sollte auch ein paar Extra-Pesos für Bedürftige in der Tasche haben. Das Lokal ist einen Block südlich der Plaza de la Libertad in einer chaotischen Arkade voller Imbisse zu finden.

Ausgehen & Unterhaltung

Cafés und Bars verteilen sich über das ganze Zentrum; daneben gibt's noch ein paar andere Unterhaltungsoptionen.

Lohga (☎ 216-86-70; Playa Miramar s/n) Die kleine, aber voll ausgerüstete Strandbar ist lässiger als die meisten Hotelbars. Dafür benimmt sich das jugendliche Publikum auch recht zügellos.

Sueños Húmedos (Parque Gray Andrés de Olmos; 🕑 14 Uhr–open end) An Bord der „Bar-Kasse" kann man seine *cerveza* auf dem Lago Chairel schlürfen. Die eineinhalbstündigen Törns (50 Mex$) beginnen um 18 Uhr.

Cinemas Plaza (☎ 214-24-39; Colón 100 Sur) Zeigt aktuelle Filme mit spanischen Untertiteln.

An- & Weiterreise

AUTO & MOTORRAD

Nördlich von Tampico ist der Hwy 180 auf ca. 80 km gut ausgebaut. Dann verengt sich die Straße auf zwei Spuren und führt nordostwärts nach Aldama. Über den Hwy 81 geht's in nordwestlicher Richtung nach Ciudad Victoria. Südlich von Tampico passiert der Hwy 180 den Puente Tampico und führt als recht ordentliche Straße weiter nach Tuxpan.

Am Flughafen kann man bei **Avis** (☎ 228-05-85) und **Budget** (☎ 227-18-80) Autos mieten.

BUS

Tampicos moderner **Busbahnhof** (☎ 213-00-47) ist 7 km nördlich des Zentrums an der Rosalio Bustamante. Er hat Snackläden, Tacostände, Telefone und eine Gepäckaufbewahrung.

1.-Klasse-Busse fahren die meisten Großstädte nördlich von Mexico City an oder folgen der Golfküste in Richtung Süden.

Ziel	Preis (Mex$)	Dauer (Std.)	Häufigkeit (tgl.)
Ciudad Valles	10	3	6-mal
Matamoros	305	7	9-mal
Mexico City (Terminal Norte)	394	10	alle 90 Min.
Monterrey	358	7½	stündl.
Poza Rica	106	5	alle 30 Min.
San Luis Potosí	337	8	5-mal
Tuxpan	168	4	stündl.
Veracruz	378	9	stündl.
Xalapa	376	10	2-mal

Viele der angegebenen Ziele sind auch mit Deluxe- und 2.-Klasse-Bussen erreichbar. Durch Umsteigen in Ciudad Valles gelangt man am schnellsten nach Xilitla.

FLUGZEUG

Der Aeropuerto Internacional Francisco Javier Mina liegt 15 km nördlich vom Stadtzentrum. Ein paar nationale Airlines wie **Mexicana** und **Click Mexicana** (☎ 228-36-62) starten hier täglich zu mexikanischen Großstädten. Die Maschinen von **Continental** (☎ 800-900-50-00) pendeln regelmäßig zwischen Tampico und Houston, Texas.

Unterwegs vor Ort

Bei Tampicos *colectivo*-Taxis steht das jeweilige Ziel auf den Türen. Die alten Straßenkreuzer sind günstiger als herkömmliche Taxis, wegen der häufigen Zwischenstopps aber auch langsamer.

Transporte Terrestre (☎ 228-45-88) schickt *colectivo*-Combis vom Flughafen in den gesamten Großraum Tampico–Ciudad Madero (ca. 65 Mex$).

Taxis vom Busbahnhof zum Zentrum kosten 30 Mex$. „Perimetral"-*colectivos* verbinden die Innenstadt mit dem Busbahnhof und dem METRO (4,50 Mex$). Sie fahren einen Block südlich vom *zócalo* an der Olmos ab.

CIUDAD VALLES & UMGEBUNG

☎ 481 / 110 000 Ew. / 71 m

Ciudad Valles schlummert am Ufer des mächtigen Río Valles vor sich hin. Die Stadt liegt etwa auf halbem Weg zwischen Monterrey und Mexico City. Hier trifft der Hwy 85 (Panamericana) auf den Hwy 70, der in Ost-West-Richtung von Tampico nach San Luis Potosí führt. Somit ist Valles eine gute Zwischenstation für Autofahrer – und zudem ein super Ausgangspunkt für Raftingtrips oder Exkursionen zu den Höhlen und Wasserfällen der phantastischen Huasteca.

Orientierung & Praktische Informationen

Als Blvd México-Laredo verläuft der Hwy 85 von Norden nach Süden durch die Stadt. Wer der Av Juárez oder Hidalgo über fünf Blocks westwärts folgt, erreicht die zentrale Plaza. Der Hwy 70 führt am südlichen Stadtrand vorbei.

Der Hauptbusbahnhof liegt 3 km südlich vom Zentrum abseits des Hwy 85 (Carr Nacional México-Laredo). Die **Touristeninformation** (☎ 381-57-35; www.sanluispotosi.gob.mx; Av Hidalgo 111–113, 2. Stock; 🕑 Mo–Sa 8–21 Uhr) in der Nähe der Plaza hat sachkundige Angestellte, zahlreiche Karten und nützliche Tipps für Traveller.

An der Juárez zwischen Plaza und Hwy 85 befinden sich u. a. das Internetcafé **TOPCOM** (☎ 381-17-81; Juárez 115) und diverse Banken (z. B. Banamex mit Geldautomat).

Sehenswertes & Aktivitäten

Eigentlich ist Valles nicht wirklich ein lohnendes Reiseziel – ausgenommen Ende Oktober, wenn zu **Xantolo** die ganze Stadt auf den Beinen ist. Die huaxtekische Variante des Día de Los Muertos wird mit traditionellen Klängen, Tänzen und Gerichten gefeiert. Der schlichte **Parque Urbano** gleich hinter der Plaza ist perfekt, um mit einem leckeren Eis in der Hand am Fluss entlang zu spazieren.

Die kleine Stadt ist vor allem ein toller Ausgangspunkt für Abenteuertrips (s. Kasten S. 723) zu den azurblauen Flüssen, üppigen Wäldern und mächtigen Wasserfällen der Huasteca. Autofahrer können auf eigene Faust auf Tour gehen, sollten sich aber unbedingt an den detaillierten Karten der Touristeninformation orientieren.

Alternativ gibt's mehrere Tourveranstalter mit nahezu identischen Programmen. Sie organisieren geführte Abenteueraktivitäten wie Abseilen, Höhlenwanderungen, Rafting (ca. 700 Mex$/Pers.) und Ausflüge nach Tamtoc (unten) oder Xilitla (S. 732). Auch Fans von Seilrutschen („Zip-Lines") kommen auf ihre Kosten. In der Hauptsaison finden die Touren etwas regelmäßiger statt. Zu anderen Zeiten hat man die Führer manchmal für sich allein. Es gilt aber meist die Faustregel: Je mehr Teilnehmer, desto niedriger der Preis.

Abenteuertourveranstalter:

Aventours (☎ 381-04-85; www.aventours.org; Galeana 46) Ein Trip führt zur Reserva Biosfera El Cielo (S. 462).

MS Xpediciones (☎ 381-18-88; www.msxpediciones.com.mx; Blvd México-Laredo 15 Nte) Bietet Ausflüge in offenen Sportkajaks und die verschiedensten Höhlenwanderungen an. Mietwagen mit Fahrer/Führer (1250 Mex$/Tag) gibt's auch.

Adventura Huasteca (☎ 381-75-16; www.aventurahuasteca.net; Blvd México-Laredo 19 Nte) Renommierter Spezialist für Raftingtrips auf den Ríos Tampaón und Micos.

TAMTOC

Als bedeutendes zeremonielles Zentrum der Huaxteken erlebte **Tamtoc** (Eintritt 43 Mex$; 🕘 9–17 Uhr, So geschl.) seine Blütezeit zwischen 700 und 1500 n. Chr. Heute zählt es zu den wenigen erhaltenen Stätten dieser Zivilisation. Die freigelegte Plaza der gewaltigen Anlage hat Stufen aus Flussgestein. Aufgepasst: Dort steht eine niedrige Bank mit zwei kegelförmigen Altären, auf denen die verblichenen Reste ca. 1000 Jahre alter Reliefs zu erkennen sind, die angeblich den gefiederten Schlangengott Quetzalcóatl darstellen.

Südwestlich der Hauptstätte befinden sich zwei unrestaurierte Pyramiden und die Puente de Dios (Gottesbrücke). Wer zum Zeitpunkt der Wintersonnenwende auf der Hauptplattform steht, sieht die Sonne exakt über der Puente de Dios untergehen. Diese liegt in einer perfekten Linie mit dem Río Tampaón und den beiden Pyramiden.

Auf dem Weg nach Tamtoc passiert man die kleinere Ruinenanlage von **Tamohi** (auch El Consuelo genannt). Die huaxtekischen Bauten dieser archäologischen Stätte sind ebenfalls einen Besuch wert.

Die Fahrt zu den Ruinen führt über die Kleinstadt Tamuín, die 30 km östlich von Ciudad Valles am Hwy 70 liegt. Etwa 1 km weiter östlich heißt es zunächst der Straße nach San Vicente in Richtung Süden folgen, dann nach ca. 5 km am Tamohi-Schild rechts abbiegen, um die ca. 1 km entfernte Stätte zu erreichen. Nach Tamtoc gelangt man, wenn man stattdessen einfach in Richtung San Vincente weiterfährt. Nach etwa 8 km führt rechts eine 10 km lange Holperstrecke zum Ziel.

Mit öffentlichen Verkehrsmitteln sind beide Ruinenanlagen nicht direkt erreichbar. Taxis ab Valles kosten inklusive Rückfahrt 200 Mex$. Auf dem Weg nach Tampico halten Linienbusse in Tamuín. Der Vencedor-Schalter dort verkauft Tickets für Regionalbusse nach San Vincente, die an den Abzweigungen zu den Ruinen stoppen. Die übrige Strecke muss dann jeweils zu Fuß zurückgelegt werden.

WASSERFÄLLE & BADESTELLEN

Nahe Valles rauschen die **Cascadas de Micos** nördlich des Hwy 70 zu Tal. Sie sind ein prima Plätzchen für einen Sprung ins kühle Nass oder eine Kanutour. An der 5 de Mayo in der Nähe der Plaza starten Busse nach Naranjo. Unterwegs können sich Passagiere in nur 200 m Entfernung zu den Wasserfällen am Highway absetzen lassen.

Südöstlich von Valles stürzt die wundervolle **Cascada de Tamul** 105 m tief in den naturbelassenen Río Santa María. Autofahrer nehmen einfach den Hwy 70, biegen nach 24 km links ab und folgen den Schildern für weitere 18 km. Mangels Busverbindung bleiben ansonsten nur Taxis (hin & zurück ca. 250 Mex$). Alternativ kann man auch von Aquismón herkommen. Zudem schippern *lanchas* (60–80 Mex$/Pers.) direkt zum Wasserfall.

TAMASOPO

Von den Hängen der Sierra Madre Oriental strömen viele Flüsse Richtung Osten. Ihre Wasserfälle und natürlichen Becken prägen diese reizvolle Region. Mittendrin liegt Tamasopo, 5 km nördlich des Hwy 70 und 55 km westlich von Ciudad Valles.

Die **Cascadas de Tamasopo** (Eintritt 20 Mex$, Stellplatz für Zelt 50 Mex$/Pers.) stürzen 2 km hinter Tamasopo in die Tiefe. Hier gibt es auch einen herrlichen natürlichen Bogen. Das **Cosmos Hotel** (☎ 482-387-00-40; Allende 309; EZ/DZ 385/490 Mex$, mit Klimaanlage 450/575 Mex$;) ist die beste Option unter einer Handvoll kleiner, örtlicher Hotels. Das **Balneario Tamisaqua** (☎ 482-387-03-31; Zi. 550 Mex$;) versteckt sich nicht einmal 1 km hinter den Cascadas de Tamasopo im Wald. Das ausgeschilderte Hotel liegt 2,5 km nordöstlich vom Ort. Neben einem eigenen Wasserfall besitzt es auch einen Pool und ein Café.

HOTEL TANINUL

Die Abzweigung zum **Hotel Taninul** (☎ 388-01-43; taninul@avantel.net; Hwy Valles-Tampico, Km 15; Zi. ab 660 Mex$;) liegt am Hwy 70 zwischen Ciudad Valles und Tamuín. Die kleine Ferienanlage mit heißen Quellen ist in und auf dem Gelände einer umgebauten Hazienda untergebracht. Das weitläufige Areal in einem 700 ha großen Naturschutzgebiet bietet Gästen prima Unterkünfte und einen angenehm heißen, wenn auch leicht schwefligen Mineralwasserpool. Außerdem stehen jede Menge Hollandräder zur Verfügung. Das vielseitige Wellnessprogramm beinhaltet auch Massagen unter freiem Himmel.

Das kleine **Museo Lariab** (☎ 382-00-00; Eintritt 10 Mex$; Di–So 9–15 Uhr) neben dem Hotel zeigt gut gemachte Ausstellungen zur heutigen und historischen Huasteca. Für ein Taxi ab Valles zahlt man rund 120 Mex$.

Schlafen

Die meisten Mittel- und Spitzenklassehotels stehen am Hwy 85.

Hotel Condesa (☎ 382-00-15; Juárez 109; Zi. 150 Mex$) Direkt an der Plaza findet man hier ein freundliches Management und günstige Zimmer. Die sind sehr einfach, aber sauber. Nach einem Quartier mit Fenster fragen!

LP Tipp **Hotel Piña** (☎/Fax 382-01-83; www.hotel-pina.com; Av Juárez 210; EZ/DZ 320/420 Mex$;) Im Gegensatz zu den Hotels am Hwy 85 gibt sich das gepflegte Piña nicht als Spitzenklasseoption aus und ist obendrein erschwinglich. Durch die Deko in warmen Farbtönen, hübsche Gemeinschaftsbereiche und hohe Hygienestandards hat es ein super Preis-Leistungs-Verhältnis.

Hotel Aventura Huasteca (☎ 382-01-28; Blvd México-Laredo 19 Nte; EZ/DZ 360/400 Mex$, mit Klimaanlage 400/450 Mex$;) Schlichtes, aber angenehm sauberes Hotel. Beherbergt mit Adventure Huasteca praktischerweise sogar einen renommierten Tourveranstalter.

Hotel San Fernando (☎ 382-22-80; Blvd México-Laredo 17 Nte; EZ/DZ 530/620 Mex$;) Ähnlich wie bei einem enttäuschenden ersten Date erwarten einen hinter dem hübschen Eingangsbereich heruntergekommene Zimmer. Andererseits halten engagierte Angestellte den Laden am Laufen, indem sie für Sauberkeit und die Zufriedenheit der Gäste sorgen. Das Hotel ist vier Blocks von der Plaza entfernt.

Hotel Valles (☎ 382-00-50; www.hotelvalles.com; Blvd México-Laredo 36 Nte; EZ/DZ 910/1130 Mex$;) Ruhiger Rückzugsort im Grünen gleich jenseits des Hwy 85. Die geräumigen und gepflegten Zimmer sind teilweise mit steinernen Badewannen ausgestattet. Das Haus verdankt seine Beliebtheit u. a. einer weitläufigen, schönen Gartenlandschaft mit großem Pool und lässigem Restaurant. Ein vornehmeres Lokal, das Steaks und Meeresfrüchte serviert, gibt's auch.

Essen

El Cafetto (Plazamitte; Gerichte 10–45 Mex$; 8–21 Uhr;) Valles trendigstes Café im Zentrum der Plaza bietet Paninis, erfrischende Smoothies und Koffeinhaltiges an.

Todo Light (☎ 381-14-93; Ecke Morelos & Júarez; Hauptgerichte 25–50 Mex$; Mo–Sa 7–21, So 10–18 Uhr;) Das Restaurant an der Plaza serviert Salate, Sandwiches, frische Säfte und Leckeres aus Vollkornweizen. Sein VIGOR-Smoothie besteht aus Spinat-, Orangen- und Ananassaft.

Torta 'Don Max' (Juarez 227; Hauptgerichte ab 30 Mex$; 9.30–23.30 Uhr) Die schlichte Sandwichbar steht bei Ortsansässigen hoch im Kurs.

La Troje (☎ 381-68-44; Av Juárez 210; Hauptgerichte 30–70 Mex$;) Das beliebte Café mit freundlichem

Service gehört zum Hotel La Piña und serviert Mexikanisches in üppigen Portionen.

An- & Weiterreise

AUTO & MOTORRAD

Westlich von Valles führt der Hwy 70 hinauf in die spektakuläre Sierra Madre. Über das Altiplano Central windet er sich in Richtung San Luis Potosí (262 km). Unterwegs wird die Fahrt gelegentlich durch langsame Lastwagen verzögert. Schnell und direkt geht's über den Hwy 70 ostwärts nach Tampico. In Richtung Süden erstreckt sich der Hwy 85 bis Tamazunchale und führt dann gen Südwesten nach Mexico City. Wer von Tamazunchale ostwärts nach Huejutla weiterfährt, kann die Huasteca umrunden und nach Tampico zurückkehren. Auf dieser holperigen Route kommt man allerdings nur relativ langsam voran.

BUS

Der **Busbahnhof** (☎ 382-39-12) ist 3 km südlich der Juárez nahe des Hwy 85. Er besitzt eine Gepäckaufbewahrung und einen Schalter für Taxitickets (30 Mex$ zum Zentrum). Viele Busse sind *de paso* unterwegs – somit halten sie oft und haben häufig Verspätung. Ab Ciudad Valles fahren 1.-Klasse-Busse zu folgenden Zielen:

Ziel	Preis (Mex$)	Dauer (Std.)	Häufigkeit (tgl.)
Matamoros	360	8	11-mal
Mexico City (Terminal Norte)	471	10	9-mal
Monterrey	338	7	19-mal
San Luis Potosí	238	5	regelm.
Tampico	125	2½	stündl.

2.-Klasse-Busse (ca. 10 % günstiger) gibt es etwas mehr. Regionalbusse rollen nach Pachuca, Ciudad Victoria, Tampico, Tamazunchale, Aquismón und Xilitla.

AQUISMÓN & UMGEBUNG

☎ 482 / 1900 Ew. / 137 m

Das beschauliche Huaxtekendorf Aquismón liegt 45 km südlich von Ciudad Valles. Am Fuß einer steilen Kalksteinwand versteckt es sich 4 km westlich des Hwy 85 im dichten Wald. Der Sótano de las Golondrinas lockt die meisten Besucher hierher. Doch nur die wenigsten davon wissen, dass es in dieser Gegend allgemein viele Höhlen gibt – ganz zu schweigen von Flüssen, Wasserfällen und Wäldern (S. 732). Samstags bietet sich zudem ein Bummel über den farbenfrohen Markt an. Während der Semana Santa werden das Dorf und die Umgebung von zahllosen mexikanischen Touristen bevölkert.

Das Personal der **Touristeninformation** (☎ 368-00-22; dirturismo_aquismon@hotmail.com) an der Plaza ist äußerst hilfsbereit. Praktischerweise lassen sich *camionetas* direkt vor der Tür chartern. Die Pauschalpreise der eifrigen Fahrer können unter acht Passagieren aufgeteilt werden. Im Palacio Municipal an der Plaza gibt's einen Geldautomaten.

Tourveranstalter aus der Umgebung bringen ihre Kunden hauptsächlich zum großen Sótano. Abgesehen von den erwähnten *camionetas* hat der Ort kaum Serviceeinrichtungen für Touristen. Dafür liegt er inmitten einer atemberaubend schönen Naturlandschaft.

Camionetas (600 Mex$) fahren zu Mexikos zweittiefster Höhle, die 13 km südwestlich Aquismóns tief in die Erde reicht. Der atemberaubende **Sótano de las Golondrinas** (Schwalbengrube; Eintritt 10 Mex$; ⌚ Sonnenaufgang–Sonnenuntergang) ist 376 m tief und der Lebensraum unzähliger Mauersegler. Bei Sonnenaufgang fliegen sie in riesigen Schwärmen aus und in der Dämmerung kommen sie zurück. Das Geräusch der flatternden Flügel erinnert an das der Stromschnellen eines Flusses. Die jeweils einstündige Hin- und Rückfahrt ist nur mit Allradantrieb möglich.

Nur 15 Minuten Fahrt nördlich von Aquismón ermöglicht der **Balneario de Tambaque** einen Sprung ins kristallklare Wasser des Río Tanutés, der hier über mehrere Stufen in ein natürliches Badebecken schießt (*camioneta* ca. 20 Mex$/Pers.). Die **Cuevas de Mantezulel** (Mantezulel-Höhlen) liegen ebenfalls in der Nähe des Dorfes (*camioneta* 300 Mex$). Dank ihres breiten Eingangs kann eine der Höhlen ein Stück weit ohne Ausrüstung erkundet werden. Von Aquismón führt eine Nebenstrecke nach Norden zur Cascada de Tamul (S. 729; *camioneta* 400 Mex$).

Aquismón ist ein Zentrum der lebhaften Feierlichkeiten zu Ehren **San Miguel Arcángels** (28./29. Sept.) und der **Virgen de Guadalupe** (12. Dez.). Die Huaxtekentänze, die dabei aufgeführt werden, imitieren Bewegungen wilder Tiere. Parallel wird jede Menge *aguardiente* (Zuckerrohrschnaps) getrunken.

Eins der beiden Hotels vor Ort, das **Hotel San Cosme** (☎ 368-00-72; Ecke Zaragoza & Av Juárez; EZ/DZ 150 Mex$; Ⓟ), empfängt seine Gäste gleich

AUF EIGENE FAUST: AQUISMÓN

Eine zerschlissene Karte in Aquismóns Touristeninformation repräsentiert das gesammelte Wissen ausländischer Hobby-Speleologen. Die haben darauf nämlich zahllose unbekannte Höhlen in der Umgebung eingezeichnet. Wer gerne in den Schoß der Erde hinabsteigt, ist hier in seinem Element. Ein möglicher Kontakt ist Ateno Genes Pérez aus der Gemeinde neben dem Sótano de las Golondrinas. Er führt angeseilte Besucher durch das gigantische Gangsystem und ist über die Touristeninformation zu erreichen. Für detaillierte topografische Karten empfiehlt sich das **Inegi** (www.inegi.gob.mx).

Die wenig befahrenen Nebenstrecken eignen sich für tolle Radtouren. Als potenzielle Ziele bieten sich jede Menge ländliche Gemeinden, Flüsse, Wasserfälle und Höhlen an. Dort kann normalerweise gecampt werden, wobei die Gebühren (0–50 Mex$) und die vorhandenen Einrichtungen unterschiedlich sind. Führer der Touristeninformation leiten halbtägige Touren (500 Mex$) auf miesen Leihfahrrädern. Eigene Drahtesel können eine bessere Alternative sein, wenn man Führer oder Versorgungsfahrzeuge (SAG; Support and Gear) organisiert. Ansonsten lassen sich Touren ohne Begleitung mithilfe der freundlichen Touristeninformation planen. In den Sattel schwingt man sich am besten im Oktober, November oder März. Dann sind die Straßen leerer und das Wetter ist kühler und weniger regnerisch.

hinter der Plaza. Es ist sehr einfach und günstig, aber ziemlich unkomfortabel. Das angenehme **Hotel La Mansión** (☎ 368-00-04; Carmona 16; EZ/DZ 200/300 Mex$, Klimaanlage zzgl. 100 Mex$; Ⓟ ✱) hat ein eigenes Restaurant. Seine schlichten Zimmer liegen ein paar Gehminuten von der Plaza entfernt und machen einen gepflegten Eindruck.

In der Nähe der Plaza servieren einige Restaurants mexikanische Standardgerichte. **El Kiosko** in der Platzmitte verkauft Sandwiches und frische Fruchtdrinks mit Zimt.

An der Kreuzung des Hwy 85 stoppen 2.-Klasse-Busse aus Richtung Ciudad Valles oder Xilitla. Die restlichen 4 km nach Aquismón werden per *colectivo*-Taxi (6–8 Mex$) zurückgelegt. An der Kreuzung fahren auch „Jalpan"-Busse nach Xilitla (22 Mex$) ab.

XILITLA

☎ 489 / 5900 Ew. / 1151 m

Umgeben von grünen, sanft gewellten Hängen liegt Xilitla (Chi-*liet*-la) auf dem Gipfel eines Hügels. Die herrliche Kleinstadt in der Sierra Madre Oriental verzeichnet im Vergleich zu Las Pozas wesentlich weniger Besucher. Wegen der herrlichen Landschaft und des gemäßigten Klimas kann man es hier jedoch prima ein oder zwei Tage aushalten.

Orientierung & Praktische Informationen

Von der zentralen Plaza am höchsten Punkt des Ortes fallen die Straßen zu allen Seiten steil ab. Die meisten Einrichtungen gibt es in der Umgebung des Platzes. Die Bushaltestelle liegt z. B. 200 m weiter südwestlich. Ein richtiger Busbahnhof ist nicht vorhanden. Die Banorte-Filiale an der Plaza hat einen Geldautomaten. Gleich westlich des Platzes findet man neben **La Nave** (🕑 9–22 Uhr; 10 Mex$/Std.) noch weitere Internetcafés.

Am 27. August findet in Xilitla alljährlich ein großer Kaffeemarkt statt. Ein paar Tage davor und danach gibt es Vorführungen von Huapango-Tänzen mit komplizierten Schrittfolgen und musikalische Vorträge, deren Besonderheit der Falsettgesang ist.

Sehenswertes

LAS POZAS

Las Pozas (Die Teiche; Eintritt 30 Mex$; 🕑 9 Uhr–Sonnenuntergang) sind bizarr und wunderschön zugleich. Xilitlas berühmteste Attraktion ist eine Aneinanderreihung von Tempeln, Pagoden, Brücken, Pavillons, Skulpturen und Wendeltreppen aus Beton. Diese surreale Kreation neben den idyllischen Wasserfällen ist das kreative Lebenswerk des Multimillionärs Edward James (s. Kasten gegenüber). Dessen Freund und Verwalter Plutarco Gastelum hatte sich um die technische Umsetzung der komplexen Konstruktionen gekümmert, die in den 1960er- und 1970er-Jahren geschickt von einheimischen Arbeitern gegossen wurden. Mittlerweile ergreift der Urwald Besitz von dem nur halb vollendeten Projekt, das trotzdem sehr sehenswert ist.

Surreale Skulpturen und willkürlich wirkende Bauten mit Treppen ins Nichts prägen diesen extravaganten Irrgarten, der so ziemlich jeden kreativen Geist beflügeln dürfte. Auf seinen 36 ha können ausdauernde Traveller den ganzen Tag lang in reizenden Teichen baden und zwischen den bröckelnden Konstruktionen umherklettern.

Doch Vorsicht: Geländer sind fast nirgends vorhanden – gut für die irreale Erfahrung, aber möglicherweise schlecht für Leib und Leben. Die Anlage wird an Wochenenden gern zum Picknicken genutzt, ist während der Woche aber oft menschenleer. Das hiesige Café hat täglich von 10 bis 18 Uhr geöffnet.

Obwohl es die örtliche Hauptattraktion ist, ist Las Pozas ohne eigenes Auto nur relativ schwer zu erreichen. Von Xilitla aus kann man z.B. über die nette Nebenstraße in Richtung Osten marschieren (ca. 45 Min.) oder mit dem Taxi fahren (60 Mex$). Kompromiss: ein *combi* (6 Mex$) zum Eingang am Highway nehmen und den letzten Kilometer auf Schusters Rappen zurücklegen.

MUSEO DE EDWARD JAMES

Die Familie Gastelum bewahrt Edward James in liebender Erinnerung und hat ihm ein kleines **Museum** (Ocampo 105; Eintritt 30 Mex$; ⌚ Di–So 10–18 Uhr) gewidmet. Es zeigt u.a. handgeschnitzte Holzformen, mithilfe derer unglaubliche Objekte gegossen werden konnten. Mehrere Fotostrecken dokumentieren zudem James' Leben und die Entstehung von Las Pozas.

CONVENTO DE SAN AGUSTÍN

Ernst und verschlossen wacht der **Convento de San Agustín** von 1557 über die Plaza. Das interessanteste Detail an dem früheren Kloster ist die Reihe winziger Fenster an der oberen Nordseite. Dahinter verbergen sich die *celdas* (Zellen) der Mönche. Nur die einschiffige Kapelle und der kleine Hinterhof sind öffentlich zugänglich.

Schlafen

Das kleine Xilitla hat überraschend nette und günstige Unterkünfte.

Hotel Dolores (☎ 365-01-78; www.hoteldoloresxilitla.com; Matamoros 211; EZ/DZ mit Ventilator 180/350 Mex$, DZ mit Klimaanlage 450 Mex$; ❄) Das fröhliche und schön dekorierte Hotel liegt nur wenige Gehminuten von der Plaza entfernt. Dank großer Fenster bieten die meisten Zimmer einen tollen Bergblick. Das Einzelzimmer mit Ventilator ist ein echtes Schnäppchen.

Hotel Guzmán (☎ 365-03-38; Corregidora 208; EZ/DZ 200/350 Mex$, mit Klimaanlage 300/350 Mex$, Suite 500 Mex$; P ❄) Das hübsche, dreistöckige Steingebäude gleich hinter der Plaza wird von einer schrulligen Familie geführt. Die gepflegten Zimmer sind sauber und komfortabel. Viele haben aufwändige Holzdetails, Bergblick und Steinelemente in den Fußböden. Die geräumigen Suiten im obersten Stock bieten sogar Badewannen und eine super Aussicht.

Las Pozas (☎ 365-03-67; www.laspozas.ya.st; Hütte für 2/4 Pers. 300/500 Mex$; P ⊠) Die *cabañas* verteilen sich in unschlagbarer Lage über den unteren Teil des Grundstücks. Allerdings wirken sie etwas ältlich und muffig.

Hostel del Café (☎ 365-00-18; hostaldecafe@hotmail.com; Niños Héroes 116; Zi. 400–600 Mex$; ❄) Das Hotel im B&B-Stil liegt ca. 1 km vom Ort entfernt. Seine sieben Zimmer sind in ein herrliches Hügelgelände eingebettet und mit

EDWARD JAMES

Edward James (1907–1984) wurde in Sussex, England, in eine Welt sagenhaften Reichtums hineingeboren. Er scherte sich wenig um adlige Verpflichtungen und suchte stattdessen die Gesellschaft von Künstlern, Dichtern und Existentialisten. Schließlich begeisterte sich James für surreale Kunst und trug als spendabler Mäzen die größte Privatsammlung der Welt zusammen.

Im Jahr 1945 verschlugen ihn seine Abenteuer nach Xilitla. Dort traf er seinen engen Freund Plutarco Gastelum, der am Bau von Las Pozas mitgewirkt hatte. Zu Anfang errichteten 40 einheimische Arbeiter kunterbunte, riesige Betonblumen neben einem idyllischen Urwaldbach. Während der nächsten 17 Jahre erschufen James und Gastelum dann immer größere und seltsamere Skulpturen, von denen viele nie vollendet wurden. Insgesamt verbauten die beiden Künstler schätzungsweise 5 Mio. US$.

Als James 1984 starb, hatte er keine finanzielle Vorsorge zum Erhalt seines Werkes getroffen. Letzteres verwandelt sich bereits in eine weitere mexikanische Ruinenanlage. Momentan kursieren Gerüchte darüber, dass die Anlage eventuell restauriert werden soll.

Liebe und großartigen Details wie handgeschnitzten Kopfbrettern an den Betten, bemalten Waschbecken und Duschfliesen aus Flussgestein eingerichtet. Gefrühstückt wird in der bunt dekorierten *cueva*. Diese winzige Höhle grenzt an die Gemeinschaftsterrasse mit den vielen Grünpflanzen.

Posada El Castillo (☎ 365-00-38; Ocampo 105; www.junglegossip.com; Zi. 700–1200 Mex$; P) Während seiner Zeit in Xilitla wohnte Edward James im Haus seines Freundes Gastelum. Das ist heute ein Gästehaus im Las-Pozas-Stil, das von der Familie des Architekten geführt wird. Die teuerste Unterkunft vor Ort steht inmitten üppiger Gärten. Ihre geschmackvollen Zimmer sind mit Antiquitäten und Kunstwerken dekoriert. Manche bieten zusätzlich eine großartige Aussicht.

Essen

In Xilitla sollte man leckere *acamaya* (Flusskrebse) aus der Region und *enchiladas huastecas* mit *cecina* (dünnen Rindfleischstreifen) probieren. Rund um die ganze Plaza verkaufen gut besuchte Stände Tacos und *esquites* (Maiskolben). Weitere interessante Gerichte gibt's auf dem Mercado hinter der Kirche.

Las Tortugas de Xilitla (☎ 365-06-48; Escobedo 218; Sandwiches 18–28 Mex$; So–Fr 12–22 Uhr) Das Las Tortugas ist eine gefragte und günstige Sandwichbar. Von den bequemen, roten Barhockern aus kann man den Koch beobachten, wie er die Sandwiches mit frischen Zutaten belegt – z. B. die *torta huasteca* (22 Mex$) mit *cecina, chorizo* und geriebenem Käse.

La Flor de Café (☎ 365-03-76; Hidalgo 215; Gerichte 25–40 Mex$; 6.30–21 Uhr) Eine Kooperative von Nahuafrauen leitet dieses schlichte Lokal, das neben einheimischen Spezialitäten wie *zacahuiles* (großen *tamales*) auch leckere *aguas frescas* (gesüßte Fruchtlimonaden) serviert.

Restaurant Cayo's (☎ 365-00-44; Alvarado 117; Gerichte 40–90 Mex$; 9–22 Uhr) Die Terrasse mit Aussicht auf die Sierra ist ein tolles Plätzchen, um sich zu stärken. Die *sopa de mariscos* mit den ganzen, ungeschälten Flusskrebsen und Garnelen ist ein leckeres, aber unzivilisiertes kulinarisches Vergnügen.

An- & Weiterreise

AUTO & MOTORRAD

Quer durch die herrlichen Sierras verläuft der Hwy 85 zur Marktstadt Huejutla. Dort findet sonntags ein großer Markt statt, den viele Nahua aus der Region besuchen.

Südlich von Huejutla führt der Hwy 105 hinauf in die liebliche Sierra Madre Oriental. Auf der nebligen Holperstrecke nach Pachuca passiert man unterwegs die alten Klöster von Molango und Zacualtipán.

Der Hwy 120 führt zunächst gen Westen nach Jalpan, dann südwestwärts in Richtung Querétaro durch die Sierra Gorda. Südöstlich von Xilitla stellt der malerische Hwy 85 die direkteste Verbindung zwischen der Huasteca und Mexico City dar. Diese steile Route durch die Sierra Madre sollte möglichst frühmorgens in Angriff genommen werden, um dem Nebel zu entgehen.

BUS

Ab Xilitla rollen komfortable 2.-Klasse-Busse regelmäßig über Aquismón nach Ciudad Valles (54 Mex$). Zudem gibt es regelmäßige Busverbindungen nach Tampico (200 Mex$) und San Luis Potosí (350 Mex$). Wer durch das nördliche Veracruz Richtung Südosten nach Tuxpan möchte, kommt am schnellsten über Valles und Tampico ans Ziel.

NÖRDLICHES VERACRUZ

Das nördliche Veracruz erstreckt sich zwischen der Küste und den südlichen Ausläufern der Sierra Madre Oriental. Die obere Hälfte des Bundesstaats Veracruz ist größtenteils von saftigem, hügeligem Weideland geprägt. Die Laguna de Tamiahua gilt als größtes Feuchtgebiet der Region, und am Golf gibt's ein paar schöne, einsame Sandstrände, von denen einige leider verschmutzt sind. Die größte archäologische Attraktion ist El Tajín.

Entlang dieses Küstenabschnitts trifft man in regelmäßigen Abständen auf Kontrollpunkte der mexikanischen Armee. Die Soldaten behandeln Traveller meist sehr zuvorkommend.

TUXPAN

☎ 783 / 75 000 Ew.

Tuxpan (manchmal auch Túxpam geschrieben) liegt 300 km nördlich von Veracruz bzw. 190 km südlich von Tampico. Die diesige Fischerstadt ist zugleich ein kleinerer Ölhafen. Wer etwas Zeit hat, kann z. B. das kleine Museum der mexikanisch-kubanischen Freundschaft jenseits des breiten Río Tuxpan besuchen. Ansonsten kann man einen Abstecher zur 12 km entfernten Playa Norte machen, die bei mexikanischen Urlaubern beliebt ist.

Orientierung & Praktische Informationen

Das Stadtzentrum liegt sechs Blocks hinter der Brücke über den Fluss am Nordufer des Río Tuxpan. Die Uferstraße (Blvd Reyes Heroles) führt erst unter der Brücke hindurch und dann Richtung Osten hinaus zur Playa Norte. Der Vorort Santiago de la Peña mit dem erwähnten Museum ist am Südufer.

Tuxpans schlichte **Touristeninformation** (☎ 834-64-07; turismotuxpam@yahoo.com.mx; Palacio Municipal; Mo–Fr 9–19, Sa 10–18 Uhr) gibt ein paar Karten und Infoprospekte aus. Kartentelefone sind im Parque Reforma zu finden, Banken mit Geldautomaten an der Juárez. Die Post an der Mina liegt mehrere Blocks entfernt. Internetcafés verteilen sich über das ganze Zentrum.

Sehenswertes & Aktivitäten

Das **Museo de la Amistad México-Cuba** (Museum der mexikanisch-kubanischen Freundschaft; Obregón s/n; Eintritt frei; 9–19 Uhr) am Südufer besitzt zwei Räume. In einem davon sind u.a. Fotos von Che Guevara und Fidel Castro ausgestellt, ergänzt durch diverse Exponate zu José Martí. Castro bewohnte dieses Vorstadthaus, während er 1956 die kubanische Revolution plante. Am 26. November desselben Jahres stachen hier 82 Revolutionäre mit einer überladenen Privatyacht in See, um den Aufstand in Kuba anzuzetteln. Um hierher zu kommen, nimmt man ein Boot über den Fluss (3 Mex$) und läuft Richtung Süden mehrere Blocks entlang bis zur Obregón. Dort rechts halten – das Museum steht am westlichen Straßenende direkt am Flussufer.

Tuxpans breiter Strand liegt 12 km östlich der Stadt. Von der Mündung des Río Tuxpan erstreckt sich die **Playa Norte** über 20 km in Richtung Norden. Zum Zeitpunkt der Recherche kämpften ihre *palapa*-Restaurants gerade noch mit den Folgen des Hurrikans „Dean" und es waren umfassende Aufräumarbeiten im Gange. Trotz alledem lässt sich hier der städtische Trubel bei günstigen Meeresfrüchten wunderbar vergessen. Obwohl ein nahes Kraftwerk die Atmosphäre etwas verdirbt, sind Wasser und Sand relativ sauber. Außer an Sonn- und Feiertagen ist der Strand normalerweise fast völlig leer. An seinem südlichen Ende halten „Playa"-Regionalbusse (8 Mex$, 25 Min.), die regelmäßig auf der Südseite des Blvd Reyes Heroles abfahren.

Aqua Sports (☎ 837-02-59; aquasportuxpan@yahoo.com.mx; Hwy Tuxpan–La Bara, Km 8,5; 2 Tauchgänge 800–1300 Mex$) sitzt ca. 8 km in Richtung Strand vom Zentrum entfernt. Die erstklassigen Boote dieses renommierten Tauchanbieters transportieren Unterwassersportler zu nahgelegenen Riffen und zur Isla de Lobos. **Angelausflüge** (1000 Mex$/Std.) sind ebenfalls möglich. Zwischen Mai und August ist das Wasser am klarsten; Silber-Königstarpune gehen von Januar bis März an den Haken. Nach Voranmeldung kann man auf der Insel campen, wobei Ausrüstung und Vorräte komplett gestellt werden.

Festivals & Events

Ende Juni oder Anfang Juli lockt ein großes **Angelturnier** die Besucher zu Hunderten nach Tuxpan. Volkstanzwettbewerbe, Stierkämpfe und Feuerwerk begleiten die einwöchigen Feiern zu **Mariä Himmelfahrt** (15. Aug.).

Schlafen

In der Ferienzeit sind die örtlichen Unterkünfte ziemlich schnell ausgebucht. Außerhalb dieser Zeit sind manchmal Rabatte drin. Da Tuxpan kein sonderlich angesagtes Touristenziel ist, gibt's hier keine Spitzenklassehotels.

Hotel Posada San Ignacio (☎ 834-29-05; Ocampo 29; EZ/DZ 200/300 Mex$) Ruhiges Hotel mit fröhlicher Deko. Die sauberen Zimmer umgeben einen farbenfrohen Hof voller Pflanzen. Das Hotel ist sehr gut in Schuss und bietet ein super Preis-Leistungs-Verhältnis.

Posada del Sol (☎ 834-18-59; Guerrero s/n; EZ/DZ 320/420 Mex$) Die Posada strebt das Ambiente einer ruhigen Hazienda an, was jedoch nicht ganz gelingt. Trotzdem sind die geräumigen Zimmer ausreichend sauber und mit ein paar netten Details versehen.

Hotel Riviera (☎ 834-53-49; Blvd Reyes Heroles 17; EZ/DZ 420/460 Mex$; P) Renoviertes Hotel in schöner Lage am Fluss. Von manchen der geräumigen und gepflegten Zimmer blickt man aufs Wasser. Andere bekommen jedoch ein bisschen viel Straßenlärm ab. Die Quartiere an der Vorderseite sind attraktiver.

Hotel Florida (☎ 834-02-22; www.hotel-florida.com.mx; Juárez 23; EZ/DZ 470/570 Mex$; P) Das Florida hat freundliches Personal, geräumige Zimmer mit großen Fenstern und Gemeinschaftsterrassen mit Aussicht auf die belebte Calle Juárez. Es ist im Vergleich zum benachbarten Hotel Reforma etwas günstiger und besser.

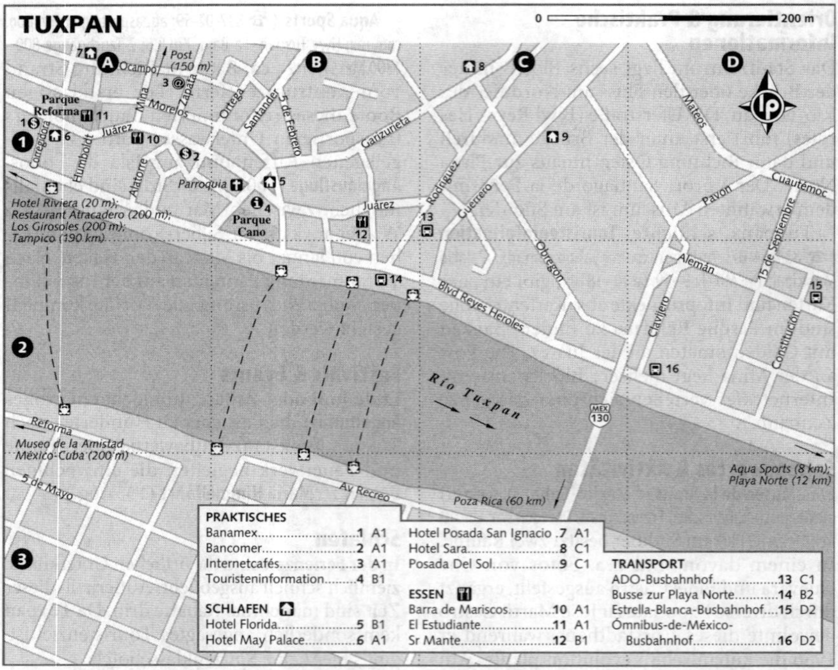

Hotel Sara (☎/Fax 834-00-10; www.hotelsaratuxpanver.com.mx; Garizurieta 44; EZ/DZ 450/650 Mex$; P) Neueres Hotel mit prima Preis-Leistungs-Verhältnis – besonders weil es bei Barzahlung Rabatt gibt. Dank Marmorfliesen wirken die großen, sauberen Zimmer recht nobel. Ein weiterer Pluspunkt ist der tolle Dachpool mit Blick auf Stadt und Fluss.

Hotel May Palace (☎ 834-88-81; Av Juárez 44; EZ/DZ 615/725 Mex$; P) Ein paar der blitzsauberen, schönen Zimmer bieten prima Aussicht auf Fluss und *zócalo*. Ortsansässigen zufolge ist dies das beste Hotel der Stadt.

Essen

Gute Restaurants flankieren den *zócalo*. Ferner sind die *palapas* an der Playa Norte perfekte Adressen für frische *mariscos* und kaltes Bier. Weitere empfehlenswerte Lokale:

El Estudiante (Mitte zócalo; Säfte 16 Mex$) Zentraler geht's nicht mehr. Hier kann man unter Schatten spendenden Schirmen frisch gepresste Säfte und üppige Obstsalate mit Müsli und Honig (25 Mex$) vertilgen.

Sr Mante (☎ 834-57-36; Juárez 8; Buffet 80 Mex$, Hauptgerichte 45–100 Mex$; 6–24 Uhr) Liegt an einer belebten Ecke und ist bei Einheimischen schwer angesagt. Während man das Treiben auf der Straße beobachtet, kann man sich mit leckeren regionalen Spezialitäten stärken. Das Buffet ist seinen Preis absolut wert.

Barra de Mariscos (☎ 834-46-01; Av Juárez 44; Meeresfrüchte 50–110 Mex$) Serviert fangfrische Meeresfrüchte in angenehmer Atmosphäre. Probieren: *Pulpo con salsa de ajo* (Tintenfisch in Knoblauchsauce) oder *camarones a la plancha* (gegrillte Garnelen).

Los Girasoles (☎ 834-03-92; Ecke Blvd Heroles & Hernández y Hernández; Hauptgerichte 60–120 Mex$; 12–24 Uhr) Auf der vielseitigen Karte stehen z. B. Caesar Salads, Grill- und Nudelgerichte. Zur schrulligen Deko gehören u. a. ein Cello, Wasserski und eine alte Zapfsäule. Am Wochenende gibt's Live-Rock.

LP Tipp **Restaurant Atracadero** (☎ 834-10-70; Blvd Heroles 35; Hauptgerichte 60–200 Mex$) Die umgebaute Barkasse am Ufer beherbergt ein tolles Open-Air-Restaurant der gehobenen Klasse. Spezialität des Hauses ist Paella aus allen möglichen *mariscos*, Fleisch- und Gemüsesorten (250 Mex$), die gut für drei, vier Personen reicht. Dazu passt ein Rotwein optimal.

Anreise & Unterwegs vor Ort

Die meisten 1.-Klasse-Busse ab Tuxpan sind *de paso* (auf der Durchfahrt) unterwegs. Plätze sollten daher möglichst im Voraus gebucht werden. Die Stadt hat mehrere Busbahnhöfe. Der ADO-Busbahnhof (1.-Klasse- und Deluxe-Busse) an der Rodríguez liegt in günstigster Entfernung zum Zentrum. Ómnibus de México (ODM; 1. Klasse) ist unter der Brücke am nördlichen Flussufer ansässig. Der moderne Busbahnhof von Estrella Blanca befindet sich zwei Blocks östlich der Brücke an der Alemán. Neben 2.-Klasse-Bussen fahren dort auch ein paar 1.-Klasse-Busse ab – z. B. zu folgenden Zielen:

Ziel	Preis (Mex$)	Dauer (Std.)	Häufigkeit (tgl.)
Matamoros	522	11	2-mal
Mexico City	380	4	1-mal
Mexico City (Terminal Norte)	230	6	stündl.
Papantla	50	2	1-mal
Poza Rica	20	1	stündl.
Tampico	168	4	stündl.
Veracruz	210	6	stündl.
Villahermosa	534	14	5-mal
Xalapa	208	6	5-mal

Zusätzlich fahren 2.-Klasse-Busse nach Poza Rica und Tampico (alle 30 Min.), während UNO mehrere Deluxe-Verbindungen nach Matamoros anbietet. Überdachte Barkassen (3 Mex$) bringen Passagiere über den Fluss.

TAMIAHUA

Tamiahua ist über eine befestigte Straße erreichbar. Der Ort liegt 43 km nördlich von Tuxpan am südlichen Ende der Laguna de Tamiahua. Während der Semana Santa, der Sommerferien und dem hiesigen Karneval (zweite Maiwoche) finden sich hier viele mexikanische Touristen ein. Ansonsten kann man die heimelige Atmosphäre eines mexikanischen Fischernests genießen. Im Rahmen von dreistündigen **Angelausflügen** (400 Mex$) schippern Charterboote von den Docks hinüber zur Barriereinsel der Lagune. Alternativ geht's übers Meer zur hübschen **Playa Tamiahua**. Mexikanische Touristen campen sehr gerne am Strand. Das gepflegte **Hotel Barrera** (☎ 768-857-01-64; Hidalgo 7; EZ/DZ 300/400 Mex$; ❄ Ⓟ) zählt zu den wenigen Unterkünften vor Ort. Ein paar schlichte Lokale servieren Meeresgetier. Vom reizenden **Restaurant El Veracruzano** (Ruíz Cortines s/n; Hauptgerichte 20–80 Mex$; 🕒 morgens, mittags & abends) an der Ruíz Cortínes blickt man direkt auf den Fluss. Es serviert u. a. köstliche Mais-empanadas (8 Mex$) mit einer Füllung aus Meeresfrüchten.

Von Tuxpan aus fahren Taxis (20 Mex$) zur *Crucero de Tamiahua* (Tamiahua-Kreuzung). Dort kommen regelmäßig 2.-Klasse-Busse (17 Mex$) auf dem Weg nach Tamiahua vorbei.

POZA RICA

☎ 782 / 175 000 Ew.

Poza Rica liegt an der Kreuzung zwischen den Hwys 180 und 130. Die moderne Stadt ist von der Ölindustrie geprägt und zugleich ein wichtiger Verkehrsknotenpunkt.

Für Übernachtungen ist das moderne **Best Western Hotel Poza Rica** (☎ 822-01-12; Fax 823-20-32; www.bwpozarica.com; Ecke Calle 2 Nte & 10 Ote; EZ/DZ 830/900 Mex$; Ⓟ ⊠ ❄) mit den hilfsbereiten Angestellten und einem Restaurant und Café zu empfehlen.

Poza Ricas Hauptbusbahnhof befindet sich gleich östlich des Blvd Lázaro Cárdenas an der Puebla. Hier fahren hauptsächlich 2.-Klasse-Busse ab – die von Transporte Papantla steuern verschiedene Ziele an der Küste an. Ein Großteil der wenigen 1.-Klasse-Busse fährt vom benachbarten ADO-Gebäude ab, z. B. zu Zielen wie:

Ziel	Preis (Mex$)	Dauer (Std.)	Häufigkeit (tgl.)
Mexico City (Terminal Norte)	192	5	stündl.
Pachuca	128	5	mind. 2-mal
Papantla	16	½	20-mal
Tampico	200	4½	25-mal
Tuxpan	20	¾	30-mal
Veracruz	180	5	stündl.

Wer nach El Tajín möchte, steigt am Hauptbusbahnhof in einen der regelmäßig verkehrenden 2.-Klasse-Busse nach Coyutla, El Chote, Agua Dulce oder San Andrés (15 Mex$). Alle nehmen den Highway und halten am Schild „Desviación El Tajín“, wo der 300 m lange Weg zu den Ruinen abzweigt.

Der malerische Hwy 130 von Poza Rica nach Pachuca ist die direkte Verbindung vom nördlichen Veracruz nach Mexico City. Über 200 km windet sich die oft neblige Straße hinauf in die Sierra Madre. Dabei durchquert sie den halbtropischen Norden des Bundesstaats

Puebla und führt bis nach Hidalgo hinein – vorbei an vielen Siedlungen der Völker der Nahua und der Totonaken.

PAPANTLA

☎ 784 / 48 000 Ew. / 196 m

Das freundliche Papantla breitet sich auf der Flanke eines Hügels aus. Die handelsorientierte Kleinstadt dient in erster Linie als Ausgangspunkt für Trips nach El Tajín. Außerdem gibt's noch weitere reizvolle Attraktionen zu sehen, z. B. tolle Wandgemälde. Rund um Papantla wird auch Vanille angebaut. Die örtlichen Läden und Märkte verkaufen deshalb viele Produkte mit Vanille. Man trifft häufig auf Totonaken in traditionellen Trachten: Die Männer tragen weite, weiße Hemden und Hosen, ihre Frauen dagegen bestickte Blusen und *quechquémitls* (traditionelle Umhänge).

Orientierung & Praktische Informationen

Papantla liegt beinahe direkt am Hwy 180, der ab Poza Rica gen Südosten führt. Wer von der Hauptstraße bergauf marschiert, kommt ins Stadtzentrum. Vom *zócalo* geht's bergab in Richtung Norden.

Die Plaza liegt 1,5 km südlich des ADO-Busbahnhofs. An diesem wendet man sich nach links, nimmt die erste Straße zur Rechten (Av Carranza) und folgt dann der 20 de Noviembre zur Linken. Hinter dem Terminal von Transportes Papantla und dem Markt kommt auch schon der *zócalo* in Sicht. Die heruntergekommene **Touristeninformation** (☎ 842-38-37; 1. Stock, Azueta 101) befindet sich direkt hinter dem nordwestlichen Rand des *zócalo*. An der Enríquez östlich des Platzes stehen zwei Banken mit Geldautomaten. Bei **Internet** (☎ 842-62-05; 20 de Noviembre 1; 🕑 9–22 Uhr; 8 Mex$/Std.) ist der Name Programm. Die Post liegt vier Blocks nordwestlich der Plaza.

Sehenswertes

Der terrassenförmige **zócalo** heißt offiziell Parque Téllez und nimmt eine Hügelflanke unterhalb der **Iglesia de la Asunción** ein. Unterhalb der Franziskanerkirche blickt man auf ein 50 m langes **Wandgemälde** (s. Kasten unten). Es zeigt die Geschichte des Totonakenvolks und des Bundesstaats Veracruz. Eine Schlange windet sich an den dargestellten Szenen entlang. Sie ist das bizarre Bindeglied zwischen einem vorkolonialen Steinmetz, der Pirámide de los Nichos in El Tajín und einem Ölförderturm.

TEODORO CANO: PAPANTLAS KÜNSTLERISCHE STIMME

Ende der 1940er-Jahre geriet das winzige *pueblo* Papantla völlig aus dem Häuschen, als Diego Rivera auf der Plaza eintraf. Rivera weilte in der Gegend, um El Tajín, das Sujet seines nächsten Wandgemäldes im Nationalpalast, zu besichtigen. Dann erregte ein Dorfbengel von maximal acht Jahren die Aufmerksamkeit des berühmten Künstlers: Der kleine Teodoro Cano verkündete geradeheraus, dass er selbst den Pinsel schwinge. Beeindruckt versprach Rivera, den Jungen zum Maler zu machen – und er hielt sich daran. Sein Haus in Mexico City wurde zur Heimat des jugendlichen Cano, der zunächst mehrere Monate lang das Atelier dort in Ordnung hielt. Danach durfte Cano die berühmte Academia de San Carlos besuchen, die er nach fünfjähriger Studienzeit als „Bester Kunststudent" verließ.

Danach begann seine facettenreiche Karriere: Er arbeitete hart für seinen Erfolg, bemalte Autos und wurde schließlich künstlerischer Direktor an der Universität von Veracruz in Xalapa. Mittlerweile genießt Cano seinen Ruhestand in Papantla. Dennoch hat er sich keinesfalls zur Ruhe gesetzt, sondern investiert neben Zeit und Energie auch finanzielle Mittel in die Casa de la Cultura. Dort finden verschiedene Kunstausstellungen und -kurse statt. Ein paar seiner charakteristischen Wandgemälde können in El Tajín und in der Nähe von Papantlas Plaza bewundert werden. Sie thematisieren den Konflikt zwischen Totonakenkultur und heutiger Gesellschaft genauso wie die Diskrepanz zwischen unberührter Natur und moderner Industrie.

Dieser bescheidene Mann macht einen zufriedenen Eindruck. Er lässt seine lehrreiche Kunst für sich sprechen und engagiert sich sehr für Papantla. Erst die Ehrfurcht eines eifrigen Hotelangestellten und die eines jungen Taxifahrers haben mein Interesse auf Maestro Cano gelenkt. Der lässt außerdem gerne alles stehen und liegen, um über Regionalgeschichte und die vergehende Totonakenkultur zu sprechen. Momentan arbeitet er am neuen Stadtmuseum namens Museo de la Ciudad Teodoro Cano.

Auf dem Gipfel des Hügels thront Papantlas **Volador-Denkmal** von 1988. Die Statue zeigt einen Musiker, der den bevorstehenden Start eines Fliegerquartetts mit seinem Flötenspiel untermalt. Zum Denkmal geht's über eine Straße, die von der südwestlichen Ecke des Kirchhofs bergauf führt – an deren Ende links halten. Auf S. 741 sind weitere Informationen zu den *voladores*-Ritualen zu finden.

In der **Casa de la Cultura** (16 de Septiembre s/n; ⌚ Mo–Sa 10–14 Uhr) finden Kunstkurse statt und im Obergeschoss wird eine Ausstellung mit einheimischen Kunstwerken gezeigt. Gelegentlich malt hier Maestro Teodoro Cano, der momentan am neuen **Museo de la Ciudad Teodoro Cano** mitwirkt, welches das kürzlich geschlossene Museo de La Ciudad ersetzen soll. Künftig können dort Kunstwerke, totonakische Artefakte und eine Ausstellung zu Papantlas Geschichte besichtigt werden.

Wegen seiner totonakischen Tracht wird **Gaudencio Simbrón** (☎ 842-01-21; puxko _hermano_mayor@yahoo.com.mx; 300–400 Mex$/Tag) oft als *el de la ropa típica* bezeichnet. Der „Kerl in traditionellen Klamotten" arbeitet für das Hotel Tajín. Er führt Besucher durch El Tajín, wo er aufgewachsen ist, und zu ein paar versteckten Juwelen in der Umgebung wie dem kleinen **Naturschutzgebiet** bei Talpan, der **Vanilleplantage** und **archäologischen Stätten**, die kaum jemand kennt.

Festivals & Events

Die großartige **Feria de Corpus Christi** steigt von Ende Mai bis Anfang Juni. Wie in Mexiko üblich, gehen mit dem Event des Jahres u. a. Stierkämpfe, Paraden und *charreadas* einher. Zusätzlich feiert Papantla sein totonakisches Kulturerbe mit spektakulären indigenen Tänzen. Die Hauptprozession ist am ersten Sonntag, wenn die *voladores* zwei-, dreimal am Tag fliegen.

Das **Festival de Vainilla** (Vanillefestival) am 18. Juni ist Papantlas zweites großes Fest. Dabei schwelgt die Stadt in Unmengen von Vanilleprodukten, und die Straßenstände bringen kulinarische Köstlichkeiten unter die Leute. Parallel treten indigene Tänzer auf.

Schlafen

Papantlas Unterkunftsangebot ist begrenzt.

Hotel Pulido (☎ 842-10-79; Enríquez 205; EZ/DZ 180/280 Mex$, Klimaanlage zzgl. 50 Mex$; Ⓟ ❄) Das Hotel Pulido ist eine schlichte, aber akzeptable Option 250 m östlich des *zócalo*. Die Budgetzimmer haben zwar nur Ventilatoren, sind ihren Preis aber wert.

Hotel Familiar La Pasadita (☎ 842-56-73; Obispo de las Casas 102; EZ/DZ 300/400 Mex$; ❄ Ⓟ) Ziemlich neues Hotel mit renovierter Einrichtung, neuen Fliesen und geräumigen Zimmern. Dennoch steht das zentrumsnahe Pasita weiterhin im Schatten der alten Hotels am *zócalo*. Nach Zimmern mit Fenster fragen und die Raumluft auf Rauchgeruch überprüfen!

Hotel Totonacapán (☎ 842-12-20; Ecke 20 de Noviembre & Olivo; EZ/DZ 350/400 Mex$; ❄) Ausreichend wohnliches und sauberes Haus etwa 400 m unterhalb des *zócalo*. Manche Zimmer haben eigene Balkone. Praktischerweise ist unten gleich ein Restaurant.

Hotel Provincia Express (☎ 842-16-45; hotprovi@prodigy.net.mx; Enríquez 103; EZ/DZ 370/480 Mex$; ❄ 💻) Teilt sich ein Gebäude mit dem Hotel Tajín und ist innen beinahe baufällig. Andererseits ist es aber super gelegen und hat fabelhaftes Personal und Internetzugang.

Hotel Tajín (☎ 842-01-21; Fax 842-10-74; Núñez 104; EZ/DZ 530/620 Mex$; Ⓟ ❄) Gäste genießen die erstklassige Lage am *zócalo* und den netten Gemeinschaftsbalkon mit Blick auf die Stadt. Die Einrichtung ist allerdings recht betagt.

Essen

In Papantla herrscht kein Mangel an leckeren mexikanischen Standardgerichten.

Restaurant Totonaca (Hotel Tajín, Núñez 104; Hauptgerichte 40–140 Mex$; ⌚ 8–22 Uhr) Das Hotelrestaurant mit Bar versucht, halbwegs nobel zu erscheinen. Eine kurze Weinkarte (80–100 Mex$) ergänzt die umfangreiche Speisekarte. Manche Cocktails enthalten Vanilleextrakt aus einheimischer Produktion.

La Hacienda (☎ 842-06-33; Reforma 100 Altos; Hauptgerichte 30–100 Mex$) Im Vergleich zum konkurrierenden Pardo ist das Essen hier etwas günstiger und die Perspektive auf den *zócalo* etwas anders. Serviert gute *mariscos* und die üblichen Standardgerichte aus Mexiko.

Plaza Pardo (☎ 842-00-59; 1. OG, Enríquez 105; Gerichte 35–130 Mex$) In Papantla genießt man den frühen Abend am besten bei Enchiladas und Bier an einem Balkontisch über dem *zócalo*. Fleischliebhaber können hier auch Steaks (130 Mex$) futtern.

Die Stände des **Mercado Juárez** säumen den Südwestrand der Plaza gegenüber der Kathedrale. Sie verkaufen frisches und günstiges Essen aus der Region.

Shoppen

Papantla ist Mexikos Zentrum des Vanilleanbaus. Auf dem Mercado Hidalgo am Westrand des Zócalo findet man deshalb hochwertiges Vanilleextrakt, Vanilleschoten sowie daraus hergestellte *figuras* (Blumen, Insekten oder Kruzifixe). Wer will, kann auch lokalen Likör oder Zigaretten mit Vanillearoma probieren. Zudem sind traditionelle Totonakentrachten und handgeflochtene Körbe im Angebot.

An- & Weiterreise

An Papantlas ruhigem Busbahnhof halten nur wenige Fernbusse, die meist *de paso* fahren. Ticket Bus gleich östlich der Plaza nimmt Platzreservierungen entgegen. Alternativ kann man auf die regelmäßigeren Verbindungen ab Poza Rica zurückgreifen. ADO bedient die Stadt als einziges 1.-Klasse-Unternehmen. An einem separaten Terminal in der Nähe der Plaza machen sich die 2.-Klasse-Busse von Transportes Papantla (TP) auf den Weg zu den Küstenorten im Süden. Täglich verkehrende 1.-Klasse-Busse ab Papantla:

Ziel	Preis (Mex$)	Dauer (Std.)	Häufigkeit (tgl.)
Mexico City (Terminal Norte)	280	6	6-mal
Poza Rica	16	½	26-mal
Tampico	220	5½	6-mal
Tuxpan	50	2	7-mal
Veracruz	150	3½	7-mal
Xalapa	162	4	11-mal

TP schickt zudem 2.-Klasse-Busse nach Poza Rica (alle 15 Min.) und Tuxpan (4-mal tgl.).

EL TAJÍN

Auf einer von niedrigen, grünen Hügeln umgebenen Ebene 6 km westlich von Papantla stehen die Ruinen von El Tajín, die eindrucksvollsten Überreste der klassischen Veracruz-Zivilisation. Der Name Tajín bedeutet auf Totonakisch „Donner", „Blitz" oder „Wirbelsturm".

In den Jahrhunderten zwischen 600 und 900 erlebte die Stätte ihre Blütezeit als Stadt und zeremoniales Zentrum. Gegen 1200 wurde El Tajín verlassen, vielleicht weil die Chichimeken angegriffen hatten. Die Spanier wussten bis 1785 nichts von diesem Ort.

Zu El Tajíns besonderen Merkmalen zählen Reihen von rechteckigen Nischen an den Seiten der Gebäude, viele Ballspielplätze und Skulpturen, die Menschenopfer im Zusammenhang mit dem Ballspiel darstellen. Der Archäologe José García Payón vermutete, dass die Nischen und Steinmosaiken Tag und Nacht, Licht und Dunkelheit, Leben und Tod in einem Universum symbolisierten, das dualistisch aufgebaut war. Viele andere Forscher stehen dieser Interpretation allerdings skeptisch gegenüber.

Orientierung & Praktische Informationen

Die **El-Tajín-Stätte** (Eintritt 45 Mex$; 9–17 Uhr) verteilt sich auf einer Fläche von ca. 10 km² – man muss also einige Kilometer zurücklegen und ein paar Stunden investieren, wenn man alles sehen will. Es gibt recht wenig Schatten, und es kann extrem heiß werden, deshalb ist es gut, früh herzukommen und eine Flasche Wasser und einen Hut mitzunehmen. Die meisten Gebäude und Reliefs sind auf Englisch und Spanisch beschildert, zusätzlich gibt es auch einige Infotafeln auf Deutsch und Französisch.

Am Rand des Parkplatzes verkaufen Stände Essen und Kunsthandwerk. Im Besucherzentrum sind ein Restaurant, eine Gepäckaufbewahrung, ein Infoschalter, ein Museum und Souvenirläden untergebracht. Wer mehr Informationen haben will, kann sich das Buch *Tajín: Mystery and Beauty* von Leonardo Zaleta anschauen, das manchmal (in mehreren Sprachen) in den Souvenirläden erhältlich ist. Führer bekommt man für 200 Mex$ die Stunde (für 1–6 Teilnehmer).

Sehenswertes

PLAZA MENOR

Pyramiden flankieren die Plaza del Arroyo auf vier Seiten. Die **Plaza Menor** (Kleinere Plaza) dahinter gehört zu El Tajíns größtem Zeremonienzentrum. Mit dem niedrigen Podest in der Mitte könnte sie als Marktplatz gedient haben. Alle umliegenden Gebäude wurden früher wahrscheinlich von kleinen Tempeln gekrönt. An manchen Stellen zeugen Farbspuren von einem roten oder blauen Anstrich.

JUEGO DE PELOTA SUR

In El Tajín wurden bislang rund 17 Ballspielplätze entdeckt. Der **Juego de Pelota Sur** (Südlicher Ballspielplatz) entstand etwa um 1150 und ist vor Ort der berühmteste seiner Art. Dies verdankt er sechs Wandreliefs, die ver-

ZENTRALE GOLFKÜSTE

schiedene Aspekte des rituellen Ballspiels näher beleuchten.

Das Relief in der nordöstlichen Ecke ist am einfachsten zu deuten: In der Mitte vollziehen drei Ballspieler nach getaner Arbeit auf dem Platz ein rituelles Menschenopfer. Einer stößt ein Messer in die Brust des zweiten, dessen Arme wiederum vom dritten festgehalten werden. Das Publikum besteht aus Totengöttern und einer Art Leitfigur. Weitere Reliefszenen zeigen den zeremoniellen Konsum von Pulque (S. 753).

PIRÁMIDE DE LOS NICHOS

Die wunderschön proportionierte Nischenpyramide steht direkt neben der Plaza Menor. El Tajíns auffälligstes Gebäude hat sechs untere Ebenen mit einer Gesamthöhe von 18 m. Sie sind jeweils von einer Reihe kleiner, viereckiger Nischen umgeben. Archäologen vermuten, dass der Bau ursprünglich 365 Nischen besaß und die Funktion eines Kalenders erfüllte.

EL TAJÍN CHICO

Wer nach Norden zur Plaza El Tajín Chico läuft, kommt am **Juego de Pelota Norte** (Nördlichen Ballspielplatz) vorbei. Der Hof ist kleiner und älter als sein Pendant im Süden, aber seine Seitenreliefs sind schlechter erhalten.

Viele der hiesigen Gebäude sind mit Steinmosaiken versehen, deren geometrische Muster als „Greco" (griechisch) bezeichnet werden. Ein paar tolle Reliefs zieren **Edificio I**, das wohl einst als Palast diente. **Estructura C** auf der östlichen Plazaseite besitzt drei Ebenen und eine Treppe und war ursprünglich blau gestrichen. Nördlich des Platzes steht **Estructura A** mit einem Kragbogen, dessen Wände im spitzen Winkel nach oben verlaufen, wo eine einzelne Steinplatte den Abschluss bildet. Dieses typische Element der Maya-Architektur ist seltsamerweise hier zu finden – ein weiteres Fragezeichen im Rahmen des vorkolonialen Zivilisationsrätsels.

Die bislang nicht restaurierte **Plaza de las Columnas** (Plaza der Säulen) nordwestlich der Plaza El Tajín Chico zählt zu den bedeutendsten Bauten der Stätte. Sie bestand ursprünglich aus einem großen, offenen Hof mit Gebäuden drumherum, die sich über die Flanke des Hügels verteilten. Ein paar der prachtvollen Reliefsäulen wurden wieder zusammengesetzt und sind im örtlichen Museum zu sehen.

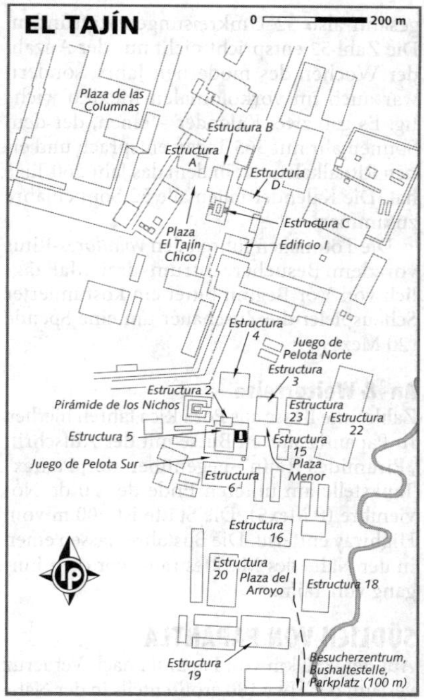

VOLADORES-VORFÜHRUNGEN

Das totonakische *voladores*-Ritual wurde traditionell nur einmal im Jahr vollzogen – heute führen es die tollkühnen Flieger den Besuchern aber fast täglich vor. Es ist eine Art Bungeespringen in Zeitlupe, von der Spitze eines schwindelerregend hohen Pfahls. Der Ritus beginnt damit, dass fünf Männer in traditioneller Kleidung auf den Pfahl klettern. Vier von ihnen setzen sich auf den Rand eines kleinen Rahmens an der Spitze und drehen diesen dann: Die Seile wickeln sich um den Pfahl. Der fünfte Mann tanzt auf der Plattform über ihnen und spielt auf einer *chirimía,* einer kleinen Trommel mit angehängter Flöte. Wenn er zu spielen aufhört, lassen sich die anderen nach hinten fallen. Mit ausgestreckten Armen kreisen sie anmutig um den Pfahl und gleiten kopfüber zu Boden, während sich ihre Seile loswickeln.

Einer Interpretation dieser uralten Zeremonie zufolge handelt es sich um einen Fruchtbarkeitsritus und die Flieger beschwören die vier Ecken des Universums, die Sonne und Regen bringen. Wichtig ist auch, dass jeder Flieger den Pfahl 13-mal umrundet, insgesamt also 52 Umkreisungen stattfinden. Die Zahl 52 entspricht nicht nur der Anzahl der Wochen des modernen Jahrs, sondern war auch im vorkolonialen Mexiko wichtig: Es gab zwei Kalender – einen, der dem Sonnenjahr mit 365 Tagen entsprach und einen Ritualkalender, in dem das Jahr 260 Tage hat. Die Kalender fallen alle 52 Sonnenjahre zusammen.

Die Totonaken führen den *voladores*-Ritus vor dem Besucherzentrum drei Mal täglich vor. Vor Beginn bittet ein kostümierter Schauspieler die Zuschauer um eine Spende (20 Mex$).

An- & Weiterreise

Zahlreiche Busse aus Poza Rica fahren hierher. In Papantla starten Busse mit der Aufschrift „Pirámides Tajín" gegenüber der Pemex-Tankstelle am unteren Ende der 20 de Noviembre (8 Mex$). Die Stätte ist 300 m vom Highway entfernt. Die Busfahrer lassen einen in der Nähe des Marktes raus, vor dem Eingang von Tajín.

SÜDLICH VON PAPANTLA

Auf den 230 km von Papantla nach Veracruz verläuft der Hwy 180 größtenteils in der Nähe der Küste. Starke Meeresströmungen machen das Schwimmen hier teilweise lebensgefährlich. Stattdessen kann man ein super Schildkrötenschutzprojekt und die schimmernde Smaragdküste besuchen. Ebenso toll sind Abstecher zur entlegenen, aber faszinierenden Totonakenstätte Quiahuiztlán. Während der Nebensaison ist die Region fast touristenfrei.

Tecolutla

☎ 766 / 3900 Ew.

Die hübschen Strände dieses Küstenorts stehen bei mexikanischen Mittelschichtfamilien hoch im Kurs. Wenn nicht gerade Feiertag ist, ist Tecolutla an Wochentagen wie leergefegt. Während der Semana Santa und anderen Urlaubsperioden wird es allerdings von Besuchern überrannt und die Preise können sich vervierfachen.

Der **Grupo Ecologista Vida Milenaria** (☎ 846-04-67; www.vidamilenaria.org.mx; Eintritt gegen Spende; 🕑 9 Uhr–Sonnenuntergang) ist wahrscheinlich am interessantesten. Das kleine Schildkrötenschutzzentrum wird vom reizenden Fernando Manzano Cervantes alias „Papá Tortuga" geleitet. Seit über 33 Jahren zieht er erfolgreich Suppen- und Bastardschildkröten auf und entlässt sie in die Freiheit. Wissbegierige Besucher können sich die Jungtiere gerne ansehen. Bitte ein kleines Souvenir kaufen – das Zentrum wird privat betrieben. Besonders im April und Mai braucht es viele **Freiwillige**, die den Strand überwachen und Schildkröteneier einsammeln. Freiwillige Helfer können die Stellplätze, die Gemeinschaftsküche und das Gemeinschaftsbad kostenlos benutzen. Mit dem **Festival de Las Tortugas** feiern Hunderte von Einheimischen Ende Oktober die Auswilderung der Babyschildkröten. Die gelungene Website des **Tecolutla Turtle Preservation Project** (www.tecolutla-turtle-preservation-project.org) informiert auf Englisch über den Schildkrötenschutz in Tecolutla.

In Richtung Río Tecolutla führt die Emilio Carranza am *embarcadero* vorbei. Von dort fahren **Boote** (300–400 Mex$/Gruppe) hinaus zu Angelstellen oder dichten Mangrovenwäldern, die voller Tiere und Pflanzen sind.

Die vielen örtlichen Hotels leben vom Tourismus. Das saubere **Hotel Vanilla** (☎ 846-02-75; Carranza s/n; Zi. 200–300 Mex$, Klimaanlage zzgl. 50 Mex$; P ⛶) ist ein echtes Schnäppchen. Von seinem Gemeinschaftsbalkon schaut man direkt auf den belebten *zócalo*. Im gut geführten **Real del Mar** (☎/Fax 846-03-80 od. 846-01-00; www.hotelrealdelmar.com; Ecke Aldama & Galeana; Zi. ab 580–680 Mex$; P ⛶ ⛶) müssen Gäste mehr hinblättern. Manche der hellen, farbenfrohen Zimmer haben Balkone mit Meerblick. Sie umgeben ein Schwimmbad und ein drei Stockwerke hohes Wandbild mit maritimen Motiven.

Wer auf frische, günstige Meeresfrüchte steht, wird sich in Tecolutla pudelwohl fühlen. Am Strand schenken alle *palapas* kaltes Bier aus und fliegende Händler preisen ihre Meeresfrüchtecocktails an. Auf dem Weg von der Plaza zur Obregón am Strand kommt man an zahllosen Restaurants vorbei. Das **El Cotarro** (☎ 845-16-71; Obregón s/n; Gerichte 25–80 Mex$) wirkt nicht ganz so maritim-kitschig wie seine benachbarte Konkurrenz. Hier gibt's frische Köstlichkeiten für wenig Geld – z. B. Fisch *mojarra al ajo* in buchstäblich atemberaubender Knoblauchsauce. Die **Palapa 'El Girosal'** steht beim Schildkrötenschutzzentrum am Strand. Unter den *palapas* kommen hier Cocktails (40 Mex$) und leckere Meeresfrüchteplatten (80 Mex$) auf den Tisch.

Tecolutla liegt 41 km östlich von Papantla. Die 2.-Klasse-Busse von Transportes Papantla verkehren regelmäßig zwischen Tecolutla und Papantla (33 Mex$). Die meisten 1.-Klasse-

Busse starten an der Gutiérrez Zamora. Einen Block vom Strand entfernt befindet sich ein ADO-Büro, das Tickets im Voraus bucht. Von Tecolutla aus fährt ADO u. a. nach Mexico City (Terminal Norte; 224 Mex$), Puebla (214 Mex$) und Pachuca (158 Mex$). Zudem geht's regelmäßig nach Poza Rica (42 Mex$) und Papantla (35 Mex$).

Costa Esmeralda

Die Wellen an der Smaragdküste erinnern an Halbedelsteine – sie sind nicht kristallklar, schimmern aber in verschiedenen Blautönen. Auf 20 km Länge brechen sie sich an graugoldenen Stränden. Zur Sommer- und Urlaubszeit herrscht hier Hochbetrieb. Im übrigen Jahr ist jedoch wenig los. Während der Woche kommen Strandfans und Liebhaber der Einsamkeit voll auf ihre Kosten. Das örtliche Unterkunftsangebot hält für jeden Geldbeutel das Passende bereit. Es gibt auch einige Campingplätze (ausgeschildert oder auch nicht).

Wer von Norden nach Casitas hineinfährt, stößt auf das Cabo Alto Hotel and Spa mit dem **Spa Xochicalli** (☎ 321-02-59; Hwy 180; Massagen ab 480 Mex$). Dessen großes Angebots- und Servicespektrum kuriert Strandkoller auf angenehme Weise. Etwas weiter südlich steht das **Hotel Misión del Mar** (☎ 321-08-00; Hwy 180, Km 87, Costa Esmeralda; hotelmisiondelmar@yahoo.com.mx; Stellplatz für Zelt/EZ/DZ 100/850/1110 Mex$; P) gleich hinter dem Strand. Von den meisten der klasse ausgestatteten Zimmer blickt man auf einen Hof voller Pflanzen. Supergünstige Stellplätze mit *palapa*-Dächern gibt's auch. Sie gestatten Zugang zu drei Pools, einer Cafeteria und sanitären Anlagen mit Duschen.

Am Nordende von Casitas steht das günstige **Hotel Miramar** (☎ 321-03-70; miramarcasitas@yahoo.com.mx; Hwy 180, Km 90, Casitas; EZ/DZ 200/250 Mex$, Klimaanlage zzgl. 50 Mex$) in einem Block Entfernung zu einem schönen Strand. Die sauberen Zimmer sind nichts Besonderes, sorgen aber für einen angenehmen Aufenthalt. In dem alten Nest Casitas bekommt man überall leckeres Essen für wenig Geld – wesentlich besser, als weiter außerhalb der Stadt auf ein teures Hotelrestaurant angewiesen zu sein.

Der Río Filobobos (oder Río Bobos) ist für seine Stromschnellen bekannt. An der Flussmündung führt der Hwy 131 südwestlich von Nautla nach **Tlapacoyan**. Dort sind ein paar Rafting-Veranstalter ansässig und die Cascada de Encanto verspricht ein tolles Bad in einem Wasserfall. **Aventura Extrema** (☎ 229-178-38-12; www.aventuraextrema.com.mx; Rafting-Pauschalangebote ab 670 Mex$) unterhält Einrichtungen in der Nähe von Tlapacoyan und bietet diverse Abenteueraktivitäten an, z. B. ein- bis dreitägige Pauschaltrips inklusive Verpflegung und Unterkunft (Hotel od. Camping). Ein Highlight beim Rafting auf dem Bobos sind zwei archäologische Stätten: Bei Caujilote und Vega de la Peña legen die meisten Tourveranstalter einen Zwischenstopp am Ufer ein. Dank des reizenden **Hotel Oliver** (☎ 225-315-07-04; www.hospedajetlapacoyan.tk.com.mx; Cuauhtémoc 400; EZ/DZ 250/380 Mex$; P) gleich hinter der Plaza können Traveller auch in Tlapacoyan übernachten. Hin kommt man mit dem Bus ab Nautla (42 Mex$).

Das erschwingliche **Hotel Istirinchá** (☎ 317-42-01; www.hotelistirincha.com; Hwy 180, Km 102; EZ/DZ 800/900 Mex$; P) liegt 5 km südlich von Nautla. Die geräumigen und fröhlich dekorierten Zimmer haben eigene Terrassen mit Meerblick. Das neue Hotel bietet außerdem Naturwanderungen, Ausritte und Paddeln auf dem hauseigenen See an. Der Eigentümer ist gerade dabei, das einst abgeholzte Gelände wieder zu renaturieren. Hierbei hilft ein ortsansässiger Biologe, der sich auch um diverse Tiere in Gefangenschaft kümmert (z. B. Krokodile und Tukane). Ein Schild am Highway markiert die Abzweigung zum Hotel. Dort kann man sich vom Busfahrer absetzen lassen und hat dann noch 20 Minuten zu Fuß vor sich.

Sämtliche Küstenorte sind über den Hwy 180 erreichbar – einfach einen Regionalbus nehmen und dem Fahrer das gewünschte Ziel mitteilen.

Südlich der Laguna Verde

Seit 1989 ist Mexikos einziges Atomkraftwerk an der **Laguna Verde** in Betrieb. Letztere liegt 80 km nördlich vom Hafen Veracruz am Hwy 180. Wegen der starken öffentlichen Proteste hat die Regierung den Bau weiterer Reaktoren verworfen. Studien von Greenpeace (aktuelle Infos unter www.greenpeace.org) haben zahlreiche kritische Sicherheitsmängel zutage gefördert. Dasselbe sagt auch ein Bericht, der 2005 vom Weltverband der Atomkraftwerksbetreiber (Wano) herausgegeben wurde. Offenbar existiert z. B. kein Evakuierungsplan für die umliegenden Gemeinden.

Im Rahmen von **EcoGuías La Mancha** (☎ 296-100-11-63; www.ecoturismolamancha.com; La

BESTE OUTDOOR-ABENTEUER

- **Aquismóns** (S. 731) Höhlen erkunden
- Mit **Veracruz en Bicicleta** (S. 748) und einem Fahrrad auf Hernán Cortés' Spuren wandeln, von Veracruz, wo er landete, bis Mexico City – man kann auch nur einzelne Teilstücke mitfahren
- Den **Volcán San Martín** (S. 775) besteigen
- Nach dem Wandern bei klasse Kaffee und Yoga im **Ashram Coatepec** (S. 752) nahe Coatepec entspannen
- Rafting- und Kajaktrips bei **Jalcomulco** (S. 753) unternehmen
- Ruinen in **Quiahuiztlán** (S. 744) besichtigen und die herrliche Aussicht genießen

Mancha–Acotpan; Stellplatz für Zelt/Cabaña 50/120 Mex$) haben engagierte Ortsansässige durch Eigeninitiative ein einfaches Umweltinformationszentrum auf die Beine gestellt. Es befindet sich in 1 km Entfernung zum Strand und dient als Ausgangspunkt für geführte Naturwanderungen, Vogelbeobachtungen, Imkertouren und Ausritte. Wer an den Kajaktrips teilnimmt, lernt die Tier- und Pflanzenwelt der hiesigen Mangrovenhaine kennen. Als tolle alternative Übernachtungsoption sichern die rustikalen Unterkünfte das Einkommen der örtlichen Gemeinde. Um vom Hwy 180 hierher zu kommen, der Abzweigung nach La Mancha etwa 1 km weit in Richtung Osten folgen – und auf keinen Fall das Insektenspray vergessen!

Das kleine Fischerdorf **Villa Rica** liegt 69 km nördlich von Veracruz. Wahrscheinlich wurde hier die erste spanische Siedlung Mexikos gegründet. Auf dem Cerro de la Cantera laden Festungs- und Kirchenruinen zur Besichtigung ein. Ansonsten kann man sich auch einfach am schönen Strand aalen.

Die nahen Totonakengräber von **Quiahuiztlán** (🕑 8.30–17 Uhr; Eintritt 27 Mex$) sind wirklich wunderbare Ruhestätten: Der vorkoloniale Friedhof nimmt einen grünen Vorberg mit atemberaubender Aussicht auf die Küste ein. Darüber erhebt sich eine hohe Felsnase namens Cerro los Metates. Die Anlage umfasst zwei Pyramiden, ein paar Monumente mit Reliefs und über 70 Gräber in Form von kleinen Tempeln. Eine tolle Wanderung (25 Min.) führt hinauf zum Bereich mit Meerblick. Im Gegensatz zu Mexikos stark besuchten Ruinen kann man diese heilige Totonakenstätte in Ruhe und von Natur umgeben erkunden. Wer mit dem Bus über den Hwy 180 anreist, lässt sich in Quiahuiztlán absetzen und läuft malerische 3 km bergauf.

ZENTRALES VERACRUZ

In Richtung Veracruz folgt der kurvige Hwy 180 den Stränden mit dem dunklen Sand bis Cardel. Von dort führt der Hwy 140 westwärts nach Xalapa, zur Hauptstadt des Bundesstaats. Charmante Bergsiedlungen sprenkeln die von dramatischen Flussschluchten durchzogenen Vulkanketten im Landesinneren. Ab Veracruz erstreckt sich der Hwy 150D in Richtung Südwesten bis Córdoba, Fortín de las Flores und Orizaba am Rand der Sierra Madre.

ZENTRALE KÜSTE

Die Strände nördlich der Stadt Veracruz sind bei mexikanischen Urlaubern sehr beliebt. Zudem liegen hier die eindrucksvollen Ruinen von Zempoala.

Zempoala

☎ 296 / 9500 Ew.

Die vorkoloniale Totonakenstadt Zempoala (oder „Cempoala") liegt 42 km nördlich von Veracruz und 4 km westlich des Hwy 180 im modernen Zempoala. Bei einer Pemex-Tankstelle etwa 7 km nördlich von Cardel beginnt die Abzweigung zu den Ruinen, wo mehrmals täglich *voladores*-Vorführungen stattfinden. Zempoala ist am einfachsten über Cardel erreichbar – entweder mit Taxis (70 Mex$) oder mit „Zempoala"-Bussen (12 Mex$) ab dem dortigen Busbahnhof.

GESCHICHTE

Um 1200 entwickelte sich Zempoala zu einem größeren Totonakenzentrum, das Mitte des 15. Jhs. von den Azteken eingenommen wurde. Innerhalb starker Verteidigungsmauern lebten hier einst 30 000 Menschen, denen schon unterirdische Wasser- und Abwasserleitungen zur Verfügung standen. Als Hernán Cortés die Stadt erreichte, berichtete ihm ein Späher von Gebäuden aus Silber – allerdings glänzte in Wirklichkeit nur deren weiße Farbe in der Sonne.

Zempoalas Häuptling schloss mit Cortés ein Schutzbündnis gegen die Azteken. Seine Gastfreundschaft hielt die Spanier aber nicht davon ab, Statuen von Göttern zu zerschmettern und dem Volk christliche Tugenden zu predigen. 1520 besiegte Cortés bei Zempoala eine Strafexpedition, die ihn im Namen des kubanischen Gouverneurs verhaften sollte.

Im 17. Jh. reduzierten Seuchen die Einwohnerzahl auf acht Familien. Zempoala wurde aufgegeben. Die heutige Kleinstadt wurde erst 1832 gegründet.

SEHENSWERTES

Die tolle **archäologische Stätte** (Eintritt 35 Mex$; ⏲ 9–17.30 Uhr) vor reizender Bergkulisse ist nicht ganz so gewaltig wie El Tajín, aber dennoch sehr eindrucksvoll. Glatte, runde Flusskiesel zieren die Fassaden der meisten Gebäude, von denen viele einst verputzt und gestrichen waren. Charakteristische *almenas* (zahnförmige Zinnen) krönen die Mauern.

Der **Templo Mayor** (Haupttempel) ist eine 11 m hohe Pyramide mit einer breiten Treppe, die zu den Überresten eines Schreins hinaufführt. Als Cortés und seine Männer in Zempoala eintrafen, wohnten sie in **Las Chimeneas**. Die hohlen Säulen des Gebäudes hielt man einst für Schornsteine – daher der Name. Auf der Westseite der Stätte stehen zwei Hauptgebäude: Im typisch toltekisch-aztekischen Stil zieren zwei Treppen die Frontseite des **Templo del Sol**. Die Architektur des **Templo de la Luna** weiter nördlich erinnert an Aztekentempel, die dem Windgott Ehecatl geweiht waren.

Östlich von Las Chimeneas stößt man auf **Las Caritas** („kleine Köpfe") – benannt nach kleinen Tonköpfen, die früher in den Mauernischen standen. Ein weiterer großer Windgott-Tempel, der **Templo Dios del Aire**, erhebt sich im eigentlichen Ort. So kommt man hin: Zunächst der Zufahrt zur Stätte Richtung Süden folgen, dann die Hauptstraße des Ortes überqueren und schließlich nach rechts um die Ecke biegen. Der uralte Tempel neben einer Straßenkreuzung ist durch seine charakteristische Rundform leicht zu erkennen.

Das kleine **Museum** der Stätte zeigt ein paar interessante Tonfigürchen, mehrfarbige Tafeln und Pfeilspitzen aus Obsidian.

Chachalacas

☎ 296 / 2000 Ew.

Der beliebte Touristenort liegt 10 km nordöstlich von Cardel am Meer. Seine angenehm menschenleeren Strände aus grauem Sand erstrecken sich kilometerweit in beide Richtungen. Zur Ferienzeit geht's hier allerdings ziemlich chaotisch zu. Wer dem Strand 2 km in Richtung Norden folgt, stößt auf ein paar mächtige Sanddünen.

Entlang der Küstenstraße werden diverse Campingplätze beworben. Dort befinden sich auch die meisten Budgetunterkünfte und Mittelklassehotels. Das gut geführte **Hotel Quinta Paquita** (☎ 962-60-32; guillermom24@msn.com; Sáenz de la Peña 33; EZ/DZ 300/350 Mex$; P) gehört einer Familie. Es ist sauber, hell und günstig und steht direkt am Strand. Das gehobene **Punta Real** (☎ 962-57-98; www.puntareal.com.mx; Ecke Sáenz de la Peña & Condor; Zi. ab 1100 Mex$; P) flankiert den weniger bevölkerten Nordabschnitt des Strandes. Es bietet alle erdenklichen Schikanen, einen Wellnessbereich und herrlich bequeme Betten.

Am Ufer servieren mehrere *palapas* Meeresfrüchte. In der **Restaurant Bar Concha Dorada** (☎ 962-59-66; Paseo de las Aves; Gerichte ab 35 Mex$) kann man sich z. B. mit *filete relleno* (Fischfilet mit einer Füllung aus leckeren *mariscos*) stärken.

Cardel

☎ 296 / 18 500 Ew

Cardel (oder José Cardel) ist ein geschäftiger Verkehrsknotenpunkt. Rund um die Plaza befinden sich Banken, Restaurants, Internetcafés und der Busbahnhof. Im **Hotel Cardel** (☎ 962-00-14; Emiliano Zapata & Dr. J. Martínez; EZ/DZ 240/400 Mex$, mit Klimaanlage 340/450 Mex$; P) kann man komfortabel übernachten.

Am Busbahnhof von Veracruz starten ADO (34 Mex$, 1. Klasse) und AU (28 Mex$, 2. Klasse) regelmäßig in Richtung Cardel. Der letzte Bus in die Gegenrichtung verlässt Cardel um 22.30 Uhr.

La Antigua

☎ 296 / 900 Ew.

Das einst geschäftige Handelszentrum liegt 23 km nördlich von Veracruz und 2 km östlich des Hwy 180. Heute ist es ein verschlafenes Dorf, das lediglich zur Urlaubszeit aufwacht. Trotzdem kann man hier einen interessanten Nachmittag verbringen.

Im Jahr 1525 gründeten die Spanier an dieser Stelle eine Siedlung, angeblich da, wo Cortés seine Schiffe verbrannt haben soll, um seinen Männern jede Hoffung auf eine Rückkehr nach Spanien zu nehmen. Die malerische Ruine im Ort ist eine **Zollstation** aus dem 16. Jh., die allgemein als „Casa de Cortés“ bezeichnet wird. Die Kirche **Ermita del Rosario** wurde wahrscheinlich 1523 errichtet und zählt damit zu den ältesten Gotteshäusern des amerikanischen Kontinents. Eindrucksvoll ist auch der mächtige Ceiba-Baum des Dorfes.

In der Nähe des Flusses wartet das **Hotel La Malinche** (EZ/DZ 150/250 Mex$; P ❄) auf Gäste. Mehrere Meeresfrüchterestaurants säumen den Fluss. Im **Restaurant María Felix** (☎ 971-61-09; Emiliano Zapata 1; Hauptgerichte 35–100 Mex$) kann man an ruhigen Tischen am Ufer hausgemachte Tortilla und leckere Fischgerichte genießen.

Lancheros bieten Bootsausflüge auf dem reizenden Río Antigua an (ca. 50 Mex$/Pers.). *Colectivo*-Taxis (6–8 Mex$) fahren vom Dorf zum Highway.

XALAPA

☎ **228 / 426 000 Ew. / 1427 m**

Das urbane Xalapa mit seiner lebendigen Kulturszene liegt an den grünen Hängen des großartigen Cofre de Perote. Die Hauptstadt des Bundesstaats Veracruz gibt sich trendbewusst, wenn nicht gar kosmopolitisch. Xalapa (auch manchmal „Jalapa“ geschrieben, aber immer „Cha-*la*-pa“ ausgesprochen) hat großartige Naturparks und schön gestaltete Freiflächen als angenehmen Gegenpol zum üblichen Verkehrschaos. Das örtliche Highlight ist zweifellos das hervorragende anthropologische Museum. Xalapas Klima ist manchmal recht frisch – kühler Nieselregen ist im Winter nichts Ungewöhnliches. In den hippen Bars und Cafés schwelgt man neben studentischem Publikum in Patschuli-Schwaden. Wer die Stadt intensiv erkunden möchte, sollte dafür ein paar Tage einplanen.

Geschichte

Als Hernán Cortés und seine Männer 1519 nach Xalapa kamen, gehörte die Stadt zum Aztekenreich. Die Spanier befanden Klima und Lage für günstig und errichteten hier an strategisch guter Stelle ein Kloster, um die indigene Bevölkerung zu bekehren. Ab dem 17. Jh. war Xalapa ein wirtschaftlicher und sozialer Knotenpunkt. Bis heute wird dort kräftig mit Kaffee, Tabak und Blumen gehandelt.

Orientierung

Die Innenstadt mit der zentralen Plaza Parque Juárez breitet sich an einer Hügelflanke aus. Bergauf geht's in Richtung Norden. Xalapas Kathedrale steht gleich östlich der Plaza an der Enríquez. Die wichtigste Lebensader ist die stark befahrene Av Camacho westlich der Innenstadt. Der Busbahnhof CAXA liegt 2 km östlich vom Zentrum.

Praktische Informationen

BUCHLÄDEN

Libros y Arte Conaculta (☎ 840-87-43; Museo de Antropología, Av Xalapa s/n; 🕑 Di–So 9–17 Uhr) Bibliothek im Museo de Antropología. Führt zahlreiche Titel zu Kunst, Architektur und Geschichte (teilweise auf Englisch).

GELD

An der Enríquez–Gutiérrez Zamora stehen Banken, deren Geldautomaten rund um die Uhr in Betrieb sind.

INFOS IM INTERNET

Turisteando (www.turisteandoxalapa.com)
Xalapa Tourist Network (www.xalapa.net)

INTERNETZUGANG

El Sarcofugo (Allende 35; 12 Mex$/Std.) Hat lange geöffnet.
Login (Zamora 48; 10 Mex$/Std.)

MEDIEN

Performance Kostenloses Kulturmagazin.

MEDIZINISCHE VERSORGUNG

Centro de Especialidades Médicas (☎ 814-46-24; Ruiz Cortines s/n; 🕑 8–18 Uhr) Erstklassige medizinische Einrichtung.

POST

Post (Ecke Gutiérrez Zamora & Diego Leño)

TELEFON & FAX

Telecomm (Ecke Gutiérrez Zamora & Diego Leño) Direkt neben der Post. Macht auch Western-Union-Transaktionen.

TOURISTENINFORMATION

Informationsstand (☎ 842-12-00, Durchwahl 3025; Palacio Municipal; 🕑 Mo–Fr 9–15 & 16–19 Uhr) Der Stand am Palacio Municipal hat nützliche Infos und Karten.

WASCHSALON

Lavandería 'Las 4 Estaciones' (☎ 841-05-99; Pino Suárez 59; 17 Mex$/kg)

Sehenswertes

MUSEO DE ANTROPOLOGÍA

Das **anthropologische Museum** (☎ 815-09-20; Av Xalapa s/n; Eintritt 45 Mex$, Audioguide 20 Mex$; 🕑 Di–So

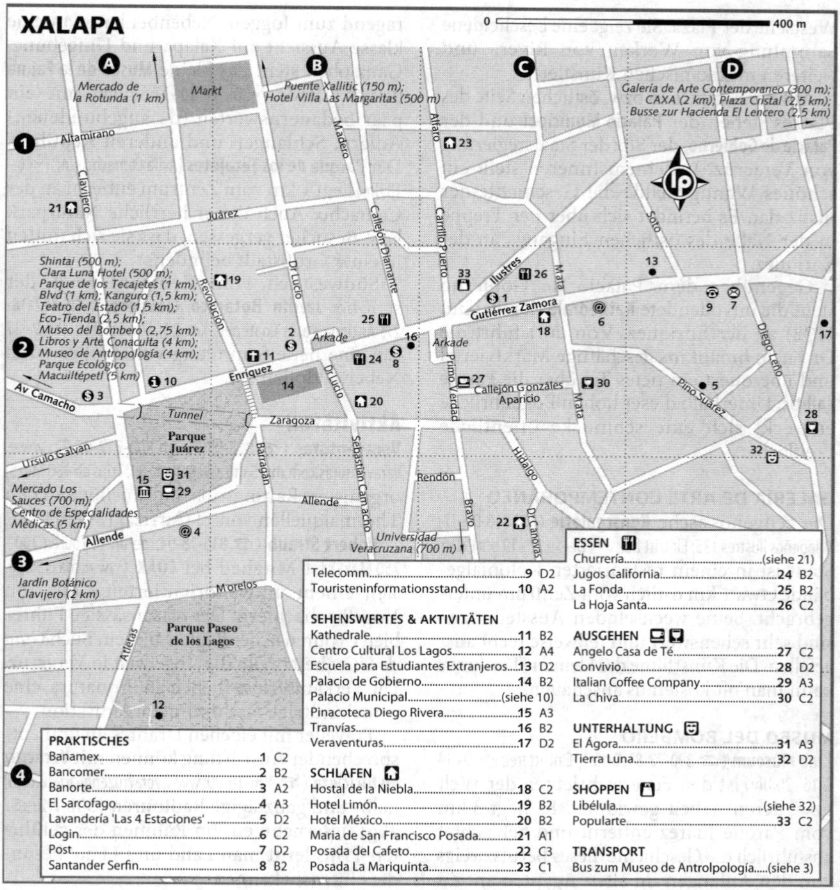

9–17 Uhr) der Universität von Veracruz ist etwas Besonderes. Es beleuchtet die Archäologie im Bundesstaat und zählt zu Mexikos besten Museen. Seine riesige Sammlung umfasst sieben mächtige Olmekenköpfe und 29 000 weitere tolle Exponate.

Alle Ausstellungsstücke sind auf Spanisch beschriftet, aber in vielen Räumen liegen zusätzlich eingeschweißte Infoblätter auf Englisch aus. Hier gibt's unglaublich viel zu sehen – unbedingt ausreichend Zeit einplanen! Das Museum besitzt außerdem einen super Buchladen und ein kleines Café im Obergeschoss.

Mehrere Flächen sind der Olmekenkultur des südlichen Veracruz gewidmet. **El Señor de Las Limas**, das berühmteste Stück der gesamten Sammlung, ist dort auch zu finden. Weitere schöne Artefakte gehören zum Themenfeld rund um das vorkoloniale Ballspiel.

Das Museum liegt 4 km nordwestlich vom Zentrum. Das weitläufige Gartengelände westlich der Av Xalapa ist mit „Camcho-Tesorería"-Bussen (5 Mex$) ab der Enríquez erreichbar. „Centro"-Busse fahren zurück zur Innenstadt (Taxi 20 Mex$).

STADTZENTRUM

Der zentral gelegene **Parque Juárez** ähnelt einer Terrasse. Von seiner Südseite kann man hinunter ins Tal und zu den schneebedeckten Bergen im Hintergrund schauen. Die **Pinacoteca Diego Rivera** (☎ 818-18-19; Herrera 5; Eintritt frei; ⏲ Di–Sa 10–18 Uhr) versteckt sich unterhalb der

Westseite der Plaza. Sie zeigt eine bescheidene Sammlung von Werken von Rivera und weiteren mexikanischen Künstlern.

Auf der nördlichen bzw. östlichen Seite des Platzes stehen der **Palacio Municipal** und der **Palacio de Gobierno**, der Sitz der Staatsregierung von Veracruz. In seinem Inneren stellt ein schönes Wandgemälde die Geschichte der Justiz dar. Es befindet sich über der Treppe in der Nähe des östlichen Eingangs an der Enríquez.

Gegenüber dem Palacio de Gobierno steht die unvollendete **Kathedrale** (Baubeginn 1772) an der Enríquez. Von dort führt die Dr Lucio hinauf ins geschäftige Marktviertel und überquert ein tiefes Tal über die **Puente Xallitic**. Unterhalb dieser hohen Bogenbrücke erstreckt sich eine schmucke öffentliche Freifläche.

GALERÍA DE ARTE CONTEMPORÁNEO

Die zeitgenössische **Kunstgalerie** (☎ 818-04-12; Xalapeños Ilustres 135; Eintritt frei; ⌚ Di–So 10–19 Uhr) der Stadt ist in einem restaurierten Kolonialgebäude etwa 1 km östlich vom Zentrum untergebracht. Seine wechselnden Ausstellungen sind sehr sehenswert und teilweise recht ausgefallen. Die Kunstfilme des kleinen Hauskinos kann man oft kostenlos anschauen.

MUSEO DEL BOMBERO

Das **Museum** (☎ 890-22-85; Ortíz 5; Eintritt frei; ⌚ 9–14 & 16–20 Uhr) ist den Feuerwehrleuten der Welt bzw. deren Arbeit gewidmet. Es liegt 3 km vom Parque Juárez entfernt und beleuchtet ausführlich die Geschichte dieses Berufszweigs von den Anfängen im alten Ägypten an. Zu sehen gibt's u. a. einen englischen Pferde-Pritschenwagen von 1885.

PARKS

Der **Parque Paseo de los Lagos** gleich südlich des Parque Juárez hat ein prima Wegenetz am See von insgesamt 3 km Länge. Hier tummeln sich vor allem Jogger und Liebespaare. Am nördlichen Parkende steht das reizende **Centro Cultural Los Lagos** (☎ 812-12-99; Paseo los Lagos s/n). Das Schwarze Brett des Kulturzentrums kündigt neben verschiedenen Events auch Tanz- und Yogakurse an, die spontan besucht werden können.

Nördlich der Stadt nimmt der **Parque Ecológico Macuiltépetl** die stark bewaldete Spitze eines erloschenen Vulkans ein. Die gewundenen Pfade zum Gipfel eignen sich hervorragend zum Joggen. Nebenbei hat man eine klasse Aussicht auf Xalapa und Umgebung. Ganz oben steht das kleine **Museo de la Fauna** (Eintritt 10 Mex$; ⌚ Di–Fr 10–17.30 Uhr) mit ein paar bedauernswerten (da angebundenen) Adlern, Schlangen und anderen Reptilien. Der **Parque de los Tecajetes** (Avila Camacho s/n; ⌚ 6–18 Uhr) liegt 1 km vom Zentrum entfernt an der Camacho. Auch dieser herrliche Naturpark lässt Besucher vergessen, dass sie sich mitten in einer Großstadt befinden.

Südwestlich vom Zentrum zeigt der schöne **Jardín Botánico Clavijero** (☎ 842-18-27; Antigua Carra Coatepec, Km 2,5; Eintritt frei; ⌚ 9–17 Uhr) eine nette Sammlung von Tropen- und Nebelwaldpflanzen.

Aktivitäten

Veraventuras (☎ 818-95-79 od. 800-712-65-72; www.veraventuras.com.mx; Santos Degollado 81; Trips ab 480 Mex$) organisiert Raftingtrips und Ausflüge zu den Thermalquellen von El Carrizal (S. 751).

Robert Straub (☎ 818-18-94; geführte Touren 300–750 Mex$) ist Mitglied bei **COAX** (www.coaxxalapa.org), einem umweltorientierten Club von Vogelbeobachtern. Der ortsansässige Führer bietet Touren in der Region an. Sein Buch *Guía de Sitios* beschreibt die Vogelwelt in Veracruz. Die Verkaufserlöse fließen an Pronatura, eine gemeinnützige Naturschutzorganisation.

Traveller mit eigenen Drahteseln und entsprechender Ausrüstung können mit **Veracruz en Bicicleta** (☎ 126-10-90; www.veracruzenbicicleta.com) halb- und ganztägige Radtouren (500 Mex$/Tag) unternehmen. Im Rahmen der geführten Trips lernt man Land und Leute besonders intensiv kennen.

Kurse

Die **Escuela para Estudiantes Extranjeros** (Schule für ausländische Studenten; ☎ 817-86-87; www.uv.mx/eee; Gutiérrez Zamora 25; Kurse ab 20 US$/Std., 2 Wochen 215 US$ zzgl. Anmeldegebühr) der Universidad Veracruzana veranstaltet offiziell anerkannte, kurze Kurse in Spanisch, Náhuatl-Sprachen und mexikanischer Kultur. Neben Aufenthalten bei ortsansässigen Familien (170 US$/Woche) umfasst das Programm auch Unterricht im Kochen, Tanzen und Gitarrenspiel.

Geführte Touren

Green Traveler Online (☎ 818-97-79; www.greentraveleronline.com) Bietet geführte Touren zu bedeutenden Stätten, interessanten Ortschaften und Großstädten im Bundesstaat Veracruz an.

Tranvías (☎ 817-34-25; Calle de Enriquez Zona Centro; 45–60 Min. 40 Mex$) Historische Stadtrundfahrten in einem offenen Bus, der einem altmodischen Holzwaggon ähnelt.

Roy Dudley (☎ 812-05-55; www.xalaparoy.com; 1800 Mex$/Tag) Der heitere Ex-Amerikaner (alias „Gringo Xalapeño") lebt seit über 30 Jahren in Xalapa. Er kennt die Region wie seine Westentasche und enthüllt ihre kulturellen Feinheiten ganz wunderbar.

Schlafen

BUDGETUNTERKÜNFTE

Hotel Limón (☎ 817-22-04; Fax 817-93-16; Revolución 8; EZ/DZ 140/220 Mex$) Details wie Fliesen, Mosaike und Topfpflanzen prägen das saubere Hotel. Trotz der gleichgültigen Angestellten und des hallenden Hofes ist das Preis-Leistungs-Verhältnis ganz gut.

Hostal de la Niebla (☎ 817-21-74; www.delaniebla.com; Gutiérrez Zamora 24; B/EZ 145/220 Mex$; P 💻) Modernes und blitzsauberes Hostel im skandinavischen Stil. Es wird sehr gut geführt und überzeugt in jeglicher Hinsicht. Dafür sorgen ein starker Gemeinschaftssinn, luftige Terrassen, Schließfächer und eine Gästeküche.

MITTELKLASSEHOTELS

Hotel México (☎ 818-80-00; Lucio 4; EZ/DZ 310/390 Mex$; ❄ P) Das fröhliche, schlichte Hotel ist in strahlenden Orange- und Blautönen gehalten. Manche der günstigen Zimmer haben Balkone mit Aussicht auf die Plaza.

LP Tipp **María de San Francisco Posada** (☎ 817-33-90; Clavijero 17; EZ/DZ 345/420 Mex$; P) Super Option mit altweltlicher Atmosphäre und einem Hof voller Calla. Das gepflegte Hotel besitzt im Erdgeschoss ein reizendes Café, wo Frauen im Freien frische Tortillas zubereiten.

Posada del Cafeto (☎/Fax 817-00-23; Dr Canovas 8; EZ/DZ 390/460 Mex$, Suite 850 Mex$; 💻) Hübsches, ruhiges und sicheres Gästehaus mit heimeliger Atmosphäre. Hohe Decken, Holzmöbel und dekorative Stoffe aus der Region lassen alle Zimmer durch und durch mexikanisch wirken. Hinter dem Haus befindet sich ein entzückender Garten. Gäste können kostenlos im charmanten Café frühstücken.

Posada La Mariquinta (☎ 818-11-58; www.lamariquinta.xalapa.net; Alfaro 12; EZ/DZ ab 390/490 Mex$; P) Das gemütliche Gästehaus voller Pflanzen steht auf einem kolonialen Anwesen aus dem 18. Jh. Seine Zimmer liegen rund um einen schmucken Garten. Die Minisuite mit eigenem Balkon ist den Aufpreis (100 Mex$) auf jeden Fall wert.

Hotel Villa Las Margaritas (☎ 840-08-86 od. 800-719-43-67; www.villamargaritas.com; Dr Lucio 186; EZ/DZ 640/720 Mex$; P ❄ 💻) Von allen Margarita-Hotels der Stadt liegt dieses hier am zentralsten. Es punktet mit wunderschönen Fliesen, Holzfußböden und einem Atrium mit Oberlicht. Die Deko erinnert leicht an Großmutters spitzenbesetztes Nadelkissen.

SPITZENKLASSEHOTELS

In der Nähe des Zentrums gibt's verblüffend wenige Spitzenklasseoptionen. Diese sind eher weiter draußen zu finden. Die Posada de Coatepec (S. 752) ist eine der besten Adressen in der Umgebung.

Clara Luna Hotel (☎ 167-80-00; Avila Camacho 42; Zi. 760 Mex$; P ❄ 💻) Das neue Luxushotel steht nur wenige Gehminuten vom Zentrum entfernt. Gäste werden von einem gewaltigen Wandgemälde begrüßt, das ein romantisches Veracruz zu Zeiten Agustín Laras zeigt. Die komfortablen Zimmer sind schlicht, aber elegant eingerichtet.

Essen

Xalapa hat jede Menge stylishe Cafés und Restaurants, darunter auch viele gesundheitsbewusste und vegetarische Optionen. *Chiles rellenos* (gefüllte Paprika) zählen zu den lokalen Spezialitäten. Selbstverständlich wachsen auch Jalapeño-Chilis in der Region.

LP Tipp **Jugos California** (☎ 817-22-71; Enríquez 26; Säfte 18–30 Mex$; 🕑 7–21.30 Uhr; V) Neben *antojitos* kommen hier fabelhafte, super üppige Obstsalate auf den Tisch – ebenso leckere Saftmischungen, Smoothies und sogar Schoko-Soja-Drinks.

Churrería (☎ 817-33-90; Clavijero 17; Gerichte 30–70 Mex$; 🕑 8–24 Uhr) Gäste des angenehm luftigen Cafés können bei der Zubereitung handgemachter Tortillas zusehen. Dazu gibt's traditionelle Gerichte, echten mexikanischen Kakao und selbstgemachten Zimttee.

La Fonda (☎ 818-72-82; Callejón Diamante 1; Gerichte 45–100 Mex$; 🕑 Mo–Sa 8–17.30 Uhr) Wandgemälde zieren das betriebsame Innere des Lokals. Man kann aber auch zu zweit zwischen den Pflanzen auf einem schnuckeligen Balkon mit Blick auf die Straße speisen. Probieren: *Mole*, das viergängige Komplettmenü (45 Mex$) oder *chileatole de pollo* (Hühnersuppe, in der Minimaiskolben schwimmen).

La Hoja Santa (☎ 818-75-08; Xalapeños Illustres 22; Gerichte 30–50 Mex$; V) Vegetarisches Freiluftrestaurant mit einer lebhaft bemalten

Mauer. Serviert Frühstück und ein günstiges Tagesmenü (33 Mex$).

Shintai (☎ 820-40-40; Camacho 54; Gerichte 45–110 Mex$; ⌚ Mo–Do 13–23, Fr & Sa 13–1, So 13–19 Uhr) Die mexikanische Kette ist erst seit Kurzem im Geschäft und wenig authentisch, aber nicht ohne Grund beliebt: Es gibt leckere asiatische Gerichte wie Sushi-Rollen oder Teryaki.

Callejón González Aparicio (zw. Primo Verdad & Mata) Entlang dieser Gasse gibt's eine Menge internationaler Trendlokale mit noch hipperem Publikum. Mojitos kann man im Cubanias genießen, Salat und Sushi im La Condesa. Das Shalom tischt Falafel auf.

Mercado de la Rotonda (Revolucíon s/n; ⌚ 7–18 Uhr) Auf den Markt am Nordende der Revolucíon verirren sich nur wenige Touristen. Zahlreiche Restaurants servieren hier regionale Köstlichkeiten für wenig Geld. Zu empfehlen ist u. a. das Getränk *Zarzaparrilla*, das aus der gleichnamigen Wurzel gewonnen wird, die auch in echter Kräuterlimonade enthalten ist. Es soll medizinisch bzw. aphrodisisch wirken.

Ausgehen

Italian Coffee Company (☎ 812-12-44; Parque Juárez; Kaffee 13–25 Mex$; ⌚ 8.30–22 Uhr) Der Laden ist herrlich am Rand der Plaza gelegen und hat eine Freiluftterrasse mit Aussicht auf den Vulkan. Da *muss* der Kaffee schmecken!

Angelo Casa de Té (☎ 841-08-39; Primo Verdad 21-A; ⌚ 8–21 Uhr) Zu selbstgebackenen Keksen kann man hier gemütlich eine Tasse Hagebuttentee genießen.

Convivio (☎ 818-05-24; Diego Leño 57; ⌚ 10–22.30 Uhr) Universitätsprofessoren genehmigen sich im Convivo eine Flasche Wein (150–250 Mex$) oder einen Espresso (12 Mex$).

La Chiva (Mata 13; ⌚ Di–Do 14–2, Fr & Sa 12–2 Uhr) Der angesagte, kleine Laden lockt Künstlertypen mit einem alternativen Musikprogramm von Elektro über Hip-Hop bis Rock an.

Unterhaltung

El Ágora (☎ 818-57-30; Parque Juárez; ⌚ Di–So 10–22, Mo 9–18 Uhr) Ein brummendes Kulturzentrum mit einem Kino, einem Theater, einer Galerie, einem Buchladen und einem Café.

Tierra Luna (☎ 812-13-01; Rayón 18; cafeteatrotierraluna@yahoo.com; ⌚ Mo–Do 9–22, Fr & Sa 9–14 Uhr) Bei Dichterlesungen und Konzerten sind Kunstfreunde hier unter sich. Leckerer Kaffee bringt den Kreislauf in Schwung.

Teatro del Estado Ignacio de la Llave (☎ 818-08-34; Ecke Ignacio de la Llave & Avila Camacho; ⌚ ab 20 Uhr) In dem eindrucksvollen Staatstheater geben das Orquesta Sinfónica de Xalapa und das Ballet Folklórico der Universidad Veracruzana Vorstellungen.

Blvd (Avila Camacho 97; Getränke 20–30 Mex$; ⌚ Do–Sa 21–4 Uhr) Diese Videobar ist eine von mehreren Diskos an der Ecke Camacho/Victoria. Aus den Boxen schallen vor allem House, Elektro und Pop.

DIE BEATS VON DER ZENTRALEN GOLFKÜSTE

Diese Region hat eine Leidenschaft für alle möglichen Musikstile – von lokalen Genres bis hin zum Besten, was Lateinamerika zu bieten hat.

- Mexikanischer Rock – **Maná** sind allseits beliebt und stammen ursprünglich aus Mexiko
- Trova – **Fernando Delgadillo** macht romantische, akustische Musik
- Reggaetón – **Daddy Yankee** sorgt bei der Jugend für schwingende Hüften
- Son Jorocho – **Graciana Silva** intoniert afro-indigene Harfenklänge
- Salsa – **Dark Latin Groove** machen müde Tänzer munter

Shoppen

Das Epizentrum von Xalapas alternativer Kultur liegt an der **Callejón Diamante.** Entlang dieser Gasse verkaufen Boutiquen und Straßenhändler neben günstigem Schmuck Räucherstäbchen und anderen Krimskrams.

Popularte (☎ 841-12-02; Xalapeños Ilustres 3) Das Kunsthandwerk hier ist sehr hochwertig und daher vergleichsweise teuer. Es wird von den indigenen Gemeinden des Bundesstaats hergestellt und sichert deren Einkommen.

Libélula (☎ 106-54-41; Rayón Ecke Diego Leño; www.artelibelula.com; ⌚ Mo–Sa 11–22 Uhr) Künstlerische Schmuckstücke und trendige Souvenirs.

Eco-Tienda (☎ 815-41-55; Paseo de las Palmas 23; ⌚ Mo–Sa) Waschechter Bioladen mit gesalzenen Preisen. Verkauft u. a. großartige Lebensmittel und Körperpflegeprodukte.

An- & Weiterreise

Als Verkehrsknotenpunkt besitzt Xalapa ausgezeichnete Verbindungen zu Zielen im gesamten Bundesstaat und darüber hinaus.

AUTO & MOTORRAD

Um ein Auto zu mieten, empfiehlt sich **Kanguro** (☎ 817-78-78; Avila Camacho 135; ab 545 Mex$/Tag). Bis Perote ist der Hwy 140 nach Puebla recht schmal und kurvig. Auf dem Highway von Xalapa nach Veracruz geht's dagegen sehr flott voran. Wer auf dem schnellsten Weg an die nördliche Golfküste möchte, fährt am besten nach Cardel und nimmt den Hwy 180 in Richtung Norden. Die Binnenlandstraße über Tlapacoyan ist zwar malerisch, gestattet aber nur ein relativ niedriges Tempo.

BUS

Xalapas moderner **Central de Autobuses de Xalapa** (CAXA; 20 de Noviembre) liegt 2 km östlich vom Zentrum. Der gut organisierte Busbahnhof hat u.a. einen Geldautomaten, Cafés und Telefone. Vom Los Sauces Mercado ein paar Kilometer südlich vom Zentrum am Circuito Presidentes rollen 2.-Klasse-Busse regelmäßig nach Xico und Coatepec. Zur Verfügung stehen Deluxe-Linien (UNO), 1.-Klasse-Busse (ADO) und die guten 2.-Klasse-Busse von AU. Tägliche Verbindungen ab Xalapa:

Ziel	Preis (Mex$)	Dauer (Std.)	Häufigkeit (tgl.)
Cardel	42	1½	18-mal
Mexico City (TAPO)	Deluxe 222	5¼	6-mal
	1. Klasse 206	5¼	28-mal
Mexico City (Terminal Norte)	206	5¼	5-mal
Papantla	162	4	10-mal
Puebla	120	3¼	12-mal
Tampico	358	10	2-mal
Veracruz	74	2	regelm. zw. 5 & 23 Uhr
Veracruz (Flughafen)	205	1¾	5-mal
Villahermosa	380	8½	5-mal

ADO bedient zudem Acayucan, Campeche, Cancún, Catemaco, Córdoba, Fortín de las Flores, Mérida, Orizaba, Poza Rica, San Andrés Tuxtla und Santiago Tuxtla.

Unterwegs vor Ort

So gelangt man vom CAXA per Bus zum Zentrum: Zunächst den Schildern zum Taxistand folgen, dann bergab zur breiten Av 20 de Noviembre marschieren. Von der Haltestelle zur Rechten fahren „Centro"-Busse in Richtung Parque Juárez (5 Mex$) und halten dort jeweils in ein bis zwei Blocks Entfernung. Für Taxifahrten zum Zentrum muss man am Busbahnhof Tickets (30 Mex$) kaufen. In Gegenrichtung sind Busse mit der Kennzeichnung „Camacho–CAXA–SEC" unterwegs, die an der Camacho und der Hidalgo abfahren. Ab der Enriquez geht's mit „Camcho–Tesorería"-Bussen (5 Mex$) die Av Camacho entlang.

RUND UM XALAPA

Xalapa ist von einer spektakulären Landschaft mit Flüssen, Schluchten und Wasserfällen umgeben. Dazwischen verstecken sich charmante, kleine Bergstädte und weitere nette Plätzchen.

Hacienda El Lencero

Rund 12 km hinter Xalapa zweigt rechts eine ausgeschilderte Straße vom Highway nach Veracruz ab. Ein paar Kilometer weiter kommt mit dem eindrucksvollen **Museo Ex-Hacienda El Lencero** (☎ 228-820-02-70; Hwy Xalapa–Veracruz, Km 10; Eintritt 45 Mex$; ⌚ Di–So 10–17 Uhr) eines der ersten Gästehäuser zwischen Mexico City und Veracruz in Sicht. Das prächtige Anwesen ist heute ein äußerst sehenswertes Museum. Antiquitäten zieren das Innere des toll restaurierten Gebäudes. In der großartigen Gartenlandschaft mit See steht u.a. ein 500 Jahre alter Feigenbaum.

Vom Einkaufszentrum Plaza Cristal in Xalapa fahren „Miradores"-Busse (10 Mex$) regelmäßig hierher.

El Carrizal

Die heilenden Thermalquellen von El Carrizal liegen 44 km von Xalapa entfernt südlich der Straße nach Veracruz. Sie speisen mehrere Schwefelbecken. Nach einem entspannten Badetag kann man im **Hotel el Carrizal** (☎ 228-818-97-79; Hwy Xalapa–Veracruz, Km 36; Zi. ab 470 Mex$; P ❄) übernachten. Dessen gutes Restaurant serviert frische Meeresfrüchte.

Coatepec

☎ 228 / 48 500 Ew. / 1200 m

Das rund 15 km südlich von Xalapa gelegene Coatepec kombiniert urbanes Flair mit dem Charme einer kleinen Bergstadt. Für Koffeinjunkies ist ein Abstecher zu dieser Caféhochburg quasi Pflicht – sie verströmt buchstäblich einen intensiven Kaffeegeruch. Ende September ehrt Coatepec seinen Schutzheiligen San Jerónimo mit einem wilden Fest. Im Palacio

Municipal an der Plaza gibt's eine hilfreiche **Touristeninformation.**

Wer die Kopfsteinpflasterwege am **Cerro de Culebra** („Schlangenhügel") hinaufsteigt, wird mit toller Aussicht auf die Stadt und die Berge belohnt. Um den Hügel von der Plaza aus zu erreichen, zunächst der Lerdo drei Blocks weit in Richtung Westen folgen und dann die gesamte Independencia nach Norden entlangmarschieren. Der eindrucksvolle **María-Cristina-Orchideengarten** am Hauptplatz hat täglich geöffnet.

Im **Ashram Coatepec** (☎ 816-10-55; www.ashramcoatepec.org; Javier Mina 100; B & Stellplatz für Zelt 50 Mex$; P V) am Stadtrand können sich Traveller mit Yoga und Meditation spirituelle Erholung verschaffen. Verschiedene Spazierwege durchziehen das üppige Gartengelände. Die Schlafsäle sind nicht ganz so top in Schuss wie die tollen Yoga- und Meditationsräume, aber trotzdem noch annehmbar. Hier wird ausschließlich Vegetarisches serviert.

Das geschmackvoll gestaltete **San Jeronimo** (☎ 816-54-86; www.posadasanjeronimo.com; 16 de Septiembre 26; EZ/DZ 570/695 Mex$; P) mit dem netten Restaurant im Hof verspricht einen ruhigen Aufenthalt. Etwas gehobener wohnt man in der **Posada de Coatepec** (☎ 816-05-44; www.posadacoatepec.com.mx; Hidalgo 9; Zi. ab 965 Mex$; P). Das herrliche Hotel mit dem klasse Pool stellt auch einheimische Kunst aus.

Coffino (☎ 816-42-36; www.coffino.com.mx; Jiménez del Campillo 17) heißt ein brummendes Café mit prima Kaffee und ausgezeichneter mexikanischer Küche. Wenige Gehminuten vom Zentrum entfernt kann man sich im **Café R Opoch** (☎ 816-07-07; 5 de Mayo 66; Kaffee 10–20 Mex$; Mo–Sa 9–12 & 16–20, So 10–14 Uhr) eine Tasse Biokaffee genehmigen.

Hippies können sich in **La Misión** (☎ 816-41-32; Aldama 6; 9–19 Uhr) u. a. mit Biokaffee, ätherischen Ölen, Agaven-Honig und Sojamilch aus einheimischer Produktion eindecken.

Busse nach Coatepec (8 Mex$) fahren regelmäßig am CAXA- und Los-Sauces-Terminal in Xalapa ab (Taxi 85 Mex$). Von der Plaza gibt es eine Busverbindung nach Xico (6 Mex$). **ADO** (5 de Mayo s/n) bedient Puebla und Mexico City.

Xico

☎ 228 / 15 000 Ew. / 1300 m

8 km südlich von Coatepec liegt die hübsche Bergstadt Xico mit ihren Kopfsteinpflasterstraßen und der kolonialen Architektur. Ein altes Gebäude an der Hidalgo beherbergt eine kleine **Touristeninformation** und den **Mercado Ecológica Xicote**, wo sonntags Biolebensmittel und Kunsthandwerk aus der Region verkauft werden.

Vom 15. bis zum 24. Juli feiert Xico seine berühmte **Fiesta de Santa Magdalena.** Vor der eigentlichen Heiligenprozession werden riesige Blumenbögen aufgestellt und die Straßen kunstvoll mit farbigen Sägespänen bestreut. Am Ende der Av Hidalgo steht die Kirche La Parroquia de Santa María Magdalena. Anlässlich der Fiesta trägt die Marienstatue drinnen 30 Tage lang täglich ein anderes Gewand. Die riesige Sammlung des **Gewandmuseums** (Parroquia; Hidalgo & Juárez) besteht aus prächtigen Roben, mit denen die Jungfrau seit 1910 geschmückt wurde.

Café Gourmet Pepe (☎ 846-74-71; cafepepe@hotmail.com; Hwy Xico–Coatepec, Km 1; Führung 55 Mex$) Diese Plantage baut ihren Kaffee beinahe ganz biologisch an. Sie veranstaltet Führungen und verkauft neben koffeinhaltigen Köstlichkeiten auch verschiedene Spirituosen. Wer die Plantage besichtigen möchte, steigt an Xicos erster Bushaltestelle aus und läuft 150 m zurück. Dort weisen Schilder zur Rechten den Weg.

In Xico beginnt ein schöner, ausgeschilderter Wanderweg von 3 km Länge. Vorbei an einer ehemaligen Hazienda führt er zum 80 m hohen **Texolo-Wasserfall** und zur **Cascada de la Monja** („Wasserfall der Nonne"), wo man toll baden kann.

Direkt außerhalb von Xico erfreut sich das **Coyopolan** (☎ 813-12-66; www.coyopolan.com; Venustiano Carranza Sur s/n; Zi. 300 Mex$; P) einer herrlichen Lage am Fluss. Seine günstigen Zimmer sind hübsch und fröhlich und das Hausrestaurant serviert schmackhafte Spezialitäten aus der Region. Zudem bietet **Xico Aventuras** hier verschiedene Outdoor-Abenteuer an. Das Programm umfasst Abseilen und Wander-, Rad- und Jeeptouren in den wundervollen Bergen und Schluchten der Umgebung.

Vom Los-Sauces-Terminal in Xalapa fahren „Xico"-Busse (15 Mex$) hierher. In Coatepec starten sie regelmäßig nahe der Plaza (6 Mex$).

Parque Nacional Cofre de Perote

Der diesige Cofre de Perote (4274 m) erhebt sich im Südwesten Xalapas. Die Kleinstadt Perote liegt 50 km westlich von Xalapa am Hwy 140. Von dort führt die Allende südwestwärts und wird schließlich zu einer unbefestigten Piste von 24 km Länge. Diese überbrückt einen Höhenunterschied von 1900 m und endet kurz unterhalb des Vulkangipfels. Hier fahren keine öffentlichen Verkehrsmittel und wegen der fehlenden Serviceeinrichtungen ist der Park nicht gerade besucherfreundlich. Trotzdem kann er zu Fuß, mit dem Mountainbike oder dem Auto erkundet werden. Als Ausgangspunkt empfiehlt sich die reizende **Hostería Covadonga** (☎ 282-825-26-42; www.hosteriacovadonga.com; EZ/DZ 265/350 Mex$) am Eingang.

Jalcomulco

Jalcomulco liegt gerade mal 30 km südöstlich von Xalapa und schmiegt sich umgeben von grünen Schluchten äußerst malerisch ans Ufer des Río Antigua (bzw. Río Pescados). In seiner Umgebung gibt es viele Höhlen und fabelhafte Badestellen. Hiesiges Highlight sind jedoch Stromschnellen, die Wildwasseranfängern wie fortgeschrittenen Paddlern entgegenkommen. Zu Spitzenzeiten werden geführte Trips regelmäßiger angeboten. Da die Nachfrage sehr groß ist, sollte man rechtzeitig reservieren. Wenn nur wenige Teilnehmer mitkommen, kann der Preis pro Nase steigen.

Obwohl bislang recht unbekannt zieht der verschlafene Ort immer mehr Rafting-Veranstalter aller Stufen an. Die winzige **Touristeninformation** im Palacio Municipal hat Infos und ein kurzes Unterkunftsverzeichnis.

Aventuras Sin Límites (☎ 279-832-35-80; www.raftingsinlimite.com; Zaragoza 58) bietet hohe Standards. Das renommierte Rafting-Unternehmen ist das einzige vor Ort, das von Einheimischen geleitet wird. Die dazugehörigen einfachen, aber sauberen Unterkünfte sind Kunden vorbehalten. **México Verde** (☎ 279-832-37-34; www.mexicoverde.com) organisiert ebenfalls empfehlenswerte Rafting-Touren. Das firmeneigene Resort liegt direkt an der Straße, die aus nordwestlicher Richtung nach Jalcomulco hineinführt. Der Paddelprofi des Ortes, **Ignacio Romero „Bobillo"** (☎ 279-832-35-80; bobillomx@hotmail.com; 5 de Mayo 14), veranstaltet Kurse, verleiht richtige Wildwasserkajaks und kümmert sich um den Transport.

Vom Azteca-Terminal in Xalapa fahren Busse nach Jalcomulco (22 Mex$); es gibt auch Verbindungen ab Cardel.

VERACRUZ

☎ 229 / 569 000 Ew.

Vorsicht: Veracruz versetzt seine Besucher in einen Rausch! Wie eine knapp bekleidete Schönheit schmückt sich die Stadt mit Muschelschalen, stößt gleichzeitig Abgasschwaden aus und bekennt sich beiläufig zu ihrer kolonialen Vergangenheit. Zwar teilt sie ihren letzten Taco bereitwillig mit Travellern, aber sie zieht ihnen auch gern den letzten Peso aus der Tasche. Das trinkfeste Veracruz tanzt zu Salsarhythmen oder lacht über sich selbst. Die stolzen *jarochos* lieben ihre Heimat heiß und innig, denn an ihren sonnigen Stränden gibt's jede Menge Cafés, Mariachis, *trova* und wundervolle Sonnenuntergänge. Bei Liebeskummer helfen einsame Spaziergänge entlang der kilometerlangen Küstenstraße – nur nicht zu Karneval, der hier landesweit am wildesten gefeiert wird. Wie auch immer: Königlich und kitschig zugleich bringt Veracruz selbst unromantischste Traveller zum Schmelzen.

PULQUE

Vom hohen Wirkungsgrad dieses alkoholischen Getränks zeugen bereits Wandpaneele in El Tajín. Es wird aus dem fermentierten *aguamiel* der Agavepflanze gewonnen. Das heilige Gebräu der mesoamerikanischen Kulturen wurde angesehenen Personen kredenzt – z.B. Kriegern vor der Schlacht oder stillenden Müttern. Angeblich wirkt es nahrhaft, heilend und sogar potenzsteigernd. Außerdem ist es lecker, sprudelig und erfrischend. Als das kalte Bier in Mode kam, verschwand Pulque nahezu von der Bildfläche. Dennoch haben ein paar *pulquerías* bis heute überlebt. In der Bergstadt La Vigas außerhalb von Xalapa schenkt Pulque y Antojitos Las Vigas das Getränk frisch aus.

Geschichte

Hernán Cortés traf 1519 am Karfreitag (21. April) in Veracruz ein. Zwei Jahre später hatte er das Aztekenreich zerstört.

Die Stadt diente Mexiko vier Jahrhunderte lang als Haupttor zur restlichen Welt. Invasoren, Piraten, Siedler, zukünftige oder abgesetzte Regenten, Silber und Sklaven kamen und gingen – Veracruz spielt also eine Schlüsselrolle in der mexikanischen Geschichte. Der englische Seefahrer Francis Drake überlebte 1567 einen vernichtenden Angriff der spanischen Flotte. Während seiner folgenden Freibeuterkarriere war er ständig darauf bedacht, die Spanier zu schröpfen.

Im Jahr 1683 fiel der Franzose Laurent de Gaff mit 600 Mann über Veracruz her und nahm die 5000 Einwohner als Geiseln. Wer einen Fluchtversuch unternahm, wurde skrupellos getötet. Nach exzessiven Plünderungen, Vergewaltigungen und Trinkgelagen zogen die Piraten kurz darauf wesentlich reicher ab, als sie gekommen waren.

Im Rahmen des „Kuchenkriegs" floh General Antonio López 1838 in Unterwäsche aus der Stadt, während diese von französischen Schiffen beschossen wurde. Später gelang es dem General, die Invasoren durch einen heroischen Gegenschlag zu vertreiben. Im Mexikanisch-Amerikanischen Krieg wurde Veracruz von Winfield Scotts Soldaten angegriffen und kapitulierte erst, als über 1000 Mexikaner ums Leben gekommen waren.

Benito Juárez verkündete 1861, dass Mexiko seine Auslandsschulden nicht an Spanien, Frankreich und Großbritannien zurückzahlen könne. Daraufhin wollten Briten und Spanier eigentlich nur das Zollhaus besetzen, zogen sich aber zurück, da Napoleon III. sich anschickte, das gesamte Land zu erobern. Als dieses Unternehmen nach fünf Jahren scheiterte, blühte Veracruz wieder auf. Es wurde 1872 über Mexikos erste Eisenbahn mit Mexico City verbunden und gleichzeitig durch ausländische Investitionen unterstützt.

US-Truppen besetzten die Stadt im Jahr 1914, um eine deutsche Waffenlieferung an den Diktator Victoriano Huerta abzufangen. Während einer späteren Revolutionsperiode war Veracruz für kurze Zeit Zentrum der konstitutionalistischen Fraktion unter dem Reformer Venustiano Carranza.

Mexikos wichtigster Tiefwasserhafen wickelt heute Exporte in alle Welt ab. Für die Fertigungsindustrie und die Petrochemie ist Veracruz von großer Bedeutung, und der Tourismus stellt eine weitere wichtige Einkommensquelle dar.

Orientierung

Die Kathedrale und der Palacio Municipal stehen am Ostrand des *zócalo*. Der Hafen beginnt 250 m weiter östlich und wird vom Fort San Juan de Ulúa begrenzt. Vorbei an Ankerplätzen und Stränden folgt der Blvd Camacho dem Ufer in Richtung Süden. Rund 700 m südlich des *zócalo* säumt der grüne Parque Zamora die Av Independencia. Gleich westlich davon befindet sich der Mercado Hidalgo. Das Busterminal ist 2 km südlich des Parque Zamora an der Díaz Mirón. Die Gemeinde südlich vom Zentrum heißt „Boca del Río". Ihr kleines Verwaltungszentrum trägt denselben Namen und liegt in 11 km Entfernung weiter unten an der Küste.

Praktische Informationen

BUCHLÄDEN

Libros y Arte Fototeca (Karte S. 758; ☎ 932-69-43; Callejón El Portal de Miranda 9; 🕒 Mo–Sa 10–19.45, So ab 13 Uhr) Gute Auswahl an Regionalem und Internationalem.

GELD

Einen Block nördlich vom *zócalo* gibt's Filialen mehrerer Banken mit Geldautomaten.

GEPÄCKAUFBEWAHRUNG

Die Gepäckaufbewahrung des 2.-Klasse-Busbahnhofs ist rund um die Uhr zugänglich.

INTERNETZUGANG

Internet (Karte S. 758; Lerdo 20A; 15 Mex$/Std.; 🕒 Mo–Sa 9–24, So 10–23 Uhr).

MEDIZINISCHE VERSORGUNG

Beneficencia Española (Karte S. 756; ☎ 932-00-21; Av 16 de Septiembre 955) Krankenhaus mit Allgemeinmedizinern.

Hospital Regional (Karte S. 756; ☎ 932-36-90; Av 20 de Noviembre 1074)

NOTFALL

Krankenwagen, Feuerwehr & Polizei (☎ 066)

POST

Post (Karte S. 758; Plaza de la República 213) Fünf Gehminuten nördlich des *zócalo*.

TELEFON

Um den *zócalo* gibt's viele Kartentelefone.

TOURISTENINFORMATION

Touristeninformation (Karte S. 758; ☎ 922-95-33; www.veracruzturismo.com.mx; Palacio Municipal; 🕒 10–18 Uhr) Das größtenteils hilfsbereite Personal verteilt viele Karten und Broschüren.

WASCHSALON

Lavandería Mar y Sol (Karte S. 758; Av Madero 616; Waschen & Trocknen 27 Mex$/Maschine; 🕒 Mo–Sa 8.30–21 Uhr)

Sehenswertes

ZÓCALO

Der *zócalo* (Karte S. 758) – der auch Plaza de Armas oder Plaza Lerdo genannt wird – ist ein wichtiger Platz für *jarochos* wie Traveller. Auf drei Seiten wird der schmucke öffentliche Platz von *portales* (Arkaden), dem **Palacio Municipal** aus dem 17. Jh. und einer **Kathedrale** aus dem 18. Jh. begrenzt. Gegen Abend wird's hier immer lebendiger und dann wird der *zócalo* zum Tummelplatz von Musikanten, Straßenkünstlern, Feierwütigen und sonstigen Schaulustigen.

HAFEN & MALECÓN

Die Fördertürme vor Veracruz' geschäftigem Ölhafen verleihen dem **Uferweg** entlang des *malecón* (Uferpromenade) eine irgendwie herbe Romantik. Er beginnt bei den zahlreichen Souvenirständen der Plaza de las Artesanías. Unterwegs kommt man am **Pemex-Hochhaus** (Karte S. 758) mit den interessanten Wandbildern vorbei, einem frühen Beispiel für moderne mexikanische Architektur.

Weiter südlich wird der *malecón* zum Boulevard (ausgesprochen *buh-lei-bar*). Diese breite Fußgängerpromenade führt etwa 8 km weit die Küste hinunter und eignet sich super zum Spazierengehen. Dabei kommt man u. a. an Molen mit Leuchttürmen, Statuen berühmter Politiker und Denkmälern vorbei, die an ertrunkene Seeleute und die Verteidiger der Stadt erinnern. Zwischen Rayón und Víctimas kommt etwas in Sicht, das aussieht wie ein riesiges, einen Block langes Zelt. Drinnen wird ein **Kunsthandwerksmarkt** (Karte S. 756) abgehalten. Dort gibt's schrillen Kitsch, aber auch so manches Kleinod zu günstigen Preisen.

Zwei Blocks landeinwärts hinter dem *malecón* erhebt sich der **Altar a la Patria** (Karte S. 758) von 1998. Unter dem Obelisken liegen all jene begraben, die Veracruz während der vielen kriegerischen Konflikte verteidigt haben.

FOTOTECA

Das großartige **Kunstzentrum** (Karte S. 758; ☎ 932-87-67; www.fototecadeveracruz.org; Callejón El Portal de Miranda 9; 🕑 Di–So 10–19 Uhr) nimmt drei Stockwerke eines restaurierten Kolonialgebäudes auf der südöstlichen Seite des *zócalo* ein. Es zeigt wechselnde Foto- und Videoausstellungen wobei das Spektrum von innovativen Stadtbildern bis zu wunderschönen Portraitkompositionen reicht.

FARO CARRANZA

Der **Faro Carranza** (Karte S. 758) am Meer flankiert den *malecón*. Das Gebäude beim Leuchtturm beherbergt Büros der mexikanischen Marine, wo 1917 die mexikanische Verfassung formuliert wurde. Vor der großen Carranza-Statue an der Vorderseite veranstalten Marinesoldaten montagmorgens eine prächtige Parade.

SAN JUAN DE ULÚA

Das **Fort** (Karte S. 756; ☎ 938-51-51; Eintritt 37 Mex$; 🕑 Di–So 9–16.30 Uhr) schützte einst den Hafen von Veracruz. Ursprünglich stand es auf einer Insel, die mittlerweile über einen Damm mit dem Festland verbunden ist. Hier ging Cortés 1519 an Land. Danach reisten die meisten spanischen Neuankömmlinge über das Eiland nach Mexiko ein.

Das ehemalige Gefängnis im Herzen des Forts erlangte unter Porfirio Díaz traurige Berühmtheit. Heute ist San Juan de Ulúa eine verlassene Ruine mit Laufstegen, Wehrgängen, Brücken und Treppen. Führungen gibt's auf Spanisch, manchmal auch auf Englisch. Hierher fahren entweder Taxis (50 Mex$) oder *lanchas* (25 Mex$) ab dem *malecón*.

BALUARTE DE SANTIAGO

Bis 1880 war Veracruz von gewaltigen, mittelalterlichen Festungsmauern umgeben. Der **Baluarte de Santiago** (Karte S. 758; ☎ 931-10-59; Canal s/n; Eintritt 33 Mex$; 🕑 Di–So 10–16 Uhr) wurde 1526 am damaligen Ufer errichtet und ist als einzige von ursprünglich neun Bastionen erhalten geblieben. Er beherbergt eine kleine Ausstellung mit vorkolonialem Goldschmuck. Den Eintrittspreis muss zahlen, wer das Innere des Bollwerks anschauen will. Die äußeren Wehrgänge kann man kostenlos erkunden.

ACUARIO DE VERACRUZ

Veracruz' schönes **Aquarium** (Karte S. 756; ☎ 931-10-20; www.acuariodeveracruz.com; Blvd Camacho s/n; Erw./Kind 60/30 Mex$, Tiburonería 300/150 Mex$; 🕑 10–19 Uhr) liegt ca. 2 km südlich vom Zentrum und ist immer einen Besuch wert. Haie, Rochen und Schildkröten umkreisen Besucher in einem donutförmigen Becken. In anderen tummeln sich Süß- und Salzwasserfische, Reptilien, Amphibien, Flussotter und sogar Seekühe. Richtig spannend ist allerdings die Tiburonería: In einer transparenten Sicherheitskabine wird man während einer Haifütterung ins Becken hinabgelassen.

MUSEEN

Die gelungenen Ausstellungen des **Museo de la Ciudad de Veracruz** (Stadtmuseum Veracruz; Karte S. 758;

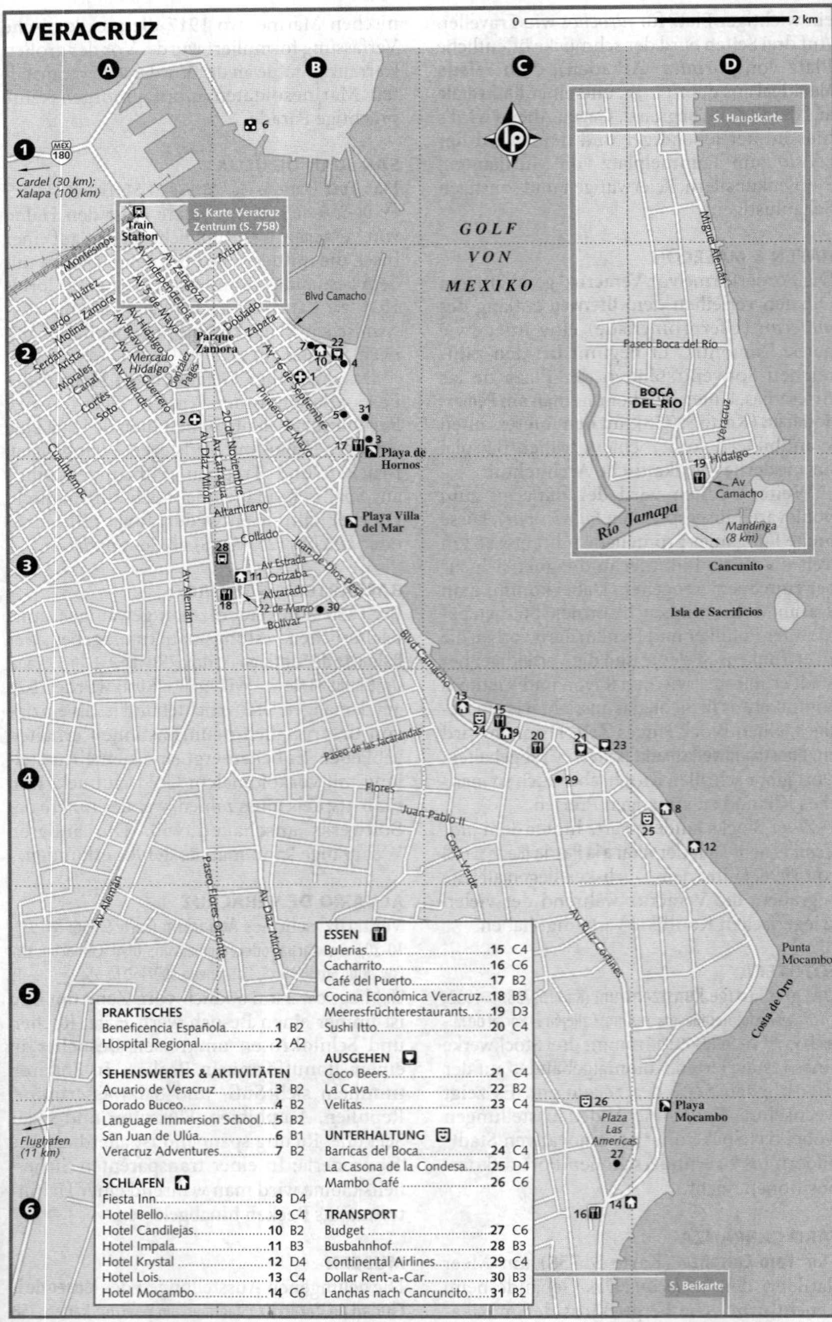
VERACRUZ
0 2 km
A B C D
1 2 3 4 5 6
MEX 180
Cardel (30 km); Xalapa (100 km)
Train Station
S. Karte Veracruz Zentrum (S. 758)
GOLF VON MEXIKO
S. Hauptkarte
Paseo Boca del Río
BOCA DEL RÍO
Miguel Alemán
Veracruz
Hidalgo
Av Camacho
Río Jamapa
Mandinga (8 km)
Cancunito
Isla de Sacrificios
Montesinos
Juárez
Lerdo
Molina
Zamora
Serdán
Arista
Morales
Canal
Cortés
Soto
Av Zaragoza
Av Independencia
Av 5 de Mayo
Av Hidalgo
Av Bravo
Av Allende
Mercado Hidalgo
Guerrero
Gonzalez Pages
Parque Zamora
Doblado
Zapata
Blvd Camacho
Av 16 de Septiembre
Primero de Mayo
Cuauhtémoc
20 de Noviembre
Av Lafragua
Av Díaz Mirón
Playa de Hornos
Altamirano
Collado
Playa Villa del Mar
Juan de Dios Peza
Av Estrada
Orizaba
Alvarado
22 de Marzo
Bolívar
Av Alemán
Paseo de las Jacarandas
Flores
Juan Pablo II
Costa Verde
Av Ruíz Cortines
Paseo Flores Oriente
Av Díaz Mirón
Punta Mocambo
Costa de Oro
Playa Mocambo
Plaza Las Americas
Flughafen (11 km)
S. Beikarte
PRAKTISCHES
Beneficencia Española 1 B2
Hospital Regional 2 A2
SEHENSWERTES & AKTIVITÄTEN
Acuario de Veracruz 3 B2
Dorado Buceo 4 B2
Language Immersion School 5 B2
San Juan de Ulúa 6 B1
Veracruz Adventures 7 B2
SCHLAFEN
Fiesta Inn 8 D4
Hotel Bello 9 C4
Hotel Candilejas 10 B2
Hotel Impala 11 B3
Hotel Krystal 12 D4
Hotel Lois 13 C4
Hotel Mocambo 14 C6
ESSEN
Bulerias 15 C4
Cacharrito 16 C6
Café del Puerto 17 B2
Cocina Económica Veracruz 18 B3
Meeresfrüchterestaurants 19 D3
Sushi Itto 20 C4
AUSGEHEN
Coco Beers 21 C4
La Cava 22 B2
Velitas 23 C4
UNTERHALTUNG
Barricas del Boca 24 C4
La Casona de la Condesa 25 D4
Mambo Café 26 C6
TRANSPORT
Budget 27 C6
Busbahnhof 28 B3
Continental Airlines 29 C4
Dollar Rent-a-Car 30 B3
Lanchas nach Cancuncito 31 B2

(☎ 931-63-55; Av Zaragoza 39; Eintritt frei; 🕑 Mo–Sa 10–18, So bis 15 Uhr) erläutern einerseits die Stadtgeschichte ab der vorkolonialen Periode. Andererseits vermitteln sie Besuchern ein Gefühl für die Seele dieser stolzen und lebhaften Metropole, deren multikulturelle Bevölkerungsstruktur genauso beleuchtet wird wie die örtliche Musik- und Politikszene.

Das **Museo Histórico Naval** (Karte S. 758; ☎ 931-40-78; Arista 418; Eintritt frei; 🕑 Di–So 9–17 Uhr) in einer ehemaligen Marineakademie zeichnet die mexikanische Seefahrtsgeschichte nach. Seine Sammlung umfasst u. a. zahlreiche Waffen und Modelschiffe. Echt spannend sind die toll präsentierten Exponate zu den US-Angriffen von 1847 und 1914. Weitere Stücke informieren über den Revolutionshelden Venustiano Carranza.

STRÄNDE & LAGUNEN

Die Identität der *jarochos* ist untrennbar mit dem Strandleben verbunden. Bis hinunter nach Boca del Río säumen nette Sandstreifen die Küste. Alle stehen bei Einheimischen hoch im Kurs, doch als Faustregel gilt: je weiter weg von den Fördertürmen, desto besser.

Auch *lancheros* (120 Mex$) schippern vom Aquarium zum **Cancuncito** (Karte S. 756). Wegen ihres sauberen Wassers gilt die helle Sandbank vor der Küste als bester Strand in der Umgebung. Auch die **Isla de Sacrificios** (Karte S. 756) wird von *lancheros* angepriesen. Die Insel wurde für totonakische Menschenopfer genutzt und beherbergte später eine Leprakolonie. Heute ist sie Naturschutzgebiet und feilt an ihrem Karma.

In ca. 11 km Entfernung zum Zentrum, also etwas ab vom Schuss, liegt die Kleinstadt **Boca del Río** (Karte S. 756). Hier gibt es viele bunt bemalte Meeresfrüchterestaurants am Blvd Camacho, von denen man die Flussmündung überblickt. Außerdem fahren hier *lanchas* zu **Bootsausflügen** durch die Mangrovenwälder ab. Jenseits der Brücke führt die Küstenstraße runter zum 8 km entfernten **Mandinga**. Dessen *zona de restaurantes* ist für ihre Meeresfrüchte bekannt (*langostinos bicolores* – hm!). Dort legen auch Charterboote ab, die Besucher zu artenreichen Mangrovenlagunen bringen.

Aktivitäten

KAJAKFAHREN

Die relativ ruhigen Gewässer vor der Küste laden zu Tages- oder Nachmittagsausflügen im Kajak ein.

Veracruz Adventures (Karte S. 756; ☎ 931-53-58; www.veracruzadventures.com; Blvd Camacho 681A) verleiht offene Sportkajaks (Ein- und Doppelsitzer) zu unterschiedlichen Preisen. Trainierte Traveller können von hier aus nach Cancuncito oder zur Isla de Sacrificios paddeln.

GEFÜHRTE TOUREN

Es gibt genügend Veranstalter, sodass sich Stadt, Natur und umliegende Attraktionen ohne Organisationsstress genießen lassen.

Bei **Amphibian** (Karte S. 758; ☎ 931-09-97; www.amphibian.com.mx; Lerdo 117, Lobby Hotel Colonial; ab 400 Mex$/Pers.) liegt der Schwerpunkt auf geführten Aktivitäten wie Tauchen, Schnorcheln, Abseilen oder Rafting auf nahe gelegenen Flüssen. Sightseeing-Trips nach El Tajín und zum Roca Partida, einem senkrechten Felsen im Meer, gibt's auch.

Aventura Extrema (☎ 980-84-57; www.aventuraextrema.com) bietet Abseilen, Rafting und Wanderungen in der Region an.

Am *malecón* starten Boote zu 45-minütigen **Hafenrundfahrten** (Karte S. 758; ☎ 935-94-17; www.asdic.com.mx; 75 Mex$/Pers.; 🕑 7–19 Uhr). Sie legen ab, wenn alle Plätze belegt sind (ca. alle 30 Min.). Wer in der Nebensaison kommt, muss mit Wartezeiten rechnen.

Der offene **Tranvías-Bus** (Karte S. 758; ☎ 817-34-25; Abfahrt Ecke Independencia & Zamora; 40 Mex$) ähnelt einem hölzernen Straßenbahnwaggon. Während der einstündigen Stadtrundfahrten werden die Passagiere mit tropischen Klängen beschallt.

TAUCHEN & SCHNORCHELN

Im Umkreis einer so ölorientierten Stadt sind eigentlich kaum gute Tauchspots zu erwarten. Trotzdem bieten die Inseln vor der Küste ein paar coole Optionen. Neben diversen Riffen gibt es dort mindestens ein für Taucher zugängliches Schiffswrack. Ein Naturpark schützt Teile der Unterwasserlandschaft.

Vor Ort sind mehrere PADI-Tauchschulen ansässig. **Dorado Buceo** (Karte S. 758; ☎ 931-43-05; www.doradobuceo.com.mx; Blvd Camacho 865; ohne/mit Ausrüstung 695/945 Mex$) ist wegen der hochwertigen Ausrüstung und der englischsprachigen Führer, die Tauch- bzw. Schnorcheltrips rund um Veracruz leiten, eine gute Wahl.

Kurse

Language Immersion School (Karte S. 756; ☎ 931-47-16; www.veracruzspanish.com; Alacio Pérez 61; 1. Woche inkl. Unterkunft 575 US$) Befindet sich in US-amerika-

nischem Besitz und bietet unterschiedliche Spanischkurse an. Neben Wissenswertem zur Stadt gehören zum Programm auch Reisen durch den Bundesstaat, Outdoor-Aktivitäten und mexikanische Kochkurse.

Festivals & Events

In Veracruz steigt zu **Karneval** (Feb. od. März) eine neuntägige Party, die bis zum Aschermittwoch dauert. Jedes Jahr ziehen täglich prächtige Paraden durch die Stadt; den Anfang macht eine Prozession zur „Verbrennung der schlechten Stimmung", am Schluss kommt das „Begräbnis des Juan Carnaval". Feuerwerke, Tänze, Salsa- und Sambamusik, Kunsthandwerk, Folkloreshows und Kinderumzüge machen dieses Fest zu einer der größten Fiestas Mexikos. Ein Programm mit allem, was so geht, gibt's in der Touristeninformation.

Festival Internacional Afrocaribeño (letzte beide Juliwochen) Beim Festival der afro-karibischen Kultur sind akademische und Business-Foren dabei. Eine Handelsmesse gibt es auch, aber die Hauptattraktionen sind die Tanz- und Musikvorführungen (viele kostenlos), die Filmvorführungen und die Kunstausstellungen. Viele Nationen aus der Karibik und aus Lateinamerika beteiligen sich daran.

Schlafen

In Veracruz sind die Hotelpreise stark auslastungsabhängig. Zu Spitzenzeiten (Mitte Juli–Mitte Sept., Karneval, Ostern, Semana Santa, Weihnachten & Neujahr) ändern sie sich oft von heute auf morgen. Dann sollte man Zimmer möglichst im Voraus buchen und darauf gefasst sein, dass die hier angegebenen Preise um 10 bis 40 % höher sind.

VERACRUZ IN ZWEI TAGEN

Erster Tag

Beim Morgenspaziergang am **malecón** (S. 755) gibt's Frühstück im **Gran Café de la Parroquia** (S. 761). Anschließend marschiert man zum **Museo de la Ciudad** (S. 755), um ein Gefühl für die Stadt zu bekommen. Bevor man an den **portales** Musik und ein Eis genießt, kann man einen Abstecher zum **Baluarte de Santiago** (S. 755), einer Festung aus der Kolonialzeit, machen. Nach der Siesta wird der restliche Nachmittag bei **Cancuncito** (S. 757) mit einem Sonnenbad verbracht. Der Abend klingt dann bei einem späten Abendessen, Mojitos und atmosphärischen Akustikklängen im El Rincón de La Trova aus.

Zweiter Tag

Der zweite Tag beginnt mit einem **Kajakausflug** durch den Hafen. Danach kommen herzhafte Meeresfrüchte in einer *palapa* an der **Playa Hornos** (S. 761) gerade recht. Die nächste Station ist das nahe gelegene **Aquarium** (S. 755). Am Nachmittag heißt es relaxen, bevor ein Bummel über den **Kunsthandwerksmarkt** (S. 755) am Boulevard den Abend einläutet. Nach einem stärkenden Abendessen in einem Strandlokal geht's ins **Mambo Café** (S. 762). Egal, ob man dort die ganze Nacht lang Salsa tanzt oder nur Leute beobachtet – am nächsten Morgen sollte der Bus besser nicht in aller Herrgottsfrühe abfahren.

In der Nähe des *zócalo* zu wohnen, kann sehr unterhaltsam sein, denn dort ist musikalisch immer was geboten und er liegt bei den Museen und dem *malecón*. Nachtschwärmer steigen am besten entlang des Blvd Camacho ab. Viele teurere Adressen säumen die Ruíz Cortínes.

BUDGETUNTERKÜNFTE

Die meisten Budgetunterkünfte liegen im Umkreis des Busbahnhofs und des *zócalo*. In den meisten Zimmern gibt's Warmwasser, aber die Belüftung lässt manchmal zu wünschen übrig und manche Ventilatoren funktionieren nicht.

Hotel Amparo (Karte S. 758; ☎ 932-27-38; www.hotelamparo.com.mx; Serdán 482; EZ/DZ 150/300 Mex$; Ⓟ) Ein einfaches Zimmer in dem sicheren, zentral gelegenen und gut geführten Hotel ein paar Blocks südlich vom *zócalo* ist im Gegensatz zu anderen Budgetoptionen seinen Preis wert. Hier kann man sich nach einem anstrengenden Tag in der Stadt prima erholen.

Hotel Santillana (Karte S. 758; ☎ 932-31-16; Landero Y Cos 209; EZ/DZ 200/300 Mex$) Das Haus hat einfache, saubere Zimmer. In der Mitte des Gebäudes steht ein großer Käfig mit Vögeln.

Hotel Villa Rica (Karte S. 758; ☎ 932-48-54; Blvd Camacho 165; EZ/DZ 200/300 Mex$) Kleines Hotel am Meer mit freundlichem Management und spartanischen, sauberen und luftigen Zimmern. Manche haben kleine, geflieste Balkone mit Meerblick.

Hotel Sevilla (Karte S. 758; Zaragoza y Lerdo; Zi. ab 250 Mex$) Liegt gleich hinter dem *zócalo* und bereitet Gästen einen freundlichen Empfang, hat aber außer annehmbaren und erschwinglichen Zimmern fast nichts zu bieten.

Hotel El Faro (Karte S. 758; ☎ 931-65-38; www.hotelelfaro.com.mx; Av 16 de Septiembre 223; EZ/DZ 290/340 Mex$; ⊠ ▣) Ruhiges Hotel mit Wohnbereichen voller Pflanzen, gepflegten Zimmern und kleinem Internetcafé. Gut und günstig.

MITTELKLASSEHOTELS

Hotel Impala (Karte S. 756; ☎ 937-01-69; Fax 935-12-57; Orizaba 650; EZ/DZ 300/480 Mex$; Ⓟ ⊠) Das gut geführte Impala in der Nähe des Busbahnhofs ist super, wenn frühmorgens eine Bustour ansteht. In manchen (aber nicht allen) Zimmern ist der Teppich zerschlissen.

Mar y Tierra (Karte S. 758; ☎ 931-38-66 od. 800-543-41-68; www.hotelmarytierra.com; Ecke Sainz de Baranda & Malecón; EZ/DZ 400/510 Mex$; Ⓟ ⊠ ▣) Die älteren Zimmer mit Balkon sind etwas günstiger; die renovierten Zimmer sind mit großen Fenstern ausgestattet. Im Pool auf dem Dach kann man bei einem Blick auf Stadt und Meer relaxen. Die Einrichtungen und die Lage sind prima.

Hotel Concha Dorada (Karte S. 758; ☎ 931-29-96 od. 800-712-53-42; conchadorada@yahoo.com.mx; Lerdo 77; EZ/DZ 370/520 Mex$; ⊠) Das Haus steht am Rand des belebten *zócalo* und bietet beinahe den Standard seiner scheinbar noblen (aber teureren) Nachbarn. Angesichts der Lage ist das Preis-Leistungs-Verhältnis in Ordnung.

Mesón del Mar (Karte S. 758; ☎ 932-50-43; www.mesondelmar.com.mx; Estaban Morales 543; Zi. 450 Mex$, Suite ab 550 Mex$; P) Neben hohen Decken haben manche der luftigen Zimmer auch coole Dachgeschosse und eigene Balkone. Sie sind zwar nicht furchtbar sauber, aber ansonsten gepflegt. Das brummende Trendcafé unten serviert leckeres mexikanisches Essen.

Hotel Colonial (Karte S. 758; ☎ 932-01-93; www.hcolonial.com.mx; Lerdo 117; Zi. 450–750 Mex$; P) Kommt immer mehr in die Jahre und wird schäbiger, profitiert aber von seinem großartigen Standort am *zócalo*. Die Zimmer zum Platz sind laut, aber ein echter Kracher. Klima- und Stereoanlage werden zentral gesteuert – wer hier wohnt, sollte auf 1980er-Musik und Schmachtballaden abfahren.

LP Tipp **Hotel Candilejas** (Karte S. 758; ☎ 932-58-72; www.travelbymexico.com/vera/candilejas; Juan Barragán 35; EZ/DZ 510/580 Mex$; P) Das nette Hotel steht bescheiden neben dem monströsen Hotel Novo Mar. Viele der Zimmer besitzen noble Balkone mit Blick auf den *malécon*. Wer sich ein Eckzimmer schnappt, hat sogar zwei Balkone. Die kahle Dachterrasse ist wie geschaffen für Yoga-Sessions.

Hotel Ruiz Milán (Karte S. 758; ☎ 932-37-77 od. 800-221-42-60; www.ruizmilan.com.mx; Ecke Malecón & Gómez Farías; Zi. ab 580 Mex$; P) Einladendes Hotel am Bogen des *malecón*. Rundumservice und Hafenblick rechtfertigen den hohen Preis.

Hawaii Hotel (Karte S. 758; ☎ 938-00-88; hawaii@infosel.net.mx; Paseo del Malecón 458; EZ/DZ 650/750 Mex$; P) Warum bloß Hawaii Hotel? Glänzender, heller Marmor und weißes Dekor zieren das Innere des modernen Gebäudes. Manche Zimmer bieten eine fabelhafte Aussicht auf den *malecón*.

Hotel Bello (Karte S. 756; ☎ 922-48-28; www.hotelbello.com; Av Ruiz Cortines 258; Zi. 860 Mex$; P) Lobby und Zimmer schaffen es, fröhlich und farbenfroh zu sein, ohne geschmacklos zu wirken. Die Doppelzimmer oben haben große Balkone mit Holzmöbeln und Aussicht auf Stadt oder Meer. Das Bello steht 5 km südlich vom *zócalo* in einem Bar- und Restaurantbezirk in der Nähe des Strandes.

Hotel Veracruz (Karte S. 758; ☎ 931-22-33 od. 800-900-00-00; www.hotelescalinda.com.mx; Ecke Av Independencia & Lerdo; Zi. 950 Mex$; P) Dank der tollen Lage am *zócalo* blickt man vom Pool im zweiten Stock direkt auf den Platz. Die Einrichtung der geräumigen Zimmer wirkt gerade noch stilvoll. Gäste werden mit angenehmen Extras verwöhnt.

SPITZENKLASSEHOTELS

Außer dem Diligencias liegen die meisten Spitzenklassehotels weit vom *zócalo* entfernt. In ihrer Nähe findet man dafür Bars, Restaurants und den Strand.

Gran Hotel Diligencias (Karte S. 758; ☎ 923-02-80 od. 800-505-55-95; www.granhoteldiligencias.com; Av Independencia 1115; Zi. 1110 Mex$; P) Das markante, wundervoll renovierte Hotel wacht erhaben über den *zócalo*. Es ist die nobelste Option am Platz und besitzt riesige Zimmer in eleganter Business-Optik, denen es jedoch an Charakter fehlt.

Hotel Mocambo (Karte S. 756; ☎ 922-02-00 od. 800-290-01-00; www.hotelmocambo.com.mx; Av Ruiz Cortines 4000; Zi. 910–3000 Mex$; P) Die betagte Ferienanlage im italienischen Stil befindet sich auf einem Hügel hinter dem Strand. Ihre überall präsente maritime Deko sorgt immer noch für Eleganz. Von den geräumigen, aber schlicht eingerichteten Zimmern kann man auf den Horizont oder den Ozean schauen. Drei Pools und ein gutes Restaurant gibt's auch.

Hotel Lois (Karte S. 756; ☎ 937-82-90; www.hotellois.com.mx; Ruiz Cortínes 10; Zi. 1350 Mex$; P) Die schicke Lobby verströmt einen edlen Feng-Shui-Vibe. Was den In-Faktor betrifft, können ihr die geräumigen, gut eingerichteten Zimmer allerdings nicht ganz das Wasser reichen. In unmittelbarer Nähe befinden sich mehrere Nachtclubs und Bars.

Hotel Krystal (Karte S. 756; ☎ 923-02-32; www.nh-hotels.com; Blvd Camacho, Lote 5 y 6; Zi. 2000 Mex$; P) Rot- und Naturtöne setzen tolle Akzente in der Lobby, wo Pflanzen von den oberen Stockwerken herabhängen. Trotz des Standorts an der belebten Camacho erinnert die Atmosphäre an die eines mondänen Resorts. Dafür sorgen z. B. blitzsaubere Zimmer, ein Pool und der Zugang zum Strand.

Fiesta Inn (Karte S. 756; ☎ 923-10-00; www.posadas.com; Blvd Camacho s/n; Zi. 2450 Mex$; P) Das Luxushotel an einem reizenden Strand bietet alle Schikanen. Vom tollen Pool blickt man direkt aufs Meer. Die Zimmer sind der Renner, aber detailverliebt eingerichtet.

Essen

Wer von den leckeren mexikanischen Meeresfrüchten lassen kann, kommt in den Genuss internationaler Küche.

ZÓCALO & UMGEBUNG

Vor der musikalischen Hintergrundkulisse herrscht unter den *portales* stets Hochbetrieb.

ZENTRALE GOLFKÜSTE

Die Cafés dort sind beliebte Adressen, um etwas zu essen und zu trinken. Sie bieten fast alle dieselben Gerichte an und sind nicht gerade günstig. Man kann sich aber auch den *jarochos* im Gassengewirr des **Mercado Hidalgo** anschließen. Dort servieren Imbissstände günstige lokale Köstlichkeiten wie *cocteles de mariscos*, *mondongo* (Kuttelsuppe) und schmackhafte *mole*-Varianten.

Gran Café del Portal (Karte S. 758; ☎ 931-27-59; Ecke Av Independencia & Zamora; Hauptgerichte 30–100 Mex$; 🕑 7–24 Uhr) Auch hier, etwas abseits des *zócalo*, haben Gäste immer noch eine gute Aussicht auf das fröhliche Treiben und bekommen dazu die volle Dröhnung Mariachi-Musik. Auf der äußerst vielfältigen Karte stehen regionale Klassiker wie Steak *tampiqueño*.

El Portón (Karte S. 758; Av Independencia s/n; Gerichte 45–100 Mex$; 🕑 7–24 Uhr, Wochenende open end) Im El Portón einen halben Block nördlich vom *zócalo* kann man dem dortigen Trubel entkommen. Serviert wird traditionelle Küche zu annehmbaren Preisen.

Sanborns (Karte S. 758; ☎ 931-00-91; Av Independencia 1069; Hauptgerichte 50–100 Mex$) Von der Terrasse des großen und stets brummenden Cafés kann man auf den *zócalo* schauen. Die Gerichte auf der umfangreichen Karte mit mexikanischer und internationaler Kost kommen bei Einheimischen und Touristen gleichermaßen gut an. Die Kellnerinnen tragen kitschige traditionelle Kostüme.

HAFENGEBIET

LP Tipp **Nieves de Malecón** (Karte S. 758; ☎ 931-70-99; Av Zaragoza 286; Gerichte 2,50–8 Mex$; 🕑 11–19 Uhr) Spaziergänge vom *zócalo* zum *malecón* lassen sich mit einem Becher leckeren mexikanischen Fruchteises mit Obststücken phantastisch versüßen.

Gran Café de la Parroquia (Karte S. 758; ☎ 932-25-84; Farías 34; Hauptgerichte 40–120 Mex$; 🕑 6–24 Uhr) Das geschäftige Restaurantcafé am Hafen ist ein Sinnbild für Veracruz und zieht von morgens bis um Mitternacht eine Menge Gäste an. Das Besondere ist hier, dass man mit dem Löffel leicht an sein leeres Glas schlägt, wenn dieses wieder aufgefüllt werden soll.

ENTLANG DER KÜSTE

Direkt südlich vom Aquarium entlang der Playa Hornos servieren zahlreiche *palapa*-Restaurants ihre Meeresfrüchte. Für die Aussicht und die Atmosphäre zahlt man: Jeder muss selbst urteilen, ob eine Platte mit Meeresgetier den stolzen Touristenpreis von 150 Mex$ wert ist oder nicht.

Café del Puerto (Karte S. 756; ☎ 932-74-47; Blvd Camacho s/n Plaza Acuario; Hauptgerichte 40–80 Mex$; 🕑 8–22 Uhr) Klimatisiertes Café mit vielen Fenstern, toll für einen Cappuccino und Gebäck!

Cocina Económica Veracruz (Karte S. 756; Ecke Mirón & Orizaba; Hauptgerichte 30–90 Mex$) Direkt neben dem Busbahnhof werden leckere *mole* und frisch gepresste Fruchtsäfte in riesigen Gläsern serviert. Da kann die lange Reise kommen!

Bulerias (Karte S. 756; ☎ 202-01-46; www.bulerias.com.mx; Blvd Camacho 9; Gerichte 50–150 Mex$; 🕑 11 Uhr–open end) In der edleren Tapas-Bar am Meer können Gäste draußen sitzen und das tolle Essen genießen. Von der Terrasse aus hat man den belebten Boulevard prima im Blick. Auf dem Großbildfernseher läuft meist Fußball.

Cacharrito (Karte S. 756; ☎ 921-60-01; Gaviota 1; Gerichte 75–250 Mex$; 🕑 Mo–Sa 13.30–23, So 13.30–18 Uhr) Eleganter Nobelargentinier in der Nähe vom Hotel Mocambo, der für seine *parrilladas* (Grillfleisch) bekannt ist, aber auch Pasta, Meeresfrüchte und Salate serviert.

Sushi Itto (Karte S. 756; ☎ 921-76-41; www.sushi-itto.com; Ruíz Cortínes 3501; Rollen 60–100 Mex$) Hier wird sowohl mit Wasabi als auch mit *chipotle*-Salsa gewürzt. Es gibt die verschiedensten tollen Rollen mit mexikanischem Einschlag und „Burgesitas“ (68 Mex$), Hamburger mit Sushi-Zutaten.

PESCADO A LA VERACRUZANA

Pescado a la veracruzana ist eine typische Veracruz-Spezialität, die aber in jeder Gegend etwas anders zubereitet wird. Das folgende Rezept stammt von einer Señora in San Andrés Tuxtla. Das Gericht basiert meist auf Wolfsbarsch und *huachinanango*, doch auch alle anderen Fischsorten können dazu verwendet werden. Der Señora zufolge repräsentiert es die Mestizenkultur: Es ist eine Mischung aus indigener Kochkunst und spanischen Gewürzen. Sie sagt auch, dass das Geschmacksgeheimnis die ländliche Küche ist. Diese kommt ohne feste Rezepte aus – einfach *deditos* (Prisen) bzw. Spritzer nach Belieben hinzufügen und abschmecken. Eine solche Mahlzeit ist nicht nur lecker, sondern auch ein optisches Highlight: Der Fisch wird mit würzigen Schichten aus Tomaten, Zwiebeln und Chilis garniert.

Ausgehen

Die Cafés bei den *portales* sind beliebte Adressen zum Ausgehen. Weiter südlich gibt's noch mehr.

Velitas (Karte S. 756; Blvd Camacho & Militar; Getränke 15–50 Mex$) Kleine, populäre *palapa* am Meer. Tiki-Fackeln sorgen für einen gewissen Romantikfaktor. Man schnappt sich einfach einen Cocktail und betrachtet entspannt den Ozean oder die Spaziergänger auf dem Boulevard. Am Wochenende gibt's Livemusik.

Coco Beers (Karte S. 756; Militar s/n; Mi–So 18 Uhr–open end) Wo Bier in riesigen *yardas* (eisgekühlten „Wasserpfeifen" aus Glas) serviert wird, kann man nicht falsch sein! Das Coco ist laut und angesagt.

La Cava (Karte S. 756; Blvd Camacho zw. Uribe & Barragán; Getränke 15–30 Mex$; 17 Uhr–open end) Die winzige Bar ist im Viertel ungemein beliebt. Das Schwarzlicht sorgt für Fröhlichkeit und die Cocktails für die trauliche Atmosphäre.

Unterhaltung

Auf dem *zócalo* spielen natürlich immer Marimba- und Mariachibands. Die Küstenstraße gilt als *la barra más grande del mundo* (größte Bar der Welt; *barra* bedeutet gleichzeitig auch „Sandbank"). Während der Ferienzeit steigt dort eine große Open-Air-Party mit Livemusik und Tanz. Zahlreiche Veranstaltungsorte säumen den Blvd Camacho.

El Rincón de la Trova (Karte S. 758; Callejón de la Lagunilla 59; Eintritt 30 Mex$; Mo–Mi 11–19, Do–Sa 21–3 Uhr) An einer verkehrsberuhigten Seitenstraße werden *trova* und *son jarocho* gespielt. Während der Show genießt man Mojitos und Empanadas.

La Casona de la Condesa (Karte S. 756; ☎ 130-12-82; www.casonadelacondesa.com; Blvd Camacho 2015; Eintritt am Wochenende 50 Mex$; Di–So 10–17 Uhr) Zieht Gäste jenseits des Teenie-Alters an und lässt abends solide Livebands auftreten. Die bizarre Jesus-Deko ist eher geschmacklos als abgefahren.

LP Tipp **Mambo Café** (Karte S. 756; ☎ 927-19-55; www.mambocafe.com.mx; Av Americas 551; Eintritt Frauen/Männer 70/130 Mex$ Mi–Sa 22–4.30 Uhr) Der große Salsaclub verlangt für Veracruz-Verhältnisse ziemlich hohe Eintrittspreise. Dafür ist er mit seinen schicken Springbrunnen und den knalligen Farben *die* angesagte Location in Sachen lateinamerikanischer Tanz. An manchen Wochenenden finden am frühen Abend Kurse statt. Immer wieder werden spezielle „Ladies' Nights" veranstaltet.

Barricas del Boca (Karte S. 756; ☎ 100-37-76; Ecke Blvd Camacho & Militar; Mi–Sa 21–3 Uhr) Lässt *trova*, Salsa, Pop und Rock laufen. Entweder hängt man an der Bar ab oder schwingt das Tanzbein zum DJ-Sound. Von *jarochos* empfohlen!

An- & Weiterreise

AUTO & MOTORRAD

Viele Autovermieter haben Ableger am Veracruz International Airport. Manche größeren Firmen sind auch im Stadtgebiet vertreten. Die Preise beginnen bei 600 Mex$ pro Tag.

Budget (Karte S. 756; ☎ 989-05-31; Ruíz Cortínes 3495)
Dollar (Karte S. 756; ☎ 935-88-08; Fax 935-88-07; Bolivar 501B)

BUS

Veracruz ist ein wichtiger Verkehrsknotenpunkt mit zahlreichen Verbindungen. Von hier aus fahren Busse die Küste hinauf und hinunter. Über Córdoba, Puebla und Mexico City kommt man auch ins Landesinnere. Busse nach bzw. ab Mexico City sind zur Ferienzeit oft schwer gefragt.

Am Busbahnhof an der Av Díaz Mirón gibt's mehrere Geldautomaten. Er befindet sich etwa 3 km südlich vom *zócalo* zwischen Calle Collado und Orizaba. Der Bereich für die Deluxe- und 1.-Klasse-Busse ist der, der der Orizaba am nächsten liegt. Auf der anderen Gebäudeseite (Eingang an der Av Lafragua) gibt's eine Gepäckaufbewahrung, die durchgängig geöffnet hat. Außerdem starten dort etwas günstigere 2.-Klasse-Busse. Diese sind zwar langsamer, fahren aber häufiger. Tägliche 1.-Klasse-Verbindungen ab Veracruz sind:

Ziel	Preis (Mex$)	Dauer (Std.)	Häufigkeit (tgl.)
Acayucan	196	3½	14-mal
Catemaco	100	3½	9-mal
Córdoba	82	1¾	stündl.
Mexico City (TAPO)	348	5½	20-mal
Oaxaca	396	7	3-mal
Orizaba	96	2½	28-mal
Papantla	150	4½	7-mal
Puebla	244	3½	8-mal
San Andrés	94	3	10-mal
Santiago	94	2½	14-mal
Tampico	448	9½	20-mal
Tuxpan	210	6	15-mal
Villahermosa	370	7½	13-mal
Xalapa	74	2	regelm. bis 23.30 Uhr

ZENTRALE GOLFKÜSTE

Weitere Busse fahren nach Campeche, Cancún, Chetumal, Matamoros, Mérida, Nuevo Laredo und Salina Cruz.

FLUGZEUG

Aeroméxico, **Mexicana** und **Click Mexicana** (☎ 932-22-42 od. 800-502-20-00) bieten regelmäßige Verbindungen nach Tampico, Villahermosa, Mérida und Mexico City an. Dasselbe gilt für ein paar weitere Landesfluglinien. **Continental Airlines** (☎ 922-60-08; www.continental.com) hat Direktflüge ab Houston im Programm.

Unterwegs vor Ort

Der kleine **Veracruz International Airport** (☎ 934-70-00) liegt 11 km südwestlich der Stadt in der Nähe des Hwy 140. Das moderne und gut organisierte Gebäude beherbergt ein Café und mehrere Läden. Da zwischen Flughafen und Stadt keine Busse verkehren, bleiben nur Taxis (120 Mex$).

Busse mit der Kennzeichnung „Díaz Mirón y Madero" (5 Mex$) fahren vom 1.-Klasse-Busbahnhof zum Zentrum. Sie rollen am Parque Zamora vorbei und dann die Madero hinauf. Wer zum *zócalo* möchte, steigt an der Ecke Madero/Lerdo aus und wendet sich nach rechts. Von der Av 5 de Mayo kommt man mit derselben Linie zurück zum Busbahnhof. Schalter in den 1.- und 2.-Klasse-Busbahnhöfen verkaufen Taxitickets (30 Mex$) zum *zócalo* bzw. zu Zielen in dessen Umgebung. Die Touristeninformation gibt eine nützliche Liste mit offiziellen Taxipreisen aus, um Traveller vor Abzockern zu schützen.

Busse mit der Kennzeichnung „Mocambo–Boca del Río" starten regelmäßig an der Ecke Zaragoza/Serdán nahe dem *zócalo*. Sie passieren den Parque Zamora und folgen dem Blvd Camacho hinunter zur Playa Mocambo (20 Min.). Anschließend geht's weiter nach Boca del Río (7 Mex$, 30 Min.), wo auch AU-Busse, die vom 2.-Klasse-Busbahnhof abfahren, halten.

CÓRDOBA

☎ 271 / 135 000 Ew. / 924 m

Die *cordobenses* sind lebhafte Großstädter, die stolz sind auf ihre koloniale Stadt, in der 1821 der mexikanische Unabhängigkeitsvertrag unterzeichnet wurde. Das historische Ambiente und das angenehm gemäßigte Klima dürften besonders Traveller ansprechen, die sich gerne Städte ansehen. Ein kleines, aber interessantes Museum und eine prächtige Kathedrale laden zur Besichtigung ein. Auf dem belebten *zócalo* rennen Kinder hinter den Tauben her, während alte Damen auf den Bänken sitzen und fleißige Schuhputzer ihrem Tagwerk nachgehen.

Umgeben von fruchtbarem Ackerland liegt Córdoba in den Ausläufern des mexikanischen Zentralgebirges. Im Jahr 1618 gründeten 30 spanische Familien die Stadt, um zu verhindern, dass entflohene afrikanische Sklaven weiterhin Reisende auf dem Weg zwischen Mexico City und der Küste überfielen. Heute ist Córdoba ein Handels- und Verarbeitungszentrum für Zuckerrohr, Tabak, Kaffee und Obst.

Orientierung

Córdobas zentrale Plaza de Armas ist auf drei Seiten von erhabenen *portales* aus dem 18. Jh. begrenzt. Wie in vielen anderen Städten tragen die Straßen hier Nummern statt Namen. Die Avenidas verlaufen rechtwinklig zu den Calles. Avenidas mit geraden Zahlen liegen nordöstlich der Plaza, während Calles mit geraden Zahlen nordwestlich davon zu finden sind. Ihre Pendants mit den ungeraden Zahlen erstrecken sich südöstlich bzw. südwestlich der Plaza.

Praktische Informationen

Die Banken im Bereich der Plaza de Armas haben rund um die Uhr zugängliche Geldautomaten.

Centro de Lavado (☎ 706-99-44; Calle 2 No 501; ⏲ Mo–Fr 8–21, Sa 9–20 Uhr; 9 Mex$/kg) Waschsalon.

Cibermania (☎ 712-88-20; Av 2 No 306; 10 Mex$/Std.) Internetcafé.

Libros y Regalos (Av 3 No 104 an der Plaza Jardín; ⏲ 10.30–20.30 Uhr) Gleich hinter dem *zócalo*.

Post (Av 3 s/n) Nordwestlich der Plaza.

Sanatorio Covadonga (☎ 714-55-20; www.sanatoriocovadonga.com.mx; Av 7 No 1610; ⏲ 24 Std.) Medizinische Notfallversorgung rund um die Uhr.

Touristeninformation (☎ 717-17-00, Durchwahl 1778; turismo@mpiocordoba.gob.mx; Palacio Municipal; ⏲ Mo–Sa 8–19 Uhr) Das hilfsbereite Personal erteilt Infos und gibt Karten aus. Gelegentlich leiten Freiwillige geführte Stadtspaziergänge.

Sehenswertes

Im **Ex-Hotel Zevallos** aus dem Jahr 1687 residierten einst die *condes* (Grafen) von Zevallos. Das Gebäude steht hinter den *portales* auf der nordöstlichen Seite der Plaza. Tafeln im Hof

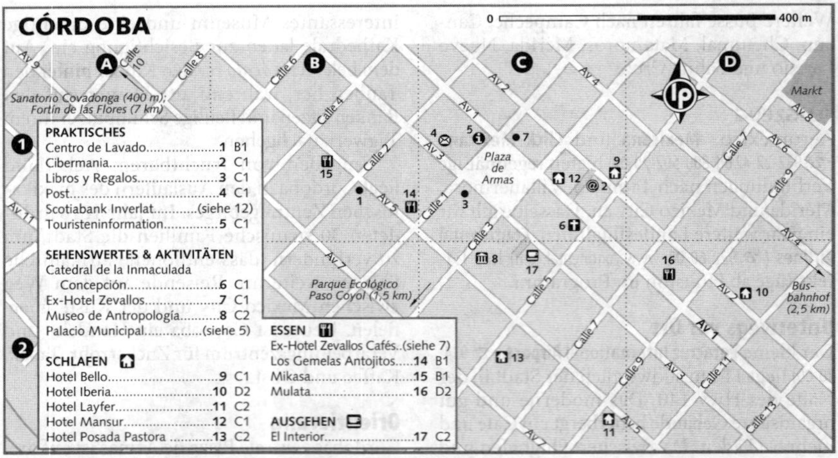

künden vom Treffen zwischen Juan O'Donojú und Agustín de Iturbide, die hier am 24. August 1821 die Bedingungen der mexikanischen Unabhängigkeit aushandelten. Zudem kamen sie überein, dass anstelle eines Europäers ein Mexikaner neues Staatsoberhaupt werden sollte. So trat Iturbide eine kurze Herrschaft als Kaiser Agustín I an. Heute ist das Gebäude hauptsächlich wegen seiner Cafés und Restaurants interessant.

Am südöstlichen Ende der Plaza de Armas erhebt sich die imposante **Catedral de la Inmaculada Concepción** von 1688. Ihre aufwändige Barockfassade wird von zwei Glockentürmen flankiert. Blattgoldelemente und Marmorböden zieren den prächtigen Innenraum. Von den Altären neben der Kapelle fällt Kerzenlicht auf verschiedene Statuen, z. B. einen leidenden Christus am Kreuz und eine schauerlich verzweifelte Virgen de Soledad. Diese Mischung aus Glanz und Schrecken ist eine visuelle Metapher für eine beunruhigende historische Ungerechtigkeit: Während die Konquistadoren nach Reichtum gierten, litt die indigene Bevölkerung schrecklich.

Das **Museo de Antropología** (Calle 3 s/n; Eintritt frei; 9–14 & 16–20 Uhr) einen halben Block südwestlich der Plaza hat eine bescheidene, aber interessante Sammlung. Zu sehen gibt's z. B. eine hübsche aztekische Ballspielplatzmarkierung, ein paar olmekische Figürchen und eine Nachbildung des Señor de Las Limas – die wunderschöne Originalstatue steht im Museo de Antropología in Xalapa. Vom zweiten Stock hat man eine tolle Aussicht auf die Berge.

Der **Parque Ecológico Paso Coyol** (☎ 714-20-84; Ecke Calle 6 & Av 19 Bella Vista; Eintritt 2 Mex$) ist ein grünes Juwel im städtischen Dschungel. Früher trieben sich viele Kriminelle auf der 4 ha großen ehemaligen Müllhalde herum. Dann beschlossen Bezirksverwaltung und Regierung, hier einen Park anzulegen. Heute bevölkern *cordobenses* das mit Rücksicht auf die Umwelt gestaltete Gelände. Jogger und Spaziergänger sind dort auf den gewundenen Pfaden unterwegs, die sich zwischen den Gärten erstrecken. Diese werden durch Pfosten aus recycelten Autoreifen und Plastikflaschen begrenzt. Das niedrige Eintrittsgeld finanziert *campesinos* und Biologen, die alles in Schuss halten. Um von der Plaza aus hierher zu kommen, einfach der Calle 3 etwa 1,5 km weit in Richtung Süden folgen. Die Straße ändert unterwegs ihren Namen und führt durch einen Vorort hinunter zum Park.

Festivals & Events

Am Abend des **Karfreitags** gedenkt Córdoba der Kreuzigung Jesu mit einer Schweigeprozession. Tausende von Einwohnern halten dabei brennende Kerzen in den Händen und schreiten hinter einem Marienaltar durch die Straßen. Niemand spricht ein Wort, und selbst die Kirchenglocken sind unheimlich still.

Schlafen

Córdobas Unterkünfte sind gut und günstig.

Hotel Iberia (☎ 712-13-01; iberiacordoba@prodigy.net.mx; Av 2 No 919; EZ/DZ 165/265 Mex$, mit Klimaanlage

180/280 Mex$; P ❄) Super Budgetoption mit zentralem Innenhof. Die sauberen Zimmer besitzen Fensterbögen aus Backstein. Sie können auch für nur vier Stunden gemietet werden – ein Schelm, wer Böses dabei denkt…

Hotel Posada Pastora (☎ 712-88-82; Calle 5 No 517; EZ/DZ 280/300 Mex$, Klimaanlage zzgl. 50 Mex$; P ❄) Nichts Besonderes, aber sauber und komfortabel. Zwei Zimmer haben Außenfenster. Das Preis-Leistungs-Verhältnis ist o. k.

Hotel Mansur (☎ 712-60-00; Fax 712-69-89; Av 1 No 301; Zi. ab 410 Mex$; P ❄) Dies ist das freundlichste und schönste Hotel am *zócalo*. Von den großen Balkonen mit den schweren Holzstühlen hat man eine hervorragende Sicht auf die Kathedrale und das Treiben auf der belebten Plaza. In den einfachen, aber makellos sauberen Zimmern stehen ebenfalls stabile Holzmöbel.

Hotel Bello (☎ 712-81-22; www.hotelbello.com/cordoba; Ecke Av 2 & Calle 5; EZ/DZ 440/520 Mex$; P ❄ 💻) Das moderne Hotel mit den freundlichen Angestellten ist geschmackvoll dekoriert und tadellos sauber. Die Zimmer sind nett, besonders die im obersten Stockwerk – sie haben eigene Balkone.

Hotel Layfer (☎ 714-05-05; Av 5 No 908; EZ/DZ 550/720 Mex$, Suite zzgl. 200 Mex$; P 🏊 ❄) Die misslungene Farbgebung und die kastenartigen Zimmer sollen wohl schick sein, wirken aber eher bizarr. Hierfür entschädigt eine seltsam große Auswahl an kostenlosen Körperpflegeprodukten.

Essen & Ausgehen

LP Tipp Las Gemelas Antojitos (Av 5 No 7; Hauptgerichte 15–45 Mex$; ⏲ 24 Std.) Rund um die Uhr bereitet das farbenfrohe Restaurant vor den Augen der Gäste mexikanisches Essen zu. Die redseligen Damen hinter der Theke wissen immer, was in der Stadt gerade abgeht.

Ex-Hotel Zevallos (☎ 712-18-53; Av 1 No 101; Hauptgerichte 70–120 Mex$; ⏲ 8–1 Uhr) Das Kolonialgebäude an der Plaza beherbergt viele schicke Cafés. Die nobleren befinden sich in den oberen Stockwerken. Prima Essen und super Ambiente – zu höheren Preisen.

Mikasa (☎ 712-76-13; Av 5 No 212; Hauptgerichte 70–120 Mex$; ⏲ Di–So 13–22 Uhr) Córdoba fährt offenbar voll auf Sushi ab. In dem schwer angesagten, kleinen Lokal muss man manchmal auf einen Tisch warten.

Mulata (☎ 717-66-63; Av 1 No 721; Gerichte 80–140 Mex$) Das Lokal ist nach einer afrikanischen Schönheit benannt, die der Legende nach durch ein Bild entfloh, das sie auf die Mauer ihrer Sklavenzelle gemalt hatte. Entsprechend gibt es hier neben leckeren Gerichten mit internationalem Touch und Backwaren ein tolles Wandgemälde.

El Interior (☎ 727-17-17; Av 3 No 318; Kaffee 12–25 Mex$; ⏲ Mo–Sa 9–21, So 10–20 Uhr) Café und Geschenkladen mit New-Age-Vibe. Verkauft u. a. Espresso-Getränke, einzigartige Andenken und nützliche Karten.

Anreise & Unterwegs vor Ort

AUTO & MOTORRAD

Córdoba, Fortín de las Flores und Orizaba sind über den mautpflichtigen Hwy 150D miteinander verbunden. Den nehmen auch die meisten Busse, denn auf dem Hwy 150 geht's wesentlich langsamer voran. Ab Fortín führt eine malerische Nebenstrecke durch die Hügel nach Xalapa und passiert dabei Huatusco.

BUS

Córdobas Busbahnhof liegt an der Av Privada. Deluxe-, 1.- und 2.-Klasse-Busse starten dort 2,5 km südöstlich der Plaza. „Centro"-Stadtbusse und Taxis (Ticket 20 Mex$) fahren vom Busbahnhof zum Zentrum. Für Trips nach Fortín de las Flores und Orizaba sind Regionalbusse ab der Av 11 am besten – so kann man sich einen weiten Umweg über den Busbahnhof sparen.

Wie üblich steuern 2.-Klasse-Busse nahegelegene Ziele häufiger an, brauchen länger und sind 10 % günstiger als die entsprechenden 1.-Klasse-Busse. Tägliche Deluxe- und 1.-Klasse-Verbindungen ab Córdoba sind z. B.:

Ziel	Preis (Mex$)	Dauer (Std.)	Häufigkeit (tgl.)
Mexico City (TAPO)	224	5½	26-mal
Oaxaca	258	6	4-mal
Puebla	136	3	17-mal
Veracruz	82	1¾	mind. 1-mal stündl.
Xalapa	120	3	11-mal

ATOYAC

Die Kleinstadt Atoyac ist ca. 25 km von Córdoba entfernt. Hier lohnt sich ein Zwischenstopp, um die Panzer leckerer *langostinos* (Riesengarnelen) zu knacken, die im Fluss gefangen und bekanntermaßen mit einer halben angebratenen Knoblauchknolle *al ajillo* serviert werden. Anschließend kann man sich an der **Playa Bella** etwas abkühlen. An dieser Sandbank weitet sich der wunderbare Fluss und bildet eine tolle Badestelle.

Die **Cascada de Atoyac** ist zu Fuß oder mit dem Auto erreichbar. Um dorthin zu kommen, zunächst den Ort Richtung Osten durchqueren und am verlassenen Bahnhof die unbefestigte Straße zur Rechten nehmen. Diese führt unterwegs durch zwei handgegrabene Tunnel. Nach ein paar Kilometern stürzt der Wasserfall dann direkt neben einer malerischen alten Bahnstrecke in die Tiefe. Unwegsame Pfade führen runter zum Fluss.

An Córdobas Hauptbusbahnhof hat man Verbindung nach Atoyac (12 Mex$).

FORTÍN DE LAS FLORES

☎ 271 / 21 000 Ew. / 970 m

Das beschauliche Fortín de las Flores gleich westlich von Córdoba ist ein Zentrum der Schnittblumenzucht, zwischen dessen Pflanzungen und Privatgärten Mexikos Mittelschicht gerne ein gediegenes Wochenende verbringt. Traveller können die Stadt als guten Ausgangspunkt für Abenteuer in den Bergen nutzen. Da die Nachbarn Córdoba und Orizaba ziemlich industriell geprägt sind, übernachtet manch einer vielleicht lieber im ruhigen Fortín mit dem reizenden *zócalo* vor einer üppigen Hintergrundkulisse. Ende April oder Anfang Mai steigt hier jedes Jahr ein einwöchiges **Blumenfestival**.

Orientierung

Fortín liegt 7 km von Córdobas Zentrum entfernt. Entlang des Hwy 150 gehen beide Städte allmählich ineinander über. In der Mitte des hübschen Parque Principal steht der Palacio Municipal und auf der Südseite der offenen Plaza ragt eine Kathedrale auf. Wie in Córdoba verlaufen *avenidas* und *calles* rechtwinklig zueinander.

Praktische Informationen

'El Chat' (☎ 713-31-81; Ecke Calle 3 & Av 12; 10 Mex$/Std.; 🕑 9–21.30 Uhr)

Post (Calle 1 zw. Av 1 & 3) Zwischen El Interior und El Centro de Mariscos – einfach durch die Bogengänge zur Linken laufen.

Touristeninformation (☎ 713-01-02; Ecke Calle 5 & Av 1; 🕑 Mo–Fr 8–16 Uhr)

Aktivitäten

Vom Zentrum aus führt ein malerischer **Spaziergang** zunächst nach Westen entlang der Av 1. Die setzt sich bis nach Fortín Viejo fort. Nach etwa 20 Minuten erreicht man einen Aussichtspunkt, von dem aus man einen Blick auf eine alte Bahnstrecke und hohe, grüne Berge hat. Nun der Straße nochmals ca. 1 km weit folgen, den Fluss überqueren und nach rechts abbiegen. An dieser Stelle beginnt eine unbefestigte Piste durch den Wald, die nach weiteren 2 km am **El Corazón** (Eintritt 10 Mex$) endet, einer einfachen Einrichtung mit ein paar verwitterten Pools. Wer die mächtige Treppe hinter dem Schwimmbecken und dem Kraftwerk hinaufsteigt, kommt in den Genuss einer tollen Aussicht. Aus Sicherheitsgründen sollte man die erwähnten Straßen nur tagsüber abwandern.

Das **Reisebüro Xochitl** (☎ 713-29-26; www.groups.msn.com/faraventuras; faraver@hotmail.com; Av 3 Pte No 113; 🕑 Mo–Fr 10–12 & 16–19, Sa 10–14 Uhr), das ein paar Blocks von der Plaza entfernt sitzt, organisiert die verschiedensten Outdoor-Trips durch die umwerfende Umgebung. Im Angebot sind u. a. Abseilen, Gleitschirmfliegen, Wasserfall- und Höhlenwanderungen.

Die renommierte Geschichtsexpertin **Cecilia Rábago** (☎ 271-120-20-30; cecirabago@hotmail.com; 1–4 Pers. 900–1000 Mex$/Tag) sieht nicht nur blendend aus, sondern spricht auch Spanisch und Englisch. Sie führt Besucher zu diversen Stätten rund um Fortín, Córdoba und Orizaba.

Schlafen

Hotel Suites 'Magnolias' (☎ 713-22-98; Av 3 No 105; EZ/DZ 300/500 Mex$, mit Whirlpool 700 Mex$; Ⓟ) Das skurrile, kleine Hotel direkt hinter dem *zócalo* ist eine Mischung aus Bonbonschachtel und schlecht umgesetztem Kubismus. Helle Farben, verrückte Fliesenmuster und leicht abgefahrene Designelemente versprechen einen interessanten Aufenthalt. Die Sauberkeit lässt leider etwas zu wünschen übrig.

Hotel Fortín Las Flores (☎ 713-01-08; www.hotelfortindelasflores.com.mx; Av 2 No 210 zw. Calle 5 & 7; EZ/DZ 415/570 Mex$, Suite ab 760 Mex$) Wenige Gehminuten vom Zentrum entfernt sorgen hier jede Menge Pflanzen und frische Luft für ein prima Preis-Leistungs-Verhältnis. Die Zimmer über dem Pool besitzen reizende Sitzecken in Erkerfenstern. Von manchen Balkonen hat man eine herrliche Aussicht auf den Pico de Orizaba.

Hotel Posada Loma (☎ 713-06-58; www.posadaloma.com; Carretera Córdoba–Fortín, Km 333; EZ/DZ 550/650, Bungalow 10 000–12 000 Mex$/Monat; Ⓟ)

Gartenliebhaber sind hier an der richtigen Adresse: Auf dem wunderbaren Gelände befinden sich u. a. Gewächshäuser, berühmte Orchideensammlungen, mehrere Terrassen und ein Pool. Dazu kommen Gärten mit exotischen und einheimischen Pflanzen. Die luftigen Bungalows haben offene Kamine für kalte Winternächte. Das renommierte Restaurant des Hauses serviert unschlagbares Frühstück bei atemberaubender Aussicht auf den Pico de Orizaba. Die Anlage liegt etwa 1 km von Fortíns Zentrum entfernt gleich jenseits des Hwy 150.

Essen & Ausgehen

Den *zócalo* umgeben zahlreiche Restaurants und Lokale.

El Interior (Calle 1 No 105; Snacks 15–50 Mex$; Mo–Sa 9–22.30, So 10–22 Uhr) Eine mexikanische Kleinstadt macht einen auf trendy – und das offenbar mit Erfolg: Die Kette ist eine einladende Mischung aus Café und Buchladen und punktet mit Fröhlichkeit und *mostachón* (Torte mit Walnusskruste und Frischkäse-Erdbeer-Füllung).

LP Tipp **Kiosko Café** (Zócalo; Hauptgerichte 30–70 Mex$; 7–23 Uhr) Das Café erfreut sich einer unvergleichlichen Lage in der Mitte des *zócalo*. Früher war es eine Bibliothek und heute serviert es Kaffee, frischgepresste Fruchtsäfte und Essen. Die Enchiladas werden von allen Seiten aufs Höchste gelobt.

El Parián (☎ 713-11-67; Av 1 No 110; Hauptgerichte 35–80 Mex$; 7–23 Uhr, Mi geschl.) In der Nähe des Zentrums gibt's herzhaftes Essen und prima Service in schöner Atmosphäre. Probieren: die *sopa Azteca,* eine Suppe aus gehackten, gerösteten Tortillas und Avocadostücken.

An- & Weiterreise

Regionalbusse halten bzw. starten an der Calle 1 Sur westlich der Plaza. Vom ADO-Depot an der Ecke Av 2/Calle 6 fahren vor allem Fernreisebusse nach Mexico City, Veracruz, Puebla, Orizaba und Xalapa ab.

Ziel	Preis (Mex$)	Dauer (Std.)	Häufigkeit (tgl.)
Córdoba	6	20 Min.	9-mal
Mexico City (TAPO)	216	5	3-mal
Mexico City (Terminal Norte)	216	5	1-mal
Orizaba	12	¼	12-mal
Veracruz	88	2	6-mal
Xalapa	130	4	13-mal

Die 2.-Klasse-Busse nach Orizaba fahren durch die herrliche Landschaft, sind aber langsamer und voller.

COSCOMATEPEC

☎ 272 / 13 700 Ew. / 1588 m

Coscomatepec (oder kurz: Cosco) liegt 24 km nördlich von Fortín. Hier werden Sättel und Lederwaren aufwendig von Hand hergestellt. Außerdem ist die malerische Bergstadt für hochwertige Zigarren und leckeres Brot bekannt.

Die **Touristeninformation** (☎ 737-04-80; turismococosco@yahoo.com.mx; Amez y Argüelles s/n; Mo–Fr 9–16 Uhr) in der Plaza Municipal bietet Touren durch die berühmte Bäckerei, die Zigarrenfabrik und diverse Sattlereien an. Als Führer fungiert Nacho, der auch verschiedene **Outdoor-Aktivabenteuer** veranstaltet. Sein Programm umfasst Wandern, Abseilen, Ausritte, Seilrutsch-Trips und manchmal auch Sportklettern. Die Gegend ist voller Höhlen, Flüsse, Wasserfälle und alter Brücken. An der Plaza gibt's einen Geldautomaten.

Aventuras del Nuevo Mundo (☎ 273-737-07-33; www.coscomatepec.info; nwasoco@hotmail.com) zählt zu den wenigen Anbietern, die in Veracruz qualitativ hochwertige Mountainbikes verleihen. Gegründet und geleitet wird er von einem netten Gringo und dessen einheimischer Frau. Das Special ist eine Radtour, bei der man in die Berge gefahren wird und dort eine 20 km lange Abfahrt hinunterprescht. Auf Wunsch geht's auch querfeldein. Aber wer seinen eigenen Drahtesel dabei hat, kann hier zahllose Touren auf eigene Faust unternehmen.

Das **Hotel San Antonio** (☎ 737-03-20; Bravo 35; EZ/DZ 180/250 Mex$) an der Plaza hat saubere Zimmer und eine nette Gemeinschaftsterrasse. Die gehobenere **Posada del Emperador** (☎ 737-15-20; Ecke Av Juárez & Domínguez; Zi. 400–800 Mex$) wirbt damit, einst den legendären Maximilian beherbergt zu haben. Das charmante Gästehaus punktet mit antiken Möbeln, Holzböden, super Aussicht und vielen Grünpflanzen.

In Monte Salas zwischen Fortín und Cosco ist **Chula Vista Camping** (☎ 271-732-00-74; Calle 3 No 309; Stellplatz 50 Mex$/Pers.), ein Campingplatz mit rustikalen *cabañas*. Um ihn zu erreichen, von der Hauptstraße nach links in die Calle 3 einbiegen und über die nächsten 3 km den Schildern folgen. Das Gelände liegt an einem herrlichen Fluss mit türkisblauem Wasser. Ganz in der Nähe gibt's Höhlen und Wanderwege.

Von Fortín aus fahren Busse (12 Mex$, 1 Std.) und Taxis (60 Mex$) hierher.

ORIZABA

☎ 272 / 122 000 Ew. / 1219 m

Orizaba wirkt eher industriell als städtisch, sodass man leider schnell vergisst, dass man sich im Herzen einer großartigen Gebirgsgegend befindet. Ein weiterer Minuspunkt ist, dass der *zócalo*, der Palacio Municipal und die Kathedrale nicht an einer einzigen Plaza liegen, sondern relativ weit auseinander. Deshalb verlagern sich Hotels und andere Einrichtungen allmählich an die Av 6 Ote, eine stark befahrene Durchgangsstraße. Dennoch hat Orizaba auch ein paar interessante Highlights: Ein tolles Kunstmuseum und interessante Architektur laden zur Besichtigung ein und man kann Spaziergänge am Flussufer und im Alameda-Park machen.

Die Spanier gründeten Orizaba, um die Straße von Veracruz nach Mexico City zu schützen. Ende des 19. Jhs. war die Stadt ein industrielles Zentrum. In den damaligen Fabriken keimten die ersten Unruhen, die letztendlich zur Absetzung des Diktators Díaz beitrugen. Neben einer Großbrauerei sind hier heute auch Zement-, Textil- und Chemiewerke ansässig.

Orientierung

Die zentrale Plaza ist der Parque Castillo, auf dessen Nordseite die asymmetrische Parroquia de San Miguel steht. Weiter westlich in Richtung Alameda-Park liegt der Palacio Municipal an der Av Colón Pte. Diese Straße markiert die Grenze zwischen den *calles* Norte (Nord) und Sur (Süd). Die Madero begrenzt die Plaza nach Westen. Diese belebte Geschäftsstraße teilt die *avenidas* in Oriente (Ote; Ost) und Poniente (Pte; West). Die Av Ote 6 drei Blocks südlich der Plaza fungiert als Hauptverkehrsader in Ost-West-Richtung.

Praktische Informationen

Banken mit Geldautomaten stehen einen Block südlich der Plaza an der Av Ote 2.

Cruz Roja (☎ 725-05-50; Av Colón Ote 253; 🕒 24 Std.) Medizinische Versorgung.

Net-plus (Av Colón Ote s/n, 2. OG; 10 Mex$/Std.) Internetcafé.

Post (Av Ote 2)

Touristeninformation (☎ 728-91-36; www.orizaba.gob.mx/turismo.htm; Palacio de Hierro; 🕒 Mo–Fr 8–15 & 16–20, Sa 12–20, So 12–16 Uhr) Das engagierte Personal hat leider nur wenige praktische Infos, aber jede Menge Broschüren.

Sehenswertes

Die **Catedral de San Miguel** am Parque Castillo ist eine imposante Pfarrkirche im Stil des 17. Jhs. mit Türmen. Gegenüber befindet sich Orizabas Wahrzeichen: Der **Palacio de Hierro** (Eiserner Palast) besteht komplett aus Eisen und Stahl. Seine Konstruktion basiert auf einem Entwurf des französischen Meisteringenieurs Alexandre Gustave Eiffel, der auch den Eiffelturm und das Tragwerk der Freiheitsstatue erschuf. Der Jugendstilpavillon wurde in Paris vorgefertigt und 1892 von Orizabas Bürgermeister erworben, der unbedingt einen eindrucksvollen Palacio Municipal im europäischen Stil haben wollte. Man zerlegte das Bauwerk in Einzelteile, transportierte es nach Orizaba und setzte es dort wieder zusammen.

Das wunderbare **Museo de Arte del Estado** (Staatliches Kunstmuseum; ☎ 724-32-00; Ecke Av Ote 4 & Calle Sur 25; Eintritt 10 Mex$; 🕒 Di–So 10–17 Uhr) ist in einem großartig restaurierten Kolonialgebäude von 1776 untergebracht. Eine seiner verschiedenen Abteilungen beherbergt eine der bedeutendsten Rivera-Dauerausstellungen des Landes. Außerdem gibt es zeitgenössische Werke regionaler Künstler zu sehen.

Aktivitäten

Der **Parque Alameda** westlich des Zentrums ist ein weitläufiger Stadtpark mit mehreren Statuen und viel Grün. Es sind Jogger und Spaziergänger unterwegs und oft finden spontane Fußballspiele statt.

Der Park liegt im Schatten des großartigen **Cerro del Borrego**. Wer frühmorgens zum Gipfel hinaufsteigt und noch vor dem Nebel da ist, kann eine wundervolle Aussicht genießen. Abends sollte man jedoch nicht hierher kommen. Um den versteckten Eingang zu finden, folgt man der Av Pte 3 westwärts bis zu deren Ende und wendet sich dort nach links. Nun heißt es rechts nach dem Beginn einer extrem schmalen Gasse Ausschau halten. Diese führt an der eigenartigen Ermita de la Virgen de Guadalupe vorbei und schließlich zu den Stufen, die den Anfang des Pfades zum Gipfel markieren.

Außerdem schlängelt sich ein netter **Uferweg** scheinbar willkürlich unter ein paar der 13 städtischen Flussbrücken hindurch.

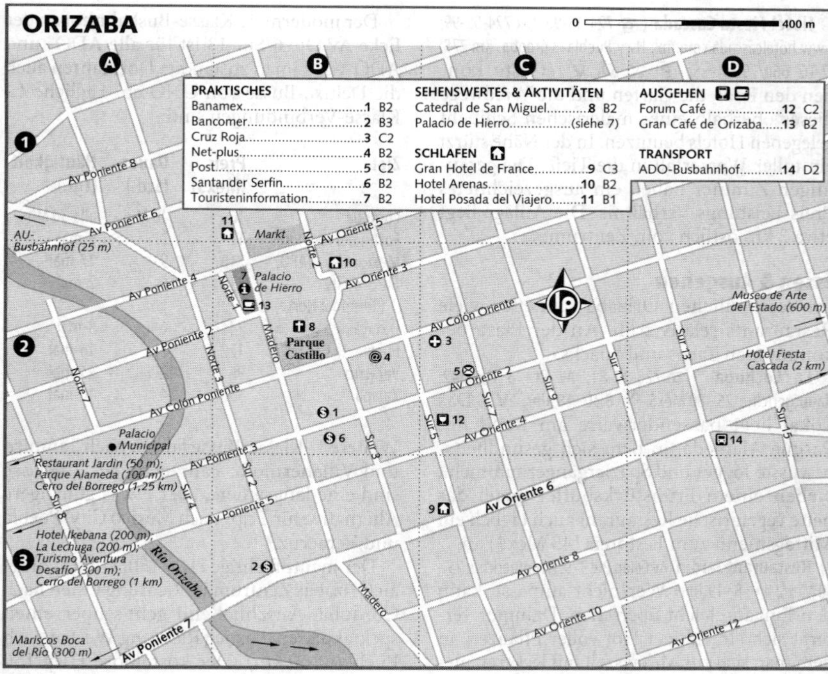

Man kommt an den meisten Brücken in der Nähe des Zentrums zu diesem Weg.

In Orizaba sind mehrere Abenteuertourveranstalter ansässig (s. Kasten S. 723). **Mountain Sports Mexico** (☎ 726-00-18; www.mountainsmexico.com; elkletus@hotmail.com) organisiert verschiedene Outdoor-Aktivitäten in den nahen Hügeln, Bergen und Schluchten (z. B. auch Teilaufstiege auf den Pico de Orizaba). Das Programm von **Turismo Aventura Desafío** (☎ 725-06-96; Av Pte 3 No 586) ist weitgehend dasselbe. Die seriösen Wander- und Radführer von **Servimont** (S. 770) in Tlachichuca leiten Touren rund um den Pico. Zu den Highlights dieser Gegend zählen u. a. der traumhafte Cañon de la Carbonera nahe Nogales und die Cascada de Popócatl bei Tequila. Nebenbei wartet die wirklich göttliche Naturlandschaft der Region geradezu darauf, bei Touren auf eigene Faust erkundet zu werden.

Schlafen

Mittel- und Spitzenklassehotels säumen die Hauptverkehrsstraße (Av Ote 6), während die günstigsten Optionen eher in der Nähe des Zentrums liegen.

Hotel Arenas (☎/Fax 725-23-61; Av Nte 2 No 169; EZ/DZ 120/170 Mex$) Dieses Hotel, das sich in einer belebten Seitenstraße versteckt, hat ein tolles Preis-Leistungs-Verhältnis. Die gepflegten Zimmer bieten einen Blick auf ein zentrales Gemeinschaftsareal mit zahlreichen Bäumen und Pflanzen.

Hotel Posada del Viajero (☎ 726-33-20; Madero Nte 242; EZ/DZ 100–200 Mex$; P) Das Viajero mag von außen nicht wirklich attraktiv sein, ist sein Geld aber absolut wert: Es hat saubere Zimmer und sympathisches Personal.

Hotel Ikebana (☎ 725-71-43; Av Pte 3 No 512; hotel_ikebana_ste@hotmail.com; EZ/DZ 240/280 Mex$; P) Kleines Hotel mit abgefahrener Japan-Deko. Das Restaurant im Untergeschoss serviert vor allem asiatisch angehauchte Gerichte. Die Zimmer mit den Fenstern zum Park sind großartig. Die fensterlosen im Inneren des Gebäudes lassen dagegen zu wünschen übrig.

Gran Hotel de France (☎ 725-23-11; Av Ote 6 No 186; EZ/DZ 350/380 Mex$; P) Das historische Gebäude aus dem späten 19. Jh. hat eine herrliche Lobby mit hoher Decke. Die angenehm schlichten Zimmer sind ihr Geld wert.

Hotel Fiesta Cascada (☎ 724-15-96; Fax 724-55-99; www.hotelcascada.com.mx; Hwy Puebla–Córdoba, Km 275; EZ/DZ 660/790 Mex$; P ✻ 💻) Gäste können den Pool, die Gärten und die Waldwege dieses oberhalb einer malerischen Schlucht gelegenen Hotels benutzen. In der Nähe stürzt ein toller Wasserfall in die Tiefe. Die geräumigen Zimmer haben ein ausgezeichnetes Preis-Leistungs-Verhältnis. Die Anlage liegt etwa 2 km östlich vom Zentrum.

Essen & Ausgehen

Im beschaulichen Orizaba schließen viele Restaurants relativ früh. An der Plaza bekommt man Tacos und Snacks.

La Lechuga (☎ 726-39-81; Av Pte 3 No 542; Hauptgerichte 25–80 Mex$ 🕒 8.30–18 Uhr; V) Das Lokal liegt passenderweise am Rand des Parque Alameda, in dem sich gesundheitsbewusste Jogger und Spaziergänger tummeln. Neben einem Frühstücksbuffet bietet das nette vegetarische Restaurant auch täglich ein Mittagsmenü zum Festpreis (45 Mex$) an.

Restaurant Jardín (Av Colón Pte 379; Hauptgerichte 25–50 Mex$; 🕒 8–19 Uhr) Wer nicht aufpasst, kann den Eingang leicht übersehen. Dahinter verbirgt sich ein ruhiger Hof voller Pflanzen, in dem man sich zur Mittagszeit mit leckeren mexikanischen Standardgerichten stärken kann.

Mariscos Boca del Río (☎ 726-52-99; Av Pte 7 s/n; Meeresfrüchte 50–100 Mex$; 🕒 Di–So 12–20 Uhr) Hier gibt es die wohl besten Meeresfrüchte der Stadt. Die üppigen Portionen füllen auch den größten Magen.

Gran Café de Orizaba (☎ 724-44-75; Ecke Av Pte 2 & Madero) Das Café ist im schmucken Palacio de Hierro untergebracht. Polierte Holzfußböden und Bilder vom alten Orizaba sorgen für ein Adels-Ambiente. Auf der tollen Terrasse kann man den hochwertigen Kaffee oder Tee wunderbar genießen.

Forum Café (☎ 725-47-35; Calle Sur 5 No 225; Getränke 10–30 Mex$; 🕒 Mo–Sa 10–22, So 17–22 Uhr) Super Adresse, um bei einem Bier oder einem Kaffee der *trova*-Musik zu lauschen, die an den meisten Abenden erklingt. Es gibt Tische im Hof und viele einheimische Kunstwerke.

Anreise & Unterwegs vor Ort

Regionalbusse aus Richtung Fortín und Córdoba halten vier Blocks nördlich und sechs Blocks östlich vom Zentrum (Bereich Ote 9/Nte 14). Der 2.-Klasse-Busbahnhof von AU liegt nordwestlich vom Zentrum an der Zaragoza Pte 425.

Der moderne 1.-Klasse-Busbahnhof an der Ecke Av Ote 6/Sur 13 ist für alle ADO- und ADO-GL-Linien zuständig. Dort fahren auch die Deluxe-Busse von UNO ab. Tägliche 1.-Klasse-Verbindungen sind:

Ziel	Preis (Mex$)	Dauer (Std.)	Häufigkeit (tgl.)
Córdoba	16	40 Min.	alle 30 Min.
Fortín del las Flores	12	3½	6-mal
Mexico City (TAPO)	210	5	17-mal
Mexico City (Terminal Norte)	210	5	7-mal
Oaxaca	244	6	3-mal
Puebla	122	2½	16-mal
Veracruz	96	2½	25-mal
Xalapa	130	4	10-mal

Weitere 1.-Klasse-Busse fahren nach Tampico und Villahermosa. Fahrzeuge der 2. Klasse sind eine langsamere, aber etwas günstigere Alternative für Trips nach Mexico City, Puebla und Veracruz.

Der mautpflichtige Hwy 150D führt vorbei an Orizabas Zentrum in Richtung Osten nach Córdoba. Anschließend geht's über einen spektakulären Anstieg Richtung Westen nach Puebla (160 km). Der kostenlose Hwy 150 erstreckt sich in östlicher Richtung bis nach Córdoba und Veracruz (150 km). Wer ihm stattdessen in südwestlicher Richtung folgt, gelangt über die haarsträubenden Cumbres de Acultzingo nach Tehuacán (65 km).

PICO DE ORIZABA

Auf Náhuatl trägt Mexikos mächtigster Berg (5611 m) den Namen „Citlaltépetl" (Sternenberg). Der schlafende Vulkan erhebt sich 25 km nordwestlich von Orizaba. Vom Gipfel kann man den Popocatépetl, Iztaccíhuatl und La Malinche im Westen und den Golf von Mexiko im Osten erspähen. In ganz Nordamerika sind nur der Mt. Kinley (Alaska) und der Mt. Logan (Kanada) noch höher.

Was geführte Gipfeltouren betrifft, ist **Servimont** (☎ 245-451-50-82; www.servimont.com.mx; Ortega 1A, Tlachichuca; Pauschalangebote ab 370 US$) der einzige empfehlenswerte Veranstalter vor Ort. Das Unternehmen gehört seit Generationen der Bergsteigerfamilie Reyes und ist das älteste seiner Art in der Region. Es fungiert parallel auch als Rettungsstation des Roten Kreuzes und hat seinen Sitz in der Kleinstadt Tlachichuca (2600 m). Dort beginnen die meisten Expeditionen.

Wer kein erfahrener Bergsteiger ist und keine entsprechende Ausrüstung hat, benötigt einen Führer und ordentlich Kondition. Trips sollten möglichst zwei bis vier Monate im Voraus bei Servimont gebucht werden. Akklimatisierung, Auf- und Abstieg nehmen insgesamt vier bis sieben Tage in Anspruch. Servimont informiert Kunden ausführlich über alle Ausrüstungs-, Gesundheits- und Sicherheitsaspekte.

Beim Bergsteigen auf eigene Faust ist es ratsam, die geplante Route mit Servimont zu besprechen. Die globale Erwärmung macht bestimmte Stellen immer gefährlicher. Die **Inegi**-Büros in Veracruz und Xalapa (s. Kasten S. 723) verkaufen topografische Karten, die man auch per Post kriegt, wenn man sie rechtzeitig bestellt. Eine weitere tolle Infoquelle ist das Buch *Mexico's Volcanoes* von R. J. Secor. Die beste Zeit zum Bergsteigen ist von Oktober bis März, wobei der Dezember und der Januar am beliebtesten sind.

Veracruz' anspruchsvollen Kultgipfel zu besiegen, ist anstrengend, lohnt sich aber: Die dramatische Berglandschaft kann man dabei optimal genießen. Los geht's mit einer Wanderung zum Basislager (4200 m). Nach einem Schläfchen wird um 2 Uhr das letzte Teilstück in Angriff genommen, damit man den Gipfel bei Sonnenaufgang erreicht. Der mäßig steile Aufstieg ist technisch nicht sehr schwierig. Aus Sicherheitsgründen sind Steigeisen, Seile und Eispickel trotzdem nötig.

Die Zentrale von Servimont ist in einer ehemaligen Seifenfabrik untergebracht, deren interessante Deko aus alter Bergausrüstung besteht. Der Pauschalpreis beinhaltet Übernachtungen in den Gastunterkünften. Wer ein eigenes Zimmer will, steigt im **Hotel Coyote** (☎ 245-451-54-25; 5 de Mayo s/n; EZ/DZ 150/250 Mex$; P) direkt an der Plaza ab. Dort liegt auch das Restaurant **La Casa Blanca** (Hauptgericht 30–80 Mex$), das eine sehr willkommene Heizung hat.

Vom AU-Terminal in Orizaba fahren Busse nach Ciudad Serdán (38 Mex$, 2 Std.), wo man Anschluss nach Tlachichuca (12 Mex$, 1 Std.) hat.

SÜDÖSTLICHES VERACRUZ

Südöstlich vom Hafen Veracruz erstreckt sich eine fruchtbare, flache Küstenebene, die von Flüssen durchzogen ist. Hinzu kommt eine vulkanische Regenwaldlandschaft mit zahllosen Seen, Wasserfällen und Stränden. Als früheres Kernland der uralten Olmekenkultur hat diese Region viele archäologische Stätten zu bieten, die wunderbar erhalten sind und wenig besucht werden. Im äußersten Süden des Bundesstaats liegen Ölmetropolen wie Minatitlán und Coatzacoalcos.

TLACOTALPAN

☎ 288 / 9000 Ew. / 10 m

Tlacotalpan liegt am Nordufer des mächtigen Río Papaloapan. Im 19. Jh. war die beschauliche Kleinstadt ein bedeutender Hafen. Das Kopfsteinpflaster, die Kolonialbauten, die farbenfrohen Häuser und die großen Plazas sind hier bis heute so gut erhalten, dass man sie 1998 zum UNESCO-Weltkulturerbe machte. Wer hier spazieren geht, kommt auf jeden Fall an einem interessanten Museum vorbei. Infotafeln an manchen Gebäuden der Stadt erläutern deren jeweilige Geschichte auf Spanisch und Englisch.

Praktische Informationen

In der Nähe der Plaza gibt's einen Geldautomaten in der Carranza.

Internet Café (Alegre s/n) Einen Block südlich vom *zócalo*.

Post (🕑 Mo–Fr 8–16 Uhr) Bei der Touristeninformation gleich um die Ecke.

Touristeninformation (Palacio Municipal; 🕑 Mo–Fr 9–15 Uhr) Unter den grün-roten *portales* an der Plaza Hidalgo. Verteilt nützliche Karten.

Sehenswertes & Aktivitäten

Diese kleine Stadt besitzt viele interessante, kleine Museen. Das **Museo Salvador Ferrando** (Alegre 6; Eintritt 20 Mex$; 🕑 Di–So 10.30–17 Uhr) hat eine erlesene Sammlung zur örtlichen Kolonialgeschichte. Die **Casa Museo Agustín Lara** (Beltrán 6; Eintritt 20 Mex$; 🕑 Mo–Sa 10–17 Uhr) beleuchtet das Leben des legendären *tlacotalpeños* Agustín Lara (1900–1970), der Musiker, Komponist und Lebemann war. In der rosafarbenen **Casa de la Cultura Agustín Lara** (☎ 884-22-02; Carranza 43; 🕑 9–17 Uhr) kann man kostenlos Kunstausstellungen besuchen und bei Volkstanzproben und Kursen in *jarocho*-Musik zuschauen. In die Galerie im Obergeschoss zu gehen, kostet manchmal Eintritt.

Das **Mini-Zoológico Museo** (Carranza 25; Spende 10 Mex$; 🕑 Mo–Sa 10–17 Uhr) weiter unten an der Straße befindet sich im Wohnhaus Don Pío

ANGEMESSENE TISCHMANIEREN

- Wer einen essenden Einheimischen oder Ausländer sieht, wünscht *„Provecho"* („Guten Appetit"). Dieser Brauch ist quasi Pflicht – er beweist gute Manieren und weckt Sympathie.
- Wenn man eine leckere Fischmahlzeit genossen und dabei die Finger benutzt hat, dürfen die bedenkenlos mit der Schale ausgequetschter Limonen gereinigt werden. Äußerst effektiv!
- Beim Essen unter freiem Himmel halten manche Leute die Fliegen fern, indem sie Papierservietten in die Hälse ihrer Limonadenflaschen stopfen.

Barráns. Dieser hält mehrere Krokodile und besitzt verschiedene Artefakte, z.B. einen Mastodonzahn, der in der Nähe ausgegraben wurde, und ein Schwert, das Porfirio Díaz gehört haben soll.

In der Nähe der Restaurants am *malecón* trifft man mit Sicherheit auf *lancheros*, die einstündige **Bootsausflüge** (250 Mex$/Boot) auf dem malerischen Fluss anbieten. Ziel ist eine nahe Lagune – nicht gerade eine Amazonas-Kreuzfahrt, aber eine nette Option am Spätnachmittag. Alternativ kann man einen Spaziergang am Flussufer entlang und die Cházaro hinunter machen, die am Palacio Municipal beginnt. Dort stehen eine Menge kunterbunte Häuser im Kolonialstil neben größeren Gebäuden mit hoch aufragenden Bögen, Säulen und Fliesenelementen.

Festivals & Events

Von Ende Januar bis Anfang Februar steigt Tlacotalpans lebendiges **Candelaria-Festival**, bei dem u.a. Stiere durch die Straßen getrieben werden. Gefolgt von einer Flottille kleiner Boote treibt zudem ein Marienbild an Bord eines Floßes den Fluss hinunter.

Schlafen & Essen

Während des Candelaria-Festivals verdrei- oder vervierfachen sich die Zimmerpreise.

Hotel Reforma (☎ 884-20-22; Av Carranza 2; EZ/DZ 200/250 Mex$, mit Klimaanlage 300/350 Mex$; P ❄) Nicht unbedingt blitzblank, doch die geräumigen Zimmer haben ein gutes Preis-Leistungs-Verhältnis. Dies gilt besonders für die mit Balkonen direkt über dem *zócalo*.

Hotel Blanca (☎ 884-31-20; Beltrán 50; EZ/DZ 260/320 Mex$; P ❄) Die tadellos sauberen Zimmer bekommen nicht viel Tageslicht ab, sind aber geräumig und komfortabel. Mit fröhlicher Bettwäsche und Deko im Kolonialstil wirken sie sehr einladend.

Hotel Tlacotalpan (☎ 884-20-63; hoteltlacotalpan@tlaco.com.mx; Beltrán 35; EZ/DZ 450/500 Mex$; P ❄ 🏊) Das Hotel in strahlendem Blau und Gelb steht gleich hinter der Hauptstraße. Seine heiteren Zimmer umgeben einen Innenhof mit wunderschönen Fliesen. Schaukelstühle und die hohe Decke verleihen der luftigen Lobby ihre koloniale Atmosphäre.

Hotel Posada Doña Lala (☎ 884-25-80; Av Carranza 11; EZ/DZ 390/440 Mex$, mit Klimaanlage 440/550 Mex$; P ❄ 🏊) Das grantige Personal scheint voll und ganz auf den Ruf des berühmten Hotels zu bauen, das eine tolle Lage in der Nähe von Fluss und *zócalo* hat.

Um einen guten Bissen zu sich zu nehmen, empfiehlt sich das **Restaurante Tlacotalpan** (☎ 884-34-75; Malecón s/n; Gerichte 80–120 Mex$). Es ist eines von mehreren wundervollen Open-Air-Lokalen am Flussufer, die frische, auf traditionelle Art zubereitete Meeresfrüchte servieren. Hier ist das Essen teurer als in der eigentlichen Stadt, doch das Ambiente entschädigt einen dafür allemal. Außerdem flankieren ein paar reizende Cafés die Plaza Hidalgo und den *zócalo* im Zentrum. Alternativ gibt's noch den **Markt** neben der ADO-Haltestelle – dort bekommt man regionale Spezialitäten und frisch gepresste Säfte für wenig Geld.

Anreise & Unterwegs vor Ort

Ab Tlacotalpan führt der Hwy 175 durch das Tal von Papaloapan hinauf nach Tuxtepec. Von dort aus windet er sich über die Berge nach Oaxaca (320 km). Mit ADO besteht Busverbindung nach Mexico City, Puebla, Xalapa und Veracruz. Transportes Los Tuxtlas (TLT) fährt dagegen regionale Routen.

SANTIAGO TUXTLA

☎ 294 / 16 000 Ew. / 180 m

Im Vergleich zu seinem rüden Nachbarn San Andrés ist Santiago deutlich entspannter und charmanter. Die Stadt wurde 1525 gegründet und liegt in den gewellten, grünen Ausläufern der vulkanischen Sierra de los Tuxtlas. Ihr netter, begrünter *zócalo* ist bevölkert von Arm in Arm flanierenden Damen, Liebespaaren und fleißigen Schuhputzern. Santiago ist kein angesagtes Touristenziel, hat aber ein interessantes, kleines Museum, und durch die Nähe zu Tres Zapotes (23 km) und wegen der prima Übernachtungsmöglichkeiten im Mesón de Santiago ist es einen Besuch wert.

Sämtliche Busse starten und stoppen nahe der Kreuzung von Morelos und Highway. Um von hier aus das Zentrum zu erreichen, folgt man der Morelos weiter und biegt dann nach rechts in die Ayuntamiento ein. Die führt zum ein paar Blocks entfernten *zócalo*. Dort befinden sich eine Post und zwei Bankfilialen, deren Geldautomaten ab und zu leer sind. Bei der Plaza gibt's ein paar Internetcafés.

Der **Olmekenkopf** auf dem *zócalo* ist als „Cobata-Kopf" bekannt und nach dem Landgut benannt, auf dem er entdeckt wurde. Der größte bekannte Olmekenkopf wiegt 40 t und entstand wahrscheinlich ganz am Ende der olmekischen Periode. Seine geschlossenen Augen machen ihn einzigartig.

Das **Museo Tuxteco** (☎ 947-10-76; Eintritt 34 Mex$; ⏲ Mo–Sa 9–18 Uhr, So 9–16 Uhr) an der Plaza zeigt u. a. olmekische Steinskulpturen, einen weiteren Kolossalkopf, eine *hacha* (Axt) mit einem Affengesicht und Augen aus Obsidian sowie die Nachbildung eines Altars aus Tres Zapotes. Das Museum verkauft auch spanischsprachige Bücher über vorkoloniale Zivilisationen und die Regionalgeschichte.

San Juan (St. Johannes; 24. Juni) und **Santiago Apóstol** (St. Jakob; 25. Juli) begeht Santiago mit Prozessionen und Tänzen wie dem Liseres, der in Jaguarkostümen aufgeführt wird. Auch in der Woche vor Weihnachten wird hier kräftig gefeiert.

Das **Hotel Olmeca** (eerrasquin@hotmail.com; Carretera Federal; EZ/DZ 190/260 Mex$, mit Klimaanlage 240/310 Mex$; P ❄) steht nur ein paar Blocks von der ADO-Haltestelle entfernt direkt am Highway. Die einfachen Zimmer machen einen etwas verwohnten Eindruck, sind aber günstig und für einmalige Übernachtungen ganz annehmbar.

LP Tipp Hotel Mesón de Santiago (☎ 947-16-71; 5 de Mayo 202; Zi. ab 550 Mex$; P ❄ 🏊) Wer länger bleiben möchte, ist mit dem tollen neuen Hotel direkt am *zócalo* bestens bedient. Seine frisch renovierten Innenräume und die gut erhaltene Kolonialarchitektur machen es zu einem echten Juwel. Der ruhige Innenhof mit kleinem Pool ist schön gestaltet und praktisch perfekt. In den geschmackvoll dekorierten Zimmern findet man Holzmöbel und -details mit tiefer Prägepolitur. Dazu kommen bemalte Fliesen und frische, weiße Leintücher. Wie schade: Das zum Haus gehörende Café hat leider nur amerikanisches Essen wie Hotdogs und Hamburger auf der Speisekarte.

Einen halben Block hinter dem *zócalo* serviert das **Jugo La Fuente** (Av Juárez 20; Gerichte 20–50 Mex$) leckere traditionell mexikanische Gerichte und frisch gepresste Säfte. Wenn man einen frisch gepressten Saft (z. B. den gefährlich guten Karottensaft) bestellt, und beim Pressen nicht alles ins Glas passt, kriegt man den Rest separat in einem bunten Behälter serviert. Der **Markt** neben dem Museum liegt ebenfalls direkt am *zócalo*. Wer sich an den toten Tieren nicht stört, kann dort allerlei günstige Gerichte genießen.

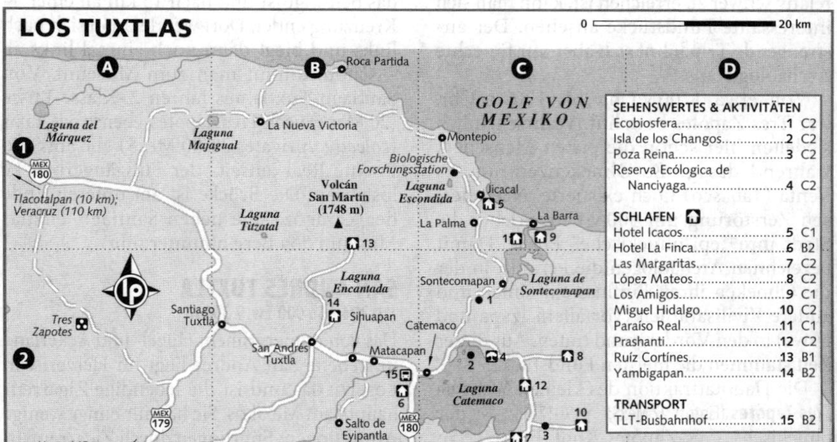

Anreise & Unterwegs vor Ort

Colectivo-Taxis, Lokal- und Regionalbusse rollen regelmäßig nach San Andrés Tuxtla. Sie halten jeweils an der Kreuzung der Morales mit dem Highway. Wer ein eigenes Taxi will, zahlt 60 Mex$. Außerdem fahren 2.-Klasse-Busse regelmäßig nach Catemaco, Veracruz, Acayucan und Tlacotalpan.

Die Haltestellen von TLT und AU liegen in unmittelbarer Nähe an der Morelos, während ADO ein winziges Büro direkt am Highway hat. Nahe Ziele werden häufiger von langsameren 2.-Klasse-Bussen angefahren, die etwa 10 % günstiger sind. Täglich fahren folgende 1.-Klasse-Busse:

Ziel	Preis (Mex$)	Dauer (Std.)	Häufigkeit (tgl.)
Acayucan	66	2½	2-mal
Córdoba	164	3½	1-mal
Mexico City	374	8½	2-mal
Minatitlan	90	3½	2-mal
Orizaba	152	3½	1-mal
Puebla	288	5½	2-mal
San Andrés	12	¼	15-mal
Veracruz	90	2½	9-mal
Xalapa	156	4½	3-mal

TRES ZAPOTES

☎ 294 / 3600 Ew.

Das einst sehr bedeutende spätolmekische Zentrum Tres Zapotes besteht heute nur noch aus ein paar Hügeln inmitten von Maisfeldern. Im Museum der gleichnamigen Ortschaft, die 23 km von Santiago Tuxtla entfernt liegt und relativ schwer zu erreichen ist, kann man sich interessante Fundstücke ansehen. Der anstrengende Trip lohnt sich aber nur für echte Archäologiefans.

Von etwa 1200 v. Chr. bis 1000 n. Chr. war Tres Zapotes bewohnt. Wahrscheinlich siedelten hier schon die ersten Menschen, während das große Olmekenzentrum La Venta (Tabasco) noch existierte. Nach dessen Zerstörung um 400 v. Chr. erlebte die Stadt ihre „epi-olmekische" Phase. Damit bezeichnen Archäologen die Periode, in der die Olmeken ihren Einfluss einbüßten und andere Zivilisationen (vor allem Izapa und Maya) in den Vordergrund traten. Aus dieser Zeit stammen die meisten Fundstücke.

Die Hauptattraktion des kleinen **Museo de Tres Zapotes** (Eintritt 27 Mex$; 9–17 Uhr) ist der olmekische Tres-Zapotes-Kopf. Er ist 1,5 m hoch und entstand um 100 v. Chr. Das größte Ausstellungsstück ist Stela A; sie stellt drei menschliche Figuren im Maul eines Jaguars dar. Bei einer anderen Skulptur handelt es sich vielleicht um einen Gefangenen, dessen Hände auf dem Rücken gefesselt sind. In einen Thron oder Altar ist ein nach oben gewandtes Frauengesicht eingemeißelt. Der Museumswärter beantwortet gerne Fragen und führt Besucher durch die Sammlung. Er spricht nur spanisch und hat ein angemessenes Trinkgeld verdient.

TEMASCAL

Das rituelle Temascal-Dampfbad der mesoamerikanischen Zivilisationen kam den spanischen Eroberern barbarisch und seltsam vor – sie selbst stiegen nicht gerne in die Wanne. Mittlerweile sind Touristen ganz wild darauf, sich in Temascales zu setzen. Die kleinen Kuppelbauten ähneln den Schwitzhütten der indigenen Amerikaner. Sie gehören zur heilenden Tradition der inneren und äußeren Reinigung. Aus Profitgründen legen sich immer mehr Unterkünfte eigene Temascales zu. Die ursprüngliche Form dieses Brauchs wird jedoch bis heute in indigenen Dörfern praktiziert.

Von Santiago Tuxtla führt die Straße nach Tres Zapotes in Richtung Südwesten. Am Hwy 180 weist ein Schild den Weg zur „Zona Arqueológica". Nach 8 km beginnt rechts das letzte Teilstück zum Dorf Tres Zapotes, das befestigt ist und nach 15 km an einer T-Kreuzung endet. Dort wendet man sich nach links und biegt dann noch einmal links ab – schon kommt man zum Museum. Von Santiago Tuxtla aus fahren 2.-Klasse-Busse (20 Mex$) nach Tres Zapotes, ebenso wie Taxis (*colectivo*/privates 20/80 Mex$), die am Sitio Puente Real jenseits der Fußgängerbrücke losfahren. Die Brücke ist am unteren Ende der Zaragoza, die neben Santiago Tuxtlas Museum den Berg hinunter führt.

SAN ANDRÉS TUXTLA

☎ 294 / 56 000 Ew. / 300 m

Das von immergrünem Hügel- und Ackerland umgebene San Andrés liegt im Herzen von Los Tuxtlas und ist die lebendige Zigarrenhauptstadt Mexikos. Sie hat nur einige wenige Attraktionen: Führungen durch Zigarrenfabriken, die Kochkurse vom Yambigapan und den Volcán San Martín (1748 m), der am Horizont aufragt und darauf wartet, erklommen zu werden.

Orientierung & Praktische Informationen

Der Hauptbusbahnhof liegt an der Juárez, 1 km nordwestlich der Plaza. Die Kathedrale steht an der Nordseite des Platzes, der Palacio Municipal mit einer winzigen Touristeninformation auf der Westseite. Die Banamex-Filiale auf der Südseite hat einen Geldautomaten. Der Markt befindet sich drei Blocks weiter westlich.

Um die Post an der Lafragua zu erreichen, einfach der Calle 20 de Noviembre nach links folgen, die an der Plaza direkt gegenüber vom Palacio Municipal beginnt. Ein paar Blocks vom *zócalo* entfernt steht ein mit Pflanzen überwuchertes, kleines Einkaufszentrum an der Juárez, die Plaza Jardín. Sie beherbergt zwei Internetcafés namens **@ctual's** (Av Juarez 106; 10 Mex$/Std.; 8–23 Uhr) und **Double Click** (Av Juarez 106; 10 Mex$/Std.; 8–23 Uhr).

Sehenswertes & Aktivitäten

In der **Zigarrenfabrik Santa Clara** (947-99-00; ventas@tabasa.com; Blvd 5 de Febrero 10; Eintritt frei; Mo–Fr 7–22, Sa 10–22 Uhr) am Highway heißt es zusehen und schnuppern. Hier, etwa einen Block vom Busbahnhof entfernt, werden die *puros* fix von Hand gerollt und können zu Fabrikpreisen erworben werden. Zum vielfältigen Zigarrensortiment gehört z. B. auch die monströse Magnum. Die 50 angestellten *torcedores* rollen zusammen etwa 10 000 *puros* pro Tag und führen ihr Können gerne vor.

Rund 12 km südöstlich von San Andrés führen 242 Stufen hinunter zum eindrucksvollen **Salto de Eyipantla** (Eintritt 8 Mex$). Der 50 m hohe und 40 m breite Wasserfall ist über den Hwy 180 erreichbar. Diesem 4 km weit gen Osten folgen bis Sihuapan und dort rechts in Richtung Eyipantla abbiegen. Alternativ kan man einen der TLT-Busse (10 Mex$) nehmen, die regelmäßig an der Ecke Cabada/5 de Mayo in der Nähe des Marktes abfahren.

Die **Laguna Encantada** („verzauberte Lagune") füllt einen kleinen Vulkankrater 3 km nordöstlich von San Andrés. Auf der unbefestigten Zufahrtsstraße verkehren keine Busse. Achtung: Hier kommen gelegentlich Raubüberfälle vor. Deshalb am besten nicht allein zum See wandern, sondern auf die Führer vom nahe gelegenen **Yambigapan** (104-46-39; www.yambigapan.com.mx; Stellplatz für Zelt/EZ/DZ 50/280/350; Mex$; P) zurückgreifen. Der Campingplatz liegt ca. 3 km von San Andrés entfernt im Grünen. Er wird von einer Familie geführt und besitzt zwei einfache *cabañas* mit super Aussicht. Die **Kochkurse** (ca. 100–200 Mex$) in der phantastischen Küche sind wärmstens zu empfehlen. Man wird dabei von der *doña* des Hauses auf Spanisch in die Geheimnisse der traditionellen mexikanischen Küche und deren Geschichte eingeführt. Ein nahe gelegener Fluss lädt zum Schwimmen ein. Außerdem gibt's geführte Wanderungen zur angeblich verzauberten **Cueva de Diablo** („Teufelshöhle"), wo *brujos* (s. Kasten S. 779) ihre Kunst ausüben. Der Campingplatz ist am einfachsten per Taxi erreichbar (35–40 Mex$). Ansonsten eine *pirata* (Pick-up) in Richtung Ruíz Cortínes nehmen und an der Abzweigung nach Yambigapan aussteigen (ca. 10 Mex$). An der langen Zufahrtspiste weisen Schilder den Weg.

LP Tipp **Ruíz Cortines** (100-50-35; Ejido Ruiz Cortinez; Stellplatz für Zelt/Cabaña 50/400 Mex$) Eine Stunde Fahrt nördlich von Andrés versteckt sich die kleine Siedlung hoch oben in den Wäldern. Ihre sehr rustikalen *cabañas* stehen am Fuß des Vulkans. Hier werden u. a. Ausritte (100 Mex$/Pers.) und Höhlenwanderungen angeboten. Das absolute Highlight ist jedoch die atemberaubende Ganztageswanderung zum Gipfel des **Volcán San Martín** (1748 m). Im kleinen Restaurant Comedor Ecotúristico können sich Gäste ihren frischen Fisch selbst aussuchen. Taxis ab Andrés kosten 90 Mex$ (*pirata* 25 Mex$).

Schlafen

San Andrés hat nicht besonders viele, aber komfortable Unterkünfte.

Hotel Colonial (Ecke Belisario Domínguez & Pino Suárez; Zi. ab 75 Mex$) Wer das eine oder andere Scheinchen sparen möchte oder muss, ist mit dem Hotel Colonial nördlich vom *zócalo* gut beraten. Dass die Zimmer ziemlich spartanisch und fade sind, muss man dann aber ertragen. Vom offenen Gemeinschaftsbereich voller Pflanzen hat man Ausblick auf die Stadt.

Hotel Isabel (/Fax 942-16-17; Madero 13; EZ/DZ 230/300 Mex$, mit Klimaanlage 310/350 Mex$; P) Das Isabel ist ein gut geführtes Hotel direkt hinter dem *zócalo*, das seine teurere Konkurrenz in der Nachbarschaft mit fröhlichen, hellen Zimmern aussticht.

ECOTURISMO: WAS BEDEUTET „ÖKO" WIRKLICH?

„Ökotourismus" gilt allgemein als Tourismusform, die auf Nachhaltigkeit basiert und Umweltschutz und Weckung eines Umweltbewusstseins zum Ziel hat. Im Gebiet der zentralen Golfküste fallen alle außerstädtischen Touristeneinrichtungen unter den Begriff *ecoturismo*. Mit diesem Schlagwort wirbt jedes beliebige Hotel auf dem Land ebenso wie jeder Tourveranstalter, auch wenn er gerade mal 1 km lange Spaziergänge auf einer unbefestigten Straße anbietet.

Ein paar kleine Organisationen haben sich allerdings wirklich dem Ökotourismus verschrieben. Sie befolgen strenge Richtlinien, stecken aber größtenteils noch in den Kinderschuhen. Rund um Los Tuxtlas sind ein paar ländliche Gemeinden wie Ruíz Cortines (S. 775), Miguel Hidalgo (S. 780) und Las Margaritas (S. 780) gerade dabei, sich gemeinsam neue Einkommensquellen zu erschließen. Im Rahmen derer schützen sie die hiesige Umwelt durch sanfte Tourismusprojekte. Im Vergleich zu renommierten Veranstaltern sind die kommunalen Bemühungen allerdings schlechter organisiert und weniger verlässlich. Beispielsweise gestaltet sich die Kontaktaufnahme im Vorfeld manchmal recht schwierig. Abenteuerlustige Traveller können diesen Gemeinden im Regenwald per *lancha* oder *pirata* spontan einen Besuch abstatten, um die üppige Reserva de la Biosfera Los Tuxtlas naturnah und verantwortungsbewusst zu erkunden.

Die aufstrebende Naturschutzorganisation Pronatura (www.pronaturaveracruz.org) liefert weitere Infos zu neuen Ökotourismusprojekten in Veracruz.

Hotel de los Pérez (☎ 942-07-77; Rascón 2; Zi. ab 360 Mex$; P) Das angestrebte Business-Image entpuppt sich als Mogelpackung.

Hotel Posada San Martín (☎ 942-10-36; Juárez 304; Zi. ab 370 Mex$; P) Die Posada im Hazienda-Stil liegt auf halbem Weg zwischen Busbahnhof und *zócalo*. Sie hat einen ruhigen Garten mit Pool und ein super Preis-Leistungs-Verhältnis. In den geräumigen Zimmern gibt's Besonderheiten wie blaugelbe Waschbecken und mit Schnitzereien verzierte Kopfbretter an den Betten.

Essen

Restaurant Winni's (☎ 942-01-10; Madero 10; Gerichte 40 Mex$) In einer Ecke des *zócalo* trifft sich hier die halbe Stadt bei Espresso, Gebäck und günstigen Gerichten.

Refugio La Casona (☎ 942-07-35; Madero 18; Gerichte 40–70 Mex$; 7–2 Uhr) Restaurantbar an der gastronomisch geprägten Madero. In dem ruhigen, grünen Garten hinter dem Haus kommen traditionelle mexikanische Gerichte auf den Tisch. An den meisten Abenden sorgt unkonventionelle Livemusik ab 21 Uhr für Unterhaltung.

Caperucita (Av Juárez 108; Gerichte 50–80 Mex$; 7–24 Uhr) Das Caperucita befindet sich im obersten Stockwerk des Einkaufszentrums Plaza Jardín nahe dem *zócalo*. Zwischen den zahlreichen Pflanzen des Freiluftlokals kann man an heißen Nachmittagen phantastisch relaxen – am besten bei *antojitos* und frisch gepressten Säften.

Anreise & Unterwegs vor Ort

Als Verkehrsknotenpunkt für Los Tuxtlas hat San Andrés recht gute Busverbindungen in alle Richtungen. ADO betreibt 1.-Klasse-Busse, AU dagegen 2.-Klasse-Busse ohne Bordtoiletten. Die klapprigen 2.-Klasse-Busse von TLT verkehren regelmäßig und erreichen nahe Ziele häufig am schnellsten. Sie fahren einen Block nördlich vom Markt ab und passieren den Nordrand der Stadt auf der 5 de Febrero (Hwy 180). TLT-Linienbusse rollen u. a. nach Acayucan, Santiago Tuxtla und Veracruz. Am Markt brechen auch regelmäßig *colectivo*-Taxis in Richtung Catemaco und Santiago auf. Im Vergleich zum Bus sind sie schneller, aber etwas teurer. Die Chauffeure der zahlreichen Taxis verlangen 60 Mex$ für Trips nach Catemaco oder Santiago Tuxtla.

Ziel	Preis (Mex$)	Dauer (Std.)	Häufigkeit (tgl.)
Acayucan	50	2	9-mal
Catemaco	10	¼	10-mal
Cordoba	2. Klasse 155	4	1-mal
Mexico City	342	8	8-mal
Orizaba	2. Klasse 170	5	1-mal
Puebla	300	6	2-mal
Santiago Tuxtla	2. Klasse 12	¼	regelm.
Veracruz	95	3	12-mal
Villahermosa	300	5	5-mal
Xalapa	165	5	7-mal

CATEMACO

☎ 294 / 25 000 Ew. / 340 m

Catemaco liegt in den herrlich grünen Hügeln am Westufer der wunderschönen Laguna Catemaco. Die Kleinstadt lebt hauptsächlich von mexikanischen Touristen und dem Fischfang. Zudem ist sie ein berühmtes Zentrum der Zauberei (s. Kasten S. 779). An Feiertagen, in den Ferien und zu Fiestas kommen Besucher in Scharen hierher. Außerhalb der Spitzenzeiten sinken die Zimmerpreise um ein Drittel. Dann verwandelt sich Catemaco in eine sehr charmante Stadt am Seeufer. Den *zócalo* zieren aufwändige Kunstschmiedearbeiten in Weiß und am malerischen *malecón* dümpeln bunte, schon etwas verwitterte Boote im Wasser. Am Ufer suchen *lancheros* permanent nach Kundschaft; das kann schon mal lästig werden. Catemaco ist ein toller Ausgangspunkt für Trips zu Stränden, Wasserfällen und Lagunen im Biosphärenreservat Los Tuxtlas und der Umgebung.

Orientierung & Praktische Informationen

Catemaco erstreckt sich an der Flanke eines Hügels hinunter bis zum See. Die **Touristeninformation** (☎ 943-00-16; Municipalidad; ⏲ Mo–Fr 9–15 Uhr) am Nordrand des *zócalo* versorgt Traveller mit Infos zu Stadt und Umgebung, auch wenn es nicht immer die aktuellsten sind. Die **Post** (Cuauhtémoc s/n) liegt vier Blocks westlich der zentralen Plaza. Detaillierte Internetinfos auf Englisch gibt's unter www.tuxtlas.com.

Bancomer (Av Boettinger s/n) am *zócalo* hat einen Geldautomaten und einen Block weiter steht ein Gerät der Scotiabank. **@ctual's Internet** (Av Boettinger s/n; 10 Mex$/Std.; ⏲ 8–22 Uhr) auf der Westseite des *zócalo* ist eines von vielen Internetcafés im Zentrum.

Die **Lavandería Sofi** (Av Boettinger; 14 Mex$/kg; ⏲ 8–20 Uhr) drei Blocks hinter dem *zócalo* ist ein hervorragender Waschsalon.

Sehenswertes & Aktivitäten

Die 16 km lange **Laguna Catemaco** ist von Vulkanhügeln umgeben und ein See, auch wenn der Name etwas anderes suggeriert. Östlich der Stadt liegen ein paar mittelmäßige Strände mit grauem Sand, an denen man in trübem Wasser schwimmen kann. Wenn man der Av Hidalgo etwa 1 km aus der Stadt raus nach Osten folgt, kommt man an eine T-Kreuzung und zur ruhigeren **Playa Espagoya**. Wer der Uferstraße nach links folgt, stößt auf den Wegweiser zum **Ecoparque** (☎ 94-304-56; www.ecoparque-lapunta.com; 8 Behandlungen 450 Mex$). Die kleine Wellnesseinrichtung mit rustikaler Dschungeldeko bietet Schlammmassagen und Temascal-Dampfbäder an. Außerdem verkauft sie Arnikaseife und weitere tolle Produkte.

Auf **Bootsausflügen** kann man verschiedene Inseln im See besuchen. Am größten ist die Isla Tenaspi, auf der olmekische Skulpturen entdeckt wurden. Auf der **Isla de los Changos** (Affeninsel; Karte S. 773) leben Makaken, die ursprünglich aus Thailand stammen. Die Universität von Veracruz hat sie zu Forschungszwecken angeschafft. Die Affen sollen nicht gestört werden, was manche *lancheros* leider wenig kümmert: Sie füttern die Tiere, damit Touristen Nahaufnahmen machen können. Bei sechsköpfigen Gruppen werden 50 Mex$ pro Bootspassagier fällig, eine eigene *lancha* kann man für 350 Mex$ chartern.

Catemacos hilfreicher **Ökotourismuskiosk** (Malecón & Abasolo s/n) informiert über kommunale Ökotourismusprojekte in der Region (s. Kasten gegenüber). Um die umweltgerechte Nutzung des Regenwalds zu fördern, verkauft der Kiosk einheimische Handwerksprodukte wie pflanzliche Heilmittel oder Weinflaschenständer aus Bambus.

In einer *palapa*-Hütte am *malecón* verleiht **Catemacoturs** (Malecón s/n; www.catemacoturs.com) günstig Outdoor-Ausrüstung wie einfache Mountainbikes, Tretboote und offene Sportkajaks. Geführte Wasserfall- und Küstenwanderungen sind auch im Angebot.

Wer einen einheimischen *brujo* besuchen möchte, kann sich an **„El Poder del Tigre" Botánicos y Ciencias Ocultas** („Die Kraft des Tigers" – Kräuter- & Zauberheilkunde; ☎ 943-07-46; www.brujogueixpal.com; Av Hidalgo 2) wenden. Der *brujo* erscheint vielleicht nur in seinem Ford Explorer und weist auf seine Website hin – vielleicht empfängt er einen aber auch sofort.

Schlafen

Abhängig von der Nachfrage können die Zimmerpreise um 10 bis 35 % schwanken. An Wochenenden in der Hauptsaison, zur Ferienzeit und wenn im März das Zauberdoktortreffen stattfindet, steigen die Preise ordentlich.

BUDGETUNTERKÜNFTE

La Ceiba Restaurant y Trailer Park (Malecón s/n; Stellplatz für Zelt & Wohnmobil 50 Mex$/Pers.) Tropisch dekoriertes Open-Air-Restaurant am Seeufer. Die

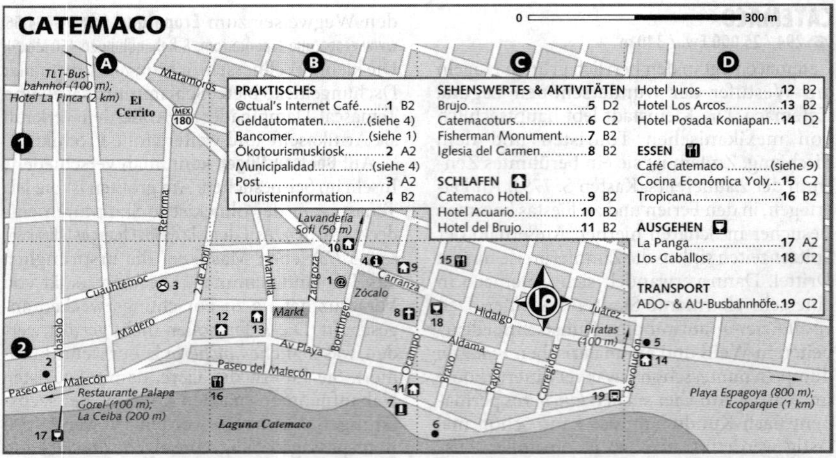

Stellplätze für Zelte oder Wohnmobile auf dem Rasen besitzen Wasser- und Stromanschlüsse. Sanitäre Anlagen mit Duschen gibt es ebenfalls.

Hotel Acuario (☎ 943-04-18; Ecke Boettinger & Carranza; EZ/DZ 200/300 Mex$; P) Eine von mehreren Budgetoptionen am *zócalo*. Manche der Zimmer mit Ventilatoren bieten einen schönen Blick. Schlicht, aber gut geführt.

Catemaco Hotel (☎ 943-02-03; www.hotelcatemaco.net; Carranza 8; Zi. ab 375 Mex$; P) Hotel in bester Lage am *zócalo*. Das Café unten ist stets gut besucht. In den blitzblanken Zimmern bleiben die Duschen manchmal kalt.

MITTEL- & SPITZENKLASSEHOTELS

Hotel del Brujo (☎ 943-12-05; Malecón s/n; EZ/DZ 350/450 Mex$; P) Leicht heruntergekommenes, aber sicheres und sauberes Uferhotel mit einfachen, größtenteils klimatisierten Zimmern. Einige haben wundervolle Balkone mit Seeblick.

Hotel Los Arcos (☎ 943-00-03; www.arcoshotel.com.mx; Madero 7; Zi. ab 500 Mex$; P) Das gut geführte Los Arcos überzeugt mit hilfsbereiten Angestellten und einem kleinen Pool. Die hellen und luftigen Zimmer sind so angeordnet, dass die Gäste in hübschen, bepflanzten Sitzbereichen prima relaxen können.

Hotel Juros (☎ 943-00-84; Av Playa 14; EZ/DZ 300/550 Mex$; P) Gut geführtes Hotel mit qualitativ guten Zimmern. Die Quartiere mit den eigenen Balkonen sind phantastisch. Von der Dachterrasse mit Pool hat man eine super Aussicht auf den See.

Hotel Posada Koniapan (☎ 943-00-63; www.hotelposadakoniapan.com.mx; Ecke Revolución & Malecón; Zi. inkl. Frühstück ab 550 Mex$; P) Ganz am östlichen Ende des *malecón*, etwas abseits vom städtischen Trubel, steht die ruhige Posada Koniapan. Auf dem umzäunten und streng bewachten Gelände gibt's u. a. eine Poollandschaft. Die Zimmer im obersten Stock begeistern mit grandioser Aussicht.

Hotel La Finca (☎ 943-03-22 od. 800-523-46-22; www.lafinca.com.mx; Hwy 180, Km 47; Zi. ab 750 Mex$; P) Das resortähnliche Uferhotel liegt 2 km westlich der Stadt inmitten üppiger Gärten. Außerhalb der Spitzenzeiten hat es ein prima Preis-Leistungs-Verhältnis, falls die relativ große Entfernung zur Stadt keine Rolle spielt. Die Zimmer haben große Balkone mit Seeblick und der Pool ist mit Rutschen und einem Blubberbecken versehen. Es gibt einen hauseigenen *lancha*- und Wellnessservice.

Essen

Der See liefert die hiesigen Spezialitäten: *Tegogolos* (Wasserschnecken) werden zusammen mit Chilis, Tomaten, Zwiebeln und Limonensaft verspeist. Sie sind bei Straßenhändlern erhältlich und angeblich ein Aphrodisiakum. Bei *chipalchole* handelt es sich um eine Suppe mit Garnelen oder Krebsscheren. Den *malecón* säumen viele Touristenrestaurants und im Stadtkern sind interessante traditionelle Lokale zu entdecken.

Cocina Económica Yoly (Juárez s/n; Gerichte 15–50 Mex$) Gleich hinter dem *zócalo* serviert dieses Traditionslokal sein frisches und günstiges Essen. Vor den Augen der Gäste füllt Yoly pralle *memelas* (monströse Maistortillas) mit verschiedenen Leckereien.

Café Catemaco (☎ 943-02-03; Carranza 8; Gerichte 50–100 Mex$; ⌚ 6–23 Uhr) Beliebtes Café mit WLAN-Zugang und leckerer traditioneller Küche. Zur Schar ortsansässiger Business-Trendsetter gesellen sich nur ein paar wenige Touristen.

Restaurante Palapa Gorel (Malecón s/n; Gerichte 60–110 Mex$) Wer den *malecón* entlangschlendert, stößt auf diese beliebte *palapa* am See. Der aufdringliche Werber am Eingang nervt, doch die Meeresfrüchte sind vom Feinsten. Am Wochenende gibt's Livemusik.

Tropicana (☎ 943-12-97; Malecón s/n; Gerichte 50–120 Mex$; ⌚ 8–21 Uhr) Das große Uferrestaurant tischt Fisch, Fleisch und *mariscos* auf. Obwohl die bunte Deko alle mexikanischen Klischees erfüllt, ist es ein nettes Plätzchen.

Ausgehen

LP Tipp La Panga (Paseo de Malecón s/n; ⌚ 8–24 Uhr) Die relaxte Restaurantbar mit eigenem Steg schwebt quasi über dem Wasser. Wohl nirgendwo sonst kann man sein Essen besser mit *cerveza* hinunterspülen, während die Sonne hinter den sanften Hügeln jenseits des Sees verschwindet.

Los Caballos (Av Caranza s/n; ⌚ 21–3 Uhr) Hier liefern *trova*, Lichterketten und Kerzen auf den Tischen eine geballte Ladung lateinamerikanische Romantik. Das Los Caballos liegt einen Block östlich vom *zócalo* und lässt am Wochenende Livebands auftreten.

An- & Weiterreise

ADO und AU benutzen ein schmuckes Terminal am Ufer östlich der Stadt. Die 2.-Klasse-Stadtbusse von TLT brechen 700 m westlich der Plaza neben der Highwaykreuzung auf. *Colectivo*-Taxis starten und halten am El Cerrito, einem kleinen Hügel ca. 400 m westlich der Plaza an der Carranza. Taxifahrten nach San Andrés kosten 60 Mex$.

Beispiele für 1.-Klasse-Verbindungen:

Ziel	Preis (Mex$)	Dauer (Std.)	Häufigkeit (tgl.)
Acayucan	48	1½	4-mal
Córdoba	180	5¼	2-mal
Mexico City	390	9	5-mal
Puebla	304	6	4-mal
Santiago Tuxtla	18	1	10-mal
Veracruz	100	3½	10-mal
Xalapa	176	5	4-mal

Siedlungen am Seeufer und Ziele in Richtung Küste sind am besten mit günstigen *piratas* erreichbar. Diese Kleintransporter fahren fünf Blocks nördlich vom Busbahnhof an einer Kreuzung ab.

RUND UM CATEMACO

Mehrere Naturschutzgebiete in der Umgebung Catemacos wurden 1998 zur **Reserva de la Biosfera Los Tuxtlas** zusammengefasst. Dieses Gebiet besitzt eine wunderschöne Landschaft, ist aber wirtschaftlich stark unterentwickelt. Das gilt auch für die touristische Infrastruktur. Andererseits kann dieses Defizit auch als Pluspunkt betrachtet werden.

Laguna Catemaco

Auf dem See können Trips mit *lanchas* (Wassertaxis) unternommen werden (einfache Strecke *colectivo*/privates 50/350 Mex$).

ZAUBERSTUNDE

Am ersten Freitag im März strömen alljährlich Hunderte von *brujos* (Schamanen), Hexen und Heilern aus ganz Mexiko nach Catemaco. Dort praktizieren sie gemeinsam ein großes Reinigungsritual, das die negativen Energien des vergangenen Jahres vertreiben soll. Mittlerweile ist dieses Ereignis jedoch eher vom Kommerz als vom Übernatürlichen geprägt. Zu dieser Zeit kommen Mexikaner scharenweise in die Stadt, um Schamanen zu konsultieren oder *limpias* (Reinigungen) vornehmen zu lassen. In einer bizarren Mischung aus Hedonismus und leidenschaftlicher Spiritualität wird parallel kräftig gegessen, getrunken und gefeiert.

In diesem Teil von Veracruz hat die Zauberei eine jahrhundertealte Tradition. Sie vereint uralte indigene Riten und spanische Bräuche aus dem Mittelalter mit westafrikanischen Voodoo-Praktiken. Viele *brujos* sind gleich in mehreren Bereichen tätig: Als Heiler (-innen) verwenden sie traditionelle Kräuter und moderne Medikamente. Zudem sind sie als Psychologen und Schwarzmagier tätig, die die Feinde ihrer Kunden mit bösen Flüchen belegen. Vielleicht läuft der eine oder andere ja zufällig einem *brujo* über den Weg – etwas mehr Magie im Leben kann schließlich nicht schaden.

Die etablierte **Reserva Ecológica de Nanciyaga** (Karte S. 773; ☎ 294-943-01-99; www.nanciyaga.com; Hwy Catemaco–Coyame; 9–14 & 16–18 Uhr; P) schützt ein kleines Regenwaldgebiet am nordöstlichen Seeufer. Im *temascal* (s. Kasten S. 774) kann man für 250 Mex$ pro Nase ordentlich ins Schwitzen kommen. Außerdem gibt hier es ein uraltes Planetarium, Dekorationen im Olmeken-Stil und nachgemachte Artefakte. Obwohl die künstlich indigene Deko ein bisschen albern ist, punktet diese Übernachtungsmöglichkeit mit vorbildlicher Sauberkeit und Organisation. Gäste können z. B. Hütten mit Solarstrom beziehen (800 Mex$/Nacht). In diesem Fall sind Baden im Mineralschlamm, eine Massage, eine geführte Wanderung und kostenlose Kajakbenutzung im Preis enthalten. Stellplätze für Zelte stehen ebenfalls zur Verfügung. Die Anreise erfolgt per *pirata* (7 Mex$), Taxi (80 Mex$) oder Boot (50 Mex$/Pers.).

Das **Prashanti** (Karte S. 773; ☎ 294-107-79-98; www.prashanti.com.mx; Straße Tebanca–Coyame; Zi. ab 800 Mex$) steht ein paar Kilometer hinter Tebanca am östlichen Seeufer. Es ist etwas überteuert und nicht ganz so supersauber, aber ansonsten sehr angenehm. Die Zimmer tragen erhabene Namen wie „Mantra" oder „Ganesh". Das „heilige" Hotel veranstaltet Bootsausflüge und vermietet neben Kajaks auch Allradfahrzeuge. Hier hat man eine herrliche Aussicht auf Hügel und See.

Las Margaritas (Karte S. 773; ☎ 294-945-52-51; www.ecoturismo-lostuxtlas.tx; santos_132j@hotmail.com; Stellplatz für Zelt 50 Mex$, Cabaña inkl. Verpflegung & 2 geführte Touren 550 Mex$/Pers.) Das kleine Dorf steht unmittelbar am offiziellen Rand des Biosphärenreservats. Da es nicht mit *colectivo*-Booten erreichbar ist, muss man mit privaten *lanchas* (350 Mex$) anreisen. Ansonsten bleibt einem nur übrig, den holperigen Landweg per *pirata* (12 Mex$) zurückzulegen. Die ländliche Lage am See ist der Hammer. Allerdings sollte man sich lange im Voraus anmelden, damit die rustikalen Hütten gereinigt werden können. Im Rahmen der geführten Touren besucht man z. B. unbekannte archäologische Stätten. Bei den Wanderungen zum Wasserfall wird auf verschiedene Vogelarten und Heilpflanzen hingewiesen. Zudem kann man Kanus und Kajaks ausleihen (30 Mex$/Std.).

Im Regenwald

Ecobiosfera (Karte S. 773; ☎ 294-949-73-08; felixaguilar_ecobiosfera@hotmail.com; Carr Catemaco-Dos Amates; Stellplatz für Zelt 50 Mex$, Cabaña ab 400 Mex$) Lust auf verborgene Wasserfälle, wunderschöne Strände, Vogelbeobachtungen, Kajak- oder Wandertouren? Ecobiosfera hilft in allen Fällen bei der Organisation (ca. 400–1000 Mex$). Eigentümer Felix ist Biologe und kennt die Gegend wie seine Westentasche. Er bringt Besucher u. a. hinaus zur tiefgrünen **Poza Reina** (Karte S. 773) östlich der Laguna Catemaco. Dieser Naturpool mit den vielen Wasserfällen ist bei Einheimischen sehr beliebt, aber nicht ausgeschildert. Für Radtouren auf eigene Faust kann Felix sämtliche benötigten Ausrüstungsteile oder Versorgungsfahrzeuge beschaffen. Die *cabañas* des Basislagers teilen sich ein Gemeinschaftsbad und erinnern auf charmante Weise an die Wohnstätte Robinson Crusoes.

Miguel Hidalgo (Karte S. 773; ☎ 294-949-56-03; rcruz90@hotmail.com; Stellplatz für Zelt/Cabaña 50/450 Mex$) Die kleine Gemeinde liegt östlich vom Nordostufer der Laguna Catemaco im Regenwald. Im Preis für die rustikalen *cabañas* sind alle Mahlzeiten und eine Kurzwanderung enthalten. Flora, Fauna und Wasserfälle der Gegend sind ausgesprochen spektakulär. Wenn es möglich ist, sollte man sich im Voraus anmelden.

López Mateos (Karte S. 773; ☎ 294-943-11-01; www.ecoturismo-lostuxtlas.tk; elmarinero@tuxtlas.org) Östlich der Laguna Catemaco versteckt sich diese kleine Kommune in der Nähe eines wunderschönen Flusses. Das Angebot ist hier ganz ähnlich, aber die Infrastruktur ist noch schwächer entwickelt. Das einzige, was man deshalb garantieren kann, sind 100 % Abenteuer.

Laguna de Sontecomapan

Die Kleinstadt Sontecomapan liegt 15 km nördlich von Catemaco. Dort sind ein paar Uferrestaurants und ein idyllischer Badeteich namens **Pozo de los Enanos** („Brunnen der Zwerge") zu finden. *Lanchas* (*colectivo* 15–25 Mex$) fahren von hier aus zu allen folgenden Unterkünften am See.

Das **Paraíso Real** (Karte S. 773; ☎ 294-949-59-84; Cabaña 350 & 600 Mex$; P) im Örtchen El Real gehört einer Familie. Die beiden *cabañas* und die Campingfläche befinden sich direkt am Sonetecomapan-See.

LP Tipp **Los Amigos** (Karte S. 773; ☎ 294-943-01-01; www.losamigos.com.mx; Stellplatz für Zelt/B/Cabaña 50/150/350 Mex$; P) Das gut geführte Los Amigos ist ein ruhiger Schlupfwinkel, in dessen Nähe die Lagune ins Meer mündet. Die wundervollen *cabañas* an der grünen Flanke eines Hügels besitzen Balkone mit Hängematten und bieten einen super Blick auf die Bucht. Außerdem gibt's Leihkajaks und ein Restaurant. Trampelpfade führen zu einem wunderbaren Aussichtspunkt, Kajakvermietungen und einem Restaurant.

An der Küste

Das kleine Fischerdorf **La Barra** hat wunderhübsche Strände und ein paar Meeresfrüchterestaurants. Ab Somtecomapan schippern *lanchas* hierher. Ansonsten fährt man nach La Palma, das 8 km nördlich von Sontecomapan liegt. Von dort führt eine Nebenstraße in Richtung Osten.

Nördlich von La Barra befindet sich der winzige Strandort **Jicacal**. Er ist über eine Schotterpiste zugänglich, die in Richtung Osten von der Hauptstraße abzweigt. Eine Familie führt das **Hotel Icacos** (Zi. 300–400 Mex$) mit den einfachen Zimmern. Die Besitzer von Jicacals einziger Unterkunft betreiben zugleich auch das einzige Restaurant des Ortes, das leckere, fangfrische Meeresfrüchte serviert. Kurz vor dem Ortseingang zweigt links eine unglaublich holperige Straße ab. Nach ungefähr zehn Minuten kommt eine verfallende Ruine eines Hotels in Sicht. Von dort führt ein Pfad zu einer langen, schon bröckelnden Treppe. Die **Playa Escondida** („versteckter Strand") am unteren Ende trägt ihren Namen zu recht. Der herrliche, goldene Strand, an den türkisblaues Wasser schwappt, ist in der Nebensaison während der Woche menschenleer.

Gleich nördlich der Abzweigung nach Jicacal steht eine **biologische Forschungsstation** (☎ 200-125-54-08; www.ibiologia.unam.mx; 🕑 Museum Mo–Fr 9–17 Uhr). In ihrem Umkreis liegen diverse Campingmöglichkeiten wie die Laguna Escondida oder die Finca Villa Carino. Die mürrischen Biologen betreiben ein kleines Museum und reagieren auf Touristen ziemlich ungeduldig. Dieser Teil des Schutzgebiets hat absichtlich Straßen mit Kopfsteinpflaster, um Besucher und Fahrzeuge möglichst wirkungsvoll fernzuhalten.

Weiter nördlich liegt **Montepío** an der Mündung des Río Máquina. In der anständigen **Posada San José** (☎ 294-942-10-10; EZ/DZ 240/270 Mex$, mit Klimaanlage 340/370 Mex$; P ❄) kann man dort komfortabel übernachten. Am malerischen Strand werden auch Meeresfrüchte serviert.

ACAYUCAN

☎ 924 / 47 000 Ew.

Acayucan ist ein wichtiges Handelszentrum und dementsprechend ziemlich geschäftig. Hier trifft der Hwy 180 (Veracruz–Villahermosa) auf den Hwy 185. Traveller auf der Durchreise werden sich über die guten Service-Einrichtungen freuen.

Der Busbahnhof befindet sich auf der östlichen Seite der Stadt. Um die zentrale Plaza zu erreichen, bergauf zur Av Hidalgo marschieren, links abbiegen und der Straße sechs Blocks weit folgen. Am Rand der Plaza gibt es mehrere Bankfilialen mit Geldautomaten. Im Bereich der Fußgängerzone hinter dem Platz sind ein paar Internetcafés.

Schlafen & Essen

Hotel Ritz (☎ 245-00-24; Hidalgo 7; EZ/DZ 150/180 Mex$, mit Klimaanlage 290/350 Mex$; P ❄) Das farbenfrohe, saubere, gut geführte Ritz ist ein echtes Schnäppchen. Es steht an der Verbindungsstraße zwischen Busbahnhof und *zócalo*, doch die Entfernung zur Stadt erscheint groß.

Hotel Kinaku (☎/Fax 245-04-10; Ocampo Sur 7; EZ/DZ 510/600 Mex$; P ❄ 🏊) Acayucans teuerstes Hotel hat ein elegantes Hausrestaurant. Obwohl die oberen Zimmer eine weite Aussicht bieten, lässt das allgemeine Preis-Leistungs-Verhältnis zu wünschen übrig.

Cortijo (☎ 245-65-87; Pasaje Bravo zw. Hidalgo & Colonia Centro; Hauptgerichte 25–60 Mex$; 🕑 7–20 Uhr) In der Nähe der Fußgängerzone hinter dem nördlichen Rand der Plaza. Die frischen mexikanischen Gerichte stehen bei Ortsansässigen hoch im Kurs.

Mercado (Snacks 10–50 Mex$) Wer nur auf der Durchreise ist oder auf seinen Bus wartet, hat Glück: Zwischen den Busbahnhöfen bilden kleine Restaurants und Läden ein riesiges Gewirr. Neben zahllosen anderen Artikeln bekommt man hier auch alle erdenklichen Lebensmittel.

An- & Weiterreise

Stadtbusse (5 Mex$) und Taxis (15–20 Mex$) fahren vom Busbahnhof zum Zentrum. UNO und ADO GL bieten ein paar Deluxe-Services an, während ADO Busse der 1. Klasse betreibt (jeweils mit Reservierungsoption). Die 2.-Klasse-Fahrzeuge von AU sind eine gute Alternative. Diese und weitere Unternehmen benutzen dasselbe Terminal neben dem Markt. Direkte 1.-Klasse-Verbindungen ab Acayucan:

Ziel	Preis (Mex$)	Dauer (Std.)	Häufigkeit (tgl.)
Catemaco	48	1½	1-mal
Mexico City (TAPO)	469	9	3-mal
Santiago Tuxtla	54	2¼	1-mal
Tuxtla Gutiérrez	264	5	3-mal
Veracruz	140	3½	14-mal
Villahermosa	144	3	12-mal

Zudem rollen 2.-Klasse-Busse regelmäßig nach Catemaco und Santiago Tuxtla. Der mautpflichtige Hwy 145D führt südlich an der Stadt vorbei. In Richtung Osten ist der Weg nach Minatitlán gewiesen. Wer stattdessen Richtung Westen nach Córdoba oder Veracruz reist, orientiert sich an der Beschilderung nach „Isla" (übrigens eine Ortschaft, keine Insel). Die Maut ist kostspielig: Bis nach Córdoba kommen über 300 Mex$ an Gebühren zusammen.

SAN LORENZO

San Lorenzo liegt rund 35 km südöstlich von Acayucan nahe der Kleinstadt Tenochtitlán. Hier befand sich einst das erste der beiden großen olmekischen Zeremonialzentren. Seine Blütezeit dauerte ungefähr von 1200 bis 900 v. Chr.

In San Lorenzo wurden u. a. zehn Olmekenköpfe, Steinthrone und zahlreiche kleinere Artefakte entdeckt. Ein Großteil ist allerdings anderswo ausgestellt. Die beiden winzigen Räume des örtlichen **„Museums"** (Eintritt frei; 8–17 Uhr) beherbergen lediglich einen Kolossalkopf und ein paar steinerne Fundstücke. Anstelle der riesigen Hauptplattform gibt's nur noch einen flachen Hügel zu sehen. Somit lohnt sich der Trip nur für echte Archäologiefans.

Wer trotzdem hierherkommt, stößt 7 km hinter dem Museum auf eine weitere archäologische Stätte. In **El Azazul** kann man knieende Steinfiguren bewundern, die bemerkenswert gut gearbeitet und angeblich über 1000 Jahre alt sind.

San Lorenzo ist mit öffentlichen Verkehrsmitteln nur ziemlich schwer zu erreichen. Taxifahrten ab Acayucan (90 Min.) kosten 200 Mex$. Nach Azazul besteht dagegen keinerlei öffentliche Verkehrsverbindung – vielleicht lässt sich ja ein Taxifahrer breitschlagen.

Oaxaca

Der Staat Oaxaca (wah-*hah*-kah) hat eine besondere Magie, die sowohl Mexikaner als auch Ausländer spüren. Lange war er durch hohe Bergketten vom Rest des Landes abgeschnitten und bildet deshalb eine Enklave traditionellen, mysteriösen und stark indigen beeinflussten mexikanischen Lebens, das aus den leichter zugänglichen Regionen fast völlig verschwunden ist. In Oaxaca gibt es die lebendigste und kreativste Kunsthandwerksszene Mexikos und einige der farbenprächtigsten und lebhaftesten Feste des Landes. Auch die Avantgarde der mexikanischen Gegenwartskunst sitzt hier. Und die einzigartig leckere und scharfe Küche des Staates verbindet sich neuerdings mit Einflüssen von außen zu sensationellen Kreationen.

Das Zentrum des Staates bildet in jeder Hinsicht das koloniale Oaxaca City, ein faszinierender und gastfreundlicher kultureller, geografischer und politischer Knotenpunkt. Um die Stadt breiten sich die drei Valles Centrales von Oaxaca aus, die seit jeher das Zentrum der Zivilisation in diesem Teil Mexikos waren und noch heute voller wuseliger indigener Märkte, spektakulärer vorkolonialer Ruinen und Künstlerdörfer sind. Nördlich erstrecken sich die bewaldeten Hochebenen der Sierra Norte, in denen erfolgreiche kommunale Tourismus-Unternehmen ansässig sind, die Ausritte und Rad-, Kletter- und Wandertouren in einer der ungewöhnlichsten Landschaften Mexikos anbieten. Im Süden, auf der anderen Seite der Berge, liegt die großartige Küste Oaxacas mit endlosen pazifischen Sandstränden, Gewässern, in denen es von Delphinen, Schildkröten und Fischen wimmelt, und Lagunen voller Vögel. Viele Strände sind völlig menschenleer, aber es gibt auch ein paar Badeorte, die für jeden Reisenden etwas bieten – Puerto Escondido hat Wellen der Weltklasse, der Ferienort Bahías de Huatulco ist zwar am Reißbrett entworfen, aber schön und entspannt, und Puerto Ángel, Zipolite, San Agustinillo und Mazunte sind Feinschmeckerparadiese.

HIGHLIGHTS

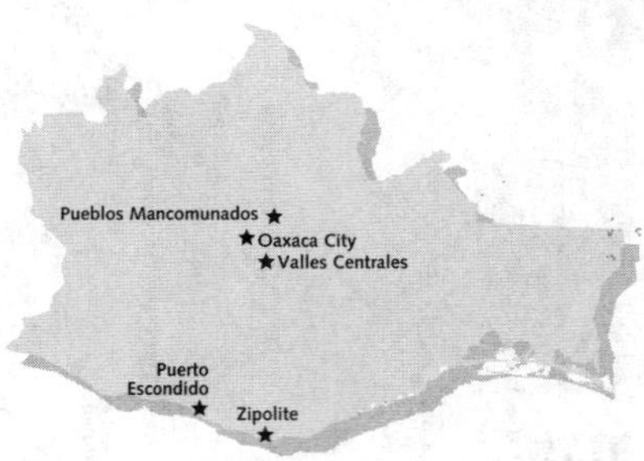

- Im kolonialen **Oaxaca City** (S. 786) Kultur, Farben und kulinarische Köstlichkeiten in sich aufnehmen
- Zwischen den abgelegenen Dörfern der **Pueblos Mancomunados** (S. 823) durch die Nebelwälder wandern
- Die Surferszene im entspannten **Puerto Escondido** (S. 828) kennenlernen
- Länger als geplant im legendären **Zipolite** (S. 846) abhängen
- Auf den Märkten und Fiestas in den **Valles Centrales** (S. 810) ein Gefühl für das Leben in einem Zapotekendorf entwickeln

MAX. TEMPERATUR OAXACA CITY, JANUR: 25 °C	MAX. TEMPERATUR OAXACA CITY, JULI 28 °C

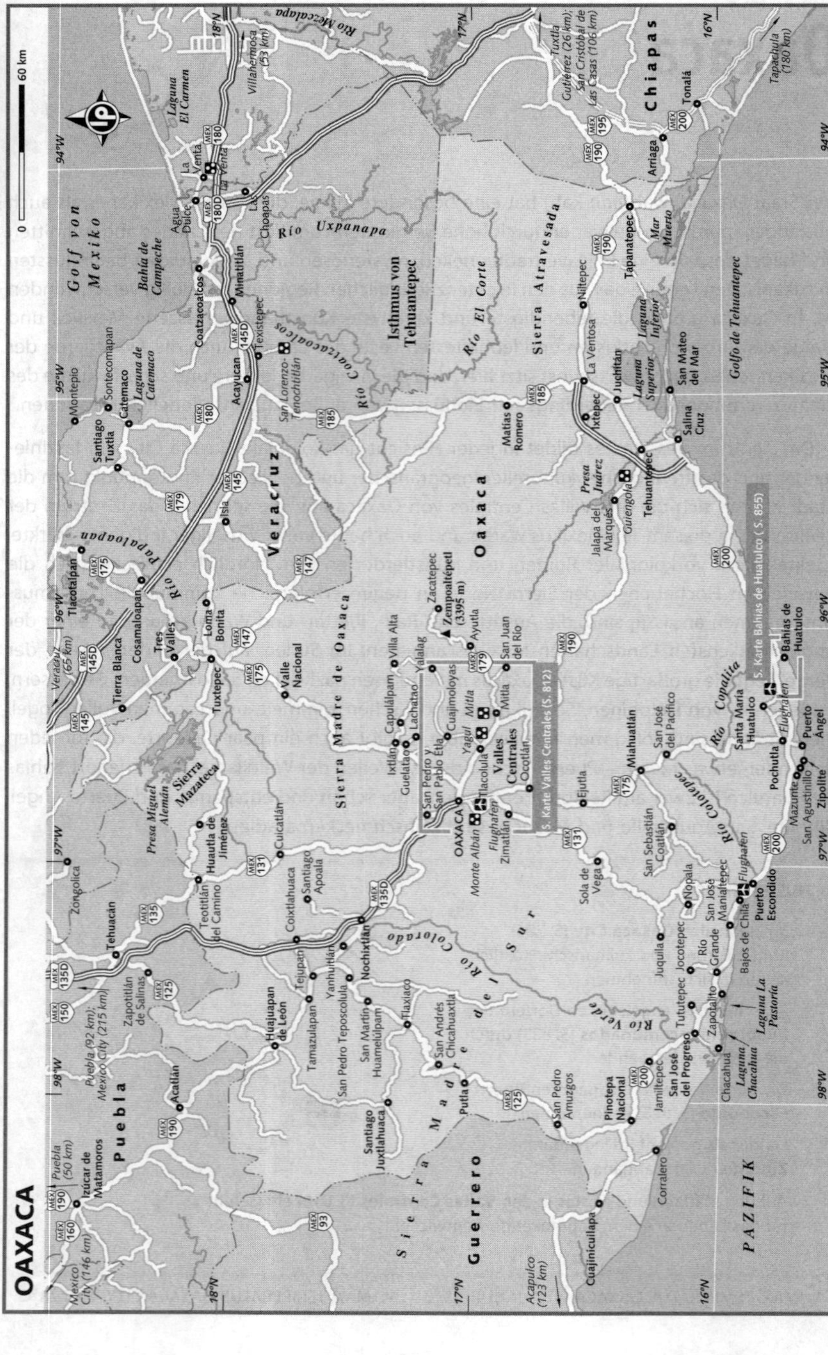
OAXACA
0
60 km
Golf von Mexiko
Bahía de Campeche
PAZIFIK
Golfo de Tehuantepec
Puebla
Veracruz
Oaxaca
Guerrero
Chiapas
Sierra Madre de Oaxaca
Sierra Madre del Sur
Sierra Mazateca
Sierra Atravesada
Isthmus von Tehuantepec
Valles Centrales
OAXACA
Monte Albán
Mitla
Yagul
Tehuantepec
Juchitán
Salina Cruz
Puerto Escondido
Puerto Ángel
Bahías de Huatulco
Pochutla
Zipolite
Mazunte
San Agustinillo
Tuxtepec
Huautla de Jiménez
Tehuacán
Huajuapan de León
Nochixtlán
Zempoaltépetl (3395 m)
Matías Romero
Coatzacoalcos
Minatitlán
Acayucan
Catemaco
Tuxtla Gutiérrez (26 km); San Cristóbal de Las Casas (106 km)
Tapachula (180 km)
Acapulco (123 km)
Mexico City (146 km)
Puebla (50 km)
Veracruz (65 km)
Villahermosa (53 km)
Puebla (92 km); Mexico City (215 km)
S. Karte Valles Centrales (S. 812)
S. Karte Bahías de Huatulco (S. 855)
94°W
95°W
96°W
97°W
98°W
16°N
17°N
18°N

Geschichte

In den Valles Centrales (Zentraltälern) von Oaxaca gab es vorkoloniale Kulturen, die mit denen Zentralmexikos vergleichbar sind. Die auf einer Bergkuppe gelegene Stadt Monte Albán wurde das Zentrum der Zapoteken, die den Großteil Oaxacas eroberten und ihre Blütezeit zwischen 300 und 700 n. Chr. erreichten. Danach erlebte Monte Albán einen raschen Niedergang. Ab etwa 1200 gerieten die Zapoteken immer mehr unter die Herrschaft der Mixteken, die im nordwestlichen Hochland Oaxacas ansässig waren. Die Azteken besiegten im 15. und frühen 16. Jh. sowohl die Mixteken als auch die Zapoteken.

Die Spanier mussten mindestens vier Expeditionen entsenden, bis sie sich 1529 sicher genug fühlten, die Stadt Oaxaca zu gründen. Die indigene Bevölkerung wurde rasch dramatisch dezimiert. Man schätzt, dass die Zahl der Mixteken im Westen von 700 000 bei Ankunft der Spanier auf 25 000 im Jahr 1700 sank. Bis ins 20. Jh. probte die indigene Bevölkerung immer wieder den Aufstand – ohne Erfolg.

Benito Juárez, der große mexikanische Reformer des 19. Jh., war ein Zapoteke aus den Bergen von Oaxaca. Zwei Amtszeiten lang war er Gouverneur des Staates und anschließend von 1861 bis zu seinem Tod 1872 Präsident von Mexiko (s. S. 795). 1862 ernannte Juárez Porfirio Díaz, den Sohn eines Pferdetrainers aus Oaxaca, zum Gouverneur des Staates. Díaz regierte Mexiko von 1877 bis 1910 mit eiserner Faust. Er führte das Land in das Industriezeitalter, förderte aber auch Korruption und Unterdrückung, bis 1910 die Revolution ausbrach.

Nach der Revolution entstanden in Oaxaca rund 300 *ejidos* (Gemeindeländereien), aber Landbesitz und ökonomische Ungleichheit sind bis heute eine Konfliktquelle. Der Tourismus blüht in und um Oaxaca City sowie in einigen Küstenorten, aber das Hinterland bleibt unterentwickelt. Gewalttätige Auseinandersetzungen zwischen der autoritären Staatsregierung und der Opposition von Oaxaca 2006 und 2007 verdeutlichten immer wieder den Abgrund zwischen der reichen, mächtigen Minderheit und der armen, machtlosen Mehrheit in Oaxaca.

Klima

Die Valles Centrales sind warm und trocken. Der Regen fällt größtenteils zwischen Juni und September. An der Küste und in den Tiefebenen ist es wärmer und etwas feuchter. Die durchschnittliche Höchsttemperatur in Oaxaca City beträgt zwischen 25 °C im Dezember und Januar (wenn die durchschnittliche Tiefsttemperatur bei rund 8 °C liegt) und etwa 30 °C von März bis Ende Mai.

Parks & Naturschutzgebiete

Oaxaca hat trockene und feuchte Gebirge und auch tief liegende Gebiete im Norden, Osten und Süden. Damit besitzt es eine größere biologische Vielfalt als jeder andere mexikanische Staat, aber nur ein kleiner Teil davon steht offiziell unter Schutz. Zwei winzige Nationalparks – der 142 km² große Parque Nacional Lagunas de Chacahua (S. 840) und der 119 km² große Huatulco (S. 854) – sind geschützte Küstenstreifen. Die Reserva de la Biosfera Tehuacán-Cuicatlán umfasst semiaride tropische Ökosysteme im Nordwesten Oaxacas und im Südwesten des angrenzenden Staates Puebla.

Gefahren & Ärgernisse

Auf einsamen Highwayabschnitten (z. B. an den Küstenhighways 200 und 175 von Oaxaca nach Pochutla) wurden in der Vergangenheit immer wieder Busse und andere Fahrzeuge gestoppt und ausgeraubt. Obwohl solche Vorfälle in den letzten Jahren immer seltener geworden sind, sollten Fahrten bei Nacht möglichst vermieden werden.

An- & Weiterreise

Oaxaca City hat gute Busverbindungen nach Mexico City und Puebla im Norden sowie täglich ein paar von bzw. nach Veracruz, Villahermosa, Tuxtla Gutiérrez, San Cristóbal de las Casas und Tapachula. Minibusse sind die besten Verkehrsmittel, um zwischen Oaxaca und Pochutla (dem Verkehrsknotenpunkt der Zentralküste von Oaxaca) und Puerto Escondido über den Hwy 175 bzw. Hwy 131 hin und her zu kommen.

Zahlreiche Busse fahren von Acapulco und Chiapas auf dem Hwy 200 an der Küste nach Oaxaca.

Continental Airlines hat Direktflüge von Houston nach Oaxaca und Bahías de Huatulco. Außerdem werden von Mexico City aus beide Städte und Puerto Escondido angeflogen, und es gibt Verbindungen von Oaxaca zu anderen Städten in Mexiko. Kleine Maschinen verkehren zwischen Oaxaca und Puerto Escondido sowie Huatulco.

OAXACA CITY

☎ 951 / 268 000 Ew. / 1550 m

Herzlich willkommen in einer der schönsten und lebhaftesten Städte Mexikos! Oaxaca ist eine Kolonialstadt mit einem wunderschönen, von Bäumen beschatteten zentralen Platz, dem El Zócalo, und das Herz einer Region, deren äußerst kreative Bevölkerung die beste Auswahl an Kunsthandwerk und einige der interessantesten Werke zeitgenössischer Kunst hervorbringt. Künstler und Handwerker lassen sich von den tief verwurzelten indigenen Traditionen und dem hellen Licht des Südens inspirieren. Oaxaca hat Museen der Spitzenklasse, eine tolle Architektur, charmante Gasthäuser und Hotels und seine eigene, leckere Variante der mexikanischen Küche zu bieten. Die südliche Gemächlichkeit weicht regelmäßig bunten Festen, und fast jeden Tag ist auf den Straßen und Plätzen etwas los.

Die Stadt ist von faszinierenden Grabungsstätten und bunten, traditionellen Ortschaften umgeben. Die dramatischen Berge und Täler bieten reichlich Gelegenheit zum Wandern, Radfahren, Reiten und Klettern. Durch gute Aktivtouranbieter und erfolgreiche Tourismusprogramme sind diese Erlebnisse Besuchern leicht zugänglich.

Trotz seines kulturellen Reichtums ist Oaxaca einer der ärmsten Staaten Mexikos. In der Stadt werden zahlreiche der ungelösten Spannungen zwischen der herrschenden Elite, die großenteils *mestizo* ist, und den meist indigenen Armen ausgetragen. Die Siedlungen der Migranten am Stadtrand zählen zu den ärmsten des Landes. Die gewalttätigen Auseinandersetzungen zwischen der Staatsregierung und Demonstranten 2006 waren ein deutliches Anzeichen für enorme ökonomische und politische Gegensätze in Oaxaca. Die Konflikte legten die bedeutende Tourismusindustrie der Stadt über ein Jahr lang lahm, aber Ende 2007 waren Ruhe und Tourismus zurückgekehrt.

DIE DREI BESTEN FREIZEITBESCHÄFTIGUNGEN IN OAXACA (NEBEN DEM ABHÄNGEN AM STRAND)

- Durch die Wälder der **Sierra Norte** (S. 822) von Dorf zu Dorf wandern.
- Mit **Bicicletas Pedro Martínez** (S. 796) von Oaxaca nach Puerto Escondido radeln.
- Ein paar Tage in der **Casa Sagrada** (S. 816) in Teotitlán del Valle verbringen, reiten, wandern, Vögel beobachten, Oaxaca-Gerichte kochen lernen und an einem Temascal teilnehmen.

GESCHICHTE

Die Aztekensiedlung hier hieß Huaxyácac („in der Nase des Kürbisses") – davon leitet sich der Name Oaxaca ab. 1529 legten die Spanier rund um den bereits vorhandenen *zócalo* eine neue Stadt an. Sie wurde schnell zur bedeutendsten Ortschaft Südmexikos.

Im 18. Jh. kam Oaxaca City zu Wohlstand: Es wurden Stoffe gewebt, und man exportierte Karmin, den roten Farbstoff, der aus winzigen Insekten gewonnen wird, die auf dem Feigenkaktus leben. 1796 war Oaxaca wahrscheinlich die drittgrößte Stadt in Nueva España; damals lebten rund 20 000 Menschen hier – davon waren 600 Geistliche –, und es gab 800 Baumwollwebereien.

1854 zerstörte ein Erdbeben den größten Teil von Oaxaca. Es dauerte mehrere Jahrzehnte, ehe Oaxaca wieder zu wachsen begann, aber in den 1890er-Jahren hatte die Stadt 30 000 Einwohner. 1931 machte ein weiteres Erdbeben 70 % des Stadtgebiets erneut unbewohnbar.

Während der letzten 25 Jahre erlebte Oaxaca einen mächtigen Wachstumsschub. Der Tourismus zog an, neue Unternehmen entstanden – und die Armut in den ländlichen Regionen um die Stadt wuchs. Das führte dazu, dass immer mehr Menschen nach Oaxaca City zogen, sodass sich die Einwohnerzahl des Stadtgebiets in diesem Zeitraum fast verdoppelte. Zählt man noch die früher eigenständigen Dörfer und Städte mit dazu, kommt man heute auf einen Ballungsraum mit geschätzten 450 000 Einwohnern.

ORIENTIERUNG

Oaxacas Zentrum besteht aus dem *zócalo* und der benachbarten Plaza Alameda de León mit der Kathedrale. Die Calle Alcalá, nordwärts von der Kathedrale zur Iglesia de Santo Domingo, ist zum größten Teil für Verkehr gesperrt.

Die Hauptstraße aus Richtung Mexico City durchquert die nördliche Ecke Zentral-

OAXACA CITY

PRAKTISCHES

Städtische Touristeninformation......1 D3
Interactu@ndo......2 D2

SEHENSWERTES & AKTIVITÄTEN

Academia Vinigúlaza......3 D2
Amigos del Sol......4 D2
Auditorio Guelaguetza......5 A2
Basílica de La Soledad......6 B3
Ecoturixtlán......7 D4
Instituto Cultural Oaxaca......8 D1
La Curtiduría......9 D2

SCHLAFEN

Casa de la Tía Tere......10 D3
Casa Los Arquitos......11 C1
Encanto Jalatlaco......12 D2
Estancia de Valencia......13 C1
Hostal Pochón......14 B2
Hotel Casa Arnel......15 D2
Hotel Cazomalli......16 D2
Learning Center......17 D3
Mezkalito Hostel......18 A3

ESSEN

1254 Marco Polo......19 D1
Casa del Ángel......20 C1
La Toscana......21 D2
María Bonita......22 C2
Tianguis del Pochote......(siehe 23)

UNTERHALTUNG

Cineclub El Pochote......23 C1

SHOPPEN

Central de Abastos......24 A4
Instituto Oaxaqueño de las Artesanías......25 C1
La Cava......26 C1

TRANSPORT

Armenta-y-López-Busbahnhof......27 C4
Autoexprés Atlántida......28 C4
Automorsa......29 B4
Colectivos nach Osten, Süden......30 A4
Colectivos nach Norden......31 A3
Express Service......32 B4
Sur-Busbahnhof......33 A4
Terminal de Autobuses de Primera Clase......34 D1
Terminal de Autobuses de Segunda Clase......35 A3
Transportes Villa del Mar......36 A3
Zaachila Yoo......37 B4

Oaxacas als Calz Niños Héroes de Chapultepec und wendet sich dann östlich Richtung Mitla und Isthmus von Tehuantepec. Der 1.-Klasse-Busbahnhof liegt direkt an dieser Straße, 1,75 km nordöstlich des *zócalo*. Der 2.-Klasse-Busbahnhof namens Central de Abastos liegt 1 km westlich vom Zentrum in der Nähe des Hauptmarkts. Oaxacas Flughafen befindet sich 6 km südlich der Stadt (500 m vom Hwy 175 entfernt). Auf S. 808 gibt's Details zur An- und Abreise ins bzw. vom Stadtzentrum.

Die Blocks nördlich des *zócalo* sind hübscher, sauberer und weniger verkehrsreich und überlaufen als die im Süden. Der Geschäftbezirk nimmt südwestlich des *zócalo* drei Blocks ein.

PRAKTISCHE INFORMATIONEN

Bibliotheken

Biblioteca Circulante de Oaxaca (Leihbücherei von Oaxaca; Karte S. 792 f.; ☎ 518-70-77; www.oaxlibrary.com; Pino Suárez 519; ⌚ Mo–Fr 10–14 & 16–19, Sa 10–13 Uhr) Große Auswahl an Büchern und Zeitschriften über Oaxaca und Mexiko auf Englisch und Spanisch. Mit einer Besuchermitgliedskarte (100/150 Mex$ für ein/zwei Monate) kann man Bücher, DVDs und CDs ausleihen.

Buchläden

Amate (Karte S. 792 f.; ☎ 516-69-60; www.amatebooks.com; Plaza Alcalá, Alcalá 307-2; ⌚ Mo–Sa 10–20, So 14–19 Uhr) Der wahrscheinlich beste englischsprachige Buchladen Mexikos führt fast jeden (in englischer Sprache lieferbaren) Titel über Mexiko.

Librería Universitaria (Karte S. 792 f.; ☎ 516-42-43; Guerrero 104; ⌚ Mo–Sa 10–15 & 16.30–20.30 Uhr) Einige englischsprachige Bücher über Oaxaca und Mexiko sowie Landkarten.

Geld

Im Zentrum gibt es jede Menge Geldautomaten. In mehreren Banken und *casas de cambio* (Wechselstuben) kann man Reiseschecks und US-Dollar-Banknoten eintauschen.

2006: PROTEST IN OAXACA

Kleinere Streiks waren im Staat Oaxaca schon seit langer Zeit ein obligatorischer Bestandteil der jährlichen Gehaltsverhandlungen zwischen Lehrern und der Regierung. Es brauchte einen autoritären und unbeliebten Staatsgouverneur – Ulises Ruiz von der PRI –, um die Lohnrunde der Lehrer Oaxacas im Jahr 2006 in den größten politischen Protest zu verwandeln, den Mexiko seit Jahren erlebt hatte. Ruiz weigerte sich in jenem Jahr, den Lehrern wesentliche Zugeständnisse zu machen, und der jährliche Streik weitete sich zu einem größeren Protest aus, bei dem mehrere Tausend Lehrer das Stadtzentrum Oaxacas besetzten. Am 14. Juni sandte Ruiz tausende Polizisten aus, um die Lager und Barrikaden der Lehrer zu zerschlagen, doch die Demonstranten eroberten sich den Zócalo innerhalb weniger Stunden zurück – und die Gewalttätigkeit des polizeilichen Angriffs verwandelte den Protest in eine viel größere Bewegung, deren Hauptziel es war, Ruiz Rücktritt zu erzwingen. Eine breite Koalition politischer und sozialer Gruppen formierte sich zur APPO, der Asamblea Popular del Pueblo de Oaxaca (Volksversammlung der Völker Oaxacas), und bemächtigte sich des Stadtzentrums mit Lagern, Barrikaden, Leuchtfeuern, Graffiti und zahlreichen Demonstrationen, an denen Hunderttausende teilnahmen. Das wichtigste touristische Event des Sommers, das Tanzfestival Guelaguetza, wurde gestrichen. Die vielen gewalttätigen Übergriffe forderten Ende Oktober 23 Tote (wobei es sich in allen Fällen um Demonstranten oder unbeteiligte Zuschauer handelte), als die Regierung schwer bewaffnete Bereitschaftspolizei einsetzte, um das Stadtzentrum zurückzuerobern. Allgemein wird heute die Auffassung vertreten, dass die Weigerung des Präsidenten Fox, gegen Ruiz zu handeln, Teil einer Vereinbarung war, die von Fox' PAN-Partei getroffen worden war, um die Unterstützung des PRI für die Verabschiedung von Gesetzen des PAN im Parlament zu gewinnen.

Die APPO organisierte weiterhin Protestkundgebungen und Demonstrationen und forderte Ruiz' Rücktritt sowie die Freilassung aller Menschen, die im Lauf der Demonstrationen festgenommen worden waren. Vor der Guelaguetza des Jahres 2007 kam es zu weiteren gewalttätigen Ausschreitungen, aber das Festival fand dennoch statt. Äußerlich war die Stadt Ende 2007 mehr oder weniger zur Normalität zurückgekehrt, und das wichtige Tourismusgeschäft, das über ein Jahr lang zum Erliegen gekommen war, blühte wieder. Doch die politische Meinung hat sich in Oaxaca radikalisiert. Ulises Ruiz bleibt bis 2010 im Amt, und die sozialen Spannungen und Ungerechtigkeiten, die durch die Proteste deutlich wurden, bestehen noch immer.

Banorte (Karte S. 792 f.; García Vigil 103; ⌚ Mo–Fr 9–18, Sa 10–14 Uhr)
Consultoria Internacional (Karte S. 792 f.; ☎ 514-91-92; Armenta y López 203C; ⌚ Mo–Fr 9–18, Sa 9–14 Uhr) Wechselt auch Euro, Yen, britische Pfund, kanadische Dollar und Schweizer Franken.
HSBC (Karte S. 792 f.; Guerrero 117; ⌚ Mo–Sa 8–19 Uhr)

Internetzugang

Internetzugang gibt's überall!
Fray-Net (Karte S. 792 f.; Murguía 309A; 5 Mex$/Std.; ⌚ Mo–Fr 9–21, Sa 9–16 Uhr)
Inter@ctive Internet (Karte S. 792 f.; Alcalá 503; 10 Mex$/Std.; ⌚ 8.30–22 Uhr) Gute Verbindung.
Interactu@ndo (Karte S. 787; Pino Suárez 804; 6 Mex$/Std.; ⌚ Mo–Sa 9–21 Uhr) WLAN ist kostenlos, wenn man im Café einen Drink oder Snack bestellt; andernfalls kostet es 10 Mex$/Std.
Nred@t (Karte S. 792 f.; Morelos 600; 10 Mex$/Std.; ⌚ Mo–Fr 8.30–20, Sa 8–16 Uhr) Der Laden mit der netten Belegschaft und guten Verbindungen liegt im Obergeschoss.

Medien

Go-Oaxaca (www.go-oaxaca.com) Hervorragende zweisprachige Website (englisch & spanisch) und Zeitschrift, die meist monatlich erscheint. Beide bieten jede Menge interessante Artikel und praktische Infos über den Staat und die Stadt Oaxaca, Details zu kulturellen Veranstaltungen und Kleinanzeigen.
Schwarze Bretter Hier gibt es Angebote für Mietwohnungen und -häuser, Kurse, medizinische Versorgung, Jobs als Englischlehrer und andere interessante Sachen. Informative schwarze Bretter hängen in den Sprachschulen und in der Biblioteca Circulante de Oaxaca (s. gegenüber).
Planeta.com (www.planeta.com) Die Ökotourismus-Website bietet jede Menge Infos über Oaxaca. Ihr Urheber wohnt vor Ort.

Medizinische Versorgung

Clínica Hospital Carmen (Karte S. 792 f.; ☎ 516-00-27; Abasolo 215; ⌚ 24 Std.) Eines der besten privaten Krankenhäuser der Stadt; mit Notaufnahme und Englisch sprechenden Ärzten.

Notfall

Krankenwagen, Feuerwehr & Polizei (☎ 066)
Ceprotur (Centro de Protección al Turista; Karte S. 792 f.; ☎ 502-12-00; Murguía 206; ⌚ 8–20 Uhr) Ceprotur in der staatlichen Touristeninformation hilft Travellern bei rechtlichen Problemen, Beschwerden, Verlust von Dokumenten und Ähnlichem.

Post

Hauptpost (Karte S. 792 f.; Alameda de León; ⌚ Mo–Fr 8–22, Sa 10–17 Uhr)

Telefon & Fax

Rund um den Zócalo und an anderen Orten gibt es jede Menge Kartentelefone von Telmex. Über das ganze Stadtgebiet verteilen sich Telefonläden.
Ti Yara (Karte S. 792 f.; Calle 20 de Noviembre 402) Für Fern- und internationale Gespräche nach Europa billiger als Münztelefone; Faxservice.
Interactu@ndo (Karte S. 787; Pino Suárez 804; ⌚ 9am-9pm Mon-Sat) Gespräche in die USA kosten 4 Mex$/Min., in den Rest der Welt 8 Mex$/Min.

Touristeninformation

Städtische Touristeninformation (Karte S. 787; Hidalgo 1415) Die Eröffnung war für 2008 geplant.
Sectur (Karte S. 792 f.; ☎ 516-01-23; www.oaxaca.travel; Murguía 206; ⌚ 8–20 Uhr) Bei der Tourismusbehörde des Staates Oaxaca spricht normalerweise jemand Englisch, aber die meisten Mitarbeiter sind freiwillig arbeitende Studenten mit begrenztem Wissen. Sectur hat auch Schalter im Museo de los Pintores Oaxaqueños (S. 794), im 1.-Klasse-Busbahnhof und im Flughafen.

Waschsalons

Bei mehreren Waschsalons kann man seine Wäsche am selben Tag waschen und trocknen lassen.
Lava-Max (Karte S. 792 f.; ☎ 545-87-46; Ecke Bravo & Tinoco y Palacios; Waschen & Trocknen 11 Mex$/kg, mind. 3 kg; ⌚ Mo–Sa 8–20.30, So 8–13 Uhr) Hat auch Maschinen mit Selbstbedienung (Waschen 18 Mex$/4 kg, Trocknen 12 Mex$/8 kg).
Lavandería Antequera (Karte S. 792 f.; ☎ 516-56-94; Murguía 408; Waschen & Trocknen 20 Mex$/kg, 50 Mex$/3 kg; ⌚ Mo–Fr 8–14 & 16–20, Sa 8–14 & 16–19 Uhr) Bietet auch Bügelservice, Reinigung und kostenlose Lieferung zu Hotels in der Gegend.

GEFAHREN & ÄRGERNISSE

Es ist nicht empfehlenswert, den Cerro del Fortín, den Hügel mit dem Guelaguetza-Auditorium, zu besteigen, außer zu besonderen Anlässen wie dem Guelaguetza-Festival. Raubüberfälle kommen hier häufig vor.

Die politische Unruhe in Oaxaca von 2006 hat die Touristen bis Ende 2007, nachdem die Konflikte schon lange verebbt waren, ausbleiben lassen. Besucher hätten in dieser Hinsicht nur dann etwas zu befürchten, wenn die Konflikte wieder aufflammten.

SEHENSWERTES

Zócalo & Alameda

Der für den Verkehr gesperrte *zócalo* liegt im Schatten riesiger Bäume und ist von *portales*

(Arkaden) mit zahlreichen Cafés und Restaurants umgeben – ein perfekter Ort, um die typische Oaxaca-Atmosphäre in sich aufzunehmen. Auch auf der angrenzenden Alameda (ebenfalls verkehrsberuhigt, aber ohne Cafés) treffen sich die Menschen gern.

Der ehemalige **Palacio de Gobierno** (Gouverneurspalast des Bundesstaats; Karte S. 792 f.) erhebt sich am Südrand des *zócalo*; heute ist er ein Museum. Der neue Regierungssitz befindet sich östlich vom Zentrum. Im Treppenhaus des alten *palacio* zeigt ein Wandgemälde von Arturo García Bustos neben berühmten Einwohnern wie Benito Juárez und seiner Frau Margarita Maza und José María Morelos, Porfirio Díaz, Vicente Guerrero (er wurde in Cuilapan erschossen) und Juana Inés de la Cruz, einer Nonne und Verfasserin von

MEISTER DER OAXACANISCHEN BÄUME

Francisco Verástegui widerfuhren in den ersten beiden Jahrzehnten seines Lebens mehr Dinge, als den meisten von uns in mehreren Leben passieren würde. Francisco wurde in den 1950er-Jahren in eine wohlhabende Familie aus Mexico City hineingeboren. Sein Vater war Armeegeneral und seine Mutter Antiquarin und Kunstrestauratorin. Als Kind überreichte man ihm einen Pinsel des berühmten David Alfaro Siqueiros mit den Worten „Kunst ist eine Waffe gegen soziale Ungerechtigkeit". Als Francisco im Teenageralter war, kamen seine Eltern, sein Bruder und deren Fahrer bei einem mysteriösen Autounfall ums Leben. Später verspielte Francisco sein Haus, das in Mexico Citys angesehenem Viertel Condesa lag.

In den 1980er-Jahren fand er Zuflucht bei Freunden in Oaxaca City. Seither lebt er in dieser Stadt, entwirft seine eigene Kunst, die stark anarchische Züge trägt (s. www.artedeoaxaca.com) und arbeitet als Zeichner und Autor für die Zeitung *Noticias*.

Die jüngste Schicksalswendung im Leben Franciscos trat am 18. April 2005 ein, als die städtischen Behörden Oaxacas sich ohne Rücksprache mit der Bevölkerung daran machten, den Zócalo, die geliebte Hauptplaza, die von großen, hundertjährigen Lorbeerbäumen beschattet wird, „umzugestalten". Als die Bulldozer begannen, einige der Pflastersteine wegzuschieben, stürzte einer der empfindlichen Bäume gegen den Palacio de Gobierno. Francisco war einer von vielen Menschen, die zum Zócalo eilten, um nachzuschauen, was dort vor sich ging, und er gehörte zu jener handvoll Menschen, die beschlossen, dort Nachtwache zu halten. Als eine Gruppe von Arbeitern in Begleitung der Polizei auftauchte, um den schräg liegenden Baum um 2 Uhr morgens zu fällen, gelang es Francisco als Wortführer, ihnen dies erfolgreich auszureden. Das war der Beginn einer öffentlichen Protestbewegung, die eine Petition mit 20 000 Unterschriften gegen das Fällen der Bäume am Zócalo nach sich zog. Die Behörden erklärten nie, was sie vorhatten, und der Zócalo wurde eingezäunt, sodass fünf Monate lang niemand sehen konnte, was geschah. Als die Umzäunung abgebaut wurde, waren etwa zehn Bäume gefällt worden, und die schönen, grünen Pflastersteine waren gegen langweilige, graue Steine ausgetauscht worden. Es ist wahrscheinlich, dass etwas sehr viel Drastischeres geschehen wäre, wenn Francisco und andere nicht eingegriffen hätten.

Der rastlose Francisco fühlte sich dazu angeregt, die Geschichte der Bäume Oaxacas zu erforschen. Er entdeckte, dass viele Bäume sehr alt und mit berühmten Persönlichkeiten verbunden waren. Die Eschen und Feigenbäume im Park El Llano waren von José María Morelos gepflanzt worden. Eine riesige *ahuehuete* aus dem 15. Jh. am Bahnhof Oaxacas hatten wahrscheinlich aztekische Invasoren gepflanzt. Francisco fasste die Ergebnisse seiner Nachforschung in dem Führer *Árboles Históricos y Notables de la Ciudad de Oaxaca* (Historische und bedeutende Bäume von Oaxaca City) zusammen. 2007 gewann er den Colibri Ecotourism Award für sein Engagement zum Schutz der Bäume Oaxacas und für die Förderung der Wahrnehmung der städtischen Umwelt. Der Preis wurde „einer führenden Kraft im Kampf für ein verantwortungsbewusstes Reisen und Ökotourismus in Mexiko" verliehen (s. www.planeta.com/colibri.html).

Mittlerweile gibt es Pläne für Oaxacas historische Bäume. Anstatt gefällt zu werden, sollen sie mit offiziellen Plaketten und Schutzzäunen versehen werden. Francisco veranstaltet auf privater Basis faszinierende Führungen zu den historischen Bäumen, und es gibt Bestrebungen, andere Führer auszubilden, diese Wanderungen regelmäßig für die breite Öffentlichkeit durchzuführen – aktuelle Infos gibt es bei den Tourismusbüros Oaxacas und unter www.planeta.com.

Liebesgedichten im 17. Jh., auch Szenen aus Oaxacas Geschichte.

Die **Catedral de Oaxaca** (Karte S. 792 f.) steht nördlich vom *zócalo*. Der Bau wurde 1553 begonnen und nach mehreren Erdbeben im 18. Jh. vollendet. Die Hauptfassade an der Alameda besticht mit wunderschönen Barockelementen.

Rund um den Zócalo

Schön behauene Fassaden zieren auch die **Iglesia de La Compañía** (Karte S. 792 f.; Ecke Trujano & Flores Magón; ⌚ 7–12.30 & 17-20.45 Uhr) und die **Iglesia de San Juan de Dios** (Karte S. 792 f.; Ecke Aldama & Calle 20 de Noviembre) aus der Kolonialzeit. Letztere ist eine wunderbare kleine Kirche aus dem 17. Jh.; sie entstand an der Stelle von Oaxacas erster Kirche (1526). Im **Templo de San Felipe Neri** (Karte S. 792 f.; Ecke Independencia & JP García) aus dem 18. Jh. gaben sich Benito Juárez und Margarita Maza im Jahr 1843 das Jawort. Margarita war die Tochter von Antonio Maza, einem italienischen Immigranten, der den jungen Benito unter seine Fittiche genommen hatte, als dieser als Junge nach Oaxaca kam.

Das **Teatro Macedonio Alcalá** (Karte S. 792 f.; ☎ 516-83-44; Independencia 900; Eintritt frei; ⌚ 10–18 Uhr) von 1903 erstrahlt im kunstvollen französischen Stil, der unter Porfirio Díaz schwer in Mode war. Das Haus hat ein Treppenhaus aus Marmor und einen Saal mit fünf Rängen und 1300 Zuschauerplätzen.

Calle Alcalá

Drei Blocks der **Calle Alcalá** (Karte S. 792 f.) zwischen Zócalo und Iglesia de Santo Domingo sind Fußgängerzone und ein absolutes Besichtigungsmuss. Die meisten Steingebäude aus der Kolonialzeit sind restauriert. Es locken zahlreiche interessante Läden und Galerien.

Iglesia de Santo Domingo

Vier Blocks nördlich der Kathedrale erhebt sich die prächtigste Kirche von Oaxaca, **Santo Domingo** (Karte S. 792 f.; Ecke Alcalá & Gurrión; ⌚ 7–13 & 16–20 Uhr außer während des Gottesdiensts). Sie wurde zu großen Teilen zwischen 1570 und 1608 als Bestandteil des Dominkanerklosters der Stadt errichtet. Die besten Handwerker aus Puebla und anderen Regionen wirkten am Bau mit. Wie andere große Gebäude in dieser von Erdbeben bedrohten Gegend hat Santo Domingo extrem dicke Steinmauern.

Inmitten der großartigen Steinmetzarbeiten der Barockfassade ist Santo Domingo de Guzmán (1172–1221), der spanische Mönch und Begründer des Dominikanerordens, mit einer Kirche in der Hand zu sehen. Die Dominikaner hielten sich strikt an ihre Grundsätze Armut, Keuschheit und Ergebenheit. In Mexiko schützten sie die indigene Bevölkerung vor Übergriffen durch andere Kolonisten.

Fast jeder Quadratzentimeter der Innenräume ist mit dreidimensionalen Reliefs bedeckt: Komplizierte farbige und vergoldete Muster umrahmen hervorstehende bemalte Figuren. Ein detaillierter Stammbaum von Santo Domingo schmückt die Decke direkt hinter dem Haupteingang. Besonders erlesen ist das Dekor der Capilla de la Virgen del Rosario (Rosenkranzkapelle) aus dem 18. Jh. auf der Südseite des Hauptschiffs. Im Kerzenlicht der Abendmesse erstrahlt die ganze Kirche magisch warm.

Museo de las Culturas de Oaxaca

Die schönen Klostergebäude neben der Iglesia de Santo Domingo beherbergen ein **Museum** (Museum der Kulturen von Oaxaca; Karte S. 792 f.; ☎ 516-29-91; Ecke Alcalá & Gurrión; Eintritt 48 Mex$; ⌚ Di–So 10–19 Uhr), das man auf keinen Fall auslassen darf. Es ist eines der besten regionalen Museen von Mexiko und präsentiert die Geschichte und die Kulturen von Oaxaca bis zur Gegenwart. Die Erklärungen sind auf Spanisch, aber für 50 Mex$ kann man einen guten englischsprachigen Audioguide ausleihen. Es gibt auch einen guten Buch- und Souvenirladen.

Ein herrlicher Säulengang aus grünem Stein dient als Vorhalle des Museums, die eine direkte Verbindung zwischen den vokolonialen und den heutigen indigenen Kulturen herstellt. Es zeigt ihre Entwicklung in Bereichen wie Handwerk, Medizin, Ernährung, Getränken und Musik. Das absolute Highlight ist der Mixtekenschatz aus Tumba 7 von Monte Albán in Saal III. Der Schatz stammt aus dem 14. Jh., als die Mixteken ein altes Zapotekengrab benutzten, um einen ihrer eigenen Könige und seine geopferten Diener darin zu beerdigen. Neben die Körper legten sie Unmengen schöner Arbeiten aus Silber, Türkis, Korallen, Jade, Bernstein und Perlen, fein geschnitzte Knochen, Kristallkelche, einen mit Türkis verzierten Schädel und reichlich Gold. Der Schatz wurde 1932 von Alfonso Caso entdeckt.

Die ersten vier Räume des Museums sind der vorkolonialen Epoche gewidmet,

OAXACA CITY ZENTRUM

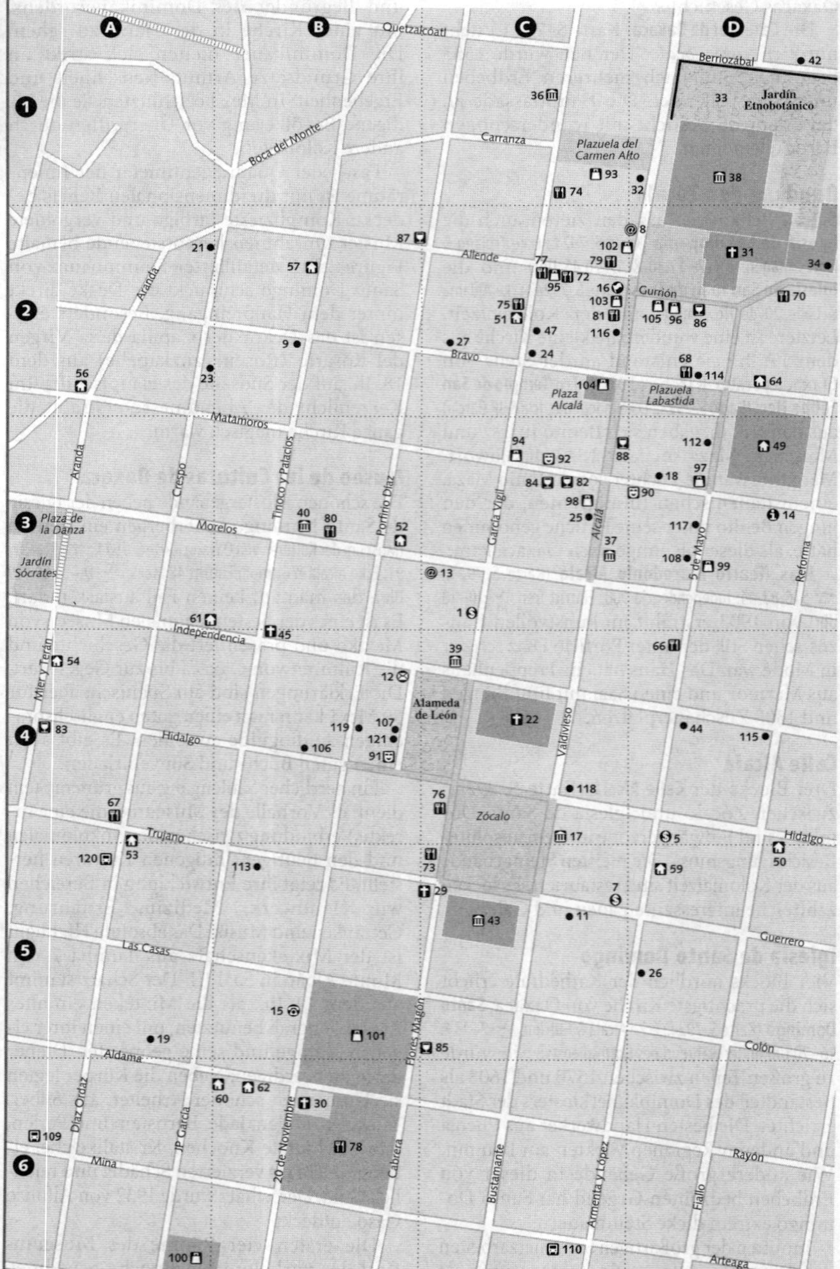

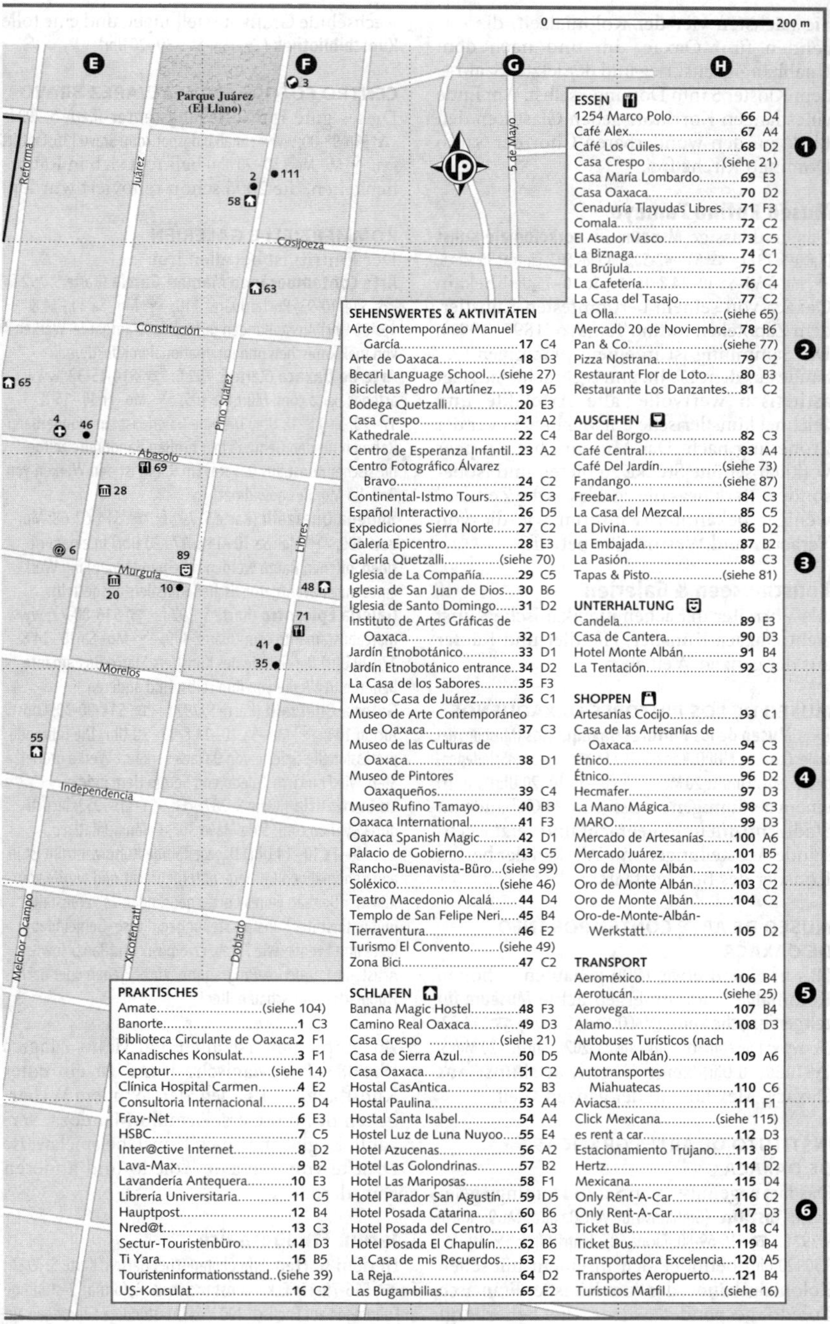

SEHENSWERTES & AKTIVITÄTEN

Arte Contemporáneo Manuel García ... 17 C4
Arte de Oaxaca ... 18 D3
Becari Language School ... (siehe 27)
Bicicletas Pedro Martínez ... 19 A5
Bodega Quetzalli ... 20 E3
Casa Crespo ... 21 A2
Kathedrale ... 22 C4
Centro de Esperanza Infantil ... 23 A2
Centro Fotográfico Álvarez Bravo ... 24 C2
Continental-Istmo Tours ... 25 C3
Español Interactivo ... 26 D5
Expediciones Sierra Norte ... 27 C2
Galería Epicentro ... 28 E3
Galería Quetzalli ... (siehe 70)
Iglesia de La Compañía ... 29 C5
Iglesia de San Juan de Dios ... 30 B6
Iglesia de Santo Domingo ... 31 D2
Instituto de Artes Gráficas de Oaxaca ... 32 D1
Jardín Etnobotánico ... 33 D1
Jardín Etnobotánico entrance ... 34 D2
La Casa de los Sabores ... 35 F3
Museo Casa de Juárez ... 36 C1
Museo de Arte Contemporáneo de Oaxaca ... 37 C3
Museo de las Culturas de Oaxaca ... 38 D1
Museo de Pintores Oaxaqueños ... 39 C4
Museo Rufino Tamayo ... 40 B3
Oaxaca International ... 41 F3
Oaxaca Spanish Magic ... 42 D1
Palacio de Gobierno ... 43 C5
Rancho-Buenavista-Büro ... (siehe 99)
Soléxico ... (siehe 46)
Teatro Macedonio Alcalá ... 44 D4
Templo de San Felipe Neri ... 45 B4
Tierraventura ... 46 E2
Turismo El Convento ... (siehe 49)
Zona Bici ... 47 C2

PRAKTISCHES

Amate ... (siehe 104)
Banorte ... 1 C3
Biblioteca Circulante de Oaxaca ... 2 F1
Kanadisches Konsulat ... 3 F1
Ceprotur ... (siehe 14)
Clínica Hospital Carmen ... 4 E2
Consultoria Internacional ... 5 D4
Fray-Net ... 6 E3
HSBC ... 7 C5
Inter@ctive Internet ... 8 D2
Lava-Max ... 9 B2
Lavandería Antequera ... 10 E3
Librería Universitaria ... 11 C5
Hauptpost ... 12 B4
Nred@t ... 13 C3
Sectur-Touristenbüro ... 14 D3
Ti Yara ... 15 B5
Touristeninformationsstand ... (siehe 39)
US-Konsulat ... 16 C2

SCHLAFEN

Banana Magic Hostel ... 48 F3
Camino Real Oaxaca ... 49 D3
Casa Crespo ... (siehe 21)
Casa de Sierra Azul ... 50 D5
Casa Oaxaca ... 51 C2
Hostal CasAntica ... 52 B3
Hostal Paulina ... 53 A4
Hostal Santa Isabel ... 54 A4
Hostel Luz de Luna Nuyoo ... 55 E4
Hotel Azucenas ... 56 A2
Hotel Las Golondrinas ... 57 B2
Hotel Las Mariposas ... 58 F1
Hotel Parador San Agustín ... 59 D5
Hotel Posada Catarina ... 60 B6
Hotel Posada del Centro ... 61 A3
Hotel Posada El Chapulín ... 62 B6
La Casa de mis Recuerdos ... 63 F2
La Reja ... 64 D2
Las Bugambilias ... 65 E2

ESSEN

1254 Marco Polo ... 66 D4
Café Alex ... 67 A4
Café Los Cuiles ... 68 D2
Casa Crespo ... (siehe 21)
Casa María Lombardo ... 69 E3
Casa Oaxaca ... 70 D2
Cenaduría Tlayudas Libres ... 71 F3
Comala ... 72 C2
El Asador Vasco ... 73 C5
La Biznaga ... 74 C1
La Brújula ... 75 C2
La Cafetería ... 76 C4
La Casa del Tasajo ... 77 C2
La Olla ... (siehe 65)
Mercado 20 de Noviembre ... 78 B6
Pan & Co ... (siehe 77)
Pizza Nostrana ... 79 C2
Restaurant Flor de Loto ... 80 B3
Restaurante Los Danzantes ... 81 C2

AUSGEHEN

Bar del Borgo ... 82 C3
Café Central ... 83 A4
Café Del Jardín ... (siehe 73)
Fandango ... (siehe 87)
Freebar ... 84 C3
La Casa del Mezcal ... 85 C5
La Divina ... 86 D2
La Embajada ... 87 B2
La Pasión ... 88 C3
Tapas & Pisto ... (siehe 81)

UNTERHALTUNG

Candela ... 89 E3
Casa de Cantera ... 90 D3
Hotel Monte Albán ... 91 B4
La Tentación ... 92 C3

SHOPPEN

Artesanías Cocijo ... 93 C1
Casa de las Artesanías de Oaxaca ... 94 C3
Étnico ... 95 C2
Étnico ... 96 D2
Hecmafer ... 97 D3
La Mano Mágica ... 98 C3
MARO ... 99 D3
Mercado de Artesanías ... 100 A6
Mercado Juárez ... 101 B5
Oro de Monte Albán ... 102 C2
Oro de Monte Albán ... 103 C2
Oro de Monte Albán ... 104 C2
Oro-de-Monte-Albán-Werkstatt ... 105 D2

TRANSPORT

Aeroméxico ... 106 B4
Aerotucán ... (siehe 25)
Aerovega ... 107 B4
Alamo ... 108 D3
Autobuses Turísticos (nach Monte Albán) ... 109 A6
Autotransportes Miahuatecas ... 110 C6
Aviacsa ... 111 F1
Click Mexicana ... (siehe 115)
es rent a car ... 112 D3
Estacionamiento Trujano ... 113 B5
Hertz ... 114 D2
Mexicana ... 115 D4
Only Rent-A-Car ... 116 C2
Only Rent-A-Car ... 117 D3
Ticket Bus ... 118 C4
Ticket Bus ... 119 B4
Transportadora Excelencia ... 120 A5
Transportes Aeropuerto ... 121 B4
Turísticos Marfil ... (siehe 16)

die nächsten vier der Kolonialzeit, die folgenden fünf Oaxaca im und nach dem Unabhängigkeitskrieg und der letzte (Saal 14) dem Kloster Santo Domingo selbst. Am Ende eines langen Korridors geben Glastüren den Blick auf den wunderbaren Chor der Santo Domingo Kirche frei.

Museo Rufino Tamayo

Das erstklassige **Museum für vorkoloniale Kunst** (Karte S. 792 f.; ☎ 516-47-50; Morelos 503; Eintritt 35 Mex$; ⌚ Mo & Mi–Sa 10–14 & 16–19, So 10–15 Uhr) bekam Oaxaca von seinem berühmtesten Künstler, dem Zapoteken Rufino Tamayo (1899–1991). Die Sammlung ist in einem prächtigen Gebäude aus dem 17. Jh. untergebracht. Sie zeigt ästhetisch wertvolle, alte Artefakte und zeichnet künstlerische Entwicklungen vor der Eroberung nach. Das Museum hat ein paar wirklich schöne Stücke zu bieten und ist besonders stark, was die vorklassische Zeit und weniger bekannten Kulturen wie die von Veracruz und Westmexiko betrifft.

Kunstmuseen & Galerien

Als Vorreiter in Sachen mexikanische Kunst zieht Oaxaca Künstler, Händler und Käufer aus der ganzen Welt an.

MUSEO DE LOS PINTORES OAXAQUEÑOS

Das **Museo de los Pintores Oaxaqueños** (Museum der Maler Oaxacas, MUPO; Karte S. 792 f.; ☎ 516-56-45; Independencia 607; Eintritt 20 Mex$; ⌚ Di–So 10–20 Uhr) ist in einem geräumigen zweistöckigen Gebäude im Stadtzentrum untergebracht und zeigt wechselnde Ausstellungen mit Werken der besten Künstler des Bundesstaats.

MUSEO DE ARTE CONTEMPORÁNEO DE OAXACA

Das in einem etwa 1700 gebauten, schönen Kolonialgebäude untergebrachte **Museum für zeitgenössische Kunst** (MACO; Karte S. 792 f.; ☎ 514-22-28; www.museomaco.com; Alcalá 202; Eintritt 20 Mex$; ⌚ 10.30–20 Uhr) zeigt Gegenwartskunst aus Oaxaca, Mexiko und der ganzen Welt.

INSTITUTO DE ARTES GRÁFICAS DE OAXACA

Das fast gegenüber von Santo Domingo gelegene **Institut** (Grafikinstitut von Oaxaca, IAGO; Karte S. 792 f.; ☎ 516-69-80; Alcalá 507; Eintritt frei; ⌚ Mi–Mo 9.30–20 Uhr) befindet sich in einem hübschen Kolonialgebäude, das vom Künstler Francisco Toledo gespendet wurde. Es beherbergt wechselnde Grafikausstellungen und eine tolle **Kunstbibliothek** (⌚ Mo–Sa 9.30–20 Uhr).

CENTRO FOTOGRÁFICO ÁLVAREZ BRAVO

Dieses gute **Fotoaustellungscenter** (Karte S. 792 f.; ☎ 516-98-00; www.cfmab.blogspot.com; Bravo 116; Eintritt frei; ⌚ Mi–Mo 9.30–20 Uhr) befindet sich in Räumlichkeiten, die 2005 schön renoviert wurden.

KOMMERZIELLE GALERIEN

Der Eintritt ist bei allen frei:

Arte Contemporáneo Manuel García (Karte S. 792 f.; ☎ 514-10-93; Portal Juárez 110; ⌚ Mo–Sa 11–14 & 16–20 Uhr) Ausstellungen mit tollen Avantgarde-Werken von mexikanischen und internationalen Künstlern.

Arte de Oaxaca (Karte S. 792 f.; ☎ 514-15-32; www.artedeoaxaca.com; Murguía 105; ⌚ Mo–Fr 11–15 & 17–20, Sa 11–18 Uhr) Die edle Galerie ist ein wunderbarer Rahmen für den Genuss einer großen Bandbreite zeitgenössischer Kunst aus Oaxaca. Ein Raum ist den Werken von Rodolfo Morales gewidmet.

Bodega Quetzalli (Karte S. 792 f.; ☎ 514-62-68; Murguía 400; ⌚ Mo–Sa 10–14 & 17–20 Uhr) In einem riesigen, offenen Raum werden ca. einen Monat lang Werke eines meist avantgardistischen Künstlers ausgestellt.

Galería Epicentro (Karte S. 792 f.; ☎ 516-80-72; www.marcobustamante.com; Juárez 300; ⌚ Mo–Sa 10–14 & 17–20 Uhr) Die Galerie des Künstlers Marco Bustamante beherbergt Werke von ihm selbst und anderen.

Galería Quetzalli (Karte S. 792 f.; ☎ 514-00-30; Constitución 104; ⌚ Mo–Sa 10–14 & 17–20 Uhr) Die führende professionelle Galerie von Oaxaca verkauft Werke großer Stars wie Francisco Toledo und Sergio Hernández.

La Curtiduría (Karte S. 787; ☎ 951-1199952; lacurtiduria@yahoo.com; 5 de Mayo 307, Colonia Jalatlaco; ⌚ Mo–Fr 10–14 Uhr) Das vielfältige Kulturzentrum ist in einer ehemaligen Gerberei untergebracht und wurde vom Künstler Demián Flores Cortés gegründet. Es veranstaltet und unterstützt Kunstausstellungen, Kurse, Gemeindeprojekte und Events (wie Filme, Livemusik und Tanz) sowie Artists-in-Residence-Programme. Vorbeigehen oder nach Flugblättern Ausschau halten!

Zu empfehlen ist auch La Mano Mágica (S. 808). Die Magische Hand ist ein edler Kunsthandwerksladen, der vor allem Webarbeiten des Besitzers, Arnulfo Mendoza, verkauft. Es gibt aber auch Kunst, beispielsweise Drucke von Tamayo, Toledo und anderen Künstlern.

Jardín Etnobotánico

In dem **Garten** (Ethnobotanischer Garten; Karte S. 792 f.; ☎ 516-79-15; Ecke Constitución & Reforma; 2-stündige Führungen auf Englisch 100 Mex$, 1-stündige Führungen auf

ZEITGENÖSSISCHE KUNST IN OAXACA

Die talentierten Künstler des Bundesstaats Oaxaca produzieren, inspiriert von den vielfältigen Einflüssen der abwechslungsreichen Landschaft der Region, von der Mythologie der *indígenas* und der Globalisierung heute, einige der dynamischsten und wegweisendsten Kunstwerke des Landes. Viele der Künstler leben in Mexico City, den Vereinigten Staaten und anderswo, stellen dort aus und verkaufen da, doch Oaxaca City bleibt bei Weitem der beste Ort, um ein Gefühl für die große Kreativität und Phantasie der Künstler zu entwickeln.

Der Großteil der Kunstwerke aus Oaxaca zeichnet sich durch die Freude an Farben und Licht und eine traumartige Atmosphäre aus. Zu den Künstlern von Oaxaca, die den Grundstein für die heutige Blüte der Kunst in ihrer Heimat legten, zählen die bedeutenden Muralisten und Erforscher von Farben und Licht Rufino Tamayo (1899–1991) und Francisco Gutiérrez (1906–1944). Die nächste Generation wurde von drei Künstlern angeführt. Die bunten, traumhaften Werke von Rodolfo Morales (1925–2001) aus Ocotlán mit den charakteristischen kindlichen Engelsgestalten verraten seine tiefe Verwurzlung in der einheimischen Mythologie. Rodolfo Nieto (1936–1985) versah seine Werke mit lebhaften, farbenfrohen Phantasiewesen und Traumfiguren. Francisco Toledo (geb. 1940) aus Juchitán, der immer noch eine herausragende Figur im Leben in Oaxaca ist und sich unermüdlich für die Kunst einsetzt, arbeitet mit verschiedenen Medien. Gegendstand seiner stets markanten Kunst sind oft groteske oder frei erfundene Wesen.

Eine Reihe jährlicher Workshops für junge Künstler aus Oaxaca, die in den 1970er-Jahren von Tamayo organisiert worden waren, förderte Talente wie Abelardo López, Arnulfo Mendoza, Ariel Mendoza, Alejandro Santiago und Felipe de Jesús Morales, die heute ausgesprochen erfolgreich sind – z.B. indem sie ihnen halfen, Märkte für ihre Kunst zu finden. Diese Kunst ist sehr unterschiedlich, doch viele der Werke zeichnen sich durch Phantasie, Landschaft, Fabelwesen, indigene Wurzeln und eine durchgehend traumartige Komponente aus. Mehr oder weniger zeitgenössisch sind die Werke von Sergio Hernández, dessen grenzenlose Phantasie das Gegenständliche mit dem Abstrakten und das Phantastische mit dem Konkreten verschmelzen lässt, und die eigenartig eindringlichen, hyperrealistischen Bilder von Marco Bustamante.

Heute versucht die jüngste Generation oaxacanischer Künstler auf verschiedene Art, die „folkloristische" Metaphorik ihrer Vorgänger abzulegen. Sie gehen über Oaxaca hinaus und wenden sich internationalen Gegenständen und Themen zu. Künstler wie Demián Flores Cortés und Soid Pastrana verzichten zugunsten von fast schon cartoonartigen Kompositionen, die provozieren und zum Nachdenken anregen sollen, oft auf die Figuren.

Heute kann jeder Kunstliebhaber vergnügt einige Tage lang durch Oaxacas Kunstmuseen und seine erstklassigen Verkaufsgalerien ziehen und mit etwas Glück an einer Vernissage, einem Seminar oder einem anderen Kunstevent an Orten wie La Curtiduría (s. gegenüber) oder dem Café Central (S. 805) beiwohnen.

Spanisch 50 Mex$; ⏰ englische Führungen Di & So 11 Uhr, spanische Führungen Mo–Sa 10, 12 & 17 Uhr) auf dem früheren Klostergrundstück hinter der Iglesia de Santo Domingo wachsen Pflanzen aus dem ganzen Staat, u.a. auch eine erstaunliche Vielfalt von Kakteen. Obwohl er erst Mitte der 1990er-Jahre angelegt wurde, zeigt er bereits die faszinierende Artenvielfalt von Oaxaca. Hinein darf man nur im Rahmen einer Führung. Für die englischsprachige sollte man sich am besten einen oder zwei Tage im Voraus anmelden.

Museo Casa de Juárez

Einer der wenigen mexikanischen Nationalhelden mit uneingeschränkt gutem Ruf, der große Reformer und Präsident Benito Juárez (1806–1872), wurde im bescheidenen Zapotekendorf Guelatao, 60 km nordöstlich von Oaxaca (S. 824), geboren. Seine Eltern starben, als er drei Jahre alt war. Im Alter von zwölf Jahren kam Benito nach Oaxaca und fand Arbeit im Haus von Antonio Salanueva, einem Buchbinder. Salanueva erkannte das Potenzial des Jungen und bezahlte seine Ausbildung, die er sonst vermutlich nicht erhalten hätte. Salanuevas einfaches Haus wurde in ein interessantes, kleines **Museum** (Karte S. 792 f.; ☎ 516-18-60; García Vigil 609; Eintritt 35 Mex$, So Eintritt frei; ⏰ Di–Fr 10–18, Sa & So 10–17 Uhr) verwandelt. Die Buchbinderei ist neben Erinnerungsstücken an Benito erhalten geblieben.

Juárez begann später eine Priesterausbildung, brach sie aber zugunsten einer Tätigkeit als Anwalt armer Dorfbewohner ab. Er stieg auf und war 1848 bis 1852 Gouverneur des Staates Oaxaca. In seiner Amtszeit gründete er Schulen und reduzierte die Bürokratie. 1855 wurde er Justizminister in der neuen liberalen Regierung Mexikos. Sein Ley Juárez (Juárez-Gesetz), das die Fälle, in die Soldaten und Geistliche involviert waren, an normale Zivilgerichte übertrug, war das erste der Reformgesetze, die die Macht der katholischen Kirche beschränken sollten. Diese Gesetze riefen den Reformkrieg zwischen 1858 und 1861 hervor, in dem der Fortschritt letztlich das Konservative besiegte.

Juárez wurde 1861 zum Präsidenten von Mexiko gewählt. Nur wenige Monaten nach seinem Amtsantritt marschierte Frankreich in Mexiko ein und zwang ihn ins Exil. 1866/1867 vertrieb Juárez mit amerikanischer Hilfe die Franzosen und ihren Marionettenkaiser Maximilian. Eine der wichtigsten politischen Leistungen von Juárez war die Einführung der kostenlosen Schulpflicht. Er starb 1872, ein Jahr nachdem er zum vierten Mal zum Präsidenten gewählt worden war. Heute tragen zahllose Straßen, Schulen, Dörfer, Städte, Busunternehmen und sogar Gebirge seinen Namen. Sein weises Motto *„El respeto al derecho ajeno es la paz"* („Respekt gegenüber anderen bedeutet Frieden") wird häufig zitiert.

Basílica de la Soledad

Die **Basílica de la Soledad** (Karte S. 787; Independencia) aus dem 17. Jh. erhebt sich dreieinhalb Blocks westlich der Alameda. In der Kirche mit ihrer prächtigen Barockfassade befindet sich ein Abbild von Oaxacas Schutzheiligen, der Virgen de la Soledad (Jungfrau der Einsamkeit). Das Gebäude steht an der Stelle, an der die Statue 1543 auf wundersame Weise im Bündel eines Esels auftauchte. Später wurde die Jungfrau mit vielen weltlichen Gütern geschmückt – ihre 2 kg schwere Goldkrone, eine riesige Perle und mehrere Hundert Diamanten wurden aber in den 1990er-Jahren gestohlen. Auf der schattigen Plaza **Jardín Sócrates** (Karte S. 792 f.) östlich der Basilika drängen sich zahlreiche *neverías* (Eisstände) – ein nettes Plätzchen, um zu entspannen und das Alltagsleben in Oaxaca zu beobachten.

AKTIVITÄTEN

Oaxaca hat sich zu einem der Zentren des mexikanischen Aktivtourismus entwickelt. Mehrere etablierte Anbieter mit einer sozialen und ökologischen Ethik organisieren Wanderungen, Vogelbeobachtung, Kletter-, Rad- und Reittouren in den spektakulären Bergen und Tälern des Staates Oaxaca. Man kann sie auch bei ihrer Arbeit mit armen Straßenkindern unterstützen.

Bicicletas Pedro Martínez (Karte S. 792 f.; ☎/Fax 514-59-35; www.bicicletaspedromartinez.com; Aldama 418; 🕑 Mo–Sa 9–20, So 10–15 Uhr) gehört einem liebenswerten Radfahrer, der Mitglied der mexikanischen Olympiamannschaft war. Er bietet eine Reihe einzigartiger Radtouren an, die meist abseits der Hauptrouten verlaufen. Ein Kleinbus, mit dem man die weniger interessanten Abschnitte überbrückt, ist auch immer dabei. Eintägige Ausflüge ins Valle de Tlacolula oder in die Sierra Norte kosten 1100 Mex$ pro Person bei zwei Teilnehmern und 900 Mex$ pro Nase bei vier. Eine zweitägige Tour führt von Nochixtlán über Santiago Apoala (S. 826) und einen Teil des Tehuacán-Cuicatlán-Biosphärenreservats nach Cuicatlán am Hwy 135. Die viertägige, eher mittelschwere bis schwere Ruta Los Coatlanes führt bis Puerto Escondido an der Pazifikküste durch das Hinterland der Sierra Madre del Sur. Sie kostet 5000 Mex$ aufwärts (4500 Mex$ mit eigenem Rad) einschließlich Unterkunft (eine Nacht wird gecampt) und Verpflegung bei einem Minimum von drei Teilnehmern.

Das **Centro de Esperanza Infantil** (Oaxaca Streetchildren Grassroots; Karte S. 792 f.; ☎ 501-10-69; www.oaxacastreetchildrengrassroots.org; Crespo 308; 🕑 Mo–Fr 9–18, Sa 9–15 Uhr) ist ein unpolitisches und nichtreligiöses Zentrum, das Kinder unterstützt, die ohne Unterstützung keine Schule besuchen könnten. Viele dieser Kinder putzen Schuhe oder verkaufen Kaugummi, um das Einkommen ihrer Familie aufzubessern. Das Zentrum hat einen Speisesaal, eine Bibliothek, Computer, Klassenzimmer und einen kleinen Kindergarten. Einigen Kindern hat es eine Ausbildung bis zur Universität ermöglicht. Die Leute leisten wirklich gute Arbeit und sind für Spenden, Sponsoren, Hilfe und Besuche dankbar. Freiwillige können sich beim Kochen, der medizinischen Betreuung, Verwaltungsarbeit und Kursen wie Kunst, Handwerk und Englisch nützlich machen. Schon ein halber Tag ist von Nutzen!

Expediciones Sierra Norte (Karte S. 792 f.; ☎ 514-82-71; www.sierranorte.org.mx; Bravo 210; 🕑 Mo–Fr 9–19, Sa 9–14 Uhr) ist eine gut geführte, erfolgreiche Gemeindeorganisation, die Wander-, Mountainbike- und Reittouren sowie Unterkünfte in der schönen Bergregion von Pueblos Mancomunados nordöstlich der Stadt anbietet. S. S. 823 für weitere Infos.

Das sehr gut organisierte **Tierraventura** (Karte S. 792 f.; ☎ 501-13-63; www.tierraventura.com, www.tierraventura.wordpress.com; Abasolo 217; Mo–Fr 10–14 & 16–18 Uhr) wird von einem mehrsprachigen deutsch-schweizerischen Paar geleitet. Es bietet eine große Auswahl von Ausflügen und Aktivitäten an, in deren Mittelpunkt Wanderungen, Natur, Treffen mit Einheimischen, traditionelle indigene Medizin und die Mitarbeit bei lokalen Tourismusprojekten stehen. Nach Möglichkeit werden die Teilnehmer von einheimischen Führern begleitet. Tierraventura übernimmt auch die Logistik, wenn man Orte wie Pueblos Mancomunados (S. 823) besichtigen will, und bietet die seltene Gelegenheit, sich mit der traditionellen Medizin vertraut zu machen. Dabei arbeitet es mit CECIPROC zusammen, einer Nichtregierungsorganisation, die die Verbesserung der Gesundheit der indigenen Bevölkerung und das Zentrum für traditionelle Medizin in Capulálpam (S. 825) unterstützt. Die Preise betragen für die meisten Touren zwischen 700 und 1100 Mex$ pro Person und Tag.

Zona Bici (Karte S. 792 f.; ☎ 516-09-53; www.oaxacawebs.org/zonabici; García Vigil 406; Mo–Sa 10.30–14.30 & 16.30–20.30 Uhr) bietet einfache bis mittelschwere vierstündige Mountainbike-Touren in den Valles Centrales für 400 Mex$ pro Teilnehmer an (mind. 2 Pers.). Der italienische Besitzer kann das Tempo ordentlich erhöhen, wenn gewünscht.

Das westlich von Monte Albán (Karte S. 812) ansässige Unternehmen **Rancho Buenavista** (Karte S. 792 f.; ☎ 501-22-82; 951-5696773; www.ranchobuenavista.com.mx; 5 de Mayo 204; Mo–Fr 10–13 & 16–20 Uhr) ist in mexikanisch-italienischem Besitz und perfekt für Traveller, die so aktiv wie möglich sein wollen. Die Hauptaktivitäten sind Klettern, Bergtouren, Wanderungen und Mountainbiketouren unterschiedlicher Schwierigkeit ab einem halben Tag Länge. Die Führer sind professionell, freundlich, qualifiziert und erfahren. Die Aktivitäten finden in den Valles Centrales, der Sierra Norte, in Santiago Apoala und Salina Blanca (einem Ort nahe San José de Gracia am Hwy 190, rund 110 km südöstlich von Oaxaca, in dem die Gemeinde Kletter-, Wander-, Schwimm- und Abseiltouren organisiert) statt. Buenavista bietet auch Bergtouren zum Pico de Orizaba, auf La Malinche und den Iztaccíhuatl an. Bei Rancho können bis zu 20 Personen in Steinhütten mit Solarstrom, eigenem Bad und Gemeinschaftsküche für 180 Mex$ pro Kopf einschließlich Frühstück übernachten. Die meisten Halbtagesaktivitäten kosten 500 bis 600 Mex$, ganztägige 600 bis 800 Mex$ und zwei Tage Wandern, Radfahren oder Klettern bei Apoala 1100 bis 1400 Mex$.

Ecoturixtlán (Karte S. 787; ☎ 951-514-11-04; Rayón 608; Mo–Fr 8–14 & 16–19, Sa 8–11 Uhr) ist die Tourismusorganisation des Örtchens Ixtlán (S. 824) in der Sierra Norte von Oaxaca. Das Büro in Oaxaca hat Infos und bucht gemütliche Cabañas im Wald, geführte Wanderungen und andere Aktivitäten.

Reisende dürfen gerne an den Yoga-, Meditations- und Tai-Chi-Kursen (bis zu 50 Mex$) der Casa del Ángel (S. 804) teilnehmen. Yogakurse finden mindestens dreimal täglich statt (außer samstags), andere Aktivitäten mehrmals wöchentlich.

Vogelfans sei Oaxaca Birding Tours in Teotitlán del Valle (s. S. 816) empfohlen. Der beste Reitstall der Region ist die Casa Sagrada (S. 816) in Teotitlán – in Oaxaca kann man bei La Mano Mágica (S. 808) buchen.

KURSE

Oaxaca ist sehr beliebt bei Travellern, die Spanisch sprechen oder mexikanisch kochen lernen wollen (s. Kasten S. 799).

Sprache

Die Stadt verfügt über zahlreiche etablierte Sprachschulen, und ständig kommen neue hinzu. Alle bieten Unterricht in kleinen Gruppen auf unterschiedlichen Levels an, meist mit dem Schwerpunkt auf der gesprochenen Sprache. Die meisten haben auch zusätzliche Aktivitäten, beispielsweise Tanz-, Web- und Kochkurse, Filme, Vorträge, Ausflüge und *intercambios* (Treffen mit Einheimischen zur Konversation), im Programm. In den meisten Schulen kann man immer montags anfangen. Viele bieten auch Einzelunterricht, themenbezogenen Unterricht und Komplettpakete an. Bücher und andere Lehrmaterialien muss man bei einigen Schulen extra bezahlen.

Die Schulen organisieren meist Unterkünfte im Hotel, in einer Wohnung oder bei einer Gastfamilie. Letzteres kostet durchschnittlich 16 bis 22 US$ pro Tag mit Frühstück, 20 bis 25 US$ mit zwei Mahlzeiten und 21 bis 27 US$ mit Vollpension.

Amigos del Sol (Karte S. 787; ☎ 520-01-18; www.oaxacanews.com/amigosdelsol.htm; Pino Suárez 802; 15 Std./Woche 105 US$) Die bei Travellern beliebte Schule bietet ein gutes Preis-Leistungs-Verhältnis. Man kann an jedem Wochentag anfangen – einfach am Tag zuvor zwischen 14 und 16 oder nach 20 Uhr den Direktor auf Handy anrufen (☎ 951-1968039). Keine Mindestdauer und keine Einschreibegebühr.

Becari Language School (Karte S. 792 f.; ☎ 514-60-76; www.becari.com.mx; Bravo 210; 15/20/30 Std./Woche 120/160/240 US$) Bei dieser mittelgroßen Schule kann man jeden Montag anfangen. Wer nur kurz vorbeischaut, braucht die Einschreibegebühr von 70 US$ nicht zu bezahlen. Im Angebot sind auch Kurse in Slang, der Sprache der Zapoteken und Holzschnitzerei. Freiwilligenarbeit wird auch vermittelt.

Instituto Cultural Oaxaca (Karte S. 787; ☎ 515-34-04; www.icomexico.com; Juárez 909; Hauptprogramm 1/2/3/4 Wochen 160/265/365/465 US$) Das beliebte Programm des ICO beinhaltet täglich sieben Unterrichtsstunden, *intercambios* und Kunst-, Handwerks- und Kulturworkshops. Viele Kurse finden in den weitläufigen Gärten der Schule statt. Die Einschreibegebühr beträgt 55 US$.

Oaxaca International (Karte S. 792 f.; ☎ 514-73-24; www.oaxacainternational.com; Libres 207; 15/20/30 Std./Woche 105/140/210 US$) Im Preis sind jede Menge Workshops enthalten. Die Klassenzimmer liegen um einen hübschen Innenhof herum. Im Grundkurs wird vor allem Wert auf Konversation gelegt, in den Fortgeschrittenenkursen werden etwas Literatur und mehr Grammatik gelehrt.

Soléxico (Karte S. 792 f.; ☎ /Fax 516-56-80; www.solexico.com; Abasolo 217; 15/25 Std. pro Woche 120/198 US$) Die professionelle Schule hat Filialen in Playa del Carmen und Puerto Vallarta, sodass Schüler den Unterricht an mehreren Orten nehmen können. Im Angebot ist auch ein Mix aus Sprachunterricht und Freiwilligenarbeit (vor allem mit Kindern). Wer nur kurz kommt, braucht die Einschreibegebühr von 80 US$ nicht zu zahlen.

Außerdem zu empfehlen:

Academia Vinigúlaza (Karte S. 787; ☎ 513-27-63; www.vinigulaza.com; Abasolo 503; Woche mit 15/20 Std. 105/140 US$)

Español Interactivo (Karte S. 792 f.; ☎ 514-60-62; www.studyspanishinoaxaca.com; Armenta y López 311B; 15/20/30/40 Std./Woche 120/160/240/320 US$)

Oaxaca Spanish Magic (Karte S. 792 f.; ☎ 516-73-16; www.oaxacaspanishmagic.com; Berriozábal 200; 15/20 Std./Woche 95/120 US$)

GEFÜHRTE TOUREN

Wer wenig Zeit hat, spart sich Ärger, wenn er eine geführte Tour mitmacht, und hat auch noch Spaß. Eine durchschnittliche vierstündige Tour in einer kleinen Gruppe nach El Tule, Teotitlán del Valle und Mitla oder Arrazola, Cuilapan und Zaachila oder nach Monte Albán kostet rund 180 Mex$ pro Person. Längere Touren – etwa nach El Tule, Teotitlán del Valle, Mitla, Hierve El Agua und zu einer *mezcal*-Brennerei – kosten um die 280 bis 300 Mex$. Eintritt und Mahlzeiten sind meist extra zu bezahlen. Touren dieser Art kann man in vielen Hotels oder direkt bei Agenturen wie **Turismo El Convento** (Karte S. 792 f.; ☎ 516-18-06; www.oaxacaexperts.com; Camino Real Oaxaca, 5 de Mayo 300) und **Continental-Istmo Tours** (Karte S. 792 f.; ☎ 516-96-25; Alcalá 201) buchen.

Academic Tours in Oaxaca (außerhalb der Karte S. 787; ☎ 518-47-28; http://academictoursoaxaca.com; Nieve 208A, Lomas del Crestón) bietet individuelle, auf die Interessen der Teilnehmer ausgerichtete Touren an, die sehr empfehlenswert sind. Eine ganztägige Tour für zwei bis vier Personen kostet durchschnittlich 240 bis 280 US$.

FESTIVALS & EVENTS

In Oaxaca werden alle nationalen Feste gefeiert und zusätzlich mehrere eigene, von denen die Guelaguetza (s. Kasten S. 800) das größte und spektakulärste ist.

Día de los Muertos (Tag der Toten) Der 2. November ist hier ein Großereignis. Die Events beginnen einige Tage vorher, z. B. mit Musik und Tanz auf dem Hauptfriedhof, dem Panteón General (außerhalb der Karte S. 787). Einige Gästehäuser und Agenturen organisieren Touren zu den Dörfern.

Posadas Neun nächtliche Prozessionen durch einzelne Stadtviertel symbolisieren die Reise von Maria und Joseph nach Bethlehem. Sie finden zwischen dem 16. und 24. Dezember statt.

Día de la Virgen de la Soledad Am 18. Dezember finden Prozessionen und traditionelle Tänze wie die Danza de las Plumas bei der Basílica de la Soledad (Karte S. 787) statt.

Noche de los Rábanos (Nacht der Radieschen) Am 23. Dezember werden faszinierende Figuren, die aus eigens dafür angebauten Rettichen geschnitzt sind, auf dem Zócalo ausgestellt.

SCHLAFEN

Es gibt Übernachtungsmöglichkeiten von billigen Hostels bis hin zu Luxushotels in historischen Kolonialgebäuden. Außerdem stehen viele charmante Mittelklassehotels und gemütliche B&Bs zur Verfügung. Bei einigen Unterkünften (vor allem der mittleren und gehobenen Kategorie) sind die Preise zu Semana Santa, Guelaguetza, Día de los Muertos und Weihnachten/Neujahr höher.

Budgetunterkünfte

In Oaxaca gibt es wahrscheinlich mehr Budgetunterkünfte als in jeder anderen mexikanischen Stadt. Alle im Folgenden aufgeführten Hostels haben, falls nicht anders angegeben, Gemeinschaftsbäder und Küchen, in denen man selber kochen kann.

Hostal Pochón (Karte S. 787; ☎ 516-13-22; www.hostalpochon.com; Callejón del Carmen 102; B 90 Mex$, DZ 230–340 Mex$, alle inkl. Frühstück; ⊠ 💻) Das beliebte Pochón hat fünf kleine Schlafsäle und vier Zimmer mit bequemen Betten, eine voll ausgestattete Küche, einen guten Gemeinschaftsbereich und keine Schließzeiten. Zum Angebot gehören zudem Radtouren auf eigene Faust, Kochkurse, Gepäckaufbewahrung, billige Telefongespräche und kostenloser Internetzugang.

Mezkalito Hostel (Karte S. 787; ☎ 514-30-01; www.mezkalitohostel.com; Independencia 101; B 90 Mex$, DZ mit/ohne Bad 300/270 Mex$, alle inkl. Frühstück; 💻) Die Ausstattung des entspannten, recht neuen,

DIE KÜCHE VON OAXACA

Oaxaca hat seine eigene pikante Version der mexikanischen Küche, die auf den berühmten sieben *moles* (Saucen, die normalerweise zu Hühnchen oder Schwein serviert werden) basiert. Weitere lokale Spezialitäten sind *tasajo* (weichgeklopfte Rindfleischscheiben), *tlayudas* (große, knusprige Tortillas mit verschiedenen Belägen, manchmal auch „oaxacanische Pizza" genannt), *memelas* (dicke Tortillas mit Käse, Bohnen, Chilisauce und manchmal noch mehr Zutaten), *quesillo* (fadenziehender Käse) und *chapulines* (Heuschrecken – gewöhnlich mit Cayennepfeffer, Zwiebeln und Knoblauch gebraten). Einige der besten Köche Oaxacas weihen Besucher in ihre Geheimnisse ein und machen die Stadt zu einem der besten Orte des Landes, um die mexikanische Kochkunst zu lernen. Die im Folgenden genannten Kurse werden auf Englisch abgehalten. Die Kurse beinhalten Marktbesuche, bei denen die Zutaten eingekauft werden.

Seasons of My Heart (☎ 951-5080469; www.seasonsofmyheart.com; Gruppentageskurs inkl. Transport 75 US$/Pers., mehrtägige Kurse & geführte Touren ab 1495 US$) Kochschule auf einer Ranch im Valle de Etla. Sie wird von der amerikanischen Köchin (und Expertin für Oaxaca-Küche) Susana Trilling geleitet, die Interessierten die Geheimnisse der mexikanischen und oaxacanischen Küche verrät. Das Angebot reicht von eintägigen Gruppenveranstaltungen (hauptsächlich mittwochs) bis zu mehrwöchigen Kursen. Zusätzlich werden faszinierende kulinarische Ausflüge durch den Bundesstaat Oaxaca und andere mexikanische Regionen veranstaltet.

La Casa de los Sabores (Karte S. 792 f.; ☎ 516-57-04; www.laolla.com.mx; Libres 205; 65 US$/Pers.) Pilar Cabrera, die Besitzerin des Restaurants La Olla, gibt dienstags und donnerstags von 9.30 bis 14 Uhr Unterricht in ihrer Pension im Zentrum Oaxacas. Die Teilnehmer (mind. 4, max. 8 Pers.) kochen und essen eines der 15 fünfgängigen mexikanischen oder oaxanischen Menüs von der Speisekarte, unter denen meist auch einige vegetarische Optionen sind.

La Casa de mis Recuerdos (☎ 515-84-83; www.almademitierra.net; Pino Suárez 508; 65 US$/Pers.) Nora Valencia stammt aus einer Dynastie berühmter oaxacanischer Köche. Im charmanten B&B ihrer Familie (s. S. 802) oder in ihrem Haus ganz in der Nähe hält sie vier- bis fünfstündige Kurse für Gruppen ab (mind. 4 Pers.). Anmelden muss man sich 48 Stunden im Voraus. Zuerst geht's zum Markt, dann wird ein oaxacanisches Mittagessen zubereitet und verspeist.

Casa Crespo (☎ 514-11-02; www.casacrespo.com; Crespo 415; 60 US$/Pers.) Der liebenswürdige Óscar Carrizosa bietet in seiner Pension (s. S. 802) täglich um 10.30 Uhr Kurse für kleine und größere Gruppen an. Angeboten werden vorkoloniale, koloniale und festliche Gerichte. Normalerweise erstellt man ein Menü mit sechs Gängen und zwei verschiedenen Getränken, besorgt die Zutaten auf dem Markt, kocht das Ganze und verspeist es danach – insgesamt dauert das vier bis fünf Stunden.

Andere Veranstaltungsorte für Kochkurse sind das Learning Center (S. 801; vegetarische Gerichte), bei Rancho Buenavista (S. 797), im Hostal Pochón (S. 799) und in der Casa Sagrada (S. 816) in Teotitlán del Valle.

umgebauten Hostels ist wirklich gut. Die Betten der Schlafsäle haben dicke Matratzen, die Bäder sind ordentlich und sauber, und es gibt eine erhöhte rückwärtige Terrasse und einen Hof zum Chillen sowie eine Gepäckaufbewahrung.

La Villada Inn (außerhalb der Karte S. 787; ☎ 518-62-17; www.lavillada.com; Felipe Ángeles 204, Ejido Guadalupe Victoria; B 97 Mex$, EZ/DZ mit Gemeinschaftsbad 118/238 Mex$, EZ/DZ/3BZ/4BZ mit eigenem Bad 238/300/356/475 Mex$; Ⓟ 🖳 🏊) La Villada liegt zwar am äußersten Nordrand der Stand, hat aber eine ausgezeichnete Ausstattung und eine freundliche, englischsprachige Belegschaft und ist ruhig gelegen. Zum Gemeinschaftsbereich gehören ein **Restaurant** (🕑 8–20 Uhr; Gerichte 28–40 Mex$), eine Bar mit Billardtisch und ein toller Swimmingpool. Es gibt keine Küche. Die Zimmer sind mit Gemälden, Kunsthandwerk, Kabel-TV, guten Holzmöbeln und eigenen Bädern ausgestattet. Ein Taxi vom Stadtzentrum kostet rund 45 Mex$, aber die Leute vom Hostel holen Gäste zwischen 8 und 20 Uhr kostenlos am 1.-Klasse-Busbahnhof ab. Internetreservierung ist empfehlenswert.

Hotel Posada El Chapulín (Karte S. 792 f.; ☎ 516-16-46; hotelchapulin@hotmail.com; Aldama 317; Zi. 200–250 Mex$, 3BZ/4BZ 280/360 Mex$; 🖳) Das kleine Chapulín ist in Familienbesitz und immer voller Backpacker aus aller Welt. In der Eingangshalle gibt es Graffiti, und von der Dachterrasse hat man einen tollen Blick auf Monte Albán. Die acht Zimmer sind klein und bunt und haben Ventilator, TV und ein Badezimmer mit Warmwasser.

Es gibt jede Menge weitere Budgetunterkünfte:

Hostel Luz de Luna Nuyoo (Karte S. 792 f.; ☎ 516-95-76; www.geocities.com/luznuyoo; emayoral71@hotmail.com; Juárez 101; B 70 Mex$, DZ mit Gemeinschaftsbad/eigenem Bad 180/200 Mex$; 🖳) Günstiges, geselliges Hostel mit einfacher Ausstattung. Die Schlafsäle sind nach Frauen, Männern und Paaren getrennt und liegen um einen großen Innenhof herum.

GROSSE UND KLEINE GUELAGUETZAS

Die Guelaguetza ist das tolle Festival des Volkstanzes von Oaxaca, das an den ersten beiden Montagen nach dem 16. Juli abgehalten wird (außer wenn der 18. Juli, der Todestag von Benito Juárez, auf einen Montag fällt; die Guelaguetza findet dann am 25. Juli und am 1. August statt.) Das wichtigste Event gibt's von 10 bis 13 Uhr auf der Freilichtbühne des Auditorio Guelaguetza (Karte S. 787) auf dem Cerro del Fortín zu sehen: Prachtvoll gekleidete Tänzer aus den sieben Regionen des Bundesstaates Oaxaca führen eine Reihe von traditionellen würdevollen, lebhaften und komischen Tänzen auf, wobei sie am Ende der Vorstellung Geschenke in die Zuschauermassen werfen. Höhepunkt des Ganzen sind der unglaublich farbenfrohe Ananastanz der Frauen aus der Region Papaloapan und der prächtige, stolze Zapotec Danza de las Plumas (Federtanz), der symbolisch die spanische Eroberung nachstellt. Während der Guelaguetza finden auch viele andere farbenfrohe Veranstaltungen statt, die die regionale Kultur von Oaxaca feiern. Während der Festlichkeiten besuchen mehrere Tausend Menschen die Stadt (u. a. aber auch Taschendiebe, also aufgepasst!).

Die Sitzplätze im Amphitheater (das etwa 10 000 Personen fasst) sind in vier Bereiche unterteilt, die sogenannten *palcos*. Tickets für die *palcos* A und B (etwa 400 Mex$), die der Bühne am nächsten liegen, werden etwa ab April in den Touristeninformationen Oaxacas verkauft. Man bekommt sie auch über einige der Unterkünfte und normalerweise über **Ticketmaster** (www.ticketmaster.com.mx) und **Go-Oaxaca** (www.go-oaxaca.com). Die zwei größeren, im hinteren Bereich gelegenen *palcos* C und D sind kostenlos und schnell belegt – wer bis 8 Uhr kommt, ergattert sicher einen Platz, doch wer erst um 10 Uhr eintrifft, kann man sich glücklich schätzen, wenn er noch einen Stehplatz bekommt. Alle Sitzplätze sind unter freiem Himmel, ohne Schutzdach – man sollte sich also entsprechend ausrüsten.

Die Guelaguetza-Feiern haben ihren Ursprung in der kolonialzeitlichen Verschmelzung einheimischer Riten mit den christlichen Feierlichkeiten zu Ehren der Virgen del Carmen. Als Reaktion auf die Kontrolle und Ausnutzung der offiziellen Guelaguetza durch lokale Politbonzen besuchen manche Leute heute lieber die kleineren Guelaguetzas anderer Städte und Dörfer wie Zaachila, Cuilapan, Tlacochahuaya und Reyes Etla. Die kleineren Feste werden normalerweise an denselben Tagen und häufig auf Berggipfeln oder an Hängen abgehalten und sind oft eine erfrischende Abwechslung zu den Menschenmassen und zum Trubel Oaxaca Citys.

Hostal Santa Isabel (Karte S. 792 f.; ☎ 514-28-65; hostalsantaisabeloax@hotmail.com; Mier y Terán 103; B 70 Mex$, DZ 170 Mex$; 💻) Eine ruhige, friedliche Unterkunft mit Schlafsälen (einer nur für Frauen) und unterschiedlichen Zimmern um zwei begrünte Innenhöfe herum. Wer ein eigenes Zimmer will, sollte die luftigen im oberen Stockwerk nehmen.

Banana Magic Hostel (Karte S. 792 f.; ☎ 516-76-67; www.magichostel.com.mx; Murguía 601A; B 70 Mex$, EZ/DZ/3BZ 170/200/270 Mex$; 💻) Ein weiteres entspanntes, geselliges Hostel mit gemütlichem Wohnzimmer und Dachterrasse, Bar und Grillplatz. Einer der Schlafsäle ist nur für Frauen.

Hostal Paulina (Karte S. 792 f.; ☎ 516-20-05; www.paulinahostel.com; Trujano 321; B/EZ/DZ/3BZ/4BZ inkl. Frühstück 125/280/300/450/600 Mex$; 💻) Das tadellos saubere und effizient geführte Hostel hat 92 Betten, die sich auf Zimmer und Schlafsäle für vier bis elf Personen verteilen, aber keine Kochgelegenheit. Am besten ein Bett abseits der lauten Straße wählen.

Mittelklassehotels

Oaxaca hat einige nette Hotels und B&Bs, von denen sich viele in Gebäuden aus der Kolonialzeit oder im Kolonialstil befinden.

Hotel Posada Catarina (Karte S. 792 f.; ☎ 516-42-70; www.hotelesdeoaxaca.com; Aldama 325; Zi. 350–450 Mex$, 4BZ 600 Mex$; Ⓟ 💻) Das Catarina liegt an einer lauten Straße südwestlich vom Zócalo, ist aber geräumig und elegant. Es gibt kleine, grüne Innenhöfe und eine tolle Dachterrasse. Die sauberen und komfortablen Zimmer sind mit Telefon, Kabel-TV und altmodischen Holzmöbeln ausgestattet. Im Preis ist eine Stunde Internetbenutzung inbegriffen.

Hotel Posada del Centro (Karte S. 792 f.; ☎ 516-18-74; www.mexonline.com/posada.htm; Independencia 403; EZ/DZ mit Gemeinschaftsbad 200/300 Mex$, Zi. mit eigenem Bad 450 Mex$; Ⓟ) Die Posada del Centro liegt um zwei große, begrünte Innenhöfe. Die 22 Zimmer sind etwas spartanisch, aber einigermaßen gemütlich, und mit Ventilator und tollem Kunsthandwerk aus Oaxaca ausgestattet. Die Angestellten sind jung, aufmerksam und hilfsbereit.

Learning Center (Karte S. 787; ☎ 515-01-22; www.learningcenteroaxaca.com; Murguía 703; EZ/DZ inkl. Frühstück 35/45 US$, Apt. 700 US$/Monat; 💻) Das Learning Center ist ein erfolgreiches gemeinnütziges Zentrum für junge Dorfbewohner, die Hilfe bei der Fortsetzung ihrer Ausbildung benötigen. Das Geld, das Gäste für die beiden schönen B&B-Zimmer und das hübsche Apartment zahlen, ist ein wichtiger Beitrag zu den laufenden Kosten. Alle Zimmer sind mit Ventilator, Telefon, gutem Badezimmer und DSL-Anschluss ausgestattet.

Hotel Las Mariposas (Karte S. 792 f.; ☎ 515-58-54; www.lasmariposas.com.mx; Pino Suárez 517; EZ/DZ 450/500 Mex$, EZ-/DZ-Apt. 500/550 Mex$, alle inkl. Frühstück; ☒) Las Mariposas bietet sechs Apartments mit kleiner Küche und sieben Zimmer. Alle sind groß, makellos sauber und einfach, aber schön dekoriert. Hier ist es friedlich, freundlich und sehr sicher. Kostenloses WLAN, eine Gästeküche, Gepäckaufbewahrung und ein gutes Frühstück zählen zu den Extras, die das Hotel zu einem guten Deal machen.

Casa Los Arquitos (Karte S. 787; ☎ 132-49-75; www.casalosarquitos.com; Tamayo 818; EZ 400–650 Mex$, DZ 500–750 Mex$, alle inkl. Frühstück; 💻) Ein freundliches kleines B&B in einer malerischen Gasse in der Nähe der Bogen eines 400 Jahre alten Aquädukts. Los Arquitos hat vier astreine Zimmer mit guten, handgearbeiteten Möbeln und verschiedenen *artesanías*. Die Zutaten des „energiegeladenen" Frühstücks stammen aus biologischem Anbau. Zwei der Zimmer haben eine kleine Küche.

LP Tipp Hotel Las Golondrinas (Karte S. 792 f.; ☎ 514-21-26; hotellasgolondrinas.com.mx; Tinoco y Palacios 411; EZ 480 Mex$, DZ 520–600, 3BZ 600 Mex$; ☒ 💻) Die freundlichen Besitzer kümmern sich liebevoll um das tolle, kleine Hotel. Die rund 30 Zimmer liegen um drei schöne, begrünte labyrinthartige Innenhöfe. Das Haus ist oft ausgebucht, deshalb lieber im Voraus reservieren! Keines der Zimmer ist riesig, aber alle sind geschmackvoll eingerichtet und absolut sauber. Das gute Frühstück (nicht im Preis inbegriffen) wird in einem der Innenhöfe serviert. Sehr gutes Preis-Leistungs-Verhältnis!

LP Tipp Hotel Azucenas (Karte S. 792 f.; ☎ 514-79-18, 800-717-25-40, in den USA & in Kanada 800-882-6089; www.hotelazucenas.com; Aranda 203; EZ/DZ 500/550 Mex$; ☒ 💻) Das Azucenas ist ein freundliches Hotel in einem wunderbar restaurierten hundertjährigen Haus, das von Kanadiern sehr gut geführt wird. Die zehn makellos sauberen, kühlen Zimmer sind gefliest und haben große Bäder. Auf der schönen Dachterrasse wird ein Frühstücksbüffet (44 Mex$) aufgebaut.

Hotel Casa Arnel (Karte S. 787; ☎ 515-28-56; www.casaarnel.com.mx; Aldama 404, Colonia Jalatlaco; EZ/DZ 165/275 Mex$, mit eigenem Bad ab 440/550 Mex$; 💻) Die altehrwürdige, von Travellern erprobte Casa Arnel ist in Familienbesitz und nur fünf Gehminuten vom 1.-Klasse-Busbahnhof entfernt. Die sauberen, kleinen und gepflegten Zimmer liegen um einen großen, grünen

Innenhof, und vom Gemeinschaftsbereich oben hat man einen tollen Ausblick. Die Zimmer mit eigenem Bad sind vor Kurzem renoviert worden. Das Arnel bietet Travellern viel Service, z. B. Frühstück, Autovermietung und Busreservierung.

Hotel Cazomalli (Karte S. 787; ☎ 513-86-05; www.hotelcazomalli.com; El Salto 104; EZ 470 Mex$, DZ 550–600 Mex$, 3BZ/4BZ 650/720 Mex$; 💻) Das einladende Cazomalli ist mit geschmackvoller Kunst aus Oaxaca dekoriert, z. B. haben die Betten sensationelle geschnitzte und bemalte Kopfbretter. Das Haus liegt fünf Gehminuten vom 1.-Klasse-Busbahnhof entfernt in der ruhigen Colonia Jalatlaco. Die 18 Zimmer sind mit Safe, Ventilator, Telefon, Trinkwasser in Flaschen und Fön ausgestattet. Von der Dachterrasse aus hat man einen schönen Blick. Frühstück gibt es von 8 bis 10 Uhr.

Casa de la Tía Tere (Karte S. 787; ☎ 501-18-45; www.casadelatiatere.com; Murguía 612; Zi. inkl. Frühstück 600–700 Mex$, 4BZ 850 Mex$; P 💻 🏊) Das Tía Tere zählt zu den wenigen Mittelklassehotels mit Swimmingpool. Einige der 20 großen und meist hellen Zimmer haben einen Balkon und alle eine super Dusche. Die vier am Pool und am Rasen hinten haben eine eigene Küche, zwei von ihnen zwei Schlafzimmer sowie Ess- und Wohnbereich. Außerdem gibt es eine große, saubere Küche, kostenlosen Kaffee und Internetzugang.

Casa Adobe (☎ 517-72-68; www.casaadobe-bandb.com; Independencia 11, Tlalixtac de Cabrera; EZ/DZ inkl. Frühstück 47/57 US$, Apt. 65 US$) Die mexikanisch-amerikanisch geführte Unterkunft liegt 8 km östlich der Stadt in einer ruhigen Gasse von Tlalixtac de Cabrera (s. Karte S. 812) und ist ein netter, ländlicher Ruhepol. Sie ist zu 80 % aus Lehmziegeln erbaut und voller schöner Gemälde und *artesanías*. Die drei Zimmer mit Ventilator liegen um einen herrlichen kleinen Innenhof herum. Außerdem gibt es eine schöne Dachterrasse. Die Besitzer holen Gäste bei der Ankunft in Oaxaca ab und bringen sie am ersten Tag kostenlos hin (sonst kostet es 70 Mex$ mit dem Taxi und 7 Mex$ mit dem *colectivo*). Je nach Saison beträgt der Mindestaufenthalt zwei oder drei Tage.

LP Tipp Las Bugambilias (Karte S. 792 f.; ☎/Fax 516-11-65, in der USA 877-629-2272; www.lasbugambilias.com; Reforma 402; EZ 50–95 US$, DZ 65–105 US$, inkl. Frühstück; ⊠ ❄ 💻) Das entzückende B&B hat neun Zimmer, die mit einer innovativen Mischung aus Antiquitäten, Volks- und Gegenwartskunst ausgestattet sind. Einige haben Klimaanlage und/oder Balkon, alle ein gefliestes Bad und einen Ventilator. Besonders toll ist das zweigängie Gourmet-Frühstück nach Oaxaca-Art. Weitere Extras sind schneller Internetzugang, kostenlose Telefonate in die USA und nach Kanada und eine einladende Dachterrasse mit phantastischem Ausblick. Wer bar zahlt, kriegt 10 % Rabatt.

Hotel Parador San Agustín (Karte S. 792 f.; ☎ 516-20-22, 800-507-34-09; www.mexonline.com/sanagustin.htm; Armenta y López 215; EZ/DZ/3BZ/4BZ inkl. Frühstück 650/750/850/950 Mex$) Eine Villa aus dem 16. Jh. mit einem tollen Innenhof aus grünem Stein und mit Säulen wurde zu diesem attraktiven Hotel mit 16 Zimmern umgebaut. Die Zimmer strahlen eine wunderbare Oaxaca-Atmosphäre aus und haben Telefon, Ventilator, Kabel-TV und ein großes Bad.

La Reja (Karte S. 792 f.; ☎ 514-59-39; www.hospederialareja.com.mx; Abasolo 103; Zi. inkl. Frühstück 750–850 Mex$) Ein nettes, kleines Hotel mit geschmackvollen, gemütlichen Zimmern in orange, gelb und rosa, die um einen ruhigen Innenhof mit tropischen Pflanzen liegen.

Casa Crespo (Karte S. 792 f.; ☎ 514-11-02; www.casacrespo.com; Crespo 415; Zi. inkl. Frühstück 90 US$) Die beiden großen luxuriösen Zimmer des einladenden B&Bs mischen klassischen, zapotekischen und mixtekischen Stil und sind mit faszinierenden Originalwerken ausgestattet. Das Haus hat einen schönen Hof. Es werden auch Kochkurse und an manchen Abenden das originellste Essen von Oaxaca (S. 805) angeboten. Kinder unter zwölf Jahren sind nicht erwünscht.

La Casa de mis Recuerdos (Karte S. 792 f.; ☎ 515-56-45; www.misrecuerdos.net; Pino Suárez 508; EZ 50–75 US$, DZ 90–100 US$, alle inkl. Frühstück; ⊠ ❄) Eine wunderbare, dekorative Ästhetik herrscht in dieser Unterkunft mit zehn Zimmern vor. Alte Fliesen, Spiegel, Masken und allerlei mexikanische Arbeiten schmücken die Wände und Flure. Die besten Zimmer gehen zu einem wohlriechenden Garten hinaus. Zwei Quartiere haben eine Klimaanlage und zwei ein Gemeinschaftsbad. Das üppige Frühstück wird im tollen Speisesaal serviert und ist ein echtes Highlight. Die Besitzerin Nora Valencia bietet auch Kulturtrips und Kochkurse an. Man muss mindestens drei Nächte bleiben. Die Besitzer haben noch zwei B&Bs mit einem ähnlich tollen Frühstück in zwei schön gestalteten kleineren Häusern kaum weiter vom Zentrum entfernt – **Encanto Jalatlaco** (Karte S. 787; Niños Héroes 115; EZ/DZ inkl. Frühstück 90/120 US$; ⊠) und

Estancia de Valencia (Karte S. 787; Maza de Juárez 207; EZ/DZ inkl. Frühstück 90/120 US$; ☒).

Spitzenklassehotels

Die besten Unterkünfte der Spitzenklasse strahlen eine koloniale Atmosphäre aus.

Hostal CasAntica (Karte S. 792 f.; ☎ 516-26-73; www.hotelcasantica.com; Morelos 601; Zi. 990–1190 Mex$;) In diesem komfortablen Hotel, das einen Teil eines 200 Jahre alten, ehemaligen Konvents einnimmt, werden Gäste freundlich empfangen. Die Zimmer haben unverputzte Stein- und Ziegelwände, sind im Kolonialstil eingerichtet und verfügen über Telefon, Kabel-TV und WLAN, größtenteils auch über einen Safe. Im vorderen Hof befindet sich ein gutes Restaurant mit Bar, im hinteren ein schöner beheizter Pool.

Casa de Sierra Azul (Karte S. 792 f.; ☎ 514-84-12; www.hotelcasadesierrazul.com.mx; Hidalgo 1002; Zi. 1000–1310 Mex$; P) Das Sierra Azul ist ein 200 Jahre altes Haus, das in ein schönes, kleines Hotel umgewandelt wurde. Mittelpunkt ist ein großer Innenhof mit Springbrunnen und Steinsäulen. Die recht geräumigen, geschmackvollen Zimmer haben hohe Decken, altmodische Möbel, toll geflieste Bäder und eine Deko aus alten Drucken und moderner Kunst.

LP Tipp Casa Oaxaca (Karte S. 792 f.; ☎ 514-41-73; www.casaoaxaca.com.mx; García Vigil 407; EZ 177 US$, DZ 254–278 US$, Suite 278–354 US$, alle inkl. Frühstück;) Die sieben großen Zimmer und Suiten in diesem umgebauten Haus aus dem 18. Jh. sind im atemberaubenden Oaxaca-Stil mit Originalgemälden und *artesanías* ausgestattet. Im hinteren Hof befinden sich ein herrlicher Pool und ein kleines Restaurant (Nicht-Gäste müssen reservieren), in dem Frühstück und Abendessen serviert werden. Kinder unter zwölf Jahren sind nicht erwünscht.

Camino Real Oaxaca (Karte S. 792 f.; ☎ 501-61-00, 800-9012300, in den USA & in Kanada 800-722-6466; www.caminoreal.com/oaxaca; 5 de Mayo 300; Zi. 3540 Mex$, Clubzi./-suite inkl. Frühstück 4545/5200 Mex$; P ☒) Das Camino Real wurde im 16. Jh. als Konvent errichtet und diente später als Gefängnis, bevor es in den 1970er-Jahren in ein prächtiges Hotel umgewandelt wurde. Die ehemalige Kapelle ist heute der Speisesaal. In einem der fünf attraktiven Innenhöfe liegt ein Swimmingpool. Die schönen, dicken Steinwände sorgen für Kühle und Atmosphäre. Die 91 Zimmer sind im Kolonialstil gehalten und haben Waschbecken aus Marmor, einen Safe und ein schönes Bad. Wegen Sonderangeboten anrufen oder auf der Website nachschauen. Manchmal kriegt man das Zimmer 40 % billiger.

ESSEN

Oaxaca hat jede Menge Restaurants, die lokale Spezialitäten, mexikanische und internationale Gerichte servieren. Am originellsten sind die wenigen, großartigen Fusion-Restaurants.

Rund um den Zócalo

Alle Cafés und Restaurants unter den Arkaden des Zócalo sind klasse, wenn man das Leben in Oaxaca beobachten möchte, aber Qualität und Bedienung sind sehr unterschiedlich.

Mercado 20 de Noviembre (Karte S. 792 f.; zw. Cabrera & Calle 20 de Noviembre; Hauptgerichte 20–35 Mex$) Auf dem Markt südlich vom Zócalo bekommt man billige *oaxaqueños*. Die meisten der unzähligen *comedores* (Imbisse) servieren lokale Spezialitäten wie Huhn in *mole negro* (einer sehr dunklen Sauce aus Chilis, Obst, Nüssen, Gewürzen und Schokolade). Am besten einen *comedor* wählen, bei dem etwas los ist. Viele sind bis zum frühen Abend geöffnet, aber früh am Tage ist das Essen besonders frisch.

La Cafetería (Karte S. 792 f.; ☎ 514-76-16; Portal de Flores 3; Gerichte 26–70 Mex$) La Cafetería ist schön an der Nordwestecke der Plaza gelegen und bereitet solide Gerichte aus Oaxaca zu.

El Asador Vasco (Karte S. 792 f.; ☎ 514-47-55; Portal de Flores 10A; Hauptgerichte 90–160 Mex$; 13.30–23.30 Uhr) Oben an der Südwestecke des Zócalo serviert Asador Vasco gute Gerichte aus Oaxaca, dem Baskenland und aller Welt. Besonders lecker sind Fleisch, Meeresfrüchte und Spezialitäten aus Oaxaca. Damit man an einem warmen Abend einen Tisch mit Blick auf die Plaza bekommt, sollte man tagsüber reservieren.

Nördlich des Zócalo

GÜNSTIG

Pan & Co (Karte S. 792 f.; ☎ 501-16-72; Allende 107B; Gebäck 10 Mex$, Brote 25–35 Mex$; Mo–Sa 9–21 Uhr) Die Bäckerei im europäischen Stil hat leckere Backwaren wie Mehrkorn- und Früchtebrot, echte Croissants und dänisches Gebäck.

La Brújula (Karte S. 792 f.; García Vigil 409D; Frühstück, Sandwiches & Salate 15–45 Mex$; Mo–Fr 8–21.30, Sa & So 9–16 Uhr) Ein super Laden für guten Kaffee, Fruchtsmoothies, Frühstück (z. B. Waffeln mit Obst), Salate und hausgemachte Brote, Kuchen und Kekse. Das bei Künstlern und ortsansässigen Ausländern beliebte Lokal bietet außerdem kostenloses WLAN.

LP Tipp Café Los Cuiles (Karte S. 792 f.; ☎ 514-82-59; Plazuela Labastida 115-1; Salate, Suppen & Snacks 18–45 Mex$; 🕑 8–22 Uhr) Los Cuiles ist zu jeder Tageszeit toll für ein Frühstück oder ein leichtes Häppchen (etwa einen Biosalat), aber auch für einen Mangolassi oder Biokaffee. Es ist geräumig, bei Besuchern und Studenten beliebt, liegt zentral und hat kostenloses WLAN und ein Lounge-Ambiente.

Casa del Ángel (Karte S. 787; ☎ 518-71-67; Dalevuelta 200; Sandwiches, Salate & Burger 20–30 Mex$; 🕑 Mo–Fr 9–18, So 9–14 Uhr; V) Das kleine, ruhige Café grenzt an ein Yogastudio und einen Health-Food-Laden in der Nähe vom Park El Llano. Serviert werden Salate, Veggie-Burger, Säfte, Tees (auch indischer Chai), ein gutes Frühstück und noch bessere Vollkornsandwiches.

Cenaduría Tlayudas Libres (Karte S. 792 f.; Libres 212; Tlayudas rund 30 Mex$; 🕑 21–4.30 Uhr) Die Leute parken um den ganzen Block in Doppelreihen, um hier zu essen. Die sättigenden, leckeren *tlayudas* sind große, leichte, knusprige und heiße Tortillas, die Frijoles, *quesillo* und eine Salsa nach Wahl umhüllen. Die abendliche Szenerie, in der mütterliche Köchinnen die Holzkohlegrills am Straßenrand entfachen und Funkenregen erzeugen, macht einen Teil der Atmosphäre aus. Man kann rundherum auf Bänken oder an Tischen im Nachbarhaus sitzen und zuschauen.

Restaurant Flor de Loto (Karte S. 792 f.; ☎ 514-39-44; Morelos 509; Hauptgerichte 35–55 Mex$; V) Flor de Loto gelingt es ziemlich gut, unterschiedlichste Gaumen zu kitzeln, bei Vegetariern genauso wie bei Fleischliebhabern. Der Hühnerspieß (48 Mex$) ist riesig und lecker, und Veggies kommen bei Spinatburgern, vegetarischen Enchiladas und *verduras al gratín* (überbackenem Gemüse) auf ihre Kosten.

Comala (Karte S. 792 f.; Allende 109; Gerichte 40–60 Mex$; 🕑 Mo–Sa 8–24 Uhr) Das schicke, trendige Café ist leicht revolutionär angehaucht und serviert leckere Salate, Burger, Sandwiches, Eiergerichte und Spezialitäten aus Oaxaca wie *tlayudas* und *enfrijoladas, entomatadas* und *enchiladas* (Maistortillas mit Bohnen-, Tomaten- und Chilisauce und verschiedenen Füllungen).

Pizza Nostrana (Karte S. 792 f.; ☎ 514-07-78; Alcalá 501A; Hauptgerichte 55–100 Mex$; 🕑 13–23 Uhr) Auf das kleine, beliebte Nostrana kann man immer zählen, wenn einem nach Pizza oder Pasta ist. Der Eingang ist über der Allende, kurz hinter der Kreuzung mit der Alcalá.

María Bonita (Karte S. 787; ☎ 516-72-33; Alcalá 706B; Frühstück 35–60 Mex$, Hauptgerichte 55–110 Mex$; 🕑 Di–Sa 8.30–21, So 8.30–17 Uhr) Hier sucht und findet man günstiges, leckeres Essen aus Oaxaca. Vor Fisch, Steak oder *mole* isst man eine leckere Vorspeise oder Suppe, beispielsweise die *sopa Xóchitl* (Kürbis, Kürbisblüten und Zuckermais). Auch die Frühstückskarte ist gut. Das alte Gebäude liegt an einer lauten Ecke, aber die geschmackvolle Kunst und die tolle Bedienung machen das wieder wett.

LP Tipp La Olla (Karte S. 792 f.; ☎ 516-66-68; www.laolla.com.mx; Reforma 402; Frühstück 55–80 Mex$, Hauptgerichte 55–120 Mex$; 🕑 Mo–Sa 8–22 Uhr; V) Das exzellente kleine Restaurant und Café bietet wunderbare Spezialitäten aus Oaxaca an, von Kaktustacos bis zu *camarones a la diabla* (Garnelen mit scharfer Chili-Tomaten-Sauce), aber auch gute Roggentortas, Säfte und Salate. Man bemüht sich um biologische und hiesige Zutaten. Das Frühstück ist super!

MITTELTEUER

La Casa del Tasajo (Karte S. 792 f.; ☎ 514-98-24; Allende 113; Hauptgerichte 70–90 Mex$; 🕑 Di–Sa 13–22, So 13–20 Uhr) Der helle Innenhof ist genau der richtige Ort, um *tasajo*, die Rindfleischspezialität von Oaxaca, zu genießen. Sie wird mit Reis und Frijoles serviert und auf verschiedene Arten zubereitet, beispielsweise am Spieß mit Zwiebeln, grünem Paprika und Speck.

Casa María Lombardo (Karte S. 792 f.; ☎ 516-17-14; Abasolo 314; Hauptgerichte 70–140 Mex$; 🕑 13.30–23 Uhr) Die dicken, weißen Mauern schaffen das richtige Ambiente für die gut zubereitete Mittelmeerküche. Zu empfehlen sind die Pizza aus dem Holzkohleofen und Huhn, Steak oder Lachs vom Grill. Im vorderen Raum kann man dem Chef zuschauen, wie er den Pizzateig geschmeidig macht.

LP Tipp La Biznaga (Karte S. 792 f.; ☎ 516-18-00; www.labiznaga.com; García Vigil 512; Hauptgerichte 70–150 Mex$; 🕑 Mo–Do 13–22, Fr & So 13–23 Uhr) La Biznaga ist das Werk zweier Brüder aus dem Distrito Federal, die sensationelle Fusionküche kreieren. Was es gibt, steht auf Tafeln über dem großen Hof, der mit schicken Kunstwerken geschmückt ist. Als Vorspeise wäre ein Salat mit Spinat, Grapefruit, Speck und Walnüssen toll, und als Hauptspeise Rindersteak mit *pasilla*-Chilis, Pflaumen und *mezcal*. Das Mittagsmenü (80 Mex$) ist ein guter Deal.

La Toscana (Karte S. 787; ☎ 513-87-42; 5 de Mayo 614, Jalatlaco; Hauptgerichte 75–150 Mex$; 🕑 Mo–Sa 14–22, So 14–18.30 Uhr) Im eleganten La Toscana verbinden sich Oaxaca und die Toskana. Es befindet sich in einem schönen Innenhof mit weißen Säulen und Kunstwerken in der Colonia Jalatlaco. Zu den köstlichen Gerichten zählen Rindermedaillons in Gorgonzolasauce und Garnelen mit Ananaspürree und Ingwer-Chili-Sauce.

1254 Marco Polo (Karte S. 787; ☎ 513-43-08; Pino Suárez 806; Frühstück 36–39 Mex$, Hauptgerichte 90–155 Mex$; 🕑 Mi–Mo 8–18 Uhr) Marco Polos beliebte Filiale an der Pino Suárez hat einen langen, schattigen Hof mit Garten. Die Bedienung ist aufmerksam, das Essen sein Geld wert. Zum üppigen Frühstück gibt es viel Kaffee. Von Mittag bis Betriebsschluss sind *antojitos* (Snacks auf Tortillabasis wie Tacos), Ceviches und Meeresfrüchte aus dem Ofen die Hauptattraktionen. Die Innenstadtfiliale (Karte S. 792 f.; ☎ 514-43-60; geöffnet Mo–Sa 8–22.30 Uhr) in 5 de Mayo 103 hat dieselbe tolle Speisekarte und sehr gute Bedienung.

TEUER

Restaurante Los Danzantes (Karte S. 792 f.; ☎ 501-11-84; Alcalá 403; Suppen, Vorspeisen & Pasta 50–90 Mex$, Hauptgerichte 125–160 Mex$; 🕑 14.30–23.30 Uhr) Köstliche mexikanische Fusion-Gerichte und sensationelle, von einem Architekten konzipierte Räumlichkeiten machen Los Danzantes zu einem der erlesensten Restaurants von Oaxaca. Der alte, koloniale, nach oben halb geöffnete Innenhof wird heute durch hohe, strukturierte Mauern aus Lehmziegeln und kühle Wasserbecken in einer hypermodernen Anordnung aufgefrischt. Die gastfreundliche junge Belegschaft serviert eine kleine, aber erstklassige Auswahl von Gerichten. Zu empfehlen sind die exzellenten Entengerichte. Der einzige Wermutstropfen ist, dass die Portionen so klein sind. Auch die Nachspeisen sind sehr gut, und das Restaurant hat seinen eigenen *mezcal*.

Casa Oaxaca (Karte S. 792 f.; ☎ 516-88-89; Constitución 104A; Hauptgerichte 120–230 Mex$; 🕑 Mo–Sa 13–22 Uhr) Das Restaurant des Casa Oaxaca Hotel verbindet auf magische Weise Zutaten und Geschmacksrichtungen aus Oaxaca und Europa. Das bezeugen etwa die knusprigen Ententacos mit roter *mole*, oder die Wild-*tamales*. Das Ganze wird hervorragend präsentiert – und durch den Innenhof und die gute Weinkarte noch aufgewertet.

Casa Crespo (Karte S. 792 f.; ☎ 514-11-02; Crespo 415; Abendessen 400 Mex$; 🕑 19–22 Uhr) Das Abendessen „Teatro Culinario" („kulinarisches Theater") im Hof der Unterkunft ist ein unglaubliches Erlebnis, bei dem der ultrakreative Küchenchef José-Luis ungefähr sieben Gänge serviert. Dazu verwandelt er lokale Zutaten in erstaunliche Kunstwerke mit einzigartiger Geschmacksnote und Textur. Getränke sind im Preis inbegriffen. Es muss im Voraus reserviert werden.

Westlich des Zócalo

Café Alex (Karte S. 792 f.; ☎ 514-07-15; Díaz Ordaz 218; Gerichte 35–50 Mex$; 🕑 Mo–Sa 7–22, So 7–13 Uhr) Das Alex ist belebt, voller Leute, sauber und gemütlich. Hier können sich Hungrige ihre Mägen super mit günstigem Essen vollstopfen. Das Frühstück (38–48 Mex$) hat ebenso wie die mittägliche *comida corrida* zu 50 Mex$ ein gutes Preis-Leistungs-Verhältnis.

AUSGEHEN

Außer den auffälligen Cafés und Kneipen sind zahlreiche Künstler- und Bohème-Locations über die Innenstadt von Oaxaca verteilt. Wenn man Schnaps mag, ist Oaxaca der ideale Ort, um das derzeitige Trendgetränk *mezcal* zu probieren. Im Bundesstaat Oaxaca wird der beste *mezcal* der Welt hergestellt, besonders rund um Santiago Matatlán und die Albarradas-Dörfer, südlich und östlich von Mitla. Wie sein nächster Verwandter, der Tequila, wird *mezcal* aus Agaven destilliert und schmeckt *reposado* oder *añejo* (gealtert) meist besser. Unverdünnter weißer *mezcal* ist die am meisten getrunkene Sorte, aber es gibt auch Sorten mit Kräutern oder Früchten. In manchen *mezcal*-Flaschen schwimmt ein *gusano* (Wurm), der auf den Agaven lebt und ein Aphrodisiakum sein soll.

LP Tipp **Café Central** (Karte S. 792 f.; ☎ 514-20-42; Hidalgo 302; 🕑 Mi–Sa ca. 21–2 Uhr) Das Café (oder die Bar oder das Colectivo) Central ist das gesellschaftliche Zentrum von Künstlern, Alternativen und Intellektuellen aus Oaxaca und gehört einem der innovativsten Maler der Stadt, Guillermo Olguín. Es veranstaltet Konzerte mit handverlesenen Musikern (oft Do), Tanz- und Filmvorführungen. Die Wände dienen als Galerie für berühmte und völlig unbekannte Künstler. Freitags und samstags ist es eher ein Nachtclub mit unvorhersehbarer, abwechslungsreicher Musik. Manche Veranstaltungen kosten Eintritt.

Café Del Jardín (Karte S. 792 f.; ☎ 516-20-92; Portal de Flores 10) Das Jardín hat eine konkurrenzlos gute Lage unter den Arkaden in der Südwestecke des Zócalo. Abends wird man vermutlich von einer der ausgeflipptesten

OAXACAS HEISSER LIEBLING

Schokolade ist eine uralte mexikanische Nascherei und eine Spezialität von Oaxaca. Wenn auf 1500 m Höhe der Winter Einzug hält, spendet ein großer Becher dampfend heißer Trinkschokolade wohltuende Wärme; eingetunkt wird fluffiges Süßbrot. Hauptbestandteil des Getränks ist heiße Milch oder Wasser, dazu kommen normalerweise Zimt, Mandeln, Zucker und gemahlene Kakaobohnen. Rund um das Südende von Oaxacas Mercado de 20 Noviembre haben sich diverse Läden auf diese altehrwürdige Köstlichkeit spezialisiert – hier gibt's aber nicht nur Trinkschokolade, sondern auch spezielle Schokolade für *moles* (Gerichte mit Chilisaucen). Alle Shops verkaufen u.a. Schokolade mit und ohne Zimt, helle oder dunkle mit verschiedenen Zuckeranteilen und zahlreiche weitere Variationen. In den meisten Läden können Besucher beim Mischen der Zutaten in speziellen Bottichen zusehen.

Marimba-(Holzxylophon-) Combos des Landes beschallt.

Freebar (Karte S. 792 f.; Matamoros 100C; ⌚ Di–So 21–3 Uhr) In die Freebar kommt ein junges internationales Publikum, das nichts dagegen hat, zusammengepfercht Bier zu trinken und die Atmosphäre zu genießen. Wenn nicht zu viele Menschen da sind, gibt es eine Tanzfläche.

Bar del Borgo (Karte S. 792 f.; Matamoros 100B; ⌚ 10–1 Uhr) Das Borgo ist ein kleiner, aber gut konzipierter Laden neben der Freebar. Es bietet einen einzigartigen Blick auf die Straße und eine jazzige, künstlerisch angehauchte Atmosphäre, die an ein Pub erinnert. Hingehen!

La Casa del Mezcal (Karte S. 792 f.; Flores Magón 209; ⌚ 10–1 Uhr) Die seit 1935 existierende Kneipe liegt eineinhalb Blocks südlich des Zócalo und zählt zu den stimmungsvollsten in Oaxaca. Sie ist eine Cantina, aber nicht heruntergekommen. In einem Raum befinden sich eine Theke und mehrere Regalbretter mit *mezcal*, während im anderen *botanas* (Snacks) an Tischen serviert werden. Die meisten, wenn auch nicht alle Gäste, sind Männer.

La Embajada (Karte S. 792 f.; Porfirio Díaz 503; ⌚ 18–1 Uhr) In dem als La Casa de los Perros (Haus der Hunde) bekannten Gebäude sind drei zusammenhängende Kneipen untergebracht. Eine davon ist La Embajada, in die Studenten und Ausländer wegen der Rockmusik, des Collagendekors und der Getränke kommen. Es gibt Tee, Kaffee und Schokolade, Bier, *mezcal* und Wein.

Fandango (Karte S. 792 f.; ☎ 514-95-84; Porfirio Díaz 503; ⌚ 8–2 Uhr) Das neben La Embajada gelegene Fandango pflegt einen Retrostil und hat einen langen Tresen, an dem Cocktails (50–60 Mex$) serviert werden, sowie eine kleine Bühne, auf der Bands spielen.

Tapas & Pisto (Karte S. 792 f.; ☎ 514-40-93; Alcalá 403; ⌚ Di–So 19–2 Uhr) Das T&P befindet sich über dem Los Danzantes und wird seinem Motto gerecht. Der zentrale Raum ist im Stil der 1920er gehalten, mit Schwarzlicht und lauter Musik erfüllt und etwas für junge Leute. Den Kontrast bildet die ruhige **Dachterrasse** (⌚ Di–So 18–1 Uhr), von der aus man einen tollen Blick auf die Kirche Santo Domingo hat.

La Pasión (Karte S. 792 f.; ☎ 516-61-13; Alcalá 302; ⌚ 8–2 Uhr) Diese smarte zeitgenössische Cantina hat ein halbes Dutzend Leinwände, auf denen Sport und Musikclips gezeigt werden, sowie einen Bereich mit Sesseln und Sofas. Von Donnerstag bis Samstag gibt es ab 21 Uhr Latin Music live. Rein kommt man durch das Restaurant Mayordomo.

La Divina (Karte S. 792 f.; ☎ 582-05-08, Gurrión 104; ⌚ Di–So 14–1 Uhr) Der Innenraum des La Divina gegenüber der Kirche Santo Domingo erinnert an eine Disko. Es läuft Musik von Salsa über House und Trance bis Reggae. Mehrmals pro Woche treten abends Rockbands auf, ansonsten werden um 18 Uhr Filme gezeigt. Wenn es später wird, heizt sich die Stimmung oft so auf, dass die Leute teilweise draußen auf der Straße weiterfeiern.

Das Comala (S. 804) und das Café Los Cuiles (S. 804) sind ebenfalls beliebt für einen abendlichen Drink.

UNTERHALTUNG

Das Marimbaensemble und die Kapelle des Staates Oaxaca und andere Gruppen geben jeden Abend außer freitags um 18 oder 18.30 sowie mittwochs, samstags und sonntags um 12 oder 12.30 Uhr kostenlose **Konzerte auf dem Zócalo**. Weitere Locations mit Livemusik sind ab S. 805 aufgelistet.

Guelaguetza-Shows

Wer nicht das Glück hat, zur Guelaguetza (s. Kasten S. 800) in Oaxaca zu sein, kann eins der ähnlichen Events besuchen. Das schicke Camino Real Hotel (s. S. 803) veranstaltet freitags um 19 Uhr eine sehr farbenprächtige dreistündige Guelaguetza-Show (340 Mex$ inkl. Abendessen-Buffet) in einer ehemaligen Konventskapelle.

Casa de Cantera (Karte S. 792 f.; ☎ 514-75-85; Murguía 102; Eintritt 150 Mex$; ⌚ 20.30 Uhr) Jeden Abend gibt es hier eine Mini-Guelaguetza mit bunten Kostümen und Livemusik. Zum Reservieren anrufen oder nachmittags vorbeikommen.

Hotel Monte Albán (Karte S. 792 f.; ☎ 516-27-77; Alameda de León 1; Eintritt 90 Mex$; ⌚ 20.30 Uhr) Das Hotel zeigt jeden Abend eine eineinhalbstündige Version, meist zu Musik aus der Konserve.

Tanzen

LP Tipp **Candela** (Karte S. 792 f.; ☎ 514-20-10; Murguía 413; Eintritt 50 Mex$; ⌚ Do–Sa ab 22 Uhr) Die Salsa-, *cumbia-* und Merengueband und das prächtige Kolonialgebäude sorgen dafür, dass das Candela seit Jahren ganz oben auf der Liste der Top-Locations von Oaxacas Nachtleben ist. Ab 19 Uhr ist es ein Restaurant, daher sollte man zeitig kommen, um einen guten Tisch zu ergattern. Dann kann man entweder tanzen lernen (kostenloser Unterricht ab 22 oder 23 Uhr) oder zuschauen.

La Tentación (Karte S. 792 f.; ☎ 514-95-21; Matamoros 101; Eintritt 40 Mex$; ⌚ Di–So 22–3 Uhr) Fremde wie Einheimische lassen es krachen, wenn dieser Laden in Fahrt kommt – am besten ist es freitags und samstags, wenn man zu Live-Salsa, -Merengue und *-cumbia* die Hüften schwingen kann.

Kino

Cineclub El Pochote (Karte S. 787; ☎ 514-11-94; www.elpochote.blogspot.com; García Vigil 817; Eintritt frei, Spende erbeten; ⌚ Vorführung meist Di–So 18 & 20 Uhr) El Pochote zeigt unabhängige, anspruchsvolle und klassische Filme aus Mexiko und aller Welt (Letztere im Original mit spanischen Untertiteln). Meist steht jeder Monat unter einem bestimmten Motto. Um hinzukommen, muss man unter dem alten Aquädukt hindurch in den Parque El Pochote gehen.

SHOPPEN

Der Bundesstaat Oaxaca hat das vielfältigste und innovativste Kunsthandwerk von ganz Mexiko und Oaxaca City ist der wichtigste Umschlagplatz dafür. Die hochwertigsten Waren gibt es in den schicken Läden, aber die niedrigeren Preise auf den Märkten. In der Stadt bezahlt man nicht unbedingt mehr als in den Dörfern, wo die meisten Gegenstände produziert werden, aber ein großer Teil des Geldes geht an Zwischenhändler. Einige Kunsthandwerker haben sich zusammengeschlossen, um ihre Arbeiten direkt zu vermarkten (s. unten).

Die Kunsthandwerker von Oaxaca nutzen traditionelle Techniken – Gurt- und Handwebstühle, mechanische Töpferscheiben –, aber wegen der starken Nachfrage nach Kunst aus Oaxaca tauchen regelmäßig neue Produkte auf. Die als *alebrijes* bekannten bunten Phantasietiere aus Holz wurden in den letzten 20 Jahren nach dem Vorbild von Spielsachen entwickelt, die man in Oaxaca seit Jahrhunderten für Kinder schnitzt.

Weitere interessante und typische Produkte sind schwarze Töpferwaren aus San Bartolo Coyotepec, Decken, Teppiche und Wandbehänge aus Teotitlán del Valle, *huipiles* (ärmellose Tuniken für Frauen) und andere indigene Kleidungsstücke aus dem ganzen Bundesstaat, die kreativen Tonfiguren aus Ocotlán und Atzompa und gestanztes, bemaltes Blech aus Oaxaca City. Teppiche und Decken in gedeckten Farben sind weniger wahrscheinlich synthetisch gefärbt als die in grellen Farben. Auch Schmuck wird hier produziert und verkauft – es gibt Stücke aus Gold, Silber und Edelsteinen. Viele Läden schicken einem die Waren nach Hause.

Auf ihre Weise ebenso faszinierend wie die Kunsthandwerksläden sind die lebendigen Einkaufsstraßen Oaxacas, die südwestlich des Zócalo mehrere Blocks umfassen. Hier und auf dem Mercado Central de Abastos kaufen die Einheimischen für ihren alltäglichen Bedarf ein.

La Cava (Karte S. 787; ☎ 515-23-35; Gómez Farías 212B; ⌚ Mo–Fr 10–15 & 17–20, Sa 10–15 Uhr) Der Laden verkauft besonders hochwertigen *mezcal* aus Santiago Matatlán (bis zu 600 Mex$/Flasche). Auch einige Läden südwestlich vom Zócalo, an den Straßen Aldama, JP García and Trujano, haben sich auf *mezcal* spezialisiert. Für rund 100 Mex$ bekommt man ein gutes Fläschchen.

Märkte

Mercado de Artesanías (Kunsthandwerksmarkt; Karte S. 792 f.; Ecke JP García & Zaragoza) Der überdachte Kunsthandwerksmarkt hat besonders gute *alebrijes,* gestanzte Blecharbeiten, bestickte

Textilien und Tischdecken. Bei einem Besuch kann man meist einigen Verkäufern bei der Ausübung ihres Handwerks zuschauen, beispielsweise beim Weben oder Sticken.

Central de Abastos (Karte S. 787; Periférico) Der gigantische Hauptmarkt summt jeden Tag wie ein Bienenstock, besonders an Samstagen. Wer lange genug sucht, findet hier fast alles nur Erdenkliche. Jeder Art von Produkt ist ein eigener Bereich gewidmet. Man verliert sich leicht zwischen Haushaltswaren, CDs, *artesanías* und den überwältigenden Massen von Obst, Gemüse, Zuckerrohr, Mais und den anderen Frischwaren, die zwischen der Küste und den Berggipfeln erzeugt werden.

Mercado Juárez (Karte S. 792 f.; zwischen Flores Magón & Calle 20 de Noviembre) In der einen Block südwestlich vom Zócalo gelegenen Markthalle wird ein Sammelsurium von Nahrungsmitteln, Blumen, Kleidern, Hüten, Sandalen, Ledergürteln und -taschen verkauft. Vor dem Eingang an der Flores Magón bieten Frauen Berge von Grashüpfern an.

Kunsthandwerk

MARO (Karte S. 792 f.; ☎ 516-06-70; 5 de Mayo 204; ⏲ 9–20 Uhr) In diesem verwinkelten Laden findet man eine große Auswahl guter Arbeiten zu guten Preisen, die von den Hunderten Mitgliedern der MARO hergestellt werden, einer Vereinigung von Kunsthandwerkerinnen aus Oaxaca. Ob man einen Spiegel aus gestanztem Blech oder einen Teppich auf Bestellung kauft – man weiß auf jeden Fall, dass das Geld direkt an die Produzentinnen geht.

La Mano Mágica (Karte S. 792 f.; ☎ 516-42-75; www.lamanomagica.com; Alcalá 203; ⏲ Mo–Sa 10.30–15 & 16–20 Uhr) Der Laden mit Galerie verkauft wunderbar originelles, hochwertiges Kunsthandwerk, darunter Arbeiten eines seiner Besitzer, des Meisterwebers Arnulfo Mendoza aus Teotitlán del Valle. Stücke von Mendoza erzielen Preise von Zehntausenden von Dollar, und wenn man sie sieht, weiß man, warum.

Instituto Oaxaqueño de las Artesanías (Karte S. 787; ☎ 514-40-30; García Vigil 809; ⏲ Mo–Fr 9–20, Sa 10–17, So 10–13 Uhr) Das IAO ist staatlich geführt und bietet eine nette Auswahl schöner Stücke an, darunter Keramik, *alebrijes* und herrliche Textilarbeiten.

Casa de las Artesanías de Oaxaca (Karte S. 792 f.; ☎ 516-50-62; www.casadelasartesanias.com.mx; Matamoros 105; ⏲ Mo–Sa 9–21, So 10–18 Uhr) Der Laden verkauft die Werke von 80 Familienbetrieben und Kunsthandwerksorganisationen aus dem Bundesstaat Oaxaca. Um einen Innenhof herum sind Verkaufsräume voller Teppiche, Töpferwaren, Blecharbeiten, *alebrijes* und anderer Arbeiten angeordnet.

Oro de Monte Albán (Karte S. 792 f.; ☎ 516-45-28, www.orodemontealban.com; Gurrión C) Die Schmiede dieses Unternehmens stellen tollen Schmuck aus Gold, Silber und Halbedelsteinen her, u. a. Kopien präkolonialer Schmuckstücke und von kolonialen Designs inspirierte Arbeiten. Bei der interessanten Führung durch die Werkstatt (spanisch) in der Gurrión-Filiale wird das präkoloniale Wachsausschmelzverfahren vorgeführt. Weitere Filialen liegen entlang der Alcalá.

Diese Kunsthandwerksläden (alle auf der Karte S. 792 f.) sind ebenfalls einen Abstecher wert:

Hecmafer (☎ 516-32-58; 5 de Mayo 301) Erlesene Ware von höchster Qualität.

Étnico (☎ 516-07-34) Allende (Allende 113; ⏲ Mo–Sa 10–14 & 16–20 Uhr); Gurrión (Gurrión 104; ⏲ 10.30–20 Uhr) Hier kriegt man eine Auswahl sehr hübscher Patchwork-Tagesdecken und -Kissen aus *huipil*.

Artesanías Cocijo (Plazuela del Carmen Alto) Eine besonders gute Auswahl an Masken.

AN- & WEITERREISE

Auto & Motorrad

Der Hwy 135D zweigt vom Highway Mexico City–Veracruz (150D) ab und zieht eine spektakuläre Schleife durch die Berge im Norden des Bundesstaats bis nach Oaxaca City. Die Maut von Mexico City bis Oaxaca beträgt auf diesen Straßen insgesamt 326 Mex$; die Fahrt dauert fünf bis sechs Stunden. Aus irgendeinem Grund trägt der 135D auf manchen Abschnitten die Bezeichnung 131D. Eine kostenlose Alternative ist der Hwy 190 über Huajuapan de León, das dauert aber mehrere Stunden länger.

Vor Ort gibt's Mietwagen ohne Kilometerbegrenzung ca. ab 500 Mex$ pro Tag.

Alamo Flughafen (☎ 514-85-35; ⏲ Mo–Sa 8–20, So 8–19 Uhr); Zentrum (Karte S. 792 f.; ☎ 514-85-34; 5 de Mayo 203; ⏲ Mo–Sa 8–20, So 9–19 Uhr)

es rent a car (Karte S. 792 f.; ☎ 514-56-53; 5 de Mayo 315)

Hertz Flughafen (☎ 511-54-78; ⏲ 7–19 Uhr); Zentrum (Karte S. 792 f.; ☎ 516-24-34; Plazuela Labastida 115; ⏲ Mo–Fr 8–20, Sa 9–19, So 9–17 Uhr)

Only Rent-A-Car (Karte S. 792 f.; www.onlyrentacar.com; ⏲ Mo–Sa 8–20, So 9–14 Uhr) Alcalá (☎ 516-32-13; Alcalá 401) 5 de Mayo (☎ 514-02-55; 5 de Mayo 215A)

Bus & Minibus

Das **Terminal de Autobuses de Primera Clase** (1.-Klasse-Busbahnhof; Karte S. 787; ☎ 502-05-60; Calz Niños Héroes de Chapultepec 1036) liegt 2 km nordöstlich vom Zócalo. Es wird auch Terminal ADO genannt und von UNO und ADO GL (Luxus), ADO und OCC (1. Klasse) und Cuenca (2. Klasse) bedient. Das **Terminal de Autobuses de Segunda Clase** (2.-Klasse-Busbahnhof; Karte S. 787; Las Casas) befindet sich 1 km westlich vom Zócalo; die wichtigsten Fernbuslinien, die es anfahren, sind **Fletes y Pasajes** (Fypsa; ☎ 516-12-18) und **Estrella del Valle/Oaxaca Pacífico** (EV/OP; ☎ 514-07-76). Die 2.-Klasse-Busunternehmen Sur und AU kommen zum **Sur-Busbahnhof** (Karte S. 787; ☎ 514-44-86; Periférico 1014), der 500 m südlich des 2.-Klasse-Busbahnhofs liegt. Sofern nicht anders angegeben, fahren die in diesem Abschnitt erwähnten Busse von einem dieser drei Busbahnhöfe ab und kommen dort auch wieder an.

Wer auf eine weniger häufig befahrene Strecke angewiesen ist, sollte das Ticket besser einen oder zwei Tage im Voraus kaufen, z. B. auch das nach San Cristóbal de Las Casas. Das Unternehmen **Ticket Bus** (Karte S. 792 f.) hat zwei Büros im Zentrum von Oaxaca City: eines in der Calle 20 de Noviembre 103 (☎ 514-66-55; geöffnet Mo–Sa 8–22 & So 8–16 Uhr), das andere in Valdivieso 2 (☎ 516-38-20; geöffnet Mo–Sa 8–22 & So 8–21 Uhr). Beide verkaufen Tickets für Fahrten mit UNO, ADO, ADO GL, OCC, Cuenca, Sur und AU in ganz Mexiko.

OAXACAS KÜSTE

Busse, die vom 1.-Klasse-Busbahnhof zu den Orten an der Küste Oaxacas verkehren, fahren auf der längeren Route über Salina Cruz. Wenn einem auf gewundenen Bergstraßen nicht übel wird, ist es komfortabler, einen der Minibusse zu nehmen, die über den Hwy 131 direkt nach Puerto Escondido oder den Hwy 175 nach Pochutla fahren. Beide Strecken sind mittlerweile ordentlich asphaltiert. Nach Puerto Escondido (130 Mex$, sechs Std.) hat **Express Service** (Karte S. 787; ☎ 516-40-59; Arista 116) täglich zwischen 5 und 22 Uhr fünf Verbindungen, **Transportes Villa del Mar** (Karte S. 787; ☎ 951-1165622; Galeana 322A) sechs zwischen 6.30 und 17 Uhr.

ANDERE ZIELE

Weitere tägliche Busverbindungen ab Oaxaca sind die Folgenden:

Ziel	Preis (Mex$)	Dauer (Std.)	Häufigkeit (tgl.)
Mexico City (meist TAPO)	344–584	6–6½	37 ab 1.-Klasse-Busbahnhof
	290	6½–7	8 ab Sur-Busbahnhof
Puebla	256–304	4½	9 ab 1.-Klasse-Busbahnhof
	224	5¼	3 ab Sur-Busbahnhof
San Cristóbal de Las Casas	344–412	11–12	3 ab 1.-Klasse-Busbahnhof (19–21 Uhr)
Tapachula	306	13½	1 ab 1.-Klasse-Busbahnhof (19 Uhr)
Tehuantepec	152	4½	15 ab 1.-Klasse-Busbahnhof
	95	5	6 ab Sur-Busbahnhof
	90-95	5	10 Fypsa ab 2.-Klasse-Busbahnhof
Tuxtla Gutiérrez	306–368	10	4 ab 1.-Klasse-Busbahnhof (19–22.30 Uhr)
	196–220	11	6 Fypsa ab 2.-Klasse-Busbahnhof
Veracruz	338	6–7	3 ab 1.-Klasse-Busbahnhof
Villahermosa	434	12	4 ab 1.-Klasse-Busbahnhof (17–21.30 Uhr)

Nach Pochutla (120 Mex$, 6 Std.) verkehrt **Autoexprés Atlántida** (Karte S. 787; ☎ 514-13-46; La Noria 101) mit klimatisierten Minibussen mit 14 Sitzen neunmal täglich zwischen 4.30 und 23.30 Uhr, **Autotransportes Miahuatecas** (Karte S. 792 f.; ☎ 951-1065373; Arteaga 108) fährt dagegen siebenmal täglich zwischen 5 und 17.30 Uhr diese Strecke.

Ein Dutzend langsamere 2.-Klasse-Busse von EV/OP fahren über den Hwy 175 ab dem 2.-Klasse-Busbahnhof nach Pochutla (76–91 Mex$, 6–7 Std.), ein paar auch ab dem **Armenta-y-López-Terminal** (Karte S. 792 f.; ☎ 504-18-67; Armenta y López 721), 500 m südlich vom Zócalo. Vom 2.-Klasse-Busbahnhof hat **Estrella Roja del Sureste** (☎ 516-06-94) täglich sieben Busse nach Puerto Escondido (110 Mex$, 6½–7 Std.) über den Hwy 131. Ebenfalls vom 2.-Klasse-Busbahnhof fährt je ein EV/OP-Bus täglich nach Bahías de Huatulco (111 Mex$, 7½ Std., 22 Uhr) und Puerto Ángel (76 Mex$, 7 Std., 23.15 Uhr).

OCC und ADO GL haben täglich insgesamt vier Verbindungen nach Bahías de Huatulco (216–256 Mex$, 8 Std.) auf der längeren Strecke über Salina Cruz.

Flugzeug

Mexicana hat mindestens fünf Direktflüge täglich ab Mexico City (1 Std.), Click Mexicana und Aeroméxico Connect zwei und Aviacsa einen. Continental fliegt viermal wöchentlich von/nach Houston, Texas. Click Mexicana bietet täglich einen Flug nach Tuxtla Gutiérrez und Mérida. Avolar fliegt täglich nach Cuernavaca und Tijuana. Alma de México hat Flüge nach Guadalajara und Tuxtla Gutiérrez.

Aerotucán bietet täglich einen spektakulären halbstündigen Flug in einer 13-sitzigen Cessna über die Sierra Madre del Sur von bzw. nach Puerto Escondido oder Bahías de Huatulco an der Küste von Oaxaca an. Aerovega fliegt mit einem Siebensitzer (manchmal ohne Copilot) täglich von/nach Puerto Escondido. Wenn in Huatulco mindestens drei Passagiere aussteigen wollen, wird dort zwischengelandet. Der einfache Flug nach Huatulco kostet rund 1300 Mex$, nach Puerto Escondido 1000 Mex$ mit Aerovega und 1200 Mex$ mit Aerotucán.

BÜROS DER FLUGLINIEN

Aeroméxico & Aeroméxico Connect (Karte S. 792 f.; ☎ 516-10-66; Hidalgo 513; 🕒 Mo–Sa 9–18 Uhr)

Aerotucán (Karte S. 792 f.; www.aerotucan.com.mx; ☎ 501-05-30; Interior 204, Alcalá 201; 🕒 Mo–Sa 7–20, So 10–14 Uhr)

Aerovega (Karte S. 792 f.; ☎ 516-49-82; www.oaxacamio.com/aerovega.htm; Alameda de León 1; 🕒 Mo–Fr 9–20, Sa 9–17 Uhr)

Aviacsa Flughafen (☎ 511-50-39); Zentrum (Karte S. 792 f.; ☎ 800-284-22-72; Pino Suárez 604)

Mexicana & Click Mexicana (Karte S. 792 f.; ☎ 516-73-52; Fiallo 102) Verkauft auch Tickets für Alma de México.

UNTERWEGS VOR ORT

Auto & Motorrad

Im Stadtzentrum gibt es mehrere bewachte Parkplätze.

Estacionamiento Trujano (Karte S. 792 f.; Trujano 219; 12 Mex$/Std., über Nacht 50 Mex$; 🕒 6–23 Uhr)

Bus

Die meisten wichtigen Einrichtungen der Stadt kann man zu Fuß erreichen; für den Weg von oder zu den Busbahnhöfen bieten sich die Stadtbusse an (3,50 Mex$).

Vom 1.-Klasse-Busbahnhof fahren „Juárez"-Busse Richtung Westen die Juárez und die Melchor Ocampo hinunter (3 Blocks östlich des *zócalo*); mit „Tinoco y Palacios" oder „JP García" gekennzeichnete Fahrzeuge rollen die Tinoco y Palacios entlang (2 Blocks westlich des *zócalo*). Für die Rückkehr zum Busbahnhof empfehlen sich z. B. die ADO-Busse in Richtung Norden über die Pino Suárez (4 Blocks östlich des *zócalo*); andere fahren über die Crespo (3 Blocks westlich des *zócalo*) dorthin.

Zwischen dem 2.-Klasse-Busbahnhof und dem Stadtzentrum quälen sich die Busse immer durch einen echt mörderischen Stau – zu Fuß ist man deshalb fast genauso „schnell". „Centro"-Busse fahren die Trujano entlang zum Stadtzentrum und machen dann über die Crespo einen Schwenk in Richtung Norden. Die „Central"-Busse zum 2.-Klasse-Busbahnhof benutzen zunächst die Tinoco y Palacios in südlicher Richtung; danach geht's die Las Casas entlang nach Westen.

Fahrrad

Zwei Läden, Bicicletas Pedro Martínez (S. 796) und Zona Bici (S. 797), bieten sämtliche Serviceleistungen an und vermieten gute Mountainbikes. Außerdem verkaufen sie Räder und Ausrüstung und organisieren Radtouren.

Vom/Zum Flughafen

Der Taxischalter von Transportación Terrestre am Südende des Terminals verlangt zu jedem Ziel in der Stadt 35 Mex$ pro Person im Minibus und 148 Mex$ für ein Taxi.

Einen Tag oder länger im Voraus kann man bei **Transportes Aeropuerto** (Karte S. 792 f.; ☎ 514-43-50; Alameda de León 1G; 🕒 Mo–Sa 9–14 & 17–20 Uhr) einen Sitzplatz im Minibus vom Zentrum zum Flughafen buchen. Ein Taxi für die Strecke dürfte rund 120 Mex$ kosten.

Taxi

Ein Taxi innerhalb des Zentrums, auch bis zu den Busbahnhöfen, kostet 35 bis 40 Mex$.

VALLES CENTRALES

Die Landschaft, die Örtchen und Städte in der Umgebung von Oaxaca City tragen viel zur Anziehungskraft der Stadt bei. Bei Oaxaca City treffen drei Täler aufeinander, die seit vorkolonialer Zeit regionale Zentren sind: das Valle de Tlacolula, das sich von der Stadt aus 50 km Richtung Osten erstreckt, das rund 100 km nach Süden reichende Valle de Zimatlán und das etwa 40 km nach Norden verlaufende Valle de Etla.

Heute sind in den Valles Centrales (Zentraltäler), deren Bevölkerung hauptsächlich aus indigenen Zapoteken besteht, jede Menge faszinierende Grabungsstätten zu finden. Auch viele traditionelle Dörfer und Städte, in denen lebendige Wochenmärkte stattfinden, erlesene spezielle *artesanías* produziert und farbenprächtige lokale Fiestas gefeiert werden, gibt es hier. Alle Orte sind problemlos im Rahmen eines Tagesausflugs von Oaxaca City aus zu erreichen.

An- & Weiterreise

Viele der interessantesten Orte in den Valles Centrales können bei Touren besichtigt werden, die die Reisebüros in Oaxaca (S. 798) organisieren.

Auch das Netz der öffentlichen Verkehrsmittel ist gut. Die Busverbindungen sind weiter unten aufgelistet. Eine Alternative zur Busfahrt, die etwa doppelt so viel kostet (aber immer noch billig ist), ist ein *colectivo* (Sammeltaxi). Die fahren ab Trujano auf der Nordseite des 2.-Klasse-Busbahnhofs in das nördliche Valle de Etla und ab Prolongación Victoria direkt südöstlich des Mercado Central de Abastos nach Osten und Süden in die Valles de Tlacolula und Zimatlán.

Die Fahrzeuge fahren ab, sobald sie voll sind (5–6 Pers.).

MONTE ALBÁN

☎ 951

Die alte Zapotekenhauptstadt **Monte Albán** (☎ 516-12-15; Eintritt 48 Mex$; 🕑 9–17 Uhr) thront auf einer abgeflachten Bergkuppe 400 m über der Talsohle, nur wenige Kilometer westlich von Oaxaca. Sie ist eine der beeindruckendsten archäologischen Stätten Mexikos, von der aus man einen sensationellen Rundumblick hat. Die strategische Lage gehörte sicher zu den Gründen dafür, dass die alten Zapotheken diese Stelle für ihre Hauptstadt wählten. Der Name Monte Albán bedeutet „weißer Berg".

Am Eingang zur Stätte befinden sich ein gutes Museum (Erklärungen nur auf Spanisch), ein Café und ein Buchladen. Offizielle Führer bieten vor dem Eingang geführte Touren auf Spanisch, Englisch, Französisch und Italienisch an (rund 200 Mex$ für eine kleine Gruppe). Teile des Geländes sind durch einen Aufzug und besondere Wege für Rollstuhlfahrer geeignet. Die Schilder sind auf Spanisch, Englisch und in zapotekischer Sprache beschriftet.

MARKTTAGE

Auf den Dorfmärkten in den Valles Centrales werden alle möglichen Lebensmittel und landwirtschaftlichen Produkte verkauft; außerdem wartet neben verschiedenen Kunsthandwerksgegenständen, Kochtöpfen und Musikaufnahmen auch allerlei Krimskrams auf Interessenten (die meisten dieser Waren sind Billigimporte).

So ein Markt ist nicht zu übersehen: Käufer und Verkäufer strömen von nah und fern herbei. Die Sinne werden auf den Märkten regelrecht bombardiert mit Farben, Geräuschen und Gerüchen.

Auf diversen Märkten spenden Plastikplanen Schatten – groß geratene Besucher müssen deshalb ständig unter Halteseilen, Eisenstäben und aufgehängten Waren den Kopf einziehen. Das ist aber ein geringer Preis, wenn man dafür an einem Ritual teilhaben darf, das bereits seit Hunderten (wenn nicht Tausenden) von Jahren in dieser Form existiert (natürlich früher ohne die Plastikplanen).

Morgens ist immer am meisten los; am frühen Nachmittag packen die ersten Standbetreiber schon wieder ihre Siebensachen. Die größten Märkte der Region:

Dienstag Atzompa
Mittwoch San Pedro y San Pablo Etla
Donnerstag Zaachila und Ejutla
Freitag Ocotlán und San Bartolo Coyotepec
Samstag Mitla
Sonntag Tlacolula

Geschichte

Die ersten Menschen ließen sich ungefähr 500 v. Chr. in Monte Albán nieder und wahrscheinlich waren es von Anfang an Zapoteken. Außerdem wird vermutet, dass bereits früh kulturelle Verbindungen zu den Olmeken im Nordosten bestanden haben.

Archäologen unterteilen Monte Albáns Geschichte in fünf unterschiedliche Phasen: Etwa um 200 v. Chr. (Monte Albán I) wurde

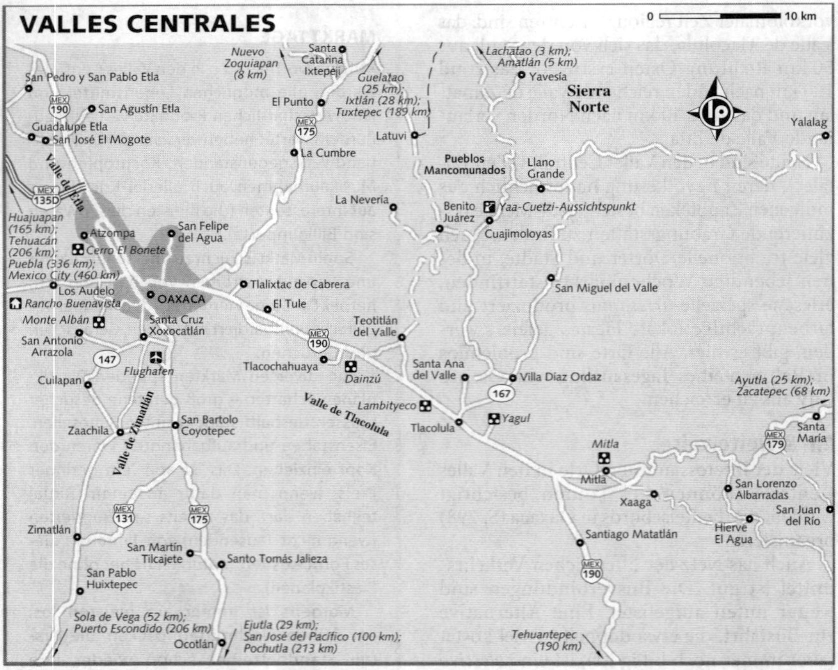

der Hügelgipfel planiert, und man errichtete darauf Tempel und wahrscheinlich auch Paläste. An den Bergflanken hatten sich bis dahin 10 000 oder mehr Einwohner angesiedelt.

Während dieser Periode wurden Hieroglyphen und Daten in einer Art Koordinatensystem eingeritzt – das könnte heißen, dass der Elite von Monte Albán die ersten Menschen angehörten, die in Mexiko Schrift und einen schriftlichen Kalender verwendet haben. Zwischen ca. 200 v. Chr. und 300 n. Chr. (Monte Albán II) dehnte die Stadt ihren Einfluss allmählich auf ganz Oaxaca aus.

Zwischen 300 und 700 (Monte Albán III) hatte die Stadt ihre Blütezeit erreicht: Auf dem Haupthügel und ein paar kleineren drum herum entstanden Terrassen, um Häuser für die 25 000 Einwohner oder mehr bauen zu können. Die meisten der heute sichtbaren Überreste stammen aus dieser Zeit.

Monte Albán war das Zentrum einer gut organisierten Gesellschaft, in der Priester das Sagen hatten. Die Stadt herrschte über die bewässerten Valles Centrales mit ihren 200 weiteren Siedlungen und religiösen Stätten.

Viele Gebäude in Monte Albán waren mit Gips verputzt und rot gestrichen. Der Architekturstil namens *talud-tablero* deutet auf einen Einfluss von Teotihuacán hin – bei diesen Stufenhäusern wechseln sich senkrechte und geneigte Abschnitte ab. Bis heute haben Archäologen fast 170 unterirdische Gräber aus dieser Zeit entdeckt; manche sind mit aufwendigen Fresken verziert.

Zwischen 700 und 950 (Monte Albán IV) wurde die Stadt aufgegeben und sie verwandelte sich in eine Ruinenlandschaft. Während der Phase Monte Albán V (950–1521) tat sich so gut wie nichts mehr, außer dass die Mixteken aus dem nordwestlichen Oaxaca alte Gräber erneut verwendeten, um darin ihre eigenen Würdenträger zu bestatten.

Sehenswertes

GRAN PLAZA

Die **Gran Plaza** ist rund 300 m lang und 200 m breit und war und ist das Zentrum von Monte Albán. Auf ihr standen Tempel und Wohnhäuser der Elite. Viele der Bauten sind heute gesperrt, damit sie von den vielen Besuchern nicht beschädigt werden.

Die Steinterrassen des langen, I-förmigen **Juego de Pelota** (Ballspielplatzes), der um 100 v. Chr. angelegt wurde, waren vermutlich Teil des Spielfelds und keine Plätze für das Publikum. Man nimmt an, dass sie mit einer dicken Kalkschicht bedeckt waren, sodass der Ball hinunter rollte. Auf der **Pirámide** (Edificio P), die wahrscheinlich eine Art Observatorium war, stand ein kleiner Säulentempel. Auf dem **Palacio** (Palast) daneben befindet sich eine Terrasse, um die herum Überreste typischer Wohnräume aus der Phase Monte Albán III liegen.

Von der **Plataforma Sur** (südlichen Plattform) mit der breiten Treppe hat man immer noch einen tollen Panoramablick auf die Plaza und die Berge der Umgebung. Am Fuß an der Nordostecke sind Steinmetzarbeiten zu sehen. **Edificio J**, ein pfeilförmiges Gebäude, das um 100 v. Chr. errichtet wurde, beherbergt ein Labyrinth von Tunneln und Treppen (die man leider nicht betreten darf). Es steht in einem Winkel von 45° zu den anderen Gebäuden der Gran Plaza und war ein Observatorium. Die Figuren und Hieroglyphen in seinen Mauern erinnern an Monte Albáns militärische Siege über andere Städte.

Edificio L besteht aus einem Gebäude der Phase Monte Albán I, das die berühmten Danzantes enthielt, und einem später auf es gesetzten Bau. Die **Danzantes** (Tänzer), von denen man einige im unteren Abschnitt des Gebäudes sehen kann, sollen die Anführer besiegter Nachbarvölker darstellen.

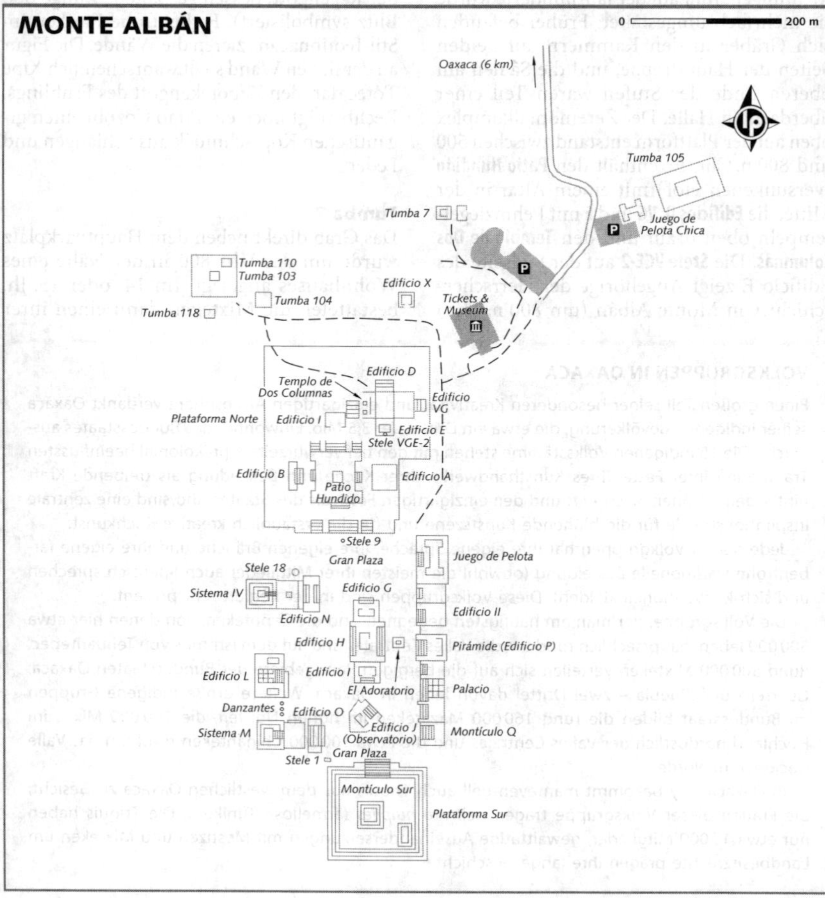

Sie sind zwischen 500 und 200 v. Chr. entstanden und haben größtenteils offene Münder (manchmal nach Olmekenart nach unten zeigend) und geschlossene Augen. Einige haben anstelle ihrer Genitalien Wunden, aus denen Blut strömt. Die Hieroglyphen in ihrer Nähe zählen zu den ältesten Beispielen einer echten Schrift in Mexiko.

Sistema IV, das Gegenstück zu Sistema M am Südende der Plaza, verbindet ein typisches Monte-Albán-II-Bauwerk mit darüber liegenden Elementen von Monte Albán III.

PLATAFORMA NORTE

Die **Nordplattform** auf einem Felsvorsprung ist fast so groß wie die ganze Gran Plaza, und man hat von hier die beste Aussicht in alle Richtungen. Im Lauf der Jahrhunderte wurde sie mehrfach umgestaltet. Früher befanden sich Gräber in den Kammern auf beiden Seiten der Haupttreppe, und die Säulen am oberen Ende der Stufen waren Teil einer überdachten Halle. Der Zeremonialkomplex oben auf der Plattform entstand zwischen 500 und 800 n. Chr. Er enthält den **Patio Hundido** (versunkenen Hof) mit einem Altar in der Mitte, die **Edificios D**, **VG** und **E** mit Lehmziegeltempeln oben drauf und den **Templo de Dos Columnas**. Die **Stele VGE-2** auf der Südseite des Edificio E zeigt Angehörige der Herrscherschicht von Monte Albán (um 800 n. Chr.) – vier Frauen und einen jungen Mann in Gestalt eines Jaguars.

GRÄBER

Damit sie sich noch ein wenig länger halten, sind die meisten der alten Gräber von Monte Albán normalerweise für Besucher gesperrt. Mit etwas Glück kann man vielleicht trotzdem einen Blick in folgende werfen:

Tumba 104

Grab 104 hinter der Plataforma Norte ist Teil einer Nekropolis im Nordwesten der Stätte, die zwischen 500 und 800 entstand. Unterhalb des unterirdischen Eingangs befindet sich eine Urne in Form des Zapotekenmaisgottes Pitao Cozobi; er trägt eine Cocijo-Maske (Cocijo ist der Regengott, dessen gespaltene Zunge den Blitz symbolisiert). Farbenfrohe Fresken im Stil Teotihuacáns zieren die Wände. Die Figur an der linken Wand stellt wahrscheinlich Xipe Tótec dar, den Zapotekengott des Frühlings. Rechts trägt noch ein Pitao Cozobi einen gigantischen Kopfschmuck aus Schlangen und Federn.

Tumba 7

Das Grab direkt neben dem Hauptparkplatz wurde um das Jahr 800 in der Nähe eines Wohnhauses angelegt. Im 14. oder 15. Jh. bestatteten die Mixteken dann einen ihrer

VOLKSGRUPPEN IN OAXACA

Einen großen Teil seiner besonderen Kreativität und einzigartigen Atmosphäre verdankt Oaxaca seiner indigenen Bevölkerung, die etwa ein Drittel der 3,5 Mio. Einwohner des Bundesstaates ausmacht. Die 15 indigenen Volksstämme stehen mit den tief verwurzelten, präkolonial beeinflussten Traditionen ihrer Feste, ihres Kunsthandwerks, ihrer Küche und Bekleidung als treibende Kraft hinter den schönen *artesanías* und den einzigartigen Festivals des Staates und sind eine zentrale Inspirationsquelle für die blühende Kunstszene und für die erstaunlich kreative Kochkunst.

Jede der 15 Volkgruppen hat ihre eigene Sprache, ihre eigenen Bräuche und ihre eigene farbenfrohe traditionelle Bekleidung (obwohl die meisten ihrer Mitglieder auch Spanisch sprechen und sich konventionell kleiden). Diese Volksgruppen sind in der Region sehr präsent.

Die Volksgruppe, der man am häufigsten begegnet, sind die Zapoteken, von denen hier etwa 500 000 leben, hauptsächlich rund um die Valles Centrales und auf dem Isthmus von Tehuantepec. Rund 500 000 Mixteken verteilen sich auf die bergigen Randgebiete der Bundesstaaten Oaxaca, Guerrero und Puebla – zwei Drittel davon leben in Oaxaca. Weitere große indigene Gruppen im Bundesstaat bilden die rund 160 000 Mazateken im hohen Norden, die 100 000 Mixes im Hochland nordöstlich der Valles Centrales und die etwa 100 000 Chinanteken rund um das Valle Nacional im Norden.

In Oaxaca City bekommt man eventuell auch Triquis aus dem westlichen Oaxaca zu Gesicht; die Frauen dieser Volksgruppe tragen hellrote *huipiles* (ärmellose Tuniken). Die Triquis haben nur etwa 15 000 Mitglieder; gewalttätige Auseinandersetzungen mit Mestizen und Mixteken um Landbesitzrechte prägen ihre lange Geschichte.

Würdenträger zusammen mit zwei geopferten Dienern darin. Außerdem beherbergte es eine der prachtvollsten Schatzkammern des amerikanischen Kontinents – der berühmte Mixtekenschatz ist inzwischen ins Museo de las Culturas de Oaxaca (S. 791) gebracht worden.

Tumba 105

Im Grab 105 hinter dem Juego de Pelota Chica (kleinen Ballspielplatz) zeigen verblassende Wandbilder mit Teotihuacán-Einflüssen eine Reihe von Figuren, bei denen es sich vielleicht um neun Todesgötter und ihre Begleiterinnen handelt. Das Grab liegt unterhalb einer der größten Palastanlagen Monte Albáns, die zwischen 500 und 800 n. Chr. entstand.

An- & Weiterreise

Autobuses Turísticos (Karte S. 792 f.; ☎ 516-53-27) unterhält Busse zur archäologischen Stätte, die beim Hotel Rivera del Ángel, Mina 518 in Oaxaca, sechs Blocks südwestlich vom Zócalo, abfahren. Die Busse fahren zwischen 8.30 und 15.30 Uhr stündlich los und von 12 bis 17 Uhr von der Stätte zurück (der Fahrplan ändert sich ab und zu). Der Fahrpreis von 38 Mex$ beinhaltet die Rückfahrt zu einer bestimmten Zeit, sodass man rund drei Stunden für die Besichtigung der Stätte hat. Wer früher zurückkehren will, muss auf einen freien Platz in einem zurückfahrenden Bus hoffen.

Turísticos Marfil (Karte S. 792 f.; ☎ 516-81-36; www.turisticosmarfil.com; Local 25, Plaza Santo Domingo, Alcala 407) bietet mit seinem fünfmal täglich verkehrenden Monte-Albán-Shuttleservice (hin & zurück 50 Mex$) eine Alternative. In der Stadt liegen überall Werbezettel aus. Kunden werden auch am Mezkalito Hostel abgeholt.

VALLE DE TLACOLULA

Die meisten der folgenden Orte im östlich von Oaxaca gelegenen Valle de Tlacolula sind von der Straße Oaxaca–Mitla, dem Hwy 190, zu Fuß erreichbar. Busse von Transportes Oaxaca-Istmo nach Mitla, die alle 15 Min. (6–17 Uhr) vom 2.-Klasse-Busbahnhof in Oaxaca abfahren, setzen einen überall an der Straße ab. Außerdem gibt es Verbindungen zu einzelnen Städten und Dörfern.

El Tule

7800 Ew. / 1550 m

Das Dorf El Tule, das 10 km östlich von Oaxaca am Hwy 190 liegt, zieht aus einem guten Grund massenhaft Besucher an: **El Árbol del Tule** (Der Baum El Tule; Eintritt 3 Mex$; ⌚ 9–17 Uhr) soll der größte Baum der Welt sein. Was die Dicke des Stamms (der einen Durchmesser von rund 11 m hat) betrifft, stimmt die Behauptung wahrscheinlich. Die riesige *ahuehuete* (Montezumazypresse) überragt mit 42 m Höhe die Dorfkirche aus dem 17. Jh., in deren Hof sie steht. Auch ihr Alter ist beeindruckend: 1500 Jahre, was bedeutet, dass sie schon lebte, als die alte Stadt Monte Albán ihre Blütezeit hatte. Ein in den 1990er-Jahren geschaffener Park erstreckt sich vor dem Kirchhof.

Der Árbol del Tule wird seit Langem von den Bewohnern Oaxacas verehrt, ist jedoch durch das Wachstum der Stadt und die landwirtschaftliche Bewässerung bedroht, die seine Wasserversorgung anzapft. Hiesige Fürsprecher meinen, dass einige seiner Quellen wiederhergestellt werden müssten, damit er überleben kann, und bemühen sich darum, dass die UNESCO dem Baum Welterbestatus verleiht.

Busse von Autotransportes Valle del Norte verkehren vom 2.-Klasse-Busbahnhof in Oaxaca nach El Tule (45 Mex$, alle 10 Min.).

Dainzú

21 km vor Oaxaca zweigt ein 1 km langer Pfad von der Straße nach Mitla ab; er führt südwärts zu den kleinen, aber interessanten **Ruinen von Dainzú** (Eintritt 29 Mex$; ⌚ 8–17 Uhr).

Links vom Eingang befindet sich das pyramidenförmige Edificio A (ca. 300 v. Chr.); es ist 50 m lang und 8 m hoch. Seine untere Mauer zierten einst rund 50 Basreliefs mit katzenartigen Figuren, Masken und Köpfen (meistens in Verbindung mit Ballspielen); sie sind heute unter einem Dach aus Wellblech zu sehen. Zu den Ruinen unterhalb des Edificio A zählt neben einem teilweise restaurierten Ballspielplatz (ca. 1000 n. Chr.) auch ein versunkenes Grab (im Edificio B), in dessen Eingang das Bild eines kauernden Jaguars eingemeißelt ist. Weitere Felsarbeiten im Gestrüpp auf dem Hügelgipfel hinter der Stätte sind ganz ähnlich wie die von Edificio A; sie sind aber ohne Führer kaum zu finden (den Verwalter fragen!).

Teotitlán del Valle

☎ 951 / 4900 Ew. / 1700 m

Das berühmte Weberdorf liegt 4 km nördlich des Hwy 190, rund 25 km von Oaxaca entfernt. Die Webertradition reicht bis in vorkoloniale

Zeiten zurück: Teotitlán musste den Azteken Tribut in Form von Tuch entrichten. Die Qualität des Tuchs ist sehr gut. Man hat die traditionellen Färbemittel Karmin, Indigo und Moos wiederentdeckt, und es gibt unzählige Designs – von Zapotekengöttern und geometrischen Mustern im Mitlastil bis zu Imitaten von Gemälden Riveras und Picassos.

Aus vielen Häusern und Läden entlang der Dorfstraßen lachen einen Decken und Stoffe an. Von der Av Juárez (der Straße, die vom Highway nach Teotitlán führt) weisen Schilder den Weg zum **Mercado de Artesanías**, wo noch weitere zur Auswahl stehen. Rund 150 Familien sind in Teotitlán auf die Weberei spezialisiert. Viele ihrer Läden sind gleichzeitig Werkstätten, und die Weber zeigen Gästen bereitwillig ihre Techniken und die Methoden, mit denen natürliche Farben gewonnen werden.

An der Zentralplaza, dem Mercado de Artesanías gegenüber, liegt das **Museo Comunitario Balaa Xtee Guech Gulal** (☎ 524-44-63; Eintritt 10 Mex$; ⌚ Di–So 10–18 Uhr), in dem archäologische Fundstücke, Kunsthandwerk und Traditionelles aus der Gegend zu sehen sind (mit Beschriftung auf Englisch, Spanisch und Zapotekisch). Wenn man sich einen Tag vorher anmeldet, kann man für 10 Mex$ pro Person eine geführte Wanderung auf den **Cerro de Picacho**, einen heiligen Hügel am Dorfrand, machen. Von der Plaza aus führt eine Treppe zu dem tollen, weitläufigen Kirchhof mit dem beeindruckenden **Templo de la Virgen de la Natividad** (⌚ 6–18 Uhr) aus dem 17. Jh. an einer Ecke. Altarraum und Querschiff der Kirche sind mit bunten Fresken aus dem 18. Jh. geschmückt. Die Kirche wurde auf einer zeremoniellen Stätte der Zapoteken errichtet. Viele der Steine mit Reliefs, die man gefunden hat, sind heute in den Kirchenmauern zu erkennen, vor allem im Innenhof.

Roque Antonio Santiago von **Oaxaca Birding Tours** (☎ 524-43-71; www.mexonline.com/oaxacabirdingtours.htm; Cuauhtémoc 5) spricht Englisch und bietet Vogelbeobachtungstouren in den Valles Centrales, den Nebelwäldern der nahen Sierra Norte und weiter weg an. Schon in unmittelbarer Umgebung von Teotitlán kann man eine erstaunliche Artenvielfalt beobachten. Die Touren sind sehr zu empfehlen und kosten rund 750 Mex$ pro Person und Tag.

SCHLAFEN & ESSEN

Calle 2 de Abril No 12 (☎ 524-41-64; Calle 2 de Abril 12; EZ/DZ/3BZ 250/350/500 Mex$), das Haus der freundlichen Elena González, die Englisch spricht, hat Webstühle im Innenhof und oben drei helle, saubere und kühle Zimmer, allesamt mit Ventilator und Warmwasser im Bad.

LP Tipp **Casa Sagrada** (☎ 516-42-75; www.casasagrada.com; EZ 120–150 US$, DZ 180–240 US$, alle inkl. Frühstück & Abendessen; P) Dies ist das wundervolle Haus und die Pension von Arnulfo Mendoza, dem berühmtesten Weber von Teotitlán, und seiner vielseitig talentierten kanadischen Frau Mary Jane Gagnier. Ihnen gehört auch La Mano Mágica (S. 808) in Oaxaca. Die Casa Sagrada thront auf einem Hügel oberhalb des Dorfes und bietet einen Panoramablick. Hier kann man prima ein paar Tage verbringen, um zu entspannen, das gute Essen zu genießen und den lokalen Aktivitäten nachzugehen. Die zwölf gemütlichen Zimmer haben Fliesenfußböden, erlesene *artesanías* und größtenteils eine Terrasse mit Hängematte. Zum Haus gehört ein Stall mit tollen Pferden, auf denen man zweieinhalb Stunden oder einen halben Tag reiten oder gar einen mehrtägigen Ausflug machen kann. Außerdem werden Wanderungen, Vogelbeobachtung, Kochkurse, *temascal*-Sessions sowie Yoga- und Schreibferien angeboten. Man muss mindestens zwei Nächte bleiben und sollte mindestens einen Tag im Voraus reservieren.

Restaurante Tlamanalli (☎ 524-40-06; Av Juárez 39; Hauptgerichte 70–180 Mex$; ⌚ Di–So 13–16 Uhr) Die traditionellen Oaxaca-Gerichte werden hier sensationell zubereitet. Einige von ihnen basieren auf vorkolonialen Rezepten, und es gibt auch vegetarische Gerichte. Hier zu Mittag zu essen ist auch wegen der Webstückausstellung wirklich toll.

AN- & WEITERREISE

Autotransportes Valle del Norte hat Busse nach Teotitlán (10 Mex$, 50 Min., Mo–Sa stündl. zw. 7 & 21 Uhr), die vom 2.-Klasse-Busbahnhof in Oaxaca abfahren; der letzte Bus vom Dorf zurück nach Oaxaca geht etwa um 19 Uhr. Man kann auch jeden Bus bis zur ausgeschilderten Abzweigung nach Teotitlán am Hwy 190 und von dort aus ein *colectivo*-Taxi (5 Mex$) bis zum Dorf nehmen.

Tlacolula

12 000 Ew. / 1650 m

Im 31 km von Oaxaca entfernten Tlacolula wird jeden Sonntag einer der größten **Märkte** der Valles Centrales abgehalten. Das Gebiet um die Kirche ist dann immer völlig überlaufen. Verkauft werden Kunsthandwerk, Lebensmittel und jede Menge Alltagsgegenstände. Wer Marktatmosphäre mag, kommt hier auf seine Kosten. Die **Capilla del Santo Cristo** aus dem 16. Jh. mit dem Kuppeldach ist mit einem üppigen Golddekor mit indigenen Einflüssen ausgekleidet, ähnlich wie die Capilla del Rosario in der Iglesia de Santo Domingo von Oaxaca. U. a. sind Märtyrer aus Gips zu erkennen, die ihre abgetrennten Köpfe in den Händen halten.

Busse von Transportes Oaxaca-Istmo und Fletes y Pasajes fahren vom 2.-Klasse-Busbahnhof nach Tlacolula (10 Mex$, 1 Std., alle paar Min.).

Santa Ana del Valle

☎ 951 / 2000 Ew. / 1700 m

Das 4 km nördlich von Tlacolula gelegene Santa Ana kann auf eine lange Textiltradition zurückblicken. Heute produziert es Decken, *sarapes* und Taschen. Man verwendet wieder Naturfarben und immer noch traditionelle Muster – Blumen, Vögel und geometrische Muster. Auf der Zentralplaza liegen der reich verzierte **Templo de Santa Ana** (🕑 unterschiedl.) aus dem 17. Jh., der kleine **Mercado de Artesanías** und das **Museo Comunitario Shan-Dany** (☎ 562-17-05; Eintritt 10 Mex$; 🕑 10–14 & 15–18 Uhr), ein gutes, kleines Gemeindemuseum mit Exponaten zu Textilien, Geschichte und Archäologie (u. a. mit einigen tollen vorkolonialen Keramiken). Hier findet während der Fiesta de Esquipulas (12.–14. Januar), am 26. Juli und während der Fiesta de Santa Ana (11.–13. August) auch die zapotekische Danza de las Plumas statt, meist zur Mittagszeit. Im Museum kann man sich nach Textilwerkstätten erkundigen, die zu besichtigen sind.

Aristeo Gutiérrez Sánchez spricht Englisch und leitet interessante Touren, im Rahmen derer man eine alte Goldmine in der Nähe des Dorfes besichtigt, etwas über die Pflanzen erfährt, aus denen Naturfarben und traditionelle Heilmittel gewonnen werden, und die Farbherstellung beobachten kann. Im Museum und im Laden gegenüber kann man sich nach Aristeo erkundigen. Die Touren werden zu Fuß (200 Mex$/Kleingruppe), mit dem Rad (zzgl. 30 Mex$/Rad) oder zu Pferd (zzgl. 100 Mex$/Pferd) angeboten.

Von Tlacolula nach Santa Ana fahren bis 19 Uhr (Sa & So bis 20 Uhr) häufig Busse und Minibusse.

Yagul

Die **Ruinen von Yagul** (Eintritt 35 Mex$; 🕑 8–17 Uhr) liegen wunderschön auf einem kakteenbedeckten Hügel 1,5 km nördlich der Straße von

OAXACAS KOMMUNALMUSEEN

Beim beachtlichen Aufbau kommunaler Museen in Mexiko ist der Bundesstaat Oaxaca ganz vorn mit dabei. Im ganzen Land haben über 100 Dörfer solche kleinen Museen eingerichtet. So soll die einzigartige Kultur bewahrt werden, und außerdem bleiben archäologische und kulturelle Schätze „zu Hause". In Oaxaca gibt es mindestens 14 dieser Museen.

Die **Unión de Museos Comunitarios de Oaxaca** (☎ 951-2045690; www.museoscomunitariosoaxaca.org; 5 de Febrero 301A, Colonia Cinco Señores) in Oaxaca City informiert umfassend über die kleinen, aber oft wirklich faszinierenden Museen. Das Büro (man spricht Englisch) bietet organisierte Ausflüge zu verschiedenen Dorfmuseen an, z. B. nach San José El Mogote (S. 822; 300 Mex$/Pers.), Santa Ana del Valle (s. oben; 360 Mex$) und San Martín Huamelúlpam (S. 827; 670 Mex$). Die hier angegebenen Preise gelten bei fünfköpfigen Gruppen jeweils pro Person (bei zehn Teilnehmern gibt's kräftige Rabatte). Zu den Exkursionen gehören auch traditionelles einheimisches Essen und Besuche bei lokalen Kunsthandwerkern oder Heilern, archäologischen Stätten und vielem mehr. Im Preis für den Trip nach San Martín Huamelúlpam sind beispielsweise neben den vier Mahlzeiten und einer Übernachtung auch eine Demonstration traditioneller Heilmethoden und normalerweise ein *temascal* enthalten. Wer stattdessen ein Abenteuer abseits ausgetretener Pfade erleben möchte, kann z. B. das Museo Comunitario La Mina (S. 825) in Natividad in der Sierra Norte besuchen, wo man eine alte Gold- und Silbermine rekonstruiert hat, oder das Gemeindemuseum in San Miguel Tequixtepec (S. 827) in der Nähe von Coixtlahuaca. In dem restaurierten Haus eines *cacique* (Machthaber der Region) aus dem 16. Jh. zeigt es faszinierende vorkoloniale Ausstellungsstücke. In den meisten Museen gibt es Führer, die einem den Weg zu weiteren interessanten Plätze zeigen, und in einigen Dörfern stehen für Besucher Hütten als Übernachtungsmöglichkeit zur Verfügung.

Oaxaca nach Mitla. Die ausgeschilderte Abzweigung ist 34 km von Oaxaca entfernt. Wer kein eigenes Fahrzeug hat, muss die 1,5 km zu Fuß zurücklegen. Da uns von einem sexuellen Übergriff auf dieser verlassenen Straße berichtet wurde, sollten allein reisende Frauen dieses Risiko nicht eingehen.

Nach Monte Albáns Niedergang war Yagul eine der bedeutendsten Siedlungen in den Valles Centrales. Die meisten der heute noch vorhandenen Überreste stammen aus der Zeit nach 750. Wenn man vom Eingang zum Hauptteil der Anlage kommt, geht es nach links hinunter zum **Patio 4**, einem Hof, der früher von vier Tempeln umgeben war. An der Ostseite ist ein Tier in den Stein gemeißelt, wahrscheinlich ein Jaguar. Direkt neben der zentralen Plattform liegt der Eingang zu einem von mehreren unterirdischen **Tumbas Triples** (Dreifachgräbern).

Der wunderbare **Juego de Pelota** (Ballspielplatz) ist der zweitgrößte in ganz Mesoamerika (nach dem von Chichén Itzá – s. S. 1037). Östlich davon erstreckt sich der **Patio 1** am Rand des Hügels; an seiner Nordseite steht die schmale **Sala de Consejo** (Versammlungshalle). Im labyrinthartigen **Palacio de los Seis Patios** (Palast der sechs Höfe) residierte wohl früher der Herrscher. Die Mauern des Gebäudes waren einst verputzt und rot gestrichen.

Der Aufstieg zur **Fortaleza** (Festung) lohnt sich: Der riesige Felsen ragt weit über die Ruinen. Unterwegs kommt man an der **Tumba 28** vorbei, die in den Fels gehauen wurde. Oberhalb der Festung sind noch mehr überwucherte Ruinen zu sehen – und man hat eine super Aussicht.

Mitla

☎ 951 / 7700 Ew. / 1700 m

Die steinernen Mosaike im alten Mitla (46 km südöstlich von Oaxaca City) sind einzigartig in Mexiko. Mitla ist heute eine moderne Zapotekenstadt.

ORIENTIERUNG

Fahrgäste, die dem Busfahrer als Ausflugsziel *las ruinas* angeben, dürfen an einer Y-Kreuzung *(la cuchilla)* aussteigen. Von hier aus sind es noch 1,5 km bis zum Ticketschalter an den Ruinen: zunächst nordwärts die Av Morelos, dann die Calles 5 de Febrero und die Reforma entlang und über die Plaza in Richtung der Iglesia de San Pablo mit ihren drei Kuppeln. Der Ticketschalter ist hinter der Kirche.

RUINEN

Die **Ruinen** (☎ 568-03-16; Eintritt Grupo de las Columnas & Grupo del Norte 35 Mex$; ⏲ 8–17 Uhr) stammen hauptsächlich aus den letzten zwei oder drei Jahrhunderten vor der spanischen Eroberung. Zu der Zeit war Mitla wahrscheinlich eines der wichtigsten religiösen Zentren der Zapoteken. Es stand unter der Herrschaft von Hohepriestern, die buchstäblich herzzerreißende Menschenopfer durchführten. Nach heutigen Erkenntnissen war jeder Gebäudekomplex in Mitla für bestimmte Bewohner vorgesehen – einer für Hohepriester, einer für Priester mit niedrigerem Rang, einer für den König und weitere für die anderen Schichten.

Die größte Gebäudegruppe namens **Grupo de las Columnas** (Säulengruppe) befindet sich gleich südlich der Iglesia de San Pablo. Die Anlage hatte einmal zwei Haupthöfe, den Patio Norte und den Patio Sur, die jeweils auf drei Seiten von langen Räumen umgeben waren. An der Nordseite des Patio Norte erstreckt sich die 38 m lange **Sala de las Columnas** (Säulenhalle) mit sechs gewaltigen Säulen; über den Fluren sind einzigartige gigantische Türstürze angebracht, die aus einem Stück gefertigt wurden. An einem Ende der Halle führt ein Durchgang (hier sind noch Spuren des Originalputzes und der roten Farbe zu sehen) hinein in den **El Palacio**. Hier befinden sich einige von Mitlas schönsten Steinmosaiken. Jedes einzelne Fragment wurde vorher exakt auf seine spätere Position zugeschnitten, mit Mörtel an der Wand befestigt und dann bemalt. Die 14 verschiedenen geometrischen Muster von Mitla symbolisieren wahrscheinlich Himmel und Erde, eine gefiederte Schlange und andere bedeutende Wesen. Viele Gebäude in Mitla haben außerdem bemalte Friese. Zum Patio Sur gehören zwei unterirdische Gräber.

Die **Grupo del Norte** (Nordgruppe) ähnelt der Grupo de las Columnas, ist aber weniger gut erhalten. 1590 errichteten die Spanier die Kirche San Pablo über einem der Höfe der Gruppe.

Auf dem Calle 5 de Febrero kommt man auch an der **Grupo del Arroyo** (Bachgruppe) vorbei; sie ist die größte der restlichen Gruppen von Ruinen in Mitla. Im weiten Umkreis sind noch Überreste von Festungen, Gräbern und anderen Gebäuden zu finden.

SCHLAFEN & ESSEN

Hotel La Zapoteca (☎ 568-00-26; 5 de Febrero 12; EZ/DZ/3BZ/4BZ 200/250/350/450 Mex$; Ⓟ) Das einfache und saubere Hotel liegt zwischen der Hauptplaza und den Ruinen. Es gibt ein Restaurant und warmes Wasser (Letzteres aber nur für ein paar Stunden pro Tag).

Hotel Don Cenobio (☎ 568-03-30; www.hoteldoncenobiocom; Av Juárez 3; Zi. 580–790 Mex$; P) Das schickste Hotel der Stadt liegt an der Hauptplaza. Die 18 Zimmer, die bunt und thematisch dekoriert sind, haben Betten mit verzierten Kopfbrettern und Möbel aus Guadalajara. Sie sind gemütlich und mit Ventilator, Telefon, gutem Badezimmer und meist mit Balkon ausgestattet. Zum Hotel gehört ein Garten mit Rasen und Pool, an dem sich ein Restaurant und eine Bar befinden.

Restaurant Doña Chica (☎ 568-02-25; Av Morelos 41; Hauptgerichte 50–60 Mex$; 9–23 Uhr) Das weniger als 100 m von *la cuchilla* entfernte, nagelneue Doña Chica serviert einfache, aber leckere Gerichte aus Oaxaca, z. B. *moles*, Enchiladas und *tasajo*. Die guten Suppen, *antojitos* und Salate kosten zwischen 30 und 50 Mex$.

Das **Restaurant** (Hauptgerichte 70–120 Mex$; 8–18.30 Uhr) im Hotel Don Cenobio serviert vor allem Gerichte aus Oaxaca und dem restlichen Mexiko, wird aber nicht so gut bewertet.

SHOPPEN

Die Straßen von Mitla sind voller Läden, die hiesigen *mezcal* verkaufen. In vielen kann man ein paar Sorten probieren, wie auch in einigen kleineren *mezcal*-Brennereien an der Straße nach Oaxaca. In zahlreichen Geschäften und auf dem **Mercado de Artesanías** bei den Ruinen werden Textilien aus der Gegend feilgeboten. Manche der Tischdecken sind toll!

AN- & WEITERREISE

Busse von Transportes Oaxaca-Istmo nach Mitla (15 Mex$, 1¼ Std., zw. 5 & 19 Uhr alle paar Min.) fahren vom 2.-Klasse-Busbahnhof in Oaxaca City ab. Der letzte Bus zurück verlässt Mitla ungefähr um 21 Uhr. Ein Taxi von *la cuchilla* zu den Ruinen kostet 20 Mex$.

Hierve El Agua

1800 m

In Hierve El Agua, 13 km südöstlich von Mitla, ergießen sich sprudelnde **Mineralquellen** (Eintritt 15 Mex$; 8–18 Uhr) in Schwimmbecken, die geradezu dramatisch auf einer Felsspitze liegen und einen Panoramablick bieten. Hierve El Agua bedeutet „das Wasser kocht", tatsächlich aber ist das mineralreiche Nass kalt. Das seit Jahrtausenden über den Felsvorsprung fließende Wasser hat Mineralformationen geschaffen, die aussehen wie gigantische Wasserfälle. Hier zu schwimmen ist ein einzigartiges Badeerlebnis.

Hierve El Agua ist an Feiertagen ein beliebtes Ausflugsziel der *oaxaqueños*. Oberhalb der Becken und Felsen befinden sich mehrere **comedores** (Antojitos 20–35 Mex$) und ein halbes Dutzend **cabañas** (Hütten; 70 Mex$/Pers.), einfache Unterkünfte mit Bad und Kaltwasser (jeweils zwei Zimmer teilen sich ein Bad).

Die Gegend ist mit Agavenfeldern gesprenkelt: Dörfer wie San Lorenzo Albarradas und San Juan del Río stellen einige der besten *mezcals* von ganz Oaxaca her.

Hierve El Agua wird im Rahmen einiger Tagestouren ab Oaxaca angefahren. Das einzige öffentliche Verkehrsmittel ist eine *camioneta* (Lkw) ab der Straße vor dem Busbahnhof von Mitla (25 Mex$, 1 Std.). Sie fährt los, sobald sechs bis sieben Fahrgäste zusammenkommen, außer an Samstagen und Sonntagen ist das aber recht selten der Fall. Ansonsten kann man in Mitla ein Taxi nehmen.

Wer mit dem eigenen Fahrzeug unterwegs ist, nimmt auf dem Highway, der im Süden an Mitla vorbeiführt, die Ausfahrt Hierve El Agua. Man kommt dann durch das winzige Xaagá. Von hier aus sind es noch 11 km über eine unbefestigte, sehr schöne und teils steile Straße bis zur Stätte.

VALLE DE ZIMATLÁN

Südlich von Oaxaca führt der Hwy 175 durch San Bartolo Coyotepec, Ocotlán und Ejutla. Hwy 147 führt nach Cuilapan und Zaachila.

San Bartolo Coyotepec

☎ **951 / 3200 Ew. / 1550 m**

All die polierten, schwarzen und erstaunlich leichten Töpferwaren, die *barro negro* genannt werden und in Oaxaca überall zu finden sind (in Hunderten von Formen – als Kerzenhalter, Krüge, Vasen, dekorative Tiere und Vögel), stammen aus San Bartolo Coyotepec, 11 km südlich von Oaxaca. Die Quelle der Kunst ist ausgeschildert: Die **Alfarería Doña Rosa** (☎ 551-00-11; Juárez 24; 9–19 Uhr) liegt nur wenige Schritte östlich vom Highway. Rosa Real Mateo (1900–1980) hat die Methode entwickelt, *barro negro* mit Quartz zu polieren, um den charakteristischen Glanz zu erzeugen. Die *alfarería* (Töpferei) ihrer Familie ist heute die größte vor Ort. Vorführungen finden immer statt, wenn ein Tourbus seine Fahrgäste ausspuckt (was mehrmals täglich passiert). Die Stücke werden in einer uralten Technik von Hand geformt, bei der zwei Untertassen als behelfsmäßige Töpferscheiben dienen. Sie werden in einem Ofen gebrannt und färben sich durch den Rauch und das Eisenoxid im Ton schwarz.

Heutzutage gibt es jede Menge Keramikläden und Töpfereien im Dorf, darunter mehrere in derselben Straße wie die Alfarería Doña Rosa. Auf der **Plaza Artesanal de Barro Negro**, 300 m nördlich von Juárez, gibt es zahlreiche Stände.

San Bartolo hat auch ein hervorragendes, modernes Volkskunstmuseum, das **Museo Estatal de Arte Popular de Oaxaca** (☎ 551-00-00; Eintritt 35 Mex$; ⌚ Di–So 10–19.45 Uhr). Es befindet sich an der Südseite des Dorfplatzes, von der Kirche aus gesehen jenseits des Highways. Es ist wirklich gut gemacht und zeigt Volkskunst aus dem ganzen Bundesstaat Oaxaca, Keramik, Körbe, Holzskulpturen, Teppiche, Masken, Blecharbeiten und mehr. Die wechselnden Ausstellungen sind unterschiedlichen Orten gewidmet. Die Sachen oben kann man zu günstigen Festpreisen kaufen.

Busse von Oaxaca nach San Bartolo (5 Mex$, 20 Min.) verkehren alle paar Minuten ab der Haltestelle Armenta y López 721, 500 m südlich vom Zócalo.

San Martín Tilcajete & Santo Tomás Jalieza

Aus San Martín Tilcajete (1600 Ew.), 1 km westlich vom Hwy 175 und 24 km südlich von Oaxaca gelegen, stammen viele der bunten *alebrijes* (Phantasietiere) aus Holz, die man in Oaxaca sieht. Man kann sie in den Werkstätten kaufen, die meist durch ein Schild „Artesanías de Madera" (Kunsthandwerk aus Holz) gekennzeichnet sind.

Die Frauen von Santo Tomás Jalieza (1000 Ew.), östlich vom Hwy 175 und 2 km südlich von der Abzweigung nach Tilcajete, weben hochwertige Stoffe auf Gurtwebstühlen. Auf dem **Mercado de Artesanías** auf dem Dorfplatz werden Tischdecken, Untersetzer und bestickte Kleider sowie traditionellere Stoffe verkauft. Der Markt ist täglich geöffnet, aber freitags ist am meisten los, weil gleichzeitig der Ocotlán-Markt stattfindet.

Busse, die von Oaxaca nach Ocotlán fahren, setzen einen an der Abzweigung zu beiden Dörfern ab. Von Ocotlán selbst nimmt man ein *colectivo*-Taxi.

Ocotlán

14 000 Ew. / 1500 m

Das 31 km südlich von Oaxaca gelegene Ocotlán war die Heimatstadt des Künstlers Rodolfo Morales (1925–2001). Er hat die Gegend an seinem internationalen Erfolg teilhaben lassen, indem er die **Cultural Rodolfo Morales** (Morelos 108) gründete, deren Zentrale sich im alten Haus seiner Familie weniger als einen Block nördlich der Hauptplaza befindet. Die Stiftung widmet sich der Förderung von Künsten, kulturellem Erbe, Umwelt und Sozialdiensten. Dank ihr konnten einige Kirchen wunderbar restauriert werden– u. a. der tolle **Templo de Santo Domingo** aus dem 16. Jh., der nahe der Hauptplaza von Ocotlán liegt und innen wie außen schöne, bunte Malereien zu bieten hat. Die Stiftung hat auch den angrenzenden **Ex-Convento de Santo Domingo** (Eintritt 15 Mex$; ⌚ 9–18 Uhr), der zuvor ein zerfallendes Gefängnis war, in ein erstklassiges Museum verwandelt. Anschauen kann man sich einige Gemälde von Morales selbst und einen Saal mit Volkskunst von den bekanntesten Künstlern aus Ocotlán, den Schwestern Aguilar. Auch Morales' Asche wird hier verwahrt. Mehr Infos über die Stiftung gibt es unter www.artedeoaxaca.com.

Die vier Schwestern Aguilar und ihre Familien machen sonderbare, bunte Tonfiguren. Ihre Häuser liegen dicht beieinander westlich des Highway, wenn man von Norden nach Ocotlán kommt – sie sind an den weiblichen Tonfiguren an der Mauer zu erkennen. Am bekanntesten ist die Familie von **Guillermina Aguilar** (Morelos 430), die u. a. dreidimensionale Mini-Nachbildungen der Werke von Frida Kahlo produziert.

Die meisten Besucher kommen freitags her, wenn auf der und um die Hauptplaza der Wochenmarkt stattfindet. Der alte Markt ist einer der größten in den Valles Centrales. Der überdachte Mercado Morelos an der Westseite der Plaza ist jeden Tag einen Besuch wert.

Busse von Estrella del Valle/Oaxaca Pacífico nach Ocotlán (10 Mex$, 45 Min., alle 15 Min. zw. 5 & 21.30 Uhr) verkehren ab Armenta y López 721 in Oaxaca. **Automorsa** (☎ 514-79-27; Ecke Cabrera & Zaragoza) hat zwischen 6 und 20 Uhr ein ähnliches Angebot.

San José del Pacífico

☎ 951 / 500 Ew. / 2750 m

Das kleine Bergdorf San José del Pacífico liegt 100 km südlich von Ocotlán direkt außerhalb der Valles Centrales am Hwy 175 Richtung Küste. Die Landschaft hier ist großartig. San José ist eine gute Ausgangsbasis für Wanderungen durch die kühlen Bergnadelwälder zu verschiedenen Wasserfällen. Die Gegend ist außerdem für ihre Magic Mushrooms berühmt. Im **Café Express** (Internet 10 Mex$/Std.; 🕒 8–22 Uhr), am Highway in die Stadt, gibt es Internetzugang, eine gute topografische Karte der Gegend sowie warme Wolljacken, -schals und -handschuhe zu kaufen.

Cabañas y Restaurante Puesta del Sol (☎ 951-1008678; www.sanjosedelpacifico.com; Zi. 300 Mex$, Zi./4BZ mit Kamin 400/500 Mex$; Ⓟ) am Hwy 175 rund 1 km nördlich des Dorfes hat schöne Zimmer in hübschen Holzhütten, die sich über ein großes Gelände am Berghang verteilen. Alle sind mit Dusche und TV ausgestattet und bieten einen tollen Ausblick. Im ordentlichen Restaurant kommen *antojitos* und Omelettes für 25 bis 30 Mex$ und Fleischgerichte für 40 bis 50 Mex$ auf den Tisch. Im Dorf selbst gibt es billigere, schlichtere Zimmer (nach den Schildern Ausschau halten).

Alle Busse, die auf dem Hwy 175 zwischen Oaxaca und Pochutla verkehren, und die Minibusse von Autoexprés Atlántida (65 Mex$ ab Oaxaca) halten in San José.

San Antonio Arrazola
1000 Ew. / 1600 m

Unterhalb der Westseite von Monte Albán und 4 km von der Straße nach Cuilapan entfernt liegt Arrazola, wo viele der bunten *alebrijes* produziert werden, die man in Oaxaca kaufen kann. Hier kriegt man sie in vielen Werkstätten, Läden und Häusern von Handwerkern.

Cuilapan
11 000 Ew. / 1570 m

Das 9 km südwestlich von Oaxaca gelegene Cuilapan ist eine der wenigen Mixtekenstädte in den Valles Centrales. Hier befindet sich das schöne historische Dominikanerkloster, das **Ex-Convento Dominicano** (Eintritt zum Kloster 27 Mex$; 🕒 9–18 Uhr), dessen fahle Mauern quasi aus der Erde zu wachsen scheinen.

1831 wurde der mexikanische Unabhängigkeitskämpfer Vicente Guerrero in diesem Kloster von Anhängern des konservativen Anastasio Bustamante hingerichtet, der gerade den progressiven Guerrero als Präsident abgelöst hatte. Guerrero war per Schiff aus Acapulco geflohen, aber der Kapitän lieferte ihn in Huatulco den Rebellen aus. Von dort wurde Guerrero zur Hinrichtung nach Cuilapan gebracht.

Vom Klostereingang kommt man zu einer langgestreckten, flachen, unvollendeten Kirche, die seit Abbruch der Bauarbeiten 1560 kein Dach hat. Sie zeichnet sich durch große, prächtige Bögen und feine Steinmetzarbeiten aus. Dahinter steht die Nachfolgekirche, in der sich das Grabmal von Juana Donají (Tochter von Cosijoeza, des letzten Zapotekenkönigs von Zaachila) befindet. Sie ist nur zur Messe geöffnet (meist 7–8 & 17–18 Uhr). Rechts hinter dieser Kirche befindet sich ein zweistöckiges Kloster im Stil der Renaissance. In einigen der Zimmer sind verblichene Wandmalereien aus dem 16. und 17. Jh. zu sehen. In dem kleinen Zimmer, in dem Guerrero gefangen gehalten wurde, hängt ein Gemälde von ihm. Draußen steht ein Denkmal an der Stelle, an der er erschossen wurde.

Ab Oaxaca fahren Busse von **Zaachila Yoo** (Bustamante 603) nach Cuilapan (5 Mex$, 20 Min., alle 10 Min. zw. 6.30 & 21.30 Uhr).

Zaachila
☎ 951 / 12 000 Ew. / 1520 m

Diese rund 6 km hinter Cuilapan und 4 km westlich von San Bartolo Coyotepec gelegene Stadt ist teils mixtekisch und teils zapotekisch. Donnerstags findet hier ein großer, geschäftiger Markt statt. Zaachila war von etwa 1400 bis zur Eroberung durch die Spanier Hauptstadt der Zapoteken. Ihr letzter König, Cosijoeza, starb in den 1520er-Jahren.

Hinter der Dorfkirche auf der Hauptplaza weist ein Schild den Weg zum Eingang der **Zona Arqueológica** (Archäologische Stätte; Eintritt 29 Mex$; 🕒 8–17 Uhr). Hier sind ein paar Grabhügel zu sehen, von denen man zwei betreten kann, die von den Mixteken genutzt wurden. Tumba 1 enthält Skulpturen von Eulen, die Figur eines Schildkrötenmenschen und mehrere schädelähnliche Masken mit langen Nasen. In Tumba 2 ist kein Schmuck zu sehen, aber hier fand man den Mixtekenschatz, der heute im Museo Nacional de Antropología (S. 158) in Mexico City ausgestellt ist. Als mexikanische Archäologen die Grabmäler in den 1940er- und 1950er-Jahren auszugraben begannen, wurden sie von den erbosten Bewohnern Zaachilas verjagt. Schließlich wurden die Gräber 1962 unter dem Schutz bewaffneter Truppen freigelegt. Heute sind Fotos einiger der Gegenstände, die nach Mexico City geschafft wurden, an den Wänden zu sehen.

Busse von Zaachila Yoo nach Cuilapan (s. S. 821) fahren nach Zaachila weiter (5 Mex$, 25 Min. ab Oaxaca).

VALLE DE ETLA

Atzompa

14 000 Ew. / 1600 m

Die Töpfer von Atzompa, das 6 km nordwestlich von Oaxaca City liegt und mittlerweile zu einem Vorort geworden ist, stellen sehr hübsche, farbenfrohe Tierfiguren, Töpfe, Teller, Lampen und mehr her. Viele der Arbeiten sind zu Spitzenpreisen auf dem **Mercado de Artesanías** (Kunsthandwerksmarkt; Av Libertad 303; 9–20 Uhr) an der Hauptstraße, die von Oaxaca nach Atzompa hineinführt, zu erstehen. Einige der Töpferwaren haben die traditionelle grüne Glasur von Atzompa, andere sind bunter und innovativer. Im Restaurante El Patio am Markt bekommt man eine preiswerte Mittagsstärkung oder einen Snack.

Von der Kirche im Stadtzentrum führt eine 2,5 km lange (größtenteils unbefestigte) Straße Richtung Süden zum **Cerro El Bonete**. Die Straße endet ein paar Gehminuten unterhalb des Gipfels, auf dem überall nicht restaurierte vorkoloniale Ruinen zu sehen sind.

Busse nach Atzompa (3 Mex$, 20 Min.) verkehren etwa alle 15 Min. ab dem 2.-Klasse-Busbahnhof in Oaxaca. Wer mit dem eigenen Fahrzeug unterwegs ist, sollte der División Oriente Richtung Nordwesten aus Oaxaca hinaus folgen, dann an einer großen Kreuzung am Stadtrand links in die Calz Tecnológico (angeschrieben ist „Monte Alban") und nach weiteren 1,5 km an der Ampel rechts abbiegen.

San José El Mogote

3000 Ew. / 1600 m

14 km nordwestlich vom Zentrum Oaxaca Citys führt eine Abzweigung vom Hwy 190 Richtung Westen (ausgeschildert mit „Nazareno") und dann 1,5 km bis San José El Mogote. Vor langer Zeit, noch bevor Monte Albán blühte, war Mogote der wichtigste Ort in Oaxaca. Er hatte seine erste Blütezeit zwischen 650 und 500 v. Chr. und erlebte zwischen 100 v. Chr. und 150 n. Chr. eine zweite. Die Hauptplaza ist fast so groß wie die von Monte Albán. Die wichtigsten erhaltenen Bauwerke (die zum Teil restauriert wurden) sind ein Ballspielplatz und ein großer Pyramidenhügel hinter der Grundschule im Ortskern.

Das **Museo Comunitario Ex-Hacienda El Cacique** (Eintritt 10 Mex$; 10–18 Uhr) befindet sich auf der Hazienda des ehemaligen Landbesitzers neben der Grundschule. Das Museum stellt interessante Exponate über den Kampf der Dorfbewohner für Grundeigentum im 20. Jh. aus. Ein archäologisches Highlight ist „El Diablo Enchilado", ein hellrotes, vorkoloniales Kohlenbecken in der Form einer Fratze. Wenn das Museum geschlossen ist, sollte man sich nach dem Weg zum nahe gelegenen Haus des *encargado* (Wärters) erkundigen.

Am besten kommt man mit dem *colectivo*-Taxi (S. 811) nach Mogote.

San Agustín Etla

☎ 951 / 3100 Ew. / 1800 m

Das hübsche San Agustín liegt am Osthang des Valle de Etla, 18 km nordwestlich von Oaxaca City. Hier steht eine große, restaurierte Textilfabrik aus dem frühen 20. Jh., die heute das **Centro de las Artes de San Agustín** (☎ 521-30-43; www.centrodelasartesdesanagustin.com; Independencia s/n; Eintritt frei; 8–18 Uhr) beherbergt, ein spektakuläres Kunstzentrum mit zwei großen, langen Sälen. Der untere Saal wird für oft wunderbare Kunsthandwerks- oder Kunstausstellungen genutzt, der obere für Konzerte, Konferenzen und andere Events. Im Zentrum finden auch Kurse und Workshops in den unterschiedlichsten Bereichen von Kunst und Kunsthandwerk statt. Die Wasserbecken um das Gebäude herum gehören zu einem System, das von der Schwerkraft betrieben das Dach kühlt und die Papiermühle weiter unten antreibt.

Die Straße nach San Agustín zweigt vom Hwy 190 Richtung Osten ab und ist mit „Vista Hermosa" und „La Capellania" ausgeschildert – 1 km hinter der Abzweigung nach Nazareno Richtung Westen. Vom Highway sind es 3 km bis zur Kirche von San Agustín, die neben dem Kunstzentrum liegt. Von der Trujano in Oaxaca City kommt man auch mit dem *colectivo*-Taxi hierher.

SIERRA NORTE

Der Gebirgszug, der die Valles Centrales von der Tiefebene im äußersten Norden von Oaxaca trennt, heißt Sierra Juárez, und der südliche Teil dieses Gebirges, der Oaxaca am nächsten liegt, wird Sierra Norte genannt. Im schönen bewaldeten Hochland haben sich erfolgreiche Ökotourismusunternehmen angesiedelt, die von den Gemeinden betrieben werden. Sie bieten gemütliche Unterkünfte und sind eine tolle Gelegenheit, eine der schönsten Landschaften Mexikos zu Fuß, mit dem Mountainbike oder zu Pferd zu erkunden. Die Artenvielfalt der Gegend ist erstaunlich: Über 400 Vogelarten, 350 Schmetterlingsarten, alle sechs Wildkatzenarten Mexikos und fast 4000 Pflanzenarten wurden in der Sierra Norte gefunden. Es gibt auch unglaublich viele Wildblumen. Besucher müssen sich auf kühlere Temperaturen einstellen – in den höher gelegenen Dörfern im Süden sinkt die Quecksilbersäule im Winter manchmal bis unter 0 °C. Am meisten regnet es zwischen Ende Mai und September, zwischen Januar und April dagegen kaum.

Der malerische Hwy 175 durchquert die *sierras* auf dem Weg nach Tuxtepec (97 000 Ew.), die wichtigste Stadt im Norden des Bundesstaats.

PUEBLOS MANCOMUNADOS

Zu den Pueblos Mancomunados (Dörfergemeinschaft) gehören acht abgelegene Zapotekendörfer im dicht bewaldeten Hochland des Valle de Tlacolula. Seit Jahrhunderten teilen sich die Dörfer in einer einzigartigen Form von Kooperation die natürlichen Ressourcen ihres 290 km² großen Territoriums mit den weitläufigen Nadel- und Eichenwäldern. Die Einkünfte aus der Waldwirtschaft und von anderen Unternehmen werden geteilt. Heute betreiben sieben der Dörfer (d. h. alle außer Yavesía) gemeinsam ein hervorragendes Ökotourismusprogramm, das einfache, aber gemütliche Unterkünfte, Wanderungen, Ausritte und Mountainbiketouren auf einem mehr als 100 km langen Netz landschaftlich schöner Wege umfasst. Dabei bewegt man sich in Höhenlagen zwischen 2200 und über 3200 m und in spektakulärer Landschaft mit Schluchten, Höhlen, Klippen, Wasserfällen und Aussichtspunkten. Die Dörfer sind ziemlich einfach, aber malerisch. Man findet hier einzigartige Überreste lokaler Geschichte und Kultur.

Das Ökotourismusprogramm hat Expediciones Sierra Norte (S. 796) als Anlaufstelle in Oaxaca City. Zahlreiche Aktivtourismusbüros in Oaxaca (s. S. 796) bieten Touren von einer Länge zwischen einem Tag und mehreren Tagen zu den Pueblos Mancomunados an. Sie organisieren auch die Anreise und das Besichtigungsprogramm. Man kann solche Besuche aber auf eigene Faust billiger organisieren, indem man direkt zu Expediciones Sierra Norte geht. Die Belegschaft des Büros spricht Englisch und hat jede Menge Infos über Wege, Dörfer, Unterkünfte, Verkehrsmittel und notwendige Vorbereitungen. Sie nimmt auch Buchungen vor und verkauft einen hilfreichen Führer mit Landkarte für 50 Mex$.

Für alle Touren stehen ausgebildete einheimische Führer zur Verfügung. Sie sprechen fast nur Zapotekisch und Spanisch, kennen sich aber mit der Flora, Fauna und Ökologie der *sierras* aus. Man kann sich auch ohne Führer auf den Weg machen, aber die Wege sind nicht gerade gut ausgeschildert. Jedes Dorf verfügt über *cabañas* (meist mit Bad mit Warmwasser und Kamin), einen ausgewiesenen Campingplatz und mindestens einen *comedor*, der von 8 bis 20 Uhr günstige lokale Gerichte serviert.

Hier sind Durchschnittspreise für Besuche in den Pueblos Mancomunados:

- Führer für bis zu acht Personen: 120 bis 200 Mex$ pro Tag
- Cabaña: 130 Mex$ pro Person (im Schlafsaal); 450 Mex$ für bis zu vier Personen (im eigenen Zimmer)
- Campen: 40 Mex$ pro Person (ein Zelt muss mitgebracht werden)
- Gerichte: je 30 bis 40 Mex$
- Fahrrad: 100 bzw.150 Mex$ für 3 Stunden bzw. einen Tag (in allen Dörfern erhältlich)
- Pferd: 100 Mex$ pro Stunde (in einigen Dörfern erhältlich)
- *Huentzee* (Beitrag zu den Unterhaltskosten): 50 Mex$ pro Person

Routen

Man kann gut mehrere Tage damit zubringen, zu Fuß oder zu Pferd die vielen schönen Wege zu erkunden. Die meisten Traveller beginnen ihre Ausflüge in Cuajimoloyas, Llano Grande oder Benito Juárez, die allesamt im höheren südlichen Teil der Sierra Norte liegen. Von hier aus führen Wanderungen und Ausritte eher nach unten als nach oben.

Es ist auch möglich, sich in einem Dorf einzuquartieren und von dort aus Wanderungen und Ausritte zu unternehmen. In jedem Dorf gibt es eine Touristeninformation, die Infos zu den Wegen der Umgebung hat und organisatorische Tätigkeiten übernimmt.

Von den Dörfern im Süden aus gelangt man zu einigen großartigen Aussichtspunkten, z. B. zum El Mirador, der eine 2,5 km lange

Wanderung von Benito Juárez entfernt ist, und zum 3200 m hoch gelegenen Yaa-Cuetzi-Aussichtspunkt 1 km vor Cuajimoloyas. Bei klarem Wetter kann man vom Yaa-Cuetzi aus weit entfernte Berge wie den Pico de Orizaba und den Zempoaltépetl sehen. In wenigen Stunden Fußmarsch erreicht man von Llano Grande aus Piedra Larga, eine Felsklippe mit grandiosem Ausblick. Vor Kurzem wurden zusätzliche Wanderwege ab La Nevería angelegt, die durch die Wälder nach La Cumbre am Hwy 175 und sogar bis Tlalixtac de Cabrera im Valle de Tlacolula führen, von wo aus man auf einem alten Eselspfad bis nach Oaxaca City laufen kann.

Ein besonderes Highlight ist der schöne Weg von Latuvi nach Lachatao: Er folgt einem vorkolonialen Pfad, der die Valles Centrales mit dem Golf von Mexiko verband, und führt durch Nebelwälder voller Bromelien und Moos. Lachatao ist ein ausgesprochen stimmungsvolles Dorf mit einer riesigen Kirche aus dem 17. Jh. (die ein Ergebnis des Wohlstands war, den die nahe gelegenen Goldminen der Umgebung brachten) und das Essen in Magdalenas *comedor* ist großartig! Von Lachatao oder dem nahen Amatlán aus kann man die alten Minen und die Überreste einer kolonialen Textilfabrik besichtigen.

An- & Weiterreise

Cuajimoloyas und Llano Grande sind am besten mit dem Busnetz Oaxaca Citys verbunden: Es fahren täglich mindestens fünf Busse von **Flecha del Zempoaltépetl** (☎ 951-516-63-42) ab dem 2.-Klasse-Busbahnhof (Cuajimoloyas 25 Mex$, 2 Std.; Llano Grande 30 Mex$, 2½ Std.). **Transportes Ya'a-Yana** (Niño Perdido 306, Colonia Ixcotel, Oaxaca) hat Busse zu einigen der anderen Dörfer, aber sie fahren nicht immer, weshalb man lieber bei Expediciones Sierra Norte nachfragen sollte. Die Haltestelle ist an einer Pemex-Tankstelle am Hwy 190, ein paar Kilometer östlich vom 1.-Klasse-Busbahnhof in Oaxaca City. Der Fahrplan von Ya'a-Yana:

Amatlán (25 Mex$, 2¼ Std.) Abfahrt in Oaxaca City ist täglich um 16 Uhr; von Amatlán zurück geht's um 5.15 Uhr.

Benito Juárez (25 Mex$, 2 Std.) In Oaxaca City geht es dienstags, freitags und samstags um 16 Uhr los (17 Uhr bei Sommerzeit); zurück fahren die Busse dienstags, freitags und samstags um 5 Uhr und sonntags um 15 Uhr.

Lachatao (30 Mex$, 2½ Std.) Abfahrt in Oaxaca City ist täglich um 16 Uhr, zurück geht es um 5 Uhr.

Latuvi (30 Mex$, 2½ Std.) Startet freitags um 16 Uhr in Oaxaca City; von Latuvi zurück kommt man freitags um 4 Uhr.

Nach Benito Juárez kann man auch einen Bus nach Cuajimoloyas nehmen und an der Abzweigung nach Benito Juárez *(desviación de Benito Juárez)* aussteigen, die eindreiviertel Stunden von Oaxaca entfernt ist; von hier aus sind es dann noch 3,5 km auf einer unbefestigten Straße nach Westen bis zum Dorf.

Von Ixtlán verkehren *camionetas* um 8, 12 und 15 Uhr nach Amatlán (15 Mex$, 45 Min.) und Lachatao (15 Mex$, 1 Std.).

Wichtig: Die Pueblos Mancomunados haben im Gegensatz zu Oaxaca keine Sommerzeit (s. S. 1084), deshalb sollte man die Zeiten für die Rückfahrt im Vorfeld ganz genau abchecken!

GUELATAO

500 Ew. / 1900 m

60 km von Oaxaca entfernt liegt das Dörfchen Guelatao am Hwy 175. Hier wurde der Nationalheld Benito Juárez geboren. Am schönen See im Ortskern stehen eine Statue, die den jungen Benito als Hirten darstellt, und ein Nachbau des Lehmhauses, in dem er als Kind wohnte. Zwischen den angrenzenden Verwaltungsgebäuden gibt es zwei weitere Statuen von Juárez und ein kleines Museum, die **Sala Homenaje a Juárez** (Eintritt frei; ⌚ Mi–So 9–18 Uhr).

Busse nach Ixtlán halten unterwegs in Guelatao.

IXTLÁN

☎ 951 / 7200 Ew. / 2035 m

Ixtlán, das 3 km hinter Guelatao am Hwy 175 liegt, ist ein nettes, oft verregnetes Örtchen, in dem montags ein geschäftiger Markt abgehalten wird. In seinem **Templo de Santo Tomás** (⌚ 10–14 & 16–19 Uhr) wurde Benito Juárez getauft. Die mit schönen Steinmetzarbeiten versehene Barockkirche aus dem 17. Jh. steht direkt oberhalb der Hauptplaza. An der Plaza befindet sich auch das Büro des engagierten lokalen Ökotourismusanbieters **Ecoturixtlán** (☎ 553-60-75; www.ecoturixtlan.com; Ecke 16 de Septiembre & Revolución; ⌚ 9–20 Uhr). Das Besondere an der Umgebung von Ixtlán sind die unterschiedlichen Höhenlagen, die von 1200 bis mehr als 3000 m reichen und für eine enorme Artenvielfalt sorgen. Man kann auf einer Wanderung sieben verschiedene Ökosysteme durchqueren, vom Laubwald des Flachlands bis zum Nebelwald. Führer für Wanderungen von drei bis fünf Stunden Länge kosten 100 bis 200 Mex$, zuzüglich einer Eintrittsgebühr von 30 bis 60 Mex$ pro Nase. Für bis zu

600 Mex$ pro Tour kann auch ein Fahrzeug organisiert werden (was in dem steilen Gelände echt hilfreich sein kann). Die **cabañas** (DZ/4BZ 450/650 Mex$) von Ecoturixtlán liegen 5 km vom Ort entfernt im Wald an der Straße nach Capulálpam (kostenloser Abholdienst ist im Preis inbegriffen). Sie sind aus Lehmziegeln und Holz gebaut, haben Fliesenböden, Kamine und Bäder mit Warmwasser. Man kann hier auch zelten (40 Mex$/Pers.; Zeltmiete für 1/2 Pers. 100/150 Mex$). Hier gibt es auch ein Restaurant (Frühstück/Mittagessen/Abendessen 40/70/35 Mex$), eine Seilrutsche, eine Höhle, einen Wasserfall, eine Hängebrücke, eine Forellenzuchtanlage, einen Radweg, Pferde (100 Mex$/Std.) und Mountainbikes (30 Mex$/Std.). Die Gegend erinnert ein bisschen an ein Ferienlager, aber an Wochentagen ist sie immer noch recht ruhig. Infos und Reservierungen organisiert das Büro von Ecoturixtlán in Oaxaca (S. 797).

Täglich fahren acht Busse von Cuenca ab dem 1.-Klasse-Busbahnhof in Oaxaca City nach Ixtlán (40 Mex$, 1¾ Std.). Für 10 Mex$ weniger bieten **Benito Juárez** (☎ 951-516-57-76) und **Flecha del Zempoaltépetl** (☎ 951-516-63-42) täglich neun Fahrten ab dem 2.-Klasse-Busbahnhof in Oaxaca City an.

CAPULÁLPAM

☎ 951 / 1300 Ew. / 2000 m

Das hübsche, mit Blumen geschmückte Dorf Capulálpam liegt 9 km südöstlich von Ixtlán. Man hat hier herrliche Ausblicke und kann eine große Steinkirche im Zentrum besichtigen. Capulálpam ist ein ruhiges Bergdorf mit einem eigenen Ökotourismusprogramm, **Ecoturismo Comunitario Capulálpam** (☎ 539-20-40; www.capulalpam.com.mx; Miguel Méndez 1). Außerdem gibt es ein Zentrum für traditionelle indigene Medizin (die auf die Heilkräfte der Pflanzen und das innere energetische Gleichgewicht des Menschen baut), in dem sich Fachleute treffen, um sich auszutauschen und Behandlungen durchzuführen. Über Ecoturismo Comunitario kann man ein *temascal* (150 Mex$) oder eine *limpia* (Reinigung; 30 Mex$) buchen, oder man absolviert ein indigenes Medizinprogramm von Tierraventura (S. 797).

Wenn man auf der Straße nach Ixtlán 1 km weit fährt, erreicht man die Abzweigung zu den Ökotourismusangeboten von Capulálpam, zum **Centro Recreativo Los Molinos** (Cabaña 150 Mex$/Pers.; Gerichte 50–80 Mex$; 🕑 Restaurant 10–18 Uhr). Dazu gehören eine Seilrutsche, eine Hängebrücke, eine Fahrradvermietung, geführte Wanderungen, ein Restaurant am grünen Flussufer, etwa 1 km von der Straße entfernt, und *cabañas* aus Lehmziegeln auf einem Hügel, rund 1,5 km vom Restaurant entfernt. Im Dorf bietet die **Posada El Mirador** (☎ 539-20-95; Brasil 1; 100 Mex$/Pers.) einfache, saubere Zimmer mit Gemeinschaftsbad, Mahlzeiten und einer tollen Aussicht.

Ein paar Kilometer hinter Capulálpam liegt in Natividad das **Museo Comunitario La Mina** (🕑 Di–So 10–14 Uhr), das der einst bedeutenden Gold- und Silbermine des Dorfes gewidmet ist.

Benito Juárez (☎ 951-516-57-76) lässt täglich fünf Busse vom 2.-Klasse-Busbahnhof in Oaxaca City nach Capulálpam (35 Mex$, 2½ Std.) fahren. Ab Ixtlán verkehren auch *colectivo*-Taxis.

WESTLICHES OAXACA

Das westliche Oaxaca ist ein spektakulärer, bergiger Landstrich mit relativ wenig Bewohnern, dichten Wäldern und auch ein paar überdüngten, erodierten und abgeholzten Gebieten. Hier kann man die ausgetretenen Pfade mal verlassen, in abgeschiedenen Gegenden wandern, Rad fahren oder klettern und herausragende Kolonialbauten sowie wenig bekannte vorkoloniale Stätten anschauen. Es werden geführte Touren von Oaxaca City aus angeboten, z. B. von Tierraventura, Bicicletas Pedro Martínez, Rancho Buenavista (s. S. 796) und den Museos Comunitarios (s. Kasten S. 817).

Das westliche Oaxaca (sowie ein kleiner Teil der benachbarten Bundesstaaten Puebla und Guerrero) wird wegen seiner indigenen Mixtekenbevölkerung als Mixteca bezeichnet. Von hier aus dehnten die Mixteken etwa im 12. Jh. ihre Herrschaft auf die Valles Centrales aus. Die Mixteken waren für ihre Gold- und Edelsteinverarbeitung bekannt, und es heißt, dass der Aztekenherrscher Moctezuma nur von feinster Mixteca-Puebla-Keramik aß. In vorkolonialer Zeit war Mixteca relativ dicht bevölkert, aber heute zählt die Gegend zu den ärmsten Regionen Oaxacas und leidet unter starker Abwanderung.

Man kann Mixteca auf einem langen Tagesausflug von Oaxaca aus besuchen, aber in Nochixtlán, Coixtlahuaca und San

Pedro Teposcolula gibt es auch einfache Hotels oder *casas de huéspedes*. In Tlaxiaco und Huajuapan de León sind sogar bessere Unterkünfte verfügbar. In Huajuapan ist das **Hotel Colón** (☎ 953-532-08-17; Colón 10; Zi. 250 Mex$; Ⓟ) eine gute und günstige Übernachtungsmöglichkeit. Das Hotel im Motelstil ist sauber und freundlich und hat auf zwei Stockwerken kleine Zimmer mit Ventilatoren, die um einen Hof herum liegen.

An- & Weiterreise

Transportadora Excelencia (Karte S. 792 f.; ☎ 951-516-35-78; Díaz Ordaz 304, Oaxaca) betreibt komfortable Minibusse nach Teposcolula und Tlaxiaco (65 Mex$, 3 Std.), die von 6 bis 21 Uhr halbstündlich verkehren. Weitere tägliche Busverbindungen ab Oaxaca City sind:

Ziel	Preis (Mex$)	Dauer (Std.)	Häufigkeit (tgl.)
Coixtlahuaca	61	2	10 ab 2.-Klasse-Busbahnhof (Fypsa)
Huajuapan de León	51	3½	3 ab Sur-Busbahnhof
Nochixtlán	72	1½	6 ab 1.-Klasse-Busbahnhof
	28	2	3 ab Sur-Busbahnhof

Santiago Apoala hat mittwochs, samstags und sonntags eine Busverbindung nach Nochixtlán (normalerweise fahren die Busse um 8 Uhr in Apoala los und um 12 oder 13 Uhr von Nochixtlán zurück). Nach Apoala kommt man von Nochixtlán aus auch mit dem Taxi oder der *camioneta*.

Vom TAPO in Mexico City fahren Busse zu mehreren Mixtecastädten. Von Tlaxiaco verkehren täglich mehrere Busse Richtung Süden nach Pinotepa Nacional.

SANTIAGO APOALA

200 Ew. / 2000 m

Das kleine Dorf liegt in einem atemberaubenden, grünen Tal, das von Felsen eingerahmt wird, 40 km nördlich von Nochixtlán. Es ist eine gute Basis für Wander-, Rad- und Klettertouren. Dem traditionellen Glauben der Mixteken zufolge befindet sich hier die Wiege der Menschheit. Das Tourismusprogramm der Gemeinde umfasst Unterkünfte, Mahlzeiten und Führer. Am einfachsten bucht man die Reise hierher über eine Agentur in Oaxaca, aber man kann über das **Comité de Turismo** (Tourismuskomitee; ☎ 55-51519154) auch auf eigene Faust einen Ausflug organisieren.

Die Anreise von Nochixtlán über die unbefestigten Straßen kann bis zu zwei Stunden dauern. Die Landschaft um Apoala ist sensationell; die Highlights sind der 60 m hohe Wasserfall Cascada Cola de la Serpiente und der 400 m tiefe Cañón Morelos. Touren der Agenturen in Oaxaca dauern meist zwei Tage und beinhalten eine dreistündige Wanderung durch die Schlucht bis zum Dorf am ersten Tag und eine Wanderung zum Wasserfall (wo man normalerweise baden kann) am folgenden Tag.

Das Tourismuskomitee betreibt ein gemütliches Gästehaus mit drei Zimmern, das **Parador Turístico** (Stellplatz für 4 Pers. 30 Mex$, EZ/DZ/3BZ/4BZ 90/180/250/330 Mex$, Miete für 4-Pers.-Zelt 120 Mex$, Schlafsack 20 Mex$). Eine Mahlzeit kostet rund 35 Mex$ (vorher anrufen und fragen, ob's was gibt, und gegebenenfalls Essen mitnehmen). Ein Mountainbike kann für 100 Mex$ pro Tag gemietet werden. Pro Gruppe à fünf Personen wird eine Eintrittsgebühr von 50 Mex$ fällig. Führer kosten 120 Mex$ pro Tag für Gruppen mit bis zu sechs Personen.

YANHUITLÁN, COIXTLAHUACA & SAN PEDRO TEPOSCOLULA

Die wunderschönen **Dominikanerklöster** aus dem 16. Jh. in den drei Mixtekendörfern Yanhuitlán, Coixtlahuaca und San Pedro Teposcolula zählen zu den größten architektonischen Schätzen Mexikos. Die Existenz derart großer Einrichtungen spricht dafür, dass es eine ziemlich große indigene Bevölkerung gegeben haben muss, als die Spanier hier ankamen. Die erhaltenen Steinmetzarbeiten der Klöster kombinieren mittelalterliche, platereske, indigene und Renaissancestile. Alle drei haben reich geschmückte Innenräume, u. a. mit riesigen vergoldeten *retablos* (Altarbildern) aus Holz.

In **Coixtlahuaca**, das zurzeit restauriert wird, steht das vielleicht interessanteste der drei Klöster. Das Dorf liegt 4 km östlich der Mautstelle Coixtlahuaca am Hwy 135D, etwa 30 km nördlich von Nochixtlán. Die weiße Steinfassade im Renaissancestil ist wundervoll. In der anmutigen verfallenen *capilla abierta* (offene Kapelle in frühen mexikanischen Klöstern, in der der indigenen Bevölkerung gepredigt wurde) sind religiöse Symbole der Mixteken zu sehen, vor allem Schlangen und Adler. Während der Restaurierungsarbeiten ist der Eintritt frei. Wenn die Kirche geöffnet ist, kann man manchmal ins Obergeschoss und aufs Dach klettern, um die Aussicht auf die felsige Landschaft zu genießen. Wer Coixtlahuaca auf dem Hwy 135D anfährt, stößt auf Schilder zum 13 km entfernten **San Miguel Tequixtepec**. Hier gibt es ein gutes Gemeindemuseum mit archäologischen Funden und Kunsthandwerk aus der Gegend, das in einem Haus aus dem 16. Jh. untergebracht ist. Im Ort stehen Besuchern ein paar billige, aber durchaus gemütliche *cabañas* zur Verfügung.

Das **Kloster von Yanhuitlán** (Eintritt 29 Mex$; Mo–Sa 8–16 Uhr), das über einer bedeutenden religiösen Stätte der Mixteken errichtet wurde, ragt 14 km nordwestlich von Nochixtlán neben dem Hwy 190 auf. Die Reliefs an der Nord- und Westfassade sind sehr schön, und innen kann man tolle Kunstwerke bestaunen. Unterhalb der Chorempore mit der imposanten Orgel ist eine Mudejar-Decke zu sehen.

Rund 30 km südwestlich von Yanhuitlán am Hwy 125 liegt das entspannte, freundliche Örtchen San Pedro Teposcolula mit dem **Kloster von Teposcolula** (Eintritt 29 Mex$; Mo–Sa 8–16 Uhr), das mit einer besonders prächtigen *capilla abierta* mit mehreren wunderschönen Bogen beeindruckt. In den angeschlossenen Klostergebäuden ist eine recht große Sammlung frühkolonialer Kunst untergebracht. Die Gebäude um die Dorfplaza sind lebendig in Rot und Weiß bemalt. Gute, saubere, geflieste Zimmer bietet das **Hotel Juvi** (☎ 953-518-20-64; 20 de Noviembre 1B; EZ/DZ/3BZ 180/200/225 Mex$; P) gegenüber dem Kloster.

SAN MARTÍN HUAMELÚLPAM

☎ 951 / 130 Ew. / 2235 m

Die Abzweigung nach San Martín liegt 22 km südlich von San Pedro Teposcolula. Das Dorf ist 1 km vom Hwy 125 entfernt. In der ruhigen Gemeinde mit den Nadelwäldern drumherum leben Fachleute für traditionelle Medizin, deren Heilkräfte berühmt sind. Ein Flügel des **Museo Comunitario Hitalulu** (☎ 510-49-49; Plaza Cívica; Eintritt 10 Mex$; 9–18 Uhr) ist den Heilern und den von ihnen benutzten Pflanzen gewidmet. Im anderen Flügel befinden sich Artefakte aus Huamelúlpam, einem zeremoniellen Zentrum, das die Mixteken zwischen 400 und 600 n. Chr. nutzten und das sich über die Hügel im Norden und Osten der zentralen Plaza Cívica erstreckte. Alle Beschriftungen im Museum sind auf Spanisch.

Der restaurierte Hauptteil der Stätte von Huamelúlpam liegt 200 m östlich der Plaza hinter einer kleinen Kirche. Er umfasst mehrere Ebenen, einen Ballspielplatz, zwei große Plazas, einen Altar und einen Tempel, in dessen unteren Kammern man vermutlich Menschen für Opferungen gefangen hielt. Bei der Kirche unbedingt auf die gemeißelten Schädel achten, die man an der Stätte gesammelt und in den Bogen und die Seitenwand der Kirche eingebaut hat!

TLAXIACO & SÜDLICH DAVON

Etwa 18 km südlich von Huamelúlpam führt der Hwy 125 ins nette, geschäftige Tlaxiaco (15 000 Ew.), das Zentrum einer großen ländlichen Region. Um die Hauptplaza herum findet samstags ein gigantischer **Markt** statt. An einer anderen, 100 m entfernten Plaza steht eine riesige koloniale Kirche mit gotischem Rippengewölbe. An der Hauptplaza bietet das **Hotel del Portal** (☎ 953-552-01-54; Plaza de la Constitución 2; Zi. 210–250 Mex$; P) nach hinten gelegene, saubere, ruhige Zimmer und ein ordentliches, nicht überteuertes Restaurant in einem stimmungsvollen alten Hof an der Vorderseite.

Südlich von Tlaxiaco schlängelt sich der Hwy 125 durch die einsame Sierra Madre del Sur nach Pinotepa Nacional und stößt dort auf die Küstenstraße Hwy 200. Der größte Ort an der Strecke ist das 95 km von Tlaxiaco entfernte Putla.

OAXACAS KÜSTE

Die spektakuläre Pazifikküste von Oaxaca bietet alles, was Traveller für eine tolle Zeit am Meer so brauchen. Ein halbes Dutzend relaxte Strandorte, von denen jeder auf seine Weise die zahlreichen Attraktionen der Küste zur Geltung bringt, liegen an der ansonsten fast menschenleeren Küste mit den unendlich langen, goldenen Sandstränden und den Lagunen voller Tiere. Vor der Küste kann man vom Segelboot aus Delphine, Schildkröten und Wale beobachten oder tauchen, schnorcheln und angeln. Toll sind auch die Surferstrände, die zu den besten Nordamerikas gehören, und die vielen Küstenstreifen, an denen Anfänger surfen lernen können. In den Bergen des Hinterlands kann man Biokaffeeplantagen besichtigen, Rafting ausprobieren oder durch den Urwald reiten.

Wo wie hier tropisches Klima herrscht, ist das Leben nie übermäßig hektisch, und die Menschen sind gastfreundlich. In der Mitte des Küstenstreifens liegt der kleine Fischerhafen und Badeort Puerto Ángel. Unmittelbar westlich davon befinden sich drei Stranddörfer – Zipolite, San Agustinillo und Mazunte –, die sich perfekt dazu eignen, ein paar Tage lang die entspannte Travelleratmosphäre, die preiswerten Unterkünfte und das Essen in den Lokalen zu genießen. Noch weiter westlich liegt Puerto Escondido, eine etwas größere Fischer- und Marktstadt mit mehreren tollen Stränden (z. B. der Playa Zicatela, einem Surferparadies) und einer Auswahl von guten Unterkünften, Restaurants und Ausgehoptionen für jeden Geldbeutel. Am Ostende der Küste liegt Bahías de Huatulco, ein modernes Strandresort mit mehreren idyllischen Buchten, die wunderbar untouristisch geblieben sind

Die spektakuläre Küste zählt zu den wichtigsten Schildkrötenbrutplätzen der Welt, und in den vielen Lagunen dahinter leben unzählige Vögel, die das Herz jedes Tierfreunds höher schlagen lassen. Am Ende der Küstenebene erheben sich dramatische, bewaldete Berge – und schon die Reise von Oaxaca City zur Küste ist ein großartiges Erlebnis, ganz gleich ob per Bus, Auto oder Kleinflugzeug.

Der größte Teil des Regens fällt zwischen Juni und September und lässt die Landschaft grün werden. Ab Oktober trocknet sie langsam aus, und im März haben die meisten Bäume keine Blätter mehr. Der Mai ist der heißeste Monat. Gute Infos über diese Küste hat die Website **Pacific Coast of Mexico** (www.tomzap.com).

PUERTO ESCONDIDO

☎ 954 / 30 000 Ew.

Der „versteckte Hafen" hat sich zu einem der angenehmsten Orte der ganzen mexikanischen Pazifikküste entwickelt. Puerto Escondido ist immer noch vor allem ein Fischer- und Marktort, aber vor allem für die legendäre Surfbrandung berühmt, die Mexican Pipeline genannt wird. Außer der Surferszene hat Puerto mehrere ruhige Strände zum Baden, Schnorcheln und Sonnen zu bieten. Daneben kann man tauchen, angeln oder nach Schildkröten, Delphinen und Walen Ausschau halten. Es gibt tolle Cafés und Restaurants, ein aktives Nachtleben mit Livemusik und jede Menge schöne und preiswerte Unterkünfte. Tagesausflüge führen zu den Lagunen von Manialtepec und Chacahua, die vor Vögeln nur so schwirren. Das Beste von allem ist die Tatsache, dass hier zurückhaltend und maßvoll gebaut wurde. All das Aufheben, das um Puerto gemacht wird, hat den lässigen Charme des alten mexikanischen Fischerhafens und Badeorts nicht beeinträchtigt. Wer hier nicht Station macht, ist selber schuld!

Orientierung

Das Stadtzentrum liegt an der kleinen Bahía Principal. Der Hwy 200, hier Carretera Costera genannt, führt über den Hügel und trennt die Oberstadt – wo die Busse ankommen und abfahren und die meisten Einheimischen leben und arbeiten – vom touristischen tiefer gelegenen Stadtteil. Den Kern der Unterstadt, El Adoquín, bildet die ab 17 Uhr autofreie Zone an der Av Pérez Gasga (*adoquín* ist Spanisch für Pflasterstein). Der westliche Teil der Av Pérez Gasga schlängelt sich den Hügel hinauf und trifft an der Kreuzung El Crucero auf den Hwy 200.

Die Playa Zicatela, der Mittelpunkt der Surferszene, erstreckt sich vom Ostende der Bahía Principal 3 km Richtung Südosten. Das meiste ist am nördlichen Abschnitt los, wo es unzählige Unterkünfte und Lokale gibt. Weitere Übernachtungs- und Essmöglichkeiten gibt's in Colonia Brisas de Zicatela, besonders um die Punta Zicatela am Südende.

Rund 1 km westlich von El Crucero befinden sich im Gebiet oberhalb der Playa Carrizalillo ein paar Hotels, Lokale und Läden. Der Flughafen liegt 3 km westlich vom Stadtzentrum auf der Nordseite des Hwy 200.

Praktische Informationen

BUCHLÄDEN

PJ's Book Bodega (☎ 541-00-36-56; Calle del Morro s/n, Zicatela) Eine große Auswahl von neuen und gebrauchten Büchern auf Englisch, Spanisch und in anderen Sprachen.

GELD

Die meisten Banken und *casas de cambio* tauschen US-Reiseschecks, US-Dollars und Euro ein.

Banamex (Av Pérez Gasga s/n; ⌚ Mo–Sa 9–16 Uhr) Geldwechsel und Geldautomat.

HSBC (Calle 1 Norte zw. Calles 2 & 3 Pte; ⌚ Mo–Sa 8–19 Uhr) Eine von mehreren Banken in der Oberstadt, die Geld tauschen.

HSBC-Geldautomaten Adoquín (Av Pérez Gasga s/n); Zicatela (Calle del Morro s/n)

Wechselstube (Av Pérez Gasga 905; Mo–Sa 10–15 & 17.30–21, So 10–15 Uhr) Wechselt amerikanische und kanadische Dollars, Euro, Schweizer Franken und Yen sowie amerikanische und kanadische Reiseschecks.
Wechselstube (Calle del Morro s/n, Zicatela; Mo, Di, Do–Sa 8–20, Mi 8–18, So 9–17 Uhr) Die vorne im Hotel Acuario untergebrachte *casa de cambio* wechselt Euro, amerikanisches und kanadisches Bargeld und Reiseschecks.

INTERNETZUGANG

Meist liegt der Preis bei 15 Mex$ pro Stunde.
Copa Cabana Internet (Av Pérez Gasga 705)
Internet Acuario (Calle del Morro s/n, Zicatela) Vorne im Gebäude des Hotel Acuario; klimatisiert.

MEDIEN

El Sol de la Costa (www.elsoldelacosta.com) Kostenlose, monatlich erscheinende Zeitung auf Spanisch und Englisch mit jeder Menge Infos über Events und Aktivitäten.

MEDIZINISCHE VERSORGUNG

Allgemeinarzt **Dr. Mario de Alba** (☎ 954-5884018) spricht Englisch und ist meist über die **Farmacia San Antonio** (Av Pérez Gasga s/n) zu erreichen.

REISEBÜROS

Viajes Dimar (www.viajesdimar.com) Adoquín (☎ 582-02-59; Av Pérez Gasga 905B; 8–21.30 Uhr); Zicatela (☎ 582-23-05; Calle del Morro s/n; 8–14 & 18–21 Uhr) Hier kann man Flug- und Bustickets kaufen, Autos mieten und Ausflüge buchen.

TELEFON & FAX

Kartentelefone von Telmex und Telefon-*casetas* gibt es im Adoquín, weitere Kartentelefone in der Calle del Morro an der Playa Zicatela. Bei **Cyberplaya** (Calle del Morro s/n, Zicatela) kann man billige Fern- und Auslandsgespräche führen.

TOURISTENINFORMATION

Touristeninformationsstand (☎ 582-11-86; ginainpuerto@yahoo.com; Ecke Av Pérez Gasga & Marina Nacional; Mo–Fr 9–14 & 16–18, Sa 10–14 Uhr) Liegt günstig im Westteil von El Adoquín. Meist arbeitet Gina Machorro, eine energiegeladene und mehrsprachige Angestellte, hier. Sie beantwortet freundlich alle Fragen.

WASCHSALON

Lava-Max (☎ 540-16-17; Av Pérez Gasga 405A; Mo–Sa 8–20, So 8–16 Uhr) Selbst waschen kostet 13 Mex$ pro Maschine (zzgl. 8 Mex$ für Waschmittel & 14 Mex$ für den Trockner). Wasch- und Trockenservice kommt auf 10 Mex$ pro Kilo.

Gefahren & Ärgernisse

Um das Risiko zu minimieren, sollte man abgelegene und menschenleere Orte meiden und sich abends nur in gut beleuchteten Gegenden bewegen (oder ein Taxi nehmen). Einheimischen zufolge ist nachts am Strand die Polizei das größte Risiko: Wer trinkt, pinkelt oder auch nur flirtet, kann den Arm des Gesetzes zu spüren bekommen.

Strände

PLAYA ZICATELA

Mit verführerischen Restaurants, Cafés und Unterkünften ist die lange und schnurgerade Zicatela Puertos „Strandspielwiese". Auf den Wellen der legendären Mexican Pipeline stellen Surfprofis aller Herren Länder ihr Können unter Beweis.

Nichtsurfer aufgepasst: Vor der Zicatela herrscht eine mörderische Unterströmung, die für Schwimmer lebensgefährlich ist. Fast jeden Monat ziehen die Rettungsschwimmer Unvorsichtige aus den Fluten. Die Rettungsstation Cuartel Salvavidas hat ihren Posten direkt vor dem Restaurante El Jardín.

BAHÍA PRINCIPAL

Der Hauptstrand ist lang genug, dass am westlichen Ende Restaurants, in der Mitte (Playa Principal) eine Fischereiflotte und am Ostende (Playa Marinero) Sonnenanbeter und junge Bodysurfer Platz finden. Nur Zentimeter über der Wasseroberfläche fliegen Pelikane, im Wasser schaukeln Boote, und ein paar Händler laufen den Strand rauf und runter. Wegen des stinkenden Wassers, das aus der sehr unpassend benannten Laguna Agua Dulce in die Bucht fließt, badet man an der Playa Marinero besser nicht.

BAHÍA PUERTO ANGELITO

Die geschützte Bucht von Puerto Angelito liegt etwa 1 km westlich der Bahía Principal (20–30 Gehminuten von El Adoquín) und hat zwei kleine Strände. Am westlichen, der Playa Angelito, befinden sich jede Menge *comedores* und an Wochenenden und Feiertagen fallen hier unzählige mexikanische Familien ein. Die Playa Manzanillo im Osten ist nicht mit dem Auto erreichbar, wird an Wochenenden aber trotzdem voll.

PLAYA CARRIZALILLO

Der kleine Strand Carrizalillo gleich westlich von Puerto Angelito versteckt sich in einer etwas felsigen Bucht; um herzukommen, muss man eine Treppe mit rund 170 Stufen runtersteigen. Ein super Platz zum Schwimmen, Schnorcheln, Bodyboarden und Surfen – außerdem gibt es hier eine nette Bar mit ein paar *palapas* (schilfgedeckten Unterständen).

Aktivitäten

SURFEN

Die Wellen vor Puerto Escondido eignen sich fast das ganze Jahr über zum Surfen. Die Pipeline am Nordende der Playa Zicatela ist eine Brandung der Weltklasse, die normalerweise zwischen Mai und Juli am höchsten ist (sie kann über 12 m hoch werden). Auch wenn die Pipeline flach ist, kann man vor der Punta Zicatela fast ununterbrochen surfen. Die Wellen an der Playa Carrizalillo sind o. k. für Anfänger. Eine Menge Läden und Schulen bieten Surfunterricht an (der stattfindet, wenn die Wellen klein genug sind) und vermieten Bretter. Einige Lehrer versprechen, dass man nicht zahlen muss, wenn man es nicht schafft zu stehen. Man zahlt rund 100 bzw. 30 Mex$ pro Tag bzw. Stunde für Bretter und rund 50 bzw. 20 Mex$ für Bodyboards mit Flossen.

Die **Oasis Surf Academy** (☎ 104-23-30; www.oasissurffactory.com; Blvd Juárez 2; 🕑 Mo–Sa 9–18 Uhr) in der Gegend von Rinconada oberhalb der Playa Carrizalillo bietet eineinhalb- bis zweistündigen Unterricht bei erfahrenen, qualifizierten Lehrern aus der Region für 300 Mex$ an. Sie arbeitet mit der Oasis Surf Factory zusammen, die der einheimische professionelle Surfer und Brettfabrikant Roger Ramírez leitet.

Eine weitere gute Adresse für Unterricht und zum Leihen ist **Central Surf** (☎ 582-22-85; www.centralsurfshop.com; Calle del Morro s/n, Zicatela; Unterricht 600 Mex$/2 Std.), wo René und David Salinas unterrichten. Beide stammen aus einer bekannten einheimischen Surferfamilie.

Unterricht für 300 bis 350 Mex$ pro Stunde bieten auch **Carrisurf** (☎ 954-1005638; Blvd Juárez 14) an der Playa Carrizalillo und der **Delapoint Surf Shop** (☎ 582-26-69, 954-5888058) an der Punta Zicatela. Delapoint vermietet auch Bretter, ebenso **Surface** (☎ 954-1091405; Bajada de las Brisas s/n; 🕑 Di–So 11–18 Uhr), **Silver Surf** (Calle del Morro s/n) und **PJ's Book Bodega** (☎ 541-00-36-56; Calle del Morro s/n), alle an der Playa Zicatela ansässig. Bei Surface kann man sein Brett außerdem lagern.

SCHILDKRÖTEN- & DELPHINBEOBACHTUNG

Mit *lanchas* (schnellen offenen Booten mit Außenbordmotoren) können Gruppen von vier Personen für rund 300 Mex$ eine Stunde lang Schildkröten (und im Winter manchmal Delphine) beobachten. *Lancha*-Besitzer haben die **Sociedad Cooperativa Turística Nueva Punta Escondido** (☎ 582-16-78; http://tomzap.com/pe-coop.html) gegründet. Man kann sie über das Restaurant El Pescador oder den *lancha*-Stand am Westende der Bahía Principal kontaktieren. An der Playa Angelito liegen auch Boote bereit. Omar Ramírez von **Omar Sportfishing** (☎ 954-5594406; http://tomzap.com/omar.html; Playa Angelito) hat sich auf Touren zur Delphin- und Walbeobachtung spezialisiert, die 1500 Mex$ für vier Stunden und bis zu vier Personen kosten. Zwischen Oktober und März sieht man zu 80 bis 90 % Delphine.

ANGELN

Fischerboote nehmen für drei Stunden zwei bis vier Personen zum Speer- und Fächerfischangeln mit. Das kostet 900 Mex$. Wie wegen der Schildkrötenbeobachtung einfach die Bootsbesitzer fragen! Im Preis ist die Zubereitung eines Teils vom Fang in einem Fischrestaurant in der Stadt inbegriffen.

TAUCHEN & SCHNORCHELN

Hier kann man das ganze Jahr über tauchen. Die durchschnittliche Sichtweite beträgt 10 m, zwischen Mai und August sogar bis zu 30 m. Die Riffe aus Vulkangestein beherbergen viele Lebewesen, von großen Fischschwärmen über Adler- und Stachelrochen bis hin zu Schildkröten. Die meisten Tauchgründe sind mit dem Boot innerhalb von 15 Minuten zu erreichen. In Puerto gibt's drei Anbieter, die neben Tauchgängen mit Doppeltank für rund 650 Mex$ mehrere Kurse organisieren, u. a. den Discover Scuba (2 Tage, 750–850 Mex$):

Puerto Dive Center (☎ 954-1027767; www.puertodivecenter.com; Andador Libertad) Der Laden gehört einem Amerikaner und liegt beim Adoquín; das Angebot umfasst Nachttauchen für 500 Mex$, Schnorcheltouren und eine große Auswahl von NAUI- und PADI-Kursen.

Aventura Submarina (☎ 582-23-53; asubmarina@hotmail.com; Av Pérez Gasga 601A) PADI-Lehrer Jorge Pérez Bravo kann auf 30 Jahre Erfahrung in den lokalen Gewässern zurückblicken.

Deep Blue Dive (☎ 582-07-92; lorenzo@escondido.com.mx; Calle del Morro s/n, Zicatela) Im Beach Hotel Inés; der Lehrer ist ebenfalls PADI-zertifiziert.

Capitán Francisco Prado (☎ 954-5592059) hat einen Kiosk an der Playa Manzanillo und ist auf Schnorcheltrips zur Roca Blanca spezialisiert, einer Insel rund 30 km nordwestlich von Puerto. Die Ausflüge kosten 1600 Mex$ für bis zu vier Personen. In einer der rustikalen *comedores* am nahen Strand kann man mittags essen.

REITEN

Der gut geführte Stall **El Caballerango** (☎ 582-34-60; Nayarit 334, Colonia Brisas de Zicatela; Ausritt 1/2/3 Std. 200/300/350 Mex$) bietet morgens und abends Ausritte zu den Flüssen und Stränden südlich der Stadt an; etwas Reiterfahrung wäre gut.

Für einen einstündigen Ritt in den Sonnenuntergang (120 Mex$) wartet man einfach um 17 Uhr an der Playa Zicatela, bis die Leute mit den Pferden auftauchen.

Kurse

Es wird immer beliebter, hier Spanisch zu lernen. Die meisten Schulen nehmen an jedem Wochentag Schüler für jede beliebige Dauer auf. Sie bieten Einzel- und Kleingruppenunterricht sowie Privatunterkünfte für 1250 bis 1500 Mex$ einschließlich zumindest einiger Mahlzeiten an.

Instituto de Lenguajes Puerto Escondido (☎ 582-20-55; www.puertoschool.com; Carretera Costera, Zicatela; Gruppen-/Einzelunterricht 80/120 Mex$ pro Pers. & Std.) Guter Sprachunterricht bei Muttersprachlern mit Schwerpunkt auf Konversation. Dazu gehören Begleitaktivitäten wie Surf-, Koch- und Salsaunterricht.

Oasis Language School (☎ 104-23-30; www.oasislanguageschool.com; Blvd Juárez 2; 2-stündiger Einzelunterricht 150 Mex$) Einzelunterricht für alle möglichen Niveaus. Die Playa Carrizalillo liegt in der Nähe und die Oasis Surf Academy sitzt im Nachbarhaus, sodass man mehrere Dinge verbinden kann.

Geführte Touren

Rutas de Aventura (☎ 582-01-70, 954-1082074; www.rutasdeaventura.com.mx; Hotel Santa Fe, Ecke Blvd Zicatela & Calle del Morro) organisiert flexible Aktivtouren mit Schwerpunkt Nachhaltigkeit. Die Führer kennen sich gut aus und sprechen Englisch. Man kann z. B. früh morgens Kajak fahren, in der Laguna Manialtepec (S. 839) Vögel beobachten oder die **Finca Las Nieves** (www.fincalasnieves.com.mx) besuchen, eine Biokaffeeplantage in den grünen Hügeln im Hinterland bei San Juan Lachao. Dort kann man auch Rad fahren, wandern, Vögel beobachten, sich über den Kaffeeanbau und das lokale Ökosystem informieren sowie in bequemen Zimmern und Bungalows übernachten.

Viajes Dimar (S. 829) bietet eine ordentliche Auswahl von Tagesausflügen mit englischsprachigen Führern für 300 bis 500 Mex$ pro Nase an (ohne Verpflegung; mind. 2 od. 4 Pers.).

Festivals & Events

Normalerweise finden an der Playa Zicatela jährlich mehrere Surfwettbewerbe statt. In den letzten Jahren wurden hier im Juli die X-Games von ESPN (die „Olympischen Spiele des Extremsports") abgehalten, und die Association of Professional Towsurfers organisiert Tow-in-Events, wenn die Pipeline zwischen Mai und Juli am höchsten ist (über 12 m). Der von Ángel Salinas, dem berühmten maskierten Surfer aus Puerto, organisierte Surfwettbewerb findet Ende September oder Anfang Oktober statt, das Kindersurffestival an der Playa Carrizalillo im Mai oder Juni.

Puerto Blues Einige der besten Bluesmusiker aus Kanada und den USA kommen im Januar oder Februar zu diesem Anlass nach Puerto und spielen meist im Club de Playa Belmar an der Zicatela. Eintritt 60 Mex$.

Fiestas de Noviembre Die Feiern dauern den ganzen November und umfassen unterschiedliche Events wie Konzerte von bekannten Mexikanern, das viertägige Festival Costeño de la Danza (Tanzfest der Küste Oaxacas), einen internationalen Fächerfisch-Wettbewerb (www.pescandopuertoescondido.com) und meist das PXM International Surf Tournament, die bedeutendste Surfmeisterschaft Mexikos. Programminfos gibt es unter www.elsoldelacosta.com und www.oaxaca.travel.

Schlafen

Die beiden wichtigsten Viertel für Übernachtungsmöglichkeiten sind die zentrale Gegend um die Av Pérez Gasga und der Surferstrand Playa Zicatela. Zicatela ist attraktiver und hat neben tollen Unterkünfte auch gute Lokale. Der einzige Nachteil ist, dass man hier nicht baden kann.

Die angegebenen Preise sind Durchschnittswerte. Einige Hotels schlagen um Weihnachten und Neujahr sowie während der Osterferien (bis zu 100 %) und/oder für ein paar Wochen im Juli und August ordentlich was drauf. Bei den Budgetunterkünften ändern sich die Preise im Jahresverlauf kaum.

In der Hauptsaison sind die beliebtesten Unterkünfte oft ausgebucht, vor allem an der Playa Zicatela. Wer nicht reserviert hat, sollte gegen 9 oder 10 Uhr nachfragen.

BUDGETUNTERKÜNFTE

Cabañas Edda (☎ 582-23-22; Carretera Costera s/n; Stellplatz 30 Mex$/Pers., Cabaña EZ/DZ 50/100 Mex$, mit ei-

PUERTO ESCONDIDO

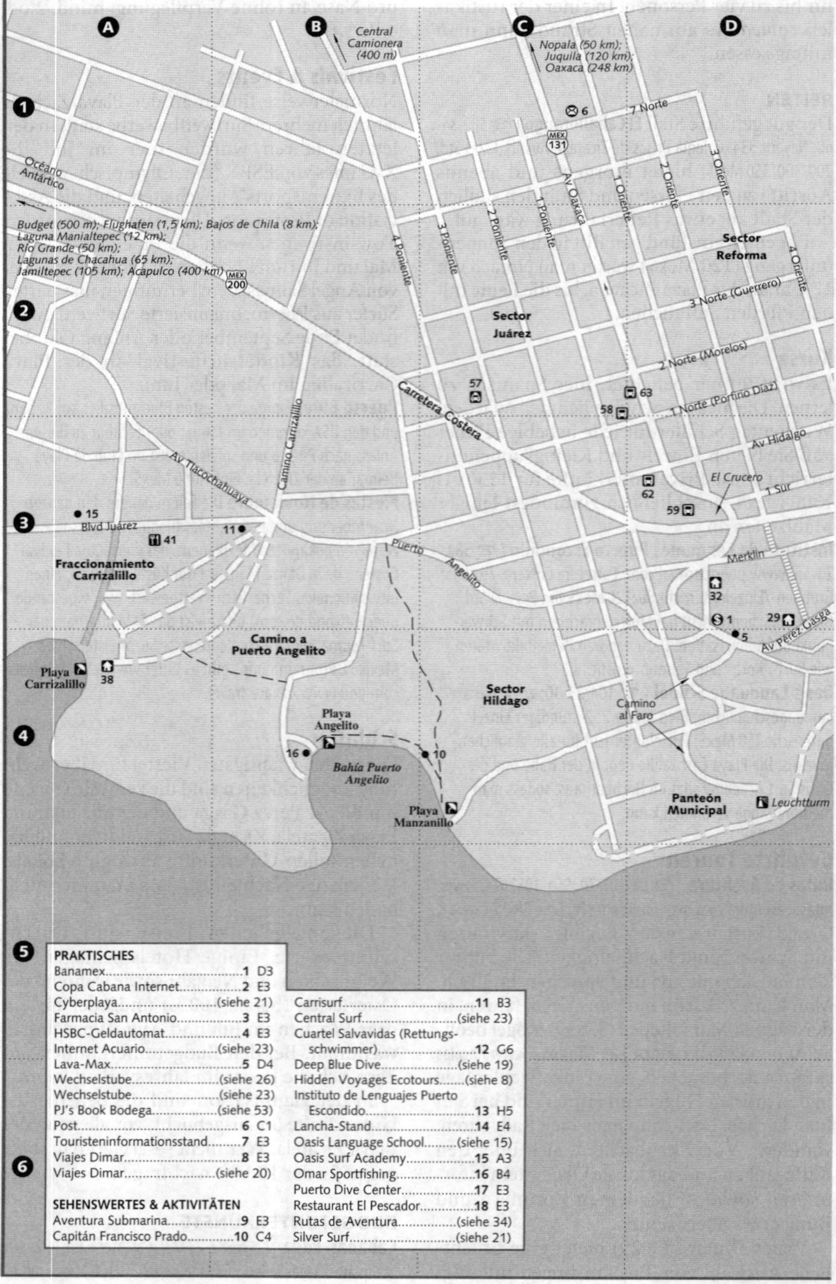

PRAKTISCHES

Banamex.......................................1 D3
Copa Cabana Internet...................2 E3
Cyberplaya.............................(siehe 21)
Farmacia San Antonio....................3 E3
HSBC-Geldautomat........................4 E3
Internet Acuario........................(siehe 23)
Lava-Max..5 D4
Wechselstube..........................(siehe 26)
Wechselstube..........................(siehe 23)
PJ's Book Bodega....................(siehe 53)
Post..6 C1
Touristeninformationsstand..........7 E3
Viajes Dimar.....................................8 E3
Viajes Dimar............................(siehe 20)

SEHENSWERTES & AKTIVITÄTEN

Aventura Submarina........................9 E3
Capitán Francisco Prado...............10 C4
Carrisurf...11 B3
Central Surf..............................(siehe 23)
Cuartel Salvavidas (Rettungsschwimmer)..........12 G6
Deep Blue Dive........................(siehe 19)
Hidden Voyages Ecotours.......(siehe 8)
Instituto de Lenguajes Puerto Escondido..........13 H5
Lancha-Stand.................................14 E4
Oasis Language School.........(siehe 15)
Oasis Surf Academy......................15 A3
Omar Sportfishing..........................16 B4
Puerto Dive Center........................17 E3
Restaurant El Pescador.................18 E3
Rutas de Aventura..................(siehe 34)
Silver Surf...............................(siehe 21)

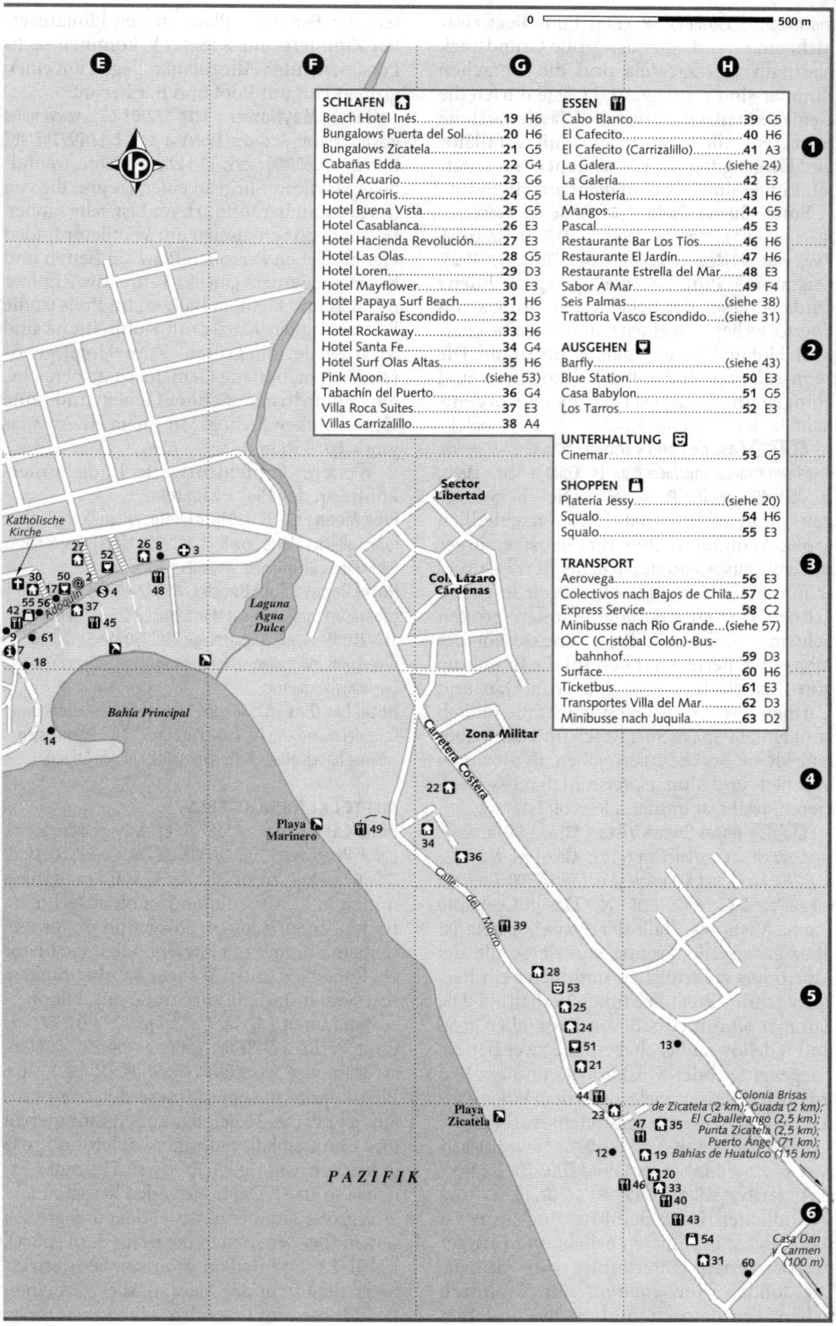
0
500 m
E
F
G
H
1
2
3
4
5
6
SCHLAFEN
Beach Hotel Inés.......19 H6
Bungalows Puerta del Sol.......20 H6
Bungalows Zicatela.......21 G5
Cabañas Edda.......22 G4
Hotel Acuario.......23 G6
Hotel Arcoiris.......24 G5
Hotel Buena Vista.......25 G5
Hotel Casablanca.......26 E3
Hotel Hacienda Revolución.......27 E3
Hotel Las Olas.......28 G5
Hotel Loren.......29 D3
Hotel Mayflower.......30 E3
Hotel Papaya Surf Beach.......31 H6
Hotel Paraíso Escondido.......32 D3
Hotel Rockaway.......33 H6
Hotel Santa Fe.......34 G4
Hotel Surf Olas Altas.......35 H6
Pink Moon.......(siehe 53)
Tabachín del Puerto.......36 G4
Villa Roca Suites.......37 E3
Villas Carrizalillo.......38 A4
ESSEN
Cabo Blanco.......39 G5
El Cafecito.......40 H6
El Cafecito (Carrizalillo).......41 A3
La Galera.......(siehe 24)
La Galería.......42 E3
La Hostería.......43 H6
Mangos.......44 G5
Pascal.......45 E3
Restaurante Bar Los Tíos.......46 H6
Restaurante El Jardín.......47 H6
Restaurante Estrella del Mar.......48 E3
Sabor A Mar.......49 F4
Seis Palmas.......(siehe 38)
Trattoria Vasco Escondido.......(siehe 31)
AUSGEHEN
Barfly.......(siehe 43)
Blue Station.......50 E3
Casa Babylon.......51 G5
Los Tarros.......52 E3
UNTERHALTUNG
Cinemar.......53 G5
SHOPPEN
Platería Jessy.......(siehe 20)
Squalo.......54 H6
Squalo.......55 E3
TRANSPORT
Aerovega.......56 E3
Colectivos nach Bajos de Chila.......57 C2
Express Service.......58 C2
Minibusse nach Río Grande.......(siehe 57)
OCC (Cristóbal Colón)-Busbahnhof.......59 D3
Surface.......60 H6
Ticketbus.......61 E3
Transportes Villa del Mar.......62 D3
Minibusse nach Juquila.......63 D2
Katholische Kirche
Adoquín
Laguna Agua Dulce
Bahía Principal
Sector Libertad
Col. Lázaro Cárdenas
Zona Militar
Carretera Costera
Calle del Morro
Playa Marinero
Playa Zicatela
PAZIFIK
Colonia Brisas de Zicatela (2 km); Guada (2 km); El Caballerango (2,5 km); Punta Zicatela (2,5 km); Puerto Ángel (71 km); Bahías de Huatulco (115 km)
Casa Dan y Carmen (100 m)

genem Bad 75/150 Mex$; P) Das Edda liegt zwar nicht am Strand, aber das große Grundstück oberhalb von Zicatela und die einfachen Zimmer sind gepflegt, und Gäste dürfen die Gemeinschaftsküche und die Waschmaschine benutzen. Alle Zimmer sind mit Ventilator und Fliegengitter oder Moskitonetz ausgestattet. Einige sind etwas zu dicht am Highway.

Hostal Buena Onda (☎ 582-16-63; buenaondazicatela@hotmail.com; Av Cárdenas 777; Stellplatz od. Hängematte 40 Mex$/Pers., B/Zi./Cabaña 70/130/150 Mex$) Das an der Punta Zicatela gelegene Buena Onda ist eines der beliebtesten Hostels von Puerto. Es liegt um einen von Palmen beschatteten Hof und hat eine *palapa* am Strand. Die zehn *cabañas* sind mit Moskitonetzen und Hängematten ausgestattet. Es gibt ordentliche Bäder und eine Küche.

LP Tipp **Casa de Dan y Carmen** (☎ 582-27-60; www.casadanycarmen.com; Jacaranda 14, Colonia Santa María; Zi. 200–400 Mex$; P) Die hervorragende Unterkunft hat 13 unterschiedlich große Wohneinheiten für Selbstversorger mit voll ausgestatteter Küche, Terrasse und schön gefliestem Bad. Alle liegen in einem grünen Garten mit einem tollen großen Schwimmbecken und einer Terrasse, von der man einen perfekten Blick auf die Brandung von Zicatela hat. Das Haus von Dan und Carmen ist über die befestigte Straße südlich vom Hotel Papaya Surf Beach und dann über eine kleine Brücke zu erreichen. Es gibt auch Wochen- und Monatspreise. Man muss reservieren, weil fast immer alles voll ist.

LP Tipp **Hotel Buena Vista** (☎ 582-14-74; www.prodigyweb.net.mx/buenavista101; Calle del Morro s/n; Zi. 200 Mex$, mit Klimaanlage od. Küche 300 Mex$, mit Klimaanlage & Küche 350 Mex$;) Das gut gebaute Buena Vista oberhalb der Playa Zicatela ist über eine steile Treppe von der Calle del Morro aus zu erreichen und bietet ein hervorragendes Preis-Leistungs-Verhältnis. Die Zimmer sind nichts Besonderes, aber groß und tadellos sauber, haben alle zwei Betten, Fliegengitter oder Moskitonetz und ein Bad mit Warmwasser, viele außerdem einen netten Balkon, teilweise mit tollem Ausblick.

Hotel Rockaway (☎ 582-06-68; www.hotelrockaway.com; Calle del Morro s/n; Cabaña EZ/DZ 120/200 Mex$, mit Klimaanlage 300/400 Mex$; P) Das vom freundlichen Rock geführte Rockaway ist seit Langem bei Surfern beliebt und eine der preiswertesten Unterkünfte von Zicatela. Die soliden Holz-*cabañas* mit Strohdach haben Ventilatoren und Bäder und bieten vier Personen Platz. In den klimatisierten Zimmern mit Kabel-TV kommen sechs Personen unter. Alle *cabañas* liegen um einen großen Hof mit Pool und Bar herum.

Hotel Mayflower (☎ 582-03-67; www.hotelmayflower.net; Andador Libertad s/n; B/EZ/DZ/3BZ/4BZ 90/220/300/360/400 Mex$;) Das beliebte, freundliche Mayflower liegt an einer Treppe, die von El Adoquín heraufführt, und ist sehr sauber. In den neun Schlafsälen mit Ventilator finden vier bis sieben Personen Platz (in Betten und Kojen), außerdem gibt es 16 attraktive Zimmer mit Bad und kleinem Balkon. Im Preis ist die Benutzung der Küche mit Kühlschrank und Mikrowelle inbegriffen. Zum Hotel gehören auch halboffene Gemeinschaftsbereiche, ein Billardtisch, Schließfächer und eine Gepäckaufbewahrung. Mit einem HI-Ausweis gibt's 10 % Rabatt.

Weitere empfehlenswerte Budgetunterkünfte an der Playa Zicatela:

Pink Moon (☎ 954-1036341; http://zicatela.org/lunarosa; Calle del Morro s/n; B/Zi. 100/250 Mex$) Hostel nur für Frauen mit schönem Außenbereich.

Hotel Papaya Surf Beach (☎ 582-11-68; www.papayasurf.com; Calle del Morro s/n; EZ/DZ mit Ventilator 150/250 Mex$, mit Klimaanlage 250/350 Mex$;) Unterkunft mit italienischen Besitzern und gutem Preis-Leistungs-Verhältnis.

Hotel Las Olas (☎ 582-09-19; www.hotel-lasolas.com; Calle del Morro s/n; DZ 250–350 Mex$;) Die meisten Zimmer haben einen Balkon mit Blick auf den Strand.

MITTELKLASSEHOTELS

Hotel Casablanca (☎ 582-01-68; www.ptohcasablanca.com; Av Pérez Gasga 905; EZ/DZ/3BZ/4BZ 280/400/500/600 Mex$;) Das freundliche Casablanca liegt mitten in El Adoquín und ist oft ausgebucht. Es hat einen kleinen Pool und 21 große, saubere Zimmer mit Fliesenböden, Ventilatoren, Kabel-TV und z. T. sogar Kühlschränken. Am besten sind die zur Straße mit Balkon.

Hotel Loren (☎ 582-00-57; Fax 582-05-91; Av Pérez Gasga 507; DZ/3BZ/4BZ mit Ventilator 400/500/600 Mex$, mit Klimaanlage 500/600/700 Mex$; P) Von El Adoquín aus eine Minute den Berg hinauf liegt dieses Hotel, das außen hummerrot und himmelblau und innen violett und rosa gestrichen ist (vielleicht sehen Hummer innen ja so aus?). Der nette Laden hat schmucklose, große Zimmer mit zwei oder drei großen Betten (bei denen man die Bettfedern spürt), Kabel-TV und Balkon. Von den Fenstern einiger sieht man das Meer, und es gibt einen Pool. Insgesamt ist es also seinen Preis wert.

Hotel Hacienda Revolución (☎/Fax 582-18-18; www.haciendarevolucion.com; Andador Revolución 21; Zi./Casita 400/500 Mex$) Das Hotel ist über eine Treppe von El Adoquín aus zu erreichen und mit allerlei Deko zum Thema Revolution eingerichtet. Es hat 15 bunte Zimmer an einem Garten mit Springbrunnen in der Mitte. Die meisten haben eine Terrasse und eine Hängematte.

Bungalows Puerta del Sol (☎ 582-29-22; bungalowspuertadelsol@hotmail.com; Calle del Morro s/n; DZ 300–650 Mex$; P) Die nette, sehr saubere Anlage an der Playa Zicatela hat einen kleinen Pool und an den beiden Enden des schönen, grünen Hofes je eine Gemeinschaftsküche. Die 16 geräumigen gediegenen Zimmer verfügen über Balkons, Hängematten und fröhliche Kunstwerke. Es gibt auch Wochen- und Monatspreise.

LP Tipp Beach Hotel Inés (☎/Fax 582-07-92; www.hotelines.com; Calle del Morro s/n; Zi. 250–1200 Mex$; P) Das Inés hat deutsche Besitzer und eine große Auswahl von hellen, fröhlichen *cabañas*, Zimmern, Apartments und Suiten. Alle sind mit Safes, guten Fliegengittern und Ventilatoren ausgestattet, die meisten mit WLAN und einige mit Küchen oder Klimaanlagen. Es gibt jede Menge Kunstwerke und *artesanías*, eine Sauna, eine Sonnenterrasse, einen Wellnessbereich und einen relaxten schattigen Poolbereich mit einem Café, das gute Kost serviert. Man kann hier auch Reit- und Tauchausflüge buchen.

Bungalows Zicatela (☎ 582-07-98; www.bungalowszicatela.com.mx; Calle del Morro s/n; EZ/DZ 300/400 Mex$, Zi. mit Klimaanlage 600 Mex$) Das Zicatela hat einen schönen geselligen Poolbereich und mehr als 40 Zimmer, die groß und solide sind. Gäste können sich über gute Betten und Bäder, Fliegengitter und größtenteils über Kabel-TV freuen.

Hotel Acuario (☎/Fax 582-10-27; www.hotelbungalowsacuariozicatela.com.mx; Calle del Morro s/n; EZ 300–750 Mex$, DZ 350–800 Mex$; P) Es gibt rund 30 Übernachtungsmöglichkeiten, von düsteren Zimmern über hölzerne *cabañas* bis zu geräumigen Suiten mit Terrasse und Blick auf die Playa Zicatela im oberen Stockwerk. Einige haben eine Klimaanlage, andere eine Kochnische, und alle Zugang zum Swimmingpool in der Mitte. Die Ausstattung ist schon ein bisschen verwohnt, aber das Hotel ist sauber und günstig gelegen.

Villa Roca Suites (☎ 582-35-25; www.villaroca.mx.vg; Av Pérez Gasga 602; DZ/3BZ/4BZ 600/800/900 Mex$) Eine schöne Kombi aus mexikanischer Deko und geschmackvollen Farben kennzeichnen dieses kleine Hotel mit den besten Zimmern in El Adoquín. Es hat nur sechs Quartiere, alle mit Klimaanlage, TV und Balkon. Die beiden im oberen Stockwerk bieten auch einen netten Meerblick.

Hotel Paraíso Escondido (☎ 582-04-44; www.hotelpe.com; Unión 10; Zi./Suite 650/750 Mex$) Das weitläufige neokoloniale Paraíso ist eine der originalgetreusten Unterkünfte von Puerto. Es ist mit Buntglas, schönen *artesanías* und eigentümlichen Steinskulpturen dekoriert und hat einen attraktiven Poolbereich mit Bar und 20 Zimmer mit gutem Bad und kleiner Terrasse. Wer in den fünf neuen Suiten im obersten Stock wohnt, darf die Küche benutzen und hat den besten Blick aufs Meer.

LP Tipp Tabachín del Puerto (☎ 582-11-79; www.tabachin.com.mx; hinter dem Hotel Santa Fe, Zicatela; DZ inkl. Frühstück 65–85 US$, jede weitere Pers. 15 Mex$; P) Der gutmütige und gebildete Besitzer des Tabachín bietet sechs Zimmer unterschiedlicher Größe an (auch riesige), die interessant und geschmackvoll eingerichtet sind, von volkstümlich bis königlich. Alle sind frisch renoviert, haben Küche, TV, Klimaanlage, Telefon, Safe, Zugang zum Balkon und unterschiedlich weite Ausblicke. Das hervorragende Frühstück gibt es von 8 bis 11 Uhr. Dazu gehören vegetarische Gerichte, Biokaffee und Obst vom Hof des Besitzers in Nopala. Auch wer nicht hier übernachtet, kann frühstücken kommen (45–80 Mex$). Hier ist immer etwas los.

Hotel Arcoiris (☎/Fax 582-04-32; www.oaxaca-mio.com/arcoiris.htm; Calle del Morro s/n; Zi. 700–900 Mex$, 3BZ 750–950 Mex$, 4BZ 800–1000 Mex$; P) Das hübsche neokoloniale Arcoiris ist seit Langem beliebt. Die meisten der 35 großen, sauberen Zimmer haben einen Balkon oder eine Terrasse mit Blick raus aufs Meer. Es gibt einen großen Pool und ein gutes, flottes Restaurant mit Bar im Obergeschoss. Die meisten Zimmer haben zwei Doppelbetten und ein paar auch eine Küche.

SPITZENKLASSEHOTELS

Hotel Santa Fe (☎/Fax 582-01-70, 800-7127057, in den USA 888-649-6407; www.hotelsantafe.com.mx; Ecke Blvd Zicatela & Calle del Morro; EZ/DZ/Juniorsuite 110/126/162 US$; P) Das neokoloniale Santa Fe hat mehr als 60 schön designte Zimmer, die sich um einen von Palmen beschatteten Garten mit zwei Pools verteilen. Die Aussicht und die Größe der Zimmer sind unterschiedlich, aber alle haben Klimaanlagen, eine schöne Einrichtung in kolonialem Ranchstil und einen Safe. Das gut geführte Hotel hat ein nettes, hauptsächlich vegetarisches Restaurant.

Hotel Surf Olas Altas (☎ 582-23-15; ☎/Fax 582-00-94; www.surfolasaltas.com.mx; Calle del Morro 310; Zi. 1200–1450 Mex$; P) Das moderne dreistöckige Hotel in Zicatela hat 61 Zimmer und weniger Charakter als viele kleinere Unterkünfte, aber die Zimmer sind makellos, groß und fernab der Straße. Die meisten haben zwei Doppelbetten, Kaffeemaschine und Kabel-TV – und ein Buch mit den Lehren von Buddha zum Nachdenken.

Villas Carrizalillo (☎ 582-17-35; www.villascarrizalillo.com; Av Carrizalillo 125, Carrizalillo; Apt. 147–230 US$; P) Die erhaben auf den Felsen oberhalb der Playa Carrizalillo gelegene Anlage bietet schöne, klimatisierte Apartments für zwei bis sechs Personen, die fast alle über eine voll ausgestattete Küche und eine eigene Terrasse verfügen. Ein Pfad führt hinunter zur Playa Carrizalillo, und man kann im Hotel Surfbretter, Fahrräder und Schnorchelausrüstungen mieten. Wer bar zahlt, kriegt Rabatt. Angeschlossen ist das hervorragende Restaurant Seis Palmas.

Essen

In Puerto Escondido gibt es eine erstklassige Auswahl von Lokalen, von einfachen, soliden mexikanischen und internationalen Restaurants bis zu aufregenden neuen Fusion-Tempeln. Hier bekommt man die vermutlich frischesten Fische und Meeresfrüchte überhaupt. Die meisten Lokale haben einen Freiluftbereich, und es gibt gute Optionen für Vegetarier.

PLAYA ZICATELA & MARINERO

Hostal A La Casa (☎ 954-5443322; Av Cárdenas; Gerichte 30–60 Mex$) Das beste Essen an der Punta Zicatela gibt es in dieser direkt neben dem Hostal Buena Onda gelegenen Herberge. Die mexikanisch-italienischen Gerichte sind preiswert.

LP Tipp El Cafecito (☎ 582-05-16; Calle del Morro s/n; Frühstück 28–40 Mex$, Mittag- & Abendessen 30–80 Mex$, Kuchen & Gebäck 12–20 Mex$; 6–22 Uhr) Manchmal hat man den Eindruck, als frühstücke die ganze Stadt hier – und das nicht ohne Grund: Die Speisen (mexikanisch und international) sind lecker und sättigend, man hat einen tollen Blick auf die Playa Zicatela und die Kaffeetassen sind riesig. Im Cafecito gibt es auch super Zimtschnecken, Karottenkuchen und Köstliches zum Mittag- und Abendessen – von vegetarischer Lasagne bis zu mexikanischen *antojitos*.

Restaurante Bar Los Tíos (☎ 582-28-79; Calle del Morro s/n; Gerichte 30–90 Mex$; Mi–Mo 9–22 Uhr) „Die Onkels" liegen direkt an der Playa Zicatela und servieren tolle *licuados* und frische Säfte zu ihren leckeren Eiergerichten, *antojitos* und Meeresfrüchten. Das Lokal ist sehr relaxt und bei den Einheimischen beliebt.

Restaurante El Jardín (☎ 582-23-15; Calle del Morro s/n; Gerichte 45–95 Mex$; 8–22.30 Uhr; V) Das *palapa*-Restaurant serviert gute vegetarische Gerichte, von *gado-gado* (Gemüse mit Erdnusssauce) und verschiedenen Salaten bis zu Tempeh und Tofu. Auf der Speisekarte stehen auch jede Menge Meeresfrüchte, Pizza, Pasta und köstliche Säfte.

Mangos (Calle del Morro s/n; Gerichte 45–100 Mex$; 7–24 Uhr; V) Unter diesem Palmdach ist alles zu empfehlen, vom Frühstück (25– 45 Mex$) über die Smoothies bis zu den Fleisch- und Fischgerichten. Die Speisen werden gut zubereitet und freundlich serviert.

Trattoria Vasco Escondido (Calle del Morro s/n; Hauptgerichte 50–120 Mex$; 9–23 Uhr) Im kleinen Lokal vorne im Hotel Papaya Surf Beach wird man freundlich begrüßt und genießt die großartigen italienischen und mexikanischen Kochkünste des italienischen Chefs Vasco.

La Hostería (☎ 582-00-05; Calle del Morro s/n; Hauptgerichte 50–150 Mex$; 8–0.30 Uhr; V) Die Hostería huldigt Italien, von der hübschen Küche (mit einem computergesteuerten holzbefeuerten Pizzaofen) bis zu den Toiletten mit Talavera-Fliesen. Neben der großen Auswahl leckerer italienischer, mexikanischer und internationaler Gerichte – darunter viele vegetarische – gibt es eine exzellente Weinkarte, und der Espresso gehört zu den besten der Stadt.

La Galera (☎ 582-04-32; Hotel Arcoiris, Calle del Morro s/n; Hauptgerichte 70–110 Mex$, Menú del día 60 Mex$) Das flotte Restaurant oben im Hotel Arcoiris mit seiner leckeren mexikanisch-internationalen Küche ist immer gut für eine Mahlzeit. Die Hauptgerichte sind fleisch- und fischlastig, aber zum dreigängigen *menú del día* gehören vegetarische Gerichte.

Cabo Blanco (☎ 582-03-37; Calle del Morro s/n; Hauptgerichte 60–170 Mex$) Das Lokal an der Playa Zicatela ist ideal, wenn man Lust auf Garnelen, Fisch oder *arrachera* hat, die in der Küche an der Straße zubereitet werden – oder auf Hamburger und *tlayudas,* wenn im Geldbeutel Ebbe ist. Dazu gibt's Bier vom Fass.

LP Tipp **Guadua** (☎ 954-1079524; www.guadua.com.mx; Tamaulipas s/n, Colonia Brisas de Zicatela; Hauptgerichte 75–150 Mex$; ⏲ Di–So 13–23 Uhr; Ⓥ) An Oaxacas Küste gibt es kein zweites Lokal wie das Guadua. Etwa in der Mitte der Playa Zicatela steht eine massive Holzplattform mit dickem *palapa*-Dach auf Bambuspfählen. Die köstlichen und hübsch angerichteten Gerichte entstammen einer pazifisch-mediterran-asiatisch-orientalischen Fusion-Küche. Es gibt Dinge wie Krabben-Kokos-Curry, Cashew-Couscous und scharf angebratenen Thunfisch mit Teriyakisauce. Das Guadua ist auch eine hippe Strandlounge mit einer guten Bar, Musik von Bossa Nova über Dub bis Elektro (mittwoch- bis samstagabends live) und merkwürdigen Sitzgruppen auf dem Sand. Abwässer und Müll werden hier recycelt.

Sabor a Mar (Playa Marinero; Hauptgerichte 80–130 Mex$; ⏲ 8–23 Uhr) Am südöstlichen Ende der Playa Marinero versteckt sich dieses kleine Freiluftrestaurant, das die wahrscheinlich besten Meeresfrüchte der Stadt serviert.

Das lebendige Restaurant im Hotel Santa Fe (S. 835) bietet einen Blick auf das Westende der Pipeline. Hier versinkt man in einem bequemen Ledersessel und bestellt sich ein innovatives vegetarisches oder veganes Gericht (55–95 Mex$) oder Meeresfrüchte (100–185 Mex$). Der Service ist hervorragend.

AV PÉREZ GASGA

Restaurante Estrella del Mar (Hauptgerichte 50–110 Mex$; ⏲ 8–23 Uhr) Die erste Wahl unter den unzähligen mexikanischen Restaurants von El Adoquín. Zu haben sind gute Meeresfrüchtecocktails und *antojitos* sowie Hauptgerichte mit Meeresfrüchten.

La Galería (☎ 582-20-39; Hauptgerichte 60–120 Mex$) La Galería liegt am Westende von El Adoquín und ist einer der besten Italiener Puertos. An den Wänden hängt Kunst, auf die Tische kommt leckeres Essen. Die Pizza und die hausgemachte Pasta sind originalgetreu und lecker. Der gigantische gemischte grüne Salat (49 Mex$) ist eine Offenbarung.

LP Tipp **Pascal** (☎ 954-1030668; Playa Principal; Hauptgerichte 60–150 Mex$; ⏲ 18–24 Uhr) Unter den Palmen der Playa Principal bereitet der Franzose Pascal originale und ausgefallene Gerichte mit Meeresfrüchten und Fleisch sowie hausgemachte Pasta zu. Unbedingt die Ravioli mit Schinken, Erdnüssen und Ricotta oder die Shrimps mit Orangen und Tequila probieren! Zu allen Pastagerichten hat man eine Auswahl leckerer Saucen, und die Meeresfrüchte sind superfrisch. Gelegentlich gibt es gute Livemusik oder Trapezdarbietungen.

CARRIZALILLO

El Cafecito (☎ 582-34-65; Local 10-11, Blvd Juárez; ⏲ Mo–Sa 6–21, So 6–18 Uhr) Diese Filiale des Cafecito hat die gleiche tolle Speisekarte wie die an der Playa Zicatela (s. gegenüber), wenn auch die Atmosphäre nicht mithalten kann.

Seis Palmas (☎ 582-09-95; Villas Carrizalillo, Av Carrizalillo 125; Hauptgerichte 70–140 Mex$; ⏲ Fr–Mi 8–23 Uhr) Der phantastische Sonnenuntergang am Meer ist die perfekte Kulisse für die innovative köstliche Kalifornien-Oaxaca-Küche, die auf den Felsen von Carrizalillo auf den Tisch kommt. Als Vorspeise empfiehlt sich Tempura mit grünen Bohnen und Senf, als Hauptspeise ein Schnapper vom Grill mit gebratenem Gemüse und karamellisierten Zwiebeln.

Ausgehen

Casa Babylon (Calle del Morro s/n; ⏲ 10.30–14 & 20 Uhr–open end) Die coole kleine Travellerbar an der Playa Zicatela hat eine hervorragende Sammlung mexikanischer Masken und eine ebenso gute Büchertauschbörse. An mehreren Abenden der Woche gibt es Livemusik oder es legt ein DJ auf. Die Besitzerin ist stolz auf ihre *mojitos* und *caipirinhas*.

Barfly (Calle del Morro s/n; ⏲ ab 22 Uhr) Die Dachkneipe über dem Restaurant La Hostería zeigt unter freiem Himmel Videos, shakt jede Menge Mixgetränke und legt gute Musik auf. Hier steppt jeden Abend der Bär.

Was die Musiklautstärke betrifft, konkurrieren in El Adoquín die Kneipen **Blue Station** mit dem Balkon im Obergeschoss und **Los Tarros** gegeneinander. Sie bieten zwar von 21 bis 22 Uhr eine Happy Hour an, aber vor 23 Uhr ist kaum etwas los.

Unterhaltung

LIVEMUSIK

Puerto hat eine gute Livemusikszene, die die Talente von Einheimischen und Ausländern verbindet. Stilmäßig gibt's alles von Salsa und mexikanischer Volksmusik bis zu Jazz, Rock und Blues. In Kneipen und Restaurants wie Casa Babylon, Pascal, La Galera, Seis Palmas, Guadua und Kahlo an der Punta Zicatela spielt an mehreren Abenden der Woche eine Band. Am meisten los ist zwischen Weihnachten und März, wenn Musiker aus den USA, Kanada und Europa dazukommen. Besonders auf Gigs der einheimischen Sängerin Mayca achten, die einen Großteil der Musik zum Film *Puerto Escondido* gemacht hat, und auf die der Latin-Rock-Blues-Band La Viuda de Romero!

KINO

Cinemar (Calle del Morro s/n; Eintritt inkl. Popcorn & Getränk 50 Mex$; ⌚ Filme 19 & 21 Uhr) Das klimatisierte Minikino im Gebäude der PJ's Book Bodega zeigt die besten mexikanischen Streifen und Aktuelles auf Spanisch und Englisch.

La Hostería (Calle del Morro s/n; Eintritt frei; ⌚ 18 Uhr) Im Restaurant Hostería läuft jeden Abend der italienische Reisekrimi *Puerto Escondido* von 1993. Der Film (bei dem Gabriele Salvatores Regie führte) hat Tausende von Italienern und anderen Gästen nach Puerto gelockt. Er lohnt sich, auch wenn er den Ort abgelegener darstellt, als er ist.

Shoppen

Im Adoquín gibt es neben den abgeschmackten Souvenirläden ein paar gute Surf-, Schmuck- und Kunsthandwerksgeschäfte. An der Playa Zicatela verkaufen mehrere Läden Surfmode aus Brasilien und Mexiko sowie ein paar Bretter. Das mexikanische Unternehmen **Squalo** (www.squalo.com) unterhält Filialen in El Adoquín und an der Calle del Morro, die ausgeflippte mexikanische Surfbekleidung feilbieten. In der **Platería Jessy** (☎ 954-1004606; Calle del Morro s/n) gibt's den besten Silberschmuck.

An- & Weiterreise

AUTO & MOTORRAD

Budget (☎ 582-03-12; Blvd Juárez) gegenüber der Touristeninformation verlangt vor Ort fast 1000 Mex$ pro Tag für die billigsten Autos ohne Kilometerbegrenzung und mit Versicherung. Übers Internet kriegt man meist einen besseren Preis. Viajes Dimar (S. 829) und das Hotel Santa Fe (S. 835) vermieten Autos für etwa 700 Mex$ am Tag.

BUS & MINIBUS

Der unmittelbar westlich von El Crucero gelegene **OCC-Busbahnhof** (☎ 582-10-73; Carretera Costera zw. Av Oaxaca & 1 Poniente) wird von 1.- und 2.-Klasse-Bussen von OCC angefahren. Andere Fernbusunternehmen wie Estrella Blanca (EB) und Turistar haben Deluxe- und 1.-Klasse-Linien, die von der **Central Camionera** (☎ 582-00-86) in der Oberstadt zwischen 3 und 4 Poniente, nördlich von 10 Norte, verkehren. Tickets für OCC, Sur, Estrella Blanca und Turistar gibt es bei **Ticketbus** (☎ 800-702-80-00; www.ticketbus.com.mx; Av Pérez Gasga; ⌚ Mo–Fr 10–14 & 17–21 Uhr). Viajes Dimar (S. 829) verkauft Tickets nach Oaxaca City und Mexico City.

Auf Fahrten von und nach Acapulco oder Oaxaca City gut aufs Gepäck achten und sich für jedes Gepäckstück, das im Frachtraum verstaut wird, einen Beleg geben lassen!

Oaxaca City

Die beste Verbindung nach Oaxaca City ist der komfortable Minibusservice über den Hwy 131 (130 Mex$, 6 Std.), den mindestens zwei Unternehmen anbieten: **Express Service** (☎ 582-08-68; Hotel Luz del Ángel, Ecke 1 Norte & Av Oaxaca) verkehrt neunmal täglich zwischen 6 und 22 Uhr, **Transportes Villa del Mar** (☎ 954-1033134; Av Hidalgo zw. Av Oaxaca & 1 Poniente) achtmal zwischen 5 und 18.30 Uhr. 2.-Klasse-Busse von La Solteca und Estrella Roja (110 Mex$, 7 Std.) fahren ab Central Camionera dieselbe Strecke viermal zwischen 7 und 10.45 Uhr und achtmal zwischen 21.30 und 23 Uhr. 1.-Klasse-Busse von OCC (242 Mex$, 10 Std., 3-mal tgl.) nehmen die längere Route über Salina Cruz und den Hwy 190.

Weitere Ziele

Nach Mexico City fährt man besser mit Estrella Blanca und Turistar, die über die Vororte von Acapulco fahren und viel schneller sind als die OCC-Busse über Salina Cruz. Täglich werden u. a. folgende Ziele angesteuert:

Ziel	Preis (Mex$)	Dauer (Std.)	Häufigkeit (tgl.)
Acapulco	238–249	8	10 (EB & Turistar)
Bahías de Huatulco	82	2½	9 (EB & Turistar)
	35–76	2½–3	34 ab OCC-Busbahnhof
Mexico City (Terminal Sur oder Norte)	493–667	12	5 18.30–20.30 Uhr (EB & Turistar)
	604	18	2 (OCC)
Pochutla	53	1½	9 (EB & Turistar)
	25–46	1½	34 ab OCC-Busbahnhof
San Cristóbal de las Casas	396	11½–13	18.30 & 21.30 Uhr (OCC)
Tehuantepec	170	5½	4 (OCC)
Tuxtla Gutiérrez	344	12	18.30 & 21.30 Uhr (OCC)

DAS NETZWERK FÜR DIE FEUCHTGEBIETE OAXACAS

Die **Red de los Humedales de la Costa de Oaxaca** (Netzwerk für die Feuchtgebiete an der Küste Oaxacas; www.humedalesoaxaca.org.mx) ist ein noch relativ neuer Zusammenschluss von 20 Gemeindeorganisationen, die direkt an der lagunen- und flussreichen Küste Oaxacas liegen. Das Netzwerk setzt sich für die Erhaltung der Feuchtgebiete an der Küste und für die Förderung nachhaltiger Entwicklung ein. Die Küste hat viele Strände, an denen die Meeresschildkröten ihre Eier ablegen, und sie ist ein wichtiger Lebensraum für Vögel und andere Wildtiere wie Flusskrokodile und Weißwedelhirsche. Zu den Zielen des Netzwerks zählen die Wiederaufforstung, die Förderung des Handwerks und ökologischer Produkte, der Schutz der Meeresschildkröten und anderer wild lebender Tiere und der Gemeindetourismus. Bei einigen Organisationen kann man auch als Freiwilliger arbeiten.

Zum Netzwerk gehören Gruppen aus Orten, wo es schon viel Tourismus gibt, z. B. aus Bahía San Agustín (S. 857), La Ventanilla (S. 852), Zapotalito (S. 841) und Chacahua (S. 841); dazu gesellten sich Organisationen, die neue Erfahrungen bieten können. Das Dorf **Escobilla** zwischen Puerto Escondido und Mazunte hat gemütliche neue *cabañas* gebaut und plant, Besucher zur nahe gelegenen Playa Escobilla zu führen, wo die Oliv-Bastardschildkröte an Land kommt. Jedes Jahr trudeln hier zwischen Mai und Januar rund 700 000 Oliv-Bastardschildkröten ein.

Nähere Infos haben der Touristeninformationsstand in Puerto Escondido (S. 829) und das **Büro** (☎/Fax 954-582-35-40; 5 Norte 207) von Wetlands Networks in Puerto Escondido.

FLUGZEUG

Aerotucán (☎ 582-34-61; Flughafen) und **Aerovega** (☎ 582-01-51; Av Pérez Gasga 113; ⏲ Mo–Sa 9.30–14 & 17.30–20 Uhr) fliegen von bzw. nach Oaxaca – s. S. 810 für nähere Infos. **Click Mexicana** (☎ 800-112-54-25; www.click.com.mx) hat täglich Flüge von und nach Mexico City, **Magnicharters** (☎ 800-201-14-04; www.magnicharters.com.mx) fliegt mindestens zweimal pro Woche von und nach Mexico City, manchmal über Huatulco.

Unterwegs vor Ort

Tickettaxis vom Flughafen (35 Mex$/Pers.) bringen Traveller zu jedem beliebigen Ort in der Stadt. Zum selben Preis bekommt man an der Hauptstraße vor dem Flughafen ein privates Taxi. Ein Taxi von der Central Camionera kostet 20 Mex$ bis El Adoquín und 22 Mex$ bis Zicatela.

Wer nicht vom zentralen Gebiet Av Pérez Gasga–Bahía Principal zu den entfernteren Stränden laufen möchte, muss ein Taxi nehmen – sie stehen an den Enden von El Adoquín. Der gängige Preis von und zur Playa Zicatela liegt bei 25 Mex$.

Es gibt *colectivo*-Taxis (4 Mex$) und Minibusse (3 Mex$) nach Brisas de Zicatela und Punta Zicatela. Auf ihnen steht „Zicatela", und sie fahren vom Mercado Benito Juárez über die 3 Poniente und dann auf der Carretera Costera nach Osten.

Surface (☎ 954-1091405; Bajada de las Brisas s/n; ⏲ Di–So 11–18 Uhr) an der Calle del Morro in Zicatela vermietet Mountainbikes für 100 Mex$ pro Tag und Strandräder ohne Gangschaltung für 60 Mex$ pro Tag. Das Surface ist gleichzeitig ein Freiluftcafé mit Lounge und kostenlosem WLAN.

WESTLICH VON PUERTO ESCONDIDO

Bajos de Chila

Das mixtekische Ballspiel *pelota mixteca* – ein Spiel mit zwei Mannschaften zu je fünf Spielern, das auf dem vorkolonialen rituellen Ballspiel basiert – wird jedes Wochenende im Dorf Bajos de Chila, 10 km westlich von Puerto Escondido am Hwy 200, gespielt. Los geht's meist samstags und sonntags um 17 Uhr – bei der Touristeninformation in Puerto Escondido nachfragen. Das Spielfeld im Dorf, der *patio* oder *pasador*, ist leicht zu finden (obwohl dort meist mehr Fußball als *pelota* gespielt wird). *Colectivos* nach Bajos de Chila (5 Mex$, 15 Min.) verkehren alle 30 Minuten ab der Ecke Calle 2 Nte und 3 Pte in Puerto Escondido. Infos zum Ballspiel gibt's im Kasten auf S. 74.

Laguna Manialtepec

Die 6 km lange Lagune beginnt 14 km westlich von Puerto Escondido und liegt am Hwy 200. Sie ist ein Paradies für Vogelfreunde und fasziniert jeden Naturliebhaber. Ibisse, Rosalöffler, Papageien, Pelikane, Falken, Fischadler, Silberreiher, Reiher, Eisvögel und mehrere Habicht- und Leguanarten verbringen zumindest einen Teil des Jahres hier. Am besten sind die Vögel zwischen Dezember und März zu beobachten, vor allem früh morgens. Die Lagune ist größtenteils von Mangroven umgeben, Richtung Meer gibt's aber auch tropische Blumen und Palmen. Der Kanal am Westende schlängelt sich durch die Mangroven zu einem unberührten Sandstrand.

Mehrere Restaurants an der Nordseite der Lagune (am Hwy 200) bieten zweistündige Bootstouren an, die für bis zu sieben Personen 700 Mex$ kosten. Die Lokale betreiben in der Hauptsaison zwischen 8 und 17 Uhr auch einen *colectivo*-Service (80 Mex$/Pers.); das Angebot richtet sich aber eher an Einheimische, die ans andere Ende der Lagune wollen, weniger an Naturliebhaber. Einige der Restaurants vermieten Kajaks und Kanus, ideal für Traveller, die überschüssige Energie haben und die Vegetation des Sees und die Seitenkanäle erkunden wollen. Ein seltenes, fast magisches Phänomen in Manialtepec ist es, wenn drei- oder viermal im Jahr für mehrere Tage leuchtendes Plankton auftaucht. Wenn das passiert, werden Bootsfahrten in den Sonnenuntergang angeboten, bei deren Rückfahrt man im Meer schwimmen oder seine Hand ins Wasser tauchen kann, um das merkwürdige Meeresleuchten auszulösen.

Von Puerto Escondido zur Lagune einen Minibus Richtung Río Grande an der Ecke 2 Norte und 3 Poniente im oberen Teil der Stadt nehmen. Die Minibusse verkehren zwischen 6 und 19 Uhr jede halbe Stunde (9 Mex$).

Restaurant Isla del Gallo (☎ 954-1009258; www.laisladelgallo.com.mx; Fisch & Meeresfrüchte 70–120 Mex$; 🕑 8–18 Uhr), auf halber Strecke des Weges um den See gelegen, bietet Bootsfahrten durch den Mangrovenkanal zum Strand an. Die Bootsleute, von denen einige Englisch sprechen, kennen alle Vögel. Man kann auch für 50 bzw. 100 Mex$ ein Kajak für eine Person oder ein Kanu für drei mieten. Im Restaurant gibt es gute Fisch- und Meeresfrüchtegerichte.

Restaurante La Puesta del Sol (☎ 954-5883867) am Westrand des Sees ist auch zu empfehlen, wenn man Lust auf eine Bootstour hat. Es gibt Vogelführer, und der Führer Modesto kennt sogar die englischen Namen der Vögel. Zur Auswahl stehen 2-Personen-Kajaks (100 Mex$/Std.) und Vierer-Kanus (50 Mex$). Die meisten Gerichte im Restaurant kosten zwischen 60 und 80 Mex$.

In Puerto Escondido kann man mehrere Morgen- oder Sonnenuntergangstouren (4–5 Std. inkl. Fahrt) buchen. Bei einigen sprechen die Guides kein Englisch.

Hidden Voyages Ecotours (www.peleewings.ca; Touren für 4–10 Pers. 400–450 Mex$/Pers.) bietet zwischen Mitte Dezember und Mitte März drei- bis dreieinhalbstündige Bootstouren an, die wirklich toll sind. Man bekommt ein Fernglas gestellt und eine Liste mit den Vögeln, die man erspähen kann. Die Touren am Morgen (Mo, Di, Mi, Fr & Sa um 7 Uhr ab Puerto Escondido) werden vom fachkundigen kanadischen Ornithologen Michael Malone geleitet. Man kann sie bei Viajes Dimar in Puerto Escondido (S. 829) buchen, wo auch das ganze Jahr über Touren (350 Mex$/Pers.) mit lokalen Vogelkundlern im Programm sind, die mit Hidden Voyages zusammenarbeiten.

Lalo's Ecotours (☎ 954-588-91-64; www.lalo-ecotours.com; Las Negras Manialtepec; Touren 35 US$/Pers.) wird von einem Bewohner der Lagune geleitet, der für Hidden Voyages gearbeitet hat und die Vögel gut kennt. Er bietet das ganze Jahr über Touren an und stellt Ferngläser zur Verfügung. Lalo spricht etwas Englisch und organisiert auch morgendliche Naturwanderungen, geführte Kanu- und Kajaktouren sowie nächtliche Bootsfahrten zu Zeiten des Meeresleuchtens. Er arrangiert sogar den Transport ab Puerto Escondido. Man kann ihn auch im kleinen Dorf Las Negras an der Westseite der Lagune aufsuchen.

Parque Nacional Lagunas de Chacahua

Von Puerto Escondido führt der Hwy 200 nach Westen Richtung Acapulco. Die Fahrt geht an der Küste entlang, die voller Lagunen, unberührter Strände, Vögel und Pflanzen ist. In den Siedlungen dieser Region wohnen viele Nachkommen afrikanischer Sklaven, die den Spaniern entkommen konnten.

Die Umgebung der Lagunen von Chacahua und La Pastoría bildet den schönen Parque Nacional Lagunas de Chacahua, den im Winter Zugvögel aus Alaska und Kanada bevölkern. Auf den von Mangroven umgebenen Inseln leben Rosalöffler, Ibisse, Kormorane, Waldstörche, Reiher und Silberreiher sowie Krokodile und Schildkröten. Auch Mahagonibäume gibt es. El Corral, ein Fluss voller Mangroven, an dem sich im Winter unzählige Vögel tummeln, verbindet die beiden Lagunen. Die Bootsfahrt in den Lagunen ist phänomenal. Am Ende erreicht man das Dorf Chacahua, das an einem herrlichen Strand liegt, der sich mindestens 20 km Richtung

Osten erstreckt. Hier kann man sich entweder nur stärken oder in einer rustikalen *cabaña* die Nacht verbringen.

Ausgangspunkt für Bootsfahrten ist das Dörfchen Zapotalito am östlichen Ende der Laguna La Pastoría. Zwei oder drei Kooperativen bieten einen *lancha*-Service nach Chacahua an. Prinzipiell stehen zwei Optionen zur Auswahl, „*terrestre*" und „*por agua*". *Terrestre* bedeutet eine Bootsfahrt von Zapotalito über die Lagune zu einer *camioneta*, die dann in einer halben Stunde über eine Landzunge zwischen den Lagunen und dem Ozean bis Chacahua fährt. *Por agua* heißt, dass man bis Chacahua mit dem Boot fährt, meist mit Halt an mehreren Inseln und Kanälen, wobei der Führer auf Spanisch die Vogelwelt erklärt. Die Tour *por agua* dauert mit Hin- und Rückfahrt vier Stunden, davon zwei Stunden Aufenthalt in Chacahua. Sie kostet rund 800 Mex$ für bis zu zehn Personen. Die Variante *terrestre* kostet etwa 500 Mex$. Für eine einfache Bootsfahrt bis Chacahua bezahlt man um die 400 Mex$. Wenn genügend Nachfrage herrscht, gibt es einen *colectivo*-Service für 50 Mex$ (*por agua*) bzw. 30 Mex$ pro Person (*terrestre*). Bevor man es sich in Chacahua gemütlich macht, sollte man sich nach den Rückfahrzeiten erkundigen.

CHACAHUA

Das Dorf Chacahua liegt an beiden Seiten eines Kanals, der vom Westende der Lagune Chacahua zum Ozean führt. An der Meerseite des Dorfes breitet sich ein wunderbarer Strand aus – perfekt zum Relaxen. Die Wellen (die ein point break rechts verursacht) sind für Surfer, sogar für Anfänger, geeignet, aber es gibt auch starke Strömungen. Man sollte sich erkundigen, wo man sicher baden kann. Auf der Landseite des Dorfes befindet sich eine **Krokodilaufzuchtstation** (Eintritt frei; ⌚ unregelmäßig) mit bemitleidenswerten Kreaturen, die hier zum Schutz und zur Vermehrung gehalten werden: Die Krokodile von Chacahua (die keine Menschen fressen) wurden durch die Jagd ziemlich dezimiert.

GEFÜHRTE TOUREN

Gute Tagesausflüge ab Puerto Escondido bietet **Hidden Voyages Ecotours** (www.peleewings.ca; Touren nur Do, ca. Mitte Dez.–Mitte März, mind. 6 Pers., 575 Mex$/Pers.), ein englischsprachiger Führer ist auch dabei. Buchen kann man bei Viajes Dimar in Puerto Escondido (S. 829), die auch ganzjährig eigene Touren anbieten (450 Mex$/Pers.; mind. 4 Pers.).

SCHLAFEN & ESSEN

Restaurante Siete Mares (☎ 954-540-69-03; Cabaña EZ od. DZ 100–250 Mex$, 3BZ/4BZ 200–250 Mex$; Gerichte 30–90 Mex$) Das am Westende des Strandes von Chacahua gelegene Siete Mares zaubert hervorragende Meeresfrüchte- und Fischgerichte. Es hat auch einige der besseren *cabañas* von Chacahua, ein paar beim Restaurant, andere am Strand und an der Lagune. Die besten haben zwei Kingsize-Betten, Ventilator, Moskitonetz, elektrisches Licht und ein sauberes Bad. Die Señora bewacht Wertsachen.

Einfache *cabañas* am Strand kosten rund 80 bis 100 Mex$ für zwei Personen. Normalerweise haben sie Gemeinschaftsbäder und -duschen sowie Sandfußböden. Die meisten gehören zu *comedores*, bei denen man für rund 25 bis 70 Mex$ Eierspeisen, Pasta und Meeresfrüchte bekommt. Wer bei ihnen isst, kann meist umsonst in einer Hängematte schlafen oder zelten. Allerdings läuft man dabei Gefahr, bestohlen zu werden.

AN- & WEITERREISE

Um von Puerto Escondido nach Zapotalito zu kommen, muss man erst nach Río Grande fahren, das 50 km westlich von Puerto am Hwy 200 liegt. Minibusse nach Río Grande (15 Mex$, 1 Std.) fahren von der Ecke 2 Norte und 3 Poniente in Puerto zwischen 6 und 19 Uhr ungefähr alle halbe Stunde. Die meisten Busse von Estrella Blanca nach Acapulco halten auch in Río Grande. Von der Minibushaltestelle in Río Grande überquert man die unbefestigte Straße und nimmt ein *colectivo*-Taxi (10 Mex$) zum 13 km südwestlich gelegenen Zapotalito.

Wer mit dem eigenen Fahrzeug unterwegs ist, achte auf den Militärcheckpoint, der am Hwy 200 die Abzweigung nach Zapotalito markiert und 8 km westlich von Río Grande liegt. Die letzten 5 km bis Zapotalito ist die Straße ziemlich schlecht.

Ocho Venado

Das **Gemeindetourismusprogramm** (☎ 954-541-02-05; http://ochovenado.wikispaces.com) bietet die Möglichkeit, das Dorfleben in den bewaldeten Hügeln hinter den Lagunas de Chacahua kennenzulernen. Dabei können sich Traveller einen kaum touristischen Teil der Küste anschauen. Man kann geführte Wanderungen machen, hausgemachte Speisen probieren und sich an den Aktivitäten der Dorfbewohner beteiligen. Die beiden Hauptorte Jocotepec und Tututepec haben gemütliche, gut gebaute *cabañas* (150 Mex$/Pers.). In Jocotepec gibt es eine Hirsch- und Wildschweinfarm sowie eine heilige Stätte auf einem Hügel, an der die Einheimischen immer noch Regen- und Ernterituale vollziehen. Tututepec war die Hauptstadt des Mixtekenreichs an der Küste, das im 15. Jh. die Angriffe der Azteken abwehrte. Im Hof der Kirche von Tututepec aus dem 17. Jh. sind vorkoloniale Reliefs und ein **archäologisches Gemeindemuseum** (☎ 954-541-03-10; ⏲ 10–17 Uhr) zu besichtigen. Außerdem kann man hier prima Vögel beobachten.

Die Touristeninformation in Puerto Escondido vermittelt Kontakte und organisiert Verkehrsmittel.

Pinotepa Nacional

☎ 954 / 26 000 Ew.

Das ist die größte Stadt zwischen Puerto Escondido (140 km östlich) und Acapulco (260 km westlich). Die Läden, der Handel und der große Markt an der Hauptstraße, rund 1,5 km westlich der Hauptplaza, sind der Anlaufpunkt für die Bewohner vieler indigener Dörfer, die berühmt sind für Kunsthandwerksgegenstände wie Holzmasken und farbenfroh bestickte traditionelle Stoffe.

Hotel Carmona (☎ 543-22-22; Porfirio Díaz 127; EZ/DZ 225/320 Mex$, mit Klimaanlage 330/450 Mex$; P), an der Hauptstraße 500 m westlich der Hauptplaza, ist sauber, gut geführt und einigermaßen ruhig. Die Zimmer haben Bäder mit Warmwasser und TV.

Der **Busbahnhof** (☎ 543-31-94) liegt 1 km westlich der Hauptplaza. Estrella Blanca and Turistar schicken täglich Busse nach Puerto Escondido (70–81 Mex$, 3 Std.) und Acapulco (123–140 Mex$, 6 Std.). 1.-Klasse-Busse von OCC und 2.-Klasse-Busse von Fypsa fahren auf dem Hwy 125 Richtung Norden durch die *mixteca*, teilweise bis Oaxaca City (1. Klasse 228 Mex$, 10 Std.).

POCHUTLA

☎ 958 / 13 000 Ew.

Das geschäftige, schweißtreibende Pochutla ist das Handels-, Banken- und Verkehrszentrum des mittleren Teils der Küste Oaxacas, zu dem die nahe gelegenen Badeorte Puerto Ángel, Zipolite, San Agustinillo und Mazunte zählen. Wer aus diesen entspannten Örtchen kommt, wird hier wieder mit dem wirklichen Leben konfrontiert.

Orientierung & Praktische Informationen

Der aus Oaxaca City kommende Hwy 175 führt in Nord-Süd-Richtung als Av Lázaro Cárdenas, eine schmale, verstopfte Hauptstraße, durch Pochutla und trifft etwa 1,5 km südlich der Stadt auf den Hwy 200. Die Busbahnhöfe liegen am südlichen, tieferen Ende der Cárdenas, die Banken und besseren Hotels befinden sich 300 bis 400 m weiter nördlich. Die Hausnummern werden bergauf höher.

HSBC (Cárdenas 48; ⏲ Mo–Fr 8–19, Sa 8–15 Uhr) Wechselt US-Reiseschecks und US-Dollar; hat auch einen Geldautomaten.

Telnet (Cárdenas 94; Internet 10 Mex$/Std.; ⏲ Mo–Sa 8–22 Uhr) Liegt gegenüber dem Busbahnhof von Es-

DER NAHVERKEHR

Für Fahrten zwischen Pochutla und den Strandstädten und -dörfern im Südwesten stehen drei Verkehrsmittel zur Verfügung: *camioneta* (Pickup – eine coole Art zu reisen), *colectivo* (Sammeltaxi) und normales Taxi.

Camionetas und *colectivos* starten in verschiedenen Seitenstraßen in Pochutla und fahren dann auf der Av Cárdenas in Richtung Süden, wobei sie unterwegs Passagiere aufnehmen. Oft warten Menschen vor dem Mueblería García auf sie, einem Möbelgeschäft, etwa 100 m vom Hotel Santa Cruz hügelaufwärts gelegen. Der Fahrpreis *(camioneta/colectivo)* nach Puerto Ángel (20 Min.) beträgt 5 bzw. 10 Mex$, nach Zipolite (30 Min.) 10 bzw. 15 Mex$ und nach San Agustinillo (45 Min.) und Mazunte (40 Min.) 8 bzw. 10 Mex$. Fahrzeuge nach Mazunte fahren meist statt über Puerto Ángel auf dem Hwy 200 in Richtung Westen nach San Antonio, dann zurück in Richtung Südosten nach Mazunte und weiter nach San Agustinillo und zum Westende (Roca Blanca) von Zipolite. Sowohl *camionetas* als auch *colectivos* verkehren zwischen 7 bis 19 Uhr etwa alle halbe Stunde.

Tagsüber zahlt man für ein Taxi von Pochutla nach Puerto Ángel rund 60 Mex$ und nach Zipolite, San Agustinillo oder Mazunte 100 Mex$; nachts kostet das Ganze bis zu 50 % mehr.

trella del Valle/Oaxaca Pacífico. Von hier kann man auch Ferngespräche führen.

Schlafen

Hotel Santa Cruz (☎ 584-01-16; Cárdenas 88; EZ/DZ mit Gemeinschaftsbad 100/120 Mex$, mit eigenem Bad 120/150 Mex$, mit Klimaanlage & eigenem Bad 250/300 Mex$;) Das 150 m nördlich der Bushaltestellen gelegene Santa Cruz hat einfache, gründlich desinfizierte Zimmer. Einige der eigenen Bäder sind marode, aber die Klimaanlagen in den Zimmern, die eine haben, sind gut.

Hotel Costa del Sol (☎/Fax 584-03-18; Cárdenas 47; EZ/DZ mit Ventilator 200/225 Mex$, mit Klimaanlage 300/350 Mex$; P) Das Hotel im Zentrum mit dem besten Preis-Leistungs-Verhältnis hat etwas Künstlerisches an sich – und ein bisschen Grünzeug. Die Zimmer sind mit guten Bädern, unregelmäßig laufendem Warmwasser und Kabel-TV ausgestattet.

An- & Weiterreise

Der **OCC-Busbahnhof** (☎ 584-02-74; Cárdenas 84) wird von OCC (1. Klasse) und Sur (2. Klasse) angefahren. Andere wichtige Busbahnhöfe sind der von **Estrella del Valle/Oaxaca Pacífico** (☎ 584-03-49), 50 m nördlich vom OCC auf der gegenüberliegenden (östlichen) Straßenseite (2. Klasse), und der von **Estrella Blanca** (EB; ☎ 584-03-80), 200 m südlich von OCC. Transportes Rápidos de Pochutla hat Minibusse nach Bahías de Huatulco von einem Terminal 100 m nördlich vom Estrella del Valle/Oaxaca Pacífico.

OAXACA CITY

Nach Oaxaca City kommt man nach 245 km über den Hwy 175 – das sind fünfeinhalb bis sechs Stunden in den recht komfortablen, klimatisierten Minibussen (120 Mex$), die von mehreren Unternehmen wie **Autotransportes Atlántida** (☎ 584-01-16; Hotel Santa Cruz, Cárdenas 88) und **Autotransportes Miahuatecos** (☎ 958-1062103; Cárdenas 94) unterhalten werden. Beide fahren zwischen 4 und 23 Uhr etwa alle eineinhalb bis zwei Stunden. Bei Atlántida kann man telefonisch reservieren und eine halbe Stunde vor Abfahrt bezahlen. Glücklicherweise halten die Fahrer meist an, wenn man mal für kleine Königstiger oder unbedingt ein Foto schießen muss (oder wenn man sich übergeben muss, was einigen Leuten auf dieser Strecke passiert).

Andere Verbindungen nach Oaxaca City sind die 2.-Klasse-Busse von Estrella del Valle/Oaxaca Pacífico (75–90 Mex$, 16-mal tgl., 6½–7 Std.) und die drei täglichen 1.-Klasse-Busse von OCC (222 Mex$, 8½ Std.). Die OCC-Busse nehmen die viel längere, aber weniger kurvige Strecke über Salina Cruz.

WEITERE FAHRZIELE

Busse verkehren täglich nach:

Ziel	Preis (Mex$)	Dauer (Std.)	Häufigkeit (tgl.)
Acapulco	280–300	8–9	8 vom EB-Busbahnhof
Bahías de Huatulco	18–30	1	36 vom OCC-Busbahnhof
	26–30	1	9 vom EB-Busbahnhof
	16	1	Transportes Rápidos de Pochutla alle 15 Min., 5.30–20 Uhr
Mexico City	520	14–15	2 vom EB-Busbahnhof (17 & 17.30 Uhr)
	566	15–16	2 OCC (16.45 & 19.10 Uhr)
Puerto Escondido	53	1½	9 vom EB-Busbahnhof
	25-46	1½	35 vom OCC-Busbahnhof
San Cristóbal de las Casas	332	10½–12	2 OCC (19.30 & 22.40 Uhr)
Tehuantepec	120	4½	4 OCC
Tuxtla Gutiérrez	284	10	2 OCC (19.30 & 22.40 Uhr)

PUERTO ÁNGEL

☎ 958 / 2400 Ew.

Der kleine Fischerhafen Puerto Ángel (pwertoh *ahn*-hel) ist ein Marinestützpunkt und ein Strandort und bei Travellern schwer angesagt. 13 km südlich von Pochutla erstreckt sich der Ort auf beiden Seiten einer malerischen Bucht zwischen zwei felsigen Landzungen. Es gibt zwar auch die Strände von Zipolite, San Agustinillo oder Mazunte ein paar Kilometer weiter westlich – aber das etwas städtischer geprägte Puerto Ángel hat ein paar gute Unterkünfte, seine eigenen kleinen Strände und ein bisschen Action sowie einen unkomplizierten Transport nach Zipolite zu bieten.

Orientierung

Aus Richtung Puchutla trifft die Straße auf das Ostende der kleinen Bahía de Puerto Ángel. Im Hinterland der Bucht windet sich die Fahrbahn über einen oft wasserlosen *arroyo* (Bach) und anschließend einen Hügel hinauf bis zu einer Gabelung: Rechts geht's nach Zipolite und Mazunte, links hinunter zur Playa del Panteón. Im Stadtgebiet heißt die Straße dann hauptsächlich „Blvd Uribe" – nach dem *arroyo* kommt noch die Bezeichnung „Carretera a Zipolite" hinzu.

Praktische Informationen

Banco Azteca (Blvd Uribe; ⌚ 9–21 Uhr) Wechselt nur US-Dollar in bar und hat an Wochenenden oft keine mehr. Der nächste Geldautomat ist in Pochutla. Mehrere Unterkünfte und Restaurants in Puerto Ángel wechseln Bargeld und Reiseschecks zu eigenen Kursen.

Farmacia El Ángel (☎ 584-30-58; Vasconcelos) Dr. Constancio Aparicio unterhält hier eine Arztpraxis (geöffnet Mo–Sa 9–14 & 17–21 Uhr); er bietet auch einen 24-Stunden-Notdienst an.

G@l@p@gos (Blvd Uribe s/n; Internet 12 Mex$/Std.) Hier kann man auch telefonieren.

Gel@net (Vasconcelos 3; Internet 12 Mex$/Std.; ⌚ 9–22 Uhr) Telefon, Fax und Internet.

Touristeninformation (Blvd Uribe; ⌚ 9–14 & 16–20 Uhr; an unterschiedl. Tagen) In einem Gebäude mit *palapa*-Dach am Eingang zum Pier; wenn sie geöffnet hat, gibt es hilfreiche Infos zu Verkehrsmitteln.

Strände

Die **Playa del Panteón** im Westen der Bucht ist ein kleiner, flacher und ruhiger Strand. Das Wasser ist sauberer als in der Umgebung des Piers auf der anderen Seite der Bucht.

Wenn man der Straße nach Pochutla etwa 500 m folgt, kommt man zu einem Schild, das den Weg zur **Playa Estacahuite** weist, die weitere 700 m entfernt ist. Die drei kleinen Sandbuchten eignen sich zum Schnorcheln, aber aufgepasst: Hier gibt's Feuerquallen! Ein paar Buden servieren Meeresfrüchte und Pasta zu guten Preisen und vermieten Schnorchelausrüstungen.

An der Küste im Nordosten von Estacahuite locken weitere gute, wenig besuchte Strände. Toll ist die **Playa La Boquilla** an der rund 5 km entfernten Bucht, an der die Unterkünfte von Bahía de la Luna liegen (S. 846). Eine 3,5 km lange, unbefestigte Straße führt von einer Abzweigung, die 4 km hinter Puerto Ángel an der Straße nach Pochutla liegt, hierher (ein Taxi von Puerto Ángel kostet bis zu 100 Mex$ pro Strecke), aber es ist lustiger, mit dem Boot zu fahren – am Pier in Puerto Ángel oder an der Playa del Panteón danach fragen. Die Fahrt kostet 100 bis 150 Mex$ pro Nase, wenn mehrere Leute mitfahren. Die Boote holen einen zu einer festen Zeit wieder ab.

Aktivitäten

Schnorcheln und **Angeln** sind beliebt, **Tauchen** ist auch eine Option. Zwischen den Felsen und Schluchten im Meer vor Puerto Ángel kann man sehr tief tauchen; es gibt ein Schiffswrack von 1870 und jede Menge Fische zu sehen.

Mehrere Anbieter an der und rund um die Playa del Panteón organisieren eine vierstündige Schnorcheltour mit dem Boot zu vier Stränden (u. a. Estacahuite und La Boquilla) für 150 Mex$ pro Person inklusive Schnorchelausrüstung. Auf der Fahrt dürfte man Schildkröten und mit etwas Glück Delphine und sogar wandernde Wale (zw. Nov. & Mai) sehen. **Azul Profundo** (☎ 584-34-38; azul_profundomx@hotmail.com) bietet die Tour täglich um 9.30 Uhr an, mit Abhol- und Bringservice von und zur Unterkunft in Puerto Ángel oder Zipolite; der liebenswerte Führer Chepe spricht Englisch und Deutsch. Zu empfehlen sind auch **Océanos Tours** (☎ 584-30-83; Restaurant Leyvis y Vicente) und **Byron Luna** (☎ 584-31-15), der Englisch und Französisch spricht und in seinem Haus hinter der Playa del Panteón anzutreffen ist. Bei beiden sollte man einen Tag im Voraus reservieren, zumal sie manchmal erst fahren, wenn vier bis fünf Leute zusammen kommen.

Dieselben Anbieter organisieren Touren zum Marlin-, Schwertfisch- und Thunfischangeln für rund 500 Mex$ pro Stunde (bis zu 3 Pers.).

Azul Profundo bietet auch Tauchgänge an. Tauchen mit einer Flasche bzw. zwei Flaschen kostet 500/800 Mex$, inklusive Ausrüstung und Tauchführer.

Schlafen

Um die höher gelegenen Unterkünfte weht eher eine angenehme Brise.

LP Tipp **Hotel Puesta del Sol** (☎/Fax 584-30-96; www.puertoangel.net; Blvd Uribe s/n; EZ/DZ mit Gemeinschaftsbad 110/150 Mex$, DZ mit eigenem Bad 250–360 Mex$; 💻) Im Puesta del Sol spricht man drei Sprachen (Englisch, Deutsch, Spanisch), und es gibt große, saubere Zimmer mit Ventilator und Fliegengitter. Die teureren haben eine eigene Terrasse und Bad mit Warmwasser. In einigen kommen bis zu sechs Personen unter. In einem luftigen Bereich mit Hängematten kann man relaxen, es gibt Frühstück, Kunst, einen grünen Garten und eine kleine Bibliothek. Diese Vorzüge und die freundlichen, fachkundigen Besitzer machen das Haus zu einer wirklich guten Wahl.

Casa Arnel (☎/Fax 584-30-51; arnelpto.angel@huatulco.net.mx; Azueta s/n; EZ/DZ 150/200 Mex$; 💻) Das oben in der Gasse hinter dem Markt gelegene Arnel hat fünf saubere große Zimmer mit Fliesenboden, Ventilator, ordentlichem Bett und Bad. Es gibt kalte Getränke, Kaffee und Tee sowie einen Hängemattenbereich im oberen Stock, eine kleine Bibliothek und Platz zum Waschen und Trocknen von Kleidung.

LP Tipp Casa de Huéspedes Gundi y Tomás (☎ 584-30-68; www.puertoangel-hotel.com; EZ/DZ mit Gemeinschaftsbad 180/250 Mex$, mit eigenem Bad 300/350 Mex$, Zi. für 6 Pers. 700 Mex$) Die relaxte Pension oberhalb vom Blvd Uribe bietet verschiedene hell gehaltene, einfache Zimmer mit Ventilator, Moskitonetz und/oder Fliegengitter und ausgefallenem künstlerischen Touch. Es gibt gutes Essen, z. B. selbstgebackenes Brot, größtenteils vegetarische Snacks, Fruchtsäfte und abends ein *menú* für 75 Mex$. Vom Speisesaal aus hat man einen tollen Ausblick. Gundi, die freundliche deutsche Besitzerin, spricht gut Englisch und Spanisch. Sie hat einen Safe für Wertsachen und organisiert eine Bücherbörse, einen Waschservice, Busreservierungen sowie Geld- und Reisescheckwechsel. Ihre Söhne Fabián und Bastián vermieten Surfbretter und geben in Zipolite und San Agustinillo Surfunterricht.

El Almendro (☎ 584-30-68; www.puertoangel-hotel.com; EZ/DZ 200/350 Mex$) Das El Almendro liegt in einem schattigen Garten, vom Blvd Uribe aus eine kleine Gasse hinauf. Es gibt fünf saubere, hell gestrichene, einfache Zimmer mit ordentlichen Betten und Bädern sowie einen Bungalow mit Küche für bis zu sechs Personen (Woche/Monat ca. 1500/5000 Mex$).

Villa Serena Florencia (☎ 584-30-44; villaserenaoax@hotmail.com; Blvd Uribe s/n; EZ/DZ/3BZ 250/350/400 Mex$, Klimaanlage zzgl. 30 Mex$) Das Florencia hat 13 hübsche, bunte, kleine Zimmer mit Ventilator, Fliegengitter und ein paar Fotos und Bildern sowie einen schattigen Freiluftbereich und ein gutes italienisch-mexikanisches Restaurant.

Hotel Cordelia's (☎ 584-31-09; Playa del Panteón; Zi. 350–650 Mex$; Ⓟ) Das Cordelia's liegt direkt an der Playa del Panteón und wird von derselben Familie geführt wie der Tauchladen Azul Profundo. Gästen stehen 17 Zimmer mit Fliegengittern, schönen Fliesenböden, guten Holzmöbeln und wunderbaren *artesanías* zur Verfügung. Die besten sind die großen Zimmer mit eigener Terrasse und Blick über die Bucht.

La Buena Vista (☎/Fax 584-31-04; www.labuenavista.com; La Buena Compañía s/n; DZ 600–700 Mex$, jede weitere Pers. 70 Mex$;) Die 21 großen Zimmer und die sechs hervorragenden Bungalows aus Lehmziegeln auf dem grünen Grundstück werden peinlich sauber gehalten. Viele haben einen luftigen Balkon mit Hängematten und einige einen tollen Ausblick. Holz, Stein und Ziegel wurden beim Bau intelligent eingesetzt. Auf der weitläufigen Terrasse gibt es ein gutes Restaurant und oben einen phantastischen Poolbereich. Außerhalb der Stoßzeiten – von Mitte Dezember bis Anfang Januar, in der Semana Santa und von Juni bis August – ist der Preis nur etwa halb so hoch. Der einzige Minuspunkt ist, dass die Belegschaft oft schlecht gelaunt ist.

Bahía de la Luna (☎ 589-50-20; www.bahiadelaluna.com; Playa La Boquilla; EZ/DZ/4BZ inkl. Frühstück 70/85/140 US$, Haus für 6/7 Pers. ab 220/245 US$; P) In dem tropischen Paradies an der wunderschönen Playa La Boquilla (S. 844) wohnen Gäste in schönen, hellen Lehmziegelbungalows mit Fußböden aus Terrakottafliesen und Kunsthandwerk auf einem baumbestandenen Gelände am Hang oberhalb des Strandes. Dazu gehört ein gutes Restaurant mit Café am Strand, das vernünftige Preise hat (Gerichte 30–65 Mex$). Die Gäste können Bootstouren buchen und sich kostenlos Schnorchelausrüstung und Kajaks ausleihen.

Essen

La Buena Vista (☎ 584-31-04; La Buena Compañía s/n; Frühstück 2,50–4 Mex$, Hauptgerichte abends 50–80 Mex$; Mo–Sa 8–11 & 18–22 Uhr; V) Das auf einer luftigen Terrasse oberhalb der Bucht gelegene La Buena Vista bereitet gute mexikanische und amerikanische Gerichte zu, darunter *tamales* und mit Käse gefüllte *chiles rellenos* (gefüllte Chilis) für Pflanzenfresser.

Villa Serena Florencia (☎ 584-30-44; Blvd Uribe s/n; Gerichte 30–90 Mex$) Das verlässlich gute mexikanisch-italienische Restaurant serviert leckere Pasta, Pizza, Salate und mexikanische Gerichte zu prima Preisen. Das Frühstück ist ein super Schnäppchen.

Beto's (Carretera a Zipolite s/n; Gerichte 30–60 Mex$; 16–24 Uhr) Das oben am Blvd Uribe gelegene Beto's hat eine große Terrasse und ist relaxt, günstig, freundlich und sauber. Das Angebot reicht von Fischfilets und Ceviches bis zu Huhn und Rind. Man erkennt den Eingang an der bunten Lichterkette, die den Weg die Stufen hinauf weist.

El Almendro (☎ 584-30-68; nahe Blvd Uribe; BBQ abends 80 Mex$) Etwa von Mitte Dezember bis Ostern gibt es in dieser Unterkunft von 18 bis 19 Uhr eine Happy Hour, gefolgt von einem preiswerten Barbecue, bei dem man sich an mariniertem Fleisch oder Fisch, Salat von der Bar und Ofenkartoffeln sattessen kann.

Die Restaurants an der Playa del Panteón, **Restaurant Cordelia's** (☎ 584-31-09; Hotel Cordelia's), **Restaurante Susy** (☎ 584-30-19) und **Restaurant Leyvis y Vicente** (☎ 584-30-83), bieten Fisch und Meeresfrüchte für 50 bis 120 Mex$ und billigere Gerichte wie *entomatadas* (eine Art Enchiladas) und Eierspeisen an. Sie haben bis 22 oder 23 Uhr geöffnet. Abends ist die Szenerie sehr schön. In der Nebensaison sind die Meeresfrüchte nicht immer frisch!

An- & Weiterreise

Infos zu Verbindungen von bzw. nach Pochutla gibt's im Kasten auf S. 842. Um 22 Uhr verkehrt täglich ein Bus von Estrella del Valle/Oaxaca Pacífico nach Oaxaca City (76 Mex$, 7 Std.) vom unteren Ende der Vasconcelos. Ein *colectivo*-Taxi (wenn man denn eines erwischt) von oder nach Zipolite kostet 5 Mex$, ein eigenes Taxi 50 Mex$ (nach Einbruch der Dunkelheit mehr).

Für ein Taxi zum Flughafen von Huatulco zahlt man um die 250 Mex$, zum Flughafen von Puerto Escondido 350 Mex$.

ZIPOLITE

☎ 958 / 900 Ew.

Der wunderschöne, 1,5 km lange, helle Sandstrand namens Zipolite, der etwa 2,5 km westlich von Puerto Ángel beginnt, ist als Südmexikos perfekter Chillout-Ort für Budgettraveller bekannt. Hier kann man in Ruhe nichts tun und das gute Essen und die günstigen Unterkünfte genießen – und das alles inmitten wunderbarer Natur mit rauschenden Wellen, sengender Sonne, felsigen Landzungen und bewaldeten Hügeln. Am Strand reihen sich billige Übernachtungsmöglichkeiten und Lokale aneinander, von denen viele noch wunderhübsch windschief sind, Holzwände und Strohdächer haben und zur einzigartigen Atmosphäre von Zipolite beitragen. Dies ist einer jener magischen Orte, an denen man seine Abreise schnell mehr als einmal verschiebt.

Man hört oft, dass Zipolite ein Nacktbadestrand sei. In Wirklichkeit ist Nacktbaden nur am Westende des Strands und in der kleinen Bucht namens Playa del Amor am östlichen Ende üblich.

Orientierung

Das Ostende von Zipolite (Richtung Puerto Ángel) wird Colonia Playa del Amor genannt, der mittlere Teil Centro, und die Gegend im Westen (die vom Centro durch eine schmale Lagune und einen Bach getrennt ist) Colonia Roca Blanca. Die Av Roca Blanca, einen Block vom Strand entfernt, wird wegen der Pflastersteine oft als El Adoquín bezeichnet. Die wenigen anderen Straßen hinter dem Strand haben größtenteils keinen Namen.

Praktische Informationen

Die nächste Bank befindet sich in Puerto Ángel und der nächste Geldautomat in Pochutla, aber einige Unterkünfte wechseln Geld oder akzeptieren US-Dollar und Euro.

Azul Profundo (☎ 584-34-38; Av Roca Blanca; Internet 15 Mex$/Std., mit eigenem Laptop 10 Mex$; 🕑 8–22 Uhr) Man kann hier auch telefonieren.

Paty.Net (Av Roca Blanca; Waschservice für denselben Tag 14 Mex$/Tag; 🕑 Mo–Sa 8–17 Uhr)

Gefahren & Ärgernisse

Vorsicht: Die Brandung vor Zipolite ist tödlich! Es gibt Brandungsrückströmungen, wechselnde Strömungen und eine starke Unterströmung. Die Einheimischen baden hier nicht. Wer tiefer als bis zu den Knien ins Wasser geht, setzt sein Leben aufs Spiel. Freiwillige *salvavidas* (Rettungsschwimmer) haben schon viele Menschen gerettet, aber sie sind nicht rund um die Uhr im Einsatz, und jedes Jahr ertrinken hier Schwimmer. Die Welle vor dem Strand sollten nur erfahrene Surfer angehen.

Diebstähle kommen vor, deshalb sollte man da schlafen, wo man seine Wertsachen in einem Safe aufbewahren kann. Es ist nicht ratsam, nach Einbruch der Dunkelheit allein am Strand oder an der Straße Puerto Ángel–Zipolite spazieren zu gehen.

Aktivitäten

Zu dem, was das Wesen und den Ruhm von Zipolite ausmacht, gehört, dass organisierte Aktivitäten auf ein Minimum beschränkt sind. Dies ist ein Ort, an dem man relaxt und nichts tut, wenn einem danach ist.

Azul Profundo (S. 847) holt einen zu Schnorchel-, Tauch- und Angeltouren in Puerto Ángel (S. 844) ab und bringt einen nach Zipolite.

Brigitte Longueville gibt bei **Solstice** (☎ 584-32-35; www.solstice-mexico.com; Colonia Playa del Amor) an den meisten Tagen um 9 oder 17 Uhr in einem großen schönen Yogaraum im Obergeschoss eineinhalbstündige Kurse in Hatha-Yoga (7 US$). Es gibt auch Workshops von fünf Tagen und übers Wochenende. Das Programm kann man vor Ort erfragen. Der Meditationshügel des Shambhala (S. 848) steht allen kostenlos zur Verfügung.

Piña Palmera (☎ 584-31-47; www.pinapalmera.org; Carretera Zipolite-Mazunte; 🕑 Mo–Sa 9–15 Uhr), ein unabhängiges Rehabilitations- und Integrationszentrum für körperlich und geistig Behinderte aus ländlichen Gebieten, leistet großartige Arbeit. Es bietet Workshops auf seinem schönen Grundstück in einem Palmenhain und in den Dörfern an. Über 5000 behinderte Kinder, Erwachsene und Familienangehörige haben seit 1984 an den Programmen von Piña Palmera teilgenommen. Dabei hergestelltes Spielzeug und Kunsthandwerk wird z. T. in einem Laden an der Hauptstraße verkauft. Piña Palmera freut sich über Freiwillige, die zu „40–50 %" Spanisch sprechen und bereit sind, mindestens drei Monate lang 48 Stunden pro Woche zu arbeiten.

Schlafen

Viele Unterkünfte liegen direkt am Strand. Wenn nicht anders angegeben, haben die Zimmer ein Gemeinschaftsbad.

A Nice Place on the Beach (☎ 584-31-95; Colonia Roca Blanca; Zi. 100 Mex$) Ein ziemlich rustikales Quartier direkt am Strand. In den Zimmern gibt's ein Doppelbett und ein Moskitonetz – sonst nichts. Die zum Meer hin oben an der Treppe sind wegen des Blicks und der Brise am besten.

Posada Kiko (☎ 584-31-76; Colonia Roca Blanca; DZ 80–150 Mex$) Kiko ist schlicht, freundlich und direkt am Strand und hat *cabañas* mit Moskitonetzen, aber ohne Ventilatoren. Die besten liegen oben und bieten Meerblick.

Posada Brisa Marina (☎ 584-31-93; brisamarinaca@yahoo.com; Colonia Roca Blanca; Zi. mit/ohne Bad 150/100 Mex$; Ⓟ) Das beliebte Brisa gehört Amerikanern. Die Zimmer mit eigenem Bad befinden sich in einem dreistöckigen Betonbau am Strand und haben einen Safe. Einige von

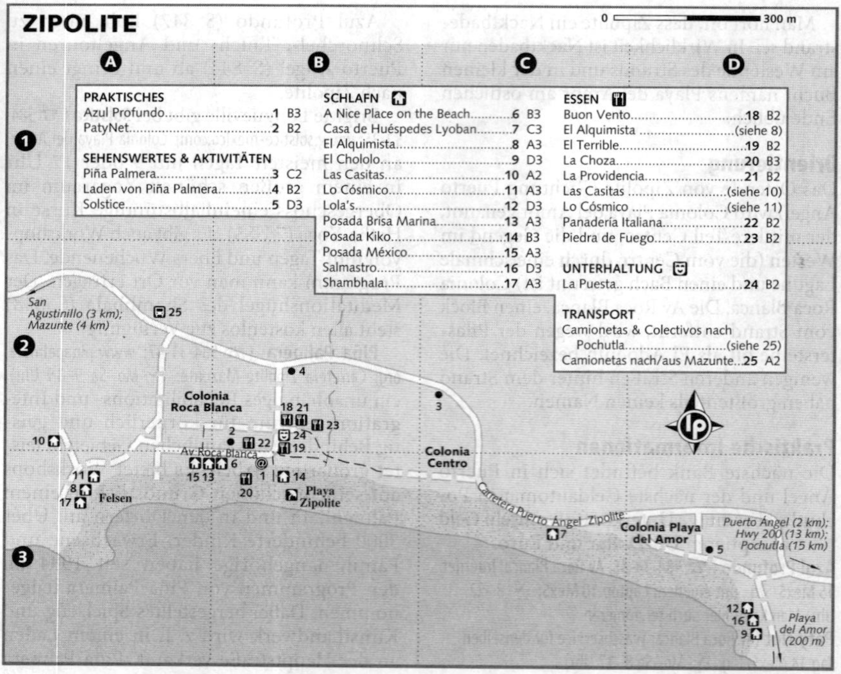

ihnen verfügen auch über einen Balkon und einen tollen Ausblick. Die günstigeren Zimmer sind hinten in einem Holzgebäude. Es gibt einen Gemeinschaftssafe.

Shambhala (Casa de Gloria; Westende der Playa Zipolite; http://shambhalavision.tripod.com; Hängematte 35 Mex$, B 80–100 Mex$, Zi. mit eigenem Bad 350 Mex$; Ⓟ) Das ökologisch geführte, alteingesessene Gästehaus liegt auf einem Hügel am Strand und hat ein paar tolle Ausblicke zu bieten. Es ist auch ein spirituelles Zentrum, hat einen eigenen Meditationshügel und erlaubt weder Alkohol noch illegale Drogen. Leute, die eine ruhige, günstige Unterkunft suchen, sind hier gut aufgehoben. Die verschiedenen Zimmer sind individuell und attraktiv gestaltet, und das Gemeinschaftsbad ist absolut in Ordnung. Das Shambhala hat zwei **Restaurants** (8–22 od. 23 Uhr; Ⓥ). Im oberen gibt es keinen Alkohol und kein Fleisch, dafür Dinge wie Taboulehsalat und selbstgemachten Joghurt, im unteren dagegen bekommt man Huhn, Fleisch, Fisch, Meeresfrüchte und vegetarische Gerichte für 35 bis 80 Mex$ und auch Alkohol. Wertsachen können in einen Raum eingeschlossen werden. An Silvester findet im Shambhala ein großes spirituelles Fest für Angehörige aller Religionen statt.

Lo Cósmico (www.locosmico.com; Westende der Playa Zipolite; Cabaña DZ/3BZ 180/250 Mex$, 4BZ mit eigenem Bad 300 Mex$) Das relaxte Lo Cósmico hat *cabañas* mit Kegeldach, die um einen Felsen herum liegen. Jede ist mit Hängematte und Moskitonetz ausgestattet. Die günstigeren sind etwas eng, aber die teureren haben zwei Stockwerke und bieten einen netten Blick. Es gibt einen Safe und ein gutes Restaurant (s. gegenüber).

Salmastro (☎ 584-31-61; Calle del Amor; Hängematte 50 Mex$, DZ 150–220 Mex$, 4BZ 350–400 Mex$; Ⓟ) Im Salmastro am Ostende des Strandes können Gäste in acht einfachen Zimmern (einige oben und einige mit Meerblick) mit guten Betten, Ventilator und Strohdach wohnen.

Lola's (☎ 584-32-01; Calle del Amor; EZ/DZ 150/200 Mex$; Ⓟ) In Salmastros Nachbarhaus werden Zimmer mit eigenem Bad vermietet.

LP Tipp Posada México (☎ 584-31-94; www.posadamexico.com; Av Roca Blanca; Zi. mit Gemeinschaftsbad/eigenem Bad 150/250 Mex$) Diese Unterkunft hat von denen an der Playa Roca Blanca am meisten Charakter. Die aus Holz und Palmwedeln gebauten Zimmer haben Safes, gute Betten, Moskitonetze und einen eigenen Außenbereich mit Hängematten. Die Atmosphäre ist freundlich und persönlich. Im Café am Strand gibt's gutes Frühstück.

Casa de Huéspedes Lyoban (☎ 584-31-77; www.lyoban.com.mx; Centro; Hängematte 70 Mex$, EZ/DZ/3BZ 170/210/260 Mex$, mit eigenem Bad & Ventilator 250/290/360 Mex$;) Das entspannte, nette (und schwulenfreundliche) Lyoban hat schlichte, saubere Zimmer mit Moskitonetzen. Die Betten sind bequem, aber in den billigeren Zimmern im oberen Stockwerk reichen die Wände oben nicht bis zur Decke. Zum Gemeinschaftsbereich gehören ein geselliges Restaurant mit Bar, ein kleiner Pool, Tischtennistische, Tischfußball- und Billardtische sowie eine luftige Terrasse mit Hängematten im Obergeschoss. Im Preis für die Hängematte sind eine Decke, ein solides Schließfach und die Duschbenutzung inbegriffen. Außerdem gibt es Überwachungskameras.

El Chololo (☎ 584-31-59; Calle del Amor; Zi. mit/ohne Bad 300/200 Mex$; P) Die schöne Unterkunft mit fünf schlichten Zimmern am Ostende des Strandes serviert auch gutes mexikanisches und italienisches Essen. Die Zimmer mit Gemeinschaftsbad oben sind luftiger.

Las Casitas (☎ 958-5878464; www.las-casitas.net; Bungalow-DZ 280–500 Mex$, 3BZ/4BZ 350/600 Mex$) Las Casitas liegt etwas abseits der Playa Zipolite auf einem Hügel. Es gibt sieben geschmackvolle Zimmer in halboffenen *cabañas* aus Holz, Lehm und Palmblättern. Alle Zimmer haben Küchen und Solarstrom, fünf eigene Bäder und einige Schaukelbetten. Von den meisten hat man auch einen guten Blick, zumindest in der Trockenzeit, wenn keine Blätter an den Bäumen hängen. Es gibt auch ein hervorragendes Restaurant (s. rechte Spalte).

El Alquimista (☎ 958-5878961; www.el-alquimista.com; Westende der Playa Zipolite; Bungalow 600 od. 1200 Mex$;) Die Unterkunft gehört zu einem der besten Restaurants von Zipolite (S. 850). Ihre 14 Strandbungalows mit Strohdach, selbstgewebten Stoffen, einem Doppelbett, Ventilator, Moskitonetz, Bad und Veranda mit Hängematte sind oft ausgebucht. In einem Turm dahinter befinden sich noch einmal drei edle Quartiere für zwei bis drei Personen, die Sky-TV, Warmwasser und (in zwei Fällen) Klimaanlage haben.

Essen

An der frischen Luft wenige Schritte von der Brandung entfernt zu essen und zu trinken, gehört zu den unvergesslichen Erlebnissen in Zipolite. Neben der omnipräsenten Pizza servieren die meisten Lokale eine Mischung mexikanischer und internationaler Küche mit leichtem Hang zu Meeresfrüchten.

Panadería Italiana (Av Roca Blanca; Stücke 15–35 Mex$; Mo–Sa 11–14.30 & 17–20.30 Uhr) Ein guter kleiner Laden, in dem man ein Stück Focaccia oder Pizza bekommt.

Lo Cósmico (Westende der Playa Zipolite; Gerichte 28–50 Mex$; Di–So 8–16 Uhr; V) In diesem Freiluftrestaurant oberhalb der Felsen, das zur Unterkunft gleichen Namens gehört, kann man wunderbar entspannen. Das Cósmico bereitet in einer tadellos sauberen Küche gute Gerichte zu – besonders lecker sind die Crêpes (süß und salzig) und die Salate.

LP Tipp **Piedra de Fuego** (Colonia Roca Blanca; Hauptgerichte 40–60 Mex$; 15–23 Uhr) In diesem großartigen, einfachen, sehr beliebten Familienunternehmen bekommt man eine große Portion Fischfilet oder Garnelen mit Reis, Salat und Tortillas. Das Preis-Leistungs-Verhältnis ist super.

Buon Vento (Colonia Roca Blanca; Pasta 40–65 Mex$; Do–Di 18–24 Uhr) Ein hervorragendes italienisches Restaurant mit guter Musik, großer Videoleinwand und einer schönen Atmosphäre. Zur riesigen Auswahl an Nudelgerichten gehören auch Varianten aus dem Backofen. Für mexikanische Verhältnisse ist die Weinkarte ganz in Ordnung.

El Terrible (Colonia Roca Blanca; Pizza 60–85 Mex$, Crêpe 25–55 Mex$; Di–Sa 18–24 Uhr) Das frankophone Ehepaar macht echt gute Pizzas, die groß genug sind, um zwei mittelmäßig hungrige Traveller oder einen extrem hungrigen satt zu kriegen. Es gibt auch süße und salzige Crêpes.

La Choza (☎ 584-31-90; Colonia Roca Blanca; Hauptgerichte 50–120 Mex$) In La Chozas Restaurant am Strand kommen große Portionen auf den Tisch. Die Auswahl ist riesig: von Salaten und gefüllten Avocados bis zu Meeresfrüchten, Pasta und ganzen Fischen.

Las Casitas (☎ 958-5878464; Hauptgerichte 80–90 Mex$; Do–Mo 8.30–11.30 & 19.30–22.30 Uhr) In diesem Restaurant eines Italieners, das etwas abseits vom Westende des Strandes liegt, gibt es tolle hausgemachte Pasta (mit Fisch-, Meeresfrüchte- oder Gemüsesaucen) sowie Fleischgerichte und Backwaren. Die Spezialität, *pescado al horno de leña* (Fisch aus dem Holzofen; 120 Mex$) muss man einen Tag im Voraus bestellen.

LP Tipp **El Alquimista** (☎ 958-5878961; Westende der Playa Zipolite; Hauptgerichte 55–120 Mex$; ⏰ 8–24 Uhr) Das stilvolle Alquimista ist wunderschön in einer Sandbucht gelegen. Auf der langen Speisekarte stehen Vorspeisen wie Falafel und Hummus, gute Fleisch- und Fischgerichte und Steinofenpizzas. Außerdem gibt's eine gut ausgestattete Bar und einen ordentlichen Espresso.

La Providencia (☎ 958-1009234; Colonia Roca Blanca; Hauptgerichte 80–130 Mex$; ⏰ Mi–So 19–23 Uhr) Die edelste Location für ein Abendessen in Zipolite hat eine Freiluftlounge, in der man bei einem Drink die Speisekarte studieren und seine Bestellung aufgeben kann. Die leckeren und schön präsentierten Gerichte sind *nuevo mexicano.* Dazu gehören kalte Rüben-Ingwer-Suppe und Hühnerbrust mit Blauschimmelkäse- und Kürbisblütensauce.

Ausgehen & Unterhaltung

Zipolites Strandrestaurants mit Bar sind unschlagbare Locations für einen gepflegten Drink bei Sonnenuntergang oder später. Die in Richtung westliches Strandende sind normalerweise am gefragtesten, allen voran das **El Alquimista** (s. oben). Der Laden legt coole Musik auf und schenkt neben Cocktails auch die üblichen Biersorten, *mezcal* usw. aus. Wenn man schon einen sitzen hat, können sich die Hollywoodschaukeln an der Bar als ganz schön tückisch erweisen. Während der Ferien und bei Vollmond kann man Traveller an Lagerfeuern am Strand fröhlich feiern sehen. Bei der Open-Air-*discoteca* **La Puesta** (☎ 584-31-78; Colonia Roca Blanca; ⏰ Di–Sa 21 Uhr–open end) geht's in puncto Nightlife heftiger zur Sache – bis in die frühen Morgenstunden dröhnen hier Reggae, Funk, Techno, Hip-Hop und Latin. Vor Mitternacht ist nix los.

An- & Weiterreise

Im Kasten auf S. 842 steht Näheres zur Anreise ab Pochutla. Die *camionetas* ab Pochutla über Mazunte und San Agustinillo halten am äußersten Westrand von Zipolite an der Hauptstraße (rund 2 km vom östlichen Strandende entfernt). Auch die *colectivo*-Taxis aus Puerto Ángel (5 Mex$) machen hier Station (falls man denn eines erwischt …): Sie rollen unterwegs durch ganz Zipolite und sind daher eine bessere Wahl für alle Reisenden, die zum östlichen Strandende möchten.

Nach Einbruch der Dunkelheit sind herkömmliche Taxis die einzigen Verkehrsmittel nach Puerto Ángel, San Agustinillo oder Mazunte (rund 50 Mex$ bis ca. 22 Uhr, später teurer).

SAN AGUSTINILLO

☎ 958 / 250 Ew.

Das Dörfchen San Agustinillo liegt an einer kleinen, geschwungenen Bucht, 4 km westlich von Zipolite. Die Wellen hier sind perfekt zum Bodyboarden und meistens gut zum Bodysurfen. Man kann auch prima schwimmen, sofern man sich von den Felsen fernhält. San Agustinillo hat insgesamt strengere Hygienestandards als seine Nachbarn Zipolite und Mazunte, und sein unleugbarer Charme zieht die unterschiedlichsten Menschen an, auch Traveller, die eine „nicht so szenemäßige" Szene wie in den Nachbarorten suchen. Zu Fuß kommt man von Zipolite nach San Agustinillo, indem man den Pfaden über die Landzunge hinter dem Shambhala am Westende von Zipolite folgt und dann die gerade, fast menschenleere Playa Aragón bis nach San Agustinillo lang geht.

Bis das Töten von Meeresschildkröten in Mexiko 1990 verboten wurde, gab es in San Agustinillo ein Schlachthaus, in dem jährlich rund 50 000 Schildkröten wegen ihres Fleisches und ihres Panzers umgebracht wurden. Seither hat sich mit dem Tourismus eine völlig andere Einkommensquelle entwickelt.

Im Hotel Malex (s. gegenüber) gibt es von Montag bis Samstag zwischen 8.30 und 21 Uhr und sonntags von 9 bis 20 Uhr Internetzugang für 15 Mex$ pro Stunde. Bei Un Secreto (s. gegenüber) kann man Wäsche waschen lassen (15 Mex$/kg, Mo–Sa 8–17 Uhr).

Der **Coco Loco Surf Club** (www.cocolocosurfclub.com) beim México Lindo (s. gegenüber) vermietet Surfbretter für 50 Mex$ die Stunde oder für 150 bis 200 Mex$ pro Tag und Boogieboards sowie Schnorchelausrüstung für 30 Mex$ pro Stunde. Er bietet auch Surfunterricht beim qualifizierten französischen Lehrer David Chouard (2 Std. Einzelunterricht für 1/2 Pers. 350/500 Mex$; 2 Std. Gruppenunterricht 200 Mex$/Pers.) und „Entdeckungstouren" zu drei Stränden an. Dabei wird geschnorchelt, und man kann bodyboarden und La Ventanilla besuchen (280 Mex$/Pers.; mind. 4 Pers.).

Einheimische Fischer nehmen für rund 400 Mex$ pro Stunde bis zu drei Personen zum **Angeln** oder für rund 150 Mex$ pro Nase zur **Tierbeobachtung** (Schildkröten, Delphine,

Mantarochen und zwischen Nov. & April Wale) mit (mind. 4 Pers.) – am besten bei der eigenen Unterkunft nachfragen.

Schlafen

Die meisten Unterkünfte liegen direkt am Strand. Die Zimmer haben entweder Fliegengitter an den Fenstern oder Moskitonetze.

Palapa Jazmín (☎ 584-32-50; DZ/4BZ 200/400 Mex$) Das Jazmín bietet preiswerte Zimmer am Westende des Strandes. Die fünf Zimmer haben Backsteinwände, Ventilator und ein sauberes Bad, die drei oben außerdem Meerblick. Neue Quartiere werden gerade angebaut.

LP Tipp **México Lindo y qué Rico!** (faustojasso@gmail.com; Zi. mit/ohne Meerblick 350/250 Mex$; 🕒 Okt. geschl.; Ⓟ) Das ebenfalls am Westende des Strandes gelegene México Lindo hat freundliche, junge Besitzer und Angestellte. Die sieben großen Zimmer verfügen über Fenster mit Lamellen, Ventilatoren und nette Extras wie geflieste Bäder. Besonders gut sind die beiden luftigen Zimmer oben unter dem hohen *palapa*-Dach. Es gibt auch hervorragendes Essen (Hauptgerichte 55–90 Mex$), z. B. Pizza aus einem Steinofen mit Holzfeuer.

Hotel Malex (☎ 589-81-95; malex_hotelweb@hotmail.com; Zi. mit/ohne Kochnische 350/300 Mex$, Apt. 800 Mex$) Das Malex am Ostende von San Agustinillo ist von außen nicht gerade beeindruckend, aber die drei Zimmer im oberen Stock und das geräumige Apartment sind freundlich in Weiß und Blau gestrichen, haben ordentliche Bäder und Betten und Terrassen mit Blick aufs Meer.

Hotel Paraíso del Pescador (www.paraiso-del-pescador.com; DZ/4BZ 35/40 US$, mit Klimaanlage 45/50 US$; Ⓟ ❄) Das Pescador liegt auf der Landseite der Straße im Ortszentrum. Die sechs geräumigen hellen Zimmer sind mit Fliesenböden und netten Badezimmern ausgestattet und bieten einen tollen Blick. Der ungarisch-kanadische Miteigentümer hat sich auf Angeltouren spezialisiert (4/6 Std. 300/450 US$).

Rancho Cerro Largo (ranchocerrolargomx@yahoo.com.mx; Playa Aragón; EZ 550–850 Mex$, DZ 700–950 Mex$, alle inkl. Frühstück & Abendessen; Ⓟ) Im atemberaubend schön oberhalb der Playa Aragón gelegenen Cerro Largo übernachten Gäste in einem halben Dutzend toller *cabañas* aus Flechtwerk und Lehm. Alle haben Meerblick, die meisten ein eigenes Bad und einige ein Dachgeschoss, sodass vier Personen in ihnen schlafen können. Die Betten sind ebenso erstklassig wie die hauptsächlich vegetarischen Gerichte (Brot, Joghurt und Müsli aus eigener Produktion). Es gibt einen schönen Yogaraum, in dem allmorgendlich 105-minütiger Unterricht angeboten wird (gegen Spende). Ein Feldweg führt von der Straße Zipolite–San Agustinillo zur Unterkunft.

LP Tipp **Un Sueño** (www.unsueno.com; Zi. 650 Mex$, 4BZ 900 Mex$; Ⓟ) Das Sueño liegt am östlichen Ende der Playa San Agustinillo und hat zwölf wunderbare, geräumige Zimmer – vier in freistehenden *cabañas* am Strand, die anderen in vier zweistöckigen Gebäuden dahinter. Alle Zimmer sind mit Bildern und Kunsthandwerk aus aller Welt geschmückt, und durch die Bambusfenster fühlt man sich wie in einem halboffenen Quartier. Die meisten Zimmer verfügen über eine eigene Terrasse mit Hängematte. Zum Frühstücken und zum Relaxen in Hängematten gibt's vorne nette *palapas*.

LP Tipp **Punta Placer** (www.puntaplacer.com; Zi. 800 Mex$) Punta Placer ist das Werk der innovativen Leute von México Lindo (das ein paar Häuser westlich liegt). Dank der luftigen Terrassen und der Fenster mit den Holzlatten fühlt man sich wie an der frischen Luft. Die acht schönen, kreisrunden Zimmer haben Stil und sind mit Naturelementen wie Steinduschen ausgestattet. Sie liegen um einen Garten mit einheimischen Pflanzen herum.

Essen & Ausgehen

Einige der besten Lokale gehören zu den Unterkünften, aber es gibt auch andere.

Palapa de Evelia (Frühstück 25–35 Mex$, Hauptgerichte 70–85 Mex$; 🕒 8–17 Uhr) Das Evelia ist vom Westende der Playa San Agustinillo aus das dritte Haus. Hier gibt es mit das beste Essen am ganzen Strand, vor allem Fisch und Meeresfrüchte sowie köstliche Guacamole.

Restaurant Alexana (Hauptgerichte 40–90 Mex$) Das nette Restaurant, das zum Hotel Paraíso del Pescador gehört, macht Gulasch und gute *carnes, mariscos* und *pescados*.

LP Tipp **Un Secreto** (Hauptgerichte 90–120 Mex$; 🕒 8–23 Uhr) Julien vom Un Sueño in derselben Straße führt das Secreto. Er macht *sabores del Pacífico* mit einem französischen Touch. Die kurze, aber gute Speisekarte enthält vor allem Meeresfrüchte. Darauf stehen z. B. leckerer Fisch mit Minze in Folie und Gemüsespieße mit *alioli*. Zum Nachtisch gibt es Limonenkuchen. Im Angebot sind auch ein hervorragendes Frühstück, *licuados*, leichte Mittagsgerichte und Kaffee.

La Casa Mágica (la_casa_magica@yahoo.ca; ⌚ Mi–So 20 Uhr–open end) Die nette, kleine Kneipe in irischem Besitz ist bei den wenigen Ausländern von San Ag sehr beliebt. Man kann Billard und Darts spielen, etwas trinken und leichte Gerichte zu sich nehmen. Es ist ein paar Hundert Meter den Hügel rauf gegenüber vom Hotel Malex gelegen.

An- & Weiterreise

Im Kasten auf S. 842 gibt's Infos zu Verbindungen ab Pochutla. *Colectivo*-Taxis und *camionetas* für Kurzstrecken von und nach Zipolite oder Mazunte kosten 4 oder 5 Mex$.

MAZUNTE

☎ 958 / 700 Ew.

Einen Kilometer westlich von San Agustinillo lockt Mazunte mit seinem geschwungenen, feinen Sandstrand, einem interessanten Schildkrötenzentrum und einer Auswahl an einfachen und teureren Unterkünften und Restaurants. Das Dorf ist als Travellerzentrum bekannt, und in den letzten Jahren hat sich die Zahl der ausländischen Bewohner stark erhöht. Sie kommen wegen der schönen Landschaft oder der „guten, alten Hippie-Vibes", wie einer von ihnen sagte. Die Grundlage der hiesigen Wirtschaft waren früher Schildkrötenfleisch und -eier. Nachdem die Schildkrötenindustrie 1990 verboten wurde, versuchte man, Mazunte in eine Art Modelldorf des Ökotourismus zu verwandeln. Einige Unterkünfte legen heute noch großen Wert auf Nachhaltigkeit so wie auch andere Initiativen, die in den 1990ern gegründet wurden, beispielsweise die Fabrik für Naturkosmetik und das erfolgreiche Ökotourismusprogramm in La Ventanilla.

Orientierung & Praktische Informationen

Die asphaltierte Straße, die von Zipolite Richtung Westen zum Hwy 200 führt, verläuft mitten durch Mazunte. Auf vier sandigen Wegen kommt man von der Straße zum rund 500 m entfernten Strand. Der östliche Weg neben dem Centro Mexicano de la Tortuga hat keinen Namen. Der nächste, der 50 m westlich verläuft, heißt Calle Principal. Weitere 200 m gen Westen ist die Calle La Barrita und noch einmal 100 m westlich der Camino al Rinconcito, der so heißt, weil er zum Westende des Strandes von Mazunte verläuft, das als El Rinconcito bekannt ist.

Ins Internet geht man im **Café Internet Dafne** (Ecke Hauptstraße & Calle La Barrita; Internet 10 Mex$/Std.; ⌚ 9–22 Uhr).

Sehenswertes & Aktivitäten

Das viel besuchte **Centro Mexicano de la Tortuga** (Mexikanisches Schildkrötenzentrum; ☎ 584-33-76; cmt@conanp.gob.mx; Eintritt 20 Mex$; ⌚ Mi–Sa 10–16.30, So 10–14.30 Uhr) ist ein Schildkrötenaquarium und ein Forschungszentrum, in dem alle sieben Meeresschildkröten Mexikos vertreten sind. Man kann sie in ihren ziemlich großen Becken beobachten. Es ist faszinierend, diese Kreaturen aus der Nähe zu sehen, einige sind gigantisch! Ein Besuch ist nur im Rahmen einer Führung (spanisch) möglich. Alle 10 bis 15 Minuten beginnt eine. Die Leitung denkt aber darüber nach, auch den Besuch auf eigene Faust zu gestatten. 2008 begannen Renovierungsarbeiten, sodass ein Teil des Zentrums eine Zeit lang geschlossen sein könnte.

Cosméticos Naturales (☎ 587-48-60; cosmenat@hotmail.com; ⌚ Mo–Sa 9–16, So 9–14 Uhr) liegt an der Hauptstraße im Westen des Dorfes. Eine kleine Kooperative braut und verkauft hier Shampoo, Kosmetik, Mückenmittel, Duschgel und Seife aus natürlichen Inhaltsstoffen (Mais, Kokos, Avocado und Sesam). Es gibt auch Biokaffee und Aromatherapieprodukte.

Die einheimischen Fischer nehmen drei oder mehr Leute mit auf dreistündige **Bootsfahrten**, bei denen man schnorcheln, angeln oder nach Schildkröten, Delphinen, Walen und hübschen Stränden an der Küste Ausschau halten kann. Sie stechen normalerweise um 8 Uhr in See. Die Fahrt kostet rund 150 Mex$ pro Nase inklusive Schnorchelausrüstung und kann über die Unterkunft gebucht werden.

PUNTA COMETA

Das felsige Kap, das am Westende des Strandes von Mazunte hervorragt, ist der südlichste Punkt des Staates Oaxaca und ein toller Ort, um den Sonnenuntergang zu beobachten. In beide Richtungen kann man sehr weit schauen. Man kommt in einem 30-minütigen Spaziergang vom Ende des Strandes über die Felsen hierher, oder man nimmt den Pfad, der vom Strand zu den Cabañas Balamjuyuc und Alta Mira führt, und biegt dann an der ersten Abzweigung links ab.

LA VENTANILLA

An der Straße von Mazunte Richtung Westen weist nach etwa 2,5 km ein Schild den Weg nach Playa Ventanilla. Nach weiteren 1,2 km auf einer unbefestigten Straße kommt man zu einem Örtchen mit ein paar einfachen Häusern, einigen ordentlichen *comedores* (Gerichte 25–80 Mex$) und der *palapa* von **Servicios Ecoturísticos La Ventanilla** (www.laventanillamx.com; 1½-stündige Lagunentouren Erw./Kind 50/25 Mex$, Kind unter 6 Jahren frei; Touren 8.30–17 Uhr). Servicios Ecoturísticos ist die erfolgreiche Naturschutz- und Ökotourismuskooperative von Ventanilla. Besonders beliebt sind die Touren im Zehn-Personen-Kanu zu einer von Mangroven gesäumten Lagune, auf denen man gefährdete Flusskrokodile (im 230 000 km² großen Schutzgebiet gibt es rund 1000 Exemplare) und jede Menge Wasservögel (vor allem zwischen April & Juli) sieht. Die beste Zeit, die Tiere zu beobachten, ist der frühe Morgen. Servicios Ecoturísticos bietet auch dreistündige Ausritte (250 Mex$) und spezielle Vogeltouren (50 Mex$ pro Pers. & Std.; am besten um 6 Uhr nach Anmeldung am Vortag) an. Manchmal können Besucher auch bei der Freilassung von Schildkrötenbabys ins Meer helfen oder sich nächtlichen Patrouillen anschließen, die die Eiablage der Schildkröten überwachen und die Eier dann einsammeln. Es stehen auch solide gebaute neue *cabañas* mit eigenem Bad (*cabaña* 300 Mex$) und Schlafsäle für bis zu vier Personen (Zi. 200 Mex$) zur Verfügung. Die Schutzbemühungen von Servicios Ecotúristicos umfassen eine Krokodilaufzucht, die Wiederaufforstung von Mangroven und den Schildkrötenschutz. Freiwillige (die 60 Mex$ pro Tag kriegen und Unterkunft und Küche kostenlos nutzen dürfen) sind gerne gesehen und können sich z. B. bei der Wiederaufforstung, im Englischunterricht und bei der Fütterung von Hirschen und jungen Krokodilen nützlich machen.

Regelmäßig fahren *camionetas* an der Abzweigung nach Ventanilla vorbei. Von hier muss man die restlichen 1,2 km laufen. Ein Taxi von Mazunte dürfte 30 Mex$ kosten.

Schlafen

Die meisten Häuser an der Playa Mazunte (auch die Restaurants) vermieten einfache Zimmer oder *cabañas*, Hängematten und Stellplätze. Sicher ist das nicht immer. In den Hügeln oberhalb des Strandes gibt es individuellere und meist teurere Unterkünfte.

Palapa Omar (☎ 588-32-45; Calle Principal; Hängematten- & Stellplatz 25 Mex$/Pers., Leihhängematte 50 Mex$, EZ/DZ 70/100 Mex$) Am Strandende bei der Calle Principal bietet Omar 13 superschlichte Zimmer mit Ventilator, aber ohne Moskitonetz in Stein- und Betongebäuden mit Gemeinschaftsbad.

El Agujón (el_agujon_mazunte@hotmail.com; Camino al Rinconcito; DZ mit Gemeinschaftsbad/eigenem Bad 150/250 Mex$; P) Das freundliche El Agujón hat 13 kleine, rustikale und saubere *cabañas* und Zimmer, die sich am Hügel oberhalb des Restaurants (S. 854) befinden

LP Tipp Cabañas Balamjuyuc (☎ 958-1011808; www.balamjuyuc.com; Camino a Punta Cometa; Zelt 70 Mex$/Pers., Cabaña EZ 180 Mex$, DZ 200–300 Mex$, 3BZ/4BZ 350/400 Mex$; Hauptgerichte 70–100 Mex$; P) Balamjuyuc liegt auf einem Hügel über dem Westende des Strandes. Teilweise wird hier Solarstrom benutzt, und es gibt einige tolle Ausblicke. Zum Eingang kommt man nach 400 m auf einer Straße, die vom Camino al Rinconcito bergauf führt, sowie über eine Treppe vom Westende des Strandes. Die Anlage hat sechs Zimmer in *cabañas*, von denen einige groß und luftig sind. Alle sind mit Moskitonetz und Handtüchern ausgestattet, und eine Gemeinschaftsdusche gibt's auch. Die freundlichen argentinischen Besitzer bieten Unterricht im Harpunenfischen und therapeutische Massagen an und haben ein eigenes Temascal. Man kann alle Mahlzeiten im vegetarischen mexikanisch-argentinischen Restaurant zu sich nehmen.

LP Tipp Posada del Arquitecto (Camino al Rinconcito; Hängematte, Stellplatz, B od. Estrella 50 Mex$, Cabaña 350–400 Mex$) Die Unterkunft in italienischem Besitz ist der Topografie des kleinen Hügels am Fuß des Camino al Rinconcito angepasst. Es gibt verschiedene luftige Schlafmöglichkeiten, von hängenden Freiluftbetten mit Moskitonetz oben auf dem Hügel, die *estrellas* genannt werden, über Schlafsäle mit Pritschen und Schließfächern bis zu erlesenen *cabañas* aus natürlichen Baustoffen (Palmblätter, Lehmziegel, Bambus und Holz). Morgens hat ein Café geöffnet, und für Wertsachen gibt es einen Safe.

Posada Ziga (EZ 150–200 Mex$, DZ mit eigenem Bad 380 Mex$; P) Das nette Ziga liegt oberhalb des Strandes am Weg neben dem Centro de la Tortuga. Es hat ein Restaurant, das morgens und mittags geöffnet ist (Gerichte 25–80 Mex$), einen kleinen Blumengarten und 17 Zimmer mit Moskitonetzen. Die Doppelzimmer sind größer, haben ein gefliestes Bad und einen Safe. Den besten Blick hat man aber von den Einzelzimmern über dem Restaurant.

Posada Arigalan (www.arigalan.com; Cerrada del Museo de la Tortuga; DZ 350–450 Mex$; P) Von der Hauptstraße führt unmittelbar östlich des Schildkrötenzentrums ein steiler Weg hoch zum Arigalan, wo Gäste ein weiter Blick über die Küste, schöne Gartenanlagen und neun geschmackvoll eingerichtete Zimmer mit Klimaanlage und Terrasse erwarten. In der Hauptsaison gibt es Frühstück.

Alta Mira (☎ 585-51-19; www.altamira-hotel.com; Camino a Punta Cometa; Zi. 500 Mex$, Bungalow 600–650 Mex$; P) Das neben den Cabañas Balamjuyuc gelegene und genauso erreichbare Alta Mira hat 14 Zimmer und Bungalows mit Solarstrom und/oder Kerzenlicht, die an der Treppe den Hügel hinunter liegen und mit jeder Menge Fliesen, Holz und weißer Farbe eingerichtet sind. Sie sind schnörkellos, hübsch und sehr gepflegt und haben gute Moskitonetze sowie Terrassen mit Hängematten. Die oben bieten den besten Blick und die beste Brise. Das Restaurant serviert von Montag bis Samstag morgens und abends hauptsächlich mexikanische Küche (Hauptgerichte 50–80 Mex$). Es gibt einen Safe.

LP Tipp **Casa Pan de Miel** (☎ 589-58-44; www.casapandemiel.com; Cerrada del Museo de la Tortuga; Zi. 1050–1430 Mex$; P) Der Nachbar der Posada Arigalan bietet ähnlich tolle Ausblicke und ist prädestiniert für echte Entspannung. Die fünf hellen, eleganten und klimatisierten Zimmer sind mit mexikanischer Kunst ausgestattet und haben Meerblick, Sky-TV, Küchenzeilen und eine Terrasse mit Hängematten. In einem schönen, großen *palapa*-Bereich wird Frühstück (50–90 Mex$) serviert, davor erstreckt sich ein riesiger Pool, und es gibt verschiedene Massageangebote. Wegen der Lage auf den Felsen sind Kinder aus Sicherheitsgründen hier nicht erwünscht.

Essen

La Empanada (Sushi 30–45 Mex$, Reisgerichte & Ofenkartoffeln 12–60 Mex$; Nebensaison ab 17 Uhr, Hauptsaison 9 Uhr–open end) Es gibt einen Mix aus asiatischer und mexikanischer Küche mit Leckereien wie Gemüse- und Fischsushi, die allesamt liebevoll zubereitet werden. La Empanada liegt an der Hauptstraße im Westen des Ortes.

Estrella Fugaz (Camino al Rinconcito; Gerichte 25–50 Mex$; 8 Uhr–open end) Das Terrassenrestaurant im oberen Stock hat Strandblick durch die Palmen und eine Auswahl guter mexikanischer und internationaler Gerichte sowie Gemüse- und Obstsäfte, Frühstück und Kaffee.

El Agujón (Camino al Rinconcito; Gerichte 25–70 Mex$; 8–23 Uhr) Das hinter dem Estrella Fugaz gelegene gute Lokal bietet eine große Auswahl an, von großen Baguette-*tortas* über Crêpes bis zu Fisch; abends gibt's auch Pizza.

Restaurante Tania (☎ 583-90-13; Fisch- & Meeresfrüchtegerichte 50–100 Mex$, Gemüse- & Frühstücksgerichte 25–35 Mex$; 9–23 Uhr; V) Das Tania ist sowohl wegen des preiswerten Essens als auch wegen seiner Gastfreundlichkeit zu empfehlen. Das Restaurant liegt an der Hauptstraße im Westen des Ortes.

La Dolce Vita (Hauptgerichte 60–90 Mex$; 16–23 Uhr; Okt. geschl.) Das an der Hauptstraße gegenüber vom Camino al Rinconcito gelegene italienische Restaurant bringt hervorragende Fischgerichte, Garnelen und Spaghetti auf den Tisch. Wer etwas Leichteres will, kann die guten Salate und Crêpes probieren.

Unterhaltung

La Nueva Luna (Calle La Barrita; 20–2 Uhr, Mai–Juni & Sept.–Okt. geschl.) Die vom unermüdlichen Carlos aus Argentinien geleitete Kneipe ist das Nightlife- und Gemeinschaftszentrum der Travellerszene von Mazunte. An den meisten Abenden gibt es von 22 bis 24 Uhr Live-Latin oder -Reggae und verschiedene andere Events wie Akrobatik oder Tanz- und Kunstkurse.

An- & Weiterreise

Im Kasten auf S. 842 sind Infos zu Verbindungen ab Pochutla zu finden. *Camionetas* verkehren zwischen Mazunte und San Agustinillo (4 Mex$, 5 Min.) oder Zipolite (5 Mex$, 10 Min.).

BAHÍAS DE HUATULCO

☎ 958 / 16 000 Ew.

Mexikos neuestes geplantes Küstenresort erstreckt sich entlang einer Reihe schöner Sandbuchten, den Bahías de Huatulco (wah-*tul*-koh), 50 km östlich von Pochutla. An diesem Küstenstrich gab es bis in die 1980er-Jahre nur ein kleines Fischerdorf. Die mexikanische Regierung ist hier behutsamer vorgegangen als bei anderen Resortprojekten: Die bebauten Abschnitte sind durch Streifen unberührter Küste voneinander getrennt, die maximale Bauhöhe beträgt sechs Stockwerke, und Kläranlagen sorgen dafür, dass keine Abwässer ungefiltert ins Meer gelangen. Da die Auslastung hinter den Erwartungen zurückblieb, baut man jetzt langsamer. Zurzeit ist Huatulco immer noch ein entspanntes, nicht zu überlaufenes Resort mit einer Reihe schöner Strände zwischen Meer und Wald. In Bahía de Santa Cruz hat man eine Anlegestelle für Kreuzfahrtschiffe eingerichtet, und zwischen Oktober und Mai kommen durchschnittlich zwei Schiffe pro Woche hierher. Agenturen bieten allerlei Aktivitäten an, von Schnorcheln und Tauchen bis zu Raften und Reiten, aber wer einen schmalen Geldbeutel hat, bleibt nicht sehr lange in Huatulco.

Orientierung

Die Buchten von Huatulco reihen sich vom Haupthafen Santa Cruz Huatulco aus rund 10 km in beide Richtungen aneinander. Von Westen nach Osten sind die größten San Agustín, Chachacual, Cacaluta, Maguey, El Órgano, Santa Cruz, Chahué, Tangolunda und Conejos.

Die „Innenstadt" ist La Crucecita, das 1 km nördlich von Santa Cruz Huatulco liegt und über eine 5 km lange Autobahn mit dem Hwy 200 verbunden ist. In La Crucecita liegen fast alle Budget- und Mittelklasseunterkünfte, Lokale, Läden, der Markt und die Busbahnhöfe. In Santa Cruz Huatulco befinden sich ein paar schickere Hotels und der Hafen. Die anderen Hauptorte sind Bahía Chahué, 1 km östlich von Santa Cruz, wo es vor allem Mittelklassehotels und einen Freizeithafen gibt, und Tangolunda, das 4 km weiter östlich liegt und die meisten Luxushotels zu bieten hat.

Der Flughafen liegt 400 m nördlich vom Hwy 200 und 12 km westlich von der Abzweigung nach La Crucecita.

Praktische Informationen

GELD

Banco Azteca (Karte S. 857; Guanacastle 309, La Crucecita; ⌚ 9–21 Uhr) Hat einen Geldautomaten und wechselt US-Dollar.

HSBC (Karte S. 858; Hafen, Santa Cruz; ⌚ Mo–Sa 8–19 Uhr) Geldwechsel und Geldautomat.

INTERNETZUGANG

El Telefonito (Karte S. 857; Av Bugambilia 501, La Crucecita; Internet 10 Mex$/Std.; ⌚ 9–23.30 Uhr) Auch günstige Telefongespräche nach Europa.

Terra-Cotta (Gardenia 902, La Crucecita; Internet 10 Mex$/Std.; ⌚ 10–21 Uhr) Schön und klimatisiert (s. S. 861).

TOURISTENINFORMATION

Touristeninformationsstand (Karte S. 857; Plaza Principal, La Crucecita; ⌚ Mo–Fr 9–14 & 16–19, Sa 9–13 Uhr) Hat eine hilfsbereite Belegschaft.

Touristeninformation (Karte S. 857; ☎ 587-18-71; turismohuatulco@hotmail.com; Ecke Av Bugambilia & Ceiba, La Crucecita; ⌚ Mo–Fr 9–17, Sa 9–13 Uhr) Das städtische Büro befindet sich im oberen Stock der Casa de la Cultura; einige der Angestellten sprechen Englisch.

WASCHSALON

Lavandería Diush (Karte S. 857; ☎ 587-27-37; Av Bugambilia 402, La Crucecita; ⌚ Mo–Sa 9–21, So 10–15 Uhr) Wäscht und trocknet eine Mindestmenge von 3 kg für 15 Mex$ pro Kilo oder für 20 Mex$, wenn es am selben Morgen innerhalb von vier Stunden fertig sein soll.

Sehenswertes & Aktivitäten

Die Decke der modernen Kirche von La Crucecita, der **Parroquia de Nuestra Señora de**

BAHÍAS DE HUATULCO

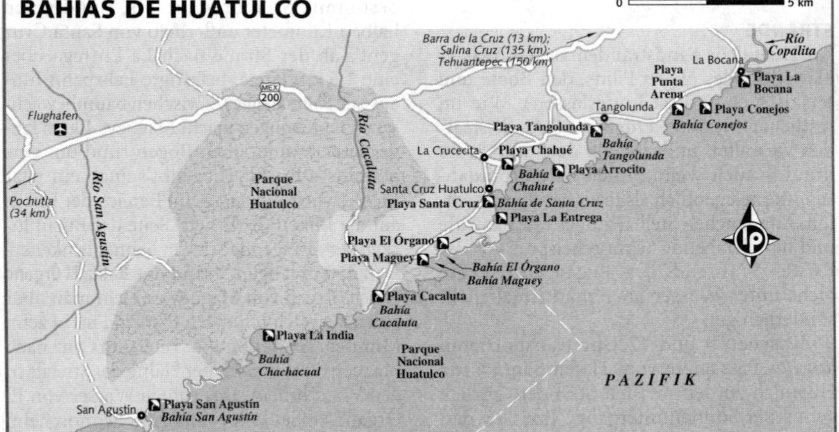

Guadalupe (Plaza Principal), ziert ein beeindruckend großes Bild der Jungfrau. Die anderen Attraktionen der Gegend sind im Meer, an den Stränden und im Dschungel. Man kann schnorcheln, tauchen, Kajak fahren, surfen, angeln, raften, Kanu fahren, im Dschungel wandern, Vögel beobachten, reiten, radeln, eine Kaffeeplantage besichtigen und Wasserfälle anschauen. Die meisten Touren kosten zwischen 250 und 400 Mex$. Viele der Aktivitäten kann man bei Hotels, Tourständen in La Crucecita und in Reisebüros buchen.

Der **Parque Nacional Huatulco** (Nationalpark von Huatulco) schützt 119 km² Land, Meer und Küste westlich von Santa Cruz Huatulco, darunter einige der größten Korallenriffe Huatulcos, die in der Vergangenheit durch Fischerei und Tourismus in Mitleidenschaft gezogen wurden. Die meisten Besucher kommen mit einer geführten Tour in den Park, und die Eintrittsgebühr von 20 Mex$ für diesen Abschnitt Land ist normalerweise im Preis inbegriffen; andernfalls kann man von Montag bis Samstag zwischen 9 und 12 Uhr im **Büro des Nationalparks** (Karte S. 857; ☎/Fax 587-04-46; Ecke Blvd Chahué & Guamuchil, La Crucecita) bezahlen. Die Gebühr von 21 Mex$ für den Meeresabschnitt wird neben der Hafengebühr von 5 Mex$ im Hafen von Santa Cruz fällig. Biologisch nicht abbaubare Sonnenschutzmittel sind im Park verboten.

Der **Parque Ecológico Rufino Tamayo** (Karte S. 857) am Ortsrand von La Crucecita ist ein recht wilder Stadtpark mit größtenteils natürlicher Vegetation. Es gibt ein paar asphaltierte Wege und überdachte Hütten mit Bänken.

STRÄNDE

An Huatulcos Sandstränden ist das Wasser klar (trotz des öligen Films, den Boote und Jetskis hier und da hinterlassen). Wie im restlichen Mexiko werden alle Strände staatlich verwaltet, und deshalb darf auch jeder drauf – auch wenn Hotels ihre Strandabschnitte gelegentlich als Privatbesitz betrachten. An manchen Stellen gibt es Korallenriffe und hervorragende Schnorchelspots vor der Küste. Während der Regenzeit ist die Sicht unter Wasser aber manchmal nicht sonderlich gut.

Zwischen 8 und 17 Uhr transportieren *lanchas* Passagiere vom Hafen Santa Cruz Huatulco zu den meisten Stränden, zurück geht's bei Sonnenuntergang. Taxis zu den meisten Stränden sind zwar günstiger, aber ein Bootstrip ist wesentlich lustiger. *Lanchas* kosten für Gruppen bis zu zehn Personen (inkl. Rückfahrt) ab Santa Cruz: Playa La Entrega 200 Mex$, Bahía Maguey oder Bahía El Órgano 500 Mex$, Playa La India 1000 Mex$, Bahía San Agustín 1200 Mex$.

Die kleine und leicht zugängliche **Playa Santa Cruz** in Santa Cruz Huatulco ist oft überfüllt, und ihr Anblick wird irgendwie vom Kreuzfahrtanleger getrübt. Es gibt mehrere Strandrestaurants hier. Die **Playa La Entrega** liegt in Richtung des Außenrands der Bahía de Santa Cruz – sie ist von Santa Cruz aus entweder in einer fünfminütigen *lancha*-Fahrt oder über eine 2,5 km lange befestigte Straße erreichbar. An dem 300 m langen Strand mit ein paar Meeresfrüchte-*palapas* im Hintergrund herrscht oft reger Betrieb, dafür ist eine Korallenplatte zu sehen und manche Bereiche sind für Boote gesperrt – in dem ruhigen Wasser lässt es sich wunderbar schnorcheln. Allerdings drohen die Korallen in dem Schlamm zu versinken, den die Kreuzer aufwirbeln, die in die Bucht einfahren. „La Entrega" bedeutet „die Auslieferung": 1831 verriet ein Schiffskapitän aus Genua hier den mexikanischen Unabhängigkeitshelden Vicente Guerrero an dessen Feinde. Guerrero wurde daraufhin nach Cuilapan bei Oaxaca City gebracht und erschossen.

Ein paar der westlichen Buchten sind über Straßen erreichbar. Manchmal versammeln sich Gruppen von jungen Männern auf den Parkplätzen der Buchten und bieten Besuchern an, ihr Fahrzeug zu „bewachen". Gleichzeitig machen sie Werbung für bestimmte Strandrestaurants. Rund einen halben Kilometer außerhalb von Santa Cruz geht's ab der Straße nach La Entrega über eine 1,5 km lange, befestigte Fahrbahn hinaus zur **Bahía Maguey.** Zwischen baumbewachsenen Landzungen macht Magueys 400 m langer Superstrand einen Bogen rund um eine bewaldete Bucht. Hier gibt's auch ein paar Meeresfrüchte-*palapas*. Im Bereich der Felsen auf der linken (östlichen) Seite der Bucht locken hervorragende Schnorchelmöglichkeiten. Den 250 m langen Strand der **Bahía El Órgano** gleich östlich von Maguey erreicht man über einen ziemlich schmalen Pfad zu Fuß in zehn Minuten. An der Straße von Santa Cruz nach Maguey führt er nach der Hälfte der Strecke in den Wald hinein. Das ruhige Wasser von El Órgano eignet sich prima zum Schnorcheln, aber *comedores* sind hier Mangelware.

Der 1 km lange Strand der **Bahía Cacaluta** liegt im Schutz einer Insel, trotzdem kann es hier einen starken Sog geben. Am besten schnorchelt es sich rund um die Insel. Hinter dem Strand ist eine Lagune mit zahlreichen Vogelarten. Die Straße nach Cacaluta zweigt kurz oberhalb des Maguey-Parkplatzes ab. Nur die letzten 1,5 km sind unbefestigt, aber der langwierige Anmarsch ab dem Ende des befestigten Weges kann ganz schön schweißtreibend sein – und am eigentlichen Strand gibt's keinerlei Serviceeinrichtungen. Mit einer *lancha* vom Hafen Santa Cruz Huatulco kommt man bei Weitem bequemer hin.

Die **Bahía Chachacual** mit ihren zwei Stränden ist auf dem Landweg nicht zugänglich, sie wird an beiden Enden von einer Landzunge begrenzt. Die **Playa La India** im Osten ist einer von Huatulcos herrlichsten Stränden und dazu einer der besten Schnorchelspots in der ganzen Region. Es gibt keine *comedores* hier.

Zur **Bahía San Agustín** kommt man so: erst auf dem Hwy 200 bis zu einer Kreuzung 1,7 km westlich vom Flughafen fahren, dann einer 13 km langen unbefestigten Straße gen Süden folgen. Nach 9 km überquert sie einen Fluss. Den langen Sandstrand säumen zahlreiche *palapa-comedores*. Manche vermieten Hängematten, in denen man übernachten kann. An den Wochenenden und während der Ferien tummeln sich hier viele Mexikaner, ansonsten hat man meistens seine Ruhe. Normalerweise ist das Wasser hier ruhig – und auch in puncto Schnorchelmöglichkeiten

LA CRUCECITA

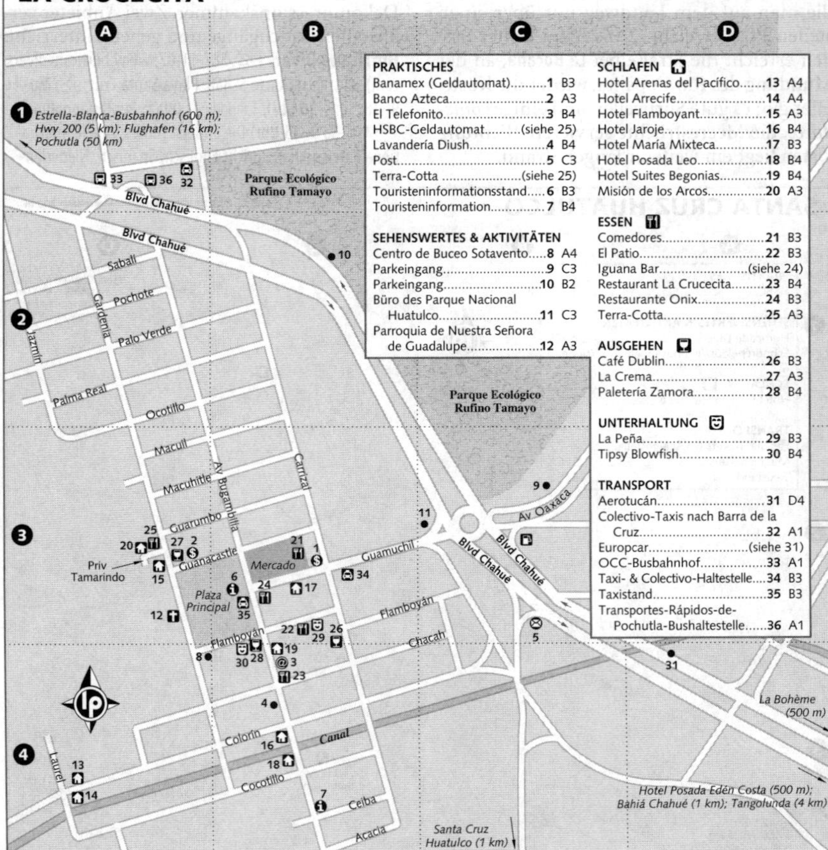

ist man hier hervorragend bedient. Manche *comedores* verleihen Ausrüstung.

Von La Crucecita und Santa Cruz führt eine befestigte Straße zu den Buchten im Osten; sie mündet schließlich in den Hwy 200. Die **Bahía Chahué** hat einen klasse Strand (auch wenn die Brandung unerwartet stark sein kann) und an ihrem Ostende einen Yachthafen. In der **Bahía Tangolunda** noch weiter östlich konzentrieren sich aktuell die größten Luxushotels. Der Wellengang ist hier manchmal ziemlich heftig – unbedingt die bunten Flaggen des Warnsystems beachten!

3 km weiter östlich erstreckt sich die lange **Playa Punta Arena** an der Bahía Conejos, ein fast unberührter Strand mit einer oft starken Brandung. Auf der anderen Seite der Landzunge am östlichen Ende der Bahía Conejos liegt die geschütztere **Playa Conejos**, die man auf dem Landweg nur über einen steilen Pfad erreicht. 2 bis 3 km weiter östlich erreicht die Straße bei **La Bocana**, an der Mündung des Río Copalita, wieder die Küste. Hier gibt es gute Surfwellen und einige *comedores*, die Meeresfrüchte servieren. Richtung Osten liegt ein weiterer langer Strand.

SCHNORCHELN & TAUCHEN

Am Hafen von Santa Cruz kann man eine **Schnorchelausrüstung** einschließlich Schwimmweste für 75 Mex$ pro Tag ausleihen. Normalerweise sind die Korallenriffe vor der Playa La Entrega, die Bahía Cacaluta und die Bahía San Agustín die besten Schnorchelreviere. Man kann für die Fahrt dorthin entweder eine *lancha* mieten oder eine Tour buchen, z. B. bei den unten aufgeführten Anbietern.

In den Buchten von Huatulco gibt es 13 größere Tauchgründe mit einer großen Vielfalt an Fischen und Korallen und mit Delphinen und Meeresschildkröten. Weil das Wasser warm, die Unterwasserwelt faszinierend und das Meer fast immer ruhig ist und es keine gefährlichen Strömungen gibt, ist hier ein geeigneter Ort, um Tauchen zu lernen. Im örtlichen Marinekrankenhaus gibt es eine Dekompressionskammer. Zwei Anbieter veranstalten Tauchgänge und geben Unterricht.

Hurricane Divers (☎ 587-11-07; www.hurricanedivers.com) Santa Cruz (Karte S. 858; Playa Santa Cruz; 🕑 Mo–Fr 9–18, So 9–16 Uhr); Tangolunda (Plaza Punta Tangolunda; 🕑 Mo–Sa 9–15 Uhr) Die äußerst professionelle internationale Belegschaft spricht Englisch, Spanisch, Niederlän-

SANTA CRUZ HUATULCO

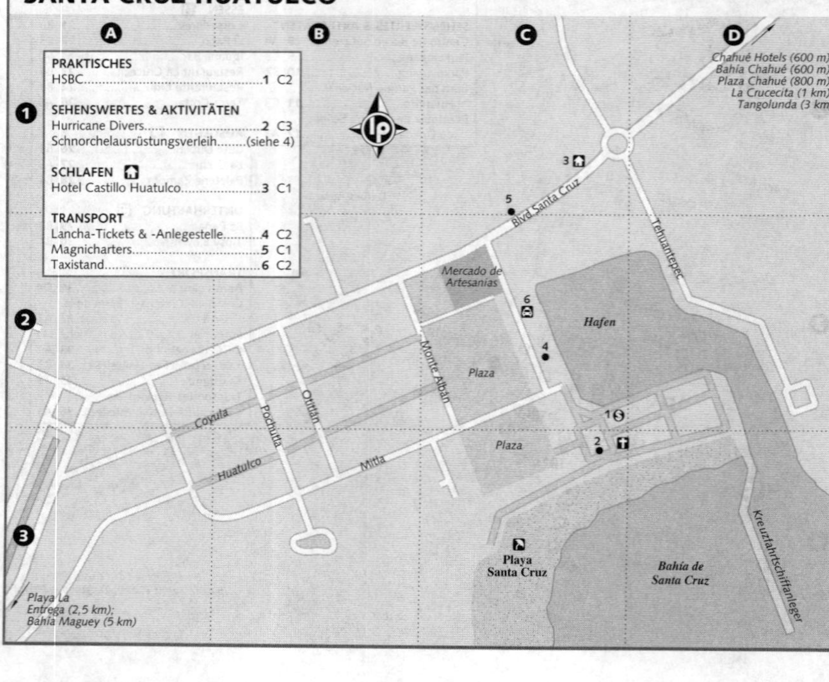

disch und Deutsch. Im Angebot des Unternehmens, das zu den wenigen PADI Instructor Development Centers Mexikos zählt, ist eine Auswahl an Kursen und Tauchgängen, darunter Tauchgänge mit Doppeltanks (95 US$), Nachttauchen (70 US$) und der Discover-Scuba-Anfängerkurs (ca. 6 Std. an 2 Tagen 135 US$). Die beliebteste Tour von Hurricane aber ist der ganztägige Ausflug für 120 US$ pro Person (mind. 2 Pers.), bei dem man in mindestens zwei Buchten schnorchelt und picknickt – oder der für 155 US$ mit bis zu zwei Tauchgängen.

Centro de Buceo Sotavento (www.tomzap.com/sotavento.html; scubasota@hotmail.com) La Crucecita (Karte S. 857; ☎ 587-21-66; Local 18, Plaza Oaxaca Mall, Plaza Principal; 9–21 Uhr); Tangolunda (☎ 581-00-51; Local 6, Plaza Las Conchas; Mo–Sa 10–17 Uhr) Das freundliche lokale Unternehmen bietet zahlreiche Optionen an, die von einer vierstündigen Einführung (750 Mex$) und speziellen Nachttauchgängen (750 Mex$) bis zu einer vollen Zertifizierung (3850 Mex$/5 Tage) reichen. Tauchgänge mit einer Flasche bzw. zwei Flaschen kosten 550 bzw. 850 Mex$. Sotavento organisiert auch vierstündige Schnorcheltouren für 200 Mex$ pro Nase (mind. 2 Pers.).

NOCH MEHR AKTIVITÄTEN

Auf den Flüssen Copalita und Zimatán in der Nähe der Bahías de Huatulco kann man raften; es gibt Abschnitte der Klassen 1 bis 5. Am meisten Wasser führen die Flüsse zwischen Juli und November. Der erfahrene Anbieter **Rancho Tangolunda** (☎ 587-21-26; www.ranchotangolunda.com; Local 5, Plaza Punta Tangolunda, Blvd Juárez, Tangolunda) bietet neben Rafting auf dem Copalita auch Kajakfahrten auf Flüssen und dem Meer, Ausritte, Klettertouren, Abseilen, eine 300 m lange Seilrutsche, Wander- und Radtouren, Canyoning und Vogelbeobachtung an. Die meisten Aktivitäten kosten 250 bis 400 Mex$ pro Person, die schwierigeren Rafting- und Kajaktouren 600 bis 700 Mex$. Der *rancho* befindet sich etwa 1 km landeinwärts am Río Copalita im Osten der Bahías.

Rancho Caballo de Mar (☎ 587-05-30) an der Playa Punta Arena organisiert dreieinhalbstündige Ausritte über den Strand und durch den Wald für rund 350 Mex$ (Reservierung empfohlen; Erfahrung nicht notwendig). Die Leute sprechen Englisch und Französisch.

In Tangolunda gibt es einen **Golfplatz** (☎ 581-00-37) mit 18 Löchern.

Schlafen

Alle Budgetunterkünfte und die meisten Mittelklassehotels befinden sich in La Crucecita, weitere Mittelklassehotels sind in Santa Cruz und Chahué und die Spitzenklassehotels in Tangolunda zu finden. In der mittleren und der gehobenen Kategorie steigt der Preis zur Hauptsaison oft, und zwar in den Wochen um Weihnachten und Ostern und für einen Monat im Sommer, meist von Mitte Juli bis Mitte August.

BUDGETUNTERKÜNFTE

Hotel Posada Leo (Karte S. 857; ☎ 587-26-01; www.posadaleo.com; Av Bugambilia 302, La Crucecita; EZ/DZ mit Ventilator 200/250 Mex$, mit Klimaanlage 250/300 Mex$;) Nette, kleine Budgetunterkunft mit sechs kleinen, ordentlichen und gepflegten Zimmer mit Bad und warmem Wasser.

Hotel Jaroje (Karte S. 857; ☎ 587-27-14; www.hotelhuatulco.com.mx; Av Bugambilia 304, La Crucecita; EZ/DZ 250/300 Mex$;) Das helle Jaroje liegt zentral und hat große, weiße, saubere Zimmer mit Fliegengittern, Klimaanlagen, Ventilatoren, Kabel-TV und tollen Bädern – eine gute Wahl!

Hotel Arrecife (Karte S. 857; ☎ 587-17-07, 800-7177771; www.hotelarrecife.com.mx; Colorín 510, La Crucecita; EZ ab 200 Mex$, DZ mit Ventilator/Klimaanlage 350/400 Mex$; P) Das in einem ruhigen grünen Viertel gelegene Arrecife hat einen hübschen kleinen Pool und ein Café. Die meisten der 24 guten, sauberen und großen Zimmer haben nette Deko, weiße Fliesenböden, Balkon, Klimaanlage und Kabel-TV. Ein paar Zimmer zur Seite raus sind nicht klimatisiert, aber trotzdem attraktiv, weil sie ein Kingsize- und ein Doppelbett auf zwei Ebenen haben.

MITTELKLASSEHOTELS

Hotel Arenas del Pacífico (Karte S. 857; ☎ 583-49-89, 800-7177771; www.arenasdelpacifico.com.mx; Colorín 507, La Crucecita; Zi. 400–450 Mex$; P) Das Arenas del Pacífico liegt gegenüber vom Hotel Arrecife und gehört auch dessen Besitzer. Es hat einen größeren Poolbereich mit Rutschen für die Kids. Die Zimmer mit Klimaanlage sind mit Balkon, Schreibtisch und schönen blau gefliesten Bädern ausgestattet.

Misión de los Arcos (Karte S. 857; ☎ 587-01-65; www.misiondelosarcos.com; Gardenia 902, La Crucecita; Zi. 450–500 Mex$;) Das gastfreundliche Hotel steht unter guter amerikanischer Leitung. Etwas Kolonialstil und ein paar Pflanzen geben ihm den letzten Schliff. Die großen, hellen, komfortablen und klimatisierten Zimmer haben größtenteils einen Balkon und direkten Zugang zum Restaurant Terra-Cotta, das denselben Besitzer hat. WLAN-Zugang.

Hotel Suites Begonias (Karte S. 857; ☎ 587-03-90; www.hotelbegonias.com; Av Bugambilia 503, La Crucecita;

Zi. 450–500 Mex$, 3BZ/4BZ 500–600 Mex$;) Die Zimmer sind hell und attraktiv. Hier übernachtet man zwischen guten Holzmöbeln und benutzt kunstvoll gefaltete Handtücher. Klimaanlage, Kabel-TV und ein Kingsize- oder Doppelbett gibt's auch.

Hotel María Mixteca (Karte S. 857; ☎ 587-23-36; www.travelbymexico.com/oaxa/mariamixteca; Guamuchil 204, La Crucecita; EZ/DZ/3BZ 450/490/530 Mex$; P) Das kleine und erst wenige Jahre alte María Mixteca bietet auf zwei Etagen 14 schön gestaltete gelb-weiße Zimmer. Sie haben superbequeme Betten, Klimaanlage, tolle Bäder, Kabel-TV, Zimmersafe und WLAN.

Hotel Flamboyant (Karte S. 857; ☎ 587-01-13; www.hotelesfarrera.com; Plaza Principal, La Crucecita; Zi. inkl. Frühstück 550 Mex$; P) Das gelbe Hotel im Zentrum hat einen ansprechenden Hof, einen attraktiven Pool, ein eigenes Restaurant und 70 geräumige Zimmer. Eingerichtet sind sie im Stil der Volkskunst Oaxacas. In der Hauptsaison sind die Preise oft mindestens doppelt so hoch.

Hotel Posada Edén Costa (☎ 587-24-80; www.edencosta.com; Calle Zapoteco s/n, Chahué; Zi. 600 Mex$, Suite mit Wohnzi. & Küche 1000 Mex$; P) Das Edén Costa gehört einem laotisch-schweizerischen Paar und liegt einen Block landeinwärts von der Bahía Chahué. Die ruhigen, schönen Zimmer bieten nette Extras wie bunte Wandmalereien und zwei Doppelbetten. Die meisten Quartiere liegen über einem kleinen, zentralen Pool. Das angeschlossene Restaurant, L'échalote (s. gegenüber), ist ein weiteres großes Plus.

Hotel Castillo Huatulco (Karte S. 858; ☎ 587-01-44, 800-543-90-40; www.hotelcastillohuatulco.com; Blvd Santa Cruz 303, Santa Cruz; Zi. 932 Mex$, EZ/DZ mit Vollpension 1200/1800 Mex$; P) Das Castillo Huatulco im Kolonialstil hat einen verlockenden Pool im zentralen Garten, ein Restaurant und 113 große, in hellen Farben gehaltene Zimmer mit Safe. Gäste werden kostenlos zum Strandclub des Hotels an der Bahía Chahué gebracht.

SPITZENKLASSEHOTELS

Wer einen preiswerten Urlaub in einem Spitzenklassehotel in Huatulco machen möchte, bucht am besten ein Paket mit Flug und Unterkunft. Sparen kann man auch, indem man auf den Websites der Hotels nach Sonderangeboten sucht.

Casa del Mar (☎ 581-02-03, 800-9081142; ventas@casadelmaroaxaca.com; Balcones de Tangolunda 13, Tangolunda; Suite inkl. Frühstück 1534 Mex$; P) Die elegante und sensationell schön gelegene Casa del Mar östlich der Haupthotelgegend in Tangolunda hat 22 gut ausgestattete Suiten mit tollem Blick, einen schönen Pool und ein Restaurant. In den Ferien ist sie oft von mexikanischen Familien komplett belegt.

LP Tipp **Camino Real Zaashila** (☎ 583-03-00, 800-9012300; www.caminoreal.com/zaashila; Blvd Juárez 5, Tangolunda; Zi. inkl. Frühstück 2200 Mex$; P) Das Anwesen am östlichen Ende von Tangolunda ist wunderschön gestaltet und sieht aus wie eine moderne Hazienda. Es hat einen phantastischen großen Pool in einem bezaubernden Garten. Die meisten der 148 Zimmer haben Meerblick, 41 einen eigenen kleinen Pool.

Quinta Real (☎ 581-04-28, 800-4005000; www.quintareal.com; Blvd Juárez 2, Tangolunda; Suite ab 270 US$; P) Das unbeschreiblich schöne Quinta Real im maurischen Stil liegt auf einem Hügel am Westende von Tangolunda. Die 28 Suiten haben Jacuzzis, Marmorbäder und Meerblick, einige sogar einen eigenen Pool mit Springbrunnen, der sich bis zum großen Pool und zum Strand hinunter zu erstrecken scheint.

Essen

LA CRUCECITA

Comedores (Karte S. 857; Mercado, Ecke Av Bugambilia & Guanacastle; Fisch- oder Shrimpsplatte 60–80 Mex$) Die supersauberen *comedores* auf dem Markt von La Crucecita machen gutes, preiswertes Essen, z. B. Eierspeisen für 30 Mex$ und *enfrijoladas* (Tortillas mit Bohnen und etwas Käse) für 40 Mex$.

Restaurant La Crucecita (Karte S. 857; ☎ 587-09-06; Av Bugambilia 501; Hauptgerichte 40–90 Mex$; 7.30–22 Uhr) Das günstige, einen Block von der Plaza entfernte Freiluftlokal ist immer eine gute Adresse für Fisch-, Hühner- und Oaxaca-Gerichte. Es gibt ein *menú del día* für 40 Mex$. Morgens kann man dem Koch zuschauen, wie er große Mengen *salsa roja* herstellt.

Iguana Bar (Karte S. 857; ☎ 587-00-70; Plaza Principal; Hauptgerichte 45–120 Mex$; 8–0.30 Uhr) Die unter dem Restaurante Onix gelegene Iguana Bar ist eine zuverlässige Adresse für nicht zu teures Frühstück, Tacos und andere mexikanische Standardgerichte.

El Patio (Karte S. 857; ☎ 587-02-11; Flamboyán 214; Frühstück 30–60 Mex$, Hauptgerichte 50–130 Mex$) Hier speisen Gäste an Tischen auf einer Terrasse im Garten. Das Frühstück ist ein Schnäppchen. Später bekommt man hier die übliche Auswahl von Meeresfrüchten, Huhn und Spezialitäten aus Oaxaca sowie eine Menge unterschiedliche alkoholische Getränke.

LP Tipp **Terra-Cotta** (Karte S. 857; ☎ 587-12-28; Gardenia 902; Frühstück 40–65 Mex$, Hauptgerichte 50–140 Mex$; ⌚ 7.30–23.30 Uhr) Das beliebte Terra-Cotta gehört Amerikanern und bietet Tische auf dem Fußweg draußen und angenehm klimatisierte Innenräume. Der gute Service passt zum hervorragenden Essen: Frühstück, Garnelen, Steaks, *antojitos*, Waffeln, Baguettes und Eis – alles ist zu empfehlen. Der Kaffee zum Frühstück wird kostenlos nachgeschenkt, und auch WLAN ist kostenlos.

Restaurante Onix (Karte S. 857; ☎ 587-05-20; Plaza Principal; Hauptgerichte 75–215 Mex$; ⌚ 14–23 Uhr) Das luftige Restaurant im oberen Stockwerk an der Plaza ist zweifellos die feinste Adresse zum Essengehen in La Crucecita. Es gibt sehr gute europäische und mexikanische Gerichte. Beginnen kann man z. B. mit der *sopa de tortilla* oder mit Muscheln und Käse, um dann ein Steak oder Thunfisch *al chipotle* (mit Sauce aus geräucherten Chilis) zu genießen.

CHAHUÉ & TANGOLUNDA

LP Tipp **L'échalote** (☎ 587-24-80; www.edencosta.com; Hotel Posada Edén Costa, Calle Zapoteco s/n, Chahué; Hauptgerichte 80–150 Mex$; ⌚ Di–So 14–23 Uhr) Der französisch-schweizerische Koch bereitet super-leckere französische, südostasiatische, Oaxaca- und andere Gerichte zu. Der Thai-Salat mit Garnelen und Sojabohnen ist köstlich. Der Fokus liegt auf Fisch, Steak und Fondues nach Art des Hauses, und auch die Nachspeisen sind nicht zu verachten.

La Bohème (☎ 587-22-50; Paseo Chahué 5, Sector M; Hauptgerichte 100–250 Mex$; ⌚ Mi–Mo 14–23 Uhr) La Bohème ist zwar eines der Restaurants mit den höchsten Preisen, aber auch eines der besten. Der französische Koch und Besitzer bereitet fast nur französische Gerichte zu, von Schnecken, Muscheln und Gänseleber bis zu Coq au vin, leckeren Crêpes und Profiteroles. Hierzu kommen ein elegantes Ambiente, eine freundliche Atmosphäre und gute Bedienung. Am Ende ist man froh, dieses relativ abgelegene Lokal gesucht (und gefunden!) zu haben.

Die großen Hotels von Tangolunda haben verschiedene teure Bars, Coffeeshops und Restaurants. Mit dem **Restaurant Chez-Binni** (☎ 583-03-00; Hauptgerichte 100–200 Mex$; ⌚ 18–23 Uhr) im Camino Real Zaashila, das sich auf Grill- und Oaxaca-Gerichte spezialisiert hat, liegt man auf keinen Fall falsch.

STRÄNDE

Ordentliche *palapas*, die Meeresfrüchte servieren, gibt es an den Stränden La Entrega, Maguey, San Agustín und La Bocana. Ein ganzer gegrillter *huachinango* (Roter Schnapper) kostet 60 bis 100 Mex$.

Ausgehen

Paletería Zamora (Karte S. 857; Ecke Flamboyán & Av Bugambilia, La Crucecita; Getränke 10–40 Mex$; ⌚ 9–23 Uhr) Im Zamora kann man seinen Durst mit einer großen Auswahl von frischen Fruchtsäften, *licuados* und *aguas frescas* (gesüßten Fruchtsaftschorlen) löschen.

Café Dublin (Karte S. 857; Carrizal 502, La Crucecita; ⌚ 18 Uhr–open end) In der beliebten irischen Kneipe spielt man Darts und guckt Sport im Fernsehen – jede Menge zu trinken gibt's auch, sogar Guinness in Dosen.

La Crema (Karte S. 857; ☎ 587-07-02; Gardenia 311, La Crucecita; ⌚ 19–2 Uhr) Der große, aber dunkle Laden an der Plaza Principal hat eine kuriose Hippie-Rock-Atmosphäre und eine gute Musikauswahl, die beste Cocktailkarte der Stadt und leckere Holzofenpizza.

Unterhaltung

La Peña (Karte S. 857; Flamboyán 210, La Crucecita; ⌚ Di–Sa ab 20 Uhr) Die Latin-Bands in diesem zur Straße hin offenen Schuppen schaffen eine gute Partystimmung. Im Hinterzimmer stehen Billardtische für ruhigeres Amüsement.

Tipsy Blowfish (Karte S. 857; ☎ 587-28-44; Flamboyán 304, La Crucecita) In dieser Kneipe eines Texaners an der Plaza Principal spielen oft gute Rockbands.

La Papaya (☎ 583-94-11; Blvd Juárez, Chahué; Eintritt 110 Mex$; ⌚ Do–Sa 22–5 Uhr, in der Hauptsaison tgl.) Huatulcos schärfste Disco zieht hauptsächlich ein Publikum der Altersgruppe 18 bis 25 an. Tanzende auf dem Tresen, mit Bikinis bekleidete Frauen in einem Aquarium und Schlamm-Catchen heizen die Stimmung an.

An- & Weiterreise

AUTO

Europcar (www.europcar.com.mx) Flughafen (☎ 581-90-94; ⌚ 11–17 Uhr); La Crucecita (Karte S. 857; ☎ 583-47-51; Plaza Carmelinas, Blvd Chahué; ⌚ 8–13 & 16–19 Uhr) Wegen der vernünftigen Preise (ab 600 Mex$/Tag) und des effizienten Services zu empfehlen.

Hertz (www.hertz.com) Flughafen (☎ 581-90-92; ⌚ 24 Std.); Tangolunda (☎ 581-05-88; Crown Pacific Hotel, Blvd Juárez 8; ⌚ 9–14 & 16–18 Uhr) Ebenfalls zuverlässig.

BUS

Einige Busse nach Huatulco tragen die Aufschrift „Santa Cruz Huatulco", fahren aber trotzdem nach La Crucecita. Man sollte sich versichern, dass der Bus nicht nach Santa María Huatulco fährt, das tief im Landesinnern liegt.

Der **OCC-Busbahnhof** (Karte S. 857; ☎ 587-02-61; Blvd Chahué) liegt am Nordrand von La Crucecita. Neben 1.-Klasse-Bussen von OCC fahren ihn auch Busse von ADO GL (Deluxe) und Sur (2. Klasse) an. **Estrella Blanca** (EB; außerhalb der Karte S. 857; ☎ 587-23-30; Av Carpinteros s/n, Sektor V) lässt 700 m südlich des Zentrums 1.-Klasse- und Deluxebusse abfahren. Die 1.-Klasse-Busse von **Turistar** (☎ 587-06-82) fahren ebenfalls diesen Busbahnhof an.

Transportes Rápidos de Pochutla hat Kleinbusse nach Pochutla, die von der Haltestelle am Blvd Chahué gegenüber vom nördlichen Ende der Av Bugambilia (Karte S. 857) fahren.

Ziel	Preis (Mex$)	Dauer (Std.)	Häufigkeit (tgl.)
Acapulco	307	10	8 ab EB-Busbahnhof
Mexico City (Terminal Sur)	525–730	14	3 ab EB-Busbahnhof
Oaxaca (über Salina Cruz)	230–270	7–8½	4 ab OCC-Busbahnhof
Pochutla	26–30	1	9 ab EB-Busbahnhof
	18-30	1	31 ab OCC-Busbahnhof
	16	1	mit Transportes Rápidos de Pochutla alle 15 Min., 6–20.30 Uhr
Puerto Escondido	69–82	2½	9 ab EB-Busbahnhof
	35–76	2½	31 ab OCC-Busbahnhof 20.30 Uhr
San Cristóbal de Las Casas	326	9½–10½	OCC, 20.30 & 23.50 Uhr 20.30 Uhr
Tapachula	352	12	OCC, 19.50 Uhr
Tehuantepec	76–100	3½	10 ab OCC-Busbahnhof
Tuxtla Gutiérrez	276	8-9½	OCC, 20.30 & 23.50 Uhr

FLUGZEUG

Mexicana und ihre Tochtergesellschaft Click Mexicana unterhalten täglich drei Flüge von bzw. nach Mexico City. Magnicharters fliegt an den meisten Wochentagen von und nach Mexico City. Aerotucán und Aerovega haben täglich Flüge mit Kleinflugzeugen von und nach Oaxaca City, aber Aerovega fliegt nur, wenn mindestens drei Fluggäste zusammenkommen.

Auf S. 808 gibt's nähere Infos zu diesen Flügen. **Continental** (☎ 800-900-50-00) hat bis zu fünfmal wöchentlich Direktflüge von Houston, Texas. Manchmal gibt es billige Charterflüge aus den USA, Kanada und Großbritannien.

Büros der Fluggesellschaften:

Aerotucán Flughafen (☎ 587-60-66); La Crucecita (Karte S. 857; ☎ 587-24-27; Plaza Carmelinas, Blvd Chahué; 🕒 Mo–Sa 8–14 & 16.30–20 Uhr)

Magnicharters (Karte S. 858; ☎ 581-05-12; Blvd Santa Cruz)

Mexicana und **Click Mexicana** Flughafen (☎ 581-90-07); Chahué (☎ 587-02-23; Plaza Chahué, Blvd Juárez; 🕒 Mo–Sa 9–17.45 Uhr)

Unterwegs vor Ort

VOM/ZUM FLUGHAFEN

Transportación Terrestre (☎ 581-90-14) bietet einen *colectivo*-Service an, der vom Flughafen nach La Crucecita, Santa Cruz und Bahía Chahué 87 Mex$ pro Person kostet und nach Tangolunda 102 Mex$. Tickets bekommt man am Schalter im Flughafen. Vor dem Flughafeneingang kriegt man ein eigenes Taxi für rund 100 Mex$ nach La Crucecita oder Santa Cruz, für 120 Mex$ nach Tangolunda oder für 150 Mex$ nach Pochutla. Noch billiger wird es, wenn man die 400 m bis zum Hwy 200 läuft und für 7 Mex$ einen Bus nach La Crucecita oder für 15 Mex$ einen nach Pochutla nimmt. Busse nach La Crucecita tragen die Aufschrift „Santa Cruz", „Bahías Huatulco" o. Ä.

TAXI

Das Taxi ist die einzige Transportmöglichkeit zwischen La Crucecita, Santa Cruz Huatulco und Tangolunda. Die Preise sind an der Plaza Principal in La Crucecita angeschlagen. Von hier aus bezahlt man 15 Mex$ nach Santa Cruz, 25 Mex$ nach Tangolunda und 45 Mex$ nach Bahía Maguey. Pro Stunde kostet ein Taxi 150 Mex$.

Colectivo-Taxis stehen vor dem Einkaufszentrum an der Plaza Madero Ecke Guamuchil in La Crucecita, aber sie verkehren nicht oft. Sie verlangen 3 Mex$ pro Person bis Santa Cruz und 5 Mex$ bis Tangolunda.

BARRA DE LA CRUZ

☎ 958 / 750 Ew.

Das gepflegte, rund 20 km östlich von Huatulco gelegene Chontal-Dorf ist berühmt für seine Wellen, aber auch ein entspannter, freundlicher Ort für alle, die einen oder zwei Tage relaxen wollten. Die Point Break vor dem 1,5 km vom Dorf entfernten Strand wird zu einem Double Overhead und ist lang und schnell. Gute Wellen für erfahrene Surfer gibt es häufig zwischen März und Oktober, und im Juni und Juli sind sie normalerweise am besten. Die Wellen von Barra waren der Allgemeinheit bis Mitte der 1990er-Jahre unbekannt, aber seitdem die besten Profi-Surfer der Welt sich 2006 hier während der Men's World Tour zur Rip Curl Search versammelt haben, kennt sie die ganze Welt.

Da es keinen Sog gibt, kann man hier auch gut baden. Am Strand von Barra gibt es Duschen, Toiletten und einen *comedor* mit Hängematten und Schatten, der von der Gemeinde geführt wird. Die Verwaltung erhebt 20 Mex$ Gebühr pro Nase, wenn man auf der Straße zum Strand fahren will, und regelt die Sperrstunde ab 20 Uhr. Die Gebühr trägt zur Instandhaltung der Straße und zur Säuberung des Strandes bei. Im Restaurant El Chontal neben der Mautstelle kann man Surfbretter für 100 Mex$ pro Tag mieten.

Cabañas Pepe (80 Mex$/Pers.) hinter dem El Chontal hat solide Holzhütten mit Palmdächern, Hängematten und gemeinschaftlichen Sitztoiletten und Duschen. Empfehlenswert ist auch das **Barradise** (pablo_rafting@yahoo.com; 80 Mex$/Pers.), das ein paar hundert Meter vor dem El Chontal liegt, wenn man nach Barra rein fährt. Das Barradise hat vier Zimmer mit Ventilatoren und eigenem Bad. Es wird von Pablo Narváez geleitet, der Englisch spricht, Surfunterricht gibt (3–4 Std. ca. 450 Mex$) und Vogelbeobachtungstouren organisiert. Pablo war es, der die Surfszene in den 1990er-Jahren hierher gebracht hat. Für ihn ist der Ruf Barras, ein Surfermekka zu sein, eine Chance, den Lebensstandard und die sozialen Bedingungen im Dorf zu verbessern.

El Chontal (Hauptgerichte 25–50 Mex$) serviert gute mexikanische Standardgerichte und ist eines von mehreren Restaurants vor Ort.

An- & Weiterreise

Barra de la Cruz ist über eine 2,5 km lange Straße zu erreichen, die vom Hwy 200 östlich der Brücke Puente Zimatán Richtung Küste führt. *Colectivo*-Taxis nach Barra (20 Mex$, 40 Min.) verkehren etwa jede halbe Stunde bis 19 Uhr ab dem Park östlich vom OCC-Busbahnhof in La Crucecita. Ein Taxi kostet rund 140 Mex$. Von der Ortschaft Barra bis zum Strand oder zur Abzweigung am Highway verlangen Taxifahrer 30 Mex$ – falls man keine Lust hat zu laufen.

ISTMO DE TEHUANTEPEC

Die Südhälfte des 200 km breiten Isthmus von Tehuantepec (teh-wahn-teh-*pek*), der schmalen Hüfte von Mexiko, ist der äußerste Osten des Bundesstaats Oaxaca. Es ist ein heißer, flacher Landstrich, und wenn man von Oaxaca City kommt, erinnert er einen daran, dass man sich in den Tropen befindet. Die indigene Zapotekenkultur ist hier stark ausgeprägt und hat regionale Besonderheiten. 1496 haben die Zapoteken vom Isthmus die Azteken von ihrer Festung Guiengola bei Tehuantepec aus zurückgeschlagen, und der Isthmus wurde nie Teil des Aztekenreichs. Der unabhängige Geist charakterisiert die Region bis heute.

Wer hier eine Weile bleibt, wird eine lebendige, freundliche Bevölkerung kennenlernen, in der die offenen und selbstbewussten Frauen wichtige Posten in der Geschäftswelt und der Regierung innehaben. Die Menschen am Isthmus zeigen ihre Begeisterung für Musik, Tanz und Party auf zahllosen *velas* (Festen), die mehrere Tage dauern können. Wer zu einem dieser Anlässe hier ist, sieht Frauen in großartig gearbeiteten, kunterbunten *huipiles,* mit Gold- und Silberschmuck, phantastisch mit Seidenblumen bestickten Röcken und merkwürdigem Kopfschmuck. Bei vielen Fiestas auf dem Isthmus finden *tirada de frutas* statt, bei denen die Frauen auf die Dächer klettern und Obst auf die Männer unten werfen!

Eine neue Mautstraße, der Hwy 185D, führt an den drei Hauptorten des Isthmus – Salina Cruz, Tehuantepec und Juchitán – vorbei und kreuzt den Hwy 190 unmittelbar westlich von Tehuantepec. Die Isthmuskultur ist in Tehuantepec und Juchitán stärker ausgeprägt als in Salina Cruz, wo sich alles um die Ölraffinerie dreht. Alle drei Städte sind in der Hitze des Tages recht ungemütlich, aber mit der Abendbrise werden sie angenehmer. Um La Ventosa, 15 km nordöstlich von Juchitán, wehen starke Nordwinde, die manchmal hohe Fahrzeuge umwerfen.

TEHUANTEPEC

☎ 971 / 37 000 Ew.

Das 245 km von Oaxaca City entfernte Tehuantepec ist ein freundliches Städtchen. Die Fiestas der 15 *barrios* (Viertel), die alle eine eigene Kirche haben, finden vor allem im Juni und August statt, in der Partyhauptsaison.

Orientierung

Der OCC/ADO-Busbahnhof von Tehuantepec, auch La Terminal genannt, liegt am Hwy 185 im Norden der Stadt. Um von hier zur Hauptplaza zu kommen, muss man vor dem Busbahnhof nach links in die Av Héroes einbiegen und 600 m bis zu einer T-Kreuzung laufen. Dann geht's rechts in die Guerrero. Dort nimmt man die fünfte Straße auf der rechten Seite, die Hidalgo, und geht zwei Blocks weiter bis zur Plaza. An der Südseite der Plaza steht der Palacio Municipal.

Praktische Informationen

Bancomer (🕑 Mo–Fr 8.30–16 Uhr) und **Banorte** (🕑 Mo–Fr 9–16 Uhr), beide in der Calle 5 de Mayo etwas westlich vom Palacio Municipal, haben Geldautomaten und wechseln US-Bargeld.

Cyberweb Grandalf (Romero 64; Internet 10 Mex$/Std.; 🕑 Mo–Sa 8–22, So 9–21 Uhr) Hinter dem Hotel Oasis.

Touristeninformation (Hwy 185; 🕑 Mo–Fr 8–16, Sa 9–14 Uhr) Vom Palacio Municipal die Calle 5 de Mayo zwei Blocks Richtung Westen und dann 70 m auf dem Highway nach Süden. Es kommen nicht viele Ausländer hierher, aber die Belegschaft kennt sich in der Gegend aus.

Sehenswertes

EX-CONVENTO REY COSIJOPÍ

Das ehemalige Dominikanerkloster steht nördlich der Plaza an einer kurzen Straße abseits der Guerrero. Heute beherbergt es Tehuantepecs **Casa de la Cultura** (Callejón Rey Cosijopí; Eintritt frei; 🕑 Mo–Fr 9–14 & 17–20, Sa 9–14 Uhr). Zu sehen gibt es hier Spuren alter Fresken und einfache, aber interessante Ausstellungsstücke, z.B. traditionelle Kleidung, archäologische Funde, historische Fotos, religiöse Insignien und Ähnliches. Man muss vielleicht darum bitten, dass einige Räume geöffnet werden. Hernán Cortés presste dem letzten Zapotekenkönig Cosijopí im 16. Jh. die Mittel für den Klosterbau ab.

GUIENGOLA

Aus der alten **Zapotekenfestung** Guiengola (Eintritt frei; 🕑 8–17 Uhr) hat König Cosijoeza einst die Azteken vertrieben. Das Bauwerk befindet sich nördlich vom Hwy 190 an einer Hügelflanke. Rund 11 km außerhalb von Tehuantepec führt eine Abzweigung hierher: An der Puente Las Tejas (Tejas-Brücke) weist gleich hinter Km 240 ein Schild den Weg zu den „Ruinas Guiengola". Bei trockenem Wetter ist die unbefestigte, 7 km lange Straße befahrbar, den letzten Kilometer bergaufwärts packen aber nur Fahrzeuge mit langem Federweg. Die Straße endet an dem Startpunkt eines Wanderwegs. Es folgt ein etwa einstündiger schweißtreibender Aufstieg durch tropische Wälder zu den Überresten zweier Pyramiden, eines Ballspielplatzes, eines Gebäudekomplexes mit 64 Räumen und einer dicken Verteidigungsmauer. Viele weitere unentdeckte Überreste sind von dem Wald drumherum überwuchert. Auch wunderbar sind die interessanten Kalksteinformationen und die super Aussicht über den Isthmus.

Víctor Velázquez Guzmán (☎ 971-1110768 od. über die Touristeninformation in Tehuantepec) führt Gruppen für 600 Mex$ (350 Mex$, wenn man ein eigenes Fahrzeug hat) von Tehuantepec nach Guiengola. Víctor spricht nur Spanisch, aber er hat erklärende Unterlagen auf Englisch.

MARKT

Tehuantepecs schummriger, fast mittelalterlicher Markt wird täglich im Inneren eines Gebäudes an der Westseite der Plaza abgehalten. In den Straßen drumrum geht das Markttreiben weiter, hier gibt's oft Blumen.

Schlafen

Hotel Oasis (☎ 715-00-08; h.oasis@hotmail.com; Ocampo 8; EZ/DZ/3BZ 150/190/270 Mex$, Zi. mit Klimaanlage & Kabel-TV 400 Mex$; P ❄) Das einen Block südlich der Plaza gelegene Oasis ist ein guter Deal. Die meisten der 28 Zimmer wurden kürzlich in fröhlichem Gelb und Orange neu gestrichen.

Hotel Calli (☎ 715-00-85; www.hotelcalli.com; Carretera Cristóbal Colón Km 790; Zi. 800 Mex$, Suite 1300 Mex$; P ❄ 💻 🏊) Die besten Zimmer Tehuantepecs liegen am Hwy 185, von La Terminal aus rund 700 m Richtung Juchitán. Die 100 großen, modernen, in angenehmen Blau- und Gelbtönen gehaltenen Quartiere des Calli haben Kabel-TV, WLAN, Telefon, Klimaanlage und einen kleinen Balkon. Zum Grundstück gehören ein Restaurant, ein Pool und bunte Wandgemälde in der Lobby.

Essen

Restaurante Bar Scarú (☎ 715-06-46; Callejón Leona Vicario 4; Hauptgerichte 50–130 Mex$; ⌚ 8–22.30 Uhr) Zwei kurze Blocks östlich und 30 m nördlich des Hotels Donají befindet sich das wundervolle Scarú in einem Haus aus dem 18. Jh. Es hat einen schönen Innenhof und bunte, moderne Wandgemälde, die das Leben in Tehuantepec thematisieren. Am besten setzt man sich unter einen Ventilator, stürzt eine *limonada* runter und studiert die lange, vielfältige Speisekarte. An Wochenenden spielen ältere Semester Marimba.

Abends ist die Ostseite der Plaza voller Tische, Stühle und Karren, an denen günstige Tacos und andere Leckereien verkauft werden.

An- & Weiterreise

OCC und ADO (beide 1. Klasse) teilen sich La Terminal mit ADO GL (Deluxe), Sur und AU (beide 2. Klasse). Täglich werden u. a. die folgenden Ziele angefahren (einige davon *de paso*):

Ziel	Preis (Mex$)	Dauer (Std.)	Häufigkeit (tgl.)
Bahías de Huatulco	1. Klasse 100	3½	3, 0.10–7.25 Uhr
	2. Klasse 76	3½	5
Mexico City	Deluxe 684 (TAPO od. Sur-Busbahnhof)	11	3, 18.40–21.30 Uhr
	1. Klasse 578	11½	4, 19.45–21.55 Uhr
	2. Klasse 512	13	3, 17.35–21.05 Uhr
Oaxaca	1. Klasse 152	4¼	14
Pochutla	1. Klasse 128	4½	3, 0.10–7.25 Uhr
Puerto Escondido	1. Klasse 170	6	3, 0.10–7.25 Uhr
	2. Klasse 132 76	6½	1 (15 Uhr)
Tapachula	250	9	1. Klasse, 23.50 Uhr
Tuxtla Gutiérrez	1. Klasse 180	4½–5½	4
Villahermosa	1. Klasse 286	7½	4

Busse nach Juchitán (15 Mex$, 30 Min.) fahren gegenüber vom OCC-Busbahnhof tagsüber mindestens jede halbe Stunde ab.

Unterwegs vor Ort

Taxis zwischen La Terminal und der Plaza kosten 15 Mex$. Ein einzigartiges lokales Verkehrsmittel ist der *motocarro,* in dem Fahrgäste hinter dem Fahrer auf einer Plattform sitzen (oder eher stehen, um sich den Fahrtwind durch die Haare wirbeln zu lassen). Der Anblick der farbenprächtig gekleideten Frauen, die stehend mitfahren, ist wirklich eindrucksvoll.

JUCHITÁN

☎ 971 / 69 000 Ew.

Die Istmeño-Kultur ist stark ausgeprägt in diesem freundlichen Ort, in den kaum Gringos kommen. Rund 30 verschiedene Stadtteilfeste *(velas)* sorgen dafür, dass der Veranstaltungskalender von Mitte April bis Anfang September, vor allem aber im Mai, gut mit Musik, Tanz, Trinken, Essen und Spaß gefüllt ist. Juchitán ist auch berühmt für seine *muxes* – die offen schwulen Männer der Stadt, die sich oft in Frauenkleider hüllen, in der Gemeinschaft des Ortes voll akzeptiert sind und im November sogar ihre eigene *vela* feiern.

Orientierung

Die Prolongación 16 de Septiembre führt von einer stark befahrenen Kreuzung mit Ampeln im Norden der Stadt ins Zentrum. Der zentrale Busbahnhof liegt von dieser Kreuzung 100 m in Richtung Stadt. Hinter dem Busbahnhof macht die Straße erst eine Links-, dann eine Rechtskurve und teilt sich danach in 5 de Septiembre (rechts, Richtung Süden) und 16 de Septiembre (links, Richtung Norden). Beide bilden sieben Blocks weiter die beiden einander gegenüber liegenden Seiten der Hauptplaza Jardín Juárez.

Sehenswertes

Der **Jardín Juárez** ist eine lebendige Hauptplaza. In dem geschäftigen, zweistöckigen Markt an seiner Ostseite bekommt man vor Ort hergestellte Hängematten, Frauenkleider nach Isthmus-Art und bei den *comedores* vielleicht sogar *iguana* (Leguan).

Die **Lidxi Guendabiaani** (Casa de la Cultura; ☎ 711-32-08; Belisario Domínguez; Eintritt frei; ⌚ Mo–Fr 9–14 & 16–19, Sa 9–13 Uhr) von Juchitán liegt bei der Kirche San Vicente Ferrer, je einen Block südlich und westlich vom Jardín Juárez. Das Kulturzentrum hat in der Mitte einen großen Innenhof, auf dem es von Kindern nur so wimmelt. In der Galerie finden regelmäßig interessante Ausstellungen statt, außerdem gibt es ein kleines archäologisches Museum.

Schlafen & Essen

Hotel Don Alex (☎/Fax 711-10-64; 16 de Septiembre No 48; Zi. 350–400 Mex$; ❄) Das nur eineinhalb Blocks nördlich vom Jardín Juárez gelegene Don Alex hat mittelgroße Zimmer mit ein bisschen Kunst, die aber etwas stickig sind. Alle haben Klimaanlagen, aber nur die für 400 Mex$ auch Warmwasser oder Telefon.

Hotel López Lena Palace (☎ 711-13-88; hotellopezlena@hotmail.com; 16 de Septiembre 70; EZ 290–384 Mex$, DZ/3BZ/4BZ 480/600/680 Mex$; P ❄ 💻) Das Lena ist an der Fassade im arabischen Stil zu erkennen. Es liegt auf halber Strecke zwischen Zentrum und Busbahnhof. Die Zimmer sind fröhlich, klimatisiert und mit Kabel-TV ausgestattet. Das beste Preis-Leistungs-Verhältnis bieten die fensterlosen, aber gemütlichen „Minis" mit den tollen Duschen.

Café Jamaica (☎ 712-18-36; 16 de Septiembre s/n; Gerichte 12–40 Mex$; 🕑 8–22 Uhr) Ein heller, sauberer Laden, in dem es Getränke und leichte Speisen gibt, von Enchiladas über Tortas bis zu Hamburgern. Er zieht Leute unter 30 an und ist Bob Marley, den USA und der Yucatán-Halbinsel gewidmet. Das Café ist nur ein paar Schritte vom Jardín Juárez entfernt.

Casagrande Restaurant (☎ 711-34-60; Jardín Juárez; Hauptgerichte 65–150 Mex$; 🕑 8–22 Uhr) Das schickste Restaurant der Stadt serviert eine Mischung aus Oaxaca- und internationaler Küche in einem hübschen, überdachten Hof mit Ventilatoren und Hängepflanzen. Es liegt an der Südseite der Plaza. Durch das Kinoschild Casagrande ist es leicht zu finden.

An- & Weiterreise

Busse von UNO und ADO GL (Deluxe), OCC und ADO (1. Klasse) sowie Sur, AU und Ecobús (2. Klasse) fahren alle den Busbahnhof an der Prolongación 16 de Septiembre an. Einige Busse sind *de paso* (auf der Durchreise), und viele fahren nachts zwischen 23 und 7 Uhr ab.

Ziel	Preis (Mex$)	Dauer (Std.)	Häufigkeit (tgl.)
Bahías de Huatulco	91–144	4	14
Mexico City (TAPO od. Sur-Busbahnhof)	494–980	10½–12	15
Oaxaca	100–194	4½–6	24
Pochutla	122–149	5	10
San Cristóbal de Las Casas	216	5½–6¾	3, 0.15–3.55 Uhr
Tapachula	252–294	6–8½	3
Tehuantepec	15–24	½	56
Tonalá	102–126	3–5	6
Tuxtla Gutiérrez	162–164	4–5½	6

Häufig verkehrende 2.Klasse-Busse von Istmeños nach Tehuantepec (15 Mex$, 30 Min.) und Salina Cruz (25 Mex$, 1 Std.) starten tagsüber an einer Straßenecke südlich vom Busbahnhof an der Prolongación 16 de Septiembre.

Unterwegs vor Ort

Busse mit der Aufschrift „Terminal-Centro" verkehren zwischen dem Busbahnhof und dem Jardín Juárez. Für eine Taxifahrt legt man um die 15 Mex$ hin.

Tabasco & Chiapas

Unterschiedlicher und kontrastreicher könnten die Nachbarstaaten Tabasco und Chiapas nun wahrhaft nicht sein. Das kleinere Tabasco, das zwischen Zentralmexiko und der Halbinsel Yucatán liegt, ist nicht so vielfältig wie Chiapas und neigt zu Überschwemmungen, wie die letzte Flutkatastrophe im Oktober 2007 wieder gezeigt hat. In sein größtenteils flaches, feucht-schwüles Tiefland verirren sich nur wenige Traveller; wer aber vorbeischaut, wird fasziniert sein vom präkolonialen Erbe der Olmeken und Maya. Ein Übriges zu einem gelungenen Aufenthalt hier tun der entspannte, tropische Lebensstil, die unterhaltsame Hauptstadt Villahermosa und die einzigartige Landschaft mit den mächtigen Flüssen, den endlosen Feuchtgebieten und den schönen Stränden am Golf von Mexiko.

Im unglaublich abwechslungsreichen Chiapas erwarten einen Hochlandgebiete mit Pinienwäldern, regenwaldähnliche Urwälder mit unzähligen Tier- und Pflanzenarten und zahlreiche Städte, in denen die Architektur aus der Kolonialzeit noch gut erhalten ist. Phantastische Zeugnisse des mächtigen Mayareichs sind in Palenque und Yaxchilán zu bewundern, und die Allgegenwart der modernen Mayakultur erinnert ständig an die reiche Geschichte der Gegend. Neben den kolonialen Zentren San Cristóbal de Las Casas und Chiapa de Corzo gewinnt auch Soconusco dank seiner florierenden Kaffee- und Kakaoplantagen immer mehr an Bedeutung. Ein Muss für Outdoorfreaks sind Ausflüge zur Laguna Miramar und in den Cañón del Sumidero.

HIGHLIGHTS

- In **Palenque** (S. 919) urwaldbewachsene Hügel und in den Himmel ragende Mayatempel erklimmen
- Durch die Kopfsteinpflasterstraßen der Hochlandstadt **San Cristóbal de Las Casas** (S. 893) bummeln
- An den schroffen Felsklippen des spektakulären **Cañón del Sumidero** (S. 893) vorbeischippern
- Zur von Bergen umgebenen **Laguna Miramar** (S. 914) wandern und ein paar Tage traumhaft faulenzen
- In **Villahermosa** (S. 871) und **La Venta** (S. 872) die altehrwürdige, geheimnisvolle Kunst der Olmeken bewundern

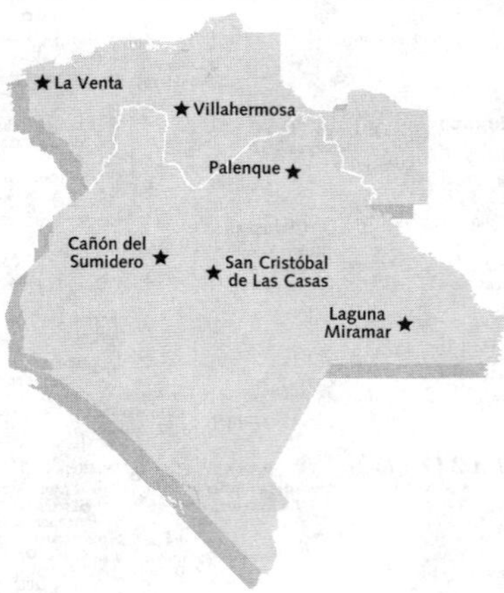

- MAX. TEMPERATUR SAN CRISTÓBAL DE LAS CASAS, JANUAR: 29 °C
- MAX. TEMPERATUR SAN CRISTÓBAL DE LAS CASAS, JULI: 31 °C

Geschichte

In Tabasco und Chiapas gab es eine so vielfältige Abfolge von Kulturen wie im Rest des Landes. In La Venta im westlichen Tabasco erreichten die Olmeken, die „Mutter-Kultur" Mittelamerikas, um 800 und 400 v. Chr. den Höhepunkt ihrer Entwicklung, nachdem sie zuerst in San Lorenzo, Veracruz, aufgetaucht waren. Die Religion, Kunst, Astronomie und Architektur der Olmeken hat alle späteren Zivilisationen Mexikos stark beeinflusst.

Im tief liegenden, von Urwald bedeckten östlichen Chiapas konnte sich einer der herrlichsten und stärksten Stadtstaaten einer anderen großen Zivilisation entwickeln: der Maya. Während ihrer klassischen Periode (etwa 250–900 n. Chr.) entstanden Orte wie Palenque, Yaxchilán und Toniná. Dutzende von kleineren Mayamächten, z. B. Bonampak, Comalcalco und Chinkultic, blühten in dieser Zeit im östlichen Chiapas und in Tabasco. Damals erreichte die Mayakultur ihren Höhepunkt, was die künstlerischen und intellektuellen Errungenschaften angeht. Die Vorfahren von vielen der typischen indigenen Gruppen aus dem Hochland von Chiapas sind wohl nach dem Untergang der klassischen Maya um 900 n. Chr. aus dem Tiefland in diese Region eingewandert.

Das vorkoloniale Tabasco war ein blühender Knotenpunkt in einem weitgespannten Handelsnetz. Es dehnte sich rund um die Küste von Yucatán bis nach Honduras aus, erstreckte sich die Flüsse entlang in den Urwald

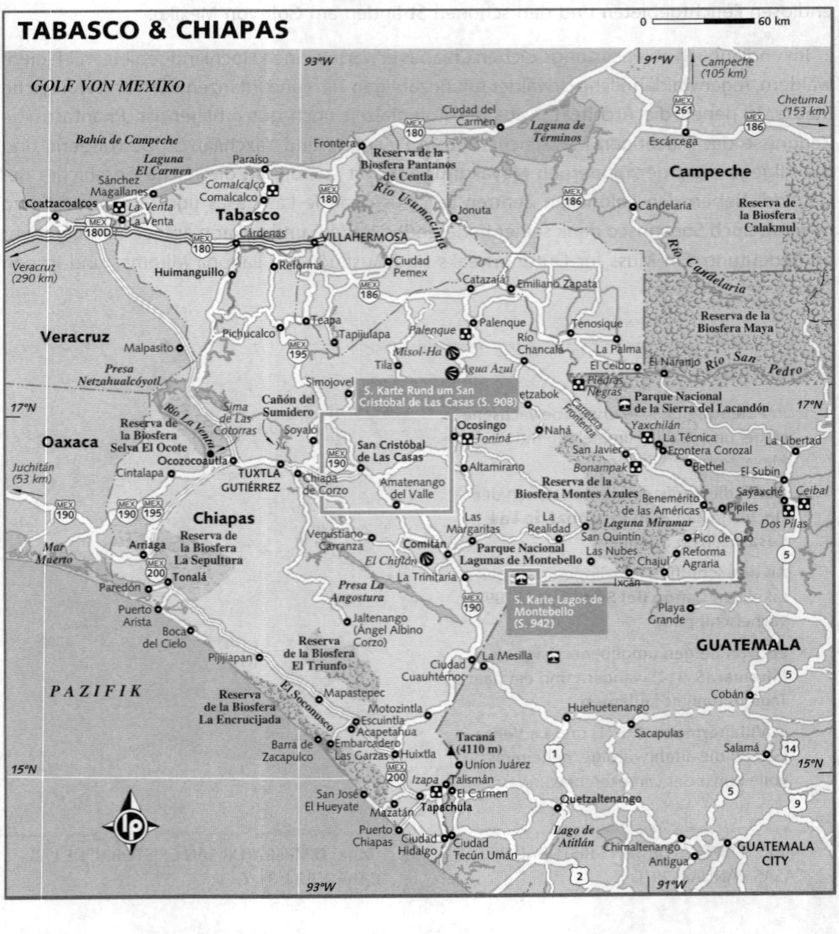

TABASCO & CHIAPAS

und das Gebirge von Guatemala hinauf und westlich bis ins Hochland von Zentralmexiko. Und es war in der Nähe von Frontera, Tabasco, wo 1519 Hernán Cortés und seine Konquistadoren ihre erste Schlacht gegen indigene Mexikaner schlugen. Danach gründeten sie eine Siedlung und nannten sie Santa María de la Victoria. 1641 wurde Santa María weiter ins Inland verlegt, um Piratenangriffen zu entgehen, und in Villahermosa de San Juan Bautista umbenannt. Trotzdem blieb Tabasco bis vor ein paar Jahrzehnten verarmtes Hinterland – aber jetzt hat ihm die Nutzung seiner Naturschätze, insbesondere Öl, umfassenden Wohlstand gebracht.

Das zentrale Chiapas wurde 1528 durch eine Expedition von Diego de Mazariegos unter spanische Kontrolle gebracht. Entlegenere Gebiete wurden dann in den 1530er- und 1540er-Jahren unterworfen, obwohl die Eroberer nie die vollkommene Kontrolle über den Urwald von Lacandón erreichten. Mit den Spaniern kamen neue Krankheiten: 1544 tötete eine Epidemie etwa die Hälfte der indigenen Bevölkerung von Chiapas. Die längste Zeit der Kolonialherrschaft wurde Chiapas erfolglos von Guatemala aus verwaltet und dabei ging man kaum gegen die Übergriffe der Kolonisten auf die indigene Bevölkerung vor. Nur ein paar Kirchenmänner, insbesondere der erste Bischof von Chiapas Bartolomé de Las Casas (1474–1566), kämpften für die Rechte der Einheimischen.

1822 versuchte das gerade unabhängig gewordene Mexiko zunächst erfolglos, sich die früheren zentralamerikanischen Provinzen Spaniens (einschließlich Chiapas) einzuverleiben. Aber 1824 entschied sich Chiapas per Volksentscheid, lieber Mexiko als den Vereinigten Provinzen von Zentralamerika beizutreten. Seither hat eine Folge von in Mexico City ernannten Gouverneuren gemeinsam mit den Landbesitzern in der Region eine fast schon feudale Kontrolle über Chiapas ausgeübt. Gelegentliche Aufstände zeugen davon, wie schlecht die Regierung arbeitete. Aber die Welt nahm davon bis zum 1. Januar 1994 wenig Notiz. Damals besetzten die Zapatisten-Rebellen plötzlich und schnell mit militärischer Gewalt San Cristóbal de Las Casas und Städte in der Nähe. Die Rebellenbewegung hatte eine feste und engagierte Basis unter den ernüchterten einheimischen Siedlern im östlichen Chiapas. Mit ihrer Hilfe zog sie sich zügig in entlegene Stützpunkte im Urwald zurück, um von dort eine Kampagne für demokratische Veränderungen und die Rechte der Einheimischen zu führen. Die Zapatisten allerdings schafften es nicht, auf nationaler Ebene irgendwelche bedeutenden Zugeständnisse zu erreichen (s. Kasten S. 912) – inzwischen bekommt Chiapas allerdings mehr finanzielle Unterstützung von der Regierung und die Infrastruktur des Staates konnte erkennbar verbessert werden. Auch die Entwicklung der Touristeneinrichtungen hat sich beschleunigt und die städtische Mittelschicht ist ebenfalls gewachsen.

Klima

Zwischen Mai und Oktober regnet es viel; am heftigsten im Juni, September und im frühen Oktober. In der regnerischen Jahreszeit beginnen die Tage oft trocken und recht hell und am Nachmittag kommt dann normalerweise ein starker Regenguss. In Tabasco ist die Niederschlagsmenge besonders hoch (etwa 1500 mm jährlich).

Zwischen November und April sind warme und sonnige Tage die Regel. Die heißesten Monate sind April und Mai – dann verwandeln sich die Felder in ein staubiges Braun, bis der Regen einsetzt.

Die Temperaturen schwanken in Tabasco und Chiapas zwischen den Jahreszeiten kaum. Ein wesentlich wichtigerer Faktor ist dagegen die Höhenlage: In allen Gebieten im Tiefland ist es das ganze Jahr über heiß und stickig mit unangenehm hoher Luftfeuchtigkeit und Tageshöchsttemperaturen von über 30 °C. Das betrifft den größten Teil von Tabasco, den Lacandón-Urwald, Palenque, die Region um den Usumacinta und die pazifische Küste. Im höher gelegenen Zentrum des Gebietes ist das Klima nicht so belastend.

Parks & Naturschutzgebiete

Als Versuch, Naturschutz und nachhaltige Nutzung durch den Menschen zu verbinden, wurden große Teile der Landschaft zu Biosphärenreservaten erklärt. Bedeutende, schützenswerte Feuchtgebiete sind die Reserva de la Biosfera Pantanos de Centla (S. 884) in Tabasco und die Reserva de la Biosfera La Encrucijada (S. 945) in Chiapas. Die Reserva de la Biosfera Montes Azules (S. 914) und die Reserva de la Biosfera Lacan-tun (s. S. 931) im östlichen Chiapas kämpfen darum, die Reste des Lacandón-Urwalds zu retten. In der Reserva de la Biosfera El Triunfo (S. 943) sieht man seltene Nebelwälder. Zudem gibt's drei Nationalparks in der Region: Cañón del Sumidero (S. 893), Lagos de Montebello (S. 941) und Palenque (S. 919).

Gefahren & Ärgernisse

Die Probleme an der Grenze zu Guatemala sind der Drogenhandel und die illegale Zuwanderung aus dem Süden. Daher finden sich auf der Carretera Fronteriza entlang der Grenze nach Guatemala zwischen Palenque und Lagos de Montebello regelmäßig Armee-Kontrollpunkte. Diese erhöhen die Sicherheit der Traveller im Allgemeinen, aber man sollte hier nach Einbruch der Dunkelheit trotzdem nicht mehr aufhalten. Auch die Grenzübergänge nach Guatemala in der Nähe von Tapachula sind möglichst früh am Tag zu passieren.

Die indigenen Einwohner bilden in ihren Dörfern oft einen starken Zusammenhalt und können Fremden gegenüber sehr misstrauisch sein. Besonders empfindlich reagieren sie, wenn sie fotografiert werden. In einigen Dörfern werden Kameras allerhöchstens toleriert – manchmal aber nicht mal das. Wer fotografiert, ohne vorher um Erlaubnis gebeten zu haben, provoziert eventuell. Also am besten immer vorher fragen!

In der letzten Zeit gab es keine Zwischenfälle mehr, die mit den Zapatisten zu tun hatten und Touristen betrafen. Gelegentlich flackern aber Unruhen zwischen Zapatisten und der Armee oder paramilitärischen Antizapatisten auf. Wer abseits der Hauptstraßen ins Hochland von Chiapas, in die Ocosingo-Region oder ins östliche Chiapas fahren möchte, sollte sich unbedingt vor Ort informieren, wo man besser nicht hingeht: Unwissende können in diesen Gebieten auch aufgrund von lokalpolitischen oder religiösen Konflikten in Gefahr geraten. Reisende nach Villahermosa und an die Küste von Tabasco sollten beachten, dass diese Gegenden saisonal bedingt überschwemmt werden; einige Gebiete haben sich von der Katastrophe im Jahr 2007 (s. Kasten rechts) noch immer nicht erholt.

Anreise & Unterwegs vor Ort

Auf der mautpflichtigen Autopista (Schnellstraße) zwischen Coatzacoalcos (Bundesstaat Veracruz) und Ocozocoautla (Chiapas) erreicht man die Hauptstadt von Chiapas, Tuxtla Gutiérrez, von Mexico City aus in durchschnittlich zehn Stunden. Außerdem wird derzeit eine neue Autopista zwischen Ocozocoautla und Arriaga in der Küstenebene von Chiapas gebaut.

Die Panamericana (Hwy 190), eine schnelle, neue, mautpflichtige Autopista, verläuft durch Tuxtla Gutiérrez und San Cristóbal de Las Casas. Sie erreicht Guatemala bei Ciudad Cuauhtémoc/La Mesilla (S. 942), 84 km von Huehuetenango, Guatemala, entfernt. Die andere Hauptstraße nach Guatemala ist der Hwy 200 durch die Küstenebene von Chiapas. Er führt zu zwei Grenzübergängen in der Nähe der Stadt Tapachula (S. 851). In die im Norden Guatemalas gelegene Petén-Region kann man auch mit dem Boot einreisen, über den Río Usumacinta (von Frontera Corozal nach Bethel; S. 932) oder den Río San Pedro (von El Ceibo nach El Naranjo; S. 885).

Von den Flughäfen in Villahermosa (S. 878), Tuxtla Gutiérrez (S. 891) und Tapachula (S. 949) geht's täglich direkt nach Mexico City.

Die Busverbindungen innerhalb der Region und in andere Bundesstaaten sind sehr gut. Für kürzere Strecken sind Minibusse, Combis und *colectivo*-Taxis oft die schnellere (wenn auch etwas beengtere) Alternative.

TABASCO

Es heißt, Tabasco besäße mehr Wasser als Land. Wenn man auf der Karte all die Lagunen, Flüsse und Sümpfe betrachtet, kann man das auch leicht glauben – zumindest in der regnerischen Zeit des Jahres. Es ist hier immer heiß

2007: ÜBERSCHWEMMUNGEN IN TABASCO

Aufgrund von Überschwemmungen waren die Straßen im ganzen Bundesstaat Tabasco nahezu unpassierbar und eine Recherche daher so gut wie unmöglich. Daher beruhen die Angaben in diesem Kapitel weitgehend auf persönlichen Kontakten per Telefon oder Internet sowie auf Berichten von Einheimischen und Travellern. Bei Drucklegung hatte sich Tabasco noch immer nicht ganz erholt. Wir haben versucht, den Text für Traveller so aktuell und brauchbar wie nur möglich zu gestalten, aber einige Angaben sind dennoch vielleicht nicht ganz auf dem neuesten Stand.

und schwül – und das wird auch nur ein kleines bisschen besser, wenn es einem gelingt, am Golf von Mexiko ein Lüftchen zu erhaschen oder wenn man sich in die südlichen Hügel wagt. Wenige Traveller bleiben länger in Tabasco als man braucht, um die großartigen Steinskulpturen der Olmeken im Villahermosas Parque-Museo La Venta zu sehen. Aber es kann tatsächlich ein äußerst lohnendes Gebiet Mexikos sein. Zusammen mit nur wenigen anderen Touristen kann man hier einige fesselnde vorkoloniale Stätten anschauen – denn sowohl die Olmeken als auch die Maya erlebten hier ihre Blütezeit. Dazu gibt's eine große und lebhafte Hauptstadt, eine schöne Umgebung mit viel Natur und ein entspanntes Volk mit einer unerschütterlichen Liebe zur *música tropical.* Dank der Ölgewinnung durch Mexikos staatlichen Ölkonzern (Pemex) zu Land und zu Wasser ist Tabasco aus der Armut herausgekommen und zu einem der wohlhabenderen Staaten Mexikos geworden.

Von Ende Oktober bis Anfang November 2007 haben lange, starke Regenfälle zu erheblichen Überschwemmungen geführt und sage und schreibe 80 % des Bundesstaates unter Wasser gesetzt. Die Regierung sorgte in kürzester Zeit für Lebensmittel und Notunterkünfte, in ganz Mexiko schossen Hilfs- und Spendenzentren wie Pilze empor und überall haben Menschen spontan geholfen, um eine humanitäre Katastrophe zu verhindern. Das Wasser ist mittlerweile zwar zurückgegangen, aber bis sich das Land wirtschaftlich vollständig erholt hat, werden wohl noch einige Jahre vergehen. Anfang 2008 waren ein großer Teil der Infrastruktur, die Sehenswürdigkeiten und Einrichtungen für Reisende bereits wieder intakt.

VILLAHERMOSA

☎ 993 / 673 000 Ew.

Die große, flache, heiße und feuchte Stadt, in der über ein Viertel von Tabascos Bevölkerung lebt, war nie die „schöne Stadt", die der Name verspricht – aber sie nutzt endlich den Vorteil ihrer Lage am gewundenen Río Grijalva. Ein paar Blocks vom verkehrsberuhigten Stadtzentrum entfernt entwickelt sich am Fluss eine nette Freizeitlandschaft. Dennoch: Als der Fluss 2007 über seine Ufer trat und die Stadt überflutete, sah es hier hinterher etwa so aus wie in New Orleans nach Katrina.

Die wichtigste Attraktion ist das Open-Air Parque-Museo La Venta, eine Kombination aus archäologischem Olmekenmuseum und Zoo in einem hübschen Park am See. Auf dem Gelände findet sich daneben ein regionales Anthropologiemuseum und eine sich entwickelnde Kultur- und Unterhaltungsszene, die dazu verlocken könnte, länger als nur einen Tag oder eine Nacht zu bleiben.

Geld aus dem Ölgeschäft hat Modernität und Kommerz in einige der äußeren Stadtgebiete gepumpt. Dort findet man heute glitzernde Einkaufsmeilen, bombastische öffentliche Gebäude und Luxushotels.

Orientierung

In der großen Stadt muss man einige Strecken in stickiger Hitze laufen – da nimmt man doch lieber einen Minibus (Combi) oder ein Taxi. Das Zentrum ist als Zona Luz bekannt, es erstreckt sich von Norden nach Süden vom Parque Juárez bis zur Plaza de Armas und von Osten nach Westen vom Río Grijalva etwa bis zur Calle 5 de Mayo. Die wichtigsten Busbahnhöfe liegen 750 m bis 1 km von dort entfernt in Richtung Norden.

Das Parque-Museo La Venta ist 2 km nordwestlich von der Zona Luz an der Av Ruíz Cortines. Die Avenida ist die wichtigste Ost-West-Verbindung durch die Stadt. Westlich vom Parque-Museo La Venta befindet sich der Tabasco-2000-Distrikt mit modernen Geschäfts- und Regierungsgebäuden.

Praktische Informationen

GELD

Die meisten Banken der Stadt haben Geldautomaten und wechseln ausländische Währungen.

Bancomer (Karte S. 874; Ecke Zaragoza & Juárez; 🕑 Mo–Fr 8.30–16 Uhr)

Santander Serfin (Karte S. 874; Madero 584; 🕑 Mo–Fr 9–16 Uhr)

INTERNETZUGANG

Cybercafés gibt's jede Menge. Die Preise liegen zwischen 7 und 10 Mex$ pro Stunde.

Milenium (Karte S. 874; Sáenz 130; 🕑 Mo–Sa 8–22, So 9–17 Uhr)

Multiservicios (Karte S. 874; Aldama 621C; 🕑 Mo–Sa 8–21, So 9–17 Uhr)

MEDIZINISCHE VERSORGUNG

Hospital Cruz Roja (Karte S. 872; ☎ 315-55-55; Av Sandino s/n) Eine kurze Fahrt südwestlich der Zona Luz.

Unidad Médica Guerrero (Karte S. 874; ☎ 314-56-97/98; 5 de Mayo 444; 🕑 24 Std.) Notfallversorgung.

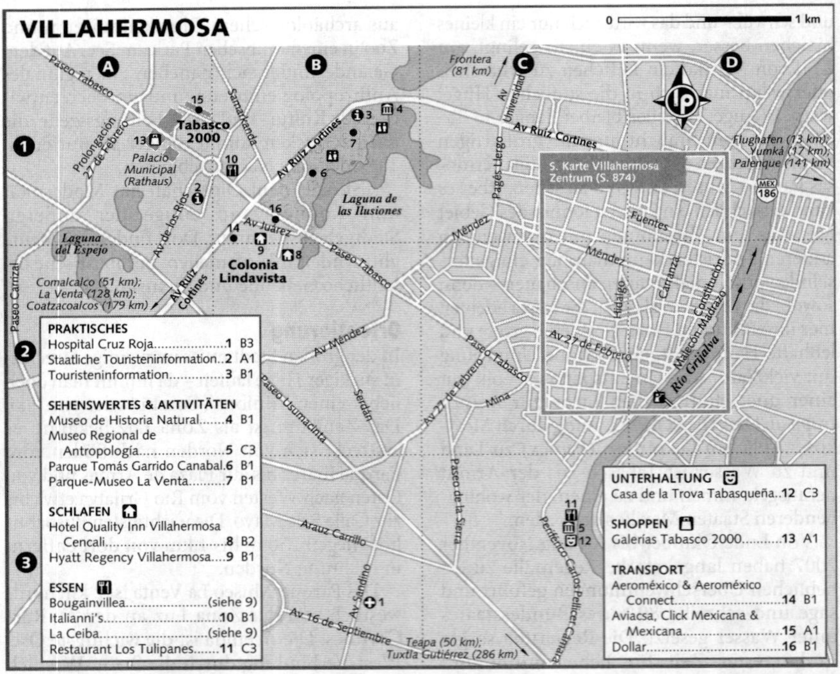

POST

Hauptpost (Karte S. 874; Sáenz 131; ⌚ Mo–Fr 9–15, Sa 9–13 Uhr)

TOURISTENINFORMATION

Staatliche Touristeninformation (Karte S. 872; ☎ 316-36-33, 800-216-08-42; www.tabasco.gob.mx/turismo; Av de los Ríos s/n; ⌚ Mo–Fr 8–17 Uhr) Im Komplex Tabasco 2000. Von der Zona Luz ab Madero direkt nördlich des Parque Juárez mit einem „Fracc Carrizal"-Combi (5 Mex$) bis zu dem großen, von Banken umgebenen Kreisverkehr fahren. Die Av Ruíz Cortines überqueren und auf der Av de los Ríos einen Block nach links laufen.

Touristeninformation (Karte S. 872; ⌚ Di–So 8–18 Uhr) Im Parque-Museo La Venta.

WASCHSALON

Lavandería Top Klean (Karte S. 874; ☎ 312-28-56; Madero 303A; nächster Tag/gleicher Tag 18/25 Mex$ pro kg; ⌚ Mo–Sa 8.30–20 Uhr)

Sehenswertes

Das Parque-Museo La Venta und die verkehrsberuhigte Zona Luz sind herrliche Gebiete, die man erkunden sollte. Die geschäftigen Straßen der Zona Luz sind voller Verkaufsstände, und aus den Klamottenläden rundum schmettert feurige Salsa. Dazwischen befinden sich immer wieder Cafés und Galerien – die tropische Atmosphäre brummt hier nur so.

PARQUE-MUSEO LA VENTA

Dieser faszinierende **Park mit Museum** (Karte S. 872; ☎ 314-16-52; Av Ruíz Cortines; Eintritt 40 Mex$; ⌚ 8–17 Uhr, letzter Eintritt 16 Uhr, Zoo Mo geschl.; ♿) wurde 1958 geschaffen. Damals bedrohte die Suche nach Öl die bedeutende antike Olmekensiedlung von La Venta im westlichen Tabasco (S. 880) und Archäologen brachten die wichtigsten Funde der Stätte – z. B. die riesigen Steinköpfe – nach Villahermosa.

Für den Besuch hier sollte man zwei bis drei Stunden einplanen und ein Moskitoschutzmittel mitnehmen. Der Park liegt nämlich mitten in einem feuchten, tropischem Waldgebiet. Snackbuden und eine kleine Cafeteria sichern das leibliche Wohl. Zuerst stößt man auf den **Zoo**, in dem Tiere aus Tabasco und den Regionen in der Nähe zu Hause sind: Katzen wie Jaguare, Ozelots und Jaguarundis (Wieselkatzen), Weißwedelhirsche, Klammeraffen, Krokodile, *Boa constrictors*, Pekaris (Nabelschweine) und jede Menge bunte Vögel, darunter Hellrote Aras und Fischer- bzw. Regenbogentukane.

Als nächstes folgt der **Skulpturenpfad** mit einer informativen Ausstellung zu den Ausgrabungen an olmekischen Stätten. Sie ist auf Englisch und Spanisch beschriftet – wie das meiste hier. Den Anfang des Pfades markiert eine gigantische *ceiba* – ein Kapokbaum, der heilige Baum der Olmeken und Maya. Den 1 km langen Weg säumen Funde aus La Venta. Die eindrucksvollsten sind in der Reihenfolge, in der man sie sieht: Stele 3 (stellt einen bärtigen Mann mit Kopfschmuck dar), Altar 5 (eine Figur, die ein Kind trägt) und Monument 77 („El Gobernante", bildet einen mürrisch aussehenden Herrscher ab). Dann folgen Monument 56 mit dem Affengesicht, Monument 1, der riesige Kopf eines helmtragenden Soldaten, und Stele 1 mit einer jungen Göttin. Letztere ist etwas Besonderes, weil die Olmeken wohl nicht allzu oft irgendetwas Weibliches dargestellt haben. Harmlose Tiere wie Nasenbären, Eichhörnchen und Mohrenagutis laufen frei im Park herum.

Nach Einbruch der Dunkelheit werden Besuchern mithilfe einer **Sound-and-Light-Show** (Eintritt 100 Mex$; ⌚ stündl. Di–So 19–22 Uhr) die 13 interessantesten archäologischen Stücke näher gebracht. Mit dabei sind Videosequenzen und Ausschnitte aus Gedichten von Carlos Pellicer Cámara (1898–1977). Der Gelehrte und Dichter aus Tabasco war verantwortlich dafür, dass die Artefakte von La Venta gerettet werden konnten. Wer genug Spanisch kann, wird also ein fabelhaftes Erlebnis mit toller Atmosphäre haben.

Gleich beim Eingang zum Park zeigt das **Museo de Historia Natural** (Karte S. 872; ☎ 314-21-75; Eintritt 15 Mex$; ⌚ Di–So 8–16 Uhr) eine sehr gut gemachte Ausstellung zu Dinosauriern, dem Weltraum, der frühen Menschheit und dem Ökosystem von Tabasco (alles auf Spanisch).

Das Parque-Museo La Venta ist 3 km von der Zona Luz entfernt. Ein „Fracc Carrizal"-Combi fährt von der Madero nördlich des Parque Juárez in der Zona Luz ab. Es lässt einen an der Paseo Tabasco, gleich bei der Av Ruíz Cortines wieder raus. Dann 1 km Richtung Nordosten durch den Parque Tomás Garrido Canabal laufen und die Malecón de las Ilusiones entlang – dieser Pfad am See führt zum Eingang.

MUSEO REGIONAL DE ANTROPOLOGÍA

Das **regionale Museum** (Karte S. 872; ☎ 312-63-44; Periférico Carlos Pellicer; Eintritt 25 Mex$; ⌚ Di–So 9–17 Uhr) ist ein wenig verfallen und schlecht beschildert (nur auf Spanisch), hat aber trotzdem ein paar interessante Ausstellungsstücke zu bieten. Am besten fängt man im oberen Stockwerk an. Mithilfe einer ziemlich guten Skulpturensammlung werden hier in groben Zügen die vielen Zivilisationen Mittelamerikas dargestellt. Nachdem man so sein Allgemeinwissen aufpoliert hat, konzentriert man sich im mittleren Stockwerk auf die Olmeken- und Mayakulturen in Tabasco. Hier sind zweitklassige Skulpturen aus La Venta und klassische Maya-Urnen aus Tapijualapa und Tacotalpa zu sehen. Schließlich gibt's im Erdgeschoss noch einen der kleineren olmekischen Köpfe aus La Venta und einige große klassische Mayastelen aus Reforma und Tortuguero.

Das Museum befindet sich 1 km südlich der Zona Luz. Man kann laufen (20 Min.) oder an der Constitución ein „CICOM"-Combi oder einen Microbus Richtung Süden nehmen.

MUSEO DE HISTORIA

Dieses **Museum** (Karte S. 874; ☎ 314-21-72; Juárez 402; Eintritt Erw./Kind & Senior 15/5 Mex$; ⌚ Di–So 9–17 Uhr) ist in einem beeindruckenden Gebäude aus dem 19. Jh. untergebracht, das auch als La Casa de los Azulejos (Haus der Fliesen) bekannt ist. Die Exponate über die Geschichte Tabascos sind eher bescheiden, aber das machen die traumhaft schönen, spanischen *azulejos* (bemalte Keramikfliesen), die die Fassade und den größten Teil des Museumsinneren schmücken, wieder wett.

GALERIEN

Im Zentrum von Villahermosa gibt's mehrere Kunst- und Fotogalerien. Sie kosten keinen Eintritt und präsentieren Ausstellungen von Werken aus Tabasco oder anderen Teilen Mexikos. Die **Galería El Jaguar Despertado** (Karte S. 874; ☎ 314-12-44; Sáenz 117; ⌚ Mo–Sa 9–21, So 10–18 Uhr), das modernistische Beton-und- Glasgebäude des **Centro Cultural Villahermosa** (Karte S. 874; ☎ 312-61-36; Ecke Madero & Zaragoza; ⌚ Di–So 10–20 Uhr) und die Galerie im **Palacio de Gobierno** (Karte S. 874; Independencia 2; ⌚ 10–14 & 17–20 Uhr) haben einige der besten Shows.

TORRE DEL CABALLERO

Dieser **Aussichtsturm** (Karte S. 874; Eintritt frei; ⌚ 8–18 Uhr) auf einer Fußgängerbrücke über den Río

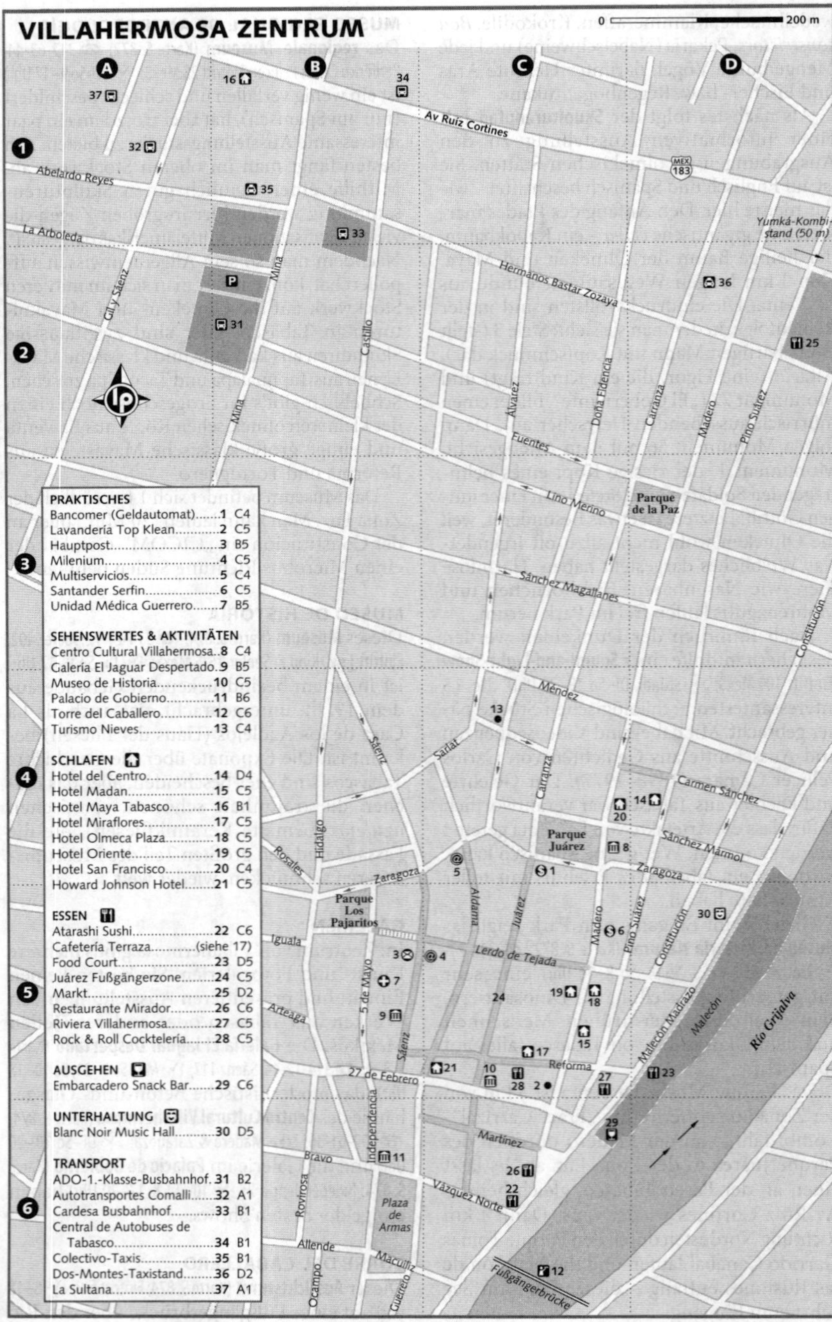
VILLAHERMOSA ZENTRUM
0 200 m
A
B
C
D
PRAKTISCHES
Bancomer (Geldautomat).......1 C4
Lavandería Top Klean..........2 C5
Hauptpost........................3 B5
Milenium..........................4 C5
Multiservicios....................5 C4
Santander Serfín..................6 C5
Unidad Médica Guerrero.......7 B5
SEHENSWERTES & AKTIVITÄTEN
Centro Cultural Villahermosa..8 C4
Galería El Jaguar Despertado..9 B5
Museo de Historia...............10 C5
Palacio de Gobierno.............11 B6
Torre del Caballero..............12 C6
Turismo Nieves...................13 C4
SCHLAFEN
Hotel del Centro..................14 D4
Hotel Madan.......................15 C5
Hotel Maya Tabasco.............16 B1
Hotel Miraflores..................17 C5
Hotel Olmeca Plaza..............18 C5
Hotel Oriente......................19 C5
Hotel San Francisco.............20 C4
Howard Johnson Hotel...........21 C5
ESSEN
Atarashi Sushi.....................22 C6
Cafetería Terraza.........(siehe 17)
Food Court..........................23 D5
Juárez Fußgängerzone...........24 C5
Markt.................................25 D2
Restaurante Mirador.............26 C6
Riviera Villahermosa.............27 C5
Rock & Roll Cocktelería.........28 C5
AUSGEHEN
Embarcadero Snack Bar.........29 C6
UNTERHALTUNG
Blanc Noir Music Hall............30 D5
TRANSPORT
ADO-1.-Klasse-Busbahnhof.31 B2
Autotransportes Comalli.........32 A1
Cardesa Busbahnhof..............33 B1
Central de Autobuses de Tabasco..........34 B1
Colectivo-Taxis....................35 B1
Dos-Montes-Taxistand............36 D2
La Sultana...........................37 A1
Av Ruiz Cortines
MEX 183
Abelardo Reyes
La Arboleda
Yumká-Kombistand (50 m)
Hermanos Bastar Zozaya
Gil y Sáenz
Mina
Castillo
Alvarez
Doña Fidencia
Carranza
Madero
Pino Suárez
Fuentes
Lino Merino
Parque de la Paz
Sánchez Magallanes
Constitución
Méndez
Sarlat
Sáenz
Carmen Sánchez
Sánchez Mármol
Parque Juárez
Zaragoza
Hidalgo
Rosales
Parque Los Pajaritos
Aldama
Juárez
Iguala
Lerdo de Tejada
5 de Mayo
Arteaga
Malecón Madrazo
Malecón
Río Grijalva
Reforma
27 de Febrero
Independencia
Martínez
Bravo
Vázquez Norte
Rovirosa
Plaza de Armas
Allende
Macuiltz
Ocampo
Guerrero
Fußgängerbrücke

Grijalvat bietet einen schönen Panoramablick auf die Stadt und den Fluss.

TABASCO 2000

Der Tabasco-2000-Distrikt (Karte S. 872) mit seinen moderenen Regierungsgebäuden, einem Kongresszentrum, Brunnen, Restaurants und der Galerías-Tabasco-2000-Shoppingmall ist ein Beleg für den Reichtum, den das Öl nach Villahermosa gebracht hat. Der Bezirk eignet sich gut, um nach einem Besuch im Parque-Museo La Venta noch ein wenig herumzubummeln und einen Happen zu essen. Oder man nimmt gleich von der Madero im Norden des Parque Juárez ein „Fracc Carrizal"-Combi hierher.

Geführte Touren

Turismo Nieves (Karte S. 874; ☎ 314-18-88; reservaya@turismonieves.com.mx; Sarlat 202; Mo–Sa 8–19 Uhr) bietet eine Reihe von interessanten Touren rund um Tabasco an. Dazu gehört u. a. der achtstündige Tagestrip „Ruta del Cacao" in den Nordwesten von Villahermosa (890 Mex$/Pers., mind. 2 Pers.). Ins Tourpaket wurden eine Schildkrötenfarm, zwei Kakao-Haziendas, Comalcalco-Ruinen und eine Bootsfahrt zur Laguna Mecoacán hineingepackt.

Schlafen

Als Ölstadt ist Villahermosa mit komfortablen Mittelklasse- und Spitzenklassehotels mit allen Annehmlichkeiten gut ausgestattet; manche von ihnen reduzieren ihre Preise am Wochenende stark. Klimaanlagen sind hier Standard. Einladende Budgetunterkünfte sind seltener.

BUDGETUNTERKÜNFTE

Hotel del Centro (Karte S. 874; ☎ 312-25-65; Pino Suárez 209; Zi. mit Ventilator 200–300 Mex$, Zi. mit Klimaanlage 350–400 Mex$; P ❄) Ein leicht heruntergekommenes, aber akzeptables, einfaches Budgethotel. Alle Zimmer haben TV.

Hotel Oriente (Karte S. 874; ☎ 312-01-21; Fax 312-11-01; Madero 425; EZ/DZ/3BZ mit Ventilator 220/250/360 Mex$, mit Klimaanlage 300/330/420 Mex$; ❄) Das gut geführte Hotel im Stadtzentrum hat gemütliche, blitzsaubere Zimmer. Selbst die Bäder funkeln. In allen Zimmern steht ein Fernseher.

Hotel San Francisco (Karte S. 874; ☎ 312-31-98; Madero 604; EZ & DZ 280 Mex$, 3BZ/4BZ 360/400 Mex$; ❄) Die Lobby ist düster, aber die Zimmer mit Klimaanlage und TV sind annehmbar. Für die oberen Stockwerke gibt's einen Aufzug.

MITTELKLASSEHOTELS

Hotel Madan (Karte S. 874; ☎ 314-05-18, 800-543-47-77; www.bestwestern.com; Madero 408; Zi. 586 Mex$; P ⊠ ❄ 💻) Das Best Western Madan mit den 40 hellen, geräumigen Zimmern bietet ein absolut gutes Preis-Leistungs-Verhältnis. Die Zimmer sind mit hübschen Holzmöbeln, Kaffeemaschinen und tollen Bädern eingerichtet, und in den Doppelbetten haben selbst Sumoringer genug Platz. Genauso gut sind das dazugehörige Restaurant und die Bar.

Howard Johnson Hotel (Karte S. 874; ☎ 314-46-45, 800-780-72-72; www.hojo.com.mx; Aldama 404; EZ/DZ 591/652 Mex$; P ❄ 💻 🏊) Komfortabel schlafen im Herzen der Stadt: Einige Zimmer leiden unter einem gewissen Pegel an Straßenlärm – um eines mit Blick auf die Fußgängerzonen Aldama oder Reforma bitten.

Hotel Miraflores (Karte S. 874; ☎ 358-04-70, 800-234-02-29; www.miraflores.com.mx; Reforma 304; EZ/DZ/3BZ/Suite 617/672/755/838 Mex$; P ❄ 💻) Das Miraflores liegt an einer autofreien Straße und hat große, helle Zimmer mit geräumigen Bädern, Telefon, Kabel-TV und gefliesten Fußböden. Manche Zimmer haben sogar einen Balkon. Im Erdgeschoss gibt's ein Café, ein Restaurant und zwei Bars. Kein schlechter Deal!

Hotel Maya Tabasco (Karte S. 874; ☎ 358-11-11, 800-237-77-00; www.bestwestern.com; Av Ruíz Cortines 907; Zi. 687 Mex$; P ❄ 🏊) 1 km nördlich der Zona Luz befindet sich dieses auf Geschäftsreisende ausgerichtete Best-Western-Hotel mit recht geräumigen, gut ausgestatteten, modernen Zimmern. Die meisten Bäder haben eine Badewanne. Weitere Trümpfe sind die tollen Gärten, der große Pool, das gute Restaurant, die beiden Bars mit allabendlichem Unterhaltungsprogramm, der Geldautomat und der kostenlose Transport zum Flughafen und zum Parque-Museo La Venta.

Hotel Olmeca Plaza (Karte S. 874; ☎ 358-01-02, 800-201-09-09; www.hotelolmecaplaza.com; Madero 418; Zi. 750 Mex$, Fr–So 590 Mex$; P ⊠ ❄ 💻 🏊) Das klassische Innenstadthotel verfügt über einen Pool im Freien und einen gut ausgestatteten Fitnessraum. Die Zimmer sind modern und gemütlich eingerichtet, mit Schreibtischen und großen Bädern. Das dazugehörige Restaurant zaubert sehr gute Kost.

Hotel Quality Inn Villahermosa Cencali (Karte S. 872; ☎ 313-66-11, 800-112-50-00; www.qualityinnvillahermosa.com; Av Juárez 105, Colonia Lindavista; Zi. 874 Mex$; P ⊠ ❄ 💻 🏊) Das Cencali liegt in einer sehr ruhigen Gegend ganz in der Nähe des Parque-Museo La Venta. 160 geräumige Zimmer mit

Balkon und Badewanne beherbergen seine Gäste. Von einigen hat man sogar Blick auf die Laguna de las Ilusiones. Außerdem gibt's einen traumhaften Swimmingpool in den tropischen Gärten am See. An manchen Wochenenden fallen die Preise bis auf 787 Mex$.

SPITZENKLASSEHOTELS

Hyatt Regency Villahermosa (Karte S. 872; ☎ 310-12-34; www.villahermosa.regency.hyatt.com; Av Juárez 106, Colonia Lindavista; Zi. 1350 Mex$; P) Villahermosas schickstes Hotel protzt mit Annehmlichkeiten wie einem Swimmingpool, einem kleineren Kinderbecken, Tennisplätzen, zwei Restaurants, zwei Bars und einer Restaurantbar. Die 207 hellen, luxuriös eingerichteten Zimmer und Suiten haben Internet und verglaste Hydromassage-Duschen. An den Wochenenden ist das Frühstück inklusive.

Essen

Die vielen unterschiedlichen Hotelrestaurants, Kettenrestaurants und Lokale, die auf Meeresfrüchte, regionale, japanische und italienische Gerichte spezialisiert sind, werden jeden Besucher kulinarisch glücklich machen.

ZONA LUZ & MALECÓN

Hotel Madan (Karte S. 874; ☎ 314-05-24; Madero 408; Frühstück 30–50 Mex$, Hauptgerichte 55–80 Mex$) Dieses Hotelrestaurant ist nichts Umwerfendes, aber sehr zuverlässig und beliebt. Das freundliche Personal serviert hauptsächlich Mexikanisches.

Food Court (Karte S. 874; Malecón Madrazo; Hauptgerichte 50–100 Mex$; 10–23 Uhr) Die schönste Lage in der ganzen Stadt: Man isst und trinkt unter freiem Himmel auf einer Terrasse am Fluss. Einige der besten Restaurants Villahermosas sind hier vertreten.

Rock & Roll Coctelería (Karte S. 874; ☎ 312-05-93; Reforma 307; Meeresfrüchtecocktails 65–80 Mex$; 9–23 Uhr) Brütende Hitze, wirbelnde Ventilatoren, eine dröhnende Jukebox – und ein geschwätziges Publikum, das wegen der *cocteles* (Fisch oder Meeresfrüchte, Tomatensauce, Salat und ein Spritzer Zitrone) und des billigen Biers hier ist.

Restaurante Mirador (Karte S. 874; ☎ 314-34-95; Madero 105; Hauptgerichte 70–150 Mex$; 12–20 Uhr) Die Spezialitäten des eleganten, klimatisierten Restaurants im Obergeschoss sind Fisch und Meeresfrüchte.

Riviera Villahermosa (Karte S. 874; ☎ 312-44-68; Constitución 104; Hauptgerichte 75–160 Mex$; Mo–Sa 13–2, So 12–18 Uhr) Der europäisch-mexikanische Mix hier ist ziemlich gut. Vom vierten Stock genießt man aus Fenstern vom Fußboden bis zur Decke einen spektakulären Blick auf den Fluss. Die aufgetischten Steaks, Meeresfrüchte und Pastagerichte sind alle zu empfehlen. Mit Klimaanlage.

Atarashi Sushi (Karte S. 874; ☎ 314-70-26; Vázquez Norte 203; Hauptgerichte 90–150 Mex$; So–Fr 12–24, Sa 12–1 Uhr) Das Atarashi ist klimatisiert und serviert leckere mexikanische Varianten japanischer Gerichte. Es gibt alle möglichen verlockenden und sättigenden Meeresfrüchte sowie Fleisch- und Gemüsegerichte mit verschiedenen Saucenkombinationen.

Auch zu empfehlen:

Cafetería Terraza (Karte S. 874; ☎ 358-04-70; Hotel Miraflores, Reforma 304; Hauptgerichte 70–120 Mex$; 7–23 Uhr) Ein verlässliches Hotel-Café-Restaurant mit Sattmachern in Form preiswerter mexikanischer Gerichte.

Hotel Olmeca Plaza (Karte S. 874; ☎ 358-01-02; Madero 418; Hauptgerichte 70–125 Mex$) Gutes Hotelrestaurant mit netter Bedienung.

Juárez Fußgängerzone (Karte S. 874) Mehrere Cafés mit Tischen drinnen und draußen – genau richtig fürs Frühstück, einen Drink oder einen Snack. Oft gibt's auch ein Ständchen von einer Marimbaphon-Gruppe.

Markt (Karte S. 874; Hermanos Bastar Zozaya s/n; 5–19 Uhr) Frisches Gemüse, Chilis, Fisch, Fleisch und jede Menge Atmosphäre.

ANDERE GEGENDEN

Italianni's (Karte S. 872; ☎ 317-72-57; Prolongación Paseo Tabasco 1404; Hauptgerichte 80–140 Mex$; Mo–Mi 13–23, Di–Sa 13–1, So 14–22 Uhr) Dieser gute Italiener bringt gut zubereitete Pasta, Pizzen, Salate, Hühnchengerichte, Steaks und Unmengen italienischen Weins auf den Tisch. Natürlich fehlen weder die klassischen, karierten Tischdecken noch die Fensterläden im mediterranen Stil. Montags bis donnerstags nach 18 Uhr gibt's viele Speisen zum halben Preis.

Restaurant Los Tulipanes (Karte S. 872; ☎ 312-92-09; Periférico Carlos Pellicer 511; Hauptgerichte 80–170 Mex$; 8–21 Uhr) Unweit des Museo Regional de Antropología. Hier sollte man mit Blick auf den Río Grijalva Spezialitäten aus Tabasco probieren: mit Meeresfrüchten gefüllte Maistortillas und Empanadas mit *pejelagarto*, dem leckeren Süßwasser-Knochenhecht und Symbol Tabascos. Außerdem werden Steaks, Hühnchen, *róbalo* (Barsch) und andere Fische serviert. Sonntags gibt's ein Tabasco-Buffet (180 Mex$), das perfekt ist, um sich satt zu essen.

Hyatt Regency Villahermosa (Karte S. 872; ☎ 310-12-34; Av Juárez 106, Colonia Lindavista) Das Tophotel beherbergt zwei der besten Restaurants der Stadt, das Bougainvillea (Hauptgerichte 90–140 Mex$, Mo–Sa 13–24 Uhr) mit allabendlichem Livejazz und das La Ceiba (Sandwiches & Salate 50–70 Mex$, Hauptgerichte 130–180 Mex$, tgl. 6.30–24 Uhr). Beide zaubern eine große Auswahl an mexikanischen und internationalen Gerichten; im La Ceiba gibt's manchmal Buffets.

Ausgehen

Am Fluss gibt's einige Bars mit und ohne Musikangebot. Auch manche Hotelbars sind nicht zu verachten.

Für kühlendes Bier sind die **Restaurants am Fluss** (Karte S. 874; Malecón Madrazo; 🕑 10–23 Uhr) und die **Embarcadero Snack Bar** (Karte S. 874; ☎ 314-46-44; Malecón Madrazo Kiosco 1; Snacks 15–50 Mex$; 🕑 10–3 Uhr) zu empfehlen: schöne, luftige Locations im Freien. Das Embarcadero spielt außerdem Rockmusik, hat einen Großbildfernseher und serviert gute Snacks.

Unterhaltung

Um herauszufinden, was gerade an Events geboten wird, die Website von **Tabascos Kulturministerium** (http://iec.tabasco.gob.mx) aufrufen.

Blanc Noir Music Hall (Karte S. 874; ☎ 314-51-76; Malecón Madrazo 645; Eintritt 30 Mex$; 🕑 Di–Sa 8–15 Uhr) Der zweistöckige Club hat große Fenster zum Fluss. Im Blanc Noir spielen dienstags und samstags nach 22 Uhr oft Bands aus der Region. Im Eintritt von 30 Mex$ für einen Bandabend ist ein Bier mit eingeschlossen.

Riviera Villahermosa (Karte S. 874; ☎ 312-44-68; Constitución 104; Eintritt frei; 🕑 Mo–Sa 13–2, So 12–20 Uhr) Die angesagte Elektro-Pop-Bar im fünften Stock bietet eine herrliche Aussicht.

Casa de la Trova Tabasqueña (Karte S. 872; ☎ 314-21-22; Periférico Carlos Pellicer Cámara s/n; Eintritt frei) *Trova*-Künstler spielen ein oder zweimal die Woche, meist mittwochs, donnerstags und freitags um 20 Uhr. Der Treffpunkt im Caféstil liegt neben dem Museo Regional de Antropología.

Shoppen

Vielleicht findet man etwas nach seinem Geschmack unter den Körben, Korbwaren, Hüten, Kürbisflaschen und Töpferwaren aus Tabasco im **Artesanías de Tabasco** (☎ 316-28-22) in der **Galerías-Tabasco-2000-Shoppingmall** (Karte S. 872; 🕑 10–21 Uhr). In dem Einkaufszentrum gibt's außerdem Mode-, Schmuck-, Schuh- und Musikgeschäfte, Kaffeebars und Restaurants, alles mit Klimaanlage.

An- & Weiterreise

AUTO & MOTORRAD

Die meisten Autovermietungen haben am Flughafen Büros.

Dollar (Karte S. 872; ☎ 315-80-88; Torre Empresarial, Paseo Tabasco 1203)

BUS & COLECTIVO-TAXI

Der **ADO-Busbahnhof** (Karte S. 874; ☎ 312-84-22; Mina 297) liegt 750 m nördlich der Zona Luz. Deluxe- und 1.-Klasse-Busse von UNO, ADO und OCC fahren hier ab, außerdem einige 2.-Klasse-Services. Viele sind aber *de paso*, also Busse, die anderswo ihre Reise begonnen haben, aber stoppen, um Passagiere ein- und aussteigen zu lassen. Man sollte sein Ticket also möglichst im Voraus kaufen. Das kann man am *cajero automático* (Fahrkartenautomat) tun. Er steht an der Madero zwischen den Hotels Madan und Olmeca Plaza. Zu den Abfahrten vom ADO-Terminal (meist am Abend) gehören die folgenden:

Ziel	Preis (Mex$)	Dauer (Std.)	Häufigkeit (tgl.)
Campeche	278–318	6–7	17-mal
Cancún	550-960	12–14	21-mal
Mérida	390–608	8–9	19-mal
Mexico City (TAPO)	550-998	10–12	26-mal
Oaxaca	448	12	3-mal
Palenque	95	2½	13-mal
San Cristóbal de Las Casas	204	7	2-mal
Tenosique	130	3–3½	13-mal
Tuxtla Gutiérrez	200–240	4–8	13-mal
Veracruz	324–522	6–8	24-mal

Die Fahrten zu den meisten Städten innerhalb Tabascos beginnen an anderen Bussteigen nördlich des ADO-Busbahnhof. Vom 2.-Klasse-**Cardesa-Busbahnhof** (Karte S. 874; Ecke Bastar Zozaya & Castillo) geht's zu folgenden Zielen:

Ziel	Preis (Mex$)	Dauer (Std.)	Häufigkeit (tgl.)
Comalcalco	25	1½	Vans alle 30 Min. 5–21 Uhr
Frontera	30	1½	ständl. Busse 5–21 Uhr
Palenque	50	2½	8-mal
Paraíso	30	2	18-mal

Der wichtigste 2.-Klasse-Busbahnhof ist der **Central de Autobuses de Tabasco** (Karte S. 874; ☎ 312-29-77; Ecke Av Ruíz Cortines & Castillo) an der Nordseite der Av Ruíz Cortines. Von hier starten Busse zu folgenden Zielen:

Ziel	Preis (Mex$)	Dauer (Std.)	Häufigkeit (tgl.)
Comalcalco	25	1½	alle 30–60 Min. 5–21 Uhr
Frontera	27	1½	alle 30 Min. 4.30–21 Uhr
Jonuta	50	2½	5-mal
La Venta	50	2	alle 30 Min. 4.30–23 Uhr
Paraíso	30	2	alle 30–60 Min. 5–21 Uhr
Tenosique	70	3½	11-mal

Nach Teapa schickt **La Sultana** (Karte S. 874; ☎ 314-48-82; Av Ruíz Cortines 917) von 5 bis 22.30 Uhr alle 30 Minuten komfortable 2.-Klasse-Busse (30 Mex$, 1 Std.). Weitere Kleinbusse nach Comalcalco (25 Mex$, 1. Std.) werden von 5.30 bis 22 Uhr von **Autotransportes Comalli** (Karte S. 874; Gíl y Sáenz) betrieben; sie fahren alle 20 Minuten.

Colectivo-Taxis nach Paraíso (45 Mex$, 1½ Std.) und Frontera (40 Mex$, 1¼ Std.) fahren von einer Stelle an der Reyes (Karte S. 874), nördlich vom ADO-Busbahnhof, ab.

FLUGLINIENBÜROS

Aeroméxico & Aeroméxico Connect (Karte S. 872; ☎ 315-27-77; Ecke Av Ruíz Cortines & Sagitario)
Aviacsa (Karte S. 872; ☎ 800-284-22-72; Local 8, Plaza D'Atocha Mall, Tabasco 2000)
Continental Airlines (☎ 356-02-67; Aeropuerto Rovirosa)
Mexicana & Click Mexicana (Karte S. 872; ☎ 316-31-33; Locales 5 & 6, Plaza D'Atocha Mall, Tabasco 2000)

FLUGZEUG

Der **Aeropuerto Rovirosa** (☎ 356-01-57) von Villahermosa befindet sich 13 km östlich vom Zentrum am Hwy 186. Direktflüge oder Flüge mit einem Stopp nach/von Villahermosa gibt's zu folgenden Zielen:

Cancún Click Mexicana, tgl.
Houston, Texas Continental, tgl.
Mérida Aviacsa und Click Mexicana, beide tgl.
Mexico City, Aeroméxico, Aviacsa und Mexicana; insgesamt 8 oder mehr tgl.
Monterrey Aeroméxico Connect und Aviacsa; je 1 Direktflug tgl.
Oaxaca Click Mexicana, tgl.
Tuxtla Gutiérrez Click Mexicana, tgl.
Veracruz Aeroméxico Connect, tgl.

Unterwegs vor Ort

Ein Taxi vom Flughafen in die Stadt kostet um die 180 Mex$ (150 Mex$ von der Stadt zum Flughafen) und benötigt etwa 25 Minuten. Eine andere Möglichkeit: auf die Straße vor dem Parkplatzes am Flughafen gehen und ein *colectivo*-Taxi für 15 Mex$ pro Person nehmen. Die Fahrt endet am **Dos-Montes-Taxistand** (Karte S. 874; Carranza) 1 km nördlich der Zona Luz. Von hier aus fahren sie auch zum Flughafen zurück.

Jede Taxifahrt in dem Gebiet zwischen der Av Ruíz Cortines, dem Río Grijalva und der Paseo Usumacinta kostet 15 Mex$. Combi-Fahrten in der gleichen Gegend sind für 5 Mex$ zu haben. Am besten nimmt man vom ADO-Busbahnhof zur Zona Luz ein Taxi, denn um eine Combi-Route zu erreichen, muss man die halbe Strecke zur Zona Luz laufen. Von der Zona Luz zum ADO ein „Chedraui"-, „ADO"- oder „Cardesa"-Combi-Taxi nördlich an der Malecón Madrazo nehmen.

YUMKÁ

Dieser **Safaripark** (☎ 356-01-07; www.yumka.org; Ranchería Las Barrancas; Erw./Kind unter 11 Jahren 50/25 Mex$, See zzgl. 20 Mex$; 9–17 Uhr) 17 km östlich von Villahermosa (4 km jenseits vom Flughafen) ist kaum mit einer Safari in Kenia vergleichbar, aber die Weite und das Grün bieten eine Erholung von der Stadt. Yumká ist in Urwald-, Savannen- und Seengebiete unterteilt und repräsentiert damit die wichtigsten Ökosysteme von Tabasco. Besuche finden in Form von geführten Touren durch die drei Regionen statt (jeweils 30 Min.). In der Urwaldzone begegnet man Arten aus den Regionen Mexikos, z. B. Brüllaffen, Jaguaren, Hellroten Aras und Tukanen. Die Savanne wird von einem traktorgezogenen Anhänger aus besichtigt. Sie hat eine Afrikaabteilung mit Elefanten, Giraffen, Zebras und Nilpferden sowie einen Asienteil mit Axishirschen, Antilopen, Büffeln und Gaurs (dem größten Ochsen der Welt). Den See befährt man mit dem Boot, dabei gibt's jede Menge Vögel zu sehen, z. B. Reiher und Pelikane.

Combis nach Yumká (9 Mex$, 40 Min.) fahren ab 9 Uhr alle 15 bis 20 Minuten von der Amado Nervo neben dem Markt von Villahermosa. Das letzte geht um 17 Uhr.

DAS WESTLICHE TABASCO

Comalcalco

☎ 933 / 40 000 Ew.

Comalcalco liegt ungefähr 51 km nordwestlich von Villahermosa. Es ist eine für das westliche Tabasco ganz typische, mittelgroße Stadt – sie ist heiß, quirlig, recht wohlhabend und um eine breite und offene zentrale Plaza (Parque Juárez) herum angeordnet.

Aber eines lohnt einen Besuch ganz besonders: die eindrucksvollen Ruinen des **altertümlichen Comalcalco** (Eintritt 35 Mex$; 10–16 Uhr), 3,5 km Richtung Norden. Diese Mayastätte ist einzigartig, denn viele der Gebäude sind aus Ziegeln und/oder Mörtel gebaut worden, der aus Austernschalen hergestellt wurde. Seine beste Zeit hatte Comalcalco etwa in den Jahren zwischen 600 und 1000 n. Chr., als es von den Chontals regiert wurde. Für einige weitere Jahrhunderte blieb es ein wichtiges Wirtschaftszentrum und trieb Handel mit einem wahren Füllhorn an vorkolonialen Luxusgütern: mit Kakao, Salz, Federn, Wild- und Jaguarfellen, Wachs, Honig, Schildkrötenpanzern, Tabak, Chili, den Knorpeln von Mantarochen, Baumwolle, mehrfarbiger Keramik, Kopal, Jade und Jade-*hachas* (flachen, steingeschnitzten Gegenstände, die bei den rituellen Ballspielen zum Einsatz kamen).

Am Eingang des Museums sind eine schöne Reihe von Skulpturen und Schnitzereien von Menschenköpfen, Gottheiten, Mustern und Tieren wie Krokodilen und Pelikanen zu sehen.

Die Gebäude auf dem Gelände sind mit spanischen und englischen Infos versehen. Das erste Gebäude, das man erreicht, ist die große, gestaffelte Ziegelpyramide **Templo 1**. An ihrem Sockel sind Reste von Stuckskulpturen zu sehen, z. B. die Füße einer gigantischen Schildkröte mit Flügeln. Weitere Tempel säumen die Plaza Norte vor dem Templo I. In der gegenüberliegenden Südostecke des Geländes erhebt sich die **Gran Acrópolis**. Von ihrer Spitze hat man einen Blick über ein Dach von Palmen bis zum Golf von Mexiko.

An der Acrópolis steht frontal der **Templo V**, eine Begräbnispyramide. Sie war früher auf allen Seiten mit Stuckskulpturen von Menschen, Reptilien, Vögeln und Meereswesen verziert. An der westlichen Ecke des Templo V befindet sich **Templo IX** mit einem Grab, das von neun Stuckskulpturen gesäumt ist, die einen Herrscher von Comalcalco zusammen mit seinen Priestern und Höflingen zeigen. Über Templo V erkennt man das zerfallende Profil des **El Palacio**. Er besitzt 80 m lange, parallel verlaufende, gebogene Galerien und war vielleicht früher die königliche Residenz von Comalcalco.

Die Ausgrabungsstätte (ausgeschildert) liegt 1 km abseits der Straße von Comalcalco nach Paraíso. Kleinbusse bis zur Abzweigung (5 Mex$) halten vor Comalcalcos ADO-Terminal (s. S. 879). Ein Taxi bis zum Grabungsgelände kostet um die 20 Mex$.

Die **Hacienda La Luz** (☎ 334-11-29; Blvd Rovirosa; einstündige Tour 35 Mex$/Pers.; 10–16 Uhr) ist eine von mehreren Plantagen der Region, die Schokolade aus selbst angebautem Kakao herstellen. Sie liegt 300 m vom zentralen Parque Juárez entfernt – 250 m die Calle Bosada bis zu ihrem Ende am Blvd Rovirosa nach Westen laufen, dann rechts abbiegen, und man sieht auf der anderen Straßenseite die weißen Torpfosten der Hazienda. Die Tour (mind. 2 Pers.) führt durch das schöne Haus, die Gärten und die Kakaoplantage. Man bekommt traditionelle Methoden gezeigt, Kakaobohnen in Schokolade zu verwandeln.

SCHLAFEN & ESSEN

Hotel Santander (☎ 334-44-58; Escobedo 103; EZ/DZ 345/375 Mex$; P) Das Santander unweit der Juárez hat saubere Zimmer mit gefliesten Fußböden und Klimaanlage. Der morgendliche Kaffee ist im Preis inbegriffen. Außerdem gibt's hier ein nettes, kleines Café.

Hotel Copacabana (☎ 334-19-33, 800-224-77-77; www.hotelcopacabana.com.mx; Ecke Juárez & Serdán; EZ/DZ 595/712 Mex$; P) Das beste Hotel der Stadt. Die Zimmer sind groß, sehr sauber und rosa und haben eine super Klimaanlage. Das Personal ist professionell. Im Restaurant (Hauptgerichte 57–135 Mex$) – einem der besten Comalcalcos – werden richtig gute Meeresfrüchte- und Fleischgerichte serviert.

Bariloche (☎ 334-63-73; 5 de Mayo 109; Hauptgerichte 70–130 Mex$; 9–2 Uhr) Das Restaurant liegt an der Plaza und bietet eine schöne Auswahl an Gerichten aus der Region und anderes. Es ist klimatisiert, an den Wänden hängen Kunstdrucke und mittwochs und samstags gibt's tropische Livemusik auf die Ohren. Als Vorspeise die Garnelen mit Tequila und *chipotle*-(Chili-)Mayonnaise probieren.

AN- & WEITERREISE

Das **ADO-Terminal** (☎ 334-00-07; Ecke López Mateos & Monserrat) von Camalcalco liegt am Glockenturm (El Reloj). Er steht an der Hauptstraße, 300 m westlich vom Zentrum. Dort fahren 1.- und 2.-Klasse-Busse nach Villahermosa (54 Mex$, 1½ Std., 7-mal tgl.), Praíso (15 Mex$, 20 Min., 25-mal tgl.), Frontera (66 Mex$, 2½ Std., 3-mal tgl.) und zu weiter entfernten Zielen.

Paraíso & Umgebung

☎933 / (Paraíso) 25 000 Ew.

20 km nördlich von Comalcalco liegt Paraíso. Der Ort kommt dank der Nebenprodukte der Einrichtungen von Pemex Oil an der nahen Küste bei Dos Bocas wirtschaftlich sehr gut voran. Er ist so etwas wie ein Erholungszentrum des westlichen Tabasco. Breite, sandige Strände erstrecken sich nördlich der Stadt an den warmen und sauberen Gewässern des Golfs von Mexiko. Playa Varadero (7,5 km von der Stadt), Playa El Paraíso (9 km) und Balneario Palmar (10,5 km) haben alle einfache Strandrestaurants, aber nur in El Paraíso (Parken 70 Mex$) haben diese normalerweise auch während der Woche offen.

Bei Puerto Ceiba, 6 km nordöstlich von Paraíso, befindet sich das **Parador Turístico Puerto Ceiba** (☎333-22-57; 5 de Febrero s/n; Hauptgerichte 70–80 Mex$; 🕑 12–19 Uhr oder länger). Es ist ein nettes Restaurant am Ufer, und man kann von hier aus **Bootsfahrten** (bis zu 14 Pers. 300 Mex$; 1¼ Std.; 🕑 10–18 Uhr) den palmengesäumten Río Seco hinauf oder in die Laguna Mecoacán machen. Dort kann man Mangroven und allerlei Vögel bestaunen – und auch Kajaks mieten. Man muss dem Puente del Bellote, einer Brücke über die Mündung der Lagune, folgen, um auf einige weitere Restaurants zu treffen, die frische Meeresfrüchte servieren. Das erste ist das beliebte **Restaurant La Posta** (☎335-40-92; Hauptgerichte 65–85 Mex$; 🕑 9–20 Uhr oder später). Hier kommen die Meeresfrüchte auf einer Terrasse direkt über der Laguna Mecoacán auf den Tisch. Bootsfahrten werden auch organisiert (100 Mex$ für 20 Min. auf der *laguna;* für einen einstündigen Mangroventrip 250 Mex$, je für bis zu 10 Pers.). Die Straße führt weiter durch mehrere Dörfer und über viele, viele *topes* (Bremsschwellen) bis nach Frontera, 75 km östlich.

Westlich von Paraíso führt eine herrliche Straße die **Barra de Tupilco** entlang. Das mit Palmen bedeckte Fleckchen Sand erstreckt sich zwischen dem Golf von Mexiko und einer Reihe von Lagunen. Der Weg führt bis zum schmuddeligen Sánchez Magallanes, 80 km von Paraíso entfernt. Der herrliche Trip verläuft an einer endlosen Folge von palmengesäumten Sandstränden entlang, während Seeadler, Pelikane und Fregattenvögel über den Köpfen kreisen. Wo Teile der Strecke vom Meer weggewaschen wurden, müssen die Fahrzeuge einen Abstecher über die Anwesen von geschäftstüchtigen Anwohnern machen. Sie berechnen dafür inoffizielle Gebühren von bis zu 50 Mex$.

SCHLAFEN & ESSEN

Hotel Sabina (☎333-24-83; Ocampo 115; Zi. mit Ventilator 250 Mex$, mit Klimaanlage 300–380 Mex$; P ❄) Günstigeres Hotel an der Plaza. Achtung: Die Einzelzimmer im Erdgeschoss sind feucht.

Hotel Solimar (☎333-28-72; Ocampo 114; EZ/DZ 532/631 Mex$; P ❄) Einen halben Block nördlich von Paraísos Plaza beherbergt das Solimar Gäste in gemütlichen, netten Zimmern mit Klimaanlage. Die Kunstdrucke mit den Alpen drauf sollen die Hitze vergessen lassen. Zum Hotel gehört eines der besten Lokale der Stadt, das schmucke Restaurant Costa Carey (Hauptgerichte 50–110 Mex$).

ANREISE & UNTERWEGS VOR ORT

Paraísos **ADO-Terminal** (☎333-02-35; Av Romero Zurita) liegt 1,5 km südlich vom Zentrum. Von dort fahren 2.-Klasse-Busse nach Comalcalco (15 Mex$, 20 Min., 3–4/Std.) und Villahermosa (68 Mex$, 2 Std., alle 30 Min.) und zwei 1.-Klasse-Busse nach Frontera (52 Mex$, 2 Std.).

Ein Taxi nach Puerto Ceiba oder zu jedem anderen Strand von Paraíso kostet 20 bis 30 Mex$. Paraísos 2.-Klasse-Busbahnhof **Central Camionera** (Serdán s/n) befindet sich acht Blocks nördlich der zentralen Plaza. Von dort aus vier Blocks östlich lässt Transportes Pancho Villa (TPV) täglich Busse fahren, die die Barra de Tupilco entlang nach Sánches Magallanes (50 Mex$, 2 Std.) rollen. TPV hat auch Busse von Sánches Magallanes nach La Venta.

La Venta

☎923 / 9000 Ew.

Die meisten Fundstücke aus La Venta sind im Parque-Museo La Venta (S. 872) in Villahermosa ausgestellt. Aber das altertümliche Zeremonienzentrum der Olmeken strahlt immer noch eine faszinierende Atmosphäre aus – war sie doch einst die größte und wichtigste „Hauptstadt" der indigenen Kulturen Mexikos. Die **Ausgrabungsstätte** (Eintritt 30 Mex$; 8–16 Uhr) befindet sich bei der kleinen Stadt La Venta, 128 km westlich von Villahermosa. La Venta hatte seine Blütezeit zwischen 800 und 400 v. Chr. Es liegt auf einem natürlichen Plateau in 20 m Höhe über einem fruchtbaren und zu manchen Jahreszeiten überfluteten Flachland. Man schreibt es Matthew Stirling zu, in den frühen 1940er-Jahren vier riesige Olmekenköpfe gefunden zu haben. Sie sind aus Basalt gefertigt und der größte Kopf ist mehr als 2 m hoch. Eine Menge weiterer faszinierender Skulpturen wurden hier auch entdeckt. Man glaubt, dass die Olmeken den Stein für ihre Monumente aus den Hügeln 100 km westlich und östlich hierher gebracht haben. Dafür benutzten sie ein System aus Schlitten und Flößen auf dem Fluss.

Das Museum am Eingang des Geländes beherbergt drei sehr verwitterte Olmekenköpfe. Sie wurden nach der Gründung des Parque-Museo La Venta 1958 wieder hierher zurückgebracht. Außerdem werden Nachbildungen von einigen der schönsten Skulpturen aus La Venta gezeigt, die sich nicht mehr hier befinden. Weitere Nachbildungen sind dekorativ auf dem ganzen Gelände angeordnet. Das Herz der Ausgrabung ist der 30 m hohe Edificio C-1, eine abgerundete Pyramide aus Ton und Sand. Zeremonielle Plätze und andere Gebäude erstrecken sich nördlich und südlich davon. Sie sind heute hauptsächlich an den niedrigen Erdhügeln zu erkennen und an der Tatsache, dass die Vegetation fehlt. Richtung Süden reicht das Gelände bis weit in den Urwald hinein, bis hinter die Plaza von Complejo B. Am Nordende der Ausgrabungsstätte befindet sich der Complejo A – früher ein wichtiges Gebiet für die Durchführung von Zeremonien. Hier wurden in den 1940er- und 1950er-Jahren viele Skulpturen und reiche Opfergaben gefunden – bevor die Suche nach Öl das Gelände verändert hat.

Die Stadt La Venta befindet sich 4 km nördlich vom Hwy 180. Vom **ADO-Terminal** (☎ 232-03-97; Juárez 37) an der Hauptstraße gelangt man zwischen 5 und 23 Uhr alle 30 Minuten nach Villahermosa (59 Mex$, 2 Std.). Das archäologische Grabungsgelände befindet sich 800 m nördlich vom Busbahnhof.

Malpasito

360 Ew. / 200 m

Tief in Tabascos schöner und gebirgiger Südwestecke liegt das winzigkleine Malpasito. Hier kann man sich das Gelände der geheimnisvollen antiken Ruinen der Zoque anschauen. Außerdem gibt's in dieser Gegend einen von mehreren *ejidos* (Landkooperativen). Reisenden werden hier ökotouristische Aktivitäten geboten, die unter dem Namen Agua Selva gefördert werden. Malpasito liegt 1 km westlich der Caseta-Malpasito-Mautstation und der Kreuzung auf der vor Kurzem erst gebauten Autopista von Coatzacoalcos nach Ocozocoautla.

Die **Ruinen** (Eintritt 25 Mex$; 10–17 Uhr) von Malpasito (ausgeschildert) liegen 600 m über dem Dorf. Abgesehen von der wunderschönen Lage sind auf diesem wenig besuchten Gelände aus den Jahren 700 bis 900 n. Chr. die Petroglyphen (Felszeichnungen) besonders bemerkenswert. Über 100 Petroglyphen stellen Vögel, Wild, Affen, Menschen und Tempel mit Treppen dar. Sie sind über das ganze Gelände von Maplasito verstreut, zehn davon auf dem archälogischen Grabungsgelände.

Die Ausgrabung ist in einer Reihe von abgestuften Plattformen am bewaldeten Hang angeordnet. Auf der Ebene der Hauptplaza sind ein Ballspielplatz und ein Dampfbad zu erkennen, das möglicherweise für Reinigungsrituale nach dem Spiel benutzt wurde. Stufen führen zum Patio Sur hinauf. Er diente als Hauptareal für die Zeremonien; besonders markant ist hier die gestufte Struktur 13 an seiner Oberseite. Ein kleiner Pfad führt halbrechts von der Spitze dieser Stufen nach 100 bzw. 150 m zu Petroglyphengruppen. Jenseits der zweiten Gruppe verläuft der Weg nach 30 m durch die Umzäunung des Geländes. Nach weiteren 80 m geht's scharf rechts, und nach nochmal 200 m (abwärts) führt ein kaum sichtbarer Seitenpfad 40 m durch Waldgebiet. Er erreicht den großen und flachen Petroglyphen 112, unmarkiert und zum Teil von Moos bedeckt – aber die Tempel- und Treppenzeichnungen sind unverkennbar. Zurück auf dem Hauptpfad, 100 m nach der Abzweigung zum Petroglyph 112, kommt man im Wald zu einem Wasserfall. Unten liegt ein kleiner See, der zu einem Sprung ins Wasser einlädt.

Noch mehr Petroglyphen und kleine Badeseen kann man in Malpasitos **Parque Eco-Arqueológico** (Eintritt 100 Mex$; 8–17 Uhr) finden, direkt oberhalb des Dorfes. Er hat Urwald, Flüsse und Wasserfälle und eine reiche Palette an Pflanzen. Zum Eintrittsgeld gehört auch eine geführte Tour von etwa zwei Stunden.

Man kann sich auch an einem Wasserfall abseilen lassen (140 Mex$) oder sich an eine 160 m lange Zipline (eine Art Seilrutsche) hängen (50 Mex$).

Die **Albergue** (in Mexico City ☎ 55-5151-5229; Cabaña 100 Mex$/Pers.; Hauptgerichte 40–70 Mex$) in Malpasito bietet Mahlzeiten und einfache, aber gut in Schuss gehaltene Holzhütten. Sie haben eigene Badezimmer mit kaltem Wasser, feste Böden und Ziegeldächer. Hier kann man für Tagesmärsche einen Führer (100 Mex$/Tag) anheuern. Er begleitet Besucher auf einige der abenteuerlich aussehenden Hügel in der Nähe.

TRT-Busse von Vallhermosas 2.-Klasse-Busbahnhof (s. S. 877) fahren Richtung Tuxtla Gutiérrez über den alten Hwy 187. Man kann sich bei der Malpasito-Abzweigung (60 Mex$, 3 Std., 6-mal tgl.) absetzen lassen. Von dort sind es 5 km Richtung Westen bis ins Dorf. Auf dem Weg überquert man die Autopista. 2.-Klasse-Busse vom OCC-Terminal in Tuxtla Gutiérrez (s. S. 890) lassen Fahrgäste an der Caseta Malpasito (50 Mex$, 2 Std., 8-mal tgl.) aussteigen, an der Autopista knapp 1 km von Malpasito entfernt.

DAS SÜDLICHE TABASCO

Teapa

☎ 932 / 26 000 Ew. / 50 m

Die quirlige Stadt liegt 50 km südlich von Villahermosa. Sie ist eine prima Ausgangsstation, um Entdeckungstouren zu den Naturattraktionen im südlichen Tabasco zu unternehmen.

Die **Grutas del Coconá** (☎ 322-05-45; Eintritt 20 Mex$; 🕑 10–17 Uhr) befinden sich 4 km nordöstlich vom Zentrum. Hier führt ein guter, befestigter Pfad 500 m in eine raffiniert beleuchtete Höhle hinein, in der es Wasserbecken, Fledermäuse und jede Menge Stalaktiten und Stalagmiten zu bewundern gibt. Ein kleines Museum präsentiert vorkoloniale rituelle Gegenstände, die in der Höhle gefunden wurden. Combis mit der Aufschrift „Mercado Eureka Coca Florida“ (5 Mex$, 10 Min.) fahren alle paar Minuten von Bastar – neben der Hauptkirche von Teapa – dorthin (und gehören zu keiner internationalen Kokain-Verkehrsroute).

Der **Balneario Río Puyacatengo** ist eine Ansammlung von beliebten Restauraunts und Badeplätzen am Fluss. Er liegt an der Straße nach Tacotalpa, 3 km von der Stadt entfernt (Taxi 15 Mex$).

SCHLAFEN & ESSEN

Hotel Quintero (☎ 322-00-45; Bastar 108; EZ/DZ/3BZ 300/330/360 Mex$; ❄) Das zentral gelegene Hotel bietet saubere Zimmer in vernünftiger Größe und mit Klimaanlage. Sie sind um einen klinisch reinen, betonierten Innenhof herum angeordnet.

Hacienda Los Azufres (☎ 327-58-06; Carretera Teapa-Pichucalco Km 5,5; Zi. 400 Mex$, FZ 600 Mex$, mit eigenem Thermalbad 700 Mex$; P ❄) Diese Mischung aus Hotel und Thermalbad liegt auf dem Land, 8 km westlich von Teapas Zentrum am Hwy 195 nach Tuxtla Gutiérrez. Der Zutritt zu den riesigen, schwefelhaltigen Swimmingpools unter freiem Himmel kostet normalerweise 30 Mex$. Die Zimmer sind ganz nett und mit fröhlichen Fliesen ausgestattet. Einige haben ihr eigenes Open-Air-Thermalbadezimmer. Entspannungsbehandlungen und Rubbelmassagen sind für ca. 300 Mex$ zu haben.

La Galería (☎ 322-18-37; Méndez 157; Pizza für 2 Pers. 70–80 Mex$; 🕑 17–23 Uhr) Saftige Pizzas zwischen einer schwindelerregenden Anzahl kitschiger Wandgemälde und Fotos der Schönheitsköniginnen aus der Region. Es gibt außerdem eine gute Auswahl an Durstlöschern.

AN- & WEITERREISE

Das **OCC-Terminal** (☎ 322-23-11; Méndez 218) befindet sich 300 m von der Plaza entfernt an der Hauptstraße. Busse fahren zweimal täglich nach Tuxtla Gutiérrez (142 Mex$, 6 Std.). **La Sultana** (☎ 322-19-23; Damián Pizá 17) liegt in der Nähe des Marktes, 600 m entfernt von der Plaza. Von 4 bis 21.30 Uhr werden alle 30 Minuten bequeme 2.-Klasse-Busse nach Villahermosa (32 Mex$, 1 Std.) geschickt.

Tapijulapa

☎ 932 / 2800 Ew. / 200 m

Das hübsche Dorf am Fluss – in den üppig bewaldeten Hügeln des äußersten Südens von Tabasco, 36 km von Tepea entfernt – besteht aus weißen Häusern mit roten Ziegeldächern, mittendrin ragt eine Kirche aus dem 17 Jh. heraus. Viele Läden verkaufen Korbwaren und Holzarbeiten aus der Region.

Den schönen Urwaldpark **Villa Luz** (Eintritt frei; 🕑 8–17 Uhr) erreicht man in einer fünfminütigen Fahrt mit dem Boot (einfache Strecke/hin- & zurück 15/25 Mex$ pro Pers.) den Río Oxolotán entlang. Los geht's am *embarcadero* (Bootsanlegestelle) des Dorfes. Möglicherweise muss man einen der Jungs hier bitten, nach einem Boot zu pfeifen. Von der Anlegestelle ist es 1 km zur Casa Museo des Parks, die in der früheren Landvilla von Tomás Garrido Canabal untergebracht ist, einem fanatisch antikirchlichen Gouverneur von Tabasco in den 1920er- und 1930er-Jahren. Er zerstörte die Barockkirche von Villahermosa aus dem 18. Jh., verbot Alkohol – und gab den Frauen das Wahlrecht. Von der Casa führen weitere Wege zu den 600 m entfernten *cascadas*. Die wunderschönen Wasserfälle stürzen in den Fluss hinunter und bilden dort Becken, in denen man baden kann. 900 m von der Casa entfernt trifft man auf die Cueva de las Sardinas Giegas (Höhle der Blinden Sardinen). Man hat sie nach den blinden Fischen benannt, die in dem schwefelhaltigen Fluss im Innern der Höhle leben. Wegen des starken Schwefelgeruchs darf man nur ein paar Schritte in die Höhle hinein gehen. Um den 5 km langen Marsch zur Casa, den Wasserfällen und der Höhle zu bewältigen, braucht man etwa zwei Stunden.

Das Urwald-Öko-Abenteuer-Tourismuszentrum **Kolem-Jaa'** (in Villahermosa ☎ 993-314-31-92; www.kolemjaa.com; Tagespaket 270–585 Mex$, 2-Tage-/1-Nacht-Paket 1150–1399 Mex$; Ⓟ ♿) ist direkt neben der Villa Luz zu finden, 6 km von Tapijulapa die Straße hinunter. Man kann an geführten Trails teilnehmen, auf Seilbrücken über den Fluss und unter dem Urwalddach balancieren, reiten und mountainbiken. Übernachtet wird in bequemen Doppelhütten.

Das **Restaurant Mariquito** (☎ 322-40-07; Parque Carlos Pellicer; Gerichte ca. 40 Mex$; ⏲ 7–20.30 Uhr) auf der zentralen Plaza von Tapijulapa serviert Spezialitäten aus der Region, z. B. *mone de pollo* (gedämpftes Huhn mit *hierba santa*) und *caldo de shote* (Eintopf aus Fluss-Weichtieren).

Um Tapijulapa von Teapa aus mit dem Bus zu erreichen, zuerst einen Bus von Teapas OCC-Terminal aus nach Tacotalpa (8 Mex$, 30 Min., 6–20 Uhr) nehmen. Busse nach Tapijulapa (8 Mex$, 45 Min., stündl. bis 18 Uhr) fahren am Mercado Faustino Méndez Jiménez in Tacotalpa ab. Er liegt gleich gegenüber von der Haltestelle, an der die Busse aus Teapa ankommen. Der letzte Bus startet in Tapijulapa um 19 Uhr.

DAS ÖSTLICHE TABASCO

Frontera

☎ 913 / 29 000 Ew.

Der irgendwie raubeinige Fischereihafen und Ölproduzent sitzt am Ostufer des breiten Río Grijalva, 81 km nordöstlich von Villahermosa. Der Fluss ist hier gerade mal 8 km von seiner Mündung in den Golf von Mexiko entfernt. Eigentlich ist er hier eine Kombination aus den Flüssen Grijalva und dem Usumacinta, der Fluss Mexikos mit dem meisten Wasser. Sein Hauptarm fließt 15 km flussaufwärts in den Grijalva. Gemeinsam leiten sie einen Großteil des Wassers von Tabasco und Chiapas und etwa die Hälfte von dem Guatemalas ab. Leider schafft es Frontera nicht, irgendetwas aus seiner atemberaubenden Lage zu machen – es gibt nirgendwo im Stadtzentrum einen öffentlichen Zugang zum Fluss. Aber 4 km weiter südlich kann man einen herrlichen Eindruck von dessen Macht bekommen: Dort kommt man über eine 1 km lange Brücke auf dem Hwy 180 ans andere Ufer. 1519 errangen die Konquistadoren unter Cortés hier in der Nähe ihren ersten militärischen Sieg – irgendwo in den nahen Sümpfen besiegten sie die Einwohner der Region in der sogenannten Schlacht von Centla. Die Einheimischen flohen voller Angst vor den berittenen Spaniern. Sie glaubten, dass Pferd und Reiter ein einziges, allmächtiges Wesen seien. Danach machten die *indígenas* Cortés ein Geschenk: 20 Frauen. Eine davon, Doña Marina oder La Malinche, wurde seine unentbehrliche Übersetzerin und Geliebte. Im 20. Jh. hat Graham Greene Frontera möglicherweise als Schauplatz für seinen Roman *Die Kraft und die Herrlichkeit* benutzt. Heute ist der Hauptgrund für einen Stopp hier ein Besuch der Reserva de la Biosfera Pantanos de Centla (s. S. 884).

Das gerade modernisierte **Hotel Marmor Plaza** (☎ 332-00-01; Juárez 202; EZ/DZ/3BZ 375/420/500 Mex$; Ⓟ ❄) liegt an der zentralen Plaza von Frontera. Es ist eine echte Entdeckung: wunderschön, mit funkelnd sauberen Zimmern in angenehmer Größe. Die Räume werden von Strahlern beleuchtet, haben eine lautlose Klimaanlage und glänzende Badezimmer. Das **Hospedaje Star** (☎ 332-50-57; Obregón 506; Zi. 280–330 Mex$; ❄) gleich um die Ecke ist eine annehmbare Alternative. Es hat gute, große Zimmer für bis zu vier Personen.

Zum Essen bietet sich das helle **Café del Puerto** (Ecke Madero & Aldama; Frühstück, Salate & Antojitos 20–60 Mex$; ⏲ 8.30–24 Uhr) mit Klimaanlage an. Es liegt an der Plaza und hat das schönste Ambiente – und das Essen schmeckt auch!

Das **ADO-Terminal** (☎ 332-11-49; Zaragoza 609) ist sechs Blocks von der Plaza entfernt. 1.-Klasse-

Busse fahren nach Villahermosa (32 Mex$, 1½ Std., 25-mal tgl.), Paraíso (52 Mex$, 2 Std., 3-mal tgl.) und Campeche (168–204 Mex$, 4½ Std., 3-mal tgl.).

Reserva de la Biosfera Pantanos de Centla

Das 3030 km² große Biosphärenreservat schützt einen guten Teil der Feuchtgebiete rund um die unteren Ausläufer der beiden größten Flüsse Mexikos, des Usumacinta und des Grijalva. Die Seen, Sümpfe, Flüsse, Mangroven, Savannen und Wälder sind eine unersetzbare Zuflucht für zahllose Lebewesen – etwa die Karibik-Manati (eine Seekuh) und das Beulenkrokodil (beide gefährdet), sechs Arten von Schildkröten, Tapire, Ozelots, Jaguare, Brüllaffen, 60 Fischarten (inklusive des *pejelagarto)* und 230 Vogelarten. Und nicht zuletzt leben hier 15 000 Menschen verstreut in 90 kleinen Dörfern an den Ufern.

Eine befestigte (und teilweise recht holprige) Straße folgt dem breiten, sich windenden Río Usumacinta. Sie beginnt an der Brücke über den Grijalva in der Nähe von Frontera, führt direkt durch das Reservat und erreicht schließlich die Stadt Jonuta. Von dort führen weitere Straßen zum wichtigsten Highway, dem von Osten nach Westen verlaufenden Hwy 186. Nach 10 km auf dieser Straße kommt man zum **Punta Manglar** (☎ 913-403-97-63; Hwy Frontera-Jonuta, km 10; ⌚ Di–So 9–16 Uhr), einem Bootsanleger. Er ist ein idealer Ausgangspunkt für **Ausflüge** (☎ 913-403-98-42; bis zu 7 Pers. 500 Mex$; ⌚ 6–19 Uhr) in die Mangrovenwälder – teilweise zu Fuß, teilweise per Boot. Dabei bekommt man Krokodile, Leguane, Vögel und mit etwas Glück Brüllaffen zu Gesicht.

Das Besucherzentrum des Reservats ist das **Centro de Interpretación Uyotot-Ja** (☎ 993-313-93-62; Carretera Frontera-Jonuta Km 12,5; Eintritt 25 Mex$; ⌚ Di–So 9–16 Uhr). Es liegt 2,5 km weiter die Straße hinunter. Von einem 20 m hohen Aussichtsturm überblickt man hier den atemberaubenden Zusammenfluss des Grijalva, des Usumacinta und eines weiteren großen Flusses, des San Pedrito. Diese Stelle ist als Tres Brazos (Drei Arme) bekannt. Führer führen die Besucher auf einem Naturpfad mit Schautafeln durch die Feuchtgebiete. Auch Bootsfahrten (2 Std., bis zu 7 Pers. 500 Mex$) sind zu haben. Von März bis Mai ist die beste Zeit um Vögel zu beobachten. Gleich nebenan serviert das **El Negro Chon** (Hauptgerichte 40–80 Mex$; ⌚ Di–So 9–18 Uhr) leckere Fisch- und Garnelengerichte unter einer *palapa* (Strohdach), sodass man die herrliche Brise vom Fluss spüren kann.

Klapprige Combis und Taxis fahren von der Calle Madero in Frontera ab (die Combis einen halben Block und die *colectivos* eineinhalb Blocks südlich der Plaza). Sie berechnen für den 15-Minuten-Trip bis Punta Manglar oder Uyoto-Ja 10 Mex$. Einige fahren auch weiter bis Jonuta (50 Mex$, 3 Std.). Dort starten Busse nach Villahermosa, Palenque und zu anderen Zielen.

Tenosique

☎ 934 / 31 500 Ew.

Am riesigen Río Usumacinta, mitten im Farmland des äußersten Südostens von Tabasco, liegt Tenosique. Für Traveller ist es meistens nur ein Zwischenstopp auf dem Weg nach Guatemala. Von der kleinen Grenzstadt El Ceibo, 60 km südöstlich von Tenosique, fahren Boote den Río San Pedro hinauf nach El Naranjo in Guatemala. Dort findet man weitere Transportmittel, die einen bis nach Flores bringen. Die neue Straße von El Ceibo nach El Naranjo ist vielleicht demnächst schon eröffnet.

Der mächtige Usumacinta kommt aus den urwaldbedeckten Hügeln an der **Boca del Cerro**, 8 km südwestlich von Tenosique am Hwy 203. Die *lanchas* (schnelle, offene Boote mit Außenbordmotor) fahren vom *embarcadero* an der Westseite der Brücke ab. Sie kosten ungefähr 400 Mex$ pro Boot für den einstündigen Trip den Fluss hinauf bis zum Beginn des San-José-Canyons mit seinen Stromschnellen und wieder zurück.

SCHLAFEN & ESSEN

Hotel Hacienda Tabasqueña (☎ 342-27-31; Calle 26 No 512; EZ/DZ mit Ventilator 200/222 Mex$, mit Klimaanlage 300/339 Mex$; ❄) Dieses große, zentral an der Hauptstraße gelegene Hotel ist zwar nicht ganz so gut gepflegt wie das La Casona (s. unten) in der Nähe, aber dennoch recht akzeptabel. Zum Hotel gehört ein kleines Restaurant.

Hotel La Casona (☎ 342-11-51; Calle 27 No 8; Zi. 300 Mex$; P ❄) Das freundliche La Casona liegt zwei Blocks von der Hauptstraße (Calle 26, auch Blvd Pino Suárez genannt) entfernt. Es hat neun Zimmer auf zwei Stockwerken und einen hübschen Innenhof mit niedlichen Keramikfröschen. Die Zimmer sind mit Kabel-TV, Klimaanlage, Ventilator und hübsch gefliesten Bädern ausgestattet.

Restaurant Los Tulipanes (Ecke Calles 27 & 22; Hauptgerichte 40–80 Mex$; 7–17 Uhr) Besser als hier, einen Block von der Hauptstraße entfernt, kann man in Tenosique nicht essen. Unter einem großen, palmgedeckten Dach verspeist man Fisch, Steaks oder Meeresfrüchte. Ab 14 Uhr gesellen sich auch noch einige Marimbafonmusiker dazu.

ANREISE & UNTERWEGS VOR ORT

Der **ADO-Busbahnhof** (☎ 342-14-41; Prolongación Calle 20 s/n) liegt am Südwestrand der Stadt, 2,5 km vom Zentrum entfernt. 17 1.- und 2.-Klasse-Busse fahren täglich nach Emiliano Zapata (25–38 Mex$, 1 Std.) und Villahermosa (70–130 Mex$, 3–3½ Std.). Wer zur Halbinsel Yucatán will, kann als schnellste Möglichkeit den Bus nach Emiliano Zapata nehmen und dort umsteigen. Busse (5 Mex$) und *colectivo*-Taxis (15 Mex$) fahren vom Busbahnhof bis ins Zentrum.

Nach Guatemala

Busse zur Grenze bei El Ceibo (30 Mex$, 1 Std., stündl. 6–17 Uhr) fahren an der Ecke der Calles 16 und 45 ab. Sie liegt neben dem Markt, zwei Blocks von der Haupt-Calle 26 entfernt. Von der Grenze bringen Pick-ups (10–20 Mex$, 10 Min.) die Passagiere zum *embarcadero*. Dort fahren bis etwa 17 Uhr häufig *lanchas* den Río San Pedro nach El Naranjo (30 Mex$/Pers., 30 Min.) hinauf. In El Naranjo gibt's Wechselstuben, eine Bank und Unterkünfte, außerdem Minibusse und Busse (35 Mex$, 2–3 Std.), die bis 18 Uhr mindestens stündlich nach Flores abfahren. Von Tenosique kommt man in insgesamt sechs Stunden nach Flores.

CHIAPAS

Kühles Hochland mit Pinienwäldern, schwüle, regenwaldähnliche Urwälder und reizende Kolonialstädte machen den Charme von Mexikos südlichstem Bundesstaat aus. In dieser Gegend wimmelt es nur so von Überresten der spanischen Herrschaft und Ruinen der alten Mayakultur. Chiapas kann sich der zweitgrößten indigenen Einwohnerschaft des ganzen Landes rühmen. Die modernen Maya hier sind durch ihre traditionelle Kultur auch heute noch direkt mit ihrer Vergangenheit verbunden. Viele indigene Gemeinschaften leben von der Landwirtschaft und haben weder fließendes Wasser noch Strom. Der Frust über den fehlenden politischen Einfluss und die schlechte Behandlung in der Vergangenheit hat den Aufstand der Zapatisten heraufbeschworen und die offensichtlichen Ungleichheiten, die in dieser Region herrschen, ans Tageslicht gebracht.

Große Teile Chiapas bestehen aus einer wilden, grünen Landschaft, die ihre Bewohner über Jahrhunderte ernährt hat. Vom Lacandón-Urwald bis hin zu den Naturschutzgebieten El Triunfo und Selva El Ocote bietet Chiapas schier unglaubliche Möglichkeiten für Outdoor-Abenteuer. Andererseits gibt die Ausbeutung der vielen natürlichen Ressourcen wie Wasser, Holz, Öl und Gas Anlass zur Sorge.

TUXTLA GUTIÉRREZ

☎ 961 / 490 000 Ew. / 530 m

Tuxtla Gutiérrez ist eine Großstadt, wie man sie erwartet – eine geschäftige, moderne Metropole und ein Verkehrsknotenpunkt. Die Hauptstadt des Bundesstaates Chiapas hat zwar in puncto Stil nicht allzu viel zu bieten, aber dennoch gibt's einige Annehmlichkeiten und ein recht gutes Nightlife. Die meisten Traveller bekommen nur den neuen, funkelnden Flughafen oder den Busbahnhof zu Gesicht, aber es lohnt sich, ein oder zwei Tage in dem gemütlichen, warmen Städtchen zu verweilen.

Orientierung

Das Stadtzentrum bildet die Plaza Cívica. An ihrer Südseite verläuft die immer geschäftige Av Central, die Hauptstraße von Ost nach West. Westlich vom Zentrum wird die Av Central zum Blvd Dr Belisario Domínguez. Viele der besten Hotels und Restaurants von Tuxtla sind an dieser Straße aufgereiht. Richtung Osten wechselt die Av Central ihren Namen in Blvd Ángel Albino Corzo.

KARTEN

Inegi (☎ 618-72-74; www.inegi.gob.mx; 6a Av Sur Pte 670; Mo–Fr 8.30–16.30 Uhr) südwestlich vom Zentrum verkauft topographische Karten im Maßstab 1:25 000 und 1:50 000 von vielen Teilen Chiapas' und anderen Staaten Mexikos.

Praktische Informationen

GELD

Viele Banken wechseln Bares und haben Geldautomaten. Der Geldautomat am Flug-

TABASCO & CHIAPAS

hafen (Abflughalle) ist täglich bis 20.30 Uhr in Betrieb.
Bancomer (Av Central Pte 314; Mo–Fr 8.30–16 Uhr)
HSBC (Calle Central Nte 137; Mo–Sa 8–18 Uhr)

INTERNETZUGANG

Ciber Center (1a Av Sur Ote 445; 7 Mex$/Std.; 9.30–22.30 Uhr)
El Chi@p@neco (4a Calle Ote Sur 115; 5 Mex$/Std.; Mo–Sa 8.30–23, So 10–22 Uhr)

POST

Post (1a Av Nte Pte; Mo–Fr 9–16, Sa 8.30–13 Uhr) Im Palacio Federal.

TOURISTENINFORMATION

Stand am Flughafen (9–18 Uhr) In der Ankunftshalle. Hier gibt's kostenlose Stadtpläne.
Informationsstände (9–14 & 16–20 Uhr) Am Jardín de la Marimba und an der Plaza Cívica.
Touristeninformation der Gemeinde (☎ 614-83-83, App. 111; Edificio Valanci, Av Central Pte 554, 3. OG; Mo–Fr 8–16, Sa 8–13 Uhr)
Secretaría de Turismo (☎ 617-05-50, 800-280-35-00; www.turismochiapas.gob.mx; Blvd Belisario Domínguez 950; Mo–Sa 8–20, So 9–14 Uhr) Die staatliche Tourismusbehörde von Chiapas hat ausgezeichnete Pläne, Karten und Broschüren. Unter der gebührenfreien Telefonnummer bekommt man auch auf Englisch und Französisch Auskunft. Das Büro ist in einem Gebäude mit der Aufschrift Secretaría de Desarrollo Económico untergebracht, 1,6 km westlich der Plaza Cívica.

WASCHSALON

Lavandería Zaac (2a Av Nte Pte 440; 30 Mex$/3 kg; Mo–Fr 8–14 & 16–20, Sa 9–16 Uhr)

Sehenswertes

Das Herz dieser Stadt ist die Plaza Cívica. Tagsüber ist es hier am lebhaftesten, obwohl die Hauptattraktionen über die Vororte verteilt sind.

PLAZA CÍVICA

Die weitläufige und lebhafte Hauptplaza von Tuxtla nimmt zwei Blocks ein und wird von einer unordentlichen Reihe Stadt- und Geschäftsgebäude aus Beton umrahmt. An der Südseite, jenseits der Av Central, steht vor einer hübschen Bergkulisse die weiß getünchte moderne **Catedral de San Marcos**. Jede Stunde spielt der Glockentrum eine Melodie, begleitet von einem kitschigen Karussell mit den Aposteln, die auf den oberen Ebenen auftauchen.

ZOOLÓGICO MIGUEL ÁLVAREZ DEL TORO

Die Natur in der Umgebung von Chiapas ist unheimlich vielfältig. Hier leben die meisten verschiedenen Tierarten in ganz Nordamerika auf einem Fleck, z. B. mehrere Arten von Großkatzen, 1200 Schmetterlings- und über 600 Vogelarten. Über 180 dieser Spezies sind in den relativ großen Gehegen von Tuxtlas sagenhaftem **Zoo** (☎ 614-47-65; Calz Cerro Hueco s/n; Eintritt 20 Mex$, vor 10 Uhr & Di frei; Di–So 8.30–17 Uhr;) zu finden. Viele dieser Arten sind vom Aussterben bedroht.

Der vor kurzem umgebaute Zoológico Miguel Álvarez del Toro (Zoomat) hat einige innovative Features, darunter ein „Museum" zum Zoo, das Informationen über das Leben von Dr. Miguel Álvarez del Toro präsentiert, den Zoogründer und Umweltschutzprotagonisten. An Tieren sieht man u. a. Ozelots, Jaguare, Pumas, Tapire, rote Aras, Tukane, drei Krokodilarten, Schlangen und Klammeraffen. Um zum Zoo zu kommen, ein „Cerro Hueco, Zoológico"-*colectivo* (24 Mex$, 25 Min.) nehmen. Es fährt an der Ecke 1a Calle Ote Sur und 7a Av Sur Ote ab. Ein Taxi kostet 30 Mex$.

PARQUE MADERO

Das **Museo Regional de Chiapas** (☎ 612-04-59; Calz de los Hombres Ilustres s/n; Eintritt 37 Mex$; Di–So 9–18 Uhr) befindet sich in einem beeindruckenden, modernen Gebäude. Zu sehen ist eine Sammlung wenig bedeutender archäologischer Funde von den vielen Ausgrabungsstätten in Chiapas. In der etwas interessanteren Geschichtsabteilung dreht sich alles um die Zeit von der spanischen Eroberung bis zur Revolution. Leider ist alles nur auf Spanisch beschildert. Zum Parque Madero gehören auch der **Jardín Botánico** (Botanischer Garten; Eintritt frei; Di–So 9–18 Uhr), eine üppig bewachsene Oase, in der man sich wunderbar von der Hitze der Stadt erholen kann, und das **Centro de Convivencia Infantil** (Eintritt frei, 8–18 Mex$/Fahrt; Di–So 9–20 Uhr;), ein Kinderpark mit Minieisenbahn, Jahrmarktbuden, Ponyreiten und anderer Unterhaltung für Leute unter sieben. Viele Karussells drehen sich nur am Wochenende.

Geführte Touren

Viajes Kali (☎ 611-31-75; Av Central Ote 507) Im Hotel María Eugenia; organisiert Trips durch Chiapas, u. a. Tagesausflüge zum Sima de Las Cotorras (S. 893; Einzeltouren 1100 Mex$, Gruppentouren Sa od. So 120 Mex$) und zum Cañón del Sumidero (400 Mex$/Pers.).

Schlafen

Die Budgetunterkünfte dominieren das Stadtzentrum, während die meisten Mittel- und Spitzenklassehotels an der Av Central Pte und dem Blvd Belisario Domínguez 4 km westlich der Innenstadt liegen. Kabel-TV und kostenloses Parken sind bei Häusern der gehobenen Kategorie Standard. Die größeren Hotels haben Schalter am Flughafen.

BUDGETUNTERKÜNFTE

LP Tipp **Hotel Casablanca** (☎ 611-0305, 800-560-4422; www.casablancachiapas.com; 2a Av Nte Ote 251; EZ 155–215 Mex$, DZ/3BZ 214–258 Mex$, DZ/3BZ/4BZ mit Klimaanlage 401/467/550 Mex$;) Sagenhaft abgefahrene, abstrakte Wandgemälde in leuchtendem Hellgrün, Knallpink und Eisblau verleihen diesen Hotelzimmern unerwarteten Pep. Der ruhige, offene Hinterhof mit Palmen und die Terrasse sind gemütliche Plätzchen, von denen aus man das Leben auf der Straße beobachten kann. Die Zimmer oben sind klimatisiert und heller.

Hotel San Antonio (☎ 612-27-13; 2a Av Sur Ote 540; Zi. 180 Mex$, 2BZ & 3BZ 250 Mex$; P) Das San Antonio, das in einem lebhaften Teil der Stadt liegt, wird von netten Leuten geleitet und hat saubere, preiswerte Zimmer mit hübschen Drucken an den Wänden.

Hotel Catedral (☎ 613-08-24; 1a Av Nte Ote 367; EZ/DZ/3BZ 230/280/330 Mex$; P) Das gut geführte Catedral ist eines der günstigsten Budgethotels. Seine ordentlichen, sauberen Zimmer sind mit Bad, Ventilator und kostenlosem Mineralwasser ausgestattet. Türkis gestrichene Stufen und rote Samtsofas in der Lobby verleihen dem Ganzen etwas Seele.

Hotel Regional San Marcos (☎/Fax 613-19-40; sanmarcos@chiapas.net; 2a Calle Ote Sur 176; EZ/DZ mit Ventilator 249/285 Mex$, EZ/DZ mit Klimaanlage 313/359 Mex$; P) Zentral gelegene Unterkunft, nur eine Minute von der Plaza Cívica und der Av Central entfernt, mit freundlichem Personal, einem guten Restaurant, kostenlosem WLAN sowie mittelgroßen Zimmern mit Telefon.

MITTELKLASSEHOTELS

Hotel Santa María (☎/Fax 614-65-77; 8a Calle Pte Nte 160; EZ/DZ/3BZ 445/550/600 Mex$; P) Dieses kleine Hotel direkt am schönen Jardín de la Marimba und in der Nähe vieler guter Cafés hat volkstümlich eingerichtete Zimmer und hübsche, mit Mosaiken geflieste Bäder.

Hotel Bonampak (☎ 602-59-16/21, 800-50-771-77; www.hotelbonampak.com.mx; Blvd Belisario Domínguez 180; EZ/DZ/3BZ/4BZ 500/572/615/662 Mex$; P) Das gemütliche Mittelklassehotel liegt 1,6 km westlich der Plaza Cívica und hat recht geräumige Zimmer, die mit Drucken archäologischer Glanzstücke geschmückt sind. Außerdem gibt es drei ausgezeichnete Restaurants. Die Zimmer zur lauten Straße sollte man lieber nicht nehmen. Die farbenfrohe Kopie eines Wandgemäldes, das die Bonampak-Ruinenstadt zeigt, ist ein Highlight in der Lobby. Es gibt sogar einen kleinen Spielplatz für die Kids.

Hotel María Eugenia (☎ 613-37-67; www.mariaeugenia.com.mx; Av Central Ote 507; EZ/DZ 700/800 Mex$; P) Das wohl komfortabelste Hotel im Stadtzentrum hat ein beständig gutes Restaurant und ein zuverlässiges Reisebüro (s. S. 887). Die 83 luftigen, hellen und geräumigen Zimmer sind entweder mit zwei Doppelbetten oder einem riesigen Kingsize-Bett ausgestattet. Von manchen hat man eine herrliche Aussicht. Außerdem gibt's einen Pool und kostenloses WLAN.

Hotel Maya Sol (☎ 617-50-60; www.hotelmayasolchiapas.com; Blvd Belisario Domínguez 1380; Zi. 800–850 Mex$, Suite 1300 Mex$; P) Farbenfrohe Drucke verschönern die modernen, weiß gestrichenen Zimmer mit Klimaanlage, großen Spiegeln und Schreibtischen. Ein Restaurant und ein kleiner Pool tragen zum körperlichen Wohl der Gäste bei. Das Maya Sol liegt 3 km westlich der Plaza Cívica.

SPITZENKLASSEHOTELS

Crowne Plaza (☎ 617-22-00, 800-507-79-07; www.crowneplaza.com; Blvd Belisario Domínguez Km 1081; Zi. 1038 Mex$, Zi. inkl. Frühstück 1347–1450 Mex$; P) Dieses neue Luxushotel versteckt sich hinter den Mauern des ehemaligen Holiday Inn, 4 km westlich des Stadtzentrums. In den modernen, in Erdfarben gehaltenen Zimmern gibt's große Schreibtische, Polstersessel und viele Annehmlichkeiten, die besonders für Geschäftsreisende von Interesse sein dürften. Auf der Website sind erheblich niedrigere Preise genannt.

Hotel Camino Real (☎ 617-77-77, 800-901-23-00; www.caminoreal.com; Blvd Belisario Domínguez 1195; Zi. 2106–2457 Mex$; P) Im traumhaft auf einem Hügel gelegenen Camino Real, 3 km westlich der Plaza Cívica, fühlt man sich wie in einem hochherrschaftlichen Schloss. Innen ist es sensationell ausgestattet mit Pool und Wasserfall in einem großen, grünen Atriumhof voller frei umherfliegender, tropischer Vögel. Die 210 modernen Zimmer sind im mexikanischen Stil geschmackvoll eingerichtet und haben grüne Marmorbäder. Einige sind zu 100 % behindertengerecht. Die Eckzimmer bieten einen besonders tollen Blick. Weitere Extras sind ein Spa, Tennisplätze und ein rund um die Uhr geöffnetes Restaurant.

Essen

Die meisten teureren und internationalen Restaurants befinden sich westlich des Zentrums auf dem Blvd Belisario Domínguez.

Restaurante Imperial (☎ 612-06-48; Calle Central Nte 263; Hauptgerichte 24–38 Mex$, comida corrida 36 Mex$; ⌚ 8–18 Uhr) In diesem belebten, guten Lokal neben der Plaza Cívica wird eine große Auswahl gesunder Zwei-Gang-*comida-corridas* (Mittagsmenüs) serviert. Es gibt auch eine Frühstückskarte. Die Trinkschokolade ist nicht zu verachten.

Restaurante La Casona (☎ 612-75-34; 1a Av Sur Pte 134; Frühstück 30–45 Mex$, Hauptgerichte 40–60 Mex$; ⌚ 7–23 Uhr) Hinter schön geschnitzten Holztüren eines 100 Jahre alten Gebäudes verbirgt sich das La Casona mit den hohen Räumen, Säulen und Bögen. Auf die mit Tischdecken versehenen Tische kommen regionale Gerichte wie *pollo juchi* (gebratenes Huhn mit eingelegtem Gemüse und Kartoffeln) oder *tasajo en salsa de chirmol* (Rindfleischscheiben mit Tomatensauce). Als Beilage gibt's von 14 bis 18 Uhr Marimbafonlifemusik.

Naturalíssimo (Frühstück 37–53 Mex$, Antojitos 27–45 Mex$, Hauptgerichte 45–68 Mex$; Ⓥ; 6a Calle Pte Nte 124 ☎ 613-53-43; ⌚ Mo–Sa 7–22.30, So 8–22.30 Uhr; Av Central Pte 648 ☎ 613-36-16; ⌚ 7–22 Uhr; Av Central Ote 523 ☎ 611-12-47; ⌚ Mo–Sa 7–21 Uhr) Der Rettungsanker für Vegetarier: Serviert werden gesundes Frühstück, Vollkornbrot, *tortas* und Veggie-Burger sowie durstlöschende Fruchtsäfte und *licuados*, Joghurt und Eiscreme. Die Fleischersatzgerichte sind nicht super, aber zweckmäßig, wenn mal wieder eine Portion Proteine nötig ist.

Cafetería Bonampak (☎ 602-59-33, App. 127; Hotel Bonampak, Blvd Belisario Domínguez 180; Hauptgerichte 45–80 Mex$) In diesem nicht zu übertreffenden Hotelrestaurant mit Klimaanlage, munterem Ambiente und gutem Service wird man zu jeder Tageszeit satt. Die lange Speisekarte hat fast alles drauf, vom Shrimpcocktail bis hin zu *antojitos* (Snacks aus Mais und Tortilla), Rindfleisch, Hähnchen, Pasta und leckeren *pasteles* (Kuchen).

Las Pichanchas (☎ 612-53-51; www.laspichanchas.com.mx; Av Central Ote 837; Hauptgerichte 45–85 Mex$; ⌚ 12–24 Uhr; 🚸) Ein Spezialist für Gerichte aus Chiapas und Marimbafonlifemusik: Jeden Abend von 21 bis 22 Uhr findet eine Show mit farbenprächtigen, traditionellen Tänzen aus Chiapas statt – Partystimmung inklusive. Die leckeren *tamales* oder *pechuga jacuané* (mit Bohnen gefüllte Hühnerbrust in Kräutersauce) muss man einfach probiert haben. Und Platz für *chimbos* (ein Dessert aus Eigelb und Zimt) lassen!

El Fogón Norteño (☎ 612-95-01; Ecke 1a Av Nte Pte & 9a Calle Pte Nte; Hauptgerichte 50–70 Mex$; ⌚ 7–1 Uhr) Von dem wuseligen Grillhaus unter freiem Himmel blickt man auf den Jardín de la Marimba (s. unten) Hier werden gut zubereitete Fleischgerichte zu phantastischen Preisen aufgetischt. Dazu gibt's meistens leckere *frijoles charros* (mit Speck oder Schweinefleisch gekochte Bohnen).

Cafetería del Parque (☎ 612-6000; 8a Calle Pte Sur 113; Antojitos 40–45 Mex$, Hauptgerichte 50–95 Mex$; ⌚ 8–22.30 Uhr) Eines der besseren Lokale am Jardín de la Marimba. Durch die großen Fenster kann man ganz ausgezeichnet Leute beobachten. Wer Abkühlung sucht, ist in dieser klimatisierten, arktisch kühl-blauen Cafeteria richtig.

Maguey (☎ 602-59-16, App. 224; Hotel Bonampak, Blvd Belisario Domínguez 180; Frühstück 85 Mex$, Hauptgerichte 55–150 Mex$; ⌚ 7–17 Uhr) Kakteen und Blumen umranken diesen weiß und pfirsichfarben getäfelten viktorianischen Rundbau – die perfekte Kulisse für ein Frühstück in der Sonne. Der Brunch (90 Mex$) mit Live-*Ranchera*-Musik, der immer sonntags stattfindet, ist sehr beliebt.

Le Chat de la Nuit (☎ 639-63-98; Blvd Belisario Domínguez 2475; Hauptgerichte 90–245 Mex$; ⌚ tgl. 14–24, So zusätzl. 7–13 Uhr) Wenn raffinierte französische Speisen auf argentinische Steaks treffen, sind *caracoles* (Schnecken) und erstklassiges *bistek* das kulinarische Ergebnis. Nette Location mit eleganter Bar, in der Kneipenatmosphäre herrscht und ab 21.30 Uhr eine Gruppe Salsa und Merengue spielt.

Unterhaltung

Der Jardín de la Marimba ist eine grüne Plaza und liegt acht Blocks westlich der Plaza Cívica. Abends ist hier eine Menge los, besonders an den Wochenenden. Immer von 18.30 bis 21.30 Uhr werden kostenlos Marimbafonkonzerte gegeben, oft tanzen die Leute dann um die Bühne in der Mitte herum. Mehrere Lokale, in denen man essen und trinken kann, umgeben die Plaza.

Teatro de la Ciudad (☎ 613-13-49; Calz de los Hombres Ilustres, Parque Madero) Das Stadttheater bringt alles auf die Bühne, von Opern über Volkstänze bis hin zu Filmen.

NACHTCLUBS

In der „Zona Dorada", 2 bis 4 km westlich des Zentrums auf dem Blvd Belisario Domínguez, gibt es eine Menge netter Bars und lauter Tanzlocations. Hier geht es freitags und samstags erst gegen 23.30 Uhr richtig los, dafür wird dann aber auch bis in die frühen Morgenstunden gefeiert (Eintritt 25–50 Mex$). Mit halsbrecherischer Geschwindigkeit eröffnen hier ständig neue Clubs, andere schließen ebenso schnell wieder. Die im Folgenden aufgeführten Clubs liegen alle relativ dicht beieinander:

Baby Rock (☎ 615-91-20; Callejón Emiliano Zapata 207; ⌚ Do–Sa ab 21 Uhr) Die riesige Höhlennachbildung ist Tuxtlas Zentrum für *grupera*-Musik (oder „Tux-Mex", wie man hier gern sagt).

Bypass (☎ 616-53-69; Blvd Belisario Domínguez 1849; ⌚ Do–Sa 21–3 Uhr) Eine Retro-Lounge-Bar mit futuristischem Flair. Zu hören bekommt man Electronica und House aus den 1980er- und 1990er-Jahren. Die tanzende Meute verteilt sich auf zwei Ebenen. Die Bar liegt zwischen dem Parkhaus und Sanborns an der Plaza Cristal Mall.

Habana Cafe (☎ 121-49-89; Blvd Las Fuentes 110; ⌚ Do–Sa 21–5 Uhr) *Salseros,* Haltung annehmen, bitte! Der Blick auf die Stadt, den man von dieser Tanz-Location auf dem Hügel neben dem Hotel Camino Real hat, ist mindestens genauso faszinierend wie die Tänzer. Von 21 bis 23 Uhr gibt's kostenlosen Salsa-Unterricht. So wärmt man sich perfekt auf, um ab Mitternacht zu Livemusik die Hüften zu schwingen.

Live (☎ 149-33-16; Blvd Belisario Domínguez Km 1081; ⌚ Do–Sa 22–5 Uhr) In diesem pulsierenden, übervollen Nachtclub direkt westlich des Holiday Inn (s. Crowne Plaza S. 888) geraten die Einheimischen außer Rand und Band. Der DJ legt eine Mischung aus Pop, Rock und Electronica auf. Gelegentlich gibt's in den margaritalastigen Morgenstunden auch Livemusik. Die Herren der Schöpfung müssen freitags und samstags 120 Mex$ Eintritt hinblättern.

Santa Diabla (☎ 602-68-62; Blvd Belisario Domínguez 2138; Mi–Sa 20–4 Uhr) Ein wahrhaft schizophrener Club: Es gibt auf der einen Seite eine engelhafte, von kleinen Sternchen beleuchtete Bar und auf der anderen Seite eine teuflische, rote Disko, in der ab 1.30 Uhr Liverock und -salsa gespielt wird. Die Wände der Damentoilette schmücken Motive aus dem Garten Eden. Das Santa Diabla ist ca. 2,5 km von der Plaza Cívica entfernt.

Shoppen

Instituto de las Artesanías (☎ 602-65-65; Blvd Belisario Domínguez 2035; ⌚ Mo–Fr 8–21, Sa 10–21, So 10–15 Uhr) Chiapas' Kunsthandwerksinstitut, 2 km westlich der Plaza Cívica, verkauft eine riesige Palette an *artesanías* (Kunsthandwerk) aus dem Bundesstaat, von „Tigern" aus Amatenango und skurrilen Keramiksonnen aus Cintalapa bis zu farbenfrohen Stoffen aus dem Hochland.

La Boutique del Café (☎ 614-78-97; Ecke 8a Calle Pte Nte & 1a Av Nte Pte; ⌚ Di–Fr 10–21, Sa–Mo 16–21 Uhr) In der Boutique wird das aromatische Gold von 2000 kleinen *chiapeneco*-Bauern an den Mann gebracht. Der nette Laden serviert einen kaum zu übertreffenden Cappuccino und versorgt Traveller wie Einheimische mit allen möglichen Leckereien, natürlich aus Bioanbau. Man sollte unbedingt den Café Mam (90 Mex$/kg) probieren, der von einer indigenen Kooperative in der abgelegenen Region Motozintla hergestellt wird.

An- & Weiterreise

AUTO & MOTORRAD

Außer am Flughafen kann man sich in der Stadt ein Auto mieten bei:

Alamo (☎ 602-1600; 5a Av Nte Pte 2260) In der Nähe des OCC-Busbahnhofs.

Hertz (☎ 615-53-48; Hotel Camino Real, Blvd Belisario Domínguez 1195)

BUS, COLECTIVO & COMBI

In dem modernen, neuen **OCC-Terminal** (☎ 125-15-80, App. 2433; 5a Av Nte Pte 318) nordwestlich der Plaza Cívica sind alle 1.-Klasse-Busgesellschaften untergebracht (inkl. ADO & Deluxe UNO) sowie auch die 2.-Klasse-Linie Rápidos del Sur. Weitere 2.-Klasse-Busse und Combis verlassen das **Terminal de Transporte Tuxtla** (Ecke 9a Av Sur Ote & 13a Calle Ote Sur) u. a. in Richtung San Cristóbal, Ocosingo und Ocozocoautla. Im Folgenden sind die täglichen Abfahrten vom OCC-Terminal aufgeführt:

Ziel	Preis (Mex$)	Dauer (Std.)	Häufigkeit (tgl.)
Cancún	650–806	20	1-mal Deluxe, 1-mal 1. Klasse
Comitán	70	3	4-mal Deluxe, 10-mal 1. Klasse
Mérida	494–686	14–15	2-mal Deluxe, 2-mal 1. Klasse
Mexico City (meist zum TAPO)	702–834	12	3-mal Deluxe, 3-mal 1. Klasse
Oaxaca	306–368	10	1-mal Deluxe, 3-mal 1. Klasse
Palenque	150–180	6	1-mal Deluxe, 7-mal 1. Klasse
Puerto Escondido	324	11	2-mal
San Cristóbal de Las Casas	33–36	1–1¼	3-mal Deluxe, 21-mal 1. Klasse
Tapachula	Deluxe 226–416	6–7 über Tonalá, 8 über Comitán	6-mal Deluxe, 12-mal 1. Klasse 25-mal 2. Klasse
Tonalá	60–120	3	2-mal Deluxe, 13-mal 1. Klasse, 26-mal 2. Klasse
Villahermosa	200–240	4–7½	2-mal Deluxe, 4-mal 1. Klasse, 6-mal 2. Klasse

Wer nach San Cristóbal de Las Casas (35 Mex$, 1½ Std.) will, hat auch noch die folgenden Möglichkeiten:

Corazón de María (Ecke Av Central Ote & 12a Calle Ote Sur) Zwischen 5 und 21 Uhr fahren Combis diese Strecke.

Omnibus de Chiapas (☎ 611-26-56; Ecke 15a Calle Ote Sur & 4a Av Sur Ote) Minibusse fahren zwischen 5 und 22 Uhr alle 10 Min.

Combis nach Chiapa de Corzo (9 Mex$, 30 Min.) fahren zwischen 5 und 22.30 Uhr alle paar Minuten ab 1a Av Sur Ote.

FLUGZEUG

Tuxtlas kleiner, glitzernder, neuer **Aeropuerto Ángel Albino Corzo** (☎ 153-60-68) liegt 35 km südöstlich des Stadtzentrums und 18 km südlich von Chiapa de Corzo. Ein Taxi von Tuxtla zum Flughafen kostet 150 Mex$; *colectivos* von **Monarca Viajes** (☎ 132-81-91; 4a Calle Pte Nte 145) bedienen die Strecke siebenmal am Tag für 100 Mex$. Im Voraus zu bezahlende Taxis (1–3 Passagiere) stehen bei Ankunft am Flughafen bereit und fahren ins Stadtzentrum von Tuxtla (180 Mex$, 40 Min.), nach Chiapa de Corzo (200 Mex$, 30 Min.) und nach San Cristóbal (500 Mex$, 1½ Std.).

Click Mexicana (☎ 800-112-54-25; www.clickmx.com) fliegt sechsmal täglich direkt nach Mexico City und hat Anschlussflüge nach Villahermosa, Mérida und Cancún. **Aviacsa** (☎ 800-284-22-72; Av Central Pte 160) startet viermal täglich nach Mexico City und einmal nach Tapachula.

Unterwegs vor Ort

Alle *colectivos* (4 Mex$) der Ruta 1 „Blvd Belisario Domínguez–Av Central–Blvd Albino Corzo" fahren regelmäßig Richtung Westen zu den Clubs in der „Zona Dorada" und gen Osten zum Soriana-Taxistand. Die Haltestellen sind durch blaue Busschilder gekennzeichnet. Die *colectivos* verkehren bis ca. 22.30 Uhr. Taxis innerhalb der Stadt kosten 25 bis 30 Mex$.

RUND UM TUXTLA GUTIÉRREZ

Chiapa de Corzo

☎ 961 / 38 000 Ew. / 450 m

Chiapa de Corzo ist ein wenig beachtetes Juwel, 12 km östlich von Tuxtla Gutiérrez an der Straße nach San Cristóbal. In der kleinen, netten Stadt aus der Kolonialzeit herrscht ein unbeschwertes, provinzielles Flair. Sie liegt am Nordufer des breiten Río Grijalva und ist der ideale Ausgangspunkt für einen Trip in den Cañón del Sumidero (S. 893).

Chiapa de Corzo ist seit 1500 v. Chr. fast ständig bewohnt. Vor der Ankunft der Spanier befand sich Nandalumí, die Hauptstadt der kriegerischen Chiapa, ein paar Kilometer flussabwärts am anderen Ufer des Grijalva. Als Diego de Mazariegos 1528 in die Gegend einmarschierte, stürzte sich der Chiapa-Stamm anscheinend lieber zu Hunderten in den Canyon, als sich zu ergeben.

Mazariegos gründete hier eine Siedlung namens Chiapa de Los Indios, verlegte seine Basis aber schon bald nach San Cristóbal de Las Casas: Hier schienen ihm das Klima besser und die Einheimischen umgänglicher.

ORIENTIERUNG & PRAKTISCHE INFORMATIONEN

Die Busse von Tuxtla halten an der Nordseite der zentralen Plaza Ángel Albino Corzo oder direkt dahinter in der Av 21 de Octubre. Der *embarcadero* für Bootsfahrten in den Cañón del Sumidero befindet sich zwei Blocks südlich der Plaza an der 5 de Febrero.

BBVA Bancomer (☎ 616-06-53; Plaza Ángel Albino Corzo 5; Mo–Fr 8.30–16 Uhr) An der Ostseite der Plaza; hat einen Geldautomaten.

Touristeninformation (☎ 616-10-13; Av Domingo Ruíz 1; ⌚ Mo–Fr 8–16 Uhr) An der Westseite der Plaza.

SEHENSWERTES

Beeindruckende Arkaden umrahmen die Plaza auf drei Seiten und ein monströser Baum namens **La Pochota** lässt seine jahrhundertealten Wurzeln über den Bürgersteig sprießen. Er wurde schon von den indigenen Stadtgründern verehrt und ist heute der älteste Kapokbaum am Río Grijalva. Die Hauptsehenswürdigkeit auf der Plaza ist aber der stattliche Ziegelbrunnen **La Pila** (auch Fuente Colonial genannt), der auf allen Nummernschildern dieses Bundesstaates abgebildet ist. Er wurde 1562 im gotischen Mujedar-Stil errichtet und soll der spanischen Krone ähneln.

Der große **Templo de Santo Domingo de Guzmán**, einen Block südlich der Plaza, wurde Ende des 16. Jhs. vom Dominikanerorden gebaut. Das dazugehörige Kloster ist heute das **Centro Cultural** (☎ 616-00-55; Mexicanidad Chiapaneca 10; Eintritt frei; ⌚ Di–So 10–17 Uhr), das eine Ausstellung von Holz- und Linoldrucken des talentierten, in Chiapa geborenen Franco Lázaro Gómez (1922–1949) beherbergt. Außerdem ist hier das **Museo de la Laca** untergebracht, das sich einem Kunsthandwerk aus der Region widmet: lackierten Flaschenkürbissen. Es gibt sogar Stücke von 1606 zu sehen sowie Lackarbeiten aus anderen Gegenden Mexikos und aus China, Japan und Thailand.

KURSE

Dunham Institute (☎ 616-14-98; www.dunhaminstitute.com; Zaragoza 23) Hier kann man mehrwöchige Spanischkurse mit Unterbringung in Familien ab 600 US$ buchen.

FESTIVALS & EVENTS

Die **Fiesta de Enero** (9.–21. Januar) ist eines der lebhaftesten und außergewöhnlichsten Festivals von ganz Mexiko. Bei den nächtlichen Tänzen verkleiden sich die Tänzer (Las Chuntá genannt) als Frauen. Frauen tragen kunterbunte, wunderschön bestickte *chiapaneca*-Kleider. Und *Parachicos* mit blonden Perücken und Masken stellen die Konquistadoren dar und ziehen am 15., 17. und 20. Januar durch die Stadt. Eine Kanuschlacht und ein phantastisches Feuerwerk krönen den letzten Abend.

SCHLAFEN

Hotel Los Ángeles (☎ 616-00-48; www.losangeleschiapas.com; Grajales 2; Zi. mit Ventilator/Klimaanlage 250/300 Mex$; P ✣) Das Hotel an der Südostecke der Plaza hat blitzsaubere Zimmer mit Kabel-TV und Ventilator. In den Badezimmern gibt's Warmwasser. Die oberen Zimmer haben zwar keine Klimaanlage, sind aber größer und werden von einer frischen Brise durchweht.

Hotel La Ceiba (☎ 616-07-73; www.hlaceiba.com; Av Domingo Ruiz 300; EZ/DZ/3BZ/4BZ 579/643/708/585 Mex$; P ✣) Ein komplett ausgestattetes Spa. Das La Ceiba hat einen einladenden Pool, einen üppigen Garten und 91 einfache Zimmer, die aber gut in Schuss sind. Dazu gibt's Klimaanlage und Kabel-TV. Das Hotel liegt zwei Blocks westlich der Plaza.

ESSEN

Restaurant Jardines de Chiapa (☎ 616-01-98; Madero 395; Hauptgerichte 40–80 Mex$; ⌚ Sommer 9–19.30 Uhr, Herbst–Frühling 8–18.30 Uhr) Das große Lokal ganz in der Nähe der Plaza ist um einen mit stimmungsvollen Säulen geschmückten Innenhof mit Garten angelegt. Auf der langen Speisekarte steht u. a. leckeres *cochinito al horno* (im Ofen gebackenes Schweinefleisch).

Restaurant Los Corredores (☎ 616-07-60; www.loscorredores.com.mx; Madero 35; Hauptgerichte 50–80 Mex$; ⌚ 9–19 Uhr) Das Los Corredores liegt gegenüber der Südwestecke der Plaza. Das hell gestrichene Restaurant bietet von allem etwas: gutes Frühstück, Fischteller zu vernünftigen Preisen und Spezialitäten aus der Region, z. B. *pepita con tasajo* (Rindfleisch mit würziger Kürbiskernsoße). Auch eine faszinierende Sammlung historischer Fotos der Stadt ist zu bewundern.

D'Avellino (☎ 616-12-43; Calz Grajales 1103; Hauptgerichte 50–90 Mex$, Pizza 85–120 Mex$; ⌚ Mo–Sa 13–1, So 13–23 Uhr) Ein niedliches italienisches Restaurant mit rustikalem Speisesaal und ein paar Tischen auf der Terrasse. Auf den Tisch kommen frische Pasta und gute Pizzas. Das Lokal erreicht man von der Plaza aus in Richtung Nordwesten nach einem lockeren, fünf- bis zehnminütigen Marsch entlang der Hauptstraße nach Tuxtla.

Die Restaurants am *embarcadero* haben fast alle die gleichen, überteuerten Gerichte auf der Speisekarte. Der Blick auf den Fluss ist ganz nett, aber die Marimbafonspieler treiben den Lautstärkepegel ganz schön in die Höhe.

AN- & WEITERREISE

Combis fahren zwischen 5 und 22.30 Uhr alle paar Minuten in Tuxtla Gutiérrez (9 Mex$,

30 Min.) ab der 1a Av Sur Ote (zw. Calle 5a & 7a Ote Sur).

Von Chiapa de Corzo nach San Cristóbal zu kommen, ist etwas umständlich: Entweder man fährt zurück nach Tuxtla und nimmt dort einen Bus oder ein Combi über die schnelle, neue Autopista, oder aber man schnappt sich an der Haltestelle gegenüber der Tankstelle auf dem Hwy 190 (am nordöstlichen Stadtrand) einen Mikrobus nach San Cristóbal (25 Mex$, 1½ Std.). Die fahren um 6.45, 10, 13, 15.30 und 18 Uhr ab und nehmen den langsameren, sehr kurvigen, alten Highway. *Colectivos* zu dieser Haltestelle (4 Mex$) starten an der Ostseite der Plaza. Taxis kosten 20 Mex$.

Die meisten Leute fahren von San Cristóbal mit einem Combi über Tuxtla Gutiérrez. Man kann aber auch einen Van Richtung Tuxtla nehmen und den Fahrer bitten, an der Chiapa-de-Corzo-Haltestelle auf dem Highway kurz zu stoppen. Von dort kostet das Taxi ins Stadtzentrum dann noch 8 Mex$.

Cañón del Sumidero

Der Sumidero-Canyon östlich von Tuxtla Gutiérrez ist ein spektakulärer Spalt in der Erde. 1981 wurde an seinem Nordende der Staudamm für das Wasserkraftwerk Chicoasén fertiggestellt. Dieser staute den Río Grijalva, der durch die Schlucht fließt, sodass ein 25 km langer Stausee entstand. Wer zwischen Tuxtla und Chiapa de Corzo unterwegs ist, passiert den Grijalva direkt südlich des Eingangs zum Canyon.

Von oben kann man die Schlucht von fünf *miradores* (Aussichtspunkten) aus bewundern. Zu ihnen werden Bustouren (Erw./Kind 75/37 Mex$, 3½ Std.) angeboten, die täglich (außer montags) um 9 und um 13 Uhr an der Kathedrale in Tuxtla beginnen. Mindestens fünf Personen müssen teilnehmen. Weitaus beeindruckender ist es, den Canyon in einer **Lancha** (hin & zurück 120 Mex$; ⌚ 8–16 Uhr) zu erforschen, die zwischen den hohen Felswänden hindurchprescht. Hin- und Rückfahrt dauern ca. zwei Stunden, Startpunkt ist entweder in Chiapa de Corzo oder am Embarcadero Cahuaré, 5 km nördlich von Chiapa an der Straße nach Tuxtla. Man muss selten länger als eine halbe Stunde warten, bis ein Boot voll genug ist. Getränke, Sonnenschutz und – falls das Wetter doch schlecht sein sollte – warme Kleidung oder eine Regenjacke einpacken!

Von Chiapa de Corzo zum Staudamm sind es etwa 35 km. Kurz nachdem man unter dem Hwy 190 hindurch gefahren ist, ragen die Wände des Canyons unglaubliche 800 m in die Höhe. Auf dem Weg bekommt man viele Vögel zu Gesicht – Reiher, Kormorane, Geier, Eisvögel – und höchstwahrscheinlich auch ein oder zwei Krokodile. Die Bootsführer weisen auf ein paar seltsame Fels- und Pflanzenformationen hin. Beispielsweise gibt's da eine Klippe, die mit herabhängendem Moos bedeckt ist und wie ein gigantischer Weihnachtsbaum aussieht. Manchmal müssen sich die *lanchas* ihren Weg durch Unmengen herumschwimmenden Plastikmülls bahnen, der in der Regenzeit aus Tuxtla Gutiérrez angespült wird.

Sima de Las Cotorras

Die **Sima de Las Cotorras** (Papageienschlucht; Eintritt Erw./Kind über 9 Jahre 20/10 Mex$) in der Reserva de la Biosfera Selva El Ocote ist ein dramatischer Krater, der auf einer Breite von 160 m 140 m tief in die Erde geht. Am frühen Morgen steigt eine grüne Wolke kreischender Papageien aus dem Krater auf, die erst in der Abenddämmerung wieder zurückkehren. Mit einem Fernglas entdeckt man eine Reihe vorkolonialer Felsmalereien an der einen Seite der Klippenwände. Wer will, kann in dieses faszinierende unterirdische Loch hinunterklettern oder sich abseilen. **Unterkünfte** (☎ 968-689-02-89; simacotorras@hotmail.com; Camping 100 Mex$, Cabaña 300–400 Mex$; Ⓟ 💻) sind vorhanden, außerdem gibt's ein gutes **Restaurant** (Frühstück 15–40 Mex$, Mittag-/Abendessen 25–50 Mex$; ⌚ 8–18 Uhr), in dem köstliche *tamales* und hausgemachte Tortillas auf den Tisch kommen.

Vom Terminal de Transporte in Tuxtla fährt man zunächst mit einem Combi nach Ocozocoautla (auch Coita genannt, 90 Mex$, 30 Min.); dann ruft man am besten die Unterkunft an, um die Weiterfahrt (150 Mex$/Autoladung) zu organisieren, oder man nimmt ein Taxi (250 Mex$, 50 Min.). Da die 18 km lange Straße von Ocozocoautla nicht gut ausgeschildert ist, müssen die Taxifahrer unterwegs wahrscheinlich anhalten und nach dem Weg fragen. Geführte Touren (120 Mex$) bringen einen samstag- und sonntagmorgens von Tuxtla Gutiérrez (s. S. 887) aus hin, sind aber zur „Hauptpapageienzeit" noch nicht da.

SAN CRISTÓBAL DE LAS CASAS

☎ 967 / 142 000 Ew. / 2160 m

Die Kolonialstadt San Cristóbal (cris-*toh*-bal) liegt inmitten eines grandiosen Hochlandtals und wird von Pinienwäldern umgeben. Seit Jahrzehnten ist diese Stadt eines der beliebtesten Ziele von Travellern. Es macht viel Spaß, ihre Kopfsteinpflasterstraßen und Märkte zu erforschen und die einzigartige Atmosphäre und das herrlich klare Licht des Hochlands in sich aufzunehmen. Die mittelgroße Stadt besticht außerdem mit einer netten Mischung aus restaurierten, Jahrhunderte alten Häusern, grasendem Vieh und Getreidefeldern.

San Cristóbal ist das Zentrum einer Gegend, in der das indigene Mexiko ganz besonders tief verwurzelt ist. Dutzende von Dörfern der traditionellen Tzotzil und Tzeltal umgeben sie und man kann von der Stadt aus eine Menge entdecken, denn hier existieren neben modernem Luxus noch uralte Bräuche.

Die Stadt ist sowohl ein Sammelbecken für Sympathisanten der Zapatistenrebellen (und ein paar ihrer Gegner) als auch für Organisationen, die mit der indigenen Bevölkerung Chiapas' zusammenarbeiten. Neben einer guten touristischen Infrastruktur und einer Gesellschaft aus tatkräftigen, künstlerisch und politisch fortschrittlichen Ausländern und Mexikanern hat San Cristóbal auch noch viele Unterkünfte und eine vielfältige Auswahl an Cafés, Bars und Restaurants zu bieten.

Geschichte

Diego de Mazariegos gründete San Cristóbal 1528 als spanischen Stützpunkt in der Region. Die spanischen Einwohner machten ein Vermögen mit Weizen; die indigenen Völker hingegen verloren ihr Land und litten unter Krankheiten, Steuern und Zwangsarbeit. Nur die Kirche bot etwas Schutz vor den Übergriffen der Kolonialherren. 1545 kamen Dominikanermönche in Chiapas an und machten San Cristóbal zu ihrer Basis. Heute ist die Stadt nach einem dieser Mönche benannt: Bartolomé de Las Casas. Man bestimmte ihn zum Bischof von Chiapas und er wurde einer der berühmtesten spanischen Verteidiger der indigenen Völker in der Kolonialzeit. In letzter Zeit trat Bischof Samuel Ruiz in seine Fußstapfen. Er verteidigte die unterdrückten indigenen Völker und handelte sich damit die Feindschaft der Führungsschicht von Chiapas ein. 1999 ist der beliebte Bischof nach langer Amtszeit in den Ruhestand getreten.

Von 1824 bis 1892 war San Cristóbal die Hauptstadt des Staates Chiapas, blieb aber bis in die 1970er-Jahre relativ isoliert. Dann begann der Tourismus, die Wirtschaft zu beeinflussen. In den letzten Jahrzehnten gab es einen Zustrom indigener Dorfbewohner in den „Cinturón de Miseria" (Gürtel des Elends) – er besteht aus einer Reihe verarmter, von Gewalt geplagter, behelfsmäßiger Kolonien rund um San Cristóbals *periférico* (Ringstraße). Manche der Bewohner sind hier, weil sie aus Chamula und anderen Gemeinden vertrieben worden sind – oft als Ergebnis interner politisch-religiöser Konflikte. Die meisten der Menschen, die Kunsthandwerk rund um die Santo-Domingo-Kirche verkaufen, ebenso wie die minderjährigen Straßenverkäufer in der ganzen Stadt kommen aus dem Cinturón de Miseria.

Am 1. Januar 1994 wurde San Cristóbal ins internationale Rampenlicht katapultiert. Damals wählten die Zapatistenrebellen die Stadt als eine von vieren, in denen sie ihre Revolution beginnen wollten. Sie eroberten und plünderten Regierungsbüros in der Stadt, bevor sie in nur wenigen Tagen von der mexikanischen Armee wieder vertrieben wurden. Politische und soziale Spannungen bleiben – aber San Cristóbal ist noch immer ein Magnet für Traveller und nennt einen boomenden Immobilienmarkt und eine wachsende Mittelklasse sein Eigen.

Klima

In San Cristóbal de Las Casas und Los Altos de Chiapas, den zentralen Hochländern des Bundesstaates mit einer Höhe von 2000 bis 3000 m, herrscht ein gemäßigtes Klima. Tagsüber ist es im Allgemeinen warm. Zwischen November und Februar kann es abends aber richtig kalt werden, sodass eine dicke Jacke nicht verkehrt ist.

Orientierung

San Cristóbal lässt sich leicht zu Fuß erobern. Die geraden Straßen führen über sanfte Hügel. Die Panamericana (Hwy 190, Blvd Juan Sabines, „El Bulevar") verläuft durch den Südteil der Stadt und so ziemlich alle Busbahnhöfe befinden sich an oder in der Nähe dieser Straße. Vom OCC-Busterminal sind es sechs Blocks in Richtung Norden auf der Insurgentes bis zum Hauptplatz, der Plaza 31 de Marzo. Die Calle Real de Guadalupe mit ihren vielen Unterkünften und Restaurants verläuft von der Plaza nach Osten. Die lange Fußgängerstraße Andador Turístico (oder Andador

SAN CRISTÓBAL IN ...

zwei Tagen

Los geht's mit einem duftenden, frisch gerösteten **Kaffee** aus Chiapas (S. 904). Danach macht man sich in einem **Yogakurs** in der Posada Ganesha (S. 900) fit. In wandertauglichen Schuhen werden dann zuerst die kolonialen Kirchen des **Templo de Santo Domingo** (S. 896) und die **Kathedrale** (S. 896) erkundet, bevor man die beiden Hügel **Cerro de San Cristóbal** und **Cerro de Guadalupe** (S. 896) erklimmt – ein toller Blick über die Stadt ist der Lohn für die Mühen.

Am zweiten Tag steht ein Ausflug auf dem Rücken eines **Pferdes** (S. 908) oder auf einem **Drahtesel** (S. 908) zu den traditionellen indigenen Dörfern Zinacatán und San Juan Chamula auf dem Programm. Der Abend klingt im **Kino** (S. 905) aus, wo man sich einen Film über die lokale Geschichte oder einen aktuellen Streifen ansieht.

vier Tagen

Wer mehr Zeit hat, sollte nach dem Zweitagesprogramm in einer der **Sprachschulen** (S. 900) seine Spanischkenntnisse etwas auffrischen. In die einheimische Kultur taucht man im **Museo de la Medicina Maya** (S. 897), im volksgeschichtlichen **Na Bolom** (S. 896) und im zeitgenössischen **Centro Cultural El Carmen** (S. 897) ein.

Auch ein Besuch bei der Kooperative der Weberinnen von **Sna Jolobil** (S. 906) mit ihren phantastischen *artesanías* und bei den Papier- und Buchwerkstätten **Taller Leñateros** (S. 906) sind in Erwägung zu ziehen. Auf dem **Mercado Municipal** (S. 897) begegnen einem Gerüche und Eindrücke, die die Sinne betören. Unbedingt die herzhaften **hausgemachten Tamales** (S. 904) probieren (man wird ohnehin nicht widerstehen können)! Zu guter Letzt lernt man beim Durchtanzen bis in die frühen Morgenstunden das wilde **Nightlife** (S. 905) der Stadt kennen.

Eclesiástico) erstreckt sich über die Av Hidalgo und die Av 20 de Noviembre. Sie beginnt im Süden am Arco de El Carmen und endet im Norden beim Templo de Santo Domingo; dazwischen überquert sie die Plaza 31 de Marzo. Der Cerro San Cristóbal und der Cerro de Guadalupe überblicken die Stadt im Osten und Westen.

Praktische Informationen

BUCHLÄDEN

La Pared (☎/Fax 678-63-67; lapared9@yahoo.com; Hidalgo 2; ⌚ Mo–Sa 10–14 & 16–20, So 15–19.30 Uhr) Große Auswahl an neuen und gebrauchten Büchern auf Englisch, u. a. Lonely Planet Führer. Der Laden wird von einem freundlichen Amerikaner geführt, der auch mit Second-Hand-Büchern handelt.

Librería Chilam Balam (☎ 678-04-86; Utrilla 33; ⌚ 9–20 Uhr)

Libros Soluna (☎ 678-68-05; Real de Guadalupe 13B; ⌚ Mo 9–13 & 16–21, Di–Sa 9.30–21, So 11–17 Uhr) Landkarten und Lonely Planet Führer auf Spanisch.

GELD

Die meisten Banken verlangen eine Kopie des Reisepasses, wenn man Bargeld oder Reiseschecks tauschen möchte. Am OCC-Busbahnhof gibt's Geldautomaten.

Banamex (Plaza 31 de Marzo; ⌚ Mo–Fr 9–16, Sa 10–14 Uhr) Geldautomat und Wechselschalter.

HSBC (Mazariegos 6; ⌚ Mo–Sa 8–19, So 10–14.30 Uhr) Hier gibt's ebenfalls einen Geldautomaten und die längsten Öffnungszeiten.

Lacantún Money Exchange (Real de Guadalupe 12A; ⌚ Mo–Sa 9–21, So 9–14 & 16–21 Uhr) Ist auch außerhalb der Bankzeiten geöffnet; dafür ist der Wechselkurs schlechter.

INTERNETZUGANG

In San Cristóbal gibt's Dutzende preiswerter Internetcafés.

Centro Cultural El Puente (Real de Guadalupe 55; 6 Mex$/Std.; ⌚ So geschl.) Kostenloses WLAN.

Fast-Net Cyber Café (Real de Guadalupe 15D; 6 Mex$/Std.)

MEDIZINISCHE VERSORGUNG

Hospital Amigo del Niño y de la Madre (☎ 678-07-70; Insurgentes) Allgemeines Krankenhaus mit Notfallversorgung.

Sanatorio Dr Bonilla (☎ 680-80-50; Juárez 60) Dr. Renato Zárate spricht englisch.

POST & TELEFON

El Locutorio (☎ 631-60-63; Rosas 7C; ⌚ 8–22 Uhr) Preiswerte Ferngespräche ins Ausland. Hat auch Filialen in

der Belisario Domínguez 6A und der Calle 20 de Noviembre 20A.
Hauptpost (☎ 678-07-65; Allende 3; ⏰ Mo–Fr 8.30–19, Sa 8.30–13 Uhr)

TOURISTENINFORMATION

Städtische Touristeninformation (☎ 678-06-65; Palacio Municipal, Plaza 31 de Marzo; ⏰ Mo–Fr 8–20, Sa & So bis 20 Uhr) Das Personal weiß so ziemlich alles über die Region um San Cristóbal.
Staatliche Touristeninformation (☎ 678-14-67; Hidalgo 1B; ⏰ Mo–Fr 8–21, Sa 9–20, So 9–14 Uhr) Hat englisch sprechendes Personal und viele Broschüren. Das Büro befindet sich im ersten Stock, es ist nicht ausgeschildert. Möglicherweise zieht sie in das Centro Cultural El Carmen (s. gegenüber) um.

WASCHSALON

Lavandería La Rapidita (☎ 678-80-59; Insurgentes 9; Selbstbedienung 25 Mex$/5 kg, Waschservice 45 Mex$/3 kg; ⏰ Mo–Sa 9–20 Uhr)
Lavandería Las Estrellas (Real de Guadalupe 75; 10 Mex$/kg; ⏰ 9–19 Uhr)

Sehenswertes

PLAZA 31 DE MARZO

Die baumbestandene Hauptplaza ist ein netter Ort, um die ruhige Hochlandatmosphäre von San Cristóbal zu atmen. Schuhputzer, Zeitungsverkäufer und *ambulantes* (Straßenhändler) versammeln sich um den kunstvoll und mit viel Eisen gebauten Musikpavillon.

Mit dem Bau der **Kathedrale** an der Nordseite der Plaza wurde zwar schon 1528 begonnen, aber wegen mehrerer Naturkatastrophen konnte sie erst 1815 fertig gestellt werden. Kaum war sie fertig, verursachten im Jahr 1816 und 1847 weitere Erdbeben erhebliche Schäden. Die Kathedrale wurde von 1920 bis 1922 restauriert. Im vor Blattgold nur so funkelnden Inneren sind fünf golden gerahmte Altargemälde von Miguel Cabrera aus dem 18. Jh. zu sehen.

Das Hotel Santa Clara (s. S. 902) an der Südostecke der Plaza wurde von Diego de Mazariegos, dem spanischen Eroberer von Chiapas, erbaut. Sein Wappen ist über dem Hauptportal eingraviert. Das Haus ist ein seltenes weltliches Beispiel für listeresken Stil in Mexiko.

CERRO DE SAN CRISTÓBAL & CERRO DE GUADALUPE

Den besten Blick auf die Stadt bekommt nur, wer auch etwas dafür tut: Die Stufen auf die Hügel hinauf können in dieser Höhe leicht zu einer Strapaze werden. Auf beiden Aussichtspunkten thronen Kirchen. In der Zeit um den Día de la Virgen de Guadalupe (12. Dez.) machen sich unzählige Pilger auf den Weg zur Iglesia de Guadalupe.

TEMPLO & EX-CONVENTO DE SANTO DOMINGO

Direkt nördlich vom Stadtzentrum befindet sich der **Templo de Santo Domingo** (Eintritt frei; ⏰ 6.30–14 & 16–20 Uhr) aus dem 16. Jh., San Cristóbals schönste Kirche – besonders, wenn seine Fassade von der Spätnachmittagssonne angestrahlt wird. Die barocke Front mit den herausragenden filigranen Stuckarbeiten wurde im 17. Jh. angebracht; auf ihr ist auch ein doppelköpfiger Habsburger Adler zu sehen, das damalige Symbol der spanischen Monarchie. Innen ist sie reich vergoldet, besonders die kunstvoll verzierte Kanzel.

Rund um Santo Domingo und den benachbarten **Templo de La Caridad** (1712 erbaut) veranstalten Frauen aus Chamula und Künstler aus ganz Mexiko täglich einen farbenfrohen **Kunsthandwerksmarkt** (s. S. 905). Das ehemalige, zu Santo Domingo gehörende Kloster beherbergt zwei interessante Attraktionen: einen Ausstellungsraum der Weberinnen von **Sna Jolobil** (s. S. 906) und das **Centro Cultural de los Altos** (☎ 678-16-09; Calz Lázaro Cárdenas s/n; Eintritt 33 Mex$, So & feiertags frei; ⏰ Do–So 10–17 Uhr) mit einem ziemlich guten Museum über die Geschichte der Region um San Cristóbal (auf Spanisch).

NA BOLOM

Das vor Atmosphäre nur so strotzende **Museums- und Forschungszentrum** Na Bolom (☎ 678-14-18; www.nabolom.org; Guerrero 33; nur Hausbesichtigung 35 Mex$, 1½ Std. Führung auf Englisch od. Spanisch Erw./Student 45/20 Mex$; ⏰ 10–18 Uhr, spanische Führung 11.30 Uhr & englische Führung 16.30 Uhr, Mo keine Führungen) war viele Jahre das Heim der Schweizer Anthropologin und Fotografin Gertrude Duby-Blom (Trudy Blom, 1901–1993) und ihres dänischen Ehemannes, des Archäologen Frans Blom (1893–1963).

Sie kauften dieses Haus aus dem 19. Jh. im Jahr 1950, und während Frans die antiken Mayastätten in ganz Chiapas (z. B. Palenque, Toniná und Chinkultic) erforschte und vermaß, studierte und fotografierte Trudy das verstreut lebende Volk der Lacandonen im Osten von Chiapas. Sie kämpfte um seinen Erhalt und um die Bewahrung seiner Urwaldumwelt. Nach Trudys Tod hat Na Bolom Bloms Arbeit weitergeführt. Dabei dient das Haus als Musuem und Forschungszentrum, um Chiapas indigene Kulturen und deren Umwelt zu studieren und zu unterstützen. Außerdem werden hier soziale und Umweltprogramme der einheimischen Regionen organisiert. Die Bibliothek mit mehr als 9000 Büchern und Dokumenten ist eine wichtige Quelle über die Maya.

Na Bolom bedeutet in der Tzozil-Sprache „Haus des Jaguars" und spielt gleichzeitig mit dem Namen der früheren Besitzer. Es ist voller Fotografien, archäologischer und anthropologischer Relikte und Bücher. Die Tour durchs Haus liefert einen enthüllenden Einblick in das Leben der Bloms und das Lebens in Chiapas vor einem halben Jahrhundert und früher – das dargestellte Bild der Lacandonen gibt deshalb eher Aufschluss über ihre Vergangenheit als über ihre Gegenwart.

In Na Bolom gibt's auch Gästezimmer (s. S. 902). Die angebotenen Mahlzeiten werden aus Biogemüse aus dem dazugehörigen Garten zubereitet.

MERCADO MUNICIPAL

Um einen tieferen Einblick in das Leben der Menschen San Cristóbals zu bekommen – und um in einen Sinnestaumel zu verfallen –, sollte man unbedingt den wuseligen städtischen **Markt** (ca. 7–17 Uhr) aufsuchen, der acht Blocks nördlich der Hauptplaza zwischen Utrilla und Belisario Domínguez abgehalten wird. Hier spähen die Verkäufer hinter Bergen von Tomaten und Mangos hervor, Dutzende Chilivarianten sind zu haben und die blutig-frische Ware der Metzgerstände wechselt sich ab mit getrockneten Shrimps, die von den Fliegen in Beschlag genommen wurden.

MUSEO DE LA MEDICINA MAYA

In diesem preisgekrönten **Museum** (☎ 678-54-38; www.medicinamaya.org; Av Salomón González Blanco 10; Eintritt 20 Mex$; Mo–Fr 10–18, Sa & So 10–17 Uhr) erfährt man alles über die traditionelle Medizin, die noch heute viele indigene Völker im Hochland Chiapas' anwenden. Die traditionelle Mayamedizin besteht auch daraus, zum Geist der Erde zu beten, der Stimme des Blutes zu lauschen und böse Geister aus der Seele zu vertreiben. Dazu werden Kerzen, Knochen, Tannennadeln, Kräuter und manchmal auch geopferte Hühner verwendet. Das Museum am Nordrand der Stadt wird von der Organización de Médicos Indígenas del Estado de Chiapas (OMIECH) betrieben, einer Gruppe aus 600 indigenen Heilern, Hebammen, Kräuterkundlern und Gebetsspezialisten. Zu sehen sind eine rituelle Szene in einer Kirche, eine Hebamme bei der Geburtshilfe und ein Video über die Arbeit traditioneller Hebammen. Infomaterial gibt's auf Englisch, Spanisch, Französisch und Deutsch. Auf dem Gelände befinden sich außerdem ein medizinischer Pflanzengarten, eine Kräuterapotheke und eine *casa de curación,* in der man sich behandeln lassen kann. Hin kommt man in 15 Minuten zu Fuß (von der Real de Guadalupe in Richtung Norden wandern) oder schneller mit dem Taxi für 18 Mex$.

ARCO, TEMPLO & CENTRO CULTURAL EL CARMEN

Der **Arco de El Carmen** am Südende der Andador Turístico in der Hidalgo stammt aus dem späten 17. Jh. und war früher das Stadttor. Das ehemalige Kloster direkt östlich davon ist ein wunderschönes Gebäude aus der Kolonialzeit mit einem großen, friedvollen Garten. Heute beherbergt es das **Centro Cultural El Carmen** (Hermanos Domínguez s/n; Eintritt frei; Di–So 9–18 Uhr), in dem Kunst- und Fotoausstellungen und gelegentlich Musikveranstaltungen eine Bühne bekommen.

CAFÉ MUSEO CAFÉ

Diese Kombination aus **Café und Kaffeemuseum** (☎ 678-78-76; MA Flores 10; Eintritt 25 Mex$; 9–22 Uhr) ist ein Coopcafé-Unternehmen. Das ist ein Zusammenschluss von 17 000 kleinen, meist indigenen Kaffeeanbauern aus Chiapas. Das Museum beleuchtet die Geschichte des Kaffees und seines Anbaus in Chiapas, von den Anfängen – die von extremer Ausbeutung geprägt waren – bis zur einheimischen Kaffeeproduktion auf Gesellschafterbasis – ein Modell, dessen Marketing heute immer besser funktioniert. Die Informationen sind auch ins Englische übersetzt. Im Café kann man den geschmackvollen Biokaffee probieren.

MUSEO DEL ÁMBAR DE CHIAPAS

Bernstein ist versteinertes Kiefernharz und um die 30 Mio. Jahre alt. Der aus Chiapas ist bekannt für seine Klarheit und die Vielfalt seiner Farben. Das meiste davon wird rund um Simojovel gewonnen, nördlich von San Cristóbal. Das **Museo del Ámber de Chiapas** (Chiapas' Bernsteinmuseum; www.museodelambar.com.mx; Plazuela

TABASCO & CHIAPAS

SAN CRISTÓBAL DE LAS CASAS

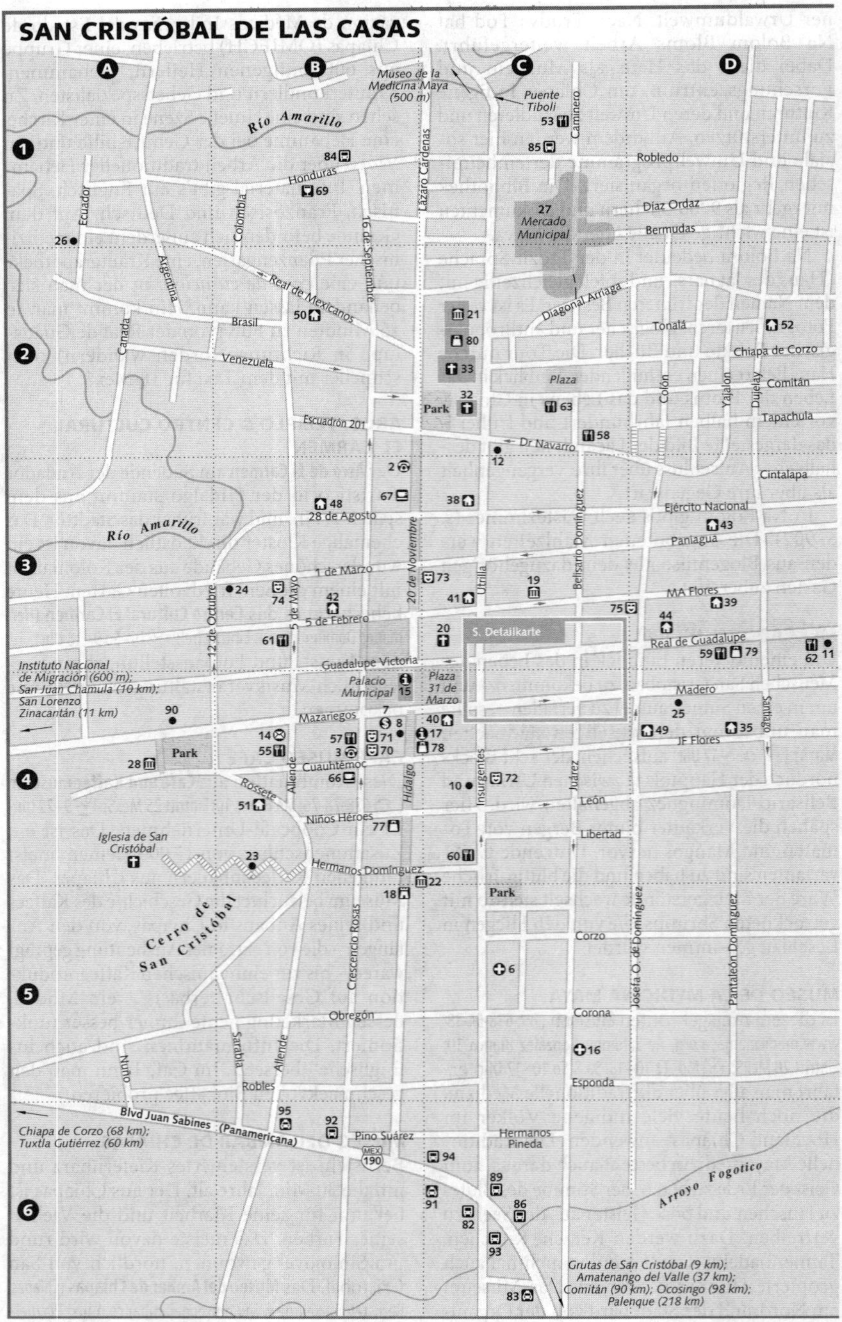

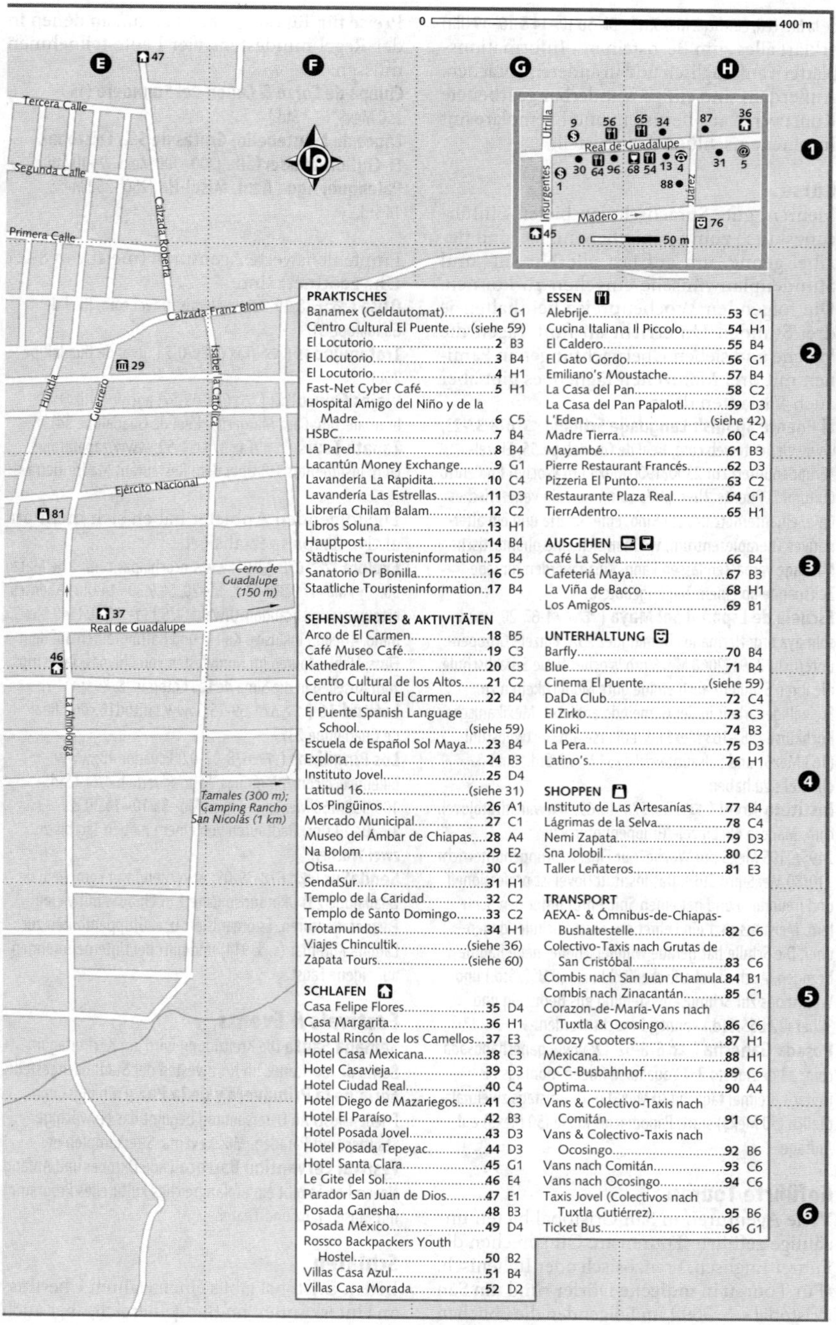

PRAKTISCHES
- Banamex (Geldautomat) 1 G1
- Centro Cultural El Puente (siehe 59)
- El Locutorio 2 B3
- El Locutorio 3 B4
- El Locutorio 4 H1
- Fast-Net Cyber Café 5 H1
- Hospital Amigo del Niño y de la Madre 6 C5
- HSBC 7 B4
- La Pared 8 B4
- Lacantún Money Exchange 9 G1
- Lavandería La Rapidita 10 C4
- Lavandería Las Estrellas 11 D3
- Librería Chilam Balam 12 C2
- Libros Soluna 13 H1
- Hauptpost 14 B4
- Städtische Touristeninformation 15 B4
- Sanatorio Dr Bonilla 16 C5
- Staatliche Touristeninformation 17 B4

SEHENSWERTES & AKTIVITÄTEN
- Arco de El Carmen 18 B5
- Café Museo Café 19 C3
- Kathedrale 20 C3
- Centro Cultural de los Altos 21 C2
- Centro Cultural El Carmen 22 B4
- El Puente Spanish Language School (siehe 59)
- Escuela de Español Sol Maya 23 B4
- Explora 24 B3
- Instituto Jovel 25 D4
- Latitud 16 (siehe 31)
- Los Pingüinos 26 A1
- Mercado Municipal 27 C1
- Museo del Ámbar de Chiapas 28 A4
- Na Bolom 29 E2
- Otisa 30 G1
- SendaSur 31 H1
- Templo de la Caridad 32 C2
- Templo de Santo Domingo 33 C2
- Trotamundos 34 H1
- Viajes Chincultik (siehe 36)
- Zapata Tours (siehe 60)

SCHLAFEN
- Casa Felipe Flores 35 D4
- Casa Margarita 36 H1
- Hostal Rincón de los Camellos 37 E3
- Hotel Casa Mexicana 38 C3
- Hotel Casavieja 39 D3
- Hotel Ciudad Real 40 C4
- Hotel Diego de Mazariegos 41 C3
- Hotel El Paraíso 42 B3
- Hotel Posada Jovel 43 D3
- Hotel Posada Tepeyac 44 D3
- Hotel Santa Clara 45 G1
- Le Gite del Sol 46 E4
- Parador San Juan de Dios 47 E1
- Posada Ganesha 48 B3
- Posada México 49 D4
- Rossco Backpackers Youth Hostel 50 B2
- Villas Casa Azul 51 B4
- Villas Casa Morada 52 D2

ESSEN
- Alebrije 53 C1
- Cucina Italiana Il Piccolo 54 H1
- El Caldero 55 B4
- El Gato Gordo 56 G1
- Emiliano's Moustache 57 B4
- La Casa del Pan 58 C2
- La Casa del Pan Papalotl 59 D3
- L'Eden (siehe 42)
- Madre Tierra 60 C4
- Mayambé 61 B3
- Pierre Restaurant Francés 62 D3
- Pizzeria El Punto 63 C2
- Restaurante Plaza Real 64 G1
- TierrAdentro 65 H1

AUSGEHEN
- Café La Selva 66 B4
- Cafetería Maya 67 B3
- La Viña de Bacco 68 H1
- Los Amigos 69 B1

UNTERHALTUNG
- Barfly 70 B4
- Blue 71 B4
- Cinema El Puente (siehe 59)
- DaDa Club 72 C4
- El Zirko 73 C3
- Kinoki 74 B3
- La Pera 75 D3
- Latino's 76 H1

SHOPPEN
- Instituto de Las Artesanías 77 B4
- Lágrimas de la Selva 78 C4
- Nemi Zapata 79 D3
- Sna Jolobil 80 C2
- Taller Leñateros 81 E3

TRANSPORT
- AEXA- & Ómnibus-de-Chiapas-Bushaltestelle 82 C6
- Colectivo-Taxis nach Grutas de San Cristóbal 83 C6
- Combis nach San Juan Chamula 84 B1
- Combis nach Zinacantán 85 C1
- Corazon-de-María-Vans nach Tuxtla & Ocosingo 86 C6
- Croozy Scooters 87 H1
- Mexicana 88 H1
- OCC-Busbahnhof 89 C6
- Optima 90 A4
- Vans & Colectivo-Taxis nach Comitán 91 C6
- Vans & Colectivo-Taxis nach Ocosingo 92 B6
- Vans nach Comitán 93 C6
- Vans nach Ocosingo 94 C6
- Taxis Jovel (Colectivos nach Tuxtla Gutiérrez) 95 B6
- Ticket Bus 96 G1

TABASCO & CHIAPAS

de la Merced; Eintritt 2 Mex$; ⌚ Di–So 10–14 & 16–19 Uhr) erklärt alles zum Bernstein mit Informationsblättern auf Englisch und in anderen Sprachen. Außerdem sind einige wunderbar gearbeitete Kunstwerke aus Bernstein und Exemplare mit Insekteneinschlüssen ausgestellt.

Kurse

Mehrere gute Sprachschulen bieten Einführungskurse zum Spanischen an. Sie sind flexibel genug, um auf fast alle Niveau- und Stundenplanwünsche eingehen zu können. Die folgenden Wochenpreise beinhalten je drei Stunden Unterricht an fünf Tagen die Woche und sieben Übernachtungen in Familien mit drei Mahlzeiten täglich; es gibt aber auch Varianten dazu.

El Puente Spanish Language School (☎ 678-37-23; www.elpuenteweb.com; Real de Guadalupe 55; Einzel-/Gruppenunterricht 2300/1900 Mex$ pro Woche) Im Centro Cultural El Puente. Hier gibt's außerdem ein vegetarisches Café, ein Internetcafé, ein Kino, eine Galerie und ein alternatives Therapiezentrum, wo man sich eine phantastische Massage verpassen lassen kann. Kurse werden für jede Zeitspanne ab einem Tag angeboten.

Escuela de Español Sol Maya (☎ 674-67-20; www.solmaya.org; Hermanos Domínguez 25A; Einzel-/Gruppenunterricht 2391/2068 Mex$ pro Woche) Neue Sprachschule, die ihren Schülern auch einige gute Möglichkeiten zu Freiwilligenarbeit in der Gemeinde anbietet. Mexikanische Kochkurse (98–163 Mex$), Webkurse am Gurtwebstuhl (163 Mex$) und Salsaunterricht (54 Mex$/Std.) sind ebenfalls zu haben.

Instituto Jovel (☎ /Fax 678-40-69; www.institutojovel.com; Madero 45; Einzel-/Gruppenunterricht 2495/2195 Mex$ pro Woche, nur Einzel-/Gruppenunterricht 110/80 Mex$ pro Std.). Das Instituto Jovel ist professionell und freundlich und hat einen Spitzenruf unter den Schülern. Meistens sitzt ein Lehrer nur einem Schüler gegenüber. Die Schule hat gerade wunderschöne, neue Räume bezogen. Auch mexikanische Kochkurse (9 US$/Std.) und Workshops zur Schmuckherstellung aus Bernstein und Silber (22 US$/Std.) können besucht werden.

Posada Ganesha (☎ 678-02-12; www.ganeshaposada.com; 28 de Agosto 23) Yogakurse finden montags bis freitags dreimal täglich (30 Mex$) und samstags zweimal täglich (50 Mex$) statt; Pappmaché-Kurse (50 Mex$) auf Anfrage.

Geführte Touren

Viele Agenturen in San Cristóbal bieten unzählige geführte Touren an. Oft sprechen die Führer Englisch, Französisch oder Italienisch. (Für Touren in indigene Dörfer rund um San Cristóbal s. S. 909.) Im Folgenden die üblichen Preise für Tagestrips pro Person, an denen in der Regel mindestens vier Leute teilnehmen müssen:

Chiapa de Corzo & Cañón del Sumidero (150–250 Mex$, 6–7 Std.)

Lagos de Montebello, Grutas de San Cristóbal, El-Chiflón-Wasserfälle (200–300 Mex$, 9–10 Std.)

Palenque, Agua Azul, Misol-Ha (250–350 Mex$, 14 Std.)

Empfehlenswerte Agenturen (meist von 8–21 Uhr geöffnet) sind:

Otisa (☎ 678-19-33; www.otisatravel.com; Real de Guadalupe 3)

Trotamundos (☎ /Fax 678-70-21; Real de Guadalupe 26C)

Viajes Chincultik (☎ 678-09-57; agchincultik@hotmail.com; Casa Margarita, Real de Guadalupe 34)

Zapata Tours (☎ /Fax 674-51-52; www.zapatatours.com; Insurgentes 19) Über dem Restaurant Madre Tierra.

Die folgenden Anbieter haben sich mehr auf aktive Trips spezialisiert:

Explora (☎ 678-42-95; www.ecochiapas.com; 1 de Marzo 30; ⌚ Mo–Fr 9.30–14 & 16–20, Sa 9.30–14 Uhr) Abenteuertouren zum Lacandón-Urwald (4/5 Tage 3600/4540 Mex$, mind. 4 Teiln.) inklusive Kajak- und Raftingtouren auf dem Fluss, Höhlentouren im Nordwesten von Chiapas. Tagestrips zum Abseilen in die Sima de Las Cotorras (S. 893).

Latitud 16 (☎ 674-69-15; www.latitud16.com; Real de Guadalupe 23)

Los Pingüinos (☎ 678-02-02; Ecuador 4B; www.bikemexico.com/pinguinos; Fahrradverleih 4/6/9 Std. 100/130/150 Mex$; ⌚ Büro Mo–Sa 10–14.30 & 15.30–19 Uhr) Radtouren von einem halben Tag bis zu zwei Wochen.

SendaSur (☎ 678-39-09; www.sendasur.com; Real de Guadalupe 23) Ökotourismusnetz in Chiapas mit vielen Partneragenturen. Es organisiert u. a. Gruppentouren zur Laguna Miramar (s. S. 914) und hilft bei Unternehmungen auf eigene Faust.

Festivals & Events

Semana Santa Die Kreuzigung wird am Karfreitag im Barrio de Mexicanos im Nordwesten der Stadt nachgestellt.

Feria de la Primavera y de la Paz (Frühlings- und Friedensfest) An Ostersonntag beginnt das einwöchige Stadtfest mit Paraden, Musikevents, Stierkämpfen etc.

Festival Cervantino Barroco Ende Oktober und Anfang November. Es gibt ein umfangreiches kulturelles Programm mit Musik, Tanz und Thater.

Schlafen

In San Cristóbal gibt's einen wahren Überfluss an Unterkünften im Budgetbereich, aber auch eine ganze Reihe ansprechender Mittelklassehotels mit Atmosphäre. Sie sind oft in Villen aus der Kolonialzeit oder dem 19. Jh. untergebracht. Luxus gibt's auch, aber naturgemäß seltener. Hauptsaison ist während der Semana Santa und der darauffolgenden Woche, im Juli und im August und am Día de las Muertos sowie während der Ferien von Weihnachten bis zum neuen Jahr. Die meisten Preise sind außerhalb der Hauptsaison etwa 10 % niedriger.

BUDGETUNTERKÜNFTE

Camping Rancho San Nicolás (☎ 678-00-57; Prolongación León s/n; Stellplatz 50 Mex$/Pers., Zi. mit Gemeinschaftsbad 60 Mex$/Pers., rustikale Cabaña 60 Mex$/Pers., Villa DZ 350 Mex$) Auf diesem grünen Fleckchen Erde am Stadtrand übernachtet man in aller Ruhe umgeben von Maisfeldern und grasenden Pferden. Entweder kommt man mit seinem eigenen Zelt oder Wohnmobil oder man nimmt eine der vielen Unterkünfte, vom einfachen Zimmer bis zum modernen Apartment mit Küche und Kamin. Die Gemeinschaftsküche kann man für 10 Mex$ am Tag nutzen. In den Bädern gibt's Warmwasser.

Hostal Rincón de los Camellos (☎ 116-00-97; loscamellos@hotmail.com; Real de Guadalupe 110; B 60 Mex$, EZ/DZ/3BZ/4BZ mit Gemeinschaftsbad 140/180/230/270 Mex$, mit eigenem Bad 200/220/270/330 Mex$) Das „Kameleck" ist sauber, ruhig und klein und wird von gastfreundlichen Franzosen betrieben. Die hell gestrichenen Zimmer sind um zwei Innenhöfe herum angelegt, hinten ist ein kleiner Garten mit Rasen. In der kleinen, violetten Küche gibt's Mineralwasser und Kaffee umsonst. Das psychedelisch anmutende Shisha-Café ist eine nette, preiswerte Kneipe.

Posada México (☎ 678-00-14; www.hostellingmexico.com; Josefa Ortiz de Domínguez 12; B 70 Mex$, Zi. mit Gemeinschaftsbad/eigenem Bad 180/250 Mex$, inkl. Frühstück; ☒ 💻) Dieses HI-Hostel mit dem großen Innenhofverbund und dem einzigartigen Blick auf die Berge hat hübsche Gärten, ordentliche, helle Zimmer und Schlafsäle (einen nur für Frauen), eine Küche und kostenlosen Internetzugang. Außerdem sind da noch unzählige gemütliche Terrassen, Innenhöfe und Lounges. Mit HI-Ausweis gibt's 10 % Rabatt.

Rossco Backpackers Youth Hostel (☎ 674-05-25; www.backpackershostel.com.mx; Real de Mexicanos 16; B 85–100 Mex$, EZ/DZ/3BZ mit eigenem Bad 200/280/390 Mex$, inkl. Frühstück; 💻) Ein freundliches, geselliges und gut geführtes Hostel mit anständigen Schlafsälen (einem nur für Frauen), einer Gästeküche und einem Garten mit Rasen. Die Zimmer im Obergeschoss haben süße Dachluken, bieten aber leider nicht viel Privatsphäre, da die Wände nicht bis an die Decke reichen. Für die Gäste stehen kostenloses WLAN und Computer zur Verfügung.

LP Tipp **Posada Ganesha** (☎ 678-02-12; www.ganeshaposada.com; 28 de Agosto 23; EZ/DZ/3BZ/4BZ mit Gemeinschaftsbad 100/160/240/320 Mex$; 💻) Die neue, weihrauchgeschwängerte Posada in indischem Gewand ist ein netter, lebendiger Unterschlupf mit Gästeküche. Man kann Yoga- und Pappmachékurse (s. Kurse gegenüber) machen. Die freistehende *cabaña* ist besonders toll.

Hotel Posada Jovel (☎ 678-17-34; www.mundochiapas.com/hotelposadajovel; Paniagua 28; Posada EZ/DZ ohne Bad 150/200 Mex$, mit Bad 250/350 Mex$, „Hotel" EZ/DZ/3BZ/4BZ 480/500/600/700 Mex$; Ⓟ ☒) In der ursprünglichen „Posada" haben die meisten Zimmer abgeschliffene Holzfußböden, Leselampen am Bett und Decken aus dem Hochland. Die Zimmer im „Hotel" auf der gegenüberliegenden Straßenseite sind umgeben von einem netten Garten, größer und heller eingerichtet, haben Kabel-TV und eine traumhafte Terrasse mit toller Sicht. Die günstigsten Preise gibt's bei Buchung übers Internet.

Hotel Posada Tepeyac (☎ 678-01-18; Real de Guadalupe 40; EZ/DZ/3BZ/4BZ 200/300/350/400 Mex$; 💻) Ein schmuckes, kleines Hotel im Herzen der Travellergegend um die Real de Guadalupe. Die 33 sauberen Zimmer sind um hübsche, kleine Innenhöfe und ein nettes, mit viel Buntglas verziertes Foyer angeordnet. Vom Balkon des Zimmers 117 hat man eine phantastische Aussicht.

Le Gite del Sol (☎ 631-60-12; www.legitedelsol.com; Madero 82; EZ/DZ/3BZ/4BZ inkl. Frühstück 220/250/330/400 Mex$; Ⓟ ☒ 💻) Kostenlose Computernutzung und ein großzügiges Frühstück runden die einfachen Zimmer mit den leuchtend gelben Fußböden ab. Die Bäder ähneln einer überdimensionalen Duschkabine. Die freundlichen Besitzer, ein aus Québec und Mexiko stammendes Pärchen, sprechen Französisch und Englisch. Gäste dürfen die sonnige Küche benutzen. Die Aussicht von der kleinen Dachterrasse ist genial. Für den Parkplatz muss man 20 Mex$ hinlegen.

MITTELKLASSEHOTELS

Casa Margarita (☎ 678-09-57; agchincultik@hotmail.com; Real de Guadalupe 34; EZ/DZ/3BZ/4BZ 350/450/550/650 Mex$; 💻) Beliebte, gut geführte Travellerunterkunft mit geschmackvoll eingerichteten, blitzeblanken Zimmern mit Leselampen. Den Mittelpunkt der Anlage bildet ein schöner Innenhof. In der Nebensaison können die Preise um 50 bis 100 Mex$ fallen; kostenloser Internetzugang, hoteleigenes Reisebüro und gutes Restaurant.

Hotel Santa Clara (☎ 678-11-40; www.travelbymexico.com/chis/santaclara; Insurgentes 1; EZ/DZ/3BZ/4BZ inkl. Frühstück 450/550/700/800 Mex$; P 🖳 🏊) Das Santa Clara ist in einem stimmungsvollen, historischen Gebäude an der Hauptplaza untergebracht und hat eine Reihe geräumiger Zimmer in ganz unterschiedlicher Qualität – man sollte sich die Zimmer also anschauen, bevor man eincheckt. Holzbetten, hübsche Fliesen und antike, religiöse Kunst rufen die Atmosphäre einer längst vergangenen Zeit wach. Es gibt ein Restaurant, eine Barlounge, einen Innenhof mit hellroten Aras in Käfigen und einen Hof mit einem Swimmingpool in Nierenform.

Hotel El Paraíso (☎ 678-00-85; www.hotelposadaparaiso.com; 5 de Febrero 19; EZ/DZ/3BZ 450/650/850 Mex$) Das El Paraíso mischt kolonialen mit Boutiquehotel-Stil. Es hat eine helle Terrasse mit Holzsäulen und einen Innenhof mit Garten und sprüht nur so vor Charme. Die hohen Zimmer sind nicht riesig und einigen mangelt es etwas an Tageslicht, aber manche erstrecken sich auf zwei Etagen und haben oben ein Extrabett. Das dazugehörige Restaurant L'Eden (S. 904) ist hervorragend.

Villas Casa Azul (☎ 678-81-81; www.travelbymexico.com/chis/casaazul; Rossete 4; EZ/DZ/3BZ 520/722/843 Mex$, 1-4 Pers. 3500 Mex$/Woche) Wem es nichts ausmacht, einige Stufen hochzulatschen, der bekommt als Lohn geräumige Einzimmerwohnungen mit Küche und einen unvergleichlichen Blick auf die Stadt – je höher, desto atemberaubender…

Na Bolom (☎ 678-14-18; www.nabolom.org; Guerrero 33; EZ/DZ/3BZ/4BZ inkl. Frühstück 660/880/1045/1100 Mex$, Suite 1210 Mex$; P 🖳) Das berühmte Museums- und Forschungszentrum (S. 896), 1 km von der Plaza, hat 16 stylishe, stimmungsvolle Gästezimmer, von denen alle bis auf eines einen Kamin haben. Das Essen wird im imposanten Speisesaal des Hauses serviert. Der Zimmerpreis schließt eine Führung durchs Haus und WLAN ein.

Hotel Diego de Mazariegos (☎ 678-08-33; www.diegodemazariegos.com; 5 de Febrero 1; EZ/DZ/3BZ/4BZ 730/780/850/920 Mex$, Suite 1250–1500 Mex$; P) Dieses erstklassige, alteingesessene Hotel besteht aus zwei Herrenhäusern aus dem 18. Jh., die schöne, große Innenhöfe umgeben. Die 76 geräumigen Zimmer sind mit traditionellen Stoffen und Zubehör herausgeputzt. Sie bieten jeglichen modernen Komfort, einschließlich Kabel-TV. Einige haben einen Kamin (15 Mex$/Ladung) und die Suiten sogar ein Spa. In der geschäftigen Hotelbar lautet die Devise: Tequila und Mariachi.

Villas Casa Morada (☎ 678-44-40; www.casamorada.com.mx; Dugelay 45; Apt./Villa 750/1200 Mex$; P) Die modernen, geschmackvoll eingerichteten Apartments mit Küche, Telefon, Kabel-TV, Kamin, täglichem Reinigungsservice und WLAN gehen zu einem ruhigen Garten mit Obstbäumen hinaus.

Hotel Casa Mexicana (☎ 678-06-98; www.hotelcasamexicana.com; 28 de Agosto 1; EZ/DZ 750/850 Mex$, Suite 1400–1700 Mex$; P 🖳) Die Casa Mexicana ist sowohl eine Galerie als auch ein Hotel mit dem Charme der Kolonialzeit: Das stilvolle, einladende Hotel vereint moderne Kunst mit traditionellen Stoffen, Holzsäulen und -möbeln. Den Haupthof nimmt ein prächtiger tropischer Garten ein. Die 55 ansprechenden Zimmer haben Kabel-TV. Daneben gibt's ein Restaurant, eine Bar und eine Sauna.

Hotel Casavieja (☎/Fax 678-68-68; www.casavieja.com.mx; MA Flores 27; EZ/DZ/3BZ 800/850/900 Mex$, Suite 950–1000 Mex$; P 🖳) Das Casavieja ist in einem wunderschön renovierten Haus aus dem 18. Jh. untergebracht und hat jede Menge Holzsäulen, Balustraden und die Atmosphäre alter Zeiten, gepaart mit modernem Komfort. Die großen, gemütlichen Zimmer sind um Innenhöfe voller Blumen angeordnet und haben alle zwei Doppelbetten, Heizung, Kabel-TV und Telefon. Der Service ist aufmerksam und freundlich. In dem schicken Restaurant werden traditionelle mexikanische Gerichte aufgetischt.

Hotel Ciudad Real (☎ 678-44-00; www.ciudadreal.com.mx; Plaza 31 de Marzo 10; EZ/DZ 900 Mex$, 3BZ/Suite 1050/1420 Mex$; P 👶) Dieses moderne, vornehme Hotel, das dem Stil der frühen 20er-Jahre nachempfunden ist, liegt direkt an der Hauptplaza. Es hat 31 saubere, wenn auch etwas langweilige Zimmer, die um einen großen Innenhof mit Restaurant angeordnet sind. Familien werden von dem Spielzimmer für die Kleinen begeistert sein.

SPITZENKLASSEHOTELS

Casa Felipe Flores (☎ 678-39-96; www.felipeflores.com; JF Flores 36; Zi. inkl. Frühstück 92–118 US$; ⊠) Das verträumte Gästehaus im Kolonialstil ist mit ganz außergewöhnlichen Gemälden, Kunsthandwerk und Möbeln aus Mexiko und Guatemala geschmückt ist. Das 200 Jahre alte Gebäude hat fünf Zimmer mit Kamin, die um zwei Innenhöfe voller Blumen angeordnet sind. Die Lounge mit Kamin ist ein wundervolles Plätzchen, um ein gutes Glas Wein zu genießen und dabei in einem der vielen Bücher aus der phantastischen Bibliothek zu schmökern. Mit Zimmer 5 bezieht man ein gemütliches Refugium auf dem Dach mit eigener Terrasse, von der man den Blick über die Dächer und unzählige Bougainvilleen schweifen lassen kann – und auch die Gedanken.

Parador San Juan de Dios (☎/Fax 678-11-67; www.sanjuandios.com; Calz Roberta 16; Suite 1400–3700 Mex$; P) Ein atemberaubendes Boutique-Hotel am Nordrand der Stadt. Das Parador San Juan de Dios hat riesige Luxussuiten mit faszinierender antiker und moderner Kunst. Das Hotel befindet sich im früheren Rancho Harvard aus dem 17. Jh. Viele Anthropologen und Archäologen haben hier schon genächtigt. Zur Anlage gehören schöne Gärten, große Rasenflächen und ein Spitzenrestaurant, in dem kreative, teure Speisen aus Chiapas und Mediterranes serviert werden. Die Kräuter und das Gemüse entstammen dem hoteleigenen Biogarten.

Essen

Essenstechnisch hat man in San Cristóbal das große Los gezogen: Hier gibt's mehr verführerische Spezialitäten als anderswo in Chiapas. Wer also Appetit auf eine kulinarische Besonderheit hat, wird sicherlich fündig, und auch Vegetarier haben hier eine umwerfende Auswahl. *¡Provecho!*

GEGEND UM DIE REAL DE GUADALUPE

El Gato Gordo (☎ 678-83-13; Real de Guadalupe 20; Hauptgerichte 25–49 Mex$; Mi–Mo 13–23 Uhr; V) Das Gato Gordo zieht mit seinem ausgezeichneten, gut zubereiteten Essen zu Wahnsinnspreisen die Traveller in Massen an. Es gibt ein unschlagbares Mittagsmenü (28 Mex$) und exzellente Pasta, Crêpes, mexikanische Snacks und Fleischgerichte. Auch die Getränkekarte kann sich sehen lassen.

TierrAdentro (☎ 674-67-66; www.tierradentro.org.mx; Real de Guadalupe 24; Menü 30–70 Mex$; 8–23 Uhr) Ein beliebter Treffpunkt für politisch Progressive und auf ihren Laptop einhackende, kaffeeschlürfende Einheimische (diese Gruppen scheinen also nicht inkompatibel zu sein). In diesem Restaurant und Café in einem großen überdachten Innenhof kann man schnell mal die Zeit vergessen. Das TierrAdentro wird von Zapatistenanhängern betrieben, die oft auch Veranstaltungen und Vorträge organisieren. Das einfache *menú compa* (30 Mex$) mit Reis, Bohnen und hausgemachten Tortillas ist herzhaft und lecker. Ein guter Buchladen (nur Spanisches) und eine Kooperative einheimischer Weberinnen gehören ebenfalls dazu.

Pierre Restaurant Francés (☎ 678-72-11; Real de Guadalupe 73; Hauptgerichte 35–165 Mex$; Mi–Mo 13.30–22.30, Di 19–22.30 Uhr) Der perfektionistische Inhaber des tollen französischen Restaurants stellt Pasta, Butter, Käse und Brot selbst her. Die Hits sind u. a. *cailles en raisin* (Wachtel mit Trauben) und *canard aux pêches* (Ente mit Pfirsich). Auch super für Vegetarier.

La Casa del Pan Papalotl (☎ 678-72-15; Centro Cultural El Puente, Real de Guadalupe 55; Hauptgerichte 40–50 Mex$; Mo–Sa 8.30–22.30 Uhr; V) Ausgezeichnetes vegetarisches Restaurant in einem Innenhof. Zwischen 14 und 17 Uhr gibt's ein besonders reichhaltiges Mittagsbuffet (65 Mex$); frisch gebackenes Brot und regionale Biozutaten sind hier Standard.

Restaurante Plaza Real (☎ 678-09-92; Real de Guadalupe 5; Hauptgerichte 46–100 Mex$; 7–23 Uhr; V) Die gut zubereiteten, internationalen Fleisch-, Geflügel- und vegetarischen Gerichte in diesem eleganten Restaurant sind mexikanisch angehaucht. Das Restaurant befindet sich im ruhigen, mit Holzsäulen geschmückten und in warmes Sonnenlicht getauchten Innenhof des ehemaligen staatlichen Kongressgebäudes von Chiapas. Drumherum haben sich zahlreiche teure Kunsthandwerks- und Schmuckgeschäfte angesiedelt.

Cucina Italiana Il Piccolo (☎ 115-27-26; Real de Guadalupe 13C; Hauptgerichte 55–95 Mex$; Di–So 14–22.30 Uhr) Der ursprünglich aus Mailand stammende Küchenchef Angelo Vinetti zaubert schlichte, aber ausgesprochen köstliche italienische Hausmannskost. Bei einem Teller selbstgemachter Tagliatelle mit einer der unzähligen leckeren Soßen und einem (oder auch mehreren) Gläschen Wein ist die Kälte draußen in San Cris schnell vergessen. Unbedingt Platz für das Tiramisu lassen – ein Gedicht!

PLAZA 31 DE MARZO & IM WESTEN

El Caldero (Allende 5A; Suppen 40 Mex$; Do–Di 10–22 Uhr) Das einfache, freundliche, kleine El Caldero hat sich auf leckere mexikanische Suppen spezialisiert – *pozole* (Schweinehackfleisch in Brühe), *mondongo* (Innereien), *caldo* (Brühe)

–, die mit Avocados, Tortillas und verschiedene Salsas angereichert werden. Authentisch und obendrein noch preiswert.

Mayambé (☎ 674-62-78; 5 de Mayo 10; Hauptgerichte 45–80 Mex$; 🕑 9.30–23 Uhr; Ⓥ) Das hervorragende Restaurant im Innenhof bringt köstliche asiatische, arabische, mediterrane und vegetarische Gerichte auf den Tisch. Man schwelgt in tollen indischen und thailändischen Currys, griechischen und libanesischen Spezialitäten wie Hummus und Falafel oder in zum Umfallen leckeren Lassis und Säften. An machen Abenden kann man außerdem am Kamin sanfter Livemusik lauschen und die kühlen Nächte draußen so ganz schnell vergessen.

L'Eden (☎ 678-00-85; Hotel El Paraíso, 5 de Febrero 19; Hauptgerichte 45–110 Mex$; 🕑 7–12 & 13–23 Uhr) Die Speisekarte dieses Qualitätshauses verlockt mit europäischen und mexikanischen Speisen wie *fondue suiza, sopa azteca* und saftigen Fleischgerichten. Auf der recht langen Weinkarte werden gute französische und spanische Tropfen angeboten.

SÜDLICH DER PLAZA 31 DE MARZO

Emiliano's Moustache (☎ 678-72-46; Rosas 7; Frühstück & Snacks 20–50 Mex$, Hauptgerichte 22–60 Mex$; 🕑 8–1 Uhr) Das große, nette Restaurant ist ein Experte für Tacos, die mit verschiedenen Kombinationen aus Fleisch, Gemüse oder Käse gefüllt werden. Die Fleisch-*filetes* sind ebenfalls hervorragend. Es gibt auch was für Vegetarier, z. B. Veggie-Tacos.

Madre Tierra (☎ 678-42-97; Insurgentes 19; Hauptgerichte 30–65 Mex$; 🕑 8–22 Uhr; Ⓥ) Das Madre Tierra ist schon lange ein Liebling der Traveller. Im ruhigen Innenhof oder dem stimmungsvollen Speisesaal verdrückt man vielseitige, hauptsächlich vegetarische Mahlzeiten. Das Frühstück ist hervorragend, scheint aber qualitativ langsam nachzulassen. Alle anderen Gerichte sind je nach Tagesform gut oder weniger gut.

NÖRDLICH DER PLAZA 31 DE MARZO

Alebrije (☎ 678-28-56; Caminero 9; Hauptgerichte 15–25 Mex$; 🕑 Mo–Sa 8–18 Uhr) Witzige, preiswerte und wuselige *cocina popular* gegenüber dem Mercado Municipal. Gerichte wie *enfrijoladas con pollo* (Tortillas mit Bohnensauce, Käse und Hühnchen), *chilaquiles* und *pollo con verduras* (Hühnchen mit Gemüse) werden für die nette, einheimische Kundschaft frisch zubereitet. Vegetarische Speisen bekommt man auf Wunsch auch. Die leckeren Frucht-*aguas* werden aus aufbereitetem Wasser gemacht.

La Casa del Pan (☎ 678-58-95; Dr Navarro 10; Snacks & Hauptgerichte 32–55 Mex$; 🕑 Di–So 8–22 Uhr; Ⓥ) Das lässige Restaurant mit Bäckerei verarbeitet regionale Bioprodukte. Es gibt herrliches Frühstück und den ganzen Tag über Unmengen Vegetarisches: Vollkornsandwiches, Salate, *hojaldres* (Gemüsestrudel) und Pizzas. Die drei verschiedenen Empanadas zum Mitnehmen sind ein phantastischer Snack zum Mittag.

Pizzería El Punto (☎ 678-79-79; Comitán 13; Pizza 60–100 Mex$; 🕑 Di–So 14–23 Uhr) Pappige Pizza – wie in einigen Pizzerien Standard – sucht man hier vergeblich. Dafür bekommt man die mit Abstand besten und knusprigsten Pizzas der Stadt. Der mit Mosaiken verzierte Steinofen hält in kühlen Hochlandnächten die Speisen warm. Die Glastür zur Plaza hinaus scheint sich so gut wie jede Woche in ihre Einzelteile aufzulösen, also bitte *vorsichtig* schließen!

DEM ROTEN LICHT NACH

Mittwoch- und samstagabends gegen 19 Uhr sollte man sich auf den Weg zum Camping Rancho San Nicolás (S. 901) machen und Ausschau halten nach einem roten, provisorischen Licht auf der linken Seite der León, kurz vor der Brücke. Neben einem riesigen, dampfenden Kessel sitzt die *señora* selbst und verkauft für 2,50 Mex$ frische, selbstgemachte Tamales an hungrige Stammgäste aus der ganzen Gegend. *Chipilín con queso* (eine Hülsenfrucht aus der Region, gemischt mit Käse) oder *mumo y frijolitos* (Makulan mit scharfen Bohnen) sollte man probieren.

Ausgehen

CAFÉS

Der Duft von frisch gerösteten Hochlandbohnen weht durch die Straßen San Cristóbals und an fast jeder Ecke bekommt man einen starken Kaffee. Es lohnt sich, außer dem Café Museo Café (S. 897) auch die folgenden Innenhof-Locations zu besuchen, die leckeren, von der indigenen Bevölkerung biologisch angebauten Kaffee brauen und servieren:

Café La Selva (☎ 678-72-43; Crescencio Rosas 9; 🕑 8.30–23 Uhr)

Cafetería Maya (☎ 678-91-46; 20 de Noviembre 12C; 🕑 12.30–22.30 Uhr) Zeigt eine ständige Fotoausstellung zur Zapatistenbewegung.

TierrAdentro (☎ 674-67-66; Real de Guadalupe 24; 🕑 8–23 Uhr)

BARS

La Viña de Bacco (☎ 119-19-85; Real de Guadalupe 7; 🕑 Mo–Sa 13–24 Uhr) San Cristóbals erste Weinbar war so erfolgreich, dass sie schnell aus allen Nähten platzte (gut, sie war auch nur so groß wie ein Puppenhaus). Heute ist sie in der Haupttouristengegend und noch immer ein nettes Plätzchen zum Plauschen. Es gibt u. a. zahlreiche mexikanische Weine, die man ab annehmbaren 15 Mex$ pro Glas kriegt.

Los Amigos (Honduras 4; 🕑 10–20 Uhr) Eine beliebte, relativ ruhige Cantina, in der es zwei Biere zum Preis von einem und leckere *botanas* (kostenlose Snacks) gibt. Außerdem geben sich oft Mariachi-Bands ein Stelldichein. Alles in allem kann man hier viel Spaß haben.

Unterhaltung

CLUBS & LIVEMUSIK

Barfly (☎ 124-52-74; Crescencio Rosas 4; 🕑 Di–Sa 8–3 Uhr) Buntglaslampen beleuchten die Bar und Wandgemälde à la Graffiti schmücken die Wände dieses dunklen, unkonventionellen Clubs. Samstags treten einheimische Electronica-, an den anderen Tagen Reggae-, Funk- oder Salsabands aus der Gegend auf.

Blue (☎ 678-22-00; Rosas 2; Eintritt Do–Sa nach 24 Uhr 30 Mex$; 🕑 Mo–Mi 21–3, Do–Sa 21–4 Uhr) Das Blue verrät sich schon durch die blauen Lichter draußen. In diesem großen Tanzschuppen mixt der DJ Rock, Ska, Punk, Reggae und Electronica. Im von Kerzen beleuchteten Vorraum kann man phantastisch chillen und plauschen.

DaDa Club (☎ 631-32-93; www.dadajazz.com; Insurgentes 16A; 🕑 Mo–Sa 13–24 Uhr) Hier wird nie Eintritt verlangt, obwohl jeden Abend ab ca. 21.30 Uhr Jazzbands auftreten. In dem neuen, bodenständig-gemütlichen und ganz in Rot gehaltenen Club kann man sich richtig wohlfühlen.

El Zirko (20 de Noviembre 7; Eintritt Fr & Sa 20–30 Mex$; 🕑 20–3 Uhr) Eine hippe Location, die an den Wochenenden zum Bersten voll ist. In der vorderen Bar spielen häufig Salsa- und Latin-Rock-Bands, auf dem größeren Dancefloor mit den roten Sofas hinten gibt's freitags und samstags eine große Bandbreite an Musik (inkl. *cumbia* und Pop) auf die Ohren.

La Pera (☎ 678-12-09; MA Flores 23; 🕑 Mo–Sa 13–23 Uhr) Diese künstlerische, entspannte Kombination aus Café, Galerie und Bar zeigt Arbeiten einheimischer Künstler. Gegen Ende der Woche gibt's oft Livemusik – Blues, Jazz, *trova* oder Hip-Hop. Selbst Tangounterricht wird angeboten. Amüsement garantiert!

Latino's (☎ 678-99-27; Madero 23; Eintritt Do–Sa 25 Mex$; 🕑 Mo–Sa 20–3 Uhr) Helles Restaurant mit Tanzfläche, auf der die *salseros* der Stadt das Tanzbein schwingen. Allabendlich spielt eine Salsa-/Merengue-/*cumbia*-Band. Gegen 22.30 Uhr wird's so richtig voll

Madre Tierra (☎ 678-42-97; Insurgentes 19; 🕑 20–3 Uhr) Das Madre Tierra ist eine Institution in San Cristóbal. In der verqualmten Bar Upstairs spielen Reggae- und Ska-Bands.

KINO

San Cristóbal ist ein guter Ort, um sich mexikanische und lateinamerikanische Filme, politische Dokumentationen und Programmkino reinzuziehen. Die folgenden Kinos zeigen zwei Filme pro Tag (normalerweise um 18 und um 20 Uhr). Eine Vorstellung kostet 25 Mex$.

Cinema El Puente (☎ 678-37-23; Centro Cultural El Puente, Real de Guadalupe 55) Sonntags geschlossen.

Kinoki (☎ 678-0495; 1 de Marzo 22; 🕑 17.30–23 Uhr) Ein von einer Kooperative betriebenes Café, das nicht-kommerzielle Kunst und zwei kleine Kinosäle beherbergt.

Shoppen

In der Real de Guadalupe und der Andador Turístico gibt's einige Kunsthandwerksgeschäfte. Auch die täglich stattfindenden, geschäftigen Kunsthandwerksmärkte rund um die Kirchen Santo Domingo und La Caridad sind einen Besuch wert. Zu den herausragenden indigenen *artesanías* aus dem Hochland Chiapas' gehören Textilien wie *huipiles* (ärmellose Tuniken), Blusen und Decken. Die Weber des Tzotzil-Volkes sind mit die begabtesten und kreativsten Mexikos. Bernstein ist eine weitere Spezialität von Chiapas; man bekommt ihn in zahlreichen Schmuckläden. Vorsicht vor Plastikimitationen: Echter Bernstein ist weder kalt noch schwer, und wenn man daran reibt, lädt er sich statisch auf. Außerdem riecht er harzig.

Instituto de Las Artesanías (☎ 678-11-80; Ecke Niños Héroes & Hidalgo; 🕑 Mo–Fr 8–21, Sa 10–21, So 10–15 Uhr) Gute Auswahl an Kunsthandwerksgegenständen aus Chiapas.

Lágrimas de la Selva (☎ 674-63-48; Hidalgo 1C) In diesem liebenswerten Schmuckladen kann man zuschauen, wie Bernstein verarbeitet wird.

Nemi Zapata (☎ 678-74-87; Real de Guadalupe 57A) In diesem Fair-Trade-Laden gibt's Produkte, die von Zapatistengemeinden hergestellt wurden: Gewebtes, Besticktes, Kaffee und Honig, EZLN-Karten, Poster und Bücher.

Sna Jolobil (☎ 678-26-46; Calz Lázaro Cárdenas s/n; ⌚ Mo–Sa 9–14 & 16–18 Uhr) Gleich neben der Santo Domingo präsentiert und verkauft Sna Jolobil einige der besten *huipiles,* Blusen, Röcke, und Teppiche neben anderen Webarbeiten. Die Preise reichen von ein paar Pesos für kleinere Teile bis zu über 10 000 Mex$ für die schönsten *huipiles* – die Ergebnisse vieler arbeitsreicher Monate. Sna Jolobil ist eine Kooperative von 800 indigenen Weberinnen aus dem Chiapas-Hochland. Sie wurde in den 1970er-Jahren gegründet, um die bedeutende indigene Kunst des Gurtwebstuhlwebens zu fördern. So wurden viele bereits halb vergessene Techniken und Muster vor dem Verschwinden bewahrt.

Taller Leñateros (☎ 678-51-74; www.tallerlenateros.com; Paniagua 54; ⌚ Mo–Fr 8.30–20, Sa 8.30–14 Uhr) Die „Werkstatt der Waldländer", ein Zusammenschluss von Mayakünstlern, fertigt exquisite handgemachte Bücher, Poster und Kunstdrucke aus Recyclingpapier mit Motiven, die von der traditionellen Volkskunst inspiriert sind. Im Atelier können die Besucher den Künstlern über die Schulter schauen.

An- & Weiterreise

Das **Instituto Nacional de Migración** (☎ 678-02-92; Diagonal El Centenario 30) liegt an einer Ecke der Panamericana, 1,2 km westlich des OCC-Busbahnhofs.

Von Tuxtla Gutiérrez kommend, gelangt man wahrscheinlich über die neue, schnelle, gebührenpflichtige *autopista* (33 Mex$/Fahrzeug) in die Stadt. Die verstärkte Militär- und Polizeipräsenz hat zwar für eine Reduzierung der Überfälle auf dem Hwy 199 zwischen Ocosingo und Palenque gesorgt, aber man tut dennoch gut daran, diesen Streckenabschnitt bei Tag zurückzulegen.

AUTO

Optima (☎ 674-54-09; optimacar1@hotmail.com; Mazariegos 39) vermietet VW-Käfer für 400 Mex$ pro Tag bzw. 2400 Mex$ pro Woche, inklusive unbegrenzter Kilometer, Versicherung und Steuern. Wer bar zahlt, bekommt Rabatt.

BUS, COLECTIVO & VAN

Es gibt ungefähr ein Dutzend Busbahnhöfe. Die meisten befinden sich an oder ganz in der Nähe der Panamericana. Der wichtigste ist der 1.-Klasse-**Busbahnhof von OCC** (☎ 678-02-91; Ecke Pan-American Hwy & Insurgentes), den auch die 1.-Klasse- und Deluxe-Busse von ADO und UNO sowie die 2.-Klasse-Busse von Transportes Dr Rodulfo Figueroa (TRF) und Rápidos del Sur nutzen. Fahrkarten für alle Linien verkauft **Ticket Bus** (☎ 678-85-03; Real de Guadalupe 5A; ⌚ 7–22 Uhr) im Stadtzentrum.

Die 1.-Klasse-Busse von **AEXA** (☎ 678-61-78) und die 2.-Klasse-Linie von Ómnibus de Chiapas teilen sich einen Bahnhof an der Südseite der Panamericana. Verschiedene Van- und *colectivo*-Taxiunternehmen unterhalten Depots an der Panamericana in der gleichen Gegend. Die täglichen Abfahrten (vom OCC-Bahnhof oder dem jeweils angegebenen Busbahnhof) sind im Kasten gegenüber aufgelistet.

Verbindungen nach Chiapa de Corzo stehen auf S. 892. Die meisten Agenturen fahren täglich mit Vans nach Guatemala, und zwar nach Quetzaltenango (260 Mex$, 8 Std.), Panajachel (260 Mex$, 10 Std.) und Antigua (360 Mex$, 12 Std.) sowie nach Flores (über Palenque, 400 Mex$).

FLUGZEUG

Der Flughafen von San Cristóbal liegt 15 km von der Stadt entfernt an der Straße nach Palenque; hier heben allerdings keine regulären Passagierflüge ab. Der Hauptflughafen der Gegend ist in Tuxtla Gutiérrez. Mit einem in Richtung Tuxtla fahrenden *colectivo* erreicht man zunächst Soriana (35 Mex$, 1¼ Std.), einen Vorort im Osten von Tuxtla. Von der *colectivo*-Haltestelle geht's dann im Taxi weiter zum Flughafen (150 Mex$, 30 Min.). Einige Tourveranstalter, z. B. Viajes Chincultik und Otisa (s. S. 900), bieten auch für 150 bis 160 Mex$ pro Person einen Shuttleservice zum Flughafen von Tuxtla an. Leider fahren sie meistens nur um 9 Uhr. Man muss unbedingt vorher buchen, vor allem wenn man zu einer anderen Zeit los möchte.

Mexicana (☎ 678-93-09; Belisario Domínguez 2B) vermittelt Flüge ab Tuxtla Gutiérrez.

Unterwegs vor Ort

Combis fahren über die Rosas von der Panamericana zum Stadtzentrum. Taxis innerhalb der Stadt kosten 18 Mex$.

Das freundliche Los Pingüinos (S. 900) verleiht qualitativ gute Mountainbikes mit Schloss und Karten und gibt Tipps zu guten,

BUSFAHRPLAN SAN CRISTÓBAL DE LAS CASAS

Ziel	Preis (Mex$)	Dauer (Std.)	Häufigkeit (tgl.)
Campeche	314	11	1-mal
Cancún	606–724	16–18	4-mal
Ciudad Cuauhtémoc (Grenze von Guatemala)	100	3½	4-mal
Comitán	25–30	1¾	12-mal vom OCC, Vans und *colectivos* ab der Südseite der Panamericana
Mérida	448	13	1-mal
Mexico City (TAPO)	750–896	13–14	8-mal
Oaxaca	334–412	11	3-mal
Ocosingo	30–45	2¼	11-mal vom OCC, 4 AEXA, *colectivos* und Vans von 3–21 Uhr alle paar Min. ab der Nordseite der Panamericana
Palenque	75–134	5	9-mal vom OCC, 3 AEXA
Pochutla	332	10–14	2-mal
Puerto Escondido	372	11–15	2-mal
Tuxtla Gutiérrez	30–40	1–1¼	22-mal vom OCC, 4 AEXA, Ómnibus de Chiapas alle 5 Min., 5–22 Uhr, *Colectivos* von Taxis Jovel rund um die Uhr, Vans von Corazón de María von 5–23 Uhr
Villahermosa	194	7–8	2-mal

sicheren Routen. Man muss seinen Reisepass oder eine Kreditkarte hinterlegen.

Das von neuen Inhabern betriebene **Croozy Scooters** (☎ 631-43-29; www.prodigyweb.net.mx/croozy scooters; Belisario Domínguez 7; Motorrollerverleih 1/5/9/24 Std. 75/200/250/350 Mex$; 🕑 9–19 Uhr) vermietet 80-ccm-Motorroller, die gut in Schuss sind. Im Preis enthalten sind Karten und Sturzhelm. Reisepass und Kaution sind zu hinterlegen.

RUND UM SAN CRISTÓBAL

Die Einwohner des wunderschönen Hochlands von Chiapas stammen von den Maya ab. Sie haben ein paar einzigartige Bräuche ihrer Vorfahren bewahrt – von traditioneller Kleidung bis zu religiösen Einstellungen (s. S. 909).

Märkte und Feste bieten häufig den interessantesten Einblick in das Leben der indigenen Bevölkerung – und davon gibt's jede Menge. Die wöchentlichen **Märkte** in den Dörfern finden fast immer sonntags statt. Schon bei Sonnenaufgang wird Handel getrieben, um die Mittagszeit lässt die Geschäftigkeit nach. Anlässe wie der **Karneval** (später Februar/früher März), für den Chamula besonders berühmt ist, die **Semana Santa** und der **Día de los Muertos** (2. Nov.) werden fast überall gefeiert. Während des Karnevals spazieren Gruppen von Musikanten mit hohen, spitzen Hüten und langen, farbigen Troddeln durch die Straßen, während sie auf ihren Gitarren spielen und singen. Es wird viel *pox* („posch" gesprochen) getrunken, ein alkoholisches Getränk aus Zuckerrohr.

In diesem Teil Mexikos ist es besonders wichtig, Respekt gegenüber den lokalen Bräuchen zu zeigen (s. S. 870). Obwohl Wandern, Reiten oder Fahrradfahren tagsüber auf den Hauptstraßen nach Chamula und Zinacantán nicht weiter riskant ist, sollte man nicht in weniger belebten Gegenden oder auf abgelegenen Pfaden herumlaufen.

Geführte Touren

Ein guter Führer kann Gold wert sein und einen Einblick in das Leben und die Bräuche der indigenen Bevölkerung ermöglichen, wie man ihn alleine nie bekommen würde. Die meisten Agenturen in San Cristóbal (s. S. 900) bieten vier- oder fünfstündige Trips in die umliegenden Dörfer an, in der Regel nach San Juan Chamula und Zinacantán.

Alex & Raúl Tours (☎ 967-678-37-41; alexyraultours@yahoo.com.mx; 150 Mex$/Pers.) Nette und informative Minibus-Touren auf Englisch, Französisch oder Spanisch. Raúl und/oder ein Kollege warten täglich von 8.45–9.30 Uhr an dem Holzkreuz vor der Kathedrale von San Cristóbal. Für mindestens vier Leute können auch Ausflüge nach Tenejapa (Do & So), San Andrés Larraínzar oder Amatenango del Valle (200 Mex$) organisiert werden.

Mercedes Tour nach Chamula & Zinacantán (☎ 967-674-03-76; alexvald@yahoo.com; Tour 5–6 Std. 170 Mex$/Pers.) Informative und unterhaltsame Trips (im Allgemeinen auf Englisch oder Spanisch; Französisch, Italienisch und Deutsch sind aber auch möglich) mit Schwerpunkt auf Kosmologie und Mayareligion. Die Touren führt der Soziologe Alejandro Valdiviezo, ein Angehöriger der Tzotzil, oder sein Kollege Alberto Medina. Nach jemandem Ausschau halten, der morgens kurz vor 9 Uhr in der Nähe des Stands auf der Hauptplaza von San Cristóbal mit einem bunten Regenschirm herumfuchtelt. Es sind auch Tagestouren nach Toniná (320 Mex$) im Angebot, auf denen man alles über die Mayakultur erfährt.

GEFÜHRTE FAHRRAD- & ROLLERTOUREN

Croozy Scooters (S. 907) veranstaltet Touren nach Zinacatán und San Juan Chamula. Die freundlichen Leute von Los Pingüinos (S. 900) sprechen Englisch, Deutsch und Spanisch und organisieren geführte Halbtagestouren mit dem Mountainbike. Für die 20 bis 25 km langen Fahrten muss man pro Person zwischen 300 und 330 Mex$ berappen. Die meisten Trips führen die Teilnehmer in wenig besuchte, malerische Gegenden östlich von San Cristóbal und gehen durch neblige Wälder. Man sollte mindestens einen Tag im Voraus reservieren; sonntags werden auch Buchungen per Telefon oder E-Mail akzeptiert. Ebenfalls im Angebot sind längere Touren durch das Hochland von Chiapas und darüber hinaus.

Marco Antonio Morales (☎ 104-73-09; tonodmar@hotmail.com) organisiert individuell zugeschnittene Radtouren von vier (165 Mex$) bis sechs (200 Mex$) Stunden nach Zinacatán, San Juan Chamula und Rancho Nuevo. Die Führer sprechen Englisch und Französisch.

REITEN

Fast jedes Reisebüro und jede Unterkunft in San Cristóbal kann vier- bis fünfstündige geführte Ausritte nach San Juan Chamula für 100 bis 120 Mex$ organisieren. Nichts allzu Wertvolles mitnehmen – es gab gelegentlich schon den einen oder anderen Diebstahl.

An- & Weiterreise

Transportmöglichkeiten zu den meisten Dörfern gibt es rund um den Mercado Municipal in San Cristóbal. Combis nach San Juan Chamula (8 Mex$) fahren häufig von 4 bis

DIE INDIGENE BEVÖLKERUNG VON CHIAPAS

Von den 4,2 Mio. Menschen in Chiapas gehören etwa 1,25 Mio. der indigenen Bevölkerung an. Zu erkennen sind sie hauptsächlich an ihrer Sprache. Jede der acht Hauptgruppen hat ihre eigene Sprache, ihren eigenen Glauben und ihre eigenen Bräuche. Dieser kulturellen Vielfalt ist es zu verdanken, dass Chiapas einer der faszinierendsten Bundesstaaten von Mexiko ist.

Traveller, die in der Gegend um San Cristóbal herumreisen, kommen höchstwahrscheinlich mit den Tzotzil und den Tzeltal in Berührung. Eigentlich sind sie katholisch, aber ihr traditionelles, religiöses Leben weist auch vorkoloniale Elemente auf. Die meisten wohnen in den Hügeln außerhalb der Dörfer, die hauptsächlich der Abhaltung von Zeremonien und Märkten dienen.

Die Kleidung der Tzotzil und der Tzeltal ist eine der abwechslungsreichsten, farbenfrohsten und kunstvollsten in ganz Mexiko. Sie identifiziert ihre Träger nicht nur als Bewohner verschiedener Dörfer, sondern führt auch die alten Mayatraditionen fort. Viele der Muster sind nur scheinbar abstrakt: Sie stellen stilisierte Schlangen, Frösche, Schmetterlinge, Vögel, Heilige und andere Wesen dar. Einige Motive haben religiös-magische Funktionen; Skorpione können z. B. eine symbolische Bitte um Regen sein, denn man glaubt, dass sie Blitze anziehen.

Die Lacandonen lebten tief im Urwald von Lacandón und mieden bis in die 1950er-Jahre jeden Kontakt mit der Außenwelt. Heute sind es noch um die 800 Menschen, die in drei Hauptsiedlungen in dieser Region hauptsächlich von zurückhaltendem Tourismus leben. Lacandonen sind leicht an ihren weißen Tuniken und ihren langen schwarzen Haaren mit Pony zu erkennen. Die meisten Lacandonen haben ihre traditionelle, animistische Religion heute gegen presbyterianische oder evangelische Formen des Christentums eingetauscht.

Die Mitglieder der indigenen Bevölkerungsgruppen werden traditionell als Bürger zweiter Klasse behandelt und leben häufig in den unfruchtbarsten Gegenden mit den wenigsten Regierungsleistungen und der schlechtesten Infrastruktur. Die Revolution der Zapatisten richtete sich ursprünglich gegen diese historische Ungerechtigkeit: Ihre Parole *!Ya basta!* (Es reicht!) ist die lautstarke Antwort auf die über Jahrhunderte andauernde wirtschaftliche und politische Diskriminierung.

Heutzutage werden die uralten indigenen Lebensweisen bedroht vom evangelischen Christentum, das als Gegner vieler traditionell animistisch-katholischer Praktiken auftritt, und von der Zapatistenbewegung, die traditionelle Führungshierarchien ablehnt und die Rechte und das Ansehen der Frauen stärken will. Ein Großteil der indigenen Bevölkerung des Hochlands hat sich in den Lacandón-Urwald zurückgezogen, um dort neues Land zu roden, andere sind auf der Suche nach Arbeit in die Städte gegangen.

Trotz aller Hindernisse und Probleme haben Identität und Selbstbewusstsein der indigenen Völker überlebt. Fremden gegenüber sind sie misstrauisch, Einmischungen in ihre religiösen Bräuche oder andere Lebensbereiche lehnen sie ab. Begegnet man ihnen aber mit dem nötigen Respekt, reagieren sie meist freundlich.

etwa 18 Uhr von der Calle Honduras ab. Nach Zinacantán fahren Combis (10 Mex$) und *colectivo*-Taxis (12 Mex$) mindestens stündlich zwischen 5 und 19 Uhr. Sie starten von einem Hof an der Robledo.

San Juan Chamula

3000 Ew. / 2200 m

Die Chamulas sind eine hartnäckig unabhängige Gruppe der Tzotzil mit etwa 80 000 Mitgliedern. Ihr Hauptort San Juan Chamula liegt 10 km nordwestlich von San Cristóbal. Er ist das Zentrum einiger einzigartiger religiöser Praktiken. Allerdings haben Konflikte zwischen den Anhängern des traditionellen Katholizismus der Chamulas und den zu evangelischen, pfingstgemeindlichen oder anderen Zweigen des Christentums Übergetretenen dazu geführt, dass in den vergangenen Jahrzehnten mehrere Tausend Chamulas aus ihren Dörfern ausgeschlossen wurden. Hier – wie auch in anderen Teilen Mexikos und Zentralamerikas – hat man den Katholizismus auch deswegen abgelehnt, weil man gegen die lang andauernde Übermacht der katholischen Mestizen war. In San Juan Chamula hat sich der Evangelismus mit der Zapatistenbewegung vermischt. Die meisten der Menschen im Exil bewohnen heute die Barackendörfer rund um San Cristóbal.

Die Männer der Chamulas tragen lockere, in Heimarbeit gesponnene Tuniken aus weißer Wolle. Manchmal, wenn es kalt ist, sind die Gewänder auch aus dickerer, schwarzer Wolle. Die *cargo*-Inhaber mit wichtigen religiösen und zeremoniellen Pflichten tragen ärmellose schwarze Tuniken und einen weißen Schal um dem Kopf. Die Frauen der Chamulas haben relativ einfache weiße oder blaue Blusen an und/oder Stolen und Röcke aus Wolle.

Fremde können San Juan Chamula besuchen, aber das Fotografieren in der Dorfkirche oder bei Ritualen ist strikt untersagt, wie das große Schild am Ortseingang besagt. Dieses Verbot muss *unbedingt* beachtet werden, denn die Gemeinschaft ist in dieser Hinsicht unerbittlich. Der **Friedhof** des Dorfs befindet sich rund um eine ältere Kirche. Ein schwarzes Kreuz bedeutet, dass der Mensch in hohem Alter gestorben ist, ein weißes, dass er noch jung war. Alle anderen haben blaue Kreuze.

Zum **Wochenmarkt** am Sonntag kommen die Menschen aus den Hügeln ins Dorf, wo sie ein- und verkaufen und vor allem die Kirche besuchen. Der Markt zieht auch ganze Busladungen von Touristen an, sodass es vielleicht besser ist, sich einen anderen Tag für den Besuch auszusuchen. (Der Mittwoch ist allerdings auch nicht zu empfehlen, denn dann ist die Kirche wegen eines Aberglaubens der Leute hier rappelvoll.) Kunsthandwerksgegenstände aus der Gegend (vor allem Textilien) werden jeden Tag an vorbeikommende Touristen verkauft.

Neben der Hauptplaza steht Chamulas Hauptkirche, der **Templo de San Juan**. Sie ist schneeweiß und hat einen leuchtend grün und blau bemalten Torbogen. Ein Schild weist darauf hin, dass man sich vor Betreten der Kirche bei der **Touristeninformation** (🕑 9–18 Uhr) neben der Plaza eine Eintrittskarte (15 Mex$) kaufen muss. Der dunkle Altarbereich, die Hunderte flackernder Kerzen, die Weihrauchwolken und die kniend Betenden, die ihr Gesicht auf den mit Kiefernnadeln bedeckten Boden senken, sind sehr beeindruckend. Vielleicht kann man sehen, wie singende *curanderos* (wörtlich „Heiler", d.h. Medizinmänner oder -frauen) gerade die Körper ihrer Patienten mit Eiern oder Knochen einreiben. Heiligenfiguren sind von Spiegeln umgeben und in heilige Gewänder gekleidet. Die Chamulas verehren San Juan Bautista (Johannes den Täufer) mehr als Jesus Christus und sein Abbild nimmt in der Kirche daher auch einen bedeutenderen Platz ein.

FESTIVALS & EVENTS

Carnaval Die Feierlichkeiten markieren die fünf „verlorenen" Tage des alten Kalenders der Langen Zählung, der die Zeit in Abschnitte von 20 Tagen unterteilte (18 Abschnitte ergeben 360 Tage, also fehlen fünf zu einem ganzen Jahr).

Fiesta de San Juan Bautista Bis zu 20 000 Menschen versammeln sich am 24. Juni, um zu tanzen und zu trinken.

Wechsel der Cargos Der jährliche Wechsel der ehrwürdigen (aber kostspieligen) Stellung als Oberhaupt der Gemeinschaft (*cargos*) findet zwischen dem 30. Dezember und dem 1. Januar statt.

San Lorenzo Zinacantán

3700 Ew. / 2558 m

Das systematisch angelegte Dorf San Lorenzo Zinacantán liegt 11 km nordwestlich von San Cristóbal. Es ist das Hauptdorf der Zinacantán-Gemeinde (45 000 Mitglieder). Die Zinacantán gehören wie die Chamulas zu den Tzotzil. Die Männer tragen charakteristische rosafarbene Tuniken, bestickt mit Blumenmotiven. Teilweise tragen sie stolz flache, runde und mit Bändern versehene Hüte aus Palmblättern. Die Frauen haben rosa- oder purpurfarbene Stolen über reich bestickten Blusen an.

Sonntags und an Festtagen wird ein kleiner **Markt** abgehalten. Die wichtigsten Feierlichkeiten gelten der La Virgen de La Candelaria (7.–11. Aug.) und San Sebastián (19.–22. Jan.).

Die Zinacantecos sind passionierte Blumenzüchter und haben eine besondere Vorliebe für Geranien: Gemeinsam mit Kiefernzweigen werden diese Blumen bei Ritualen geopfert.

Die große und zentrale **Iglesia de San Lorenzo** (Eintritt 20 Mex$) wurde nach einem Brand 1975 wieder aufgebaut. In der Kirche und auf dem Friedhof ist Fotografieren verboten! Das kleine, strohgedeckte **Museo Jsotz' Levetik** (Eintritt gegen Spende; 🕑 9–17 Uhr) befindet sich drei Blocks unterhalb des Basketballfeldes. Es beschäftigt sich mit der Kultur der Region und zeigt einige schöne Textilien und Musikinstrumente.

Grutas de San Cristóbal

Der Eingang zu der langen **Höhle** (Eintritt 20 Mex$; 🕑 9–16.30 Uhr) liegt in den Kiefernwäldern 9 km südlich von San Cristóbal – von der Panamericana zu Fuß in fünf Minuten Richtung

Süden zu erreichen. Etwa die ersten 350 m der Höhle haben einen befestigten Fußweg und sind beleuchtet. Seit 2003 steht das Land rund um die Höhle unter der Kontrolle der Armee – trotzdem sind Besucher immer noch willkommen.

Um hinzukommen, ein *colectivo*-Taxi über die Panamericana nehmen, das in Richtung Teopisca fährt – sie fahren 150 m südöstlich des OCC-Busbahnhofs in San Cristóbal ab. Nach den „Las Grutas" (15 Mex$) fragen.

Amatenango del Valle

4500 Ew. / 1869 m

Die Frauen aus diesem Tzeltaldorf an der Panamericana 37 km südöstlich von San Cristóbal sind berühmte Töpferinnen. Die Töpferstücke werden hier immer noch nach vorkolonialer Art gebrannt: Um die Stücke wird ein Holzfeuer aufgeschichtet, ein Brennofen wird nicht benutzt. Es gibt einen hübschen Touristenmarkt, auf dem *animalitos* verkauft werden – kleine Tierfiguren aus Ton, nicht teuer, aber zerbrechlich. Besucher müssen sich darauf gefasst machen, sofort von Kindern des Dorfes, den jungen *animalito*-Verkäufern, umringt zu werden.

Von San Cristóbal einen Bus oder ein Combi Richtung Comitán nehmen.

OCOSINGO

☎ 919 / 35 000 Ew. / 900 m

Zwischen dem dunstigen Tiefland des Dschungels und dem kühlen Hochland liegt Ocosingo. Die geschäftige Marktstadt befindet sich auf halber Strecke zwischen San Cristóbal und Palenque in einem weiten, sanften Tal. Die beeindruckenden Mayaruinen von Toniná sind nur wenige Kilometer entfernt.

Der belebteste Teil der Stadt ist die Marktgegend, die sich entlang der Av 2 Sur Ote, drei bis fünf Blocks östlich (bergab) der Hauptplaza, erstreckt. Auf dem **Tianguis Campesino** (Bauernmarkt; Ecke Av 2 Sur Ote & Calle 5 Sur Ote; 🕓 6–17 Uhr) verkaufen kleinere Lebensmittelproduzenten ihre Waren direkt an die Kunden. Der Verkauf auf diesem Markt ist den Frauen vorbehalten, die meistens traditionelle Kleidung tragen – ein buntes Bild.

Die als Las Cañadas de Ocosingo bekannten Täler zwischen Ocosingo und der Reserva de la Biosfera Montes Azules in Richtung Osten bilden einen der stärksten Rückhalte der Zapatisten. Während des Aufstands 1994 fanden in Ocosingo die blutigsten Kämpfe statt, bei denen allein 50 Rebellen von der mexikanischen Armee getötet wurden. Seither herrscht Ruhe in der Stadt. Die Sympathie für die Zapatisten in der Bevölkerung hat sich weiter gefestigt, obwohl die mexikanische Armee in der Nähe der Ruinen von Toniná sehr präsent ist.

Orientierung & Praktische Informationen

Ocosingo erstreckt sich vom Hwy 199 bergab in Richtung Osten. Die Avenida Central führt von der Hauptstraße hinunter zur großen, zentralen Plaza, an deren Ostende der Templo de San Jacinto über allem wacht. Hotels, Restaurants und andere Dienstleister finden sich entlang der Calle Central Nte, die von der Nordseite der Plaza abgeht, und in der näheren Umgebung.

Der **Touristeninformationsstand** (🕓 Mo–Fr 9–15 & 18–20 Uhr) an der Plaza kann mit Karten und mehrsprachigem Informationsmaterial über Chiapas dienen, nicht aber mit Stadtplänen. **Santander Serfin** (Central Nte 10; 🕓 Mo–Fr 9–16, Sa 10–14 Uhr) und **Banamex** (Av Central; 🕓 Mo–Fr 9–16 Uhr) an der Plaza wechseln Geld und haben Geldautomaten. Die Internetcafés an der Plaza und in der Calle Central Nte nehmen 8 Mex$ pro Stunde.

Schlafen

Hospedaje Esmeralda (☎ /Fax 673-00-14; www.ranchoesmeralda.net; Central Nte 14; EZ/DZ/3BZ/4BZ mit Gemeinschaftsbad 140/230/270/340 Mex$; Ⓟ) Diese kleine Pension ist ein Liebling der Traveller. Die fünf ansprechenden Zimmer haben farbenfrohe Bettdecken und Ventilatoren; ein nettes Restaurant, eine Bar und ein Terrassenbereich laden zum Faulenzen und Plaudern ein. Der neue mexikanische Besitzer ist äußerst hilfsbereit und weiß eine Menge über die Gegend. Man kann Reitausflüge (200 Mex$, ca. 2 Std.) in die Umgebung von Ocosingo machen und es gibt eine ausgezeichnete Bücherbörse. Das etwas teurere Zimmer hat ein eigenes Bad.

Hotel La Casona (☎ /Fax 673-01-40; Ecke 1a Sur & Calle Central; Zi. 200–350 Mex$; Ⓟ ❄) Modernes dreistöckiges Hotel an der Südseite der Plaza mit mehr oder weniger langweiligen Zimmern, die mit TV und Klimaanlage ausgestattet sind. Die Zimmer im obersten Stockwerk sind mit ihren gewölbten Decken und den Balkonen (einige mit Blick auf die Plaza) ganz hübsch.

Hotel Margarita (☎ 673-12-15; hotelmargarita@prodigy.net.mx; Central Nte 19; EZ/DZ/3BZ/4BZ

DIE ZAPATISTEN

Am 1. Januar 1994, dem Tag der Einführung der NAFTA, tauchte aus den Wäldern eine bis dato unbekannte, linksgerichtete Guerrillaarmee auf und besetzte San Cristóbal de Las Casas und andere Städte in Chiapas. Die Ejército Zapatista de Liberación Nacional (EZLN, Zapatistische Armee der Nationalen Befreiung) verband die Rhetorik der Globalisierungsgegner mit den Slogans der mexikanischen Revolution. Ihr erklärtes Ziel war es, die seit Jahrhunderten bestehende Oligarchie zu stürzen, die Land, Ressourcen und Macht in den Händen hielt, und den dürftigen Lebensstandard der indigenen Bevölkerung von Mexiko zu verbessern.

Die mexikanische Armee vertrieb die Zapatisten in nur wenigen Tagen. Die Rebellen zogen sich an den Rand des Lacandón-Urwalds zurück, um – hauptsächlich per Internet – einen Propagandakrieg zu führen. Der Pfeife rauchende, mit einer Wollmaske vermummte Zapatist Subcomandante Marcos (der ehemalige Universitätsprofessor Rafael Guillén) wurde schnell zur Kultfigur. Es wurden Versammlungen gegen Neoliberalismus abgehalten, und internationale Anhänger strömten ins Hauptquartier der Zapatisten bei La Realidad, 80 km südöstlich von Comitán. Bauern, die der Zapatistenbewegung angehörten, nahmen Hunderte von Farmen und Ranches in Chiapas ein.

Im Jahre 1996 trafen Unterhändler der Zapatisten und der mexikanischen Regierung eine Vereinbarung über Rechte und Autonomie der indigenen Bevölkerung. Die regierende Partei der Institutionellen Revolution (PRI) hat diese Vereinbarungen aber nie ratifiziert, sodass 1997 und 1998 die Spannungen und Morde in Chiapas eskalierten: 1997 metzelte eine mit der PRI verbundene paramilitärische Gruppe in dem Dorf Acteal, nördlich von San Cristóbal, 45 Menschen nieder; im Jahr 1999 flohen 21 000 Dorfbewohner aus ihren Häusern, nachdem die mexikanische Armee unterstützt von paramilitärischen Kräften mit einer Kampagne zu ihrer Einschüchterung begonnen hatte.

Nach der Wahl von Vicente Fox zum Präsidenten Mexikos im Jahr 2000 scheiterten zwei Versuche, die nötigen Verfassungsänderungen durchzubringen. Die Zapatisten lehnten weitere Gespräche ab und konzentrierten sich darauf, ihre Revolution und Autonomie in den Dörfern des Hochlands und im Osten von Chiapas zu festigen, wo sie die meiste Unterstützung fanden. 2003 gründete die Zapatistenführung fünf regionale „Juntas de Buen Gobierno" (Komitees der Guten Regierung) in Dörfern, in denen sie dann auch Schulen und Krankenhäuser baute. Die häufig wechselnden Komitees sollten die Regierungsgewalt demokratisieren und Führungseigenschaften lehren, scheiterten aber mangels Verantwortung und Kontinuität. Außerdem waren sie zu bürokratisch.

Außerhalb der eigenen Enklaven war der politische Einfluss der Zapatisten im Jahre 2005 nur gering und viele ehemalige Anhänger waren von der unnachgiebigen Haltung der EZLN desillusioniert. Nach vier Jahren des Schweigens kündigte Marcos einen neuen politischen Kampf der Zapatisten für alle ausgebeuteten und an den Rand gedrängten Menschen Mexikos an – nicht mehr nur für die indigene Bevölkerung. Er lehnte jede Kooperation und jeglichen Dialog mit den großen politischen Parteien ab und rief stattdessen La Otra Campaña (Die andere Kampagne) ins Leben. Diese Bewegung sollte parallel, aber gleichzeitig auch unabhängig von der Kampagne zu den Präsidentschaftswahlen Mexikos 2006 laufen. Am 1. Januar 2006 startete Marcos, der sich nun als Subdelegado Zero bezeichnete, eine sechsmonatige Zapatistentour auf dem Motorrad durch alle Bundesstaaten Mexikos. Sein Ziel war es, eine neue, linksgerichtete politische Front zu schmieden; dazu wollte er Kontakt zu anderen Gruppen des Landes aufnehmen und eine neue Methodik der „Liberalisierung von unten" entwickeln, um so eine bürgerliche, friedliche, antikapitalistische Politik zu erreichen. Die meisten Beobachter konnten aber nur geringe Auswirkungen dieser Kampagne erkennen.

2007 organisierte die Zapatistenspitze drei internationale Zusammenkünfte (*encuentros*). Die Lage in Chiapas bleibt gespannt, und gelegentlich kommt es bei Landkontrollen zu Zwischenfällen.

Interessant ist, dass sich die Zapatisten klar und deutlich gegen den Ökotourismus ausgesprochen haben. Sie betrachten die Verbesserung der touristischen Infrastruktur durch die Regierung als nichtmilitärisches Mittel, um in die autonomen EZLN-Gemeinden einzudringen.

Mehr über die Zapatisten gibt's unter www.ezln.org.mx. Weitere Infos finden sich in *The Zapatista Reader,* einer Anthologie von Schriftstellern wie Octavio Paz und Gabriel García Márquez bis hin zu Marcos, sowie auf den Websites von **Global Exchange** (www.globalexchange.org), **SiPaz** (www.sipaz.org) und **IMC** (chiapas.mediosindependientes.org). Einige der neueren Schriften Marcos' sind in *The Speed of Dreams* abgedruckt.

220/260/280/350 Mex$, Klimaanlage zzgl. 50 Mex$; (P) (✱)) Das freundliche Hotel Margarita direkt neben dem Hospedaje Esmeralda hat saubere und gemütliche Zimmer mit TV, Ventilator, zwei großen Doppelbetten und großen, gerahmten Postern mit Sehenswürdigkeiten von Chiapas.

Essen

Restaurant El Campanario (☎ 673-02-51; Av Central Ote 2; Hauptgerichte 35–70 Mex$; ⌚ 7–22.30 Uhr) In dem von kolonialen Arkaden eingerahmten Restaurant El Campanario an der Plaza von Ocosingo liegen auf den hellen Tischdecken dreisprachige Speisekarten (auf Spanisch, Englisch und Französisch) aus. Auf den Tisch kommen die typischen Fleisch-, Eier- und Meeresfrüchtegerichte aus dem Bundesstaat Chiapas.

Restaurant Esmeralda (☎ 673-00-14; Hospedaje Esmeralda, Central Nte 14; Hauptgerichte 50–70 Mex$) Hier kommt ausgezeichnete internationale und traditionelle mexikanische Hausmannskost auf den Tisch. Morgens wird im Restaurant Esmeralda ein gesundes Frühstücksbuffet (40 Mex$) aufgebaut und abends können sich die Gäste an wunderbaren Gerichten wie Gulasch, Hühnchencurry und Fajitas mit Schweinfleisch stärken.

Las Delicias (☎ 673-00-24; Av Central 5; Hauptgerichte 50–85 Mex$; ⌚ 7–23 Uhr) Dieses zuverlässig gute Restaurant auf der Terrasse des Hotel Central an der Plaza tischt seinen Gästen riesige Portionen auf und serviert allmorgendlich auch ein wirklich gutes Frühstück (30–55 Mex$).

Fábrica de Quesos Santa Rosa (☎ 673-00-09; 1a Ote Nte 11; ⌚ Mo–Sa 8–14 & 16–20, So 8–14 Uhr) Ocosingo ist hauptsächlich für seinen *queso amarillo* (gelben Käse) bekannt. Es gibt sechs verschiedene Hauptsorten, darunter beispielsweise den „*De bola*", der in Kugeln zu einem Kilo verkauft wird (60 Mex$). Er hat außen eine essbare Wachsschicht und ist innen krümelig und sehr fett.

An- & Weiterreise

Traveller sollten unbedingt die Sicherheitshinweise zur Straße nach Palenque beachten (S. 927).

Wer nach Laguna Miramar möchte, muss einen Truck oder ein Taxi in Richtung San Quintín nehmen; diese fahren normalerweise in der Nähe des Markts (s. S. 915) ab. **Servicios Aéreos San Cristóbal** (☎ 673-03-70; 1a Sur Pte 87; www.serviciosaereossancristobal.com) fliegt mit kleinen Maschinen für 5000 Mex$ (hin & zurück) hinüber nach San Quintín (bis zu 4 Passagiere).

Der OCC-Busbahnhof von Ocosingo (1. Klasse & Deluxe) befindet sich am Hwy 199, 600 m westlich der Plaza. AEXA (1. Klasse) hält gegenüber dem Restaurante Ave Fenix auf der anderen Straßenseite. Wann die Busse täglich von Ocosingo abfahren, ist in der Tabelle unten aufgeführt. Die Busse vom OCC-Busbahnhof fahren auch nach Campeche, Cancún, Mérida und Villahermosa.

Ziel	Preis (Mex$)	Dauer (Std.)	Häufigkeit (tgl.)
Palenque	40–72	2¼	11-mal vom OCC, 3 AEXA & Vans alle 30 Min. am Hwy 199, 800 m nördlich vom OCC
San Cristóbal de Las Casas	30–40	2¼	10-mal vom OCC, 4 AEXA & Vans und *colectivos* alle 20–30 Min. von einem Hof in der Straße gleich oberhalb vom OCC
Tuxtla Gutiérrez	60–98	4	10-mal vom OCC, 4 AEXA

TONINÁ

Der zeremonielle Mittelpunkt von **Toniná** (☎ 919-108-22-39; Eintritt 37 Mex$; ⌚ 8–17 Uhr), die Ruinen und Stufen der Mayastadt, erheben sich über einem idyllischen Tal 14 km östlich von Ocosingo. In dieser Stadt befindet sich eine der beeindruckendsten Mayatempelanlagen der Welt. Toniná hat das mächtige Palenque in die Knie gezwungen.

688 n. Chr. wurde die „Schlangenschädel-Jaguarklauen-Dynastie" eingesetzt, deren Herrschende wild dazu entschlossen waren, die Region unter ihre Kontrolle zu bringen. Ihr Gegner war die Mayastadt Palenque. 711 wurde Palenques Führer K'an Joy Chitam II von Toninás Truppen gefangen genommen und man vermutet, dass er von ihnen danach auch einen Kopf kürzer gemacht wurde.

Toniná machte sich einen Namen als „Ort der Himmlischen Gefangenen", denn in seinen Kammern wurden die Herrscher von Palenque und anderen Mayastädten gefangen gehalten. Ihr Schicksal war es, entweder geköpft oder für hohe Summen freigekauft zu werden. Ein immer wiederkehrendes Motiv der Skulpturen von Toniná sind an den Händen gefesselte Gefangene, die zu Boden geworfen werden, bevor man sie köpft.

Im **Museum** am Eingang des Geländes kann man sich (auf Spanisch) über die Geschichte Toninás informieren und einige der schönsten Artefakte besichtigen. Zur Besichtigung läuft man von hier aus die Straße entlang bis zu einem Pfad, der über einen Fluss zur weiten, flachen Gran Plaza ansteigt. Am Südende der Gran Plaza steht der **Templo de la Guerra Cósmica** (Tempel des Kosmischen Krieges) mit fünf Altären davor. Auf einer Seite der Plaza befindet sich ein **Ballspielplatz**, der ca. 780 n. Chr. von der Herrscherin Rauchender Spiegel eingeweiht wurde. Daneben steht ein Köpfungsaltar.

Im Norden erhebt sich der zeremonielle Kern von Toniná: Am Hang steigen terrassenförmig eine Reihe von Plattformen hinauf bis in eine Höhe von 80 m über der Gran Plaza. Am Ende der Treppe von der ersten zur zweiten Plattform ist auf der rechten Seite der Eingang zum **rituellen Labyrinth**.

Weiter oben, auch auf der rechten Seite, befindet sich der **Palacio de las Grecas y de la Guerra** (Palast der Grecas und des Krieges). Die *grecas* sind eine Reihe von geometrischen Verzierungen. Sie formen im Zickzack ein X und stellen möglicherweise Quetzalcóatl dar. Rechts davon befindet sich eine verschachtelte Reihe von Kammern, Gängen und Treppen. Man glaubt, dass es sich dabei um das Verwaltungszentrum von Toniná gehandelt hat.

Noch weiter oben steht die bemerkenswerteste Skulptur von Toniná: die **Mural de las Cuatro Eras** (Mauer der vier Ären). Das Stuckrelief wurde zwischen 790 und 840 n. Chr. geschaffen. Es hatte vier Felder, aber das erste auf der linken Seite ist verloren. Sie repräsentieren die vier Sonnen oder Ären der Menschheitsgeschichte. Die Bewohner von Toniná glaubten, selbst in der vierten Sonne zu leben, der des Winters. Sie spiegelt die Nordrichtung und das Ende des Lebens wider. In der Mitte eines jeden Feldes ist der Kopf eines geköpften Gefangenen dargestellt, aber verkehrt herum. Aus dem Hals sprudelt Blut und formt einen Ring aus Federn und gleichzeitig eine Sonne. Auf einer Tafel hält ein tanzendes Skelett einen Kopf in der Hand. Links davon ist der Herr der Unterwelt dargestellt, der einem riesigen Nagetier ähnelt.

Über die nächste Treppe erreicht man die siebte Ebene mit den Überresten von vier Tempeln. Hinter dem zweiten Tempel von links führen noch mehr Treppen in die enge **Tumba de Treinta Metros** (Dreißigmetergrab) hinunter. Der unglaublich schmale Gang ist definitiv nichts für klaustrophobisch Veranlagte.

Darüber liegt die Akropolis, der Wohnsitz der Herrschenden von Toniná. Die acht wichtigsten Tempel befinden sich dort, vier auf jeder der zwei Ebenen. Der Tempel rechts auf der tieferen Ebene heißt **Templo del Monstruo de la Tierra** (Tempel des Erdmonsters) und besitzt den besterhaltenen Dachgiebel von Toniná. Er wurde 713 n. Chr. erbaut.

Auf der höchsten Ebene steht der größte Tempel, der **Templo del Espejo Humeante** (Tempel des Rauchenden Spiegels). Er wurde von Zots-Choj gebaut, der 842 n. Chr. den Thron bestieg. In der Ära der vierten Sonne und der Nordrichtung war es Zots-Chojs Aufgabe, diesen nördlichsten und höchsten Tempel von Toniná zu errichten – dafür wurde der Hügel künstlich nach Nordosten hin erweitert.

An- & Weiterreise

Combis nach Toniná (10 Mex$) fahren ab dem frühen Morgen alle 30 Minuten gegenüber vom Tianguis Campesino in Ocosingo ab. Das letzte kommt gegen 17 Uhr zurück. Ein Taxi kostet 70 Mex$.

LAGUNA MIRAMAR

400 m

Die ursprüngliche Laguna Miramar liegt inmitten eines Regenwaldes 140 km südöstlich von Ocosingo in der **Reserva de la Biosfera Montes Azules** (Biosphärenreservat Montes Azules). Sie ist einer der abgelegensten und schönsten Seen Mexikos. Oft sind hier die Schreie der Brüllaffen zu hören. Der 16 km^2 große See ist warm wie eine Badewanne und praktisch vollkommen unberührt. Hier kann man herrlich zwischen den zahlreichen Felsvorsprüngen einer kleinen Insel herumwaten. Mit dem Kanu gelangt man zu Felszeichnungen und zur Höhle einer Meeresschildkröte.

Dank eines erfolgreichen Ökotourismusprojekts in der Mayagemeinde **Emiliano Zapata** nahe dem Westufer ist der See für Besucher zugänglich. Wer ohne Führer ankommt, muss nach dem Presidente de Turismo fragen: Über ihn sind die benötigten Dienstleistungen zu organisieren und zu bezahlen. Ein Führer kostet 100 Mex$ pro Tag, für die Übernachtung bezahlt man 30 Mex$, die Leihgebühr für ein *cayuco* (traditionelles Kanu für 2–3 Pers.) zum Erforschen des Sees beträgt 150 Mex$. Drogen sind verboten im Dorf und Alkohol ist Besuchern nur für den persönlichen Konsum gestattet.

Der 7 km lange Fußweg von Emiliano Zapata zum See dauert ca. eineinhalb Stunden. Er führt durch *milpas* (Maisfelder) und Wälder mit *caoba* (Mahagoni) und *matapalo* (Würgefeigen) und kann sehr matschig sein, darum unbedingt feste Schuhe tragen. Nachts sind am See vielleicht Jaguare zu hören. Daneben tummeln sich hier Klammeraffen, Tapire, Aras und Tukane, ganz zu schweigen von unzähligen Schmetterlingen. Die Einheimischen, die im See nach *mojarra* (Barschen) fischen, versichern, dass die paar Krokodile hier ungefährlich sind.

Schlafen & Essen

Am Seeufer kann man im Schutz einer *palapa* seine Hängematte aufhängen oder **campen** (30 Mex$/Pers.). Wer aber nach 12 Uhr ankommt, muss in Emiliano Zapata übernachten, da die Führer vor Einbruch der Dunkelheit wieder zu Hause sein wollen. Im Dorf gibt es ein paar wenige einfache, aber nette **cabañas** (100 Mex$/Pers.) mit Blick auf den See. Sie sind mit einem französischen und einem Doppelbett sowie einem Ventilator ausgestattet. In den Gemeinschaftsbädern gibt's warmes Wasser. Zum Zeitpunkt der Recherche war das neue **comedor** (Mahlzeiten ca. 30 Mex$) direkt daneben fast fertig. Man kann sich auch eine Hängematte und ein Moskitonetz (60 Mex$) leihen und für 30 Mex$ im überdachten Bereich in der Nähe der *cabañas* nächtigen.

An- & Weiterreise

Miramar ist kompliziert zu erreichen. Auf keinen Fall sollte man in der Regenzeit von Ende August bis Ende Oktober herkommen, denn dann kann der Zugang über Land schwierig sein, und die Fußwege sind schlammig. Einige Agenturen in San Cristóbal de Las Casas veranstalten drei- oder viertägige Touren von San Cristóbal nach Miramar. Diese Trips über den Fluss kosten ab 3500 Mex$ pro Person (s. S. 900).

FLUGZEUG

Servicios Aéreos San Cristóbal fliegt mit kleinen Maschinen von Comitán (S. 939) oder Ocosingo (S. 913) nach San Quintín.

AUF DEM FLUSS

Von Amatitlán (Infos über *combis* s. S. 939), 14 km von der Carretera Fronteriza entfernt, aus kommt man bis ca. 14 Uhr auch mit einer *lancha* (einfache Fahrt 800 Mex$, max. 8 Fahrgäste, 2 Std.) über den Río Santo Domingo nach Emiliano Zapata.

AUF DEM LANDWEG

Bitte gut festhalten! Von Ocosingo aus erreicht man San Quintín (70 Mex$, ca. 6 Std.) über eine 138 km lange, holprige Straße mit Passagierlastwagen, den *tres toneladas* (Dreitonnern). Los geht's um 9, 10.30, 12 und 14 Uhr direkt südöstlich vom Tianguis Campesino in Ocosingo. Man kann sich auch von einem VW-Käfer-Taxi *(bocho)* hinbringen lassen (800–1000 Mex$). Die Route führt durch das Gebiet Las Cañadas de Ocosingo, eine Hochburg der Zapatisten. An den Kontrollpunkten der mexikanischen Armee oder in den Zapatistendörfern werden möglicherweise die Papiere überprüft; Pässe und Touristenkarten also immer parat haben.

Man kommt sowohl über Land als auch durch die Luft in das Nachbardorf von Emiliano Zapata, San Quintín. (In diesem Garnisonsort sind die Leute antizapatistisch eingestellt.) Gegenüber einem Militärkomplex neben der Landepiste von San Quintín führt ein Weg direkt zum *ejido* Emiliano Zapata. Der Marsch dauert 15 bis 20 Minuten. Die Lastwagen zurück nach Ocosingo starten um 2, 5, 8 und 12 Uhr.

AGUA AZUL & MISOL-HA

Die beiden spektakulären Wasserfälle – den stufenförmigen Agua Azul und den 35 m hohen Misol-Ha mitten im Dschungel – erreicht man über kurze Schlenker von der Straße zwischen Ocosingo und Palenque. In der Regenzeit büßen sie allerdings etwas an Schönheit ein, denn dann ist das Wasser trübe – dafür wirkt ihr Fall gewaltiger.

Beide Wasserfälle kann man einfach im Rahmen einer organisierten Tagestour von

Palenque aus besuchen. Auch auf eigene Faust ist es kein Problem hinzukommen, aber billiger ist es nicht unbedingt.

In der Vergangenheit kam es in dieser Gegend immer wieder zu Raubüberfällen und versuchten Touristenentführungen. Die Einheimischen sagen aber, es sei jetzt sicherer geworden. Um das Risiko möglichst gering zu halten, sollte man nicht zu Fuß über die Zufahrtstraßen spazieren und auf dem befestigten Hauptweg nach Agua Azul bleiben. Diebstähle sind noch immer an der Tagesordnung, also alles Wertvolle zu Hause und seine Sachen nie aus den Augen lassen.

Agua Azul

Der Agua Azul bietet einen wahrhaft atemberaubenden Anblick: Gewaltige, blendend weiße Wasserfälle donnern in (die meiste Zeit des Jahres) türkisfarbene Becken hinunter, alles umgeben von einem grünen Urwald. Feiertags und an Wochenenden ist es hier rappelvoll, aber an den anderen Tagen ist man ziemlich allein. Die Versuchung, ein kühles Bad zu nehmen, ist groß. Man sollte jedoch extrem vorsichtig sein, denn es sind hier schon Menschen ertrunken: Die Strömung ist unerwartet stark und die Gewalt der Fälle offensichtlich, zudem lauern unter Wasser Gefahren wie Felsen und tote Bäume.

Die Abzweigung zu den Wasserfällen befindet sich auf halber Strecke zwischen Ocosingo und Palenque, jeweils etwa 60 km entfernt. Vom Hwy 199A geht eine befestigte Straße 4,5 km hinunter zum Agua Azul. Dabei durchquert sie das Gebiet eines *ejido* und kommt schließlich in ein zweites *ejido*, in dem sich die Wasserfälle befinden. Wahrscheinlich muss man vor Betreten eines jeden *ejidos* 10 bis 15 Mex$ pro Person bezahlen. Vom Parkplatz aus führt ein guter, befestigter Weg mit Treppen 700 m neben den Wasserfällen nach oben. Er ist von **comedores** (Hauptgerichte 30–60 Mex$) und Souvenirbuden gesäumt.

Zum Zeitpunkt der Recherche sollen *ejido*-Mitglieder paramilitärische Gewaltakte gegen die Dorfbewohner der benachbarten Zapatistengemeinde Bolom Ajaw verübt und zum Boykott der Wasserfälle aufgerufen haben.

Misol-Ha

Gerade mal 20 km südlich von Palenque befindet sich der atemberaubende Misol-Ha. Das Wasser fällt hier 35 m tief in ein wundervolles breites Becken, das von üppiger tropischer Vegetation umgeben ist. Ins Wasser zu springen ist herrlich, aber nur, wenn das Becken nicht in der feuchten Jahreszeit durch Regenfälle extrem voll ist. Ein Pfad hinter den Hauptfällen führt in eine Höhle, hier bekommt man ganz aus der Nähe einen Eindruck von der Gewalt der Fälle. Der **Misol-Ha** (Eintritt 10 Mex$) ist 1,5 km vom Hwy 199 entfernt. Die Abzweigung ist ausgeschildert.

Centro Turístico Ejidal Cascada de Misol-Ha (in Mexico City ☎ 55-5329-0995 Durchwahl 7006; www.misol-ha.com; DZ/3BZ/4BZ 300/400/520 Mex$; Ⓟ) bietet wunderbare Holzhütten unter den Bäumen in der Nähe der Fälle. Sie haben Badezimmer, Moskitonetze und dazu noch ein gutes **Restaurant** (Hauptgerichte 50–75 Mex$; 🕒 7–18 Uhr) unter freiem Himmel.

An- & Weiterreise

Fast alle Reiseagenturen von Palenque (s. S. 923) bieten Tagestouren zum Misol-Ha und zum Agua Azul an. Ein Trip kostet zwischen 120 und 135 Mex$ (Eintritt inkl.) und dauert jeweils sechs oder sieben Stunden. Dabei verbringt man 30 bis 60 Minuten am Misol-Ha und zwei bis drei Stunden am Agua Azul.

Um die Fälle auf eigene Faust von Palenque aus zu besuchen, heuert man am besten ein Taxi an. Zum Misol-Ha kostet das um die 500 Mex$ mit einer Stunde Aufenthalt, zum Agua Azul (Aufenthalt 2–4 Std.) muss man 800 Mex$ einplanen. Zu diesem Wasserfall fährt auch ein AEXA-Bus (Richtung Ocosingo) oder ein Van von der 4a oder 5a Pte Sur. Beide halten an der Agua-Azul-*crucero* (Abzweigung) und kosten 20 Mex$. *Camionetas* (Pickup-Trucks) verlangen von der Abzweigung bis runter nach Agua Azul 15 Mex$.

PALENQUE

☎ 916 / 37 000 Ew. / 80 m

Die sich aus dem dichten Urwald erhebenden Tempel von Palenque, die Hauptattraktion von Chiapas, gehören mit Recht zu den Perlen Mexikos und sind einige der besten Beispiele für die Maya-Architektur. Die moderne Stadt Palenque liegt ein paar Kilometer weiter im Osten und ist ein heißer, langweiliger Ort mit nur wenig an Sehenswertem. In erster Linie ist sie der Ausgangspunkt zu den Ruinen. Viele Traveller übernachten aber lieber in einer der im Wald versteckten Unterkünfte entlang der Straße von der Stadt zu den Ruinen; das flippige El Panchán ist hierbei relativ beliebt.

Geschichte

Der Name Palenque („Palisade") ist Spanisch und hat mit dem alten Namen der Stadt nichts zu tun, der Lakamha („Großes Wasser") gelautet haben könnte. Palenque wurde zum ersten Mal um 100 v. Chr. besiedelt und blühte zwischen 630 und 740 n. Chr. Unter Pakal, der von 615 bis 683 regierte, erlangte die Stadt Berühmtheit. Archäologen haben festgestellt, dass Pakal in den Hieroglyphen durch die Sonne und den Schild repräsentiert wird. Er wird deshalb auch Sonnenschild (Escuo Solar) genannt. Pakal erreichte das damals unglaubliche Alter von 80 Jahren.

Während der Regierungszeit von Pakal wurden viele Plazas und Gebäude in Palenque errichtet, z. B. der großartige Templo de las Inscripciones (Pakals Mausoleum). Charakteristisch für diese Bauten sind die Mansardendächer und die feinen Basreliefs aus Stuck.

Pakals Sohn Kan B'alam II. (684–702) wird in den Hieroglyphen durch den Jaguar und die Schlange dargestellt und auch Jaguarschlange II. genannt. Er führte die Ausweitung und die künstlerische Entwicklung von Palenque fort. Unter seiner Ägide wurden die Grupo-de-las-Cruces-Tempel erbaut. In jedem wurden große Steinstelen aufgestellt, auf denen mithilfe von Bildern Geschichten erzählt werden.

Unter der Herrschaft von Kan B'alam II. dehnte Palenque sein Einflussgebiet bis zum Fluss Usumacinta aus. Dann wurde es von der rivalisierenden Mayastadt Toniná, 65 km südlich, herausgefordert. Der Bruder und Nachfolger von Kan B'alam, K'an Joy Chitam II. („Wertvoller Pekari") wurde von Truppen aus Toniná 711 gefangen genommen und wahrscheinlich hingerichtet. Zwischen 722 und 736 erlebte Palenque noch einmal einen Aufschwung, als Ahkal Mo' Nahb' III. („Schildkröte-Ara-See") einige bedeutsame Bauten errichten ließ.

Nach 900 war Palenque im Großen und Ganzen verlassen. In dieser Gegend, die Mexikos stärkste Regenfälle verzeichnet, waren die Ruinen schnell überwachsen und der westlichen Welt war die Stadt bis 1746 unbekannt. Damals erzählten Mayajäger dem spanischen Priester Antonio de Solís von der Existenz eines Palasts im Urwald. Spätere Forscher glaubten, dass Palenque die Hauptstadt einer Zivlisation à la Atlantis gewesen sei. Der exzentrische Graf von Waldeck lebte in seinen Sechzigern für zwei Jahre (1831–1833) in der Spitze einer Pyramide. Er veröffentlichte sogar ein Buch mit phantasievollen, neoklassizistischen Zeichnungen: Palenque sieht darin aus wie eine große Stadt im Mittelmeerraum.

Erst 1837 wurde Palenque durch John L. Stephens, einen Amateurarchäologen aus New York, und den Künstler Frederick Catherwood vernünftig untersucht. Es musste noch ein weiteres Jahrhundert vergehen, bevor der unermüdliche mexikanische Archäologe Alberto Ruz Lhuillier 1952 die versteckte Krypta des Pakal freilegte. Und noch heute hält Palenque faszinierende und schöne Geheimnisse parat. Erst vor kurzem wurde auf dem Gebiet der Acrópolis del Sur eine Reihe von Skulpturen und Fresken entdeckt – durch sie konnte das Wissen über die Geschichte von Palenque erheblich erweitert werden.

Der Forscher Frans Blom bemerkte Mitte des 20. Jhs.: „Das erste Mal nach Palenque zu kommen, ist unglaublich beeindruckend. Aber wenn man dann eine Zeitlang hier gelebt hat, ist man von der Stadt besessen." Auch heute fällt es nicht weiter schwer, das zu verstehen.

Orientierung

Der Hwy 199 trifft bei der Glorieta de la Cabeza Maya auf die Av Juárez, die Hauptstraße von Palenque. Die Glorieta ist eine Kreuzung am Westrand der Stadt, geschmückt mit einer großen Büste eines Mayahäuptlings. Von hier führt die Juárez 1 km in Richtung Osten zum zentralen Platz El Parque. Die wichtigsten Busbahnhöfe befinden sich in der Juárez gleich östlich des Mayakopfs.

Ein paar Hundert Meter südlich vom Mayakopf zweigt eine befestigte Straße zu den 7,5 km entfernten Palenque-Ruinen vom Hwy 199 ab. Nach 6,5 km kommt die Straße am Museum der Ausgrabungsstätte vorbei und windet sich dann 1 km weiter bis zum Haupteingang der Ruinen.

Unterkünfte gibt's im Zentrum der Stadt und entlang der Straße zu den Ruinen. Im Geschäftszentrum der Stadt nördlich vom Zentrum an der Velasco Suárez trifft man selten auf andere Touristen.

Praktische Informationen

GELD

Außerhalb der Öffnungszeiten der Banken kann man in den Reisebüros Geld tauschen.

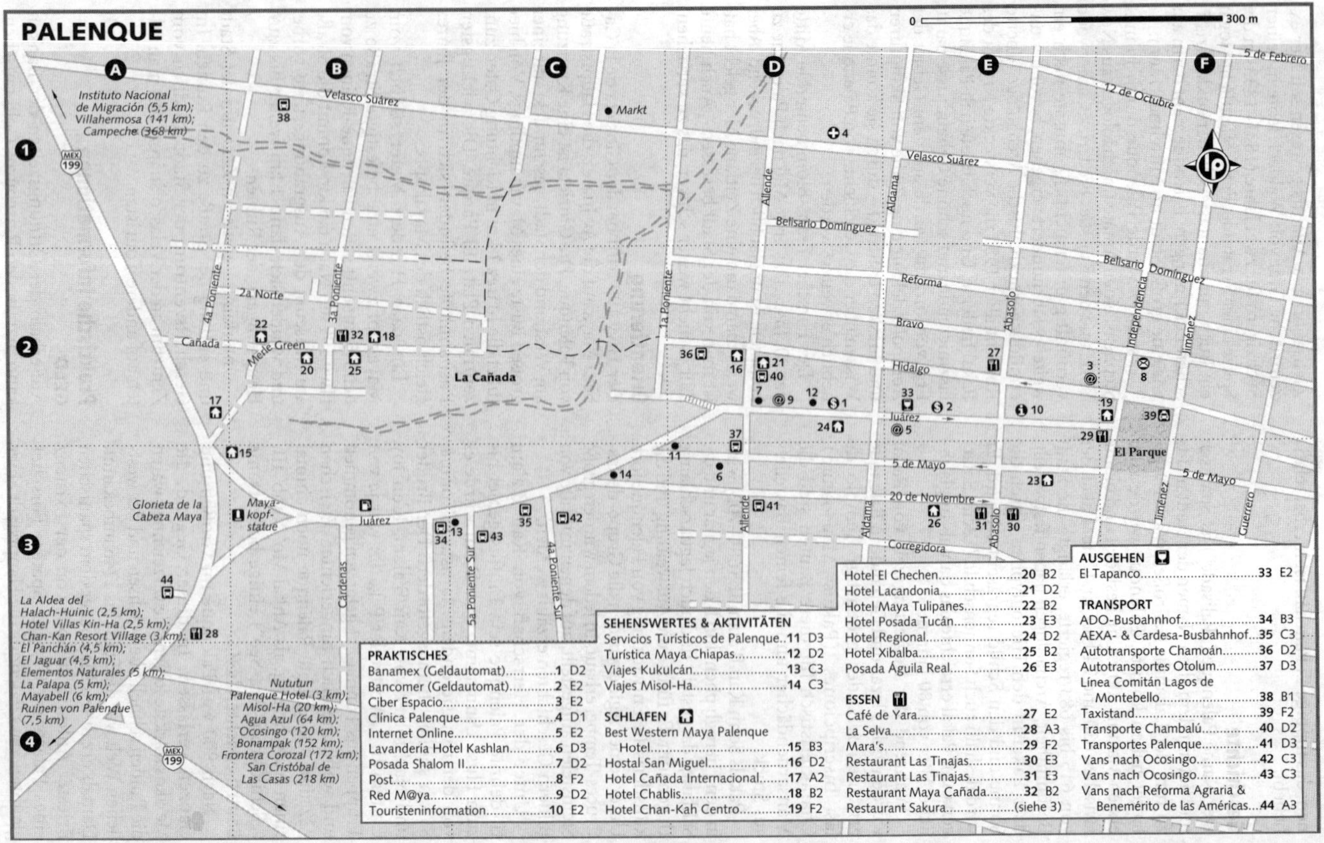
PALENQUE
0 300 m
Instituto Nacional de Migración (5,5 km); Villahermosa (141 km); Campeche (368 km)
La Aldea del Halach-Huinic (2,5 km); Hotel Villas Kin-Ha (2,5 km); Chan-Kan Resort Village (3 km); El Panchán (4,5 km); El Jaguar (4,5 km); Elementos Naturales (5 km); La Palapa (5 km); Mayabell (6 km); Ruinen von Palenque (7,5 km)
Nututun Palenque Hotel (3 km); Misol-Ha (20 km); Agua Azul (64 km); Ocosingo (120 km); Bonampak (152 km); Frontera Corozal (172 km); San Cristóbal de Las Casas (218 km)
Glorieta de la Cabeza Maya
Maya-kopf-statue
La Cañada
El Parque
Markt
Velasco Suárez
12 de Octubre
5 de Febrero
Belisario Domínguez
Reforma
Bravo
Hidalgo
Juárez
5 de Mayo
20 de Noviembre
Corregidora
Cañada
Merle Green
2a Norte
4a Poniente
3a Poniente
1a Poniente
Allende
Aldama
Abasolo
Independencia
Jiménez
Guerrero
Cárdenas
5a Poniente Sur
4a Poniente Sur
PRAKTISCHES
Banamex (Geldautomat) 1 D2
Bancomer (Geldautomat) 2 E2
Ciber Espacio 3 E2
Clínica Palenque 4 D1
Internet Online 5 E2
Lavandería Hotel Kashlan 6 D3
Posada Shalom II 7 D2
Post 8 F2
Red M@ya 9 D2
Touristeninformation 10 E2
SEHENSWERTES & AKTIVITÄTEN
Servicios Turísticos de Palenque 11 D3
Turística Maya Chiapas 12 D2
Viajes Kukulcán 13 C3
Viajes Misol-Ha 14 C3
SCHLAFEN
Best Western Maya Palenque Hotel 15 B3
Hostal San Miguel 16 D2
Hotel Cañada Internacional 17 A2
Hotel Chablis 18 B2
Hotel Chan-Kah Centro 19 F2
Hotel El Chechen 20 B2
Hotel Lacandonia 21 D2
Hotel Maya Tulipanes 22 B2
Hotel Posada Tucán 23 E3
Hotel Regional 24 D2
Hotel Xibalba 25 B2
Posada Águila Real 26 E3
ESSEN
Café de Yara 27 E2
La Selva 28 A3
Mara's 29 F2
Restaurant Las Tinajas 30 E3
Restaurant Las Tinajas 31 E3
Restaurant Maya Cañada 32 B2
Restaurant Sakura (siehe 3)
AUSGEHEN
El Tapanco 33 E2
TRANSPORT
ADO-Busbahnhof 34 B3
AEXA- & Cardesa-Busbahnhof 35 C3
Autotransporte Chamoán 36 D2
Autotransportes Otolum 37 D3
Línea Comitán Lagos de Montebello 38 B1
Taxistand 39 F2
Transporte Chambalú 40 D2
Transportes Palenque 41 D3
Vans nach Ocosingo 42 C3
Vans nach Ocosingo 43 C3
Vans nach Reforma Agraria & Benemérito de las Américas 44 A3

Die folgenden Banken haben Geldautomaten.

Banamex (Juárez 62; ⌚ Mo–Fr 9–16 Uhr)

Bancomer (Juárez 96; ⌚ Mo–Fr 8.30–16, Sa 9–14 Uhr)

INTERNETZUGANG

Die über ein Dutzend Internetcafés berechnen zwischen 5 und 15 Mex$ pro Stunde.

Ciber Espacio (Hidalgo s/n; ⌚ 7–22 Uhr)

El Panchán (Carretera Palenque-Ruinas Km 4,5; 15 Mex$/Std; ⌚ 10–22 Uhr)

Internet Online (Juárez s/n; ⌚ 7–22.30 Uhr)

Red M@ya (Juárez 133; ⌚ 9–22 Uhr)

MEDIZINISCHE VERSORGUNG

Clínica Palenque (☎ 345-02-73; Velasco Suárez 33; ⌚ 7–23 Uhr) Dr. Alfonso Martínez spricht Englisch.

POST

Post (Independencia s/n; ⌚ Mo–Fr 9–18, Sa 9–13 Uhr)

TOURISTENINFORMATION

Touristeninformation (Ecke Juárez & Abasolo; ⌚ Mo–Sa 9–21, So 9–13 Uhr) Zuverlässige Infos über die Stadt und die Verkehrsmittel sowie Karten.

WASCHSALON

Einige Hotels im Stadtzentrum bieten ihren Waschservice auch für Nicht-Gäste an. (Oft bekommt man die Wäsche noch am gleichen Tag zurück).

Posada Shalom II (☎ 345-09-44; Juárez 156; 15 Mex$/kg)

Lavandería Hotel Kashlan (5 de Mayo 105; 50 Mex$/1–3 kg)

Sehenswertes

DIE RUINEN VON PALENQUE

Das alte **Palenque** (Eintritt 45 Mex$; ⌚ 8–17 Uhr, letzter Einlass 16.30 Uhr) befindet sich exakt an der Stelle, wo sich die ersten Hügel aus der Ebene der Golfküste erheben. Der dichte Urwald auf diesen Hügeln bildet einen tollen Hintergrund für die sagenhafte Mayaarchitektur von Palenque. Hunderte von zerfallenen Gebäuden stehen hier auf 15 km², aber nur das recht kompakte zentrale Areal ist ausgegraben worden. Alles, was hier zu sehen ist, wurde ohne Metallwerkzeuge, Packtiere oder das Rad erbaut.

Bei der Erkundung der Ruinen sollte man versuchen, sich die Steinbauten so vorzustellen, wie sie ausgehen haben, als Palenque den Höhepunkt seiner Macht erreicht hatte: blutrot bemalt mit kunstvollen blauen und gelben Stuckdetails. Im Wald rund um die Tempel leben immer noch einige Brüllaffen (die man durchaus hören und vielleicht sogar sehen kann), Tukanen und Ozelots. Die Ruinen und der Wald drum herum bilden einen Nationalpark, den Parque National Palenque. Bei Km 4,5 an der Straße zu den Ruinen wird dafür eine Extraeintrittsgebühr von 20 Mex$ fällig.

Durchschnittlich besuchen 1000 Personen pro Tag Palenque, und während der Saison in den Sommerferien steigt die Zahl noch. Am besten kommt man schon her, wenn morgens geöffnet wird – dann ist es kühler und nicht so überfüllt. Außerdem hüllt der Morgennebel die Ruinen dann vielleicht noch in einen märchenhaften Dunstschleier.

Auf jeden Fall Sonnenschutz mitbringen! Vor dem Haupteingang gibt's Erfrischungen, Hüte und Souvenirs zu kaufen, außerdem laden dort ein Café und ein Museum zum Besuch ein. Auf vielen Wegen durch die Ruinen begegnet man Verkäufern.

Die offiziellen **Führer** (2-stünd. Tour für bis zu 7 Pers. auf Englisch/Spanisch/Französisch/Italienisch 650/450/700/700 Mex$) für das Gelände kann man am Eingang anheuern. Ein Unternehmen der Maya, die **Guías e Interpretes Mayas** (☎ 341-76-88), hat hier ebenfalls einen Stand und bietet informative zweistündige Touren auf Spanisch, Englisch oder Italienisch zu denselben Preisen. Das **Mayaforschungszentrum** (www.mayaexploration.org) organisiert eine faszinierende und unterhaltsame, in die Tiefe gehende Tour von rund fünf Stunden (in der Regel für 5–10 Pers.). Dahinter steht eine Gruppe von Archäologen, die sich mit Mayawissenschaften wie Astronomie und Mathematik beschäftigen, und unerforschte Ruinen kartografisch erfassen. Man kann sie über ihre Website anmailen oder in El Panchán (S. 923) nach Alonso Méndez fragen. Die Website ist vollgestopft mit allem, was Fans von Palenque interessieren könnte, genauso wie eine weitere Archäologensite über Palenque, die vom **Group of the Cross Project** (www.mesoweb.com/palenque).

Die meisten Besucher nehmen ein Combi oder ein Taxi zum (oberen) Haupteingang der Ruinen, sehen sich die wichtigsten Gebäude an und gehen dann den Hügel hinunter ins Museum. Auf dem Weg kann man noch ein paar weniger bedeutende Ruinen sehen. Vorsicht: Man kann das Gelände vor 9 oder nach 16 Uhr auf diesem Weg nicht verlassen.

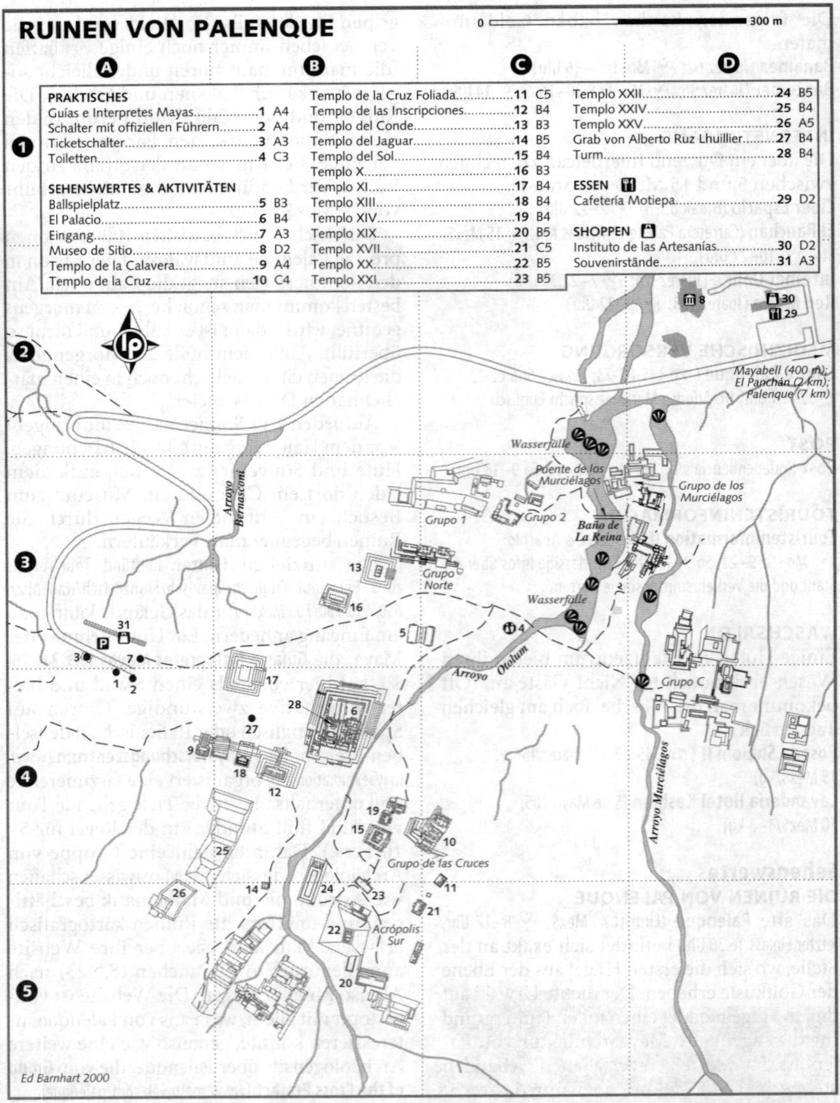

Transportes Chambalú (☎ 345-28-49; Allende s/n) und **Transportes Palenque** (☎ 345-24-30; Ecke Allende & 20 de Noviembre) schicken täglich von 6 bis 18 Uhr alle 15 Minuten Combis zu den Ruinen (einfache Strecke 10 Mex$). Sie sammeln ihre Fahrgäste an jedem beliebigen Punkt an der Straße von der Stadt zu den Ruinen ein bzw. setzen sie entsprechend ab.

Vorsicht: Die Pilze, die von den Einheimischen zwischen Mai und November an der Straße zu den Ruinen verkauft werden, sind die halluzinogenen Varianten.

Grupo Templo de las Inscripciones

Wenn man vom Eingang aus nach Süden läuft, am überwucherten Templo XI vorbei, lichtet sich auf einmal die Vegetation und die meisten der schönsten Gebäude von Palenque offenbaren sich auf einen Blick. Auf der rechten Seite erheben sich die Tempel vor dem Urwald, sie gipfeln im Templo de las Inscripciones, der über 100 m weiter oben steht. El Palacio mit seinem unverwechselbaren Turm steht links vom Templo de las Inscripciones, und die Grupo de las Cruces ist vor einem dichten Urwaldhintergrund in der Ferne zu erkennen.

Der erste Tempel zur Rechten ist der Templo XII. Er wird **Templo de La Calavera** („Tempel des Totenkopfs") genannt – wegen der Reliefskulptur eines Hasen- oder Wildtotenkopfes am Fuß einer der Säulen. Der zweite Tempel ist nicht so interessant. Der dritte ist der **Templo XIII**. Er enthält das Grab einer Würdenträgerin. Ihre Überreste wurden 1994 geborgen – der Leichnam war rot eingefärbt, man hatte ihn nämlich mit Zinnober behandelt. Man kann die Tumba de la Reina Roja (Grab der Roten Königin) betreten und den Sarkophag besichtigen. Zusammen mit den Gebeinen wurden eine Maske aus Malachit gefunden und um die 1000 Stücke aus Jade. Weil das Grab der Gruft Pakals nebenan so ähnlich ist, glauben manche, die hier begrabene „Königin" sei Pakals Frau gewesen.

Der **Templo de las Inscripciones** (Tempel der Inschriften) ist vielleicht das berühmteste Grabmonument Amerikas. Auf jeden Fall ist es das höchste und größte Gebäude von Palenque, erbaut auf acht Ebenen. Der Templo de las Inscripciones hat an der Vorderfront einen zentralen Treppenaufgang, der 25 m hinaufführt zu einer Reihe von kleinen Räumen. Der hohe Dachgiebel, der ihn früher krönte, ist schon lange verschwunden. Aber zwischen den Eingangstüren vorn befinden sich Stucktafeln mit Reliefs von edlen Figuren. An der Innenwand im hinteren Teil sind drei Tafeln mit einer langen Mayainschrift angebracht, die die Geschichte von Palenque und von diesem Gebäude erzählt – nach ihr hat der mexikanische Archäologe Alberto Ruz Lhuillier den Tempel benannt. Von der Spitze führen Treppen im Innern hinunter zum Grab des Pakal. Es ist bis auf Weiteres für Besucher nicht mehr zugänglich, so will man weiteren Schaden an den Wandgemälden verhindern, der durch die Feuchtigkeit entsteht, die die Besucher ausströmen. Das mit Juwelen bedeckte Skelett und die Totenmaske aus Jademosaik wurde aus dem Grab entfernt und nach Mexico City gebracht. Im Museo Nacional de Antropología (S. 158) wurde das Grab nachgebaut. Die unbezahlbare Totenmaske wurde 1985 gestohlen, aber der Deckel des geschnitzten Steinsarkophags ist hier geblieben. Man kann eine Nachbildung davon im Museum des Geländes besichtigen (S. 923).

Das Grab von Ruz Lhuillier, der 1952 Pakals Grab entdeckt hatte, befindet sich unter den Bäumen vor dem Templo XIII.

El Palacio

Schräg gegenüber vom Templo de las Inscripciones steht der **Palast**. Das große Gebäude ist in vier Haupthöfe mit einem Irrgarten aus Korridoren und Zimmern unterteilt. Seit dem 5. Jh. wurde er über 400 Jahre stückchenweise gebaut und verändert. Es war möglicherweise tatsächlich die Residenz der Herrscher von Palenque. Sein Turm wurde im 8. Jh. von Ahkal Mo' Nahb' III. errichtet und 1955 restauriert. An den Wänden gibt's Überreste schöner Stuckreliefs zu sehen. Im Inneren hinaufzuklettern ist allerdings verboten. Die Archäologen glauben, dass der Turm von den Königen und Priestern der Maya gebaut wurde, um die Sonne zu beobachten: Ihre Strahlen fallen zur Wintersonnenwende nämlich direkt in den Templo de las Inscripciones.

Der nordöstliche Hof ist der **Patio de los Cautivos** (Hof der Gefangenen). Er enthält eine Sammlung von Reliefskulpturen, die für ihre Umgebung zu groß wirken. Man vermutet, dass sie gefangene Herrscher darstellen sollen, die hierher gebracht worden waren.

Zu den ausgedehnten unterirdischen Bädern im Südteil des Komplexes gehörten sechs Toiletten und ein paar Schwitzbäder.

Grupo de las Cruces

Pakals Sohn Kan B'alam II. war ein begeisterter Bauherr. Er begann schon kurze Zeit nach dem Tod seines Vaters mit dem Entwurf der Tempel der Grupo de las Cruces (Gruppe der Kreuze). Die drei Hauptgebäude in Pyramidenform umgeben eine Plaza südöstlich des Templo de las Inscripciones. Sie wurden im Jahr 692 als spirituelle Bezugspunkte alle den drei Hauptgottheiten von Palenque gewidmet. Die Kreuzreliefs in einigen der hiesigen Bauten symbolisieren den Ceiba- bzw. Kapok-Baum – er wiederum symbolisiert nach dem

Glauben der Maya das Universum und verbindet seine Teile miteinander.

Der **Templo del Sol** („Tempel der Sonne") befindet sich an der Westseite der Plaza. Er hat den am besten erhaltenen Dachgiebel von Palenque. Die Reliefs im Innern erinnern an die Geburt von Kan B'alam 635 n. Chr. und seine Thronbesteigung 684 und zeigen ihn vor seinem Vater. Einige sehen diese schönen Gebäude als sicheren Beweis dafür an, dass die Architekten von Palenque von den halluzinogenen Pilzen der Region inspiriert wurden. Wer weiß?

Steile Stufen führen zum **Templo de la Cruz** (Tempel des Kreuzes) hinauf. Er ist der größte Tempel der Gruppe und der mit den elegantesten Proportionen. Die Steintafel im zentralen Heiligtum zeigt rechts den Herrn der Unterwelt beim Tabakrauchen. Links ist Kan B'alam in vollem königlichem Ornat dargestellt. Dahinter zeigt eine Tafel eine Reproduktion von Kan B'alams Thronbesteigung.

Am **Templo de la Cruz Foliada** (Tempel des Blätterkreuzes) sind die Kragbogen völlig freigelegt. Hier kann man erkennen, wie die Architekten von Palenque diese Gebäude entworfen haben. Eine gut erhaltene Tafel mit Inschrift zeigt einen König (vielleicht Pakal). Seine Brust ist mit einem Sonnenschild geschmückt, Mais wächst aus seinen Schulterblättern, und auf seinem Kopf sitzt der heilige Vogel Quetzal.

Acrópolis Sur

Im Urwald südlich der Grupo de las Cruces steht die **Südliche Akropolis**. Hier haben Archäologen bei den letzten Ausgrabungen einige sagenhafte Funde gemacht. Ein Teil des Geländes ist sicher abgegrenzt. Die Acrópolis Sur scheint als Erweiterung der Grupo de las Cruces konstruiert worden zu sein. Beide gruppieren sich um ein Areal herum, das vielleicht einmal ein einziger langer und offener Raum gewesen ist.

Im **Templo XVII** zwischen der Kreuzgruppe und der Acrópolis Sur befindet sich die Nachbildung einer gemeißelten Tafel, auf der Kan B'alam dargestellt ist. Er hält einen Speer und steht vor einem knienden, gefesselten Gefangenen. Das Original ist im Museum.

1999 machten Archäologen im **Templo XIX** den seit Jahrzehnten wichtigsten Fund in Palenque: Eine Platte aus dem 8. Jh. trägt atemberaubende Reliefs von sitzenden Figuren und dazu längere Hieroglyphentexte. Diese erzählen im Detail von den Ursprüngen von Palenque. Im Templo XIX wurde eine Kopie dieser unschätzbar wertvollen Platte aufgestellt. Die zentrale Figur auf der langen Südseite der Tafel ist der Herrscher Ahkal Mo' Nahb' III. Er ist für viele der Gebäude auf der Acrópolis Sur verantwortlich, so wie Kan B'alam II. für die Grupo de la Cruces. Außerdem ist eine wunderbare Reproduktion einer hohen Stuckreliefskulptur von U Pakal, dem Sohn Ahkal Mo' Nahbs, zu sehen.

Der **Templo XX** wurde 540 erbaut. 1999 wurde hier das mit Fresken versehene Grab einer unbekannten Persönlichkeit gefunden. Ahkal Mo' Nahb' ließ diese Pyramide im 8. Jh. völlig umbauen, aber die Arbeiten wurden nie vollendet.

Im **Templo XXI** fanden Archäologen 2002 einen Thron mit sehr feinen Reliefarbeiten. Diese bilden Ahkal Mo' Nahb', seinen Vorfahren, den großen Pakal, und seinen Sohn U Pakal ab.

Grupo Norte

Nördlich vom El Palacio befinden sich der **Ballspielplatz** *(juego de pelota)* und die stattlichen Gebäude der Nördlichen Gruppe. Der seltsame Graf von Waldeck (s. S. 917) lebte in dem sogenannten **Templo del Conde** (Tempel des Grafen), der 647 errichtet worden ist.

Nordöstliche Gruppen

Östlich von der Grupo Norte überquert der Hauptpfad den Arroyo Otolum. Etwa 70 m nach dem Fluss führt die rechte Gabelung zur **Grupo C**, einer Anlage von Gebäuden und Plazas. Sie ist von Urwald überwachsen. Forscher glauben, dass sie zwischen 750 und 800 bewohnt war.

Wenn man auf dem Hauptpfad bleibt, steigt man steile Stufen zu einer Gruppe von flachen, länglichen Gebäuden hinunter. Sie wurden zwischen 770 und 850 n. Chr. vielleicht von den Adligen benutzt. Der Pfad führt am Arroyo Otolum entlang. Der Fluss bildet hier eine Reihe von kleineren Wasserfällen, die natürliche Becken formen. Man nennt sie **Baño de la Reina** (Bad der Königin). Leider darf man hier aber nicht mehr baden.

Der Weg führt zu einem weiteren vornehmen Viertel, der **Grupo de Los Murciélagos** („Fledermausgruppe") und überquert dann die **Puente de los Murciélagos**, eine Fußgängerbrücke über den Arroyo Otolum.

Jenseits der Brücke und ein wenig weiter den Fluss hinunter führt ein Pfad ein kurzes Stück den Hügel hinauf nach Westen zu den **Grupos 1 und 2**. Die Ruinen sind nur zum Teil freigelegt, liegen aber wunderschön im Urwald. Der Hauptweg geht weiter den Fluss hinab zur Straße. Dort kommt auf der rechten Seite das Musuem.

Museo de Sitio

Palenques **Museum** (Museum der Ausgrabungsstätte; ☎ 348-93-31; Carretera Palenque-Ruinas Km 7; Eintritt frei; ⌚ Di–So 9–16.30 Uhr) ist einen Besuch wert. Die hier gezeigten Funde und die Geschichte von Palenque werden auf Englisch und Spanisch erklärt. In einem klimatisierten Raum ist eine Nachbildung von Pakals Sarkophagdeckel, eines der Highlights, zu sehen. (Seine Wiedergeburt als Maisgott ist hier dargestellt. Ihn umgeben Schlangen, mythische Monster und Glyphen, die von seiner Herrschaft handeln.) Außerdem werden die jüngsten Funde aus dem Templo XXI gezeigt. Die Cafetería Motiepa (S. 926) und das **Instituto de las Artesanías** (☎ 348-35-11; ⌚ 9–17 Uhr), ein gut bestückter Kunsthandwerksladen, sind nebenan.

EL PANCHÁN

Direkt an der Straße zu den Ruinen steht **El Panchán** (www.elpanchan.com; Carretera Palenque-Ruinas, Km 4,5), die legendäre Anlaufstelle im dichten Regenwald. Hier ist das Epizentrum der alternativen Szene von Palenque und die Heimat eines bohèmehaften Haufens mexikanischer und ausländischer Bewohner und Wanderer. Dazu gehört auch eine Reihe von Archäologen und Anthropologen. Früher gehörte das Gebiet zu einer Ranch, dann forstete es die bemerkenswerte Familie Morales wieder auf. Ein paar ihrer Mitglieder gehören zu den führenden Archäologieexperten von Palenque. In El Panchán gibt's einige (eher rustikale) Übernachtungsmöglichkeiten (s. S. 924), ein paar Restaurants und eine Reihe sich windender Flüsse, die durch alle Teile des Besitzes plätschern. Außerdem wird Abendunterhaltung geboten, man kann in einem Meditationstempel entspannen, ein *temazcal* (vorkoloniales Dampfbad) nehmen und einen unendlichen Strom von interessierten Besuchern aus aller Welt kennen lernen. Das **Mayaforschungszentrum** (www.mayaexploration.org) bietet an den Wochenenden und während der Haupttourismussaison Vortragsreihen, Diashows und Dokumentarfilme.

Geführte Touren

Viele Reisebüros in Palenque bieten Tourpakete für Agua Azul und Misol-Ha (s. S. 915), nach Bonampak, Yaxchilán und Lacanjá sowie nach Flores in Guatemala (S. 928) an. Anscheinend arbeiten sie alle zusammen, denn die Preise sind fast identisch. Die meisten der nachstehend aufgeführten Agenturen haben täglich von etwa 8 bis 21 Uhr geöffnet.

Servicios Turísticos de Palenque (☎ 345-13-40; www.stpalenque.com; Ecke Juárez & 5 de Mayo)
Transportes Chambalú (☎ 345-28-49; Allende s/n)
Turística Maya Chiapas (☎ 345-07-98; www.tmayachiapas.com.mx; Juárez 123)
Viajes Kukulcán (☎ 345-15-06; www.kukulcantravel.com; Juárez 8)
Viajes Misol-Ha (☎ 345-16-14; www.palenquemx.com/viajesmisolha; Juárez 148)

Schlafen

Zunächst muss man entscheiden, ob man in oder außerhalb der Stadt übernachten möchte. Die meisten Unterkünfte außerhalb, z. B. El Panchán, liegen entlang der Straße zu den Ruinen. Mit Ausnahme des grünen Gebietes La Cañada hat die Stadt Palenque selbst nicht viel zu bieten, aber wer hier übernachtet, findet jede Menge Restaurants und Dienstleistungen vor. Budgetunterkünfte gibt's sowohl in als auch außerhalb der Stadt zuhauf; viele haben die Qualität von Mittelklassehotels.

Die hier aufgeführten Preise gelten für die Hauptsaison, d. h. von Mitte Juli bis Mitte August, von Mitte Dezember bis Anfang Januar und in der Semana Santa. Sonst können die Preise um bis zu 35 % niedriger sein.

IN DER STADT

Budgetunterkünfte

Hotel Regional (☎/Fax 345-01-83; www.regionalpalenque.com; Juárez 119; EZ/DZ/3BZ/4BZ mit Ventilator 180/230/320/420 Mex$, 3BZ/4BZ mit Klimaanlage 400/500 Mex$; ❄) Etwas anders als die üblichen Hotels an der Av Juárez. Bunte Gemälde schmücken die hellen Wände auf beiden Stockwerken. Die Zimmer liegen um einen Innenhof mit Schildkrötenteich. Winzige Bäder.

Posada Shalom II (☎/Fax 345-09-44; www.hotelesshalom.com; Juárez 156; EZ/DZ/3BZ mit Ventilator 250/300/350 Mex$, EZ/DZ mit Klimaanlage 350/400 Mex$; P ❄) Luftige, von Töpfen mit blühenden Blumen gesäumte Gänge führen in mittelgroße Zimmer mit großen Bädern. Einige Zimmer bieten nicht den Luxus von Tageslicht, also lieber vorher anschauen.

Hotel Posada Tucán (345-18-59; merisuiri@hotmail.com; 5 de Mayo 3; Zi./3BZ/4BZ mit Ventilator 250/300/550 Mex$, Zi./3BZ/4BZ mit Klimaanlage 300/450/550 Mex$;) In den Grundfarben gestrichene Rauhputzwände verleihen den recht großen Zimmern mit TV und hübsch gefliesten Bädern einen gewissen Pfiff. Die 14 netten, sauberen Zimmer sind alle im oberen Stockwerk.

Posada Águila Real (345-00-04; 20 de Noviembre s/n; EZ/DZ 350/400 Mex$, 3BZ 450–500 Mex$;) Die 17 makellos sauberen, gepflegten, blau-gelben Zimmer liegen auf drei Stockwerken um einen offenen Innenhof. Die Betten sind wirklich gut. Alle Zimmer haben Klimaanlage, TV und ein Fenster zum Hof. Außerdem gibt's ein kleines Café-Restaurant.

Weitere einfache Unterkünfte sind:

Hostal San Miguel (345-01-52; Hidalgo 43; B 100 Mex$, Zi. mit Ventilator/Klimaanlage 250/450 Mex$;) Die Zimmer haben Balkone, Ventilatoren und moderne Bäder. Langweilige, aber preiswerte Schlafsäle.

Hotel El Chechen (345-10-08; hotelelchechen@hotmail.com; Merle Green s/n; EZ & DZ 400 Mex$, 3BZ/4BZ 600/700 Mex$;) Die einzige Budgetunterkunft im grünen La Cañada. Kostenloses Internet; alle Zimmer mit Klimaanlage.

Mittelklassehotels

Die folgenden Hotels befinden sich im grünen La Cañada am Westrand der Stadt.

Hotel Lacandonia (345-00-57; hotel-lacandonia@hotmail.com; Allende s/n; Zi. 400 Mex$, 3BZ/4BZ 550/650 Mex$;) Modernes, raffiniert gestyltes Hotel. Die geschmackvoll eingerichteten, hellen, luftigen Zimmer haben schmiedeeiserne Betten, Leselampen und Kabel-TV.

Hotel Chan-Kah Centro (345-0318; www.chan-kah.com.mx; Juárez 2; EZ/DZ/3BZ/4BZ 468/530/586/650 Mex$;) Dieses Hotel im Zentrum direkt am Park mit seinen 17 klimatisierten, tropisch eingerichteten Zimmern ist ebenfalls gut.

Hotel Xibalba (345-04-11; www.hotelxibalba.com; Merle Green 9; Zi. 550 Mex$, 3BZ/4BZ 600/700 Mex$;) Der liebenswerte Inhaber hat seinen Besitz geradezu perfektionistisch herausgeputzt. Das Xibalba liegt ruhig und verteilt sich über zwei Gebäude. (Das eine ist eine Imitation der Kragdächer der Maya, im anderen steht eine Replik des Deckels von Pakals Sarkophag in Originalgröße). Alle Zimmer haben Klimaanlage, Kabel-TV und picobello saubere Bäder. Zum Hotel gehören ein Restaurant und ein Reisebüro.

Hotel Cañada Internacional (345-20-94; www.canadainternacional.com.mx; Juárez s/n; Zi./3BZ/4BZ 700/750/800 Mex$;) Die großen, gemütlichen Zimmer auf vier Etagen schmücken helle, traditionelle Stoffe. Sie haben alle Klimaanlage und zwei Doppelbetten. In dem kleinen Garten im Innenhof ranken Weinreben. Außerdem gibt's einen kleinen Pool. Die Zimmer im älteren Flügel sind nicht ganz so groß.

Hotel Chablis (345-08-70; www.hotelchablis.com; Merle Green 7; Zi. 720 Mex$, 3BZ/4BZ 800/880 Mex$;) Dieses kleine Hotel gegenüber vom Xibalba hat schön eingerichtete, geräumige Zimmer mit einem Kingsize- oder zwei Doppelbetten, Klimaanlage und Balkon.

Spitzenklassehotels

Best Western Maya Palenque Hotel (345-07-80, 800-904-75-00; www.bestwestern.com; Ecke Juárez & Merle Green; Zi./Suite 1080/1200 Mex$;) Komfortables, internationales Hotel mit recht geräumigen, klimatisierten Zimmern. Alle haben zwei Doppelbetten, Kabel-TV, Telefon, Balkon und viel natürliches Licht. Der große Pool im Garten ist ein weiteres Plus.

Hotel Maya Tulipanes (345-02-01; www.mayatulipanes.com.mx; Cañada 6; Zi./3BZ 1100/1200 Mex$;) Reisegruppen mögen das im vornehmen La Cañada gelegene Hotel. Es hat große, gemütliche Zimmer mit Klimaanlage und zwei schmiedeeisernen Doppelbetten. Das Ganze umweht ein tropischer Touch. Das Hotel ist um einen hübschen Garten mit kleinem Pool und Restaurant angelegt.

AUSSERHALB DER STADT

Während Palenque selbst vor Verkehr und Kommerz überquillt, gibt's in der Umgebung und besonders in der Gegend zwischen Stadt und Ruinen einige wahrhaft magische Orte. Brüllaffen tummeln sich in den Baumkronen, überall rascheln nach Einbruch der Dunkelheit unsichtbare Tiere. El Panchán ist mit den preiswerten *cabañas* mitten im Urwald der beliebteste Treffpunkt der Traveller. Zwischen der Stadt und den Ruinen (s. S. 919) verkehrende Combis setzen ihre Fahrgäste an jedem beliebigen Ort an der Straße ab und holen sie dort auch wieder.

Budgetunterkünfte

Mayabell (341-69-77; www.mayabell.com.mx; Carretera Palenque-Ruinas Km 6; Hängemattenplatz od. Stellplatz 40 Mex$/Pers., Hängematte 15 Mex$, kleines Fahrzeug ohne Strom 20 Mex$, Fahrzeugstellplatz mit Strom 150 Mex$, Cabaña mit Gemeinschaftsbad 250 Mex$, Zi. mit Ventilator/mit Klimaanlage 450/680 Mex$; Ⓟ ❄ 🏊) Der große, von Affen belagerte Pool direkt neben dem Urwald lädt zum Abkühlen ein. Gerade mal 400 m vom Museum der Ausgrabungsstätte entfernt liegt der ausgedehnte, grasbewachsene Campingplatz, der unzählige saubere und gute Schlafmöglichkeiten und ein herrliches Restaurant (S. 926) bietet. Die klimatisierten Zimmer sind sehr wohnlich und gemütlich, die mit Ventilator eher schlicht. Ein Dampfbad (für bis zu 8 Pers.) kostet 80 Mex$ pro Person.

Elementos Naturales (enpalenque@yahoo.com.mx; Carretera Palenque-Ruinas Km 5; Hängemattenplatz/Stellplatz 30 Mex$/Pers., Stellplatz inkl. Frühstück 50 Mex$/Pers., B inkl. Frühstück 120 Mex$, Cabaña inkl. Frühstück 300 Mex$/2 Pers.; Ⓟ) Von El Panchán sind es vielleicht 600 m bis zu diesem ruhigen Fleckchen mit *cabañas* und *palapa*-Unterständen mitten in einer großen, grünen Gartenanlage. Die *cabañas* (für bis zu 5 Pers.) und die Schlafsäle für acht Leute mit luftigen, hohen *palapa*-Dächern sind mit Ventilator, Moskitonetzen, elektrischem Licht und eigenen Bädern ausgestattet. Zur Anlage gehört auch ein Restaurant.

Chato's Cabañas (☎ 341-82-09; www.elpanchan.com; El Panchán; Cabaña mit Gemeinschaftsbad EZ/DZ 100/120 Mex$, EZ/DZ/3BZ/4BZ mit eigenem Bad 150/160/180/220 Mex$; Ⓟ) Chatos 40 Holz- und Betonhütten stehen verstreut im Panchán-Urwald. Sie sehen alle verschieden aus, haben Fliegengitter in den Fenstern und Ventilatoren. Einige besitzen nette, kleine Terrassen, andere sind etwas baufällig, aber immer noch wasserdicht.

Jungle Palace (☎ 341-82-09; www.elpanchan.com; El Panchán; EZ/DZ/3BZ Cabaña mit Gemeinschaftsbad 100/120/180 Mex$) Recht einfache Unterkunft in El Panchán mit sehr schlichten, aber von Fliegengittern gut geschützten Hütten mit Ventilator. Einige davon stehen direkt am Fluss. Am besten sind die separat stehenden Hütten, denn in den anderen ist die Privatsphäre etwas eingeschränkt.

El Jaguar (☎ 341-82-09; www.elpanchan.com; Carretera Palenque-Ruinas Km 4,5; Cabaña mit Gemeinschaftsbad EZ/DZ 100/120 Mex$, mit eigenem Bad EZ/DZ 160/200 Mex$; Ⓟ) Das El Jaguar liegt direkt gegenüber von El Panchán und hat die gleiche Leitung wie Chato's Cabañas. Das Gelände ist etwas offener und es fließt der gleiche Bach hindurch. Die gepflegten, gelben Holzhütten mit Strohdach haben ein eigenes Bad, die einfacheren Hütten saubere Gemeinschaftsbäder und Fliegengitter vor den Fenstern.

Margarita & Ed Cabañas (☎ 348-42-05; El Panchán; Cabañas Zi. 170 Mex$, Zi. mit Ventilator 250–300 Mex$, Zi. mit Klimaanlage 350 Mex$, 3BZ & 4BZ mit Klimaanlage 500 Mex$; Ⓟ ⊠ ❄) Margarita weiß wirklich alles über die Gegend. Sie empfängt in ihrer außergewöhnlich heimeligen Unterkunft seit mehr als zehn Jahren Gäste. Die hellen, sauberen und heiteren Zimmer sind mit guten Moskitonetzen geschützt. Die etwas rustikaleren *cabañas* mit Fliegengittern sind ebenfalls gut in Schuss, sie haben Leselampen und eigene Bäder. Kostenloses Trinkwasser stillt den Durst.

Mittelklassehotels

La Aldea del Halach-Huinic (☎ 345-16-93; www.hotel-la-aldea.com.mx; Carretera Palenque-Ruinas Km 2,8; Cabaña mit Gemeinschaftsbad/eigenem Bad 250/350 Mex$, Cabaña mit Klimaanlage 800 Mex$; Ⓟ ❄ 🏊) Etwa 3 km von der Stadt entfernt liegt das Halach-Huinic mit mehr als 40 *cabañas* mit *palapa*-Dächern in einer großen Gartenanlage. Die geräumigen, hellen Unterkünfte mit Klimaanlage haben eigene Bäder und Terrassen und sind mit Steinen, Felsen und Zweigen hübsch dekoriert. Die preiswerteren *cabañas* mit ihren sauberen Gemeinschaftsbädern sind kleiner, aber genauso schön. Sie sind mit Fliegengittern und Moskitonetzen, Tagesdecken im regionalen Stil und Hängematten auf einer kleinen Terrasse ausgestattet. Außerdem gibt es einen winzigen Pool und ein Restaurant.

Hotel Villas Kin-Ha (☎ 345-05-33; www.villaskinha.com; Carretera Palenque-Ruinas Km 2,7; Zi. 660–800 Mex$, Suite 1320 Mex$; Ⓟ ❄ 🏊) Obwohl das Kin-Ha über 90 Zimmer und Bungalows hat, wirkt es nicht überfüllt. Die meisten Unterkünfte in dem hübschen Garten sind mit Palmblättern gedeckt und haben Balkendecken. Alle haben Klimaanlage. Daneben gibt's zwei gute Pools, ein offenes *palapa*-Restaurant und ein Kino.

Nututun Palenque Hotel (☎ 345-01-00; www.nututun.com; Carretera Palenque-Ocosingo Km 3,5; Stellplatz 65 Mex$/Pers., Zi. 800–900 Mex$, Deluxe-Zi. 1000–1200 Mex$; Ⓟ ❄ 🏊) Das Nututun liegt 3,5 km südlich der Stadt an der Straße nach San Cristóbal. Die geräumigen, gemütlichen Zimmer mit Klimaanlage liegen in einem großen, üppigen, tropischen Garten. Außer dem tollen Pool und einem Restaurant gibt's noch einen wunderschönen Badeplatz (für Gäste kostenlos, alle anderen zahlen 2 Mex$) am Río Chacamax, der durch das Hotelgelände fließt.

Spitzenklassehotels

Chan-Kah Resort Village (☎ 345-11-00; www.chan-kah.com.mx; Carretera Palenque-Ruinas Km 3; Zi./Suite 120/330 US$;

P) Wassernixen werden beim Anblick des umwerfenden, 70 m langen, von Steinen umrahmten Swimmingpools in den üppigen Urwaldgärten des Chan-Kah außer Rand und Band geraten. Dieses Luxusresort liegt an der Straße zu den Ruinen, 3 km außerhalb der Stadt. Die schönen, geräumigen Holz- und Steinhütten haben große Bäder, Ventilatoren an den Decken, Terrasse und Klimaanlage. Es gibt außerdem ein gutes Restaurant unter freiem Himmel, eine Bar und ein Spielezimmer. Eigentlich ist es selten überfüllt, außer Reisegruppen belegen gleich ganze Blöcke.

Essen

Palenque ist nicht die Gastronomiehauptstadt von Mexiko, aber ein paar ordentliche, nicht allzu teure Restaurants hat es doch.

Cafetería Motiepa (Carretera Palenque-Ruinas Km 6; Snacks 20–40 Mex$; 8–15 Uhr) Direkt neben dem Museum in der Nähe der Ruinen; gut für eine Rast bei einem Snack oder einem Drink.

Restaurant Sakura (102-36-56; Hidalgo s/n; Hauptgerichte 40–85 Mex$; 10–23 Uhr) Das Sushi ist zwar höchstwahrscheinlich nicht authentisch, aber der gebratene Reis und die chinesische Hausmannskost sind wirklich lecker. Von der Terrasse oben kann man den Park aus der Vogelperspektive bewundern.

Restaurant Las Tinajas (345-49-70; Ecke 20 de Noviembre & Abasolo; Hauptgerichte 50–100 Mex$; 7–23 Uhr) Hier ist immer viel los, denn die ausgezeichneten, hausgemachten Gerichte kommen in riesigen Portionen daher, die fast für zwei reichen. Von den beiden Filialen an der Kreuzung ist die neuere, westlichere etwas gediegener und auf Touristen ausgelegt – und daher auch einen Tick teurer als das Original ohne jeden Schnickschnack. Das Essen ist aber in beiden gleich phantastisch. Das *pollo a la veracruzana* (Hähnchen in Tomaten-Oliven-Zwiebelsoße) und die *camarones al guajillo* (Shrimps mit relativ mildem Chili) sind genauso köstlich wie die hausgemachte Salsa.

La Selva (345-03-63; Hwy 199; Hauptgerichte 50–160 Mex$; 11.30–23.30 Uhr) In Palenques vornehmstem Restaurant werden unter einem riesigen *palapa*-Dach gut zubereitete Steaks, Meeresfrüchte, Salate und *antojitos* serviert. Eine Wand schmücken bunte Glasscheiben mit Urwaldmotiven. Die lauschigen Tische draußen sind *muy romántico*.

Mayabell (341-69-77; Carretera Palenque-Ruinas Km 6; Hauptgerichte 55–90 Mex$) Das an einer Seite offene Restaurant beim Mayabell-Campingplatz bringt zahlreiche *antojitos*, Fleisch- und Fischgerichte auf den Tisch und an manchen Abenden Livemusik auf die Bühne.

Mara's (345-25-78; Juárez 1; Hauptgerichte 55–95 Mex$; 7–23 Uhr) Hell gestrichenes, traditionelles Restaurant an einer Ecke gegenüber dem Park in echt toller Lage. Fleisch-, Fisch- und Hühnchengerichte sind hier zu haben. Die Stammgäste werden herzlichst begrüßt.

Don Mucho's (341-82-09; El Panchán; Hauptgerichte 55–110 Mex$) Das beliebte Don Mucho's ist *der* Treffpunkt in El Panchán. Seine preiswerten Gerichte nimmt man vor einer Urwaldkulisse und abends bei Kerzenschein ein. Geschäftige Kellner servieren Pasta, Fisch, Fleisch, jede Menge *antojitos* und Pizzas, die in einem speziell dafür gebauten, italienischen Holzkohlenofen zubereitet werden und bestimmt zu den besten westlich von Neapel gehören. Gegen 20 oder 21 Uhr gibt's Livemusik – *andina, cumbia* oder kubanische Musik – und meistens auch Tänze ums Lagerfeuer.

Café de Yara (345-02-69; Hidalgo 66; Snacks & Frühstück 40–60 Mex$, Hauptgerichte 60–90 Mex$; 7–23 Uhr) Sonniger als hier kann man den Tag nicht beginnen. In dem modernen, hübschen Eckcafé werden phantastisches Frühstück und klasse Biokaffee aus Chiapas serviert. Abends wird das Licht gedimmt und von Donnerstag bis Samstag würzen dann Musiker das Abendessen mit Salsa und Merengue.

Restaurant Maya Cañada (345-02-16; Merle Green s/n; Hauptgerichte 60–150 Mex$) Dieses relativ vornehme, professionell geführte Open-Air-Restaurant im grünen La Cañada serviert gute Steaks und exzellente Meeresfrüchtekebabs. Oben gibt's eine coole Terrasse.

Ausgehen & Unterhaltung

Nightlife ist Mangelware in Palenque. Die meisten Traveller, die man abends trifft, sind eher unterwegs zu einem Nachtbus als zu einer Party. In einigen Lokalen – meist solchen an der Straße zu den Ruinen – gibt's Livemusik.

El Tapanco (345-04-15; Juárez 65C) In der „Dachkammer" wird freitags und samstags Rock und *trova* live gespielt. Zu den Drinks am Nachmittag bekommt man *botanas* gereicht und an den kühleren Abenden gibt's leckere Pizza (100 Mex$), die man am besten mit einer *michelada* hinunterspült.

La Palapa (Carretera Palenque-Ruinas Km 5; bis 4 Uhr) In dieser freakig-witzigen Urwaldlounge unter freiem Himmel laufen jeden Abend um 18 Uhr Filme (10 Mex$). Danach legt ein

DJ Reggae, Salsa und Electronica auf. Der Höhepunkt an manchen Abenden ist der Tanz ums Feuer gegen 23 Uhr, aber gefeiert wird bis in die Puppen. Zwischendurch ruht man sich auf den Sofas unter dem *palapa*-Dach aus.

An- & Weiterreise

Auf dem Hwy 199 zwischen Ocosingo und Palenque kam es früher ca. einmal pro Woche zu Überfällen. Verstärkte Militär- und Polizeipräsenz hat die Straße in letzter Zeit aber relativ sicher gemacht. Dennoch sollte man sie vor Einbruch der Dunkelheit verlassen haben.

Zum **Instituto Nacional de Migración** (☎ 103-18-71; 🕑 24 Std.), 6 km nördlich der Stadt am Hwy 199, bringen einen „Playas"-Combis vom Autotransportes-Otolum-Bahnhof aus über die Allende (15 Mex$).

Palenques Flughafen liegt 3 km nördlich der Stadt am Hwy 199. Er ist seit mehreren Jahren für reguläre Passagierflüge geschlossen.

Der wichtigste Busbahnhof ist der von **ADO** (☎ 345-13-44; Juárez s/n) mit Deluxe- und 1.-Klasse-Bussen. Er wird auch von OCC (1. Klasse) und TRF (2. Klasse) angefahren. **AEXA** (☎ 345-26-30; Juárez 159) (1. Klasse) und Cardesa (2. Klasse) sind eineinhalb Blocks weiter östlich; hier gibt's auch ein Internetcafé. Vans nach Ocosingo stehen in der 4 und 5 Pte Sur in der Nähe des Busbahnhofs. Sie fahren ab, wenn sie voll sind. **Transportes Palenque** (☎ 345-24-30; Ecke Allende & 20 de Noviembre) schickt Vans nach Tenosique.

Tickets für die Weiterfahrt einen Tag im Voraus kaufen! Die täglichen Abfahrten:

Ziel	Preis (Mex$)	Dauer (Std.)	Häufigkeit (tgl.)
Campeche	226–230	4½–5½	4-mal ADO
Cancún	498–584	13–14	5-mal ADO
Mérida	316–346	8	4-mal ADO
Mexico City	706	13½	2-mal ADO
Oaxaca	514	14½	1-mal ADO
Ocosingo	40–78	2½	1 -mal ADO, 5 AEXA & Vans ca. alle 30 Min.
San Cristóbal de Las Casas	75–142	5¼	10-mal ADO, 5-mal AEXA
Tenosique	50	2	Transportes Palenque Vans stündl. 5–19 Uhr
Tulum	424	11	5-mal ADO
Tuxtla Gutiérrez	105–206	6	10-mal ADO, 5-mal AEXA
Villahermosa	50–98	2	12-mal ADO, 11-mal AEXA

Weitere Infos über Verkehrsmittel auf der Carretera Fronteriza (nach Lacanjá Chansayab, Bonampak, Yaxchilán, Guatemala und zu sonstigen Zielen) stehen auf S. 928.

Unterwegs vor Ort

Taxis warten an der Nordostecke des El Parque und am ADO-Busbahnhof. Die Fahrt nach El Panchán oder Mayabell kostet 40 Mex$, bis zu den Ruinen 50 Mex$.

BONAMPAK, YAXCHILÁN & CARRETERA FRONTERIZA

Die antiken Mayastädte Bonampak und Yaxchilán südöstlich von Palenque sind dank der Carretera Fronteriza leicht zu erreichen. Die gut befestigte Straße verläuft von Palenque parallel zur Grenze zwischen Mexiko und Guatemala und um die Ausläufer des Lacandón-Urwalds herum bis zu den Lagos de Montebello. Das für seine Fresken berühmte Bonampak liegt 148 km von Palenque entfernt an dieser Straße. Eine einzigartige Lage mitten im Urwald am breiten, schnell fließenden Río Usumacinta hat das größere und bedeutendere Yaxchilán. Um hin zu kommen, muss man zuerst 173 km auf der Straße zurücklegen und dann noch 22 km mit dem Boot.

Die Carretera Fronteriza ist die Hauptdurchgangsstraße, die zu einigen ausgezeichneten Ökotourismusprojekten führt, z.B. in das Lacandón-Dorf Lacanjá Chansayab (S. 930), zur exzellenten Öko-Lodge Las Guacamayas (S. 935) und zum sagenhaften Wasserwunderland Las Nubes (S. 935). Außerdem ist sie die Hauptroute von Chiapas in die nördliche Region Petén in Guatemala (mit vielen bedeutenden Mayastätten wie dem mächtigen Tikal). Unterwegs passiert man Frontera Corozal. Telefonieren kann man in dieser Gegend nur über Satellit oder über guatemaltekische Nummern.

Gefahren & Ärgernisse

Drogenhandel und illegale Einwanderung gehören in dieser Grenzregion zum Alltag. Außerdem umgibt die Carretera Fronteriza mehr oder weniger das Hauptaktionsgebiet der Zapatistenrebellen und -anhänger, daher sind militärische Kontrollpunkte entlang der Strecke und von hier nach Palenque und Comitán keine Seltenheit. Dabei hat man eigentlich nichts zu befürchten, aber man sollte potenzielle Diebe nicht provozieren und Geld oder sonstige Wertgegenstände während der

Stopps nicht unbeaufsichtigt herumliegen lassen. Zur eigenen Sicherheit sollte man die Carretera Fronteriza verlassen haben, bevor es dunkel wird, besonders ihren einsamsten Abschnitt im äußersten Südosten zwischen Benemérito de las Américas und der Chajul-Abzweigung.

In diesem Teil Mexikos wird die Sommerzeit gern ignoriert – die Fahrpläne der Verkehrsmittel also lieber dreimal studieren. Auch Insektenschutzmittel ist sehr wichtig.

Geführte Touren

In dieser Gegend fahren nicht viele Privatautos herum, obwohl es überhaupt kein Problem ist, sich auf eigene Faust auf Erkundungstour zu begeben oder auf dem Weg nach Guatemala hier durchzufahren. Aber natürlich gibt's auch geführte Touren. Viele Reisebüros in Palenque (s. S. 923) bieten für ca. 500 Mex$ pro Person Tagestouren nach Bonampak und Yaxchilán an. Im Preis sind normalerweise die Eintrittsgelder, zwei Mahlzeiten und die Fahrt im klimatisierten Van enthalten. Die zweitägige Variante kostet um die 800 Mex$, inklusive einer Übernachtung in Lacanjá Chansayab (auch „Ökologisches Reservat" genannt). Die meisten Agenturen bieten Transportpakete von Palenque nach Flores in Guatemala an: In der Regel fährt man in einem klimatisierten Van zunächst nach Frontera Corozal und dann weiter mit dem Boot auf dem Usumacinta nach Bethel in Guatemala; die letzte Etappe bis Flores wird in einem öffentlichen Bus zurückgelegt. Das Ganze dauert zehn bis elf Stunden und kostet 300 Mex$. Zweitagestouren nach Flores gibt's für ca. 800 Mex$. Unterwegs werden Bonampak und Yaxchilán angefahren. Unbedingt sorgfältig die Details der Pakete vergleichen – sind Mahlzeiten, Eintrittsgelder etc. enthalten?

Die Trips mit SendaSur (s. S. 900) in San Cristóbal und der **Mesoamerican Ecotourism Alliance** (www.travelwithmea.org) in diese Region haben u. a. die Lacandón-Dörfer Nahá und Metzabok (unten) zum Ziel.

An- & Weiterreise

Von Palenque fahren Vans nach Frontera Corozal (60 Mex$, 2½–3 Std., 13-mal tgl.) und nach Benemérito (60 Mex$, 3½ Std., alle 40 Min. zw. 4 & 17.30 Uhr).

Línea Comitán Lagos de Montebello (☎ 916-345-12-60; Velasco Suárez s/n) liegt zwei Blocks westlich von Palenques Markt und fährt mit Vans nach Benemérito (60 Mex$, 10-mal tgl., 4–14.45 Uhr). Die ersten fünf Fahrten (4, 5.30, 7.15, 8.45 & 10.15 Uhr) gehen weiter die Carretera Fronteriza entlang bis zu den Lagos de Montebello (160 Mex$, 7 Std. bis Tziscao) und nach Comitán (170 Mex$, 8 Std.).

Alle halten in San Javier (45 Mex$, 2 Std.), an den Abzweigungen nach Lacanjá Chansayab und Bonampak, 140 km vor Palenque, und an der Crucero Corozal (50 Mex$, 2½ Std.), der Kreuzung nach Frontera Corozal.

Auf der Carretera Fronteriza gibt's keine Tankstellen, aber ein paar geschäftstüchtige Einheimische verkaufen Benzin aus großen Plastikbehältern zu recht günstigen Preisen. Nach selbst gebastelten Schildern mit der Aufschrift „*Se vende gasolina*" schauen.

Bonampak

Dank seiner Lage im dichten Urwald blieb Bonampak der Welt bis 1946 verborgen. Die

VÖGEL & MENSCHEN *Manuela Morales Hernández*

Ich arbeite für die beiden Naturschutzgebiete Nahá und Metzabok, in denen die Lacandón-Gemeinde lebt. Nahá bedeutet „Haus des Wassers" und Metzabok „Gott des Donners". Mein Job besteht hauptsächlich darin, Vögel zu beobachten. Außerdem gibt es eine Gruppe, die sich um die Säugetiere kümmert. Die meisten Vögel, die wir hier im Urwald zu Gesicht bekommen, sind Tukane.

Ein neues Projekt beschäftigt sich jetzt mit Biokaffee, der in schattigen Gegenden außerhalb des Naturschutzgebiets kultiviert wird. Das Ejido Avendaño baut in diesem Gebiet seit der Besiedlung in den 1970er-Jahren mit den herkömmlichen Methoden Kaffee an. Dazu musste der Urwald gerodet werden, um den Kaffeepflanzen Sonnenlicht zu geben. Heute macht man sich den Schatten zu Nutze und bekommt 100 % biologische Produkte, die nicht mit Pestiziden behandelt sind.

Manuela Morales Hernández arbeitet als Biologin für die Comisión Nacional de Áreas Naturales Protegidas (Nationale Kommission für Naturschutzgebiete)

Geschichten über seine Entdeckung sind voller Geheimnisse und Rätsel – aber Charles Frey und John Bourne waren wohl die ersten Außenstehenden, die das Gelände betraten. Charles Frey war ein junger und gewissenhafter Beobachter des Zweiten Weltkriegs für die USA und John Bourne der Erbe des Singer-Nähmaschinen-Vermögens. Chan Bor, ein Lacondón, führte die beiden im Februar 1946 hierher. Und nur kurze Zeit später, noch im gleichen Jahr, brachte Chan Bor auch den amerikanischen Fotografen Giles Healey nach Bonampak. Healey entdeckte den Templo de las Pinturas mit seinen berühmten Wandgemälden.

Das Gelände von **Bonampak** (Eintritt 37 Mex$; ⌚ 8–16.45 Uhr) ist über 2,4 km² groß, aber die wichtigsten Ruinen stehen alle rund um die rechteckige Gran Plaza. Es zählte nie zu den wichtigsten Städten, und während der Klassischen Periode war Bonampak stark von Yaxchilán beeinflusst. Die eindrucksvollsten erhaltenen Monumente wurden unter Chan Muwan II. gebaut, dem Neffen von Itzamnaaj B'alam II. aus Yaxchilán. Chan Muwan II. bestieg 776 den Thron von Bonampak. Die 6 m hohe **Stele 1** auf der Gran Plaza stellt den Herrscher auf dem Höhepunkt seiner Macht dar: Er hält einen Zeremonienstab in der Hand. Auf der **Stele 2** und der **Stele 3** auf der Acrópolis, die sich am Südende der Plaza erheben, ist er auch zu sehen.

Berühmt ist Bonampak jedoch wegen seiner lebendigen Fresken im eher bescheiden wirkenden **Templo de las Pinturas** (Edificio 1). Seinen Namen trägt der Tempel wegen der Fresken: Er bedeutet in der Mayasprache Yucateco „Bemalte Wände".

Diagramme vor dem Tempeleingang helfen bei der Interpretation der Wandgemälde. Es sind die schönsten, die aus dem vorspanischen Amerika bekannt sind, leider aber seit ihrer Entdeckung stark verwittert – früher wurde sogar versucht, die Farben besser zur Geltung zu bringen, indem man Kerosin über die Wände goss. Steht man vor dem Tempel, befindet sich Raum 1 gleich links. Hier ist die Weihe des Sohns von Chan Muwan II. dargestellt; hier ist er als Säugling zu sehen . Am oberen rechten Ende des Bilds an der Südwand des Raums (gegenüber dem Eingang) sieht man ihn in Waffen. Zeugen der Zeremonie sind 14 Jade tragende Adlige. Im Zentrum liegt Raum 2. Auf seinen südlichen und östlichen Wänden und am Deckengewölbe sind turbulente Schlachtszenen zu sehen. Auf der Nordwand überwacht Chan Muwan II. in Jaguarfellrüstung, wie Gefangene (durch Ausreißen der Fingernägel) gefoltert und geopfert werden. Unter ihm liegt ein abgeschlagener Kopf, neben dem Fuß eines ausgestreckt daliegenden Gefangenen. In Raum 3 ist ein feierlicher Tanz der Fürsten auf den Stufen der Akropolis zu sehen. Sie tragen riesigen Kopfschmuck. Und auf der Ostwand durchstechen sich drei in Weiß gekleidete Frauen im Rahmen eines rituellen Aderlasses die Zungen. Die Opfer, der Aderlass und der Tanz sind möglicherweise alle Teil der Zeremonien rund um den neuen Erben gewesen.

Allerdings hat der kleine Prinz wahrscheinlich nie über Bonampak geherrscht – die Stadt wurde verlassen, noch bevor die Wandgemälde vollendet waren. Das war zu einer Zeit, als sich die Mayazivilisation allgemein auflöste.

Das Gelände von Bonampak grenzt an die Reserva de la Biosfera Montes Azules mit ihrer vielfältigen Wildnis. Getränke und Snacks werden am Eingang zur geschützten Zone des Monumento Natural Bonampak verkauft, 8 km vor den Ruinen, und ebenso am Eingang zum archäologischen Grabungsgelände.

AN- & WEITERREISE

Bonampak liegt 12 km von San Javier entfernt an der Carretera Fronteriza. Die ersten 3 km bis zur Abzweigung von Lacanjá Chansayab sind befestigt, der Rest ist eine recht gute Kiesstraße durch den Wald. Taxis befördern

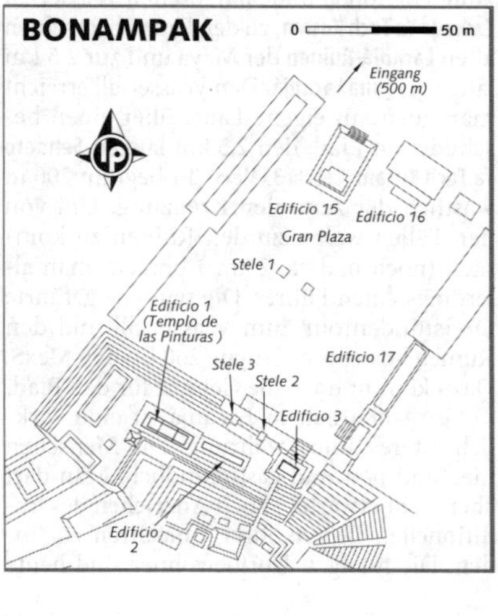

Besucher von San Javier oder der Lacanjá-Kreuzung für 70 Mex$ pro Person zu den Ruinen und zurück – Wartezeit des Fahrers inklusive. Privatwagen dürfen den Eingang zum Monumento Natural Bonampak, 1 km von der Lacanjá-Abzweigung entfernt, nicht passieren. Aber man kann dort für 60 Mex$ für drei Stunden ein Fahrrad leihen. Es gibt auch Combis (70 Mex$) für einen Trip zu den Ruinen und zurück. Am Parkeingang kann man kostenlos Schließfächer nutzen.

Lacanjá Chansayab

260 Ew. / 320 m

Lacanjá Chansayab ist das größte Dorf der Lacandón-Maya. Es liegt 6 km von San Javier entfernt an der Carretera Fronteriza und 12 km von Bonampak. Seine Familienverbände leben verstreut in einem großen Gebiet. Durch viele der grasbewachsenen Grundstücke fließen Bäche oder sogar der Río Lacanjá. Die Nächte hier sind herrlich still, der Himmel von Sternen erleuchtet, der Boden von Glühwürmchen. Tourismus im kleinen Stil ist heute eine wichtige Einnahmequelle. Viele Familien haben „*campamentos*" mit Zimmern, Camping- oder Hängemattenplätzen. Bevor man zum Dorf kommt, überquert man ein Brücke über den Río Lacanjá. Von dort aus sind es gerade mal 700 m bis zur zentralen Kreuzung. Hier führen Pfade geradeaus (Westen), nach links (Süden) und rechts (Norden).

In den *campamentos* werden überall geführte Spaziergänge durch die Wälder der Umgebung angeboten. Dabei kommt man zum 8 m hohen und 30 m breiten Wasserfall **Cascada Ya Toch Kusam**, zu den kaum erforschten alten **Lacanjá-Ruinen** der Maya und zur 2,5 km langen **Laguna Lacanjá**. Den Wasserfall erreicht man auch auf eigene Faust über einen beschilderten Pfad, den 2,5 km langen **Sendero Ya Toch Kusam** (Gebühr 35 Mex$). Er beginnt 200 m westlich der zentralen Kreuzung. Um von den Fällen weiter zu den Ruinen zu kommen (noch mal ca. 2 km) braucht man allerdings einen Führer. Die typische geführte Dreistundentour zum Wasserfall und den Ruinen kostet pro Gruppe 200 bis 450 Mex$. Dazu kommt noch die Gebühr für den Pfad.

Ein Aufenthalt in Lacanjá ist eine wirklich interessante Erfahrung. Die Menschen hier sind nett und gastfreundlich. Man darf aber nicht erwarten, noch Anzeichen des traditionellen Lebens ihrer Vorfahren zu finden. Die hiesigen Dorfbewohner sind heute überwiegend Presbyterianer, die in der modernen Welt leben, und nur ein paar tragen noch die traditionelle, lange, weiße Tunika der Lacandón. Einige haben das ebenfalls traditionelle Kunsthandwerk in kommerzielles *artesanía* verwandelt. Wer will, kann also ein paar Pesos für die hier verkauften Töpferwaren, Holzschnitzereien, Ketten aus Samenkörnern, Pfeile oder Trommeln ausgeben.

SCHLAFEN & ESSEN

Die folgenden *campamentos* sind nur eine kleine Auswahl aus mehr als einem Dutzend Unterkünften.

Campamento Río Lacanjá (www.ecochiapas.com/lacanja; Koje/DZ 120/290 Mex$, Ya'ax Can Zi./3BZ/4BZ 480/580/650 Mex$; P) 2 km südlich der Hauptkreuzung nächtigt man hier in rustikalen, halboffenen Holzhütten mit Moskitonetzen, die so dicht am vom Urwald gesäumten Río Lacanjá stehen, dass man die Geräusche des Urwalds hautnah erleben kann und einen tollen Blick auf Wald und Fluss hat. Eine separate Ansammlung großer Zimmer heißt Cabañas Ya'ax Can. Sie sind mit Ventilatoren, zwei soliden Doppelbetten aus Holz, gefliesten Böden und Bädern mit Warmwasser ausgestattet. Im dazugehörigen Restaurant bekommt man morgens, mittags und abends was zu essen (45–55 Mex$). Geführte Wanderungen und Raftingtrips auf dem Río Lacanjá für Gruppen von mindestens vier Personen werden ebenfalls angeboten. Die Wasserfälle auf dem Fluss sind bis zu 2,5 m hoch, aber Stromschnellen gibt's keine. Eine Halbtagestour zu den Lacanjá-Ruinen und der Cascada Ya Toch Kusam, die vom Fluss aus beide zu Fuß zu erreichen sind, kostet 570 Mex$ pro Person, für eine Rafting- und Campingtour mit Übernachtung und Besichtigung der Bonampak-Ruinen zahlt man 1000 Mex$ pro Person. Explora (S. 900) in San Cristóbal organisiert Raftingtrips und Touren mit Übernachtung im Campamento Río Lacanjá.

Campamento Topche (campamento-topche@hotmail.com; EZ/DZ & 3BZ 225/325 Mex$; P) Dieses gemütliche, von Papayabäumen gesäumte *campamento* liegt 550 m westlich der Hauptkreuzung und hat drei Zimmer mit gewölbten, moskitosicheren *palapa*–Dächern. Die Fußböden sind aus hübschen Terrakottafliesen und in den Bädern gibt's warmes Wasser. Selbst ein Internetzugang via Satellit fehlt nicht (15 Mex$/Std.). *Topche* ist in der Sprache der

Lacandónen der Name einer einheimischen Wildblume. Auf einigen Schildern steht auch „Campamento Enrique Paniagua".

Centro de Alimentos Chankin (Hauptgerichte 40–50 Mex$; 8–20 Uhr) Das Gartenrestaurant neben Enrique Paniaguas *campamento* wird von dessen Tochter geführt. Unmengen wohlriechender Blumen ziehen ganze Schwärme von hyperaktiven Kolibris an.

AN- & WEITERREISE

Ein Taxi von San Javier nach Lacanjá Chansayab kostet 50 Mex$, ein *colectivo* 15 Mex$ pro Person.

Frontera Corozal

5300 Ew. / 200 m

Diese Grenzstadt am Fluss hieß früher Frontera Echeverría. Sie ist ein Sprungbrett auf dem Weg zu den wunderbaren Ruinen von Yaxchilán und liegt an der Hauptroute zwischen Chiapas und der Petén-Region in Guatemala. Die Bewohner sind hauptsächlich Chol-Maya, sie haben sich in den 1970er-Jahren hier angesiedelt. Frontera Corozal ist 16 km vom Knotenpunkt Crucero Corozal an der Carretera Fronteriza entfernt, hin kommt man über eine befestigte Straße. Der breite Río Usumacinta fließt schnell zwischen den urwaldbewachsenen Ufern und bildet die Grenze zwischen Mexiko und Guatemala.

Lange und schnelle *lanchas* mit Außenbordmotoren starten am *embarcadero* am Fluss und legen auch hier an. Fast alles, was man so braucht, gibt's an der befestigten Straße, die hier vom Fluss wegführt. Dazu gehört auch das **Einwanderungsbüro** (8–18 Uhr), 400 m vom *embarcadero* entfernt. Hier muss man seine Touristenkarte einreichen/holen, wenn man nach/von Guatemala unterwegs ist. Wenn wenig los ist, schließt der leitende Angestellte früher, aber jeder in der Stadt kann einem sagen, wo man ihn findet, wenn man ihn braucht.

Das nette und moderne **Museo de la Cuenca del Usumacinta** (Museum des Usumacintabeckens; Eintritt frei; 8–19 Uhr) befindet sich gegenüber vom Einwanderungsbüro. Es stellt schöne

TABASCO & CHIAPAS

DER LACANDÓN-URWALD

Die Selva Lacandona (Lacandón-Urwald) im östlichen Chiapas macht weit weniger als 1 % der Fläche Mexikos aus – und dennoch leben hier mehr als 4300 Pflanzenarten (ca. 17 % der Pflanzen von ganz Mexiko), 450 verschiedene Schmetterlinge (42 % aller sich in Mexiko tummelnden Schmetterlinge), mindestens 340 Vogelarten (32 % von ganz Mexiko) und 163 Säugetierarten (30 %). Unter ihnen finden sich auch so symbolträchtige Tiere wie der Jaguar, der Hellrote Ara, die Albino-Schildkröte, der Tapir und die Harpyie.

Dieser Reichtum an natürlichen Ressourcen und die Artenvielfalt begegnen einem am südwestlichen Ende der Selva Maya. Hier erstreckt sich ein 30 000 km² umfassender Korridor mit tropischem Regenwald von Chiapas durch das nördliche Guatemala bis hin nach Belize und ins südliche Yucatán. Durch die Rancher, Holzfäller, Ölsuchenden und landlosen Bauern schrumpft der Lacandón-Urwald jedoch schnell: Von den etwa 15 000 km² in den 1950er-Jahren sind heute nur noch geschätzte 3000 bis 4500 km² Urwald übrig. Ganze Scharen landhungriger Siedler haben bis ca. 1960 das nördliche Drittel des Lacandón-Urwalds abgeholzt; in der weiter östlich gelegenen Region Marqués de Comillas, die in den 1970er-Jahren besiedelt wurde, sieht es nicht weniger verheerend aus, und auch in Las Cañadas zwischen Ocosingo und Montes Azules bietet sich ein solches Bild. Was noch an Urwald vorhanden ist, befindet sich größtenteils in der Reserva de la Biosfera Montes Azules und in der benachbarten Reserva de la Biosfera Lacantun.

Die mexikanische Regierung hat in den 1970er-Jahren einen großen Landstrich urkundlich an einige wenige Lacandón-Familien übertragen. Dies führte zu Spannungen mit den anderen indigenen Gemeinden, deren Ansprüche zurückgestellt wurden, und das Land in der Region ist auch heute noch heiß umkämpft. Die Lacandones und ihre Anwälte stellen sich als äußerst umweltbewusste indigene Gruppe dar, die ihr Eigentum gegen eindringende Siedler schützen will. Andere im Reservat lebende Gemeinden, die teilweise große Zapatistenanhänger sind, werten die ganze Angelegenheit als verdeckte Landbesetzung und als Vertreibung unter dem Deckmantel des Umweltschutzes. Sie argumentieren, dass die Siedler die Wälder in angemessener Weise nutzen, und unterstellen der Regierung, die traditionellen Pflanzen in den Wäldern für biologische Forschungszwecke (und Patente) nutzen zu wollen.

Kleidungsstücke der Chol-Maya aus und gibt einige Informationen auf Spanisch über die Geschichte der Region nach der Eroberung durch die Spanier. Der Stolz der Sammlung sind aber zwei schöne und kompliziert geschnitzte Stelen – man hat sie auf dem Gelände von Dos Caobas in der Nähe gefunden.

SCHLAFEN & ESSEN

Escudo Jaguar (☎ 502-5353-5637; http://mx.geocities.com/hotel_escudojaguar; Stellplatz 70 Mex$/Pers.; Cabaña mit Gemeinschaftsbad DZ/3BZ 200/258 Mex$, Cabaña mit 1/2/3 Doppelbetten 380/572/760 Mex$; P) Das Escudo Jaguar wird von einer einheimischen, Chol sprechenden Gruppe professionell geführt. 300 m vom *embarcadero* entfernt bietet es einen tollen Blick auf den Fluss und solide gebaute, pinkfarbene, mit Stroh gedeckte *cabañas*, die picobello sauber und mit Ventilatoren und Moskitonetzen ausgestattet sind. Die besten sind sehr geräumig, haben Duschen mit Warmwasser und Terrassen mit Hängematte. In der Nebensaison fallen die Preise um bis zu 30%. Das Restaurant (Hauptgerichte 70 Mex$, Frühstück 40–55 Mex$, geöffnet 7–20 Uhr) zaubert einfache, gut zubereitete mexikanische Gerichte.

Tsol K'in Nueva Alianza (☎ 502-5353-1395; ctnuevaalianza@hotmail.com; www.ecoturlacandona.com; Zi. mit Gemeinschaftsbad 100 Mex$/Pers., FZ 600–700 Mex$; P) Bäume umgeben das freundliche, von Chol sprechenden Einheimischen betriebene Haus, das sich in einer Nebenstraße 150 m vom Museum entfernt befindet. Solide gebaute Familienzimmer empfangen Gäste mit Ventilator, Bad und schönen Holzmöbeln. Die Budgetzimmer sind klein und einfach und ihre Holzwände reichen nicht bis an die Decke. Aber sie sind gut in Schuss und haben blau gestrichene Zementfußböden. Auch ein Restaurant ist dabei (Hauptgerichte 35–40 Mex$, Frühstück 25–45 Mex$).

Restaurante Imperio Maya (☎ 502-5727-9612; Hauptgerichte 60–70 Mex$; ⏲ 8–19 Uhr) Dieses große Restaurant mit *palapa*-Dach gehört zum Museum. Hauptsächlich werden hier Touristen auf dem Weg nach Yaxchilán verpflegt, aber auch Einheimische kehren gern ein.

AN- & WEITERREISE

Wenn man nicht direkt einen Bus oder ein Combi nach Frontera Corozal bekommt, gibt's noch eine Möglichkeit: einfach zur Curcero Corozal 16 km südöstlich von San Javier an der Carretera Fronteriza fahren. Von dort fahren Taxis (20 Mex$/Pers. im *colectivo*, sonst 70 Mex$) und ab und zu Vans (Minibusse; 20 Mex$) nach Frontera Corozal. Wenn man mit dem Auto unterwegs ist, zahlt man dem *ejido* auf dem Weg in die Stadt 15 Mex$.

Von Frontera Corozals *embarcadero* fahren Autotransporte-Chamoán-Vans etwa 13-mal täglich nach Palenque (60 Mex$, 2½–3 Std.). Der letzte startet um 18 Uhr.

Lanchas nach Bethel (40 Min. flussaufwärts) fahren auf der guatemaltekischen Seite am Ufer des Usumacinta ab, *lanchas* nach La Técnica direkt gegenüber von Frontera Corozal. Vier **Lanchaorganisationen** (Boot nach Bethel für 3/4/7/10 Pers. 400/500/600/750 Mex$) haben ihre Schalter in einem strohgedeckten Gebäude in der Nähe des *embarcadero*. Sie verlangen alle dasselbe. Die Informationen, die man in Frontera Corozal über die weiterführenden Busse von Bethel nach Flores (60 Q, 4 Std.) in Guatemala bekommt, sind unzuverlässig. In der Regel gibt's aber Abfahrten gegen 11, 13.30, 15 und 17 Uhr. *Lanchas* nach La Técnica funktionieren auf *colectivo*-Basis für 15 Mex$ pro Person. Ein Bus von La Técnica nach Flores (6 US$, 5–6 Std.) startet gegen 8 Uhr. Er hält in Bethel – wegen der Grenzformalitäten.

Yaxchilán

Yaxchilán (Eintritt 45 Mex$; ⏲ 8–16.30 Uhr, letzter Einlass 15.30 Uhr) liegt mitten im Urwald, am hufeisenförmigen Bogen des Usumacinta und diese Lage hat Yaxchilán die Kontrolle über den Flusshandel eingebracht. Eine Reihe von erfolgreichen Bündnissen und Eroberungen machte die Stadt in der klassichen Mayazeit zu einem der wichtigsten Orte der Usumacinta-Region. Unter archäologischem Gesichtspunkt ist Yaxchilán berühmt für seine geschmückten Fassaden und Dachgiebel; und eindrucksvoll gearbeitete Steinstürze mit Kampf- und Zeremonienszenen gibt's hier auch. Als Hilfsmittel zur Erkundung von einigen Teilen des Geländes ist eine Taschenlampe gar keine schlechte Idee.

Brüllaffen leben hier in den hohen Bäumen und sind ein aufrührendes Highlight – fast sicher wird man ihre tiefen Schreie hören, und die Chancen, sie zu sehen, stehen auch ganz gut. Klammeraffen und Rote Aras sind hier auch schon gesichtet worden.

Den Höhepunkt seiner Macht und seines Glanzes erreichte Yaxchilán zwischen 681 und 800 unter den Herrschern Itzamnaaj B'alam II.

(Schildjaguar II., 681–741), Pájaro Jaguar IV. (Vogeljaguar IV., 752–68) und Itzamnaaj B'alam III. (Schildjaguar III., 769–800). Um das Jahr 810 wurde die Stadt dann aufgegeben. Die Inschriften erzählen hier mehr über die „Jaguar"-Dynastie als über die meisten Herrscherclans der Maya überhaupt bekannt ist. Das Schild-und-Jaguar Symbol erscheint auf vielen Gebäuden und Stelen von Yaxchilán. Die Hieroglyphe von Pájaro Jaguar IV. ist eine kleine Urwaldkatze mit einer Feder auf dem Rücken und einem Vogel auf dem Kopf.

Auf dem Gelände werden in einer Hütte in der Nähe der Landungsstelle am Fluss *refrescos* (Erfrischungen) verkauft. Zu den meisten Monumenten gehören Infotafeln in drei Sprachen, eine davon ist Englisch.

Auf dem Weg zu den Ruinen führt ein ausgeschilderter Weg nach rechts hinauf zur **Pequeña Acrópolis**, einer Ansammlung von Ruinen auf der Spitze eines kleinen Hügels. Da kann man aber auch später hin. Wer auf dem Hauptpfad bleibt, erreicht die verworrenen Gänge des **El Laberinto** (Edificio 19). Es wurde von 742 bis 752 während des Interregnums zwischen Itzamnaaj B'alam II. und Pájaro Jaguar IV. gebaut. Heute finden Dutzende von Fledermäusen unter dem Dach des Gebäudes Schutz. Aus dem komplizierten zweistöckigen Komplex kommt man am Nordwestende der weitläufigen **Gran Plaza** wieder heraus.

Man kann es sich kaum vorstellen: Irgendjemand wollte, dass ihm noch heißer wird, als es ihm ohnehin schon war, denn **Edificio 17** war offensichtlich ein Schwitzbad.

Etwa auf der halben Strecke an der Plaza wird die **Stele 1** von verwitterten Skulpturen eines Krokodils und eines Jaguar flankiert. Die Stele zeigt Pájaro Jaguar IV. bei einer Zeremonie, die 761 n. Chr. stattgefunden hat. **Edificio 20** stammt aus der Zeit von Itzamnaaj B'alam III. Es ist das letzte bemerkenswerte Gebäude, das in Yaxchilán gebaut wurde. Seine Tür- und Fensterstürze befinden sich heute in Mexico City. Die **Stele 11** an der Nordostecke der Gran Plaza hat man vor der Front von Edificio 40 gefunden. Die größere der beiden dort abgebildeten Figuren ist Pájaro Jaguar IV.

Von der Stele 1 führt eine eindrucksvolle Treppe zum **Edificio 33** hinauf – dies ist der am besten erhaltene Tempel von Yaxchilán. Noch etwa die Hälfte seines Dachgiebels ist intakt. Auf der letzten Stufe vor dem Gebäude sind Schnitzereien mit Szenen aus einem Ballspiel zu sehen. Sagenhafte Reliefs schmücken die Unterseiten der Tür- und Fensterstürze. Im Innern steht eine Statue von Pájaro Jaguar IV., allerdings ohne Kopf. Den musste er im 19. Jh. an schatzsuchende Holzfäller abgeben.

Von der Lichtung hinter dem Edificio 33 führt ein Pfad in ein Waldgebiet hinein. Diesem etwa 20 m folgen, dann an der Gabelung links den Berg hinauf gehen. An einer weiteren Gabelung nach 80 m geht's wieder links. Nach etwa zehn Minuten größtenteils weiter bergauf erreicht man drei Gebäude auf dem Hügel: **Edificio 39**, **Edificio 40** und **Edificio 41**. Wer das Edificio 41 bis obenhin erklimmt, wird mit einem herrlichen Blick über den Urwald und die fernen Berge Guatemalas belohnt.

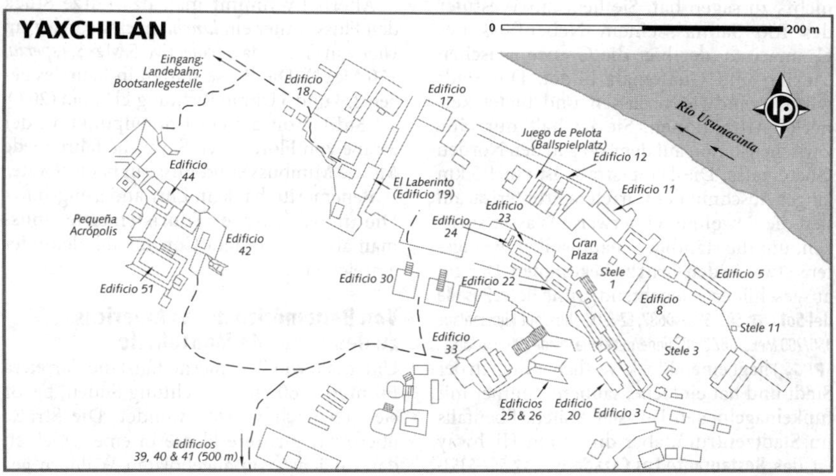

AN- & WEITERREISE

Flussboote brauchen von Frontera Corozal 40 Minuten den Fluss runter und eine Stunde wieder rauf. *Lancha*-Betreiber, die ihre Schalter in einem strohgedeckten Gebäude in der Nähe des *embarcadero* von Frontera Corozal haben, verlangen alle für ihre **Trips** (2½-Std.-Rundtour zu den Ruinen für 3/4/7/10 Pers. 650/780/950/1300 Mex$) dieselben Preise. Die *lanchas* fahren bis gegen 13.30 Uhr recht häufig. Manchmal kann man sich an andere Traveller oder eine Tourgruppe ranhängen – dann kann man sich die Kosten teilen.

Benemérito de las Américas

6300 Ew. / 200 m

Südlich der Frontera Corozal kommt man schnell in die äußerste Ecke von Chiapas, die als Marqués de Comillas bekannt ist, benannt nach ihrem früheren spanischen Besitzer. Nachdem Ölsucher in den 1970er-Jahren Wege in diese Urwaldregion eröffnet haben, kamen Siedler auf der Suche nach Land aus ganz Mexiko hereingeströmt. Ranch- und Holzwirtschaftsbetriebe haben einige dieser Siedler reich gemacht, andere profitieren eher davon, Drogen und Einwanderer ins Land zu schmuggeln. Für die eigene Sicherheit ist es besser, vor der Abenddämmerung die Carretera Fronteriza verlassen zu haben, das gilt vor allem für den einsamsten Abschnitt im äußersten Südosten zwischen Benemérito de las Américas und der Chajul-Abzweigung.

Benemérito de las Américas ist die Hauptstadt der Region, was aber eigentlich nichts zu sagen hat. Sie liegt am Westufer des Río Salinas, einem Nebenfluss des Usumacinta, der hier die Grenze zwischen Mexiko und Guatemala bildet. Die Stadt wirkt irgendwie verlassen und bietet keinerlei Attraktionen. Sie ist halt nur eine Zwischenstation auf dem Weg in den Norden Guatemalas. Die Hauptstraße ist ein 1,5 km langer Abschnitt der Carretera Fronteriza, auf den die Bewohner eimerweise Wasser spritzen, um die ständigen Staubwolken wenigstens etwas in den Griff zu bekommen. Das gut ausgeschilderte, leuchtend grüne **Hotel Posada del Sol** (☎ 502-5907-0687; EZ & DZ ohne/mit Klimaanlage 150/200 Mex$, 3BZ & 4BZ ohne/mit Klimaanlage 200/250 Mex$; P ✱) liegt einen Block westlich mitten in der Stadt und hat einfache, saubere Zimmer mit funkelnagelneuen Fernsehgeräten. Ebenfalls im Stadtzentrum, aber direkt am Highway ist das **Restaurante Las Cazadores** (☎ 502-5353-1833; Hauptgerichte 30–75 Mex$; ⌚ 7–21 Uhr). Hier gibt's so Exotisches wie *tepezcuintle* (eine Art Nagetier) und Hirsch, aber auch ganz normale Rindfleisch- und Hähnchengerichte.

AN- & WEITERREISE

Die Combis von Cooperativa Rápidos de la Selva und Transporte Benito Juárez, die beide am Nordrand des Highways ihren Sitz haben, fahren zwischen 4.30 und 17.30 Uhr alle 30 oder 45 Minuten nach Palenque (60 Mex$, 3–3½ Std.) mit Zwischenstopp an der Crucero Corozal (20 Mex$, 45 Min.) und in San Javier (25 Mex$, 1 Std.). Von der Línea Comitán Lagos de Montebello am Highway am Südrand der Stadt fahren zwischen 4 und 15.15 Uhr sieben Vans nach Palenque (60 Mex$, 3–3½ Std.) und zwischen 3 und 14 Uhr zehn Vans über die Carretera Fronteriza und die Panamericana nach Comitán (150 Mex$, 5 Std.).

Das Eintreffen ausländischer Traveller am *embarcadero* in Benemérito (1 km von der Hauptstraße entfernt) kann für Stirnrunzeln sorgen, denn das Hauptgeschäft besteht hier anscheinend eher aus Schmuggelei als aus Tourismus. Aber dennoch kann man sich für 1500 Mex$ (Verhandlungsbasis) eine *lancha* mieten, die einen in drei bis vier Stunden auf dem Río Salinas und dem Río de la Pasión nach Sayaxché (Guatemala) bringt. Von dort aus kann man die interessanten Mayaruinen Ceibal, Aguateca und Dos Pilas besuchen. Unterwegs lohnt sich ein Zwischenstopp zur Besichtigung der Ruinen in Pipiles und Altar de los Sacrificios.

Alternativ nimmt man das kurze Stück den Fluss runter ein *lancha* nach Laureles am Ufer von Guatemala (*colectivo* 5 Mex$, *especial* 150 Mex$). Die Busse starten in Laureles gegen 2, 4 und 5 Uhr in Richtung El Subín (20 Q, 2½ Std.). Von diesem Knotenpunkt an der Straße von Flores nach Sayaxché fahren jede Menge Minibusse und Busse in beide Städte.

Benemérito hat kein Einwanderungsbüro. Die mexikanische Touristenkarte muss man also in Frontera Corozal abholen oder einreichen.

Von Benemérito de las Américas zu den Lagos de Montebello

Unterhalb von Benemérito führt die Carretera Fronteriza 60 km in Richtung Süden, bevor sie sich nach Westen wendet. Die Straße überquert mehrere Flüsse in einem Gebiet, das zunächst von abgeholzten Wäldern ge-

HIER GIBT'S WAS AUF DIE OHREN!

- **Sima de las Cotorras** (S. 893) Im Morgengrauen erheben sich Unmengen kreischender Papageien in die Lüfte.
- **Yaxchilán** (S. 932) Die Brüllaffen benehmen sich, als würde ihnen die ganze Welt gehören.
- **Las Guacamayas** (unten) Dieses Refugium hallt gewaltig wider vom Geschrei Hellroter Aras.
- **Las Nubes** (s. rechte Spalte) Tukane und Brüllaffen messen sich in lautstarkem Schreien.

prägt ist, später dann durch intaktere Waldflächen. Man kommt aber immer noch durch zahlreiche Dörfer, die in den letzten Jahrzehnten gegründet wurden, einige von Flüchtlingen aus Guatemala. Westlich von Ixcán kommt man auf 1000 m Höhe in das kühlere, kiefernbewaldete Hochland rund um die Lagos de Montebello.

LAS GUACAMAYAS

In dem kleinen Dorf **Reforma Agraria**, 49 km südwestlich von Benemérito, befindet sich die hübsche Öko-Lodge **Las Guacamayas** (☎ in Mexico City 55-5329-0995, Durchwahl 8004; guacamayaescarlata@hotmail.com; www.colegiomexsur.edu.mx/rm_lg.html; Ejido Reforma Agraria; Stellplatz ohne/mit Zelt & Bettzeug 50/100 Mex$ pro Pers., B 180 Mex$, Cabaña DZ 750–850 Mex$, Cabaña 3BZ 1000 Mex$, Suite 950–1100 Mex$, Gerichte 60–110 Mex$; P). Sie ist das Herz eines beeindruckenden Gemeinschaftsprojekts zum Schutz der einheimischen Population Hellroter Aras. Dieses eindrucksvolle, gefährdete Mitglied der Papageienfamilie lebte früher sogar noch im hohen Norden bei Veracruz. Heute ist das östlichste Chiapas sein einziger Lebensraum in Mexiko. In Reforma Agraria ist der Bestand seit 1991, als das 14,5 km² große Schutzgebiet gegründet wurde, auf mehr als 100 Paare angestiegen. Auf der Suche nach Futter bewegen sich die Vögel je nach Saison auch außerhalb des Reservats. Am besten kann man das bunte Federvieh in der Brutzeit von Dezember bis Juni beobachten.

Die nette, gastfreundliche Lodge liegt direkt am Ufer des breiten Río Lacantún, eines Hauptzuflusses des Usumacinta. Am gegenüberliegenden Ufer liegt die Reserva de la Biosfera Montes Azules. Große, gemütliche *cabañas* mit Strohdach, Fliegengitter, Veranda und geräumigem Bad mit Warmwasserdusche sind über das große Gelände verstreut und durch hölzerne Stege miteinander verbunden. Außerdem gibt's ein gutes Restaurant mit Blick auf den Fluss, das schlichte mexikanische Sattmacher serviert.

Die zweistündigen geführten Spaziergänge zur Papageienbeobachtung kosten 300 Mex$. Am besten macht man sich am frühen Morgen oder in der Abenddämmerung auf den Weg. Zwei-/dreistündige Bootsfahrten in das Montes-Azules-Schutzgebiet kosten 1200/1400 Mex$. Auf dieser Tour bekommt man Krokodile und Brüllaffen und mit etwas Glück auch Tukane und Weißwedelhirsche zu Gesicht. Die Dorfbewohner verleihen Pferde für 100 Mex$ die Stunde. In der Nebensaison fallen alle Preise um ca. 20 %.

An- & Weiterreise

Die Straße nach Reforma Agraria biegt 8 km südlich von Benemérito von der Carretera Fronteriza in Richtung Westen ab. Bis Pico de Oro (25 km vom Highway entfernt) ist sie befestigt, die nächsten 16 km jedoch nicht. 33 km hinter Reforma Agraria und 5 km südlich von Chajul stößt die Straße dann wieder auf die Carretera Fronteriza. In der Regel kann man sie problemlos mit einem normalen Auto befahren (auch wenn sie manchmal etwas holperig ist), aber in der Regenzeit sollte man sich vorab lieber nach dem aktuellen Zustand erkundigen.

Von einem kleinen Busbahnhof in der Nähe der Mayakopfstatue in Palenque fahren Combis zwischen 8 und 16 Uhr stündlich nach Pico de Oro (92 Mex$, 4–5 Std.). Gelegentlich verkehren *camionetas* auch zwischen Benemérito und Pico de Oro (25 Mex$, 40 Min.). Von 6 oder 7 Uhr bis zum frühen Nachmittag pendeln *camionetas* stündlich zwischen Pico de Oro und Reforma Agraria (15 Mex$, 1 Std.). Ein Taxi von Benemérito nach Reforma Agraria schlägt mit etwa 200 Mex$ zu Buche.

Von Comitán fahren ungefähr acht Vans täglich nach Reforma Agraria (150 Mex$, 4½ Std.). Sie passieren das Gebiet der Lagos de Montebello (Details auf S. 939).

LAS NUBES

Die leichten Strapazen der Fahrt lohnen sich auf jeden Fall: **Las Nubes** (☎ 963-100-93-82; ecotu rismo_nubes@hotmail.com; Cabaña 550 Mex$, Suite 800–1000 Mex$, Hauptgerichte 50–75 Mex$; (P)) ist ein himmlisches Fleckchen Erde mit zahlreichen Wasserfällen und Stromschnellen am türkisfarbenen Río Santo Domingo. In einigen der Flussbecken kann man herrlich schwimmen; wer nicht übernachtet, muss dafür 10 Mex$ berappen. Eine wackelige Hängebrücke überspannt einen großen Teil des vom Wasser ausgewaschenen Canyons und ermöglicht einen phantastischen Blick über die Schwindel erregenden Wasserfälle. Für Adrenalin pur sorgt die Seilbrücke (50 Mex$) und von Februar bis Juni kann man Entdecker spielen und sich in den Canyon abseilen. Wer 15 Minuten zum *mirador* hinaufwandert, wird mit einem tollen Blick über den blau-grünen Urwald belohnt.

Übernachten kann man in einer der fünfzehn guten *cabañas* mit Warmwasser und Veranda. Das Restaurant verpflegt einen zu jeder Tageszeit, allerdings gibt's keinen Alkohol. (Man kann sich aber welchen mitbringen.)

Las Nubes liegt 12 km von der Carretera Fronteriza und 55 km von Tziscao entfernt. Von Transportes Tzoyol in Comitán fahren täglich zwischen 8 und 14 Uhr vier Combis (45 Mex$, 3½–4 Std.) nach Las Nubes und auch wieder zurück. Vom Embarcadero Jerusalén, direkt östlich der Highway-Abfahrt nach Las Nubes (an der Combi-Route), kann man sich für 1500 Mex$ auch auf einem Floß dorthin bringen lassen (5–8 Fahrgäste).

COMITÁN

☎ 963 / 83 000 Ew. / 1560 m

In der künstlerisch angehauchten Kolonialstadt Comitán herrscht eine nette Atmosphäre, besonders auf der hübschen Plaza mit den modernen Skulpturen und den großen, beschnittenen Bäumen, in denen abends unzählige Vögel zwitschern. Comitán liegt auf einer Hochebene 90 km südöstlich von San Cristóbal. Viele Traveller passieren sie nur auf ihrem Weg nach Guatemala, obwohl man gut und gerne einige Tage in diesem angenehmen Ort verweilen kann. Es gibt einige nette Unterkünfte und Restaurants, ein paar interessante kleine Museen und mehrere Natur- und Archäologieattraktionen in einer wunderschönen Landschaft, keine Stunde von der Stadt.

Ihr vollständiger Name lautet eigentlich Comitán de Domínguez, zu Ehren des hier ansässigen Arztes Belisario Domínguez (1863–1913), der während der mexikanischen Revolution Senator war. Er protestierte aufs Heftigste gegen die politischen Morde des Präsidenten Victoriano de la Huerta, dessen Opfer er dann schließlich selbst wurde. Der Aufruhr wegen seiner Ermordung führte 1941 zu Huertas Rücktritt.

Orientierung & Praktische Informationen

Comitán liegt in hügeligem Gelände. Seine Hauptplaza ist groß und wunderschön. Der Hwy 190 (die Panamericana) heißt hier Blvd Dr Belisario Domínguez und wird oft einfach nur „El Bulevar" genannt. Er verläuft durch den Westen der Stadt.

Banorte (1a Calle Sur Pte 5; ⌚ Mo–Fr 9–16, Sa 10–14 Uhr) Geldwechsel und Geldautomat.

Ciber@dictos (Local 13B, Pasaje Morales; 5 Mex$/Std.; ⌚ 9–21 Uhr)

Post (Av Central Sur 45; ⌚ Mo–Fr 9–15, Sa 9–14 Uhr)

Touristeninformation (☎ 632-40-47; www.visitacomitan.com; Calle Central Ote 6; ⌚ Mo–Fr 9–19, Sa 9–14 Uhr) Gute Karten und hilfsbereites, englisch sprechendes Personal an der Nordseite der Plaza.

Sehenswertes

An der Plaza steht die **Iglesia de Santo Domingo** (⌚ 10–19 Uhr) aus dem 16. und 17. Jh. An ihrem Turm sind außergewöhnlich schöne Säulenreihen zu sehen. In dem ehemaligen Kloster nebenan mit dem hübschen Innenhof und den Holzsäulen ist heute das **Centro Cultural Rosario Castellanos** (Eintritt frei; ⌚ Mo–Fr 9–20, Sa & So 10–17 Uhr) untergebracht. Hier bildet ein Wandgemälde die Geschichte der Region ab.

Gleich südlich der Hauptplaza steht die **Casa Museo Dr. Belisario Domínguez** (☎ 632-13-00; Av Central Sur 35; Eintritt 5 Mex$; ⌚ Di–Sa 10–18.45, So 9–12.45 Uhr), das Haus der Familie von Comitáns größtem Helden. Hier befand sich auch seine Arztpraxis. Das Museum (auf Spanisch) bietet einen faszinierenden Einblick in den Stand der Medizin und das Leben der Arbeiterklasse im frühen 20. Jh. in Chiapas. Auch eine Rekonstruktion der hiesigen Apotheke ist zu sehen. Außerdem wird die Heldengeschichte der politischen Karriere von Domínguez bis hin zu seiner Ermordung erzählt.

Einen Block weiter die Straße runter befindet sich ein nettes, kleines Museum mit moderner Kunst, das **Museo de Arte Hermila Domínguez de Castellanos** (☎ 632-20-82; Av Central Sur 51; Eintritt 5 Mex$; ⌚ Mo–Sa 10–18, So 10–13 Uhr). Es beherbergt Arbeiten berühmter mexikanischer Künstler wie José Luis Cuevas und

Arnulfo Mendoza sowie gute Ausstellungen über zeitgenössische Kunst.

Das **Museo Arqueológico de Comitán** (☎ 632-57-66; 1a Calle Sur Ote; Eintritt frei; ⌚ Di–So 9–18 Uhr) direkt östlich der Plaza zeigt Fundstücke der zahlreichen archäologischen Stätten in der Umgebung. Die missgestalteten vorkolonialen Schädel – die durch in die Regale gequetschte Kinderköpfe „verschönert" werden sollen – können den Betrachter ins Grübeln bringen: Was mögen diese verdrehten Köpfe wohl gedacht haben?

Festivals & Events

Das **Festival Internacional Rosario Castellanos** ist eine einwöchige Fiesta Anfang Juli. Bei vielen Veranstaltungen ist der Eintritt frei.

Schlafen

BUDGETUNTERKÜNFTE

Posada Las Flores (☎ 632-33-34; 1a Av Pte Nte 17; EZ/DZ mit Gemeinschaftsbad 80/130 Mex$, mit eigenem Bad 200/230 Mex$) Die sauberen Zimmer mit Warmwasser und Holzdecken sind um einen hübschen Innenhof angeordnet.

Hospedaje Montebello (☎ 632-35-72; hospedajemontebello@hotmail.com; 1a Calle Nte Pte 10; Zi. mit Gemeinschaftsbad 120 Mex$, mit eigenem Bad 180–210 Mex$) Gastfreundliche, günstige Unterkunft mit großen, gefliesten, sauberen Zimmern. Mitten im Innenhof steht eine riesige dornige Agave. Ein kleines Restaurant gehört auch dazu.

Posada San José (☎ 101-43-03; EZ/DZ 200/250 Mex$, 3BZ 300–350 Mex$; Ⓟ) Die zehn sehr sauberen, relativ großen Zimmer haben Bäder und Fenster

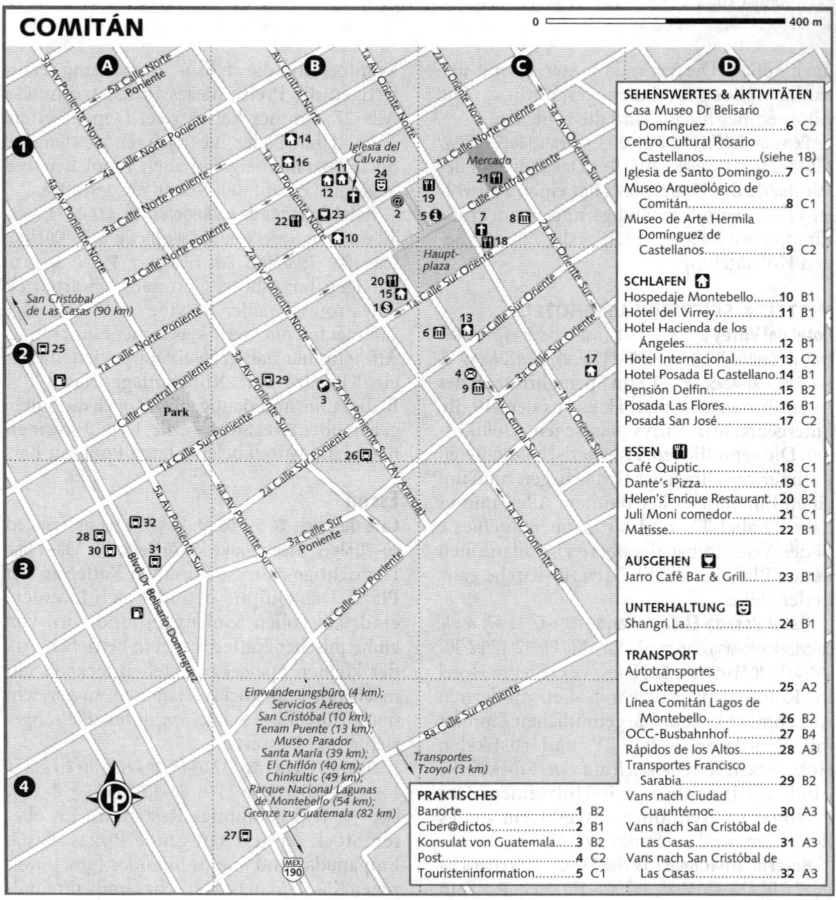

DAS TRINKT MAN IN CHIAPAS

- **Comiteco** Diese einzigartige Variante des *mezcal* besteht aus einer Mischung von Agave mit *piloncillo* (gekochtem Zuckerrohr). Sie schmeckt weicher und sirupartiger als Tequila und ist farblos oder leicht grünlich. Der traditionell aus Comitán stammende Drink erlebt gerade ein Comeback.
- **Tascalate** Das kalte, süße Gebräu aus gemahlenem Kakao, Pinienkernen, geröstetem Mais, Zimt und *achiote* (Annatto) hat einen interessanten Geschmack und ist sehr lecker!
- **Pox** Man spicht es *posch* aus (und schreibt es manchmal *posh*). Der preiswerte Branntwein aus Zuckerrohr ist genau das Richtige für alle, die sich um den Verstand saufen wollen. Mit viel Saft gemischt sind die Auswirkungen nicht ganz so verheerend.
- **Pozol** Die dickflüssige Mischung aus *masa* (Maisgrütze) und Wasser wird oft mit Zucker und manchmal auch etwas Chili oder Schokolade aufgepeppt. Für die indigene Bevölkerung ist sie eine Art Energy-Drink, den sie überall in wiederverwendbaren Ein-Liter-Plastikflaschen mit sich herumtragen. Traveller kaufen sich oft eine *masa*-Kugel und bereiten sich den Drink selbst zu.

nach außen. Die Veranda hinten ist mit unzähligen Bougainvilleen geschmückt. Die Zimmer hier hinaus sind die ruhigsten.

Pensión Delfín (☎ 632-00-13; Av Central Sur 21; EZ/DZ/3BZ/4BZ 234/304/409/468 Mex$; P) Das Delfín an der Westseite der Hauptplaza hat einen Hof voller Pflanzen und anständige, angenehm große Zimmer mit Kabel-TV. Einige der Zimmer haben Holztäfelung.

MITTEL- & SPITZENKLASSEHOTELS

Hotel del Virrey (☎ 632-18-11; hotel_delvirrey@hotmail.com; Av Central Nte 13; EZ 300–340 Mex$, DZ 420 Mex$, Zi. 3–6 Pers. 650 Mex$; P) Im Springbrunnen des freundlichen, in einem Haus aus dem 19. Jh. untergebrachten Virrey plantschen Schildkröten. Die gemütlichen, künstlerisch gestalteten Zimmer verschiedener Größe liegen rund um einen Innenhof voller Blumen. Alle Zimmer haben Kabel-TV und blitzsaubere, geflieste Bäder. Von einigen der oberen hat man einen netten Blick auf die El-Calvario-Kirche ganz in der Nähe.

Hotel Posada El Castellano (☎ 632-33-47; www.posadaelcastellano.com.mx; 3a Calle Nte Pte 12; EZ/DZ/3BZ 360/400/440 Mex$; P) Dieses exzellente Hotel im Kolonialstil protzt mit allen modernen Annehmlichkeiten. Die gemütlichen Zimmer mit Ventilator, Kabel-TV und rustikalen Holzmöbeln verteilen sich auf zwei Stockwerke rund um Innenhöfe mit Holzsäulen. Das Personal ist freundlich. Es gibt ein nettes Restaurant und kostenlos WLAN.

Hotel Internacional (☎ /Fax 632-01-10; Av Central Sur 16; EZ & DZ 420–480 Mex$, 3BZ 500–570 Mex$; P) Sein Komfort und die stylishe Einrichtung rechtfertigen die Preise dieses Innenstadthotels. Alle 27 Zimmer haben zwei Doppelbetten, TV und tolle Bäder, die frisch renovierten sind noch dazu mit beigefarbenen Teppichen und Tagesdecken auf den Betten ausgestattet.

Hotel Hacienda de los Ángeles (☎ 632-00-74; www.haciendadelosangeles.com; 2a Calle Nte Pte 6; Zi. 900 Mex$, Suite 1200–1500 Mex$, inkl. Frühstück; P) Im einzigen Luxushotel Comitáns erwarten einen professioneller Service und geräumige Zimmer mit nüchtern-klassischer Einrichtung. Alle Zimmer haben zwei Doppelbetten oder ein Kingsize-Bett, Klimaanlage, Kabel-TV, Badewanne und richtig gute Möbel; die Suiten gehen über zwei Stockwerke. Es gibt sogar einen phantastisch beleuchteten Pool mit Bar.

Essen

Café Quiptic (☎ 632-06-24; 1a Av Ote Sur s/n; Frühstück 40–70 Mex$, Hauptgerichte 55–70 Mex$; 7.30–1 Uhr) Die richtige Adresse für einen Kaffee an der Plaza. Das Quiptic befindet sich in einem eindrucksvollen Säulengang und wird von einheimischen Kaffeepflanzern betrieben. Auf der kleinen Speisekarte stehen leckere, satt machende Frühstücksvariationen, ausgezeichneter Biokaffee, Salate, *antojitos*, Fleischgerichte und Desserts.

Dante's Pizza (☎ 632-03-09; 1a Av Ote Nte 8; Pizza für 1 Pers. 50–80 Mex$, für 2 Pers. 80–100 Mex$; 9–22.30 Uhr;) Das geräumige Restaurant im oberen Stock serviert sättigende Pizzas, Pasta, Empanadas und *quesos fundidos* (geschmolzenen Käse). Man ist hier sehr familienfreundlich: Kinderstühle, Spielzeug für die Kleinen ... Es ist auch ein Internetcafé (10 Mex$/Std.).

Helen's Enrique Restaurant (☎ 632-17-30; Av Central Sur 19; Hauptgerichte 60–95 Mex$; ⏲ 8–23.30 Uhr) Von der Terrasse blickt man auf die Plaza. Für Hühner- und Fleischgerichte, Frühstück und *antojitos* oder ein abendliches Bier ist dieses schon lange bestehende Lokal in Ordnung.

Matisse (☎ 632-71-52; 1a Av Pte Nte 16; Hauptgerichte 70–120 Mex$; ⏲ Di–Sa 14–23, So 14–17 Uhr) Das etwas gehobene, stilvolle und beliebte Matisse bringt in netter Umgebung zwischen Holzsäulen einfallsreiche, toll dekorierte Gerichte auf den Tisch. Am besten mit dem Carpaccio oder dem ausgezeichneten *fusiole*-Salat (Spinat mit Nüssen, Speck, Avocado und Balsamico) anfangen und als Hauptgericht dann ein Rinder-*filete* oder ein kreativ zubereitetes Pastagericht wählen. Außerdem gibt's jede Menge Wein und Cocktails. Wenn es die Temperatur erlaubt, speist man draußen im netten Hof.

Im *mercado comedor* von **Juli Moni** (⏲ 6–17 Uhr) gibt's preiswerte Gerichte und Snacks, z.B. leckere, sättigende Quesadillas (15 Mex$). Vegetariern seien *nopales* (Kaktus) und *flor de calabasas* (Kürbisblüte) zu empfehlen.

Ausgehen & Unterhaltung

Jarro Café Bar & Grill (☎ 632-21-70; 1a Av Pte Nte 7; ⏲ Di–So 18–2 Uhr) Eine leicht futuristische Location mit blubberndem Springbrunnen und lauter Musik. Mal zieht man sich hier *futbol* rein, mal bewundert man Karaokesänger.

Shangri La (☎ 110-66-82; 1a Calle Nte Ote 6; ⏲ Di–So 18–3 Uhr) In dem neuen Indoor-Outdoor-Club gibt es freitags und samstags Merengue und Salsa live. Eine Steinwand umgibt einen romantischen, von Laternen beleuchteten Garten und der stylishe Innenraum besteht aus vier kleinen Räumen mit Sitzgelegenheiten und Stoffen an der Decke.

Anreise & Unterwegs vor Ort

Comitáns **OCC-Busbahnhof** (☎ 632-09-80; Blvd Dr Belisario Domínguez Sur 43) liegt an der Panamericana. Ziele sind u. a.:

Ciudad Cuauhtémoc (52 Mex$, 1¾ Std., 4-mal tgl.)
San Cristóbal de Las Casas (36 Mex$, 1¾ Std., 15-mal tgl.)
Tapachula (146 Mex$, 5½ Std. über Motozintla, 6-mal tgl.)
Tuxtla Gutiérrez (70–84 Mex$, 3 Std., 17-mal tgl.)

OCC verbindet außerdem mit Oaxaca, Mexico City, Palenque, Villahermosa, Playa del Carmen und Cancún.

„Centro"-Combis und Kleinbusse fahren gegenüber dem OCC-Busbahnhof ab. Die Fahrt zur Hauptplaza kostet 4 Mex$, ein Taxi 18 Mex$.

Vom **Rápidos de los Altos** (Blvd Dr Belisario Domínguez Sur) fahren Vans (30 Mex$) und *colectivo*-Taxis (35 Mex$) nach San Cristóbal. Weitere Vans nach San Cristóbal starten an zwei anderen Haltestellen auf der gegenüberliegenden Straßenseite, die Vans nach Ciudad Cuauhtémoc (30 Mex$, 4–20 Uhr alle 20–30 Min.) von einer Haltestelle direkt südlich vom Rápidos de los Altos.

Línea Comitán Lagos de Montebello (☎ 632-08-75; 2a Av Pte Sur 23) fährt mit Vans zu den Lagos de Montebello und die Carretera Fronteriza entlang. Nach Laguna Bosque Azul (25 Mex$, 1 Std.) und Tziscao (25 Mex$, 1¼ Std.) geht's zwischen 3 und 20.30 Uhr alle 20 bis 30 Minuten, nach Reforma Agraria (92 Mex$, 4½ Std.) um 3, 8.55 und 12.20 Uhr, nach Benemérito de las Américas (150 Mex$, 5 Std.) zehnmal täglich zwischen 4 und 14.30 Uhr und nach Palenque (175 Mex$, 8 Std.) fünfmal täglich zwischen 4 und 9.45 Uhr.

Transportes Tzoyol (☎ 632-77-39; 4a Av Pte Sur 1039) fährt zwischen 3 und 12.45 Uhr fünfmal täglich mit Vans nach Reforma Agraria und zwischen 4 und 14 Uhr sechsmal täglich nach Amatitlán (55 Mex$, 3 Std.), wo Anschluss an die Boote zur Laguna Miramar besteht.

Das **Einwanderungsbüro** (☎ 632-22-00; Carretera Panamericana; ⏲ Mo–Fr 8–15 Uhr) befindet sich auf der Panamericana gleich hinter der Ausfahrt nach Tzimol, 5 km südlich des Stadtzentrums.

Servicios Aéreos San Cristóbal (☎ 632-46-62; Carretera Panamericana Km 1262; www.serviciosaereossancristobal.com) schickt viersitzige Chartermaschinen nach San Quintín zur Laguna Miramar und organisiert Tagestrips nach Bonampak und Yaxchilán (hin & zurück 8000 Mex$).

RUND UM COMITÁN

El Chiflón

El Chiflón stürzt sich 41 km südwestlich von Comitán vom Rand eines Steilhangs in die Tiefe. Die atemberaubende Kraft dieser mächtigen Wasserfälle ist kaum zu überbieten. Der hiesige *ejido*, **San Cristobalito La Cascada** (☎ 963-703-65-84; Eintritt 10 Mex$; ⏲ 7–17.30 Uhr), hat einige attraktive Annehmlichkeiten auf dem Weg zu den Wasserfällen eingerichtet, u. a. gemütliche, stabile **cabañas** (DZ/4BZ 300/400 Mex$) mit Blick auf den Fluss, Badezimmer und

Moskitonetz sowie das gute Open-Air-**Restaurant La Ceiba** (leichte Gerichte 15–35 Mex$, Hauptgerichte 50–70 Mex$; ⌚ 8–18 Uhr). Man kann auch **campen** (26 Mex$/Pers.).

Eine Zufahrtstraße von 1 km führt vom Hwy 226 zum Parkplatz. Dort beginnt ein ordentlicher, 1,3 km langer Weg entlang dem bewaldeten Ufer des Río San Vicente (mit guten Badestellen) zu einer Reihe immer dramatischer und schöner werdender Wasserfälle. Schließlich erreicht man den 70 m hohen Wasserfall Velo de Novia, der die Besucher mit Gischt durchnässt. Der Fluss kann über eine Seilbrücke überquert werden (100 Mex$).

In der trockenen Jahreszeit (Feb.–Juli) bilden die Fälle einen weiß schäumenden Streifen. Dann kann man in dem blauen Wasser des Flusses völlig gefahrlos schwimmen. In der Regenzeit aber färben die enormen Strömungen den Fluss matschig braun, das Wasser schießt ungehemmt nach unten und Schwimmen ist lebensgefährlich.

Autotransportes Cuxtepeques (☎ 632-49-22; Blvd Dr Belisario Domínguez Sur) fährt von Comitán ab der Calle 1a und 2a Nte Pte zwischen 5 und 16 Uhr alle 30 Minuten mit Vans und Bussen zur El-Chiflón-Abzweigung am Hwy 226 (20 Mex$, 45 Min.). Hier warten **Mototaxis** (5 Mex$/Pers.), die einen die Straße rauffahren. Wer selbst fährt, nimmt 5 km südlich vom Zentrum Comitáns die Tzimol-Abfahrt von der Panamericana.

Tenam Puente

Auf dem Gelände dieser **Mayaruinen** (Eintritt frei; ⌚ 9–16 Uhr) sieht man drei Ballspielplätze, eine 20 m hohe Stufenpyramide und andere Gebäude. Sie erheben sich auf einem terrassenförmigen, bewaldeten Hügel. Wie Chinkultic (rechte Spalte) war auch Tenam Puente eine mehrerer klassischer Randsiedlungen der Maya in diesem Teil von Chiapas, die anders als die berühmteren Stätten im Flachland, z. B. Palenque und Yaxchilán, bis in die nachklassische Periode weiterexistiert haben – sie überlebten möglichweise bis 1200. Tenam Puente liegt schön in einer ländlichen Umgebung und man hat von hier einen herrlichen Panoramablick.

Eine 5 km lange befestigte Straße geht 9 km südlich von Comitán vom Hwy 190 ab und bringt einen nach Westen zur Grabungsstätte. **Transportes Francisco Sarabia** (3a Av Pte Sur 8, Comitán) betreibt zwischen 8 und 18 Uhr alle 45 Minuten Combis zur Grabungsstelle (12 Mex$) oder zum Dorf Francisco Sarabia, das 2 km vor Tenam Puente liegt. Das letzte Combi von den Ruinen kommt um 16 Uhr zurück. Ein Taxi hin und zurück mit einer Stunde Aufenthalt bei den Ruinen kostet 250 bis 300 Mex$.

Museo Parador Santa María

Dieses wunderschöne, vergangene Zeiten heraufbeschwörende **Hotel** (☎/Fax 963-632-51-16; www.paradorsantamaria.com.mx; Carretera La Trinitaria-Lagos de Montebello Km 22; Zi. 2000 Mex$; Ⓟ), 1,5 km abseits der Straße zu den Lagos de Montebello, ist die luxuriöseste und stimmungsvollste Unterkunft in der Gegend um Comitán. Die restaurierte Hazienda aus dem 19. Jh. ist vollständig mit Möbeln und Kunstwerken aus dieser Zeit eingerichtet. Einige der acht Zimmer haben geflieste Badewannen und Kamine, von allen schweift der Blick weit über die grüne Landschaft. In der Kapelle ist ein **religiöses Kunstmuseum** (Eintritt 20 Mex$; ⌚ 9–17 Uhr) mit einer interessanten Sammlung von Arbeiten aus der Kolonialzeit, die aus Europa, von den Philippinen sowie aus Mexiko und Guatemala stammen. Das klasse **Restaurant Los Geranios** (Hauptgerichte 110–160 Mex$; ⌚ 8–20 Uhr) serviert Gerichte aus Chiapas und aller Welt, die aus selbst angebauten Biozutaten (inkl. Kaffee) zubereitet werden. 22 km nach La Trinitaria auf der Montebello nach dem Schild Ausschau halten. In der Nebensaison nächtigt man 50 % günstiger; in der Hauptsaison sollte man zwei Monate im Voraus buchen.

Chinkultic

Diese in dramatischer Szenerie gelegenen **Ruinen** (Eintritt 20 Mex$; ⌚ 9–16 Uhr) befinden sich 2 km nördlich an der Straße zu den Lagos de Montebello, 48 km von Comitán entfernt. Die Anfahrtsstraße ist befestigt.

Chinkultic war während der klassischen Zeit eine unbedeutendere Mayastadt; wie Tenam Puente hat es möglicherweise die nachklassische Zeit überdauert. Von den 200 über das Gelände verstreuten Erdhügeln wurden nur wenige freigelegt, aber ein Besuch lohnt sich.

Die Ruinen bilden zwei Gruppen: Vom Eingang zuerst den Pfad nach links nehmen, er führt um die Kurve nach rechts unten zu einem der größten Gebäude von Chinkultic, E 23. Es ist immer noch mit dichtem Pflanzenwuchs überdeckt. Dann erreicht der Pfad eine grasbewachsene Plaza mit zahlreichen verwitterten Stelen; in einige sind menschliche Figuren geritzt. Rechts sieht man einen langen Ballspielplatz.

Zurück zum Eingang: Von dort führt ein weiterer Pfad zur **Plaza Hundida** („gesunkenen Plaza"), quert einen Fluss und steigt dann steil zur **Acrópolis** hinauf. Dort steht an einem felsigen Abhang ein zum Teil restaurierter Tempel und man hat einen bemerkenswerten Blick über die Seen und Wälder der Umgebung und hinunter in einen 50 m tiefer gelegenen Cenote (Wassersammelbecken). In ihn haben die Maya Opfergaben geworfen: Töpferwaren, Perlen, Knochen und Messer aus Obsidian.

El Pino Feliz (☎ 963-102-10-89; Carretera La Trinitaria-Lagos de Montebello; Zi. 70 Mex$/Pers.; Ⓟ). Die „Fröhliche Kiefer" direkt an der Straße liegt in der Nähe des Highways, nur wenig mehr als 1 km östlich der Abzweigung nach Chinkultic. Traveller übernachten hier in einfachen Holzhütten mit bis zu drei Doppelbetten. In den Gemeinschaftsbädern fließt warmes Wasser. Hervorragendes Essen wird vor Ort auch serviert (Hauptgerichte 30 Mex$).

Lagos de Montebello

Der Pinien- und Eichenwald an der Grenze zu Guatemala östlich von Chinkultic ist mit über 50 kleinen Seen von unterschiedlichster Farbe übersät. Sie werden Lagos (oder Lagunas) de Montebello genannt. Das Gebiet ist sehr hübsch, erfrischend und friedlich. Die befestigte Straße nach Montebello biegt gleich nördlich von La Trinitaria vom Hwy 190 ab, 16 km südlich von Comitán gen Osten. Sie passiert nach 32 km Chinkultic und führt 5 km weiter in den Parque Nacional Lagunas de Montebello. 800 m weiter wartet ein Ticketschalter, dort wird ein Eintrittsgeld von 20 Mex$ für den Park fällig. Nun gabelt sich die Straße: Richtung Norden fährt man weiter zu den Lagunas de Colores (2–3 km), Richtung Osten zum Dorf Tziscao (9 km). Nach diesem Dorf wird die Straße zur Carretera Fronteriza, verläuft weiter nach Osten bis Ixcán und schließlich bis Palenque (s. S. 927).

SEHENSWERTES & AKTIVITÄTEN

Vom Ticketschalter des Parks führt die nördliche Straße zu den **Lagunas de Colores**. Die lebhaften Farben dieser Seen reichen von türkis bis tiefgrün: Die **Laguna Agua Tinta**, die **Laguna Esmeralda**, die **Laguna Encantada** und die **Laguna Ensueño**. Der größte See, die **Laguna Bosque Azul**, befindet sich links am Ende der Straße. Von hier führt ein netter Weg zu den **Grutas San Rafael del Arco**, einer Gruppe von Höhlen. Dem Pfad vom Parkplatz geradeaus folgen, nach 500 m am „Gruta San Rafael del Arco"-Schild links abbiegen. Dann den Pfad 500 bis 600 m lang weitergehen – es geht die meiste Zeit bergab – bis zu einem „Grutas"-Schild. Hier rauscht links ein Fluss durch einen natürlichen Felsbogen. Rechts gabelt sich nach 60 m der Weg. Der linke Zweig führt vom Felsbogen aus flussabwärts und nach 100 m zu einer Höhle direkt am Fluss. Auf dem rechten gelangt man nach 40 m zu einer ausgedehnten Höhle, die eigentlich den Grund eines Senklochs bildet.

Auf dem Parkplatz der Laguna Bosque Azul sind für 40 Mex$ drei- bis fünfstündige Seetouren in *camiones* zu haben; private Touren kosten 350 Mex$. Jungen bringen einen für 80 Mex$ auf Pferden zu den Höhlen, zu mehreren Seen, einschließlich **Dos Cenotes** (150 Mex$, 2–3 Std.), zwei Senklöchern im Wald, oder zur Laguna de Montebello (etwa 1 Std. entfernt).

Vom Ticketschalter in Richtung Osten erreicht man nach 3 km einen Weg, der 200 m nach Norden zur **Laguna de Montebello** führt. Dies ist einer der größeren Seen der Gegend mit einem flachen, weiten Ufergelände. Hier bieten noch mehr Jungen Pferde nach Dos Cenotes an. Der hiesige *ejido* verlangt für den Besuch der Gegend entlang der Tziscao-Straße 5 Mex$ Eintritt. (Die Quittung aufheben: Sie gilt auch für alle anderen Seen.) 3 km weiter auf der Straße nach Tziscao biegt ein Weg nach links zu den **Cinco Lagunas** (Fünf Seen) ab. Von der Straße aus sind allerdings nur vier zu sehen. Der zweite, **La Cañada**, ist einer der schönsten Seen von Montebello. Er liegt nach 1,5 km auf der rechten Seite und wird von zwei Felsen fast zweigeteilt.

1 km weiter in Richtung Tziscao führt ein Weg 1 km gen Norden zu der kobaltblauen **Laguna Pojoj** mit einer Insel in der Mitte. Die **Laguna Tziscao** an der Grenze zu Guatemala kommt 1 km hinter der Pojoj-Abzweigung in Sicht. Die Abzweigung nach Tziscao ist noch etwas weiter entfernt. Dieses nette Örtchen erstreckt sich bis zum Seeufer; man spricht Chuj. Die Abholzung bedroht den Lebensraum der bunten Quetzals – man bekommt sie in den Grenzwäldern immer seltener zu Gesicht. Einheimische Führer kennen aber die Stellen, wo welche sein könnten.

SCHLAFEN & ESSEN

Cabañas de Doña Josefa (☎ 963-632-59-71; Cabaña 300 Mex$; Ⓟ) Zu den rustikalen, zweistöckigen

cabañas an der Nordwestseite der Laguna Bosque Azul führt ein 1 km langer, befahrbarer Weg vom Hauptparkplatz am See. Zwei *cabañas* haben eigene Bäder und warmes Wasser, die sieben anderen eine Gemeinschaftstoilette. Die einzige Waschgelegenheit ist der See. An Wochenenden und in den Ferien gibt's normalerweise auch etwas zu essen.

Hotel Tziscao (☎ 963-352-40-83; www.tziscao.com; Stellplatz/Pers. 80 Mex$, Zi. 500 Mex$, Cabaña für 4 Pers. 650 Mex$; Gerichte 30–60 Mex$; P 💻) Dieses Hotel steht im Dorf Tziscao (2 km von der Abzweigung vom Highway entfernt) direkt am See und wird von einem *ejido* geführt. Es ist schlicht, aber gut in Schuss. Zum Haus gehören ein weitläufiges, grünes Gelände und ein Sandstrand mit einem phantastischen Blick über den See bis hin zu den Ausläufern der Cuchumatanes in Guatemala. Wer die Gegend erkunden will, kann sich ein Kajak für zwei Personen (80 Mex$/Std.) oder ein Fahrrad (Std./Tag 100/300 Mex$) leihen. Man übernachtet in Zimmern im Hauptgebäude oder in guten Holz-*cabañas,* von denen einige direkt am Wasser stehen. Alle Unterkünfte haben eigene Bäder und Warmwasser.

Neben dem Parkplatz der Laguna Bosque Azul bekommt man in mehreren einfachen **comedores** (Gerichte 30–40 Mex$; 🕒 ca. 7–17 Uhr) Getränke und einfache Speisen wie *carne asada* (gebratenes Fleisch) oder Quesadillas.

AN- & WEITERREISE

Von Comitán aus mit öffentlichen Verkehrsmitteln nach Chinkultic und zu den Seen zu kommen, ist ein Klacks und gut an einem Tag zu bewältigen; Details s. S. 939. Vans fahren zum Parkplatz an der Laguna Bosque Azul und nach Tziscao. Sie setzen ihre Fahrgäste an den Abzweigungen zum Museo Parador Santa María, Chinkultic und den anderen genannten Seen ab. Die letzten Fahrzeuge nach Comitán verlassen Tziscao gegen 17 Uhr, die zur Laguna Bosque Azul gegen 17.30 Uhr.

In San Cristóbal de Las Casas organisieren einige Agenturen geführte Touren (S. 900) zu den Seen mit Besuch des El Chiflón. Zum Abendessen ist man wieder zurück.

CIUDAD CUAUHTÉMOC

2900 Ew.

In der Grenzstadt hat man das Gefühl, es gäbe mehr Autos als Menschen. Sie ist der letzte bzw. erste Ort Mexikos an der Panamericana (Hwy 190); Comitán liegt 83 km nördlich, der Grenzübergang nach Guatemala 4 km südlich bei La Mesilla. Taxis (*colectivo* 10 Mex$, privat 40 Mex$) bringen Traveller von einem Land ins andere. Banken und Wechselstuben gibt's auf beiden Seiten der Grenze, die von 21 bis 6 Uhr für Autos gesperrt ist.

Zwischen 5 und 17 Uhr gibt's alle 20 bis 30 Minuten Vans, Combis und Busse (30–52 Mex$, 1¾ Std.) von und nach Comitán. Ein paar OCC-Busse fahren von 12.30 bis 21.30 Uhr nach San Cristóbal de Las Casas (100 Mex$, 3½ Std.) und weiter. Nach Comitán zu fahren und umzusteigen geht aber schneller.

Von La Mesilla fahren Mototaxis (3 Mex$ oder 2 Q) zum Busbahnhof, wo zwischen 6 und 18 Uhr mindestens 20 Busse pro Tag nach Huehuetenango (15 Q, 2 Std.) und Quetzaltenango (30 Q, 3½ Std.) starten. Nach Guatemala City geht's zwischen 6 und 10 Uhr stündlich (72–110 Q, 7 Std.).

RESERVA DE LA BIOSFERA EL TRIUNFO

Die üppigen Nebelwälder hoch im entlegenen El-Triunfo-Biosphärenreservat in der Sierra Madre de Chiapas sind ein Paradies für Vogelliebhaber und hier gibt's eine bemerkenswerte Welt aus Bäumen und Büschen, geschmückt mit Epithyten, Farnen, Bromeliaden, Moosen und Kletterpflanzen. Der kühle Nebel bildet sich durch die feuchte Luft, die aus den heißen, nassen Ebenen aufsteigt – so entstehen in den höheren Lagen Wolken und Regen.

Die Sierra Madre de Chiapas ist die Heimat von über 300 Vogelarten, von denen mehr als 30 in anderen Teilen Mexikos gar nicht oder nur sehr selten vorkommen. Hier stehen die Chancen gut, den glänzenden Quetzal zu sehen. Und hier leben der extrem seltene Zapfenguan (so groß wie ein Truthahn, lebt aber hoch in den Bäumen), die Cabanistangare, der Schwarzbauchguan, der Blauschwanz- und der Atthisellioti-Kolibri. Hunderte von Schmetterlingen schwirren herum und oft sieht man Jaguar- und Tapirspuren.

Die Besuche werden kontrolliert. Die meisten Gäste kommen in den trockenen Monaten von Januar bis Mai; die Regenmonate September und Oktober sollte man meiden. Es ist sinnvoll, ca. drei Monate vor dem Besuch mit **Claudia Virgen** (☎ 961-125-11-22; ecoturismotriunfo@prodigy.net.mx; Calle San Cristóbal 8, Fracc Residencial La Hacienda, Tuxtla Gutiérrez, Chiapas 29030), der Koordinatorin des Besuchsprogramms, Kontakt aufzunehmen, um alles zu organisieren. Ein normaler Besuch (400–600 US$/Pers., mind. 4, max. 12 Pers.) beginnt mit einer Übernachtung in einem Hotel in der nächstgelegenen Stadt Jaltenango (auch Ángel Albino Corzo). Es folgen drei oder vier Nächte in dem einfachen Campamento El Triunfo im Reservat auf 1850 m Höhe. Inklusive sind Führer, die wahre Vogelexperten sind, der Transport zwischen Jaltenango und dem Kaffeeanbauort Finca Prusia sowie Maultiere, die auf dem 14 km langen Marsch von der Finca Prusia zum Campamento El Triunfo (hin 3–4 Std. bergauf) das Gepäck transportieren. Die **Mesoamerican Ecotourism Alliance** (www.travelwithmea.org) bietet zehntägige All-Inclusive-Touren an, bei denen auch La Encrucijada (2850 US$) besucht wird.

EL SOCONUSCO

Die fruchtbare Küstenebene von Chiapas ist zwischen 15 und 35 km breit. Ihren Namen Soconusco hat sie nach der sehr abgelegenen Aztekenprovinz Xoconochco aus dem 15. Jh. erhalten. Hier ist es das ganze Jahr über heiß und feucht mit starken Regenfällen von Mitte Mai bis Mitte Oktober. Die Sierra Madre de Chiapas mit ihrer üppigen Vegetation ragt steil aus der Ebene auf und ist die perfekte Umgebung für den Anbau von Kaffee, Bananen und anderen Früchten.

Tonalá

☎ 966 / 32 000 Ew.

Die schweißtreibende, hektische Stadt am Hwy 200 ist ein guter Ausgangspunkt für alle, die auf dem Weg nach Puerto Arista sind. Die hilfreiche **Touristeninformation** (☎ 663-10-34; Calle 16 de Septiembre 46; Mo–Fr 8–16 Uhr) befindet sich einen halben Block nördlich der Hauptplaza. E-Mails checken geht bei **Cyber Cristy** (Av Rayon s/n; 8 Mex$/Std.; 8–22 Uhr) an der Ecke gegenüber der Plaza. Geldautomaten und Möglichkeiten zum Geldtauschen hat man bei **Banamex** (Hidalgo 137; Mo–Fr 9–16, Sa 10–14 Uhr) einen Block östlich der Plaza auf der Hauptstraße (Hidalgo).

An der Ostseite der Plaza steht das zentral gelegene **Hotel Galilea** (☎ 663-02-39; Hidalgo 138; EZ/DZ/3BZ 300/400/450 Mex$; P) mit ordentlichem Restaurant und sauberen, mittelgroßen Zimmern; dunkle Holzmöbel sorgen für ein altertümliches Ambiente. Das nette **Hotel Grajandra** (☎ 663-01-44; Hidalgo 204; EZ & DZ 450 Mex$, 3BZ 750 Mex$; P) gleich beim OCC-Busbahnhof hat helle, große Zimmer, die im Stil der 1970er-Jahre gehalten sind. Oben gibt's ein fröhliches Restaurant.

Am **OCC-Busbahnhof** (☎ 633-05-40; Hidalgo s/n), 600 m westlich der zentralen Plaza, fahren Deluxe- und 1.-Klasse-Busse ab. **Rápidos del Sur** (RS; Hidalgo s/n) startet mit 2.-Klasse-Bussen 250 m östlich der Plaza. Es gibt tägliche Verbindungen nach:

Tapachula (85–164 Mex$, 3–4 Std., 34-mal vom OCC, 35 RS)

Tuxtla Gutiérrez (60–126 Mex$, 3 Std., 16-mal vom OCC, 35 RS)

Die meisten Busse nach Tapachula halten in Escuintla (60–95 Mex$, 2½ Std.). OCC fährt auch nach Mexico City, Oaxaca und Puerto

Escondido. *Colectivos* starten an der Ecke Matamoros und 20 de Marzo, vier Blocks östlich der Plaza und einen Block bergab, nach Puerto Arista (15 Mex$, 20 Min.) und Boca del Cielo (20 Mex$, 35 Min.). Combis nach Puerto Arista (12 Mex$) starten an der Juárez, einen Block weiter bergab. Taxis und Combis verkehren bis 19 Uhr. Ein Taxi nach Puerto Arista kostet 80 Mex$ (nachts bis zu 100 Mex$).

Puerto Arista

☎ 994 / 900 Ew.

Die meiste Zeit ist Puerto Arista eine völlig verschlafene, kleine Fischerstadt mit Gelegenheitstourismus. Sie liegt 18 km südwestlich von Tonalá.

Das lebhafteste hier ist wahrscheinlich ein Ferkel, das sich nur deshalb etwas schneller bewegt, weil ein Hund die Energie aufgebracht hat, es anzubellen. Also nimmt man einfach den einen oder anderen Drink und sieht den Pazifikwellen dabei zu, wie sie die unendliche Weite des sanft geschwungenen Strandes von Puerto Arista hinaufrollen.

Am Wochenende, während der Semana Santa, im August und in den Weihnachtsferien ist Schluss mit der Ruhe. Dann strömen die die Ferien feiernden *chiapanecos* aus den Dörfern und Städten des Inlands herein. Die meiste Zeit des Jahres hängen auch ein paar Traveller aus aller Welt hier herum.

Puerta Aristas einzige Straße (Schlaglöcher!) ist wenig mehr als ein Streifen mit Palmenbaracken als Restaurants und salzzerfressenen Betonhotels. Aber das ultra-entspannte Feeling hat einen schnell gepackt. Der endlose Sand und der Ozean sind hier wunderbar sauber – und man wird vielleicht nie in wärmerem Wasser schwimmen. Nur aufpassen, wo man ins Wasser geht! Brandungsrückströmungen (als *canales* bekannt) können einen in kürzester Zeit weit nach draußen spülen.

Die einzige richtige Straße heißt (nacheinander) Av Matamoros, Blvd Zapotal und Blvd González Blanco. Sie läuft parallel zum Strand, einen Block Richtung Binnenland. Bei einer T-Kreuzung am Leuchtturm, dem Mittelpunkt der Stadt, trifft die Straße von Tonalá auf sie. Am Leuchtturm fahren die öffentlichen Verkehrsmittel ab. *Colectivo*-Taxis setzen ihre Fahrgäste für 15 Mex$ extra aber auch an der Haustür ab.

Im winzigen Einkaufszentrum Plaza Puerto Arista (gegenüber dem Hotel Arista Bugambilias) gibt's einen Geldautomaten, **Satelliten-Internetzugang** (10 Mex$/Std.; 🕑 9–16 Uhr) und einen Schalter mit Computern und Touristeninformation in einem kleinen, aber wunderbar klimatisierten Raum.

SEHENSWERTES & AKTIVITÄTEN

Während der Brutzeit von Juli bis Oktober sammeln die Leute vom **Campamento Tortuguero** (Schildkrötencamp; Eintritt frei; 🕑 9–17 Uhr) an dem 40 km langen Strand Tausende von frisch gelegten Eiern der Oliv-Bastardschildkröte ein. Sie werden ausgebrütet und wenn die Winzlinge nach sieben Wochen schlüpfen, lässt man sie frei. Das Campamento liegt 2,5 km nordwestlich an der einzigen Straße vom Leuchtturm aus (Taxis kosten 25 Mex$) und steht unter der Leitung des staatlichen **ökologischen Instituts** (www.ihne.gob.mx) von Chiapas; Besucher sind willkommen und dürfen beim Aussetzen der geschlüpften Tiere helfen. Hier sind auch verletzte Schildkröten zu sehen, die in Wasserbecken gesund gepflegt werden. Außerdem gibt's Kaimane, die für ein freies Leben in der Reserva de la Biosfera La Encrucijada (S. 945) gezüchtet werden. Das **Festival de la Tortuga Marina** findet alljährlich am letzten Wochenende im Oktober statt. Neben zahlreichen Veranstaltungen für Erwachsene und Kinder werden Tausende kleiner Schildkröten ausgesetzt.

Etwa 300 m hinter dem Oststrand befindet sich der **Estero Prieto**, ein melassenfarbener Meeresarm mit Mangroven. Hier sind seltene Kahnschnäbel und andere Wasservögel heimisch. Außerdem gibt's kleine Krokodile, Süßwasserschildkröten und ein paar Leguane. José's (s. unten) vermietet Kanus.

SCHLAFEN & ESSEN

Rechts und links vom Leuchtturm gibt's unzählige Unterkünfte. Außerhalb der Hauptsaison (Semana Santa, Juli & August, Weihnachten & Neujahr) sinken die Preise deutlich. Für die Semana Santa muss man mindestens einen Monat vorher buchen.

José's Camping Cabañas (☎ 600-90-48; rrounding85@hotmail.com; Stellplatz 35 Mex$/Pers., EZ/DZ/3BZ mit Gemeinschaftsbad 140/160/190 Mex$, EZ/DZ/3BZ mit eigenem Bad 200/225/275 Mex$; P 🏊) werden von einem Kanadier betrieben, der hier seit drei Jahrzehnten lebt. An dem freundlichen Fleckchen bleibt und entspannt man gern. Es gibt einen kleinen Pool und schlichte, aber tadellos gepflegte *cabañas* aus Ziegeln und Stroh. Alle haben Fliegengitter, Ventilatoren und Sitzgelegenheiten im Schatten. Sie liegen verstreut in einem großen Kokosnuss- und Zitronenhain. José knüpft gern Kontakte und zaubert gute, hausgemachte Gerichte (35–80 Mex$). Für einen Ausflug in den hinteren Teil des Meeresarms mit seinen vielen Vögeln kann man für 100 Mex$ pro Tag Kanus leihen. Zu José's kommt man von der Hauptstraße vom Leuchtturm aus nach 800 m in Richtung Südosten; dann am Hotel Lucero nach links (Richtung Binnenland) abbiegen.

Hotel Arista Bugambilias (☎/Fax 600-90-44; Zi./Suite 695/1053 Mex$; P) Etwa 800 m nordwestlich des Leuchtturms direkt am Strand. Es gibt einen verlockenden Pool, ein Restaurant und eine Bar sowie hübsche, angenehm große Zimmer mit Klimaanlage und TV. Während der Woche zahlt man 20 % weniger.

Hotel Lucero (☎ 600-90-42; Matamoros 800; Zi. 750 Mex$, 4BZ 850 Mex$; P) Das Lucero befindet sich 800 m südöstlich des Leuchtturms und wird durch die Straße vom Strand getrennt. Es hat gemütliche, in Pastellfarben gehaltene Zimmer mit Klimaanlage und bis zu drei Doppelbetten. Von den Zimmern in den oberen Stockwerken hat man einen tollen Blick aufs Meer. Außerdem gibt's einen großen Doppelpool (30 Mex$ für Nichtgäste) und das Open-Air-Restaurant Flamingos am Strand (Hauptgerichte 80–110 Mex$, 8–17 Uhr, in der Hauptsaison auch abends geöffnet).

Am Strand befinden sich zahlreiche, fast identische *palapa*-Lokale. Die mit den meisten Gästen sind oft die besten. Fisch- und Shrimpsgerichte kosten 60 bis 95 Mex$, Eier- und Hühnchengerichte sowie *bistec* liegen bei 30 bis 70 Mex$. *Robalo* ist der beste Fisch, *huachinango* (Schnapper), *mojarra* (Brasse oder Barsch) und *pargo* (Zackenbarsch) sind auch recht gut.

Reserva de la Biosfera La Encrucijada

Das große Biosphärenreservat schützt einen 1448 km² großen Streifen mit Küstenlagunen, Sandbänken, Feuchtgebieten, tropischen und in manchen Jahreszeiten überfluteten Wäldern und den größten Mangrovenbäumen (einige über 30 m) des Landes. Das Ökosystem ist für Zugvögel eines der wichtigsten Gebiete zum Überwintern und Nisten. Außerdem lebt hier eine der größten Populationen von Jaguaren, dazu kommen Klammeraffen, Schildkröten, Krokodile, Kaimane, Boa Constrictors, Seeadler und jede Menge Wasservogelarten – einige davon vom Aussterben bedroht.

Eine Fahrt mit der *lancha* durch das Reservat führt die Besucher unter hochragenden Mangroven und an Dörfern mit Palmdächern vorbei, die direkt an der Lagune liegen. Ideal um Vögel zu beobachten, ist die Zeit zwischen November und März, während der Brutzeit – aber das restliche Jahr ist dafür auch nicht schlecht. Die *lanchas* schippern auch nach Barra de Zacapulco, eine kleine Siedlung auf einer Sandbank zwischen dem Ozean und der Lagune. Dort steht eine Handvoll *palapa-comedores* und in der Nähe gibt's ein Brutzentrum für Meeresschildkröten.

Die nächste Stadt ist Acapetuhua. Sie liegt 6 km südwestlich von Escuintla. Das **Hotel El Carmen** (☎ 918-647-00-62; Av Central s/n, Acapetahua; EZ/DZ/3BZ 150/220/250 Mex$; P) hat saubere, fröhlich gestrichene Zimmer mit Bad, Klimaanlage und TV. Bei den *comedores* in Barra de Zacapulco kann man campen oder für 20 Mex$ pro Person eine Hängematte aufspannen. Einige haben auch *cabañas* (Zi. 150 Mex$). Ein großer Teller voll frischer Meeresfrüchte kostet um die 50 Mex$.

Um nach La Encrucijada zu kommen, einen Bus am Hwy 200 nach Escuintla nehmen und dort in ein *colectivo*-Taxi nach Acapetahua (5 Mex$, 10 Min.) umsteigen. Neben der stillgelegten Eisenbahnlinie in Acapetahua (wer Zeit hat, sollte sich die rostenden Güterzüge anschauen) legt dann ein Combi oder ein Bus die 18 km nach Embarcadero Las Garzas (10 Mex$, 20 Min.) zurück. Sie fahren bis 16 Uhr etwa alle 30 Minuten.

Vom Embarcadero Las Garzas braucht ein *colectivo-lancha* (30 Mex$) bis Barra de Zacapulco 25 Minuten. Die letzte *lancha* von Barra de Zacapulco zurück fährt möglicherweise schon um 15.30 Uhr, und das letzte Combi von Embarcadero Las Garzas nach Acapetahua fährt gegen 17 Uhr. Die zwei bis drei Stunden dauernden, privaten *lancha*-Touren von Embarcadero Las Garzas kosten offiziell für bis zu vier Personen um die 500 Mex$. Aber man kann ja mal versuchen zu handeln.

TAPACHULA

☎ 962 / 190 000 Ew. / 100 m

Das quirlige Tapachula ist nicht nur Mexikos südlichste Stadt, sondern auch die „Perle von Soconusco". Es wird seinem Spitznamen zwar nicht vollkommen gerecht, nennt aber eine interessante Kombination aus städtischem

Flair und tropischer Lebendigkeit sein Eigen. Das neu errichtete Terminal für Kreuzfahrtschiffe im nahen Puerto Chiapas hat hier zu großen Investitionen geführt, aber im Stadtzentrum hat sich dadurch nicht allzu viel verändert – hier wachsen noch immer Bäume zwischen langsam zerbröckelnden, alten Häusern. Die Stadt ist ein bedeutendes Geschäftszentrum, und zwar nicht nur für Soconusco, sondern auch für den kompletten Handel über die Grenze nach Guatemala.

Wenn *cruceros* (Kreuzfahrer) alle paar Wochen in die Stadt strömen, zieht sie den Bauch ein und zeigt sich von ihrer besten Seite. In Tapachula ist es das ganze Jahr über warm und feucht und es herrscht geschäftiges Treiben. Das Herz der Stadt bildet der große, lebhafte Parque Hidalgo. An klaren Tagen kann man den 4110 m hohen Kegel des Volcán Tacaná im Norden sehen. Die meisten Traveller reisen hier auf dem Weg nach Guatemala nur durch, obwohl die Stadt ein guter Ausgangspunkt für den Besuch einiger interessanter Attraktionen in der Nähe ist.

Praktische Informationen

HSBC (Ecke 2a Nte & 1a Pte; Mo–Sa 8–19 Uhr) Geldwechsel und Geldautomat.
Infinitum (5a Pte 16; 7 Mex$/Std.; 9–20 Uhr) Internetzugang.
Instituto Nacional de Migración (☎ 128-22-73; Vialidad 435, Fracc Las Vegas; 8–15 Uhr) Einwanderungsbüro.
Post (1a Ote s/n)
Sanatorio Soconusco (☎ 626-50-74, 4a Nte 68) Klinik mit 24-Stunden-Notfalldienst.
Touristeninformation (☎ 628-77-25; www.turismo tapachula.gob.mx; 8a Nte s/n; Mo–Fr 9–20, Sa 10–14 Uhr) Im Antiguo Palacio Municipal.

Sehenswertes

Das modernisierte **Museo Arqueológico del Soconusco** (☎ 626-41-73; 8a Nte 20; Eintritt 26 Mex$; Di–So 9–18 Uhr) liegt gegenüber vom Parque Hidalgo. In einer schönen Ausstellung werden die berühmten Stelen und Keramiken aus Izapa (s. S. 950) präsentiert. Der oberste Rand auf den Stelen stellt den Himmel und die Götter dar. Die Mitte symbolisiert das Leben auf der Erde, und unten ist die Unterwelt abgebildet. Außerdem sind 5000 Jahre alte Steinköpfe und Statuetten aus den Sümpfen an der Küste zu sehen, eine Sammlung von vorkolonialen Musikinstrumenten (Trommeln, Muschelschnecken-Trompeten, aus Menschenknochen gefertigte Klöppel …) und andere Gegenstände, die den Einfluss der Olmeken, Teotihuacán, Maya und Azteken belegen. Informationen dazu gibt's nur auf Spanisch.

Schlafen

BUDGETUNTERKÜNFTE

Hospedaje Santa Fe (☎ 626-24-28; 1a Nte 107; EZ/DZ/3BZ mit Ventilator 160/220/250 Mex$, mit Klimaanlage 230/260/300 Mex$; P) Nur ein paar Blocks vom OCC-Busbahnhof entfernt. Das Haus beherbergt seine Gäste in sauberen, mittelgroßen Zimmern mit Kabel-TV. Die Zimmer mit Klimaanlage haben nur Fenster nach innen; es gibt kein warmes Wasser. Ein preiswertes Café gehört auch dazu.

Hotel Diamante (☎ 628-50-32; 7a Pte 43; EZ mit Ventilator 196–280 Mex$, mit Klimaanlage 280–364 Mex$, DZ mit Ventilator 252–336 Mex$, mit Klimaanlage 364–448 Mex$; P) Dieses Hotel bietet ein gutes Preis-Leistungs-Verhältnis. Die modernen, sauberen Zimmer sind mit Klimaanlage und Kabel-TV ausgestattet.

MITTELKLASSEHOTELS

Hotel Fénix (☎ 628-96-00; www.fenix.com.mx; 4a Nte 19; EZ/DZ mit Ventilator 210/260 Mex$, mit Klimaanlage

GEFÄHRLICHE SÜDGRENZE

Hört man Einwanderung und Mexiko in einem Satz, so denkt man in der Regel zuerst an Mexikaner, die in Richtung USA unterwegs sind. Dabei machen sich vielmehr eine Menge Mittelamerikaner aus wirtschaftlich noch schwächeren Ländern auf eine abenteuerliche, 2500 km lange Reise gen Norden. Die Gefahren an der Grenze zwischen den USA und Mexiko sind tödliche Grenzübergänge in der Wüste und skrupellose *coyotes* (Menschenschmuggler) – an der Südgrenze aber geht es noch viel gefährlicher zu: Die Einwanderer haben in Mexiko nur wenige Rechte und sind sowohl für Kriminelle als auch für Behörden eine leichte Beute; opportunistische Gangs zetteln regelmäßig Schlägereien an oder verüben Raubüberfälle und Vergewaltigungen; und die Polizei erpresst Bestechungsgelder dafür, dass sie die Leute ohne Inhaftierung passieren lässt.

Seit im Jahr 2007 die letzten Personenzüge aus dem Süden gestrichen wurden, sind viele Migranten auf die Frachtzüge gen Norden nach Tapachula und Tenosique umgestiegen. Diese Züge werden auch „Todeszüge" genannt, denn Todesfälle und Verstümmelungen sind häufig. Deshalb bewältigen auch viele der Auswanderer die mehr als 250 km in Richtung Norden zum nächstgelegenen Endbahnhof, Arriaga, lieber zu Fuß. Ein fesselnder Bericht über die Fahrt in mexikanischen Frachtzügen von Chiapas ist *Enrique's Journey* von Sonia Nazario. Wer Freiwilligenarbeit leisten und verletzten Zugflüchtlingen helfen will, wendet sich an die **Albergue Jesús el Buen Pastor del Pobre y el Migrante** (☎ 962-137-73-43; www.alberguebuenpastor.org.mx; Entronque a Raymundo Enríquez, Tapachula).

360/455 Mex$, mit Klimaanlage & TV 450/560 Mex$; (P) (❄)) Die Zimmer des Fénix sind recht unterschiedlich, daher sollte man sie sich vor dem Einchecken ansehen. Die im hinteren Teil sind im Allgemeinen die besseren. Einige der Zimmer mit Ventilator sind angenehm groß, ein paar der teureren Varianten hingegen leider eher klein.

Galerías Hotel y Arts (☎ 642-75-90; 4a Nte 21; www.galeriasartshotel.com; EZ 380–430 Mex$, DZ/3BZ 540/650 Mex$; (P) (❄)) Dieses hervorragende Boutique-Hotel erfüllt ziemlich viele Eigenschaften: klein, stylish, modern und obendrein noch preiswert. An den Wänden hängen viele tolle Kunstdrucke, die großen, behaglichen Zimmer verfügen über Klimaanlagen. Die Doppelzimmer sind geräumiger und die beiden gemütlichen Einzelzimmer ideal für Alleinreisende.

LP Tipp Casa Mexicana (☎ 626-66-05; www.casamexicanachiapas.com; 8a Sur 19; EZ 575 Mex$, DZ 675–775 Mex$; (P) (❄) (🏊)) Ein exquisites Boutique-Hotel, das bedeutenden Frauen aus der Geschichte Mexikos seine Ehrerbietung erweist. Die Gäste haben die Qual der Wahl bei den prächtigen Zimmern, die nach Heldinnen benannt sind, z. B. nach der Menschenrechtlerin und Anwältin Digna Ochoa oder nach der zapatistischen Kommandantin Ramona. Antiquitäten, üppige Pflanzen und interessante Kunstgegenstände schaffen eine beruhigende, kreative Atmosphäre. Die zehn Zimmer sind über zwei Stockwerke verteilt und rund um einen tropischen Innenhof mit kleinem Pool angeordnet. Außerdem gibt's eine kleine Bar und ein Restaurant, in dem hervorragende, hausgemachte Speisen auf den Tisch kommen. Alles in allem ist die Casa Mexicana eine wunderbare Unterkunft.

Hotel Tapachula (☎ 626-60-60; www.hoteltapachula.com; 9a Pte 17; EZ/DZ 690/790 Mex$, Suite 890–1040 Mex$; (P) (❄) (🏊)) Dieses Luxushotel mit Glasfront ist die vornehmste Adresse der Stadt. In den großen, stilvoll eingerichteten Zimmer mit Marmorfußboden nächtigt man in Kingsize-Betten oder einem Doppelbett (manchmal stehen davon sogar zwei drin). Von einigen Zimmern hat man einen schönen Blick auf den Vulkan. Das gute Restaurant, ein kleiner Pool und der elegant verglaste Fahrstuhl sind als weitere Pluspunkte zu verbuchen.

Ebenfalls zu empfehlen:

Hotel La Hacienda (☎ 626-61-00; Fax 625-20-61; 2a Sur 14; EZ/DZ/3BZ 360/430/540 Mex$; (P) (❄)) Modernes, komfortables Hotel. Die älteren Zimmer versprühen einen Hauch von Kolonialzeit.

Hotel Don Miguel (☎ 626-11-43; www.hoteldonmiguel.com.mx; 1a Pte 18; EZ 504 Mex$, DZ 628–701 Mex$, Suite 780–901 Mex$; (P) (❄)) Die hellen Zimmer sind mit Klimaanlage, TV und Telefon ausgestattet und haben bequeme Betten. Das Restaurant ist auch ganz ordentlich.

Essen

Naturalíssimo (☎ 625-17-27; Ecke Central Nte & 1a Pte; Hauptgerichte 25–40 Mex$; (🕒) 7–21.30 Uhr; (V)) Das preiswerte vegetarische Lokal befindet sich an einer windigen Ecke und hat frische Säfte im Angebot. An heißen Nachmittagen ist hier die Hölle los.

Hostal del Rey (☎ 625-07-55; 4a Nte 17; Frühstück 40–50 Mex$, Hauptgerichte 60–90 Mex$; (🕒) Mo–Sa 7–23, So 7–15 Uhr) Dienstbeflissene Kellner mit Fliege um den Hals kümmern sich in dem geräumigen, klimatisierten Hostal del Rey um das Wohl der Gäste. Dies hier ist genau der richtige Ort, um sich ein ausgedehntes Frühstück zu gönnen.

Los Comales Grill (☎ 626-24-05; 8a Nte 4; Hauptgerichte 50–85 Mex$; (🕒) 24 Std.) Wer gern mitten im Trubel ist, fühlt sich in diesem Open-Air-Restaurant in Toplage im Parque Hidalgo sicher wohl. Auf der Speisekarte stehen gute *caldo tlalpeño* (herzhaftes Huhn, Gemüse und Chilisuppe) und ordentliche Steaks. Donnerstags, samstags und sonntags gibt's von 20 bis 23 Uhr Marimbafonmusik.

Restaurante Los Jarrones (☎ 626-11-43; Hotel Don Miguel, 1a Pte 18; Hauptgerichte 60–140 Mex$) Das seit Jahren beliebte, angenehm klimatisierte Los Jarrones bietet eine riesige Auswahl an mexikanischen und internationalen Gerichten. Man sollte möglichst versuchen, einen Platz in der Nähe des Fensters zu ergattern – nur so kann man der rührseligen Livemusik der Bands entkommen, die hier jeden Abend auftreten.

LP Tipp Casas Viejas (☎ 625-27-97; 4a Sur 30; Hauptgerichte 75–140 Mex$ (🕒) Di–Sa 9–23 Uhr) Das Restaurant in einem phantastischen Innenhof zweier „alter Häuser" wurde erst 2007 eröffnet, aber es gehört schon jetzt zu den besten Adressen in ganz Chiapas. Matias Klein Kötter, Chefkoch und Inhaber in Personalunion, kreiert köstliche, phantasievolle internationale Gerichte mit Zutaten aus der Region. Das *pollo al tamarindo* (Hühnchen mit Tamarinden) und die *pasta de salmon* (Nudeln mit Lachs, Orangen und Tequila) versetzen die Einheimischen immer wieder in Verzückung. Wenn es nicht zu voll ist, bereitet die Küche auch ein Gericht ganz nach Wunsch des Gastes zu (u. a. auch Vegetarisches). Zum Nachtisch werden Kardamom aus Chiapas, Schokolade und Kaffee in leckere Crêpes verwandelt. Das Rezept für das schokoladige *pastel tlacopac* ist Kötters Familiengeheimnis, das er sehr gut hütet.

Im oberen Stockwerk des **Mercado Sebastián Escobar** (Ecke 5a Pte & 12a Nte; Hauptgerichte 35–45 Mex$ 🕒 6–17 Uhr) verstecken sich einige saubere und beliebte *comedores*, die riesige Portionen frisch zubereiteter chinesischer Gerichte servieren. Man verdrückt sie auf Bänken an Picknicktischen. Unbedingt großen Hunger mitbringen!

Ausgehen

Tapachula befindet sich mitten im Kaffeeanbaugebiet und hat dementsprechend natürlich eine gute Kaffeehauskultur zu bieten. Hier trifft man sich auch abends gern auf ein Tässchen.

Ángeles Alta Repostería Café (☎ 625-6731; 4a Nte 24B; Desserts 12–30 Mex$, Frühstück 38–45 Mex$; 🕒 7–23 Uhr) Hier kann man sich von einem Espresso den Kreislauf in Schwung bringen lassen, am besten in Begleitung eines guten Buchs oder einer Zeitung. Das moderne Café mit Klimaanlage verlockt mit herrlichen Desserts, einem guten Frühstück und kostenlosem WLAN.

Gramlich Café (1a Pte 9; Kaffee & Snacks 10–35 Mex$; 🕒 Mo–Fr 8.30–21.30, Sa 9–21.30, So 14–22 Uhr) In dem beliebten Kaffeehaus wird Biokaffee aus den Bergen im Norden der Stadt gebraut, den man in einer etwas altmodischen Atmosphäre trinkt.

Tutifruti (☎ 626-67-50; 1a Pte 14A; Säfte & Licuados 17 Mex$; 🕒 Mo–Sa 8–18 Uhr) Der Name lässt es erahnen: frisch gepresste Obstsäfte und kalte *licuados*.

An- & Weiterreise

BUS

Alle Deluxe-Busse und 1.-Klasse-Linien beginnen ihre Fahrten am **OCC-Busbahnhof** (☎ 626-28-81; 17a Ote s/n), der sich 1 km nordöstlich vom Parque Hidalgo befindet. Die wichtigsten 2.-Klasse-Verbindungen werden von **Rápidos del Sur** (RS; ☎ 626-11-61; 9a Pte 62) unterhalten. Täglich fahren u. a. die folgenden Busse am OCC ab (solange kein anderer Startpunkt angegeben ist):

Ziel	Preis (Mex$)	Dauer (Std.)	Häufigkeit (tgl.)
Comitán	154	6 (über Motozintla)	7-mal
Escuintla	20–52	1½	12-mal vom OCC, 26 RS
Mexico City	830–1200	18	12-mal
Oaxaca	388	11	1-mal
San Cristóbal de Las Casas	206	7½ (über Motozintla)	7-mal
Tonalá	85–164	3	6-mal vom OCC, 26-mal RS
Tuxtla Gutiérrez	130–434	6	10-mal vom OCC, 26-mal RS

Andere Busse vom OCC-Bahnhof verbinden Tapachula mit Palenque, Puerto Escondido und Villahermosa. Außerdem gibt's sechs tägliche Verbindungen von hier nach Guatemala City (5–6 Std.): **Trans Galgos Inter** (www.transgalgosinter.com.gt) fährt um 6, 10, 11.45 und 14.30 Uhr (260–370 Mex$) ab, **Línea Dorada** (www.tikalmayanworld.com) startet um 14.30 Uhr (150 Mex$) und **Tica Bus** (www.ticabus.com) um 7 Uhr (173 Mex$).

Galgos bringt einen auch zweimal täglich über Escuintla nach San Salvador, El Salvador (360 Mex$, 9 Std.) in Guatemala. Tica Bus fährt bis ganz nach Panama City und macht unterwegs einige längere Übernachtungsstopps.

Um Ziele im westlichen Guatemala zu erreichen, z. B. Quetzaltenango, nimmt man am besten an der Grenze einen Bus (s. S. 951).

FLUGZEUG

Der **Flughafen** (☎ 626-41-89; Carretera Tapachula-Puerto Madero Km 18,5) von Tapachula befindet sich 20 km südwestlich der Stadt. **Aviacsa** (☎ 625-40-30; Central Nte 18) fliegt dreimal täglich nach bzw. von Mexico City, genau wie **Aeroméxico** (☎ 626-39-21; Central Ote 4) und Mexicana.

Unterwegs vor Ort

Sociedades Transportes 149 (☎ 625-12-87; 2a Sur 68) hat einen Schalter in der Ankunftshalle im Flughafen. Die Fahrt ins Stadtzentrum kostet im *colectivo* 65 Mex$ pro Person, im eigenen Taxi zahlt man 150 Mex$ (für bis zu 2 Pers.).

Taxis innerhalb des Zentrums (inkl. der zum OCC-Busbahnhof) kosten 20 Mex$.

RUND UM TAPACHULA

Barra de Cahoacán

Diese Stadt liegt eine halbe Stunde (37 km) südwestlich von Tapachula an der Küste hinter

TABASCO & CHIAPAS

dem Flughafen und dem riesigen Kreuzfahrtschiffterminal Puerto Chiapas. Es gibt einen lässigen Strand mit *palapas*, einem mietbaren Pool und einem Meeresfrüchte-*comedor*. Von Juli bis Oktober versammeln sich hier die Wasserschildkröten. 2007 wurde ein Projekt ins Leben gerufen, durch das die Eier gesammelt und die Jungtiere nach der Geburt ausgesetzt werden. Alle 30 Minuten fahren *colectivos* von Tapachula (15 Mex$) hierher; die letzte Fahrt zurück ist um 18.20 Uhr.

Izapa

Die vorkolonialen Ruinen bei Izapa sind für Archäologen wichtig und für Archäologiefreaks wirklich interessant. Izapa hatte seine Glanzzeit von etwa 200 v. Chr. bis 200 n. Chr. Den Stil der Reliefs hier erkennt man am besten auf den großen Steinplatten, die als Stelen bezeichnet werden und hinter runden Altaren stehen. Sie zeigen die Nachkommen der Olmeken-Gottheiten. Ihre Oberlippen sind unnatürlich in die Länge gezogen. Einige Mayamonumente in Guatemala sind ganz ähnlich. Izapa wird als eine wichtige „Brücke" zwischen den Olmeken und den Maya angesehen. In Izapa sind 91 Stelen-und-Altar-Paare bekannt. Ein paar gut erhaltene Beispiele kann man im Museum von Tapachula (S. 947) besichtigen.

Izapa liegt 11 km östlich von Tapachula an der Straße nach Talismán. Hier gibt's drei Gruppen von **Ruinen** (Eintritt frei, Info 15 Mex$; 🕑 Di–So 10–17 Uhr). Um jede kümmert sich eine Verwalterfamilie. Die nördliche Gruppe ist auf der linken Seite der Straße, wenn man von Tapachula kommt. Hinter den niedrigen pyramidenförmigen Erdhügeln Ausschau halten! Man sieht außerdem einen Ballspielplatz und zahlreiche Stelen und Altäre mit Reliefs. Um die anderen Gruppen zu erreichen, von dort wieder 700 m zurück Richtung Tapachula fahren und eine ausgeschilderte unbefestigte Straße nach links nehmen. Dann kommt man an Häusern vorbei, in deren Gärten 2000 Jahre alte Skulpturen herumliegen. Nach 800 m kommt man an eine Gabelung mit Schildern, die zur Izapa Grupo A und Izapa Grupo B weisen. Beide sind nur 250 m weiter. Bei Grupo A sind zehn sehr verwitterte Stele-und-Altar-Paare rund um ein Feld zu sehen. Grupo B besteht aus einer Reihe von grasbedeckten Erdhügeln und noch mehr Steinskulpturen – beispielsweise ein paar seltsame Ball-auf-Säule-Dinger.

Um nach Tapachula zu kommen, am besten in ein Combi oder einen Minibus (10 Mex$) von **Unión y Progreso** (☎ 962-626-33-79; 5a Pte 53) einsteigen.

Santo Domingo, Unión Juárez & Volcán Tacaná

☎ 962

Der schlafende Kegel des Volcán Tacaná überragt nördlich von Tapachula die Landschaft. Selbst wenn man nicht daran interessiert ist, seinen Gipfel zu besteigen, locken die beiden Dörfer auf seinen traumhaft grünen unteren Hängen zu einem netten Ausflug. Das kühlere Klima dort ist eine willkommene Erholung von dem Dampfbad Tapachula.

Santo Domingo liegt 34 km nordöstlich von Tapachula, inmitten von Kaffeeplantagen. Die beeindruckende, dreistöckige *casa grande* aus Holz stammt aus den 1920er-Jahren. Sie gehörte einmal gemeinsam mit der Kaffeeplantage deutschen Einwanderern und wurde als **Centro Turístico Santo Domingo** (☎ 627-00-55; 🕑 8–20 Uhr) restauriert. Angeschlossen sind ein Restaurant (Hauptgerichte 35–80 Mex$), ein kleines Kaffeemuseum (10 Mex$) und schön gepflegte tropische Gärten sowie ein Pool (10 Mex$).

9 km hinter Santo Domingo liegt **Unión Juárez** (2700 Ew., 1300 m), der Ausgangspunkt für die Besteigung des Tacaná und für andere, weniger anspruchsvolle Wanderungen. Die Einwohner von Tapachula lieben es, an den Wochenenden und in den Ferien hier heraufzukommen und sich abzukühlen. Dann baden sie geradezu in *parrillada*, Tellern mit gegrilltem Fleisch und einer Portion Gemüse – eine echte Bedrohung für den Cholesterinspiegel!

Die beste Zeit für eine Besteigung des Tacaná ist zwischen dem späten November und März. Von Unión Juárez führen zwei Routen den Berg hinauf. Auf keiner braucht man Bergsteigerqualitäten, aber man sollte für beide zwei bis drei Tage einplanen, am besten auch noch Zeit zum Akklimatisieren. An der Spitze muss man auf extreme Kälte gefasst sein. Die weniger steile Strecke ist die über Chiquihuites, 12 km von Unión Juárez entfernt und mit dem Fahrzeug zu erreichen. Von da geht ein dreistündiger Marsch nach Papales. Dort kann man gegen eine Spende von 20 Mex$ in Hütten schlafen. Der Aufstieg von Papales zur Spitze dauert fünf Stunden. Die andere Route geht über Talquián, zu Fuß etwa zwei Stunden von Unión Juárez entfernt. Dann geht's durch Trigales, noch einmal fünf Stunden ab Talquián. Von dort bis zur Spitze ist es eine Klettertour von sechs Stunden. Die zwei Routen treffen sich ein paar Stunden unterhalb der Spitze. Von beiden hat man Zugang zu Campingplätzen.

Combis bringen Fahrgäste von Unión Juárez zu der kleinen Stadt Córdoba. Sie liegt etwa auf halber Strecke nach Talquián. Auf der Strecke kommt man auch an der Abzweigung nach Chiquihuites (von dort noch 1½ Std. zu Fuß entfernt) vorbei. Es ist nicht schlecht, sich in Unión Juárez einen Führer zum Tacaná zu nehmen. Im **Hotel Colonial Campestre** (☎ 647-20-15) nach den Valera-Brüdern fragen oder im **Cafetal de la Montaña** (☎ 647-20-31) nach Humberto Ríos. Ein Aufstieg kostet um die 500 Mex$.

Ein weiterer Ort, den man in dieser Region ansteuern kann, ist **Pico del Loro**. Der wie ein Papageischnabel überhängende Felsen bietet einen herrlichen Panoramablick. Wenn man die Straße von Santo Domingo nach Unión Juárez etwa auf halber Strecke verlässt, führt ein 5 km langer, befahrbarer Pfad bis zum Felsen. Man kann auch nach dem Weg zum **La Ventana** („das Fenster") fragen, einem Aussichtspunkt mit Blick über das Tal des Río Suchiate (die internationale Grenze). Außerdem gibt's hier die **Cascadas Muxbal**. Beide sind jeweils etwa eine Stunde zu Fuß von Unión Juárez entfernt.

SCHLAFEN & ESSEN

Hotel Aljoad (☎ 647-21-06; EZ/DZ 100/200 Mex$) Das direkt nördlich der Plaza von Unión Juárez gelegene Hotel Aljoad bringt seine Gäste in sauberen, ordentlichen Zimmer rund um einen großen Innenhof unter. Alle Zimmer haben Bäder und Warmwasser. Recht preisgünstig essen kann man hier auch.

Hotel Colonial Campestre (☎ 647-20-15; EZ/DZ 200/300 Mex$; Hauptgerichte 50–80 Mex$) Dieses Hotel liegt ein paar Blocks unterhalb der Plaza von Unión Juárez. Seine geräumigen Zimmer sind mit Bad und TV ausgestattet, daneben gibt's eine schöne Aussicht und ein Restaurant (Parrillada für 2 Pers. 155 Mex$).

An der Plaza von Unión Juárez gibt's viele *comedores* und Restaurants.

AN- & WEITERREISE

In Tapachula nimmt man zunächst ein *colectivo*-Taxi (15 Mex$, 30 Min.) an der 10a Norte, zwischen 9a und 11a Pte, nach Cacahoatán, 20 km nördlich. Von der Endhaltestelle in Cacahoatán geht's dann in Combis von Transportes Tacaná weiter nach Santo Domingo (10 Mex$, 30 Min.) und nach Unión Juárez (10 Mex$, 45 Min.).

Kaffee-Fincas

In den Hügeln nördlich von Tapachula gibt's zahlreiche Kaffee-*fincas* (Ländereien), von denen viele vor mehr als 100 Jahren von deutschen Einwanderern gegründet wurden. Hier sind Angebote für geführte Touren, Restaurants und Übernachtungsmöglichkeiten zu finden.

Finca Argovia (☎ 962-692-30-51; www.argovia.com.mx; Zi. inkl. Frühstück ab 625 Mex$/Pers.)

Finca Hamburgo (☎ 962-626-64-04; www.fincahamburgo.com; DZ ab 1000 Mex$)

Finca Irlanda (☎ 962-625-92-03; www.fincairlanda.grupopeters.com; Zi. inkl. Frühstück 600 Mex$/Pers., 4-Pers.-Suite inkl. Mahlzeiten 1800 Mex$)

Grenzstädte

Es sind 20 km von Tapachula bis zur internationalen Grenze in Talismán gegenüber von El Carmen in Guatemala; der Grenzübergang bei Ciudad Hidalgo liegt 37 km von Tapachula entfernt. Auf der anderen Seite in Guatemala befindet sich Ciudad Tecún Umán. Dieser Übergang ist relativ voll, aber dafür hat man hier bessere Anschlussverbindungen. An beiden Grenzpunkten kann man Geld tauschen. Auch wenn die Übergänge rund um die Uhr geöffnet sind, sollte man aus Sicherheitsgründen die Grenze doch am frühen Nachmittag passiert haben. Dann ist es auch wahrscheinlicher, dass die Weiterreise klappt. Achtung: Die Geldwechsler am Grenzübergang in Ciudad Hildalgo jubeln Touristen oft gefälschte Geldscheine unter.

AN- & WEITERREISE

Die Combis von **Autotransportes Paulino Navarro** (☎ 962-626-11-52; 7a Pte 5, Tapachula) fahren zwischen 4.30 und 21.30 Uhr alle zehn Minuten nach Ciudad Hidalgo (15 Mex$, 50 Min.).

Unión y Progreso (☎ 962-626-33-79; 5a Pte 53, Tapachula) schickt Combis zwischen 5 und 22 Uhr alle paar Minuten nach Talismán (10 Mex$). Die Taxifahrt von Tapachula nach Talismán dauert 20 Minuten und kostet ca. 100 Mex$. Vor dem OCC-Busbahnhof in Tapachula warten Taxis, die einen zu den beiden Grenzübergängen bringen.

Häufig verkehrende Busse in Richtung Guatemala City verlassen Ciudad Tecún Umán bis ca. 18 Uhr (8 US$, 6 Std.). Sie fahren die Route hinunter zum Pazifik und passieren Retalhuleu und Escuintla. Busse nach Quetzaltenango (3,50 US$, 3½ Std.) starten bis ca. 14 Uhr.

Die meisten Busse von El Carmen passieren Ciudad Tecún Umán und fahren dann weiter bis an den Pazifik; pro Tag gehen etwa 20 von ihnen nach Guatemala City (8,50 US$, 7 Std.). Wer nach Quetzaltenango will, nimmt beispielsweise einen dieser Busse und steigt dann in Coatepeque oder Retalhuleu um. Alternativ kann man sich aber auch von einem *colectivo*-Taxi über San Marcos nach Malacatán bringen lassen. Dort muss man sich dann um den Weitertransport kümmern.

Um zum Atitlán-See oder nach Chichicastenango zu gelangen, muss man zuerst nach Quetzaltenango fahren.

Autofahrer aufgepasst: Die Stelle, die Genehmigungen für die Ein- oder Ausfuhr von Fahrzeugen nach oder aus Mexiko erteilt, ist nördlich von Tapachula auf dem Hwy 200 an der Carretera Tapachula-Huixtla bei Km 8.

Halbinsel Yucatán

Die Halbinsel Yucatán steht, zwischen Fortschritt und Tradition gefangen, am Scheideweg. Auf der einen Seite sind da die riesigen Megaresorts mit ihrem oft lächerlichen Pomp. Auf der anderen Seite findet man die mit stolz gepflegten Traditionen der Maya und den Alte-Welt-Charme der Meisterwerke aus der Kolonialzeit, z.B. in Mérida und Campeche. Und dazwischen schlägt an jedem wasserstoffblonden Strand und auf jedem Fleckchen Urwald das Herz von Ixchel, der Erdgöttin, die sich an ihrer Schöpfung ergötzt.

Trotz übereifriger Bauprojekte ist die Schönheit von Yucatáns Natur erhalten geblieben. Über den Köpfen ertönt noch immer das himmlische Gurren des Motmots, während unten die Krabbeltiere herumwuseln, die dieses Stück Erde aus Urwald und Gestrüpp Jahr für Jahr erneuern. Tief im Hinterland plätschern Süßwasserflüsse, die sich ihren Weg durch Kalksteinhöhlen bis zu den kristallklaren Gewässern der Karibischen See und des Golfs bahnen. Aus dem tiefblauen Meer erhebt sich das Mesoamerikanische Riff, das zweitgrößte Barriereriff der Welt – ein tolles Ziel für Taucher und Schnorchler. Und an der Küste geben zahlreiche Lagunen und Cenoten (Trichter im Kalkgestein) spektakuläre Schwimmstellen ab.

Ständig vermischen, streiten und verheddern sich hier Vergangenheit und Gegenwart. Zu beobachten ist dies überall – in den Tempeln der Maya, Tolteken und Itzá, den Straßen der Stadtzentren aus der Kolonialzeit und im weisen Lächeln der Nachfahren der Maya.

HIGHLIGHTS

- Sich morgens von der abgelegenen Küstenstadt **Xcalak** (S. 1002) an der Costa Maya zur Vogelbeobachtung aufmachen und dann etwas später bei **Banco Chinchorro** (S. 1001) tauchen gehen
- Beim Aufstieg auf die riesige Pyramide von **Calakmul** (S. 1056) die Hitze spüren, während Tukane vorbeischwirren
- Die Kolonialarchitektur bestaunen und ein Gratiskonzert in **Mérida** (S. 1010), der Kulturhauptstadt der Halbinsel, besuchen

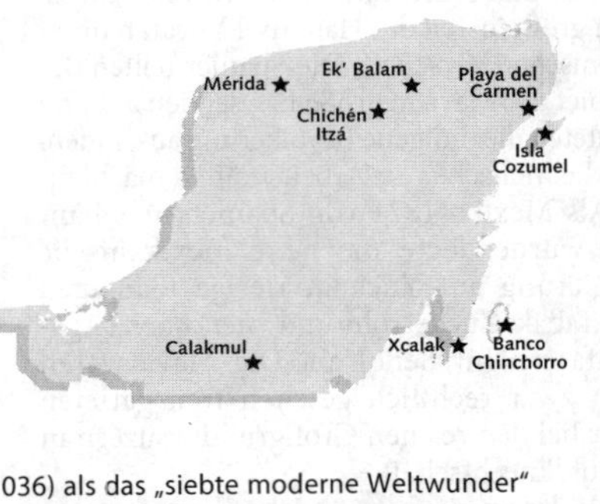

- Herausfinden, warum man **Chichén Itzá** (S. 1036) als das „siebte moderne Weltwunder" bezeichnet, und warum **Ek' Balam** (S. 1044) eigentlich auf diese Liste gehören sollte
- In einem der angesagten Clubs am Strand von **Playa del Carmen** (S. 974) bis in die frühen Morgenstunden feiern, dann eine Fähre zur **Isla Cozumel** (S. 978) hinüber nehmen und den ganzen Tag schnorcheln und baden

MAX. TEMPERATUR CANCÚN, JANUAR: 27 °C	MAX. TEMPERATUR CANCÚN, JULI: 31 °C

Geschichte

Die Maya waren ausgezeichnete Astronomen und Mathematiker und die Architekten einiger der prächtigsten Bauwerke der Menschheit. Ihre ersten Siedlungen gründeten sie schon um 2400 v. Chr., und zwar im heutigen Guatemala. Im Laufe der Jahrhunderte breitete sich diese Zivilisation immer weiter nach Norden aus und um 550 n. Chr. entstanden die ersten Stadtstaaten der Maya im südlichen Yucatán. Im 10. Jh., mit der Invasion der kriegerischen Tolteken aus Zentralmexiko, lösten sich die großen Städte im südlichen Yucatán nach und nach auf und die allgemeine Aufmerksamkeit richtet sich gen Norden auf neue mächtige Städte wie Chichén Itzá.

Die letzte der großen Mayastädte, Mayapán (S. 1029), brach um 1440 zusammen, als die Xiú-Maya und die Cocom-Maya einen langen, gewaltsamen Machtkampf ausfochten. 1540 nutzte der spanische Eroberer Francisco de Montejo der Jüngere (Sohn des legendären Konquistadoren Francisco de Montejo des Älteren) die Spannungen zwischen den Mayagruppierungen aus, um die Gegend zu erobern. Die Spanier verbündeten sich mit den Xiú gegen die Cocom, besiegten die Cocom und bekehrten die widerspenstigen Xiú zum Christentum.

Francisco de Montejo der Jüngere gründete 1542 mit seinem Vater Francisco de Montejo dem Älteren und seinem Neffen (der – man ahnt es – auch Francisco de Montejo hieß) Mérida und brachte innerhalb von vier Jahren den größten Teil der Halbinsel Yucatán unter spanische Herrschaft. Die Spanier teilten das Gebiet der Maya in große Ländereien auf und beuteten die indigene Bevölkerung aus, indem sie die Menschen zu Arbeitskräften machten.

Als Mexiko 1821 von Spanien unabhängig wurde, legte die neue mexikanische Regierung auf Yucatán riesige Plantagen für Tabak, Zuckerrohr und *henequén* (Agavenfasern für Seile) an. Die Maya waren nun zwar rechtlich gesehen frei, gerieten aber bei den reichen Großgrundbesitzern in Schuldknechtschaft.

Nachdem sie fast 300 Jahre lang von den Spaniern und ihren Nachfolgern unterdrückt worden waren, zettelten die Maya 1847 einen gewaltigen Aufstand an. Das war der Anfang des Kastenkriegs. Erst 1901, nach mehr als 50 Jahren sporadischer, aber oft heftiger Gewalt, wurde ein Friedensabkommen erzielt. Und es dauerte noch einmal 30 Jahre, bis das Gebiet von Quintana Roo unter die offizielle Kontrolle der Regierung kam – bis heute erkennen nicht alle Maya diese Kontrolle an.

Der wirtschaftlich-touristische Erfolg von Cancún Anfang der 1970er-Jahre führte dazu, dass Hunderte von Kilometern öffentlicher Strände an der Karibikküste an Bauunternehmer verkauft und kleine Fischerdörfer umgesiedelt wurden. Auch wenn viele der indigenen Bewohner sich immer noch mit Landwirtschaft im kleinen Stil oder Fischen durchschlagen, arbeiten heute sehr viele in der Baubranche und im Dienstleistungssektor. Einige haben sich auch – oft ohne äußeres Einwirken – auf den Ökotourismus verlegt und ihr Land für Touristen zugänglich gemacht oder arbeiten als Reiseführer.

Klima

Auf der Halbinsel Yucatán ist es heiß und feucht. Die Regenzeit dauert von Mitte August bis Mitte Oktober; in dieser Zeit gibt es an den meisten Nachmittagen Schauer. Die beste Reisezeit ist in den trockeneren und etwas kühleren Monaten zwischen November und März. Hurrikans haben von Juni bis November Saison.

Parks & Naturschutzgebiete

Auf der Halbinsel gibt es mehrere Nationalparks, von denen einige kaum größer sind als die Mayastädte, die sie schützen – der Parque Nacional Tulum, wo die Tulum-Ruinen stehen (S. 990), ist ein gutes Beispiel. Die Reserva de la Biosfera Ría Lagartos (S. 1045), die Reserva de la Biosfera Ría Celestún (S. 1032) und die Reserva de la Biosfera Banco Chinchorro (S. 1001) umfassen mehrere Tausend Hektar Land und Wasser. Noch beeindruckender sind die Reserva de la Biosfera Calakmul (S. 1055) und Reserva de la Biosfera Sian Ka'an (S. 998) – beide sind riesig.

Gefahren & Ärgernisse

Es gibt hier kaum Gefahren, denn auf der Halbinsel Yucatán sind Gewaltverbrechen sehr selten und die Einheimischen rühmen sich sogar für die Sicherheit ihrer Viertel und Straßen. In den großen Städten – Cancún, Playa del Carmen und Mérida – kommen allerdings manchmal Diebstähle vor, besonders im Gedränge, das beispielsweise auf den Märkten herrscht.

Unbeaufsichtigte Taschen und Habseligkeiten – sogar die schäbigsten alten

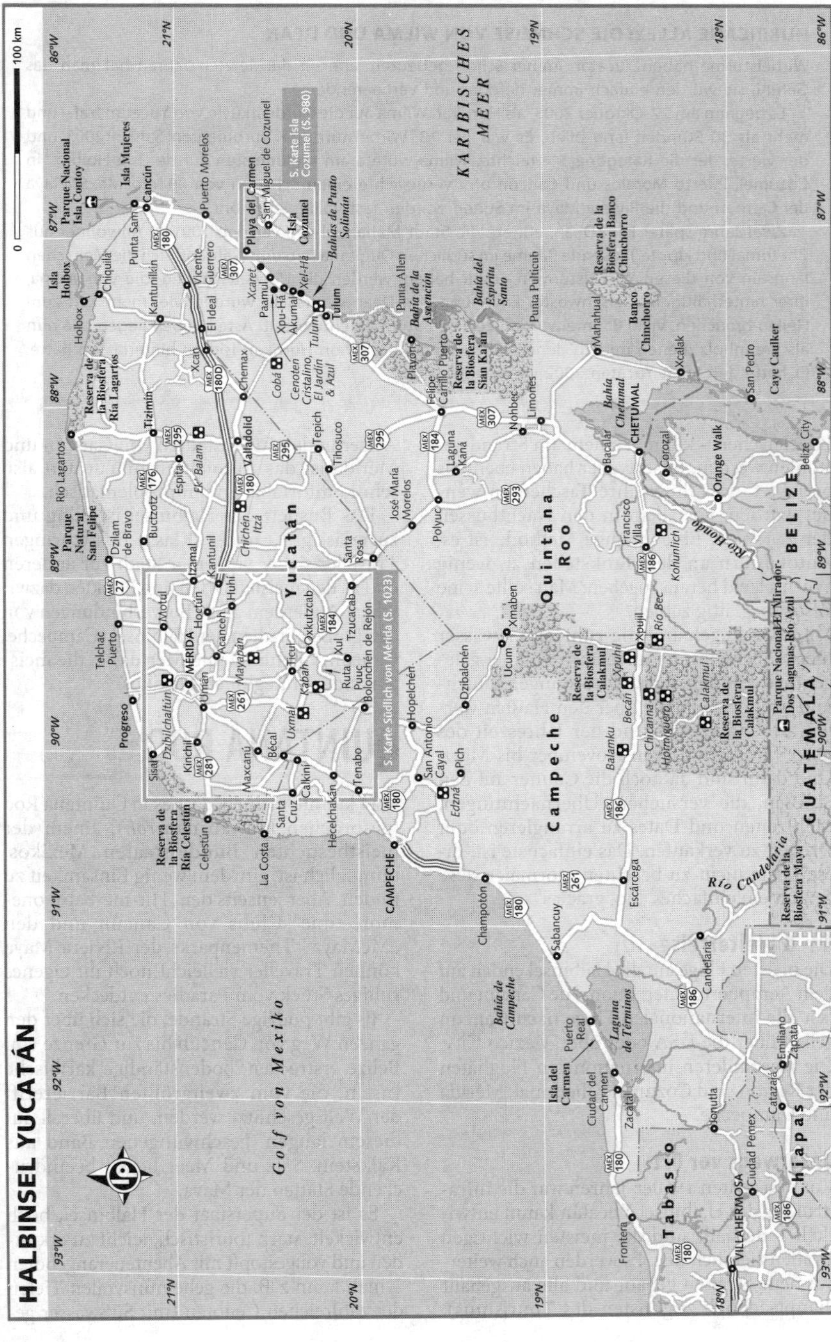

HALBINSEL YUCATÁN

HURRICANE ALLEY: DIE SCHNEISE VON WILMA UND DEAN

Wirbelstürme haben Yucatán immer schon gebeutelt, aber in den letzten Jahren hat man das Gefühl, sie würden einfach immer heftiger und verheerender.

Es begann am 22. Oktober 2005, als Hurrikan Wilma auf die Nordostküste von Yucatán traf – und mehr als 30 Stunden lang blieb. Es war der 13. Wirbelsturm der turbulenten Saison 2005 und der vierte, der die Kategorie 5 erreichte. Wilma wütete am schlimmsten auf der Isla Holbox, in Cozumel, Puerto Morelos und Cancún und verursachte einen Schaden von 80 Mrd. Mex$. Playa del Carmen und die Riviera Maya im Süden wurden fast völlig verschont.

Zwei Jahre später kam Dean, ebnete die Stadt Mahahual ein, vertrieb 100 000 Anwohner aus Chetumal und kippte Tausende Bäume im südlichen Quintana Roo um. Während sich die Menschen langsam von diesen Wirbelstürmen erholt haben, werden die Umweltschäden, die von Wilma, ihrer hinterhältigen Stiefschwester Emily und von Dean verursacht wurden, viel mehr Zeit zum Heilen brauchen. Viele Bäume wurden von den Stürmen entwurzelt. Äste blieben liegen, die nun als Brennholz dienen und zu denen hinzukamen, die schon Hurrikan Isidore hinterlassen hatte. Er hatte den Staat Yucatán 2002 verwüstete.

Badelatschen – können einem am Strand gestohlen werden. Bustraveller haben ebenfalls berichtet, dass ihnen ihre Taschen entwendet wurden, vor allem in den Nachtbussen der 2. Klasse. Eine gängige Methode ist es, Autofahrern an den Tankstellen zu wenig Wechselgeld herauszugeben: Man sollte seine Pesos sorgfältig zählen.

In der Regel sind die ruhigen Gewässer hier für Schwimmer ungefährlich. Aber gelegentlich können starke Strömungen Tauch- und Schnorchelpläne über den Haufen werfen, besonders während der Jahreszeit des *norte* (Nordwind) von November bis März. Und dann sind da noch die Gauner auf den Straßen, die versuchen, Übernachtungen, Mahlzeiten und Dates zu arrangieren oder Drogen zu verkaufen. Das einfachste ist, diese Leute nicht zu beachten; normalerweise genügt ein einfaches „no, gracias".

An- & Weiterreise

Die meisten Flüge auf die Halbinsel enden auf dem Aeropuerto International de Cancún und fast alle internationalen Flüge nach Cancún gehen über die USA oder über Mexico City. Die vier anderen internationalen Flughäfen der Region sind Cozumel, Chetumal, Mérida und Campeche.

Unterwegs vor Ort

Vor den späten 1960er-Jahren war die Infrastruktur der Halbinsel Yucatán kaum entwickelt – deshalb sind die meisten wichtigen Straßen ziemlich neu. Es werden auch weiterhin neue Straßen gebaut und alte ausgebaut (hauptsächlich zugunsten des Tourismus). Außer in den Innenstädten von Cancún und Mérida ist das Autofahren in Yucatán also sehr komfortabel und unproblematisch.

Das Busnetz der Halbinsel ist billig und zuverlässig. 1.- und 2.-Klasse-Busse bringen Traveller sicher von einer Stadt zur anderen und zu den meisten Orten und Punkten dazwischen. Außerdem gibt's Busverbindungen von den großen Städten der Halbinsel (Campeche, Cancún, Chetumal und Mérida) in die meisten anderen Regionen Mexikos.

QUINTANA ROO

Man könnte meinen, dass es in Quintana Roo (gesprochen kin-tah-nah-*roh*), einem der meistbesuchten Bundesstaaten Mexikos, unmöglich ist, ein klein wenig Einsamkeit zu finden. Aber jenseits der „Hit-me-baby-one-more-time"-Clubs von Cancún und den „McMaya"-Themenparks der Riviera Maya können Traveller vielleicht noch ihr eigenes ruhiges Stück vom Paradies entdecken.

Es gibt pudrige Strände, die sich über den ganzen Weg von Cancún bis zur Grenze von Belize erstrecken, bodenständige karibische Inseln, die vom zweitgrößten Barriereriff der Welt geschützt werden, und überall auf diesem langen, geschwungenen Band aus Kalkstein, Salz und Meer liegen beeindruckende Stätten der Maya.

Es ist der Superstaat der Halbinsel, hoch entwickelt, stark touristisch, leicht zu erkunden und vollgestopft mit Abenteuerangeboten – man kann z. B. die geheimnisvollen Tiefen der zahlreichen Cenoten (mit Süßwasser gefüllte Trichter im Kalkstein) in der Region erforschen, findet Tauchspots von Weltklasse vor oder sucht sich seinen eigenen Weg zu selten besuchten Ruinen wie Dzinbanché und Kohunlich im Herzen des Mayalands.

Die meisten Trips nach Quintana Roo beginnen und enden in Cancún. Die unglaublich schicken Orte Playa del Carmen und Cozumel (eine Wonne für Taucher) sowie die Isla Mujeres sind die Sahnehäubchen unter den sehr touristischen Märchenreichen von Quintana Roo (die aber immer noch verdammt gute Orte sind, um Ferien zu machen).

In den letzten Jahren sind einige Hurrikans – Wilma, Emily und Dean, um nur die Stars zu nennen – über die Region hereingebrochen. Aber Quintana Roo ist heute zu riesig, um von einem Hurrikan ausgeknockt zu werden. Da brauchte es schon mindestens ein Dutzend gieriger Bauträger, eine Menge Ränkespiele und ein paar weitere Millionen selbstgefälliger Besucher, um die Totenglocke erklingen zu lassen.

Die Hauptsaison in Quintana Roo geht von Juli bis August, von Mitte Dezember bis Mitte Januar und von Ende Februar bis Anfang März (Frühlingsferien in den USA). Die Woche vor und nach Ostern gehört ebenfalls zur Hauptsaison, fällt aber meist ohnehin mit den Frühlingsferien zusammen.

CANCÚN

☎ 998 / 526 700 Ew.

Anders als in anderen Städten der Welt macht man sich in Cancún einfach keine Sorgen. Der Ort ist unverfroren und dreist, und das macht ihren Hochglanzcharme aus. Also her mit den Mayatänzern, den verwegenen Piraten und den Bier saufenden US-Amerikanern, die ihre Frühlingsferien genießen. Cancún kann's verkraften. Aber kann man selbst es auch?

Cancún ist wie Las Vegas, Ibiza oder Dubai – eine Partystadt, die einfach nicht aufgibt. Und zu alledem kommt noch ein ziemlich guter Strand. So wird daraus einer der stärksten Touristenmagneten der westlichen Hemisphäre, der jährlich bis zu 4 Mio. Besucher (vor allem aus den USA) anzieht.

Man mag kaum glauben, wie dieses kleine Fischerdorf zu einem weltbekannten Phänomen geworden ist. In den 1970er-Jahren beschlossen ehrgeizige Planer in Mexiko, Acapulco mit einem brandneuen Weltklasseresort auszustechen, das auf der Halbinsel Yucatán liegen sollte. Cancún war geboren. Auch wenn es nicht nach jedermanns Geschmack ist – und diese Art von Massentourismus wird sicher nicht alle Traveller interessieren – kann man, wenn man schon mal hier ist, auch in den Kitsch und Tand eintauchen, die diese Stadt so einzigartig machen.

Orientierung

Cancún besteht aus zwei verschiedenen Arealen: der eigentlichen Stadt, Ciudad Cancún, und dem Hotelgebiet, der Zona Hotelera. Ciudad Cancún liegt auf dem Festland. Die touristisch interessante Gegend wird als *el centro* (Innenstadt) bezeichnet. Die wichtigste Nord-Süd-Achse ist die Av Tulum, ein 1 km langer Boulevard, der von Bäumen, Bankgebäuden, Einkaufszentren und Restaurants gesäumt wird. In der Innenstadt befinden sich auch ein paar ganz nette, kleine Hotels, von denen viele einen Swimmingpool haben. Sie liegen zwar nicht am Strand, aber der ist per Bus oder Taxi ganz einfach erreichbar.

Die sandige Spitze der Isla Cancún wird normalerweise als Zona Hotelera bezeichnet. Der Blvd Kukulcán, eine vierspurige Straße, führt von Ciudad Cancún mehrere Kilometer nach Osten zur Insel, vorbei an Apartmenthäusern, Hotels und Einkaufszentren, und endet an der Punta Cancún (Cancún Point) und dem Centro de Convenciones (Kongresszentrum).

Nur wenige Gebäude in der Zona Hotelera haben eine Hausnummer. Stattdessen wird ihre Entfernung zum Km 0 angegeben, weil schließlich die meisten am Blvd Kukulcán liegen. Das Nordende des Boulevards in Ciudad Cancún ist durch ein Schild mit der Aufschrift „Km 0" gekennzeichnet, und jeder weitere Kilometer wird entsprechend angezeigt.

Praktische Informationen

BUCHLÄDEN

Fama (Karte S. 960; ☎ 884-65-41; Av Tulum 105 SM 22 M4 Lotes 27 & 27A)

GELD

An der Av Tulum, zwischen der Av Cobá und der Av Uxmal gibt's mehrere Banken mit Geldautomaten.

GEPÄCKAUFBEWAHRUNG

Im Voraus zu bezahlende Schließfächer (70 Mex$/24 Std.) findet man am Flughafen, gleich außerhalb der Abfertigung in der internationalen Ankunftshalle.

INTERNETZUGANG

Internetcafés gibt's im Zentrum von Cancún jede Menge. Die Verbindungen sind schnell und günstig, denn sie kosten 15 Mex$ oder weniger pro Stunde.

MEDIZINISCHE VERSORGUNG

American Medical Care Center (Karte S. 959; ☎ 884-61-33; Plaza Quetzal, Blvd Kukulcán Km 8)

NOTFALL

Cruz Roja (Rotes Kreuz; ☎ 884-16-16)
Feuerwehr (☎ 060)
Polizei (Karte S. 959; ☎ 060; Blvd Kukulcán)
Touristenpolizei (☎ 885-22-77)

POST

Hauptpost (Karte S. 960; ☎ 884-14-18; Ecke Avs Xel-Há & Sunyaxchén; Mo–Fr 8–18, Sa 9–13 Uhr)

REISEBÜROS

Nómadas (Karte S. 960; ☎ 892-23-20; www.nomadastravel.com; Av Cobá 5) In der Innenstadt, gleich beim Soberanis Hostal. Auf Studenten ausgerichtet.

TOURISTENINFORMATION

Cancún Convention & Visitors Bureau (Karte S. 960; ☎ 884-65-31; Av Cobá; Mo–Fr 9–14 & 16–19 Uhr)
Staatliche Touristeninformation (Sedetur; Karte S. 960; ☎ 884-80-73; Pecari 23; Mo–Fr 9–21 Uhr)

WÄSCHEREI

Lava y Seca (Karte S. 960; ☎ 892-47-89; Crisantemos 20; 15 Mex$/kg; Mo–Sa 9–18 Uhr) In der Innenstadt.

Gefahren & Ärgernisse

Cancún hat den Ruf, eine sichere Stadt zu sein, und die Zona Hotelera ist besonders gut polizeilich bewacht und abgesichert; dennoch ist es wie überall auf der Welt das beste, keine Wertgegenstände unbeaufsichtigt im Hotelzimmer oder gar neben dem Badetuch am Strand liegen zu lassen.

Der dichte Verkehr auf dem Blvd Kukulcán, vor allem zwischen den verschiedenen Einkaufszentren, Bars und Diskotheken bei der Punta Cancún, stellt ein echtes Problem dar.

Ein System farbiger Fähnchen warnt die Strandgänger vor möglichen Gefahren.

Blau Normal, sichere Bedingungen.
Gelb Vorsichtig sein; die Bedingungen können sich ändern.
Rot Unsicher; man sollte lieber nur in Swimmingpools baden.

Sehenswertes & Aktivitäten

MAYARUINEN

Es gibt zwei Anlagen mit Mayaruinen in der Zona Hotelera. Auch wenn keine besonders beeindruckend ist, lohnt sich bei beiden doch ein kurzer Blick, wenn man die Zeit dazu hat. Die **Zona Arqueológica El Rey** (Karte S. 959; Eintritt 34 Mex$; 8–17 Uhr) liegt auf der Westseite des Blvd Kukulcán zwischen Km 17 und 18. Hier gibt's einen kleinen Tempel und mehrere Zeremonialplätze.

Die andere, kleinere Stätte ist **Yamil Lu'um** (Karte S. 959; Eintritt frei). Sie liegt auf dem Gipfel einer kleinen Anhöhe am Strand, in der Nähe des Sheraton Cancún Hotel. Um die Stätte zu erreichen, muss man durch eines der Hotels hindurch, die an sie angrenzen, oder den Weg über den Strand nehmen. Vom Boulevard aus gibt's keinen direkten Zugang. Die winzige Mayastätte und die Chac-Statue (Regengott der Maya) auf dem gepflegten Gelände des Sheraton Hotel sind authentisch.

STRÄNDE

Nach mexikanischem Recht darf man jeden Strand des Landes betreten und dort schwimmen, außer wenn er in einer militärischen Sperrzone liegt. In Wirklichkeit sind aber viele Strände fast nur über eine Hotellobby zu erreichen, besonders in der Zona Hotelera. Wer allerdings nicht gerade verdächtig oder wie ein Einheimischer aussieht (Hotels diskriminieren Einheimische oft, vor allem die Maya), kann normalerweise ungehindert durch eine Lobby zum Strand gehen.

Von Ciudad Cancún im Nordwesten aus gesehen liegen alle Strände der Isla Cancún auf der linken Straßenseite (während die Lagune rechts ist; alle Strände sind auf der Karte S. 959 zu finden). Die ersten Strände sind **Playa Las Perlas**, **Playa Juventud**, **Playa Linda**, **Playa Langosta**, **Playa Tortugas** und **Playa Caracol**; hinter Punta Cancún folgen in Richtung Süden **Playa Gaviota Azul**, **Playa Chac-Mool**, **Playa Marlin**, die langgezogene **Playa Ballenas** und bei Km 17 schließlich **Playa Delfines**.

Die Playa Delfines ist so ziemlich der einzige Strand mit einem öffentlichen Parkplatz. Leider ist der Sand hier gröber und dunkler als der exquisit feine Sand der Strände weiter im Norden.

WASSERSPORT

Die nahe gelegenen Riffe bieten gute **Schnorchelbedingungen**. Resorts, Reisebüros und

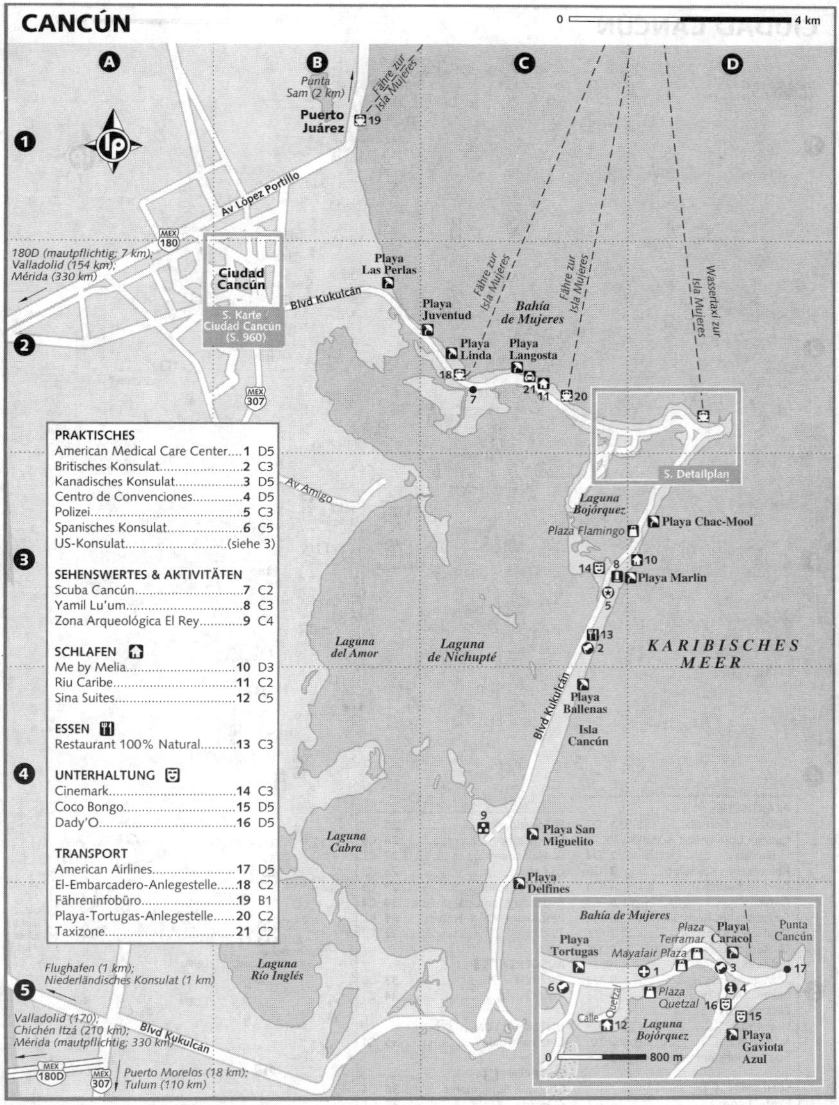

verschiedene örtliche Tourunternehmer organisieren Bootsfahrten zum Schnorcheln am Riff und zu interessanten Orten im Umkreis von 100 km. Das allerdings eher dürftige Unterwasserleben direkt vor den Stränden von Cancún kann man auch mit einer Schnorchelausrüstung erkunden. In den meisten Luxushotels kann man solche Ausrüstungen für rund 100 Mex$ pro Tag ausleihen.

Scuba Cancún (Karte S. 959; ☎ 849-52-26; www.scubacancun.com.mx; Blvd Kukulcán Km 5,2) befindet sich in Familienbesitz und verfügt über ein PADI-Zertifikat. Dieses Serviceunternehmen für Taucher hat schon viele Jahre Erfahrung und war der erste Tauchshop in Cancún. Es bie-

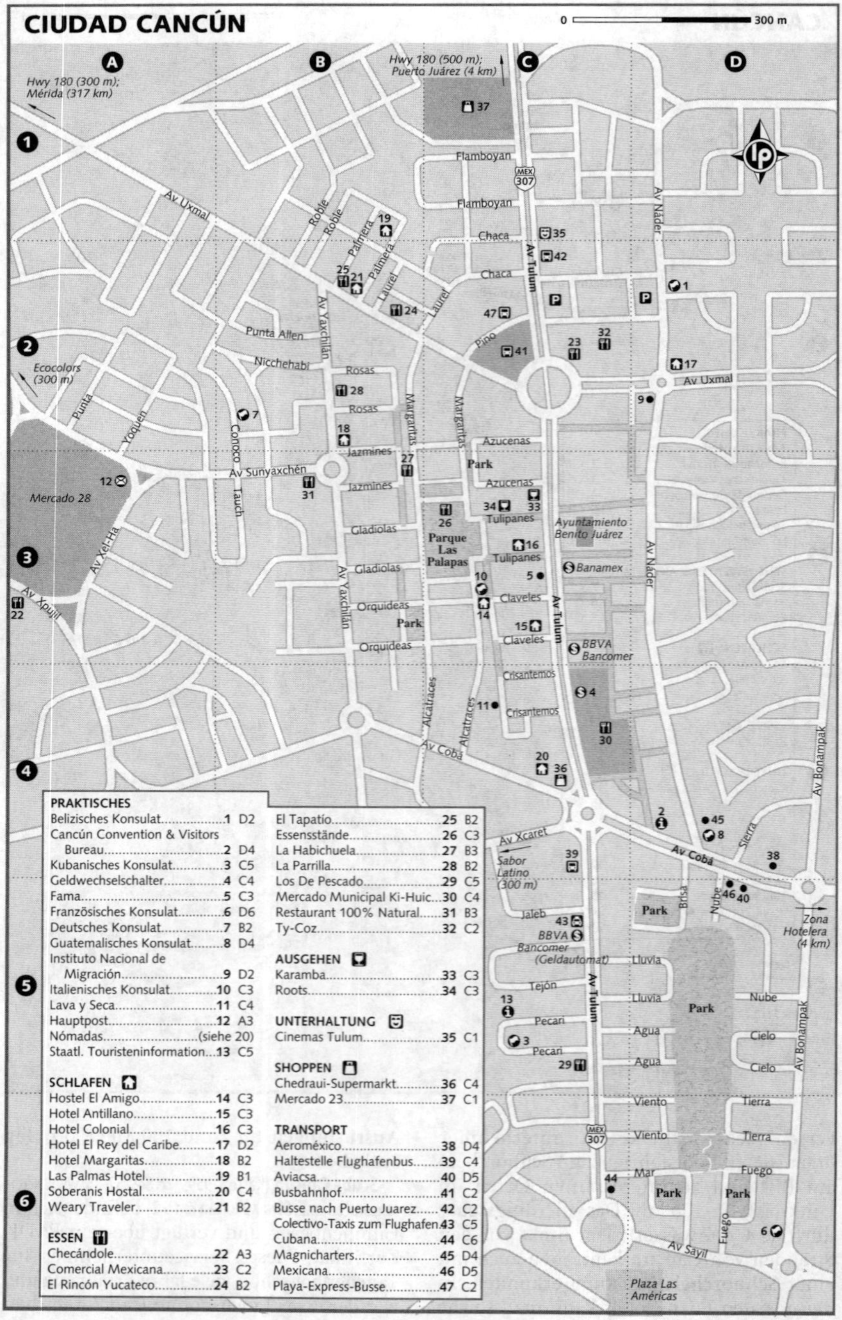
CIUDAD CANCÚN
0 300 m
Hwy 180 (300 m); Mérida (317 km)
Hwy 180 (500 m); Puerto Juárez (4 km)
Ecocolors (300 m)
Sabor Latino (300 m)
Zona Hotelera (4 km)
Mercado 28
Ayuntamiento Benito Juárez
Parque Las Palapas
Plaza Las Américas
Av Uxmal
Av Tulum
Av Nader
Av Yaxchilán
Av Sunyaxchén
Av Cobá
Av Xcaret
Av Bonampak
Av Sayil
Av Xel-Ha
Av Xpuil
Banamex
BBVA Bancomer
BBVA Bancomer (Geldautomat)
PRAKTISCHES
Belizisches Konsulat 1 D2
Cancún Convention & Visitors Bureau 2 D4
Kubanisches Konsulat 3 C5
Geldwechselschalter 4 C4
Fama 5 C3
Französisches Konsulat 6 D6
Deutsches Konsulat 7 B2
Guatemalisches Konsulat 8 D4
Instituto Nacional de Migración 9 D2
Italienisches Konsulat 10 C3
Lava y Seca 11 C4
Hauptpost 12 A3
Nómadas (siehe 20)
Staatl. Touristeninformation 13 C5
SCHLAFEN
Hostel El Amigo 14 C3
Hotel Antillano 15 C3
Hotel Colonial 16 C3
Hotel El Rey del Caribe 17 D2
Hotel Margaritas 18 B2
Las Palmas Hotel 19 B1
Soberanis Hostal 20 C4
Weary Traveler 21 B2
ESSEN
Checándole 22 A3
Comercial Mexicana 23 C2
El Rincón Yucateco 24 B2
El Tapatío 25 B2
Essensstände 26 C3
La Habichuela 27 B3
La Parrilla 28 B2
Los De Pescado 29 C5
Mercado Municipal Ki-Huic 30 C4
Restaurant 100% Natural 31 B3
Ty-Coz 32 C2
AUSGEHEN
Karamba 33 C3
Roots 34 C3
UNTERHALTUNG
Cinemas Tulum 35 C1
SHOPPEN
Chedraui-Supermarkt 36 C4
Mercado 23 37 C1
TRANSPORT
Aeroméxico 38 D4
Haltestelle Flughafenbus 39 C4
Aviacsa 40 D5
Busbahnhof 41 C2
Busse nach Puerto Juarez 42 C2
Colectivo-Taxis zum Flughafen 43 C5
Cubana 44 C6
Magnicharters 45 D4
Mexicana 46 D5
Playa-Express-Busse 47 C2

tet eine Cancún-Schnorcheltour für 290 Mex$ und eine Vielzahl von Tauchmöglichkeiten (einschließlich Cenoten-, Nacht- und Nitroxtauchen), sowie Angeltouren zu vernünftigen Preisen an (eine/zwei Flaschen 594/740 Mex$ zzgl. Miete für die Ausrüstung).

Geführte Touren

Die meisten Hotels und Reisebüros arbeiten mit Firmen zusammen, die Touren zu den Attraktionen in der Umgebung anbieten.

Nómadas Travel (Karte S. 960; ☎ 892-23-20; www.nomadastravel.com; Av Cobá 5) hat eine Vielzahl von Programmpaketen für die beliebten Zielen und vernünftige Preise.

Schlafen

STADTZENTRUM

Budgetunterkünfte

In der Gegend rund um den Parque Las Palapas gibt's zahlreiche Hostels und auch einige andere Budgetangebote.

Weary Traveler (Karte S. 960; ☎ 887-01-91; www.wearytravelerhostel.com; Palmera 30; B Ventilator/Klimaanlage 100/110 Mex$; ⊠ ⁘ 💻) Die vollgestopften Gemeinschaftsräume könnten eine Renovierung vertragen, aber das Weary Traveler hat alle grundlegenden Eigenschaften eines guten Hostels: eine coole Dachterrasse mit Küche zum Biertrinken und Geschichten austauschen, ein großes Frühstücksbuffet, jede Menge Gäste aus aller Welt und einen netten Besitzer. Man kann auch Privatzimmer an der Straße mieten.

Las Palmas Hotel (Karte S. 960; ☎ 884-25-13; Palmera 43; B/DZ 100/300 Mex$; ⁘) Das Las Palmas Hotel wird von einer Familie geführt. Unten gibt's einen sauberen Schlafsaal mit einer (hoch geschätzten) Klimaanlage. Oben befindet sich eine Handvoll heller, fröhlicher und erschwinglicher Zimmer. Wer mal ein bisschen aus der Backpackerszene raus möchte, ist hier richtig. Wer das nicht will, macht sich auf den Weg ins Weary Traveler oder zu den Hostels in der Nähe des Parque Palapas. Zum kontinentalen Frühstück gehört frisch gepresster Orangensaft.

Hostel El Amigo (Karte S. 960; ☎ 892-70-56; Alcatraces 29; B Ventilator/Klimaanlage; 120/140 Mex$; ⁘ 💻) Dieses kleine Hostel liegt direkt an der Ecke des Parque Las Palapas. Es bietet blitzblanke neue Gemeinschaftszimmer, eine ruhige Sitzecke für eine Après-Strand-*cerveza* und, natürlich, die unvermeidlichen Computer. In den Schlafsälen stehen weniger Betten als in anderen Hostels, d. h. man begegnet nicht massenweise Travellern und kann nachts vielleicht besser schlafen.

Soberanis Hostal (Karte S. 960; ☎ 884-45-64, 800-101-01-01; www.soberanis.com.mx; Av Cobá 5; B/DZ 120/590 Mex$; 💻) Ein guter Griff: Es ist schön gelegen und ein geselliger Ort, um Freunde zu treffen. Alle Zimmer haben sehr bequeme Betten, geflieste Böden, Kabel-TV und nett ausgestattete Bäder. Obwohl es in erster Linie ein Hotel ist, hat das Soberanis auch „Hostel"-Zimmer mit vier Betten und den gleichen Annehmlichkeiten wie die regulären Zimmer, einschließlich kostenlosem kontinentalem Frühstück. In der Cafeteria werden mittags und abends ordentliche Mahlzeiten serviert. Das Hotel hat außerdem eine Bar, Interneteinrichtungen (10 Mex$/Std.), ein Telefoncenter, eine Touragentur und ein auf Studenten eingestelltes Reisebüro.

LP Tipp Hotel Colonial (Karte S. 960; ☎ 884-15-35; Tulipanes 22; DZ Ventilator/Klimaanlage 350/450 Mex$; ⁘) In seiner Preisklasse ist das Colonial vielleicht die beste Wahl. Es hat einen zentralen Innenhof und supersaubere Zimmer mit traditionellen, gewebten Decken auf den Betten. Man nimmt am besten ein Zimmer nach hinten, denn in diesem Partyviertel kann der Straßenlärm ein bisschen heftig ausfallen.

Mittelklassehotels

Hotel Antillano (Karte S. 960; ☎ 884-11-32, 800-288-70-00; Fax 884-18-78; www.hotelantillano.com; Claveles 1; DZ 500–700 Mex$; ⁘ 🏊) Die große, beigefarbene Schuhschachtel hat ein Groovy-Groupie-Bee-Bop-Feeling und liegt gleich an der Av Tulum. Es ist ein sehr angenehmer und ruhiger Ort mit einer entspannten Lobby, einem schönen Pool, einer guten zentral gesteuerten Klimaanlage und Kabel-TV. Die Zimmer zur Av Tulum hinaus sind lärmgeplagter als die nach hinten. Im Preis sind ein Begrüßungsgetränk, kontinentales Frühstück und ein Strandpass für die Zona Hotelera inbegriffen.

LP Tipp Hotel El Rey del Caribe (Karte S. 960; ☎ 884-20-28; www.reycaribe.com; Ecke Avs Uxmal & Náder; DZ 630–820 Mex$; P ⊠ ⁘ 🏊 👶) Das El Rey ist ein echtes Öko-tel. Hier wird kompostiert, es sind Sonnenkollektoren und Zisternen im Einsatz, in den Gärten wird Grauwasser verwendet, und es gibt sogar ein paar Komposttoiletten. Es ist ein wunderschöner Ort mit einem urwaldartig bewachsenen Hof, einem azurblauen Swimmingpool und einem kleinen

Whirlpool. In vielen der 31 Zimmer findet man eine voll ausgestattete Kitchenette; in allen gibt's komfortable Betten, Fön und Safes (man kann sein eigenes Schloss verwenden). Zwei Kinder unter elf übernachten hier kostenlos. Außerdem werden in der Nebensaison gute Preise geboten.

Spitzenklassehotels

Hotel Margaritas (Karte S. 960; ☎ 884-93-33, 800-537-84-83; www.margaritascancun.com; Ecke Avs Yaxchilán & Jazmines; EZ & DZ 1300 Mex$, 3BZ 1500 Mex$;) Der kurvige Swimmingpool springt einem sofort ins Auge. Die 100 Gästezimmer sind sauber, aber muffig – man sollte vorher abchecken, ob eines mit Balkon zu haben ist. Wenn ja, dann kann man sie gut auslüften. Das Hotel liegt auf der dem Suites Caribe gegenüber liegenden Straßenseite und hat ebenfalls sechs Stockwerke zu bieten. Es gibt ein (teures) Restaurant, eine ordentliche Bar, einen Whirlpool und hilfsbereites Personal.

ZONA HOTELERA

Mittelklassehotels

Sina Suites (Karte S. 959; ☎ 883-10-17; www.cancunsinasuites.com.mx; Calle Quetzal 33; Suite 800–2000 Mex$;) Die Anlage liegt gleich an der Lagune. In der Nebensaison ist sie ein super Griff, denn dann fallen die Preise um bis zu 20 %. Nach dem Hurrikan Wilma wurde das Hotel komplett renoviert und die 36 geräumigen Suiten sehen immer noch gut aus: Jede hat zwei Doppelbetten, ein separates Wohnzimmer (mit einer Schlafcouch) und Kabel-TV, eine Küche und eineinhalb Badezimmer. Man kann also ein paar Freunde mitbringen und Geld sparen. Das blendend weiße Hotel hat außerdem einen Pool und ein Restaurant, die von einem Kunstrasen umgeben sind.

Spitzenklassehotels

Me by Meliá (Karte S. 959; ☎ 881-25-00; www.mebymelia.com; Blvd Kukulcán Km 12; DZ Neben-/Hauptsaison 1780/3200 Mex$;) „Jetzt haben wir genug von Dir gesprochen, lass uns von mir reden!" Das ist die Philosophie in diesem supermodernen, vom Expressionismus inspirierten Hotel. Es wird nicht nach jedermanns Geschmack sein, aber wer dem Standardbarock von Cancún klare Linien vorzieht, ist im Me richtig. Nur die Hälfte der Zimmer hat Meerblick – es lohnt sich einfach nicht, so viel zu bezahlen und dann keinen Ausblick auf die blaue Karibik zu haben.

Riu Caribe (Karte S. 959; ☎ 848-78-50; www.riu.com; Blvd Kukulcán Km 5,5; EZ Neben-/Hauptsaison 1900/2140 Mex$, DZ 2690/3860 Mex$;) Die Riu-Kette beherrscht die Riviera Maya – die Hotels sind einfach überall. Dieses spezielle Riu hat 541 Zimmer (alle mit Meerblick), einschließlich 60 Juniorsuiten und einer familienfreundlichen Atmosphäre – Romantik findet man drüben im Riu Palace. Alle Zimmer haben eigene Terrassen mit Blick über den glitzernden Pool und den 200 m langen Strand. Die prächtige Lobby hat einen hübschen, gefliesten Boden, eine bunte Glasdecke und einen schönen Blick aufs Wasser. Die angegebenen Preise sind All-inclusive-Preise; Zimmer ohne Verpflegung gibt's nicht.

Essen

Auf den Mercados 23 und 28 gibt's ein paar winzige Lokale und im Parque Las Palapas Imbissstände. Diese Restaurants befinden sich alle im Zentrum, wo es auch andere gute, günstige Möglichkeiten gibt, seinen Hunger zu stillen. Lebensmittel kann man im **Comercial Mexicana** (Karte S. 960; Ecke Avs Tulum & Uxmal) kaufen. Der zentral gelegene Supermarkt befindet sich in der Nähe des Busbahnhofs.

GÜNSTIG

Los de Pescado (Karte S. 960; Av Tulum 32; Ceviche & Tacos 16–75 Mex$; 10–17.30 Uhr) In diesem Restaurant eine Bestellung aufzugeben ist einfach, denn es stehen nur zwei Gerichte zur Wahl: *ceviche* und Tacos. Es ist egal, welches von beiden man mit ein oder zwei Bierchen nimmt – danach weiß man, warum dies eines der besten Budget-Plätzchen in der Innenstadt ist. In dem Lokal mit Strohdach merkt man schnell, dass die Besitzer auf ihre Arbeit recht stolz sind – darum ist dies auch immer das vollste Restaurant im ganzen Block.

Ty-Coz (Karte S. 960; ☎ 884-60-60; Av Tulum; Sandwiches 30–40 Mex$; Mo–Sa 9–23 Uhr) Die Mischung aus Bäckerei und Café liegt gleich nördlich des Supermarkts Comercial Mexicana. Die Tischplatten sind aus Granit und das Ambiente ist angenehm. Es werden guter Kaffee, Baguettes und Croissants sowie Sandwiches mit einer Auswahl an Fleisch- und Käsesorten serviert. Am Blvd Kulkulkán in der Nähe von Km 7,5 gibt's einen Ableger.

El Tapatío (Karte S. 960; ☎ 887-83-17; Ecke Avs Uxmal & Palmera; Gerichte 40–90 Mex$, Tagesessen 35 Mex$; So 9–11.30 Uhr) Es ist touristisch, aber gut – und unter Hostelfreunden eine beliebte Wahl. Hier kann man zu jeder Tageszeit riesige Säfte, Shakes und Smoothies aus Obst und Gemüse schlürfen.

El Rincón Yucateco (Karte S. 960; Av Uxmal 24; Gerichte 40–100 Mex$; Mo–Sa 12–22 Uhr) Für Yucatan-Verhältnisse sind die Preise hier vernünftig. Das Restaurant liegt gegenüber vom Hotel Cotty und serviert neben einem sehr dünnen Kaffee im „amerikanischen" Stil eine nette Auswahl von Gerichten. Die *Sopa de lima* (Hühnersuppe mit Limetten) ist leicht und eine gute Wahl für alle mit Magenproblemen (oder einem Kater).

MITTELTEUER

LP Tipp **Checándole** (Karte S. 960; ☎ 884-71-47; Av Xpujil 6 SM 27; Hauptgerichte 50–130 Mex$; tgl. 12–20 Uhr) In diesem Restaurant in Cancún muss man gegessen haben. Es liegt ein wenig außerhalb des Stadtzentrums, ist den Trip aber auf jeden Fall wert. Das Checándole kommt mit einem Dach aus Palmenblättern daher und hat sich auf Chilango-Küche (Küche von Mexico City) spezialisiert. Das *menu del día* (Tagesmenü mit drei Gängen) kostet nur 45 Mex$ und ist ein guter Deal.

Restaurant 100% Natural (Karte S. 960; ☎ 884-01-02; Av Sunyaxchén; Hauptgerichte 40–150 Mex$; 7–23 Uhr; V) Vegetarier und Gesundheitsfanatiker werden von dieser Reformkostkette in der Nähe der Av Yaxchilán begeistert sein. Es werden Saftmischungen serviert (den „Crazy Yog" oder den „Vampiro" probieren), und dazu gibt's eine große Auswahl von Joghurt-Obst-Gemüse-Kombinationen und dazu noch Naturreis-, Pasta-, Fisch- und Hühnchengerichte. Die zugehörige Bäckerei versorgt die Kunden mit Vollkornprodukten. Das Ganze ist schön eingerichtet und gestaltet.

La Parrilla (Karte S. 960; ☎ 884-81-93; Av Yaxchilán 51; Hauptgerichte 70–370 Mex$; 12–2 Uhr) Jedes Lokal in Cancún, das vor den 1980er-Jahren eröffnet wurde, wird sich selbst mit Sicherheit „ehrwürdig" nennen. Und beim La Parrilla, das 1975 öffnete, muss „ehrwürdig" groß geschrieben werden. Das traditionelle mexikanische Restaurant ist bei Einheimischen und Touristen gleichermaßen beliebt. Es hat eine vielfältige Speisekarte mit Gerichten aus ganz Mexiko, plus einiger Spezialitäten aus Yucatan als Zugabe. Man sollte die leckeren *calamares al mojo de ajo* (Tintenfisch in Knoblauchsoße), Steaks oder den sautierten Barsch versuchen. Enchiladas mit *mole* und köstliche Piña Coladas kosten beide etwa 60 Mex$.

TEUER

LP Tipp **La Habichuela** (Karte S. 960; ☎ 884-31-58; Margaritas 25; Hauptgerichte 150–420 Mex$) In dem eleganten Restaurant kann man in einem herrlichen Innenhof essen. Es liegt gleich am Parque Las Palapas. Die Spezialität sind Garnelen und Hummer in Currysoße, die in einer Kokosnuss mit tropischen Früchten serviert werden. Aber beinahe alles auf der Speisekarte ist köstlich. Bei dem Meeresfrüchte-*ceviche* und den *tapa al ajillo* (Kartoffeln in Knoblauch) läuft einem das Wasser im Mund zusammen.

Ausgehen

Roots (Karte S. 960; ☎ 884-24-37; Tulipanes 26; Gedeck Fr & Sa 50 Mex$; Mo–Sa 18–1 Uhr) Dies ist so ziemlich die angesagteste Bar im Zentrum. Es treten Jazz-, Reggae- oder Rockbands auf und ab und zu ein Flamencogitarrist. Das Roots ist außerdem ein ordentliches Restaurant.

Karamba (Karte S. 960; ☎ 884-00-32; Ecke Azucenas & Av Tulum; Do–So 22–6 Uhr) Der Eintritt kostet zwischen nichts und 70 Mex$. Hierher kommt ein Mix aus Schwulen, Lesben und Transvestiten.

Unterhaltung

KINOS

Cinemark (Karte S. 959; ☎ 883-56-03; La Isla Shopping Village)

NACHTCLUBS

Das Nachtleben in der Zona Hotelera ist vor allem laut und auf Besäufnisse ausgerichtet. Tanzclubs nehmen etwa 150 Mex$ Eintritt. Einige machen nicht vor 22 Uhr auf, und die meisten schließen nicht, bevor der Morgen graut.

Coco Bongo (Karte S. 959; ☎ 883-50-61; Forum Mall; 22.30–5 Uhr) Von diesem Treffpunkt berichtet MTV in den Frühlingsferien häufig. Es ist eigentlich jeden Tag der Woche der Schauplatz eines Happenings.

Dady'O (Karte S. 959; ☎ 800-234-97-97; Blvd Kukulcán Km 9; 22–4.30 Uhr) Die vorherrschenden Rhythmen sind Latin, House, Techno, Trance und Hip-Hop. Das Publikum ist meist um die 20 und darüber.

Sabor Latino (Karte S. 960; ☎ 892-19-16; Ecke Avs Xcaret & Tankah; Eintritt Männer/Frauen 60/40 Mex$, Mi frei; 22.30–6 Uhr, in der Nebensaison So–Di geschl.) Es befindet sich im 1. Stock des Chinatown Plaza. Als Liveacts gibt's dominikanische Salsamusik und andere tropische Stilrichtungen.

Shoppen

Mercado Municipal Ki-Huic (Karte S. 960; Av Tulum) In diesem Gewirr aus Ständen gibt's eine große Auswahl an Souvenirs und Handwerksgegenständen.

Die Einheimischen machen sich entweder zum **Mercado 28** (Karte S. 960) oder zum **Mercado 23** (Karte S. 960) auf, um Kleider, Schuhe, günstige Lebensmittel, Eisenwaren usw. zu kaufen. Der Mercado 23 wird weniger von Touristen aufgesucht. Wer einen Ort sucht, an dem es *keine* kitschigen T-Shirts gibt, ist hier richtig.

Nicht weit von der Av Tulum befindet sich der **Chedraui-Supermarkt** (Karte S. 960). In der Bekleidungsabteilung im oberen Stock bekommt man manchmal Stücke, die als Souvenir durchgehen und sehr erschwingliche Preise haben.

An- & Weiterreise

AUTO & MOTORRAD

Autovermieter mit Filialen am Flughafen sind **Alamo** (☎ 886-01-79), **Avis** (☎ 886-02-22), **Budget** (☎ 884-69-55), **Dollar** (☎ 886-01-79) und **Hertz** (☎ 884-13-26). Der Hwy 180D ist eine 238 km lange mautpflichtige Straße *(cuota)* und geht fast über die ganze Strecke von Cancún nach Mérida. Er kostet für die volle Distanz 329 Mex$ und hat vor dem Ende nur zwei Ausfahrten. Die erste ist bei Valladolid. Von Cancún bis hierhin kostet es 194 Mex$. Die zweite befindet sich bei Pisté (nach Chichén Itzá) und kostet noch einmal 48 Mex$ mehr.

BUS

Der **Busbahnhof** (Karte S. 960; Ecke Avs Uxmal & Tulum) befindet sich dort, wo sich die Av Uxmal und die Av Tulum treffen. Es gibt 1.- und 2.-Klasse-Busse sowie mehrere Luxusvarianten. Gegenüber vom Busbahnhof, ein paar Schritte von der Av Tulum entfernt, findet man das Fahrkartenbüro und den Miniterminal von **Playa Express** (Karte S. 960; Pino). Dessen Shuttle-Busse fahren die Karibikküste bis Tulum hinunter. Sie starten bis zum frühen Abend etwa alle 30 Minunten und halten auf der Strecke in den großen Städten und an Punkten von Interesse. Im Kasten auf S. 964 stehen die wichtigsten täglich bedienten Routen.

FLUGZEUG

Der **Aeropuerto International de Cancún** (Cancún International Airport; ☎ 886-00-47) liegt etwa 8 km südlich vom Stadtzentrum. Er ist der verkehrsreichste im Südosten Mexikos. Folgende Fluggesellschaften bedienen Cancún:

Aeroméxico (Karte S. 960; ☎ 287-18-68; Av Cobá 80) Gleich westlich der Av Bonampak.

American Airlines (Karte S. 959; ☎ 800-904-60-00; Hotel Fiesta Americana Coral Beach, Blvd Kukulcán Km 8,7) Hat auch einen Schalter am Flughafen.

BUSFAHRPLAN CANCÚN

Ziel	Preis (Mex$)	Dauer (Std.)	Häufigkeit (tgl.)
Chetumal	210	5½–6½	häufig
Chichén Itzá	140	3–4	stündl. 5–17 Uhr
Chiquilá (nach Isla Holbox)	70	3½	Mayab-Busse um 7.50 & 12.40 Uhr, Noreste-Bus um 13.45 Uhr
Felipe Carrillo Puerto	130	3½–4	8-mal
Mérida	1. Klasse 270	4–6	15-mal
	2. Klasse 200	4–6	stündl. (5–17 Uhr)
Mexico City (TAPO)	1100	22–24	5-mal
Mexico City (Terminal Norte)	1060	24	2-mal
Palenque	490	12–13	4-mal
Playa del Carmen	34	1–1¼	häufig (s. unten)
Puerto Morelos	12–17	-	Die „Playa del Carmen"-Busse nehmen
Ticul	190–220	6	6-mal
Tizimín	85	3–4	9-mal
Tulum	62	2¼–3	häufig
Valladolid	110	2–3	häufig
Villahermosa	540	12	11-mal

Aviacsa (Karte S. 960; ☎ 887-42-14; Av Cobá 39) Hat ebenfalls einen Flughafenschalter.
Azteca (☎ 886-08-31) Flughafenschalter.
Click (☎ 884-20-00) Flughafenschalter.
Continental (☎ 886-00-06, 800-900-50-00; www.continental.com) Flughafenschalter.
Copa (☎ 886-06-53) Flughafenschalter.
Cubana (Karte S. 960; ☎ 887-72-10; Calle Tulum)
Delta (☎ 800-123-47-10, 886-06-68) Flughafenschalter.
Grupo Taca (☎ 886-00-08; www.taca.com) Flughafenschalter.
Magnicharters (Karte S. 960; ☎ 884-06-00; Av Náder 93)
Mexicana (Karte S. 960; ☎ 881-90-90, 24hr 800-502-20-00; Av Cobá 39)
Northwest (☎ 800-907-47-00) Flughafenschalter.
United Airlines (☎ 800-003-07-77; www.united.com) Flughafenschalter.
US Airways (☎ 800-007-88-00; www.usairways.com) Flughafenschalter.

SCHIFF

Um die Isla Mujeres von Cancún aus zu erreichen, stehen mehrere Anlegeplätze zur Verfügung, z. B. Punta Sam (15 Mex$), Puerto Juárez (35 Mex$) und Zona Hotelera (70 Mex$). Von Chiquilá aus wird Holbox angesteuert. Es gehen zwar von Cancún aus Fähren nach Cozumel, aber vom Hafen in Playa del Carmen kommt man besser hin.

Auf S. 970 sind Details über Schiffe zur Isla Mujeres zu finden und auf S. 973 über Schiffe zur Isla Holbox.

Unterwegs vor Ort

BUS

Von der Zona Hotelera in die Innenstadt kann man jeden Bus mit der Aufschrift „R1", „Hoteles" oder „Zona Hotelera" an der Windschutzscheibe nehmen, der auf der Av Tulum zur Av Cobá fährt und dann auf der Av Cobá weiter Richtung Osten. Die einfache Strecke kostet 6,50 Mex$, aber da häufig kein Wechselgeld vorhanden ist, kann der Preis zwischen 6 und 7 Mex$ schwanken. Zum Puerto Juárez und den Fähren zur Isla Mujeres verkehrt der Ruta-13-Bus („Pto Juárez" oder „Punta Sam"; 4 Mex$) auf der Av Tulum nach Norden. Einige Busse der Linie R1 nehmen dieselbe Route; Tickets kosten 6,50 Mex$.

VOM/ZUM FLUGHAFEN

Die weißen TTC-Busse in die Innenstadt (80 Mex$) fahren am Flughafen zwischen 5.30 und 23.30 Uhr etwa alle 20 Minuten ab. Sie halten an den Terminals für Inlands- und Auslandsflüge. In der Stadt fahren sie die Av Tulum entlang und halten auf Wunsch.

Von der Innenstadt zum Flughafen kann man dieselben TTC-Flughafenbusse („Aeropuerto Centro") auf der Av Tulum Richtung Süden nehmen. Man kann sie überall stoppen, wo sie anhalten können, von weit nördlich des Busterminals bis weit südlich der Av Cobá.

Colectivos (110 Mex$) starten alle 15 Min. vor dem Terminal für Auslandsflüge Richtung Zona Hotelera und Innenstadt.

Die günstigeren ADO-Shuttles fahren vor dem Inlandsterminal in die Innenstadt (35 Mex$) oder zur Playa del Carmen (65 Mex$). Riviera hat zwischen 7 und 19.30 Uhr neun Expressbusse zur Playa del Carmen (80 Mex$; 45 Min. bis 1 Std.).

Wenn man ein Taxi direkt vor dem Flughafen nimmt, kostet die Fahrt bis in die Stadt oder zur Zona Hotelera bis zu 450 Mex$ (max. 4 Pers.). Folgt man aber der Zufahrtsstraße aus dem Flughafen hinaus und passiert die Kabine zur Verkehrsüberwachung (insgesamt etwa 300 m), kann man häufig ein leeres Taxi anhalten, das gerade den Flughafen verlässt. Das ist viel billiger (man kann es ab 50 Mex$ versuchen).

Colectivos fahren von einem Stand vor dem Hotel Cancún Handall an der Av Tulum, etwa einen Block südlich der Av Cobá, zum Flughafen. Sie berechnen pro Person 20 Mex$ und fahren ab, wenn sie voll sind. Der offizielle Preis für ein eigenes Taxi liegt bei 200 Mex$.

TAXI

Die Taxis in Cancún haben keine Taxameter. Die Preise stehen fest. Bevor man einsteigt, sollte man den Preis aber immer noch einmal absprechen. Von der Innenstadt zur Punta Cancún kostet es 80 Mex$, zum Puerto Juárez 30 Mex$. Die Preise pro Stunde oder Tag sollten bei etwa 150–200 Mex$ bzw. 700–800 Mex$ liegen.

ISLA MUJERES

☎ 998 / 14 000 Ew.

Wer nur eine einzige der Inseln von Quintana Roo besuchen kann, sollte wohl am besten die Isla Mujeres (Insel der Frauen) auswählen. Sie ist nicht so überfüllt wie Cozumel, bietet aber mehr an Aktivitäten und Sehenswürdigkeiten als die obercoole Holbox. Natürlich gibt's

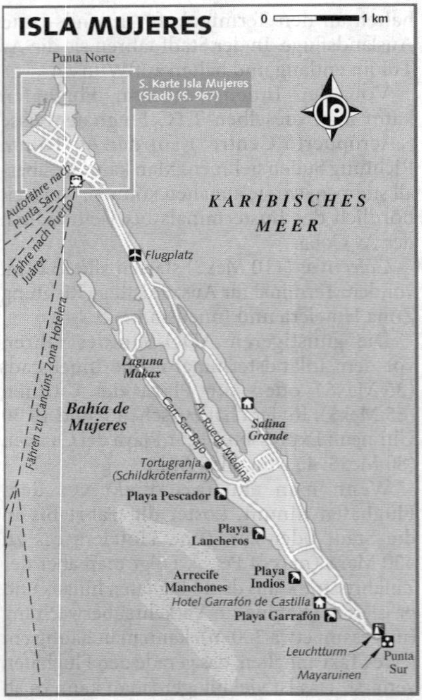

auch hier ein paar schäbige Touristenläden. Aber die Leute fahren immer noch in Golfwagen herum und die Strände aus Korallenstaub sind schöner als die auf Cozumel oder Holbox. Hier gibt's nicht viel, und das ist genau der Punkt: Hierher kommt man, um sich in ruhigen Lagunen zu aalen oder im Sand auszustrecken, zu schnorcheln oder zu tauchen, oder einfach nur, um die Sonnenbrille aufzusetzen und das Buch aufzuschlagen, das man unbedingt fertig lesen wollte.

Geschichte

Der Name Isla Mujeres geht mindestens bis auf die spanischen Seeräuber zurück, die (der Legende nach) ihre Liebsten hier in sicherer Abgeschiedenheit hielten, während sie Galeonen und die Häfen auf dem Festland plünderten. Nach einer anderen Theorie segelte Francisco Hernández de Córdoba 1517 von Kuba herüber, um Sklaven zu beschaffen. Als die Expedition hier ankam, entdeckte sie einen Steintempel, in dem sich kleine Tonfiguren von Mayagöttinen befanden. Sie soll die Insel nach diesen Skulpturen benannt haben.

Heute glauben einige Archäologen, dass die Insel für die Maya ein Zwischenstopp auf der Route zur Isla Cozumel war, wo sie ihre Fruchtbarkeitsgöttin Ixchel verehrten. Die Insel könnte auch beim intensiven Salzhandel der Maya eine Rolle gespielt haben, den sie über Hunderte von Kilometern die Küste entlang betrieben.

Orientierung

Die Insel ist 8 km lang, 150 bis 800 m breit und liegt 11 km vor der Küste. Die meisten Restaurants und Hotels findet man in der Stadt Isla Mujeres. Die Fußgängerzone Hidalgo ist der Brennpunkt des Geschehens. Die Fähre erreicht die Stadt exakt an der Nordspitze der Insel. An der Südspitze befinden sich der Leuchtturm und die Überreste des Mayatempels. Beide Locations sind durch die Av Rueda Medina verbunden. Diese geschwungene Straße folgt mehr oder minder der Küste. Zwischen den beiden Enden befinden sich eine Handvoll Fischerdörfer, mehrere Salzwassersehen, eine Reihe von nach Westen weisenden Stränden, eine große Lagune und eine kleine Landepiste für Flugzeuge.

Die Ostküste wird vom offenen Meer umspült, und die Brandung dort ist gefährlich. Der beliebteste Sandstrand (Playa Norte) befindet sich an der Nordspitze der Insel.

Praktische Informationen

HSBC Bank (Karte S. 967; Av Rueda Medina)

Internetcafé (Karte S. 967; Ecke Matamoros & Guerrero; 15 Mex$/Std.; ⌚ Mo–Sa 9–22 Uhr) Bislang hat es noch keinen Namen; bietet Zugang zum Netz.

Lavandería Automática Tim Pho (Karte S. 967; ☎ 877-05-29; Ecke Juarez & Abasolo; ⌚ Mo–Sa 7–21, So 8–14 Uhr) Bis zu 4 kg dauern 2 Stunden. Kostenpunkt: 50 Mex$.

Mañana (Karte S. 967; ☎ 866-43-47; Ecke Matamoros & Guerrero; ⌚ 10–19 Uhr) Dieses Café (S. 969) verkauft Bücher.

Medical Center (Karte S. 967; Guerrero) Zwischen Madero und Morelos.

Polizei (☎ 877-00-82)

Post (Karte S. 967; ☎ 877-00-85; Ecke Guerrero & López Mateos; ⌚ Mo–Fr 9–16 Uhr)

Touristeninformation (Karte S. 967; ☎ 877-07-67; Av Rueda Medina; ⌚ Mo–Fr 8–20, Sa & So 9–14 Uhr)

Sehenswertes & Aktivitäten

STRÄNDE & SCHWIMMEN

Wenn man einmal **Playa Norte** (Karte S. 967), den Hauptstrand der Insel, erreicht hat, will man nicht mehr weg. Das warme, seichte Wasser hat eine wunderbare Farbe und der Strand besteht aus Korallenstaub. 5 km südlich der Stadt liegt die **Playa Lancheros** (Karte S. 966). Dies ist der südlichste Punkt, der von den Regionalbussen angefahren wird. Der Strand ist nicht so ansprechend wie die Playa Norte, aber sonntags gibt's manchmal kostenlose Musikfeste. Eine Fahrt mit dem Taxi nach Lancheros macht 20 Mex$. Weitere 1,5 km südlich von Lancheros kommt man zur **Playa Garrafón** (Karte S. 966) mit klarem Wasser, bunten Fischen – aber ohne Sand. Den hochgejubelten und überteuerten Parque Natural sollte man meiden (in dem ein unglaublicher Schandfleck von einem Aussichtsturm errichtet wurde, der Sehnsucht nach einem Hurrikan aufkommen lässt). Stattdessen besucht man das **Hotel Garrafón de Castilla** (Karte S. 966; ☎ 877-01-07; Carretera Punta Sur Km 6; Eintritt 20 Mex$; 🕑 9–17 Uhr). Für den Eintrittspreis bekommt man hier Stühle und Sonnenschirme und kann duschen und baden. Schnorchelausrüstung kostet 60 Mex$ extra. Das Hotel vermietet Schließfächer und Handtücher und bietet für 200 Mex$ Schnorcheltouren zum Riff vor der Küste. Ein Taxi von der Stadt kostet 50 Mex$.

TAUCHEN & SCHNORCHELN

Viele der Tauch- und Schnorchelspots in der Gegend um Cancún und die Isla Mujeres wurden 2005 von den Wirbelstürmen Emily und Wilma getroffen. Aber solche Schäden

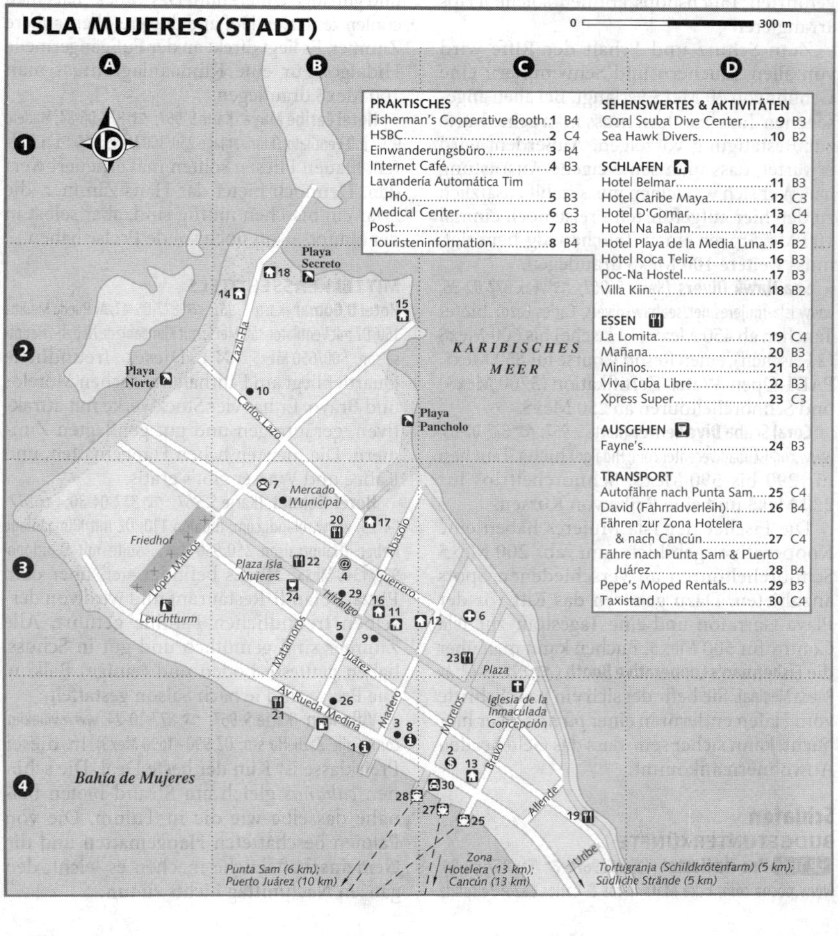

durch Wirbelstürme sind Teil der natürlichen Riffökologie und die Riffe wachsen jetzt wieder nach. Nur eine kurze Bootsfahrt von der Insel entfernt gibt's eine Handvoll traumhafter Tauchplätze wie Barracuda, La Bandera, El Jigueo und Manchones. Hier kann man außer mit einer großen Bandbreite von Korallen mit Seeschildkröten, Rochen und Barrakudas rechnen. Ein beliebter Tauchspot außerhalb des Riffs ist **Ultrafreeze** (oder El Frío), wo man den noch intakten Rumpf eines 60 m langen Frachters sehen kann – er soll hier absichtlich im 30 m tiefen Wasser versenkt worden sein.

Das Schnorcheln mit Walhaien (1250 Mex$) direkt vor der Isla Holbox ist der letzte Schrei (s. Kasten S. 972). Die Saison läuft von Juli bis Ende September. Die Leute in den unten aufgeführten Tauchshops können solche Trips arrangieren.

Zum Schutz und Erhalt der Riffe wird von allen Tauchern und Schwimmern eine Gebühr von 20 Mex$ verlangt. Bei allen angesehenen Tauchcentern muss man seine Karte zur Bestätigung vorzeigen. Außerdem wird erwartet, dass man seine eigene Ausrüstung hat. Wer sich was leihen muss, zahlt zusätzlich zu den hier aufgeführten Preise noch einmal 100 Mex$; wer einen Tauchanzug benötigt, muss weitere 100 Mex$ drauflegen.

Sea Hawk Divers (Karte S. 967; ☎/Fax 877-02-96; www.isla-mujeres.net/seahawkdivers; Carlos Lazo) bietet Tauchen ab 450 Mex$ (1 Flasche) bis 600 Mex$ (2 Flaschen), einen Resort Course für 850 Mex$, PADI-Open-Water-Zertifikation (3200 Mex$) und Schnorcheltouren ab 250 Mex$.

Coral Scuba Dive Center (Karte S. 967; ☎ 877-07-63; www.coralscubadivecenter.com; Hidalgo) bietet Tauchen für 290 bis 590 Mex$, Schnorcheltrips für 220 Mex$ und eine Reihe von Kursen.

Die Fischer der Isla Mujeres haben eine Kooperative gebildet, um ab 200 Mex$ Schnorcheltouren an verschiedenen Spots anzubieten. Dazu gehören das Riff vor der Playa Garrafón und eine Tagestour zur Isla Contoy für 500 Mex$. Buchen kann man über die **Fisherman's Cooperative Booth** (☎ 877-13-63; Av Rueda Medina). Sie befindet sich ein paar Schritte vom Hafen entfernt in einer *palapa*. Wer hier bucht, kann sicher sein, dass das Geld bei den Anwohnern ankommt.

Schlafen

BUDGETUNTERKÜNFTE

LP Tipp **Poc-Na Hostel** (Karte S. 967; ☎/Fax 877-00-90; www.pocna.com; Ecke Matamoros & Carlos Lazo; Zeltplatz 65 Mex$/Pers., B mit/ohne Ausweis 90/110 Mex$, DZ 240–350 Mex$; ❄ 💻) Das Poc-Na ist die älteste Jugendherberge Mexikos und gehört zu den besten des Landes. Im großen Hauptgemeinschaftsbereich gibt's Hängematten zum Entspannen und ein ausgezeichnetes Soundsystem, von dem bis in die frühen Morgenstunden Musik erschallt. Das Anwesen erstreckt sich über 100 m Sand mit Kokospalmen bis zur Karibikküste und zur Strandbar des Hostels. Zwar gibt es für Gäste keine Möglichkeiten zum Kochen, doch die Küche serviert gutes, preiswertes Essen (und Bier und Wein).

Hotel Roca Teliz (Karte S. 967; ☎ 877-04-07; jccanopus@hotmail.com; Ecke Hidalgo & Abasolo; EZ Neben-/Hauptsaison 100/160 Mex$, DZ Neben-/Hauptsaison 160/250 Mex$; ❄) Hier finden vor allem Solo-Traveller eine gute und günstige Unterkunft. Das „Rock" hat einen coolen zentralen Hof und düstere, aber saubere Zimmer. Es liegt direkt an der Fußgängermeile Hidalgo. Für eine Klimaanlage muss man 100 Mex$ drauflegen.

Hotel Caribe Maya (Karte S. 967; ☎ 877-06-84; Madero 9; DZ mit Ventilator/Klimaanlage 250/300 Mex$; ❄) Die alten, blauen Fliesen sollten mal erneuert werden. Dennoch bietet das Haus Zimmer, die zwar ein bisschen muffig sind, aber selbst in der Hauptsaison noch solide Preise haben.

MITTELKLASSEHOTELS

Hotel D'Gomar (Karte S. 967; ☎ 877-05-41; Av Rueda Medina 150; DZ mit Ventilator 350 Mex$, mit Klimaanlage Neben-/Hauptsaison 500/650 Mex$; ❄) Dieses freundliche Quartier liegt am Fährhafen zwischen Morelos und Bravo. Er hat vier Stockwerke mit attraktiven, geräumigen und gut gepflegten Zimmern. Die meisten haben Hängematten, und Kaffee und Wasser gibt's gratis.

Hotel Belmar (Karte S. 967; ☎ 877-04-30; Fax 877-04-29; www.rolandi.com; Hidalgo 110; DZ mit Klimaanlage Neben-/Hauptsaison 350/950 Mex$, Suite mit Whirlpool 950/1340 Mex$; ❄) Es befindet sich über dem Pizza-Rolandi-Restaurant und wird von derselben freundlichen Familie geführt. Alle Zimmer sind gemütlich und gut in Schuss, haben geflieste Böden und (einige) Balkon. Die Preise sind je nach Saison gestaffelt.

Villa Kiin (Karte S. 967; ☎ 877-10-24; www.villakiin.com; Calle Zazil-Ha s/n; DZ 990–1690 Mex$) In dieser Preisklasse ist Kiin der beste Deal. Die schönen *cabañas* gleich am Strand bieten beinahe dasselbe wie die in Tulum. Die von Palmen beschatteten Hängematten und die Gemeinschaftsküche machen es leicht, den ganzen Nachmittag nichts zu tun.

SPITZENKLASSEHOTELS

Hotel Playa de la Media Luna (Karte S. 967; ☎ 887-07-59; www.playamedialuna.com; Sección Rocas, lotes 9 & 10, Punta Nte; altes Zi. 400–600 Mex$, neues Zi. 950–1500 Mex$;) Die günstigen Zimmer sind ein ziemlich guter Deal, da man so den Pool des Hotels benutzen darf. Die Betten sind allerdings etwas zu federnd. Die Zimmer im neuen Gebäude sind anspruchsvoller. Manche haben Meerblick und alle haben Bettdecken, die schon die Welt hätten verlassen sollen, als *Three's Company* 1984 aus dem Fernsehprogramm verschwand. Wer es sich leisten kann, sollte nebenan ins Hotel Secreto gehen.

Hotel Na Balam (Karte S. 967; ☎ 877-02-79; Fax 877-04-46; www.nabalam.com; Calle Zazil-Ha 118; Zi. Neben-/Hauptsaison 1500/2400 Mex$, Suite 3000/3600 Mex$;) Schmetterlinge flattern durch den Hibiskus- und Palmengarten und viele Zimmer gehen auf die Playa Norte hinaus. Alle sind in einfacher Eleganz eingerichtet und haben Safes, Hängematten, eigene Balkone oder Terrassen … und keinen Fernseher. Das Hotel bietet Yoga- und Meditationskurse und Massagen. Außerdem gibt's einen Pool und ein Restaurant.

Essen

LP Tipp **Mañana** (Karte S. 967; ☎ 877-05-55; Ecke Matamoros & Guerrero; Gerichte 20–70 Mex$; 8–16 Uhr; V) Das Lokal mit gutem Vibe hat bunte, handbemalte Tische, einen superfreundlichen Service und einige ausgezeichnete Angebote für Vegetarier – das Hummus-Gemüse-Baguette ist das Markenzeichen des Restaurants. Das Mañana ist zum Mittagessen vielleicht das beste Plätzchen auf der Insel.

La Lomita (Karte S. 967; Juárez; Hauptgerichte 40–120 Mex$; Mo–Sa 9–22.30 Uhr) „Der kleine Hügel" serviert gutes, billiges mexikanisches Essen in einem kleinen, bunten Lokal. Gerichte mit Meeresfrüchten und Hühnchen überwiegen. Die phantastische Suppe mit Bohnen und Avocado oder *ceviche* probieren!

Viva Cuba Libre (Karte S. 967; Hidalgo; Hauptgerichte 60–90 Mex$; Di–So 17–24 Uhr) In Sachen Lautstärke konkurriert es mit den benachbarten Restaurants, aber ehrlich, wir alle mögen kubanischen *son* lieber als schlechte Disco-Remakes, oder? Abgesehen davon kann man hier eine wohlverdiente Pause von der mexikanischen Küche einlegen. Es gibt *ropa vieja* (langsam gegartes Rindfleischgeschnetzeltes), kubanischen Hummer und andere Karibik-Highlights. Für 50 Mex$ bekommt man zwei Mojitos. Viva Cuba!

Mininos (Karte S. 967; Av Rueda Medina; Hauptgerichte 60–130 Mex$; 11–21 Uhr) Diese winzige, farbenfroh bemalte Hütte mit Sandboden steht di-

GRÜNES ABENTEUER: SCHILDKRÖTEN

Obwohl sie gefährdet sind, werden Meeresschildkröten in Lateinamerika immer noch wegen ihrer Eier und ihres Fleisches getötet, das als Delikatesse angesehen wird. Drei Arten von Meeresschildkröten legen im Sand an der ruhigen Westküste der Insel ihre Eier ab, und jetzt werden sie geschützt – eine *tortuguita* nach der anderen wird eröffnet.

In den 1980er-Jahren führten die Bemühungen der einheimischen Fischer zur Gründung der **Isla-Mujeres-Schildkrötenfarm** (Isla Mujeres Tortugranja; Karte S. 966; ☎ 877-05-95; Carretera Sac Bajo Km 5; Eintritt 30 Mex$; 9–17 Uhr;). Sie liegt 5 km südlich der Stadt, schützt die Brutplätze der Schildkröten und ummantelt deren Eier mit Drahtkäfigen, um sie vor Raubtieren zu bewahren.

Die geschlüpften Tiere leben bis zu einem Jahr in drei großen Becken, werden dann zur Überwachung markiert und freigelassen. Da die meisten Schildkröten in der Wildnis während der ersten paar Monate sterben, steigert die Methode, sie während ihres ersten Lebensjahres zu bewachen, ihre Chancen zu überleben erheblich. Obendrein kehren die Schildkröten, die diesen beschützten Strand verlassen, jedes Jahr zurück. Das bedeutet, dass ihre Nachkommen den gleichen Schutz erhalten.

Auf der Farm leben mehrere Hundert Meeresschildkröten mit einem Gewicht von 150 g bis mehr als 300 kg. Auf der Farm gibt's außerdem noch ein kleines, aber qualitativ gutes Aquarium, Ausstellungen zum Leben im Meer und einen Souvenirladen. Besucher werden auf Spanisch und Englisch durchgeführt.

Wer mit dem Auto oder Fahrrad oder zu Fuß von der Bushaltestelle kommt, hält sich am „Y", direkt hinter dem Parkplatz der Hacienda Mundaca (die Abzweigung ist durch ein winziges Schild markiert), rechts. Die Einrichtung ist auch gut mit dem Taxi von der Stadt aus zu erreichen (30 Mex$).

rekt am Wasser. Das Mininos serviert Gerichte aus Shrimps, Muscheln und Tintenfisch sowie riesige Portionen von köstlichem *ceviche* und Meeresfrüchtesuppen.

Im Innern des umgebauten **Mercado Municipal** (Stadtmarkt; Guerrero) gibt's ein paar Stände, an denen warmes, billiges Essen verkauft wird – ein Teller voll Hühnchen-*mole* und Reis oder Thunfisch mit Oliven in einer Tortilla kann gerade einmal 15 Mex$ kosten.

Xpress Super (Karte S. 967) ist ein Kettensupermarkt an der Plaza. Er bietet eine zuverlässige Auswahl an Lebensmitteln, Backwaren und Snacks.

Ausgehen & Unterhaltung

Das Nachtleben auf der Isla Mujeres konzentriert sich vor allem entlang der Hidalgo. Die Hotspots am oder in der Nähe des Strandes bilden einen Bogen am nördlichen Rand der Stadt.

Poc-Na Hostel (Karte S. 967; Ecke Matamoros & Carlos Lazo; ⌚ Sonnenaufgang–Sonnenuntergang) Das ist ein Treffpunkt am Strand mit Lagerfeuer und mehr Hippies, als es in allen „Magic Buses" der Welt gibt. Lässig und cool!

Fayne's (Karte S. 967; Hidalgo; ⌚ 17–24 Uhr) Eines der neuesten Disko-Bar-Restaurants. Häufig werden live Reggae, Salsa und andere Rhythmen aus der Karibik geboten.

An- & Weiterreise

Von mehreren Punkten aus fahren Schiffe zur Isla Mujeres. Die folgende Beschreibung beginnt beim nördlichsten Hafen und arbeitet sich nach Südosten vor (s. Karte S. 959). Um von der Innenstadt von Cancún nach Puerto Juárez oder zur Punta Sam zu kommen, kann man jeden Bus (4 Mex$) nehmen, an dem diese Ziele angeschrieben sind, und/oder einen „Ruta 13" auf der Av Tulum Richtung Norden. Einige R1-Busse (Zona Hotelera; 6,50 Mex$) befahren die Route ebenfalls; man sollte vor dem Einsteigen nachfragen.

PUNTA SAM

Autofähren, mit denen auch Passagiere fahren können, starten in Punta Sam, 8 km nördlich vom Zentrum von Cancún. Sie brauchen etwa eine Stunde bis zur Insel. Sie legen in Punta Sam um 8, 11, 14.45, 17.30 und 20.15 Uhr ab und an der Isla Mujeres um 6.30, 9.30, 12.45, 16.15 und 19.15 Uhr an. Fußgänger und Mitfahrer zahlen 15 Mex$; Fahrer sind im Preis für Autos (190 Mex$), Lieferwagen (140 Mex$), Motorräder (75 Mex$) und Fahrräder (60 Mex$) inbegriffen.

PUERTO JUÁREZ

Etwa 4 km nördlich von Stadtzentrum von Cancún (15 Min. mit dem Bus) liegt Puerto Juárez. Zwischen 6 und 8.30 Uhr fahren von hier alle 30 Min. und dann bis 12.30 Uhr stündlich geschlossene, klimatisierte Expressboote ab (einfache Strecke 35 Mex$, 25 Min.). Das letzte der Schiffe fährt um 21 Uhr; sie sind selten pünktlich.

ZONA HOTELERA

Die Linien von den beiden folgenden Punkten in der Zona Hotelera ändern häufig ihre Namen und Fahrpläne; am besten bittet man den Hotelportier, noch einmal alles abzuchecken, bevor man sich zu Booten an einem der folgenden Anleger aufmacht. Sie brauchen alle etwa 25 Minuten, um die Isla Mujeres zu erreichen.

El Embarcadero

In der Nebensaison fahren zwischen 9.30 und 13.30 Uhr von dieser Anlegestelle an der Playa Linda täglich vier Shuttles ab. Sie kommen von der Isla Mujeres um 10.30, 13.30, 15.30 und 17.15 Uhr zurück. Im Preis für die einfache Strecke (75 Mex$) sind alkoholfreie Getränke eingeschlossen. In der Hauptsaison gibt's jeden Tag bis zu sieben Abfahrten in beide Richtungen. Das El Embarcadero ist ein beigefarbenes Gebäude zwischen dem Gran Costa Real Hotel und dem Kanal, auf der Festlandsseite der Brücke (Blvd Kukulcán Km 4).

Playa Tortugas

Das **Isla Shuttle** (☎ 883-34-48) startet um 9.15, 11.30, 13.45 und 15.45 Uhr am Anleger an der Playa Tortugas (Blvd Kukulcán Km 6,35) und kommt von der Isla Mujeres um 10.15, 12.30, 15.30 und 18.30 Uhr zurück. Der Preis für die einfache Strecke beträgt 90 Mex$.

Unterwegs vor Ort

BUS & TAXI

Busse fahren etwa alle 25 Min. (worauf man aber nicht wetten sollte) gleich neben dem Centro de Convenciones (in der Nähe der Rückseite des Marktes) oder vom Fährhafen ab. Sie fahren die Av Rueda Medina entlang und stoppen unterwegs. Man kommt so zur Hacienda Mundaca, d. h. bis auf 300 m an die

Schildkrötenfarm heran, und im Süden bis hin zur Playa Lancheros (1,5 km nördlich von der Playa Garrafón). Taxis fahren am Taxistand oder können herangewunken werden. Die Taxipreise werden von der Gemeindeverwaltung festgelegt und sind am Taxistand gleich südlich der Anlegestelle der Passagierfähren angeschrieben. Wie überall sollte man sich auch hier vor dem Einsteigen auf einen Preis einigen.

FAHRRAD

Fahrradfahren ist eine prima Methode, um auf der Insel herumzukommen. Eine Reihe von Läden vermietet Räder für etwa 20/80 Mex$ pro Stunde/Tag. Manche wollen eine Kaution von um die 100 Mex$. **David** (Karte S. 967; ☎ 044-998-860-00-75; Av Rueda Medina) liegt in der Nähe der Abasolo und hat eine ordentliche Auswahl.

MOTORRAD & GOLFWAGEN

Man sollte sich das Motorrad genau ansehen, bevor man es mietet. Die Preise schwanken und steigen in der Hauptsaison manchmal steil an. In der Regel beginnen sie aber bei etwa 100 Mex$ pro Stunde mit einem Zweistundenminimum, sowie 300 Mex$ pro Tag (9–17 Uhr) und 350 Mex$ für 24 Std.

Viele Leute finden, dass man mit Golfwagen gut auf der Insel herumkommt. Darum kann man Karawanen von ihnen die Straßen entlangdüsen sehen. Sie kosten im Durchschnitt 150/450 Mex$ pro Stunde/Tag und 550 Mex$ für 24 Std. Eine gute Location für Bikes und Golfwagen ist **Pepe's Moped Rentals** (Karte S. 967; ☎ 877-00-19; Hidalgo).

PARQUE NACIONAL ISLA CONTOY

Die spektakuläre Isla Contoy ist ein Paradies für Vogelliebhaber. Der Nationalpark ist gleichzeitig Schutzgebiet und von der Isla Mujeres an einem Tag problemlos zu erreichen. Die Insel ist an ihrem breitesten Punkt 800 m breit, mehr als 7 km lang und mit dichtem Blattwerk bedeckt. Sie bietet mehr als 100 Vogelarten idealen Schutz. Dazu gehören braune Pelikane, olivgrüne Kormorane, Truthahnvögel, braune Tölpel und Fregattvögel. Außerdem kann man hier prima rote Flamingos, schneeweiße Fischreiher und weiße Reiher beobachten.

Die meisten Touren stoppen sowohl auf der Hin- als auch auf der Rückfahrt von Contoy zum Schnorcheln – pro Monat tun das hier also etwa 1500 Besucher. Man sollte Ferngläser, Mücken- und Sonnenschutz mitbringen.

Für 100 Mex$ pro Person führt ein Biologe des Parks Gäste auf einer Tour durch die Laguna Puerto Viejo, ein erstklassiges Brutgelände. Die Einnahmen werden für den Unterhalt des Parks und Forschungsprojekte benutzt. Details erfährt man beim **Hauptquartier des Parks** (☎ 998-877-01-18) auf der Isla Mujeres. **Amigos de Isla Contoy** (www.islacontoy.org) hat in der Innenstadt von Cancún ein Büro, und auf ihrer Website gibt's gute Informationen über die Ökologie der Insel.

An- & Weiterreise

Die **Kooperative der Fischer** (Karte S. 967; ☎ 998-877-13-63; Av Rueda Medina) auf der Isla Mujeres bietet tägliche Fahrten nach Contoy an. Der Trip (500 Mex$/Pers.) dauert von 9 bis 17 Uhr und beinhaltet ein leichtes Frühstück, Mittagessen (aus auf der Fahrt gefangenem Fisch), Schnorcheln (Ausrüstung vorhanden), Eintritt zum Park, wissenschaftliche Informationen über die Insel und eine Auswahl aus entweder gereinigtem Wasser, Erfrischungsgetränken oder Bier.

ISLA HOLBOX

☎ 984 / 2000 Ew.

Ist das Leben nicht wunderbar, wenn es einfach und bescheiden zugeht? So läuft es auf der freundlichen Isla Holbox (hol-bosch) mit ihren Sandstraßen, bunten Karibikbauten und faulen, sonnenschläfrigen Hunden. Das Wasser ist nicht so durchsichtig türkis wie sonst an den Strandorten von Quintana Roo, denn hier vermischt sich das Karibische Meer mit den dunkleren Wassern des Golfs von Mexiko.

Die Insel ist etwa 30 km lang und zwischen 500 m und 2 km breit. Sie hat scheinbar endlose Strände, ruhiges Wasser und eine ganze Galaxie von Muschelschalen in den unterschiedlichsten Formen und Farben. Holbox liegt innerhalb der 1541 km^2 großen Yum-Balam-Reservats und ist die Heimat von mehr als 150 Vogelarten wie Rosalöfflern, Pelikanen, Reihern, Ibissen und Flamingos. Im Sommer versammeln sich Walhaie in unerhörten Mengen in relativer Nähe.

Orientierung & Praktische Informationen

Die günstigen Hotels und die meisten Restaurants der Stadt sind um die Plaza versammelt.

Ein wenig außerhalb, an der Nordküste der Insel, findet man im von den Einheimischen „Zona Hotelera" genannten Gebiet ein paar *cabañas*. Auf der Insel gibt's keine Banken oder Geldautomaten, und an vielen Orten zum Übernachten und Essen werden keine Kreditkarten akzeptiert.

Um die Polizei, die Feuerwehr oder medizinische Hilfe zu erreichen, wählt man ☎ 066.

Schlafen

Posada La Raza (☎ 875-20-72; Juárez; EZ mit Ventilator/Klimaanlage 250/400 Mex$, DZ mit Ventilator/Klimaanlage 350/500 Mex$;) Das bescheidene und saubere, einstöckige Hotel liegt an der Westseite des *parque*. Die Zimmer haben ein Doppel- und ein Einzelbett. Zimmer mit Ventilator haben einen Decken- und einen Standventilator, wodurch die Luft gut zirkuliert. Die Gäste können eine kleine Küche benutzen und finden Einrichtungen, um von Hand zu waschen. Auf dem Dach kann man Kleider zum Trocknen aufhängen und sonnenbaden.

Posada Los Arcos (☎ 875-20-72; saul954@hotmail.com; Juárez; DZ mit Ventilator 350 Mex$, mit Klimaanlage 400–550 Mex$;) Liegt gleich neben der Posada La Raza und ist einen Tick gehobener. Unglücklicherweise können durch die Ritzen in den Türrahmen Tonnen von Moskitos reinkommen (ein Problem, das sich leicht beheben lässt, wenn man eine Moskitospirale kauft und sie vor dem Zubettgehen in der Nähe der Tür abbrennt). Die Zimmer liegen rund um einen zentralen Innenhof und haben alle warmes und kaltes Wasser. Im Sommer steigen die Preise um 50 %.

LP Tipp **Hotel La Palapa** (☎ 875-21-21; www.hotellapalapa.com; DZ Neben-/Hauptsaison 500/700 Mex$;) Das Palapa ist wahrscheinlich die beste Mittelklasseunterkunft auf der Insel. Es ist funkelnagelneu und bietet Gästen gemütliche Zimmer am Strand, Privatterrassen (einschließlich Hängematten) und ein abgeschiedenes Strandgelände, komplett mit *fogata* im Freien. Es liegt 100 m östlich von Juárez am Strand.

Posada Mawimbi (☎/Fax 875-20-03; www.mawimbi.net; DZ Neben-/Hauptsaison 400/600 Mex$, Suite Neben-/Hochsaison 800–1000 Mex$;) Moskitonetze sind in diesem angenehmen, zweistöckigen Haus ein willkommener Luxus. Es liegt gleich am Strand und etwa drei Blocks östlich der Juárez. Viele Zimmer haben auch Balkon und Hängematte, manche eine Kitchenette.

Villas Delfines (☎/Fax 875-21-97; www.holbox.com; Bungalow 1200–1500 Mex$) Dieses „Ökotel" am Strand befindet sich etwa 1 km östlich der Stadt. Hier wird der Müll kompostiert, außerdem sammelt man Regenwasser und verwendet Solarenergie. Die großen Strandbungalows sind auf Stelzen gebaut, haben überall Fliegengitter und sind mit Ventilatoren ausgestattet. Das Hotel vermietet Kajaks und hat ein Restaurant, das eine sehr vernünftige Speisekarte hat.

Essen

La Isla del Colibrí (Frühstück 35–60 Mex$, Hauptgerichte 50–160 Mex$; 8–13 & 17–22.30 Uhr) Das kleine Restaurant befindet sich in einem fröhlich bemalten Holzhaus im Stil der Karibik. Es liegt an der Südwestecke des *parque*. Hier werden große Früchteteller, Frühstück (und Kaffee), *licuados*, Säfte und eine Vielzahl von Fleisch- und Meeresfrüchtegerichten serviert.

Buena Vista Grill (☎ 875-21-02; Hauptgerichte 100–200 Mex$; 11–21 Uhr) Dieses lässige Lokal findet man gleich beim Faro Viejo. Es hat

EIN DOMINOSPIEL – MIT DEN WALHAIEN SCHWIMMEN GEHEN

Zwischen Mitte Mai und Mitte September versammeln sich große Walhaie bei der Isla Holbox, um dort Plankton zu fressen. Die beste Zeit zum Schwimmen mit diesen sanften Riesen ist der Juli. Ein Trip zu ihnen kostet 800 Mex$, plus 20 Mex$ für einen Besuch des Meeresreservats.

Der WWF arbeitet seit 2003 mit der hiesigen Gemeinde zusammen, um verantwortungsvolle Methoden für Besuche der Walhaie zu entwickeln. Es dürfen immer nur drei Leute gleichzeitig (inklusive des Guides) im Wasser sein, wenn man mit den Walhaien schwimmt. Man darf die Tiere nicht anfassen und muss entweder eine Rettungsweste oder einen Neoprenanzug tragen, damit man auf keinen Fall unterhalb von ihnen taucht.

Willy's Tours (x875-20-08; holbox@hotmail.com, Av Tiburón Ballena nahe Mini Súper Besa) bietet Touren zu den Walhaien (800 Mex$/Pers.), zur Vogelbeobachtung (800–1200/Boot), zu den Krokodilen (2270 Mex$/Boot) und zum Fischen (3500 Mex$/Boot) an. Die Boote fassen 6 bis 12 Personen.

HALBINSEL YUCATÁN

nur Plastikstühle, serviert aber gegrillte Fischspezialitäten wie ganzen gegrillten Fisch oder Filet, eingewickelt in Bananenblätter. Der Ruhetag verschiebt sich ab und zu.

LP Tipp Los Pelicanos (☎ 998-192-45-75; Hauptgerichte 60–200 Mex$; 17–24 Uhr, Mi geschl.) Das Los Pelicanos liegt einen halben Block südlich der Südostecke der Plaza. Dieses freundliche Lokal wird von den Einheimischen als das beste Restaurant der Stadt gefeiert. Die Spezialität des Hauses ist hausgemachte Pasta mit einer Soße nach Wahl. Es kommen auch noch weitere italienische Spezialitäten und ein paar Meeresfrüchtegerichte auf den Tisch, z. B. in Pfeffer gebratenen Thunfisch und eine köstliche Fischsuppe.

Anreise & Unterwegs vor Ort

Ein *barco* (Boot) setzt Passagiere neunmal täglich von dem Küstendorf Chiquilá nach Holbox über (40 Mex$, 25 Min.). Es fährt im Winter von 5 bis 18 Uhr und im Sommer von 6 bis 19 Uhr. Die in Chiquilá abfahrenden Busse warten in der Regel auf die Ankunft des Bootes. Kleinere, schnellere (und nassere) *lanchas* machen die Überfahrt, wann immer jemand bereit ist, die 250 Mex$ für das ganze Boot zu bezahlen (bis zu 6 Pers. inkl. Ausrüstung; nach Einbruch der Dunkelheit steigt der Preis.).

Zwei Mayab-Busse verlassen Cancún täglich um 7.50 und 12.40 Uhr Richtung Chiquilá (70 Mex$, 3½ Std.). Es gibt außerdem um 14.45 Uhr einen Oriente-Bus von Valladolid (70 Mex$, 2½ Std.). Von Mérida aus nimmt man einen Noreste-Nachtbus um 23.30 Uhr nach Chiquilá (124 Mex$, 7 Std.).

Von Cancún aus ein Taxi zu nehmen ist eine weitere Möglichkeit; mit Glück bekommt man eines für 600 Mex$.

Chiquilá verlassen die Busse (alle 2. Klasse) um 7.30 und 13.30 Uhr Richtung Cancún (70 Mex$); von Tizimín (50 Mex$) aus fahren um 7.30, 13.30 und 16.30 Uhr welche, von Valladolid (70 Mex$) um 5.30 Uhr und von Mérida (124 Mex$) um 5.30 Uhr.

Wer mit dem eigenen Fahrzeug anreist, kann sein Vehikel entweder für 30 Mex$ pro Tag auf dem Chiquilá-Parkplatz abstellen (8–18 Uhr) oder es – dazu braucht man allerdings eine ordentliche Portion Glück – am Pier parken (wo in der Hauptsaison alles überfüllt ist).

Rentadora El Brother (☎ 875-20-18; Wagen pro Std./Tag/24 Std. 100/600/800 Mex$) befindet sich an der Juárez in der Nähe des Strandes und vermietet Golfwagen.

JENSEITS DER AUSGETRETENEN PFADE VON QUINTANA ROO

Viele Mayagemeinschaften beginnen langsam, den Tourismus willkommen zu heißen. Er könnte ihre einzige Möglichkeit sein, ihre Sprache und Kultur zu erhalten, denn die Massenabwanderung in Boomstädte wie Cancún zieht die Besten und Intelligentesten ab. Und die Kinder wollen lieber Englisch studieren als Mayathan.

Organisationen wie **Puerta Verde** (www.puertaverde.com.mx) helfen diesen Gemeinschaften, eine Infrastruktur für Touristen aufzubauen. Zwei der Projekte dieses Programms sind an der Straße nach Chiquilá zu finden, in den Städten Solferino und San Ángel. In San Ángel kann man Kajak oder Rad fahren oder etwas über Arzneipflanzen erfahren. Weiter nördlich gibt's in Solferino einen Orchideengarten, Plätze, um im Urwald zu zelten und Canopy-Touren.

PUERTO MORELOS

☎ 998 / 3000 Ew.

Auf halber Strecke zwischen Cancún und Playa del Carmen liegt Puerto Morelos. Trotz des Baubooms nördlich und südlich der Stadt hat es sein ruhiges Kleinstadtfeeling bewahrt. Auch wenn das Dorf genügend Restaurants und Bars aufweisen kann, um einen abends zu unterhalten, ist es eigentlich das seichte Wasser der Karibik, das die Besucher anzieht. Unglücklicherweise haben die Wirbelstürme Wilma und Emily die meisten der herrlichen Palmen am Strand umgerissen – was für böse Mädchen! Großzügig, wie sie waren, haben sie die glitzernden Sandstrände aber da gelassen. Einer der besten Gründe für einen Besuch von Puerto Morelos ist ein Rundgang auf dem Künstlermarkt, einen Block südlich der Westecke der Plaza.

2 km südlich der Abzweigung nach Puerto Morelos liegt der **Jardín Botánico Yaax Che** (Eintritt 70 Mex$; Mo–Sa 9–17 Uhr;). Das 600 000 km² große Naturreservat bietet ein fast 3 km langes Netz von Pfaden durch mehrere einheimische Lebensräume.

Wer coole Cenoten-Abenteuer sucht, kann es beim „Öko-Park" **Boca del Puma** (☎ 577-64-20;

www.bocadelpuma.com, 16 km westlich von Puerto Morelos, in der Nähe des Dorfes Vallarta;) oder **Siete Bocas** (13 km westlich von Puerto Morelos, 50 Mex$;) versuchen. Hier gibt's sieben Öffnungen, die ganz gut touristisch erschlossen sind.

Orientierung & Praktische Informationen

Die zentrale Plaza von Puerto Morelos liegt 2 km östlich des Hwy 307, beinahe am Ende der Hauptstraße, die in die Stadt führt (der Hauptanleger ist das endgültige Ende der Straße). An der Plaza gibt's einen Geldautomaten von HSBC.

Alma Libre Bookstore (871-07-13; www.almalibrebooks.com; Di–Sa 10–15 & 18–21, So 16–21 Uhr, Juli–Sept. geschl.)

Dive Puerto Morelos (206-90-84; www.divepuertomorelos.com; 8–19 Uhr)

Goyo's (221-26-79) An der Plaza. Bietet Urwaldtouren an (Erw./Kind unter 12 Jahren 400/200 Mex$)

Schlafen

Posada Amor (871-00-33; www.posadaamor.com; EZ & DZ ab 380 Mex$, 3BZ & 4BZ 500 Mex$) Diese Posada liegt etwa 100 m südwestlich der Plaza und existiert schon seit vielen Jahren. In den einfachen Zimmern mit weißen Wänden findet man ein paar einfallsreiche Kleinigkeiten. Die meerblauen Bettdecken sind wirklich passend.

Posada El Moro (871-01-59; www.posadaelmoro.com; Av Gomez; EZ/DZ 500/750 Mex$;) Hat fröhliche Geranien in den Hallen und im Hof und weiße Wände mit roten Zierleisten. Die Zimmer sind ein wenig stickig, einige haben Kitchenettes. In allen steht eine Couch, die sich zum Futon ausziehen lässt. Außerdem gibt's einen kleinen Pool. Im Preis ist ein kontinentales Frühstück inbegriffen. In der Nebensaison fallen die Preise erheblich. Alles in allem ist man wohl im Amor besser aufgehoben.

Hotel Hacienda Morelos (/Fax 871-04-48; www.haciendamorelos.com; DZ 890 Mex$;) Das Hotel liegt am Wasser, etwa 150 m südlich der Plaza. Das Morelos hat 15 sehr ansprechende, luftige Zimmer mit Meerblick, Kitchenettes und Klimaanlage. Dazu gibt's einen kleinen Pool und ein gutes Restaurant. Ein super Deal!

Essen

Tío's (Hauptgerichte 15–30 Mex$; 6–23 Uhr) Das bescheidene freundliche Lokal liegt direkt gegenüber vom Leuchtturm, gleich an der Nordostecke der Plaza. Es werden morgens herrliche Fisch-Tacos serviert (drei für 18 Mex$!) sowie gute Gerichte aus Yucatán und Mexiko.

Le Café d'Amancia (Sandwiches 20–40 Mex$; 8–15 & 18–22 Uhr; V) Dies ist ein absolut sauberes Lokal mit angenehmem Ambiente. Es liegt an der Südwestecke der Plaza. Es gibt Bagels, Sandwiches, Torten, Kaffee und *licuados* aus Früchten und Gemüse. Oben gibt's Internetzugang (FKA-Computer).

Hola Asia (871-06-79; Hauptgerichte 70–120 Mex$; Mi–Mo 13–22 Uhr) Das Hola befindet sich auf der Südseite der Plaza. Dieses asiatische Restaurant hat sich hier zur Institution gemausert.

John Gray's Kitchen (871-06-55; Av Niños Héroes L6; Hauptgerichte 100–200 Mex$; Mo–Sa 18–22 Uhr) Das Lokal liegt einen Block westlich und zwei Blocks nördlich der Plaza. Aus dieser „Küche" kommt wirklich fabelhaftes Essen. Die vielseitige Karte ändert sich häufig.

An- & Weiterreise

Aus den meisten Playa-Express- und Riviera-Bussen, die zwischen Cancún und Playa del Carmen pendeln, kann man am Highway aussteigen. Einige Mayab-Busse fahren in die Stadt hinein; die Riviera-Busse, die zwischen dem Flughafen von Cancún und Playa del Carmen verkehren, fahren auf Anfrage manchmal auch in die Stadt. Der Preis für die 2. Klasse von Cancún aus beträgt 17 Mex$. *Colectivos* nach/von Cancún kosten 4 Mex$.

Taxis warten normalerweise an der Abzweigung vom Highway, um Fahrgäste in die Stadt zu bringen (20 Mex$). Und an der Plaza stehen oft ein oder zwei Taxis, um sie zurück zum Highway zu fahren.

PLAYA DEL CARMEN

984 / 100 400 Ew.

Playa del Carmen ist jetzt, nachdem sich seine Bevölkerungszahl in den letzten fünf Jahren mehr als verdoppelt hat, die drittgrößte Stadt in Quintana Roo. Es ist die angesagteste Stadt auf der ganzen Halbinsel Yucatán. Man sitzt hier kühl auf der Lee-Seite von Cozumel. Die Strände der Stadt sind voller superfitter Europäer – aber man lässt auch Amerikaner zu, wenn sie den Gewichtsauflagen entsprechen! Das Wasser ist nicht ganz so klar wie in Cancún oder Cozumel, und der Sand an den Stränden besteht aus nicht so perfekt champagnerfarbenem Puder wie weiter nördlich. Aber dennoch wächst und wächst Playa (wie es hier genannt wird).

Durch die täglichen Besucher von den Kreuzfahrtschiffen wirkt Playa so langsam wie ein Massentourismusziel. Aber es hat seinen europäischen Chic bewahrt. Und man muss nur zwei Blocks von der aufgestylten 5 Av Richtung Westen gehen – dann erhascht man einen Einblick ins echte Mexiko.

Orientierung & Praktische Informationen

Playa ist zum großen Teil als einfaches Einbahnstraßenraster angelegt. Die Quinta Av (*kihn*-ta; 5. Avenue) ist die Straße in der Stadt, in der am meisten los ist, vor allem im verkehrsberuhigten Abschnitt (der Touristenzone). Die Nueva Quinta beginnt hinter der Calle 22 und erstreckt sich über zehn Blocks nach Norden. Der Hauptbusbahnhof liegt an der Kreuzung von Quinta Av und Juárez, aber es gibt auch noch einen an der Calle 12.

Banamex (Ecke Calle 12 & 10 Av)

Centro de Salud (☎ 873-04-93; Ecke 15 Av & Av Juárez)

L@v@nderi@del C@rmen (Calle 2 No 402; 🕑 Mo–Sa 8–22 Uhr) Hat praktischerweise ein Internetcafé vor der *lavandería*.

Post (Ecke 15 Av & Av Juárez; 🕑 Mo–Fr 9–16 Uhr)

Touristeninformation (☎ 873-28-04; Ecke Av Juárez & 15 Av; 🕑 Mo–Fr 9–20.30, Sa & So 9–17 Uhr)

Touristenpolizei (☎ 873-26-56; 🕑 24 Std.)

Aktivitäten

ANGELN

Fisherman's Cooperative (☎ 984-1309892; kabulyuc@hotmail.com; Kiosk am Strand, in der Nähe der Av Constituyentes) Diese Kooperative bietet vierstündige Trips für 1800 bis 2100 Mex$ an.

STRÄNDE

Strandfans werden sich darüber einig sein, dass es hier verflixt schön ist. Wem der Sinn nicht nach Massen steht, der hält sich nördlich der Calle 38, wo ein paar schlanke Palmen für Schatten sorgen. In Playa gehen viele oben ohne (obwohl das in Mexiko sonst nicht üblich ist und in der Regel von den Einheimischen nicht gern gesehen wird – außer von den jungen Kerlen natürlich). Der Mamita Beach nördlich der Calle 28 wird als der beste Platz betrachtet, um die Mädels ausziehen.

TAUCHEN & SCHNORCHELN

Mit **Dive Mike** (☎ 803-12-28; www.divemike.com; Calle 8) schnorchelt man für 350 Mex$. Eine Tour mit einem Tauchboot kostet 100 Mex$.

Bei **Phocea Riviera Maya** (☎ 873-12-10; www.phocearivieramaya.com; 1 Av) wird Französisch, Englisch und Spanisch gesprochen. **Yucatek Divers** (☎ 803-13-63; www.yucatek-divers.com; 15 Av) hat Deutsch, Französisch, Englisch und Spanisch sprechende Mitarbeiter und bietet Tauchen für Behinderte/eingeschränkt Bewegliche.

GEFÜHRTE TOUREN

Alltournative (☎ 873-20-36; www.alltournative.com; Av 38 Nte, L3 M200; 🕑 Mo–Sa 9–19 Uhr) Zu den Angeboten gehören Seilrutschen, Abseilen und Kajakfahren; dazu kann man Touren selbst planen. Altournative fährt für ein „authentisches" Erlebnis auch in die Mayadörfer in der Nähe. Das kann man leicht auch auf eigene Faust.

UNTERHALTUNGSRESORTS

Xcaret (☎ 984-871-52-00; www.xcaret.com; Erw./Kind 5–12 676/338 Mex$, mit Buffet & Schnorchelausrüstung 971/481 Mex$; 🕑 8.30–21 Uhr) liegt 10 km südlich von Playa del Carmen und **Xel-Há** (☎ 998-883-32-93; www.xel-ha.com; Erw./Kind 5–11 Jahre 382/264 Mex$; 🕑 9–18 Uhr; ♿) 45 km. Beides sind „Öko-Resorts", die Disney-ähnliche Aktivitäten zu hohen Preisen bieten, in Sachen Umweltschutz aber fragwürdig sind.

Kurse

International House (☎ 803-33-88; www.ihrivieramaya.com; Calle 14) hat Spanischkurse (2000 Mex$), ein Studentenwohnheim (300 Mex$/Nacht) und Unterbringung in Familien (280 Mex$/Nacht). **Playa Lingua del Caribe** (☎ 873-38-76; www.playalingua.com; Calle 20) bietet Spanisch (1850 Mex$), Maya- oder Kochkurse.

Schlafen

BUDGETUNTERKÜNFTE

Hostel Playa (☎ 803-32-77; www.hostelplaya.com; Calle 8; B 120 Mex$, DZ 300 Mex$, 3BZ 450 Mex$) Auch wenn sie ein wenig vom Zentrum entfernt liegt, ist

DIE GEHEIMNISVOLLEN ALUXES

Aluxes (a-luhsch-es) sind Waldkobolde in Yucatán. Viele Maya glauben immer noch, dass sie Glück oder Unglück oder sogar den Tod in ihrer Umgebung verursachen können. Darum werden, wenn der Wald für ein Feld oder den Bau eines Hauses gerodet wird, Opfer in Form von Essen, Alkohol oder sogar Zigaretten dargebracht. Das soll sie besänftigen.

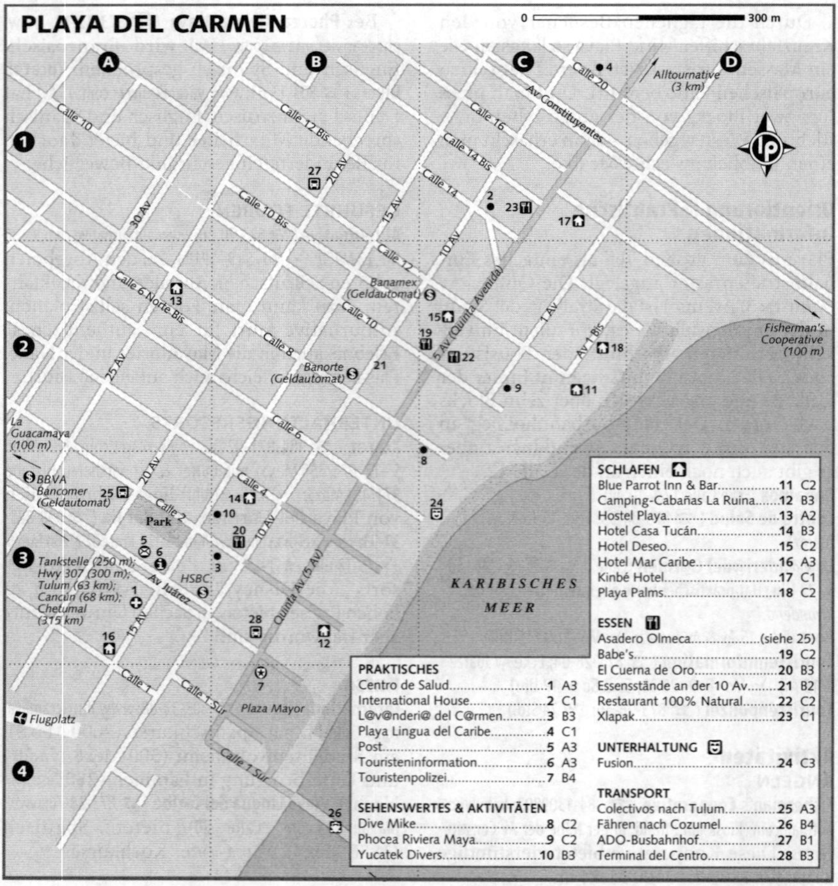

sie die beste Jugendherberge von Playa. Das Beste an dieser unkonventionellen Bleibe ist das Ambiente: Es gibt einen riesigen zentralen Gemeinschaftsraum und eine tolle Küche. Sowohl Bier als auch Spirituosen sind bis 0.30 Uhr erlaubt. Dann gehen die Leute entweder ins Bett oder in die Clubs.

Camping-Cabañas La Ruina (☎/Fax 873-04-05; laruina@prodigy.net.mx; Calle 2; Zeltplatz od. Platz für die Hängematte 100 Mex$/Pers., DZ ohne Bad 200 Mex$, DZ 300–550 Mex$; ❄) Große Anlage in Strandnähe, in der man sein Zelt aufbaut oder die Hängematte aufhängt. Alles ist sehr lässig, und die Strandsachen kann man (ungesichert) im Hof aufbewahren.

Hotel Mar Caribe (☎ 873-02-07; Ecke 15 Av & Calle 1; Zi. 350–550 Mex$; ❄) Dieser einfache, sichere und sehr saubere Platz hat neun, meist mit Ventilatoren gekühlte Zimmer (drei haben Klimaanlage). Die Besitzer sprechen Französisch, Spanisch und etwas Englisch. Fast glaubt man, Steinbeck an einem der dunklen Holztische an einem Roman schreiben zu sehen.

MITTELKLASSEHOTELS

Hotel Casa Tucán (☎/Fax 873-02-83; www.casatucan.de; Calle 4; Zi. 500–650 Mex$; ❄ 🏊) Dieses Hotel wird von Deutschen geführt und ist ein Gewirr aus 29 Zimmern unterschiedlicher Art. Die Zimmer haben Ventilatoren oder Klimaanlage, ein paar haben Kitchenettes und die billigsten kein Bad. Das Tucán hat einen Swimmingpool, einen schönen tropischen Garten und ein Café, in dem gutes, erschwingliches Essen serviert wird.

Playa Palms (☎ 803-39-08; www.playapalms.com; Av 1 Bis, zw. Calles 12 & 14; DZ Neben-/Hauptsaison 720/1330 Mex$; 💻 🅿) In der Nebensaison ist es ein toller Deal (die besten Preise gibt's online): Das Playa Palms liegt gleich am Strand und die muschelförmigen Zimmer haben Balkon und einen Blick aufs Meer über den sich kurvigen Pool. In den günstigeren Studios bekommt man die beste Sicht für den besten Preis. Alle Zimmer haben Kitchenettes.

LP Tipp **Kinbé Hotel** (☎ 873-04-41; www.kinbe.com; Calle 10; DZ Neben-/Hauptsaison 640/830 Mex$, Suite 1220/1690 Mex$; ❄) Das Hotel gehört Italienern, die es auch leiten. Es hat 29 saubere, schlichte, elegante Zimmer mit tollen Details, azurblauen Bettdecken, einem traumhaft üppigen Garten im Hof und eine luftige Dachterrasse mit sagenhaftem Blick aus dem vierten Stock.

SPITZENKLASSEHOTELS

Blue Parrot Inn (☎ 206-33-50, in den USA 800-435-0668; Calle 12; Zi. 2330–5370 Mex$; ❄ 💻) Viele der bezaubernden, kleinen Einheiten haben Terrassen, Meerblick und eine richtige Küche. Dafür, dass es nicht direkt am Meer liegt, ist es allerdings etwas teuer. Es hat außerdem eine extrem beliebte Bar, das Blue Parrot (S. 978).

Hotel Deseo (☎ 879-36-20; www.hoteldeseo.com; 5 Av; DZ 1680–2380 Mex$; ❄ 💻 🅿) Wer sich immer noch einen Rock'n'Roll-Lebensstil leisten kann, wird die Lounge-Atmosphäre des Deseo lieben. Direkt vor den blendend weißen Zimmern (weiß ist hier offensichtlich die „gewünschte" Farbe) gibt's eine coole Lounge und einen Pool.

Essen

Außerhalb der Touristenzone findet man billige Lokale mit Qualität wie das **Asadero Olmeca** (Hauptgerichte 30 Mex$; 🕑 7–18 Uhr) mit seinen herrlichen gegrillten Hähnchen. Es befindet sich gleich da, wo die *colectivos* Richtung Tulum stehen. An der Av 10, zwischen den Calles 8 und 10 in der Nähe des Zentrums, gibt's jede Menge günstige **Imbissstände**.

El Cuerna de Oro (Ecke Calle 2 & 10 Av; Tagesessen 3–5 US$; 🕑 7–22 Uhr) In diesem lässigen Lokal neben dem Busbahnhof wird herzhaftes Tagesessen nach Hausmannsart serviert. Man bekommt eine riesige Portion des ausgewählten Gerichts (die drei oder vier Möglichkeiten wechseln jeden Abend) und dazu Reis, Bohnen und unbegrenzt viel vom Getränk des Abends, z. B. Hibiskuswasser oder Eistee. Das Frühstück muss man nicht probiert haben.

La Guacamaya (Ecke Calle 1 Sur & Av 30; Mahlzeit 60 Mex$; 🕑 Mo–Sa 12–22, So 12–17 Uhr) Die Einheimischen lieben dieses große Open-Air-Restaurant. Eine Warnung an Vegetarier: Was keine Hufe hat, schafft es hier kaum auf die Speisekarte. Am besten das *tablazo* probieren, einen riesigen Mixed-Grill-Teller mit jeder Sorte Fleisch, die man sich vorstellen kann – für weniger als 100 Mex$.

Babe's (Calle 10; Hauptgerichte 50–100 Mex$; 🕑 Mo–Sa 12–23.30, So 17–23.30 Uhr; Ⓥ) Das Babe's serviert ausgezeichnete Thai-Gerichte wie das leckere hausgemachte *tom kha gai* (Huhn und Kokosmilchsuppe) mit jeder Menge Gemüse. Der ausgezeichnete vietnamesische Salat (mit Shrimps und Mango) ist eine weitere Spezialität. Die meisten Gerichte kann man auch in einer vegetarischen Variante bekommen, und um die Sache etwas abwechslungsreicher zu gestalten, hat der schwedische Koch auch ein paar köstliche griechische Sachen auf der Speisekarte. An der Nueva Quinta gibt's noch ein Babe's.

LP Tipp **Restaurant 100% Natural** (☎ 873-22-42; Ecke Quinta Av & Calle 10 Hauptgerichte 35–100 Mex$;

ABSTECHER: DER CENOTE CRISTALINO

Auf der westlichen Seite des Highways südlich von Playa del Carmen gibt's eine Reihe von Cenoten, die man besuchen und in denen man für etwas Geld normalerweise auch schwimmen kann. Dazu gehört auch der **Cenote Cristalino** (Erw./Kind 40/20 Mex$; 🕑 6–17.30 Uhr), der sich gleich südlich des Barceló Maya Resorts befindet. Er ist leicht zugänglich und liegt nur 70 m vom Eingang entfernt, der direkt am Highway ist. Der gut gepflegte Cenote ist an einer Seite von Mangroven bewachsen. Außerdem bietet er einen großen, offenen Bereich, in den man hineinspringen kann, wenn man eine Leiter zu einem weiter oben gelegenen Sims hinaufsteigt. Das Wasser erstreckt sich etwa 20 m in einen überdachten, höhlenartigen Bereich hinein.

Zwei weitere Krater, der Cenote Azul und der El Jardín de Edén, befinden sich südlich des Cristalino am Highway. Aber der Cristalino ist der beste der drei.

7–23 Uhr; V) Die Markenzeichen dieser sich schnell etablierenden Kette – Gemüse- und Fruchtsaftmischungen, Salate, verschiedene Gemüse- und Hühnchengerichte sowie andere gesunde Speisen – sind köstlich und sättigend.

Xlapak (☎ 879-35-95; Quinta Av; Frühstück 30 Mex$, Mittag- & Abendessen 70–180 Mex$; 8–23 Uhr) Es serviert köstliches Essen zu unglaublich niedrigen Preisen. Mittag- und Abendessen bestehen aus einer Vorspeise, einem Hauptgericht (begleitet von Reis, gedämpftem Gemüse und Knoblauchbrot) und einem Nachtisch. Man sollte das Huhn mit *chaya*-Salsa (einem spinatähnlichen Gemüse) versuchen und mit einem Drink aus der großen Bandbreite von Säften und Getränken herunterspülen. Das Restaurant ist sehr nett – es ist mit sorgfältig gearbeiteten Nachbildungen von Mayawandgemälden und jeder Menge Pflanzen wie ein Mayatempel gestaltet.

Unterhaltung

Die In-Locations hier kommen und gehen. Wer wissen möchte, wo die besten Partys abgehen (und wo nicht), fragt am besten herum.

Blue Parrot Bar (☎ 873-00-83; Calle 12 am Strand; 11–4 Uhr) Das ist die unglaublich beliebte Bar des Blue Parrot Inn. Sie besteht aus einer zu einer Seite geöffneten *palapa*, liegt am Strand, hat Schaukelstühle, eine riesige Tanzfläche im Freien und bei schlechtem Wetter auch eine drinnen ... und jede Menge Sand.

LP Tipp **Fusion** (Calle 6; open end) Im Fusion wird draußen am Strand von Playa bei Mondschein gegroovt. An den meisten Abenden gibt's Livemusik.

An- & Weiterreise

BUS

Playa hat zwei Busterminals; bei beiden kann man Fahrkarten kaufen und zumindest ein paar Informationen zu den Abfahrten am jeweils anderen bekommen. Der neuere ist der **Terminal ADO** (20 Av) und liegt gleich östlich der Calle 12. Ihn fahren die meisten 1.-Klasse-Buslinien an. Die Riviera-Busse (die irgendwie nicht wirklich die Bezeichnung „1. Klasse" verdienen) benutzen den alten Terminal. Ein Taxi vom Terminal ADO zur Hauptplaza kostet um die 15 $.

Der alte Busbahnhof, der **Terminal del Centro** (Ecke Av Juárez & Quinta Av), empfängt alle Lininen der 2.-Klasse-Busse (von Linien wie Mayab beispielsweise „intermedio" genannt). Die Riviera-Busse nach Cancún und zu dessen Flughafen haben einen eigenen Fahrkartenschalter an der Av-Juárez-Seite des Terminals.

Ziel	Preis (Mex$)	Dauer (Std.)	Häufigkeit (tgl.)
Cancún	34	1	viele 4–24 Uhr
Cancún Internationaler Flughafen	80	45 Min.–1	häufig 8–18.15 Uhr
Chetumal	1. Klasse 19	5–5½	9-mal
	2. Klasse 18	5–5½	häufig 1.30–23.15 Uhr
Chichén Itzá	18	3–4	1-mal
Cobá	68	1–1¾	2-mal
Mérida	310	5	häufig
Palenque	540	12–13	1-mal
San Cristóbal de Las Casas	780	16–18	1-mal
Tulum	22	1	häufig
Valladolid	77–140	2½–3½	2-mal

COLECTIVOS

Colectivos sind eine tolle Möglichkeit, um günstig Richtung Süden nach Tulum zu kommen (25 Mex$, 45 Min.). Sie fahren zwischen 5 und 22 Uhr an der Calle 2 in der Nähe der 20 Av ab, sobald sie voll sind (alle 10–15 Min.). Sie halten zwischen Playa und Tulum überall am Highway und verlangen mindestens 10 Mex$. Für Gepäck ist nicht gerade viel Platz, aber für einen Tagesauflug sind sie wunderbar.

SCHIFF/FÄHRE

Die Fähren nach Cozumel (einfache Strecke 110 Mex$) fahren um 6, 8, 9, 10, 11, 13, 15, 17, 18, 19, 21 und 23 Uhr ab. Der klimatisierte Katamaran braucht etwa 30 Minuten, je nach Wetter. Fahrkarten erhält man an dem Stand an der Calle 1 Sur. Ein offenes Boot (gleiche Fahrkarte, fährt aber nicht so regelmäßig) benötig 45 Minuten bis eine Stunde und ist meist in der Sommersaison im Einsatz.

ISLA COZUMEL

☎ 987 / 73 200 Ew.

Seit 1961 ist Cozumel ein unglaublich beliebter Tauchort. Damals zeigte der von einheimischen Guides geführte Jacques Cousteau der

Welt diese spektakulären Riffe. Cozumel liegt 71 km südlich von Cancún. Mit einer Länge von 53 km und einer Breite von 14 km ist sie die größte Insel Mexikos. Von ihren frühesten Bewohnern wurde sie Ah-Cuzamil-Peten (Insel der Schwalben) genannt. Cozumel ist zu einem weltberühmten Ziel für Taucher und Kreuzfahrtschiffe geworden. Hurrikan Wilma hat die Schnorchelregionen rund um die Insel erheblich beschädigt, aber die meisten Riffe in der Tiefsee haben den Hauptstoß des Sturmes nicht abgekriegt. Leider haben die Adlerrochenschwärme wegen der Überfischung der Schalentierbestände stark abgenommen – keine Schalentiere, keine Rochen.

Auch wenn Tauchen und Schnorcheln in dieser Gegend die Hauptattraktionen sind, hat die Touristenmeile jede Menge Shopping-„Schnäppchen" (oft nicht gerade billig) und einen schönen städtischen Platz zu bieten, auf dem man den Nachmittag verbringen kann. Im Februar findet ein festlicher Karneval statt. Dann ziehen mit Federn geschmückte Tänzer durch die Straßen. Es gibt außerdem ein paar kleine Mayaruinen und ein paar Parks mit Schwerpunkt auf Umweltschutz.

Geschichte

Die Maya haben die Insel um 300 n. Chr. besiedelt. In der postklassischen Periode entwickelte sich Cozumel zu einem blühenden Handels- und Zeremonienzentrum. Jede Mayafrau von der Halbinsel Yucatán und darüber hinaus sollte mindestens einmal im Leben eine Pilgerreise auf die Insel unternehmen, um Ixchel – der Göttin der Fruchtbarkeit und des Mondes – in einem Tempel zu huldigen. Archäologen glauben, dass dieser Tempel ihr zu Ehren in San Gervasio errichtet wurde, in der Nähe des geografischen Mittelpunkts der Insel.

Als die Spanier erstmals auf Cozumel landeten (1518 kamen Juan de Grijalva und seine Männer), standen mindestens 32 Gebäudekomplexe der Maya auf der Insel. Dem spanischen Chronisten Diego de Landa zufolge eroberte Cortés ein Jahr später eines der Mayazentren. Die anderen aber ließ er unangetastet, denn es reichte ihm offenbar, die Bevölkerung der Insel zum Christentum zu bekehren. Allerdings brachten die Spanier Pocken mit, denen die Hälfte der 8000 Maya zum Opfer fiel. Von den Überlebenden entkamen dann nur rund 200 dem Völkermord der Konquistadoren Ende der 1540er-Jahre.

Bis ins späte 17. Jh. war die Insel fast menschenleer. Die Buchten boten verschiedenen berüchtigten Piraten Unterschlupf, darunter Jean Lafitte und Henry Morgan. 1848 besiedelten indigene Menschen, die vor dem Kastenkrieg flohen, die Insel erneut. Zu Beginn des 20. Jhs. wuchs die Bevölkerung, die damals hauptsächlich aus Mestizen bestand, dank des Kaugummibooms schnell an: Cozumel war ein Hafen auf der Exportroute von *chicle*, das die Einwohner auf der Insel anbauten. Als *chicle* nicht mehr so gefragt war, blieb die Wirtschaft von Cozumel trotzdem stabil, weil die Amerikaner im Zweiten Weltkrieg einen Luftwaffenstützpunkt auf der Insel errichtet hatten.

Als die Amerikaner abzogen, geriet die Insel in eine Wirtschaftskrise und viele Leute wanderten ab. Die Zurückgebliebenen verdienten ihren Lebensunterhalt bis 1961 vor allem als Fischer. In diesem Jahr führte Cousteaus Dokumentarfilm der Menschheit dann die prächtige Unterwasserwelt von Cozumel vor Augen. Und fast über Nacht kamen die Touristen.

Orientierung & Praktische Informationen

Die einzige Stadt der Insel, San Miguel de Cozumel, kann man prima zu Fuß erkunden. Der Uferboulevard heißt Av Rafael Melgar. Südlich des Hauptfährhafens („Muelle Fiscal") säumt ein schmaler Sandstrand die Av Melgar. Die Hauptplaza liegt gegenüber vom Fährhafen. Der Flugplatz befindet sich 2 km nordöstlich. An der Plaza gibt's Geldautomaten, Banken und Internetzugänge.

Cozumel Hyperbaric Research (Karte S. 982; ☎ 872-01-03; Calle 6 Nte) Dekompressionskammer in der Médica San Miguel Klinik.

Express Lavandería (Karte S. 982; ☎ 872-29-32; Calle Dr Adolfo Rosado Salas; 🕑 Mo–Sa 8–21, So 8.30–16 Uhr) Selbst waschen und trocknen, Kostenpunkt pro Ladung 50 Mex$.

Fama (Karte S. 982; ☎ 872-50-20; Av 5 Nte; 🕑 Mo–So 9–22 Uhr) Hat Bücher und Zeitschriften auf Englisch und Spanisch im Angebot

Post (Karte S. 982; Ecke Calle 7 Sur & Av Rafael Melgar; 🕑 Mo–Fr 9–17 Uhr)

Touristeninformationsstand (Karte S. 982; ☎ Touristeninformation 869-02-11) Wird von der Touristeninformation der Stadt betrieben.

Touristenpolizei (Karte S. 982; Ecke Calle 11 Sur & Rafael Melgar; 🕑 8–23 Uhr) Patrouilliert auf der Insel und hat einen Kiosk.

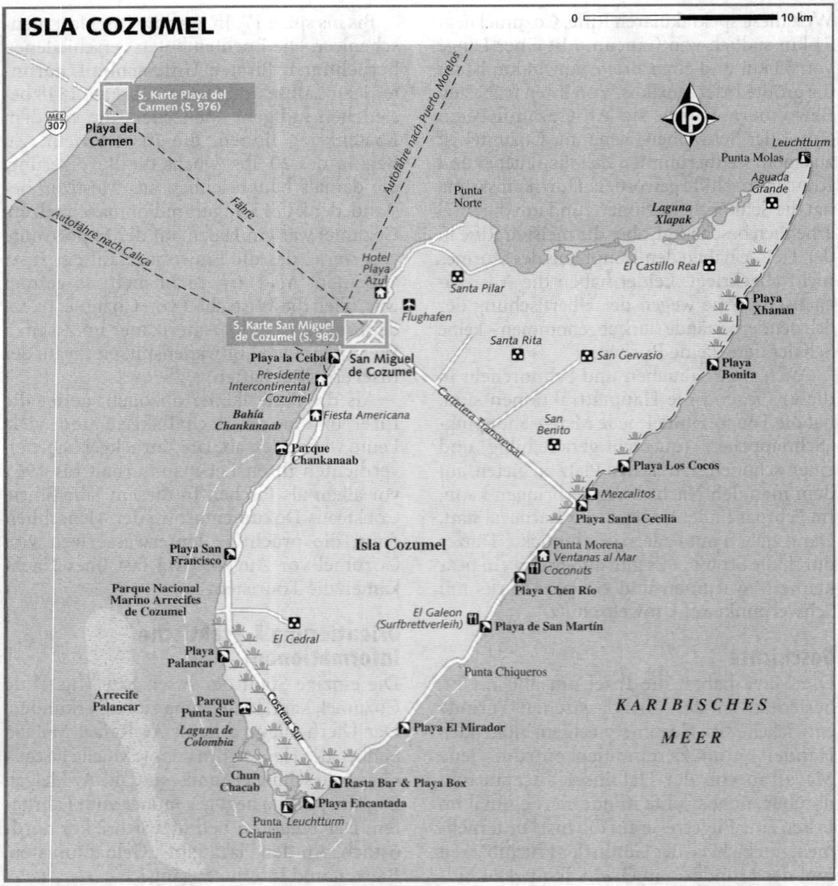

Sehenswertes & Aktivitäten

MUSEO DE LA ISLA DE COZUMEL

Die Stücke in diesem wundervollen **Museum** (Karte S. 982; ☎ 872-14-34; Av Rafael Melgar; Eintritt 30 Mex$; 🕑 8–17 Uhr) vermitteln ein klares und äußerst detailliertes Bild von der Flora, der Fauna, der Geografie und der Geologie der Insel sowie von der Geschichte der alten Maya.

SCHNORCHELN

Gute Schnorchelreviere sind bei Casitas und Dzul-Há zu finden. Schnorchler müssen 20 Mex$ Eintritt zum Park bezahlen. Die besten Schnorchelmöglichkeiten erreicht man mit dem Boot. Eine halbtägige Bootstour kostet normalerweisezwischen 350 Mex$ und 500 Mex$. **Ramón Zapata** (☎ 044-987-100-22-56) veranstaltet von Playa Palancar aus Schnorcheltouren für etwa 250 Mex$ pro Nase, aber man muss den Transport zum Strand selbst organisieren.

TAUCHEN

Trotz des verheerenden Wirbelsturms Wilma bleibt Cozumel – mit den 65 Riffen in der Umgebung – für Taucher eines der beliebtesten Ziele der Welt. Das ganze Jahr über ist die Sicht hier phantastisch (meist rundherum). Außerdem gibt's eine wirklich beeindruckende Vielfalt an Meeresfauna, z. B. gefleckte Adlerrochen, Muränen, Zackenbarsche, Barrakudas, Schildkröten, Haie, Sternkorallen und einige riesige Schwämme. Bei der Insel herrscht eine starke Strömung (in der Regel um die 3 Knoten). So ist Drift Diving hier der Standard, vor allem an den zahlreichen Wänden. Wegen des Bootsverkehrs sollte man Augen (und Ohren) dabei immer offen halten. Außerhalb des Strandgebiets schnorchelt man besser nicht allein.

Zu den Spitzentauchspots der Gegend gehören **Santa Rosa Wall**, **Punta Sur Reef**, **Colombia Shallows** und **Palancar Gardens**. Die Preise sind unterschiedlich, aber im Allgemeinen sollte man mit etwa 880 Mex$ für einen Tauchgang mit zwei Flaschen rechnen (weniger, wenn man seine eigene Tarierweste und den eigenen Regulator mitbringt), 650 Mex$ für einen einführenden „Resort"-Kurs und 4000 Mex$ für eine PADI-Zertifikation auf offener See. Mehr Informationen sind in Lonely Planets *Diving & Snorkeling Cozumel* zu finden.

Auf Cozumel gibt's Unmengen von Anbietern von Tauchgängen. Die folgenden sind angesehene, die uns empfohlen wurden. Einige bieten neben Tauchen und Tauchkursen auch Schnorcheln und Tiefseefischen an.

Deep Blue (Karte S. 982; ☎ /Fax 872-56-53; www.deepbluecozumel.com; Av 10 Sur) Dieser PADI-, NAUI-, TDI- und IANTD-Anbieter hat sehr gute Ausrüstung und schnelle Boote, durch die man die Chance hat, an einem Tag öfter zu tauchen.

Victor Brito Barreiro (☎ /Fax 872-32-23; www.angelfire.com/ga/cozumeldiving/MMT.htm) Südlich der Stadt. Victor ist der Leiter von Cozumels Tauchlehrervereinigung und hat jahrelange Erfahrung. Sehr zu empfehlen!

Wer einen Dekompressionsnotfall hat, sollte sofort eine der Überdruckkammern von Cozumel (S. 979) aufsuchen.

DEN REST DER INSEL ERKUNDEN

Wer die ganze Insel besichtigen möchte, muss ein Fahrzeug mieten oder ein Taxi nehmen; Fahrradfahrer müssen mit starkem Wind rechnen. Die folgende Route führt von San Miguel nach Süden und dann gegen den Uhrzeigersinn um die Insel. Auf der Strecke gibt's ein paar Stellen, wo man zum Essen und Trinken rasten kann. Aber Wasser sollte man trotzdem selbst mitbringen.

VERANTWORTUNGSBEWUSSTES TAUCHEN

Die folgenden Tipps sollten beim Tauchen berücksichtigt werden. Sie helfen, die Ökologie und Schönheit der Riffe zu erhalten:

- In der Nähe der Riffe niemals Anker verwenden und aufpassen, dass man mit dem Boot nicht auf die Korallen aufläuft.
- Man sollte vermeiden, lebende Meeresorganismen zu berühren, auf sie zu treten oder Ausrüstung über das Riff zu ziehen. Polypen können durch die leiseste Berührung beschädigt werden. Wenn man sich am Riff festhalten muss, dann nur an Steinen oder toten Korallen.
- Vorsicht mit den Flossen! Auch ohne Kontakt können die von den Flossen in der Nähe des Riffs erzeugten Wellen die empfindlichen Organismen schädigen. Darauf achten, keinen Sand aufzuwirbeln – er kann die Organismen ersticken.
- Immer die Tauchgeschwindigkeit kontrollieren! Taucher, die zu schnell abtauchen, können an das Riff stoßen und großen Schaden anrichten.
- Große Vorsicht ist bei Unterwasserhöhlen geboten; man sollte so wenig Zeit wie möglich in ihnen verbringen, da die Luftblasen, die man abgibt, sich am Höhlendach sammeln können und die Organismen dort hängen bleiben. Wenn man kleine Höhlen besucht, inspiziert man das Höhleninnere am besten nacheinander.
- Der Versuchung widerstehen, Korallen oder Muscheln zu sammeln oder zu kaufen und (vor allem!) archäologische Meeresstätten zu plündern.
- Sicherstellen, dass man seinen gesamten Müll und den der anderen mitnimmt. Plastik ist für Meereslebewesen ganz besonders schädlich.
- Keine Fische füttern.
- Die Meerstiere möglichst nicht stören. *Niemals* auf dem Rücken einer Schildkröte reiten.

Wichtige Infos zur Tauchsicherheit bitte im Kasten auf S. 1062 nachlesen!

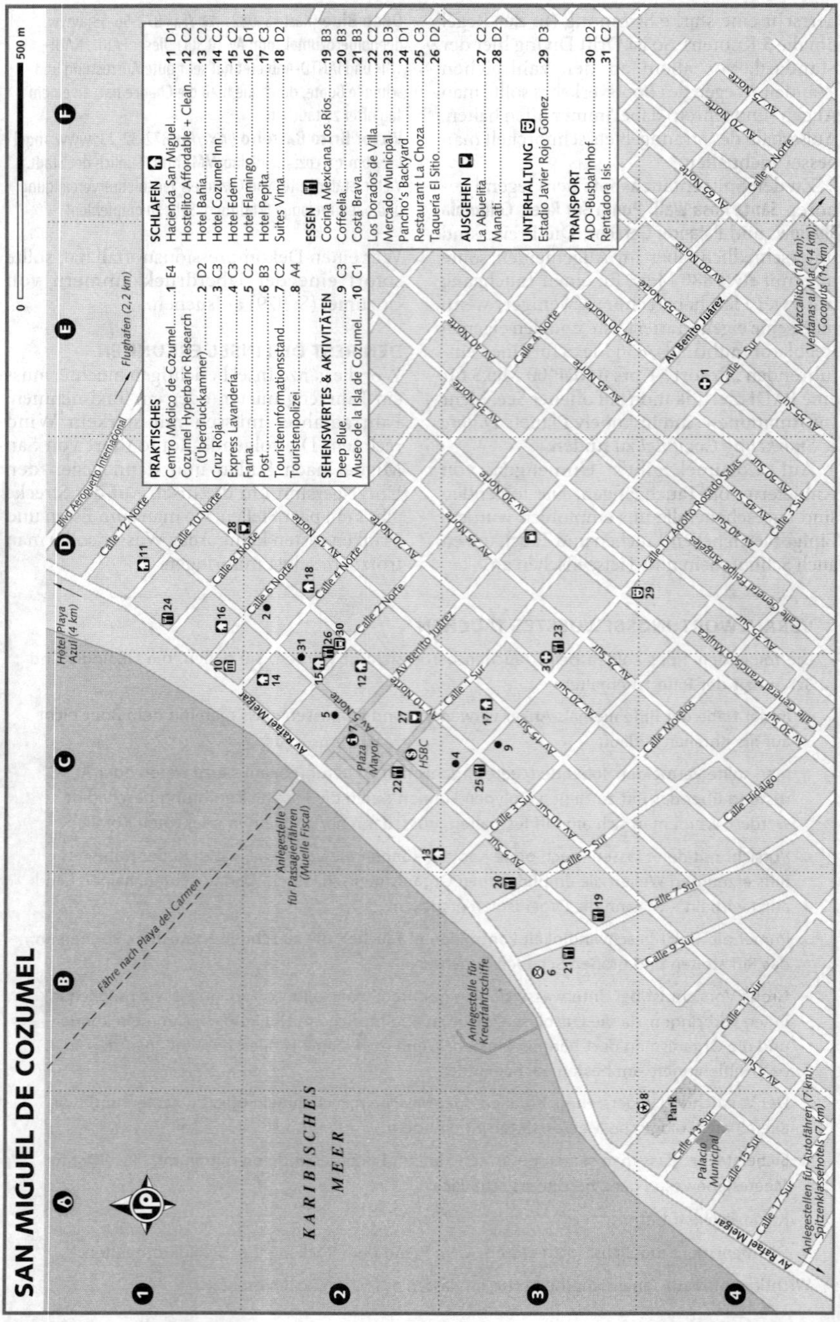
SAN MIGUEL DE COZUMEL
0
500 m
KARIBISCHES MEER
Fähre nach Playa del Carmen
Anlegestelle für Passagierfähren (Muelle Fiscal)
Anlegestelle für Kreuzfahrtschiffe
Hotel Playa Azul (4 km)
Flughafen (2,2 km)
Blvd Aeropuerto Internacional
Av Rafael Melgar
Av Benito Juárez
Plaza Mayor
HSBC
Park
Palacio Municipal
Mezcalitos (10 km); Ventanas al Mar (14 km); Coconuts (14 km)
Anlegestellen für Autofähren (7 km); Spitzenklassehotels (7 km)
PRAKTISCHES
Centro Médico de Cozumel 1 E4
Cozumel Hyperbaric Research (Überdruckkammer) 2 D2
Cruz Roja 3 C3
Express Lavandería 4 C3
Fama 5 C2
Post 6 B3
Touristeninformationsstand 7 C2
Touristenpolizei 8 A4
SEHENSWERTES & AKTIVITÄTEN
Deep Blue 9 C3
Museo de la Isla de Cozumel 10 C1
SCHLAFEN
Hacienda San Miguel 11 D1
Hostelito Affordable + Clean 12 C2
Hotel Bahía 13 C3
Hotel Cozumel Inn 14 C2
Hotel Edem 15 C2
Hotel Flamingo 16 D1
Hotel Pepita 17 C3
Suites Vima 18 D2
ESSEN
Cocina Mexicana Los Ríos 19 B3
Coffeelia 20 B3
Costa Brava 21 B3
Los Dorados de Villa 22 C2
Mercado Municipal 23 D3
Pancho's Backyard 24 D1
Restaurant La Choza 25 C3
Taquería El Sitio 26 D2
AUSGEHEN
La Abuelita 27 C2
Manatí 28 D2
UNTERHALTUNG
Estadio Javier Rojo Gomez 29 D3
TRANSPORT
ADO-Busbahnhof 30 D2
Rentadora Isis 31 C2

An mehreren Stellen an der Westküste der Insel wird Reiten angeboten (auch wenn einige der Pferde so aussehen, als würden sie gleich umkippen). Die Preisforderung liegt bei 160 Mex$ die Stunde – hart verhandeln!

Parque Chankanaab

In diesem **Park** (Karte S. 980; Eintritt 160 Mex$; ⌚ 7–18 Uhr; 👪) kann man gut schnorcheln, vor allem wenn Kreuzfahrtschiffe im Hafen liegen, obwohl es mit Ausnahme von ein paar bunten Fischen und absichtlich versenkten künstlichen Objekten nicht gerade viel zu sehen gibt. Der Strand ist trotzdem schön. 50 m weiter im Hinterland liegt eine Lagune im Kalksteinfels, wo sich Leguane und Schildkröten tummeln. Man darf hier nicht schwimmen oder schnorcheln, aber sie ist trotzdem malerisch. Der Strand ist mit *palapas* und Liegestühlen aus Fiberglas gesäumt. Man kann Schnorchel- und Tauchausrüstung mieten.

Die Delphinshows sind im Eintrittspreis enthalten, ebenso wie die Benutzung der Umkleidekabinen, Schließfächer und Duschen. Es gibt einen kleinen archäologischen Park mit nachgebildeten Olmekenköpfen und Mayaexponaten. Das kleine Museum stellt Objekte aus, die aus Chichén Itzá importiert wurden und in dem botanischen Garten wachsen 400 verschiedene Arten tropischer Pflanzen. Auch Restaurant, Bar und Snackläden sind vorhanden. Ein Taxi von der Stadt hierher kostet 100 Mex$ (einfache Strecke).

El Cedral

Diese Mayaruine ist die älteste auf der Insel. Sie ist so groß wie ein kleines Haus und hat keinerlei Verzierungen. Aber sie kostet keinen Eintritt und ist leicht zu erreichen, im Gegensatz zu San Gervasio und anderen Ruinen auf Cozumel. Man folgt über 3,5 km einer ausgeschilderten, befestigten Straße, die 1 oder 2 km südlich der Zugangsstraße nach Nachi-Cocom nach links (Osten) abzweigt. Die Ruine versteckt sich in einem Wald aus gelb und weiß gestrichen Gestängen, die Souvenirstände sein sollen. Man glaubt, dass El Cedral eine wichtige Zeremonialstätte war; die kleine Kirche, die heute neben der winzigen Ruine steht, zeigt, dass die Stätte für die Einheimischen noch von religiöser Bedeutung ist.

Playa Palancar

Etwa 17 km südlich der Stadt liegt Plancar – ein weiterer toller Strand. In seinem Beachclub kann man Hydro-Bikes, Kajaks, Schnorchelausrüstung und Segelboote mieten Dazu gibt's ein Restaurant und es werden Tauchtouren organisiert. In der Nähe des Strandes kann man am Arrecife Palancar (Palancarriff) hervorragend tauchen (Palancar Gardens), sowie wunderbar schnorcheln (Palancar Shallows), auch wenn die Palancar Shallows vom Wirbelsturm Wilma gezeichnet sind.

Parque Punta Sur

Die Südspitze der Insel ist heute ein recht überteuerter „Ökotouristik"-**Park** (Karte S. 980; ☎ 872-09-14; Eintritt 100 Mex$; ⌚ 9–17 Uhr). Besucher können mit einem offenen Fahrzeug eine 3 km lange Fahrt machen und den malerischen **Leuchtturm** Celarain sowie das kleine Nautikmuseum an seinem Fuß besuchen. Ein anderes Fahrzeug bringt die Besucher zur **Laguna de Colombia**. Sie ist Teil eines Drei-Lagunen-Systems, in dem Krokodile zu Hause sind. Viele Wasservögel leben hier oder ziehen durch. Die Krokos kann man vom Ufer aus – man geht über einen Pfad durch Mangroven – oder von einer Brücke über die Lagune aus sehen (wenn sie Lust haben).

Ostküste

Die östliche Küstenlinie bildet den wildesten Teil der Insel mit herrlichen Ausblicken über das Meer und zahlreichen kleinen Blowholes (ganz viele findet man bei Km 30,5). Baden ist fast an der ganzen Ostküste wegen der Unterströmungen und des Sogs gefährlich. Wenn man gut aufpasst, ist es bei Punta Chiqueros, an der Playa Chen Río und an der Punta Morena manchmal möglich zu schwimmen. Wer die Küste entlangfährt, kann einen Stopp in der Rasta Bar (Km 29,5), im El Galeon (Km 43,1) oder im Coconuts (Km 43,5) einlegen, um zu Mittag zu essen oder etwas zu trinken. Das El Galeon vermietet Surfbretter und Boogie Boards für jeweils 200 Mex$ bzw. 70 Mex$ pro Stunde.

Punta Molas

Jenseits der Stelle, an dem die Ostküstenstraße auf die Carretera Transversal trifft, können besonders kühne Traveller die schlecht erhaltene, selten befahrene und kaum erkennbare Piste Richtung Punta Molas nehmen. Diesen nördlichste Punkt der Insel, ist nur mit einem Geländewagen oder zu Fuß erreichbar. Nach etwa 17 km trifft man auf die als **El Castillo Real** bekannten Mayaruinen, und ein paar Kilometer weiter auf **Aguada Grande**. Beide Stätten sind schon recht verfallen und kaum noch von Bedeutung. Bei Punta Molas gibt's recht gute Strände und noch ein paar Ruinen.

San Gervasio

Dieser **Mayakomplex** (Karte S. 980; Eintritt 60 Mex$; 7–16 Uhr) umfasst die einzigen erhaltenen Ruinen von Cozumel und ist ein Paradebeispiel für die Bemühungen der Regionalregierung, den Passagieren der Kreuzfahrtschiffe ihre Dollars abzuknöpfen. Man nimmt an, dass sich in San Gervasio ein Heiligtum der Ixchel, der Göttin der Fruchtbarkeit, befunden hat. Es war eine wichtige Pilgerstätte, die von den Mayafrauen – vor allem von werdenden Müttern – verehrt wurde. Die Gebäude sind klein und einfach, doch die tönernen Bildnisse von Ixchel sind vor langer Zeit von den Spaniern zerstört worden.

Schlafen

BUDGETUNTERKÜNFTE

LP Tipp **Hostelito Affordable + Clean** (Karte S. 982; 869-81-57; www.hostelito.com; Av 10; B/DZ 120/350 Mex$) Der Name sagt alles: Dieses funkelnagelneue Hostelito ist erschwinglich *und* sauber. Unten gibt's einen Gemeinschaftsschlafsaal für Männlein und Weiblein mit Wandschirmen aus Bambus, riesigen Schließfächern und erstaunlich sauberen Duschen. Oben sind eine tolle Terrasse, eine Küche und ein Gemeinschaftsraum. Es gibt ein Gruppenzimmer für sechs Personen und zwei Doppelzimmer, außerdem WLAN und Gepäckaufbewahrung.

Hotel Edem (Karte S. 982; 872-11-66; Calle 2 Nte 124; DZ mit Ventilator/Klimaanlage 180/320 Mex$;) Die super Lage und die moderaten Preise machen das Edem zu einem Superdeal. In einem Brunnen leben Schildkröten und eine freundliche Siamkatze streicht herum. Die gestrenge Señora hält die Türen nach 21 Uhr geschlossen. Die Zimmer sind sauber und einfach, es gibt Haken für Hängematten und kochend heißes Duschwasser. Für die ollen Handtücher muss man Pfand hinterlegen (wie übertrieben!).

Hotel Cozumel Inn (Karte S. 982; 872-03-14; Fax 872-31-56; Calle 4 Nte; DZ mit Ventilator/Klimaanlage 320/370 Mex$;) Das grüne Gebäude hat 26 gepflegte Zimmer mit guten Betten und einem kleinen (manchmal suspekten!) Swimmingpool. Das Cozumel ist vor allem in der Hauptsaison ein guter Deal. Den Mief schnell auslüften!

Hotel Pepita (Karte S. 982; /Fax 872-00-98; Av 15 Sur; DZ 400 Mex$;) Die Besitzerin des HP, María Teresa, ist stolz auf ihre Arbeit, das sieht man. Sie führt das beste Economy Hotel in der Stadt. Es ist freundlich und hat gepflegte Zimmer, die rund um einen Garten liegen. Alle haben Doppelbetten, Kühlschrank und Klimaanlage. Gratis Morgenkaffee.

MITTELKLASSEHOTELS

Suites Vima (Karte S. 982; /Fax 872-51-18; Av 10 Nte; EZ/DZ 400/500 Mex$;) Es gibt hier makellose, geräumige, moderne Zimmer mit gefliesten Böden, Betten so hart wie das von Barney Geröllheimer, gute Klimaanlagen und Bäder, Kühlschränke, Tische und Stühle. Die Einrichtung ist mintgrün und in anderen Pastellfarben verziert. Hinten im Garten befindet sich ein Swimmingpool mit Gegenstromanlage. Bitte keine Kinder unter 13 Jahren!

Hotel Bahía (Karte S. 982; 872-90-90, 800-227-26-39; www.suitesbahia.com; Ecke Av Rafael Melgar & Calle 3 Sur; DZ inkl. Frühstück mit Balkon/Meerblick 660/800 Mex$;) Ein paar Zimmer haben Meerblick und Balkon. Alle Quartiere haben Kabel-TV, Kühlschrank und Klimaanlage. Im Preis inbegriffen ist ein kontinentales Frühstück.

Hotel Flamingo (Karte S. 982; 872-12-64; www.hotelflamingo.com; Calle 6 Nte 81; Zi. 850–1600 Mex$;) Das farbenfrohe Hotel Flamingo ist schön eingerichtet und hat geräumige, klimatisierte Zimmer (einige mit Kühlschrank), sogar mit Direktwahltelefonen. Zu den Gemeinschaftsbereichen gehören ein begrünter Innenhof, in dem man frühstücken kann, ein Billardtisch im ersten Stock, eine Bar und eine Sonnenterrasse auf dem Dach mit super Meerblick. Wegen des WLAN-Zugangs ist es klasse für Laptop-Abhängige. Reservierung übers Internet ist billiger.

SPITZENKLASSEHOTELS

Hacienda San Miguel (Karte S. 982; 872-19-86; www.haciendasanmiguel.com; Calle 10 Nte; Zi. ab 1050 Mex$;) Ein ruhiger Ort, konstruiert und eingerichtet im Stil einer Hazienda. Nettigkeiten wie Bademäntel und kontinentales Frühstück, das aufs Zimmer gebracht wird, sind echte Pluspunkte. Es gibt spezielle Angebote für Taucher. Wer länger bleibt, kann ordentlich Rabatt bekommen. Angebote stehen im Netz.

Presidente Intercontinental Cozumel (Karte S. 980; 872-95-00; www.intercontinental.com; Carretera a Chankanaab KM 6,5; Zi. ab 2000 Mex$;) Dies ist eines der ältesten Luxushotels der Insel. Es hat einen traumhaften Strand und 253 noble Gästezimmer, viele davon mit Meerblick.

Sie liegen in einem tropischen Garten mit Swimmingpools. Wilde (große!) Leguane streunen auf dem Gelände herum. Im Gegensatz zu den All-Inclusive-Hotels weiter südlich liegt das Presidente nahe genug an der Stadt, wo man genug Optionen für das Abendessen findet. Um ehrlich zu sein, müsste man sagen: Die Stadt ist Richtung Süden um das Hotel herum gewachsen.

Hotel Playa Azul (Karte S. 980; ☎ 869-51-60; www.playa-azul.com; Carretera a San Juan Km 4; DZ/Suite ab 2350/2800 Mex$;) Dieses Hotel liegt in einer ruhigen Gegend nördlich der Stadt an einem eigenen hübschen, kleinen Strandabschnitt (nicht riesig, aber ein Juwel). Man kann hier gut schnorcheln (die Strömung ist aber manchmal stark). Alle Zimmer bieten Meerblick, Balkon oder Terrasse und ein Kingsize-Bett oder zwei Queensize-Betten. Das Hotel hat eine Bar, ein Restaurant und einen traumhaften Pool. Gäste können kostenlos auf einem Golfplatz in der Nähe spielen. Mit der obligatorischen Gebühr von 250 Mex$ für den Golfcart kriegen sie einen dann doch.

Essen

GÜNSTIG

Am günstigsten isst man an den kleinen Markt-*loncherías* (Imbisständen) gleich neben dem Mercado Municipal an der Calle Dr Adolfo Rosado Salas, zwischen den Avs 20 und 25 Sur.

Taquería El Sitio (Karte S. 982; Calle 2 Nte; 15–30 Mex$; 7–13 Uhr) Superleckere Tacos und Tortas bekommt man im El Sitio, wo man unter einem Baldachin speist. Ein Wandgemälde mit Kreuzfahrtschiff und springenden Delphinen peppt den Laden auf. Die Taquería ist zwei Türen östlich vom Hotel Edem.

LP Tipp **Coffeelia** (Karte S. 982; ☎ 872-74-02; Calle 5 Sur; Frühstück 40–70 Mex$, Tagesessen 57 Mex$; Mo–Sa 7.30–23, So 8–13 Uhr; V) Eine herrliche Art, den Tag zu beginnen oder zu beenden: Im Coffeelia bekommt man ein warmes Lächeln und köstliches Essen – und dazu tollen Kaffee und Espresso. Das Coffeelia (reimt sich auf Ophelia) ist der Treffpunkt der Kunstszene von Cozumel. Auf der Speisekarte stehen Quiches, gute Salate sowie vegetarische Gerichte und Bio-Kaffee aus Chiapas, der vor Ort geröstet wird. In dem schönen Garten werden donnerstagabends Geschichten erzählt.

Cocina Mexicana Los Ríos (Karte S. 982; ☎ 987-800-90-43; Ecke Av 5 Sur & Calle 7 Sur; Hauptgerichte 30–40 Mex$; Mo–Sa 7–17 Uhr) *Ceviches*, Huhn, Meeresfrüchte – alles hier ist schlicht, aber gut. Rote Plastikmöbel und Musik von Bellafonte prägen dieses günstige, saubere Café in der Nähe der Post. Die *comida corridas* (Menüs zum Fixpreis) sind ein klasse Deal: Für 30 Mex$ bekommt man ein Hauptgericht, eine Suppe, Tortillas, Mineralwasser oder andere Softdrinks und einen Nachtisch.

Costa Brava (Karte S. 982; ☎ 869-00-93; Calle 7 Sur 57; Hauptgerichte 50–120 Mex$; 6.30–23 Uhr) Dieser lässige Ort ist in leuchtenden Kindergarten-Primärfarben gehalten und beherbergt einen hübschen *Virgencita*-Schrein. Hier gibt's günstig Hummer, Huhn und Shrimps.

Los Dorados de Villa (Karte S. 982; ☎ 872-01-96; Ecke Calle 1 Sur & Av 4 Sur; Hauptgerichte 50–120 Mex$; 8–24 Uhr) In der Nähe der Plaza. Das Los Dorados hat sich auf Speisen aus dem Distrito Federal (Mexico City und Umgebung) spezialisiert, serviert aber auch eine große Auswahl mexikanischer Gerichte, z. B. Meeresfrüchte und Fleisch. Die Spinat-Crêpes sind herrlich, genau wie die kostenlosen Chips.

Restaurant La Choza (Karte S. 982; ☎ 872-09-58; Ecke Dr Adolfo Rosado Salas & Av 10 Sur; Hauptgerichte 80–170 Mex$; 7–22.30 Uhr) Das ausgezeichnete, beliebte Restaurant setzt auf authentische regionale Küche. Zu allen Hauptgerichten gibt es eine Suppe. Nachmittags ist manchmal eine *comida corrida* (100 Mex$) zu haben.

Pancho's Backyard (Karte S. 982; ☎ 872-21-41; Ecke Av Rafael Melgar & Calle 8 Nte; Hauptgerichte 110–160 Mex$; Mo–Sa 10–23, So 16–22.30 Uhr) Viel Atmosphäre und eine tolle Location in einem schönen, geschmückten Innenhof – und gutes Essen!

Unterhaltung

Das Nachtleben Cozumels ist ruhig und eher gedämpft. Wer sich unter die lebhaftere Menge mischen will, die aus den Kreuzfahrtschiffen quillt, sollte zuerst zur Plaza gehen. Am besten fragt man ein bisschen herum, denn die In-Clubs wechseln häufig.

La Abuelita (Karte S. 982; Ecke Calle 1 Sur & Av 10 Sur) Die „kleine Großmama" versorgt die Einheimischen mit Drinks – und sie ist eine sehr geschäftstüchtige Omi: In anderen Teilen der Stadt gibt's die Abuelita Dos *und* Tres.

Manati (Karte S. 982; Ecke Calle 8 Nte & Av 10 Nte) In diese niedliche Bistro-Bar kommt man zeitig zur *comida corrida* oder spät wegen der Livemusik (Do–Sa).

Estadio Javier Rojo Gómez (Karte S. 982; Ecke Av Dr Adolfo Rosada Salas & Av 30 Sur) Rockkonzerte, *lucha-*

libre-Wrestlingkämpfe und so ziemlich alle anderen möglichen Events finden hier statt.

An- & Weiterreise

BUS

Klingt komisch, ist aber so: Man kann im **ADO-Busbahnhof** (Karte S. 982; ☎ 872-17-06; Ecke Av 10 & Calle 2 Nte; ⌚ 6.30–21 Uhr) im Voraus Fahrkarten für Langstreckenbusse kaufen. Die Fahrkarten gelten für Fahrten ab dem Busbahnhof in Playa del Carmen nach ganz Yucatán und Mexiko.

FLUGZEUG

Einige Fluglinien fliegen von den USA direkt her; europäische Flüge gehen normalerweise über die USA oder Mexico City. **Continental** (☎ 800-900-50-00, aus den USA & Kanada 800-231-0856; www.continental.com) hat Direktflüge von Newark und Houston, **Delta** (☎ 800-123-47-10, aus den USA & Kanada 800-241-4141; www.delta.com) hat einen Direktflug von Atlanta und **Mexicana** (☎ 800-801-20-10; www.mexicana.com) fliegt direkt nach Mexico City, Miami und Dallas. Derzeit kommt man von Cancún nicht direkt nach Cozumel, sondern muss in Mexico City umsteigen. Darum ist es praktischer, Bus und Fähre zu nutzen.

SCHIFF/FÄHRE

Passagierfähren gehen von Playa del Carmen aus nach Cozumel, Autofähren starten in Calica am Terminal Marítima Punta Venado (so der offizielle Name), südlich von Playa del Carmen. Allerdings kann man die Autofähre mit einem Mietfahrzeug nicht benutzen; wer also nicht mit dem eigenen Auto unterwegs ist, muss die Passagierfähre von Playa nehmen (einfache Strecke 110 Mex$). In der Saison fährt zwischen 6 und 24 Uhr stündlich eine nach und von Cozumel. Der Fahrplan ist nicht in Stein gemeißelt, aber momentan gibt's zwischen 4.30 und 24 Uhr sechs Abfahrten von Cozumel nach Calica, zwischen 2 und 21 Uhr kommen sechs Fähren von Calica zurück. Sonntags gibt's vier Abfahrten in beide Richtungen. Die Preise liegen bei 500 Mex$ für ein Auto und 800 Mex$ für ein Fahrzeug in Lieferwagengröße (jeweils inkl. Fahrer). Man muss sich mindestens eine Stunde vor der Abfahrt anstellen (je früher, desto besser, heißt es).

Unterwegs vor Ort

AUTO

Mit dem Auto erreicht man die entlegeneren Gebiete der Insel am besten und es gibt jede Menge Angebote, eines zu mieten. Alle Mietverträge sollten bereits eine Versicherung für Dritte (*daños a terceros*) beinhalten, die etwa 100 Mex$ pro Tag kostet. Immer überprüfen, ob die Steuer im genannten Preis enthalten ist – häufig ist das nicht der Fall! Eine Kollisionsversicherung schlägt normalerweise mit 150 Mex$ zu Buche, die Selbstbeteiligung liegt bei den billigsten Fahrzeugen bei 5000 Mex$. Man bekommt ein Mietauto ab etwa 450 Mex$, inklusive der Versicherung Dritter; die Kollisionsversicherung kostet häufig extra und kann manchmal mit Kreditkarte bezahlt werden. Von Ende Dezember bis Januar wird's teurer. An der Hauptplaza gibt's jede Menge Agenturen; die Preise sinken vom Hafen bis zum Rand der Tourizone um 50 %.

Wer ein Auto mieten möchte, sollte nachfragen, ob das Hotel eine Vereinbarung mit einem Vermieter hat: Häufig gibt's dann Rabatte. Achtung: Einige Vermieter ziehen Schäden an den Reifen (ob durch Reparatur oder Austausch behoben) von der Kaution ab, selbst wenn diese alt und abgefahren sind. Besondere Vorsicht ist geboten, wenn es um einen Wagen mit Vierradantrieb für unbefestigte Straßen geht. Vor der Unterschrift unbedingt die Details klären!

Autos, die gut in Schuss sind, bekommt man bei **Rentadora Isis** (Karte S. 982; ☎ 872-33-67; Av 5 Nte zw. Calles 2 & 4 Nte). Ein VW-Käfer für 24 Stunden kostet ca. 300 Mex$, die Preise schwanken leicht je nach Jahreszeit.

Wenn man ein Auto mietet, muss man das Gesetz zur Fahrzeugbelegung beachten: Normalerweise sind nur fünf Personen pro Fahrzeug erlaubt. Wer mehr Leute dabei hat, bekommt ein Bußgeld aufgebrummt. Bei der Rückgabe des Autos muss genauso viel Benzin drin sein wie bei der Vertragsunterzeichnung, sonst bezahlt man einen Aufschlag. Das kann etwas schwierig sein, da die Wagen bei der Abholung in der Regel nicht vollgetankt sind. An der Av Benito Juárez, fünf Blocks östlich des Hauptplatzes ist eine Tankstelle.

FAHRRAD

Für ein Fahrrad bezahlt man je nach Saison 80 bis 150 Mex$ für einen ganzen Tag. Man kann damit wunderbar die nördlichen und südlichen Strände auf der Westseite der flachen Isla Cozumel erkunden. Auf der separaten Fahrbahn für Fahrräder und Roller auf dem Chanknaab-Highway sind jede Menge verwirrter Touristen und ungeduldiger Taxifahrer unterwegs, also gut aufpassen!

ZUM/VOM FLUGHAFEN
Der Flughafen liegt 2 km nordöstlich der Stadt. Ein *colectivo* vom Flughafen in die Stadt kostet etwa 70 Mex$, zu den Hotels südlich der Stadt zahlt man etwas mehr; zurück zum Flughafen geht's aber nicht ohne Taxi (120 Mex$ von der Stadt, 200 Mex$ von den Hotels im Süden).

MOTORRAD
Wenn man sich mit Motorrädern auskennt und mit dem Herumfahren in Mexiko Erfahrung hat, kann man die Insel allein per Motorrad oder Roller erkunden. Zwei Leute auf einem Motorrad könnten allerdings Probleme bekommen: Die Federung der Maschinen reicht kaum für einen. Auf Cozumel fahren viele Autofahrer schnell und überholen aggressiv, und es gibt eine Menge *topes* (Bodenwellen). Fast jeden Tag werden Fahrer bei Unfällen ohne Gegner verletzt und Todesfälle, bei denen andere Fahrzeuge eine Rolle spielen, sind nicht ungewöhnlich. So viel mal zum Risiko. Eine Unmenge Vermieter nehmen für ihre Maschinen zwischen 180 Mex$ und 400 Mex$ pro Tag, je nach Agentur, Saison, Geschäftsumfang – und danach, ob die Sterne günstig stehen. Aber man kann vielleicht handeln, auch was die Versicherung Dritter und die Steuer betrifft. Eine Kollisionsversicherung ist bei Motorrädern in der Regel nicht drin: Wer es kaputt macht, zahlt.

Zum Mieten braucht man einen gültigen Führerschein und muss einen Kreditkartenbeleg oder eine Kaution (meist 1000 Mex$) hinterlegen. Es besteht Helmpflicht, und sie wird durchgesetzt.

Rentadora Isis (s. gegenüber) vermietet Roller für 180 Mex$ pro Tag. Man muss sie vor Einbruch der Dunkelheit zurückbringen.

TAXI
Wie in anderen Städten Yucatáns besitzt das Taxisyndikat auch auf Cozumel viel Macht. Die Preise für Fahrten in der und um die Stadt liegen bei 30 Mex$; Gepäck kostet extra. Man sollte das Geld exakt parat haben, da die Fahrer oft behaupten, sie könnten nicht wechseln.

AKUMAL

☎ 984

Akumal (Platz der Schildkröten) ist berühmt für seinen schönen Strand und seine große Lagune, in der man toll baden kann. Im Sommer sieht man vielleicht tatsächlich ein paar Meeresschildkröten an Land kommen, die hier ihre Eier ablegen. Weil immer neue Ferienorte entstehen, werden es aber Jahr für Jahr weniger. Akumal gehört zu den ältesten Resortgebieten der Halbinsel Yucatán: Auf beinahe 5 km Länge des breiten Strandes findet man an vier nebeneinander liegenden Buchten vor allem teurere Hotels, Eigentumswohnungen und Wohngebiete voller Neubauten (die meisten bewohnt von Amerikanern und Kanadiern). Wenn man auf dem Highway Richtung Süden fährt und die erste Abzweigung Playa Akumal nimmt, erreicht man mit Ausnahme der Villa Las Brisas alle Sehenswürdigkeiten und Einrichtungen. Vom Highway bis zum Strandanfang sind es ca. 500 m.

Aktivitäten

Auch wenn die parallel zu Akumal verlaufenden Riffe die wachsende Bevölkerungszahl langsam zu spüren bekommen, bleibt Tauchen die Hauptattraktion der Gegend. Hurrikan Dean soll dem Riff hier auch etwas Schaden zugefügt haben, aber das konnten wir bei unserem Aufenthalt nicht selbst überprüfen. Man sollte sich nach den Bedingungen erkundigen, bevor man sich für einen Trip anmeldet.

Tauchtouren und Tiefseefischen werden vom **Akumal Dive Shop** (☎ 875-90-32; www.akumal.com) angeboten. Für 250 Mex$ gibt's auch Schnorcheltrips zum Riff und zu den Stränden, die man mit dem Auto nicht erreicht, außerdem kann man für 1500 Mex$ fischen und für 700 Mex$ tauchen.

Am nördlichen Ende von Akumal, 2 km vom Ortseingang entfernt, liegt die schöne **Laguna Yal-Kú** (Erw./Kind 75/40 Mex$; 🕗 8–17.30 Uhr; 🚸). Die felsige Lagune, zweifellos eines der Highlights der Region, erstreckt sich vom Land 500 m weit bis ins Meer. Sie ist der Lebensraum von großen Schwärmen farbenprächtiger Fische, und manchmal schauen auch Schildkröten und Mantarochen vorbei. Taxis verlangen vom Eingang zur Playa Akumal bis zur Lagune etwa 60 Mex$. Um das gefährdete Ökosystem der Lagune zu schützen, sind Sonnenschutzmittel verboten.

Man kann sich auch einfach einen Parkplatz suchen und auf eigene Faust schnorcheln oder schwimmen – ein Riesenspaß in dem herrlich seichten Wasser. Dicht am Ufer wird man mit Strömungen keine Probleme haben, aber die Brandung kann manchmal heftig sein.

NOCH MEHR ACTION SÜDLICH VON PLAYA DEL CARMEN

Südlich von Playa del Carmen gibt's zahlreiche Küstendörfer, die einen Besuch wert sind. Hier geht es etwas nobler zu und man kann spektakulär gut tauchen und schnorcheln und ganz erstaunliche Strände entdecken. Das hier sind ein paar unserer Lieblingsziele:

- **Rancho Punta Venado** (www.puntavenado.com) Eine super Adresse für begeisterte Reiter, 5 km südlich von Xcaret.
- **Paamul** Der abgelegene Strand 87 km südlich von Cancún macht die Gegend bei Travellern mit Wohnmobil, Tauchern und Meeresschildkröten gleichermaßen beliebt. Im **Paamul Hotel** (www.paamul.com.mx) kann man nächtigen und **Scuba-Mex** (www.scubamex.com) rüstet einen fürs Tauchen komplett aus.
- **Xpu-Há** Dieses Gebiet mit seinen Puderzuckerstränden befindet sich 95 km südlich von Cancún. Infos zu Unterkünften gibt's auf www.locogringo.com.
- **Tankah** Die gemütliche Strandgemeinde findet sich ein paar Kilometer südlich der Abfahrt vom Hwy 307 nach Punta Solimán. Hier kann man herrlich tauchen, sieben Cenoten besichtigen und in ordentlichen Mittelklassehotels übernachten. Informationen stehen auf www.tankah.com.

1 km südlich von Xel-Há befindet sich die Abzweigung zum **Cenote Dos Ojos**. Hier ist der Zugang zum riesigen Höhlensystem Dos Ojos, in dem man geführte Schnorchel- und Tauchtouren zu einigen erstaunlichen Unterwasserhöhlen machen kann. Wie in einem unheimlichen Märchenland gleitet man an beleuchteten Stalaktiten und Stalagmiten vorbei. Mit einer Gesamtlänge von fast 57 km ist Dos Ojos das drittgrößte Unterwasser-Höhlensystem der Welt. Ox Bel Ha (97 km) und Nohoch Nah Chich (61 km) liegen auch relativ nahe.

Hidden Worlds (☎ 877-85-35; www.hiddenworlds.com.mx), ein von Amerikanern geleiteter Ausrüster, bietet für 400 Mex$ geführte Schnorcheltouren und für 500 bzw. 900 Mex$ Tauchen mit einer bzw. zwei Flaschen an.

Auch die Organisation **Dos Ojos** (🕑 8–16.30 Uhr), von Hidden Worlds aus ein Stück in Richtung Norden, zeigt Besuchern einen Teil der Höhlen. Die Organisiation wird von der Mayagemeinde geleitet, der das Land gehört. Der Eintritt kostet 100 Mex$, die Schnorchelausrüstung noch einmal 70 Mex$. In Begleitung eines ausgewiesenen Höhlentauchers kann man hier auch tauchen.

Schlafen & Essen

Villa Las Brisas (☎/Fax 876-21-10; www.aventuras-akumal.com; Zi. 450–2300 Mex$) Das attraktive, moderne Haus am Strand von Aventuras Akumal hat zwei Zimmer im Hotelstil, ein paar Wohnungen mit einem oder zwei Schlafzimmern und eine Atelierwohnung, alles unter zwei Dächern. Die freundlichen Besitzer Horacio und Kersten sprechen fünf (!) Sprachen. Die Abzweigung befindet sich 2,5 km südlich von der nach Playa Akumal.

Que Onda (☎ 875-91-01; www.queondaakumal.com; Zi. Neben-/Hauptsaison 700/900 Mex$; 💻 🏊) Auf einer weitläufigen Grünfläche, nur 50 m von der Laguna Yal-Kú entfernt und in einer Gegend, in der hauptsächlich Wohnhäuser stehen, liegt das Que Onda. Die sechs Zimmer, in denen Ventilatoren für Abkühlung sorgen, haben weiß geflieste Böden und tolle Betten, einige auch Sofas. Die Zimmer oben haben sogar Terrassen. Es gibt einen herrlichen Pool, kostenloses Internet und Fahrräder. Für die Schnorchelausrüstung und den Eintritt zur Lagune bezahlt man nur den halben Preis. Das Restaurant serviert köstliche Pasta.

Direkt vor dem Eingang zur Playa Akumal bieten zwei Minimärkte eine gute Auswahl an preisgünstigen Lebensmitteln. Im Restaurant La Cueva del Pescador, im Strandbereich gleich nördlich vom Eingang, bekommt man dreimal täglich was zu beißen. Das Que Onda (oben) hat ein nettes Restaurant und schenkt zwischen 11 und 16 Uhr Kaffee aus. Abendessen gibt's von 17 bis 22 Uhr, die Bar schließt gegen Mitternacht.

BAHÍAS DE PUNTA SOLIMÁN

☎ 984

Diese beiden schönen, geschützten Buchten werden von einer schmalen Landzunge getrennt. Sie liegen 123 km südlich von Cancún und 11 km nördlich von Tulum. Man kann hier toll Wildtiere beobachten, Kajak fahren, schnorcheln und zu Abend essen.

Ein paar Hundert Meter hinter der ausgeschilderten Abzweigung vom Hwy 307 hält man sich links (Richtung Norden) und erreicht so **Oscar y Lalo's** (☎ 804-69-73; Hauptgerichte 60–100 Mex$; Campen 30 Mex$/Pers.; ⌚ 10–20 Uhr). Das malerische Restaurant hat die Bahía Solimán ganz für sich. Auf riesigen Tellern werden Fischfilets und Barrakudasteaks serviert. Außerdem vermietet das Oscar **Kajaks** (ca. 100 Mex$/Std.). Man kann hinauspaddeln zu dem Riff, das die gesamte Öffnung der Bucht schützt, und schnorcheln oder Vögel beobachten. Die dichten Mangroven rund um den 150 m langen, etwas gröberen weißen Strandstreifen beherbergen ganze Horden von Mücken und Sandflöhen, wer campen will, braucht daher ein Zelt mit guten Fliegengittern.

Wieder zurück auf der Hauptzufahrtsstraße und ein kurzes Stück geradeaus an der Abzweigung zum Oscar vorbei gelangt man an eine Kreuzung. Geradeaus führt der Weg über eine Straße, die sich mehrmals gabelt und wieder vereinigt, zum Ende der Landzunge. Der wenig befahrene Pfad ist ein toller **Spaziergang durch die Natur**: Beide Buchten und die sagenhafte Vogelwelt der stets trockenen Mangrovenregion sind zu sehen. Hier leben so interessante Arten wie der Yucatán-Vireo, der Yucatánspecht, die Rosenkehltangare, der Glanzkatzenvogel und der Goldtrupial.

Wer an der Kreuzung hingegen rechts abbiegt (gen Süden), kommt am Rand der Bucht entlang auf die andere Seite der Landzunge, die ebenfalls **Bahía Solimán** heißt (manche nennen sie auch Bahía de San Francisco). Sagenhaft schöne Korallen, Massen bunter Fische, jede Menge Zackenbarsche und Riffhaie, Meeresschildkröten und sogar Thunfische sind hier zu Hause.

Eine Reihe **Strandhäuser**, von denen einige recht luxuriös sind, säumen die Straße im Südteil der Bucht. Die meisten von ihnen werden für weit über 10 000 Mex$ wochenweise vermietet. Eine gute Website für Hausvermietungen in der Gegend ist www.locogringo.com.

Im **Maya Jardin** (☎ 125-88-06; www.mayajardin.com; DZ 1250–1900 Mex$;) am Südende der Bucht nächtigen Gäste in großen Zimmern und bekommen zum Erforschen der Bucht kostenlos Kajaks und Schnorchelausrüstung.

Die Straße führt weiter nach Süden an einer zweiten Landzunge und ein paar Wohngebieten vorbei in die Region Tankah und kehrt schließlich in einer Schleife Richtung Nordwesten wieder auf den Highway zurück.

Die meisten fahren mit dem Auto nach Punta Slimán oder nehmen einen Bus nach Tulum und von dort ein Taxi.

TULUM

☎ 984 / 14 800 Ew.

Tulums Küstenlinie ist spektakulär – puderzuckerartiger Sand, jadegrünes Wasser, sanfte Winde, strahlende Sonne … Zudem befindet sich hier einer der besten Strände Mexikos. Und als wäre das alles noch nicht genug, bekommt man noch eine sagenhaft gelegene Mayaruine dazu! Außerdem gibt's ausgezeichnete Tauchmöglichkeiten und tolle Cenoten, man kann super schnorcheln und bei den vielen Unterkünften und Restaurants ist für jeden Geldbeutel was dabei.

Einen Nachteil gibt es allerdings: Das Stadtzentrum mit den wirklich günstigen Lokalen und Unterkünften liegt direkt am Highway und wirkt so eher wie ein Truckstop als wie ein tropisches Paradies. Das ist aber auch schon das einzige Minus. Cobá im Westen und die riesige Reserva de la Biosfera Sian Ka'an im Süden kann man von hier aus locker an jeweils einem Tag besuchen.

Der Hurrikan Dean hat den *cabañas* am Strand von Tulum etwas Schaden zugefügt, aber die meisten Häuser sollten mittlerweile wieder in Schuss und geöffnet sein.

Orientierung

Tulum liegt etwa 130 km südlich von Cancún und nimmt ein recht großes Gebiet ein. Auf dem Hwy 307 von Norden kommend erreicht man zunächst die Crucero Ruinas. Die alte Zufahrtsstraße (die nach 100 m vom Highway für Fahrzeuge gesperrt ist) bringt nach 800 m direkt zum Ticketstand für die Ruinen. Etwa 400 m auf dem Hwy 307 weiter südlich, hinter der Tankstelle, befindet sich die neue Zufahrt zu den Ruinen; sie endet an einem Parkplatz. Weitere 1,5 km auf dem Highway Richtung Süden kommt man zur Cobá-Kreuzung; rechts (gen Westen) geht es nach Cobá und Richtung Osten nach 3 km zur von Norden nach Süden verlaufenden Versorgungsstraße der Zona Hotelera. Die Kette von Unterkünften am Meer erstreckt sich über mehr als 10 km von den Ruinen nach Süden. Die Straße führt schließlich in die Reserva de la Biosfera Sian Ka'an, nach Boca Paila und etwa 50 km weiter bis Punta Allen.

Das Stadtzentrum, das auch Tulum Pueblo genannt wird, liegt auf der anderen Seite des Highways (der innerhalb der Stadt Av Tulum heißt), südlich der Abzweigung nach Cobá.

Praktische Informationen

Tulum Pueblo bietet Münztelefone von Telmex, Internetcafés, zahlreiche Geldwechselstuben (eine mit Geldautomaten), zwei **HSBC-Banken** (Mo–Sa 8–17 Uhr) und eine **Post** (Av Tulum; Mo–Fr 9–15.30 Uhr).

Community Tours Sian Ka'an (S. 998) veranstaltet Touren zur sagenhaften Reserva de la Biosfera Sian Ka'an, bei denen man auch verschiedene antike Mayastätten besucht.

Gefahren & Ärgernisse

Wer nach einem Nickerchen am Strand aufwacht, wird eventuell seine Wertsachen (und auch nicht so wertvolle Dinge) vermissen. Wer in den günstigen, einfachen *cabañas* am Strand übernachten möchte, sollte besser ein eigenes Schloss mitbringen.

Sehenswertes & Aktivitäten

DIE RUINEN VON TULUM

Die **Ruinen von Tulum** (Eintritt 45 Mex$; 8–17 Uhr) thronen über einer zerklüfteten Küstenlinie, einem Streifen glitzernden Strands und türkisgrünem Wasser. Da würde man doch am liebsten sein Rückflugticket zerreißen … Von den Ausmaßen und den Bauten selbst her sind die Ruinen zwar eher bescheiden und das postklassische Design, die Ausführung und die Verzierungen reichen nicht an die früheren grandioseren Entwürfe heran, aber dennoch: Wow! Die Bewohner vom Volk der Maya dürften bei jedem Sonnaufgang stolz gewesen sein. Die Leguane, die überall rumlaufen, benehmen sich, als würde alles ihnen gehören.

Tulum ist für große Tourgruppen ein top Ausflugsziel. Wer die Ruinen genießen möchte, ohne sich als Teil der Masse zu fühlen, sollte entweder früh am Morgen oder am späten Nachmittag herkommen. Autos parken für 40 Mex$, Vans und Pickups für 80 Mex$. Für 20 Mex$ fährt ein Zug vom Eingang bis zum Ticketstand, oder man legt die 300 m per pedes zurück. Taxis verlangen von der Stadt aus 35 Mex$ und können einen an der alten Zugangsstraße rauslassen, von wo es noch 800 m zur Ticketbude sind. Gleich nördlich der Cabañas El Mirador gibt's einen weniger frequentierten Eingang für Fußgänger.

Geschichte

Die meisten Archäologen nehmen an, dass Tulum während der postklassischen Periode (1200–1521 n. Chr.) besiedelt worden ist und in seiner Blütezeit eine wichtige Hafenstadt war. Man darf nicht vergessen, dass die Maya die Küste hier auf- und absegelten und bis nach Belize hinunter Handelsrouten einrichteten. Als Juan de Grijalva im Jahr 1518 hier vorbeisegelte, staunte er über die Stadt, die von Mauern umgeben war und deren Gebäude rot, blau und gelb schimmerten, und über das rituelle Feuer auf dem Leuchtturm.

Die Mauern, die Tulum an drei Seiten umgeben (an die vierte Seite grenzt das Meer), lassen wenig Zweifel offen, dass sie als Festung dienten. Die mehrere Meter dicken und 3 bis 5 m hohen Mauern schützten die Stadt in einer Zeit schwerer Konflikte zwischen den Mayastadtstaaten. Allerdings lag nicht ganz Tulum hinter den Mauern: Die große Mehrheit der Einwohner lebte außerhalb. Die bürgerlichen und die zeremoniellen Gebäude und Paläste wurden wahrscheinlich von Tulums herrschender Klasse bewohnt.

Etwa 75 Jahre nach der spanischen Eroberung wurde die Stadt verlassen. Sie gehörte zu den letzten alten Städten, die aufgegeben wurden, die meisten anderen wurden lange vor Ankunft der Spanier der Natur zurückgegeben. Im Laufe der Jahre aber besuchten immer wieder Mayapilger die Stätte von Tulum, und während des Kastenkrieges diente sie ab und zu indigenen Bewohnern als Zuflucht.

„Tulum" bedeutet „Mauer", aber die Einwohner nannten die Stadt Zama (Morgenröte). Tulum wurde sie erst Anfang des 20. Jhs. von den Forschern getauft.

Erkundung der Ruinen

Besucher werden gebeten, einer vorgeschriebenen Route durch die Ruinen zu folgen. Vom Ticketstand läuft man fast an der Hälfte der enormen **Mauer** entlang. Diese Mauer misst schätzungsweise 380 m von Süden nach Norden und 170 m an den Seiten. Kurz vor ihrer Nordwestecke betritt man durch eine Lücke in der Wand die Stätte selbst. Der **Turm** an der Ecke wurde früher für einen Wachtposten gehalten. Heute glaubt man, dass es eine Art Schrein war.

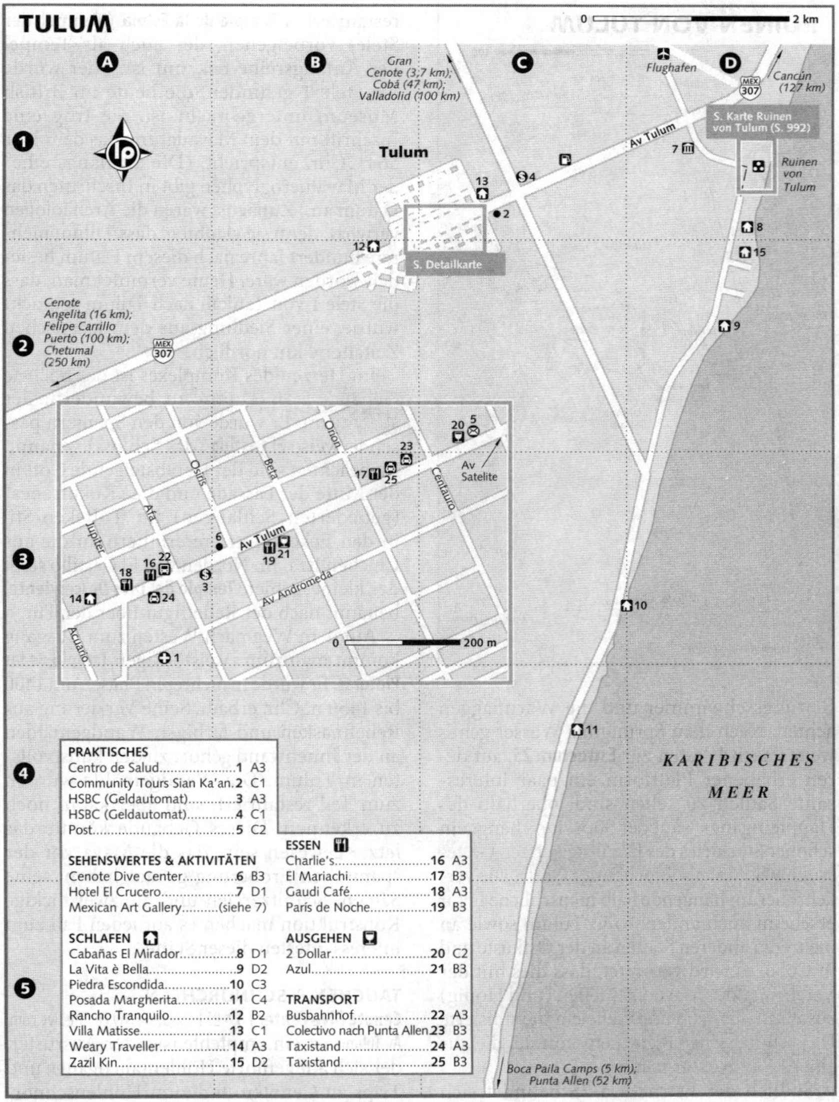

In Richtung Osten erreicht man die **Casa del Cenote**, benannt nach dem kleinen Becken an ihrem südlichen Ende. In dem trüben Wasser glitzern manchmal silbrige Fischlein, wenn diese eine Kehrtwendung schwimmen. In der Höhle wurde ein kleines Grab gefunden. Weiter südlich kommt man zu der Klippe, auf der sich der **Templo del Dios del Viento** (Tempel des Windgottes) befindet – zur Zeit der Recherche war dieser gesperrt. Von hier bietet sich der beste Blick auf El Castillo mit dem Meer darunter.

Unterhalb vom Platz des Windgottes befindet sich ein hübscher kleiner Streifen **Strand**. Wenn das Wetter gut ist, kann man hier gut schwimmen, aber man sollte immer auf die

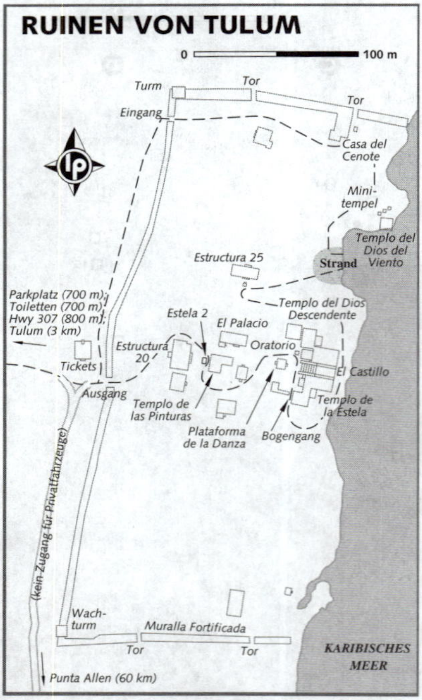

Rettungsschwimmer und die Warnflaggen achten. Nach dem Sprung ins Wasser geht's weiter nach Westen zur **Estructura 25**, auf deren erhabener Plattform ein paar interessante Säulen zu sehen sind; oberhalb des Haupteingangs – auf der Südseite – hängt ein schöner Stuckfries des Herabsteigenden Gottes (auch bekannt als Tauchender Gott). Die verkehrt herum hängende halb menschliche Figur erscheint auch anderswo in Tulum sowie an mehreren anderen Stätten an der Ostküste und in Cobá. es wird vermutet, dass dies mit der Verehrung der Maya für Bienen (und Honig) zusammenhängen und vielleicht die stilisierte Darstellung einer Biene sein könnte, die aus einer Blüte Nektar trinkt.

Südlich der Estructura 25 befindet sich **El Palacio**, der durch seine X-förmigen Verzierungen auffällt. Von hier geht man gen Osten zurück zum Wasser und umrundet den äußeren Rand des zentralen Tempelkomplexes (links davon bleiben). Auf der Rückseite hat man einen schönen Blick aufs Meer. Wenn man sich auf der Südseite wieder landeinwärts wendet, kann man den Komplex durch einen Kragbogen betreten und am restaurierten **Templo de la Estela** (Tempel der Stele) vorbeigehen, der auch als Tempel der Anfangsreihe bekannt ist. Hier wurde die Stele 1 gefunden, die heute im British Museum untergebracht ist. Sie trug eine Inschrift mit dem Mayadatum, das dem Jahr 564 . Chr. entspricht. (Die „Anfangsreihe" der Mayahieroglyphen gibt in Inschriften das Datum an.) Zunächst waren die Archäologen verwirrt, denn sie glaubten, dass Tulum mehrere hundert Jahre nach diesem Datum besiedelt worden wäre. Heute vermutet man, dass die Stele 1 von Tankah nach Tulum gebracht wurde, einer Siedlung aus dem klassischen Zeitalter 4 km nördlich.

Im Herzen des Komplexes ist das höchste Gebäude von Tulum zu bewundern: der Wachturm. Er wurde von den Spaniern passenderweise **El Castillo** (das Schloss) genannt. Zu beachten sind der Herabsteigende Gott in der Mitte der Fassade und die „Kukulcanes" (gefiederten Schlangen) im Tolteken-Stil in den Ecken; Letztere erinnern an die aus Chichén Itzá. Im Norden von El Castillo steht der kleine, schiefe **Templo del Dios Descendente**, benannt nach der Relieffigur über der Tür.

Auf dem Weg nach Westen zum Ausgang kommt man zum zweistöckigen **Templo de las Pinturas**. Er wurde in mehreren Phasen um 1400 bis 1450 n. Chr. erbaut. Seine Verzierung aus Reliefmasken und farbigen Wandgemälden an der Innenwand gehört zu den kunstvollsten in Tulum. Die Wandgemälde wurden zum Teil restauriert, sind aber kaum noch zu erkennen. Dieses Gebäude könnte das letzte gewesen sein, das die Maya vor der spanischen Eroberung gebaut haben; seine Säulen, Schnitzereien und die zweistöckige Konstruktion machen es auf jeden Fall zum interessantesten dieser Stätte.

TAUCHEN & SCHNORCHELN

Cenote Dive Center (☎ 871-22-32; www.cenotedive.com; Av Tulum) ist ein empfehlenswerter Ausrüster, der sich auf geführte Höhlentauchgänge und Trips zu Cenoten und zum Höhlenschnorcheln spezialisiert hat. Das Personal spricht Englisch, Spanisch, Deutsch und skandinavische Sprachen.

Der Tauchshop bei Zazil-Kin's (S. 993) ist ein PADI-, NACD- und TDI-Betrieb. Er bietet preiswert Rifftauchen an und vermietet für 100 Mex$ am Tag Schnorchelausrüstungen.

Direkt vom Strand aus zu schnorcheln und zu schwimmen ist möglich und lustig.

Allerdings muss man sich besonders vor dem Schiffsverkehr in Acht nehmen, denn der Streifen zwischen dem Strand und dem Riff vor der Küste wird sowohl von Tauch- als auch von Fischerbooten befahren. Eine Taucherflagge ist hier eine gute Idee.

Cenote Angelita

Dieser spektakuläre Cenote ist für Taucher besonders wegen seiner einzigartigen, merkwürdigen, fast unheimlichen Schicht an Schwefelwasserstoff bemerkenswert, die das Wasser etwa auf halber Strecke nach unten „vernebelt". Beim Blick nach oben sieht man die Sonnenstrahlen zwischen alten, versunkenen Baumästen, die herrlich gespenstisch wirken – wie die ausgestreckten Arme einer Hexe. Man taucht tief hinunter, daher sollten es nur erfahrene Taucher wagen.

Schlafen

TULUM PUEBLO

Zum Strand braucht man ein Taxi (oder man fährt per Anhalter). Wer sich nach Sand und Brandung sehnt, sollte die Zona Hotelera in Erwägung ziehen.

LP Tipp **Weary Traveler** (☎ 871-23-90; www.wearytraveler.info; Av Tulum; B 120 Mex$, Zi. ohne/mit Bad 300/350 Mex$;) Beim Verlassen des Busbahnhofs wendet man sich nach rechts und läuft einen Block nach Südosten, dann erreicht man dieses coole Hostel. Es ist ein herrlicher Fleckchen, um Freunde zu treffen, und für sein reichhaltiges Frühstück mit Früchten, Eiern, Brot und Kaffee bekannt. Es gibt Internet, einen Strand-Shuttle, einen herrlichen Hof mit Hängematten und Picknickbänken und sogar eine Bar. Die Kaltwasserduschen und fehlende Regale für Toilettenartikel sind die einzigen Mankos.

Rancho Tranquilo (☎ 871-27-84; www.ranchotranquilo.com.mx; Av Tulum s/n; B 120 Mex$, Zi. ab 250–480 Mex$) Eine weitere nette Möglichkeit für alle, die eine Unterkunft im Hostel-Stil bevorzugen: Das Rancho Tranquilo bietet Schlafsäle und Zimmer in einem lässigen, wüstenartigen Garten. Es gibt einen überdachten Gemeinschaftsbereich und kostenloses Frühstück. Manchmal ist es ein bisschen laut. Und es ist gut, ein Fahrrad zu haben: Das Haus liegt 300 m die Tulum Ave Richtung Süden runter und spät abends ist es sehr dunkel.

Hotel El Crucero (☎ 871-26-10; www.el-crucero.com; Crucero Ruinas; B 85–100 Mex$, DZ mit Ventilator/Klimaanlage 350/450 Mex$;) In diesem freundlichen Hotel fühlt man sich willkommen und umsorgt. Die Schlafsäle haben Bäder und Schließfächer, die klimatisierten Zimmer sind thematisch eingerichtet und heißen z. B. Mexican Mural, Jungle Room oder Lizard Lounge. Das Hotel hat einen Gartenbereich, eine Bar, ein Restaurant sowie Internetzugang. Man kann hier auch Räder mieten und sein Gepäck verwahren lassen. Zu den Ruinen sind es zehn Minuten zu Fuß, zum Strand 15 Minuten. Das Hotel arrangiert Low-Impact-Radtouren zu Cenoten. Der einheimische Künstler Enrique Díaz hat eine Galerie hier (s. S. 995).

Villa Matisse (☎ 871-26-36; shuvinito@yahoo.com; Av Satélite 19; DZ Neben-/Hauptsaison 400/500 Mex$) Ulkige Patchwork-Quilts verleihen den blendend weißen, sauberen Zimmern im Matisse Farbtupfer. Kleine Details wie Sträuße aus Muschelschalen und grüne Pflanzen sorgen für Vertraulichkeit und Intimität. Über den Betten in den mit Ventilatoren ausgestatteten Zimmern hängen sogar Hängematten – eine nette Zugabe.

ZONA HOTELERA

In den *cabañas* kommt am günstigsten weg, wer eine eigene Hängematte und ein eigenes Moskitonetz dabei hat; sonst kann man sich diese Dinge in einigen der folgenden günstigen Häuser für etwa 30 Mex$ die Nacht leihen. Sie sind von Nord nach Süd geordnet.

Cabañas El Mirador (☎ 879-60-19; elfishi@hotmail.com; Cabañas mit Hängematte/Bett 130/250 Mex$) Das Mirador ist die den Ruinen am nächsten gelegene Anlage. Vermietet werden winzige, 4 x 3 m große *cabañas*, die ein wenig wie Gefängniszellen wirken – und auch ein bisschen so riechen. Man sollte einen Bungalow mit Hängematte nehmen – die Zimmer mit Betten sind den Aufpreis nicht wert. Im ordentlichen Restaurant tafelt man bei herrlicher Aussicht über den Strand.

Zazil-kin (☎ 984-124-00-82; Cabañas ohne/mit Bad 400/670 Mex$) Dieser beliebte Ort liegt zu Fuß zehn Minuten von den Ruinen entfernt. Es gibt ein Tauchzentrum, einen Basketballplatz, eine Mischung aus Restaurant, Bar und Disko sowie ein hübsches Stückchen Strand. Alle Gebäude in dem kleinen Schlumpfdorf sind sehr ordentlich und schön gestrichen – Papa Schlumpf wäre stolz. Die Türpfosten der *cabañas* wurden mit Beton gefüllt. So sind sie zwar sicherer (ein eigenes Schloss mitbringen), behindern aber die Ventilation. Gäste seien gewarnt: Die Disko rockt unglaublich laut (manchmal bis 1 oder 2 Uhr nachts).

La Vita è Bella (☎ 871-35-01; www.lavitaebella-tulum.com; Bungalows Neben-/Hauptsaison 1000/2500 Mex$, EZ/DZ ohne Bad 350 Mex$) Die herrlichen Bungalows haben geflieste Böden, große, gemütliche Betten, Schiebetüren mit guten Fliegengittern, gute Bäder mit bunten Waschbecken und breite Terrassen mit Hängematten. Alle haben Blick auf einen schmalen, aber netten Strand mit Schirmen und Stühlen. Die Anlage wird von Italienern geführt (wer hätt's gedacht?!), deshalb serviert das Restaurant auch köstliche hausgemachte Pasta und Pizza mit dünnem Boden aus dem Holzofen. Außerdem werden Kurse in Kiteboarding angeboten.

Piedra Escondida (☎ 984-100-38-26; www.piedraescondida.com; Zi. Neben-/Hauptsaison 1250/2350 Mex$) Große Zimmer, guter Service: Alle Zimmer sind mit Bad und Balkon oder Terrasse ausgestattet und nett eingerichtet; von einigen hat man einen herrlichen Ausblick. Das La Piedra hat zudem ein gefällige Mischung aus Restaurant und Bar im *palapa*-Stil und teilt sich mit den Nachbarhotels einen kleinen Strand.

Posada Margherita (☎ 984-100-37-80; www.posadamargherita.com; Km 4,5; DZ Neben-/Hauptsaison 1300/2000 Mex$) Anders als bei anderen „Ökotels" läuft hier alles mit Sonne oder Wind – sogar die Küche, die aus hauptsächlich biologischen Zutaten Erstaunliches zaubert. Alle Zimmer sind gefliest, haben super Fliegengitter, Licht rund um die Uhr und eine Terrasse oder einen Balkon mit Hängematte. Der breite Strand ist herrlich. Das ausgezeichnete Restaurant wurde gerade erst renoviert, sollte aber jetzt wieder in Betrieb sein. Das Hotel ist außerdem etwas, wovon man in Yucatán eigentlich noch nie gehört hat: rollstuhlgerecht.

Essen

TULUM PUEBLO

Alle folgenden Häuser liegen an der Av Tulum (Hwy 307). Um dem Touristentrubel zu entgehen, legt man den Reiseführer kurz weg, verlässt die Av Tulum und sucht sich eine ruhige, freundliche *taquería* in einer Seitenstraße. Die meisten Hotels in der Zona Hotelera haben überraschend gute Restaurants.

Gaudí Café (Ecke Av Tulum & Jupiter; Hauptgerichte 20–60 Mex$; 🕑 7–22 Uhr) Das Gaudí Café liegt gleich südlich des Busbahnhofs auf der gleichen Straßenseite. Es bietet tolle frisch gepresste Säfte und guten Kaffee. Bei makelloser Sauberkeit und entspannender Musik lässt sich der Tag herrlich beginnen.

LP Tipp **El Mariachi** (Av Tulum; Hauptgerichte 65–90 Mex$; 🕑 7–3 Uhr) An der Tulum zwischen Orion und Centauro. Wer dieses ordentliche, kleine Lokal mit Bar betritt, wird nach seinem Namen gefragt. Das scheint einem zunächst nicht weiter wichtig, aber es deutet bereits an, was man gleich bekommt: exzellenten Service und leckere, traditionelle Speisen. Sowohl die Einheimischen als auch die Touristen lieben dieses Fleckchen im Freien. Auf den Tisch kommen köstliche Enchiladas mit langsam gegartem Schweinefleisch, frisch gegrillter Fisch und so ziemlich jedes Fleisch, das einem einfällt.

París de Noche (☎ 871-25-32; Hauptgerichte 70–140 Mex$; 🕑 Mo–Fr 11–23, Sa & So 7–23 Uhr) Die Portionen hier sind recht groß, also großen Appetit (oder einen Freund) mitbringen. Der französische Besitzer hat mit dem Restaurant, das er in London führte, einen Preis von *Time Out* gewonnen. Er kreiert neben Steaks und Meeresfrüchtegerichten einen Mix aus französischen und mexikanischen Speisen, u. a. Schnecken, *ceviche* und einen köstlichen grünen Salat mit Ziegenkäse, der allein eine vollwertige Mahlzeit ist. Es gibt häufig Specials wie zwei Getränke für den Preis von einem und ein leckere *comida corrida*.

Charlie's (☎ 871-25-73; Hauptgerichte 85–140 Mex$; 🕑 Di–So 7.30–23 Uhr) Diese Institution ist hübsch mit Muscheln dekoriert und hat eine Wand aus Glasflaschen. Das alte Lokal liegt in der Nähe des Busbahnhofs. Das vorwiegend mexikanische Essen, das durch eine Reihe von Salaten ergänzt wird, kann man drinnen oder im Hof verspeisen.

SELBSTVERSORGER

Zwei kleine Supermärkte bieten eine Alternative zum Restaurantbesuch: der Stop 'n' Go, 100 m östlich vom Hwy 307 an der Straße nach Cobá, und der Super Mar Caribe, etwa vier Blocks nördlich vom Busbahnhof.

Ausgehen & Nightlife

Azul (Av Tulum; 🕑 18 Uhr–open end) In dieser in weiß gebadeten, mit blauem Neonlicht erhellten Lounge-Disco wird's erst gegen später heiß.

2 Dollar (Av Tulum) Trotz des Namens ist dies eine Kneipe der Einheimischen – und nur für Jungs. Im Freien gibt's ein paar Plätze abseits der plärrenden Musik.

Shoppen

Mexican Art Gallery (☎ 984-745-89-79; inf_art@hotmail.com; Mo–Sa 9–18 Uhr) Die Galerie im Hotel El Curcero zeigt die leuchtend bunten Arbeiten des einheimischen Künstlers Enrique Diaz. Ihm geht es darum, „die Farben von Tulum zu malen". Seine Kunst ist lebhaft und fröhlich, sie besteht aus einer Auswahl aus Porträts und Landschaften, die ein wenig an Picassos erinnern.

An- & Weiterreise

Der Busbahnhof (der eigentlich nur aus einem Wartesaal besteht) befindet sich in der Nähe des Südrandes der Stadt. Wer Tulum verlassen will, kann auch an den Crucero Ruinas (beim Ausgang aus der Ruinenstätte) auf einen Intercity-Bus und die *colectivos* nach Playa del Carmen warten.

Wer nach Valladolid möchte, sollte sich vergewissern, dass der Bus die kurze Route durch Chemax und nicht die lange über Cancún nimmt. *Colectivos* fahren an der Av Tulum nach Playa del Carmen (25 Mex$, 45 Min.) und Punta Allen (14 Uhr). Die *colectivos* nach Felipe Carrillo Puerto (45 Mex$, 1 Std.) starten gleich südlich vom Hostel.

Ziel	Preis (Mex$)	Dauer (Std.)	Häufigkeit (tgl.)
Cancún	54–67	2	häufig
Chetumal	107–140	3½–4	alle 2 Std.
Chichén Itzá	101	3½	2-mal
Cobá	30	45	ca. 5-mal
Felipe Carrillo Puerto	60	1½	häufig, oder per *colectivo*
Mahahual	122	4	1-mal
Mérida	172	4 (2. Klasse viel länger)	häufig
Playa del Carmen	34	1	häufig
Valladolid	60	2	10-mal

Unterwegs vor Ort

Außer den Shuttles der Jugendherbergen fahren keine *colectivos* zum Strand. Man muss daher entweder trampen, ein Taxi nehmen, ein Fahrrad mieten – oder laufen. Das wird ein langer Marsch …

Mit Fahrrädern kommt man vor Ort gut voran. Man kann normalerweise für 150 Mex$ pro Tag eins mieten.

Die Taxipreise sind fix und ziemlich niedrig: Von beiden **Taxiständen** in Tulum Pueblo (einer liegt südlich vom Busbahnhof und hat die Preise angeschreiben, der andere vier Blocks nördlich auf der gegenüberliegenden Straßenseite) kostet es 35 Mex$ bis zu den Ruinen. Zu den meisten hier erwähnten *cabañas* kostet das Taxi zwischen 35 und 50 Mex$.

GRAN CENOTE

Fährt man etwas mehr als 3 km von Tulum auf der Straße nach Cobá, gelangt man zum Gran Cenote (Großer Cenote). Es lohnt sich, auf dem Weg zu den Ruinen von Cobá hier zu rasten, besonders an heißen Tagen. Wer seine eigene Ausrüstung mitbringt, kann zwischen kleinen Fischen schnorcheln (80 Mex$) und in den Höhlen Unterwassergebilde entdecken. Man nimmt ein Taxi (aus der Innenstadt Tulums 50 Mex$ pro einfache Strecke) oder ganz lässig einen Drahtesel.

COBÁ

☎ 984 / 300 Ew.

Es ist zwar nicht so groß wie die berühmteren Ruinen, aber dafür ist Cobá „cool": Hier, tief im Dschungel, fühlt man sich wie in einem Indiana-Jones-Streifen. Viele der Ruinen müssen erst noch ausgegraben werden. Man läuft über antike *sacbé*-Wege (mit Steinen gepflasterte Alleen; *sacbeob* ist der Plural auf Maya), erklimmt von Wein bewachsene Hügel und bezwingt die Spitze des Nohoch Mul, von wo sich eine spektakuläre Aussicht auf den umgebenden Urwald bietet.

Man sollte auf keinen Fall am See picknicken – dort gibt's große Krokodile! Wer einen Kroko-Schnappschuss möchte, sollte sein Glück am frühen Nachmittag auf dem Pier neben dem Club Med versuchen. In kleinen Gemeinden wie Cobá zu nächtigen ist ganz im Sinne des Konzepts des nachhaltigen Tourismus: Das hier ausgegebene Geld geht direkt in die einheimische Wirtschaft, unterstützt die ländliche Verwaltung und mindert die Massenabwanderung in Touristenstädte wie Cancún. Es hilft dem Dorf auch, wenn man hiesige Führer bucht, Handwerksgegenstände aus der Gegend kauft oder einfach nur hier zu Mittag isst.

Geschichte

Cobá wurde lange vor seinen Nachbarn Chichén Itzá und Tulum gegründet. Die Bautätigkeit erreichte ihren Höhepunkt ungefähr zwischen 800 und 1100 n. Chr. Nach Ansicht der Archäologen bedeckte die Stadt einst eine Fläche von 50 km² – 40 000 Maya sollen hier gelebt haben.

Cobás Architektur ist mysteriös, seine gewaltigen Pyramiden und Stelen erinnern eher an die Architektur Tikals, das einige hundert Kilometer entfernt liegt, als an die viel näher gelegenen Bauten in Chichén Itzá und auf der nördlichen Halbinsel Yucatán.

Einige Archäologen vermuten, dass durch Heirat eine Verbindung zu Tikal zustande gekommen war, die den Handel zwischen den Guatemala- und den Yucatán-Maya erleichtert hat. Auf den Stelen sind weibliche Herrscherinnen aus Tikal abgebildet, die rituelle Stäbe tragen und ihre Macht zur Schau stellen, indem sie auf Gefangenen stehen. Diese Königinnen haben vielleicht ihre Architekten und Künstler mitgebracht, als sie in die Königsfamilien in Cobá einheirateten.

Was die Archäologen außerdem erstaunte, war das ausgedehnte Netz von *sacbés* (mit Steinen gepflasterten Straßen) in dieser Region, mit Cobá als Knotenpunkt. Die längste Straße ist fast 100 km lang und verläuft von der großen Pyramide Nohoch Mul in Cobá bis zur Mayasiedlung Yaxuna. Insgesamt gibt es 40 *sacbés* in Cobá. Sie sind Teile der großen astronomischen „Zeitmaschine", die in jeder Mayastadt zu sehen waren.

Die erste Ausgrabung wurde vom österreichischen Archäologen Teobert Maler 1891 vorgenommen. In der Folge gab es kaum Untersuchungen – bis zum Jahr 1926, als das Carnegie Institute die erste der zwei von Sir J. Eric S. Thompson und Harry Pollock geleiteten Expeditionen finanzierte. Nach der zweiten Expedition 1930 wurde es wieder ruhig um die Ausgrabungsstätten, 1973 übernahm dann die mexikanische Regierung die Finanzierung der Grabungen. Die Archäologen schätzen heute, dass es in Cobá mehr als 6500 Bauwerke gab, von denen bislang nur ein paar ausgegraben und restauriert wurden. Aber die Grabungen sind im Gange.

Orientierung & Praktische Informationen

Das winzige, ruhige Dorf Cobá liegt 2,5 km westlich der Straße von Tulum nach Chemax. Es gibt ein kleines, preiswertes Hotel, mehrere kleine, einfache und günstige Restaurants sowie das gehobene Hotel Villas Arqueológicas Cobá (Club Med).

Die **archäologische Stätte** (Eintritt 45 Mex$; 8–17 Uhr;) hat einen Parkplatz, der 15 Mex$ pro Auto kostet. Man muss mehrere Kilometer Fußmarsch auf schmalen Pfaden in Kauf nehmen, je nachdem wieviel man sehen möchte. Wer nach 11 Uhr ankommt, fühlt sich ein wenig wie ein Schaf in der Herde. Notwendig sind Insektenschutzmittel und Wasser; der Shop neben dem Kartenschalter verkauft beides zu vernünftigen Preisen.

Ein kleines Stückchen weiter drinnen, beim Grupo Cobá, kann man für 30 Mex$ pro Tag Fahrräder mieten. Pedi-Trikes (2 Pers. & Fahrer 95 Mex$/Tag) sind auch eine gute Option für alle, die müde sind oder sich nur eingeschränkt bewegen können. Die Führer in der Nähe des Eingangs schätzen die Besucher ab und verlangen so viel, wie man ihrer Ansicht nach ausgeben kann; meist kosten Touren etwa zwischen 200 und 400 Mex$. Die Pyramide Nohoch Mul ist das einzige Gebäude, auf das man raufklettern darf.

Sehenswertes

GRUPO COBÁ

Zum **Templo de las Iglesias** (Tempel der Kirchen), dem berühmtesten Gebäude der Cobá-Gruppe geht man vom Eingang 100 m den Hauptweg entlang und biegt dann rechts ab. Von der Spitze der riesigen Pyramide würde man die Nohoch-Mul-Pyramide und die umliegenden Seen sehen – der Aufstieg ist aber verboten.

Wieder auf dem Hauptweg kommt man nach 30 m am **Juego de Pelota** vorbei, einem gut restaurierten Ballspielplatz.

CONJUNTO DE LAS PINTURAS

Obwohl das Schild bei der Gabelung nach links zeigt, kommt man zu Fuß auch zum **Conjunto de las Pinturas** (Gemäldegruppe), wenn man auf die Grupo Macanxoc in der Nähe zugeht und dann links abbiegt. Die Tempel hier tragen Überbleibsel von Hieroglyphen und Fresken über den Türen, innen sind Reste von farbenfrohem Putz zu sehen.

Man nähert sich dem Tempel aus südöstlicher Richtung. Nordwestlich des Weges (gegenüber von den Tempelstufen) stehen mehrere Stelen. Die erste ist 20 m lang und von einer *palapa* überdacht. Hier ist eine königliche Figur über zwei anderen zu sehen, eine davon kniet mit auf den Rücken gebundenen Händen. Im unteren Teil liegen geopferte Gefangene unter den Füßen des Herrschers. Der Weg führt weiter zu einer anderen stark verwitterten Stele und einem kleinen Tempel. Danach geht er in den Nohoch-

Mul-Weg über. Hier weitergehen und dann rechts abbiegen.

GRUPO MACANXOC

Etwa 500 m jenseits des *Juego de Pelota* gabelt sich der Weg. Geradeaus geht's zur **Grupo Macanxoc**, einer Gruppe Stelen mit Reliefs von königlichen Frauen, die wahrscheinlich aus Tikal stammten. Die Abbilder sind ziemlich verwittert. Der Hinweg ist 1 km lang, aber man kann sich unterwegs interessante Pflanzen anschauen.

NOHOCH MUL

Nach 800 m erreicht man **Nohoch Mul** (Großer Berg). Die Stätte wird auch Große Pyramide genannt und wurde auf einem natürlichen Hügel gebaut. Am Weg ist noch ein weiterer Ballspielplatz zu sehen – an seinem Nordende liegen verwitterte Stelen. Der Pfad schlängelt sich dann weiter an Steinhaufen (Tempelruinen) vorbei, dem Templo 10 und der Stele 20. Die ausgezeichnet gearbeitete Stele zeigt ein Bild eines Herrschers, der gebieterisch über zwei Gefangenen steht. 80 m davon entfernt ist die Große Pyramide zu sehen.

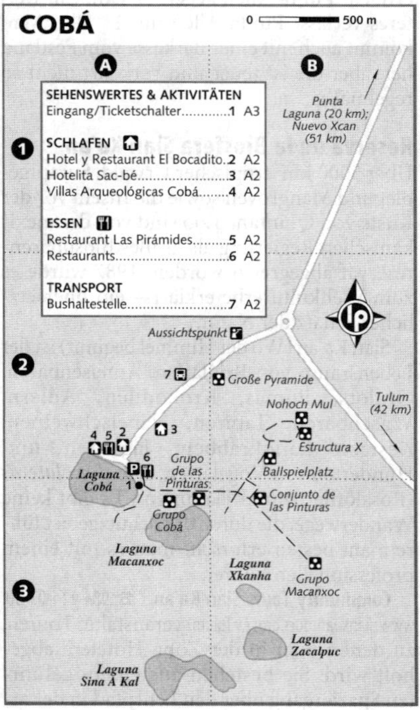

Mit 42 m Höhe ist die Große Pyramide der höchste Mayabau Yucatáns. Über dem Eingang der Tempelspitze sind zwei Absteigende Götter eingemeißelt (postklassische Periode, 1100–1450), die den Skulpturen in Tulum ähneln. Die Aussicht ist spektakulär!

Schlafen & Essen

Es gibt keinen offiziellen Zeltplatz, aber man kann versuchen, am Ufer des Sees ein Plätzchen zu finden. Dieser ist von Krokodilen bewohnt, aber die einheimischen Kinder kennen sichere Orte zum Schwimmen. Und man tut gut daran, ihrem Rat zu folgen, wenn man sich dem Wasser nähert …

Hotel y Restaurant El Bocadito (☎ 264-70-70; EZ/DZ 100–150 Mex$) Sehr schlichte, mit Ventilatoren ausgestattete Zimmer mit eigenem Bad. Hier gackern Hühner und Hunde laufen frei herum. Das Restaurant (Hauptgerichte um 60 Mex$) ist gut geführt und serviert einfaches Essen, z. B. ein erschwingliches Tagesmenü. Während des Ruinenbesuchs kann man hier sein Gepäck abstellen. Das El Bocadito dient außerdem als Busbahnhof von Cobá.

Villas Arqueológicas Cobá (☎ 206-70-00; cobccrecol@clubmed.com; EZ/DZ/3BZ 860/1000/1450 Mex$; P) Das Club-Med-Hotel am Fluss wurde im Stil einer alten Hacienda gebaut und hat rot geflieste Böden. Die Zimmer sind um einen großen Innenhof mit großzügigem Pool angelegt.

Hotelita Sac-bé (☎ 206-71-40; EZ/DZ mit Ventilator 250 Mex$, mit Klimaanlage 400 Mex$) Das saubere, freundliche Sac-bé liegt gegenüber dem El Bocadito und etwa 100 m näher an der Hauptstraße, die aus der Stadt hinaus führt. Die Hühner sind morgens etwas nervig, aber es gibt gute Warmwasserduschen und komfortable, federnde Betten.

Restaurant Las Pirámides (Hauptgerichte 60 Mex$) Vom Club Med aus ein Stück die Straße runter begrüßen einen ein schöner Blick auf den See und freundlicher Service.

In mehreren kleinen Restaurants am Parkplatz der Grabungsstätte kann man günstig essen.

An- & Weiterreise

Die meisten Busse, die Cobá anfahren, drehen eine Runde fast bis zum See und setzen dort ihre Passagiere ab, bevor sie umdrehen. Zwischen Tulum und Cobá verkehren zwischen sechs und acht Busse täglich (30 Mex$); sechs davon fahren auch nach Playa del Carmen (68 Mex$, 1–1¾ Std.). Es fahren außerdem

ABSTECHER: PUNTA LAGUNA

Punta Laguna liegt 20 km nordöstlich von Cobá an der Straße nach Nuevo Xcan. In der Nähe des ziemlich großen Sees lebt eine kleine Mayagemeinde. Der Wald in der Umgebung beherbergt Klammer- und Brüllaffenpopulationen und viele verschiedene Vögel.

Eine **Touristenkooperative** (☎ 986-861-40-94) verlangt für den Eintritt in das Gebiet 40 Mex$ und für einen geführten Besuch etwa 200 Mex$ pro Stunde. Man kann eine Seilbrücken-Tour (125 Mex$) machen, sich in einen Cenoten abseilen (200 Mex$), einer Schamanen-Zeremonie an einem „traditionellen" Altar beiwohnen (125 Mex$) und Kanu fahren (60 Mex$/Std.). Unerschrockene Traveller können hier auch zelten oder sich für die Nacht eine *palapa* reservieren.

Öffentliche Verkehrsmittel sind so rar, dass sie quasi nicht existieren. Mit dem Auto erreicht man Punta Laguna, wenn man bei Nuevo Xcan vom Hwy 180 nach Südwesten abbiegt und 26 km weiterfährt oder von der Kreuzung bei Cobá 18 km Richtung Nordosten rollt.

Busse nach Valladolid (26 Mex$, 45 Min.) und Chichén Itzá (532 Mex$, 1½ Std.).

Tagesausflügler von Tulum besuchen Cobá am besten in einer Gruppe und teilen sich die Kosten für ein Taxi. Hin und zurück macht das etwa 500 Mex$ inklusive zwei Stunden Aufenthalt an der Ausgrabungsstätte.

Die 31 km lange Straße von Cobá nach Chemax ist pfeilgerade und in gutem Zustand. Wer nach Valladolid oder Chichén Itzá möchte, sollte hier entlangfahren.

VON TULUM NACH PUNTA ALLEN

Punta Allen sitzt am Ende eines schmalen Landstreifens, der unterhalb von Tulum beginnt und sich fast 40 km Richtung Süden erstreckt. Auf dem Weg gibt's ein paar zauberhafte Strände mit jeder Menge Privatsphäre. Der größte Teil des Streifens liegt innerhalb der geschützten Reserva de la Biosfera Sian Ka'an, in der viele wilde Tiere leben. Hurrikan Dean hat die Region Ende des Jahres 2007 ziemlich gebeutelt: Die Strände waren bei unserem Besuch noch immer von Trümmern übersät.

Die Straße kann ein Härtetest für die Stoßdämpfer sein, vor allem wenn die Schlaglöcher nach einem Regenguss mit Wasser gefüllt sind und man ihre Tiefe nicht mehr abschätzen kann. Der Abschnitt im Süden, südlich der Brücke bei Boca Paila, ist das schlimmste Stück – an einigen Stellen muss man gewieft querfeldein fahren, sonst sinkt man tief in den Sand ein. Machbar ist es aber auch ohne Allradantrieb.

Etwa 10 km südlich von Tulum ist ein Eingang zum Schutzgebiet. Der Eintritt liegt bei 21 Mex$. Am Tor befindet sich ein kurzer Naturpfad, der zu einem eher uninteressanten Cenoten (Ben Ha) führt.

Hier ist wirklich „Do it yourself" angesagt: Man bringt ein paar Hängematten, jede Menge Wasser, einen Sixpack *cerveza* und Moskitonetze mit und zeltet in der Einsamkeit an der Küste. 30 km vom Eingangstor befindet sich ein toller Platz zum Campen – auf der einen Seite die Lagune, auf der anderen der traumhaft blaue Ozean.

Zur Zeit der Recherche bewältigte täglich ein *colectivo* den dreistündigen Weg. Es startet um 14 Uhr im Zentrum von Tulum und erreicht Punta Allen gegen 17 Uhr. Ein weiteres verlässt Punta Allen um 15 Uhr. Man kommt auch mit einer Barkasse vom Festland her, aber die ist teuer und verkehrt nicht so regelmäßig.

Reserva de la Biosfera Sian Ka'an

Über 5000 km² tropischer Urwald, Sumpfgebiet und Mangroven sowie die Inseln vor der Küste von Quintana Roo sind von der mexikanischen Regierung als großes Biosphärenreservat abgegrenzt worden. 1987 wurde es zum Weltkulturerbe erklärt – ein unersetzlicher Schatz der Natur.

Sian Ka'an (Wo der Himmel beginnt) ist der Lebensraum von Brüllaffen, Ameisenbären, Ozelots, Pumas, Krokodilen, Adlern, Waschbären, Tapiren, Nabelschweinen, riesigen Landkrabben, Jaguaren und Hunderten von Vogelarten, z. B. *chocolateras* (Rosalöfflern) und Flamingos. Es gibt keine Wanderwege, die durch das Schutzgebiet führen; am besten erforscht man es mit einem professionellen Führer.

Community Tours Sian Ka'an (☎ 984-114-07-50; www.siankaantours.org; Av Tulum) veranstaltet Touren, zu denen man in der Zona Hotelera abgeholt wird. Sie bestehen aus einem geführten Spaziergang über den Lehrpfad in der archäologischen Stätte von Muyil südlich von Tulum und einer Boots- oder Floßtour auf einer alten Handelsroute der Maya durch die Lagunas Muyil, Chunyaxché und Boca Paila, einen natürlichen Kanal entlang. Unterwegs sind jede Menge Vögel und kaum bekannte Mayatempel zu sehen. Man kann auch zum Schnorcheln, Vogelbeobachten und Fischen tiefer ins Reservat gehen. Die Touren kosten zwischen 950 und 1100 Mex$, Kinder unter zwölf Jahren bekommen Rabatt.

Wer bis Punta Allen kommt, findet hier drei Einheimische, die Englisch sprechen und sich in Naturkunde, Dolmetschen und mit Vögeln auskennen: **Baltazar Madera** (☎ 984-871-20-01, aus Tulum 984-879-82-34), **Marcos Nery** (☎ Ortsvermittlung 984-871-24-24) und **Chary Salazar** (in der Stadt beim gleichnamigen Restaurant nachfragen). Sie bieten Touren zur Vogelbeobachtung, zum Schnorcheln und in die Natur an, meist mit dem Boot (5–6 Pers., ca. 1000 Mex$).

Punta Allen

Punta Allen heißt eigentlich Javier Rojo Gómez, aber die Stadt ist eher bekannt unter dem Namen des Punktes 2 km südlich. 1988 hat der Hurrikan Gilbert die Stadt beinahe zerstört, und auch nach Hurrikan Dean war einiges beschädigt und die Palmen waren vom Wind zerrupft. Dennoch steht Punta Allen immer noch. Man fühlt sich hier wahrhaftig wie am Ende der Welt. Die meisten der 400-und-ein-paar Einwohner arbeiten als Fischer, nur ein paar von ihnen in den Restaurants, die bei den Tagesausflüglern beliebt sind. Der Ort hat ein entspanntes Flair, das an die belizischen Inselchen erinnert. 400 m vor der Küste gibt's ein unversehrtes Riff, das Fischern, Schnorchlern und Tauchern einen herrlichen Anblick bietet.

Die Gegend ist vor allem für das Fangen und wieder Freilassen von Grätenfischen bekannt. Der Tarpon und der Robalo sind bei Sportfischern ebenfalls sehr beliebt. Die Führer, die für Sian Ka'an empfohlen wurden (oben), sowie eine Kooperative in der Stadt (bei Galletanes oder Vigía Grande erkundigen) veranstalten für etwa 2000 Mex$ Angeltouren inklusive Mittagessen. Gleich nördlich der Stadt gibt's außerdem einen Angelausrüster namens **Pesca Maya** (☎ 998-883-42-04; www.pescamaya.com; 🕑 5–22 Uhr). Er veranstaltet täglich Angelfahrten zum Salzwasser-Fliegenfischen und hat ein angeschlossenes Restaurant nur für Teilnehmer.

Eine einstündige Tour auf der Lagune, bei der man Schildkröten und Vögel beobachten kann, oder ein kurzer Schnorchelgang kosten zwischen 400 und 500 Mex$. Man kann das bei einer der drei Kooperativen buchen. Man sollte den Kapitän bitten, nicht zu nah an die Vögel heranzufahren, sonst werden diese verschreckt. Manchmal (aber sehr selten) sind sogar Seekühe zu sehen.

In der Stadt gibt's keine Geldautomaten oder Internetcafés und Strom fließt in der Regel nur von 11 bis 14 und zwischen 16 und 24 Uhr.

SCHLAFEN & ESSEN

Posada Sirena (☎ 984-877-85-21; www.casasirena.com; DZ 400–600 Mex$) Die voll ausgestatteten *cabañas* bieten Küchen und Warmwasserduschen und einige der einfachen, riesigen Zimmer haben eine Sitzecke und Hängematten. Es gibt keine Zimmerreinigung. Die Unterkunft kann Touren arrangieren.

Cuzán (☎ 983-834-03-53; www.flyfishmx.com; Zi. 500–900 Mex$) Das Cuzán hat gleich südlich vom Stadtzentrum an der Hauptstraße *cabañas* direkt am Meer. Eine steht im Rumpf eines alten Bootes. Kostengünstigere Hütten gibt's weiter weg vom Strand. Man kann auch Angel- und Schnorcheltouren buchen.

Essen gibt's in der Stadt u. a. im Vigía Grande und im Galletanes. Beide liegen nahe am Wasser und sind im Besitz von Kooperativen. Auf den Tisch kommen mexikanische Gerichte und Meeresfrüchte, natürlich auch Hummer. Keines hat Telefon – und offen ist, wenn Gäste da sind.

AN- & WEITERREISE

Mit öffentlichen Verkehrsmitteln erreicht man Punta Allen von Tulum aus am besten mit dem *colectivo*: Eines verlässt das Zentrum Tulums täglich um 14 Uhr und ist ca. drei Stunden später da. Die Alternative ist ein Mietauto, aber man muss mit Geschwindigkeiten zwischen 5 und 10 km/h und mehr als nur ein paar getriebeschädigenden Schlägen rechnen.

FELIPE CARRILLO PUERTO

☎ 983 / 21 500 Ew.

Heute ist die Stadt nach einem fortschrittlichen Gouverneur von Yucatán benannt, früher aber hieß sie einmal Chan Santa Cruz und war das Hauptquartier der Rebellen während des Kastenkrieges. Sie liegt 95 km südlich von Tulum an einer Kreuzung. Abgesehen von seiner historischen und kulturellen

Bedeutung hat Carrillo Puerto wenige Attraktionen. Es ist aber schon eine Sensation, dass hier in großem Umkreis die einzige Tankstelle, die einzige Bank und die einzigen Hotels zu finden sind. Auf dem Hauptplatz stehen ein Glockenturm, eine Kirche und ein Kulturzentrum. Wenn es dunkel wird, füllt sich der Platz mit den Einheimischen, die im Park einer jahrhundertealten Tradition nachgehen und ihre Runden drehen – *paseando* (einen Spaziergang machen) nennt man das. Diesem einfachen Ritual zuzusehen kann einen stundenlang beschäftigen; oder man geht selbst ein paar Schritte um die Plaza.

Geschichte

Als es im Kastenkrieg 1849 langsam schlecht aussah für die Maya der nördlichen Yucatán-Halbinsel, suchten sie in dieser Stadt Zuflucht. 1850 dann hatten sie sich neu formiert und waren bereit, wieder loszuziehen, und da geschah ein „Wunder": Ein hölzernes Kreuz, das am Westrand der Stadt an einem Cenoten errichtet worden war, begann zu „sprechen". Es sagte den Maya, dass sie das auserwählte Volk wären, ermahnte sie, den Kampf gegen die Spanier weiterzuführen, und versprach ihnen den Sieg. In Wirklichkeit steckte ein Bauchredner dahinter, der die Akustik des Cenoten genutzt hatte, aber die Menschen betrachteten es als die wahre Stimme ihrer Sehnsüchte.

Das Orakel führte die Maya in eine Schlacht, die mehr als acht Jahre dauern sollte, bevor sie durch die Eroberung der Festung Bacalar siegten. Für den Rest des 19. Jhs. waren die Maya in und um Chan Santa Cruz praktisch unabhängig von der Regierung in Mexico City und Mérida.

Ein Militäreinsatz zu Beginn des 20. Jhs. brachte der mexikanischen Regierung die Stadt und ihre Umgebung zurück. Die Gebetsnische des sprechenden Kreuzes wurde entweiht, viele Maya flohen in kleine Dörfer im Urwald, von wo aus sie bis in die 1930er-Jahre weiterkämpften. (Einige leisteten sogar bis in die 1950er-Jahre Widerstand.)

Carrillo Puerto ist heute noch immer der Mittelpunkt des Stolzes der Maya. Das sprechende Kreuz, das nach der mexikanischen Machtübernahme viele Jahre im Urwald versteckt war, wurde in seine Nische zurück gebracht. Maya aus der gesamten Region besuchen es, besonders am 3. Mai, dem Tag des heiligen Kreuzes.

Sehenswertes

Das **Santuario de la Cruz Parlante** (Heiligtum des sprechenden Kreuzes) befindet sich fünf Blocks westlich der Tankstelle am Hwy 307. Es hängt kein Schild draußen, aber die Steinmauer mit dem Tor ist nicht zu verfehlen. Einige Einwohner mögen keine Fremden im Heiligtum und werden einem die Kamera wegnehmen wollen, wenn man sie hier benutzt.

Im **Centro Cultural Chan Santa Cruz** (Eintritt frei; ⌚ Mo–Fr 8–21.30, Sa & So 8–13 & 18–20 Uhr) an der Plaza werden Kunstausstellungen und Workshops abgehalten und es beherbergt eine zeitweilige Ausstellung zum Kastenkrieg.

Schlafen & Essen

Hotel Esquivel (☎ 834-03-44; hotelesquivelfcp@todito.com; Calle 65 No 746; DZ mit Ventilator/Klimaanlage 300/380 Mex$; ❄) Das beste Hotel in der Stadt liegt von der Plaza und dem Busbahnhof aus gleich um die Ecke. Die klimatisierten Zimmer sind eine gute Wahl: Sie haben sehr saubere Bäder und geflieste Böden. Die Zimmer mit Ventilator haben gute Betten und Duschen, sind jedoch dunkel, fensterlos und etwas zu stark beduftet.

Hotel Chan Santa Cruz (☎ 834-00-21; www.hotelchansantacruz.com; Ecke Calle 67 & 68; DZ 360–400 Mex$; ❄) Die Zimmer sind ein bisschen zu rosa, aber sauber. Der zentrale Innenhof mit seinen kitschigen Statuen ist richtig hübsch. In der Lobby steht ein Air-Hockey-Tisch (wer behauptet hier, abends sei nichts los in Carrillo Puerto?!).

Lonchería 25 Horas (Calle 69; Sandwiches & Tacos 20 Mex$; ⌚ 24 Std.) Diese lässige Kneipe ist sagenhaft billig. Völlig umsonst gar sind die Plastikstühle und die Abgase vorbeifahrender Trucks. Andererseits gibt's hier leckere Eiergerichte, Sandwiches, Tacos und Smoothies. Gegenüber der Tankstelle.

Parrilla Galerías (☎ 834-03-13; Calle 65; Hauptgerichte 40–80 Mex$) An der Plaza und in scheinbar noblerer Umgebung bekommt man überraschenderweise Bier für 15 Mex$ und Tacos (genug für drei) für 40 Mex$. Die Spezialität des Hauses ist ein *parrilla* (gemischter Grillteller) mit jeder Menge Beilagen (185 Mex$ für 3 Pers.).

An- & Weiterreise

Die meisten Busse, die Carrillo Puerto anfahren, sind *de paso* (sie fahren nur durch).

Colectivos fahren am Hwy 307, gleich südlich der Calle 73, nach Playa del Carmen

(110 Mex$, 2 Std.) und Tulum (45 Mex$, 1 Std.).

Es gibt nur wenige Tankstellen zwischen Carrillo Puerto und Valladolid (Hwy 295), Chetumal (Hwy 307), Tulum (Hwy 307) oder José María Morelos (Hwy 184). Die in Mahahual bedeutet einen Umweg von 50 km.

Ziel	Preis (Mex$)	Dauer (Std.)	Häufigkeit (tgl.)
Cancún	1. Klasse 130	3½–4	10
	2. Klasse 100	3½–4	bis 21 Uhr stündl.
Chetumal	1. Klasse 94	2–3	8
	2. Klasse 54	2–3	13
Mérida	1. Klasse 146	5½	1.
	2. Klasse 134	5½	11
Playa del Carmen	1. Klasse 68–76	2½	9
	2. Klasse 68–76	2½	bis 21 Uhr stündl.
Ticul	100	4½	11 (nach Muna oder Uxmal hier umsteigen)
Tulum	1. Klasse 45	1½	9
	2. Klasse 44	1½	bis 21 Uhr stündl. (ein *colectivo* lohnt sich)

DIE COSTA MAYA

Die Küste südlich der Reserva de la Biosfera Sian Ka'an bis zu dem kleinen Fischerdorf Xcalak wird auch oft als Costa Maya bezeichnet. Hurrikan Dean hat in dieser Region erheblichen Schaden angerichtet, besonders in Mahahual. Aber die Bemühungen zum Wiederaufbau laufen und dank ihrer atemberaubenden Strände und der guten Tauch- und Schnorchelbedingungen wird sich die Region sicher schnell erholt haben.

Mahahual

Hurrikan Dean hat die Küstenstadt Mahahual buchstäblich wegrasiert, aber sie kommt langsam wieder auf die Beine. Zur Zeit der Recherche, nur ein paar Wochen nach dem Hurrikan, war die Stadt noch in der Erholungsphase, aber statt Mahahual völlig außen vor zu lassen und die wirtschaftlichen Probleme seiner Einwohner damit noch zu verschlimmern, haben wir uns entschlossen, unser Material kurz vor Drucklegung von Kevin Graham, einem Experten vor Ort, auf den neuesten Stand bringen zu lassen.

Jetzt, da Mahahual keinen Hafen für Kreuzfahrtschiffe mehr hat (es gibt aber Pläne, ihn wieder aufzubauen), könnte es für weniger Mainstream-liebende Traveller etwas attraktiver sein. Hier erwarten einen herrliche Strände, ausgezeichnete Tauchspots in der Nähe und ein lässiges Karibik-Feeling. Noch wichtiger aber ist, dass man über Mahahual Zugang zum **Banco Chinchorro** hat, dem größten Korallenatoll auf der Nordhalbkugel. Chinchorro ist etwa 45 km lang und an manchen Stellen bis zu 14 km breit; das westliche Ende liegt etwa 30 km vor der Küste. Dutzende von Schiffen sind dem nur knapp unter der Wasseroberfläche liegenden Korallenring bereits zum Opfer gefallen. Nach ersten Berichten hat das Banco Chinchorro durch Dean schwere Schäden erlitten, aber diese Infos sind bestenfalls lückenhaft und wir konnten sie selbst nicht überprüfen. Eindeutig aber sind die Mangroven auf dem über dem Wasser liegenden Abschnitt zerstört; nur die Rangerhütte steht noch.

Das Atoll und das Meer drum herum wurden zum Biosphärenreservat erklärt (die **Reserva de la Biosfera Banco Chinchorro**), um sie vor Zerstörungen zu schützen. Allerdings hat man zu wenig Personal und Ausrüstung, um ein so großes Gebiet zu bewachen, und so bleibt viel Missverhalten unentdeckt.

Das Tauchen nach Wracks ist verboten, da viele in zu seichtem Wasser liegen, um gut nach ihnen tauchen zu können (oder sie schon zu sehr geplündert wurden). An der Böschung sind aber genug andere Dinge zu sehen: Korallenwände und Canyons, Rochen, Schildkröten, riesige Schwämme, Zackenbarsche, Tang, Aale und, an manchen guten Stellen, sogar Riff-, Tiger- und Hammerhaie. Man kann außerdem gut schnorcheln, z. B. zum **40 Cannons**, einem Holzschiff in etwa 5 bis 6 m Tiefe. Plünderer haben bis auf etwa 25 Kanonen alles mitgenommen, und es ist nur bei idealen Wasserverhältnissen sehen. Das Wrack-Verbot gilt nicht für Schnorchler.

Dreamtime Dive Center (☎ 983-834-58-23; www.dreamtimediving.com; Malecón, 2,7 km südlich von Mahahual) veranstaltet Ausflüge zu verschiedenen Abschnitten am Barriereriff und bietet PADI-Kurse an.

HALBINSEL YUCATÁN

SCHLAFEN & ESSEN

Die Adressen sind mit dem Abstand zum militärischen Kontrollpunkt am Nordeingang der Stadt angegeben.

Las Cabañas del Doctor (☎ 983-832-21-02; Km 2; Cabañas ohne/mit Bad 250/350 Mex$) Vom Strand aus auf der anderen Straßenseite bieten sich hier mehrere recht einfache Behausungen an. Die Preise steigen im Dezember und in der Osterwoche um etwa 100 Mex$.

Posada Pachamama (☎ 983-834-58-42; www.posadapachamama.net; Km 1; Zi. 550–750 Mex$) An der ersten Straße hinter dem *malecón* wird aus dem Fußballplatz die Plaza der Stadt. Dem Platz gegenüber befindet sich dieses kleine, gemütliche Hotel, das auch eine Pizzeria hat.

Doña Marí (Hauptgerichte 30–50 Mex$) Die siebzigjährige Doña Marí ist knallhart. Direkt nach dem Tag, an dem der Hurrikan zuschlug, begann sie zu graben, und schließlich verlegte sie ihren Betrieb an die Ecke von Huchanango und Calle Sierra. Ihr Restaurant zaubert immer noch leckere Fischfilets in verschiedenen Variationen mit Bohnen und Tortillas.

ANREISE & UNTERWEGS VOR ORT

Mahahual liegt 127 km südlich von Felipe Carrillo Puerto und schätzungsweise 100 km nordöstlich von Bacalar. Ein neuer ADO-Busbahnhof in Mahahual (eigentlich eher eine Bushaltestelle; geöffnet tgl. 5.30–18 Uhr) macht es nun leichter denn je, hierher zu kommen, auch wenn die Busse ziemlich unregelmäßig fahren. Von hier geht's nach Chetumal (50 Mex$, 2½ Std., 6, 12.30 & 18 Uhr) und Cancún (170 Mex$, 5 Std., 8.30 & 18 Uhr); sonntags und montags fährt um 15 Uhr jeweils noch ein zusätzlicher Bus. Seinen Tank kann man hier an einer Pemex-Tankstelle füllen.

Xcalak

Wackelige Holzhäuser, Fischerboote am Strand und faule, ruhig dahingleitende Pelikane machen aus dieser winzigen Stadt mitten im Nirgendwo einen perfekten Zufluchtsort. Trotz der Nähe zu Hurrikan Deans Haupteinschlagsort in Mahahual blieb Xcalak (ish-kah-*lak*) von der ganzen Kraft des Sturmes verschont. Und da es mit dem Vorzug der Abgeschiedenheit und dem Chinchorro-Barriereriff gesegnet ist (letzteres verhindert den Bau eines Hafens für Kreuzfahrtschiffe), könnte Xcalak auch dem derzeitigen Bauboom entgehen.

Nach Dean sind die inneren Teile des Küstenriffs in der Nähe von Xcalak den Berichten nach in besserem Zustand als die äußeren, die unter der schweren See (bis zu 5 m hohen Wellen) zu leiden hatten. Bevor man auf eine Tour geht, sollte man sich daher über den Riffzustand informieren. Von Xcalak kommt man auch gut zum Banco Chinchorro (S. 1001).

Wem der Sinn nicht so sehr nach Tauchen steht, der findet hier dennoch jede Menge, was er tun kann. Man kann durch die staubigen Straßen bummeln, an eisgekühlten Getränken nippen und die Fregattvögel beobachten, die über die durchscheinend grünen Lagunen schweben. Mit dem Kajak geht's in einen Mangrovensumpf. Oder man döst einfach nur in einer Hängematte und tankt etwas Sonne. Das beste hier ist vielleicht, dass man nicht ein einziges Mal *hamacas* oder kubanische Zigarren angeboten bekommt. Und trotz seiner Winzigkeit kann Xcalak mit ein paar netten Restaurants und einer lässigen Bevölkerung aus Ausländern und einheimischen Fischern aufwarten.

Der Mangrovensumpf erstreckt sich von der Küstenstraße ins Land, birgt einige große Lagunen und bildet Tunnel, die Kajakfahrer zum Erforschen verlocken. Im Sumpf und in dem trockeneren Wald wimmelt es nur so von wilden Tieren. Neben den üblichen Verdächtigen – Reiher, Fischreiher und andere Wasservögel – bekommt man auch Agutis, Jabirus (Störche), Leguane, Halsbandpekaris (Nabelschweine), Sittiche, Eisvögel, Alligatoren und anderes Getier zu Gesicht. Unglücklicherweise sind die Mangroven auch ideal für Moskitos und einige fiese *jejenes* (Sandflöhe). Am Westende der Lagune befindet sich eine abgelegene Mayaruine; im Hotel den Weg erfragen.

Xcalak erfährt momentan einen Bevölkerungsschwund. Einst war es auf Kokosnüsse spezialisiert, während des Kastenkrieges dann ein wichtiger Hafen. Sogar ein Kino gab's mal, ehe eine Reihe Wirbelstürme alles weggewischt hat. Heute scheint es unmöglich, dass hier in naher Zukunft eine Bank, ein Lebensmittelladen oder eine Tankstelle entstehen könnten. Man sollte sich also vorher mit allem ausrüsten.

Das **Aventuras Xcalak to Chinchorro Dive Center** (☎ 983-839-88-65; www.xtcdivecenter.com) liegt 300 m nördlich der Stadt und veranstaltet Tauch- und Schnorcheltouren (650 Mex$)

HALBINSEL YUCATÁN

zu den Wundern des Barriereriffs gleich vor der Küste und zum Banco Chinchorro (Tauchgang mit 3 Flaschen 1750 Mex$, ohne Ausrüstungsleihgebühr). Es verleiht auch Tauchausrüstung und bietet für 3850 Mex$ PADI-Zertifikate für das offene Meer an sowie NAUI- und SDI-Unterweisungen und Touren zum Fischen und zur Vogelbeobachtung.

SCHLAFEN

Die folgenden Häuser liegen wie noch eine Handvoll anderer an der alten Küstenstraße, die Richtung Norden aus der Stadt führt. Sie werden meist von Amerikanern oder Kanadiern geführt, haben alle gereinigtes Trinkwasser, Deckenventilatoren, Strom rund um die Uhr (durch Solar- oder Windkraft und mit einem Generator als Absicherung), Fahrräder und/oder Kajaks für Gäste sowie eigene Bäder mit Warmwasser in den Zimmern. Die ersten drei haben Badestege. Die meisten können Angeltouren arrangieren.

Die Hauptsaison geht hier von Mitte Dezember bis Mitte April (mit nur ganz leichten Abweichungen). Die meisten Unterkünfte akzeptieren ohne vorherige Absprache keine Kreditkarten. Man kontaktiert sie am besten über ihre Website oder per E-Mail. Die Adressen sind unten in Kilometern von der Stadt aus an der Küste Richtung Norden angegeben.

Villas La Guacamaya (☎ 983-839-86-08; www.villalaguacamaya.com; Km 10; DZ Neben-/Hauptsaison 500/1000 Mex$; 💻) In dieser ruhigen Unterkunft, 10 km nördlich von Xcalak, wird man von einem ausgelassenen Papagei begrüßt. Zwei leuchtend grüne Zimmer am Meer teilen sich eine voll ausgestattete Gourmetküche; jedes hat ein Doppel- und ein Einzelbett. Es gibt zudem ein Apartment mit Küche, das nicht direkt am Strand liegt, und einen vierten kleineren Raum mit Doppelbett und herrlichem Bad. Gäste dürfen die Fahrräder, Kajaks und die Schnorchelausrüstung benutzen.

Hotel Tierra Maya (www.tierramaya.net; Km 2; Zi. mit Meerblick 800 Mex$) Das moderne Hotel am Strand bietet sechs traumhafte Zimmer, von denen drei ziemlich groß sind. Jedes ist geschmackvoll und mit vielen architektonischen Details eingerichtet. Mahagoni-Möbel und ein Balkon mit Meerblick sind der Standard, und die größeren Zimmer haben sogar kleine Kühlschränke. In dem netten Restaurant kosten die Hauptgerichte etwa 160 Mex$. Ein kontinentales Frühstück ist inklusive.

Casa Carolina (www.casacarolina.net; Km 2,5; DZ Neben-/Hauptsaison 750/950 Mex$) Die leuchtende, fröhlich gelbe Casa hat vier Gästezimmer, deren große, mit Hängematten ausgerüstete Balkone zum Meer hinausgehen. Jedes Zimmer hat eine Küche mit Kühlschrank, und die Bäder versuchen sich mit ihren schönen Talavera-Fliesen gegenseitig zu übertrumpfen. Hier werden Tauchlehrgänge (NAUI) aller Niveaus und Sporttauchen am Barriereriff angeboten. Zum Preis gehört ein kontinentales Frühstück, und die Besitzer bieten Massagen an.

Sonrisa (www.playasonrisa.com; Km 7; Cabañas ab 950 Mex$) Im Sonrisa können Paare ganz europäisch „mit oder ohne Kleidung" sonnenbaden – und zwar *nur* Paare. In einer zwanglosen, lässigen Umgebung sagt man seinen Bikinistreifen ade. Daneben gibt's einfache *cabañas* und eine Mischung aus Bar und Restaurant. Die Besitzer sind freundlich. Man sollte bedenken, dass die Stornogebühren erheblich sind, und darum lieber vorher ausgiebig die Internetseite studieren und sich seiner Reisepläne sicher sein. Ein kontinentales Frühstück ist inklusive.

ESSEN

Das Essen in Xcalak erschöpft sich größtenteils in Meeresfrüchten und Mexikanischem nach Touristenart. Erfreuliche Ausnahme: das Leaky Palapa.

Lonchería Silvia's (Hauptgerichte 35–90 Mex$; 🕑 9–22 Uhr) Drei Blocks südlich der Plaza und einen Block von der Küste im Inland. Das Silvia tischt vor allem Fischfilets und *ceviche* auf und hat recht regelmäßige Öffnungszeiten. Die lange Speisekarte hält nicht alles, was sie verspricht – manchmal ist nicht alles da. Am Ende landet man wahrscheinlich doch bei Fisch.

Leaky Palapa (Hauptgerichte 50–120 Mex$; 🕑 Fr–Mo 17–22 Uhr) Die Küchenchefs und Besitzer Marla und Linda haben aus einem alten Provisorium drei Blocks nördlich der Plaza eine wahre Sensation gemacht. Sie kreieren wunderbare Speisen wie Hummer in einer Karamel-Ingwer-Soße. Man ist hier einstimmig der Ansicht, dass dies der beste Platz ist, um die Geschmacksnerven zu kitzeln.

ANREISE & UNTERWEGS VOR ORT

Die Taxis von Limones hierher kosten etwa 500 Mex$ (auch zu den nördlich gelegenen Hotels). Busse schlagen mit 30 Mex$ zu Buche, auch nach Mahahual, obwohl sie dorthin eine Stunde länger unterwegs sind.

Von Limones kommend geht's nach 55 km rechts (nach Süden) ab und den Schildern nach Xcalak (noch einmal 60 km) nach. Man sollte die Augen offen halten: Die vielen im Wald und in den Mangroven lebenden wilden Tiere rennen gerne mal auf die Straße.

Ab und zu ist in der Stadt ein Taxi im Einsatz. Es bedient für 100 Mex$ die nördlich gelegenen Hotels und kann für Ausflüge zu entfernteren Zielen gemietet werden. Die direkte Route von Mahahual nach Xcalak, bekannt als alte Küstenstraße, war zur Zeit der Recherche geschlossen und wird nach Meinung der Einheimischen auch nicht mehr geöffnet.

LAGUNA BACALAR

Ein großer, klarer, türkisfarbener Süßwassersee mit einem Boden aus schimmerndem, weißen Sand – die Laguna Bacalar ist in dieser Region mit dem vielen Kalkstein und struppigen Urwald eine echte Überraschung.

Das kleine, verschlafene Bacalar liegt gleich östlich vom Highway und 125 km südlich von Felipe Carrillo Puerto. Es ist die einzige Siedlung von nennenswerter Größe am See. Bemerkenswert sind ihre alte spanische Festung und die beliebten *balnearios* (Badestellen). Hurrikan Dean hat die Stadt durchfegt und eine Reihe von Bäumen gefällt, aber bei unserem Besuch war alles schon wieder auf dem Weg der Besserung.

Die Festung **Fuerte San Felipe Bacalar** (Eintritt 20 Mex$; Di–So 9–20 Uhr) wurde oberhalb der Lagune erbaut, um die Bürger vor den Überfällen von Piraten und Indianern zu schützen. Im Kastenkrieg diente sie den Weißen als wichtiger Außenposten. 1859 wurde sie von Mayarebellen besetzt, die sie hielten, bis Quintana Roo 1901 schließlich von mexikanischen Truppen erobert wurde. Auch heute noch gibt die Festung mit den eindrucksvollen Kanonen, die noch immer auf den Wällen stehen, einen imponierenden Anblick ab. Sie beherbergt ein **Museum**, in dem Waffen und Uniformen aus der Kolonialzeit des 17. und 18. Jhs. gezeigt werden.

Nur einen Steinwurf vom Südende der *costera* befindet sich der **Cenote Azul**. Das 90 m tiefe natürliche Becken liegt am südwestlichen Ufer des Sees und 200 m östlich des Hwy 307, daher halten viele Busse hier in der Nähe. Von den wenigen Orten direkt in der Stadt, an denen man essen kann, ist das Orizaba an der Nordwestecke der Plaza zu empfehlen.

Schlafen & Essen

Die meisten Unterkünfte und Essgelegenheiten findet man an der *ostera* (auch als Calle 1 bekannt). Sie windet sich von Bacalar aus über mehrere Kilometer am Seeufer entlang nach Süden bis zum Hwy 307 und dem Cenote Azul. Die folgenden Häuser sind von Nord nach Süd aufgelistet.

Los Coquitos (Campen 40 Mex$/Pers.) Der nette Campingplatz am Seeufer wird von einer Familie geführt, die in einer Hütte auf dem Gelände wohnt. Man kann im kühlen Schatten der Palmen zelten, von den *palapas* aus den Ausblick auf den See genießen und vor dem grasbewachsenen Ufer schwimmen.

Casita Carolina (☎/Fax 983-834-23-34; www.casitacarolina.com; DZ 250–450 Mex$; Palapa 450 Mex$) Diese herrliche Unterkunft liegt etwa eineinhalb Blocks südlich vom Fort. Es gibt einen weitläufigen Rasen, der hinunter zum See führt, fünf mit Ventilatoren ausgestattete Zimmer und eine Deluxe-*palapa*, in der vier Personen Platz finden. Gäste können den See mit hauseigenen Kajaks erforschen. Hin nimmt man am besten einen Bus nach Bacalar und läuft von dort oder nimmt sich ein Taxi.

Hotel Laguna (☎ 983-834-22-06; www.hotellagunabacalar.com; DZ 420 Mex$;) Ein sauberes, kühles und gastfreundliches Hotel in Türkis. Es protzt mit einem kleinen Swimmingpool, einem Restaurant, einer Bar und einem ausgezeichneten Blick auf den See, der direkt unterhalb des Hauses liegt. Einigen Zimmern sieht man ihr Alter an. Das Haus liegt 2 km südlich der Stadt Bacalar an der *costera*. Vom Hwy 307 sind es nur 150 m gen Osten; wer hier also mit dem Bus unterwegs ist, kann den Fahrer bitten, an der Abzweigung zu halten.

Amigos B&B Laguna Bacalar (☎ 987-872-38-68; www.bacalar.net; DZ 500 Mex$;) Die gastfreundliche Familie, die das Amigos B&B in Cozumel führt, betreibt auch dieses Haus. Das Anwesen liegt ideal am See, 500 m südlich vom Fort, und bringt seine Gäste in fünf geräumigen Gästezimmern unter. Der Gemeinschaftsbereich ist gemütlich. Man spart sich mit dem Frühstück auch 100 Mex$.

Hostel Ximba Li (☎ 983-834-25-16; Ecke Av 3 & Calle 30; B 70 Mex$) Dieses einfache, neue Hostel liegt ein paar Blocks vom See und einen kurzen Fußweg von der Stadt entfernt. Frühstück ist im Preis mit drin.

Das Restaurant im altmodisch-kitschigen Hotel Laguna am See ist beliebt und serviert beständig Gutes aus Yucatán. Im Restaurant des Balnerario Ejidal werden frisches *ceviche* und guter gegrillter Fisch serviert.

An- & Weiterreise

2.-Klasse-Busse Richtung Süden fahren auf der Calle 7 durch Bacalar. Sie passieren einen Block den Hügel hinauf den zentralen Platz (*el parque*), der oberhalb vom Fort liegt. Dort gibt es auch einen Taxistand. 2.-Klasse-Busse gen Norden fahren die Calle 5 entlang, die einen Block von der Calle 7 den Hügel hinunter führt. Die meisten 1.-Klasse-Busse fahren nicht bis in die Stadt hinein, aber viele setzen ihre Fahrgäste am Hwy 307 an den Abzweigungen zum Hotel Laguna und am Cenote Azul ab. Man sollte sich besser danach erkundigen, bevor man eine Fahrkarte kauft.

Von Norden kommend erreicht man die Stadt und das Fort über die erste Ausfahrt nach Bacalar, der man mehrere Blocks weit folgt. Dann biegt man links (nach Osten) ab und fährt den Hügel hinunter. Von Chetumal aus hält man sich westlich, um den Hwy 307 zu erwischen; nach 25 km hier erreicht man die ausgeschilderte Abzweigung nach rechts zum Cenote Azul und zur *costera*.

CHETUMAL

☎ 983 / 136 800 Ew.

Die Hauptstadt von Quintana Roo ist Chetumal. Ihre Bewohner sind stylish und freundlich, es gibt ein paar ordentliche Restaurants und die Musikszene brummt. Hurrikan Dean hat viele aus Chetumal vertrieben, aber mit ein wenig Bauholz, ein bisschen Plane, Schweiß, hervorgekramten Nägeln und einigen schnell trocknenden Tränen wird die Stadt langsam wieder aufgebaut. Keiner der wichtigsten Touristenbereiche war betroffen.

An der Promenade an der Bucht finden Volksfeste und Events statt und das moderne Mayamuseum ist ziemlich beeindruckend (wenn auch nur wenige Stücke zu sehen sind). Beeindruckende Mayaruinen, ein erstaunlicher Urwald und das Nachbarland Belize befinden sich ebenfalls ganz in der Nähe. Und die Freihandelszone zwischen beiden Ländern sorgt für interessante Einkaufsmöglichkeiten. An **Karneval** (Ende Feb. oder Anfang März) ist Chetumal besonders lebendig.

Vor der spanischen Eroberung war Chetumal ein Hafen der Maya. Danach wurde die Stadt erst 1898 wieder besiedelt. Damals wurde sie gegründet, um dem illegalen Handel mit Waffen und Bauholz ein Ende zu bereiten, der von den Nachfahren der Rebellen aus dem Kastenkrieg getrieben wurde. Ursprünglich Payo Obispo genannt, tauschte die Stadt 1936 ihren Namen gegen Chetumal. 1955 hat Hurrikan Janet sie beinahe ausgelöscht.

Ein Raster aus breiten Boulevards, auf denen der Verkehr entlang braust (Vorsicht an den Stoppzeichen!) durchzieht nun die wieder aufgebaute, großzügig angelegte Stadt .

Orientierung & Praktische Informationen

Chetumal ist eine Großstadt, aber – vor allem dank des Netzwerks breiter Einbahnstraßen – noch immer gut befahrbar (kaum zu glauben für die Hauptstadt eines Bundesstaates). Ihren Südrand bildet das Meer. Die Hauptstraße Héroes teilt die Stadt in eine Ost- und eine Westhälfte und endet am Wasser; die Obregón verläuft parallel zur Bucht und führt auf ihrem Weg nach Westen erst zu einer *glorieta* (Kreisverkehr), dann zum Flughafen und schließlich zur Abzweigung nach Belize.

Die meisten der angeführten Hotels und Restaurants sammeln sich um die Héroes-Obregón-Kreuzung. In der ganzen Stadt gibt's mehrere Banken und Geldautomaten, u. a. einen Automaten im Busbahnhof.

Arba Internet (☎ 832-25-81; Efraín Aguilar; 10 Mex$/Std.; ⌚ Mo–Sa 8–1, So 8–24 Uhr)
Cruz Roja (☎ 832-05-71; Ecke Avs Independencia & Héroes de Chapultepec)
Einwanderungsbehörde (☎ 832-63-53; Av Héroes; ⌚ Mo–Fr 9–13 Uhr)
Feuerwehr, Krankenhaus, Polizei (☎ 066)
Hospital Morelos (☎ 832-45-95)
HSBC-Geldwechselschalter (San Francisco de Asís Supermarkt; ⌚ Mo–Sa 8–18 Uhr)
Post (☎ 832-22-81; Ecke Plutarco Elías Calles & Av 5 de Mayo; ⌚ Mo–Fr 9–16 Uhr)
Städtische Touristeninformation (☎ 835-08-00; Ecke Blvd Bahía & Av Hidalgo; ⌚ Mo–Sa 9–15 Uhr)
Telmex (Calle Lázaro Cárdenas; ⌚ Mo–Fr 8–18 Uhr) Zwischen den Avs Independencia & Benito Juárez.
Touristeninformationsstand (⌚ 9–20 Uhr) Im Busbahnhof.

Sehenswertes

MUSEO DE LA CULTURA MAYA

Dieses **Museum** (☎ 832-68-38; Av de los Héroes; Eintritt 50 Mex$; ⌚ So–So 9–19, Fr & Sa 9–20 Uhr) rechtfertigt den Anspruch der Stadt auf kulturellen Ruhm: Es ist sowohl in der Planung als auch in der Ausführung ein kühnes Schaustück.

HALBINSEL YUCATÁN

Die verschiedenen Ausstellungsstücke (Beschriftungen auf Spanisch und Englisch) decken den gesamten Mayab (die Länder der Maya) ab, nicht nur Quintana Roo oder Mexiko, und sie versuchen, die Lebensweise, die Gedanken und den Glauben der Maya zu erläutern. Im **Innenhof** des Museums, den man kostenlos betreten darf, gibt's Kunstsalons für wechselnde Ausstellungen moderner Künstler wie Rufino Tamayo, Gemälde, die Fresken der Maya nachbilden, und ein *cinemuseo* mit kostenlosen Filmvorführungen.

MUSEO DE LA CIUDAD

Das **regionalgeschichtliche Museum** (Héroes de Chapultepec; Eintritt 10 Mex$; Di–So 9–19 Uhr) ist klein, aber gut gemacht. Es lohnt sich, 15 Minuten der wertvollen Reisezeit dafür abzuzwacken.

Schlafen

Instituto Quintanarroense de la Juventud (832-05-25; Heróica Escuela Naval zw. Calz Veracruz & Av Cozumel; Campen 30 Mex$, B 50 Mex$) Fünfzig Pesos pro Nacht sind schwer zu toppen, aber man muss ein paar recht einfache Quartiere in Kauf nehmen. Abgesehen davon steht in diesem Jugendzentrum und Hostel super freundliches Personal parat. Und relativ sauberist es auch.

Hotel Ucum (832-07-11, 832-61-86; Av Mahatma Gandhi 167; DZ mit Ventilator/Klimaanlage 200/350 Mex$; P) Dieses schöne Haus im Motelstil wirkt, als wäre es mal in einem Jackie-Chan-Film zum Einsatz gekommen. Und trotz des unglücklichen Namens (es heißt wie eine Stadt in Campeche) bietet es recht ordentliche Zimmer, einen (leicht milchigen) Swimmingpool und ein Restaurant mit gutem, günstigem Essen.

Hotel Guadalupe (832-86-49; Calle Ignacio Zaragoza 226; EZ/DZ mit Ventilator 250/280 Mex$, mit Klimaanlage 400 Mex$; P) Von den fleckenlos sauberen Böden könnte man zu Abend essen. Die Luft in den Zimmern ist dennoch ein wenig abgestanden, aber sie sind auch schnell durchgelüftet.

LP Tipp **Grand Marlon Hotel** (285-32-79; hotel_grandmarlon@hotmail.com; Av Juárez 88; DZ 500 Mex$;) Moderne, gerade Linien und eine ulkige Poollandschaft (inkl. Kunstrasen und lauwarmen Whirlpool) verleihen dem „Grand" beinahe Boutiquestatus. Über die einfachen, stilvollen Zimmer für diesen Preis kann man nicht meckern. Wer lieber ein paar Pesos sparen will, nächtigt in dem schlichten, alten Marlon auf der anderen Straßenseite.

Hotel Los Cocos (832-05-44; www.hotelloscocos.com.mx; Ecke Av de los Héroes & Calle Héroes de Chapultepec; DZ mit Klimaanlage & TV/Suite 750/1600 Mex$;) Die Lage ist super, und die wie eine Disko bespiegelte Lobby löst Glücksgefühle aus. Außerdem gibt's einen schönen Swimmingpool, WLAN, einen bewachten Parkplatz und ein beliebtes Restaurant mit Tischen auf dem Gehweg. Die Zimmer haben Kühlschränke, sind aber für den Preis ein wenig klein.

Holiday Inn Chetumal Puerta Maya (835-04-00; www.holimaya.com.mx; Héroes 171; DZ 1300 Mex$, Suite 1690–3630 Mex$;) Das beste Hotel der Stadt bringt seine Gäste in komfortablen Zimmern mit Blick über einen kleinen Hof unter. Ein Pool in einem tropischen Garten und ein Restaurant mit Bar sorgen für Luxus.

Essen & Ausgehen

Barrios (Ecke Avs Othón P Blanco & Independencia; Hauptgerichte 10–50 Mex$; Mo–Sa 8–14 Uhr) Dieses tolle kleine Lokal hat alle mexikanischen Favoriten im Angebot, etwa *salbutes*, *quesadillas* oder *cebada*, einen erfrischenden Gerstentrank.

Café-Restaurant Los Milagros (832-44-33; Calle Ignacio Zaragoza; Frühstück 25–70 Mex$, Hauptgerichte 40–60 Mex$; Mo–Sa 7.30–21, So 7.30–13 Uhr) In dem Lieblingstreff der Studenten und Intellektuellen von Chetumal kommen drinnen und draußen toller Espresso und Essen auf den Tisch. Man kann auch Schach oder Domino spielen, plaudern oder das lokale Radioprogramm verfolgen, das von hier ausgestrahlt wird.

Restaurant Pantoja (832-39-57; Ecke Avs Mahatma Gandhi & 16 de Septiembre; Hauptgerichte 30–70 Mex$; 7–19 Uhr) Das beliebte Restaurant unter Familienführung versorgt seine Gäste mit Frühstück, Enchiladas und einer Vielzahl von Fleischgerichten. Für 40 Mex$ gibt's das *menu del día*. Der Ventilator gibt sein Bestes, aber *tarde* wird's dennoch ein bisschen warm.

El Fenicio (Ecke Av de los Héroes & Calle Ignacio Zaragoza; Hauptgerichte 35–90 Mex$; 24 Std.) Wenn man um 23 Uhr hier ankommt, hat man das Gefühl, direkt in ein Gemälde von Edward Hopper geraten zu sein: gelbes Licht und ein paar einsame Gäste, die sich über ihr Abendessen beugen. Das Servierte, eine Auswahl größtenteils mexikanischer Kost, ist lecker und ratzfatz auf dem Tisch.

Pollo Brujo (837-47-47; Av Álvaro Obregón 208; 10–22 Uhr) Ein halbes gegrilltes Hähnchen kostet 42 Mex$, ein ganzes 77 Mex$. Man nimmt es mit oder isst im klimatisierten Salon. Die Bedienung ist etwas mürrisch.

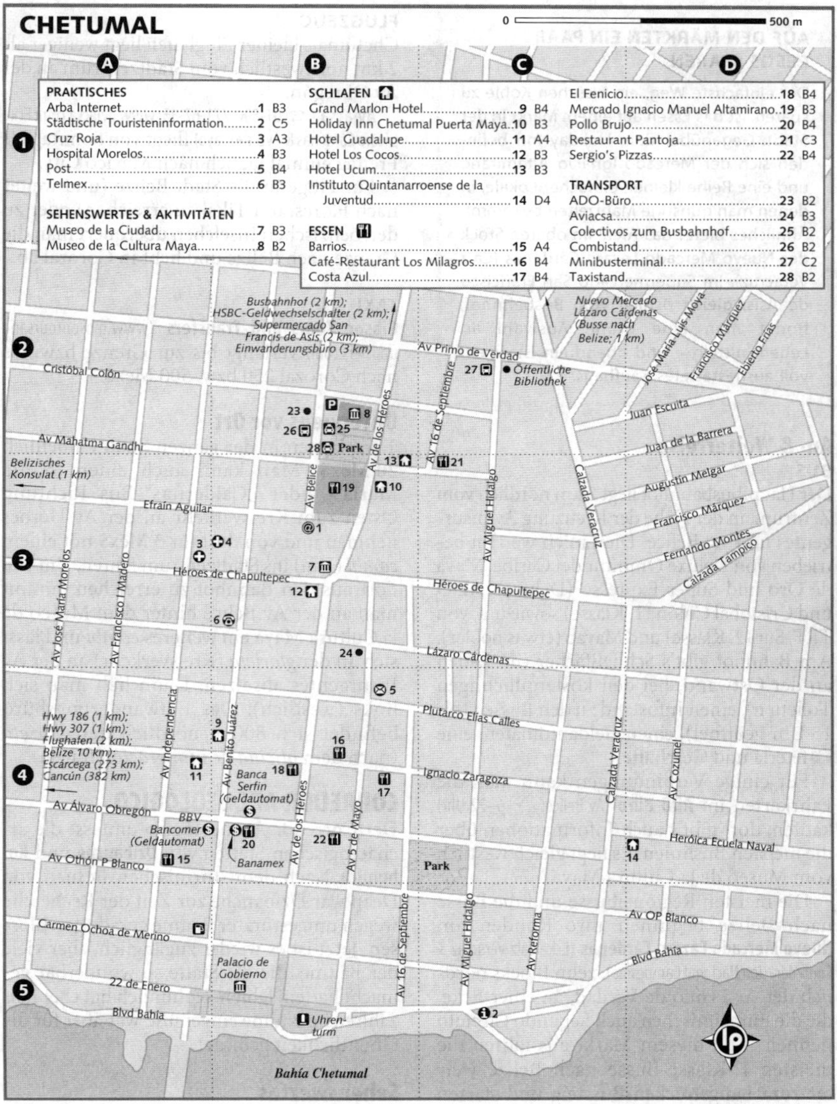

Sergio's Pizzas (☎ 832-29-91; Ecke Avs Álvaro Obregón & 5 de Mayo; Pizza 45–170 Mex$, Hauptgerichte 60–160 Mex$) In herrlich klimatisierter Umgebung werden Pizzas und kaltes Bier in eisgekühlten Krügen aufgetischt. Dazu gibt's mexikanische und kontinentale Gerichte, Steaks und Meeresfrüchte, ergänzt von einer umfangreichen Weinkarte.

Costa Azul (☎ 129-20-02; Calle Ignacio Zaragoza 166; Hauptgerichte 60–120 Mex$; 🕒 11.30–20 Uhr) Eine beliebte Mischung aus Kneipe und Restaurant mit *palapa*-Dach und einem lustigen Chetumal-Karibik-Feeling. Sitzen kann man nur auf Plastikstühlen und (manchmal) sorgen ein oder zwei Mariachis für etwas Unterhaltung.

AUF DEN MÄRKTEN EIN PAAR PESOS SPAREN

Der einfachste Weg, ein bisschen Kohle zu sparen, ist das Essen auf einem Markt in der Stadt. Gegenüber dem Holiday Inn befinden sich der Mercado Ignacio Altamirano und eine Reihe kleiner, einfacher Lokale, in denen man günstige Mahlzeiten bekommt. Ähnliches bietet das Areal im oberen Stock des Nuevo Mercado Lázaro Cárdenas (Calz Veracruz). Im Supermercado San Francisco de Asís, gleich östlich vom Busbahnhof, findet man eine große Auswahl an Lebensmitteln – und obendrein ist er ein voll ausgestattetes Kaufhaus.

An- & Weiterreise

BUS

Der Hauptbusbahnhof liegt 2 km nördlich vom Zentrum, in der Nähe der Kreuzung Av Insurgentes und Av Belice. Die Linien werden betrieben von Deluxe Omnitur del Caribe, Maya de Oro und Super Expresso (Deluxe), ADO und Cristóbal Colón (1. Klasse) sowie u. a. von TRT, Sur (2. Klasse) und Mayab (etwas nobler). Am Bahnhof gibt's Schließfächer (im Laden an der Ostwand, bei den kostenpflichtigen Toiletten), einen Infostand zu den Bussen (bis 15 Uhr geöffnet), einen Geldautomaten, eine Cafeteria und Geschäfte.

Für einige Verbindungen kann man die Fahrkarten im **ADO-Büro** (Av Belice; 🕑 6–22 Uhr) kaufen; dort gibt's auch Informationen über die meisten Buslinien. Es liegt gleich westlich vom Museo de la Cultura Maya.

Die meisten Regionalbusse und die Busse nach Belize beginnen ihre Runden am **Nuevo Mercado Lázaro Cárdenas** (Ecke Calz Veracruz & Confederación Nacional Campesina), zehn Blocks nördlich der Av Primo de Verdad, an einer Ecke, die die Einheimischen auch Segundo Circuito nennen. Von diesem Markt aus fahren die meisten 1.-Klasse-Busse nach Belize weiter zum Langstrecken-Bussteig und starten dort 15 Minuten später (die 2.-Klasse-Busse tun dies nicht). Die Fahrkarten für die Busse 2. Klasse gibt's beim Fahrer, die für die 1. Klasse oder Deluxe im Hauptbusbahnhof.

Vom **Minibusterminal** (Ecke Avs Primo de Verdad & Miguel Hidalgo) gehen Linien nach Bacalar und zu anderen Zielen in der Nähe. Die Abfahrten in der Tabelle gegenüber gelten (wenn nicht anders angegeben) für den Hauptbusbahnhof.

FLUGZEUG

Chetumals kleiner Flughafen liegt weniger als 2 km nordwestlich vom Stadtzentrum an der Av Obregón.

Aviacsa (☎ 01-800-771-67-33; www.aviacsa.com; Ecke Lázaro Cárdenas & Av 5 de Mayo) fliegt von Sonntag bis Freitag einmal täglich nach Mexico City.

Für Flüge in die Stadt Belize (und weiter nach Flores, um Tikal zu erreichen) oder zu den belizischen Inselchen überquert man die Grenze nach Belize und hebt in Corozal ab.

TAXI

Gibson Tours and Transfers (www.gibsontoursandtransfers.com) verlangt bis zur Grenze bzw. bis nach Corozal 250 bzw. 500 Mex$.

Unterwegs vor Ort

Taxis kosten in der ganzen Stadt einheitlich 20 Mex$. Man kann auch einen „Santa Maria"- oder „Calderitas"-Bus Richtung Osten zum Kreisverkehr an der Av Héroes nehmen und von dort für 3 Mex$ mit einem *combi* (Van) ins Stadtzentrum fahren. Um von dort aus den Bahnhof zu erreichen, nimmt man an der Av Belice hinter dem Museo de la Cultura Maya ein weiteres *combi* und lässt sich an der *glorieta* (Kreisverkehr) an der Av Insurgentes absetzen. Dann hält man sich links (westlich). Das Einwanderungsbüro befindet sich 800 m nördlich der *glorieta* (nach dem *oficina de inmigración* fragen).

CORREDOR ARQUEOLÓGICO

Der Corredor Arqueológico umfasst die archäologischen Stätten von **Dzibanché** und **Kohunlich**. Nach dem stürmischen Besuch von Dean war Dzibanché zur Zeit der Recherche wegen umgestürzter Bäume gerade geschlossen. Jetzt ist es wieder zugänglich, aber viele der Bäume, die die Stätte so wunderbar gemacht hatten, fehlen. Kuhunlich hat ebenfalls zahlreiche Bäume eingebüßt, war aber für die Öffentlichkeit geöffnet.

Sehenswertes

DZIBANCHÉ

Obwohl die Anreise einen Heidenaufwand bedeutet, lohnt sich ein Besuch dieser **Stätte** (Eintritt 37 Mex$) mit ihrer abgeschiedenen, halbwilden Natur auf jeden Fall. Dzibanché („auf Holz schreiben") war eine Großstadt, die sich über mehr als 40 km² erstreckte. Auf der Straße hinein passiert man riesige, von Bäumen bedeckte Hügel. Es gibt eine Reihe

BUSFAHRPLAN CHETUMAL

Ziel	Preis (Mex$)	Dauer (Std.)	Häufigkeit (tgl.)
Bacalar	Minibusse 20 2. Klasse 20	45 Min. 45 Min.	stündl. vom Minibusterminal häufig
Belize (Stadt)	100	4–5 mit Grenzformalitäten	18 von Nuevo Mercado 4.30–18.30 Uhr, einige vom Hauptbahnhof 15 Min. später
Campeche	1. Klasse 250 2. Klasse 170	6½–9 6½–9	1 2
Cancún	180–210	5½–6½	häufig
Corozal, Belize	35	1 mit Grenzformalitäten	18 von Nuevo Mercado 4.30–18.30 Uhr, einige vom Hauptbahnhof 15 Min. später
Escárcega	120–160	4–6	5
Felipe Carrillo Puerto	54–90	2–3	häufig
Flores, Guatemala (nach Tikal)	290	8	5
Mahahual	50	4	3
Mérida	Deluxe 250 2. Klasse 180	6–8 6–8	8 3
Orange Walk, Belize	30–45	3¼ mit Grenzformalitäten	18 von Nuevo Mercado 4.30–18.30 Uhr, einige vom Hauptbahnhof 15 Min. später
Palenque	280	7–8	4
Playa del Carmen	140–180	4½–6	häufig
Ticul	155	6	6
Tulum	110–144	3½–4	häufig
Valladolid	140	6	6
Veracruz	620	16	2
Villahermosa	330	7–9	5
Xcalak	66	5	3
Xpujil	55–78	2–3	9.

ausgegrabener Paläste und Pyramiden, aber die Stätte selbst ist noch nicht vollständig ausgegraben.

KOHUNLICH

Die **archäologische Stätte** (Eintritt 40 Mex$, Führer 250 Mex$) steht auf teppichartigem Grün. Die Ruinen stammen sowohl aus der vorklassischen (100–200 n. Chr.) als auch aus der frühklassischen Periode (300–600 n. Chr.). Berühmt sind sie wegen des großen **Templo de los Mascarones** (Tempel der Masken), einem pyramidenähnlichen Gebäude mit einer zentralen Treppe, die von riesigen, 3 m hohen Masken des Sonnengottes flankiert ist.

Ein paar hundert Meter südwestlich der Plaza Merwin befinden sich die **27 Escalones** (27 Stufen), Überreste einer ausgedehnten Wohnanlage.

Die Wasserbautechnik, die in Kohunlich angewandt wurde, war eine wichtige Errungenschaft. 90 000 der 210 000 m^2 der Stätte waren von Kanälen durchzogen, um das Regenwasser in das einst riesige Speicherbecken von Kohunlich zu leiten.

An- & Weiterreise

Die Abzweigung vom Hwy 186 nach Dzibanché befindet sich 44 km westlich von Chetumal auf der rechten Seite, gleich hinter dem „Zona-Arqueológica"-Schild. Von da sind es noch einmal 24 km nach Norden und Osten über eine Straße voller Schlaglöcher. Ein normales Auto wird damit aber gut fertig. Gleich hinter der winzigen Stadt Morocoy biegt man noch einmal rechts ab.

Die Kreuzung nach Kohunlich liegt auf dem Hwy 186, 3 km westlich von der Abzweigung nach Dzibanché. Die Stätte befindet sich am Ende der 8,5 km langen, asphaltierten Straße.

Öffentliche Verkehrsmittel fahren zu keiner der beiden Stätten direkt, daher kommt man am besten mit dem Auto hin. Nach Kohunlich kann man u. U. aber auch einen frühen Bus in das Dorf Francisco Villa in der Nähe der Abzweigung nehmen und die restlichen 8,5 km bis zur Stätte entweder per Anhalter oder per pedes zurücklegen. Zurück nach Chetumal oder Xpujil hält man am Highway einen Bus an. In Xpujil bieten Reisebüros für 750 Mex$ Touren nach Kohunlich und Dzibanché an.

YUCATÁN (BUNDESSTAAT)

Unterhalb des struppigen Urwalddachs, der Pyramiden und der Hügellandschaft des Bundesstaats Yucatán windet sich wie eine flüssige Gottheit ein urgewaltiger Strom. Wenn man zwischen den hoch aufragenden Pyramiden von Chichén Itzá und Uxmal herumwandert, spürt man seine Bewegung und kann sich vorstellen, welch hohe Wellen Geschichte, Massaker, Verrat, Ruhm und Hunger in diesen gewaltigen Machtzentren geschlagen haben. Der Strom verebbt und taucht auf in den unversehrten Kolonialstädten Mérida, Valladolid und Izamal, wo sich *huipil* tragende *indígenas* unter die trendbewussten Studenten, Fabrikarbeiter, Touristen und die wohlhabende Elite mischen, die auf den modernen kulturellen Pfaden der Halbinsel wandeln. Er gurgelt und faucht und spuckt und speist die von Vögeln bevölkerten Mündungen nahe Celestún und dem Río Lagartos sowie die riesigen Höhlensysteme und Cenoten im Untergrund, die die Region sprenkeln. In Celestún und Progreso gibt's ein paar schöne Strände, aber die meisten Leute kommen hierher, um die antiken Mayastätten zu erforschen, die überall verstreut sind. Die Ruta Puuc führt einen in nur einem Tag zu vier oder fünf Ruinen.

MÉRIDA

☎ 999 / 781 100 Ew.

Seit der Eroberung ist Mérida das kulturelle Zentrum der gesamten Halbinsel. Mal provinziell, mal *muy cosmopolitano*, ist diese Stadt mit ihren schmalen Gassen, breiten, zentralen Plazas und den besten Museen der Region tief in der kolonialen Geschichte verwurzelt. Außerdem ist es der beste Ausgangspunkt, um im restlichen Bundesstaat Yucatán auf Abenteuerreise zu gehen. Es gibt günstige Kneipen, gute Hostels und Hotels und lebhafte Märkte, und in der Innenstadt ist eigentlich jeden Abend irgendwo was los.

Mérida ist schon lange beliebt bei europäischen Travellern, die das Gewimmel und das Gehabe der Resortstädte von Quintana Roo hinter sich lassen wollen. Darum ist es auch nicht die „unentdeckte mexikanische Perle", als die es manche Reiseführer anpreisen, sondern eine Touristadt – aber eine, die zu groß ist, um sich wie eine Tourifalle anzufühlen. Und als Hauptstadt des Bundesstaates Yucatán ist Mérida auch der Ort der Region, an dem die Kulturen aufeinander treffen.

Geschichte

Francisco de Montejo, der Jüngere, gründete 1540 eine spanische Kolonie im etwa 160 km weiter südwestlich gelegenen Campeche. Von hier konnte er Nutzen aus der politischen Uneinigkeit der Maya ziehen (S. 1030) – und 1542 eroberte er dann T'hó (heute Mérida). Am Ende des Jahrzehnts war Yucatán größtenteils unter spanischer Herrschaft.

Als Montejos Conquistadore nach T'hó kamen, erinnerte sie die große Mayasiedlung aus Kalkstein an die architektonischen Hinterlassenschaften der Römer in Mérida, Spanien. Kurzerhand tauften sie die Stadt um und bauten sie zur Hauptstadt der Region aus. Dazu trugen sie die Mayabauten ab und verbauten dieses Material zu einer Kathedrale und zu Staatsgebäuden. Mérida war direkt der spanischen Krone unterstellt und nicht Mexico City. Deshalb hebt sich Yucatán seither kulturell und politisch vom Rest des Landes ab.

Während des Kastenkrieges waren nur Mérida und Campeche in der Lage, sich gegen die Rebellen zu wehren. Kurz vor der Kapitulation wurde die herrschende Klasse Méridas gerettet, weil Verstärkung aus Zentralmexiko eintraf. Im Gegenzug stimmte Mérida zu, sich Mexico City zu unterstellen.

Mérida ist heute das kommerzielle Zentrum der Halbinsel, eine lebendige Stadt. Haupteinnahmequelle sind die *maquiladoras* (Montagewerke) aus den 1980er- und 1990er-Jahren und die Tourismusindustrie, die auch zu dieser Zeit einsetzte.

Orientierung

Die Plaza Grande, wie die *meridanos* den Hauptplatz nennen, war schon zu Mayazeiten das Herz der Stadt. Auch wenn sich Mérida heute in alle Richtungen mehrere Kilometer ausgedehnt hat, finden sich die meisten Dienstleistungen und Attraktionen für Besucher innerhalb von nur fünf Blocks um die

Plaza Grande. Die Stadt trägt klare Merkmale der Stadtplanung in der klassischen Kolonialzeit: Kathedrale und Regierungssitz befinden sich am Hauptplatz, drumherum sind mehrere *barrios* (Stadtviertel) angeordnet. Jedes *barrio* hat einen Park neben seiner Kirche; in der Regel tragen beide denselben Namen: Im Barrio de Santiago steht z. B. die Iglesia de Santiago neben dem Parque de Santiago. Die Einheimischen orientieren sich an den *barrios* und erklären oft auch so den Weg.

Die Straßen von Ost nach West tragen ungerade Zahlen, die von Nord nach Süd gerade. Die Hausnummern wachsen manchmal nur sehr langsam an. Adressen werden meist in dieser Form angegeben: „Calle 57 No 481 x 56 y 58" (zwischen den Straßen 56 und 58).

Von Samstag, 20 Uhr, bis Sonntag, 23 Uhr, sind die Calles 60 und 62 zwischen der Plaza Grande und der Calle 55 für den Verkehr gesperrt.

Praktische Informationen

BUCHLÄDEN

Librería Dante (☎ 928-36-74; Calle 59; ⌚ Mo–Sa 8–21.30, So 10–18 Uhr) Zwischen den Calles 60 und 62.

GELD

Banken und Geldautomaten sind in der ganzen Stadt verteilt.

INTERNETZUGANG

Die meisten Internetzugänge in der Stadt kosten 10 Mex$ pro Stunde. Es gibt Pläne, aus der gesamten Plaza in der Innenstadt einen WLAN-Hotspot zu machen.

MEDIZINISCHE VERSORGUNG

Hospital O'Horán (☎ 924-48-00, 924-11-11; Av de los Itzáes)

NOTFALL

Feuerwehr (☎ 924-92-42)
Notfall (☎ 066)
Polizei (☎ 925-20-34)
Rotes Kreuz (☎ 924-98-13)
Touristenpolizei (☎ 925-25-55, Durchwahl 260)

POST

Post (☎ 928-54-04; Calle 53 No 469; ⌚ Mo–Fr 9–16 Uhr, nur Briefmarken Sa 9–13 Uhr)

REISEBÜROS

Nómadas Travel (☎ 948-11-87; www.nomadastravel.com.mx; Prolongación Paseo de Montejo 370, Colonia Benito Juárez Nte) Bucht Flüge und bietet Dienstleistungen für reisende Studenten an.

TOURISTENINFORMATION

Touristeninformation der Stadt (☎ 942-00-00, Durchwahl 80119; Calle 62; ⌚ Mo–Sa 8–20, So 8–14 Uhr) An der Plaza Grande.
Staatliche Touristeninformation (☎ 930-31-01; Calle 61; ⌚ 8–21 Uhr) An der Plaza Grande.
Touristeninformationszentrum (☎ 924-92-90; Ecke Calles 60 & 57A; ⌚ 8–21 Uhr)
Yucatán Today (☎ 927-85-31; www.yucatantoday.com; Calle 39 No 483 int 10) Spanisch- und englischsprachige Zeitschrift, die sich dem Tourismus in Yucatán widmet.

WASCHSALONS

Die meisten gehobeneren Hotels bieten einen Über-Nacht-Wäscheservice an.
Lavandería La Fe (☎ 924-45-31; Calle 64; ⌚ Mo–Fr 8–18, Sa 8–14 Uhr) 40 Mex$/3 kg.

Gefahren & Ärgernisse

Auf dem Markt (Calle 70) und in Menschenmassen generell sollte man sich in Acht nehmen vor Taschendieben und Leuten, die Taschen wegreißen oder aufschlitzen. Richtige Überfälle sind aber sehr selten. Die **Policía Turística** (Touristenpolizei; ☎ 925-25-55, Durchwahl 260) von Mérida trägt braun-weiße Uniformen. Sie ist die beste Adresse, wenn man beraubt wurde.

Sehenswertes

PLAZA GRANDE

„El Centro" ist eine der nettesten Plazas von Mexiko. Riesige Lorbeerbäume beschatten die Parkbänke und die breiten Gehwege und rundum wimmelt es nur so von Fußgängern, die einkaufen oder bei einem der vielen Cafés draußen einen Kaffee trinken. Im alten T'ho war hier das religiöse und gesellschaftliche Zentrum, unter den Spaniern die Plaza de Armas, ein Paradeplatz, den Francisco de Montejo, der Jüngere, angelegt hatte. Täglich wird in einer Zeremonie die mexikanische Flagge gehisst und wieder eingeholt. An den Sonntagen machen hier Hunderte von *meridanos* ihren *paseo* (Spaziergang) und fast jeden Abend finden kulturelle Veranstaltungen statt, meist Tanz oder Livemusik.

CATEDRAL DE SAN ILDEFONSO

Auf der Ostseite der Plaza, wo früher ein Mayatempel stand, befindet sich die wuchtige, massige **Kathedrale** (⌚ 6–12 & 16–19 Uhr). 1561

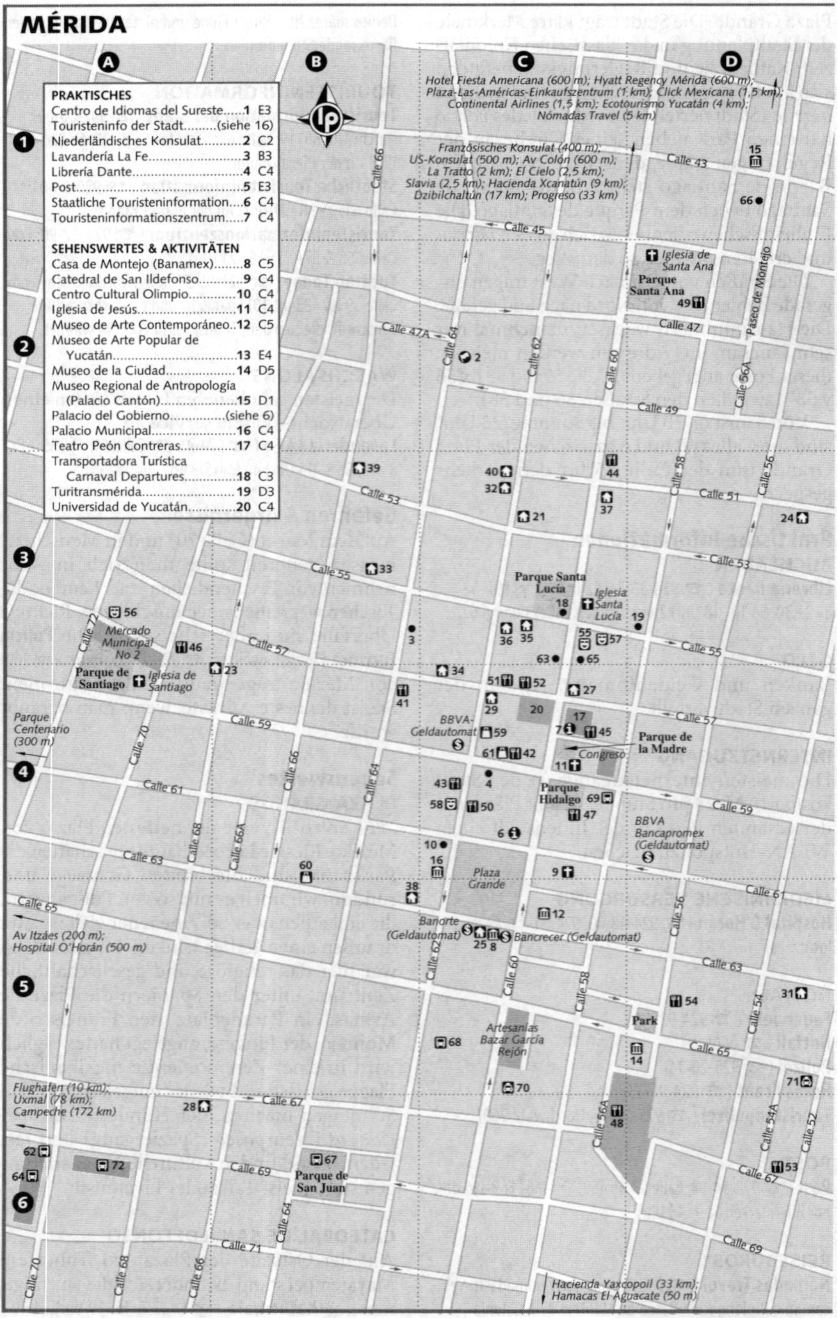
MÉRIDA
PRAKTISCHES
Centro de Idiomas del Sureste......1 E3
Touristeninfo der Stadt.........(siehe 16)
Niederländisches Konsulat...........2 C2
Lavandería La Fe.........................3 B3
Librería Dante..............................4 C4
Post...5 E3
Staatliche Touristeninformation....6 C4
Touristeninformationszentrum.....7 C4
SEHENSWERTES & AKTIVITÄTEN
Casa de Montejo (Banamex)........8 C5
Catedral de San Ildefonso............9 C4
Centro Cultural Olimpio.............10 C4
Iglesia de Jesús...........................11 C4
Museo de Arte Contemporáneo..12 C5
Museo de Arte Popular de Yucatán.............................13 E4
Museo de la Ciudad....................14 D5
Museo Regional de Antropología (Palacio Cantón)...........................15 D1
Palacio del Gobierno..............(siehe 6)
Palacio Municipal.......................16 C4
Teatro Peón Contreras................17 C4
Transportadora Turística Carnaval Departures..................18 C3
Turitransmérida..........................19 D3
Universidad de Yucatán..............20 C4
Hotel Fiesta Americana (600 m); Hyatt Regency Mérida (600 m); Plaza-Las-Américas-Einkaufszentrum (1 km); Click Mexicana (1,5 km); Continental Airlines (1,5 km); Ecotourismo Yucatán (4 km); Nómadas Travel (5 km)
Französisches Konsulat (400 m); US-Konsulat (500 m); Av Colón (600 m); La Tratto (2 km); El Cielo (2,5 km); Slavia (2,5 km); Hacienda Xcanatún (9 km); Dzibilchaltún (17 km); Progreso (33 km)
Iglesia de Santa Ana
Parque Santa Ana
Paseo de Montejo
Parque Santa Lucía
Iglesia Santa Lucía
Mercado Municipal No 2
Parque de Santiago
Iglesia de Santiago
Parque Centenario (300 m)
BBVA-Geldautomat
Parque de la Madre
Congreso
Parque Hidalgo
BBVA Bancapromex (Geldautomat)
Plaza Grande
Banorte (Geldautomat)
Bancrecer (Geldautomat)
Av Itzáes (200 m); Hospital O'Horán (500 m)
Artesanías Bazar García Rejón
Park
Flughafen (10 km); Uxmal (78 km); Campeche (172 km)
Parque de San Juan
Hacienda Yaxcopoil (33 km); Hamacas El Aguacate (50 m)
Calle 43
Calle 45
Calle 47
Calle 47A
Calle 49
Calle 51
Calle 53
Calle 55
Calle 57
Calle 59
Calle 61
Calle 63
Calle 65
Calle 67
Calle 69
Calle 71
Calle 52
Calle 54
Calle 54A
Calle 56
Calle 56A
Calle 58
Calle 60
Calle 62
Calle 64
Calle 66
Calle 66A
Calle 68
Calle 70
Calle 72

hat man begonnen, sie zu erbauen, fertig war sie 1598. Für ihre Errichtung wurden u. a. Steine des Mayatempels verwendet. Das massive Kruzifix hinter dem Altar, **Cristo de la Unidad** (Christus der Einheit), ist ein Symbol für die Aussöhnung zwischen den spanischen Nachfahren und denen der Maya. Rechts über der Südtür hängt ein Gemälde, auf dem Tutul Xiú, ein *cacique* aus der Stadt Maní, seinem Verbündeten Francisco de Montejo in T'ho seine Aufwartung macht. (De Montejo und Xiú haben gemeinsam die Cocomes geschlagen. Xiú trat zum Christentum über; seine Nachfahren leben noch heute in Mérida).

Die kleine Kapelle links vom Altar beherbergt das berühmteste religiöse Artefakt von Mérida: eine Statue, die **Cristo de las Ampollas** (Christus mit den Brandblasen) genannt wird. Die hiesige Legende besagt, dass die Statue aus einem Baum geschnitzt wurde, der nach einem Blitzschlag die ganze Nacht brannte, ohne zu verkohlen. Außerdem soll sie das einzige sein, was die Zerstörung der Kirche in der Stadt Ichmul durch ein Feuer überstanden hat – wenn auch geschwärzt und von der Hitze mit Blasen bedeckt. Die Statue wurde 1645 in die Kathedrale von Mérida gebracht.

Abgesehen von diesen Highlights ist das Innere der Kathedrale eher schlicht. Ihr prunkvoller Schmuck war von wütenden Bauern auf dem Höhepunkt des antiklerikalen Eifers in der mexikanischen Revolution beseitigt worden.

RUND UM DIE KATHEDRALE

Südlich der Kathedrale beherbergt der frühere Bischofspalast das attraktive **Museo de Arte Contemporáneo** (Macay; ☎ 928-32-36; Calle 60; Eintritt frei; So–Di 10–18, Fr & Sa bis 20 Uhr). Zu sehen sind eine Dauerausstellung mit Werken der berühmtesten Maler und Bildhauer aus Yucatán sowie wechselnde Ausstellungen mit Arbeiten hiesiger Kunsthandwerker.

Die **Casa de Montejo** (Palacio de Montejo, Calle 63; Mo–Fr 9–16, Sa 10–14 Uhr) auf der Südseite der Plaza Grande stammt von 1549. Ursprünglich waren hier Soldaten untergebracht, aber bald wurde das Haus in eine Villa umgewandelt, die bis 1970 die Heimat von Mitgliedern der Montejo-Familie war. Heute ist hier eine Bank untergebracht. Während der Öffnungszeiten kann man sich innen umschauen, sonst muss man sich mit ihrer Fassade begnügen. Auf dieser setzen triumphierende Konquistadoren mit Hellebarden ihre Füße auf die Hälse typischer

HALBINSEL YUCATÁN

Barbaren (auch wenn es keine Maya sind, ist die Assoziation doch unvermeidlich). Typisch für den Symbolismus der Darstellungen aus der Kolonialzeit ist die Tatsache, dass die Besiegten viel kleiner sind als die Sieger; an verschiedenen Kirchen in der Region sind ebenfalls Arbeiten zu sehen, auf denen große Priester kleine „Indianer" weit überragen. Von der Fassade haben außerdem die Büsten von Montejo, dem Älteren, seiner Frau und seiner Tochter ein Auge auf die Plaza.

Der **Palacio Municipal** (Rathaus) Méridas steht von der Kathedrale aus gesehen auf der anderen Seite des Platzes. Er wurde ursprünglich 1542 erbaut, aber zweimal umgestaltet, in den 1730ern und den 1850ern. Daneben ist das **Centro Cultural Olimpio** (☎ 924-00-00, Durchwahl 80152; Ecke Calles 62 & 61), das städtische Kulturzentrum. Versuche, dem Gebäude ein modernes Äußeres zu verpassen, wurden von der Regierung unterbunden, um den kolonialen Charakter der Plaza zu wahren. Im ultramodernen Inneren finden Musik- und Tanzaufführungen (s. S. 1019) sowie Ausstellungen statt. Die Spielpläne und die Zeiten der regelmäßigen Filmvorführungen sind außen angeschrieben.

Auf der Nordseite der Plaza beherbergt der **Palacio de Gobierno** (Eintritt frei; 🕑 8–22 Uhr) die Regierungsbüros des Staates Yucatán und ein Touristeninformationszentrum. Er wurde 1892 an der Stelle erbaut, an der in der Kolonialzeit der Gouverneurspalast gestanden hatte. Man sollte auf jeden Fall einen Blick auf die Wandgemälde des einheimischen Künstlers Fernando Castro Pacheco drinnen werfen. Sie wurden nach 25 Jahren Schaffenszeit 1978 vollendet und stellen symbolisch die Geschichte der Maya und ihre Beziehungen zu den Spaniern dar.

MUSEO DE LA CIUDAD

Das **städtische Museum** (☎ 923-68-69; Calle 56; Eintritt frei; 🕑 Di–Fr 9–20, Sa & So 9–14 Uhr) ist in der alten Post untergebracht und sorgt für eine herrliche Erholung vom Gewimmel, Gehupe und den Abgasen dieses marktlastigen Stadtviertels. Es zeigt Exponate, die die Stadtgeschichte von den Zeiten vor der Eroberung über die Belle Époque der *henequén* bis ins 20. Jh. verfolgen.

CALLE 60

Die **Iglesia de Jesús** aus dem 17. Jh. heißt auch Iglesia de la Tercera Orden. Sie erhebt sich einen Block nördlich der Plaza Grande, jenseits des schattigen Parque Hidalgo. Jesuiten bauten sie im Jahr 1618; heute ist sie das einzige erhaltene Bauwerk eines Gebäudekomplexes, der einst den ganzen Block einnahm.

Nördlich der Kirche ragt das enorme **Teatro Peón Contreras** (Ecke Calles 60 & 57; 🕑 Besucher Do–Sa 9–18 Uhr) auf. Es wurde zwischen 1900 und 1908 während der *henequén*-Hochphase von Mérida erbaut und protzt mit einer Haupttreppe aus Carrara-Marmor, einer Kuppel mit verblichenen Fresken italienischer Künstler und verschiedenen Malereien und Wandgemälden im ganzen Gebäude.

Dem Theater gegenüber auf der anderen Seite der Calle 60 befindet sich das Hauptgebäude der **Universidad de Yucatán**. Die moderne Universität wurde im 19. Jh. von Gouverneur Felipe Carrillo Puerto und General Manuel Cepeda Peraza eingerichtet.

Einen Block von der Universität Richtung Norden liegt der hübsche kleine **Parque Santa Lucía** (Ecke Calles 60 & 55) mit Bogengängen an der Nord- und Westseite. Als Mérida sehr viel kleiner war, haben die Reisenden hier die Postkutschen bestiegen und verlassen, welche die Städte und Dörfer mit der Provinzhauptstadt verbanden. Sonntags um 11 Uhr wird hier ein Markt für Kunsthandwerk der Region, der **Bazar de Artesanías**, abgehalten.

PASEO DE MONTEJO

Der Paseo de Montejo verläuft parallel zu den Calles 56 und 58 und war im 19. Jh. ein Versuch der Stadtplaner von Mérida, einen breiten Boulevard ähnlich dem Paseo de la Reforma in Mexico City oder den Champs Élysées in Paris zu erschaffen. Er ist zwar bescheidener ausgefallen als seine Vorbilder, zieht aber immerhin einen schönen grünen, weitläufigen Streifen durch die städtische Stein-Beton-Masse. Entlang des Paseo finden sich wechselnde Skulpturenausstellungen.

Den architektonischen und gesellschaftlichen Einfluss aus Europa verraten die schönen Villen am Paseo, die gegen Ende des 19. Jhs. von wohlhabenden Familien gebaut wurden. Die meisten noch bestehenden Villen finden sich an der Calle 37 und im ersten Block der Av Colón, westlich des Paseo de Montejo.

MUSEO REGIONAL DE ANTROPOLOGÍA

Der massive Palacio Cantón beherbergt Yucatáns regionales **Anthropologiemuseum** (☎ 923-05-57; Ecke Paseo de Montejo & Calle 43; Eintritt 37 Mex$;

(Di–Sa 8–20, So 8–14 Uhr). Der Bau der Villa dauerte von 1909 bis 1911. Ihr Besitzer, General Francisco Cantón Rosado (1833–1917) lebte hier nur die letzten sechs Jahre vor seinem Tod. Die Pracht und die offensichtliche Arroganz des *palacio* machen es zu einem passenden Symbol für die großen Ansprüche der Elite Méridas während der letzten Jahre des Porfiriato, der Zeit von 1876 bis 1911, als der tyrannische Porfirio Díaz über Mexiko herrschte.

Das Museum widmet sich der Geschichte der Halbinsel seit dem Mastodonten-Zeitalter. Zu den Exponaten zur Mayakultur gehören Erläuterungen (viele nur auf Spanisch) zu kosmetischen Praktiken wie der Abflachung der Stirn (zur Verschönerung von Babys), dem Hervorrufen schielender Augen, dem Anspitzen der Zähne und der Implantierung winziger Juwelen in die Zähne.

PARQUE CENTENARIO

Zwölf Blocks westlich von der Plaza Grande liegt dieser große, grüne **Park** (Eintritt frei; Di–So 6–18 Uhr). Er wird von der Av Itzáes begrenzt, die zum Flughafen führt und dann in den Highway nach Campeche übergeht. In seinem **Zoo** (Eintritt frei; Di–So 6–18 Uhr) sind neben der Fauna Yucatáns ein paar exotische Tierarten zu bewundern. Die Busse auf den Calles 61 oder 65 Richtung Westen bringen einen hin.

MUSEO DE ARTE POPULAR DE YUCATÁN

Dieses **Kunstmuseum** (Volkskundemuseum von Yucatán; Ecke Calle 50A & Calle 57; Eintritt 30 Mex$; Di–Sa 9.30–16.30, So 9–14 Uhr) in der Casa Molina, einem Gebäude von 1906, liegt sechs Blocks östlich der Plaza Grande. Unten werden kleine wechselnde Ausstellungen mit Popart aus ganz Mexiko gezeigt. Aber mal ganz ehrlich: Auf einem Künstlermarkt auf dem Land ist man besser aufgehoben, denn dort ist die gleiche Art von Arbeiten zu sehen, und das völlig umsonst – außer natürlich, man kauft etwas. Die Ausstellung im oberen Stock ist noch nicht mit Erklärungstafeln bestückt, aber man kann sehen, wie die Einheimischen *huipiles* (bestickte Tuniken) herstellen, Zeremonienmasken schnitzen und Hängematten weben.

Von Museum aus auf der anderen Seite der Plaza steht die **Iglesia La Mejorada**, eine große Kirche aus dem 17. Jh. Das Gebäude direkt nördlich davon war bis ins 19. Jh. ein Kloster (El Convento de La Mejorada). Heute ist hier eine Schule für Architektur, aber manchmal dürfen Besucher sich das Gelände ansehen.

Geführte Touren

STADTTOUREN

Die **Touristeninformation der Stadt** (☎ 942-00-00, Durchwahl 80119; Calle 62) an der Plaza Grande veranstaltet kostenlos geführte Spaziergänge durch das historische Zentrum (manchmal auch auf Englisch) mit dem Schwerpunkt Plaza Grande. Die Touren starten täglich um 9.30 Uhr vor dem Palacio Municipal.

Transportadora Turística Carnaval (☎ 927-61-19) geht mit seinem „Paseo Turístico"-Bus auf zweistündige geführte Touren auf Englisch und Spanisch durch Mérida (75 Mex$). Los geht's montags bis samstags um 10, 13, 16 und 19 Uhr und sonntags um 10 und 13 Uhr am Parque Santa Lucía (an der Ecke der Calles 55 & 60). Tickets im Voraus bekommt man im nahe gelegenen Hotel Santa Lucía.

TOUREN IN DIE REGION

Turitransmérida (☎ 928-18-71; www.turitransmerida.com.mx; Ecke Calles 55 & 58) gehört zu den größten der zahlreichen Reisebüros, die Gruppenfahrten zu den Stätten rund um Mérida anbieten. Die Preise liegen zwischen 400 und 450 Mex$.

Die Leidenschaft des Besitzers von **Ecoturismo Yucatán** (☎ 920-27-72; www.ecoyuc.com.mx; Calle 3 No 235) ist es, die natürlichen Schätze des Staates sowohl mit Besuchern zu teilen als auch zu erhalten. Seine Ausflüge drehen sich vor allem um Archäologie, Vogelbeobachtung und Naturkunde. Fahrrad- und Kajakfahrten macht er auch. Tagestrips kosten um die 1200 Mex$, achttägige Urwaldtouren 20 150 Mex$.

Viele Hotels können diese Touren für ihre Gäste buchen, z. B. das **Nómadas Youth Hostel** (☎/Fax 924-52-23; www.nomadastravel.com; Calle 62 No 433). Es arrangiert außerdem eine Reihe anderer Trips, von Ausflügen in Eigenregie mit Mietwagen oder öffentlichen Verkehrsmitteln (mit erklärenden Begleittexten) bis zu Trips in einem Privatbus, bei denen ein paar Mahlzeiten inklusive sind.

Mit ATS-Bussen kann man eine Tagesfahrt nach Uxmal, Kabah und den Stätten an der Ruta Puuc machen. Sie starten um 8 Uhr am Terminal de Segunda Clase in Mérida; Details s. S. 1026.

Kurse

Häufig kann das Hostel helfen, einen Privatlehrer zu finden. Das **Centro de Idiomas del Sureste (CIS)** (☎ 923-09-54; www.cisyucatan.com.mx; Calle 52 No 455) bietet Spanischkurse an.

Festivals & Events

Einen Großteil des Februars feiert die Universidad de Yucatán ihren Geburtstag: Es gibt kostenlose Aufführungen des Ballet Folklórico, Konzerte mit afro-kubanischer Musik und *son* (mexikanischer Volksmusik, die indigene, spanische und afrikanische Musikstile mixt) und anderen Auswüchsen der kulturellen Wurzeln von Yucatán.

Vor der Fastenzeit im Februar oder März begleiten farbenfrohe Kostüme und Feste ohne Ende den **Karneval**. Das **Festival de Trova Yucateca** wird im März abgehalten. Mehr Details zur *trova* findet man auf S. 84.

Die **Semana Santa** (Heilige Woche) ist das bedeutendste Fest in Mérida. Die Hauptattraktion dieser Feierlichkeiten sind die Passionsspiele der Stadt.

Zwischen dem 22. September und dem 14. Oktober ehren die *gremios* (Gilden oder Vereine) mit Prozessionen die Statue des Cristo de las Ampollas (Christus mit den Brandblasen) in der Kathedrale.

Eine weitere wichtige religiöse Tradition ist die **Exposición de Altares de los Muertos**, die in der Nacht vom 1. November stattfindet. In ganz Mexiko bereiten dann die Familien Schreine vor, mit denen sie die Geister der Geliebten wieder auf der Erde begrüßen. Viele Maya veranstalten ein üppiges Abendessen unter freiem Himmel, und Mérida begeht das Fest mit Feierlichkeiten und Aufführungen im Stadtzentrum vom 1. November um 11 Uhr bis zum nächsten Tag um 11 Uhr.

Schlafen

Etwa in der Zeit vom 15. Dezember bis zum 6. Januar und während der Semana Santa (Osterwoche) erhöhen viele Mittel- und Spitzenklassehotels ihre Preise um 10 bis 20 %. Dann und im Juli und August (wenn man in manchen Häusern ebenfalls mehr bezahlt) ist es auch am vollsten; man sollte also besser im Voraus buchen. Die folgenden Preise gelten für die Nebensaison.

BUDGETUNTERKÜNFTE

Hostel Zócalo (☎ 924-52-23; Calle 63 No 508; B 100 Mex$, EZ/DZ 140/230 Mex$; 💻) Die tolle Lage und das herrliche alte Gebäude aus der Kolonialzeit machen dieses Hostel einzigartig. Die Besitzer restaurieren es liebevoll von Hand. Es hat harte Betten und das einfache Frühstück ist inklusive. Die Gastgeber sind eine Quelle für Informationen über die Gegend.

LP Tipp **Nómadas Youth Hostel** (☎/Fax 924-52-23; www.nomadastravel.com; Calle 62 No 433; B 85 Mex$, EZ oder DZ ohne/mit Bad 200/240 Mex$; P 💻) Die Hauptanlaufstelle für Backpacker in Mérida und das beste Hostel in der Stadt. Alle Preise schließen das Frühstück mit ein. Den Gästen steht eine voll ausgestattete Küche mit Kühlschrank und gereinigtem Wasser zur Verfügung, rund um die Uhr gibt's Warmwasser in den Duschen, Internet und die Möglichkeit, von Hand zu waschen. Sogar gratis Salsa-Kurse sind zu haben, und ein Pool hinterm Haus ist in Planung. Man sollte Insektenschutzmittel und Ohrenstöpsel mitbringen – in den Zimmern nach vorne hört man den Verkehrslärm.

Hostal del Peregrino (☎ 924-54-91; www.hostaldelperegrino.com; Calle 51 No 488; B/DZ 130/400 Mex$) Bodenständig, heimelig, geschmackvoll und in einer ruhigen Straße gelegen. Für das Geld ist man vielleicht im Nómadas besser aufgehoben, aber wer der groovy Backpackerszene entfliehen möchte, ist hier richtig. Das Frühstück ist im Preis inbegriffen, außerdem gibt's WLAN. In der Nebensaison bekommt man Rabatt.

Álvarez Family Guest House (☎ 924-30-60; casa.alvarez@hotmail.com; Calle 62 No 448; EZ/DZ 350/400 Mex$, DZ mit Klimaanlage 500 Mex$; ❄) Dieses sagenhaft saubere „Hostel plus" befindet sich in einem Wohnhaus und nimmt Gäste freundlich auf – man fühlt sich, als gehöre man zur Familie. Die Duschen sind schön, die Bäder absolut sauber und es gibt einen Wäscheservice. Das Gästehaus ist voller schöner Antiquitäten; Enrique, der stets hilfsbereite Besitzer, führt einem auf Wunsch gerne sein altes zylinderförmiges Grammophon vor.

Hotel Casa Becil (☎ 924-67-64; hotelcasabecil@yahoo.com.mx; Calle 67 No 550C; EZ/DZ/3BZ 180/220/260 Mex$, DZ mit Klimaanlage 300–330 Mex$; ❄) Dies ist nur beinahe ein echtes Hostel. Der freundliche Besitzer nennt das Casa Becil ein „BBC": Breakfast, Bed & Coffee. Man nächtigt in sehr günstigen, sauberen Zimmern und kann in einer voll ausgestatteten Küche brutzeln. Außerdem gibt's einen abgeschotteten Innenhof, eine Sonnenterrasse, schön geflieste Böden, Gepäckaufbewahrung, einen Büchertauschmarkt, geführte Touren und noch einiges mehr. Die Zimmer sind luftig und nicht mal ansatzweise muffig. Der Besitzer spricht ausgezeichnet Englisch.

Hotel y Restaurant San José (☎ 928-66-57; sanjose92@latinmail.com; Calle 63; EZ/DZ/3BZ 140/160/180 Mex$, mit Klimaanlage 260/280/300 Mex$;) Die Wände in diesem verblichenen Hotel 30 m westlich der Plaza Grande bröckeln, aber viel harte Arbeit und starke Putzmittel halten die Unterkunft supersauber. Keines der 30 Zimmer, die alle ordentlich groß sind, liegt an der Straße. Man bekommt hier wahrhaft Klasse geboten. Die Mennoniten lieben es.

Hotel del Mayab (928-51-74; Calle 50 No 536A; EZ/DZ mit Ventilator 250/270 Mex$, mit Klimaanlage 350/400 Mex$;) Dieses Hotel ist sauber und zwanglos und man muss hier nicht auf der Straße parken. Die Zimmer zur Straße hin können laut sein, aber die nach innen sind ruhig. Außerdem gibt's einen großen Pool.

LP Tipp **Casa Ana B&B** (924-00-05; www.casaana.com; Calle 52 No 469; Zi. 300–450 Mex$;) Das Casa Ana liegt etwas ab vom Schuss, ist aber eine heimelige Zuflucht und das beste günstige B&B in der Stadt. Man schwimmt in einem kleinen Pool mit Naturboden und relaxt in einem gemütlichen, zugewachsenen Garten neben kubanischen Tabakpflanzen (ein Andenken an die Heimat der kubanischen Besitzer, kein Zweifel).

Hotel Trinidad Galería (923-24-63; www.hotelestrinidad.com; Calle 60 No 456; Zi. ohne/mit Klimaanlage 300/400 Mex$, Suite 450–550 Mex$;) Es ist, als würde man durch „Der General in seinem Labyrinth" oder einen Traum von Salvador Dalí laufen. In diesem weitläufigen Hotel fungieren in jeder Ecke merkwürdige (und zum Teil ausgeflippte) Kunstgegenstände und Statuen als Staubfänger. Man wird diesen exzentrischen Ort entweder lieben oder sich davor gruseln. Die Zimmer sind sehr unterschiedlich: einige dunkel und muffig, andere dagegen mit luftigen Bädern und Fliegengittern.

Hotel Dolores Alba (928-56-50, 800-849-50-60, Fax 928-31-63; www.doloresalba.com; Calle 63 zw. Calles 52 & 54; Zi. ohne Klimaanlage 260 Mex$; DZ mit Klimaanlage 420–490 Mex$;) Die Zimmer liegen auf drei Stockwerken (mit Aufzug) rund um zwei große Innenhöfe. Diejenigen im neuen, modernen Flügel sind ziemlich groß, haben gute Betten, Klimaanlagen und Fernsehen und gehen auf den herrlichen Pool hinaus.

Hotel Trinidad (923-20-33; www.hotelestrinidad.com; Calle 62 No 464; DZ 400 Mex$;) Untergebracht in einem Gebäude aus der Kolonialzeit und einem neueren Flügel bekommt man hier unterschiedliche Zimmer geboten, die in Einrichtung und Charme alle einzigartig sind. Manche Zimmer haben praktische Kochnischen und die meisten sind mit Klimaanlage. Es gibt sogar einen Whirlpool auf dem Dach.

Hotel Santa Lucía (/Fax 928-26-72, aus den USA 1-800-560-2445; hstalucia@prodigy.net.mx; Calle 55 No 508; EZ/DZ/3BZ 400/450/500 Mex$;) Auf der anderen Seite des gleichnamigen Parks steht dieses saubere, sichere und beliebte Hotel mit einer attraktiven Lobby. Der Pool ist klein, aber sauber, und die Zimmer sind mit Klimaanlage, TV und Telefon ausgestattet. Das Frühstück ist inklusive.

MITTELKLASSEHOTELS

Hotel Aragón (/Fax 924-02-42; www.hotelaragon.com; Calle 57 No 474; EZ/DZ 450/480 Mex$;) Die Gemeinschaftsbereiche dieses Hotels sind super. Außerdem gibt's einen großen Hof und einen schmalen Pool an einer Seite. Wenn sich dieser Stil nur auch in den modernen, eher altmodischen Zimmern zeigen würde… Aber immerhin schließen die Zimmerpreise ein kontinentales Frühstück und gereinigtes Wasser mit ein, und das macht das Ganze zu einer ordentlichen Option.

Hotel Montejo (928-03-90; Fax 924-26-92; www.hotelmontejo.com; Calle 57; EZ/DZ/3BZ mit Klimaanlage 440/510/560 Mex$;) Ein abwechslungsreiches, einzigartiges Hotel mit einem zentralen Hof voller Steinsäulen, die 400 Jahre alt sind. Die großen, sauberen Zimmer mit den klassischen Türen aus der Kolonialzeit und den gefliesten Bädern verteilen sich auf zwei Stockwerken rund um den Hof. Für das, was man bekommt, ist die Übernachtung ein bisschen teuer.

Hotel Medio Mundo (/Fax 924-54-72; www.hotelmediomundo.com; Calle 55 No 533; DZ mit Ventilator 600 Mex$, Zi./Suite mit Klimaanlage 750 Mex$;) Dieses frühere private Wohnhaus wurde komplett umgestaltet und in herrlichen Farben gestrichen. In zwölf geräumigen, einfach eingerichteten Zimmern schläft man in superbequemen Betten. Der Boden ist gefliest, genau wie die hübschen Waschbecken, die Bäder sind herrlich und es gibt jede Menge Tageslicht.

Casa Mexilio (/Fax 928-25-05, aus den USA 800-538-6802; www.casamexilio.com; Calle 68 No 495; Zi. 550–850 Mex$, Suite 1200 Mex$;) In einem gut erhaltenen, historischen Gebäude verbirgt sich ein Irrgarten aus ruhigen, schön eingerichteten Zimmern (einige mit Ventilator, einige mit Klimaanlage), einer kleinen Bar und einem briefmarkengroßen Pool mit Whirlpool.

Hotel Colonial (923-64-44; Fax 928-39-61; www.hotelcolonial.com.mx; Calle 62 No 476; DZ/3BZ

760/850 Mex$;) 73 gemütliche Zimmer mit Klimaanlage in einem ziemlich modernen Gebäude beherbergen die Gäste des Colonial. Es gibt einen kleinen, kleeblattförmigen Pool und die vielleicht kleinste Bar Mexikos. Ein paar Zimmer wurden kürzlich renoviert; man sollte nach einem neueren fragen.

LP Tipp **Los Arcos Bed & Breakfast** (☎ 928-02-14; www.losarcosmerida.com; Calle 66; EZ/DZ 850/950 Mex$;) Nichts für Minimalisten – an allen Wänden und in jeder Ecke ist Kunst zu finden. Das Los Arcos ist ein herrliches, schwulenfreundliches B&B mit zwei Gästezimmern, die sich im hinteren Teil eines zum Sterben schönen Gartens mit Poollandschaft befinden. Papageien, Chihuahuas, ein Whirlpool und Palmen sorgen für Stimmung. Die Zimmer bieten eine abwechslungsreiche Auswahl an Kunst und Antiquitäten, ausgezeichnete Betten und tolle Bäder. Einige sind sogar mit CD-Playern, Bademänteln und Sarongs ausgestattet.

SPITZENKLASSEHOTELS

Hotel Casa del Balam (☎ 924-21-50, aus den USA od. Mexiko 800-624-8451, Fax 924-50-11; www.casabalam.com; Calle 60 No 488; DZ 1200 Mex$;) Zentrale Lage, toller Pool, ruhige Zimmer im Kolonialstil und eine starke, zentral gesteuerte Klimaanlage. Während der ruhigeren Zeiten senkt das Balam seine Preise oft drastisch.

Hotel Hacienda Mérida (☎ 924-43-63; www.hotelhaciendamerida.com; Calle 62; Zi. 1500–1750 Mex$;) Das Hacienda ist ein neues Mitglied in der gehobenen Luxusklasse. Abends ist es traumhaft: Beleuchtete Säulen weisen den Weg am Pool vorbei in die klassisch eingerichteten Kammern. Tagsüber kann man sehen, wieviel noch zu tun ist, bis die deftigen Preise gerechtfertigt sind. Aber abgesehen davon schlägt das hier eine Übernachtung in einem seelenlosen Geschäftshotel beinahe auf ganzer Linie.

Hyatt Regency Mérida (☎ 942-02-02; Fax 925-70-02; www.hyatt.com; Av Colón 344; DZ ab 1700 Mex$;) Das 17-stöckige Hyatt liegt nicht weit vom Fiesta Americana (einem weiteren gehobenen Haus) und ist eine der absolut schicksten Hoteladressen von Mérida. Es hat um die 300 Zimmer, Tennisplätze, einen Fitnessraum und ein Dampfbad sowie einen tollen Pool mit einer Bar zum Hinschwimmen.

Essen

GÜNSTIG

LP Tipp **Mercado Municipal Lucas de Gálvez** (Ecke Calles 56A & 67) Die günstigsten Lokale Méridas.

Mercado Municipal No 2 (Calle 70) Numero Dos ist weniger überfüllt, aber trotzdem billig und gut. Auf der Nordseite des Parque de Santiago.

Fe y Esperanza (☎ 241-09-95; Calle 60 No 452; Tacos & Tortas 8–28 Mex$; Mo–Sa 7.30–17.30 Uhr) Dieser beliebte Schuppen serviert einfache Snacks wie Tacos und Tortas. Wer etwas mehr investiert, kann sich mit einem Tagesmenü (28 Mex$) richtig was gönnen: Fleisch nach Wahl, Reis, Bohnen, Salat und Fruchtsaft mit *agua fresca*. Der Service ist super.

La Flor de Santiago (☎ 928-55-91; Calle 70; Hauptgerichte 30–60 Mex$; 7–23 Uhr) In dieser cafeteriaähnlichen Location kommt der Kaffee aus Chiapas in nicht zusammenpassenden, angeschlagenen Willow-Pattern-Tassen auf den Tisch. Die Guacamole ist so gut wie perfekt, daneben gibt's eine große Palette mexikanischer Hausmannskost, etwa Hühnchen-Tamales oder Putensuppe. Das Frühstücksbuffet samstags und sonntags kostet 60 Mex$. Alles ist lecker, und die freundlichen Profis im Service sind hilfsbereit.

El Trapiche (☎ 928-12-31; Calle 62 No 491; Hauptgerichte 26–50 Mex$; 8–24 Uhr) Dieses super Teil liegt in der Nähe des El Centro und bringt in lässiger Umgebung günstige mexikanische Snacks auf den Tisch. Auch so ziemlich jeder Hausierer der Gegend kommt hier vorbei, so dass man beim Essen seine Vorräte an kubanischen Zigarren oder Gürteln und Schmuck aus Chiapas auffüllen kann. Wer nichts kaufen, sondern in Ruhe essen möchte, ist an einem Tisch im hinteren Teil, in der Nähe des Brunnens, gut aufgehoben. Krüge voller *agua de melón* (Melonensaft mit Wasser und etwas Zucker) kosten nur 45 Mex$.

Ein paar Blocks östlich der Plaza Grande reihen sich neben einer Filiale von **Super Bodega** (Ecke Calles 67 & 54A), einer Kaufhauskette, **Supermärkte** (Calle 56) aneinander.

MITTELTEUER

Il Caffé Italiano (☎ 928-00-93; Calle 57A; Hauptgerichte 75–150 Mex$; Mo–Sa 8–24 Uhr) Das Café im italienischen Stil braut feinen Espresso und zaubert gute Hauptgerichte und sehr interessante Desserts – die Erdbeeren mit Balsamico und Eis sind mal was ganz anderes.

Pop Cafetería (☎ 928-61-63; Calle 57; Frühstück 28–48 Mex$, Hauptgerichte 35–90 Mex$; Mo–Sa 7–24, So 8–24 Uhr) Dieses kleine Restaurant im Stil einer Cafeteria hat Art-déco-Flair. Günstige Frühstückskombis und eine gute Auswahl an mexikanischen Gerichten sind zu haben. Man sollte das Hühnchen in dunkler, nahrhafter *mole* (45 Mex$) versuchen.

Main Street (☎ 923-68-50; Calle 60; Frühstück 50–80 Mex$, Hauptgerichte 60–140 Mex$; ⌚ 7–23 Uhr) Am Rande des Parque Hidalgo wird großzügiges Frühstück zu vernünftigen Preisen serviert. Darüber hinaus bekommt man große Portionen Pasta und anderer Gerichte, auch (mittelmäßige) Pizza. Von den Tischen im Freien kann man herrlich Leute beobachten.

Amaro (☎ 928-24-51; www.restauranteamaro.com; Calle 59; Hauptgerichte 55–100 Mex$; ⌚ 11–1 Uhr; V) Im Amaro isst es sich sehr romantisch, vor allem abends, wenn (wie fast immer) ein Duo Balladen zum Besten gibt. Es befindet sich im Innenhof des Hauses, in dem Andrés Quintana Roo – Dichter, Staatsmann und Verfasser der Unabhängigkeitserklärung von Mexiko – im Jahr 1787 geboren wurde. Der Service und das Essen sind gut, man sollte nur die Rechnung genau überprüfen. Auf der Speisekarte findet man Speisen aus Yucatán und Vegetarisches sowie ein paar kontinentale Gerichte, Crêpes und Pizzas. Wenn nichts los ist, ist hier um 23 Uhr Sense.

Pane e Vino (☎ 928-62-28; Calle 62; Hauptgerichte 70–100 Mex$; ⌚ Di–So 18–24 Uhr; V) Die Inhaber sind Italiener und natürlich kommen hier köstliche Antipasti und Salate (auf Wunsch mit Olivenöl und Balsamico), Lasagne, Fisch, Fleisch und eine Auswahl an ordentlichen offenen oder Flaschenweinen auf den Tisch. Der Magnet ist die frische, hausgemachte Pasta, jeden Tag eine andere – Gnocchi, Ravioli und Fettuccine sind aber fast immer dabei.

TEUER

Restaurante Pórtico del Peregrino (☎ 928-61-63; Calle 57; Hauptgerichte 70–140 Mex$; ⌚ 12–24 Uhr) In diesem gehobenen Lokal isst man in mehreren angenehmen Speiseräumen im traditionellen Stil (einige klimatisiert) rund um einen kleinen Innenhof. Toll sind Gerichte aus Yucatán, z. B. *pollo pibil* (Huhn in einer *achiote*-Sauce und in Bananenblätter gewickelt), aber es gibt auch internationale Gerichte und eine große Auswahl an Speisen aus Meeresfrüchten sowie an Steaks. *Mole poblano* (Huhn in Schoko-Chili-Soße) ist eine Spezialität des Hauses, wie auch das herzinfarktverdächtige *queso relleno* (holländischer, mit gewürztem Rinderhack gefüllter Käse).

Alberto's Continental Patio (☎ 928-53-67; Ecke Calles 64 & 57; Hauptgerichte 70–170 Mex$, Abendmenü 240–280 Mex$; ⌚ Mo–Sa 13–23, So 18–23 Uhr; V) Das Alberto's bietet noch mehr schönes Ambiente in einem kolonialen Innenhof – oder auch drinnen. Die sehr stimmungsvolle Kulisse bilden Unmengen religiöser Artefakte, Keramikfiguren der Maya und Grünpflanzen. Die Gerichte aus dem nahen Osten, etwa Hummus, Baba Ghanoush und Taboulé, alle serviert mit Pitabrot, können eine willkommene Abwechslung zum mexikanischen Essen sein. Die Steaks, das Geflügel und die Meeresfrüchte sind ebenfalls lecker, und auch der Service ist gut. Schluckspechte werden die gute Brandyauswahl lieben.

Unterhaltung

In Mérida finden in Parks und historischen Gebäuden viele folkloristische und musikalische Events statt. Sie werden von einheimischen, bewundernswert professionellen Künstlern auf die Bühne gebracht. Wenn nicht anders angegeben, ist der Eintritt frei. Bei der Touristeninformation kann man sich über Spielpläne und besondere Events informieren; www.yucatantoday.com postet monatlich die Neuigkeiten und weist auf saisonale Events hin. Im Centro Cultural Olimpio (s. S. 1014) gibt's beinahe jeden Abend etwas zu sehen, von Filmen über Konzerte bis zu Kunstinstallationen.

Mehrere Kinos in Mérida zeigen meist die neuesten Hollywooderzeugnisse auf Englisch mit spanischen Untertiteln (man sollte nachfragen – *¿inglés?* –, wenn man ganz sicher sein will), aber auch andere ausländische Filme und Mexikanisches. Kinokarten kosten am Abend ca. 45 Mex$, Matinées 25 Mex$. Man kann ins **Cines Rex** (Calle 57) zwischen den Calles 70 und 72 gehen oder das **Teatro Mérida** (Calle 62) zwischen den Calles 59 und 61 besuchen.

Ein Taxi bringt einen in die Prolongación de Montejo, wo man dann die Wahl hat zwischen dröhnenden Discos und superschicken Lounges. Die meisten von ihnen verlangen Eintritt. **El Cielo** (☎ 944-51-27; Prolongación de Montejo), zwischen der Calle 25 und der Av Campestre, ist ein Liebling der Einheimischen, genau wie das nahe **Slavia** (☎ 926-65-87; Prolongación de Montejo s/n).

Das **Caribbean Blue** (☎ 923-22-79; Calle 60; Eintritt 30 Mex$; ⌚ 22–3.30 Uhr) liegt zwischen den Calles 57 und 55. Es gehört zu einer Ansammlung von Bars in diesem Block, in denen Musik und Tanz geboten werden; meistens spielt hier abends eine neunköpfige Salsa-Band. Das

Publikum, ein Mix aus Einheimischen und Besuchern, ist recht jung.

Das **KY60** (Calle 55 zw. Calles 58 & 60; Eintritt frei; 21–3 Uhr) ist keine Schwulenbar, auch wenn die Klamotten der Gäste, die an die Village People und an Bauarbeiter erinnern, ein solches Feeling verbreiten. Es gibt coole Billardtische und die Jungs und Mädels, Schwulen und Heteros, Einheimischen und Touristen lieben es wahrscheinlich so sehr wegen seines preisgünstigen Bieres – so etwas scheint eine absolute Sensation zu sein. Zwischen den Calles 57 und 55.

Shoppen

Mérida ist ein wunderbarer Ort, um Handgemachtes aus Yucatán einzukaufen. Man könnte darüber nachdenken, sich Hängematten und traditionelle Mayakleider, z. B. farbenfrohe, bestickte *huipiles*, Panamahüte und natürlich wunderbar bequeme *guayaberas* (Hemden aus dünnem Stoff mit Taschen und aufgenähtem Muster, die die Männer in Yucatán tragen) zuzulegen.

Während der letzten Februartage oder Anfang März (das Datum variiert) ist **Kihuic**. Dieser Markt bevölkert die Plaza Grande mit Kunsthandwerkern aus ganz Mexiko.

Méridas Hauptmarkt, der **Mercado Municipal Lucas de Gálvez** (Ecke Calles 56A & 67), ist toll, um das perfekte Souvenir zu erstehen.

HALBINSEL YUCATÁN

KUNSTHANDWERK

Casa de las Artesanías (☎ 928-66-76; Calle 63; Mo–Sa 9–20, So 9–14 Uhr) Hier kann man sich super auf die Suche nach Handgemachtem begeben. Auf dem von der Regierung unterstützten Markt verkaufen einheimische Künstler beinahe alles. Die Preise sind allerdings fix und ein bisschen hoch. Zwischen den Calles 64 und 66.

Artesanías Bazar García Rejón (Ecke Calles 65 & 60) Mehrere Läden mit einer großen Auswahl an Produkten.

Miniaturas (☎ 928-65-03; Calle 59; 10–20 Uhr) Zwischen den Calles 60 und 62 findet man jede Menge kleine Día-de-los-Muertos-Tableaus, Blechwaren und Figürchen aller Art, von Keramik bis Spielzeugsoldaten.

KLEIDUNG & PANAMAHÜTE

Camisería Canul (☎ 923-56-61; Calle 62; Mo–Sa 8.30–21, So 10–13 Uhr) Dieser gute Laden für *guayaberas* und *huipiles* ist schon seit Jahren im Geschäft, verlangt feste Preise und fertigt maßgeschneidert an. Er liegt zwischen den Calles 57 und 59.

Die Stadt Bécal in Campeche ist das Zentrum des Hutweberhandels. Man bekommt aber auch in Mérida gute Stücke dieser Kunst.

An- & Weiterreise

AUTO

Wenn man die vielen archäologischen Stätten rund um Mérida abklappern möchte, ist man mit einem Mietauto am flexibelsten, und wenn sich zwei oder mehr Leute die Kosten teilen, ist das auch noch günstig. Für die Kurzzeitmiete eines billigen Autos sollte man pro Tag insgesamt mit 550 bis 650 Mex$ (Steuer, Versicherung & Benzin inklusive) rechnen. In dem weitläufigem Wirrwarr von Einbahnstraßen und zwischen den schwankenden Bussen findet man sich aber besser zurecht, wenn man zu Fuß geht oder eines dieser wackelnden Vehikel besteigt.

Mehrere Vermieter haben am Flughafen und an der Calle 60, zwischen den Calles 55 und 57, Filialen, u. a. **Budget** (☎ 925-19-00; www.budgetcancun.com), **Avis** (☎ 946-15-24; www.avis.com.mx) und **Hertz** (☎ 946-25-54; www.hertz.com.mx). Sie vermieten alle für 350 bis 500 Mex$ pro Tag. Die besten Angebote bekommt man, wenn man im Voraus über das Internet bucht.

Auf S. 965 stehen Details zu dem teuren, mautpflichtigen Highway zwischen Mérida und Cancún.

BUS

Mérida ist der Knotenpunkt des Busverkehrs auf der Yucatán-Halbinsel. In Nachtbussen und denjenigen, die beliebte Touristenziele anfahren, sollte man auf seine Sachen aufpassen (vor allem in 2.-Klasse-Bussen); wir haben viele Berichte über Diebstähle auf Nachtfahrten nach Chiapas und über ein paar bei Tag auf der Route nach Chichén Itzá und anderen Zielen erhalten.

Es gibt eine Reihe von Busbahnhöfen und einige Unternehmen haben ihre Basis an mehr als einem Bahnhof (und fahren auch mehre an). Die Tickets für Fahrten ab einem bestimmten Bahnhof können häufig auch an einem anderen gekauft werden, und die Ziele der verschiedenen Linien überlappen sich oft. Einige Linien bieten Rundtouren-Tickets zu den Städten in der Umgebung; dabei kann man erheblich sparen. Im Folgenden sind einige der Bahnhöfe, die von ihnen abfahrenden Busunternehmen und die von diesen bedienten Gegenden aufgeführt:

Hotel Fiesta Americana (☎ 924-08-55; Av Colón) Dieser kleine 1.-Klasse-Busbahnhof befindet sich an der Westseite des Hotels, in der Nähe der Calle 56A. Er ist für die Gäste der Luxushotels an der Av Colón nördlich vom Zentrum vorgesehen. ADO-GL- und Super-Expresso-Linien verkehren zwischen diesem Punkt und Cancún, Campeche, Chetumal und Playa del Carmen.

Parque de San Juan (Calle 69) Vom gesamten Platz und von der Kirche aus starten Vans und *combis* (Vans oder Minibusse) nach Dzibilchaltún Ruinas, Muna, Oxkutzcab, Tekax, Ticul und anderen Zielen.

Progreso (Calle 62 No 524 zw. Calles 65 & 67) Progreso hat für seine Busse einen eigenen Bahnhof.

CAME-Busbahnhof (Reservierungen ☎ 924-83-91; Calle 70 zw. Calles 69 & 71) Méridas Hauptbusbahnhof, auch manchmal als „Terminal de Primera Clase" bezeichnet, bietet Busse (meist 1. Klasse) zu Zielen auf der Yucatán-Halbinsel und Orten wie Mexico City, Palenque, San Cristóbal de Las Casas und Villahermosa. CAME hat Kartentelefone und einen Geldautomaten und unterhält

BUSFAHRPLAN MÉRIDA

Ziel	Preis (Mex$)	Dauer (Std.)	Häufigkeit (tgl.)
Campeche	1. Klasse 122 (kurze Strecke)	2½–3½	stündl.
	2. Klasse 122	2½–3½	bis 19.15 Uhr alle 30 Min.
Cancún	150–260	4–6	häufig
Celestún	44	2	15 ab Terminal Noreste
Chetumal	Deluxe 170–250	6–8	3 vom Terminal de Segunda Clase
	1. Klasse 170–250	6–8	2 vom CAME-Busbahnhof
	2. Klasse 170–250	6–8	5
Chichén Itzá	Deluxe 80	1¾	3
	2. Klasse 54	2½	stündl. (Busse Richtung Cancún halten in Chichén Itzá oder in der Nähe von Pisté)
Cobá	94–106	3½–4	1
Escárcega	1. Klasse 176	5–5½	4
	2. Klasse 150	5–5½	häufig
Felipe Carrillo Puerto	1. Klasse 134–146	5½–6	10
Izamal	27	1½	häufig ab Terminal Noreste
Mayapán Ruinas	31	1½	15 von Terminal Noreste, fahren weiter nach Oxkutzcab
Mexico City (Terminal Norte)	858–1136	19	1 (24 Uhr)
Palenque	Deluxe 332	8–9	1
	1. Klasse 316	8–9	4
Playa del Carmen	Deluxe 258–310	4½–8	11
	2. Klasse 258–310	4½–8	häufig
Progreso	12,50	1	häufig vom Progreso Busbahnhof,Gemeinschafts taxis (einige klimatisiert) von einem Parkplatz an der Calle 60 zwischen Calles 65 und 67
Río Lagartos	1. Klasse 110	3–4	3 vom Terminal Noreste
	2. Klasse 70	3–4	3 vom Terminal Noreste
Ruta Puuc (Rundfahrt)	126	8	1 um 8 Uhr (hält an jeder Stätte 30 Min.)
Ticul	40	1¾	häufig; ebenso häufig, billiger und schneller sind *combis* von Parque de San Juan
Tizimín	83	2½–4	6 vom Terminal Noreste (zur Isla Holbox Anschluss in Tizimín)
Tulum	Deluxe 172	4	3 (es gibt auch 2. Klasse-Busse, aber die sind bedeutend langsamer)
Uxmal	39	1–1½	15; hin und zurück möglich
Valladolid	66–112	2½–3½	stündl., u. a. Super Expresso, 2.-Klasse-Oriente-Busse und ATS

einen Schalter für Touristen-, Bus- und Hotelinformationen. Die Gepäckaufbewahrung hat täglich von 6 bis 24 Uhr geöffnet und kostet von 6 bis 12 Uhr 5 Mex$, für den ganzen Tag 10 Mex$.

Terminal de Segunda Clase (Calle 69) Dieser Busbahnhof, auch „Terminal 69" (Sesanta y Nueve) oder „Terminal de Autobuses" genannt, liegt gleich um die Ecke des CAME-Bahnhofs. ADO, Mayab, Oriente, Sur und TRT schicken meist 2.-Klasse-Busse zu Zielen im Bundesstaat und auf der Halbinsel. ATS-Busse fahren von hier Uxmal und die Ruta Puuc an. Der Bahnhof hat eine Gepäckaufbewahrung.

Terminal Noreste (Calle 67 zw. Calles 50 & 52) LUS, Occidente und Oriente nutzen diesen Bahnhof. Die Ziele, die von hier bedient werden, sind u. a. kleine Städte im Nordosten der Halbinsel, etwa Tizimín und Río Lagartos; es gibt regelmäßige Verbindungen nach Cancún und zu Zielen auf dieser Strecke sowie zu kleinen Städten südlich und westlich von Mérida, z. B. Celestún (von Occidente), Ticul und Oxkutzcab. Einige Oriente-Busse fahren am Terminal 69 ab und halten hier; andere starten direkt von hier (z. B. die nach Izamal und Tizimín).

FLUGZEUG

Méridas winziger, aber moderner Flughafen liegt 10 km bzw. 20 Minuten südwestlich der Plaza Grande am Hwy 180 (Av de los Itzáes). Dort gibt es Autovermieter, einen Geldautomaten und einen Geldwechselschalter sowie eine **Touristeninformation** (⌚ 9–17 Uhr), die vor allem bei Hotelreservierungen hilft.

Die meisten internationalen Flüge nach Mérida gehen über Mexico City oder Cancún. Internationale Direktflüge bietet Aeroméxico (tgl. ab Los Angeles, 3-mal/Woche ab Miami), Continental und Northwestern (beide ab Houston, insges. 8-mal/Woche). Die meisten Inlandsflüge werden von kleinen regionalen Fluggesellschaften bedient, ein paar auch von Aeroméxico und Mexicana.

Aeroméxico (☎ am Flughafen 920-12-93, 800-021-40-10; www.aeromexico.com) Fliegt nach Mexico City, Los Angeles und Miami.

Aviacsa (☎ 800-006-22-00, am Flughafen 925-68-90; www.aviasca.com.mx) Flüge nach Mexico City.

Click Mexicana (☎ 800-112-54-25, 946-13-66; Paseo de Montejo 500B) Verbindet zwischen Mérida und Cancún sowie zwischen Veracruz und Villahermosa mit Anschlüssen nach Tuxtla Gutiérrez, Havana und zu anderen Zielen.

Continental Airlines (☎ 800-900-50-00, 946-18-88; Paseo Montejo 437; www.continental.com) Direktflüge Houston–Mérida.

Delta (☎ aus den USA 1-800-123-4710; www.delta.com) Bietet Nonstop-Flüge ab Miami.

Mexicana (☎ 924-66-33, 800-112-54-25; Paseo de Montejo 493) Nonstop nach Mexico City.

Unterwegs vor Ort

BUS

Die Teile von Mérida, die man sich vielleicht anschauen möchte, liegen meistens innerhalb einer Zone von fünf oder sechs Blocks von der Plaza Grande entfernt und sind zu Fuß gut zu erreichen. Wegen des zäh fließenden Verkehrs, vor allem in den Marktgegenden, ist man per pedes sowieso am schnellsten.

Die Stadtbusse mit ihrem Fahrpreis von 4 Mex$ sind günstig, aber die Routen können verwirrend sein. Die meisten Busse starten in einem Viertel in der Vorstadt, umrunden das Stadtzentrum und fahren bis in ein anderes Viertel in der Vorstadt. Um von der Plaza Grande aus die gehobeneren Stadtviertel im Norden an der Paseo de Montejo zu erreichen, nimmt man die Ruta 10 auf der Calle 57, zwischen den Calles 58 und 60 einen Block nördlich des Parque Hidalgo, oder man steigt in einen „Tecnolígico"-, „Hyatt"- oder „Montejo"-Bus an der Calle 60 und hüpft an der Av Colón raus. Ins Stadtzentrum zurück bringt einen jeder dieser Busse, der auf der Paseo de Montejo Richtung Süden fährt, und/oder ein „Centro"-Bus. Viele Fahrer lassen ihre Fahrgäste an der Calle 58, nördlich der Calle 61, aussteigen.

ZUM/VOM FLUGHAFEN

Bus 79 („Aviación") pendelt bis 21 Uhr alle 15 bis 30 Minuten zwischen dem Flughafen und dem Stadtzentrum, manchmal auch bis 23 Uhr. Die halbstündige Fahrt (4 Mex$) beschreibt einen Rundkurs; der beste Platz, um in den Bus zum Flughafen einzusteigen, ist an der Calle 70, südlich der Calle 69 in der Nähe des CAME-Busbahnhofs.

Transporte Terrestre (☎ 946-15-29) bietet eine schnelle Verbindung zwischen dem Flughafen und dem Zentrum und verlangt pro Autoladung 100 Mex$ (für den gleichen Preis kann man sich beim Hotel abholen lassen). Ein Taxi vom Zentrum zum Flughafen sollte etwa 80 Mex$ kosten – aber es ist schwer, für diesen Preis auch vom Flughafen *weg* zu kommen. Man läuft daher besser zur Hauptstraße und winkt dort ein Taxi heran, sonst muss man mit 200 Mex$ rechnen.

TAXI

Die Taxis in Mérida haben kein Taxameter. Die Preise sind fix, mindestens 30 Mex$ kostet eine Fahrt, z. B. von den Busbahnhöfen zu allen Hotels in der Innenstadt. Die meisten

Taxifahrten innerhalb der Stadtgrenzen kosten nicht mehr als 60 Mex$. Taxistände befinden sich an den meisten Parks in den *barrios*; unter ☎ 982-15-04 oder ☎ 982-11-71 kann man rund um die Uhr ein Taxi bestellen (zzgl. 10–20 Mex$ Bearbeitungsgebühr).

SÜDLICH VON MÉRIDA

Südlich von Mérida gibt's eine Menge Unterhaltung und Sehenswertes. Hauptattraktionen sind die alten *henequén*-Plantagen, von denen manche noch immer zur Kultivierung von Blättern genutzt werden, gut erhaltene Mayaruinen wie Uxmal und die weniger bekannten Stätten entlang der Ruta Puuc. Jenseits dieser Touristenmagnete finden sich kaum besuchte Cenoten und Höhlen sowie traditionelle Dörfer, in denen sich das Leben noch immer nach dem Tempo der Landwirtschaft richtet: Die Frauen tragen noch immer *huipiles* und sprechen Yucatec, ihre Männer fahren noch immer mit dem Fahrrad hinaus, um Feuerholz zu schlagen oder einen Fasan für das Abendessen zu schießen. Der Geruch nach Tortillas vermischt sich mit dem zitrusähnlichen Duft der semiariden Pflanzen, die in dieser Region heimisch sind. Die Landschaft ist chaotisch und hier findet man, wie nur sehr selten auf der Halbinsel, tatsächlich ein paar Hügel.

Uxmal

Für viele Besucher gehört **Uxmal** (Eintritt 95 Mex$, Parken 10 Mex$, Führer 400 Mex$; 8–17 Uhr;), usch-*mahl* ausgesprochen, zu den beeindruckends-

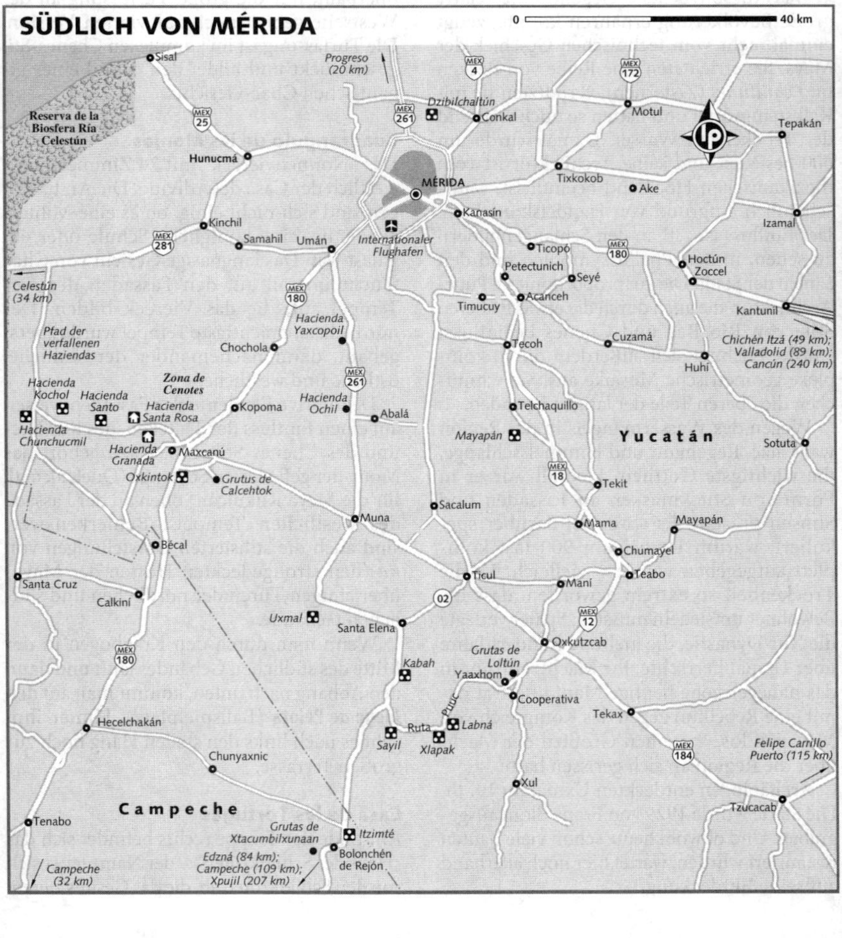

ten Mayastätten – auf jeden Fall ist es eine der harmonischsten und friedlichsten Anlagen. Über das große Gelände verteilen sich faszinierende, gut erhaltene Gebäude aus rosa Kalkstein. Noch schöner wird Uxmal durch seine Lage in der hügeligen Gegend von Puuc, nach der die Architektur benannt ist: *puuc* bedeutet „Hügel". Und die rund 100 m hohen Hügel sind tatsächlich die einzigen Erhebungen im flachen Nordwesten der Halbinsel.

GESCHICHTE

Uxmal war eine bedeutende Stadt, sie herrschte über die Städte Sayil, Kabah, Xlapak und Labná in der Nähe. Uxmal heißt zwar „dreimal gebaut", tatsächlich wurde es aber sogar fünfmal neu errichtet.

Dass diese trockene Gegend eine relativ große Bevölkerung ernähren konnte, zeugt einmal mehr vom technischen Geschick der Maya: Sie errichteten eine Reihe von Becken und *chultunes* (Zisternen), verputzten sie mit Kalksteinmörtel und hatten so auch während der Trockenzeit Wasser. Uxmal wurde um 600 besiedelt und seine Architektur ist vom mexikanischen Hochland beeinflusst, wahrscheinlich aufgrund von Handelskontakten. Der Einfluss ist z. B. in den Schlangenbildern zu sehen, in den Phallussymbolen und den Säulen der Stadt. Die gut proportionierte Puuc-Architektur, die auch durch die etwas früheren Stile von Río Bec und Chenes beeinflusst wurde, zeichnet sich außerdem durch komplexe geometrische Mosaike aus. Sie schmücken die oberen Teile der langen Fassaden.

Wegen des Wassermangels in der Region war Chac, Regengott und Himmelsschlange, die wichtigste Gottheit. Überall war er in Form von Stuckmasken an Fassaden und Simsen präsent. Es wird viel darüber spekuliert, warum Uxmal um 900 fast komplett aufgegeben wurde – vielleicht ist die Trockenheit so extrem geworden, dass die Bewohner umsiedeln mussten. Später verlegte die Xiu-Dynastie, die mehrere hundert Jahre über Uxmal herrschte, ihr Machtzentrum in das nahegelegene heutige Maní und trat damit eine Rebellion gegen das Königreich von Mayapán los, das einen Großteil der Macht über die Region an sich gerissen hatte.

Archäologen entdeckten Uxmal im 19. Jh. Die Stätte wurde 1929 von Frans Blom ausgegraben. Und obwohl heute schon viele Bauten restauriert wurden, wartet hier noch allerhand auf seine Entdeckung.

PRAKTISCHE INFORMATIONEN

Die Eintrittskarte in Form eines Armbands berechtigt zum Besuch einer 45-minütigen **Light-and-Sond-Show** (Sommer 20 Uhr, Winter 19 Uhr). Sie ist auf Spanisch, aber es gibt auch eine Übersetzung (25 Mex$). Die Show allein kostet 30 Mex$, und der Betrag kann am nächsten Tag vom Eintrittspreis abgezogen werden.

SEHENSWERTES

Casa del Adivino

Der Tempel (Haus des Zauberers) ist 39 m hoch und steht auf einem ovalen Fundament. Die leicht geneigten Seiten wurden restauriert – sie stammen von der fünften Version des Tempels. Die vier früheren Versionen wurden überbaut, nur die große Türfassung an der Westseite gehört noch zur vierten Version. Die Türfassung ist im komplexen Chenes-Stil geschmückt und bildet den Mund eines gigantischen Chac-Gesichts.

Cuadrángulo de las Monjas

Das „Nonnenviereck" mit 74 Zimmern liegt westlich der Casa del Adivino. Die Archäologen sind sich nicht einig, ob es eine Militärakademie, eine königliche Schule oder ein Palast war. Das langnasige Gesicht von Chac taucht überall auf den Fassaden der vier Tempel auf, die das Viereck bilden. Der nördlichste, prächtigste Tempel wurde zuerst gebaut, dann nacheinander der südliche, östliche und westliche.

Dekorative Elemente der Fassaden weisen auf einen Einfluss der Tolteken, des Rio-Bec- und des Chenes-Stils hin. Dazu gehört das Motiv der gefiederten Schlange (Quetzalcóatl, für die Maya Kukulcán) oben an der Fassade des westlichen Tempels. Bemerkenswert sind auch die stilisierten Darstellungen von *na* (den strohgedeckten Hütten der Maya) über einigen Türen der nördlichen und südlichen Gebäude.

Wenn man durch den Kragbogen in der Mitte des südlichen Gebäudes läuft und dann den Abhang nach unten, kommt man auf den **Juego de Pelota** (Ballspielplatz). Hinter ihm geht es nach links den steilen Hang hoch zur großen Terrasse.

Casa de las Tortugas

Am Ende der Treppe rechts befindet sich das „Haus der Schildkröten" – der Name leitet sich von den Schildkröten ab, die das Gesims zieren.

Die Maya assoziierten Schildkröten mit dem Regengott Chac. Ihrer Mythologie zufolge litten die Schildkröten unter der Trockenheit, als auch die Menschen darunter litten – und gemeinsam beteten sie Chac um Regen an.

Der „Fries der kurzen Rollen", auch „gerollte Matten" genannt, verläuft unterhalb der Schildkröten rund um den Tempel. Er ist typisch für den Puuc-Stil. Ein Gewölbe an der Westseite ist eingestürzt, man sieht noch deutlich den Kragbogen, der ihn gestützt hat.

Palacio del Gobernador

Der Gouverneurspalast hat eine großartige, fast 100 m lange Fassade. Der Maya-Experte Michael D. Coe bezeichnete sie als „die feinste Struktur von Uxmal und den Höhepunkt des Puuc-Stils". Die Wände der Gebäude im Puuc-Stil sind mit Schutt gefüllt, mit Zement verputzt und dann mit einer dünnen Schicht aus Kalksteinplatten bedeckt. Der untere Teil der Fassade ist schmucklos, der obere Teil mit stilisierten Chac-Gesichtern und geometrischen (oft gitterförmigen oder durchbrochenen) Mustern verziert. Weitere Elemente des Puuc-Stils sind dekorierte Simse, Reihen kleiner Säulen (wie im Haus der Schildkröten) und runde Säulen in Türöffnungen (wie im Palast von Sayil).

Gran Pirámide

Von der 32 m hohen Großen Pyramide wurde nur die Nordseite restauriert. Archäologen

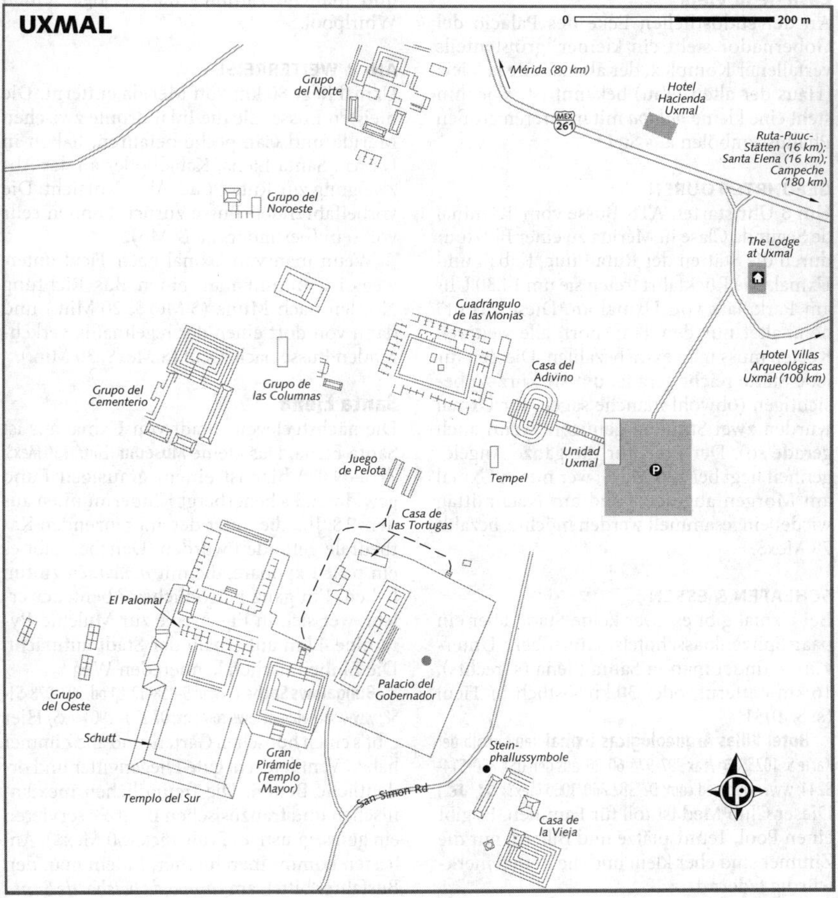

vermuten, dass das Viereck auf ihrer Spitze zerstört wurde, um eine zweite Pyramide darauf errichten zu können. Aus unbekannten Gründen ist diese Arbeit aber nie ausgeführt worden.

El Palomar
Westlich der Großen Pyramide befindet sich ein Bauwerk, dessen Dach mit einem Gitternetz geschmückt ist, das an maurische Taubenlöcher in den Wänden spanischer und nordafrikanischer Häuser erinnert. Darauf bezieht sich auch der Name des Gebäudes: Taubenschlag. Die neun durchlöcherten, dreieckigen „Glockentürme" zieren ein Gebäude, das einmal zu einem Viereck gehört hat.

Casa de la Vieja
An der südöstlichen Ecke des Palacio del Gobernador steht ein kleiner, größtenteils verfallener Komplex, der als Casa de la Vieja (Haus der alten Frau) bekannt ist. Vor ihm steht eine kleine *palapa* mit mehreren großen Phallussymbolen aus Stein.

GEFÜHRTE TOUREN
Um 8 Uhr starten ATS-Busse vom Terminal de Segunda Clase in Mérida zu einer Blitztour durch die Stätten der Ruta Puuc, Kabah und Uxmal. Die Rückfahrt treten sie um 14.30 Uhr am Parkplatz von Uxmal an. Diese „Tour" beinhaltet nur den Transport; alle weiteren Kosten muss man extra bezahlen. Die Zeit für jede Stätte reicht gerade, um sie kurz zu besichtigen (obwohl manche sagen, für Uxmal würden zwei Stunden genügen, wenn auch gerade so). Der Preis für die ganze Angelegenheit liegt bei 126 Mex$; wer nur in Uxmal am Morgen abgesetzt und am Nachmittag wieder eingesammelt werden möchte, bezahlt 78 Mex$.

SCHLAFEN & ESSEN
Bei Uxmal gibt es zwar keine Stadt, aber ein paar Spitzenklassehotels. Günstigere Unterkünfte findet man in Santa Elena (s. rechts), 16 km entfernt, oder 30 km östlich in Ticul (s. S. 1031).

Hotel Villas Arqueológicas Uxmal (außerhalb der Karte S. 1025; ☎ /Fax 997-974-60-20, aus den USA 800-514-8244; www.clubmed.com; DZ/3BZ 860/1060 Mex$; ❄ 🏊) Dieser Club Med ist toll für Familien. Es gibt einen Pool, Tennisplätze und Billard, nur die Zimmer sind eher klein und die Betten merkwürdig federnd.

Hotel Hacienda Uxmal (☎ 997-976-20-12, aus den USA 800-235-4079; www.mayaland.com; DZ mit Klimaanlage 1480 Mex$; ❄ 🏊) Dieses Mayaland-Resort liegt 500 m von den Ruinen entfernt. Es beherbergte die Archäologen, die Uxmal erforscht und wieder aufgebaut haben. Große, geflieste Terrassen, hohe Decken, herrliche Bäder und ein schöner Swimmingpool machen es zu einem sehr komfortablen Fleckchen.

The Lodge at Uxmal (☎ 997-976-20-10, aus den USA 800-235-4079; www.mayaland.com; DZ Mai–Okt. 2200–2850 Mex$, Nov.–April 3940–4900 Mex$; 🏊 ❄) Uxmals neuestes Luxushotel. Die Zimmer in dem anderen Mayaland-Hotel, Hacienda, sind etwas netter, aber von hier gelangt man unschlagbar einfach zu den Ruinen. Der Pool ist ähnlich herrlich wie die riesigen Badewannen, und manche Zimmer haben sogar einen Whirlpool.

AN- & WEITERREISE
Uxmal liegt 80 km von Mérida entfernt. Die meisten Busse, die die Inlandroute zwischen Mérida und Campeche befahren, halten in Uxmal, Santa Elena, Kabah oder an der Abzweigung zur Ruta Puuc. Aber Vorsicht: Die vorbeifahrenden Busse zurück können sehr voll sein (besonders Sa & Mo).

Wenn man von Uxmal nach Ticul unterwegs ist, nimmt man einen Bus Richtung Norden nach Muna (5 Mex$, 20 Min.) und dann von dort einen der regelmäßig verkehrenden Busse nach Ticul (8 Mex$, 30 Min.).

Santa Elena
Die nächstgelegene Stadt von Uxmal aus ist Santa Elena. Das kleine **Museum** (Eintritt 10 Mex$; 🕒 8–19 Uhr) hier ist einem grausigen Fund gewidmet: Es beherbergt Kindermumien aus dem 18. Jh., die unter der angrenzenden Kathedrale gefunden wurden. Daneben gibt es ein paar Exponate, die mit *henequén* zu tun haben. Ein ganz persönliches Abenteuer erlebt, wer sich in Eigenregie zur Mulchic-Pyramide 4 km außerhalb der Stadt aufmacht. Die Einheimischen kennen den Weg.

Bungalows Sacbé (☎ 985-858-12-81 od. 997-978-51-58; www.sacbebungalows.com.mx; DZ 230–290 Mex$) Hier gibt's einen hübschen Garten, und alle Zimmer haben Ventilatoren, gute Fliegengitter und ordentliche Betten. Die freundlichen mexikanischen und französischen Besitzer servieren ein gutes, günstiges Frühstück (50 Mex$). Am besten kommt man hierher, indem man den Busfahrer bittet, am *campo de béisbol de Santa*

AUF EIGENE FAUST: DIE NEBENSTRASSEN SÜDLICH VON MÉRIDA ERFORSCHEN

Auf der Reise von Mérida Richtung Süden gibt es eine Menge, was einen Besuch lohnt. Hier ein paar unserer Favoriten:

- **Hacienda Yaxcopoil** Auf dem riesigen Anwesen wurde *henequén* angebaut und verarbeitet. Viele der zahlreichen Gebäude im Stil der französischen Renaissance wurden malerisch restauriert.
- **Hacienda Ochil** Hier bekommt man einen faszinierenden, wenn auch vereinfachten Einblick in den Anbau und die Verarbeitung von *henequén*.
- **Grutas de Calcehtok** Von diese Höhlen sagt man, sie würden das längste System trockener Höhlen auf der Yucatán-Halbinsel umfassen.
- **Oxkintok** Die Inschriften an dieser Stätte geben einige der ältesten bekannten Daten von Yucatán an und legen die Vermutung nahe, dass die Stadt von der vorklassischen bis zur nachklassischen Zeit (300 v. Chr.–1500 n. Chr.) bewohnt war. Ihre Blütezeit war wohl zwischen 475 und 860 n. Chr.
- **Pfad der verfallenen Haziendas** Wenn man aus Celestún kommt, führt eine faszinierende Alternative für die Rückfahrt vom Hwy 281 dort nach Süden, wo ein Schild nach Chunchucmil weist. Eine Reihe alter Haziendas erwarten einen hier.
- **Von Ticul nach Tihosuco** Auf der Route von Ticul nach Tihosuco in Quintana Roo trifft man nur selten auf Touristen. Ein Teil der Strecke heißt Ruta de los Conventos (Straße der Klöster), denn jedes der winzigen Dörfchen besitzt eine Kathedrale oder Kirche. Manche davon sind märchenhaft verfallen.
- **Cuzamá** 3 km östlich der Stadt Cuzamá liegen drei erstaunliche Kalkstein-Trichter, die Cenotes de Cuzamá. Man erreicht sie über das kleine Dorf Chunkanan: Ein von Pferden gezogener Schienenwagen einer alten *henequén*-Hacienda bringt einen hin.

Elena (Baseballfeld) zu stoppen. Es liegt etwa 200 m südlich vom südlichen Stadteingang.

Flycatcher Inn (☎ 997-107-41-26 od. 997-102-08-65; www.flycatcherinn.com; DZ 400–500 Mex$, Suite/Cottage 600 Mex$) Man hat die Wahl zwischen sechs blitzsauberen Zimmern, einer riesigen Mastersuite und einem einzelnen Cottage. Alle Unterkünfte sind mit großen Terrassen, superbequemen importierten Betten und Hängematten, ausgezeichneten Fliegengittern und tollen Bädern ausgestattet. Die Zufahrt zum Inn liegt keine 100 m nördlich von Santa Elenas Südeingang. Gleich auf der anderen Seite des Highways in der Nähe des Restaurants El Chac-Mool ist eine Bushaltestelle.

Restaurant El Chac-Mool (☎ 999-996-20-25; Hauptgerichte 40–60 Mex$; 🕑 8–21 Uhr) Am Hwy 261, am südlichen Eingang von Santa Elena. In diesem freundlichen Haus kommen Speisen aus Yucatán auf den Tisch, etwa ein herzhafter vegetarischer Teller mit Reis, Bohnen und gebratenen Bananen. Es gibt auch einen kleinen Laden.

Santa Elena befindet sich 16 km südöstlich von Uxmal und 8 km nördlich von Kabah. Details zu den Buslinien von Uxmal s. S. 1026, zu denen von Ticul s. S. 1032.

Kabah

Nach Uxmal war Kabah (750–950) die wichtigste Stadt der Region. Die **Ruinen** (Eintritt 34 Mex$; 🕑 8–17 Uhr) säumen den Hwy 261. Das Wachhäuschen, das gleichzeitig Souvenirladen und Snackbar ist, und die meisten der restaurierten Ruinen liegen östlich der Straße.

Die Fassade des **El Palacio de los Mascarones** (Palast der Masken) bietet einen erstaunlichen Anblick: Fast 300 Gesichter von Chac, dem Regengott bzw. der Himmelsschlange, zieren sie. Die meisten der riesigen Hakennasen sind abgebrochen, die intakteste ist am Südende des Gebäudes zu sehen. Die aufgerollten Nasen sind vielleicht für den modernen Mayanamen des Palastes verantwortlich: Codz Poop (Gerollte Matte).

Wer genug von den Nasen hat, kehrt um zu den beiden restaurierten **Atlanten** (ein Atlas ist eine männliche Figur, die eine Säule trägt). Sie sind besonders interessant, weil sie zu den wenigen dreidimensionalen Figuren zählen,

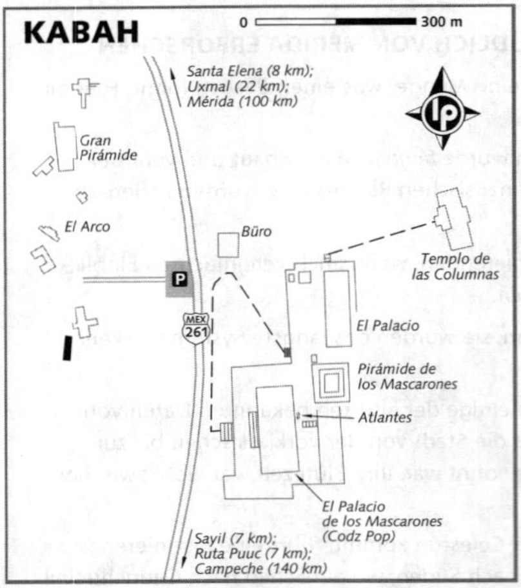

die man in Mayastätten sehen kann. Der eine hat keinen Kopf, der andere trägt eine Jaguarmaske. Ein dritter Atlas steht neben dem Büro am Eingang.

Von hier aus geht's weiter zu **El Palacio** (Palast) mit seinen dekorativen *columnillas* (kleinen Säulen) im oberen Teil der Fassade. Die Säulchen sind typisch für den Puuc-Stil. Ein paar hundert Meter weiter im Urwald steht der **Templo de las Columnas**. Das Gebäude ist auch mit dekorativen Säulen geschmückt.

Über dem Highway gegenüber von El Palacio führt ein Fußweg zur **Gran Pirámide** (Große Pyramide). Von der Großen Pyramide aus geht der Weg weiter und endet an einem beeindruckenden restaurierten **El Arco**. Die *sacbé* (erhöhte, gepflasterte Zeremonialstraße) soll von hier aus durch den Urwald bis Uxmal verlaufen sein und dort an einem kleineren Bogen geendet haben. In der Gegenrichtung führt sie nach Labná. Früher war ein Großteil der Halbinsel Yucatán durch diese wunderbaren „weißen Straßen“ aus unbehandeltem Kalkstein miteinander verbunden.

Kabah ist 100 km oder zwei Stunden von Mérida entfernt (s. S. 1026). Busse kann man normalerweise am Eingang der Ruinen stoppen.

Ruta Puuc

Nur 5 km südlich von Kabah zweigt vom Hwy 261 eine Straße nach Osten ab und schlängelt sich an den Ruinen von Sayil, Xlapak und Labná vorbei zu den Grutas de Loltún. Das ist die Ruta Puuc. In den Stätten an der Straße gibt es tolle architektonische Details zu sehen und man erhält einen genaueren Einblick in die Kultur der Puuc-Maya. Sie hatten ihre Blütezeit zwischen 750 und 950.

Am besten erkundet man die Ruta Puuc mit dem Auto – aber es gibt auch einen verlässlichen Bus, der die Strecke täglich bedient (s. S. 1032).

SAYIL

Die Ruinen von **Sayil** (Eintritt 34 Mex$; 8–17 Uhr) liegen 4,5 km entfernt von der Kreuzung der Ruta Puuc mit dem Hwy 261.

Der bekannteste Bau von Sayil ist **El Palacio**, ein gigantisches, dreistöckiges Gebäude mit einer rund 85 m breiten Fassade, die an den Palast des Minos auf Kreta erinnert. Hier gibt es jede Menge der typischen Puuc-Säulen – als Stützen der Fensterstürze, als Zierde zwischen Türen und als Friese darüber. Sie wechseln sich mit riesigen Chac-Masken und „hinabsteigenden Göttern“ ab.

Wenn man den Weg 400 m entlang geht, der südlich des Palastes verläuft, und sich dann links hält, kommt man zum Tempel **El Mirador**. Sein Giebel erinnert an einen Hahn und war früher leuchtend rot. 100 m hinter El Mirador steht unter einer schützenden *palapa* eine Stele, die ein Relief des Fruchtbarkeitsgottes mit einem enormen Phallus zeigt.

XLAPAK

Vom Eingang bei Sayil sind es 6 km Richtung Osten zum Eingang von **Xlapak** (Eintritt frei; 8–17 Uhr). Der Name ist Maya, bedeutet „Alte Mauern“ und war eine allgemeine Bezeichnung der Einheimischen für antike Ruinen. Der geschmückte Palacio von Xlapak (*shla*-pak) ist um einiges kleiner als diejenigen von Kabah und Sayil und misst gerade einmal 20 m in der Länge. Er ist mit Chac-Masken, Säulen und Säulchen, und verbundenem, geometrischem Gitterwerk im Puuc-Stil verziert. Das Gebäude ist wirklich interessant. Jede Menge Motmots (bunte Vögel) sorgen in den umliegenden Wäldern für ordentlich Farbe.

LABNÁ

Diese Stätte muss man unbedingt sehen. Archäologen vermuten, dass im 9. Jh. bis zu 3000 Maya in **Labná** (Eintritt 34 Mex$; 8–17 Uhr) gelebt haben. Um in der trockenen Hügelgegend so viele Menschen zu ernähren, wurde

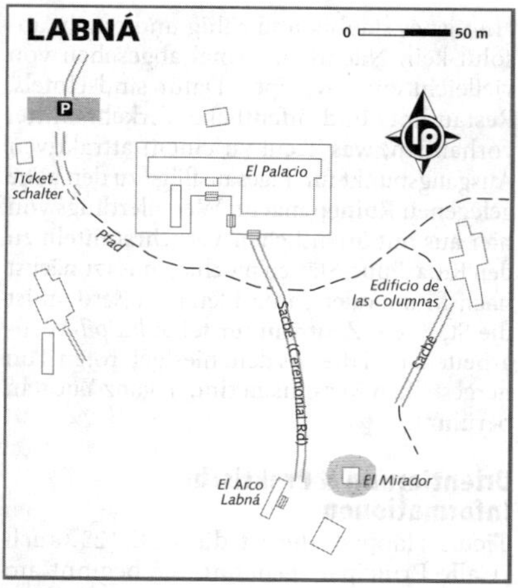

Wasser in *chultunes* gesammelt. In der Blütezeit von Labná gab es in der Stadt und der Umgebung rund 60 *chultunes*. Einige von ihnen kann man immer noch sehen.

El Palacio ist das erste Gebäude, das man in Labná sieht. Es ist eines der längsten der Puuc-Region. Viele der interessanten Steinmetzarbeiten sind in einem guten Zustand. An der Westecke der Fassade des Hauptgebäudes ist ein Schlangenkopf zu finden, aus dessen Mund ein menschliches Gesicht schaut. Es handelt sich um das Symbol des Planeten Venus. Von hier aus Richtung Hügel gibt es eine riesige Chac-Maske. In ihrer Nähe sieht man die untere Hälfte einer menschlichen Figur (vielleicht ein Ballspieler) in Lendenschurz und enger Hose.

Auf der unteren Ebene sind weitere gut erhaltene Chac-Masken zu sehen, und auf der oberen Ebene ein großer *chultún*, in dem sich immer noch Wasser befindet. Der Blick von hier aus über die Stätte und die Hügel im Hintergrund ist beeindruckend.

Vom Palast führt eine mit Kalkstein gepflasterte *sacbé* zu **El Arco Labná**, der besonders für seinen großartigen Bogen bekannt ist. Er hat einmal zu einem Gebäude gehört, das zwischen zwei Höfen stand. Der Kragbau ist 3 m breit und 6 m hoch. Er ist gut erhalten und die oberen Reliefs sind sehr typisch für den Puuc-Stil.

Dem Bogen gegenüber, jenseits der *sacbé*, steht eine als **El Mirador** bekannte Pyramide. Sie ist heute nicht viel mehr als ein Schutthaufen. Auf ihrer Spitze steht ein Tempel mit 5 m hohem Dach. Er eignet sich sehr gut als Aussichtpunkt – deshalb auch der Name.

GRUTAS DE LOLTÚN

15 km nordöstlich von Labná weist ein Schild nach links zu den Grutas de Loltún, die 5 km weiter Richtung Nordosten liegen. Die Straße führt durch üppige Obstgärten, Bananen- und Palmenwäldchen – sie bieten in dieser trockenen Gegend eine willkommene Abwechslung.

Diese **Höhlen** (Eintritt 54 Mex$; 9–17 Uhr;) bilden das größte und interessanteste Höhlensystem der Halbinsel Yucatán – eine Schatzkiste für archäologische Datierungen. Die Altersbestimmung bei hier gefundenen Artefakten mittels der C-14-Methode zeigt, dass die Höhlen vor 2500 Jahren von Menschen benutzt wurden. Noch vor 20 Jahren konnte man fast mannshohe Höhenmalereien von Händen, Gesichtern, Tieren und geometrischen Mustern bewundern – aber es haben sie so viele Menschen angefasst, dass kaum Spuren übrig sind. Ein heutiger Besucher sieht vor allem natürliche Kalksteinformationen, von denen einige sehr schön sind.

Um das Labyrinth zu besichtigen, muss man an einer Führung teilnehmen, die um 9.30, 11, 12.30, 14, 15 oder 16 Uhr beginnt. Die Führung ist zwar im Eintrittspreis inbegriffen, aber da die Führer davon nicht viel abkriegen, ist ein Trinkgeld von 20 bis 50 Mex$ pro Person angemessen.

AN- & WEITERREISE

Zu den Grutas kommt man am besten mit dem Auto. Wenn man erst einmal aus Mérida raus ist, kommt man auf den ordentlichen Straßen problemlos voran.

Nach Oxkutzcab (osch-kutz-*kahb*; 44 Mex$, 1½ Std.) fährt um 8.30 und 12.30 Uhr ein Bus vom Centro-Busbahnhof in Mérida ab. Loltún liegt 7 km südwestlich von Oxkutzcab, und auf der Straße findet sich normalerweise immer irgendein Transportmittel. *Camionetas* (Pickups) und *camiones* (LKWs) verlangen fürs Mitnehmen um die 10 Mex$.

Ein Taxi von Oxkutzcab kostet für die einfache Strecke um die 100 Mex$.

Ruinas de Mayapán

Diese **Ruinen** (Eintritt 27 Mex$; 8–17 Uhr) liegen ca. 50 km südöstlich von Mérida am Hwy 18. Mayapán ist zwar längst nicht so beeindruckend wie viele Maya-Stätten, dafür aber historisch sehr bedeutend. Die Hauptsehenswürdigkeiten konzentrieren sich kompakt an einem zentralen Punkt. Besucher haben den Ort in der Regel für sich.

Eines der restaurierten Gebäude ist das **Castillo de Kukulcán**. Die Pyramide, die rund um den Sockel mit Fragmenten von Fresken geschmückt ist, kann man erklettern. Auf der Rückseite zeigt ein Fries geköpfte Soldaten. Die rötliche Farbe ist immer noch schwach zu erkennen. Der **Templo Redondo** (runder Tempel) erinnert vage an El Caracol in Chichén Itzá. In der Nähe befindet sich ein einstiges wichtiges religiöses Heiligtum der Maya, der Cenote Itzmal Chen.

AN- & WEITERREISE

Die Ruinas de Mayapán liegen ganz nahe am Hwy 18, ein paar Kilometer südwestlich der Stadt Telchaquillo. 2.-Klasse-Busse von LUS starten zwischen 5.30 und 20 Uhr stündlich (einfache Strecke 14 Mex$, 1½ Std.) am Noreste Terminal in Mérida. Sie setzen ihre Fahrgäste in der Nähe des Eingangs der Ruinen ab und sammeln sie auf dem Rückweg wieder auf. Ein Mietauto wäre die Alternative.

TICUL

☎ 997 / 31 100 Ew.

Ticul, 30 km östlich von Uxmal, ist die größte Stadt in dieser von Ruinen übersäten Region. Hier ist es staubig und ruhig und es gibt absolut kein Nachtleben (mal abgesehen von vielleicht einer Kneipe). Dafür sind Hotels, Restaurants und öffentliche Verkehrsmittel vorhanden, was Ticul zu einem attraktiven Ausgangspunkt für Tagesausflüge zu den nahe gelegenen Ruinen macht. Wer allerdings von hier aus mit öffentlichen Verkehrsmitteln zu den Ruta-Puuc-Stätten möchte, muss zunächst nach Muna oder Santa Elena. Außerdem ist die Stadt ein Zentrum für feine *huipil*-Webarbeiten, und die aus dem hiesigen roten Ton hergestellten Keramiken sind in ganz Yucatán berühmt.

Orientierung & Praktische Informationen

Ticuls Hauptstraße ist die Calle 23, auch „Calle Principal" genannt. Sie beginnt am Highway und läuft am Markt vorbei zur Hauptplaza, der Plaza Mayor. An der Plaza findet man eine **Post** (🕑 Mo–Fr 8–14.30 Uhr) sowie zwei Banken mit Geldautomaten. Telmex hat hier eine Niederlassung. In der Nähe des Stadtzentrums sind zahlreiche Internetcafés verstreut.

Sehenswertes & Aktivitäten

Franziskanermönche haben in der Region viele Kirchen gebaut, u. a. auch die **Iglesia de San Antonio de Padua** in Ticul. Sie wurde Ende

DER AUFSTIEG MAYAPÁNS & DAS TODESURTEIL FÜR DIE UNABHÄNGIGKEIT DER MAYA

Der Aufstieg von Mayapán spielte beim letztendlichen Niedergang der Mayaherrschaft in der Region eine Schlüsselrolle. Die Stadt wurde vermutlich im Jahr 1007 von dem früheren Herrscher von Tula, Kukulcán (Quetzalcóatl), gegründet, kurz nachdem dieser in Yucatán angekommen war. Seine Dynastie, die Cocomes-Dynastie, gründete einen Bund von Stadtstaaten, dem auch Uxmal, Chichén Itzá und andere bedeutende Städte angehörten. Trotz der Allianz entstanden zwischen den Cocomes von Mayapán und den Itzáes von Chichén Itzá gegen Ende des 12. Jhs. Feindseligkeiten. Die Cocomes erstürmten Chichén Itzá und zwangen seine Herrscher ins Exil. So erlangte die Cocomes-Dynastie die absolute Macht über den gesamten Norden Yucatáns.

Die Vorherrschaft der Cocomes dauerte beinahe 250 Jahre an. Dann führte der Herrscher von Uxmal, Ah Xupán Xiú, der die Hauptstadt zuvor dicht an das heutige Maní verlegt hatte, eine Rebellion der unterdrückten Stadtstaaten an und stürzte die Hegemonie der Cocomes. Deren Hauptstadt Mayapán wurde vollkommen zerstört und blieb danach für immer unbewohnt.

Die Machtkämpfe in der Region aber gingen weiter, bis 1542 Francisco de Montejo, der Jüngere, T'ho eroberte und Mérida gründete. Zu diesem Zeitpunkt unterbreitete Ah Kukum Xiú Montejo, damaliger Fürst von Maní und Herrscher des Xiú-Volkes, die Idee einer militärischen Allianz gegen die Cocomes, seine alten Rivalen. Montejo akzeptierte und Xiú wurde als Christ getauft und nahm den Namen Francisco de Montejo Xiú an (originell, nicht wahr?). Die Cocomes wurden geschlagen und die Herrscher von Xiú erkannten – leider zu spät –, dass damit das Todesurteil der Unabhängigkeit der Maya unterzeichnet war.

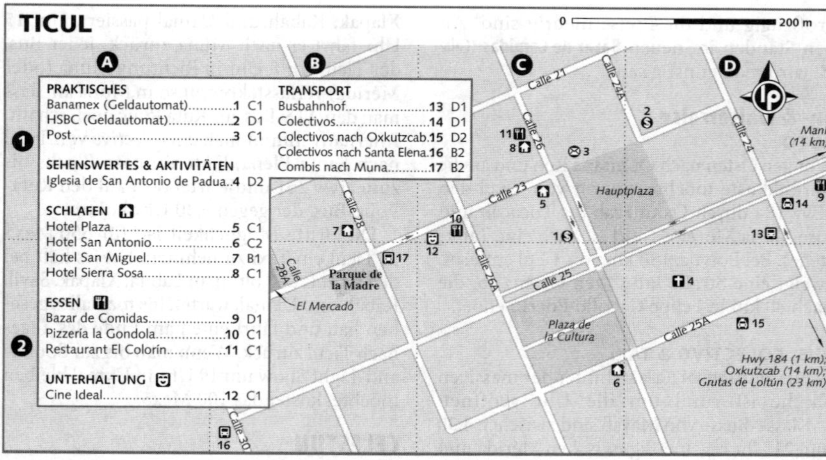

des 16. Jhs. errichtet. Obwohl sie mehrfach geplündert wurde, sind in der Kirche noch ein paar Originale zu sehen, etwa die primitiven Steinstatuen der Mönche. Diese flankieren die Seiteneingänge. Ebenfalls erhalten ist das Altarbild des Schwarzen Christus, umrahmt von schlichten Medaillons.

Der Plaza Mayor diagonal gegenüber liegt die kürzlich angelegte Plaza de la Cultura. Sie besteht nur aus Stein und Zement, ist aber dennoch ein netter Platz, um die abendliche Brise zu genießen.

Samstagmorgens sollte man in Ticul die malerische Calle 23 in der Nähe des öffentlichen Marktes aufsuchen. Dann ist diese für den Autoverkehr gesperrt und füllt sich mit Dreirad-Fahrrädern, mit denen die Einkaufenden den Weg zum Markt bzw. nach Hause zurücklegen. Das **Cine Ideal** (Calle 23) zwischen den Calles 26A und 28 zeigt meist spanisch synchronisierte Filme.

Schlafen

Hotel San Miguel (Calle 28 No 295D; EZ/DZ 100/130 Mex$; P) In der Nähe des Marktes. Ein freundliches Management vermietet verschlissene, einfache Zimmer (einige sind etwas muffig) mit Ventilatoren und Bad.

Hotel Sierra Sosa (☎/Fax 972-00-08; Calle 26 No 199A; EZ 150 Mex$, DZ/3BZ 170/190 Mex$, Klimaanlage zzgl. 60 Mex$; ❄) Das Sierra Sosa befindet sich gleich nordwestlich der Plaza. Es ist freundlich, nur ein bisschen heruntergekommen, aber die Betten sind ganz gut und die Bäder in Ordnung.

Hotel San Antonio (☎ 972-19-83; Ecke Calles 25A & 26; EZ/DZ/3BZ 260/300/350 Mex$; P ❄) Der gute erste Eindruck, den die saubere Lobby mit Fernseher und glänzendem Fliesenboden macht, wird von den ordentlichen Betten bestätigt. Von einigen Zimmern hat man einen tollen Blick auf den Platz. Charakter sucht man hier vergebens, aber in Ticul ist das eher beruhigend.

Hotel Plaza (☎ 972-04-84; www.hotelplazayucatan.com; Ecke Calles 23 & 26; DZ/Suite 360/460 Mex$; ❄) Die geräumigen Zimmer mit den weißen Fliesenböden, den festen Betten und den kleinen, lustigen Balkonen machen dieses Hotel zu einer guten Wahl. Das alte Gebäude sorgt für etwas Charakter, nur leider sind die Zimmer zur Straße hin manchmal etwas laut.

Essen

Restaurant El Colorín (☎ 972-00-94; Calle 26 No 199B; Menü 35 Mex$; ⏰ 7–21 Uhr) Das günstige Restaurant einen halben Block nordwestlich der Plaza serviert Hausmannskost.

Pizzaria La Gondola (☎ 972-01-12; Calle 23 No 208; Hauptgerichte 40–90 Mex$; ⏰ 8–13 & 17–23 Uhr) Dieses saubere Lokal an der Ecke hat bis spät abends geöffnet. Es gibt Sandwiches und etwas überteuerte Pizzas mit den überall üblichen Belägen.

Ticuls lebhafter **öffentlicher Markt** (Calle 28A) wird zwischen den Calles 21 und 23 abgehalten. Hier findet man alles fürs Picknick, Snacks und schöne Fotomotive. Außerdem gibt es wunderbare Lokale in Hülle und Fülle, in denen die Speisen lecker, die Portionen großzügig und die Preise niedrig sind. An den Ständen im neuen **Bazar de Comidas** (Calle 25) wird man günstig satt.

An- & Weiterreise

AUTO

Wer gen Osten nach Quintana Roo und an die Karibikküste möchte, nimmt von Ticul den Hwy 184 durch Oxkutzcab bis Tucacab und José María Morelos (dort ist auch eine Tankstelle). Bei Polyuc, 130 km von Ticul entfernt, zweigt eine Straße links (gen Osten) ab, die nach 80 km in Felipe Carrillo Puerto endet.

BUS, COLECTIVO & TAXI

Ticuls **Busbahnhof** (Calle 24) hinter der massiven Kirche ist rund um die Uhr geöffnet. 2.-Klasse-Busse von Mayab sind zwischen 4.30 und 21 Uhr regelmäßig zwischen Mérida und Ticul (40 Mex$, 1½ Std.) im Einsatz. Mayab und ADO schicken zudem elf Busse nach Felipe Carrillo Puerto (100 Mex$, 11 Std.), unterhalten häufige Verbindungen nach Oxkutzcab (8–12 Mex$) und betreiben täglich fünf Linien nach Chetumal (150 Mex$, 6 Std.). Außerdem verbinden täglich acht Busse Mayab mit Cancún (210 Mex$, 6 Std.), von denen drei auch Tulum (150 Mex$) und Playa del Carmen (170 Mex$) anfahren. ADO und Super Express schicken weniger häufig 2.- bzw. 1.-Klasse-Busse zu einigen dieser Ziele.

Colectivos fahren, sobald sie voll sind, zwischen 5 und 19.30 Uhr von ihrem schicken neuen **Bahnhof** (Ecke Calles 24 & 25) direkt zu Méridas Parque de San Juan (33 Mex$, 1½ Std.). *Combis* nach Oxkutzcab (10 Mex$, 30 Min.) starten von 5 bis 20.30 Uhr an der Calle 25A, an der Südseite der Kirche.

Colectivos nach Santa Elena (10 Mex$) zwischen Uxmal und Kabah fahren zwischen 6.15 und 19.30 Uhr an der Calle 30 ab. Sie nehmen den Hwy 02 und stoppen in Santa Elena. Dort kann man einen anderen Bus Richtung Nordwesten nach Uxmal (15 km) oder Richtung Süden nach Kabah (3,5 km) nehmen.

Nach Muna (10 Mex$) bringt einen ein *combi* oder ein Bus, der vor der Lonchería Mary an der Calle 23, in der Nähe der Calle 28, startet; von dort geht's Richtung Süden nach Uxmal. Traveller auf dem Weg zur Ruta Puuc können um 6.30 Uhr einen Bus von Ticul nach Muna nehmen und dort um 9 Uhr in einen ATS-Tourbus (50 Mex$) umsteigen, der auf seinem Weg von Mérida Labná, Sayil, Xlapak, Kabah und Uxmal passiert. Um 15 Uhr fährt er nach Muna zurück. Jeder Bus, der Ticul vor 8 Uhr in Richtung Muna (oder Mérida) verlässt, kommt so in Muna an, dass man den ATS-Bus zur Ruta Puuc noch schafft. Alternativ nimmt man ein *colectivo* von Ticul nach Santa Elena, läuft ein paar Blocks bis zum Hwy 261 und wartet dort auf den Ruta-Puuc-Bus, der gegen 9.30 Uhr kommt.

Die dritte Möglichkeit ist, für 550 Mex$ in Ticul ein Taxi zu nehmen. Dieses hält bei den Grutas de Loltún, in Labná, Xlapak, Sayil, Kabah und Uxmal, wartet, bis man alles gesehen hat, und fährt einen am Ende des Tages nach Ticul zurück. Wenn man bis zur Sound-and-Light Show um 19 Uhr in Uxmal bleiben möchte, kostet das 100 Mex$.

CELESTÚN

☎ 988 / 6400 Ew.

Westlich von Mérida liegt Celestún, ein verschlafenes, von der Sonne versengtes Fischerdorf, wo sich alles mit dem Tempo einer Schildkröte bewegt – und genau das lieben die Einheimischen. Im Stadtzentrum gibt's einen hübschen kleinen Platz, außerdem hat die Stadt ein paar nette Strände vorzuweisen (auch wenn das Wasser etwas trüb ist). Aber die echte Attraktion ist die Reserva de la Biosfera Ría Celestún. Das Naturschutzgebiet ist voller Wasservögel, und die Stars unter ihnen sind die Flamingos.

Orientierung & Praktische Informationen

Die Calle 11 führt in die Stadt (sie kommt direkt aus dem Westen, aus Mérida) und endet an der Calle 12, welche parallel zum Strand verläuft und an der sich die meisten Restaurants und Hotels befinden. Das war's, mehr muss man nicht wissen. Wer hier High-Speed-Internet braucht, ist angeschmiert, und auch Bargeld ist nicht zu kriegen: Es gibt weder Banken noch Geldautomaten.

Sehenswertes & Aktivitäten

RESERVA DE LA BIOSFERA RÍA CELESTÚN

Das 591 km² große Reserva de la Biosfera Ría Celestún beheimatet eine riesige Zahl von Tieren und Vögeln, u. a. auch eine große Kolonie Flamingos. Die Flamingos sind von März oder April bis etwa September zu sehen, d. h. außerhalb der *nortes*-Saison. Am besten kommt man morgens oder am späten Nachmittag.

Geführte Touren

In Celestún kann man entweder an der Brücke am Highway in die Stadt (ca. 1,5 km landeinwärts) oder direkt am Strand ein Boot zur Vogelbeobachtung mieten. Die Touren vom Strand aus beginnen vor dem Restaurant Celestún, am Ende der Calle 11.

Die angegebenen Preise gelten oft für acht Passagiere, wenn also nur vier oder sechs Personen auftauchen, steigt der Preis pro Person. Das führt häufig bei denen zu Unmut, die schon 30 Minuten oder eine ganze Stunde warten.

Die Touren vom Strand aus dauern zweieinhalb bis drei Stunden und führen erstmal mehrere Kilometer an der Küste entlang. Dabei bekommt man Fischreiher, Reiher, Kormorane, Wasserläufer und andere Vogelarten zu Gesicht. Dann biegt das Boot in die Mündung des *ría* (Ästuar) ein und gleitet durch einen „versteinerten Wald": Eindringendes Salzwasser tötete vor langer Zeit die großen Küstenbäume, die einst einem Süßwasser-Ökosystem angehörten und nun hart wie Felsen hier stehen. Man sollte den Kapitän bitten, nicht zu nahe an die Vögel heranzufahren. Ein erschrocken aufflatternder Schwarm kann Verletzungen und Todesopfer (unter den Vögeln) zur Folge haben.

Derzeit kostet eine Bootstour vom Strand aus 1200 Mex$, also bei acht Passagieren durchschnittlich ca. 150 Mex$ pro Nase.

Die Touren von der Brücke aus sind etwas billiger und gehen etwa eineinhalb Stunden. Dort gibt's auch einen Parkplatz, einen Ticketschalter und einen Treffpunkt für Mitfahrer. Man bezahlt 140 Mex$ pro Person (mit max. 6 Passagieren). Ob an der Brücke oder am Strand: Es ist nie garantiert, dass der Kapitän Englisch kann. An der Brücke kann man aber für etwa 200 Mex$ pro Stunde einen Englisch sprechenden Führer anheuern.

RUND UM DIE STADT

Nördlich der Stadt, jenseits des kleinen Marinestützpunktes, findet man einsamere Strandabschnitte. In derselben Gegend, aber von der Straße aus Richtung Inland, liegt ein großes Buschgebiet, das sich bis zur Flussmündung erstreckt. Hier kann man toll Vögel beobachten. Am Ufer und in den Gewässern der *ría* geben sich häufig Flamingos, weiße Pelikane, Kormorane, amerikanische Schlangenhalsvögel und viele andere Arten ein Stelldichein. Südlich und östlich der Stadt steht die verlassene Hacienda Real de Salinas, noch ein guter Platz für Naturerfahrungen.

Schlafen

Die folgenden Hotels sind von Süden nach Norden aufgelistet.

Hotel María del Carmen (☎/Fax 916-21-70; Ecke Calles 12 & 15; DZ mit Ventilator/Klimaanlage 250/300 Mex$; Ⓟ 💻) Die 14 sauberen, angenehmen Zimmer am Strand verstecken sich hinter einer hübschen, weinroten, unechten Fassade. Die Zimmer oben haben Balkone zum Meer. Wenn wenig los ist, wird's günstiger.

Hostel Ría Celestún (☎ 916-25-97; hostelriacelestun@hotmail.com; Ecke Calles 12 & 13; B 60–70 Mex$, EZ/DZ 100/180 Mex$; 💻) Hier nächtigt man gut und günstig. Es gibt (ein wenig staubige) gemischte und nach Geschlechtern getrennte Schlafsäle, eine Küche und Möglichkeiten zum Waschen, außerdem einen Hof und einen Fernsehraum zur gemeinschaftlichen Nutzung. Man kann Fahrräder leihen und im Internet surfen, und das Personal sprudelt nur so vor Informationen über die Gegend.

Hotel Sofía (☎ aus Mérida 999-189-89-59; Calle 12; EZ/DZ 150/300 Mex$; Ⓟ) Die Zimmer hier müffeln ein wenig, sind aber recht gepflegt und ein ganz guter Deal. Hier parkt man sicher. Man darf in der Waschküche (von Hand) seine Wäsche waschen.

Hotel Los Manglares (☎ 998-916-21-56; www.hotelmanglares.com; Calle 12; DZ 850 Mex$, Cabañas 1600 Mex$; Ⓟ ✖ 🏊 ♿) Wenn die Architektur auch nicht so richtig zum lässigen Flair der Stadt passt, ist dieses ein nettes gehobenes Haus. Alle Zimmer haben Meerblick und einen Balkon. 1 km nördlich der Calle 11.

Essen

La Playita (Hauptgerichte 70–120 Mex$; 🕑 10–19 Uhr) Man isst direkt am (manchmal windigen) Strand und mit einem herrlichen Ausblick. Die Highlights sind die günstigen Meeresfrüchte und *ceviche*.

Restaurante Chivirico (Ecke Calles 11 & 12; 60–120 Mex$; 🕑 10–19.30 Uhr) Ein großer Platz, auf dem Rohrstühle verteilt sind, und Fernseher, auf denen spanische Soaps laufen, bilden die Kulisse. Das Chivirico bringt hervorragende Meeresfrüchte auf den Tisch – ein Besuch lohnt sich. Der *ensalada de jaiba* (Krabbensalat, 60 Mex$) ist köstlich.

Restaurant Los Pamponos (Calle 12; 🕑 11–19 Uhr) An diesem herrlich ruhigen Treffpunkt am

Strand lässt sich wunderbar ein Nachmittags-Drink einnehmen. Man sollte das Oktopus-*ceviche* oder das bis zum Platzen mit Muscheln gefüllte Fischfilet probieren. Gleich nördlich der Calle 11.

An- & Weiterreise

Zwischen 5 und 20 Uhr fahren 17 Busse täglich von Mérida nach Celestún (44 Mex$, 2 Std.). Sie starten am Bahnhof an der Calle 67, zwischen den Calles 50 und 52. Die Route endet an der Plaza von Celestún, einen Block von der Calle 12 ins Inland. Die Busse zurück verkehren ebenfalls von 5 bis 20 Uhr.

Für Autofahrer führt die beste Route nach Celestún von Mérida aus über die neue Straße aus Umán hinaus.

DZIBILCHALTÚN

Das 17 km nördlich der Innenstadt von Mérida gelegene **Dzibilchaltún** (Ort der flachen Steininschriften; Eintritt 63 Mex$, Kind unter 13 Jahren frei; ⌚ 8–17 Uhr) war das am längsten kontinuierlich bewohnte Verwaltungs- und Zeremonienzentrum der Maya: Es wurde von rund 1500 v. Chr. bis zur europäischen Eroberung in den 1540er-Jahren genutzt. In seiner Blütezeit erstreckte sich Dzibilchaltún über eine Fläche von 15 km². In den 1960er-Jahren identifizierten Archäologen 800 Bauwerke, von denen ein paar ausgegraben und restauriert worden sind.

Der **Templo de las Siete Muñecas** (Tempel der sieben Puppen), der nach sieben grotesken Puppen benannt wurde, die man hier während der Ausgrabungen entdeckt hat, ist 1 km vom Hauptplatz entfernt. Beeindruckend ist nur seine astronomische Ausrichtung: Bei Tag- und Nachtgleiche erleuchtet die Sonne bei ihrem Auf- und Untergang jeweils die Fenster und Türen des Tempels. Sie strahlen dann wie Leuchtfeuer und signalisieren die wichtigsten Wendepunkte des Jahres.

Der **Cenote Xlacah** ist mehr als 40 m tief und heute eine öffentliche Badestelle. 1958 bargen Taucher der National Geographic Society hier mehr als 30 000 Artefakte der Maya, von denen viele rituelle Bedeutung haben. Die interessantesten sind heute im Museum der Grabungsstätte zu sehen. Südlich des Cenote befindet sich die **Estructura 44**, die mit 130 m eines der längsten existierenden Mayabauwerke ist.

Parken kostet 10 Mex$. Minibusse und *colectivos* fahren regelmäßig vom **Parque de San Juan** (Calle 69) in Mérida zwischen Calle 62 und 64 zum Dorf Dzibilchaltún Ruinas (8 Mex$, 30 Min.) – es ist etwas mehr als 1 km vom Museum entfernt. Ein Taxi kostet hin und zurück rund 120 Mex$.

PROGRESO

☎ 969 / 35 500 Ew.

Wenn man wegen der Hitze in Mérida von einem Abstecher an den Strand träumt oder unbedingt den längsten Kai (7 km) von Mexiko sehen will, heißt die Losung: auf nach Progreso (auch als Puerto Progreso bekannt)! Der Strand ist schön, gut gepflegt und lang; jedoch gibt es außer unter den kleinen, bei den Restaurants aufgestellten *palapas* beinahe keinen Schatten und die Aussicht wird vom Kai dominiert. Dadurch beschleicht einen hier eher ein Feeling wie in einer Industriegegend. Der Wind vom Golf kommt am Nachmittag manchmal mit voller Kraft und bläst bis in die Nacht. Das könnte eigentlich für gutes Kiteboarden oder Windsurfen sorgen, aber gerade ist beides nicht möglich – außer man hat eigene Ausrüstung mitgebracht. Wie auch an anderen Stränden des Golfs ist das Wasser trüb; nicht einmal an ruhigen Tagen sieht man mehr als 5 m. Das alles hält die *meridanos* aber nicht davon ab, vor allem im Sommer an den Wochenenden in Herden hier einzufallen.

Östlich von Progreso kommt man an der **Laguna Rosada** vorbei, einem guten Ort, um Flamingos zu sichten. Dann geht's nach **Telchak Puerto**, das eine boomende Touristenstadt ist. Auf dem Weg sollte man sich Zeit nehmen für eine Beobachtungstour in **Uaymitún** und bei den **Xcambó**-Mayaruinen Halt machen.

Die Straßen mit geraden Ziffern verlaufen von Ost nach West, die mit ungeraden von Nord nach Süd. Der **Busbahnhof** (Calle 29) liegt westlich der Calle 82. Von der Plaza an der Calle 80 sind es sechs kurze Blocks bis zum *malecón* am Ufer (Calle 19) und zur *muelle* (Kai); auf dem Weg gibt's zwei Banamex-Banken, eine davon mit Geldautomaten.

Schlafen & Essen

Hotel Real del Mar (☎ 935-07-98; Ecke Malecón & Calle 70; EZ/DZ 200/300 Mex$, Zi. auf der Meerseite 550 Mex$; ❄) Die Zimmer auf beiden Stockwerken dieses großzügigen Hotels haben große Balkone mit Panoramablick aufs Meer. Die Einrichtung ist hübsch: geflieste Böden, ein kleiner Brunnen und alles tropisch in grün und gelb gehalten. Die Satinbettwäsche ist *muy romántico*.

Hotel Tropical Suites (☎ 935-12-63; Fax 935-30-93; Ecke Malecón & Calle 70; DZ/2BZ mit Ventilator 250/300 Mex$, mit Klimaanlage 250/350 Mex$; ❄) Am Strand gegenüber dem Real del Mar beherbergt dieses Hotelseine Gäste in 21 ordentlichen, nicht muffigen, kleineren Zimmer, ein paar davon mit Meerblick. In den Zimmern im Erdgeschoss und zur Straße hin hat man nicht wirklich Ruhe.

Restaurant Mary Doly (Calle 25; Frühstück 18–30 Mex$, Hauptgerichte 30–80 Mex$; 🕑 7–21 Uhr) In gemütlicher Atmosphäre verputzt man leckere, günstige Meeresfrüchte, Fleisch und Frühstück. Zwischen den Calles 74 und 76.

Restaurant El Cordobés (☎ 935-26-21; Ecke Calles 80 & 31; Hauptgerichte 45–90 Mex$; 🕑 6–24 Uhr) Dieser Treffpunkt der Einheimischen ist in einem 100 Jahre alten Gebäude auf der Nordseite der Plaza untergebracht. Der dünne „Café americano" kommt schnell und mit einem warmen Lächeln. Außerdem kann man hier perfekt ein bisschen entspannen, ein *cerveza* schlürfen und auf die Hauptplaza schauen.

Restaurant Los Pelícanos (☎ 935-53-78; Ecke Malecón & Calle 70; Hauptgerichte 55–100 Mex$, Spezialgerichte 200 Mex$; 🕑 Mo–Sa 8–24, So 8–20 Uhr) Beim Hotel Real del Mar. Hier wählt man auf einer schattigen Terrasse mit Blick aufs Meer von einer guten Speisekarte – und die Preise sind angesichts der Lage auch ganz moderat.

An- & Weiterreise

Progreso liegt 33 km nördlich von Mérida an einem vierspurigen Highway, einer Fortsetzung des Paseo de Montejo. Den Busbahnhof (Calle 29, zw. Calles 80 & 82) fahren zwischen 5.20 und 22 Uhr zahlreiche Busse Richtung Mérida an. Infos zu Bussen von Mérida hierher s. S. 1021.

IZAMAL

☎ 988 / 15 100 Ew.

Früher wurden in Izamal der oberste Mayagott Itzamná und der Sonnengott Kinich-Kakmó verehrt. Ihnen und anderen Göttern hat man ein Dutzend Tempelpyramiden geweiht. Vermutlich veranlassten die kühnen Monumente der Mayareligion die Spanier dazu, das monumentale Franziskanerkloster hier zu errichten – es steht heute im Stadtzentrum.

Izamal liegt knapp 70 km östlich von Mérida. Es ist ein ruhiges, koloniales Juwel. Sein Spitzname lautet La Ciudad Amarilla (die gelbe Stadt), weil die Mauern fast aller Gebäude gelb gestrichen sind. Man kann Izamal gut zu Fuß und bequem auf einem Tagesausflug von Mérida aus erkunden.

Sehenswertes

Als die Spanier Izamal eroberten, zerstörten sie den wichtigsten Mayatempel: die Ppapp-Hol-Chac-Pyramide. 1533 begannen sie mit dem Bau eines der ersten Klöster der Neuen Welt, dazu verwendeten sie die Steine der Pyramide. Die Arbeiten am **Convento de San Antonio de Padua** (Eintritt frei; 🕑 6–20 Uhr) wurden 1561 beendet. In den Arkadengängen des Klosters sieht man noch die Steine mit dem unverkennbaren Labyrinthmuster, die aus dem Mayatempel stammen.

Die Hauptkirche des Klosters ist **Santuario de la Virgen de Izamal**. Im **Atrium**, einem großen Innenhof mit Arkadengängen, findet am 15. August das **Fest der Jungfrau von Izamal** statt. Das ganze Jahr über wird hier dienstags, donnerstags und samstags um 20.30 Uhr eine **Sound-and-Light-Show** präsentiert (40 Mex$).

Bislang wurden drei der zwölf ursprünglichen **Mayapyramiden** teilweise restauriert. Die größte ist die riesige **Kinich-Kakmó** (Eintritt frei; 🕑 8–17 Uhr) drei Blocks nördlich des Klosters.

Schlafen & Essen

Posada Flory (☎ 954-05-62; Calle 30 No 267; EZ/DZ 180/250 Mex$; ❄) Dieses kleine, supersaubere Budgethotel hat einen netten kleinen Innenhof und ist der wohl beste Deal dieser Preisklasse in der Stadt. Für ein paar Extra-Pesos kann man die Klimaanlage selbst einstellen.

LP Tipp **MacanChé** (☎/Fax 954-02-87; www.macanche.com; Calle 22 No 305; DZ 380–600 Mex$; ❄ 💻 🏊) Etwa drei lange (jawohl, lange!) Blocks vom Kloster Richtung Osten (die Calle 31 Richtung Cancún und dann rechts in die Calle 22) findet man dieses sehr vom Zen beeinflusste Luxushotel. Man nächtigt in einem der Cottages und schwimmt in einem kleinen, von Wald umgebenen Cenotebecken.

El Toro (Calle 31 No 303; Hauptgerichte 60–90 Mex$; 🕑 8–24 Uhr) Diese kleine, von einer Familie geführte Einrichtung liegt an der Südostecke des Kreisverkehrs vor dem Kloster. Sie hat sich auf Speisen aus Yucatán spezialisiert (gemixt mit ein paar internationalen Lieblingsgerichten, um die Touris bei Laune zu halten). Unbedingt den *pozole con coco* (Maiseintopf mit einem Hauch von Kokosnuss nach Maya-Art), eine Variante von Traditionellem, probieren!

Den Markt an der Südwestseite des Klosters bevölkern zahlreiche *loncherías*.

An- & Weiterreise

Oriente lässt vom 2.-Klasse-Busbahnhof häufig Busse zwischen Mérida und Izamal (27 Mex$, 1½ Std.) pendeln. Es gibt auch Busse aus Valladolid (41 Mex$, 2 Std.). Von Chichén Itzá kommend muss man in Hoctún umsteigen. Der Busbahnhof liegt zwei kurze Blocks westlich vom Kloster.

CHICHÉN ITZÁ

Die berühmteste und am besten restaurierte Mayastätte Yucatáns ist **Chichén Itzá** (Mund der Quelle der Itzáes; Eintritt 95 Mex$, Parken 10 Mex$, Light-&-Sound-Show 30 Mex$, Führer 500–600 Mex$; Winter 8–17.30 Uhr, Sommer 8–18 Uhr). Obwohl es entsetzlich überfüllt ist – man könnte meinen, jeder Gaffer muss mit seiner Oma die neuen sieben Weltwunder abklappern –, wird selbst der verwöhnteste Besucher beeindruckt sein. Wenn man die Muster der „Zeittempel" hier versteht, klären sich viele Mysterien des astronomischen Kalenders der Maya. Außer in ein paar Nebengängen darf man hier nirgendwo rumklettern.

Zur Tag- und Nachtgleiche im Frühjahr (20.–21. März) und im Herbst (21.–22. Sept.) erzeugt das Sonnenlicht morgens und nachmittags aus Licht und Schatten die Illusion einer Schlange, die die Treppe von El Castillo hoch oder runter kriecht. An diesen Tagen ist Chichén Itzá allerdings total überfüllt und man kann kaum etwas sehen. In der Woche vor und nach der Tag- und Nachtgleiche ist die Illusion fast genauso gut, und das ganze Jahr über wird sie jede Nacht in einer Light-and-Sound-Show nachgeahmt.

Geschichte

Die meisten Archäologen sind sich darüber einig, dass zu Anfang, in der spätklassischen Zeit, ausschließlich Maya in Chichén Itzá lebten. Etwa im 9. Jh. wurde die Stadt dann aus unbekannten Gründen aufgegeben. Um das späte 10. Jh. herum war sie wieder bewohnt und Mayakenner vermuten, dass sie wenig später von den Tolteken erobert wurde. Die Tolteken waren von ihrer Hauptstadt Tula im Hochland nördlich von Mexico City hierher gezogen. Die Kultur der Tolteken verschmolz mit der der Maya, erkennbar etwa an der toltekentypischen Verehrung von Quetzalcóatl (für die Maya Kukulcán). Überall in der Stadt sieht man Bilder von Chac, dem Regengott der Maya, und auch von Quetzalcóatl, der gefiederten Schlange.

Durch die Verschmelzung der Baustile des zentralen Hochlands mit dem Puuc-Stil ist Chichén Itzá einzigartig unter den Ruinen der Halbinsel Yucatán. Das großartige El Castillo und die Plataforma de Venus sind außerordentliche architektonische Leistungen, die in der Hochphase des toltekischen Einflusses entstanden.

Die kriegerischen Tolteken haben allerdings mehr als nur ihre Baukunst in die Mayakultur eingebracht. Sie machten das Menschenopfer zu einer regelrechten Obsession – zahlreiche Darstellungen des blutigen Rituals in Chichén bezeugen das. Nachdem ein Mayaherrscher seine Hauptstadt nach Mayapán verlegt hatte und Chichén nur noch religiöses Zentrum war, begann der Niedergang der Stadt. Warum sie im 14. Jh. ganz verlassen wurde, bleibt ein Rätsel. Aber das früher so bedeutende Chichén Itzá blieb noch lange ein Pilgerzentrum für die Maya.

Orientierung

Die meisten Unterkünfte, Restaurants und Läden von Chichén liegen an einem 1 km langen Highwaystück im Dorf Pisté westlich der Ruinen. Vom Haupteingang zu den Ruinen sind es 1,5 km bis zum ersten Hotel (Pirámide Inn) in Pisté. Der Hwy 180 heißt in Pisté Calle 15A.

Praktische Informationen

Am Westeingang befinden sich ein großzügiger Parkplatz und ein großes **Besucherzentrum**. Wie an den meisten Stätten kostet das Filmen mit einer Videokamera 35 Mex$ extra; für Dreibeinstative benötigt man eine spezielle Erlaubnis aus Mexico City. Auf keinen Fall das Eintrittsarmband verlieren: Nur damit kann man rein- und rausgehen und die abendliche Light-and-Sound-Show besuchen. Die Erläuterungstafeln bei den Ausgrabungen sind auf Spanisch, Englisch und Maya.

Die 45-minütige, spanischsprachige **Light-and-Sound-Show** beginnt im Sommer jeden Abend um 20 Uhr, im Winter um 19 Uhr. Sie kostet 30 Mex$, wenn man nicht schon ein Armband für die Ruinen besitzt. Der Eintritt wird aber abgezogen, wenn man die Ruinen am nächsten Tag besucht. Empfänger, mit denen man Englisch-, Französisch-, Deutsch- und Italienischübersetzungen (per Infrarot gebeamt) hören kann, sind für 25 Mex$ zu mieten. Man sollte die Wunschsprache angeben, sonst wird sie vielleicht nicht gesendet.

Sehenswertes

EL CASTILLO

Wenn man die Grabungsstätte vom Besucherzentrum aus betritt, erhebt sich **El Castillo** (auch Pyramide des Kukulcán genannt) in all seiner Pracht vor einem. Ursprünglich stand hier ein prätoltekischer Tempel, der um 800 v. Chr. gebaut wurde – das heutige, 25 m hohe Gebäude wurde über dem alten Tempel errichtet. Die Treppenhäuser sind mit der gefiederten Schlange geschmückt und die Türeinfassungen im oberen Teil des Tempels zeigen toltekische Krieger. Man kann diese Schnitzereien auf der Spitze des Tempels aber nicht sehen, weil man nicht auf die Pyramide hinaufklettern darf.

Das Gebäude ist quasi ein massiver Mayakalender: Jede der neun Ebenen von El Castillo wird durch eine Treppe in zwei Hälften geteilt. So hat man zusammen 18 Terrassen, die für die 18 Monate mit jeweils 20 Tagen stehen, aus denen sich der Haabkalender der Maya zusammensetzt. Die vier Treppen haben jeweils 91 Stufen und wenn man die oberste Ebene hinzuzählt, kommt man auf 365: die Zahl der Tage des Jahres. An jeder Fassade der Pyramide befinden sich 52 flache Tafeln, die für die 52 Jahre der Maya-Kalenderrunde stehen. Auf S. 48 gibt's mehr Infos über den Maya-Kalender.

Während der Tag- und Nachtgleiche im Frühjahr und Herbst erzeugen Licht und Schatten eine Reihe von Dreiecken am nördlichen Treppenhaus, die an eine kriechende Schlange erinnern (unten wird die Treppe von gemeißelten Schlangenköpfen flankiert).

Die ältere Pyramide innerhalb von El Castillo enthält einen roten Jaguarthron mit Augen und Flecken aus Jade, und hinter der Wand liegt eine Chac-Mool-Skulptur. Der Eingang zu **El Túnel**, dem Gang zum Thron, befindet sich an der Basis der Nordseite von El Castillo. Man darf aber nicht rein.

GRAN JUEGO DE PELOTA

Der große Ballspielplatz ist der größte und beeindruckendste in Mexiko – aber nur einer von acht in Chichén Itzá: So bedeutend waren die Spiele. An beiden Enden des Platzes stehen Tempel, an den Seiten parallele Wände, an denen oben Steinringe angebracht sind.

Es gibt Hinweise darauf, dass sich das Spiel im Laufe der Jahre verändert hat. Einige Schnitzereien zeigen Spieler mit Ellbogen- und Knieschützern – daraus schließt man, dass das Spiel dem Fußball ähnlich war, bei dem der Gebrauch der Hände verboten ist. Andere Schnitzereien zeigen Spieler mit Schlägern und man vermutet, dass die Mannschaft gewann, die den Ball durch einen der Steinringe schlug. In der toltekischen Periode wurde vielleicht der Kapitän der Verlierermannschaft geopfert, eventuell mitsamt seiner Mannschaft. An den Wänden des Platzes befinden sich Steinreliefs, und auf einigen ist dargestellt, wie Spieler enthauptet werden.

Die Akustik auf dem Platz ist erstaunlich: Wenn man an einem Ende spricht, kann man die Worte in 135 m Entfernung am anderen Ende hören, und ein Klatschen erzeugt mehrere laute Echos.

TEMPLO DEL BARBADO & TEMPLO DE LOS JAGUARES Y ESCUDOS

Das Gebäude am Nordende des Ballspielplatzes heißt **Tempel des bärtigen Mannes**, benannt nach einem Relief im Innern. Zu sehen sind hier schön gearbeitete Säulen und Reliefs von Blumen, Vögeln und Bäumen. Am **Tempel der Jaguare und Schilde** oberhalb der Südostecke der Wand des Platzes sind Säulen mit eingeritzten Klapperschlangen und Tafeln mit Jaguaren zu sehen. Im Innern sind verblichene Reste von Wandmalereien erhalten, die eine Schlacht zeigen.

PLATAFORMA DE LOS CRÁNEOS

Die **Plattform der Schädel** („*tzompantli*" auf Náhuatl) befindet sich zwischen dem Templo de los Jaguares und El Castillo. Sie ist gar nicht zu übersehen, weil die T-förmige Plattform mit Schädelskulpturen und Adlern geschmückt ist, die Männern die Brust aufreißen und ihre Herzen fressen. Früher wurden auf der Plattform die Schädel der Geopferten ausgestellt.

PLATAFORMA DE LAS ÁGUILAS Y LOS JAGUARES

Neben dem *tzompantli* steht die **Plattform der Adler und Jaguare** mit Darstellungen dieser Tiere, wie sie Menschenherzen in ihren Klauen halten. Man vermutet, dass diese Plattform zu einem Tempel gehörte, der denjenigen Soldaten gewidmet war, die für das Erjagen von Opfertieren zuständig waren.

CENOTE SAGRADO

Nach Norden zu der Quelle, die der Stadt ihren Namen gab, führt eine 300 m lange Steinstraße (5 Gehminuten). Der Heilige Cenote ist eine großartige natürliche Quelle,

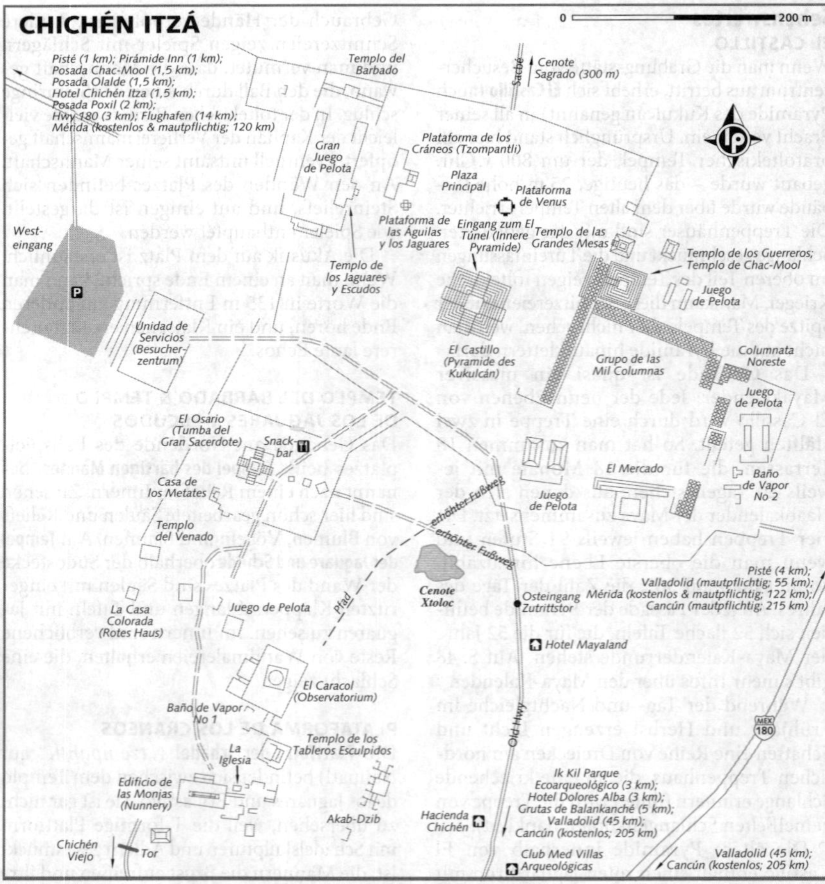

rund 60 m im Durchmesser und 35 m tief. An den Wänden zwischen dem oberen Rand und der Wasseroberfläche wachsen Wein und anderen Pflanzen.

GRUPO DE LAS MIL COLUMNAS

Die Gruppe hinter El Castillo besteht aus dem **Templo de los Guerreros** (Tempel der Krieger), dem **Templo de Chac-Mool** (Tempel des Chac-Mool) und dem **Baño de Vapor** (Dampfbad). Ihr Name (Gruppe der tausend Säulen) stammt von der Säulenansammlung, die sich hier nach Norden und Süden erstreckt.

EL OSARIO

Das auch als **Tumba del Gran Sacerdote** (Grab des Hohepriesters) bekannte Ossuarium (Beinhaus) ist eine Pyramidenruine, die südwestlich von El Castillo zu finden ist. Wie bei den meisten anderen Gebäuden im südlichen Teil der Stätte ist die Architektur mehr Puuc als toltekisch. Bemerkenswert sind die Schlangenköpfe am unteren Ende der Treppen.

EL CARACOL

Die Spanier nannten das Observatorium wegen der Wendeltreppe im Innern **El Caracol** (Schnecke). Es ist eines der faszinierendsten und bedeutendsten Gebäude von Chichén Itzá. Die runde Bauweise erinnert an Bauten im zentralen Hochland, aber erstaunlicherweise nicht an Gebäude im toltekischen Tula. Baustile und religiöse Ikonografie sind gemischt. Über den vier Außentüren, die in die vier Himmelsrichtungen weisen, sind Chac-Mool-Masken angebracht. Die Fenster in der Kuppel sind verschiedenen Sternen zugeordnet, die zu bestimmten Zeitpunkten durch sie hindurch zu sehen sind. Von der Kuppel aus bestimmten Priester die Termine für Rituale, Feste, Aussaaten und Ernten.

EDIFICIO DE LAS MONJAS & LA IGLESIA

Archäologen vermuten, dass das sogenannte **Edificio de las Monjas** (Nonnenhaus) ein Palast der Mayakönige war. Das Gebäude mit seinen unzähligen Zimmern hat die Conquistadores wohl an ein europäisches Kloster erinnert – deshalb gaben sie ihm diesen Namen. Die Dimensionen des Gebäudes sind beeindruckend: Es ist 60 m lang, 30 m breit und 20 m hoch. Der Stil deutet eher auf die Maya als die Tolteken hin, auch wenn ein toltekischer Opferstein vor dem Gebäude steht. Ein kleineres Nebengebäude im Osten, **La Iglesia** (Kirche) genannt, ist fast vollständig mit Steinmetzarbeiten bedeckt.

AKAB-DZIB

Der **Akab-Dzib** im Puuc-Stil steht vom Nonnenhaus aus gesehen am Weg Richtung Osten. Archäologen vermuten, dass es sich um das älteste ausgegrabene Bauwerk hier handelt. Die mittleren Kammern stammen aus dem 2. Jh. Der Name bedeutet in der Sprache der Maya „Obskure Schrift" und bezieht sich auf die südliche Nebentür. Auf ihrem Sturz ist ein Priester mit einer Vase zu sehen, in die bislang nicht entzifferte Hieroglyphen eingeritzt sind.

IK KIL PARQUE ECOARQUEOLÓGICO

Etwas mehr als 3 km südöstlich des Osteingangs zu den Ruinen befindet sich der **Ik Kil Parque Ecoarqueológico** (☎ 985-858-15-25; Erw./Kind 60/30 Mex$; 🕑 8–18 Uhr). Der hiesige Cenote wurde in einen himmlischen Platz zum Schwimmen verwandelt. Kleine Wasserfälle stürzen sich vom hohen Kalksteindach, das von Grünpflanzen eingerahmt ist. Auf dem Gelände gibt's ein gutes Buffet und schöne *cabañas*. Man sollte vor 13 Uhr ins Wasser springen, um den Tourgruppen noch zu entgehen.

GRUTAS DE BALANKANCHÉ

1959 erkundete ein Chichén-Führer an seinem freien Tag eine Höhle und stieß dabei auf einen schmalen Gang. Er folgte ihm und kam so 300 m weit durch eine Reihe von Höhlenräumen. In jedem der Räume befanden sich auf Hügelchen zwischen unzähligen glitzernden Stalaktiten Hunderte von religiösen Schätzen, die die Maya 800 Jahre zuvor hier abgelegt hatten: rituelle *metates* (flache Steine, auf denen Getreide zermahlen wurde) und *manos* (Mörser und Stößel), Duftlampen und Töpfe. In den Jahren nach der Entdeckung wurden die rituellen Objekte entfernt und untersucht: Vermutlich sind alles Originale. Und sie wurden tatsächlich genau an die Stellen zurückgelegt, an denen man sie gefunden hat.

Die **Grutas de Balankanché** (Eintritt Mo–Sa 54 Mex$, So 20 Mex$; 🕑 Kartenschalter 9–17 Uhr) liegen 5 km östlich der Ruinen von Chichén Itzá am Highway nach Cancún. Die 40-minütige Führung (mind. 6 Pers.) ist obligatorisch um hineinzukommen und findet auf Englisch (11, 13 & 15 Uhr), Spanisch (9, 12, 14 & 16 Uhr) und Französisch (10 Uhr) statt.

Schlafen

Pirámide Inn (☎ 985-851-01-15; www.chichen.com; Calle 15A No 30; Hängematte od. Campen 40 Mex$/Pers., DZ 410 Mex$; ❄ 🏊) Man wählt entweder eines der gemütlichen Zimmer, zeltet unter einer *palapa* oder nächtigt in einer Hängematte. In jedem Fall kann man den Pool des Inn genießen und sich in der Lobby Satellitenfernsehen reinziehen.

Posada Olalde (☎ 985-851-00-86; Ecke Calles 6 & 17; EZ/DZ/Bungalow 200/250/200 Mex$) Zwei Blocks südlich vom Highway an der Artesanías Guayacán vorbei befindet sich die beste der zahlreichen *pensiones* von Pisté. Die Zimmer sind sauber, ruhig und hübsch, außerdem gibt's ein paar zwitschernde Sittiche und vier Bungalows von ordentlicher Größe. Der freundliche Chef spricht Spanisch und Englisch sowie etwas Deutsch und Maya.

Posada Poxil (☎ 985-851-01-16; Calle 15A; EZ/DZ/3BZ 150/200/250 Mex$) Das Poxil am Westrand von Pisté hat sieben helle und fröhliche Zimmer mit guter Beleuchtung, Ventilatoren und Handtüchern, die schon bessere Tage gesehen haben. Das günstige Restaurant serviert ein großes Frühstück (35 Mex$) und Gerichte aus Yucatán.

Posada Chac-Mool (☎ 985-851-02-70; Calle 15A; EZ/DZ mit Ventilator 200/270 Mex$, mit Klimaanlage 350/410 Mex$; ❄) Gleich östlich des Hotel Chichén Itzá und auf der anderen Seite (südlich) des Highway in Pisté. Man wird in recht einfachen

Doppelzimmern mit guten Fliegengittern untergebracht. In einigen unterstützt auf Wunsch eine gute Klimaanlage die Ventilatoren.

Hotel Chichén Itzá (☎ 985-851-00-22; Fax 985-851-00-23; www.mayaland.com; Calle 15A No 45; Zi. nur mit Ventilator 300 Mex$, Zi. 600–1000 Mex$;) Am Westrand von Pisté erwarten einen 42 angenehme Zimmer mit Fliesenboden und altmodisch im Ziegelsteinlook gekachelten Decken. Eltern können zwei Kinder unter 13 kostenlos mitbringen.

Hotel Mayaland (☎ 985-851-01-00, aus den USA 800-235-4079; www.mayaland.com; DZ/Suite/Königssuite 1700/2500/3450 Mex$;) Von der Lobby und den Zimmern nach vorn genießt man hier, weniger als 100 m vom Eingang zu den Ruinen entfernt, den Blick auf El Caracol. Die Zimmer, Pools und die Bungalows im Garten sind sehr schön angelegt und gut ausgestattet. Von El Caracol aus jedoch wünscht man sich, das Management hätte nicht diese scheußliche Schneise in den unberührten Urwald geschlagen, nur damit die Hotelgäste eine schönere Sicht haben …

Hacienda Chichén (☎ aus Mérida 999-924-21-50; aus den USA 800-624-8451; www.haciendachichen.com; DZ 1700–2200 Mex$;) 300 m vom Eingang zu den Ruinen entfernt. Auf dem Gelände eines Gutes aus dem 16. Jh. bilden das elegante Haupthaus und die zerfallenen Mauern eine tolle Kulisse. Riesige Kapokbäume spenden willkommenen Schatten.

Essen

Den durch Pisté verlaufenden Highway säumen über 20 große und kleine Lokale. Die günstigsten unter ihnen sind die Marktstände an der Hauptplaza, gegenüber dem großen Baum.

Restaurant Sayil (☎ 985-851-00-33; Hauptgerichte 35–70 Mex$; 7–21 Uhr) Diese alte Kneipe wurde kürzlich renoviert. Sie hat einen schönen Garten, und die Kost aus der Region ist einfach, aber lecker. Das Restaurant gehört zum neuen Felix Inn.

Restaurant Hacienda Xaybe'h (☎ 985-851-00-39; Mittags- & Abendbuffet 110 Mex$; 7.30–18.30 Uhr; V) Einen Block vom Highway zurückversetzt und gegenüber dem Hotel Chichén Itzá. Dieser weitläufige, phantastische Ort auf einem schönen Gelände ist bei Tourgruppen beliebt, auch wenn das Essen etwas überteuert ist; die Salatauswahl macht es zu einem Tipp für Vegetarier. Wer hier isst, kann kostenlos den Swimmingpool nutzen.

Xunan (☎ 985-851-01-31; Calle Principal s/n; Hauptgerichte 40–90 Mex$; 7–21 Uhr) Die Bedienung ist ein bisschen langsam, aber das Essen in dem farbenfrohen Lokal (vor einem Souvenirstand) ist gut und wird zu vernünftigen Preisen serviert. Außerdem ist es eine nette Abwechslung zum üblichen Touristenbuffet. Die Portionen sind großzügig.

An- & Weiterreise

Fahrkartenschalter von Oriente finden sich nahe dem Ost- und Westrand Pistés. 2.-Klasse-Busse durch die Stadt halten unterwegs fast überall. Viele Busse 1. Klasse fahren nur die Ruinen an und den Westrand der Stadt, in der Nähe des mautpflichtigen Highways.

Wenn sie in der Zeit liegen, passieren 2.-Klasse-Busse von Oriente in Richtung Mérida (52 Mex$, 2½ Std.) Pisté zwischen 8.15 und 16.15 Uhr stündlich; die nach Valladolid (36 Mex$, 50 Min.) und Cancún (80 Mex$, 4½ Std.) kommen zwischen 7 und 17.30 Uhr ebenfalls stündlich hier vorbei. Es gibt auch eine Linie nach Cobá (52 Mex$, 1½ Std.).

1.-Klasse-Busse fahren um 14.25 und 17 Uhr nach Mérida (80 Mex$, 1¾ Std.), um 16.30 Uhr nach Cancún (140 Mex$, 2½ Std.) und um 8 und 16.30 Uhr nach Tulum (101 Mex$, 2½ Std.) und Playa del Carmen (180 Mex$, 4 Std.).

Auch Gemeinschaftsvans Richtung Valladolid (20 Mex$, 40 Min.) passieren die Stadt regelmäßig.

Unterwegs vor Ort

Während der Öffnungszeiten von Chichén Itzá fahren 1.- und 2.-Klasse-Busse auf ihrem Weg zu den Ruinen durch Pisté – einfach den Bus anhalten und den Fahrer bitten, einen mitzunehmen. Wenn Platz ist, tut er das für etwa 6 Mex$. Gegen etwas mehr Kohle bringen die 2.-Klasse-Busse ihre Passagiere auch bis zum Cenoten Ik Kil und zu den Grutas de Balankanché (man sollte auf jeden Fall angeben, wohin man möchte, wenn man seine Fahrkarte kauft). Wer zuerst die Ruinen besuchen und dann direkt mit einem 1.-Klasse-Bus in eine andere Stadt weiterfahren möchte, kauft seine Fahrkarte besser vor dem Aufbruch zu den Ruinen im Besucherzentrum. Das erhöht die Chance, einen Platz zu bekommen.

In der Nähe der westlichen Stadtrandes ist ein Taxistand. Die Fahrt zu den Ruinen kostet 25 Mex$. Am Parkplatz von Chichén warten in der Regel Taxis.

VALLADOLID

☎ 985 / 45 900 Ew.

Yucatáns drittgrößte Stadt, die „Sultanin des Ostens“, ist berühmt für ihre ruhigen Straßen und pastellfarbenen Mauern im Sonnenschein. Sie ist eine unwiderstehliche Verlockung und es lohnt sich, ein paar Tage oder sogar eine Woche in dieser Provinzstadt zu verbringen. Sie ist ein toller Ausgangspunkt für Ausflüge zum Río Lagartos, nach Chichén Itzá, Ek' Balam und zu einer Reihe von nahe gelegenen Cenoten. Valladolid schafft den Balanceakt zwischen einer Unmenge von Unterhaltung und dem Gefühl, dies alles sei überschaubar, machbar und bezahlbar – wunderbar!

Geschichte

Valladolid hat über die Jahre seinen Teil an Unruhen und Revolten abbekommen. Die Stadt war 1543 zunächst in der Nähe der Chouac-Ha-Lagune gegründet worden, etwa 50 km von der Küste entfernt. Dort war es aber viel zu heiß und für den Geschmack Francisco de Montejos, des Neffen von Montejo dem Älteren, und seiner fröhlichen Bande von Eroberern gab es viel zu viele Moskitos. Also brachen sie auf und verlegten die Stadt in das Zeremonienzentrum der Maya, nach Zací (sah-*kie*), wo sie sich dem heftigen Widerstand der einheimischen Maya ausgesetzt sahen. Am Ende eroberte der Sohn des Älteren, Montejo der Jüngere, die Stadt. Wie es so ihre Art war, rissen die spanischen Eroberer die Stadt nieder und bauten mit Blick auf die klassische, koloniale Stadtplanung eine neue.

Während der kolonialen Ära sorgte die räumliche Isolation Valladolids von Mérida lange Zeit dafür, dass es von der königlichen Herrschaft relativ unbeeinflusst blieb. Die Maya der Region hingegen wurden brutal ausgebeutet, was sich auch nach der mexikanischen Unabhängigkeit fortsetzte. Für sie waren z. B. viele Teile der Stadt tabu. Aus diesem Grund wurde Valladolid einer der ersten Angriffspunkte der Maya nach dem Ausbruch des Kastenkrieges 1847 in Tepich, nur ein Stück Richtung Süden an der Grenze nach Quintana Roo. Nach zweimonatiger Belagerung wurden die Verteidiger der Stadt schließlich überwältigt.

Orientierung & Praktische Informationen

Der alte Highway verläuft durch das Stadtzentrum, die meisten Autofahrer werden allerdings in Richtung der Mautstraße nördlich der Stadt geleitet. Um dem alten Highway Richtung Osten zu folgen, nimmt man die Calle 41 und Richtung Westen die Calle 39. An der Hauptplaza gibt's an allen Ecken Telemex-Kartentelefone. High-Speed-Internet bekommt man für etwa 10 Mex$ die Stunde in einer Reihe kleiner Cafés im Stadtzentrum und der Umgebung.

Hauptpost (Ecke Calles 40 & 39; ⌚ Mo–Fr 8.30–15 Uhr)

Hospital Valladolid (☎ 856-28-83; Ecke Calles 49 & 52; ⌚ 24 Std.)

Touristeninformation (⌚ Mo–Sa 9–21, So 9–12 Uhr)

Sehenswertes

TEMPLO DE SAN BERNARDINO & CONVENTO DE SISAL

Die nach San Bernardino de Siena benannte **Kirche** (⌚ 8–12 & 17–21 Uhr) und das Kloster von Sisal befinden sich 700 m südwestlich der Plaza. Sie wurden zwischen 1552 und 1560 erbaut und dienten sowohl als Festung als auch als Kirche.

Vielleicht muss man an der Kirchentür links klopfen, um hineinzukommen, und vielleicht kommt jemand und bietet gegen eine Spende eine kurze Führung an. Auf jeden Fall lohnt sich ein kurzer Blick ins Innere. Die zauberhafte Dekoration besteht u. a. aus wunderschönen rosenroten Wänden, Bögen, einigen kürzlich entdeckten Fresken aus dem 16. Jh. und einem kleinen Bildnis der Jungfrau auf dem Altar. Das angrenzende **Kloster** ist für die Öffentlichkeit meist geschlossen. Die besten Chancen, hineinzukommen, hat man während der Semana Santa, im August und an Weihnachten (14. Dez.–6. Jan.). Ein Besuch lohnt sich. Das ummauerte Gelände beherbergt einen mit einer Kuppel überbauten Cenoten und ein Kanalsystem, mithilfe dessen früher die großen Gärten bewässert wurden.

MUSEO DE SAN ROQUE

Diese Kirche zwischen den Calles 38 und 40 wurde zu einem **Museum** (Calle 41; Eintritt frei; ⌚ 9–21 Uhr) umfunktioniert, das Modelle und Exponate zur Geschichte der Stadt und der Region zeigt. Andere Ausstellungsstücke beleuchten zahlreiche Aspekte des traditionellen Lebens der Maya.

CENOTEN

Einer der zahlreichen im Untergrund liegenden Cenoten ist der **Cenote Zací** (Calle 36; Eintritt 25 Mex$; ⌚ 8–18 Uhr). Er befindet sich in einem

HALBINSEL YUCATÁN

Park, in dem auch traditionelle, strohgedeckte Steinhäuser und ein kleiner Zoo zu sehen sind. Im Zací kann man schwimmen, aber auch wenn er meist offen ist, findet man doch einiges an Staub und Algen in ihm. Der Eingang ist in der Calle 39.

Etwas reizvoller, aber schlechter zu erreichen ist der **Cenote Dzitnup** (Xkekén; Eintritt 25 Mex$; 8–17 Uhr), 7 km westlich der Plaza. Er ist kunstvoll beleuchtet und eignet sich gut zum Schwimmen. Massiver Kalkstein mit tropfenden Stalaktiten bildet die Decke. Auf der anderen Straßenseite, etwa 100 m Richtung Stadt liegt der **Cenote Samulá** (Eintritt 25 Mex$; 8–18 Uhr). Das traumhafte Höhlenbecken hat *álamo*-Wurzeln, die sich viele Meter von der Mitte der Decke herunterstrecken und aus denen man trinken kann. Der *ejido* (Landkooperative) unterhält beide Cenoten; die Nutzung einer Videokamera kostet jeweils 35 Mex$.

Mit einem gemieteten Fahrrad (s. S. 1044) braucht man ca. 20 Minuten zu den Cenoten. Dazu nimmt man vom Zentrum der Stadt aus die Calle 41A (Calz de los Frailes); diese Straße wird gänzlich von Architektur aus der Kolonialzeit gesäumt und führt am Templo de San Bernardino und seinem Konvent vorbei. Man lässt den Park links liegen und biegt rechts in die Calle 49 ein, die sich auf die mit Bäumen gesäumte Av de los Frailes öffnet und auf den alten Highway trifft. Dort biegt man links auf die *ciclopista* (Fahrradweg) parallel zur Straße nach Mérida und dann noch ein-

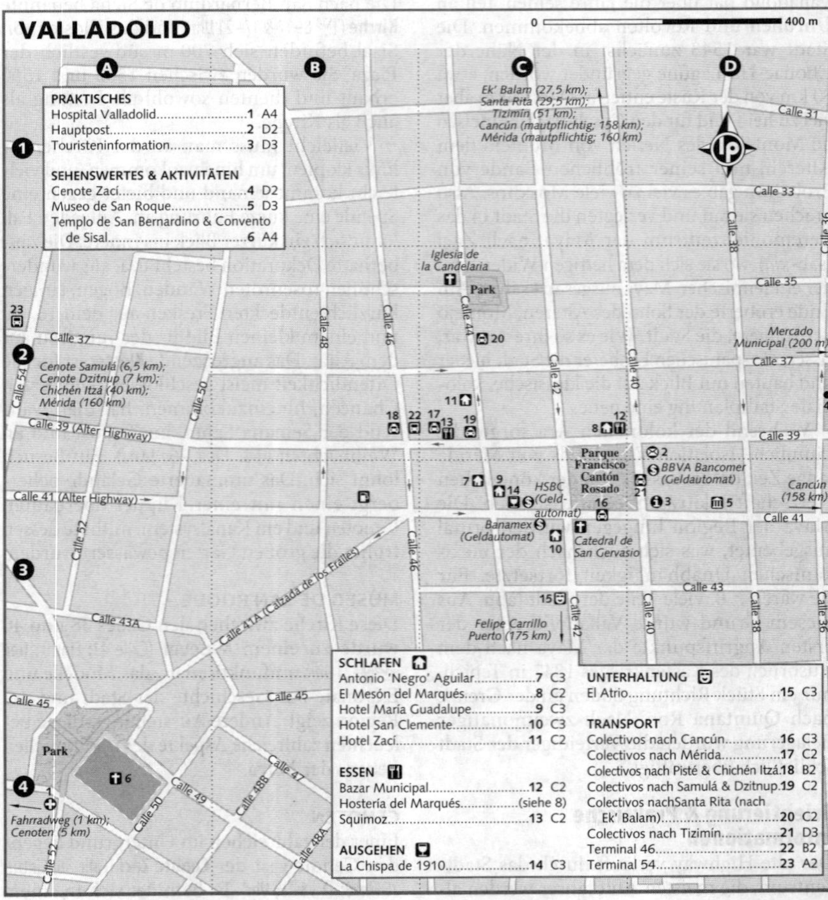

mal links am Schild nach Dzitnup ab. Hier geht's dann knapp 2 km weiter; rechts an dieser Straße liegt Samulá und ein Stück weiter auf der linken Seite Dzitnup.

Gemeinschaftsvans starten für 10 Mex$ vor dem Hotel María Guadalupe (an der Calle 44) nach Dzitnup. Taxis von der Hauptplaza in Valladolid verlangen für die Rundtour nach Dzitnup und Samulá mit einer Stunde Aufenthalt 100 Mex$. Man kann aber auch in einen Bus Richtung Westen klettern und den Fahrer bitten, an der Abzweigung nach Dzitnup zu stoppen. Von dort läuft man die letzten 2 km (20–30 Min.). In Dzitnup gibt's ein Restaurant und einen Getränkekiosk. Oder man bringt sich ein Picknick mit.

MERCADO MUNICIPAL

An der Calle 32 befindet sich ein toller, authentischer mexikanischer Markt. Hierher kommen die Einheimischen und kaufen günstig Kleidung, Haushaltswaren, Fleisch, Obst und Gemüse und alles Mögliche andere. Gegessen wird in den günstigen *taquerías*.

Schlafen

Antonio 'Negro' Aguilar (☎ 856-21-25; Calle 44 zw. Calles 39 & 41; Zi. 150 Mex$) Dieser knurrige alte Kerl vermietet die günstigsten Einzelzimmer der Stadt. Und die sind auch noch recht sauber. Es lohnt sich, in seinem nicht ganz so sauberen Geschäft mit Fahrradvermietung (Details auf S. 1044) vorbeizuschauen.

Hotel María Guadalupe (☎ 856-20-68; hotelmariaguadalupe@prodigy.net.mx; Calle 44 No 198A; DZ/3BZ 220/270 Mex$) In diesem lässigen Hotel nächtigt man in acht einfachen und sauberen Zimmern mit Ventilatoren. Sie sind zwar etwas dunkel, aber nicht muffig. Die Leitung ist freundlich und versorgt ihre Gäste mit gesäubertem Wasser. Die Treppe rauf findet sich ein netter Gemeinschaftsraum, wo man andere Traveller treffen und nach einem heißen Tag etwas Kühles schlürfen kann.

Hotel Zací (☎ /Fax 856-21-67; www.hotelzaci.com; Calle 44 No 191; EZ/DZ/3BZ mit Ventilator 240/350/410 Mex$, mit Klimaanlage 340/400/450 Mex$;) Irgendjemand hier scheint Zantedeschien über alles zu lieben. Die 60 Zimmer mit pseudo-kolonialer Einrichtung liegen um einen grünen Hof herum. Einige sind etwas muffig, aber das lässt sich schnell ändern – einfach kurz die Fenster auf!

Hotel San Clemente (☎ /Fax 856-22-08; www.hotelsanclemente.com.mx; Calle 42 No 206; EZ/DZ/3BZ mit Ventilator 300/360/410 Mex$, mit Klimaanlage 350/390/470 Mex$;) Es ist das Geld wert. 64 Zimmer bieten auf Wunsch Klimaanlage und sind fast genauso eingerichtet wie die im Zací (nur ohne Zantedeschien). Die Badezimmer sind etwas schmutzig, aber das San Clemente ist dennoch eine bodenständige Wahl. Extras sind der Pool und der zentrale Innenhof.

El Mesón del Marqués (☎ 856-20-73; Fax 856-22-80; www.mesondelmarques.com; Calle 39 No 203; DZ Standard/Superior 580/710 Mex$;) Hier lohnt sich der Aufenthalt nur, wenn man bereit ist, für ein Superior-Zimmer draufzulegen. Dann aber träumt man in knisternd sauberer Bettwäsche auf festen Matratzen und läuft auf ulkigen blau-gelben Fliesen. In dem zauberhaften alten Hof gibt's einen Pool. Mit WLAN.

Essen

Bazar Municipal (Ecke Calles 39 & 40) An der nordöstlichen Ecke der Plaza. Hier findet sich eine Anhäufung von Läden im Marktbudenstil, die wegen ihres großen, günstigen Frühstücksangebots beliebt sind.

Squimoz (☎ 856-41-56; Calle 39 No 219; Hauptgerichte 20–50 Mex$; Mo–Sa 7–22, So 7–15 Uhr) Dieser tolle kleine Laden liegt nur ein kleines Stück östlich des ADO-Bahnhofs. Zu haben sind Kuchen, Gebäck und leckerer Espresso.

Hostería del Marqués (☎ 856-20-73; Calle 39 No 203; Hauptgerichte 50–130 Mex$; 7–23 Uhr) Die wahrscheinlich beste Adresse für Mittag- und Abendessen befindet sich im Hotel El Mesón del Marqués. Man speist im friedlichen, kolonialen Hof mit dem plätschernden Brunnen oder im klimatisierten Salon mit Blick auf den Hof. Das Restaurant zaubert auch ein paar vegetarische Angebote und Steaks, deren Preis sich nach dem Gewicht richtet.

Unterhaltung

Gemäß einer jahrhundertealten Tradition finden sonntags auf der Hauptplaza zwischen 20 und 21 Uhr Tanzvorführungen statt. Für Musik sorgen die gemeindeeigene Band oder andere Gruppen aus der Region.

La Chispa de 1910 (☎ 856-26-68; Calle 41 No 201; Mo–Do 17–1, Fr–So 17–2 Uhr) In dieser Mischung aus Bar und Restaurant steppt der Bär, oft auch zu Livemusik.

El Atrio (Calle 42 No 205; Getränke 10–40 Mex$; 18–24 Uhr) Ein neues Café mit Grillimbiss, einer sehr lässigen Atmosphäre und gemütlichen Sofas, alles untergebracht in einer *casona* (großen Villa) aus der Kolonialzeit.

An- & Weiterreise

BUS

Der Hauptbusbahnhof von Valladolid ist der praktische **Terminal** 46 (Ecke Calles 39 & 46), auch ADO-Bahnhof genannt. Die Hauptunternehmen, die hier abfahren, sind Oriente, Mayab und Expresso (2. Klasse) sowie ADO und Super Expresso (1. Klasse).

Cancún (70–110 Mex$; 2–3 Std.) Viele Verbindungen.
Chetumal (140 Mex$; 6 Std.; 5 Mayab-Busse)
Chichén Itzá/Pisté (36 Mex$; 45 Min.) Zwischen 7.15 und 17.30 Uhr verkehren 14 Oriente-Busse Richtung Mérida, die während der Öffnungszeiten bei den Ruinen halten.
Chiquilá (zur Isla Holbox) (70 Mex$; 2½ Std.) Oriente-Bus um 2.45 Uhr.
Cobá (26 Mex$; 45 Min.; 4-mal)
Izamal (41 Mex$; 2 Std.; 2-mal um 12.45 & 15.50 Uhr)
Mérida (74–110 Mex$; 2–3 Std.) Viele Verbindungen.
Playa del Carmen (78–140 Mex$; 2½–3½ Std.; 8-mal)
Tizimín (20 Mex$; 1 Std.; 12-mal)
Tulum (47–60 Mex$; 2 Std.; 6-mal)

COLECTIVOS

Die Gemeinschaftsvans, die an verschiedenen Stellen in der Stadt abfahren, sind meist schneller, zuverlässiger und bequemer als die 2.-Klasse-Busse. Sie starten, sobald sie voll sind. Die meisten sind von 7 oder 8 bis etwa 19 Uhr im Einsatz. Direkte Verbindungen nach Mérida (ab Calle 39; 60 Mex$) und Cancún (ab der Kathedrale; 70 Mex$) brauchen etwas über zwei Stunden – man sollte aber vorher fragen, ob sie nonstop fahren. Die *colectivos* nach Pisté und Chichén Itzá (20 Mex$, 40 Min.) starten gegenüber dem Busbahnhof, die nach Tizimín an der Ostseite der Plaza.

Unterwegs vor Ort

Fahrräder sind super, um die Stadt zu erkunden und zu den Cenoten zu kommen. **Tres Hermanos** (Calle 44; ⌚ Mo–Sa 7.30–20, So 7.30–14 Uhr) zwischen den Calles 39 und 41 und Antonio „Negro" Aguila (S. 1043) vermieten Räder für etwa 8 Mex$ die Stunde. Wem die Kraft eines Motors lieber ist, der nimmt sich für 100 Mex$ pro Stunde ein Taxi.

EK' BALAM

Über eine Abzweigung 17 km nördlich von Valladolid gelangt man zu dieser faszinierenden **archäologischen Stätte** (Eintritt 27 Mex$, Führer 250 Mex$; ⌚ 8–17 Uhr); von hier sind es dann noch 6 km bis Ek' Balam. Große Teile des Geländes sind immer noch überwuchert, aber die Ausgrabungen und Restaurierungen bringen immer mehr Stätten ans Tageslicht, z. B. ein interessantes, einer Zikkurat ähnliches Gebäude in der Nähe des Eingangs, einen hübschen Bogen oder einen Ballspielplatz.

Am beeindruckendsten ist die gigantische **Acrópolis**. Ihr toll restaurierter Sockel ist 160 m lang und beherbergt eine Art „Galerie": eine Reihe einzelner Kammern. Ek' Balams massive Hauptpyramide auf diesem Sockel hat eine Höhe von 32 m und ist mit einem riesigen Jaguarkopf mit aufgerissenem Maul geschmückt. Unter dem Maul sind Totenköpfe aus Stuck, und rechts oben sitzt eine sehr beeindruckende Figur. Ungewöhnliche Figuren mit Flügeln (manchmal „Maya-Engel" genannt) stehen auf der rechten Seite.

Vom Parkplatz von Ek' Balam aus kann man den **Cenoten X-Canche** (☎ 985-107-47-74; Eintritt 30 Mex$, Fahrradverleih 70 Mex$, Rad-, Abseil- & Kajaktour 110 Mex$; ⌚ 8–17 Uhr) besuchen.

Schlafen & Essen

LP Tipp **Genesis Eco-Retreat** (☎ 985-852-79-80; www.genesisretreat.com; DZ 400–600 Mex$; ⊠ 💻 🏊 V) Ein waschechtes „Ökotel": Die Gartenanlagen werden mit Grauwasser bewässert, einige Zimmer verfügen über ein natürliches Kühlsystem, die Insekten werden ökologisch korrekt von Enten in Schach gehalten, die Moskitos hassen, und eine Wand wurde komplett aus Plastikflaschen erbaut. Dieser Ort ist so schön wie ein Postkartenmotiv; es gibt einen lässigen Pool und ein Temazcal-Dampfbad und das Restaurant serviert köstliches Vegetarisches. Zwischen September und Anfang Oktober ist das Hotel manchmal zu.

An- & Weiterreise

In Valladolid kann man sich an der Calle 44, zwischen den Calles 35 und 37, ein *colectivo* nach Ek' Balam (30 Mex$) schnappen. Ein Taxi von Valladolid aus kostet hin und zurück und mit einer Stunde Aufenthalt an den Ruinen etwa 250 Mex$.

TIZIMÍN

☎ 986 / 44 200 Ew.

Tizimín ist staubig und „authentisch", was heißt, dass sich hier wenig Touristentypisches findet. Die meisten Leute passieren die Stadt bloß auf ihrem Weg nach Río Lagartos oder Holbox. Der Parque Principal mit seinen Bäumen ist hübsch, besonders bei Sonnenuntergang. Während des Jahrmarkts vom 1. bis 15. Januar zur Feier des **Día de los Reyes Magos**

(Dreikönigstag) bevölkern die Leute von den Höfen in der Umgebung die Stadt.

Während man auf den Anschlussbus wartet, kann man sich die Zeit mit dem Besuch zweier großartiger Gebäude aus der Kolonialzeit vertreiben: der **Parroquia Los Santos Reyes de Tizimín** (Kirche der Heiligen Drei Könige) und des früheren **Franziskanerklosters** (des ehemaligen Konvents). Die Kirche geht hinaus auf die Hauptplaza Tizimíns, den Parque Principal. Dort gibt's eine HSBC-Filiale mit einem Geldautomaten und einem Geldwechselschalter an der Südseite.

Schlafen & Essen

Hotel San Carlos (☎ 863-20-94; hsancarlos@hotmail.com; Calle 54 No 407; Zi. mit Klimaanlage 290 Mex$;) Das netteste Hotel in der Stadt liegt zwei Blocks westlich der Plaza. Alle klimatisierten Zimmer haben Terrassen mit Blick auf den Garten.

Auf dem **Markt** (Ecke Calles 47 & 48) einen halben Block westlich des Noreste-Busbahnhofs findet man die üblichen günstigen Imbissbuden.

An- & Weiterreise

Die 2.-Klasse-Linien von Oriente und Mayab teilen sich einen **Busbahnhof** (Calle 47) zwischen den Calles 48 und 46, gleich östlich neben dem Markt. Der 1.- und 2.-Klasse-Bahnhof von Noreste ist gleich um die Ecke an der Calle 46.

Cancún (85 Mex$; 3–3½ Std.) 15 Mayab- und Noreste-Busse.

Chiquilá (zur Isla Holbox) (50 Mex$, 1½ Std.) Abfahrten um 7.30, 13.30 und 16.30 Uhr.

Izamal (55 Mex$; 2½ Std.; Oriente-Bus um 5.30, 11 & 16 Uhr)

Mérida (83 Mex$; 2½–3½ Std.) 2.-Klasse-Busse von Noreste um 5.30, 9, 14.30, 16 und 17 Uhr.

Río Lagartos/San Felipe (20–25 Mex$,1 Std.) Von den sechs Noreste-Bussen zwischen 6 und 16.15 Uhr fahren einige 12 km weiter Richtung Westen nach San Felipe (gleicher Preis); ein paar *colectivos* gibt's auch.

Valladolid (20 Mex$; 1 Std.) 16 Oriente-Busse starten zwischen 5.30 und 19.30 Uhr.

Ein Taxi nach Río Lagartos oder San Felipe kostet etwa 250 Mex$. Sie starten vor beiden Busbahnhöfen. Für 100 Mex$ warten die Fahrer auch nochmal eine Stunde auf einen.

RÍO LAGARTOS

☎ 986 / 2100 Ew.

Die größte und spektakulärste Flamingokolonie Mexikos ist der Grund, einen Abstecher in dieses Fischerdorf zu unternehmen. Es liegt 103 km nördlich von Valladolid und 52 km nördlich von Tizimín in der **Reserva de la Biosfera Ría Lagartos**. An dem von Mangroven gesäumten Meeresarm leben auch Schmuckreiher, Rötelreiher, Tigerreiher, Schneesichler, Hunderte anderer Vogelarten und ein paar der Krokodile, die der Stadt ihren Namen gaben (Alligatorfluss). Die Spanier hielten den Meeresarm nämlich für einen Fluss und die Krokodile für Alligatoren, der Rest ist Geschichte…

Die Maya haben Río Lagartos Holkobén genannt. Der Ort diente als Zwischenstation auf dem Weg zu den Lagunen (Las Coloradas) in der Nähe, aus denen sie Salz gewannen. Heute wird dort immer noch Salz produziert, inzwischen in viel größeren Dimensionen. Unerschrockene Traveller können sich auf einer schmutzigen Küstenstraße östlich der Stadt an Las Colorados vorbei in die kleine Stadt El Cuyo begeben.

Die meisten Einheimischen kennen sich nicht besonders gut aus mit Straßennamen und Schilder sind Mangelware. In die Stadt führt einen die Calle 10, die von Norden nach Süden verläuft und am Wasser an der Calle 13 endet. Es gibt weder Banken noch Geldautomaten, man muss also genug Bargeld mitbringen.

Flamingotouren

Die prächtigen, orange-roten Vögel bringen den Horizont zum Leuchten, wenn sie gemeinsam auffliegen. Man kann sich den Flamingos normalerweise bis auf 100 m nähern, bevor sie weglaufen oder -fliegen. Und mit etwas Glück sieht man nicht nur Hunderte der Vögel, sondern Tausende.

Von der Stadt aus gesehen sind die wichtigsten Flamingogebiete nacheinander Punta Garza, Yoluk, Necopal und Nahochín. Die Stellen, an denen die Flamingos Nahrung finden, sind nach den nächstgelegenen Mangrovenwäldern benannt. Die Preise für Touren variieren je nach Boot, Gruppengröße (max. 5 Pers.) und Ziel. Man zahlt mindestens 500 Mex$, ein volles Boot nach Nahochín kostet bis zu 700 Mex$ pro Boot.

Die besten Touren veranstalten die lizenzierten Führer vom **Restaurante-Bar Isla Contoy** (☎ 862-00-00; Calle 19) am Ufer. Sie organisieren ausgedehnte Tagestouren und Nachtausflüge (nachts sieht man oft Krokodile). Von Mai bis September sind meistens Meeresschildkröten zu Besuch.

Oder man verhandelt mit den eifrigen Männern am Ufer nahe dem Ortseingang. Sie sprechen Englisch und vermitteln Bootsführer (die meist kein Englisch sprechen).

Schlafen & Essen

Posada Las Gaviotas (☎ 862-05-07; Calle 12; DZ 250 Mex$) Die schlichte Budgetunterkunft am Flussufer bietet saubere Zimmer in Avocado-Grün mit Ventilatoren. Es gibt keine Toilettenbrillen.

Hotel Villas de Pescadores (☎ 862-00-20; villa_pescadores@prodigy.net.mx; Ecke Calle 14 & Calle 9; DZ mit Ventilator/Klimaanlage 400/500 Mex$;) Die neun sehr sauberen Zimmer des netten Hotels beim Ufer sind luftig, gehen auf die Flussmündung hinaus und haben jeweils zwei Betten und einen Ventilator. Die Zimmer im oberen Stock haben einen Balkon. Zum Aussichtsturm auf dem Dach führt eine wackelige Wendeltreppe.

Restaurante-Bar Isla Contoy (Calle 19; Hauptgerichte 50–100 Mex$; ⏲ 8–21 Uhr) In dem beliebten Lokal am Ufer trifft man andere Traveller und kann Gruppen für eine Bootstour bilden. Der Hummer zu Marktpreisen ist köstlich!

An- & Weiterreise

Mehrmals täglich fährt Noreste Tizimín (20–25 Mex$, 1 Std.), Mérida (110 Mex$, 3–4 Std.), San Felipe (10 Mex$, 20 Min.) und Río Lagartos an. Noreste- und Mayab-Busse bedienen dreimal täglich Cancún (120 Mex$, 3–4 Std.).

SAN FELIPE

Das wenig besuchte Fischerdorf 12 km westlich von Río Lagartos ist nett für einen Tagesausflug oder eine Übernachtung. Die Hauptattraktionen sind Vogelbeobachtung und der Strand, beides vertreten am Punta Holohit auf der anderen Seite der Flussmündung.

Das **Hotel San Felipe de Jesús** (☎ 862-20-27; hotelsf@hotmail.com; DZ 400–450 Mex$, mit Balkon 490 Mex$) ist freundlich, sauber und clever konstruiert. Am Rande des Hafens von San Felipe.

Sechs Tizimín-Busse passieren Ró Lagartos und fahren weiter bis San Felipe (20–22 Mex$, 1½ Std.) und wieder retour. Die Busfahrt von Río Lagartos (10 Mex$) dauert 20 Minuten.

CAMPECHE (BUNDESSTAAT)

Der Bundesstaat Campeche beherbergt riesige Flächen wilden Urwalds, einige der am wenigsten besuchten, aber beeindruckendsten Mayaruinen der Gegend, vergessene Dörfer, Küstenlagunen voller Vögel und eine inspirierende koloniale Hauptstadt. Diesen Staat Yucatáns hat der Tourismus am wenigsten beeinflusst und das macht seinen provinziellen Charme eines „vergessenen Landes" aus.

Die Nebenstraßen in der nördlichen Region führen zu verschollenen Wunderwelten unter der Erde, zur massiven, restaurierten archäologischen Stätte von Edzná und zu einer Handvoll kleinerer, kaum besuchter Mayaruinen.

Hier ist auch die wildeste Ecke der Halbinsel und die Reserva de la Biosfera Calakmul ist das größte Schutzgebiet Mexikos. Außer den misstönenden Rufen von Brüllaffen und Fröschen findet man riesige Ruinenstädte der Maya vor, z. B. Calakmul und Becán. Die Laguna de Términos, die sich an der Küste entlangzieht, ist super für Vogelfans.

Im Oktober 2007 wurde die Südküste von Campeche das Opfer einer Ölpest und boomende Städte wie Ciudad del Carmen verändern den Geist (und die Umwelt) der Region. Die „Alte-Welt"-Einstellung des *campechano*-Volkes aber ist davon unbeeinflusst.

CAMPECHE

☎ 981 / 211 700 Ew.

Campeche ist ein koloniales Märchenland. Sein ummauertes Stadtzentrum ist eine abgeschottete Enklave mit perfekt restaurierten, pastellfarbenen Gebäuden, schmalen, kopfsteingepflasterten Straßen, befestigten Wällen und gut erhaltenen Villen. 1999 wurde die Hauptstadt zum UNESCO-Weltkulturerbe ernannt und danach so sorgfältig restauriert, dass man sich fragt, ob sie eine reale Stadt ist. Fast 2000 Gebäude wurden renoviert. Lässt man aber die Stadtmauern hinter sich, trifft man auf eine echte mexikanische Provinzhauptstadt mit lebhaftem Markt, einem ruhigen *malecón* (Fußgängerpromenade) am Wasser und alten Fischerhäfen.

Neben den zahlreichen Villen, die zu Campeches Glanzzeiten im 18. und 19. Jh. von wohlhabenden spanischen Familien erbaut wurden, haben zwei Teile der berühmten Stadtmauer überlebt sowie ganze sieben ihrer *baluartes* (Bastionen, Bollwerke).

Geschichte

Einst war die Hauptstadt ein Mayadorf, das vom Handel lebte, und hieß Ah Kim Pech (was soviel bedeutet wie „Herr Sonnen-Schildzecke"). Im Jahr 1517 statteten die Spanier Campeche das erste Mal einen kurzen Besuch ab. Fast ein Vierteljahrhundert lang verhinderte der Widerstand der Maya, dass sie die Region vollständig eroberten. Das koloniale Campeche wurde 1531 gegründet, aber wegen der Feindschaft der Maya später wieder aufgegeben. 1540 schließlich kontrollierten die Konquistadoren die Region so erfolgreich, dass unter der Führung von Francisco de Montejo dem Jüngeren eine ständige Siedlung entstand, die Villa de San Francisco de Campeche genannt wurde.

Die Siedlung war schon bald der blühende Haupthafen der Halbinsel, was sie auch zum Opfer von Piratenangriffen machte. Nach einem besonders verheerenden Angriff 1663 lag Campeche in Trümmern und der spanische König ordnete den Bau der berühmten Bastionen an. Das beendete die Überfälle.

Heute lebt die Wirtschaft größtenteils von der Fischerei und zunehmend auch vom Tourismus. Diese finanzierten in gewissem Maße auch die Renovierung der Innenstadt.

Orientierung

Die Bastionen stehen immer noch, aber die Stadtmauer wurde zum großen Teil abgerissen und durch die Av Circuito Baluartes ersetzt. Sie umgibt das Stadtzentrum, wie es einst die Mauern getan haben. Nach dem klassischen kolonialen Stadtplan umgeben *barrios* (Stadtviertel) das Zentrum, jedes mit eigener Kirche und eigenem Platz. Besonders zauberhaft sind San Román, Guadalupe und Santa Ana.

Die Straßen im zentralen Netz sind fortlaufend nummeriert: Die Richtung Inland tragen ungerade Zahlen, die senkrecht dazu verlaufenden gerade.

Praktische Informationen

GELD

In Campeche gibt's zahlreiche Banken mit Geldautomaten, die montags bis freitags von 8 bis 16 Uhr und samstags von 9 bis 14 Uhr geöffnet sind.

INTERNETZUGANG

Alle Hostels und viele Hotels haben Internet und im Zentrum gibt's „Cibers" en masse.

MEDIZINISCHE VERSORGUNG

Hospital Dr. Manuel Campos (☎ 811-17-09; Av Circuito Baluartes Nte) Zwischen den Calles 14 und 16.

POST

Hauptpost (Ecke Av 16 de Septiembre & Calle 53; 🕑 Mo–Fr 8.30–15.30 Uhr)

TOURISTENINFORMATION

Coordinación Municipal de Turismo (☎ 811-39-89; www.ayuntamientodecampeche.gob.mx; Calle 55 No 3; 🕑 9–21 Uhr)

Secretaría de Turismo (☎ 816-67-67; Plaza Moch Couoh; 🕑 9–21 Uhr)

WASCHSALON

Kler Lavandería (Calle 16 305; 10 Mex$/kg; 🕑 Mo–Fr 8–18, Sa 8–16 Uhr)

Sehenswertes & Aktivitäten

PLAZA PRINCIPAL

Campeches angenehm schlichter zentraler Platz entstand im Jahr 1531 als Militärlager. Heute beschatten ihn ausladende Johannisbrotbäume, Bänke stehen rundum und breite Wege gehen sternförmig von einer Bude aus der Epoche der Belle Époque ab. Über die Jahre wurde er der Mittelpunkt der bürgerlichen, politischen und religiösen Aktivitäten der Stadt und zum Herz des Gesellschaftslebens. Die Plaza ist an den Wochenenden abends am schönsten, denn dann ist sie für den Verkehr gesperrt und es finden Konzerte statt (s. S. 1052).

Die Gebäude, die die Plaza umgeben, sind genau so schön wie diese selbst. An ihrer Nordseite (zum Meer hin) steht eine Nachbildung des alten Gouverneurzentrums, das heute die moderne **Biblioteca de Campeche** (Staatsbibliothek; 🕑 Mo–Fr 9–14.30 & 15–20.30, Sa 9–12 Uhr) beherbergt. In dem beeindruckenden Gebäude mit dem Säulengang gegenüber befand sich früher das Rathaus. Heute sind hier Läden und Restaurants untergebracht.

CATEDRAL DE NUESTRA SEÑORA DE LA PURÍSIMA CONCEPCIÓN

Die Ostseite der Plaza wird von einer **Kathedrale** (Eintritt frei; 🕑 7–12 & 16–18 Uhr) mit zwei Türmen beherrscht. Das Kalksteingebäude steht schon mehr als drei Jahrhunderte an dieser Stelle. Die Nischen in der Barockfassade bergen Statuen der Heiligen Petrus und Paulus. Gemälde aus der Kolonialzeit zieren das nüchterne, einschiffige Innere.

CENTRO CULTURAL CASA NÚMERO 6

Während der vorrevolutionären Zeit war die Villa **„Nummer sechs"** (Calle 57 No 6; Eintritt 5 Mex$;

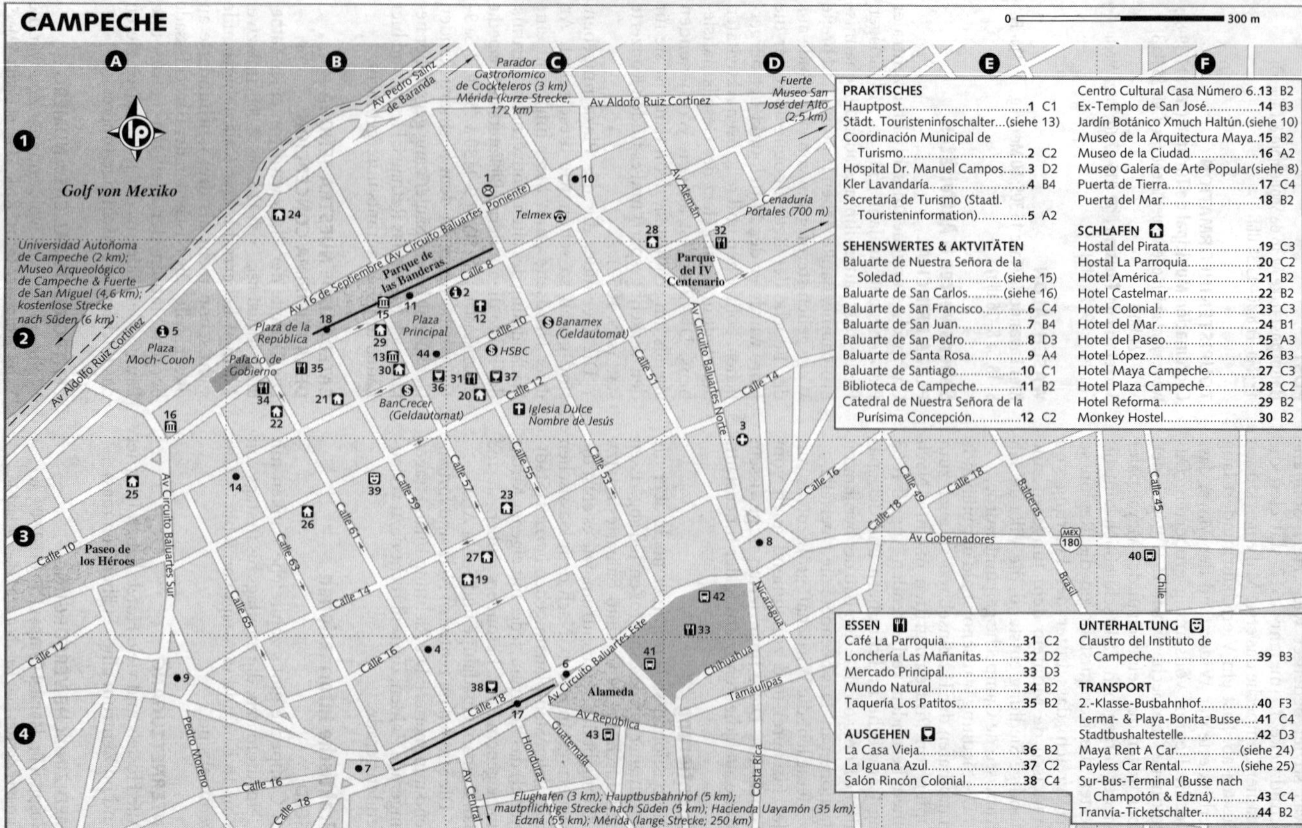
CAMPECHE
0 300 m
Golf von Mexiko
PRAKTISCHES
Hauptpost....1 C1
Städt. Touristeninfoschalter...(siehe 13)
Coordinación Municipal de Turismo....2 C2
Hospital Dr. Manuel Campos....3 D2
Kler Lavandaría....4 B4
Secretaría de Turismo (Staatl. Touristeninformation)....5 A2
SEHENSWERTES & AKTVITÄTEN
Baluarte de Nuestra Señora de la Soledad....(siehe 15)
Baluarte de San Carlos....(siehe 16)
Baluarte de San Francisco....6 C4
Baluarte de San Juan....7 B4
Baluarte de San Pedro....8 D3
Baluarte de Santa Rosa....9 A4
Baluarte de Santiago....10 C1
Biblioteca de Campeche....11 B2
Catedral de Nuestra Señora de la Purísima Concepción....12 C2
Centro Cultural Casa Número 6..13 B2
Ex-Templo de San José....14 B3
Jardín Botánico Xmuch Haltún.(siehe 10)
Museo de la Arquitectura Maya..15 B2
Museo de la Ciudad....16 A2
Museo Galería de Arte Popular(siehe 8)
Puerta de Tierra....17 C4
Puerta del Mar....18 B2
SCHLAFEN
Hostal del Pirata....19 C3
Hostal La Parroquia....20 C2
Hotel América....21 B2
Hotel Castelmar....22 B2
Hotel Colonial....23 C3
Hotel del Mar....24 B1
Hotel del Paseo....25 A3
Hotel López....26 B3
Hotel Maya Campeche....27 C3
Hotel Plaza Campeche....28 C2
Hotel Reforma....29 B2
Monkey Hostel....30 B2
ESSEN
Café La Parroquia....31 C2
Lonchería Las Mañanitas....32 D2
Mercado Principal....33 D3
Mundo Natural....34 B2
Taquería Los Patitos....35 B2
AUSGEHEN
La Casa Vieja....36 B2
La Iguana Azul....37 C2
Salón Rincón Colonial....38 C4
UNTERHALTUNG
Claustro del Instituto de Campeche....39 B3
TRANSPORT
2.-Klasse-Busbahnhof....40 F3
Lerma- & Playa-Bonita-Busse....41 C4
Stadtbushaltestelle....42 D3
Maya Rent A Car....(siehe 24)
Payless Car Rental....(siehe 25)
Sur-Bus-Terminal (Busse nach Champotón & Edzná)....43 C4
Tranvía-Ticketschalter....44 B2
Parador Gastronómico de Cockteleros (3 km) Mérida (kurze Strecke; 172 km)
Fuerte Museo San José del Alto (2,5 km)
Cenaduría Portales (700 m)
Universidad Autónoma de Campeche (2 km); Museo Arqueológico de Campeche & Fuerte de San Miguel (4,6 km); kostenlose Strecke nach Süden (6 km)
Flughafen (3 km); Hauptbusbahnhof (5 km); mautpflichtige Strecke nach Süden (5 km); Hacienda Uayamón (35 km); Edzná (55 km); Mérida (lange Strecke; 250 km)
Av Pedro Sainz de Baranda
Av Aldofo Ruiz Cortinez
Av 16 de Septiembre (Av Circuito Baluartes Poniente)
Parque de las Banderas
Plaza de la República
Plaza Principal
Plaza Moch-Couoh
Palacio de Gobierno
Parque del IV Centenario
Paseo de los Héroes
Alameda
Av Alemán
Av Circuito Baluartes Norte
Av Circuito Baluartes Sur
Av Circuito Baluartes Este
Av Gobernadores
Av República
Av Central
Telmex
Banamex (Geldautomat)
HSBC
BanCrecer (Geldautomat)
Iglesia Dulce Nombre de Jesús
Calle 8
Calle 10
Calle 12
Calle 14
Calle 16
Calle 18
Calle 45
Calle 49
Calle 51
Calle 53
Calle 55
Calle 57
Calle 59
Calle 61
Calle 63
Calle 65
Balderas
Brasil
Chile
Nicaragua
Chihuahua
Tamaulipas
Costa Rica
Guatemala
Honduras
Pedro Moreno

🕘 9–21 Uhr) von einer *campechano*-Familie der Oberschicht bewohnt und eine glanzvolle Adresse. Beim Umherschlendern hier bekommt man einen Eindruck davon, wie die High Society damals gelebt hat.

BALUARTES

Nach einem besonders verheerenden Piratenangriff im Jahr 1663 begannen die Einwohner von Campeche, schützende Mauern um ihre Stadt zu ziehen. Vorwiegend indigene Arbeiter erbauten diese aus Kalkstein, der in den Höhlen in der Nähe gewonnen wurde. Es dauerte mehr als 50 Jahre, bis die Barriere vollendet war. Sie erstreckte sich auf 2 km um das Herz der Stadt herum und erreichte eine Höhe von 8 m. Die sechseckige Mauer war mit acht Bollwerken verbunden; die sieben erhaltenen sind eine wahre Fundgrube historischer Utensilien, Schaustücke und indigenen Kunsthandwerks. Man kann die Bollwerke erklettern und auf der Mauer spazieren gehen, von wo sich eine herrliche Sicht auf den Hafen bietet.

Zwei Haupteingänge verbanden das ummauerte Gelände mit der Außenwelt. Die **Puerta del Mar** (Tor zum Meer; Ecke Calles 8 & 59) bot vom Meer her Zugang und öffnete sich zu einer Mole. Hier lieferten kleine Boote Waren an, die von großen, weiter draußen ankernden Schiffen herangebracht wurden. (Die seichte Stelle wurde aufgeschüttet, daher ist das Tor heute mehrere Blocks vom Meer entfernt). Die **Puerta de Tierra** (Tor zum Land; Calle 18; Eintritt frei; 🕘 9–21 Uhr) auf der Ostseite der Stadtmauer wurde 1732 als Hauptzugang von den Vororten aus geschaffen. Heute ist sie der Schauplatz einer Sound-and-Light Show (S. 1052).

Die **Baluartes de Nuestra Señora de la Soledad** dienten dem Schutz der Puerta del Mar. Die größte der Bastionen wurde Ende des 17. Jhs. vollendet und passenderweise nach dem Schutzpatron der Seefahrer getauft. Das Bollwerk beherbergt das faszinierende **Museo de la Arquitectura Maya** (Eintritt 27 Mex$, So frei; 🕘 Di–So 8–19.30 Uhr); man sollte es gesehen haben. Es vermittelt einen ausgezeichneten Überblick über die Stätten im Bundesstaat Campeche und damit zusammenhängend über die wichtigsten Architekturstile. In fünf Sälen sind Stelen von verschiedenen Stätten zu bewundern. Dazu gibt es grafische Darstellungen ihrer geschnitzten Inschriften mit kurzen Erklärungen in fehlerfreiem Englisch.

Der **Baluarte de Santiago** (Calle 8 at Calle 49; Eintritt 10 Mex$; 🕘 9–21 Uhr) wurde 1704 als das letzte der Bollwerke fertig gestellt. Es beherbergt den **Jardín Botánico Xmuch Haltún**, einen botanischen Garten voller einheimischer Pflanzen. Der Eintrittspreis lohnt sich nur, wenn man wirklich viel für Pflanzen übrig hat.

Zwischen den Calles 63 und 65 im **Baluarte de San Carlos**, der nach dem spanischen König Carlos II. benannt wurde, ist das **Museo de la Ciudad** (Calle 8; Eintritt 27 Mex$; 🕘 Di–So 8–19.30 Uhr) untergebracht. Dieses kleine, aber tolle Museum erzählt anhand gut präsentierter Stücke in chronologischer Reihenfolge die stürmische Stadtgeschichte.

Direkt hinter der Kirche San Juan de Dios befindet sich der **Baluarte de San Pedro** (Ecke Calle 18 & Av Circuito Baluartes Nte; Eintritt frei; 🕘 9–21 Uhr). Er diente außer gegen die Piraten auch als Verteidigung gegen ein Strafkommando aus Mérida im Jahr 1824. Wer die steile Rampe zum Dach bewältigt, erblickt zwischen den Zinnen die Kuppel von San Juan. Unten zeigt das **Museo y Galería de Arte Popular** (Museum & Galerie für Volkskunst; Eintritt frei; 🕘 Mo–Sa 9–21, So 9–14 Uhr) wunderschönes Kunsthandwerk der Einheimischen.

Einst war der **Baluarte de San Francisco** (Calle 18; Eintritt 20 Mex$, inkl. Baluarte de San Juan; 🕘 Mo–Sa 9–14 & 16–19, So 9–14 Uhr) die wichtigste Verteidigungsbastion für die angrenzende Puerta de la Tierra; heute beherbergt die zwischen den Calles 55 und 57 liegende Bastion ein kleines Waffenmuseum. Gleich die Straße runter findet man den **Baluarte de San Juan** (Calle 18 zw. Calles 63 & 65; mit einer Karte für die San-Francisco-Bastion Eintritt frei; 🕘 Di–So 8–19.30 Uhr), die kleinste der sieben Bastionen. Hier ist eine Dauerausstellung über die Geschichte der Bollwerke zu sehen. Der **Baluarte de Santa Rosa** (Ecke Calles 14 & Circuito Baluartes; Eintritt frei; 🕘 10–15 & 18–21 Uhr) ein paar Blocks Richtung Nordwesten ist die Heimat der Kunstgalerie von Campeche.

EX-TEMPLO DE SAN JOSÉ

Vor den prächtigen blauen und gelben Fliesen der früheren **San José Kirche** (Ecke Calles 10 & 63; Eintritt 15 Mex$; 🕘 Di–So 9–15 & 15.45–20.30 Uhr) glaubt man sich vor einem Wunder. Auf der rechten Turmspitze ist ein Leuchtturm, komplett mit Wetterfahne, zu sehen. Anfang des 18. Jhs. bauten Jesuiten die Kirche als Institut für gehobene Bildung, bis sie 1767 aus den spanischen Hoheitsgebieten hinausgeworfen wurden. Heute dient sie als Ausstellungsraum und gehört zum Instituto Campechano, der Universität im angrenzenden quadratischen Block.

MUSEO ARQUEOLÓGICO DE CAMPECHE & FUERTE DE SAN MIGUEL

Campeches größtes koloniales Fort 3,5 km südwestlich vom Stadtzentrum blickt auf den Golf von Mexiko. Es beherbergt ein tolles **archäologisches Museum** (Eintritt 34 Mex$; Di–So 9–19.30 Uhr), in dem Funde von den Stätten Calakmul, Edzná und Jaina zu bewundern sind. Die Insel Jaina nördlich der Stadt war einst der Friedhof der Maya-Aristokratie.

„Lerma"- oder „Playa"-Busse starten am Markt und folgen dem Circuito gegen den Uhrzeigersinn, bevor sie den *malecón* hinunterfahren. Die Zugangsstraße zum Fort befindet sich 4 km südwestlich der Plaza Moch-Couoh; die 700 m den Hügel hinauf kann man per pedes (an der Gabelung links halten), mit dem Taxi (35 Mex$) oder mit der *tranvía* (Tram; s. rechte Spalte) bewältigen.

FUERTE MUSEO SAN JOSÉ DEL ALTO

San Miguels nördliches Gegenstück wurde Ende des 18. Jhs. auf der Spitze des Cerro de Bellavista erbaut. Die ordentlich restaurierte Festung betritt man über eine Zugbrücke, die über einen Burggraben führt. Innen stellt ein **Museum** (Av Francisco Morazán; Eintritt 27 Mex$, So frei; Di–So 8–19 Uhr) die Geschichte des Hafens dar. Man sieht Schiffsmodelle, Waffen und andere Gegenstände, z. B. ein schönes Ruder aus Ebenholz in der Form eines Hundes.

Grüne „Josefa"-, „Bellavista"- oder „Morelos"-Stadtbusse, die an der Seite des Marktes abfahren, bringen einen her.

MALECÓN

Der **Malecón**, Campeches Strandpromenade, ist bei Joggern, Radfahrern, Spaziergängern und turtelnden Liebespaaren beliebt. Hier kann man bei Wind und Wetter toll flanieren.

Kurse

Die **Universidad Autónoma de Campeche Centro de Español y Maya (CEM)** (http://etzna.uacam.mx/cem/principal.htm; Av Agustin Melgar) liegt einen Block östlich des *malecón*. Sie bietet im Sommer Sprachkurse über vier bis acht Wochen; die Unterbringung in Familien kann arrangiert werden. Man kommt entweder einfach vorbei und setzt sich in einen Kurs rein oder sucht sich am Anschlagbrett einen Spanischlehrer aus.

Geführte Touren

Das Monkey Hostel (rechts), das Hostal La Parroquia (rechts) und das Hostal del Pirata (unten) organisieren Touren und/oder einen Shuttle zu den Mayastätten. Das Hostal del Pirata bietet auch Kajaktouren zur Isla de Jaina und dem Biosphärenreservat Los Petenes (300 Mex$/Pers.) sowie Tarpon-Fischen an.

Tranvía de la Ciudad (Erw./ Kind unter 10 Jahren 80 Mex$/frei; 9–13 & 17–21 Uhr stündl.) Täglich starten drei verschiedene Touren der motorisierten *tranvía* (ca. 45 Min.) an der Calle 10, neben der Plaza Principal.

Xtampak Tours (☎ 811-64-73; xtampak_7@yahoo.com.mx; Calle 57 No 14; 8–16 & 17.30–20.30 Uhr) Täglich um 9 und 16 Uhr umfassende Stadttouren (4 Std., 250 Mex$/Pers.) sowie archäologische Touren nach Edzná (180 Mex$), zu den Stätten in Chenes (750 Mex$) und ins östliche Campeche.

Schlafen

BUDGETUNTERKÜNFTE

Alle drei Hostels von Campeche vermieten Räder und machen Touren zu den archäologischen Stätten.

LP Tipp **Monkey Hostel** (☎ 811-66-05; www.hostalcampeche.com; Ecke Calles 10 & 57; B 80 Mex$, Zi. ohne Bad 200 Mex$;) Der Blick auf Plaza und Kathedrale ist nicht zu schlagen. In dem am längsten bestehenden und beliebtesten Hostel der Stadt gibt es nicht nur ein internationales Publikum, sondern auch noch gemütliche Gemeinschaftsbereiche mit Bar, Hängematten und abgewetzten Sofas sowie einen freundlichen, zweisprachigen Service. Die Betten sind angenehm fest, aber es gibt keine Ventilatoren, daher kann es nachts sehr heiß werden.

Hostal del Pirata (☎ 811-17-57; piratehostel@hotmail.com; Calle 59 No 47; B 90 Mex$, Zi. ohne/mit Bad 210/230 Mex$;) Einen Block von der Puerta de Tierra entfernt. Die HI-Filiale versteckt sich im historischen Zentrum Campeches, das Gebäude selbst ist ein Überbleibsel aus dem 17. Jh. Auch wenn das Pirata nicht so populär ist wie das Monkey, könnten seinen gut gepflegten Anlagen anspruchsvolleren Travellern gefallen. Im modernen Anbau teilen sich die Schlafsäle und die „halbprivaten" Zimmer einfache sanitäre Einrichtungen mit engen Duschen. Die Betten sind extrem weich, aber es gibt eigene Ventilatoren.

Hostal La Parroquia (☎ 816-25-30; www.hostalparroquia.com; Calle 55; B 90 Mex$, DZ/4BZ ohne Bad 200/300 Mex$;) Das neueste Hostel Campeches befindet sich einen halben Block von der Plaza Principal entfernt in einer sagenhaften Villa vom Ende des 16. Jhs. Die Zimmer mit den originalen Steinwänden und den freiliegenden Holzbalken flankieren eine tolle Halle, die sich auf eine schöne Terrasse mit kleiner Küche und angrenzender Wiese zum Sonnenbaden öffnet. Von den drei Hostels ist dies das mit dem besten kostenlosen Frühstück: frisches Obst, Toast und Kaffee, alles im Café nebenan. Zwischen den Calles 10 und 22.

Hotel Colonial (☎ 816-22-22; Calle 14 No 122; EZ 170 Mex$, DZ 180–200 Mex$; ⌘) In diesem konsequent technisch unterentwickelten Haus steht die Zeit still. Seit sechs Jahrzehnten ist es ein Hafen der Traveller und tatsächlich scheint sich wenig verändert zu haben, seit der Leutnant des Königs, Miguel de Castro, in der Kolonialzeit hier gewohnt hat. Die gepflegten Zimmer liegen um einen ruhigen, gefliesten Innenhof mit Schaukelstühlen und einem zentralen *aljibe* (Zisterne).

Hotel Reforma (☎ 816-44-64; Calle 8 No 257; EZ 120–250 Mex$, DZ 300 Mex$; ⌘) Direkt an der Plaza Principal. Dieses alte Hotel in einem 400 Jahre alten Gebäude birgt eine Menge Potenzial, aber im Moment ist es ein seltsamer, bizarrer Ort. Die riesigen Zimmer oben haben moderne, geflieste Bäder, hohe Decken und tolle Balkone (wenn einen der Straßenlärm nicht stört). Die abgewetzte Bettwäsche lässt zu wünschen übrig. Die Preise richten sich danach, ob man einen Fernseher, heißes Wasser und/oder eine Klimaanlage möchte. Ein Plan des Hauses hängt über der Rezeption.

MITTELKLASSEHOTELS

Hotel Maya Campeche (☎ 816-80-53, 800-561-87-30; www.mayacampechehotel.com.mx; Calle 57 No 40; EZ/DZ 380/440 Mex$; 💻 ⌘) Ein kleines, luxuriöses Hotel im Herzen der ummauerten Stadt. Die Atmosphäre ist romantisch pseudo-kolonial und das Personal manchmal recht wortkarg. 15 Zimmer mit Deckenventilator und bemalten Wänden gehen auf einen schmalen Hof hinaus.

LP Tipp **Hotel López** (☎/Fax 816-33-44; www.hotellopezcampeche.com; Calle 12 No 189; DZ/3BZ/4BZ 490/540/590 Mex$; P ⌘ 🏊) Dieses elegante Hotel ist die beste Mittelklasse-Wahl, auch ohne den Charme anderer Kolonialstilhäuser. Komfortabel ausgestattete Zimmer öffnen sich auf Art-déco-Balkone rund um ovale Innenhöfe und üppige Gärten. Im hinteren Bereich gibt's einen herrlichen neuen Pool.

Hotel del Paseo (☎ 811-01-00; www.hoteldelpaseo.com; Calle 8 No 215; EZ/DZ/3BZ/4BZ 500/570/680/770 Mex$; P ⌘) Es heißt so wegen seiner Nähe zum schönen *paseo* (Promenade), der die Altstadt mit dem *barrio* San Román verbindet. In der modernen Unterkunft selbst ist auch eine Promenade mit Straßenlaternen, Läden und einer Bar – alles unter dem eigenen Balkon.

Hotel Castelmar (☎ 811-12-04; www.castelmarhotel.com; Calle 61 No 2; EZ/DZ/Suite 750/850/1050 Mex$; ⌘) Einst war das Castelmar eine Militärbaracke, aber schon seit 100 Jahren dient es als Hotel. Die Renovierung kürzlich hat die lässige Vornehmheit dieses kleinen Hotels noch gehoben. Übergroße Kruzifixe und andere von der Kolonialzeit inspirierte Schmuckstücke machen seinen Charme aus – wie auch die erstaunlich dicken Wände. Man kann ja mal schreien – niemand wird es hören …

SPITZENKLASSEHOTELS

Hotel Plaza Campeche (☎ 811-99-00; www.hotelplazacampeche.com; Ecke Calle 10 & Circuito Baluartes; Zi./Junior-Suite 890/2120 Mex$; P ⌘ 💻 🏊) Direkt außerhalb des historischen Zentrums, am wunderschönen Parque IV Centenario, umsorgt das Plaza Geschäftsreisende. Unechte französische Möbel, ein luxuriöser Speisesaal und aufmerksame Pagen imitieren den europäischen Stil. Die geräumigen Zimmer sind in beruhigenden Farben gehalten.

Hotel del Mar (☎ 811-91-91; www.delmarhotel.com.mx; Av Ruíz Cortínes 51; Zi. mit Stadt-/Meerblick 950/1320 Mex$; P ⌘ 💻 🏊) Das del Mar im Miami-Stil am *malecón* verströmt Luxus und Badeortfeeling. Die Zimmer mit Meerblick haben Balkone. Im Lafitte, der Bar im unteren Stock, sind die Kellner wie Piraten gekleidet; es ist zugleich ein beliebter Nachtclub.

Essen

Taquería Los Patitos (Calle 8 No 289; Tortas & Trancas 6–14 Mex$; 🕒 7.30–15 Uhr) In diesem freundlichen Schuppen futtert man gemeinsam mit Hafenarbeitern. „Aufseherin" Doña Hilaria füllt *tortas* (Sandwiches aus Brötchen) und *trancas* mit vielen köstlichen Dingen.

Mundo Natural (Ecke Calle 8 & Calle 61; Säfte 18 Mex$, Salate 20 Mex$; 🕒 Mo–Fr 7–16, Sa 8–13 Uhr; V) Die Freiluft-Bar für „Naturkost" liegt dem Palacio de Gobierno gegenüber. Auf den Tisch kommen frische Saftmischungen, nahrhafte Salate und riesige *sandwichónes*.

Lonchería Las Mañanitas (Calle 49B No 3; Snacks & Suppen 9–25 Mex$, Hauptgerichte 70–120 Mex$; 🕒 Do–Di 18–24 Uhr) An den Portales de San Martín, einen Block nördlich der Av Circuito Baluartes Norte, werden unter den Arkaden der Plaza regionale Snacks serviert. Familien und Freunde treffen sich hier gerne.

Cenaduría Portales (☎ 811-14-91; Calle 10, Portales de San Francisco 86; Trancas 20 Mex$, Suppen 25 Mex$; ⌚ 18–24 Uhr) Ein Spezialist für regionale Kost. An warmen Abenden ist die eisgekühlte Kokosnuss-*horchata* (Reismilch) der Renner.

Café La Parroquia (☎ 816-25-50; Calle 55 No 8; Frühstückskombis 30–40 Mex$, Mittagstisch 35 Mex$; ⌚ 24 Std.) Rund um die Uhr warten in diesem Restaurant-Klassiker ein Dutzend Deckenventilatoren, aufmerksame Kellner in weißen Jacken und endlose Televisa-Sendungen auf Gäste. Nicht nur Touris, sondern auch Einheimische in *guayaberas* (traditionellen Hemden) hängen hier stundenlang ab.

Ausgehen

La Casa Vieja (☎ 811-80-16; Calle 10 No 319A; ⌚ 8.30–0.30 Uhr) Es gibt kein besseres Plätzchen für einen Cocktail am Abend als den mit Säulen geschmückten Balkon des La Casa Vieja mit Blick über die Plaza Principal.

La Iguana Azul (☎ 816-39-78; Calle 55 No 11; ⌚ Mo–Sa 18–2 Uhr) Wenn's aufs Wochenende zugeht, spielen im kolonialen Innenhof des lässigen Restaurants einheimische Coverbands und Jazz-Combos. Gegenüber vom Café La Parrioquia.

Salón Rincon Colonial (☎ 816-83-76; Calle 59 No 60; ⌚ 12–20 Uhr) Diese kubanisch angehauchte Kneipe diente in dem Film *Original Sin* mit Antonio Banderas von 2001 als Kulisse für eine Szene, die in Havanna spielt. Die *botanas* (kostenlose Snacks) sind besonders toll: Bei jeder Runde bekommt man etwas Neues.

Unterhaltung

Jeden Samstag und Sonntag steht auf der Plaza Principal ab 18.30 Uhr mit absoluter Sicherheit jemand auf der Bühne. Dann werden auch zwischen 19 und 22 Uhr vor der Kathedrale und der Bibliothek Tische für La Lotería (mexikanisches Bingo) aufgestellt. Die heißesten Bars und Clubs von Campeche findet man 1 km südlich der Innenstadt, entlang des *malecón* und jenseits der Torres del Cristal.

Bei einer Art Disney-Veranstaltung im **Puerta de Tierra** (Tickets 50 Mex$; ⌚ Di, Fr & Sa 20 Uhr) werden an mehreren Abenden in der Woche Geschehnisse aus jener Zeit nachgespielt, als Campeche mit den Piraten zu kämpfen hatte – Kanonenschüsse und Lichtblitze inklusive.

Die Universidad Autónoma de Campeche (S. 1050) zeigt im Cine Teatro Universitario Joaquín Lanz wechselnde Kunstausstellungen, Theater und Programmkino (25 Mex$).

Im **Claustro del Instituto de Campeche** (Calle 12 zw. Calles 59 & 61) kann man unter der Woche einem kostenlosen Konzert, Tanz oder einer Folklore-Ausstellung beiwohnen.

An- & Weiterreise

AUTO & MOTORRAD

Wenn man nach Edzná, auf die lange Strecke nach Mérida oder auf die schnelle Mautstraße Richtung Süden möchte, nimmt man die Av Central, folgt den Schildern zum Flughafen und fährt dann entweder Richtung Edzná oder zur *cuota* (Mautstraße). Zur kostenlosen Strecke nach Süden muss man nur den *malecón* hinunterfahren; um über die kurze Strecke nach Mérida zu kommen, folgt man dem *malecón* gen Norden.

Von Süden über die *cuota* nach Campeche kommend, biegt man am Kreisverkehr links Richtung *universidad* ab und folgt der Straße bis zur Küste. Dann geht's nach rechts auf den *malecón*, wo man sich problemlos zurechtfinden sollte.

Neben den Filialen am Flughafen gibt's im Zentrum mehrere Autovermieter. Die Preise sind in der Regel höher als in Mérida oder Cancún.

FUTTERN WIE EIN CAMPECHANO

Samstags und sonntags ist die Plaza Principal der beste Platz, um ein typisches *campechano*-Gericht zu probieren. Vor Sonnenuntergang werden rund um die Plaza Stände aufgestellt, die eine beeindruckende Palette an Hausgemachtem zu vernünftigen Preisen anbieten.

Campeches Hauptmarkt, der **Mercado Principal** (Circuito de Baluartes Este; ⌚ 7–17 Uhr) auf der anderen Straßenseite vom Baluarte de San Pedro, ist im Vergleich zum aufgetakelten Stadtzentrum erstaunlich rustikal. Hier bekommt man einige herrliche Snacks. Die innere Rotunde säumen Stände mit *cocina economica* (einfache Imbisse).

LP Tipp **Parador Gastrónomico de Cockteleros** (Av Costera; Shrimpcocktails 40–100 Mex$, Fisch 50–90 Mex$; ⌚ 9–18.30 Uhr) Am nördlichen Ende des *malecón* und 2,5 km von der Plaza Principal entfernt ist man richtig, wenn man lokale Meeresfrüchte schlemmen möchte.

Maya Rent Car (☎ 811-91-91; Hotel del Mar, Av Ruíz Cortinez 51)
Payless Car Rental (☎ 816-42-14; Hotel del Paseo, Calle 10 No 288, Interior 3)

BUS

Der **Hauptbusbahnhof** (☎ 816-28-02; Av Patricio Trueba 237) von Campeche wird meist ADO- oder 1.-Klasse-Busbahnhof genannt. Er liegt 2,5 km südlich der Plaza Principal und ist über die Av Central zu erreichen. Es gibt 1.-Klasse- oder Deluxe-Linien nach Mérida, Cancún, Chetumal (über Xpujil), Palenque, Veracruz und Mexico City sowie 2.-Klasse-Busse nach Sabancuy, Hecelchakán, Candelaria und zu ein paar anderen Zielen in Tabasco. Der **2.-Klasse-Busbahnhof** (☎ 816-28-02; Av Gobernadores 289), 1,5 km östlich vom Hauptmarkt, heißt auch „alter ADO". Von hier fahren 2.-Klasse-Busse nach Hopelchén, Bolonchén, Xpujil und Bécal ab.

Um zum neuen Bahnhof zu kommen, nimmt man an der Post einen „Las Flores"-, einen „Solidaridad"- oder einen „Casa de Justicia"-Bus. Zum 2.-Klasse-Bahnhof bringen einen von der gleichen Stelle die „Terminal Sur"- oder „Ex-ADO"-Busse. Von einem zweiten Sur Terminal auf der anderen Seite der Alameda fahren Regionalbusse nach Champotón und Edzná.

Wo im Folgenden nichts anderes angegeben ist, handelt es sich um Busse 1. Klasse.

Ziel	Preis (Mex$)	Dauer (Std.)	Häufigkeit (tgl.)
Bolonchén de Rejón	2. Klasse 50	3	5
Cancún	340	7	7
Chetumal über Xpujil	1. Klasse 260	6	1 (12 Uhr)
Ciudad del Carmen	Deluxe 160	3	1 (12 Uhr)
	1. Klasse 120 Mex$	3	stündl.
Hopelchén	2. Klasse 37	1½	bis 17 Uhr stündl.
Mérida über Bécal	Deluxe 125	2½	1 (18.30 Uhr)
	1. Klasse 105	2½	alle 30 Min.
Mérida über Uxmal	2. Klasse 90–140	4½	5
Mexico City	Deluxe 1060	17	1
	1. Klasse 900	17	6
Palenque	Deluxe 270	6	1 (23.30 Uhr)
	1. Klasse 220	6	4
San Cristóbal de Las Casas	Deluxe 410	9	1 (23.30 Uhr)
	1. Klasse 360	9	1
Villahermosa	Deluxe 330	6	1 (16.30 Uhr)
	1. Klasse 230	6	viele
Xpujil	1. Klasse 170	5	1 (12 Uhr)
	2. Klasse 130	5	5

FLUGZEUG

Der Flughafen ist 6 km südöstlich vom Zentrum. **Aeroméxico** (☎ 823-40-44, 800-021-40-10) fliegt mindestens zweimal pro Tag nach Mexico City.

Unterwegs vor Ort

Die Stadtbusse fahren am Markt oder gegenüber der Av Circuito Baluartes ab und umrunden den *circuito* zumindest teilweise, bevor sie ihre Endziele ansteuern. Der Fahrpreis liegt bei 4,50 Mex$.

Taxis kosten in der Stadt einen Fixpreis von 25 Mex$ (35 Mex$ nach Einbruch der Dunkelheit); für eine Stunde zahlt man 100 Mex$. Tickets für zugelassene Taxis vom Flughafen ins Zentrum (80 Mex$) werden an einem Schalter am Terminal verkauft. Wer ein Taxi braucht, wählt ☎ 815-55-55 oder 816-66-66.

Für eine Fahrt entlang des *malecón* oder durch die Straßen des Centro Histórico sollte man ein Fahrrad in Erwägung ziehen. Alle Hostels in Campeche (S. 1050) vermieten Fahrräder zu vernünftigen Preisen.

Als Autofahrer sollte man beachten: In den Straßen mit den geraden Nummern im Centro gilt rechts vor links. Rote („stop") und schwarze („Vorfahrt") Pfeile zeigen das an.

RUND UM CAMPECHE

Edzná

Die nächsten wichtigen Ruinen liegen von Campeche aus 53 km gen Südosten: **Edzná** (Eintritt 37 Mex$; 8–17 Uhr) war mehr als 17 km² groß und etwa von 600 v. Chr. bis ins 15. Jh. hinein bewohnt. Die meisten der heute sichtbaren Steinmetzarbeiten stammen aus der Zeit zwischen 550 und 810. Auch wenn es weit weg von den Puuc-Stätten Uxmal und Kabah liegt – die Architektur hier weist durchaus Elemente des Puuc-Stils auf. Man weiß nicht, warum Edzná an Bedeutung verlor und schließlich aufgegeben wurde.

Hinter dem Eingang schützt eine *palapa* Schnitzereien und Stelen. Von hier führt ein rund 400 m langer Fußweg durch die Vegetation zur Hauptattraktion: der **Plaza Principal** (den Schildern zur Gran Acrópolis folgen). Sie ist 160 m lang und 100 m breit, an den Seiten stehen Tempel. Wenn man von Norden kommt, befindet sich rechts das **Nohochná** (Großes Haus), ein massiger, länglicher Bau, der einmal aus vier Hallen bestanden hat. Vermutlich war das Gebäude für Verwaltungsaufgaben da – etwa um Tribute einzutreiben und Rechtsfragen zu klären. In den Bau sind zur Plaza hin Bänke eingelassen, von denen aus Zuschauer Theatervorstellungen und Riten beiwohnen konnten.

Auf der anderen Seite der Plaza steht die **Gran Acrópolis**, eine erhöhte Plattform, auf der sich mehrere Gebäude befinden. Dazu gehört auch der wichtigste Tempel von Edzná, das 31 m hohe **Edificio de los Cinco Pisos** (Gebäude mit den fünf Stockwerken). Auf dem riesigen Fundament erheben sich fünf Ebenen, und das Dach besteht aus zahlreichen Gewölben. Eine großartige Zentraltreppe mit 65 Stufen führt direkt bis zur obersten Ebene. Einige der verwitterten Masken-, Schlangen- und Jaguarkopfskulpturen, die früher die verschiedenen Ebenen zierten, sind jetzt unter der *palapa* beim Kartenhäuschen untergebracht.

Das Gebäude wurde viermal umgebaut. Es ist größtenteils im Puuc-Stil gehalten, und die Forscher sind sich einig, dass der Tempel eine Mischung aus Pyramide und Palast ist. Das beeindruckende Dach erinnert stark an die Sakralbauten von Tikal in Guatemala.

Zur Pequeña Acrópolis im Süden der Plaza gehört der durch eine *palapa* geschützte **Templo de Mascarones** (Tempel der Masken) mit Steinmetzarbeiten, die den Sonnengott Kinich-Ahau darstellen. Das zentrale Bild ist der Kopf eines Maya, dessen Gesicht so verändert wurde, dass es aussieht wie der eines Jaguars.

AN- & WEITERREISE

Von Campeche fahren klapprige Busse nach Champotón und Edzná. Sie starten um 7 und

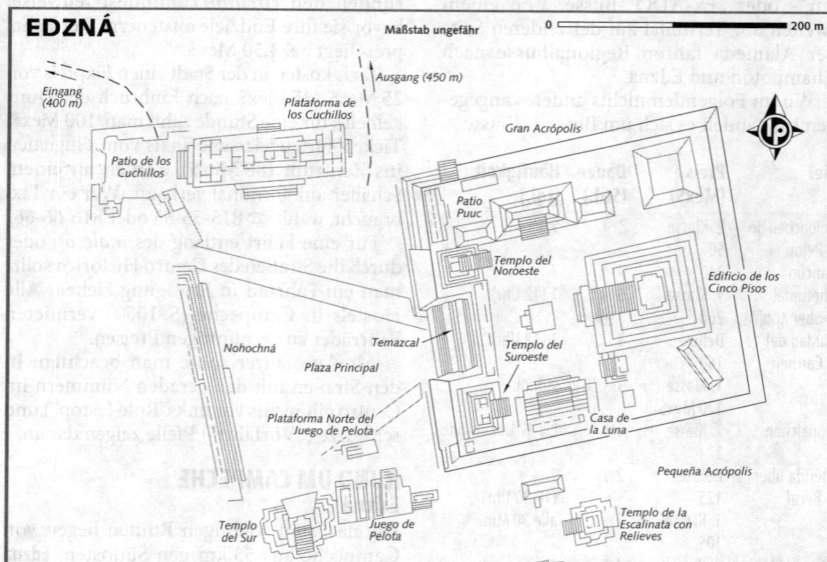

11.15 Uhr vor dem Sur-Busbahnhof. Um 13 und 16 Uhr (20 Mex$, 1 Std.) kehren sie von der Stätte zurück. Die meisten lassen einen 200 m vom Eingang zur Ausgrabung raus, wenn man vor dem Einsteigen darum bittet. Es ist auch sinnvoll, den Tag der Reise vorher festzulegen, denn die Fahrpläne variieren.

ADO bietet eine Rundtour nach Edzná und zu anderen Zielen. Xtampak Tours (S. 1050) schickt stündlich einen Shuttle von Campeche nach Edzná (180 Mex$, mind. 2 Pers.) und führt durch die Stätte.

Bolonchén de Rejón & Xtacumbilxunaan

40 km östlich von San Antonio Cayal liegt Hopelchén. Hier biegt der Hwy 261 gen Norden ab, und im Westen des Ortes ist eine Pemex-Tankstelle. Die nächste Stadt, die mitten in der grünen Landschaft auftaucht, ist Bolonchén de Rejón, 34 km entfernt. Dort findet stets am 3. Mai das **Festival von Santa Cruz** statt.

Bolonchén de Rejón liegt etwa 3 km nördlich der **Grutas de Xtacumbilxunaan** (Eintritt 50 Mex$; Di–So 10–17 Uhr;), „Grutas de *schtaa*-kum-bil-schu-*nahn*" ausgesprochen. Beleuchtete Stufen führen hinunter zu einem kaum erkennbaren Cenoten, hinter dem sich ein 100 m langer Gang erstreckt. Es gibt ein paar Stalaktiten und Stalagmiten, aber besonders dramatisch ist der Anstieg zurück in den grünen Wald, der rund um die Höhle wächst.

Hwy 261 führt gen Norden nach Uxmal (Yucatán); zudem gibt's eine Nebenstraße zu den Ruinen entlang der Ruta Puuc (S. 1028).

Mit dem Auto erreicht man Xtacumbilxunaan und Campeche, wenn man dem Hwy 261 in Richtung Süden nach San Antonio Cayal folgt, wo gut sichtbare Schilder zur (allerdings nicht nummerierten) Straße Richtung Westen nach Campeche weisen (rund 50 km).

AUF EIGENE FAUST: NOCH MEHR VON CAMPECHE ENTDECKEN

Man lege den Reiseführer einfach weg und mache sich auf in die weniger erforschten Ecken Campeches. Hier sind ein paar Vorschläge für den Anfang.

- **Stätten von Chenes** Der Nordosten des Bundesstaates ist übersät von über 30 Stätten im unverkennbaren Chenes-Stil. Eindeutige Zeichen: Monstermotive rund um die Türen im Zentrum langer, niedriger Gebäude mit drei Abteilungen; Tempel auf pyramidenförmigen Sockeln.
- **Laguna de Términos** Die größte Lagune in der Region des Golfs von Mexiko umfasst ein Netz aus Flussmündungen, Dünen, Sümpfen und Tümpeln, die zusammen einen einzigartig wertvollen Lebensraum an der Küste bilden.
- **Bécal** An der Oberfläche wirkt Bécal wie eine verschlafene *campechano*-Stadt, aber hinter den Kulissen arbeitet die breite Masse hart in dem traditionellen Handwerk der Hutherstellung.

VON ESCÁRCEGA NACH XPUJIL

Der Hwy 186 verläuft in östlicher Richtung durch den mittleren Süden Campeches, 273 km vom schmuddeligen Escárcega durch den Urwald nach Xpujil und weiter nach Chetumal (Quintana Roo). Er passiert dabei mehrere faszinierende Mayastätten und die ökologisch und archäologisch vielfältige **Reserva de la Biosfera Calakmul**. Die größte Siedlung zwischen Escárcega und Chetumal ist Xpujil – ein toller Ausgangsort für die Erkundung der Region –, etwa 20 km westlich der Grenze zwischen Campeche und Quintana Roo am Hwy 186. Die einzige Tankstelle an der Strecke befindet sich 5 km östlich von Xpujil.

Die vorherrschenden Baustile der Region sind Río Bec und Chenes. Der Río-Bec-Stil zeichnet sich durch lange, niedrige Gebäude aus, die wirken, als seien sie in Abschnitte geteilt. Die Eingangstür bildet ein riesiges Schlangen- oder Monstermaul. Die Fassade ist mit kleinen Masken, geometrischen Mustern (oft x-förmig) und Säulen geschmückt. An den Gebäudeecken befinden sich große, solide Türme mit extrem schmalen, steilen und unfunktionalen Treppenstufen und kleinen Pseudotempeln an der Spitze, oft mit Dach. Der Chenes-Stil hat viele gleiche Elemente , nur keine Türme.

Balamkú

Entdeckt wurde **Balamkú** (Eintritt 30 Mex$; 8–17 Uhr), 60 km westlich von Xpujil (80 km östlich von Escárcega), 1990. Die Attraktionen dieser kleinen Ausgrabung sind die Fresken und das tolle, prächtige Stuckfries. Erstaunlicherweise ist sowohl auf den Fresken als auch dem Fries noch viel von den Originalfarben zu sehen. Es ist nicht zu übersehen: In Balamkú beherrschen Kröten die Muster. Da diese Tiere im

Wasser und an Land zu Hause sind, glaubte man, sie könnten sich ebenso leicht zwischen dieser und der nächsten Welt bewegen. Die Kröte wurde daher als geistlicher Führer verehrt, der Menschen dabei half, sich zwischen Welt und Unterwelt zurechtzufinden.

Die Fresken kann man jederzeit besichtigen, aber der Fries ist in einem abgeschlossenen Gebäude untergebracht. Der Hausmeister kann einen reinlassen und auf Wunsch sogar eine Tour mit Taschenlampe machen (ein Trinkgeld ist willkommen).

Calakmul

Calakmul (☎ 555-150-20-73; Eintritt 37 Mex$, Straßeninstandsetzungsgebühr 40 Mex$/Auto, Ortstaxe 20 Mex$/Pers.) wurde 1931 von dem amerikanischen Botaniker Cyrus Lundell entdeckt. Der Name bedeutet „nebeneinander liegende Erdhügel". Maya-Experten glauben, dass Calakmul eine Stätte von herausragender archäologischer Bedeutung ist. Sie ist ähnlich groß und wichtig wie Tikal in Guatemala, welches in der klassischen Zeit der Hauptrivale um die Vorherrschaft in den südlichen Tiefebenen war.

Von ca. 250 bis 695 war Calakmul die führende Stadt in der riesigen Region, die als Königreich des Schlangenkopfes bekannt ist. Sein Niedergang begann mit den Machtkämpfen und internen Auseinandersetzungen, die den Niederlagen von Calakmuls König Garra de Jaguar (Jaguartatze) gegen den ständigen Rivalen Tikal folgten.

Wie auch in Tikal gibt es Hinweise, dass der Bau mehr als ein Jahrtausend dauerte. Unter Edificio VII entdeckten Archäologen eine Grabkammer mit etwa 2000 Jadestücken und in den Gräbern finden sich immer wieder spektakuläre Begräbnismasken aus Jade. Viele Funde sind im Museo Arqueológico in Campeche zu sehen. In Calakmul stehen mindestens 120 geschnitzte Stelen, von denen jedoch viele erodiert sind.

Bislang wurde nur ein Bruchteil des 100 km² großen Geländes von Calakmul freigelegt und erst ein paar der 6500 Gebäude wurden befestigt (von Restaurierung ganz zu schweigen), aber die Forschungsarbeiten dauern an.

Calakmul liegt im Herzen der riesigen, ursprünglichen Reserva de la Biosfera Calakmul. Die Ruinen sind von Regenwald umgeben, den man am besten von der Spitze einer der vielen Pyramiden betrachten kann. Im Reservat leben mehr als 250 Vogelarten, unter ihnen viele Pfauentruthühner, Papageien und Tukane. Zu den übrigen vom Reservat geschützten wilden Tieren zählen Jaguare, Klammeraffen, Pumas, Ozelots und Weißbartpekaris.

SCHLAFEN & ESSEN

Im **SEMARNAT-Büro** (⌚ ab 6 Uhr), 20 km vom Dorf Conhuas aus die Straße runter, geben Ranger einem die Erlaubnis zum Campen; wenn man die Duschen und Toiletten benutzt, freuen sie sich über eine Spende.

Campamento Yaax'che (☎ 983-871-60-64; ciit calakmul@prodigy.net.mx; Stellplatz 50 Mex$/Pers., Platz mit Zelt ab 100 Mex$) Dies ist mehr als nur ein Campingplatz. Yaax'che, 7 km die Zugangsstraße hinunter, ist der Ausgangspunkt für die Touren von Servidores Turísticos Calamul aus Xpujil, einem Trainingszentrum für einheimische Führer und einem Experiment in Sachen nachhaltiger Ökotourismus. Man kann ein bereits aufgestelltes Zelt mieten oder unter einem Strohdach ein eigenes aufschlagen.

Villas Puerta Calakmul (☎ 988-884-32-78; www.puertacalakmul.com.mx; Cabañas 1200 Mex$;) Die Urwald-Lodge ist 700 m von der Abfahrt am Highway entfernt und für die gedacht, die Natur ohne zuviel Wildnis wollen.

AN- & WEITERREISE

Xtampak Tours (S. 1050) in Campeche und Río Bec Dreams (gegenüber) in der Nähe von Chicanná machen Touren nach Calakmul.

Die Abzweigung nach Calakmul ist 56 km westlich von Xpujil. Die Ausgrabung selbst liegt 60 km südlich des Highway, am Ende einer guten befestigten Straße. Pro Auto werden von der *municipio* (Gemeinde) Calakmul an der Abzweigung vom Hwy 186 40 Mex$ Maut (für größere Fahrzeuge mehr) erhoben; am SEMARNAT-Büro registrieren lassen.

Chicanná

Passenderweise heißt diese **Mayastätte** (☎ 555-150-20-71; Eintritt 30 Mex$; ⌚ 8–17 Uhr) „Haus der Schlangenkiefer". Sie ist am bekanntesten für eine bemerkenswert gut erhaltene Tür mit einer scheußlichen, mit Fangzähnen versehenen Grimasse. Die Architektur in Chicanná, 11 km westlich von Xpujil und 400 m südlich vom Highway, zeigt tief im Dschungel eine Mischung aus Chenes- und Río-Bec-Stilen. Die Stadt erreichte ihre Blütezeitt als eine Art Elite-Vorort Becáns während der späten klassischen Periode zwischen 550 und 700 n. Chr.

LP Tipp Río Bec Dreams (☎ 983-124-05-01; www.riobecdreams.com; Hwy 186 Km 142; Cabañas ohne/mit Bad 420/800 Mex$) ist zweifellos die beste Unterkunft in der Gegend. In der von Kanadiern geführten Urwald-Lodge erwarten einen unter Bäumen strohgedeckte „Dschungalows" mit gemeinsamen Badehaus neben *cabañas* mit eigenen Bädern. Zu den umweltbewussten Errungenschaften gehören Komposttoiletten, Sammelbecken für Regenwasser und Solarenergie.

Becán

Becán (Eintritt 30 Mex$; 8–17 Uhr) thront 8 km westlich von Xpujil auf einem Felsen. Ein 2 km langer, schützender Graben schlängelt sich um die gesamte Stadt. Becán – wörtlich „Schlangenpfad" – ist auch das Wort, das die Maya für „Kanone" und „Graben" benutzt haben. Über den Graben führten sieben Brücken in die Stadt. Becán war von 550 v. Chr. bis 1000 n. Chr. bewohnt.

Becán zählt zu den größten und komplexesten Stätten der Gegend. Hinter dem Eingang betritt man zuerst die Plaza. Rechts an ihr vorbei passiert man einen Gang mit Felswänden und einem Kragbogen. Dann stößt man auf einen Tempel mit Zwillingstürmen und Zylindersäulen am Ende einer Treppenflucht. Das ist die **Estructura VIII**, die auf 600 bis 730 n. Chr. datiert wurde. Der Blick von der Spitze wird teilweise durch Bäume beeinträchtigt, aber an einem klaren Tag sieht man die Gebäude von Xpuhil im Osten.

Nordwestlich der Estructura VIII liegt die Plaza Central. Hier stehen die 30 m lange **Estructura IX** (das größte Gebäude der Stätte) und die interessantere **Estructura X**. Anfang 2001 wurde an der Südseite der Estructura X eine Gipsmaske entdeckt, die noch Reste roter Farbe aufwies. Heute befindet sich die Maske in einem Holzkasten mit Sichtfenster.

Im Urwald Richtung Westen gibt es weitere Ruinen, darunter die Plaza Oeste, die von niedrigen Gebäuden und einem Ballspielplatz eingefasst wird. Da in der Gegend weiterhin Grabungs- und Restaurierungsarbeiten stattfinden, ist sie für die Öffentlichkeit nur zeitweise zugänglich.

Von hier geht's zurück nach Osten durch den Gang auf die Plaza, die man diagonal nach rechts überquert. Dann erklimmt man die Steintreppe zur Plaza Sureste. An der Plaza stehen Estructura I bis IV und ein runder Altar (Estructura IIIA) an der Ostseite. Estructura I verfügt über die zwei für den Río-Bec-Stil typischen Türme. Schließlich geht man gegen den Uhrzeigersinn um die Plaza herum und steigt an der Südostecke die Steintreppe hinab – oder geht im Südwesten hinunter und dann nach links zum Ausgang.

XPUJIL

☎ 983

Das Dörfchen Xpujil (ausgesprochen „schpu*hihl*") liegt an der Kreuzung des von Ost nach West verlaufenden Hwy 186 und des Hwy 261 von Campeche, der gen Norden nach Hopelchén und schließlich bis Mérida führt. Da es für die Erkundung der Ausgrabungen in der Gegend ein guter Ausgangspunkt ist, wächst Xpujil in Erwartung eines Touristenbooms rapide. Dennoch gibt's noch keine Bank und keinen Waschsalon, und die nächste Tankstelle liegt 5 km östlich der Stadt. Mehrere Restaurants, eine Reihe Hotels und ein Taxistand befinden sich in der Nähe des Busdepots.

Von der Abzweigung ist es weniger als 1 km zu den Xpuhil-Ruinen nach Westen. Becán liegt 8 km, Chicanná 12 km und Balamkú 60 km westlich; die Ruinen von Calakmul befinden sich 120 km Richtung Südwesten.

Sehenswertes

XPUHIL

Xpuhil (Eintritt 30 Mex$) erreicht man von der Stadt aus gut zu Fuß. Es fasziniert mit einem surrealen Wolkenkratzer, einem eindrucksvollen Beispiel des Río-Bec-Stils. Die drei Türme (nicht wie sonst üblich zwei) von Estructura I überragen ein Dutzend überwölbter Räume. Der zentrale, 53 m hohe Turm ist am besten erhalten. Seine verschiedene Schichten und die unpraktisch steilen Treppen, die zu einem Tempel hinaufführen, der Spuren zoomorpher Masken zeigt, lassen erahnen, wie die beiden anderen in der Hochphase Xpuhils im 8. Jh. ausgesehen haben mögen. Wenn man drum herum geht, starrt einen eingebettet in die Wand unter dem Tempel eine grimmige Jaguarmaske an.

Der Eingang der Ausgrabung liegt am Westrand der Stadt, auf der Nordseite des Hwy 186, an der Kreuzung zum Flughafen.

Schlafen & Essen

Die nettesten und günstigsten Unterkünfte sind in Zoh-Laguna, 10 km nördlich von Xpujil. Man erreicht sie unter ☎ 200-125-65-87, der Nummer der Dorf-Telefonzelle.

HALBINSEL YUCATÁN

ZOH-LAGUNA

Cabañas Mercedes (EZ/DZ 150/250 Mex$; P) Das günstigste Haus der Gegend hat 13 durchdacht entworfene Bungalows mit Deckenventilatoren und großen, gefliesten Bädern. Im strohgedeckten Speisesaal wird gute, hausgemachte Kost serviert. Don Antonio ist so freundlich wie gut informiert und bringt seine Gäste auch zu den wichtigsten Mayastätten.

XPUJIL

Cabañas de Don Jorge (☎ 871-61-28; Cabañas 100 Mex$) Die einfachen, aber absolut akzeptablen Schindelhütten stehen auf einem Hügel hinter dem Ladenlokal Cocina Económica Xpujil. Gegenüber dem Eingang zu den Ruinen.

Hotel Calakmul (☎ 871-60-29; Cabañas ohne Bad 200 Mex$/2 Pers., DZ mit Klimaanlage 450 Mex$; P) Steriles Motel an der Straße, 350 m westlich der Kreuzung. Geflieste Standardzimmer und eine Handvoll beengter Bungalows im hinteren Bereich stehen zur Wahl. Das Restaurant soll allerdings toll sein.

Neben den Hotelrestaurants sammeln sich um den Busbahnhof und die *taquerías* (Taco-Stände) an der Straße in Richtung der Xpuhil-Ruinen verschiedene kleine Schnellimbisse. Man kann das **Antojitos Mimi** (7–22 Uhr) gegenüber dem Hotel Calakmul versuchen: Es tischt ein paar sehr schöne *salbutes* und eiskaltes *agua de jamaica* auf.

Anreise & Unterwegs vor Ort

In Xpujil startet kein Bus, man muss also auf einen Platz in einem durchfahrenden Bus hoffen. Der **Busbahnhof** (☎ 871-60-27) befindet sich gleich östlich der Xpujil-Abzweigung, an der Nordseite des Highway.

Nach Becán, Hormiguero, Calakmul und zu anderen Grabungsstätten bringt einen eine Tour oder ein Taxi (Calakmul & Balamkú 600 Mex$, Chicanná & Becán 75 Mex$, Homiguero 180 Mex$). Der Taxistand ist auf der Nordseite der Kreuzung.

RUND UM XPUJIL

Die Region im Süden der Halbinsel an der Grenze zum heutigen Guatemala war das früheste, am längsten bewohnte und am dichtesten besiedelte Gebiet der Maya-Welt. Hier findet man die ältesten und architektonisch kunstvollsten Stätten der Halbinsel.

Ruinen

HORMIGUERO

Der „Ameisenhügel", **Hormiguero** (Eintritt 30 Mex$; 8–17 Uhr), ist eine alte Stätte, in der noch einige Gebäude aus dem Jahr 50 n. Chr. stehen. Ihre Blütezeit hatte die Stadt aber in der Spätklassik. Hier gibt's einige der beeindruckendsten Gebäude der Region. Beim Betreten der Stätte sieht man die 50 m lange **Estructura II** mit ihrem riesigen, als Monstermaul gestalteten Torbogen im Chenes-Stil; große Teile der Verzierung sind gut erhalten. Auch ein Blick auf **Estructura V**, 60 m nördlich, lohnt sich. Man erreicht Hormiguero, wenn man von der Xpujil-Kreuzung 14 km nach Süden fährt, dann rechts abbiegt und auf einer schlecht befestigten Straße 8 km gen Westen fährt.

DIE ARCHÄOLOGISCHEN RÍO-BEC-STÄTTEN ERFORSCHEN

„Río Bec" bezeichnet eine Ansammlung kleiner Stätten auf einem 100 km² großen Gelände südöstlich von Xpujil. Bei der letzten Zählung waren es 70 Stück.

Grupo B umfasst einige der am schönsten restaurierten Gebäude wie die sagenhafte **Estructura I** von ca. 700 n. Chr. Das palastartige Gebäude besteht aus zwei typisch gestaffelten Türmen, auf deren Spitze Tempel mit spiegelbildlichen Motiven an den Seiten zu sehen sind. Momentan konzentrieren sich die Restaurierungen auf Grupo A, nördlich der Grupo B. Das Hauptgebäude ist ein 15 m langer **Palast** mit intakten Türmen und ungewöhnlichen Flachrelief-Glyphen im unteren Bereich.

Man erreicht die Stätten über das Staatsgut Ejido 20 de Noviembre; am Hwy 186 etwa 10 km östlich von der Kreuzung bei Xpujil Richtung Süden abbiegen und einer 5 km langen Straße voller Schlaglöcher zum Gut und dem Naturschutzgebiet U'lu'um Chac Yuk folgen. Von hier führt eine sehr schlechte Straße über 13 km weiter nach Süden bis zur Ausgrabung. Sie ist nur bei Trockenheit befahrbar und auch dann nur mit einem höher gelegten Fahrzeug. Die beste Lösung ist ein Führer mit einem Allrad-Fahrzeug. In Xpujil oder im Ejido lässt sich einer organisieren, der im Durchschnitt 600 bis 700 Mex$ kostet. Eine Taxifahrt von der Hauptkreuzung bei Xpujil bis zum Ejido kostet 60 Mex$ (nur absetzen); man sollte eine Wartezeit aushandeln. Als Alternative bleibt Río Bec Dreams (S. 1057) in der Nähe von Chicanná.

Allgemeine Informationen

INHALT

AKTIVITÄTEN

In einigen der sehenswertesten Regionen Mexikos kann man wandern, Fahrrad fahren, Kanu-, Kajak- und Wildwasserfahrten machen, reiten und wilde Tiere beobachten. An den mexikanischen Küsten werden unterschiedliche maritime Freizeitaktivitäten angeboten. Überhaupt ist der Aktivtourismus in Mexiko schwer im Kommen. Im Folgenden wird ein kurzer Überblick gegeben, was für Aktivitäten möglich sind und wo; weitere Informationen finden sich in den Kapiteln zu den einzelnen Landesteilen. Zu den guten Quellen zum Thema aktiver Tourismus in Mexiko gehören **Amtave** (Mexican Association of Adventure Travel & Ecotourism; ☎ 55-5688-3883, 800-654-44-52; www.amtave.com) mit Sitz in Mexico City, dem sich 60 Mitgliedsorganisationen und -gesellschaften landesweit angeschlossen haben, sowie die Websites www.planeta.com, www.gorp.com und www.mexonline.com.

Canyoning, Abseilen & Seilrutschen

Matacanes (s. Kasten S. 450) ist mit seinen 27 Abbruchkanten ein Canyoning-Paradies. Auch Creel (S. 379) und Durango (S. 415) sind tolle Stationen für Fans dieses Adrenalinkicks. Gute Stellen zum Abseilen gibt's etwa in Sima de las Cotorras (S. 893) und Coscomatepec (S. 767) und coole Seilrutschensysteme sind z. B. im Cañón de la Huasteca (S. 447), an der Cascada Cola de Caballo (S. 448) nahe Monterrey, an der Cascada de Tzaráracua (S. 637) bei Uruapan und bei Las Nubes (S. 935) in Chiapas zu finden.

Klettern

Die Umgebung Monterreys ist Mexikos Bergsteigermekka, besonders die Kalksteinwände des Potrero Chico (S. 449): Hier warten 600 erschlossene Routen. Auch die Gipfel des zentralen Vulkangürtels bieten interessante Herausforderungen, unter ihnen der Iztaccíhuatl (S. 244) und der Pico de Orizaba (S. 770), Mexikos höchster Berg. In der Nähe von Oaxaca (S. 796) existieren mittlerweile ebenfalls prima Klettermöglichkeiten, die sich teilweise sogar für Anfänger eignen. Auch in der Barranca del Cobre (Kupferschlucht; S. 370) und im Parque Nacional Sierra San Pedro Mártir (Baja California; S. 310) geht's an die Wand. An allen erwähnten Orten stehen Führer zur Verfügung. Eine gute Informationsquelle ist das Buch *Mexico's Volcanoes: A Climbing Guide* von R. J. Secor. Von Oktober bis Februar herrschen die besten Bedingungen im Hochgebirge.

Mountainbiken

Mexikos herrliche Landschaften sind von zahllosen Trails und Radwegen durchzogen. In den verschiedensten Ecken können Mountainbikes ausgeliehen und geführte, teils mehrtägige Touren unternommen werden.

PRAKTISCH & KONKRET

- In Mexiko gilt bei Maßen und Gewichten das metrische System.
- Hier angebotene Videos und DVDs laufen fast ausschließlich auf dem NTSC-Wiedergabesystem, das auch im übrigen Amerika verbreitet ist. Es ist jedoch nicht kompatibel mit dem PAL-System in Deutschland, Österreich und der Schweiz.
- Beim Kauf mexikanischer DVDs daher unbedingt auf das Globusmotiv achten! Dessen Nummer zeigt an, in welcher Region der Welt das jeweilige Produkt abspielbar ist. Europa und Mexiko fallen in die Region 2 bzw. 4.
- Die Netzspannung beträgt 110 V, 60 Hz Wechselstrom. Wie in Kanada und den USA haben die meisten Stecker zwei flache Kontaktstifte; zum Betrieb mitgebrachter elektrischer Geräte werden daher wahrscheinlich entsprechende Adapter benötigt.
- **The News** (www.thenews.com.mx) heißt Mexikos einzige englischsprachige Tageszeitung. Außerhalb Mexico Citys ist sie aber kaum erhältlich. Zu den besten und unabhängigsten Zeitungen zählen *Reforma* und die linksgerichtete *La Jornada*. Beide erscheinen landesweit auf Spanisch.

Dazu gehören u. a. Loreto (S. 322) in Baja California, die Berge rund um Monterrey (S. 447), die Barranca del Cobre (S. 370), Coscomatepec (S. 767), Oaxaca (S. 796), Puerto Vallarta (S. 500), die Umgebung von San Cristóbal de Las Casas (S. 907) und viele Orte auf der Halbinsel Yucatán. Auf S. 1098 gibt's Tipps zum Radfahren in Mexiko.

Reiten

Ausritte sind bei Besuchern beliebter denn je. Super Möglichkeiten bieten z. B. die Barranca del Cobre (Kupferschlucht; S. 370), die Tufted Jay Preserve (s. Kasten S. 480) in Sinaloa, Puerto Vallarta (S. 497), Real de Catorce (S. 671) und Teotitlán del Valle (S. 815). Am Pazifik kann man u. a. an den Stränden von Mazatlán (S. 471), Sayulita (S. 492), Barra de Potosí (S. 543), Zihuatanejo (S. 535), Pie de la Cuesta (S. 545), Puerto Escondido (S. 831) und vielen weiteren Ferienorten entlanggaloppieren.

Tier- & Vogelbeobachtungen

Beobachtungstouren in Mexikos exotischer, unglaublich vielfältiger Fauna werden immer beliebter und einfacher durchzuführen. S. 116 informiert darüber, was wo zu sehen ist.

Wandern

Die Pfade der Barranca del Cobre (Kupferschlucht; S. 370) und der Pueblos Mancomunados (S. 823) in Oaxaca zählen zu den aufregendsten, beliebtesten und am besten erschlossenen Wandermöglichkeiten des Landes. Berge wie der Nevado de Toluca (S. 287), der Volcán Paricutín (S. 638), der Volcán Nevado de Colima (S. 638), La Malinche (S. 252), der Volcán San Martín (S. 775) und der Volcán Tacaná (S. 950) können ohne spezielle Ausrüstung erklommen werden. Auch an den unteren Hängen des Iztaccíhuatl (S. 244) und in den Regenwäldern bzw. Wüsten der Biosphärenreservate El Cielo (S. 462), Sierra Gorda (s. Kasten S. 717), Calakmul (S. 1056) und Sierra de la Laguna (S. 332) kann man wunderbar wandern. Meist braucht man einen guten Führer, da häufig nur der Weganfang ausreichend markiert ist. In einsamen Regionen sollte man Touren auf eigene Faust daher nur sehr vorsichtig machen. Die beste Wanderzeit variiert von Region zu Region; in großer Höhe herrschen die besten Bedingungen normalerweise zwischen Oktober und Februar.

Wassersport

In den meisten Küstenresorts werden Tauchausrüstungen vermietet und Boots- oder Angelausflüge organisiert. Großartige Tauchmöglichkeiten bieten sich entlang der Karibikküste, es gibt aber auch einige sehr gute Stellen im Pazifik. Wasserski, Strandsegeln, Jetskiing und Bananenbootfahren sind beliebte Aktivitäten in den Resorts. Immer genau die Ausrüstung prüfen, bevor es losgeht!

ANGELN

Mexiko ist zu recht berühmt für seine Sportfischerei, bei der vor allem entlang der Pazifikküste und im Meer von Cortez auf Marlin, Schwertfisch, Fächer- und Thunfisch Jagd gemacht wird. In allen größeren Resorts der Pazifikküste kann man Hochseeboote chartern, die sich mittlerweile meist auf Köderfischerei spezialisiert haben, bei der die Fische nach dem Fang wieder freigelassen werden. Zu den Orten mit erstklassigen Gelegenheiten gehören Ensenada (S. 307), San Carlos (S. 360), Mazatlán (S. 471), Puerto Vallarta (S. 497), Barra de Navidad (S. 514), Manzanillo (S. 518), Zihuatanejo (S. 537), Acapulco (S. 555), Puerto Escondido (S. 830) und Puerto Ángel (S. 844). In der Regel werden die größten Fänge zwischen April und Juli und zwischen Oktober und Dezember gemacht. Um vom Boot aus in Flussmündungen und auf dem Ozean zu angeln, braucht man eine Fischereigenehmigung (zum Preis von ca. 130/250 Mex$ pro Tag/Woche). Bei gecharterten Booten ist diese Genehmigung in der Regel inklusive, man braucht aber eine eigene, wenn man sich von einem Fischer aufs Meer mitnehmen lässt. In den meisten Orten gibt es eine *oficina de pesca* (Fischereiamt), die Genehmigungen ausstellt.

An Seen und Stauseen im Binnenland kann man ebenfalls gut angeln, und auch an der Golf- und Karibikküste bieten sich Lagunen, Flüsse und natürlich das Meer an. Sportfischer strömen nach La Pesca (S. 459) im Nordosten und nach Punta Allen (S. 999) und Xcalak (S. 1002) im Südosten.

KAJAK-, KANU- & RAFTINGTOUREN

Mexikos zahlreiche Küstenlagunen und geschützte Buchten eignen sich prima zum Kanu- bzw. Kajakfahren. Häufig können Paddler an ihrem Ziel eine interessante Pflanzen- und Tierwelt erkunden. Leihausrüstung und geführte Trips werden an vielen tollen Orten angeboten: in Baja California in Mulegé (S. 320), La Paz (S. 327) und Loreto (S. 322), an der Pazifikküste in Mazatlán (S. 471), Barra de Potosí (S. 543) und der Laguna Manialtepec (S. 839), an der Golfküste in Campeche (S. 1050) und an der Karibikküste bei Bahías de Punta Solimán (S. 988) und Xcalak (S. 1002).

Im Bundesstaat Veracruz rauschen Flüsse von den Hängen der Sierra Madre Oriental dramatisch hinunter zur Küstenebene und machen die Gegend zum besten mexikanischen Gebiet für Wildwasserrafting (*descenso de ríos*). Tlapacoyan (S. 743) und Jalcomulco (S. 753) sind die beiden größten Raftingzentren. Weitere Möglichkeiten gibt's auf diversen Flüssen im Lacandón-Urwald (Chiapas; S. 900). Beim Rafting immer seriöse Veranstalter mit guter Ausrüstung und erfahrenen Führern wählen!

A Gringo's Guide to Mexican Whitewater von Tom Robey beschreibt insgesamt 56 Kajak-, Kanu- und Raftingtrips auf 37 Flüssen.

SCHNORCHELN & SPORTTAUCHEN

Die Karibik ist weltweit berühmt für wunderbare Korallenriffe und klare Gewässer voller tropischer Fische. Tolle Tauchspots sind u. a. Cozumel (S. 980), die Isla Mujeres (S. 967), die Playa del Carmen (S. 975) und das Korallenatoll Banco Chinchorro (S. 1001). Hier kann man meist auch gut schnorcheln. Im Binnenland können Taucher die berühmten Cenoten (Kalksteindolinen) der Halbinsel Yucatán erkunden, beispielsweise bei Akumal (S. 987) und Tulum (S. 992) oder den Gran Cenote (S. 995). Und dann wären da noch höchst außergewöhnliche Schnorcheltrips in der nordmexikanischen Wüste, für die man sich zu den kristallklaren Teichen von Cuatro Ciénegas (S. 425) begibt.

Auch an der Pazifikküste kann man sich die Pressluftflasche umschnallen, besonders gut in San Blas (S. 485), Puerto Vallarta (S. 497), Manzanillo (S. 518), Zihuatanejo (S. 537), Puerto Escondido (S. 830) oder an den Bahías de Huatulco (S. 858). Dort und an vielen weiteren Orten warten außerdem super Schnorchelspots.

Mulegé (S. 320), Loreto (S. 322), La Paz (S. 327), La Ventana (S. 331), Cabo Pulmo (S. 332) und Cabo San Lucas (S. 337) zählen zu den besten Tauch- und/oder Schnorchelrevieren an der Baja California.

Leihausrüstung sollte man möglichst immer auf ihren Zustand überprüfen. Aufgepasst – es gibt Tauchschulen, die Zertifikate bereits nach wenigen Unterrichtsstunden erteilen! Die gewählte Schule sollte auf jeden Fall eine gültige Zulassung der **PADI** (www.padi.com), **NAUI** (www.naui.com) oder **FMAS** (www.fmas.org.mx) besitzen. Letztere ist ein mexikanischer Tauchverband und auch international anerkannt.

Korallenriffe und andere Unterwasserökosysteme sind extrem empfindlich. Im Kasten auf S. 1062 finden sich Hinweise zum verantwortungsbewussten Tauchen.

SURFEN, WINDSURFEN & KITEBOARDEN

Die Brandung der Pazifikküste ist einfach großartig. Die allerbesten Breaks im Sommer

SICHER TAUCHEN

Um Schnorcheltrips bzw. das Tauchen mit Geräten und auch ohne möglichst angenehm zu machen, sollte man unbedingt die folgenden Sicherheitstipps beherzigen:

- Gerätetaucher benötigen ein gültiges Zertifikat von einer anerkannten Tauchschule.
- Tauchgänge nur unternehmen, wenn Körper und Psyche dies zulassen.
- Jegliche Leihausrüstung vor dem Bezahlen stets sorgfältig überprüfen. Seinem Tauchlehrer oder -führer sollte man ebenfalls vertrauen können – ansonsten besteht Lebensgefahr.
- Verlässliche Informationen zu Umwelt-, Wetter- und Wasserbedingungen am jeweiligen Tauchspot einholen, am besten bei seriösen Tauchanbietern vor Ort. Es ist auch ratsam, vor Ort ausgebildete Taucher nach ihren persönlichen Erfahrungen zu befragen.
- Die Gesetze, Bestimmungen und Verhaltensregeln bezüglich der örtlichen Unterwasserwelt und der Umwelt sind einzuhalten.
- Nur an Stellen tauchen, die dem persönlichen Erfahrungs- und Leistungsniveau entsprechen, und möglichst immer die Dienste eines kompetenten und professionellen Tauchlehrers bzw. -führers in Anspruch nehmen.
- Achtung: Die Unterwasserbedingungen der verschiedenen Regionen und sogar der einzelnen Tauchspots können stark variieren. Auch die Jahreszeit spielt eine große Rolle. Daher sollten Tauchanzüge und -geräte immer auf die aktuellen Bedingungen abgestimmt werden.
- Vorab die nächstgelegenen Einrichtungen mit Dekompressionskammern ausfindig machen und alle Notrufnummern stets parat haben.
- Vor Flügen in großen Höhen muss der letzte Tauchgang mindestens 18 Stunden zurückliegen.

bieten z. B. die Costa Azul (Zipper's) in Baja California (S. 335) und die Bahía de Matanchén (S. 484) bei San Blas – hier gibt's „die längste Welle der Welt"! Zu erwähnen sind auch die Tunnelwellen der „Mexican Pipeline" bei Puerto Escondido (S. 830). Anfänger finden tolle Surfspots u. a. bei Ensenada (S. 307), Todos Santos (S. 341), Mazatlán (S. 471), Sayulita (S. 492), Manzanillo (S. 518), Boca de Pascuales (S. 523), Barra de Nexpa (S. 526), Troncones (S. 529) sowie an der Playa Revolcadero (Acapulco; S. 554) und der Barra de la Cruz (S. 863). Die meisten Beach-Breaks brechen sich das ganze Jahr über, aber mit Abstand am höchsten sind die Wellen zwischen Mai und Oktober oder November, besonders von Juli bis August. An vielen Surfspots werden Leihbretter und Kurse angeboten. Wer sein eigenes Board mit nach Mexiko nehmen möchte, sollte sich rechtzeitig über die Beförderungsbedingungen informieren: Die meisten Fluglinien verlangen mindestens 40 € für den Transport – für die einfache Strecke. Und Vorsicht: Zu manchen Zielen und Jahreszeiten können Surfbretter auch gar nicht aufgegeben werden.

Von September bis März wird Los Barriles (S. 331) zur Windsurfing-Hauptstadt Baja Californias, und auch in La Ventana (S. 331) ist dieser Sport schwer angesagt. Hier kann man zudem prima aufs Kiteboard steigen. Ebenfalls toll sind Puerto Vallarta (S. 497) und Manzanillo (S. 518) weiter südlich.

ALLEINREISENDE

Der Preis für ein Einzelzimmer beträgt normalerweise deutlich mehr als den halben Preis eines Doppelzimmers. Traveller mit schmalem Geldbeutel können die Übernachtungskosten vielerorts aber gering halten, wenn sie in Hostels schlafen. Dort hat man auch Gesellschaft, bekommt viele hilfreiche Reisetipps und hat oft eine Menge Spaß. Alleinreisende müssen auf einer Mexikoreise nicht allein bleiben (außer sie wollen es): Es ist nicht weiter schwer, sich anderen anzuschließen, da ständig ein Strom von Urlaubern auf ähnlichen Routen durchs ganze Land zieht. Touren vor Ort sind eine klasse Möglichkeit, um Menschen kennenzulernen und mehr über Land und Leute zu erfahren.

Wer allein auf Reisen ist, sollte unterwegs besonders auf sein Gepäck achten und dort übernachten, wo Wertsachen gut verwahrt werden können; so muss man sie nicht ständig bei sich tragen. Ein großer Nachteil des

Alleinreisens ist, dass niemand da ist, der auf am Strand zurückgelassene Dinge aufpasst, wenn man spontan ins Meer springen möchte.

Andererseits ist dies die perfekte Art, die regionale Kultur kennenzulernen und sein Spanisch zu verbessern. Außerdem macht es Spaß, immer das tun zu können, wonach einem gerade ist. Abends allein zu essen kann zwar etwas dröge sein, aber das muss man in der Regel nur, wenn man es ausdrücklich will – die meisten Mexikaner sind gesellig.

ARBEITEN IN MEXIKO

Die Mexikaner brauchen ihre Arbeitsplätze für sich, daher dürfen Menschen, die als Touristen nach Mexiko einreisen, keine Beschäftigung annehmen. Die vielen Ausländer, die in Mexiko arbeiten, sind in der Regel von ihren Unternehmen oder Organisationen ins Land geschickt und mit allen notwendigen Papieren ausgestattet worden.

Mit Deutsch als Muttersprache kann man eventuell als Lehrer in Sprachschulen, *preparatorias* (Oberschulen), Universitäten oder auch als Privatlehrer arbeiten. Mexico City eignet sich dafür am besten, und auch in Guadalajara stehen die Chancen nicht schlecht, so wie in den Großstädten allgemein.

Zeitungsanzeigen (vor allem in den englischsprachigen Lokalzeitungen und -magazinen) und die Gelben Seiten des Telefonbuchs sind gute Quellen für Jobangebote. Die Bezahlung ist recht mager, aber man kann davon leben. Privatlehrer bekommen selten mehr als 150 Mex$ pro Stunde. Jobs in Oberschulen und Universitäten gibt es am ehesten zu Beginn eines neuen Semesters; einfach mal Kontakt zum Leiter der Sprachenfakultät aufnehmen. Die Kurse in Sprachschulen sind in der Regel kürzer, deswegen bietet sich hier öfter die Gelegenheit, als Lehrer anzufangen.

Ausländer, die in Mexiko arbeiten wollen, brauchen normalerweise eine staatliche Genehmigung. Schulen werden ausländische Lehrkräfte eher im Rahmen einer *beca* (Dozentur) beschäftigen und so das Gesetz umgehen; ansonsten beschafft die Schulverwaltung die erforderlichen Papiere.

Um als Lehrer zu arbeiten, sollte man wenigstens ein bisschen Spanisch sprechen.

Abgesehen von der Lehrtätigkeit könnte sich in touristischen Gegenden auch in einer Bar oder einem Restaurant ein Job auftun, in der Regel eine kurzfristige Teilzeitarbeit.

Jobs Abroad (www.jobsabroad.com) vermittelt bezahlte und unbezahlte Jobs in Mexiko und auf der **Website von Lonely Planet** (www.lonelyplanet.com) finden sich einige hilfreiche Links.

BOTSCHAFTEN & KONSULATE

Die nächstgelegene diplomatische Vertretung in Mexiko kann u. a. über die Website der **Secretaría de Relaciones Exteriores** (www.sre.gob.mx; spanisch) ausfindig gemacht werden: Das mexikanische Außenministerium führt hier sämtliche Auslandsvertretungen auf. Die Websites mancher Botschaften und Konsulate liefern nützliche Informationen zum Visum. Zudem empfiehlt es sich stets, beim Außenministerium des eigenen Heimatlands vorbeizusurfen.

Botschaften & Konsulate in Mexiko

Adressen in Mexico City beziehen sich auf Botschaften oder deren Konsularabteilungen; in allen übrigen Fällen handelt es sich um Konsulate. Die Websites diplomatischer Vertretungen liefern häufig nützliche Infos zu Mexiko.

Belize Chetumal (☎ 983-832-19-34; Av San Salvador 566, Fraccionamiento Flamboyanes); Mexico City (Karte S. 138 f.; ☎ 55-5520-1274; www.mfa.gov.bz; Bernardo de Gálvez 215, Lomas de Chapultepec; Ⓜ Auditorio)

Deutschland Acapulco (☎ 744-484-18-60; Alaminos 26, Casa Tres Fuentes, Colonia Costa Azul); Cancún (☎ 998-884-18-98; Punta Conoco 36, SM24); Guadalajara (☎ 33-3810-2146; Calle 7 No 319, Colonia Ferrocarril); Mazatlán (☎ 669-914-93-10; Av Playa Gaviotas 212, Zona Dorada); Mexico City (Karte S. 138 f.; ☎ 55-5283-2200; www.mexiko.diplo.de; Horacio 1506, Los Morales; Ⓜ Polanco); Monterrey (☎ 81-83-78-60-78; Proa Consultores SC, Río Rosas 400 Sur, Local 12, Planta Pista, Colonia del Valle, Garza García)

Guatemala Ciudad Hidalgo (☎ 962-698-01-84; 9a Calle Ote 11, Colonia San José); Comitán (☎ 963-632-26-69; 1a Calle Sur Pte 35); Mexico City (Karte S. 138 f.; ☎ 55-5540-7520; embaguatemx@minex.gob.gt; Av Explanada 1025, Lomas de Chapultepec; Ⓜ Auditorio); Tapachula (☎ 962-626-12-52; 5A Nte 5)

Kuba Cancún (☎ 998-884-34-23; Pecari 17, SM 20); Mérida (☎ 999-944-42-15; Calle 1-D No 320, Colonia Campestre); Mexico City (Karte S. 138 f.; ☎ 55-5280-8039; www.embacuba.com.mx; Av Presidente Masaryk 554, Polanco; Ⓜ Polanco)

Österreich Cancún (☎ 998-884-54-31; Pecari No 37, Esq Av Tulum, SM 20, 77500 Cancun); Guadalajara (☎ 33-36-42-83-40 od. 33-36-42-83-90; Montevideo 2695, Providencia, 45050 Guadalajara); Mexico City (☎ 52-51-08-06; www.embajadadeaustria.com.mx/; Sierra Tarahumara

Pte 420, Colonia Lomas de Chapultepec, 11000 México); Monterrey (☎ 81-81-52-50-68 od. 81-83-35-92-02; Av Ricardo Margaín No 260, Colonia Valle del Campestre, Torre Villacero, Piso 2, Garza García, 66250 Monterrey); Mérida (☎ 999-925-63-86 Av. Colon No 501-C, Desp. A-309/310, 97000 Mérida); Tijuana (☎ 664-608-44-97; Blvd Agua Caliente 12792, Local 9, Fracc. Del Prado, 22440 Tijuana)

Schweiz Cancún (☎/Fax 99-88-84-84-46; Av Coba No 12, Local 214, Edif. Vénus, SM5, MZ1, 77500 Cancún); Guadalajara (☎ 33-38-33-41-22; Calle No 5 s/n, Colonia Seattle, 45150 Zapopan); Mexico City (☎ 55-91-78-43-70; www.eda.admin.ch/mexico; Torre Optima, Piso 11, Paseo de las Palmas No 405, Lomas de Chapultepec, 11000 México); Monterrey (☎ Handy 181-15-78-44-84; Calle Ignacio L. Vallarta 811 Sur, Colonia El Mirador Centro, 64070 Monterrey); Veracruz (☎/Fax 22-99-35-38-14; Abeto No 72, Entre Pino y Granado 3538 H, Fracc. Floresta, 91940 Veracruz)

USA Acapulco (☎ 744-469-05-56; Hotel Continental Emporio, La Costera 121, Local 14); Cabo San Lucas (☎ 624-143-35-66; Blvd Marina Local C4, Plaza Nautica, Centro); Cancún (☎ 998-883-02-72; 2o Nivel No 320-323, Plaza Caracol Dos, Blvd Kukulcán Km 8,5, Zona Hotelera); Ciudad Juárez (☎ 656-611-30-00; López Mateos 924 Nte); Guadalajara (☎ 33-3268-2100; Progreso 175, Colonia Américas); Hermosillo (☎ 662-289-35-00; Monterrey 141); Ixtapa (☎ 755-553-21-00; Hotel Fontán, Blvd Ixtapa); Matamoros (☎ 868-812-44-02; Calle 1 No 2002); Mazatlán (☎ 669-916-58-89; Hotel Playa Mazatlán, Av Las Gaviotas 202, Zona Dorada); Mérida (☎ 999-942-57-00; Calle 60 No 338K, zw. Calle 29 & 31); Mexico City (Karte S. 134 f.; ☎ 55-5080-2000; www.usembassy-mexico.gov; Paseo de la Reforma 305; Ⓜ Insurgentes); Monterrey (☎ 81-8345-2120; Av Constitución 411 Pte); Nogales (☎ 631-313-81-50; San José s/n, Fraccionamiento Los Álamos); Nuevo Laredo (☎ 867-714-05-12; Allende 3330); Oaxaca (☎ 951-514-30-54; Plaza Santo Domingo, Alcalá 407, Interior 20); Puerto Vallarta (☎ 322-222-00-69; Local 1, Interior 17, Paradise Plaza, Paseo de los Cocoteros 1, Nuevo Vallarta); San Miguel de Allende (☎ 415-152-23-57; Hernández Macías 72); Tijuana (☎ 664-622-74-00; Tapachula 96, Colonia Hipódromo)

ERMÄSSIGUNGEN

Internationale Studentenausweise (ISIC), Internationale Reisekarten für Jugendliche unter 26 Jahren (IYTC) oder Internationale Lehrerausweise (ITIC) berechtigen zur Buchung von reduzierten Flügen nach Mexiko bei Schüler- und Studentenreisebüros. Mexikanische Busunternehmen, Museen und archäologische Stätten gewähren normalerweise nur einheimischen Schülern und Studenten Rabatt, aber mit den genannten internationalen Dokumenten lassen sich oft trotzdem günstigere Preise herausholen. ISIC-Ausweise sind landesweit am ehesten akzeptiert und bewegen sogar manche Hostels zu Ermäßigungen.

Gegen Vorlage eines Internationalen Jugendherbergsausweises (HI-Card) gewähren manche mexikanischen Hostels Ermäßigungen von ca. 10 Mex$.

ESSEN

In den Städtekapiteln dieses Buches sind manche Restaurantverzeichnisse nach „günstig", „mittelteuer" und „teuer" gegliedert: Die Lokale unter „mittelteuer" verlangen für ein Hauptgericht mittags oder abends zwischen 70 und 130 Mex$, die günstigen und teuren Adressen entsprechend weniger bzw. mehr.

Die meisten Restaurants haben von 7 bis 24 Uhr geöffnet (in Zentralmexiko ab 9 Uhr); weichen die Öffnungszeiten davon ab, wird im Abschnitt „Essen" jeweils darauf hingewiesen. Falls es einen Ruhetag gibt, ist dieser meist sonntags, montags oder dienstags.

Das Kapitel „Essen & Trinken" (S. 93) stellt die herrlich pikante Landesküche ausführlich vor.

FEIERTAGE & FERIEN

Während der Urlaubszeiten in Mexiko sind Verkehrsmittel und Touristenunterkünfte meist stark gefragt. Dies gilt besonders von Mitte Juli bis Mitte August, für die Semana Santa (Heilige Woche vor Ostern bzw. einige Tage danach) und über Weihnachten bzw. Neujahr.

Banken, Behörden und Postämter sowie viele andere Verwaltungseinrichtungen und Läden in ganz Mexiko haben an folgenden Nationalfeiertagen geschlossen:

Año Nuevo (Neujahr) 1. Januar
Día de la Constitución (Verfassungstag) 5. Februar
Día de Nacimiento de Benito Juárez (Geburtstag von Benito Juárez) 21. März
Día del Trabajo (Tag der Arbeit) 1. Mai
Día de la Independencia (Unabhängigkeitstag) 16. September
Día de la Revolución (Revolutionstag) 20. November
Día de Navidad (1. Weihnachtsfeiertag) 25. Dezember

Wenn Feiertage auf einen Samstag oder Sonntag fallen, werden sie oft am Freitag davor bzw. am nächsten Montag begangen. Viele Behörden und Geschäfte haben an folgenden optionalen Feiertagen geschlossen:

Día de la Bandera (Tag der Nationalfahne) 24. Februar
Viernes Santo (Karfreitag) Zwei Tage vor Ostersonntag im April oder Mai

Cinco de Mayo (Jahrestag des mexikanischen Siegs über die Franzosen bei Puebla) 5. Mai
Día de la Raza (Jahrestag der Entdeckung Amerikas durch Kolumbus) 12. Oktober
Día de los Muertos (Tag der Toten) 2. November
Día de Nuestra Señora de Guadalupe (Tag Unserer Lieben Frau von Guadalupe) 12. Dezember

FESTIVALS & EVENTS

Die unzähligen mexikanischen Fiestas sind heißblütige, farbenprächtige Ereignisse, die oft mehrere Tage dauern und dem mexikanischen Leben seine typische Würze geben. Neben den hier aufgeführten größeren landesweiten Festen feiert jede Stadt den Tag ihres Lokalheiligen, veranstaltet regionale Jahrmärkte, Kunstfestivals usw. (Infos dazu finden sich in den Regionenkapiteln). Fast jeden Monat gibt es außerdem einen landesweiten Feiertag (s. gegenüber), der häufig der Anlass für ein weiteres Fest ist.

Januar

Día de los Reyes Magos (Dreikönigstag; 6. Januar) An diesem Tag – nicht zu Weihnachten – werden in Mexiko traditionell die Kinder beschert; manche bekommen aber auch an beiden Festen Geschenke.

Februar/März

Día de la Candelaría (Mariä Lichtmess; 2. Februar) Erinnert an die Darstellung Jesu im Tempel 40 Tage nach seiner Geburt; dieser Tag wird in vielen Städten mit Prozessionen, Stierkämpfen und Tänzen gefeiert.
Karneval (Ende Februar od. Anfang März) Der Karneval ist der Paukenschlag vor der 40-tägigen Fastenzeit in der Woche vor Aschermittwoch (46 Tage vor Ostersonntag). Am ausgelassensten feiert man in Mazatlán, Veracruz und La Paz mit Paraden, viel Musik, Essen, Trinken, Tanz, Feuerwerk und Späßen.

März/April

Semana Santa Die heilige Woche beginnt am Palmsonntag (Domingo de Ramos). Besonders farbenprächtige Feierlichkeiten gibt's in San Miguel de Allende, Taxco und Pátzcuaro; in dieser Zeit scheint ganz Mexiko unterwegs zu sein.

September

Día de la Independencia (Unabhängigkeitstag; 16. September) Der Jahrestag des Beginns des mexikanischen Unabhängigkeitskrieges im Jahr 1810 schlägt Wellen patriotischer Begeisterung: Am Abend des 15. wird von jedem Rathaus im Land der berühmte Aufruf Padre Miguel Hidalgos zur Rebellion, der Grito de Dolores, verlesen, woran sich in der Regel ein Feuerwerk anschließt. Die größten Feiern gibt es in Mexico City, wo der Präsident den Grito vom Palacio Nacional aus verkündet.

November

Día de Todos los Santos (Allerheiligen; 1. November) und **Día de los Muertos** (Tag der Toten; 2. November) Auf den Friedhöfen des Landes kommen in der Nacht des 1. auf den 2. die Familien zusammen, um ihrer Toten zu gedenken, deren Seelen dem Volksglauben nach am 2. auf die Erde zurückkehren. Der Seelen verstorbener Kinder (*angelitos*, kleine Engel) gedenkt man am Allerheiligentag, dem 1. November (s. Kasten S. 72).

Dezember

Día de Nuestra Señora de Guadalupe (12. Dezember) „Unsere Liebe Frau von Guadelupe" soll 1531 dem indigenen Mexikaner Juan Diego erschienen sein und ist seitdem Schutzheilige des Landes. Direkt vor diesem Feiertag steigt überall ein einwöchiges oder noch längeres Fest. Bei Gottesdienstbesuchen sind Kinder als kleine Juan Diegos oder indigene Mädchen verkleidet. Veranstaltungsort der größten Feierlichkeiten ist die Basílica de Guadelupe in Mexico City.
Día de Navidad (25. Dezember) Das Ende der Mitternachtsmesse vom 24. auf den 25. Dezember markiert traditionell den Beginn des Weihnachtsfestes.

FRAUEN UNTERWEGS

Ob in Begleitung oder allein: Die Damen der Schöpfung verbringen in Mexiko normalerweise eine tolle Zeit. Allerdings sollten sie nicht vergessen, dass viele Mexikaner immer noch eher an den Unterschied zwischen den Geschlechtern als an ihre Gleichheit glauben. Seit ein paar Jahrzehnten ist die Gleichberechtigung aber ein gutes Stück vorangekommen. Zudem sind Mexikaner allgemein sehr höfliche Leute. Alleinreisende Frauen müssen zwar stets mit ein paar anerkennenden Pfiffen und Balzversuchen rechnen, aber häufig suchen die Männer nur ein nettes Gespräch. Unerwünschte Aufmerksamkeit lässt sich z.B. durch das Vermeiden direkten Augenkontakts unterbinden – hierbei hilft eine Sonnenbrille. Zurückhaltende Kleidung und eine selbstsichere Haltung sind ebenfalls ratsam. Wer angesprochen wird und sich zum Antworten genötigt fühlt, tut dies am besten höflich, aber kühl. Auch Eheringe können hilfreich sein. Frau sollte sich nicht durch Handlungen in Gefahr bringen, die Mexikanerinnen prinzipiell vermeiden, d.h.: Männern keinesfalls anzüglich begegnen, trampen oder in *cantinas* alleine etwas trinken. Spaziergänge nachts in verlassenen Straßen oder Abstecher zu entlegenen Orten sollten ohne Begleitung ebenfalls tabu sein. Und immer einen klaren Kopf bewahren – zuviel Alkohol macht angreifbar! Wer Zuspruch oder Gesellschaft braucht, hält sich am besten an Unterkünfte wie Hostels und beliebte Hotels, denn dort finden sich höchstwahrscheinlich andere Traveller. Auch Ausflüge und Aktivitäten, die in Gruppen unternommen werden, sind prima.

An Strandorten sieht man viele Mexikanerinnen in Shorts, knappen Tops und Badeanzügen aller Art. Andere halten sich dagegen eher bedeckt und tragen beim Schwimmen sogar Shorts und T-Shirts. Einsame Strände sind selbst für Frauenduos nicht zu empfehlen.

Auf der Straße zeigen Mexikanerinnen allgemein nicht viel Bein oder gar Schulter.

In öffentlichen Verkehrsmitteln tragen Frauen am besten lange oder halblange Hosen und Oberteile mit Ärmeln, die den Bauch bedecken. Das ist nicht nur sehr angenehm, sondern auch sicher: Wertsachen lassen sich so leichter unsichtbar verwahren.

Am allerwichtigsten: Immer selbstbewusst auftreten!

FREIWILLIGENARBEIT

Freiwilligenarbeit bietet sich an, wenn man am Alltag mexikanischer Gemeinden teilnehmen und dem Land nicht nur Touristendollars bringen will. Bei vielen Organisationen und Projekten kann man stundenweise mitmachen – oder gleich ein Jahr und länger. Das Spektrum reicht vom Schutz der Meeresschildkröten bis zur Betreuung benachteiligter Kinder. Mal sind Freiwillige mit spezieller Berufserfahrung oder Spanischkenntnissen gefragt, mal werden einfach engagierte Helfer gesucht. Für Langzeitteilnehmer werden die Unterkünfte oft gestellt. Wer sich in Mexiko einen Freiwilligenjob über eine internationale Vermittlungsagentur beschafft, bezahlt das oft teuer. Man kommt oft deutlich billiger davon, indem man sich mexikanische Projekte direkt vor Ort sucht: So werden häufig nur kleine Summen zur Deckung laufender Kosten fällig.

In vielen Sprachschulen (S. 1072) kann man seinen Kurs durch Teilzeit-Freiwilligenjobs ergänzen.

Internationale Freiwilligenorganisationen

Adelante Abroad (www.adelanteabroad.com) Kombiniert Sprachunterricht mit verschiedenen Freiwilligenjobs in Oaxaca. Inklusive Unterkunft kosten ein-, zwei- oder dreimonatige Aufenthalte etwa 2000, 2500 oder 3000 US$. Hin- und Rückflug müssen jedoch selbst gebucht werden.

AmeriSpan (www.amerispan.com) Vermittelt alle möglichen Freiwilligenjobs in ganz Mexiko – von Arbeit in Waisen- und Frauenhäusern bis zu der im Naturschutzgebiet. Der Job kann mit Sprachunterricht verbunden werden. Das kostet mehrere hundert US-Dollar.

Council on International Educational Exchange (www.ciee.org) Arrangiert Reisen für freiwillige Helfer.

Earthwatch (www.earthwatch.org) Earthwatch hat Ableger in Großbritannien, Australien, Japan und den USA, betreibt Umweltprojekte in Mexiko und berechnet pro Woche 1500 bis 2500 US$ (zzgl. Hin- & Rückflug).

Global Vision International (www.gviusa.com) Hat sich dem Ökotourismus und dem Englischunterricht auf der Halbinsel Yucatán verschrieben und schützt zudem die dortige Unterwasserwelt. Fünfwöchige oder längere Aufenthalte kosten mindestens 2500 US$.

Internationale Begegnung in Gemeinschaftsdiensten e. V. (www.ibg-workcamps.org) Gute Adresse, um sich auf die Suche nach Freiwilligenjobs zu begeben.

Los Médicos Voladores (www.flyingdocs.org) Von Kalifornien und Nevada aus fliegen LMV an Wochenenden in nordmexikanische Regionen mit schlechter medizinischer Versorgung. Benötigt werden medizinisches Personal, Dolmetscher, Piloten und sonstige Freiwillige.

Sipaz (www.sipaz.org) Die internationale Friedensgruppe sucht Freiwillige mit Spanischkenntnissen, die mindestens ein Jahr lang in Chiapas arbeiten möchten. Dabei stehen vor allem Menschenrechtsfragen und Informationsprogramme im Mittelpunkt.

Mexikanische Freiwilligenprogramme

Por Un Mejor Hoy (www.hoycommunity.org) mit Sitz in Cuernavaca zielt speziell auf Traveller ab, die Freiwilligenarbeit in verschiedenen Gemeindeprojekten mit kulturellen Aspekten und Sightseeing verbinden möchten. Einwöchige Aufenthalte kosten 300 US$ (inkl. Unterkunft & Frühstück). Das Centro de Esperanza Infantil (S. 796) in Oaxaca heißt Hilfsbereite in einem Zentrum für Straßenkinder willkommen. In Zipolite an Oaxacas Küste benötigt Piña Palmera (S. 847) freiwillige Helfer mit ausreichenden Spanischkenntnissen, die sich mindestens drei Monate lang um Kinder mit Behinderungen kümmern.

Das Freiwilligenprogramm von Na Bolom (S. 896) in Chiapas fördert die Kulturen indigener Gruppen. Freiwillige mit Sprachkenntnissen können sich in der Albergue Jesús El Buen Pastor (s. Kasten S. 947) in Tapachula um verletzte und verarmte Einwanderer aus Mittelamerika kümmern. Das Centro de Integración (S. 600) ist im westlichen Mexiko bzw. dem Bundesstaat Jalisco zuhause, genauer in Tapalpa. Die Sonderschule schätzt Unterstützung durch Traveller ebenfalls.

Auch die Schildkrötenschutzprogramme an Mexikos Stränden greifen mindestens einmal jährlich auf Freiwillige zurück. Hierzu zählen u. a. die Projekte bei La Pesca (s. Kasten S. 460), Tecolutla (S. 742) und Puerto Arista (S. 944). **Pronatura** (www.pronatura.org.mx) ist eine nichtstaatliche Organisation aus Mexiko, die mithilfe von freiwilligen Helfern u. a. die Brutgebiete der Meeresschildkröten auf der Halbinsel Yucatán überwacht.

Mit Pulmo Amigos (S. 332) können Naturfreunde den Cabo Pulmo National Marine Park am Meer von Cortez vor Schaden bewahren, und wer sich bei **Servicios Ecoturísticos La Ventanilla** (S. 853) engagiert, schützt Krokodile, Mangrovenhaine und tropische Trockenwälder an der Küste Oaxacas.

Verzeichnisse mit Freiwilligenjobs

Gute allgemeine Informationsquellen zu Freiwilligenjobs in Mexiko:

Alliance of European Voluntary Service Organisations (www.alliance-network.org)
Coordinating Committee for International Voluntary Service (www.unesco.org/ccivs)
Idealist.org (www.idealist.org)
Transitions Abroad (www.transitionsabroad.com)
Volunteer Abroad (www.volunteerabroad.com)

GEFAHREN & ÄRGERNISSE

Trotz oftmals alarmierender Medienberichte und offizieller Warnungen gilt Mexiko allgemein als sicheres Reiseland. Durch ein paar wenige Vorkehrungen lässt sich das Risiko stark minimieren.

Manche Metropolen wie Mexico City, Acapulco und Monterrey haben eine hohe Kriminalitätsrate, ebenso Grenzstädte wie Nuevo Laredo, Tijuana und Ciudad Juárez. Allerdings werden Touristen kaum zu Opfern der Gewaltverbrechen der Drogenszene, die für so viele schlechte Schlagzeilen sorgen.

An den Küsten kann man jede Menge Spaß haben, doch Vorsicht: An allen Stränden können gefährliche Unter- und Gezeitenströmungen auftreten. Auch sollte man beim Schwimmen keinerlei Wertsachen unbeaufsichtigt herumliegen lassen, sonst fallen diese vielleicht Langfingern zum Opfer, die dann schleunigst das Weite suchen.

Größte Vorsicht ist bei Taxitouren durch Mexico City geboten.

Offizielle Informationen lassen Mexiko gefährlicher erscheinen, als es wirklich ist. Solche Berichte sind auch nicht unbedingt immer aktuell. Für nützliche Reisehinweise empfiehlt sich stets die Internetseite des eigenen Außenministeriums:

Deutschland (☎ 030-1817-0; www.auswaertiges-amt.de)
Österreich (☎ 050-1150-0; www.bmaa.gv.at)
Schweiz (☎ 031-322-21-11; www.eda.admin.ch)

Wer bereits in Mexiko ist, kann dort die diplomatische Vertretung seines Heimatlands (S. 1063) kontaktieren. Unterwegs heißt es aufmerksam die Lokalnachrichten verfolgen. Wer Opfer eines Kriminaldelikts wird, sollte den Vorfall der Polizei und dem nächstgelegenen Konsulat seiner Heimat melden. Dort erhält man normalerweise nützliche Tipps und weitere Hilfe.

Diebstahl & Raub

Im Allgemeinen sind Mexikaner sehr ehrlich und werden einen wahrscheinlich nicht bestehlen. Aber Diebe gibt es überall und Touristen sind gefährdet, weil sie im Vergleich zum mexikanischen Durchschnitt wohlhabend sind und daher stets Wertsachen bei ihnen vermutet werden. Langfinger, die es auf Rucksäcke, Geldbeutel oder Handtaschen abgesehen haben, betreiben ihr „Gewerbe“ vor allem in überfüllten Bussen und U-Bahnen, an Bushaltestellen, auf Busbahnhöfen, Flughäfen, Märkten, belebten Straßen und Plätzen sowie überall sonst, wo sich Touristen tummeln – besondere Vorsicht ist in Mexico City und anderen Großstädten angesagt.

Taschendiebe arbeiten meist in Gruppen, die ihre Opfer an ohnehin schon überfüllten Orten, etwa auf Märkten oder in städtischen Bussen, weiter in die Enge treiben – einer oder zwei greifen nach der Tasche oder der Kamera (oder auch nach dem Arm oder Bein) des Opfers, und während dieses sich loszumachen versucht, nimmt ein anderer die Brieftasche. Eine andere Variante ist, dass einer der Diebe vortäuscht, etwas fallen zu lassen, während die Menge in den Bus drängt. Im Gedrängel wird dann die Reisetasche gestohlen oder aufgeschlitzt. Hier wird mit Ablenkung gearbeitet. Das Risiko, Opfer eines solchen Verbrechens zu werden, lässt sich stark vermindern, wenn man seine Wertsachen am Körper trägt.

Raubüberfälle sind zwar seltener als Taschendiebstahl und Beutelschneiderei, aber dafür auch wesentlich gefährlicher: Gegenwehr könnte mit Gewalt beantwortet werden, darum besser keinen Widerstand leisten! Kriminelle dieser Kategorie zwingen ihr Opfer, Geldbeutel, Uhr, Schmuck etc. herauszugeben und sind möglicherweise bewaffnet. In der Regel werden sie ihre Opfer nicht verletzen, sie wollen nur deren Geld – und zwar schnell. Es sind aber auch schon Fälle vorgekommen, bei denen die Räuber den Überfallenen schlugen oder zwangen, große Mengen Alkohol zu trinken, um so an die Kreditkartennummern heranzukommen.

Zum Schutz vor Raubüberfällen ist es ratsam, sich in Städten und sogar in Touristenresorts nicht in Gegenden aufzuhalten, wo nur wenig Betrieb herrscht – in leeren Straßen und U-Bahn-Abteilen bei Nacht, wenig benutzten Fußgängerunterführungen und vergleichbaren Orten. In zwielichtigen Gegenden sollte man nicht zu Fuß gehen, sondern ein Taxi benutzen. In Mexico City ist dabei aber stets darauf zu achten, dass es sich um ein reguläres Taxi handelt (s. S. 144).

Auch einsame Strände können gefährlich sein. Niemals an einer abgelegenen Stelle campen, wenn man nicht genau weiß, ob es dort sicher ist!

Im Lauf einer Reise entwickelt man langsam ein Gefühl dafür, welche Situationen und Orte gefährlicher sind als andere. Um die Gefahr gering zu halten, Opfer von kriminellen Übergriffen zu werden, sollte man sich an folgende Regeln halten:

- Zielgerichtet gehen und stets die Umgebung im Blick behalten.
- Kreditkarten, Reisepässe, Schmuck, Flugtickets und den Großteil der Reisekasse in einem verschlossenen Umschlag im Hotelsafe einlagern, wenn nichts davon unmittelbar benötigt wird. Praktisch alle Hotels besitzen sichere Aufbewahrungsmöglichkeiten für Utensilien der Gäste. Falls nicht, deponiert man seine Wertsachen am besten in einem verschlossenen Koffer im Zimmer oder in einem Schließfach im Hostel. Wer Bargeld oder Kreditkarten im Zimmer zurücklassen muss, sollte alles getrennt voneinander an verschiedenen Stellen verstecken.
- Nur so viel Bargeld einstecken, wie für den jeweiligen Ausflug benötigt wird. Falls man Wertsachen unbedingt mitnehmen muss oder möchte, sollten diese auf keinen Fall von außen sichtbar sein. Zu diesem Zweck ist es ratsam, die Besitztümer in einem Geldgürtel, Schulter- oder Brustbeutel *unter* der Kleidung zu transportieren.
- Bargeld, Kreditkarten, Geldbörsen, Taschen oder Kameras nicht länger offen sichtbar liegen lassen als nötig. An Ticketschaltern in Flughäfen und Busbahnhöfen sollten sich Passagiere ihr Gepäck zwischen die Beine klemmen.
- Keine wertvoll aussehenden Gegenstände offen im geparkten Auto liegen lassen.
- Niemals einfach bei Fremden mitfahren.
- Vorsicht bei Speisen und Getränken, die von Fremden angeboten werden: Vor allem in Ferienorten und Bussen sind solche „Stärkungen" manchmal mit Drogen präpariert. So betäubte Traveller wurden bereits Opfer von Raubüberfällen oder körperlichen und sexuellen Übergriffen.
- Auch Alkoholgenuss birgt Gefahren – Betrunkene werden leichter zur Zielscheibe für Kriminelle.
- Nur Geldautomaten in sicheren Gebäuden benutzen, die nicht von außen eingesehen werden können. Zudem sollte Bargeld möglichst nur tagsüber abgehoben werden. Offen zugängliche Geldautomaten oder Schalter am Straßenrand sind stärker im Visier von Dieben und Kartenfälschern (s. gegenüber).
- Kokain und Marihuana sind in Mexiko überall erhältlich, aber beide sind illegal. Probleme im Zusammenhang mit Drogen lassen sich am einfachsten vermeiden, indem man die Finger komplett von verbotenen Substanzen lässt. Wer beim Konsum, Besitz oder Schmuggel illegaler Drogen erwischt wird, kann nicht auf die Hilfe der eigenen Botschaft hoffen.

HIGHWAYÜBERFÄLLE

Vor allem nachts überfallen Straßenräuber gelegentlich Busse, Autos und andere Fahrzeuge auf dem Weg zwischen den Städten. Sie haben es meist auf Gepäck und Wertsachen abgesehen. Manchmal werden Buspassagiere auch von Personen ausgeraubt, die als Fahrgäste zugestiegen sind. Solche Vorfälle lassen sich am besten vermeiden, indem man nur tagsüber reist und sich dabei an Mautstraßen hält. Auf letzteren sind (falls vorhanden) die

Deluxe- und 1.-Klasse-Busse unterwegs, nicht jedoch 2.-Klasse-Fahrzeuge. Entlang der Pazifikküste erstreckt sich der Hwy 200 durch die Bundesstaaten Michoacán und Guerrero südwärts bis hinunter nach Huatulco in Oaxaca. Im Lauf der Zeit wurde er zum Schauplatz zahlreicher Überfälle, ebenso wie der Hwy 199 zwischen Palenque und Ocosingo (Chiapas) bzw. wie der Hwy 175 zwischen der Stadt Oaxaca und Pochutla. Die Hwys 134 und 51 zwischen Ixtapa und Iguala sind auch nicht sehr sicher.

GELD

Mexikos Währung ist der mexikanische Peso, abgekürzt wird er üblicherweise mit „Mex$". Für Preise, die in US-Dollars, der zweiten inoffiziellen Währung, angegeben sind, gibt es in der Regel zwei Schreibweisen – „US$5" oder „5 USD". So versucht man, Missverständnisse zu vermeiden. 100 Centavos sind 1 Peso; Münzen gibt es zu 5, 10, 20 und 50 Centavos sowie zu 1, 2, 5, 10, 20 und 100 Pesos. Banknoten gibt es zu 20, 50, 100, 200, 500 und 1000 Pesos.

Die zur Zeit der Drucklegung gültigen Wechselkurse finden sich auf der vorderen Umschlaginnenseite. Weitere Informationen gibt's auf S. 32.

Die bequemste Art, in Mexiko Geld mit sich zu führen, ist die Nutzung einer der verbreiteten internationalen Kredit- oder Bankkarten – besser gleich zwei oder drei davon mitnehmen, wenn man darüber verfügt. Mit der Visacard, der MasterCard oder der American-Express-Karte kann man überall in Mexiko problemlos Geld vom Geldautomaten abheben; auch von den meisten Fluggesellschaften, Autovermietungen und Reisebüros sowie von vielen Läden, Hotels und Restaurants der mittleren und gehobenen Preiskategorie werden diese Karten als Zahlungsmittel akzeptiert. Gelegentlich wird bei Kartenzahlung ein Aufschlag berechnet oder bei Barzahlung ein Rabatt gewährt.

Beim Einkauf mit der Kreditkarte ist der Wechselkurs meist günstiger, als wenn man das Geld bei einer Bank tauscht. Es fällt auch keine Bearbeitungsgebühr an, allerdings erhebt die Kreditkartenfirma in der Regel eine Gebühr von ca. 2,5 % für ein „Fremdwährungsgeschäft".

Neben Kredit- oder Bankkarten ist es trotzdem immer sinnvoll, auch ein paar Reiseschecks und ein wenig Bargeld mit auf die Reise zu nehmen. US-Dollars sind die am einfachsten zu tauschende Fremdwährung in Mexiko. In Touristenregionen und in vielen mexikanischen Ortschaften entlang der Grenze zu den USA kann man einige Dinge sogar mit US-Dollars bezahlen, allerdings wird der dabei zugrunde gelegte Wechselkurs bestimmt nicht der günstigste sein. Euros, in bar oder als Reiseschecks, werden von den meisten Banken und einigen *casas de cambio* (Wechselstuben) akzeptiert, allerdings kann es außerhalb der großen Städte und der touristischen Zentren damit Schwierigkeiten geben. Die Reiseschecks sollten von einem größeren Unternehmen wie American Express oder Visa ausgestellt sein.

Tipps zur sicheren Verwahrung seines Geldes auf Reisen finden sich auf S. 1067.

Geldautomaten

Geldautomaten (*caja permanente* oder *cajero automático*) sind in Mexiko zahlreich vorhanden und der bequemste Weg, um an Bargeld zu kommen. Man kann entweder die bekannteren Kreditkarten verwenden oder auch einige Bankkarten, um am Geldautomaten Pesos abzuheben. Der Wechselkurs, den die Banken beim dabei berechnen, ist normalerweise günstiger als der „Touristenkurs" beim Tausch am Schalter – doch muss das nicht unbedingt zum Vorteil für den Kunden ausfallen, da die Banken mit ihren Gebühren, Zinssätzen usw. über eine Menge Instrumente verfügen, um trotzdem an dessen Geld zu kommen.

Um die Gefahr, dass Karten kopiert werden, gering zu halten, benutzt man am besten nur Geldautomaten, die in Gebäuden stehen, nicht solche in freistehenden Kabinen. Die Kriminellen beschaffen sich die Kartennummer und die Geheimzahl mithilfe von versteckten Kameras, kopieren die Karte und heben mit der Kopie dann Geld ab.

Banken & Casas de Cambio

Bardevisen und Reiseschecks kann man in Banken oder *casas de cambio* tauschen. Das Verfahren in Banken ist zeitaufwändiger als in Wechselstuben, außerdem haben sie in der Regel kürzere Öffnungszeiten (üblicherweise Mo–Fr 9–17 & Sa 9–13 Uhr, in kleineren, verschlafenen Ortschaften manchmal auch noch kürzer). *Casas de cambio* sind in fast jeder großen und mittelgroßen Stadt sowie auch in vielen kleineren Orten zu finden. Hier geht das Wechseln schnell und oft ist bis in die Abendstunden und am Wochenende geöffnet; einige Wechselstuben akzeptieren allerdings keine Reiseschecks, was Banken in der Regel tun.

Die Wechselkurse fallen in jeder Bank oder *casa de cambio* ein wenig anders aus. Oft gibt es einen besseren Kurs für *efectivo* (Bargeld) als für *documento* (Reiseschecks).

Gibt es Engpässe beim Geldwechsel (das kann vor allem am Wochenende der Fall sein), kann man sein Glück auch in einem Hotel versuchen, obwohl der Kurs hier nicht besonders günstig sein dürfte.

Internationale Geldanweisungen

Wer in Mexiko telegrafisch Geld angewiesen bekommen möchte, kann das leicht über den „Dinero en Minutos"-Service der **Western Union** (☎ in den USA 800-325-6000; www.westernunion.com) organisieren. Er wird in ganz Mexiko von Tausenden von Bankfilialen und anderen Geschäfte angeboten, die an dem schwarzgelben Zeichen mit der Aufschrift „Western Union Dinero en Minutos" zu erkennen sind. Der Absender zahlt das Geld zusammen mit einer Gebühr online oder in einer Western-Union-Filiale ein und gibt an, wer der Empfänger ist und wo der es empfängt. Wenn man das Geld dann abholt, muss man einen Lichtbildausweis mitbringen. Western Union hat Filialen auf der ganzen Welt.

US-Postämter (☎ 800-275-8777; www.usps.com) bieten relativ priesgünstige Geldtransfers zu mexikanischen Filialen von Bancomer an. Der Service heißt Dinero Seguro.

Steuern

Mexikos *impuesto de valor agregado* (IVA, Mehrwertsteuer) beträgt 15 %. Nach dem Gesetz muss diese Steuer in dem angegebenen Preis für fast jede Ware oder Dienstleistung enthalten sein und sollte nicht nach der Preisverhandlung aufgeschlagen werden. Die Preisschilder in Läden und die Preise auf Speisekarten sind oft mit dem Zusatz „*IVA incluido*" versehen. Gelegentlich enthalten sie aber auch den Hinweis, dass die Mehrwertsteuer zum Preis noch dazukommt.

Auf Hotelzimmer wird zusätzlich eine *impuesto sobre hospedaje* (ISH, Unterkunftssteuer) erhoben. Jeder mexikanische Bundesstaat legt diese einzeln fest, meistens beträgt sie 2 %. Weitere Infos zu den Steuern auf Hotelzimmer gibt's auf S. 1080.

Trinkgelder & Feilschen

Im Allgemeinen rechnen die Mitarbeiter in kleinen, günstigen Restaurants nicht mit viel Trinkgeld – in teuren Resorts dagegen wird von Urlaubern eine lässige Großzügigkeit erwartet. Beschäftigte in der Tourismusbranche und Gastronomie sind häufig auf Trinkgelder angewiesen, um ihr miserables Grundgehalt aufzubessern. In Resorts, die von vielen Ausländern frequentiert werden, (z. B. in Cancún, Acapulco und Puerto Vallarta) sind Trinkgelder auf US-amerikanischem Niveau von 15 % üblich; anderswo gelten in der Regel 10 % schon als spendabel.

Wer mehrere Tage in einem Hotel übernachtet, sollte einen Betrag in Höhe von bis zu 10 % der Übernachtungskosten für das Reinigungspersonal hinterlassen (sofern es seine Arbeit gut gemacht hat). Ein Gepäckträger in einem Mittelklassehotel wird sich über 10 Mex$ pro Tasche freuen. Taxifahrer erwarten generell kein Trinkgeld, wenn sie keine Sonderleistung erbracht haben. Parkwächter bauen auf ein Trinkgeld von 3 bis 5 Mex$, ebenso das Personal an Tankstellen.

Die Zimmerpreise sind in der Regel Fixpreise. Dennoch kann es sich lohnen, nach einer Ermäßigung zu fragen, vor allem außerhalb der Saison und bei einem mehrtägigen Aufenthalt. Auf den Märkten ist Feilschen üblich und man zahlt vielleicht sehr viel mehr als den gängigen Preis, wenn man gleich auf die erste Forderung eingeht. Auch bei Taxifahrten ohne Taxameter lohnt sich das Feilschen.

INTERNETZUGANG

Die meisten Traveller greifen auf Mexikos zahllose Internetcafés und kostenlose E-Mail-Dienste wie Gmail (mail.google.com), Yahoo (www.yahoo.com) oder Hotmail (www.hotmail.com) zurück. Mexikanische Internetcafés verlangen normalerweise 10 Mex$ pro Stunde und sind häufig mit CD-Brennern, Webcams, Kopfhörern, Skype und anderen technischen Spielereien ausgerüstet. Wer seine Fotos unterwegs auf CD brennen möchte, sollte dennoch ein passendes USB-Verbindungskabel für die eigene Kamera im Gepäck haben.

Viele Unterkünfte besitzen kostenlose oder -pflichtige Internetzugänge für Gäste (Symbol 💻). Traveller mit eigenen Laptops können vermehrt auf hoteleigene WLAN-Zugänge (*internet inalámbrico*) zurückgreifen – und das normalerweise kostenlos. Auch ein paar Cafés, Bars und Flughäfen haben WLAN.

Unter www.kropla.com gibt's jede Menge nützliche Infos zum Internetzugang auf Reisen. Die auf S. 35 angegebenen Internetseiten erleichtern den Mexiko-Einstieg.

KARTEN & STADTPLÄNE

GeoCenter, Nelles, ITM und die AAA (American Automobile Association) geben gute Landkarten zu Mexiko heraus, die sich für die Reiseplanung eignen und im internationalen Handel für 6 bis 15 US$ zu haben sind. Die Karte von GeoCenter ist empfehlenswert, weil sie Terraindarstellungen und die Verzeichnung von archäologischen Stätten, Nationalparks, Straßen (nach Qualität unterschieden) und Ortschaften (nach Größe unterschieden) vereint. ITM gibt gute Karten im Maßstab 1 : 1 000 000 (1 cm = 10 km) zu einigen mexikanischen Regionen (u. a. für die Halbinsel Yucatán und die Pazifikküste) heraus. Informationen zu Straßenatlanten finden sich auf S. 1093.

Die Touristeninformationen in Mexiko bieten kostenlose Orts-, Stadt- und Regionalpläne in unterschiedlicher Qualität an. In Buchläden und an Zeitungsständen sind ebenfalls Karten erhältlich. **Inegi** (Instituto Nacional de Estadística, Geografía e Informática; ☎ 800-490-42-00; www.inegi.gob.mx) veröffentlicht zwei Karten von ganz Mexiko im Maßstab 1 : 50 000 (1 cm : 500 m) und 1 : 250 000 (1 cm = 2,5 km) sowie Karten der Bundesstaaten im Maßstab 1 : 700 000 (1 cm = 7 km). Die meisten dieser Karten wurden innerhalb der letzten zehn Jahre auf den neusten Stand gebracht. Für Wanderungen und Erkundungstouren ins Hinterland sind sie sehr nützlich. Inegis Centros de Información, die es in jeder Landeshauptstadt (auf der Website zu finden) und wenigstens dreimal in Mexico City gibt (s. S. 126), verkaufen diese Karten für 40 bis 70 Mex$ pro Stück.

Eine gute Internetquelle ist **Maps of Mexico** (www.maps-of-mexico.com) mit Detailkarten aller Bundesstaaten und von 90 Städten.

KINDER

Mexikaner lieben Kinder und werden jedes Kind, das nicht tiefschwarze Haare hat, zärtlich als *„güero"* (Blondchen) bezeichnen. Es gibt eine kleine Handvoll Ausnahmen, aber normalerweise sind Kinder in Hotels jeder Kategorie und in quasi jedem Café und Restaurant willkommen. Besonders kinderfreundliche Attraktionen, Hotels und Restaurants sind in diesem Buch mit dem Zeichen 🚼 versehen.

Auch wenn die mexikanischen Sehenswürdigkeiten, Klänge und Farben auf die meisten Kinder spannend und inspirierend wirken, so werden es doch die wenigsten mögen, ständig auf Achse zu sein; sie sind zufriedener, wenn sie eine Weile an einem Ort bleiben und Freundschaften schließen können. Man sollte Kindern die Möglichkeit geben, Zeit mit Dingen zu verbringen, die sie auch zu Hause gerne tun.

Kinder leiden zudem stärker unter Hitze und veränderten Schlafgewohnheiten als Erwachsene, tun sich schwerer mit ungewohntem Essen und brauchen Zeit, um sich zu akklimatisieren. Auch ist besonders darauf zu achten, dass die empfindliche Kinderhaut keinen Sonnenbrand bekommt. An ausreichende Flüssigkeitszufuhr denken, wenn ein Kind Durchfall bekommt (s. S. 1109).

Lonely Planets *Travel with Children* bietet zu diesem Thema viele praktische Ratschläge aus erster Hand.

Reisedokumente für Minderjährige

Um den Bestimmungen zum Schutz von Kindern gegen den internationalen Menschenhandel zu genügen, kann für minderjährige (unter 18 Jahren) allein oder in Begleitung nur eines Elternteils reisende Mexikobesucher die Notwendigkeit bestehen, eine notariell bestätigte, elterliche Bestätigung mit sich zu führen, die dieser Auslandsreise zustimmt. Fluggesellschaften könnten sich weigern, betroffene Passagiere ohne die Vorlage solcher Dokumente zu befördern. Bei geschiedenen Eltern kann eine Sorgerechtsbescheinigung erforderlich sein. Sind ein oder beide Elternteile verstorben, kann ein Totenschein oder ein beglaubigtes Dokument, in dem der gesetzlich bestimmte Vormund genannt ist, verlangt werden.

Man sollte sich an das Außenministerium seines Heimatlandes und/oder an ein mexikanisches Konsulat wenden, um in Erfahrung zu bringen, was notwendig ist. Die für die Reise erforderlichen Formulare sind in der Regel bei diesen Behörden erhältlich.

Praktisch & Konkret

Kinderbettchen für das Hotelzimmer und Kinderstühle im Restaurant werden in den meisten Mittel- und Spitzenklassehotels zur Verfügung gestellt. Für Mietwagen mit einem Kindersitz sind die größeren internationalen Autovermietungen die verlässlichsten Anbieter. Wahrscheinlich wird dieses Extra mit einem Aufschlag von ein paar Pesos pro Tag berechnet.

Ausgehfreudige Eltern können normalerweise problemlos Babysitter über das eigene Hotel anheuern. Wegwerfwindeln sind überall erhältlich, unbedingt benötigte Pflegeprodukte, Nahrungsmittel und Medikamente für Babys sollten jedoch mitgebracht werden.

Die meisten auf Familien ausgerichteten Hotels gibt's entlang den Küsten. Sie befinden sich größtenteils auf weitläufigen Grundstücken mit Einrichtungen wie Pools und Kinderspielplätzen. In manchen Häusern im Spitzenklasse- bzw. oberen Mittelklassebereich übernachten ein bis zwei Kinder unter zwölf Jahren kostenlos im Zimmer ihrer Eltern. Nach Mexiko und innerhalb der Landesgrenzen bezahlen Flugpassagiere unter zwei Jahren generell 10 % des Erwachsenenpreises, sofern sie keinen eigenen Sitzplatz brauchen. Zwischen zwei und elf Jahren werden normalerweise 67 % des Preises fällig. Mexikanische Fernreisebusse nehmen Kinder unter 13 Jahren häufig zum halben Preis mit. Wenn der elterliche Schoß genug Platz bietet, reisen kleine Busfahrgäste in der Regel kostenlos.

Sehenswertes & Aktivitäten

Strände und Pools stehen beim Nachwuchs zweifellos hoch im Kurs. Mancherorts gibt's auch noch anderes Unterhaltsames, das speziell auf Kinder zugeschnitten ist, z. B. Zoos, Aquarien, Vergnügungs-, Bade- und Safariparks. Diverse Abenteuerparks warten u. a. mit tollen Seilrutschen und Möglichkeiten zum Abseilen auf. Solche Optionen konzentrieren sich größtenteils auf städtische Ballungsräume wie Mexico City (S. 171), Monterrey (s. Kasten S. 440) und Villahermosa bzw. den Parque-Museo La Venta (S. 872) und Yumká (S. 878). Auch Küstenorte wie Cancún (S. 957), Mazatlán (S. 472) und Acapulco (S. 556) sind diesbezüglich erwähnenswert.

Outdoor-Aktivitäten (S. 1060) sind landesweit schwer im Kommen. Kinder können sich bereits in relativ zartem Alter an Tierbeobachtungen, Ausritten, Schnorchel-, Kajak- oder Radtouren erfreuen. Manche archäologischen Stätten sind für den Nachwuchs ebenfalls interessant, falls er gerne Pyramiden besteigt und Tunnels erkundet (was meist der Fall ist). In einiger Entfernung zu Stränden und Schnorchelmöglichkeiten sorgen die Cenoten und Höhlen der Halbinsel Yucatán für einen Hauch von Abenteuer – beispielsweise Boca del Puma (S. 973), Siete Bocas (S. 974), die Loltún-Höhlen (S. 1029) und die Grutas de Xtacumbilxunaan (S. 1055).

KLIMATABELLEN

In weiten Teilen Mexikos ist das Klima von Juni bis Oktober am heißesten und feuchtesten. Auf S. 31 stehen Empfehlungen zur besten Reisezeit.

KURSE

Durch die Teilnahme an Kursen lassen sich Land, Leute und Alltagsleben wunderbar kennenlernen, und gleichzeitig bildet man sich sprachlich, kulturell oder kulinarisch weiter. Mexiko ist auf kurze Spanischkurse spezialisiert. Auch Kochkurse werden immer beliebter, denn mexikanische Aromen gewinnen immer mehr Fans in aller Welt.

Zudem bieten mexikanische Universitäten und Hochschulen die Möglichkeit, in der Heimat besuchte akademische Seminare hier noch zu ergänzen. Längere Studienaufenthalte erfordern allerdings ein Studentenvisum. Diplomatische Vertretungen Mexikos informieren über alle offiziellen Formalitäten, die dazu nötig sind.

Die englischsprachige Internetseite von **Lonely Planet** (www.lonelyplanet.com) liefert weitere nützliche Links zu diesem Thema.

Kochen

Oaxaca ist die Landeshauptstadt der Kochkurse (s. Kasten S. 799). Doch auch anderswo können sich Fans der mexikanischen Küche von Profis im Zubereiten leckerer Gerichte unterweisen lassen. Klasse Kochschulen haben z. B. Monterrey (S. 441), Puebla (s. Restaurant Sacristía; S. 237), Tlaxcala (S. 248), Puerto Vallarta (S. 500) und sogar das Nest Yambigapan (S. 775).

Sprache

Spanischschulen sind in vielen der attraktivsten und spannendsten Städte Mexikos zuhause. Darunter fallen u. a. Cuernavaca, Guadalajara, Guanajuato, La Paz, Mérida, Morelia, Oaxaca, Mexico City, Monterrey, Pátzcuaro, Playa del Carmen, Puerto Escondido, Puerto Vallarta, Querétaro, San Cristóbal de Las Casas, San Miguel de Allende, Taxco, Veracruz und Xalapa. Viele Schulen

CANCÚN 1 m — Durchschnitt max./min.

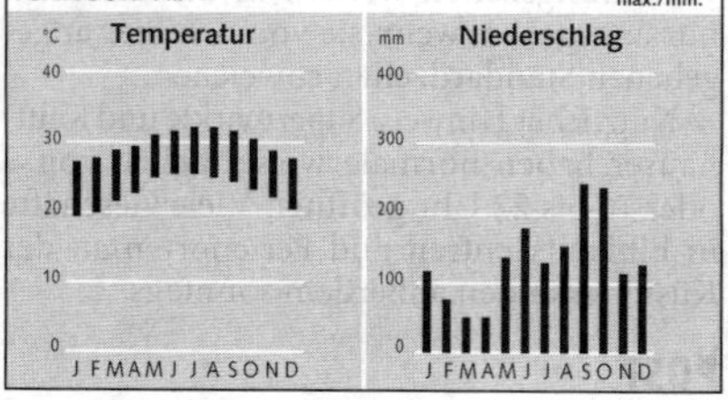

MONTERREY 512 m — Durchschnitt max./min.

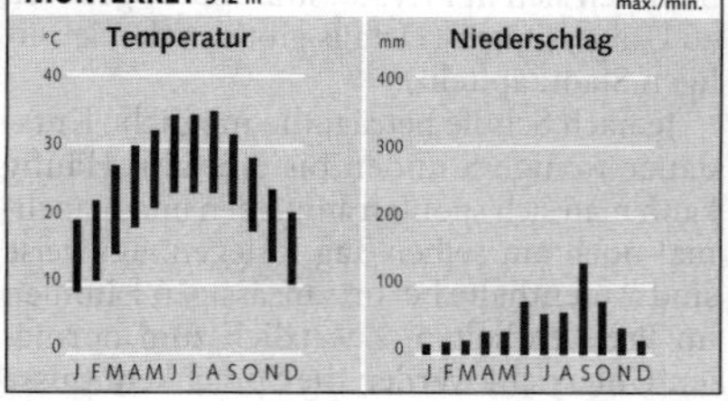

CHIHUAHUA 1330 m — Durchschnitt max./min.

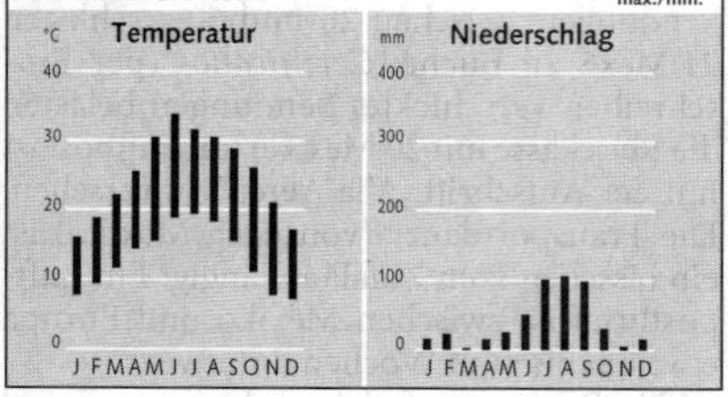

OAXACA 1550 m — Durchschnitt max./min.

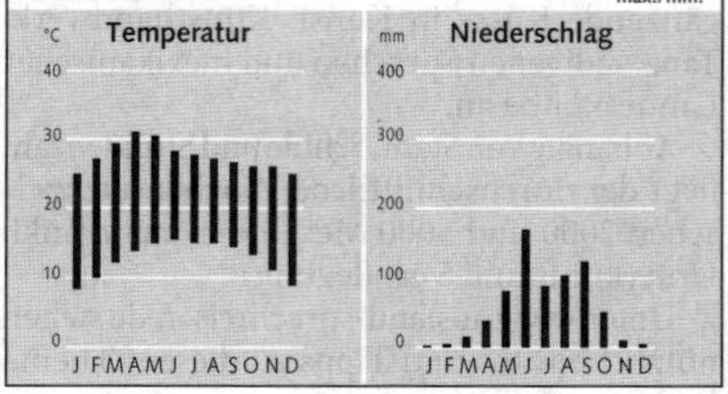

GUADALAJARA 1540 m — Durchschnitt max./min.

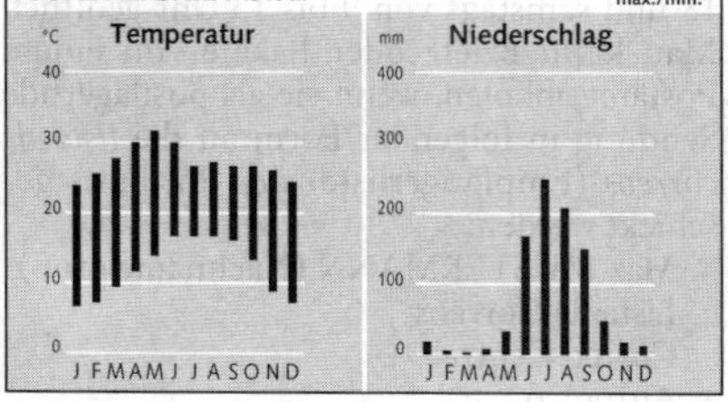

PUERTO VALLARTA 6 m — Durchschnitt max./min.

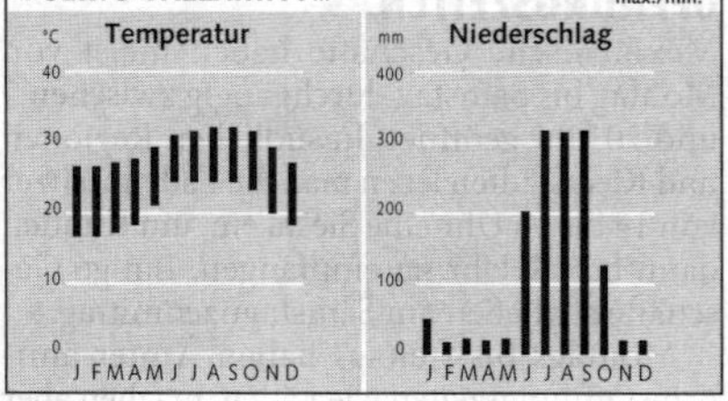

MÉRIDA 22 m — Durchschnitt max./min.

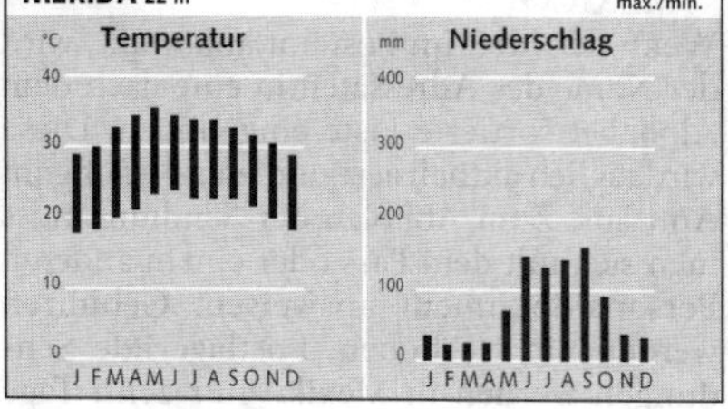

SAN CRISTÓBAL DE LAS CASAS 2276 m — Durchschnitt max./min.

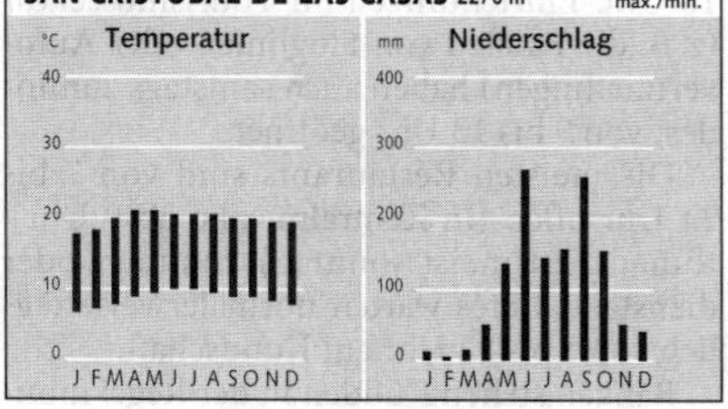

MEXICO CITY 2234 m — Durchschnitt max./min.

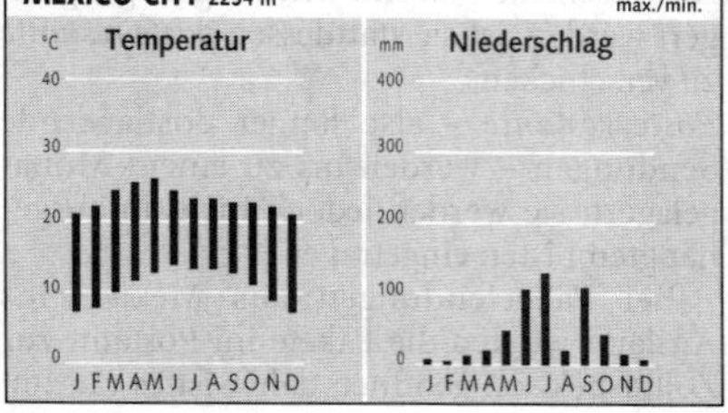

SAN JOSÉ DEL CABO 7 m — Durchschnitt max./min.

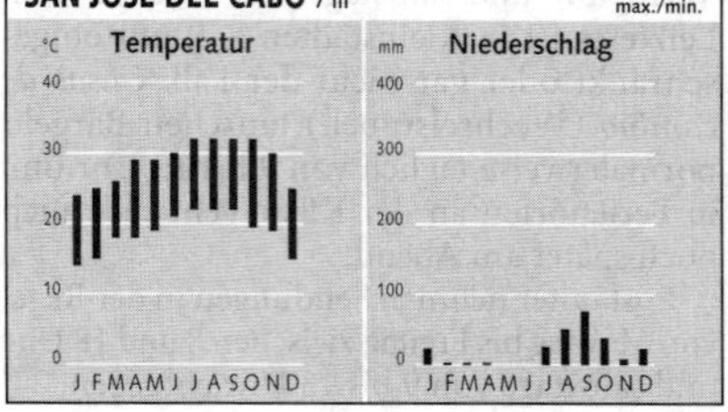

befinden sich in Privatbesitz, andere gehören zu Universitäten (Details gibt's in den jeweiligen Stadtkapiteln).

Je nach Schule beträgt die mögliche Kursdauer wenige Stunden bis ein Jahr. Häufig kann man sich spontan anmelden und manchmal noch am selben Tag loslegen. Teilweise sind Aufenthalte bei ortsansässigen Familien im Preis enthalten. Zusätzlich zum normalen Unterricht werden die Sprachkenntnisse dadurch noch einmal gefördert. Immer mehr Schulen bieten zudem alternative oder ergänzende Kurse in Kunst, Kunsthandwerk, Tanz, indigenen Sprachen und mexikanischer Landeskunde an.

Abhängig von Stadt, Schule und Stundenzahl liegt der durchschnittliche Wochensatz zwischen 2000 und 5000 Mex$ oder mehr (inkl. Unterkunft und Verpflegung).

Unter www.ausland-sprachreisen.de stehen nützliche Infos und Tipps zu diesem Thema im Netz.

ÖFFNUNGSZEITEN

Mexikanische Geschäfte haben meist von Montag bis Samstag durchgängig zwischen 9 und 20 Uhr geöffnet. In südlichen Regionen und Kleinstädten legen manche Ladenbesitzer von 14 bis 16 Uhr eine Siesta ein, um Kunden dann bis 21 Uhr zu empfangen. Einige Geschäfte schließen am Samstagnachmittag.

Montags bis freitags haben Ämter ähnliche Öffnungszeiten wie Läden, machen aber häufiger eine Mittagspause zwischen 14 und 16 Uhr. Einrichtungen im Tourismussektor (z. B. die Filialen von Fluglinien oder Autovermietungen) haben auch samstags zumindest von 9 bis 13 Uhr geöffnet.

Die meisten Restaurants sind von 7 bis 24 Uhr offen (in Zentralmexiko ab 9 Uhr). Ruhetag ist meist sonntags, montags oder dienstags. Cafés warten normalerweise täglich von 8 bis 22 Uhr auf Kundschaft.

Banken stehen Kunden in der Regel montags bis freitags zwischen 9 und 17 Uhr zur Verfügung und samstags von 9 bis 13 Uhr. Letzteres ist in Kleinstädten z. T. nur eingeschränkt oder gar nicht der Fall. *Casas de cambio* (Wechselstuben) tauschen Bargeld normalerweise täglich von 9 bis 19 Uhr um; in Ferienorten an der Küste geht dies auch noch später am Abend.

Postämter nehmen Sendungen in der Regel von Montag bis Freitag zwischen 8 und 18 Uhr und samstags von 9 bis 13 Uhr entgegen.

Öffnungszeiten werden in diesem Buch nur angegeben, wenn sie von den hier angegebenen Standardzeiten abweichen.

Nützlicher Hinweis: Supermärkte und Kaufhäuser haben normalerweise täglich von 9 oder 10 bis 22 Uhr geöffnet. Viele Geschäfte in Einkaufszentren und Ferienorten an der Küste verkaufen außerdem sonntags.

POST

Ein Luftpostbrief oder eine bis zu 20 g schwere Postkarte nach Europa kostet 10,50 Mex$, Sendungen zwischen 20 und 50 g schlagen 21 Mex$ zu Buche. *Certificado-* (per Einschreiben verschickte) Sendungen belasten die Reisekasse mit 20 Mex$ extra. Luftpost ist mit der Aufschrift „Vía Aérea" zu versehen. Die Transportdauer (von/nach Mexiko) ist ein bisschen vom Zufall abhängig: Ein Luftpostbrief ist zwischen Mexiko und Europa etwa ein bis zwei Wochen unterwegs.

Die Postämter *(oficinas de correos)* sind gewöhnlich montags bis freitags von 8 bis 18 und samstags von 9 bis 13 Uhr geöffnet. Man kann Briefe oder Pakete von einem Postamt abholen, wenn sie als postlagernde Sendung in folgender Form an die *lista de correos* (Empfängerliste) des Postamts geschickt werden:

Max MUSTERMANN (Nachname groß)
Lista de Correos
Correo Central
Acapulco
Guerrero 00000 (Postleitzahl)
MEXICO

Wenn der Brief im Postamt ankommt, wird der Name des Adressaten in eine nach dem Alphabet sortierte Liste eingetragen. Diese wird täglich aktualisiert und hängt häufig im Amt aus. Zum Abholen der Sendung muss man sich mit dem Pass oder einem anderen Personaldokument ausweisen. Gebühren werden nicht erhoben. Postlagernde Sendungen werden in Mexiko nur zehn Tage aufbewahrt und dann an den Absender zurückgeschickt. Soll eine Sendung länger gelagert werden, ist sie stattdessen *poste restante* zu verschicken.

Poste restante – also länger postlagernde Sendungen – werden bis zu einem Monat gelagert; sie werden jedoch nicht in ausgehängten Listen eingetragen .

Bei Paketsendungen aus Mexiko ins Ausland werden die Pakete im Postamt zur Zollinspektion geöffnet; daher ist es ratsam, die Sachen zunächst unverpackt zu lassen, Packmaterial mitzunehmen und erst im Amt zu packen. Für eine versicherte und schnelle Zulieferung bieten sich teurere internationale Kurierdienste an, beispielsweise **UPS** (☎ 800-902-92-00; www.ups.com), **Federal Express** (☎ 800-900-11-00; www.fedex.com) oder die mexikanische **Estafeta** (☎ 800-903-35-00; www.estafeta.com). Pakete bis zu 500 g kosten nach Europa ca. 450 Mex$.

RECHTSFRAGEN

Mexikanisches Recht

Das mexikanische Recht beruht auf dem Römischen Recht und dem Code Napoléon: Ein Beschuldigter ist als schuldig anzusehen, bis seine Unschuld nachgewiesen wurde.

Die Mindeststrafe für den Besitz einer noch so geringfügigen Menge an Betäubungsmitteln jeglicher Art, auch von Marihuana und Amphetaminen, ist zehn Jahre Gefängnis. Wie in den meisten anderen Ländern ist für den Erwerb verschreibungspflichtiger Medikamente das Rezept eines Arztes erforderlich.

Die (selbst unbeabsichtigte) Einfuhr von Schusswaffen und Munition verstößt gegen das mexikanische Gesetz, sofern nicht die Genehmigung einer mexikanischen Botschaft oder eines mexikanischen Konsulats vorliegt.

Reisende müssen auf den Straßen mit gelegentlichen Kontrollen von Seiten der Polizei oder des Militärs rechnen. Die Beamten suchen in der Regel nach Drogen, Waffen oder illegalen Einwanderern. Fahrer, in deren Auto Drogen oder Waffen gefunden werden, müssen mit der Beschlagnahmung des Fahrzeugs rechnen und können in monatelange Untersuchungshaft genommen werden.

Informationen zur Rechtslage bei Verkehrsunfällen finden sich auf S. 1095.

Das gesetzlich geregelte Heiratsalter beträgt 12 Jahre, aber Geschlechtsverkehr mit Personen unter 18 Jahren ist ein Gesetzesverstoß, wenn die Zustimmung zum Sex durch eine Täuschung, etwa ein falsches Eheversprechen, erlangt wurde.

Nützliche (Warn-) Hinweise zum mexikanischen Recht finden sich auf der Website des **US Department of State** (www.travel.state.gov).

Rechtsbeistand

Wer verhaftet wurde, hat das Recht, mit seiner Botschaft oder seinem Konsulat Kontakt aufzunehmen. Konsularbeamte können Auskunft über die jeweilige Rechtslage geben, eine Liste örtlicher Anwälte übermitteln, die Abwicklung des Falls beobachten, eine menschenwürdige Behandlung anmahnen und Verwandte oder Freunde benachrichtigen – aus dem Gefängnis herausholen können sie einen nicht. Nach mexikanischem Recht darf eine Person ohne Anklageerhebung höchstens 72 Stunden von der Polizei festgehalten werden.

Die Touristenbüros in Mexiko – vor allem die bundesstaatlichen – können bei rechtlichen Problemen wie der Meldung von Straftaten oder bei Straf- oder Verlustanzeigen häufig behilflich sein. Das nationale Tourismusministerium **Sectur** (☎ 078, 800-987-82-24) hat zwei gebührenfreie Nummern und bietet dazu einen 24-stündigen Telefondienst.

Wird man Opfer einer Straftat, leisten Botschaft, Konsulat, Sectur oder ein staatliches Tourismusbüro Hilfe. In einigen Fällen mag man glauben, dass ein Gang zur Polizei kaum etwas bringt außer vielleicht einer Bescheinigung für die eigene Versicherung. Wer über keine guten Spanischkenntnisse verfügt, sollte eine sprachkundige Person mitnehmen. Erforderlich sind außerdem der Reisepass und die Touristenkarte, sofern diese nicht gestohlen wurden. Wer nur eine Diebstahlsanzeige für die Versicherung aufnehmen lassen möchte, sollte sagen, er wolle „*poner una acta de un robo*" – einen Diebstahl anzeigen. Das sollte ausreichen, um zu verdeutlichen, dass man nur eine Bescheinigung braucht, die man dann auch ohne größere Umstände erhalten dürfte.

Wer von der mexikanischen Polizei zu Unrecht eines Gesetzesverstoßes beschuldigt wird (was in der Hoffung, ein Schmiergeld zu erpressen, schon häufig geschehen ist), hat das Recht, sich die Papiere des Beamten zeigen zu lassen, ein Gespräch mit einem Vorgesetzten zu führen oder einen Nachweis über den ihm zur Last gelegten Gesetzesverstoß einzufordern. Man kann sich auch den Namen des Beamten, seine Dienstnummer, die Fahrzeugnummer und seine Zugehörigkeit zur Bundes-, Landes- oder Ortspolizei notieren. Bußgelder sollte man auf einer Polizeiwache bezahlen und sich quittieren lassen, dann kann man sich bei Sectur oder einem staatlichen Tourismusbüro beschweren.

REISEN MIT BEHINDERUNG

Derzeit besitzt Mexiko nur wenige behindertengerechte Einrichtungen. Dennoch sind manche Hotels und Restaurants auf Gäste mit Handicap eingestellt (besonders die in der oberen Preisklasse). Öffentliche Gebäude und archäologische Stätten haben z. T. Rollstuhlrampen. Abgesenkte Bordsteine sind dagegen kaum vorhanden. In puncto Mobilität bieten Touristenhochburgen und teurere Hotels die meisten Möglichkeiten. Busreisen gestalten sich im Vergleich zu Flugzeug und Taxi für Rollstuhlfahrer meist relativ schwierig. Die Hilfsbereitschaft der Mexikaner gleicht den Mangel an öffentlichen Behinderteneinrichtungen aber teilweise aus: Dank ihres Improvisationstalents lässt sich manch schwierige Situation zu aller Zufriedenheit meistern.

Mobility International USA (☎ 541-343-1284; www.miusa.org) betreibt internationale Austauschprogramme und berät Reisende mit Behinderung in Mobilitätsfragen. Die umfangreiche Online-Datenbank umfasst u. a. die Kontaktadressen mehrerer mexikanischer Behindertenorganisationen.

Bei allgemeinen Fragen kann man sich in Deutschland z. B. an die **Nationale Koordinierungsstelle Tourismus für Alle e. V.** (Natko; ☎ 049-6131-250410; www.natko.de; Kötherhofstr. 4, D-55116 Mainz) wenden. Auch folgende Stellen erteilen universelle, nützliche Reiseinformationen:

Mobility International Schweiz (☎ 041-6220-68835; www.mis-ch.ch; Froburgstr. 4, CH-4600 Olten) Informationen zum weltweiten barrierefreien Reisen; mit Forum und umfassender Bibliothek.

MyHandicap (☎ 049-089-2189 86950; www.myhandicap.de/touristik.html; Mandlstr. 22, D-80802 München)

SCHWULE & LESBEN

Mexiko steht sexuellen Themen offener gegenüber, als man es vielleicht erwartet. Schwule und Lesben treten hier zwar nicht allzu stark in Erscheinung, begegnen aber nur selten offener Diskriminierung oder Gewalt. Mexico City, Puerto Vallarta und vor allem Guadalajara haben große, lebendige Schwulengemeinden und/oder entsprechende Touristenszenen. Dasselbe gilt für Cancún, Mazatlán, Acapulco, Monterrey und Veracruz. Seit Mexico City gleichgeschlechtliche Partnerschaften legalisiert hat, ist die Schwulenszene in der Hauptstadt kräftig aufgeblüht. Allgemein sind Schwule in der mexikanischen Öffentlichkeit stärker vertreten als Lesben. Seit 1999 ist jegliche Diskriminierung bezüglich sexueller Ausrichtung in Mexiko gesetzlich verboten und kann mit bis zu drei Jahren Haft bestraft werden.

Das **Gay Mexico Network** (www.gaymexico.net) bietet u. a. Unterkunfts- und Nightlife-Verzeichnisse für mehrere Städte. Dazu kommen zahlreiche gute Links und allgemeine Informationen. Auf der Website von **Gay Mexico** (www.gaymexico.com.mx) findet sich eine Karte mit Links zu regionalen Schwulenführern. Das Magazin **Sergay** (www.sergay.com.mx; spanisch) ist im Internet ebenfalls präsent; obwohl der Schwerpunkt auf Mexico City liegt, decken die Tipps zu Bars, Diskos und Szenetreffs das ganze Land ab. Bei **Homópolis** (www.homopolis.com.mx) finden sich weitere Verzeichnisse. Ebenfalls empfehlenswert ist **Gay.com** (www.gay.com) mit detaillierten Reiseführern zu neun mexikanischen Städten. Und dann wären da noch **PlanetOut** (www.planetout.com) und die **International Gay and Lesbian Travel Association** (www.iglta.org) mit Infos zu schwulenfreundlichen Reiseveranstaltern in aller Welt.

Arco Iris Tours (www.arcoiristours.com) ist in San Diego ansässig und hat sich auf Schwulentrips nach Mexiko spezialisiert, u. a. etwa auf Gruppenreisen zu den Schwulenfestivals in Cancún (Mai & Nov.) oder zur Gay Pride Week in Mexico City (Juni). Zudem wird in Puerto Vallarta gemeinsam das neue Jahr begrüßt.

SHOPPEN

Die besten Mitbringsel, die man in Mexiko bekommen kann, sind die wunderbaren, vielfältigen Erzeugnisse des regionalen Kunsthandwerks, die man überall im Land bekommt und die größtenteils von Indios stammen. Diese *artesanías* gibt es entweder direkt in den Dörfern zu kaufen, wo sie auch hergestellt werden, oder in Geschäften und auf den Märkten in der Stadt. *Artesanías*-Läden in den Städten ermöglichen einen guten Überblick über das vielfältige Angebot und bieten eine Grundlage für Preisvergleiche. In Mexico City, Guadalajara, Monterrey, San Miguel de Allende, Puerto Vallarta, Puebla und Oaxaca gibt es Geschäfte, die hochwertiges Kunsthandwerk aus dem gesamten Land verkaufen. Einige Städte haben spezielle Kunstmärkte, doch auch auf den gewöhnlichen Tages- oder Wochenmärkten sind kunsthandwerkliche Dinge zu finden – auch Alltagsgegenstände wie Töpfe und Körbe und anspruchsvollere Sachen. Qualität und Preis der Marktwaren können niedriger ausfallen als bei Angeboten in Geschäften. Auf den Märkten wird vom Kunden erwartet, das er feilscht, in den Läden dagegen gibt es im Allgemeinen Fixpreise. Ein

Ausflug in die Dörfer, in denen Kunsthandwerk produziert wird, gibt einem die Gelegenheit, den Herstellern bei der Arbeit über die Schulter zu schauen. Wenn man hier kauft, kann man außerdem sicher sein, dass die Künstler den größeren Anteil des Geldes erhalten und nicht die Händler.

Alltagsgegenstände und Verbrauchsgüter kaufen die Mexikaner, die der Mittelschicht angehören, gern in glitzernden vorstädtischen Malls, großen Super- und Hypermärkten oder Warenhäusern. In den Stadtzentren finden sich in der Regel kleinere, ältere Läden und Märkte mit mehr Charakter.

Einführende Infos zur Vielfalt mexikanischen Kunsthandwerks finden sich auf S. 89: Es gibt Keramiken, Masken, Holzarbeiten, Schmuck, Metallarbeiten, Lackwaren, Stoffe, Rindenmalereien und *retablos* (bzw. *exvotos*). Im Folgenden eine Zusammenstellung anderer schöner Produkte, deren Kauf lohnt:

Taschen Gibt es in allen Formen und Größen, häufig mit indianischen Mustern verziert. Jene des Volks der Huicholes gehören zu den authentischsten und originalsten.

Körbe Handgemachte Körbe verschiedener Formen und Größen mit vielen Mustern aus Materialien wie Zuckerrohr, Bambus, Binse, Weide oder Palmblättern sind verbreitete Artikel auf mexikanischen Märkten. Sie sind nicht nur schön, sondern auch gut geeignet zum Transport weiterer Einkäufe!

Kleidung Kommerziell hergestellte Kleidung, ob auf traditionellen Entwürfen beruhend oder an internationale Modetrends angepasst, kann attraktiv und von guter Qualität sein. Das gilt auch für Surferklamotten mexikanischer Marken wie Squalo.

Hängematten Sie werden üblicherweise aus Baumwolle oder Nylon hergestellt. Es gibt sie in verschiedenen Größen und in einer unbegrenzten Auswahl an Farbmustern – leicht erhältlich in Mérida, Palenque, Acapulco, Puerto Escondido, Zipolite, Mitla and Juchitán.

Lederwaren León is Mexikos Schuhmetropole und hat Dutzende Läden, obwohl es auch in jeder anderen größeren Stadt viele gute Geschäfte gibt. Fein gearbeitete Gürtel, Taschen, *huaraches* (Sandalen), Stiefel, Kleidungsstücke und Sättel gibt es in den nördlichen und zentralen Rancherstädten wie Zacatecas, Chihuahua, Durango, Jerez, Hermosillo, Monterrey, Saltillo und Guadalajara.

Musikinstrumente Paracho in Michoacán ist die Gitarrenhauptstadt Mexicos. Hier gibt es auch Violinen, Cellos und weitere Instrumente zu kaufen. Anderswo finden sich Maracas, Tamburine, Pfeifen, Waschbretter und vielerlei Trommeln. Auch auf Zungentrommeln achten, das sind oft zylindrische, ausgehöhlte Holzstücke, die hübsch mit Schnitzereien oder anderen Deko-Elementen verziert sind und zwei Holzzungen in der Mitte haben, die angeschlafen unterschiedliche Töne erzeugen.

TELEFON

Mexikanische Ortsgespräche sind günstig. Rabattkarten für Auslandsgespräche bekommt man nahezu überall. Ohne sie kosten Anrufe in der Heimat eine Stange Geld. Letzteres gilt u. U. auch für Telefonate vom Hotelzimmer, da die Unterkünfte ihre Tarife selbst festlegen. Nachfolgend sind die gebräuchlichsten Methoden zum Telefonieren in Mexiko aufgeführt.

Ermäßigte Fern- & Auslandsgespräche

Rabattkarten für Fern- und Auslandsgespräche gibt's in der Regel im Wert von 100, 200 oder 500 Mex$. Man bekommt sie bei Kiosken und in manchen kleinen Supermärkten. Im Vergleich zu *locutorios*, Telmex-Kartentelefonen und oft sogar Privatanschlüssen spart man mit ihnen kräftig Bares. Sie werden von vielen alternativen Telefongesellschaften angeboten: einfach nach einer *tarjeta para llamadas de larga distancia de descuento* (Rabattkarte für Ferngespräche) fragen. Vor der Nutzung muss zuerst der Code auf der Karte freigerubbelt werden; dann die örtliche oder gebührenfreie Zugangsnummer wählen und den jeweiligen Code eingeben. Zum Schluss folgt die gewünschte Anschlussnummer inklusive aller erforderlichen Länder- bzw. Ortsvorwahlen. Die Rabattkarten werden also nicht in den Fernsprecher gesteckt und funktionieren überall – bei Privatanschlüssen, Telmex-Kartentelefonen und im Hotelzimmer.

Gebührenfreie Servicenummern & Telefonvermittlung

Gebührenfreie Servicenummern beginnen in Mexiko stets mit ☎ 800 und haben sieben weitere Ziffern. Allerdings muss die ☎ 01 vorgewählt werden. Die meisten dieser Nummern können an Telmex-Telefonen ohne Guthaben eingegeben werden, dasselbe gilt für die Notfallnummern ☎ 060 und ☎ 080.

Operatoren vermitteln In- und Auslandsgespräche unter ☎ 020 bzw. ☎ 090. Mexikanische Anschlussnummern lassen sich unter ☎ 040 in Erfahrung bringen.

Handy

Wie bei anderen mexikanischen Telefonnummern gilt auch für einheimische Handys *(teléfono celular)* jeweils eine Ortsvorwahl (normalerweise die des jeweiligen Erwerbsorts). Ortsvorwahl und eigentliche Telefonnummer haben zusammen zehn Stellen. Will man ein Handy mit derselben Ortsvorwahl vom Festnetz aus anrufen, muss die ☎ 044 vorgewählt werden, bei anderen Ortsvorwahlen die ☎ 045; bei Telefonaten von Handy zu Handy reicht die zehnstellige Zahlenfolge aus. Mexikanische Handys sind auch aus dem Ausland erreichbar – hierzu zunächst den eigenen Ländercode und Mexikos internationale Vorwahl (☎ 52) wählen, dann folgen die „1" und die zehnstellige Handynummer.

Wenn man in Mexiko ein eigenes Handy erwerben möchte, stehen drei Hauptanbieter zur Wahl: Die Modelle von **Telcel** (www.telcel.com), **IUSACell** (www.iusacell.com.mx) und **Movistar** (www.movistar.com.mx) werden für 400 bis 800 Mex$ verkauft, jeweils inklusive Ladegerät und kleinem Gesprächsguthaben. Letzteres lässt sich durch optionale Karten auf 100 Mex$ oder mehr aufstocken. Telcel ist am weitesten verbreitet. Das Unternehmen unterhält zahlreiche Filialen (u. a. am Flughafen von Mexico City) und deckt fast alle Regionen mit halbwegs ordentlicher Bevölkerungsdichte ab. Telcel-Ladekarten sind bei Zeitungsständen und in kleinen Supermärkten erhältlich. Außerhalb der Landesgrenzen funktionieren mexikanische Handys allgemein nicht.

Mitgebrachte GSM-Geräte ermöglichen Roaming-Gespräche in die Heimat – allerdings zu extrem hohen Preisen. Eine günstigere Alternative sind mexikanische SIM- oder „Chip"- Karten. Diese können bei Telcel- oder Movistar-Filialen gekauft und normalerweise online aufgeladen werden.

Unter www.kropla.com gibt's gute Infos zur Handynutzung in aller Welt.

Locutorios & Casetas de Teléfono

In solchen Telefonstuben werden Verbindungen vom Vermittlungspersonal hergestellt. Im Vergleich zu Telmex-Kartentelefonen sind *casetas* und *locutorios* oft günstiger, und man kann dort ohne lästigen Straßenlärm und ohne Telefonkarte telefonieren. Ein Telefonsymbol bzw. Schilder mit der Aufschrift „teléfono", „Lada" oder „Larga Distancia" kennzeichnen die Einrichtungen. *Casetas* heißen in Baja California *cabinas*.

Öffentliche Kartentelefone

In Groß- und Kleinstädten gibt es meist öffentliche Kartentelefone en masse, zumindest aber in Flughäfen, Busbahnhöfen und im Bereich der Hauptplaza. Am zahlreichsten und günstigsten sind die Geräte des größten Anbieters **Telmex** (www.telmex.com), der auf Mexikos Telekommunikationsmarkt beinahe ein Monopol zu halten scheint. Für Telmex-Fernsprecher benötigt man spezielle *tarjeta-Ladatel*-Karten, die überall bei Kiosken und in Läden mit blau-gelben „*Ladatel*"-Schildern erworben werden können. Das Gesprächsguthaben beträgt 30, 50 oder 100 Mex$.

Telmex-Kartentelefone ermöglichen Gespräche innerhalb Mexikos (Orts-/Ferntarif 1/4 Mex$ pro Min.) und ins Ausland (Mittelamerika 10 Mex$/Min., Europa 20–25 Mex$/Min.) Handys können ebenfalls angerufen werden (Orts-/Ferntarif 3,12/6,12 Mex$ pro Min.).

R-Gespräche

Eine *llamada por cobrar* (R-Gespräch) kann den Angerufenen beträchtlich mehr kosten, als wenn er oder sie selber anruft. Deswegen ist es manchmal gut, nur kurz anzurufen und um Rückruf zu bitten. Ein R-Gespräch kann man von einem Kartentelefon aus vornehmen, ohne dafür eine Karte zu benötigen. Man lässt sich über ☎ 020 für Inlands- oder ☎ 090 für Auslandsgespräche mit einem Operator verbinden oder nutzt einen Service, über den man ein internationales R-Gespräch über einen Operator in dem Land führt, in das man anrufen will. Der mexikanische Ausdruck dafür ist *país directo.* Mexikanische Operatoren kennen vielleicht die Zugangsnummern für einzelne Länder, es ist aber besser, sich diese Daten vor der Abreise im Heimatland zu besorgen.

Einige Telefon-*casetas* und Hotels ermöglichen R-Gespräche, nehmen dafür aber in der Regel eine Gebühr.

Telefonieren übers Internet

Diese Option erfordert eine Highspeed-Verbindung, die in den meisten Internetcafés zur Verfügung steht – ebenso in Hotels, normalen Cafés und anderen Einrichtungen mit WLAN-Zugängen. Weiterhin benötigt man ein entsprechendes Headset und ein Mikrofon. Dieses Zubehör ist in vielen Internetcafés vorhanden und nebst spezieller Software z. T. vorinstalliert; Telefonate übers Internet werden hier normalerweise mit extrem niedrigen Minutenpreisen beworben. Wer bereits bei einem Internet-Telefonservice wie **Skype** (www.skype.com) registriert ist, kann sich das in Internetcafés zunutze machen oder an Orten mit

WLAN den eigenen Laptop verwenden, was wohl die günstigste Option ist.

Vorwahlen

Wenn man eine Festnetznummer in der Stadt oder Ortschaft anrufen will, in der man sich befindet, wählt man einfach nur die Rufnummer (8-stellig in Mexico City, Guadalajara und Monterrey, sonst 7 Ziffern).

Für Anrufe ins Festnetz anderer Städte und Ortschaften innerhalb Mexikos ist die Ferngesprächsvorwahl ☎ 01 nötig, dann der Gebietscode (2-stellig für Mexico City, Guadalajara und Monterrey, sonst 3-stellig) und dann die Rufnummer. Aus Mexico City nach Oaxaca wählt man also ☎ 01, dann die Ortsvorwahl von Oaxaca, ☎ 951, und schließlich die siebenstellige Telefonnummer. Die Ortsvorwahl steht in den Regionenkapiteln dieses Buches beim entsprechenden Abschnitt unter dem Namen der Stadt bzw. Ortschaft.

Bei Gesprächen ins Ausland wählt man die Auslandsvorwahl ☎ 00, danach die Landesvorwahl, die Ortsvorwahl und schließlich die Rufnummer. Für einen Anruf aus Mexiko nach Berlin also ☎ 00 wählen, dann die deutsche Landesvorwahl ☎ 49 und die Berliner Vorwahl ☎ 30, gefolgt von der Rufnummer.

Um einen mexikanischen Festnetzanschluss aus einem anderen Land zu erreichen, gibt man die örtliche Auslandsvorwahl ein, danach die mexikanische Landeskennzahl ☎ 52, die Ortsvorwahl und dann die Rufnummer.

Auf S. 1077 stehen Infos zu Vorwahlen für Mobilfunknummern.

TOILETTEN

In Mexiko sind öffentliche Toiletten relativ rar, daher benutzt man am besten die sanitären Anlagen von Hotels, Restaurants, Busbahnhöfen, Museen oder ähnlichen Einrichtungen. Da Toilettenpapier unterwegs oft Mangelware ist, empfiehlt sich stets ein eigener Vorrat. Mancherorts muss gebrauchtes Papier in dem Kübel neben der Toilettenschüssel entsorgt werden, um das Verstopfen der Abflüsse zu verhindern.

TOURISTENINFORMATION

Wenn eine Stadt oder Ortschaft für Touristen interessant ist, gibt's fast immer eine staatliche oder kommunale Touristeninformation. Allgemein bekommt man dort recht gute Infos, Karten und Broschüren. Zumindest ein paar der Angestellten können meist Englisch.

Das nationale Tourismusministerium **Sectur** (☎ 078, 800-987-82-24 in Mexiko, 888-401-3880 in den USA, 00-52-55-5089-7500 aus Europa; www.visitmexico.com, www.sectur.gob.mx) unterhält ein Büro in Mexico City, das täglich (auch sonntags) rund um die Uhr kontaktiert werden kann. Auf Spanisch und Englisch erteilt es Auskünfte jeglicher Art.

Alle mexikanischen Bundesstaaten besitzen zentrale Touristeninformationen, deren Kontaktdaten im Anschluss aufgeführt sind. Achtung: Manche der folgenden Internetseiten liefern lediglich spanischsprachige Informationen.

Aguascalientes (☎ 449-915-95-04; www.aguascalientes.gob.mx/turismo)
Baja California (☎ 078, 664-682-33-67; www.discoverbajacalifornia.com)
Baja California Sur (☎ 612-124-01-00; www.bcs.gob.mx)
Campeche (☎ 981-811-92-29 od. 800-900-22-67; www.campechetravel.com)
Chiapas (☎ 961-617-05-50 od. 800-280-35-00; www.turismochiapas.gob.mx)
Chihuahua (☎ 614-429-35-96 od. 800-508-01-11; www.ah-chihuahua.com, www.chihuahua.gob.mx/turismoweb)
Coahuila (☎ 800-718-42-20; www.secturcoahuila.gob.mx)
Colima (☎ 312-316-20-21; www.visitacolima.com.mx)
Durango (☎ 618-811-11-07 od. 800-624-65-67; www.durangoturismo.com, www.durango.gob.mx)
Guanajuato (☎ 473-732-15-74 od. 800-714-10-86; www.guanajuato-travel.com)
Guerrero (☎ 747-471-97-00; www.guerrero.gob.mx)
Hidalgo (☎ 771-718-39-37; www.turismo.hidalgo.gob.mx)
Jalisco (☎ 33-3668-1600 od. 800-363-22-00; www.visita.jalisco.gob.mx)
Mexico City (☎ 800-008-90-90; www.mexicocity.gob.mx)
México (☎ 722-212-59-98; turismo.edomexico.gob.mx)
Michoacán (☎ 443-317-23-71 od. 800-450-23-00; www.turismomichoacan.gob.mx)
Morelos (☎ 717-314-39-20; www.morelostravel.com)
Nayarit (☎ 311-214-80-71; www.turnay.gob.mx)
Nuevo León (☎ 81-2020-6789 od. 800-832-22-00; www.nl.gob.mx)
Oaxaca (☎ 951-516-01-23; www.oaxaca.travel)
Puebla (☎ 800-326-86-56; www.puebla.com.mx)
Querétaro (☎ 442-238-50-67 od. 800-715-17-42, 888-811-6130 in den USA; www.venaqueretaro.com)
Quintana Roo (☎ 983-835-08-60; http://sedetur.qroo.gob.mx)
San Luis Potosí (☎ 444-814-14-16 od. 800-343-38-87; www.descubresanluispotosi.com)

Sinaloa (☎ 669-981-88-86; www.sinaloa-travel.com)
Sonora (☎ 662-289-58-00 od. 800-476-6672 in den USA; www.gotosonora.com)
Tabasco (☎ 800-216-08-42; www.visitetabasco.com, www.tabasco.gob.mx/turismo)
Tamaulipas (☎ 834-315-61-36 od. 800-710-65-32, 888-580-5968 in den USA; turismo.tamaulipas.gob.mx)
Tlaxcala (☎ 246-465-09-60, Durchwahl 1519 od. 800-509-65-57; www.tlaxcala.gob.mx/turismo)
Veracruz (☎ 800-837-28-87; www.veracruzturismo.com.mx)
Yucatán (☎ 999-930-37-60; www.mayayucatan.com.mx)
Zacatecas (☎ 492-922-67-51 od. 800-712-40-78; www.turismozacatecas.gob.mx)

UNTERKUNFT

Die Unterkünfte in Mexiko reichen von Hängematten und Hütten über Hotels jedes beliebigen Standards bis hin zu Luxusresorts der Spitzenklasse. Dieses Buch unterteilt Unterkünfte in drei Preiskategorien: Budget (dort kostet ein typisches Zimmer für zwei Personen unter 400 Mex$), Mittelklasse (400–1000 Mex$) und Spitzenklasse (über 1000 Mex$).

Budgetunterkünfte sind Campingplätze, Hängematten, palmgedeckte *cabañas*, Backpackerhostels, Gästehäuser und günstige Hotels. Empfohlene Häuser dieser Kategorie sind einfach und nicht sehr spektakulär, aber grundsätzlich sauber. Hotelzimmer haben ein eigenes Bad mit Warmwasserdusche, WC und Waschbecken. (In diesem Buch wird darauf hingewiesen, wenn es sich anders verhält.)

Bei den Mittelklasseunterkünften handelt es sich hauptsächlich um Hotels, die sich bezüglich Komfort und Atmosphäre im Preis unterscheiden, obwohl man in manchen Gegenden Mexikos schon für 400 Mex$ ein behagliches, hübsch dekoriertes Zimmer in einem freundlichen, kleinen Hotel erhält. Einige Mittelklassehotels haben Swimmingpool, Restaurant, Reisebüro und weitere Einrichtungen im Haus. Viele der ansprechendsten und erinnerungswürdigsten Unterkünfte des Landes gehören dieser Kategorie an – kleine oder mittelgroße, gut designte und geführte Hotels mit freundlicher Atmosphäre und aufmerksamem Personal. In einigen Gebieten finden sich auch Apartments, Bungalows und komfortablere *cabañas* in dieser Preiskategorie.

Spitzenklassehotels umfassen elegantere Häuser in den Städten, Luxusresorthotels an der Küste und luxuriöse kleinere Häuser, die auf Reisende spezialisiert sind, die Wert auf Komfort und ein stilvolles Ambiente legen und über das nötige Kleingeld verfügen.

Die in diesem Buch angegebenen Zimmerpreise beziehen sich, sofern nicht anders angegeben, auf die Hauptsaison. Wann genau Hauptsaison ist, ist von Stadt zu Stadt verschieden, manchmal sogar innerhalb einer Stadt, aber in den meisten Teilen Mexikos sind es typischerweise die Semana Santa (die Woche vor Ostern und ein paar Tage danach), die Monate Juli und August sowie die ca. zwei Wochen dauernden Ferien um Weihnachten und Neujahr. Außerhalb dieser Spitzenzeiten senken viele Mittel- und Spitzenklassehotels in Touristenorten die Zimmerpreise um 10 bis 40 %. Budgetunterkünfte behalten ihre Preise meist das ganze Jahr über bei. In diesem Buch wird auf größere Abweichungen von den üblichen Saisonpreisen hingewiesen; in vielen Orten an der Pazifikküste ist beispielsweise von Dezember bis Ostern durchgängig Hauptsaison. Es wird auch auf Sonderangebote, günstige Preise am Wochenende und andere Sparmöglichkeiten verwiesen.

In diesem Buch bezeichnet „Einzelzimmer" („EZ") ein Zimmer für eine Person, und „Doppelzimmer" („DZ") ein Zimmer für zwei Personen. Die Mexikaner gebrauchen manchmal den Ausdruck *cuarto sencillo* (wörtlich: Einzelzimmer) für ein Zimmer mit einem Bett, das sich häufig als eine *cama matrimonial* (Doppelbett) entpuppt; manchmal bekommt eine Einzelperson ein solches Zimmer günstiger als zwei Personen. Ein *cuarto doble* bezeichnet oft ein Zimmer mit zwei Betten, möglicherweise zwei *camas matrimoniales*.

In beliebten Ferienorten sollte man zu Hauptreisezeiten vorab reservieren oder sich früh am Tag ein Zimmer sichern. Vielerorts sind Reservierungen über die Hotelwebsite oder per E-Mail möglich. Ansonsten sollte man es telefonisch versuchen – wenn die Unterkunft nicht ausgebucht ist, reicht normalerweise ein morgendlicher Anruf mit Angabe der Ankunftszeit. Einige Unterkünfte nehmen keine Reservierungen entgegen, aber man kann eigentlich sicher sein, dass sich irgendwo immer noch ein Zimmer findet.

Übernachtungen unterliegen zwei Steuern: der IVA (Mehrwertsteuer; 15 %) und der ISH (Unterkunftssteuer; 2–3 %, abhängig vom Bundesstaat). Viele Budget- und einige Mittelklasseunterkünfte erheben die Steuern nur, wenn ein Gast eine Quittung verlangt – sie geben ihre Preise entsprechend ohne Steuern an; generell sind die angegebenen Preise aber inklusive IVA und ISH. Bei Spitzenklassehotels kann hinter der Preisangabe der Zusatz *„más impuestos“* (plus Steuern) stehen, sodass in diesem Fall noch 17 % dazukommen. Im Zweifel einfach nachfragen: *„¿Están incluidos los impuestos?“* (Sind die Steuern inbegriffen?) Die in diesem Buch aufgeführten Preise sind jene, die in jedem Hotel oder jeder sonstigen Unterkunft höchstwahrscheinlich verlangt werden, d. h. mit oder ohne Steuern, je nach Prinzip des jeweiligen Hotelbetriebs.

Das Internetsymbol (💻) kennzeichnet Unterkünfte mit kostenlosen oder -pflichtigen Internetzugängen für Gäste. Traveller mit eigenen Laptops können zudem vermehrt auf hauseigene WLAN-Zugänge zurückgreifen.

Das Symbol für Klimaanlage (❄) bedeutet, dass zumindest ein paar Zimmer klimatisiert sind.

Nach dem gleichen Prinzip zeigt das Nichtrauchersymbol (☒) an, dass blauer Dunst in manchen (aber nicht unbedingt allen) Zimmern unerwünscht ist.

UNTERKÜNFTE ONLINE BUCHEN

Weitere Unterkunftsbewertungen und -empfehlungen von Lonely Planet Autoren gibt's unter „Hotels & Hostels" auf www.lonelyplanet.com. Hier findet man echte Insiderinfos zu den besten Adressen, wie immer gründlich und unabhängig recherchiert. Außerdem kann online gebucht werden.

Apartments

In vielen Urlaubsorten gibt's Touristenapartments mit voll ausgestatteten Küchen. Diese z. T. äußerst komfortablen, attraktiven Unterkünfte bieten drei- bis vierköpfigen Gruppen häufig ein prima Preis-Leistungs-Verhältnis – insbesondere bei längeren Aufenthalten. Interessante Angebote lassen sich über Internetrecherchen, Zeitungsanzeigen und Touristeninformationen ausfindig machen.

B&Bs

Die Zahl mexikanischer B&Bs nimmt besonders in den Touristenorten stetig zu. Die kleinen, komfortablen Gästehäuser fallen in der Regel in den Mittel- oder Spitzenklassebereich. Häufig sind sie wunderschön eingerichtet und die freundlichen Eigentümer betreuen ihre Gäste persönlich.

Bungalows, Cabañas & Ferienhäuser

Bei *cabañas* handelt es sich meist um palmgedeckte Hütten aus Holz, Backstein, Adobeziegeln, Stein oder anderen Materialien. In den einfachsten Varianten steht ein einziges Bett auf dem nackten Erdboden, und die Tür muss mit einem Vorhängeschloss gesichert werden. Am anderen Ende der Preisskala findet man luxuriöse, attraktive *cabañas* mit elektrischem Licht, Moskitonetzen, bequemen Riesenbetten, eigenen Bädern, Dekorationselementen, Ventilatoren und Terrassen mit Hängematten; gelegentlich finden sich sogar Klimaanlagen und Küchen. Gleichzeitig ist das Ambiente immer noch angenehm rustikal und naturnah. Für einfache *cabañas* blättert man etwa 100 bis 200 Mex$ hin, für die teuersten Luxusoptionen an der Karibikküste z. T. über 1000 Mex$.

Die meisten Bungalows bieten den Einrichtungsstandard gehobener *cabañas*, sind allerdings stabiler gebaut und gehören normalerweise zu einem Mittel- oder Spitzenklassehotel. Üblicherweise stehen Bungalows als separate Wohneinheiten auf einem Gartengelände oder Anwesen. Hoteleigene Ferienhäuser (Villas) sind im Vergleich noch komfortabler, luxuriöser und solider gebaut.

Camping- & Wohnwagenplätze

Die meisten geführten Campingplätze sind eigentlich eher „Parks“ für Wohnmobile und -wagen. Sie sind vor allem entlang der Küsten zu finden und vermieten ihre Plätze für weniger Geld auch an Urlauber mit Zelt. Das Einrichtungsspektrum reicht von einfach bis luxuriös. Zwei Personen bezahlen pro Zelt zwischen 100 und 200 Mex$. Fahrzeugstellplätze inklusive aller Anschlüsse kosten 250 bis 300 Mex$. Am Strand bzw. draußen auf dem Land bieten zudem zahlreiche Restaurants und Gästehäuser ein paar Stellplätze für Zelte an (25–40 Mex$/Pers.).

Hängematten

In vielen bescheideneren Strandorten des südlichen Mexiko können Traveller Hängematten ausleihen oder gegen Gebühr ihre eigenen aufspannen. In den heißen Regionen des Südens stellen Hängematten häufig eine äußerst günstige und komfortable Übernachtungsmöglichkeit dar – vorausgesetzt, man hat Insektenspray dabei. Geliehene Hängematten werden in der Regel unter palmgedeckten Dächern vor kleinen Posadas oder Strandrestaurants aufgespannt. Dafür bezahlt man oft nur 30 oder 40 Mex$, an der teureren Karibikküste wird man aber auch schon mal bis zu 100 Mex$ los. Die Kosten lassen sich durch eigene Hängematten etwas senken; Hängematten werden in Mexiko vielerorts verkauft, besonders in Oaxaca, Chiapas und auf der Halbinsel Yucatán.

Hostels

Die meisten Ortschaften und Städte, die bei Backpackern hoch im Kurs stehen, haben Hostels für Reisende mit schmalem Geldbeutel. Wer fast ausschließlich auf bekannten Touristenpfaden wandelt, kann während seines Trips ausschließlich in Hostels übernachten. Für Schlafsaalbetten berechnen die meisten Häuser zwischen 50 und 170 Mex$ pro Person. Das übrige Angebot umfasst neben gemeinschaftlich genutzten Küchen, Bädern und Wohnbereichen häufig auch separate Gästezimmer für wenig Geld. Die allerbesten Adressen bestechen zudem mit Extras wie Pools, Bars, Gärten, Sonnenterrassen und Internetanschluss. Sogar Deko und Atmosphäre sind dort vom Feinsten. Sicherheit und Sauberkeit können zwar stark variieren, aber dennoch sind beliebte Hostels hervorragend geeignet, um andere Traveller zu treffen. Durch Mundpropaganda erfährt man häufig ziemlich schnell, welche Adresse die beste Partyszene, Sonnenterrasse oder Nachtruhe bietet. Die Websites von **Hostelworld** (www.hostelworld.com) und **HostelBookers** (www.hostelbookers.com) bieten umfangreiche Verzeichnisse und Online-Buchungsservice.

Dem mexikanischen HI-Ableger **Hostelling International Mexico** (www.hostellingmexico.com, www.hihostels.com) gehören 14 Herbergen an. Flaggschiff ist das Hostel Mundo Joven Catedral (S. 173) in Mexico City. Mit einem Internationalen Jugendherbergsausweis nächtigt man in HI-Hostels etwas günstiger. Die kleine, eigenständige Kette **Ciaro Hostels** (www.ciarogroup.com) unterhält ein halbes Dutzend Hostels in der Hauptstadt und im Südosten des Landes.

Achtung: Der spanische Begriff *hostal* bedeutet eigentlich „Kleinhotel" und nicht „Hostel". Allerdings wird er zunehmend für beide Unterkunftstypen verwendet.

Hotels

Mexiko hat viele gute Mittelklassehotels. Zwei Personen bezahlen etwa 400 bis 1000 Mex$ für komfortable Zimmer, die neben eigenen Bädern häufig auch Klimaanlagen besitzen. Als Faustregel gilt: Je teurer ein Hotel, desto höher ist sein Standard bezüglich Ausstattung, Komfort, Stil und Design. In den letzten Jahren haben viele mexikanische Hotels ihre Einrichtungen gründlich modernisiert und saniert. So kommen die Gäste vermehrt in den Genuss optischer Reize und angenehmer Extras. Häufig wird man von einer geschmackvollen Kombination aus Tradition und Moderne bzw. mexikanischen und internationalen Elementen empfangen. Viele Mittelklassehotels bieten neben Restaurants, und Bars Internetzugänge (oft inkl. WLAN) und eigene Pools. Die charmantesten Vertreter dieser Kategorien sind in alten Land- und Gästehäusern oder auch in ehemaligen Klöstern und Konventen untergebracht, die umgebaut wurden. Dort herrscht oft eine wunderbare Atmosphäre – beispielsweise dank plätschernder Springbrunnen in Innenhöfen oder üppiger Gärten voller Blumen und Steinsäulen. Nach der Rückkehr in die Heimat wird man sich an solche Adressen wahrscheinlich am liebsten erinnern. Auch die Grundrisse moderner Hotels folgen häufig dem traditionellen Muster mit Innenhof.

Mexikanische Städte haben zudem auch Billighotels. Das Angebot reicht von sauberen Wohlfühladressen bis zu düster-anrüchigen Absteigen, in denen Gäste vielleicht gar um ihre Habe fürchten müssen. Akzeptable Budget-Doppelzimmer mit eigenem Bad und heißer Dusche kosten in weiten Teilen des Landes maximal 300 Mex$.

Zahlreiche Spitzenklassehotels warten vor allem in den Metropolen und den Ferienorten an der Küste auf Gäste. Mit Pools, Fitnessräumen, Bars, Restaurants usw. erfüllen sie sämtliche Erwartungen an waschechte Nobelherbergen. Die Preise sind entweder überraschend moderat oder genau das Gegenteil. Das stilistische Spektrum reicht von umgebauten Haziendas und mondänen Kleinhotels bis zu modernen Ferienanlagen auf weitläufigen Grundstücken. In den meisten Fällen hält der hervorragende Einrichtungs- und Servicestandard, was die tolle Architektur verspricht. Im Spitzenklassebereich lässt sich über den Preis häufig reden; wer Luxus zu annehmbaren Beträgen genießen möchte, sollte Hotel-Websites nach Sonderangeboten durchforsten – oder direkt anrufen und den bestmöglichen Preis persönlich aushandeln.

Familien und kleine Reisegruppen können sich freuen: Hotels in allen Preisklassen haben häufig Quartiere für drei, vier oder fünf Personen, die kaum mehr kosten als ein Doppelzimmer.

Posadas & Casas de Huéspedes

Bei Posadas (Gasthäusern) findet sich von einfachen Budgetoptionen bis zu geschmackvoll dekorierten Kleinhotels im Mittelklassebereich einfach alles. *Casas de huéspedes* sind einfache Unterkünfte in umgebauten Wohnhäusern. Sie befinden sich normalerweise in Familienbesitz und überzeugen meist mit einer freundlichen, entspannten Atmosphäre.

VERSICHERUNG

Reiseversicherungen gegen Diebstahl oder Verlust sowie für die medizinische Versorgung sind sinnvoll. Zu beachten ist hierbei, dass einige Versicherungspolicen Kosten für Unfälle bei gefährlichen Aktivitäten wie Tiefseetauchen, Motorradfahren oder sogar Wandern ausdrücklich nicht abdecken.

Zu empfehlen sind Versicherungen, die Ärzte und Krankenhäuser direkt bezahlen, sodass der Betroffene nicht in Vorleistung gehen muss. Werden die Auslagen im Ausland erst nachträglich erstattet, sollten alle Unterlagen aufbewahrt werden. Im Vorfeld der Reise sollte man prüfen, ob die Versicherung Krankentransporte und die Überführung ins Heimatland abdeckt. Weitere Informationen zu Krankenversicherungen s. S. 1103.

Informationen zu Autoversicherungen finden sich auf S. 1095.

Weltweiten Schutz für Reisende gibt es online unter lonelyplanet.com/bookings.

VISA

Reisende aus der EU und der Schweiz können ohne Visum nach Mexiko einreisen. Man braucht lediglich eine mexikanische Touristenkarte, die problemlos erhältlich ist. Da sich die Bestimmungen jederzeit ändern können, sollte man vor Reiseantritt unbedingt die Website des eigenen Außenministeriums besuchen. Einen Überblick über den aktuellen Stand liefern die Websites von **Lonely Planet** (www.lonelyplanet.de) und des **Instituto Nacional de Migración** (INM, Nationale Einwanderungsbehörde; www.inami.gob.mx).

Infos zum Reisepass gibt's auf S. 1085. Wer über die USA ein- bzw. ausreisen oder Mexiko von dort aus besuchen möchte, sollte sich auch über die amerikanischen Pass- und Visumsbestimmungen informieren.

Touristenkarte & Touristengebühr

Die mexikanische Touristenkarte – offiziell *forma migratoria para turista* (FMT) – ist ein kleines Dokument, das bei der Einreise nach Mexiko ausgefüllt, von der Einreisebehörde abgestempelt werden und bis zur Ausreise aufbewahrt werden muss. Man bekommt sie an den offiziellen Grenzübergängen, an internationalen Flug- und Seehäfen und oft auch bei Fluggesellschaften, Reisebüros und mexikanischen Konsulaten. An der Grenze zwischen den USA und Mexiko erhält man sie nicht automatisch, sondern muss sie eigens verlangen.

An vielen Übergängen muss die Karte nicht direkt an der Grenze abgestempelt werden – das mexikanische Instituto Nacional de Migración (INM) unterhält Kontrollpunkte an den Highways ins Hinterland, wo man den Stempel auch bekommt. Trotzdem ist es besser, seine Karte gleich abstempeln zu lassen, um spätere Komplikationen zu vermeiden.

Auf einem Abschnitt der Karte wird die Dauer des Aufenthalts in Mexiko eingetragen, und zwar vom Grenzbeamten. Die maximale Aufenthaltsdauer für Deutsche und Schweizer beträgt 180 Tage, für Österreicher nur 90 Tage. Grenzbeamte tragen aber manchmal einen kürzeren Zeitraum ein (eventuell auch nur 15 oder 30 Tage), wenn man nicht deutlich sagt, wie viel Zeit man braucht. Am besten gibt man immer einen etwas längeren Zeitraum an, als man für den Aufenthalt plant – falls man aufgehalten wird oder seine Pläne ändert, erspart man sich so die Verlängerungsformalitäten.

Die Ausstellung der Touristenkarte selber ist zwar kostenlos, trotzdem muss man eine Touristengebühr in Höhe von etwa 22 US$ bezahlen: die *derecho para no inmigrante* (DNI, Gebühr für Nicht-Einwanderer). Die genaue Höhe der Gebühr in Pesos ändert sich mit den Wechselkursen. Bei Flugreisenden nach Mexiko ist die DNI im Flugpreis enthalten. Bei der Einreise über den Landweg muss die Gebühr auf einer mexikanischen Bank eingezahlt werden – egal wann, aber bevor man bei der Wiederausreise die Grenzzone erreicht oder am Flughafen für den Rückflug eincheckt. Die Grenzzone ist das Gebiet zwischen der eigentlichen Grenze und den INM-Kontrollpunkten an den Highways ins mexikanische Landesinnere; diese Stützpunkte liegen in der Regel 20 bis 30 km hinter der Grenze. Die meisten mexikanischen Grenzstellen haben Bankschalter, wo man sofort bezahlen kann. Wer die Gebühr bei einer Bank einzahlt, kriegt einen Stempel auf seine Touristenkarte, der als Zahlungsbeleg gilt.

Die Touristenkarte muss gut aufbewahrt werden, weil sie bei der Ausreise möglicherweise geprüft wird. Wer dann keine vorzeigen kann, bekommt unter Umständen eine Geldstrafe aufgebrummt.

Man braucht keine Touristenkarte und muss nichts bezahlen, wenn man sich nicht länger als 72 Stunden und nur in den Grenzzonen längs der mexikanischen Nord- und Südgrenze aufhält – beim Überqueren der Grenze die genauen Details dazu erfragen!

Die Touristenkarte berechtigt nur zu einem touristischen Aufenthalt (inkl. Aktivitäten wie Sport, Wellness, Kunst & Kultur). Wenn man aber in Mexiko arbeiten will, auch als freiwilliger Helfer, journalistisch tätig werden oder studieren möchte, wenn man vorhat, sich an humanitären Hilfsaktionen zu beteiligen oder im Rahmen einer Menschenrechtsüberwachung ins Land zu reisen, ist stets eine spezielle Genehmigung oder ein Visum nötig. Wer unsicher ist, kontaktiert die mexikanische Botschaft oder ein mexikanisches Konsulat.

VERLÄNGERUNGEN & VERLUST DER TOURISTENKARTE

Falls man länger in Mexiko bleiben will, als es auf der Touristenkarte angegeben ist, kann man die Gültigkeit der Karte bis zur maximalen Aufenthaltsdauer von 180 Tagen verlängern (Deutsche und Schweizer 180 Tage, Österreicher 90 Tage). Dazu stellt man einen Antrag an das INM, das in vielen Ortschaften und Städten Büros unterhält: Sie werden auf der Website des **INM** (www.inm.gob.mx) unter „Servicios Migratorios" aufgelistet. Das Prozedere kostet rund 200 Mex$ und dauert zwischen einer halben und drei Stunden – das ist von Büro zu Büro unterschiedlich. Man benötigt den Reisepass, die Touristenkarte, Kopien der wichtigen Seiten dieser Dokumente und – in einigen Büros – einen Nachweis „ausreichender Mittel". Eine bekanntere Kreditkarte reicht dafür aus, alternativ tun's auch Reiseschecks im Wert zwischen 100 und 1000 Mex$ – je nach Büro.

Die meisten INM-Büros verlängern Touristenkarten erst wenige Tage vor deren Ablauf – es früher zu versuchen, ist also sinnlos.

Wem seine Karte abhanden gekommen ist oder wer weitere Infos braucht, der kann sich an die nächste Touristeninformation, an **Sectur** (☎ 078, 800-987-82-24) in Mexico City oder an seine Botschaft bzw. sein Konsulat wenden. Alle diese Stellen sollten eine offizielle Bescheinigung ausstellen können, die man dem örtlichen INM-Büro vorlegt. Dort gibt's dann für etwa 450 Mex$ Ersatz.

ZEIT

Der größte Teil des Landes lebt nach der Hora del Centro; die Uhren zeigen dieselbe Zeit wie in den Regionen der US Central Time (also MEZ –7 Std.). Fünf Staaten im Norden und Westen haben die Hora de las Montañas, die der US Mountain Time (MEZ –8 Std.) entspricht: Chihuahua, Nayarit, Sinaloa, Sonora und Baja California Sur. In Baja California Norte herrscht die Hora del Pacífico, das Pendant zur US Pacific Time (MEZ –9 Std.).

Die Sommerzeit (*horario de verano*) gilt in Mexiko vom ersten Sonntag im April bis zum letzten Sonntag im Oktober. Die Uhren werden im April eine Stunde vor- und im Oktober eine Stunde zurückgestellt. Im nordwestlichen Bundesstaat Sonora ticken die Uhren nie nach der Sommerzeit, und auch einige abgelegene Gegenden wie die Sierra Norte in Oaxaca und das Gebiet Marqués de Comillas im östlichen Chiapas wenden die Sommerzeit nicht an – das wirbelt die Busfahrpläne aus nahe gelegenen Städten wie Oaxaca und Palenque ganz schön durcheinander.

ZOLL

Zum persönlichen Gebrauch dürfen Besucher u. a. eine Kamera, ein Mobiltelefon, drei Surf- oder Windsurfbretter und vier Angelruten nach Mexiko einführen – ebenso Bekleidung, ein Zelt, einen Laptop und ein tragbares Radio bzw. einen CD-, DVD- oder MP3-Player. Zollfrei bleiben auch Medikamente zum persönlichen Gebrauch, wobei im Fall von Psychopharmaka das Rezept vorzulegen ist. Erwachsene dürfen zudem 3 l Wein oder Spirituosen und 400 Zigaretten kostenlos importieren.

Bei der Einreise nach Mexiko muss standardmäßig eine Zollerklärung ausgefüllt werden, in der sämtliche Freimengen angeführt sind. Anschließend wandert die Erklärung in eine Maschine. Zeigt diese grünes Licht, kann man die Zollstelle ohne Inspektion passieren; bei Rot wird das Gepäck durchsucht.

Verkehrsmittel & -wege

INHALT

DIE DINGE ÄNDERN SICH

Die Informationen in diesem Kapitel sind besonders anfällig für Veränderungen. Alle relevanten Aspekte bezüglich Tickets und deren Kauf, Reiserouten und Sicherheitsbestimmungen im internationalen Reiseverkehr sollten vor dem Start mit der Fluglinie oder dem Reisebüro durchgesprochen werden. Und Augen auf beim Ticketkauf! Die Angaben in diesem Kapitel verstehen sich als Hinweise und sind kein Ersatz für die eigene, gründliche und aktuelle Recherche.

AN- & WEITERREISE

EINREISE

Die mexikanischen Grenzbeamten arbeiten im Großen und Ganzen relativ zügig und werden einen normalerweise nicht länger warten lassen, als die Passkontrolle und das Vermerken der Aufenthaltsdauer in der Touristenkarte (S. 1083) dauert. Auch wenn sie mal etwas länger brauchen, sollte man natürlich stets höflich und geduldig bleiben. Wer über die USA nach Mexiko einreist, sollte unbedingt aktuelle Erkundigungen zu US-amerikanischen Visums- und Reisepassbestimmungen einholen.

Reisepass & Touristenkarte

Staatsangehörige Deutschlands, Österreichs und der Schweiz dürfen ohne Visum nach Mexiko einreisen. Es wird lediglich ein Reisepass benötigt, der nach Ankunft noch mindestens sechs Monate lang gültig sein sollte – zumindest aber so lange, wie der jeweilige Aufenthalt in Mexiko dauert. Dazu kommt die sogenannte Touristenkarte (FMT). Diese ist bei diplomatischen Vertretungen von Mexiko im eigenen Heimatland erhältlich, wird aber auch direkt während des Fluges und an den mexikanischen Grenzübergängen ausgestellt. Bei der Einreise erhält die Karte neben einem Stempel auch einen Eintrag mit der Gültigkeitsdauer, standardmäßig 30 Tage. Diese können später auf bis zu sechs Monate verlängert werden – vorausgesetzt, man weist ausreichende finanzielle Mittel nach. Bei der Ausreise ist das Dokument erneut vorzulegen.

Wenn die Einreise auf dem Landweg erfolgt (z. B. über die USA), wird die Touristenkarte manchmal nicht abgestempelt. In diesem Fall kann man z. B. mit seinem Busticket ein Einwanderungsbüro oder eine Einreisestelle aufsuchen und sich den Stempel dort nachträglich abholen.

Der Reisepass muss in Mexiko oft vorgelegt werden, beispielsweise beim Umtausch von Bargeld oder beim Einchecken in Hotels. Spezielle andere Dokumente können dann erforderlich werden, wenn Minderjährige nicht in Begleitung beider Elternteile reisen (S. 1071).

Auf S. 1083 finden sich Details zur Touristenkarte und zu den mexikanischen Visumsbestimmungen.

FLUGZEUG

Flughäfen & Fluglinien

Die folgenden Flughäfen sind Ziele internationaler Nonstop-Flüge. Sie werden alle von Maschinen angeflogen, die in den USA starten (und dort von mindestens einer Stadt aus); direkte Linienflüge ab Europa landen jedoch nur in Mexico City, Cancún und Monterrey.

Mexico City, Cancún, Guadalajara und Monterrey verzeichnen die meisten internationalen Verbindungen.

Acapulco (IATA-Code ACA; ☎ 744-466-94-34; www.oma.bz)
Aguascalientes (IATA-Code AGU; ☎ 449-915-28-06; aguascalientes.aeropuertosgap.com.mx)
Bajío (El Bajío, León; IATA-Code BJX; ☎ 477-713-64-06; guanajuato.aeropuertosgap.com.mx)
Cancún (IATA-Code CUN; ☎ 998-886-00-47; www.cancun-airport.com)
Chihuahua (IATA-Code CUU; ☎ 614-446-82-33; www.oma.bz)
Cozumel (IATA-Code CZM; ☎ 987-872-20-81; www.asur.com.mx)
Durango (IATA-Code DGO; ☎ 618-817-88-98; www.oma.bz)
Guadalajara (IATA-Code GDL; ☎ 33-3688-5504; guadalajara.aeropuertosgap.com.mx)
Guaymas IATA-Code GYM; ☎ 622-221-05-11; guaymas.asa.gob.mx)
Hermosillo (IATA-Code HMO; ☎ 662-261-00-00; hermosillo.aeropuertosgap.com.mx)
Huatulco (Bahías de Huatulco; IATA-Code HUX; ☎ 958-581-90-04; www.asur.com.mx)
Ixtapa/Zihuatanejo (IATA-Code ZIH; ☎ 755-554-20-70; www.oma.bz)
La Paz (IATA-Code LAP; ☎ 614-124-63-36; lapaz.aeropuertosgap.com.mx)
Loreto (IATA-Code LTO; ☎ 613-135-04-54; loreto.asa.gob.mx)
Los Cabos (IATA-Code SJD; ☎ 624-146-50-13; loscabos.aeropuertosgap.com.mx)
Manzanillo (Playa de Oro; IATA-Code ZLO; ☎ 314-333-11-19; manzanillo.aeropuertosgap.com.mx)
Mazatlán (IATA-Code MZT; ☎ 669-928-04-38; www.oma.bz)
Mérida (IATA-Code MID; ☎ 999-946-15-30; www.asur.com.mx)
Mexico City (IATA-Code MEX; ☎ 55-2482-2424; www.aicm.com.mx)
Monterrey (IATA-Code MTY; ☎ 81-8030-9090; www.adelnorte.com.mx)
Morelia (IATA-Code MLM; ☎ 443-317-14-11; morelia.aeropuertosgap.com.mx)
Oaxaca (IATA-Code OAX; ☎ 951-511-50-88; www.asur.com.mx)
Puebla (IATA-Code PBC; ☎ 222-232-00-32; www.aeropuertopuebla.com)
Puerto Vallarta (IATA-Code PVR; ☎ 322-221-12-98; vallarta.aeropuertosgap.com.mx)
Querétaro (IATA-Code QRO; ☎ 442-192-55-00; www.aiq.com.mx)
San Luis Potosí (IATA-Code SLP; ☎ 444-822-00-95; www.oma.bz)
Tampico (IATA-Code TAM; ☎ 833-224-48-00; www.oma.bz)
Tijuana (IATA-Code TIJ; ☎ 664-683-24-18; tijuana.aeropuertosgap.com.mx)
Toluca (IATA-Code TLC; ☎ 721-213-15-44; www.aeropuertointernacionaldetoluca.com)
Torreón (IATA-Code TRC; ☎ 871-712-82-39; www.oma.bz)
Veracruz (IATA-Code VER; ☎ 229-934-90-08; www.asur.com.mx)
Villahermosa (IATA-Code VSA; ☎ 993-356-01-57; www.asur.com.mx)
Zacatecas (IATA-Code ZCL; ☎ 492-985-02-23; www.oma.bz)

Mexikos größte Fluglinien Mexicana und Aeroméxico befanden sich einst in Staatsbesitz, bis Mexicana 2005 von der Grupo Posadas, der größten Hotelgruppe des Landes aufgekauft wurde und Aeroméxico 2007 an ein Konsortium unter der Leitung von Banamex ging. Ihre Sicherheitsstatistiken gleichen denen amerikanischer und europäischer Gesellschaften.

FLUGLINIEN MIT FLÜGEN NACH & AB MEXIKO

Aero California (IATA-Code JR; ☎ 800-237-62-25; www.aerocalifornia.com; Drehscheibe Tijuana)
Aerolíneas Argentinas (IATA-Code AR; ☎ 800-123-85-88; www.aerolineas.com.ar; Drehscheibe Buenos Aires)
Aeromar (IATA-Code VW; ☎ 800-237-66-27; www.aeromar.com.mx; Drehscheibe Mexico City)
Aeroméxico (IATA-Code AM; ☎ 800-021-40-10; www.aeromexico.com; Drehscheibe Mexico City)
Air Canada (IATA-Code AC; ☎ 800-719-28-27; www.aircanada.ca; Drehscheibe Toronto)
Air Europa (IATA-Code UX; ☎ 998-898-22-55; www.aireuropa.com; Drehscheibe Madrid)
Air France (IATA-Code AF; ☎ 800-123-46-60; www.airfrance.com; Drehscheibe Paris)
Alaska Airlines (IATA-Code AS; ☎ 800-252-75-22; www.alaskaair.com; Drehscheibe Seattle)
American Airlines (IATA-Code AA; ☎ 800-904-60-00; www.aa.com; Drehscheibe Dallas)
America West (IATA-Code HP; ☎ 800-428-43-22; www.americawest.com; Drehscheibe Phoenix)
ATA Airlines (IATA-Code TZ; ☎ 800-435-92-82; www.ata.com; Drehscheibe Chicago)
Aviacsa (IATA-Code 6A; ☎ 800-284-22-72; www.aviacsa.com; Drehscheibe Mexico City)
Avianca (IATA-Code AV; ☎ 800-123-31-20; www.avianca.com; Drehscheibe Bogotá)
British Airways (IATA-Code BA; ☎ 55-5387-0321; www.britishairways.com; Drehscheibe Heathrow Airport, London)
Click Mexicana (IATA-Code QA; ☎ 800-122-54-25; www.click.com.mx; Drehscheiben Cancún & Mexico City)

KLIMAWANDEL & REISEN

Der Klimawandel stellt eine ernste Bedrohung für unsere Ökosysteme dar. Zu diesem Problem tragen Flugreisen immer stärker bei. Lonely Planet sieht im Reisen grundsätzlich einen Gewinn, ist sich aber der Tatsache bewusst, dass jeder seinen Teil dazu beitragen muss, um die globale Erwärmung zu verringern.

Fliegen & Klimawandel

Fast jede Art der motorisierten Fortbewegung erzeugt CO_2 (die Hauptursache für die globale Erwärmung), doch Flugzeuge sind mit Abstand die schlimmsten Klimakiller – nicht nur wegen der großen Entfernungen und der entsprechend großen CO_2-Mengen, sondern auch weil sie diese Treibhausgase direkt in hohen Schichten der Atmosphäre freisetzen. Die Zahlen sind erschreckend: Zwei Personen, die von Europa in die USA und wieder zurück fliegen, erhöhen den Treibhauseffekt in demselben Maße wie ein durchschnittlicher Haushalt in einem ganzen Jahr.

Emissionsausgleich

Die englische Website www.climatecare.org und die deutsche Internetseite www.atmosfair.de bieten sogenannte CO_2-Rechner. Damit kann jeder ermitteln, wie viel Treibhausgase seine Reise produziert. Das Programm errechnet den zum Ausgleich erforderlichen Betrag, mit dem der Reisende nachhaltige Projekte zur Reduzierung der globalen Erwärmung unterstützen kann, beispielsweise Projekte in Indien, Honduras, Kasachstan und Uganda.

Lonely Planet unterstützt gemeinsam mit Rough Guides und anderen Partnern aus der Reisebranche das CO_2-Ausgleichs-Programm von climacare.org. Alle Reisen von Mitarbeitern und Autoren von Lonely Planet werden ausgeglichen.

Weitere Informationen gibt's auf www.lonelyplanet.com.

Continental Airlines (IATA-Code CO; ☎ 800-900-50-00; www.continental.com; Drehscheibe Houston)
Copa Airlines (IATA-Code CM; ☎ 800-265-26-72; www.copaair.com; Drehscheibe Panama City)
Cubana (IATA-Code CU; ☎ 52-5250-6355; www.cubana.co.cu; Drehscheibe Havanna)
Delta Air Lines (IATA-Code DL; ☎ 800-123-47-10; www.delta.com; Drehscheibe Atlanta)
Frontier Airlines (IATA-Code F9; ☎ 800-432-1359 in den USA; www.frontierairlines.com; Drehscheibe Denver)
Iberia (IATA-Code IB; ☎ 55-1101-1515; www.iberia.com; Drehscheibe Madrid)
Interjet (IATA-Code 40 ☎ 800-011-23-45; www.interjet.com.mx; Drehscheibe Toluca)
KLM (IATA-Code KL; ☎ 55-5279-5390; www.klm.com; Drehscheibe Amsterdam)
Lan Airlines (IATA-Code LA; ☎ 800-700-67-00; plane.lan.com; Drehscheibe Santiago)
LTU (IATA-Code LT; ☎ 998-887-24-07; www.ltu.de; Drehscheibe Düsseldorf)
Lufthansa (IATA-Code LH; ☎ 55-5230-0000; www.lufthansa.com; Drehscheibe Frankfurt a. M.)
Mexicana (IATA-Code MX; ☎ 800-502-20-00; www.mexicana.com; Drehscheibe Mexico City)
Northwest Airlines (IATA-Code NW; ☎ 55-5279-5390; www.nwa.com; Drehscheiben Detroit, Minneapolis/St. Paul & Memphis)
Spirit Airlines (IATA-Code NK; ☎ 800-772-7117 in den USA; www.spiritair.com; Drehscheibe Fort Lauderdale)
Sun Country Airlines (IATA-Code SY; ☎ 800-800-6557 in den USA; www.suncountry.com; Drehscheibe Minneapolis/St. Paul)
TACA Airlines (IATA-Code TA; ☎ 800-400-8222; www.taca.com; Drehscheibe San Salvador)
Ted (IATA-Code UA; ☎ 800-003-07-77; www.flyted.com; Drehscheibe Denver)
United Airlines (IATA-Code UA; ☎ 800-003-07-77; www.united.com; Drehscheibe Los Angeles)
US Airways (IATA-Code US; ☎ 800-428-43-22; www.usairways.com; Drehscheibe Philadelphia)
Varig (IATA-Code RG; ☎ 55-5280-9192; www.varig.com.br; Drehscheibe São Paulo)
VivaAerobus (IATA-Code VB; ☎ 81-8215-0150; www.vivaaerobus.com; Drehscheibe Monterrey)

Tickets

Flüge nach Mexiko sind in der Regel um Weihnachten und Neujahr und im Juli und August teurer. Flüge an Wochenenden können auch mehr kosten als an Werktagen. Auf Flugbuchungs-Websites und bei Agenturen nachzufragen, lohnt sich oft; aber auch auf den Websites der Fluglinien kann man nach Sonderangeboten schauen. Zeitungen, Zeitschriften und Websites von mexikanischen Gemeinden können ebenfalls gute Quellen sein.

Wer plant, Mexiko im Rahmen einer größeren Reise zu besuchen und noch andere

Länder (Latein-) Amerikas zu erkunden, ist möglicherweise mit einem Ticket gut beraten, mit dem man einen Zielort anfliegt, aber von einem anderen wieder abfliegt. Die Strecke dazwischen legt man auf dem Landweg zurück. Oder man nimmt gleich ein Around-the-World-Ticket und kann fünf oder sechs Stopps an allen möglichen Flughäfen einplanen. Das Circle-Pacific-Ticket funktioniert genauso und ist speziell auf die Pazifikregion abgestimmt. Die Ticketpreise können stark variieren – **Airtreks** (www.airtreks.com) hilft weiter.

Neben den nationalen gibt es auch internationale Websites für Flugbuchungen, z. B. **Cheap Tickets** (www.cheaptickets.com) und für Studenten und Reisende unter 26 Jahren **STA Travel** (www.statravel.com).

Europa

Ab Europa fliegen u. a. Aeroméxico, Air France, Air Madrid, British Airways, Iberia, KLM, LTU, Lufthansa und Air Europa nonstop nach Mexico City, Cancún oder Monterrey. Man kann auch mit kanadischen oder US-amerikanischen Linien bzw. deren Partnern nach Nordamerika fliegen und dort umsteigen.

Ab Frankfurt a. M. sind Tickets mit Rückflug für ca. 600 bis 700 € zu haben. Ab Wien oder Zürich zahlt man etwas mehr (700–800 € bzw. 1200 SFr). Online buchen kann man z. B. bei **Opodo** (www.opodo.de; www.opodo.at; www.opodo.ch), **ebookers.com** (www.ebookers.com), **Expedia** (www.expedia.de; www.expedia.at; www.expedia.ch) oder – wenn man unter 26 ist – bei **STA Travel** (www.statravel.de; www.statravel.at; www.statravel.ch).

Karibik, Mittel- & Südamerika

In mindestens acht südamerikanischen Städten starten Direktflüge nach Mexico City. Dazu kommen Verbindungen ab Panama City, San José (Costa Rica), San Salvador, Guatemala City, Havanna (Kuba) und Santo Domingo (Dominikanische Republik). Von São Paulo (Brasilien), Panama City, Havanna, Guatemala City und Flores (Guatemala) geht's außerdem nonstop nach Cancún. Reisen von Guatemala nach Mexico City gibt's ab ca. 500 US$, inklusive Rückflug. Hebt der Flieger in Südamerika ab, schlägt der Flug mit 800 bis 1000 US$ zu Buche. Bei **Viajo.com** (www.viajo.com, spanisch) gibt's Tickets online.

USA

In rund 30 US-Städten starten Direktflüge nach Mexiko. Anderswo sind häufig Anschlussverbindungen mit einer Zwischenlandung zu haben. Aeroméxico, Mexicana und Continental (ab Houston) bedienen viele mexikanische Ziele.

Dasselbe gilt für günstige US-Anbieter wie ATA, Spirit Air, America West, Frontier Airlines und Ted bzw. die mexikanischen Billigfluglinien Aero California und Aviacsa. Mit etwas Glück lassen sich Flüge von den USA nach Mexiko inklusive Rückreise für 250 US$ ergattern. Doch Vorsicht: Manche „Billigflieger" können genauso teuer sein wie ihre Konkurrenten. Während der Nebensaison kosten ermäßigte Tickets mit Rückflug im Schnitt zwischen 350 und 500 US$ (in der Hauptsaison 100–200 US$ mehr).

Airfare Watchdog (www.airfarewatchdog.com) informiert über aktuelle Sonderangebote. Für Online-Buchungen empfehlen sich u. a. www.cheaptickets.com, www.expedia.com, www.kayak.com, www.lowestfare.com, www.orbitz.com und www.travelocity.com.

AUF DEM LANDWEG

Grenzübergänge

Zwischen Mexiko und den USA gibt es mehr als 40 offizielle Grenzübergänge, dazu noch etwa zehn nach Guatemala und zwei nach Belize. Die entsprechenden Regionenkapitel liefern Informationen zu den wichtigsten Grenzübergängen. Für die meisten mexikanischen Grenzstädten gilt: Es gibt kaum einen Grund für einen längeren Aufenthalt.

Auto & Motorrad

Die Bestimmungen für die Fahrzeugeinfuhr nach Mexiko ändern sich von Zeit zu Zeit. Den aktuellen Stand erfährt man z. B. bei den mexikanischen Konsulaten, bei **Sanborn's** (☎ 800-222-01-58; www.sanbornsinsurance.com) oder in den USA bei der kostenlosen **mexikanischen Touristenhotline** (☎ 800-401-3880).

An mexikanischen Grenzübergängen sind Tankstellen und/oder Autowerkstätten oft Mangelware. Daher sollte man bereits vor dem Grenzübertritt genug Benzin im Tank haben, um die nächste größere Stadt in Mexiko problemlos zu erreichen. Informationen zum Auto- und Motorradfahren innerhalb Mexikos gibt's auf S. 1092.

EINFUHRGENEHMIGUNG

Eine *permiso de importación temporal de vehículos* (zeitweilige Einfuhrgenehmigung für Fahrzeuge) ist vonnöten, sobald man sich mit dem eigenen Auto außerhalb Baja Californias oder über Guaymas im Bundesstaat Sonora hinaus bewegen möchte. Auch für die 20 bis 30 km breite Zone entlang der übrigen US-Grenze ins Inland Mexikos und für die Gebiete jenseits der 70 km breiten Zone an den Grenzen zu Guatemala und Belize braucht man eine solche Genehmigung. Das Instituto Nacional de Migración (INM; Nationale Einwanderungsbehörde) unterhält Stützpunkte in den Grenzzonen und am Fährterminal von La Paz in Baja California; wer ein eigenes Fahrzeug mit aufs mexikanische Festland nehmen möchte, muss die Genehmigung dort vorzeigen. Autotrips innerhalb Baja Californias sind genehmigungsfrei, ebenso innerhalb Sonoras, wenn die Reise nicht über Guaymas im Süden hinausführt (Details auf S. 344).

Die Genehmigungen werden von Grenzbüros oder speziellen Posten ausgestellt, die sich manchmal ein paar Kilometer weit im Landesinneren befinden. Man bekommt sie auch am Hafen von Ensenada und am Fährterminal von Pichilingue (La Paz) in Baja California. Oder man wendet sich an die mexikanischen Konsulate in Chicago, Houston, Dallas, Austin, Fort Worth, Los Angeles, Sacramento, San Bernardino, Phoenix, Albuquerque und Denver. Sämtliche Kontaktadressen stehen im Internet unter www.banjercito.com.mx (auf „Red de Módulos IITV" klicken), wo man auch online Genehmigungen beantragen kann (unter „Importacíon Temporal de Vehículos" bzw. „Para iniciar su Trámite de clic AQUI"). Die Dokumente werden einem dann per Kurier zugestellt.

Die Genehmigungsgebühr beträgt etwa 420 Mex$, wenn man den Antrag an oder hinter der Grenze stellt; bei mexikanischen Konsulaten bzw. online bezahlt man rund 560 Mex$ bzw. 700 Mex$. Wer möchte, kann sich außerdem vorab per Internet registrieren: Das beschleunigt das eigentliche Ausstellen bei den Konsulaten oder an der Grenze.

Wer ein Fahrzeug einführt, benötigt neben den Originalen aller im Folgenden aufgeführten Dokumente je eine bis zwei Fotokopien davon. Diese Kopien kann man auch gegen eine geringe Gebühr von den Beamten der Büros anfertigen lassen. Sämtliche Dokumente müssen auf den Namen des Antragstellers bzw. der Antragstellerin lauten – es sei denn, man führt das Auto eines Ehepartners, Elternteils oder Kindes ein. Solche Verwandtschaftsverhältnisse sind durch Heirats- oder Geburtsurkunden nachzuweisen.

- Touristenkarte (FMT): Erst zur *migración* an der Grenze gehen, dann die Einfuhrgenehmigung beantragen.
- Offizielle Besitzurkunde oder Fahrzeugregistrierung (Achtung: Für die Weiterfahrt nach Guatemala oder Belize wird beides benötigt).
- Kreditkarte (Visa, MasterCard oder American Express), die von einer Institution außerhalb Mexikos ausgestellt wurde. Wer keine hat, muss an der Grenze eine Kaution von 200 bis 400 US$ hinterlegen, abhängig vom Baujahr des Fahrzeugs. Sie wird bei Ausreise zurückerstattet. Kreditkartendaten oder Kaution sollen gewährleisten, dass das Fahrzeug wieder ausgeführt wird, bevor die Touristenkarte (FMT) ausläuft. Achtung: Bei Konsulaten und übers Internet können Anträge nur mit einer Visa oder einer MasterCard gestellt werden.
- Reisepass (oder Geburtsurkunde in Verbindung mit einem offiziellen Lichtbildausweis) zum Nachweis der Staatsbürgerschaft oder des Aufenthaltsrechts.
- Führerschein.
- Bei noch nicht vollständig bezahlten Fahrzeugen: Kreditbescheinigung des Finanzierers und/oder eine Teilrechnung, die höchstens drei Monate alt sein darf.
- Bei in den USA gemieteten oder geleasten Fahrzeugen: Mietvertrag, der auf den Namen der einführenden Person ausgestellt sein muss, zudem eine Ausfuhrgenehmigung des jeweiligen Autovermieters. Die wenigsten US-Autovermieter gestatten jedoch die Mitnahme ihrer Fahrzeuge nach Mexiko.
- Bei Firmenwagen: Offizieller Beschäftigungsnachweis und Nachweis dafür, dass das Auto dem Unternehmen gehört.

Jede Person kann lediglich ein Fahrzeug einführen. Wer gleichzeitig ein Auto und ein Motorrad mitnehmen möchte, benötigt einen volljährigen Mitreisenden. Dieser muss sich dann um die Einfuhrgenehmigung für das zweite Fahrzeug kümmern und alle erforderlichen Papiere dafür vorlegen.

Zur erteilten Genehmigung kriegt man einen Aufkleber, der innen an der Frontscheibe zu befestigen ist.

Das Fahrzeug darf in dem Zeitraum, der auf der Touristenkarte vermerkt ist, aus- und wieder eingeführt werden. Dazu muss man ein *tarjetón de internación* verlangen. Dieses Dokument tauscht man bei jeder Ausreise aus Mexiko gegen ein *comprobante de retorno* aus, und bei der Rückkehr nach Mexiko erhält man für das *comprobante* dann wiederum ein *tarjetón*. Bei der endgültigen Ausreise aus Mexiko wird die Einfuhrgenehmigung von den mexikanischen Behörden eingezogen – das erledigt manchmal ein Beamter beim Einfahren in die Grenzzone, die normalerweise 20 bis 30 km vor der Grenze beginnt. Wenn das nicht geschieht, muss man den zuständigen Beamten an der Grenze suchen. Mexiko zu verlassen, ohne die Einfuhrgenehmigung widerrufen zu lassen, wäre nicht klug: Dann vermuten die Behörden nämlich, dass das Fahrzeug illegal im Land zurückgelassen worden ist. Sie können deshalb die Kaution beschlagnahmen, die Kreditkarte mit einer Geldstrafe belasten oder bei der nächsten Reise nach Mexiko die Autoeinfuhrgenehmigung nicht erteilen.

Nur der Fahrzeughalter darf das Fahrzeug aus Mexiko ausführen. Kommt es bei dem Fahrzeug im Land zu einem Totalschaden, muss man mit seinem Konsulat oder dem mexikanischen Zoll Kontakt aufnehmen, um eine Ausreise ohne das Fahrzeug zu arrangieren.

Belize

Täglich pendeln rund 18 Busse von **Novelo's** (Belize City; ☎ 227-20-25) zwischen Belize City und Chetumal in Mexiko (10 US$, 4 Std.). Auf dem Boden Belizes halten sie unterwegs in Orange Walk und Corozal (Details auf S. 1008).

Guatemala

Grenzübergänge gibt's u. a. bei La Mesilla/Ciudad Cuauhtémoc, Ciudad Tecún Umán/Ciudad Hidalgo und El Carmen/Talismán. Von dort fahren zahlreiche Busse und/oder Combis nach Guatemala City sowie zu nahegelegenen Städten auf beiden Seiten der Grenze. Ein paar Busse von **Trans Galgos Inter** (Guatemala City; ☎ 2232-3661; www.transgalgosinter.com.gt; 25–35 US$), **Línea Dorada** (Guatemala City; ☎ 2232-5506; www.tikalmayanworld.com; 15 US$) und **Tica Bus** (Guatemala City; ☎ 2366-4038; www.ticabus.com; 16 US$) verkehren täglich zwischen Guatemala City und Tapachula in Chiapas (6 Std.). Sie halten unterwegs in Escuintla und Mazatenango.

Línea Dorada/Mundo Maya (Flores; ☎ 7926-0070) und **San Juan Travel** (Flores ☎ 7926-0041) schicken täglich von Flores (Guatemala) über Belize City nach Chetumal (28 US$, 7–8 Std.).

Über die Route von Flores nach Palenque in Mexiko, die über den Río Usumacinta führt, rollen täglich mehrere 2.-Klasse-Busse von Flores nach Bethel (4 US$, 4 Std.) am guatemaltekischen Ufer des Usumacinta. Von dort geht's per Boot nach Frontera Corozal auf mexikanischem Boden (7–13 US$/Pers., 40 Min.). Alternativ fahren Busse von Flores über Bethel nach La Técnica (6 US$, 5–6 Std.), wo ebenfalls Boote nach Frontera Corozal ablegen (1,50 US$, 5 Min.). Zwischen Frontera Corozal und Palenque sind Vans unterwegs (6 US$, 3 Std., 13-mal tgl.). Reisebüros in Palenque und Flores bieten kombinierte Pauschaltrips (Bus–Boot–Bus; ca. 40 US$) zwischen beiden Städten an. Unterwegs empfehlen sich Abstecher zu den eindrucksvollen Mayaruinen von Yaxchilán (S. 932) bei Frontera Corozal.

USA

AUTO & MOTORRAD

Auf S. 1088 gibt's Infos zum Einführen eigener Fahrzeuge nach Mexiko. Wie man dabei in weiten Teilen des Bundesstaats Sonora Kosten und Mühen sparen kann, steht auf S. 344.

Wer in der Hauptsaison von Mexiko in die USA einreisen möchte, sollte vorher die Website von **US Customs & Border Protection** (www.cbp.gov) besuchen: Unter „Travel" gibt die amerikanische Zoll- und Grenzschutzbehörde die aktuellen Wartezeiten an sämtlichen Grenzübergängen an.

BUS

Grenzübergreifende Busverbindungen bestehen zwischen vielen US-Städten und Zielen im nördlichen Mexiko. Sie werden hauptsächlich von Mexikanern genutzt, die in den USA arbeiten und nicht großartig publik gemacht: Anzeigen dafür finden sich größtenteils in spanischsprachigen US-Zeitungen. Zu den größten Unternehmen gehören: **Autobuses Americanos** (www.autobusesamericanos.com.mx), die von Los Angeles, Phoenix, Denver, Albuquerque, Chicago und mehreren texanischen Städten nach Nord-, Nordost und Zentralmexiko fahren, **Tufesa** (www.tufesa.com.mx), das Los Angeles, Las Vegas, Phoenix und Tucson mit dem mexikanischen Nordwesten verbindet, **Crucero** (☎ 800-531-5332; www.crucero-usa.com), das in Kalifornien, Nevada und Arizona startet und dieselben Ziele bedient, **Transportes Baldomero Corral** (www.tbcconexionphoenix.com), die zwischen Arizona und dem nordwestlichen Mexiko verkehren, sowie **Greyhound** (☎ 800-231-2222; www.greyhound.com), das ebenfalls grenzübergreifende Strecken im Programm hat und dabei häufig auf mexikanische Partnerunternehmen zurückgreift.

Beispiele für ein paar grenzübergreifende Verbindungen:

Strecke	Preis (US$)	Dauer (Std.)
Los Angeles–Hermosillo	90	16
Los Angeles–Los Mochis	110	24
Los Angeles–Mexicali	35	5
Phoenix–Álamos	50	12
Phoenix–Hermosillo	40	8
Dallas–Monterrey	50	12
Dallas–Reynosa	46	11
Houston–Matamoros	25	9
Houston–Monterrey	40	10

Oft braucht man auch nicht länger als hier angegeben, wenn man mit dem Bus oder Zug zur Grenze fährt, diese dann per pedes oder mit einem Regionalbus überquert, und auf mexikanischer Seite wieder in einen Bus für die Weiterreise steigt. Viele US-Grenzstädte werden von Greyhound bedient, weitere sind durch Umsteigen in Busse kleinerer Unternehmen erreichbar. Greyhound-Busse rollen z. B. ab Los Angeles (64 US$, 16 Std.), Chicago (129–141 US$, 34 Std.) und New York (128 US$, 52 Std.) nach El Paso (Preise und Dauer jeweils für die einfache Strecke).

ZUG

Es gibt keine regelmäßig verkehrenden Personenzüge auf der mexikanischen Seite der mexikanisch-US-amerikanischen Grenze, aber die US-amerikanische Seite kann man per Bahn erreichen. Züge sind möglicherweise schneller und billiger als Busse – oder aber langsamer und teurer. Das hängt von der Strecke ab. **Amtrak** (☎ 800-872-7245; www.amtrak.com) fährt in vier US-Städte, von denen aus man leicht nach Mexiko kommt: San Diego in Kalifornien (gegenüber von Tijuana), El Paso in Texas (gegenüber von Ciudad Juárez), Del Rio in Texas (gegenüber von Ciudad Acuña) und San Antonio in Texas. Von hier kommt man per Bus in die Grenzstädte Eagle Pass (gegenüber von Piedras Negras) und Laredo (gegenüber von Nuevo Laredo).

> **AUSREISESTEUER**
>
> Bei internationalen Flügen aus Mexiko wird eine Ausreisesteuer von etwa 250 Mex$ erhoben. Diese Steuer ist in der Regel im Ticketpreis enthalten – wenn nicht, muss man sie beim Einchecken bar bezahlen. Vorher beim Reisebüro nachfragen!

ÜBERS MEER

Manche Traveller möchten Mexiko zum Ziel einer komfortablen Seereise machen. Dafür empfehlen sich Kreuzfahrten ab den USA. In einem solchen Rahmen kann man Aktivitäten und Attraktionen an der mexikanischen Küste genießen, ohne sich selbst um Unterkunft, Verpflegung oder Transport kümmern zu müssen. Als beliebtestes Kreuzfahrtziel der Welt verzeichnet Mexiko alljährlich über 6 Mio. Passagiere in seinen Häfen. Am gefragtesten ist die mexikanische Karibikküste, die normalerweise in Verbindung mit anderen karibischen Zielen und/oder Key West in Florida auf dem Reiseplan steht. Als Einzelziel wird am häufigsten die Isla Cozumel angelaufen. Die anderen Kreuzfahrthäfen an der mexikanischen Karibikküste sind Puerto Morelos und Calica, gleich südlich von Playa del Carmen. Das Costa-Maya-Terminal bei Mahahual wurde 2007 vom Hurrikan Dean zerstört, soll aber wieder aufgebaut werden.

Im Kreuzfahrtjargon wird die Pazifikküste „mexikanische Riviera" genannt. Zu ihren Haupthäfen zählen u. a. Ensenada, Cabo San Lucas, Mazatlán, Puerto Vallarta und Acapulco. Urlauberschiffe legen zudem in Manzanillo, Zihuatanejo, Bahías de Huatulco und dem neuen Puerto Chiapas bei Tapachula an.

Wer eine Karibikkreuzfahrt von den südöstlichen USA aus unternehmen oder die mexikanische Riviera von Kalifornien aus besuchen möchte, kommt für zehn Tage an Bord manchmal für unter 1000 US$ pro Nase weg.

Folgende Kreuzfahrtlinien schippern nach Mexiko und sind über die angegebenen US-Telefonnummern erreichbar:

Carnival Cruise Lines (☎ 888-227-6482; www.carnival.com)

Celebrity Cruises (☎ 800-647-2251; www.celebrity.com)

Crystal Cruises (☎ 888-722-0021; www.crystalcruises.com)

Holland America Line (☎ 877-724-5425; www.hollandamerica.com)
Norwegian Cruise Lines (☎ 800-327-7030; www.ncl.com)
P&O Cruises (☎ 415-382-8900; www.pocruises.com)
Princess Cruises (☎ 800-774-6237; www.princess.com)
Royal Caribbean International (☎ 800-398-9813; www.royalcaribbean.com)

UNTERWEGS VOR ORT

AUTO & MOTORRAD

Autofahren ist in Mexiko nicht so einfach, und Mietwagen sind recht teuer. Aber dafür genießt man mit einem Auto die größtmögliche Freiheit und Flexibilität.

Benzin

Der gesamte *gasolina*- (Benzin-) und Dieseltreibstoff wird in Mexiko von dem staatlichen Monopolunternehmen Pemex (Petróleos Mexicanos) vertrieben. In den meisten Ortschaften, sogar in kleinen, gibt es deshalb eine Pemex-Tankstelle, genau wie auch an den meisten größeren Straßen. In eher abgelegenen Gebieten sollte man aber sofort nachtanken, wo immer sich eine Möglichkeit dazu bietet.

GRÜNE ENGEL

Das mexikanische Tourismusministerium Sectur unterhält ein Netzwerk von *Ángeles Verdes* (grünen Engeln). Die Mechaniker, die grüne Uniformen tragen, sprechen auch Englisch und patrouillieren in Servicefahrzeugen derselben Farbe tagsüber auf 60 000 km der wichtigsten Highways des Landes. Dort halten sie Ausschau nach pannengeplagten Touristen. Kleinere Reparaturen und Reifenwechsel werden kostenlos vorgenommen, ebenso ist das Anfordern von Abschlepp- und sonstigen erforderlichen Hilfsdiensten umsonst. Ersatzteile, Benzin und Öl müssen jedoch bezahlt werden. Wer mit dem Auto liegenbleibt und Zugang zu einem Telefon hat, kann die Engel über ihre **24-Stunden-Hotline** (☎ 078) rufen. Unter www.sectur.gob.mx/wb2/sectur/sect_9454_rutas_carreteras ist eine Karte mit allen überwachten Straßen im Internet zu finden.

Das verkaufte Benzin ist überall *sin plomo* (bleifrei). Es gibt zwei Qualitätsstufen: Magna Sin entspricht ungefähr dem europäischen unverbleiten Normalbenzin, Premium ist ungefähr dasselbe wie Super. Zum Zeitpunkt der Recherche kostete Magna Sin ungefähr 7 Mex$/l (2,40 US$/US-Gallone) und Premium etwa 8,75 Mex$. 1 l Diesel ist für ca. 6 Mex$ zu haben. Der normale mexikanische Diesel hat einen etwas höheren Schwefelgehalt als der in Europa, man bekommt aber auch „Diesel Sin" mit weniger Schwefel. Wenn Dieselfahrer ihr Öl und ihren Filter ungefähr alle 3500 km wechseln, sollte es keine Probleme geben.

Die Helfer an den Tankstellen freuen sich über ein Trinkgeld von 2 bis 5 Mex$.

Führerschein

Um in Mexiko ein motorisiertes Fahrzeug fahren zu dürfen, muss man einen gültigen Führerschein von zu Hause mitbringen.

Mieten

Ein Auto zu mieten ist in Mexiko im Vergleich zu Europa teuer, aber dafür gar nicht kompliziert. Man kann per Internet, telefonisch oder persönlich buchen und das Auto bei der Vermietung in den Städten, an Flughäfen, an vielen großen Hotels und manchmal auch am Busbahnhof abholen.

Wer ein Auto mieten will, muss einen gültigen Führerschein vorlegen (der des Heimatlands reicht), seinen Pass und eine Kreditkarte eines größeren Unternehmens. Außerdem muss der Mietwillige in der Regel mindestens 21 Jahre alt sein (manchmal sogar 25, und manchmal müssen Personen zwischen 21 und 24 Jahren einen Aufschlag zahlen). Beim Mietvertrag auf das Kleingedruckte achten! Zusätzlich zu dem eigentlichen Mietpreis muss man an die Autovermietung Steuern und Versicherungskosten zahlen. Achtung: Vollkaskoversicherungen können die Mietpreise, die man auf manchen Buchungsseiten im Internet findet, fast verdoppeln! Normalerweise kann man sich auch dafür entscheiden, zu einem niedrigeren Preis eine reine Autohaftpflichtversicherung abzuschließen. Man sollte sich aber genau erkundigen, was die Versicherungsoptionen abdecken, und das Risiko abwägen: Eine Diebstahl- und Schadensversicherung deckt vielleicht nur einen geringen Prozentteil der Kosten, und manche Versicherungen haften

HILFREICHE (?) SIGNALE

Mexikanische Autofahrer geben sich gegenseitig Signale, die Ausländer wahrscheinlich nicht gleich verstehen – und grundsätzlich mit Vorsicht genießen sollten:

Kurzes Aufblenden der Front- oder Warnblinklichter weist auf vorausliegende Straßenhindernisse hin (z.B. Polizeikontrollen, Stauenden, Felsen oder Rinder). Nach den nächsten paar Kurven kommt jedoch öfters nichts Beunruhigendes in Sicht, denn nicht selten hat der andere Fahrer den Hebel nur versehentlich betätigt.

Langsame Fahrzeuge zeigen oft durch Linksblinken an, dass die Straße frei ist und man sie daher „gefahrlos" überholen kann. Natürlich sollte man sich aber niemals darauf verlassen – schließlich könnte der Vordermann auch einfach normal nach links abbiegen wollen!

nicht, wenn man auf schlechten Landstraßen unterwegs war. Möglichst viel Versicherungsschutz im Haftpflichtfall hat wirklich seine Vorteile, denn die mexikanischen Gesetze machen es möglich, Autofahrer nach einem Unfall so lange festzuhalten, bis sie ihre Verpflichtungen gegenüber Dritten erfüllt haben.

Die meisten Autovermietungen bieten die Auswahl zwischen einer Abrechnung nach Kilometern oder einer Vermietung ohne Kilometerbegrenzung. Einheimische Unternehmen können billiger oder teurer sein als die großen internationalen. Meistens kostet das billigste verfügbare Auto (oft ein VW Käfer) 500 bis 600 Mex$ pro Tag ohne Kilometerbegrenzung und einschließlich Versicherung und Steuern. Mietet man wochen- oder monatsweise, können die Kosten pro Tag um 20 bis 40 % sinken. Die Kosten lassen sich auch noch dadurch senken, dass man Abhol- und Ablieferstellen an den Flughäfen meidet – für sie wird oft ein Aufschlag von 10 % auf die Gesamtsumme gefordert. Wenn diese Option überhaupt besteht, macht der Aufschlag für die Ablieferung in einer anderen Stadt nochmal ca. 4 Mex$ pro Kilometer aus.

Hier die Kontaktdaten einiger größerer Firmen (mit der mexikanischen Telefonnummer):

Alamo (☎ 800-849-80-01; www.alamo.com)
Avis (☎ 800-288-88-88; www.avis.com.mx)
Budget (☎ 800-700-17-00; www.budget.com.mx)
Dollar (☎ 998-886-02-22; www.dollar.com)
Europcar (☎ 800-201-20-84; www.europcar.com.mx)
Hertz (☎ 800-709-50-00; www.hertz.com)
National (☎ 800-716-66-25; www.nationalcar.com.mx)
Thrifty (☎ 55-5207-1100; www.thrifty.com.mx)

Motorräder oder Motorroller kann man nur in einigen wenigen Touristenzentren mieten. Dazu braucht man in der Regel einen Führerschein und eine Kreditkarte – und man sollte sich die Versicherungsvereinbarungen ganz genau anschauen: Einige Vermieter bieten gar keine Versicherung an. Achtung: Ein im Urlaubsland erworbener Motorradführerschein wird von manchen Reiseversicherungen nicht anerkannt!

Straßenkarten

Schilder aufstellen ist keine Stärke der Mexikaner – gute Straßenkarten sind also wichtig! Die Anschaffung eines Straßenatlas wie etwa *Por Las Carreteras de México* (175 Mex$) des mexikanischen Verlags Guía Roji lohnt sich. Er ist in Buchhandlungen und an einigen Zeitungskiosken erhältlich; im Internet-Buchhandel kostet er ein bisschen mehr. Jedes Jahr erscheint eine Neuauflage, in der die meisten neuen Highways verzeichnet sind. Auch nützlich sind die regionalen Straßenkarten aus dem Verlag Quimera.

Straßenverhältnisse

Viele mexikanische Highways, sogar einige mautpflichtige Straßen, sind nicht so, wie man sie von Europa her gewöhnt ist. Aber die meisten Hauptstraßen sind doch sicher und schnell befahrbar, wenn der Verkehr nicht dicht ist. Die Mexikaner fahren im Allgemeinen so vorsichtig und vernünftig wie die Leute anderswo auch. Verkehrsdichte, schlechter Straßenzustand und viele „Hindernisse" (Schlaglöcher, Tempo reduzierende Schwellen, Tiere, Fahrräder, Kinder) halten die Geschwindigkeit in Grenzen.

Wenn es dunkel ist, sollte man besser gar nicht fahren: Unbeleuchtete Fahrzeuge, Felsbrocken, Fußgänger und Tiere verirren sich öfters auf die Fahrbahn, und Entführungen und Raubüberfälle kommen auch hin und wieder vor.

In Ortschaften, Städten und auf Landstraßen besonders auf Schilder mit *alto* (Stopp) und *topes* (Tempo reduzierende Schwellen) und auf Schlaglöcher achten: Die Schilder und Hindernisse sind oft nicht dort, wo man sie erwartet, und wer sie ignoriert, muss möglicherweise eine Geldstrafe zahlen – oder beschädigt sein Auto. Die Schwellen sind auch dort montiert, wo es auf den Highways durch erschlossene Gebiete geht. Schilder mit der Aufschrift „Tope" oder „Vibradores" warnen einen vor den meisten Schwellen – die schlimmsten sind allerdings die ohne Warnzeichen: Wenn man diese mit etwas Tempo überfährt, wird das weder einem selbst noch dem Auto besonders gut tun.

Es kann immer sein, dass man von der mexikanischen Verkehrspolizei herausgewunken wird, weil man angeblich gegen die Verkehrsregeln verstoßen hat. In diesem Fall ruhig und höflich bleiben und keine Eile zeigen. Man braucht kein Schmiergeld zu zahlen; oft reicht es aus, sich taub zu stellen und vorzugeben, kein Spanisch zu verstehen – dann gibt der Verkehrspolizist auf. Man kann auch fordern, das Gesetz vorgelegt zu bekommen, das man übertreten haben soll. Wirkung zeigen wird auch, nach dem Ausweis des Beamten zu fragen und seinen Vorgesetzten zu verlangen und/oder sich den Namen des Beamten zu notieren, die Nummer auf seinem Abzeichen, die Fahrzeugnummer und seine Abteilung (Bundes-, Staats- oder städtische Polizei). Alle Verkehrsstrafen auf einer Polizeistation bezahlen, nicht an der Straße, und sich eine Quittung geben lassen! Dann kann man Beschwerde bei einer staatlichen Touristeninformation einlegen.

GEFAHREN FÜR MOTORRADFAHRER

Bestimmte Eigenschaften der mexikanischen Straßen sind für Motorradfahrer besonders gefährlich:

- schlechte Ausschilderung von Straßen- oder Wegsperrungen
- viele freilaufende Hunde mitten auf den Straßen
- Abfall und tiefe Schlaglöcher
- Fahrzeuge ohne Rücklichter
- keine Beleuchtung (auch auf Highways)

MAUTPFLICHTIGE STRASSEN

Mexiko hat mehr als 6000 km an *autopistas* (mautpflichtige Straßen), die in der Regel vierspurig ausgebaut sind. Meistens ist ihr Zustand viel besser und sie sind wesentlich schneller befahrbar als die alternativen kostenlosen Straßen. Die *cuotas* (Maut) beträgt durchschnittlich ungefähr 1 Mex$ auf 1 km. Infos zur Maut gibt es unter www.sct.gob.mx: auf „Traza Tu Ruta" klicken.

PARKEN IN DER STADT

Es ist grundsätzlich keine gute Idee, das Auto über Nacht unbewacht auf der Straße zu parken. Wenn das Hotel keinen eigenen Parkplatz hat, ist das Fahrzeug besser auf einem öffentlichen *estacionamiento* (Parkplatz) untergebracht. Fürs Parken bezahlt man hier im Allgemeinen rund 50 Mex$ über Nacht und am Tag 10 bis 15 Mex$ pro Stunde.

Unterwegs mit dem eigenen Fahrzeug

Ein Auto nach Mexiko mitzubringen, empfiehlt sich für Traveller, die

- viel Zeit haben
- gerne abseits ausgetretener Pfade unterwegs sind
- Surfbretter, Tauchausrüstung oder anderes sperriges Gepäck dabei haben
- mit mindestens einer Begleitperson reisen

Die Fahrer sollten zumindest ein paar Brocken Spanisch sprechen und Grundkenntnisse in Automechanik besitzen. Außerdem sollten sie Geduld aufbringen können und für Notfälle über Bargeldreserven verfügen. Gute Autohersteller für eine Fahrt durch Mexiko sind Volkswagen, Nissan, Chrysler, General Motors und Ford – sie haben Niederlassungen in Mexiko und Händler in den meisten größeren Städten des Landes. Sehr große Fahrzeuge sind auf schmalen Straßen unpraktisch und verschlingen viel Benzin. In einer Limousine mit Kofferraum ist das Gepäck sicherer untergebracht als im Kombi oder Fünftürer. Die mexikanischen Autowerkstätten sind gut ausgestattet, und die meisten Reparaturen können schnell und billig ausgeführt werden – trotzdem zahlt es sich aus, so viele Ersatzteile wie möglich mitzunehmen (Ersatzbenzinfilter sind sehr nützlich!). Die Bereifung (einschließlich Ersatzreifen), die Stoßdämpfer und die Aufhängung sollten in gutem Zustand sein. Eine Lenkradsperre sorgt für etwas mehr Sicherheit, ebenso eine Zentralverriegelung.

Motorradfahren in Mexiko ist nichts für Angsthasen. Die Straßenverhältnisse können schlecht und der Verkehr kann gefährlich sein; Ersatzteile und Mechaniker sind mitunter schwer aufzutreiben. Am einfachsten findet man noch Ersatzteile für Kawasaki-, Honda- und Suzuki-Maschinen.

Informationen über die Formalitäten bei der Einfuhr von Fahrzeugen stehen auf S. 1088.

Verkehrsregeln

In Mexiko wird auf der rechten Fahrbahnseite gefahren.

Die Höchstgeschwindigkeit liegt auf Highways außerhalb geschlossener Ortschaften zwischen 80 und 120 km/h (in Ortschaften weniger), in Kleinstädten und Städten zwischen 30 und 50 km/h. Sicherheitsgurte sind bei allen Insassen eines Autos Pflicht, Kinder unter fünf Jahren sind im Kindersitz anzuschnallen und müssen hinten sitzen. Wenn man die Verkehrsregeln, Geschwindigkeitsbegrenzungen und Ampeln beachtet, gibt man der Polizei keinen Anlass, ein an Ort und Stelle zu zahlendes „Bußgeld" zu fordern.

Einbahnstraßen sind in den Städten die Regel. An manchen Kreuzungen wird die Vorfahrt mit dünnen schwarzen und roten Rechtecken mit weißen Pfeilen angezeigt: Ein schwarzes Rechteck bedeutet, dass man Vorfahrt hat, ein rotes, dass man sie nicht hat. Der weiße Pfeil zeigt an, aus welcher Richtung der kreuzende Verkehr kommt; zeigt der Pfeil in beide Richtungen, ist die Querstraße keine Einbahnstraße.

In Mexico City dürfen die meisten Fahrzeuge an einem Tag in der Woche nicht fahren – man versucht, gegen die Luftverschmutzung anzukommen (s. S. 207).

Versicherung

Es wäre eine große Dummheit, in Mexiko ohne eine mexikanische Haftpflichtversicherung Auto zu fahren. Wenn man in einen Unfall verwickelt wird, kann man eingesperrt werden und das Fahrzeug wird beschlagnahmt, während die Schuldfrage geklärt wird. Wenn man einen Unfall mit Verletzten oder Toten verschuldet hat, wird man möglicherweise festgehalten, bis man Garantien dafür herangeschafft hat, dass man den Geschädigten Wiedergutmachung leisten und alle Geldstrafen bezahlen kann. Das kann Wochen oder Monate dauern. Eine angemessene mexikanische Versicherung ist der einzige wirkliche Schutz: Sie gilt als Garantie, dass Wiedergutmachung geleistet werden wird und man kommt viel früher wieder auf freien Fuß.

Das mexikanische Gesetz erkennt nur mexikanische Autoversicherungen (*seguros*) an, eine europäische Police zählt in den Augen der mexikanischen Behörden auch dann nicht, wenn sie Haftpflichtschäden abdeckt. Mexikanische Versicherungen werden in US-amerikanischen Grenzstädten angeboten; nähert man sich aus den USA der Grenze, sieht man überall Werbetafeln von Büros, die mexikanische Versicherungspolicen verkaufen. An den stärker frequentierten Grenzübergängen, z. B. nach Tijuana, Mexicali, Nogales, Agua Prieta, Ciudad Juárez, Nuevo Laredo, Reynosa und Matamoros, gibt es Versicherungsagenturen, die rund um die Uhr geöffnet haben. Manche Angebote sind günstiger als andere – versteht sich.

Kurze Zeit gültige Versicherungen kosten ungefähr 15 US$ pro Tag für den vollen Versicherungsschutz für ein Auto im Wert von unter 10 000 US$; wer länger als zwei Wochen bleibt, fährt mit einer Jahrespolice oft günstiger. Reine Autohaftpflichtversicherungen kosten ungefähr die Hälfte einer Vollkaskoversicherung.

Wer unter Alkohol- oder Drogeneinfluss fährt, verliert in der Regel seinen Versicherungsschutz.

BUS

Mexiko hat ein gutes Straßen- und Busnetz und bequeme, häufige und günstige Busverbindungen zwischen allen Städten. In den meisten Städten und Ortschaften gibt es einen Hauptbusbahnhof, an dem alle Fernbusse ankommen und abfahren. Er heißt Terminal de Autobuses, Central de Autobuses, Central Camionera oder einfach nur La Central (nicht zu verwechseln mit *el centro,* dem Stadtzentrum!). Gibt es keinen Hauptbusbahnhof, haben die verschiedenen Busunternehmen eigene Haltestellen, die über die Stadt verteilt sind.

Das Gepäck ist im Aufbewahrungsfach des Busses sicher, aber man muss sich bei der Übergabe eine Quittung geben lassen. Die wertvollsten Dokumente (Reisepass, Geld usw.) nicht aus der Hand geben, sondern sicher am Körper aufbewahren.

Raubüberfälle kommen sehr selten vor. Das Risiko ist bei Nacht, auf abgelegenen Autobahnstrecken abseits der Städte und in 2.-Klasse-Bussen höher.

MEXIKANISCHE BUSGESELLSCHAFTEN

Unternehmen	Telefon	Internet	Hauptregionen/Ziele
ABC	☎ 664-621-24-24	www.abc.com.mx	Baja California
ADO	☎ 800-702-80-00	www.ado.com.mx	Mexico City, Puebla, Golfküste, Oaxaca, Tabasco, Chiapas, Halbinsel Yucatán
ADO GL	☎ 800-702-80-00	www.adogl.com.mx	Mexico City, Puebla, Golfküste, Tabasco, Oaxaca, Halbinsel Yucatán
AU	☎ 800-702-80-00	www.ado.com.mx	Mexico City, Puebla, Golfküste, Tabasco, Oaxaca, Puebla
Autotransportes Águila	☎ 612-122-78/98	www.abc.com.mx	Südliches Baja California
Autovías	☎ 55-5567-4550	k. A.	Mexico City, Michoacán, Zihuatanejo
Blancos	☎ 800-507-55-00	www.estrellablanca.com.mx	Mexico City, Golfküste
Chihuahuenses	☎ 800-507-55-00	www.estrellablanca.com.mx	Mexico City, Pazifikküste, Zentral-, Nordwest- & zentrales Nordmexiko
Elite	☎ 800-507-55-00	www.estrellablanca.com.mx	Mexico City, Pazifikküste, Zentral-, Nordwest- & zentrales Nordmexiko
Estrella Blanca	☎ 800-507-55-00		Mexico City, Golfküste, Pazifikküste
Estrella de Oro	☎ 55-5549-8520 (Mexico City), 800-900-01-05 (andere Städte)	www.autobus.com.mx/edo	Mexico City, Cuernavaca, Taxco, Pazifikküste (Bundesstaat Guerrero)
Estrella Roja	☎ 800-712-22-84	www.estrellaroja.com.mx	Mexico City, Puebla
ETN	☎ 800-800-03-86	www.etn.com.mx	Mexico City, Pazifikküste, Nordostmexiko, zentrales Hochland (Norden & Westen)
Flecha Amarilla	☎ 800-849-90-04	k. A.	Mexico City, Manzanillo, zentrales Hochland (Norden & Westen)
Futura	☎ 800-507-55-00	www.estrellablanca.com.mx	Mexico City, Pazifikküste, Zentral- & Nordmexiko
Gacela	☎ 800-507-55-00	www.estrellablanca.com.mx	Mexico City, Cuernavaca, Pazifikküste
Herradura de Plata	☎ 55-5567-4550	k. A.	Mexico City, zentrales Hochland (Norden & Westen)

Klassen

DELUXE

De-lujo-Busse, manchmal auch *ejecutivo* genannt, verkehren hauptsächlich auf viel befahrenen Strecken. Sie sind schnell, modern und komfortabel, bieten verstellbare Liegesitze, ausreichende Beinfreiheit, Klimaanlagen, wenige oder keine Stopps zwischendurch, Toiletten an Bord (allerdings nicht immer Toilettenpapier) und manchmal auch Getränke oder Snacks. Normalerweise werden auf Bildschirmen Filme gezeigt.

1. KLASSE

Primera- (1a-) clase-Busse halten für jeden Fahrgast einen komfortablen, nummerierten Sitzplatz bereit. Sie fahren alle größeren Städte an. Der Komfortstandard ist immer zumindest angemessen. Normalerweise verfügen die Busse über Klimaanlagen und Toiletten und halten unterwegs nur selten. Immer werden die meiste Zeit der Fahrt Filme gezeigt (oft schlechte) – dumm für den, der sie nicht sehen will, denn vor jedem Sitz hängt ein Bildschirm.

Ein Pullover oder eine Jacke tut gute Dienste, wenn die Klimaanlage mal wieder etwas übereifrig ist. Tickets für 1.-Klasse-Busse kauft man wie für Deluxebusse vor dem Einsteigen im Busbahnhof.

2. KLASSE

Segunda- (2a-) clase-Busse fahren in kleinere Städte und Dörfer und sind zudem zwischen einigen Großstädten eine billigere und langsamere Alternative zu den 1.-Klasse-Bussen. Einige wenige Busse dieser Kategorie sind fast so schnell und komfortabel wie 1.-Klasse-Busse und legen genauso wenige Stopps ein, andere wiederum sind alt, langsam und schäbig.

Viele 2.-Klasse-Linien haben kein Fahrkartenbüro; man zahlt direkt beim Fahrer. Diese Busse nehmen in der Regel langsame,

MEXIKANISCHE BUSGESELLSCHAFTEN (FORTSETZUNG)

Unternehmen	Telefon	Internet	Hauptregionen/Ziele
OCC	☎ 800-702-80-00	www.ado.com.mx	Mexico City, Puebla, Oaxaca, Chiapas (Ómnibus Cristóbal Colón)
Ómnibus de México	☎ 800-765-66-36	www.odm.com.mx	Mexico City, Colima, Guadalajara, Tepic, zentrales Hochland (Norden), Nordost- & zentrales Nordmexiko
Oriente	☎ 800-507-55-00	www.estrellablanca.com.mx	Mexico City, Zentral- & Nordostmexiko
Primera Plus	☎ 800-849-90-04	k. A.	Mexico City, Pazifikküste, zentrales Hochland (Norden & Westen)
Pullman de Morelos	☎ 800-624-03-60	www.pullman.com.mx	Mexico City, Cuernavaca, Cuautla
TAP	☎ 668-812-57-49	k. A.	Mexico City, Guadalajara, Puerto Vallarta, Nordwestmexiko
Transportes del Norte	☎ 800-890-90-90	www.gruposenda.com	Mexico City, San Luis Potosí, Nordostmexiko
Transportes del Pacífico	☎ 55-5587-5310	k. A.	Mexico City, Guadalajara, Pazifikküste, Nordwestmexiko
Transportes Frontera	☎ 800-507-55-00	www.estrellablanca.com.mx	Mexico City, Zentral- & Nordostmexiko
Transportes Norte de Sonora	☎ 800-507-55-00	www.estrellablanca.com.mx	Mexico City, Guadalajara, Pazifikküste, Nordwestmexiko
Turistar	☎ 800-507-55-00	www.estrellablanca.com.mx	Mexico City, Pazifikküste, Zentral- & Nordmexiko
UNO	☎ 800-702-80-00	www.uno.com.mx	Mexico City, Puebla, Golfküste, Oaxaca, Chiapas, Tabasco, Halbinsel Yucatán

Hinweis: Viele Busunternehmen fahren für große Muttergesellschaften und teilen sich manchmal Ticketschalter an den Terminals. ADO, ADO GL, AU, OCC und UNO gehören allesamt zur ADO-Gruppe. Die Grupo Estrella Blanca vereint Blancos, Elite, Estrella Blanca, Futura, Gacela, Oriente, Chihuahuenses, Transportes Frontera, Transportes Norte de Sonora und Turistar.

mautfreie Straßen in die Großstädte hinein und aus ihnen heraus und halten überall, um Fahrgäste aufzunehmen. Wer zwischendrin zusteigt, muss manchmal einen großen Teil der Fahrt stehen. Das bisschen Geld, das man bei einem 2.-Klasse-Bus spart, entschädigt in der Regel nicht für die Unbequemlichkeit und die zusätzlich benötigte Fahrtzeit.

2.-Klasse-Busse sind außerdem oft weniger sicher als Deluxe- oder 1.-Klasse-Busse – einerseits wegen schlechter Wartung oder schlecht ausgebildeter Fahrer, andererseits aber auch, weil sie auf einigen Strecken größere Gefahr laufen, von Banditen überfallen zu werden. In den abgelegeneren Gebieten sind 2.-Klasse-Busse aber oft die einzige Möglichkeit, in der Gegend herumzukommen.

Microbuses oder *micros* sind kleine, meistens recht neue 2.-Klasse-Busse mit etwa 25 Sitzplätzen. Sie fahren üblicherweise auf kürzeren Strecken von einer Ortschaft zur nächsten.

Preise

1.-Klasse-Busse kosten normalerweise rund 50 bis 70 Mex$ pro Reisestunde (70–80 km). Für Deluxebusse zahlt man vielleicht 10 oder 20 % mehr, Super-Deluxelinien wie ETN, UNO und Turistar Ejecutivo sind schon mal um bis zu 60 % teurer. In 2.-Klasse-Bussen kommt man um ca. 10 bis 20 % günstiger weg als in Bussen der 1. Klasse.

Reservierungen

Bei Fahrten von bis zu vier oder fünf Stunden Dauer auf viel befahrenen Strecken reicht es normalerweise, zum Busbahnhof zu gehen und sich ein Ticket zu kaufen, um ohne größere Verzögerung abzufahren. Für längere Fahrten oder für Strecken, die nicht häufig befahren werden, sollte man das Ticket einen oder mehrere Tage im Voraus kaufen. Gesellschaften mit Deluxe- und 1.-Klasse-Bussen haben Computerbuchungssysteme, mit denen man beim Ticketkauf seinen Sitzplatz auswäh-

WIE VIELE ZWISCHENSTOPPS?

Man sollte die Unterschiede zwischen den verschiedenen Busdiensten kennen:

Sin escalas Ohne Zwischenstopp
Directo Sehr wenige Zwischenstopps
Semi-directo Ein paar mehr Zwischenstopps als bei *directo*
Ordinario Hält überall, wo Fahrgäste ein- oder aussteigen wollen; Deluxe- und 1.-Klasse-Busse fahren nie *ordinario*
Express Auf kurzen und mittellangen Strecken kein Zwischenstopp; auf langen Strecken sehr wenige Zwischenstopps
Local Busse, die am Busbahnhof starten und nach Plan fahren; ein *local*-Bus ist besser als ein *de paso*
De paso Bus, der irgendwo gestartet ist und hier hält, um Fahrgäste ein- und aussteigen zu lassen. Wenn die Busgesellschaft keine Computerbuchung hat, muss das Ticket beim Fahrer gezahlt werden. Ist der Bus voll besetzt, muss man auf den nächsten warten
Viaje redondo Rundfahrt

len kann. Möglichst keinen Platz hinten nehmen: Dort sind die Toiletten und außerdem spürt man Erschütterungen stärker.

Ticketbus (in Mexico City ☎ 55-5133-2424, 800-702-80-00; www.ticketbus.com.mx) verkauft Tickets und nimmt Reservierungen für viele Busgesellschaften vor, hauptsächlich für Strecken in Zentral-, Süd- und Südostmexiko. Man kann per Internet, Telefon oder in einer seiner vielen Geschäftsstellen in 44 großen und kleinen Städten buchen.

Wenn man das Busticket bar bezahlt hat, die Fahrt aber doch nicht antreten kann, bekommt man von vielen Busgesellschaften 80 bis 100 % des Preises zurückerstattet – sofern man die Fahrkarte eine oder zwei Stunden vor der angekündigten Abfahrtszeit zurückgibt.

COLECTIVOS & ANDERE FAHRZEUGE

In manchen Gegenden gibt es kleinere Fahrzeuge als Alternative zu den Bussen. *Colectivos* (Sammeltaxis), VW-Busse (Combis) und komfortablere, für Passagiere eingerichtete Transporter wie Chevrolet Suburbans fahren als Shuttleservice zwischen einigen Städten hin und her. In der Regel fahren sie los, wenn alle Plätze besetzt sind. Die Fahrpreise sind normalerweise etwas niedriger als bei 1.-Klasse-Bussen. *Microbuses* oder *micros* sind kleine, meistens recht neue 2.-Klasse-Busse mit ungefähr 25 Sitzplätzen, die in der Regel kurze Strecken von einer Ortschaft zur nächsten zurücklegen. Primitiver sind *camionetas* (kleine Lieferwagen) und *camiones* (Trucks), die Passagiere mitnehmen und etwa so viel wie die 2.-Klasse-Busse kosten. Auf der Ladefläche eines schlingernden Trucks zu stehen – zusammen mit mehreren Dutzend *campesinos* (Landarbeitern) mit Macheten und Tieren – ist jedenfalls ein Erlebnis, das man wohl nicht so schnell vergessen wird!

FAHRRAD

Es ist nicht üblich, mit dem Fahrrad durch Mexiko zu fahren. Das Land ist groß, es gibt Berichte über Raubüberfälle, die Straßen sind schlecht, die Autofahrer und Fußgänger rücksichtslos und noch andere Hindernisse stellen sich einem in den Weg (s. S. 1093) – das alles wirkt abschreckend. Trotzdem ist es durchaus möglich, mit dem Fahrrad umherzuziehen. Man muss sich eben den Herausforderungen stellen, körperlich fit sein, die beste Ausrüstung haben und in der Lage sein, alle anfallenden Reparaturen selber durchzuführen. Bei der Routenplanung sind das gebirgige Terrain genauso wie das heiße Klima gebührend zu berücksichtigen! Fahrradwege findet man selten.

Dafür gibt's in allen Städten Fahrradläden und man kriegt überall ein ordentliches Mountainbike, mit dem man einige Wochen herumfahren kann und das rund 5000 Mex$ kostet. Man darf nicht hoffen, beim Wiederverkauf viel dafür zu bekommen – außer wenn man noch viel Zeit hat, auf das beste Angebot zu warten.

Also: Interessiert an einer langen Radtour durch Mexiko? Die lockeren und freundlichen Mitarbeiter von **!El Tour** (www.bikemexico.com) organisieren Touren über die Halbinsel Yucatán, durch Chiapas, Oaxaca, das pazifische Mexiko und Michoacán. Die Touren können bis zu einem Monat dauern. Ein eigenes Fahrrad muss man aber mitbringen!

FLUGZEUG

Alle Groß- und viele Kleinstädte warten mit Flughäfen bzw. Passagierservices auf. Je nach Ticketpreis kann es sich lohnen, für größere Strecken den Flieger zu nehmen – insbesondere, wenn die Alternativen voraussichtlich lange Busfahrten wären. Inlandsflüge sind manchmal günstiger, wenn sie vor der Abreise nach Mexiko in Verbindung mit internationalen Rundreisetickets gebucht werden.

Fluglinien in Mexiko

Aeroméxico und Mexicana sind Mexikos größte Fluglinien, daneben gibt's zahlreiche kleinere Gesellschaften. Letztere haben oft bessere Preise und decken zudem gewisse regionale Strecken ab, die die beiden Hauptunternehmen nicht bedienen. In den letzten Jahren sind diverse günstige Fluglinien in das Geschäft eingestiegen, u. a. auch Alma de México (Drehscheibe Guadalajara), Avolar (Tijuana), Interjet (Toluca), VivaAerobus (Monterrey), Volaris (Toluca) und die Mexicana-Billigtochter Click Mexicana. Zum Zeitpunkt der Recherche war Líneas Aéreas Azteca wegen Sicherheitsmängeln die Zulassung offiziell entzogen worden.

Nach einer Einschätzung des US Federal Aviation Administration (FAA) erfüllt die Civil Aviation Authority (CAA) Mexikos die internationalen Flugsicherheitsstandards.

Preise

Die Flugpreise hängen u. a. von der Nachfrage zu bestimmten Wochentagen, Tages- oder Jahreszeiten ab. Auch wie weit im Voraus man bucht und bezahlt, spielt eine Rolle. Die Spitzenzeiten sind normalerweise die mexikanischen Urlaubsperioden (S. 1064). Häufig lässt sich Bares sparen, indem man die Tickets ein paar Tage früher bezahlt oder spätabends abfliegt. Tickets mit Rückflug sind normalerweise doppelt so teuer wie einfache Flüge. Aber auch hier gibt's günstigere Angebote, wenn man im Voraus bezahlt.

Einfache Flüge zwischen Mexico City und den meisten Städten Mexikos kosten mit großen Gesellschaften inklusive Steuern und Gebühren 1300 bis 2100 Mex$. Das ist ein Richtwert – der Preis hängt von der Strecke ab. Etwa 50 km westlich der Hauptstadt, in Toluca, starten Billigflieger, für die Tickets manchmal bis zu 50 % weniger kosten.

NAHVERKEHR

Bus

Mit Stadt- oder Regionalbussen, sogenannten *camiones*, kommt man oft am günstigsten in

MEXIKANISCHE INLANDSFLUGLINIEN

Unternehmen	Telefon	Internet	Angeflogene Gebiete
Aéreo Calafia	☎ 624-143-43-02	www.aereocalafia.com.mx	Baja California & Nordwestmexiko
Aero California	☎ 800-237-62-25	www.aerocalifornia.com	La Paz & 18 andere Städte landesweit
Aeromar	☎ 800-237-66-27	www.aeromar.com.mx	Golfküste, Zentral-, West-, Nordost- & Südostmexiko
Aeroméxico	☎ 800-021-40-00	www.aeromexico.com	über 50 Städte landesweit
Aeroméxico Connect	☎ 800-800-23-76	www.amconnect.com	Baja California, Golfküste, Zentral-, Nord- & Westmexiko
Alma de México	☎ 800-800-25-62	www.alma.com.mx	Guadalajara & 28 andere Städte landesweit
Aviacsa	☎ 800-284-22-72	www.aviacsa.com	Mexico City & 19 andere Städte landesweit
Avolar	☎ 800-212-86-52	www.avolar.com.mx	Tijuana & 18 andere Städte in Zentral-, West-, Nordwest- & Südostmexiko
Click Mexicana	☎ 800-122-54-25	www.click.com.mx	Mexico City & 24 andere Städte landesweit
Interjet	☎ 800-011-23-45	www.interjet.com.mx	Toluca & 14 andere Städte landesweit
Magnicharters	☎ 800-201-14-04	www.magnicharters.com.mx	Mexico City, Guadalajara, Monterrey, Bajío, Mérida, Ferienorte an der Küste
Mexicana	☎ 800-502-20-00	www.mexicana.com	über 50 Städte landesweit
VivaAerobus	☎ 81-8215-0150	www.vivaaerobus.com	Monterrey & 18 andere Städte landesweit
Volaris	☎ 800-786-52-74	www.volaris.com.mx	Toluca & 16 andere Städte landesweit

Hinweis: Aeroméxico Connect und Aeromar teilen sich normalerweise Buchungsschalter mit ihrer Muttergesellschaft Aeroméxico.

VERKEHRSMITTEL & -WEGE

Städten herum oder in die umliegenden Dörfer und Kleinstädte: Sie fahren häufig und kosten wenig. In den Städten zahlt man selten mehr als 5 Mex$. In vielen Städten haben kleine, moderne *microbuses* die alten, lauten, dreckigen und überfüllten Busse ersetzt.

Busse halten in der Regel nur an festgelegten *paradas* (Haltestellen), in manchen Gegenden kann man sie aber auch an jeder Straßenecke stoppen, indem man die Hand hebt.

Colectivo, Combi, Minibus & Pesero

Das alles sind Namen für Verkehrsmittel, die ein Zwischending aus Taxi und Bus sind und auf festgelegten Routen durch die Stadt fahren. Die Routen sind in der Regel an der Windschutzscheibe angegeben. Die Verkehrsmittel sind billiger als Taxis und schneller als Busse. Sie nehmen einen an jeder beliebigen Kreuzung an ihrer Strecke auf und setzen einen an jeder beliebigen wieder ab. Um sie zu stoppen, an den Straßenrand treten und winken. Dann nennt man dem Fahrer das Fahrtziel. Meist zahlt man beim Aussteigen, der Fahrpreis (etwas mehr als im Bus) hängt von der Länge der Strecke ab. In einigen nördlichen Grenzstädten heißen die Stadtbusse Peseros.

Fahrrad

Die meisten mexikanischen Städte und Ortschaften sind eben genug, um mit dem Fahrrad fahren zu können. Und auf den weniger vom Verkehr belasteten Straßen kann das durchaus Spaß machen – sogar in Mexico City gibt's Fahrradfans. In vielen Ortschaften und Städten kann man sich Räder für 100 bis 150 Mex$ pro Tag ausleihen.

Metro

Mexico City, Guadalajara und Monterrey besitzen eine Metro. Besonders in Mexico City ist die U-Bahn ein schnelles, billiges und gutes Verkehrsmittel, um in der Stadt herumzukommen. Mit 175 Bahnhöfen und über 4 Mio. Fahrgästen an jedem Werktag belegt Mexico Citys Metro weltweit unter den U-Bahnen den dritten Platz.

Schiff/Fähre

Hier und da geht es per Boot zu einem abgelegenen Strand, einen Fluss hinunter oder quer über einen See oder eine Lagune, meistens mit schnellen *lanchas* (Booten mit Außenbordmotor). Die Fahrpreise variieren erheblich: Ein Durchschnittswert ist 10 Mex$ pro Minute, wenn man das Boot für sich allein chartern muss (ruhig feilschen!) oder rund 10 Mex$ für fünf bis zehn Minuten bei einem öffentlichen Fährdienst.

Taxi

Taxis sind in Ortschaften und Städten weit verbreitet und ein überraschend günstiges Verkehrsmittel. Stadtfahrten kosten rund 10 Mex$ pro Kilometer, in manchen Städten gibt es einen festen Tarif für Fahrten innerhalb eines bestimmten zentralen Bereichs. (Die Warnung vor Taxikriminalität in Mexico City auf S. 144 lesen!) Wenn das Taxi ein Taxameter hat, den Fahrer fragen, ob es auch funktioniert *(¿Funciona el taxímetro?)*. Ist es kaputt oder hat das Taxi gar keins, sollte der Preis vor dem Einsteigen abgesprochen werden (dabei wird vielleicht ein wenig gefeilscht).

An manchen Flughäfen und großen Busbahnhöfen gibt's autorisierte Tickettaxis: Man kauft ein Festpreisticket zu seinem Ziel an einem speziellen *taquilla* (Ticketschalter) und gibt es dann dem Fahrer anstelle von Geld. So wird Feilscherei vermieden und man ist davor geschützt, übers Ohr gehauen zu werden. Allerdings sind die Fahrpreise in der Regel höher als bei Taxis draußen auf der Straße.

In einigen (meistens ländlichen) Gebieten sind einige Taxis *colectivos*: Sie fahren feste Strecken, oft von einer Ortschaft in die nächste, und nehmen Fahrgäste überall unterwegs auf und setzen sie ab. Die Fahrpreise pro Person betragen ungefähr ein Viertel des normalen Taxipreises.

Ein Taxi einen ganzen Tag für eine Fahrt in die Umgebung zu mieten, kostet etwa soviel wie ein billiger Mietwagen (500–600 Mex$).

SCHIFF/FÄHRE

Fahrzeug- und Passagierfähren verbinden Baja California mit dem mexikanischen Festland. Sie verkehren zwischen Santa Rosalía/Guaymas, La Paz/Mazatlán und La Paz/Topolobampo. Passagiere bezahlen für die einfache Überfahrt 550 bis 800 Mex$, für Fahrzeuge bis 5 m Gesamtlänge muss man zwischen 1000 und 2500 Mex$ hinlegen. Von der Halbinsel Yucatán schippern weitere Fähren zu den Islas Mujeres (S. 970), Cozumel (S. 986) und Holbox (S. 973).

TRAMPEN

Per Anhalter zu fahren ist in keinem Land der Welt vollständig sicher und nie empfehlens-

ENTFERNUNGEN (km)

	Acapulco	Cancún	Ciudad Juárez	Guadalajara	Guanajuato	Hermosillo	Matamoros	Mazatlán	Mérida	Mexico City	Monterrey	Morelia	Nogales	Oaxaca	Puebla	San Luis Potosí	Tapachula	Tijuana	Tuxtla Gutiérrez	Veracruz	Villahermosa
Cancún	2007																				
Ciudad Juárez	2258	3512																			
Guadalajara	889	2191	1578																		
Guanajuato	760	2014	1570	277																	
Hermosillo	2348	3608	769	1417	1694																
Matamoros	1370	2336	1530	1117	774	1848															
Mazatlán	1431	2891	1347	500	777	917	1250														
Mérida	1690	317	3195	1874	1697	3291	2019	2374													
Mexico City	395	1649	1863	542	365	1959	975	1042	1332												
Monterrey	1328	2363	1202	789	729	1520	328	928	2046	933											
Morelia	697	1951	1705	302	180	1719	954	802	1634	302	913										
Nogales	2625	3885	620	1694	1971	277	2125	1194	3568	2236	1797	1996									
Oaxaca	828	1490	2333	1012	835	2429	1358	1512	1173	470	1403	772	2706								
Puebla	481	1526	1986	665	488	2082	1077	1165	1209	123	1056	425	2359	347							
San Luis Potosí	810	2064	1448	340	215	1766	559	809	1747	415	514	395	2043	885	538						
Tapachula	1109	1376	3020	1699	1522	3116	1776	2199	1062	1157	1802	1459	3393	687	1034	1572					
Tijuana	3237	4497	1312	2306	2583	889	2737	1806	4180	2848	2409	2608	820	3318	2971	2615	4005				
Tuxtla Gutiérrez	967	1146	2878	1557	1380	2974	1634	2054	829	1015	1661	1317	3251	545	892	1430	412	3863			
Veracruz	760	1373	2265	944	767	2361	963	1444	1056	402	990	704	2638	395	279	817	813	3250	671		
Villahermosa	1126	881	2631	1310	1133	2727	1455	1810	564	768	1482	1070	3004	609	645	1183	636	3616	284	492	
Zacatecas	1000	2254	1258	320	312	1576	797	619	1937	605	469	447	1853	1075	728	190	1762	2425	1620	1007	1373

wert. Traveller, die sich dafür entscheiden, sollten wissen, dass sie ein kleines, aber möglicherweise lebensgefährliches Risiko eingehen. Ein wenig gefahrloser ist es, zu zweit zu trampen und jemanden darüber zu informieren, wohin man fahren will – dann wird man zumindest irgendwann vermisst und gesucht. Alleinreisende Frauen sollten in Mexiko aber auf keinen Fall per Anhalter fahren, und auch zwei Frauen zusammen gehen ein zu hohes Risiko ein.

Trotz allem ist es kein unüblicher Weg, mithilfe des Daumens zu abgelegenen Stätten und zu anderen abgeschiedenen Orten zu kommen, die nicht von Bussen angefahren werden. Immer auf mögliche Gefahren achten, egal wo man ist! Ein Tourist oder ein Mexikaner, der privat unterwegs ist, nimmt einen vielleicht kostenlos mit. Fährt man aber auf einem Arbeitsgefährt oder im Wagen eines Unternehmers mit, sollte man eine Bezahlung anbieten – ungefähr so viel, wie der Bus für die Strecke gekostet hätte.

ZUG

Die spektakuläre Ferrocarril Chihuahua al Pacífico, die zwischen Los Mochis und Chihuahua (S. 371) fährt und auch als Copper Canyon Railway bekannt ist, stellt sicher ein Highlight auf einer Mexikoreise dar. Der regelmäßige Personenverkehr per Zug aber ist seit der Privatisierung der Bahnen in den 1990er-Jahren praktisch eingestellt worden. Die sehr wenigen noch betriebenen Strecken sind entweder für Urlauber uninteressant oder aber spezielle Angebote für Touristen. Der bekannteste unter Letzteren ist wohl der **Tequila Express** (www.tequilaexpress.com.mx), der zwischen Guadalajara und der Tequilastadt Amatitán (s. S. 596) verkehrt.

Gesundheit

Dr. David Goldberg

INHALT

Wer nach Mexiko reist, sollte sich in erster Linie vor ernährungsbedingten Erkrankungen schützen. Aber auch Infektionskrankheiten, die durch Moskitos übertragen werden, können in diesem Land gefährlich sein. Die meisten dieser Erkrankungen sind zwar nicht gerade lebensbedrohlich, aber sie können eine Reise doch zum Fiasko machen. Man sollte sich also nicht nur mit den angemessenen Schutzimpfungen wappnen, sondern unbedingt auch gute Insektenschutzmittel einpacken und sehr vorsichtig sein, was man isst und trinkt.

VOR DER REISE

Sämtliche mitgeführten Arzneimittel sollten in ihren Originalverpackungen aufbewahrt werden. Ratsam ist es außerdem, auf der Reises einen unterschriebenen und datierten Brief des Hausarztes bei sich zu haben, der alle Angaben zum Gesundheitszustand und zu den verordneten Medikamenten sowie deren Freinamen enthält. Wer Spritzen oder Injektionsnadeln mit nach Mexiko nimmt, sollte sich durch einen Brief seines Arztes unbedingt bestätigen lassen, dass diese für ihn aus medizinischen Gründen erforderlich sind, um jeglichen Verdacht aus dem Weg zu räumen.

VERSICHERUNG

Die medizinische Behandlung von gängigen, leichten Erkrankungen ist in Mexiko preiswert, aber bei einem ernsten medizinischen Problem ziehen die meisten wohl die Behandlung in einem privaten Krankenhaus oder im Heimatland vor. Reisenden, deren Krankenversicherung die Kosten für die medizinische Versorgung in Mexiko nicht übernimmt, wird empfohlen, eine zusätzliche Auslandskrankenversicherung abzuschließen.

Zu empfehlen sind Versicherungen, die Ärzte und Krankenhäuser direkt bezahlen, sodass die Betroffenen keine Vorleistung erbringen müssen. Werden die Auslagen im Ausland erst nachträglich erstattet, sollten alle Unterlagen aufbewahrt werden. Einige Versicherungen verlangen, dass eine Zentrale im Heimatland angerufen wird, die eine Einschätzung der erforderlichen Ausgaben vornimmt. Im Vorfeld der Reise sollte man prüfen, ob die Versicherung Krankentransporte und die Überführung ins Heimatland abdeckt. Einige Versicherungen bieten für die Deckung medizinischer Leistungen verschiedene Stufen an. Unbedingt das Kleingedruckte beachten – es gibt die verschiedensten Angebote!

EMPFOHLENE IMPFUNGEN

Da die meisten Impfstoffe erst nach frühestens zwei Wochen immunisierende Wirkung haben, sollte etwa vier bis acht Wochen vor Reiseantritt der Arzt aufgesucht werden. Empfehlenswert ist es, sich vom Hausarzt einen Internationalen Impfpass (das „gelbe Büchlein") ausstellen zu lassen, in dem alle Impfungen eingetragen sind. Für Länder, die bei der Einreise den Nachweis einer Gelbfieberimpfung verlangen, ist der Impfpass obligatorisch, grundsätzlich ist es aber sinnvoll, ihn bei allen Reisen dabeizuhaben.

Einige Impfungen sind ratsam (s. Tabelle S. 1104).

REISEAPOTHEKE

- Acetaminophen bzw. Paracetamol oder Aspirin
- Heftpflaster
- eine antibakterielle Salbe (z. B. Muciprocin) für Schnitt- und Schürfwunden

Impfung	Empfohlen für	Dosierung	Nebenwirkungen
Hepatitis A	alle Reisenden	1-mal vor der Reise; Auffrischung nach 6–12 Monaten	Wundschmerz an der Impfstelle; Kopf- & Gliederschmerzen
Typhus	alle Reisenden	4 oral einzunehmende Kapseln; alle 2 Tage 1 Kapsel	Unterleibsschmerzen; Übelkeit; Ausschlag
Hepatitis B	Langzeitreisende mit engem Kontakt zu Einheimischen	3-mal innerhalb von 6 Monaten	Wundschmerz an der Impfstelle; leichtes Fieber
Tollwut	Reisende, die abseits medizinischer Versorgung in Kontakt mit Tieren kommen könnten	3-mal innerhalb von 3–4 Wochen	Wundschmerz an der Impfstelle; Gliederschmerzen
Tetanus/ Diphterie	alle Reisenden, die seit 10 Jahren keine Auffrischung hatten	1-mal; wirkt 10 Jahre lang	Wundschmerz an der Impfstelle
Masern	nach 1956 geborene Reisende mit nur einer Impfung	1-mal	Fieber; Ausschlag; Gliederschmerzen; allergische Reaktionen
Windpocken	Reisende, die noch keine Windpocken hatten	2-mal im Abstand von 1 Monat	Fieber; leichte Windpocken

- Antibiotika
- Arzneimittel gegen Durchfallerkrankungen (z. B. Loperamid)
- Entzündungshemmer (z. B. Ibuprofen)
- Antihistaminika (bei Heuschnupfen und Allergien)
- eine Steroid- oder Cortisonsalbe (bei Hautausschlägen nach Kontakt mit Giftsumach und anderen Allergieauslösern)
- Verbandszeug, Mullbinden
- Schere, Sicherheitsnadeln, Pinzette
- Thermometer
- Taschenmesser
- DEET-haltiges Insektenschutzmittel zum Auftragen auf die Haut
- permethrinhaltiges Insektenschutzmittel für Kleidung, Zelt oder Moskitonetz
- Sonnencreme
- Rehydratationstabletten
- Jodtabletten (zur Wasserreinigung)
- Spritzen und sterile Nadeln

INFOS IM INTERNET

Im Internet finden sich zahlreiche Reiseinformationen. **MD Travel Health** (www.mdtravelhealth.com) liefert umfassende Gesundheitshinweise für sämtliche Reiseländer, die täglich aktualisiert werden. Die **Weltgesundheitsinformation (WHO)** gibt ein hervorragendes Buch namens International Travel and Health (www.who.int/ith/) heraus. Es wird jährlich überarbeitet und steht kostenlos im Netz zur Verfügung. Das Institut für medizinische Information (www.reisevorsorge.de) hat eine gute deutschsprachige Website. Bei **TravelMED** (www.travelmed.de) geben Reiseveranstalter, Ärzte und Apotheker gemeinsam aktuelle Online-Gesundheitstipps zu allen Reiseländern.

Zudem empfiehlt sich immer ein Blick auf die Reisewebsite des eigenen Gesundheits- oder Außenministeriums:

Deutschland www.auswaertiges-amt.de/diplo/de/Laenderinformationen/01-Laender/Gesundheitsdienst/Uebersicht.html

Österreich http://www.bmeia.gv.at/aussenministerium/buergerservice/reiseinformation.html

Schweiz http://www.eda.admin.ch/eda/de/home/travad.html

NOCH MEHR LEKTÜRE

Weitere Informationen sind unter *Healthy Travel Central & South America* auf der Website von Lonely Planet zu finden. Bei Reisen mit Kindern kann der Band *Travel with Children* von Lonely Planet hilfreich sein. Zu empfehlen sind auch das Buch *Gesund reisen in fernen Ländern* von Harald Kretschmer und Martin Kaiser sowie die Lektüre von *Medicine for the Outdoors* von Paul S. Auerbach.

UNTERWEGS

JETLAG & REISEÜBELKEIT

Erfahrungsgemäß tritt ein Jetlag vor allem bei Reisen über mehr als fünf Zeitzonen auf. Symptome sind Schlaflosigkeit, Müdigkeit,

Unwohlsein oder Brechreiz. Um einen Jetlag zu vermeiden, sollten Reisende viel Flüssigkeit (keinen Alkohol) und leichte Mahlzeiten zu sich nehmen. Bei der Ankunft am Reiseziel sollte man sich dem natürlichen Tageslicht aussetzen und den eigenen Tagesrhythmus (Essens- und Schlafenszeiten usw.) so schnell wie möglich den örtlichen Gegebenheiten anpassen.

Zur Behandlung von Reiseübelkeit wird gewöhnlich auf Antihistaminika wie Dimenhydrinat (Dramamin) oder Meclizin (Antivert, Bonin) zurückgegriffen; die häufigste Nebenwirkung dieser Medikamente ist Schläfrigkeit. Eine Alternative aus der Kräutermedizin ist Ingwer: Bei manchen Menschen wirkt die Gewürzpflanze wie ein Zaubermittel.

THROMBOSE

Auf längeren Flugreisen kann es passieren, dass sich in den Beinen Blutgerinnsel (Thrombosen) bilden. Sie werden vor allem durch längeres Stillsitzen verursacht – je länger der Flug, desto größer das Risiko. Während die meisten Blutgerinnsel problemlos absorbiert werden, kommt es manchmal auch vor, dass sich ein Gerinnsel löst und durch die Blutgefäße bis zu den Lungen wandert, wo es lebensgefährliche Komplikationen verursachen kann.

Hauptsymptom einer Thrombose ist das schmerzhafte, meist einseitige Anschwellen von Fuß, Knöchel oder Wade. Erreicht ein Blutgerinnsel die Lungen, können Atembeschwerden und Schmerzen im Brustbereich auftreten. Reisende mit solchen Symptomen sollten sofort einen Arzt aufsuchen.

Um bei längeren Flugreisen der Entstehung von Thrombosen vorzubeugen, kann es hilfreich sein, im Gang des Flugzeugs auf und ab zu gehen, im Sitzen die Beinmuskeln immer mal wieder anzuspannen, viel zu trinken und auf Alkohol und Tabak zu verzichten.

IN MEXIKO

MEDIZINISCHE VERSORGUNG & KOSTEN

Mexico City hat mehrere erstklassige Krankenhäuser (S. 137). Im Vergleich zu öffentlichen Krankenhäusern ist der Service privater Gesundheitseinrichtungen im Allgemeinen besser, aber auch teurer.

Auch in anderen Großstädten gibt's eine gute medizinische Versorgung. Im ländlichen Raum kann das Behandlungsangebot jedoch recht beschränkt sein. Oft bieten die zuständigen US-Konsulate online eine Liste mit Ärzten bzw. Krankenhäusern in der jeweiligen Region:

Ciudad Juarez http://ciudadjuarez.usconsulate.gov/physicians-and-dentists.html
Guadalajara www.usembassy-mexico.gov/guadalajara/GeDoctors.htm
Merida http://merida.usconsulate.gov/merida/doctorlist.html
Nogales http://nogales.usconsulate.gov/doctors.html

Unabhängig von vorhandenen Reiseversicherungen lassen sich viele Ärzte und Krankenhäuser ausschließlich bar bezahlen. Bei lebensbedrohlichen Gesundheitsproblemen werden die meisten höchstwahrscheinlich in ein Land mit modernsten medizinischen Einrichtungen gebracht werden wollen. Da das aber preislich in die Zehntausende gehen kann, sollte man vor Reiseantritt unbedingt eine Versicherung mit ausreichender Deckungssumme abschließen.

Mexikanische Apotheken sind an grünen Kreuzen und „Farmacia"-Schildern zu erkennen. Das Sortiment und die Fachkompetenz des Personals sind meist gut. Zu den empfehlenswerten Apothekenketten zählen z. B. Sanborns, Farmacia Guadalajara, Benavides und Farmacia Fenix. Manche Medikamente, die im Heimatland verschreibungspflichtig sind, kriegt man in Mexiko ohne Rezept. Zeitungen und Hotelrezeptionen informieren über örtliche Apotheken, die außerhalb der Geschäftszeiten geöffnet haben. Zudem hängen viele Apotheker an ihren Türen die Adressen von Kollegen mit Nachtdienst aus.

INFEKTIONSKRANKHEITEN

Cholera

Cholera ist eine Darminfektion, die durch den Verzehr von verdorbenen Speisen oder verunreinigtem Wasser hervorgerufen werden kann. Zu den Hauptsymptomen zählt starker wässriger Durchfall, der im schlimmsten Fall zu einer lebensbedrohlichen Austrocknung führen kann. Zur Behandlung ist vor allem eine Rehydratationslösung erforderlich. Auch Antibiotika werden verabreicht – meistens Tetracyclin oder Doxycyclin –, chinolonhaltige Antibiotika wie Ciprofloxacin und Levofloxacin sind ebenfalls wirksam.

In den letzten Jahren sind in Mexiko nur wenige Choleraerkrankungen aufgetreten. Deshalb ist eine Impfung nicht mehr zu empfehlen.

Denguefieber

Denguefieber ist eine Virusinfektion, die in den meisten Teilen Mexikos vorkommt. Ein Ausbruch im Jahr 2007 erwischte mindestens 67 000 Menschen. Denguefieber wird durch Aedes-Mücken übertragen, die meist tagsüber stechen und in der Nähe von Wohnstätten, oft auch direkt in Wohnungen anzutreffen sind. Sie brüten vor allem in Wasserbehältern wie Krügen, Tonnen, Kannen, Zisternen, Metallfässern, Plastikcontainern und alten Autoreifen. Dementsprechend ist das Denguefieber vor allem in dicht besiedelten, städtischen Gegenden verbreitet.

Dengue verursacht meist grippeähnliche Symptome wie Fieber, Muskel-, Gelenk- und Kopfschmerzen, Übelkeit und Erbrechen, oft mit anschließendem Hautausschlag. Die körperlichen Schmerzen können ziemlich stark sein, doch in den meisten Fällen klingt die Krankheit problemlos nach einigen Tagen wieder ab. Bei Kindern unter 15 Jahren, die zum zweiten Mal an einer Dengue-Infektion leiden, kann die Krankheit schwerer verlaufen.

Zur Bekämpfung des Denguefiebers gibt es keine speziellen Medikamente; Analgetika wie Acetaminophen oder Paracetamol sind die einzigen geeigneten Mittel. Außerdem sollte man viel Flüssigkeit zu sich nehmen. Bei ernsten Fällen kann ein Krankenhausaufenthalt mit intravenöser Flüssigkeitsversorgung und anderer unterstützender Behandlung erforderlich sein. Eine Impfung gibt es nicht. Das A und O beim Schutz vor Denguefieber ist es, Insekten möglichst fern zu halten (s. S. 1110).

Malaria

Malaria kommt in jedem Land Mittelamerikas vor, auch in einigen Teilen von Mexiko. Sie wird durch Moskitos übertragen, die meistens nachts zustechen. Das Hauptsymptom ist hohes Fieber (Fieberschübe), das von Schüttelfrost, Schweißausbrüchen, Kopf- und Gliederschmerzen, Schwächezuständen, Erbrechen oder Durchfall begleitet sein kann. In schweren Fällen wird das zentrale Nervensystem angegriffen, was Herzanfälle, Verwirrung, Koma und sogar den Tod herbeiführen kann.

Daher sollte man zur Vorbeugung unbedingt Malariatabletten einnehmen, wenn man ländliche Regionen in den Bundesstaaten Oaxaca, Chiapas, Sinaloa, Nayarit, Tabasco und Quintana Roo besuchen will. Dasselbe gilt für den gebirgigen Norden Jaliscos und für das Gebiet zwischen dem 24. und 28. nördlichen Breitengrad und zwischen dem 106. und 110. westlichen Längengrad, das Teile der Bundesstaaten Sonora, Chihuahua und Durango einschließt.

Für Mexiko sind Chloroquin-Tabletten das Malariamittel erster Wahl. Sie werden einmal wöchentlich in einer Dosierung von 500 mg eingenommen, die ersten ein oder zwei Wochen vor Reiseantritt, dann während des Aufenthalts und noch vier Wochen über das Reiseende hinaus. Chloroquin-Tabletten sind sicher, preiswert und sehr wirksam, außerdem verursachen sie nur leichte Nebenwirkungen wie Übelkeit, Magenbeschwerden, Kopfschmerzen, Schwindel, Sehstörungen oder Juckreiz; gefährliche Nebenwirkungen sind nicht bekannt.

Ebenso wichtig wie die Einnahme von Malariatabletten ist der Schutz vor Moskitostichen, denn Tabletten allein gewähren keinen 100 %igen Schutz.

Wenn während des Aufenthalts im Land keine medizinischen Einrichtungen in unmittelbarer Nähe sind, sollten für Notfälle zusätzliche Medikamente mitgeführt werden, die bei Anzeichen für eine Malaria (z. B. Fieberschübe) eingenommen werden können, sofern kein Arzt zu erreichen ist. Eine Möglichkeit ist es, über drei Tage einmal täglich vier Tabletten Malarone einzunehmen. Doch auch im Fall einer Eigenbehandlung sollte so schnell wie möglich ein Arzt aufgesucht werden.

Wer nach der Heimreise Fieber bekommt, sollte umgehend einen Arzt konsultieren, da Malariasymptome manchmal erst Monate später auftreten.

Bei einem Aufenthalt in den größeren Ferienorten am Pazifik und an der Golfküste ist die Einnahme von Malariatabletten nicht erforderlich.

Hepatitis A

Hepatitis A tritt in ganz Mittelamerika auf. Die virale Infektion der Leber wird hauptsächlich über verunreinigtes Wasser oder den Verzehr von verdorbenen Nahrungsmitteln oder Speiseeis übertragen, aber auch durch

GESUNDHEIT

einen direkten Kontakt mit infizierten Personen. Hepatitis A tritt auf der ganzen Welt auf, in Entwicklungsländern jedoch häufiger. Zu den Symptomen zählen Fieber, Unwohlsein, Gelbsucht, Übelkeit, Erbrechen und Darmkrämpfe. In den meisten Fällen verläuft die Erkrankung unproblematisch, doch in einzelnen Fällen kann sie zu erheblichen Leberschäden führen. Eine spezielle Behandlung dagegen gibt es nicht.

Eine Impfung gegen Hepatitis A ist sehr sicher und höchst wirksam. Wird die Impfung nach sechs bis zwölf Monaten wiederholt, hält die Schutzwirkung bis zu zehn Jahre an. Deshalb sollten sich Reisende, die nach Mexiko oder in ein anderes Entwicklungsland wollen, unbedingt rechtzeitig vor Reisebeginn impfen lassen. Da die Unbedenklichkeit der Hepatitis-A-Impfung bei Schwangeren oder Kindern unter zwölf Jahren nicht nachgewiesen ist, sollten sie stattdessen eine Injektion mit Gamma-Globulin erhalten.

Hepatitis B

Wie Hepatitis A ist auch Hepatitis B eine Leberinfektion, die weltweit verbreitet ist, in Entwicklungsländern aber häufiger vorkommt. Anders als Hepatitis A wird Hepatitis B meist durch sexuellen Kontakt oder durch Kontakt mit infiziertem Blut – über Bluttransfusionen oder verunreinigte Nadeln – übertragen. Eine Impfung empfiehlt sich nur für Reisende, die für längere Zeit (mehr als sechs Monate) unterwegs sind, sich in ländlichen Regionen aufhalten und/oder direkten körperlichen Kontakt mit Einheimischen nicht ausschließen können. Speziell diejenigen, die voraussichtlich sexuellen Kontakt mit Einheimischen haben oder sich in medizinische, zahnärztliche oder anderweitige Behandlung begeben werden, sollten sich impfen lassen – vor allem wenn Transfusionen oder Injektionen notwendig werden könnten.

Die Hepatitis-B-Impfung ist sicher und sehr wirksam. Insgesamt sind drei Injektionen erforderlich, um volle Immunität zu gewährleisten.

Typhoides Fieber

Typhoides Fieber kommt in ganz Mittelamerika vor und wird durch den Verzehr von Speisen oder Getränken hervorgerufen, die von der Salmonellenart *Salmonella typhi* befallen sind. In praktisch allen Fällen tritt Fieber auf, andere Symptome sind Kopfschmerzen, Unwohlsein, Muskelschmerzen, Schwindel, Appetitlosigkeit, Übelkeit und Bauchschmerzen. Auch können entweder Durchfall oder Verstopfung auftreten. In schweren Fällen kann es zum Darmdurchbruch oder zu Darmblutungen kommen. Weitere Komplikationen können Verwirrung, Delirium oder (selten) Koma sein.

Wenn man nicht alle Mahlzeiten in größeren Hotels und Restaurants einnimmt, empfiehlt sich eine Impfung. Normalerweise wird sie oral verabreicht, es gibt sie aber auch als Spritze. Keine der beiden Impfvarianten ist für Kinder unter zwei Jahren geeignet.

Typhoides Fieber wird meist mit einem Chinolon-Antibiotikum wie Ciprofloxacin (Cipro) oder Levofloxacin (Levaquin) behandelt, das viele Reisende zur Behandlung von Durchfallerkrankungen bei sich haben. Wer typhoides Fieber selbst behandeln muss, sollte allerdings beachten, dass die Symptome häufig nicht von denen der Malaria unterscheidbar sind und gleichzeitig Mittel gegen Malaria einnehmen.

Tollwut

Tollwut ist eine Virusinfektion des Gehirns und des Rückenmarks, die fast immer tödlich endet. Der Tollwutvirus kommt im Speichel infizierter Tiere vor und wird meist durch einen Biss übertragen; aber auch der Kontakt von kleinsten Hautverletzungen mit infiziertem Speichel kann die Krankheit herbeiführen. Tollwut gibt es in allen Ländern Mittelamerikas. Die meisten Fälle in Mexiko sind auf Hundebisse zurückzuführen; Fledermäuse und andere wilde Tiere sind ebenfalls potentielle Überträger.

Die Impfung gegen Tollwut ist sicher; allerdings werden insgesamt drei Injektionen benötigt, die ziemlich teuer sind. Menschen, die einem erhöhten Tollwutrisiko ausgesetzt sind (z. B. Hobbyhöhlenforscher), sollten sich auf jeden Fall impfen lassen. Aber auch diejenigen, bei denen das Risiko, von einem Tier gebissen zu werden, geringer ist, sollten eine Impfung in Betracht ziehen, wenn sie in abgelegene Gebiete reisen und dort möglicherweise im Notfall keine angemessene medizinische Versorgung gewährleistet ist. Zur Behandlung bei Tollwutverdacht nach einem Tierbiss wird eine Tollwutspritze mit Antikörpern verabreicht. Damit die Injektion wirksam ist, muss sie umgehend vorgenommen werden. Die meisten Reisenden benötigen keine Tollwutimpfung.

Alle Bisse und Kratzer, die von Tieren herrühren oder herrühren könnten, müssen sofort und sorgfältig mit viel Wasser und Seife gereinigt werden. Darüber hinaus ist es ratsam, die örtlichen Gesundheitsbehörden zu kontaktieren, um in Erfahrung zu bringen, ob eine weitere Behandlung erforderlich ist (s. S. 1111).

Andere Infektionen

BRUCELLOSE

Brucellose ist eine Infektion, die sowohl bei wilden Tieren als auch bei Haustieren vorkommt. Sie wird über den direkten Kontakt mit Tieren oder den Verzehr von nicht pasteurisierten Milchprodukten von infizierten Tieren auf Menschen übertragen. Symptome können Fieber, Unwohlsein, Depression, Appetitlosigkeit sowie Kopf-, Muskel und Rückenschmerzen sein. Mögliche Folgen der Infektion sind Arthritis, Hepatitis, Meningitis und Endokarditis (Herzklappenentzündung).

CHAGAS-KRANKHEIT

Die Chagas-Krankheit ist eine parasitäre Infektion, die durch Raubwanzen (Wanzen der Gattung *Reduviidae*) übertragen wird. Diese leben in den Ritzen von Wänden und Dächern einfacher Unterkünfte in Süd- und Mittelamerika. In Mexiko kommen die meisten Fälle der Krankheit in den südlichen und küstennahen Gebieten vor. Die Wanzen legen beim Stechen – vor allem nachts – ihren Kot auf der menschlichen Haut ab. Eine Infektion bildet sich, wenn der Kot durch Kratzen in die Stichwunde oder eine andere offene Stelle in der Haut eingerieben wird. Die Chagas-Krankheit tritt bei Reisenden äußerst selten auf. Vorsicht ist jedoch geboten, wenn man in einem einfachen Haus übernachtet, vor allem wenn es aus Lehm, Lehmziegeln oder Stroh gebaut ist. In diesem Fall sind ein Moskitonetz über dem Bett und gute Insektenschutzmittel unbedingt notwendig.

GNATHOSTOMIASIS

Gnathostoma ist ein Parasit, der durch den Verzehr von rohem oder unzureichend gegartem Frischwasserfisch in den menschlichen Körper gelangt. Auch in Ceviche, dem beliebten, mit Zitronensaft marinierten Fischsalat, kann er vorkommen. Aus Acapulco und anderen Teilen Mexikos sind Fälle von Gnathostomiasis bekannt. Zu erkennen ist die parasitäre Infektion an Schwellungen unter der Haut, die immer wieder an anderen Stellen auftreten und teilweise von Gelenk- und Muskelschmerzen oder Magenbeschwerden begleitet werden. Die Symptome treten manchmal erst Monate nach der Infektion auf.

HISTOPLASMOSE

Histoplasmose wird von einem im Boden wachsenden Pilz verursacht, den man über die Atemwege aufnimmt, häufig dann, wenn Erdreich aufgewühlt wurde. Die Frühsymptome sind Fieber, Schüttelfrost, trockener Husten, Brust- und Kopfschmerzen. Manchmal führt Histoplasmose sogar zu einer Lungenentzündung. Erst vor kurzem wurde ein Ausbruch der Erkrankung bei Gästen eines Hotels in der Touristenhochburg Acapulco gemeldet.

HIV/AIDS

In allen Ländern Mittelamerikas sind bereits Fälle von HIV/AIDS aufgetreten. Daher ist es auch hier ratsam, bei allen sexuellen Kontakten Kondome zu benutzen.

KOKZIDIOIDOMYKOSE

Kokzidioidomykose, auch bekannt als Talfieber, ist eine Pilzinfektion, die nur in semiariden Regionen im Südwesten der USA, in Grenznahen Gebieten Nordmexikos und vereinzelt in Mittel- und Südamerika auftritt. Talfieber überträgt sich durch das Einatmen von Staub, der von der von diesem Pilz befallenen Erde aufwirbelt. Es beginnt mit einer Lungeninfektion, die Fieber, Brustschmerzen und Husten verursacht, und kann sich auf andere Organe ausbreiten, insbesondere auf Nervensystem, Haut und Knochen. Zur Behandlung werden über einen längeren Zeitraum Antibiotika in hoher Dosierung verabreicht. Nicht immer ist Talfieber heilbar.

LEISHMANIOSE

Leishmaniose tritt in den Bergen und Urwäldern aller mittelamerikanischen Länder auf. Die Infektion wird durch Sandfliegen übertragen, die gerade mal ein Drittel so groß sind wie eine Stechmücke. Die Erkrankung kann sich auf die Haut beschränken und verursacht dann langsam wachsende Geschwüre an unbedeckten Teilen des Körpers; in ihrer selteneren Form befällt sie Knochenmark, Leber oder Milz. Bei HIV-Infizierten kann die Erkrankung besonders schwere Formen annehmen. Die sich ausbreitende Form der Leishmaniose ist in Mexiko selten und beschränkt sich hauptsächlich auf das Flusstal des Balsas in den südlichen Bundesstaaten Guerrero und Puebla. Gegen Leishmaniose gibt es keine Impfung. Um sich vor Sandfliegen zu schützen, sind dieselben Vorsichtsmaßnahmen zu treffen wie gegen Stechmücken (s. S. 1110). Beachtet werden muss jedoch, dass ein Netz zum Schutz vor Sandfliegen feinere Löcher haben muss (mind. 7 Löcher/cm).

ONCHOZERKOSE
Onchozerkose (Flussblindheit) wird durch einen ins Auge eindringenden Wurm verursacht und führt zur Erblindung. Die Infektion wird durch Kriebelmücken übertragen, die am Ufer schnell fließender Flüsse und Ströme ihre Eier ablegen. In Mexiko wurde die Erkrankung im Hochland der Bundesstaaten Oaxaca, Chiapas und Guerrero registriert.

ROCKY-MOUNTAINS-FLECKFIEBER
Das Rocky-Mountains-Fleckfieber ist eine Art Zeckenfieber und äußert sich in Fieber sowie Kopf- und Muskelschmerzen mit nachfolgendem Hautausschlag. In schweren Fällen kann die Erkrankung Lungenentzündung, Meningitis, Gangränen und Nierenversagen nach sich ziehen und lebensbedrohlich verlaufen. Verzeichnet wurde die Infektion im zentralen Teil des Landes, auf der Halbinsel Yucatán und im Bundesstaat Jalisco.

TULARÄMIE
Tularämie, auch bekannt als Hasenpest, ist eine bakterielle Infektion, die vor allem Nagetiere, Kaninchen und Hasen befällt. Menschen sind nur dann gefährdet, wenn sie von Zecken oder Stechfliegen gebissen werden oder den Kadaver eines infizierten Tieres berühren. Vereinzelte Fälle kamen durch das Einatmen befallenen Aerosols vor. In Mexiko treten die meisten Fälle in ländlichen Gebieten im nördlichen Teil des Landes auf. Tularämie kann wie eine Grippe oder Lungenentzündung verlaufen. Sie kann aber auch Hautgeschwüre und angeschwollene Lymphdrüsen hervorrufen, je nachdem, wie es zur Infektion gekommen ist. Im Allgemeinen ist die Krankheit mit Antibiotika gut behandelbar.

TYPHUS
Typhus kann in vereinzelten Teilen des Landes durch Läuse übertragen werden.

ZECKENRÜCKFALLFIEBER
Zeckenrückfallfieber kann entweder durch Zecken oder Läuse übertragen werden und wurde in den Ebenen Zentralmexikos registriert. Ursache sind Bakterien, die mit den Erregern der Lyme-Krankheit und der Syphilis eng verwandt sind. Charakteristisch für die Erkrankung sind Phasen mit Fieber, Schüttelfrost, Kopf-, Glieder- und Muskelschmerzen sowie Husten im Wechsel mit Phasen, in denen das Fieber sinkt und die erkrankte Person sich wieder besser fühlt. Um das Risiko einer Erkrankung an Zeckenrückfallfieber zu minimieren, sollte man Vorsichtsmaßnahmen zum Schutz vor Zecken treffen und die Körperhygiene nicht vernachlässigen.

DURCHFALLERKRANKUNGEN
Um Durchfall vorzubeugen, sollte man kein Leitungswasser trinken, wenn es nicht abgekocht, gefiltert oder chemisch desinfiziert wurde (z.B. mit Jodtabletten), und frisches Obst oder Gemüse nur geschält oder gekocht verzehren. Gewarnt wird auch vor Milchprodukten, die nicht pasteurisierte Milch enthalten könnten. Große Vorsicht ist beim Verzehr von Speisen geboten, die an Straßenständen verkauft werden.

Ist der Durchfall bereits eingetreten, sollte man viel Flüssigkeit zu sich nehmen, vorzugsweise eine Lösung mit Rehydratationstabletten, die viel Salz und Zucker enthält. Einige durchfallartige Stuhlgänge erfordern noch keine Behandlung, aber bei mehr als vier oder fünf pro Tag sind ein Antibiotikum (meist ein Chinolon-Präparat) und ein Durchfallmittel (wie Loperamid) erforderlich. Wenn der Durchfall blutig ist, länger als 72 Stunden anhält oder von Fieber, Schüttelfrost oder starken Darmkrämpfen begleitet ist, sollte dringend ein Arzt aufgesucht werden.

GESUNDHEITSRISIKEN
Höhenkrankheit
Die Höhenkrankheit kann bei Menschen auftreten, die innerhalb kurzer Zeit Anstiege auf über 2500 Höhenmeter bewältigen. Das Risiko ist auch dann nicht geringer, wenn man gut durchtrainiert ist – wie es scheint, ist das eher eine Sache der genetischen Veranlagung. Diejenigen, die schon einmal höhenkrank

gewesen sind, werden immer anfällig sein. Das Risiko steigt bei schnellerem Aufstieg, größeren Höhen und höherem Kraftaufwand. Zu den Symptomen zählen Kopfschmerzen, Übelkeit, Erbrechen, Schwindel, Unwohlsein sowie Schlaf- und Appetitlosigkeit. In schweren Fällen können sich Komplikationen ergeben, wenn sich in den Lungen Wasser ansammelt (Lungenödem) oder das Gehirn anschwillt (Zerebralödem). Die meisten Todesfälle bei dieser Krankheit resultieren aus einem Lungenödem.

Zur Vorbeugung gegen die Höhenkrankheit wird meist das milde Diuretikum Acetazolamid (Diamox) verwendet, dessen Einnahme 24 Stunden vor dem Aufstieg beginnen, durchgehend erfolgen und bis 48 Stunden nach Ankunft auf dem Berg fortgesetzt werden sollte. Mögliche Nebenwirkungen sind verstärkter Harndrang, Taubheitsgefühl, Zittern, Übelkeit, Schläfrigkeit, Kurzsichtigkeit und vorübergehende Impotenz. Bei Acetazolamid-Unverträglichkeit verschreiben die meisten Ärzte Dexamethason, eine Art Steroid. Eine natürliche Alternative ist Gingko, das manche als sehr hilfreich empfinden. Die übliche Dosierung beträgt zweimal täglich 100 mg.

Um das Risiko der Höhenkrankheit zu mindern, sollte der Aufstieg langsam erfolgen. Überanstrengungen sind zu vermeiden, und es ist ratsam, nur leichte Mahlzeiten zu sich zu nehmen und keinen Alkohol zu trinken.

Die Anzeichen einer Höhenkrankheit entwickeln sich nach und nach, sodass ernsthaften Komplikationen normalerweise vorgebeugt werden kann, wenn man gut aufpasst. Wenn bei einem selbst oder bei jemandem aus der Bergsteigergruppe Anzeichen einer Höhenkrankheit erkennbar werden, sollte man den weiteren Aufstieg verschieben, bis die Anzeichen verflogen sind. Werden die Symptome immer schlimmer oder Anzeichen eines Zerebral- oder Lungenödems sichtbar (Atemnot oder Verwirrung), muss unverzüglich der Abstieg auf eine geringere Höhe erfolgen – 500 bis 1000 m dürften genügen, sofern kein Zerebralödem vorliegt; sonst muss man noch weiter hinunter. Wenn der Patient zusätzlich mit Sauerstoff versorgt werden kann, ist dies oft hilfreich. Zur Behandlung der Höhenkrankheit können ebenfalls Acetazolamid und Dexamethason eingesetzt werden.

Schwangere oder Menschen mit Herz- bzw. Lungenkrankheiten oder Sichelzellenanämie sollten besser keine Bergtouren in größere Höhen unternehmen.

Luftverschmutzung

Luftverschmutzung ist ein ernsthaftes Problem, vor allem in Mexico City und Guadalajara. In den Monaten von Dezember bis Mai ist sie in der Regel am stärksten. Reisende mit Lungen- oder Herzbeschwerden sowie ältere Menschen und Kleinkinder sind besonders anfällig. Luftverschmutzung kann Husten, Atembeschwerden, Keuchen oder Brustschmerzen verursachen. Die negativen Auswirkungen können verringert werden, indem man vorwiegend im Haus bleibt und viel trinkt.

Moskitostiche

Zur Vorbeugung gegen Moskitostiche empfehlen sich langärmlige Oberbekleidung, lange Hosen, eine Kopfbedeckung und geschlossene Schuhe. Auch ein vorzugsweise DEET-haltiges Insektenschutzmittel, das auf Haut und Kleidung aufgetragen wird (nicht jedoch auf Augen, Mund, Schnittwunden oder andere Verletzungen bzw. gereizte Hautpartien), ist anzuraten. Produkte mit geringerer DEET-Konzentration wirken genauso gut wie solche mit höherer, aber nicht so lange. Für Erwachsene und Kinder über zwölf Jahren werden Präparate mit einer DEET-Konzentration von 25 bis 35 % empfohlen; die Schutzdauer beträgt dann meist sechs Stunden. Kinder zwischen zwei und zwölf Jahren sollten nur mit Präparaten mit höchstens 10 % DEET eingerieben werden, deren Schutzwirkung etwa drei Stunden anhält. Zwar kann DEET vor allem bei Kindern zu neurologischen Vergiftungen führen, aber das passiert relativ selten und ist meist Folge einer Überdosierung. Bei Kindern unter zwei Jahren sollten DEET-haltige Mittel nicht verwendet werden.

Einfache Insektenschutzmittel, z. B. pflanzliche Produkte wie Eukalyptus- oder Sojaöl, wirken höchstens eineinhalb bis zwei Stunden. Deshalb sind bei erhöhtem Malaria- oder Gelbfieberrisiko DEET-haltige Schutzmittel sinnvoller. Produkte auf Zitrusbasis gewähren keinen Schutz.

Als zusätzlicher Schutz kann Permethrin auf Kleidung, Schuhe, das Zelt und das Schutznetz über dem Bett gesprüht werden. Permethrin ist sicher und wirkt zuverlässig mindestens zwei Wochen lang, selbst wenn die Sachen zwischendurch gewaschen werden.

TRADITIONELLE MEDIZIN

Problem	Behandlung
Reiseübelkeit	Ingwer
Schutz vor Moskitostichen	Eukalyptus- oder Sojaöl

Permethrin ist allerdings nicht zum direkten Auftragen auf die Haut geeignet.

Wenn keine Fliegengitter vorhanden sind, sollte man besser nicht bei offenem Fenster schlafen. Bei Übernachtungen unter freiem Himmel oder in Unterkünften ohne Moskitoschutzvorrichtungen kann ein mit Permethrin präpariertes Mückennetz über dem Bett Abhilfe schaffen, dessen Enden man unter der Matratze festklemmen sollte. Die Maschen des Netzes sollten kleiner als 1,5 mm sein. Alternativ kann auch eine Mückenspirale hilfreich sein, die den Raum über Nacht mit Insektiziden einnebelt. Mit Insektenschutzmittel imprägnierte Armbänder sind nutzlos.

Schlangenbisse & Skorpionstiche

Giftschlangen, die in Mittelamerika vorkommen, sind z. B. der Buschmeister, die Hornviper, die Korallenschlange und verschiedene Klapperschlangenarten. Die gefährlichste Schlange ist die Hornviper, die in der Regel aber nicht angreift, solange sie nicht provoziert wird. Aufgrund ihrer guten Tarnung auf dem Waldboden kann es passieren, dass Menschen ihr ungewollt zu nahe kommen. Der Buschmeister ist mit bis zu 4 m Länge die längste Grubenotter der Welt. Wie andere Grubenottern hat auch er Wärme registrierende Grübchen zwischen Auge und Nase zu beiden Seiten des Kopfes, mit denen er warmblütige Beute aufspüren kann.

Korallenschlangen sind etwas zurückhaltender und meiden das Zusammentreffen mit Menschen. Die nördlich von Mexico City lebenden Tiere haben ein rot-gelb-schwarz-gelb-rotes Streifenmuster mit roten und gelben Punkten, das sie von den nicht giftigen Schlangen unterscheidet, bei denen sich zwischen den roten und gelben Streifen ein schwarzer befindet. Das Muster der südlich von Mexico City lebenden Korallenschlangen ist komplexer, sodass dieses Unterscheidungsmerkmal nicht anwendbar ist.

Wenn jemand von einer Giftschlange gebissen wurde, sollte die Bissstelle sofort ruhig gestellt und der Betroffene umgehend zur nächstgelegenen Unfallstation gebracht werden. Aderpressen anzulegen wird nicht mehr empfohlen.

In vielen Bundesstaaten sind auch Skorpione ein Problem. Bei einem Skorpionstich sofort Eis oder Kühlpackungen auflegen, die betroffene Körperstelle ruhig stellen und die nächstgelegene Rettungsstelle aufsuchen. Um Skorpionstiche zu vermeiden, sollte man Kleidungsstücke und Schuhe vor dem Anziehen und Schlafsäcke vor dem Zubettgehen gut ausschütteln und untersuchen. Beim Arbeiten in der Nähe von Holzstößen oder Blätterhaufen immer Handschuhe und Schutzkleidung tragen.

Sonne

Zum Schutz vor starker Sonnenstrahlung die Mittagssonne meiden. Nützlich sind Sonnenbrillen und Hüte mit breiter Krempe sowie das Auftragen eines Sonnenschutzmittels mit einem Lichtschutzfaktor von mindestens 15, das sowohl vor UVA- als auch vor UVB-Strahlung schützt. Die Sonnencreme sollte auf alle unbedeckten Hautpartien mindestens 30 Minuten vor dem Hinausgehen aufgetragen und nach dem Schwimmen oder nach schweißtreibenden Aktivitäten erneuert werden. Bei hohen Temperaturen ist es ratsam, viel Wasser zu trinken und auf anstrengende Tätigkeiten zu verzichten.

Tierbisse

Nicht versuchen, Tiere anzufassen, zu streicheln oder zu füttern – das geht höchstens bei Haustieren, von denen man weiß, dass sie keine Infektionskrankheit haben. Die meisten Verletzungen durch Tiere sind darauf zurückzuführen, dass die betroffene Person das Tier anfassen oder füttern wollte.

Bisswunden oder Kratzer, die von einem Säugetier – auch von Fledermäusen – verursacht wurden, sollten sofort und gründlich mit viel Seife und Wasser gereinigt und anschließend mit einem Antiseptikum – z. B. Jod oder Alkohol – behandelt werden. Für eine Nachbehandlung sind umgehend die örtlichen Gesundheitsbehörden zu kontaktieren, egal ob man gegen Tollwut geimpft ist oder nicht. Es kann außerdem empfehlenswert sein, ein Antibiotikum einzunehmen, da sich Biss- und Kratzwunden leicht infizieren. Dazu eigen sich neuere Chinolon-Präparate wie Levofloxacin (Levaquin), die viele Reisende für den Fall von Durchfallerkrankungen ohnehin mitführen.

Wasser

Mexikos Leitungswasser ist prinzipiell nicht als Trinkwasser geeignet. Das wirksamste Mittel zur Reinigung ist, das Wasser etwa eine Minute lang kräftig kochen zu lassen – in Höhen über 2000 m drei Minuten.

Eine andere Möglichkeit zur Desinfizierung von Wasser ist die Verwendung von Jodtabletten. Meistens liegt ihnen eine Gebrauchsanweisung bei, die man strikt befolgen sollte. Auf ¼ l Wasser kommen 2 % Jodtinktur (5 Tropfen bei klarem Wasser, 10 bei trübem); das Ganze dann 30 Minuten stehen lassen. Ist das Wasser sehr kalt, könnte die Einwirkzeit länger sein. Der Geschmack von jodiertem Wasser kann durch Zugabe von Vitamin C (Ascorbinsäure) verbessert werden. Man sollte es jedoch nicht länger als einige Wochen zu sich nehmen. Ungeeignet ist jodiertes Wasser für Schwangere, Menschen mit Schilddrüsenerkrankung und für Jodallergiker.

Es gibt ein riesiges Angebot an unterschiedlichen Wasserfiltern. Filter mit kleineren Poren (Umkehrosmosefilter) bieten den besten Schutz, sind aber relativ groß und gehen schnell kaputt. Filter mit größeren Poren (Mikrosiebfilter) beseitigen zwar keine Viren, reinigen das Wasser aber von anderen Organismen. Die Gebrauchsanweisungen der Hersteller sollten immer genau befolgt werden.

Zeckenbisse

Zum Schutz vor Zeckenbissen gelten dieselben Regeln wie zum Schutz vor Moskitostichen. Zusätzlich sollte man kein einfaches Schuhwerk, sondern Stiefel tragen und die Hosenbeine hineinstecken. Abends empfiehlt es sich, den Körper nach Zecken abzusuchen; mit Hilfe eines Freundes oder eines Spiegels geht das besser. Wenn man eine Zecke entfernen muss, eine Pinzette verwenden, mit der der Kopf des Tieres sicher erfasst werden kann. Die oben beschriebenen Insektenschutzmittel auf pflanzlicher Basis sind hinsichtlich ihrer Schutzwirkung nur für Moskitos ausreichend geprüft und daher zum Schutz vor Zecken nicht zu empfehlen.

KINDER & SCHWANGERE

In der Regel ist eine Mexikoreise für Kinder und Schwangere ungefährlich. Wie bereits oben beschrieben sind aber einige Impfungen für Kinder oder werdende Mütter nicht ratsam. Daher ist für sie noch einmal besondere Vorsicht geboten, was das Trinken von Leitungswasser und den Verzehr von Lebensmitteln oder anderen Getränken angeht. Kinder sollten vor Reisebeginn alle Routineimpfungen erhalten haben. Vor Reisen in Entwicklungsländer sollten Impfungen bei Kindern bereits etwas früher vorgenommen werden – also rechtzeitig Kontakt mit dem Hausarzt aufnehmen! Schwangere sollten immer im Hinterkopf behalten, dass sich während des Aufenthalts im Ausland Komplikationen wie eine Frühgeburt ergeben könnten und die Qualität der medizinischen Versorgung möglicherweise nicht der des Heimatlands entspricht.

Weil Gelbfieberimpfungen für Schwangere und Kinder unter neun Monaten nicht zu empfehlen sind, sollte man bei einer Einreise aus einem Land, in dem Gelbfieber vorkommt, eine Unbedenklichkeitsbescheinigung mitbringen – am besten ausgestellt auf offiziellem Briefpapier und versehen mit dem Stempel, die offizielle Impfungszentren zur Validierung des Internationalen Impfpasses verwenden.

Sprache

INHALT

In Mexiko ist Spanisch die Hauptsprache. Das mexikanische Spanisch unterscheidet sich vom kastilischen Spanisch – das sprechen die meisten Leute in Spanien – hauptsächlich in zwei Punkten: In Mexiko ist das kastilische „Lispeln" fast völlig verschwunden und viele indigene Wörter – also Wörter, die aus den Sprachen der Ureinwohner stammen – wurden ins Vokabular integriert.

Ungefähr 50 indigene Sprachen werden hier noch gesprochen, von mehr als 7 Mio. Personen als Muttersprache. Ungefähr 15% von ihnen sprechen kein Spanisch.

In Großstädten und kleineren Städten sowie größeren Dörfern spricht fast überall jemand zumindest ein bisschen Englisch. Traveller jedoch, die wenigstens einige Brocken Spanisch beherrschen, haben Vorteile und wirken höflich. Mexikaner antworten Leuten viel offener, die versuchen, mit ihnen in ihrer Sprache zu kommunizieren.

Es ist eigentlich leicht, sich einige spanische Grundlagen zu merken. Wer tiefer in die Sprache eintauchen will, belegt einen Sprachkurs in einer der mexikanischen Städte (s. S. 1072). Schon zu Hause kann man Lehrbücher wälzen oder sich Audiokurse anhören. Öffentliche Büchereien verleihen diese Medien oft kostenlos. Auch Sprachkurse an der Volkshochschule oder der Universität sind eine prima Starthilfe.

Wörter und Wendungen, die man beim Essengehen gut brauchen kann, findet man ab S. 102.

AUSSPRACHE

Die Buchstabenfolge im Spanischen ist phonetisch konsistent. Das bedeutet: Es gibt eine klare und eindeutige Beziehung zwischen dem, was man geschrieben sieht und den Lauten, die gesprochen werden. Zusätzlich haben die meisten spanischen Laute deutsche Äquivalente, sodass deutsche Sprecher eigentlich ganz gut verstanden werden.

Vokale

a wie in „alle"
e wie in „essen"
i wie in „ich"
o wie in „offen"
u wie in „Huhn"; das „u" wird nach **q** nicht ausgesprochen und in den Buchstabenkombinationen **gue** und **gui**, außer wenn es mit einem Trema markiert ist (z. B. *argüir*). Dann wird es wie das deutsche „u" ausgesprochen.
y am Wortende oder wenn es allein steht, wird es wie **i** ausgesprochen (z. B. *ley*); zwischen Vokalen innerhalb eines Wortes wie das „j" im deutschen „jemand".

Konsonanten

Im Großen und Ganzen werden die spanischen Konsonanten wie die deutschen ausgesprochen. Die wichtigsten Ausnahmen sind unten aufgeführt.

Die Konsonanten **ch**, **ll** und **ñ** werden meistens als eigene Buchstaben behandelt, **ch** und **ll** werden alphabetisch unter **c** bzw. **l** einsortiert. Der Buchstabe **ñ** wird als Extrabuchstabe angesehen und kommt im Wörterbuch nach **n**.

b ähnlich dem deutschen „b", aber weicher, wird bezeichnet als „b larga"
c wie „s" in „Rasse" vor **e** and **i**; sonst wie das deutsche „k"
ch wie „tsch" in „Kutsche"

d wie in „das“, aber zwischen Vokalen und nach **l** oder **n** hört es sich mehr an wie das englische „th“ in „this“
g wie das „ch“ in „doch“ vor **e** and **i**, in den anderen Fällen wie „g“ in „Golf“
h ist immer stumm. Wer einen Namen hat, der mit diesem Buchstaben beginnt, sollte gut aufpassen, wenn er drauf wartet, dass ein Beamter ihn aufruft
j wie das „ch“ in „doch“
ll ungefähr wie das „lie“ in „Familie“
ñ so wie das „gn“ in „Champignon“
r ein kurzes **r**, außer am Wortbeginn und nach **l**, **n** oder **s**, hier ist es oft gerollt
rr sehr stark gerollt
v sehr ähnlich wie das deutsche „b“, aber weicher; bezeichnet als „b corta“
x normalerweise wie das **j** oben ausgesprochen; in manchen Ortsnamen der Ureinwohner wie ein „s“
z wie das „s“ in „Sonne“

Wortbetonung

Normalerweise werden Wörter, die auf einen Vokal oder auf **n** oder **s** enden, auf der vorletzten Silbe betont. Wörter mit anderen Endungen werden auf der letzten Silbe betont. So werden *vaca* (Kuh) und *caballos* (Pferde) beide auf der vorletzten Silbe betont. Dagegen werden *ciudad* (Stadt) und *infeliz* (unglücklich) auf der letzten Silbe betont.

Akzente zeigen immer an, wo Ausnahmen gemacht werden, z. B. *sótano* (Keller), *porción* (Portion), *América*.

GESCHLECHT & PLURALBILDUNG

Spanische Hauptwörter sind entweder maskulin oder feminin. Es gibt Regeln, die helfen das Geschlecht herauszufinden (natürlich gibt's Ausnahmen). Weibliche Hauptwörter enden normalerweise auf **-a** oder auf **-ción**, **-sión** oder **-dad**. Andere Endungen zeigen männliche Hauptwörter an. Endungen von Adjektiven wechseln, damit sie mit dem Geschlecht des Hauptworts, das sie näher beschreiben, übereinstimmen (männlich/weiblich **-o**/**-a**). Wenn in diesem Kapitel männliche und weibliche Form angegeben sind, werden sie durch einen Schrägstrich getrennt, z. B. *perdido/a*.

Wenn ein Hauptwort oder Adjektiv auf einen Vokal endet, wird der Plural gebildet, indem man ein **s** anhängt. Endet das Wort auf einen Konsonanten, hängt man für den Plural ein **es** an.

GESUNDHEIT

Ich bin krank.
Estoy enfermo/a. es·*toj* en·*fer*·mo/a
Ich brauche einen Arzt.
Necesito un doctor. ne·se·*si*·to un dok·*tor*
Wo ist das Krankenhaus?
¿Dónde está el hospital? *don*·de es·*ta* el os·pi·*tal*
Ich bin schwanger.
Estoy embarazada. es·*toj* em·ba·ra·*sa*·da
Ich bin geimpft.
Estoy vacunado/a. es·*toj* va·ku·*na*·do/a

Ich habe / mir ist …	*Tengo …*	*ten*·go …
Durchfall	*diarrea*	dia·*re*·a
übel	*náusea*	*nau*·se·a
Kopfweh	*un dolor de cabeza*	un do·*lor* de ka·*be*·sa
Husten	*tos*	tos

Ich bin allergisch gegen …	*Soy alérgico/a a …*	soy a·*ler*·chi·ko/a a …
Antibiotika	*los antibióticos*	los an·ti·*bjo*·ti·kos
Nüsse	*nueces*	nueses
Erdnüsse	*los cacahuates*	*los ka·ka·chwa·tes*

Ich bin …	*Soy …*	soy …
Asthmatiker	*asmático/a*	as·*ma*·ti·ko/a
Diabetiker	*diabético/a*	dia·*be*·ti·ko/a
Epileptiker	*epiléptico/a*	e·pi·*lep*·ti·ko/a

MIT KINDERN REISEN

Ich brauche …
Necesito …
ne·se·*si*·to …

Haben Sie …?
¿Hay …?
ai …

einen Babysitz fürs Auto
un asiento de seguridad para bebés
un a·*sjen*·to de se·gu·ri·*dad* pa·ra be·*bes*
eine Kinderbetreuung
un club para niños
un klub pa·*ra* *nin*·jos
ein Kindermenü
un menú infantil
un me·*nu* in·fan·*til*

eine Kinderkrippe
una guardería
u·na gwar·de·*ri*·a
Windeln
pañales
pa·*nja*·les
einen (Deutsch sprechenden) Babysitter
una niñera (que hable aléman)
u·na ni·*nje*·ra (ke *a*·ble a-leman)
Milchpulver
leche en polvo
le·che en *pol*·vo
einen Hochsitz
una silla para bebé
u·na *si*·ja *pa*·ra be·*be*
ein Töpfchen
una bacinica
u·na ba·si·*ni*·ka
einen Kinderwagen
una carreola
una ka·re·*o*·la

Darf ich hier stillen?
¿Le molesta que dé el pecho aquí?
le mo·*les*·ta ke de el *pe*·cho a·*ki*
Dürfen Kinder hier rein?
¿Se admiten niños?
se ad·*mi*·ten *nin*·jos

KONVERSATION & NÜTZLICHES

Wer auf einen Fremden zugeht und um Informationen bittet, sollte zunächst grüßen und ihn siezen. Das gilt besonders für Polizisten und Beamte. Junge Leute erwarten das vielleicht nicht, aber wenn man sie siezt, liegt man immer richtig. Die umgangssprachliche Variante ist mit „ugs." markiert.

Por favor (bitte) and *gracias* (danke) zu sagen, ist für die meisten Mexikaner selbstverständlich. Diese Werkzeuge sollte jeder in seinem Gepäck haben.

Hi.	*Hola.*	*o*·la (ugs.)
Hallo.	*Buen día.*	*bue*·n *di*·a
Guten Morgen.	*Buenos días.*	*bue*·nos *di*·as
Guten Tag.	*Buenas tardes.*	*bue*·nas *tar*·des
Guten Abend/ gute Nacht.	*Buenas noches.*	*bue*·nas *no*·ches
Wiedersehen.	*Adiós.*	a·*djos*
Bis bald.	*Hasta luego.*	*as*·ta *lue*·go
Ja.	*Sí.*	si
Nein.	*No.*	no
Bitte.	*Por favor.*	por fa·*vor*
Danke.	*Gracias.*	*gra*·sjas
Vielen Dank.	*Muchas gracias.*	*mu*·chas *gra*·sjas

Gern geschehen.	*De nada.*	de *na*·da
Entschuldigung!	*Perdón.*	per·*don*
Darf ich?	*Permiso.*	per·*mi*·so
Entschuldigung.	*Disculpe.*	dis·*kul*·pe

(vor einer Frage oder wenn man sich entschuldigt)

Wie gehts?
¿Qué tal? ke tal
Wie ist Ihr Name / dein Name?
¿Cómo se llama usted? *ko*·mo se *ja*·ma u·*sted*
¿Cómo te llamas? *ko*·mo te *ja*·mas
Ich heiße …
Me llamo … me *ja*·mo …
Sehr erfreut (nach einer Vorstellung).
Mucho gusto. *mu*·tscho *gus*·to
Ganz meinerseits.
El gusto es mío. el *gus*·to es *mi*·o
Woher kommen Sie/kommst du?
¿De dónde es/eres? de *don*·de es/*er*·es
Ich komme aus …
Soy de … soj de …
Wo wohnen Sie / wohnst du?
¿Dónde está alojado? *don*·de es·*ta* a·lo·*cha*·do
¿Dónde estás alojado? *don*·de es·*tas* a·lo·*cha*·do
Darf ich fotografieren?
¿Puedo sacar una foto? *pue*·do sa·*kar* u·na *fo*·to

NOTFÄLLE

Hilfe!	*¡Socorro!*	so·*ko*·ro
Feuer!	*¡Fuego!*	*fue*·go
Ich wurde überfallen.	*Me han robado.*	me an ro·*ba*·do
Geh weg!	*¡Déjeme!*	*de*·che·me
Gehen Sie weg	*¡Váyase!*	*va*·ja·se
Rufen Sie …!	*¡Llame a …!*	*ja*·me a
die Polizei	*la policía*	la po·li·*si*·a
einen Arzt	*un médico*	un *me*·di·ko
einen Krankenwagen	*una ambulancia*	u·na am·bu·*lan* sja

Es ist ein Notfall!
Es una emergencia. es *u*·na e·mer·*chen*·sja
Können Sie mir bitte helfen?
¿Me puede ayudar, por favor? me *pue*·de a·ju·*dar* por fa·*vor*
Ich habe mich verlaufen.
Estoy perdido/a. es·*toj* per·*di*·do/a
Wo sind die Toiletten?
¿Dónde están los baños? *don*·de *stan* los *ban*·jos

PAPIERKRAM

Ausweis	*identificación*
Pass	*pasaporte*

SPRACHE

Befristete Einfuhrgenehmigung (Auto)	*permiso de importación temporal de vehículo*
Eigentumszertifikat (Auto)	*título de propiedad*
Einwanderung	*migración*
Führerschein	*licencia de manejar*
Geburtsurkunde	*certificado de nacimiento*
Grenze	*la frontera*
Registrierung (Auto)	*registración*
Touristenkarte	*tarjeta de turista*
Versicherung	*seguro*
Visum	*visado*
Zoll	*aduana*

SHOPPEN & SERVICE

Ich würde gern … kaufen
Quisiera comprar … ki·*sje*·ra kom·*prar* …

Ich schaue mich nur um.
Sólo estoy mirando. so·lo es·*toj* mi·*ran*·do

Darf ich es ansehen?
¿Puedo verlo/la? *pue*·do *ver*·lo/la

Wie viel kostet es?
¿Cuánto cuesta? *kuan*·to *kues*·ta

Das ist mir zu teuer.
Es demasiado caro para mí. es de·ma·*sja*·do *ka*·ro *pa*·ra mi

Können Sie den Preis senken?
¿Podría bajar un poco el precio? po·*dri*·a ba·*char* un *po*·ko el *pre*·sjo

Mir gefällt es nicht.
No me gusta. no me *gus*·ta

Ich nehme es.
Lo llevo. lo *je*·vo

Akzeptieren Sie …?
¿Aceptan …? a·*sep*·tan …

Kreditkarten	*tarjetas de crédito*	tar·*che*·tas de *kre*·di·to
Reiseschecks	*cheques de viajero*	che·kes de vja·*che*·ro
US-Dollar	*dólares americanos*	*do*·la·res a·me·ri·*ka*·nos

weniger	*menos*	*me*·nos
mehr	*más*	mas
groß	*grande*	*gran*·de
klein	*pequeño/a*	pe·*ke*·njo/a

Ich suche die/den …
Estoy buscando … es·*toj* bus·*kan*·do

Apotheke	*la farmacia*	la far·*ma*·sia
Bank	*el banco*	el *ban*·ko
Buchladen	*la librería*	la li·bre·*ri*·a
Geldautomaten	*el cajero automático*	el ka·*che*·ro au·to·*ma*·ti·ko
Gemischtwarenladen	*la tiendal*	a *tjen*·da
Markt	*el mercado*	el mer·*ka*·do
Post	*la oficina de correos*	la o·fi·*si*·na de ko·*re*·os
Supermarkt	*el supermercado*	el su·per·mer·*ka*·do
Touristeninformation	*la oficina de turismo*	la o·fi·*si*·na de tu·*ris*·mo
Waschsalon	*la lavandería*	la la·van·de·*ri*·a
Wechselstube	*la casa de cambio*	la *ka*·sa de *kam*·bjo

Wann ist geöffnet/geschlossen?
¿A qué hora abre/cierra?
a ke o·ra *a*·bre/*sje*·ra

Ich möchte Geld/Reiseschecks wechseln.
Quisiera cambiar dinero/cheques de viajero.
ki·*sje*·ra kam·*bjar* di·*ne*·ro/*che*·kes de vja·*che*·ro

Wie ist der Wechselkurs?
¿Cuál es el tipo de cambio?
kwal es el *ti*·po de *kam*·bjo

Ich möchte anrufen bei …
Quisiera llamar a …
kie·*sje*·ra lja·*mar* a …

Brief	*carta*	*kar*·ta
Briefmarken	*timbres*	*tim*·bres
Einschreiben	*certificado*	ser·ti·fi·*ka*·do
Luftpost	*correo aéreo*	ko·*re*·o a·e·re·o

UHRZEIT & DATUM

Wie viel Uhr ist es?
¿Qué hora es? ke o·ra es

Es ist ein Uhr.
Es la una. es la *u*·na

Es ist sieben Uhr.
Son las siete. son las *sje*·te

Halb drei.
Dos y media. dos i *me*·dja

gestern	*ayer*	a·*jer*
heute	*hoy*	oj
heute Abend	*esta noche*	es·ta *no*·tsche
jetzt	*ahora*	a·o·ra
Mittag	*mediodía*	me·djo·*di*·a
Mitternacht	*medianoche*	me·dja·*no*·che
morgen	*mañana*	man·*ja*·na
Montag	*lunes*	*lu*·nes
Dienstag	*martes*	*mar*·tes
Mittwoch	*miércoles*	*mjer*·ko·les
Donnerstag	*jueves*	*chwe*·ves
Freitag	*viernes*	*vjer*·nes
Samstag	*sábado*	*sa*·ba·do
Sonntag	*domingo*	do·*min*·go

Januar	*enero*	e·*ne*·ro
Februar	*febrero*	fe·*bre*·ro
März	*marzo*	*mar*·so
April	*abril*	a·*bril*
Mai	*mayo*	*ma*·jo
Juni	*junio*	*chu*·njo
Juli	*julio*	*chu*·ljo
August	*agosto*	a·*gos*·to
September	*septiembre*	sep·*tjem*·bre
Oktober	*octubre*	ok·*tu*·bre
November	*noviembre*	no·*vjem*·bre
Dezember	*diciembre*	die·*sjem*·bre

UNTERKUNFT

Ich suche ein/e ...
Estoy buscando ... — e·*stoj* bus·*kan*·*do* ...
Wo gibt es ...?
¿Dónde hay ...? — *don*·de ai ...

ein Zimmer	*una cabaña*	*u*·na ca·*ban*·ja
einen Campingplatz	*un área para acampar*	un *a*·re·a *pa*·ra a·kam·*par*
eine Pension	*una pensión*	*u*·na pen·*sjon*
ein Hotel	*un hotel*	un o·*tel*
einen Gasthof	*una casa de huéspedes*	*u*·na *ka*·*sa* de *wes*·pe·des
ein einfaches Hotel	*una posada*	*u*·na po·*sa*·da
eine Jugendherberge	*un albergue juvenil*	un al·*ber*·ge chu·ve·*nil*

Haben Sie freie Zimmer?
¿Hay habitaciones libres?
aj a·bi·ta·*sjon*·es *li*·bres

EINE RESERVIERUNG VORNEHMEN

(per Telefon oder schriftlich)

Bis ...	*A ...*
Von ...	*De ...*
Datum	*Fecha*
Ich möchte buchen ...	*Quisiera reservar ...* (zu Betten/Zimmern s. „Unterkunft")
auf den Namen ...	*en nombre de ...*
für die Nächte vom ...	*para las noches del ...*
Kreditkarte ...	*tarjeta de crédito ...*
Nummer	*número*
Ablaufdatum	*fecha de vencimiento*
Bitte bestätigen Sie ...	*Puede confirmar ...*
die Verfügbarkeit	*la disponibilidad*
den Preis	*el precio*

Ich hätte gern ein ...
Quisiera una habitación ...
ki·*sje*·ra u·na *a*·bi·ta·*sjon* ...

Doppelzimmmer	*doble*	*do*·ble
Einzelzimmer	*individual*	in·di·vi·*dual*
Zweibettzimmer	*con dos camas*	kon dos *ka*·mas

Wie viel kostet es pro ...?
¿Cuánto cuesta por ...?
kuan·to *kues*·ta por ...

Nacht	*noche*	*no*·tsche
Person	*persona*	per·*so*·na
Woche	*semana*	se·*ma*·na

Vollpension	*pensión completa*	pen·*sjon* kom·*ple*·ta
eigenes Bad/ Gemeinschaftsbad	*baño privado/ compartido*	*ba*·njo pri·*va*·do/ kom·par·*tie*·do
zu teuer	*demasiado caro*	de·ma·*sja*·do *ka*·ro
billiger	*más económico*	mas e·ko·*no*·mi·ko
Rabatt	*descuento*	des·*kuen*·to

Ist Frühstück dabei?
¿Incluye el desayuno? — in·*klu*·je el de·sa·*ju*·no
Kann ich das Zimmer sehen?
¿Puedo ver la habitación? — *pue*·do ver la a·bieta·*sjon*
Es gefällt mir nicht.
No me gusta. — no me *gus*·ta
Es ist schön. Ich nehme es.
Está bien. La tomo. — es·ta bjen la *to*·mo
Ich gehe jetzt.
Me voy ahora. — me *voj* a·*o*·ra

VERKEHRSMITTEL & -WEGE

Öffentliche Verkehrsmittel

Wann ... fährt ab/kommt an?
¿A qué hora ... sale/llega?
a ke *o*·ra ... *sa*·le/*ye*·ga

das Boot	*el barco*	el *bar*·ko
der Bus (Stadtverkehr)	*el camión*	el ka·*mjon*
der Bus (Überland)	*el autobús*	el au·to·*bus*
das Flugzeug	*el avión*	el a·*vjon*
der Minibus	*el pesero*	el pe·se·ro

der Flughafen	*el aeropuerto*	el a·e·ro·*puer*·to
der Busbahnhof	*la estación de autobuses*	la es·ta·*sjon* de au·to·*bu*·ses
die Bushaltestelle	*la parada de autobuses*	la pa·*ra*·da de au·to·*bu*·ses
das Schließfach	*un casillero*	un ka·si·*je*·ro
das Fahrkartenbüro	*la taquilla*	la ta·*ki*·ja

MEXIKANISCHER SLANG

Mit ein paar Slangausdrücken kann man seine Konversation so richtig gut würzen! Man hört überall in Mexiko viel Slang, doch manche Wendungen sind typisch für Mexico City.

¿Qué onda?
Was ist los? Was geht ab?

¿Qué pasión? (Mexico City)
Was ist los?

¡Qué padre!
Wie cool!

fregón
großartig, phantastisch, genial

Este club está fregón.
Dieser Club ist genial.

El cantante es un fregón.
Der Sänger ist echt phantastisch.

ser muy buena onda
wirklich cool sein

Mi novio es muy buena onda.
Mein Freund ist echt cool

Eres muy buena onda.
Du bist echt cool

pisto (im Norden)
Stoff, Alkohol

alipús
Stoff, Alkohol

echarse un alipús, echarse un trago
einen Drink einschenken

Echamos un alipús/trago.
Gehen wir was trinken.

tirar la onda
flirten, jemanden anbaggern

ligar
flirten

irse de reventón
feiern, Party machen

¡Vámonos de reventón!
feiern wir, die Party steigt

reven
riesige Party mit lauter Musik und wilder Stimmung

un desmadre
ein Chaos

Simón.
Ja.

Nel.
Nein.

No hay tos.
Kein Problem.
(wörtlich „Es gibt keinen Husten.")

¡Órale! (positiv)
Hört sich gut an!
(Antwort auf eine Einladung)

¡Órale! (negativ)
Ist ja super. (spöttisch)

¡Caray!
Scheiße!

¿Te cae?
Ernsthaft, ehrlich?

Me late.
Hört sich wirklich gut an.

Me vale.
Mir egal.

Sale y vale.
Ich stimme zu, klingt gut.

¡Paso sin ver!
Ich ertrag's nicht! Nein, danke!

¡Guácatelas! ¡Guácala!
Wie krass! Ist ja ekelhaft!

¡Bájale!
Übertreib mal nicht! Auf!

¡¿Chale?! (Mexico City)
Nie im Leben!

¡Te pasas!
Du bist zu weit gegangen!

!No manches!
Raus hier! Du machst wohl Witze!

un resto
eine Menge

lana
Geld, Kohle

carnal
Bruder

cuate, cuaderno
Kumpel

chavo
Typ

chava
Mädchen, Mädel

jefe
Vater

jefa
Mutter

la tira, la julia
die Polizei

la chota (Mexico City)
die Polizei

eine Fahrkarte nach ..., bitte.
Un boleto a ..., por favor. un bo·*le*·to a ... por fa·*vor*
Wie viel kostet es nach ...?
¿Cuánto cuesta hasta ...? kuan·to *kues*·ta *a*·sta ...

Studententarif	*de estudiante*	de es·tu·*djan*·te
1. Klasse	*primera clase*	pri·*me*·ra *kla*·se
2. KLasse	*segunda clase*	se·*gun*·da *kla*·se
einfache Fahrt	*viaje sencillo*	vi·*a*·che sen·*si*·jo
hin und zurück	*redondo*	re·*don*·do
Taxi	*taxi*	*tak*·si

STRASSENSCHILDER

Meistens stehen in Mexiko die bekannten internationalen Schilder an der Straße. Manchmal trifft man aber auch auf folgende:

Acceso	Eingang
Estacionamiento	Parkplatz
Camino en Reparación	Straßenarbeiten
Ceda el Paso	Vorfahrt gewähren
Conserve Su Derecha	Rechts fahren
Curva Peligrosa	Gefährliche Kurve
Derrumbes	Bergrutsch
Despacio	Langsam
Desviación	Umleitung
Dirección Única	Einbahnstraße
Escuela (Zona Escolar)	Schule (Schulzone)
Hombres Trabajando	Bauarbeiter
Mantenga Su Derecha	Rechts fahren
No Adelantar	Überholen verboten
No Hay Paso	Straße gesperrt
Pare/Stop	Stop
Peaje	Maut
Peligro	Gefahr
Prepare Su Cuota	Mautgebühr bereithalten
Prohibido Aparcar/ No Estacionar	Parken verboten
Prohibido el Paso	Kein Durchgang
Puente Angosto	Schmale Brücke
Salida de Autopista	Autobahnausfahrt
Topes/Vibradores	künstliche Bodenwellen
Tramo en Reparación	Bauarbeiten an der Straße
Vía Corta	Schnellstraße (oft mautpflichtig)
Vía Cuota	mautpflichtige Straße

Eigene Verkehrsmittel

Ich würde gerne ein / einen ... mieten.
Quisiera rentar ... kie·*sje*·ra ren·*tar* ...

Geländewagen	*un cuatro por cuatro*	un *kwa*·tro por *kwa*·tro
Auto	*un coche*	un *ko*·tsche
Motorrad	*una moto*	*u*·na *mo*·to
Fahrrad	*bicicleta*	bi·si·*kle*·ta
Pickup	*pickup*	*pik*·op
Lkw	*camión*	*ka*·mjon

Wo gibt es eine Tankstelle?
¿Dónde hay una gasolinera? *don*·de ai u·na *ga*·so·li·*ne*·ra
Wie viel kostet ein Liter Benzin?
¿Cuánto cuesta el litro de gasolina? kuan·to *kues*·ta el *li*·tro de ga·so·*li*·na
Bitte füllen Sie den Tank.
Lleno, por favor. *je*·no por fa·*vor*
Für (100) Pesos.
Quiero (cien) pesos. *kje*·ro (sjen) *pe*·sos

Benzin	*gasolina*	ga·so·*li*·na
bleifreies Benzin	*gasolina sin plomo*	ga·so·*li*·na sin *plo*·mo
Diesel	*diesel*	*di*·sel
Felge	*llanta*	*jan*·ta
Loch	*agujero*	a·gu·*che*·ro
Öl	*aceite*	a·*saj*·te

Ist das die Straße nach ...?
¿Por aquí se va a ...?
por a·*ki* se va a (...)
(Wie lange) Kann ich hier parken?
¿(Por cuánto tiempo) Puedo estacionarme aquí?
(por *kuan*·to *tjem*·po) *pue*·do ess·ta·sjo·*nar*·me a·*ki*
Wo muss ich bezahlen?
¿Dónde se paga?
don·de se *pa*·ga
Ich brauche einen Mechaniker/ einen Abschleppwagen.
Necesito un mecánico/remolque.
ne·se·*si*·to un me·*ka*·ni·ko/re·*mol*·ke
Gibt es in der Nähe eine Werkstatt?
¿Hay un garaje cerca de aquí?
ai un ga·*ra*·che ser·ka de a·*ki*
Das Auto ist liegen geblieben (in ...).
El coche se descompuso (en ...).
el *ko*·tsche se des·kom·*pu*·so (en ...)
Das Motorrad lässt sich nicht starten.
La moto no arranca.
la *mo*·to no a·*ran*·ka
Ich habe einen Platten.
Tengo una llanta ponchada.
ten·go *u*·na *jan*·ta pon·*tscha*·da
Ich habe keinen Sprit mehr.
Me quedé sin gasolina.
me ke·*de* sin ga·so·*li*·na
Ich hatte einen Unfall.
Tuve un accidente.
tu·ve un ak·si·*den*·te

VERSTÄNDIGUNG

Sprechen Sie / Sprichst du deutsch (englisch)?
¿Habla/Hablas aléman (inglés)?
a·bla/a·blas a·le·*man* (ing·*les*)

Spricht hier jemand deutsch (englisch)?
¿Hay alguien que hable aléman (inglés)?
ai *al*·gyen ke *a*·ble a·le·*man* (ing·*les*)

Ich verstehe (nicht).
(No) Entiendo. (no) en·*tyen*·do

Was heißt ...?
¿Cómo se dice ...? *ko*·mo se *die*·se ...

Was bedeutet ...?
¿Qué significa ...? ke sieg·nie·*fie*·ka ...

Könnten Sie (es) bitte ...?
¿Puede ..., por favor?
pue·de ... por fa·*vor*

wiederholen	*repetirlo*	re·pe·*tir*·lo
langsamer sagen	*hablar más despacio*	a·*blar* mas des·*pa*·sjo
aufschreiben	*escribirlo*	es·kri·*bir*·lo

WEGWEISER

Wie komme ich zu ...?
¿Cómo llego a ...? *ko*·mo *je*·go a ...

Ist es weit?
¿Está lejos? es·*ta* *le*·chos

Gehen Sie geradeaus.
Siga/Vaya derecho. *si*·ga/*va*·ja de·*re*·tscho

Gehen Sie nach links.
Voltée a la izquierda. vol·*te*·e a la is·*kjer*·da

Gehen Sie nach rechts.
Voltée a la derecha. vol·*te*·e a la de·*re*·cha

Können Sie es mir (auf der Karte) zeigen?
¿Me lo podría señalar (en el mapa)? me lo po·*dri*·a se·nja·*lar* (en el *ma*·pa)

Nord	*norte*	*nor*·te
Süd	*sur*	sur
Ost	*este*	*es*·te
West	*oeste*	o·*es*·te
hier	*aquí*	a·*ki*
dort	*ahí*	a·*i*
Block	*cuadra*	*kwa*·dra

SCHILDER

Entrada	Eingang
Salida	Ausgang
Abierto	Offen
Cerrado	Geschlossen
Prohibido	Verboten
Comisaria	Polizeistation
Servicios/Baños	Toiletten
Hombres/Varones	Herren
Mujeres/Damas	Damen

ZAHLEN

1	*uno*	*u*·no
2	*dos*	dos
3	*tres*	tres
4	*cuatro*	*kua*·tro
5	*cinco*	*sien*·ko
6	*seis*	says
7	*siete*	*sye*·te
8	*ocho*	*o*·cho
9	*nueve*	*nwe*·ve
10	*diez*	dyes
11	*once*	*on*·se
12	*doce*	*do*·se
13	*trece*	*tre*·se
14	*catorce*	ka·*tor*·se
15	*quince*	*kien*·se
16	*dieciséis*	dye·sie·*says*
17	*diecisiete*	dye·sie·*sye*·te
18	*dieciocho*	dye·sie·*o*·cho
19	*diecinueve*	dye·sie·*nue*·ve
20	*veinte*	*vayn*·te
21	*veintiuno*	vayn·tie·*u*·no
30	*treinta*	*trayn*·ta
40	*cuarenta*	kwa·*ren*·ta
50	*cincuenta*	sien·*kuen*·ta
60	*sesenta*	se·*sen*·ta
70	*setenta*	se·*ten*·ta
80	*ochenta*	o·*chen*·ta
90	*noventa*	no·*ven*·ta
100	*cien*	syen
200	*doscientos*	do·*syen*·tos
1000	*mil*	miel

Glossar

Weitere Begriffe zum Essen und Trinken finden sich im Essglossar (S. 102), Begriffe aus dem Verkehrswesen stehen im Kapitel „Verkehrsmittel & -wege" (S. 1085), allgemeine Begriffe gibt's unter „Sprache" (S. 1113).

AC – *antes de Cristo* (vor Christus); v. Chr.
adobe – an der Sonne getrocknete Lehmziegel
aduana – Zoll
agave – Pflanzenfamilie, zu der auch die *maguey* zählt
Alameda – Name angelegter Landschaftsparks in mehreren mexikanischen Städten
albergue de juventud – Jugendherberge
alebrije – bunte Tierfigur aus Holz
alfarería – Töpferei
alfiz – rechteckiger Rahmen um einen gekrümmten Bogen; ein arabisch beeinflusstes Detail an spanischen und mexikanischen Bauten
Altiplano Central – das trockene Plateau, das sich zwischen den beiden Gebirgszügen der Sierra Madre quer über den Norden Zentralmexikos erstreckt
amate – Papier aus Baumrinde
Ángeles Verdes – Grüne Engel; staatlicher Pannendienst auf den wichtigsten mexikanischen Highways, zu erkennen an den grünen Fahrzeugen. Die Mitarbeiter versorgen liegen gebliebene Autofahrer mit Benzin und Ersatzteilen
antro – Bar mit (häufig lauter) Musik vom Band und üblicherweise einer Tanzfläche
apdo – Abkürzung für *apartado* (Kasten); *apdo postal* bedeutet also Postfach
arroyo – Bach, Strom
artesanías – Kunsthandwerk, Volkskunst
atlas, atlantes (Pl.) – männliche Skulptur, Trägerfigur(en), tragen ein Dach oder einen Fries; ein Telamon
atrio – großer Vorhof vor einer Kirche
autopista – Autobahn
azulejo – bemalte Keramikfliese

bahía – Bucht
balneario – Badestelle, häufig eine natürliche, heiße Quelle
baluarte – Bollwerk, Bastei, Schutzwehr
barrio – Viertel einer Stadt oder Ortschaft, oft ärmlich
billete – Banknote
boleto – Ticket
brujo/a – Zauberdoktor, Schamane; ähnlich wie *curandero/a*
burro – Esel

caballeros – wörtlich „Ritter", entspricht aber dem deutschen „Herren"; auch an Toilettentüren
cabaña – Hütte, einfache Unterkunft
cabina – Ausdruck in Baja California für eine *caseta*
cacique – regionaler Kriegsherr; politisch starker Mann
calle – Straße
callejón – Allee
callejoneada – eine ursprünglich spanische Tradition, die in Städten wie Guanajuato und Zacatecas immer noch gepflegt wird; Musikanten ziehen mit Feiernden durch die Straßen, singen und erzählen Geschichten
calzada – großer Boulevard, Chaussee
calzones – die traditionellen langen und weiten Hosen der indigenen Männer
camarín – Kapelle neben dem Hauptaltar einer Kirche; in ihr werden die Festkleider für Heiligen- und Marienbilder aufbewahrt
camión – Lastwagen oder Bus
camioneta – Lieferwagen, Pickup
campesino/a – Landarbeiter/in, Bauer/Bäuerin
capilla abierta – offene Kapelle; in frühen mexikanischen Klöstern benutzt, um zu großen Massen indigener Bevölkerung zu predigen
casa de cambio – Wechselstube; arbeitet oft schneller als eine Bank
casa de huéspedes – billige und gemütliche Unterkünfte; oft in einem Wohnhaus, das zu einfachen Unterkünften umgebaut ist
caseta de larga distancia, caseta de teléfono, caseta telefónica – öffentliche Telefonstation
cazuela – Kasserolle aus Ton; werden normalerweise ineinander gestapelt als Satz verkauft
cenote – eine mit Regenwasser gefüllte Kalksteingrube; dient in Yucatán oft als Wasserspeicher
central camionera – Busbahnhof
cerro – Hügel
Chac – Regengott der Maya
chac-mool – vorkoloniale Steinskulptur einer gekrümmten Gestalt; der Bauch könnte als Opferaltar gedient haben
charreada – mexikanisches Rodeo
charro – mexikanischer Cowboy
chenes – Rinnen (auf der Halbinsel Yucatán)
chilango/a – Bewohner/in von Mexico City
chinampa – aztekischer Garten auf Seeschlamm mit Vegetation; Beispiele existieren in Xochimilco, Mexico City
chingar – wörtlich „ficken"; wird im mexikanischen Umgangsspanisch ungefähr so vielfältig gebraucht wie das englische „to fuck"
chultún – mit Beton eingefasste Backsteinzisterne in der *chenes*-Region in den Puuc-Hügeln südlich von Mérida

Churriguerismo – nach einem Architekten benannter spanischer spätbarocker Architekturstil, in dem viele mexikanische Kirchen errichtet sind
cigarro – Zigarette
clavadistas –die Klippentaucher von Acapulco und Mazatlán
Coatlicue – die Mutter der aztekischen Götter
colectivo – Minibus oder Auto, nimmt Fahrgäste entlang einer festgelegten Strecke auf; wird aber auch für andere Verkehrsmittel wie Boote verwendet, bei denen sich die Fahrgäste den Preis teilen
coleto/a – Einwohner/in von San Cristóbal de Las Casas
colonia – Stadtviertel, meistens ein wohlhabendes Wohnviertel
combi – Minibus
comida corrida – Tagesgericht
completo – wörtlich „voll"; keine freien Plätze; findet man als Schild an Hotelrezeptionen
conde – Graf (Adliger)
conquistador – früher spanischer Entdecker-Eroberer
cordillera – Gebirgszug
correos – Postamt
coyote – Person, die illegale mexikanische Einwanderer in die USA schmuggelt
criollo – in Mexiko geborener Nachfahr reinblütiger Spanier; galten in der Kolonialzeit als minderwertiger als *peninsulares*
Cristeros – römisch-katholische Rebellen der späten 1920er-Jahre
cuota – Maut; eine *vía cuota* ist eine Mautstraße
curandero/a – wörtlich „Heiler"; Medizinmann oder weise Frau, die Kräuter und/oder Magie zum Heilen einsetzen und oft den spirituellen Aspekt von Krankheiten in den Vordergrund stellen

damas – Damen; steht an den Dametoiletten
danzantes – wörtlich „Tänzer"; Steinreliefs in Monte Albán
DC – *después de Cristo* (nach Christus); n. Chr.
degustación – Getränkeprobe, meist wird Wein probiert
de lujo – deluxe; oft nicht ganz wörtlich zu nehmen
de paso – Fernbus, der seine Fahrt anderswo begonnen hat, aber unterwegs hält, um Passagiere aufzunehmen oder aussteigen zu lassen – kommt häufig verspätet; besser fährt man da mit einem Lokalbus
delegación – Verwaltungseinheit der Stadtbezirke in Mexico City, die wiederum aus mehreren *colonias* besteht
descompuesto – kaputt, außer Betrieb
DF – Distrito Federal (Bundesdistrikt); ungefähr die Hälfte von Mexico City liegt im DF
dueño/a – Eigentümer/in
dulcería – Süßwarenladen

edificio – Bauwerk
ejido – Gemeindeland, Landkooperative
embarcadero – Landungsbrücke für Boote
encomienda – Tributleistung (indigene Arbeitskräfte oder andere Werte) an einen *conquistador*, der seinerseits die indigene Bevölkerung schützen und zum Christentum bekehren sollte; in der Realität wurde sie meistens kaum besser als Sklaven behandelt
enramada – Laube; bezieht sich häufig auf ein Open-Air-Restaurant mit Schutzdach
enredo – Wickelrock
entremeses – Vorspeise; auch kurze Theaterszenen, wie sie beispielsweise während des Cervantino Festival in Guanajuato aufgeführt werden
escuela – Schule
esq – Abkürzung für *esquina* (Ecke) in Anschriften
estación de ferrocarril – Bahnhof
estípite – langer, schmaler, pyramidenförmiger, auf dem Kopf stehender Pilaster; Merkmal der Churriguera-Architektur
ex-convento – ehemaliges Kloster
ex-voto – Votivgabe, kleine Malerei auf Holz, Zinn, Pappe, Glas usw., die in der Kirche zum Dank für ein Wunder, erhörte Gebete u. ä. aufgestellt wird (s. auch *retablo*)
excusado – Toilette

faja – Hüftschärpe bei den Kostümen der *indígenas*
feria – Jahrmarkt, typischerweise während eines religiösen Feiertags
ferrocarril – Eisenbahn
ficha – Karte, oft verwendet für Schließfächer an Busbahnhöfen
fiesta mexicana – touristische Show mit mexikanischer Folklore, Tänzen und Musik, häufig einschließlich Abendessen und Getränken
fonda – Gasthaus
fraccionamiento – Wohnviertel; ähnlich einer *colonia*, häufig modern
frontera – Staatsgrenze

gachupines – verächtliche Bezeichnung für die kolonialen *peninsulares*
giro – Zahlungsanweisung
gringo/a – Bezeichnung für US-amerikanische oder kanadische (manchmal auch für europäische, australasiatische etc.) Besucher Lateinamerikas, ist manchmal verächtlich gemeint
grito – wörtlich „Schrei"; der Grito de Dolores war die Ansprache des Gemeindepfarrers Miguel Hidalgo, in der er 1810 zur Rebellion aufrief, die zur Unabhängigkeit Mexikos von Spanien führte
gruta – Grotte, Höhle
guarache – s. *huarache*
guardería de equipaje – Gepäckaufbewahrung (z. B. an Busbahnhöfen)
guayabera – auch *guayabarra*; Männerhemd mit Taschen und aufgesticktem Muster vorne, auf den Schultern und

hinten; wird in heißen Regionen anstelle von Jackett und Schlips getragen
güero/a – blonder, hellhäutiger Mensch; freundlichere Alternative zu *gringo/a*

hacendado –Besitzer einer *hacienda*
hacha – flache Steinskulptur der klassischen Veracruz-Kultur; steht im Zusammenhang mit dem rituellen Ballspiel
hacienda – Landgut; „Hacienda" (großgeschrieben) ist das Finanzministerium
hay – es gibt; Verneinung: *no hay* (es gibt nicht)
henequén – Agavenfasern für Sisalseile; die Pflanze wird insbesondere um Mérida angebaut
hombres – Männer; Bezeichnung an Toilettentüren
hostal – kleines Hotel oder Budgethostel
huarache – auch *guarache*; geknüpfte Ledersandalen, häufig mit gerippter Sohle
huevos – Eier; auch vulgär für Hoden
huipil, huipiles (Pl.) – ärmelloser, meist stark dekorierter Umhang der indigenen Frauen; kann bis über die Hüften oder bis zu den Knöcheln reichen
Huizilopochtli – Aztekischer Stammesgott

iglesia – Kirche
INAH – Instituto Nacional de Antropología e Historia; die Behörde verwaltet die meisten archäologischen Stätten und einige Museen
indígena – indigen, bezieht sich auf die Urbevölkerung Lateinamerikas
INI – Instituto Nacional Indígenista; 1948 geschaffene Behörde zur Verbesserung der Lebensbedingungen der indigenen Bevölkerung Mexikos und zu ihrer Integration in die Gesellschaft; wird manchmal der Bevormundung und der Unterdrückung von Protesten beschuldigt
intercambio – Austausch; oft verwendet, um Treffen mit Ortsansässigen zu beschreiben, bei denen man Konversation auf Spanisch oder Englisch betreibt
internet inalámbrico – WLAN
ISH – *impuesto sobre hospedaje*; Übernachtungssteuer auf den Preis für Hotelzimmer
isla – Insel
IVA – *impuesto de valor agregado*, oder „i-bah", Umsatzsteuer, wird auf viele Güter erhoben (15 % auf Hotelzimmer)
ixtle – *maguey*-Faser

jaguar – Raubkatze aus Südmexiko, Süd- und Mittelamerika; wichtigstes Symbol der olmekischen Kultur
jai alai – die Spanier brachten das baskische *pelota* nach Mexiko; ähnlich wie Squash, wird auf einem langen Hof gespielt, die Spieler haben „Fangschläger" an den Armen
jarocho/a – Einwohner/in von Veracruz
jardín – Garten
jefe – Chef, insbesondere auch ein politischer Anführer
jipijapa – Name für einen Panamahut in Yucatán
jorongo – kleiner, von Männern getragener Poncho

Kastenkrieg – blutiger Aufstand der unterdrückten Maya im 19. Jh. auf der Halbinsel Yucatán
Kukulcán – Name der Maya für den gefiederten Schlangengott Quetzalcóatl

lada – Abkürzung für *larga distancia*
ladino – Person von gemischter (indigener und spanischer) Abstammung
lancha – schnelles, offenes Boot mit Außenbordmotor
larga distancia – weite Entfernung; beim Telefon: Ferngespräch
latifundio – große Ländereien; entstanden nach Mexikos Unabhängigkeit von Spanien
latifundista – mächtiger Großgrundbesitzer, der sich öffentliches Land aneignete, um daraus eine *latifundio* zu bilden
libramiento – Straße, Highway
licenciado – Hochschulabsolvent; wird „Lic" abgekürzt und dem Namen als Ehrentitel vorangestellt; der Status wird von vielen beansprucht, die eigentlich keinen Universitätsabschluss haben
lista de correos – wörtlich „Postliste"; die im Postamt aushängende Liste der Personen, für die Post eingegangen ist; ähnlich wie „postlagernd"
lleno – voll, z. B. beim Volltanken
local – kann Grundstück bedeuten wie bei einem Laden mit Hausnummer, einem Büro in einer Mall oder einem Block, aber auch „örtlich"; ein *local*-Bus ist einer, dessen Fahrt an dem Busbahnhof beginnt, wo man sich befindet
locutorio – dasselbe wie eine *caseta telefónica*

machismo – mexikanisches Männlichkeitsgehabe
madre – wörtlich „Mutter"; der Ausdruck wird in der Umgangssprache mit vielen Bedeutungen verwendet
maguey – Agavenart mit dicken, spitzen Blättern, die direkt aus dem Boden wachsen; aus dem Saft werden *tequila* und *mezcal* hergestellt
malecón – Uferstraße, Boulevard oder Promenade
mañana –wörtlich „morgen" oder „der Morgen"; manchmal heißt es einfach so viel wie „irgendwann später"
maquiladora – Montagefabrik, die Ausrüstung, Rohstoffe und Teile zur Montage oder Verarbeitung nach Mexiko importiert und danach die Produkte exportiert
mariachi – kleines Ensemble von Straßenmusikanten, die traditionelle Balladen auf Gitarren und Trompeten spielen
marimba – xylophonartiges Instrument aus Holz, beliebt im südöstlichen Mexiko
Mayab – die Länder der Maya
mercado – Markt; oft ein Gebäude nahe dem Zentrum der Stadt mit Läden und offenen Ständen in den umliegenden Straßen
Mesoamerica – das Gebiet der alten mexikanischen und der Mayakultur
mestizaje – „Gemischtheit", Mexikos gemischtethnisches Erbe; offiziell eine Quelle des Stolzes

mestizo – Person von gemischter (indigener und spanischer) Abkunft
metate – flache Steinschale mit Füßen, in der Mais und andere Nahrungsmittel gemahlen werden
Mexikanischer Huttanz – ein Paartanz, bei dem der Mann und die Frau um den Hut des Mannes tanzen
Mexikanische Revolution – Revolution im Jahr 1910, die die *Porfiriato* beendete
milpa – kleines Getreidefeld eines Bauern, häufig durch Brandrodung urbar gemacht
mirador, miradores (Pl.) – Aussichtspunkt
Montezumas Rache – mexikanische Variante des Reisedurchfalls
mordida – wörtlich „kleiner Bissen"; Bestechungsgelder, um die Mühlen der Bürokratie zum Mahlen zu bringen
mota – Marijuana
mudéjar – maurischer Architekturstil, von den Spaniern nach Mexiko gebracht
mujeres – Frauen; Beschriftung auf Toilettentüren
municipio – kleiner Verwaltungsbezirk; Mexiko besteht aus 2394 *municipios*

na – Schilfhütte der Maya
Nafta – North American Free Trade Agreement, Nordamerikanisches Freihandelsabkommen
Náhuatl – die Sprache der Nahua, der Nachkommen der Azteken
nao – spanische Handelsgaleone
norteamericano – Nordamerikaner, eine Person aus den Regionen nördlich der Grenze USA–Mexiko
Nte – Abkürzung für *norte* (Nord) bei Straßennamen

Ote – Abkürzung für *oriente* (Ost) bei Straßennamen

paceño/a – Einwohner/in aus La Paz, Baja California Sur
palacio de gobierno – Regierungspalast, Regierungssitz
palacio municipal – Rathaus, Sitz der Stadt- oder Ortsverwaltung
palapa – Unterkunft mit Schilfdach, üblicherweise an einem Strand
palma – langes, paddelartiges Steinobjekt der klassischen Veracruz-Zivilisation; steht im Zusammenhang mit dem rituellen Ballspiel
PAN – Partido Acción Nacional (Partei Nationale Aktion), die politische Partei des Präsidenten Felipe Calderón und seines Vorgängers Vicente Fox
panga – Fiberglasboot zum Fischen oder zur Walbeobachtung in Baja California
parada – Bushaltestelle, üblicherweise des städtischen Nahverkehrs
parado – „stehend" oder „stehen bleiben", wie man das z. B. in einem 2.-Klasse-Bus öfters muss
parque nacional – Nationalpark; Naturschutzgebiet, in dem sich der Mensch an Auflagen halten muss oder in das er nicht hinein darf
parroquia – Pfarrkirche
paseo – Boulevard, Bürgersteig oder Fußgängerzone; die Tradition, abends die Plaza zu umrunden, Männer und Frauen in entgegengesetzter Richtung
Pemex – Staatliche Monopolgesellschaft für Förderung, Verarbeitung und Vertrieb von Erdöl
peña – Abend mit lateinamerikanischer Volksmusik, häufig auch zu einem politischen Protestthema
peninsulares – geborene Spanier, die von der spanischen Regierung als Verwaltungsbeamte in die Kolonie Mexiko entsandt wurden
periférico – Ringstraße
pesero – Ausdruck für *colectivo* in Mexico City, im Nordosten kann auch ein Bus gemeint sein
petate – Matte, üblicherweise aus Palmblättern oder Schilf
peyote – Kaktus, dessen Saft halluzinogene Wirkung hat
pinacoteca – Gemäldegalerie
piñata – verziertes Gefäß aus Ton oder Pappmaché, das aussieht wie ein Tier, eine Ananas, ein Stern usw., gefüllt mit Süßigkeiten und Geschenken, bei Fiestas wird es dann zerschlagen
pirata – Pirat; bezeichnet in manchen Teilen Mexikos Pickups zum Personentransport
playa – Strand
plaza de toros – Stierkampfarena
plazuela – kleine Plaza
poblano/a – Einwohner/in aus Puebla; etwas im Puebla-Stil
pollero – dasselbe wie *coyote*
Porfiriato – Herrschaftszeit von Porfirio Díaz, der Mexiko 30 Jahre lang bis zur Mexikanischen Revolution beherrschte
portales – Arkaden
posada – Gästehaus
potosino – aus der Stadt oder dem Bundesstaat San Luis Potosí
presidio – Festung oder Garnison einer Festung
PRI – Partido Revolucionario Institucional (Partei der institutionalisierten Revolution); die Partei, die in Mexiko während des 20. Jhs. fast ununterbrochen regierte
primera – 1. Klasse
propina – Trinkgeld; nicht dasselbe wie *mordida*, das an Bestechung grenzt
Pte – Abkürzung für *poniente* (West) bei Straßennamen
puerto – Hafen
pulque – milchiges Getränk mit niedrigem Alkoholgehalt aus der *maguey*-Pflanze

quechquémitl – Schultercape mit Kopföffnung der indigenen Frauen; meist bunt bestickt und diamantenförmig
quetzal – Kammvogel mit leuchtend grünen, roten und weißen Federn aus dem südlichen Mexiko, Mittelamerika und dem nördlichen Südamerika; Quetzalfedern waren im vorkolonialen Mexiko heiß begehrt
Quetzalcóatl – gefiederter Schlangengott im vorkolonialen Mexiko

rebozo – langer Woll- oder Leinenschal, der Kopf und Schultern bedeckt
refugio – sehr einfache Schutzhütte in den Bergen
regiomontano/a – Person aus Monterrey
reja – schmiedeeiserne Fenstergitter
reserva de la biosfera – Biosphärenreservat; Naturschutzgebiet, wo Menschen sich im Sinne der Nachhaltigkeit verhalten sollen
retablo – Altaraufsatz; kleines Votivbild, das in der Kirche zum Dank für ein Wunder, erhörte Gebete u. ä. aufgestellt wird
río – Fluss

s/n – *sin número* (ohne Nummer), verwendet in Adressen bei Straßen
sacbé, sacbeob (Pl.) – Zeremonialweg(e) zwischen großen Mayastädten
salvavida – Rettungsschwimmer
sanatorio – Hospital, insbesondere ein kleines, privates
sanitario – wörtlich „Hygieneort"; Toilette
sarape – Decke mit Öffnung für den Kopf, als Umhang getragen
Semana Santa – Heilige Woche; die Woche von Palmsonntag bis Ostersonntag; Mexikos Hauptferienzeit, wo Hotels und Verkehrsmittel stark ausgelastet sind
servicios – Toiletten
sierra – Gebirgszug
sitio – Taxistand
stela/stele, stelae/steles (Pl.) – aufrecht stehendes Steinmonument, üblicherweise mit Reliefs bedeckt
supermercado – Supermarkt; alles von einem kleinen Laden an der Ecke bis zu einem großen Supermarkt US-amerikanischen Formats
Sur – Süden; häufige Bezeichnung bei Straßennamen

taller – Laden oder Werkstatt; ein *taller mecánico* ist eine Mechanikerwerkstatt, meistens eine Autowerkstatt; ein *taller de llantas* repariert Reifen
talud-tablero – Baustil mit Treppenformen, typisch für Teotihuacán, mit abwechselnd vertikalen *(tablero)* und schrägen *(talud)* Abschnitten
tapatío/a – Person aus dem Bundesstaat Jalisco
taquilla – Ticketschalter
telamon – Statue eines Mannes, die anstelle eines Pfeilers das Dach eines Tempels trägt; ein *atlas*
telar de cintura – Webstuhl; die Kettenfäden (längs) werden zwischen zwei horizontalen Stäben gespannt, von denen einer an einen Pfosten oder Baum befestigt ist und der andere an einem Gurt um die Hüften der Weberin; die Schussfäden (quer) werden danach eingewebt
teleférico – Seilbahn
teléfono (celular) – (Mobil-) Telefon
temascal – Dampfbad im vorkolonialen Stil, oft zu Heilungszwecken verwendet; manchmal auch *temazcal* geschrieben
templo – Kirche; von Kapelle bis Kathedrale
teocalli – heiliger Bezirk der Azteken
Tezcatlipoca – vielgestaltiger vorkoloninaler Gott; Herr des Lebens und Todes und Schutzherr der Krieger; als rauchender Spiegel konnte er den Menschen ins Herz sehen, als Sonnengott dürstete ihn nach dem Blut geopferter Krieger, um wieder aufgehen zu können
tezontle – hellrotes, poröses Vulkangestein, das von den Azteken und *conquistadores* als Baumaterial verwendet wurde
tianguis – Markt der indigenen Bevölkerung
tienda – Laden
típico/a – landestypisch; insbesondere auch bei der Beschreibung von Gerichten
Tláloc – prähispanischer Regen- und Wassergott
TLC – Tratado de Libre Comercio; spanisch für Nafta, das Nordamerikanische Freihandelsabkommen
tope – Bodenschwelle, gibt's am Eingang vieler Kleinstädte und Dörfer, nur selten mit Warnschildern markiert
trapiche – Fabrik; in Baja California üblicherweise eine Zuckerfabrik
tzompantli – Gestell, auf dem die Schädel aztekischer Menschenopfer aufbewahrt werden

UNAM – Universidad Nacional Autónoma de México (Nationale autonome Universität von Mexiko)
universidad – Universität
Unabhängigkeitskrieg – Krieg für die Unabhängigkeit Mexikos von Spanien von 1810–1821, beendete drei Jahrzehnte spanischer Herrschaft

viajero/a – Reisende/r
villa juvenil – Jugendsportzentrum, häufig Standort einer *albergue de juventud*
voladores – wörtlich „Flieger"; totonakisches Ritual, bei dem Männer, die an den Knöcheln festgebunden sind, um einen hohen Pfahl herumwirbeln

Wer-Jaguar – Figur, halb Mensch halb Jaguar, in der olmekischen Kunst

yácata – zeremonieller Steinbau der taraskischen Kultur
yugo – U-förmige Steinskulpturen der klassischen Veracruz-Zivilisation; steht im Zusammenhang mit dem rituellen Ballspiel

zaguán – Vorhalle oder Foyer; manchmal eine Veranda
zócalo – wörtlich „Plinthe"; in vielen mexikanischen Städten die Bezeichnung für die zentrale Plaza
Zona Rosa – wörtlich „rosafarbene Zone"; eine einst schicke, teure Gegend mit Läden, Hotels, Restaurants und Unterhaltungsetablissements in Mexico City; auch für ähnlich schicke Viertel in anderen mexikanischen Städten

Die Autoren

JOHN NOBLE

Hauptautor, Geschichte, Kultur, Kunst, Umwelt, Oaxaca, Allgemeine Informationen, Verkehrsmittel & -wege

Mexiko fasziniert John, seit er als Teenager in seiner Heimat England die Geschichte von Cortés und den Azteken hörte. Seine erste Rucksacktour führte ihn von Ciudad Juárez nach Ciudad Cuauhtémoc, und seitdem kehrte er immer wieder hierher zurück. Mittlerweile hat er nahezu jeden Teil Mexikos kennengelernt. Er liebt so ziemlich alles an Mexiko: Kunst, Archäologie und Geschichte, Musik, Sprachen und Traditionen, Essen und Trinken, die Strände, die Natur und die unglaublich vielfältigen Landschaften, aber am meisten liebt er die zauberhaften Menschen hier. Heute lebt John in Spanien.

Mein Lieblingstrip

Los geht's mit ein paar Tagen in Mexico City (S. 122). Dann besuche ich einige der Kolonialstädte im Norden wie Querétaro (S. 709), Guanajuato (S. 674), San Miguel de Allende (S. 694) oder den Star unter ihnen, Zacatecas (S. 643). Weiter nordwärts gönne ich mir eine Fahrt mit der Ferrocarril Chihuahua Pacifico (S. 371) und entspanne mich ein bisschen beim Wandern in der phantastischen Barranca del Cobre (S. 370). Zurück geht's nach Mexico City und von dort nach Süden ins tolle Oaxaca (S. 786). Zum Abschluss noch ein bisschen sportliche Betätigung in der Sierra Norte (S. 822), und dann ruft auch schon die fabelhafte Pazifikküste. Hier habe ich schließlich die Qual der Wahl zwischen den Strandschönheiten Puerto Escondido (S. 828) und San Agustinillo (S. 850).

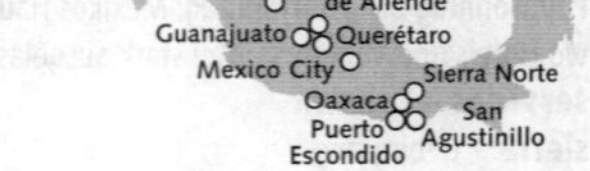

KATE ARMSTRONG

Nördliches zentrales Hochland

Kate wurde in Australien geboren, ist aber davon überzeugt, dass sie in einem früheren Leben eine Latina war. Darum verspürt sie auch immer eine enorme Sehnsucht nach Mexiko. Sie war wie im Rausch, als sie darum gebeten wurde, für diese Ausgabe in die Silberstädte des Landes zu reisen. Kate wanderte in der der Sierra Gorda, flippte beim Karneval aus, stopfte kiloweise Quesadillas in sich hinein und erzählte und tanzte sich durch den Zauber Mexikos. Wenn sie nicht gerade solche Dinge tut, arbeitet sie als freie Autorin und lebt (zeitweilig) in Australien. Die Spanisch sprechende Kate hat u.a. auch an den Lonely-Planet-Bänden *Bolivien* und *Südamerika* mitgearbeitet.

DIE AUTOREN VON LONELY PLANET

Warum gelten unsere Reiseführer als die besten der Welt? Ganz einfach: Unsere Autoren sind unabhängige und leidenschaftliche Globetrotter. Sie recherchieren nicht nur übers Internet oder Telefon und sie lassen sich nicht mit Werbegeschenken für positive Berichterstattung schmieren. Sie reisen um den Globus, zu den touristischen Brennpunkten, aber auch darüber hinaus, querfeldein. Sie besuchen persönlich Tausende von Hotels, Restaurants, Cafés, Bars, Galerien, Schlösser, Museen und mehr – und schildern ihre Eindrücke gnadenlos ehrlich, ohne Schönfärberei. Weitere Infos gibt's auf www.lonelyplanet.com im Autorenbereich.

RAY BARTLETT

Baja California

Nachdem Ray mit 18 Jahren bei einer Reise mit einem Güterzug 800 km zurückgelegt hatte, verkaufte er den Bericht darüber an eine Lokalzeitung – das war sein erster Reisebericht, und es sollte nicht der letzte bleiben: Zwei Jahrzehnte später bereist er noch immer die Welt mit Kuli und Kamera im Gepäck. Seine Artikel veröffentlichte er u. a. in *USA Today*, *Denver Post*, *Miami Herald*. Lonely Planet unterstützte er z. B. bei Japan, Mexiko, Yucatán und Korea. Seine Webseite, www.kaisora.com, verrät noch mehr über ihn. Wenn Ray nicht gerade herumreist surft er gern, schreibt fiktionale Literatur, trinkt zuviel Kaffee und arbeitet bis spät in die Nacht.

GREG BENCHWICK

Halbinsel Yucatán

Der frühere Lonely-Planet-Redakteur tauschte das Chaos eines Büros gegen Schreiben und Umherziehen. Er schlug sich durch die Urwälder von Peru und Costa Rica, spazierte auf dem Jakobsweg durch Spanien und bezwang die Gipfel Alaskas und seiner Heimat Colorado. Er ist Spezialist für nachhaltigen Tourismus, neue Medien und Reisen in Lateinamerika; über Letzteres schrieb er zahlreiche Reiseführer. Neben seinen Reiseaktivitäten treibt Greg seine beiden New-Media-Unternehmen www.monjomedia.com und www.soundtraveler.com voran und träumt davon, eines Tages ein Medienmogul oder ein Philosophen-Krieger-Poet zu sein – je nachdem, was sich zuerst ergibt.

TIM BEWER

Zentrales Nordmexiko, Nordöstliches Mexiko

In seiner Kindheit hat Tim nicht viel von der Welt gesehen, wenn man mal von der obligatorischen Reise nach Disney World und dem alljährlichen einwöchigen Sommerurlaub am See absieht. Als er dann erwachsen war, hat er alles daran gesetzt, diese Versäumnisse nachzuholen – mit Erfolg: Er bereiste bislang mehr als 50 Länder, darunter viele in Lateinamerika. Die meisten seiner Mexiko-Reisen führten ihn in den Norden des Landes, und er ist stets aufs Neue davon überrascht, wie diese Region von so vielen Travellern übersehen werden kann. Derzeit lebt Tim in Khon Kaen, Thailand.

BETH KOHN

Tabasco & Chiapas

Eines Tages wird Beth ihre Nachbarn in San Francisco zur Weißglut bringen: Muss sie wirklich immer beim Kochen in voller Lautstärke diese *ranchera*- und *norteño*-Songs hören? Und muss sie auch noch unbedingt mitsingen? Nun ja, sie muss … Denn nach mehr als 20 Jahren Mexiko liebt sie nun mal die Schnulzen der mexikanischen Combifahrer mindestens so sehr wie die Urwälder mit ihren Wasserfällen und Tieren. Zuletzt erkundete die freie Autorin und Fotografin für den Lonely-Planet-Band *Venezuela* einen der höchsten Wasserfälle der Welt. Was sie sonst noch alles kann (oder zumindest ein Teil davon), ist auf www.bethkohn.com zu sehen

TOM MASTERS

Rund um Mexico City

Tom schreibt Reiseberichte, arbeitet als Journalist und Dokumentarfilmer und lebt in London. Seine erste Mexiko-Erfahrung machte er im Urwald von Chiapas, als er zwei Wochen lang in Palenque drehte. Für diese Ausgabe von *Mexiko* bereiste Tom die hübschen Städtchen rund um Mexico City und verliebte sich dabei besonders in Malinalco, Valle de Bravo und José Cuervo Black Medallion. Mehr über seine Arbeit erfährt man auf www.mastersmafia.com.

KEVIN RAUB

Nordwestliches Mexiko

Kevin wuchs in Atlanta auf und begann in New York City beim Magazin *Rolling Stone* seine Karriere als Musikjournalist. Er reiste ausgiebig durch ganz Mexiko – und das obwohl er vor einigen Jahren bei einem seiner ersten Trips durch die nördliche Baja in den Lauf der Automatikpistole eines Federales blicken musste. Als Co-Autor wirkte er bereits am Brasilien-Band von Lonely Planet mit. Momentan lebt Kevin in Los Angeles und in Brasilien, und wenn er durch die Welt reist, hat er nur ein Ziel: Er will Mitglied des Travelers' Century Club werden, bevor er 40 Jahre alt ist. 56 Länder hat er bereits bereist, mit 100 wird man aufgenommen ….

MICHAEL READ

Zentrale Pazifikküste

Michael hat zwar seine Drohung, sich südlich der Grenze niederzulassen, nie wahrgemacht, aber wann immer ihm sich die Gelegenheit bietet, kehrt er seiner Heimat Oakland in Kalifornien den Rücken und stürzt sich wieder in das sagenhafte, geheimnisvolle Mexiko. Nach einer anstrengenden Zeit, in der er sich für LonelyPlanet.com mit Fotos herumschlagen musste, erlag Michael 2003 einem heftigen Anfall von Fernweh und begab sich als Vollzeit-Reiseberichterstatter auf die Straße. Seither trug er zu den Lonely-Planet-Reiseführern rund eine halbe Million Wörter bei, u. a. in den Bänden *Mexiko* und *Puerto Vallarta & Pacific Mexico.*

JOSEPHINE QUINTERO

Mexico City

Josephine heiratete vor vielen Jahren einen Mexiko-Amerikaner, der eine sehr große Verwandtschaft mitbrachte. Dies führte zu einer gesunden Infektion mit den Viren Mariachi-Musik und Margaritas. Sie unternahm eine Menge Reisen nach Mexiko, besuchte verschiedene Verwandte aus Quintero, die im DF leben, und ist nach wie vor begeistert von dem berauschenden Mix aus lebendiger Kultur, wundervollen Menschen, hervorragendem Essen und all der Geschichte. Josephine lebt in Andalusien, Spanien.

DANIEL C. SCHECHTER

Mexico City

Der gebürtige New Yorker schwimmt gern gegen den Strom: 1994 wanderte er aus, *al otro lado*, gen Süden, und nahm einen mit Peso bezahlten Lehrstuhl an der Universität von Mexico City an. Kurz darauf erlebte Mexiko die schlimmste Peso-Abwertung seit Jahrzehnten. Doch anstatt die Beine in die Hand zu nehmen, trat Daniel einen noch weniger einträglichen Job als Redakteur einer englischsprachigen Tageszeitung Mexikos an und startete so eine neue Karriere als Autor und Übersetzer. Etwa ein Jahrzehnt später kehrte Daniel mit seiner Frau Myra in die USA zurück. Aber zum Glück ist die Grenze von ihrer Wahlheimat Austin, Texas, nicht allzu weit entfernt...

ADAM SKOLNICK

Westliches zentrales Hochland

Im Zuge seiner Arbeit als Umweltaktivist wurde Adam Mitte der 1990er-Jahre mit dem Reisevirus infiziert. Mittlerweile hat er fast 40 Länder auf sechs Kontinenten bereist: Er hat den Kilimandscharo bestiegen, war am Amazonas verschollen, reiste als Backpacker durch Mexiko und Mittelamerika, besichtigte Baseball-Stadien auf Kuba, meditierte mit Hindu-Priestern auf Bali und mit buddhistischen Mönchen in Burma, und wanderte durch die Regenwälder Sumatras. Als freier Journalist schreibt er für große US-Magazine über Themen wie Reise, Kultur, Gesundheit und Umwelt. Zwischendrin verfasst er Drehbücher. Seinen Reise-Blog gibt's unter http://blog.myspace.com/adamskolnick.

CÉSAR G. SORIANO

Zentrale Pazifikküste

Seit er neun Jahre alt ist sitzt dem Mexiko-Amerikaner César die Reiselaus im Pelz. Damals packten ihn seine Eltern für einen Kurztrip ins Disneyland in ihren Minivan. Später war er beruflich mehr auf Reisen, als es ihm manchmal lieb war. Als Mitglied der US-Armee verbrachte er sechs kalte Monate in Bosnien. In letzter Zeit berichtete César für *USA Today* regelmäßig über die Kriege in Afghanistan und im Irak. Er hat mehr als 50 Länder bereist, aber nach Mexiko kehrt er sooft wie möglich zurück – schon wegen der *mole poblano*. César und seine Frau Marsha leben in London, wo es – tatsächlich – kein echtes mexikanisches Essen gibt.

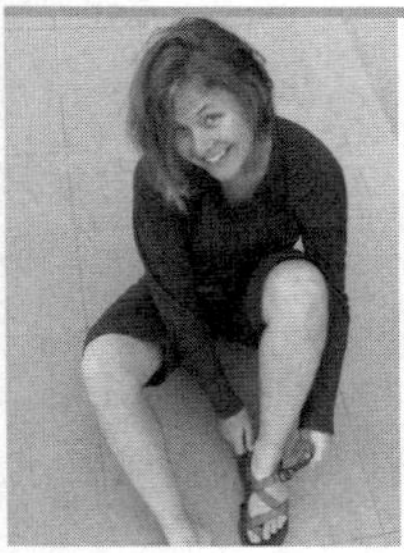

ELLEE THALHEIMER

Zentrale Golfküste

Ihre Liebe zu Lateinamerika begann im Highschool-Alter während eines Sprachkurses in der Dominikanischen Republik, wo sie die Vorteile von Schlabberhosen und Kapuzenpullovern gegenüber Röhrenjeans und großen Ohrringen kennenlernte. Seitdem hat sie die Faszination für Lateinamerika nach Costa Rica, Mexiko, Belize und Guatemala geführt. Kuba, Argentinien und Chile hat sie auf ihrem Fahrrad erkundet. Für Ellee ist es eine perfekte Kombination, abends Salsa zu tanzen und tagsüber per Fahrrad weiterzufahren. Daher hat es ihr natürlich sehr zugesagt, dass die grandiose Zentrale Golfküste auch diesem Anspruch genügt. Ellee ist in Portland, Oregon, zuhause.

BEITRÄGE VON ...

David Goldberg (Gesundheit) schloss seine Ausbildung in Innerer Medizin und Infektionskrankheiten am Columbia-Presbyterian Medical Center in New York City ab, wo er auch als ehrenamtlicher Dozent tätig war. Heute ist er ein Spezialist für Infektionskrankheiten in Scarsdale, NY, und der Chefredakteur der Website MDTravelHealth.com.

Mauricio Velázquez de León (Essen & Trinken, Die regionalen Küchen Mexikos) wurde in Mexico City geboren, wo er zur Linderung seiner Beschwerden beim Zahnen gekochte Hühnerfüße und getoastete Maistortillas erhielt. Mauricio hat für diverse Zeitungen und Zeitschriften gearbeitet, seine Artikel zum Thema Essen & Trinken erfreuen sich weiter Verbreitung. Derzeit arbeitet er als Redakteur und Autor in New York City. Außerdem ist er noch Vater von Zwillingen – deren Beschwerden beim Zahnen er mit getoasteten Maistortillas kuriert.

Hinter den Kulissen

ÜBER DIESES BUCH

Diese 2. Auflage von *Mexiko* basiert auf der 11. englischen Auflage, die wie die letzten sieben unter der Regie von John Noble entstand. Kate Armstrong, Ray Bartlett, Greg Benchwick, Tim Bewer, Beth Kohn, Tom Masters, Josephine Quintero, Kevin Raub, Michael Read, Daniel Schechter, Adam Skolnick, César Soriano und Ellee Thalheimer haben mitgewirkt. Mauricio Velázquez de León schrieb das Kapitel Essen & Trinken und den illustrierten Teil zu den Spezialitäten. Dem Kapitel Gesundheit liegt ein Text von Dr. David Goldberg zugrunde. Zu den Autoren früherer Auflagen gehören Sandra Bao, Beth Greenfield, Ben Greensfelder, Andrew Dean Nystrom, Suzanne Plank, Iain Stewart und Alan Tarbell sowie viele Mitwirkende dieses Bands. Er wurde vom Lonely Planet Büro in Oakland, Kalifornien, in Auftrag gegeben und von folgendem Team betreut:

Verantwortliche Redakteurin Catherine Craddock-Carrillo
Leitender Redakteur Daniel Corbett
Leitender Kartograf Csanad Csutoros
Leitender Layoutdesigner Carlos Solarte
Redaktion Bruce Evans
Kartografie Mark Griffiths, Alison Lyall
Redaktionsassistenz David Andrew, Cathryn Game, Charlotte Harrison, Kate James, Sally O'Brien, Diana Saad
Kartografieassistenz Alissa Baker, Fatima Basic, Mick Garrett, Malisa Plesa, Andy Rojas, Lyndell Stringer
Layoutassistenz Paul Iacono, Indra Kilfoyle, Wibowo Rusli
Umschlagdesign Pepi Bluck
Projektmanagement Fabrice Rocher
Redaktion Sprachführer Quentin Frayne

Dank an Anita Banh, Owen Eszeki, Pablo Gastar, James Hardy, Aomi Hongo, Laura Jane, Margie Jung, Lisa Knights, Katherine Marsh, Wayne Murphy, Trent Paton, Amanda Sierp, Cara Smith

DANK DER AUTOREN

JOHN NOBLE

Wie immer waren viele Menschen in Mexiko äußerst freigiebig mit Freundlichkeit und Zeit. Besonderer Dank gebührt Ron Mader, Francisco Verástegui,

DIE LONELY PLANET STORY

Am Küchentisch fing alles an – nachdem Tony und Maureen Wheeler 1972 eine lange, abenteuerliche Reise durch Europa, Asien und Australien unternommen hatten, trugen sie all ihre Informationen und Notizen zusammen. So enstand der erste Lonely Planet Reiseführer *Across Asia on the Cheap*.

Der Reiseführer wurde von Travellern geradezu verschlungen. Ermutigt durch ihren Erfolg veröffentlichten die Wheelers weitere Bücher über Südostasien, Indien und andere Länder. Die Nachfrage war so ungeheuerlich groß, dass die Wheelers ihr Unternehmen erweiterten. Über die Jahre deckten sie mit ihrer Reiseliteratur den ganzen Globus ab, und sie dehnten ihre Berichterstattung auf die virtuelle Welt von lonelyplanet.com und das Lonely Planet Messageboard Thorn Tree aus.

Lonely Planet wurde eine globale Marke – und damit interessant für Investoren, die Tony und Maureen eine ganze Reihe von Angeboten machten. Doch erst 2007 fanden sie einen verlässlichen Partner, bei dem sie sich sicher sein konnten, dass er dem Prinzip abenteuerlustiger, aber umweltbewusster Reisen treu blieb. Im Oktober dieses Jahres erwarb BBC Worldwide 75 % der Anteile von Lonely Planet mit dem Versprechen, die Grundsätze unabhängiges Reisen, vertrauenswürdige Auskünfte und redaktionelle Unabhängigkeit aufrechtzuerhalten.

Heute hat Lonely Planet Büros in Melbourne (Australien), London und Oakland (USA) mit über 500 Mitarbeitern und 300 Autoren. Tony und Maureen engagieren sich immer noch aktiv bei Lonely Planet. Sie reisen mehr als je zuvor, und in ihrer Freizeit widmen sie sich wohltätigen Projekten. Das Unternehmen wird nach wie vor von der Philosophie von *Across Asia on the Cheap* getragen: „Wichtig ist, dass du dich entscheidest zu gehen, dann hast du den härtesten Teil geschafft. Also, los geht's!"

Jorge Velasco und allen bei Las Golondrinas, Donna Radtke, Mary Jane Gagnier, Gina Machorro, Paul Cleaver, Fausto Jasso, Julien Pardinilla, Mateo Ruiz, Ben Greensfelder, Inés in Puerto Escondido und Gundi in Puerto Ángel. Danke an Cat Craddock-Carrillo und die Autoren-, Redaktions-, Kartografie- und Produktionsteams – durch sie ist dieses Buch so toll.

KATE ARMSTRONG

So viele Menschen haben mir bei diesem Update geholfen. Das erste und dickste Dankeschön geht an Giz, der mich ein Stück des Weges begleitet hat. *Muchas gracias* an Catherine Craddock-Carrillo und John Noble für ihre Hilfe und Mühen und an das *Mexiko*-Team sowie alle an der Produktion Beteiligten. In Jalpan gebührt Dario (dem Führer), Olga (von der Touristeninformation) und Ben und Buffy Lenth ein besonderes *gracias*, außerdem dem Polizisten (und Taxifahrer), der mir eine sichere Fahrt ermöglichte. Ich danke Ricardo Ramírez in Bernal für seine Hilfe, Shelley in Queretaro für ihre wunderbare Gastfreundschaft und Donna und Tom für ihren Eifer. Thomas Wheaton, Jonaton und die Belegschaft der Touristeninformation sei auch gedankt. In San Luis Potosí hat mir Lori geholfen. In Zacatecas danke ich Ernesto für alles und mehr, Rafael Flores Mendoza, der mir den Zugang zur Region eröffnet hat, Manuel, dem Fahrer, Barry und Barbara für den tollen Tag und Jimmie in Jerez. Danke an José Romero in Tequis Gerard und Enza in Guanajuato und an Carol aus Texas für die Inspiration. Ich danke auch Suzanne Ludekens, Redakteurin und meine Freundin in San Miguel de Allende, und Gayle St John.

RAY BARTLETT

Ich hatte das Glück, dass mich auf meinem Trip diesmal Freunde und meine Familie besucht haben – danke, dass ihr die vielen Stunden Fahrt ertragen habt, obwohl ihr eigentlich Urlaub machen wolltet. Danke an Cat, John und meine Kollegen – ihr seid ein tolles Team. Ich wünschte, ich könnte all den Menschen danken, die ich auf meiner Reise getroffen habe, den Menschen, die dieses Buch geprägt und ihr wundervolles Land mit mir geteilt haben, aber es sind einfach zu viele. Am allermeisten und von ganzem Herzen danke ich den freundlichen, warmherzigen und großzügigen Mexikanern – mögen sie allen Travellern so begegnen wie mir.

GREG BENCHWICK

Meine unendliche Liebe und Bewunderung gilt meiner wunderbaren, klugen und temperamentvollen Freundin Alejandra Castañeda. Sie war mir nicht nur eine Unterstützung und Gefährtin während der Recherche zu diesem Buch, sie hat mir auch geholfen, Statistiken zu durchschauen, mein Gringo-Spanisch korrigiert und mich auf Kurs gehalten. Natürlich danke ich auch meiner Familie – Mom, Dad, George, Cara und Bryan – für ihre jahrelange Unterstützung. Die Bewohner der Halbinsel Yucatán sind großartig und ich danke allen, die ich auf meiner Reise getroffen habe. Besonderer Dank gebührt Vanessa Trava, Laura Alonzo, Kevin Graham (der www.costamayaliving.com betreibt und so freundlich war, den Abschnitt zu Mahahual zu aktualisieren, nachdem Hurrikan Dean durch die Stadt gefegt war) und Raul vom Nómadas Youth Hostel in Mérida (er war eine unbezahlbare Infoquelle). Die Redakteure, Kartografen und einfach alle, die hinter den Kulissen bei Lonely Planet arbeiten, sind wundervoll, besonders Catherine Craddock-Carrillo, meine geduldige und präzise Chefredakteurin. Applaus auch den tollen Autoren der vorangegangenen Auflagen und John Noble, der all die losen Enden verknüpft hat.

TIM BEWER

Muchas, muchas gracias all denen, die mir endlos Fragen beantwortet, ihre Meinung verraten und die legendäre *norteño*-Gastfreundschaft gewährt haben. Walter Bishop, Andrea Cárdenas, Bertha Elizondo, Adriana Galván, Lorena Alanis Landa, Lucía Martínez, Patricia Martínez, Idaly Reyes und Porfirio Sosa waren super. An Catherine, John, meine Autorenkollegen und die Lonely Planet Crew: Es war toll, mit euch zu arbeiten! Ein extra Dank geht an Paola, die mir bei Santa Eulalia verloren gegangen ist – auch wenn sie es nie lesen wird.

BETH KOHN

Abrazos fuertes an Michael Zap und Lulú Castillo für einfach alles, von der „Leihkatze" bis zu den MB-Episoden. In Tuxtla Gutiérrez haben mir Abel Ovando von der staatlichen Touristeninformation Chiapas und Victor Aguilera Osuna Starthilfe gegeben. Juan Carlos Castillo Rodas und José Antonio Rodas Alfonso erklärten mir alles über Tapachula und Comitán. Laila Balderas hat tolle Transkriptionen gemacht und Jen Gorospe und Dillon Dutton verdienen einen Preis für klasse Catsitting. *Gracias a* Manuela Morales Hernández, ohne die ich immer noch im Matsch stecken würde, und ein fettes Dankeschön an Cat Craddock-Carrillo und John Noble.

TOM MASTERS

Ein dickes Dankeschön geht an meine Mitbewohner Kate, Miranda und Fionn in der Colonia Roma in Mexico City. Ich danke auch French Jonny und David Morales Castillo für ihre Unterstützung und Gesellschaft und all den hilfsbereiten Menschen, die ich getroffen habe, besonders der Belegschaft der Casa de la Palma in Puebla. Danke auch an Catherine Craddock-Carrillo von Lonely Planet Oakland, dafür dass sie mich nach Mexiko geschickt hat, und an John Noble, den großen Koordinator, für seine Geduld.

KEVIN RAUB

Un beso grande meiner Frau Adriana Schmidt, die eigentlich Brasilianerin ist – aber das wollen wir ihr mal nicht vorwerfen. Danke an Catherine Craddock-Carrillo, John Noble und Greg Benchwick von Lonely Planet. Und an alle, die mir weitergeholfen haben: Veronica Catalan, Elizabeth Benitez, Tad Pfister, Tim Hinds, Monica Alejandra Sánchez, Sheila Murphey, Janet Anderson, Monica Moran, Katherine Callingham, Sonny Newman, Francisco Torres, Ivan und Yolando Fernandez, Nausicaa Giavarra, Clotilde Payen, Cécile Alphand, Gregóire Guyot, Marie Mignon, Salvador Garcia und Roberto Morales.

MICHAEL READ

Mein Dank gilt den vielen Touristeninformationen, Taxifahrern und Passanten, die mir geholfen haben, geheime Juwelen zu entdecken. Ein dickes Danke an den Chefautor John Noble – er hatte Mitgefühl, als ich litt. Danke auch an Catherine Craddock-Carrillo, denn sie hat mir das Okay für dieses fesselnde Projekt und prima Instruktionen für die Arbeit als Autor gegeben. Am meisten danke ich aber meiner Frau Irene Constanze Rietschel und unseren beiden Töchtern Malena und Sylvia: Sie haben mir beige bracht, wie man reist, ohne das Haus zu verlassen.

JOSEPHINE QUINTERO

Ich danke meinem Autorenkollegen Daniel Schechter für seine Geduld, seinen Rat und die Kanaltour in Xochimilco. *Gracias* an Catherine Craddock-Carrillo für ihren Rat und die Unterstützung per E-Mail. Ich möchte auch Ruth Alegria Dank sagen, die mir *ihr* Mexico City zeigte und mich zu ein paar tollen Events einlud. Und schließlich einen dicken Kuss für meinen langjährigen Partner und Lonely Planet Fotograf Robin Chapman, denn er hat auf meine Katze Marilyn aufgepasst, während ich in DF war.

DANIEL C. SCHECHTER

Während der Arbeit an meinem vierten Mexiko-Führer konnte ich auf alte und neue Freunde bauen. Wie üblich gewährten mir meine Journalistenkollegen José Fernández Ramos und Jeffrey A. Wright tolle Einblicke in alles, was den DF betrifft, Michael K. Schuessler und John Rozzo hielten mich über die Schwulen- & Lesbenszene auf dem Laufenden, und Miriam Martínez übersetzte mir den Chilango-Slang. Die *defeños* und *medio-defeños* Jorge Silva, Monica Campbell, Deborah Bonello, Cynthia Sperry und Michelle Chi Chase brachten immer wieder Vorschläge und Bewertungen mit ein. Ruth Alegría, María José Serrano, Rocío González Delgado, Mojdeh Hojjati und Pedro Gellert teilten ihr Fachwissen über Essen, *concheros* und Kubaner mit mir. Myra, *un besote* für das Büro und alles andere.

ADAM SKOLNICK

Als erstes möchte ich der Academy, Catherine Craddock-Carrillo, Sandra Bao und all den unerschrockenen Autoren danken, die mit mir auf die Suche nach der Wahrheit gegangen sind! Dank gebührt auch den gütigen, freundlichen Seelen, die mir auf meinem herrlich bizarren Trip durch Mexiko begegneten: der wundervollen Aggie, Daphne, Gaby und ihrer Zapopan-Truppe, Teresa, Don Geronimo und Nicole und Cameron in Pátzcuaro, Rose und Kate in Morelia, Pablo, Lisette und der schönen Beatrice in Zitácuaro, Angela vom Hotel Buena Aventura in Colima, Stan, José und ihren Leuten in der Case de las Flores in Tlaquepaque sowie Rob und Ozzy in Chapala. Danke an all die Menschen aus Ajijic, an Alicia und Baby G in Tonala, an Mari in Guadalajara, an Ana, die ein bisschen Kansas City nach Tlaquepaque gebracht hat, an die süße Mina aus Berlin – mögest du nie wieder ein Pferd mit Holzsattel reiten müssen – an Schwester Carrie und an die unvergleichliche Emilce Martinez, die mich durch die Diskos schleifte. Und Applaus für Ms. Jordan Whitley, meine Damen und Herren!

CÉSAR G. SORIANO

Muchas gracias all den Menschen, die mir auf meinem Trip durch Mexiko geholfen haben, von den Busfahrern bis zu den Passanten. Applaus für Edgar und Paco in Boca de Pascuales und Mali in Zihua, die mich auf tolle Ziele fernab ausgetretener Pfade hingewiesen haben. Von den Lonely-Planet-Leuten danke ich Catherine und John für ihre Hilfe, ihren Rat und die Beantwortung all meiner dummen Fragen. An unsere treuen Leser, die Tipps, Ratschläge, Beschwerden und Lob eingesandt haben: Weiter so! Last, but not least danke ich Marsha, meiner Frau und liebsten Reisegefährtin, für ihre Geduld und Unterstützung während meiner physischen Abwesenheit in Mexiko und meiner emotionalen zu Hause, als ich nur im Büro hockte und schrieb. *Te amo.*

ELLEE THALHEIMER

Ich danke all den netten Menschen in Veracruz, die von ihrem normalen Pfad abgewichen sind, um mir den richtigen Weg zu zeigen. *Gracias a* Felix Aguilar, er hat mich in die fernsten Ecken der Reserva de la Biosfera Los Tuxtlas geschleppt und mir die neue Maná-CD gegeben, den Soundtrack meiner

Reise. Danke, Ceci Robago, für die Gespräche, die Hilfe und dass du mir die Schönheit deiner Heimat gezeigt hast. Danke an Roy Dudley, der mich überredete, die Las-Vigas-Radtour zu machen und sich viel Mühe gegeben hat, mir sein Xalapa zu erklären. Rául Reynoso, *eres incredible* und eine Wahnsinnshilfe und Inspiration. Dank geht auch an Nimbe in Papantla für die Großzügigkeit. Ich danke Nacho in der Touristeninformation in Coscomatepec, den wunderbaren Touristenbüros in den Valles und den *chicas* aus Orizaba, die mir den Weg zeigten. Romina Contreras, mach weiter mit deiner tollen Arbeit im METRO, danke für deine Hilfe! *Gracias por tu corazón abierto*, Emma Viggiano. Stets in meinem Herzen ist Mary Beth Wyne, meine bewährte Stimme der Vernunft und Studienkollegin, die Stunden damit verbracht hat, mit mir über Satzstrukturen zu diskutieren. Danke an Sandra Bao, die immer noch ein klein wenig Geduld hatte, an Cat Craddock Craddock-Carrillo für ihre gute Arbeit und an Becky Ohlsen, weil sie mich auf den Boden zurückgeholt hat. Ich rechne es Jackie Marchand und meinen geliebten Womantours hoch an, dass sie mit meinem ständigen Hin und Her klarkommen. *Brazos* für meinen Vater, der sich darum kümmert, dass ich nicht von der Erde falle, für meine Freundin Alia, weil sie mir meine Reisegewohnheiten ermöglicht, für Elliot, Bruce und Marty bei LC, weil sie mich unterrichtet haben, für Señor Barreto, weil durch ihn alles angefangen hat, und für Diane Wilson, weil sie mich hingebungsvoll und geduldig aufgezogen und mir mehr gegeben hat, als man sich wünschen kann.

DANK VON LONELY PLANET

Wir danken allen Lesern, die uns für diese Neuauflage hilfreiche Hinweise, nützliche Ratschläge und interessante Anekdoten schickten.

A Lionel Aboussouan, Cheryl Adamson, Joerg Affolter, Eva Aguilera, Michele Airoldi, Peter Aldin, Amy Alexander, Graham Alexander, Yves Alexandre, David Allard, Jeff Allen, Horace Andrews, Luan Angel, Oron Anter, Gilles Arfeuille, Ilaria Arienti, Brigitte Auinger, Ana Avitua, Michal Avni **B** Luis Antonio Baeza, Shirley Barrett, Rob Bell, Dominique Berthou, Flavia Bertini, Kourtney Bettinger, Antonio Blanco, Scott Bolton, Julie Booth, Tom Border, Rolf van den Bosch, Bea Bosch van den Knijf, Susy Boyd, Lona Boyte, Meridith Bradshaw, Michael Brakke, Rene Bretschneider, Gerald Brock, Elisa Broseghini, Laura Brown, Zoe Brown, Gustavo Buhacoff, Marc Buholzer, Zuzana Bulirova, Naomi Buneman, Linda Burgett, Ryan Burrow, Kate Burton, Mark Bustard, Miriam Butler **C** Marcela Caballero, Andrea Cardenas, Tania Carrasco, Stuart Carter, Matthias Catón, Sasha Chernenkoff, Christina Cheung, William Clune, Jodie Coles, Michael Coley-Smith, Tracy Collier, Jim Comer, James Condino, R Coney, Michelle Cooper, Paul Cooper, Ted Corrigan, Francesca Costa, Jim Cox, Catherine Coy, Vicki Crawford, Karen Cruz, Javier Cuen **D** Lauren Dall, Eve Davies, David Davis, Dixie Davis, Julia Day, Florentina Debling, Lien Delbecque, Manuela Dessalvi, Arache Djannati-Atai, Cori Donnelly, Irene Doubrawa, Neil Dressell, Margaret Dubois, Roy Dudley, Giorgia Duo, Kate van Dusen **E** Catherine Eggimann, Annet Eggink, David Eidell, Susann Eisert, Ruth Elvin, Katy Eyre **F** Lia Fernandez, Susana Fernandez, Dulcie Few, Nicolas Forget, Samantha Forster, Muriel Foucher, Brad Fox, George Franko, Dario Frigo, Paul Frost, Rick Fuller, John Fusco, Paulina Fusitu'A **G** Vikky Gallagher, Johanne Gauthier, Melati Gaymans, Michael Giffin, Karen Gill, Eliane Godement, Diana Gonzales-Pacheco, Valeria González, Aoife Granville, John Greek, Aaron Groves, Omar Guzman **H** Kristel Haan, James Hampson, Spencer Hamrick, Steve Hansen, Jonny Hardaker, Carl Harris, Sarah Harris, Corinne Hartmann, Alexander Hay, Jane Heinz, David Hellman, Mary Ann Henderson, Valerie Hendrikx, Frank & Kirsten Der van Heyden, Alexa Highfield, Kate Hart Highfield, Simone Hilger, William Hinkle, Vicki Hird, Fred Hoener, Cornelis Hoes, Rick Hogan, Brandon Holland, Jeff Holland, John Holman, Angie Hook, Patricia Hopps, Wiebe Hordijk, Kat Horn, Richard Hough, Bob Hrycan, Brian Hudson **I** Elina Inkeroinen **J** Jill Jefferson, Douglas Jenkins, Jeffrey G Jensen, Dave Jiro, Jaye Johnson, Mary Jones, Christel Jorgenson, Nadine Jung **K** Debby Kajiyama, Susanne Karas, Harriet Katz, Alex Katzman, Eric Kaufman, Waltraud Tale Kaufmann, Andrea De Keijzer, Daniela Keller, Brian Kemsley, Tamil Kendall, Asad Khaja, Kate Kiekhaefer, Marita King, Matt King, Alex Kipp, Wouter Kistemaker, Irina Klapere, Carroll Klein, Hugh Knowles, Zoltan Konder, Theresa Kopecky, Kevin Korell, Karen Kressin, Jody Kriewaldt, Aneta Kubala, Francis Kuipers, Alan Kurczynski, Gwen Kwo **L** Aaron Lambert, Mark Lancaster, Steve Landau, Andrea Langhammer, George Langman, Andreas Lappe, Denis Larsen, Michelle Lavicka, Jeannette Lee, Beatrice Lemucchi, Derek Lerma, Cheryl Lesinski, Eric Lesperance, Anya Letson, Irving Levinson, Laurie Levitan, Nimrod Levy, Ying Li, Doug Liden, Susan Lightfoot, Brook Lillehaugen, Maria Lindgren, Anna Lockyer, Marco Lopez, David Luttig **M** Shannon Macdonald, Helen Macrae, Dee Mahan, Inga Mahle, Elmar Mair, Jim Maloney, Tarne Malor, Dr Bill Mania, Christina Mansi, Yossi Margoninsky, Stephanie Marks, Arturo Martinez, Gordon Maul, Wilfredo Deleon Maximo, Anne Mccarley, Chris Mccart Mccart, Sarah Mcgaughey, Tom Mciver, Stewart Mclean, Sam Meacham, Jesús Mesa, Mila Middelberg, Claire Miller, Curtis Miller, Jesse

WIR FREUEN UNS ÜBER EIN FEEDBACK

Post von Travellern zu bekommen, ist für uns ungemein hilfreich – Kritik und Anregungen halten uns auf dem Laufenden und helfen, unsere Bücher zu verbessern. Unser reiseerfahrenes Team liest alle Zuschriften genau durch, um zu erfahren, was an unseren Reiseführern gut und was schlecht ist. Wir können solche Post zwar nicht individuell beantworten, aber jedes Feedback wird garantiert schnurstracks an die jeweiligen Autoren weitergeleitet, rechtzeitig vor der nächsten Nachauflage.

Wer uns schreiben will, erreicht uns über www.lonelyplanet.de/kontakt.

Hinweis: Da wir Beiträge möglicherweise in Lonely-Planet-Produkten (Reiseführer, Websites, digitale Medien) veröffentlichen, ggf. auch in gekürzter Form, bitten wir um Mitteilung, falls ein Kommentar nicht veröffentlicht oder ein Name nicht genannt werden soll. Wer Näheres über unsere Datenschutzpolitik wissen will, erfährt das unter www.lonelyplanet.com/privacy.

Miller, Raymond Mizrachi, Derek Monroe, Eliza Monteverde, Eileen Moore, Paula Morton, Laurissa Muehlich, Kirrily Myatt **N** Jet Nauta, Sarah Neustadter, Susan De Nies, Yelac Nillad, Phyllis Noble **O** Mary O'Brien, Gloria O'Byrne, Stephen O'Connell, Dan Öhrling, Luis Orozco, Luz Ariadna Ortiz, Rosario Ortiz, Gina Ossanna, Vincent Otto, Brent Owen **P** Marcia Pace, Abraham Palmer, Elisa Pardini, Frances Partridge, Chinmay Patel, Victor Patenaude, Stacy Pavich, Stuart Pearce, Lasse Pedersem, Alejandro Perez, Nora Peroni, Lisa Persinger, Joseph Peters, Tom Petersen, Betty Peterson, David Peterson, Bill Phelan, Sarah Phillips, Marta Pacheco Picazo, Grazyna Pilecki, Jan Pilecki, Reinier Pitt, Michael Pohl, Lilach Portnova, Martina Pothmann, Richard Potter, Benjamin Presnell **R** Peter Raeside, Luigi Raffo, Rafael Ramirez, Yolanda Ramirez, Michael Reeves, Georg Reichert, Naomi Reid, Stacey Repas, Marie Anne Ricaud, Ernst Riedwyl, Davide Rimoldi, Marco Roda, Kerry & Ray Rogers, Maribel Rojas, Sherry Ronick, Valeria Rosa, Janna & Rosana, Tom Rothe, Timo Rothhaar, Carmel Rourke, Alma Roussy, Martin Rozendaal, Alec Rubin, Pam & Bill Rumney **S** A S, Elin Sætersdal, Charlotte Sagewood, Paula Sahlman, Andrew Saito, Ricardo Sanchez, Philip Sandberg, Paul Sarfati, Simon Scales, Larry Scheib, Agnes Schmidt, Judith Schwartz, Judith Rodriguez Servin, Krissy Shields, Nick Shirrefs, Judith Shone, Fred & Cindy Shultz, Anni Siesing, Ilyssa Silverman, Pablo Simoes, Mazurelle Simon, Pardeep Singh, Ed Skoch, Uri Skowronski, David Slave, Gary S Smith, Jacqueline Smith, Patricia Snyder, Rob Snyder, Paul Soerensen, Venita De Souza, Mariella Sparvieri, Sharon Speckman, Darin Stanley, Andreas Stavropoulos, Peg Steffensen, Carl Stein, Laurent Steiner, Marsha Stephens, Ronald Stockman, Kenn & Karen Strass, Joan Strouse, Megan Sulok, Anne-Mie Swinnen, Wanda & Barry Syner **T** George Tacik, Mirella Taiariol, Alan Tesler, Matt Thompson, Thomas Toafolia, Isabella Toempe, Daniel Tomanek, Roberto Tonello, Diana Torres, Giuseppe Tozzo, Dina Turkof, James Turner, Martine Twigge **U** Alberto Ugartemendia, Abe Urbina, Brynn Utley **V** Jean Valjean, I van Barron, Monique Veldt, Susan Vincent, Chrissy Vogeley, Andrea Voglino, Valentin Voigt **W** Elizabeth Wadell, Julian Waingortin, Christian Waldau, Richard Walker, Zoe Walker, Charli Rumsey Ben Waller, Cara Waters, Zwika Weinberg, Sophie Westerink, Jack White, Caroline Williams, essa van Williams, Brian Wilson, Mark Wilson, Michael Wong, Sophy Wong **Y** Basil Yokarinis **Z** Tzoda Zarkis, Philipp Zielke, Joseph Zookey, Jim Zosel, Giorgio Zucchetti, Manuele Zunelli, Koos & Pauline Zwaan, Wanda Zyla

QUELLENNACHWEIS

Vielen Dank an folgende Firmen für die Nutzung ihrer Inhalte:

Globus auf S. 1 © Mountain High Maps 1993 Digital Wisdom, Inc.

Danke an Ed Barnhart 2000 für die Nutzung seiner Infos für die Karte der Ruinen in Palenque.

Fotos innerhalb des Buchs:

S. 7 Adrian Sherratt/Alamy; S. 12 World Pictures/Alamy; S. 14 Buzz Pictures/Alamy; S. 15 (Nr. 4) Reinhard Dirscherl/Alamy. Alle anderen Fotos: Lonely Planet Images und S. 4 f., S. 6 (Nr. 4) Pascale Beroujon; S. 6 (Nr. 1), S. 16 (Nr. 1) Adina Tovy Amsel; S. 8, S. 21, S. 23 (Nr. 2) Richard l'Anson; S. 9 (Nr. 1), S. 10 (Nr. 1), S. 22 (Nr. 6) John Neubauer; S. 9 (Nr. 3), S. 11, S. 18, S. 19 (Nr. 2), S. 20 f. John Elk III; S. 10 (Nr. 4), S. 20 (Nr. 5) Witold Skrypczak; S. 13 Guy Moberly; S. 15 Ralph Hopkins; S. 16 (Nr. 5) Anthony Plummer; S. 17 Blind Dog Photo Dan Gair; S. 20 (Nr. 1) Julian Bentley; S. 20 (Nr. 4) Jon Davison; S. 22 (Nr. 1) Jeff Greenberg; S. 23 (Nr. 4), S. 24 David Peevers.

Register

REGISTER

REGISTER

000 Kartenseiten
000 Abbildungen

REGISTER

000 Kartenseiten
000 Abbildungen

L

REGISTER

REGISTER

N

REGISTER

T

000 Kartenseiten
000 Abbildungen

U

V

REGISTER

REGISTER

GreenDex

Heute scheint absolut jeder die Natur schützen zu wollen. Wie aber unterscheidet man wirklich umweltfreundliche Unternehmen von den Trittbrettfahrern auf dem Zug des nachhaltigen Tourismus?

Alle unten aufgeführten Einrichtungen wurden von unseren Autoren ausgewählt, weil sie eine engagierte Politik des sanften Tourismus betreiben. Einige von ihnen haben sich der Aufklärung in Sachen Naturschutz oder Umweltbewusstsein verschrieben, und viele gehören einheimischen und indigenen Betreibern. So unterstützen sie gleichzeitig auch die regionale Identität und Kultur.

Nach unserem Verständnis basiert nachhaltiger Tourismus auf drei Säulen:

Umwelt – Negative Umwelteinflüsse werden minimiert, nach Möglichkeit wird ein positiver Ausgleich geschaffen.
Soziokultur – Kultur und Traditionen des Landes werden respektiert, authentische Begegnungen und ein tieferes Verständnis zwischen Reisenden und Gastgebern werden gefördert.
Wirtschaft – Die Gastgeber profitieren finanziell von den Touristen, es wird fair gehandelt.

Lonely Planet will noch mehr Anbieter von nachhaltigem Tourismus in seine Bücher aufnehmen. Wer meint, dass ein Unternehmen übersehen wurde, oder mit unserer Auswahl nicht einverstanden ist, kann uns unter talk2us@lonelyplanet.com.au kontaktieren. Mehr Infos zu umweltverträglichem Tourismus und Lonely Planet gibt's auf www.lonelyplanet.com/responsibletravel.

WESTLICHES ZENTRALES HOCHLAND

NÖRDLICHES ZENTRALES HOCHLAND

ZENTRALE GOLFKÜSTE

OAXACA

TABASCO & CHIAPAS

HALBINSEL YUCATÁN

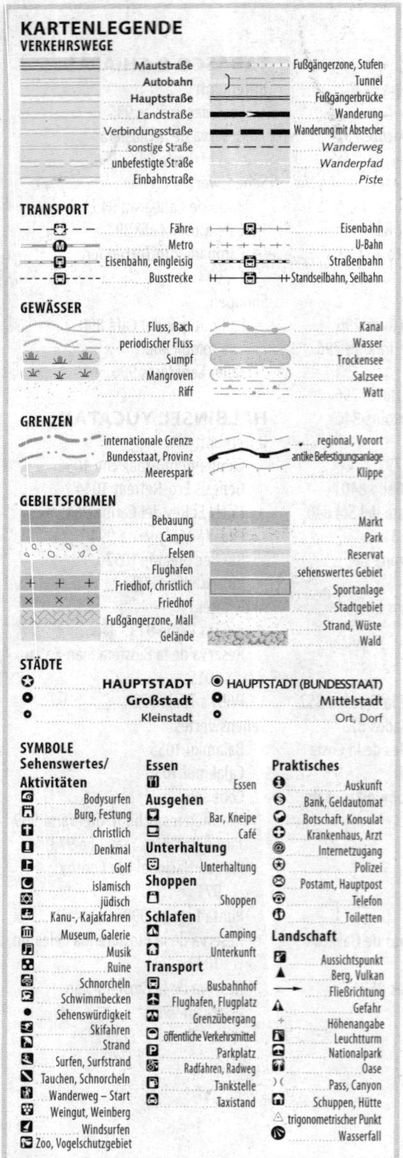

Lonely Planet Publications, Locked Bag 1, Footscray, Melbourne, Victoria 3011, Australia

Verlag der deutschen Ausgabe:
MAIRDUMONT, Marco-Polo-Str. 1, 73760 Ostfildern, www.mairdumont.com, lonelyplanet@mairdumont.com

Chefredakteurin deutsche Ausgabe: Birgit Borowski
Übersetzung: Tobias Ewert, Marion Gref-Timm, Marion Matthäus, Andrea Schleipen, Frauke Sonnabend, Katja Weber
Redaktion: Julia Berger, Guido Huß, Stephanie Iber, Olaf Rappold, Ellen Weitbrecht (red.sign, Stuttgart)
Satz: red.sign, Stuttgart

Mexiko
2. deutsche Auflage Mai 2009, übersetzt von *Mexico 11th edition*, September 2008, Lonely Planet Publications Pty

Printed in China

Umschlagfoto: Skelett zum Tag der Toten (Día de los Muertos), Lindsay Hebberd/CORBIS.

Die meisten Fotos in diesem Reiseführer können bei Lonely Planet Images, www.lonelyplanetimages.com, auch lizenziert werden.